SEPTUAGINTA

Id est Vetus Testamentum graece iuxta LXX interpretes
edidit Alfred Rahlfs

VOLUMEN I

Leges et historiae

EDITIO NONA

Württembergische Bibelanstalt Stuttgart

ISBN 3 438 05120 6
© 1935 Württembergische Bibelanstalt Stuttgart
Gesamtherstellung Biblia Druck Stuttgart

Vorwort des Bearbeiters.

Der Herausgeber der bekannten Handausgabe des Neuen Testaments, D. Eberhard Nestle, hatte nicht lange vor dem Weltkriege auch mit der Bearbeitung einer Handausgabe des griechischen Alten Testaments (Septuaginta) für die Privileg. Württ. Bibelanstalt begonnen, doch wurde er durch den Tod an der Ausführung dieses Planes gehindert; nur eine Probe, das Buch Jeremia griechisch-hebräisch, wurde später noch von Herrn Pfarrer Johannes Dahse und dem Sohn des Verstorbenen, Herrn Studienrat D. Dr. Erwin Nestle, zu Ende bearbeitet und zum Druck gebracht. Aber die Bibelanstalt gab den Plan einer Handausgabe der LXX nicht auf, sondern suchte weiter einen Bearbeiter für dieselbe, und so kam es, daß ich im letzten Kriegsjahre 1917|18 die Verpflichtung zur Bearbeitung dieser Handausgabe übernahm. Ich war damals schon seit langem in die Septuagintaforschung eingearbeitet und seit fast zehn Jahren Leiter des Septuaginta-Unternehmens der Gesellschaft der Wissenschaften zu Göttingen; in letzterer Stellung hatte ich die Aufgabe, eine große kritische Ausgabe der Septuaginta auszuarbeiten; aber da es infolge des Krieges unmöglich war, das bereits gesammelte Material von Handschriften-Photographien so zu vervollständigen, wie notwendig gewesen wäre, musste jene große Ausgabe vorläufig zurückgestellt werden, und es wurde auch von der Göttinger Septuaginta-Kommission begrüßt, daß so anstelle der großen zunächst eine kleine kritische Ausgabe erscheinen sollte. Von dieser kleinen Ausgabe kam, da die Zeit nach dem Kriege vielerlei Hemmnisse brachte, erst 1922 im Auftrage des Septuaginta-Unternehmens ein Probeheft heraus: „Das Buch Ruth griechisch, als Probe einer kritischen Handausgabe der Septuaginta herausgegeben von Alfred Rahlfs". Nach dessen Erscheinen begann ich mit der Bearbeitung der Genesis, und diese erschien 1926 unter dem Titel: „Septuaginta Societatis Scientiarum Gottingensis auctoritate edidit Alfred Rahlfs", wie das Buch Ruth im Verlag der Württ. Bibelanstalt. Da die textkritischen Verhältnisse in der Genesis ganz anders lagen als im Buche Ruth, fiel auch der textkritsche Apparat weitläufiger aus als dort, und die Genesis-Ausgabe nahm eine Mittelstellung ein zwischen der früher geplanten großen Ausgabe und einer Handausgabe. Der Absatz dieser Genesis-Ausgabe ging anfangs gut von statten, geriet aber, nachdem etwa ein Viertel der Auflage verkauft war, ins Stocken. Infolgedessen erklärte die Bibelanstalt, als das Manuskript der Psalmen, die nun folgen sollten, seiner Vollendung zuging, daß sie die mit der Genesis begonnene erweiterte Ausgabe nicht fortsetzen könne. Zugleich fasste die Gesellschaft der Wissenschaften die Durchführung der großen Ausgabe aufs neue ins Auge, und so kam es, daß die Bibelanstalt ihren alten Plan einer kurzen Handausgabe wieder aufnahm, und ich mit Zustimmung der Gesellschaft der Wissenschaften mich zur Bearbeitung einer Handausgabe auf Grund der drei ältesten griechischen Zeugen bereit erklärte. Die Handausgabe und die große Ausgabe, welche eine Zeitlang kombiniert gewesen waren, wurden also nun wieder getrennt, und die Firma Vandenhoeck & Ruprecht in Göttingen übernahm den Verlag der großen Ausgabe; bei ihr erschien 1930|31 meine eigentlich für die Bibelanstalt bestimmte, aber inzwischen noch erweiterte Bearbeitung des Psalters als Teil X des großen Werkes. Diese große Ausgabe erfüllt die umfassende Aufgabe, alles irgendwie erreichbare Material zu verarbeiten. Die Handausgabe, die sich in der Hauptsache auf die drei wichtigsten Handschriften B S A beschränkt und nur gelegentlich, wo es wünschenswert erscheint, auch noch anderes Material mit heranzieht, hat den Zweck, vor allem den Studenten und Pfarrern die Septuaginta in zuverlässiger Bearbeitung zu erschwinglichem Preis zugänglich zu machen und ihnen so ein wichtiges Hilfsmittel fürs Studium nicht nur des Alten, sondern auch des Neuen Testaments darzubieten. Möge sie diesen Dienst in reichem Maß erfüllen dürfen!

Prof. D. Dr. Alfred Rahlfs.

Vorwort der Bibelanstalt.

Es ist uns eine herzliche Freude, daß wir dank dem freundlichen Entgegenkommen der Gesellschaft der Wissenschaften in Göttingen und der Bereitwilligkeit des Herrn Professor D. Rahlfs, eine Handausgabe der Septuaginta für uns zu bearbeiten, nunmehr in der Lage sind, dieses wichtige Hilfsmittel zum Studium für Studenten und Pfarrer erscheinen zu lassen. Getreu unsern Grundsätzen, die Kenntnis der Bibel in jeder Weise zu fördern und allen, die sich mit ihr beschäftigen, nach besten Kräften zu dienen, haben wir es gewagt, unter bedeutenden Opfern den Preis des Werkes so niedrig zu bemessen, daß wir hoffen dürfen, es werde von vielen dankbar aufgenommen und werde sich weithin als eine segensreiche Gabe erweisen. Freilich sind wir dabei von der Voraussetzung ausgegangen, daß wir uns bei seiner Verbreitung der wohlwollenden Unterstützung und Förderung der akademischen Lehrer und kirchlichen Behörden werden erfreuen dürfen, und darum richten wir an alle, die den Wert dieser Handreichung zu schätzen wissen, die herzliche Bitte, kräftig mitzuhelfen, dass das Werk nun auch in reichem Maß von denen benützt wird, denen sein Gebrauch von Nutzen sein kann.

Gott gebe auch zu diesem Dienst unsrer Württ. Bibelanstalt seinen Segen, wie er von jeher unsre Arbeit zum Wohl unsres Volkes gesegnet hat.

Der Verwaltungsrat
der Privileg. Württ. Bibelanstalt.

Geschichte des Septuaginta-Textes[1]).

1. Die Septuaginta ist die alte jüdische Übersetzung des
Alten Testaments ins Griechische. Zuerst, nach der Erzählung des
Aristeasbriefes unter Ptolemaios II. Philadelphos (285—247 v. Chr.),
wurde der älteste und grundlegende Teil des alttestamentlichen
Kanons, der Pentateuch, übersetzt; seine Übersetzung soll von
70 oder genauer 72 jüdischen Gelehrten in Alexandria angefertigt
sein, woher der Name „Septuaginta" (LXX) stammt, der eigentlich
nur der Übersetzung des Pentateuchs zukommen würde, dann aber
auf das ganze A. T. übertragen worden ist. Dem Pentateuch
schlossen sich die übrigen Bücher an. Ihre Übersetzungen rühren
von einer großen Zahl verschiedener Hände her. Das folgt aus der
verschiedenen Art der Wiedergabe, die alle Stufen von der größten
Wörtlichkeit bis zur größten Freiheit durchläuft, und aus der Ver-
schiedenheit der griechischen Diktion, nach der H. St. J. Thackeray,
A grammar of the O. T. in Greek I (1909), S. 12—16 die Bücher
und Buchteile der LXX in Klassen eingeteilt hat. Wie der Prolog
zu Jesus Sirach lehrt, lag gegen Ende des II. Jahrh. v. Chr. das
ganze A. T., mindestens der Hauptsache nach, in griechischer
Übersetzung vor, und wir haben keinen Grund zu zweifeln, daß
der LXX-Text jener Zeit im großen und ganzen mit unserm LXX-
Text übereinstimmte.

Aber auch nur im großen und ganzen. Im einzelnen dagegen
kann sich mancherlei verändert haben. Denn die LXX hat von
der Zeit ihrer Entstehung bis zum IV. Jahrh. n. Chr., dem unsere
ältesten großen Handschriften entstammen — vorher haben wir
nur Fragmente —, eine reiche Geschichte durchlebt, die nicht
ohne Einwirkung auf unsere Hss. geblieben sein wird.

2. Die LXX war ein jüdisches Werk und hat bei den Juden
anfangs in hohem Ansehen gestanden. Nach dem Aristeasbriefe
ist die Übersetzung des Pentateuchs von der jüdischen Gemeinde
in Alexandria offiziell anerkannt worden, und jüdische Schrift-
steller wie Philo und Josephus haben die LXX ausschließlich oder

---

[1]) Vgl. „Das Buch Ruth griechisch, hsg. von A. Rahlfs" (Stuttg. 1922), S. 6—14,
und „Septuaginta ed. A. Rahlfs: I. Genesis" (Stuttg. 1926), S. 7—15.

vorzugsweise benutzt. Sie ist auch für die Erhaltung und Aus-
breitung des Judentums von der größten Bedeutung gewesen; denn
sie erhielt die fern vom Stammlande in der Diaspora lebenden
Juden, welchen die Kenntnis des Hebräischen naturgemäß immer
mehr abhanden kam, in steter Vertrautheit mit dem Gesetz und
den übrigen heiligen Schriften, und sie ermöglichte auch den Nicht-
juden das Studium dieser Schriften.

Hierdurch bereitete sie aber zugleich der später einsetzenden
christlichen Mission den Boden. Denn für die Christen war an-
fangs wie für die Juden das A. T. die heilige Schrift κατ' ἐξοχήν,
und die christlichen Missionare konnten überall da leicht anknüpfen,
wo sie schon Kenntnis des A. T. verbreitet fanden. So haben die
jüdischen Diasporagemeinden einen Hauptbestandteil der ältesten
christlichen Gemeinden geliefert, und die LXX, welche schon überall
verbreitet und bekannt war, ist von den Christen einfach über-
nommen und zur Kirchenbibel geworden.

3. Nachdem aber die christliche Kirche die LXX übernommen
hatte, wurden die Juden ihr bald entfremdet. Folgende Um-
stände scheinen hierbei besonders mitgewirkt zu haben:

a) In den häufigen Disputationen zwischen Juden und Christen
beriefen sich letztere öfters auf Stellen der LXX, welche erstere
nicht als beweiskräftig anerkennen konnten. Dabei handelte es
sich zum Teil um ungenaue Übersetzungen wie die bekannte, in
allen Streitschriften gegen die Juden wiederkehrende Wiedergabe
von עלמה Is. 7 14 durch παρθένος, von der die Christen mit Recht
behaupteten, daß sie von den alten jüdischen Übersetzern selbst
herstamme, während die Juden sie mit gleichem Recht als un-
genau ablehnten. Zum Teil aber handelte es sich auch nur um
christliche Zusätze, welche erst die naive Kritiklosigkeit der alten
Christenheit in die LXX hineingebracht hatte, wie das in Ps. 95
(hebr. 96) 10 zu ὁ κύριος ἐβασίλευσεν hinzugefügte ἀπὸ ξύλου, d. h.
vom Kreuze, dessen Zugehörigkeit zum ursprünglichen Bibeltexte
für Justin den Märtyrer so selbstverständlich war, daß er die Juden
allen Ernstes beschuldigen konnte, es böswillig aus ihm entfernt zu
haben[1]).

b) Allem Anschein nach sind Kanon und Text des A. T. gegen
Ende des I. Jahrh. n. Chr. von den jüdischen Gelehrten in Palästina
definitiv festgestellt worden. Die aus einer älteren, noch nicht

---

[1]) Siehe meine Septuaginta-Studien 2 (1907), S. 223 f.

durch so feste Normen gebundenen Zeit stammende LXX ent-
sprach aber diesen Normen in manchen Punkten nicht: sie ent-
hielt Bücher und Buchteile, welche dem Kanon der Palästinenser
nicht angehörten, und setzte auch manchmal einen anderen hebrä-
ischen Text voraus. Da nun die damals in Palästina festgesetzten
Normen bald auch für die ganze Diaspora maßgebend wurden,
verlor die LXX naturgemäß ihre frühere Autorität.

c) Im ersten Drittel des II. Jahrh. n. Chr. kam durch A k i b a
eine Richtung in der jüdischen Schriftgelehrsamkeit zum Siege,
welche auf jeden Buchstaben des heiligen Textes Gewicht legte
und aus den unbedeutendsten Bestandteilen desselben die weit-
gehendsten und oft sonderbarsten Schlüsse zog. Erwähnt sei hier
nur, weil es im folgenden noch in Betracht kommen wird, daß
Akiba die in Gen. 1 1 vor השמים und הארץ stehende Akkusativ-
partikel את als „mit" deutete und aus ihr schloß, daß Gott „mit
dem Himmel und mit der Erde" auch noch anderes geschaffen
habe, nämlich mit dem Himmel Sonne, Mond und Sternbilder und
mit der Erde Bäume, Pflanzen und den Garten Eden[1]). Daß eine
so an jedem Buchstaben hangende Schriftgelehrsamkeit sich nicht
mehr mit einer so freien Übersetzung, wie es die LXX vielfach
war, zufrieden geben konnte, ist selbstverständlich.

4. Infolgedessen schuf sich das Judentum jener Zeit eine ganz
neue griechische Übersetzung des Alten Testaments. A q u i l a, ein
griechischer Proselyt und Schüler Akibas, übertrug jeden Bestand-
teil des heiligen Textes so genau wie irgend möglich ins Griechische
und schreckte dabei auch vor den ärgsten Verstößen gegen den
Geist der griechischen Sprache nicht zurück.

Schon seine Übersetzung des ersten Verses der Bibel ist hier-
für ein klassisches Beispiel. Die LXX hatte ihn richtig und gut
griechisch durch ἐν ἀρχῇ ἐποίησεν ὁ θεὸς τὸν οὐρανὸν καὶ τὴν γῆν
wiedergegeben. Diese Übersetzung war aber dem Aquila längst
nicht genau genug. In ἀρχή kam die Etymologie von ראשית nicht
zum Ausdruck; Aquila aber suchte alle hebräischen Derivate auch
etymologisch genau wiederzugeben, daher übersetzte er ראשית als
Derivat von ראש κεφαλή mit κεφάλαιον, obwohl dies nicht „Anfang",
sondern „Hauptsache, Summe" o. ä. bedeutete. Auch das klassisch-
griechische ἐποίησεν konnte Aquila nicht gebrauchen; denn da er

---

[1]) J. Derenbourg, Essai sur l'histoire et la géographie de la Palestine 1
(1867), S. 396 Anm. 4.

verschiedene hebräische Wörter auch im Griechischen verschieden
wiedergab, und da ποιεῖν für ihn = עשה war, so suchte er für
ברא eine andere Übersetzung und fand diese in κτίζειν, das schon
die LXX häufig zur Wiedergabe von ברא verwendet hatte. Dann
folgte in der LXX ὁ θεός = אלהים; Aquila ließ den Artikel fort,
da er im Hebräischen nicht stand[1]). Endlich kam in der LXX
τὸν οὐρανὸν καὶ τὴν γῆν; Aquila schrieb, um auch את durch ein
besonderes griechisches Wort wiederzugeben, σὺν τὸν οὐρανὸν καὶ
σὺν τὴν γῆν. Hierbei stand er offenbar unter dem Einfluß seines
Lehrers Akiba, der, wie oben bemerkt, את hier als „mit" gedeutet
hatte; doch ist (im Gegensatz zu früheren ungenauen Darstellungen
des Tatbestandes) zu betonen, daß Aquila את durchaus nicht
immer durch σύν wiedergibt, sondern nur dann, wenn im Hebrä-
ischen auf את der Artikel folgt; folgt jedoch im Hebräischen ein
Wort ohne Artikel, etwa im status constructus, oder ein Eigen-
name, so übersetzt Aquila את durch den griechischen Artikel[2]).

Andere charakteristische Beispiele für Aquilas Übersetzungs-
kunst habe ich in den Mitteilungen des Septuaginta-Unternehmens
1, S. 240 Anm. 2 zusammengestellt. Ich habe dort gezeigt, wie
Aquila verschiedene Ableitungen derselben hebräischen Wurzel,
selbst wenn sie vollständig gleichbedeutend sind, möglichst auch
durch verschiedene Ableitungen desselben griechischen Stammes
wiedergibt, z. B. 1) אֹמֶר oder אֵמֶר λόγος, aber אִמְרָה λόγιον, 2) חַטָּאת
ἁμαρτία, aber חֵטְא ἁμάρτημα, 3) חֹק ἀκριβασμός, aber חֻקָּה ἀκρίβεια,
4) יַחַד ἅμα, aber יַחְדָּו ὁμοῦ, 5) יְשׁוּעָה oder תְּשׁוּעָה σωτηρία, aber יֵשַׁע
σωτήριον, 6) כְּ ὡς, aber כְּמוֹ ὁμοίως oder ὅμοιος, 7) מִכְשׁוֹל σκάνδαλον,
aber מַכְשֵׁלָה σκανδαλισμός, 8) צְדָקָה δικαιοσύνη, aber צֶדֶק δίκαιον,
9) קֵץ τέλος, aber קָצֶה ,קָצֶה ,קָצָה τέλεσμα oder τελευταῖον, 10) רַע κακόν,
aber רָעָה κακία. Für die Wahl der griechischen Äquivalente scheinen
hier besonders zwei Gesichtspunkte maßgebend gewesen zu sein:
1) das Geschlecht der hebräischen Wörter wurde im Griechischen
nachgeahmt, wobei griechisches Maskulinum und Neutrum hebrä-
ischem Maskulinum entsprach (so in Nr. 2. 3. 5. 8. 10), 2) das
längere hebräische Wort wurde durch das längere griechische
wiedergegeben (so in Nr. 1. 4. 6—9). Die Krone der Übersetzungs-

---

[1]) Früher las man hier auch bei Aquila ὁ Θεός, aber ein neuerdings ent-
decktes Papyrus-Fragment hat den Artikel mit Recht nicht, s. Mitteilungen des
Septuaginta-Unternehmens 1, S. 344 Anm. 1.
[2]) Mitteilungen des Septuaginta-Unternehmens 1, S. 343. 347.

kunst bildet Nr. 4, wo ἅμα und ὁμοῦ sogar in der Zahl der Buchstaben mit יחד und יחדו übereinstimmen und ὁμοῦ auf denselben Buchstaben ausgeht wie יחדו (υ = ו). — Die außerordentlich konsequente Durchführung aller dieser Unterscheidungen ist wahrhaft bewunderungswürdig. Aquila muß nicht nur einen eisernen Willen, sondern, da er jedes hebräische Wort an allen Stellen, wo es vorkommt, regelmäßig in derselben Weise wiedergibt, auch ein fabelhaftes Gedächtnis besessen haben, oder er hat sich vielleicht geradezu, ehe er seine Übersetzung begann, ein hebräisch-griechisches Glossar angefertigt, in welchem er ganz systematisch für jedes hebräische Wort die griechische Übersetzung festlegte[1]).

Aquilas Bibelübersetzung mußte für Nichtjuden manchmal ganz unverständlich sein, und es ist kein Wunder, daß Hieronymus sich über Sonderbarkeiten wie σὺν τὸν οὐρανὸν καὶ σὺν τὴν γῆν lustig macht. Bei den Juden aber gelangte sie zum höchsten Ansehen und wurde von ihnen Jahrhunderte lang auch im Gottesdienste gebraucht. Erst als in den jüdischen Gemeinden des byzantinischen Reiches überall Studium des hebräischen Urtextes selbst gefordert wurde, verlor Aquilas Übersetzung ihre Bedeutung und ist dann bis auf ziemlich dürftige Reste verloren gegangen.

5. Bald nach Aquila, noch im II. Jahrh. n. Chr., entstanden ferner zwei andere griechische Übersetzungen, die des Theodotion und des Symmachos.

Theodotion lieferte keine ganz neue Übersetzung, sondern legte die LXX zugrunde und korrigierte sie nach dem Urtext. Zwei Stellen seines Werkes habe ich in meinem Aufsatz „über Theodotion-Lesarten im N. T. und Aquila-Lesarten bei Justin" (Zeitschr. f. d. neutest. Wissenschaft 20 [1921], S. 182—199) untersucht, um festzustellen, ob schon die neutestamentlichen Schriftsteller, wie mehrfach angenommen war, die Übersetzung Theodotions oder vielmehr eines „Ur-Theodotion" benutzt haben. Da diese beiden Stellen für seine Arbeitsweise charakteristisch sind, führe ich sie hier an. In Is. 25 8 hatte die LXX בלע המות לנצח durch κατέπιεν ὁ θάνατος ἰσχύσας wiedergegeben; Theodotion behielt κατέπιεν ὁ θάνατος unverändert bei und ersetzte nur die gar zu un-

---

[1]) Weiteres Material zur Charakteristik Aquilas findet man besonders bei Fr. Field, Origenis Hexaplorum quae supersunt I (1875), S. XXI—XXIV, bei Joseph Reider, Prolegomena to a Greek-Hebrew and Hebrew-Greek index to Aquila (Philadelphia 1916) und in den Mitteilungen des Septuaginta-Unternehmens 1, S. 240 ff.

genaue LXX-Übersetzung von לנצח durch εἰς νεῖκος. In Zach. 12 10
hatte die LXX והביטו אלי את אשר דקרו durch καὶ ἐπιβλέψονται πρός
με ἀνθ᾽ ὧν κατωρχήσαντο wiedergegeben; Theodotion behielt καὶ
ἐπιβλέψονται πρός με bei, ersetzte aber ἀνθ᾽ ὧν κατωρχήσαντο, was
einen anderen hebräischen Text (רקרו statt דקרו) voraussetzt, durch
ὃν ἐξεκέντησαν. An der ersten Stelle trifft Theodotion in εἰς νεῖκος
mit Cor. I 15 54, an der zweiten in ὃν ἐξεκέντησαν mit Ioh. 19 37
zusammen, aber die Übereinstimmung berechtigt, wie ich gezeigt
habe, nicht zu dem Schlusse, daß es einen Ur-Theodotion gegeben
habe, der älter war als Paulus und Johannes.

Symmachos lieferte eine ganz neue Übersetzung des A. T.
Er schloß sich dabei wie alle jüngeren Übersetzer eng an den
hebräischen Text an, suchte ihn aber in gutes Griechisch zu über-
tragen. Das zeigt sich unter anderem in seiner Vorliebe für
Partizipialkonstruktionen, durch die er die hebräische Nebenord-
nung der Sätze in Unterordnung verwandelte, z. B. Kön. I 2 46—3 1
שלמה ויתחתן שלמה ביד נכונה והממלכה τῆς δὲ βασιλείας ἑδρασθείσης
ἐν χειρὶ Σαλωμων ἐπιγαμίαν ἐποιήσατο Σαλωμων κτλ.

Bei einzelnen Büchern des A. T. gab es außerdem noch weitere
Übersetzungen. Von allen jüngeren Übersetzungen sind uns aber
nur Bruchstücke erhalten, und zwar fast ausschließlich durch Ver-
mittlung der sogleich zu besprechenden Hexapla des Origenes.

6. Alle diese Bemühungen um den Text des A. T. haben dann
auch auf die christliche Kirche stark eingewirkt, namentlich seit-
dem in Alexandria eine christliche Wissenschaft entstanden war.

Die christlichen Zusätze wurden nun wieder aus dem Bibeltexte
beseitigt; schon unsere ältesten griechischen Handschriften B S A
haben den Zusatz ἀπὸ ξύλου in Ps. 95 10 nicht mehr, nur in kopti-
scher und lateinischer Überlieferung hat er sich noch erhalten[1]).

Vor allem aber hat Origenes, der größte Gelehrte der ale-
xandrinischen Schule, dem alttestamentlichen Texte das denkbar
ernsteste Studium gewidmet. In seinem berühmten Riesenwerke,
der „Hexapla“, die er etwa im 4. Jahrzehnt des III. Jahrh. n. Chr.
in Palästina schuf[2]), hat er in 6 Parallelkolumnen den Urtext des
A. T. in hebräischer Schrift und in griechischer Transkription mit
den 4 griechischen Übersetzungen zusammengestellt. Schon die

---

[1]) Siehe meine Septuaginta-Studien 2 (1907), S. 160.
[2]) Vgl. ebenda 1 (1904), S. 71, wo ich speziell für die Hexapla zu den
Königsbüchern als Entstehungszeit etwa 235—240 n. Chr. ermittelt habe.

Anordnung lehrt, daß für ihn als Gelehrten im letzten Grunde
nicht die LXX, sondern der Grundtext maßgebend war; denn den
Grundtext hat er vorangestellt und ihm die Übersetzungen von
Aquila und Symmachos angeschlossen, da diese den Grundtext am
genauesten wiedergeben; erst dann folgt die LXX und Theodotion
als Revision der LXX. Ebendasselbe lehrt auch die Art, wie er
die LXX dem Grundtexte angepaßt hat. Wo sie etwas bot, was
im Grundtexte nicht stand, hat er es mit dem Obelos (—, ⊤, ÷
o. ä.) bezeichnet. Dieses Zeichen gebrauchten die alexandrinischen
Philologen in der Textkritik, besonders bei Homer, um eine Stelle
als unecht zu brandmarken. Auch Origenes hat es in demselben
Sinne gebraucht; denn er sagt im Matth.-Kommentar (Opera ed.
Delarue III 672), er habe das im Hebräischen nicht Stehende
obelisiert, da er es „nicht ganz fortzunehmen wagte", womit er
offenbar andeutet, daß er es eigentlich ganz hätte tilgen müssen,
wenn er die letzte Konsequenz hätte ziehen wollen[1]). Umgekehrt
fügte Origenes, wie er ebenda sagt, das in der LXX Fehlende
„aus den übrigen Ausgaben (d. h. Übersetzungen) in Übereinstim-
mung mit dem Hebräischen" hinzu und bezeichnete es mit dem
Asteriskos (※), einem Zeichen, das er ebenfalls der alexandri-
nischen Philologie entlehnte (s. Field, Origenis Hexaplorum quae
supersunt I, S. LII f.). Aber auch sonst ändert Origenes die LXX
an sehr vielen Stellen nach dem Grundtexte und den mit ihm über-
einstimmenden jüngeren Übersetzungen, ohne dies durch irgend ein
Zeichen anzudeuten. Vor allem korrigiert er so die Formen der
Eigennamen, für die er sich schon früh ganz besonders interessiert
hatte[2]), und die Wortstellung der LXX, wo sie von der hebräischen
irgendwie erheblicher abwich; letztere Änderung war übrigens schon
deshalb notwendig, weil die in den gleichen Zeilen stehenden Worte
der 6 Kolumnen einander entsprechen sollten, jede Zeile aber durch-
schnittlich nur je 1—2 Worte in den beiden hebräischen und je
2—3 Worte in den vier griechischen Kolumnen enthielt[3]).

Origenes' Hexapla war nur für den wissenschaftlichen Gebrauch

---

[1]) Siehe meine Septuaginta-Studien 1 (1904), S. 75. Ebenda S. 73 f. habe ich
nachgewiesen, daß Origenes trotz jener Aussage doch öfters die letzte Konsequenz
gezogen und Überschüsse der LXX ganz getilgt hat.

[2]) Septuaginta-Studien 1 (1904), S. 71 Anm. 1.

[3]) Siehe die Probe der von Giovanni Mercati entdeckten Hexapla-Fragmente
zum Psalter, welche E. Klostermann in der Ztschr. f. d. alttest. Wiss. 16 (1896),
S. 336 f. abgedruckt hat.

bestimmt; insonderheit sollte sie nach seiner eigenen Aussage im Briefe an Julius Afrikanus dem christlichen Streiter als Rüstzeug im Kampfe gegen die Juden dienen und ihn in den Stand setzen, die Juden, die sich immer auf ihr hebräisches A. T. beriefen und den mit der LXX operierenden Gegner verlachten, mit ihren eigenen Waffen zu schlagen und sich bei ihnen in Respekt zu setzen. Im kirchlichen Gebrauch dagegen wollte Origenes den herkömmlichen LXX-Text beibehalten wissen; er wendet darauf den Spruch an: „Du sollst die ewigen Grenzen, die deine Vorfahren gesetzt haben, nicht verrücken" [1]. Auch konnte die Hexapla und die aus ihr durch Fortlassung der beiden hebräischen Kolumnen entstandene Tetrapla schon um ihres riesigen Umfanges willen keine weitere Verbreitung finden. So hat sie zunächst keine praktische Wirkung auf die Gestaltung des Bibeltextes ausgeübt.

7. Nicht lange nach Origenes, vermutlich im letzten Viertel des III. Jahrh., überarbeitete der am 7. Jan. 312 als Märtyrer in Nikomedia gestorbene Presbyter Lukian, der Begründer der antiochenischen Exegetenschule, gleichfalls die LXX. Dabei folgte er manchmal wie Origenes dem Urtexte und den jüngeren Übersetzungen, aber sehr oft bearbeitete er die LXX auch ganz frei unter allerlei grammatischen und stilistischen Gesichtspunkten, z. B. ersetzte er unter dem Einflusse der attizistischen Zeitströmung hellenistische Formen der LXX wie ἐλάβοσαν, εἶπαν, τὸ ἔλεος durch die attischen ἔλαβον, εἶπον, ὁ ἔλεος.

Im Gegensatz zu Origenes, dessen LXX-Rezension nur wissenschaftlichen Zwecken dienen wollte, scheint Lukian seine Rezension von vornherein für den praktischen Gebrauch bestimmt zu haben. Allem Anschein nach hat sie auch bald weite Verbreitung gefunden. Dabei haben wohl die aus der antiochenischen Schule hervorgegangenen Theologen und Kirchenmänner eine wichtige Rolle gespielt; durch sie kam die Lukian-Rezension auch nach Konstantinopel, der Hauptstadt des oströmischen Reiches, von der aus sie sich dann leicht weiter verbreiten konnte. Um 400 n. Chr. beherrschte sie nach der bekannten Aussage des Hieronymus das ganze Gebiet von Antiochia bis Konstantinopel. Im Psalter, wie auch im N. T., hat der Lukiantext mit der Zeit alle übrigen Textformen aus dem Felde geschlagen [2].

---

[1] Septuaginta-Studien 1 (1904), S. 76.
[2] Septuaginta-Studien 2 (1907), S. 237.

8. Der Erfolg der Antiochener hat dann aber, wenn ich recht sehe, auf Palästina eingewirkt und hier ähnliche Bemühungen hervorgerufen, die wohl zugleich als Reaktion gegen Antiochia zu deuten sind. Hier suchte nämlich am Anfang des IV. Jahrh. der 309 als Märtyrer gestorbene Presbyter Pamphilos, der Gründer einer theologischen Schule und einer berühmten Bibliothek in Cäsarea, ein begeisterter Verehrer des Origenes, den LXX-Text des Origenes hervor und gab ihn im Verein mit seinem Schüler Eusebios, dem bekannten Kirchenhistoriker, gesondert heraus, vermutlich in bewußtem Gegensatze zu den Antiochenern und mit der Absicht, diesem Texte allgemeine Geltung zu verschaffen. Erst hierdurch wurde der LXX-Text des Origenes, der bis dahin in den unförmigen Riesenwerken der Hexapla und Tetrapla vergraben gelegen hatte, weiter verbreitet. Um 400 n. Chr. herrschte er nach Hieronymus in Palästina.

9. Auch von einer dritten Rezension berichtet Hieronymus noch. Sie ging auf einen uns nicht näher bekannten Hesychios zurück und herrschte um 400 in Ägypten. Vermutlich hatte sie damals auch schon ein Alter von etwa einem Jahrhundert. Es ist bisher noch nicht sicher gelungen, diese dritte Rezension nachzuweisen.

10. Der Text des Origenes wird mit *O*, der des Lukian mit *L*, eine andere, etwas jüngere Rezension, die sich in der großen Catena in XVI prophetas findet, mit *C* bezeichnet.

Erklärung der Zeichen.

Die vorliegende Handausgabe der Septuaginta gründet sich hauptsächlich auf die drei berühmten, ursprünglich das ganze A. und N. T. enthaltenden Bibelhss. B S A:

B bekannt als „Codex Vaticanus": Rom, Bibl. Vat., Vat. graec. 1209; IV. Jahrhundert. Von dieser Hs. ist der Anfang bis Gen. 46 28 ηρωων und Ps. 105 27^1—137 6^1 verloren gegangen und von einer Hand des XV. Jahrh. ergänzt; diese Ergänzung bleibt hier unberücksichtigt, da sie einen anderen Text bietet als B. Sonst ist das A. T. vollständig, nur fehlten von vornherein die Makkabäerbücher[1]), sowie auch die Psalmen Salomos, welche sich überhaupt in den ältesten Hss. nicht finden.

S bekannt als „Codex Sinaiticus": Die Hauptmasse gehörte der Öff. Staatsbibl. in Leningrad, welche sie aber jetzt an das Britische Museum in London verkauft hat; ein von Tischendorf zuerst mitgebrachter kleinerer Teil ist in Leipzig; vgl. die vollständige Inhaltsangabe in meinem „Verzeichnis der griech. Hss. des A. T." (Mitt. des Sept.-Untern., Bd. 2, 1914), S. 226—229.

A bekannt als „Codex Alexandrinus": London, Brit. Mus., Royal 1 D. V—VIII; Mitte des V. Jahrh. In dieser Hs. ist verloren gegangen Regn. I 12 17—14 9 und Ps. 49 20^1—79 11^2 αυτης. — Diese Hs. schwankt im Psalter zwischen B- und *L*-Text hin und her (Rahlfs, S.-St. 2 [1907], S. 56; Septuaginta ed. Rahlfs X [1931], S. 70). Ähnliches findet sich sonst: im Buche Leuiticus geht A mit B, in Iob mit V (vgl. die Vorbemerkung zu Iob) ungewöhnlich oft zusammen.

Alle drei Hss. sind in photographischen Reproduktionen herausgegeben (s. mein oben zu S zitiertes „Verzeichnis der griech. Hss."). Alle drei sind auch in den früheren Handausgaben der Septuaginta von Tischendorf-Nestle und Swete, sowie in der großen Ausgabe von Brooke and McLean verglichen, so daß es nur in zweifelhaften Fällen nötig war, auf die Photographien selbst zurückzugehen. Die Lesarten dieser drei Hss. sind vollständig notiert, doch sind gleichgültige Schreibfehler unberücksichtigt geblieben.

---

[1]) Vgl. meine Aufsätze „Alter und Heimat der vaticanischen Bibelhs. (Nachrichten der Ges. der Wiss. zu Gött., Phil.-hist. Kl. 1899, S. 72 ff.) und „Über das Fehlen der Makkabäerbücher in der äthiop. Bibelübers." (ZatW 28 [1908], S. 63 f.).

Zu den Sigeln der Handschriften werden manchmal folgende Zeichen hinzugefügt:

* = die ursprüngliche Lesart einer Hs.

(*) = eine ursprüngliche Lesart, welche nur teilweise korrigiert ist.

c = corrector, d. h. derjenige, welcher einen ursprünglich in der Hs. vorhandenen und noch erkennbaren Text durch einen anderen Text ersetzt hat.

r = rescriptor, d. h. derjenige, welcher beim Korrigieren den ursprünglichen Text so gründlich beseitigt hat, daß dieser nicht mehr zu erkennen ist.

s = suppletor, d. h. derjenige, welcher Worte, die ursprünglich in der Hs. fehlten oder verloren gegangen sind, ergänzt hat.

txt = textus.

mg = margo.

† = nur die angeführten Hss. und höchstens außerdem noch eine nichtgenannte Minuskelhs. haben die fragliche Lesart.

(†) bedeutet dasselbe wie †, aber es gibt noch eine oder mehrere ähnliche Lesarten in anderen Hss.

p = ein Teil (pars) einer Hss.-Gruppe.

Außerdem werden folgende Zeichen und Abkürzungen verwendet:

+ oder add. = addit.

> oder om. = omittit.

pr. = praemittit.

tr. = transponit; wenn es sich um mehr als 2 Wörter handelt, werden die umgestellten Wörter durch / voneinander getrennt.

suppl. = supplet.

repet. = repetit.

⌒ = eine Hs. springt von einem Worte auf ein folgendes gleichlautendes über.

( ) im textkritischen Apparat zeigt an, daß die eingeklammerten Buchstaben in einem Teile der angeführten Hss. fehlen.

⟨ ⟩ bezeichnet die eingeklammerten Buchstaben als von mir ergänzt.

[ ] bezeichnet die eingeklammerten Worte als nicht zum ursprünglichen Texte der LXX gehörig.

seq. = folgend.

init. = Anfang $\big\}$ des Verses.
fin. = Ende

rel. = die übrigen Hss.

al(ii) = andere Hss.

pau(ci) = wenige Hss. bis zu etwa $^1/_4$ der bekannten Minuskelhss.

compl(ures) = etwa $^1/_4$—$^1/_2$.

mu(lti) = etwa $^1/_2$—$^3/_4$.

pl(urimi) = mehr als $^3/_4$.

𝔐 = hebräischer (masoretischer) Text.

𝔊 = griechische Übersetzung (LXX, d. h. Septuaginta).

gr. = graecus, graeci etc.

α′ = Aquila.

σ′ = Symmachos.

ϑ′ = Theodotion.

ε′ = Quinta, d. h. die in gewissen Büchern der Hexapla auf α′ σ′ 𝔊 ϑ′
folgende fünfte Kolumne.

Sonst werden noch folgende Abkürzungen gebraucht:

Ald. = editio Aldina, Venedig 1518.

Ciasca = Sacr. Bibliorum fragmenta Copto-Sahidica musei Borgiani
ed. A. Ciasca. I. II. Romae 1885. 1889.

Complut(ensis) = die in Complutum (= Alcala de Henares) 1514
bis 1517 gedruckte, aber erst mehrere Jahre später her-
ausgegebene Polyglotte des Kardinals Ximenes.

Field = Origenis Hexaplorum quae supersunt ed. Fr. Field. I. II.
Oxonii 1875.

Fr(itzsche) = Libri apocryphi Veteris Testamenti graece ed. Fritzsche.
Lips. 1871.

Gebh(ardt): s. die Vorbemerkung zu Ps. Sal.

Gr(abe) = Septuaginta Interpretes ed. Ioan. Ern. Grabe. I—IV.
Oxonii 1707—20.

Helbing Kasussyntax = Rob. Helbing, Die Kasussyntax der Verba
bei den Septuaginta. Gött. 1928.

Johannessohn Präp. = Martin Johannessohn, Der Gebrauch der
Präpositionen in der Septuaginta (Mitt. d. S.-U. 3, S. 165
bis 388).

Lag. = Librorum Veteris Testamenti canonicorum pars prior graece
ed. P. de Lagarde. Gott. 1883.

Mitt. d. S.-U. = Mitteilungen des Septuaginta-Unternehmens. Berlin
1909 ff.

Ra. = Rahlfs (bei Textemendationen, die von mir herrühren, hinzugefügt).

Sixt. = Vetus Testamentum iuxta Septuaginta ex auctoritate Sixti V. Pont. Max. editum. Romae 1587.

Sm(end): s. die Vorbemerkung zu Sir. Prol.

Sw. = The Old Testament in Greek ed. by H. B. Swete. 3 Bde. Cambr. von 1887 an.

Thack. = Henry St. John Thackeray, Grammar of the Old Testament in Greek. Vol. I: Introduction, orthography and accidence. Cambr. 1909.

Tisch. = Vetus Testamentum graece iuxta LXX interpretes ed. C. de Tischendorf. Editio 7 ed. E. Nestle. Lips. 1887. Der Text dieser Ausg. ist aus „Sixt." abgedruckt.

Editor's Preface

Eberhard Nestle, D. D., editor of the well-known Stuttgart Pocket Edition of the Greek New Testament, began just before the outbreak of the Great War, at the request of the Württemberg Bible Society, to prepare, a pocket edition of the Greek Old Testament (Septuagint) as well. His death in 1913, however, prevented this object from being fulfilled. In order to preserve a specimen of E. Nestle's work, his unfinished edition of the Book of Jeremiah, with parallel Greek and Hebrew texts, was rounded off and published by his son, Studienrat Erwin Nestle, D. D. Ph. D., in collaboration with Pastor Johannes Dahse. The Württemberg Bible Society did not, however, abandon the idea of publishing a pocket edition of the Septuagint, but sought for an additional editor. Thus it came about that in the last year of the War, 1917 to 1918, I agreed to take over the task of editing this pocket edition. By then I had already for a long time been engaged in Septuagint research, having been for nearly ten years Director of studies in the Septuagint at the "Gesellschaft der Wissenschaften" at Göttingen. While occupying this position, I had the task of producing a large critical edition of the Septuagint. As it was, however, impossible, owing to the outbreak of the Great War, to make the necessary completions to the collection of photographs of the Manuscripts, the editing of this large work had to be temporarily postponed. Hence, the idea of producing a small critical edition instead of the larger one found the approval of the Göttingen Septuagint Commission. The post-war period brought all kinds of obstacles in its train, and it was not until 1922 that a specimen section of this small edition was published, by commission of the Department of Septuagint Research: "Das Buch Ruth griechisch, als Probe einer kritischen Handausgabe der Septuaginta herausgegeben von Alfred Rahlfs". After this had appeared, I set to work upon the preparation of an edition of Genesis, which was published in 1926 under the title of "Septuaginta Societatis Scientiarum Gottingensis auctoritate edidit Alfred Rahlfs". This volume, as well as the edition of Ruth, was published by the Württemberg Bible Society's Press. The considerations which had to be taken into account in the textual criticism of Genesis proved entirely different from those concerning Ruth, and the critical apparatus extended further in the case of the former than in that of the latter. Thus the edition of Genesis assumed a form midway between that of a pocket edition and that of the larger edition which had been previously proposed. There was at first a ready sale for this edition of Genesis, but it happened that, when only about a quarter of the edition had been disposed of, its sale came to a standstill. Consequently, when the manuscript of the Psalms, which should have come next in order of publication, was nearing completion, the Bible Society declared that future issues could not be permitted to assume as full a form as that of the edition of Genesis. At the same time, the "Gesellschaft der Wissenschaften" once more gave consideration to the possibility of the publication of the larger edition. As a consequence of this, the Bible Society resumed its original plan of publishing a small pocket edition Subject to the approval of the "Gesellschaft der Wissenschaften", I declared myself willing to prepare a pocket edition on the textual basis of the three oldest Greek manuscripts. Thus the scheme was abandoned which had for a time been contemplated, of combining the pocket edition with the larger edition. Thereupon the Göttingen firm of Vandenhoeck & Ruprecht undertook the publication of the larger edition. In 1930—1931 they published my edition of the Psalter, which was originally intended for publication by the Bible Society, but which had, meanwhile, been still further enlarged, and now appeared as Part X of the big work. This full edition is designed for detailed study, and is intended to cover all available material. The pocket edition confines itself, in the main, to the three most important manuscripts, B, S, and A, and refers only incidentally and where it seems needful to other material. The aim of this work is to provide clergy and students with a reliable edition of the Septuagint at a moderate price, and thus to supply an important companion and aid to the study not only of the Old Testament, but also of the New Testament. It is my hope that this volume may adequately fulfil its purpose.

Alfred Rahlfs. D. D. Ph. D.

Preface of the Bible Society

It is a very real pleasure to us to be able to publish this work, which is so important for promoting the Biblical Studies of clergy and students alike. This we have been enabled to do, thanks both to the courtesy of the "Gesellschaft der Wissenschaften" in Göttingen and to the readiness on the part of Professor D. Rahlfs to prepare a pocket edition of the Septuagint. In fidelity to our guiding principles, which are the promotion of the knowledge of the Bible in every possible way and the rendering of the utmost service to all those who are occupied in Biblical Studies, we have ventured, at the cost of considerable sacrifice, to produce the work at the lowest possible price, in the hope that it will thereby be assured of a welcome reception from many readers, and will serve a truly beneficial purpose. Relying as we do on of the confidence which we place in the kind assistance of university teachers and Church officers that they will make this work widely known, we now earnestly appeal to all those who appreciate the value of this publication that they will do their utmost in support of its purpose, which is that it may be widely used by those to whom it will prove of value. May the Lord richly bless this work of our Württemberg Bible Society, as He has, indeed, always in the past blessed our work for the welfare of His people.

The Committee
of the Württemberg Bible Society

History of the Septuagint Text[1]

1. The Septuagint is the ancient Jewish translation of the Old Testament into Greek. The Pentateuch, the earliest and the fundamental part of the Old Testament Canon, was translated first of all, and, according to the Letter of Aristeas, this took place during the rule of Philadelphus (285—247 B. C.). The story is told that this translation was made in Alexandria by 70 — or to be more accurate 72 — Jewish scholars; hence it received the name of "Septuagint" (LXX). This title, though it originally applied only to the translation of the Pentateuch, was eventually transferred to the whole of the Old Testament. The translation of the Pentateuch was followed by that of the other books. The translation of these latter was evidently the work of a great number of different hands. This we know, in the first place, from the variations in rendering, which range from the most literal to the most free, and in the second place from the differences in the Greek style which led *H. St. J. Thackeray (A Grammar of the O. T. in Greek Vol I [1909], pp. 12—16)* to make classifications of the books and sections of books in the LXX. As the Prologue to the Book of Ecclesiasticus shows, there was in existence towards the end of the 2nd century B. C. a Greek translation of the whole, or at least of the essential parts, of the O. T. There is no reason for us to doubt that the LXX text of that period was in general agreement with our present-day LXX text.

Still, it could only be accounted a matter of general agreement. As far as details were concerned, it may well be that several kinds of alterations have taken place. For the LXX went through an eventful history from the time of its origin up to the 4th century A. D., when our most ancient complete manuscripts were produced From a date previous to the 4th century A. D. we only possess fragments, but the history of the LXX before that century cannot but have had a lasting influence upon our MSS.

---

[1] See *"Das Buch Ruth griechisch, hsg. von A. Rahlfs" (Stuttgart 1922), pp. 6—14;* and *"Septuaginta ed A. Rahlfs: I. Genesis" (Stuttgart 1926), pp. 7—15.*

2. The LXX was a Jewish work, and was at first held by the Jews in high esteem. According to the Letter of Aristeas, the translation of the Pentateuch was accorded official recognition by the Jewish Community in Alexandria, and Jewish writers such as Philo and Josephus used it preferably, if not exclusively. The LXX proved of supreme importance in the work of the preservation and expansion of Judaism. The Jews who, in the Dispersion, dwelt far from the land of their fathers, came to be less and less acquainted with Hebrew, yet the LXX caused them to remain continuously faithful to the Law and to the other Sacred Scriptures, while it also enabled those who were not Jews to study these writings.

The LXX, in addition, paved the way for later Christian missions. For in the first days of Christianity the Old Testament was the Holy Scripture κατ' ἐξοχήν for the Christians, just as it was for the Jews, and the Christian missionaries were able to discover a ready point of contact wherever there had already spread a knowledge of the Old Testament. Thus it came about that the earliest Christian communities were formed to a large extent from Jews of the Dispersion, while the LXX, being already everywhere wide-spread and well-known, was simply adopted by the Christians as the Church's Bible.

3. The Jews became alienated from the LXX a short time after its adoption by the Christian Church. The following circumstances appear especially to have contributed to this:

(a) In the frequent disputations that took place between the Jews and the Christians, the latter often made quotations from the LXX, which the former could not regard as conclusive. These were, in part, concerned with inaccurate translations, of which a well-known example is the rendering of עלמה Is. VII. 14. by παρθένος, which has been ever-recurring in all polemical writings against the Jews. The Christians justifiably maintained that this rendering originated from the old Jewish translators themselves, whereas the Jews with equal justification rejected it as being inaccurate. The points at issue were, however, in part, a mere matter of Christian additions, introduced into the LXX merely by the naïve lack of discrimination shown by the early Christians, as was, for instance, the case with regard to Ps. **XCV.** 10. (Ps. **XCVI.** 10. in Hebrew), in which ὁ κύριος ἐβασίλευσεν was supplemented by ἀπὸ

ξύλου. These words "From the Cross" were regarded by Justin Martyr as so evidently belonging to the original text of the Bible, that he was able, in all sincerity, to accuse the Jews of having maliciously expunged them.[1]

(b) There is every likelihood that, towards the end of the first century A. D., the Text and Canon of the Old Testament were definitely fixed by the Jewish scholars in Palestine. The LXX, which was produced in an earlier and less rigidly regulated period, did not in many points conform to so strict a ruling. It included books and portions of books which did not belong to the Palestinian Canon, and which sometimes also assumed a different Hebrew text. As the rulings which at that time prevailed in Palestine, came to be accepted as determinative for the whole of the Dispersion, the LXX naturally lost its former authority.

(c) Owing to the influence of Akiba, in the first thirty or so years of the 2nd century A. D., there became predominant a school of Rabbinic interpretation which laid emphasis upon every letter of the sacred text, and which drew the most far-fetched and often the most singular conclusions from the most unimportant of details. In this context we need only mention one instance of Akiba's methods; and this only because we shall have cause to refer to it again later. He interpreted the accusative particle את appearing in Genesis I. 1. in front of השמים and הארץ as meaning "with". Thence he inferred that God created "along with the heaven and the earth" other things as well, namely, with the heaven the sun, the moon, and the constellations, and with the earth trees, plants, and the Garden of Eden[2]. It is quite evident that this type of interpretation, adhering firmly, as it does, to every single letter, could not rest satisfied with such a manifestly free translation as the Septuagint.

4. As a result, the Judaism of this period fashioned an entirely new Greek translation of the Old Testament. Aquila, a Greek proselyte and a disciple of Akiba, rendered every detail of the sacred Text as precisely as possible into Greek, and he did not shrink from perpetrating the most appalling outrages to the whole essence of the Greek language.

---

[1] See my *Septuaginta-Studien 2 (1907), pp. 223 f.*

[2] *J. Derenbourg, Essai sur l'histoire et la géographie de la Palestine I (1867), p. 396. Note 4.*

We are provided in the very first verse of the Bible with a classical example of his translating. The LXX had rendered it into correct and good Greek by ἐν ἀρχῇ ἐποίησεν ὁ θεὸς τὸν οὐρανὸν καὶ τὴν γῆν. This translation was, however, very far from being accurate enough for Aquila's tastes. The etymology of the Hebrew ראשית did not find expression in ἀρχή; Aquila, however, aimed at providing a rendering of all Hebrew derivatives which should be accurate, even in regard to etymology. He therefore translated ראשית as a derivative of ראש by κεφάλαιον, being a derivative of κεφαλή. It did not matter that the Greek word κεφάλαιον did not mean "Beginning" but "Chief point" or "Sum" etc. Neither was Aquila able to use the classical Greek word ἐποίησεν; for he used different renderings in Greek for different Hebrew words, and, consequently, ποιεῖν being to him the equivalent of עשה, he sought for another translation for ברא, and this he found in κτίζειν, a word already frequently used in the LXX to render ברא. The next word in the LXX was ὁ θεός = אלהים; Aquila omitted the article, his reason being that it was not there in the Hebrew text [1]. Finally, there came in the LXX the words τὸν οὐρανὸν καὶ τὴν γῆν; Aquila, in order to have a special Greek rendering even for את, wrote σὺν τὸν οὐρανὸν καὶ σὺν τὴν γῆν. At this point he was plainly influenced by his teacher Akiba, who, as has been mentioned above, had taken את in this context as meaning "with". All the same, in order to contradict previous inaccurate statements of the fact, it needs emphasising that Aquila does not in every case render את by σύν, but only on occasions when in the Hebrew text את is followed by the article; should, however, a Hebrew word have no article preceding it, as, for example, in the case of a status constructus, or of a proper name, then Aquila translates את by the Greek article.[2]

I have put together other characteristic examples of Aquila's art of translation in the *Mitteilungen des Septuaginta-Unternehmens 1, p. 240 Note 2.* There I have shown how Aquila has, whenever it has been possible, rendered different derivatives of the same Hebrew root, even though entirely synonymous in meaning, by different

---

[1] ὁ Θεός used formerly to be regarded as the correct reading given by Aquila. The article, however, is rightly omitted in a recently discovered Papyrus Fragment. See *Mitteilungen des Septuaginta-Unternehmens 1, p. 344 Note 1.*

[2] See *Mitteilungen des Septuaginta-Unternehmens 1, pp. 343. 347.*

derivatives of the same Greek root, as for example (1) אָמַר or אֹמֶר
λόγος, but אִמְרָה λόγιον, (2) חַטָּאת ἁμαρτία, but חֵטְא ἁμάρτημα, (3) חֹק
ἀκριβασμός, but חֻקָּה ἀκρίβεια, (4) יַחַד ἅμα, but יַחְדָּו ὁμοῦ, (5) יְשׁוּעָה or
תְּשׁוּעָה σωτηρία, but יֵשַׁע σωτήριον, (6) כְּ ὡς, but כְּמוֹ ὁμοίως or ὅμοιος,
(7) מִכְשׁוֹל σκάνδαλον, but מַכְשֵׁלָה σκανδαλισμός, (8) צְדָקָה δικαιοσύνη,
but צֶדֶק δίκαιον, (9) קֵץ τέλος, but קָצֶה, קְצֶה, קָצָה τέλεσμα or τελευταῖον,
(10) רַע κακόν, but רָעָה κακία. Two principles appear, in these instances,
to have played an especially prominent part in the choice of Greek
equivalents: (1) the gender of the Hebrew words was reproduced
in Greek; Greek masculine and neuter both corresponding to the
Hebrew masculine (as in Nos 2, 3, 5, 8, 10 above). (2) a lengthier
Hebrew word was rendered by a correspondingly long Greek word
(as in Nos 1, 4, 6—9). The crowning-point of the translator's
ingenuity is, however, reached in No. 4, where ἅμα and ὁμοῦ
correspond completely with יחד and יחדו respectively, even with
regard to the number of letters, and, moreover, ὁμοῦ ends with
the same letter as יחדו (υ = ו). — The extraordinary consistency
with which he made these distinctions, earns our genuine admiration.
Aquila must have possessed not only a will of iron, but also an
incredible memory, as is demonstrated by the way in which he
regularly provided a uniform rendering for each Hebrew word as
it occurred. But he may perhaps, before he began his translations,
have drawn up a Hebrew - Greek Glossary, in which he fixed,
according to a complete system, the Greek translation for every
Hebrew word.[1]

Aquila's translation of the Bible must on occasions have proved
altogether incomprehensible to Non-Jews, and it is not to be
wondered at that Jerome made fun of peculiarities such as
σὺν τὸν οὐρανὸν καὶ σὺν τὴν γῆν. The Jews, however, held this
translation in the highest esteem, and they came to use it for
centuries, employing it even in their religious services. It was
not, indeed, until it was required of all Jewish Communities
throughout the length and breadth of the Byzantine Empire, that
they should study the original Hebrew text, that Aquila's trans-
lation lost its authority, and consequently there came a time

[1] For further particulars with regard to Aquila and his characteristic traits
see especially *Fr. Field, Origenis Hexaplorum quae supersunt I (1875), pp. XXI
—XXIV; Joseph Reider, Prolegomena to a Greek-Greek and Hebrew-Greek
index to Aquila (Philadelphia 1916)* and *Mitteilungen des Septuaginta-
Unternehmens I pp. 240 ff.*

when all that remained of it were a number of rather meagre fragments.

5. Soon after Aquila, and also in the course of the 2nd century A. D., two other Greek translations were produced, those of Theodotion and of Symmachus.

Theodotion did not provide an entirely new translation, but, taking the LXX as his basis, he corrected it according to the original text. I have dealt with two passages of his work in my essay *"Über Theodotion-Lesarten im N.T. und Aquila-Lesarten bei Justin"* *(Zeitschrift f. d. neutest. Wissenschaft 20 [1921], pp. 182—199)*, in order to investigate whether the New Testament writers, as has been repeatedly suggested, used Theodotion's translation, or rather that of an *"original Theodotion"*. As these two passages may be taken as typical of his method, I will make reference to them here. In Is. **XXV.** 8. the LXX had rendered בלע המות לנצח by κατέπιεν ὁ θάνατος ἰσχύσας. Theodotion took over κατέπιεν ὁ θάνατος without change, and merely replaced the all too inaccurate LXX translation of לנצח by εἰς νεῖκος. In Zech. **XII.** 10. the LXX had rendered והביטו אלי את אשר דקרו by καὶ ἐπιβλέψονται πρός με ἀνθ' ὧν κατωρχήσαντο; Theodotion retained καὶ ἐπιβλέψονται πρός με, but replaced ἀνθ' ὧν κατωρχήσαντο, which was supported by another Hebrew Text (רקדו instead of דקרו) by ὃν ἐξεκέντησαν. As to εἰς νεῖκος in the first passage, 1 Cor. **XV.** 54. appears to be in harmony with Theodotion and also John **XIX.** 37. with ὃν ἐξεκέντησαν in the 2nd passage. This conformity will not, however, as I have pointed out, justify the conclusion that there had existed an original Theodotion older than Paul and John.

Symmachus provided an entirely new translation of the O. T. In common with all later translators he kept closely to the Hebrew text. He was, however, anxious to make his translation good Greek, and this is illustrated, among other instances, by his preference for participial constructions, by which he turned the Hebrew main clauses into subordinate clauses, as, for example, in 1 Kings **II.** 46—**III.** 1. והממלכה נכונה ביד שלמה ויתחתן שלמה וגו' τῆς δὲ βασιλείας ἑδρασθείσης ἐν χειρὶ Σαλωμων ἐπιγαμίαν ἐποιήσατο Σαλωμων κτλ.

Some further translations were made of single books of the O. T. Of these later translations there are preserved for us only fragments, and that practically exclusively through the agency of Origen's Hexapla, which we must now consider.

6. All this painstaking work upon the text of the O. T. has had a powerful influence upon the Christian Church, and particularly so, subsequent to the foundation of the Christian School in Alexandria. The Christian additions were now removed from the text of the Bible. Our oldest Greek Manuscripts, B, S, and A, had already dispensed with the addition of ἀπὸ ξύλου to Ps. XCV. 10, an addition which is still preserved only in the Coptic and Latin transmissions.[1]

But, above all, Origen, the greatest scholar of the Alexandrian School, had devoted himself to the most intensive study imaginable of the O. T. text. In his famous and voluminous work, the Hexapla, which he produced in Palestine about the 4th decade of the 3rd century A. D.,[2] he placed side by side in 6 parallel columns the original O. T. in Hebrew characters, and in Greek transcription, together with the 4 Greek translations. It is clear from the very arrangement of the Hexapla that to him, being a scholar, not the LXX, but the original text was ultimately the primary authority, for he put the original text first, and then had next to it the translations of Aquila and of Symmachus, since they furnished the most accurate renderings of the original text. The LXX followed next, and then Theodotion as a revised version of it. The same method is discernible in the way in which Origen adapted the LXX to bring it into line with the original text. In order to indicate matter in the LXX, which did not appear in the original text, he employed obelisks (—, ⁒, ÷), symbols that were used in textual criticism by the Alexandrian Philologists, and especially in dealing with Homer, in order to brand a passage as spurious. Origen also made use of the obelisk in this same sense, for he declares in his commentary on Matthew *(Opera ed. Delarue III 672)* that he has marked with an obelisk those words which were not in the Hebrew, since *"he did not dare to erase them entirely"*. This is an obvious indication that he would have expunged them completely, had he been willing to be absolutely consistent.[3] Conversely, Origen, as he himself says in the same passage, added

---

[1] See my *Septuaginta-Studien 2 (1907), p. 160.*

[2] Cf. *ibid. 1 (1904), p. 71,* where I have specified as the date of the composition of the Hexapla on Kings the period between about 235 and 240 A.D.

[3] See my *Septuaginta-Studien 1 (1904), p. 75. Ibid. pp. 73f.* Here I have shown that, despite this statement of his, Origen repeatedly drew the logical conclusion and entirely deleted that which was superfluous in the LXX.

"from out of the other editions (i. e. translations) in agreement with the Hebrew" whatever was missing from the LXX, characterising it with an asterisk (✳), a symbol which he likewise borrowed from Alexandrian philology. (cf. *Field, Origenis Hexaplorum quae supersunt I, p. LII f.)* But, besides these, in many passages Origen, without any indication, made further alterations to the LXX after the pattern of the original text and the later translations that were in agreement with it. Above all, he corrected in this way the forms of proper names, for which he had had from an early date an especial interest.[1] He also made corrections in the LXX order of words, in so far as it showed any important departure from the Hebrew order; this latter alteration had already, as a matter of fact, been necessitated, since he intended that words that were on the same line of each of the 6 columns, should correspond one with another, while every line contained, however, on the average only about 1—2 words in both the Hebrew columns, and 2—3 words in the four Greek columns.[2]

Origen's Hexapla was designed only for the use of scholars. He intended, as he himself said in his letter to Julius Africanus, that it should serve, in particular, as armour for the Christian controversialist in his conflict with the Jews, who were continuously invoking their Hebrew O. T., and pouring ridicule upon their opponents' manoeuvres with the LXX. The object of the Hexapla was thus to enable the Christians to defeat the Jews with their own weapons and win their respect.

On the other hand, however, where it was a matter of the use of the Old Testament in church, it was Origen's wish that the Church should retain the traditional LXX text. In justification of this he quoted the saying, *"Remove not the ancient landmark which thy fathers have set"*.[3] It happened also that the Hexapla and the Tetrapla (with the two Hebrew columns omitted) were prevented by their gigantic size from gaining any wider circulation, and hence they exercised, for the time being, no effective influence upon the formation of the Bible Text.

---

[1] *Septuaginta-Studien 1 (1904). p. 71, Note 1.*

[2] See the specimen of the Hexapla Fragments on the Psalms discovered by *Giovanni Mercati,* and published in reproduction by *E. Klostermann* in *Zeitschr. f. d. alttest. Wiss. 16 (1896), pp. 336 f.*

[3] See *Septuaginta-Studien 1 (1904), p. 76.*

7. Not long after Origen, and presumably during the last quarter of the 3rd century A. D., a similar revision of the LXX was made by the presbyter Lucian, who died a martyr's death on Jan. 7th, 312, and who was the founder of the Exegetical School at Antioch. Sometimes Lucian's revision, in a similar way to that of Origen, followed the original text and the later translations. Lucian, however, very frequently worked with the greatest freedom upon the LXX, and from all sorts of grammatical and stylistic views. For instance, acting under the influence of the atticising movement of the time, he replaced the hellenistic forms of the LXX such as ἐλάβοσαν, εἶπαν, τὸ ἔλεος by the attic ἔλαβον, εἶπον, ὁ ἔλεος.

In contrast to Origen, whose LXX recension sought merely to serve a scholarly and scientific purpose, Lucian apparently at the outset designed his recension for practical ends; and, indeed, from all appearances, his rendering soon received wide circulation. In effecting this, an important part was played by the leading theologians and clergy of the Antiochene Exegetical School. Through them Lucian's recension reached Constantinople, the capital of the Roman Empire in the East, and from there it could readily secure a wider circulation. According to the wellknown statement of Jerome, this version was by 400 A. D. predominant in the whole area from Antioch to Constantinople. As regards Psalter and New Testament alike, the Lucian text managed in time to supersede all other text-forms.[1]

8. The success of the Antiochene School, however, if my view be correct, had its influence upon Palestine, and evoked similar endeavours which are most probably at the same time to be deemed reactions against Antioch. In Palestine, at the beginning of the 4th century A. D., Pamphilus, who died a martyr's death in 309, founder of a theological school and of a famous library in Caesarea and also an enthusiastic admirer of Origen, dug out the latter's LXX text and in collaboration with his pupil, Eusebius, the celebrated Church Historian, published it in separate form. This was all presumably done in conscious opposition to Antioch, and with the intention of creating general acceptance for this text. By this means Origen's LXX text was for the first time given a wider circulation, having hitherto lain

---

[1] See *Septuaginta-Studien 2 (1907), p. 237.*

buried in the disproportionately bulky volumes of the Hexapla and the Tetrapla. It was predominant, according to Jerome, in Palestine at about 400 A. D.

9. Jerome mentions yet a third recension. This is to be traced back to a certain Hesychius, about whom we know little, and it prevailed in Egypt at about 400 A. D. It had been presumably by that time in existence for about a century. No conclusive information is yet to be had with regard to this third recension.

10. Origen's text is indicated by *O*, that of Lucian by *L*, another somewhat later recension, which is to be found in the big Catena in XVI prophetas, by *C*.

Explanation of Symbols

This present pocket edition of the Septuagint is based mainly upon B, S, and A, the three famous manuscripts of the Bible, which originally included the whole of the O. T. and the N. T.

B: known as *"Codex Vaticanus"*. Rom. Bibl. Vat., Vat. graec. 1209; 4th century A. D. Two passages are missing from this manuscript: Genesis from the beginning up to Chap. XLVI. 28. ηρωων, and Ps. CV. 27[1] to CXXXVII. 6[1], but they were restored by a fifteenth century hand; this addition does not concern us here, as it furnishes a different text from that of B. Excepting this, B comprises the whole of the Old Testament. The Books of the Maccabees[1] and the Psalms of Solomon, as a matter of course, are lacking, this being an omission common to all the most ancient manuscripts.

S: known as *"Codex Sinaiticus"* [= א]. The principal portion of it used formerly to belong to the State Library in Leningrad, but has recently been sold to the British Museum in London. Tischendorf brought with him a smaller portion, which is in Leipzig.

Cf. the full Index in my *"Verzeichnis der griech. Hss. des A. T"*. *(Mitt. des Sept.-Untern., Vol. 2, 1914), pp. 226-229*.

A: known as *"Codex Alexandrinus"*. London, Brit. Mus., Royal 1 D. V—VIII; Middle of the 5th century. The following passages have been lost: 1 Kings XII. 17—XIV. 9, and Ps. XLIX. 20[1]—LXXIX. 11[2] αυτης. — This MS alternates in the Psalter between the B- and L-Texts *(Rahlfs, S.-St. 2 [1907], p. 56; Septuaginta ed. Rahlfs X [1931], p. 70)*. This is to be found similarly elsewhere: in the Book of Leviticus A combines in an uncustomary manner with B, while in Job there is a similar combination of A with V (cf. Introduction to Job).

Photographic reproductions of these three manuscripts have been published (see my *"Verzeichnis der griech. Hss."*, quoted above

---

[1] See my essays *"Alter und Heimat der vaticanischen Bibelhs."* *(Nachrichten der Ges. der Wiss. zu Gött., Phil.-hist. Kl. 1899. pp. 72 ff.)* and *"Über das Fehlen der Makkabäerbücher in der äthiop. Bibelübers."* *(Zeitschr. f. d. alttest. Wiss. 28 [1908], pp. 63 f.)*.

under S.). These three are also compared in the previous pocket
editions of the LXX, by Tischendorf and Nestle, and by Swete,
as well as in the large edition by Brooke and Mc Lean. Thus
references to the photographs themselves have only proved neces-
sary in cases of doubt. Variant readings of these three MSS are
fully noted, though no reference has been made to unimportant
scribal errors.

In connection with the signs of the Manuscripts, the following
symbols will be occasionally found:

* = the original reading of a MS.

$^{(*)}$ = an original reading which has only received partial correction.

^{c} = Corrector, i. e. one who has replaced the original and still
    recognisable text by another text.

^{r} = Rescriptor, i. e. one who, in his correction, has so completely
    set aside the original text that it is no longer recognisable.

^{s} = Suppletor, i. e. one who has supplied certain words which
    either were not originally in the MS. or which have been lost.

^{txt} = text.

^{mg} = margin.

† = only the MSS. which we have cited and, at the most, not
    more than one minuscule which we have not mentioned have
    supported the reading in question.

$^{(†)}$ as †, though there are one or more similar readings in other MSS.

^{p} = a part of a group of MSS.

In addition, the following symbols and abbreviations have been
employed.

$+$ = plus.

add. = adds.

$>$ or om. = omits.

pr. = premises.

tr. = transposes; if more than 2 words are concerned, the inverted
    words are separated by

suppl. = supplies.

repet. = repeats.

$\frown$ = omission in a MS. due to haplography.

( ) in the critical apparatus indicates that the letters in brackets
    are missing from a number of the MSS. mentioned.

⟨ ⟩ indicates that the letters in brackets are my own additions.

I 2

[ ] indicates that the words in brackets do not belong to the
    original LXX text.

seq. = following.

init. = beginning ⎫
fin. = end   ⎬ of the verse.

rel. = the remaining MSS.

al(ii) = other MSS.

pau(ci) = a few MSS. up to about a quarter ⎫
compl(ures) = about a quarter to a half   ⎪ of the known
mu(lti) = about a half to three quarters   ⎬ Minuscules.
pl(urimi) = over three quarters   ⎭

𝔐 = Hebrew (massoretic) text.

𝔊 = Greek translation (LXX i. e. Septuagint).

gr. = Greek.

α′ = Aquila.

σ′ = Symmachus.

ϑ′ = Theodotion.

ε′ = Quinta, i. e. the 5ᵗʰ column which in certain books of the
    Hexapla follows after α′ σ′ 𝔊 ϑ′.

The following abbreviations have also been used:

Ald. = editio Aldina, Venice, 1518.

Ciasca = Sacr. Bibliorum fragmenta Copto-Sahidica Musei Borgiani
        ed. A. Ciasca. I. II. Romae 1885. 1889.

Complut(ensis) = The Polyglot work of Cardinal Ximenes, printed
        during 1514—1517 in Complutum (= Alcala da Henares),
        but not published until several years later.

Field = Origenis Hexaplorum quae supersunt ed. Fr. Field. I. II.
        Oxonii 1875.

Fr(itzsche) = Libri Apocryphi Veteris Testamenti Graece ed. Fritz-
        sche. Lips. 1871.

Gebh(ardt): see: Introduction to Ps. Sal.

Gr(abe) = Septuaginta Interpretes ed. Ioan. Ern. Grabe. I—IV.
        Oxonii 1707—20.

Helbing Kasussyntax = Rob. Helbing, Die Kasussyntax der Verba
        bei den Septuaginta. Gött. 1928.

Johannessohn Präp. = Martin Johannessohn, Der Gebrauch der
        Präpositionen in der Septuaginta (Mitt. d. S.-U. 3, pp. 165—
        388).

Lag. = Librorum Veteris Testamenti canonicorum pars prior graece ed. P. de Lagarde. Gott. 1883.

Mitt. d. S.-U. = Mitteilungen des Septuaginta-Unternehmens. Berlin 1909 ff.

Ra. = Rahlfs (such emendations of the text as are my own work).

Sixt. = Vetus Testamentum iuxta Septuaginta ex auctoritate Sixti V. Pont. Max. editum. Romae 1587.

Sm(end): see: Introduction to Sir. Prol.

Sw. = The Old Testament in Greek ed. by H. B. Swete. 3 Vols. Cambr. 1887 ff.

Thack. = Henry St. John Thackeray, Grammar of the Old Testament in Greek. Vol. I: Introduction, orthography and accidence. Cambr. 1909.

Tisch. = Vetus Testamentum graece iuxta LXX interpretes ed. C. de Tischendorf. Editio 7 ed. E. Nestle. Lips. 1887. The text of this edition is reprinted from "Sixt.".

Praefatio editoris.

Celeberrimae Novi Testamenti editionis manualis auctor D. Eberhard Nestle, cum non multum ante illud orbis terrarum bellum item coepisset curare Veteris Testamenti Graeci quod vocatur Septuaginta editionem manualem apud Societatem Biblicam Stuttgartiensem, morte quominus opus perficeret prohibitus est. Qua de causa fasciculus tantum, liber Jeremiae graece et hebraice, postea ab Ioanne Dahse pastore et a D. Dr. Erwin Nestle, filio defuncti, exactus est et prelo traditus. Sed cum Societas Biblica Stuttgartiensis consilio editionis manualis versionis LXX instituendae non desisteret, ego ultimo belli anno (1917/18) officium eius editionis curandae suscepi, iam pridem studiis versionis LXX initiatus et iam tum per decem paene annos praepositus operi a Societate Scientiarum Gottingensi versioni LXX consecrato, quippe qui iuberer maiorem editionem criticam versionis LXX elaborare; sed quoniam per bellum stabat, quominus copia iam collecta imaginum photographicarum, quibus codices depingebantur, ita ut opus erat compleretur, illa editio maior in praesens omittenda erat, et congregatio Societatis Scientiarum Gottingensis, quae LXX-Kommission appellatur, ipsa quoque probavit loco editionis maioris iam minorem editionem criticam edendam. Huius editionis, quoniam anni bellum sequentes abundabant impedimentis, anno 1922 demum iussu eiusdem congregationis libellus speciminis loco in lucem prodiit: „Das Buch Ruth griechisch, als Probe einer kritischen Handausgabe der Septuaginta herausgegeben von Alfred Rahlfs". Deinde suscepi Genesin librum tractandum, qui prodiit 1926 inscriptus: „Septuaginta Societatis Scientiarum Gottingensis auctoritate edidit Alfred Rahlfs", item ut liber Ruth ex aedibus societatis Biblicae Stuttgartiensis.

Sed cum ratio lectionum libri Genesis prorsus differret a lectionibus libri Ruth, etiam apparatus variarum lectionum amplificatus est ita, ut editio libri Genesis quasi media esset inter editionem maiorem antea propositam et editionem minorem. Quae editio cum initio feliciter venisset, quarta circiter parte vendita a paucis requireretur, Societas Biblica, ubi liber Psalmorum, qui sequi debebat, paene manu elaboratus est, negavit se posse editionem maioris formae qua erat liber Genesis continuare. Et quoniam eodem tempore Societas Scientiarum Gottingensis denuo magnam editionem perficere statuit, Societas Biblica autem prius consilium editionis minoris redintegravit, ego probante Societate Scientiarum professus sum me velle editionem minorem curare tribus antiquissimis testibus graecis pro fundamento sumptis. Itaque editionibus minore manuali et maiore, cum per breve tempus coniunctae fuissent, denuo separatis, librarii Vandenhoeck et Ruprecht Gottingenses maiorem editionem imprimendam susceperunt et annis 1930/31 editionem meam Psalmorum prius Societati Biblicae destinatam, postea amplificatam ut partem decimam maioris operis in lucem protulerunt. Qua editione maiore omnes quicunque undique fontes inveniri possunt adhibentur. Editio minor maxima ex parte solis codicibus B S A nixa, aliis fontibus interdum ubi opus erat admissis, id maxime spectat, ut imprimis iuvenibus academicis et ministris ecclesiae editio fida parvo pretio praebeatur, auxilium magnum explorantibus non solum Vetus sed etiam Novum Testamentum. Quod Deus bene vertat!

Prof. D. Dr. Alfred Rahlfs.

Praefatio Societatis Biblicae Stuttgartiensis.

Ex animo gaudemus, quod postquam Societas Scientiarum Gottingensis benigne hoc permisit et vir doctissimus D. Rahlfs promptum se professus est ad editionem versionis Septuaginta manualem nobis parandam, iam hoc magnum iuvenum academicorum et ministrorum ecclesiae auxilium licet nobis in lucem proferre. Nam quoniam statuimus omni modo studia Biblica adiuvare, et, quicunque ad ea se applicant, iis pro virili parte inservire, ausi sumus magna impensa tantulum pretium operis definire, ut speremus plurimos id grato animo accepturos et feliciter eo usuros. Id sane confidimus futurum esse ut et professores academici et magistratus ecclesiarum benevole nos adiuvent in hoc opere divulgando vehementerque rogamus omnes, qui quanti sit hoc auxilium sciunt, ut enixe dent operam ut opus iam ab iis quibus usui esse potest quam plurimis adhibeatur. Utinam Deus, ut semper favit labori nostro pro salute populi sui suscepto, adiuvet hoc quoque Societatis Biblicae officium.

Curatores
Societatis Biblicae Virtembergensis.

De historia versionis Septuaginta interpretum.[1]

1. Septuaginta antiqua est Iudaica in linguam graecam versio Veteris Testamenti. Primum, ut narratur epistola Aristeae qui fuit sub Ptolemaeo II Philadelpho (annis a. Chr. n. 285—247), pars antiquissima et quae quasi fundamentum est canonis Veteris Testamenti, id est Pentateuchus, conversa est; convertisse dicuntur 70 vel potius 72 homines docti Alexandriae; unde nomen Septuaginta (LXX) proprie ad Pentateuchi solius versionem pertinens in totum Testamentum Vetus translatum. Post Pentateuchum ceteri libri conversi sunt a multis viris ingeniorum maxime variorum, id quod testatur et ratio vertentium (nam alii verbum ex verbo sequuntur, alii liberius, alii liberrime interpretantur) et dictio graeca, quam respiciens H. St. J. Thackeray, A grammar of the O. T. in Greek I (1909) p. 12 - 16 librorum et partium librorum classes versionis LXX constituit. Totum autem Vetus Testamentum, id quod discimus ex prologo libri Jesus Sirach, vix paucis particulis exceptis ad finem alterius a. Chr. n. saeculi in linguam graecam conversum exstabat, nec est quod dubitemus quin textus versionis LXX illius temporis summatim congruerit cum nostro.

Summatim dico; nam loci multi videntur mutati esse. Quippe versio LXX ex eo tempore quo facta est usque ad quartum post Christum saeculum, qua aetate codices nostri antiquissimi exarati sunt (ex priore aetate nihil nisi fragmenta exstant), variam passa est fortunam, quam puto non nihil valuisse ad codices nostros.

2. Versio LXX ab Iudaeis effecta apud Iudaeos initio maxima fuit auctoritate. Illa quidem epistula Aristeae cognoscimus versionem Pentateuchi a communi iudaico Alexandrino publice probatam esse, et scriptores iudaici ut Philo et Iosephus versione LXX sola vel praecipua usi sunt. Eadem plurimum valuit ad conservandum et propagandum nomen iudaicum: qua factum est ut et Iudaei procul a patria disperse habitantes, quos linguae hebraicae notitia necessario magis magisque deficiebat, legem et ceteros libros

---

[1] cf. Das Buch Ruth griechisch, hsg. von A. Rahlfs (Stuttg. 1922), p. 6—14 et Septuaginta ed. A. Rahlfs (Stuttg. 1926), p. 7—15.

sacros usu retinerent, et qui non Iudaei erant ipsi quoque hos libros explorare possent.

Eadem res posteriorem fidei Christianae propagationem adiuvit. Nam Christiani initio ut Iudaei Vetus Testamentum pro libro sacro κατ' ἐξοχήν habebant, et praedicatores fidei Christianae, ubicunque notitia erat Veteris Testamenti, facile habebant exordium. Ita in communibus iudaicis dispersis maior pars orta est communium Christianorum, et versio LXX iam omnibus locis divulgata et nota a Christianis simpliciter recepta est libri sacri ecclesiae loco.

3. Sed postquam ecclesia Christiana versionem LXX recepit, Iudaei brevi ab ea alienati sunt. Quod effectum videtur his praecipue causis.

a) Christiani saepe cum Iudaeis disputantes nonnunquam locos afferebant, quos Iudaei argumento esse negabant. Accusabantur interdum versiones parum accuratae, ut nota illa et in omnibus adversus Iudaeos controversiis repetita vocis עלמה Is. 7 14 per παρθένος, quam Christiani suo iure affirmabant ab ipsis Iudaeis esse profectam, Iudaei eodem iure negabant exactam; interdum additamenta a Christianis leviter et simpliciter inserta, ut Ps. 95 (hebr. 96) 10 ad ὁ κύριος ἐβασίλευσεν additum ἀπὸ ξύλου i. e. ex cruce, quod quin antiquo textu contineretur Iustinus Martyr adeo non dubitabat, ut Iudaeos serio accusaret malevole id delevisse.[1]

b) Veteris Testamenti et canonem et textum exeunte primo p. Chr. n. saeculo a viris doctis Iudaeis definitos et constitutos esse fere constat. A tali sanctione versio LXX, orta aetate priore necdum tam severis normis adstricta, multis in rebus aliena erat; nam libros et partes librorum continebat, quae non inerant canoni Palaestinensi, et interdum alium textum hebraicum interpretabatur. Iam cum normae tum in Palaestina constitutae omnibus Iudaeis disperse habitantibus praeciperentur, auctoritas LXX versionis non potuit non deficere.

c) Ineunte saeculo p. Chr. n. altero ii iudaici librorum sacrorum interpretes docti auctore Akiba praevaluerunt, qui unam quamque litteram textus sacri premebant et ex locis levissimis amplissima et saepe mirabilia concludebant. Hic hoc solum, quia postea iterum respiciendum erit, afferam, quod Akiba particulam casum accusativum designantem את, in Gen. 1 1 השמים et הארץ praecedentem, voce „cum" interpretans concludebat, Deum cum caelo et terra

---

[1] cf. mea Septuaginta-Studien 2 (1907) p. 223 f.

alia creasse, i. e. cum caelo solem lunam astra, cum terra arbores plantas paradisum.[1] Tali doctrinae ex singulis litteris pendenti non iam probari potuisse versionem LXX multis locis adeo liberam quis miretur.

4. Propterea Iudaei illius aetatis novam Veteris Testamenti versionem effecerunt. Aquila quidem, proselytus graecus et Akibae discipulus, omnes particulas textus sacri quam potuit accuratissime in linguam graecam vertit eius linguae ratione omnino neglecta.

Cuius rei optimum exemplum ipse primus Bibliorum versus. Quem versio LXX recte secundum linguam graecam interpretata erat: ἐν ἀρχῇ ἐποίησεν ὁ θεὸς τὸν οὐρανὸν καὶ τὴν γῆν. Quae versio Aquilae longe videbatur abesse a litteris. Nam cum vocabulo ἀρχή origo vocis ראשית non exprimeretur, Aquila vero omnia vocabula hebraica secundum originem accurate studeret vertere, ראשית ut derivatum a ראש (= κεφαλή) vertit per κεφάλαιον, quamquam κεφάλαιον non significat „initium", sed „summam" vel similia. Etiam optimum illud graecum ἐποίησεν Aquilae non usui erat, nam cum varia verba hebraica etiam graece varie verteret, verbo ποιεῖν autem verteret hebraicum עשה, pro ברא aliud verbum quaerens invenit κτίζειν, quo verbo etiam versio LXX saepe ברא verterat. Sequebatur in LXX ὁ θεός = אלהים; Aquila omisit articulum, quod in hebraico textu deerat.[2] Denique versio LXX ferebat τὸν οὐρανὸν καὶ τὴν γῆν; Aquila, ut etiam את graeca voce redderet, scripsit σὺν τὸν οὐρανὸν καὶ σὺν τὴν γῆν, auctore videlicet magistro Akiba, quem supra ostendimus את voce σύν interpretatum esse; ceterum affirmemus (alii antea eam rem parum accurate docuerunt) multum abesse, ut Aquila semper את voce σύν interpretetur, sed tum demum, cum in textu hebraico את praecedit articulum; cum את hebraicum praecedit vocem sine articulo, exempli causa in statu constructo positam vel nomen proprium, Aquila vertit את graeco articulo.[3]

Alia exempla artem vertendi Aquilae signantia ego collegi Mitt. d. Septuaginta-Unternehmens 1 p. 240 adn. 2. Ibi ostendi Aquilam derivata ex eadem radice hebraica, etiamsi plane eadem significent, variis vocibus ex eadem radice graeca derivatis vertere e. g. 1) אָמַר vel

---

[1] J. Derenbourg, Essai sur l'histoire et la géographie de la Palestine 1 (1867) p. 396 adn. 4.

[2] Antea etiam apud Aquilam legebatur ὁ θεός, sed fragmentum papyri nuper repertum omittit articulum, cf. Mitteilungen des Septuaginta-Unternehmens 1, p 344 adn. 1.

[3] Mitteilungen des Septuaginta-Unternehmens 1, p 343. 347.

אָמֵר λόγος, at אִמְרָה λόγιον, 2) חַטָּאת ἁμαρτία, at חֵטְא ἁμάρτημα, 3) חֹק
ἀκριβασμός, at הֻקָּה ἀκρίβεια, 4) יַחַד ἅμα, at יַחְדּו ὁμοῦ, 5) יְשׁוּעָה vel
תְּשׁוּעָה σωτηρία, at יֵשַׁע σωτήριον, 6) כְּ ὡς, at כְּמוֹ ὁμοίως vel ὅμοιος,
7) מִכְשׁוֹל σκάνδαλον, at מַכְשֵׁלָה σκανδαλισμός, 8) צְדָקָה δικαιοσύνη,
at צֶדֶק δίκαιον, 9) קֵץ τέλος, at קָצֶה, קָצָה, קָצֶה τέλεσμα vel τελευταῖον,
10) רַע κακόν, at רָעָה κακία. In eligendis graecis verbis has duas res
videtur ille spectasse: primum imitabatur genus vocum hebraicarum
lingua graeca, masculinum graecum et neutrum ponens pro mascu-
lino hebraico (cf. exempla 2. 3. 5. 8. 10), longiorem vocem graecam
pro longiore voce hebraica (cf. ex. 1. 4. 6—9). Omne autem in ver-
tendo tulit punctum exemplo quarto, ubi ἅμα et ὁμοῦ etiam numero
litterarum cum יחד et יחדו congruunt et ὁμοῦ eadem littera finitur
qua יחדו (υ = ו). Quas omnes distinctiones admirabili quadam con-
stantia servavit, putamusque Aquilam non modo fuisse ferreum
voluntate, sed, quoniam unam quamque vocem hebraicam ubicunque
invenitur eadem voce interpretatur, mira etiam memoria, nisi forte,
priusquam inciperet vertere, glossarium graeco-hebraicum perfecit
certa regula ac disciplina uniuscuiusque vocis hebraicae versionem
graecam constituens.[1] Aquilae versio cum ab iis qui non erant Iudaei
multis locis intellegi omnino non posset, non miramur Hieronymum
illas prodigiosas interpretationes ut σὺν τὸν οὐρανὸν καὶ σὺν τὴν
γῆν irrisisse. Contra Iudaei summam ei auctoritatem tribuerunt et
per saecula ea etiam in synagogis usi sunt. Tum demum, cum com-
munia iudaica totius imperii byzantini coeperunt postulare ut ipse
textus hebraicus nosceretur, Aquilae versio auctoritate privata
periit paucis particulis conservatis.

5. Non multo post Aquilam, etiam altero p. Chr. n. saeculo duae
aliae versiones graecae factae sunt, a Theodotione et a Symmacho.

Theodotio non ab integro vertit, sed versionem LXX respiciens
correxit textu hebraico adhibito. Eius operis duos locos in com-
mentariolo „Über Theodotion-Lesarten im N. T. und Aquila-Le-
arten bei Justin" (Zeitschr. f. neutest. Wissensch. 20 [1921],
p. 182—199) perscrutatus sum, ut statuerem scriptoresne Novi Te-
stamenti, id quod complures suspicati sunt, versione Theodotionis
vel Prae-Theodotionis usi essent. Quos locos, cum demonstrent eius

---

[1] Alia de arte et ingenio Aquilae invenies praecipue apud Fr. Field, Origenis
Hexaplorum quae supersunt I (1875), p. XXI—XXIV, apud Joseph Reider, Pro-
legomena to a Greek-Hebrew and a Hebrew-Greek index to Aquila (Philadelphia
1916) et in Mitteilungen des Septuaginta-Unternehmens 1, p 240 ff.

vertendi rationem, hic affero. In Is. 25 8 LXX בלע המות לנצח verterat
per κατέπιεν ὁ θάνατος ἰσχύσας; Theodotio non mutatis κατέπιεν ὁ
θάνατος pro parum accurata versione vocis לנצח posuit εἰς νεῖκος.
In Zach. 12 10 LXX verterat והביטו אלי את אשר דקרו per καὶ ἐπιβλέ-
ψονται πρός με ἀνθ᾽ ὧν κατωρχήσαντο; Theodotio conservatis καὶ
ἐπιβλέψονται πρός με pro ἀνθ᾽ ὧν κατωρχήσαντο, id quod ex רקדו
non ex דקרו versum est, posuit ὃν ἐξεκέντησαν. Priore loco Theo-
dotio, cum ponit εἰς νεῖκος, congruit cum Cor. 1 15 54, altero,
cum ponit ὃν ἐξεκέντησαν, cum Ioh. 19 37; sed demonstravi inde non
sequi, ut fuerit Prae-Theodotio, antiquior Paulo et Iohanne.

Symmachus integram versionem Testamenti Veteris exegit, ut
omnes qui postera aetate verterunt, textum hebraicum anxie se-
quens, sed sermonem affectans vere graecum. Quod et aliis rebus
ostendit et participiorum frequenti usu, ut quae hebraice coordi-
nata essent subiungeret, ut Reg. I 2 46—31 'שלתה ויתחתן שלמה וגו
והממלכה נבונה ביד τῆς δὲ βασιλείας ἑδρασθείσης ἐν χειρὶ Σαλωμων
ἐπιγαμίαν ἐποιήσατο Σαλωμων κτλ.

Quidam Veteris Testamenti libri etiam ab aliis versi sunt; sed
omnium versionum posteriorum nihil nisi fragmenta conservata sunt
eaque paene omnia Orgenis Hexaplis, de quibus subinde disseremus.

6. Omnis haec opera in textu Veteris Testamenti collocata magni
momenti fuit etiam ecclesiae christianae, praesertim postquam orta
est Alexandriae scientia christiana.

Additamenta quidem christiana ex textu Bibliorum reiecta: iam
vetustissimi codices nostri carent additamento ἀπὸ ξύλου Ps. 95 10,
quod coptica et latina traditionibus solis conservatur.[1]

Praeter ceteros autem Origenes, vir disciplinae Alexandrinae
omnium doctissimus, textui Veteris Testamenti quam maximam
operam dedit. Qui celeberrimo illo opere Hexaplorum ingenti, quod
intra annos fere tricesimum et quadragesimum tertii post Chr. n.
saeculi in Palaestina perfecit, sex columnis iuxta positis antiquum
textum Veteris Testamenti litteris hebraicis et graecis et quattuor
illas versiones graecas composuit. Ex eo ipso ordine apparet homi-
nem doctum re vera non versionem LXX, sed textum hebraicum
spectavisse; nam primum posuit textum hebraicum, adiunxit ver-
siones Aquilae et Symmachi quippe qui accuratissime verterent,
tum demum sequuntur LXX et Theodotio qui LXX correxit. Idem
elucet ex eius ratione textum hebraicum cum versione LXX com-

---

[1] cf. mea Septuaginta-Studien 2 (1907), p. 160.

parandi. Nam quaecunque versio LXX afferebat, textus hebraicus omittebat, obelo (—, ÷, ÷ vel similiter) notavit, quo signo philologi Alexandrini usi erant, ut spurios indicarent locos scriptorum, imprimis Homeri. Eodem consilio Origenes posuit obelum; nam in commentario quo Evangelium Matthaei interpretatus est (Opera ed. Delarue III 672) dicit se ea quae textu hebraico omitterentur, cum omnino tollere non ausus esset, obelo notavisse, significans videlicet se ea, si constanter consilium exsecutus esset, prorsus delere debuisse.[1] Contra Origenes, ut ibidem indicat, quae deerant in LXX, „ex ceteris editionibus (i. e. versionibus) addidit secundum textum hebraicum" notans asterisco (※), quod signum ipsum quoque mutuatus est a philologis Alexandrinis (cf. Field Origenis Hexaplorum quae supersunt I p. LII s.). Sed alios quoque locos plurimos versionis LXX Origenes mutavit secundum textum hebraicum et versiones posteriores nulla nota apposita, imprimis nominum propriorum corrigens formas, quibus iam pridem praecipuum studium impenderat[2], et ordinem verborum versionis LXX ubicunque aliquantum differebat ab hebraico: quem mutare propter id ipsum cogebatur, quod volebat verba sex columnarum eisdem lineis posita inter se congruere, omnis linea autem fere singula vel bina verba in duobus hebraicis, bina vel terna in quattuor graecis continebat.[3]

Hexapla Origenis doctorum usui destinata imprimis militem christianum armare debebant contra Iudaeos dimicantem, ut posset, id quod ipse dicit in epistula Iulio Africano missa, Iudaeos, qui hebraicum Testamentum Vetus appellare et adversarios LXX afferentes deridere solebant, ipsorum armis vincere cogeretque se audire. Ecclesias contra volebat ut antea textu tradito versionis LXX uti, secundum dictum illud: „noli terminos aeternos a maioribus collocatos mutare."[4] Praeterea Hexapla et Tetrapla, omissis columnis hebraicis ex illa orta, propter ipsam magnitudinem ingentem divulgari non poterant. Itaque initio nihil valuerunt ad formandum Bibliorum textum.

7. Non multo post Origenem, exeunte opinor tertio saeculo, Lucianus presbyter, qui martyr mortuus est Nicomediae ante diem

---

[1] cf. mea Septuaginta-Studien 1 (1904), p. 75. Ibidem p. 73 s. demonstravi Originem contra atque illic affirmavit aliquotiens in consilio perseverantem additamenta versionis LXX tota delevisse.

[2] Septuaginta-Studien 1 (1904), p. 71 adu. 1.

[3] cf. specimen fragmentorum Hexaplorum ab Iohanne Mercati repertorum, quae E. Klostermann in Zeitschr. f. d. Alttestamentl. Wissensch. 16 (1896) p. 336 s. repetivit.

[4] Septuaginta-Studien 1 (1904), p. 76.

septimum Idus Ianuarias, auctor ille Antiochenae interpretum dis-
ciplinae, ipse quoque versionem LXX correxit, aliquando ut Ori-
genes textum hebraicum et versiones posteriores sequens, saepis-
sime ex suo arbitrio mutans, cum varias regulas grammaticas et
oratorias observaret, e. g. secundum aequalium studia veteres Atti-
cos imitantium pro formis Graecitatis posterioris ἐλάβοσαν, εἶπαν,
τὸ ἔλεος ponens atticas ἔλαβον, εἶπον, ὁ ἔλεος.

Contra atque Origenes qui suam versionis LXX recensionem
doctis tantum usui esse volebat, Lucianus suam inde ab initio
ecclesiarum usui destinasse videtur, nec dubium est quin brevi
late divulgata sit. Ad quod putamus multum valuisse theologos
et ecclesiasticos a disciplina Antiochena profectos, qui illam urbi
Constantinopoli intulerunt capiti imperii romani orientalis, unde
facile per provincias pervasit. Circa annum p. Chr. n. quadringen-
tesimum ea sola respiciebatur, ut Hieronymus celebri dicto nos
docet, in provinciis intra Antiochiam et Constantinopolin sitis, et
Luciani textus, et Psalterii et Novi Testamenti, coepit omnes cete-
ras textus formas depellere. [1]

8. Qui Antiochenorum successus deinde, si recte iudico, ad Palae-
stinenses pertinuit ibique similia studia excitavit, quibus videntur
simul adversati esse Antiochenis. Nam ibi initio saeculi quarti Pam-
philus presbyter, qui martyr mortuus est anno 309 auctorque fuit
disciplinae theologicae et celebris bibliothecae Caesariensis quique
Origenem ex animo verebatur et colebat, textum Origenis versionis
LXX requisitum cum Eusebio discipulo, scriptore illo historiae
ecclesiae, edidit separatim, videlicet id agens ut Antiochenis ad-
versaretur et ut eius textus auctoritatem quoquoversus diffunderet.
Hac demum opera textus versionis LXX Origenis, qui antea quasi
sepultus latuerat in operibus ingentibus et deformibus Hexaplorum
et Tetraplorum, latius propagatus est. Quem Hieronymus testatur
Palaestinenses circa annum quadringentesimum receptum habuisse.

9. De tertia recensione refert idem Hieronymus ab Hesychio
quodam profecta, quam circa annum quadringentesimum Aegyptii
receptam tenebant. Eam uno circiter saeculo ante ortam puta-
verim. Cuius recensionis tertiae testimonia adhuc non reperta sunt.

10. Textus Origenis *O*, Luciani *L*, alia recensio paulo post orta, quae
magna in sedecim prophetas catena continetur, *C* litteris notantur.

---

[1] Septuaginta-Studien 2 (1907), p. 237.

Conspectus signorum.

Huius editionis manualis Veteris Testamenti Graeci fundamentum omnino tres illustres codices biblici sunt, qui, ut exarati sunt, totum Vetus et Novum Testamentum continuerant: BSA.

B = Codex Vaticanus: Romae, Bibl. Vat., Vat. graec. 1209; quarti sacculi. Cuius initium codicis usque ad Gen. 46 28 ηρωων et Ps. 105 27^1—137 6^1 periit et ab aliquo XV. saeculi suppletum est; quae supplementa hic negleguntur, cum alium textum habeant atque B. Ceterum Vetus Testamentum integrum est; soli libri Maccabaeorum[1] et Psalmi Salomonis ut in ceteris codicibus antiquissimis desunt.

S = Codex Sinaiticus: Cuius magna pars codicis in publica bibliotheca Leningradii erat, quae nunc vendidit Museo Britico Londinii, pars minor, quam Tischendorf primum attulit, Lipsiae servatur; vide summarium plenum in „Verzeichnis der griech. Hss. des A. T. (Mitteilungen des Sept. Untern., Bd. 2, 1914 p. 226—229).

A = Codex Alexandrinus: London, Brit. Mus., Royal 1 D. V — VIII; medii V saeculi. Quo in codice Regn. I 12 17—14 9 et Ps. 49 20^1—79 11^2 αυτης periit. Hic codex in psalmis mixtum B- et L-textum habet (Rahlfs, S.-St. 2 [1907] p. 56; Septuaginta ed. Rahlfs X [1931] p. 70). Cui simile: in libro Levitico A cum B, in libro Jobi cum V (vide praefationem ad librum Jobi) saepissime miscetur.

Omnes tres codices reproductionibus photographicis editi sunt (vide supra „Verzeichnis der griech. Hss."). Omnes et in prioribus editionibus manualibus a Tischendorf-Nestle et Swete et in editione magna a Brooke et Mc Lean comparati sunt, ut ad ea sola legenda, quae dubitantionem afferebant, photographicis tabulis uterer. Quorum trium lectiones codicum plene notatae sunt, levibus calami lapsibus omissis.

Interdum ad codicum signa haec signa adduntur:

* = lectio prima codicis.

(*) = lectio prima, quae partim correcta est.

---

[1] cf. commentariolos meos „Alter und Heimat der vaticanischen Bibelhs." (Nachrichten der Ges. der Wiss. zu Gött., Phil.-hist. Kl. 1899, p. 72 ff.) et „Über das Fehlen der Mákkabäerbücher in der äthiop. Bibelübers." (Zat W 28 [1908], p. 63 s.)

c = corrector i. e. qui primum textum, qui etiam nunc cognosci potest, alio textu supplevit.

r = rescriptor i. e. qui primum textum correxit et omnino sustulit, ut hic legi iam non possit.

s = suppletor i. e. qui verba, quae a primo in codice desunt vel perierunt, supplevit.

txt = textus.

mg = margo.

† = ita legunt codex memoratus et maxime unus codex qui non nominatur minusculus.

(†) = vide †, sed una vel complures similes lectiones ita leguntur in aliis codicibus.

p = pars codicum.

Praeterea his signis et notis usus sum:

+ vel add = addit.

> vel om. = omittit.

pr. = praemittit.

tr. = transponit; plus quam duo verba transponenda signo / separantur.

suppl. = supplet.

repet. = repetit.

⌒ = codex transit a verbo in verbum idem insequens.

( ) = in apparatu critico demonstrat, litteras uncis inclusas in codicum parte deesse.

⟨ ⟩ = litterae his uncis inclusae a me additae sunt.

[ ] = verba uncis [ ] inclusa ad textum versionis LXX primum non pertinent.

seq. = sequens.

init. = initium versus.

fin. = finis versus.

rel. = reliqui codices.

al(ii) = alii codices.

pau(ci) = pauci codices, maxime ¼ codicum notorum minusculorum.

complures = circa ¼—½.

mu(lti) = circa ½—¾.

pl(urimi) = plus quam ¾.

𝔐 = textus Masoreticus.

𝔊 = translatio graeca Veteris Testamenti i. e. Septuaginta.

gr. = graecus, graeci etc.

α′ = Aquila.

σ′ = Symmachus.

ϑ′ = Theodotion.

ε′ = Quinta i. e. columna α′ σ′ ϛ ϑ′ sequens in quibusdum libris Hexaplorum.

Praeterea etiam his notis usus sum:

Ald. = editio Aldina, Venetiae 1518.

Ciasca = Sacr. Bibliorum fragmenta Copto-Sahidica musei Borgiani ed. A. Ciasca. I. II. Romae 1885. 1889.

Complut(ensis) = Polyglotta Ximenis Cardinalis ab anno 1514 usque ad annum 1517 Compluto (Alcala de Xenares) typis descripta, pluribus annis post edita.

Field = Origenis Hexaplorum quae supersunt ed. Fr. Field. I. II. Oxonii 1875.

Fr(itzsche) = Libri apocryphi Veteris Testamenti graece ed. Fritzsche. Lips. 1871.

Gebh(ardt): vid. praefationem ad Ps. Sal.

Gr(abe): Septuaginta Interpretes ed. Joan. Ern. Grabe I—IV. Oxonii 1707—20.

Helbing Kasussyntax = Rob. Helbing, Die Kasussyntax der Verba bei den Septuaginta. Gott 1928.

Johannessohn Präp. = Martin Johannessohn, Der Gebrauch der Präpositionen in der Septuaginta (Mitt. d. S.-U. 3, p. 165 usque ad 388).

Lag. = Librorum Veteris Testamenti canonicorum pars prior graece ed. P. de Lagarde. Gott. 1883.

Mitt. d. S.-U. = Mitteilungen des Septuaginta-Unternehmens. Berlin 1909 seqq.

Ra. = Rahlfs (ad meas textus emendationes additum).

Sixt. = Vetus Testamentum iuxta Septuaginta ex auctoritate Sixti V. Pont. Max. editum. Romac 1587.

Sm(end): vide praefationem ad Sir. Prol.

Sw = The Old Testament in Greek ed. by H. B. Swete. 3 partes. Cambr. inde ab 1887.

Thack. = Henry St. John Thackeray, Grammar of the Old Testament in Greek. Vol. I: Introduction, orthography and accidence. Cambr. 1909.

Tisch. = Vetus Testamentum graece iuxta LXX interpretes ed. C. de Tischendorf. Editio 7 ed. E. Nestle. Lips. 1887. Cuius textus editionis ex „Sixt" impressus est.

SEPTUAGINTA

Priori volumini insunt leges et historiae:

ΓΕΝΕΣΙΣ

Ἐν ἀρχῇ ἐποίησεν ὁ θεὸς τὸν οὐρανὸν καὶ τὴν γῆν. ²ἡ δὲ γῆ ἦν 1
ἀόρατος καὶ ἀκατασκεύαστος, καὶ σκότος ἐπάνω τῆς ἀβύσσου, καὶ
πνεῦμα θεοῦ ἐπεφέρετο ἐπάνω τοῦ ὕδατος. ³καὶ εἶπεν ὁ θεός 3
Γενηθήτω φῶς. καὶ ἐγένετο φῶς. ⁴καὶ εἶδεν ὁ θεὸς τὸ φῶς ὅτι 4
καλόν. καὶ διεχώρισεν ὁ θεὸς ἀνὰ μέσον τοῦ φωτὸς καὶ ἀνὰ μέσον
τοῦ σκότους. ⁵καὶ ἐκάλεσεν ὁ θεὸς τὸ φῶς ἡμέραν καὶ τὸ σκότος 5
ἐκάλεσεν νύκτα. καὶ ἐγένετο ἑσπέρα καὶ ἐγένετο πρωί, ἡμέρα μία.

⁶Καὶ εἶπεν ὁ θεός Γενηθήτω στερέωμα ἐν μέσῳ τοῦ ὕδατος 6
καὶ ἔστω διαχωρίζον ἀνὰ μέσον ὕδατος καὶ ὕδατος. καὶ ἐγένετο
οὕτως. ⁷καὶ ἐποίησεν ὁ θεὸς τὸ στερέωμα, καὶ διεχώρισεν ὁ θεὸς 7
ἀνὰ μέσον τοῦ ὕδατος, ὃ ἦν ὑποκάτω τοῦ στερεώματος, καὶ ἀνὰ
μέσον τοῦ ὕδατος τοῦ ἐπάνω τοῦ στερεώματος. ⁸καὶ ἐκάλεσεν 8
ὁ θεὸς τὸ στερέωμα οὐρανόν. καὶ εἶδεν ὁ θεὸς ὅτι καλόν. καὶ
ἐγένετο ἑσπέρα καὶ ἐγένετο πρωί, ἡμέρα δευτέρα.

⁹Καὶ εἶπεν ὁ θεός Συναχθήτω τὸ ὕδωρ τὸ ὑποκάτω τοῦ οὐρανοῦ 9
εἰς συναγωγὴν μίαν, καὶ ὀφθήτω ἡ ξηρά. καὶ ἐγένετο οὕτως. καὶ
συνήχθη τὸ ὕδωρ τὸ ὑποκάτω τοῦ οὐρανοῦ εἰς τὰς συναγωγὰς
αὐτῶν, καὶ ὤφθη ἡ ξηρά. ¹⁰καὶ ἐκάλεσεν ὁ θεὸς τὴν ξηρὰν γῆν 10
καὶ τὰ συστήματα τῶν ὑδάτων ἐκάλεσεν θαλάσσας. καὶ εἶδεν ὁ
θεὸς ὅτι καλόν. — ¹¹καὶ εἶπεν ὁ θεός Βλαστησάτω ἡ γῆ βοτάνην 11
χόρτου, σπεῖρον σπέρμα κατὰ γένος καὶ καθ᾽ ὁμοιότητα, καὶ ξύλον
κάρπιμον ποιοῦν καρπόν, οὗ τὸ σπέρμα αὐτοῦ ἐν αὐτῷ κατὰ γένος
ἐπὶ τῆς γῆς. καὶ ἐγένετο οὕτως. ¹²καὶ ἐξήνεγκεν ἡ γῆ βοτάνην 12
χόρτου, σπεῖρον σπέρμα κατὰ γένος καὶ καθ᾽ ὁμοιότητα, καὶ ξύλον
κάρπιμον ποιοῦν καρπόν, οὗ τὸ σπέρμα αὐτοῦ ἐν αὐτῷ κατὰ γένος
ἐπὶ τῆς γῆς. καὶ εἶδεν ὁ θεὸς ὅτι καλόν. ¹³καὶ ἐγένετο ἑσπέρα 13
καὶ ἐγένετο πρωί, ἡμέρα τρίτη.

¹⁴Καὶ εἶπεν ὁ θεός Γενηθήτωσαν φωστῆρες ἐν τῷ στερεώματι 14
τοῦ οὐρανοῦ εἰς φαῦσιν τῆς γῆς τοῦ διαχωρίζειν ἀνὰ μέσον τῆς
ἡμέρας καὶ ἀνὰ μέσον τῆς νυκτὸς καὶ ἔστωσαν εἰς σημεῖα καὶ εἰς
καιροὺς καὶ εἰς ἡμέρας καὶ εἰς ἐνιαυτοὺς ¹⁵καὶ ἔστωσαν εἰς φαῦσιν 15

Gen.: 1—46 28 ηρωων A, 46 28 πολιν—50 BA, 23 19—24 46 (mutila) etiam S.
Inscr.] + κοσμου A†
1 11 κατα γενος 2⁰ mu.] εις ομοιοτητα A (Aᶜ pr. κατα γενος) ‖ 14 του διαχ.
mu.] και αρχειν της ημερας και της νυκτος και διαχ. A

ἐν τῷ στερεώματι τοῦ οὐρανοῦ ὥστε φαίνειν ἐπὶ τῆς γῆς. καὶ ἐγέ-
16 νετο οὕτως. ¹⁶καὶ ἐποίησεν ὁ θεὸς τοὺς δύο φωστῆρας τοὺς μεγά-
λους, τὸν φωστῆρα τὸν μέγαν εἰς ἀρχὰς τῆς ἡμέρας καὶ τὸν φω-
17 στῆρα τὸν ἐλάσσω εἰς ἀρχὰς τῆς νυκτός, καὶ τοὺς ἀστέρας. ¹⁷καὶ
ἔθετο αὐτοὺς ὁ θεὸς ἐν τῷ στερεώματι τοῦ οὐρανοῦ ὥστε φαίνειν
18 ἐπὶ τῆς γῆς ¹⁸καὶ ἄρχειν τῆς ἡμέρας καὶ τῆς νυκτὸς καὶ διαχωρί-
ζειν ἀνὰ μέσον τοῦ φωτὸς καὶ ἀνὰ μέσον τοῦ σκότους. καὶ εἶδεν
19 ὁ θεὸς ὅτι καλόν. ¹⁹καὶ ἐγένετο ἑσπέρα καὶ ἐγένετο πρωί, ἡμέρα
τετάρτη.
20   ²⁰Καὶ εἶπεν ὁ θεός Ἐξαγαγέτω τὰ ὕδατα ἑρπετὰ ψυχῶν ζωσῶν
καὶ πετεινὰ πετόμενα ἐπὶ τῆς γῆς κατὰ τὸ στερέωμα τοῦ οὐρανοῦ.
21 καὶ ἐγένετο οὕτως. ²¹καὶ ἐποίησεν ὁ θεὸς τὰ κήτη τὰ μεγάλα καὶ
πᾶσαν ψυχὴν ζώων ἑρπετῶν, ἃ ἐξήγαγεν τὰ ὕδατα κατὰ γένη
αὐτῶν, καὶ πᾶν πετεινὸν πτερωτὸν κατὰ γένος. καὶ εἶδεν ὁ θεὸς ὅτι
22 καλά. ²²καὶ ηὐλόγησεν αὐτὰ ὁ θεὸς λέγων Αὐξάνεσθε καὶ πληθύ-
νεσθε καὶ πληρώσατε τὰ ὕδατα ἐν ταῖς θαλάσσαις, καὶ τὰ πετεινὰ
23 πληθυνέσθωσαν ἐπὶ τῆς γῆς. ²³καὶ ἐγένετο ἑσπέρα καὶ ἐγένετο
πρωί, ἡμέρα πέμπτη.
24   ²⁴Καὶ εἶπεν ὁ θεός Ἐξαγαγέτω ἡ γῆ ψυχὴν ζῶσαν κατὰ γένος,
τετράποδα καὶ ἑρπετὰ καὶ θηρία τῆς γῆς κατὰ γένος. καὶ ἐγένετο
25 οὕτως. ²⁵καὶ ἐποίησεν ὁ θεὸς τὰ θηρία τῆς γῆς κατὰ γένος καὶ
τὰ κτήνη κατὰ γένος καὶ πάντα τὰ ἑρπετὰ τῆς γῆς κατὰ γένος
26 αὐτῶν. καὶ εἶδεν ὁ θεὸς ὅτι καλά. — ²⁶καὶ εἶπεν ὁ θεός Ποιή-
σωμεν ἄνθρωπον κατ᾽ εἰκόνα ἡμετέραν καὶ καθ᾽ ὁμοίωσιν, καὶ ἀρχέ-
τωσαν τῶν ἰχθύων τῆς θαλάσσης καὶ τῶν πετεινῶν τοῦ οὐρανοῦ
καὶ τῶν κτηνῶν καὶ πάσης τῆς γῆς καὶ πάντων τῶν ἑρπετῶν
27 τῶν ἑρπόντων ἐπὶ τῆς γῆς. ²⁷καὶ ἐποίησεν ὁ θεὸς τὸν ἄνθρωπον,
κατ᾽ εἰκόνα θεοῦ ἐποίησεν αὐτόν, ἄρσεν καὶ θῆλυ ἐποίησεν αὐτούς.
28 ²⁸καὶ ηὐλόγησεν αὐτοὺς ὁ θεὸς λέγων Αὐξάνεσθε καὶ πληθύνεσθε
καὶ πληρώσατε τὴν γῆν καὶ κατακυριεύσατε αὐτῆς καὶ ἄρχετε τῶν
ἰχθύων τῆς θαλάσσης καὶ τῶν πετεινῶν τοῦ οὐρανοῦ καὶ πάντων
τῶν κτηνῶν καὶ πάσης τῆς γῆς καὶ πάντων τῶν ἑρπετῶν τῶν
29 ἑρπόντων ἐπὶ τῆς γῆς. ²⁹καὶ εἶπεν ὁ θεός Ἰδοὺ δέδωκα ὑμῖν πᾶν
χόρτον σπόριμον σπεῖρον σπέρμα, ὅ ἐστιν ἐπάνω πάσης τῆς γῆς,
καὶ πᾶν ξύλον, ὃ ἔχει ἐν ἑαυτῷ καρπὸν σπέρματος σπορίμου —
30 ὑμῖν ἔσται εἰς βρῶσιν — ³⁰καὶ πᾶσι τοῖς θηρίοις τῆς γῆς καὶ πᾶσι
τοῖς πετεινοῖς τοῦ οὐρανοῦ καὶ παντὶ ἑρπετῷ τῷ ἕρποντι ἐπὶ τῆς
γῆς, ὃ ἔχει ἐν ἑαυτῷ ψυχὴν ζωῆς, πάντα χόρτον χλωρὸν εἰς βρῶ-
31 σιν. καὶ ἐγένετο οὕτως. ³¹καὶ εἶδεν ὁ θεὸς τὰ πάντα, ὅσα ἐποίησεν,
καὶ ἰδοὺ καλὰ λίαν. καὶ ἐγένετο ἑσπέρα καὶ ἐγένετο πρωί, ἡμέρα ἕκτη.

30 παντα Gra.] pr. και A

¹Καὶ συνετελέσθησαν ὁ οὐρανὸς καὶ ἡ γῆ καὶ πᾶς ὁ κόσμος 2
αὐτῶν. ²καὶ συνετέλεσεν ὁ θεὸς ἐν τῇ ἡμέρᾳ τῇ ἕκτῃ τὰ ἔργα 2
αὐτοῦ, ἃ ἐποίησεν, καὶ κατέπαυσεν τῇ ἡμέρᾳ τῇ ἑβδόμῃ ἀπὸ πάν-
των τῶν ἔργων αὐτοῦ, ὧν ἐποίησεν. ³καὶ ηὐλόγησεν ὁ θεὸς τὴν 3
ἡμέραν τὴν ἑβδόμην καὶ ἡγίασεν αὐτήν, ὅτι ἐν αὐτῇ κατέπαυσεν ἀπὸ
πάντων τῶν ἔργων αὐτοῦ, ὧν ἤρξατο ὁ θεὸς ποιῆσαι.

⁴Αὕτη ἡ βίβλος γενέσεως οὐρανοῦ καὶ γῆς, ὅτε ἐγένετο, ᾗ 4
ἡμέρᾳ ἐποίησεν ὁ θεὸς τὸν οὐρανὸν καὶ τὴν γῆν ⁵καὶ πᾶν χλωρὸν 5
ἀγροῦ πρὸ τοῦ γενέσθαι ἐπὶ τῆς γῆς καὶ πάντα χόρτον ἀγροῦ πρὸ
τοῦ ἀνατεῖλαι· οὐ γὰρ ἔβρεξεν ὁ θεὸς ἐπὶ τὴν γῆν, καὶ ἄνθρωπος
οὐκ ἦν ἐργάζεσθαι τὴν γῆν, ⁶πηγὴ δὲ ἀνέβαινεν ἐκ τῆς γῆς καὶ 6
ἐπότιζεν πᾶν τὸ πρόσωπον τῆς γῆς. ⁷καὶ ἔπλασεν ὁ θεὸς τὸν 7
ἄνθρωπον χοῦν ἀπὸ τῆς γῆς καὶ ἐνεφύσησεν εἰς τὸ πρόσωπον
αὐτοῦ πνοὴν ζωῆς, καὶ ἐγένετο ὁ ἄνθρωπος εἰς ψυχὴν ζῶσαν.

⁸Καὶ ἐφύτευσεν κύριος ὁ θεὸς παράδεισον ἐν Εδεμ κατὰ ἀνα- 8
τολὰς καὶ ἔθετο ἐκεῖ τὸν ἄνθρωπον, ὃν ἔπλασεν. ⁹καὶ ἐξανέτειλεν 9
ὁ θεὸς ἔτι ἐκ τῆς γῆς πᾶν ξύλον ὡραῖον εἰς ὅρασιν καὶ καλὸν εἰς
βρῶσιν καὶ τὸ ξύλον τῆς ζωῆς ἐν μέσῳ τῷ παραδείσῳ καὶ τὸ
ξύλον τοῦ εἰδέναι γνωστὸν καλοῦ καὶ πονηροῦ. ¹⁰ποταμὸς δὲ ἐκ- 10
πορεύεται ἐξ Εδεμ ποτίζειν τὸν παράδεισον· ἐκεῖθεν ἀφορίζεται εἰς
τέσσαρας ἀρχάς. ¹¹ὄνομα τῷ ἑνὶ Φισων· οὗτος ὁ κυκλῶν πᾶσαν 11
τὴν γῆν Ευιλατ, ἐκεῖ οὗ ἐστιν τὸ χρυσίον· ¹²τὸ δὲ χρυσίον τῆς 12
γῆς ἐκείνης καλόν· καὶ ἐκεῖ ἐστιν ὁ ἄνθραξ καὶ ὁ λίθος ὁ πρά-
σινος. ¹³καὶ ὄνομα τῷ ποταμῷ τῷ δευτέρῳ Γηων· οὗτος ὁ κυκλῶν 13
πᾶσαν τὴν γῆν Αἰθιοπίας. ¹⁴καὶ ὁ ποταμὸς ὁ τρίτος Τίγρις· οὗτος 14
ὁ πορευόμενος κατέναντι Ἀσσυρίων. ὁ δὲ ποταμὸς ὁ τέταρτος, οὗτος
Εὐφράτης.

¹⁵Καὶ ἔλαβεν κύριος ὁ θεὸς τὸν ἄνθρωπον, ὃν ἔπλασεν, καὶ ἔθετο 15
αὐτὸν ἐν τῷ παραδείσῳ ἐργάζεσθαι αὐτὸν καὶ φυλάσσειν. ¹⁶καὶ 16
ἐνετείλατο κύριος ὁ θεὸς τῷ Αδαμ λέγων Ἀπὸ παντὸς ξύλου τοῦ
ἐν τῷ παραδείσῳ βρώσει φάγῃ, ¹⁷ἀπὸ δὲ τοῦ ξύλου τοῦ γινώσκειν 17
καλὸν καὶ πονηρόν, οὐ φάγεσθε ἀπ᾽ αὐτοῦ· ᾗ δ᾽ ἂν ἡμέρᾳ φάγητε
ἀπ᾽ αὐτοῦ, θανάτῳ ἀποθανεῖσθε.

¹⁸Καὶ εἶπεν κύριος ὁ θεός Οὐ καλὸν εἶναι τὸν ἄνθρωπον μόνον· 18
ποιήσωμεν αὐτῷ βοηθὸν κατ᾽ αὐτόν. ¹⁹καὶ ἔπλασεν ὁ θεὸς ἔτι ἐκ 19
τῆς γῆς πάντα τὰ θηρία τοῦ ἀγροῦ καὶ πάντα τὰ πετεινὰ τοῦ
οὐρανοῦ καὶ ἤγαγεν αὐτὰ πρὸς τὸν Αδαμ ἰδεῖν, τί καλέσει αὐτά,
καὶ πᾶν, ὃ ἐὰν ἐκάλεσεν αὐτὸ Αδαμ ψυχὴν ζῶσαν, τοῦτο ὄνομα
αὐτοῦ. ²⁰Καὶ ἐκάλεσεν Αδαμ ὀνόματα πᾶσιν τοῖς κτήνεσιν καὶ πᾶσι 20

2 4 ο θεος M] pr. κυριος A (in O sub ※) ‖ 17 φαγητε M] -ησθε A: item
in 3 5

τοῖς πετεινοῖς τοῦ οὐρανοῦ καὶ πᾶσι τοῖς θηρίοις τοῦ ἀγροῦ, τῷ
21 δὲ Αδαμ οὐχ εὑρέθη βοηθὸς ὅμοιος αὐτῷ. — ²¹καὶ ἐπέβαλεν ὁ θεὸς
ἔκστασιν ἐπὶ τὸν Αδαμ, καὶ ὕπνωσεν· καὶ ἔλαβεν μίαν τῶν πλευ-
22 ρῶν αὐτοῦ καὶ ἀνεπλήρωσεν σάρκα ἀντ' αὐτῆς. ²²καὶ ᾠκοδόμησεν
κύριος ὁ θεὸς τὴν πλευράν, ἣν ἔλαβεν ἀπὸ τοῦ Αδαμ, εἰς γυναῖκα
23 καὶ ἤγαγεν αὐτὴν πρὸς τὸν Αδαμ. ²³καὶ εἶπεν Αδαμ Τοῦτο νῦν
ὀστοῦν ἐκ τῶν ὀστέων μου καὶ σὰρξ ἐκ τῆς σαρκός μου· αὕτη
24 κληθήσεται γυνή, ὅτι ἐκ τοῦ ἀνδρὸς αὐτῆς ἐλήμφθη αὕτη. ²⁴ἕνεκεν
τούτου καταλείψει ἄνθρωπος τὸν πατέρα αὐτοῦ καὶ τὴν μητέρα
αὐτοῦ καὶ προσκολληθήσεται πρὸς τὴν γυναῖκα αὐτοῦ, καὶ ἔσονται
25 οἱ δύο εἰς σάρκα μίαν. ²⁵καὶ ἦσαν οἱ δύο γυμνοί, ὅ τε Αδαμ καὶ ἡ
γυνὴ αὐτοῦ, καὶ οὐκ ᾐσχύνοντο.
3　　¹Ὁ δὲ ὄφις ἦν φρονιμώτατος πάντων τῶν θηρίων τῶν ἐπὶ
τῆς γῆς, ὧν ἐποίησεν κύριος ὁ θεός· καὶ εἶπεν ὁ ὄφις τῇ γυναικί
Τί ὅτι εἶπεν ὁ θεός Οὐ μὴ φάγητε ἀπὸ παντὸς ξύλου τοῦ ἐν τῷ
2 παραδείσῳ; ²καὶ εἶπεν ἡ γυνὴ τῷ ὄφει Ἀπὸ καρποῦ ξύλου τοῦ
3 παραδείσου φαγόμεθα, ³ἀπὸ δὲ καρποῦ τοῦ ξύλου, ὅ ἐστιν ἐν μέσῳ
τοῦ παραδείσου, εἶπεν ὁ θεός Οὐ φάγεσθε ἀπ' αὐτοῦ οὐδὲ μὴ
4 ἅψησθε αὐτοῦ, ἵνα μὴ ἀποθάνητε. ⁴καὶ εἶπεν ὁ ὄφις τῇ γυναικί
5 Οὐ θανάτῳ ἀποθανεῖσθε· ⁵ᾔδει γὰρ ὁ θεὸς ὅτι ἐν ᾗ ἂν ἡμέρᾳ
φάγητε ἀπ' αὐτοῦ, διανοιχθήσονται ὑμῶν οἱ ὀφθαλμοί, καὶ ἔσεσθε
6 ὡς θεοὶ γινώσκοντες καλὸν καὶ πονηρόν. ⁶καὶ εἶδεν ἡ γυνὴ ὅτι
καλὸν τὸ ξύλον εἰς βρῶσιν καὶ ὅτι ἀρεστὸν τοῖς ὀφθαλμοῖς ἰδεῖν
καὶ ὡραῖόν ἐστιν τοῦ κατανοῆσαι, καὶ λαβοῦσα τοῦ καρποῦ αὐτῆς
ἔφαγεν· καὶ ἔδωκεν καὶ τῷ ἀνδρὶ αὐτῆς μετ' αὐτῆς, καὶ ἔφαγον.
7 ⁷καὶ διηνοίχθησαν οἱ ὀφθαλμοὶ τῶν δύο, καὶ ἔγνωσαν ὅτι γυμνοὶ
ἦσαν, καὶ ἔρραψαν φύλλα συκῆς καὶ ἐποίησαν ἑαυτοῖς περιζώματα.
8　　⁸Καὶ ἤκουσαν τὴν φωνὴν κυρίου τοῦ θεοῦ περιπατοῦντος ἐν τῷ
παραδείσῳ τὸ δειλινόν, καὶ ἐκρύβησαν ὅ τε Αδαμ καὶ ἡ γυνὴ αὐτοῦ
ἀπὸ προσώπου κυρίου τοῦ θεοῦ ἐν μέσῳ τοῦ ξύλου τοῦ παραδείσου.
9 ⁹καὶ ἐκάλεσεν κύριος ὁ θεὸς τὸν Αδαμ καὶ εἶπεν αὐτῷ Αδαμ, ποῦ
10 εἶ; ¹⁰καὶ εἶπεν αὐτῷ Τὴν φωνήν σου ἤκουσα περιπατοῦντος ἐν
11 τῷ παραδείσῳ καὶ ἐφοβήθην, ὅτι γυμνός εἰμι, καὶ ἐκρύβην. ¹¹καὶ
εἶπεν αὐτῷ Τίς ἀνήγγειλέν σοι ὅτι γυμνὸς εἶ; μὴ ἀπὸ τοῦ ξύλου,
οὗ ἐνετειλάμην σοι τούτου μόνου μὴ φαγεῖν ἀπ' αὐτοῦ, ἔφαγες;
12 ¹²καὶ εἶπεν ὁ Αδαμ Ἡ γυνή, ἣν ἔδωκας μετ' ἐμοῦ, αὕτη μοι ἔδωκεν
13 ἀπὸ τοῦ ξύλου, καὶ ἔφαγον. ¹³καὶ εἶπεν κύριος ὁ θεὸς τῇ γυναικί
Τί τοῦτο ἐποίησας; καὶ εἶπεν ἡ γυνή Ὁ ὄφις ἠπάτησέν με, καὶ
14 ἔφαγον. ¹⁴καὶ εἶπεν κύριος ὁ θεὸς τῷ ὄφει Ὅτι ἐποίησας τοῦτο,
ἐπικατάρατος σὺ ἀπὸ πάντων τῶν κτηνῶν καὶ ἀπὸ πάντων τῶν

20 δε] τε A† ‖ 24 προς τ. γυν.] τη γυναικι A†
3 11 εἶ; μὴ Ra.] εἶ, εἰ μὴ A

θηρίων τῆς γῆς· ἐπὶ τῷ στήθει σου καὶ τῇ κοιλίᾳ πορεύσῃ καὶ γῆν
φάγῃ πάσας τὰς ἡμέρας τῆς ζωῆς σου. ¹⁵καὶ ἔχθραν θήσω ἀνὰ 15
μέσον σου καὶ ἀνὰ μέσον τῆς γυναικὸς καὶ ἀνὰ μέσον τοῦ σπέρ-
ματός σου καὶ ἀνὰ μέσον τοῦ σπέρματος αὐτῆς· αὐτός σου τηρήσει
κεφαλήν, καὶ σὺ τηρήσεις αὐτοῦ πτέρναν. ¹⁶καὶ τῇ γυναικὶ εἶπεν 16
Πληθύνων πληθυνῶ τὰς λύπας σου καὶ τὸν στεναγμόν σου, ἐν
λύπαις τέξῃ τέκνα· καὶ πρὸς τὸν ἄνδρα σου ἡ ἀποστροφή σου,
καὶ αὐτός σου κυριεύσει. ¹⁷τῷ δὲ Αδαμ εἶπεν Ὅτι ἤκουσας τῆς 17
φωνῆς τῆς γυναικός σου καὶ ἔφαγες ἀπὸ τοῦ ξύλου, οὗ ἐνετειλάμην
σοι τούτου μόνου μὴ φαγεῖν ἀπ᾽ αὐτοῦ, ἐπικατάρατος ἡ γῆ ἐν τοῖς
ἔργοις σου· ἐν λύπαις φάγῃ αὐτὴν πάσας τὰς ἡμέρας τῆς ζωῆς
σου· ¹⁸ἀκάνθας καὶ τριβόλους ἀνατελεῖ σοι, καὶ φάγῃ τὸν χόρτον 18
τοῦ ἀγροῦ. ¹⁹ἐν ἱδρῶτι τοῦ προσώπου σου φάγῃ τὸν ἄρτον σου 19
ἕως τοῦ ἀποστρέψαι σε εἰς τὴν γῆν, ἐξ ἧς ἐλήμφθης· ὅτι γῆ εἶ
καὶ εἰς γῆν ἀπελεύσῃ. — ²⁰καὶ ἐκάλεσεν Αδαμ τὸ ὄνομα τῆς γυναι- 20
κὸς αὐτοῦ Ζωή, ὅτι αὕτη μήτηρ πάντων τῶν ζώντων.
²¹Καὶ ἐποίησεν κύριος ὁ θεὸς τῷ Αδαμ καὶ τῇ γυναικὶ αὐτοῦ 21
χιτῶνας δερματίνους καὶ ἐνέδυσεν αὐτούς. — ²²καὶ εἶπεν ὁ θεός Ἰδοὺ 22
Αδαμ γέγονεν ὡς εἷς ἐξ ἡμῶν τοῦ γινώσκειν καλὸν καὶ πονηρόν,
καὶ νῦν μήποτε ἐκτείνῃ τὴν χεῖρα καὶ λάβῃ τοῦ ξύλου τῆς ζωῆς
καὶ φάγῃ καὶ ζήσεται εἰς τὸν αἰῶνα. ²³καὶ ἐξαπέστειλεν αὐτὸν 23
κύριος ὁ θεὸς ἐκ τοῦ παραδείσου τῆς τρυφῆς ἐργάζεσθαι τὴν γῆν,
ἐξ ἧς ἐλήμφθη. ²⁴καὶ ἐξέβαλεν τὸν Αδαμ καὶ κατῴκισεν αὐτὸν 24
ἀπέναντι τοῦ παραδείσου τῆς τρυφῆς καὶ ἔταξεν τὰ χερουβιμ καὶ
τὴν φλογίνην ῥομφαίαν τὴν στρεφομένην φυλάσσειν τὴν ὁδὸν τοῦ
ξύλου τῆς ζωῆς.᾽
¹Αδαμ δὲ ἔγνω Ευαν τὴν γυναῖκα αὐτοῦ, καὶ συλλαβοῦσα ἔτεκεν 4
τὸν Καιν καὶ εἶπεν Ἐκτησάμην ἄνθρωπον διὰ τοῦ θεοῦ. ²καὶ 2
προσέθηκεν τεκεῖν τὸν ἀδελφὸν αὐτοῦ τὸν Αβελ. καὶ ἐγένετο Αβελ
ποιμὴν προβάτων, Καιν δὲ ἦν ἐργαζόμενος τὴν γῆν. ³καὶ ἐγένετο 3
μεθ᾽ ἡμέρας ἤνεγκεν Καιν ἀπὸ τῶν καρπῶν τῆς γῆς θυσίαν τῷ
κυρίῳ, ⁴καὶ Αβελ ἤνεγκεν καὶ αὐτὸς ἀπὸ τῶν πρωτοτόκων τῶν 4
προβάτων αὐτοῦ καὶ ἀπὸ τῶν στεάτων αὐτῶν. καὶ ἐπεῖδεν ὁ θεὸς
ἐπὶ Αβελ καὶ ἐπὶ τοῖς δώροις αὐτοῦ, ⁵ἐπὶ δὲ Καιν καὶ ἐπὶ ταῖς 5
θυσίαις αὐτοῦ οὐ προσέσχεν. καὶ ἐλύπησεν τὸν Καιν λίαν, καὶ
συνέπεσεν τῷ προσώπῳ. ⁶καὶ εἶπεν κύριος ὁ θεὸς τῷ Καιν Ἵνα 6
τί περίλυπος ἐγένου, καὶ ἵνα τί συνέπεσεν τὸ πρόσωπόν σου; ⁷οὐκ, 7
ἐὰν ὀρθῶς προσενέγκῃς, ὀρθῶς δὲ μὴ διέλῃς, ἥμαρτες; ἡσύχασον·
πρὸς σὲ ἡ ἀποστροφὴ αὐτοῦ, καὶ σὺ ἄρξεις αὐτοῦ. ⁸καὶ εἶπεν 8

17 αυτου Gra.] + εφαγες A || 20 αυτου > A† || 22 ο θεος M] pr. κυ-
ριος A (in O sub ※) || 24 χερουβιν A†
4 1 συλλαβουσα] συνελαβεν και A†

Καιν πρὸς Αβελ τὸν ἀδελφὸν αὐτοῦ Διέλθωμεν εἰς τὸ πεδίον.
καὶ ἐγένετο ἐν τῷ εἶναι αὐτοὺς ἐν τῷ πεδίῳ καὶ ἀνέστη Καιν ἐπὶ
9 Αβελ τὸν ἀδελφὸν αὐτοῦ καὶ ἀπέκτεινεν αὐτόν. ⁹καὶ εἶπεν ὁ θεὸς
πρὸς Καιν Ποῦ ἐστιν Αβελ ὁ ἀδελφός σου; ὁ δὲ εἶπεν Οὐ γι-
10 νώσκω· μὴ φύλαξ τοῦ ἀδελφοῦ μού εἰμι ἐγώ; ¹⁰καὶ εἶπεν ὁ θεός
Τί ἐποίησας; φωνὴ αἵματος τοῦ ἀδελφοῦ σου βοᾷ πρός με ἐκ τῆς
11 γῆς. ¹¹καὶ νῦν ἐπικατάρατος σὺ ἀπὸ τῆς γῆς, ἣ ἔχανεν τὸ στόμα
αὐτῆς δέξασθαι τὸ αἷμα τοῦ ἀδελφοῦ σου ἐκ τῆς χειρός σου·
12 ¹²ὅτι ἐργᾷ τὴν γῆν, καὶ οὐ προσθήσει τὴν ἰσχὺν αὐτῆς δοῦναί σοι·
13 στένων καὶ τρέμων ἔσῃ ἐπὶ τῆς γῆς. ¹³καὶ εἶπεν Καιν πρὸς τὸν
14 κύριον Μείζων ἡ αἰτία μου τοῦ ἀφεθῆναί με· ¹⁴εἰ ἐκβάλλεις με
σήμερον ἀπὸ προσώπου τῆς γῆς καὶ ἀπὸ τοῦ προσώπου σου κρυ-
βήσομαι, καὶ ἔσομαι στένων καὶ τρέμων ἐπὶ τῆς γῆς, καὶ ἔσται πᾶς
15 ὁ εὑρίσκων με ἀποκτενεῖ με. ¹⁵καὶ εἶπεν αὐτῷ κύριος ὁ θεὸς
Οὐχ οὕτως· πᾶς ὁ ἀποκτείνας Καιν ἑπτὰ ἐκδικούμενα παραλύσει.
καὶ ἔθετο κύριος ὁ θεὸς σημεῖον τῷ Καιν τοῦ μὴ ἀνελεῖν αὐτὸν
16 πάντα τὸν εὑρίσκοντα αὐτόν. ¹⁶ἐξῆλθεν δὲ Καιν ἀπὸ προσώπου
τοῦ θεοῦ καὶ ᾤκησεν ἐν γῇ Ναιδ κατέναντι Εδεμ.
17 ¹⁷Καὶ ἔγνω Καιν τὴν γυναῖκα αὐτοῦ, καὶ συλλαβοῦσα ἔτεκεν τὸν
Ενωχ· καὶ ἦν οἰκοδομῶν πόλιν καὶ ἐπωνόμασεν τὴν πόλιν ἐπὶ τῷ
18 ὀνόματι τοῦ υἱοῦ αὐτοῦ Ενωχ. ¹⁸ἐγενήθη δὲ τῷ Ενωχ Γαιδαδ, καὶ
Γαιδαδ ἐγέννησεν τὸν Μαιηλ, καὶ Μαιηλ ἐγέννησεν τὸν Μαθουσαλα,
19 καὶ Μαθουσαλα ἐγέννησεν τὸν Λαμεχ. ¹⁹καὶ ἔλαβεν ἑαυτῷ Λαμεχ
δύο γυναῖκας, ὄνομα τῇ μιᾷ Αδα, καὶ ὄνομα τῇ δευτέρᾳ Σελλα.
20 ²⁰καὶ ἔτεκεν Αδα τὸν Ιωβελ· οὗτος ἦν ὁ πατὴρ οἰκούντων ἐν σκηναῖς
21 κτηνοτρόφων. ²¹καὶ ὄνομα τῷ ἀδελφῷ αὐτοῦ Ιουβαλ· οὗτος ἦν ὁ
22 καταδείξας ψαλτήριον καὶ κιθάραν. ²²Σελλα δὲ ἔτεκεν καὶ αὐτὴ τὸν
Θοβελ, καὶ ἦν σφυροκόπος χαλκεὺς χαλκοῦ καὶ σιδήρου· ἀδελφὴ
23 δὲ Θοβελ Νοεμα. ²³εἶπεν δὲ Λαμεχ ταῖς ἑαυτοῦ γυναιξίν
    Αδα καὶ Σελλα, ἀκούσατέ μου τῆς φωνῆς,
    γυναῖκες Λαμεχ, ἐνωτίσασθέ μου τοὺς λόγους,
    ὅτι ἄνδρα ἀπέκτεινα εἰς τραῦμα ἐμοὶ
    καὶ νεανίσκον εἰς μώλωπα ἐμοί,
24   ²⁴ὅτι ἑπτάκις ἐκδεδίκηται ἐκ Καιν,
    ἐκ δὲ Λαμεχ ἑβδομηκοντάκις ἑπτά.
25 ²⁵Ἔγνω δὲ Αδαμ Ευαν τὴν γυναῖκα αὐτοῦ, καὶ συλλαβοῦσα ἔτεκεν
υἱὸν καὶ ἐπωνόμασεν τὸ ὄνομα αὐτοῦ Σηθ λέγουσα Ἐξανέστησεν
γάρ μοι ὁ θεὸς σπέρμα ἕτερον ἀντὶ Αβελ, ὃν ἀπέκτεινεν Καιν.
26 ²⁶καὶ τῷ Σηθ ἐγένετο υἱός, ἐπωνόμασεν δὲ τὸ ὄνομα αὐτοῦ Ενως·
οὗτος ἤλπισεν ἐπικαλεῖσθαι τὸ ὄνομα κυρίου τοῦ θεοῦ.

11 απο 911] επι A ‖ 14 εκβαλεις A

¹Αὕτη ἡ βίβλος γενέσεως ἀνθρώπων· ᾗ ἡμέρᾳ ἐποίησεν ὁ θεὸς 5
τὸν Αδαμ, κατ᾽ εἰκόνα θεοῦ ἐποίησεν αὐτόν· ²ἄρσεν καὶ θῆλυ ἐποίη- 2
σεν αὐτοὺς καὶ εὐλόγησεν αὐτούς. καὶ ἐπωνόμασεν τὸ ὄνομα αὐ-
τῶν Αδαμ, ᾗ ἡμέρᾳ ἐποίησεν αὐτούς. ³ἔζησεν δὲ Αδαμ διακόσια 3
καὶ τριάκοντα ἔτη καὶ ἐγέννησεν κατὰ τὴν ἰδέαν αὐτοῦ καὶ κατὰ
τὴν εἰκόνα αὐτοῦ καὶ ἐπωνόμασεν τὸ ὄνομα αὐτοῦ Σηθ. ⁴ἐγένοντο 4
δὲ αἱ ἡμέραι Αδαμ μετὰ τὸ γεννῆσαι αὐτὸν τὸν Σηθ ἑπτακόσια
ἔτη, καὶ ἐγέννησεν υἱοὺς καὶ θυγατέρας. ⁵καὶ ἐγένοντο πᾶσαι αἱ 5
ἡμέραι Αδαμ, ἃς ἔζησεν, ἐννακόσια καὶ τριάκοντα ἔτη, καὶ ἀπέθανεν.

⁶Ἔζησεν δὲ Σηθ διακόσια καὶ πέντε ἔτη καὶ ἐγέννησεν τὸν Ενως. 6
⁷καὶ ἔζησεν Σηθ μετὰ τὸ γεννῆσαι αὐτὸν τὸν Ενως ἑπτακόσια καὶ 7
ἑπτὰ ἔτη καὶ ἐγέννησεν υἱοὺς καὶ θυγατέρας. ⁸καὶ ἐγένοντο πᾶσαι 8
αἱ ἡμέραι Σηθ ἐννακόσια καὶ δώδεκα ἔτη, καὶ ἀπέθανεν.

⁹Καὶ ἔζησεν Ενως ἑκατὸν ἐνενήκοντα ἔτη καὶ ἐγέννησεν τὸν 9
Καιναν. ¹⁰καὶ ἔζησεν Ενως μετὰ τὸ γεννῆσαι αὐτὸν τὸν Καιναν 10
ἑπτακόσια καὶ δέκα πέντε ἔτη καὶ ἐγέννησεν υἱοὺς καὶ θυγατέρας.
¹¹καὶ ἐγένοντο πᾶσαι αἱ ἡμέραι Ενως ἐννακόσια καὶ πέντε ἔτη, καὶ 11
ἀπέθανεν.

¹²Καὶ ἔζησεν Καιναν ἑκατὸν ἑβδομήκοντα ἔτη καὶ ἐγέννησεν τὸν 12
Μαλελεηλ. ¹³καὶ ἔζησεν Καιναν μετὰ τὸ γεννῆσαι αὐτὸν τὸν Μα- 13
λελεηλ ἑπτακόσια καὶ τεσσαράκοντα ἔτη καὶ ἐγέννησεν υἱοὺς καὶ
θυγατέρας. ¹⁴καὶ ἐγένοντο πᾶσαι αἱ ἡμέραι Καιναν ἐννακόσια καὶ 14
δέκα ἔτη, καὶ ἀπέθανεν.

¹⁵Καὶ ἔζησεν Μαλελεηλ ἑκατὸν καὶ ἑξήκοντα πέντε ἔτη καὶ ἐγέν- 15
νησεν τὸν Ιαρεδ. ¹⁶καὶ ἔζησεν Μαλελεηλ μετὰ τὸ γεννῆσαι αὐτὸν 16
τὸν Ιαρεδ ἑπτακόσια καὶ τριάκοντα ἔτη καὶ ἐγέννησεν υἱοὺς καὶ
θυγατέρας. ¹⁷καὶ ἐγένοντο πᾶσαι αἱ ἡμέραι Μαλελεηλ ὀκτακόσια 17
καὶ ἐνενήκοντα πέντε ἔτη, καὶ ἀπέθανεν.

¹⁸Καὶ ἔζησεν Ιαρεδ ἑκατὸν καὶ ἑξήκοντα δύο ἔτη καὶ ἐγέννησεν 18
τὸν Ενωχ. ¹⁹καὶ ἔζησεν Ιαρεδ μετὰ τὸ γεννῆσαι αὐτὸν τὸν Ενωχ 19
ὀκτακόσια ἔτη καὶ ἐγέννησεν υἱοὺς καὶ θυγατέρας. ²⁰καὶ ἐγένοντο 20
πᾶσαι αἱ ἡμέραι Ιαρεδ ἐννακόσια καὶ ἑξήκοντα δύο ἔτη, καὶ ἀπέθανεν.

²¹Καὶ ἔζησεν Ενωχ ἑκατὸν καὶ ἑξήκοντα πέντε ἔτη καὶ ἐγέννησεν 21
τὸν Μαθουσαλα. ²²εὐηρέστησεν δὲ Ενωχ τῷ θεῷ μετὰ τὸ γεννῆσαι 22
αὐτὸν τὸν Μαθουσαλα διακόσια ἔτη καὶ ἐγέννησεν υἱοὺς καὶ θυγα-
τέρας. ²³καὶ ἐγένοντο πᾶσαι αἱ ἡμέραι Ενωχ τριακόσια ἑξήκοντα 23
πέντε ἔτη. ²⁴καὶ εὐηρέστησεν Ενωχ τῷ θεῷ καὶ οὐχ ηὑρίσκετο, 24
ὅτι μετέθηκεν αὐτὸν ὁ θεός.

²⁵Καὶ ἔζησεν Μαθουσαλα ἑκατὸν καὶ ἑξήκοντα ἑπτὰ ἔτη καὶ ἐγέν- 25
νησεν τὸν Λαμεχ. ²⁶καὶ ἔζησεν Μαθουσαλα μετὰ τὸ γεννῆσαι αὐτὸν 26

5 24 οτι M] διοτι A

τὸν Λαμεχ ὀκτακόσια δύο ἔτη καὶ ἐγέννησεν υἱοὺς καὶ θυγατέρας.
27 ²⁷καὶ ἐγένοντο πᾶσαι αἱ ἡμέραι Μαθουσαλα, ἃς ἔζησεν, ἐννακόσια
καὶ ἑξήκοντα ἐννέα ἔτη, καὶ ἀπέθανεν.
28 ²⁸Καὶ ἔζησεν Λαμεχ ἑκατὸν ὀγδοήκοντα ὀκτὼ ἔτη καὶ ἐγέννησεν
29 υἱὸν ²⁹καὶ ἐπωνόμασεν τὸ ὄνομα αὐτοῦ Νωε λέγων Οὗτος διανα-
παύσει ἡμᾶς ἀπὸ τῶν ἔργων ἡμῶν καὶ ἀπὸ τῶν λυπῶν τῶν χειρῶν
30 ἡμῶν καὶ ἀπὸ τῆς γῆς, ἧς κατηράσατο κύριος ὁ θεός. ³⁰καὶ ἔζησεν
Λαμεχ μετὰ τὸ γεννῆσαι αὐτὸν τὸν Νωε πεντακόσια καὶ ἑξήκοντα
31 πέντε ἔτη καὶ ἐγέννησεν υἱοὺς καὶ θυγατέρας. ³¹καὶ ἐγένοντο πᾶσαι
αἱ ἡμέραι Λαμεχ ἑπτακόσια καὶ πεντήκοντα τρία ἔτη, καὶ ἀπέθανεν.
32 ³²Καὶ ἦν Νωε ἐτῶν πεντακοσίων καὶ ἐγέννησεν Νωε τρεῖς υἱούς,
τὸν Σημ, τὸν Χαμ, τὸν Ιαφεθ.
6 ¹Καὶ ἐγένετο ἡνίκα ἤρξαντο οἱ ἄνθρωποι πολλοὶ γίνεσθαι ἐπὶ τῆς
2 γῆς, καὶ θυγατέρες ἐγενήθησαν αὐτοῖς. ²ἰδόντες δὲ οἱ υἱοὶ τοῦ
θεοῦ τὰς θυγατέρας τῶν ἀνθρώπων ὅτι καλαί εἰσιν, ἔλαβον ἑαυτοῖς
3 γυναῖκας ἀπὸ πασῶν, ὧν ἐξελέξαντο. ³καὶ εἶπεν κύριος ὁ θεός
Οὐ μὴ καταμείνῃ τὸ πνεῦμά μου ἐν τοῖς ἀνθρώποις τούτοις εἰς
τὸν αἰῶνα διὰ τὸ εἶναι αὐτοὺς σάρκας, ἔσονται δὲ αἱ ἡμέραι αὐτῶν
4 ἑκατὸν εἴκοσι ἔτη. ⁴οἱ δὲ γίγαντες ἦσαν ἐπὶ τῆς γῆς ἐν ταῖς ἡμέραις
ἐκείναις καὶ μετ᾽ ἐκεῖνο, ὡς ἂν εἰσεπορεύοντο οἱ υἱοὶ τοῦ θεοῦ πρὸς
τὰς θυγατέρας τῶν ἀνθρώπων καὶ ἐγεννῶσαν ἑαυτοῖς· ἐκεῖνοι ἦσαν
οἱ γίγαντες οἱ ἀπ᾽ αἰῶνος, οἱ ἄνθρωποι οἱ ὀνομαστοί.
5 ⁵Ἰδὼν δὲ κύριος ὁ θεὸς ὅτι ἐπληθύνθησαν αἱ κακίαι τῶν ἀνθρώπων
ἐπὶ τῆς γῆς καὶ πᾶς τις διανοεῖται ἐν τῇ καρδίᾳ αὐτοῦ ἐπιμελῶς ἐπὶ
6 τὰ πονηρὰ πάσας τὰς ἡμέρας, ⁶καὶ ἐνεθυμήθη ὁ θεὸς ὅτι ἐποίησεν
7 τὸν ἄνθρωπον ἐπὶ τῆς γῆς, καὶ διενοήθη. ⁷καὶ εἶπεν ὁ θεός Ἀπα-
λείψω τὸν ἄνθρωπον, ὃν ἐποίησα, ἀπὸ προσώπου τῆς γῆς ἀπὸ
ἀνθρώπου ἕως κτήνους καὶ ἀπὸ ἑρπετῶν ἕως τῶν πετεινῶν τοῦ
8 οὐρανοῦ, ὅτι ἐθυμώθην ὅτι ἐποίησα αὐτούς. ⁸Νωε δὲ εὗρεν χάριν
ἐναντίον κυρίου τοῦ θεοῦ.
9 ⁹Αὗται δὲ αἱ γενέσεις Νωε· Νωε ἄνθρωπος δίκαιος, τέλειος ὢν
10 ἐν τῇ γενεᾷ αὐτοῦ· τῷ θεῷ εὐηρέστησεν Νωε. ¹⁰ἐγέννησεν δὲ Νωε
11 τρεῖς υἱούς, τὸν Σημ, τὸν Χαμ, τὸν Ιαφεθ. ¹¹ἐφθάρη δὲ ἡ γῆ ἐναν-
12 τίον τοῦ θεοῦ, καὶ ἐπλήσθη ἡ γῆ ἀδικίας. ¹²καὶ εἶδεν κύριος ὁ θεὸς
τὴν γῆν, καὶ ἦν κατεφθαρμένη, ὅτι κατέφθειρεν πᾶσα σὰρξ τὴν
13 ὁδὸν αὐτοῦ ἐπὶ τῆς γῆς. ¹³καὶ εἶπεν ὁ θεὸς πρὸς Νωε Καιρὸς
παντὸς ἀνθρώπου ἥκει ἐναντίον μου, ὅτι ἐπλήσθη ἡ γῆ ἀδικίας
14 ἀπ᾽ αὐτῶν, καὶ ἰδοὺ ἐγὼ καταφθείρω αὐτοὺς καὶ τὴν γῆν. ¹⁴ποίη-
σον οὖν σεαυτῷ κιβωτὸν ἐκ ξύλων τετραγώνων· νοσσιὰς ποιήσεις
τὴν κιβωτὸν καὶ ἀσφαλτώσεις αὐτὴν ἔσωθεν καὶ ἔξωθεν τῇ ἀσφάλτῳ.

6 2 υιοι M] αγγελοι Aʳ ‖ 9 γενεα] γενεσει A†

¹⁵καὶ οὕτως ποιήσεις τὴν κιβωτόν· τριακοσίων πήχεων τὸ μῆκος 15
τῆς κιβωτοῦ καὶ πεντήκοντα πήχεων τὸ πλάτος καὶ τριάκοντα πή-
χεων τὸ ὕψος αὐτῆς· ¹⁶ἐπισυνάγων ποιήσεις τὴν κιβωτὸν καὶ εἰς 16
πῆχυν συντελέσεις αὐτὴν ἄνωθεν· τὴν δὲ θύραν τῆς κιβωτοῦ ποιή-
σεις ἐκ πλαγίων· κατάγαια, διώροφα καὶ τριώροφα ποιήσεις αὐτήν.
¹⁷ἐγὼ δὲ ἰδοὺ ἐπάγω τὸν κατακλυσμὸν ὕδωρ ἐπὶ τὴν γῆν κατα- 17
φθεῖραι πᾶσαν σάρκα, ἐν ᾗ ἐστιν πνεῦμα ζωῆς, ὑποκάτω τοῦ οὐρα-
νοῦ· καὶ ὅσα ἐὰν ᾖ ἐπὶ τῆς γῆς, τελευτήσει. ¹⁸καὶ στήσω τὴν δια- 18
θήκην μου πρὸς σέ· εἰσελεύσῃ δὲ εἰς τὴν κιβωτόν, σὺ καὶ οἱ υἱοί
σου καὶ ἡ γυνή σου καὶ αἱ γυναῖκες τῶν υἱῶν σου μετὰ σοῦ. ¹⁹καὶ 19
ἀπὸ πάντων τῶν κτηνῶν καὶ ἀπὸ πάντων τῶν ἑρπετῶν καὶ ἀπὸ
πάντων τῶν θηρίων καὶ ἀπὸ πάσης σαρκός, δύο δύο ἀπὸ πάντων
εἰσάξεις εἰς τὴν κιβωτόν, ἵνα τρέφῃς μετὰ σεαυτοῦ· ἄρσεν καὶ θῆλυ
ἔσονται. ²⁰ἀπὸ πάντων τῶν ὀρνέων τῶν πετεινῶν κατὰ γένος καὶ 20
ἀπὸ πάντων τῶν κτηνῶν κατὰ γένος καὶ ἀπὸ πάντων τῶν ἑρπε-
τῶν τῶν ἑρπόντων ἐπὶ τῆς γῆς κατὰ γένος αὐτῶν, δύο δύο ἀπὸ
πάντων εἰσελεύσονται πρὸς σὲ τρέφεσθαι μετὰ σοῦ, ἄρσεν καὶ
θῆλυ. ²¹σὺ δὲ λήμψῃ σεαυτῷ ἀπὸ πάντων τῶν βρωμάτων, ἃ ἔδεσθε, 21
καὶ συνάξεις πρὸς σεαυτόν, καὶ ἔσται σοὶ καὶ ἐκείνοις φαγεῖν. ²²καὶ 22
ἐποίησεν Νωε πάντα, ὅσα ἐνετείλατο αὐτῷ κύριος ὁ θεός, οὕτως
ἐποίησεν.

¹Καὶ εἶπεν κύριος ὁ θεὸς πρὸς Νωε Εἴσελθε σὺ καὶ πᾶς ὁ οἶκός 7
σου εἰς τὴν κιβωτόν, ὅτι σὲ εἶδον δίκαιον ἐναντίον μου ἐν τῇ γενεᾷ
ταύτῃ. ²ἀπὸ δὲ τῶν κτηνῶν τῶν καθαρῶν εἰσάγαγε πρὸς σὲ ἑπτὰ 2
ἑπτά, ἄρσεν καὶ θῆλυ, ἀπὸ δὲ τῶν κτηνῶν τῶν μὴ καθαρῶν δύο
δύο, ἄρσεν καὶ θῆλυ, ³καὶ ἀπὸ τῶν πετεινῶν τοῦ οὐρανοῦ τῶν 3
καθαρῶν ἑπτὰ ἑπτά, ἄρσεν καὶ θῆλυ, καὶ ἀπὸ τῶν πετεινῶν τῶν
μὴ καθαρῶν δύο δύο, ἄρσεν καὶ θῆλυ, διαθρέψαι σπέρμα ἐπὶ πᾶσαν
τὴν γῆν. ⁴ἔτι γὰρ ἡμερῶν ἑπτὰ ἐγὼ ἐπάγω ὑετὸν ἐπὶ τὴν γῆν 4
τεσσαράκοντα ἡμέρας καὶ τεσσαράκοντα νύκτας καὶ ἐξαλείψω πᾶσαν
τὴν ἐξανάστασιν, ἣν ἐποίησα, ἀπὸ προσώπου τῆς γῆς. ⁵καὶ ἐποί- 5
ησεν Νωε πάντα, ὅσα ἐνετείλατο αὐτῷ κύριος ὁ θεός.

⁶Νωε δὲ ἦν ἐτῶν ἑξακοσίων, καὶ ὁ κατακλυσμὸς ἐγένετο ὕδατος 6
ἐπὶ τῆς γῆς. ⁷εἰσῆλθεν δὲ Νωε καὶ οἱ υἱοὶ αὐτοῦ καὶ ἡ γυνὴ αὐτοῦ 7
καὶ αἱ γυναῖκες τῶν υἱῶν αὐτοῦ μετ' αὐτοῦ εἰς τὴν κιβωτὸν διὰ
τὸ ὕδωρ τοῦ κατακλυσμοῦ. ⁸καὶ ἀπὸ τῶν πετεινῶν καὶ ἀπὸ τῶν 8
κτηνῶν τῶν καθαρῶν καὶ ἀπὸ τῶν κτηνῶν τῶν μὴ καθαρῶν καὶ
ἀπὸ πάντων τῶν ἑρπετῶν τῶν ἐπὶ τῆς γῆς ⁹δύο δύο εἰσῆλθον 9

17 εστιν] + εν αυτη A†
7 3 των 3⁰ M] pr. παντων A || 4 πασαν την εξ. ην mu.] παν το αναστε-
μα ο A || 6 εγενετο υδατος 911†] ην A† || 8 καθαρων 2⁰ 911] + και απο
των πετεινων A (in O sub ※)

πρὸς Νωε εἰς τὴν κιβωτόν, ἄρσεν καὶ θῆλυ, καθὰ ἐνετείλατο αὐτῷ
10 ὁ θεός. ¹⁰καὶ ἐγένετο μετὰ τὰς ἑπτὰ ἡμέρας καὶ τὸ ὕδωρ τοῦ κατα-
11 κλυσμοῦ ἐγένετο ἐπὶ τῆς γῆς. ¹¹ἐν τῷ ἑξακοσιοστῷ ἔτει ἐν τῇ
ζωῇ τοῦ Νωε, τοῦ δευτέρου μηνός, ἑβδόμῃ καὶ εἰκάδι τοῦ μηνός,
τῇ ἡμέρᾳ ταύτῃ ἐρράγησαν πᾶσαι αἱ πηγαὶ τῆς ἀβύσσου, καὶ οἱ
12 καταρράκται τοῦ οὐρανοῦ ἠνεῴχθησαν, ¹²καὶ ἐγένετο ὁ ὑετὸς ἐπὶ
13 τῆς γῆς τεσσαράκοντα ἡμέρας καὶ τεσσαράκοντα νύκτας. ¹³ἐν τῇ
ἡμέρᾳ ταύτῃ εἰσῆλθεν Νωε, Σημ, Χαμ, Ιαφεθ, υἱοὶ Νωε, καὶ ἡ γυνὴ
Νωε καὶ αἱ τρεῖς γυναῖκες τῶν υἱῶν αὐτοῦ μετ᾽ αὐτοῦ εἰς τὴν
14 κιβωτόν. ¹⁴καὶ πάντα τὰ θηρία κατὰ γένος καὶ πάντα τὰ κτήνη
κατὰ γένος καὶ πᾶν ἑρπετὸν κινούμενον ἐπὶ τῆς γῆς κατὰ γένος
15 καὶ πᾶν πετεινὸν κατὰ γένος ¹⁵εἰσῆλθον πρὸς Νωε εἰς τὴν κιβωτόν,
16 δύο δύο ἀπὸ πάσης σαρκός, ἐν ᾧ ἐστιν πνεῦμα ζωῆς. ¹⁶καὶ τὰ
εἰσπορευόμενα ἄρσεν καὶ θῆλυ ἀπὸ πάσης σαρκὸς εἰσῆλθεν, καθὰ
ἐνετείλατο ὁ θεὸς τῷ Νωε. καὶ ἔκλεισεν κύριος ὁ θεὸς ἔξωθεν
αὐτοῦ τὴν κιβωτόν.
17 ¹⁷Καὶ ἐγένετο ὁ κατακλυσμὸς τεσσαράκοντα ἡμέρας καὶ τεσσαρά-
κοντα νύκτας ἐπὶ τῆς γῆς, καὶ ἐπληθύνθη τὸ ὕδωρ καὶ ἐπῆρεν τὴν
18 κιβωτόν, καὶ ὑψώθη ἀπὸ τῆς γῆς. ¹⁸καὶ ἐπεκράτει τὸ ὕδωρ καὶ
ἐπληθύνετο σφόδρα ἐπὶ τῆς γῆς, καὶ ἐπεφέρετο ἡ κιβωτὸς ἐπάνω
19 τοῦ ὕδατος. ¹⁹τὸ δὲ ὕδωρ ἐπεκράτει σφόδρα σφοδρῶς ἐπὶ τῆς
γῆς καὶ ἐπεκάλυψεν πάντα τὰ ὄρη τὰ ὑψηλά, ἃ ἦν ὑποκάτω τοῦ
20 οὐρανοῦ· ²⁰δέκα πέντε πήχεις ἐπάνω ὑψώθη τὸ ὕδωρ καὶ ἐπεκά-
21 λυψεν πάντα τὰ ὄρη τὰ ὑψηλά. ²¹καὶ ἀπέθανεν πᾶσα σὰρξ κινου-
μένη ἐπὶ τῆς γῆς τῶν πετεινῶν καὶ τῶν κτηνῶν καὶ τῶν θηρίων
22 καὶ πᾶν ἑρπετὸν κινούμενον ἐπὶ τῆς γῆς καὶ πᾶς ἄνθρωπος. ²²καὶ
πάντα, ὅσα ἔχει πνοὴν ζωῆς, καὶ πᾶς, ὃς ἦν ἐπὶ τῆς ξηρᾶς, ἀπέ-
23 θανεν. ²³καὶ ἐξήλειψεν πᾶν τὸ ἀνάστημα, ὃ ἦν ἐπὶ προσώπου πάσης
τῆς γῆς, ἀπὸ ἀνθρώπου ἕως κτήνους καὶ ἑρπετῶν καὶ τῶν πετεινῶν
τοῦ οὐρανοῦ, καὶ ἐξηλείφθησαν ἀπὸ τῆς γῆς· καὶ κατελείφθη μόνος
24 Νωε καὶ οἱ μετ᾽ αὐτοῦ ἐν τῇ κιβωτῷ. ²⁴καὶ ὑψώθη τὸ ὕδωρ ἐπὶ
τῆς γῆς ἡμέρας ἑκατὸν πεντήκοντα.
8 ¹Καὶ ἐμνήσθη ὁ θεὸς τοῦ Νωε καὶ πάντων τῶν θηρίων καὶ πάντων
τῶν κτηνῶν καὶ πάντων τῶν πετεινῶν καὶ πάντων τῶν ἑρπετῶν,
ὅσα ἦν μετ᾽ αὐτοῦ ἐν τῇ κιβωτῷ, καὶ ἐπήγαγεν ὁ θεὸς πνεῦμα
2 ἐπὶ τὴν γῆν, καὶ ἐκόπασεν τὸ ὕδωρ, ²καὶ ἐπεκαλύφθησαν αἱ πηγαὶ
τῆς ἀβύσσου καὶ οἱ καταρράκται τοῦ οὐρανοῦ, καὶ συνεσχέθη ὁ ὑετὸς
3 ἀπὸ τοῦ οὐρανοῦ. ³καὶ ἐνεδίδου τὸ ὕδωρ πορευόμενον ἀπὸ τῆς
γῆς, ἐνεδίδου καὶ ἠλαττονοῦτο τὸ ὕδωρ μετὰ πεντήκοντα καὶ ἑκατὸν

15 δυο δυο] + αρσεν και θηλυ A† || 16 εξωθεν αυτου / την κιβ.] tr. A† ||
17 κατακλ. 911] + επι της γης A
8 3 και ηλαττ. / το υδωρ] tr. A†

ἡμέρας. ⁴καὶ ἐκάθισεν ἡ κιβωτὸς ἐν μηνὶ τῷ ἑβδόμῳ, ἑβδόμῃ καὶ 4
εἰκάδι τοῦ μηνός, ἐπὶ τὰ ὄρη τὰ Αραρατ. ⁵τὸ δὲ ὕδωρ πορευό- 5
μενον ἠλαττονοῦτο ἕως τοῦ δεκάτου μηνός· ἐν δὲ τῷ ἑνδεκάτῳ
μηνί, τῇ πρώτῃ τοῦ μηνός, ὤφθησαν αἱ κεφαλαὶ τῶν ὀρέων. — ⁶καὶ 6
ἐγένετο μετὰ τεσσαράκοντα ἡμέρας ἠνέῳξεν Νωε τὴν θυρίδα τῆς
κιβωτοῦ, ἣν ἐποίησεν, ⁷καὶ ἀπέστειλεν τὸν κόρακα τοῦ ἰδεῖν εἰ 7
κεκόπακεν τὸ ὕδωρ· καὶ ἐξελθὼν οὐχ ὑπέστρεψεν ἕως τοῦ ξηραν-
θῆναι τὸ ὕδωρ ἀπὸ τῆς γῆς. ⁸καὶ ἀπέστειλεν τὴν περιστερὰν ὀπίσω 8
αὐτοῦ ἰδεῖν εἰ κεκόπακεν τὸ ὕδωρ ἀπὸ προσώπου τῆς γῆς· ⁹καὶ 9
οὐχ εὑροῦσα ἡ περιστερὰ ἀνάπαυσιν τοῖς ποσὶν αὐτῆς ὑπέστρεψεν
πρὸς αὐτὸν εἰς τὴν κιβωτόν, ὅτι ὕδωρ ἦν ἐπὶ παντὶ προσώπῳ
πάσης τῆς γῆς, καὶ ἐκτείνας τὴν χεῖρα αὐτοῦ ἔλαβεν αὐτὴν καὶ
εἰσήγαγεν αὐτὴν πρὸς ἑαυτὸν εἰς τὴν κιβωτόν. ¹⁰καὶ ἐπισχὼν ἔτι 10
ἡμέρας ἑπτὰ ἑτέρας πάλιν ἐξαπέστειλεν τὴν περιστερὰν ἐκ τῆς
κιβωτοῦ· ¹¹καὶ ἀνέστρεψεν πρὸς αὐτὸν ἡ περιστερὰ τὸ πρὸς ἑσπέραν 11
καὶ εἶχεν φύλλον ἐλαίας κάρφος ἐν τῷ στόματι αὐτῆς, καὶ ἔγνω
Νωε ὅτι κεκόπακεν τὸ ὕδωρ ἀπὸ τῆς γῆς. ¹²καὶ ἐπισχὼν ἔτι ἡμέρας 12
ἑπτὰ ἑτέρας πάλιν ἐξαπέστειλεν τὴν περιστεράν, καὶ οὐ προσέθετο
τοῦ ἐπιστρέψαι πρὸς αὐτὸν ἔτι. — ¹³καὶ ἐγένετο ἐν τῷ ἑνὶ καὶ ἑξα- 13
κοσιοστῷ ἔτει ἐν τῇ ζωῇ τοῦ Νωε, τοῦ πρώτου μηνός, μιᾷ τοῦ
μηνός, ἐξέλιπεν τὸ ὕδωρ ἀπὸ τῆς γῆς· καὶ ἀπεκάλυψεν Νωε τὴν
στέγην τῆς κιβωτοῦ, ἣν ἐποίησεν, καὶ εἶδεν ὅτι ἐξέλιπεν τὸ ὕδωρ
ἀπὸ προσώπου τῆς γῆς. ¹⁴ἐν δὲ τῷ μηνὶ τῷ δευτέρῳ, ἑβδόμῃ καὶ 14
εἰκάδι τοῦ μηνός, ἐξηράνθη ἡ γῆ.

¹⁵Καὶ εἶπεν κύριος ὁ θεὸς τῷ Νωε λέγων ¹⁶Ἔξελθε ἐκ τῆς κιβω- ¹⁵ ¹⁶
τοῦ, σὺ καὶ ἡ γυνή σου καὶ οἱ υἱοί σου καὶ αἱ γυναῖκες τῶν υἱῶν
σου μετὰ σοῦ ¹⁷καὶ πάντα τὰ θηρία, ὅσα ἐστὶν μετὰ σοῦ, καὶ 17
πᾶσα σὰρξ ἀπὸ πετεινῶν ἕως κτηνῶν, καὶ πᾶν ἑρπετὸν κινούμενον
ἐπὶ τῆς γῆς ἐξάγαγε μετὰ σεαυτοῦ· καὶ αὐξάνεσθε καὶ πληθύνεσθε
ἐπὶ τῆς γῆς. ¹⁸καὶ ἐξῆλθεν Νωε καὶ ἡ γυνὴ αὐτοῦ καὶ οἱ υἱοὶ 18
αὐτοῦ καὶ αἱ γυναῖκες τῶν υἱῶν αὐτοῦ μετ᾽ αὐτοῦ, ¹⁹καὶ πάντα 19
τὰ θηρία καὶ πάντα τὰ κτήνη καὶ πᾶν πετεινὸν καὶ πᾶν ἑρπετὸν
κινούμενον ἐπὶ τῆς γῆς κατὰ γένος αὐτῶν ἐξήλθοσαν ἐκ τῆς κιβωτοῦ.
²⁰καὶ ᾠκοδόμησεν Νωε θυσιαστήριον τῷ θεῷ καὶ ἔλαβεν ἀπὸ πάν- 20
των τῶν κτηνῶν τῶν καθαρῶν καὶ ἀπὸ πάντων τῶν πετεινῶν τῶν
καθαρῶν καὶ ἀνήνεγκεν ὁλοκαρπώσεις ἐπὶ τὸ θυσιαστήριον. ²¹καὶ 21
ὠσφράνθη κύριος ὁ θεὸς ὀσμὴν εὐωδίας, καὶ εἶπεν κύριος ὁ θεὸς
διανοηθείς Οὐ προσθήσω ἔτι τοῦ καταράσασθαι τὴν γῆν διὰ τὰ
ἔργα τῶν ἀνθρώπων, ὅτι ἔγκειται ἡ διάνοια τοῦ ἀνθρώπου ἐπιμελῶς
ἐπὶ τὰ πονηρὰ ἐκ νεότητος· οὐ προσθήσω οὖν ἔτι πατάξαι πᾶσαν

8 προσωπου > A† ‖ 9 υπεστρ.] ανεστρ. A† ‖ 13 πρωτου μηνος] μ. του
πρ. A† ‖ 17 σεαυτου M] σου A ‖ 20 ολοκαρπωσεις M] -σιν A

22 σάρκα ζῶσαν, καθὼς ἐποίησα. ²²πάσας τὰς ἡμέρας τῆς γῆς σπέρμα
καὶ θερισμός, ψῦχος καὶ καῦμα, θέρος καὶ ἔαρ ἡμέραν καὶ νύκτα
οὐ καταπαύσουσιν.

9 ¹Καὶ ηὐλόγησεν ὁ θεὸς τὸν Νωε καὶ τοὺς υἱοὺς αὐτοῦ καὶ εἶπεν
αὐτοῖς Αὐξάνεσθε καὶ πληθύνεσθε καὶ πληρώσατε τὴν γῆν καὶ
2 κατακυριεύσατε αὐτῆς. ²καὶ ὁ τρόμος ὑμῶν καὶ ὁ φόβος ἔσται
ἐπὶ πᾶσιν τοῖς θηρίοις τῆς γῆς καὶ ἐπὶ πάντα τὰ ὄρνεα τοῦ οὐρα-
νοῦ καὶ ἐπὶ πάντα τὰ κινούμενα ἐπὶ τῆς γῆς καὶ ἐπὶ πάντας τοὺς
3 ἰχθύας τῆς θαλάσσης· ὑπὸ χεῖρας ὑμῖν δέδωκα. ³καὶ πᾶν ἑρπετόν,
ὅ ἐστιν ζῶν, ὑμῖν ἔσται εἰς βρῶσιν· ὡς λάχανα χόρτου δέδωκα
4
5 ὑμῖν τὰ πάντα. ⁴πλὴν κρέας ἐν αἵματι ψυχῆς οὐ φάγεσθε· ⁵καὶ
γὰρ τὸ ὑμέτερον αἷμα τῶν ψυχῶν ὑμῶν ἐκζητήσω, ἐκ χειρὸς πάν-
των τῶν θηρίων ἐκζητήσω αὐτὸ καὶ ἐκ χειρὸς ἀνθρώπου ἀδελφοῦ
6 ἐκζητήσω τὴν ψυχὴν τοῦ ἀνθρώπου. ⁶ὁ ἐκχέων αἷμα ἀνθρώπου
ἀντὶ τοῦ αἵματος αὐτοῦ ἐκχυθήσεται, ὅτι ἐν εἰκόνι θεοῦ ἐποίησα
7 τὸν ἄνθρωπον. ⁷ὑμεῖς δὲ αὐξάνεσθε καὶ πληθύνεσθε καὶ πληρώσατε
τὴν γῆν καὶ πληθύνεσθε ἐπ᾽ αὐτῆς.

8 ⁸Καὶ εἶπεν ὁ θεὸς τῷ Νωε καὶ τοῖς υἱοῖς αὐτοῦ μετ᾽ αὐτοῦ λέγων
9 ⁹Ἐγὼ ἰδοὺ ἀνίστημι τὴν διαθήκην μου ὑμῖν καὶ τῷ σπέρματι ὑμῶν
10 μεθ᾽ ὑμᾶς ¹⁰καὶ πάσῃ ψυχῇ τῇ ζώσῃ μεθ᾽ ὑμῶν ἀπὸ ὀρνέων καὶ
ἀπὸ κτηνῶν καὶ πᾶσι τοῖς θηρίοις τῆς γῆς, ὅσα μεθ᾽ ὑμῶν, ἀπὸ
11 πάντων τῶν ἐξελθόντων ἐκ τῆς κιβωτοῦ. ¹¹καὶ στήσω τὴν διαθήκην
μου πρὸς ὑμᾶς, καὶ οὐκ ἀποθανεῖται πᾶσα σὰρξ ἔτι ἀπὸ τοῦ ὕδατος
τοῦ κατακλυσμοῦ, καὶ οὐκ ἔσται ἔτι κατακλυσμὸς ὕδατος τοῦ κατα-
12 φθεῖραι πᾶσαν τὴν γῆν. — ¹²καὶ εἶπεν κύριος ὁ θεὸς πρὸς Νωε
Τοῦτο τὸ σημεῖον τῆς διαθήκης, ὃ ἐγὼ δίδωμι ἀνὰ μέσον ἐμοῦ
καὶ ὑμῶν καὶ ἀνὰ μέσον πάσης ψυχῆς ζώσης, ἥ ἐστιν μεθ᾽ ὑμῶν,
13 εἰς γενεὰς αἰωνίους· ¹³τὸ τόξον μου τίθημι ἐν τῇ νεφέλῃ, καὶ
14 ἔσται εἰς σημεῖον διαθήκης ἀνὰ μέσον ἐμοῦ καὶ τῆς γῆς. ¹⁴καὶ
ἔσται ἐν τῷ συννεφεῖν με νεφέλας ἐπὶ τὴν γῆν ὀφθήσεται τὸ τόξον
15 μου ἐν τῇ νεφέλῃ, ¹⁵καὶ μνησθήσομαι τῆς διαθήκης μου, ἥ ἐστιν
ἀνὰ μέσον ἐμοῦ καὶ ὑμῶν καὶ ἀνὰ μέσον πάσης ψυχῆς ζώσης ἐν
πάσῃ σαρκί, καὶ οὐκ ἔσται ἔτι τὸ ὕδωρ εἰς κατακλυσμὸν ὥστε
16 ἐξαλεῖψαι πᾶσαν σάρκα. ¹⁶καὶ ἔσται τὸ τόξον μου ἐν τῇ νεφέλῃ,
καὶ ὄψομαι τοῦ μνησθῆναι διαθήκην αἰώνιον ἀνὰ μέσον ἐμοῦ καὶ
ἀνὰ μέσον πάσης ψυχῆς ζώσης ἐν πάσῃ σαρκί, ἥ ἐστιν ἐπὶ τῆς
17 γῆς. ¹⁷καὶ εἶπεν ὁ θεὸς τῷ Νωε Τοῦτο τὸ σημεῖον τῆς διαθήκης,
ἧς διεθέμην ἀνὰ μέσον ἐμοῦ καὶ ἀνὰ μέσον πάσης σαρκός, ἥ ἐστιν
ἐπὶ τῆς γῆς.

9 2 επι ult. M] > A ‖ 3 δεδωκα 911] εδωκα A ‖ 7 επ αυτης] επι της
γης A† ‖ 10 τη M] > A

¹⁸ Ἦσαν δὲ οἱ υἱοὶ Νωε οἱ ἐξελθόντες ἐκ τῆς κιβωτοῦ Σημ, Χαμ, 18
Ιαφεθ· Χαμ ἦν πατὴρ Χανααν. ¹⁹ τρεῖς οὗτοί εἰσιν οἱ υἱοὶ Νωε· 19
ἀπὸ τούτων διεσπάρησαν ἐπὶ πᾶσαν τὴν γῆν.

²⁰ Καὶ ἤρξατο Νωε ἄνθρωπος γεωργὸς γῆς καὶ ἐφύτευσεν ἀμπε- 20
λῶνα. ²¹ καὶ ἔπιεν ἐκ τοῦ οἴνου καὶ ἐμεθύσθη καὶ ἐγυμνώθη ἐν 21
τῷ οἴκῳ αὐτοῦ. ²² καὶ εἶδεν Χαμ ὁ πατὴρ Χανααν τὴν γύμνωσιν 22
τοῦ πατρὸς αὐτοῦ καὶ ἐξελθὼν ἀνήγγειλεν τοῖς δυσὶν ἀδελφοῖς
αὐτοῦ ἔξω. ²³ καὶ λαβόντες Σημ καὶ Ιαφεθ τὸ ἱμάτιον ἐπέθεντο 23
ἐπὶ τὰ δύο νῶτα αὐτῶν καὶ ἐπορεύθησαν ὀπισθοφανῶς καὶ συνε-
κάλυψαν τὴν γύμνωσιν τοῦ πατρὸς αὐτῶν, καὶ τὸ πρόσωπον αὐτῶν
ὀπισθοφανές, καὶ τὴν γύμνωσιν τοῦ πατρὸς αὐτῶν οὐκ εἶδον.
²⁴ ἐξένηψεν δὲ Νωε ἀπὸ τοῦ οἴνου καὶ ἔγνω ὅσα ἐποίησεν αὐτῷ 24
ὁ υἱὸς αὐτοῦ ὁ νεώτερος, ²⁵ καὶ εἶπεν 25

     Ἐπικατάρατος Χανααν·
     παῖς οἰκέτης ἔσται τοῖς ἀδελφοῖς αὐτοῦ.

²⁶ καὶ εἶπεν 26

     Εὐλογητὸς κύριος ὁ θεὸς τοῦ Σημ,
     καὶ ἔσται Χανααν παῖς αὐτοῦ.

²⁷ πλατύναι ὁ θεὸς τῷ Ιαφεθ 27
     καὶ κατοικησάτω ἐν τοῖς οἴκοις τοῦ Σημ,
     καὶ γενηθήτω Χανααν παῖς αὐτῶν.

²⁸ Ἔζησεν δὲ Νωε μετὰ τὸν κατακλυσμὸν τριακόσια πεντήκοντα ἔτη. 28
²⁹ καὶ ἐγένοντο πᾶσαι αἱ ἡμέραι Νωε ἐννακόσια πεντήκοντα ἔτη, καὶ 29
ἀπέθανεν.

¹ Αὗται δὲ αἱ γενέσεις τῶν υἱῶν Νωε, Σημ, Χαμ, Ιαφεθ, καὶ ἐγε- 10
νήθησαν αὐτοῖς υἱοὶ μετὰ τὸν κατακλυσμόν.

² Υἱοὶ Ιαφεθ· Γαμερ καὶ Μαγωγ καὶ Μαδαι καὶ Ιωυαν καὶ Ελισα 2
καὶ Θοβελ καὶ Μοσοχ καὶ Θιρας. ³ καὶ υἱοὶ Γαμερ· Ασχαναζ καὶ 3
Ριφαθ καὶ Θοργαμα. ⁴ καὶ υἱοὶ Ιωυαν· Ελισα καὶ Θαρσις, Κίτιοι, Ῥόδιοι. 4
⁵ ἐκ τούτων ἀφωρίσθησαν νῆσοι τῶν ἐθνῶν ἐν τῇ γῇ αὐτῶν, ἕκαστος 5
κατὰ γλῶσσαν ἐν ταῖς φυλαῖς αὐτῶν καὶ ἐν τοῖς ἔθνεσιν αὐτῶν.

⁶ Υἱοὶ δὲ Χαμ· Χους καὶ Μεσραιμ, Φουδ καὶ Χανααν. ⁷ υἱοὶ δὲ   6
Χους· Σαβα καὶ Ευιλα καὶ Σαβαθα καὶ Ρεγμα καὶ Σαβακαθα. υἱοὶ   7
δὲ Ρεγμα· Σαβα καὶ Δαδαν. ⁸ Χους δὲ ἐγέννησεν τὸν Νεβρωδ. 8
οὗτος ἤρξατο εἶναι γίγας ἐπὶ τῆς γῆς· ⁹ οὗτος ἦν γίγας κυνηγὸς 9
ἐναντίον κυρίου τοῦ θεοῦ· διὰ τοῦτο ἐροῦσιν Ὡς Νεβρωδ γίγας
κυνηγὸς ἐναντίον κυρίου. ¹⁰ καὶ ἐγένετο ἀρχὴ τῆς βασιλείας αὐτοῦ 10
Βαβυλὼν καὶ Ορεχ καὶ Αρχαδ καὶ Χαλαννη ἐν τῇ γῇ Σενναar.
¹¹ ἐκ τῆς γῆς ἐκείνης ἐξῆλθεν Ασσουρ καὶ ᾠκοδόμησεν τὴν Νινευη 11

23 ἐπεθεντο] -θηκαν Aᵗ
10 3 θεργαμα Aᵗ ‖ 4 κητιοι A ‖ 6 μεσραιν A: item in 13 ‖ 7 bis
ρεγχμα Aᵗ

12 καὶ τὴν Ρωβωθ πόλιν καὶ τὴν Χαλαχ ¹²καὶ τὴν Δασεμ ἀνὰ μέσον
13 Νινευη καὶ ἀνὰ μέσον Χαλαχ· αὕτη ἡ πόλις ἡ μεγάλη. — ¹³καὶ Μεσ-
ραιμ ἐγέννησεν τοὺς Λουδιιμ καὶ τοὺς Ενεμετιιμ καὶ τοὺς Λαβιιμ
14 καὶ τοὺς Νεφθαλιιμ ¹⁴καὶ τοὺς Πατροσωνιιμ καὶ τοὺς Χασλωνιιμ,
15 ὅθεν ἐξῆλθεν ἐκεῖθεν Φυλιστιιμ, καὶ τοὺς Καφθοριιμ. — ¹⁵Χανααν
16 δὲ ἐγέννησεν τὸν Σιδῶνα πρωτότοκον καὶ τὸν Χετταῖον ¹⁶καὶ τὸν
17 Ιεβουσαῖον καὶ τὸν Αμορραῖον καὶ τὸν Γεργεσαῖον ¹⁷καὶ τὸν Ευαῖον
18 καὶ τὸν Αρουκαῖον καὶ τὸν Ασενναῖον ¹⁸καὶ τὸν Ἀράδιον καὶ τὸν
Σαμαραῖον καὶ τὸν Αμαθι. καὶ μετὰ τοῦτο διεσπάρησαν αἱ φυλαὶ
19 τῶν Χαναναίων, ¹⁹καὶ ἐγένοντο τὰ ὅρια τῶν Χαναναίων ἀπὸ
Σιδῶνος ἕως ἐλθεῖν εἰς Γεραρα καὶ Γάζαν, ἕως ἐλθεῖν Σοδομων
20 καὶ Γομορρας, Αδαμα καὶ Σεβωιμ, ἕως Λασα. — ²⁰οὗτοι υἱοὶ Χαμ ἐν
ταῖς φυλαῖς αὐτῶν κατὰ γλώσσας αὐτῶν ἐν ταῖς χώραις αὐτῶν
καὶ ἐν τοῖς ἔθνεσιν αὐτῶν.
21   ²¹Καὶ τῷ Σημ ἐγενήθη καὶ αὐτῷ, πατρὶ πάντων τῶν υἱῶν Εβερ,
22 ἀδελφῷ Ιαφεθ τοῦ μείζονος. ²²υἱοὶ Σημ· Αιλαμ καὶ Ασσουρ καὶ
23 Αρφαξαδ καὶ Λουδ καὶ Αραμ καὶ Καιναν. ²³καὶ υἱοὶ Αραμ· Ως καὶ
24 Ουλ καὶ Γαθερ καὶ Μοσοχ. ²⁴καὶ Αρφαξαδ ἐγέννησεν τὸν Καιναν,
25 καὶ Καιναν ἐγέννησεν τὸν Σαλα, Σαλα δὲ ἐγέννησεν τὸν Εβερ. ²⁵καὶ τῷ
Εβερ ἐγενήθησαν δύο υἱοί· ὄνομα τῷ ἑνὶ Φαλεκ, ὅτι ἐν ταῖς ἡμέραις
26 αὐτοῦ διεμερίσθη ἡ γῆ, καὶ ὄνομα τῷ ἀδελφῷ αὐτοῦ Ιεκταν. ²⁶Ιεκταν
δὲ ἐγέννησεν τὸν Ελμωδαδ καὶ τὸν Σαλεφ καὶ Ασαρμωθ καὶ Ιαραχ
27
28 ²⁷καὶ Οδορρα καὶ Αιζηλ καὶ Δεκλα ²⁸καὶ Αβιμεηλ καὶ Σαβευ
29 ²⁹καὶ Ουφιρ καὶ Ευιλα καὶ Ιωβαβ. πάντες οὗτοι υἱοὶ Ιεκταν.
30 ³⁰καὶ ἐγένετο ἡ κατοίκησις αὐτῶν ἀπὸ Μασση ἕως ἐλθεῖν εἰς Σωφηρα,
31 ὄρος ἀνατολῶν. ³¹οὗτοι υἱοὶ Σημ ἐν ταῖς φυλαῖς αὐτῶν κατὰ
γλώσσας αὐτῶν ἐν ταῖς χώραις αὐτῶν καὶ ἐν τοῖς ἔθνεσιν αὐτῶν.
32   ³²Αὗται αἱ φυλαὶ υἱῶν Νωε κατὰ γενέσεις αὐτῶν κατὰ τὰ ἔθνη
αὐτῶν· ἀπὸ τούτων διεσπάρησαν νῆσοι τῶν ἐθνῶν ἐπὶ τῆς γῆς
μετὰ τὸν κατακλυσμόν.
11   ¹Καὶ ἦν πᾶσα ἡ γῆ χεῖλος ἕν, καὶ φωνὴ μία πᾶσιν. ²καὶ ἐγέ-
νετο ἐν τῷ κινῆσαι αὐτοὺς ἀπὸ ἀνατολῶν εὗρον πεδίον ἐν γῇ Σεν-
3 νααρ καὶ κατῴκησαν ἐκεῖ. ³καὶ εἶπεν ἄνθρωπος τῷ πλησίον Δεῦτε
πλινθεύσωμεν πλίνθους καὶ ὀπτήσωμεν αὐτὰς πυρί. καὶ ἐγένετο
αὐτοῖς ἡ πλίνθος εἰς λίθον, καὶ ἄσφαλτος ἦν αὐτοῖς ὁ πηλός.
4 ⁴καὶ εἶπαν Δεῦτε οἰκοδομήσωμεν ἑαυτοῖς πόλιν καὶ πύργον, οὗ
ἡ κεφαλὴ ἔσται ἕως τοῦ οὐρανοῦ, καὶ ποιήσωμεν ἑαυτοῖς ὄνομα

11 ρωβως A⁺ | την ult. 911] > A || 13 και τ. νεφθ. post λουδ. tr. A⁺ ||
14 χασμωνιειμ A⁺ | καφθ. 911] χαφθ. A || 19 των Μ] > A | σοδομων] pr.
εως A⁺ | λασα 911] δασα A || 24 καιναμ bis A || 26 και 2⁰ 911] + τον
A | ιαραδ A⁺ || 30 μασσηε A⁺ || 31 υιοι Μ] pr. οι A
11 4 εαυτοις 2⁰ 911] -των A

πρὸ τοῦ διασπαρῆναι ἐπὶ προσώπου πάσης τῆς γῆς. ⁵καὶ κατέβη 5
κύριος ἰδεῖν τὴν πόλιν καὶ τὸν πύργον, ὃν ᾠκοδόμησαν οἱ υἱοὶ
τῶν ἀνθρώπων. ⁶καὶ εἶπεν κύριος Ἰδοὺ γένος ἓν καὶ χεῖλος ἓν 6
πάντων, καὶ τοῦτο ἤρξαντο ποιῆσαι, καὶ νῦν οὐκ ἐκλείψει ἐξ αὐτῶν
πάντα, ὅσα ἂν ἐπιθῶνται ποιεῖν. ⁷δεῦτε καὶ καταβάντες συγχέωμεν 7
ἐκεῖ αὐτῶν τὴν γλῶσσαν, ἵνα μὴ ἀκούσωσιν ἕκαστος τὴν φωνὴν
τοῦ πλησίον. ⁸καὶ διέσπειρεν αὐτοὺς κύριος ἐκεῖθεν ἐπὶ πρόσωπον 8
πάσης τῆς γῆς, καὶ ἐπαύσαντο οἰκοδομοῦντες τὴν πόλιν καὶ τὸν
πύργον. ⁹διὰ τοῦτο ἐκλήθη τὸ ὄνομα αὐτῆς Σύγχυσις, ὅτι ἐκεῖ 9
συνέχεεν κύριος τὰ χείλη πάσης τῆς γῆς, καὶ ἐκεῖθεν διέσπειρεν
αὐτοὺς κύριος ὁ θεὸς ἐπὶ πρόσωπον πάσης τῆς γῆς.

¹⁰Καὶ αὗται αἱ γενέσεις Σημ· Σημ υἱὸς ἑκατὸν ἐτῶν, ὅτε ἐγέν- 10
νησεν τὸν Αρφαξαδ, δευτέρου ἔτους μετὰ τὸν κατακλυσμόν. ¹¹καὶ 11
ἔζησεν Σημ μετὰ τὸ γεννῆσαι αὐτὸν τὸν Αρφαξαδ πεντακόσια ἔτη
καὶ ἐγέννησεν υἱοὺς καὶ θυγατέρας καὶ ἀπέθανεν.

¹²Καὶ ἔζησεν Αρφαξαδ ἑκατὸν τριάκοντα πέντε ἔτη καὶ ἐγέννησεν 12
τὸν Καιναν. ¹³καὶ ἔζησεν Αρφαξαδ μετὰ τὸ γεννῆσαι αὐτὸν τὸν 13
Καιναν ἔτη τετρακόσια τριάκοντα καὶ ἐγέννησεν υἱοὺς καὶ θυγατέρας
καὶ ἀπέθανεν.

Καὶ ἔζησεν Καιναν ἑκατὸν τριάκοντα ἔτη καὶ ἐγέννησεν τὸν Σαλα.
καὶ ἔζησεν Καιναν μετὰ τὸ γεννῆσαι αὐτὸν τὸν Σαλα ἔτη τρια-
κόσια τριάκοντα καὶ ἐγέννησεν υἱοὺς καὶ θυγατέρας καὶ ἀπέθανεν.

¹⁴Καὶ ἔζησεν Σαλα ἑκατὸν τριάκοντα ἔτη καὶ ἐγέννησεν τὸν Εβερ. 14
¹⁵καὶ ἔζησεν Σαλα μετὰ τὸ γεννῆσαι αὐτὸν τὸν Εβερ τριακόσια 15
τριάκοντα ἔτη καὶ ἐγέννησεν υἱοὺς καὶ θυγατέρας καὶ ἀπέθανεν.

¹⁶Καὶ ἔζησεν Εβερ ἑκατὸν τριάκοντα τέσσαρα ἔτη καὶ ἐγέννησεν 16
τὸν Φαλεκ. ¹⁷καὶ ἔζησεν Εβερ μετὰ τὸ γεννῆσαι αὐτὸν τὸν Φαλεκ 17
ἔτη τριακόσια ἑβδομήκοντα καὶ ἐγέννησεν υἱοὺς καὶ θυγατέρας
καὶ ἀπέθανεν.

¹⁸Καὶ ἔζησεν Φαλεκ ἑκατὸν τριάκοντα ἔτη καὶ ἐγέννησεν τὸν 18
Ραγαυ. ¹⁹καὶ ἔζησεν Φαλεκ μετὰ τὸ γεννῆσαι αὐτὸν τὸν Ραγαυ 19
διακόσια ἐννέα ἔτη καὶ ἐγέννησεν υἱοὺς καὶ θυγατέρας καὶ ἀπέ-
θανεν.

²⁰Καὶ ἔζησεν Ραγαυ ἑκατὸν τριάκοντα δύο ἔτη καὶ ἐγέννησεν 20
τὸν Σερουχ. ²¹καὶ ἔζησεν Ραγαυ μετὰ τὸ γεννῆσαι αὐτὸν τὸν 21
Σερουχ διακόσια ἑπτὰ ἔτη καὶ ἐγέννησεν υἱοὺς καὶ θυγατέρας καὶ
ἀπέθανεν.

²²Καὶ ἔζησεν Σερουχ ἑκατὸν τριάκοντα ἔτη καὶ ἐγέννησεν τὸν 22
Ναχωρ. ²³καὶ ἔζησεν Σερουχ μετὰ τὸ γεννῆσαι αὐτὸν τὸν Ναχωρ 23
ἔτη διακόσια καὶ ἐγέννησεν υἱοὺς καὶ θυγατέρας καὶ ἀπέθανεν.

6 ποιειν M] ποιησαι A ‖ 9 αυτης M] -του A ‖ 10 εκατον ετων] tr. A†

24 ²⁴Καὶ ἔζησεν Ναχωρ ἔτη ἑβδομήκοντα ἐννέα καὶ ἐγέννησεν τὸν
25 Θαρα. ²⁵καὶ ἔζησεν Ναχωρ μετὰ τὸ γεννῆσαι αὐτὸν τὸν Θαρα
ἔτη ἑκατὸν εἴκοσι ἐννέα καὶ ἐγέννησεν υἱοὺς καὶ θυγατέρας καὶ
ἀπέθανεν.
26 ²⁶Καὶ ἔζησεν Θαρα ἑβδομήκοντα ἔτη καὶ ἐγέννησεν τὸν Αβραμ
καὶ τὸν Ναχωρ καὶ τὸν Αρραν.
27 ²⁷Αὗται δὲ αἱ γενέσεις Θαρα· Θαρα ἐγέννησεν τὸν Αβραμ καὶ τὸν
28 Ναχωρ καὶ τὸν Αρραν, καὶ Αρραν ἐγέννησεν τὸν Λωτ. ²⁸καὶ ἀπέ-
θανεν Αρραν ἐνώπιον Θαρα τοῦ πατρὸς αὐτοῦ ἐν τῇ γῇ, ᾗ ἐγε-
29 νήθη, ἐν τῇ χώρᾳ τῶν Χαλδαίων. ²⁹καὶ ἔλαβον Αβραμ καὶ Ναχωρ
ἑαυτοῖς γυναῖκας· ὄνομα τῇ γυναικὶ Αβραμ Σαρα, καὶ ὄνομα τῇ
γυναικὶ Ναχωρ Μελχα θυγάτηρ Αρραν, πατὴρ Μελχα καὶ πατὴρ
³⁰ Ιεσχα. ³⁰καὶ ἦν Σαρα στεῖρα καὶ οὐκ ἐτεκνοποίει. ³¹καὶ ἔλαβεν
³¹
Θαρα τὸν Αβραμ υἱὸν αὐτοῦ καὶ τὸν Λωτ υἱὸν Αρραν υἱὸν τοῦ
υἱοῦ αὐτοῦ καὶ τὴν Σαραν τὴν νύμφην αὐτοῦ γυναῖκα Αβραμ τοῦ
υἱοῦ αὐτοῦ καὶ ἐξήγαγεν αὐτοὺς ἐκ τῆς χώρας τῶν Χαλδαίων
πορευθῆναι εἰς τὴν γῆν Χανααν καὶ ἦλθεν ἕως Χαρραν καὶ κατῴ-
32 κησεν ἐκεῖ. ³²καὶ ἐγένοντο αἱ ἡμέραι Θαρα ἐν Χαρραν διακόσια
πέντε ἔτη, καὶ ἀπέθανεν Θαρα ἐν Χαρραν.
12 ¹Καὶ εἶπεν κύριος τῷ Αβραμ Ἔξελθε ἐκ τῆς γῆς σου καὶ ἐκ τῆς
συγγενείας σου καὶ ἐκ τοῦ οἴκου τοῦ πατρός σου εἰς τὴν γῆν, ἣν
2 ἄν σοι δείξω· ²καὶ ποιήσω σε εἰς ἔθνος μέγα καὶ εὐλογήσω σε
3 καὶ μεγαλυνῶ τὸ ὄνομά σου, καὶ ἔσῃ εὐλογητός· ³καὶ εὐλογήσω
τοὺς εὐλογοῦντάς σε, καὶ τοὺς καταρωμένους σε καταράσομαι· καὶ
4 ἐνευλογηθήσονται ἐν σοὶ πᾶσαι αἱ φυλαὶ τῆς γῆς. ⁴καὶ ἐπορεύθη
Αβραμ, καθάπερ ἐλάλησεν αὐτῷ κύριος, καὶ ᾤχετο μετ' αὐτοῦ Λωτ·
Αβραμ δὲ ἦν ἐτῶν ἑβδομήκοντα πέντε, ὅτε ἐξῆλθεν ἐκ Χαρραν.
5 ⁵καὶ ἔλαβεν Αβραμ τὴν Σαραν γυναῖκα αὐτοῦ καὶ τὸν Λωτ υἱὸν
τοῦ ἀδελφοῦ αὐτοῦ καὶ πάντα τὰ ὑπάρχοντα αὐτῶν, ὅσα ἐκτήσαντο,
καὶ πᾶσαν ψυχήν, ἣν ἐκτήσαντο ἐν Χαρραν, καὶ ἐξῆλθοσαν πορευ-
6 θῆναι εἰς γῆν Χανααν καὶ ἦλθον εἰς γῆν Χανααν. — ⁶καὶ διώδευσεν
Αβραμ τὴν γῆν εἰς τὸ μῆκος αὐτῆς ἕως τοῦ τόπου Συχεμ ἐπὶ τὴν
7 δρῦν τὴν ὑψηλήν· οἱ δὲ Χαναναῖοι τότε κατῴκουν τὴν γῆν. ⁷καὶ
ὤφθη κύριος τῷ Αβραμ καὶ εἶπεν αὐτῷ Τῷ σπέρματί σου δώσω
τὴν γῆν ταύτην. καὶ ᾠκοδόμησεν ἐκεῖ Αβραμ θυσιαστήριον κυρίῳ
8 τῷ ὀφθέντι αὐτῷ. ⁸καὶ ἀπέστη ἐκεῖθεν εἰς τὸ ὄρος κατ' ἀνατολὰς
Βαιθηλ καὶ ἔστησεν ἐκεῖ τὴν σκηνὴν αὐτοῦ, Βαιθηλ κατὰ θάλασσαν
καὶ Αγγαι κατ' ἀνατολάς· καὶ ᾠκοδόμησεν ἐκεῖ θυσιαστήριον τῷ

κυρίῳ καὶ ἐπεκαλέσατο ἐπὶ τῷ ὀνόματι κυρίου. ⁹καὶ ἀπῆρεν Αβραμ 9
καὶ πορευθεὶς ἐστρατοπέδευσεν ἐν τῇ ἐρήμῳ.

¹⁰Καὶ ἐγένετο λιμὸς ἐπὶ τῆς γῆς, καὶ κατέβη Αβραμ εἰς Αἴγυπτον 10
παροικῆσαι ἐκεῖ, ὅτι ἐνίσχυσεν ὁ λιμὸς ἐπὶ τῆς γῆς. ¹¹ἐγένετο δὲ 11
ἡνίκα ἤγγισεν Αβραμ εἰσελθεῖν εἰς Αἴγυπτον, εἶπεν Αβραμ Σαρα τῇ
γυναικὶ αὐτοῦ Γινώσκω ἐγὼ ὅτι γυνὴ εὐπρόσωπος εἶ· ¹²ἔσται 12
οὖν ὡς ἂν ἴδωσίν σε οἱ Αἰγύπτιοι, ἐροῦσιν ὅτι Γυνὴ αὐτοῦ αὕτη,
καὶ ἀποκτενοῦσίν με, σὲ δὲ περιποιήσονται. ¹³εἰπὸν οὖν ὅτι Ἀδελφὴ 13
αὐτοῦ εἰμι, ὅπως ἂν εὖ μοι γένηται διὰ σέ, καὶ ζήσεται ἡ ψυχή
μου ἕνεκεν σοῦ. ¹⁴ἐγένετο δὲ ἡνίκα εἰσῆλθεν Αβραμ εἰς Αἴγυπτον, 14
ἰδόντες οἱ Αἰγύπτιοι τὴν γυναῖκα ὅτι καλὴ ἦν σφόδρα, ¹⁵καὶ εἶδον 15
αὐτὴν οἱ ἄρχοντες Φαραω καὶ ἐπήνεσαν αὐτὴν πρὸς Φαραω καὶ
εἰσήγαγον αὐτὴν εἰς τὸν οἶκον Φαραω· ¹⁶καὶ τῷ Αβραμ εὖ ἐχρή- 16
σαντο δι' αὐτήν, καὶ ἐγένοντο αὐτῷ πρόβατα καὶ μόσχοι καὶ ὄνοι,
παῖδες καὶ παιδίσκαι, ἡμίονοι καὶ κάμηλοι. ¹⁷καὶ ἤτασεν ὁ θεὸς 17
τὸν Φαραω ἐτασμοῖς μεγάλοις καὶ πονηροῖς καὶ τὸν οἶκον αὐτοῦ
περὶ Σαρας τῆς γυναικὸς Αβραμ. ¹⁸καλέσας δὲ Φαραω τὸν Αβραμ 18
εἶπεν Τί τοῦτο ἐποίησάς μοι, ὅτι οὐκ ἀπήγγειλάς μοι ὅτι γυνή
σού ἐστιν; ¹⁹ἵνα τί εἶπας ὅτι Ἀδελφή μού ἐστιν; καὶ ἔλαβον 19
αὐτὴν ἐμαυτῷ εἰς γυναῖκα. καὶ νῦν ἰδοὺ ἡ γυνή σου ἐναντίον
σου· λαβὼν ἀπότρεχε. ²⁰καὶ ἐνετείλατο Φαραω ἀνδράσιν περὶ 20
Αβραμ συμπροπέμψαι αὐτὸν καὶ τὴν γυναῖκα αὐτοῦ καὶ πάντα, ὅσα
ἦν αὐτῷ, καὶ Λωτ μετ' αὐτοῦ.

¹Ἀνέβη δὲ Αβραμ ἐξ Αἰγύπτου, αὐτὸς καὶ ἡ γυνὴ αὐτοῦ καὶ 13
πάντα τὰ αὐτοῦ καὶ Λωτ μετ' αὐτοῦ, εἰς τὴν ἔρημον. ²Αβραμ δὲ 2
ἦν πλούσιος σφόδρα κτήνεσιν καὶ ἀργυρίῳ καὶ χρυσίῳ. ³καὶ ἐπο- 3
ρεύθη ὅθεν ἦλθεν, εἰς τὴν ἔρημον ἕως Βαιθηλ, ἕως τοῦ τόπου, οὗ
ἦν ἡ σκηνὴ αὐτοῦ τὸ πρότερον, ἀνὰ μέσον Βαιθηλ καὶ ἀνὰ μέσον
Αγγαι, ⁴εἰς τὸν τόπον τοῦ θυσιαστηρίου, οὗ ἐποίησεν ἐκεῖ τὴν 4
ἀρχήν· καὶ ἐπεκαλέσατο ἐκεῖ Αβραμ τὸ ὄνομα κυρίου. ⁵καὶ Λωτ 5
τῷ συμπορευομένῳ μετὰ Αβραμ ἦν πρόβατα καὶ βόες καὶ σκηναί.
⁶καὶ οὐκ ἐχώρει αὐτοὺς ἡ γῆ κατοικεῖν ἅμα, ὅτι ἦν τὰ ὑπάρχοντα 6
αὐτῶν πολλά, καὶ οὐκ ἐδύναντο κατοικεῖν ἅμα. ⁷καὶ ἐγένετο μάχη 7
ἀνὰ μέσον τῶν ποιμένων τῶν κτηνῶν τοῦ Αβραμ καὶ ἀνὰ μέσον
τῶν ποιμένων τῶν κτηνῶν τοῦ Λωτ· οἱ δὲ Χαναναῖοι καὶ οἱ Φερε-
ζαῖοι τότε κατῴκουν τὴν γῆν. ⁸εἶπεν δὲ Αβραμ τῷ Λωτ Μὴ ἔστω 8
μάχη ἀνὰ μέσον ἐμοῦ καὶ σοῦ καὶ ἀνὰ μέσον τῶν ποιμένων μου
καὶ ἀνὰ μέσον τῶν ποιμένων σου. ὅτι ἄνθρωποι ἀδελφοὶ ἡμεῖς

12 αυτη 911] pr. εστιν A || 14 γυναικα] + αυτου A† || 15 εις τον οικον]
προς A†
13 4 αρχην 911] σκηνην A || 5 σκηναι 911] κτηνη A || 8 μου ... σου 2⁰
911] tr. A

9 ἐσμεν. ⁹οὐκ ἰδοὺ πᾶσα ἡ γῆ ἐναντίον σού ἐστιν; διαχωρίσθητι
ἀπ᾽ ἐμοῦ· εἰ σὺ εἰς ἀριστερά, ἐγὼ εἰς δεξιά· εἰ δὲ σὺ εἰς δεξιά,
10 ἐγὼ εἰς ἀριστερά. ¹⁰καὶ ἐπάρας Λωτ τοὺς ὀφθαλμοὺς αὐτοῦ εἶδεν
πᾶσαν τὴν περίχωρον τοῦ Ιορδάνου ὅτι πᾶσα ἦν ποτιζομένη —
πρὸ τοῦ καταστρέψαι τὸν θεὸν Σοδομα καὶ Γομορρα — ὡς ὁ παρά-
δεισος τοῦ θεοῦ καὶ ὡς ἡ γῆ Αἰγύπτου ἕως ἐλθεῖν εἰς Ζογορα.
11 ¹¹καὶ ἐξελέξατο ἑαυτῷ Λωτ πᾶσαν τὴν περίχωρον τοῦ Ιορδάνου,
καὶ ἀπῆρεν Λωτ ἀπὸ ἀνατολῶν, καὶ διεχωρίσθησαν ἕκαστος ἀπὸ
12 τοῦ ἀδελφοῦ αὐτοῦ. ¹²Αβραμ δὲ κατῴκησεν ἐν γῇ Χανααν, Λωτ
δὲ κατῴκησεν ἐν πόλει τῶν περιχώρων καὶ ἐσκήνωσεν ἐν Σοδομοις·
13 ¹³οἱ δὲ ἄνθρωποι οἱ ἐν Σοδομοις πονηροὶ καὶ ἁμαρτωλοὶ ἐναντίον
τοῦ θεοῦ σφόδρα.
14 ¹⁴Ὁ δὲ θεὸς εἶπεν τῷ Αβραμ μετὰ τὸ διαχωρισθῆναι τὸν Λωτ
ἀπ᾽ αὐτοῦ Ἀναβλέψας τοῖς ὀφθαλμοῖς σου ἰδὲ ἀπὸ τοῦ τόπου,
οὗ νῦν σὺ εἶ, πρὸς βορρᾶν καὶ λίβα καὶ ἀνατολὰς καὶ θάλασσαν·
15 ¹⁵ὅτι πᾶσαν τὴν γῆν, ἣν σὺ ὁρᾷς, σοὶ δώσω αὐτὴν καὶ τῷ σπέρ-
16 ματί σου ἕως τοῦ αἰῶνος. ¹⁶καὶ ποιήσω τὸ σπέρμα σου ὡς τὴν
ἄμμον τῆς γῆς· εἰ δύναταί τις ἐξαριθμῆσαι τὴν ἄμμον τῆς γῆς,
17 καὶ τὸ σπέρμα σου ἐξαριθμηθήσεται. ¹⁷ἀναστὰς διόδευσον τὴν γῆν
εἴς τε τὸ μῆκος αὐτῆς καὶ εἰς τὸ πλάτος, ὅτι σοὶ δώσω αὐτήν.
18 ¹⁸καὶ ἀποσκηνώσας Αβραμ ἐλθὼν κατῴκησεν παρὰ τὴν δρῦν τὴν
Μαμβρη, ἣ ἦν ἐν Χεβρων, καὶ ᾠκοδόμησεν ἐκεῖ θυσιαστήριον κυρίῳ.
14 ¹Ἐγένετο δὲ ἐν τῇ βασιλείᾳ τῇ Αμαρφαλ βασιλέως Σεννααρ,
Αριωχ βασιλεὺς Ελλασαρ καὶ Χοδολλογομορ βασιλεὺς Αιλαμ καὶ
2 Θαργαλ βασιλεὺς ἐθνῶν ²ἐποίησαν πόλεμον μετὰ Βαλλα βασιλέως
Σοδομων καὶ μετὰ Βαρσα βασιλέως Γομορρας καὶ Σεννααρ βασιλέως
Αδαμα καὶ Συμοβορ βασιλέως Σεβωιμ καὶ βασιλέως Βαλακ (αὕτη
3 ἐστὶν Σηγωρ). ³πάντες οὗτοι συνεφώνησαν ἐπὶ τὴν φάραγγα τὴν
4 ἁλυκήν (αὕτη ἡ θάλασσα τῶν ἁλῶν). ⁴δώδεκα ἔτη ἐδούλευον τῷ
5 Χοδολλογομορ, τῷ δὲ τρισκαιδεκάτῳ ἔτει ἀπέστησαν. ⁵ἐν δὲ τῷ
τεσσαρεσκαιδεκάτῳ ἔτει ἦλθεν Χοδολλογομορ καὶ οἱ βασιλεῖς οἱ
μετ᾽ αὐτοῦ καὶ κατέκοψαν τοὺς γίγαντας τοὺς ἐν Ασταρωθ Καρναιν
καὶ ἔθνη ἰσχυρὰ ἅμα αὐτοῖς καὶ τοὺς Ομμαίους τοὺς ἐν Σαυη τῇ
6 πόλει ⁶καὶ τοὺς Χορραίους τοὺς ἐν τοῖς ὄρεσιν Σηιρ ἕως τῆς
7 τερεμίνθου τῆς Φαραν, ἥ ἐστιν ἐν τῇ ἐρήμῳ. ⁷καὶ ἀναστρέψαντες
ἤλθοσαν ἐπὶ τὴν πηγὴν τῆς κρίσεως (αὕτη ἐστὶν Καδης) καὶ κατέ-
κοψαν πάντας τοὺς ἄρχοντας Αμαληκ καὶ τοὺς Αμορραίους τοὺς
8 κατοικοῦντας ἐν Ασασανθαμαρ. ⁸ἐξῆλθεν δὲ βασιλεὺς Σοδομων

9 ουκ mu.] και Α | εστιν > Α† ‖ 14 αναβλεψας ... ιδε Μ] -ψον ... και
ιδε Α ‖ 16 fin. εξαριθμηθησεται 911] εξ > Α ‖ 17 fin. 911] + και τω
σπερματι σου εις τον αιωνα Α ‖ 18 μαμβρη Μ] -ρην Α
14 1 χοδολλ. Μ] pr. ο Α ‖ 2 βασιλ. ult.] pr. μετα Α†

καὶ βασιλεὺς Γομορρας καὶ βασιλεὺς Αδαμα καὶ βασιλεὺς Σεβωιμ
καὶ βασιλεὺς Βαλακ (αὕτη ἐστὶν Σηγωρ) καὶ παρετάξαντο αὐτοῖς
εἰς πόλεμον ἐν τῇ κοιλάδι τῇ ἁλυκῇ, ⁹πρὸς Χοδολλογομορ βασιλέα 9
Αιλαμ καὶ Θαργαλ βασιλέα ἐθνῶν καὶ Αμαρφαλ βασιλέα Σεννααρ
καὶ Αριωχ βασιλέα Ελλασαρ, οἱ τέσσαρες βασιλεῖς πρὸς τοὺς πέντε.
¹⁰ἡ δὲ κοιλὰς ἡ ἁλυκὴ φρέατα φρέατα ἀσφάλτου· ἔφυγεν δὲ βασι- 10
λεὺς Σοδομων καὶ βασιλεὺς Γομορρας καὶ ἐνέπεσαν ἐκεῖ, οἱ δὲ
καταλειφθέντες εἰς τὴν ὀρεινὴν ἔφυγον. ¹¹ἔλαβον δὲ τὴν ἵππον 11
πᾶσαν τὴν Σοδομων καὶ Γομορρας καὶ πάντα τὰ βρώματα αὐτῶν
καὶ ἀπῆλθον. ¹²ἔλαβον δὲ καὶ τὸν Λωτ υἱὸν τοῦ ἀδελφοῦ Αβραμ 12
καὶ τὴν ἀποσκευὴν αὐτοῦ καὶ ἀπῴχοντο· ἦν γὰρ κατοικῶν ἐν
Σοδομοις.
¹³Παραγενόμενος δὲ τῶν ἀνασωθέντων τις ἀπήγγειλεν Αβραμ τῷ 13
περάτῃ· αὐτὸς δὲ κατῴκει πρὸς τῇ δρυὶ τῇ Μαμβρη ὁ Αμορις τοῦ
ἀδελφοῦ Εσχωλ καὶ ἀδελφοῦ Αυναν, οἳ ἦσαν συνωμόται τοῦ Αβραμ.
¹⁴ἀκούσας δὲ Αβραμ ὅτι ἠχμαλώτευται Λωτ ὁ ἀδελφὸς αὐτοῦ, ἠρίθ- 14
μησεν τοὺς ἰδίους οἰκογενεῖς αὐτοῦ, τριακοσίους δέκα καὶ ὀκτώ,
καὶ κατεδίωξεν ὀπίσω αὐτῶν ἕως Δαν. ¹⁵καὶ ἐπέπεσεν ἐπ᾽ αὐτοὺς 15
τὴν νύκτα, αὐτὸς καὶ οἱ παῖδες αὐτοῦ, καὶ ἐπάταξεν αὐτοὺς καὶ
ἐδίωξεν αὐτοὺς ἕως Χωβα, ἥ ἐστιν ἐν ἀριστερᾷ Δαμασκοῦ. ¹⁶καὶ 16
ἀπέστρεψεν πᾶσαν τὴν ἵππον Σοδομων, καὶ Λωτ τὸν ἀδελφὸν
αὐτοῦ ἀπέστρεψεν καὶ τὰ ὑπάρχοντα αὐτοῦ καὶ τὰς γυναῖκας καὶ
τὸν λαόν.
¹⁷Ἐξῆλθεν δὲ βασιλεὺς Σοδομων εἰς συνάντησιν αὐτῷ — μετὰ 17
τὸ ἀναστρέψαι αὐτὸν ἀπὸ τῆς κοπῆς τοῦ Χοδολλογομορ καὶ τῶν
βασιλέων τῶν μετ᾽ αὐτοῦ — εἰς τὴν κοιλάδα τὴν Σαυη (τοῦτο ἦν
τὸ πεδίον βασιλέως). ¹⁸καὶ Μελχισεδεκ βασιλεὺς Σαλημ ἐξήνεγκεν 18
ἄρτους καὶ οἶνον· ἦν δὲ ἱερεὺς τοῦ θεοῦ τοῦ ὑψίστου. ¹⁹καὶ ηὐλό- 19
γησεν τὸν Αβραμ καὶ εἶπεν Εὐλογημένος Αβραμ τῷ θεῷ τῷ ὑψίστῳ,
ὃς ἔκτισεν τὸν οὐρανὸν καὶ τὴν γῆν, ²⁰καὶ εὐλογητὸς ὁ θεος ὁ 20
ὕψιστος, ὃς παρέδωκεν τοὺς ἐχθρούς σου ὑποχειρίους σοι. καὶ
ἔδωκεν αὐτῷ δεκάτην ἀπὸ πάντων. ²¹εἶπεν δὲ βασιλεὺς Σοδομων 21
πρὸς Αβραμ Δός μοι τοὺς ἄνδρας, τὴν δὲ ἵππον λαβὲ σεαυτῷ
²²εἶπεν δὲ Αβραμ πρὸς βασιλέα Σοδομων Ἐκτενῶ τὴν χεῖρά μου 22
πρὸς τὸν θεὸν τὸν ὕψιστον, ὃς ἔκτισεν τὸν οὐρανὸν καὶ τὴν
γῆν, ²³εἰ ἀπὸ σπαρτίου ἕως σφαιρωτῆρος ὑποδήματος λήμψομαι 23
ἀπὸ πάντων τῶν σῶν, ἵνα μὴ εἴπῃς ὅτι Ἐγὼ ἐπλούτισα τὸν
Αβραμ· ²⁴πλὴν ὧν ἔφαγον οἱ νεανίσκοι καὶ τῆς μερίδος τῶν 24
ἀνδρῶν τῶν συμπορευθέντων μετ᾽ ἐμοῦ, Εσχωλ, Αυναν, Μαμβρη,
οὗτοι λήμψονται μερίδα.

9 και 3⁰ M] > A | τεσσαρες] + ουτοι A† || 10 φρεατα 2⁰ M] > A || 13 προς]
εν A† | αδελφου 2⁰ 911] pr. του A || 14 ηχμαλωτευθη A† || 17 σαυην A

15 ¹Μετὰ δὲ τὰ ῥήματα ταῦτα ἐγενήθη ῥῆμα κυρίου πρὸς Αβραμ
ἐν ὁράματι λέγων Μὴ φοβοῦ, Αβραμ· ἐγὼ ὑπερασπίζω σου· ὁ
2 μισθός σου πολὺς ἔσται σφόδρα. ²λέγει δὲ Αβραμ Δέσποτα, τί
μοι δώσεις; ἐγὼ δὲ ἀπολύομαι ἄτεκνος· ὁ δὲ υἱὸς Μασεκ τῆς
3 οἰκογενοῦς μου, οὗτος Δαμασκὸς Ελιεζερ. ³καὶ εἶπεν Αβραμ
Ἐπειδὴ ἐμοὶ οὐκ ἔδωκας σπέρμα, ὁ δὲ οἰκογενής μου κληρονομήσει
4 με. ⁴καὶ εὐθὺς φωνὴ κυρίου ἐγένετο πρὸς αὐτὸν λέγων Οὐ
κληρονομήσει σε οὗτος, ἀλλ᾽ ὃς ἐξελεύσεται ἐκ σοῦ, οὗτος κληρο-
5 νομήσει σε. ⁵ἐξήγαγεν δὲ αὐτὸν ἔξω καὶ εἶπεν αὐτῷ Ἀνάβλεψον
δὴ εἰς τὸν οὐρανὸν καὶ ἀρίθμησον τοὺς ἀστέρας, εἰ δυνήσῃ ἐξαριθ-
6 μῆσαι αὐτούς. καὶ εἶπεν Οὕτως ἔσται τὸ σπέρμα σου. ⁶καὶ
ἐπίστευσεν Αβραμ τῷ θεῷ, καὶ ἐλογίσθη αὐτῷ εἰς δικαιοσύνην.
7 ⁷εἶπεν δὲ πρὸς αὐτόν Ἐγὼ ὁ θεὸς ὁ ἐξαγαγών σε ἐκ χώρας Χαλ-
8 δαίων ὥστε δοῦναί σοι τὴν γῆν ταύτην κληρονομῆσαι. ⁸εἶπεν
δέ Δέσποτα κύριε, κατὰ τί γνώσομαι ὅτι κληρονομήσω αὐτήν;
9 ⁹εἶπεν δὲ αὐτῷ Λαβέ μοι δάμαλιν τριετίζουσαν καὶ αἶγα τριετίζου-
10 σαν καὶ κριὸν τριετίζοντα καὶ τρυγόνα καὶ περιστεράν. ¹⁰ἔλαβεν
δὲ αὐτῷ πάντα ταῦτα καὶ διεῖλεν αὐτὰ μέσα καὶ ἔθηκεν αὐτὰ ἀντι-
11 πρόσωπα ἀλλήλοις, τὰ δὲ ὄρνεα οὐ διεῖλεν. ¹¹κατέβη δὲ ὄρνεα
ἐπὶ τὰ σώματα, τὰ διχοτομήματα αὐτῶν, καὶ συνεκάθισεν αὐτοῖς
12 Αβραμ. ¹²περὶ δὲ ἡλίου δυσμὰς ἔκστασις ἐπέπεσεν τῷ Αβραμ, καὶ
13 ἰδοὺ φόβος σκοτεινὸς μέγας ἐπιπίπτει αὐτῷ. ¹³καὶ ἐρρέθη πρὸς
Αβραμ Γινώσκων γνώσῃ ὅτι πάροικον ἔσται τὸ σπέρμα σου ἐν
γῇ οὐκ ἰδίᾳ, καὶ δουλώσουσιν αὐτοὺς καὶ κακώσουσιν αὐτοὺς καὶ
14 ταπεινώσουσιν αὐτοὺς τετρακόσια ἔτη. ¹⁴τὸ δὲ ἔθνος, ᾧ ἐὰν δου-
λεύσωσιν, κρινῶ ἐγώ· μετὰ δὲ ταῦτα ἐξελεύσονται ὧδε μετὰ ἀπο-
15 σκευῆς πολλῆς. ¹⁵σὺ δὲ ἀπελεύσῃ πρὸς τοὺς πατέρας σου μετ᾽
16 εἰρήνης, ταφεὶς ἐν γήρει καλῷ. ¹⁶τετάρτῃ δὲ γενεᾷ ἀποστραφή-
σονται ὧδε· οὔπω γὰρ ἀναπεπλήρωνται αἱ ἁμαρτίαι τῶν Αμορραίων
17 ἕως τοῦ νῦν. ¹⁷ἐπεὶ δὲ ἐγίνετο ὁ ἥλιος πρὸς δυσμαῖς, φλὸξ ἐγέ-
νετο, καὶ ἰδοὺ κλίβανος καπνιζόμενος καὶ λαμπάδες πυρός, αἳ διῆλθον
18 ἀνὰ μέσον τῶν διχοτομημάτων τούτων. ¹⁸ἐν τῇ ἡμέρᾳ ἐκείνῃ διέ-
θετο κύριος τῷ Αβραμ διαθήκην λέγων Τῷ σπέρματί σου δώσω
τὴν γῆν ταύτην ἀπὸ τοῦ ποταμοῦ Αἰγύπτου ἕως τοῦ ποταμοῦ τοῦ
19 μεγάλου, ποταμοῦ Εὐφράτου, ¹⁹τοὺς Καιναίους καὶ τοὺς Κενεζαί-
20 ους καὶ τοὺς Κεδμωναίους ²⁰καὶ τοὺς Χετταίους καὶ τοὺς Φερε-
21 ζαίους καὶ τοὺς Ραφαϊν ²¹καὶ τοὺς Αμορραίους καὶ τοὺς Χαναναί-
ους καὶ τοὺς Ευαίους καὶ τοὺς Γεργεσαίους καὶ τοὺς Ιεβουσαίους.
16 ¹Σαρα δὲ ἡ γυνὴ Αβραμ οὐκ ἔτικτεν αὐτῷ. ἦν δὲ αὐτῇ παιδίσκη
2 Αἰγυπτία, ᾗ ὄνομα Αγαρ. ²εἶπεν δὲ Σαρα πρὸς Αβραμ Ἰδοὺ συνέ-

15 7 προς αυτον] αυτω A† ‖ 13 δουλ. αυτους και κακ. αυτους] κακ. αυτο
και δουλ. αυτους A† ‖ 15 ταφεις Gra.] τραφεις A

κλεισέν με κύριος τοῦ μὴ τίκτειν· εἴσελθε οὖν πρὸς τὴν παιδίσκην
μου, ἵνα τεκνοποιήσῃς ἐξ αὐτῆς. ὑπήκουσεν δὲ Αβραμ τῆς φωνῆς
Σαρας. ³καὶ λαβοῦσα Σαρα ἡ γυνὴ Αβραμ Αγαρ τὴν Αἰγυπτίαν 3
τὴν ἑαυτῆς παιδίσκην — μετὰ δέκα ἔτη τοῦ οἰκῆσαι Αβραμ ἐν τῇ
Χανααν — καὶ ἔδωκεν αὐτὴν Αβραμ τῷ ἀνδρὶ αὐτῆς αὐτῷ γυναῖκα.
⁴καὶ εἰσῆλθεν πρὸς Αγαρ, καὶ συνέλαβεν. καὶ εἶδεν ὅτι ἐν γαστρὶ 4
ἔχει, καὶ ἠτιμάσθη ἡ κυρία ἐναντίον αὐτῆς. ⁵εἶπεν δὲ Σαρα πρὸς 5
Αβραμ Ἀδικοῦμαι ἐκ σοῦ· ἐγὼ δέδωκα τὴν παιδίσκην μου εἰς τὸν
κόλπον σου, ἰδοῦσα δὲ ὅτι ἐν γαστρὶ ἔχει, ἠτιμάσθην ἐναντίον αὐτῆς·
κρίναι ὁ θεὸς ἀνὰ μέσον ἐμοῦ καὶ σοῦ. ⁶εἶπεν δὲ Αβραμ πρὸς 6
Σαραν Ἰδοὺ ἡ παιδίσκη σου ἐν ταῖς χερσίν σου· χρῶ αὐτῇ, ὡς
ἄν σοι ἀρεστὸν ᾖ. καὶ ἐκάκωσεν αὐτὴν Σαρα, καὶ ἀπέδρα ἀπὸ
προσώπου αὐτῆς.

⁷Εὗρεν δὲ αὐτὴν ἄγγελος κυρίου ἐπὶ τῆς πηγῆς τοῦ ὕδατος 7
ἐν τῇ ἐρήμῳ, ἐπὶ τῆς πηγῆς ἐν τῇ ὁδῷ Σουρ. ⁸καὶ εἶπεν αὐτῇ 8
ὁ ἄγγελος κυρίου Αγαρ παιδίσκη Σαρας, πόθεν ἔρχῃ καὶ ποῦ
πορεύῃ; καὶ εἶπεν Ἀπὸ προσώπου Σαρας τῆς κυρίας μου ἐγὼ
ἀποδιδράσκω. ⁹εἶπεν δὲ αὐτῇ ὁ ἄγγελος κυρίου Ἀποστράφητι 9
πρὸς τὴν κυρίαν σου καὶ ταπεινώθητι ὑπὸ τὰς χεῖρας αὐτῆς. ¹⁰καὶ 10
εἶπεν αὐτῇ ὁ ἄγγελος κυρίου Πληθύνων πληθυνῶ τὸ σπέρμα σου,
καὶ οὐκ ἀριθμηθήσεται ἀπὸ τοῦ πλήθους. ¹¹καὶ εἶπεν αὐτῇ ὁ ἄγ- 11
γελος κυρίου Ἰδοὺ σὺ ἐν γαστρὶ ἔχεις καὶ τέξῃ υἱὸν καὶ καλέσεις
τὸ ὄνομα αὐτοῦ Ισμαηλ, ὅτι ἐπήκουσεν κύριος τῇ ταπεινώσει σου.
¹²οὗτος ἔσται ἄγροικος ἄνθρωπος· αἱ χεῖρες αὐτοῦ ἐπὶ πάντας, καὶ 12
αἱ χεῖρες πάντων ἐπ᾿ αὐτόν, καὶ κατὰ πρόσωπον πάντων τῶν ἀδελ-
φῶν αὐτοῦ κατοικήσει. ¹³καὶ ἐκάλεσεν Αγαρ τὸ ὄνομα κυρίου 13
τοῦ λαλοῦντος πρὸς αὐτήν Σὺ ὁ θεὸς ὁ ἐπιδών με· ὅτι εἶπεν
Καὶ γὰρ ἐνώπιον εἶδον ὀφθέντα μοι. ¹⁴ἕνεκεν τούτου ἐκάλεσεν 14
τὸ φρέαρ Φρέαρ οὗ ἐνώπιον εἶδον· ἰδοὺ ἀνὰ μέσον Καδης καὶ
ἀνὰ μέσον Βαραδ.

¹⁵Καὶ ἔτεκεν Αγαρ τῷ Αβραμ υἱόν, καὶ ἐκάλεσεν Αβραμ τὸ ὄνομα 15
τοῦ υἱοῦ αὐτοῦ, ὃν ἔτεκεν αὐτῷ Αγαρ, Ισμαηλ. ¹⁶Αβραμ δὲ ἦν 16
ὀγδοήκοντα ἓξ ἐτῶν, ἡνίκα ἔτεκεν Αγαρ τὸν Ισμαηλ τῷ Αβραμ.

¹Ἐγένετο δὲ Αβραμ ἐτῶν ἐνενήκοντα ἐννέα, καὶ ὤφθη κύριος 17
τῷ Αβραμ καὶ εἶπεν αὐτῷ Ἐγώ εἰμι ὁ θεός σου· εὐαρέστει ἐναν-
τίον ἐμοῦ καὶ γίνου ἄμεμπτος, ²καὶ θήσομαι τὴν διαθήκην μου 2
ἀνὰ μέσον ἐμοῦ καὶ ἀνὰ μέσον σοῦ καὶ πληθυνῶ σε σφόδρα.
³καὶ ἔπεσεν Αβραμ ἐπὶ πρόσωπον αὐτοῦ, καὶ ἐλάλησεν αὐτῷ ὁ θεὸς 3
λέγων ⁴Καὶ ἐγὼ ἰδοὺ ἡ διαθήκη μου μετὰ σοῦ, καὶ ἔσῃ πατὴρ 4
πλήθους ἐθνῶν. ⁵καὶ οὐ κληθήσεται ἔτι τὸ ὄνομά σου Αβραμ, 5

16 2 σαρας] αυτης A† || 3 αβραμ τω 911] tr. A || 6 εν τ. χερσιν] εναν-
τιον A† || 7 κυριου mu.] + του θεου A

ἀλλ᾽ ἔσται τὸ ὄνομά σου Αβρααμ, ὅτι πατέρα πολλῶν ἐθνῶν τέθεικά
6 σε. ⁶καὶ αὐξανῶ σε σφόδρα σφόδρα καὶ θήσω σε εἰς ἔθνη, καὶ
7 βασιλεῖς ἐκ σοῦ ἐξελεύσονται. ⁷καὶ στήσω τὴν διαθήκην μου ἀνὰ
μέσον ἐμοῦ καὶ ἀνὰ μέσον σοῦ καὶ ἀνὰ μέσον τοῦ σπέρματός σου
μετὰ σὲ εἰς γενεὰς αὐτῶν εἰς διαθήκην αἰώνιον εἶναί σου θεὸς καὶ
8 τοῦ σπέρματός σου μετὰ σέ. ⁸καὶ δώσω σοι καὶ τῷ σπέρματί σου
μετὰ σὲ τὴν γῆν, ἣν παροικεῖς, πᾶσαν τὴν γῆν Χανααν, εἰς κατά-
9 σχεσιν αἰώνιον καὶ ἔσομαι αὐτοῖς θεός. — ⁹καὶ εἶπεν ὁ θεὸς πρὸς
Αβρααμ Σὺ δὲ τὴν διαθήκην μου διατηρήσεις, σὺ καὶ τὸ σπέρμα
10 σου μετὰ σὲ εἰς τὰς γενεὰς αὐτῶν. ¹⁰καὶ αὕτη ἡ διαθήκη, ἣν δια-
τηρήσεις, ἀνὰ μέσον ἐμοῦ καὶ ὑμῶν καὶ ἀνὰ μέσον τοῦ σπέρματός
σου μετὰ σὲ εἰς τὰς γενεὰς αὐτῶν· περιτμηθήσεται ὑμῶν πᾶν ἀρ-
11 σενικόν, ¹¹καὶ περιτμηθήσεσθε τὴν σάρκα τῆς ἀκροβυστίας ὑμῶν,
12 καὶ ἔσται ἐν σημείῳ διαθήκης ἀνὰ μέσον ἐμοῦ καὶ ὑμῶν. ¹²καὶ
παιδίον ὀκτὼ ἡμερῶν περιτμηθήσεται ὑμῖν πᾶν ἀρσενικὸν εἰς τὰς
γενεὰς ὑμῶν, ὁ οἰκογενὴς τῆς οἰκίας σου καὶ ὁ ἀργυρώνητος ἀπὸ
13 παντὸς υἱοῦ ἀλλοτρίου, ὃς οὐκ ἔστιν ἐκ τοῦ σπέρματός σου. ¹³περι-
τομῇ περιτμηθήσεται ὁ οἰκογενὴς τῆς οἰκίας σου καὶ ὁ ἀργυρώνη-
τος, καὶ ἔσται ἡ διαθήκη μου ἐπὶ τῆς σαρκὸς ὑμῶν εἰς διαθήκην αἰώ-
14 νιον. ¹⁴καὶ ἀπερίτμητος ἄρσην, ὃς οὐ περιτμηθήσεται τὴν σάρκα
τῆς ἀκροβυστίας αὐτοῦ τῇ ἡμέρᾳ τῇ ὀγδόῃ, ἐξολεθρευθήσεται ἡ
ψυχὴ ἐκείνη ἐκ τοῦ γένους αὐτῆς, ὅτι τὴν διαθήκην μου διεσκέ-
δασεν.
15 ¹⁵Εἶπεν δὲ ὁ θεὸς τῷ Αβρααμ Σαρα ἡ γυνή σου, οὐ κληθή-
σεται τὸ ὄνομα αὐτῆς Σαρα, ἀλλὰ Σαρρα ἔσται τὸ ὄνομα αὐτῆς.
16 ¹⁶εὐλογήσω δὲ αὐτὴν καὶ δώσω σοι ἐξ αὐτῆς τέκνον· καὶ εὐλογήσω
αὐτόν, καὶ ἔσται εἰς ἔθνη, καὶ βασιλεῖς ἐθνῶν ἐξ αὐτοῦ ἔσονται.
17 ¹⁷καὶ ἔπεσεν Αβρααμ ἐπὶ πρόσωπον καὶ ἐγέλασεν καὶ εἶπεν ἐν τῇ
διανοίᾳ αὐτοῦ λέγων Εἰ τῷ ἑκατονταετεῖ γενήσεται, καὶ εἰ Σαρρα
18 ἐνενήκοντα ἐτῶν οὖσα τέξεται; ¹⁸εἶπεν δὲ Αβρααμ πρὸς τὸν
19 θεόν Ισμαηλ οὗτος ζήτω ἐναντίον σου. ¹⁹εἶπεν δὲ ὁ θεὸς τῷ
Αβρααμ Ναί· ἰδοὺ Σαρρα ἡ γυνή σου τέξεταί σοι υἱόν, καὶ
καλέσεις τὸ ὄνομα αὐτοῦ Ισαακ, καὶ στήσω τὴν διαθήκην μου
πρὸς αὐτὸν εἰς διαθήκην αἰώνιον καὶ τῷ σπέρματι αὐτοῦ μετ᾽
20 αὐτόν. ²⁰περὶ δὲ Ισμαηλ ἰδοὺ ἐπήκουσά σου· ἰδοὺ εὐλόγησα αὐ-
τὸν καὶ αὐξανῶ αὐτὸν καὶ πληθυνῶ αὐτὸν σφόδρα· δώδεκα ἔθνη
21 γεννήσει, καὶ δώσω αὐτὸν εἰς ἔθνος μέγα. ²¹τὴν δὲ διαθήκην μου
στήσω πρὸς Ισαακ, ὃν τέξεταί σοι Σαρρα εἰς τὸν καιρὸν τοῦτον
22 ἐν τῷ ἐνιαυτῷ τῷ ἑτέρῳ. ²²συνετέλεσεν δὲ λαλῶν πρὸς αὐτὸν
καὶ ἀνέβη ὁ θεὸς ἀπὸ Αβρααμ.

17 5 το ον. σου / αβρ.] tr. A† || 6 σφοδρα 2⁰ 911] > A || 17 γενησ.
compl.] + υιος A || 19 τω 1⁰ 911] προς A || 20 ιδου 2⁰ 911] και A

²³Καὶ ἔλαβεν Αβρααμ Ισμαηλ τὸν υἱὸν αὐτοῦ καὶ πάντας τοὺς 23
οἰκογενεῖς αὐτοῦ καὶ πάντας τοὺς ἀργυρωνήτους καὶ πᾶν ἄρσεν
τῶν ἀνδρῶν τῶν ἐν τῷ οἴκῳ Αβρααμ καὶ περιέτεμεν τὰς ἀκρο-
βυστίας αὐτῶν ἐν τῷ καιρῷ τῆς ἡμέρας ἐκείνης, καθὰ ἐλάλησεν
αὐτῷ ὁ θεός. ²⁴Αβρααμ δὲ ἦν ἐνενήκοντα ἐννέα ἐτῶν, ἡνίκα περι- 24
έτεμεν τὴν σάρκα τῆς ἀκροβυστίας αὐτοῦ· ²⁵Ισμαηλ δὲ ὁ υἱὸς αὐ- 25
τοῦ ἐτῶν δέκα τριῶν ἦν, ἡνίκα περιετμήθη τὴν σάρκα τῆς ἀκρο-
βυστίας αὐτοῦ. ²⁶ἐν τῷ καιρῷ τῆς ἡμέρας ἐκείνης περιετμήθη 26
Αβρααμ καὶ Ισμαηλ ὁ υἱὸς αὐτοῦ· ²⁷καὶ πάντες οἱ ἄνδρες τοῦ 27
οἴκου αὐτοῦ καὶ οἱ οἰκογενεῖς καὶ οἱ ἀργυρώνητοι ἐξ ἀλλογενῶν
ἐθνῶν, περιέτεμεν αὐτούς.

¹Ὤφθη δὲ αὐτῷ ὁ θεὸς πρὸς τῇ δρυὶ τῇ Μαμβρη καθημένου 18
αὐτοῦ ἐπὶ τῆς θύρας τῆς σκηνῆς αὐτοῦ μεσημβρίας. ²ἀναβλέψας 2
δὲ τοῖς ὀφθαλμοῖς αὐτοῦ εἶδεν, καὶ ἰδοὺ τρεῖς ἄνδρες εἱστήκεισαν
ἐπάνω αὐτοῦ· καὶ ἰδὼν προσέδραμεν εἰς συνάντησιν αὐτοῖς ἀπὸ
τῆς θύρας τῆς σκηνῆς αὐτοῦ καὶ προσεκύνησεν ἐπὶ τὴν γῆν ³καὶ 3
εἶπεν Κύριε, εἰ ἄρα εὗρον χάριν ἐναντίον σου, μὴ παρέλθῃς τὸν
παῖδά σου· ⁴λημφθήτω δὴ ὕδωρ, καὶ νιψάτωσαν τοὺς πόδας ὑμῶν, 4
καὶ καταψύξατε ὑπὸ τὸ δένδρον· ⁵καὶ λήμψομαι ἄρτον, καὶ φάγεσθε, 5
καὶ μετὰ τοῦτο παρελεύσεσθε εἰς τὴν ὁδὸν ὑμῶν, οὗ εἵνεκεν ἐξε-
κλίνατε πρὸς τὸν παῖδα ὑμῶν. καὶ εἶπαν Οὕτως ποίησον, καθὼς
εἴρηκας. ⁶καὶ ἔσπευσεν Αβρααμ ἐπὶ τὴν σκηνὴν πρὸς Σαρραν 6
καὶ εἶπεν αὐτῇ Σπεῦσον καὶ φύρασον τρία μέτρα σεμιδάλεως καὶ
ποίησον ἐγκρυφίας. ⁷καὶ εἰς τὰς βόας ἔδραμεν Αβρααμ καὶ ἔλαβεν 7
μοσχάριον ἁπαλὸν καὶ καλὸν καὶ ἔδωκεν τῷ παιδί, καὶ ἐτάχυνεν
τοῦ ποιῆσαι αὐτό. ⁸ἔλαβεν δὲ βούτυρον καὶ γάλα καὶ τὸ μοσχάριον, 8
ὃ ἐποίησεν, καὶ παρέθηκεν αὐτοῖς, καὶ ἐφάγοσαν· αὐτὸς δὲ παρει-
στήκει αὐτοῖς ὑπὸ τὸ δένδρον.

⁹Εἶπεν δὲ πρὸς αὐτόν Ποῦ Σαρρα ἡ γυνή σου; ὁ δὲ ἀποκρι- 9
θεὶς εἶπεν Ἰδοὺ ἐν τῇ σκηνῇ. ¹⁰εἶπεν δέ Ἐπαναστρέφων ἥξω 10
πρὸς σὲ κατὰ τὸν καιρὸν τοῦτον εἰς ὥρας, καὶ ἕξει υἱὸν Σαρρα
ἡ γυνή σου. Σαρρα δὲ ἤκουσεν πρὸς τῇ θύρᾳ τῆς σκηνῆς, οὖσα
ὄπισθεν αὐτοῦ. ¹¹Αβρααμ δὲ καὶ Σαρρα πρεσβύτεροι προβεβηκότες 11
ἡμερῶν, ἐξέλιπεν δὲ Σαρρα γίνεσθαι τὰ γυναικεῖα. ¹²ἐγέλασεν δὲ 12
Σαρρα ἐν ἑαυτῇ λέγουσα Οὔπω μέν μοι γέγονεν ἕως τοῦ νῦν,
ὁ δὲ κύριός μου πρεσβύτερος. ¹³καὶ εἶπεν κύριος πρὸς Αβρααμ 13
Τί ὅτι ἐγέλασεν Σαρρα ἐν ἑαυτῇ λέγουσα Ἆρά γε ἀληθῶς τέξομαι;
ἐγὼ δὲ γεγήρακα. ¹⁴μὴ ἀδυνατεῖ παρὰ τῷ θεῷ ῥῆμα; εἰς τὸν 14
καιρὸν τοῦτον ἀναστρέψω πρὸς σὲ εἰς ὥρας, καὶ ἔσται τῇ Σαρρα
υἱός. ¹⁵ἠρνήσατο δὲ Σαρρα λέγουσα Οὐκ ἐγέλασα· ἐφοβήθη γάρ. 15
καὶ εἶπεν Οὐχί, ἀλλὰ ἐγέλασας.

18 5 ειπαν 911] -πεν A ‖ 13 τι > A†

16 ¹⁶Ἐξαναστάντες δὲ ἐκεῖθεν οἱ ἄνδρες κατέβλεψαν ἐπὶ πρόσωπον
Σοδομων καὶ Γομορρας, Αβρααμ δὲ συνεπορεύετο μετ᾽ αὐτῶν συμ-
17 προπέμπων αὐτούς. ¹⁷ὁ δὲ κύριος εἶπεν Μὴ κρύψω ἐγὼ ἀπὸ
18 Αβρααμ τοῦ παιδός μου ἃ ἐγὼ ποιῶ; ¹⁸Αβρααμ δὲ γινόμενος ἔσται
εἰς ἔθνος μέγα καὶ πολύ, καὶ ἐνευλογηθήσονται ἐν αὐτῷ πάντα τὰ
19 ἔθνη τῆς γῆς. ¹⁹ᾔδειν γὰρ ὅτι συντάξει τοῖς υἱοῖς αὐτοῦ καὶ τῷ
οἴκῳ αὐτοῦ μετ᾽ αὐτόν, καὶ φυλάξουσιν τὰς ὁδοὺς κυρίου ποιεῖν
δικαιοσύνην καὶ κρίσιν· ὅπως ἂν ἐπαγάγῃ κύριος ἐπὶ Αβρααμ πάντα,
20 ὅσα ἐλάλησεν πρὸς αὐτόν. ²⁰εἶπεν δὲ κύριος Κραυγὴ Σοδομων
καὶ Γομορρας πεπλήθυνται, καὶ αἱ ἁμαρτίαι αὐτῶν μεγάλαι σφόδρα·
21 ²¹καταβὰς οὖν ὄψομαι εἰ κατὰ τὴν κραυγὴν αὐτῶν τὴν ἐρχομένην
22 πρός με συντελοῦνται, εἰ δὲ μή, ἵνα γνῶ. ²²καὶ ἀποστρέψαντες
ἐκεῖθεν οἱ ἄνδρες ἦλθον εἰς Σοδομα, Αβρααμ δὲ ἦν ἑστηκὼς ἐναν-
23 τίον κυρίου. ²³καὶ ἐγγίσας Αβρααμ εἶπεν Μὴ συναπολέσῃς δίκαιον
24 μετὰ ἀσεβοῦς καὶ ἔσται ὁ δίκαιος ὡς ὁ ἀσεβής; ²⁴ἐὰν ὦσιν πεντή-
κοντα δίκαιοι ἐν τῇ πόλει, ἀπολεῖς αὐτούς; οὐκ ἀνήσεις πάντα τὸν
25 τόπον ἕνεκεν τῶν πεντήκοντα δικαίων, ἐὰν ὦσιν ἐν αὐτῇ; ²⁵μηδαμῶς
σὺ ποιήσεις ὡς τὸ ῥῆμα τοῦτο, τοῦ ἀποκτεῖναι δίκαιον μετὰ ἀσε-
βοῦς, καὶ ἔσται ὁ δίκαιος ὡς ὁ ἀσεβής. μηδαμῶς· ὁ κρίνων πᾶσαν
26 τὴν γῆν οὐ ποιήσεις κρίσιν; ²⁶εἶπεν δὲ κύριος Ἐὰν εὕρω ἐν
Σοδομοις πεντήκοντα δικαίους ἐν τῇ πόλει, ἀφήσω πάντα τὸν τόπον
27 δι᾽ αὐτούς. ²⁷καὶ ἀποκριθεὶς Αβρααμ εἶπεν Νῦν ἠρξάμην λαλῆ-
28 σαι πρὸς τὸν κύριον, ἐγὼ δέ εἰμι γῆ καὶ σποδός· ²⁸ἐὰν δὲ ἐλατ-
τονωθῶσιν οἱ πεντήκοντα δίκαιοι πέντε, ἀπολεῖς ἕνεκεν τῶν πέντε
πᾶσαν τὴν πόλιν; καὶ εἶπεν Οὐ μὴ ἀπολέσω, ἐὰν εὕρω ἐκεῖ
29 τεσσαράκοντα πέντε. ²⁹καὶ προσέθηκεν ἔτι λαλῆσαι πρὸς αὐτὸν
καὶ εἶπεν Ἐὰν δὲ εὑρεθῶσιν ἐκεῖ τεσσαράκοντα; καὶ εἶπεν Οὐ
30 μὴ ἀπολέσω ἕνεκεν τῶν τεσσαράκοντα. ³⁰καὶ εἶπεν Μή τι, κύριε,
ἐὰν λαλήσω· ἐὰν δὲ εὑρεθῶσιν ἐκεῖ τριάκοντα; καὶ εἶπεν Οὐ μὴ
31 ἀπολέσω, ἐὰν εὕρω ἐκεῖ τριάκοντα. ³¹καὶ εἶπεν Ἐπειδὴ ἔχω λαλῆ-
σαι πρὸς τὸν κύριον, ἐὰν δὲ εὑρεθῶσιν ἐκεῖ εἴκοσι; καὶ εἶπεν
32 Οὐ μὴ ἀπολέσω ἕνεκεν τῶν εἴκοσι. ³²καὶ εἶπεν Μή τι, κύριε,
ἐὰν λαλήσω ἔτι ἅπαξ· ἐὰν δὲ εὑρεθῶσιν ἐκεῖ δέκα; καὶ εἶπεν Οὐ
33 μὴ ἀπολέσω ἕνεκεν τῶν δέκα. ³³ἀπῆλθεν δὲ κύριος, ὡς ἐπαύσατο
λαλῶν τῷ Αβρααμ, καὶ Αβρααμ ἀπέστρεψεν εἰς τὸν τόπον αὐτοῦ.
19 ¹ Ἦλθον δὲ οἱ δύο ἄγγελοι εἰς Σοδομα ἑσπέρας· Λωτ δὲ ἐκάθητο
παρὰ τὴν πύλην Σοδομων. ἰδὼν δὲ Λωτ ἐξανέστη εἰς συνάντησιν
2 αὐτοῖς καὶ προσεκύνησεν τῷ προσώπῳ ἐπὶ τὴν γῆν ²καὶ εἶπεν
Ἰδού, κύριοι, ἐκκλίνατε εἰς τὸν οἶκον τοῦ παιδὸς ὑμῶν καὶ κατα-

19 μεθ εαυτου A⁺ | προς] επ A⁺ ‖ 24 δικ. / εν τη πολ. M] tr. A | παντα
> A⁺ ‖ 28 ου 911] pr. οτι A ‖ 30 ευρω M] ευρεθωσιν A
19 1 εξανεστη M] εξ > A ‖ 2 εις 1⁰] προς A⁺

λύσατε καὶ νίψασθε τοὺς πόδας ὑμῶν, καὶ ὀρθρίσαντες ἀπελεύσεσθε
εἰς τὴν ὁδὸν ὑμῶν. εἶπαν δέ Οὐχί, ἀλλ᾽ ἐν τῇ πλατείᾳ καταλύ-
σομεν. ³καὶ κατεβιάζετο αὐτούς, καὶ ἐξέκλιναν πρὸς αὐτὸν καὶ 3
εἰσῆλθον εἰς τὴν οἰκίαν αὐτοῦ. καὶ ἐποίησεν αὐτοῖς πότον, καὶ ἀζύ-
μους ἔπεψεν αὐτοῖς, καὶ ἔφαγον. ⁴πρὸ τοῦ κοιμηθῆναι καὶ οἱ 4
ἄνδρες τῆς πόλεως οἱ Σοδομῖται περιεκύκλωσαν τὴν οἰκίαν ἀπὸ
νεανίσκου ἕως πρεσβυτέρου, ἅπας ὁ λαὸς ἅμα, ⁵καὶ ἐξεκαλοῦντο 5
τὸν Λωτ καὶ ἔλεγον πρὸς αὐτόν Ποῦ εἰσιν οἱ ἄνδρες οἱ εἰσελ-
θόντες πρὸς σὲ τὴν νύκτα; ἐξάγαγε αὐτοὺς πρὸς ἡμᾶς, ἵνα συγγε-
νώμεθα αὐτοῖς. ⁶ἐξῆλθεν δὲ Λωτ πρὸς αὐτοὺς πρὸς τὸ πρόθυρον, 6
τὴν δὲ θύραν προσέῳξεν ὀπίσω αὐτοῦ. ⁷εἶπεν δὲ πρὸς αὐτούς 7
Μηδαμῶς, ἀδελφοί, μὴ πονηρεύσησθε. ⁸εἰσὶν δέ μοι δύο θυγατέρες, 8
αἳ οὐκ ἔγνωσαν ἄνδρα· ἐξάξω αὐτὰς πρὸς ὑμᾶς, καὶ χρήσασθε
αὐταῖς, καθὰ ἂν ἀρέσκη ὑμῖν· μόνον εἰς τοὺς ἄνδρας τούτους μὴ
ποιήσητε μηδὲν ἄδικον, οὗ εἵνεκεν εἰσῆλθον ὑπὸ τὴν σκέπην τῶν
δοκῶν μου. ⁹εἶπαν δέ Ἀπόστα ἐκεῖ. εἰς ἦλθες παροικεῖν· μὴ καὶ κρί- 9
σιν κρίνειν; νῦν οὖν σὲ κακώσομεν μᾶλλον ἢ ἐκείνους. καὶ παρεβιά-
ζοντο τὸν ἄνδρα τὸν Λωτ σφόδρα καὶ ἤγγισαν συντρῖψαι τὴν θύραν.
¹⁰ἐκτείναντες δὲ οἱ ἄνδρες τὰς χεῖρας εἰσεσπάσαντο τὸν Λωτ πρὸς 10
ἑαυτοὺς εἰς τὸν οἶκον καὶ τὴν θύραν τοῦ οἴκου ἀπέκλεισαν· ¹¹τοὺς 11
δὲ ἄνδρας τοὺς ὄντας ἐπὶ τῆς θύρας τοῦ οἴκου ἐπάταξαν ἀορασίᾳ
ἀπὸ μικροῦ ἕως μεγάλου, καὶ παρελύθησαν ζητοῦντες τὴν θύραν.
¹²Εἶπαν δὲ οἱ ἄνδρες πρὸς Λωτ Ἔστιν τίς σοι ὧδε, γαμβροὶ ἢ 12
υἱοὶ ἢ θυγατέρες; ἢ εἴ τίς σοι ἄλλος ἔστιν ἐν τῇ πόλει, ἐξάγαγε
ἐκ τοῦ τόπου τούτου· ¹³ὅτι ἀπόλλυμεν ἡμεῖς τὸν τόπον τοῦτον, 13
ὅτι ὑψώθη ἡ κραυγὴ αὐτῶν ἐναντίον κυρίου, καὶ ἀπέστειλεν ἡμᾶς
κύριος ἐκτρῖψαι αὐτήν. ¹⁴ἐξῆλθεν δὲ Λωτ καὶ ἐλάλησεν πρὸς τοὺς 14
γαμβροὺς αὐτοῦ τοὺς εἰληφότας τὰς θυγατέρας αὐτοῦ καὶ εἶπεν
Ἀνάστητε καὶ ἐξέλθατε ἐκ τοῦ τόπου τούτου, ὅτι ἐκτρίβει κύριος
τὴν πόλιν. ἔδοξεν δὲ γελοιάζειν ἐναντίον τῶν γαμβρῶν αὐτοῦ.
¹⁵ἡνίκα δὲ ὄρθρος ἐγίνετο, ἐπεσπούδαζον οἱ ἄγγελοι τὸν Λωτ λέ- 15
γοντες Ἀναστὰς λαβὲ τὴν γυναῖκά σου καὶ τὰς δύο θυγατέρας
σου, ἃς ἔχεις, καὶ ἔξελθε, ἵνα μὴ συναπόλη ταῖς ἀνομίαις τῆς
πόλεως. ¹⁶καὶ ἐταράχθησαν· καὶ ἐκράτησαν οἱ ἄγγελοι τῆς χειρὸς 16
αὐτοῦ καὶ τῆς χειρὸς τῆς γυναικὸς αὐτοῦ καὶ τῶν χειρῶν τῶν δύο
θυγατέρων αὐτοῦ ἐν τῷ φείσασθαι κύριον αὐτοῦ. ¹⁷καὶ ἐγένετο 17
ἡνίκα ἐξήγαγον αὐτοὺς ἔξω. καὶ εἶπαν Σώζων σῷζε τὴν σεαυτοῦ
ψυχήν· μὴ περιβλέψῃς εἰς τὰ ὀπίσω μηδὲ στῇς ἐν πάσῃ τῇ περι-
χώρῳ· εἰς τὸ ὄρος σώζου, μήποτε συμπαραλημφθῇς. ¹⁸εἶπεν δὲ 18

2 νιψατε A | αλλ 911]+η A ‖ 3 παρεβιαζετο A⁺ ‖ 6 προς το προθ.
> A⁺ | την δε] και την A⁺ ‖ 8 σκεπην compl.] στεγην A ‖ 9 εις ηλθες
Große-Brauckmann] εἰσῆλθες editiones | κρινειν] -ναι A⁺

19 Λωτ πρὸς αὐτούς Δέομαι, κύριε· ¹⁹ἐπειδὴ εὗρεν ὁ παῖς σου ἔλεος
ἐναντίον σου καὶ ἐμεγάλυνας τὴν δικαιοσύνην σου, ὃ ποιεῖς ἐπ᾽
ἐμέ, τοῦ ζῆν τὴν ψυχήν μου, ἐγὼ δὲ οὐ δυνήσομαι διασωθῆναι
20 εἰς τὸ ὄρος, μὴ καταλάβῃ με τὰ κακὰ καὶ ἀποθάνω, ²⁰ἰδοὺ ἡ πόλις
αὕτη ἐγγὺς τοῦ καταφυγεῖν με ἐκεῖ, ἥ ἐστιν μικρά, ἐκεῖ σωθήσομαι·
21 οὐ μικρά ἐστιν; καὶ ζήσεται ἡ ψυχή μου. ²¹καὶ εἶπεν αὐτῷ Ἰδοὺ
ἐθαύμασά σου τὸ πρόσωπον καὶ ἐπὶ τῷ ῥήματι τούτῳ τοῦ μὴ κατα-
22 στρέψαι τὴν πόλιν, περὶ ἧς ἐλάλησας· ²²σπεῦσον οὖν τοῦ σωθῆναι
ἐκεῖ· οὐ γὰρ δυνήσομαι ποιῆσαι πρᾶγμα ἕως τοῦ σε εἰσελθεῖν ἐκεῖ.
23 διὰ τοῦτο ἐκάλεσεν τὸ ὄνομα τῆς πόλεως ἐκείνης Σηγωρ. ²³ὁ ἥλιος
24 ἐξῆλθεν ἐπὶ τὴν γῆν, καὶ Λωτ εἰσῆλθεν εἰς Σηγωρ, ²⁴καὶ κύριος
ἔβρεξεν ἐπὶ Σοδομα καὶ Γομορρα θεῖον καὶ πῦρ παρὰ κυρίου ἐκ
25 τοῦ οὐρανοῦ ²⁵καὶ κατέστρεψεν τὰς πόλεις ταύτας καὶ πᾶσαν τὴν
περίοικον καὶ πάντας τοὺς κατοικοῦντας ἐν ταῖς πόλεσιν καὶ πάντα
26 τὰ ἀνατέλλοντα ἐκ τῆς γῆς. ²⁶καὶ ἐπέβλεψεν ἡ γυνὴ αὐτοῦ εἰς τὰ
ὀπίσω καὶ ἐγένετο στήλη ἁλός.
27   ²⁷*Ὤρθρισεν δὲ Αβρααμ τὸ πρωὶ εἰς τὸν τόπον, οὗ εἱστήκει ἐναν-
28 τίον κυρίου, ²⁸καὶ ἐπέβλεψεν ἐπὶ πρόσωπον Σοδομων καὶ Γομορρας
καὶ ἐπὶ πρόσωπον τῆς γῆς τῆς περιχώρου καὶ εἶδεν, καὶ ἰδοὺ ἀνέ-
29 βαινεν φλὸξ τῆς γῆς ὡσεὶ ἀτμὶς καμίνου. ²⁹καὶ ἐγένετο ἐν τῷ
ἐκτρῖψαι κύριον πάσας τὰς πόλεις τῆς περιοίκου ἐμνήσθη ὁ θεὸς
τοῦ Αβρααμ καὶ ἐξαπέστειλεν τὸν Λωτ ἐκ μέσου τῆς καταστροφῆς
ἐν τῷ καταστρέψαι κύριον τὰς πόλεις, ἐν αἷς κατῴκει ἐν αὐταῖς Λωτ.
30   ³⁰Ἀνέβη δὲ Λωτ ἐκ Σηγωρ καὶ ἐκάθητο ἐν τῷ ὄρει καὶ αἱ δύο
θυγατέρες αὐτοῦ μετ᾽ αὐτοῦ· ἐφοβήθη γὰρ κατοικῆσαι ἐν Σηγωρ.
καὶ ᾤκησεν ἐν τῷ σπηλαίῳ, αὐτὸς καὶ αἱ δύο θυγατέρες αὐτοῦ
31 μετ᾽ αὐτοῦ. ³¹εἶπεν δὲ ἡ πρεσβυτέρα πρὸς τὴν νεωτέραν Ὁ πατὴρ
ἡμῶν πρεσβύτερος, καὶ οὐδείς ἐστιν ἐπὶ τῆς γῆς, ὃς εἰσελεύσεται
32 πρὸς ἡμᾶς, ὡς καθήκει πάσῃ τῇ γῇ· ³²δεῦρο καὶ ποτίσωμεν τὸν
πατέρα ἡμῶν οἶνον καὶ κοιμηθῶμεν μετ᾽ αὐτοῦ καὶ ἐξαναστήσωμεν
33 ἐκ τοῦ πατρὸς ἡμῶν σπέρμα. ³³ἐπότισαν δὲ τὸν πατέρα αὐτῶν
οἶνον ἐν τῇ νυκτὶ ταύτῃ, καὶ εἰσελθοῦσα ἡ πρεσβυτέρα ἐκοιμήθη
μετὰ τοῦ πατρὸς αὐτῆς τὴν νύκτα ἐκείνην, καὶ οὐκ ᾔδει ἐν τῷ
34 κοιμηθῆναι αὐτὴν καὶ ἀναστῆναι. ³⁴ἐγένετο δὲ τῇ ἐπαύριον καὶ
εἶπεν ἡ πρεσβυτέρα πρὸς τὴν νεωτέραν Ἰδοὺ ἐκοιμήθην ἐχθὲς
μετὰ τοῦ πατρὸς ἡμῶν· ποτίσωμεν αὐτὸν οἶνον καὶ τὴν νύκτα ταύ-
την, καὶ εἰσελθοῦσα κοιμήθητι μετ᾽ αὐτοῦ, καὶ ἐξαναστήσωμεν ἐκ
35 τοῦ πατρὸς ἡμῶν σπέρμα. ³⁵ἐπότισαν δὲ καὶ ἐν τῇ νυκτὶ ἐκείνῃ
τὸν πατέρα αὐτῶν οἶνον, καὶ εἰσελθοῦσα ἡ νεωτέρα ἐκοιμήθη μετὰ

20 fin. D] + ενεκεν σου Α: ex 12 13 ‖ 22 εισελθειν Μ] εισ > Α | εκαλεσεν]
επωνομασεν Α† ‖ 25 ταυτας] + εν αις κατωκει εν αυταις λωτ Α†: ex 29 |
την Μ] > Α ‖ 30 ανεβη δε Μ] και εξηλθεν Α ‖ 32 και 1⁰ Μ] ουν Α

τοῦ πατρὸς αὐτῆς, καὶ οὐκ ᾔδει ἐν τῷ κοιμηθῆναι αὐτὴν καὶ ἀνα-
στῆναι. ³⁶ καὶ συνέλαβον αἱ δύο θυγατέρες Λωτ ἐκ τοῦ πατρὸς 36
αὐτῶν. ³⁷ καὶ ἔτεκεν ἡ πρεσβυτέρα υἱὸν καὶ ἐκάλεσεν τὸ ὄνομα 37
αὐτοῦ Μωαβ λέγουσα Ἐκ τοῦ πατρός μου· οὗτος πατὴρ Μωα-
βιτῶν ἕως τῆς σήμερον ἡμέρας. ³⁸ ἔτεκεν δὲ καὶ ἡ νεωτέρα υἱὸν 38
καὶ ἐκάλεσεν τὸ ὄνομα αὐτοῦ Αμμαν υἱὸς τοῦ γένους μου· οὗτος
πατὴρ Αμμανιτῶν ἕως τῆς σήμερον ἡμέρας.
¹ Καὶ ἐκίνησεν ἐκεῖθεν Αβρααμ εἰς γῆν πρὸς λίβα καὶ ᾤκησεν 20
ἀνὰ μέσον Καδης καὶ ἀνὰ μέσον Σουρ καὶ παρῴκησεν ἐν Γεραροις.
² εἶπεν δὲ Αβρααμ περὶ Σαρρας τῆς γυναικὸς αὐτοῦ ὅτι Ἀδελφή 2
μού ἐστιν· ἐφοβήθη γὰρ εἰπεῖν ὅτι Γυνή μού ἐστιν, μήποτε ἀπο-
κτείνωσιν αὐτὸν οἱ ἄνδρες τῆς πόλεως δι᾽ αὐτήν. ἀπέστειλεν δὲ
Αβιμελεχ βασιλεὺς Γεραρων καὶ ἔλαβεν τὴν Σαρραν. ³ καὶ εἰσῆλθεν 3
ὁ θεὸς πρὸς Αβιμελεχ ἐν ὕπνῳ τὴν νύκτα καὶ εἶπεν Ἰδοὺ σὺ
ἀποθνήσκεις περὶ τῆς γυναικός, ἧς ἔλαβες, αὕτη δέ ἐστιν συνῳ-
κηκυῖα ἀνδρί. ⁴ Αβιμελεχ δὲ οὐχ ἥψατο αὐτῆς καὶ εἶπεν Κύριε, 4
ἔθνος ἀγνοοῦν καὶ δίκαιον ἀπολεῖς; ⁵ οὐκ αὐτός μοι εἶπεν Ἀδελφή 5
μού ἐστιν; καὶ αὐτή μοι εἶπεν Ἀδελφός μού ἐστιν. ἐν καθαρᾷ
καρδίᾳ καὶ ἐν δικαιοσύνῃ χειρῶν ἐποίησα τοῦτο. ⁶ εἶπεν δὲ αὐτῷ 6
ὁ θεὸς καθ᾽ ὕπνον Κἀγὼ ἔγνων ὅτι ἐν καθαρᾷ καρδίᾳ ἐποίησας
τοῦτο, καὶ ἐφεισάμην ἐγώ σου τοῦ μὴ ἁμαρτεῖν σε εἰς ἐμέ· ἕνεκεν
τούτου οὐκ ἀφῆκά σε ἅψασθαι αὐτῆς. ⁷ νῦν δὲ ἀπόδος τὴν γυναῖκα 7
τῷ ἀνθρώπῳ, ὅτι προφήτης ἐστὶν καὶ προσεύξεται περὶ σοῦ καὶ
ζήσῃ· εἰ δὲ μὴ ἀποδίδως, γνῶθι ὅτι ἀποθανῇ σὺ καὶ πάντα τὰ σά.
⁸ καὶ ὤρθρισεν Αβιμελεχ τὸ πρωὶ καὶ ἐκάλεσεν πάντας τοὺς παῖδας 8
αὐτοῦ καὶ ἐλάλησεν πάντα τὰ ῥήματα ταῦτα εἰς τὰ ὦτα αὐτῶν,
ἐφοβήθησαν δὲ πάντες οἱ ἄνθρωποι σφόδρα. ⁹ καὶ ἐκάλεσεν Αβι- 9
μελεχ τὸν Αβρααμ καὶ εἶπεν αὐτῷ Τί τοῦτο ἐποίησας ἡμῖν; μή
τι ἡμάρτομεν εἰς σέ, ὅτι ἐπήγαγες ἐπ᾽ ἐμὲ καὶ ἐπὶ τὴν βασιλείαν μου
ἁμαρτίαν μεγάλην; ἔργον, ὃ οὐδεὶς ποιήσει, πεποίηκάς μοι. ¹⁰ εἶπεν 10
δὲ Αβιμελεχ τῷ Αβρααμ Τί ἐνιδὼν ἐποίησας τοῦτο; ¹¹ εἶπεν δὲ 11
Αβρααμ Εἶπα γὰρ Ἄρα οὐκ ἔστιν θεοσέβεια ἐν τῷ τόπῳ τούτῳ,
ἐμέ τε ἀποκτενοῦσιν ἕνεκεν τῆς γυναικός μου. ¹² καὶ γὰρ ἀληθῶς 12
ἀδελφή μού ἐστιν ἐκ πατρός, ἀλλ᾽ οὐκ ἐκ μητρός· ἐγενήθη δέ μοι
εἰς γυναῖκα. ¹³ ἐγένετο δὲ ἡνίκα ἐξήγαγέν με ὁ θεὸς ἐκ τοῦ οἴκου 13
τοῦ πατρός μου, καὶ εἶπα αὐτῇ Ταύτην τὴν δικαιοσύνην ποιήσεις
ἐπ᾽ ἐμέ· εἰς πάντα τόπον, οὗ ἐὰν εἰσέλθωμεν ἐκεῖ, εἰπὸν ἐμὲ ὅτι
Ἀδελφός μού ἐστιν. ¹⁴ ἔλαβεν δὲ Αβιμελεχ χίλια δίδραχμα πρό- 14
βατα καὶ μόσχους καὶ παῖδας καὶ παιδίσκας καὶ ἔδωκεν τῷ Αβρααμ
καὶ ἀπέδωκεν αὐτῷ Σαρραν τὴν γυναῖκα αὐτοῦ. ¹⁵ καὶ εἶπεν Αβι- 15

38 υιος] pr. o A⁺
20 3 ειπεν M] + αυτω A (in O sub ※) || 13 ποιησεις] -σον A⁺

μελεχ τῷ Αβρααμ Ἰδοὺ ἡ γῆ μου ἐναντίον σου· οὗ ἐάν σοι ἀρέσκῃ,
16 κατοίκει. ¹⁶τῇ δὲ Σαρρα εἶπεν Ἰδοὺ δέδωκα χίλια δίδραχμα τῷ
ἀδελφῷ σου· ταῦτα ἔσται σοι εἰς τιμὴν τοῦ προσώπου σου καὶ
17 πάσαις ταῖς μετὰ σοῦ· καὶ πάντα ἀλήθευσον. ¹⁷προσηύξατο δὲ
Αβρααμ πρὸς τὸν θεόν, καὶ ἰάσατο ὁ θεὸς τὸν Αβιμελεχ καὶ τὴν
18 γυναῖκα αὐτοῦ καὶ τὰς παιδίσκας αὐτοῦ, καὶ ἔτεκον· ¹⁸ὅτι συγ-
κλείων συνέκλεισεν κύριος ἔξωθεν πᾶσαν μήτραν ἐν τῷ οἴκῳ τοῦ
Αβιμελεχ ἕνεκεν Σαρρας τῆς γυναικὸς Αβρααμ.

21　　¹Καὶ κύριος ἐπεσκέψατο τὴν Σαρραν, καθὰ εἶπεν, καὶ ἐποίησεν
2 κύριος τῇ Σαρρα, καθὰ ἐλάλησεν, ²καὶ συλλαβοῦσα ἔτεκεν Σαρρα
τῷ Αβρααμ υἱὸν εἰς τὸ γῆρας εἰς τὸν καιρόν, καθὰ ἐλάλησεν αὐτῷ
3 κύριος. ³καὶ ἐκάλεσεν Αβρααμ τὸ ὄνομα τοῦ υἱοῦ αὐτοῦ τοῦ γενο-
4 μένου αὐτῷ, ὃν ἔτεκεν αὐτῷ Σαρρα, Ισαακ. ⁴περιέτεμεν δὲ Αβρααμ
5 τὸν Ισαακ τῇ ὀγδόῃ ἡμέρᾳ, καθὰ ἐνετείλατο αὐτῷ ὁ θεός. ⁵Αβρααμ
6 δὲ ἦν ἑκατὸν ἐτῶν, ἡνίκα ἐγένετο αὐτῷ Ισαακ ὁ υἱὸς αὐτοῦ. ⁶εἶπεν
δὲ Σαρρα Γέλωτά μοι ἐποίησεν κύριος· ὃς γὰρ ἂν ἀκούσῃ, συγ-
7 χαρεῖταί μοι. ⁷καὶ εἶπεν Τίς ἀναγγελεῖ τῷ Αβρααμ ὅτι θηλάζει
παιδίον Σαρρα; ὅτι ἔτεκον υἱὸν ἐν τῷ γήρει μου.

8　　⁸Καὶ ηὐξήθη τὸ παιδίον καὶ ἀπεγαλακτίσθη, καὶ ἐποίησεν Αβρααμ
9 δοχὴν μεγάλην, ᾗ ἡμέρᾳ ἀπεγαλακτίσθη Ισαακ ὁ υἱὸς αὐτοῦ. ⁹ἰδοῦ-
σα δὲ Σαρρα τὸν υἱὸν Αγαρ τῆς Αἰγυπτίας, ὃς ἐγένετο τῷ Αβρα-
10 αμ, παίζοντα μετὰ Ισαακ τοῦ υἱοῦ αὐτῆς ¹⁰καὶ εἶπεν τῷ Αβρααμ
Ἔκβαλε τὴν παιδίσκην ταύτην καὶ τὸν υἱὸν αὐτῆς· οὐ γὰρ κληρο-
νομήσει ὁ υἱὸς τῆς παιδίσκης ταύτης μετὰ τοῦ υἱοῦ μου Ισαακ.
11 ¹¹σκληρὸν δὲ ἐφάνη τὸ ῥῆμα σφόδρα ἐναντίον Αβρααμ περὶ τοῦ
12 υἱοῦ αὐτοῦ. ¹²εἶπεν δὲ ὁ θεὸς τῷ Αβρααμ Μὴ σκληρὸν ἔστω τὸ
ῥῆμα ἐναντίον σου περὶ τοῦ παιδίου καὶ περὶ τῆς παιδίσκης· πάντα,
ὅσα ἐὰν εἴπῃ σοι Σαρρα, ἄκουε τῆς φωνῆς αὐτῆς, ὅτι ἐν Ισαακ
13 κληθήσεταί σοι σπέρμα. ¹³καὶ τὸν υἱὸν δὲ τῆς παιδίσκης ταύτης,
14 εἰς ἔθνος μέγα ποιήσω αὐτόν, ὅτι σπέρμα σόν ἐστιν. ¹⁴ἀνέστη
δὲ Αβρααμ τὸ πρωὶ καὶ ἔλαβεν ἄρτους καὶ ἀσκὸν ὕδατος καὶ ἔδωκεν
Αγαρ καὶ ἐπέθηκεν ἐπὶ τὸν ὦμον καὶ τὸ παιδίον καὶ ἀπέστειλεν
αὐτήν. ἀπελθοῦσα δὲ ἐπλανᾶτο τὴν ἔρημον κατὰ τὸ φρέαρ τοῦ
15 ὅρκου. ¹⁵ἐξέλιπεν δὲ τὸ ὕδωρ ἐκ τοῦ ἀσκοῦ, καὶ ἔρριψεν τὸ παιδίον
16 ὑποκάτω μιᾶς ἐλάτης· ¹⁶ἀπελθοῦσα δὲ ἐκάθητο ἀπέναντι αὐτοῦ
μακρόθεν ὡσεὶ τόξου βολήν· εἶπεν γὰρ Οὐ μὴ ἴδω τὸν θάνατον
τοῦ παιδίου μου. καὶ ἐκάθισεν ἀπέναντι αὐτοῦ, ἀναβοῆσαν δὲ τὸ
17 παιδίον ἔκλαυσεν. ¹⁷εἰσήκουσεν δὲ ὁ θεὸς τῆς φωνῆς τοῦ παιδίου

18 συγκλειων > A†
21 6 αν] εαν A† ‖ 9 εαυτης A† ‖ 10 ου γαρ M] +μη A | ταυτης M]
> A ‖ 11 fin. M] +ισμαηλ A ‖ 16 μακροθεν] -οτερον A† | εκαθισεν]
-θητο A† | αυτου ult.] +μακροθεν A†

ἐκ τοῦ τόπου, οὗ ἦν, καὶ ἐκάλεσεν ἄγγελος τοῦ θεοῦ τὴν Αγαρ ἐκ
τοῦ οὐρανοῦ καὶ εἶπεν αὐτῇ Τί ἐστιν, Αγαρ; μὴ φοβοῦ· ἐπακήκοεν
γὰρ ὁ θεὸς τῆς φωνῆς τοῦ παιδίου σου ἐκ τοῦ τόπου, οὗ ἐστιν.
¹⁸ἀνάστηθι, λαβὲ τὸ παιδίον καὶ κράτησον τῇ χειρί σου αὐτό· εἰς 18
γὰρ ἔθνος μέγα ποιήσω αὐτόν. ¹⁹καὶ ἀνέῳξεν ὁ θεὸς τοὺς ὀφθαλ- 19
μοὺς αὐτῆς, καὶ εἶδεν φρέαρ ὕδατος ζῶντος καὶ ἐπορεύθη καὶ ἔπλη-
σεν τὸν ἀσκὸν ὕδατος καὶ ἐπότισεν τὸ παιδίον. ²⁰καὶ ἦν ὁ θεὸς 20
μετὰ τοῦ παιδίου, καὶ ηὐξήθη. καὶ κατῴκησεν ἐν τῇ ἐρήμῳ, ἐγένετο
δὲ τοξότης. ²¹καὶ κατῴκησεν ἐν τῇ ἐρήμῳ τῇ Φαραν, καὶ ἔλαβεν 21
αὐτῷ ἡ μήτηρ γυναῖκα ἐκ γῆς Αἰγύπτου.

²²Ἐγένετο δὲ ἐν τῷ καιρῷ ἐκείνῳ καὶ εἶπεν Αβιμελεχ καὶ Οχοζαθ 22
ὁ νυμφαγωγὸς αὐτοῦ καὶ Φικολ ὁ ἀρχιστράτηγος τῆς δυνάμεως
αὐτοῦ πρὸς Αβρααμ λέγων Ὁ θεὸς μετὰ σοῦ ἐν πᾶσιν, οἷς ἐὰν ποιῇς·
²³νῦν οὖν ὅμοσόν μοι τὸν θεὸν μὴ ἀδικήσειν με μηδὲ τὸ σπέρμα μου 23
μηδὲ τὸ ὄνομά μου, ἀλλὰ κατὰ τὴν δικαιοσύνην, ἣν ἐποίησα μετὰ
σοῦ, ποιήσεις μετ᾽ ἐμοῦ καὶ τῇ γῇ, ᾗ σὺ παρῴκησας ἐν αὐτῇ. ²⁴καὶ 24
εἶπεν Αβρααμ Ἐγὼ ὀμοῦμαι. ²⁵καὶ ἤλεγξεν Αβρααμ τὸν Αβιμελεχ 25
περὶ τῶν φρεάτων τοῦ ὕδατος, ὧν ἀφείλαντο οἱ παῖδες τοῦ Αβι-
μελεχ. ²⁶καὶ εἶπεν αὐτῷ Αβιμελεχ Οὐκ ἔγνων, τίς ἐποίησεν τὸ 26
πρᾶγμα τοῦτο, οὐδὲ σύ μοι ἀπήγγειλας, οὐδὲ ἐγὼ ἤκουσα ἀλλ᾽ ἢ
σήμερον. ²⁷καὶ ἔλαβεν Αβρααμ πρόβατα καὶ μόσχους καὶ ἔδωκεν 27
τῷ Αβιμελεχ, καὶ διέθεντο ἀμφότεροι διαθήκην. ²⁸καὶ ἔστησεν Αβρααμ 28
ἑπτὰ ἀμνάδας προβάτων μόνας. ²⁹καὶ εἶπεν Αβιμελεχ τῷ Αβρααμ 29
Τί εἰσιν αἱ ἑπτὰ ἀμνάδες τῶν προβάτων τούτων, ἃς ἔστησας μόνας;
³⁰καὶ εἶπεν Αβρααμ ὅτι Τὰς ἑπτὰ ἀμνάδας ταύτας λήμψῃ παρ᾽ 30
ἐμοῦ, ἵνα ὦσίν μοι εἰς μαρτύριον ὅτι ἐγὼ ὤρυξα τὸ φρέαρ τοῦτο.
³¹διὰ τοῦτο ἐπωνόμασεν τὸ ὄνομα τοῦ τόπου ἐκείνου Φρέαρ ὁρκι- 31
σμοῦ, ὅτι ἐκεῖ ὤμοσαν ἀμφότεροι. ³²καὶ διέθεντο διαθήκην ἐν τῷ 32
φρέατι τοῦ ὅρκου. ἀνέστη δὲ Αβιμελεχ καὶ Οχοζαθ ὁ νυμφαγωγὸς αὐ-
τοῦ καὶ Φικολ ὁ ἀρχιστράτηγος τῆς δυνάμεως αὐτοῦ καὶ ἐπέστρεψαν
εἰς τὴν γῆν τῶν Φυλιστιιμ. ³³καὶ ἐφύτευσεν Αβρααμ ἄρουραν ἐπὶ τῷ 33
φρέατι τοῦ ὅρκου καὶ ἐπεκαλέσατο ἐκεῖ τὸ ὄνομα κυρίου Θεὸς αἰώνιος.
³⁴παρῴκησεν δὲ Αβρααμ ἐν τῇ γῇ τῶν Φυλιστιιμ ἡμέρας πολλάς. 34
¹Καὶ ἐγένετο μετὰ τὰ ῥήματα ταῦτα ὁ θεὸς ἐπείραζεν τὸν Αβρααμ 22
καὶ εἶπεν πρὸς αὐτόν Αβρααμ, Αβρααμ· ὁ δὲ εἶπεν Ἰδοὺ ἐγώ.
²καὶ εἶπεν Λαβὲ τὸν υἱόν σου τὸν ἀγαπητόν, ὃν ἠγάπησας, τὸν 2
Ισαακ, καὶ πορεύθητι εἰς τὴν γῆν τὴν ὑψηλὴν καὶ ἀνένεγκον αὐτὸν ἐκεῖ
εἰς ὁλοκάρπωσιν ἐφ᾽ ἓν τῶν ὀρέων, ὧν ἄν σοι εἴπω. ³ἀναστὰς 3
δὲ Αβρααμ τὸ πρωὶ ἐπέσαξεν τὴν ὄνον αὐτοῦ· παρέλαβεν δὲ μεθ᾽
ἑαυτοῦ δύο παῖδας καὶ Ισαακ τὸν υἱὸν αὐτοῦ καὶ σχίσας ξύλα εἰς

17 του θεου 911] του > A || 18 λαβε M] pr. και A || 26 αλλ η M] αλλα
A || 30 μοι > A†

ὁλοκάρπωσιν ἀναστὰς ἐπορεύθη καὶ ἦλθεν ἐπὶ τὸν τόπον, ὃν εἶπεν
4 αὐτῷ ὁ θεός. ⁴τῇ ἡμέρᾳ τῇ τρίτῃ καὶ ἀναβλέψας Αβρααμ τοῖς
5 ὀφθαλμοῖς εἶδεν τὸν τόπον μακρόθεν. ⁵καὶ εἶπεν Αβρααμ τοῖς
παισὶν αὐτοῦ Καθίσατε αὐτοῦ μετὰ τῆς ὄνου, ἐγὼ δὲ καὶ τὸ παι-
δάριον διελευσόμεθα ἕως ὧδε καὶ προσκυνήσαντες ἀναστρέψωμεν
6 πρὸς ὑμᾶς. ⁶ἔλαβεν δὲ Αβρααμ τὰ ξύλα τῆς ὁλοκαρπώσεως καὶ
ἐπέθηκεν Ισαακ τῷ υἱῷ αὐτοῦ· ἔλαβεν δὲ καὶ τὸ πῦρ μετὰ χεῖρα
7 καὶ τὴν μάχαιραν, καὶ ἐπορεύθησαν οἱ δύο ἅμα. ⁷εἶπεν δὲ Ισαακ
πρὸς Αβρααμ τὸν πατέρα αὐτοῦ εἴπας Πάτερ. ὁ δὲ εἶπεν Τί
ἐστιν, τέκνον; λέγων Ἰδοὺ τὸ πῦρ καὶ τὰ ξύλα· ποῦ ἐστιν τὸ
8 πρόβατον τὸ εἰς ὁλοκάρπωσιν; ⁸εἶπεν δὲ Αβρααμ Ὁ θεὸς ὄψεται
ἑαυτῷ πρόβατον εἰς ὁλοκάρπωσιν, τέκνον. πορευθέντες δὲ ἀμφό-
9 τεροι ἅμα ⁹ἦλθον ἐπὶ τὸν τόπον, ὃν εἶπεν αὐτῷ ὁ θεός. καὶ
ᾠκοδόμησεν ἐκεῖ Αβρααμ θυσιαστήριον καὶ ἐπέθηκεν τὰ ξύλα καὶ
συμποδίσας Ισαακ τὸν υἱὸν αὐτοῦ ἐπέθηκεν αὐτὸν ἐπὶ τὸ θυσια-
10 στήριον ἐπάνω τῶν ξύλων. ¹⁰καὶ ἐξέτεινεν Αβρααμ τὴν χεῖρα
11 αὐτοῦ λαβεῖν τὴν μάχαιραν σφάξαι τὸν υἱὸν αὐτοῦ. ¹¹καὶ ἐκάλεσεν
αὐτὸν ἄγγελος κυρίου ἐκ τοῦ οὐρανοῦ καὶ εἶπεν αὐτῷ Αβρααμ,
12 Αβρααμ. ὁ δὲ εἶπεν Ἰδοὺ ἐγώ. ¹²καὶ εἶπεν Μὴ ἐπιβάλῃς τὴν
χεῖρά σου ἐπὶ τὸ παιδάριον μηδὲ ποιήσῃς αὐτῷ μηδέν· νῦν γὰρ
ἔγνων ὅτι φοβῇ τὸν θεὸν σὺ καὶ οὐκ ἐφείσω τοῦ υἱοῦ σου τοῦ
13 ἀγαπητοῦ δι᾽ ἐμέ. ¹³καὶ ἀναβλέψας Αβρααμ τοῖς ὀφθαλμοῖς αὐτοῦ
εἶδεν, καὶ ἰδοὺ κριὸς εἷς κατεχόμενος ἐν φυτῷ σαβεκ τῶν κεράτων·
καὶ ἐπορεύθη Αβρααμ καὶ ἔλαβεν τὸν κριὸν καὶ ἀνήνεγκεν αὐτὸν
14 εἰς ὁλοκάρπωσιν ἀντὶ Ισαακ τοῦ υἱοῦ αὐτοῦ. ¹⁴καὶ ἐκάλεσεν Αβρααμ
τὸ ὄνομα τοῦ τόπου ἐκείνου Κύριος εἶδεν, ἵνα εἴπωσιν σήμερον
15 Ἐν τῷ ὄρει κύριος ὤφθη. ¹⁵καὶ ἐκάλεσεν ἄγγελος κυρίου τὸν
16 Αβρααμ δεύτερον ἐκ τοῦ οὐρανοῦ ¹⁶λέγων Κατ᾽ ἐμαυτοῦ ὤμοσα,
λέγει κύριος, οὗ εἵνεκεν ἐποίησας τὸ ῥῆμα τοῦτο καὶ οὐκ ἐφείσω
17 τοῦ υἱοῦ σου τοῦ ἀγαπητοῦ δι᾽ ἐμέ, ¹⁷ἦ μὴν εὐλογῶν εὐλογήσω
σε καὶ πληθύνων πληθυνῶ τὸ σπέρμα σου ὡς τοὺς ἀστέρας τοῦ
οὐρανοῦ καὶ ὡς τὴν ἄμμον τὴν παρὰ τὸ χεῖλος τῆς θαλάσσης, καὶ
18 κληρονομήσει τὸ σπέρμα σου τὰς πόλεις τῶν ὑπεναντίων· ¹⁸καὶ
ἐνευλογηθήσονται ἐν τῷ σπέρματί σου πάντα τὰ ἔθνη τῆς γῆς,
19 ἀνθ᾽ ὧν ὑπήκουσας τῆς ἐμῆς φωνῆς. ¹⁹ἀπεστράφη δὲ Αβρααμ
πρὸς τοὺς παῖδας αὐτοῦ, καὶ ἀναστάντες ἐπορεύθησαν ἅμα ἐπὶ τὸ
φρέαρ τοῦ ὅρκου. καὶ κατῴκησεν Αβρααμ ἐπὶ τῷ φρέατι τοῦ ὅρκου.
20 ²⁰Ἐγένετο δὲ μετὰ τὰ ῥήματα ταῦτα καὶ ἀνηγγέλη τῷ Αβρααμ
λέγοντες Ἰδοὺ τέτοκεν Μελχα καὶ αὐτὴ υἱοὺς Ναχωρ τῷ ἀδελφῷ
21 σου, ²¹τὸν Ωξ πρωτότοκον καὶ τὸν Βαυξ ἀδελφὸν αὐτοῦ καὶ τὸν

22 5 παιδαριον] -διον A† ‖ 7 ειπεν δε M] και ειπεν A ‖ 17 η compl.]
ει A ‖ 18 της γης > A† ‖ 19 αμα M] > A

Καμουηλ πατέρα Σύρων ²²καὶ τὸν Χασαδ καὶ τὸν Αζαυ καὶ τὸν 22
Φαλδας καὶ τὸν Ιεδλαφ καὶ τὸν Βαθουηλ· ²³καὶ Βαθουηλ ἐγέννησεν 23
τὴν Ρεβεκκαν. ὀκτὼ οὗτοι υἱοί, οὓς ἔτεκεν Μελχα τῷ Ναχωρ τῷ
ἀδελφῷ Αβρααμ. ²⁴καὶ ἡ παλλακὴ αὐτοῦ, ἧ ὄνομα Ρεημα, ἔτεκεν 24
καὶ αὐτὴ τὸν Ταβεκ καὶ τὸν Γααμ καὶ τὸν Τοχος καὶ τὸν Μωχα.
¹Ἐγένετο δὲ ἡ ζωὴ Σαρρας ἔτη ἑκατὸν εἴκοσι ἑπτά. ²καὶ ἀπέ- 23
θανεν Σαρρα ἐν πόλει Αρβοκ, ἥ ἐστιν ἐν τῷ κοιλώματι (αὕτη ἐστὶν
Χεβρων) ἐν γῇ Χανααν. ἦλθεν δὲ Αβρααμ κόψασθαι Σαρραν καὶ
πενθῆσαι. ³καὶ ἀνέστη Αβρααμ ἀπὸ τοῦ νεκροῦ αὐτοῦ καὶ εἶπεν 3
τοῖς υἱοῖς Χετ λέγων ⁴Πάροικος καὶ παρεπίδημος ἐγώ εἰμι μεθ' 4
ὑμῶν· δότε οὖν μοι κτῆσιν τάφου μεθ' ὑμῶν, καὶ θάψω τὸν νεκρόν
μου ἀπ' ἐμοῦ. ⁵ἀπεκρίθησαν δὲ οἱ υἱοὶ Χετ πρὸς Αβρααμ λέγοντες 5
⁶Μή, κύριε· ἄκουσον δὲ ἡμῶν. βασιλεὺς παρὰ θεοῦ εἶ σὺ ἐν ἡμῖν· 6
ἐν τοῖς ἐκλεκτοῖς μνημείοις ἡμῶν θάψον τὸν νεκρόν σου· οὐδεὶς
γὰρ ἡμῶν τὸ μνημεῖον αὐτοῦ κωλύσει ἀπὸ σοῦ τοῦ θάψαι τὸν
νεκρόν σου ἐκεῖ. ⁷ἀναστὰς δὲ Αβρααμ προσεκύνησεν τῷ λαῷ 7
τῆς γῆς, τοῖς υἱοῖς Χετ, ⁸καὶ ἐλάλησεν πρὸς αὐτοὺς Αβρααμ 8
λέγων Εἰ ἔχετε τῇ ψυχῇ ὑμῶν ὥστε θάψαι τὸν νεκρόν μου ἀπὸ
προσώπου μου, ἀκούσατέ μου καὶ λαλήσατε περὶ ἐμοῦ Εφρων τῷ
τοῦ Σααρ, ⁹καὶ δότω μοι τὸ σπήλαιον τὸ διπλοῦν, ὅ ἐστιν αὐτῷ, 9
τὸ ὂν ἐν μέρει τοῦ ἀγροῦ αὐτοῦ· ἀργυρίου τοῦ ἀξίου δότω μοι
αὐτὸ ἐν ὑμῖν εἰς κτῆσιν μνημείου. ¹⁰Εφρων δὲ ἐκάθητο ἐν μέσῳ 10
τῶν υἱῶν Χετ· ἀποκριθεὶς δὲ Εφρων ὁ Χετταῖος πρὸς Αβρααμ
εἶπεν ἀκουόντων τῶν υἱῶν Χετ καὶ πάντων τῶν εἰσπορευομένων
εἰς τὴν πόλιν λέγων ¹¹Παρ' ἐμοὶ γενοῦ, κύριε, καὶ ἄκουσόν μου. 11
τὸν ἀγρὸν καὶ τὸ σπήλαιον τὸ ἐν αὐτῷ σοι δίδωμι· ἐναντίον πάντων
τῶν πολιτῶν μου δέδωκά σοι· θάψον τὸν νεκρόν σου. ¹²καὶ 12
προσεκύνησεν Αβρααμ ἐναντίον τοῦ λαοῦ τῆς γῆς ¹³καὶ εἶπεν τῷ 13
Εφρων εἰς τὰ ὦτα τοῦ λαοῦ τῆς γῆς Ἐπειδὴ πρὸς ἐμοῦ εἶ, ἄκου-
σόν μου· τὸ ἀργύριον τοῦ ἀγροῦ λαβὲ παρ' ἐμοῦ, καὶ θάψω τὸν
νεκρόν μου ἐκεῖ. ¹⁴ἀπεκρίθη δὲ Εφρων τῷ Αβρααμ λέγων 14
¹⁵Οὐχί, κύριε· ἀκήκοα. γῇ τετρακοσίων διδράχμων ἀργυρίου, ἀνὰ 15
μέσον ἐμοῦ καὶ σοῦ τί ἂν εἴη τοῦτο; σὺ δὲ τὸν νεκρόν σου θάψον.
¹⁶καὶ ἤκουσεν Αβρααμ τοῦ Εφρων, καὶ ἀπεκατέστησεν Αβρααμ τῷ 16
Εφρων τὸ ἀργύριον, ὃ ἐλάλησεν εἰς τὰ ὦτα τῶν υἱῶν Χετ, τετρα-
κόσια δίδραχμα ἀργυρίου δοκίμου ἐμπόροις. ¹⁷καὶ ἔστη ὁ ἀγρὸς 17
Εφρων, ὃς ἦν ἐν τῷ διπλῷ σπηλαίῳ, ὅς ἐστιν κατὰ πρόσωπον

22 χασαδ D] χασζαδ A | ιεδλαφ Lag.] ιελδαφ A || 24 ρεηρα A† | γααμ
pau.] τααμ A
23 3 ειπεν] + αβρααμ A† || 4 απ εμου] εκει A† || 6 ει συ M] tr. A ||
9 μερει] μεριδει A† | δοτω 2°] δοτε A† || 11 παντων 911]> A || 13 του
1° M] pr. εναντιον παντος A || 15 γη pau.] γαρ A || 16 του] τω A†

Μαμβρη, ὁ ἀγρὸς καὶ τὸ σπήλαιον, ὃ ἦν ἐν αὐτῷ, καὶ πᾶν δένδρον,
18 ὃ ἦν ἐν τῷ ἀγρῷ, ὅ ἐστιν ἐν τοῖς ὁρίοις αὐτοῦ κύκλῳ, ¹⁸τῷ
Αβρααμ εἰς κτῆσιν ἐναντίον τῶν υἱῶν Χετ καὶ πάντων τῶν εἰσπο-
19 ρευομένων εἰς τὴν πόλιν. ¹⁹μετὰ ταῦτα ἔθαψεν Αβρααμ Σαρραν
τὴν γυναῖκα αὐτοῦ ἐν τῷ σπηλαίῳ τοῦ ἀγροῦ τῷ διπλῷ, ὅ ἐστιν
20 ἀπέναντι Μαμβρη (αὕτη ἐστὶν Χεβρων) ἐν τῇ γῇ Χανααν. ²⁰καὶ
ἐκυρώθη ὁ ἀγρὸς καὶ τὸ σπήλαιον, ὃ ἦν ἐν αὐτῷ, τῷ Αβρααμ εἰς
κτῆσιν τάφου παρὰ τῶν υἱῶν Χετ.

24 ¹Καὶ Αβρααμ ἦν πρεσβύτερος προβεβηκὼς ἡμερῶν, καὶ κύριος
2 εὐλόγησεν τὸν Αβρααμ κατὰ πάντα. ²καὶ εἶπεν Αβρααμ τῷ παιδὶ
αὐτοῦ τῷ πρεσβυτέρῳ τῆς οἰκίας αὐτοῦ τῷ ἄρχοντι πάντων τῶν
3 αὐτοῦ Θὲς τὴν χεῖρά σου ὑπὸ τὸν μηρόν μου, ³καὶ ἐξορκιῶ σε
κύριον τὸν θεὸν τοῦ οὐρανοῦ καὶ τὸν θεὸν τῆς γῆς, ἵνα μὴ λάβῃς
γυναῖκα τῷ υἱῷ μου Ισαακ ἀπὸ τῶν θυγατέρων τῶν Χαναναίων,
4 μεθ᾽ ὧν ἐγὼ οἰκῶ ἐν αὐτοῖς, ⁴ἀλλὰ εἰς τὴν γῆν μου, οὗ ἐγενόμην,
πορεύσῃ καὶ εἰς τὴν φυλήν μου καὶ λήμψῃ γυναῖκα τῷ υἱῷ μου
5 Ισαακ ἐκεῖθεν. ⁵εἶπεν δὲ πρὸς αὐτὸν ὁ παῖς Μήποτε οὐ βούλεται
ἡ γυνὴ πορευθῆναι μετ᾽ ἐμοῦ ὀπίσω εἰς τὴν γῆν ταύτην· ἀποστρέψω
6 τὸν υἱόν σου εἰς τὴν γῆν, ὅθεν ἐξῆλθες ἐκεῖθεν; ⁶εἶπεν δὲ πρὸς
αὐτὸν Αβρααμ Πρόσεχε σεαυτῷ, μὴ ἀποστρέψῃς τὸν υἱόν μου
7 ἐκεῖ. ⁷κύριος ὁ θεὸς τοῦ οὐρανοῦ καὶ ὁ θεὸς τῆς γῆς, ὃς ἔλαβέν
με ἐκ τοῦ οἴκου τοῦ πατρός μου καὶ ἐκ τῆς γῆς, ἧς ἐγενήθην, ὃς
ἐλάλησέν μοι καὶ ὤμοσέν μοι λέγων Σοὶ δώσω τὴν γῆν ταύτην
καὶ τῷ σπέρματί σου, αὐτὸς ἀποστελεῖ τὸν ἄγγελον αὐτοῦ ἔμπρο-
8 σθέν σου, καὶ λήμψῃ γυναῖκα τῷ υἱῷ μου Ισαακ ἐκεῖθεν. ⁸ἐὰν δὲ
μὴ θέλῃ ἡ γυνὴ πορευθῆναι μετὰ σοῦ εἰς τὴν γῆν ταύτην, καθαρὸς
ἔσῃ ἀπὸ τοῦ ὅρκου τούτου· μόνον τὸν υἱόν μου μὴ ἀποστρέψῃς
9 ἐκεῖ. ⁹καὶ ἔθηκεν ὁ παῖς τὴν χεῖρα αὐτοῦ ὑπὸ τὸν μηρὸν Αβρααμ
τοῦ κυρίου αὐτοῦ καὶ ὤμοσεν αὐτῷ περὶ τοῦ ῥήματος τούτου
10 ¹⁰Καὶ ἔλαβεν ὁ παῖς δέκα καμήλους ἀπὸ τῶν καμήλων τοῦ κυρίου
αὐτοῦ καὶ ἀπὸ πάντων τῶν ἀγαθῶν τοῦ κυρίου αὐτοῦ μεθ᾽ ἑαυτοῦ
καὶ ἀναστὰς ἐπορεύθη εἰς τὴν Μεσοποταμίαν εἰς τὴν πόλιν Ναχωρ.
11 ¹¹καὶ ἐκοίμισεν τὰς καμήλους ἔξω τῆς πόλεως παρὰ τὸ φρέαρ τοῦ
12 ὕδατος τὸ πρὸς ὀψέ, ἡνίκα ἐκπορεύονται αἱ ὑδρευόμεναι. ¹²καὶ
εἶπεν Κύριε ὁ θεὸς τοῦ κυρίου μου Αβρααμ, εὐόδωσον ἐναντίον
ἐμοῦ σήμερον καὶ ποίησον ἔλεος μετὰ τοῦ κυρίου μου Αβρααμ.
13 ¹³ἰδοὺ ἐγὼ ἕστηκα ἐπὶ τῆς πηγῆς τοῦ ὕδατος, αἱ δὲ θυγατέρες
14 τῶν οἰκούντων τὴν πόλιν ἐκπορεύονται ἀντλῆσαι ὕδωρ, ¹⁴καὶ ἔσται

17 εν 2⁰ > A† ‖ 20 εν S] > A†
24 3 τον θεον 2⁰ S] > A | εν αυτοις Sᶜ] μετ αυτων A†, > S*† ‖ 7 σοι
δωσω — σπερμ. σου A] τω σπερμ. σου δωσω την γην ταυτην S | ισαακ >
S* ‖ 9 αβρααμ > A*† ‖ 12 μου 1⁰ S] > A†

ἡ παρθένος, ᾗ ἂν ἐγὼ εἴπω Ἐπίκλινον τὴν ὑδρίαν σου, ἵνα πίω,
καὶ εἴπῃ μοι Πίε, καὶ τὰς καμήλους σου ποτιῶ, ἕως ἂν παύσωνται
πίνουσαι, ταύτην ἡτοίμασας τῷ παιδί σου Ἰσαακ, καὶ ἐν τούτῳ
γνώσομαι ὅτι ἐποίησας ἔλεος τῷ κυρίῳ μου Αβρααμ. ¹⁵καὶ ἐγένετο 15
πρὸ τοῦ συντελέσαι αὐτὸν λαλοῦντα ἐν τῇ διανοίᾳ, καὶ ἰδοὺ Ρεβεκκα
ἐξεπορεύετο ἡ τεχθεῖσα Βαθουηλ υἱῷ Μελχας τῆς γυναικὸς Ναχωρ
ἀδελφοῦ δὲ Αβρααμ ἔχουσα τὴν ὑδρίαν ἐπὶ τῶν ὤμων αὐτῆς.
¹⁶ἡ δὲ παρθένος ἦν καλὴ τῇ ὄψει σφόδρα· παρθένος ἦν, ἀνὴρ οὐκ 16
ἔγνω αὐτήν. καταβᾶσα δὲ ἐπὶ τὴν πηγὴν ἔπλησεν τὴν ὑδρίαν καὶ
ἀνέβη. ¹⁷ἐπέδραμεν δὲ ὁ παῖς εἰς συνάντησιν αὐτῆς καὶ εἶπεν 17
Πότισόν με μικρὸν ὕδωρ ἐκ τῆς ὑδρίας σου. ¹⁸ἡ δὲ εἶπεν Πίε, 18
κύριε. καὶ ἔσπευσεν καὶ καθεῖλεν τὴν ὑδρίαν ἐπὶ τὸν βραχίονα
αὐτῆς καὶ ἐπότισεν αὐτόν, ¹⁹ἕως ἐπαύσατο πίνων. καὶ εἶπεν 19
Καὶ ταῖς καμήλοις σου ὑδρεύσομαι, ἕως ἂν πᾶσαι πίωσιν. ²⁰καὶ 20
ἔσπευσεν καὶ ἐξεκένωσεν τὴν ὑδρίαν εἰς τὸ ποτιστήριον καὶ ἔδραμεν
ἔτι ἐπὶ τὸ φρέαρ ἀντλῆσαι καὶ ὑδρεύσατο πάσαις ταῖς καμήλοις.
²¹ὁ δὲ ἄνθρωπος κατεμάνθανεν αὐτὴν καὶ παρεσιώπα τοῦ γνῶναι 21
εἰ εὐόδωκεν κύριος τὴν ὁδὸν αὐτοῦ ἢ οὔ. ²²ἐγένετο δὲ ἡνίκα ἐπαύ- 22
σαντο πᾶσαι αἱ κάμηλοι πίνουσαι, ἔλαβεν ὁ ἄνθρωπος ἐνώτια χρυσᾶ
ἀνὰ δραχμὴν ὁλκῆς καὶ δύο ψέλια ἐπὶ τὰς χεῖρας αὐτῆς, δέκα χρυ-
σῶν ὁλκὴ αὐτῶν. ²³καὶ ἐπηρώτησεν αὐτὴν καὶ εἶπεν Θυγάτηρ 23
τίνος εἶ; ἀνάγγειλόν μοι· εἰ ἔστιν παρὰ τῷ πατρί σου τόπος ἡμῖν
καταλῦσαι; ²⁴καὶ εἶπεν αὐτῷ Θυγάτηρ Βαθουηλ εἰμὶ ἐγὼ τοῦ 24
Μελχας, ὃν ἔτεκεν τῷ Ναχωρ. ²⁵καὶ εἶπεν αὐτῷ Καὶ ἄχυρα καὶ 25
χορτάσματα πολλὰ παρ᾽ ἡμῖν καὶ τόπος τοῦ καταλῦσαι. ²⁶καὶ 26
εὐδοκήσας ὁ ἄνθρωπος προσεκύνησεν κυρίῳ ²⁷καὶ εἶπεν Εὐλογητὸς 27
κύριος ὁ θεὸς τοῦ κυρίου μου Αβρααμ, ὃς οὐκ ἐγκατέλιπεν τὴν
δικαιοσύνην αὐτοῦ καὶ τὴν ἀλήθειαν ἀπὸ τοῦ κυρίου μου· ἐμὲ
εὐόδωκεν κύριος εἰς οἶκον τοῦ ἀδελφοῦ τοῦ κυρίου μου.
²⁸Καὶ δραμοῦσα ἡ παῖς ἀπήγγειλεν εἰς τὸν οἶκον τῆς μητρὸς 28
αὐτῆς κατὰ τὰ ῥήματα ταῦτα. ²⁹τῇ δὲ Ρεβεκκα ἀδελφὸς ἦν, ᾧ 29
ὄνομα Λαβαν· καὶ ἔδραμεν Λαβαν πρὸς τὸν ἄνθρωπον ἔξω ἐπὶ τὴν
πηγήν. ³⁰καὶ ἐγένετο ἡνίκα εἶδεν τὰ ἐνώτια καὶ τὰ ψέλια ἐπὶ τὰς 30
χεῖρας τῆς ἀδελφῆς αὐτοῦ καὶ ὅτε ἤκουσεν τὰ ῥήματα Ρεβεκκας
τῆς ἀδελφῆς αὐτοῦ λεγούσης Οὕτως λελάληκέν μοι ὁ ἄνθρωπος,
καὶ ἦλθεν πρὸς τὸν ἄνθρωπον ἑστηκότος αὐτοῦ ἐπὶ τῶν καμήλων
ἐπὶ τῆς πηγῆς ³¹καὶ εἶπεν αὐτῷ Δεῦρο εἴσελθε· εὐλογητὸς κύριος· 31
ἵνα τί ἕστηκας ἔξω; ἐγὼ δὲ ἡτοίμακα τὴν οἰκίαν καὶ τόπον ταῖς
καμήλοις. ³²εἰσῆλθεν δὲ ὁ ἄνθρωπος εἰς τὴν οἰκίαν καὶ ἀπέσαξεν 32

14 επικλινον A] + μοι S | πιε M] + συ A ‖ 16 υδριαν M] + αυτης A ‖
20 εις M] επι A | ετι 911] > A | αντλησαι M] + υδωρ A ‖ 25 χορτασμα
πολυ A⁺ ‖ 27 αυτου Mj > A ‖ 31 ητοιμακα S] -μασα A

τὰς καμήλους. καὶ ἔδωκεν ἄχυρα καὶ χορτάσματα ταῖς καμήλοις
καὶ ὕδωρ νίψασθαι τοῖς ποσὶν αὐτοῦ καὶ τοῖς ποσὶν τῶν ἀνδρῶν
33 τῶν μετ' αὐτοῦ. ³³καὶ παρέθηκεν αὐτοῖς ἄρτους φαγεῖν. καὶ εἶ-
πεν Οὐ μὴ φάγω ἕως τοῦ λαλῆσαί με τὰ ῥήματά μου. καὶ εἶπαν
Λάλησον.

34
35 ³⁴Καὶ εἶπεν Παῖς Αβρααμ ἐγώ εἰμι. ³⁵κύριος δὲ εὐλόγησεν τὸν
κύριόν μου σφόδρα, καὶ ὑψώθη· καὶ ἔδωκεν αὐτῷ πρόβατα καὶ
μόσχους, ἀργύριον καὶ χρυσίον, παῖδας καὶ παιδίσκας, καμήλους
36 καὶ ὄνους. ³⁶καὶ ἔτεκεν Σαρρα ἡ γυνὴ τοῦ κυρίου μου υἱὸν ἕνα
τῷ κυρίῳ μου μετὰ τὸ γηρᾶσαι αὐτόν, καὶ ἔδωκεν αὐτῷ ὅσα ἦν
37 αὐτῷ. ³⁷καὶ ὥρκισέν με ὁ κύριός μου λέγων Οὐ λήμψῃ γυναῖκα
τῷ υἱῷ μου ἀπὸ τῶν θυγατέρων τῶν Χαναναίων, ἐν οἷς ἐγὼ παροικῶ
38 ἐν τῇ γῇ αὐτῶν, ³⁸ἀλλ' ἢ εἰς τὸν οἶκον τοῦ πατρός μου πορεύσῃ
καὶ εἰς τὴν φυλήν μου καὶ λήμψῃ γυναῖκα τῷ υἱῷ μου ἐκεῖθεν.
39 ³⁹εἶπα δὲ τῷ κυρίῳ μου Μήποτε οὐ πορεύσεται ἡ γυνὴ μετ' ἐμοῦ.
40 ⁴⁰καὶ εἶπέν μοι Κύριος, ᾧ εὐηρέστησα ἐναντίον αὐτοῦ, αὐτὸς ἀπο-
στελεῖ τὸν ἄγγελον αὐτοῦ μετὰ σοῦ καὶ εὐοδώσει τὴν ὁδόν σου,
καὶ λήμψῃ γυναῖκα τῷ υἱῷ μου ἐκ τῆς φυλῆς μου καὶ ἐκ τοῦ οἴκου
41 τοῦ πατρός μου. ⁴¹τότε ἀθῷος ἔσῃ ἀπὸ τῆς ἀρᾶς μου· ἡνίκα γὰρ
ἐὰν ἔλθῃς εἰς τὴν ἐμὴν φυλὴν καὶ μή σοι δῶσιν, καὶ ἔσῃ ἀθῷος
42 ἀπὸ τοῦ ὁρκισμοῦ μου. ⁴²καὶ ἐλθὼν σήμερον ἐπὶ τὴν πηγὴν
εἶπα Κύριε ὁ θεὸς τοῦ κυρίου μου Αβρααμ, εἰ σὺ εὐοδοῖς τὴν
43 ὁδόν μου, ἣν νῦν ἐγὼ πορεύομαι ἐπ' αὐτήν, ⁴³ἰδοὺ ἐγὼ ἐφέστηκα
ἐπὶ τῆς πηγῆς τοῦ ὕδατος, καὶ αἱ θυγατέρες τῶν ἀνθρώπων τῆς
πόλεως ἐξελεύσονται ὑδρεύσασθαι ὕδωρ, καὶ ἔσται ἡ παρθένος, ᾗ
44 ἂν ἐγὼ εἴπω Πότισόν με μικρὸν ὕδωρ ἐκ τῆς ὑδρίας σου, ⁴⁴καὶ
εἴπῃ μοι Καὶ σὺ πίε, καὶ ταῖς καμήλοις σου ὑδρεύσομαι, αὕτη ἡ
γυνή, ἣν ἡτοίμασεν κύριος τῷ ἑαυτοῦ θεράποντι Ισαακ, καὶ ἐν τούτῳ
45 γνώσομαι ὅτι πεποίηκας ἔλεος τῷ κυρίῳ μου Αβρααμ. ⁴⁵καὶ
ἐγένετο πρὸ τοῦ συντελέσαι με λαλοῦντα ἐν τῇ διανοίᾳ εὐθὺς
Ρεβεκκα ἐξεπορεύετο ἔχουσα τὴν ὑδρίαν ἐπὶ τῶν ὤμων καὶ κατέβη
46 ἐπὶ τὴν πηγὴν καὶ ὑδρεύσατο. εἶπα δὲ αὐτῇ Πότισόν με. ⁴⁶καὶ
σπεύσασα καθεῖλεν τὴν ὑδρίαν αὐτῆς ἀφ' ἑαυτῆς καὶ εἶπεν Πίε
σύ, καὶ τὰς καμήλους σου ποτιῶ. καὶ ἔπιον, καὶ τὰς καμήλους
47 μου ἐπότισεν. ⁴⁷καὶ ἠρώτησα αὐτὴν καὶ εἶπα Τίνος εἶ θυγάτηρ;
ἡ δὲ ἔφη Θυγάτηρ Βαθουηλ εἰμὶ τοῦ υἱοῦ Ναχωρ, ὃν ἔτεκεν αὐτῷ

³² νιψασθαι S] > A ‖ 35 αργυριον M] pr. και A ‖ 37 ωρκωσεν S ‖
40 κυριος S] + ο θεος A | εξαποστελει A† | μετα σου > A*† ‖ 41 απο 1⁰]
εκ A† | εμην φυλην 911] φ. μου A | σοι δωσιν M] tr. A ‖ 43 την πηγην
A† | εξελευσονται A] εκπορευονται S ‖ 44 και συ / πιε 911] tr. S†, πιε συ
A | εαυτου θερ. A] θερ. αυτου S ‖ 45 διανοια S] + μου A | ωμων A] +
αυτης S ‖ 46 αυτης compl.] pr. επι τον βραχιονα A ‖ 47 ει θυγ. compl.]
θυγ. ει αναγγειλον μοι A | ειμι 911] + εγω A

Μελχα. καὶ περιέθηκα αὐτῇ τὰ ἐνώτια καὶ τὰ ψέλια περὶ τὰς
χεῖρας αὐτῆς· [48]καὶ εὐδοκήσας προσεκύνησα κυρίῳ καὶ εὐλόγησα 48
κύριον τὸν θεὸν τοῦ κυρίου μου Αβρααμ, ὃς εὐόδωσέν μοι ἐν ὁδῷ
ἀληθείας λαβεῖν τὴν θυγατέρα τοῦ ἀδελφοῦ τοῦ κυρίου μου τῷ
υἱῷ αὐτοῦ. [49]εἰ οὖν ποιεῖτε ὑμεῖς ἔλεος καὶ δικαιοσύνην πρὸς τὸν 49
κύριόν μου, ἀπαγγείλατέ μοι, εἰ δὲ μή, ἀπαγγείλατέ μοι, ἵνα ἐπι-
στρέψω εἰς δεξιὰν ἢ εἰς ἀριστεράν.

[50]Ἀποκριθεὶς δὲ Λαβαν καὶ Βαθουηλ εἶπαν Παρὰ κυρίου ἐξῆλθεν 50
τὸ πρόσταγμα τοῦτο· οὐ δυνησόμεθα οὖν σοι ἀντειπεῖν κακὸν καλῷ.
[51]ἰδοὺ Ρεβεκκα ἐνώπιόν σου· λαβὼν ἀπότρεχε, καὶ ἔστω γυνὴ τῷ 51
υἱῷ τοῦ κυρίου σου, καθὰ ἐλάλησεν κύριος. [52]ἐγένετο δὲ ἐν τῷ 52
ἀκοῦσαι τὸν παῖδα τὸν Αβρααμ τῶν ῥημάτων τούτων προσεκύνησεν
ἐπὶ τὴν γῆν κυρίῳ. [53]καὶ ἐξενέγκας ὁ παῖς σκεύη ἀργυρᾶ καὶ 53
χρυσᾶ καὶ ἱματισμὸν ἔδωκεν Ρεβεκκα καὶ δῶρα ἔδωκεν τῷ ἀδελφῷ
αὐτῆς καὶ τῇ μητρὶ αὐτῆς. [54]καὶ ἔφαγον καὶ ἔπιον, αὐτὸς καὶ οἱ 54
ἄνδρες οἱ μετ᾽ αὐτοῦ ὄντες, καὶ ἐκοιμήθησαν.

Καὶ ἀναστὰς πρωὶ εἶπεν Ἐκπέμψατέ με, ἵνα ἀπέλθω πρὸς τὸν
κύριόν μου. [55]εἶπαν δὲ οἱ ἀδελφοὶ αὐτῆς καὶ ἡ μήτηρ Μεινάτω 55
ἡ παρθένος μεθ᾽ ἡμῶν ἡμέρας ὡσεὶ δέκα, καὶ μετὰ ταῦτα ἀπελεύ-
σεται. [56]ὁ δὲ εἶπεν πρὸς αὐτούς Μὴ κατέχετέ με, καὶ κύριος 56
εὐόδωσεν τὴν ὁδόν μου· ἐκπέμψατέ με, ἵνα ἀπέλθω πρὸς τὸν κύριόν
μου. [57]οἱ δὲ εἶπαν Καλέσωμεν τὴν παῖδα καὶ ἐρωτήσωμεν τὸ 57
στόμα αὐτῆς. [58]καὶ ἐκάλεσαν Ρεβεκκαν καὶ εἶπαν αὐτῇ Πορεύσῃ 58
μετὰ τοῦ ἀνθρώπου τούτου; ἡ δὲ εἶπεν Πορεύσομαι. [59]καὶ ἐξέ- 59
πεμψαν Ρεβεκκαν τὴν ἀδελφὴν αὐτῶν καὶ τὰ ὑπάρχοντα αὐτῆς
καὶ τὸν παῖδα τὸν Αβρααμ καὶ τοὺς μετ᾽ αὐτοῦ. [60]καὶ εὐλόγησαν 60
Ρεβεκκαν τὴν ἀδελφὴν αὐτῶν καὶ εἶπαν αὐτῇ Ἀδελφὴ ἡμῶν εἶ·
γίνου εἰς χιλιάδας μυριάδων, καὶ κληρονομησάτω τὸ σπέρμα σου
τὰς πόλεις τῶν ὑπεναντίων. [61]ἀναστᾶσα δὲ Ρεβεκκα καὶ αἱ ἅβραι 61
αὐτῆς ἐπέβησαν ἐπὶ τὰς καμήλους καὶ ἐπορεύθησαν μετὰ τοῦ ἀν-
θρώπου, καὶ ἀναλαβὼν ὁ παῖς τὴν Ρεβεκκαν ἀπῆλθεν.

[62]Ισαακ δὲ ἐπορεύετο διὰ τῆς ἐρήμου κατὰ τὸ φρέαρ τῆς ὁρά- 62
σεως· αὐτὸς δὲ κατῴκει ἐν τῇ γῇ τῇ πρὸς λίβα. [63]καὶ ἐξῆλθεν 63
Ισαακ ἀδολεσχῆσαι εἰς τὸ πεδίον τὸ πρὸς δείλης καὶ ἀναβλέψας
τοῖς ὀφθαλμοῖς εἶδεν καμήλους ἐρχομένας. [64]καὶ ἀναβλέψασα Ρεβεκ- 64
κα τοῖς ὀφθαλμοῖς εἶδεν τὸν Ισαακ καὶ κατεπήδησεν ἀπὸ τῆς καμή-
λου [65]καὶ εἶπεν τῷ παιδί Τίς ἐστιν ὁ ἄνθρωπος ἐκεῖνος ὁ πορευ- 65
όμενος ἐν τῷ πεδίῳ εἰς συνάντησιν ἡμῖν; εἶπεν δὲ ὁ παῖς Οὗτός
ἐστιν ὁ κύριός μου. ἡ δὲ λαβοῦσα τὸ θέριστρον περιεβά-
λετο. [66]καὶ διηγήσατο ὁ παῖς τῷ Ισαακ πάντα τὰ ῥήματα, ἃ 66
ἐποίησεν. [67]εἰσῆλθεν δὲ Ισαακ εἰς τὸν οἶκον τῆς μητρὸς αὐτοῦ 67

47 περι M] επι A ‖ 57 ερωτ. M] pr. επ A ‖ 58 η δε] και A 911†

καὶ ἔλαβεν τὴν Ρεβεκκαν, καὶ ἐγένετο αὐτοῦ γυνή, καὶ ἠγάπη
σεν αὐτήν· καὶ παρεκλήθη Ισαακ περὶ Σαρρας τῆς μητρὸς αὐτοῦ.
25 ¹Προσθέμενος δὲ Αβρααμ ἔλαβεν γυναῖκα, ᾗ ὄνομα Χεττουρα.
2 ²ἔτεκεν δὲ αὐτῷ τὸν Ζεμραν καὶ τὸν Ιεξαν καὶ τὸν Μαδαν καὶ
3 τὸν Μαδιαμ καὶ τὸν Ιεσβοκ καὶ τὸν Σωυε. ³Ιεξαν δὲ ἐγέννησεν
τὸν Σαβα καὶ τὸν Θαιμαν καὶ τὸν Δαιδαν· υἱοὶ δὲ Δαιδαν ἐγέ
νοντο Ραγουηλ καὶ Ναβδεηλ καὶ Ασσουριιμ καὶ Λατουσιιμ καὶ
4 Λοωμιμ. ⁴υἱοὶ δὲ Μαδιαμ· Γαιφα καὶ Αφερ καὶ Ενωχ καὶ Αβιρα
καὶ Ϝλραγα. πάντες οὗτοι ἦσαν υἱοὶ Χεττουρας.
5 ⁵Ἔδωκεν δὲ Αβρααμ πάντα τὰ ὑπάρχοντα αὐτοῦ Ισαακ τῷ υἱῷ
6 αὐτοῦ, ⁶καὶ τοῖς υἱοῖς τῶν παλλακῶν αὐτοῦ ἔδωκεν Αβρααμ δόματα
καὶ ἐξαπέστειλεν αὐτοὺς ἀπὸ Ισαακ τοῦ υἱοῦ αὐτοῦ ἔτι ζῶντος
αὐτοῦ πρὸς ἀνατολὰς εἰς γῆν ἀνατολῶν.
7 ⁷Ταῦτα δὲ τὰ ἔτη ἡμερῶν ζωῆς Αβρααμ, ὅσα ἔζησεν· ἑκατὸν
8 ἑβδομήκοντα πέντε ἔτη. ⁸καὶ ἐκλιπὼν ἀπέθανεν Αβρααμ ἐν γήρει
καλῷ πρεσβύτης καὶ πλήρης ἡμερῶν καὶ προσετέθη πρὸς τὸν λαὸν
9 αὐτοῦ. ⁹καὶ ἔθαψαν αὐτὸν Ισαακ καὶ Ισμαηλ οἱ υἱοὶ αὐτοῦ εἰς
τὸ σπήλαιον τὸ διπλοῦν εἰς τὸν ἀγρὸν Εφρων τοῦ Σααρ τοῦ
10 Χετταίου, ὅ ἐστιν ἀπέναντι Μαμβρη, ¹⁰τὸν ἀγρὸν καὶ τὸ σπήλαιον,
ὃ ἐκτήσατο Αβρααμ παρὰ τῶν υἱῶν Χετ, ἐκεῖ ἔθαψαν Αβρααμ
11 καὶ Σαρραν τὴν γυναῖκα αὐτοῦ. ¹¹ἐγένετο δὲ μετὰ τὸ ἀποθανεῖν
Αβρααμ εὐλόγησεν ὁ θεὸς Ισαακ τὸν υἱὸν αὐτοῦ· καὶ κατῴκησεν
Ισαακ παρὰ τὸ φρέαρ τῆς ὁράσεως.
12 ¹²Αὗται δὲ αἱ γενέσεις Ισμαηλ τοῦ υἱοῦ Αβρααμ, ὃν ἔτεκεν
13 Αγαρ ἡ παιδίσκη Σαρρας τῷ Αβρααμ, ¹³καὶ ταῦτα τὰ ὀνόματα
τῶν υἱῶν Ισμαηλ κατ᾽ ὄνομα τῶν γενεῶν αὐτοῦ· πρωτότοκος
14 Ισμαηλ Ναβαιωθ καὶ Κηδαρ καὶ Ναβδεηλ καὶ Μασσαμ ¹⁴καὶ Μα
15 σμα καὶ Ιδουμα καὶ Μασση ¹⁵καὶ Χοδδαδ καὶ Θαιμαν καὶ Ιετουρ
16 καὶ Ναφες καὶ Κεδμα. ¹⁶οὗτοί εἰσιν οἱ υἱοὶ Ισμαηλ καὶ ταῦτα τὰ
ὀνόματα αὐτῶν ἐν ταῖς σκηναῖς αὐτῶν καὶ ἐν ταῖς ἐπαύλεσιν
17 αὐτῶν· δώδεκα ἄρχοντες κατὰ ἔθνη αὐτῶν. ¹⁷καὶ ταῦτα τὰ ἔτη
τῆς ζωῆς Ισμαηλ· ἑκατὸν τριάκοντα ἑπτὰ ἔτη· καὶ ἐκλιπὼν ἀπέ
18 θανεν καὶ προσετέθη πρὸς τὸ γένος αὐτοῦ. ¹⁸κατῴκησεν δὲ ἀπὸ
Ευιλατ ἕως Σουρ, ἥ ἐστιν κατὰ πρόσωπον Αἰγύπτου, ἕως ἐλθεῖν πρὸς
Ἀσσυρίους· κατὰ πρόσωπον πάντων τῶν ἀδελφῶν αὐτοῦ κατῴκησεν.
19 ¹⁹Καὶ αὗται αἱ γενέσεις Ισαακ τοῦ υἱοῦ Αβρααμ· Αβρααμ ἐγέν
20 νησεν τὸν Ισαακ. ²⁰ἦν δὲ Ισαακ ἐτῶν τεσσαράκοντα, ὅτε ἔλαβεν
τὴν Ρεβεκκαν θυγατέρα Βαθουηλ τοῦ Σύρου ἐκ τῆς Μεσοποταμίας

25 2 ζεμραν 911] ζεβραν A*, ζεμβρ. Aᶜ ‖ 3 σαβα pau.] -βαν A | ασσουριμ
A⁺ ‖ 4 γαιφα Ra. (sim. pau.)] γεφαρ A | ελραγα compl.] θεργαμα A | παν
τες ουτοι M] tr. A ‖ 9 υιοι 911] pr. δυο A ‖ 11 ισαακ 1⁰ 911] pr. τον A
‖ 15 χοδδαδ M] -αν A ‖ 16 εθνη M] -νος A ‖ 18 σουρ] σουηλ A⁺

ἀδελφὴν Λαβαν τοῦ Σύρου ἑαυτῷ γυναῖκα. ²¹ἐδεῖτο δὲ Ισαακ κυρίου 21
περὶ Ρεβεκκας τῆς γυναικὸς αὐτοῦ, ὅτι στεῖρα ἦν· ἐπήκουϲεν δὲ αὐτοῦ
ὁ θεός, καὶ ἔλαβεν ἐν γαστρὶ Ρεβεκκα ἡ γυνὴ αὐτοῦ. ²²ἐσκίρτων δὲ τὰ 22
παιδία ἐν αὐτῇ· εἶπεν δέ Εἰ οὕτως μοι μέλλει γίνεσθαι, ἵνα τί μοι
τοῦτο; ἐπορεύθη δὲ πυθέσθαι παρὰ κυρίου, ²³καὶ εἶπεν κύριος αὐτῇ 23
　　Δύο ἔθνη ἐν τῇ γαστρί σού εἰσιν,
　　καὶ δύο λαοὶ ἐκ τῆς κοιλίας σου διασταλήσονται·
　　καὶ λαὸς λαοῦ ὑπερέξει,
　　καὶ ὁ μείζων δουλεύσει τῷ ἐλάσσονι.
²⁴καὶ ἐπληρώθησαν αἱ ἡμέραι τοῦ τεκεῖν αὐτήν, καὶ τῇδε ἦν δίδυμα 24
ἐν τῇ κοιλίᾳ αὐτῆς. ²⁵ἐξῆλθεν δὲ ὁ υἱὸς ὁ πρωτότοκος πυρράκης, 25
ὅλος ὡσεὶ δορὰ δασύς· ἐπωνόμασεν δὲ τὸ ὄνομα αὐτοῦ Ησαυ.
²⁶καὶ μετὰ τοῦτο ἐξῆλθεν ὁ ἀδελφὸς αὐτοῦ, καὶ ἡ χεὶρ αὐτοῦ ἐπει- 26
λημμένη τῆς πτέρνης Ησαυ· καὶ ἐκάλεσεν τὸ ὄνομα αὐτοῦ Ιακωβ.
Ισαακ δὲ ἦν ἐτῶν ἑξήκοντα, ὅτε ἔτεκεν αὐτοὺς Ρεβεκκα.
²⁷Ηὐξήθησαν δὲ οἱ νεανίσκοι, καὶ ἦν Ησαυ ἄνθρωπος εἰδὼς κυνη- 27
γεῖν ἄγροικος, Ιακωβ δὲ ἦν ἄνθρωπος ἄπλαστος οἰκῶν οἰκίαν. ²⁸ἠγά- 28
πησεν δὲ Ισαακ τὸν Ησαυ, ὅτι ἡ θήρα αὐτοῦ βρῶσις αὐτῷ· Ρεβεκκα
δὲ ἠγάπα τὸν Ιακωβ. ²⁹ἥψησεν δὲ Ιακωβ ἕψεμα· ἦλθεν δὲ Ησαυ 29
ἐκ τοῦ πεδίου ἐκλείπων, ³⁰καὶ εἶπεν Ησαυ τῷ Ιακωβ Γεῦσόν με 30
ἀπὸ τοῦ ἑψέματος τοῦ πυρροῦ τούτου, ὅτι ἐκλείπω. διὰ τοῦτο
ἐκλήθη τὸ ὄνομα αὐτοῦ Εδωμ. ³¹εἶπεν δὲ Ιακωβ τῷ Ησαυ Ἀπόδου 31
μοι σήμερον τὰ πρωτοτόκιά σου ἐμοί. ³²εἶπεν δὲ Ησαυ Ἰδοὺ ἐγὼ 32
πορεύομαι τελευτᾶν, καὶ ἵνα τί μοι ταῦτα τὰ πρωτοτόκια; ³³καὶ 33
εἶπεν αὐτῷ Ιακωβ Ὄμοσόν μοι σήμερον. καὶ ὤμοσεν αὐτῷ· ἀπέ-
δοτο δὲ Ησαυ τὰ πρωτοτόκια τῷ Ιακωβ. ³⁴Ιακωβ δὲ ἔδωκεν τῷ 34
Ησαυ ἄρτον καὶ ἕψεμα φακοῦ, καὶ ἔφαγεν καὶ ἔπιεν καὶ ἀναστὰς
ᾤχετο· καὶ ἐφαύλισεν Ησαυ τὰ πρωτοτόκια.
　¹Ἐγένετο δὲ λιμὸς ἐπὶ τῆς γῆς χωρὶς τοῦ λιμοῦ τοῦ πρότερον, 26
ὃς ἐγένετο ἐν τῷ χρόνῳ τῷ Αβρααμ· ἐπορεύθη δὲ Ισαακ πρὸς
Αβιμελεχ βασιλέα Φυλιστιιμ εἰς Γεραρα. ²ὤφθη δὲ αὐτῷ κύριος 2
καὶ εἶπεν Μὴ καταβῇς εἰς Αἴγυπτον· κατοίκησον δὲ ἐν τῇ γῇ, ᾗ
ἄν σοι εἴπω. ³καὶ παροίκει ἐν τῇ γῇ ταύτῃ, καὶ ἔσομαι μετὰ σοῦ 3
καὶ εὐλογήσω σε· σοὶ γὰρ καὶ τῷ σπέρματί σου δώσω πᾶσαν τὴν
γῆν ταύτην καὶ στήσω τὸν ὅρκον μου, ὃν ὤμοσα Αβρααμ τῷ
πατρί σου. ⁴καὶ πληθυνῶ τὸ σπέρμα σου ὡς τοὺς ἀστέρας τοῦ 4
οὐρανοῦ καὶ δώσω τῷ σπέρματί σου πᾶσαν τὴν γῆν ταύτην, καὶ
ἐνευλογηθήσονται ἐν τῷ σπέρματί σου πάντα τὰ ἔθνη τῆς γῆς,
⁵ἀνθ' ὧν ὑπήκουσεν Αβρααμ ὁ πατήρ σου τῆς ἐμῆς φωνῆς καὶ 5
ἐφύλαξεν τὰ προστάγματά μου καὶ τὰς ἐντολάς μου καὶ τὰ

　24 κοιλια 911] γαστρι A: cf. 38 27 ‖ 30 εκλειπω] + εγω A†
　26 1 ετενετο 2⁰] -νηθη A† | τω 2⁰ 911] του A

6 δικαιώματά μου καὶ τὰ νόμιμά μου. ⁶ καὶ κατῴκησεν Ισαακ ἐν Γεραροις.

7 ⁷ Ἐπηρώτησαν δὲ οἱ ἄνδρες τοῦ τόπου περὶ Ρεβεκκας τῆς γυναικὸς αὐτοῦ, καὶ εἶπεν Ἀδελφή μού ἐστιν· ἐφοβήθη γὰρ εἰπεῖν ὅτι Γυνή μού ἐστιν, μήποτε ἀποκτείνωσιν αὐτὸν οἱ ἄνδρες τοῦ τό-
8 που περὶ Ρεβεκκας, ὅτι ὡραία τῇ ὄψει ἦν. ⁸ ἐγένετο δὲ πολυχρόνιος ἐκεῖ· παρακύψας δὲ Αβιμελεχ ὁ βασιλεὺς Γεραρων διὰ τῆς θυρίδος εἶδεν τὸν Ισαακ παίζοντα μετὰ Ρεβεκκας τῆς γυναικὸς αὐτοῦ.
9 ⁹ ἐκάλεσεν δὲ Αβιμελεχ τὸν Ισαακ καὶ εἶπεν αὐτῷ Ἄρα γε γυνή σού ἐστιν· τί ὅτι εἶπας Ἀδελφή μού ἐστιν; εἶπεν δὲ αὐτῷ Ισαακ
10 Εἶπα γὰρ Μήποτε ἀποθάνω δι᾽ αὐτήν. ¹⁰ εἶπεν δὲ αὐτῷ Αβιμελεχ Τί τοῦτο ἐποίησας ἡμῖν; μικροῦ ἐκοιμήθη τις τοῦ γένους μου μετὰ
11 τῆς γυναικός σου, καὶ ἐπήγαγες ἐφ᾽ ἡμᾶς ἄγνοιαν. ¹¹ συνέταξεν δὲ Αβιμελεχ παντὶ τῷ λαῷ αὐτοῦ λέγων Πᾶς ὁ ἁπτόμενος τοῦ ἀνθρώπου τούτου ἢ τῆς γυναικὸς αὐτοῦ θανάτου ἔνοχος ἔσται.
12 ¹² Ἔσπειρεν δὲ Ισαακ ἐν τῇ γῇ ἐκείνῃ καὶ εὗρεν ἐν τῷ ἐνιαυτῷ
13 ἐκείνῳ ἑκατοστεύουσαν κριθήν· εὐλόγησεν δὲ αὐτὸν κύριος. ¹³ καὶ ὑψώθη ὁ ἄνθρωπος καὶ προβαίνων μείζων ἐγίνετο, ἕως οὗ μέγας
14 ἐγένετο σφόδρα· ¹⁴ ἐγένετο δὲ αὐτῷ κτήνη προβάτων καὶ κτήνη
15 βοῶν καὶ γεώργια πολλά. ἐζήλωσαν δὲ αὐτὸν οἱ Φυλιστιιμ, ¹⁵ καὶ πάντα τὰ φρέατα, ἃ ὤρυξαν οἱ παῖδες τοῦ πατρὸς αὐτοῦ ἐν τῷ χρόνῳ τοῦ πατρὸς αὐτοῦ, ἐνέφραξαν αὐτὰ οἱ Φυλιστιιμ καὶ ἔπλη-
16 σαν αὐτὰ γῆς. ¹⁶ εἶπεν δὲ Αβιμελεχ πρὸς Ισαακ Ἄπελθε ἀφ᾽ ἡμῶν,
17 ὅτι δυνατώτερος ἡμῶν ἐγένου σφόδρα. ¹⁷ καὶ ἀπῆλθεν ἐκεῖθεν Ισαακ καὶ κατέλυσεν ἐν τῇ φάραγγι Γεραρων καὶ κατῴκησεν ἐκεῖ.
18 ¹⁸ καὶ πάλιν Ισαακ ὤρυξεν τὰ φρέατα τοῦ ὕδατος, ἃ ὤρυξαν οἱ παῖδες Αβρααμ τοῦ πατρὸς αὐτοῦ καὶ ἐνέφραξαν αὐτὰ οἱ Φυλιστιιμ μετὰ τὸ ἀποθανεῖν Αβρααμ τὸν πατέρα αὐτοῦ, καὶ ἐπωνόμασεν αὐτοῖς ὀνόματα κατὰ τὰ ὀνόματα, ἃ ἐπωνόμασεν Αβρααμ ὁ πατὴρ
19 αὐτοῦ. ¹⁹ καὶ ὤρυξαν οἱ παῖδες Ισαακ ἐν τῇ φάραγγι Γεραρων καὶ
20 εὗρον ἐκεῖ φρέαρ ὕδατος ζῶντος. ²⁰ καὶ ἐμαχέσαντο οἱ ποιμένες Γεραρων μετὰ τῶν ποιμένων Ισαακ φάσκοντες αὐτῶν εἶναι τὸ ὕδωρ· καὶ ἐκάλεσεν τὸ ὄνομα τοῦ φρέατος Ἀδικία· ἠδίκησαν γὰρ αὐτόν.
21 ²¹ ἀπάρας δὲ Ισαακ ἐκεῖθεν ὤρυξεν φρέαρ ἕτερον, ἐκρίνοντο δὲ καὶ
22 περὶ ἐκείνου· καὶ ἐπωνόμασεν τὸ ὄνομα αὐτοῦ Ἐχθρία. ²² ἀπάρας δὲ ἐκεῖθεν ὤρυξεν φρέαρ ἕτερον, καὶ οὐκ ἐμαχέσαντο περὶ αὐτοῦ· καὶ ἐπωνόμασεν τὸ ὄνομα αὐτοῦ Εὐρυχωρία λέγων Διότι νῦν ἐπλάτυνεν κύριος ἡμῖν καὶ ηὔξησεν ἡμᾶς ἐπὶ τῆς γῆς.
23
24 ²³ Ἀνέβη δὲ ἐκεῖθεν ἐπὶ τὸ φρέαρ τοῦ ὅρκου. ²⁴ καὶ ὤφθη αὐτῷ κύριος ἐν τῇ νυκτὶ ἐκείνῃ καὶ εἶπεν Ἐγώ εἰμι ὁ θεὸς Αβρααμ τοῦ

7 ειπεν] + οτι Α† ‖ 13 εγενετο] εγιν. Α† ‖ 18 επωνομασεν 2⁰ 911] επ
> Α ‖ 19 και ωρ.] ωρ. δε Α† ‖ 20 φρεατος 911] + εκεινου Α

πατρός σου· μὴ φοβοῦ· μετὰ σοῦ γάρ εἰμι καὶ ηὐλόγηκά σε καὶ
πληθυνῶ τὸ σπέρμα σου διὰ Αβρααμ τὸν πατέρα σου. ²⁵καὶ 25
ᾠκοδόμησεν ἐκεῖ θυσιαστήριον καὶ ἐπεκαλέσατο τὸ ὄνομα κυρίου
καὶ ἔπηξεν ἐκεῖ τὴν σκηνὴν αὐτοῦ· ὤρυξαν δὲ ἐκεῖ οἱ παῖδες Ισαακ
φρέαρ. ²⁶καὶ Αβιμελεχ ἐπορεύθη πρὸς αὐτὸν ἀπὸ Γεραρων καὶ 26
Οχοζαθ ὁ νυμφαγωγὸς αὐτοῦ καὶ Φικολ ὁ ἀρχιστράτηγος τῆς δυνά-
μεως αὐτοῦ. ²⁷καὶ εἶπεν αὐτοῖς Ισαακ Ἵνα τί ἤλθατε πρός με; 27
ὑμεῖς δὲ ἐμισήσατέ με καὶ ἀπεστείλατέ με ἀφ᾽ ὑμῶν. ²⁸καὶ εἶπαν 28
Ἰδόντες ἑωράκαμεν ὅτι ἦν κύριος μετὰ σοῦ, καὶ εἴπαμεν Γενέσθω
ἀρὰ ἀνὰ μέσον ἡμῶν καὶ ἀνὰ μέσον σοῦ, καὶ διαθησόμεθα μετὰ
σοῦ διαθήκην ²⁹μὴ ποιήσειν μεθ᾽ ἡμῶν κακόν, καθότι ἡμεῖς σε 29
οὐκ ἐβδελυξάμεθα, καὶ ὃν τρόπον ἐχρησάμεθά σοι καλῶς καὶ ἐξ-
απεστείλαμέν σε μετ᾽ εἰρήνης· καὶ νῦν σὺ εὐλογητὸς ὑπὸ κυρίου.
³⁰καὶ ἐποίησεν αὐτοῖς δοχήν, καὶ ἔφαγον καὶ ἔπιον· ³¹καὶ ἀνα- ³⁰
στάντες τὸ πρωὶ ὤμοσαν ἄνθρωπος τῷ πλησίον αὐτοῦ, καὶ ἐξ- ³¹
απέστειλεν αὐτοὺς Ισαακ, καὶ ἀπῴχοντο ἀπ᾽ αὐτοῦ μετὰ σωτηρίας.
³²ἐγένετο δὲ ἐν τῇ ἡμέρᾳ ἐκείνῃ καὶ παραγενόμενοι οἱ παῖδες Ισαακ 32
ἀπήγγειλαν αὐτῷ περὶ τοῦ φρέατος, οὗ ὤρυξαν, καὶ εἶπαν Οὐχ
εὕρομεν ὕδωρ. ³³καὶ ἐκάλεσεν αὐτὸ Ὅρκος· διὰ τοῦτο ὄνομα τῇ 33
πόλει Φρέαρ ὅρκου ἕως τῆς σήμερον ἡμέρας.

³⁴Ἦν δὲ Ησαυ ἐτῶν τεσσαράκοντα καὶ ἔλαβεν γυναῖκα Ιουδιν 34
τὴν θυγατέρα Βεηρ τοῦ Χετταίου καὶ τὴν Βασεμμαθ θυγατέρα
Αιλων τοῦ Ευαίου. ³⁵καὶ ἦσαν ἐρίζουσαι τῷ Ισαακ καὶ τῇ Ρεβεκκα. 35

¹Ἐγένετο δὲ μετὰ τὸ γηρᾶσαι Ισαακ καὶ ἡμβλύνθησαν οἱ ὀφθαλ- 27
μοὶ αὐτοῦ τοῦ ὁρᾶν, καὶ ἐκάλεσεν Ησαυ τὸν υἱὸν αὐτοῦ τὸν πρε-
σβύτερον καὶ εἶπεν αὐτῷ Υἱέ μου· καὶ εἶπεν Ἰδοὺ ἐγώ. ²καὶ εἶπεν 2
Ἰδοὺ γεγήρακα καὶ οὐ γινώσκω τὴν ἡμέραν τῆς τελευτῆς μου·
³νῦν οὖν λαβὲ τὸ σκεῦός σου, τήν τε φαρέτραν καὶ τὸ τόξον, 3
καὶ ἔξελθε εἰς τὸ πεδίον καὶ θήρευσόν μοι θήραν ⁴καὶ ποίησόν 4
μοι ἐδέσματα, ὡς φιλῶ ἐγώ, καὶ ἔνεγκέ μοι, ἵνα φάγω, ὅπως
εὐλογήσῃ σε ἡ ψυχή μου πρὶν ἀποθανεῖν με. ⁵Ρεβεκκα δὲ ἤκου- 5
σεν λαλοῦντος Ισαακ πρὸς Ησαυ τὸν υἱὸν αὐτοῦ. ἐπορεύθη δὲ
Ησαυ εἰς τὸ πεδίον θηρεῦσαι θήραν τῷ πατρὶ αὐτοῦ· ⁶Ρεβεκκα δὲ 6
εἶπεν πρὸς Ιακωβ τὸν υἱὸν αὐτῆς τὸν ἐλάσσω Ἰδὲ ἐγὼ ἤκουσα
τοῦ πατρός σου λαλοῦντος πρὸς Ησαυ τὸν ἀδελφόν σου λέγοντος
⁷Ἐνεγκόν μοι θήραν καὶ ποίησόν μοι ἐδέσματα, καὶ φαγὼν εὐλο- 7
γήσω σε ἐναντίον κυρίου πρὸ τοῦ ἀποθανεῖν με. ⁸νῦν οὖν, υἱέ, 8

24 ηυλογηκα 911] ευλογησω A ‖ 33 αυτο 911] τα ονομα αυτου A | ονομα
911] pr. εκαλεσεν το A ‖ 34 την 1⁰ 911] > A | βασεμμαθ M] μασ. A | αιλων
M (ευλων 911)] αιλωμ A
27 1 ειπεν ult. M] + αυτω A⁽⁺⁾ ‖ 4 ενεγκον A | πριν] προ του A⁺ ‖ 7 και
2⁰ 911] ινα A

9 ἄκουσόν μου, καθὰ ἐγώ σοι ἐντέλλομαι, 9καὶ πορευθεὶς εἰς τὰ
πρόβατα λαβέ μοι ἐκεῖθεν δύο ἐρίφους ἁπαλοὺς καὶ καλούς, καὶ
10 ποιήσω αὐτοὺς ἐδέσματα τῷ πατρί σου, ὡς φιλεῖ, 10καὶ εἰσοίσεις
τῷ πατρί σου, καὶ φάγεται, ὅπως εὐλογήσῃ σε ὁ πατήρ σου πρὸ
11 τοῦ ἀποθανεῖν αὐτόν. 11εἶπεν δὲ Ιακωβ πρὸς Ρεβεκκαν τὴν μητέρα
αὐτοῦ Ἔστιν Ησαυ ὁ ἀδελφός μου ἀνὴρ δασύς, ἐγὼ δὲ ἀνὴρ
12 λεῖος· 12μήποτε ψηλαφήσῃ με ὁ πατήρ μου, καὶ ἔσομαι ἐναντίον
αὐτοῦ ὡς καταφρονῶν καὶ ἐπάξω ἐπ᾽ ἐμαυτὸν κατάραν καὶ οὐκ
13 εὐλογίαν. 13εἶπεν δὲ αὐτῷ ἡ μήτηρ Ἐπ᾽ ἐμὲ ἡ κατάρα σου, τέ-
κνον· μόνον ὑπάκουσον τῆς φωνῆς μου καὶ πορευθεὶς ἔνεγκέ
14 μοι. 14πορευθεὶς δὲ ἔλαβεν καὶ ἤνεγκεν τῇ μητρί, καὶ ἐποίησεν
15 ἡ μήτηρ αὐτοῦ ἐδέσματα, καθὰ ἐφίλει ὁ πατὴρ αὐτοῦ. 15καὶ λα-
βοῦσα Ρεβεκκα τὴν στολὴν Ησαυ τοῦ υἱοῦ αὐτῆς τοῦ πρεσβυτέρου
τὴν καλήν, ἣ ἦν παρ᾽ αὐτῇ ἐν τῷ οἴκῳ, ἐνέδυσεν Ιακωβ τὸν υἱὸν
16 αὐτῆς τὸν νεώτερον 16καὶ τὰ δέρματα τῶν ἐρίφων περιέθηκεν ἐπὶ
17 τοὺς βραχίονας αὐτοῦ καὶ ἐπὶ τὰ γυμνὰ τοῦ τραχήλου αὐτοῦ 17καὶ
ἔδωκεν τὰ ἐδέσματα καὶ τοὺς ἄρτους, οὓς ἐποίησεν, εἰς τὰς χεῖρας
18 Ιακωβ τοῦ υἱοῦ αὐτῆς. 18καὶ εἰσήνεγκεν τῷ πατρὶ αὐτοῦ. εἶπεν
19 δέ Πάτερ. ὁ δὲ εἶπεν Ἰδοὺ ἐγώ· τίς εἶ σύ, τέκνον; 19καὶ εἶπεν
Ιακωβ τῷ πατρὶ αὐτοῦ Ἐγὼ Ησαυ ὁ πρωτότοκός σου· ἐποίησα,
καθὰ ἐλάλησάς μοι· ἀναστὰς κάθισον καὶ φάγε τῆς θήρας μου,
20 ὅπως εὐλογήσῃ με ἡ ψυχή σου. 20εἶπεν δὲ Ισαακ τῷ υἱῷ αὐτοῦ
Τί τοῦτο, ὃ ταχὺ εὗρες, ὦ τέκνον; ὁ δὲ εἶπεν Ὃ παρέδωκεν
21 κύριος ὁ θεός σου ἐναντίον μου. 21εἶπεν δὲ Ισαακ τῷ Ιακωβ
Ἔγγισόν μοι, καὶ ψηλαφήσω σε, τέκνον, εἰ σὺ εἶ ὁ υἱός μου
22 Ησαυ ἢ οὔ. 22ἤγγισεν δὲ Ιακωβ πρὸς Ισαακ τὸν πατέρα αὐτοῦ,
καὶ ἐψηλάφησεν αὐτὸν καὶ εἶπεν Ἡ μὲν φωνὴ φωνὴ Ιακωβ, αἱ
23 δὲ χεῖρες χεῖρες Ησαυ. 23καὶ οὐκ ἐπέγνω αὐτόν· ἦσαν γὰρ αἱ
χεῖρες αὐτοῦ ὡς αἱ χεῖρες Ησαυ τοῦ ἀδελφοῦ αὐτοῦ δασεῖαι·
24 καὶ ηὐλόγησεν αὐτόν. 24καὶ εἶπεν Σὺ εἶ ὁ υἱός μου Ησαυ; ὁ
25 δὲ εἶπεν Ἐγώ. 25καὶ εἶπεν Προσάγαγέ μοι, καὶ φάγομαι ἀπὸ τῆς
θήρας σου, τέκνον, ἵνα εὐλογήσῃ σε ἡ ψυχή μου. καὶ προσήγαγεν
26 αὐτῷ, καὶ ἔφαγεν· καὶ εἰσήνεγκεν αὐτῷ οἶνον, καὶ ἔπιεν. 26καὶ
εἶπεν αὐτῷ Ισαακ ὁ πατὴρ αὐτοῦ Ἔγγισόν μοι καὶ φίλησόν με,
27 τέκνον. 27καὶ ἐγγίσας ἐφίλησεν αὐτόν, καὶ ὠσφράνθη τὴν ὀσμὴν
τῶν ἱματίων αὐτοῦ καὶ ηὐλόγησεν αὐτὸν καὶ εἶπεν

Ἰδοὺ ὀσμὴ τοῦ υἱοῦ μου
ὡς ὀσμὴ ἀγροῦ πλήρους, ὃν ηὐλόγησεν κύριος.

8 σοι εντελλ. 911] tr. A ‖ 15 ενεδυσεν 911] pr. και A ‖ 18 πατερ 911]
+ μου A ‖ 19 ιακωβ] + ο υιος αυτου A† ‖ 20 σου M] > A ‖ 22 μεν
911] > A ‖ 25 ινα] οπως A† | προσηγαγεν 911] -ηνεγκεν A

²⁸καὶ δῴη σοι ὁ θεὸς ἀπὸ τῆς δρόσου τοῦ οὐρανοῦ 28
καὶ ἀπὸ τῆς πιότητος τῆς γῆς
καὶ πλῆθος σίτου καὶ οἴνου.
²⁹καὶ δουλευσάτωσάν σοι ἔθνη, 29
καὶ προσκυνήσουσίν σοι ἄρχοντες·
καὶ γίνου κύριος τοῦ ἀδελφοῦ σου,
καὶ προσκυνήσουσίν σοι οἱ υἱοὶ τοῦ πατρός σου.
ὁ καταρώμενός σε ἐπικατάρατος,
ὁ δὲ εὐλογῶν σε εὐλογημένος.

³⁰Καὶ ἐγένετο μετὰ τὸ παύσασθαι Ισαακ εὐλογοῦντα Ιακωβ τὸν 30
υἱὸν αὐτοῦ καὶ ἐγένετο ὡς ἐξῆλθεν Ιακωβ ἀπὸ προσώπου Ισαακ
τοῦ πατρὸς αὐτοῦ, καὶ Ησαυ ὁ ἀδελφὸς αὐτοῦ ἦλθεν ἀπὸ τῆς
θήρας. ³¹καὶ ἐποίησεν καὶ αὐτὸς ἐδέσματα καὶ προσήνεγκεν τῷ 31
πατρὶ αὐτοῦ καὶ εἶπεν τῷ πατρί Ἀναστήτω ὁ πατήρ μου καὶ
φαγέτω τῆς θήρας τοῦ υἱοῦ αὐτοῦ, ὅπως εὐλογήσῃ με ἡ ψυχή
σου. ³²καὶ εἶπεν αὐτῷ Ισαακ ὁ πατὴρ αὐτοῦ Τίς εἶ σύ; ὁ δὲ 32
εἶπεν Ἐγώ εἰμι ὁ υἱός σου ὁ πρωτότοκος Ησαυ. ³³ἐξέστη δὲ 33
Ισαακ ἔκστασιν μεγάλην σφόδρα καὶ εἶπεν Τίς οὖν ὁ θηρεύσας
μοι θήραν καὶ εἰσενέγκας μοι; καὶ ἔφαγον ἀπὸ πάντων πρὸ τοῦ
σε ἐλθεῖν καὶ ηὐλόγησα αὐτόν, καὶ εὐλογημένος ἔστω. ³⁴ἐγένετο 34
δὲ ἡνίκα ἤκουσεν Ησαυ τὰ ῥήματα Ισαακ τοῦ πατρὸς αὐτοῦ, ἀνε-
βόησεν φωνὴν μεγάλην καὶ πικρὰν σφόδρα καὶ εἶπεν Εὐλόγησον
δὴ κἀμέ, πάτερ. ³⁵εἶπεν δὲ αὐτῷ Ἐλθὼν ὁ ἀδελφός σου μετὰ 35
δόλου ἔλαβεν τὴν εὐλογίαν σου. ³⁶καὶ εἶπεν Δικαίως ἐκλήθη τὸ 36
ὄνομα αὐτοῦ Ιακωβ· ἐπτέρνικεν γάρ με ἤδη δεύτερον τοῦτο· τά
τε πρωτοτόκιά μου εἴληφεν καὶ νῦν εἴληφεν τὴν εὐλογίαν μου.
καὶ εἶπεν Ησαυ τῷ πατρὶ αὐτοῦ Οὐχ ὑπελίπω μοι εὐλογίαν, πάτερ;
³⁷ἀποκριθεὶς δὲ Ισαακ εἶπεν τῷ Ησαυ Εἰ κύριον αὐτὸν ἐποίησά 37
σου καὶ πάντας τοὺς ἀδελφοὺς αὐτοῦ ἐποίησα αὐτοῦ οἰκέτας, σίτῳ
καὶ οἴνῳ ἐστήρισα αὐτόν, σοὶ δὲ τί ποιήσω, τέκνον; ³⁸εἶπεν δὲ 38
Ησαυ πρὸς τὸν πατέρα αὐτοῦ Μὴ εὐλογία μία σοί ἐστιν, πάτερ;
εὐλόγησον δὴ κἀμέ, πάτερ. κατανυχθέντος δὲ Ισαακ ἀνεβόησεν
φωνὴν Ησαυ καὶ ἔκλαυσεν. ³⁹ἀποκριθεὶς δὲ Ισαακ ὁ πατὴρ αὐ- 39
τοῦ εἶπεν αὐτῷ
Ἰδοὺ ἀπὸ τῆς πιότητος τῆς γῆς ἔσται ἡ κατοίκησίς σου
καὶ ἀπὸ τῆς δρόσου τοῦ οὐρανοῦ ἄνωθεν·
⁴⁰καὶ ἐπὶ τῇ μαχαίρῃ σου ζήσῃ 40
καὶ τῷ ἀδελφῷ σου δουλεύσεις·

28 ουρανου M] + ανωθεν A: ex 39 || 29 σοι 3⁰ 911] σε A || 30 ιακωβ
1⁰ 911] pr. τον A | fin. 911] + αυτου A || 31 πατρι 2⁰ M] + αυτου A (in O
sub ※) || 33 ελθειν 911] εισελθ. A || 34 ανεβο.] + ησαυ A⁺ || 38 προς
911] + ισαακ A | κατανυχθ. — fin. > A⁺

ἔσται δὲ ἡνίκα ἐὰν καθέλῃς,

καὶ ἐκλύσεις τὸν ζυγὸν αὐτοῦ ἀπὸ τοῦ τραχήλου σου.

41 ⁴¹Καὶ ἐνεκότει Ησαυ τῷ Ιακωβ περὶ τῆς εὐλογίας, ἧς εὐλόγησεν αὐτὸν ὁ πατὴρ αὐτοῦ· εἶπεν δὲ Ησαυ ἐν τῇ διανοίᾳ Ἐγγισάτω-σαν αἱ ἡμέραι τοῦ πένθους τοῦ πατρός μου, ἵνα ἀποκτείνω Ια-

42 κωβ τὸν ἀδελφόν μου. ⁴²ἀπηγγέλη δὲ Ρεβεκκα τὰ ῥήματα Ησαυ τοῦ υἱοῦ αὐτῆς τοῦ πρεσβυτέρου, καὶ πέμψασα ἐκάλεσεν Ιακωβ τὸν υἱὸν αὐτῆς τὸν νεώτερον καὶ εἶπεν αὐτῷ Ἰδοὺ Ησαυ ὁ ἀδελ-

43 φός σου ἀπειλεῖ σοι τοῦ ἀποκτεῖναί σε· ⁴³νῦν οὖν, τέκνον, ἄκου-σόν μου τῆς φωνῆς καὶ ἀναστὰς ἀπόδραθι εἰς τὴν Μεσοποταμίαν

44 πρὸς Λαβαν τὸν ἀδελφόν μου εἰς Χαρραν ⁴⁴καὶ οἴκησον μετ' αὐ-

45 τοῦ ἡμέρας τινὰς ἕως τοῦ ἀποστρέψαι τὸν θυμὸν ⁴⁵καὶ τὴν ὀργὴν τοῦ ἀδελφοῦ σου ἀπὸ σοῦ καὶ ἐπιλάθηται ἃ πεποίηκας αὐτῷ, καὶ ἀποστείλασα μεταπέμψομαί σε ἐκεῖθεν, μήποτε ἀτεκνωθῶ ἀπὸ τῶν δύο ὑμῶν ἐν ἡμέρᾳ μιᾷ.

46 ⁴⁶Εἶπεν δὲ Ρεβεκκα πρὸς Ισαακ Προσώχθικα τῇ ζωῇ μου διὰ τὰς θυγατέρας τῶν υἱῶν Χετ· εἰ λήμψεται Ιακωβ γυναῖκα ἀπὸ

28 τῶν θυγατέρων τῆς γῆς ταύτης, ἵνα τί μοι ζῆν; ¹προσκαλεσά-μενος δὲ Ισαακ τὸν Ιακωβ εὐλόγησεν αὐτὸν καὶ ἐνετείλατο αὐτῷ

2 λέγων Οὐ λήμψῃ γυναῖκα ἐκ τῶν θυγατέρων Χανααν· ²ἀναστὰς ἀπόδραθι εἰς τὴν Μεσοποταμίαν εἰς τὸν οἶκον Βαθουηλ τοῦ πατρὸς τῆς μητρός σου καὶ λαβὲ σεαυτῷ ἐκεῖθεν γυναῖκα ἐκ τῶν θυγα-

3 τέρων Λαβαν τοῦ ἀδελφοῦ τῆς μητρός σου. ³ὁ δὲ θεός μου εὐλογήσαι σε καὶ αὐξήσαι σε καὶ πληθύναι σε, καὶ ἔσῃ εἰς συνα-

4 γωγὰς ἐθνῶν· ⁴καὶ δῴη σοι τὴν εὐλογίαν Αβρααμ τοῦ πατρός μου, σοὶ καὶ τῷ σπέρματί σου μετὰ σέ, κληρονομῆσαι τὴν γῆν τῆς

5 παροικήσεώς σου, ἣν ἔδωκεν ὁ θεὸς τῷ Αβρααμ. ⁵καὶ ἀπέστειλεν Ισαακ τὸν Ιακωβ, καὶ ἐπορεύθη εἰς τὴν Μεσοποταμίαν πρὸς Λαβαν τὸν υἱὸν Βαθουηλ τοῦ Σύρου ἀδελφὸν δὲ Ρεβεκκας τῆς μητρὸς Ιακωβ καὶ Ησαυ.

6 ⁶Εἶδεν δὲ Ησαυ ὅτι εὐλόγησεν Ισαακ τὸν Ιακωβ καὶ ἀπῴχετο εἰς τὴν Μεσοποταμίαν Συρίας λαβεῖν ἑαυτῷ ἐκεῖθεν γυναῖκα ἐν τῷ εὐλογεῖν αὐτὸν καὶ ἐνετείλατο αὐτῷ λέγων Οὐ λήμψῃ γυναῖκα

7 ἀπὸ τῶν θυγατέρων Χανααν, ⁷καὶ ἤκουσεν Ιακωβ τοῦ πατρὸς καὶ τῆς μητρὸς αὐτοῦ καὶ ἐπορεύθη εἰς τὴν Μεσοποταμίαν Συρίας,

8 ⁸καὶ εἶδεν Ησαυ ὅτι πονηραί εἰσιν αἱ θυγατέρες Χανααν ἐναντίον

9 Ισαακ τοῦ πατρὸς αὐτοῦ, ⁹καὶ ἐπορεύθη Ησαυ πρὸς Ισμαηλ καὶ ἔλαβεν τὴν Μαελεθ θυγατέρα Ισμαηλ τοῦ υἱοῦ Αβρααμ ἀδελφὴν Ναβαιωθ πρὸς ταῖς γυναιξὶν αὐτοῦ γυναῖκα.

41 διανοια 911] + αυτου A (in O sub ※)
28 2 μεσοποτ. 911] + συριας A (in O sub ※) ‖ 4 δεδωκεν A† ‖ 6 εκει-
θεν > A† ‖ 7 εαυτου A† | συριας 911] > A

¹⁰Καὶ ἐξῆλθεν Ιακωβ ἀπὸ τοῦ φρέατος τοῦ ὅρκου καὶ ἐπορεύθη 10
εἰς Χαρραν. ¹¹καὶ ἀπήντησεν τόπῳ καὶ ἐκοιμήθη ἐκεῖ· ἔδυ γὰρ ὁ 11
ἥλιος· καὶ ἔλαβεν ἀπὸ τῶν λίθων τοῦ τόπου καὶ ἔθηκεν πρὸς
κεφαλῆς αὐτοῦ καὶ ἐκοιμήθη ἐν τῷ τόπῳ ἐκείνῳ. ¹²καὶ ἐνυπνιάσθη, 12
καὶ ἰδοὺ κλίμαξ ἐστηριγμένη ἐν τῇ γῇ, ἧς ἡ κεφαλὴ ἀφικνεῖτο εἰς
τὸν οὐρανόν, καὶ οἱ ἄγγελοι τοῦ θεοῦ ἀνέβαινον καὶ κατέβαινον
ἐπ᾽ αὐτῆς. ¹³ὁ δὲ κύριος ἐπεστήρικτο ἐπ᾽ αὐτῆς καὶ εἶπεν Ἐγὼ 13
κύριος ὁ θεὸς Αβρααμ τοῦ πατρός σου καὶ ὁ θεὸς Ισαακ· μὴ φο-
βοῦ· ἡ γῆ, ἐφ᾽ ἧς σὺ καθεύδεις ἐπ᾽ αὐτῆς, σοὶ δώσω αὐτὴν καὶ
τῷ σπέρματί σου. ¹⁴καὶ ἔσται τὸ σπέρμα σου ὡς ἡ ἄμμος τῆς γῆς 14
καὶ πλατυνθήσεται ἐπὶ θάλασσαν καὶ ἐπὶ λίβα καὶ ἐπὶ βορρᾶν καὶ
ἐπ᾽ ἀνατολάς, καὶ ἐνευλογηθήσονται ἐν σοὶ πᾶσαι αἱ φυλαὶ τῆς γῆς
καὶ ἐν τῷ σπέρματί σου. ¹⁵καὶ ἰδοὺ ἐγὼ μετὰ σοῦ διαφυλάσσων 15
σε ἐν τῇ ὁδῷ πάσῃ, οὗ ἐὰν πορευθῇς, καὶ ἀποστρέψω σε εἰς τὴν
γῆν ταύτην, ὅτι οὐ μή σε ἐγκαταλίπω ἕως τοῦ ποιῆσαί με πάντα,
ὅσα ἐλάλησά σοι. ¹⁶καὶ ἐξηγέρθη Ιακωβ ἀπὸ τοῦ ὕπνου αὐτοῦ 16
καὶ εἶπεν ὅτι Ἔστιν κύριος ἐν τῷ τόπῳ τούτῳ, ἐγὼ δὲ οὐκ ᾔδειν.
¹⁷καὶ ἐφοβήθη καὶ εἶπεν Ὡς φοβερὸς ὁ τόπος οὗτος· οὐκ ἔστιν 17
τοῦτο ἀλλ᾽ ἢ οἶκος θεοῦ, καὶ αὕτη ἡ πύλη τοῦ οὐρανοῦ. ¹⁸καὶ ἀν- 18
έστη Ιακωβ τὸ πρωὶ καὶ ἔλαβεν τὸν λίθον, ὃν ὑπέθηκεν ἐκεῖ πρὸς
κεφαλῆς αὐτοῦ, καὶ ἔστησεν αὐτὸν στήλην καὶ ἐπέχεεν ἔλαιον ἐπὶ
τὸ ἄκρον αὐτῆς. ¹⁹καὶ ἐκάλεσεν Ιακωβ τὸ ὄνομα τοῦ τόπου ἐκεί- 19
νου Οἶκος θεοῦ· καὶ Ουλαμλους ἦν ὄνομα τῇ πόλει τὸ πρότερον.
²⁰καὶ ηὔξατο Ιακωβ εὐχὴν λέγων Ἐὰν ᾖ κύριος ὁ θεὸς μετ᾽ ἐμοῦ 20
καὶ διαφυλάξῃ με ἐν τῇ ὁδῷ ταύτῃ, ᾗ ἐγὼ πορεύομαι, καὶ δῷ μοι
ἄρτον φαγεῖν καὶ ἱμάτιον περιβαλέσθαι ²¹καὶ ἀποστρέψῃ με μετὰ 21
σωτηρίας εἰς τὸν οἶκον τοῦ πατρός μου, καὶ ἔσται μοι κύριος εἰς
θεόν, ²²καὶ ὁ λίθος οὗτος, ὃν ἔστησα στήλην, ἔσται μοι οἶκος θεοῦ, 22
καὶ πάντων, ὧν ἐάν μοι δῷς, δεκάτην ἀποδεκατώσω αὐτά σοι.

¹Καὶ ἐξάρας Ιακωβ τοὺς πόδας ἐπορεύθη εἰς γῆν ἀνατολῶν πρὸς 29
Λαβαν τὸν υἱὸν Βαθουηλ τοῦ Σύρου ἀδελφὸν δὲ Ρεβεκκας μητρὸς
Ιακωβ καὶ Ησαυ. ²καὶ ὁρᾷ καὶ ἰδοὺ φρέαρ ἐν τῷ πεδίῳ, ἦσαν 2
δὲ ἐκεῖ τρία ποίμνια προβάτων ἀναπαυόμενα ἐπ᾽ αὐτοῦ· ἐκ γὰρ
τοῦ φρέατος ἐκείνου ἐπότιζον τὰ ποίμνια, λίθος δὲ ἦν μέγας ἐπὶ
τῷ στόματι τοῦ φρέατος, ³καὶ συνήγοντο ἐκεῖ πάντα τὰ ποίμνια 3
καὶ ἀπεκύλιον τὸν λίθον ἀπὸ τοῦ στόματος τοῦ φρέατος καὶ ἐπό-
τιζον τὰ πρόβατα καὶ ἀπεκαθίστων τὸν λίθον ἐπὶ τὸ στόμα τοῦ
φρέατος εἰς τὸν τόπον αὐτοῦ. ⁴εἶπεν δὲ αὐτοῖς Ιακωβ Ἀδελφοί, 4
πόθεν ἐστὲ ὑμεῖς; οἱ δὲ εἶπαν Ἐκ Χαρραν ἐσμέν. ⁵εἶπεν δὲ 5

11 επεθηκεν Α† ‖ 13 κυριος 2⁰ 911] > Α ‖ 18 υπεθηκεν 911] υπ > Α ‖
19 ουλαμλους Ra.] ουλαμμαυς Α
29 2 επ αυτου] επι το αυτο Α†

αὐτοῖς Γινώσκετε Λαβαν τὸν υἱὸν Ναχωρ; οἱ δὲ εἶπαν Γινώσκο-
6 μεν. ⁶εἶπεν δὲ αὐτοῖς Ὑγιαίνει; οἱ δὲ εἶπαν Ὑγιαίνει. καὶ ἰδοὺ
7 Ραχηλ ἡ θυγάτηρ αὐτοῦ ἤρχετο μετὰ τῶν προβάτων. ⁷καὶ εἶπεν
Ιακωβ Ἔτι ἐστὶν ἡμέρα πολλή, οὔπω ὥρα συναχθῆναι τὰ κτήνη·
8 ποτίσαντες τὰ πρόβατα ἀπελθόντες βόσκετε. ⁸οἱ δὲ εἶπαν Οὐ
δυνησόμεθα ἕως τοῦ συναχθῆναι πάντας τοὺς ποιμένας καὶ ἀπο-
κυλίσωσιν τὸν λίθον ἀπὸ τοῦ στόματος τοῦ φρέατος, καὶ ποτι-
9 οῦμεν τὰ πρόβατα. ⁹ἔτι αὐτοῦ λαλοῦντος αὐτοῖς καὶ Ραχηλ ἡ
θυγατηρ Λαβαν ἤρχετο μετὰ τῶν προβάτων τοῦ πατρὸς αὐτῆς·
10 αὐτὴ γὰρ ἔβοσκεν τὰ πρόβατα τοῦ πατρὸς αὐτῆς. ¹⁰ἐγένετο δὲ
ὡς εἶδεν Ιακωβ τὴν Ραχηλ θυγατέρα Λαβαν ἀδελφοῦ τῆς μητρὸς
αὐτοῦ καὶ τὰ πρόβατα Λαβαν ἀδελφοῦ τῆς μητρὸς αὐτοῦ, καὶ
προσελθὼν Ιακωβ ἀπεκύλισεν τὸν λίθον ἀπὸ τοῦ στόματος τοῦ
φρέατος καὶ ἐπότισεν τὰ πρόβατα Λαβαν τοῦ ἀδελφοῦ τῆς μητρὸς
11 αὐτοῦ. ¹¹καὶ ἐφίλησεν Ιακωβ τὴν Ραχηλ καὶ βοήσας τῇ φωνῇ
12 αὐτοῦ ἔκλαυσεν. ¹²καὶ ἀνήγγειλεν τῇ Ραχηλ ὅτι ἀδελφὸς τοῦ
πατρὸς αὐτῆς ἐστιν καὶ ὅτι υἱὸς Ρεβεκκας ἐστίν, καὶ δραμοῦσα
13 ἀπήγγειλεν τῷ πατρὶ αὐτῆς κατὰ τὰ ῥήματα ταῦτα. ¹³ἐγένετο δὲ
ὡς ἤκουσεν Λαβαν τὸ ὄνομα Ιακωβ τοῦ υἱοῦ τῆς ἀδελφῆς αὐτοῦ,
ἔδραμεν εἰς συνάντησιν αὐτῷ καὶ περιλαβὼν αὐτὸν ἐφίλησεν καὶ
εἰσήγαγεν αὐτὸν εἰς τὸν οἶκον αὐτοῦ. καὶ διηγήσατο τῷ Λαβαν
14 πάντας τοὺς λόγους τούτους. ¹⁴καὶ εἶπεν αὐτῷ Λαβαν Ἐκ τῶν
ὀστῶν μου καὶ ἐκ τῆς σαρκός μου εἶ σύ. καὶ ἦν μετ᾽ αὐτοῦ
μῆνα ἡμερῶν.
15 ¹⁵Εἶπεν δὲ Λαβαν τῷ Ιακωβ Ὅτι γὰρ ἀδελφός μου εἶ, οὐ δου-
λεύσεις μοι δωρεάν· ἀπάγγειλόν μοι, τίς ὁ μισθός σού ἐστιν.
16 ¹⁶τῷ δὲ Λαβαν δύο θυγατέρες, ὄνομα τῇ μείζονι Λεια, καὶ ὄνομα
17 τῇ νεωτέρᾳ Ραχηλ· ¹⁷οἱ δὲ ὀφθαλμοὶ Λειας ἀσθενεῖς, Ραχηλ δὲ
18 καλὴ τῷ εἴδει καὶ ὡραία τῇ ὄψει. ¹⁸ἠγάπησεν δὲ Ιακωβ τὴν
Ραχηλ καὶ εἶπεν Δουλεύσω σοι ἑπτὰ ἔτη περὶ Ραχηλ τῆς θυγα-
19 τρός σου τῆς νεωτέρας. ¹⁹εἶπεν δὲ αὐτῷ Λαβαν Βέλτιον δοῦναί
με αὐτὴν σοὶ ἢ δοῦναί με αὐτὴν ἀνδρὶ ἑτέρῳ· οἴκησον μετ᾽
20 ἐμοῦ. ²⁰καὶ ἐδούλευσεν Ιακωβ περὶ Ραχηλ ἔτη ἑπτά, καὶ ἦσαν
ἐναντίον αὐτοῦ ὡς ἡμέραι ὀλίγαι παρὰ τὸ ἀγαπᾶν αὐτὸν αὐτήν. —
21 ²¹εἶπεν δὲ Ιακωβ πρὸς Λαβαν Ἀπόδος τὴν γυναῖκά μου, πεπλήρωνται
22 γὰρ αἱ ἡμέραι μου, ὅπως εἰσέλθω πρὸς αὐτήν. ²²συνήγαγεν δὲ

6 και 911] pr. ετι αυτου λαλουντος A | fin. 911] + του πατρος αυτης αυτη
γαρ εβοσκεν τα προβατα του πατρος αυτης A† (compl. add. του πατρος αυτης
tantum) || 10 και τα προβ. λαβαν αδ. της μητρος αυτου 911] > A || 13 εγε-
νετο δε] και εγ. A† | αυτω 911] αυτου A || 16 δυο 911] pr. ησαν A || 17 καλη
911] pr. ην A || 20 ετη επτα 911] tr. A | και 2⁰ — fin. > A† || 21 προς
911] τω A | αποδος 911] + μοι A

Λαβαν πάντας τοὺς ἄνδρας τοῦ τόπου καὶ ἐποίησεν γάμον. ²³ καὶ 23
ἐγένετο ἑσπέρα, καὶ λαβὼν Λαβαν Λειαν τὴν θυγατέρα αὐτοῦ εἰσή-
γαγεν αὐτὴν πρὸς Ιακωβ, καὶ εἰσῆλθεν πρὸς αὐτὴν Ιακωβ. ²⁴ ἔδωκεν 24
δὲ Λαβαν Λεια τῇ θυγατρὶ αὐτοῦ Ζελφαν τὴν παιδίσκην αὐτοῦ
αὐτῇ παιδίσκην. ²⁵ ἐγένετο δὲ πρωί, καὶ ἰδοὺ ἦν Λεια. εἶπεν δὲ 25
Ιακωβ τῷ Λαβαν Τί τοῦτο ἐποίησάς μοι; οὐ περὶ Ραχηλ ἐδού-
λευσα παρὰ σοί; καὶ ἵνα τί παρελογίσω με; ²⁶ εἶπεν δὲ Λαβαν 26
Οὐκ ἔστιν οὕτως ἐν τῷ τόπῳ ἡμῶν, δοῦναι τὴν νεωτέραν πρὶν
ἢ τὴν πρεσβυτέραν· ²⁷ συντέλεσον οὖν τὰ ἕβδομα ταύτης, καὶ δώσω 27
σοι καὶ ταύτην ἀντὶ τῆς ἐργασίας, ἧς ἐργᾷ παρ' ἐμοὶ ἔτι ἑπτὰ ἔτη
ἕτερα. ²⁸ ἐποίησεν δὲ Ιακωβ οὕτως καὶ ἀνεπλήρωσεν τὰ ἕβδομα 28
ταύτης, καὶ ἔδωκεν αὐτῷ Λαβαν Ραχηλ τὴν θυγατέρα αὐτοῦ αὐτῷ
γυναῖκα. ²⁹ ἔδωκεν δὲ Λαβαν Ραχηλ τῇ θυγατρὶ αὐτοῦ Βαλλαν τὴν 29
παιδίσκην αὐτοῦ αὐτῇ παιδίσκην. ³⁰ καὶ εἰσῆλθεν πρὸς Ραχηλ· ἠγά- 30
πησεν δὲ Ραχηλ μᾶλλον ἢ Λειαν· καὶ ἐδούλευσεν αὐτῷ ἑπτὰ ἔτη ἕτερα.

³¹ Ἰδὼν δὲ κύριος ὅτι μισεῖται Λεια, ἤνοιξεν τὴν μήτραν αὐτῆς· 31
Ραχηλ δὲ ἦν στεῖρα. ³² καὶ συνέλαβεν Λεια καὶ ἔτεκεν υἱὸν τῷ 32
Ιακωβ· ἐκάλεσεν δὲ τὸ ὄνομα αὐτοῦ Ρουβην λέγουσα Διότι εἰδέν
μου κύριος τὴν ταπείνωσιν· νῦν με ἀγαπήσει ὁ ἀνήρ μου. ³³ καὶ 33
συνέλαβεν πάλιν Λεια καὶ ἔτεκεν υἱὸν δεύτερον τῷ Ιακωβ καὶ
εἶπεν Ὅτι ἤκουσεν κύριος ὅτι μισοῦμαι, καὶ προσέδωκέν μοι καὶ
τοῦτον· ἐκάλεσεν δὲ τὸ ὄνομα αὐτοῦ Συμεων. ³⁴ καὶ συνέλαβεν 34
ἔτι καὶ ἔτεκεν υἱὸν καὶ εἶπεν Ἐν τῷ νῦν καιρῷ πρὸς ἐμοῦ ἔσται
ὁ ἀνήρ μου, ἔτεκον γὰρ αὐτῷ τρεῖς υἱούς· διὰ τοῦτο ἐκάλεσεν
τὸ ὄνομα αὐτοῦ Λευι. ³⁵ καὶ συλλαβοῦσα ἔτι ἔτεκεν υἱὸν καὶ εἶπεν 35
Νῦν ἔτι τοῦτο ἐξομολογήσομαι κυρίῳ· διὰ τοῦτο ἐκάλεσεν τὸ
ὄνομα αὐτοῦ Ιουδα. καὶ ἔστη τοῦ τίκτειν.

¹ Ἰδοῦσα δὲ Ραχηλ ὅτι οὐ τέτοκεν τῷ Ιακωβ, καὶ ἐζήλωσεν Ραχηλ 30
τὴν ἀδελφὴν αὐτῆς καὶ εἶπεν τῷ Ιακωβ Δός μοι τέκνα· εἰ δὲ μή,
τελευτήσω ἐγώ. ² ἐθυμώθη δὲ Ιακωβ τῇ Ραχηλ καὶ εἶπεν αὐτῇ 2
Μὴ ἀντὶ θεοῦ ἐγώ εἰμι, ὃς ἐστέρησέν σε καρπὸν κοιλίας; ³ εἶπεν 3
δὲ Ραχηλ τῷ Ιακωβ Ἰδοὺ ἡ παιδίσκη μου Βαλλα· εἴσελθε πρὸς
αὐτήν, καὶ τέξεται ἐπὶ τῶν γονάτων μου, καὶ τεκνοποιήσομαι κἀγὼ
ἐξ αὐτῆς. ⁴ καὶ ἔδωκεν αὐτῷ Βαλλαν τὴν παιδίσκην αὐτῆς αὐτῷ 4
γυναῖκα· εἰσῆλθεν δὲ πρὸς αὐτὴν Ιακωβ. ⁵ καὶ συνέλαβεν Βαλλα 5
ἡ παιδίσκη Ραχηλ καὶ ἔτεκεν τῷ Ιακωβ υἱόν. ⁶ καὶ εἶπεν Ραχηλ 6

23 λαβαν Μ] > A || 24 λεια τη θυγ. αυτου / Ζελφαν 911] tr. A || 25 τω
> A† | παρα 911] > A || 28 αυτω 1⁰ Μ] > A || 31 κυριος 911] + ο θεος A ||
32 με αγαπ. 911] tr. A || 33 εκαλεσεν δε 911] και εκαλ. A || 34 ετεκον
911] τετοκα A | εκληθη A†
30 2 θεου 911] pr. του A || 3 και τεκνοποιησομαι] ινα -σωμαι A† ||
4 εισηλθεν δε 911] και εισ. A

Ἔκρινέν μοι ὁ θεὸς καὶ ἐπήκουσεν τῆς φωνῆς μου καὶ ἔδωκέν μοι
7 υἱόν· διὰ τοῦτο ἐκάλεσεν τὸ ὄνομα αὐτοῦ Δαν. 7καὶ συνέλαβεν
ἔτι Βαλλα ἡ παιδίσκη Ραχηλ καὶ ἔτεκεν υἱὸν δεύτερον τῷ Ιακωβ.
8 8καὶ εἶπεν Ραχηλ Συνελάβετό μοι ὁ θεός, καὶ συνανεστράφην τῇ
ἀδελφῇ μου καὶ ἠδυνάσθην· καὶ ἐκάλεσεν τὸ ὄνομα αὐτοῦ Νεφθαλι.
9 9Εἶδεν δὲ Λεια ὅτι ἔστη τοῦ τίκτειν, καὶ ἔλαβεν Ζελφαν τὴν
10 παιδίσκην αὐτῆς καὶ ἔδωκεν αὐτὴν τῷ Ιακωβ γυναῖκα. 10εἰσῆλθεν
δὲ πρὸς αὐτὴν Ιακωβ, καὶ συνέλαβεν Ζελφα ἡ παιδίσκη Λειας καὶ
11 ἔτεκεν τῷ Ιακωβ υἱόν. 11καὶ εἶπεν Λεια Ἐν τύχῃ· καὶ ἐπωνό-
12 μασεν τὸ ὄνομα αὐτοῦ Γαδ. 12καὶ συνέλαβεν Ζελφα ἡ παιδίσκη
13 Λειας καὶ ἔτεκεν ἔτι τῷ Ιακωβ υἱὸν δεύτερον. 13καὶ εἶπεν Λεια
Μακαρία ἐγώ, ὅτι μακαρίζουσίν με αἱ γυναῖκες· καὶ ἐκάλεσεν τὸ
ὄνομα αὐτοῦ Ασηρ.
14 14Ἐπορεύθη δὲ Ρουβην ἐν ἡμέραις θερισμοῦ πυρῶν καὶ εὗρεν
μῆλα μανδραγόρου ἐν τῷ ἀγρῷ καὶ ἤνεγκεν αὐτὰ πρὸς Λειαν τὴν
μητέρα αὐτοῦ. εἶπεν δὲ Ραχηλ τῇ Λεια Δός μοι τῶν μανδραγορῶν
15 τοῦ υἱοῦ σου. 15εἶπεν δὲ Λεια Οὐχ ἱκανόν σοι ὅτι ἔλαβες τὸν
ἄνδρα μου; μὴ καὶ τοὺς μανδραγόρας τοῦ υἱοῦ μου λήμψῃ; εἶπεν
δὲ Ραχηλ Οὐχ οὕτως· κοιμηθήτω μετὰ σοῦ τὴν νύκτα ταύτην ἀντὶ
16 τῶν μανδραγορῶν τοῦ υἱοῦ σου. 16εἰσῆλθεν δὲ Ιακωβ ἐξ ἀγροῦ
ἑσπέρας, καὶ ἐξῆλθεν Λεια εἰς συνάντησιν αὐτῷ καὶ εἶπεν Πρός
με εἰσελεύσῃ σήμερον· μεμίσθωμαι γάρ σε ἀντὶ τῶν μανδραγορῶν
17 τοῦ υἱοῦ μου. καὶ ἐκοιμήθη μετ᾽ αὐτῆς τὴν νύκτα ἐκείνην. 17καὶ
ἐπήκουσεν ὁ θεὸς Λειας, καὶ συλλαβοῦσα ἔτεκεν τῷ Ιακωβ υἱὸν
18 πέμπτον. 18καὶ εἶπεν Λεια Ἔδωκεν ὁ θεὸς τὸν μισθόν μου ἀνθ᾽
οὗ ἔδωκα τὴν παιδίσκην μου τῷ ἀνδρί μου· καὶ ἐκάλεσεν τὸ ὄνομα
19 αὐτοῦ Ισσαχαρ, ὅ ἐστιν Μισθός. 19καὶ συνέλαβεν ἔτι Λεια καὶ
20 ἔτεκεν υἱὸν ἕκτον τῷ Ιακωβ. 20καὶ εἶπεν Λεια Δεδώρηταί μοι ὁ
θεὸς δῶρον καλόν· ἐν τῷ νῦν καιρῷ αἱρετιεῖ με ὁ ἀνήρ μου, ἔτεκον
21 γὰρ αὐτῷ υἱοὺς ἕξ· καὶ ἐκάλεσεν τὸ ὄνομα αὐτοῦ Ζαβουλων. 21καὶ
μετὰ τοῦτο ἔτεκεν θυγατέρα καὶ ἐκάλεσεν τὸ ὄνομα αὐτῆς Δινα.
22 22Ἐμνήσθη δὲ ὁ θεὸς τῆς Ραχηλ, καὶ ἐπήκουσεν αὐτῆς ὁ θεὸς
23 καὶ ἀνέῳξεν αὐτῆς τὴν μήτραν, 23καὶ συλλαβοῦσα ἔτεκεν τῷ Ιακωβ
24 υἱόν. εἶπεν δὲ Ραχηλ Ἀφεῖλεν ὁ θεός μου τὸ ὄνειδος· 24καὶ ἐκάλεσεν
τὸ ὄνομα αὐτοῦ Ιωσηφ λέγουσα Προσθέτω ὁ θεός μοι υἱὸν ἕτερον.
25 25Ἐγένετο δὲ ὡς ἔτεκεν Ραχηλ τὸν Ιωσηφ, εἶπεν Ιακωβ τῷ
Λαβαν Ἀπόστειλόν με, ἵνα ἀπέλθω εἰς τὸν τόπον μου καὶ εἰς τὴν

8 συνεβαλετο A† (β > A*) ‖ 12 συνελαβεν M] + ετι A ‖ 13 αι M] pr.
πασαι A ‖ 15 μανδραγορας 911] -ρους A ‖ 16 με 911] εμε A ‖ 17 ο
θεος λειας] αυτης ο θ. A† ‖ 18 εδωκεν 911] δεδωκεν μοι A | ου M] ων A ‖
20 μοι/ο θεος 911] tr. A | ετεκον 911(-κεν)] τετοκα A ‖ 21 fin.] + και εστη
του τικτειν A†: ex 29 35 ‖ 22 της M] > A

γῆν μου. ²⁶ἀπόδος τὰς γυναῖκάς μου καὶ τὰ παιδία, περὶ ὧν δεδού- 26
λευκά σοι, ἵνα ἀπέλθω· σὺ γὰρ γινώσκεις τὴν δουλείαν, ἣν δεδού-
λευκά σοι. ²⁷εἶπεν δὲ αὐτῷ Λαβαν Εἰ εὗρον χάριν ἐναντίον σου, 27
οἰωνισάμην ἄν· εὐλόγησεν γάρ με ὁ θεὸς τῇ σῇ εἰσόδῳ. ²⁸διά- 28
στειλον τὸν μισθόν σου πρός με, καὶ δώσω. ²⁹εἶπεν δὲ αὐτῷ 29
Ιακωβ Σὺ γινώσκεις ἃ δεδούλευκά σοι καὶ ὅσα ἦν κτήνη σου μετ᾽
ἐμοῦ· ³⁰μικρὰ γὰρ ἦν ὅσα σοι ἦν ἐναντίον ἐμοῦ, καὶ ηὐξήθη εἰς 30
πλῆθος, καὶ ηὐλόγησέν σε κύριος ἐπὶ τῷ ποδί μου. νῦν οὖν πότε
ποιήσω κἀγὼ ἐμαυτῷ οἶκον; ³¹καὶ εἶπεν αὐτῷ Λαβαν Τί σοι δώσω; 31
εἶπεν δὲ αὐτῷ Ιακωβ Οὐ δώσεις μοι οὐθέν· ἐὰν ποιήσῃς μοι τὸ
ῥῆμα τοῦτο, πάλιν ποιμανῶ τὰ πρόβατά σου καὶ φυλάξω. ³²παρελ- 32
θάτω πάντα τὰ πρόβατά σου σήμερον, καὶ διαχώρισον ἐκεῖθεν πᾶν
πρόβατον φαιὸν ἐν τοῖς ἀρνάσιν καὶ πᾶν διάλευκον καὶ ῥαντὸν ἐν
ταῖς αἰξίν· ἔσται μοι μισθός. ³³καὶ ἐπακούσεταί μοι ἡ δικαιοσύνη 33
μου ἐν τῇ ἡμέρᾳ τῇ αὔριον, ὅτι ἐστὶν ὁ μισθός μου ἐνώπιόν σου·
πᾶν, ὃ ἐὰν μὴ ᾖ ῥαντὸν καὶ διάλευκον ἐν ταῖς αἰξὶν καὶ φαιὸν
ἐν τοῖς ἀρνάσιν, κεκλεμμένον ἔσται παρ᾽ ἐμοί. ³⁴εἶπεν δὲ αὐτῷ 34
Λαβαν Ἔστω κατὰ τὸ ῥῆμά σου. ³⁵καὶ διέστειλεν ἐν τῇ ἡμέρᾳ 35
ἐκείνῃ τοὺς τράγους τοὺς ῥαντοὺς καὶ τοὺς διαλεύκους καὶ πάσας
τὰς αἶγας τὰς ῥαντὰς καὶ τὰς διαλεύκους καὶ πᾶν, ὃ ἦν λευκὸν ἐν
αὐτοῖς, καὶ πᾶν, ὃ ἦν φαιὸν ἐν τοῖς ἀρνάσιν, καὶ ἔδωκεν διὰ χειρὸς
τῶν υἱῶν αὐτοῦ. ³⁶καὶ ἀπέστησεν ὁδὸν τριῶν ἡμερῶν ἀνὰ μέσον 36
αὐτῶν καὶ ἀνὰ μέσον Ιακωβ· Ιακωβ δὲ ἐποίμαινεν τὰ πρόβατα
Λαβαν τὰ ὑπολειφθέντα. — ³⁷ἔλαβεν δὲ ἑαυτῷ Ιακωβ ῥάβδον στυ- 37
ρακίνην χλωρὰν καὶ καρυίνην καὶ πλατάνου, καὶ ἐλέπισεν αὐτὰς
Ιακωβ λεπίσματα λευκὰ περισύρων τὸ χλωρόν· ἐφαίνετο δὲ ἐπὶ ταῖς
ῥάβδοις τὸ λευκόν, ὃ ἐλέπισεν, ποικίλον. ³⁸καὶ παρέθηκεν τὰς ῥά- 38
βδους, ἃς ἐλέπισεν, ἐν ταῖς ληνοῖς τῶν ποτιστηρίων τοῦ ὕδατος,
ἵνα, ὡς ἂν ἔλθωσιν τὰ πρόβατα πιεῖν ἐνώπιον τῶν ῥάβδων, ἐλθόν-
των αὐτῶν εἰς τὸ πιεῖν, ³⁹ἐγκισσήσωσιν τὰ πρόβατα εἰς τὰς ῥά- 39
βδους· καὶ ἔτικτον τὰ πρόβατα διάλευκα καὶ ποικίλα καὶ σποδοειδῆ
ῥαντά. ⁴⁰τοὺς δὲ ἀμνοὺς διέστειλεν Ιακωβ καὶ ἔστησεν ἐναντίον 40
τῶν προβάτων κριὸν διάλευκον καὶ πᾶν ποικίλον ἐν τοῖς ἀμνοῖς·
καὶ διεχώρισεν ἑαυτῷ ποίμνια καθ᾽ ἑαυτὸν καὶ οὐκ ἔμιξεν αὐτὰ εἰς
τὰ πρόβατα Λαβαν. ⁴¹ἐγένετο δὲ ἐν τῷ καιρῷ, ᾧ ἐνεκίσσησεν τὰ 41
πρόβατα ἐν γαστρὶ λαμβάνοντα, ἔθηκεν Ιακωβ τὰς ῥάβδους ἐναν-
τίον τῶν προβάτων ἐν ταῖς ληνοῖς τοῦ ἐγκισσῆσαι αὐτὰ κατὰ τὰς
ῥάβδους· ⁴²ἡνίκα δ᾽ ἂν ἔτεκον τὰ πρόβατα, οὐκ ἐτίθει· ἐγένετο δὲ 42

26 τας γυν. μου 911] μοι τας γ. A ‖ 28 fin. 911] + σοι A ‖ 30 σοι M]
> A | εμου 911] μου A ‖ 32 παντα M] > A | διαλευκον και ραντον] διαραν-
τον κ. λευκον A† ‖ 37 εαυτω M] ε > A ‖ 38 ελθοντων] pr. και A† ‖
41 ενεκισσησεν 911] -κισσων A ‖ 42 δ αν] γαρ A†

43 τὰ ἄσημα τοῦ Λαβαν, τὰ δὲ ἐπίσημα τοῦ Ιακωβ. ⁴³ καὶ ἐπλούτησεν
ὁ ἄνθρωπος σφόδρα σφόδρα, καὶ ἐγένετο αὐτῷ κτήνη πολλὰ καὶ
βόες καὶ παῖδες καὶ παιδίσκαι καὶ κάμηλοι καὶ ὄνοι.

31 ¹ Ἤκουσεν δὲ Ιακωβ τὰ ῥήματα τῶν υἱῶν Λαβαν λεγόντων
Εἴληφεν Ιακωβ πάντα τὰ τοῦ πατρὸς ἡμῶν καὶ ἐκ τῶν τοῦ πατρὸς
2 ἡμῶν πεποίηκεν πᾶσαν τὴν δόξαν ταύτην. ² καὶ εἶδεν Ιακωβ τὸ
πρόσωπον τοῦ Λαβαν, καὶ ἰδοὺ οὐκ ἦν πρὸς αὐτὸν ὡς ἐχθὲς καὶ τρί-
3 την ἡμέραν. ³ εἶπεν δὲ κύριος πρὸς Ιακωβ Ἀποστρέφου εἰς τὴν γῆν
τοῦ πατρός σου καὶ εἰς τὴν γενεάν σου, καὶ ἔσομαι μετὰ σοῦ.
4 ⁴ ἀποστείλας δὲ Ιακωβ ἐκάλεσεν Ραχηλ καὶ Λειαν εἰς τὸ πεδίον,
5 οὗ τὰ ποίμνια, ⁵ καὶ εἶπεν αὐταῖς Ὁρῶ ἐγὼ τὸ πρόσωπον τοῦ
πατρὸς ὑμῶν ὅτι οὐκ ἔστιν πρὸς ἐμοῦ ὡς ἐχθὲς καὶ τρίτην ἡμέραν·
6 ὁ δὲ θεὸς τοῦ πατρός μου ἦν μετ᾽ ἐμοῦ. ⁶ καὶ αὐταὶ δὲ οἴδατε
7 ὅτι ἐν πάσῃ τῇ ἰσχύι μου δεδούλευκα τῷ πατρὶ ὑμῶν. ⁷ ὁ δὲ πατὴρ
ὑμῶν παρεκρούσατό με καὶ ἤλλαξεν τὸν μισθόν μου τῶν δέκα
8 ἀμνῶν, καὶ οὐκ ἔδωκεν αὐτῷ ὁ θεὸς κακοποιῆσαί με. ⁸ ἐὰν οὕτως
εἴπῃ Τὰ ποικίλα ἔσται σου μισθός, καὶ τέξεται πάντα τὰ πρόβατα
ποικίλα· ἐὰν δὲ εἴπῃ Τὰ λευκὰ ἔσται σου μισθός, καὶ τέξεται
9 πάντα τὰ πρόβατα λευκά· ⁹ καὶ ἀφείλατο ὁ θεὸς πάντα τὰ κτήνη
10 τοῦ πατρὸς ὑμῶν καὶ ἔδωκέν μοι αὐτά. ¹⁰ καὶ ἐγένετο ἡνίκα ἐνε-
κίσσων τὰ πρόβατα, καὶ εἶδον τοῖς ὀφθαλμοῖς αὐτὰ ἐν τῷ
ὕπνῳ, καὶ ἰδοὺ οἱ τράγοι καὶ οἱ κριοὶ ἀναβαίνοντες ἦσαν ἐπὶ τὰ
πρόβατα καὶ τὰς αἶγας διάλευκοι καὶ ποικίλοι καὶ σποδοειδεῖς ῥαν-
11 τοί. ¹¹ καὶ εἶπέν μοι ὁ ἄγγελος τοῦ θεοῦ καθ᾽ ὕπνον Ιακωβ· ἐγὼ
12 δὲ εἶπα Τί ἐστιν; ¹² καὶ εἶπεν Ἀνάβλεψον τοῖς ὀφθαλμοῖς σου
καὶ ἰδὲ τοὺς τράγους καὶ τοὺς κριοὺς ἀναβαίνοντας ἐπὶ τὰ
πρόβατα καὶ τὰς αἶγας διαλεύκους καὶ ποικίλους καὶ σποδοειδεῖς
13 ῥαντούς· ἑώρακα γὰρ ὅσα σοι Λαβαν ποιεῖ. ¹³ ἐγώ εἰμι ὁ θεὸς ὁ
ὀφθείς σοι ἐν τόπῳ θεοῦ, οὗ ἤλειψάς μοι ἐκεῖ στήλην καὶ ηὔξω
μοι ἐκεῖ εὐχήν· νῦν οὖν ἀνάστηθι καὶ ἔξελθε ἐκ τῆς γῆς ταύτης
καὶ ἄπελθε εἰς τὴν γῆν τῆς γενέσεώς σου, καὶ ἔσομαι μετὰ σοῦ.
14 ¹⁴ καὶ ἀποκριθεῖσα Ραχηλ καὶ Λεια εἶπαν αὐτῷ Μὴ ἔστιν ἡμῖν ἔτι
15 μερὶς ἢ κληρονομία ἐν τῷ οἴκῳ τοῦ πατρὸς ἡμῶν; ¹⁵ οὐχ ὡς αἱ
ἀλλότριαι λελογίσμεθα αὐτῷ; πέπρακεν γὰρ ἡμᾶς καὶ κατέφαγεν
16 καταβρώσει τὸ ἀργύριον ἡμῶν. ¹⁶ πάντα τὸν πλοῦτον καὶ τὴν δό-
ξαν, ἣν ἀφείλατο ὁ θεὸς τοῦ πατρὸς ἡμῶν, ἡμῖν ἔσται καὶ τοῖς
τέκνοις ἡμῶν. νῦν οὖν ὅσα εἴρηκέν σοι ὁ θεός, ποίει.
17 ¹⁷ Ἀναστὰς δὲ Ιακωβ ἔλαβεν τὰς γυναῖκας αὐτοῦ καὶ τὰ παιδία
18 αὐτοῦ ἐπὶ τὰς καμήλους ¹⁸ καὶ ἀπήγαγεν πάντα τὰ ὑπάρχοντα αὐτοῦ

31 2 του 911] > A ‖ 5 προς] μετ Aᵗ ‖ 6 τη 911] > A ‖ 10 τοις] pr.
εν Aᵗ | αυτα 911] > A ‖ 11 ιακωβ 911]+ιακωβ A ‖ 13 τοπω θεου ου] τω τοπω
ω Aᵗ | εξελθε] απελθε Aᵗ ‖ 16 σοι/ο θεος 911] tr. A ‖ 17 αυτου 1⁰ M] > A

καὶ πᾶσαν τὴν ἀποσκευὴν αὐτοῦ, ἣν περιεποιήσατο ἐν τῇ Μεσοποταμίᾳ, καὶ πάντα τὰ αὐτοῦ ἀπελθεῖν πρὸς Ισαακ τὸν πατέρα αὐτοῦ εἰς γῆν Χανααν. ¹⁹Λαβαν δὲ ᾤχετο κεῖραι τὰ πρόβατα αὐ- 19 τοῦ· ἔκλεψεν δὲ Ραχηλ τὰ εἴδωλα τοῦ πατρὸς αὐτῆς. ²⁰ἔκρυψεν 20 δὲ Ιακωβ Λαβαν τὸν Σύρον τοῦ μὴ ἀναγγεῖλαι αὐτῷ ὅτι ἀποδιδράσκει, ²¹καὶ ἀπέδρα αὐτὸς καὶ πάντα τὰ αὐτοῦ καὶ διέβη τὸν 21 ποταμὸν καὶ ὥρμησεν εἰς τὸ ὄρος Γαλααδ. ²²ἀνηγγέλη δὲ Λαβαν 22 τῷ Σύρῳ τῇ τρίτῃ ἡμέρᾳ ὅτι ἀπέδρα Ιακωβ, ²³καὶ παραλαβὼν 23 πάντας τοὺς ἀδελφοὺς αὐτοῦ μεθ᾽ ἑαυτοῦ ἐδίωξεν ὀπίσω αὐτοῦ ὁδὸν ἡμερῶν ἑπτὰ καὶ κατέλαβεν αὐτὸν ἐν τῷ ὄρει τῷ Γαλααδ. ²⁴ἦλθεν δὲ ὁ θεὸς πρὸς Λαβαν τὸν Σύρον καθ᾽ ὕπνον τὴν νύκτα 24 καὶ εἶπεν αὐτῷ Φύλαξαι σεαυτόν, μήποτε λαλήσῃς μετὰ Ιακωβ πονηρά. ²⁵καὶ κατέλαβεν Λαβαν τὸν Ιακωβ· Ιακωβ δὲ ἔπηξεν τὴν 25 σκηνὴν αὐτοῦ ἐν τῷ ὄρει· Λαβαν δὲ ἔστησεν τοὺς ἀδελφοὺς αὐτοῦ ἐν τῷ ὄρει Γαλααδ. ²⁶εἶπεν δὲ Λαβαν τῷ Ιακωβ Τί ἐποίησας; 26 ἵνα τί κρυφῇ ἀπέδρας καὶ ἐκλοποφόρησάς με καὶ ἀπήγαγες τὰς θυγατέρας μου ὡς αἰχμαλώτιδας μαχαίρᾳ; ²⁷καὶ εἰ ἀνήγγειλάς μοι, 27 ἐξαπέστειλα ἄν σε μετ᾽ εὐφροσύνης καὶ μετὰ μουσικῶν, τυμπάνων καὶ κιθάρας. ²⁸οὐκ ἠξιώθην καταφιλῆσαι τὰ παιδία μου καὶ τὰς 28 θυγατέρας μου. νῦν δὲ ἀφρόνως ἔπραξας. ²⁹καὶ νῦν ἰσχύει ἡ 29 χείρ μου κακοποιῆσαί σε· ὁ δὲ θεὸς τοῦ πατρός σου ἐχθὲς εἶπεν πρός με λέγων Φύλαξαι σεαυτόν, μήποτε λαλήσῃς μετὰ Ιακωβ πονηρά. ³⁰νῦν οὖν πεπόρευσαι· ἐπιθυμίᾳ γὰρ ἐπεθύμησας ἀπελ- 30 θεῖν εἰς τὸν οἶκον τοῦ πατρός σου· ἵνα τί ἔκλεψας τοὺς θεούς μου; ³¹ἀποκριθεὶς δὲ Ιακωβ εἶπεν τῷ Λαβαν Εἶπα γάρ Μήποτε 31 ἀφέλῃς τὰς θυγατέρας σου ἀπ᾽ ἐμοῦ καὶ πάντα τὰ ἐμά. ³²ἐπίγνωθι, 32 τί ἐστιν τῶν σῶν παρ᾽ ἐμοί, καὶ λαβέ. καὶ οὐκ ἐπέγνω παρ᾽ αὐτῷ οὐθέν. καὶ εἶπεν αὐτῷ Ιακωβ Παρ᾽ ᾧ ἐὰν εὕρῃς τοὺς θεούς σου, οὐ ζήσεται ἐναντίον τῶν ἀδελφῶν ἡμῶν. οὐκ ᾔδει δὲ Ιακωβ ὅτι Ραχηλ ἡ γυνὴ αὐτοῦ ἔκλεψεν αὐτούς. ³³εἰσελθὼν δὲ Λαβαν ἠρεύ- 33 νησεν εἰς τὸν οἶκον Λειας καὶ οὐχ εὗρεν· καὶ ἐξελθὼν ἐκ τοῦ οἴκου Λειας ἠρεύνησεν τὸν οἶκον Ιακωβ καὶ ἐν τῷ οἴκῳ τῶν δύο παιδισκῶν καὶ οὐχ εὗρεν. εἰσῆλθεν δὲ καὶ εἰς τὸν οἶκον Ραχηλ. ³⁴Ραχηλ δὲ ἔλαβεν τὰ εἴδωλα καὶ ἐνέβαλεν αὐτὰ εἰς τὰ 34 σάγματα τῆς καμήλου καὶ ἐπεκάθισεν αὐτοῖς ³⁵καὶ εἶπεν τῷ πατρὶ 35 αὐτῆς Μὴ βαρέως φέρε, κύριε· οὐ δύναμαι ἀναστῆναι ἐνώπιόν σου, ὅτι τὸ κατ᾽ ἐθισμὸν τῶν γυναικῶν μοί ἐστιν. ἠρεύνησεν δὲ Λαβαν ἐν ὅλῳ τῷ οἴκῳ καὶ οὐχ εὗρεν τὰ εἴδωλα. ³⁶ὠργίσθη δὲ 36 Ιακωβ καὶ ἐμαχέσατο τῷ Λαβαν· ἀποκριθεὶς δὲ Ιακωβ εἶπεν τῷ

23 τω ult. 911] > A || 26 κρυβη A || 30 απελθειν / εις — σου 911] tr. A | ινα] pr. και A† || 32 επιγνωθι — ουθεν / και ℨ⁰ — ημων 911] tr. A || 33 τον οικον 2⁰ M] pr. εις A || 35 γυναικων μοι 911] -κιων μου A

Λαβαν Τί τὸ ἀδίκημά μου καὶ τί τὸ ἁμάρτημά μου, ὅτι κατεδίωξας
37 ὀπίσω μου 37 καὶ ὅτι ἠρεύνησας πάντα τὰ σκεύη μου; τί εὗρες
ἀπὸ πάντων τῶν σκευῶν τοῦ οἴκου ˙σου; θὲς ὧδε ἐναντίον τῶν
ἀδελφῶν μου καὶ τῶν ἀδελφῶν σου, καὶ ἐλεγξάτωσαν ἀνὰ μέσον
38 τῶν δύο ἡμῶν. 38 ταῦτά μοι εἴκοσι ἔτη ἐγώ εἰμι μετὰ σοῦ˙ τὰ
πρόβατά σου καὶ αἱ αἶγές σου οὐκ ἠτεκνώθησαν˙ κριοὺς τῶν προ-
39 βάτων σου οὐ κατέφαγον˙ 39 θηριάλωτον οὐκ ἀνενήνοχά σοι, ἐγὼ
ἀπετίννυον παρ᾽ ἐμαυτοῦ κλέμματα ἡμέρας καὶ κλέμματα νυκτός˙
40 40 ἐγινόμην τῆς ἡμέρας συγκαιόμενος τῷ καύματι καὶ παγετῷ τῆς
41 νυκτός, καὶ ἀφίστατο ὁ ὕπνος ἀπὸ τῶν ὀφθαλμῶν μου. 41 ταῦ-
τά μοι εἴκοσι ἔτη ἐγώ εἰμι ἐν τῇ οἰκίᾳ σου˙ ἐδούλευσά σοι δέκα
τέσσαρα ἔτη ἀντὶ τῶν δύο θυγατέρων σου καὶ ἓξ ἔτη ἐν τοῖς προ-
42 βάτοις σου, καὶ παρελογίσω τὸν μισθόν μου δέκα ἀμνάσιν. 42 εἰ
μὴ ὁ θεὸς τοῦ πατρός μου Αβρααμ καὶ ὁ φόβος Ισαακ ἦν μοι,
νῦν ἂν κενόν με ἐξαπέστειλας˙ τὴν ταπείνωσίν μου καὶ τὸν κόπον
43 τῶν χειρῶν μου εἶδεν ὁ θεὸς καὶ ἤλεγξέν σε ἐχθές. 43 ἀποκρι-
θεὶς δὲ Λαβαν εἶπεν τῷ Ιακωβ Αἱ θυγατέρες θυγατέρες μου, καὶ
οἱ υἱοὶ υἱοί μου, καὶ τὰ κτήνη κτήνη μου, καὶ πάντα, ὅσα σὺ ὁρᾷς,
ἐμά ἐστιν καὶ τῶν θυγατέρων μου. τί ποιήσω ταύταις σήμερον ἢ
44 τοῖς τέκνοις αὐτῶν, οἷς ἔτεκον; 44 νῦν οὖν δεῦρο διαθώμεθα δια-
θήκην ἐγὼ καὶ σύ, καὶ ἔσται εἰς μαρτύριον ἀνὰ μέσον ἐμοῦ καὶ
σοῦ. εἶπεν δὲ αὐτῷ Ἰδοὺ οὐθεὶς μεθ᾽ ἡμῶν ἐστιν, ἰδὲ ὁ θεὸς
45 μάρτυς ἀνὰ μέσον ἐμοῦ καὶ σοῦ. 45 λαβὼν δὲ Ιακωβ λίθον ἔστη-
46 σεν αὐτὸν στήλην. 46 εἶπεν δὲ Ιακωβ τοῖς ἀδελφοῖς αὐτοῦ Συλ-
λέγετε λίθους. καὶ συνέλεξαν λίθους καὶ ἐποίησαν βουνόν, καὶ
ἔφαγον καὶ ἔπιον ἐκεῖ ἐπὶ τοῦ βουνοῦ. καὶ εἶπεν αὐτῷ Λαβαν
Ὁ βουνὸς οὗτος μαρτυρεῖ ἀνὰ μέσον ἐμοῦ καὶ σοῦ σήμερον.
47 47 καὶ ἐκάλεσεν αὐτὸν Λαβαν Βουνὸς τῆς μαρτυρίας, Ιακωβ δὲ
48 ἐκάλεσεν αὐτὸν Βουνὸς μάρτυς. 48 εἶπεν δὲ Λαβαν τῷ Ιακωβ Ἰδοὺ
ὁ βουνὸς οὗτος καὶ ἡ στήλη αὕτη, ἣν ἔστησα ἀνὰ μέσον ἐμοῦ
καὶ σοῦ, μαρτυρεῖ ὁ βουνὸς οὗτος καὶ μαρτυρεῖ ἡ στήλη αὕτη˙
49 διὰ τοῦτο ἐκλήθη τὸ ὄνομα αὐτοῦ Βουνὸς μαρτυρεῖ 49 καὶ Ἡ
ὅρασις, ἣν εἶπεν Ἐπίδοι ὁ θεὸς ἀνὰ μέσον ἐμοῦ καὶ σοῦ, ὅτι
50 ἀποστησόμεθα ἕτερος ἀπὸ τοῦ ἑτέρου. 50 εἰ ταπεινώσεις τὰς θυγα-
τέρας μου, εἰ λήμψη γυναῖκας ἐπὶ ταῖς θυγατράσιν μου, ὅρα οὐ-
52 θεὶς μεθ᾽ ἡμῶν ἐστιν˙ 52 ἐάν τε γὰρ ἐγὼ μὴ διαβῶ πρὸς σὲ μηδὲ

37 σκευη 911] + του οικου Α | αδ. μου . . . αδ. σου 911] tr. Α ǁ 39 παρ 911]
απ Α | νυκτος] pr. της Α⁺ ǁ 40 εγινομην 911] εγεν. Α | καυματι 911] καυ-
σωνι Α | υπνος 911] + μου Α ǁ 41 τεσσαρα] pr. και Α⁺ ǁ 42 εχθες 911]
χθες Α ǁ 43 θυγατερες 1⁰ 911] + σου Α | υιοι 1⁰ Μ] + σου Α | κτηνη 1⁰ Μ]
+ σου Α ǁ 44 (= 𝔐 44.50²) αυτω] + ιακωβ Α⁺ ǁ 46 = 𝔐 46.48¹ ǁ
47 της μαρτ.] μαρτυς Α⁺ | μαρτυς] μαρτυρει Α⁺ ǁ 48 = 𝔐 51.52¹. 48²ǁ
51 𝔐: uide ₲ 48

σὺ διαβῇς πρός με τὸν βουνὸν τοῦτον καὶ τὴν στήλην ταύτην
ἐπὶ κακία, ⁵³ὁ θεὸς Αβρααμ καὶ ὁ θεὸς Ναχωρ κρινεῖ ἀνὰ μέσον 53
ἡμῶν. καὶ ὤμοσεν Ιακωβ κατὰ τοῦ φόβου τοῦ πατρὸς αὐτοῦ
Ισαακ. ⁵⁴καὶ ἔθυσεν Ιακωβ θυσίαν ἐν τῷ ὄρει καὶ ἐκάλεσεν τοὺς 54
ἀδελφοὺς αὐτοῦ, καὶ ἔφαγον καὶ ἔπιον καὶ ἐκοιμήθησαν ἐν τῷ ὄρει.
¹ἀναστὰς δὲ Λαβαν τὸ πρωὶ κατεφίλησεν τοὺς υἱοὺς αὐτοῦ καὶ 32
τὰς θυγατέρας αὐτοῦ καὶ εὐλόγησεν αὐτούς, καὶ ἀποστραφεὶς Λαβαν
ἀπῆλθεν εἰς τὸν τόπον αὐτοῦ.
²Καὶ Ιακωβ ἀπῆλθεν εἰς τὴν ἑαυτοῦ ὁδόν. καὶ ἀναβλέψας εἶδεν 2
παρεμβολὴν θεοῦ παρεμβεβληκυῖαν, καὶ συνήντησαν αὐτῷ οἱ ἄγγελοι
τοῦ θεοῦ. ³εἶπεν δὲ Ιακωβ, ἡνίκα εἶδεν αὐτούς Παρεμβολὴ θεοῦ 3
αὕτη· καὶ ἐκάλεσεν τὸ ὄνομα τοῦ τόπου ἐκείνου Παρεμβολαί.
⁴Ἀπέστειλεν δὲ Ιακωβ ἀγγέλους ἔμπροσθεν αὐτοῦ πρὸς Ησαυ 4
τὸν ἀδελφὸν αὐτοῦ εἰς γῆν Σηιρ εἰς χώραν Εδωμ ⁵καὶ ἐνετεί- 5
λατο αὐτοῖς λέγων Οὕτως ἐρεῖτε τῷ κυρίῳ μου Ησαυ Οὕτως
λέγει ὁ παῖς σου Ιακωβ Μετὰ Λαβαν παρῴκησα καὶ ἐχρόνισα ἕως
τοῦ νῦν, ⁶καὶ ἐγένοντό μοι βόες καὶ ὄνοι καὶ πρόβατα καὶ παῖδες 6
καὶ παιδίσκαι, καὶ ἀπέστειλα ἀναγγεῖλαι τῷ κυρίῳ μου Ησαυ, ἵνα
εὕρῃ ὁ παῖς σου χάριν ἐναντίον σου. ⁷καὶ ἀνέστρεψαν οἱ ἄγγελοι 7
πρὸς Ιακωβ λέγοντες Ἤλθομεν πρὸς τὸν ἀδελφόν σου Ησαυ, καὶ
ἰδοὺ αὐτὸς ἔρχεται εἰς συνάντησίν σοι καὶ τετρακόσιοι ἄνδρες μετ᾽
αὐτοῦ. ⁸ἐφοβήθη δὲ Ιακωβ σφόδρα καὶ ἠπορεῖτο. καὶ διεῖλεν τὸν 8
λαὸν τὸν μετ᾽ αὐτοῦ καὶ τοὺς βόας καὶ τὰ πρόβατα εἰς δύο
παρεμβολάς, ⁹καὶ εἶπεν Ιακωβ Ἐὰν ἔλθῃ Ησαυ εἰς παρεμβολὴν 9
μίαν καὶ ἐκκόψῃ αὐτήν, ἔσται ἡ παρεμβολὴ ἡ δευτέρα εἰς τὸ σῷ-
ζεσθαι. ¹⁰εἶπεν δὲ Ιακωβ Ὁ θεὸς τοῦ πατρός μου Αβρααμ καὶ 10
ὁ θεὸς τοῦ πατρός μου Ισαακ, κύριε ὁ εἶπας μοι Ἀπότρεχε εἰς
τὴν γῆν τῆς γενέσεώς σου καὶ εὖ σε ποιήσω, ¹¹ἱκανοῦταί μοι 11
ἀπὸ πάσης δικαιοσύνης καὶ ἀπὸ πάσης ἀληθείας, ἧς ἐποίησας τῷ
παιδί σου· ἐν γὰρ τῇ ῥάβδῳ μου διέβην τὸν Ιορδάνην τοῦτον, νῦν
δὲ γέγονα εἰς δύο παρεμβολάς. ¹²ἐξελοῦ με ἐκ χειρὸς τοῦ ἀδελ- 12
φοῦ μου Ησαυ, ὅτι φοβοῦμαι ἐγὼ αὐτόν, μήποτε ἐλθὼν πατάξῃ
με καὶ μητέρα ἐπὶ τέκνοις. ¹³σὺ δὲ εἶπας Καλῶς εὖ σε ποιήσω 13
καὶ θήσω τὸ σπέρμα σου ὡς τὴν ἄμμον τῆς θαλάσσης, ἣ οὐκ
ἀριθμηθήσεται ἀπὸ τοῦ πλήθους. ¹⁴καὶ ἐκοιμήθη ἐκεῖ τὴν νύκτα 14
ἐκείνην. καὶ ἔλαβεν ὧν ἔφερεν δῶρα καὶ ἐξαπέστειλεν Ησαυ τῷ
ἀδελφῷ αὐτοῦ, ¹⁵αἶγας διακοσίας, τράγους εἴκοσι, πρόβατα δια- 15
κόσια, κριοὺς εἴκοσι, ¹⁶καμήλους θηλαζούσας καὶ τὰ παιδία αὐτῶν 16
τριάκοντα, βόας τεσσαράκοντα, ταύρους δέκα, ὄνους εἴκοσι καὶ

17 πώλους δέκα. ¹⁷καὶ ἔδωκεν διὰ χειρὸς τοῖς παισὶν αὐτοῦ ποίμνιον
κατὰ μόνας. εἶπεν δὲ τοῖς παισὶν αὐτοῦ Προπορεύεσθε ἔμπρο-
σθέν μου καὶ διάστημα ποιεῖτε ἀνὰ μέσον ποίμνης καὶ ποίμνης.
18 ¹⁸καὶ ἐνετείλατο τῷ πρώτῳ λέγων Ἐάν σοι συναντήσῃ Ησαυ ὁ
ἀδελφός μου καὶ ἐρωτᾷ σε λέγων Τίνος εἶ καὶ ποῦ πορεύῃ, καὶ
19 τίνος ταῦτα τὰ προπορευόμενά σου; ¹⁹ἐρεῖς Τοῦ παιδός σου
Ιακωβ· δῶρα ἀπέσταλκεν τῷ κυρίῳ μου Ησαυ, καὶ ἰδοὺ αὐτὸς
20 ὀπίσω ἡμῶν. ²⁰καὶ ἐνετείλατο τῷ πρώτῳ καὶ τῷ δευτέρῳ καὶ
τῷ τρίτῳ καὶ πᾶσι τοῖς προπορευομένοις ὀπίσω τῶν ποιμνίων
τούτων λέγων Κατὰ τὸ ῥῆμα τοῦτο λαλήσατε Ησαυ ἐν τῷ εὑρεῖν
21 ὑμᾶς αὐτὸν ²¹καὶ ἐρεῖτε Ἰδοὺ ὁ παῖς σου Ιακωβ παραγίνεται ὀπίσω
ἡμῶν. εἶπεν γὰρ Ἐξιλάσομαι τὸ πρόσωπον αὐτοῦ ἐν τοῖς δώροις
τοῖς προπορευομένοις αὐτοῦ, καὶ μετὰ τοῦτο ὄψομαι τὸ πρόσ-
22 ωπον αὐτοῦ· ἴσως γὰρ προσδέξεται τὸ πρόσωπόν μου. ²²καὶ
παρεπορεύοντο τὰ δῶρα κατὰ πρόσωπον αὐτοῦ, αὐτὸς δὲ ἐκοιμήθη
τὴν νύκτα ἐκείνην ἐν τῇ παρεμβολῇ.
23 ²³Ἀναστὰς δὲ τὴν νύκτα ἐκείνην ἔλαβεν τὰς δύο γυναῖκας καὶ
τὰς δύο παιδίσκας καὶ τὰ ἕνδεκα παιδία αὐτοῦ καὶ διέβη τὴν διά-
24 βασιν τοῦ Ιαβοκ· ²⁴καὶ ἔλαβεν αὐτοὺς καὶ διέβη τὸν χειμάρρουν
25 καὶ διεβίβασεν πάντα τὰ αὐτοῦ. ²⁵ὑπελείφθη δὲ Ιακωβ μόνος, καὶ
26 ἐπάλαιεν ἄνθρωπος μετ᾽ αὐτοῦ ἕως πρωί. ²⁶εἶδεν δὲ ὅτι οὐ δύναται
πρὸς αὐτόν, καὶ ἥψατο τοῦ πλάτους τοῦ μηροῦ αὐτοῦ, καὶ ἐνάρ-
κησεν τὸ πλάτος τοῦ μηροῦ Ιακωβ ἐν τῷ παλαίειν αὐτὸν μετ᾽
27 αὐτοῦ. ²⁷καὶ εἶπεν αὐτῷ Ἀπόστειλόν με· ἀνέβη γὰρ ὁ ὄρθρος.
28 ὁ δὲ εἶπεν Οὐ μή σε ἀποστείλω, ἐὰν μή με εὐλογήσῃς. ²⁸εἶπεν
29 δὲ αὐτῷ Τί τὸ ὄνομά σού ἐστιν; ὁ δὲ εἶπεν Ιακωβ. ²⁹εἶπεν δὲ
αὐτῷ Οὐ κληθήσεται ἔτι τὸ ὄνομά σου Ιακωβ, ἀλλὰ Ισραηλ ἔσται
τὸ ὄνομά σου, ὅτι ἐνίσχυσας μετὰ θεοῦ καὶ μετὰ ἀνθρώπων
30 δυνατός. ³⁰ἠρώτησεν δὲ Ιακωβ καὶ εἶπεν Ἀνάγγειλόν μοι τὸ
ὄνομά σου. καὶ εἶπεν Ἵνα τί τοῦτο ἐρωτᾷς τὸ ὄνομά μου;
31 καὶ ηὐλόγησεν αὐτὸν ἐκεῖ. ³¹καὶ ἐκάλεσεν Ιακωβ τὸ ὄνομα τοῦ
τόπου ἐκείνου Εἶδος θεοῦ· εἶδον γὰρ θεὸν πρόσωπον πρὸς πρόσ-
32 ωπον, καὶ ἐσώθη μου ἡ ψυχή. ³²ἀνέτειλεν δὲ αὐτῷ ὁ ἥλιος,
ἡνίκα παρῆλθεν τὸ Εἶδος τοῦ θεοῦ· αὐτὸς δὲ ἐπέσκαζεν τῷ μηρῷ
33 αὐτοῦ. ³³ἕνεκεν τούτου οὐ μὴ φάγωσιν οἱ υἱοὶ Ισραηλ τὸ νεῦρον,
ὃ ἐνάρκησεν, ὅ ἐστιν ἐπὶ τοῦ πλάτους τοῦ μηροῦ, ἕως τῆς ἡμέρας
ταύτης, ὅτι ἥψατο τοῦ πλάτους τοῦ μηροῦ Ιακωβ τοῦ νεύρου καὶ
ἐνάρκησεν.

19 init. 911] pr. και A ‖ 20 ησαυ M] pr. τω A ‖ 22 παρεπορ. 911]
προεπ. A ‖ 25 ανθρωπος / μετ αυτου 911] tr. A ‖ 27 με ευλογ.] tr. A† ‖
29 ειπεν δε 911] και ει. A | εσται / το ον. σου] tr. A† ‖ 30 τουτο 911]
συ A ‖ 33 ενεκεν] + γαρ A†

¹ Ἀναβλέψας δὲ Ιακωβ εἶδεν καὶ ἰδοὺ Ησαυ ὁ ἀδελφὸς αὐτοῦ 33
ἐρχόμενος καὶ τετρακόσιοι ἄνδρες μετ᾽ αὐτοῦ. καὶ ἐπιδιεῖλεν Ιακωβ
τὰ παιδία ἐπὶ Λειαν καὶ Ραχηλ καὶ τὰς δύο παιδίσκας ²καὶ ἐποί- 2
ησεν τὰς δύο παιδίσκας καὶ τοὺς υἱοὺς αὐτῶν ἐν πρώτοις καὶ
Λειαν καὶ τὰ παιδία αὐτῆς ὀπίσω καὶ Ραχηλ καὶ Ιωσηφ ἐσχάτους.
³αὐτὸς δὲ προῆλθεν ἔμπροσθεν αὐτῶν καὶ προσεκύνησεν ἐπὶ τὴν 3
γῆν ἑπτάκις ἕως τοῦ ἐγγίσαι τοῦ ἀδελφοῦ αὐτοῦ. ⁴καὶ προσέ- 4
δραμεν Ησαυ εἰς συνάντησιν αὐτῷ καὶ περιλαβὼν αὐτὸν ἐφίλησεν
καὶ προσέπεσεν ἐπὶ τὸν τράχηλον αὐτοῦ, καὶ ἔκλαυσαν ἀμφότεροι.
⁵καὶ ἀναβλέψας εἶδεν τὰς γυναῖκας καὶ τὰ παιδία καὶ εἶπεν Τί 5
ταῦτά σοί ἐστιν; ὁ δὲ εἶπεν Τὰ παιδία, οἷς ἠλέησεν ὁ θεὸς τὸν
παῖδά σου. ⁶καὶ προσήγγισαν αἱ παιδίσκαι καὶ τὰ τέκνα αὐτῶν 6
καὶ προσεκύνησαν, ⁷καὶ προσήγγισεν Λεια καὶ τὰ τέκνα αὐτῆς καὶ 7
προσεκύνησαν, καὶ μετὰ ταῦτα προσήγγισεν Ραχηλ καὶ Ιωσηφ καὶ
προσεκύνησαν. ⁸καὶ εἶπεν Τί ταῦτά σοί ἐστιν, πᾶσαι αἱ παρεμ- 8
βολαὶ αὗται, αἷς ἀπήντηκα; ὁ δὲ εἶπεν Ἵνα εὕρῃ ὁ παῖς σου
χάριν ἐναντίον σου, κύριε. ⁹εἶπεν δὲ Ησαυ Ἔστιν μοι πολλά, 9
ἄδελφε· ἔστω σοι τὰ σά. ¹⁰εἶπεν δὲ Ιακωβ Εἰ εὕρηκα χάριν 10
ἐναντίον σου, δέξαι τὰ δῶρα διὰ τῶν ἐμῶν χειρῶν· ἕνεκεν τούτου
εἶδον τὸ πρόσωπόν σου, ὡς ἄν τις ἴδοι πρόσωπον θεοῦ, καὶ εὐ-
δοκήσεις με· ¹¹λαβὲ τὰς εὐλογίας μου, ἃς ἤνεγκά σοι, ὅτι ἠλέησέν 11
με ὁ θεὸς καὶ ἔστιν μοι πάντα. καὶ ἐβιάσατο αὐτόν, καὶ ἔλαβεν.
¹²καὶ εἶπεν Ἀπάραντες πορευσόμεθα ἐπ᾽ εὐθεῖαν. ¹³εἶπεν δὲ αὐτῷ ¹²
Ὁ κύριός μου γινώσκει ὅτι τὰ παιδία ἀπαλώτερα καὶ τὰ πρόβατα   ¹³
καὶ αἱ βόες λοχεύονται ἐπ᾽ ἐμέ· ἐὰν οὖν καταδιώξω αὐτοὺς ἡμέραν
μίαν, ἀποθανοῦνται πάντα τὰ κτήνη. ¹⁴προελθέτω ὁ κύριός μου 14
ἔμπροσθεν τοῦ παιδός, ἐγὼ δὲ ἐνισχύσω ἐν τῇ ὁδῷ κατὰ σχολὴν
τῆς πορεύσεως τῆς ἐναντίον μου καὶ κατὰ πόδα τῶν παιδαρίων
ἕως τοῦ με ἐλθεῖν πρὸς τὸν κύριόν μου εἰς Σηιρ. ¹⁵εἶπεν δὲ 15
Ησαυ Καταλείψω μετὰ σοῦ ἀπὸ τοῦ λαοῦ τοῦ μετ᾽ ἐμοῦ. ὁ δὲ
εἶπεν Ἵνα τί τοῦτο; ἱκανὸν ὅτι εὗρον χάριν ἐναντίον σου, κύριε.
¹⁶ἀπέστρεψεν δὲ Ησαυ ἐν τῇ ἡμέρᾳ ἐκείνῃ εἰς τὴν ὁδὸν αὐτοῦ 16
εἰς Σηιρ.
¹⁷Καὶ Ιακωβ ἀπαίρει εἰς Σκηνάς· καὶ ἐποίησεν ἑαυτῷ ἐκεῖ οἰκίας 17
καὶ τοῖς κτήνεσιν αὐτοῦ ἐποίησεν σκηνάς· διὰ τοῦτο ἐκάλεσεν τὸ
ὄνομα τοῦ τόπου ἐκείνου Σκηναί. ¹⁸καὶ ἦλθεν Ιακωβ εἰς Σαλημ 18
πόλιν Σικιμων, ἥ ἐστιν ἐν γῇ Χανααν, ὅτε ἦλθεν ἐκ τῆς Μεσοπο-
ταμίας Συρίας, καὶ παρενέβαλεν κατὰ πρόσωπον τῆς πόλεως. ¹⁹καὶ 19
ἐκτήσατο τὴν μερίδα τοῦ ἀγροῦ, οὗ ἔστησεν ἐκεῖ τὴν σκηνὴν

33 1 και 2⁰] pr. αυτος A⁺ | ραχηλ 911] pr. επι A ‖ 3 παρηλθεν A ‖
6 τεκνα] παιδια A⁺ ‖ 8 εναντιον] εν οφθαλμοις A⁺ ‖ 12 πορευσομεθα
911] -ευθωμεν A ‖ 17 εαυτω M] αυτω A

20 αὐτοῦ, παρὰ Εμμωρ πατρὸς Συχεμ ἑκατὸν ἀμνῶν ²⁰καὶ ἔστησεν
ἐκεῖ θυσιαστήριον καὶ ἐπεκαλέσατο τὸν θεὸν Ισραηλ.

34 ¹ Ἐξῆλθεν δὲ Δινα ἡ θυγάτηρ Λειας, ἣν ἔτεκεν τῷ Ιακωβ, κατα-
2 μαθεῖν τὰς θυγατέρας τῶν ἐγχωρίων. ²καὶ εἶδεν αὐτὴν Συχεμ ὁ
υἱὸς Εμμωρ ὁ Χορραῖος ὁ ἄρχων τῆς γῆς καὶ λαβὼν αὐτὴν ἐκοι-
3 μήθη μετ᾽ αὐτῆς καὶ ἐταπείνωσεν αὐτήν. ³καὶ προσέσχεν τῇ ψυχῇ
Δινας τῆς θυγατρὸς Ιακωβ καὶ ἠγάπησεν τὴν παρθένον καὶ ἐλά-
4 λησεν κατὰ τὴν διάνοιαν τῆς παρθένου αὐτῇ. ⁴εἶπεν δὲ Συχεμ
πρὸς Εμμωρ τὸν πατέρα αὐτοῦ λέγων Λαβέ μοι τὴν παιδίσκην
5 ταύτην εἰς γυναῖκα. ⁵Ιακωβ δὲ ἤκουσεν ὅτι ἐμίανεν ὁ υἱὸς Εμμωρ
Διναν τὴν θυγατέρα αὐτοῦ· οἱ δὲ υἱοὶ αὐτοῦ ἦσαν μετὰ τῶν κτη-
νῶν αὐτοῦ ἐν τῷ πεδίῳ, παρεσιώπησεν δὲ Ιακωβ ἕως τοῦ ἐλθεῖν
6 αὐτούς. ⁶ἐξῆλθεν δὲ Εμμωρ ὁ πατὴρ Συχεμ πρὸς Ιακωβ λαλῆσαι
7 αὐτῷ. ⁷οἱ δὲ υἱοὶ Ιακωβ ἦλθον ἐκ τοῦ πεδίου· ὡς δὲ ἤκουσαν,
κατενύχθησαν οἱ ἄνδρες, καὶ λυπηρὸν ἦν αὐτοῖς σφόδρα ὅτι ἄσχη-
μον ἐποίησεν ἐν Ισραηλ κοιμηθεὶς μετὰ τῆς θυγατρὸς Ιακωβ, καὶ
8 οὐχ οὕτως ἔσται. ⁸καὶ ἐλάλησεν Εμμωρ αὐτοῖς λέγων Συχεμ ὁ
υἱός μου προείλατο τῇ ψυχῇ τὴν θυγατέρα ὑμῶν· δότε οὖν αὐτὴν
9 αὐτῷ γυναῖκα. ⁹ἐπιγαμβρεύσασθε ἡμῖν· τὰς θυγατέρας ὑμῶν δότε
10 ἡμῖν καὶ τὰς θυγατέρας ἡμῶν λάβετε τοῖς υἱοῖς ὑμῶν. ¹⁰καὶ ἐν
ἡμῖν κατοικεῖτε, καὶ ἡ γῆ ἰδοὺ πλατεῖα ἐναντίον ὑμῶν· κατοικεῖτε
11 καὶ ἐμπορεύεσθε ἐπ᾽ αὐτῆς καὶ ἐγκτήσασθε ἐν αὐτῇ. ¹¹εἶπεν δὲ Συχεμ
πρὸς τὸν πατέρα αὐτῆς καὶ πρὸς τοὺς ἀδελφοὺς αὐτῆς Εὕροιμι
12 χάριν ἐναντίον ὑμῶν, καὶ ὃ ἐὰν εἴπητε, δώσομεν. ¹²πληθύνατε τὴν
φερνὴν σφόδρα, καὶ δώσω, καθότι ἂν εἴπητέ μοι, καὶ δώσετέ μοι
13 τὴν παῖδα ταύτην εἰς γυναῖκα. ¹³ἀπεκρίθησαν δὲ οἱ υἱοὶ Ιακωβ
τῷ Συχεμ καὶ Εμμωρ τῷ πατρὶ αὐτοῦ μετὰ δόλου καὶ ἐλάλησαν
14 αὐτοῖς, ὅτι ἐμίαναν Διναν τὴν ἀδελφὴν αὐτῶν, ¹⁴καὶ εἶπαν αὐτοῖς
Συμεων καὶ Λευι οἱ ἀδελφοὶ Δινας υἱοὶ δὲ Λειας Οὐ δυνησόμεθα
ποιῆσαι τὸ ῥῆμα τοῦτο, δοῦναι τὴν ἀδελφὴν ἡμῶν ἀνθρώπῳ, ὃς
15 ἔχει ἀκροβυστίαν· ἔστιν γὰρ ὄνειδος ἡμῖν. ¹⁵ἐν τούτῳ ὁμοιωθη-
σόμεθα ὑμῖν καὶ κατοικήσομεν ἐν ὑμῖν, ἐὰν γένησθε ὡς ἡμεῖς καὶ
16 ὑμεῖς ἐν τῷ περιτμηθῆναι ὑμῶν πᾶν ἀρσενικόν, ¹⁶καὶ δώσομεν τὰς
θυγατέρας ἡμῶν ὑμῖν καὶ ἀπὸ τῶν θυγατέρων ὑμῶν λημψόμεθα
ἡμῖν γυναῖκας καὶ οἰκήσομεν παρ᾽ ὑμῖν καὶ ἐσόμεθα ὡς γένος ἕν.
17 ¹⁷ἐὰν δὲ μὴ εἰσακούσητε ἡμῶν τοῦ περιτέμνεσθαι, λαβόντες τὰς
18 θυγατέρας ἡμῶν ἀπελευσόμεθα. ¹⁸καὶ ἤρεσαν οἱ λόγοι ἐναντίον
19 Εμμωρ καὶ ἐναντίον Συχεμ τοῦ υἱοῦ Εμμωρ. ¹⁹καὶ οὐκ ἐχρόνισεν
ὁ νεανίσκος τοῦ ποιῆσαι τὸ ῥῆμα τοῦτο· ἐνέκειτο γὰρ τῇ θυγατρὶ

34 7 εποιησεν 911] + συχεμ A ‖ 8 εμμωρ αυτοις 911] tr. A ‖ 9 επι-
γαμβρευσασθε 911] -σατε A ‖ 10 η γη/ιδου 911] tr. A | εγκτησασθε 911]
ενκτασθαι(pro -θε) A ‖ 11 ειπητε] + ημιν A⁺ ‖ 14 το ρημα > A⁺

Ιακωβ· αὐτὸς δὲ ἦν ἐνδοξότατος πάντων τῶν ἐν τῷ οἴκῳ τοῦ πατρὸς αὐτοῦ. ²⁰ἦλθεν δὲ Εμμωρ καὶ Συχεμ ὁ υἱὸς αὐτοῦ πρὸς 20 τὴν πύλην τῆς πόλεως αὐτῶν καὶ ἐλάλησαν πρὸς τοὺς ἄνδρας τῆς πόλεως αὐτῶν λέγοντες ²¹Οἱ ἄνθρωποι οὗτοι εἰρηνικοί εἰσιν μεθ' 21 ἡμῶν· οἰκείτωσαν ἐπὶ τῆς γῆς καὶ ἐμπορευέσθωσαν αὐτήν, ἡ δὲ γῆ ἰδοὺ πλατεῖα ἐναντίον αὐτῶν. τὰς θυγατέρας αὐτῶν λημψό-μεθα ἡμῖν γυναῖκας καὶ τὰς θυγατέρας ἡμῶν δώσομεν αὐτοῖς. ²²μόνον ἐν τούτῳ ὁμοιωθήσονται ἡμῖν οἱ ἄνθρωποι τοῦ κατοικεῖν 22 μεθ' ἡμῶν ὥστε εἶναι λαὸν ἕνα, ἐν τῷ περιτέμνεσθαι ἡμῶν πᾶν ἀρσενικόν, καθὰ καὶ αὐτοὶ περιτέτμηνται. ²³καὶ τὰ κτήνη αὐτῶν 23 καὶ τὰ ὑπάρχοντα αὐτῶν καὶ τὰ τετράποδα οὐχ ἡμῶν ἔσται; μόνον ἐν τούτῳ ὁμοιωθῶμεν αὐτοῖς, καὶ οἰκήσουσιν μεθ' ἡμῶν. ²⁴καὶ 24 εἰσήκουσαν Εμμωρ καὶ Συχεμ τοῦ υἱοῦ αὐτοῦ πάντες οἱ ἐκπορευό-μενοι τὴν πύλην τῆς πόλεως αὐτῶν καὶ περιετέμοντο τὴν σάρκα τῆς ἀκροβυστίας αὐτῶν, πᾶς ἄρσην. ²⁵ἐγένετο δὲ ἐν τῇ ἡμέρᾳ 25 τῇ τρίτῃ, ὅτε ἦσαν ἐν τῷ πόνῳ, ἔλαβον οἱ δύο υἱοὶ Ιακωβ Συμεων καὶ Λευι οἱ ἀδελφοὶ Δινας ἕκαστος τὴν μάχαιραν αὐτοῦ καὶ εἰσῆλ-θον εἰς τὴν πόλιν ἀσφαλῶς καὶ ἀπέκτειναν πᾶν ἀρσενικόν· ²⁶τόν 26 τε Εμμωρ καὶ Συχεμ τὸν υἱὸν αὐτοῦ ἀπέκτειναν ἐν στόματι μαχαί-ρας καὶ ἔλαβον τὴν Διναν ἐκ τοῦ οἴκου τοῦ Συχεμ καὶ ἐξῆλθον. ²⁷οἱ δὲ υἱοὶ Ιακωβ εἰσῆλθον ἐπὶ τοὺς τραυματίας καὶ διήρπασαν 27 τὴν πόλιν, ἐν ᾗ ἐμίαναν Διναν τὴν ἀδελφὴν αὐτῶν, ²⁸καὶ τὰ πρό- 28 βατα αὐτῶν καὶ τοὺς βόας αὐτῶν καὶ τοὺς ὄνους αὐτῶν, ὅσα τε ἦν ἐν τῇ πόλει καὶ ὅσα ἦν ἐν τῷ πεδίῳ, ἔλαβον. ²⁹καὶ πάντα τὰ 29 σώματα αὐτῶν καὶ πᾶσαν τὴν ἀποσκευὴν αὐτῶν καὶ τὰς γυναῖκας αὐτῶν ἠχμαλώτευσαν, καὶ διήρπασαν ὅσα τε ἦν ἐν τῇ πόλει καὶ ὅσα ἦν ἐν ταῖς οἰκίαις. ³⁰εἶπεν δὲ Ιακωβ Συμεων καὶ Λευι Μιση- 30 τόν με πεποιήκατε ὥστε πονηρόν με εἶναι πᾶσιν τοῖς κατοικοῦσιν τὴν γῆν, ἔν τε τοῖς Χαναναίοις καὶ τοῖς Φερεζαίοις· ἐγὼ δὲ ὀλι-γοστός εἰμι ἐν ἀριθμῷ, καὶ συναχθέντες ἐπ' ἐμὲ συγκόψουσίν με, καὶ ἐκτριβήσομαι ἐγὼ καὶ ὁ οἶκός μου. ³¹οἱ δὲ εἶπαν Ἀλλ' ὡσεὶ 31 πόρνη χρήσωνται τῇ ἀδελφῇ ἡμῶν;

¹Εἶπεν δὲ ὁ θεὸς πρὸς Ιακωβ Ἀναστὰς ἀνάβηθι εἰς τὸν τόπον 35 Βαιθηλ καὶ οἴκει ἐκεῖ καὶ ποίησον ἐκεῖ θυσιαστήριον τῷ θεῷ τῷ ὀφθέντι σοι ἐν τῷ ἀποδιδράσκειν σε ἀπὸ προσώπου Ησαυ τοῦ ἀδελφοῦ σου. ²εἶπεν δὲ Ιακωβ τῷ οἴκῳ αὐτοῦ καὶ πᾶσιν τοῖς 2 μετ' αὐτοῦ Ἄρατε τοὺς θεοὺς τοὺς ἀλλοτρίους τοὺς μεθ' ὑμῶν ἐκ μέσου ὑμῶν καὶ καθαρίσασθε καὶ ἀλλάξατε τὰς στολὰς ὑμῶν,

---

23 και 2⁰ — τετραποδα 911] και τα υπαρχ. και τα τετρ. αυτων [και τα υπαρχ. αυτων] A (Aᶜ om. uerba uncis inclusa) || 24 εισηκουσεν A⁺ || 25 οι 2⁰ 911] > A || 26 συχεμ 1⁰] pr. τον A⁺ | δεινα A || 30 πασιν 911] > A | εκτριβομαι A⁺ 35 2 τους μεθ υμων 911] > A

3 ³καὶ ἀναστάντες ἀναβῶμεν εἰς Βαιθηλ καὶ ποιήσωμεν ἐκεῖ θυσια-
στήριον τῷ θεῷ τῷ ἐπακούσαντί μοι ἐν ἡμέρᾳ θλίψεως, ὃς ἦν
4 μετ᾽ ἐμοῦ καὶ διέσωσέν με ἐν τῇ ὁδῷ, ᾗ ἐπορεύθην. ⁴καὶ ἔδωκαν
τῷ Ιακωβ τοὺς θεοὺς τοὺς ἀλλοτρίους, οἳ ἦσαν ἐν ταῖς χερσὶν
αὐτῶν, καὶ τὰ ἐνώτια τὰ ἐν τοῖς ὠσὶν αὐτῶν, καὶ κατέκρυψεν
αὐτὰ Ιακωβ ὑπὸ τὴν τερέμινθον τὴν ἐν Σικιμοις καὶ ἀπώλεσεν
5 αὐτὰ ἕως τῆς σήμερον ἡμέρας. ⁵καὶ ἐξῆρεν Ισραηλ ἐκ Σικιμων,
καὶ ἐγένετο φόβος θεοῦ ἐπὶ τὰς πόλεις τὰς κύκλῳ αὐτῶν, καὶ οὐ
6 κατεδίωξαν ὀπίσω τῶν υἱῶν Ισραηλ. ⁶ἦλθεν δὲ Ιακωβ εἰς Λουζα,
ἥ ἐστιν ἐν γῇ Χανααν, ἥ ἐστιν Βαιθηλ, αὐτὸς καὶ πᾶς ὁ λαός,
7 ὃς ἦν μετ᾽ αὐτοῦ. ⁷καὶ ᾠκοδόμησεν ἐκεῖ θυσιαστήριον καὶ ἐκά-
λεσεν τὸ ὄνομα τοῦ τόπου Βαιθηλ· ἐκεῖ γὰρ ἐπεφάνη αὐτῷ ὁ
θεὸς ἐν τῷ ἀποδιδράσκειν αὐτὸν ἀπὸ προσώπου Ησαυ τοῦ ἀδελ-
8 φοῦ αὐτοῦ. ⁸ἀπέθανεν δὲ Δεββωρα ἡ τροφὸς Ρεβεκκας κατώτε-
ρον Βαιθηλ ὑπὸ τὴν βάλανον, καὶ ἐκάλεσεν Ιακωβ τὸ ὄνομα αὐ-
τῆς Βάλανος πένθους.

9 ⁹Ὤφθη δὲ ὁ θεὸς Ιακωβ ἔτι ἐν Λουζα, ὅτε παρεγένετο ἐκ Μεσο-
10 ποταμίας τῆς Συρίας, καὶ ηὐλόγησεν αὐτὸν ὁ θεός. ¹⁰καὶ εἶπεν
αὐτῷ ὁ θεὸς Τὸ ὄνομά σου Ιακωβ· οὐ κληθήσεται ἔτι Ιακωβ,
11 ἀλλ᾽ Ισραηλ ἔσται τὸ ὄνομά σου. ¹¹εἶπεν δὲ αὐτῷ ὁ θεὸς Ἐγὼ
ὁ θεός σου· αὐξάνου καὶ πληθύνου· ἔθνη καὶ συναγωγαὶ ἐθνῶν
ἔσονται ἐκ σοῦ, καὶ βασιλεῖς ἐκ τῆς ὀσφύος σου ἐξελεύσονται.
12 ¹²καὶ τὴν γῆν, ἣν δέδωκα Αβρααμ καὶ Ισαακ, σοὶ δέδωκα αὐτήν·
σοὶ ἔσται, καὶ τῷ σπέρματί σου μετὰ σὲ δώσω τὴν γῆν ταύτην.
13 ¹³ἀνέβη δὲ ὁ θεὸς ἀπ᾽ αὐτοῦ ἐκ τοῦ τόπου, οὗ ἐλάλησεν μετ᾽ αὐ-
14 τοῦ. ¹⁴καὶ ἔστησεν Ιακωβ στήλην ἐν τῷ τόπῳ, ᾧ ἐλάλησεν μετ᾽
αὐτοῦ, στήλην λιθίνην, καὶ ἔσπεισεν ἐπ᾽ αὐτὴν σπονδὴν καὶ ἐπέ-
15 χεεν ἐπ᾽ αὐτὴν ἔλαιον. ¹⁵καὶ ἐκάλεσεν Ιακωβ τὸ ὄνομα τοῦ τόπου,
ἐν ᾧ ἐλάλησεν μετ᾽ αὐτοῦ ἐκεῖ ὁ θεός, Βαιθηλ.

16 ¹⁶Ἀπάρας δὲ Ιακωβ ἐκ Βαιθηλ ἔπηξεν τὴν σκηνὴν αὐτοῦ ἐπέ-
κεινα τοῦ πύργου Γαδερ. ἐγένετο δὲ ἡνίκα ἤγγισεν χαβραθα εἰς
γῆν ἐλθεῖν Εφραθα, ἔτεκεν Ραχηλ καὶ ἐδυστόκησεν ἐν τῷ τοκετῷ.
17 ¹⁷ἐγένετο δὲ ἐν τῷ σκληρῶς αὐτὴν τίκτειν εἶπεν αὐτῇ ἡ μαῖα
18 Θάρσει, καὶ γὰρ οὗτός σοί ἐστιν υἱός. ¹⁸ἐγένετο δὲ ἐν τῷ
ἀφιέναι αὐτὴν τὴν ψυχήν — ἀπέθνησκεν γάρ — ἐκάλεσεν τὸ ὄνομα
αὐτοῦ Υἱὸς ὀδύνης μου· ὁ δὲ πατὴρ ἐκάλεσεν αὐτὸν Βενιαμιν.
19 ¹⁹ἀπέθανεν δὲ Ραχηλ καὶ ἐτάφη ἐν τῇ ὁδῷ Εφραθα (αὕτη ἐστὶν
20 Βηθλεεμ). ²⁰καὶ ἔστησεν Ιακωβ στήλην ἐπὶ τοῦ μνημείου αὐτῆς·
αὕτη ἐστὶν στήλη μνημείου Ραχηλ ἕως τῆς σήμερον ἡμέρας.

3 επορευθην 911] -ρευομην A || 4 τερεμινθον 911] β pro μ A, sed cf. 14 6
43 11 || 10 ιακωβ 1⁰ D] > A || 11 εθνη D] pr. και A || 12 σοι εσται D] > A ||
17 σοι > A† || 18 πατηρ L] + αυτου A (in O sub ※) || 21 𝔐: uide 𝔊 16

²² Ἐγένετο δὲ ἡνίκα κατῴκησεν Ισραηλ ἐν τῇ γῇ ἐκείνῃ, ἐπορεύθη 22
Ρουβην καὶ ἐκοιμήθη μετὰ Βαλλας τῆς παλλακῆς τοῦ πατρὸς αὐτοῦ·
καὶ ἤκουσεν Ισραηλ, καὶ πονηρὸν ἐφάνη ἐναντίον αὐτοῦ.
⁷Ἦσαν δὲ οἱ υἱοὶ Ιακωβ δώδεκα. ²³ υἱοὶ Λειας· πρωτότοκος Ιακωβ 23
Ρουβην, Συμεων, Λευι, Ιουδας, Ισσαχαρ, Ζαβουλων. ²⁴ υἱοὶ δὲ Ραχηλ· 24
Ιωσηφ καὶ Βενιαμιν. ²⁵ υἱοὶ δὲ Βαλλας παιδίσκης Ραχηλ· Δαν καὶ 25
Νεφθαλι. ²⁶ υἱοὶ δὲ Ζελφας παιδίσκης Λειας· Γαδ καὶ Ασηρ. οὗτοι 26
υἱοὶ Ιακωβ, οἳ ἐγένοντο αὐτῷ ἐν Μεσοποταμίᾳ τῆς Συρίας
²⁷ ῏Ηλθεν δὲ Ιακωβ πρὸς Ισαακ τὸν πατέρα αὐτοῦ εἰς Μαμβρη 27
εἰς πόλιν τοῦ πεδίου (αὕτη ἐστὶν Χεβρων) ἐν γῇ Χανααν, οὗ παρῴ-
κησεν Αβρααμ καὶ Ισαακ. ²⁸ ἐγένοντο δὲ αἱ ἡμέραι Ισαακ, ἃς ἔζη- 28
σεν, ἔτη ἑκατὸν ὀγδοήκοντα· ²⁹ καὶ ἐκλιπὼν ἀπέθανεν καὶ προσε- 29
τέθη πρὸς τὸ γένος αὐτοῦ πρεσβύτερος καὶ πλήρης ἡμερῶν, καὶ
ἔθαψαν αὐτὸν Ησαυ καὶ Ιακωβ οἱ υἱοὶ αὐτοῦ.
¹ Αὗται δὲ αἱ γενέσεις Ησαυ (αὐτός ἐστιν Εδωμ)· ² Ησαυ δὲ ἔλα- 36
βεν γυναῖκας ἑαυτῷ ἀπὸ τῶν θυγατέρων τῶν Χαναναίων, τὴν Αδα
θυγατέρα Αιλων τοῦ Χετταίου καὶ τὴν Ελιβεμα θυγατέρα Ανα τοῦ
υἱοῦ Σεβεγων τοῦ Ευαίου ³ καὶ τὴν Βασεμμαθ θυγατέρα Ισμαηλ 3
ἀδελφὴν Ναβαιωθ. ⁴ ἔτεκεν δὲ Αδα τῷ Ησαυ τὸν Ελιφας, καὶ Βα- 4
σεμμαθ ἔτεκεν τὸν Ραγουηλ, ⁵ καὶ Ελιβεμα ἔτεκεν τὸν Ιεους καὶ 5
τὸν Ιεγλομ καὶ τὸν Κορε· οὗτοι υἱοὶ Ησαυ, οἳ ἐγένοντο αὐτῷ ἐν
γῇ Χανααν. ⁶ ἔλαβεν δὲ Ησαυ τὰς γυναῖκας αὐτοῦ καὶ τοὺς υἱοὺς 6
καὶ τὰς θυγατέρας καὶ πάντα τὰ σώματα τοῦ οἴκου αὐτοῦ καὶ
πάντα τὰ ὑπάρχοντα καὶ πάντα τὰ κτήνη καὶ πάντα, ὅσα ἐκτή-
σατο καὶ ὅσα περιεποιήσατο ἐν γῇ Χανααν, καὶ ἐπορεύθη ἐκ τῆς
Χανααν ἀπὸ προσώπου Ιακωβ τοῦ ἀδελφοῦ αὐτοῦ· ⁷ ἦν γὰρ αὐ- 7
τῶν τὰ ὑπάρχοντα πολλὰ τοῦ οἰκεῖν ἅμα, καὶ οὐκ ἐδύνατο ἡ γῆ
τῆς παροικήσεως αὐτῶν φέρειν αὐτοὺς ἀπὸ τοῦ πλήθους τῶν
ὑπαρχόντων αὐτῶν. ⁸ ᾤκησεν δὲ Ησαυ ἐν τῷ ὄρει Σηιρ (Ησαυ 8
αὐτός ἐστιν Εδωμ).
⁹ Αὗται δὲ αἱ γενέσεις Ησαυ πατρὸς Εδωμ ἐν τῷ ὄρει Σηιρ, 9
¹⁰ καὶ ταῦτα τὰ ὀνόματα τῶν υἱῶν Ησαυ· Ελιφας υἱὸς Αδας γυναικὸς 10
Ησαυ καὶ Ραγουηλ υἱὸς Βασεμμαθ γυναικὸς Ησαυ. ¹¹ ἐγένοντο δὲ 11
υἱοὶ Ελιφας· Θαιμαν, Ωμαρ, Σωφαρ, Γοθομ καὶ Κενεζ· ¹² Θαμνα δὲ 12
ἦν παλλακὴ Ελιφας τοῦ υἱοῦ Ησαυ καὶ ἔτεκεν τῷ Ελιφας τὸν
Αμαληκ· οὗτοι υἱοὶ Αδας γυναικὸς Ησαυ. ¹³ οὗτοι δὲ υἱοὶ Ραγουηλ· 13
Ναχοθ, Ζαρε, Σομε καὶ Μοζε· οὗτοι ἦσαν υἱοὶ Βασεμμαθ γυναικὸς

---

23 λευι mu.] λευεις Α || 25 νεφθαλι pau.] -λειμ Α || 26 υιοι 2⁰ mu.] pr. οι Α
36 2 αιλων compl.] ελωμ Α | ελιβεμα: sic Α in 14. 18 (2⁰). 41, sed Α in 2.
5. 18 (1⁰). 25 ολιβεμα || 6 παντα 3⁰ D] > Α || 10 αδας D] αδα Α: item
in 12 || 11 υιοι] pr. οι Α | ωμαν Α (sed in 15 Α ωμαρ) || 12 υιοι] pr. οι Α†
|| 13 ναχομ Α† (sed in 17 Α ναχοθ) | μασεμμαθ Α: item in 17 (sed in 3 Α βασ.)

14 Ησαυ. ¹⁴οὗτοι δὲ ἦσαν υἱοὶ Ελιβεμας θυγατρὸς Ανα τοῦ υἱοῦ
  Σεβεγων, γυναικὸς Ησαυ· ἔτεκεν δὲ τῷ Ησαυ τὸν Ιεους καὶ τὸν
15 Ιεγλομ καὶ τὸν Κορε. — ¹⁵οὗτοι ἡγεμόνες υἱοὶ Ησαυ· υἱοὶ Ελιφας
  πρωτοτόκου Ησαυ· ἡγεμὼν Θαιμαν, ἡγεμὼν Ωμαρ, ἡγεμὼν Σωφαρ,
16 ἡγεμὼν Κενεζ, ¹⁶ἡγεμὼν Κορε, ἡγεμὼν Γοθομ, ἡγεμὼν Αμαληκ·
17 οὗτοι ἡγεμόνες Ελιφας ἐν γῇ Ιδουμαίᾳ· οὗτοι υἱοὶ Αδας. ¹⁷καὶ
  οὗτοι υἱοὶ Ραγουηλ υἱοῦ Ησαυ· ἡγεμὼν Ναχοθ, ἡγεμὼν Ζαρε,
  ἡγεμὼν Σομε, ἡγεμὼν Μοζε· οὗτοι ἡγεμόνες Ραγουηλ ἐν τῇ Εδωμ·
18 οὗτοι υἱοὶ Βασεμμαθ γυναικὸς Ησαυ. ¹⁸οὗτοι δὲ υἱοὶ Ελιβεμας
  γυναικὸς Ησαυ· ἡγεμὼν Ιεους, ἡγεμὼν Ιεγλομ, ἡγεμὼν Κορε· οὗτοι
19 ἡγεμόνες Ελιβεμας. — ¹⁹οὗτοι υἱοὶ Ησαυ, καὶ οὗτοι ἡγεμόνες αὐ-
  τῶν. οὗτοί εἰσιν υἱοὶ Εδωμ.
20   ²⁰Οὗτοι δὲ υἱοὶ Σηιρ τοῦ Χορραίου τοῦ κατοικοῦντος τὴν γῆν·
21 Λωταν, Σωβαλ, Σεβεγων, Ανα ²¹καὶ Δησων καὶ Ασαρ καὶ Ρισων·
  οὗτοι ἡγεμόνες τοῦ Χορραίου τοῦ υἱοῦ Σηιρ ἐν τῇ γῇ Εδωμ.
22 ²²ἐγένοντο δὲ υἱοὶ Λωταν· Χορρι καὶ Αιμαν· ἀδελφὴ δὲ Λωταν
23 Θαμνα. ²³οὗτοι δὲ υἱοὶ Σωβαλ· Γωλων καὶ Μαναχαθ καὶ Γαιβηλ,
24 Σωφ καὶ Ωμαν. ²⁴καὶ οὗτοι υἱοὶ Σεβεγων· Αιε καὶ Ωναν· οὗτός
  ἐστιν ὁ Ωνας, ὃς εὗρεν τὸν Ιαμιν ἐν τῇ ἐρήμῳ, ὅτε ἔνεμεν τὰ
25 ὑποζύγια Σεβεγων τοῦ πατρὸς αὐτοῦ. ²⁵οὗτοι δὲ υἱοὶ Ανα· Δησων·
26 καὶ Ελιβεμα θυγάτηρ Ανα. ²⁶οὗτοι δὲ υἱοὶ Δησων· Αμαδα καὶ
27 Ασβαν καὶ Ιεθραν καὶ Χαρραν. ²⁷οὗτοι δὲ υἱοὶ Ασαρ· Βαλααν καὶ
28 Ζουκαμ καὶ Ιωυκαμ καὶ Ουκαν. ²⁸οὗτοι δὲ υἱοὶ Ρισων· Ως καὶ
29 Αραμ. — ²⁹οὗτοι ἡγεμόνες Χορρι· ἡγεμὼν Λωταν, ἡγεμὼν Σωβαλ,
30 ἡγεμὼν Σεβεγων, ἡγεμὼν Ανα, ³⁰ἡγεμὼν Δησων, ἡγεμὼν Ασαρ,
  ἡγεμὼν Ρισων. οὗτοι ἡγεμόνες Χορρι ἐν ταῖς ἡγεμονίαις αὐτῶν
  ἐν γῇ Εδωμ.
31   ³¹Καὶ οὗτοι οἱ βασιλεῖς οἱ βασιλεύσαντες ἐν Εδωμ πρὸ τοῦ
32 βασιλεῦσαι βασιλέα ἐν Ισραηλ. ³²καὶ ἐβασίλευσεν ἐν Εδωμ Βαλακ
33 υἱὸς τοῦ Βεωρ, καὶ ὄνομα τῇ πόλει αὐτοῦ Δενναβα. ³³ἀπέθανεν
  δὲ Βαλακ, καὶ ἐβασίλευσεν ἀντ' αὐτοῦ Ιωβαβ υἱὸς Ζαρα ἐκ Βοσορ-
34 ρας. ³⁴ἀπέθανεν δὲ Ιωβαβ, καὶ ἐβασίλευσεν ἀντ' αὐτοῦ Ασομ ἐκ
35 τῆς γῆς Θαιμανων. ³⁵ἀπέθανεν δὲ Ασομ, καὶ ἐβασίλευσεν ἀντ' αὐ-
  τοῦ Αδαδ υἱὸς Βαραδ ὁ ἐκκόψας Μαδιαμ ἐν τῷ πεδίῳ Μωαβ, καὶ
36 ὄνομα τῇ πόλει αὐτοῦ Γεθθαιμ. ³⁶ἀπέθανεν δὲ Αδαδ, καὶ ἐβασί-
37 λευσεν ἀντ' αὐτοῦ Σαμαλα ἐκ Μασεκκας. ³⁷ἀπέθανεν δὲ Σαμαλα,

14 ησαν compl.] > A | ιευς A†: cf. 18 ‖ 15 ηγεμονες D] pr. οι A | υιοι
1⁰] υιου A† ‖ 16 γοθα A (sed in 11 A γοθομ) ‖ 17 σομε .. μοζε] tr. A†
(sed in 13 A σομε .. μοζε) ‖ 18 ιεουλ A: cf. 14 ‖ 19 ουτοι 1⁰] + δε A† |
ηγεμ. mu.] pr. οι A | εισιν] + οι ηγεμονες αυτων A† ‖ 21 ασαρ] σααρ A†:item
in 27†. 30 | ηγεμονες] pr. οι A† ‖ 31 ισραηλ] ιερουσαλημ A† ‖ 33 ιωβαδ A†
(sed in 34 A ιωβαβ) ‖ 34 της mu.] > A ‖ 36 σαμαλα] σαλαμα A†: item in 37

καὶ ἐβασίλευσεν ἀντ᾽ αὐτοῦ Σαουλ ἐκ Ρωβωθ τῆς παρὰ ποταμόν.
³⁸ ἀπέθανεν δὲ Σαουλ, καὶ ἐβασίλευσεν ἀντ᾽ αὐτοῦ Βαλαεννων υἱὸς 38
Αχοβωρ. ³⁹ ἀπέθανεν δὲ Βαλαεννων υἱὸς Αχοβωρ, καὶ ἐβασίλευσεν 39
ἀντ᾽ αὐτοῦ Αραδ υἱὸς Βαραδ, καὶ ὄνομα τῇ πόλει αὐτοῦ Φογωρ,
ὄνομα δὲ τῇ γυναικὶ αὐτοῦ Μαιτεβεηλ θυγάτηρ Ματραιθ υἱοῦ
Μαιζοοβ.
⁴⁰ Ταῦτα τὰ ὀνόματα τῶν ἡγεμόνων Ησαυ ἐν ταῖς φυλαῖς αὐτῶν 40
κατὰ τόπον αὐτῶν, ἐν ταῖς χώραις αὐτῶν καὶ ἐν τοῖς ἔθνεσιν
αὐτῶν· ἡγεμὼν Θαμνα, ἡγεμὼν Γωλα, ἡγεμὼν Ιεθερ, ⁴¹ ἡγεμὼν 41
Ελιβεμας, ἡγεμὼν Ηλας, ἡγεμὼν Φινων, ⁴² ἡγεμὼν Κενεζ, ἡγεμὼν 42
Θαιμαν, ἡγεμὼν Μαζαρ, ⁴³ ἡγεμὼν Μεγεδιηλ, ἡγεμὼν Ζαφωιμ. οὗ- 43
τοι ἡγεμόνες Εδωμ ἐν ταῖς κατῳκοδομημέναις ἐν τῇ γῇ τῆς κτή-
σεως αὐτῶν.

Οὗτος Ησαυ πατὴρ Εδωμ.

¹ Κατῴκει δὲ Ιακωβ ἐν τῇ γῇ, οὗ παρῴκησεν ὁ πατὴρ αὐτοῦ, 37
ἐν γῇ Χανααν. ² αὗται δὲ αἱ γενέσεις Ιακωβ· Ιωσηφ δέκα ἑπτὰ 2
ἐτῶν ἦν ποιμαίνων μετὰ τῶν ἀδελφῶν αὐτοῦ τὰ πρόβατα ὢν
νέος, μετὰ τῶν υἱῶν Βαλλας καὶ μετὰ τῶν υἱῶν Ζελφας τῶν γυ-
ναικῶν τοῦ πατρὸς αὐτοῦ· κατήνεγκεν δὲ Ιωσηφ ψόγον πονηρὸν
πρὸς Ισραηλ τὸν πατέρα αὐτῶν. ³ Ιακωβ δὲ ἠγάπα τὸν Ιωσηφ 3
παρὰ πάντας τοὺς υἱοὺς αὐτοῦ, ὅτι υἱὸς γήρους ἦν αὐτῷ· ἐποί-
ησεν δὲ αὐτῷ χιτῶνα ποικίλον. ⁴ ἰδόντες δὲ οἱ ἀδελφοὶ αὐτοῦ ὅτι 4
αὐτὸν ὁ πατὴρ φιλεῖ ἐκ πάντων τῶν υἱῶν αὐτοῦ, ἐμίσησαν αὐτὸν
καὶ οὐκ ἐδύναντο λαλεῖν αὐτῷ οὐδὲν εἰρηνικόν.

⁵ Ἐνυπνιασθεὶς δὲ Ιωσηφ ἐνύπνιον ἀπήγγειλεν αὐτὸ τοῖς ἀδελ- 5
φοῖς αὐτοῦ ⁶ καὶ εἶπεν αὐτοῖς Ἀκούσατε τοῦ ἐνυπνίου τούτου, οὗ 6
ἐνυπνιάσθην· ⁷ ᾤμην ἡμᾶς δεσμεύειν δράγματα ἐν μέσῳ τῷ πεδίῳ, 7
καὶ ἀνέστη τὸ ἐμὸν δράγμα καὶ ὠρθώθη, περιστραφέντα δὲ τὰ
δράγματα ὑμῶν προσεκύνησαν τὸ ἐμὸν δράγμα. ⁸ εἶπαν δὲ αὐτῷ 8
οἱ ἀδελφοί Μὴ βασιλεύων βασιλεύσεις ἐφ᾽ ἡμᾶς ἢ κυριεύων κυριεύ-
σεις ἡμῶν; καὶ προσέθεντο ἔτι μισεῖν αὐτὸν ἕνεκεν τῶν ἐνυ-
πνίων αὐτοῦ καὶ ἕνεκεν τῶν ῥημάτων αὐτοῦ. — ⁹ εἶδεν δὲ ἐνύπνιον 9
ἕτερον καὶ διηγήσατο αὐτὸ τῷ πατρὶ αὐτοῦ καὶ τοῖς ἀδελφοῖς αὐ-
τοῦ καὶ εἶπεν Ἰδοὺ ἐνυπνιασάμην ἐνύπνιον ἕτερον, ὥσπερ ὁ ἥλιος
καὶ ἡ σελήνη καὶ ἕνδεκα ἀστέρες προσεκύνουν με. ¹⁰ καὶ ἐπετί- 10
μησεν αὐτῷ ὁ πατὴρ αὐτοῦ καὶ εἶπεν αὐτῷ Τί τὸ ἐνύπνιον τοῦτο,
ὃ ἐνυπνιάσθης; ἆρά γε ἐλθόντες ἐλευσόμεθα ἐγώ τε καὶ ἡ μήτηρ

---

39 αραδ pau.] αραθ A | βαραδ mu.] βαραθ A | μαιτεβεηλ Ra.] μετ. A ‖
40 ιεθερ] ιεβερ A⁺ ‖ 41 φινες A⁺ ‖ 43 μετοδιηλ A⁺ | ζαφωει A⁺
37 2 κατηνεγκεν L] -καν A ‖ 4 ο πατηρ φιλει L] εφιλει ο π. αυτου A ‖
7 ημας pau.] υμας A ‖ 9 ενυπνιασαμην mu.] -ιασθην A ‖ 10 αυτω 2⁰ > A⁺

11 σου καὶ οἱ ἀδελφοί σου προσκυνῆσαί σοι ἐπὶ τὴν γῆν; ¹¹ἐζήλωσαν
δὲ αὐτὸν οἱ ἀδελφοὶ αὐτοῦ, ὁ δὲ πατὴρ αὐτοῦ διετήρησεν τὸ ῥῆμα.
12　¹²Ἐπορεύθησαν δὲ οἱ ἀδελφοὶ αὐτοῦ βόσκειν τὰ πρόβατα τοῦ
13 πατρὸς αὐτῶν εἰς Συχεμ. ¹³καὶ εἶπεν Ισραηλ πρὸς Ιωσηφ Οὐχ
οἱ ἀδελφοί σου ποιμαίνουσιν ἐν Συχεμ; δεῦρο ἀποστείλω σε πρὸς
14 αὐτούς. εἶπεν δὲ αὐτῷ Ἰδοὺ ἐγώ. ¹⁴εἶπεν δὲ αὐτῷ Ισραηλ Πορευ-
θεὶς ἰδὲ εἰ ὑγιαίνουσιν οἱ ἀδελφοί σου καὶ τὰ πρόβατα, καὶ ἀνάγ-
γειλόν μοι. καὶ ἀπέστειλεν αὐτὸν ἐκ τῆς κοιλάδος τῆς Χεβρων,
15 καὶ ἦλθεν εἰς Συχεμ. ¹⁵καὶ εὗρεν αὐτὸν ἄνθρωπος πλανώμενον
ἐν τῷ πεδίῳ· ἠρώτησεν δὲ αὐτὸν ὁ ἄνθρωπος λέγων Τί ζητεῖς;
16 ¹⁶ὁ δὲ εἶπεν Τοὺς ἀδελφούς μου ζητῶ· ἀνάγγειλόν μοι, ποῦ βό-
17 σκουσιν. ¹⁷εἶπεν δὲ αὐτῷ ὁ ἄνθρωπος Ἀπήρκασιν ἐντεῦθεν· ἤκου-
σα γὰρ αὐτῶν λεγόντων Πορευθῶμεν εἰς Δωθαϊμ. καὶ ἐπορεύθη
Ιωσηφ κατόπισθεν τῶν ἀδελφῶν αὐτοῦ καὶ εὗρεν αὐτοὺς ἐν Δω-
18 θαϊμ. ¹⁸προεῖδον δὲ αὐτὸν μακρόθεν πρὸ τοῦ ἐγγίσαι αὐτὸν
19 πρὸς αὐτοὺς καὶ ἐπονηρεύοντο τοῦ ἀποκτεῖναι αὐτόν. ¹⁹εἶπαν
δὲ ἕκαστος πρὸς τὸν ἀδελφὸν αὐτοῦ Ἰδοὺ ὁ ἐνυπνιαστὴς ἐκεῖ-
20 νος ἔρχεται· ²⁰νῦν οὖν δεῦτε ἀποκτείνωμεν αὐτὸν καὶ ῥίψωμεν
αὐτὸν εἰς ἕνα τῶν λάκκων καὶ ἐροῦμεν Θηρίον πονηρὸν κατέ-
21 φαγεν αὐτόν· καὶ ὀψόμεθα, τί ἔσται τὰ ἐνύπνια αὐτοῦ. ²¹ἀκού-
σας δὲ Ρουβην ἐξείλατο αὐτὸν ἐκ τῶν χειρῶν αὐτῶν καὶ εἶπεν
22 Οὐ πατάξομεν αὐτὸν εἰς ψυχήν. ²²εἶπεν δὲ αὐτοῖς Ρουβην Μὴ
ἐκχέητε αἷμα· ἐμβάλετε αὐτὸν εἰς τὸν λάκκον τοῦτον τὸν ἐν τῇ
ἐρήμῳ, χεῖρα δὲ μὴ ἐπενέγκητε αὐτῷ· ὅπως ἐξέληται αὐτὸν ἐκ
23 τῶν χειρῶν αὐτῶν καὶ ἀποδῷ αὐτὸν τῷ πατρὶ αὐτοῦ. ²³ἐγένετο
δὲ ἡνίκα ἦλθεν Ιωσηφ πρὸς τοὺς ἀδελφοὺς αὐτοῦ, ἐξέδυσαν τὸν
24 Ιωσηφ τὸν χιτῶνα τὸν ποικίλον τὸν περὶ αὐτὸν ²⁴καὶ λαβόντες
αὐτὸν ἔρριψαν εἰς τὸν λάκκον· ὁ δὲ λάκκος κενός, ὕδωρ οὐκ εἶχεν.
25　²⁵Ἐκάθισαν δὲ φαγεῖν ἄρτον καὶ ἀναβλέψαντες τοῖς ὀφθαλμοῖς
εἶδον, καὶ ἰδοὺ ὁδοιπόροι Ισμαηλῖται ἤρχοντο ἐκ Γαλααδ, καὶ αἱ
κάμηλοι αὐτῶν ἔγεμον θυμιαμάτων καὶ ῥητίνης καὶ στακτῆς· ἐπο-
26 ρεύοντο δὲ καταγαγεῖν εἰς Αἴγυπτον. ²⁶εἶπεν δὲ Ιουδας πρὸς τοὺς
ἀδελφοὺς αὐτοῦ Τί χρήσιμον, ἐὰν ἀποκτείνωμεν τὸν ἀδελφὸν
27 ἡμῶν καὶ κρύψωμεν τὸ αἷμα αὐτοῦ; ²⁷δεῦτε ἀποδώμεθα αὐτὸν τοῖς
Ισμαηλίταις τούτοις, αἱ δὲ χεῖρες ἡμῶν μὴ ἔστωσαν ἐπ᾽ αὐτόν, ὅτι
ἀδελφὸς ἡμῶν καὶ σὰρξ ἡμῶν ἐστιν. ἤκουσαν δὲ οἱ ἀδελφοὶ
28 αὐτοῦ. ²⁸καὶ παρεπορεύοντο οἱ ἄνθρωποι οἱ Μαδιηναῖοι οἱ ἔμ-
ποροι, καὶ ἐξείλκυσαν καὶ ἀνεβίβασαν τὸν Ιωσηφ ἐκ τοῦ λάκκου
καὶ ἀπέδοντο τὸν Ιωσηφ τοῖς Ισμαηλίταις εἴκοσι χρυσῶν, καὶ

16 αναγγειλον D] απαγγ. A　‖　17 εν L] εις A　‖　18 του ult. L] > A　|
20 εστιν A†　‖　22 εμβαλετε mu.] + δε A | τον λακκον τουτον τον mu.] ενα
των λακκων των A　‖　24 κενος D] εκεινος A　‖　25 αι D] οι A

κατήγαγον τὸν Ιωσηφ εἰς Αἴγυπτον. ²⁹ἀνέστρεψεν δὲ Ρουβην 29
ἐπὶ τὸν λάκκον καὶ οὐχ ὁρᾷ τὸν Ιωσηφ ἐν τῷ λάκκῳ καὶ
διέρρηξεν τὰ ἱμάτια αὐτοῦ. ³⁰καὶ ἀνέστρεψεν πρὸς τοὺς ἀδελ- 30
φοὺς αὐτοῦ καὶ εἶπεν Τὸ παιδάριον οὐκ ἔστιν· ἐγὼ δὲ ποῦ
πορεύομαι ἔτι;
³¹Λαβόντες δὲ τὸν χιτῶνα τοῦ Ιωσηφ ἔσφαξαν ἔριφον αἰγῶν 31
καὶ ἐμόλυναν τὸν χιτῶνα τῷ αἵματι. ³²καὶ ἀπέστειλαν τὸν χιτῶνα 32
τὸν ποικίλον καὶ εἰσήνεγκαν τῷ πατρὶ αὐτῶν καὶ εἶπαν Τοῦτον
εὕρομεν· ἐπίγνωθι εἰ χιτὼν τοῦ υἱοῦ σού ἐστιν ἢ οὔ. ³³καὶ ἐπέγνω 33
αὐτὸν καὶ εἶπεν Χιτὼν τοῦ υἱοῦ μού ἐστιν· θηρίον πονηρὸν κατέ-
φαγεν αὐτόν, θηρίον ἥρπασεν τὸν Ιωσηφ. ³⁴διέρρηξεν δὲ Ιακωβ 34
τὰ ἱμάτια αὐτοῦ καὶ ἐπέθετο σάκκον ἐπὶ τὴν ὀσφὺν αὐτοῦ καὶ
ἐπένθει τὸν υἱὸν αὐτοῦ ἡμέρας πολλάς. ³⁵συνήχθησαν δὲ πάντες 35
οἱ υἱοὶ αὐτοῦ καὶ αἱ θυγατέρες καὶ ἦλθον παρακαλέσαι αὐτόν, καὶ
οὐκ ἤθελεν παρακαλεῖσθαι λέγων ὅτι Καταβήσομαι πρὸς τὸν υἱόν
μου πενθῶν εἰς ᾅδου. καὶ ἔκλαυσεν αὐτὸν ὁ πατὴρ αὐτοῦ. —
³⁶οἱ δὲ Μαδιηναῖοι ἀπέδοντο τὸν Ιωσηφ εἰς Αἴγυπτον τῷ Πετεφρη 36
τῷ σπάδοντι Φαραω, ἀρχιμαγείρῳ.
¹Ἐγένετο δὲ ἐν τῷ καιρῷ ἐκείνῳ κατέβη Ιουδας ἀπὸ τῶν ἀδελ- 38
φῶν αὐτοῦ καὶ ἀφίκετο ἕως πρὸς ἄνθρωπόν τινα Οδολλαμίτην, ᾧ
ὄνομα Ιρας. ²καὶ εἶδεν ἐκεῖ Ιουδας θυγατέρα ἀνθρώπου Χανα- 2
ναίου, ᾗ ὄνομα Σαυα, καὶ ἔλαβεν αὐτὴν καὶ εἰσῆλθεν πρὸς αὐτήν.
³καὶ συλλαβοῦσα ἔτεκεν υἱὸν καὶ ἐκάλεσεν τὸ ὄνομα αὐτοῦ Ηρ. 3
⁴καὶ συλλαβοῦσα ἔτι ἔτεκεν υἱὸν καὶ ἐκάλεσεν τὸ ὄνομα αὐτοῦ 4
Αυναν. ⁵καὶ προσθεῖσα ἔτι ἔτεκεν υἱὸν καὶ ἐκάλεσεν τὸ ὄνομα 5
αὐτοῦ Σηλωμ. αὐτὴ δὲ ἦν ἐν Χασβι, ἡνίκα ἔτεκεν αὐτούς. ⁶καὶ 6
ἔλαβεν Ιουδας γυναῖκα Ηρ τῷ πρωτοτόκῳ αὐτοῦ, ᾗ ὄνομα Θαμαρ.
⁷ἐγένετο δὲ Ηρ πρωτότοκος Ιουδα πονηρὸς ἐναντίον κυρίου, καὶ 7
ἀπέκτεινεν αὐτὸν ὁ θεός. ⁸εἶπεν δὲ Ιουδας τῷ Αυναν Εἴσελθε 8
πρὸς τὴν γυναῖκα τοῦ ἀδελφοῦ σου καὶ γάμβρευσαι αὐτὴν καὶ
ἀνάστησον σπέρμα τῷ ἀδελφῷ σου. ⁹γνοὺς δὲ Αυναν ὅτι οὐκ 9
αὐτῷ ἔσται τὸ σπέρμα, ἐγίνετο ὅταν εἰσήρχετο πρὸς τὴν γυναῖκα
τοῦ ἀδελφοῦ αὐτοῦ, ἐξέχεεν ἐπὶ τὴν γῆν τοῦ μὴ δοῦναι σπέρμα
τῷ ἀδελφῷ αὐτοῦ. ¹⁰πονηρὸν δὲ ἐφάνη ἐναντίον τοῦ θεοῦ ὅτι 10
ἐποίησεν τοῦτο, καὶ ἐθανάτωσεν καὶ τοῦτον. ¹¹εἶπεν δὲ Ιουδας 11
Θαμαρ τῇ νύμφῃ αὐτοῦ Κάθου χήρα ἐν τῷ οἴκῳ τοῦ πατρός
σου, ἕως μέγας γένηται Σηλωμ ὁ υἱός μου· εἶπεν γὰρ Μήποτε
ἀποθάνῃ καὶ οὗτος ὥσπερ οἱ ἀδελφοὶ αὐτοῦ. ἀπελθοῦσα δὲ Θαμαρ
ἐκάθητο ἐν τῷ οἴκῳ τοῦ πατρὸς αὐτῆς.

31 τω > A⁺ || 34 πολλας] τινας A⁺ || 36 πετρεφη A⁺: -τρεφ- pro -τεφρ-
A etiam in 41 45⁺. 50 46 20⁺, sed in 39 1 A recte -τεφρ-
38 10 εφανη mu.] + το ρημα A

12   ¹² Ἐπληθύνθησαν δὲ αἱ ἡμέραι καὶ ἀπέθανεν Σαυα ἡ γυνὴ Ιουδα·
        καὶ παρακληθεὶς Ιουδας ἀνέβη ἐπὶ τοὺς κείροντας τὰ πρόβατα αὐ-
        τοῦ, αὐτὸς καὶ Ιρας ὁ ποιμὴν αὐτοῦ ὁ Οδολλαμίτης, εἰς Θαμνα.
13   ¹³ καὶ ἀπηγγέλη Θαμαρ τῇ νύμφῃ αὐτοῦ λέγοντες Ἰδοὺ ὁ πενθερός
14   σου ἀναβαίνει εἰς Θαμνα κεῖραι τὰ πρόβατα αὐτοῦ. ¹⁴ καὶ περιε-
        λομένη τὰ ἱμάτια τῆς χηρεύσεως ἀφ᾽ ἑαυτῆς περιεβάλετο θέριστρον
        καὶ ἐκαλλωπίσατο καὶ ἐκάθισεν πρὸς ταῖς πύλαις Αιναν, ἥ ἐστιν
        ἐν παρόδῳ Θαμνα· εἶδεν γὰρ ὅτι μέγας γέγονεν Σηλωμ, αὐτὸς δὲ
15   οὐκ ἔδωκεν αὐτὴν αὐτῷ γυναῖκα. ¹⁵ καὶ ἰδὼν αὐτὴν Ιουδας ἔδοξεν
        αὐτὴν πόρνην εἶναι· κατεκαλύψατο γὰρ τὸ πρόσωπον αὐτῆς, καὶ
16   οὐκ ἐπέγνω αὐτήν. ¹⁶ ἐξέκλινεν δὲ πρὸς αὐτὴν τὴν ὁδὸν καὶ εἶπεν
        αὐτῇ Ἔασόν με εἰσελθεῖν πρὸς σέ· οὐ γὰρ ἔγνω ὅτι ἡ νύμφη
        αὐτοῦ ἐστιν. ἡ δὲ εἶπεν Τί μοι δώσεις, ἐὰν εἰσέλθῃς πρός με;
17   ¹⁷ ὁ δὲ εἶπεν Ἐγώ σοι ἀποστελῶ ἔριφον αἰγῶν ἐκ τῶν προβά-
        των. ἡ δὲ εἶπεν Ἐὰν δῷς ἀρραβῶνα ἕως τοῦ ἀποστεῖλαί σε.
18   ¹⁸ ὁ δὲ εἶπεν Τίνα τὸν ἀρραβῶνά σοι δώσω; ἡ δὲ εἶπεν Τὸν
        δακτύλιόν σου καὶ τὸν ὁρμίσκον καὶ τὴν ῥάβδον τὴν ἐν τῇ χειρί
        σου. καὶ ἔδωκεν αὐτῇ καὶ εἰσῆλθεν πρὸς αὐτήν, καὶ ἐν γαστρὶ
19   ἔλαβεν ἐξ αὐτοῦ. ¹⁹ καὶ ἀναστᾶσα ἀπῆλθεν καὶ περιείλατο τὸ θέρι-
        στρον ἀφ᾽ ἑαυτῆς καὶ ἐνεδύσατο τὰ ἱμάτια τῆς χηρεύσεως αὐτῆς.
20   ²⁰ ἀπέστειλεν δὲ Ιουδας τὸν ἔριφον ἐξ αἰγῶν ἐν χειρὶ τοῦ πο μένος
        αὐτοῦ τοῦ Οδολλαμίτου κομίσασθαι τὸν ἀρραβῶνα παρὰ τῆς γυ-
21   ναικός, καὶ οὐχ εὗρεν αὐτήν. ²¹ ἐπηρώτησεν δὲ τοὺς ἄνδρας τοὺς
        ἐκ τοῦ τόπου Ποῦ ἐστιν ἡ πόρνη ἡ γενομένη ἐν Αιναν ἐπὶ τῆς
22   ὁδοῦ; καὶ εἶπαν Οὐκ ἦν ἐνταῦθα πόρνη. ²² καὶ ἀπεστράφη πρὸς
        Ιουδαν καὶ εἶπεν Οὐχ εὗρον, καὶ οἱ ἄνθρωποι οἱ ἐκ τοῦ τόπου
23   λέγουσιν μὴ εἶναι ὧδε πόρνην. ²³ εἶπεν δὲ Ιουδας Ἐχέτω αὐτά,
        ἀλλὰ μήποτε καταγελασθῶμεν· ἐγὼ μὲν ἀπέσταλκα τὸν ἔριφον
        τοῦτον, σὺ δὲ οὐχ εὕρηκας.

24   ²⁴ Ἐγένετο δὲ μετὰ τρίμηνον ἀπηγγέλη τῷ Ιουδα λέγοντες Ἐκ-
        πεπόρνευκεν Θαμαρ ἡ νύμφη σου καὶ ἰδοὺ ἐν γαστρὶ ἔχει ἐκ
        πορνείας. εἶπεν δὲ Ιουδας Ἐξαγάγετε αὐτήν, καὶ κατακαυθήτω.
25   ²⁵ αὐτὴ δὲ ἀγομένη ἀπέστειλεν πρὸς τὸν πενθερὸν αὐτῆς λέγουσα
        Ἐκ τοῦ ἀνθρώπου, τίνος ταῦτά ἐστιν, ἐγὼ ἐν γαστρὶ ἔχω. καὶ
        εἶπεν Ἐπίγνωθι, τίνος ὁ δακτύλιος καὶ ὁ ὁρμίσκος καὶ ἡ ῥάβδος
26   αὕτη. ²⁶ ἐπέγνω δὲ Ιουδας καὶ εἶπεν Δεδικαίωται Θαμαρ ἢ ἐγώ,
        οὗ εἵνεκεν οὐκ ἔδωκα αὐτὴν Σηλωμ τῷ υἱῷ μου. καὶ οὐ προσέ-
        θετο ἔτι τοῦ γνῶναι αὐτήν.

13 αναβαινει mu.] ανεβη Α ‖ 14 θεριστρον mu.] -στρω Α | σηλωμ mu.]
+ο υιος αυτου Α ‖ 17 αποστελλω Α ‖ 21 εκ] επι Α† ‖ 22 ωδε mu.]
ενταυθα Α

²⁷ Ἐγένετο δὲ ἡνίκα ἔτικτεν, καὶ τῇδε ἦν δίδυμα ἐν τῇ γαστρὶ 27
αὐτῆς. ²⁸ ἐγένετο δὲ ἐν τῷ τίκτειν αὐτὴν ὁ εἷς προεξήνεγκεν τὴν 28
χεῖρα· λαβοῦσα δὲ ἡ μαῖα ἔδησεν ἐπὶ τὴν χεῖρα αὐτοῦ κόκκινον
λέγουσα Οὗτος ἐξελεύσεται πρότερος. ²⁹ ὡς δὲ ἐπισυνήγαγεν τὴν 29
χεῖρα, καὶ εὐθὺς ἐξῆλθεν ὁ ἀδελφὸς αὐτοῦ. ἡ δὲ εἶπεν Τί διεκόπη
διὰ σὲ φραγμός; καὶ ἐκάλεσεν τὸ ὄνομα αὐτοῦ Φαρες. ³⁰ καὶ μετὰ 30
τοῦτο ἐξῆλθεν ὁ ἀδελφὸς αὐτοῦ, ἐφ᾽ ᾧ ἦν ἐπὶ τῇ χειρὶ αὐτοῦ τὸ
κόκκινον· καὶ ἐκάλεσεν τὸ ὄνομα αὐτοῦ Ζαρα.

¹ Ιωσηφ δὲ κατήχθη εἰς Αἴγυπτον, καὶ ἐκτήσατο αὐτὸν Πετεφρης 39
ὁ εὐνοῦχος Φαραω, ἀρχιμάγειρος, ἀνὴρ Αἰγύπτιος, ἐκ χειρὸς Ισμα-
ηλιτῶν, οἳ κατήγαγον αὐτὸν ἐκεῖ. ² καὶ ἦν κύριος μετὰ Ιωσηφ, 2
καὶ ἦν ἀνὴρ ἐπιτυγχάνων καὶ ἐγένετο ἐν τῷ οἴκῳ παρὰ τῷ κυρίῳ
τῷ Αἰγυπτίῳ. ³ ᾔδει δὲ ὁ κύριος αὐτοῦ ὅτι κύριος μετ᾽ αὐτοῦ καὶ 3
ὅσα ἂν ποιῇ, κύριος εὐοδοῖ ἐν ταῖς χερσὶν αὐτοῦ. ⁴ καὶ εὗρεν Ιω- 4
σηφ χάριν ἐναντίον τοῦ κυρίου αὐτοῦ, εὐηρέστει δὲ αὐτῷ, καὶ
κατέστησεν αὐτὸν ἐπὶ τοῦ οἴκου αὐτοῦ καὶ πάντα, ὅσα ἦν αὐτῷ,
ἔδωκεν διὰ χειρὸς Ιωσηφ. ⁵ ἐγένετο δὲ μετὰ τὸ κατασταθῆναι αὐ- 5
τὸν ἐπὶ τοῦ οἴκου αὐτοῦ καὶ ἐπὶ πάντα, ὅσα ἦν αὐτῷ, καὶ ηὐλό-
γησεν κύριος τὸν οἶκον τοῦ Αἰγυπτίου διὰ Ιωσηφ, καὶ ἐγενήθη
εὐλογία κυρίου ἐν πᾶσιν τοῖς ὑπάρχουσιν αὐτῷ ἐν τῷ οἴκῳ καὶ
ἐν τῷ ἀγρῷ. ⁶ καὶ ἐπέτρεψεν πάντα, ὅσα ἦν αὐτῷ, εἰς χεῖρας Ιω- 6
σηφ καὶ οὐκ ᾔδει τῶν καθ᾽ ἑαυτὸν οὐδὲν πλὴν τοῦ ἄρτου, οὗ
ἤσθιεν αὐτός.

Καὶ ἦν Ιωσηφ καλὸς τῷ εἴδει καὶ ὡραῖος τῇ ὄψει σφόδρα.
⁷ καὶ ἐγένετο μετὰ τὰ ῥήματα ταῦτα καὶ ἐπέβαλεν ἡ γυνὴ τοῦ κυ- 7
ρίου αὐτοῦ τοὺς ὀφθαλμοὺς αὐτῆς ἐπὶ Ιωσηφ καὶ εἶπεν Κοιμήθητι
μετ᾽ ἐμοῦ. ⁸ ὁ δὲ οὐκ ἤθελεν, εἶπεν δὲ τῇ γυναικὶ τοῦ κυρίου 8
αὐτοῦ Εἰ ὁ κύριός μου οὐ γινώσκει δι᾽ ἐμὲ οὐδὲν ἐν τῷ οἴκῳ
αὐτοῦ καὶ πάντα, ὅσα ἐστὶν αὐτῷ, ἔδωκεν εἰς τὰς χεῖράς μου ⁹ καὶ 9
οὐχ ὑπερέχει ἐν τῇ οἰκίᾳ ταύτῃ οὐθὲν ἐμοῦ οὐδὲ ὑπεξῄρηται ἀπ᾽
ἐμοῦ οὐδὲν πλὴν σοῦ διὰ τὸ σὲ γυναῖκα αὐτοῦ εἶναι, καὶ πῶς
ποιήσω τὸ ῥῆμα τὸ πονηρὸν τοῦτο καὶ ἁμαρτήσομαι ἐναντίον τοῦ
θεοῦ; ¹⁰ ἡνίκα δὲ ἐλάλει τῷ Ιωσηφ ἡμέραν ἐξ ἡμέρας, καὶ οὐχ 10
ὑπήκουσεν αὐτῇ καθεύδειν μετ᾽ αὐτῆς τοῦ συγγενέσθαι αὐτῇ. —
¹¹ ἐγένετο δὲ τοιαύτη τις ἡμέρα, εἰσῆλθεν Ιωσηφ εἰς τὴν οἰκίαν 11
ποιεῖν τὰ ἔργα αὐτοῦ, καὶ οὐθεὶς ἦν τῶν ἐν τῇ οἰκίᾳ ἔσω, ¹² καὶ 12
ἐπεσπάσατο αὐτὸν τῶν ἱματίων λέγουσα Κοιμήθητι μετ᾽ ἐμοῦ.

27 ετεκεν A† | γαστρι] κοιλια A†: cf. 25 24 ‖ 30 τουτο A*] -τον Aᶜ |
τη χειρι M] την -ρα A
39 1 αρχιμαγ. M] pr. ο A | χειρος M] -ρων A ‖ 5 εν 1⁰] επι A† ‖ 6 επε-
·τρεψεν M] επεστρ. A ‖ 9 ταυτη M] αυτου A ‖ 10 τω > A† | υπηκουσεν M]
-κουεν A ‖ 11 ποιειν] pr. του A† | των M] > A ‖ 12 ιματιων M] + αυτου A
(in O sub ※ uid.)

καὶ καταλιπὼν τὰ ἱμάτια αὐτοῦ ἐν ταῖς χερσὶν αὐτῆς ἔφυγεν καὶ
13 ἐξῆλθεν ἔξω. ¹³ καὶ ἐγένετο ὡς εἶδεν ὅτι κατέλιπεν τὰ ἱμάτια αὐτοῦ
14 ἐν ταῖς χερσὶν αὐτῆς καὶ ἔφυγεν καὶ ἐξῆλθεν ἔξω, ¹⁴ καὶ ἐκάλεσεν
τοὺς ὄντας ἐν τῇ οἰκίᾳ καὶ εἶπεν αὐτοῖς λέγουσα Ἴδετε, εἰσήγαγεν
ἡμῖν παῖδα Ἑβραῖον ἐμπαίζειν ἡμῖν· εἰσῆλθεν πρός με λέγων Κοι-
15 μήθητι μετ' ἐμοῦ, καὶ ἐβόησα φωνῇ μεγάλῃ· ¹⁵ ἐν δὲ τῷ ἀκοῦσαι
αὐτὸν ὅτι ὕψωσα τὴν φωνήν μου καὶ ἐβόησα, καταλιπὼν τὰ ἱμάτια
16 αὐτοῦ παρ' ἐμοὶ ἔφυγεν καὶ ἐξῆλθεν ἔξω. ¹⁶ καὶ καταλιμπάνει τὰ
17 ἱμάτια παρ' ἑαυτῇ, ἕως ἦλθεν ὁ κύριος εἰς τὸν οἶκον αὐτοῦ. ¹⁷ καὶ
ἐλάλησεν αὐτῷ κατὰ τὰ ῥήματα ταῦτα λέγουσα Εἰσῆλθεν πρός
με ὁ παῖς ὁ Εβραῖος, ὃν εἰσήγαγες πρὸς ἡμᾶς, ἐμπαῖξαί μοι καὶ
18 εἶπέν μοι Κοιμηθήσομαι μετὰ σοῦ· ¹⁸ ὡς δὲ ἤκουσεν ὅτι ὕψωσα
τὴν φωνήν μου καὶ ἐβόησα, κατέλιπεν τὰ ἱμάτια αὐτοῦ παρ' ἐμοὶ
19 καὶ ἔφυγεν καὶ ἐξῆλθεν ἔξω. ¹⁹ ἐγένετο δὲ ὡς ἤκουσεν ὁ κύριος
αὐτοῦ τὰ ῥήματα τῆς γυναικὸς αὐτοῦ, ὅσα ἐλάλησεν πρὸς αὐτὸν
λέγουσα Οὕτως ἐποίησέν μοι ὁ παῖς σου, καὶ ἐθυμώθη ὀργῇ.
20 ²⁰ καὶ λαβὼν ὁ κύριος Ιωσηφ ἐνέβαλεν αὐτὸν εἰς τὸ ὀχύρωμα, εἰς
τὸν τόπον, ἐν ᾧ οἱ δεσμῶται τοῦ βασιλέως κατέχονται ἐκεῖ ἐν
τῷ ὀχυρώματι.
21   ²¹ Καὶ ἦν κύριος μετὰ Ιωσηφ καὶ κατέχεεν αὐτοῦ ἔλεος καὶ ἔδω-
22 κεν αὐτῷ χάριν ἐναντίον τοῦ ἀρχιδεσμοφύλακος, ²² καὶ ἔδωκεν ὁ
ἀρχιδεσμοφύλαξ τὸ δεσμωτήριον διὰ χειρὸς Ιωσηφ καὶ πάντας
τοὺς ἀπηγμένους, ὅσοι ἐν τῷ δεσμωτηρίῳ, καὶ πάντα, ὅσα ποιοῦ-
23 σιν ἐκεῖ. ²³ οὐκ ἦν ὁ ἀρχιδεσμοφύλαξ τοῦ δεσμωτηρίου γινώσκων
δι' αὐτὸν οὐθέν· πάντα γὰρ ἦν διὰ χειρὸς Ιωσηφ διὰ τὸ τὸν κύριον
μετ' αὐτοῦ εἶναι, καὶ ὅσα αὐτὸς ἐποίει, κύριος εὐώδου ἐν ταῖς
χερσὶν αὐτοῦ.
40   ¹ Ἐγένετο δὲ μετὰ τὰ ῥήματα ταῦτα ἥμαρτεν ὁ ἀρχιοινοχόος
τοῦ βασιλέως Αἰγύπτου καὶ ὁ ἀρχισιτοποιὸς τῷ κυρίῳ αὐτῶν βα-
2 σιλεῖ Αἰγύπτου. ² καὶ ὠργίσθη Φαραω ἐπὶ τοῖς δυσὶν εὐνούχοις
3 αὐτοῦ, ἐπὶ τῷ ἀρχιοινοχόῳ καὶ ἐπὶ τῷ ἀρχισιτοποιῷ, ³ καὶ ἔθετο
αὐτοὺς ἐν φυλακῇ παρὰ τῷ δεσμοφύλακι εἰς τὸ δεσμωτήριον, εἰς
4 τὸν τόπον, οὗ Ιωσηφ ἀπῆκτο ἐκεῖ. ⁴ καὶ συνέστησεν ὁ ἀρχι-
δεσμώτης τῷ Ιωσηφ αὐτούς, καὶ παρέστη αὐτοῖς· ἦσαν δὲ ἡμέρας
5 ἐν τῇ φυλακῇ. — ⁵ καὶ εἶδον ἀμφότεροι ἐνύπνιον, ἑκάτερος ἐνύ-
πνιον, ἐν μιᾷ νυκτὶ ὅρασις τοῦ ἐνυπνίου αὐτοῦ, ὁ ἀρχιοινοχόος καὶ
ὁ ἀρχισιτοποιός, οἳ ἦσαν τῷ βασιλεῖ Αἰγύπτου, οἱ ὄντες ἐν τῷ
6 δεσμωτηρίῳ. ⁶ εἰσῆλθεν δὲ πρὸς αὐτοὺς Ιωσηφ τὸ πρωὶ καὶ εἶδεν

---

12 εν ταις χ. αυτης > A† || 17 κοιμηθητι μετ εμου A† || 19 αυτου 1⁰
> A† || 20 λαβων ... ενεβαλεν] ελαβεν ... και ενεβ. A† || 23 του δεσμωτ.
M] > A | ευωδου M] ευοδοι A
40 3 δεσμοφυλακι M] pr. αρχι A || 6 ιωσηφ / το πρωι] tr. A†

αὐτούς, καὶ ἦσαν τεταραγμένοι. ⁷καὶ ἠρώτα τοὺς εὐνούχους Φαραω, 7
οἳ ἦσαν μετ᾽ αὐτοῦ ἐν τῇ φυλακῇ παρὰ τῷ κυρίῳ αὐτοῦ, λέγων
Τί ὅτι τὰ πρόσωπα ὑμῶν σκυθρωπὰ σήμερον; ⁸οἱ δὲ εἶπαν 8
αὐτῷ Ἐνύπνιον εἴδομεν, καὶ ὁ συγκρίνων οὐκ ἔστιν αὐτό. εἶπεν
δὲ αὐτοῖς Ιωσηφ Οὐχὶ διὰ τοῦ θεοῦ ἡ διασάφησις αὐτῶν ἐστιν;
διηγήσασθε οὖν μοι. — ⁹καὶ διηγήσατο ὁ ἀρχιοινοχόος τὸ ἐνύ- 9
πνιον αὐτοῦ τῷ Ιωσηφ καὶ εἶπεν Ἐν τῷ ὕπνῳ μου ἦν ἄμπελος
ἐναντίον μου· ¹⁰ἐν δὲ τῇ ἀμπέλῳ τρεῖς πυθμένες, καὶ αὐτὴ θάλ- 10
λουσα ἀνενηνοχυῖα βλαστούς· πέπειροι οἱ βότρυες σταφυλῆς. ¹¹καὶ 11
τὸ ποτήριον Φαραω ἐν τῇ χειρί μου· καὶ ἔλαβον τὴν σταφυλὴν
καὶ ἐξέθλιψα αὐτὴν εἰς τὸ ποτήριον καὶ ἔδωκα τὸ ποτήριον εἰς
τὰς χεῖρας Φαραω. ¹²καὶ εἶπεν αὐτῷ Ιωσηφ Τοῦτο ἡ σύγκρισις 12
αὐτοῦ· οἱ τρεῖς πυθμένες τρεῖς ἡμέραι εἰσίν· ¹³ἔτι τρεῖς ἡμέραι 13
καὶ μνησθήσεται Φαραω τῆς ἀρχῆς σου καὶ ἀποκαταστήσει σε ἐπὶ
τὴν ἀρχιοινοχοΐαν σου, καὶ δώσεις τὸ ποτήριον Φαραω εἰς τὴν
χεῖρα αὐτοῦ κατὰ τὴν ἀρχήν σου τὴν προτέραν, ὡς ἦσθα οἰνοχοῶν.
¹⁴ἀλλὰ μνήσθητί μου διὰ σεαυτοῦ, ὅταν εὖ σοι γένηται, καὶ ποιή- 14
σεις ἐν ἐμοὶ ἔλεος καὶ μνησθήσῃ περὶ ἐμοῦ Φαραω καὶ ἐξάξεις με
ἐκ τοῦ ὀχυρώματος τούτου· ¹⁵ὅτι κλοπῇ ἐκλάπην ἐκ γῆς Εβραίων 15
καὶ ὧδε οὐκ ἐποίησα οὐδέν, ἀλλ᾽ ἐνέβαλόν με εἰς τὸν λάκκον τοῦ-
τον. — ¹⁶καὶ εἶδεν ὁ ἀρχισιτοποιὸς ὅτι ὀρθῶς συνέκρινεν, καὶ 16
εἶπεν τῷ Ιωσηφ Κἀγὼ εἶδον ἐνύπνιον καὶ ᾤμην τρία κανᾶ χον-
δριτῶν αἴρειν ἐπὶ τῆς κεφαλῆς μου· ¹⁷ἐν δὲ τῷ κανῷ τῷ ἐπάνω 17
ἀπὸ πάντων τῶν γενῶν, ὧν ὁ βασιλεὺς Φαραω ἐσθίει, ἔργον σι-
τοποιοῦ, καὶ τὰ πετεινὰ τοῦ οὐρανοῦ κατήσθιεν αὐτὰ ἀπὸ τοῦ
κανοῦ τοῦ ἐπάνω τῆς κεφαλῆς μου. ¹⁸ἀποκριθεὶς δὲ Ιωσηφ εἶπεν 18
αὐτῷ Αὕτη ἡ σύγκρισις αὐτοῦ· τὰ τρία κανᾶ τρεῖς ἡμέραι εἰσίν·
¹⁹ἔτι τριῶν ἡμερῶν ἀφελεῖ Φαραω τὴν κεφαλήν σου ἀπὸ σοῦ καὶ 19
κρεμάσει σε ἐπὶ ξύλου, καὶ φάγεται τὰ ὄρνεα τοῦ οὐρανοῦ τὰς
σάρκας σου ἀπὸ σοῦ. — ²⁰ἐγένετο δὲ ἐν τῇ ἡμέρᾳ τῇ τρίτῃ ἡμέρα 20
γενέσεως ἦν Φαραω, καὶ ἐποίει πότον πᾶσι τοῖς παισὶν αὐτοῦ.
καὶ ἐμνήσθη τῆς ἀρχῆς τοῦ ἀρχιοινοχόου καὶ τῆς ἀρχῆς τοῦ ἀρχι-
σιτοποιοῦ ἐν μέσῳ τῶν παίδων αὐτοῦ ²¹καὶ ἀπεκατέστησεν τὸν 21
ἀρχιοινοχόον ἐπὶ τὴν ἀρχὴν αὐτοῦ, καὶ ἔδωκεν τὸ ποτήριον εἰς
τὴν χεῖρα Φαραω, ²²τὸν δὲ ἀρχισιτοποιὸν ἐκρέμασεν, καθὰ συνέ- 22
κρινεν αὐτοῖς Ιωσηφ. ²³οὐκ ἐμνήσθη δὲ ὁ ἀρχιοινοχόος τοῦ Ιω- 23
σηφ, ἀλλὰ ἐπελάθετο αὐτοῦ.

¹Ἐγένετο δὲ μετὰ δύο ἔτη ἡμερῶν Φαραω εἶδεν ἐνύπνιον. 41
ᾤετο ἑστάναι ἐπὶ τοῦ ποταμοῦ, ²καὶ ἰδοὺ ὥσπερ ἐκ τοῦ ποταμοῦ 2
ἀνέβαινον ἑπτὰ βόες καλαὶ τῷ εἴδει καὶ ἐκλεκταὶ ταῖς σαρξὶν καὶ

8 ουκ εστιν / αυτο M] tr. A || 17 γενων] γενηματων A†

3 ἐβόσκοντο ἐν τῷ ἄχει· ³ἄλλαι δὲ ἑπτὰ βόες ἀνέβαινον μετὰ ταύ-
τας ἐκ τοῦ ποταμοῦ αἰσχραὶ τῷ εἴδει καὶ λεπταὶ ταῖς σαρξὶν καὶ
4 ἐνέμοντο παρὰ τὰς βόας παρὰ τὸ χεῖλος τοῦ ποταμοῦ· ⁴καὶ κατέ-
φαγον αἱ ἑπτὰ βόες αἱ αἰσχραὶ καὶ λεπταὶ ταῖς σαρξὶν τὰς ἑπτὰ
βόας τὰς καλὰς τῷ εἴδει καὶ τὰς ἐκλεκτάς. ἠγέρθη δὲ Φαραω. —
5 ⁵καὶ ἐνυπνιάσθη τὸ δεύτερον, καὶ ἰδοὺ ἑπτὰ στάχυες ἀνέβαινον
6 ἐν πυθμένι ἑνὶ ἐκλεκτοὶ καὶ καλοί· ⁶ἄλλοι δὲ ἑπτὰ στάχυες λεπτοὶ
7 καὶ ἀνεμόφθοροι ἀνεφύοντο μετ᾽ αὐτούς· ⁷καὶ κατέπιον οἱ ἑπτὰ
στάχυες οἱ λεπτοὶ καὶ ἀνεμόφθοροι τοὺς ἑπτὰ στάχυας τοὺς ἐκλε-
κτοὺς καὶ τοὺς πλήρεις. ἠγέρθη δὲ Φαραω, καὶ ἦν ἐνύπνιον.
8 ⁸Ἐγένετο δὲ πρωὶ καὶ ἐταράχθη ἡ ψυχὴ αὐτοῦ, καὶ ἀποστείλας
ἐκάλεσεν πάντας τοὺς ἐξηγητὰς Αἰγύπτου καὶ πάντας τοὺς σοφοὺς
αὐτῆς, καὶ διηγήσατο αὐτοῖς Φαραω τὸ ἐνύπνιον, καὶ οὐκ ἦν ὁ
9 ἀπαγγέλλων αὐτὸ τῷ Φαραω. ⁹καὶ ἐλάλησεν ὁ ἀρχιοινοχόος πρὸς
10 Φαραω λέγων Τὴν ἁμαρτίαν μου ἀναμιμνήσκω σήμερον· ¹⁰Φαραω
ὠργίσθη τοῖς παισὶν αὐτοῦ καὶ ἔθετο ἡμᾶς ἐν φυλακῇ ἐν τῷ οἴκῳ
11 τοῦ ἀρχιμαγείρου, ἐμέ τε καὶ τὸν ἀρχισιτοποιόν. ¹¹καὶ εἴδομεν
ἐνύπνιον ἐν νυκτὶ μιᾷ, ἐγώ τε καὶ αὐτός, ἕκαστος κατὰ τὸ αὐτοῦ
12 ἐνύπνιον εἴδομεν. ¹²ἦν δὲ ἐκεῖ μεθ᾽ ἡμῶν νεανίσκος παῖς Ἑβραῖος
τοῦ ἀρχιμαγείρου, καὶ διηγησάμεθα αὐτῷ, καὶ συνέκρινεν ἡμῖν.
13 ¹³ἐγενήθη δὲ καθὼς συνέκρινεν ἡμῖν, οὕτως καὶ συνέβη, ἐμέ τε
ἀποκατασταθῆναι ἐπὶ τὴν ἀρχήν μου, ἐκεῖνον δὲ κρεμασθῆναι.
14 ¹⁴Ἀποστείλας δὲ Φαραω ἐκάλεσεν τὸν Ιωσηφ, καὶ ἐξήγαγον αὐ-
τὸν ἐκ τοῦ ὀχυρώματος καὶ ἐξύρησαν αὐτὸν καὶ ἤλλαξαν τὴν στο-
15 λὴν αὐτοῦ, καὶ ἦλθεν πρὸς Φαραω. ¹⁵εἶπεν δὲ Φαραω τῷ Ιω-
σηφ Ἐνύπνιον ἑώρακα, καὶ ὁ συγκρίνων οὐκ ἔστιν αὐτό· ἐγὼ
δὲ ἀκήκοα περὶ σοῦ λεγόντων ἀκούσαντά σε ἐνύπνια συγκρῖναι
16 αὐτά. ¹⁶ἀποκριθεὶς δὲ Ιωσηφ τῷ Φαραω εἶπεν Ἄνευ τοῦ θεοῦ
17 οὐκ ἀποκριθήσεται τὸ σωτήριον Φαραω. ¹⁷ἐλάλησεν δὲ Φαραω
τῷ Ιωσηφ λέγων Ἐν τῷ ὕπνῳ μου ᾤμην ἑστάναι παρὰ τὸ χεῖλος
18 τοῦ ποταμοῦ, ¹⁸καὶ ὥσπερ ἐκ τοῦ ποταμοῦ ἀνέβαινον ἑπτὰ βόες
καλαὶ τῷ εἴδει καὶ ἐκλεκταὶ ταῖς σαρξὶν καὶ ἐνέμοντο ἐν τῷ ἄχει·
19 ¹⁹καὶ ἰδοὺ ἑπτὰ βόες ἕτεραι ἀνέβαινον ὀπίσω αὐτῶν ἐκ τοῦ πο-
ταμοῦ πονηραὶ καὶ αἰσχραὶ τῷ εἴδει καὶ λεπταὶ ταῖς σαρξίν, οἵας
20 οὐκ εἶδον τοιαύτας ἐν ὅλῃ γῇ Αἰγύπτῳ αἰσχροτέρας· ²⁰καὶ κατέ-
φαγον αἱ ἑπτὰ βόες αἱ αἰσχραὶ καὶ λεπταὶ τὰς ἑπτὰ βόας τὰς
21 πρώτας τὰς καλὰς καὶ ἐκλεκτάς, ²¹καὶ εἰσῆλθον εἰς τὰς κοιλίας
αὐτῶν καὶ οὐ διάδηλοι ἐγένοντο ὅτι εἰσῆλθον εἰς τὰς κοιλίας αὐ-
τῶν, καὶ αἱ ὄψεις αὐτῶν αἰσχραὶ καθὰ καὶ τὴν ἀρχήν. ἐξεγερθεὶς

41 3 fin.] + εν τω αχει A† ‖ 10 αρχιμαγειρου] αρχιδεσμοφυλακος A ‖
11 τε D] > A ‖ 14 εξηγαγον M] -γαγεν A ‖ 15 ουκ εστιν / αυτο M] tr. A
‖ 17 παρα] επι A† ‖ 19 σαρξιν] + και ενεμοντο εν τω αχει A*† | γη > A†

δὲ ἐκοιμήθην ²²καὶ εἶδον πάλιν ἐν τῷ ὕπνῳ μου, καὶ ὥσπερ 22
ἑπτὰ στάχυες ἀνέβαινον ἐν πυθμένι ἑνὶ πλήρεις καὶ καλοί· ²³ἄλλοι 23
δὲ ἑπτὰ στάχυες λεπτοὶ καὶ ἀνεμόφθοροι ἀνεφύοντο ἐχόμενοι αὐ-
τῶν· ²⁴καὶ κατέπιον οἱ ἑπτὰ στάχυες οἱ λεπτοὶ καὶ ἀνεμόφθοροι 24
τοὺς ἑπτὰ στάχυας τοὺς καλοὺς καὶ τοὺς πλήρεις. εἶπα οὖν τοῖς
ἐξηγηταῖς, καὶ οὐκ ἦν ὁ ἀπαγγέλλων μοι.

²⁵Καὶ εἶπεν Ιωσηφ τῷ Φαραω Τὸ ἐνύπνιον Φαραω ἕν ἐστιν· 25
ὅσα ὁ θεὸς ποιεῖ, ἔδειξεν τῷ Φαραω. ²⁶αἱ ἑπτὰ βόες αἱ καλαὶ 26
ἑπτὰ ἔτη ἐστίν, καὶ οἱ ἑπτὰ στάχυες οἱ καλοὶ ἑπτὰ ἔτη ἐστίν·
τὸ ἐνύπνιον Φαραω ἕν ἐστιν. ²⁷καὶ αἱ ἑπτὰ βόες αἱ λεπταὶ αἱ 27
ἀναβαίνουσαι ὀπίσω αὐτῶν ἑπτὰ ἔτη ἐστίν, καὶ οἱ ἑπτὰ στάχυες
οἱ λεπτοὶ καὶ ἀνεμόφθοροι ἔσονται ἑπτὰ ἔτη λιμοῦ. ²⁸τὸ δὲ 28
ῥῆμα, ὃ εἴρηκα Φαραω Ὅσα ὁ θεὸς ποιεῖ, ἔδειξεν τῷ Φαραω,
²⁹ἰδοὺ ἑπτὰ ἔτη ἔρχεται εὐθηνία πολλὴ ἐν πάσῃ γῇ Αἰγύπτῳ· 29
³⁰ἥξει δὲ ἑπτὰ ἔτη λιμοῦ μετὰ ταῦτα, καὶ ἐπιλήσονται τῆς πλη- 30
σμονῆς ἐν ὅλῃ τῇ Αἰγύπτῳ, καὶ ἀναλώσει ὁ λιμὸς τὴν γῆν, ³¹καὶ 31
οὐκ ἐπιγνωσθήσεται ἡ εὐθηνία ἐπὶ τῆς γῆς ἀπὸ τοῦ λιμοῦ τοῦ
ἐσομένου μετὰ ταῦτα· ἰσχυρὸς γὰρ ἔσται σφόδρα. ³²περὶ δὲ 32
τοῦ δευτερῶσαι τὸ ἐνύπνιον Φαραω δίς, ὅτι ἀληθὲς ἔσται τὸ
ῥῆμα τὸ παρὰ τοῦ θεοῦ, καὶ ταχυνεῖ ὁ θεὸς τοῦ ποιῆσαι αὐτό.
³³νῦν οὖν σκέψαι ἄνθρωπον φρόνιμον καὶ συνετὸν καὶ κατάστη- 33
σον αὐτὸν ἐπὶ γῆς Αἰγύπτου· ³⁴καὶ ποιησάτω Φαραω καὶ κατα- 34
στησάτω τοπάρχας ἐπὶ τῆς γῆς, καὶ ἀποπεμπτωσάτωσαν πάντα τὰ
γενήματα τῆς γῆς Αἰγύπτου τῶν ἑπτὰ ἐτῶν τῆς εὐθηνίας ³⁵καὶ 35
συναγαγέτωσαν πάντα τὰ βρώματα τῶν ἑπτὰ ἐτῶν τῶν ἐρχομέ-
νων τῶν καλῶν τούτων, καὶ συναχθήτω ὁ σῖτος ὑπὸ χεῖρα Φαραω,
βρώματα ἐν ταῖς πόλεσιν φυλαχθήτω· ³⁶καὶ ἔσται τὰ βρώματα 36
πεφυλαγμένα τῇ γῇ εἰς τὰ ἑπτὰ ἔτη τοῦ λιμοῦ, ἃ ἔσονται ἐν γῇ
Αἰγύπτῳ, καὶ οὐκ ἐκτριβήσεται ἡ γῆ ἐν τῷ λιμῷ.

³⁷Ἤρεσεν δὲ τὰ ῥήματα ἐναντίον Φαραω καὶ ἐναντίον πάντων 37
τῶν παίδων αὐτοῦ, ³⁸καὶ εἶπεν Φαραω πᾶσιν τοῖς παισὶν αὐτοῦ 38
Μὴ εὑρήσομεν ἄνθρωπον τοιοῦτον, ὃς ἔχει πνεῦμα θεοῦ ἐν αὐτῷ;
³⁹εἶπεν δὲ Φαραω τῷ Ιωσηφ Ἐπειδὴ ἔδειξεν ὁ θεός σοι πάντα 39
ταῦτα, οὐκ ἔστιν ἄνθρωπος φρονιμώτερος καὶ συνετώτερός σου·
⁴⁰σὺ ἔσῃ ἐπὶ τῷ οἴκῳ μου, καὶ ἐπὶ τῷ στόματί σου ὑπακούσεται 40
πᾶς ὁ λαός μου· πλὴν τὸν θρόνον ὑπερέξω σου ἐγώ. ⁴¹εἶπεν 41
δὲ Φαραω τῷ Ιωσηφ Ἰδοὺ καθίστημί σε σήμερον ἐπὶ πάσης γῆς
Αἰγύπτου. ⁴²καὶ περιελόμενος Φαραω τὸν δακτύλιον ἀπὸ τῆς 42
χειρὸς αὐτοῦ περιέθηκεν αὐτὸν ἐπὶ τὴν χεῖρα Ιωσηφ καὶ ἐνέδυσεν
αὐτὸν στολὴν βυσσίνην καὶ περιέθηκεν κλοιὸν χρυσοῦν περὶ τὸν

27 εσονται > A* || 30 γη M] pr. τη A || 33 γης M] pr. της A: item
A† in 43 || 35 φυλαχθητω mu.] συναχθ. A || 39 και συνετ. / σου] tr. A†

43 τράχηλον αὐτοῦ· 43καὶ ἀνεβίβασεν αὐτὸν ἐπὶ τὸ ἅρμα τὸ δεύτερον
τῶν αὐτοῦ, καὶ ἐκήρυξεν ἔμπροσθεν αὐτοῦ κῆρυξ· καὶ κατέστησεν
44 αὐτὸν ἐφ᾽ ὅλης γῆς Αἰγύπτου. 44εἶπεν δὲ Φαραω τῷ Ιωσηφ Ἐγὼ
Φαραω· ἄνευ σοῦ οὐκ ἐξαρεῖ οὐθεὶς τὴν χεῖρα αὐτοῦ ἐπὶ πάσῃ
45 γῇ Αἰγύπτου. 45καὶ ἐκάλεσεν Φαραω τὸ ὄνομα Ιωσηφ Ψονθομ-
φανηχ· καὶ ἔδωκεν αὐτῷ τὴν Ασεννεθ θυγατέρα Πετεφρη ἱερέως
46 Ἡλίου πόλεως αὐτῷ γυναῖκα. 46Ιωσηφ δὲ ἦν ἐτῶν τριάκοντα,
ὅτε ἔστη ἐναντίον Φαραω βασιλέως Αἰγύπτου.
Ἐξῆλθεν δὲ Ιωσηφ ἐκ προσώπου Φαραω καὶ διῆλθεν πᾶσαν
47 γῆν Αἰγύπτου. 47καὶ ἐποίησεν ἡ γῆ ἐν τοῖς ἑπτὰ ἔτεσιν τῆς εὐ-
48 θηνίας δράγματα· 48καὶ συνήγαγεν πάντα τὰ βρώματα τῶν ἑπτὰ
ἐτῶν, ἐν οἷς ἦν ἡ εὐθηνία ἐν γῇ Αἰγύπτου, καὶ ἔθηκεν τὰ βρώ-
ματα ἐν ταῖς πόλεσιν, βρώματα τῶν πεδίων τῆς πόλεως τῶν
49 κύκλῳ αὐτῆς ἔθηκεν ἐν αὐτῇ. 49καὶ συνήγαγεν Ιωσηφ σῖτον ὡσεὶ
τὴν ἄμμον τῆς θαλάσσης πολὺν σφόδρα, ἕως οὐκ ἠδύναντο ἀριθ-
μῆσαι, οὐ γὰρ ἦν ἀριθμός.
50 50Τῷ δὲ Ιωσηφ ἐγένοντο υἱοὶ δύο πρὸ τοῦ ἐλθεῖν τὰ ἑπτὰ ἔτη
τοῦ λιμοῦ, οὓς ἔτεκεν αὐτῷ Ασεννεθ θυγάτηρ Πετεφρη ἱερέως
51 Ἡλίου πόλεως. 51ἐκάλεσεν δὲ Ιωσηφ τὸ ὄνομα τοῦ πρωτοτόκου
Μανασση, ὅτι Ἐπιλαθέσθαι με ἐποίησεν ὁ θεὸς πάντων τῶν πό-
52 νων μου καὶ πάντων τῶν τοῦ πατρός μου. 52τὸ δὲ ὄνομα τοῦ
δευτέρου ἐκάλεσεν Εφραιμ, ὅτι Ηὔξησέν με ὁ θεὸς ἐν γῇ ταπει-
νώσεώς μου.
53 53Παρῆλθον δὲ τὰ ἑπτὰ ἔτη τῆς εὐθηνίας, ἃ ἐγένοντο ἐν γῇ
54 Αἰγύπτῳ, 54καὶ ἤρξαντο τὰ ἑπτὰ ἔτη τοῦ λιμοῦ ἔρχεσθαι, καθὰ
εἶπεν Ιωσηφ. καὶ ἐγένετο λιμὸς ἐν πάσῃ τῇ γῇ, ἐν δὲ πάσῃ γῇ
55 Αἰγύπτου ἦσαν ἄρτοι. 55καὶ ἐπείνασεν πᾶσα ἡ γῆ Αἰγύπτου, ἐκέ-
κραξεν δὲ ὁ λαὸς πρὸς Φαραω περὶ ἄρτων· εἶπεν δὲ Φαραω πᾶσι
τοῖς Αἰγυπτίοις Πορεύεσθε πρὸς Ιωσηφ, καὶ ὃ ἐὰν εἴπῃ ὑμῖν,
56 ποιήσατε. 56καὶ ὁ λιμὸς ἦν ἐπὶ προσώπου πάσης τῆς γῆς· ἀνέῳ-
ξεν δὲ Ιωσηφ πάντας τοὺς σιτοβολῶνας καὶ ἐπώλει πᾶσι τοῖς
57 Αἰγυπτίοις. 57καὶ πᾶσαι αἱ χῶραι ἦλθον εἰς Αἴγυπτον ἀγοράζειν
πρὸς Ιωσηφ· ἐπεκράτησεν γὰρ ὁ λιμὸς ἐν πάσῃ τῇ γῇ.
42 1Ἰδὼν δὲ Ιακωβ ὅτι ἔστιν πρᾶσις ἐν Αἰγύπτῳ, εἶπεν τοῖς υἱοῖς
2 αὐτοῦ Ἵνα τί ῥαθυμεῖτε; 2ἰδοὺ ἀκήκοα ὅτι ἔστιν σῖτος ἐν Αἰγύπτῳ·
κατάβητε ἐκεῖ καὶ πρίασθε ἡμῖν μικρὰ βρώματα, ἵνα ζῶμεν καὶ μὴ
3 ἀποθάνωμεν. 3κατέβησαν δὲ οἱ ἀδελφοὶ Ιωσηφ οἱ δέκα πρίασθαι
4 σῖτον ἐξ Αἰγύπτου· 4τὸν δὲ Βενιαμιν τὸν ἀδελφὸν Ιωσηφ οὐκ

45 γυναικα Μ] pr. εις Α ǁ 48 εθηκεν ult. Μ] pr. ων Α ǁ 49 ηδυναντο
Μ] -νατο Α ǁ 51 οτι] pr. λεγων Αᶜ ǁ 52 ηυξησεν Μ] υψωσεν Α ǁ
53 εγενοντο Μ] -νετο Α ǁ 54 ησαν compl.] pr. ουκ Α ǁ 55 ο λαος Μ]
pr. πας Α

ἀπέστειλεν μετὰ τῶν ἀδελφῶν αὐτοῦ· εἶπεν γὰρ Μήποτε συμβῆ
αὐτῷ μαλακία.

5 ⁵Ἦλθον δὲ οἱ υἱοὶ Ισραηλ ἀγοράζειν μετὰ τῶν ἐρχομένων· 5
ἦν γὰρ ὁ λιμὸς ἐν γῆ Χανααν. ⁶Ιωσηφ δὲ ἦν ἄρχων τῆς γῆς, 6
οὗτος ἐπώλει παντὶ τῷ λαῷ τῆς γῆς· ἐλθόντες δὲ οἱ ἀδελφοὶ
Ιωσηφ προσεκύνησαν αὐτῷ ἐπὶ πρόσωπον ἐπὶ τὴν γῆν. ⁷ἰδὼν 7
δὲ Ιωσηφ τοὺς ἀδελφοὺς αὐτοῦ ἐπέγνω καὶ ἠλλοτριοῦτο ἀπ᾽ αὐ-
τῶν καὶ ἐλάλησεν αὐτοῖς σκληρὰ καὶ εἶπεν αὐτοῖς Πόθεν ἥκατε;
οἱ δὲ εἶπαν Ἐκ γῆς Χανααν ἀγοράσαι βρώματα. ⁸ἐπέγνω δὲ Ιω- 8
σηφ τοὺς ἀδελφοὺς αὐτοῦ, αὐτοὶ δὲ οὐκ ἐπέγνωσαν αὐτόν. ⁹καὶ 9
ἐμνήσθη Ιωσηφ τῶν ἐνυπνίων, ὧν εἶδεν αὐτός, καὶ εἶπεν αὐτοῖς
Κατάσκοποί ἐστε· κατανοῆσαι τὰ ἴχνη τῆς χώρας ἥκατε. ¹⁰οἱ δὲ 10
εἶπαν Οὐχί, κύριε· οἱ παῖδές σου ἤλθομεν πρίασθαι βρώματα·
¹¹πάντες ἐσμὲν υἱοὶ ἑνὸς ἀνθρώπου· εἰρηνικοί ἐσμεν, οὐκ εἰσὶν 11
οἱ παῖδές σου κατάσκοποι. ¹²εἶπεν δὲ αὐτοῖς Οὐχί, ἀλλὰ τὰ ἴχνη 12
τῆς γῆς ἤλθατε ἰδεῖν. ¹³οἱ δὲ εἶπαν Δώδεκά ἐσμεν οἱ παῖδές 13
σου ἀδελφοὶ ἐν τῆ Χανααν, καὶ ἰδοὺ ὁ νεώτερος μετὰ τοῦ πα-
τρὸς ἡμῶν σήμερον, ὁ δὲ ἕτερος οὐχ ὑπάρχει. ¹⁴εἶπεν δὲ αὐτοῖς 14
Ιωσηφ Τοῦτό ἐστιν, ὃ εἴρηκα ὑμῖν λέγων ὅτι Κατάσκοποί ἐστε·
¹⁵ἐν τούτῳ φανεῖσθε· νὴ τὴν ὑγίειαν Φαραω, οὐ μὴ ἐξέλθητε 15
ἐντεῦθεν, ἐὰν μὴ ὁ ἀδελφὸς ὑμῶν ὁ νεώτερος ἔλθη ὧδε. ¹⁶ἀπο- 16
στείλατε ἐξ ὑμῶν ἕνα καὶ λάβετε τὸν ἀδελφὸν ὑμῶν, ὑμεῖς δὲ
ἀπάχθητε ἕως τοῦ φανερὰ γενέσθαι τὰ ῥήματα ὑμῶν, εἰ ἀλη-
θεύετε ἢ οὔ· εἰ δὲ μή, νὴ τὴν ὑγίειαν Φαραω, ἦ μὴν κατάσκοποί
ἐστε. ¹⁷καὶ ἔθετο αὐτοὺς ἐν φυλακῆ ἡμέρας τρεῖς. 17

¹⁸Εἶπεν δὲ αὐτοῖς τῆ ἡμέρᾳ τῆ τρίτη Τοῦτο ποιήσατε καὶ ζή- 18
σεσθε — τὸν θεὸν γὰρ ἐγὼ φοβοῦμαι — · ¹⁹εἰ εἰρηνικοί ἐστε, ἀδελ- 19
φὸς ὑμῶν εἷς κατασχεθήτω ἐν τῆ φυλακῆ, αὐτοὶ δὲ βαδίσατε καὶ
ἀπαγάγετε τὸν ἀγορασμὸν τῆς σιτοδοσίας ὑμῶν ²⁰καὶ τὸν ἀδελφὸν 20
ὑμῶν τὸν νεώτερον ἀγάγετε πρός με, καὶ πιστευθήσονται τὰ ῥήματα
ὑμῶν· εἰ δὲ μή, ἀποθανεῖσθε. ἐποίησαν δὲ οὕτως. — ²¹καὶ εἶπεν 21
ἕκαστος πρὸς τὸν ἀδελφὸν αὐτοῦ Ναί· ἐν ἁμαρτίᾳ γάρ ἐσμεν
περὶ τοῦ ἀδελφοῦ ἡμῶν, ὅτι ὑπερείδομεν τὴν θλῖψιν τῆς ψυχῆς
αὐτοῦ, ὅτε κατεδέετο ἡμῶν, καὶ οὐκ εἰσηκούσαμεν αὐτοῦ· ἕνεκεν
τούτου ἐπῆλθεν ἐφ᾽ ἡμᾶς ἡ θλῖψις αὕτη. ²²ἀποκριθεὶς δὲ Ρουβην 22
εἶπεν αὐτοῖς Οὐκ ἐλάλησα ὑμῖν λέγων Μὴ ἀδικήσητε τὸ παιδά-
ριον; καὶ οὐκ εἰσηκούσατέ μου· καὶ ἰδοὺ τὸ αἷμα αὐτοῦ ἐκζητεῖ-
ται. ²³αὐτοὶ δὲ οὐκ ᾔδεισαν ὅτι ἀκούει Ιωσηφ· ὁ γὰρ ἑρμηνευτὴς 23
ἀνὰ μέσον αὐτῶν ἦν. ²⁴ἀποστραφεὶς δὲ ἀπ᾽ αὐτῶν ἔκλαυσεν Ιω- 24
σηφ. — καὶ πάλιν προσῆλθεν πρὸς αὐτοὺς καὶ εἶπεν αὐτοῖς καὶ

42 9 αυτος] αυτοις Gra. ‖ 10 πριασθαι Μ] πριασασθαι Α ‖ 16 η μην D]
ει μην Α ‖ 20 καταγαγετε Α†

ἔλαβεν τὸν Συμεων ἀπ᾽ αὐτῶν καὶ ἔδησεν αὐτὸν ἐναντίον αὐτῶν.
25 ²⁵ἐνετείλατο δὲ Ιωσηφ ἐμπλῆσαι τὰ ἀγγεῖα αὐτῶν σίτου καὶ ἀπο-
δοῦναι τὸ ἀργύριον ἑκάστου εἰς τὸν σάκκον αὐτοῦ καὶ δοῦναι
αὐτοῖς ἐπισιτισμὸν εἰς τὴν ὁδόν. καὶ ἐγενήθη αὐτοῖς οὕτως.
26 ²⁶καὶ ἐπιθέντες τὸν σῖτον ἐπὶ τοὺς ὄνους αὐτῶν ἀπῆλθον ἐκεῖθεν. —
27 ²⁷λύσας δὲ εἷς τὸν μάρσιππον αὐτοῦ δοῦναι χορτάσματα τοῖς ὄνοις
αὐτοῦ, οὗ κατέλυσαν, εἶδεν τὸν δεσμὸν τοῦ ἀργυρίου αὐτοῦ, καὶ
28 ἦν ἐπάνω τοῦ στόματος τοῦ μαρσίππου· ²⁸καὶ εἶπεν τοῖς ἀδελ-
φοῖς αὐτοῦ Ἀπεδόθη μοι τὸ ἀργύριον, καὶ ἰδοὺ τοῦτο ἐν τῷ μαρ-
σίππῳ μου. καὶ ἐξέστη ἡ καρδία αὐτῶν, καὶ ἐταράχθησαν πρὸς
ἀλλήλους λέγοντες Τί τοῦτο ἐποίησεν ὁ θεὸς ἡμῖν;
29   ²⁹ Ἦλθον δὲ πρὸς Ιακωβ τὸν πατέρα αὐτῶν εἰς γῆν Χανααν καὶ
30 ἀπήγγειλαν αὐτῷ πάντα τὰ συμβάντα αὐτοῖς λέγοντες ³⁰ Λελάληκεν
ὁ ἄνθρωπος ὁ κύριος τῆς γῆς πρὸς ἡμᾶς σκληρὰ καὶ ἔθετο ἡμᾶς
31 ἐν φυλακῇ ὡς κατασκοπεύοντας τὴν γῆν. ³¹εἴπαμεν δὲ αὐτῷ
32 Εἰρηνικοί ἐσμεν, οὔκ ἐσμεν κατάσκοποι· ³²δώδεκα ἀδελφοί ἐσμεν,
υἱοὶ τοῦ πατρὸς ἡμῶν· ὁ εἷς οὐχ ὑπάρχει, ὁ δὲ μικρότερος μετὰ
33 τοῦ πατρὸς ἡμῶν σήμερον ἐν γῇ Χανααν. ³³εἶπεν δὲ ἡμῖν ὁ
ἄνθρωπος ὁ κύριος τῆς γῆς Ἐν τούτῳ γνώσομαι ὅτι εἰρηνικοί
ἐστε· ἀδελφὸν ἕνα ἄφετε ὧδε μετ᾽ ἐμοῦ, τὸν δὲ ἀγορασμὸν τῆς
34 σιτοδοσίας τοῦ οἴκου ὑμῶν λαβόντες ἀπέλθατε ³⁴καὶ ἀγάγετε πρός
με τὸν ἀδελφὸν ὑμῶν τὸν νεώτερον, καὶ γνώσομαι ὅτι οὐ κατά-
σκοποί ἐστε, ἀλλ᾽ ὅτι εἰρηνικοί ἐστε, καὶ τὸν ἀδελφὸν ὑμῶν ἀπο-
35 δώσω ὑμῖν, καὶ τῇ γῇ ἐμπορεύεσθε. ³⁵ἐγένετο δὲ ἐν τῷ κατα-
κενοῦν αὐτοὺς τοὺς σάκκους αὐτῶν καὶ ἦν ἑκάστου ὁ δεσμὸς
τοῦ ἀργυρίου ἐν τῷ σάκκῳ αὐτῶν· καὶ εἶδον τοὺς δεσμοὺς τοῦ
ἀργυρίου αὐτῶν, αὐτοὶ καὶ ὁ πατὴρ αὐτῶν, καὶ ἐφοβήθησαν.
36 ³⁶εἶπεν δὲ αὐτοῖς Ιακωβ ὁ πατὴρ αὐτῶν Ἐμὲ ἠτεκνώσατε· Ιωσηφ
οὐκ ἔστιν, Συμεων οὐκ ἔστιν, καὶ τὸν Βενιαμιν λήμψεσθε· ἐπ᾽ ἐμὲ
37 ἐγένετο πάντα ταῦτα. ³⁷εἶπεν δὲ Ρουβην τῷ πατρὶ αὐτοῦ λέγων
Τοὺς δύο υἱούς μου ἀπόκτεινον, ἐὰν μὴ ἀγάγω αὐτὸν πρὸς σέ·
38 δὸς αὐτὸν εἰς τὴν χεῖρά μου, κἀγὼ ἀνάξω αὐτὸν πρὸς σέ. ³⁸ὁ δὲ
εἶπεν Οὐ καταβήσεται ὁ υἱός μου μεθ᾽ ὑμῶν, ὅτι ὁ ἀδελφὸς αὐ-
τοῦ ἀπέθανεν καὶ αὐτὸς μόνος καταλέλειπται· καὶ συμβήσεται αὐτὸν
μαλακισθῆναι ἐν τῇ ὁδῷ, ᾗ ἂν πορεύησθε, καὶ κατάξετέ μου τὸ
γῆρας μετὰ λύπης εἰς ᾅδου.
43   ¹Ὁ δὲ λιμὸς ἐνίσχυσεν ἐπὶ τῆς γῆς. ²ἐγένετο δὲ ἡνίκα συνε-
τέλεσαν καταφαγεῖν τὸν σῖτον, ὃν ἤνεγκαν ἐξ Αἰγύπτου, καὶ εἶπεν
αὐτοῖς ὁ πατὴρ αὐτῶν Πάλιν πορευθέντες πρίασθε ἡμῖν μικρὰ
3 βρώματα. ³εἶπεν δὲ αὐτῷ Ιουδας λέγων Διαμαρτυρίᾳ διαμεμαρ-
τύρηται ἡμῖν ὁ ἄνθρωπος λέγων Οὐκ ὄψεσθε τὸ πρόσωπόν μου,
29 συμβαντα Μ] -βεβηκοτα Α   ‖   33 γνωσομεθα Α† | του οικου Μ] > Α

ἐὰν μὴ ὁ ἀδελφὸς ὑμῶν ὁ νεώτερος μεθ᾽ ὑμῶν ᾖ. ⁴εἰ μὲν οὖν 4
ἀποστέλλεις τὸν ἀδελφὸν ἡμῶν μεθ᾽ ἡμῶν, καταβησόμεθα καὶ ἀγορά-
σωμέν σοι βρώματα· ⁵εἰ δὲ μὴ ἀποστέλλεις τὸν ἀδελφὸν ἡμῶν 5
μεθ᾽ ἡμῶν, οὐ πορευσόμεθα· ὁ γὰρ ἄνθρωπος εἶπεν ἡμῖν λέγων
Οὐκ ὄψεσθέ μου τὸ πρόσωπον, ἐὰν μὴ ὁ ἀδελφὸς ὑμῶν ὁ νεώ-
τερος μεθ᾽ ὑμῶν ᾖ. ⁶εἶπεν δὲ Ισραηλ Τί ἐκακοποιήσατέ με ἀναγ- 6
γείλαντες τῷ ἀνθρώπῳ εἰ ἔστιν ὑμῖν ἀδελφός; ⁷οἱ δὲ εἶπαν Ἐρω- 7
τῶν ἐπηρώτησεν ἡμᾶς ὁ ἄνθρωπος καὶ τὴν γενεὰν ἡμῶν λέγων
Εἰ ἔτι ὁ πατὴρ ὑμῶν ζῇ; εἰ ἔστιν ὑμῖν ἀδελφός; καὶ ἀπηγγεί-
λαμεν αὐτῷ κατὰ τὴν ἐπερώτησιν ταύτην. μὴ ᾔδειμεν εἰ ἐρεῖ
ἡμῖν Ἀγάγετε τὸν ἀδελφὸν ὑμῶν; ⁸εἶπεν δὲ Ιουδας πρὸς Ισραηλ 8
τὸν πατέρα αὐτοῦ Ἀπόστειλον τὸ παιδάριον μετ᾽ ἐμοῦ, καὶ ἀνα-
στάντες πορευσόμεθα, ἵνα ζῶμεν καὶ μὴ ἀποθάνωμεν καὶ ἡμεῖς καὶ
σὺ καὶ ἡ ἀποσκευὴ ἡμῶν. ⁹ἐγὼ δὲ ἐκδέχομαι αὐτόν, ἐκ χειρός μου 9
ζήτησον αὐτόν· ἐὰν μὴ ἀγάγω αὐτὸν πρὸς σὲ καὶ στήσω αὐτὸν
ἐναντίον σου, ἡμαρτηκὼς ἔσομαι πρὸς σὲ πάσας τὰς ἡμέρας. ¹⁰εἰ 10
μὴ γὰρ ἐβραδύναμεν, ἤδη ἂν ὑπεστρέψαμεν δίς. ¹¹εἶπεν δὲ αὐτοῖς 11
Ισραηλ ὁ πατὴρ αὐτῶν Εἰ οὕτως ἐστίν, τοῦτο ποιήσατε· λάβετε
ἀπὸ τῶν καρπῶν τῆς γῆς ἐν τοῖς ἀγγείοις ὑμῶν καὶ καταγάγετε
τῷ ἀνθρώπῳ δῶρα, τῆς ῥητίνης καὶ τοῦ μέλιτος, θυμίαμα καὶ
στακτὴν καὶ τερέμινθον καὶ κάρυα. ¹²καὶ τὸ ἀργύριον δισσὸν 12
λάβετε ἐν ταῖς χερσὶν ὑμῶν· τὸ ἀργύριον τὸ ἀποστραφὲν ἐν τοῖς
μαρσίπποις ὑμῶν ἀποστρέψατε μεθ᾽ ὑμῶν· μήποτε ἀγνόημά ἐστιν.
¹³καὶ τὸν ἀδελφὸν ὑμῶν λάβετε καὶ ἀναστάντες κατάβητε πρὸς τὸν 13
ἄνθρωπον. ¹⁴ὁ δὲ θεός μου δῴη ὑμῖν χάριν ἐναντίον τοῦ ἀνθρώ- 14
που, καὶ ἀποστείλαι τὸν ἀδελφὸν ὑμῶν τὸν ἕνα καὶ τὸν Βενιαμιν·
ἐγὼ μὲν γάρ, καθὰ ἠτέκνωμαι, ἠτέκνωμαι.

¹⁵Λαβόντες δὲ οἱ ἄνδρες τὰ δῶρα ταῦτα καὶ τὸ ἀργύριον διπλοῦν 15
ἔλαβον ἐν ταῖς χερσὶν αὐτῶν καὶ τὸν Βενιαμιν καὶ ἀναστάντες
κατέβησαν εἰς Αἴγυπτον καὶ ἔστησαν ἐναντίον Ιωσηφ. ¹⁶εἶδεν δὲ 16
Ιωσηφ αὐτοὺς καὶ τὸν Βενιαμιν τὸν ἀδελφὸν αὐτοῦ τὸν ὁμομή-
τριον καὶ εἶπεν τῷ ἐπὶ τῆς οἰκίας αὐτοῦ Εἰσάγαγε τοὺς ἀνθρώ-
πους εἰς τὴν οἰκίαν καὶ σφάξον θύματα καὶ ἑτοίμασον· μετ᾽ ἐμοῦ
γὰρ φάγονται οἱ ἄνθρωποι ἄρτους τὴν μεσημβρίαν. ¹⁷ἐποίησεν 17
δὲ ὁ ἄνθρωπος, καθὰ εἶπεν Ιωσηφ, καὶ εἰσήγαγεν τοὺς ἀνθρώπους
εἰς τὸν οἶκον Ιωσηφ. — ¹⁸ἰδόντες δὲ οἱ ἄνθρωποι ὅτι εἰσήχθησαν 18
εἰς τὸν οἶκον Ιωσηφ, εἶπαν Διὰ τὸ ἀργύριον τὸ ἀποστραφὲν ἐν τοῖς
μαρσίπποις ἡμῶν τὴν ἀρχὴν ἡμεῖς εἰσαγόμεθα τοῦ συκοφαντῆσαι
ἡμᾶς καὶ ἐπιθέσθαι ἡμῖν τοῦ λαβεῖν ἡμᾶς εἰς παῖδας καὶ τοὺς

43 3 μεθ υμων η] καταβη προς με A† || 6 με M] > A*, μοι Ac† || 7 ταυ-
την] αυτου A† || 16 ειπεν M] ενετειλατο A | εισαγαγειν A† || 17 τον οι-
κον M] την οικιαν A || 18 εισηχθησαν M] εισηνεχθ. A

19 ὄνους ἡμῶν. ¹⁹προσελθόντες δὲ πρὸς τὸν ἄνθρωπον τὸν ἐπὶ
τοῦ οἴκου Ιωσηφ ἐλάλησαν αὐτῷ ἐν τῷ πυλῶνι τοῦ οἴκου
20 ²⁰λέγοντες Δεόμεθα, κύριε· κατέβημεν τὴν ἀρχὴν πρίασθαι βρώ-
21 ματα· ²¹ἐγένετο δὲ ἡνίκα ἤλθομεν εἰς τὸ καταλῦσαι καὶ ἠνοίξαμεν
τοὺς μαρσίππους ἡμῶν, καὶ τόδε τὸ ἀργύριον ἑκάστου ἐν τῷ μαρ-
σίππῳ αὐτοῦ· τὸ ἀργύριον ἡμῶν ἐν σταθμῷ ἀπεστρέψαμεν νῦν ἐν
22 ταῖς χερσὶν ἡμῶν ²²καὶ ἀργύριον ἕτερον ἠνέγκαμεν μεθ᾽ ἑαυτῶν
ἀγοράσαι βρώματα· οὐκ οἴδαμεν, τίς ἐνέβαλεν τὸ ἀργύριον εἰς τοὺς
23 μαρσίππους ἡμῶν. ²³εἶπεν δὲ αὐτοῖς Ἵλεως ὑμῖν, μὴ φοβεῖσθε·
ὁ θεὸς ὑμῶν καὶ ὁ θεὸς τῶν πατέρων ὑμῶν ἔδωκεν ὑμῖν θησαυ-
ροὺς ἐν τοῖς μαρσίπποις ὑμῶν, τὸ δὲ ἀργύριον ὑμῶν εὐδοκιμοῦν
24 ἀπέχω. καὶ ἐξήγαγεν πρὸς αὐτοὺς τὸν Συμεων ²⁴καὶ ἤνεγκεν
ὕδωρ νίψαι τοὺς πόδας αὐτῶν καὶ ἔδωκεν χορτάσματα τοῖς ὄνοις
25 αὐτῶν. ²⁵ἡτοίμασαν δὲ τὰ δῶρα ἕως τοῦ ἐλθεῖν Ιωσηφ μεσημ-
βρίας· ἤκουσαν γὰρ ὅτι ἐκεῖ μέλλει ἀριστᾶν.
26 ²⁶Εἰσῆλθεν δὲ Ιωσηφ εἰς τὴν οἰκίαν, καὶ προσήνεγκαν αὐτῷ τὰ
δῶρα, ἃ εἶχον ἐν ταῖς χερσὶν αὐτῶν, εἰς τὸν οἶκον καὶ προσεκύ-
27 νησαν αὐτῷ ἐπὶ πρόσωπον ἐπὶ τὴν γῆν. ²⁷ἠρώτησεν δὲ αὐτούς
Πῶς ἔχετε; καὶ εἶπεν αὐτοῖς Εἰ ὑγιαίνει ὁ πατὴρ ὑμῶν ὁ πρε-
28 σβύτερος, ὃν εἴπατε; ἔτι ζῇ; ²⁸οἱ δὲ εἶπαν Ὑγιαίνει ὁ παῖς σου
ὁ πατὴρ ἡμῶν, ἔτι ζῇ. καὶ εἶπεν Εὐλογητὸς ὁ ἄνθρωπος ἐκεῖνος
29 τῷ θεῷ. καὶ κύψαντες προσεκύνησαν αὐτῷ. ²⁹ἀναβλέψας δὲ τοῖς
ὀφθαλμοῖς Ιωσηφ εἶδεν Βενιαμιν τὸν ἀδελφὸν αὐτοῦ τὸν ὁμομή-
τριον καὶ εἶπεν Οὗτος ὁ ἀδελφὸς ὑμῶν ὁ νεώτερος, ὃν εἴπατε πρός
30 με ἀγαγεῖν; καὶ εἶπεν Ὁ θεὸς ἐλεήσαι σε, τέκνον. ³⁰ἐταράχθη δὲ
Ιωσηφ — συνεστρέφετο γὰρ τὰ ἔντερα αὐτοῦ ἐπὶ τῷ ἀδελφῷ
αὐτοῦ — καὶ ἐζήτει κλαῦσαι· εἰσελθὼν δὲ εἰς τὸ ταμιεῖον ἔκλαυσεν
31 ἐκεῖ. ³¹καὶ νιψάμενος τὸ πρόσωπον ἐξελθὼν ἐνεκρατεύσατο καὶ
32 εἶπεν Παράθετε ἄρτους. ³²καὶ παρέθηκαν αὐτῷ μόνῳ καὶ αὐτοῖς
καθ᾽ ἑαυτοὺς καὶ τοῖς Αἰγυπτίοις τοῖς συνδειπνοῦσιν μετ᾽ αὐτοῦ
καθ᾽ ἑαυτούς· οὐ γὰρ ἐδύναντο οἱ Αἰγύπτιοι συνεσθίειν μετὰ τῶν
33 Εβραίων ἄρτους, βδέλυγμα γάρ ἐστιν τοῖς Αἰγυπτίοις. ³³ἐκάθισαν
δὲ ἐναντίον αὐτοῦ, ὁ πρωτότοκος κατὰ τὰ πρεσβεῖα αὐτοῦ καὶ ὁ
νεώτερος κατὰ τὴν νεότητα αὐτοῦ· ἐξίσταντο δὲ οἱ ἄνθρωποι ἕκα-
34 στος πρὸς τὸν ἀδελφὸν αὐτοῦ. ³⁴ἦραν δὲ μερίδας παρ᾽ αὐτοῦ
πρὸς αὐτούς· ἐμεγαλύνθη δὲ ἡ μερὶς Βενιαμιν παρὰ τὰς μερίδας
πάντων πενταπλασίως πρὸς τὰς ἐκείνων. ἔπιον δὲ καὶ ἐμεθύσθη-
σαν μετ᾽ αὐτοῦ.

21 εγενετο δε] και εγ. A† | ταις χερσιν] τοις μαρσιπποις A† ‖ 23 αυτοις
M] + ο ανθρωπος A | τον > A† ‖ 24 εδωκεν] ηνεγκεν A† ‖ 25 μεσημ-
βρια A ‖ 28 αυτω M] > A ‖ 29 ουτος] αυτοις ουτος εστιν A† ‖ 32 fin.
M] + πας ποιμην προβατων A: ex 46 34 ‖ 34 μεριδας M] -δα A

¹ Καὶ ἐνετείλατο Ιωσηφ τῷ ὄντι ἐπὶ τῆς οἰκίας αὐτοῦ λέγων 44
Πλήσατε τοὺς μαρσίππους τῶν ἀνθρώπων βρωμάτων, ὅσα ἐὰν
δύνωνται ἆραι, καὶ ἐμβάλατε ἑκάστου τὸ ἀργύριον ἐπὶ τοῦ στό-
ματος τοῦ μαρσίππου ²καὶ τὸ κόνδυ μου τὸ ἀργυροῦν ἐμβάλατε 2
εἰς τὸν μάρσιππον τοῦ νεωτέρου καὶ τὴν τιμὴν τοῦ σίτου αὐτοῦ.
ἐγενήθη δὲ κατὰ τὸ ῥῆμα Ιωσηφ, καθὼς εἶπεν. — ³τὸ πρωὶ διέ- 3
φαυσεν, καὶ οἱ ἄνθρωποι ἀπεστάλησαν, αὐτοὶ καὶ οἱ ὄνοι αὐτῶν.
⁴ἐξελθόντων δὲ αὐτῶν τὴν πόλιν (οὐκ ἀπέσχον μακράν) καὶ Ιωσηφ 4
εἶπεν τῷ ἐπὶ τῆς οἰκίας αὐτοῦ Ἀναστὰς ἐπιδίωξον ὀπίσω τῶν
ἀνθρώπων καὶ καταλήμψῃ αὐτοὺς καὶ ἐρεῖς αὐτοῖς Τί ὅτι ἀνταπ-
εδώκατε πονηρὰ ἀντὶ καλῶν; ⁵ἵνα τί ἐκλέψατέ μου τὸ κόνδυ τὸ 5
ἀργυροῦν; οὐ τοῦτό ἐστιν, ἐν ᾧ πίνει ὁ κύριός μου; αὐτὸς δὲ
οἰωνισμῷ οἰωνίζεται ἐν αὐτῷ. πονηρὰ συντετέλεσθε, ἃ πεποιήκατε.
⁶εὑρὼν δὲ αὐτοὺς εἶπεν αὐτοῖς κατὰ τὰ ῥήματα ταῦτα. ⁷οἱ δὲ ⁶₇
εἶπον αὐτῷ Ἵνα τί λαλεῖ ὁ κύριος κατὰ τὰ ῥήματα ταῦτα; μὴ
γένοιτο τοῖς παισίν σου ποιῆσαι κατὰ τὸ ῥῆμα τοῦτο. ⁸εἰ τὸ μὲν 8
ἀργύριον, ὃ εὕρομεν ἐν τοῖς μαρσίπποις ἡμῶν, ἀπεστρέψαμεν πρὸς
σὲ ἐκ γῆς Χανααν, πῶς ἂν κλέψαιμεν ἐκ τοῦ οἴκου τοῦ κυρίου
σου ἀργύριον ἢ χρυσίον; ⁹παρ' ᾧ ἂν εὑρεθῇ τὸ κόνδυ τῶν παί- 9
δων σου, ἀποθνησκέτω· καὶ ἡμεῖς δὲ ἐσόμεθα παῖδες τῷ κυρίῳ
ἡμῶν. ¹⁰ὁ δὲ εἶπεν Καὶ νῦν ὡς λέγετε, οὕτως ἔσται· ὁ ἄνθρω- 10
πος, παρ' ᾧ ἂν εὑρεθῇ τὸ κόνδυ, αὐτὸς ἔσται μου παῖς, ὑμεῖς δὲ
ἔσεσθε καθαροί. ¹¹καὶ ἔσπευσαν καὶ καθεῖλαν ἕκαστος τὸν μάρ- 11
σιππον αὐτοῦ ἐπὶ τὴν γῆν καὶ ἤνοιξαν ἕκαστος τὸν μάρσιππον
αὐτοῦ. ¹²ἠρεύνα δὲ ἀπὸ τοῦ πρεσβυτέρου ἀρξάμενος ἕως ἦλθεν 12
ἐπὶ τὸν νεώτερον, καὶ εὗρεν τὸ κόνδυ ἐν τῷ μαρσίππῳ τῷ Βενια-
μιν. ¹³καὶ διέρρηξαν τὰ ἱμάτια αὐτῶν καὶ ἐπέθηκαν ἕκαστος τὸν 13
μάρσιππον αὐτοῦ ἐπὶ τὸν ὄνον αὐτοῦ καὶ ἐπέστρεψαν εἰς τὴν πόλιν.

¹⁴Εἰσῆλθεν δὲ Ιουδας καὶ οἱ ἀδελφοὶ αὐτοῦ πρὸς Ιωσηφ ἔτι αὐ- 14
τοῦ ὄντος ἐκεῖ καὶ ἔπεσον ἐναντίον αὐτοῦ ἐπὶ τὴν γῆν. ¹⁵εἶπεν 15
δὲ αὐτοῖς Ιωσηφ Τί τὸ πρᾶγμα τοῦτο, ὃ ἐποιήσατε; οὐκ οἴδατε
ὅτι οἰωνισμῷ οἰωνιεῖται ἄνθρωπος οἷος ἐγώ; ¹⁶εἶπεν δὲ Ιουδας 16
Τί ἀντεροῦμεν τῷ κυρίῳ ἢ τί λαλήσωμεν ἢ τί δικαιωθῶμεν; ὁ δὲ
θεὸς εὗρεν τὴν ἀδικίαν τῶν παίδων σου. ἰδού ἐσμεν οἰκέται τῷ
κυρίῳ ἡμῶν, καὶ ἡμεῖς καὶ παρ' ᾧ εὑρέθη τὸ κόνδυ. ¹⁷εἶπεν δὲ 17
Ιωσηφ Μή μοι γένοιτο ποιῆσαι τὸ ῥῆμα τοῦτο· ὁ ἄνθρωπος, παρ'
ᾧ εὑρέθη τὸ κόνδυ, αὐτὸς ἔσται μου παῖς, ὑμεῖς δὲ ἀνάβητε μετὰ
σωτηρίας πρὸς τὸν πατέρα ὑμῶν.

¹⁸Ἐγγίσας δὲ αὐτῷ Ιουδας εἶπεν Δέομαι, κύριε, λαλησάτω ὁ 18
παῖς σου ῥῆμα ἐναντίον σου, καὶ μὴ θυμωθῇς τῷ παιδί σου, ὅτι

44 1 fin. M] + αυτου A || 4 αυτου M] + λεγων A | ανταπεδ. M] + μοι A ||
7 κατα ult. > A⁺ || 8 ευραμεν A || 11 ηνοιξαν M] -ξεν A

19 σὺ εἶ μετὰ Φαραω. ¹⁹κύριε, σὺ ἠρώτησας τοὺς παῖδάς σου λέ-
20 γων Εἰ ἔχετε πατέρα ἢ ἀδελφόν; ²⁰καὶ εἴπαμεν τῷ κυρίῳ Ἔστιν
ἡμῖν πατὴρ πρεσβύτερος καὶ παιδίον γήρως νεώτερον αὐτῷ, καὶ ὁ
ἀδελφὸς αὐτοῦ ἀπέθανεν, αὐτὸς δὲ μόνος ὑπελείφθη τῇ μητρὶ αὐ-
21 τοῦ, ὁ δὲ πατὴρ αὐτὸν ἠγάπησεν. ²¹εἶπας δὲ τοῖς παισίν σου
22 Καταγάγετε αὐτὸν πρός με, καὶ ἐπιμελοῦμαι αὐτοῦ. ²²καὶ εἴπαμεν
τῷ κυρίῳ Οὐ δυνήσεται τὸ παιδίον καταλιπεῖν τὸν πατέρα· ἐὰν
23 δὲ καταλίπῃ τὸν πατέρα, ἀποθανεῖται. ²³σὺ δὲ εἶπας τοῖς παισίν
σου Ἐὰν μὴ καταβῇ ὁ ἀδελφὸς ὑμῶν ὁ νεώτερος μεθ' ὑμῶν, οὐ
24 προσθήσεσθε ἔτι ἰδεῖν τὸ πρόσωπόν μου. ²⁴ἐγένετο δὲ ἡνίκα ἀνέ-
βημεν πρὸς τὸν παῖδά σου πατέρα δὲ ἡμῶν, ἀπηγγείλαμεν αὐτῷ
25 τὰ ῥήματα τοῦ κυρίου. ²⁵εἶπεν δὲ ἡμῖν ὁ πατὴρ ἡμῶν Βαδίσατε
26 πάλιν, ἀγοράσατε ἡμῖν μικρὰ βρώματα. ²⁶ἡμεῖς δὲ εἴπαμεν Οὐ
δυνησόμεθα καταβῆναι· ἀλλ' εἰ μὲν ὁ ἀδελφὸς ἡμῶν ὁ νεώτερος
καταβαίνει μεθ' ἡμῶν, καταβησόμεθα· οὐ γὰρ δυνησόμεθα ἰδεῖν τὸ
πρόσωπον τοῦ ἀνθρώπου, τοῦ ἀδελφοῦ τοῦ νεωτέρου μὴ ὄντος
27 μεθ' ἡμῶν. ²⁷εἶπεν δὲ ὁ παῖς σου ὁ πατὴρ ἡμῶν πρὸς ἡμᾶς
28 Ὑμεῖς γινώσκετε ὅτι δύο ἔτεκέν μοι ἡ γυνή· ²⁸καὶ ἐξῆλθεν ὁ εἷς
ἀπ' ἐμοῦ, καὶ εἴπατε ὅτι θηριόβρωτος γέγονεν, καὶ οὐκ εἶδον αὐ-
29 τὸν ἔτι καὶ νῦν· ²⁹ἐὰν οὖν λάβητε καὶ τοῦτον ἐκ προσώπου
μου καὶ συμβῇ αὐτῷ μαλακία ἐν τῇ ὁδῷ, καὶ κατάξετέ μου τὸ
30 γῆρας μετὰ λύπης εἰς ᾅδου. ³⁰νῦν οὖν ἐὰν εἰσπορεύωμαι πρὸς
τὸν παῖδά σου πατέρα δὲ ἡμῶν καὶ τὸ παιδάριον μὴ ᾖ μεθ' ἡμῶν —
31 ἡ δὲ ψυχὴ αὐτοῦ ἐκκρέμαται ἐκ τῆς τούτου ψυχῆς —, ³¹καὶ ἔσται
ἐν τῷ ἰδεῖν αὐτὸν μὴ ὂν τὸ παιδάριον μεθ' ἡμῶν τελευτήσει, καὶ
κατάξουσιν οἱ παῖδές σου τὸ γῆρας τοῦ παιδός σου πατρὸς δὲ
32 ἡμῶν μετ' ὀδύνης εἰς ᾅδου. ³²ὁ γὰρ παῖς σου ἐκδέδεκται τὸ παι-
δίον παρὰ τοῦ πατρὸς λέγων Ἐὰν μὴ ἀγάγω αὐτὸν πρὸς σὲ καὶ
στήσω αὐτὸν ἐναντίον σου, ἡμαρτηκὼς ἔσομαι πρὸς τὸν πατέρα
33 πάσας τὰς ἡμέρας. ³³νῦν οὖν παραμενῶ σοι παῖς ἀντὶ τοῦ παι-
δίου, οἰκέτης τοῦ κυρίου· τὸ δὲ παιδίον ἀναβήτω μετὰ τῶν ἀδελ-
34 φῶν. ³⁴πῶς γὰρ ἀναβήσομαι πρὸς τὸν πατέρα, τοῦ παιδίου μὴ
ὄντος μεθ' ἡμῶν; ἵνα μὴ ἴδω τὰ κακά, ἃ εὑρήσει τὸν πατέρα μου.
45 ¹Καὶ οὐκ ἠδύνατο Ιωσηφ ἀνέχεσθαι πάντων τῶν παρεστηκότων
αὐτῷ, ἀλλ' εἶπεν Ἐξαποστείλατε πάντας ἀπ' ἐμοῦ. καὶ οὐ παρει-
στήκει οὐδεὶς ἔτι τῷ Ιωσηφ, ἡνίκα ἀνεγνωρίζετο τοῖς ἀδελφοῖς
2 αὐτοῦ. ²καὶ ἀφῆκεν φωνὴν μετὰ κλαυθμοῦ· ἤκουσαν δὲ πάντες
3 οἱ Αἰγύπτιοι, καὶ ἀκουστὸν ἐγένετο εἰς τὸν οἶκον Φαραω. ³εἶπεν
δὲ Ιωσηφ πρὸς τοὺς ἀδελφοὺς αὐτοῦ Ἐγώ εἰμι Ιωσηφ· ἔτι ὁ

20 γηρως νεωτ.] tr. A⁺ | τη μητρι M] τω πατρι A ‖ 21 σου] + οτι A⁺ ‖
28 οτι M] > A | και νυν M] > A
45 1 ανεγνωρ. M] + ιωσηφ A

πατήρ μου ζῆ; καὶ οὐκ ἐδύναντο οἱ ἀδελφοὶ ἀποκριθῆναι αὐτῷ·
ἐταράχθησαν γάρ. ⁴εἶπεν δὲ Ιωσηφ πρὸς τοὺς ἀδελφοὺς αὐτοῦ 4
Ἐγγίσατε πρός με. καὶ ἤγγισαν. καὶ εἶπεν Ἐγώ εἰμι Ιωσηφ ὁ
ἀδελφὸς ὑμῶν, ὃν ἀπέδοσθε εἰς Αἴγυπτον. ⁵νῦν οὖν μὴ λυπεῖσθε 5
μηδὲ σκληρὸν ὑμῖν φανήτω ὅτι ἀπέδοσθέ με ὧδε· εἰς γὰρ ζωὴν
ἀπέστειλέν με ὁ θεὸς ἔμπροσθεν ὑμῶν· ⁶τοῦτο γὰρ δεύτερον ἔτος 6
λιμὸς ἐπὶ τῆς γῆς, καὶ ἔτι λοιπὰ πέντε ἔτη, ἐν οἷς οὐκ ἔσται
ἀροτρίασις οὐδὲ ἄμητος· ⁷ἀπέστειλεν γάρ με ὁ θεὸς ἔμπροσθεν 7
ὑμῶν, ὑπολείπεσθαι ὑμῶν κατάλειμμα ἐπὶ τῆς γῆς καὶ ἐκθρέψαι ὑμῶν
κατάλειψιν μεγάλην. ⁸νῦν οὖν οὐχ ὑμεῖς με ἀπεστάλκατε ὧδε, ἀλλ᾽ 8
ἢ ὁ θεός, καὶ ἐποίησέν με ὡς πατέρα Φαραω καὶ κύριον παντὸς
τοῦ οἴκου αὐτοῦ καὶ ἄρχοντα πάσης γῆς Αἰγύπτου. ⁹σπεύσαντες 9
οὖν ἀνάβητε πρὸς τὸν πατέρα μου καὶ εἴπατε αὐτῷ Τάδε λέγει
ὁ υἱός σου Ιωσηφ Ἐποίησέν με ὁ θεὸς κύριον πάσης γῆς Αἰγύ-
πτου· κατάβηθι οὖν πρός με καὶ μὴ μείνῃς· ¹⁰καὶ κατοικήσεις ἐν 10
γῇ Γεσεμ Ἀραβίας καὶ ἔσῃ ἐγγύς μου, σὺ καὶ οἱ υἱοί σου καὶ οἱ
υἱοὶ τῶν υἱῶν σου, τὰ πρόβατά σου καὶ αἱ βόες σου καὶ ὅσα σοί
ἐστιν, ¹¹καὶ ἐκθρέψω σε ἐκεῖ — ἔτι γὰρ πέντε ἔτη λιμός —, ἵνα 11
μὴ ἐκτριβῇς, σὺ καὶ οἱ υἱοί σου καὶ πάντα τὰ ὑπάρχοντά σου.
¹²ἰδοὺ οἱ ὀφθαλμοὶ ὑμῶν βλέπουσιν καὶ οἱ ὀφθαλμοὶ Βενιαμιν 12
τοῦ ἀδελφοῦ μου ὅτι τὸ στόμα μου τὸ λαλοῦν πρὸς ὑμᾶς. ¹³ἀπαγ- 13
γείλατε οὖν τῷ πατρί μου πᾶσαν τὴν δόξαν μου τὴν ἐν Αἰγύπτῳ
καὶ ὅσα εἴδετε, καὶ ταχύναντες καταγάγετε τὸν πατέρα μου ὧδε.
¹⁴καὶ ἐπιπεσὼν ἐπὶ τὸν τράχηλον Βενιαμιν τοῦ ἀδελφοῦ αὐτοῦ 14
ἔκλαυσεν ἐπ᾽ αὐτῷ, καὶ Βενιαμιν ἔκλαυσεν ἐπὶ τῷ τραχήλῳ αὐτοῦ.
¹⁵καὶ καταφιλήσας πάντας τοὺς ἀδελφοὺς αὐτοῦ ἔκλαυσεν ἐπ᾽ 15
αὐτοῖς, καὶ μετὰ ταῦτα ἐλάλησαν οἱ ἀδελφοὶ αὐτοῦ πρὸς αὐτόν.
¹⁶Καὶ διεβοήθη ἡ φωνὴ εἰς τὸν οἶκον Φαραω λέγοντες Ἥκα- 16
σιν οἱ ἀδελφοὶ Ιωσηφ. ἐχάρη δὲ Φαραω καὶ ἡ θεραπεία αὐτοῦ.
¹⁷εἶπεν δὲ Φαραω πρὸς Ιωσηφ Εἶπὸν τοῖς ἀδελφοῖς σου Τοῦτο 17
ποιήσατε· γεμίσατε τὰ πορεῖα ὑμῶν καὶ ἀπέλθατε εἰς γῆν Χανααν
¹⁸καὶ παραλαβόντες τὸν πατέρα ὑμῶν καὶ τὰ ὑπάρχοντα ὑμῶν ἥκετε 18
πρός με, καὶ δώσω ὑμῖν πάντων τῶν ἀγαθῶν Αἰγύπτου, καὶ φά-
γεσθε τὸν μυελὸν τῆς γῆς. ¹⁹σὺ δὲ ἔντειλαι ταῦτα, λαβεῖν αὐτοῖς 19
ἁμάξας ἐκ γῆς Αἰγύπτου τοῖς παιδίοις ὑμῶν καὶ ταῖς γυναιξίν,
καὶ ἀναλαβόντες τὸν πατέρα ὑμῶν παραγίνεσθε· ²⁰καὶ μὴ φείσησθε 20
τοῖς ὀφθαλμοῖς τῶν σκευῶν ὑμῶν, τὰ γὰρ πάντα ἀγαθὰ Αἰγύπτου
ὑμῖν ἔσται. ²¹ἐποίησαν δὲ οὕτως οἱ υἱοὶ Ισραηλ· ἔδωκεν δὲ Ιω- 21
σηφ αὐτοῖς ἁμάξας κατὰ τὰ εἰρημένα ὑπὸ Φαραω τοῦ βασιλέως
καὶ ἔδωκεν αὐτοῖς ἐπισιτισμὸν εἰς τὴν ὁδόν, ²²καὶ πᾶσιν ἔδωκεν 22

10 εστιν] εκει A† ‖ 14 εκλαυσεν 1°] επεπεσεν A† ‖ 20 των σκευων /
υμων] tr. A†

δισσὰς στολάς, τῷ δὲ Βενιαμιν ἔδωκεν τριακοσίους χρυσοῦς καὶ
23 πέντε ἐξαλλασσούσας στολάς, ²³καὶ τῷ πατρὶ αὐτοῦ ἀπέστειλεν
κατὰ τὰ αὐτὰ καὶ δέκα ὄνους αἴροντας ἀπὸ πάντων τῶν ἀγαθῶν
Αἰγύπτου καὶ δέκα ἡμιόνους αἰρούσας ἄρτους τῷ πατρὶ αὐτοῦ εἰς
24 ὁδόν. ²⁴ἐξαπέστειλεν δὲ τοὺς ἀδελφοὺς αὐτοῦ, καὶ ἐπορεύθησαν·
καὶ εἶπεν αὐτοῖς Μὴ ὀργίζεσθε ἐν τῇ ὁδῷ.
25 ²⁵Καὶ ἀνέβησαν ἐξ Αἰγύπτου καὶ ἦλθον εἰς γῆν Χανααν πρὸς
26 Ιακωβ τὸν πατέρα αὐτῶν ²⁶καὶ ἀνήγγειλαν αὐτῷ λέγοντες ὅτι Ὁ
υἱός σου Ιωσηφ ζῇ, καὶ αὐτὸς ἄρχει πάσης τῆς Αἰγύπτου. καὶ
27 ἐξέστη ἡ διάνοια Ιακωβ· οὐ γὰρ ἐπίστευσεν αὐτοῖς. ²⁷ἐλάλησαν
δὲ αὐτῷ πάντα τὰ ῥηθέντα ὑπὸ Ιωσηφ, ὅσα εἶπεν αὐτοῖς. ἰδὼν
δὲ τὰς ἁμάξας, ἃς ἀπέστειλεν Ιωσηφ ὥστε ἀναλαβεῖν αὐτόν, ἀνε-
28 ζωπύρησεν τὸ πνεῦμα Ιακωβ τοῦ πατρὸς αὐτῶν. ²⁸εἶπεν δὲ Ισραηλ
Μέγα μοί ἐστιν, εἰ ἔτι Ιωσηφ ὁ υἱός μου ζῇ· πορευθεὶς ὄψομαι
αὐτὸν πρὸ τοῦ ἀποθανεῖν με.
46 ¹Ἀπάρας δὲ Ισραηλ, αὐτὸς καὶ πάντα τὰ αὐτοῦ, ἦλθεν ἐπὶ τὸ
φρέαρ τοῦ ὅρκου καὶ ἔθυσεν θυσίαν τῷ θεῷ τοῦ πατρὸς αὐτοῦ
2 Ισαακ. ²εἶπεν δὲ ὁ θεὸς Ισραηλ ἐν ὁράματι τῆς νυκτὸς εἴπας
3 Ιακωβ, Ιακωβ. ὁ δὲ εἶπεν Τί ἐστιν; ³λέγων Ἐγώ εἰμι ὁ θεὸς τῶν
πατέρων σου· μὴ φοβοῦ καταβῆναι εἰς Αἴγυπτον· εἰς γὰρ ἔθνος
4 μέγα ποιήσω σε ἐκεῖ, ⁴καὶ ἐγὼ καταβήσομαι μετὰ σοῦ εἰς Αἴγυπτον,
καὶ ἐγὼ ἀναβιβάσω σε εἰς τέλος, καὶ Ιωσηφ ἐπιβαλεῖ τὰς χεῖρας
5 ἐπὶ τοὺς ὀφθαλμούς σου. ⁵ἀνέστη δὲ Ιακωβ ἀπὸ τοῦ φρέατος
τοῦ ὅρκου, καὶ ἀνέλαβον οἱ υἱοὶ Ισραηλ τὸν πατέρα αὐτῶν καὶ
τὴν ἀποσκευὴν καὶ τὰς γυναῖκας αὐτῶν ἐπὶ τὰς ἁμάξας, ἃς ἀπέ-
6 στειλεν Ιωσηφ ἆραι αὐτόν, ⁶καὶ ἀναλαβόντες τὰ ὑπάρχοντα αὐτῶν
καὶ πᾶσαν τὴν κτῆσιν, ἣν ἐκτήσαντο ἐν γῇ Χανααν, εἰσῆλθον εἰς
7 Αἴγυπτον, Ιακωβ καὶ πᾶν τὸ σπέρμα αὐτοῦ μετ' αὐτοῦ, ⁷υἱοὶ καὶ
οἱ υἱοὶ τῶν υἱῶν αὐτοῦ μετ' αὐτοῦ, θυγατέρες καὶ θυγατέρες τῶν
υἱῶν αὐτοῦ· καὶ πᾶν τὸ σπέρμα αὐτοῦ ἤγαγεν εἰς Αἴγυπτον.
8 ⁸Ταῦτα δὲ τὰ ὀνόματα τῶν υἱῶν Ισραηλ τῶν εἰσελθόντων εἰς
Αἴγυπτον. Ιακωβ καὶ οἱ υἱοὶ αὐτοῦ· πρωτότοκος Ιακωβ Ρουβην.
9 ⁹υἱοὶ δὲ Ρουβην· Ενωχ καὶ Φαλλους, Ασρων καὶ Χαρμι. ¹⁰υἱοὶ δὲ
10 Συμεων· Ιεμουηλ καὶ Ιαμιν καὶ Αωδ καὶ Ιαχιν καὶ Σααρ καὶ Σαουλ
11 υἱὸς τῆς Χανανίτιδος. ¹¹υἱοὶ δὲ Λευι· Γηρσων, Κααθ καὶ Μεραρι.
12 ¹²υἱοὶ δὲ Ιουδα· Ηρ καὶ Αυναν καὶ Σηλωμ καὶ Φαρες καὶ Ζαρα·

22 τω δε] και τω Α† | αλλασσουσας Α† ‖ 26 οτι] ετι Gra. | αυτος Μ]
ουτος Α | της Μ] pr. της Α
46 1 ηλθεν Μ] -θον Α | εθυσεν] +εκει Α† ‖ 4 χειρας] +σου Α† ‖ 6 εν
γη Μ] εκ γης Α | εισηλθον εις αιγ. ιακωβ mu.] και εισηλθεν ιακ. εις αιγ. Α ‖
7 αυτου 3⁰ Μ] +μετ αυτου Α ‖ 9 φαλλουδ Α ‖ 10 ιαχιν Μ] ιαχειμ Α |
σαουλ] σαμουηλ Α†

ἀπέθανεν δὲ Ηρ καὶ Αυναν ἐν γῇ Χανααν· ἐγένοντο δὲ υἱοὶ Φαρες
Ασρων καὶ Ιεμουηλ. ¹³υἱοὶ δὲ Ισσαχαρ· Θωλα καὶ Φουα καὶ Ια- 13
σουβ καὶ Ζαμβραμ. ¹⁴υἱοὶ δὲ Ζαβουλων· Σερεδ καὶ Αλλων καὶ 14
Αλοηλ. ¹⁵οὗτοι υἱοὶ Λειας, οὓς ἔτεκεν τῷ Ιακωβ ἐν Μεσοποταμίᾳ 15
τῆς Συρίας, καὶ Διναν τὴν θυγατέρα αὐτοῦ· πᾶσαι αἱ ψυχαί, υἱοὶ
καὶ θυγατέρες, τριάκοντα τρεῖς. — ¹⁶υἱοὶ δὲ Γαδ· Σαφων καὶ Αγγις 16
καὶ Σαυνις καὶ Θασοβαν καὶ Αηδις καὶ Αροηδις καὶ Αροηλις. ¹⁷υἱοὶ 17
δὲ Ασηρ· Ιεμνα καὶ Ιεσουα καὶ Ιεουλ καὶ Βαρια, καὶ Σαρα ἀδελφὴ
αὐτῶν. υἱοὶ δὲ Βαρια· Χοβορ καὶ Μελχιηλ. ¹⁸οὗτοι υἱοὶ Ζελφας, 18
ἣν ἔδωκεν Λαβαν Λεια τῇ θυγατρὶ αὐτοῦ, ἣ ἔτεκεν τούτους τῷ
Ιακωβ, δέκα ἓξ ψυχάς. — ¹⁹υἱοὶ δὲ Ραχηλ γυναικὸς Ιακωβ· Ιωσηφ 19
καὶ Βενιαμιν. ²⁰ἐγένοντο δὲ υἱοὶ Ιωσηφ ἐν γῇ Αἰγύπτῳ, οὓς ἔτεκεν 20
αὐτῷ Ασεννεθ θυγάτηρ Πετεφρη ἱερέως Ἡλίου πόλεως, τὸν Μα-
νασση καὶ τὸν Εφραιμ. ἐγένοντο δὲ υἱοὶ Μανασση, οὓς ἔτεκεν
αὐτῷ ἡ παλλακὴ ἡ Σύρα, τὸν Μαχιρ· Μαχιρ δὲ ἐγέννησεν τὸν
Γαλααδ. υἱοὶ δὲ Εφραιμ ἀδελφοῦ Μανασση· Σουταλααμ καὶ Τααμ.
υἱοὶ δὲ Σουταλααμ· Εδεμ. ²¹υἱοὶ δὲ Βενιαμιν· Βαλα καὶ Χοβωρ 21
καὶ Ασβηλ. ἐγένοντο δὲ υἱοὶ Βαλα· Γηρα καὶ Νοεμαν καὶ Αγχις καὶ
Ρως καὶ Μαμφιν καὶ Οφιμιν· Γηρα δὲ ἐγέννησεν τὸν Αραδ. ²²οὗτοι 22
υἱοὶ Ραχηλ, οὓς ἔτεκεν τῷ Ιακωβ· πᾶσαι ψυχαὶ δέκα ὀκτώ. — ²³υἱοὶ 23
δὲ Δαν· Ασομ. ²⁴καὶ υἱοὶ Νεφθαλι· Ασιηλ καὶ Γωυνι καὶ Ισσααρ 24
καὶ Συλλημ. ²⁵οὗτοι υἱοὶ Βαλλας, ἣν ἔδωκεν Λαβαν Ραχηλ τῇ 25
θυγατρὶ αὐτοῦ, ἣ ἔτεκεν τούτους τῷ Ιακωβ· πᾶσαι ψυχαὶ ἑπτά. —
²⁶πᾶσαι δὲ ψυχαὶ αἱ εἰσελθοῦσαι μετὰ Ιακωβ εἰς Αἴγυπτον, οἱ ἐξελ- 26
θόντες ἐκ τῶν μηρῶν αὐτοῦ, χωρὶς τῶν γυναικῶν υἱῶν Ιακωβ,
πᾶσαι ψυχαὶ ἑξήκοντα ἕξ. ²⁷υἱοὶ δὲ Ιωσηφ οἱ γενόμενοι αὐτῷ ἐν 27
γῇ Αἰγύπτῳ ψυχαὶ ἐννέα. πᾶσαι ψυχαὶ οἴκου Ιακωβ αἱ εἰσελθοῦ-
σαι εἰς Αἴγυπτον ἑβδομήκοντα πέντε.

²⁸Τὸν δὲ Ιουδαν ἀπέστειλεν ἔμπροσθεν αὐτοῦ πρὸς Ιωσηφ συν- 28
αντῆσαι αὐτῷ καθ᾽ Ἡρώων πόλιν εἰς γῆν Ραμεσση. ²⁹Ζεύξας δὲ 29
Ιωσηφ τὰ ἅρματα αὐτοῦ ἀνέβη εἰς συνάντησιν Ισραηλ τῷ πατρὶ
αὐτοῦ καθ᾽ Ἡρώων πόλιν καὶ ὀφθεὶς αὐτῷ ἐπέπεσεν ἐπὶ τὸν τρά-
χηλον αὐτοῦ καὶ ἔκλαυσεν κλαυθμῷ πλείονι. ³⁰καὶ εἶπεν Ισραηλ 30
πρὸς Ιωσηφ Ἀποθανοῦμαι ἀπὸ τοῦ νῦν, ἐπεὶ ἑώρακα τὸ πρόσωπόν
σου· ἔτι γὰρ σὺ ζῇς. ³¹εἶπεν δὲ Ιωσηφ πρὸς τοὺς ἀδελφοὺς 31
αὐτοῦ Ἀναβὰς ἀπαγγελῶ τῷ Φαραω καὶ ἐρῶ αὐτῷ Οἱ ἀδελφοί
μου καὶ ὁ οἶκος τοῦ πατρός μου, οἳ ἦσαν ἐν τῇ Χανααν, ἥκασιν
πρός με· ³²οἱ δὲ ἄνδρες εἰσὶν ποιμένες — ἄνδρες γὰρ κτηνοτρόφοι 32
ἦσαν — καὶ τὰ κτήνη καὶ τοὺς βόας καὶ πάντα τὰ αὐτῶν ἀγειόχασιν.

12 ασρων M] -ωμ A ‖ 13 ιασουφ A† ‖ 14 αλλων M] ασρων A ‖
15 θυγατερες M] pr. αι A ‖ 17 ιεσουα] ιεσσαι A† | σαρα] σααρ A† | χοβωρ A
‖ 28 αυτου] -των A† ‖ 29 πλειονι] πιονι B*† ‖ 30 επει] + δη B†

33 ³³ ἐὰν οὖν καλέσῃ ὑμᾶς Φαραω καὶ εἴπῃ ὑμῖν Τί τὸ ἔργον ὑμῶν
34 ἐστιν; ³⁴ ἐρεῖτε Ἄνδρες κτηνοτρόφοι ἐσμὲν οἱ παῖδές σου ἐκ παι-
δὸς ἕως τοῦ νῦν, καὶ ἡμεῖς καὶ οἱ πατέρες ἡμῶν, ἵνα κατοική-
σητε ἐν γῇ Γεσεμ Ἀραβίᾳ· βδέλυγμα γάρ ἐστιν Αἰγυπτίοις πᾶς
ποιμὴν προβάτων.

47 ¹ Ἐλθὼν δὲ Ιωσηφ ἀπήγγειλεν τῷ Φαραω λέγων Ὁ πατήρ μου
καὶ οἱ ἀδελφοί μου καὶ τὰ κτήνη καὶ οἱ βόες αὐτῶν καὶ πάντα
2 τὰ αὐτῶν ἦλθον ἐκ γῆς Χανααν καὶ ἰδού εἰσιν ἐν γῇ Γεσεμ. ² ἀπὸ
δὲ τῶν ἀδελφῶν αὐτοῦ παρέλαβεν πέντε ἄνδρας καὶ ἔστησεν αὐ-
3 τοὺς ἐναντίον Φαραω. ³ καὶ εἶπεν Φαραω τοῖς ἀδελφοῖς Ιωσηφ
Τί τὸ ἔργον ὑμῶν; οἱ δὲ εἶπαν τῷ Φαραω Ποιμένες προβάτων
4 οἱ παῖδές σου, καὶ ἡμεῖς καὶ οἱ πατέρες ἡμῶν. ⁴ εἶπαν δὲ τῷ Φα-
ραω Παροικεῖν ἐν τῇ γῇ ἥκαμεν· οὐ γάρ ἐστιν νομὴ τοῖς κτή-
νεσιν τῶν παίδων σου, ἐνίσχυσεν γὰρ ὁ λιμὸς ἐν γῇ Χανααν· νῦν
5 οὖν κατοικήσομεν οἱ παῖδές σου ἐν γῇ Γεσεμ. ⁵ εἶπεν δὲ Φαραω
τῷ Ιωσηφ Κατοικείτωσαν ἐν γῇ Γεσεμ· εἰ δὲ ἐπίστῃ ὅτι εἰσὶν ἐν
αὐτοῖς ἄνδρες δυνατοί, κατάστησον αὐτοὺς ἄρχοντας τῶν ἐμῶν
κτηνῶν.

⁷ Ἦλθον δὲ εἰς Αἴγυπτον πρὸς Ιωσηφ Ιακωβ καὶ οἱ υἱοὶ αὐτοῦ,
καὶ ἤκουσεν Φαραω βασιλεὺς Αἰγύπτου. καὶ εἶπεν Φαραω πρὸς
Ιωσηφ λέγων Ὁ πατήρ σου καὶ οἱ ἀδελφοί σου ἥκασι πρὸς σέ·
6 ⁶ ἰδοὺ ἡ γῆ Αἰγύπτου ἐναντίον σού ἐστιν· ἐν τῇ βελτίστῃ γῇ κατοί-
7 κισον τὸν πατέρα σου καὶ τοὺς ἀδελφούς σου. ⁷ εἰσήγαγεν δὲ
Ιωσηφ Ιακωβ τὸν πατέρα αὐτοῦ καὶ ἔστησεν αὐτὸν ἐναντίον Φαραω,
8 καὶ εὐλόγησεν Ιακωβ τὸν Φαραω. ⁸ εἶπεν δὲ Φαραω τῷ Ιακωβ
9 Πόσα ἔτη ἡμερῶν τῆς ζωῆς σου; ⁹ καὶ εἶπεν Ιακωβ τῷ Φαραω
Αἱ ἡμέραι τῶν ἐτῶν τῆς ζωῆς μου, ἃς παροικῶ, ἑκατὸν τριάκοντα
ἔτη· μικραὶ καὶ πονηραὶ γεγόνασιν αἱ ἡμέραι τῶν ἐτῶν τῆς ζωῆς
μου, οὐκ ἀφίκοντο εἰς τὰς ἡμέρας τῶν ἐτῶν τῆς ζωῆς τῶν πατέ-
10 ρων μου, ἃς ἡμέρας παρῴκησαν. ¹⁰ καὶ εὐλογήσας Ιακωβ τὸν
11 Φαραω ἐξῆλθεν ἀπ᾽ αὐτοῦ. ¹¹ καὶ κατῴκισεν Ιωσηφ τὸν πατέρα
καὶ τοὺς ἀδελφοὺς αὐτοῦ καὶ ἔδωκεν αὐτοῖς κατάσχεσιν ἐν τῇ
Αἰγύπτου ἐν τῇ βελτίστῃ γῇ ἐν γῇ Ραμεσση, καθὰ προσέταξεν
12 Φαραω. ¹² καὶ ἐσιτομέτρει Ιωσηφ τῷ πατρὶ καὶ τοῖς ἀδελφοῖς αὐ-
τοῦ καὶ παντὶ τῷ οἴκῳ τοῦ πατρὸς αὐτοῦ σῖτον κατὰ σῶμα.
13 ¹³ Σῖτος δὲ οὐκ ἦν ἐν πάσῃ τῇ γῇ· ἐνίσχυσεν γὰρ ὁ λιμὸς
σφόδρα· ἐξέλιπεν δὲ ἡ γῆ Αἰγύπτου καὶ ἡ γῆ Χανααν ἀπὸ τοῦ

33 εστιν > A ‖ 34 εσμεν / οι παιδες σου] tr. A[†] | αιγυπτιοις M] pr. τοις
A, αιγυπτιων B[†]
47 1 μου 1⁰ > B | μου 2⁰ > B[†] ‖ 2 αυτου > B[†] (| 3 fin.] + εκ παιδιοθεν
εως του νυν A ‖ 4 οι παιδες σου > B[†] ‖ 8 της > A ‖ 9 αφεικετο A[†]
‖ 11 αιγυπτω A: item in 14 ‖ 12 και τοις αδ. / αυτου] tr. B

λιμοῦ. ¹⁴συνήγαγεν δὲ Ιωσηφ πᾶν τὸ ἀργύριον τὸ εὑρεθὲν ἐν γῇ 14
Αἰγύπτου καὶ ἐν γῇ Χανααν τοῦ σίτου, οὗ ἠγόραζον καὶ ἐσιτο
μέτρει αὐτοῖς, καὶ εἰσήνεγκεν Ιωσηφ πᾶν τὸ ἀργύριον εἰς τὸν οἶκον
Φαραω. ¹⁵καὶ ἐξέλιπεν πᾶν τὸ ἀργύριον ἐκ γῆς Αἰγύπτου καὶ ἐκ 15
γῆς Χανααν. ἦλθον δὲ πάντες οἱ Αἰγύπτιοι πρὸς Ιωσηφ λέγοντες
Δὸς ἡμῖν ἄρτους, καὶ ἵνα τί ἀποθνήσκομεν ἐναντίον σου; ἐκλέ
λοιπεν γὰρ τὸ ἀργύριον ἡμῶν. ¹⁶εἶπεν δὲ αὐτοῖς Ιωσηφ Φέρετε 16
τὰ κτήνη ὑμῶν, καὶ δώσω ὑμῖν ἄρτους ἀντὶ τῶν κτηνῶν ὑμῶν,
εἰ ἐκλέλοιπεν τὸ ἀργύριον. ¹⁷ἤγαγον δὲ τὰ κτήνη πρὸς Ιωσηφ, 17
καὶ ἔδωκεν αὐτοῖς Ιωσηφ ἄρτους ἀντὶ τῶν ἵππων καὶ ἀντὶ τῶν
προβάτων καὶ ἀντὶ τῶν βοῶν καὶ ἀντὶ τῶν ὄνων καὶ ἐξέθρεψεν
αὐτοὺς ἐν ἄρτοις ἀντὶ πάντων τῶν κτηνῶν αὐτῶν ἐν τῷ ἐνιαυτῷ
ἐκείνῳ. — ¹⁸ἐξῆλθεν δὲ τὸ ἔτος ἐκεῖνο, καὶ ἦλθον πρὸς αὐτὸν ἐν 18
τῷ ἔτει τῷ δευτέρῳ καὶ εἶπαν αὐτῷ Μήποτε ἐκτριβῶμεν ἀπὸ τοῦ
κυρίου ἡμῶν· εἰ γὰρ ἐκλέλοιπεν τὸ ἀργύριον καὶ τὰ ὑπάρχοντα
καὶ τὰ κτήνη πρὸς σὲ τὸν κύριον, καὶ οὐχ ὑπολείπεται ἡμῖν ἐναν
τίον τοῦ κυρίου ἡμῶν ἀλλ᾽ ἢ τὸ ἴδιον σῶμα καὶ ἡ γῆ ἡμῶν.
¹⁹ἵνα οὖν μὴ ἀποθάνωμεν ἐναντίον σου καὶ ἡ γῆ ἐρημωθῇ, κτῆσαι 19
ἡμᾶς καὶ τὴν γῆν ἡμῶν ἀντὶ ἄρτων, καὶ ἐσόμεθα ἡμεῖς καὶ ἡ γῆ
ἡμῶν παῖδες Φαραω· δὸς σπέρμα, ἵνα σπείρωμεν καὶ ζῶμεν καὶ
μὴ ἀποθάνωμεν καὶ ἡ γῆ οὐκ ἐρημωθήσεται. ²⁰καὶ ἐκτήσατο Ιω 20
σηφ πᾶσαν τὴν γῆν τῶν Αἰγυπτίων τῷ Φαραω· ἀπέδοντο γὰρ
οἱ Αἰγύπτιοι τὴν γῆν αὐτῶν τῷ Φαραω, ἐπεκράτησεν γὰρ αὐτῶν
ὁ λιμός· καὶ ἐγένετο ἡ γῆ Φαραω, ²¹καὶ τὸν λαὸν κατεδουλώσατο 21
αὐτῷ εἰς παῖδας ἀπ᾽ ἄκρων ὁρίων Αἰγύπτου ἕως τῶν ἄκρων, ²²χωρὶς 22
τῆς γῆς τῶν ἱερέων μόνον· οὐκ ἐκτήσατο ταύτην Ιωσηφ, ἐν δόσει
γὰρ ἔδωκεν δόμα τοῖς ἱερεῦσιν Φαραω, καὶ ἤσθιον τὴν δόσιν, ἣν
ἔδωκεν αὐτοῖς Φαραω· διὰ τοῦτο οὐκ ἀπέδοντο τὴν γῆν αὐτῶν.
²³εἶπεν δὲ Ιωσηφ πᾶσι τοῖς Αἰγυπτίοις Ἰδοὺ κέκτημαι ὑμᾶς καὶ τὴν 23
γῆν ὑμῶν σήμερον τῷ Φαραω· λάβετε ἑαυτοῖς σπέρμα καὶ σπείρατε
τὴν γῆν, ²⁴καὶ ἔσται τὰ γενήματα αὐτῆς δώσετε τὸ πέμπτον μέρος 24
τῷ Φαραω, τὰ δὲ τέσσαρα μέρη ἔσται ὑμῖν αὐτοῖς εἰς σπέρμα τῇ
γῇ καὶ εἰς βρῶσιν ὑμῖν καὶ πᾶσιν τοῖς ἐν τοῖς οἴκοις ὑμῶν. ²⁵καὶ 25
εἶπαν Σέσωκας ἡμᾶς, εὕρομεν χάριν ἐναντίον τοῦ κυρίου ἡμῶν
καὶ ἐσόμεθα παῖδες Φαραω. ²⁶καὶ ἔθετο αὐτοῖς Ιωσηφ εἰς πρόσ 26

14 ου] ο B† || 15 παν / το αργ. M] tr. B†, παν > A || 16 fin. M] + υμων
B†, + ημων A† || 18 ηλθον] -θαν B† | αργυριον] + ημων B† | υπολιπετα
(sic) B† | ημιν > A | ημων paenult. > B† || 19 ουν > B*† | ερημωθη] -θη
σεται A | σπερματα A: item in 23. 24 | και ζωμεν Bᶜ] κ. ζησωμεν A, > B*†
| ουκ Aᶜ] > BA*† || 20 αυτων / ο λιμος] tr. A† | φαραω ult.] pr. τω A ||
22 ταυτην > A | δομα] -ματα A || 23 εαυτοις] ε > B || 24 τω > A | εν τοις
> B || 25 ευραμεν A† | φαραω] pr. τω A

ταγμα ἕως τῆς ἡμέρας ταύτης ἐπὶ γῆν Αἰγύπτου τῷ Φαραω
ἀποπεμπτοῦν, χωρὶς τῆς γῆς τῶν ἱερέων μόνον· οὐκ ἦν τῷ
Φαραω.

27 ²⁷Κατῴκησεν δὲ Ισραηλ ἐν γῇ Αἰγύπτῳ ἐπὶ τῆς γῆς Γεσεμ καὶ
ἐκληρονόμησαν ἐπ᾽ αὐτῆς καὶ ηὐξήθησαν καὶ ἐπληθύνθησαν σφό-
28 δρα. — ²⁸ἐπέζησεν δὲ Ιακωβ ἐν γῇ Αἰγύπτῳ δέκα ἑπτὰ ἔτη· ἐγέ-
νοντο δὲ αἱ ἡμέραι Ιακωβ ἐνιαυτῶν τῆς ζωῆς αὐτοῦ ἑκατὸν τεσ-
29 σαράκοντα ἑπτὰ ἔτη. ²⁹ἤγγισαν δὲ αἱ ἡμέραι Ισραηλ τοῦ ἀποθα-
νεῖν, καὶ ἐκάλεσεν τὸν υἱὸν αὐτοῦ Ιωσηφ καὶ εἶπεν αὐτῷ Εἰ εὕ-
ρηκα χάριν ἐναντίον σου, ὑπόθες τὴν χεῖρά σου ὑπὸ τὸν μηρόν
μου καὶ ποιήσεις ἐπ᾽ ἐμὲ ἐλεημοσύνην καὶ ἀλήθειαν τοῦ μή με
30 θάψαι ἐν Αἰγύπτῳ, ³⁰ἀλλὰ κοιμηθήσομαι μετὰ τῶν πατέρων μου,
καὶ ἀρεῖς με ἐξ Αἰγύπτου καὶ θάψεις με ἐν τῷ τάφῳ αὐτῶν. ὁ δὲ
31 εἶπεν Ἐγὼ ποιήσω κατὰ τὸ ῥῆμά σου. ³¹εἶπεν δέ Ὄμοσόν μοι.
καὶ ὤμοσεν αὐτῷ. καὶ προσεκύνησεν Ισραηλ ἐπὶ τὸ ἄκρον τῆς
ῥάβδου αὐτοῦ.

48 ¹Ἐγένετο δὲ μετὰ τὰ ῥήματα ταῦτα καὶ ἀπηγγέλη τῷ Ιωσηφ
ὅτι Ὁ πατήρ σου ἐνοχλεῖται. καὶ ἀναλαβὼν τοὺς δύο υἱοὺς αὐ-
2 τοῦ, τὸν Μανασση καὶ τὸν Εφραιμ, ἦλθεν πρὸς Ιακωβ. ²ἀπηγγέλη
δὲ τῷ Ιακωβ λέγοντες Ἰδοὺ ὁ υἱός σου Ιωσηφ ἔρχεται πρὸς σέ.
3 καὶ ἐνισχύσας Ισραηλ ἐκάθισεν ἐπὶ τὴν κλίνην. ³καὶ εἶπεν Ιακωβ
τῷ Ιωσηφ Ὁ θεός μου ὤφθη μοι ἐν Λουζα ἐν γῇ Χανααν καὶ
4 εὐλόγησέν με ⁴καὶ εἶπέν μοι Ἰδοὺ ἐγὼ αὐξανῶ σε καὶ πληθυνῶ
σε καὶ ποιήσω σε εἰς συναγωγὰς ἐθνῶν καὶ δώσω σοι τὴν γῆν
ταύτην καὶ τῷ σπέρματί σου μετὰ σὲ εἰς κατάσχεσιν αἰώνιον.
5 ⁵νῦν οὖν οἱ δύο υἱοί σου οἱ γενόμενοί σοι ἐν Αἰγύπτῳ πρὸ τοῦ
με ἐλθεῖν πρὸς σὲ εἰς Αἴγυπτον ἐμοί εἰσιν, Εφραιμ καὶ Μανασση
6 ὡς Ρουβην καὶ Συμεων ἔσονταί μοι· ⁶τὰ δὲ ἔκγονα, ἃ ἐὰν γεννήσῃς
μετὰ ταῦτα, σοὶ ἔσονται, ἐπὶ τῷ ὀνόματι τῶν ἀδελφῶν αὐτῶν
7 κληθήσονται ἐν τοῖς ἐκείνων κλήροις. ⁷ἐγὼ δὲ ἡνίκα ἠρχόμην ἐκ
Μεσοποταμίας τῆς Συρίας, ἀπέθανεν Ραχηλ ἡ μήτηρ σου ἐν γῇ
Χανααν ἐγγίζοντός μου κατὰ τὸν ἱππόδρομον χαβραθα τῆς γῆς τοῦ
ἐλθεῖν Εφραθα, καὶ κατώρυξα αὐτὴν ἐν τῇ ὁδῷ τοῦ ἱπποδρόμου
8 (αὕτη ἐστὶν Βαιθλεεμ). — ⁸ἰδὼν δὲ Ισραηλ τοὺς υἱοὺς Ιωσηφ

26 γην] γης Α | τω φαρ. / αποπεμπτουν] tr. Α | μονων Α ‖ 27 γη > Α |
της Β*] > ΑΒᶜ | εκληρονομηθησαν Α | και ηυξηθησαν > Β*† ‖ 28 δεκα
επτα ετη] ετη δ. επτα ετη Β*† (Βᶜ om. ετη posterius) | εγενοντο δε] και εγ. Α
‖ 29 του 1⁰ > Β† | με θαψαι] tr. Α
48 1 και 1⁰ > Β† | ανηγγελη Α | αυτου] + μετ αυτου Α (in Ο sub ※) ‖
3 ο θ. μου / ωφθη μοι] tr. Β*† | εν λουζα / εν γη χαν.] tr. Α† ‖ 4 αυξανω
σε] tr. Β | σε 2⁰ > Β ‖ 5 αιγυπτω] pr. γη Α | προς σε / εις αιγ.] tr. Β |
συμεων] pr. ως Α ‖ 6 εαν Μ] δ αν Β†, αν Α | σοι > Β† | εν] επι Β† ‖
7 βαιθλεεμ Ra.] βεθ. Β†, βηθ. Α: cf. Ruth 1 1

εἶπεν Τίνες σοι οὗτοι; ⁹εἶπεν δὲ Ιωσηφ τῷ πατρὶ αὐτοῦ Υἱοί 9
μού εἰσιν, οὓς ἔδωκέν μοι ὁ θεὸς ἐνταῦθα. καὶ εἶπεν Ιακωβ
Προσάγαγέ μοι αὐτούς, ἵνα εὐλογήσω αὐτούς. ¹⁰οἱ δὲ ὀφθαλμοὶ 10
Ισραηλ ἐβαρυώπησαν ἀπὸ τοῦ γήρους, καὶ οὐκ ἠδύνατο βλέπειν·
καὶ ἤγγισεν αὐτοὺς πρὸς αὐτόν, καὶ ἐφίλησεν αὐτοὺς καὶ περιέλαβεν
αὐτούς. ¹¹καὶ εἶπεν Ισραηλ πρὸς Ιωσηφ Ἰδοὺ τοῦ προσώπου σου 11
οὐκ ἐστερήθην, καὶ ἰδοὺ ἔδειξέν μοι ὁ θεὸς καὶ τὸ σπέρμα σου.
¹²καὶ ἐξήγαγεν Ιωσηφ αὐτοὺς ἀπὸ τῶν γονάτων αὐτοῦ, καὶ προσ- 12
εκύνησαν αὐτῷ ἐπὶ πρόσωπον ἐπὶ τῆς γῆς. ¹³λαβὼν δὲ Ιωσηφ 13
τοὺς δύο υἱοὺς αὐτοῦ, τόν τε Εφραιμ ἐν τῇ δεξιᾷ ἐξ ἀριστερῶν
δὲ Ισραηλ, τὸν δὲ Μανασση ἐν τῇ ἀριστερᾷ ἐκ δεξιῶν δὲ Ισραηλ,
ἤγγισεν αὐτοὺς αὐτῷ. ¹⁴ἐκτείνας δὲ Ισραηλ τὴν χεῖρα τὴν δεξιὰν 14
ἐπέβαλεν ἐπὶ τὴν κεφαλὴν Εφραιμ — οὗτος δὲ ἦν ὁ νεώτερος —
καὶ τὴν ἀριστερὰν ἐπὶ τὴν κεφαλὴν Μανασση, ἐναλλὰξ τὰς χεῖρας.
¹⁵καὶ ηὐλόγησεν αὐτοὺς καὶ εἶπεν Ὁ θεός, ᾧ εὐηρέστησαν οἱ 15
πατέρες μου ἐναντίον αὐτοῦ Αβρααμ καὶ Ισαακ, ὁ θεὸς ὁ τρέφων
με ἐκ νεότητος ἕως τῆς ἡμέρας ταύτης, ¹⁶ὁ ἄγγελος ὁ ῥυόμενός με 16
ἐκ πάντων τῶν κακῶν εὐλογήσαι τὰ παιδία ταῦτα, καὶ ἐπικληθήσεται
ἐν αὐτοῖς τὸ ὄνομά μου καὶ τὸ ὄνομα τῶν πατέρων μου Αβρααμ
καὶ Ισαακ, καὶ πληθυνθείησαν εἰς πλῆθος πολὺ ἐπὶ τῆς γῆς. ¹⁷ἰδὼν 17
δὲ Ιωσηφ ὅτι ἐπέβαλεν ὁ πατὴρ τὴν δεξιὰν αὐτοῦ ἐπὶ τὴν κεφαλὴν
Εφραιμ, βαρὺ αὐτῷ κατεφάνη, καὶ ἀντελάβετο Ιωσηφ τῆς χειρὸς
τοῦ πατρὸς αὐτοῦ ἀφελεῖν αὐτὴν ἀπὸ τῆς κεφαλῆς Εφραιμ ἐπὶ τὴν
κεφαλὴν Μανασση. ¹⁸εἶπεν δὲ Ιωσηφ τῷ πατρὶ αὐτοῦ Οὐχ οὕτως, 18
πάτερ· οὗτος γὰρ ὁ πρωτότοκος· ἐπίθες τὴν δεξιάν σου ἐπὶ τὴν
κεφαλὴν αὐτοῦ. ¹⁹καὶ οὐκ ἠθέλησεν, ἀλλὰ εἶπεν Οἶδα, τέκνον, οἶδα· 19
καὶ οὗτος ἔσται εἰς λαόν, καὶ οὗτος ὑψωθήσεται, ἀλλὰ ὁ ἀδελ-
φὸς αὐτοῦ ὁ νεώτερος μείζων αὐτοῦ ἔσται, καὶ τὸ σπέρμα αὐτοῦ
ἔσται εἰς πλῆθος ἐθνῶν. ²⁰καὶ εὐλόγησεν αὐτοὺς ἐν τῇ ἡμέρᾳ 20
ἐκείνῃ λέγων Ἐν ὑμῖν εὐλογηθήσεται Ισραηλ λέγοντες Ποιήσαι
σε ὁ θεὸς ὡς Εφραιμ καὶ ὡς Μανασση· καὶ ἔθηκεν τὸν Εφραιμ
ἔμπροσθεν τοῦ Μανασση. — ²¹εἶπεν δὲ Ισραηλ τῷ Ιωσηφ Ἰδοὺ 21
ἐγὼ ἀποθνήσκω, καὶ ἔσται ὁ θεὸς μεθ' ὑμῶν καὶ ἀποστρέψει ὑμᾶς
εἰς τὴν γῆν τῶν πατέρων ὑμῶν· ²²ἐγὼ δὲ δίδωμί σοι Σικιμα ἐξαί- 22
ρετον ὑπὲρ τοὺς ἀδελφούς σου, ἣν ἔλαβον ἐκ χειρὸς Αμορραίων
ἐν μαχαίρᾳ μου καὶ τόξῳ.

10 δε οφθ.] tr. A | ισραηλ] αυτου A | εδυναντο A || 12 ιωσηφ αυτους] tr. A
|| 13 εν τη αριστ.] εξ αριστερων B⁺ || 15 εναντιον] ενωπιον A | θεος ult.]
κυριος B⁺ || 16 εν αυτοις / το ον. μου] tr. B || 17 πατηρ] + αυτου A |
την δεξιαν] pr. την χειρα A || 18 σου > B || 21 υμας] + εκ της γης
ταυτης A

49 ¹ Ἐκάλεσεν δὲ Ιακωβ τοὺς υἱοὺς αὐτοῦ καὶ εἶπεν
Συνάχθητε, ἵνα ἀναγγείλω ὑμῖν,
τί ἀπαντήσει ὑμῖν ἐπ᾽ ἐσχάτων τῶν ἡμερῶν·

2 ² ἀθροίσθητε καὶ ἀκούσατε, υἱοὶ Ιακωβ,
ἀκούσατε Ισραηλ τοῦ πατρὸς ὑμῶν.

3 ³ Ρουβην, πρωτότοκός μου σύ,
ἰσχύς μου καὶ ἀρχὴ τέκνων μου,
σκληρὸς φέρεσθαι καὶ σκληρὸς αὐθάδης.

4 ⁴ ἐξύβρισας ὡς ὕδωρ, μὴ ἐκζέσῃς·
ἀνέβης γὰρ ἐπὶ τὴν κοίτην τοῦ πατρός σου·
τότε ἐμίανας τὴν στρωμνήν, οὗ ἀνέβης.

5 ⁵ Συμεων καὶ Λευι ἀδελφοί·
συνετέλεσαν ἀδικίαν ἐξ αἱρέσεως αὐτῶν.

6 ⁶ εἰς βουλὴν αὐτῶν μὴ ἔλθοι ἡ ψυχή μου,
καὶ ἐπὶ τῇ συστάσει αὐτῶν μὴ ἐρείσαι τὰ ἥπατά μου,
ὅτι ἐν τῷ θυμῷ αὐτῶν ἀπέκτειναν ἀνθρώπους
καὶ ἐν τῇ ἐπιθυμίᾳ αὐτῶν ἐνευροκόπησαν ταῦρον.

7 ⁷ ἐπικατάρατος ὁ θυμὸς αὐτῶν, ὅτι αὐθάδης,
καὶ ἡ μῆνις αὐτῶν, ὅτι ἐσκληρύνθη·
διαμεριῶ αὐτοὺς ἐν Ιακωβ
καὶ διασπερῶ αὐτοὺς ἐν Ισραηλ.

8 ⁸ Ιουδα, σὲ αἰνέσαισαν οἱ ἀδελφοί σου·
αἱ χεῖρές σου ἐπὶ νώτου τῶν ἐχθρῶν σου·
προσκυνήσουσίν σοι οἱ υἱοὶ τοῦ πατρός σου.

9 ⁹ σκύμνος λέοντος Ιουδα·
ἐκ βλαστοῦ, υἱέ μου, ἀνέβης·
ἀναπεσὼν ἐκοιμήθης ὡς λέων
καὶ ὡς σκύμνος· τίς ἐγερεῖ αὐτόν;

10 ¹⁰ οὐκ ἐκλείψει ἄρχων ἐξ Ιουδα
καὶ ἡγούμενος ἐκ τῶν μηρῶν αὐτοῦ,
ἕως ἂν ἔλθῃ τὰ ἀποκείμενα αὐτῷ,
καὶ αὐτὸς προσδοκία ἐθνῶν.

11 ¹¹ δεσμεύων πρὸς ἄμπελον τὸν πῶλον αὐτοῦ
καὶ τῇ ἕλικι τὸν πῶλον τῆς ὄνου αὐτοῦ·
πλυνεῖ ἐν οἴνῳ τὴν στολὴν αὐτοῦ
καὶ ἐν αἵματι σταφυλῆς τὴν περιβολὴν αὐτοῦ·

12 ¹² χαροποὶ οἱ ὀφθαλμοὶ αὐτοῦ ἀπὸ οἴνου,
καὶ λευκοὶ οἱ ὀδόντες αὐτοῦ ἢ γάλα.

49 1 ειπεν] + αυτοις B ‖ 2 αθροισθ.] συναχθητε B | ακουσ. 1⁰] + μου B |
του] pr. ακουσατε B⁺ ‖ 7 διασπερω] διασκορπιω A⁺ ‖ 8 σοι] σε A ‖
12 χαροποι pau.] -ποιοι BA | απο οινου] υπερ οινον B⁺

¹³ Ζαβουλων παράλιος κατοικήσει,　　　　　　13
καὶ αὐτὸς παρ᾽ ὅρμον πλοίων,
καὶ παρατενεῖ ἕως Σιδῶνος.

¹⁴ Ισσαχαρ τὸ καλὸν ἐπεθύμησεν　　　　　　14
ἀναπαυόμενος ἀνὰ μέσον τῶν κλήρων·

¹⁵ καὶ ἰδὼν τὴν ἀνάπαυσιν ὅτι καλή,　　　　　15
καὶ τὴν γῆν ὅτι πίων,
ὑπέθηκεν τὸν ὦμον αὐτοῦ εἰς τὸ πονεῖν
καὶ ἐγενήθη ἀνὴρ γεωργός.

¹⁶ Δαν κρινεῖ τὸν ἑαυτοῦ λαὸν　　　　　　16
ὡσεὶ καὶ μία φυλὴ ἐν Ισραηλ.

¹⁷ καὶ γενηθήτω Δαν ὄφις ἐφ᾽ ὁδοῦ　　　　17
ἐγκαθήμενος ἐπὶ τρίβου,
δάκνων πτέρναν ἵππου,
καὶ πεσεῖται ὁ ἱππεὺς εἰς τὰ ὀπίσω.

¹⁸ τὴν σωτηρίαν περιμένω κυρίου.　　　　　18

¹⁹ Γαδ, πειρατήριον πειρατεύσει αὐτόν,　　　19
αὐτὸς δὲ πειρατεύσει αὐτῶν κατὰ πόδας.

²⁰ Ασηρ, πίων αὐτοῦ ὁ ἄρτος,　　　　　　20
καὶ αὐτὸς δώσει τρυφὴν ἄρχουσιν.

²¹ Νεφθαλι στέλεχος ἀνειμένον,　　　　　21
ἐπιδιδοὺς ἐν τῷ γενήματι κάλλος.

²² Υἱὸς ηὐξημένος Ιωσηφ,　　　　　　22
υἱὸς ηὐξημένος Ζηλωτός,
υἱός μου νεώτατος·
πρός με ἀνάστρεψον.

²³ εἰς ὃν διαβουλευόμενοι ἐλοιδόρουν,　　　23
καὶ ἐνεῖχον αὐτῷ κύριοι τοξευμάτων·

²⁴ καὶ συνετρίβη μετὰ κράτους τὰ τόξα αὐτῶν,　24
καὶ ἐξελύθη τὰ νεῦρα βραχιόνων χειρῶν αὐτῶν
διὰ χεῖρα δυνάστου Ιακωβ,
ἐκεῖθεν ὁ κατισχύσας Ισραηλ·

²⁵ παρὰ θεοῦ τοῦ πατρός σου,　　　　　　25
καὶ ἐβοήθησέν σοι ὁ θεὸς ὁ ἐμὸς
καὶ εὐλόγησέν σε εὐλογίαν οὐρανοῦ ἄνωθεν
καὶ εὐλογίαν γῆς ἐχούσης πάντα·
ἕνεκεν εὐλογίας μαστῶν καὶ μήτρας,

14 ανα μεσον] εμμεσω Α || 16 εαυτου λαον] λ. αυτου Α || 17 γενηθητω]
εγενηθη τω Α || 18 περιμενω Ra.] -νων ΒΑ || 20 δωσει] pr. δια Α |
τρυφην Β†] τροφην Α || 21 νεφθαλειμ Α || 22 ηυξημ. 2°] + μου Β ||
24 χειρων] -ρος Β | ισραηλ] σε ιακωβ Α† || 25 θεου] pr. του Α | γης]
pr. της Α†

26   ²⁶εὐλογίας πατρός σου καὶ μητρός σου·
      ὑπερίσχυσεν ἐπ᾽ εὐλογίαις ὀρέων μονίμων
      καὶ ἐπ᾽ εὐλογίαις θινῶν ἀενάων·
      ἔσονται ἐπὶ κεφαλὴν Ιωσηφ
      καὶ ἐπὶ κορυφῆς ὧν ἡγήσατο ἀδελφῶν.

27   ²⁷Βενιαμιν λύκος ἅρπαξ·
      τὸ πρωινὸν ἔδεται ἔτι
      καὶ εἰς τὸ ἑσπέρας διαδώσει τροφήν.

28   ²⁸Πάντες οὗτοι υἱοὶ Ιακωβ δώδεκα, καὶ ταῦτα ἐλάλησεν αὐτοῖς
ὁ πατὴρ αὐτῶν καὶ εὐλόγησεν αὐτούς, ἕκαστον κατὰ τὴν εὐλογίαν
29 αὐτοῦ εὐλόγησεν αὐτούς. ²⁹καὶ εἶπεν αὐτοῖς Ἐγὼ προστίθεμαι
πρὸς τὸν ἐμὸν λαόν· θάψατέ με μετὰ τῶν πατέρων μου ἐν τῷ
30 σπηλαίῳ, ὅ ἐστιν ἐν τῷ ἀγρῷ Εφρων τοῦ Χετταίου, ³⁰ἐν τῷ σπη-
λαίῳ τῷ διπλῷ τῷ ἀπέναντι Μαμβρη ἐν τῇ γῇ Χανααν, ὃ ἐκτήσατο
Αβρααμ τὸ σπήλαιον παρὰ Εφρων τοῦ Χετταίου ἐν κτήσει μνη-
31 μείου· ³¹ἐκεῖ ἔθαψαν Αβρααμ καὶ Σαρραν τὴν γυναῖκα αὐτοῦ, ἐκεῖ
ἔθαψαν Ισαακ καὶ Ρεβεκκαν τὴν γυναῖκα αὐτοῦ, καὶ ἐκεῖ ἔθαψα
32 Λειαν ³²ἐν κτήσει τοῦ ἀγροῦ καὶ τοῦ σπηλαίου τοῦ ὄντος ἐν αὐτῷ
33 παρὰ τῶν υἱῶν Χετ. ³³καὶ κατέπαυσεν Ιακωβ ἐπιτάσσων τοῖς
υἱοῖς αὐτοῦ καὶ ἐξάρας τοὺς πόδας αὐτοῦ ἐπὶ τὴν κλίνην ἐξέλιπεν
καὶ προσετέθη πρὸς τὸν λαὸν αὐτοῦ.

50   ¹Καὶ ἐπιπεσὼν Ιωσηφ ἐπὶ τὸ πρόσωπον τοῦ πατρὸς αὐτοῦ
2 ἔκλαυσεν ἐπ᾽ αὐτὸν καὶ ἐφίλησεν αὐτόν. ²καὶ προσέταξεν Ιωσηφ
τοῖς παισὶν αὐτοῦ τοῖς ἐνταφιασταῖς ἐνταφιάσαι τὸν πατέρα αὐ-
3 τοῦ, καὶ ἐνεταφίασαν οἱ ἐνταφιασταὶ τὸν Ισραηλ. ³καὶ ἐπλήρωσαν
αὐτοῦ τεσσαράκοντα ἡμέρας· οὕτως γὰρ καταριθμοῦνται αἱ ἡμέραι
τῆς ταφῆς. καὶ ἐπένθησεν αὐτὸν Αἴγυπτος ἑβδομήκοντα ἡμέρας.
4   ⁴Ἐπειδὴ δὲ παρῆλθον αἱ ἡμέραι τοῦ πένθους, ἐλάλησεν Ιωσηφ
πρὸς τοὺς δυνάστας Φαραω λέγων Εἰ εὗρον χάριν ἐναντίον ὑμῶν,
5 λαλήσατε περὶ ἐμοῦ εἰς τὰ ὦτα Φαραω λέγοντες ⁵Ὁ πατήρ μου
ὥρκισέν με λέγων Ἐν τῷ μνημείῳ, ᾧ ὤρυξα ἐμαυτῷ ἐν γῇ Χανααν,
ἐκεῖ με θάψεις· νῦν οὖν ἀναβὰς θάψω τὸν πατέρα μου καὶ ἐπαν-
6 ελεύσομαι. ⁶καὶ εἶπεν Φαραω Ἀνάβηθι, θάψον τὸν πατέρα σου,
7 καθάπερ ὥρκισέν σε. ⁷καὶ ἀνέβη Ιωσηφ θάψαι τὸν πατέρα αὐτοῦ,
καὶ συνανέβησαν μετ᾽ αὐτοῦ πάντες οἱ παῖδες Φαραω καὶ οἱ πρε-
σβύτεροι τοῦ οἴκου αὐτοῦ καὶ πάντες οἱ πρεσβύτεροι τῆς γῆς Αἰγύπτου

26 ορεων > A | κεφαλης A || 27 διαδωσει] διδωσιν B⁽⁺⁾ || 28 ουτοι]
οι A⁺ | ελαλ. αυτοις] tr. A | αυτους 1⁰] + ο πατηρ B⁺ || 30 τη > B ||
31 εκει 2⁰] pr. και A | και ult. > B | εθαψα Gra.] -ψαν BA || 33 εξαρας]
+ ιακωβ A | αυτου 2⁰ > A
50 1 το προσ.] τον τραχηλον A | επ > B || 3 επληρωσεν αυτους B⁺ ||
4 δε > A || 5 μου ωρκ. με] με ωρκ. B⁺, + προ του τελευτησαι A | επανε-
λευσομαι M] απελ. B⁺, επελ. A || 6 φαραω] + τω ιωσηφ A || 7 της > A

⁸καὶ πᾶσα ἡ πανοικία Ιωσηφ καὶ οἱ ἀδελφοὶ αὐτοῦ καὶ πᾶσα ἡ 8
οἰκία ἡ πατρικὴ αὐτοῦ, καὶ τὴν συγγένειαν καὶ τὰ πρόβατα καὶ
τοὺς βόας ὑπελίποντο ἐν γῇ Γεσεμ. ⁹καὶ συνανέβησαν μετ' αὐτοῦ 9
καὶ ἅρματα καὶ ἱππεῖς, καὶ ἐγένετο ἡ παρεμβολὴ μεγάλη σφόδρα.
¹⁰καὶ παρεγένοντο ἐφ' ἅλωνα Αταδ, ὅ ἐστιν πέραν τοῦ Ιορδάνου, 10
καὶ ἐκόψαντο αὐτὸν κοπετὸν μέγαν καὶ ἰσχυρὸν σφόδρα· καὶ ἐποί-
ησεν τὸ πένθος τῷ πατρὶ αὐτοῦ ἑπτὰ ἡμέρας. ¹¹καὶ εἶδον οἱ κάτοι- 11
κοι τῆς γῆς Χανααν τὸ πένθος ἐν ἅλωνι Αταδ καὶ εἶπαν Πένθος
μέγα τοῦτό ἐστιν τοῖς Αἰγυπτίοις· διὰ τοῦτο ἐκάλεσεν τὸ ὄνομα
αὐτοῦ Πένθος Αἰγύπτου, ὅ ἐστιν πέραν τοῦ Ιορδάνου. ¹²καὶ ἐποί- 12
ησαν αὐτῷ οὕτως οἱ υἱοὶ αὐτοῦ καὶ ἔθαψαν αὐτὸν ἐκεῖ. ¹³καὶ ἀνέ- 13
λαβον αὐτὸν οἱ υἱοὶ αὐτοῦ εἰς γῆν Χανααν καὶ ἔθαψαν αὐτὸν εἰς
τὸ σπήλαιον τὸ διπλοῦν, ὃ ἐκτήσατο Αβρααμ τὸ σπήλαιον ἐν κτή-
σει μνημείου παρὰ Εφρων τοῦ Χετταίου κατέναντι Μαμβρη. ¹⁴καὶ 14
ἀπέστρεψεν Ιωσηφ εἰς Αἴγυπτον, αὐτὸς καὶ οἱ ἀδελφοὶ αὐτοῦ καὶ
οἱ συναναβάντες θάψαι τὸν πατέρα αὐτοῦ.

¹⁵Ἰδόντες δὲ οἱ ἀδελφοὶ Ιωσηφ ὅτι τέθνηκεν ὁ πατὴρ αὐτῶν, 15
εἶπαν Μήποτε μνησικακήσῃ ἡμῖν Ιωσηφ καὶ ἀνταπόδομα ἀντα-
ποδῷ ἡμῖν πάντα τὰ κακά, ἃ ἐνεδειξάμεθα αὐτῷ. ¹⁶καὶ παρεγένον- 16
το πρὸς Ιωσηφ λέγοντες Ὁ πατήρ σου ὥρκισεν πρὸ τοῦ τελευ-
τῆσαι αὐτὸν λέγων ¹⁷Οὕτως εἴπατε Ιωσηφ Ἄφες αὐτοῖς τὴν 17
ἀδικίαν καὶ τὴν ἁμαρτίαν αὐτῶν, ὅτι πονηρά σοι ἐνεδείξαντο·
καὶ νῦν δέξαι τὴν ἀδικίαν τῶν θεραπόντων τοῦ θεοῦ τοῦ πατρός
σου. καὶ ἔκλαυσεν Ιωσηφ λαλούντων αὐτῶν πρὸς αὐτόν. ¹⁸καὶ 18
ἐλθόντες πρὸς αὐτὸν εἶπαν Οἵδε ἡμεῖς σοι οἰκέται. ¹⁹καὶ εἶπεν 19
αὐτοῖς Ιωσηφ Μὴ φοβεῖσθε· τοῦ γὰρ θεοῦ εἰμι ἐγώ. ²⁰ὑμεῖς 20
ἐβουλεύσασθε κατ' ἐμοῦ εἰς πονηρά, ὁ δὲ θεὸς ἐβουλεύσατο περὶ
ἐμοῦ εἰς ἀγαθά, ὅπως ἂν γενηθῇ ὡς σήμερον, ἵνα διατραφῇ λαὸς
πολύς. ²¹καὶ εἶπεν αὐτοῖς Μὴ φοβεῖσθε· ἐγὼ διαθρέψω ὑμᾶς καὶ 21
τὰς οἰκίας ὑμῶν. καὶ παρεκάλεσεν αὐτοὺς καὶ ἐλάλησεν αὐτῶν
εἰς τὴν καρδίαν.

²²Καὶ κατῴκησεν Ιωσηφ ἐν Αἰγύπτῳ, αὐτὸς καὶ οἱ ἀδελφοὶ αὐ- 22
τοῦ καὶ πᾶσα ἡ πανοικία τοῦ πατρὸς αὐτοῦ. καὶ ἔζησεν Ιωσηφ
ἔτη ἑκατὸν δέκα. ²³καὶ εἶδεν Ιωσηφ Εφραιμ παιδία ἕως τρίτης 23
γενεᾶς, καὶ υἱοὶ Μαχιρ τοῦ υἱοῦ Μανασση ἐτέχθησαν ἐπὶ μηρῶν

8 την συγγ.] η συγγενια αυτου B ‖ 10 παρεγενετο A | εφ] εις B† | εποι-
ησαν B ‖ 11 τουτο εστιν] tr. A | αυτου] του τοπου εκεινου A ‖ 12 αυ-
του] ισραηλ A | και εθ. αυτον εκει] καθως ενετειλατο αυτοις A ‖ 13 αυτον
1⁰] + εκει B*† ‖ 14 επεστρεψεν A | συναναβ.] + παντες A ‖ 16 παρ-
εγενοντο ... λεγοντες] παραγενομενοι ... ειπαν A ‖ 17 και την αμαρτ. > A
‖ 18 σοι > B† ‖ 19 ιωσηφ > A† | ειμι εγω] tr. B† ‖ 20 διατραφη] δια
> B ‖ 21 και ειπεν] ειπεν δε B†

24 Ιωσηφ. ²⁴καὶ εἶπεν Ιωσηφ τοῖς ἀδελφοῖς αὐτοῦ λέγων Ἐγὼ ἀπο-
θνήσκω· ἐπισκοπῇ δὲ ἐπισκέψεται ὑμᾶς ὁ θεὸς καὶ ἀνάξει ὑμᾶς
ἐκ τῆς γῆς ταύτης εἰς τὴν γῆν, ἣν ὤμοσεν ὁ θεὸς τοῖς πατράσιν
25 ἡμῶν Αβρααμ καὶ Ισαακ καὶ Ιακωβ. ²⁵καὶ ὥρκισεν Ιωσηφ τοὺς
υἱοὺς Ισραηλ λέγων Ἐν τῇ ἐπισκοπῇ, ᾗ ἐπισκέψεται ὑμᾶς ὁ θεός,
26 καὶ συνανοίσετε τὰ ὀστᾶ μου ἐντεῦθεν μεθ᾿ ὑμῶν. ²⁶καὶ ἐτελεύ-
τησεν Ιωσηφ ἐτῶν ἑκατὸν δέκα· καὶ ἔθαψαν αὐτὸν καὶ ἔθηκαν
ἐν τῇ σορῷ ἐν Αἰγύπτῳ.

24 λεγων > A | υμας / ο θ.] tr. A: item in 25 | τοις πατρ. ημων > A ‖
26 εθηκαν] + αυτον A
Subscr. γενεσις κατα τους εβδομηκοντα B⁺, γενεσις κοσμου A⁺

ΕΞΟΔΟΣ

1 ¹Ταῦτα τὰ ὀνόματα τῶν υἱῶν Ισραηλ τῶν εἰσπεπορευμένων εἰς
Αἴγυπτον ἅμα Ιακωβ τῷ πατρὶ αὐτῶν — ἕκαστος πανοικίᾳ αὐτῶν
2 3 εἰσήλθοσαν — · ²Ρουβην, Συμεων, Λευι, Ιουδας, ³Ισσαχαρ, Ζαβου-
4 5 λων καὶ Βενιαμιν, ⁴Δαν καὶ Νεφθαλι, Γαδ καὶ Ασηρ. ⁵Ιωσηφ δὲ
ἦν ἐν Αἰγύπτῳ. ἦσαν δὲ πᾶσαι ψυχαὶ ἐξ Ιακωβ πέντε καὶ ἑβδομή-
6 κοντα. ⁶ἐτελεύτησεν δὲ Ιωσηφ καὶ πάντες οἱ ἀδελφοὶ αὐτοῦ καὶ
7 πᾶσα ἡ γενεὰ ἐκείνη. ⁷οἱ δὲ υἱοὶ Ισραηλ ηὐξήθησαν καὶ ἐπληθύν-
θησαν καὶ χυδαῖοι ἐγένοντο καὶ κατίσχυον σφόδρα σφόδρα, ἐπλή-
θυνεν δὲ ἡ γῆ αὐτούς.
8 ⁸Ἀνέστη δὲ βασιλεὺς ἕτερος ἐπ᾿ Αἴγυπτον, ὃς οὐκ ᾔδει τὸν Ιω-
9 σηφ. ⁹εἶπεν δὲ τῷ ἔθνει αὐτοῦ Ἰδοὺ τὸ γένος τῶν υἱῶν Ισραηλ
10 μέγα πλῆθος καὶ ἰσχύει ὑπὲρ ἡμᾶς· ¹⁰δεῦτε οὖν κατασοφισώμεθα
αὐτούς, μήποτε πληθυνθῇ καί, ἡνίκα ἂν συμβῇ ἡμῖν πόλεμος, προσ-
τεθήσονται καὶ οὗτοι πρὸς τοὺς ὑπεναντίους καὶ ἐκπολεμήσαν-
11 τες ἡμᾶς ἐξελεύσονται ἐκ τῆς γῆς. ¹¹καὶ ἐπέστησεν αὐτοῖς ἐπιστά-
τας τῶν ἔργων, ἵνα κακώσωσιν αὐτοὺς ἐν τοῖς ἔργοις· καὶ ᾠκοδό-
μησαν πόλεις ὀχυρὰς τῷ Φαραω, τήν τε Πιθωμ καὶ Ραμεσση καὶ
12 Ων, ἥ ἐστιν Ἡλίου πόλις. ¹²καθότι δὲ αὐτοὺς ἐταπείνουν, τοσού-
τῳ πλείους ἐγίνοντο καὶ ἴσχυον σφόδρα σφόδρα· καὶ ἐβδελύσσοντο

Exod.: BA.
Inscr.] + αιγυπτου A⁺
11 πανοικι B ‖ 2 ιουδα A ‖ 7 κατισχυσαν A ‖ 9 αυτου > A | γε-
νος] εθνος A ‖ 10 ουν > A: cf. 3 16 4 1 ‖ 11 πιθωμ] πειθω B ‖ 12 σφο-
δρα 2⁰ > A*

οἱ Αἰγύπτιοι ἀπὸ τῶν υἱῶν Ισραηλ. ¹³καὶ κατεδυνάστευον οἱ 13
Αἰγύπτιοι τοὺς υἱοὺς Ισραηλ βίᾳ ¹⁴καὶ κατωδύνων αὐτῶν τὴν 14
ζωὴν ἐν τοῖς ἔργοις τοῖς σκληροῖς, τῷ πηλῷ καὶ τῇ πλινθείᾳ καὶ
πᾶσι τοῖς ἔργοις τοῖς ἐν τοῖς πεδίοις, κατὰ πάντα τὰ ἔργα, ὧν
κατεδουλοῦντο αὐτοὺς μετὰ βίας.

¹⁵Καὶ εἶπεν ὁ βασιλεὺς τῶν Αἰγυπτίων ταῖς μαίαις τῶν Εβραί- 15
ων, τῇ μιᾷ αὐτῶν, ᾗ ὄνομα Σεπφωρα, καὶ τὸ ὄνομα τῆς δευτέρας
Φουα, ¹⁶καὶ εἶπεν Ὅταν μαιοῦσθε τὰς Εβραίας καὶ ὦσιν πρὸς τῷ 16
τίκτειν, ἐὰν μὲν ἄρσεν ᾖ, ἀποκτείνατε αὐτό, ἐὰν δὲ θῆλυ, περιποι-
εῖσθε αὐτό. ¹⁷ἐφοβήθησαν δὲ αἱ μαῖαι τὸν θεὸν καὶ οὐκ ἐποίησαν 17
καθότι συνέταξεν αὐταῖς ὁ βασιλεὺς Αἰγύπτου, καὶ ἐζωογόνουν τὰ
ἄρσενα. ¹⁸ἐκάλεσεν δὲ ὁ βασιλεὺς Αἰγύπτου τὰς μαίας καὶ εἶπεν 18
αὐταῖς Τί ὅτι ἐποιήσατε τὸ πρᾶγμα τοῦτο καὶ ἐζωογονεῖτε τὰ ἄρ-
σενα; ¹⁹εἶπαν δὲ αἱ μαῖαι τῷ Φαραω Οὐχ ὡς γυναῖκες Αἰγύπτου 19
αἱ Εβραῖαι, τίκτουσιν γὰρ πρὶν ἢ εἰσελθεῖν πρὸς αὐτὰς τὰς μαί-
ας· καὶ ἔτικτον. ²⁰εὖ δὲ ἐποίει ὁ θεὸς ταῖς μαίαις, καὶ ἐπλήθυνεν 20
ὁ λαὸς καὶ ἴσχυεν σφόδρα. ²¹ἐπειδὴ ἐφοβοῦντο αἱ μαῖαι τὸν θεόν, 21
ἐποίησαν ἑαυταῖς οἰκίας. — ²²συνέταξεν δὲ Φαραω παντὶ τῷ λαῷ 22
αὐτοῦ λέγων Πᾶν ἄρσεν, ὃ ἐὰν τεχθῇ τοῖς Εβραίοις, εἰς τὸν πο-
ταμὸν ῥίψατε· καὶ πᾶν θῆλυ, ζωογονεῖτε αὐτό.

¹Ἦν δέ τις ἐκ τῆς φυλῆς Λευι, ὃς ἔλαβεν τῶν θυγατέρων 2
Λευι καὶ ἔσχεν αὐτήν. ²καὶ ἐν γαστρὶ ἔλαβεν καὶ ἔτεκεν ἄρσεν· 2
ἰδόντες δὲ αὐτὸ ἀστεῖον ἐσκέπασαν αὐτὸ μῆνας τρεῖς. ³ἐπεὶ δὲ οὐκ 3
ἠδύναντο αὐτὸ ἔτι κρύπτειν, ἔλαβεν αὐτῷ ἡ μήτηρ αὐτοῦ θῖβιν
καὶ κατέχρισεν αὐτὴν ἀσφαλτοπίσσῃ καὶ ἐνέβαλεν τὸ παιδίον εἰς
αὐτὴν καὶ ἔθηκεν αὐτὴν εἰς τὸ ἕλος παρὰ τὸν ποταμόν. ⁴καὶ 4
κατεσκόπευεν ἡ ἀδελφὴ αὐτοῦ μακρόθεν μαθεῖν, τί τὸ ἀποβησό-
μενον αὐτῷ. ⁵κατέβη δὲ ἡ θυγάτηρ Φαραω λούσασθαι ἐπὶ τὸν 5
ποταμόν, καὶ αἱ ἅβραι αὐτῆς παρεπορεύοντο παρὰ τὸν ποταμόν·
καὶ ἰδοῦσα τὴν θῖβιν ἐν τῷ ἕλει ἀποστείλασα τὴν ἅβραν ἀνείλατο
αὐτήν. ⁶ἀνοίξασα δὲ ὁρᾷ παιδίον κλαῖον ἐν τῇ θίβει, καὶ ἐφείσατο 6
αὐτοῦ ἡ θυγάτηρ Φαραω καὶ ἔφη Ἀπὸ τῶν παιδίων τῶν Εβραίων
τοῦτο. ⁷καὶ εἶπεν ἡ ἀδελφὴ αὐτοῦ τῇ θυγατρὶ Φαραω Θέλεις κα- 7
λέσω σοι γυναῖκα τροφεύουσαν ἐκ τῶν Εβραίων καὶ θηλάσει σοι
τὸ παιδίον; ⁸ἡ δὲ εἶπεν αὐτῇ ἡ θυγάτηρ Φαραω Πορεύου. ἐλθοῦ- 8
σα δὲ ἡ νεᾶνις ἐκάλεσεν τὴν μητέρα τοῦ παιδίου. ⁹εἶπεν δὲ πρὸς 9
αὐτὴν ἡ θυγάτηρ Φαραω Διατήρησόν μοι τὸ παιδίον τοῦτο καὶ
θήλασόν μοι αὐτό, ἐγὼ δὲ δώσω σοι τὸν μισθόν. ἔλαβεν δὲ ἡ

21 επειδη] επει δε Bᶜ
2 1 και εσχεν αυτην > B✝ ‖ 3 επει] + δη A | αυτο / ετι κρυπτειν] tr. A |
αυτω η μητηρ αυτου] η μητ. αυτω A ‖ 4 τι > A ‖ 5 παρα] επι A ‖
8 αυτη > B✝

10 γυνὴ τὸ παιδίον καὶ ἐθήλαζεν αὐτό. ¹⁰ἀδρυνθέντος δὲ τοῦ παιδίου
εἰσήγαγεν αὐτὸ πρὸς τὴν θυγατέρα Φαραω, καὶ ἐγενήθη αὐτῇ εἰς
υἱόν· ἐπωνόμασεν δὲ τὸ ὄνομα αὐτοῦ Μωυσῆν λέγουσα Ἐκ τοῦ
ὕδατος αὐτὸν ἀνειλόμην.

11 ¹¹Ἐγένετο δὲ ἐν ταῖς ἡμέραις ταῖς πολλαῖς ἐκείναις μέγας γενό-
μενος Μωυσῆς ἐξῆλθεν πρὸς τοὺς ἀδελφοὺς αὐτοῦ τοὺς υἱοὺς
Ισραηλ. κατανοήσας δὲ τὸν πόνον αὐτῶν ὁρᾷ ἄνθρωπον Αἰγύ-
πτιον τύπτοντά τινα Εβραῖον τῶν ἑαυτοῦ ἀδελφῶν τῶν υἱῶν Ισ-
12 ραηλ· ¹²περιβλεψάμενος δὲ ὧδε καὶ ὧδε οὐχ ὁρᾷ οὐδένα καὶ πατά-
13 ξας τὸν Αἰγύπτιον ἔκρυψεν αὐτὸν ἐν τῇ ἄμμῳ. ¹³ἐξελθὼν δὲ τῇ
ἡμέρᾳ τῇ δευτέρᾳ ὁρᾷ δύο ἄνδρας Εβραίους διαπληκτιζομένους
14 καὶ λέγει τῷ ἀδικοῦντι Διὰ τί σὺ τύπτεις τὸν πλησίον; ¹⁴ὁ δὲ
εἶπεν Τίς σε κατέστησεν ἄρχοντα καὶ δικαστὴν ἐφ᾽ ἡμῶν; μὴ ἀνε-
λεῖν με σὺ θέλεις, ὃν τρόπον ἀνεῖλες ἐχθὲς τὸν Αἰγύπτιον; ἐφο-
βήθη δὲ Μωυσῆς καὶ εἶπεν Εἰ οὕτως ἐμφανὲς γέγονεν τὸ ῥῆμα
15 τοῦτο; ¹⁵ἤκουσεν δὲ Φαραω τὸ ῥῆμα τοῦτο καὶ ἐζήτει ἀνελεῖν
Μωυσῆν· ἀνεχώρησεν δὲ Μωυσῆς ἀπὸ προσώπου Φαραω καὶ ᾤκη-
σεν ἐν γῇ Μαδιαμ· ἐλθὼν δὲ εἰς γῆν Μαδιαμ ἐκάθισεν ἐπὶ τοῦ
16 φρέατος. ¹⁶τῷ δὲ ἱερεῖ Μαδιαμ ἦσαν ἑπτὰ θυγατέρες ποιμαίνου-
σαι τὰ πρόβατα τοῦ πατρὸς αὐτῶν Ιοθορ· παραγενόμεναι δὲ ἤν-
τλουν, ἕως ἔπλησαν τὰς δεξαμενὰς ποτίσαι τὰ πρόβατα τοῦ πα-
17 τρὸς αὐτῶν Ιοθορ. ¹⁷παραγενόμενοι δὲ οἱ ποιμένες ἐξέβαλον αὐ-
τάς· ἀναστὰς δὲ Μωυσῆς ἐρρύσατο αὐτὰς καὶ ἤντλησεν αὐταῖς
18 καὶ ἐπότισεν τὰ πρόβατα αὐτῶν. ¹⁸παρεγένοντο δὲ πρὸς Ραγουηλ
τὸν πατέρα αὐτῶν· ὁ δὲ εἶπεν αὐταῖς Τί ὅτι ἐταχύνατε τοῦ παρα-
19 γενέσθαι σήμερον; ¹⁹αἱ δὲ εἶπαν Ἄνθρωπος Αἰγύπτιος ἐρρύσατο
ἡμᾶς ἀπὸ τῶν ποιμένων καὶ ἤντλησεν ἡμῖν καὶ ἐπότισεν τὰ πρό-
20 βατα ἡμῶν. ²⁰ὁ δὲ εἶπεν ταῖς θυγατράσιν αὐτοῦ Καὶ ποῦ ἐστι;
καὶ ἵνα τί οὕτως καταλελοίπατε τὸν ἄνθρωπον; καλέσατε οὖν αὐ-
21 τόν, ὅπως φάγῃ ἄρτον. ²¹κατῳκίσθη δὲ Μωυσῆς παρὰ τῷ ἀνθρώ-
πῳ, καὶ ἐξέδοτο Σεπφωραν τὴν θυγατέρα αὐτοῦ Μωυσῇ γυναῖκα.
22 ²²ἐν γαστρὶ δὲ λαβοῦσα ἡ γυνὴ ἔτεκεν υἱόν, καὶ ἐπωνόμασεν Μωυ-
σῆς τὸ ὄνομα αὐτοῦ Γηρσαμ λέγων ὅτι Πάροικός εἰμι ἐν τῇ
ἀλλοτρίᾳ.

23 ²³Μετὰ δὲ τὰς ἡμέρας τὰς πολλὰς ἐκείνας ἐτελεύτησεν ὁ βασι-
λεὺς Αἰγύπτου. καὶ κατεστέναξαν οἱ υἱοὶ Ισραηλ ἀπὸ τῶν ἔργων

10 μωυση Α | αυτον ανειλ.] tr. Α ‖ 11 εαυτου αδελφων] αδ. αυτου Α ‖
13 συ > Α ‖ 14 μη] η Α | εχθες τον αιγ.] τον αιγ. χθες Α ‖ 15 ωκησεν]
pr. κατ Α ‖ 16 του πατρ. αυτων / ιοθορ 1⁰] tr. Α | ιοθορ 2⁰ > Α* ‖
17 εξεβαλλον Β | και ηντλ. αυταις > Α ‖ 18 ραγουηλ] ιοθορ Α | τι οτι] δια
τι Β ‖ 19 ημων > Α ‖ 20 και 1⁰ > Α | ουτως > Β* ‖ 21 μωυση Β]
-σει Α: ambo mss. inter -ση et -σει fluctuant, ego ubique Β sequor ‖
22 μωυσης > Α | οτι > Α

καὶ ἀνεβόησαν, καὶ ἀνέβη ἡ βοὴ αὐτῶν πρὸς τὸν θεὸν ἀπὸ τῶν
ἔργων. ²⁴καὶ εἰσήκουσεν ὁ θεὸς τὸν στεναγμὸν αὐτῶν, καὶ ἐμνή- 24
σθη ὁ θεὸς τῆς διαθήκης αὐτοῦ τῆς πρὸς Αβρααμ καὶ Ισαακ καὶ
Ιακωβ. ²⁵καὶ ἐπεῖδεν ὁ θεὸς τοὺς υἱοὺς Ισραηλ καὶ ἐγνώσθη αὐτοῖς. 25

¹Καὶ Μωυσῆς ἦν ποιμαίνων τὰ πρόβατα Ιοθορ τοῦ γαμβροῦ 3
αὐτοῦ τοῦ ἱερέως Μαδιαμ καὶ ἤγαγεν τὰ πρόβατα ὑπὸ τὴν ἔρημον
καὶ ἦλθεν εἰς τὸ ὄρος Χωρηβ. ²ὤφθη δὲ αὐτῷ ἄγγελος κυρίου ἐν 2
φλογὶ πυρὸς ἐκ τοῦ βάτου, καὶ ὁρᾷ ὅτι ὁ βάτος καίεται πυρί, ὁ
δὲ βάτος οὐ κατεκαίετο. ³εἶπεν δὲ Μωυσῆς Παρελθὼν ὄψομαι τὸ 3
ὅραμα τὸ μέγα τοῦτο, τί ὅτι οὐ κατακαίεται ὁ βάτος. ⁴ὡς δὲ εἶδεν 4
κύριος ὅτι προσάγει ἰδεῖν, ἐκάλεσεν αὐτὸν κύριος ἐκ τοῦ βάτου
λέγων Μωυσῆ, Μωυσῆ. ὁ δὲ εἶπεν Τί ἐστιν; ⁵καὶ εἶπεν Μὴ ἐγγί- 5
σῃς ὧδε· λῦσαι τὸ ὑπόδημα ἐκ τῶν ποδῶν σου· ὁ γὰρ τόπος, ἐν
ᾧ σὺ ἕστηκας, γῆ ἁγία ἐστίν. ⁶καὶ εἶπεν αὐτῷ Ἐγώ εἰμι ὁ θεὸς 6
τοῦ πατρός σου, θεὸς Αβρααμ καὶ θεὸς Ισαακ καὶ θεὸς Ιακωβ.
ἀπέστρεψεν δὲ Μωυσῆς τὸ πρόσωπον αὐτοῦ· εὐλαβεῖτο γὰρ κατ-
εμβλέψαι ἐνώπιον τοῦ θεοῦ. ⁷εἶπεν δὲ κύριος πρὸς Μωυσῆν 7
Ἰδὼν εἶδον τὴν κάκωσιν τοῦ λαοῦ μου τοῦ ἐν Αἰγύπτῳ καὶ τῆς
κραυγῆς αὐτῶν ἀκήκοα ἀπὸ τῶν ἐργοδιωκτῶν· οἶδα γὰρ τὴν ὀδύ-
νην αὐτῶν· ⁸καὶ κατέβην ἐξελέσθαι αὐτοὺς ἐκ χειρὸς Αἰγυπτίων 8
καὶ ἐξαγαγεῖν αὐτοὺς ἐκ τῆς γῆς ἐκείνης καὶ εἰσαγαγεῖν αὐτοὺς
εἰς γῆν ἀγαθὴν καὶ πολλήν, εἰς γῆν ῥέουσαν γάλα καὶ μέλι, εἰς
τὸν τόπον τῶν Χαναναίων καὶ Χετταίων καὶ Αμορραίων καὶ Φερε-
ζαίων καὶ Γεργεσαίων καὶ Ευαίων καὶ Ιεβουσαίων. ⁹καὶ νῦν ἰδοὺ 9
κραυγὴ τῶν υἱῶν Ισραηλ ἥκει πρός με, κἀγὼ ἑώρακα τὸν θλιμ-
μόν, ὃν οἱ Αἰγύπτιοι θλίβουσιν αὐτούς. ¹⁰καὶ νῦν δεῦρο ἀποστεί- 10
λω σε πρὸς Φαραω βασιλέα Αἰγύπτου, καὶ ἐξάξεις τὸν λαόν μου
τοὺς υἱοὺς Ισραηλ ἐκ γῆς Αἰγύπτου. — ¹¹καὶ εἶπεν Μωυσῆς πρὸς 11
τὸν θεόν Τίς εἰμι, ὅτι πορεύσομαι πρὸς Φαραω βασιλέα Αἰγύπτου,
καὶ ὅτι ἐξάξω τοὺς υἱοὺς Ισραηλ ἐκ γῆς Αἰγύπτου; ¹²εἶπεν δὲ ὁ 12
θεὸς Μωυσεῖ λέγων ὅτι Ἔσομαι μετὰ σοῦ, καὶ τοῦτό σοι τὸ ση-
μεῖον ὅτι ἐγώ σε ἐξαποστέλλω· ἐν τῷ ἐξαγαγεῖν σε τὸν λαόν μου
ἐξ Αἰγύπτου καὶ λατρεύσετε τῷ θεῷ ἐν τῷ ὄρει τούτῳ. ¹³καὶ εἶ- 13
πεν Μωυσῆς πρὸς τὸν θεόν Ἰδοὺ ἐγὼ ἐλεύσομαι πρὸς τοὺς υἱοὺς
Ισραηλ καὶ ἐρῶ πρὸς αὐτούς Ὁ θεὸς τῶν πατέρων ὑμῶν ἀπέ-

25 εισιδεν Α
3 1 ηγαγεν] ηγεν Α ‖ 2 αυτω > Α | φλογι πυρος] πυρι φλογος Β ‖
3 τι > Β | 5 και] ο δε Β | συ > Α ‖ 6 αυτω] > Β, in O sub ÷ | θεος
2⁰] pr. ο Α ‖ 8 και εισαγ. αυτους > Α | γεργεσαιων . . ευαιων] tr. Α ‖
11 ειμι] + εγω Β (in O sub ※) ‖ 12 ο — λεγων > Α | εξαποστελλω compl.]
-στελω Β, εξ > Α | εξαγαγ. σε] tr. Α | μου > Α* ‖ 13 εξελευσομαι Β† |
υμων (cf. 15. 16)] ημων Β

σταλκέν με πρὸς ὑμᾶς, ἐρωτήσουσίν με Τί ὄνομα αὐτῷ; τί ἐρῶ
14 πρὸς αὐτούς; ¹⁴καὶ εἶπεν ὁ θεὸς πρὸς Μωυσῆν Ἐγώ εἰμι ὁ ὤν·
καὶ εἶπεν Οὕτως ἐρεῖς τοῖς υἱοῖς Ισραηλ Ὁ ὢν ἀπέσταλκέν με
15 πρὸς ὑμᾶς. ¹⁵καὶ εἶπεν ὁ θεὸς πάλιν πρὸς Μωυσῆν Οὕτως ἐρεῖς
τοῖς υἱοῖς Ισραηλ Κύριος ὁ θεὸς τῶν πατέρων ὑμῶν, θεὸς Αβρααμ
καὶ θεὸς Ισαακ καὶ θεὸς Ιακωβ, ἀπέσταλκέν με πρὸς ὑμᾶς· τοῦτό
16 μού ἐστιν ὄνομα αἰώνιον καὶ μνημόσυνον γενεῶν γενεαῖς. ¹⁶ἐλθὼν
οὖν συνάγαγε τὴν γερουσίαν τῶν υἱῶν Ισραηλ καὶ ἐρεῖς πρὸς
αὐτούς Κύριος ὁ θεὸς τῶν πατέρων ὑμῶν ὦπταί μοι, θεὸς Αβρα-
αμ καὶ θεὸς Ισαακ καὶ θεὸς Ιακωβ, λέγων Ἐπισκοπῇ ἐπέσκεμμαι
17 ὑμᾶς καὶ ὅσα συμβέβηκεν ὑμῖν ἐν Αἰγύπτῳ, ¹⁷καὶ εἶπον Ἀναβιβά-
σω ὑμᾶς ἐκ τῆς κακώσεως τῶν Αἰγυπτίων εἰς τὴν γῆν τῶν Χα-
ναναίων καὶ Χετταίων καὶ Αμορραίων καὶ Φερεζαίων καὶ Γεργεσαί-
ων καὶ Ευαίων καὶ Ιεβουσαίων, εἰς γῆν ῥέουσαν γάλα καὶ μέλι.
18 ¹⁸καὶ εἰσακούσονταί σου τῆς φωνῆς· καὶ εἰσελεύσῃ σὺ καὶ ἡ γε-
ρουσία Ισραηλ πρὸς Φαραω βασιλέα Αἰγύπτου καὶ ἐρεῖς πρὸς αὐ-
τόν Ὁ θεὸς τῶν Εβραίων προσκέκληται ἡμᾶς· πορευσώμεθα οὖν
ὁδὸν τριῶν ἡμερῶν εἰς τὴν ἔρημον, ἵνα θύσωμεν τῷ θεῷ ἡμῶν.
19 ¹⁹ἐγὼ δὲ οἶδα ὅτι οὐ προήσεται ὑμᾶς Φαραω βασιλεὺς Αἰγύπτου
20 πορευθῆναι, ἐὰν μὴ μετὰ χειρὸς κραταιᾶς. ²⁰καὶ ἐκτείνας τὴν χεῖρα
πατάξω τοὺς Αἰγυπτίους ἐν πᾶσι τοῖς θαυμασίοις μου, οἷς ποιήσω
21 ἐν αὐτοῖς, καὶ μετὰ ταῦτα ἐξαποστελεῖ ὑμᾶς. ²¹καὶ δώσω χάριν τῷ
λαῷ τούτῳ ἐναντίον τῶν Αἰγυπτίων· ὅταν δὲ ἀποτρέχητε, οὐκ
22 ἀπελεύσεσθε κενοί· ²²αἰτήσει γυνὴ παρὰ γείτονος καὶ συσκήνου
αὐτῆς σκεύη ἀργυρᾶ καὶ χρυσᾶ καὶ ἱματισμόν, καὶ ἐπιθήσετε ἐπὶ
τοὺς υἱοὺς ὑμῶν καὶ ἐπὶ τὰς θυγατέρας ὑμῶν καὶ σκυλεύσετε
4 τοὺς Αἰγυπτίους. —— ¹ἀπεκρίθη δὲ Μωυσῆς καὶ εἶπεν Ἐὰν οὖν
μὴ πιστεύσωσίν μοι μηδὲ εἰσακούσωσιν τῆς φωνῆς μου, ἐροῦσιν
2 γὰρ ὅτι Οὐκ ὦπταί σοι ὁ θεός, τί ἐρῶ πρὸς αὐτούς; ²εἶπεν δὲ
αὐτῷ κύριος Τί τοῦτό ἐστιν τὸ ἐν τῇ χειρί σου; ὁ δὲ εἶπεν Ῥά-
3 βδος. ³καὶ εἶπεν Ῥῖψον αὐτὴν ἐπὶ τὴν γῆν. καὶ ἔρριψεν αὐτὴν ἐπὶ
4 τὴν γῆν, καὶ ἐγένετο ὄφις· καὶ ἔφυγεν Μωυσῆς ἀπ᾽ αὐτοῦ. ⁴καὶ
εἶπεν κύριος πρὸς Μωυσῆν Ἔκτεινον τὴν χεῖρα καὶ ἐπιλαβοῦ τῆς
κέρκου· ἐκτείνας οὖν τὴν χεῖρα ἐπελάβετο τῆς κέρκου, καὶ ἐγένετο
5 ῥάβδος ἐν τῇ χειρὶ αὐτοῦ· ⁵ἵνα πιστεύσωσίν σοι ὅτι ὦπταί σοι
κύριος ὁ θεὸς τῶν πατέρων αὐτῶν, θεὸς Αβρααμ καὶ θεὸς Ισαακ
6 καὶ θεὸς Ιακωβ. ⁶εἶπεν δὲ αὐτῷ κύριος πάλιν Εἰσένεγκε τὴν χεῖρά

---

14 μωυσην] + λεγων B† || 15 γενεων > A† || 16 ουν > A: cf. 1 10 ||
17 ειπον M] -πεν B, -πα A || 22 σκυλευσετε pau.] -σατε B†, συσκευασε-
ται(pro -τε) A
41 ουν > B: cf. 1 10 | ο θεος] pr. κυριος A† || 5 κυριος > B† || 6 εισ-
ενεγκε] -κον B: item in 7

σου εἰς τὸν κόλπον σου. καὶ εἰσήνεγκεν τὴν χεῖρα αὐτοῦ εἰς τὸν
κόλπον αὐτοῦ· καὶ ἐξήνεγκεν τὴν χεῖρα αὐτοῦ ἐκ τοῦ κόλπου αὐ-
τοῦ, καὶ ἐγενήθη ἡ χεὶρ αὐτοῦ ὡσεὶ χιών. ⁷καὶ εἶπεν Πάλιν εἰσέ- 7
νεγκε τὴν χεῖρά σου εἰς τὸν κόλπον σου. καὶ εἰσήνεγκεν τὴν χεῖ-
ρα εἰς τὸν κόλπον αὐτοῦ· καὶ ἐξήνεγκεν αὐτὴν ἐκ τοῦ κόλπου
αὐτοῦ, καὶ πάλιν ἀπεκατέστη εἰς τὴν χρόαν τῆς σαρκὸς αὐτοῦ.
⁸ἐὰν δὲ μὴ πιστεύσωσίν σοι μηδὲ εἰσακούσωσιν τῆς φωνῆς τοῦ 8
σημείου τοῦ πρώτου, πιστεύσουσίν σοι τῆς φωνῆς τοῦ σημείου
τοῦ ἐσχάτου. ⁹καὶ ἔσται ἐὰν μὴ πιστεύσωσίν σοι τοῖς δυσὶ σημεί- 9
οις τούτοις μηδὲ εἰσακούσωσιν τῆς φωνῆς σου, λήμψῃ ἀπὸ τοῦ
ὕδατος τοῦ ποταμοῦ καὶ ἐκχεεῖς ἐπὶ τὸ ξηρόν, καὶ ἔσται τὸ ὕδωρ,
ὃ ἐὰν λάβῃς ἀπὸ τοῦ ποταμοῦ, αἷμα ἐπὶ τοῦ ξηροῦ. — ¹⁰εἶπεν δὲ 10
Μωυσῆς πρὸς κύριον Δέομαι, κύριε, οὐχ ἱκανός εἰμι πρὸ τῆς ἐχθὲς
οὐδὲ πρὸ τῆς τρίτης ἡμέρας οὐδὲ ἀφ᾽ οὗ ἤρξω λαλεῖν τῷ θερά-
ποντί σου· ἰσχνόφωνος καὶ βραδύγλωσσος ἐγώ εἰμι. ¹¹εἶπεν δὲ 11
κύριος πρὸς Μωυσῆν Τίς ἔδωκεν στόμα ἀνθρώπῳ, καὶ τίς ἐποί-
ησεν δύσκωφον καὶ κωφόν, βλέποντα καὶ τυφλόν; οὐκ ἐγὼ ὁ
θεός; ¹²καὶ νῦν πορεύου, καὶ ἐγὼ ἀνοίξω τὸ στόμα σου καὶ συμ- 12
βιβάσω σε ὃ μέλλεις λαλῆσαι. ¹³καὶ εἶπεν Μωυσῆς Δέομαι, κύριε, 13
προχείρισαι δυνάμενον ἄλλον, ὃν ἀποστελεῖς. ¹⁴καὶ θυμωθεὶς ὀρ- 14
γῇ κύριος ἐπὶ Μωυσῆν εἶπεν Οὐκ ἰδοὺ Ααρων ὁ ἀδελφός σου ὁ
Λευίτης; ἐπίσταμαι ὅτι λαλῶν λαλήσει αὐτός σοι· καὶ ἰδοὺ αὐτὸς
ἐξελεύσεται εἰς συνάντησίν σοι καὶ ἰδών σε χαρήσεται ἐν ἑαυτῷ.
¹⁵καὶ ἐρεῖς πρὸς αὐτὸν καὶ δώσεις τὰ ῥήματά μου εἰς τὸ στόμα 15
αὐτοῦ· καὶ ἐγὼ ἀνοίξω τὸ στόμα σου καὶ τὸ στόμα αὐτοῦ καὶ
συμβιβάσω ὑμᾶς ἃ ποιήσετε. ¹⁶καὶ αὐτός σοι προσλαλήσει πρὸς 16
τὸν λαόν, καὶ αὐτὸς ἔσται σου στόμα, σὺ δὲ αὐτῷ ἔσῃ τὰ πρὸς
τὸν θεόν. ¹⁷καὶ τὴν ῥάβδον ταύτην τὴν στραφεῖσαν εἰς ὄφιν 17
λήμψῃ ἐν τῇ χειρί σου, ἐν ᾗ ποιήσεις ἐν αὐτῇ τὰ σημεῖα.
¹⁸Ἐπορεύθη δὲ Μωυσῆς καὶ ἀπέστρεψεν πρὸς Ιοθορ τὸν γαμ- 18
βρὸν αὐτοῦ καὶ λέγει Πορεύσομαι καὶ ἀποστρέψω πρὸς τοὺς
ἀδελφούς μου τοὺς ἐν Αἰγύπτῳ καὶ ὄψομαι εἰ ἔτι ζῶσιν. καὶ εἶ-
πεν Ιοθορ Μωυσῇ Βάδιζε ὑγιαίνων. ¹⁹μετὰ δὲ τὰς ἡμέρας τὰς 19
πολλὰς ἐκείνας ἐτελεύτησεν ὁ βασιλεὺς Αἰγύπτου. εἶπεν δὲ κύριος
πρὸς Μωυσῆν ἐν Μαδιαμ Βάδιζε ἄπελθε εἰς Αἴγυπτον· τεθνήκασιν
γὰρ πάντες οἱ ζητοῦντές σου τὴν ψυχήν. ²⁰ἀναλαβὼν δὲ Μωυ- 20
σῆς τὴν γυναῖκα καὶ τὰ παιδία ἀνεβίβασεν αὐτὰ ἐπὶ τὰ ὑποζύγια
καὶ ἐπέστρεψεν εἰς Αἴγυπτον· ἔλαβεν δὲ Μωυσῆς τὴν ῥάβδον τὴν

6 αυτου ult.] μωυσεως A† ‖ 7 χειρα 2⁰] + αυτου A (in O sub ※) | αυ-
του ult.] -της B ‖ 10 κυριον] τον θεον A† | ουδε 1⁰] και A ‖ 11 προς
μ.] τω μωυσει A | ο θεος] pr. κυριος A ‖ 12 ο] α A ‖ 16 προσλαλησει]
προσ > B* ‖ 18 επεστρεψεν A

21 παρὰ τοῦ θεοῦ ἐν τῇ χειρὶ αὐτοῦ. ²¹ εἶπεν δὲ κύριος πρὸς Μωυ-
σῆν Πορευομένου σου καὶ ἀποστρέφοντος εἰς Αἴγυπτον ὅρα πάν-
τα τὰ τέρατα, ἃ ἔδωκα ἐν ταῖς χερσίν σου, ποιήσεις αὐτὰ ἐναν-
τίον Φαραω· ἐγὼ δὲ σκληρυνῶ τὴν καρδίαν αὐτοῦ, καὶ οὐ μὴ
22 ἐξαποστείλῃ τὸν λαόν. ²² σὺ δὲ ἐρεῖς τῷ Φαραω Τάδε λέγει κύριος
23 Υἱὸς πρωτότοκός μου Ισραηλ· ²³ εἶπα δέ σοι Ἐξαπόστειλον τὸν
λαόν μου, ἵνα μοι λατρεύσῃ· εἰ μὲν οὖν μὴ βούλει ἐξαποστεῖλαι
αὐτούς, ὅρα οὖν ἐγὼ ἀποκτενῶ τὸν υἱόν σου τὸν πρωτότοκον.
24 ·²⁴ Ἐγένετο δὲ ἐν τῇ ὁδῷ ἐν τῷ καταλύματι συνήντησεν αὐτῷ
25 ἄγγελος κυρίου καὶ ἐζήτει αὐτὸν ἀποκτεῖναι. ²⁵ καὶ λαβοῦσα Σεπ-
φωρα ψῆφον περιέτεμεν τὴν ἀκροβυστίαν τοῦ υἱοῦ αὐτῆς καὶ
προσέπεσεν πρὸς τοὺς πόδας καὶ εἶπεν Ἔστη τὸ αἷμα τῆς περι-
26 τομῆς τοῦ παιδίου μου. ²⁶ καὶ ἀπῆλθεν ἀπ᾽ αὐτοῦ, διότι εἶπεν
Ἔστη τὸ αἷμα τῆς περιτομῆς τοῦ παιδίου μου.
27 ²⁷ Εἶπεν δὲ κύριος πρὸς Ααρων Πορεύθητι εἰς συνάντησιν Μωυ-
σεῖ εἰς τὴν ἔρημον· καὶ ἐπορεύθη καὶ συνήντησεν αὐτῷ ἐν τῷ
28 ὄρει τοῦ θεοῦ, καὶ κατεφίλησαν ἀλλήλους. ²⁸ καὶ ἀνήγγειλεν Μωυ-
σῆς τῷ Ααρων πάντας τοὺς λόγους κυρίου, οὓς ἀπέστειλεν, καὶ
29 πάντα τὰ σημεῖα, ἃ ἐνετείλατο αὐτῷ. ²⁹ ἐπορεύθη δὲ Μωυσῆς καὶ
30 Ααρων καὶ συνήγαγον τὴν γερουσίαν τῶν υἱῶν Ισραηλ. ³⁰ καὶ ἐλά-
λησεν Ααρων πάντα τὰ ῥήματα ταῦτα, ἃ ἐλάλησεν ὁ θεὸς πρὸς
31 Μωυσῆν, καὶ ἐποίησεν τὰ σημεῖα ἐναντίον τοῦ λαοῦ. ³¹ καὶ ἐπίστευ-
σεν ὁ λαὸς καὶ ἐχάρη, ὅτι ἐπεσκέψατο ὁ θεὸς τοὺς υἱοὺς Ισραηλ,
καὶ ὅτι εἶδεν αὐτῶν τὴν θλῖψιν· κύψας δὲ ὁ λαὸς προσεκύνησεν.
5 ¹ Καὶ μετὰ ταῦτα εἰσῆλθεν Μωυσῆς καὶ Ααρων πρὸς Φαραω καὶ
εἶπαν αὐτῷ Τάδε λέγει κύριος ὁ θεὸς Ισραηλ Ἐξαπόστειλον τὸν
2 λαόν μου, ἵνα μοι ἑορτάσωσιν ἐν τῇ ἐρήμῳ. ² καὶ εἶπεν Φαραω
Τίς ἐστιν οὗ εἰσακούσομαι τῆς φωνῆς αὐτοῦ ὥστε ἐξαποστεῖλαι
τοὺς υἱοὺς Ισραηλ; οὐκ οἶδα τὸν κύριον καὶ τὸν Ισραηλ οὐκ ἐξα-
3 ποστέλλω. ³ καὶ λέγουσιν αὐτῷ Ὁ θεὸς τῶν Εβραίων προσκέκλη-
ται ἡμᾶς· πορευσόμεθα οὖν ὁδὸν τριῶν ἡμερῶν εἰς τὴν ἔρημον,
ὅπως θύσωμεν τῷ θεῷ ἡμῶν, μήποτε συναντήσῃ ἡμῖν θάνατος ἢ
4 φόνος. ⁴ καὶ εἶπεν αὐτοῖς ὁ βασιλεὺς Αἰγύπτου Ἵνα τί, Μωυσῆ καὶ
Ααρων, διαστρέφετε τὸν λαόν μου ἀπὸ τῶν ἔργων; ἀπέλθατε ἕκα-
5 στος ὑμῶν πρὸς τὰ ἔργα αὐτοῦ. ⁵ καὶ εἶπεν Φαραω Ἰδοὺ νῦν πο-
λυπληθεῖ ὁ λαός· μὴ οὖν καταπαύσωμεν αὐτοὺς ἀπὸ τῶν ἔργων.
6 ⁶ συνέταξεν δὲ Φαραω τοῖς ἐργοδιώκταις τοῦ λαοῦ καὶ τοῖς γραμ-

20 τη > A || 21 την καρδ. / αυτου] tr. A || 23 αποκτεννω Β† ||
26 > B | μου Μ] > A || 27 μωυσει Α] μωσει B: pro μωυσ- B et A
crebro μωσ- praebent, ego ubique formam antiquiorem μωυσ- restituo ||
28 τω > A | σημεια] ρηματα Β†
51 μοι εορτ.] tr. A || 2 εστιν] + θεος Α† || 5 λαος] + της γης Α

ματεῦσιν λέγων ⁷Οὐκέτι προστεθήσεται διδόναι ἄχυρον τῷ λαῷ 7
εἰς τὴν πλινθουργίαν καθάπερ ἐχθὲς καὶ τρίτην ἡμέραν· αὐτοὶ πο-
ρευέσθωσαν καὶ συναγαγέτωσαν ἑαυτοῖς ἄχυρα. ⁸καὶ τὴν σύντα- 8
ξιν τῆς πλινθείας, ἧς αὐτοὶ ποιοῦσιν καθ᾽ ἑκάστην ἡμέραν, ἐπιβα-
λεῖς αὐτοῖς, οὐκ ἀφελεῖς οὐδέν· σχολάζουσιν γάρ· διὰ τοῦτο κε-
κράγασιν λέγοντες Πορευθῶμεν καὶ θύσωμεν τῷ θεῷ ἡμῶν. ⁹βα- 9
ρυνέσθω τὰ ἔργα τῶν ἀνθρώπων τούτων, καὶ μεριμνάτωσαν ταῦ-
τα καὶ μὴ μεριμνάτωσαν ἐν λόγοις κενοῖς. ¹⁰κατέσπευδον δὲ αὐ- 10
τοὺς οἱ ἐργοδιῶκται καὶ οἱ γραμματεῖς καὶ ἔλεγον πρὸς τὸν λαὸν
λέγοντες Τάδε λέγει Φαραω Οὐκέτι δίδωμι ὑμῖν ἄχυρα· ¹¹αὐτοὶ 11
ὑμεῖς πορευόμενοι συλλέγετε ἑαυτοῖς ἄχυρα ὅθεν ἐὰν εὕρητε, οὐ
γὰρ ἀφαιρεῖται ἀπὸ τῆς συντάξεως ὑμῶν οὐθέν. ¹²καὶ διεσπάρη ὁ 12
λαὸς ἐν ὅλῃ Αἰγύπτῳ συναγαγεῖν καλάμην εἰς ἄχυρα· ¹³οἱ δὲ ἐργο- 13
διῶκται κατέσπευδον αὐτοὺς λέγοντες Συντελεῖτε τὰ ἔργα τὰ καθή-
κοντα καθ᾽ ἡμέραν καθάπερ καὶ ὅτε τὸ ἄχυρον ἐδίδοτο ὑμῖν. ¹⁴καὶ 14
ἐμαστιγώθησαν οἱ γραμματεῖς τοῦ γένους τῶν υἱῶν Ισραηλ οἱ
κατασταθέντες ἐπ᾽ αὐτοὺς ὑπὸ τῶν ἐπιστατῶν τοῦ Φαραω λέγον-
τες Διὰ τί οὐ συνετελέσατε τὰς συντάξεις ὑμῶν τῆς πλινθείας,
καθάπερ ἐχθὲς καὶ τρίτην ἡμέραν, καὶ τὸ τῆς σήμερον; ¹⁵εἰσελ- 15
θόντες δὲ οἱ γραμματεῖς τῶν υἱῶν Ισραηλ κατεβόησαν πρὸς Φα-
ραω λέγοντες Ἵνα τί οὕτως ποιεῖς τοῖς σοῖς οἰκέταις; ¹⁶ἄχυρον 16
οὐ δίδοται τοῖς οἰκέταις σου, καὶ τὴν πλίνθον ἡμῖν λέγουσιν ποι-
εῖν, καὶ ἰδοὺ οἱ παῖδές σου μεμαστίγωνται· ἀδικήσεις οὖν τὸν λαόν
σου. ¹⁷καὶ εἶπεν αὐτοῖς Σχολάζετε, σχολασταί ἐστε· διὰ τοῦτο λέ- 17
γετε Πορευθῶμεν θύσωμεν τῷ θεῷ ἡμῶν. ¹⁸νῦν οὖν πορευθέντες 18
ἐργάζεσθε· τὸ γὰρ ἄχυρον οὐ δοθήσεται ὑμῖν, καὶ τὴν σύνταξιν τῆς
πλινθείας ἀποδώσετε. ¹⁹ἑώρων δὲ οἱ γραμματεῖς τῶν υἱῶν Ισραηλ 19
ἑαυτοὺς ἐν κακοῖς λέγοντες Οὐκ ἀπολείψετε τῆς πλινθείας τὸ καθῆ-
κον τῇ ἡμέρᾳ. ²⁰συνήντησαν δὲ Μωυσῇ καὶ Ααρων ἐρχομένοις εἰς 20
συνάντησιν αὐτοῖς ἐκπορευομένων αὐτῶν ἀπὸ Φαραω ²¹καὶ εἶπαν 21
αὐτοῖς Ἴδοι ὁ θεὸς ὑμᾶς καὶ κρίναι, ὅτι ἐβδελύξατε τὴν ὀσμὴν
ἡμῶν ἐναντίον Φαραω καὶ ἐναντίον τῶν θεραπόντων αὐτοῦ δοῦ-
ναι ῥομφαίαν εἰς τὰς χεῖρας αὐτοῦ ἀποκτεῖναι ἡμᾶς. ²²ἐπέστρεψεν 22
δὲ Μωυσῆς πρὸς κύριον καὶ εἶπεν Κύριε, διὰ τί ἐκάκωσας τὸν
λαὸν τοῦτον; καὶ ἵνα τί ἀπέσταλκάς με; ²³καὶ ἀφ᾽ οὗ πεπόρευμαι 23
πρὸς Φαραω λαλῆσαι ἐπὶ τῷ σῷ ὀνόματι, ἐκάκωσεν τὸν λαὸν τοῦ-
τον, καὶ οὐκ ἐρρύσω τὸν λαόν σου. ¹καὶ εἶπεν κύριος πρὸς Μωυ- 6

---

7 προστεθησεσθαι(pro-θε) A | ημεραν] + και το της σημερον A: cf. 14 ||
8 πλινθειας] -θουργιας A | πορευθωμεν] εγερθωμεν B† || 9 μεριμνασθωσαν
bis A† || 11 υμεις > B*† | αφαιρειτε BA || 12 ολη] + γη B (in O sub ※)
|| 17 θυσωμεν] pr. και A || 18 πορευθεντες] απελθοντες A || 22 κυριε δια
τι] δεομαι κυρ. τι B† || 23 λαλησαι] + αυτω A†

σῆν· Ἤδη ὄψει ἃ ποιήσω τῷ Φαραω· ἐν γὰρ χειρὶ κραταιᾷ ἐξαπο-
στελεῖ αὐτοὺς καὶ ἐν βραχίονι ὑψηλῷ ἐκβαλεῖ αὐτοὺς ἐκ τῆς γῆς
αὐτοῦ.

2   ² Ἐλάλησεν δὲ ὁ θεὸς πρὸς Μωυσῆν καὶ εἶπεν πρὸς αὐτόν
3 Ἐγὼ κύριος· ³ καὶ ὤφθην πρὸς Αβρααμ καὶ Ισαακ καὶ Ιακωβ, θεὸς
4 ὢν αὐτῶν, καὶ τὸ ὄνομά μου κύριος οὐκ ἐδήλωσα αὐτοῖς· ⁴ καὶ
ἔστησα τὴν διαθήκην μου πρὸς αὐτοὺς ὥστε δοῦναι αὐτοῖς τὴν
γῆν τῶν Χαναναίων, τὴν γῆν, ἣν παρῳκήκασιν, ἐν ᾗ καὶ παρῴ-
5 κησαν ἐπ᾽ αὐτῆς. ⁵ καὶ ἐγὼ εἰσήκουσα τὸν στεναγμὸν τῶν υἱῶν
Ισραηλ, ὃν οἱ Αἰγύπτιοι καταδουλοῦνται αὐτούς, καὶ ἐμνήσθην τῆς
6 διαθήκης ὑμῶν. ⁶ βάδιζε εἰπὸν τοῖς υἱοῖς Ισραηλ λέγων Ἐγὼ κύ-
ριος καὶ ἐξάξω ὑμᾶς ἀπὸ τῆς δυναστείας τῶν Αἰγυπτίων καὶ ῥύ-
σομαι ὑμᾶς ἐκ τῆς δουλείας καὶ λυτρώσομαι ὑμᾶς ἐν βραχίονι
7 ὑψηλῷ καὶ κρίσει μεγάλῃ ⁷ καὶ λήμψομαι ἐμαυτῷ ὑμᾶς λαὸν ἐμοὶ
καὶ ἔσομαι ὑμῶν θεός, καὶ γνώσεσθε ὅτι ἐγὼ κύριος ὁ θεὸς ὑμῶν
8 ὁ ἐξαγαγὼν ὑμᾶς ἐκ τῆς καταδυναστείας τῶν Αἰγυπτίων, ⁸ καὶ εἰσ-
άξω ὑμᾶς εἰς τὴν γῆν, εἰς ἣν ἐξέτεινα τὴν χεῖρά μου δοῦναι
αὐτὴν τῷ Αβρααμ καὶ Ισαακ καὶ Ιακωβ, καὶ δώσω ὑμῖν αὐτὴν ἐν
9 κλήρῳ· ἐγὼ κύριος. ⁹ ἐλάλησεν δὲ Μωυσῆς οὕτως τοῖς υἱοῖς Ισ-
ραηλ, καὶ οὐκ εἰσήκουσαν Μωυσῇ ἀπὸ τῆς ὀλιγοψυχίας καὶ ἀπὸ
τῶν ἔργων τῶν σκληρῶν.

10
11   ¹⁰ Εἶπεν δὲ κύριος πρὸς Μωυσῆν λέγων ¹¹ Εἴσελθε λάλησον Φα-
ραω βασιλεῖ Αἰγύπτου, ἵνα ἐξαποστείλῃ τοὺς υἱοὺς Ισραηλ ἐκ τῆς
12 γῆς αὐτοῦ. ¹² ἐλάλησεν δὲ Μωυσῆς ἔναντι κυρίου λέγων Ἰδοὺ οἱ
υἱοὶ Ισραηλ οὐκ εἰσήκουσάν μου, καὶ πῶς εἰσακούσεταί μου Φα-
13 ραω; ἐγὼ δὲ ἄλογός εἰμι. ¹³ εἶπεν δὲ κύριος πρὸς Μωυσῆν καὶ
Ααρων καὶ συνέταξεν αὐτοῖς πρὸς Φαραω βασιλέα Αἰγύπτου
ὥστε ἐξαποστεῖλαι τοὺς υἱοὺς Ισραηλ ἐκ γῆς Αἰγύπτου.

14   ¹⁴ Καὶ οὗτοι ἀρχηγοὶ οἴκων πατριῶν αὐτῶν. υἱοὶ Ρουβην πρω-
τοτόκου Ισραηλ· Ενωχ καὶ Φαλλους, Ασρων καὶ Χαρμι· αὕτη ἡ
15 συγγένεια Ρουβην. ¹⁵ καὶ υἱοὶ Συμεων· Ιεμουηλ καὶ Ιαμιν καὶ Αωδ
καὶ Ιαχιν καὶ Σααρ καὶ Σαουλ ὁ ἐκ τῆς Φοινίσσης· αὗται αἱ πα-
16 τριαὶ τῶν υἱῶν Συμεων. ¹⁶ καὶ ταῦτα τὰ ὀνόματα τῶν υἱῶν Λευι
κατὰ συγγενείας αὐτῶν· Γεδσων, Κααθ καὶ Μεραρι· καὶ τὰ ἔτη
17 τῆς ζωῆς Λευι ἑκατὸν τριάκοντα ἑπτά. ¹⁷ καὶ οὗτοι υἱοὶ Γεδσων·
18 Λοβενι καὶ Σεμεϊ, οἶκοι πατριᾶς αὐτῶν. ¹⁸ καὶ υἱοὶ Κααθ· Αμβραμ
καὶ Ισσααρ, Χεβρων καὶ Οζιηλ· καὶ τὰ ἔτη τῆς ζωῆς Κααθ ἑκατὸν

6 5 καταδουλωσιν Α† ‖ 7 εμαυτω υμας] tr. Α ‖ 8 εισαξω] εξαξω Β*† |
υμιν αυτην] tr. Α ‖ 12 εναντιον Α ‖ 13 εξαποστ.] εξαγαγειν Α ‖ 15 ιε-
μιηλ Β† | αωδ Μ] ιωαδ Β, ιαωαδι Α† | ιαχιν] ν > Α† ‖ 16 γηρσων Α
(sed in 17 etiam Α γεδσων) | κααθ] pr. και Β† ‖ 18 ισσαχαρ Β† (sed in
21 etiam Β ισσααρ)

τριάκοντα ἔτη. ¹⁹καὶ υἱοὶ Μεραρι· Μοολι καὶ Ομουσι. οὗτοι οἶκοι 19
πατριῶν Λευι κατὰ συγγενείας αὐτῶν. ²⁰καὶ ἔλαβεν Αμβραμ τὴν 20
Ιωχαβεδ θυγατέρα τοῦ ἀδελφοῦ τοῦ πατρὸς αὐτοῦ ἑαυτῷ εἰς γυ-
ναῖκα, καὶ ἐγέννησεν αὐτῷ τόν τε Ααρων καὶ Μωυσῆν καὶ Μα-
ριαμ τὴν ἀδελφὴν αὐτῶν· τὰ δὲ ἔτη τῆς ζωῆς Αμβραμ ἑκατὸν
τριάκοντα δύο ἔτη. ²¹καὶ υἱοὶ Ισσααρ· Κορε καὶ Ναφεκ καὶ Ζεχρι. 21
²²καὶ υἱοὶ Οζιηλ· Ελισαφαν καὶ Σετρι. ²³ἔλαβεν δὲ Ααρων τὴν $\begin{matrix}22\\23\end{matrix}$
Ελισαβεθ θυγατέρα Αμιναδαβ ἀδελφὴν Ναασσων αὐτῷ γυναῖκα,
καὶ ἔτεκεν αὐτῷ τόν τε Ναδαβ καὶ Αβιουδ καὶ Ελεαζαρ καὶ Ιθα-
μαρ. ²⁴υἱοὶ δὲ Κορε· Ασιρ καὶ Ελκανα καὶ Αβιασαφ· αὗται αἱ γενέ- 24
σεις Κορε. ²⁵καὶ Ελεαζαρ ὁ τοῦ Ααρων ἔλαβεν τῶν θυγατέρων 25
Φουτιηλ αὐτῷ γυναῖκα, καὶ ἔτεκεν αὐτῷ τὸν Φινεες. αὗται αἱ ἀρ-
χαὶ πατριᾶς Λευιτῶν κατὰ γενέσεις αὐτῶν. ²⁶οὗτος Ααρων καὶ 26
Μωυσῆς, οἷς εἶπεν αὐτοῖς ὁ θεὸς ἐξαγαγεῖν τοὺς υἱοὺς Ισραηλ ἐκ
τῆς Αἰγύπτου σὺν δυνάμει αὐτῶν· ²⁷οὗτοί εἰσιν οἱ διαλεγόμενοι 27
πρὸς Φαραω βασιλέα Αἰγύπτου καὶ ἐξήγαγον τοὺς υἱοὺς Ισραηλ
ἐξ Αἰγύπτου· αὐτὸς Ααρων καὶ Μωυσῆς.
²⁸ Ἡι ἡμέρᾳ ἐλάλησεν κύριος Μωυσῇ ἐν γῇ Αἰγύπτῳ, ²⁹καὶ ἐλά- $\begin{matrix}28\\29\end{matrix}$
λησεν κύριος πρὸς Μωυσῆν λέγων Ἐγὼ κύριος· λάλησον πρὸς
Φαραω βασιλέα Αἰγύπτου ὅσα ἐγὼ λέγω πρὸς σέ. ³⁰καὶ εἶπεν 30
Μωυσῆς ἐναντίον κυρίου Ἰδοὺ ἐγὼ ἰσχνόφωνός εἰμι, καὶ πῶς εἰσ-
ακούσεταί μου Φαραω; ¹καὶ εἶπεν κύριος πρὸς Μωυσῆν λέγων 7
Ἰδοὺ δέδωκά σε θεὸν Φαραω, καὶ Ααρων ὁ ἀδελφός σου ἔσται
σου προφήτης· ²σὺ δὲ λαλήσεις αὐτῷ πάντα, ὅσα σοι ἐντέλλομαι, 2
ὁ δὲ Ααρων ὁ ἀδελφός σου λαλήσει πρὸς Φαραω ὥστε ἐξαπο-
στεῖλαι τοὺς υἱοὺς Ισραηλ ἐκ τῆς γῆς αὐτοῦ. ³ἐγὼ δὲ σκληρυνῶ 3
τὴν καρδίαν Φαραω καὶ πληθυνῶ τὰ σημεῖά μου καὶ τὰ τέρατα ἐν
τῇ Αἰγύπτῳ. ⁴καὶ οὐκ εἰσακούσεται ὑμῶν Φαραω· καὶ ἐπιβαλῶ 4
τὴν χεῖρά μου ἐπ᾽ Αἴγυπτον καὶ ἐξάξω σὺν δυνάμει μου τὸν λαόν
μου τοὺς υἱοὺς Ισραηλ ἐκ γῆς Αἰγύπτου σὺν ἐκδικήσει μεγάλη,
⁵καὶ γνώσονται πάντες οἱ Αἰγύπτιοι ὅτι ἐγὼ εἰμι κύριος ἐκτείνων 5
τὴν χεῖρα ἐπ᾽ Αἴγυπτον, καὶ ἐξάξω τοὺς υἱοὺς Ισραηλ ἐκ μέσου
αὐτῶν. ⁶ἐποίησεν δὲ Μωυσῆς καὶ Ααρων, καθάπερ ἐνετείλατο αὐ- 6
τοῖς κύριος, οὕτως ἐποίησαν. ⁷Μωυσῆς δὲ ἦν ἐτῶν ὀγδοήκοντα, 7
Ααρων δὲ ὁ ἀδελφὸς αὐτοῦ ἐτῶν ὀγδοήκοντα τριῶν, ἡνίκα ἐλά-
λησεν πρὸς Φαραω.

19 υιοι] pr. οι A: item in 22 | συγγενιαν B† ‖ 20 αμβραν bis B (sed in
18 etiam B αμβραμ) | δυο] εξ A ‖ 22 σετρι M] σεγρει B, σεθρει A ‖ 23 ελι-
σαβε A*† (-βετ Aᶜ) | αμιναδαμ A | αβιουδ] αβισουρ A†, pr. τον B† | ελε-
αζαρ] pr. τον B† ‖ 24 ασηρ A | αβιασαρ BA ‖ 26 αυτοις / ο θεος] tr. A |
εκ γης] εξ A ‖ 27 εξ] εκ γης B†
7 3 μου και τα τερ.] και τερ. μου A ‖ 5 χειρα] + μου Aᶜ | αυτων] -της A†
‖ 7 ετων / ογδ. τριων] tr. A | ελαλησαν A

8
9 8 Καὶ εἶπεν κύριος πρὸς Μωυσῆν καὶ Ααρων λέγων 9 Καὶ ἐὰν
λαλήσῃ πρὸς ὑμᾶς Φαραω λέγων Δότε ἡμῖν σημεῖον ἢ τέρας,
καὶ ἐρεῖς Ααρων τῷ ἀδελφῷ σου Λαβὲ τὴν ῥάβδον καὶ ῥῖψον
αὐτὴν ἐπὶ τὴν γῆν ἐναντίον Φαραω καὶ ἐναντίον τῶν θεραπόντων
10 αὐτοῦ, καὶ ἔσται δράκων. 10 εἰσῆλθεν δὲ Μωυσῆς καὶ Ααρων ἐναν-
τίον Φαραω καὶ τῶν θεραπόντων αὐτοῦ καὶ ἐποίησαν οὕτως,
καθάπερ ἐνετείλατο αὐτοῖς κύριος· καὶ ἔρριψεν Ααρων τὴν ῥά-
βδον ἐναντίον Φαραω καὶ ἐναντίον τῶν θεραπόντων αὐτοῦ, καὶ
11 ἐγένετο δράκων. 11 συνεκάλεσεν δὲ Φαραω τοὺς σοφιστὰς Αἰγύ-
πτου καὶ τοὺς φαρμακούς, καὶ ἐποίησαν καὶ οἱ ἐπαοιδοὶ τῶν Αἰγυ-
12 πτίων ταῖς φαρμακείαις αὐτῶν ὡσαύτως. 12 καὶ ἔρριψαν ἕκαστος
τὴν ῥάβδον αὐτοῦ, καὶ ἐγένοντο δράκοντες· καὶ κατέπιεν ἡ ῥά-
13 βδος ἡ Ααρων τὰς ἐκείνων ῥάβδους. 13 καὶ κατίσχυσεν ἡ καρδία
Φαραω, καὶ οὐκ εἰσήκουσεν αὐτῶν, καθάπερ ἐλάλησεν αὐτοῖς κύριος.
14 14 Εἶπεν δὲ κύριος πρὸς Μωυσῆν Βεβάρηται ἡ καρδία Φαραω
15 τοῦ μὴ ἐξαποστεῖλαι τὸν λαόν. 15 βάδισον πρὸς Φαραω τὸ πρωί·
ἰδοὺ αὐτὸς ἐκπορεύεται ἐπὶ τὸ ὕδωρ, καὶ στήσῃ συναντῶν αὐτῷ
ἐπὶ τὸ χεῖλος τοῦ ποταμοῦ καὶ τὴν ῥάβδον τὴν στραφεῖσαν εἰς
16 ὄφιν λήμψῃ ἐν τῇ χειρί σου. 16 καὶ ἐρεῖς πρὸς αὐτόν Κύριος ὁ
θεὸς τῶν Εβραίων ἀπέσταλκέν με πρὸς σὲ λέγων Ἐξαπόστειλον
τὸν λαόν μου, ἵνα μοι λατρεύσῃ ἐν τῇ ἐρήμῳ· καὶ ἰδοὺ οὐκ εἰσή-
17 κουσας ἕως τούτου. 17 τάδε λέγει κύριος Ἐν τούτῳ γνώσῃ ὅτι
ἐγὼ κύριος· ἰδοὺ ἐγὼ τύπτω τῇ ῥάβδῳ τῇ ἐν τῇ χειρί μου ἐπὶ
18 τὸ ὕδωρ τὸ ἐν τῷ ποταμῷ, καὶ μεταβαλεῖ εἰς αἷμα· 18 καὶ οἱ
ἰχθύες οἱ ἐν τῷ ποταμῷ τελευτήσουσιν, καὶ ἐποζέσει ὁ ποταμός,
καὶ οὐ δυνήσονται οἱ Αἰγύπτιοι πιεῖν ὕδωρ ἀπὸ τοῦ ποταμοῦ.
19 19 εἶπεν δὲ κύριος πρὸς Μωυσῆν Εἶπον Ααρων τῷ ἀδελφῷ σου
Λαβὲ τὴν ῥάβδον σου καὶ ἔκτεινον τὴν χεῖρά σου ἐπὶ τὰ ὕδατα
Αἰγύπτου καὶ ἐπὶ τοὺς ποταμοὺς αὐτῶν καὶ ἐπὶ τὰς διώρυγας αὐ-
τῶν καὶ ἐπὶ τὰ ἕλη αὐτῶν καὶ ἐπὶ πᾶν συνεστηκὸς ὕδωρ αὐτῶν,
καὶ ἔσται αἷμα. καὶ ἐγένετο αἷμα ἐν πάσῃ γῇ Αἰγύπτου ἔν τε τοῖς
20 ξύλοις καὶ ἐν τοῖς λίθοις. 20 καὶ ἐποίησαν οὕτως Μωυσῆς καὶ Αα-
ρων, καθάπερ ἐνετείλατο αὐτοῖς κύριος· καὶ ἐπάρας τῇ ῥάβδῳ αὐ-
τοῦ ἐπάταξεν τὸ ὕδωρ τὸ ἐν τῷ ποταμῷ ἐναντίον Φαραω καὶ
ἐναντίον τῶν θεραπόντων αὐτοῦ καὶ μετέβαλεν πᾶν τὸ ὕδωρ τὸ
21 ἐν τῷ ποταμῷ εἰς αἷμα. 21 καὶ οἱ ἰχθύες οἱ ἐν τῷ ποταμῷ ἐτε-
λεύτησαν, καὶ ἐπώζεσεν ὁ ποταμός, καὶ οὐκ ἠδύναντο οἱ Αἰγύ-
πτιοι πιεῖν ὕδωρ ἐκ τοῦ ποταμοῦ, καὶ ἦν τὸ αἷμα ἐν πάσῃ γῇ

9 αυτην > B† || 12 ερριψεν A | αυτου] -των B† || 13 ελαλ.] ενετεί-
λατο B† || 14 ειπεν δε] και ειπεν A || 15 στηση] εση B || 19 σου 2⁰] +
εν τη χειρι σου B | σου 3⁰ > A | αιγυπτου 1⁰] του ποταμου A† | αιγυπτου
2⁰] -πτω A || 20 επαρας] + ααρων Aᶜ | την ραβδον A

Αἰγύπτου. ²²ἐποίησαν δὲ ὡσαύτως καὶ οἱ ἐπαοιδοὶ τῶν Αἰγυπτίων 22
ταῖς φαρμακείαις αὐτῶν· καὶ ἐσκληρύνθη ἡ καρδία Φαραω, καὶ
οὐκ εἰσήκουσεν αὐτῶν, καθάπερ εἶπεν κύριος. ²³ἐπιστραφεὶς δὲ 23
Φαραω εἰσῆλθεν εἰς τὸν οἶκον αὐτοῦ καὶ οὐκ ἐπέστησεν τὸν νοῦν
αὐτοῦ οὐδὲ ἐπὶ τούτῳ. ²⁴ὤρυξαν δὲ πάντες οἱ Αἰγύπτιοι κύκλῳ 24
τοῦ ποταμοῦ ὥστε πιεῖν ὕδωρ, καὶ οὐκ ἠδύναντο πιεῖν ὕδωρ ἀπὸ
τοῦ ποταμοῦ. ²⁵καὶ ἀνεπληρώθησαν ἑπτὰ ἡμέραι μετὰ τὸ πατάξαι 25
κύριον τὸν ποταμόν.

²⁶Εἶπεν δὲ κύριος πρὸς Μωυσῆν Εἴσελθε πρὸς Φαραω καὶ ἐρεῖς 26
πρὸς αὐτόν Τάδε λέγει κύριος Ἐξαπόστειλον τὸν λαόν μου, ἵνα
μοι λατρεύσωσιν· ²⁷εἰ δὲ μὴ βούλει σὺ ἐξαποστεῖλαι, ἰδοὺ ἐγὼ 27
τύπτω πάντα τὰ ὅριά σου τοῖς βατράχοις. ²⁸καὶ ἐξερεύξεται ὁ πο- 28
ταμὸς βατράχους, καὶ ἀναβάντες εἰσελεύσονται εἰς τοὺς οἴκους σου
καὶ εἰς τὰ ταμίεια τῶν κοιτώνων σου καὶ ἐπὶ τῶν κλινῶν σου καὶ
εἰς τοὺς οἴκους τῶν θεραπόντων σου καὶ τοῦ λαοῦ σου καὶ ἐν
τοῖς φυράμασίν σου καὶ ἐν τοῖς κλιβάνοις σου· ²⁹καὶ ἐπὶ σὲ καὶ 29
ἐπὶ τοὺς θεράποντάς σου καὶ ἐπὶ τὸν λαόν σου ἀναβήσονται οἱ
βάτραχοι. ¹εἶπεν δὲ κύριος πρὸς Μωυσῆν Εἰπὸν Ααρων τῷ ἀδελ- 8
φῷ σου Ἔκτεινον τῇ χειρὶ τὴν ῥάβδον σου ἐπὶ τοὺς ποταμοὺς
καὶ ἐπὶ τὰς διώρυγας καὶ ἐπὶ τὰ ἕλη καὶ ἀνάγαγε τοὺς βατράχους.
²καὶ ἐξέτεινεν Ααρων τὴν χεῖρα ἐπὶ τὰ ὕδατα Αἰγύπτου καὶ ἀνή- 2
γαγεν τοὺς βατράχους· καὶ ἀνεβιβάσθη ὁ βάτραχος καὶ ἐκάλυψεν
τὴν γῆν Αἰγύπτου. ³ἐποίησαν δὲ ὡσαύτως καὶ οἱ ἐπαοιδοὶ τῶν 3
Αἰγυπτίων ταῖς φαρμακείαις αὐτῶν καὶ ἀνήγαγον τοὺς βατράχους
ἐπὶ γῆν Αἰγύπτου. ⁴καὶ ἐκάλεσεν Φαραω Μωυσῆν καὶ Ααρων καὶ 4
εἶπεν Εὔξασθε περὶ ἐμοῦ πρὸς κύριον, καὶ περιελέτω τοὺς βατρά-
χους ἀπ᾽ ἐμοῦ καὶ ἀπὸ τοῦ ἐμοῦ λαοῦ, καὶ ἐξαποστελῶ τὸν λαόν,
καὶ θύσωσιν κυρίῳ. ⁵εἶπεν δὲ Μωυσῆς πρὸς Φαραω Τάξαι πρός 5
με, πότε εὔξωμαι περὶ σοῦ καὶ περὶ τῶν θεραπόντων σου καὶ περὶ
τοῦ λαοῦ σου ἀφανίσαι τοὺς βατράχους ἀπὸ σοῦ καὶ ἀπὸ τοῦ
λαοῦ σου καὶ ἐκ τῶν οἰκιῶν ὑμῶν, πλὴν ἐν τῷ ποταμῷ ὑπολει-
φθήσονται. ⁶ὁ δὲ εἶπεν Εἰς αὔριον. εἶπεν οὖν Ὡς εἴρηκας· ἵνα 6
εἰδῇς ὅτι οὐκ ἔστιν ἄλλος πλὴν κυρίου· ⁷καὶ περιαιρεθήσονται οἱ 7
βάτραχοι ἀπὸ σοῦ καὶ ἐκ τῶν οἰκιῶν ὑμῶν καὶ ἐκ τῶν ἐπαύλεων
καὶ ἀπὸ τῶν θεραπόντων σου καὶ ἀπὸ τοῦ λαοῦ σου, πλὴν ἐν
τῷ ποταμῷ ὑπολειφθήσονται. ⁸ἐξῆλθεν δὲ Μωυσῆς καὶ Ααρων 8
ἀπὸ Φαραω· καὶ ἐβόησεν Μωυσῆς πρὸς κύριον περὶ τοῦ ὁρισμοῦ

22 εσκληρυνεν Β† ‖ 24 υδωρ 1⁰] +απο του ποταμου Β*† ‖ 27 τοις
> A ‖ 28 εις 3⁰] επι Β† | και ult.] pr. και εν τοις φρεασιν σου Α†
8 1 συναγαγε Α† ‖ 2 ο] η Α† ‖ 3 ταις] pr. εν ΑΒᶜ | φαρμακ.] επα-
οιδαις A | γην] pr. πασαν Α† ‖ 4 τον λαον] αυτους Β† | κυριω] pr. τω Β†
‖ 5 περι 3⁰ > A ‖ 6 ιδης Β (sed in 18 Β ειδης): cf. 11 7 | κυριου] -ιος A

9 τῶν βατράχων, ὡς ἐτάξατο Φαραω. 9ἐποίησεν δὲ κύριος καθάπερ
εἶπεν Μωυσῆς, καὶ ἐτελεύτησαν οἱ βάτραχοι ἐκ τῶν οἰκιῶν καὶ
10 ἐκ τῶν ἐπαύλεων καὶ ἐκ τῶν ἀγρῶν· 10καὶ συνήγαγον αὐτοὺς
11 θιμωνιὰς θιμωνιάς, καὶ ὤζεσεν ἡ γῆ. 11ἰδὼν δὲ Φαραω ὅτι γέ-
γονεν ἀνάψυξις, ἐβαρύνθη ἡ καρδία αὐτοῦ, καὶ οὐκ εἰσήκουσεν
αὐτῶν, καθάπερ ἐλάλησεν κύριος.
12 12Εἶπεν δὲ κύριος πρὸς Μωυσῆν Εἰπὸν Ααρων Ἔκτεινον τῇ
χειρὶ τὴν ῥάβδον σου καὶ πάταξον τὸ χῶμα τῆς γῆς, καὶ ἔσονται
σκνῖφες ἔν τε τοῖς ἀνθρώποις καὶ ἐν τοῖς τετράποσιν καὶ ἐν πά-
13 σῃ γῇ Αἰγύπτου. 13ἐξέτεινεν οὖν Ααρων τῇ χειρὶ τὴν ῥάβδον καὶ
ἐπάταξεν τὸ χῶμα τῆς γῆς, καὶ ἐγένοντο οἱ σκνῖφες ἔν τε τοῖς
ἀνθρώποις καὶ ἐν τοῖς τετράποσιν, καὶ ἐν παντὶ χώματι τῆς γῆς
14 ἐγένοντο οἱ σκνῖφες ἐν πάσῃ γῇ Αἰγύπτου. 14ἐποίησαν δὲ ὡσαύ-
τως καὶ οἱ ἐπαοιδοὶ ταῖς φαρμακείαις αὐτῶν ἐξαγαγεῖν τὸν σκνῖ-
φα καὶ οὐκ ἠδύναντο. καὶ ἐγένοντο οἱ σκνῖφες ἐν τοῖς ἀνθρώποις
15 καὶ ἐν τοῖς τετράποσιν. 15εἶπαν οὖν οἱ ἐπαοιδοὶ τῷ Φαραω Δά-
κτυλος θεοῦ ἐστιν τοῦτο. καὶ ἐσκληρύνθη ἡ καρδία Φαραω, καὶ οὐκ
εἰσήκουσεν αὐτῶν, καθάπερ ἐλάλησεν κύριος.
16 16Εἶπεν δὲ κύριος πρὸς Μωυσῆν Ὄρθρισον τὸ πρωὶ καὶ στῆθι
ἐναντίον Φαραω· καὶ ἰδοὺ αὐτὸς ἐξελεύσεται ἐπὶ τὸ ὕδωρ, καὶ
ἐρεῖς πρὸς αὐτόν Τάδε λέγει κύριος Ἐξαπόστειλον τὸν λαόν μου,
17 ἵνα μοι λατρεύσωσιν ἐν τῇ ἐρήμῳ· 17ἐὰν δὲ μὴ βούλῃ ἐξαποστεῖ-
λαι τὸν λαόν μου, ἰδοὺ ἐγὼ ἐπαποστέλλω ἐπὶ σὲ καὶ ἐπὶ τοὺς
θεράποντάς σου καὶ ἐπὶ τὸν λαόν σου καὶ ἐπὶ τοὺς οἴκους ὑμῶν
κυνόμυιαν, καὶ πλησθήσονται αἱ οἰκίαι τῶν Αἰγυπτίων τῆς κυνο-
18 μυίης καὶ εἰς τὴν γῆν, ἐφ᾽ ἧς εἰσιν ἐπ᾽ αὐτῆς. 18καὶ παραδοξάσω
ἐν τῇ ἡμέρᾳ ἐκείνῃ τὴν γῆν Γεσεμ, ἐφ᾽ ἧς ὁ λαός μου ἔπεστιν
ἐπ᾽ αὐτῆς, ἐφ᾽ ἧς οὐκ ἔσται ἐκεῖ ἡ κυνόμυια, ἵνα εἰδῇς ὅτι ἐγώ
19 εἰμι κύριος ὁ κύριος πάσης τῆς γῆς. 19καὶ δώσω διαστολὴν ἀνὰ
μέσον τοῦ ἐμοῦ λαοῦ καὶ ἀνὰ μέσον τοῦ σοῦ λαοῦ· ἐν δὲ τῇ
20 αὔριον ἔσται τὸ σημεῖον τοῦτο ἐπὶ τῆς γῆς. 20ἐποίησεν δὲ κύριος
οὕτως, καὶ παρεγένετο ἡ κυνόμυια πλῆθος εἰς τοὺς οἴκους Φαραω
καὶ εἰς τοὺς οἴκους τῶν θεραπόντων αὐτοῦ καὶ εἰς πᾶσαν τὴν
21 γῆν Αἰγύπτου, καὶ ἐξωλεθρεύθη ἡ γῆ ἀπὸ τῆς κυνομυίης. 21ἐκά-
λεσεν δὲ Φαραω Μωυσῆν καὶ Ααρων λέγων Ἐλθόντες θύσατε τῷ
22 θεῷ ὑμῶν ἐν τῇ γῇ. 22καὶ εἶπεν Μωυσῆς Οὐ δυνατὸν γενέσθαι
οὕτως· τὰ γὰρ βδελύγματα τῶν Αἰγυπτίων θύσομεν κυρίῳ τῷ
θεῷ ἡμῶν· ἐὰν γὰρ θύσωμεν τὰ βδελύγματα τῶν Αἰγυπτίων ἐναν-

13 τε > Β | εν παση γη αιγ. > Β* || 14 fin.] + και εν παντι χωματι της
γης εγενοντο οι σκνιπες Βᶜ: ex 13 || 16 και 2⁰ > Α | λατρευσωσιν]-ευση Α
|| 17 επαποστελλω] εξαποστ. Α || 18 ης 2⁰] η Α | ειμι > Α | κυριος ult. Β†]
θεος Α || 19 το σημειον > Β || 20 την > Α || 21 τω θεω] pr. κυριω Α

τίον αὐτῶν, λιθοβοληθησόμεθα. ²³ ὁδὸν τριῶν ἡμερῶν πορευσόμεθα 23
εἰς τὴν ἔρημον καὶ θύσομεν κυρίῳ τῷ θεῷ ἡμῶν, καθάπερ εἶπεν ἡμῖν.
²⁴ καὶ εἶπεν Φαραω Ἐγὼ ἀποστέλλω ὑμᾶς, καὶ θύσατε κυρίῳ τῷ 24
θεῷ ὑμῶν ἐν τῇ ἐρήμῳ, ἀλλ᾽ οὐ μακρὰν ἀποτενεῖτε πορευθῆναι·
εὔξασθε οὖν περὶ ἐμοῦ πρὸς κύριον. ²⁵ εἶπεν δὲ Μωυσῆς Ὅδε ἐγὼ 25
ἐξελεύσομαι ἀπὸ σοῦ καὶ εὔξομαι πρὸς τὸν θεόν, καὶ ἀπελεύσεται
ἡ κυνόμυια ἀπὸ σοῦ καὶ ἀπὸ τῶν θεραπόντων σου καὶ τοῦ λαοῦ
σου αὔριον· μὴ προσθῇς ἔτι, Φαραω, ἐξαπατῆσαι τοῦ μὴ ἐξαπο-
στεῖλαι τὸν λαὸν θῦσαι κυρίῳ. ²⁶ ἐξῆλθεν δὲ Μωυσῆς ἀπὸ Φαραω 26
καὶ ηὔξατο πρὸς τὸν θεόν· ²⁷ ἐποίησεν δὲ κύριος καθάπερ εἶπεν 27
Μωυσῆς, καὶ περιεῖλεν τὴν κυνόμυιαν ἀπὸ Φαραω καὶ τῶν θερα-
πόντων αὐτοῦ καὶ τοῦ λαοῦ αὐτοῦ, καὶ οὐ κατελείφθη οὐδεμία.
²⁸ καὶ ἐβάρυνεν Φαραω τὴν καρδίαν αὐτοῦ καὶ ἐπὶ τοῦ καιροῦ τού- 28
του καὶ οὐκ ἠθέλησεν ἐξαποστεῖλαι τὸν λαόν.

¹ Εἶπεν δὲ κύριος πρὸς Μωυσῆν Εἴσελθε πρὸς Φαραω καὶ ἐρεῖς 9
αὐτῷ Τάδε λέγει κύριος ὁ θεὸς τῶν Εβραίων Ἐξαπόστειλον τὸν
λαόν μου, ἵνα μοι λατρεύσωσιν· ² εἰ μὲν οὖν μὴ βούλει ἐξαποστεῖ- 2
λαι τὸν λαόν μου, ἀλλ᾽ ἔτι ἐγκρατεῖς αὐτοῦ, ³ ἰδοὺ χεὶρ κυρίου 3
ἐπέσται ἐν τοῖς κτήνεσίν σου τοῖς ἐν τοῖς πεδίοις, ἔν τε τοῖς ἵπ-
ποις καὶ ἐν τοῖς ὑποζυγίοις καὶ ταῖς καμήλοις καὶ βουσὶν καὶ προ-
βάτοις, θάνατος μέγας σφόδρα. ⁴ καὶ παραδοξάσω ἐγὼ ἐν τῷ και- 4
ρῷ ἐκείνῳ ἀνὰ μέσον τῶν κτηνῶν τῶν Αἰγυπτίων καὶ ἀνὰ μέσον
τῶν κτηνῶν τῶν υἱῶν Ισραηλ· οὐ τελευτήσει ἀπὸ πάντων τῶν
τοῦ Ισραηλ υἱῶν ῥητόν. ⁵ καὶ ἔδωκεν ὁ θεὸς ὅρον λέγων Ἐν τῇ 5
αὔριον ποιήσει κύριος τὸ ῥῆμα τοῦτο ἐπὶ τῆς γῆς. ⁶ καὶ ἐποίησεν 6
κύριος τὸ ῥῆμα τοῦτο τῇ ἐπαύριον, καὶ ἐτελεύτησεν πάντα τὰ
κτήνη τῶν Αἰγυπτίων, ἀπὸ δὲ τῶν κτηνῶν τῶν υἱῶν Ισραηλ οὐκ
ἐτελεύτησεν οὐδέν. ⁷ ἰδὼν δὲ Φαραω ὅτι οὐκ ἐτελεύτησεν ἀπὸ πάν- 7
των τῶν κτηνῶν τῶν υἱῶν Ισραηλ οὐδέν, ἐβαρύνθη ἡ καρδία Φα-
ραω, καὶ οὐκ ἐξαπέστειλεν τὸν λαόν.

⁸ Εἶπεν δὲ κύριος πρὸς Μωυσῆν καὶ Ααρων λέγων Λάβετε ὑμεῖς 8
πλήρεις τὰς χεῖρας αἰθάλης καμιναίας, καὶ πασάτω Μωυσῆς εἰς τὸν
οὐρανὸν ἐναντίον Φαραω καὶ ἐναντίον τῶν θεραπόντων αὐτοῦ,
⁹ καὶ γενηθήτω κονιορτὸς ἐπὶ πᾶσαν τὴν γῆν Αἰγύπτου, καὶ ἔσται 9
ἐπὶ τοὺς ἀνθρώπους καὶ ἐπὶ τὰ τετράποδα ἕλκη, φλυκτίδες ἀνα-
ζέουσαι, ἔν τε τοῖς ἀνθρώποις καὶ ἐν τοῖς τετράποσιν καὶ ἐν πάσῃ

23 κυριω > B† | ειπεν] + κυριος B ‖ 24 εξαποστελλω A | θυσατε] -σεται
(pro-τε) A | κυριω > B† ‖ 25 η κυν. / απο σου] tr. B† | του 1⁰] pr. απο Aˢ
| εξαπατησαι] εξ > A ‖ 27 των et του] pr. απο A

9 1 μοι λατρευσ.] tr. A ‖ 2 αλλ] και A ‖ 3 επεσται] επ > A | ταις(A
τοις) καμ.] pr. εν A ‖ 4 εν — εκεινω > A* | των υιων] του A | ου] pr.
και A | του ισρ. υιων] κτηνων των υιων ισρ. A ‖ 8 υμεις] υμιν A | καμινι-
αιας Aᶜ: item Aʳ in 10 ‖ 9 την > A | εν ult. > B†

10 γῇ Αἰγύπτου. ¹⁰καὶ ἔλαβεν τὴν αἰθάλην τῆς καμιναίας ἐναντίον
Φαραω καὶ ἔπασεν αὐτὴν Μωυσῆς εἰς τὸν οὐρανόν, καὶ ἐγένετο
ἕλκη, φλυκτίδες ἀναζέουσαι, ἐν τοῖς ἀνθρώποις καὶ ἐν τοῖς τετρά-
11 ποσιν. ¹¹καὶ οὐκ ἠδύναντο οἱ φαρμακοὶ στῆναι ἐναντίον Μωυσῆ
διὰ τὰ ἕλκη· ἐγένετο γὰρ τὰ ἕλκη ἐν τοῖς φαρμακοῖς καὶ ἐν πά-
12 σῃ γῇ Αἰγύπτου. ¹²ἐσκλήρυνεν δὲ κύριος τὴν καρδίαν Φαραω,
καὶ οὐκ εἰσήκουσεν αὐτῶν, καθὰ συνέταξεν κύριος.
13 ¹³Εἶπεν δὲ κύριος πρὸς Μωυσῆν Ὄρθρισον τὸ πρωὶ καὶ στῆθι
ἐναντίον Φαραω καὶ ἐρεῖς πρὸς αὐτόν Τάδε λέγει κύριος ὁ θεὸς
τῶν Ἑβραίων Ἐξαπόστειλον τὸν λαόν μου, ἵνα λατρεύσωσίν μοι.
14 ¹⁴ἐν τῷ γὰρ νῦν καιρῷ ἐγὼ ἐξαποστέλλω πάντα τὰ συναντήματά
μου εἰς τὴν καρδίαν σου καὶ τῶν θεραπόντων σου καὶ τοῦ λαοῦ
15 σου, ἵν᾽ εἰδῇς ὅτι οὐκ ἔστιν ὡς ἐγὼ ἄλλος ἐν πάσῃ τῇ γῇ. ¹⁵νῦν
γὰρ ἀποστείλας τὴν χεῖρα πατάξω σε καὶ τὸν λαόν σου θανάτῳ,
16 καὶ ἐκτριβήσῃ ἀπὸ τῆς γῆς· ¹⁶καὶ ἕνεκεν τούτου διετηρήθης, ἵνα
ἐνδείξωμαι ἐν σοὶ τὴν ἰσχύν μου, καὶ ὅπως διαγγελῇ τὸ ὄνομά
17 μου ἐν πάσῃ τῇ γῇ. ¹⁷ἔτι οὖν σὺ ἐμποιῇ τοῦ λαοῦ μου τοῦ μὴ
18 ἐξαποστεῖλαι αὐτούς. ¹⁸ἰδοὺ ἐγὼ ὕω ταύτην τὴν ὥραν αὔριον
χάλαζαν πολλὴν σφόδρα, ἥτις τοιαύτη οὐ γέγονεν ἐν Αἰγύπτῳ
19 ἀφ᾽ ἧς ἡμέρας ἔκτισται ἕως τῆς ἡμέρας ταύτης. ¹⁹νῦν οὖν κατά-
σπευσον συναγαγεῖν τὰ κτήνη σου καὶ ὅσα σοί ἐστιν ἐν τῷ πε-
δίῳ· πάντες γὰρ οἱ ἄνθρωποι καὶ τὰ κτήνη, ὅσα ἂν εὑρεθῇ ἐν τῷ
πεδίῳ καὶ μὴ εἰσέλθῃ εἰς οἰκίαν, πέσῃ δὲ ἐπ᾽ αὐτὰ ἡ χάλαζα, τε-
20 λευτήσει. ²⁰ὁ φοβούμενος τὸ ῥῆμα κυρίου τῶν θεραπόντων Φα-
21 ραω συνήγαγεν τὰ κτήνη αὐτοῦ εἰς τοὺς οἴκους· ²¹ὃς δὲ μὴ προσ-
έσχεν τῇ διανοίᾳ εἰς τὸ ῥῆμα κυρίου, ἀφῆκεν τὰ κτήνη ἐν τοῖς
22 πεδίοις. — ²²εἶπεν δὲ κύριος πρὸς Μωυσῆν Ἔκτεινον τὴν χεῖρά
σου εἰς τὸν οὐρανόν, καὶ ἔσται χάλαζα ἐπὶ πᾶσαν γῆν Αἰγύπτου,
ἐπί τε τοὺς ἀνθρώπους καὶ τὰ κτήνη καὶ ἐπὶ πᾶσαν βοτάνην τὴν
23 ἐπὶ τῆς γῆς. ²³ἐξέτεινεν δὲ Μωυσῆς τὴν χεῖρα εἰς τὸν οὐρανόν,
καὶ κύριος ἔδωκεν φωνὰς καὶ χάλαζαν, καὶ διέτρεχεν τὸ πῦρ ἐπὶ
τῆς γῆς, καὶ ἔβρεξεν κύριος χάλαζαν ἐπὶ πᾶσαν γῆν Αἰγύπτου.
24 ²⁴ἦν δὲ ἡ χάλαζα καὶ τὸ πῦρ φλογίζον ἐν τῇ χαλάζῃ· ἡ δὲ χάλαζα
πολλὴ σφόδρα σφόδρα, ἥτις τοιαύτη οὐ γέγονεν ἐν Αἰγύπτῳ ἀφ᾽
25 οὗ γεγένηται ἐπ᾽ αὐτῆς ἔθνος. ²⁵ἐπάταξεν δὲ ἡ χάλαζα ἐν πάσῃ
γῇ Αἰγύπτου ἀπὸ ἀνθρώπου ἕως κτήνους, καὶ πᾶσαν βοτάνην τὴν

10 ελαβον A ‖ 12 fin.] + τω μωυση Aʳ ‖ 14 αλλος > A ‖ 15 χειρα]
+ μου A | θανατω M] -τωσω BAʳ ‖ 16 ισχυν] δυναμιν A: cf. Rom. 9 17 ‖
17 συ εμποιη] tr. A† ‖ 19 και 1⁰ > A† | εστιν] εισιν A† | αν ευρεθη] σοι
εστιν B† | επ αυτα / η χαλ.] tr. A ‖ 21 τω πεδιω A ‖ 24 σφοδρα 2⁰]
> B, in O sub ÷ | τοιαυτη / ου γεγονεν] tr. A | αφ ου] αφ ης ημερας B†
‖ 25 αιγυπτω A | απο] pr. παντα οσα ην εν τω πεδιω Bᶜ (in O sub ※)

ἐν τῷ πεδίῳ ἐπάταξεν ἡ χάλαζα, καὶ πάντα τὰ ξύλα τὰ ἐν τοῖς
πεδίοις συνέτριψεν ἡ χάλαζα· ²⁶πλὴν ἐν γῇ Γεσεμ, οὗ ἦσαν οἱ 26
υἱοὶ Ισραηλ, οὐκ ἐγένετο ἡ χάλαζα. ²⁷ἀποστείλας δὲ Φαραω ἐκά- 27
λεσεν Μωυσῆν καὶ Ααρων καὶ εἶπεν αὐτοῖς Ἡμάρτηκα τὸ νῦν· ὁ
κύριος δίκαιος, ἐγὼ δὲ καὶ ὁ λαός μου ἀσεβεῖς. ²⁸εὔξασθε οὖν 28
περὶ ἐμοῦ πρὸς κύριον, καὶ παυσάσθω τοῦ γενηθῆναι φωνὰς θεοῦ
καὶ χάλαζαν καὶ πῦρ· καὶ ἐξαποστελῶ ὑμᾶς, καὶ οὐκέτι προσθή-
σεσθε μένειν. ²⁹εἶπεν δὲ αὐτῷ Μωυσῆς Ὡς ἂν ἐξέλθω τὴν πόλιν, 29
ἐκπετάσω τὰς χεῖράς μου πρὸς κύριον, καὶ αἱ φωναὶ παύσονται,
καὶ ἡ χάλαζα καὶ ὁ ὑετὸς οὐκ ἔσται ἔτι· ἵνα γνῷς ὅτι τοῦ κυρίου
ἡ γῆ. ³⁰καὶ σὺ καὶ οἱ θεράποντές σου ἐπίσταμαι ὅτι οὐδέπω πεφό- 30
βησθε τὸν κύριον. ³¹τὸ δὲ λίνον καὶ ἡ κριθὴ ἐπλήγη· ἡ γὰρ κριθὴ 31
παρεστηκυῖα, τὸ δὲ λίνον σπερματίζον. ³²ὁ δὲ πυρὸς καὶ ἡ ὀλύρα 32
οὐκ ἐπλήγη· ὄψιμα γὰρ ἦν. ³³ἐξῆλθεν δὲ Μωυσῆς ἀπὸ Φαραω 33
ἐκτὸς τῆς πόλεως καὶ ἐξεπέτασεν τὰς χεῖρας πρὸς κύριον, καὶ αἱ
φωναὶ ἐπαύσαντο καὶ ἡ χάλαζα, καὶ ὁ ὑετὸς οὐκ ἔσταξεν ἔτι ἐπὶ
τὴν γῆν. ³⁴ἰδὼν δὲ Φαραω ὅτι πέπαυται ὁ ὑετὸς καὶ ἡ χάλαζα 34
καὶ αἱ φωναί, προσέθετο τοῦ ἁμαρτάνειν καὶ ἐβάρυνεν αὐτοῦ τὴν
καρδίαν καὶ τῶν θεραπόντων αὐτοῦ. ³⁵καὶ ἐσκληρύνθη ἡ καρδία 35
Φαραω, καὶ οὐκ ἐξαπέστειλεν τοὺς υἱοὺς Ισραηλ, καθάπερ ἐλάλησεν
κύριος τῷ Μωυσῇ.

¹Εἶπεν δὲ κύριος πρὸς Μωυσῆν λέγων Εἴσελθε πρὸς Φαραω· 10
ἐγὼ γὰρ ἐσκλήρυνα αὐτοῦ τὴν καρδίαν καὶ τῶν θεραπόντων αὐ-
τοῦ, ἵνα ἑξῆς ἐπέλθῃ τὰ σημεῖα ταῦτα ἐπ᾽ αὐτούς· ²ὅπως διηγή- 2
σησθε εἰς τὰ ὦτα τῶν τέκνων ὑμῶν καὶ τοῖς τέκνοις τῶν τέκνων
ὑμῶν ὅσα ἐμπέπαιχα τοῖς Αἰγυπτίοις, καὶ τὰ σημεῖά μου, ἃ ἐποίη-
σα ἐν αὐτοῖς, καὶ γνώσεσθε ὅτι ἐγὼ κύριος. ³εἰσῆλθεν δὲ Μωυ- 3
σῆς καὶ Ααρων ἐναντίον Φαραω καὶ εἶπαν αὐτῷ Τάδε λέγει κύριος
ὁ θεὸς τῶν Εβραίων Ἕως τίνος οὐ βούλει ἐντραπῆναί με; ἐξαπό-
στειλον τὸν λαόν μου, ἵνα λατρεύσωσίν μοι. ⁴ἐὰν δὲ μὴ θέλῃς σὺ 4
ἐξαποστεῖλαι τὸν λαόν μου, ἰδοὺ ἐγὼ ἐπάγω ταύτην τὴν ὥραν
αὔριον ἀκρίδα πολλὴν ἐπὶ πάντα τὰ ὅριά σου, ⁵καὶ καλύψει τὴν 5
ὄψιν τῆς γῆς, καὶ οὐ δυνήσῃ κατιδεῖν τὴν γῆν, καὶ κατέδεται πᾶν
τὸ περισσὸν τῆς γῆς τὸ καταλειφθέν, ὃ κατέλιπεν ὑμῖν ἡ χάλαζα,
καὶ κατέδεται πᾶν ξύλον τὸ φυόμενον ὑμῖν ἐπὶ τῆς γῆς· ⁶καὶ πλη- 6

25 η χαλαζα ult. > A* ‖ 28 περι εμου > A | και πυρ] > A*†, in O sub ÷
| προστεθησεσθε B ‖ 29 προς κυριον Μ] προς τον θεον εις τον ουρανον A†,
> B† ‖ 30 κυριον] θεον B (O κυριον ✳ θεον) ‖ 31 το δε 2⁰] και το A ‖
32 επληγησαν B† ‖ 33 εξεπετασεν] εξετεινεν B† | χειρας] + αυτου A | εστα-
ξαν A | ετι] ουκετι B† ‖ 34 αυτου / την καρδ.] tr. A ‖ 35 τω > A
10 1 εσκληρ.] εβαρυνα A | αυτου / την καρδ.] tr. A | σημεια] + μου A ‖
2 α] οσα A† | εγω] + ειμι A ‖ 4 συ > A ‖ 5 της γης 2⁰ > A | ξυλον]
pr. το A

σθήσονταί σου αἱ οἰκίαι καὶ αἱ οἰκίαι τῶν θεραπόντων σου καὶ
πᾶσαι αἱ οἰκίαι ἐν πάσῃ γῇ τῶν Αἰγυπτίων, ἃ οὐδέποτε ἑωράκα-
σιν οἱ πατέρες σου οὐδὲ οἱ πρόπαπποι αὐτῶν ἀφ᾽ ἧς ἡμέρας γε-
γόνασιν ἐπὶ τῆς γῆς ἕως τῆς ἡμέρας ταύτης. καὶ ἐκκλίνας Μωυ-
7 σῆς ἐξῆλθεν ἀπὸ Φαραω. ⁷καὶ λέγουσιν οἱ θεράποντες Φαραω πρὸς
αὐτόν Ἕως τίνος ἔσται τοῦτο ἡμῖν σκῶλον; ἐξαπόστειλον τοὺς
ἀνθρώπους, ὅπως λατρεύσωσιν τῷ θεῷ αὐτῶν· ἢ εἰδέναι βούλει
8 ὅτι ἀπόλωλεν Αἴγυπτος; ⁸καὶ ἀπέστρεψαν τόν τε Μωυσῆν καὶ
Ααρων πρὸς Φαραω, καὶ εἶπεν αὐτοῖς Πορεύεσθε καὶ λατρεύσατε
9 τῷ θεῷ ὑμῶν· τίνες δὲ καὶ τίνες εἰσὶν οἱ πορευόμενοι; ⁹καὶ λέ-
γει Μωυσῆς Σὺν τοῖς νεανίσκοις καὶ πρεσβυτέροις πορευσόμεθα,
σὺν τοῖς υἱοῖς καὶ θυγατράσιν καὶ προβάτοις καὶ βουσὶν ἡμῶν·
10 ἔστιν γὰρ ἑορτὴ κυρίου τοῦ θεοῦ ἡμῶν. ¹⁰καὶ εἶπεν πρὸς αὐτούς
Ἔστω οὕτως, κύριος μεθ᾽ ὑμῶν· καθότι ἀποστέλλω ὑμᾶς, μὴ καὶ
11 τὴν ἀποσκευὴν ὑμῶν; ἴδετε ὅτι πονηρία πρόκειται ὑμῖν. ¹¹μὴ οὕ-
τως· πορευέσθωσαν δὲ οἱ ἄνδρες, καὶ λατρεύσατε τῷ θεῷ· τοῦτο
γὰρ αὐτοὶ ζητεῖτε. ἐξέβαλον δὲ αὐτοὺς ἀπὸ προσώπου Φαραω. —
12 ¹²εἶπεν δὲ κύριος πρὸς Μωυσῆν Ἔκτεινον τὴν χεῖρα ἐπὶ γῆν Αἰ-
γύπτου, καὶ ἀναβήτω ἀκρὶς ἐπὶ τὴν γῆν καὶ κατέδεται πᾶσαν βο-
τάνην τῆς γῆς καὶ πάντα τὸν καρπὸν τῶν ξύλων, ὃν ὑπελίπετο
13 ἡ χάλαζα. ¹³καὶ ἐπῆρεν Μωυσῆς τὴν ῥάβδον εἰς τὸν οὐρανόν,
καὶ κύριος ἐπήγαγεν ἄνεμον νότον ἐπὶ τὴν γῆν ὅλην τὴν ἡμέραν
ἐκείνην καὶ ὅλην τὴν νύκτα· τὸ πρωὶ ἐγενήθη, καὶ ὁ ἄνεμος ὁ
14 νότος ἀνέλαβεν τὴν ἀκρίδα ¹⁴καὶ ἀνήγαγεν αὐτὴν ἐπὶ πᾶσαν γῆν
Αἰγύπτου, καὶ κατέπαυσεν ἐπὶ πάντα τὰ ὅρια Αἰγύπτου πολλὴ
σφόδρα· προτέρα αὐτῆς οὐ γέγονεν τοιαύτη ἀκρὶς καὶ μετὰ ταῦτα
15 οὐκ ἔσται οὕτως. ¹⁵καὶ ἐκάλυψεν τὴν ὄψιν τῆς γῆς, καὶ ἐφθάρη
ἡ γῆ· καὶ κατέφαγεν πᾶσαν βοτάνην τῆς γῆς καὶ πάντα τὸν καρ-
πὸν τῶν ξύλων, ὃς ὑπελείφθη ἀπὸ τῆς χαλάζης· οὐχ ὑπελείφθη
χλωρὸν οὐδὲν ἐν τοῖς ξύλοις καὶ ἐν πάσῃ βοτάνῃ τοῦ πεδίου ἐν
16 πάσῃ γῇ Αἰγύπτου. ¹⁶κατέσπευδεν δὲ Φαραω καλέσαι Μωυσῆν
καὶ Ααρων λέγων Ἡμάρτηκα ἐναντίον κυρίου τοῦ θεοῦ ὑμῶν καὶ
17 εἰς ὑμᾶς· ¹⁷προσδέξασθε οὖν μου τὴν ἁμαρτίαν ἔτι νῦν καὶ προσ-
εύξασθε πρὸς κύριον τὸν θεὸν ὑμῶν, καὶ περιελέτω ἀπ᾽ ἐμοῦ τὸν
18 θάνατον τοῦτον. ¹⁸ἐξῆλθεν δὲ Μωυσῆς ἀπὸ Φαραω καὶ ηὔξατο

6 των αιγ.] αιγυπτου Α | α] ο Α | μωυσης > Α ‖ 7 και λεγ.] λεγ. δε Α
| τουτο ημιν] υμιν Α*, υμιν τουτο Αᶜ | τω] pr. κυριω Α: item in 8 ‖ 8 επε-
στρεψαν Α | αυτοις] + φαραω Α⁺ | και 4⁰ > Α ‖ 9 και λεγει] λεγ. δε Α⁺ |
νεαν.] + ημων Α | πρεσβυτεροις] τοις πρεσβυταις Α | του θεου ημων]> Β*⁺,
in Ο sub ÷ ‖ 10 ειπεν] + φαραω Αʳ⁺ | προσκειται Β ‖ 11 δε 1⁰ > Α⁺ |
λατρευσατωσαν Α⁺ | θεω] κυριω Α | εζητειτε Β ‖ 12 χειρα] + σου Α |
ον] α Α ‖ 13 κυριος > Β*⁺ | ανεμον > Α⁺ ‖ 14 μετα ταυτα] μετ αυτην Α
‖ 15 ουχ υπελ.] ου κατελειφθη Α | του > Β⁺ ‖ 16 του > Β*⁺

πρὸς τὸν θεόν. ¹⁹ καὶ μετέβαλεν κύριος ἄνεμον ἀπὸ θαλάσσης 19
σφοδρόν, καὶ ἀνέλαβεν τὴν ἀκρίδα καὶ ἐνέβαλεν αὐτὴν εἰς τὴν
ἐρυθρὰν θάλασσαν, καὶ οὐχ ὑπελείφθη ἀκρὶς μία ἐν πάσῃ γῇ Αἰ-
γύπτου. ²⁰ καὶ ἐσκλήρυνεν κύριος τὴν καρδίαν Φαραω, καὶ οὐκ ἐξαπ- 20
έστειλεν τοὺς υἱοὺς Ισραηλ.

²¹ Εἶπεν δὲ κύριος πρὸς Μωυσῆν Ἔκτεινον τὴν χεῖρά σου εἰς 21
τὸν οὐρανόν, καὶ γενηθήτω σκότος ἐπὶ γῆν Αἰγύπτου, ψηλαφητὸν
σκότος. ²² ἐξέτεινεν δὲ Μωυσῆς τὴν χεῖρα εἰς τὸν οὐρανόν, καὶ 22
ἐγένετο σκότος γνόφος θύελλα ἐπὶ πᾶσαν γῆν Αἰγύπτου τρεῖς ἡμέ-
ρας, ²³ καὶ οὐκ εἶδεν οὐδεὶς τὸν ἀδελφὸν αὐτοῦ τρεῖς ἡμέρας, καὶ 23
οὐκ ἐξανέστη οὐδεὶς ἐκ τῆς κοίτης αὐτοῦ τρεῖς ἡμέρας· πᾶσι δὲ
τοῖς υἱοῖς Ισραηλ ἦν φῶς ἐν πᾶσιν, οἷς κατεγίνοντο. ²⁴ καὶ ἐκάλε- 24
σεν Φαραω Μωυσῆν καὶ Ααρων λέγων Βαδίζετε, λατρεύσατε κυ-
ρίῳ τῷ θεῷ ὑμῶν· πλὴν τῶν προβάτων καὶ τῶν βοῶν ὑπολίπε-
σθε· καὶ ἡ ἀποσκευὴ ὑμῶν ἀποτρεχέτω μεθ᾽ ὑμῶν. ²⁵ καὶ εἶπεν 25
Μωυσῆς Ἀλλὰ καὶ σὺ δώσεις ἡμῖν ὁλοκαυτώματα καὶ θυσίας, ἃ
ποιήσομεν κυρίῳ τῷ θεῷ ἡμῶν, ²⁶ καὶ τὰ κτήνη ἡμῶν πορεύσεται 26
μεθ᾽ ἡμῶν, καὶ οὐχ ὑπολειψόμεθα ὁπλήν· ἀπ᾽ αὐτῶν γὰρ λημψό-
μεθα λατρεῦσαι κυρίῳ τῷ θεῷ ἡμῶν· ἡμεῖς δὲ οὐκ οἴδαμεν, τί
λατρεύσωμεν κυρίῳ τῷ θεῷ ἡμῶν, ἕως τοῦ ἐλθεῖν ἡμᾶς ἐκεῖ.
²⁷ ἐσκλήρυνεν δὲ κύριος τὴν καρδίαν Φαραω, καὶ οὐκ ἐβουλήθη 27
ἐξαποστεῖλαι αὐτούς. ²⁸ καὶ λέγει Φαραω Ἄπελθε ἀπ᾽ ἐμοῦ, πρόσεχε 28
σεαυτῷ ἔτι προσθεῖναι ἰδεῖν μου τὸ πρόσωπον· ᾗ δ᾽ ἂν ἡμέρᾳ
ὀφθῇς μοι, ἀποθανῇ. ²⁹ λέγει δὲ Μωυσῆς Εἴρηκας· οὐκέτι ὀφθή- 29
σομαί σοι εἰς πρόσωπον.

¹ Εἶπεν δὲ κύριος πρὸς Μωυσῆν Ἔτι μίαν πληγὴν ἐπάξω ἐπὶ 11
Φαραω καὶ ἐπ᾽ Αἴγυπτον, καὶ μετὰ ταῦτα ἐξαποστελεῖ ὑμᾶς ἐντεῦ-
θεν· ὅταν δὲ ἐξαποστέλλῃ ὑμᾶς, σὺν παντὶ ἐκβαλεῖ ὑμᾶς ἐκβολῇ.
² λάλησον οὖν κρυφῇ εἰς τὰ ὦτα τοῦ λαοῦ, καὶ αἰτησάτω ἕκαστος 2
παρὰ τοῦ πλησίον καὶ γυνὴ παρὰ τῆς πλησίον σκεύη ἀργυρᾶ καὶ
χρυσᾶ καὶ ἱματισμόν. ³ κύριος δὲ ἔδωκεν τὴν χάριν τῷ λαῷ αὐτοῦ 3
ἐναντίον τῶν Αἰγυπτίων, καὶ ἔχρησαν αὐτοῖς· καὶ ὁ ἄνθρωπος
Μωυσῆς μέγας ἐγενήθη σφόδρα ἐναντίον τῶν Αἰγυπτίων καὶ ἐναν-
τίον Φαραω καὶ ἐναντίον πάντων τῶν θεραπόντων αὐτοῦ.

⁴ Καὶ εἶπεν Μωυσῆς Τάδε λέγει κύριος Περὶ μέσας νύκτας ἐγὼ 4
εἰσπορεύομαι εἰς μέσον Αἰγύπτου, ⁵ καὶ τελευτήσει πᾶν πρωτότο- 5

18 τον θεον] κυριον A ‖ 19 ανεμον / απο θαλ.] tr. A ǀ ενεβαλεν] εβαλεν
B† ǀ ερυθρ. θαλ.] θαλ. την ερ. A ‖ 22 χειρα] + αυτου A ǀ 23 τρεις ημε-
ρας 1⁰ > A ǀ ανεστη A ǀ ην φως] tr. B† ‖ 26 υπολειφθησομεθα B† ‖
28 λεγει] + αυτω A
111 εξαποστελλη] εξ > A ǀ εκβαλει υμ. / εκβολη] tr. A ‖ 2 πλησιον 1⁰ ⌒
2⁰ B* ‖ 3 παντων > A

κον ἐν γῇ Αἰγύπτῳ ἀπὸ πρωτοτόκου Φαραω, ὃς κάθηται ἐπὶ τοῦ
θρόνου, καὶ ἕως πρωτοτόκου τῆς θεραπαίνης τῆς παρὰ τὸν μύ-
6 λον καὶ ἕως πρωτοτόκου παντὸς κτήνους, ⁶καὶ ἔσται κραυγὴ με-
γάλη κατὰ πᾶσαν γῆν Αἰγύπτου, ἥτις τοιαύτη οὐ γέγονεν καὶ τοι-
7 αύτη οὐκέτι προστεθήσεται. ⁷καὶ ἐν πᾶσι τοῖς υἱοῖς Ισραηλ οὐ
γρύξει κύων τῇ γλώσσῃ αὐτοῦ ἀπὸ ἀνθρώπου ἕως κτήνους, ὅπως
εἰδῇς ὅσα παραδοξάσει κύριος ἀνὰ μέσον τῶν Αἰγυπτίων καὶ τοῦ
8 Ισραηλ. ⁸καὶ καταβήσονται πάντες οἱ παῖδές σου οὗτοι πρός με
καὶ προκυνήσουσίν με λέγοντες Ἔξελθε σὺ καὶ πᾶς ὁ λαός σου,
οὗ σὺ ἀφηγῇ· καὶ μετὰ ταῦτα ἐξελεύσομαι. ἐξῆλθεν δὲ Μωυσῆς
9 ἀπὸ Φαραω μετὰ θυμοῦ. ⁹εἶπεν δὲ κύριος πρὸς Μωυσῆν Οὐκ εἰσ-
ακούσεται ὑμῶν Φαραω, ἵνα πληθύνων πληθύνω μου τὰ σημεῖα
10 καὶ τὰ τέρατα ἐν γῇ Αἰγύπτῳ. ¹⁰Μωυσῆς δὲ καὶ Ααρων ἐποίησαν
πάντα τὰ σημεῖα καὶ τὰ τέρατα ταῦτα ἐν γῇ Αἰγύπτῳ ἐναντίον
Φαραω· ἐσκλήρυνεν δὲ κύριος τὴν καρδίαν Φαραω, καὶ οὐκ ἠθέ-
λησεν ἐξαποστεῖλαι τοὺς υἱοὺς Ισραηλ ἐκ γῆς Αἰγύπτου.
12   ¹Εἶπεν δὲ κύριος πρὸς Μωυσῆν καὶ Ααρων ἐν γῇ Αἰγύπτου
2 λέγων ²Ὁ μὴν οὗτος ὑμῖν ἀρχὴ μηνῶν, πρῶτός ἐστιν ὑμῖν ἐν
3 τοῖς μησὶν τοῦ ἐνιαυτοῦ. ³λάλησον πρὸς πᾶσαν συναγωγὴν υἱῶν
Ισραηλ λέγων Τῇ δεκάτῃ τοῦ μηνὸς τούτου λαβέτωσαν ἕκαστος
4 πρόβατον κατ’ οἴκους πατριῶν, ἕκαστος πρόβατον κατ’ οἰκίαν. ⁴ἐὰν
δὲ ὀλιγοστοὶ ὦσιν οἱ ἐν τῇ οἰκίᾳ ὥστε μὴ ἱκανοὺς εἶναι εἰς πρό-
βατον, συλλήμψεται μεθ’ ἑαυτοῦ τὸν γείτονα τὸν πλησίον αὐτοῦ
κατὰ ἀριθμὸν ψυχῶν· ἕκαστος τὸ ἀρκοῦν αὐτῷ συναριθμήσεται
5 εἰς πρόβατον. ⁵πρόβατον τέλειον ἄρσεν ἐνιαύσιον ἔσται ὑμῖν· ἀπὸ
6 τῶν ἀρνῶν καὶ τῶν ἐρίφων λήμψεσθε. ⁶καὶ ἔσται ὑμῖν διατετη-
ρημένον ἕως τῆς τεσσαρεσκαιδεκάτης τοῦ μηνὸς τούτου, καὶ σφά-
ξουσιν αὐτὸ πᾶν τὸ πλῆθος συναγωγῆς υἱῶν Ισραηλ πρὸς ἑσπέ-
7 ραν. ⁷καὶ λήμψονται ἀπὸ τοῦ αἵματος καὶ θήσουσιν ἐπὶ τῶν δύο
σταθμῶν καὶ ἐπὶ τὴν φλιὰν ἐν τοῖς οἴκοις, ἐν οἷς ἐὰν φάγωσιν
8 αὐτὰ ἐν αὐτοῖς. ⁸καὶ φάγονται τὰ κρέα τῇ νυκτὶ ταύτῃ· ὀπτὰ
9 πυρὶ καὶ ἄζυμα ἐπὶ πικρίδων ἔδονται. ⁹οὐκ ἔδεσθε ἀπ’ αὐτῶν
ὠμὸν οὐδὲ ἡψημένον ἐν ὕδατι, ἀλλ’ ἢ ὀπτὰ πυρί, κεφαλὴν σὺν
10 τοῖς ποσὶν καὶ τοῖς ἐνδοσθίοις. ¹⁰οὐκ ἀπολείψετε ἀπ’ αὐτοῦ ἕως
πρωὶ καὶ ὀστοῦν οὐ συντρίψετε ἀπ’ αὐτοῦ· τὰ δὲ καταλειπόμενα

5 και εως 1⁰] εως του Α ‖ 7 και εν] εν δε Α | απο — κτηνους > B*† (Bᶜ
add. ουδε ante απο) | ειδης Μ] ιδης ΒΑ: cf. 8 6 | παραδοξαζει Β | των > Α |
του] pr. ανα μεσον Α (in O sub ※) ‖ 8 πας > B*† ‖ 9 πληθυνων > Α
| μου / τα σημ.] tr. Α | τερατα] + μου Α ‖ 10 τα 1⁰ ⌒ 2⁰ A* | ηθελησεν] εισ-
ηκουσεν Β | γης αιγ.] της γης αυτου Α
12 1 αιγυπτω Α ‖ 3 εκαστος ult. > A*(uid.) ‖ 4 ικαν. ειναι] tr. Β ‖
5 αρνων] αμνων Α ‖ 6 υιων] pr. των Α† ‖ 7 αυτα] αυτο Α ‖ 10 απο-
λειψεσθε Α† | εως 1⁰] εις το Α

ἀπ' αὐτοῦ ἕως πρωὶ ἐν πυρὶ κατακαύσετε. ¹¹ οὕτως δὲ φάγεσθε 11
αὐτό· αἱ ὀσφύες ὑμῶν περιεζωσμέναι, καὶ τὰ ὑποδήματα ἐν τοῖς
ποσὶν ὑμῶν, καὶ αἱ βακτηρίαι ἐν ταῖς χερσὶν ὑμῶν· καὶ ἔδεσθε
αὐτὸ μετὰ σπουδῆς· πασχα ἐστὶν κυρίῳ. ¹² καὶ διελεύσομαι ἐν γῇ 12
Αἰγύπτῳ ἐν τῇ νυκτὶ ταύτῃ καὶ πατάξω πᾶν πρωτότοκον ἐν γῇ
Αἰγύπτῳ ἀπὸ ἀνθρώπου ἕως κτήνους καὶ ἐν πᾶσι τοῖς θεοῖς τῶν
Αἰγυπτίων ποιήσω τὴν ἐκδίκησιν· ἐγὼ κύριος. ¹³ καὶ ἔσται τὸ αἷμα 13
ὑμῖν ἐν σημείῳ ἐπὶ τῶν οἰκιῶν, ἐν αἷς ὑμεῖς ἐστε ἐκεῖ, καὶ ὄψο-
μαι τὸ αἷμα καὶ σκεπάσω ὑμᾶς, καὶ οὐκ ἔσται ἐν ὑμῖν πληγὴ τοῦ
ἐκτριβῆναι, ὅταν παίω ἐν γῇ Αἰγύπτῳ. ¹⁴ καὶ ἔσται ἡ ἡμέρα ὑμῖν 14
αὕτη μνημόσυνον, καὶ ἑορτάσετε αὐτὴν ἑορτὴν κυρίῳ εἰς πάσας
τὰς γενεὰς ὑμῶν· νόμιμον αἰώνιον ἑορτάσετε αὐτήν. ¹⁵ ἑπτὰ ἡμέ- 15
ρας ἄζυμα ἔδεσθε, ἀπὸ δὲ τῆς ἡμέρας τῆς πρώτης ἀφανιεῖτε ζύμην
ἐκ τῶν οἰκιῶν ὑμῶν· πᾶς, ὃς ἂν φάγῃ ζύμην, ἐξολεθρευθήσεται
ἡ ψυχὴ ἐκείνη ἐξ Ισραηλ ἀπὸ τῆς ἡμέρας τῆς πρώτης ἕως τῆς
ἡμέρας τῆς ἑβδόμης. ¹⁶ καὶ ἡ ἡμέρα ἡ πρώτη κληθήσεται ἁγία, καὶ 16
ἡ ἡμέρα ἡ ἑβδόμη κλητὴ ἁγία ἔσται ὑμῖν· πᾶν ἔργον λατρευτὸν
οὐ ποιήσετε ἐν αὐταῖς, πλὴν ὅσα ποιηθήσεται πάσῃ ψυχῇ, τοῦτο
μόνον ποιηθήσεται ὑμῖν. ¹⁷ καὶ φυλάξεσθε τὴν ἐντολὴν ταύτην· ἐν 17
γὰρ τῇ ἡμέρᾳ ταύτῃ ἐξάξω τὴν δύναμιν ὑμῶν ἐκ γῆς Αἰγύπτου,
καὶ ποιήσετε τὴν ἡμέραν ταύτην εἰς γενεὰς ὑμῶν νόμιμον αἰώνιον.
¹⁸ ἐναρχομένου τῇ τεσσαρεσκαιδεκάτῃ ἡμέρᾳ τοῦ μηνὸς τοῦ πρώ- 18
του ἀφ' ἑσπέρας ἔδεσθε ἄζυμα ἕως ἡμέρας μιᾶς καὶ εἰκάδος τοῦ
μηνὸς ἕως ἑσπέρας. ¹⁹ ἑπτὰ ἡμέρας ζύμη οὐχ εὑρεθήσεται ἐν ταῖς 19
οἰκίαις ὑμῶν· πᾶς, ὃς ἂν φάγῃ ζυμωτόν, ἐξολεθρευθήσεται ἡ ψυχὴ
ἐκείνη ἐκ συναγωγῆς Ισραηλ ἔν τε τοῖς γειώραις καὶ αὐτόχθοσιν
τῆς γῆς· ²⁰ πᾶν ζυμωτὸν οὐκ ἔδεσθε, ἐν παντὶ δὲ κατοικητηρίῳ 20
ὑμῶν ἔδεσθε ἄζυμα.
²¹ Ἐκάλεσεν δὲ Μωυσῆς πᾶσαν γερουσίαν υἱῶν Ισραηλ καὶ εἶπεν 21
πρὸς αὐτούς Ἀπελθόντες λάβετε ὑμῖν ἑαυτοῖς πρόβατον κατὰ συγ-
γενείας ὑμῶν καὶ θύσατε τὸ πασχα. ²² λήμψεσθε δὲ δεσμὴν ὑσσώ- 22
που καὶ βάψαντες ἀπὸ τοῦ αἵματος τοῦ παρὰ τὴν θύραν καθίξετε
τῆς φλιᾶς καὶ ἐπ' ἀμφοτέρων τῶν σταθμῶν ἀπὸ τοῦ αἵματος, ὅ
ἐστιν παρὰ τὴν θύραν· ὑμεῖς δὲ οὐκ ἐξελεύσεσθε ἕκαστος τὴν θύ-
ραν τοῦ οἴκου αὐτοῦ ἕως πρωί. ²³ καὶ παρελεύσεται κύριος πατάξαι 23
τοὺς Αἰγυπτίους καὶ ὄψεται τὸ αἷμα ἐπὶ τῆς φλιᾶς καὶ ἐπ' ἀμφοτέρων

11 υποδημ. et βακτηριαι] + υμων A | κυριου A || 12 διελευσ.] δι > B† |
τοις et των > A || 13 εστε] κατοικειτε A† || 14 υμιν αυτη] tr. A | πασας
> A || 15 ημερας της πρωτης 1°] πρωτης ημ. A || 16 κληθησεται] κεκλη-
σεται A || 17 φυλαξεσθε M] -ξετε B†, -ξασθε A | fin.] + εις τας γενεας
υμων A† || 18 εως ult. > A† || 20 δε > A || 21 υιων > A | εαυτοις] ε
> A | προβατα A | συγγενιαν B† | θυσετε B || 22 της] pr. απο A†

τῶν σταθμῶν, καὶ παρελεύσεται κύριος τὴν θύραν καὶ οὐκ ἀφήσει
24 τὸν ὀλεθρεύοντα εἰσελθεῖν εἰς τὰς οἰκίας ὑμῶν πατάξαι. ²⁴καὶ
φυλάξεσθε τὸ ῥῆμα τοῦτο νόμιμον σεαυτῷ καὶ τοῖς υἱοῖς σου
25 ἕως αἰῶνος. ²⁵ἐὰν δὲ εἰσέλθητε εἰς τὴν γῆν, ἣν ἂν δῷ κύριος
26 ὑμῖν, καθότι ἐλάλησεν, φυλάξεσθε τὴν λατρείαν ταύτην. ²⁶καὶ ἔσται,
27 ἐὰν λέγωσιν πρὸς ὑμᾶς οἱ υἱοὶ ὑμῶν Τίς ἡ λατρεία αὕτη; ²⁷καὶ
ἐρεῖτε αὐτοῖς Θυσία τὸ πασχα τοῦτο κυρίῳ, ὡς ἐσκέπασεν τοὺς
οἴκους τῶν υἱῶν Ισραηλ ἐν Αἰγύπτῳ, ἡνίκα ἐπάταξεν τοὺς Αἰγυ-
πτίους, τοὺς δὲ οἴκους ἡμῶν ἐρρύσατο. καὶ κύψας ὁ λαὸς προσε-
28 κύνησεν. ²⁸καὶ ἀπελθόντες ἐποίησαν οἱ υἱοὶ Ισραηλ καθὰ ἐνετεί-
λατο κύριος τῷ Μωυσῇ καὶ Ααρων, οὕτως ἐποίησαν.
29　　　²⁹Ἐγενήθη δὲ μεσούσης τῆς νυκτὸς καὶ κύριος ἐπάταξεν πᾶν
πρωτότοκον ἐν γῇ Αἰγύπτῳ ἀπὸ πρωτοτόκου Φαραω τοῦ καθη-
μένου ἐπὶ τοῦ θρόνου ἕως πρωτοτόκου τῆς αἰχμαλωτίδος τῆς ἐν
30 τῷ λάκκῳ καὶ ἕως πρωτοτόκου παντὸς κτήνους. ³⁰καὶ ἀναστὰς
Φαραω νυκτὸς καὶ πάντες οἱ θεράποντες αὐτοῦ καὶ πάντες οἱ Αἰ-
γύπτιοι καὶ ἐγενήθη κραυγὴ μεγάλη ἐν πάσῃ γῇ Αἰγύπτῳ· οὐ γὰρ
31 ἦν οἰκία, ἐν ᾗ οὐκ ἦν ἐν αὐτῇ τεθνηκώς. ³¹καὶ ἐκάλεσεν Φαραω
Μωυσῆν καὶ Ααρων νυκτὸς καὶ εἶπεν αὐτοῖς Ἀνάστητε καὶ ἐξέλ-
θατε ἐκ τοῦ λαοῦ μου καὶ ὑμεῖς καὶ οἱ υἱοὶ Ισραηλ· βαδίζετε καὶ
32 λατρεύσατε κυρίῳ τῷ θεῷ ὑμῶν, καθὰ λέγετε· ³²καὶ τὰ πρόβατα
καὶ τοὺς βόας ὑμῶν ἀναλαβόντες πορεύεσθε, εὐλογήσατε δὲ κἀμέ.
33 ³³καὶ κατεβιάζοντο οἱ Αἰγύπτιοι τὸν λαὸν σπουδῇ ἐκβαλεῖν αὐτοὺς
34 ἐκ τῆς γῆς· εἶπαν γὰρ ὅτι Πάντες ἡμεῖς ἀποθνήσκομεν. ³⁴ἀνέλα-
βεν δὲ ὁ λαὸς τὸ σταῖς πρὸ τοῦ ζυμωθῆναι, τὰ φυράματα αὐτῶν
35 ἐνδεδεμένα ἐν τοῖς ἱματίοις αὐτῶν ἐπὶ τῶν ὤμων. ³⁵οἱ δὲ υἱοὶ
Ισραηλ ἐποίησαν καθὰ συνέταξεν αὐτοῖς Μωυσῆς, καὶ ᾔτησαν
36 παρὰ τῶν Αἰγυπτίων σκεύη ἀργυρᾶ καὶ χρυσᾶ καὶ ἱματισμόν· ³⁶καὶ
κύριος ἔδωκεν τὴν χάριν τῷ λαῷ αὐτοῦ ἐναντίον τῶν Αἰγυπτίων,
καὶ ἔχρησαν αὐτοῖς· καὶ ἐσκύλευσαν τοὺς Αἰγυπτίους.
37　　　³⁷Ἀπάραντες δὲ οἱ υἱοὶ Ισραηλ ἐκ Ραμεσση εἰς Σοκχωθα εἰς
38 ἑξακοσίας χιλιάδας πεζῶν οἱ ἄνδρες πλὴν τῆς ἀποσκευῆς, ³⁸καὶ
ἐπίμικτος πολὺς συνανέβη αὐτοῖς καὶ πρόβατα καὶ βόες καὶ κτήνη
39 πολλὰ σφόδρα. ³⁹καὶ ἔπεψαν τὸ σταῖς, ὃ ἐξήνεγκαν ἐξ Αἰγύπτου,
ἐγκρυφίας ἀζύμους· οὐ γὰρ ἐζυμώθη· ἐξέβαλον γὰρ αὐτοὺς οἱ
Αἰγύπτιοι, καὶ οὐκ ἠδυνήθησαν ἐπιμεῖναι οὐδὲ ἐπισιτισμὸν ἐποίησαν

24 φυλαξασθε A: item in 25 | νομιμον] + αιωνιον A ‖ 26 οι > B† ‖
28 και ααρων > BA† ‖ 29 εως 1⁰] pr. και A | εως πρωτ. παντος] παν πρω-
τοτοκον A ‖ 30 αναστας B† (cf. 37 14 7 15 20)] ανεστη A | παντες 1⁰ >
B(†) ‖ 31 και ult. > A | λατρευετε A ‖ 32 δε] δη B ‖ 33 εκ] απο A
‖ 34 σταις] + αυτων A ‖ 35 αργυρα .. χρυσα] tr. A ‖ 36 κυρ. εδωκεν]
tr. B† ‖ 37 απαραντες (cf. 30)] απηραν A | σοκχωθ A | της > A† ‖ 39 και
ουκ] ου γαρ A† | εδυνασθησαν υπομειναι A

ἑαυτοῖς εἰς τὴν ὁδόν. ⁴⁰ἡ δὲ κατοίκησις τῶν υἱῶν Ἰσραηλ, ἣν 40
κατῴκησαν ἐν γῇ Αἰγύπτῳ καὶ ἐν γῇ Χανααν, ἔτη τετρακόσια τριά-
κοντα, ⁴¹καὶ ἐγένετο μετὰ τὰ τετρακόσια τριάκοντα ἔτη ἐξῆλθεν 41
πᾶσα ἡ δύναμις κυρίου ἐκ γῆς Αἰγύπτου. ⁴²νυκτὸς προφυλακή ἐστιν 42
τῷ κυρίῳ ὥστε ἐξαγαγεῖν αὐτοὺς ἐκ γῆς Αἰγύπτου· ἐκείνη ἡ νὺξ
αὕτη προφυλακὴ κυρίῳ ὥστε πᾶσι τοῖς υἱοῖς Ἰσραηλ εἶναι εἰς
γενεὰς αὐτῶν.

⁴³Εἶπεν δὲ κύριος πρὸς Μωυσῆν καὶ Ααρων λέγων Οὗτος ὁ 43
νόμος τοῦ πασχα· πᾶς ἀλλογενὴς οὐκ ἔδεται ἀπ’ αὐτοῦ· ⁴⁴καὶ πᾶν 44
οἰκέτην τινὸς ἢ ἀργυρώνητον περιτεμεῖς αὐτόν, καὶ τότε φάγεται
ἀπ’ αὐτοῦ· ⁴⁵πάροικος ἢ μισθωτὸς οὐκ ἔδεται ἀπ’ αὐτοῦ. ⁴⁶ἐν οἰκίᾳ ⁴⁵
μιᾷ βρωθήσεται, καὶ οὐκ ἐξοίσετε ἐκ τῆς οἰκίας τῶν κρεῶν ἔξω· ⁴⁶
καὶ ὀστοῦν οὐ συντρίψετε ἀπ’ αὐτοῦ. ⁴⁷πᾶσα συναγωγὴ υἱῶν Ἰσ- 47
ραηλ ποιήσει αὐτό. ⁴⁸ἐὰν δέ τις προσέλθῃ πρὸς ὑμᾶς προσήλυτος 48
ποιῆσαι τὸ πασχα κυρίῳ, περιτεμεῖς αὐτοῦ πᾶν ἀρσενικόν, καὶ τότε
προσελεύσεται ποιῆσαι αὐτὸ καὶ ἔσται ὥσπερ καὶ ὁ αὐτόχθων τῆς
γῆς· πᾶς ἀπερίτμητος οὐκ ἔδεται ἀπ’ αὐτοῦ. ⁴⁹νόμος εἷς ἔσται τῷ 49
ἐγχωρίῳ καὶ τῷ προσελθόντι προσηλύτῳ ἐν ὑμῖν. ⁵⁰καὶ ἐποίησαν 50
οἱ υἱοὶ Ἰσραηλ καθὰ ἐνετείλατο κύριος τῷ Μωυσῇ καὶ Ααρων πρὸς
αὐτούς, οὕτως ἐποίησαν. — ⁵¹καὶ ἐγένετο ἐν τῇ ἡμέρᾳ ἐκείνῃ ἐξή- 51
γαγεν κύριος τοὺς υἱοὺς Ἰσραηλ ἐκ γῆς Αἰγύπτου σὺν δυνάμει αὐτῶν.

¹Εἶπεν δὲ κύριος πρὸς Μωυσῆν λέγων ²Ἁγίασόν μοι πᾶν πρω- 13
τότοκον πρωτογενὲς διανοῖγον πᾶσαν μήτραν ἐν τοῖς υἱοῖς Ἰσραηλ
ἀπὸ ἀνθρώπου ἕως κτήνους· ἐμοί ἐστιν.

³Εἶπεν δὲ Μωυσῆς πρὸς τὸν λαόν Μνημονεύετε τὴν ἡμέραν 3
ταύτην, ἐν ᾗ ἐξήλθατε ἐκ γῆς Αἰγύπτου ἐξ οἴκου δουλείας· ἐν γὰρ
χειρὶ κραταιᾷ ἐξήγαγεν ὑμᾶς κύριος ἐντεῦθεν· καὶ οὐ βρωθήσεται
ζύμη. ⁴ἐν γὰρ τῇ σήμερον ὑμεῖς ἐκπορεύεσθε ἐν μηνὶ τῶν νέων. 4
⁵καὶ ἔσται ἡνίκα ἐὰν εἰσαγάγῃ σε κύριος ὁ θεός σου εἰς τὴν 5
γῆν τῶν Χαναναίων καὶ Χετταίων καὶ Ευαίων καὶ Γεργεσαίων καὶ
Αμορραίων καὶ Φερεζαίων καὶ Ιεβουσαίων, ἣν ὤμοσεν τοῖς πα-
τράσιν σου δοῦναί σοι, γῆν ῥέουσαν γάλα καὶ μέλι, καὶ ποιήσεις

40 παροικησις et παρωκησαν A | χανααν B†] + αυτοι και οι πατερες αυ-
των A | τριακοντα] + πεντε B*†: item in 41 || 41 και εγεν.] εγ. δε A† ||
42 νυκτος > A* || 43 λεγων > A || 44 παν] παντα ABᶜ: cf. Gen. 1 29 |
τινος > B† | η] και A: item in 45 || 46 και 1⁰] ου καταλειψετε απο των
κρεων εις το πρωι A: cf. 10 || 47 αυτο] τουτο A† || 48 ποιησαι 1⁰] και
ποιη A | και ult. > A || 49 προσελθ. προσηλυτω] προσηλυτω τω προσ-
κειμενω A† || 50 προς αυτους > A

13 2 διανοιγον] pr. και A† || 3 εκ γης] εξ A || 5 ευαιων — ιεβευσαιων]
αμορραιων και ευαιων και ιεβουσαιων και γεργεσαιων και φερεζαιων A: item
O (και γεργ. και φερεζ. sub ÷)

6 τὴν λατρείαν ταύτην ἐν τῷ μηνὶ τούτῳ. ⁶ἓξ ἡμέρας ἔδεσθε ἄζυμα,
7 τῇ δὲ ἡμέρᾳ τῇ ἑβδόμῃ ἑορτὴ κυρίου· ⁷ἄζυμα ἔδεσθε τὰς ἑπτὰ
  ἡμέρας, οὐκ ὀφθήσεταί σοι ζυμωτόν, οὐδὲ ἔσται σοι ζύμη ἐν πᾶσιν
8 τοῖς ὁρίοις σου. ⁸καὶ ἀναγγελεῖς τῷ υἱῷ σου ἐν τῇ ἡμέρᾳ ἐκείνῃ
  λέγων Διὰ τοῦτο ἐποίησεν κύριος ὁ θεός μοι, ὡς ἐξεπορευόμην
9 ἐξ Αἰγύπτου. ⁹καὶ ἔσται σοι σημεῖον ἐπὶ τῆς χειρός σου καὶ
  μνημόσυνον πρὸ ὀφθαλμῶν σου, ὅπως ἂν γένηται ὁ νόμος κυ-
  ρίου ἐν τῷ στόματί σου· ἐν γὰρ χειρὶ κραταιᾷ ἐξήγαγέν σε κύριος
10 ὁ θεὸς ἐξ Αἰγύπτου. ¹⁰καὶ φυλάξεσθε τὸν νόμον τοῦτον κατὰ και-
11 ροὺς ὡρῶν ἀφ' ἡμερῶν εἰς ἡμέρας. ¹¹καὶ ἔσται ὡς ἂν εἰσαγάγῃ
  σε κύριος ὁ θεός σου εἰς τὴν γῆν τῶν Χαναναίων, ὃν τρόπον
12 ὤμοσεν τοῖς πατράσιν σου, καὶ δώσει σοι αὐτήν, ¹²καὶ ἀφελεῖς
  πᾶν διανοῖγον μήτραν, τὰ ἀρσενικά, τῷ κυρίῳ· πᾶν διανοῖγον
  μήτραν ἐκ τῶν βουκολίων ἢ ἐν τοῖς κτήνεσίν σου, ὅσα ἐὰν γένη-
13 ταί σοι, τὰ ἀρσενικά, ἁγιάσεις τῷ κυρίῳ. ¹³πᾶν διανοῖγον μήτραν
  ὄνου ἀλλάξεις προβάτῳ· ἐὰν δὲ μὴ ἀλλάξῃς, λυτρώσῃ αὐτό. πᾶν
14 πρωτότοκον ἀνθρώπου τῶν υἱῶν σου λυτρώσῃ. ¹⁴ἐὰν δὲ ἐρωτήσῃ
  σε ὁ υἱός σου μετὰ ταῦτα λέγων Τί τοῦτο; καὶ ἐρεῖς αὐτῷ ὅτι
  Ἐν χειρὶ κραταιᾷ ἐξήγαγεν ἡμᾶς κύριος ἐκ γῆς Αἰγύπτου ἐξ οἴκου
15 δουλείας· ¹⁵ἡνίκα δὲ ἐσκλήρυνεν Φαραω ἐξαποστεῖλαι ἡμᾶς, ἀπέ-
  κτεινεν πᾶν πρωτότοκον ἐν γῇ Αἰγύπτῳ ἀπὸ πρωτοτόκων ἀνθρώ-
  πων ἕως πρωτοτόκων κτηνῶν· διὰ τοῦτο ἐγὼ θύω τῷ κυρίῳ πᾶν
  διανοῖγον μήτραν, τὰ ἀρσενικά, καὶ πᾶν πρωτότοκον τῶν υἱῶν
16 μου λυτρώσομαι. ¹⁶καὶ ἔσται εἰς σημεῖον ἐπὶ τῆς χειρός σου καὶ
  ἀσάλευτον πρὸ ὀφθαλμῶν σου· ἐν γὰρ χειρὶ κραταιᾷ ἐξήγαγέν
  σε κύριος ἐξ Αἰγύπτου.
17 ¹⁷Ὡς δὲ ἐξαπέστειλεν Φαραω τὸν λαόν, οὐχ ὡδήγησεν αὐτοὺς
  ὁ θεὸς ὁδὸν γῆς Φυλιστιιμ, ὅτι ἐγγὺς ἦν· εἶπεν γὰρ ὁ θεὸς Μή-
  ποτε μεταμελήσῃ τῷ λαῷ ἰδόντι πόλεμον, καὶ ἀποστρέψῃ εἰς Αἴ-
18 γυπτον. ¹⁸καὶ ἐκύκλωσεν ὁ θεὸς τὸν λαὸν ὁδὸν τὴν εἰς τὴν ἔρη-
  μον εἰς τὴν ἐρυθρὰν θάλασσαν. πέμπτη δὲ γενεᾷ ἀνέβησαν οἱ
19 υἱοὶ Ισραηλ ἐκ γῆς Αἰγύπτου. ¹⁹καὶ ἔλαβεν Μωυσῆς τὰ ὀστᾶ Ιω-
  σηφ μεθ' ἑαυτοῦ· ὅρκῳ γὰρ ὥρκισεν Ιωσηφ τοὺς υἱοὺς Ισραηλ
  λέγων Ἐπισκοπῇ ἐπισκέψεται ὑμᾶς κύριος, καὶ συνανοίσετέ μου
20 τὰ ὀστᾶ ἐντεῦθεν μεθ' ὑμῶν. ²⁰ἐξάραντες δὲ οἱ υἱοὶ Ισραηλ ἐκ
21 Σοκχωθ ἐστρατοπέδευσαν ἐν Οθομ παρὰ τὴν ἔρημον. ²¹ὁ δὲ θεὸς
  ἡγεῖτο αὐτῶν, ἡμέρας μὲν ἐν στύλῳ νεφέλης δεῖξαι αὐτοῖς τὴν

---

7 τας > B ‖ 9 ο θεος > A ‖ 10 φυλαξασθε A | κατα καιρ. ωρων > B†
‖ 11 δωσει] δω A ‖ 12 αφελεις] αφοριεις A | των > A | η] και A† ‖
14 ημας κυριος] tr. B† ‖ 15 πρωτοτοκων bis] -κου A | θυω] + παν πρωτο-
τοκον B† ‖ 18 εκ γης αιγ.] > B*†, εξ αιγ. A† ‖ 19 ιωσηφ 2⁰] > B*†,
in O sub ÷ | μου / τα οστα] tr. A

ὁδόν, τὴν δὲ νύκτα ἐν στύλῳ πυρός· ²²οὐκ ἐξέλιπεν ὁ στῦλος 22
τῆς νεφέλης ἡμέρας καὶ ὁ στῦλος τοῦ πυρὸς νυκτὸς ἐναντίον
παντὸς τοῦ λαοῦ.

¹Καὶ ἐλάλησεν κύριος πρὸς Μωυσῆν λέγων ²Λάλησον τοῖς υἱοῖς 14
Ισραηλ, καὶ ἀποστρέψαντες στρατοπεδευσάτωσαν ἀπέναντι τῆς
ἐπαύλεως ἀνὰ μέσον Μαγδώλου καὶ ἀνὰ μέσον τῆς θαλάσσης ἐξ
ἐναντίας Βεελσεπφων, ἐνώπιον αὐτῶν στρατοπεδεύσεις ἐπὶ τῆς θα-
λάσσης. ³καὶ ἐρεῖ Φαραω τῷ λαῷ αὐτοῦ Οἱ υἱοὶ Ισραηλ πλανῶν- 3
ται οὗτοι ἐν τῇ γῇ· συγκέκλεικεν γὰρ αὐτοὺς ἡ ἔρημος. ⁴ἐγὼ δὲ 4
σκληρυνῶ τὴν καρδίαν Φαραω, καὶ καταδιώξεται ὀπίσω αὐτῶν·
καὶ ἐνδοξασθήσομαι ἐν Φαραω καὶ ἐν πάσῃ τῇ στρατιᾷ αὐτοῦ,
καὶ γνώσονται πάντες οἱ Αἰγύπτιοι ὅτι ἐγώ εἰμι κύριος. καὶ ἐποίη-
σαν οὕτως. ⁵καὶ ἀνηγγέλη τῷ βασιλεῖ τῶν Αἰγυπτίων ὅτι πέφευ- 5
γεν ὁ λαός· καὶ μετεστράφη ἡ καρδία Φαραω καὶ τῶν θεραπόν-
των αὐτοῦ ἐπὶ τὸν λαόν, καὶ εἶπαν Τί τοῦτο ἐποιήσαμεν τοῦ ἐξα-
ποστεῖλαι τοὺς υἱοὺς Ισραηλ τοῦ μὴ δουλεύειν ἡμῖν; ⁶ἔζευξεν οὖν 6
Φαραω τὰ ἅρματα αὐτοῦ καὶ πάντα τὸν λαὸν αὐτοῦ συναπήγαγεν
μεθ᾽ ἑαυτοῦ ⁷καὶ λαβὼν ἑξακόσια ἅρματα ἐκλεκτὰ καὶ πᾶσαν τὴν 7
ἵππον τῶν Αἰγυπτίων καὶ τριστάτας ἐπὶ πάντων. ⁸καὶ ἐσκλήρυνεν 8
κύριος τὴν καρδίαν Φαραω βασιλέως Αἰγύπτου καὶ τῶν θεραπόν-
των αὐτοῦ, καὶ κατεδίωξεν ὀπίσω τῶν υἱῶν Ισραηλ· οἱ δὲ υἱοὶ
Ισραηλ ἐξεπορεύοντο ἐν χειρὶ ὑψηλῇ. ⁹καὶ κατεδίωξαν οἱ Αἰγύπτιοι 9
ὀπίσω αὐτῶν καὶ εὕροσαν αὐτοὺς παρεμβεβληκότας παρὰ τὴν θά-
λασσαν, καὶ πᾶσα ἡ ἵππος καὶ τὰ ἅρματα Φαραω καὶ οἱ ἱππεῖς
καὶ ἡ στρατιὰ αὐτοῦ ἀπέναντι τῆς ἐπαύλεως ἐξ ἐναντίας Βεελσεπ-
φων. ¹⁰καὶ Φαραω προσῆγεν· καὶ ἀναβλέψαντες οἱ υἱοὶ Ισραηλ 10
τοῖς ὀφθαλμοῖς ὁρῶσιν, καὶ οἱ Αἰγύπτιοι ἐστρατοπέδευσαν ὀπίσω
αὐτῶν, καὶ ἐφοβήθησαν σφόδρα· ἀνεβόησαν δὲ οἱ υἱοὶ Ισραηλ
πρὸς κύριον. ¹¹καὶ εἶπαν πρὸς Μωυσῆν Παρὰ τὸ μὴ ὑπάρχειν μνή- 11
ματα ἐν τῇ Αἰγύπτῳ ἐξήγαγες ἡμᾶς θανατῶσαι ἐν τῇ ἐρήμῳ; τί
τοῦτο ἐποίησας ἡμῖν ἐξαγαγὼν ἐξ Αἰγύπτου; ¹²οὐ τοῦτο ἦν τὸ 12
ῥῆμα, ὃ ἐλαλήσαμεν πρὸς σὲ ἐν Αἰγύπτῳ λέγοντες Πάρες ἡμᾶς,
ὅπως δουλεύσωμεν τοῖς Αἰγυπτίοις; κρεῖσσον γὰρ ἡμᾶς δουλεύειν
τοῖς Αἰγυπτίοις ἢ ἀποθανεῖν ἐν τῇ ἐρήμῳ ταύτῃ. ¹³εἶπεν δὲ Μωυ- 13
σῆς πρὸς τὸν λαόν Θαρσεῖτε· στῆτε καὶ ὁρᾶτε τὴν σωτηρίαν τὴν

22 εξελιπεν] + δε B† | παντος / του λαου] tr. B† (παντος in O sub ÷)
14 2 βεελσεφων A: item in 9 Num. 33 7 ‖ 3 τω λαω αυτου > A* | οι
υιοι] περι των υιων A | γαρ > A ‖ 4 γνωσονται] pr. επι A† ‖ 5 βας.
των αιγ.] φαραω λεγοντες A† | των 2⁰] pr. η καρδια B† | εποιησαμεν] πεποιη-
καμεν A ‖ 7 λαβων (cf. 12 30)] ελαβεν A ‖ 10 προσηγαγεν A | τοις οφθ.
> A* | οι αιγ.] pr. οιδε A ‖ 11 ημας θαν.] tr. A† | εξαγαγων] + ημας A (in
O sub ※) ‖ 13 στητε] στηκετε A

παρὰ τοῦ θεοῦ, ἣν ποιήσει ἡμῖν σήμερον· ὃν τρόπον γὰρ ἑωράκατε
τοὺς Αἰγυπτίους σήμερον, οὐ προσθήσεσθε ἔτι ἰδεῖν αὐτοὺς εἰς
14 τὸν αἰῶνα χρόνον· ¹⁴κύριος πολεμήσει περὶ ὑμῶν, καὶ ὑμεῖς σι-
γήσετε.
15 ¹⁵Εἶπεν δὲ κύριος πρὸς Μωυσῆν Τί βοᾷς πρός με; λάλησον
16 τοῖς υἱοῖς Ισραηλ, καὶ ἀναζευξάτωσαν· ¹⁶καὶ σὺ ἔπαρον τῇ ῥάβδῳ
σου καὶ ἔκτεινον τὴν χεῖρά σου ἐπὶ τὴν θάλασσαν καὶ ῥῆξον αὐ-
τήν, καὶ εἰσελθάτωσαν οἱ υἱοὶ Ισραηλ εἰς μέσον τῆς θαλάσσης
17 κατὰ τὸ ξηρόν. ¹⁷καὶ ἰδοὺ ἐγὼ σκληρυνῶ τὴν καρδίαν Φαραω καὶ
τῶν Αἰγυπτίων πάντων, καὶ εἰσελεύσονται ὀπίσω αὐτῶν· καὶ ἐν-
δοξασθήσομαι ἐν Φαραω καὶ ἐν πάσῃ τῇ στρατιᾷ αὐτοῦ καὶ ἐν
18 τοῖς ἅρμασιν καὶ ἐν τοῖς ἵπποις αὐτοῦ. ¹⁸καὶ γνώσονται πάντες
οἱ Αἰγύπτιοι ὅτι ἐγώ εἰμι κύριος ἐνδοξαζομένου μου ἐν Φαραω
19 καὶ ἐν τοῖς ἅρμασιν καὶ ἵπποις αὐτοῦ. ¹⁹ἐξῆρεν δὲ ὁ ἄγγελος τοῦ
θεοῦ ὁ προπορευόμενος τῆς παρεμβολῆς τῶν υἱῶν Ισραηλ καὶ
ἐπορεύθη ἐκ τῶν ὄπισθεν· ἐξῆρεν δὲ καὶ ὁ στῦλος τῆς νεφέλης
20 ἀπὸ προσώπου αὐτῶν καὶ ἔστη ἐκ τῶν ὀπίσω αὐτῶν. ²⁰καὶ εἰσῆλ-
θεν ἀνὰ μέσον τῆς παρεμβολῆς τῶν Αἰγυπτίων καὶ ἀνὰ μέσον
τῆς παρεμβολῆς Ισραηλ καὶ ἔστη· καὶ ἐγένετο σκότος καὶ γνόφος,
καὶ διῆλθεν ἡ νύξ, καὶ οὐ συνέμιξαν ἀλλήλοις ὅλην τὴν νύκτα·
21 ²¹ἐξέτεινεν δὲ Μωυσῆς τὴν χεῖρα ἐπὶ τὴν θάλασσαν, καὶ ὑπήγα-
γεν κύριος τὴν θάλασσαν ἐν ἀνέμῳ νότῳ βιαίῳ ὅλην τὴν νύκτα
22 καὶ ἐποίησεν τὴν θάλασσαν ξηράν, καὶ ἐσχίσθη τὸ ὕδωρ. ²²καὶ
εἰσῆλθον οἱ υἱοὶ Ισραηλ εἰς μέσον τῆς θαλάσσης κατὰ τὸ ξηρόν,
καὶ τὸ ὕδωρ αὐτοῖς τεῖχος ἐκ δεξιῶν καὶ τεῖχος ἐξ εὐωνύμων·
23 ²³κατεδίωξαν δὲ οἱ Αἰγύπτιοι καὶ εἰσῆλθον ὀπίσω αὐτῶν, πᾶσα ἡ
ἵππος Φαραω καὶ τὰ ἅρματα καὶ οἱ ἀναβάται, εἰς μέσον τῆς θα-
24 λάσσης. ²⁴ἐγενήθη δὲ ἐν τῇ φυλακῇ τῇ ἑωθινῇ καὶ ἐπέβλεψεν κύ-
ριος ἐπὶ τὴν παρεμβολὴν τῶν Αἰγυπτίων ἐν στύλῳ πυρὸς καὶ νε-
25 φέλης καὶ συνετάραξεν τὴν παρεμβολὴν τῶν Αἰγυπτίων ²⁵καὶ συνέ-
δησεν τοὺς ἄξονας τῶν ἁρμάτων αὐτῶν καὶ ἤγαγεν αὐτοὺς μετὰ
βίας. καὶ εἶπαν οἱ Αἰγύπτιοι Φύγωμεν ἀπὸ προσώπου Ισραηλ· ὁ
26 γὰρ κύριος πολεμεῖ περὶ αὐτῶν τοὺς Αἰγυπτίους. ²⁶εἶπεν δὲ κύριος
πρὸς Μωυσῆν Ἔκτεινον τὴν χεῖρά σου ἐπὶ τὴν θάλασσαν, καὶ
ἀποκαταστήτω τὸ ὕδωρ καὶ ἐπικαλυψάτω τοὺς Αἰγυπτίους, ἐπί τε
27 τὰ ἅρματα καὶ τοὺς ἀναβάτας. ²⁷ἐξέτεινεν δὲ Μωυσῆς τὴν χεῖρα
ἐπὶ τὴν θάλασσαν, καὶ ἀπεκατέστη τὸ ὕδωρ πρὸς ἡμέραν ἐπὶ
χώρας· οἱ δὲ Αἰγύπτιοι ἔφυγον ὑπὸ τὸ ὕδωρ, καὶ ἐξετίναξεν

16 τη ραβδω Β† (cf. 7 20)] την -δον Α ‖ 20 της παρεμβ. 1⁰ > Β† | και
εστη > Α* ‖ 21 διεσχισθη Α ‖ 23 κατεδιωξαν δε] και κατ. Β | εισηλ-
θεν Α† | πασα η] και πας Β | εις] pr. και εισηλθον Α† ‖ 24 επι] εις Α ‖
25 ηγεν Α ‖ 26 τους ult.] pr. επι Α

κύριος τοὺς Αἰγυπτίους μέσον τῆς θαλάσσης. ²⁸καὶ ἐπαναστραφὲν 28
τὸ ὕδωρ ἐκάλυψεν τὰ ἅρματα καὶ τοὺς ἀναβάτας καὶ πᾶσαν τὴν
δύναμιν Φαραω τοὺς εἰσπεπορευμένους ὀπίσω αὐτῶν εἰς τὴν θά-
λασσαν, καὶ οὐ κατελείφθη ἐξ αὐτῶν οὐδὲ εἷς. ²⁹οἱ δὲ υἱοὶ Ἰσραηλ 29
ἐπορεύθησαν διὰ ξηρᾶς ἐν μέσῳ τῆς θαλάσσης, τὸ δὲ ὕδωρ αὐ-
τοῖς τεῖχος ἐκ δεξιῶν καὶ τεῖχος ἐξ εὐωνύμων. ³⁰καὶ ἐρρύσατο κύ- 30
ριος τὸν Ἰσραηλ ἐν τῇ ἡμέρᾳ ἐκείνῃ ἐκ χειρὸς τῶν Αἰγυπτίων·
καὶ εἶδεν Ἰσραηλ τοὺς Αἰγυπτίους τεθνηκότας παρὰ τὸ χεῖλος τῆς
θαλάσσης. ³¹εἶδεν δὲ Ἰσραηλ τὴν χεῖρα τὴν μεγάλην, ἃ ἐποίησεν 31
κύριος τοῖς Αἰγυπτίοις· ἐφοβήθη δὲ ὁ λαὸς τὸν κύριον καὶ ἐπίστευ-
σαν τῷ θεῷ καὶ Μωυσῇ τῷ θεράποντι αὐτοῦ.

¹Τότε ἦσεν Μωυσῆς καὶ οἱ υἱοὶ Ἰσραηλ τὴν ᾠδὴν ταύτην τῷ 15
θεῷ καὶ εἶπαν λέγοντες
　　Ἄισωμεν τῷ κυρίῳ, ἐνδόξως γὰρ δεδόξασται·
　　ἵππον καὶ ἀναβάτην ἔρριψεν εἰς θάλασσαν.
　²βοηθὸς καὶ σκεπαστὴς ἐγένετό μοι εἰς σωτηρίαν·　　　　　2
　　οὗτός μου θεός, καὶ δοξάσω αὐτόν,
　　θεὸς τοῦ πατρός μου, καὶ ὑψώσω αὐτόν.
　³κύριος συντρίβων πολέμους,　　　　　　　　　　　　　　　3
　　κύριος ὄνομα αὐτῷ.
　⁴ἅρματα Φαραω καὶ τὴν δύναμιν αὐτοῦ ἔρριψεν εἰς θάλασσαν, 4
　　ἐπιλέκτους ἀναβάτας τριστάτας
　　κατεπόντισεν ἐν ἐρυθρᾷ θαλάσσῃ.
　⁵πόντῳ ἐκάλυψεν αὐτούς,　　　　　　　　　　　　　　　　5
　　κατέδυσαν εἰς βυθὸν ὡσεὶ λίθος.
　⁶ἡ δεξιά σου, κύριε, δεδόξασται ἐν ἰσχύι·　　　　　　　　　6
　　ἡ δεξιά σου χείρ, κύριε, ἔθραυσεν ἐχθρούς.
　⁷καὶ τῷ πλήθει τῆς δόξης σου συνέτριψας τοὺς ὑπεναντίους· 7
　　ἀπέστειλας τὴν ὀργήν σου, καὶ κατέφαγεν αὐτοὺς ὡς καλάμην.
　⁸καὶ διὰ πνεύματος τοῦ θυμοῦ σου διέστη τὸ ὕδωρ·　　　　8
　　ἐπάγη ὡσεὶ τεῖχος τὰ ὕδατα,
　　ἐπάγη τὰ κύματα ἐν μέσῳ τῆς θαλάσσης.
　⁹εἶπεν ὁ ἐχθρός Διώξας καταλήμψομαι,　　　　　　　　　　9
　　μεριῶ σκῦλα, ἐμπλήσω ψυχήν μου,
　　ἀνελῶ τῇ μαχαίρῃ μου, κυριεύσει ἡ χείρ μου.
　¹⁰ἀπέστειλας τὸ πνεῦμά σου, ἐκάλυψεν αὐτοὺς θάλασσα·　　10
　　ἔδυσαν ὡσεὶ μόλιβος ἐν ὕδατι σφοδρῷ.

28 και ult. > A ‖ 30 των > A ‖ 31 ειδεν δε] και ιδεν A | εφοβ. δε]
και εφ. A
　15 (cf. Od. 1) 1 θεω] κυριω A | λεγοντες] τω λεγειν A ‖ 2 μου θεος] tr. A
‖ 4 κατεποντισεν] -ποθησαν B† ‖ 10 εκαλ.] pr. και A

11 ¹¹τίς ὅμοιός σοι ἐν θεοῖς, κύριε;
τίς ὅμοιός σοι, δεδοξασμένος ἐν ἁγίοις,
θαυμαστὸς ἐν δόξαις, ποιῶν τέρατα;

12 ¹²ἐξέτεινας τὴν δεξιάν σου,
κατέπιεν αὐτοὺς γῆ.

13 ¹³ὡδήγησας τῇ δικαιοσύνῃ σου τὸν λαόν σου τοῦτον, ὃν
ἐλυτρώσω,
παρεκάλεσας τῇ ἰσχύι σου εἰς κατάλυμα ἅγιόν σου.

14 ¹⁴ἤκουσαν ἔθνη καὶ ὠργίσθησαν·
ὠδῖνες ἔλαβον κατοικοῦντας Φυλιστιιμ.

15 ¹⁵τότε ἔσπευσαν ἡγεμόνες Εδωμ,
καὶ ἄρχοντες Μωαβιτῶν, ἔλαβεν αὐτοὺς τρόμος,
ἐτάκησαν πάντες οἱ κατοικοῦντες Χανααν.

16 ¹⁶ἐπιπέσοι ἐπ' αὐτοὺς φόβος καὶ τρόμος,
μεγέθει βραχίονός σου ἀπολιθωθήτωσαν,
ἕως ἂν παρέλθῃ ὁ λαός σου, κύριε,
ἕως ἂν παρέλθῃ ὁ λαός σου οὗτος, ὃν ἐκτήσω.

17 ¹⁷εἰσαγαγὼν καταφύτευσον αὐτοὺς εἰς ὄρος κληρονομίας σου,
εἰς ἕτοιμον κατοικητήριόν σου, ὃ κατειργάσω, κύριε,
ἁγίασμα, κύριε, ὃ ἡτοίμασαν αἱ χεῖρές σου.

18 ¹⁸κύριος βασιλεύων τὸν αἰῶνα καὶ ἐπ' αἰῶνα καὶ ἔτι.

19 ¹⁹Ὅτι εἰσῆλθεν ἵππος Φαραω σὺν ἅρμασιν καὶ ἀναβάταις εἰς θά-
λασσαν, καὶ ἐπήγαγεν ἐπ' αὐτοὺς κύριος τὸ ὕδωρ τῆς θαλάσσης·
οἱ δὲ υἱοὶ Ισραηλ ἐπορεύθησαν διὰ ξηρᾶς ἐν μέσῳ τῆς θαλάσσης.

20 ²⁰Λαβοῦσα δὲ Μαριαμ ἡ προφῆτις ἡ ἀδελφὴ Ααρων τὸ τύμ-
πανον ἐν τῇ χειρὶ αὐτῆς, καὶ ἐξήλθοσαν πᾶσαι αἱ γυναῖκες ὀπίσω

21 αὐτῆς μετὰ τυμπάνων καὶ χορῶν, ²¹ἐξῆρχεν δὲ αὐτῶν Μαριαμ
λέγουσα
Ἄισωμεν τῷ κυρίῳ, ἐνδόξως γὰρ δεδόξασται·
ἵππον καὶ ἀναβάτην ἔρριψεν εἰς θάλασσαν.

22 ²²Ἐξῆρεν δὲ Μωυσῆς τοὺς υἱοὺς Ισραηλ ἀπὸ θαλάσσης ἐρυ-
θρᾶς καὶ ἤγαγεν αὐτοὺς εἰς τὴν ἔρημον Σουρ· καὶ ἐπορεύοντο τρεῖς

23 ἡμέρας ἐν τῇ ἐρήμῳ καὶ οὐχ ηὕρισκον ὕδωρ ὥστε πιεῖν. ²³ἦλθον
δὲ εἰς Μερρα καὶ οὐκ ἠδύναντο πιεῖν ἐκ Μερρας, πικρὸν γὰρ ἦν·

24 διὰ τοῦτο ἐπωνομάσθη τὸ ὄνομα τοῦ τόπου ἐκείνου Πικρία. ²⁴καὶ

25 διεγόγγυζεν ὁ λαὸς ἐπὶ Μωυσῆν λέγοντες Τί πιόμεθα; ²⁵ἐβόησεν

12 ²] pr. καὶ Α | γῆ] pr. ἡ Α ‖ 14 ωργισθησαν] εφοβηθ. Α ‖ 16 φοβος
.. τρομος] tr. Β | 16³ > Β* | εκτησω] ελυτρωσω Α† ‖ 17 κατειργασω Μ]
κατηργ. Α, κατηρτισω Β† | αγιασμα κυριε > Β*† ‖ 18 κυριε Α ‖ 19 ανα-
βαταις] + αυτου Α (in O sub ※) | επ αυτους / κυριος] tr. Α ‖ 20 λαβουσα
(cf. 12 30)] ελαβεν Α ‖ 23 μερρα] -αν Α | πιειν] + υδωρ Α | επωνομασθη]
-σεν Β† ‖ 24 επι μ.] κατα μωυση Α

δὲ Μωυσῆς πρὸς κύριον· καὶ ἔδειξεν αὐτῷ κύριος ξύλον, καὶ ἐνέβαλεν αὐτὸ εἰς τὸ ὕδωρ, καὶ ἐγλυκάνθη τὸ ὕδωρ. ἐκεῖ ἔθετο αὐτῷ δικαιώματα καὶ κρίσεις καὶ ἐκεῖ ἐπείρασεν αὐτὸν ²⁶ καὶ εἶπεν Ἐὰν 26 ἀκοῇ ἀκούσῃς τῆς φωνῆς κυρίου τοῦ θεοῦ σου καὶ τὰ ἀρεστὰ ἐναντίον αὐτοῦ ποιήσῃς καὶ ἐνωτίσῃ ταῖς ἐντολαῖς αὐτοῦ καὶ φυλάξῃς πάντα τὰ δικαιώματα αὐτοῦ, πᾶσαν νόσον, ἣν ἐπήγαγον τοῖς Αἰγυπτίοις, οὐκ ἐπάξω ἐπὶ σέ· ἐγὼ γάρ εἰμι κύριος ὁ ἰώμενός σε.

²⁷ Καὶ ἤλθοσαν εἰς Αιλιμ, καὶ ἦσαν ἐκεῖ δώδεκα πηγαὶ ὑδάτων 27 καὶ ἑβδομήκοντα στελέχη φοινίκων· παρενέβαλον δὲ ἐκεῖ παρὰ τὰ ὕδατα.

¹ Ἀπῆραν δὲ ἐξ Αιλιμ καὶ ἤλθοσαν πᾶσα συναγωγὴ υἱῶν Ισραηλ 16 εἰς τὴν ἔρημον Σιν, ὅ ἐστιν ἀνὰ μέσον Αιλιμ καὶ ἀνὰ μέσον Σινα. τῇ δὲ πεντεκαιδεκάτῃ ἡμέρᾳ τῷ μηνὶ τῷ δευτέρῳ ἐξεληλυθότων αὐτῶν ἐκ γῆς Αἰγύπτου ² διεγόγγυζεν πᾶσα συναγωγὴ υἱῶν Ισραηλ 2 ἐπὶ Μωυσῆν καὶ Ααρων, ³ καὶ εἶπαν πρὸς αὐτοὺς οἱ υἱοὶ Ισραηλ 3 Ὄφελον ἀπεθάνομεν πληγέντες ὑπὸ κυρίου ἐν γῇ Αἰγύπτῳ, ὅταν ἐκαθίσαμεν ἐπὶ τῶν λεβήτων τῶν κρεῶν καὶ ἠσθίομεν ἄρτους εἰς πλησμονήν· ὅτι ἐξηγάγετε ἡμᾶς εἰς τὴν ἔρημον ταύτην ἀποκτεῖναι πᾶσαν τὴν συναγωγὴν ταύτην ἐν λιμῷ. ⁴ εἶπεν δὲ κύριος πρὸς 4 Μωυσῆν Ἰδοὺ ἐγὼ ὕω ὑμῖν ἄρτους ἐκ τοῦ οὐρανοῦ, καὶ ἐξελεύσεται ὁ λαὸς καὶ συλλέξουσιν τὸ τῆς ἡμέρας εἰς ἡμέραν, ὅπως πειράσω αὐτοὺς εἰ πορεύσονται τῷ νόμῳ μου ἢ οὔ· ⁵ καὶ ἔσται 5 τῇ ἡμέρᾳ τῇ ἕκτῃ καὶ ἑτοιμάσουσιν ὃ ἐὰν εἰσενέγκωσιν, καὶ ἔσται διπλοῦν ὃ ἐὰν συναγάγωσιν τὸ καθ᾽ ἡμέραν εἰς ἡμέραν. ⁶ καὶ εἶπεν 6 Μωυσῆς καὶ Ααρων πρὸς πᾶσαν συναγωγὴν υἱῶν Ισραηλ Ἑσπέρας γνώσεσθε ὅτι κύριος ἐξήγαγεν ὑμᾶς ἐκ γῆς Αἰγύπτου, ⁷ καὶ 7 πρωὶ ὄψεσθε τὴν δόξαν κυρίου ἐν τῷ εἰσακοῦσαι τὸν γογγυσμὸν ὑμῶν ἐπὶ τῷ θεῷ· ἡμεῖς δὲ τί ἐσμεν ὅτι διαγογγύζετε καθ᾽ ἡμῶν; ⁸ καὶ εἶπεν Μωυσῆς Ἐν τῷ διδόναι κύριον ὑμῖν ἑσπέρας κρέα φα- 8 γεῖν καὶ ἄρτους τὸ πρωὶ εἰς πλησμονὴν διὰ τὸ εἰσακοῦσαι κύριον τὸν γογγυσμὸν ὑμῶν, ὃν ὑμεῖς διαγογγύζετε καθ᾽ ἡμῶν· ἡμεῖς δὲ τί ἐσμεν; οὐ γὰρ καθ᾽ ἡμῶν ὁ γογγυσμὸς ὑμῶν ἐστιν, ἀλλ᾽ ἢ κατὰ τοῦ θεοῦ. ⁹ εἶπεν δὲ Μωυσῆς πρὸς Ααρων Εἰπὸν πάσῃ συναγωγῇ 9 υἱῶν Ισραηλ Προσέλθατε ἐναντίον τοῦ θεοῦ· εἰσακήκοεν γὰρ ὑμῶν τὸν γογγυσμόν. ¹⁰ ἡνίκα δὲ ἐλάλει Ααρων πάσῃ συναγωγῇ υἱῶν 10 Ισραηλ, καὶ ἐπεστράφησαν εἰς τὴν ἔρημον, καὶ ἡ δόξα κυρίου ὤφθη ἐν νεφέλῃ. ¹¹ καὶ ἐλάλησεν κύριος πρὸς Μωυσῆν λέγων 11

25 επειραζεν A ‖ 26 κυριος] + ο θεος σου B⁺ ‖ 27 παρα] επι A⁺
16 4 νομω] ονοματι A⁺ ‖ 5 τη 1⁰] pr. εν A | συναγ.] εισενεγκωσιν A⁺ ‖
6 και ειπεν] ειπεν δε A ‖ 7 κυριου] του θεου A⁺ | εισακ.] + κυριον A | δια-
γογγ.] δια > A ‖ 8 ο γογγ. υμων / εστιν] tr. B⁺

12 ¹²Εἰσακήκοα τὸν γογγυσμὸν τῶν υἱῶν Ισραηλ· λάλησον πρὸς
αὐτοὺς λέγων Τὸ πρὸς ἑσπέραν ἔδεσθε κρέα καὶ τὸ πρωὶ πλη-
σθήσεσθε ἄρτων· καὶ γνώσεσθε ὅτι ἐγὼ κύριος ὁ θεὸς ὑμῶν.
13 ¹³ἐγένετο δὲ ἑσπέρα, καὶ ἀνέβη ὀρτυγομήτρα καὶ ἐκάλυψεν τὴν
παρεμβολήν· τὸ πρωὶ ἐγένετο καταπαυομένης τῆς δρόσου κύκλῳ
14 τῆς παρεμβολῆς ¹⁴καὶ ἰδοὺ ἐπὶ πρόσωπον τῆς ἐρήμου λεπτὸν
15 ὡσεὶ κόριον λευκὸν ὡσεὶ πάγος ἐπὶ τῆς γῆς. ¹⁵ἰδόντες δὲ αὐτὸ
οἱ υἱοὶ Ισραηλ εἶπαν ἕτερος τῷ ἑτέρῳ Τί ἐστιν τοῦτο; οὐ γὰρ
ᾔδεισαν, τί ἦν. εἶπεν δὲ Μωυσῆς πρὸς αὐτούς Οὗτος ὁ ἄρτος,
16 ὃν ἔδωκεν κύριος ὑμῖν φαγεῖν· ¹⁶τοῦτο τὸ ῥῆμα, ὃ συνέταξεν κύ-
ριος Συναγάγετε ἀπ᾽ αὐτοῦ ἕκαστος εἰς τοὺς καθήκοντας, γομορ
κατὰ κεφαλὴν κατὰ ἀριθμὸν ψυχῶν ὑμῶν ἕκαστος σὺν τοῖς συ-
17 σκηνίοις ὑμῶν συλλέξατε. ¹⁷ἐποίησαν δὲ οὕτως οἱ υἱοὶ Ισραηλ
18 καὶ συνέλεξαν, ὁ τὸ πολὺ καὶ ὁ τὸ ἔλαττον. ¹⁸καὶ μετρήσαντες
τῷ γομορ οὐκ ἐπλεόνασεν ὁ τὸ πολύ, καὶ ὁ τὸ ἔλαττον οὐκ ἠλατ-
τόνησεν· ἕκαστος εἰς τοὺς καθήκοντας παρ᾽ ἑαυτῷ συνέλεξαν.
19 ¹⁹εἶπεν δὲ Μωυσῆς πρὸς αὐτούς Μηδεὶς καταλιπέτω ἀπ᾽ αὐτοῦ
20 εἰς τὸ πρωί. ²⁰καὶ οὐκ εἰσήκουσαν Μωυσῆ, ἀλλὰ κατέλιπόν τινες
ἀπ᾽ αὐτοῦ εἰς τὸ πρωί· καὶ ἐξέζεσεν σκώληκας καὶ ἐπώζεσεν· καὶ
21 ἐπικράνθη ἐπ᾽ αὐτοῖς Μωυσῆς. ²¹καὶ συνέλεξαν αὐτὸ πρωὶ πρωί,
ἕκαστος τὸ καθῆκον αὐτῷ· ἡνίκα δὲ διεθέρμαινεν ὁ ἥλιος, ἐτήκετο.
22 ²²ἐγένετο δὲ τῇ ἡμέρᾳ τῇ ἕκτῃ συνέλεξαν τὰ δέοντα διπλᾶ, δύο γο-
μορ τῷ ἑνί· εἰσῆλθοσαν δὲ πάντες οἱ ἄρχοντες τῆς συναγωγῆς
23 καὶ ἀνήγγειλαν Μωυσεῖ. ²³εἶπεν δὲ Μωυσῆς πρὸς αὐτούς Τοῦτο
τὸ ῥῆμά ἐστιν, ὃ ἐλάλησεν κύριος· σάββατα ἀνάπαυσις ἁγία τῷ
κυρίῳ αὔριον· ὅσα ἐὰν πέσσητε, πέσσετε, καὶ ὅσα ἐὰν ἕψητε,
ἕψετε· καὶ πᾶν τὸ πλεονάζον καταλίπετε αὐτὸ εἰς ἀποθήκην εἰς
24 τὸ πρωί. ²⁴καὶ κατελίποσαν ἀπ᾽ αὐτοῦ εἰς τὸ πρωί, καθάπερ συνέ-
ταξεν αὐτοῖς Μωυσῆς· καὶ οὐκ ἐπώζεσεν, οὐδὲ σκώληξ ἐγένετο
25 ἐν αὐτῷ. ²⁵εἶπεν δὲ Μωυσῆς Φάγετε σήμερον· ἔστιν γὰρ σάββατα
26 σήμερον τῷ κυρίῳ· οὐχ εὑρεθήσεται ἐν τῷ πεδίῳ. ²⁶ἓξ ἡμέρας
συλλέξετε· τῇ δὲ ἡμέρᾳ τῇ ἑβδόμῃ σάββατα, ὅτι οὐκ ἔσται ἐν
27 αὐτῇ. ²⁷ἐγένετο δὲ ἐν τῇ ἡμέρᾳ τῇ ἑβδόμῃ ἐξήλθοσάν τινες ἐκ
28 τοῦ λαοῦ συλλέξαι καὶ οὐχ εὗρον. ²⁸εἶπεν δὲ κύριος πρὸς Μωυ-
σῆν Ἕως τίνος οὐ βούλεσθε εἰσακούειν τὰς ἐντολάς μου καὶ τὸν

13 εγεν. δε] και εγ. Α | πρωι] + δε Α || 15 αυτο > Α | προς αυτους] αυ-
τοις Β† || 16 συν] εν Α | συσκηνοις Α || 17 εποι. δε] και επ. Α | fin.] +
ουκ ηλαττονησεν Α†: ex 18 || 18 παρ αυτω συνελεξεν Αʳ || 19 απ αυτου
/ εις το πρωι] tr. Αʳ || 20 επ αυτοις / μωυσης] tr. Αʳ || 21 πρωι 2⁰ — αυ-
τω > Β† || 23 μωυσης] κυριος Β† | το ρημα / εστιν] tr. Β† | εις το] εως
Α: item in 24 || 24 καθαπερ] καθως Β† | αυτω] -τοις Β || 25 σημερον /
τω κυριω] tr. Α | ευρησετε Α || 26 οτι > Α

νόμον μου; ²⁹ἴδετε, ὁ γὰρ κύριος ἔδωκεν ὑμῖν τὴν ἡμέραν ταύτην 29
τὰ σάββατα· διὰ τοῦτο αὐτὸς ἔδωκεν ὑμῖν τῇ ἡμέρᾳ τῇ ἕκτῃ ἄρ-
τους δύο ἡμερῶν· καθήσεσθε ἕκαστος εἰς τοὺς οἴκους ὑμῶν, μη-
δεὶς ἐκπορευέσθω ἐκ τοῦ τόπου αὐτοῦ τῇ ἡμέρᾳ τῇ ἑβδόμῃ. ³⁰καὶ 30
ἐσαββάτισεν ὁ λαὸς τῇ ἡμέρᾳ τῇ ἑβδόμῃ. ³¹καὶ ἐπωνόμασαν οἱ 31
υἱοὶ Ισραηλ τὸ ὄνομα αὐτοῦ μαν· ἦν δὲ ὡς σπέρμα κορίου λευ-
κόν, τὸ δὲ γεῦμα αὐτοῦ ὡς ἐγκρὶς ἐν μέλιτι. ³²εἶπεν δὲ Μωυσῆς 32
Τοῦτο τὸ ῥῆμα, ὃ συνέταξεν κύριος Πλήσατε τὸ γομορ τοῦ μαν
εἰς ἀποθήκην εἰς τὰς γενεὰς ὑμῶν, ἵνα ἴδωσιν τὸν ἄρτον, ὃν ἐφά-
γετε ὑμεῖς ἐν τῇ ἐρήμῳ, ὡς ἐξήγαγεν ὑμᾶς κύριος ἐκ γῆς Αἰγύ-
πτου. ³³καὶ εἶπεν Μωυσῆς πρὸς Ααρων Λαβὲ στάμνον χρυσοῦν ἕνα 33
καὶ ἔμβαλε εἰς αὐτὸν πλῆρες τὸ γομορ τοῦ μαν καὶ ἀποθήσεις
αὐτὸ ἐναντίον τοῦ θεοῦ εἰς διατήρησιν εἰς τὰς γενεὰς ὑμῶν. ³⁴ὃν 34
τρόπον συνέταξεν κύριος τῷ Μωυσῇ, καὶ ἀπέθετο Ααρων ἐναντίον
τοῦ μαρτυρίου εἰς διατήρησιν. ³⁵οἱ δὲ υἱοὶ Ισραηλ ἔφαγον τὸ μαν 35
ἔτη τεσσαράκοντα, ἕως ἦλθον εἰς γῆν οἰκουμένην· τὸ μαν ἐφάγο-
σαν, ἕως παρεγένοντο εἰς μέρος τῆς Φοινίκης. ³⁶τὸ δὲ γομορ τὸ 36
δέκατον τῶν τριῶν μέτρων ἦν.

¹Καὶ ἀπῆρεν πᾶσα συναγωγὴ υἱῶν Ισραηλ ἐκ τῆς ἐρήμου Σιν 17
κατὰ παρεμβολὰς αὐτῶν διὰ ῥήματος κυρίου καὶ παρενεβάλοσαν ἐν
Ραφιδιν· οὐκ ἦν δὲ ὕδωρ τῷ λαῷ πιεῖν. ²καὶ ἐλοιδορεῖτο ὁ λαὸς 2
πρὸς Μωυσῆν λέγοντες Δὸς ἡμῖν ὕδωρ, ἵνα πίωμεν. καὶ εἶπεν αὐ-
τοῖς Μωυσῆς Τί λοιδορεῖσθέ μοι, καὶ τί πειράζετε κύριον; ³ἐδί- 3
ψησεν δὲ ἐκεῖ ὁ λαὸς ὕδατι, καὶ ἐγόγγυζεν ἐκεῖ ὁ λαὸς πρὸς Μωυ-
σῆν λέγοντες Ἵνα τί τοῦτο ἀνεβίβασας ἡμᾶς ἐξ Αἰγύπτου ἀποκτεῖ-
ναι ἡμᾶς καὶ τὰ τέκνα ἡμῶν καὶ τὰ κτήνη τῷ δίψει; ⁴ἐβόησεν δὲ 4
Μωυσῆς πρὸς κύριον λέγων Τί ποιήσω τῷ λαῷ τούτῳ; ἔτι μικρὸν
καὶ καταλιθοβολήσουσίν με. ⁵καὶ εἶπεν κύριος πρὸς Μωυσῆν Προ- 5
πορεύου τοῦ λαοῦ τούτου, λαβὲ δὲ μετὰ σεαυτοῦ ἀπὸ τῶν πρε-
σβυτέρων τοῦ λαοῦ· καὶ τὴν ῥάβδον, ἐν ᾗ ἐπάταξας τὸν ποταμόν,
λαβὲ ἐν τῇ χειρί σου καὶ πορεύσῃ. ⁶ὅδε ἐγὼ ἕστηκα πρὸ τοῦ σὲ 6
ἐκεῖ ἐπὶ τῆς πέτρας ἐν Χωρηβ· καὶ πατάξεις τὴν πέτραν, καὶ ἐξε-
λεύσεται ἐξ αὐτῆς ὕδωρ, καὶ πίεται ὁ λαός μου. ἐποίησεν δὲ Μωυ-
σῆς οὕτως ἐναντίον τῶν υἱῶν Ισραηλ. ⁷καὶ ἐπωνόμασεν τὸ ὄνομα 7

29 τα σαββ. Μ] pr. και Α†, > Β† | μηδεις] + υμων Α | εκ] pr. εκαστος Α |
τοπου] οικου Α† ‖ 31 επωνομ.] + αυτο Β ‖ 33 εμβαλετε Β† | του 1⁰ >
Β† ‖ 34 απεθηκεν Β | μαρτυριου] θεου Β† ‖ 35 μαν 1⁰] μαννα Α | γην]
την Β | το μαν / εφαγ.] tr. Β†
17 2 λεγοντες] και ελεγον Α ‖ 3 εκει 2⁰ > Α | προς] επι Α ‖ 5 τουτου
> Α | λαβε δε] και λ. Α† | μετα σεαυτου] σεαυτω Β† ‖ 6 προ του σε / εκει
Μ (cf. Mitt. d. S.-U. 3, p. 189 n. 3)] tr. Β, προ του σε ελθειν Α* (uid.; Αᶜ add.
εκει ante προ) | μου > Α | εποι. δε] και επ. Α

τοῦ τόπου ἐκείνου Πειρασμὸς καὶ Λοιδόρησις διὰ τὴν λοιδορίαν
τῶν υἱῶν Ισραηλ καὶ διὰ τὸ πειράζειν κύριον λέγοντας Εἰ ἔστιν
κύριος ἐν ἡμῖν ἢ οὔ;

8
9
   8 Ἦλθεν δὲ Αμαληκ καὶ ἐπολέμει Ισραηλ ἐν Ραφιδιν. 9 εἶπεν δὲ
Μωυσῆς τῷ Ἰησοῦ Ἐπίλεξον σεαυτῷ ἄνδρας δυνατοὺς καὶ ἐξελ-
θὼν παράταξαι τῷ Αμαληκ αὔριον, καὶ ἰδοὺ ἐγὼ ἔστηκα ἐπὶ τῆς
κορυφῆς τοῦ βουνοῦ, καὶ ἡ ῥάβδος τοῦ θεοῦ ἐν τῇ χειρί μου.
10   10 καὶ ἐποίησεν Ἰησοῦς καθάπερ εἶπεν αὐτῷ Μωυσῆς, καὶ ἐξελθὼν
παρετάξατο τῷ Αμαληκ· καὶ Μωυσῆς καὶ Ααρων καὶ Ωρ ἀνέβησαν
11 ἐπὶ τὴν κορυφὴν τοῦ βουνοῦ. 11 καὶ ἐγίνετο ὅταν ἐπῆρεν Μωυσῆς
τὰς χεῖρας, κατίσχυεν Ισραηλ· ὅταν δὲ καθῆκεν τὰς χεῖρας, κατί-
12 σχυεν Αμαληκ. 12 αἱ δὲ χεῖρες Μωυσῆ βαρεῖαι· καὶ λαβόντες λίθον
ὑπέθηκαν ὑπ᾽ αὐτόν, καὶ ἐκάθητο ἐπ᾽ αὐτοῦ, καὶ Ααρων καὶ Ωρ
ἐστήριζον τὰς χεῖρας αὐτοῦ, ἐντεῦθεν εἷς καὶ ἐντεῦθεν εἷς· καὶ
13 ἐγένοντο αἱ χεῖρες Μωυσῆ ἐστηριγμέναι ἕως δυσμῶν ἡλίου. 13 καὶ
ἐτρέψατο Ἰησοῦς τὸν Αμαληκ καὶ πάντα τὸν λαὸν αὐτοῦ ἐν φόνῳ
14 μαχαίρας. 14 εἶπεν δὲ κύριος πρὸς Μωυσῆν Κατάγραψον τοῦτο εἰς
μνημόσυνον ἐν βιβλίῳ καὶ δὸς εἰς τὰ ὦτα Ἰησοῖ ὅτι Ἀλοιφῇ ἐξα-
15 λείψω τὸ μνημόσυνον Αμαληκ ἐκ τῆς ὑπὸ τὸν οὐρανόν. 15 καὶ
ᾠκοδόμησεν Μωυσῆς θυσιαστήριον κυρίῳ καὶ ἐπωνόμασεν τὸ
16 ὄνομα αὐτοῦ Κύριός μου καταφυγή· 16 ὅτι ἐν χειρὶ κρυφαίᾳ πολε-
μεῖ κύριος ἐπὶ Αμαληκ ἀπὸ γενεῶν εἰς γενεάς.

18   1 Ἤκουσεν δὲ Ιοθορ ὁ ἱερεὺς Μαδιαμ ὁ γαμβρὸς Μωυσῆ πάντα,
ὅσα ἐποίησεν κύριος Ισραηλ τῷ ἑαυτοῦ λαῷ· ἐξήγαγεν γὰρ κύριος
2 τὸν Ισραηλ ἐξ Αἰγύπτου. 2 ἔλαβεν δὲ Ιοθορ ὁ γαμβρὸς Μωυσῆ
3 Σεπφωραν τὴν γυναῖκα Μωυσῆ μετὰ τὴν ἄφεσιν αὐτῆς 3 καὶ τοὺς
δύο υἱοὺς αὐτοῦ· ὄνομα τῷ ἑνὶ αὐτῶν Γηρσαμ λέγων Πάροικος
4 ἤμην ἐν γῇ ἀλλοτρίᾳ· 4 καὶ τὸ ὄνομα τοῦ δευτέρου Ελιεζερ λέγων
Ὁ γὰρ θεὸς τοῦ πατρός μου βοηθός μου καὶ ἐξείλατό με ἐκ χειρὸς
5 Φαραω. 5 καὶ ἐξῆλθεν Ιοθορ ὁ γαμβρὸς Μωυσῆ καὶ οἱ υἱοὶ καὶ ἡ
γυνὴ πρὸς Μωυσῆν εἰς τὴν ἔρημον, οὗ παρενέβαλεν ἐπ᾽ ὄρους
6 τοῦ θεοῦ. 6 ἀνηγγέλη δὲ Μωυσεῖ λέγοντες Ἰδοὺ ὁ γαμβρός σου
Ιοθορ παραγίνεται πρὸς σέ, καὶ ἡ γυνὴ καὶ οἱ δύο υἱοί σου μετ᾽
7 αὐτοῦ. 7 ἐξῆλθεν δὲ Μωυσῆς εἰς συνάντησιν τῷ γαμβρῷ αὐτοῦ

8 επολεμει] επορευθη Α+ ‖ 9 δυνατους > Α ‖ 10 εξελθων > Α ‖ 12 υπ
Μ] επ Β Α | αυτου 1⁰] -τον Α | και ααρων] α. δε Α | αυτου 2⁰ > Α+ ‖ 13 αυ-
του > Β*+ ‖ 14 ειπεν δε] και ειπεν Α | εν βιβλιω] εις -ιον Β | ιησοι Β+] -σου
Α: ambo mss. inter -σοι et -σου fluctuant, ego ubique Β sequor | το μνη-
μοσ.] τον Α+ ‖ 15 κυριω > Α | αυτου] του τοπου Α+ | μου καταφυγη]
tr. Β ‖ 16 πολεμησει Α
18 1 ο ιερ. μαδ. / ο γαμβρ. μωυση] tr. Α+ ‖ 3 αυτου] αυτης Β+ | αυτων
> Α ‖ 4 λεγων > Α ‖ 5 ηλθεν Α | επ ορους] εις το ορος Α ‖ 6 απηγ-
γελη Α+ | ο γαμβρ. σου / ιοθορ] tr. Α | γυνη] + σου Α ‖ 7 αυτου > Β+

καὶ προσεκύνησεν αὐτῷ καὶ ἐφίλησεν αὐτόν, καὶ ἠσπάσαντο
ἀλλήλους· καὶ εἰσήγαγεν αὐτὸν εἰς τὴν σκηνήν. ⁸καὶ διηγήσατο 8
Μωυσῆς τῷ γαμβρῷ πάντα, ὅσα ἐποίησεν κύριος τῷ Φαραω καὶ
τοῖς Αἰγυπτίοις ἕνεκεν τοῦ Ισραηλ, καὶ πάντα τὸν μόχθον τὸν γενό-
μενον αὐτοῖς ἐν τῇ ὁδῷ καὶ ὅτι ἐξείλατο αὐτοὺς κύριος ἐκ χειρὸς
Φαραω καὶ ἐκ χειρὸς τῶν Αἰγυπτίων. ⁹ἐξέστη δὲ Ιοθορ ἐπὶ πᾶσι 9
τοῖς ἀγαθοῖς, οἷς ἐποίησεν αὐτοῖς κύριος, ὅτι ἐξείλατο αὐτοὺς ἐκ
χειρὸς Αἰγυπτίων καὶ ἐκ χειρὸς Φαραω. ¹⁰καὶ εἶπεν Ιοθορ Εὐλο- 10
γητὸς κύριος, ὅτι ἐξείλατο τὸν λαὸν αὐτοῦ ἐκ χειρὸς Αἰγυπτίων
καὶ ἐκ χειρὸς Φαραω· ¹¹νῦν ἔγνων ὅτι μέγας κύριος παρὰ πάντας 11
τοὺς θεούς, ἕνεκεν τούτου ὅτι ἐπέθεντο αὐτοῖς. ¹²καὶ ἔλαβεν Ιοθορ 12
ὁ γαμβρὸς Μωυσῆ ὁλοκαυτώματα καὶ θυσίας τῷ θεῷ· παρεγένετο
δὲ Ααρων καὶ πάντες οἱ πρεσβύτεροι Ισραηλ συμφαγεῖν ἄρτον μετὰ
τοῦ γαμβροῦ Μωυσῆ ἐναντίον τοῦ θεοῦ.

¹³Καὶ ἐγένετο μετὰ τὴν ἐπαύριον συνεκάθισεν Μωυσῆς κρίνειν 13
τὸν λαόν· παρειστήκει δὲ πᾶς ὁ λαὸς Μωυσεῖ ἀπὸ πρωίθεν ἕως
ἑσπέρας. ¹⁴καὶ ἰδὼν Ιοθορ πάντα, ὅσα ἐποίει τῷ λαῷ, λέγει Τί 14
τοῦτο, ὃ σὺ ποιεῖς τῷ λαῷ; διὰ τί σὺ κάθησαι μόνος, πᾶς δὲ ὁ
λαὸς παρέστηκέν σοι ἀπὸ πρωίθεν ἕως δείλης; ¹⁵καὶ λέγει Μωυ- 15
σῆς τῷ γαμβρῷ ὅτι Παραγίνεται πρός με ὁ λαὸς ἐκζητῆσαι κρίσιν
παρὰ τοῦ θεοῦ· ¹⁶ὅταν γὰρ γένηται αὐτοῖς ἀντιλογία καὶ ἔλθωσι 16
πρός με, διακρίνω ἕκαστον καὶ συμβιβάζω αὐτοὺς τὰ προστάγματα
τοῦ θεοῦ καὶ τὸν νόμον αὐτοῦ. ¹⁷εἶπεν δὲ ὁ γαμβρὸς Μωυσῆ πρὸς 17
αὐτόν Οὐκ ὀρθῶς σὺ ποιεῖς τὸ ῥῆμα τοῦτο· ¹⁸φθορᾷ καταφθαρήσῃ 18
ἀνυπομονήτῳ καὶ σὺ καὶ πᾶς ὁ λαὸς οὗτος, ὅς ἐστιν μετὰ σοῦ·
βαρύ σοι τὸ ῥῆμα τοῦτο, οὐ δυνήσῃ ποιεῖν μόνος. ¹⁹νῦν οὖν 19
ἄκουσόν μου, καὶ συμβουλεύσω σοι, καὶ ἔσται ὁ θεὸς μετὰ σοῦ.
γίνου σὺ τῷ λαῷ τὰ πρὸς τὸν θεὸν καὶ ἀνοίσεις τοὺς λόγους αὐ-
τῶν πρὸς τὸν θεὸν ²⁰καὶ διαμαρτυρῇ αὐτοῖς τὰ προστάγματα τοῦ 20
θεοῦ καὶ τὸν νόμον αὐτοῦ καὶ σημανεῖς αὐτοῖς τὰς ὁδούς, ἐν αἷς
πορεύσονται ἐν αὐταῖς, καὶ τὰ ἔργα, ἃ ποιήσουσιν. ²¹καὶ σὺ σε- 21
αυτῷ σκέψαι ἀπὸ παντὸς τοῦ λαοῦ ἄνδρας δυνατοὺς θεοσεβεῖς,
ἄνδρας δικαίους μισοῦντας ὑπερηφανίαν, καὶ καταστήσεις αὐτοὺς
ἐπ᾽ αὐτῶν χιλιάρχους καὶ ἑκατοντάρχους καὶ πεντηκοντάρχους καὶ
δεκαδάρχους, ²²καὶ κρινοῦσιν τὸν λαὸν πᾶσαν ὥραν· τὸ δὲ ῥῆμα 22
τὸ ὑπέρογκον ἀνοίσουσιν ἐπὶ σέ, τὰ δὲ βραχέα τῶν κριμάτων

7 αυτον ult.] -τους A ‖ 8 τοις] pr. πασι B† ‖ 9 αυτοις κυρ.] tr. A |
εξειλ.] + κυριος A† | αιγυπτ.] pr. των A ‖ 10 τον λαον αυτου] αυτους B†:
ex 9 ‖ 11 οτι ult. > A† ‖ 12 δε] + και A | συμφαγειν] συμ > A ‖
13 εσπερας] δειλης B†: ex 14 ‖ 14 εποιει] ποιει B | πρωιθεν] πρωι A ‖
18 ανυπομ.] > A*, in O sub ÷ | ουτος] > B*, pr. σου A | ποιειν B*†] pr.
συ Bᶜ, + συ pl. (A deest) ‖ 21 αυτους > B† | fin.] + και γραμματοεισαγωγεις
A: item in 25 fin.

κρινοῦσιν αὐτοὶ καὶ κουφιοῦσιν ἀπὸ σοῦ καὶ συναντιλήμψονταί
23 σοι. ²³ἐὰν τὸ ῥῆμα τοῦτο ποιήσῃς, κατισχύσει σε ὁ θεός, καὶ δυ-
νήσῃ παραστῆναι, καὶ πᾶς ὁ λαὸς οὗτος εἰς τὸν ἑαυτοῦ τόπον
24 μετ᾽ εἰρήνης ἥξει. ²⁴ἤκουσεν δὲ Μωυσῆς τῆς φωνῆς τοῦ γαμβροῦ
25 καὶ ἐποίησεν ὅσα αὐτῷ εἶπεν. ²⁵καὶ ἐπέλεξεν Μωυσῆς ἄνδρας
δυνατοὺς ἀπὸ παντὸς Ισραηλ καὶ ἐποίησεν αὐτοὺς ἐπ᾽ αὐτῶν χι-
λιάρχους καὶ ἑκατοντάρχους καὶ πεντηκοντάρχους καὶ δεκαδάρχους,
26 ²⁶καὶ ἐκρίνοσαν τὸν λαὸν πᾶσαν ὥραν· πᾶν δὲ ῥῆμα ὑπέρογκον
ἀνεφέροσαν ἐπὶ Μωυσῆν, πᾶν δὲ ῥῆμα ἐλαφρὸν ἐκρίνοσαν αὐτοί.
27 ²⁷ἐξαπέστειλεν δὲ Μωυσῆς τὸν ἑαυτοῦ γαμβρόν, καὶ ἀπῆλθεν εἰς
τὴν γῆν αὐτοῦ.

19 ¹Τοῦ δὲ μηνὸς τοῦ τρίτου τῆς ἐξόδου τῶν υἱῶν Ισραηλ ἐκ γῆς
2 Αἰγύπτου τῇ ἡμέρᾳ ταύτῃ ἤλθοσαν εἰς τὴν ἔρημον τοῦ Σινα. ²καὶ
ἐξῆραν ἐκ Ραφιδιν καὶ ἤλθοσαν εἰς τὴν ἔρημον τοῦ Σινα, καὶ παρ-
3 ενέβαλεν ἐκεῖ Ισραηλ κατέναντι τοῦ ὄρους. ³καὶ Μωυσῆς ἀνέβη
εἰς τὸ ὄρος τοῦ θεοῦ· καὶ ἐκάλεσεν αὐτὸν ὁ θεὸς ἐκ τοῦ ὄρους
λέγων Τάδε ἐρεῖς τῷ οἴκῳ Ιακωβ καὶ ἀναγγελεῖς τοῖς υἱοῖς Ισραηλ
4 ⁴Αὐτοὶ ἑωράκατε ὅσα πεποίηκα τοῖς Αἰγυπτίοις, καὶ ἀνέλαβον
ὑμᾶς ὡσεὶ ἐπὶ πτερύγων ἀετῶν καὶ προσηγαγόμην ὑμᾶς πρὸς
5 ἐμαυτόν. ⁵καὶ νῦν ἐὰν ἀκοῇ ἀκούσητε τῆς ἐμῆς φωνῆς καὶ φυλά-
ξητε τὴν διαθήκην μου, ἔσεσθέ μοι λαὸς περιούσιος ἀπὸ πάντων
6 τῶν ἐθνῶν· ἐμὴ γάρ ἐστιν πᾶσα ἡ γῆ· ⁶ὑμεῖς δὲ ἔσεσθέ μοι βασί-
λειον ἱεράτευμα καὶ ἔθνος ἅγιον. ταῦτα τὰ ῥήματα ἐρεῖς τοῖς υἱοῖς
7 Ισραηλ. ⁷ἤλθεν δὲ Μωυσῆς καὶ ἐκάλεσεν τοὺς πρεσβυτέρους τοῦ
λαοῦ καὶ παρέθηκεν αὐτοῖς πάντας τοὺς λόγους τούτους, οὓς συν-
8 έταξεν αὐτῷ ὁ θεός. ⁸ἀπεκρίθη δὲ πᾶς ὁ λαὸς ὁμοθυμαδὸν καὶ
εἶπαν Πάντα, ὅσα εἶπεν ὁ θεός, ποιήσομεν καὶ ἀκουσόμεθα. ἀνή-
9 νεγκεν δὲ Μωυσῆς τοὺς λόγους τοῦ λαοῦ πρὸς τὸν θεόν. ⁹εἶπεν
δὲ κύριος πρὸς Μωυσῆν Ἰδοὺ ἐγὼ παραγίνομαι πρὸς σὲ ἐν στύλῳ
νεφέλης, ἵνα ἀκούσῃ ὁ λαὸς λαλοῦντός μου πρὸς σὲ καὶ σοὶ πι-
στεύσωσιν εἰς τὸν αἰῶνα. ἀνήγγειλεν δὲ Μωυσῆς τὰ ῥήματα τοῦ
10 λαοῦ πρὸς κύριον. ¹⁰εἶπεν δὲ κύριος πρὸς Μωυσῆν Καταβὰς δια-
μάρτυραι τῷ λαῷ καὶ ἅγνισον αὐτοὺς σήμερον καὶ αὔριον, καὶ
11 πλυνάτωσαν τὰ ἱμάτια· ¹¹καὶ ἔστωσαν ἕτοιμοι εἰς τὴν ἡμέραν τὴν
τρίτην· τῇ γὰρ ἡμέρᾳ τῇ τρίτῃ καταβήσεται κύριος ἐπὶ τὸ ὄρος
12 τὸ Σινα ἐναντίον παντὸς τοῦ λαοῦ. ¹²καὶ ἀφοριεῖς τὸν λαὸν

22 σοι] σου A ‖ 23 εις — fin. B†] ηξει εις τον τοπον αυτου μετ ειρ. A
‖ 25 fin.] uide 21 fin. ‖ 26 παν δε ρημα 1⁰] το δε ρ. το A | επι] προς A ‖
27 εαυτου γαμβρον] tr. A
19 1 του ult. > A ‖ 2 απηραν B† ‖ 3 ορους] ουρανου B† ‖ 5 εμης
φωνης] φ. μου A ‖ 7 εκαλεσεν] ελαλησεν προς B*† | του λαου] ισραηλ A†
| αυτω] -τοις A ‖ 8 απεκρ. δε] και απ. A† | του λαου] τουτους B ‖
10 πλυνουσιν A† ‖ 11 το ult. > A

κύκλῳ λέγων Προσέχετε ἑαυτοῖς τοῦ ἀναβῆναι εἰς τὸ ὄρος καὶ
θιγεῖν τι αὐτοῦ· πᾶς ὁ ἁψάμενος τοῦ ὄρους θανάτῳ τελευτήσει.
¹³ οὐχ ἅψεται αὐτοῦ χείρ· ἐν γὰρ λίθοις λιθοβοληθήσεται ἢ βολίδι 13
κατατοξευθήσεται· ἐάν τε κτῆνος ἐάν τε ἄνθρωπος, οὐ ζήσεται.
ὅταν αἱ φωναὶ καὶ αἱ σάλπιγγες καὶ ἡ νεφέλη ἀπέλθη ἀπὸ τοῦ
ὄρους, ἐκεῖνοι ἀναβήσονται ἐπὶ τὸ ὄρος. ¹⁴ κατέβη δὲ Μωυσῆς ἐκ 14
τοῦ ὄρους πρὸς τὸν λαὸν καὶ ἡγίασεν αὐτούς, καὶ ἔπλυναν τὰ ἱμά-
τια. ¹⁵ καὶ εἶπεν τῷ λαῷ Γίνεσθε ἕτοιμοι τρεῖς ἡμέρας, μὴ προσέλ- 15
θητε γυναικί. ¹⁶ ἐγένετο δὲ τῇ ἡμέρᾳ τῇ τρίτῃ γενηθέντος πρὸς ὄρ- 16
θρον καὶ ἐγίνοντο φωναὶ καὶ ἀστραπαὶ καὶ νεφέλη γνοφώδης ἐπ'
ὄρους Σινα, φωνὴ τῆς σάλπιγγος ἤχει μέγα· καὶ ἐπτοήθη πᾶς ὁ
λαὸς ὁ ἐν τῇ παρεμβολῇ. ¹⁷ καὶ ἐξήγαγεν Μωυσῆς τὸν λαὸν εἰς 17
συνάντησιν τοῦ θεοῦ ἐκ τῆς παρεμβολῆς, καὶ παρέστησαν ὑπὸ τὸ
ὄρος. ¹⁸ τὸ δὲ ὄρος τὸ Σινα ἐκαπνίζετο ὅλον διὰ τὸ καταβεβηκέναι 18
ἐπ' αὐτὸ τὸν θεὸν ἐν πυρί, καὶ ἀνέβαινεν ὁ καπνὸς ὡς καπνὸς
καμίνου, καὶ ἐξέστη πᾶς ὁ λαὸς σφόδρα. ¹⁹ ἐγίνοντο δὲ αἱ φωναὶ 19
τῆς σάλπιγγος προβαίνουσαι ἰσχυρότεραι σφόδρα· Μωυσῆς ἐλά-
λει, ὁ δὲ θεὸς ἀπεκρίνατο αὐτῷ φωνῇ. ²⁰ κατέβη δὲ κύριος ἐπὶ τὸ 20
ὄρος τὸ Σινα ἐπὶ τὴν κορυφὴν τοῦ ὄρους· καὶ ἐκάλεσεν κύριος
Μωυσῆν ἐπὶ τὴν κορυφὴν τοῦ ὄρους, καὶ ἀνέβη Μωυσῆς. ²¹ καὶ 21
εἶπεν ὁ θεὸς πρὸς Μωυσῆν λέγων Καταβὰς διαμάρτυραι τῷ λαῷ,
μήποτε ἐγγίσωσιν πρὸς τὸν θεὸν κατανοῆσαι καὶ πέσωσιν ἐξ αὐ-
τῶν πλῆθος· ²² καὶ οἱ ἱερεῖς οἱ ἐγγίζοντες κυρίῳ τῷ θεῷ ἁγιασθή- 22
τωσαν, μήποτε ἀπαλλάξη ἀπ' αὐτῶν κύριος. ²³ καὶ εἶπεν Μωυσῆς 23
πρὸς τὸν θεὸν Οὐ δυνήσεται ὁ λαὸς προσαναβῆναι πρὸς τὸ ὄρος
τὸ Σινα· σὺ γὰρ διαμεμαρτύρησαι ἡμῖν λέγων Ἀφόρισαι τὸ ὄρος
καὶ ἁγίασαι αὐτό. ²⁴ εἶπεν δὲ αὐτῷ κύριος Βάδιζε κατάβηθι καὶ ἀνά- 24
βηθι σὺ καὶ Ααρων μετὰ σοῦ· οἱ δὲ ἱερεῖς καὶ ὁ λαὸς μὴ βιαζέ-
σθωσαν ἀναβῆναι πρὸς τὸν θεόν, μήποτε ἀπολέση ἀπ' αὐτῶν κύ-
ριος. ²⁵ κατέβη δὲ Μωυσῆς πρὸς τὸν λαὸν καὶ εἶπεν αὐτοῖς. 25
¹ Καὶ ἐλάλησεν κύριος πάντας τοὺς λόγους τούτους λέγων ² Ἐγώ 20
εἰμι κύριος ὁ θεός σου, ὅστις ἐξήγαγόν σε ἐκ γῆς Αἰγύπτου ἐξ
οἴκου δουλείας. ³ οὐκ ἔσονταί σοι θεοὶ ἕτεροι πλὴν ἐμοῦ. — ⁴ οὐ   3
ποιήσεις σεαυτῷ εἴδωλον οὐδὲ παντὸς ὁμοίωμα, ὅσα ἐν τῷ οὐ-   4
ρανῷ ἄνω καὶ ὅσα ἐν τῇ γῇ κάτω καὶ ὅσα ἐν τοῖς ὕδασιν ὑπο-
κάτω τῆς γῆς. ⁵ οὐ προσκυνήσεις αὐτοῖς οὐδὲ μὴ λατρεύσης αὐτοῖς· 5

14 εκ] απο A | λαον] + και ειπεν αυτοις Bˢ || 16 και 1⁰ > A | ο ult. > A
|| 17 συναντ.] pr. την A Bᶜ | fin.] + σινα B (Bᶜ το σινα) || 18 το 2⁰ > A:
item in 20 | επ αυτο / τον θ. εν πυρι] tr. A⁺ | και ανεβαινεν] αν. δε A ||
19 ελαλησεν B⁺ || 21 πεση A || 22 ιερεις] + δε A⁺ | κυριω > A | κυριος]
πληθος A⁺ || 24 ειπεν δε] και ειπεν A | και αναβηθι > B*
20 1 κυριος] + προς μωυσην A⁺ || 2 οστις εξηγ.] ο εξαγαγων A: cf.
Deut. 5 6

ἐγὼ γάρ εἰμι κύριος ὁ θεός σου, θεὸς Ζηλωτὴς ἀποδιδοὺς ἁμαρ-
τίας πατέρων ἐπὶ τέκνα ἕως τρίτης καὶ τετάρτης γενεᾶς τοῖς μι-
6 σοῦσίν με ⁶καὶ ποιῶν ἔλεος εἰς χιλιάδας τοῖς ἀγαπῶσίν με καὶ
7 τοῖς φυλάσσουσιν τὰ προστάγματά μου. — ⁷οὐ λήμψῃ τὸ ὄνομα
κυρίου τοῦ θεοῦ σου ἐπὶ ματαίῳ· οὐ γὰρ μὴ καθαρίσῃ κύριος τὸν
8 λαμβάνοντα τὸ ὄνομα αὐτοῦ ἐπὶ ματαίῳ. — ⁸μνήσθητι τὴν ἡμέ-
9 ραν τῶν σαββάτων ἁγιάζειν αὐτήν. ⁹ἓξ ἡμέρας ἐργᾷ καὶ ποιήσεις
10 πάντα τὰ ἔργα σου· ¹⁰τῇ δὲ ἡμέρᾳ τῇ ἑβδόμῃ σάββατα κυρίῳ τῷ
θεῷ σου· οὐ ποιήσεις ἐν αὐτῇ πᾶν ἔργον, σὺ καὶ ὁ υἱός σου καὶ
ἡ θυγάτηρ σου, ὁ παῖς σου καὶ ἡ παιδίσκη σου, ὁ βοῦς σου καὶ τὸ
ὑποζύγιόν σου καὶ πᾶν κτῆνός σου καὶ ὁ προσήλυτος ὁ παροι-
11 κῶν ἐν σοί. ¹¹ἐν γὰρ ἓξ ἡμέραις ἐποίησεν κύριος τὸν οὐρανὸν
καὶ τὴν γῆν καὶ τὴν θάλασσαν καὶ πάντα τὰ ἐν αὐτοῖς καὶ κατέ-
παυσεν τῇ ἡμέρᾳ τῇ ἑβδόμῃ· διὰ τοῦτο εὐλόγησεν κύριος τὴν
12 ἡμέραν τὴν ἑβδόμην καὶ ἡγίασεν αὐτήν. — ¹²τίμα τὸν πατέρα
σου καὶ τὴν μητέρα, ἵνα εὖ σοι γένηται, καὶ ἵνα μακροχρόνιος
γένῃ ἐπὶ τῆς γῆς τῆς ἀγαθῆς, ἧς κύριος ὁ θεός σου δίδωσίν σοι.
$\frac{13}{16}$ — ¹³οὐ μοιχεύσεις. — ¹⁴οὐ κλέψεις. — ¹⁵οὐ φονεύσεις. — ¹⁶οὐ
ψευδομαρτυρήσεις κατὰ τοῦ πλησίον σου μαρτυρίαν ψευδῆ. —
17 ¹⁷οὐκ ἐπιθυμήσεις τὴν γυναῖκα τοῦ πλησίον σου. οὐκ ἐπιθυμήσεις
τὴν οἰκίαν τοῦ πλησίον σου οὔτε τὸν ἀγρὸν αὐτοῦ οὔτε τὸν
παῖδα αὐτοῦ οὔτε τὴν παιδίσκην αὐτοῦ οὔτε τοῦ βοὸς αὐτοῦ οὔτε
τοῦ ὑποζυγίου αὐτοῦ οὔτε παντὸς κτήνους αὐτοῦ οὔτε ὅσα τῷ
πλησίον σού ἐστιν.
18 ¹⁸Καὶ πᾶς ὁ λαὸς ἑώρα τὴν φωνὴν καὶ τὰς λαμπάδας καὶ τὴν
φωνὴν τῆς σάλπιγγος καὶ τὸ ὄρος τὸ καπνίζον· φοβηθέντες δὲ
19 πᾶς ὁ λαὸς ἔστησαν μακρόθεν. ¹⁹καὶ εἶπαν πρὸς Μωυσῆν Λάλη-
σον σὺ ἡμῖν, καὶ μὴ λαλείτω πρὸς ἡμᾶς ὁ θεός, μήποτε ἀποθά-
20 νωμεν. ²⁰καὶ λέγει αὐτοῖς Μωυσῆς Θαρσεῖτε· ἕνεκεν γὰρ τοῦ
πειράσαι ὑμᾶς παρεγενήθη ὁ θεὸς πρὸς ὑμᾶς, ὅπως ἂν γένη-
21 ται ὁ φόβος αὐτοῦ ἐν ὑμῖν, ἵνα μὴ ἁμαρτάνητε. ²¹εἱστήκει δὲ ὁ
λαὸς μακρόθεν, Μωυσῆς δὲ εἰσῆλθεν εἰς τὸν γνόφον, οὗ ἦν ὁ θεός.
22 ²²Εἶπεν δὲ κύριος πρὸς Μωυσῆν Τάδε ἐρεῖς τῷ οἴκῳ Ιακωβ
καὶ ἀναγγελεῖς τοῖς υἱοῖς Ισραηλ Ὑμεῖς ἑωράκατε ὅτι ἐκ τοῦ οὐ-
23 ρανοῦ λελάληκα πρὸς ὑμᾶς· ²³οὐ ποιήσετε ἑαυτοῖς θεοὺς ἀργυροῦς
24 καὶ θεοὺς χρυσοῦς οὐ ποιήσετε ὑμῖν αὐτοῖς. ²⁴θυσιαστήριον ἐκ

5 εως — γενεας] επι τριτην και τεταρτην γενεαν A: cf. Deut. 5 9 ‖ 7 κυ-
ριος] + ο θεος σου B†: cf. Deut. 5 11 ‖ 10 κυριω > A† | οι υιοι A* (uid.):
cf. Deut. 5 14 ‖ 11 τον] + τε A | και την θαλ. > B*† ‖ 12 μητερα] + σου
Bᶜ: cf. Deut. 5 16 ‖ 13/14 post 15 tr. A = 𝔐 ‖ 17 ουτε 1⁰ 2⁰ 3⁰] ουδε
A: cf. Deut. 5 21 ‖ 19 μηποτε] μη B† ‖ 21 ο θεος] pr. εκει A† ‖
23 εαυτοις] υμιν αυτοις B⁽†⁾ | αυτοις] εαυτοις B

γῆς ποιήσετέ μοι καὶ θύσετε ἐπ' αὐτοῦ τὰ ὁλοκαυτώματα καὶ τὰ
σωτήρια ὑμῶν, τὰ πρόβατα καὶ τοὺς μόσχους ὑμῶν ἐν παντὶ τόπῳ,
οὗ ἐὰν ἐπονομάσω τὸ ὄνομά μου ἐκεῖ, καὶ ἥξω πρὸς σὲ καὶ εὐλο-
γήσω σε. ²⁵ ἐὰν δὲ θυσιαστήριον ἐκ λίθων ποιῇς μοι, οὐκ οἰκοδο- 25
μήσεις αὐτοὺς τμητούς· τὸ γὰρ ἐγχειρίδιόν σου ἐπιβέβληκας ἐπ'
αὐτούς, καὶ μεμίανται. ²⁶ οὐκ ἀναβήσῃ ἐν ἀναβαθμίσιν ἐπὶ τὸ θυσια- 26
στήριόν μου, ὅπως ἂν μὴ ἀποκαλύψῃς τὴν ἀσχημοσύνην σου
ἐπ' αὐτοῦ.

¹ Καὶ ταῦτα τὰ δικαιώματα, ἃ παραθήσεις ἐνώπιον αὐτῶν. ² ἐὰν 21
κτήσῃ παῖδα Εβραῖον, ἓξ ἔτη δουλεύσει σοι· τῷ δὲ ἑβδόμῳ ἔτει
ἀπελεύσεται ἐλεύθερος δωρεάν. ³ ἐὰν αὐτὸς μόνος εἰσέλθῃ, καὶ μό- 3
νος ἐξελεύσεται· ἐὰν δὲ γυνὴ συνεισέλθῃ μετ' αὐτοῦ, ἐξελεύσεται
καὶ ἡ γυνὴ μετ' αὐτοῦ. ⁴ ἐὰν δὲ ὁ κύριος δῷ αὐτῷ γυναῖκα, καὶ 4
τέκῃ αὐτῷ υἱοὺς ἢ θυγατέρας, ἡ γυνὴ καὶ τὰ παιδία ἔσται τῷ κυ-
ρίῳ αὐτοῦ, αὐτὸς δὲ μόνος ἐξελεύσεται. ⁵ ἐὰν δὲ ἀποκριθεὶς εἴπῃ 5
ὁ παῖς Ἠγάπηκα τὸν κύριόν μου καὶ τὴν γυναῖκα καὶ τὰ παιδία,
οὐκ ἀποτρέχω ἐλεύθερος· ⁶ προσάξει αὐτὸν ὁ κύριος αὐτοῦ πρὸς 6
τὸ κριτήριον τοῦ θεοῦ καὶ τότε προσάξει αὐτὸν ἐπὶ τὴν θύραν ἐπὶ
τὸν σταθμόν, καὶ τρυπήσει αὐτοῦ ὁ κύριος τὸ οὖς τῷ ὀπητίῳ, καὶ
δουλεύσει αὐτῷ εἰς τὸν αἰῶνα. — ⁷ ἐὰν δέ τις ἀποδῶται τὴν ἑαυ- 7
τοῦ θυγατέρα οἰκέτιν, οὐκ ἀπελεύσεται ὥσπερ ἀποτρέχουσιν αἱ
δοῦλαι. ⁸ ἐὰν μὴ εὐαρεστήσῃ τῷ κυρίῳ αὐτῆς ἣν αὑτῷ καθωμο- 8
λογήσατο, ἀπολυτρώσει αὐτήν· ἔθνει δὲ ἀλλοτρίῳ οὐ κύριός ἐστιν
πωλεῖν αὐτήν, ὅτι ἠθέτησεν ἐν αὐτῇ. ⁹ ἐὰν δὲ τῷ υἱῷ καθομολο- 9
γήσηται αὐτήν, κατὰ τὸ δικαίωμα τῶν θυγατέρων ποιήσει αὐτῇ.
¹⁰ ἐὰν δὲ ἄλλην λάβῃ ἑαυτῷ, τὰ δέοντα καὶ τὸν ἱματισμὸν καὶ τὴν 10
ὁμιλίαν αὐτῆς οὐκ ἀποστερήσει. ¹¹ ἐὰν δὲ τὰ τρία ταῦτα μὴ ποιήσῃ 11
αὐτῇ, ἐξελεύσεται δωρεὰν ἄνευ ἀργυρίου.

¹² Ἐὰν δὲ πατάξῃ τίς τινα, καὶ ἀποθάνῃ, θανάτῳ θανατούσθω· 12
¹³ ὁ δὲ οὐχ ἑκών, ἀλλὰ ὁ θεὸς παρέδωκεν εἰς τὰς χεῖρας αὐτοῦ, 13
δώσω σοι τόπον, οὗ φεύξεται ἐκεῖ ὁ φονεύσας. ¹⁴ ἐὰν δέ τις ἐπι- 14
θῆται τῷ πλησίον ἀποκτεῖναι αὐτὸν δόλῳ καὶ καταφύγῃ, ἀπὸ τοῦ
θυσιαστηρίου μου λήμψῃ αὐτὸν θανατῶσαι. — ¹⁵ ὃς τύπτει πατέρα 15
αὐτοῦ ἢ μητέρα αὐτοῦ, θανάτῳ θανατούσθω. ¹⁶ ὁ κακολογῶν πατέ- 16
ρα αὐτοῦ ἢ μητέρα αὐτοῦ τελευτήσει θανάτῳ. — ¹⁷ ὃς ἐὰν κλέψῃ 17

24 αυτου] -το Α | ολοκαυτ.] + υμων Β (in Ο sub ✱) | τα 3⁰] pr. και Β ‖
25 αυτους ult.] -το Α ‖ 26 αν > Α
21 1 παραθηση Β⁺ ‖ 2 εβδ. ετει] ετει τω εβδ. Α | απελ. ελευθ.] εξαποστε-
λεις αυτον ελευθερον Α ‖ 3 εξελ. / και η γυνη] tr. Α ‖ 4 αυτω 2⁰ > Α⁺
| η 1⁰] και | αυτου] -της Α ‖ 6 επι 1⁰] προς Α | αυτου / ο κυριος] tr. Β
‖ 8 εαν] + δε Α | ην] η Β⁺ | αυτω καθωμ.] ου καθ. αυτω Α (αυτω sup. ras.)
‖ 10 εαυτω] > Β*⁺, αυτω Α ‖ 13 παρεδωκεν] + αυτον Α | εκει > Α⁺ ‖
16 (= 𝔐 17) τελ. θαν.] θαν. τελευτατω Α

τίς τινα τῶν υἱῶν Ισραηλ καὶ καταδυναστεύσας αὐτὸν ἀποδῶται,
18 καὶ εὑρεθῇ ἐν αὐτῷ, θανάτῳ τελευτάτω. — ¹⁸ἐὰν δὲ λοιδορῶνται
δύο ἄνδρες καὶ πατάξῃ τις τὸν πλησίον λίθῳ ἢ πυγμῇ, καὶ μὴ
19 ἀποθάνῃ, κατακλιθῇ δὲ ἐπὶ τὴν κοίτην, ¹⁹ἐὰν ἐξαναστὰς ὁ ἄνθρω-
πος περιπατήσῃ ἔξω ἐπὶ ῥάβδου, ἀθῷος ἔσται ὁ πατάξας· πλὴν
20 τῆς ἀργίας αὐτοῦ ἀποτείσει καὶ τὰ ἰατρεῖα. — ²⁰ἐὰν δέ τις πατά-
ξῃ τὸν παῖδα αὐτοῦ ἢ τὴν παιδίσκην αὐτοῦ ἐν ῥάβδῳ, καὶ ἀπο-
21 θάνῃ ὑπὸ τὰς χεῖρας αὐτοῦ, δίκῃ ἐκδικηθήτω. ²¹ἐὰν δὲ διαβιώσῃ
ἡμέραν μίαν ἢ δύο, οὐκ ἐκδικηθήσεται· τὸ γὰρ ἀργύριον αὐτοῦ
22 ἐστιν. — ²²ἐὰν δὲ μάχωνται δύο ἄνδρες καὶ πατάξωσιν γυναῖκα
ἐν γαστρὶ ἔχουσαν, καὶ ἐξέλθῃ τὸ παιδίον αὐτῆς μὴ ἐξεικονισμέ-
νον, ἐπιζήμιον ζημιωθήσεται· καθότι ἂν ἐπιβάλῃ ὁ ἀνὴρ τῆς γυ-
23 ναικός, δώσει μετὰ ἀξιώματος· ²³ἐὰν δὲ ἐξεικονισμένον ἦν, δώσει
24 ψυχὴν ἀντὶ ψυχῆς, ²⁴ὀφθαλμὸν ἀντὶ ὀφθαλμοῦ, ὀδόντα ἀντὶ ὀδόν-
25 τος, χεῖρα ἀντὶ χειρός, πόδα ἀντὶ ποδός, ²⁵κατάκαυμα ἀντὶ κατα-
καύματος, τραῦμα ἀντὶ τραύματος, μώλωπα ἀντὶ μώλωπος. —
26 ²⁶ἐὰν δέ τις πατάξῃ τὸν ὀφθαλμὸν τοῦ οἰκέτου αὐτοῦ ἢ τὸν
ὀφθαλμὸν τῆς θεραπαίνης αὐτοῦ καὶ ἐκτυφλώσῃ, ἐλευθέρους ἐξα-
27 ποστελεῖ αὐτοὺς ἀντὶ τοῦ ὀφθαλμοῦ αὐτῶν. ²⁷ἐὰν δὲ τὸν ὀδόντα
τοῦ οἰκέτου ἢ τὸν ὀδόντα τῆς θεραπαίνης αὐτοῦ ἐκκόψῃ, ἐλευθέ-
ρους ἐξαποστελεῖ αὐτοὺς ἀντὶ τοῦ ὀδόντος αὐτῶν.
28. ²⁸Ἐὰν δὲ κερατίσῃ ταῦρος ἄνδρα ἢ γυναῖκα, καὶ ἀποθάνῃ, λί-
θοις λιθοβοληθήσεται ὁ ταῦρος, καὶ οὐ βρωθήσεται τὰ κρέα αὐ-
29 τοῦ· ὁ δὲ κύριος τοῦ ταύρου ἀθῷος ἔσται. ²⁹ἐὰν δὲ ὁ ταῦρος
κερατιστὴς ᾖ πρὸ τῆς ἐχθὲς καὶ πρὸ τῆς τρίτης, καὶ διαμαρτύ-
ρωνται τῷ κυρίῳ αὐτοῦ, καὶ μὴ ἀφανίσῃ αὐτόν, ἀνέλῃ δὲ ἄνδρα
ἢ γυναῖκα, ὁ ταῦρος λιθοβοληθήσεται, καὶ ὁ κύριος αὐτοῦ προσ-
30 ἀποθανεῖται. ³⁰ἐὰν δὲ λύτρα ἐπιβληθῇ αὐτῷ, δώσει λύτρα τῆς ψυ-
31 χῆς αὐτοῦ ὅσα ἐὰν ἐπιβάλωσιν αὐτῷ. ³¹ἐὰν δὲ υἱὸν ἢ θυγατέρα
32 κερατίσῃ, κατὰ τὸ δικαίωμα τοῦτο ποιήσουσιν αὐτῷ. ³²ἐὰν δὲ
παῖδα κερατίσῃ ὁ ταῦρος ἢ παιδίσκην, ἀργυρίου τριάκοντα δίδραχ-
33 μα δώσει τῷ κυρίῳ αὐτῶν, καὶ ὁ ταῦρος λιθοβοληθήσεται. — ³³ἐὰν
δέ τις ἀνοίξῃ λάκκον ἢ λατομήσῃ λάκκον καὶ μὴ καλύψῃ αὐτόν,
34 καὶ ἐμπέσῃ ἐκεῖ μόσχος ἢ ὄνος, ³⁴ὁ κύριος τοῦ λάκκου ἀποτείσει·
ἀργύριον δώσει τῷ κυρίῳ αὐτῶν, τὸ δὲ τετελευτηκὸς αὐτῷ ἔσται.
35 — ³⁵ἐὰν δὲ κερατίσῃ τινὸς ταῦρος τὸν ταῦρον τοῦ πλησίον, καὶ
τελευτήσῃ, ἀποδώσονται τὸν ταῦρον τὸν ζῶντα καὶ διελοῦνται τὸ

17 (= 𝔐 16) τελευτατω] θανατουσθω A ‖ 18 παταξη τις] -ξωσιν B ‖
19 εαν] + δε A ‖ 20 εκδικηθησεται A ‖ 22 δωσει] pr. και A (in O sub ※)
‖ 23 ην] η A ‖ 26 τον 1⁰ > A† | εξαποστελεις A† ‖ 30 επιβαλωσιν]
-λη A† ‖ 31 η θυγ. / κερατ.] tr. A ‖ 33 λακκον 1⁰ ⌒ 2⁰ A, 2⁰ > B*† ‖
34 τετελ.] τεθνηκος A ‖ 35 τινος] pr. τις B*† | τον 1⁰ > B*

ἀργύριον αὐτοῦ καὶ τὸν ταῦρον τὸν τεθνηκότα διελοῦνται. ³⁶ἐὰν 36
δὲ γνωρίζηται ὁ ταῦρος ὅτι κερατιστής ἐστιν πρὸ τῆς ἐχθὲς καὶ
πρὸ τῆς τρίτης ἡμέρας, καὶ διαμεμαρτυρημένοι ὦσιν τῷ κυρίῳ αὐ-
τοῦ, καὶ μὴ ἀφανίσῃ αὐτόν, ἀποτείσει ταῦρον ἀντὶ ταύρου, ὁ δὲ
τετελευτηκὼς αὐτῷ ἔσται.

³⁷ Ἐὰν δέ τις κλέψῃ μόσχον ἢ πρόβατον καὶ σφάξῃ αὐτὸ ἢ ἀπο- 37
δῶται, πέντε μόσχους ἀποτείσει ἀντὶ τοῦ μόσχου καὶ τέσσαρα πρό-
βατα ἀντὶ τοῦ προβάτου. ¹ἐὰν δὲ ἐν τῷ διορύγματι εὑρεθῇ ὁ κλέ- 22
πτης καὶ πληγεὶς ἀποθάνῃ, οὐκ ἔστιν αὐτῷ φόνος· ²ἐὰν δὲ ἀνα- 2
τείλῃ ὁ ἥλιος ἐπ᾽ αὐτῷ, ἔνοχός ἐστιν, ἀνταποθανεῖται. ἐὰν δὲ μὴ
ὑπάρχῃ αὐτῷ, πραθήτω ἀντὶ τοῦ κλέμματος. ³ἐὰν δὲ καταλημφθῇ, 3
καὶ εὑρεθῇ ἐν τῇ χειρὶ αὐτοῦ τὸ κλέμμα ἀπό τε ὄνου ἕως προ-
βάτου ζῶντα, διπλᾶ αὐτὰ ἀποτείσει. — ⁴ἐὰν δὲ καταβοσκήσῃ τις 4
ἀγρὸν ἢ ἀμπελῶνα καὶ ἀφῇ τὸ κτῆνος αὐτοῦ καταβοσκῆσαι ἀγρὸν
ἕτερον, ἀποτείσει ἐκ τοῦ ἀγροῦ αὐτοῦ κατὰ τὸ γένημα αὐτοῦ· ἐὰν δὲ
πάντα τὸν ἀγρὸν καταβοσκήσῃ, τὰ βέλτιστα τοῦ ἀγροῦ αὐτοῦ καὶ
τὰ βέλτιστα τοῦ ἀμπελῶνος αὐτοῦ ἀποτείσει. — ⁵ἐὰν δὲ ἐξελθὸν πῦρ 5
εὕρῃ ἀκάνθας καὶ προσεμπρήσῃ ἅλωνα ἢ στάχυς ἢ πεδίον, ἀπο-
τείσει ὁ τὸ πῦρ ἐκκαύσας. — ⁶ἐὰν δέ τις δῷ τῷ πλησίον ἀργύριον 6
ἢ σκεύη φυλάξαι, καὶ κλαπῇ ἐκ τῆς οἰκίας τοῦ ἀνθρώπου, ἐὰν εὑ-
ρεθῇ ὁ κλέψας, ἀποτείσει διπλοῦν· ⁷ἐὰν δὲ μὴ εὑρεθῇ ὁ κλέψας, 7
προσελεύσεται ὁ κύριος τῆς οἰκίας ἐνώπιον τοῦ θεοῦ καὶ ὀμεῖται
ἦ μὴν μὴ αὐτὸς πεπονηρεῦσθαι ἐφ᾽ ὅλης τῆς παρακαταθήκης τοῦ
πλησίον. ⁸κατὰ πᾶν ῥητὸν ἀδίκημα περί τε μόσχου καὶ ὑποζυγίου 8
καὶ προβάτου καὶ ἱματίου καὶ πάσης ἀπωλείας τῆς ἐγκαλουμένης,
ὅ τι οὖν ἂν ᾖ, ἐνώπιον τοῦ θεοῦ ἐλεύσεται ἡ κρίσις ἀμφοτέρων,
καὶ ὁ ἁλοὺς διὰ τοῦ θεοῦ ἀποτείσει διπλοῦν τῷ πλησίον. — ⁹ἐὰν 9
δέ τις δῷ τῷ πλησίον ὑποζύγιον ἢ μόσχον ἢ πρόβατον ἢ πᾶν
κτῆνος φυλάξαι, καὶ συντριβῇ ἢ τελευτήσῃ ἢ αἰχμάλωτον γένηται,
καὶ μηδεὶς γνῷ, ¹⁰ὅρκος ἔσται τοῦ θεοῦ ἀνὰ μέσον ἀμφοτέρων ἢ 10
μὴν μὴ αὐτὸν πεπονηρεῦσθαι καθ᾽ ὅλης τῆς παρακαταθήκης τοῦ
πλησίον· καὶ οὕτως προσδέξεται ὁ κύριος αὐτοῦ, καὶ οὐκ ἀποτείσει.
¹¹ἐὰν δὲ κλαπῇ παρ᾽ αὐτοῦ, ἀποτείσει τῷ κυρίῳ. ¹²ἐὰν δὲ θηριάλω- ¹¹
τον γένηται, ἄξει αὐτὸν ἐπὶ τὴν θήραν καὶ οὐκ ἀποτείσει. — ¹³ἐὰν ¹²
δὲ αἰτήσῃ τις παρὰ τοῦ πλησίον, καὶ συντριβῇ ἢ ἀποθάνῃ ἢ αἰχ- ¹³
μάλωτον γένηται, ὁ δὲ κύριος μὴ ᾖ μετ᾽ αὐτοῦ, ἀποτείσει· ¹⁴ἐὰν 14

36 ημερας > A | μεμαρτυρημενοι B*† | αυτου > B*† || 37 αυτο > B
22 2 αποθανειται A || 3 τε > A | αυτα > A || 4 και ult.] η A ||
5 αλωνας B || 6 διπλουν] pr. το B† || 7 μη 2⁰ > A† | αυτον B*† ||
8 τω πλησιον > B*† || 9 μοσχον .. προβ.] tr. A | συντριβη .. τελευτ.] tr. A
|| 10 καθ ολης pau.] καθολου B, εφ ολης A† | ουκ αποτεισει] ου μη -ση A ||
11 κυριω] πλησιον A† || 13 η αιχμ. γεν. > A*

δὲ ὁ κύριος ᾖ μετ᾽ αὐτοῦ, οὐκ ἀποτείσει· ἐὰν δὲ μισθωτὸς ᾖ,
ἔσται αὐτῷ ἀντὶ τοῦ μισθοῦ αὐτοῦ.

15   ¹⁵ Ἐὰν δὲ ἀπατήσῃ τις παρθένον ἀμνήστευτον καὶ κοιμηθῇ μετ᾽
16 αὐτῆς, φερνῇ φερνιεῖ αὐτὴν αὐτῷ γυναῖκα. ¹⁶ ἐὰν δὲ ἀνανεύων
ἀνανεύσῃ καὶ μὴ βούληται ὁ πατὴρ αὐτῆς δοῦναι αὐτὴν αὐτῷ
γυναῖκα, ἀργύριον ἀποτείσει τῷ πατρὶ καθ᾽ ὅσον ἐστὶν ἡ φερνὴ
17
18 τῶν παρθένων. — ¹⁷ φαρμακοὺς οὐ περιποιήσετε. — ¹⁸ πᾶν κοιμώ-
19 μενον μετὰ κτήνους, θανάτῳ ἀποκτενεῖτε αὐτούς. — ¹⁹ ὁ θυσιάζων
θεοῖς θανάτῳ ὀλεθρευθήσεται πλὴν κυρίῳ μόνῳ.

20   ²⁰ Καὶ προσήλυτον οὐ κακώσετε οὐδὲ μὴ θλίψητε αὐτόν· ἦτε
21 γὰρ προσήλυτοι ἐν γῇ Αἰγύπτῳ. — ²¹ πᾶσαν χήραν καὶ ὀρφανὸν
22 οὐ κακώσετε· ²² ἐὰν δὲ κακίᾳ κακώσητε αὐτοὺς καὶ κεκράξαντες
23 καταβοήσωσι πρός με, ἀκοῇ εἰσακούσομαι τῆς φωνῆς αὐτῶν ²³ καὶ
ὀργισθήσομαι θυμῷ καὶ ἀποκτενῶ ὑμᾶς μαχαίρᾳ, καὶ ἔσονται αἱ
24 γυναῖκες ὑμῶν χῆραι καὶ τὰ παιδία ὑμῶν ὀρφανά. — ²⁴ ἐὰν δὲ
ἀργύριον ἐκδανείσῃς τῷ ἀδελφῷ τῷ πενιχρῷ παρὰ σοί, οὐκ ἔσῃ
25 αὐτὸν κατεπείγων, οὐκ ἐπιθήσεις αὐτῷ τόκον. ²⁵ ἐὰν δὲ ἐνεχύρα-
σμα ἐνεχυράσῃς τὸ ἱμάτιον τοῦ πλησίον, πρὸ δυσμῶν ἡλίου ἀπο-
26 δώσεις αὐτῷ· ²⁶ ἔστιν γὰρ τοῦτο περιβόλαιον αὐτοῦ, μόνον τοῦτο
τὸ ἱμάτιον ἀσχημοσύνης αὐτοῦ· ἐν τίνι κοιμηθήσεται; ἐὰν οὖν
27 καταβοήσῃ πρός με, εἰσακούσομαι αὐτοῦ· ἐλεήμων γάρ εἰμι. — ²⁷ θε-
οὺς οὐ κακολογήσεις καὶ ἄρχοντας τοῦ λαοῦ σου οὐ κακῶς ἐρεῖς. —
28 ²⁸ ἀπαρχὰς ἅλωνος καὶ ληνοῦ σου οὐ καθυστερήσεις· τὰ πρωτό-
29 τοκα τῶν υἱῶν σου δώσεις ἐμοί. ²⁹ οὕτως ποιήσεις τὸν μόσχον
σου καὶ τὸ πρόβατόν σου καὶ τὸ ὑποζύγιόν σου· ἑπτὰ ἡμέρας
ἔσται ὑπὸ τὴν μητέρα, τῇ δὲ ὀγδόῃ ἡμέρᾳ ἀποδώσεις μοι αὐτό.
30   — ³⁰ καὶ ἄνδρες ἅγιοι ἔσεσθέ μοι. καὶ κρέας θηριάλωτον οὐκ
ἔδεσθε, τῷ κυνὶ ἀπορρίψατε αὐτό.

23   ¹ Οὐ παραδέξῃ ἀκοὴν ματαίαν. οὐ συγκαταθήσῃ μετὰ τοῦ ἀδίκου
2 γενέσθαι μάρτυς ἄδικος. ² οὐκ ἔσῃ μετὰ πλειόνων ἐπὶ κακίᾳ. οὐ
προστεθήσῃ μετὰ πλήθους ἐκκλῖναι μετὰ πλειόνων ὥστε ἐκκλῖναι
3
4 κρίσιν. ³ καὶ πένητα οὐκ ἐλεήσεις ἐν κρίσει. — ⁴ ἐὰν δὲ συναντή-
σῃς τῷ βοὶ τοῦ ἐχθροῦ σου ἢ τῷ ὑποζυγίῳ αὐτοῦ πλανωμένοις,
5 ἀποστρέψας ἀποδώσεις αὐτῷ. ⁵ ἐὰν δὲ ἴδῃς τὸ ὑποζύγιον τοῦ
ἐχθροῦ σου πεπτωκὸς ὑπὸ τὸν γόμον αὐτοῦ, οὐ παρελεύσῃ αὐτό,
6 ἀλλὰ συνεγερεῖς αὐτὸ μετ᾽ αὐτοῦ. — ⁶ οὐ διαστρέψεις κρίμα

14 η / μετ αυτου] tr. A ‖ 16 τω πατρι] αυτω A ‖ 17 περιβιωσετε A ‖
18 αυτους > A ‖ 19 θεοις] + ετεροις A | εξολεθρευθησεται A ‖ 20 ουδε]
ουτε A: cf. 23 9 ‖ 24 αδελφω] λαω A* ‖ 27 αρχοντα A | ουκ ερεις κα-
κως A ‖ 29 μητερα] + αυτου A O(sub ※)† | ογδοη ημερα] ημ. τη ογδ. A |
αποδωσεις M] -ση B†, απο > A† ‖ 30 απολιψετε A
23 2 επι] εν B*† | προσθηση B* | εκκλιναι ult.] -κλεισαι B† ‖ 5 συνε-
γερεις] συναρεις B*†, συν > A†

πένητος ἐν κρίσει αὐτοῦ. ⁷ἀπὸ παντὸς ῥήματος ἀδίκου ἀποστήσῃ· 7
ἀθῷον καὶ δίκαιον οὐκ ἀποκτενεῖς καὶ οὐ δικαιώσεις τὸν ἀσεβῆ
ἕνεκεν δώρων. ⁸καὶ δῶρα οὐ λήμψῃ· τὰ γὰρ δῶρα ἐκτυφλοῖ ὀφθαλ- 8
μοὺς βλεπόντων καὶ λυμαίνεται ῥήματα δίκαια. — ⁹καὶ προσήλυ- 9
τον οὐ θλίψετε· ὑμεῖς γὰρ οἴδατε τὴν ψυχὴν τοῦ προσηλύτου·
αὐτοὶ γὰρ προσήλυτοι ἦτε ἐν γῇ Αἰγύπτῳ.

¹⁰Ἓξ ἔτη σπερεῖς τὴν γῆν σου καὶ συνάξεις τὰ γενήματα αὐ- 10
τῆς· ¹¹τῷ δὲ ἑβδόμῳ ἄφεσιν ποιήσεις καὶ ἀνήσεις αὐτήν, καὶ 11
ἔδονται οἱ πτωχοὶ τοῦ ἔθνους σου, τὰ δὲ ὑπολειπόμενα ἔδεται τὰ
ἄγρια θηρία. οὕτως ποιήσεις τὸν ἀμπελῶνά σου καὶ τὸν ἐλαιῶνά
σου. — ¹²Ἓξ ἡμέρας ποιήσεις τὰ ἔργα σου, τῇ δὲ ἡμέρᾳ τῇ ἑβδό- 12
μῃ ἀνάπαυσις, ἵνα ἀναπαύσηται ὁ βοῦς σου καὶ τὸ ὑποζύγιόν
σου, καὶ ἵνα ἀναψύξῃ ὁ υἱὸς τῆς παιδίσκης σου καὶ ὁ προσήλυ-
τος. — ¹³πάντα, ὅσα εἴρηκα πρὸς ὑμᾶς, φυλάξασθε. 13

Καὶ ὄνομα θεῶν ἑτέρων οὐκ ἀναμνησθήσεσθε, οὐδὲ μὴ ἀκουσθῇ
ἐκ τοῦ στόματος ὑμῶν. ¹⁴τρεῖς καιροὺς τοῦ ἐνιαυτοῦ ἑορτάσατέ 14
μοι. ¹⁵τὴν ἑορτὴν τῶν ἀζύμων φυλάξασθε ποιεῖν· ἑπτὰ ἡμέρας 15
ἔδεσθε ἄζυμα, καθάπερ ἐνετειλάμην σοι, κατὰ τὸν καιρὸν τοῦ μη-
νὸς τῶν νέων· ἐν γὰρ αὐτῷ ἐξῆλθες ἐξ Αἰγύπτου. οὐκ ὀφθήσῃ
ἐνώπιόν μου κενός. ¹⁶καὶ ἑορτὴν θερισμοῦ πρωτογενημάτων ποιή- 16
σεις τῶν ἔργων σου, ὧν ἐὰν σπείρῃς ἐν τῷ ἀγρῷ σου, καὶ ἑορ-
τὴν συντελείας ἐπ᾿ ἐξόδου τοῦ ἐνιαυτοῦ ἐν τῇ συναγωγῇ τῶν ἔρ-
γων σου τῶν ἐκ τοῦ ἀγροῦ σου. ¹⁷τρεῖς καιροὺς τοῦ ἐνιαυτοῦ 17
ὀφθήσεται πᾶν ἀρσενικόν σου ἐνώπιον κυρίου τοῦ θεοῦ σου.
¹⁸ὅταν γὰρ ἐκβάλω ἔθνη ἀπὸ προσώπου σου καὶ ἐμπλατύνω τὰ 18
ὅριά σου, οὐ θύσεις ἐπὶ ζύμῃ αἷμα θυσιάσματός μου, οὐδὲ μὴ κοι-
μηθῇ στέαρ τῆς ἑορτῆς μου ἕως πρωί. ¹⁹τὰς ἀπαρχὰς τῶν πρω- 19
τογενημάτων τῆς γῆς σου εἰσοίσεις εἰς τὸν οἶκον κυρίου τοῦ θεοῦ
σου. οὐχ ἑψήσεις ἄρνα ἐν γάλακτι μητρὸς αὐτοῦ.

²⁰Καὶ ἰδοὺ ἐγὼ ἀποστέλλω τὸν ἄγγελόν μου πρὸ προσώπου σου, 20
ἵνα φυλάξῃ σε ἐν τῇ ὁδῷ, ὅπως εἰσαγάγῃ σε εἰς τὴν γῆν, ἣν ἡτοί-
μασά σοι. ²¹πρόσεχε σεαυτῷ καὶ εἰσάκουε αὐτοῦ καὶ μὴ ἀπείθει 21
αὐτῷ· οὐ γὰρ μὴ ὑποστείληταί σε, τὸ γὰρ ὄνομά μού ἐστιν ἐπ᾿
αὐτῷ. ²²ἐὰν ἀκοῇ ἀκούσητε τῆς ἐμῆς φωνῆς καὶ ποιήσῃς πάντα, 22
ὅσα ἂν ἐντείλωμαί σοι, καὶ φυλάξητε τὴν διαθήκην μου, ἔσεσθέ
μοι λαὸς περιούσιος ἀπὸ πάντων τῶν ἐθνῶν· ἐμὴ γάρ ἐστιν πᾶσα

9 ου] + κακωσετε ουδε μη A: ex 22 20 ‖ 10 εισαξεις A* ‖ 11 εβδομω]
+ ετει A | αγρια θηρια] θηρ. τα αγρ. A | τον ult. > A⁺ ‖ 12 αναπαυσις]
-ση A ¦ αναψυξη] αναπαυσηται B* ‖ 13 ειρηκα] λελαληκα A | φυλαξεσθε A:
item in 15 ‖ 14 εορτασετε A ‖ 16 θερ.] pr. του A | εξοδω A ‖ 17 σου
1⁰ > A⁺ ‖ 18 εθνη] pr. τα A | θυσεις] θυμιασεις A* | θυσιασματος A*] θυ-
μιαματος BAᶜ ‖ 19 της γης > B*⁺ ‖ 21 και 2⁰ > A ‖ 22 ακουσητε 1⁰]
-ση A⁺ | εμης φωνης] φ. μου A | αν εντειλωμαι] εντελλομαι A | εμη] εμου A⁺

ἡ γῆ, ὑμεῖς δὲ ἔσεσθέ μοι βασίλειον ἱεράτευμα καὶ ἔθνος ἅγιον.
ταῦτα τὰ ῥήματα ἐρεῖς τοῖς υἱοῖς Ισραηλ Ἐὰν ἀκοῇ ἀκούσητε τῆς
φωνῆς μου καὶ ποιήσῃς πάντα, ὅσα ἂν εἴπω σοι, ἐχθρεύσω τοῖς
23 ἐχθροῖς σου καὶ ἀντικείσομαι τοῖς ἀντικειμένοις σοι. ²³ πορεύσεται
γὰρ ὁ ἄγγελός μου ἡγούμενός σου καὶ εἰσάξει σε πρὸς τὸν Αμορ-
ραῖον καὶ Χετταῖον καὶ Φερεζαῖον καὶ Χαναναῖον καὶ Γεργεσαῖον
24 καὶ Ευαῖον καὶ Ιεβουσαῖον, καὶ ἐκτρίψω αὐτούς. ²⁴ οὐ προσκυνή-
σεις τοῖς θεοῖς αὐτῶν οὐδὲ μὴ λατρεύσῃς αὐτοῖς· οὐ ποιήσεις
κατὰ τὰ ἔργα αὐτῶν, ἀλλὰ καθαιρέσει καθελεῖς καὶ συντρίβων
25 συντρίψεις τὰς στήλας αὐτῶν. ²⁵ καὶ λατρεύσεις κυρίῳ τῷ θεῷ σου,
καὶ εὐλογήσω τὸν ἄρτον σου καὶ τὸν οἶνόν σου καὶ τὸ ὕδωρ
26 σου καὶ ἀποστρέψω μαλακίαν ἀφ᾽ ὑμῶν. ²⁶ οὐκ ἔσται ἄγονος οὐδὲ
στεῖρα ἐπὶ τῆς γῆς σου· τὸν ἀριθμὸν τῶν ἡμερῶν σου ἀναπλη-
27 ρώσω. ²⁷ καὶ τὸν φόβον ἀποστελῶ ἡγούμενόν σου καὶ ἐκστήσω
πάντα τὰ ἔθνη, εἰς οὓς σὺ εἰσπορεύῃ εἰς αὐτούς, καὶ δώσω πάν-
28 τας τοὺς ὑπεναντίους σου φυγάδας. ²⁸ καὶ ἀποστελῶ τὰς σφηκίας
προτέρας σου, καὶ ἐκβαλεῖ τοὺς Αμορραίους καὶ τοὺς Ευαίους καὶ
29 τοὺς Χαναναίους καὶ τοὺς Χετταίους ἀπὸ σοῦ. ²⁹ οὐκ ἐκβαλῶ αὐ-
τοὺς ἐν ἐνιαυτῷ ἑνί, ἵνα μὴ γένηται ἡ γῆ ἔρημος καὶ πολλὰ γένη-
30 ται ἐπὶ σὲ τὰ θηρία τῆς γῆς· ³⁰ κατὰ μικρὸν μικρὸν ἐκβαλῶ αὐτοὺς
31 ἀπὸ σοῦ, ἕως ἂν αὐξηθῇς καὶ κληρονομήσῃς τὴν γῆν. ³¹ καὶ θήσω
τὰ ὅριά σου ἀπὸ τῆς ἐρυθρᾶς θαλάσσης ἕως τῆς θαλάσσης τῆς
Φυλιστιιμ καὶ ἀπὸ τῆς ἐρήμου ἕως τοῦ μεγάλου ποταμοῦ Εὐφρά-
του· καὶ παραδώσω εἰς τὰς χεῖρας ὑμῶν τοὺς ἐγκαθημένους ἐν
32 τῇ γῇ καὶ ἐκβαλῶ αὐτοὺς ἀπὸ σοῦ. ³² οὐ συγκαταθήσῃ αὐτοῖς καὶ
33 τοῖς θεοῖς αὐτῶν διαθήκην, ³³ καὶ οὐκ ἐγκαθίσονται ἐν τῇ γῇ σου,
ἵνα μὴ ἁμαρτεῖν σε ποιήσωσιν πρός με· ἐὰν γὰρ δουλεύσῃς τοῖς
θεοῖς αὐτῶν, οὗτοι ἔσονταί σοι πρόσκομμα.
24 ¹ Καὶ Μωυσῇ εἶπεν Ἀνάβηθι πρὸς κύριον σὺ καὶ Ααρων καὶ
Ναδαβ καὶ Αβιουδ καὶ ἑβδομήκοντα τῶν πρεσβυτέρων Ισραηλ, καὶ
2 προσκυνήσουσιν μακρόθεν τῷ κυρίῳ· ² καὶ ἐγγιεῖ Μωυσῆς μόνος
πρὸς τὸν θεόν, αὐτοὶ δὲ οὐκ ἐγγιοῦσιν· ὁ δὲ λαὸς οὐ συνανα-
3 βήσεται μετ᾽ αὐτῶν. ³ εἰσῆλθεν δὲ Μωυσῆς καὶ διηγήσατο τῷ λαῷ
πάντα τὰ ῥήματα τοῦ θεοῦ καὶ τὰ δικαιώματα· ἀπεκρίθη δὲ πᾶς
ὁ λαὸς φωνῇ μιᾷ λέγοντες Πάντας τοὺς λόγους, οὓς ἐλάλησεν
4 κύριος, ποιήσομεν καὶ ἀκουσόμεθα. ⁴ καὶ ἔγραψεν Μωυσῆς πάντα
τὰ ῥήματα κυρίου. ὀρθρίσας δὲ Μωυσῆς τὸ πρωὶ ᾠκοδόμησεν

22 ακοη ult. > A | ακουσητε ult.] -σης A | ποιησης ult.] -σητε B† ‖ 23 σου]
υμων B*† ‖ 24 αλλα] + και A† ‖ 25 σου 2⁰ ⌒ 3⁰ A* ‖ 28 εκβαλει M]
-λεις B†, -λω A | τους 2⁰ 3⁰ > B ‖ 30 μικρον 2⁰ > B ‖ 31 μεγαλου πο-
ταμου] ποτ. του μεγ. A | τας > A†
24 1 κυριον] pr. τον B

θυσιαστήριον ὑπὸ τὸ ὄρος καὶ δώδεκα λίθους εἰς τὰς δώδεκα φυλὰς
τοῦ Ισραηλ· ⁵καὶ ἐξαπέστειλεν τοὺς νεανίσκους τῶν υἱῶν Ισραηλ, 5
καὶ ἀνήνεγκαν ὁλοκαυτώματα καὶ ἔθυσαν θυσίαν σωτηρίου τῷ θεῷ
μοσχάρια. ⁶λαβὼν δὲ Μωυσῆς τὸ ἥμισυ τοῦ αἵματος ἐνέχεεν εἰς 6
κρατῆρας, τὸ δὲ ἥμισυ τοῦ αἵματος προσέχεεν πρὸς τὸ θυσια-
στήριον. ⁷καὶ λαβὼν τὸ βιβλίον τῆς διαθήκης ἀνέγνω εἰς τὰ ὦτα 7
τοῦ λαοῦ, καὶ εἶπαν Πάντα, ὅσα ἐλάλησεν κύριος, ποιήσομεν καὶ
ἀκουσόμεθα. ⁸λαβὼν δὲ Μωυσῆς τὸ αἷμα κατεσκέδασεν τοῦ λαοῦ 8
καὶ εἶπεν Ἰδοὺ τὸ αἷμα τῆς διαθήκης, ἧς διέθετο κύριος πρὸς ὑμᾶς
περὶ πάντων τῶν λόγων τούτων.

⁹Καὶ ἀνέβη Μωυσῆς καὶ Ααρων καὶ Ναδαβ καὶ Αβιουδ καὶ ἑβδο- 9
μήκοντα τῆς γερουσίας Ισραηλ ¹⁰καὶ εἶδον τὸν τόπον, οὗ εἱστήκει 10
ἐκεῖ ὁ θεὸς τοῦ Ισραηλ · καὶ τὰ ὑπὸ τοὺς πόδας αὐτοῦ ὡσεὶ ἔργον
πλίνθου σαπφείρου καὶ ὥσπερ εἶδος στερεώματος τοῦ οὐρανοῦ τῇ
καθαριότητι. ¹¹καὶ τῶν ἐπιλέκτων τοῦ Ισραηλ οὐ διεφώνησεν οὐδὲ 11
εἷς· καὶ ὤφθησαν ἐν τῷ τόπῳ τοῦ θεοῦ καὶ ἔφαγον καὶ ἔπιον.
¹²καὶ εἶπεν κύριος πρὸς Μωυσῆν Ἀνάβηθι πρός με εἰς τὸ ὄρος καὶ 12
ἴσθι ἐκεῖ· καὶ δώσω σοι τὰ πυξία τὰ λίθινα, τὸν νόμον καὶ τὰς
ἐντολάς, ἃς ἔγραψα νομοθετῆσαι αὐτοῖς. ¹³καὶ ἀναστὰς Μωυσῆς 13
καὶ Ἰησοῦς ὁ παρεστηκὼς αὐτῷ ἀνέβησαν εἰς τὸ ὄρος τοῦ θεοῦ·
¹⁴καὶ τοῖς πρεσβυτέροις εἶπαν Ἡσυχάζετε αὐτοῦ, ἕως ἀναστρέψω- 14
μεν πρὸς ὑμᾶς· καὶ ἰδοὺ Ααρων καὶ Ωρ μεθ' ὑμῶν· ἐάν τινι συμ-
βῇ κρίσις, προσπορευέσθωσαν αὐτοῖς. ¹⁵καὶ ἀνέβη Μωυσῆς καὶ 15
Ἰησοῦς εἰς τὸ ὄρος, καὶ ἐκάλυψεν ἡ νεφέλη τὸ ὄρος. ¹⁶καὶ κατέβη 16
ἡ δόξα τοῦ θεοῦ ἐπὶ τὸ ὄρος τὸ Σινα, καὶ ἐκάλυψεν αὐτὸ ἡ νε-
φέλη ἓξ ἡμέρας· καὶ ἐκάλεσεν κύριος τὸν Μωυσῆν τῇ ἡμέρᾳ τῇ
ἑβδόμῃ ἐκ μέσου τῆς νεφέλης. ¹⁷τὸ δὲ εἶδος τῆς δόξης κυρίου 17
ὡσεὶ πῦρ φλέγον ἐπὶ τῆς κορυφῆς τοῦ ὄρους ἐναντίον τῶν υἱῶν
Ισραηλ. ¹⁸καὶ εἰσῆλθεν Μωυσῆς εἰς τὸ μέσον τῆς νεφέλης καὶ ἀνέ- 18
βη εἰς τὸ ὄρος καὶ ἦν ἐκεῖ ἐν τῷ ὄρει τεσσαράκοντα ἡμέρας καὶ
τεσσαράκοντα νύκτας.

¹Καὶ ἐλάλησεν κύριος πρὸς Μωυσῆν λέγων ²Εἰπὸν τοῖς υἱοῖς 25
Ισραηλ, καὶ λάβετέ μοι ἀπαρχὰς παρὰ πάντων, οἷς ἂν δόξῃ τῇ
καρδίᾳ, καὶ λήμψεσθε τὰς ἀπαρχάς μου. ³καὶ αὕτη ἐστὶν ἡ ἀπαρ- 3
χή, ἣν λήμψεσθε παρ' αὐτῶν· χρυσίον καὶ ἀργύριον καὶ χαλκὸν
⁴καὶ ὑάκινθον καὶ πορφύραν καὶ κόκκινον διπλοῦν καὶ βύσσον 4
κεκλωσμένην καὶ τρίχας αἰγείας ⁵καὶ δέρματα κριῶν ἠρυθροδανω- 5

5 ανηνεγκεν et εθυσεν A† ‖ 6 κρατηρα A ‖ 9 της γερ.] των πρε-
σβυτερων A ‖ 10 εκει > B | σαπφειρος A | καθαροτητι A ‖ 13 εις]
επι A ‖ 14 ειπεν A ‖ 15 και ιησ. > A ‖ 16 το 2⁰ > A | τον > A† ‖
17 εναντι A† ‖ 18 το 1⁰ > A | ην] εκαθητο A†
25 2 μοι > B† | και ult. > A ‖ 3 και ult. BO(sub ※)†] > A

7 μένα καὶ δέρματα ὑακίνθινα καὶ ξύλα ἄσηπτα ⁷καὶ λίθους σαρδίου
8 καὶ λίθους εἰς τὴν γλυφὴν εἰς τὴν ἐπωμίδα καὶ τὸν ποδήρη. ⁸καὶ
9 ποιήσεις μοι ἁγίασμα, καὶ ὀφθήσομαι ἐν ὑμῖν· ⁹καὶ ποιήσεις μοι
κατὰ πάντα, ὅσα ἐγώ σοι δεικνύω ἐν τῷ ὄρει, τὸ παράδειγμα τῆς
σκηνῆς καὶ τὸ παράδειγμα πάντων τῶν σκευῶν αὐτῆς· οὕτω
ποιήσεις.
10 ¹⁰Καὶ ποιήσεις κιβωτὸν μαρτυρίου ἐκ ξύλων ἀσήπτων, δύο πή-
χεων καὶ ἡμίσους τὸ μῆκος καὶ πήχεος καὶ ἡμίσους τὸ πλάτος
11 καὶ πήχεος καὶ ἡμίσους τὸ ὕψος. ¹¹καὶ καταχρυσώσεις αὐτὴν χρυ-
σίῳ καθαρῷ, ἔξωθεν καὶ ἔσωθεν χρυσώσεις αὐτήν· καὶ ποιήσεις
12 αὐτῇ κυμάτια στρεπτὰ χρυσᾶ κύκλῳ. ¹²καὶ ἐλάσεις αὐτῇ τέσσαρας
δακτυλίους χρυσοῦς καὶ ἐπιθήσεις ἐπὶ τὰ τέσσαρα κλίτη, δύο δα-
κτυλίους ἐπὶ τὸ κλίτος τὸ ἓν καὶ δύο δακτυλίους ἐπὶ τὸ κλίτος
13 τὸ δεύτερον. ¹³ποιήσεις δὲ ἀναφορεῖς ξύλα ἄσηπτα καὶ καταχρυ-
14 σώσεις αὐτὰ χρυσίῳ· ¹⁴καὶ εἰσάξεις τοὺς ἀναφορεῖς εἰς τοὺς δα-
κτυλίους τοὺς ἐν τοῖς κλίτεσι τῆς κιβωτοῦ αἴρειν τὴν κιβωτὸν ἐν
15 αὐτοῖς· ¹⁵ἐν τοῖς δακτυλίοις τῆς κιβωτοῦ ἔσονται οἱ ἀναφορεῖς
16 ἀκίνητοι. ¹⁶καὶ ἐμβαλεῖς εἰς τὴν κιβωτὸν τὰ μαρτύρια, ἃ ἂν δῶ
17 σοι. ¹⁷καὶ ποιήσεις ἱλαστήριον ἐπίθεμα χρυσίου καθαροῦ, δύο πή-
χεων καὶ ἡμίσους τὸ μῆκος καὶ πήχεος καὶ ἡμίσους τὸ πλάτος.
18 ¹⁸καὶ ποιήσεις δύο χερουβιμ χρυσᾶ τορευτὰ καὶ ἐπιθήσεις αὐτὰ
19 ἐξ ἀμφοτέρων τῶν κλιτῶν τοῦ ἱλαστηρίου· ¹⁹ποιηθήσονται χερουβ
εἷς ἐκ τοῦ κλίτους τούτου καὶ χερουβ εἷς ἐκ τοῦ κλίτους τοῦ δευτέ-
ρου τοῦ ἱλαστηρίου· καὶ ποιήσεις τοὺς δύο χερουβιμ ἐπὶ τὰ δύο
20 κλίτη. ²⁰ἔσονται οἱ χερουβιμ ἐκτείνοντες τὰς πτέρυγας ἐπάνωθεν,
συσκιάζοντες ταῖς πτέρυξιν αὐτῶν ἐπὶ τοῦ ἱλαστηρίου, καὶ τὰ
πρόσωπα αὐτῶν εἰς ἄλληλα· εἰς τὸ ἱλαστήριον ἔσονται τὰ
21 πρόσωπα τῶν χερουβιμ. ²¹καὶ ἐπιθήσεις τὸ ἱλαστήριον ἐπὶ τὴν
κιβωτὸν ἄνωθεν· καὶ εἰς τὴν κιβωτὸν ἐμβαλεῖς τὰ μαρτύρια, ἃ ἂν
22 δῶ σοι. ²²καὶ γνωσθήσομαί σοι ἐκεῖθεν καὶ λαλήσω σοι ἄνωθεν
τοῦ ἱλαστηρίου ἀνὰ μέσον τῶν δύο χερουβιμ τῶν ὄντων ἐπὶ τῆς
κιβωτοῦ τοῦ μαρτυρίου καὶ κατὰ πάντα, ὅσα ἂν ἐντείλωμαί σοι
πρὸς τοὺς υἱοὺς Ισραηλ.
23 ²³Καὶ ποιήσεις τράπεζαν χρυσίου καθαροῦ, δύο πήχεων τὸ μῆ-
24 κος καὶ πήχεος τὸ εὖρος καὶ πήχεος καὶ ἡμίσους τὸ ὕψος. ²⁴καὶ
25 ποιήσεις αὐτῇ στρεπτὰ κυμάτια χρυσᾶ κύκλῳ. ²⁵καὶ ποιήσεις αὐτῇ

7 εις 2⁰] pr. και A† ‖ 9 εγω > B† ‖ σοι δεικν.] tr. A ‖ 10 και paenult.
— fin. > B*† ‖ 11 εξωθεν .. εσωθεν] tr. A ‖ χρυσα > A ‖ 13 ξυλα ασ.]
εκ ξυλων ασηπτων A ‖ 15 κιβ.] διαθηκης A ‖ 18 χερουβειν B* (uid.):
item B in 20 fin. 22, A in 19. 20 bis. 22 26 1. 31 ‖ χρυσοτορευτα B* ‖
20 ταις] pr. εν B† ‖ 23 χρυσιου] pr. χρυσην B† ‖ 24 στρεπτον κυματιον
χρυσουν A

στεφάνην παλαιστοῦ κύκλῳ· καὶ ποιήσεις στρεπτὸν κυμάτιον τῇ
στεφάνῃ κύκλῳ. ²⁶ καὶ ποιήσεις τέσσαρας δακτυλίους χρυσοῦς καὶ 26
ἐπιθήσεις τοὺς δακτυλίους ἐπὶ τὰ τέσσαρα μέρη τῶν ποδῶν αὐ-
τῆς ²⁷ ὑπὸ τὴν στεφάνην, καὶ ἔσονται οἱ δακτύλιοι εἰς θήκας τοῖς 27
ἀναφορεῦσιν ὥστε αἴρειν ἐν αὐτοῖς τὴν τράπεζαν. ²⁸ καὶ ποιήσεις 28
τοὺς ἀναφορεῖς ἐκ ξύλων ἀσήπτων καὶ καταχρυσώσεις αὐτοὺς χρυ-
σίῳ καθαρῷ, καὶ ἀρθήσεται ἐν αὐτοῖς ἡ τράπεζα. ²⁹ καὶ ποιήσεις 29
τὰ τρυβλία αὐτῆς καὶ τὰς θυίσκας καὶ τὰ σπονδεῖα καὶ τοὺς κυά-
θους, ἐν οἷς σπείσεις ἐν αὐτοῖς· χρυσίου καθαροῦ ποιήσεις αὐτά.
³⁰ καὶ ἐπιθήσεις ἐπὶ τὴν τράπεζαν ἄρτους ἐνωπίους ἐναντίον μου 30
διὰ παντός.

³¹ Καὶ ποιήσεις λυχνίαν ἐκ χρυσίου καθαροῦ, τορευτὴν ποιήσεις 31
τὴν λυχνίαν· ὁ καυλὸς αὐτῆς καὶ οἱ καλαμίσκοι καὶ οἱ κρατῆρες
καὶ οἱ σφαιρωτῆρες καὶ τὰ κρίνα ἐξ αὐτῆς ἔσται. ³² ἐξ δὲ καλαμί- 32
σκοι ἐκπορευόμενοι ἐκ πλαγίων, τρεῖς καλαμίσκοι τῆς λυχνίας ἐκ
τοῦ κλίτους αὐτῆς τοῦ ἑνὸς καὶ τρεῖς καλαμίσκοι τῆς λυχνίας ἐκ
τοῦ κλίτους τοῦ δευτέρου. ³³ καὶ τρεῖς κρατῆρες ἐκτετυπωμένοι 33
καρυΐσκους ἐν τῷ ἑνὶ καλαμίσκῳ, σφαιρωτὴρ καὶ κρίνον· οὕτως
τοῖς ἓξ καλαμίσκοις τοῖς ἐκπορευομένοις ἐκ τῆς λυχνίας. ³⁴ καὶ ἐν 34
τῇ λυχνίᾳ τέσσαρες κρατῆρες ἐκτετυπωμένοι καρυΐσκους· ἐν τῷ
ἑνὶ καλαμίσκῳ οἱ σφαιρωτῆρες καὶ τὰ κρίνα αὐτῆς. ³⁵ ὁ σφαιρω- 35
τὴρ ὑπὸ τοὺς δύο καλαμίσκους ἐξ αὐτῆς, καὶ σφαιρωτὴρ ὑπὸ τοὺς
τέσσαρας καλαμίσκους ἐξ αὐτῆς· οὕτως τοῖς ἓξ καλαμίσκοις τοῖς
ἐκπορευομένοις ἐκ τῆς λυχνίας. ³⁶ οἱ σφαιρωτῆρες καὶ οἱ καλαμί- 36
σκοι ἐξ αὐτῆς ἔστωσαν· ὅλη τορευτὴ ἐξ ἑνὸς χρυσίου καθαροῦ.
³⁷ καὶ ποιήσεις τοὺς λύχνους αὐτῆς ἑπτά· καὶ ἐπιθήσεις τοὺς λύ- 37
χνους, καὶ φανοῦσιν ἐκ τοῦ ἑνὸς προσώπου. ³⁸ καὶ τὸν ἐπαρυστῆ- 38
ρα αὐτῆς καὶ τὰ ὑποθέματα αὐτῆς ἐκ χρυσίου καθαροῦ ποιήσεις.
³⁹ πάντα τὰ σκεύη ταῦτα τάλαντον χρυσίου καθαροῦ. ⁴⁰ ὅρα ποιή- 39
σεις κατὰ τὸν τύπον τὸν δεδειγμένον σοι ἐν τῷ ὄρει. 40

¹ Καὶ τὴν σκηνὴν ποιήσεις δέκα αὐλαίας ἐκ βύσσου κεκλωσμέ- 26
νης καὶ ὑακίνθου καὶ πορφύρας καὶ κοκκίνου κεκλωσμένου· χερου-
βιμ ἐργασίᾳ ὑφάντου ποιήσεις αὐτάς. ² μῆκος τῆς αὐλαίας τῆς μιᾶς 2
ὀκτὼ καὶ εἴκοσι πήχεων καὶ εὖρος τεσσάρων πήχεων ἡ αὐλαία ἡ
μία ἔσται· μέτρον τὸ αὐτὸ ἔσται πάσαις ταῖς αὐλαίαις. ³ πέντε δὲ 3

25 κυμ.] + χρυσουν A (in O sub ※) || 26 και 2⁰ — δακτ. 2⁰ > A† | τους]
+ τεσσαρας B || 27 εν αυτοις > A* || 29 εν 1⁰ > B*† || 32 δε > A |
κλιτους 1⁰ ⌒ 2⁰ B*† | της λυχν. ult. > A || 34 εκ της λυχνιας A† | τω ενι /
καλαμισκω] tr. A | οι > B || 35 εξ αυτης 1⁰ ⌒ 2⁰ A | post 35 repetit B
34 init. — καρυισκους || 37 λυχνους 2⁰] + αυτης A || 39 ταλαντον χρυσ.
καθ. ante 38 ποιησεις tr. A
26 2 το — πασαις] εσται το αυτο A†

αὐλαῖαι ἔσονται ἐξ ἀλλήλων ἐχόμεναι ἡ ἑτέρα ἐκ τῆς ἑτέρας, καὶ
4 πέντε αὐλαῖαι ἔσονται συνεχόμεναι ἑτέρα τῇ ἑτέρᾳ. ⁴καὶ ποιήσεις
αὐταῖς ἀγκύλας ὑακινθίνας ἐπὶ τοῦ χείλους τῆς αὐλαίας τῆς μιᾶς
ἐκ τοῦ ἑνὸς μέρους εἰς τὴν συμβολὴν καὶ οὕτως ποιήσεις ἐπὶ τοῦ
χείλους τῆς αὐλαίας τῆς ἐξωτέρας πρὸς τῇ συμβολῇ τῇ δευτέρᾳ.
5 ⁵πεντήκοντα ἀγκύλας ποιήσεις τῇ αὐλαίᾳ τῇ μιᾷ καὶ πεντήκοντα
ἀγκύλας ποιήσεις ἐκ τοῦ μέρους τῆς αὐλαίας κατὰ τὴν συμβολὴν
τῆς δευτέρας· ἀντιπρόσωποι ἀντιπίπτουσαι ἀλλήλαις εἰς ἑκάστην.
6 ⁶καὶ ποιήσεις κρίκους πεντήκοντα χρυσοῦς καὶ συνάψεις τὰς αὐ-
λαίας ἑτέραν τῇ ἑτέρᾳ τοῖς κρίκοις, καὶ ἔσται ἡ σκηνὴ μία. —
7 ⁷καὶ ποιήσεις δέρρεις τριχίνας σκέπην ἐπὶ τῆς σκηνῆς· ἕνδεκα
8 δέρρεις ποιήσεις αὐτάς. ⁸τὸ μῆκος τῆς δέρρεως τῆς μιᾶς ἔσται
τριάκοντα πήχεων, καὶ τεσσάρων πήχεων τὸ εὖρος τῆς δέρρεως
9 τῆς μιᾶς· μέτρον τὸ αὐτὸ ἔσται ταῖς ἕνδεκα δέρρεσι. ⁹καὶ συνά-
ψεις τὰς πέντε δέρρεις ἐπὶ τὸ αὐτὸ καὶ τὰς ἓξ δέρρεις ἐπὶ τὸ
αὐτό· καὶ ἐπιδιπλώσεις τὴν δέρριν τὴν ἕκτην κατὰ πρόσωπον τῆς
10 σκηνῆς. ¹⁰καὶ ποιήσεις ἀγκύλας πεντήκοντα ἐπὶ τοῦ χείλους τῆς
δέρρεως τῆς μιᾶς τῆς ἀνὰ μέσον κατὰ συμβολὴν καὶ πεντήκοντα
ἀγκύλας ποιήσεις ἐπὶ τοῦ χείλους τῆς δέρρεως τῆς συναπτούσης
11 τῆς δευτέρας. ¹¹καὶ ποιήσεις κρίκους χαλκοῦς πεντήκοντα καὶ συνά-
ψεις τοὺς κρίκους ἐκ τῶν ἀγκυλῶν καὶ συνάψεις τὰς δέρρεις, καὶ
12 ἔσται ἕν. ¹²καὶ ὑποθήσεις τὸ πλεονάζον ἐν ταῖς δέρρεσιν τῆς σκη-
νῆς· τὸ ἥμισυ τῆς δέρρεως τὸ ὑπολελειμμένον ὑποκαλύψεις, τὸ
πλεονάζον τῶν δέρρεων τῆς σκηνῆς ὑποκαλύψεις ὀπίσω τῆς σκη-
13 νῆς· ¹³πῆχυν ἐκ τούτου καὶ πῆχυν ἐκ τούτου ἐκ τοῦ ὑπερέχοντος
τῶν δέρρεων ἐκ τοῦ μήκους τῶν δέρρεων τῆς σκηνῆς ἔσται συγ-
καλύπτον ἐπὶ τὰ πλάγια τῆς σκηνῆς ἔνθεν καὶ ἔνθεν, ἵνα καλύ-
14 πτῃ. ¹⁴καὶ ποιήσεις κατακάλυμμα τῇ σκηνῇ δέρματα κριῶν ἠρυ-
θροδανωμένα καὶ ἐπικαλύμματα δέρματα ὑακίνθινα ἐπάνωθεν. —
15 ¹⁵καὶ ποιήσεις στύλους τῇ σκηνῇ ἐκ ξύλων ἀσήπτων· ¹⁶δέκα πή-
16
χεων ποιήσεις τὸν στύλον τὸν ἕνα, καὶ πήχεος ἑνὸς καὶ ἡμίσους
17 τὸ πλάτος τοῦ στύλου τοῦ ἑνός· ¹⁷δύο ἀγκωνίσκους τῷ στύλῳ
τῷ ἑνὶ ἀντιπίπτοντας ἕτερον τῷ ἑτέρῳ· οὕτως ποιήσεις πᾶσι τοῖς
18 στύλοις τῆς σκηνῆς. ¹⁸καὶ ποιήσεις στύλους τῇ σκηνῇ, εἴκοσι στύ-
19 λους ἐκ τοῦ κλίτους τοῦ πρὸς βορρᾶν. ¹⁹καὶ τεσσαράκοντα βάσεις
ἀργυρᾶς ποιήσεις τοῖς εἴκοσι στύλοις, δύο βάσεις τῷ στύλῳ τῷ

3 εσονται 1⁰ ⌒ 2⁰ B*† | εξ αλληλων > A† | εχομεναι] pr. συν A | η > A |
τη ετερα] εκ της -ρας A ‖ 4 εις > B*† ‖ 5 πεντηκ. 1⁰] + δε A | αλλ.
εις εκαστην] εις αλληλας εκαστη A ‖ 7 σκεπειν A ‖ 8 εσται 1⁰] > B, in
O sub ÷ | της δερρ. 2⁰ > B*† | μετρον / το αυτο] tr. B† ‖ 10 συμβολην]
pr. την A ‖ 11 εσονται A ‖ 12 σκηνης 1⁰ ⌒ 2⁰ B | το 2⁰ ⌒ 3⁰ A | υπο-
καλυψεις ult.] επικαλ. A ‖ 13 δερρεων 1⁰ ⌒ 2⁰ A ‖ 14 κατακαλυμμα] κατα
> B*† ‖ 16 ποιησεις] > A, in O sub ÷

ἑνὶ εἰς ἀμφότερα τὰ μέρη αὐτοῦ καὶ δύο βάσεις τῷ στύλῳ τῷ
ἑνὶ εἰς ἀμφότερα τὰ μέρη αὐτοῦ. ²⁰καὶ τὸ κλίτος τὸ δεύτερον τὸ 20
πρὸς νότον εἴκοσι στύλους· ²¹καὶ τεσσαράκοντα βάσεις αὐτῶν 21
ἀργυρᾶς, δύο βάσεις τῷ στύλῳ τῷ ἑνὶ εἰς ἀμφότερα τὰ μέρη αὐ-
τοῦ καὶ δύο βάσεις τῷ στύλῳ τῷ ἑνὶ εἰς ἀμφότερα τὰ μέρη αὐ-
τοῦ. ²²καὶ ἐκ τῶν ὀπίσω τῆς σκηνῆς κατὰ τὸ μέρος τὸ πρὸς θά- 22
λασσαν ποιήσεις ἓξ στύλους. ²³καὶ δύο στύλους ποιήσεις ἐπὶ τῶν 23
γωνιῶν τῆς σκηνῆς ἐκ τῶν ὀπισθίων, ²⁴καὶ ἔσται ἐξ ἴσου κάτω- 24
θεν· κατὰ τὸ αὐτὸ ἔσονται ἴσοι ἐκ τῶν κεφαλίδων εἰς σύμβλησιν
μίαν· οὕτως ποιήσεις ἀμφοτέραις, ταῖς δυσὶν γωνίαις ἔστωσαν.
²⁵καὶ ἔσονται ὀκτὼ στύλοι, καὶ αἱ βάσεις αὐτῶν ἀργυραῖ δέκα ἕξ· 25
δύο βάσεις τῷ στύλῳ τῷ ἑνὶ εἰς ἀμφότερα τὰ μέρη αὐτοῦ καὶ δύο
βάσεις τῷ στύλῳ τῷ ἑνί. — ²⁶καὶ ποιήσεις μοχλοὺς ἐκ ξύλων 26
ἀσήπτων πέντε τῷ ἑνὶ στύλῳ ἐκ τοῦ ἑνὸς μέρους τῆς σκηνῆς
²⁷καὶ πέντε μοχλοὺς τῷ στύλῳ τῷ κλίτει τῆς σκηνῆς τῷ δευτέ- 27
ρῳ καὶ πέντε μοχλοὺς τῷ στύλῳ τῷ ὀπισθίῳ τῷ κλίτει τῆς σκη-
νῆς τῷ πρὸς θάλασσαν· ²⁸καὶ ὁ μοχλὸς ὁ μέσος ἀνὰ μέσον τῶν 28
στύλων διικνείσθω ἀπὸ τοῦ ἑνὸς κλίτους εἰς τὸ ἕτερον κλίτος.
²⁹καὶ τοὺς στύλους καταχρυσώσεις χρυσίῳ καὶ τοὺς δακτυλίους 29
ποιήσεις χρυσοῦς, εἰς οὓς εἰσάξεις τοὺς μοχλούς, καὶ καταχρυσώ-
σεις τοὺς μοχλοὺς χρυσίῳ. ³⁰καὶ ἀναστήσεις τὴν σκηνὴν κατὰ τὸ 30
εἶδος τὸ δεδειγμένον σοι ἐν τῷ ὄρει. — ³¹καὶ ποιήσεις καταπέτα- 31
σμα ἐξ ὑακίνθου καὶ πορφύρας καὶ κοκκίνου κεκλωσμένου καὶ βύσ-
σου νενησμένης· ἔργον ὑφαντὸν ποιήσεις αὐτὸ χερουβιμ. ³²καὶ 32
ἐπιθήσεις αὐτὸ ἐπὶ τεσσάρων στύλων ἀσήπτων κεχρυσωμένων
χρυσίῳ· καὶ αἱ κεφαλίδες αὐτῶν χρυσαῖ, καὶ αἱ βάσεις αὐτῶν τέσ-
σαρες ἀργυραῖ. ³³καὶ θήσεις τὸ καταπέτασμα ἐπὶ τοὺς στύλους 33
καὶ εἰσοίσεις ἐκεῖ ἐσώτερον τοῦ καταπετάσματος τὴν κιβωτὸν τοῦ
μαρτυρίου· καὶ διοριεῖ τὸ καταπέτασμα ὑμῖν ἀνὰ μέσον τοῦ ἁγίου
καὶ ἀνὰ μέσον τοῦ ἁγίου τῶν ἁγίων. ³⁴καὶ κατακαλύψεις τῷ κατα- 34
πετάσματι τὴν κιβωτὸν τοῦ μαρτυρίου ἐν τῷ ἁγίῳ τῶν ἁγίων.
³⁵καὶ θήσεις τὴν τράπεζαν ἔξωθεν τοῦ καταπετάσματος καὶ τὴν 35
λυχνίαν ἀπέναντι τῆς τραπέζης ἐπὶ μέρους τῆς σκηνῆς τὸ πρὸς
νότον καὶ τὴν τράπεζαν θήσεις ἐπὶ μέρους τῆς σκηνῆς τὸ πρὸς
βορρᾶν. ³⁶καὶ ποιήσεις ἐπίσπαστρον ἐξ ὑακίνθου καὶ πορφύρας 36
καὶ κοκκίνου κεκλωσμένου καὶ βύσσου κεκλωσμένης, ἔργον ποικιλ-

19 αυτου 1⁰ ⌒ 2⁰ B*A || 20 το προς ν. / εικ. στ.] tr. A† || 21 αυτων]
-τοις A | αυτου 1⁰ ⌒ 2⁰ B || 24 εσται] εσονται A | κατα] pr. και A | κεφα-
λων B | συμβολην A† | εστωσαν] pr. ισαι A || 25 αι > A | στυλω τω ενι
1⁰] ενι στ. B† | εις — αυτου / και ult. — fin.] tr. A || 27 τω 2⁰] + ενι B | τω
paenult. > A || 31 υφαντου B^c: cf. 28 6 37 3 || 33 των στυλων B*† | διορι-
εις B* || 35 θησεις ult.] pr. επι B*† || 36 επισπαστρον] + τη θυρα της
σκηνης B^c O(sub ※)†

37 τοῦ. ³⁷καὶ ποιήσεις τῷ καταπετάσματι πέντε στύλους καὶ χρυσώ
σεις αὐτοὺς χρυσίῳ, καὶ αἱ κεφαλίδες αὐτῶν χρυσαῖ, καὶ χωνεύ
σεις αὐτοῖς πέντε βάσεις χαλκᾶς.

27 ¹Καὶ ποιήσεις θυσιαστήριον ἐκ ξύλων ἀσήπτων, πέντε πήχεων
τὸ μῆκος καὶ πέντε πήχεων τὸ εὖρος — τετράγωνον ἔσται τὸ
2 θυσιαστήριον — καὶ τριῶν πήχεων τὸ ὕψος αὐτοῦ. ²καὶ ποιήσεις
τὰ κέρατα ἐπὶ τῶν τεσσάρων γωνιῶν· ἐξ αὐτοῦ ἔσται τὰ κέρατα·
3 καὶ καλύψεις αὐτὰ χαλκῷ. ³καὶ ποιήσεις στεφάνην τῷ θυσιαστη
ρίῳ καὶ τὸν καλυπτῆρα αὐτοῦ καὶ τὰς φιάλας αὐτοῦ καὶ τὰς κρε
άγρας αὐτοῦ καὶ τὸ πυρεῖον αὐτοῦ· καὶ πάντα τὰ σκεύη αὐτοῦ
4 ποιήσεις χαλκᾶ. ⁴καὶ ποιήσεις αὐτῷ ἐσχάραν ἔργῳ δικτυωτῷ χαλ
κῆν· καὶ ποιήσεις τῇ ἐσχάρᾳ τέσσαρας δακτυλίους χαλκοῦς ἐπὶ
5 τὰ τέσσαρα κλίτη. ⁵καὶ ὑποθήσεις αὐτοὺς ὑπὸ τὴν ἐσχάραν τοῦ
θυσιαστηρίου κάτωθεν· ἔσται δὲ ἡ ἐσχάρα ἕως τοῦ ἡμίσους τοῦ
6 θυσιαστηρίου. ⁶καὶ ποιήσεις τῷ θυσιαστηρίῳ φορεῖς ἐκ ξύλων
7 ἀσήπτων καὶ περιχαλκώσεις αὐτοὺς χαλκῷ. ⁷καὶ εἰσάξεις τοὺς
φορεῖς εἰς τοὺς δακτυλίους, καὶ ἔστωσαν οἱ φορεῖς κατὰ τὰ πλευ
8 ρὰ τοῦ θυσιαστηρίου ἐν τῷ αἴρειν αὐτό. ⁸κοῖλον σανιδωτὸν ποιή
σεις αὐτό· κατὰ τὸ παραδειχθέν σοι ἐν τῷ ὄρει, οὕτως ποιήσεις
αὐτό.

9 ⁹Καὶ ποιήσεις αὐλὴν τῇ σκηνῇ· εἰς τὸ κλίτος τὸ πρὸς λίβα
ἱστία τῆς αὐλῆς ἐκ βύσσου κεκλωσμένης, μῆκος ἑκατὸν πηχῶν τῷ
10 ἑνὶ κλίτει· ¹⁰καὶ οἱ στύλοι αὐτῶν εἴκοσι, καὶ αἱ βάσεις αὐτῶν εἴ
κοσι χαλκαῖ, καὶ οἱ κρίκοι αὐτῶν καὶ αἱ ψαλίδες αὐτῶν ἀργυραῖ.
11 ¹¹οὕτως τῷ κλίτει τῷ πρὸς ἀπηλιώτην ἱστία, ἑκατὸν πηχῶν μῆ
κος· καὶ οἱ στύλοι αὐτῶν εἴκοσι, καὶ αἱ βάσεις αὐτῶν εἴκοσι χαλ
καῖ, καὶ οἱ κρίκοι καὶ αἱ ψαλίδες τῶν στύλων καὶ αἱ βάσεις αὐ
12 τῶν περιηργυρωμέναι ἀργύρῳ. ¹²τὸ δὲ εὖρος τῆς αὐλῆς τὸ κατὰ
θάλασσαν ἱστία πεντήκοντα πηχῶν· στύλοι αὐτῶν δέκα, καὶ αἱ
13 βάσεις αὐτῶν δέκα. ¹³καὶ εὖρος τῆς αὐλῆς τὸ πρὸς νότον ἱστία
πεντήκοντα πήχεων· στύλοι αὐτῶν δέκα, καὶ αἱ βάσεις αὐτῶν δέκα.
14 ¹⁴καὶ πεντεκαίδεκα πήχεων τὸ ὕψος τῶν ἱστίων τῷ κλίτει τῷ ἑνί·
15 στύλοι αὐτῶν τρεῖς, καὶ αἱ βάσεις αὐτῶν τρεῖς. ¹⁵καὶ τὸ κλίτος
τὸ δεύτερον, δέκα πέντε πηχῶν τῶν ἱστίων τὸ ὕψος· στύλοι αὐ
16 τῶν τρεῖς, καὶ αἱ βάσεις αὐτῶν τρεῖς. ¹⁶καὶ τῇ πύλῃ τῆς αὐλῆς
κάλυμμα, εἴκοσι πηχῶν τὸ ὕψος, ἐξ ὑακίνθου καὶ πορφύρας καὶ

27 1 το 1⁰ 2⁰ > A ‖ 3 και ult. > A | αυτου ult. > A† ‖ 4 επι] υπο
B*† ‖ 5 του 2⁰ > A ‖ 6 τω θυσ. / φορεις B (αναφορ. Bᶜ)] tr. A ‖
7 αναφορεις bis Bᶜ | τα > B ‖ 9 εκ βυσσου κεκλ. > B† ‖ 10 οι 1⁰ et
αι 1⁰ > A | αυτων ult. > B ‖ 11 τω 1⁰ ∩ 2⁰ B† | απηλ.] βορραν A | κρι
κοι] + αυτων A | αυτων ult. > A | αργυριω A ‖ 12 αι > A: item A in
13. 14. 15. 16 et B (non A) in 18 ‖ 13 > B*† | νοτον Bˢ] ανατολας A ‖
14 το υψ. / των ιστ.] tr. A ‖ 15 πεντεκαιδεκα A

κοκκίνου κεκλωσμένου καὶ βύσσου κεκλωσμένης τῇ ποικιλίᾳ τοῦ
ῥαφιδευτοῦ· στῦλοι αὐτῶν τέσσαρες, καὶ αἱ βάσεις αὐτῶν τέσσα-
ρες. ¹⁷πάντες οἱ στῦλοι τῆς αὐλῆς κύκλῳ κατηργυρωμένοι ἀργυρίῳ, 17
καὶ αἱ κεφαλίδες αὐτῶν ἀργυραῖ, καὶ αἱ βάσεις αὐτῶν χαλκαῖ. ¹⁸τὸ 18
δὲ μῆκος τῆς αὐλῆς ἑκατὸν ἐφ᾽ ἑκατόν, καὶ εὖρος πεντήκοντα ἐπὶ
πεντήκοντα, καὶ ὕψος πέντε πηχῶν, ἐκ βύσσου κεκλωσμένης, καὶ
αἱ βάσεις αὐτῶν χαλκαῖ. ¹⁹καὶ πᾶσα ἡ κατασκευὴ καὶ πάντα τὰ 19
ἐργαλεῖα καὶ οἱ πάσσαλοι τῆς αὐλῆς χαλκοῖ.

²⁰Καὶ σὺ σύνταξον τοῖς υἱοῖς Ισραηλ καὶ λαβέτωσάν σοι ἔλαιον 20
ἐξ ἐλαίων ἄτρυγον καθαρὸν κεκομμένον εἰς φῶς καῦσαι, ἵνα κά-
ηται λύχνος διὰ παντός. ²¹ἐν τῇ σκηνῇ τοῦ μαρτυρίου ἔξωθεν τοῦ 21
καταπετάσματος τοῦ ἐπὶ τῆς διαθήκης καύσει αὐτὸ Ααρων καὶ οἱ
υἱοὶ αὐτοῦ ἀφ᾽ ἑσπέρας ἕως πρωὶ ἐναντίον κυρίου· νόμιμον αἰ-
ώνιον εἰς τὰς γενεὰς ὑμῶν παρὰ τῶν υἱῶν Ισραηλ.

¹Καὶ σὺ προσαγάγου πρὸς σεαυτὸν τόν τε Ααρων τὸν ἀδελφόν σου 28
καὶ τοὺς υἱοὺς αὐτοῦ ἐκ τῶν υἱῶν Ισραηλ ἱερατεύειν μοι, Ααρων
καὶ Ναδαβ καὶ Αβιουδ καὶ Ελεαζαρ καὶ Ιθαμαρ υἱοὺς Ααρων. ²καὶ 2
ποιήσεις στολὴν ἁγίαν Ααρων τῷ ἀδελφῷ σου εἰς τιμὴν καὶ δόξαν.
³καὶ σὺ λάλησον πᾶσι τοῖς σοφοῖς τῇ διανοίᾳ, οὓς ἐνέπλησα πνεύ- 3
ματος αἰσθήσεως, καὶ ποιήσουσιν τὴν στολὴν τὴν ἁγίαν Ααρων
εἰς τὸ ἅγιον, ἐν ᾗ ἱερατεύσει μοι. ⁴καὶ αὗται αἱ στολαί, ἃς ποιή- 4
σουσιν· τὸ περιστήθιον καὶ τὴν ἐπωμίδα καὶ τὸν ποδήρη καὶ χι-
τῶνα κοσυμβωτὸν καὶ κίδαριν καὶ ζώνην· καὶ ποιήσουσιν στολὰς
ἁγίας Ααρων καὶ τοῖς υἱοῖς αὐτοῦ εἰς τὸ ἱερατεύειν μοι. ⁵καὶ αὐ- 5
τοὶ λήμψονται τὸ χρυσίον καὶ τὴν ὑάκινθον καὶ τὴν πορφύραν
καὶ τὸ κόκκινον καὶ τὴν βύσσον. — ⁶καὶ ποιήσουσιν τὴν ἐπωμίδα 6
ἐκ βύσσου κεκλωσμένης, ἔργον ὑφαντὸν ποικιλτοῦ· ⁷δύο ἐπωμίδες 7
συνέχουσαι ἔσονται αὐτῷ ἑτέρα τὴν ἑτέραν, ἐπὶ τοῖς δυσὶ μέρεσιν
ἐξηρτημέναι· ⁸καὶ τὸ ὕφασμα τῶν ἐπωμίδων, ὅ ἐστιν ἐπ᾽ αὐτῷ, 8
κατὰ τὴν ποίησιν ἐξ αὐτοῦ ἔσται ἐκ χρυσίου καὶ ὑακίνθου καὶ
πορφύρας καὶ κοκκίνου διανενησμένου καὶ βύσσου κεκλωσμένης.
⁹καὶ λήμψῃ τοὺς δύο λίθους, λίθους σμαράγδου, καὶ γλύψεις ἐν 9
αὐτοῖς τὰ ὀνόματα τῶν υἱῶν Ισραηλ, ¹⁰ἓξ ὀνόματα ἐπὶ τὸν λίθον 10
τὸν ἕνα καὶ τὰ ἓξ ὀνόματα τὰ λοιπὰ ἐπὶ τὸν λίθον τὸν δεύτερον
κατὰ τὰς γενέσεις αὐτῶν. ¹¹ἔργον λιθουργικῆς τέχνης, γλύμμα 11
σφραγῖδος, διαγλύψεις τοὺς δύο λίθους ἐπὶ τοῖς ὀνόμασιν τῶν

17 αργυριω] -ραι A† ‖ 19 αποσκευη A† ‖ 20 ατρυγητον A | καυσαι
> A | καηται B†] καιη- A ‖ 21 αυτο] -τον A | εναντι A
28 1 υιους ult.] pr. τους A† ‖ 4 και 4⁰ > B ‖ 5 την 1⁰] τον B ‖
6 υφαντου B† ‖ 7 συνεχ. εσ. αυτω] εσ. αυτω συνεχ. αυτω A | εξηρτημεναι
pau.] -τισμ- BA ‖ 9 εν] επ A ‖ 11 λιθους] + διαγλυψεις A† | επι ∩ 12
επι 1⁰ B†

12 υἱῶν Ισραηλ. ¹²καὶ θήσεις τοὺς δύο λίθους ἐπὶ τῶν ὤμων τῆς
ἐπωμίδος· λίθοι μνημοσύνου εἰσὶν τοῖς υἱοῖς Ισραηλ· καὶ ἀναλήμ-
ψεται Ααρων τὰ ὀνόματα τῶν υἱῶν Ισραηλ ἔναντι κυρίου ἐπὶ τῶν
13 δύο ὤμων αὐτοῦ, μνημόσυνον περὶ αὐτῶν. ¹³καὶ ποιήσεις ἀσπι-
14 δίσκας ἐκ χρυσίου καθαροῦ· ¹⁴καὶ ποιήσεις δύο κροσσωτὰ ἐκ
χρυσίου καθαροῦ, καταμεμιγμένα ἐν ἄνθεσιν, ἔργον πλοκῆς· καὶ
ἐπιθήσεις τὰ κροσσωτὰ τὰ πεπλεγμένα ἐπὶ τὰς ἀσπιδίσκας κατὰ
15 τὰς παρωμίδας αὐτῶν ἐκ τῶν ἐμπροσθίων. — ¹⁵καὶ ποιήσεις λο-
γεῖον τῶν κρίσεων, ἔργον ποικιλτοῦ· κατὰ τὸν ῥυθμὸν τῆς ἐπω-
μίδος ποιήσεις αὐτό· ἐκ χρυσίου καὶ ὑακίνθου καὶ πορφύρας καὶ
κοκκίνου κεκλωσμένου καὶ βύσσου κεκλωσμένης ποιήσεις αὐτό.
16 ¹⁶τετράγωνον ἔσται, διπλοῦν, σπιθαμῆς τὸ μῆκος καὶ σπιθαμῆς τὸ
17 εὖρος. ¹⁷καὶ καθυφανεῖς ἐν αὐτῷ ὕφασμα κατάλιθον τετράστιχον.
στίχος λίθων ἔσται σάρδιον, τοπάζιον καὶ σμάραγδος, ὁ στίχος
18 ὁ εἷς· ¹⁸καὶ ὁ στίχος ὁ δεύτερος ἄνθραξ καὶ σάπφειρος καὶ ἴα-
19 σπις· ¹⁹καὶ ὁ στίχος ὁ τρίτος λιγύριον, ἀχάτης καὶ ἀμέθυστος·
20 ²⁰καὶ ὁ στίχος ὁ τέταρτος χρυσόλιθος καὶ βηρύλλιον καὶ ὀνύχιον·
περικεκαλυμμένα χρυσίῳ, συνδεδεμένα ἐν χρυσίῳ ἔστωσαν κατὰ
21 στίχον αὐτῶν. ²¹καὶ οἱ λίθοι ἔστωσαν ἐκ τῶν ὀνομάτων τῶν υἱῶν
Ισραηλ δέκα δύο κατὰ τὰ ὀνόματα αὐτῶν· γλυφαὶ σφραγίδων, ἕκα-
22 στος κατὰ τὸ ὄνομα, ἔστωσαν εἰς δέκα δύο φυλάς. ²²καὶ ποιή-
σεις ἐπὶ τὸ λογεῖον κροσσοὺς συμπεπλεγμένους, ἔργον ἀλυσιδω-
29 τὸν ἐκ χρυσίου καθαροῦ. ²⁹καὶ λήμψεται Ααρων τὰ ὀνόματα τῶν
υἱῶν Ισραηλ ἐπὶ τοῦ λογείου τῆς κρίσεως ἐπὶ τοῦ στήθους, εἰσι-
29ᵃ όντι εἰς τὸ ἅγιον μνημόσυνον ἔναντι τοῦ θεοῦ. ²⁹ᵃκαὶ θήσεις
ἐπὶ τὸ λογεῖον τῆς κρίσεως τοὺς κροσσούς· τὰ ἀλυσιδωτὰ ἐπ'
ἀμφοτέρων τῶν κλιτῶν τοῦ λογείου ἐπιθήσεις καὶ τὰς δύο ἀσπι-
δίσκας ἐπιθήσεις ἐπ' ἀμφοτέρους τοὺς ὤμους τῆς ἐπωμίδος κατὰ
30 πρόσωπον. ³⁰καὶ ἐπιθήσεις ἐπὶ τὸ λογεῖον τῆς κρίσεως τὴν δήλω-
σιν καὶ τὴν ἀλήθειαν, καὶ ἔσται ἐπὶ τοῦ στήθους Ααρων, ὅταν
εἰσπορεύηται εἰς τὸ ἅγιον ἐναντίον κυρίου· καὶ οἴσει Ααρων τὰς
κρίσεις τῶν υἱῶν Ισραηλ ἐπὶ τοῦ στήθους ἐναντίον κυρίου διὰ
31 παντός. — ³¹καὶ ποιήσεις ὑποδύτην ποδήρη ὅλον ὑακίνθινον.
32 ³²καὶ ἔσται τὸ περιστόμιον ἐξ αὐτοῦ μέσον, ᾤαν ἔχον κύκλῳ τοῦ
περιστομίου, ἔργον ὑφάντου, τὴν συμβολὴν συνυφασμένην ἐξ
33 αὐτοῦ, ἵνα μὴ ῥαγῇ. ³³καὶ ποιήσεις ἐπὶ τὸ λῶμα τοῦ ὑποδύτου

---

12 μνημοσυνον] + εναντι κυριου A† || 16 μηκος] + αυτου Bʳ (in O sub
※) || 17 και ult. > A | 19 αχατης] pr. και A | και ult. > B† || 20 συν-
δεδ.] pr. και A || 21 δεκα δυο bis (sic 2⁰ B†)] δωδεκα A | κατα 1⁰] pr. κα-
τα τας γενεσεις αυτων A | εκαστος] -στου A | εις] + τας A || 22 αλυσιδω-
του B | εκ > A || 29 το λογιον A† || 29ᵃ cf. 𝔐 23—28 || 30 bis εναντι
A || 31 ποδ. ολ.] tr. A† || 33 επι 1⁰] υπο B*†

κάτωθεν ὡσεὶ ἐξανθούσης ῥόας ῥοΐσκους ἐξ ὑακίνθου καὶ πορφύ-
ρας καὶ κοκκίνου διανενησμένου καὶ βύσσου κεκλωσμένης ἐπὶ τοῦ
λώματος τοῦ ὑποδύτου κύκλῳ· τὸ αὐτὸ δὲ εἶδος ῥοΐσκους χρυ-
σοῦς καὶ κώδωνας ἀνὰ μέσον τούτων περικύκλῳ· ³⁴ παρὰ ῥοΐσκον 34
χρυσοῦν κώδωνα καὶ ἄνθινον ἐπὶ τοῦ λώματος τοῦ ὑποδύτου κύ-
κλῳ. ³⁵ καὶ ἔσται Ααρων ἐν τῷ λειτουργεῖν ἀκουστὴ ἡ φωνὴ αὐτοῦ 35
εἰσιόντι εἰς τὸ ἅγιον ἐναντίον κυρίου καὶ ἐξιόντι, ἵνα μὴ ἀποθάνη.
— ³⁶ καὶ ποιήσεις πέταλον χρυσοῦν καθαρὸν καὶ ἐκτυπώσεις ἐν 36
αὐτῷ ἐκτύπωμα σφραγῖδος Ἁγίασμα κυρίου. ³⁷ καὶ ἐπιθήσεις αὐτὸ 37
ἐπὶ ὑακίνθου κεκλωσμένης, καὶ ἔσται ἐπὶ τῆς μίτρας· κατὰ πρόσω-
πον τῆς μίτρας ἔσται. ³⁸ καὶ ἔσται ἐπὶ τοῦ μετώπου Ααρων, καὶ 38
ἐξαρεῖ Ααρων τὰ ἁμαρτήματα τῶν ἁγίων, ὅσα ἂν ἁγιάσωσιν οἱ
υἱοὶ Ισραηλ, παντὸς δόματος τῶν ἁγίων αὐτῶν· καὶ ἔσται ἐπὶ τοῦ
μετώπου Ααρων διὰ παντός, δεκτὸν αὐτοῖς ἔναντι κυρίου. — ³⁹ καὶ 39
οἱ κόσυμβοι τῶν χιτώνων ἐκ βύσσου· καὶ ποιήσεις κίδαριν βυσσί-
νην καὶ ζώνην ποιήσεις, ἔργον ποικιλτοῦ. ⁴⁰ καὶ τοῖς υἱοῖς Ααρων 40
ποιήσεις χιτῶνας καὶ ζώνας καὶ κιδάρεις ποιήσεις αὐτοῖς εἰς τιμὴν
καὶ δόξαν. ⁴¹ καὶ ἐνδύσεις αὐτὰ Ααρων τὸν ἀδελφόν σου καὶ τοὺς 41
υἱοὺς αὐτοῦ μετ' αὐτοῦ· καὶ χρίσεις αὐτοὺς καὶ ἐμπλήσεις αὐτῶν
τὰς χεῖρας καὶ ἁγιάσεις αὐτούς, ἵνα ἱερατεύσίν μοι. ⁴² καὶ ποιή- 42
σεις αὐτοῖς περισκελῆ λινᾶ καλύψαι ἀσχημοσύνην χρωτὸς αὐτῶν·
ἀπὸ ὀσφύος ἕως μηρῶν ἔσται. ⁴³ καὶ ἕξει Ααρων αὐτὰ καὶ οἱ υἱοὶ 43
αὐτοῦ, ὡς ἂν εἰσπορεύωνται εἰς τὴν σκηνὴν τοῦ μαρτυρίου ἢ ὅταν
προσπορεύωνται λειτουργεῖν πρὸς τὸ θυσιαστήριον τοῦ ἁγίου, καὶ
οὐκ ἐπάξονται πρὸς ἑαυτοὺς ἁμαρτίαν, ἵνα μὴ ἀποθάνωσιν· νόμι-
μον αἰώνιον αὐτῷ καὶ τῷ σπέρματι αὐτοῦ μετ' αὐτόν.

¹ Καὶ ταῦτά ἐστιν, ἃ ποιήσεις αὐτοῖς ἁγιάσαι αὐτοὺς ὥστε ἱερα- 29
τεύειν μοι αὐτούς. λήμψη μοσχάριον ἐκ βοῶν ἓν καὶ κριοὺς δύο
ἀμώμους ² καὶ ἄρτους ἀζύμους πεφυραμένους ἐν ἐλαίῳ καὶ λάγανα 2
ἄζυμα κεχρισμένα ἐν ἐλαίῳ· σεμίδαλιν ἐκ πυρῶν ποιήσεις αὐτά.
³ καὶ ἐπιθήσεις αὐτὰ ἐπὶ κανοῦν ἓν καὶ προσοίσεις αὐτὰ ἐπὶ τῷ 3
κανῷ καὶ τὸ μοσχάριον καὶ τοὺς δύο κριούς. ⁴ καὶ Ααρων καὶ τοὺς 4
υἱοὺς αὐτοῦ προσάξεις ἐπὶ τὰς θύρας τῆς σκηνῆς τοῦ μαρτυρίου
καὶ λούσεις αὐτοὺς ἐν ὕδατι. ⁵ καὶ λαβὼν τὰς στολὰς ἐνδύσεις 5
Ααρων τὸν ἀδελφόν σου καὶ τὸν χιτῶνα τὸν ποδήρη καὶ τὴν
ἐπωμίδα καὶ τὸ λογεῖον καὶ συνάψεις αὐτῷ τὸ λογεῖον πρὸς τὴν

33 κατωθεν] κυκλοθεν Α† | αυτο δε pau.] tr. Α, δε > Β† | και ult. > Β*†
‖ 34 επι] υπο Β*† ‖ 35 εναντι Α ‖ 39 κοσυμβωτοι Β† ‖ 41 ιερατευ-
σωσιν Α ‖ 43 ως αν] οταν Α | η > Β* | προς εαυτους] εφ εαυτοις Α
29 1 αγιασεις Β | λημψη] + δε Β† | εν] αμωμον Α† | δυο αμωμ.] tr. Α ‖
2 ελαιω 1⁰ ⌒ 2⁰ Α† ‖ 3 και επιθ. αυτα > Α ‖ 4 και 1⁰ > Α† ‖ 5 ενδυ-
σεις] + αυτα Α† | λογειον 1⁰ ⌒ 2⁰ Β

6 ἐπωμίδα. ⁶καὶ ἐπιθήσεις τὴν μίτραν ἐπὶ τὴν κεφαλὴν αὐτοῦ καὶ
7 ἐπιθήσεις τὸ πέταλον τὸ Ἁγίασμα ἐπὶ τὴν μίτραν. ⁷καὶ λήμψη τοῦ
  ἐλαίου τοῦ χρίσματος καὶ ἐπιχεεῖς αὐτὸ ἐπὶ τὴν κεφαλὴν αὐτοῦ
8 καὶ χρίσεις αὐτόν. ⁸καὶ τοὺς υἱοὺς αὐτοῦ προσάξεις καὶ ἐνδύσεις
9 αὐτοὺς χιτῶνας ⁹καὶ ζώσεις αὐτοὺς ταῖς ζώναις καὶ περιθήσεις
  αὐτοῖς τὰς κιδάρεις, καὶ ἔσται αὐτοῖς ἱερατεία ἐμοὶ εἰς τὸν αἰῶνα. καὶ
10 τελειώσεις τὰς χεῖρας Ααρων καὶ τὰς χεῖρας τῶν υἱῶν αὐτοῦ. ¹⁰καὶ
  προσάξεις τὸν μόσχον ἐπὶ τὰς θύρας τῆς σκηνῆς τοῦ μαρτυρίου,
  καὶ ἐπιθήσουσιν Ααρων καὶ οἱ υἱοὶ αὐτοῦ τὰς χεῖρας αὐτῶν ἐπὶ
  τὴν κεφαλὴν τοῦ μόσχου ἔναντι κυρίου παρὰ τὰς θύρας τῆς σκη-
11 νῆς τοῦ μαρτυρίου· ¹¹καὶ σφάξεις τὸν μόσχον ἔναντι κυρίου πα-
12 ρὰ τὰς θύρας τῆς σκηνῆς τοῦ μαρτυρίου. ¹²καὶ λήμψη ἀπὸ τοῦ
  αἵματος τοῦ μόσχου καὶ θήσεις ἐπὶ τῶν κεράτων τοῦ θυσιαστη-
  ρίου τῷ δακτύλῳ σου· τὸ δὲ λοιπὸν πᾶν αἷμα ἐκχεεῖς παρὰ τὴν
13 βάσιν τοῦ θυσιαστηρίου. ¹³καὶ λήμψη πᾶν τὸ στέαρ τὸ ἐπὶ τῆς
  κοιλίας καὶ τὸν λοβὸν τοῦ ἥπατος καὶ τοὺς δύο νεφροὺς καὶ τὸ
14 στέαρ τὸ ἐπ᾽ αὐτῶν καὶ ἐπιθήσεις ἐπὶ τὸ θυσιαστήριον. ¹⁴τὰ δὲ
  κρέα τοῦ μόσχου καὶ τὸ δέρμα καὶ τὴν κόπρον κατακαύσεις πυρὶ
15 ἔξω τῆς παρεμβολῆς· ἁμαρτίας γάρ ἐστιν. ¹⁵καὶ τὸν κριὸν λήμψη
  τὸν ἕνα, καὶ ἐπιθήσουσιν Ααρων καὶ οἱ υἱοὶ αὐτοῦ τὰς χεῖρας αὐ-
16 τῶν ἐπὶ τὴν κεφαλὴν τοῦ κριοῦ· ¹⁶καὶ σφάξεις αὐτὸν καὶ λαβὼν
17 τὸ αἷμα προσχεεῖς πρὸς τὸ θυσιαστήριον κύκλῳ. ¹⁷καὶ τὸν κριὸν
  διχοτομήσεις κατὰ μέλη καὶ πλυνεῖς τὰ ἐνδόσθια καὶ τοὺς πόδας
18 ὕδατι καὶ ἐπιθήσεις ἐπὶ τὰ διχοτομήματα σὺν τῇ κεφαλῇ. ¹⁸καὶ
  ἀνοίσεις ὅλον τὸν κριὸν ἐπὶ τὸ θυσιαστήριον ὁλοκαύτωμα κυρίῳ
19 εἰς ὀσμὴν εὐωδίας· θυσίασμα κυρίῳ ἐστίν. ¹⁹καὶ λήμψη τὸν κριὸν
  τὸν δεύτερον, καὶ ἐπιθήσει Ααρων καὶ οἱ υἱοὶ αὐτοῦ τὰς χεῖρας αὐ-
20 τῶν ἐπὶ τὴν κεφαλὴν τοῦ κριοῦ· ²⁰καὶ σφάξεις αὐτὸν καὶ λήμψη
  τοῦ αἵματος αὐτοῦ καὶ ἐπιθήσεις ἐπὶ τὸν λοβὸν τοῦ ὠτὸς Ααρων
  τοῦ δεξιοῦ καὶ ἐπὶ τὸ ἄκρον τῆς χειρὸς τῆς δεξιᾶς καὶ ἐπὶ τὸ
  ἄκρον τοῦ ποδὸς τοῦ δεξιοῦ καὶ ἐπὶ τοὺς λοβοὺς τῶν ὤτων τῶν
  υἱῶν αὐτοῦ τῶν δεξιῶν καὶ ἐπὶ τὰ ἄκρα τῶν χειρῶν αὐτῶν τῶν
21 δεξιῶν καὶ ἐπὶ τὰ ἄκρα τῶν ποδῶν αὐτῶν τῶν δεξιῶν. ²¹καὶ λήμ-
  ψη ἀπὸ τοῦ αἵματος τοῦ ἀπὸ τοῦ θυσιαστηρίου καὶ ἀπὸ τοῦ
  ἐλαίου τῆς χρίσεως καὶ ρανεῖς ἐπὶ Ααρων καὶ ἐπὶ τὴν στολὴν

6 επιθησεις 1⁰] επι > B*† || 9 μοι B† | τας χ. ααρων] ααρων τας χ. αυ-
του B† || 10 αυτων > B*† || 11 > A | εναντιον B*† || 12 μοσχου] θυ-
σιαστηριου A†: ante hoc uerbum add. Aᶜ μοσχου και θησεις επι των κερα-
των του, sed omnia, quae A scripserat, Aᶜ retinuit | θησεις] επιθησ. A |
παν > A || 16 αυτον] τον κριον A || 17 υδατι > A* | επι > B*† ||
18 ολον / τον κριον] tr. A | κυριω bis] pr. τω A | θυμιαμα B*† | εσται B† ||
19 λημψη > A† || 20 χειρος της δεξ.] δεξ. χειρ. B† || 21 του 2⁰ ⌒ 3⁰ A
| και 4⁰ ⌒ 5⁰ et 9⁰ ⌒ 10⁰ A†

αὐτοῦ καὶ ἐπὶ τοὺς υἱοὺς αὐτοῦ καὶ ἐπὶ τὰς στολὰς τῶν υἱῶν
αὐτοῦ μετ᾽ αὐτοῦ, καὶ ἁγιασθήσεται αὐτὸς καὶ ἡ στολὴ αὐτοῦ καὶ
οἱ υἱοὶ αὐτοῦ καὶ αἱ στολαὶ τῶν υἱῶν αὐτοῦ μετ᾽ αὐτοῦ· τὸ δὲ
αἷμα τοῦ κριοῦ προσχεεῖς πρὸς τὸ θυσιαστήριον κύκλῳ. ²²καὶ λήμ- 22
ψη ἀπὸ τοῦ κριοῦ τὸ στέαρ αὐτοῦ καὶ τὸ στέαρ τὸ κατακαλύπτον
τὴν κοιλίαν καὶ τὸν λοβὸν τοῦ ἥπατος καὶ τοὺς δύο νεφροὺς καὶ
τὸ στέαρ τὸ ἐπ᾽ αὐτῶν καὶ τὸν βραχίονα τὸν δεξιόν — ἔστιν γὰρ
τελείωσις αὕτη — ²³καὶ ἄρτον ἕνα ἐξ ἐλαίου καὶ λάγανον ἓν ἀπὸ 23
τοῦ κανοῦ τῶν ἀζύμων τῶν προτεθειμένων ἔναντι κυρίου ²⁴καὶ 24
ἐπιθήσεις τὰ πάντα ἐπὶ τὰς χεῖρας Ααρων καὶ ἐπὶ τὰς χεῖρας τῶν
υἱῶν αὐτοῦ καὶ ἀφοριεῖς αὐτοὺς ἀφόρισμα ἔναντι κυρίου. ²⁵καὶ 25
λήμψη αὐτὰ ἐκ τῶν χειρῶν αὐτῶν καὶ ἀνοίσεις ἐπὶ τὸ θυσιαστή-
ριον τῆς ὁλοκαυτώσεως εἰς ὀσμὴν εὐωδίας ἔναντι κυρίου· κάρπω-
μά ἐστιν κυρίῳ. ²⁶καὶ λήμψη τὸ στηθύνιον ἀπὸ τοῦ κριοῦ τῆς 26
τελειώσεως, ὅ ἐστιν Ααρων, καὶ ἀφοριεῖς αὐτὸ ἀφόρισμα ἔναντι
κυρίου, καὶ ἔσται σοι ἐν μερίδι. ²⁷καὶ ἁγιάσεις τὸ στηθύνιον ἀφό- 27
ρισμα καὶ τὸν βραχίονα τοῦ ἀφαιρέματος, ὃς ἀφώρισται καὶ ὃς
ἀφήρηται ἀπὸ τοῦ κριοῦ τῆς τελειώσεως ἀπὸ τοῦ Ααρων καὶ ἀπὸ
τῶν υἱῶν αὐτοῦ, ²⁸καὶ ἔσται Ααρων καὶ τοῖς υἱοῖς αὐτοῦ νόμιμον 28
αἰώνιον παρὰ τῶν υἱῶν Ισραηλ· ἔστιν γὰρ ἀφαίρεμα τοῦτο καὶ
ἀφαίρεμα ἔσται παρὰ τῶν υἱῶν Ισραηλ ἀπὸ τῶν θυμάτων τῶν
σωτηρίων τῶν υἱῶν Ισραηλ, ἀφαίρεμα κυρίῳ. — ²⁹καὶ ἡ στολὴ 29
τοῦ ἁγίου, ἥ ἐστιν Ααρων, ἔσται τοῖς υἱοῖς αὐτοῦ μετ᾽ αὐτόν, χρι-
σθῆναι αὐτοὺς ἐν αὐτοῖς καὶ τελειῶσαι τὰς χεῖρας αὐτῶν. ³⁰ἑπτὰ 30
ἡμέρας ἐνδύσεται αὐτὰ ὁ ἱερεὺς ὁ ἀντ᾽ αὐτοῦ τῶν υἱῶν αὐτοῦ,
ὃς εἰσελεύσεται εἰς τὴν σκηνὴν τοῦ μαρτυρίου λειτουργεῖν ἐν τοῖς
ἁγίοις. ³¹καὶ τὸν κριὸν τῆς τελειώσεως λήμψη καὶ ἑψήσεις τὰ κρέα 31
ἐν τόπῳ ἁγίῳ, ³²καὶ ἔδονται Ααρων καὶ οἱ υἱοὶ αὐτοῦ τὰ κρέα τοῦ 32
κριοῦ καὶ τοὺς ἄρτους τοὺς ἐν τῷ κανῷ παρὰ τὰς θύρας τῆς
σκηνῆς τοῦ μαρτυρίου· ³³ἔδονται αὐτά, ἐν οἷς ἡγιάσθησαν ἐν αὐ- 33
τοῖς τελειῶσαι τὰς χεῖρας αὐτῶν ἁγιάσαι αὐτούς, καὶ ἀλλογενὴς
οὐκ ἔδεται ἀπ᾽ αὐτῶν· ἔστιν γὰρ ἅγια. ³⁴ἐὰν δὲ καταλειφθῇ ἀπὸ 34
τῶν κρεῶν τῆς θυσίας τῆς τελειώσεως καὶ τῶν ἄρτων ἕως πρωί,
κατακαύσεις τὰ λοιπὰ πυρί· οὐ βρωθήσεται, ἁγίασμα γάρ ἐστιν.
³⁵καὶ ποιήσεις Ααρων καὶ τοῖς υἱοῖς αὐτοῦ οὕτως κατὰ πάντα, 35
ὅσα ἐνετειλάμην σοι· ἑπτὰ ἡμέρας τελειώσεις αὐτῶν τὰς χεῖρας.

22 τον λοβον του ηπ.] et τους δυο νεφρ.] tr. A† || 24 αυτους] -τοις Β ||
25 λημψη] δεξη A | ανοισεις] + αυτα A† || 26 σοι > B*† || 28 αφαιρεμα
1⁰] αφορισμα Β | παρα 2⁰] απο B† | των υιων ισρ. ult. > A* || 29 του —
ααρων] ααρων η εσται του αγιου A† || 30 των] pr. εκ A || 32 τας θυρας]
την -ραν A† || 33 αγιασαι] pr. και A | αυτων ult.] -του B† || 35 αυ-
των / τας χειρας] tr. A

36 ³⁶καὶ τὸ μοσχάριον τῆς ἁμαρτίας ποιήσεις τῇ ἡμέρᾳ τοῦ καθαρι-
σμοῦ καὶ καθαριεῖς τὸ θυσιαστήριον ἐν τῷ ἁγιάζειν σε ἐπ᾽ αὐτῷ
37 καὶ χρίσεις αὐτὸ ὥστε ἁγιάσαι αὐτό. ³⁷ἑπτὰ ἡμέρας καθαριεῖς τὸ
θυσιαστήριον καὶ ἁγιάσεις αὐτό, καὶ ἔσται τὸ θυσιαστήριον ἅγιον
τοῦ ἁγίου· πᾶς ὁ ἁπτόμενος τοῦ θυσιαστηρίου ἁγιασθήσεται.
38 ³⁸Καὶ ταῦτά ἐστιν, ἃ ποιήσεις ἐπὶ τοῦ θυσιαστηρίου· ἀμνοὺς
ἐνιαυσίους ἀμώμους δύο τὴν ἡμέραν ἐπὶ τὸ θυσιαστήριον ἐνδε-
39 λεχῶς, κάρπωμα ἐνδελεχισμοῦ. ³⁹τὸν ἀμνὸν τὸν ἕνα ποιήσεις τὸ
40 πρωὶ καὶ τὸν ἀμνὸν τὸν δεύτερον ποιήσεις τὸ δειλινόν· ⁴⁰καὶ
δέκατον σεμιδάλεως πεφυραμένης ἐν ἐλαίῳ κεκομμένῳ τῷ τετάρ-
τῳ τοῦ ιν καὶ σπονδὴν τὸ τέταρτον τοῦ ιν οἴνου τῷ ἀμνῷ τῷ
41 ἑνί· ⁴¹καὶ τὸν ἀμνὸν τὸν δεύτερον ποιήσεις τὸ δειλινόν, κατὰ τὴν
θυσίαν τὴν πρωινὴν καὶ κατὰ τὴν σπονδὴν αὐτοῦ ποιήσεις εἰς
42 ὀσμὴν εὐωδίας κάρπωμα κυρίῳ, ⁴²θυσίαν ἐνδελεχισμοῦ εἰς γενεὰς
ὑμῶν ἐπὶ θύρας τῆς σκηνῆς τοῦ μαρτυρίου ἔναντι κυρίου, ἐν οἷς
43 γνωσθήσομαί σοι ἐκεῖθεν ὥστε λαλῆσαί σοι. ⁴³καὶ τάξομαι ἐκεῖ
44 τοῖς υἱοῖς Ισραηλ καὶ ἁγιασθήσομαι ἐν δόξῃ μου· ⁴⁴καὶ ἁγιάσω
τὴν σκηνὴν τοῦ μαρτυρίου καὶ τὸ θυσιαστήριον· καὶ Ααρων καὶ
45 τοὺς υἱοὺς αὐτοῦ ἁγιάσω ἱερατεύειν μοι. ⁴⁵καὶ ἐπικληθήσομαι ἐν
46 τοῖς υἱοῖς Ισραηλ καὶ ἔσομαι αὐτῶν θεός, ⁴⁶καὶ γνώσονται ὅτι
ἐγώ εἰμι κύριος ὁ θεὸς αὐτῶν ὁ ἐξαγαγὼν αὐτοὺς ἐκ γῆς Αἰγύ-
πτου ἐπικληθῆναι αὐτοῖς καὶ θεὸς εἶναι αὐτῶν.

30 ¹Καὶ ποιήσεις θυσιαστήριον θυμιάματος ἐκ ξύλων ἀσήπτων·
2 καὶ ποιήσεις αὐτὸ ²πήχεος τὸ μῆκος καὶ πήχεος τὸ εὖρος —
τετράγωνον ἔσται — καὶ δύο πήχεων τὸ ὕψος· ἐξ αὐτοῦ ἔσται
3 τὰ κέρατα αὐτοῦ. ³καὶ καταχρυσώσεις αὐτὰ χρυσίῳ καθαρῷ, τὴν
ἐσχάραν αὐτοῦ καὶ τοὺς τοίχους αὐτοῦ κύκλῳ καὶ τὰ κέρατα αὐ-
4 τοῦ, καὶ ποιήσεις αὐτῷ στρεπτὴν στεφάνην χρυσῆν κύκλῳ. ⁴καὶ
δύο δακτυλίους χρυσοῦς καθαροὺς ποιήσεις ὑπὸ τὴν στρεπτὴν
στεφάνην αὐτοῦ, εἰς τὰ δύο κλίτη ποιήσεις ἐν τοῖς δυσὶ πλευροῖς·
καὶ ἔσονται ψαλίδες ταῖς σκυτάλαις ὥστε αἴρειν αὐτὸ ἐν αὐταῖς.
5 ⁵καὶ ποιήσεις σκυτάλας ἐκ ξύλων ἀσήπτων καὶ καταχρυσώσεις
6 αὐτὰς χρυσίῳ. ⁶καὶ θήσεις αὐτὸ ἀπέναντι τοῦ καταπετάσματος
τοῦ ὄντος ἐπὶ τῆς κιβωτοῦ τῶν μαρτυρίων, ἐν οἷς γνωσθήσομαί
7 σοι ἐκεῖθεν. ⁷καὶ θυμιάσει ἐπ᾽ αὐτοῦ Ααρων θυμίαμα σύνθετον
λεπτόν· τὸ πρωὶ πρωί, ὅταν ἐπισκευάζῃ τοὺς λύχνους, θυμιάσει
8 ἐπ᾽ αὐτοῦ, ⁸καὶ ὅταν ἐξάπτῃ Ααρων τοὺς λύχνους ὀψέ, θυμιάσει

---

36 της] pr. το A ‖ 38 α] οσα A | επι το θυσ. > A* (uid.) ‖ 40 τω
τεταρτω] του -του A ‖ 41 αυτου > B*† | εις M (cf. 18. 25)] > BA ‖
42 γενεας] pr. τας A | θυρας] pr. τας A ‖ 46 θεος / ειναι αυτων] tr. A
30 3 εσχαριδα A ‖ 4 ποιησεις 1⁰] + αυτους A ‖ 6 εκει A ‖ 7 θυμια-
σει 1⁰] θυσει B*† | επισκευαση B*† ‖ 8 απτη A* | θυμιασεις B

ἐπ' αὐτοῦ· θυμίαμα ἐνδελεχισμοῦ διὰ παντὸς ἔναντι κυρίου εἰς γενε-
ὰς αὐτῶν. ⁹καὶ οὐκ ἀνοίσεις ἐπ' αὐτοῦ θυμίαμα ἕτερον, κάρπωμα, 9
θυσίαν· καὶ σπονδὴν οὐ σπείσεις ἐπ' αὐτοῦ. ¹⁰καὶ ἐξιλάσεται ἐπ' 10
αὐτὸ Ααρων ἐπὶ τῶν κεράτων αὐτοῦ ἅπαξ τοῦ ἐνιαυτοῦ· ἀπὸ τοῦ
αἵματος τοῦ καθαρισμοῦ τῶν ἁμαρτιῶν τοῦ ἐξιλασμοῦ ἅπαξ τοῦ
ἐνιαυτοῦ καθαριεῖ αὐτὸ εἰς τὰς γενεὰς αὐτῶν· ἅγιον τῶν ἁγίων
ἐστὶν κυρίῳ

¹¹Καὶ ἐλάλησεν κύριος πρὸς Μωυσῆν λέγων ¹²Ἐὰν λάβῃς τὸν $^{11}_{12}$
συλλογισμὸν τῶν υἱῶν Ισραηλ ἐν τῇ ἐπισκοπῇ αὐτῶν, καὶ δώσου-
σιν ἕκαστος λύτρα τῆς ψυχῆς αὐτοῦ τῷ κυρίῳ, καὶ οὐκ ἔσται ἐν
αὐτοῖς πτῶσις ἐν τῇ ἐπισκοπῇ αὐτῶν. ¹³καὶ τοῦτό ἐστιν ὃ δώσου- 13
σιν ὅσοι ἂν παραπορεύωνται τὴν ἐπίσκεψιν· τὸ ἥμισυ τοῦ διδράχ-
μου, ὅ ἐστιν κατὰ τὸ δίδραχμον τὸ ἅγιον· εἴκοσι ὀβολοὶ τὸ δί-
δραχμον, τὸ δὲ ἥμισυ τοῦ διδράχμου εἰσφορὰ κυρίῳ. ¹⁴πᾶς ὁ παρα- 14
πορευόμενος εἰς τὴν ἐπίσκεψιν ἀπὸ εἰκοσαετοῦς καὶ ἐπάνω δώσου-
σιν τὴν εἰσφορὰν κυρίῳ. ¹⁵ὁ πλουτῶν οὐ προσθήσει καὶ ὁ πενό- 15
μενος οὐκ ἐλαττονήσει ἀπὸ τοῦ ἡμίσους τοῦ διδράχμου ἐν τῷ
διδόναι τὴν εἰσφορὰν κυρίῳ ἐξιλάσασθαι περὶ τῶν ψυχῶν ὑμῶν.
¹⁶καὶ λήμψῃ τὸ ἀργύριον τῆς εἰσφορᾶς παρὰ τῶν υἱῶν Ισραηλ 16
καὶ δώσεις αὐτὸ εἰς κάτεργον τῆς σκηνῆς τοῦ μαρτυρίου, καὶ ἔσται
τοῖς υἱοῖς Ισραηλ μνημόσυνον ἔναντι κυρίου ἐξιλάσασθαι περὶ τῶν
ψυχῶν ὑμῶν.

¹⁷Καὶ ἐλάλησεν κύριος πρὸς Μωυσῆν λέγων ¹⁸Ποίησον λουτῆ- $^{17}_{18}$
ρα χαλκοῦν καὶ βάσιν αὐτῷ χαλκῆν ὥστε νίπτεσθαι· καὶ θήσεις
αὐτὸν ἀνὰ μέσον τῆς σκηνῆς τοῦ μαρτυρίου καὶ ἀνὰ μέσον τοῦ
θυσιαστηρίου καὶ ἐκχεεῖς εἰς αὐτὸν ὕδωρ, ¹⁹καὶ νίψεται Ααρων καὶ 19
οἱ υἱοὶ αὐτοῦ ἐξ αὐτοῦ τὰς χεῖρας καὶ τοὺς πόδας ὕδατι. ²⁰ὅταν 20
εἰσπορεύωνται εἰς τὴν σκηνὴν τοῦ μαρτυρίου, νίψονται ὕδατι καὶ
οὐ μὴ ἀποθάνωσιν· ἢ ὅταν προσπορεύωνται πρὸς τὸ θυσιαστήριον
λειτουργεῖν καὶ ἀναφέρειν τὰ ὁλοκαυτώματα κυρίῳ, ²¹νίψονται τὰς 21
χεῖρας καὶ τοὺς πόδας ὕδατι· ὅταν εἰσπορεύωνται εἰς τὴν σκηνὴν
τοῦ μαρτυρίου, νίψονται ὕδατι, ἵνα μὴ ἀποθάνωσιν· καὶ ἔσται αὐ-
τοῖς νόμιμον αἰώνιον, αὐτῷ καὶ ταῖς γενεαῖς αὐτοῦ μετ' αὐτόν.

²²Καὶ ἐλάλησεν κύριος πρὸς Μωυσῆν λέγων ²³Καὶ σὺ λαβὲ ἡδύ- $^{22}_{23}$
σματα, τὸ ἄνθος σμύρνης ἐκλεκτῆς πεντακοσίους σίκλους καὶ κιν-
ναμώμου εὐώδους τὸ ἥμισυ τούτου διακοσίους πεντήκοντα καὶ

8 δια παντος > A* | γεν.] pr. τας A ‖ 9 ανοισεις Bᶜ] -σει B*, -σεται A
| και ult. > B*† | σπεισεται(pro-τε) A ‖ 10 επ αυτο BᶜAr] περι αυτου B*† |
των αμαρτ. — ενιαυτου ult. > B† | τας > B† | κυριω] pr. τω A ‖ 12 λυτρα]
pr. τα A† | τω > B ‖ 14 την ult. > A ‖ 15 ελαττονωσει A | ημισους]
-συ B†, -σους A† ‖ 16 κατεργ.] pr. το A | εξιλασ.] pr. και B*† ‖ 19 εξ —
χειρας] τας χ. αυτων εξ αυτου A† | υδατι > A* ‖ 20 η > B† | κυριω] pr. τω A
‖ 23 το 1⁰ > A | διακοσιους 1⁰ ⌒ 2⁰ A* | πεντηκοντα bis] pr. και Aˢ uel A

24 καλάμου εὐώδους διακοσίους πεντήκοντα ²⁴καὶ ἴρεως πεντακοσίους
25 σίκλους τοῦ ἁγίου καὶ ἔλαιον ἐξ ἐλαίων ιν ²⁵καὶ ποιήσεις αὐτὸ
ἔλαιον χρῖσμα ἅγιον, μύρον μυρεψικὸν τέχνῃ μυρεψοῦ· ἔλαιον
26 χρῖσμα ἅγιον ἔσται. ²⁶καὶ χρίσεις ἐξ αὐτοῦ τὴν σκηνὴν τοῦ μαρ-
27 τυρίου καὶ τὴν κιβωτὸν τοῦ μαρτυρίου ²⁷καὶ τὴν λυχνίαν καὶ
28 πάντα τὰ σκεύη αὐτῆς καὶ τὸ θυσιαστήριον τοῦ θυμιάματος ²⁸καὶ
τὸ θυσιαστήριον τῶν ὁλοκαυτωμάτων καὶ πάντα αὐτοῦ τὰ σκεύη
καὶ τὴν τράπεζαν καὶ πάντα τὰ σκεύη αὐτῆς καὶ τὸν λουτῆρα καὶ
29 τὴν βάσιν αὐτοῦ ²⁹καὶ ἁγιάσεις αὐτά, καὶ ἔσται ἅγια τῶν ἁγίων·
30 πᾶς ὁ ἁπτόμενος αὐτῶν ἁγιασθήσεται. ³⁰καὶ Ααρων καὶ τοὺς υἱοὺς
31 αὐτοῦ χρίσεις καὶ ἁγιάσεις αὐτοὺς ἱερατεύειν μοι. ³¹καὶ τοῖς υἱοῖς
Ισραηλ λαλήσεις λέγων Ἔλαιον ἄλειμμα χρίσεως ἅγιον ἔσται τοῦτο
32 ὑμῖν εἰς τὰς γενεὰς ὑμῶν. ³²ἐπὶ σάρκα ἀνθρώπου οὐ χρισθήσεται,
καὶ κατὰ τὴν σύνθεσιν ταύτην οὐ ποιήσετε ὑμῖν ἑαυτοῖς ὡσαύ-
33 τως· ἅγιόν ἐστιν καὶ ἁγίασμα ἔσται ὑμῖν. ³³ὃς ἂν ποιήσῃ ὡσαύ-
τως, καὶ ὃς ἂν δῷ ἀπ' αὐτοῦ ἀλλογενεῖ, ἐξολεθρευθήσεται ἐκ τοῦ
34 λαοῦ αὐτοῦ. — ³⁴καὶ εἶπεν κύριος πρὸς Μωυσῆν Λαβὲ σεαυτῷ
ἡδύσματα, στακτήν, ὄνυχα, χαλβάνην ἡδυσμοῦ καὶ λίβανον δια-
35 φανῆ, ἴσον ἴσῳ ἔσται· ³⁵καὶ ποιήσουσιν ἐν αὐτῷ θυμίαμα, μυρε-
36 ψικὸν ἔργον μυρεψοῦ, μεμιγμένον, καθαρόν, ἔργον ἅγιον. ³⁶καὶ
συγκόψεις ἐκ τούτων λεπτὸν καὶ θήσεις ἀπέναντι τῶν μαρτυρίων
ἐν τῇ σκηνῇ τοῦ μαρτυρίου, ὅθεν γνωσθήσομαί σοι ἐκεῖθεν· ἅγιον
37 τῶν ἁγίων ἔσται ὑμῖν. ³⁷θυμίαμα κατὰ τὴν σύνθεσιν ταύτην οὐ
38 ποιήσετε ὑμῖν αὐτοῖς· ἁγίασμα ἔσται ὑμῖν κυρίῳ· ³⁸ὃς ἂν ποιήσῃ
ὡσαύτως ὥστε ὀσφραίνεσθαι ἐν αὐτῷ, ἀπολεῖται ἐκ τοῦ λαοῦ αὐτοῦ.
31 ¹Καὶ ἐλάλησεν κύριος πρὸς Μωυσῆν λέγων ²Ἰδοὺ ἀνακέκλημαι
ἐξ ὀνόματος τὸν Βεσελεηλ τὸν τοῦ Ουριου τὸν Ωρ τῆς φυλῆς
3 Ιουδα ³καὶ ἐνέπλησα αὐτὸν πνεῦμα θεῖον σοφίας καὶ συνέσεως
4 καὶ ἐπιστήμης ἐν παντὶ ἔργῳ ⁴διανοεῖσθαι καὶ ἀρχιτεκτονῆσαι
ἐργάζεσθαι τὸ χρυσίον καὶ τὸ ἀργύριον καὶ τὸν χαλκὸν καὶ τὴν
ὑάκινθον καὶ τὴν πορφύραν καὶ τὸ κόκκινον τὸ νηστὸν καὶ τὴν
5 βύσσον τὴν κεκλωσμένην ⁵καὶ τὰ λιθουργικὰ καὶ εἰς τὰ ἔργα τὰ
6 τεκτονικὰ τῶν ξύλων ἐργάζεσθαι κατὰ πάντα τὰ ἔργα. ⁶καὶ ἐγὼ
ἔδωκα αὐτὸν καὶ τὸν Ελιαβ τὸν τοῦ Αχισαμαχ ἐκ φυλῆς Δαν καὶ
παντὶ συνετῷ καρδίᾳ δέδωκα σύνεσιν, καὶ ποιήσουσιν πάντα, ὅσα

27 init.] pr. και παντα τα σκευη αυτης Α | αυτης 1⁰] + και την σκηνην του
μαρτυριου και παντα τα σκευη αυτης Β† ‖ 28 και ult. — fin. > Β ‖
32 ποιηθησεται Β ‖ 33 αυτου ult. > Α ‖ 34 χαλβανην] pr. και Α ‖
35 εν αυτω] αυτο Α | μεμιγμ.] + συνθεσεως Αʳ ‖ 37 αυτοις] εαυ. Α ‖ 38 αυ-
του] -της Β*
31 2 ουρι Α | τον ult.] υιου Α: cf. 35 30 ‖ 4 αρχιτεκτονειν Α | και ult.
— fin. > Β (και 4⁰ — fin. in O sub ÷) ‖ 5 και / εις τα εργα] tr. Α ‖
6 εδωκα] δεδωκα Α

σοι συνέταξα, ⁷τὴν σκηνὴν τοῦ μαρτυρίου καὶ τὴν κιβωτὸν τῆς δια- 7
θήκης καὶ τὸ ἱλαστήριον τὸ ἐπ᾽ αὐτῆς καὶ τὴν διασκευὴν τῆς σκη-
νῆς ⁸καὶ τὰ θυσιαστήρια καὶ τὴν τράπεζαν καὶ πάντα τὰ σκεύη 8
αὐτῆς καὶ τὴν λυχνίαν τὴν καθαρὰν καὶ πάντα τὰ σκεύη αὐτῆς
⁹καὶ τὸν λουτῆρα καὶ τὴν βάσιν αὐτοῦ ¹⁰καὶ τὰς στολὰς τὰς λει- 9
τουργικὰς Ααρων καὶ τὰς στολὰς τῶν υἱῶν αὐτοῦ ἱερατεύειν μοι 10
¹¹καὶ τὸ ἔλαιον τῆς χρίσεως καὶ τὸ θυμίαμα τῆς συνθέσεως τοῦ 11
ἁγίου· κατὰ πάντα, ὅσα ἐγὼ ἐνετειλάμην σοι, ποιήσουσιν.

¹²Καὶ ἐλάλησεν κύριος πρὸς Μωυσῆν λέγων ¹³Καὶ σὺ σύνταξον 12
τοῖς υἱοῖς Ισραηλ λέγων Ὁρᾶτε καὶ τὰ σάββατά μου φυλάξεσθε· 13
σημεῖόν ἐστιν παρ᾽ ἐμοὶ καὶ ἐν ὑμῖν εἰς τὰς γενεὰς ὑμῶν, ἵνα γνῶτε
ὅτι ἐγὼ κύριος ὁ ἁγιάζων ὑμᾶς. ¹⁴καὶ φυλάξεσθε τὰ σάββατα, ὅτι 14
ἅγιον τοῦτό ἐστιν κυρίου ὑμῖν· ὁ βεβηλῶν αὐτὸ θανάτῳ θανατω-
θήσεται· πᾶς, ὃς ποιήσει ἐν αὐτῷ ἔργον, ἐξολεθρευθήσεται ἡ ψυχὴ
ἐκείνη ἐκ μέσου τοῦ λαοῦ αὐτοῦ. ¹⁵ἓξ ἡμέρας ποιήσεις ἔργα, τῇ δὲ 15
ἡμέρᾳ τῇ ἑβδόμῃ σάββατα, ἀνάπαυσις ἁγία τῷ κυρίῳ· πᾶς, ὃς ποιή-
σει ἔργον τῇ ἡμέρᾳ τῇ ἑβδόμῃ, θανάτῳ θανατωθήσεται. ¹⁶καὶ φυλά- 16
ξουσιν οἱ υἱοὶ Ισραηλ τὰ σάββατα ποιεῖν αὐτὰ εἰς τὰς γενεὰς αὐ-
τῶν· διαθήκη αἰώνιος. ¹⁷ἐν ἐμοὶ καὶ τοῖς υἱοῖς Ισραηλ σημεῖόν ἐστιν 17
αἰώνιον, ὅτι ἐν ἓξ ἡμέραις ἐποίησεν κύριος τὸν οὐρανὸν καὶ τὴν
γῆν καὶ τῇ ἡμέρᾳ τῇ ἑβδόμῃ ἐπαύσατο καὶ κατέπαυσεν.

¹⁸Καὶ ἔδωκεν Μωυσεῖ, ἡνίκα κατέπαυσεν λαλῶν αὐτῷ ἐν τῷ ὄρει 18
τῷ Σινα, τὰς δύο πλάκας τοῦ μαρτυρίου, πλάκας λιθίνας γεγραμ-
μένας τῷ δακτύλῳ τοῦ θεοῦ.

¹Καὶ ἰδὼν ὁ λαὸς ὅτι κεχρόνικεν Μωυσῆς καταβῆναι ἐκ τοῦ 32
ὄρους, συνέστη ὁ λαὸς ἐπὶ Ααρων καὶ λέγουσιν αὐτῷ Ἀνάστηθι
καὶ ποίησον ἡμῖν θεούς, οἳ προπορεύσονται ἡμῶν· ὁ γὰρ Μωυσῆς
οὗτος ὁ ἄνθρωπος, ὃς ἐξήγαγεν ἡμᾶς ἐξ Αἰγύπτου, οὐκ οἴδαμεν,
τί γέγονεν αὐτῷ. ²καὶ λέγει αὐτοῖς Ααρων Περιέλεσθε τὰ ἐνώτια 2
τὰ χρυσᾶ τὰ ἐν τοῖς ὠσὶν τῶν γυναικῶν ὑμῶν καὶ θυγατέρων καὶ
ἐνέγκατε πρός με. ³καὶ περιείλαντο πᾶς ὁ λαὸς τὰ ἐνώτια τὰ χρυσᾶ 3
τὰ ἐν τοῖς ὠσὶν αὐτῶν καὶ ἤνεγκαν πρὸς Ααρων. ⁴καὶ ἐδέξατο ἐκ 4
τῶν χειρῶν αὐτῶν καὶ ἔπλασεν αὐτὰ ἐν τῇ γραφίδι καὶ ἐποίησεν
αὐτὰ μόσχον χωνευτὸν καὶ εἶπεν Οὗτοι οἱ θεοί σου, Ισραηλ, οἵ-
τινες ἀνεβίβασάν σε ἐκ γῆς Αἰγύπτου. ⁵καὶ ἰδὼν Ααρων ᾠκοδό- 5

6 σοι συνεταξα] tr. A ‖ 10 ιερατευειν] pr. εις το Α ‖ 11 εντεταλμαι Α
‖ 13 σημειον εστιν Β⁽†⁾] εστ. γαρ σημ. Α ‖ 14 φυλαξασθαι(pro-θε) το σαβ-
βατον Α | τουτο > Α | εσται Α | κυριου > Α | ος] οστις Α: item in 15 | αυ-
του] -της Α ‖ 15 τη εβδ. 2ⁿ] του σαββατου Α | θανατω > Β† ‖ 17 εστιν]
+ εν εμοι Β | εν 2ⁿ] > Β*†, in O sub ÷ | τον] + τε ΑΒᶜ | επαυσ. .. κατε-
παυσ.] tr. Β† ‖ 18 αυτω] προς αυτον Α
32 1 λεγουσιν] ελεγον Α† | εξ] εκ γης Α ‖ 3 ωσιν] + των γυναικων Α ‖
4 αυτα bis] -το Α | τη > Α | ειπαν Α

μησεν θυσιαστήριον κατέναντι αὐτοῦ, καὶ ἐκήρυξεν Ααρων λέγων
6 Ἑορτὴ τοῦ κυρίου αὔριον. ⁶καὶ ὀρθρίσας τῇ ἐπαύριον ἀνεβίβασεν
ὁλοκαυτώματα καὶ προσήνεγκεν θυσίαν σωτηρίου, καὶ ἐκάθισεν ὁ
λαὸς φαγεῖν καὶ πιεῖν καὶ ἀνέστησαν παίζειν.
7 ⁷Καὶ ἐλάλησεν κύριος πρὸς Μωυσῆν λέγων Βάδιζε τὸ τάχος
ἐντεῦθεν κατάβηθι· ἠνόμησεν γὰρ ὁ λαός σου, οὓς ἐξήγαγες ἐκ
8 γῆς Αἰγύπτου· ⁸παρέβησαν ταχὺ ἐκ τῆς ὁδοῦ, ἧς ἐνετείλω αὐτοῖς·
ἐποίησαν ἑαυτοῖς μόσχον καὶ προσκεκυνήκασιν αὐτῷ καὶ τεθύκα-
σιν αὐτῷ καὶ εἶπαν Οὗτοι οἱ θεοί σου, Ισραηλ, οἵτινες ἀνεβίβα-
10 σάν σε ἐκ γῆς Αἰγύπτου. ¹⁰καὶ νῦν ἔασόν με καὶ θυμωθεὶς ὀργῇ
11 εἰς αὐτοὺς ἐκτρίψω αὐτοὺς καὶ ποιήσω σὲ εἰς ἔθνος μέγα. ¹¹καὶ
ἐδεήθη Μωυσῆς ἔναντι κυρίου τοῦ θεοῦ καὶ εἶπεν Ἵνα τί, κύριε,
θυμοῖ ὀργῇ εἰς τὸν λαόν σου, οὓς ἐξήγαγες ἐκ γῆς Αἰγύπτου ἐν
12 ἰσχύι μεγάλῃ καὶ ἐν τῷ βραχίονί σου τῷ ὑψηλῷ; ¹²μήποτε εἴπω-
σιν οἱ Αἰγύπτιοι λέγοντες Μετὰ πονηρίας ἐξήγαγεν αὐτοὺς ἀπο-
κτεῖναι ἐν τοῖς ὄρεσιν καὶ ἐξαναλῶσαι αὐτοὺς ἀπὸ τῆς γῆς. παῦ-
σαι τῆς ὀργῆς τοῦ θυμοῦ σου καὶ ἵλεως γενοῦ ἐπὶ τῇ κακίᾳ τοῦ
13 λαοῦ σου ¹³μνησθεὶς Αβρααμ καὶ Ισαακ καὶ Ιακωβ τῶν σῶν οἰ-
κετῶν, οἷς ὤμοσας κατὰ σεαυτοῦ καὶ ἐλάλησας πρὸς αὐτοὺς λέ-
γων Πολυπληθυνῶ τὸ σπέρμα ὑμῶν ὡσεὶ τὰ ἄστρα τοῦ οὐρανοῦ
τῷ πλήθει, καὶ πᾶσαν τὴν γῆν ταύτην, ἣν εἶπας δοῦναι τῷ σπέρ-
14 ματι αὐτῶν, καὶ καθέξουσιν αὐτὴν εἰς τὸν αἰῶνα. ¹⁴καὶ ἱλάσθη
κύριος περὶ τῆς κακίας, ἧς εἶπεν ποιῆσαι τὸν λαὸν αὐτοῦ.
15 ¹⁵Καὶ ἀποστρέψας Μωυσῆς κατέβη ἀπὸ τοῦ ὄρους, καὶ αἱ δύο
πλάκες τοῦ μαρτυρίου ἐν ταῖς χερσὶν αὐτοῦ, πλάκες λίθιναι κατα-
γεγραμμέναι ἐξ ἀμφοτέρων τῶν μερῶν αὐτῶν, ἔνθεν καὶ ἔνθεν
16 ἦσαν γεγραμμέναι· ¹⁶καὶ αἱ πλάκες ἔργον θεοῦ ἦσαν, καὶ ἡ γρα-
17 φὴ γραφὴ θεοῦ ἐστιν κεκολαμμένη ἐν ταῖς πλαξίν. ¹⁷καὶ ἀκούσας
Ἰησοῦς τὴν φωνὴν τοῦ λαοῦ κραζόντων λέγει πρὸς Μωυσῆν
18 Φωνὴ πολέμου ἐν τῇ παρεμβολῇ. ¹⁸καὶ λέγει Οὐκ ἔστιν φωνὴ
ἐξαρχόντων κατ᾽ ἰσχὺν οὐδὲ φωνὴ ἐξαρχόντων τροπῆς, ἀλλὰ φω-
19 νὴν ἐξαρχόντων οἴνου ἐγὼ ἀκούω. ¹⁹καὶ ἡνίκα ἤγγιζεν τῇ παρεμ-
βολῇ, ὁρᾷ τὸν μόσχον καὶ τοὺς χορούς, καὶ ὀργισθεὶς θυμῷ Μωυ-
σῆς ἔρριψεν ἀπὸ τῶν χειρῶν αὐτοῦ τὰς δύο πλάκας καὶ συνέ-
20 τριψεν αὐτὰς ὑπὸ τὸ ὄρος. ²⁰καὶ λαβὼν τὸν μόσχον, ὃν ἐποίη-
σαν, κατέκαυσεν αὐτὸν ἐν πυρὶ καὶ κατήλεσεν αὐτὸν λεπτὸν καὶ

5 του > A ‖ 7 το ταχ. εντ. / καταβ.] tr. A | ους] ον B ‖ 8 και 2⁰ ⌢ 3⁰
B ‖ 11 κατεναντι A | κυριου > A† | θεου] + αυτου A | τω 1⁰ et σου τω
> A ‖ 13 ωμοσας] + αυτοις A | τω σπερμ. αυτων] αυτοις B† ‖ 14 περι
— ποιησαι] περιποιησαι B† ‖ 15 καταγεγραμμεναι] κατα > A ‖ 16 εστιν
> B† ‖ 17 της φωνης B*† ‖ 19 και ην. ηγγ.] ηνικα δε ηγγισεν A ‖
20 αυτον εν > A | κατηλασεν A | αυτον 2⁰] > A†, in O sub ÷

ἔσπειρεν αὐτὸν ἐπὶ τὸ ὕδωρ καὶ ἐπότισεν αὐτὸ τοὺς υἱοὺς Ισραηλ.
²¹ καὶ εἶπεν Μωυσῆς τῷ Ααρων Τί ἐποίησέν σοι ὁ λαὸς οὗτος,   21
ὅτι ἐπήγαγες ἐπ᾿ αὐτοὺς ἁμαρτίαν μεγάλην; ²² καὶ εἶπεν Ααρων   22
πρὸς Μωυσῆν Μὴ ὀργίζου, κύριε· σὺ γὰρ οἶδας τὸ ὅρμημα τοῦ
λαοῦ τούτου. ²³ λέγουσιν γάρ μοι Ποίησον ἡμῖν θεούς, οἳ προπο-   23
ρεύσονται ἡμῶν· ὁ γὰρ Μωυσῆς οὗτος ὁ ἄνθρωπος, ὃς ἐξήγαγεν
ἡμᾶς ἐξ Αἰγύπτου, οὐκ οἴδαμεν, τί γέγονεν αὐτῷ. ²⁴ καὶ εἶπα αὐ-   24
τοῖς Εἴ τινι ὑπάρχει χρυσία, περιέλεσθε. καὶ ἔδωκάν μοι· καὶ ἔρ-
ριψα εἰς τὸ πῦρ, καὶ ἐξῆλθεν ὁ μόσχος οὗτος. ²⁵ καὶ ἰδὼν Μωυσῆς   25
τὸν λαὸν ὅτι διεσκέδασται — διεσκέδασεν γὰρ αὐτοὺς Ααρων, ἐπί-
χαρμα τοῖς ὑπεναντίοις αὐτῶν —, ²⁶ ἔστη δὲ Μωυσῆς ἐπὶ τῆς πύ-   26
λης τῆς παρεμβολῆς καὶ εἶπεν Τίς πρὸς κύριον; ἴτω πρός με.
συνῆλθον οὖν πρὸς αὐτὸν πάντες οἱ υἱοὶ Λευι. ²⁷ καὶ λέγει αὐτοῖς   27
Τάδε λέγει κύριος ὁ θεὸς Ισραηλ Θέσθε ἕκαστος τὴν ἑαυτοῦ ῥομ-
φαίαν ἐπὶ τὸν μηρὸν καὶ διέλθατε καὶ ἀνακάμψατε ἀπὸ πύλης ἐπὶ
πύλην διὰ τῆς παρεμβολῆς καὶ ἀποκτείνατε ἕκαστος τὸν ἀδελφὸν
αὐτοῦ καὶ ἕκαστος τὸν πλησίον αὐτοῦ καὶ ἕκαστος τὸν ἔγγιστα
αὐτοῦ. ²⁸ καὶ ἐποίησαν οἱ υἱοὶ Λευι καθὰ ἐλάλησεν αὐτοῖς Μωυσῆς,   28
καὶ ἔπεσαν ἐκ τοῦ λαοῦ ἐν ἐκείνῃ τῇ ἡμέρᾳ εἰς τρισχιλίους ἄν-
δρας. ²⁹ καὶ εἶπεν αὐτοῖς Μωυσῆς Ἐπληρώσατε τὰς χεῖρας ὑμῶν   29
σήμερον κυρίῳ, ἕκαστος ἐν τῷ υἱῷ ἢ τῷ ἀδελφῷ, δοθῆναι ἐφ᾿
ὑμᾶς εὐλογίαν.

³⁰ Καὶ ἐγένετο μετὰ τὴν αὔριον εἶπεν Μωυσῆς πρὸς τὸν λαὸν   30
Ὑμεῖς ἡμαρτήκατε ἁμαρτίαν μεγάλην· καὶ νῦν ἀναβήσομαι πρὸς
τὸν θεόν, ἵνα ἐξιλάσωμαι περὶ τῆς ἁμαρτίας ὑμῶν. ³¹ ὑπέστρεψεν   31
δὲ Μωυσῆς πρὸς κύριον καὶ εἶπεν Δέομαι, κύριε· ἡμάρτηκεν ὁ
λαὸς οὗτος ἁμαρτίαν μεγάλην καὶ ἐποίησαν ἑαυτοῖς θεοὺς χρυ-
σοῦς. ³² καὶ νῦν εἰ μὲν ἀφεῖς αὐτοῖς τὴν ἁμαρτίαν, ἄφες· εἰ δὲ μή,   32
ἐξάλειψόν με ἐκ τῆς βίβλου σου, ἧς ἔγραψας. ³³ καὶ εἶπεν κύριος   33
πρὸς Μωυσῆν Εἴ τις ἡμάρτηκεν ἐνώπιόν μου, ἐξαλείψω αὐτὸν ἐκ
τῆς βίβλου μου. ³⁴ νυνὶ δὲ βάδιζε κατάβηθι καὶ ὁδήγησον τὸν λαὸν   34
τοῦτον εἰς τὸν τόπον, ὃν εἰπά σοι· ἰδοὺ ὁ ἄγγελός μου προπο-
ρεύεται πρὸ προσώπου σου· ᾗ δ᾿ ἂν ἡμέρᾳ ἐπισκέπτωμαι, ἐπάξω
ἐπ᾿ αὐτοὺς τὴν ἁμαρτίαν αὐτῶν. ³⁵ καὶ ἐπάταξεν κύριος τὸν λαὸν   35
περὶ τῆς ποιήσεως τοῦ μόσχου, οὗ ἐποίησεν Ααρων.

20 επι] υπο B* ‖ 21 τω] προς A ‖ 22 μη] pr. λεγων A† ‖ 23 εξ]
εκ γης A ‖ 24 ει > A ‖ 26 συνηλθοσαν A | προς αυτον > B* ‖ 27 λε-
γει 1⁰] ειπεν A | εαυτου ρομφ.] tr. A | αυτου 1⁰ ⌒ 2⁰ B† ‖ 28 εν > A |
εκεινη / τη ημ.] tr. A ‖ 29 κυριω] pr. τω A | η] και εν A (και in O sub ※)
‖ 30 ειπεν] pr. και A ‖ 31 επεστρεψεν A ‖ 32 αμαρτ.] + αυτων B (in
O sub ※) | με] καμε A ‖ 33 ενωπ. (ε)μου > B*† | αυτον] -τους B ‖
34 νυνι] συ B*† | καταβηθι > A | προπορευσεται A ‖ 35 ου] ον A

33 ¹ Καὶ εἶπεν κύριος πρὸς Μωυσῆν Πορεύου ἀνάβηθι ἐντεῦθεν σὺ
καὶ ὁ λαός σου, οὓς ἐξήγαγες ἐκ γῆς Αἰγύπτου, εἰς τὴν γῆν, ἣν
ὤμοσα τῷ Αβρααμ καὶ Ισαακ καὶ Ιακωβ λέγων Τῷ σπέρματι ὑμῶν
2 δώσω αὐτήν. ² καὶ συναποστελῶ τὸν ἄγγελόν μου πρὸ προσώπου
σου, καὶ ἐκβαλεῖ τὸν Αμορραῖον καὶ Χετταῖον καὶ Φερεζαῖον καὶ
3 Γεργεσαῖον καὶ Ευαῖον καὶ Ιεβουσαῖον. ³ καὶ εἰσάξω σε εἰς γῆν
ῥέουσαν γάλα καὶ μέλι· οὐ γὰρ μὴ συναναβῶ μετὰ σοῦ διὰ τὸ
λαὸν σκληροτράχηλόν σε εἶναι, ἵνα μὴ ἐξαναλώσω σε ἐν τῇ ὁδῷ.
4 ⁴ καὶ ἀκούσας ὁ λαὸς τὸ ῥῆμα τὸ πονηρὸν τοῦτο κατεπένθησαν
5 ἐν πενθικοῖς. ⁵ καὶ εἶπεν κύριος τοῖς υἱοῖς Ισραηλ Ὑμεῖς λαὸς
σκληροτράχηλος· ὁρᾶτε μὴ πληγὴν ἄλλην ἐπάξω ἐγὼ ἐφ᾽ ὑμᾶς
καὶ ἐξαναλώσω ὑμᾶς· νῦν οὖν ἀφέλεσθε τὰς στολὰς τῶν δοξῶν
6 ὑμῶν καὶ τὸν κόσμον, καὶ δείξω σοι ἃ ποιήσω σοι. ⁶ καὶ περιεί-
λαντο οἱ υἱοὶ Ισραηλ τὸν κόσμον αὐτῶν καὶ τὴν περιστολὴν ἀπὸ
τοῦ ὄρους τοῦ Χωρηβ.
7 ⁷ Καὶ λαβὼν Μωυσῆς τὴν σκηνὴν αὐτοῦ ἔπηξεν ἔξω τῆς παρεμ-
βολῆς μακρὰν ἀπὸ τῆς παρεμβολῆς, καὶ ἐκλήθη σκηνὴ μαρτυρίου·
καὶ ἐγένετο πᾶς ὁ ζητῶν κύριον ἐξεπορεύετο εἰς τὴν σκηνὴν ἔξω
8 τῆς παρεμβολῆς. ⁸ ἡνίκα δ᾽ ἂν εἰσεπορεύετο Μωυσῆς εἰς τὴν σκη-
νὴν ἔξω τῆς παρεμβολῆς, εἱστήκει πᾶς ὁ λαὸς σκοπεύοντες ἕκα-
στος παρὰ τὰς θύρας τῆς σκηνῆς αὐτοῦ καὶ κατενοοῦσαν ἀπι-
9 όντος Μωυσῆ ἕως τοῦ εἰσελθεῖν αὐτὸν εἰς τὴν σκηνήν. ⁹ ὡς δ᾽
ἂν εἰσῆλθεν Μωυσῆς εἰς τὴν σκηνήν, κατέβαινεν ὁ στῦλος τῆς
νεφέλης καὶ ἵστατο ἐπὶ τὴν θύραν τῆς σκηνῆς, καὶ ἐλάλει Μωυσῆ·
10 ¹⁰ καὶ ἑώρα πᾶς ὁ λαὸς τὸν στῦλον τῆς νεφέλης ἑστῶτα ἐπὶ τῆς
θύρας τῆς σκηνῆς, καὶ στάντες πᾶς ὁ λαὸς προσεκύνησαν ἕκα-
11 στος ἀπὸ τῆς θύρας τῆς σκηνῆς αὐτοῦ. ¹¹ καὶ ἐλάλησεν κύριος
πρὸς Μωυσῆν ἐνώπιος ἐνωπίῳ, ὡς εἴ τις λαλήσει πρὸς τὸν ἑαυ-
τοῦ φίλον. καὶ ἀπελύετο εἰς τὴν παρεμβολήν, ὁ δὲ θεράπων Ἰη-
σοῦς υἱὸς Ναυη νέος οὐκ ἐξεπορεύετο ἐκ τῆς σκηνῆς.
12 ¹² Καὶ εἶπεν Μωυσῆς πρὸς κύριον Ἰδοὺ σύ μοι λέγεις Ἀνάγαγε
τὸν λαὸν τοῦτον· σὺ δὲ οὐκ ἐδήλωσάς μοι ὃν συναποστελεῖς μετ᾽
ἐμοῦ· σὺ δέ μοι εἶπας Οἶδά σε παρὰ πάντας, καὶ χάριν ἔχεις παρ᾽
13 ἐμοί. ¹³ εἰ οὖν εὕρηκα χάριν ἐναντίον σου, ἐμφάνισόν μοι σεαυτόν·
γνωστῶς ἴδω σε, ὅπως ἂν ὦ εὑρηκὼς χάριν ἐναντίον σου, καὶ

33 2 προ προσωπου] προτερον A | εκβαλεις B* | αμορρ.] pr. χαναναιον και
τον A | χεττ.] pr. τον A | fin.] + και χαναναιον Bᶜ ‖ 3 εισαξει A | μη 1⁰
> A† ‖ 4 κατεπενθησεν B ‖ 5 επαξω εγω] εγω επαγω A | αφελετε A |
των δοξων > B*† ‖ 6 του ult. > A ‖ 7 παρεμβολης 1⁰ ⌒ 2⁰ B* | και
εγεν. > A† | εξω ult.] pr. την Bˢ ‖ 8 εξω τ. παρεμβ. > A | εισελθειν] εισ
> A ‖ 9 την θυραν] των -ρων A ‖ 10 της θυρας 1⁰] των -ρων A | fin.]
+ και κατενοουν απιοντος μωυση A†: ex 8 ‖ 11 λαλησει] -σαι A | τον > A
13 αν > A | εναντιον ult.] ενωπιον A

ἵνα γνῶ ὅτι λαός σου τὸ ἔθνος τὸ μέγα τοῦτο. ¹⁴καὶ λέγει Αὐτὸς 14
προπορεύσομαί σου καὶ καταπαύσω σε. ¹⁵καὶ λέγει πρὸς αὐτόν 15
Εἰ μὴ αὐτὸς σὺ πορεύῃ, μή με ἀναγάγῃς ἐντεῦθεν· ¹⁶καὶ πῶς γνω- 16
στὸν ἔσται ἀληθῶς ὅτι εὕρηκα χάριν παρὰ σοί, ἐγώ τε καὶ ὁ λαός
σου, ἀλλ᾽ ἢ συμπορευομένου σου μεθ᾽ ἡμῶν; καὶ ἐνδοξασθήσομαι
ἐγώ τε καὶ ὁ λαός σου παρὰ πάντα τὰ ἔθνη, ὅσα ἐπὶ τῆς γῆς
ἐστιν. ¹⁷καὶ εἶπεν κύριος πρὸς Μωυσῆν Καὶ τοῦτόν σοι τὸν λό- 17
γον, ὃν εἴρηκας, ποιήσω· εὕρηκας γὰρ χάριν ἐνώπιόν μου, καὶ
οἶδά σε παρὰ πάντας. ¹⁸καὶ λέγει Δεῖξόν μοι τὴν σεαυτοῦ δόξαν. 18
¹⁹καὶ εἶπεν Ἐγὼ παρελεύσομαι πρότερός σου τῇ δόξῃ μου καὶ 19
καλέσω ἐπὶ τῷ ὀνόματί μου Κύριος ἐναντίον σου· καὶ ἐλεήσω ὃν
ἂν ἐλεῶ, καὶ οἰκτιρήσω ὃν ἂν οἰκτίρω. ²⁰καὶ εἶπεν Οὐ δυνήσῃ ἰδεῖν 20
μου τὸ πρόσωπον· οὐ γὰρ μὴ ἴδῃ ἄνθρωπος τὸ πρόσωπόν μου
καὶ ζήσεται. ²¹καὶ εἶπεν κύριος Ἰδοὺ τόπος παρ᾽ ἐμοί, στήσῃ ἐπὶ 21
τῆς πέτρας· ²²ἡνίκα δ᾽ ἂν παρέλθῃ μου ἡ δόξα, καὶ θήσω σε εἰς 22
ὀπὴν τῆς πέτρας καὶ σκεπάσω τῇ χειρί μου ἐπὶ σέ, ἕως ἂν παρ-
έλθω· ²³καὶ ἀφελῶ τὴν χεῖρα, καὶ τότε ὄψῃ τὰ ὀπίσω μου, τὸ 23
δὲ πρόσωπόν μου οὐκ ὀφθήσεταί σοι.

¹Καὶ εἶπεν κύριος πρὸς Μωυσῆν Λάξευσον σεαυτῷ δύο πλάκας 34
λιθίνας καθὼς καὶ αἱ πρῶται καὶ ἀνάβηθι πρός με εἰς τὸ ὄρος,
καὶ γράψω ἐπὶ τῶν πλακῶν τὰ ῥήματα, ἃ ἦν ἐν ταῖς πλαξὶν ταῖς
πρώταις, αἷς συνέτριψας. ²καὶ γίνου ἕτοιμος εἰς τὸ πρωὶ καὶ ἀνα- 2
βήσῃ ἐπὶ τὸ ὄρος τὸ Σινὰ καὶ στήσῃ μοι ἐκεῖ ἐπ᾽ ἄκρου τοῦ ὄρους.
³καὶ μηδεὶς ἀναβήτω μετὰ σοῦ μηδὲ ὀφθήτω ἐν παντὶ τῷ ὄρει· 3
καὶ τὰ πρόβατα καὶ αἱ βόες μὴ νεμέσθωσαν πλησίον τοῦ ὄρους
ἐκείνου. ⁴καὶ ἐλάξευσεν δύο πλάκας λιθίνας καθάπερ καὶ αἱ πρῶ- 4
ται· καὶ ὀρθρίσας Μωυσῆς ἀνέβη εἰς τὸ ὄρος τὸ Σινα, καθότι
συνέταξεν αὐτῷ κύριος· καὶ ἔλαβεν Μωυσῆς τὰς δύο πλάκας τὰς
λιθίνας. ⁵καὶ κατέβη κύριος ἐν νεφέλῃ καὶ παρέστη αὐτῷ ἐκεῖ· καὶ 5
ἐκάλεσεν τῷ ὀνόματι κυρίου. ⁶καὶ παρῆλθεν κύριος πρὸ προσώ- 6
που αὐτοῦ καὶ ἐκάλεσεν Κύριος ὁ θεὸς οἰκτίρμων καὶ ἐλεήμων,
μακρόθυμος καὶ πολυέλεος καὶ ἀληθινὸς ⁷καὶ δικαιοσύνην διατηρῶν 7
καὶ ποιῶν ἔλεος εἰς χιλιάδας, ἀφαιρῶν ἀνομίας καὶ ἀδικίας καὶ
ἁμαρτίας, καὶ οὐ καθαριεῖ τὸν ἔνοχον ἐπάγων ἀνομίας πατέρων

13 το μεγα > A* ‖ 15 λεγει] ειπεν A ‖ αυτος συ] tr. A ‖ πορευη] συμ-
πορευση μεθ ημων A ‖ 16 σου 1⁰ ⌢ 2⁰ B*† ‖ ενδοξασθησομεθα A ‖ 17 και
ειπεν] ειπεν δε A ‖ εμου A ‖ 18 δειξον — fin.] εμφανισον μοι σεαυτον B ‖
19 καλεσω] λαλησω B ‖ επι > A ‖ μου κυριος] κυριου A ‖ 20 μου / το προσ.]
tr. A ‖ 21 στηση] pr. και A ‖ 22 μου / η δοξα] tr. A
34 1 προς με / εις το ορος] tr. A† ‖ εν] επι A ‖ αις] ας A ‖ 2 επι] εις A
‖ 3 μηδε] και μηδεις A ‖ 4 και 2⁰ > A† ‖ μωυσης 1⁰] + το πρωι A ‖ καθ-
οτι] καθα A ‖ μωυσης 2⁰] + μεθ εαυτου A ‖ 6 κυριος 2⁰] + κυριος A ‖
7 ποιων > B ‖ ου καθ. / τον ενοχ.] tr. A ‖ ανομιας 2⁰] αμαρτιας A

ἐπὶ τέκνα καὶ ἐπὶ τέκνα τέκνων ἐπὶ τρίτην καὶ τετάρτην γενεάν.
8καὶ σπεύσας Μωυσῆς κύψας ἐπὶ τὴν γῆν προσεκύνησεν 9καὶ εἶ-
πεν Εἰ εὕρηκα χάριν ἐνώπιόν σου, συμπορευθήτω ὁ κύριός μου
μεθ᾽ ἡμῶν· ὁ λαὸς γὰρ σκληροτράχηλός ἐστιν, καὶ ἀφελεῖς σὺ τὰς
10 ἁμαρτίας ἡμῶν καὶ τὰς ἀνομίας ἡμῶν, καὶ ἐσόμεθα σοί. 10καὶ εἶ-
πεν κύριος πρὸς Μωυσῆν Ἰδοὺ ἐγὼ τίθημί σοι διαθήκην· ἐνώπιον
παντὸς τοῦ λαοῦ σου ποιήσω ἔνδοξα, ἃ οὐ γέγονεν ἐν πάσῃ τῇ
γῇ καὶ ἐν παντὶ ἔθνει, καὶ ὄψεται πᾶς ὁ λαός, ἐν οἷς εἶ σύ, τὰ
11 ἔργα κυρίου ὅτι θαυμαστά ἐστιν ἃ ἐγὼ ποιήσω σοι. 11πρόσεχε
σὺ πάντα, ὅσα ἐγὼ ἐντέλλομαί σοι. ἰδοὺ ἐγὼ ἐκβάλλω πρὸ προσ-
ώπου ὑμῶν τὸν Αμορραῖον καὶ Χαναναῖον καὶ Χετταῖον καὶ Φερε-
12 ζαῖον καὶ Ευαῖον καὶ Γεργεσαῖον καὶ Ιεβουσαῖον· 12πρόσεχε σε-
αυτῷ, μήποτε θῇς διαθήκην τοῖς ἐγκαθημένοις ἐπὶ τῆς γῆς, εἰς ἣν
13 εἰσπορεύῃ εἰς αὐτήν, μή σοι γένηται πρόσκομμα ἐν ὑμῖν. 13τοὺς
βωμοὺς αὐτῶν καθελεῖτε καὶ τὰς στήλας αὐτῶν συντρίψετε καὶ
τὰ ἄλση αὐτῶν ἐκκόψετε καὶ τὰ γλυπτὰ τῶν θεῶν αὐτῶν κατα-
14 καύσετε ἐν πυρί. 14οὐ γὰρ μὴ προσκυνήσητε θεῷ ἑτέρῳ· ὁ γὰρ
15 κύριος ὁ θεὸς Ζηλωτὸν ὄνομα, θεὸς Ζηλωτής ἐστιν. 15μήποτε θῇς
διαθήκην τοῖς ἐγκαθημένοις πρὸς ἀλλοφύλους ἐπὶ τῆς γῆς, καὶ
ἐκπορνεύσωσιν ὀπίσω τῶν θεῶν αὐτῶν καὶ θύσωσι τοῖς θεοῖς
16 αὐτῶν καὶ καλέσωσίν σε καὶ φάγῃς τῶν θυμάτων αὐτῶν, 16καὶ
λάβῃς τῶν θυγατέρων αὐτῶν τοῖς υἱοῖς σου καὶ τῶν θυγατέρων
σου δῷς τοῖς υἱοῖς αὐτῶν, καὶ ἐκπορνεύσωσιν αἱ θυγατέρες σου
ὀπίσω τῶν θεῶν αὐτῶν καὶ ἐκπορνεύσωσιν τοὺς υἱούς σου ὀπί-
17 σω τῶν θεῶν αὐτῶν. 17καὶ θεοὺς χωνευτοὺς οὐ ποιήσεις σεαυτῷ.
18 18καὶ τὴν ἑορτὴν τῶν ἀζύμων φυλάξῃ· ἑπτὰ ἡμέρας φάγῃ ἄζυμα,
καθάπερ ἐντέταλμαί σοι, εἰς τὸν καιρὸν ἐν μηνὶ τῶν νέων· ἐν γὰρ
19 μηνὶ τῶν νέων ἐξῆλθες ἐξ Αἰγύπτου. 19πᾶν διανοῖγον μήτραν ἐμοί,
20 τὰ ἀρσενικά, πρωτότοκον μόσχου καὶ πρωτότοκον προβάτου. 20καὶ
πρωτότοκον ὑποζυγίου λυτρώσῃ προβάτῳ· ἐὰν δὲ μὴ λυτρώσῃ
αὐτό, τιμὴν δώσεις. πᾶν πρωτότοκον τῶν υἱῶν σου λυτρώσῃ. οὐκ
21 ὀφθήσῃ ἐνώπιόν μου κενός. 21ἓξ ἡμέρας ἐργᾷ, τῇ δὲ ἑβδόμῃ κατα-
22 παύσεις· τῷ σπόρῳ καὶ τῷ ἀμήτῳ καταπαύσεις. 22καὶ ἑορτὴν
ἑβδομάδων ποιήσεις μοι ἀρχὴν θερισμοῦ πυρῶν καὶ ἑορτὴν συνα-

9 ευρον A† | ο κυρ. μου] κυριος A | ημων paenult. > A ‖ 10 σοι 1⁰] >
A†, in O sub ÷ | σοι ult. > A ‖ 11 εγω 2⁰ > B | προ] απο A | υμων] σου
A† | τον repetit A ante omnia nomina propria | χεττ. .. φερεζ.] tr. B ‖
12 θης] διαθη A: item in 15 | μη σοι] μηποτε A (in O sub ※) ‖ 13 -ψετε
1⁰ ⌒ 2⁰ A† | εν B†] > A ‖ 14 θεω ετερω] θεοις -ροις B† ‖ 15 προς αλ-
λοφ. > A* | θυματων] θυσιων A ‖ 16 δως] δωσεις A | εκπορνευσουσιν (1⁰)
A | αυτων 3⁰ ⌒ 4⁰ A | τους υιους] οι υιοι B† ‖ 18 μηνι ult.] pr. τω A ‖
19 πρωτοτ. 1⁰] pr. παν B† ‖ 20 αυτο > A | δωσεις] + αυτου A ‖ 21 δε]
+ ημερα τη A | bis καταπαυσις B ‖ 22 πυρου B | εορτην 2⁰] αρχην B

γωγῆς μεσοῦντος τοῦ ἐνιαυτοῦ. ²³τρεῖς καιροὺς τοῦ ἐνιαυτοῦ 23
ὀφθήσεται πᾶν ἀρσενικόν σου ἐνώπιον κυρίου τοῦ θεοῦ Ισραηλ·
²⁴ὅταν γὰρ ἐκβάλω τὰ ἔθνη πρὸ προσώπου σου καὶ πλατύνω τὰ 24
ὅριά σου, οὐκ ἐπιθυμήσει οὐδεὶς τῆς γῆς σου, ἡνίκα ἂν ἀναβαίνῃς
ὀφθῆναι ἐναντίον κυρίου τοῦ θεοῦ σου τρεῖς καιροὺς τοῦ ἐνιαυ-
τοῦ. ²⁵οὐ σφάξεις ἐπὶ ζύμῃ αἷμα θυμιαμάτων μου. καὶ οὐ κοιμη- 25
θήσεται εἰς τὸ πρωὶ θύματα τῆς ἑορτῆς τοῦ πασχα. ²⁶τὰ πρωτο- 26
γενήματα τῆς γῆς σου θήσεις εἰς τὸν οἶκον κυρίου τοῦ θεοῦ σου.
οὐ προσοίσεις ἄρνα ἐν γάλακτι μητρὸς αὐτοῦ.

²⁷Καὶ εἶπεν κύριος πρὸς Μωυσῆν Γράψον σεαυτῷ τὰ ῥήματα 27
ταῦτα· ἐπὶ γὰρ τῶν λόγων τούτων τέθειμαί σοι διαθήκην καὶ τῷ
Ισραηλ. ²⁸καὶ ἦν ἐκεῖ Μωυσῆς ἐναντίον κυρίου τεσσαράκοντα 28
ἡμέρας καὶ τεσσαράκοντα νύκτας· ἄρτον οὐκ ἔφαγεν καὶ ὕδωρ οὐκ
ἔπιεν· καὶ ἔγραψεν τὰ ῥήματα ταῦτα ἐπὶ τῶν πλακῶν τῆς διαθή-
κης, τοὺς δέκα λόγους. — ²⁹ὡς δὲ κατέβαινεν Μωυσῆς ἐκ τοῦ 29
ὄρους, καὶ αἱ δύο πλάκες ἐπὶ τῶν χειρῶν Μωυσῆ· καταβαίνοντος
δὲ αὐτοῦ ἐκ τοῦ ὄρους Μωυσῆς οὐκ ᾔδει ὅτι δεδόξασται ἡ ὄψις
τοῦ χρώματος τοῦ προσώπου αὐτοῦ ἐν τῷ λαλεῖν αὐτὸν αὐτῷ.
³⁰καὶ εἶδεν Ααρων καὶ πάντες οἱ πρεσβύτεροι Ισραηλ τὸν Μωυ- 30
σῆν καὶ ἦν δεδοξασμένη ἡ ὄψις τοῦ χρώματος τοῦ προσώπου
αὐτοῦ, καὶ ἐφοβήθησαν ἐγγίσαι αὐτοῦ. ³¹καὶ ἐκάλεσεν αὐτοὺς Μωυ- 31
σῆς, καὶ ἐπεστράφησαν πρὸς αὐτὸν Ααρων καὶ πάντες οἱ ἄρχον-
τες τῆς συναγωγῆς, καὶ ἐλάλησεν αὐτοῖς Μωυσῆς. ³²καὶ μετὰ 32
ταῦτα προσῆλθον πρὸς αὐτὸν πάντες οἱ υἱοὶ Ισραηλ, καὶ ἐνετεί-
λατο αὐτοῖς πάντα, ὅσα ἐλάλησεν κύριος πρὸς αὐτὸν ἐν τῷ ὄρει
Σινα. ³³καὶ ἐπειδὴ κατέπαυσεν λαλῶν πρὸς αὐτούς, ἐπέθηκεν ἐπὶ 33
τὸ πρόσωπον αὐτοῦ κάλυμμα. ³⁴ἡνίκα δ' ἂν εἰσεπορεύετο Μωυσῆς 34
ἔναντι κυρίου λαλεῖν αὐτῷ, περιῃρεῖτο τὸ κάλυμμα ἕως τοῦ ἐκπο-
ρεύεσθαι. καὶ ἐξελθὼν ἐλάλει πᾶσιν τοῖς υἱοῖς Ισραηλ ὅσα ἐνετεί-
λατο αὐτῷ κύριος, ³⁵καὶ εἶδον οἱ υἱοὶ Ισραηλ τὸ πρόσωπον Μωυ- 35
σῆ ὅτι δεδόξασται, καὶ περιέθηκεν Μωυσῆς κάλυμμα ἐπὶ τὸ πρόσ-
ωπον ἑαυτοῦ, ἕως ἂν εἰσέλθῃ συλλαλεῖν αὐτῷ.

¹Καὶ συνήθροισεν Μωυσῆς πᾶσαν συναγωγὴν υἱῶν Ισραηλ καὶ 35
εἶπεν πρὸς αὐτούς Οὗτοι οἱ λόγοι, οὓς εἶπεν κύριος ποιῆσαι αὐτούς.

24 προ] απο A | πλατυνω] pr. εμ A ‖ 25 θυσιασματων A | θυματα]-μιαμα A
| της > A ‖ 26 θησεις] εισοισεις A | ου προσοισεις B†] ουχ εψησεις A ‖
28 εναντι A | τα — πλακων] επι των (+ δυο A†) πλακ. τα ρημ. ταυτα A ‖
29 εκ 1⁰] απο A† | ορους 1⁰] + σινα A | αι δυο] ιδου αι A | εκ 2⁰] απο A |
μωυσης ult.] pr. και A | χρωματος] χρωτος A: item in 30 ‖ 30 πρεσβυτε-
ροι] υιοι A | αυτου ult.] -τω A ‖ 31 fin. αυτοις μωυ. B†] μ. προς αυτους A
‖ 32 υιοι] πρεσβυτεροι Art | ελαλησεν] ενετειλατο B† ‖ 33 λαλων] pr.
μωυσης A ‖ 34 του] ου A† ‖ 35 καλυμμα] pr. το A | εαυτου] ε > A
35 1 συναγ.] pr. την A | προς αυτους > B†

2 ²Ἐξ ἡμέρας ποιήσεις ἔργα, τῇ δὲ ἡμέρᾳ τῇ ἑβδόμῃ κατάπαυσις,
ἅγιον, σάββατα, ἀνάπαυσις κυρίῳ· πᾶς ὁ ποιῶν ἔργον ἐν αὐτῇ
3 τελευτάτω. ³οὐ καύσετε πῦρ ἐν πάσῃ κατοικίᾳ ὑμῶν τῇ ἡμέρᾳ
τῶν σαββάτων· ἐγὼ κύριος.

4 ⁴Καὶ εἶπεν Μωυσῆς πρὸς πᾶσαν συναγωγὴν υἱῶν Ἰσραηλ λέ-
5 γων Τοῦτο τὸ ῥῆμα, ὃ συνέταξεν κύριος λέγων ⁵Λάβετε παρ᾽ ὑμῶν
αὐτῶν ἀφαίρεμα κυρίῳ· πᾶς ὁ καταδεχόμενος τῇ καρδίᾳ οἴσουσιν
6 τὰς ἀπαρχὰς κυρίῳ, χρυσίον, ἀργύριον, χαλκόν, ⁶ὑάκινθον, πορ-
φύραν, κόκκινον διπλοῦν διανενησμένον καὶ βύσσον κεκλωσμένην
7 καὶ τρίχας αἰγείας ⁷καὶ δέρματα κριῶν ἠρυθροδανωμένα καὶ δέρ-
9 ματα ὑακίνθινα καὶ ξύλα ἄσηπτα ⁹καὶ λίθους σαρδίου καὶ λίθους
10 εἰς τὴν γλυφὴν εἰς τὴν ἐπωμίδα καὶ τὸν ποδήρη. ¹⁰καὶ πᾶς σο-
φὸς τῇ καρδίᾳ ἐν ὑμῖν ἐλθὼν ἐργαζέσθω πάντα, ὅσα συνέταξεν
11 κύριος· ¹¹τὴν σκηνὴν καὶ τὰ παραρρύματα καὶ τὰ καλύμματα καὶ τὰ
12 διατόνια καὶ τοὺς μοχλοὺς καὶ τοὺς στύλους ¹²καὶ τὴν κιβωτὸν
τοῦ μαρτυρίου καὶ τοὺς ἀναφορεῖς αὐτῆς καὶ τὸ ἱλαστήριον αὐ-
12ᵃ τῆς καὶ τὸ καταπέτασμα ¹²ᵃκαὶ τὰ ἱστία τῆς αὐλῆς καὶ τοὺς
στύλους αὐτῆς καὶ τοὺς λίθους τῆς σμαράγδου καὶ τὸ θυμίαμα
13 καὶ τὸ ἔλαιον τοῦ χρίσματος ¹³καὶ τὴν τράπεζαν καὶ πάντα τὰ
14 σκεύη αὐτῆς ¹⁴καὶ τὴν λυχνίαν τοῦ φωτὸς καὶ πάντα τὰ σκεύη
16
19 αὐτῆς ¹⁶καὶ τὸ θυσιαστήριον καὶ πάντα τὰ σκεύη αὐτοῦ ¹⁹καὶ τὰς
στολὰς τὰς ἁγίας Ααρων τοῦ ἱερέως καὶ τὰς στολάς, ἐν αἷς λει-
τουργήσουσιν ἐν αὐταῖς, καὶ τοὺς χιτῶνας τοῖς υἱοῖς Ααρων τῆς
ἱερατείας καὶ τὸ ἔλαιον τοῦ χρίσματος καὶ τὸ θυμίαμα τῆς συν-
20 θέσεως. — ²⁰καὶ ἐξῆλθεν πᾶσα συναγωγὴ υἱῶν Ἰσραηλ ἀπὸ Μωυ-
21 σῆ ²¹καὶ ἤνεγκαν ἕκαστος ὧν ἔφερεν αὐτῶν ἡ καρδία, καὶ ὅσοις
ἔδοξεν τῇ ψυχῇ αὐτῶν, ἤνεγκαν ἀφαίρεμα κυρίῳ εἰς πάντα τὰ
ἔργα τῆς σκηνῆς τοῦ μαρτυρίου καὶ εἰς πάντα τὰ κάτεργα αὐτῆς
22 καὶ εἰς πάσας τὰς στολὰς τοῦ ἁγίου. ²²καὶ ἤνεγκαν οἱ ἄνδρες πα-
ρὰ τῶν γυναικῶν· πᾶς, ᾧ ἔδοξεν τῇ διανοίᾳ, ἤνεγκαν σφραγῖδας
καὶ ἐνώτια καὶ δακτυλίους καὶ ἐμπλόκια καὶ περιδέξια, πᾶν σκεῦος
χρυσοῦν, καὶ πάντες, ὅσοι ἤνεγκαν ἀφαιρέματα χρυσίου κυρίῳ.
23 ²³καὶ παρ᾽ ᾧ εὑρέθη βύσσος καὶ δέρματα ὑακίνθινα καὶ δέρματα
24 κριῶν ἠρυθροδανωμένα, ἤνεγκαν. ²⁴καὶ πᾶς ὁ ἀφαιρῶν ἀφαίρεμα

2 σαββατον A | κυριω] pr. τω A | εργον / εν αυτη] tr. A ‖ 3 τη] pr. εν A
‖ 6 και 1⁰ > B⁺ ‖ 9 τον] pr. εις A | 10 καρδ.] διανοια A | παντα > A
‖ 11 και 2⁰ ⌒ 3⁰ B* | καλυμματα F] κατακαλ. Bˢ, γλυμματα A⁺ ‖ 12ᵃ (cf.
𝔐 17. 15) της 2⁰] pr. τους A | το θυμιαμα] τα -αματα Aˢ ‖ 14 /16] tr. A⁺ ‖
19 λειτουργουσιν A | αυταις] + εν τω αγιω A ‖ 21 ηνεγκαν 1⁰] ανην. B*⁺ |
αυτων / η καρδ.] tr. A | οσοις] οις A | ηνεγκαν 2⁰] pr. αφαιρεμα και B ‖
22 γυναικων] + αυτων A | αφαιρεματα] -μα A ‖ 23 παρ ω ευρ.] πας ω ευ-
ρεθη παρ αυτω υακινθος και πορφυρα και κοκκινον και A | ηρυθρ.] + και δερ-
ματα αιγια A⁺ ‖ 24 και 1⁰ > A | αφαιρεμα] pr. το B

ἀργύριον καὶ χαλκὸν ἤνεγκαν τὰ ἀφαιρέματα κυρίῳ, καὶ παρ᾽
οἷς εὑρέθη ξύλα ἄσηπτα εἰς πάντα τὰ ἔργα τῆς κατασκευῆς,
ἤνεγκαν. ²⁵ καὶ πᾶσα γυνὴ σοφὴ τῇ διανοίᾳ ταῖς χερσὶν νήθειν 25
ἤνεγκαν νενησμένα, τὴν ὑάκινθον καὶ τὴν πορφύραν καὶ τὸ κόκκι-
νον καὶ τὴν βύσσον· ²⁶ καὶ πᾶσαι αἱ γυναῖκες, αἷς ἔδοξεν τῇ δια- 26
νοίᾳ αὐτῶν ἐν σοφίᾳ, ἔνησαν τὰς τρίχας τὰς αἰγείας. ²⁷ καὶ οἱ ἄρ- 27
χοντες ἤνεγκαν τοὺς λίθους τῆς σμαράγδου καὶ τοὺς λίθους τῆς
πληρώσεως εἰς τὴν ἐπωμίδα καὶ εἰς τὸ λογεῖον ²⁸ καὶ τὰς συνθέ- 28
σεις καὶ τὸ ἔλαιον τῆς χρίσεως καὶ τὴν σύνθεσιν τοῦ θυμιάματος.
²⁹ καὶ πᾶς ἀνὴρ καὶ γυνή, ὧν ἔφερεν ἡ διάνοια αὐτῶν εἰσελθόντας 29
ποιεῖν πάντα τὰ ἔργα, ὅσα συνέταξεν κύριος ποιῆσαι αὐτὰ διὰ
Μωυσῆ, ἤνεγκαν οἱ υἱοὶ Ισραηλ ἀφαίρεμα κυρίῳ.

³⁰ Καὶ εἶπεν Μωυσῆς τοῖς υἱοῖς Ισραηλ Ἰδοὺ ἀνακέκληκεν ὁ θεὸς 30
ἐξ ὀνόματος τὸν Βεσελεηλ τὸν τοῦ Ουριου τὸν Ωρ ἐκ φυλῆς Ιου-
δα ³¹ καὶ ἐνέπλησεν αὐτὸν πνεῦμα θεῖον σοφίας καὶ συνέσεως καὶ 31
ἐπιστήμης πάντων ³² ἀρχιτεκτονεῖν κατὰ πάντα τὰ ἔργα τῆς ἀρχι- 32
τεκτονίας ποιεῖν τὸ χρυσίον καὶ τὸ ἀργύριον καὶ τὸν χαλκὸν ³³ καὶ 33
λιθουργῆσαι τὸν λίθον καὶ κατεργάζεσθαι τὰ ξύλα καὶ ποιεῖν ἐν
παντὶ ἔργῳ σοφίας· ³⁴ καὶ προβιβάσαι γε ἔδωκεν αὐτῷ ἐν τῇ δια- 34
νοίᾳ, αὐτῷ τε καὶ Ελιαβ τῷ τοῦ Αχισαμακ ἐκ φυλῆς Δαν· ³⁵ ἐνέ- 35
πλησεν αὐτοὺς σοφίας καὶ συνέσεως διανοίας πάντα συνιέναι ποιῆ-
σαι τὰ ἔργα τοῦ ἁγίου καὶ τὰ ὑφαντὰ καὶ ποικιλτὰ ὑφᾶναι τῷ
κοκκίνῳ καὶ τῇ βύσσῳ ποιεῖν πᾶν ἔργον ἀρχιτεκτονίας ποικιλίας.

¹ καὶ ἐποίησεν Βεσελεηλ καὶ Ελιαβ καὶ πᾶς σοφὸς τῇ διανοίᾳ, ᾧ 36
ἐδόθη σοφία καὶ ἐπιστήμη ἐν αὐτοῖς συνιέναι ποιεῖν πάντα τὰ
ἔργα κατὰ τὰ ἅγια καθήκοντα, κατὰ πάντα, ὅσα συνέταξεν κύριος.

² Καὶ ἐκάλεσεν Μωυσῆς Βεσελεηλ καὶ Ελιαβ καὶ πάντας τοὺς 2
ἔχοντας τὴν σοφίαν, ᾧ ἔδωκεν ὁ θεὸς ἐπιστήμην ἐν τῇ καρδίᾳ,
καὶ πάντας τοὺς ἑκουσίως βουλομένους προσπορεύεσθαι πρὸς τὰ
ἔργα ὥστε συντελεῖν αὐτά, ³ καὶ ἔλαβον παρὰ Μωυσῆ πάντα τὰ 3
ἀφαιρέματα, ἃ ἤνεγκαν οἱ υἱοὶ Ισραηλ εἰς πάντα τὰ ἔργα τοῦ ἁγίου
ποιεῖν αὐτά, καὶ αὐτοὶ προσεδέχοντο ἔτι τὰ προσφερόμενα παρὰ
τῶν φερόντων τὸ πρωὶ πρωί. ⁴ καὶ παρεγίνοντο πάντες οἱ σοφοὶ 4
οἱ ποιοῦντες τὰ ἔργα τοῦ ἁγίου, ἕκαστος κατὰ τὸ αὑτοῦ ἔργον, ὃ

24 αργ. κ. χαλκ. / ηνεγκαν] tr. B† | εις] pr. και A ‖ 27 εις ult. > B ‖
28 και τας συνθ.] της συνθεσεως A† ‖ 29 και 2⁰] η A | εισελθοντας A]
-τα B*, εισηλθον του Bᶜ† ‖ 30 ουρι A | τον ult.] υιου A: cf. 31 2 | φυλης]
pr. της A ‖ 31 θειον > B*† ‖ 34 γε et αυτω 1⁰ > A | ελιαβ] pr. τω A |
αχισαμαχ A ‖ 35 init.] pr. και A | και συνεσ. > A | παντα / συν. ποιησαι]
tr. A | και 2⁰ > A | ποικιλτα] pr. τα A
36 1 κατα 1⁰ > Bᶜ | καθηκ.] pr. τα A ‖ 2 βεσελ.] pr. τον A ‖ 3 πρωι
ult. > B ‖ 4 παραγενομενοι A

5 αὐτοὶ ἠργάζοντο, ⁵καὶ εἶπαν πρὸς Μωυσῆν ὅτι Πλῆθος φέρει ὁ λα-
6 ὸς παρὰ τὰ ἔργα, ὅσα συνέταξεν κύριος ποιῆσαι. ⁶καὶ προσέταξεν
Μωυσῆς καὶ ἐκήρυξεν ἐν τῇ παρεμβολῇ λέγων Ἀνὴρ καὶ γυνὴ μη-
κέτι ἐργαζέσθωσαν εἰς τὰς ἀπαρχὰς τοῦ ἁγίου· καὶ ἐκωλύθη ὁ
7 λαὸς ἔτι προσφέρειν. ⁷καὶ τὰ ἔργα ἦν αὐτοῖς ἱκανὰ εἰς τὴν κατα-
σκευὴν ποιῆσαι, καὶ προσκατέλιπον.
8   ⁸Καὶ ἐποίησεν πᾶς σοφὸς ἐν τοῖς ἐργαζομένοις τὰς στολὰς τῶν
ἁγίων, αἵ εἰσιν Ααρων τῷ ἱερεῖ, καθὰ συνέταξεν κύριος τῷ Μωυ-
9 σῇ. ⁹καὶ ἐποίησαν τὴν ἐπωμίδα ἐκ χρυσίου καὶ ὑακίνθου καὶ πορ-
10 φύρας καὶ κοκκίνου νενησμένου καὶ βύσσου κεκλωσμένης. ¹⁰καὶ
ἐτμήθη τὰ πέταλα τοῦ χρυσίου τρίχες ὥστε συνυφᾶναι σὺν τῇ
ὑακίνθῳ καὶ τῇ πορφύρᾳ καὶ σὺν τῷ κοκκίνῳ τῷ διανενησμένῳ
11 καὶ σὺν τῇ βύσσῳ τῇ κεκλωσμένῃ ἔργον ὑφαντόν· ¹¹ἐποίησαν
12 αὐτὸ ἐπωμίδας συνεχούσας ἐξ ἀμφοτέρων τῶν μερῶν, ¹²ἔργον
ὑφαντὸν εἰς ἄλληλα συμπεπλεγμένον καθ᾽ ἑαυτὸ ἐξ αὐτοῦ ἐποίη-
σαν κατὰ τὴν αὐτοῦ ποίησιν ἐκ χρυσίου καὶ ὑακίνθου καὶ πορφύ-
ρας καὶ κοκκίνου διανενησμένου καὶ βύσσου κεκλωσμένης, καθὰ
13 συνέταξεν κύριος τῷ Μωυσῇ. ¹³καὶ ἐποίησαν ἀμφοτέρους τοὺς
λίθους τῆς σμαράγδου συμπεπορπημένους παὶ περισεσιαλωμένους
χρυσίῳ, γεγλυμμένους καὶ ἐκκεκολαμμένους ἐκκόλαμμα σφραγῖδος
14 ἐκ τῶν ὀνομάτων τῶν υἱῶν Ισραηλ· ¹⁴καὶ ἐπέθηκεν αὐτοὺς ἐπὶ
τοὺς ὤμους τῆς ἐπωμίδος, λίθους μνημοσύνου τῶν υἱῶν Ισραηλ,
καθὰ συνέταξεν κύριος τῷ Μωυσῇ.
15   ¹⁵Καὶ ἐποίησαν λογεῖον, ἔργον ὑφαντὸν ποικιλίᾳ κατὰ τὸ ἔργον
τῆς ἐπωμίδος ἐκ χρυσίου καὶ ὑακίνθου καὶ πορφύρας καὶ κοκκί-
16 νου διανενησμένου καὶ βύσσου κεκλωσμένης· ¹⁶τετράγωνον δι-
πλοῦν ἐποίησαν τὸ λογεῖον, σπιθαμῆς τὸ μῆκος καὶ σπιθαμῆς τὸ
17 εὖρος, διπλοῦν. ¹⁷καὶ συνυφάνθη ἐν αὐτῷ ὕφασμα κατάλιθον τε-
τράστιχον· στίχος λίθων σάρδιον καὶ τοπάζιον καὶ σμάραγδος, ὁ
18 στίχος ὁ εἷς· ¹⁸καὶ ὁ στίχος ὁ δεύτερος ἄνθραξ καὶ σάπφειρος
19 καὶ ἴασπις· ¹⁹καὶ ὁ στίχος ὁ τρίτος λιγύριον καὶ ἀχάτης καὶ ἀμέ-
20 θυστος· ²⁰καὶ ὁ στίχος ὁ τέταρτος χρυσόλιθος καὶ βηρύλλιον καὶ
21 ὀνύχιον· περικεκυκλωμένα χρυσίῳ καὶ συνδεδεμένα χρυσίῳ. ²¹καὶ
οἱ λίθοι ἦσαν ἐκ τῶν ὀνομάτων τῶν υἱῶν Ισραηλ δώδεκα ἐκ τῶν

---

4 αυτοι ηργαζ.] tr. B† ‖ 5 ειπεν B† | οτι] pr. λεγοντες A (in O sub ※) |
παρα] κατα B† ‖ 7 ην αυτοις / ικανα] tr. A ‖ 8 (= 𝔐 8¹ + 39 1²) εποιη-
σαν A† | σοφος] + τη διανοια A⁽†⁾ ‖ 9—38 = 𝔐 39 2—31 ‖ 9 εποιησεν
B† ‖ 10 συν 2⁰ > B | τω διανεν. > B*† ‖ 11 μερων] + αυτου A ‖ 12 αλλη-
λας Bᶜ | συμπεπλεγμενα B | κατα την αυτου ποιησιν > B*A† ‖ 13 χρυσιω
γεγλυμμ. > B*† | και εκκεκολ. > A* ‖ 15 εποιησεν το λογ. A | ποικιλιας A
‖ 16 μηκος et ευρος] + αυτου A ‖ 20 χρυσολιθον B† | χρυσιω ult.] pr. εν
A ‖ 21 εκ των ονομ. 2⁰] κατα τα ονοματα A

ὀνομάτων αὐτῶν, ἐγγεγραμμένα εἰς σφραγῖδας, ἕκαστος ἐκ τοῦ
ἑαυτοῦ ὀνόματος, εἰς τὰς δώδεκα φυλάς. ²²καὶ ἐποίησαν ἐπὶ τὸ 22
λογεῖον κροσσοὺς συμπεπλεγμένους, ἔργον ἐμπλοκίου ἐκ χρυσίου
καθαροῦ· ²³καὶ ἐποίησαν δύο ἀσπιδίσκας χρυσᾶς καὶ δύο δακτυ- 23
λίους χρυσοῦς καὶ ἐπέθηκαν τοὺς δύο δακτυλίους τοὺς χρυσοῦς
ἐπ᾽ ἀμφοτέρας τὰς ἀρχὰς τοῦ λογείου· ²⁴καὶ ἐπέθηκαν τὰ ἐμπλό- 24
κια ἐκ χρυσίου ἐπὶ τοὺς δακτυλίους ἐπ᾽ ἀμφοτέρων τῶν μερῶν τοῦ
λογείου ²⁵καὶ εἰς τὰς δύο συμβολὰς τὰ δύο ἐμπλόκια καὶ ἐπέθη- 25
καν ἐπὶ τὰς δύο ἀσπιδίσκας καὶ ἐπέθηκαν ἐπὶ τοὺς ὤμους τῆς
ἐπωμίδος ἐξ ἐναντίας κατὰ πρόσωπον. ²⁶καὶ ἐποίησαν δύο δακτυ- 26
λίους χρυσοῦς καὶ ἐπέθηκαν ἐπὶ τὰ δύο πτερύγια ἐπ᾽ ἄκρου τοῦ
λογείου ἐπὶ τὸ ἄκρον τοῦ ὀπισθίου τῆς ἐπωμίδος ἔσωθεν. ²⁷καὶ 27
ἐποίησαν δύο δακτυλίους χρυσοῦς καὶ ἐπέθηκαν ἐπ᾽ ἀμφοτέρους
τοὺς ὤμους τῆς ἐπωμίδος κάτωθεν αὐτοῦ κατὰ πρόσωπον κατὰ
τὴν συμβολὴν ἄνωθεν τῆς συνυφῆς τῆς ἐπωμίδος. ²⁸καὶ συνέ- 28
σφιγξεν τὸ λογεῖον ἀπὸ τῶν δακτυλίων τῶν ἐπ᾽ αὐτοῦ εἰς τοὺς
δακτυλίους τῆς ἐπωμίδος, συνεχομένους ἐκ τῆς ὑακίνθου, συμπε-
πλεγμένους εἰς τὸ ὕφασμα τῆς ἐπωμίδος, ἵνα μὴ χαλᾶται τὸ λο-
γεῖον ἀπὸ τῆς ἐπωμίδος, καθὰ συνέταξεν κύριος τῷ Μωυσῇ.

²⁹Καὶ ἐποίησαν τὸν ὑποδύτην ὑπὸ τὴν ἐπωμίδα, ἔργον ὑφαντὸν 29
ὅλον ὑακίνθινον· ³⁰τὸ δὲ περιστόμιον τοῦ ὑποδύτου ἐν τῷ μέσῳ 30
διυφασμένον συμπλεκτόν, ᾤαν ἔχον κύκλῳ τὸ περιστόμιον ἀδιά-
λυτον. ³¹καὶ ἐποίησαν ἐπὶ τοῦ λώματος τοῦ ὑποδύτου κάτωθεν ὡς 31
ἐξανθούσης ῥόας ῥοίσκους ἐξ ὑακίνθου καὶ πορφύρας καὶ κοκκίνου
νενησμένου καὶ βύσσου κεκλωσμένης ³²καὶ ἐποίησαν κώδωνας 32
χρυσοῦς καὶ ἐπέθηκαν τοὺς κώδωνας ἐπὶ τὸ λῶμα τοῦ ὑποδύτου
κύκλῳ ἀνὰ μέσον τῶν ῥοίσκων· ³³κώδων χρυσοῦς καὶ ῥοίσκος 33
ἐπὶ τοῦ λώματος τοῦ ὑποδύτου κύκλῳ εἰς τὸ λειτουργεῖν, καθὰ
συνέταξεν κύριος τῷ Μωυσῇ.

³⁴Καὶ ἐποίησαν χιτῶνας βυσσίνους ἔργον ὑφαντὸν Ααρων καὶ 34
τοῖς υἱοῖς αὐτοῦ ³⁵καὶ τὰς κιδάρεις ἐκ βύσσου καὶ τὴν μίτραν ἐκ 35
βύσσου καὶ τὰ περισκελῆ ἐκ βύσσου κεκλωσμένης ³⁶καὶ τὰς ζώνας 36
αὐτῶν ἐκ βύσσου καὶ ὑακίνθου καὶ πορφύρας καὶ κοκκίνου νενη-
σμένου, ἔργον ποικιλτοῦ, ὃν τρόπον συνέταξεν κύριος τῷ Μωυσῇ.

³⁷Καὶ ἐποίησαν τὸ πέταλον τὸ χρυσοῦν, ἀφόρισμα τοῦ ἁγίου, 37
χρυσίου καθαροῦ· καὶ ἔγραψεν ἐπ᾽ αὐτοῦ γράμματα ἐκτετυπωμένα

---

21 εγγεγραμμενα εις σφραγιδας] εγγεγλυμμενα σφραγιδες A ‖ 24 δακτυ-
λιους] pr. δυο A | επ] εξ A ‖ 25 fin.] + αυτου A ‖ 26 επι ult.] pr. και B
‖ 27 επωμιδος 1⁰ ⌢ 2⁰ B† ‖ 28 επωμιδος 2⁰ ⌢ 3⁰ B*† ‖ 30 διαλυ-
τον A ‖ 35 βυσσου 2⁰ ⌢ 3⁰ B*† | τα > A† ‖ 37 γραμματα] pr. τα A†
| εντετυπ. A†

38 σφραγῖδος Ἁγίασμα κυρίῳ· ³⁸καὶ ἐπέθηκαν ἐπ᾽ αὐτὸ λῶμα ὑακίν
θινον ὥστε ἐπικεῖσθαι ἐπὶ τὴν μίτραν ἄνωθεν, ὃν τρόπον συνέτα
ξεν κύριος τῷ Μωυσῇ.

37 ¹Καὶ ἐποίησαν τῇ σκηνῇ δέκα αὐλαίας, ²ὀκτὼ καὶ εἴκοσι πή
χεων μῆκος τῆς αὐλαίας τῆς μιᾶς — τὸ αὐτὸ ἦσαν πᾶσαι —
3 καὶ τεσσάρων πηχῶν τὸ εὖρος τῆς αὐλαίας τῆς μιᾶς. ³καὶ ἐποίη
σαν τὸ καταπέτασμα ἐξ ὑακίνθου καὶ πορφύρας καὶ κοκκίνου νενη
4 σμένου καὶ βύσσου κεκλωσμένης, ἔργον ὑφάντου χερουβιμ, ⁴καὶ
ἐπέθηκαν αὐτὸ ἐπὶ τέσσαρας στύλους ἀσήπτους κατακεχρυσωμέ
νους ἐν χρυσίῳ, καὶ αἱ κεφαλίδες αὐτῶν χρυσαῖ, καὶ αἱ βάσεις
5 αὐτῶν τέσσαρες ἀργυραῖ. ⁵καὶ ἐποίησαν τὸ καταπέτασμα τῆς θύ
ρας τῆς σκηνῆς τοῦ μαρτυρίου ἐξ ὑακίνθου καὶ πορφύρας καὶ
κοκκίνου νενησμένου καὶ βύσσου κεκλωσμένης, ἔργον ὑφάντου
6 χερουβιμ, ⁶καὶ τοὺς στύλους αὐτοῦ πέντε καὶ τοὺς κρίκους· καὶ
τὰς κεφαλίδας αὐτῶν καὶ τὰς ψαλίδας αὐτῶν κατεχρύσωσαν χρυ
σίῳ, καὶ αἱ βάσεις αὐτῶν πέντε χαλκαῖ.

7 ⁷Καὶ ἐποίησαν τὴν αὐλήν· τὰ πρὸς λίβα ἱστία τῆς αὐλῆς ἐκ
8 βύσσου κεκλωσμένης ἑκατὸν ἐφ᾽ ἑκατόν, ⁸καὶ οἱ στῦλοι αὐτῶν
9 εἴκοσι, καὶ αἱ βάσεις αὐτῶν εἴκοσι· ⁹καὶ τὸ κλίτος τὸ πρὸς βορ
ρᾶν ἑκατὸν ἐφ᾽ ἑκατόν, καὶ οἱ στῦλοι αὐτῶν εἴκοσι, καὶ αἱ βάσεις
10 αὐτῶν εἴκοσι· ¹⁰καὶ τὸ κλίτος τὸ πρὸς θάλασσαν αὐλαῖαι πεντή
κοντα πήχεων, στῦλοι αὐτῶν δέκα, καὶ αἱ βάσεις αὐτῶν δέκα·
11
12 ¹¹καὶ τὸ κλίτος τὸ πρὸς ἀνατολὰς πεντήκοντα πήχεων, ¹²ἱστία
πεντεκαίδεκα πήχεων τὸ κατὰ νώτου, καὶ οἱ στῦλοι αὐτῶν τρεῖς,
13 καὶ αἱ βάσεις αὐτῶν τρεῖς, ¹³καὶ ἐπὶ τοῦ νώτου τοῦ δευτέρου
ἔνθεν καὶ ἔνθεν κατὰ τὴν πύλην τῆς αὐλῆς αὐλαῖαι πεντεκαίδεκα
πήχεων, καὶ οἱ στῦλοι αὐτῶν τρεῖς, καὶ αἱ βάσεις αὐτῶν τρεῖς.
14
15 ¹⁴πᾶσαι αἱ αὐλαῖαι τῆς αὐλῆς ἐκ βύσσου κεκλωσμένης, ¹⁵καὶ αἱ
βάσεις τῶν στύλων χαλκαῖ, καὶ αἱ ἀγκύλαι αὐτῶν ἀργυραῖ, καὶ
αἱ κεφαλίδες αὐτῶν περιηργυρωμέναι ἀργυρίῳ, καὶ οἱ στῦλοι
16 περιηργυρωμένοι ἀργυρίῳ, πάντες οἱ στῦλοι τῆς αὐλῆς. — ¹⁶καὶ
τὸ καταπέτασμα τῆς πύλης τῆς αὐλῆς ἔργον ποικιλτοῦ ἐξ ὑακίνθου

38 επεθηκεν Α*(uid.) | επ αυτο Μ] επι το ΒΑ
37 1 cf. 𝔐 36 8 || 2 (𝔐 36 9) πασαι] -αις Β || 3—6 = 𝔐 36 35—38 ||
3 εποιησεν Β⁺ | υφαντον Α | χερουβειν Α: item in 5 || 4 εν > Α ||
5 της θυρας > Α*⁺ | υφαντου Α] υφαντον του Β⁺, υφαντον Μ: cf. 3 || 6 αυτου
Μ] -των ΒΑ | κρικους] + αυτων Α | κεφαλας Α | -λιδας αυτων 1⁰ ⌒ 2⁰ Β | αι]
τας Α | αυτων ult.] αι Β*⁺ | χαλκας Α || 7—21 = 𝔐 38 9—23 || 8 fin.]
+ χαλκαι Α: item Αʳ in 9 fin. || 9 εκατον 2⁰] + και το κλιτος το προς νο
τον εκατον εφ εκατον Β || 10 προς] κατα Αʳ || 12 init. — πηχεων > Β
|| 13 πεντεκαιδεκα] εκατον πεντηκοντα Β | και οι > Β⁺ || 14 αυλης] σκη
νης Β || 15 στυλων] + αυτων Β | παντες] pr. και Α⁺ || 16 καταπετασμα]
κατακαλυμμα Α

καὶ πορφύρας καὶ κοκκίνου νενησμένου καὶ βύσσου κεκλωσμένης,
εἴκοσι πήχεων τὸ μῆκος, καὶ τὸ ὕψος καὶ τὸ εὖρος πέντε πήχεων
ἐξισούμενον τοῖς ἱστίοις τῆς αὐλῆς· ¹⁷καὶ οἱ στῦλοι αὐτῶν τέσσα- 17
ρες, καὶ αἱ βάσεις αὐτῶν τέσσαρες χαλκαῖ, καὶ αἱ ἀγκύλαι αὐτῶν
ἀργυραῖ, καὶ αἱ κεφαλίδες αὐτῶν περιηργυρωμέναι ἀργυρίῳ· ¹⁸καὶ 18
αὐτοὶ περιηργυρωμένοι ἀργυρίῳ, καὶ πάντες οἱ πάσσαλοι τῆς αὐ-
λῆς κύκλῳ χαλκοῖ.

¹⁹Καὶ αὕτη ἡ σύνταξις τῆς σκηνῆς τοῦ μαρτυρίου, καθὰ συνε- 19
τάγη Μωυσῇ τὴν λειτουργίαν εἶναι τῶν Λευιτῶν διὰ Ιθαμαρ τοῦ
υἱοῦ Ααρων τοῦ ἱερέως. ²⁰καὶ Βεσελεηλ ὁ τοῦ Ουριου ἐκ φυλῆς 20
Ιουδα ἐποίησεν καθὰ συνέταξεν κύριος τῷ Μωυσῇ, ²¹καὶ Ελιαβ 21
ὁ τοῦ Αχισαμακ ἐκ τῆς φυλῆς Δαν, ὃς ἠρχιτεκτόνησεν τὰ ὑφαν-
τὰ καὶ τὰ ῥαφιδευτὰ καὶ ποικιλτικὰ ὑφᾶναι τῷ κοκκίνῳ καὶ τῇ
βύσσῳ.

¹Καὶ ἐποίησεν Βεσελεηλ τὴν κιβωτὸν ²καὶ κατεχρύσωσεν αὐτὴν 38
χρυσίῳ καθαρῷ ἔσωθεν καὶ ἔξωθεν. ³καὶ ἐχώνευσεν αὐτῇ τέσσα- 3
ρας δακτυλίους χρυσοῦς, δύο ἐπὶ τὸ κλίτος τὸ ἓν καὶ δύο ἐπὶ τὸ
κλίτος τὸ δεύτερον, ⁴εὐρεῖς τοῖς διωστῆρσιν ὥστε αἴρειν αὐτὴν 4
ἐν αὐτοῖς. ⁵καὶ ἐποίησεν τὸ ἱλαστήριον ἐπάνωθεν τῆς κιβωτοῦ ἐκ 5
χρυσίου ⁶καὶ τοὺς δύο χερουβιμ χρυσοῦς, ⁷χερουβ ἕνα ἐπὶ τὸ   6
ἄκρον τοῦ ἱλαστηρίου τὸ ἓν καὶ χερουβ ἕνα ἐπὶ τὸ ἄκρον τὸ δεύ- 7
τερον τοῦ ἱλαστηρίου, ⁸σκιάζοντα ταῖς πτέρυξιν αὐτῶν ἐπὶ τὸ 8
ἱλαστήριον.

⁹Καὶ ἐποίησεν τὴν τράπεζαν τὴν προκειμένην ἐκ χρυσίου καθα- 9
ροῦ· ¹⁰καὶ ἐχώνευσεν αὐτῇ τέσσαρας δακτυλίους, δύο ἐπὶ τοῦ κλί- 10
τους τοῦ ἑνὸς καὶ δύο ἐπὶ τοῦ κλίτους τοῦ δευτέρου, εὐρεῖς ὥστε
αἴρειν τοῖς διωστῆρσιν ἐν αὐτοῖς. ¹¹καὶ τοὺς διωστῆρας τῆς κιβω- 11
τοῦ καὶ τῆς τραπέζης ἐποίησεν καὶ κατεχρύσωσεν αὐτοὺς χρυσίῳ.
¹²καὶ ἐποίησεν τὰ σκεύη τῆς τραπέζης, τά τε τρυβλία καὶ τὰς 12
θυίσκας καὶ τοὺς κυάθους καὶ τὰ σπονδεῖα, ἐν οἷς σπείσει ἐν αὐ-
τοῖς, χρυσᾶ.

17 αι 2⁰ > B ‖ 20 ουρι A ‖ 21 αχισαμαχ A | της > A | τα 2⁰ > A |
ποικιλτα A
38 1—17: cf. 𝔐 37 1—24 ‖ 1 fin.] + δυο πηχεων και ημισ(ο)υς τυ μηκος
αυτης και πηχεως και ημισ(ο)υς το πλατος αυτης και πηχεως και ημισ(ο)υς το
υψος αυτης A = 𝔐 37 1² ‖ 2 fin.] + και εποιησεν αυτη κυματιον χρυσουν
κυκλω A = 𝔐 37 2² ‖ 3 χρυσους] + επι τα τεσσερα μερη αυτης A = 𝔐 37 3¹ᵇ
‖ 5 ανωθεν A | fin.] + καθαρου A: cf. 11 ‖ 6 και] + εποιησεν A | τους
> A | χερουβειν A | χρυσους — 7 χερουβ 2⁰ > B*† ‖ 7 init.] pr. και A† |
το εν > B | το δευτ. του ιλαστ.] του ιλαστ. του δευτερου B† ‖ 8 αυτων]
+ κατα προσωπον αυτων A ‖ 10 δακτυλιους — δευτερου] δακτυλιους χρυσους
δυο δακτυλιους επι το κλιτος το εν και δυο δακτυλιους επι το κλιτος το δευ-
τερον A ‖ 11 fin.] + καθαρω A: cf. 5 ‖ 12 τε > A

13 ¹³Καὶ ἐποίησεν τὴν λυχνίαν, ᾗ φωτίζει, χρυσῆν, στερεὰν τὸν
14 καυλόν, ¹⁴καὶ τοὺς καλαμίσκους ἐξ ἀμφοτέρων τῶν μερῶν αὐτῆς·
15 ¹⁵ἐκ τῶν καλαμίσκων αὐτῆς οἱ βλαστοὶ ἐξέχοντες, τρεῖς ἐκ τού-
16 του καὶ τρεῖς ἐκ τούτου, ἐξισούμενοι ἀλλήλοις· ¹⁶καὶ τὰ λαμπάδια
αὐτῶν, ἅ ἐστιν ἐπὶ τῶν ἄκρων, καρυωτὰ ἐξ αὐτῶν· καὶ τὰ ἐν-
θέμια ἐξ αὐτῶν, ἵνα ὦσιν ἐπ᾽ αὐτῶν οἱ λύχνοι, καὶ τὸ ἐνθέμιον
τὸ ἕβδομον ἀπ᾽ ἄκρου τοῦ λαμπαδίου ἐπὶ τῆς κορυφῆς ἄνωθεν,
17 στερεὸν ὅλον χρυσοῦν· ¹⁷καὶ ἑπτὰ λύχνους ἐπ᾽ αὐτῆς χρυσοῦς
καὶ τὰς λαβίδας αὐτῆς χρυσᾶς καὶ τὰς ἐπαρυστρίδας αὐτῶν χρυσᾶς.
18 ¹⁸Οὗτος περιηργύρωσεν τοὺς στύλους καὶ ἐχώνευσεν τῷ στύ-
λῳ δακτυλίους χρυσοῦς καὶ ἐχρύσωσεν τοὺς μοχλοὺς χρυσίῳ καὶ
κατεχρύσωσεν τοὺς στύλους τοῦ καταπετάσματος χρυσίῳ καὶ
19 ἐποίησεν τὰς ἀγκύλας χρυσᾶς. ¹⁹οὗτος ἐποίησεν καὶ τοὺς κρίκους
τῆς σκηνῆς χρυσοῦς καὶ τοὺς κρίκους τῆς αὐλῆς καὶ κρίκους εἰς
20 τὸ ἐκτείνειν τὸ κατακάλυμμα ἄνωθεν χαλκοῦς. ²⁰οὗτος ἐχώνευσεν
τὰς κεφαλίδας τὰς ἀργυρᾶς τῆς σκηνῆς καὶ τὰς κεφαλίδας τὰς
χαλκᾶς τῆς θύρας τῆς σκηνῆς καὶ τὴν πύλην τῆς αὐλῆς καὶ ἀγ-
κύλας ἐποίησεν τοῖς στύλοις ἀργυρᾶς ἐπὶ τῶν στύλων· οὗτος
21 περιηργύρωσεν αὐτάς. ²¹οὗτος ἐποίησεν καὶ τοὺς πασσάλους τῆς
22 σκηνῆς καὶ τοὺς πασσάλους τῆς αὐλῆς χαλκοῦς. ²²οὗτος ἐποίη-
σεν τὸ θυσιαστήριον τὸ χαλκοῦν ἐκ τῶν πυρείων τῶν χαλκῶν,
ἃ ἦσαν τοῖς ἀνδράσιν τοῖς καταστασιάσασι μετὰ τῆς Κορε συνα-
23 γωγῆς. ²³οὗτος ἐποίησεν πάντα τὰ σκεύη τοῦ θυσιαστηρίου καὶ
τὸ πυρεῖον αὐτοῦ καὶ τὴν βάσιν καὶ τὰς φιάλας καὶ τὰς κρεάγρας
24 χαλκᾶς. ²⁴οὗτος ἐποίησεν τῷ θυσιαστηρίῳ παράθεμα, ἔργον δικτυω-
τόν, κάτωθεν τοῦ πυρείου ὑπὸ αὐτὸ ἕως τοῦ ἡμίσους αὐτοῦ καὶ
ἐπέθηκεν αὐτῷ τέσσαρας δακτυλίους ἐκ τῶν τεσσάρων μερῶν
τοῦ παραθέματος τοῦ θυσιαστηρίου χαλκοῦς, τοῖς μοχλοῖς εὐρεῖς
25 ὥστε αἴρειν τὸ θυσιαστήριον ἐν αὐτοῖς. ²⁵οὗτος ἐποίησεν τὸ ἔλαι-
ον τῆς χρίσεως τὸ ἅγιον καὶ τὴν σύνθεσιν τοῦ θυμιάματος, καθα-
26 ρὸν ἔργον μυρεψοῦ. ²⁶οὗτος ἐποίησεν τὸν λουτῆρα χαλκοῦν καὶ
τὴν βάσιν αὐτοῦ χαλκὴν ἐκ τῶν κατόπτρων τῶν νηστευσασῶν,
αἳ ἐνήστευσαν παρὰ τὰς θύρας τῆς σκηνῆς τοῦ μαρτυρίου ἐν ᾗ

16 α] ο Β | ακρων] + αυτων Α | εξ 2⁰ > Α⁺ | επ αυτων οι λ.] οι λ. εξ αυ.
Α(⁺) | απ] επ Βᶜ, του επ Α⁺ | της > Β⁺ ‖ 17 λυχνους] + αυτη Α | αυτων]
-της Α ‖ 18 (cf. 𝔐 36 34. 36) τω στυλω] τοις -λοις Α ‖ 19 και 1⁰ > Α |
κρικους 1⁰] στυλους Α⁺ | το κατακαλ. / ανωθεν] tr. Α ‖ 20 της σκηνης 1⁰]
τοις στυλοις Αʳ⁺ | την πυλην] τη -λη Α | εποιησαν Α⁺ | τοις στυλοις > Α |
αυτας] -τους Α ‖ 21 (cf. 𝔐 38 20) και 1⁰ > Α | πασσαλους 1⁰ ∩ 2⁰ Β⁺ ‖
22—24: cf. 𝔐 38 1—7 ‖ 22 το 2⁰ > Α | ησαν] ην Α ‖ 23 το — βασιν]
την βασιν αυτου και το πυρειον αυτου Α ‖ 24 περιθεμα Α | υπο] εις Α⁺ |
τοις μοχλοις / ευρεις] tr. Α | το θυσ. / εν αυτοις] tr. Β⁺ ‖ 25 (𝔐 37 29) της
χρισεως] του χρισματος Α ‖ 26 (𝔐 38 8) χαλκουν] pr. τον Α

ἡμέρᾳ ἔπηξεν αὐτήν· ²⁷καὶ ἐποίησεν τὸν λουτῆρα, ἵνα νίπτωνται 27
ἐξ αὐτοῦ Μωυσῆς καὶ Ααρων καὶ οἱ υἱοὶ αὐτοῦ τὰς χεῖρας αὐτῶν
καὶ τοὺς πόδας· εἰσπορευομένων αὐτῶν εἰς τὴν σκηνὴν τοῦ μαρ-
τυρίου ἢ ὅταν προσπορεύωνται πρὸς τὸ θυσιαστήριον λειτουργεῖν,
ἐνίπτοντο ἐξ αὐτοῦ, καθάπερ συνέταξεν κύριος τῷ Μωυσῇ.

¹Πᾶν τὸ χρυσίον, ὃ κατειργάσθη εἰς τὰ ἔργα κατὰ πᾶσαν τὴν 39
ἐργασίαν τῶν ἁγίων, ἐγένετο χρυσίου τοῦ τῆς ἀπαρχῆς ἐννέα καὶ
εἴκοσι τάλαντα καὶ ἑπτακόσιοι εἴκοσι σίκλοι κατὰ τὸν σίκλον τὸν
ἅγιον· ²καὶ ἀργυρίου ἀφαίρεμα παρὰ τῶν ἐπεσκεμμένων ἀνδρῶν 2
τῆς συναγωγῆς ἑκατὸν τάλαντα καὶ χίλιοι ἑπτακόσιοι ἑβδομήκοντα
πέντε σίκλοι, ³δραχμὴ μία τῇ κεφαλῇ τὸ ἥμισυ τοῦ σίκλου κατὰ 3
τὸν σίκλον τὸν ἅγιον, πᾶς ὁ παραπορευόμενος τὴν ἐπίσκεψιν ἀπὸ
εἰκοσαετοῦς καὶ ἐπάνω εἰς τὰς ἑξήκοντα μυριάδας καὶ τρισχίλιοι
πεντακόσιοι καὶ πεντήκοντα. ⁴καὶ ἐγενήθη τὰ ἑκατὸν τάλαντα τοῦ 4
ἀργυρίου εἰς τὴν χώνευσιν τῶν ἑκατὸν κεφαλίδων τῆς σκηνῆς καὶ
εἰς τὰς κεφαλίδας τοῦ καταπετάσματος, ἑκατὸν κεφαλίδες εἰς τὰ
ἑκατὸν τάλαντα, τάλαντον τῇ κεφαλίδι. ⁵καὶ τοὺς χιλίους ἑπτακο- 5
σίους ἑβδομήκοντα πέντε σίκλους ἐποίησαν εἰς τὰς ἀγκύλας τοῖς
στύλοις, καὶ κατεχρύσωσεν τὰς κεφαλίδας αὐτῶν καὶ κατεκόσμη-
σεν αὐτούς. ⁶καὶ ὁ χαλκὸς τοῦ ἀφαιρέματος ἑβδομήκοντα τάλαντα 6
καὶ χίλιοι πεντακόσιοι σίκλοι. ⁷καὶ ἐποίησεν ἐξ αὐτοῦ τὰς βάσεις 7
τῆς θύρας τῆς σκηνῆς τοῦ μαρτυρίου ⁸καὶ τὰς βάσεις τῆς αὐλῆς 8
κύκλῳ καὶ τὰς βάσεις τῆς πύλης τῆς αὐλῆς καὶ τοὺς πασσάλους
τῆς σκηνῆς καὶ τοὺς πασσάλους τῆς αὐλῆς κύκλῳ ⁹καὶ τὸ παρά- 9
θεμα τὸ χαλκοῦν τοῦ θυσιαστηρίου καὶ πάντα τὰ σκεύη τοῦ θυ-
σιαστηρίου καὶ πάντα τὰ ἐργαλεῖα τῆς σκηνῆς τοῦ μαρτυρίου.
¹⁰καὶ ἐποίησαν οἱ υἱοὶ Ισραηλ καθὰ συνέταξεν κύριος τῷ Μωυσῇ, 10
οὕτως ἐποίησαν.

¹¹Τὸ δὲ λοιπὸν χρυσίον τοῦ ἀφαιρέματος ἐποίησαν σκεύη εἰς 11
τὸ λειτουργεῖν ἐν αὐτοῖς ἔναντι κυρίου. ¹²καὶ τὴν καταλειφθεῖσαν 12
ὑάκινθον καὶ πορφύραν καὶ τὸ κόκκινον ἐποίησαν στολὰς λειτουρ-
γικὰς Ααρων ὥστε λειτουργεῖν ἐν αὐταῖς ἐν τῷ ἁγίῳ.

27 (cf. 𝔐 40 30—32) αυτων / και τους ποδας] tr. A
39 1—6 = 𝔐 38 24—29 ‖ 1 o > B*† | χρυσιου] pr. εκ A | εικοσι ult.] και
τριακοντα A ‖ 2 επτακοσ. et εβδομηκ.] pr. και A: item in 5 ‖ 3 το] pr.
και A† | τρισχιλιοι πεντακοσιοι] -λιους και -σιους A ‖ 4 εκατον 2⁰ > A |
κεφαλιδας] pr. εκατον B† | ταλαντον] + εν A† ‖ 5 τοις στυλοις] των -λων A
‖ 6 εβδομηκ.] pr. τετρακοσιοι A | χιλιοι πεντακ.] δισχιλιοι και τετρακοσιοι A
‖ 7 (𝔐 38 30¹) εποιησαν A | αυτων B*† ‖ 8 (𝔐 38 31) αυλης 1⁰ M] πυλης
B†, σκηνης A | αυλης ult.] σκηνης B*(uid.)† ‖ 9 (𝔐 38 30²) του 1⁰] pr.
κυκλω A | θυσιαστ. 1⁰ ⌢ 2⁰ B* ‖ 10 = 𝔐 39 32² ‖ 12 (𝔐 39 1) κοκκινον]
+ και βυσσον A†

13　¹³Καὶ ἤνεγκαν τὰς στολὰς πρὸς Μωυσῆν καὶ τὴν σκηνὴν καὶ
　　τὰ σκεύη αὐτῆς καὶ τὰς βάσεις καὶ τοὺς μοχλοὺς αὐτῆς καὶ τοὺς
14　στύλους ¹⁴καὶ τὴν κιβωτὸν τῆς διαθήκης καὶ τοὺς διωστῆρας αὐ-
15　τῆς ¹⁵καὶ τὸ θυσιαστήριον καὶ πάντα τὰ σκεύη αὐτοῦ καὶ τὸ ἔλαι-
16　ον τῆς χρίσεως καὶ τὸ θυμίαμα τῆς συνθέσεως ¹⁶καὶ τὴν λυχνίαν
　　τὴν καθαρὰν καὶ τοὺς λύχνους αὐτῆς, λύχνους τῆς καύσεως, καὶ
17　τὸ ἔλαιον τοῦ φωτὸς ¹⁷καὶ τὴν τράπεζαν τῆς προθέσεως καὶ πάν-
18　τα τὰ αὐτῆς σκεύη καὶ τοὺς ἄρτους τοὺς προκειμένους ¹⁸καὶ τὰς
　　στολὰς τοῦ ἁγίου, αἵ εἰσιν Ααρων, καὶ τὰς στολὰς τῶν υἱῶν αὐ-
19　τοῦ εἰς τὴν ἱερατείαν ¹⁹καὶ τὰ ἱστία τῆς αὐλῆς καὶ τοὺς στύλους
　　καὶ τὸ καταπέτασμα τῆς θύρας τῆς σκηνῆς καὶ τῆς πύλης τῆς
　　αὐλῆς καὶ πάντα τὰ σκεύη τῆς σκηνῆς καὶ πάντα τὰ ἐργαλεῖα
20　αὐτῆς ²⁰καὶ τὰς διφθέρας δέρματα κριῶν ἠρυθροδανωμένα καὶ τὰ
　　καλύμματα δέρματα ὑακίνθινα καὶ τῶν λοιπῶν τὰ ἐπικαλύμματα
21　²¹καὶ τοὺς πασσάλους καὶ πάντα τὰ ἐργαλεῖα τὰ εἰς τὰ ἔργα τῆς
22　σκηνῆς τοῦ μαρτυρίου· ²²ὅσα συνέταξεν κύριος τῷ Μωυσῇ, οὕ-
23　τως ἐποίησαν οἱ υἱοὶ Ισραηλ πᾶσαν τὴν ἀποσκευήν. ²³καὶ εἶδεν
　　Μωυσῆς πάντα τὰ ἔργα, καὶ ἦσαν πεποιηκότες αὐτὰ ὃν τρόπον
　　συνέταξεν κύριος τῷ Μωυσῇ, οὕτως ἐποίησαν αὐτά· καὶ εὐλόγη-
　　σεν αὐτοὺς Μωυσῆς.

40　¹Καὶ ἐλάλησεν κύριος πρὸς Μωυσῆν λέγων ²Ἐν ἡμέρᾳ μιᾷ τοῦ
　　μηνὸς τοῦ πρώτου νουμηνίᾳ στήσεις τὴν σκηνὴν τοῦ μαρτυρίου
3　³καὶ θήσεις τὴν κιβωτὸν τοῦ μαρτυρίου καὶ σκεπάσεις τὴν κιβωτὸν
4　τῷ καταπετάσματι ⁴καὶ εἰσοίσεις τὴν τράπεζαν καὶ προθήσεις τὴν
　　πρόθεσιν αὐτῆς καὶ εἰσοίσεις τὴν λυχνίαν καὶ ἐπιθήσεις τοὺς λύ-
5　χνους αὐτῆς ⁵καὶ θήσεις τὸ θυσιαστήριον τὸ χρυσοῦν εἰς τὸ θυ-
　　μιᾶν ἐναντίον τῆς κιβωτοῦ καὶ ἐπιθήσεις κάλυμμα καταπετάσματος
6　ἐπὶ τὴν θύραν τῆς σκηνῆς τοῦ μαρτυρίου ⁶καὶ τὸ θυσιαστήριον
　　τῶν καρπωμάτων θήσεις παρὰ τὰς θύρας τῆς σκηνῆς τοῦ μαρ-
8　τυρίου ⁸καὶ περιθήσεις τὴν σκηνὴν καὶ πάντα τὰ αὐτῆς ἁγιάσεις
9　κύκλῳ. ⁹καὶ λήμψῃ τὸ ἔλαιον τοῦ χρίσματος καὶ χρίσεις τὴν
　　σκηνὴν καὶ πάντα τὰ ἐν αὐτῇ καὶ ἁγιάσεις αὐτὴν καὶ πάντα τὰ
10　σκεύη αὐτῆς, καὶ ἔσται ἁγία. ¹⁰καὶ χρίσεις τὸ θυσιαστήριον τῶν

13 (𝔐 39 33) τας βασεις — fin.] τους μοχλους και τους στυλους και τας βα-
σεις αυτης A ‖ 14 = 𝔐 35 ‖ 15 = 𝔐 38 ‖ 16 = 𝔐 37 ‖ 17 (𝔐 36)
τα αυτης] tr. Aʳ | τους προσκειμ.] της προθεσεως Aʳ ‖ 18 = 𝔐 41 ‖
19 (𝔐 40) στυλους] + και τας βασεις αυτης A | παντα ult. > A ‖ 20 (𝔐 34)
καλυμματα] κατακαλ. A ‖ 21 (cf. 𝔐 40) τα ult. > A⁺ ‖ 22 (𝔐 42) οσα] ο
B⁺ | τω > B⁺ | παρασκευην A ‖ 23 = 𝔐 43
40 2 μια > A ‖ 3 init. — μαρτυριου > B, sed post κιβωτον ult. add. B⁺
του μαρτυριου ‖ 5 ενωπιον της κιβ. του μαρτυριου και θησεις το καλ. του
καταπετασματος A ‖ 6 την θυραν A ‖ 8 σκηνην — αγιασεις] αυλην A ‖
9 του χρισμ.] της χρισεως A | σκευη > B*⁺

καρπωμάτων καὶ πάντα αὐτοῦ τὰ σκεύη καὶ ἁγιάσεις τὸ θυσια-
στήριον, καὶ ἔσται τὸ θυσιαστήριον ἅγιον τῶν ἁγίων. ¹²καὶ προσ- 12
άξεις Ααρων καὶ τοὺς υἱοὺς αὐτοῦ ἐπὶ τὰς θύρας τῆς σκηνῆς τοῦ
μαρτυρίου καὶ λούσεις αὐτοὺς ὕδατι ¹³καὶ ἐνδύσεις Ααρων τὰς 13
στολὰς τὰς ἁγίας καὶ χρίσεις αὐτὸν καὶ ἁγιάσεις αὐτόν, καὶ ἱερα-
τεύσει μοι· ¹⁴καὶ τοὺς υἱοὺς αὐτοῦ προσάξεις καὶ ἐνδύσεις αὐτοὺς 14
χιτῶνας ¹⁵καὶ ἀλείψεις αὐτούς, ὃν τρόπον ἤλειψας τὸν πατέρα αὐ- 15
τῶν, καὶ ἱερατεύσουσίν μοι· καὶ ἔσται ὥστε εἶναι αὐτοῖς χρῖσμα
ἱερατείας εἰς τὸν αἰῶνα εἰς τὰς γενεὰς αὐτῶν. ¹⁶καὶ ἐποίησεν 16
Μωυσῆς πάντα, ὅσα ἐνετείλατο αὐτῷ κύριος, οὕτως ἐποίησεν.

¹⁷Καὶ ἐγένετο ἐν τῷ μηνὶ τῷ πρώτῳ τῷ δευτέρῳ ἔτει ἐκπορευο- 17
μένων αὐτῶν ἐξ Αἰγύπτου νουμηνίᾳ ἐστάθη ἡ σκηνή· ¹⁸καὶ ἔστη- 18
σεν Μωυσῆς τὴν σκηνὴν καὶ ἐπέθηκεν τὰς κεφαλίδας καὶ διενέ-
βαλεν τοὺς μοχλοὺς καὶ ἔστησεν τοὺς στύλους ¹⁹καὶ ἐξέτεινεν τὰς 19
αὐλαίας ἐπὶ τὴν σκηνὴν καὶ ἐπέθηκεν τὸ κατακάλυμμα τῆς σκηνῆς
ἐπ᾽ αὐτῆς ἄνωθεν, καθὰ συνέταξεν κύριος τῷ Μωυσῇ. — ²⁰καὶ 20
λαβὼν τὰ μαρτύρια ἐνέβαλεν εἰς τὴν κιβωτὸν καὶ ὑπέθηκεν τοὺς
διωστῆρας ὑπὸ τὴν κιβωτὸν ²¹καὶ εἰσήνεγκεν τὴν κιβωτὸν εἰς τὴν 21
σκηνὴν καὶ ἐπέθηκεν τὸ κατακάλυμμα τοῦ καταπετάσματος καὶ
ἐσκέπασεν τὴν κιβωτὸν τοῦ μαρτυρίου, ὃν τρόπον συνέταξεν κύ-
ριος τῷ Μωυσῇ. — ²²καὶ ἔθηκεν τὴν τράπεζαν εἰς τὴν σκηνὴν 22
τοῦ μαρτυρίου ἐπὶ τὸ κλίτος τῆς σκηνῆς τοῦ μαρτυρίου τὸ πρὸς
βορρᾶν ἔξωθεν τοῦ καταπετάσματος τῆς σκηνῆς ²³καὶ προέθηκεν 23
ἐπ᾽ αὐτῆς ἄρτους τῆς προθέσεως ἔναντι κυρίου, ὃν τρόπον συνέ-
ταξεν κύριος τῷ Μωυσῇ. — ²⁴καὶ ἔθηκεν τὴν λυχνίαν εἰς τὴν 24
σκηνὴν τοῦ μαρτυρίου εἰς τὸ κλίτος τῆς σκηνῆς τὸ πρὸς νότον
²⁵καὶ ἐπέθηκεν τοὺς λύχνους αὐτῆς ἔναντι κυρίου, ὃν τρόπον συνέ- 25
ταξεν κύριος τῷ Μωυσῇ. — ²⁶καὶ ἔθηκεν τὸ θυσιαστήριον τὸ 26
χρυσοῦν ἐν τῇ σκηνῇ τοῦ μαρτυρίου ἀπέναντι τοῦ καταπετά-
σματος ²⁷καὶ ἐθυμίασεν ἐπ᾽ αὐτοῦ τὸ θυμίαμα τῆς συνθέσεως, καθ- 27
άπερ συνέταξεν κύριος τῷ Μωυσῇ. — ²⁹καὶ τὸ θυσιαστήριον τῶν 29
καρπωμάτων ἔθηκεν παρὰ τὰς θύρας τῆς σκηνῆς ³³καὶ ἔστησεν 33
τὴν αὐλὴν κύκλῳ τῆς σκηνῆς καὶ τοῦ θυσιαστηρίου. καὶ συνετέ-
λεσεν Μωυσῆς πάντα τὰ ἔργα.

³⁴Καὶ ἐκάλυψεν ἡ νεφέλη τὴν σκηνὴν τοῦ μαρτυρίου, καὶ δόξης 34
κυρίου ἐπλήσθη ἡ σκηνή· ³⁵καὶ οὐκ ἠδυνάσθη Μωυσῆς εἰσελθεῖν 35

10 το θυσιαστ. ult. > B*† || 13 και ιερατευσει] ιερατευει B*† || 16 ενε-
τειλατο] συνεταξεν A | αυτω > A† || 17 τω 3⁰ > A || 18 κεφαλιδας et
στυλους] + αυτης A || 19 αυτης] -την A || 20 την κιβ. 1⁰] αυτην A† |
επεθηκεν A || 22 εθηκεν] pr. επ B | το 2⁰ > A || 23 προσεθηκεν A |
εναντιον A: item in 25 || 27 εθυσιασεν B*† | το > A | καθαπερ] ον τρο-
πον A || 29 σκηνης] + του μαρτυριου Aʳ || 35 ηδυνηθη A

εἰς τὴν σκηνὴν τοῦ μαρτυρίου, ὅτι ἐπεσκίαζεν ἐπ᾽ αὐτὴν ἡ νεφέ-
36 λη καὶ δόξης κυρίου ἐπλήσθη ἡ σκηνή. ³⁶ ἡνίκα δ᾽ ἂν ἀνέβη ἡ
νεφέλη ἀπὸ τῆς σκηνῆς, ἀνεζεύγνυσαν οἱ υἱοὶ Ισραηλ σὺν τῇ
37 ἀπαρτίᾳ αὐτῶν· ³⁷ εἰ δὲ μὴ ἀνέβη ἡ νεφέλη, οὐκ ἀνεζεύγνυσαν
38 ἕως τῆς ἡμέρας, ἧς ἀνέβη ἡ νεφέλη· ³⁸ νεφέλη γὰρ ἦν ἐπὶ τῆς
σκηνῆς ἡμέρας καὶ πῦρ ἦν ἐπ᾽ αὐτῆς νυκτὸς ἐναντίον παντὸς
Ισραηλ ἐν πάσαις ταῖς ἀναζυγαῖς αὐτῶν.

36 η νεφ. / απο τ. σκηνης] tr. B⁺   ‖   37 της > B⁺ | ης > B*⁺   ‖   38 αυ-
της] -την A*(uid.)
Subscr. εξοδος B, εξοδος των υιων ισραηλ εξ αιγυπτου A⁺

ΛΕΥΙΤΙΚΟΝ

1   ¹ Καὶ ἀνεκάλεσεν Μωυσῆν καὶ ἐλάλησεν κύριος αὐτῷ ἐκ τῆς
2 σκηνῆς τοῦ μαρτυρίου λέγων ² Λάλησον τοῖς υἱοῖς Ισραηλ καὶ
ἐρεῖς πρὸς αὐτούς Ἄνθρωπος ἐξ ὑμῶν ἐὰν προσαγάγῃ δῶρα τῷ
κυρίῳ, ἀπὸ τῶν κτηνῶν, ἀπὸ τῶν βοῶν καὶ ἀπὸ τῶν προβάτων,
3 προσοίσετε τὰ δῶρα ὑμῶν. ³ ἐὰν ὁλοκαύτωμα τὸ δῶρον αὐτοῦ ἐκ
τῶν βοῶν, ἄρσεν ἄμωμον προσάξει· πρὸς τὴν θύραν τῆς σκηνῆς
4 τοῦ μαρτυρίου προσοίσει αὐτὸ δεκτὸν ἐναντίον κυρίου. ⁴ καὶ ἐπι-
θήσει τὴν χεῖρα ἐπὶ τὴν κεφαλὴν τοῦ καρπώματος, δεκτὸν αὐτῷ
5 ἐξιλάσασθαι περὶ αὐτοῦ. ⁵ καὶ σφάξουσι τὸν μόσχον ἔναντι κυρίου,
καὶ προσοίσουσιν οἱ υἱοὶ Ααρων οἱ ἱερεῖς τὸ αἷμα καὶ προσχεοῦ-
σιν τὸ αἷμα ἐπὶ τὸ θυσιαστήριον κύκλῳ τὸ ἐπὶ τῶν θυρῶν τῆς
6 σκηνῆς τοῦ μαρτυρίου. ⁶ καὶ ἐκδείραντες τὸ ὁλοκαύτωμα μελιοῦσιν
7 αὐτὸ κατὰ μέλη, ⁷ καὶ ἐπιθήσουσιν οἱ υἱοὶ Ααρων οἱ ἱερεῖς πῦρ
8 ἐπὶ τὸ θυσιαστήριον καὶ ἐπιστοιβάσουσιν ξύλα ἐπὶ τὸ πῦρ, ⁸ καὶ
ἐπιστοιβάσουσιν οἱ υἱοὶ Ααρων οἱ ἱερεῖς τὰ διχοτομήματα καὶ τὴν
κεφαλὴν καὶ τὸ στέαρ ἐπὶ τὰ ξύλα τὰ ἐπὶ τοῦ πυρὸς τὰ ὄντα
9 ἐπὶ τοῦ θυσιαστηρίου, ⁹ τὰ δὲ ἐγκοίλια καὶ τοὺς πόδας πλυνοῦσιν
ὕδατι, καὶ ἐπιθήσουσιν οἱ ἱερεῖς τὰ πάντα ἐπὶ τὸ θυσιαστήριον·
κάρπωμά ἐστιν, θυσία, ὀσμὴ εὐωδίας τῷ κυρίῳ.
10   ¹⁰ Ἐὰν δὲ ἀπὸ τῶν προβάτων τὸ δῶρον αὐτοῦ τῷ κυρίῳ, ἀπό
τε τῶν ἀρνῶν καὶ τῶν ἐρίφων, εἰς ὁλοκαύτωμα, ἄρσεν ἄμωμον

Leu.: ΒΑ.

1 2 προσαγαγη] προσφερη A | απο 2⁰] pr. και B*   ‖   3 δεκτον] + αυτω B
(in O sub ※) | εναντι A   ‖   5 οι υιοι ααρ. / οι ιερ.] tr. B*⁺   ‖   6 εκδειρ.]
εκ > ABᶜ   ‖   7 επιστοιβ.] επι > ABᶜ   ‖   8 επιστοιβ.] επιθησουσιν B*(uid.)
| επι 1⁰] και A⁺ | τα paenult. > ABᶜ   ‖   9 εγκοιλ.] + αυτου B (in O sub ※)
| επιθησει ο ιερευς A

προσάξει αὐτὸ καὶ ἐπιθήσει τὴν χεῖρα ἐπὶ τὴν κεφαλὴν αὐτοῦ.
¹¹καὶ σφάξουσιν αὐτὸ ἐκ πλαγίων τοῦ θυσιαστηρίου πρὸς βορρᾶν 11
ἔναντι κυρίου, καὶ προσχεοῦσιν οἱ υἱοὶ Ααρων οἱ ἱερεῖς τὸ αἷμα
αὐτοῦ ἐπὶ τὸ θυσιαστήριον κύκλῳ. ¹²καὶ διελοῦσιν αὐτὸ κατὰ μέ- 12
λη καὶ τὴν κεφαλὴν καὶ τὸ στέαρ, καὶ ἐπιστοιβάσουσιν αὐτὰ οἱ
ἱερεῖς ἐπὶ τὰ ξύλα τὰ ἐπὶ τοῦ πυρὸς τὰ ἐπὶ τοῦ θυσιαστηρίου.
¹³καὶ τὰ ἐγκοίλια καὶ τοὺς πόδας πλυνοῦσιν ὕδατι, καὶ προσοίσει 13
ὁ ἱερεὺς τὰ πάντα καὶ ἐπιθήσει ἐπὶ τὸ θυσιαστήριον· κάρπωμά
ἐστιν, θυσία, ὀσμὴ εὐωδίας τῷ κυρίῳ.
¹⁴Ἐὰν δὲ ἀπὸ τῶν πετεινῶν κάρπωμα προσφέρῃς δῶρον τῷ 14
κυρίῳ, καὶ προσοίσει ἀπὸ τῶν τρυγόνων ἢ ἀπὸ τῶν περιστερῶν
τὸ δῶρον αὐτοῦ. ¹⁵καὶ προσοίσει αὐτὸ ὁ ἱερεὺς πρὸς τὸ θυσια- 15
στήριον καὶ ἀποκνίσει τὴν κεφαλήν, καὶ ἐπιθήσει ὁ ἱερεὺς ἐπὶ τὸ
θυσιαστήριον καὶ στραγγιεῖ τὸ αἷμα πρὸς τὴν βάσιν τοῦ θυσια-
στηρίου. ¹⁶καὶ ἀφελεῖ τὸν πρόλοβον σὺν τοῖς πτεροῖς καὶ ἐκβα- 16
λεῖ αὐτὸ παρὰ τὸ θυσιαστήριον κατὰ ἀνατολὰς εἰς τὸν τόπον τῆς
σποδοῦ. ¹⁷καὶ ἐκκλάσει αὐτὸ ἐκ τῶν πτερύγων καὶ οὐ διελεῖ, καὶ 17
ἐπιθήσει αὐτὸ ὁ ἱερεὺς ἐπὶ τὸ θυσιαστήριον ἐπὶ τὰ ξύλα τὰ ἐπὶ
τοῦ πυρός· κάρπωμά ἐστιν, θυσία, ὀσμὴ εὐωδίας τῷ κυρίῳ.
¹Ἐὰν δὲ ψυχὴ προσφέρῃ δῶρον θυσίαν τῷ κυρίῳ, σεμίδαλις 2
ἔσται τὸ δῶρον αὐτοῦ, καὶ ἐπιχεεῖ ἐπ᾽ αὐτὸ ἔλαιον καὶ ἐπιθήσει
ἐπ᾽ αὐτὸ λίβανον· θυσία ἐστίν. ²καὶ οἴσει πρὸς τοὺς υἱοὺς Ααρων 2
τοὺς ἱερεῖς, καὶ δραξάμενος ἀπ᾽ αὐτῆς πλήρη τὴν δράκα ἀπὸ τῆς
σεμιδάλεως σὺν τῷ ἐλαίῳ καὶ πάντα τὸν λίβανον αὐτῆς καὶ ἐπι-
θήσει ὁ ἱερεὺς τὸ μνημόσυνον αὐτῆς ἐπὶ τὸ θυσιαστήριον· θυσία,
ὀσμὴ εὐωδίας τῷ κυρίῳ. ³καὶ τὸ λοιπὸν ἀπὸ τῆς θυσίας Ααρων 3
καὶ τοῖς υἱοῖς αὐτοῦ· ἅγιον τῶν ἁγίων ἀπὸ τῶν θυσιῶν κυρίου.
— ⁴ἐὰν δὲ προσφέρῃ δῶρον θυσίαν πεπεμμένην ἐν κλιβάνῳ, δῶ- 4
ρον κυρίῳ ἐκ σεμιδάλεως, ἄρτους ἀζύμους πεφυραμένους ἐν ἐλαίῳ
καὶ λάγανα ἄζυμα διακεχρισμένα ἐν ἐλαίῳ. — ⁵ἐὰν δὲ θυσία ἀπὸ 5
τηγάνου τὸ δῶρόν σου, σεμίδαλις πεφυραμένη ἐν ἐλαίῳ, ἄζυμα
ἔσται· ⁶καὶ διαθρύψεις αὐτὰ κλάσματα καὶ ἐπιχεεῖς ἐπ᾽ αὐτὰ ἔλαιον· 6
θυσία ἐστὶν κυρίῳ. — ⁷ἐὰν δὲ θυσία ἀπὸ ἐσχάρας τὸ δῶρόν σου, 7
σεμίδαλις ἐν ἐλαίῳ ποιηθήσεται. ⁸καὶ προσοίσει τὴν θυσίαν, ἣν 8
ἂν ποιῇ ἐκ τούτων, τῷ κυρίῳ· καὶ προσοίσει πρὸς τὸν ἱερέα, καὶ
προσεγγίσας πρὸς τὸ θυσιαστήριον ⁹ἀφελεῖ ὁ ἱερεὺς ἀπὸ τῆς θυ- 9
σίας τὸ μνημόσυνον αὐτῆς, καὶ ἐπιθήσει ὁ ἱερεὺς ἐπὶ τὸ θυσια-
στήριον· κάρπωμα, ὀσμὴ εὐωδίας κυρίῳ. ¹⁰τὸ δὲ καταλειφθὲν ἀπὸ 10

12 αυτα] -το A | τα paenult. > ABᶜ || 13 θυσιας B | τω > A || 15 αυ-
το > A | προς 1⁰] επι A
2 4 προσφερης A | εν κλιβ. F] εκ λιβανου BA† || 5 εστιν B || 7 σεμιδ.
> B*(uid.)A†

τῆς θυσίας Ααρων καὶ τοῖς υἱοῖς αὐτοῦ· ἅγια τῶν ἁγίων ἀπὸ τῶν καρπωμάτων κυρίου.

11 ¹¹Πᾶσαν θυσίαν, ἣν ἂν προσφέρητε κυρίῳ, οὐ ποιήσετε ζυμωτόν· πᾶσαν γὰρ ζύμην καὶ πᾶν μέλι, οὐ προσοίσετε ἀπ᾽ αὐτοῦ 12 καρπῶσαι κυρίῳ. ¹²δῶρον ἀπαρχῆς προσοίσετε αὐτὰ κυρίῳ, ἐπὶ δὲ τὸ θυσιαστήριον οὐκ ἀναβιβασθήσεται εἰς ὀσμὴν εὐωδίας κυρίῳ. 13 ¹³καὶ πᾶν δῶρον θυσίας ὑμῶν ἁλὶ ἁλισθήσεται· οὐ διαπαύσετε ἅλα διαθήκης κυρίου ἀπὸ θυσιασμάτων ὑμῶν, ἐπὶ παντὸς δώρου 14 ὑμῶν προσοίσετε κυρίῳ τῷ θεῷ ὑμῶν ἅλας. — ¹⁴ἐὰν δὲ προσφέρῃς θυσίαν πρωτογενημάτων τῷ κυρίῳ, νέα πεφρυγμένα χίδρα ἐρικτὰ τῷ κυρίῳ, καὶ προσοίσεις τὴν θυσίαν τῶν πρωτογενημά- 15 των ¹⁵καὶ ἐπιχεεῖς ἐπ᾽ αὐτὴν ἔλαιον καὶ ἐπιθήσεις ἐπ᾽ αὐτὴν λίβα- 16 νον· θυσία ἐστίν. ¹⁶καὶ ἀνοίσει ὁ ἱερεὺς τὸ μνημόσυνον αὐτῆς ἀπὸ τῶν χίδρων σὺν τῷ ἐλαίῳ καὶ πάντα τὸν λίβανον αὐτῆς· κάρπωμά ἐστιν κυρίῳ.

3 ¹Ἐὰν δὲ θυσία σωτηρίου τὸ δῶρον αὐτοῦ τῷ κυρίῳ, ἐὰν μὲν ἐκ τῶν βοῶν αὐτοῦ προσαγάγῃ, ἐάν τε ἄρσεν ἐάν τε θῆλυ, ἄμω- 2 μον προσάξει αὐτὸ ἐναντίον κυρίου. ²καὶ ἐπιθήσει τὰς χεῖρας ἐπὶ τὴν κεφαλὴν τοῦ δώρου καὶ σφάξει αὐτὸ παρὰ τὰς θύρας τῆς σκηνῆς τοῦ μαρτυρίου, καὶ προσχεοῦσιν οἱ υἱοὶ Ααρων οἱ ἱερεῖς 3 τὸ αἷμα ἐπὶ τὸ θυσιαστήριον τῶν ὁλοκαυτωμάτων κύκλῳ. ³καὶ προσάξουσιν ἀπὸ τῆς θυσίας τοῦ σωτηρίου κάρπωμα κυρίῳ, τὸ στέαρ τὸ κατακαλύπτον τὴν κοιλίαν καὶ πᾶν τὸ στέαρ τὸ ἐπὶ τῆς 4 κοιλίας ⁴καὶ τοὺς δύο νεφροὺς καὶ τὸ στέαρ τὸ ἐπ᾽ αὐτῶν τὸ ἐπὶ τῶν μηρίων καὶ τὸν λοβὸν τὸν ἐπὶ τοῦ ἥπατος (σὺν τοῖς νεφροῖς 5 περιελεῖ), ⁵καὶ ἀνοίσουσιν αὐτὰ οἱ υἱοὶ Ααρων οἱ ἱερεῖς ἐπὶ τὸ θυσιαστήριον ἐπὶ τὰ ὁλοκαυτώματα ἐπὶ τὰ ξύλα τὰ ἐπὶ τοῦ πυρὸς ἐπὶ τοῦ θυσιαστηρίου· κάρπωμα, ὀσμὴ εὐωδίας κυρίῳ.

6 ⁶Ἐὰν δὲ ἀπὸ τῶν προβάτων τὸ δῶρον αὐτοῦ, θυσίαν σωτη- 7 ρίου τῷ κυρίῳ, ἄρσεν ἢ θῆλυ, ἄμωμον προσοίσει αὐτό. ⁷ἐὰν ἄρ- 8 να προσαγάγῃ τὸ δῶρον αὐτοῦ, προσάξει αὐτὸ ἔναντι κυρίου ⁸καὶ ἐπιθήσει τὰς χεῖρας ἐπὶ τὴν κεφαλὴν τοῦ δώρου αὐτοῦ καὶ σφά- ξει αὐτὸ παρὰ τὰς θύρας τῆς σκηνῆς τοῦ μαρτυρίου, καὶ προσ- χεοῦσιν οἱ υἱοὶ Ααρων οἱ ἱερεῖς τὸ αἷμα ἐπὶ τὸ θυσιαστήριον κύ- 9 κλῳ. ⁹καὶ προσοίσει ἀπὸ τῆς θυσίας τοῦ σωτηρίου κάρπωμα τῷ θεῷ, τὸ στέαρ καὶ τὴν ὀσφὺν ἄμωμον (σὺν ταῖς ψόαις περιε- 10 λεῖ αὐτό) καὶ τὸ στέαρ τῆς κοιλίας ¹⁰καὶ ἀμφοτέρους τοὺς νε- φροὺς καὶ τὸ στέαρ τὸ ἐπ᾽ αὐτῶν τὸ ἐπὶ τῶν μηρίων καὶ τὸν

13 επι] απο A ‖ 14 προσφερη A | νεα] pr. απαλον B*A†: cf. 92 | προσοισει A†
31 θυσιαν B*A | εναντι A ‖ 2 αυτο] + εναντιον κυριου B†

λοβὸν τὸν ἐπὶ τοῦ ἥπατος (σὺν τοῖς νεφροῖς περιελών) ¹¹ἀνοίσει 11
ὁ ἱερεὺς ἐπὶ τὸ θυσιαστήριον· ὀσμὴ εὐωδίας, κάρπωμα κυρίῳ.

¹²Ἐὰν δὲ ἀπὸ τῶν αἰγῶν τὸ δῶρον αὐτοῦ, καὶ προσάξει ἔναντι 12
κυρίου ¹³καὶ ἐπιθήσει τὰς χεῖρας ἐπὶ τὴν κεφαλὴν αὐτοῦ, καὶ σφά- 13
ξουσιν αὐτὸ ἔναντι κυρίου παρὰ τὰς θύρας τῆς σκηνῆς τοῦ μαρ-
τυρίου, καὶ προσχεοῦσιν οἱ υἱοὶ Ααρων οἱ ἱερεῖς τὸ αἷμα ἐπὶ τὸ
θυσιαστήριον κύκλῳ. ¹⁴καὶ ἀνοίσει ἐπ' αὐτοῦ κάρπωμα κυρίῳ, τὸ 14
στέαρ τὸ κατακαλύπτον τὴν κοιλίαν καὶ πᾶν τὸ στέαρ τὸ ἐπὶ τῆς
κοιλίας ¹⁵καὶ ἀμφοτέρους τοὺς νεφροὺς καὶ πᾶν τὸ στέαρ τὸ ἐπ' 15
αὐτῶν τὸ ἐπὶ τῶν μηρίων καὶ τὸν λοβὸν τοῦ ἥπατος (σὺν τοῖς
νεφροῖς περιελεῖ), ¹⁶καὶ ἀνοίσει ὁ ἱερεὺς ἐπὶ τὸ θυσιαστήριον· κάρ- 16
πωμα, ὀσμὴ εὐωδίας τῷ κυρίῳ. πᾶν τὸ στέαρ τῷ κυρίῳ· ¹⁷νόμι- 17
μον εἰς τὸν αἰῶνα εἰς τὰς γενεὰς ὑμῶν ἐν πάσῃ κατοικίᾳ ὑμῶν·
πᾶν στέαρ καὶ πᾶν αἷμα οὐκ ἔδεσθε.

¹Καὶ ἐλάλησεν κύριος πρὸς Μωυσῆν λέγων ²Λάλησον πρὸς 4
τοὺς υἱοὺς Ισραηλ λέγων Ψυχὴ ἐὰν ἁμάρτῃ ἔναντι κυρίου ἀκου-
σίως ἀπὸ τῶν προσταγμάτων κυρίου, ὧν οὐ δεῖ ποιεῖν, καὶ ποιή-
σῃ ἕν τι ἀπ' αὐτῶν· ³ἐὰν μὲν ὁ ἀρχιερεὺς ὁ κεχρισμένος ἁμάρ- 3
τῃ τοῦ τὸν λαὸν ἁμαρτεῖν, καὶ προσάξει περὶ τῆς ἁμαρτίας αὐτοῦ,
ἧς ἥμαρτεν, μόσχον ἐκ βοῶν ἄμωμον τῷ κυρίῳ περὶ τῆς ἁμαρ-
τίας αὐτοῦ. ⁴καὶ προσάξει τὸν μόσχον παρὰ τὴν θύραν τῆς σκη- 4
νῆς τοῦ μαρτυρίου ἔναντι κυρίου καὶ ἐπιθήσει τὴν χεῖρα αὐτοῦ
ἐπὶ τὴν κεφαλὴν τοῦ μόσχου ἔναντι κυρίου καὶ σφάξει τὸν μό-
σχον ἐνώπιον κυρίου. ⁵καὶ λαβὼν ὁ ἱερεὺς ὁ χριστὸς ὁ τετελειω- 5
μένος τὰς χεῖρας ἀπὸ τοῦ αἵματος τοῦ μόσχου καὶ εἰσοίσει αὐτὸ
ἐπὶ τὴν σκηνὴν τοῦ μαρτυρίου· ⁶καὶ βάψει ὁ ἱερεὺς τὸν δάκτυλον 6
εἰς τὸ αἷμα καὶ προσρανεῖ ἀπὸ τοῦ αἵματος ἑπτάκις ἔναντι κυρίου
κατὰ τὸ καταπέτασμα τὸ ἅγιον· ⁷καὶ ἐπιθήσει ὁ ἱερεὺς ἀπὸ τοῦ 7
αἵματος τοῦ μόσχου ἐπὶ τὰ κέρατα τοῦ θυσιαστηρίου τοῦ θυμιά-
ματος τῆς συνθέσεως τοῦ ἐναντίον κυρίου, ὅ ἐστιν ἐν τῇ σκηνῇ
τοῦ μαρτυρίου· καὶ πᾶν τὸ αἷμα τοῦ μόσχου ἐκχεεῖ παρὰ τὴν βά-
σιν τοῦ θυσιαστηρίου τῶν ὁλοκαυτωμάτων, ὅ ἐστιν παρὰ τὰς θύ-
ρας τῆς σκηνῆς τοῦ μαρτυρίου. ⁸καὶ πᾶν τὸ στέαρ τοῦ μόσχου 8
τοῦ τῆς ἁμαρτίας περιελεῖ ἀπ' αὐτοῦ, τὸ στέαρ τὸ κατακαλύπτον
τὰ ἐνδόσθια καὶ πᾶν τὸ στέαρ τὸ ἐπὶ τῶν ἐνδοσθίων ⁹καὶ τοὺς 9
δύο νεφροὺς καὶ τὸ στέαρ τὸ ἐπ' αὐτῶν, ὅ ἐστιν ἐπὶ τῶν μηρίων,
καὶ τὸν λοβὸν τὸν ἐπὶ τοῦ ἥπατος (σὺν τοῖς νεφροῖς περιελεῖ αὐτό),
¹⁰ὃν τρόπον ἀφαιρεῖται ἀπὸ τοῦ μόσχου τοῦ τῆς θυσίας τοῦ 10

11 οσμην A || 13 αυτο] -τον A⁺ || 14 καλυπτον A || 15 παν > A
4 3 τον > B*A⁺ || 5 οισει A⁺ | επι] εις Bᶜ || 7 εναντιον B⁺] -τι A
|| 8 παν το 1⁰] tr. A⁺ || 9 ο εστιν] το A || 10 αφαιρειται M] -τε αυτο
B⁺, αφελειται A⁺

σωτηρίου, καὶ ἀνοίσει ὁ ἱερεὺς ἐπὶ τὸ θυσιαστήριον τῆς καρπώ-
11 σεως. ¹¹καὶ τὸ δέρμα τοῦ μόσχου καὶ πᾶσαν αὐτοῦ τὴν σάρκα
σὺν τῇ κεφαλῇ καὶ τοῖς ἀκρωτηρίοις καὶ τῇ κοιλίᾳ καὶ τῇ κόπρῳ
12 ¹²καὶ ἐξοίσουσιν ὅλον τὸν μόσχον ἔξω τῆς παρεμβολῆς εἰς τόπον
καθαρόν, οὗ ἐκχεοῦσιν τὴν σποδιάν, καὶ κατακαύσουσιν αὐτὸν ἐπὶ
ξύλων ἐν πυρί· ἐπὶ τῆς ἐκχύσεως τῆς σποδιᾶς καυθήσεται.
13 ¹³Ἐὰν δὲ πᾶσα συναγωγὴ Ἰσραηλ ἀγνοήσῃ ἀκουσίως καὶ λάθῃ
ῥῆμα ἐξ ὀφθαλμῶν τῆς συναγωγῆς καὶ ποιήσωσιν μίαν ἀπὸ πα-
σῶν τῶν ἐντολῶν κυρίου, ἣ οὐ ποιηθήσεται, καὶ πλημμελήσωσιν,
14 ¹⁴καὶ γνωσθῇ αὐτοῖς ἡ ἁμαρτία, ἣν ἥμαρτον ἐν αὐτῇ, καὶ προσά-
ξει ἡ συναγωγὴ μόσχον ἐκ βοῶν ἄμωμον περὶ τῆς ἁμαρτίας καὶ
15 προσάξει αὐτὸν παρὰ τὰς θύρας τῆς σκηνῆς τοῦ μαρτυρίου. ¹⁵καὶ
ἐπιθήσουσιν οἱ πρεσβύτεροι τῆς συναγωγῆς τὰς χεῖρας αὐτῶν ἐπὶ
τὴν κεφαλὴν τοῦ μόσχου ἔναντι κυρίου καὶ σφάξουσιν τὸν μό-
16 σχον ἔναντι κυρίου. ¹⁶καὶ εἰσοίσει ὁ ἱερεὺς ὁ χριστὸς ἀπὸ τοῦ αἵ-
17 ματος τοῦ μόσχου εἰς τὴν σκηνὴν τοῦ μαρτυρίου· ¹⁷καὶ βάψει ὁ
ἱερεὺς τὸν δάκτυλον ἀπὸ τοῦ αἵματος τοῦ μόσχου καὶ ῥανεῖ ἑπτά-
18 κις ἔναντι κυρίου κατενώπιον τοῦ καταπετάσματος τοῦ ἁγίου· ¹⁸καὶ
ἀπὸ τοῦ αἵματος ἐπιθήσει ὁ ἱερεὺς ἐπὶ τὰ κέρατα τοῦ θυσιαστη-
ρίου τῶν θυμιαμάτων τῆς συνθέσεως, ὅ ἐστιν ἐνώπιον κυρίου, ὅ
ἐστιν ἐν τῇ σκηνῇ τοῦ μαρτυρίου· καὶ τὸ πᾶν αἷμα ἐκχεεῖ πρὸς
τὴν βάσιν τοῦ θυσιαστηρίου τῶν καρπώσεων τῶν πρὸς τῇ θύρᾳ
19 τῆς σκηνῆς τοῦ μαρτυρίου. ¹⁹καὶ τὸ πᾶν στέαρ περιελεῖ ἀπ᾽ αὐ-
20 τοῦ καὶ ἀνοίσει ἐπὶ τὸ θυσιαστήριον· ²⁰καὶ ποιήσει τὸν μόσχον
ὃν τρόπον ἐποίησεν τὸν μόσχον τὸν τῆς ἁμαρτίας, οὕτως ποιη-
θήσεται· καὶ ἐξιλάσεται περὶ αὐτῶν ὁ ἱερεύς, καὶ ἀφεθήσεται αὐ-
21 τοῖς ἡ ἁμαρτία. ²¹καὶ ἐξοίσουσιν τὸν μόσχον ὅλον ἔξω τῆς παρεμ-
βολῆς καὶ κατακαύσουσιν τὸν μόσχον, ὃν τρόπον κατέκαυσαν τὸν
μόσχον τὸν πρότερον. ἁμαρτία συναγωγῆς ἐστιν.
22 ²²Ἐὰν δὲ ὁ ἄρχων ἁμάρτῃ καὶ ποιήσῃ μίαν ἀπὸ πασῶν τῶν
ἐντολῶν κυρίου τοῦ θεοῦ αὐτῶν, ἣ οὐ ποιηθήσεται, ἀκουσίως καὶ
23 ἁμάρτῃ καὶ πλημμελήσῃ, ²³καὶ γνωσθῇ αὐτῷ ἡ ἁμαρτία, ἣν ἥμαρ-
τεν ἐν αὐτῇ, καὶ προσοίσει τὸ δῶρον αὐτοῦ χίμαρον ἐξ αἰγῶν,
24 ἄρσεν ἄμωμον. ²⁴καὶ ἐπιθήσει τὴν χεῖρα ἐπὶ τὴν κεφαλὴν τοῦ χι-
μάρου, καὶ σφάξουσιν αὐτὸν ἐν τόπῳ, οὗ σφάζουσιν τὰ ὁλοκαυ-
25 τώματα ἐνώπιον κυρίου· ἁμαρτία ἐστίν. ²⁵καὶ ἐπιθήσει ὁ ἱερεὺς
ἀπὸ τοῦ αἵματος τοῦ τῆς ἁμαρτίας τῷ δακτύλῳ ἐπὶ τὰ κέρατα
τοῦ θυσιαστηρίου τῶν ὁλοκαυτωμάτων· καὶ τὸ πᾶν αἷμα αὐτοῦ
ἐκχεεῖ παρὰ τὴν βάσιν τοῦ θυσιαστηρίου τῶν ὁλοκαυτωμάτων.

10 και ανοισει Μ] διανοι. ΒΑ† ‖ 13 πλημμελησωσιν] -σουσιν Β*Α ‖
17 κατενωπιον] κατ > Α† ‖ 18 την θυραν Α ‖ 21 ολον] > Β*Α, in Ο
sub ÷ ‖ 24 ου] ω Α†: item in 29 (non in 33)

²⁶καὶ τὸ πᾶν στέαρ αὐτοῦ ἀνοίσει ἐπὶ τὸ θυσιαστήριον ὥσπερ 26
τὸ στέαρ θυσίας σωτηρίου. καὶ ἐξιλάσεται περὶ αὐτοῦ ὁ ἱερεὺς ἀπὸ
τῆς ἁμαρτίας αὐτοῦ, καὶ ἀφεθήσεται αὐτῷ.

²⁷Ἐὰν δὲ ψυχὴ μία ἁμάρτῃ ἀκουσίως ἐκ τοῦ λαοῦ τῆς γῆς ἐν 27
τῷ ποιῆσαι μίαν ἀπὸ πασῶν τῶν ἐντολῶν κυρίου, ἣ οὐ ποιηθή-
σεται, καὶ πλημμελήσῃ, ²⁸καὶ γνωσθῇ αὐτῷ ἡ ἁμαρτία, ἣν ἥμαρτεν 28
ἐν αὐτῇ, καὶ οἴσει χίμαιραν ἐξ αἰγῶν, θήλειαν ἄμωμον, οἴσει περὶ
τῆς ἁμαρτίας, ἧς ἥμαρτεν. ²⁹καὶ ἐπιθήσει τὴν χεῖρα ἐπὶ τὴν κεφα- 29
λὴν τοῦ ἁμαρτήματος αὐτοῦ, καὶ σφάξουσιν τὴν χίμαιραν τὴν τῆς
ἁμαρτίας ἐν τόπῳ, οὗ σφάζουσιν τὰ ὁλοκαυτώματα. ³⁰καὶ λήμψε- 30
ται ὁ ἱερεὺς ἀπὸ τοῦ αἵματος αὐτῆς τῷ δακτύλῳ καὶ ἐπιθήσει ἐπὶ
τὰ κέρατα τοῦ θυσιαστηρίου τῶν ὁλοκαυτωμάτων· καὶ πᾶν τὸ αἷ-
μα αὐτῆς ἐκχεεῖ παρὰ τὴν βάσιν τοῦ θυσιαστηρίου. ³¹καὶ πᾶν τὸ 31
στέαρ περιελεῖ, ὃν τρόπον περιαιρεῖται στέαρ ἀπὸ θυσίας σωτη-
ρίου, καὶ ἀνοίσει ὁ ἱερεὺς ἐπὶ τὸ θυσιαστήριον εἰς ὀσμὴν εὐωδίας
κυρίῳ. καὶ ἐξιλάσεται περὶ αὐτοῦ ὁ ἱερεύς, καὶ ἀφεθήσεται αὐτῷ.
— ³²ἐὰν δὲ πρόβατον προσενέγκῃ τὸ δῶρον αὐτοῦ εἰς ἁμαρτίαν, 32
θῆλυ ἄμωμον προσοίσει αὐτό. ³³καὶ ἐπιθήσει τὴν χεῖρα ἐπὶ τὴν 33
κεφαλὴν τοῦ τῆς ἁμαρτίας, καὶ σφάξουσιν αὐτὸ ἐν τόπῳ, οὗ σφά-
ζουσιν τὰ ὁλοκαυτώματα. ³⁴καὶ λαβὼν ὁ ἱερεὺς ἀπὸ τοῦ αἵματος 34
τοῦ τῆς ἁμαρτίας τῷ δακτύλῳ ἐπιθήσει ἐπὶ τὰ κέρατα τοῦ θυσια-
στηρίου τῆς ὁλοκαυτώσεως· καὶ πᾶν αὐτοῦ τὸ αἷμα ἐκχεεῖ παρὰ
τὴν βάσιν τοῦ θυσιαστηρίου τῆς ὁλοκαυτώσεως. ³⁵καὶ πᾶν αὐτοῦ 35
τὸ στέαρ περιελεῖ, ὃν τρόπον περιαιρεῖται στέαρ προβάτου ἐκ τῆς
θυσίας τοῦ σωτηρίου, καὶ ἐπιθήσει αὐτὸ ὁ ἱερεὺς ἐπὶ τὸ θυσια-
στήριον ἐπὶ τὸ ὁλοκαύτωμα κυρίου. καὶ ἐξιλάσεται περὶ αὐτοῦ ὁ
ἱερεὺς περὶ τῆς ἁμαρτίας, ἧς ἥμαρτεν, καὶ ἀφεθήσεται αὐτῷ.

¹Ἐὰν δὲ ψυχὴ ἁμάρτῃ καὶ ἀκούσῃ φωνὴν ὁρκισμοῦ καὶ οὗτος 5
μάρτυς (ἢ ἑώρακεν ἢ σύνοιδεν), ἐὰν μὴ ἀπαγγείλῃ, λήμψεται τὴν
ἁμαρτίαν· ²ἢ ψυχή, ἥτις ἐὰν ἅψηται παντὸς πράγματος ἀκαθάρ- 2
του, ἢ θνησιμαίου ἢ θηριαλώτου ἀκαθάρτου ἢ τῶν θνησιμαίων ἢ
τῶν βδελυγμάτων τῶν ἀκαθάρτων ἢ τῶν θνησιμαίων κτηνῶν τῶν
ἀκαθάρτων, ³ἢ ἅψηται ἀπὸ ἀκαθαρσίας ἀνθρώπου, ἀπὸ πάσης ἀκα- 3
θαρσίας αὐτοῦ, ἧς ἂν ἁψάμενος μιανθῇ, καὶ ἔλαθεν αὐτόν, μετὰ
τοῦτο δὲ γνῷ καὶ πλημμελήσῃ, ⁴ἢ ψυχή, ἡ ἂν ὁμόσῃ διαστέλλουσα 4
τοῖς χείλεσιν κακοποιῆσαι ἢ καλῶς ποιῆσαι κατὰ πάντα, ὅσα ἐὰν
διαστείλῃ ὁ ἄνθρωπος μεθ᾽ ὅρκου, καὶ λάθῃ αὐτὸν πρὸ ὀφθαλμῶν,
καὶ οὗτος γνῷ καὶ ἁμάρτῃ ἕν τι τούτων, ⁵καὶ ἐξαγορεύσει τὴν 5
ἁμαρτίαν περὶ ὧν ἡμάρτηκεν κατ᾽ αὐτῆς, ⁶καὶ οἴσει περὶ ὧν ἐπλημ- 6
μέλησεν κυρίῳ, περὶ τῆς ἁμαρτίας, ἧς ἥμαρτεν, θῆλυ ἀπὸ τῶν

33 κεφ.] + αυτου B* ‖ 34 ολοκαυτ. 1⁰] ολοκαρπωσεως Bᶜ
5 1 η bis] ει A†

προβάτων, ἀμνάδα ἢ χίμαιραν ἐξ αἰγῶν, περὶ ἁμαρτίας· καὶ ἐξι-
λάσεται περὶ αὐτοῦ ὁ ἱερεὺς περὶ τῆς ἁμαρτίας αὐτοῦ, ἧς ἥμαρ-
τεν, καὶ ἀφεθήσεται αὐτῷ ἡ ἁμαρτία.

7 ⁷Ἐὰν δὲ μὴ ἰσχύσῃ ἡ χεὶρ αὐτοῦ τὸ ἱκανὸν εἰς τὸ πρόβατον,
οἴσει περὶ τῆς ἁμαρτίας αὐτοῦ, ἧς ἥμαρτεν, δύο τρυγόνας ἢ δύο
νεοσσοὺς περιστερῶν κυρίῳ, ἕνα περὶ ἁμαρτίας καὶ ἕνα εἰς ὁλο-
8 καύτωμα. ⁸καὶ οἴσει αὐτὰ πρὸς τὸν ἱερέα, καὶ προσάξει ὁ ἱερεὺς
τὸ περὶ τῆς ἁμαρτίας πρότερον· καὶ ἀποκνίσει ὁ ἱερεὺς τὴν κε-
9 φαλὴν αὐτοῦ ἀπὸ τοῦ σφονδύλου καὶ οὐ διελεῖ· ⁹καὶ ρανεῖ ἀπὸ
τοῦ αἵματος τοῦ περὶ τῆς ἁμαρτίας ἐπὶ τὸν τοῖχον τοῦ θυσια-
στηρίου, τὸ δὲ κατάλοιπον τοῦ αἵματος καταστραγγιεῖ ἐπὶ τὴν
10 βάσιν τοῦ θυσιαστηρίου· ἁμαρτίας γάρ ἐστιν. ¹⁰καὶ τὸ δεύτερον
ποιήσει ὁλοκαύτωμα, ὡς καθήκει. καὶ ἐξιλάσεται ὁ ἱερεὺς περὶ τῆς
11 ἁμαρτίας αὐτοῦ, ἧς ἥμαρτεν, καὶ ἀφεθήσεται αὐτῷ. — ¹¹ἐὰν δὲ
μὴ εὑρίσκῃ αὐτοῦ ἡ χεὶρ ζεῦγος τρυγόνων ἢ δύο νεοσσοὺς περι-
στερῶν, καὶ οἴσει τὸ δῶρον αὐτοῦ περὶ οὗ ἥμαρτεν, τὸ δέκατον
τοῦ οιφι σεμίδαλιν περὶ ἁμαρτίας· οὐκ ἐπιχεεῖ ἐπ᾽ αὐτὸ ἔλαιον
12 οὐδὲ ἐπιθήσει ἐπ᾽ αὐτὸ λίβανον, ὅτι περὶ ἁμαρτίας ἐστίν· ¹²καὶ
οἴσει αὐτὸ πρὸς τὸν ἱερέα. καὶ δραξάμενος ὁ ἱερεὺς ἀπ᾽ αὐτῆς
πλήρη τὴν δράκα, τὸ μνημόσυνον αὐτῆς ἐπιθήσει ἐπὶ τὸ θυσια-
13 στήριον τῶν ὁλοκαυτωμάτων κυρίῳ· ἁμαρτία ἐστίν. ¹³καὶ ἐξιλά-
σεται περὶ αὐτοῦ ὁ ἱερεὺς περὶ τῆς ἁμαρτίας αὐτοῦ, ἧς ἥμαρτεν,
ἐφ᾽ ἑνὸς τούτων, καὶ ἀφεθήσεται αὐτῷ. τὸ δὲ καταλειφθὲν ἔσται
τῷ ἱερεῖ ὡς ἡ θυσία τῆς σεμιδάλεως.

14
15   ¹⁴Καὶ ἐλάλησεν κύριος πρὸς Μωυσῆν λέγων ¹⁵Ψυχὴ ἐὰν λάθῃ
αὐτὸν λήθῃ καὶ ἁμάρτῃ ἀκουσίως ἀπὸ τῶν ἁγίων κυρίου, καὶ οἴ-
σει τῆς πλημμελείας αὐτοῦ τῷ κυρίῳ κριὸν ἄμωμον ἐκ τῶν προ-
βάτων τιμῆς ἀργυρίου σίκλων, τῷ σίκλῳ τῶν ἁγίων, περὶ οὗ
16 ἐπλημμέλησεν. ¹⁶καὶ ὃ ἥμαρτεν ἀπὸ τῶν ἁγίων, ἀποτείσαι αὐτὸ
καὶ τὸ ἐπίπεμπτον προσθήσει ἐπ᾽ αὐτὸ καὶ δώσει αὐτὸ τῷ ἱερεῖ·
καὶ ὁ ἱερεὺς ἐξιλάσεται περὶ αὐτοῦ ἐν τῷ κριῷ τῆς πλημμελείας,
καὶ ἀφεθήσεται αὐτῷ.

17   ¹⁷Καὶ ἡ ψυχή, ἢ ἂν ἁμάρτῃ καὶ ποιήσῃ μίαν ἀπὸ πασῶν τῶν
ἐντολῶν κυρίου, ὧν οὐ δεῖ ποιεῖν, καὶ οὐκ ἔγνω καὶ πλημμελήσῃ
18 καὶ λάβῃ τὴν ἁμαρτίαν, ¹⁸καὶ οἴσει κριὸν ἄμωμον ἐκ τῶν προ-
βάτων τιμῆς ἀργυρίου εἰς πλημμέλειαν πρὸς τὸν ἱερέα· καὶ ἐξι-
λάσεται περὶ αὐτοῦ ὁ ἱερεὺς περὶ τῆς ἀγνοίας αὐτοῦ, ἧς ἠγνό-

7 ισχυι (pro -υη) A | το 2⁰ > A ‖ 10 της > A⁺ ‖ 11 σεμιδαλεως B⁺ ‖
12 ο ιερ. / απ αυτης] tr. A | αμαρτιας Bᶜ ‖ 13 αυτου 2⁰] εστιν A⁺ ‖ 15 εαν]
η αν Bᶜ | τω σικλω] του σικλου A⁺ ‖ 16 ο 1⁰ > A | αποτισει Bᶜ ‖ 17 η
ψυχη η αν] ψ. εαν A

ησεν καὶ αὐτὸς οὐκ ᾔδει, καὶ ἀφεθήσεται αὐτῷ· ¹⁹ἐπλημμέλησεν 19
γὰρ πλημμέλησιν ἔναντι κυρίου.

²⁰Καὶ ἐλάλησεν κύριος πρὸς Μωυσῆν λέγων ²¹Ψυχὴ ἐὰν ἁμάρ- 20
τῃ καὶ παριδὼν παρίδῃ τὰς ἐντολὰς κυρίου καὶ ψεύσηται τὰ πρὸς 21
τὸν πλησίον ἐν παραθήκῃ ἢ περὶ κοινωνίας ἢ περὶ ἁρπαγῆς ἢ ἠδί-
κησέν τι τὸν πλησίον ²²ἢ εὗρεν ἀπώλειαν καὶ ψεύσηται περὶ αὐ- 22
τῆς καὶ ὀμόσῃ ἀδίκως περὶ ἑνὸς ἀπὸ πάντων, ὧν ἐὰν ποιήσῃ ὁ
ἄνθρωπος ὥστε ἁμαρτεῖν ἐν τούτοις, ²³καὶ ἔσται ἡνίκα ἐὰν ἁμάρ- 23
τῃ καὶ πλημμελήσῃ, καὶ ἀποδῷ τὸ ἅρπαγμα, ὃ ἥρπασεν, ἢ τὸ ἀδί-
κημα, ὃ ἠδίκησεν, ἢ τὴν παραθήκην, ἥτις παρετέθη αὐτῷ, ἢ τὴν
ἀπώλειαν, ἣν εὗρεν, ²⁴ἀπὸ παντὸς πράγματος, οὗ ὤμοσεν περὶ 24
αὐτοῦ ἀδίκως, καὶ ἀποτείσει αὐτὸ τὸ κεφάλαιον καὶ τὸ πέμπτον
προσθήσει ἐπ᾽ αὐτό· τίνος ἐστίν, αὐτῷ ἀποδώσει ᾗ ἡμέρᾳ ἐλεγ-
χθῇ. ²⁵καὶ τῆς πλημμελείας αὐτοῦ οἴσει τῷ κυρίῳ κριὸν ἀπὸ τῶν 25
προβάτων ἄμωμον τιμῆς εἰς ὃ ἐπλημμέλησεν αὐτῷ. ²⁶καὶ ἐξιλά- 26
σεται περὶ αὐτοῦ ὁ ἱερεὺς ἔναντι κυρίου, καὶ ἀφεθήσεται αὐτῷ
περὶ ἑνὸς ἀπὸ πάντων, ὧν ἐποίησεν καὶ ἐπλημμέλησεν αὐτῷ.

¹Καὶ ἐλάλησεν κύριος πρὸς Μωυσῆν λέγων ²Ἔντειλαι Ααρων 6
καὶ τοῖς υἱοῖς αὐτοῦ λέγων Οὗτος ὁ νόμος τῆς ὁλοκαυτώσεως·
αὐτὴ ἡ ὁλοκαύτωσις ἐπὶ τῆς καύσεως αὐτῆς ἐπὶ τοῦ θυσιαστηρίου
ὅλην τὴν νύκτα ἕως τὸ πρωί, καὶ τὸ πῦρ τοῦ θυσιαστηρίου καυ-
θήσεται ἐπ᾽ αὐτοῦ, οὐ σβεσθήσεται. ³καὶ ἐνδύσεται ὁ ἱερεὺς χιτῶνα 3
λινοῦν καὶ περισκελὲς λινοῦν ἐνδύσεται περὶ τὸ σῶμα αὐτοῦ καὶ
ἀφελεῖ τὴν κατακάρπωσιν, ἣν ἂν καταναλώσῃ τὸ πῦρ τὴν ὁλοκαύ-
τωσιν, ἀπὸ τοῦ θυσιαστηρίου καὶ παραθήσει αὐτὸ ἐχόμενον τοῦ
θυσιαστηρίου. ⁴καὶ ἐκδύσεται τὴν στολὴν αὐτοῦ καὶ ἐνδύσεται στο- 4
λὴν ἄλλην καὶ ἐξοίσει τὴν κατακάρπωσιν ἔξω τῆς παρεμβολῆς εἰς
τόπον καθαρόν. ⁵καὶ πῦρ ἐπὶ τὸ θυσιαστήριον καυθήσεται ἀπ᾽ αὐ- 5
τοῦ καὶ οὐ σβεσθήσεται, καὶ καύσει ὁ ἱερεὺς ἐπ᾽ αὐτὸ ξύλα τὸ
πρωὶ καὶ στοιβάσει ἐπ᾽ αὐτοῦ τὴν ὁλοκαύτωσιν καὶ ἐπιθήσει ἐπ᾽
αὐτὸ τὸ στέαρ τοῦ σωτηρίου· ⁶καὶ πῦρ διὰ παντὸς καυθήσεται 6
ἐπὶ τὸ θυσιαστήριον, οὐ σβεσθήσεται.

⁷Οὗτος ὁ νόμος τῆς θυσίας, ἣν προσάξουσιν αὐτὴν οἱ υἱοὶ 7
Ααρων ἔναντι κυρίου ἀπέναντι τοῦ θυσιαστηρίου· ⁸καὶ ἀφελεῖ ἀπ᾽ 8
αὐτοῦ τῇ δρακὶ ἀπὸ τῆς σεμιδάλεως τῆς θυσίας σὺν τῷ ἐλαίῳ
αὐτῆς καὶ σὺν τῷ λιβάνῳ αὐτῆς τὰ ὄντα ἐπὶ τῆς θυσίας καὶ ἀνοί-
σει ἐπὶ τὸ θυσιαστήριον κάρπωμα· ὀσμὴ εὐωδίας, τὸ μνημόσυνον
αὐτῆς τῷ κυρίῳ. ⁹τὸ δὲ καταλειφθὲν ἀπ᾽ αὐτῆς ἔδεται Ααρων καὶ 9
οἱ υἱοὶ αὐτοῦ· ἄζυμα βρωθήσεται ἐν τόπῳ ἁγίῳ, ἐν αὐλῇ τῆς

23 η 1⁰ > A† || 24 επιπεμπτον Aᶜ || 25 τω > A | αυτω B†] > A
6 3 περι > A† || 5 απ] επ A | πρωι] + πρωι Bᶜ

10 σκηνῆς τοῦ μαρτυρίου ἔδονται αὐτήν. ¹⁰ οὐ πεφθήσεται ἐζυμωμένη·
μερίδα αὐτὴν ἔδωκα αὐτοῖς ἀπὸ τῶν καρπωμάτων κυρίου· ἅγια
ἁγίων ὥσπερ τὸ τῆς ἁμαρτίας καὶ ὥσπερ τὸ τῆς πλημμελείας.
11 ¹¹ πᾶν ἀρσενικὸν τῶν ἱερέων ἔδονται αὐτήν· νόμιμον αἰώνιον εἰς
τὰς γενεὰς ὑμῶν ἀπὸ τῶν καρπωμάτων κυρίου. πᾶς, ὃς ἐὰν ἅψη-
ται αὐτῶν, ἁγιασθήσεται.
12
13 ¹² Καὶ ἐλάλησεν κύριος πρὸς Μωυσῆν λέγων ¹³ Τοῦτο τὸ δῶρον
Ααρων καὶ τῶν υἱῶν αὐτοῦ, ὃ προσοίσουσιν κυρίῳ ἐν τῇ ἡμέρᾳ,
ᾗ ἂν χρίσῃς αὐτόν· τὸ δέκατον τοῦ οιφι σεμιδάλεως εἰς θυσίαν
διὰ παντός, τὸ ἥμισυ αὐτῆς τὸ πρωὶ καὶ τὸ ἥμισυ αὐτῆς τὸ δει-
14 λινόν. ¹⁴ ἐπὶ τηγάνου ἐν ἐλαίῳ ποιηθήσεται, πεφυραμένην οἴσει
αὐτήν, ἑλικτά, θυσίαν ἐκ κλασμάτων, θυσίαν ὀσμὴν εὐωδίας κυρίῳ.
15 ¹⁵ ὁ ἱερεὺς ὁ χριστὸς ἀντ᾽ αὐτοῦ ἐκ τῶν υἱῶν αὐτοῦ ποιήσει αὐ-
16 τήν· νόμος αἰώνιος, ἅπαν ἐπιτελεσθήσεται. ¹⁶ καὶ πᾶσα θυσία ἱε-
ρέως ὁλόκαυτος ἔσται καὶ οὐ βρωθήσεται.
17
18 ¹⁷ Καὶ ἐλάλησεν κύριος πρὸς Μωυσῆν λέγων ¹⁸ Λάλησον Ααρων
καὶ τοῖς υἱοῖς αὐτοῦ λέγων Οὗτος ὁ νόμος τῆς ἁμαρτίας· ἐν τό-
πῳ, οὗ σφάζουσιν τὸ ὁλοκαύτωμα, σφάξουσιν τὰ περὶ τῆς ἁμαρ-
19 τίας ἔναντι κυρίου· ἅγια ἁγίων ἐστίν. ¹⁹ ὁ ἱερεὺς ὁ ἀναφέρων αὐ-
τὴν ἔδεται αὐτήν· ἐν τόπῳ ἁγίῳ βρωθήσεται, ἐν αὐλῇ τῆς σκη-
20 νῆς τοῦ μαρτυρίου. ²⁰ πᾶς ὁ ἁπτόμενος τῶν κρεῶν αὐτῆς ἁγια-
σθήσεται· καὶ ᾧ ἐὰν ἐπιρραντισθῇ ἀπὸ τοῦ αἵματος αὐτῆς ἐπὶ τὸ
21 ἱμάτιον, ὃ ἐὰν ῥαντισθῇ ἐπ᾽ αὐτὸ πλυθήσεται ἐν τόπῳ ἁγίῳ. ²¹ καὶ
σκεῦος ὀστράκινον, οὗ ἐὰν ἑψηθῇ ἐν αὐτῷ, συντριβήσεται· ἐὰν
22 δὲ ἐν σκεύει χαλκῷ ἑψηθῇ, ἐκτρίψει αὐτὸ καὶ ἐκκλύσει ὕδατι. ²² πᾶς
ἄρσην ἐν τοῖς ἱερεῦσιν φάγεται αὐτά· ἅγια ἁγίων ἐστὶν κυρίου.
23 ²³ καὶ πάντα τὰ περὶ τῆς ἁμαρτίας, ὧν ἐὰν εἰσενεχθῇ ἀπὸ τοῦ αἵ-
ματος αὐτῶν εἰς τὴν σκηνὴν τοῦ μαρτυρίου ἐξιλάσασθαι ἐν τῷ
ἁγίῳ, οὐ βρωθήσεται· ἐν πυρὶ κατακαυθήσεται.
7 ¹ Καὶ οὗτος ὁ νόμος τοῦ κριοῦ τοῦ περὶ τῆς πλημμελείας· ἅγια
2 ἁγίων ἐστίν. ² ἐν τόπῳ, οὗ σφάζουσιν τὸ ὁλοκαύτωμα, σφάξουσιν
τὸν κριὸν τῆς πλημμελείας ἔναντι κυρίου, καὶ τὸ αἷμα προσχεεῖ
3 ἐπὶ τὴν βάσιν τοῦ θυσιαστηρίου κύκλῳ. ³ καὶ πᾶν τὸ στέαρ αὐ-
τοῦ προσοίσει ἀπ᾽ αὐτοῦ, καὶ τὴν ὀσφὺν καὶ πᾶν τὸ στέαρ τὸ
κατακαλύπτον τὰ ἐνδόσθια καὶ πᾶν τὸ στέαρ τὸ ἐπὶ τῶν ἐνδο-
4 σθίων ⁴ καὶ τοὺς δύο νεφροὺς καὶ τὸ στέαρ τὸ ἐπ᾽ αὐτῶν τὸ ἐπὶ
τῶν μηρίων καὶ τὸν λοβὸν τὸν ἐπὶ τοῦ ἥπατος (σὺν τοῖς νεφροῖς
5 περιελεῖ αὐτά), ⁵ καὶ ἀνοίσει αὐτὰ ὁ ἱερεὺς ἐπὶ τὸ θυσιαστήριον

κάρπωμα τῷ κυρίῳ· περὶ πλημμελείας ἐστίν. ⁶πᾶς ἄρσην ἐκ τῶν 6
ἱερέων ἔδεται αὐτά, ἐν τόπῳ ἁγίῳ ἔδονται αὐτά· ἅγια ἁγίων ἐστίν.
⁷ὥσπερ τὸ περὶ τῆς ἁμαρτίας, οὕτω καὶ τὸ τῆς πλημμελείας, νό- 7
μος εἷς αὐτῶν· ὁ ἱερεύς, ὅστις ἐξιλάσεται ἐν αὐτῷ, αὐτῷ ἔσται.
⁸καὶ ὁ ἱερεὺς ὁ προσάγων ὁλοκαύτωμα ἀνθρώπου, τὸ δέρμα τῆς 8
ὁλοκαυτώσεως, ἧς αὐτὸς προσφέρει, αὐτῷ ἔσται. ⁹καὶ πᾶσα θυσία, 9
ἥτις ποιηθήσεται ἐν τῷ κλιβάνῳ, καὶ πᾶσα, ἥτις ποιηθήσεται ἐπ'
ἐσχάρας ἢ ἐπὶ τηγάνου, τοῦ ἱερέως τοῦ προσφέροντος αὐτήν, αὐ-
τῷ ἔσται. ¹⁰καὶ πᾶσα θυσία ἀναπεποιημένη ἐν ἐλαίῳ καὶ μὴ ἀνα- 10
πεποιημένη πᾶσι τοῖς υἱοῖς Ααρων ἔσται, ἑκάστῳ τὸ ἴσον.

¹¹Οὗτος ὁ νόμος θυσίας σωτηρίου, ἣν προσοίσουσιν κυρίῳ. 11
¹²ἐὰν μὲν περὶ αἰνέσεως προσφέρῃ αὐτήν, καὶ προσοίσει ἐπὶ τῆς 12
θυσίας τῆς αἰνέσεως ἄρτους ἐκ σεμιδάλεως ἀναπεποιημένους ἐν
ἐλαίῳ, λάγανα ἄζυμα διακεχρισμένα ἐν ἐλαίῳ καὶ σεμίδαλιν πεφυ-
ραμένην ἐν ἐλαίῳ· ¹³ἐπ' ἄρτοις ζυμίταις προσοίσει τὰ δῶρα αὐτοῦ 13
ἐπὶ θυσίᾳ αἰνέσεως σωτηρίου. ¹⁴καὶ προσάξει ἓν ἀπὸ πάντων τῶν 14
δώρων αὐτοῦ ἀφαίρεμα κυρίῳ· τῷ ἱερεῖ τῷ προσχέοντι τὸ αἷμα
τοῦ σωτηρίου, αὐτῷ ἔσται. ¹⁵καὶ τὰ κρέα θυσίας αἰνέσεως σωτη- 15
ρίου αὐτῷ ἔσται καὶ ἐν ᾗ ἡμέρᾳ δωρεῖται, βρωθήσεται· οὐ κατα-
λείψουσιν ἀπ' αὐτοῦ εἰς τὸ πρωί. ¹⁶κἂν εὐχή, ἢ ἑκούσιον θυσιάζῃ 16
τὸ δῶρον αὐτοῦ, ᾗ ἂν ἡμέρᾳ προσαγάγῃ τὴν θυσίαν αὐτοῦ, βρω-
θήσεται καὶ τῇ αὔριον· ¹⁷καὶ τὸ καταλειφθὲν ἀπὸ τῶν κρεῶν τῆς 17
θυσίας ἕως ἡμέρας τρίτης ἐν πυρὶ κατακαυθήσεται. ¹⁸ἐὰν δὲ φα- 18
γὼν φάγῃ ἀπὸ τῶν κρεῶν τῇ ἡμέρᾳ τῇ τρίτῃ, οὐ δεχθήσεται αὐ-
τῷ τῷ προσφέροντι αὐτό, οὐ λογισθήσεται αὐτῷ, μίασμά ἐστιν·
ἡ δὲ ψυχή, ἥτις ἐὰν φάγῃ ἀπ' αὐτοῦ, τὴν ἁμαρτίαν λήμψεται. ¹⁹καὶ 19
κρέα, ὅσα ἂν ἅψηται παντὸς ἀκαθάρτου, οὐ βρωθήσεται, ἐν πυρὶ
κατακαυθήσεται. πᾶς καθαρὸς φάγεται κρέα. ²⁰ἡ δὲ ψυχή, ἥτις ἐὰν 20
φάγῃ ἀπὸ τῶν κρεῶν τῆς θυσίας τοῦ σωτηρίου, ὅ ἐστιν κυρίου,
καὶ ἡ ἀκαθαρσία αὐτοῦ ἐπ' αὐτοῦ, ἀπολεῖται ἡ ψυχὴ ἐκείνη ἐκ τοῦ
λαοῦ αὐτῆς. ²¹καὶ ψυχή, ἣ ἂν ἅψηται παντὸς πράγματος ἀκαθάρ- 21
του ἢ ἀπὸ ἀκαθαρσίας ἀνθρώπου ἢ τῶν τετραπόδων τῶν ἀκαθάρ-
των ἢ παντὸς βδελύγματος ἀκαθάρτου καὶ φάγῃ ἀπὸ τῶν κρεῶν
τῆς θυσίας τοῦ σωτηρίου, ὅ ἐστιν κυρίου, ἀπολεῖται ἡ ψυχὴ ἐκεί-
νη ἐκ τοῦ λαοῦ αὐτῆς.

²²Καὶ ἐλάλησεν κύριος πρὸς Μωυσῆν λέγων ²³Λάλησον τοῖς 22
υἱοῖς Ισραηλ λέγων Πᾶν στέαρ βοῶν καὶ προβάτων καὶ αἰγῶν οὐκ   23

7 7 αυτω ult. M] > BA ‖ 9 η > A† ‖ 10 αναπεπ. 2⁰ > A† ‖ 12 μεν]
+ τοι A ｜ λαγανα B*A†] pr. και Bᶜ ‖ 13 το δωρον Aᵗ ｜ θυσιαν Aᵗ ‖
16 καν] και εαν A ｜ ευχην Bᶜ ‖ 18 λογισεται A† ‖ 19 οσα αν M] οσαν
B*(uid.)A†, οσα εαν Bᶜ ‖ 20 ο] ου B*A† ‖ 23 λεγων > B*

24 ἔδεσθε. ²⁴καὶ στέαρ θνησιμαίων καὶ θηριάλωτον ποιηθήσεται εἰς
25 πᾶν ἔργον καὶ εἰς βρῶσιν οὐ βρωθήσεται. ²⁵πᾶς ὁ ἔσθων στέαρ
 ἀπὸ τῶν κτηνῶν, ὧν προσάξει αὐτῶν κάρπωμα κυρίῳ, ἀπολεῖται
26 ἡ ψυχὴ ἐκείνη ἀπὸ τοῦ λαοῦ αὐτῆς. ²⁶πᾶν αἷμα οὐκ ἔδεσθε ἐν
 πάσῃ τῇ κατοικίᾳ ὑμῶν ἀπό τε τῶν πετεινῶν καὶ ἀπὸ τῶν κτη-
27 νῶν. ²⁷πᾶσα ψυχή, ἣ ἄν φάγῃ αἷμα, ἀπολεῖται ἡ ψυχὴ ἐκείνη ἀπὸ
 τοῦ λαοῦ αὐτῆς.
28
29 ²⁸Καὶ ἐλάλησεν κύριος πρὸς Μωυσῆν λέγων ²⁹Καὶ τοῖς υἱοῖς
 Ισραηλ λαλήσεις λέγων Ὁ προσφέρων θυσίαν σωτηρίου κυρίῳ
30 οἴσει τὸ δῶρον αὐτοῦ κυρίῳ ἀπὸ τῆς θυσίας τοῦ σωτηρίου. ³⁰αἱ
 χεῖρες αὐτοῦ προσοίσουσιν τὰ καρπώματα κυρίῳ· τὸ στέαρ τὸ
 ἐπὶ τοῦ στηθυνίου καὶ τὸν λοβὸν τοῦ ἥπατος, προσοίσει αὐτὰ
31 ὥστε ἐπιθεῖναι δόμα ἔναντι κυρίου. ³¹καὶ ἀνοίσει ὁ ἱερεὺς τὸ στέαρ
 ἐπὶ τοῦ θυσιαστηρίου, καὶ ἔσται τὸ στηθύνιον Ααρων καὶ τοῖς
32 υἱοῖς αὐτοῦ. ³²καὶ τὸν βραχίονα τὸν δεξιὸν δώσετε ἀφαίρεμα τῷ
33 ἱερεῖ ἀπὸ τῶν θυσιῶν τοῦ σωτηρίου ὑμῶν· ³³ὁ προσφέρων τὸ
 αἷμα τοῦ σωτηρίου καὶ τὸ στέαρ ἀπὸ τῶν υἱῶν Ααρων, αὐτῷ
34 ἔσται ὁ βραχίων ὁ δεξιὸς ἐν μερίδι. ³⁴τὸ γὰρ στηθύνιον τοῦ ἐπι-
 θέματος καὶ τὸν βραχίονα τοῦ ἀφαιρέματος εἴληφα παρὰ τῶν υἱῶν
 Ισραηλ ἀπὸ τῶν θυσιῶν τοῦ σωτηρίου ὑμῶν καὶ ἔδωκα αὐτὰ
 Ααρων τῷ ἱερεῖ καὶ τοῖς υἱοῖς αὐτοῦ νόμιμον αἰώνιον παρὰ τῶν
 υἱῶν Ισραηλ.
35 ³⁵Αὕτη ἡ χρῖσις Ααρων καὶ ἡ χρῖσις τῶν υἱῶν αὐτοῦ ἀπὸ τῶν
 καρπωμάτων κυρίου ἐν ᾗ ἡμέρᾳ προσηγάγετο αὐτοὺς τοῦ ἱερατεύ-
36 ειν τῷ κυρίῳ, ³⁶καθὰ ἐνετείλατο κύριος δοῦναι αὐτοῖς ᾗ ἡμέρᾳ
 ἔχρισεν αὐτούς, παρὰ τῶν υἱῶν Ισραηλ· νόμιμον αἰώνιον εἰς τὰς
37 γενεὰς αὐτῶν. ³⁷οὗτος ὁ νόμος τῶν ὁλοκαυτωμάτων καὶ θυσίας
 καὶ περὶ ἁμαρτίας καὶ τῆς πλημμελείας καὶ τῆς τελειώσεως καὶ
38 τῆς θυσίας τοῦ σωτηρίου, ³⁸ὃν τρόπον ἐνετείλατο κύριος τῷ
 Μωυσῇ ἐν τῷ ὄρει Σινα ᾗ ἡμέρᾳ ἐνετείλατο τοῖς υἱοῖς Ισραηλ
 προσφέρειν τὰ δῶρα αὐτῶν ἔναντι κυρίου ἐν τῇ ἐρήμῳ Σινα.
8 ¹Καὶ ἐλάλησεν κύριος πρὸς Μωυσῆν λέγων ²Λαβὲ Ααρων καὶ
 τοὺς υἱοὺς αὐτοῦ καὶ τὰς στολὰς αὐτοῦ καὶ τὸ ἔλαιον τῆς χρί-
 σεως καὶ τὸν μόσχον τὸν περὶ τῆς ἁμαρτίας καὶ τοὺς δύο κριοὺς
3 καὶ τὸ κανοῦν τῶν ἀζύμων ³καὶ πᾶσαν τὴν συναγωγὴν ἐκκλησία-
4 σον ἐπὶ τὴν θύραν τῆς σκηνῆς τοῦ μαρτυρίου. ⁴καὶ ἐποίησεν
 Μωυσῆς ὃν τρόπον συνέταξεν αὐτῷ κύριος, καὶ ἐξεκκλησίασεν

24 θνησιμαιον Α | θηριαλωτων Bᶜ | ποιηθ.] pr. ου Α | βρωθ.] φαγεται Α†
|| 25 αυτων] pr. απ BᶜAᶜ | κυριου B† | απο ult.] εκ Α || 26 τη] + γη B*,
> Bᶜ || 29 απο] pr. και B*Α || 31 και ult.] + εσται Β || 33 απο M]
pr. το ΒΑ
8 4 συνετ. αυτω] tr. Α†

τὴν συναγωγὴν ἐπὶ τὴν θύραν τῆς σκηνῆς τοῦ μαρτυρίου. ⁵καὶ 5
εἶπεν Μωυσῆς τῇ συναγωγῇ Τοῦτό ἐστιν τὸ ῥῆμα, ὃ ἐνετείλατο
κύριος ποιῆσαι. ⁶καὶ προσήνεγκεν Μωυσῆς τὸν Ααρων καὶ τοὺς 6
υἱοὺς αὐτοῦ καὶ ἔλουσεν αὐτοὺς ὕδατι· ⁷καὶ ἐνέδυσεν αὐτὸν τὸν 7
χιτῶνα καὶ ἔζωσεν αὐτὸν τὴν ζώνην καὶ ἐνέδυσεν αὐτὸν τὸν ὑπο-
δύτην καὶ ἐπέθηκεν ἐπ᾽ αὐτὸν τὴν ἐπωμίδα καὶ συνέζωσεν αὐτὸν
κατὰ τὴν ποίησιν τῆς ἐπωμίδος καὶ συνέσφιγξεν αὐτὸν ἐν αὐτῇ·
⁸καὶ ἐπέθηκεν ἐπ᾽ αὐτὴν τὸ λογεῖον καὶ ἐπέθηκεν ἐπὶ τὸ λογεῖον 8
τὴν δήλωσιν καὶ τὴν ἀλήθειαν· ⁹καὶ ἐπέθηκεν τὴν μίτραν ἐπὶ τὴν 9
κεφαλὴν αὐτοῦ καὶ ἐπέθηκεν ἐπὶ τὴν μίτραν κατὰ πρόσωπον αὐ-
τοῦ τὸ πέταλον τὸ χρυσοῦν τὸ καθηγιασμένον ἅγιον, ὃν τρόπον
συνέταξεν κύριος τῷ Μωυσῇ. ¹⁰καὶ ἔλαβεν Μωυσῆς ἀπὸ τοῦ ἐλαί- 10
ου τῆς χρίσεως ¹¹καὶ ἔρρανεν ἀπ᾽ αὐτοῦ ἐπὶ τὸ θυσιαστήριον ἑπτά- 11
κις καὶ ἔχρισεν τὸ θυσιαστήριον καὶ ἡγίασεν αὐτὸ καὶ πάντα τὰ
σκεύη αὐτοῦ καὶ τὸν λουτῆρα καὶ τὴν βάσιν αὐτοῦ καὶ ἡγίασεν
αὐτά· καὶ ἔχρισεν τὴν σκηνὴν καὶ πάντα τὰ ἐν αὐτῇ καὶ ἡγίασεν
αὐτήν. ¹²καὶ ἐπέχεεν Μωυσῆς ἀπὸ τοῦ ἐλαίου τῆς χρίσεως ἐπὶ 12
τὴν κεφαλὴν Ααρων καὶ ἔχρισεν αὐτὸν καὶ ἡγίασεν αὐτόν. ¹³καὶ 13
προσήγαγεν Μωυσῆς τοὺς υἱοὺς Ααρων καὶ ἐνέδυσεν αὐτοὺς χιτῶ-
νας καὶ ἔζωσεν αὐτοὺς ζώνας καὶ περιέθηκεν αὐτοῖς κιδάρεις, καθ-
άπερ συνέταξεν κύριος τῷ Μωυσῇ. ¹⁴καὶ προσήγαγεν Μωυσῆς 14
τὸν μόσχον τὸν περὶ τῆς ἁμαρτίας, καὶ ἐπέθηκεν Ααρων καὶ οἱ
υἱοὶ αὐτοῦ τὰς χεῖρας ἐπὶ τὴν κεφαλὴν τοῦ μόσχου τοῦ τῆς ἁμαρ-
τίας. ¹⁵καὶ ἔσφαξεν αὐτὸν καὶ ἔλαβεν Μωυσῆς ἀπὸ τοῦ αἵματος 15
καὶ ἐπέθηκεν ἐπὶ τὰ κέρατα τοῦ θυσιαστηρίου κύκλῳ τῷ δακτύλῳ
καὶ ἐκαθάρισεν τὸ θυσιαστήριον· καὶ τὸ αἷμα ἐξέχεεν ἐπὶ τὴν βά-
σιν τοῦ θυσιαστηρίου καὶ ἡγίασεν αὐτὸ τοῦ ἐξιλάσασθαι ἐπ᾽ αὐτοῦ.
¹⁶καὶ ἔλαβεν Μωυσῆς πᾶν τὸ στέαρ τὸ ἐπὶ τῶν ἐνδοσθίων καὶ 16
τὸν λοβὸν τὸν ἐπὶ τοῦ ἥπατος καὶ ἀμφοτέρους τοὺς νεφροὺς καὶ
τὸ στέαρ τὸ ἐπ᾽ αὐτῶν, καὶ ἀνήνεγκεν Μωυσῆς ἐπὶ τὸ θυσιαστή-
ριον· ¹⁷καὶ τὸν μόσχον καὶ τὴν βύρσαν αὐτοῦ καὶ τὰ κρέα αὐτοῦ 17
καὶ τὴν κόπρον αὐτοῦ καὶ κατέκαυσεν αὐτὰ πυρὶ ἔξω τῆς παρεμ-
βολῆς, ὃν τρόπον συνέταξεν κύριος τῷ Μωυσῇ. ¹⁸καὶ προσήγαγεν 18
Μωυσῆς τὸν κριὸν τὸν εἰς ὁλοκαύτωμα, καὶ ἐπέθηκεν Ααρων καὶ
οἱ υἱοὶ αὐτοῦ τὰς χεῖρας αὐτῶν ἐπὶ τὴν κεφαλὴν τοῦ κριοῦ. ¹⁹καὶ 19
ἔσφαξεν Μωυσῆς τὸν κριόν, καὶ προσέχεεν Μωυσῆς τὸ αἷμα ἐπὶ

5 ο] pr. τουτο εστιν ΒΑ† ‖ 7 αυτον 1⁰ 2⁰] -τους Β*Α† ‖ τον υποδυ-
την] επενδυτην Α† ‖ επ αυτον] επ αυτω Β*(?)†, αυτω Α ‖ 8 αυτο Α† ‖
9 προσωπον] pr. το Β° ‖ 11 (= 𝔐 11 + 10²) απ] επ Α ‖ 13 ζωναις Β° ‖
καθα Α ‖ 14 οι > Α ‖ αυτου] ααρων Α† ‖ 15 θυσιαστηριου 1⁰ ⌢ 2⁰ Β*†
‖ το αιμα / εξεχ.] tr. Α† ‖ επ] περι Α† ‖ 16 τον bis > Β*† (Α deest) ‖ επι 2⁰]
απο Β† ‖ 17 και 2⁰ — αυτου 1⁰ / και 3⁰ — αυτου 2⁰] tr. Α† ‖ και 4⁰ ⌢ 5⁰
Β*† ‖ πυρι εξω] παρεξω Α†

20 τὸ θυσιαστήριον κύκλῳ. ²⁰καὶ τὸν κριὸν ἐκρεανόμησεν κατὰ μέλη
καὶ ἀνήνεγκεν Μωυσῆς τὴν κεφαλὴν καὶ τὰ μέλη καὶ τὸ στέαρ·
21 ²¹καὶ τὴν κοιλίαν καὶ τοὺς πόδας ἔπλυνεν ὕδατι καὶ ἀνήνεγκεν
Μωυσῆς ὅλον τὸν κριὸν ἐπὶ τὸ θυσιαστήριον· ὁλοκαύτωμα, ὅ
ἐστιν εἰς ὀσμὴν εὐωδίας, κάρπωμά ἐστιν τῷ κυρίῳ, καθάπερ ἐνε-
22 τείλατο κύριος τῷ Μωυσῇ. ²²καὶ προσήγαγεν Μωυσῆς τὸν κριὸν
τὸν δεύτερον, κριὸν τελειώσεως· καὶ ἐπέθηκεν Ααρων καὶ οἱ υἱοὶ
23 αὐτοῦ τὰς χεῖρας αὐτῶν ἐπὶ τὴν κεφαλὴν τοῦ κριοῦ. ²³καὶ ἔσφα-
ξεν αὐτὸν καὶ ἔλαβεν Μωυσῆς ἀπὸ τοῦ αἵματος αὐτοῦ καὶ ἐπέ-
θηκεν ἐπὶ τὸν λοβὸν τοῦ ὠτὸς Ααρων τοῦ δεξιοῦ καὶ ἐπὶ τὸ
ἄκρον τῆς χειρὸς τῆς δεξιᾶς καὶ ἐπὶ τὸ ἄκρον τοῦ ποδὸς τοῦ δε-
24 ξιοῦ. ²⁴καὶ προσήγαγεν Μωυσῆς τοὺς υἱοὺς Ααρων, καὶ ἐπέθηκεν
Μωυσῆς ἀπὸ τοῦ αἵματος ἐπὶ τοὺς λοβοὺς τῶν ὤτων τῶν δεξιῶν
καὶ ἐπὶ τὰ ἄκρα τῶν χειρῶν αὐτῶν τῶν δεξιῶν καὶ ἐπὶ τὰ ἄκρα
τῶν ποδῶν αὐτῶν τῶν δεξιῶν, καὶ προσέχεεν Μωυσῆς τὸ αἷμα
25 ἐπὶ τὸ θυσιαστήριον κύκλῳ. ²⁵καὶ ἔλαβεν τὸ στέαρ καὶ τὴν ὀσφὺν
καὶ τὸ στέαρ τὸ ἐπὶ τῆς κοιλίας καὶ τὸν λοβὸν τοῦ ἥπατος καὶ
τοὺς δύο νεφροὺς καὶ τὸ στέαρ τὸ ἐπ᾽ αὐτῶν καὶ τὸν βραχίονα
26 τὸν δεξιόν· ²⁶καὶ ἀπὸ τοῦ κανοῦ τῆς τελειώσεως τοῦ ὄντος ἔναντι
κυρίου ἔλαβεν ἄρτον ἕνα ἄζυμον καὶ ἄρτον ἐξ ἐλαίου ἕνα καὶ λά-
γανον ἓν καὶ ἐπέθηκεν ἐπὶ τὸ στέαρ καὶ τὸν βραχίονα τὸν δεξιόν·
27 ²⁷καὶ ἐπέθηκεν ἅπαντα ἐπὶ τὰς χεῖρας Ααρων καὶ ἐπὶ τὰς χεῖρας
28 τῶν υἱῶν αὐτοῦ καὶ ἀνήνεγκεν αὐτὰ ἀφαίρεμα ἔναντι κυρίου. ²⁸καὶ
ἔλαβεν Μωυσῆς ἀπὸ τῶν χειρῶν αὐτῶν, καὶ ἀνήνεγκεν αὐτὰ Μωυ-
σῆς ἐπὶ τὸ θυσιαστήριον ἐπὶ τὸ ὁλοκαύτωμα τῆς τελειώσεως, ὅ
29 ἐστιν ὀσμὴ εὐωδίας· κάρπωμά ἐστιν τῷ κυρίῳ. ²⁹καὶ λαβὼν Μωυ-
σῆς τὸ στηθύνιον ἀφεῖλεν αὐτὸ ἐπίθεμα ἔναντι κυρίου ἀπὸ τοῦ
κριοῦ τῆς τελειώσεως, καὶ ἐγένετο Μωυσῇ ἐν μερίδι, καθὰ ἐνετεί-
30 λατο κύριος τῷ Μωυσῇ. ³⁰καὶ ἔλαβεν Μωυσῆς ἀπὸ τοῦ ἐλαίου
τῆς χρίσεως καὶ ἀπὸ τοῦ αἵματος τοῦ ἐπὶ τοῦ θυσιαστηρίου καὶ
προσέρρανεν ἐπὶ Ααρων καὶ τὰς στολὰς αὐτοῦ καὶ τοὺς υἱοὺς
αὐτοῦ καὶ τὰς στολὰς τῶν υἱῶν αὐτοῦ μετ᾽ αὐτοῦ καὶ ἡγίασεν
Ααρων καὶ τὰς στολὰς αὐτοῦ καὶ τοὺς υἱοὺς αὐτοῦ καὶ τὰς στο-
31 λὰς τῶν υἱῶν αὐτοῦ μετ᾽ αὐτοῦ. ³¹καὶ εἶπεν Μωυσῆς πρὸς Ααρων
καὶ τοὺς υἱοὺς αὐτοῦ Ἑψήσατε τὰ κρέα ἐν τῇ αὐλῇ τῆς σκηνῆς
τοῦ μαρτυρίου ἐν τόπῳ ἁγίῳ καὶ ἐκεῖ φάγεσθε αὐτὰ καὶ τοὺς ἄρ-
τους τοὺς ἐν τῷ κανῷ τῆς τελειώσεως, ὃν τρόπον συντέτακταί
32 μοι λέγων Ααρων καὶ οἱ υἱοὶ αὐτοῦ φάγονται αὐτά· ³²καὶ τὸ
καταλειφθὲν τῶν κρεῶν καὶ τῶν ἄρτων ἐν πυρὶ κατακαυθήσεται.

22 τελειωσ.] pr. της A || 24 χειρων … ποδων] tr. A† || 26 και ult.] +
επεθηκεν B*† || 29 αυτο] το A† || 30 αυτου 2⁰] + μετ αυτου A† | μετ
αυτου 1⁰ ⌒ 2⁰ B*A || 31 τους ult. > B* | αυτα ult.] ταυτα B*A†

33 καὶ ἀπὸ τῆς θύρας τῆς σκηνῆς τοῦ μαρτυρίου οὐκ ἐξελεύσεσθε 33
ἑπτὰ ἡμέρας, ἕως ἡμέρα πληρωθῇ, ἡμέρα τελειώσεως ὑμῶν· ἑπτὰ
γὰρ ἡμέρας τελειώσει τὰς χεῖρας ὑμῶν. 34 καθάπερ ἐποίησεν ἐν τῇ 34
ἡμέρᾳ ταύτῃ, ἐνετείλατο κύριος τοῦ ποιῆσαι ὥστε ἐξιλάσασθαι περὶ
ὑμῶν. 35 καὶ ἐπὶ τὴν θύραν τῆς σκηνῆς τοῦ μαρτυρίου καθήσεσθε 35
ἑπτὰ ἡμέρας ἡμέραν καὶ νύκτα· φυλάξεσθε τὰ φυλάγματα κυρίου,
ἵνα μὴ ἀποθάνητε· οὕτως γὰρ ἐνετείλατό μοι κύριος ὁ θεός. 36 καὶ 36
ἐποίησεν Ααρων καὶ οἱ υἱοὶ αὐτοῦ πάντας τοὺς λόγους, οὓς συνέ-
ταξεν κύριος τῷ Μωυσῇ.

1 Καὶ ἐγενήθη τῇ ἡμέρᾳ τῇ ὀγδόῃ ἐκάλεσεν Μωυσῆς Ααρων καὶ 9
τοὺς υἱοὺς αὐτοῦ καὶ τὴν γερουσίαν Ισραηλ. 2 καὶ εἶπεν Μωυσῆς 2
πρὸς Ααρων Λαβὲ σεαυτῷ μοσχάριον ἐκ βοῶν περὶ ἁμαρτίας καὶ
κριὸν εἰς ὁλοκαύτωμα, ἄμωμα, καὶ προσένεγκε αὐτὰ ἔναντι κυρίου·
3 καὶ τῇ γερουσίᾳ Ισραηλ λάλησον λέγων Λάβετε χίμαρον ἐξ αἰγῶν 3
ἕνα περὶ ἁμαρτίας καὶ μοσχάριον καὶ ἀμνὸν ἐνιαύσιον εἰς ὁλοκάρπω-
σιν, ἄμωμα, 4 καὶ μόσχον καὶ κριὸν εἰς θυσίαν σωτηρίου ἔναντι 4
κυρίου καὶ σεμίδαλιν πεφυραμένην ἐν ἐλαίῳ, ὅτι σήμερον κύριος
ὀφθήσεται ἐν ὑμῖν. 5 καὶ ἔλαβον, καθὸ ἐνετείλατο Μωυσῆς, ἀπέναντι 5
τῆς σκηνῆς τοῦ μαρτυρίου, καὶ προσῆλθεν πᾶσα συναγωγὴ καὶ
ἔστησαν ἔναντι κυρίου. 6 καὶ εἶπεν Μωυσῆς Τοῦτο τὸ ῥῆμα, ὃ εἶ- 6
πεν κύριος, ποιήσατε, καὶ ὀφθήσεται ἐν ὑμῖν δόξα κυρίου. 7 καὶ 7
εἶπεν Μωυσῆς τῷ Ααρων Πρόσελθε πρὸς τὸ θυσιαστήριον καὶ
ποίησον τὸ περὶ τῆς ἁμαρτίας σου καὶ τὸ ὁλοκαύτωμά σου καὶ
ἐξίλασαι περὶ σεαυτοῦ καὶ τοῦ οἴκου σου· καὶ ποίησον τὰ δῶρα
τοῦ λαοῦ καὶ ἐξίλασαι περὶ αὐτῶν, καθάπερ ἐνετείλατο κύριος τῷ
Μωυσῇ. 8 καὶ προσῆλθεν Ααρων πρὸς τὸ θυσιαστήριον καὶ ἔσφαξεν 8
τὸ μοσχάριον τὸ περὶ τῆς ἁμαρτίας· 9 καὶ προσήνεγκαν οἱ υἱοὶ 9
Ααρων τὸ αἷμα πρὸς αὐτόν, καὶ ἔβαψεν τὸν δάκτυλον εἰς τὸ αἷμα
καὶ ἐπέθηκεν ἐπὶ τὰ κέρατα τοῦ θυσιαστηρίου καὶ τὸ αἷμα ἐξέχεεν
ἐπὶ τὴν βάσιν τοῦ θυσιαστηρίου· 10 καὶ τὸ στέαρ καὶ τοὺς νεφροὺς 10
καὶ τὸν λοβὸν τοῦ ἥπατος τοῦ περὶ τῆς ἁμαρτίας ἀνήνεγκεν ἐπὶ
τὸ θυσιαστήριον, ὃν τρόπον ἐνετείλατο κύριος τῷ Μωυσῇ· 11 καὶ 11
τὰ κρέα καὶ τὴν βύρσαν, κατέκαυσεν αὐτὰ πυρὶ ἔξω τῆς παρεμ-
βολῆς. 12 καὶ ἔσφαξεν τὸ ὁλοκαύτωμα· καὶ προσήνεγκαν οἱ υἱοὶ 12
Ααρων τὸ αἷμα πρὸς αὐτόν, καὶ προσέχεεν ἐπὶ τὸ θυσιαστήριον
κύκλῳ· 13 καὶ τὸ ὁλοκαύτωμα προσήνεγκαν αὐτῷ κατὰ μέλη, αὐτὰ 13
καὶ τὴν κεφαλήν, καὶ ἐπέθηκεν ἐπὶ τὸ θυσιαστήριον· 14 καὶ ἔπλυνεν 14

33 ημερα 1⁰] -ρας Α | ημερα 2⁰ > Β*Α ‖ 34 ταυτη Μ] + η ΒΑ ‖ 35 ημε-
ραν .. νυκτα] -ρας .. -τας Α† | φυλαξασθε Α
9 2 μοσχ.] + απαλον Β*†: cf. 2 14 ‖ 3 ενιαυσ. / εις ολοκ.] tr. Α† ‖ 4 κυριος/
οφθ.] tr. Α ‖ 5 καθως Α ‖ 7 εξιλασαι 1⁰] -ση Α ‖ 10 του 1⁰] pr. τον
επι Βᶜ ‖ 12 το 2⁰] pr. και Β† ‖ 13 αυτω Μ] -το ΒΑ

τὴν κοιλίαν καὶ τοὺς πόδας ὕδατι καὶ ἐπέθηκεν ἐπὶ τὸ ὁλοκαύ-
15 τωμα ἐπὶ τὸ θυσιαστήριον. ¹⁵ καὶ προσήνεγκαν τὸ δῶρον τοῦ λαοῦ·
καὶ ἔλαβεν τὸν χίμαρον τὸν περὶ τῆς ἁμαρτίας τοῦ λαοῦ καὶ ἔσφα-
16 ξεν αὐτὸ καθὰ καὶ τὸ πρῶτον. ¹⁶ καὶ προσήνεγκεν τὸ ὁλοκαύτωμα
17 καὶ ἐποίησεν αὐτό, ὡς καθήκει. ¹⁷ καὶ προσήνεγκεν τὴν θυσίαν καὶ
ἔπλησεν τὰς χεῖρας ἀπ᾽ αὐτῆς καὶ ἐπέθηκεν ἐπὶ τὸ θυσιαστήριον
18 χωρὶς τοῦ ὁλοκαυτώματος τοῦ πρωινοῦ. ¹⁸ καὶ ἔσφαξεν τὸν μό-
σχον καὶ τὸν κριὸν τῆς θυσίας τοῦ σωτηρίου τῆς τοῦ λαοῦ· καὶ
προσήνεγκαν οἱ υἱοὶ Ααρων τὸ αἷμα πρὸς αὐτόν, καὶ προσέχεεν
19 πρὸς τὸ θυσιαστήριον κύκλῳ· ¹⁹ καὶ τὸ στέαρ τὸ ἀπὸ τοῦ μόσχου
καὶ τοῦ κριοῦ, τὴν ὀσφὺν καὶ τὸ στέαρ τὸ κατακαλύπτον ἐπὶ τῆς
κοιλίας καὶ τοὺς δύο νεφροὺς καὶ τὸ στέαρ τὸ ἐπ᾽ αὐτῶν καὶ τὸν
20 λοβὸν τὸν ἐπὶ τοῦ ἥπατος, ²⁰ καὶ ἐπέθηκεν τὰ στέατα ἐπὶ τὰ στη-
21 θύνια, καὶ ἀνήνεγκαν τὰ στέατα ἐπὶ τὸ θυσιαστήριον. ²¹ καὶ τὸ
στηθύνιον καὶ τὸν βραχίονα τὸν δεξιὸν ἀφεῖλεν Ααρων ἀφαίρεμα
22 ἔναντι κυρίου, ὃν τρόπον συνέταξεν κύριος τῷ Μωυσῇ. — ²² καὶ
ἐξάρας Ααρων τὰς χεῖρας ἐπὶ τὸν λαὸν εὐλόγησεν αὐτούς· καὶ
κατέβη ποιήσας τὸ περὶ τῆς ἁμαρτίας καὶ τὰ ὁλοκαυτώματα καὶ
23 τὰ τοῦ σωτηρίου. ²³ καὶ εἰσῆλθεν Μωυσῆς καὶ Ααρων εἰς τὴν σκη-
νὴν τοῦ μαρτυρίου καὶ ἐξελθόντες εὐλόγησαν πάντα τὸν λαόν,
24 καὶ ὤφθη ἡ δόξα κυρίου παντὶ τῷ λαῷ. ²⁴ καὶ ἐξῆλθεν πῦρ παρὰ
κυρίου καὶ κατέφαγεν τὰ ἐπὶ τοῦ θυσιαστηρίου, τά τε ὁλοκαυτώ-
ματα καὶ τὰ στέατα, καὶ εἶδεν πᾶς ὁ λαὸς καὶ ἐξέστη καὶ ἔπεσαν
ἐπὶ πρόσωπον.

10 ¹ Καὶ λαβόντες οἱ δύο υἱοὶ Ααρων Ναδαβ καὶ Αβιουδ ἕκαστος
τὸ πυρεῖον αὐτοῦ ἐπέθηκαν ἐπ᾽ αὐτὸ πῦρ καὶ ἐπέβαλον ἐπ᾽ αὐτὸ
θυμίαμα καὶ προσήνεγκαν ἔναντι κυρίου πῦρ ἀλλότριον, ὃ οὐ
2 προσέταξεν κύριος αὐτοῖς. ² καὶ ἐξῆλθεν πῦρ παρὰ κυρίου καὶ κατέ-
3 φαγεν αὐτούς, καὶ ἀπέθανον ἔναντι κυρίου. ³ καὶ εἶπεν Μωυσῆς
πρὸς Ααρων Τοῦτό ἐστιν, ὃ εἶπεν κύριος λέγων Ἐν τοῖς ἐγγίζου-
σίν μοι ἁγιασθήσομαι καὶ ἐν πάσῃ τῇ συναγωγῇ δοξασθήσομαι.
4 καὶ κατενύχθη Ααρων. ⁴ καὶ ἐκάλεσεν Μωυσῆς τὸν Μισαδαι καὶ
τὸν Ελισαφαν υἱοὺς Οζιηλ υἱοὺς τοῦ ἀδελφοῦ τοῦ πατρὸς Ααρων
καὶ εἶπεν αὐτοῖς Προσέλθατε καὶ ἄρατε τοὺς ἀδελφοὺς ὑμῶν ἐκ
5 προσώπου τῶν ἁγίων ἔξω τῆς παρεμβολῆς. ⁵ καὶ προσῆλθον καὶ
ἦραν ἐν τοῖς χιτῶσιν αὐτῶν ἔξω τῆς παρεμβολῆς, ὃν τρόπον εἶ-
6 πεν Μωυσῆς. ⁶ καὶ εἶπεν Μωυσῆς πρὸς Ααρων καὶ Ελεαζαρ καὶ
Ιθαμαρ τοὺς υἱοὺς αὐτοῦ τοὺς καταλελειμμένους Τὴν κεφαλὴν ὑμῶν

15 προσηνεγκεν Α | αυτο] + και εκαθερισεν Αˢ | καθο Αʳ || 20 ανηνεγ-
κεν Α || 22 και τα ult. > Α
10 1 δυο > Α† | εθηκαν Α† | αυτο 2⁰] -τα Α | θυμιαματα ΑΒᶜ || 3 τη
> Β*† || 4 αζιηλ Β† || 5 > Β*† || 6 προς] τω Α†

οὐκ ἀποκιδαρώσετε καὶ τὰ ἱμάτια ὑμῶν οὐ διαρρήξετε, ἵνα μὴ
ἀποθάνητε καὶ ἐπὶ πᾶσαν τὴν συναγωγὴν ἔσται θυμός· οἱ ἀδελ-
φοὶ ὑμῶν πᾶς ὁ οἶκος Ισραηλ κλαύσονται τὸν ἐμπυρισμόν, ὃν
ἐνεπυρίσθησαν ὑπὸ κυρίου. 7 καὶ ἀπὸ τῆς θύρας τῆς σκηνῆς τοῦ 7
μαρτυρίου οὐκ ἐξελεύσεσθε, ἵνα μὴ ἀποθάνητε· τὸ γὰρ ἔλαιον τῆς
χρίσεως τὸ παρὰ κυρίου ἐφ᾽ ὑμῖν. καὶ ἐποίησαν κατὰ τὸ ῥῆμα
Μωυσῆ.

8 Καὶ ἐλάλησεν κύριος τῷ Ααρων λέγων 9 Οἶνον καὶ σικερα οὐ 8
πίεσθε, σὺ καὶ οἱ υἱοί σου μετὰ σοῦ, ἡνίκα ἂν εἰσπορεύησθε εἰς 9
τὴν σκηνὴν τοῦ μαρτυρίου, ἢ προσπορευομένων ὑμῶν πρὸς τὸ
θυσιαστήριον, καὶ οὐ μὴ ἀποθάνητε (νόμιμον αἰώνιον εἰς τὰς γε-
νεὰς ὑμῶν) 10 διαστεῖλαι ἀνὰ μέσον τῶν ἁγίων καὶ τῶν βεβήλων 10
καὶ ἀνὰ μέσον τῶν ἀκαθάρτων καὶ τῶν καθαρῶν. 11 καὶ συμβιβά- 11
σεις τοὺς υἱοὺς Ισραηλ πάντα τὰ νόμιμα, ἃ ἐλάλησεν κύριος πρὸς
αὐτοὺς διὰ χειρὸς Μωυσῆ.

12 Καὶ εἶπεν Μωυσῆς πρὸς Ααρων καὶ πρὸς Ελεαζαρ καὶ Ιθαμαρ 12
τοὺς υἱοὺς Ααρων τοὺς καταλειφθέντας Λάβετε τὴν θυσίαν τὴν
καταλειφθεῖσαν ἀπὸ τῶν καρπωμάτων κυρίου καὶ φάγεσθε ἄζυμα
παρὰ τὸ θυσιαστήριον· ἅγια ἁγίων ἐστίν. 13 καὶ φάγεσθε αὐτὴν ἐν 13
τόπῳ ἁγίῳ· νόμιμον γάρ σοί ἐστιν καὶ νόμιμον τοῖς υἱοῖς σου
τοῦτο ἀπὸ τῶν καρπωμάτων κυρίου· οὕτω γὰρ ἐντέταλταί μοι.
14 καὶ τὸ στηθύνιον τοῦ ἀφορίσματος καὶ τὸν βραχίονα τοῦ ἀφαι- 14
ρέματος φάγεσθε ἐν τόπῳ ἁγίῳ, σὺ καὶ οἱ υἱοί σου καὶ ὁ οἶκός
σου μετὰ σοῦ· νόμιμον γὰρ σοὶ καὶ νόμιμον τοῖς υἱοῖς σου ἐδόθη
ἀπὸ τῶν θυσιῶν τοῦ σωτηρίου τῶν υἱῶν Ισραηλ. 15 τὸν βραχίονα 15
τοῦ ἀφαιρέματος καὶ τὸ στηθύνιον τοῦ ἀφορίσματος ἐπὶ τῶν καρ-
πωμάτων τῶν στεάτων προσοίσουσιν, ἀφόρισμα ἀφορίσαι ἔναντι
κυρίου· καὶ ἔσται σοὶ καὶ τοῖς υἱοῖς σου καὶ ταῖς θυγατράσιν σου
μετὰ σοῦ νόμιμον αἰώνιον, ὃν τρόπον συνέταξεν κύριος τῷ Μωυσῆ.

16 Καὶ τὸν χίμαρον τὸν περὶ τῆς ἁμαρτίας ζητῶν ἐξεζήτησεν 16
Μωυσῆς, καὶ ὅδε ἐνεπεπύριστο· καὶ ἐθυμώθη Μωυσῆς ἐπὶ Ελεαζαρ
καὶ Ιθαμαρ τοὺς υἱοὺς Ααρων τοὺς καταλελειμμένους λέγων 17 Διὰ 17
τί οὐκ ἐφάγετε τὸ περὶ τῆς ἁμαρτίας ἐν τόπῳ ἁγίῳ; ὅτι γὰρ ἅγια
ἁγίων ἐστίν, τοῦτο ἔδωκεν ὑμῖν φαγεῖν, ἵνα ἀφέλητε τὴν ἁμαρτίαν
τῆς συναγωγῆς καὶ ἐξιλάσησθε περὶ αὐτῶν ἔναντι κυρίου· 18 οὐ 18
γὰρ εἰσήχθη τοῦ αἵματος αὐτοῦ εἰς τὸ ἅγιον· κατὰ πρόσωπον ἔσω
φάγεσθε αὐτὸ ἐν τόπῳ ἁγίῳ, ὃν τρόπον μοι συνέταξεν κύριος.
19 καὶ ἐλάλησεν Ααρων πρὸς Μωυσῆν λέγων Εἰ σήμερον προσα- 19
γειόχασιν τὰ περὶ τῆς ἁμαρτίας αὐτῶν καὶ τὰ ὁλοκαυτώματα

---

6 o > A ‖ 12 του θυσιαστηριου A† ‖ 13 νομιμον 1⁰] + αιωνιον B† ‖
14 των υιων ισρ. > A*† ‖ 15 αφορισαι] -ριεις B*(uid.) A† ‖ 16 ενεπε-
πυριστο Bᶜ] ενπεπ. B*, εμπεπ. A | τους υιους] pr. τους ιερεις A†

αὐτῶν ἔναντι κυρίου, καὶ συμβέβηκέν μοι ταῦτα· καὶ φάγομαι τὰ
20 περὶ τῆς ἁμαρτίας σήμερον, μὴ ἀρεστὸν ἔσται κυρίῳ; 20καὶ ἤκου-
σεν Μωυσῆς, καὶ ἤρεσεν αὐτῷ.

11 ¹Καὶ ἐλάλησεν κύριος πρὸς Μωυσῆν καὶ Ααρων λέγων ²Λαλή-
σατε τοῖς υἱοῖς Ισραηλ λέγοντες Ταῦτα τὰ κτήνη, ἃ φάγεσθε ἀπὸ
3 πάντων τῶν κτηνῶν τῶν ἐπὶ τῆς γῆς· ³πᾶν κτῆνος διχηλοῦν
ὁπλὴν καὶ ὀνυχιστῆρας ὀνυχίζον δύο χηλῶν καὶ ἀνάγον μηρυκι-
4 σμὸν ἐν τοῖς κτήνεσιν, ταῦτα φάγεσθε. ⁴πλὴν ἀπὸ τούτων οὐ
φάγεσθε· ἀπὸ τῶν ἀναγόντων μηρυκισμὸν καὶ ἀπὸ τῶν διχηλούν-
των τὰς ὁπλὰς καὶ ὀνυχιζόντων ὀνυχιστῆρας· τὸν κάμηλον, ὅτι
ἀνάγει μηρυκισμὸν τοῦτο, ὁπλὴν δὲ οὐ διχηλεῖ, ἀκάθαρτον τοῦτο
5 ὑμῖν· ⁵καὶ τὸν δασύποδα, ὅτι ἀνάγει μηρυκισμὸν τοῦτο καὶ ὁπλὴν
6 οὐ διχηλεῖ, ἀκάθαρτον τοῦτο ὑμῖν· ⁶καὶ τὸν χοιρογρύλλιον, ὅτι
ἀνάγει μηρυκισμὸν τοῦτο καὶ ὁπλὴν οὐ διχηλεῖ, ἀκάθαρτον τοῦτο
7 ὑμῖν· ⁷καὶ τὸν ὗν, ὅτι διχηλεῖ ὁπλὴν τοῦτο καὶ ὀνυχίζει ὄνυχας
ὁπλῆς, καὶ τοῦτο οὐκ ἀνάγει μηρυκισμόν, ἀκάθαρτον τοῦτο ὑμῖν·
8 ⁸ἀπὸ τῶν κρεῶν αὐτῶν οὐ φάγεσθε καὶ τῶν θνησιμαίων αὐτῶν
οὐχ ἅψεσθε, ἀκάθαρτα ταῦτα ὑμῖν.
9 ⁹Καὶ ταῦτα, ἃ φάγεσθε ἀπὸ πάντων τῶν ἐν τοῖς ὕδασιν· πάντα,
ὅσα ἐστὶν αὐτοῖς πτερύγια καὶ λεπίδες ἐν τοῖς ὕδασιν καὶ ἐν ταῖς
10 θαλάσσαις καὶ ἐν τοῖς χειμάρροις, ταῦτα φάγεσθε. ¹⁰καὶ πάντα,
ὅσα οὐκ ἔστιν αὐτοῖς πτερύγια οὐδὲ λεπίδες ἐν τῷ ὕδατι ἢ ἐν ταῖς
θαλάσσαις καὶ ἐν τοῖς χειμάρροις, ἀπὸ πάντων, ὧν ἐρεύγεται τὰ
ὕδατα, καὶ ἀπὸ πάσης ψυχῆς ζώσης τῆς ἐν τῷ ὕδατι βδέλυγμά
11 ἐστιν· ¹¹καὶ βδελύγματα ἔσονται ὑμῖν, ἀπὸ τῶν κρεῶν αὐτῶν οὐκ
12 ἔδεσθε καὶ τὰ θνησιμαῖα αὐτῶν βδελύξεσθε· ¹²καὶ πάντα, ὅσα οὐκ
ἔστιν αὐτοῖς πτερύγια καὶ λεπίδες, τῶν ἐν τῷ ὕδατι, βδέλυγμα
τοῦτό ἐστιν ὑμῖν.
13 ¹³Καὶ ταῦτα βδελύξεσθε ἀπὸ τῶν πετεινῶν, καὶ οὐ βρωθήσεται,
14 βδέλυγμά ἐστιν· τὸν ἀετὸν καὶ τὸν γρύπα καὶ τὸν ἁλιαίετον ¹⁴καὶ
15 τὸν γύπα καὶ ἰκτῖνα καὶ τὰ ὅμοια αὐτῷ ¹⁵καὶ κόρακα καὶ τὰ ὅμοια
16 αὐτῷ ¹⁶καὶ στρουθὸν καὶ γλαῦκα καὶ λάρον καὶ τὰ ὅμοια αὐτῷ
17 καὶ ἱέρακα καὶ τὰ ὅμοια αὐτῷ ¹⁷καὶ νυκτικόρακα καὶ καταρράκτην
18
19 καὶ ἶβιν ¹⁸καὶ πορφυρίωνα καὶ πελεκᾶνα καὶ κύκνον ¹⁹καὶ γλαῦκα
καὶ ἐρωδιὸν καὶ χαραδριὸν καὶ τὰ ὅμοια αὐτῷ καὶ ἔποπα καὶ

19 ταυτα] τοιαυτα B^c, > A*†
11 2 παντων > B* ‖ 5. 6 = 𝔐 6. 5 ‖ 6 χοιρογρυλλον B*†, χυρογλυλ-
λιον A†: cf. Deut. 14 7 ‖ 8 αυτων 2⁰ > A† | ακαθ.] pr. οτι A† ‖ 10 τοις
> A† | της > A ‖ 11 υμων B* ‖ 12 των > A | εστιν ult.] εσται A ‖
13 ταυτα] + α B† | βδελυγματα B^c | γυπα A: cf. 14 | αλιαιετον M] αλιετον
BA: cf. Deut. 14 12 ‖ 14 γρυπα A†: cf. 13 | αυτω] -των A: item in 16 (1⁰).
19 ‖ 15 > B*A: cf. Deut. 14 14 ‖ 16 αυτω 1⁰ ⌒ 2⁰ A (cf. 14) ‖ 18 πορ-
φυρωνα A† ‖ 19 αρωδιον B*A: cf. Deut. 14 16

νυκτερίδα. — ²⁰καὶ πάντα τὰ ἑρπετὰ τῶν πετεινῶν, ἃ πορεύεται 20
ἐπὶ τέσσαρα, βδελύγματά ἐστιν ὑμῖν. ²¹ἀλλὰ ταῦτα φάγεσθε ἀπὸ 21
τῶν ἑρπετῶν τῶν πετεινῶν, ἃ πορεύεται ἐπὶ τέσσαρα· ἃ ἔχει σκέ-
λη ἀνώτερον τῶν ποδῶν αὐτοῦ πηδᾶν ἐν αὐτοῖς ἐπὶ τῆς γῆς.
²²καὶ ταῦτα φάγεσθε ἀπ᾽ αὐτῶν· τὸν βροῦχον καὶ τὰ ὅμοια αὐτῷ 22
καὶ τὸν ἀττάκην καὶ τὰ ὅμοια αὐτῷ καὶ τὴν ἀκρίδα καὶ τὰ ὅμοια
αὐτῇ καὶ τὸν ὀφιομάχην καὶ τὰ ὅμοια αὐτῷ. ²³πᾶν ἑρπετὸν ἀπὸ 23
τῶν πετεινῶν, οἷς ἐστιν τέσσαρες πόδες, βδέλυγμά ἐστιν ὑμῖν. —
²⁴καὶ ἐν τούτοις μιανθήσεσθε, πᾶς ὁ ἁπτόμενος τῶν θνησιμαίων 24
αὐτῶν ἀκάθαρτος ἔσται ἕως ἑσπέρας, ²⁵καὶ πᾶς ὁ αἴρων τῶν θνη- 25
σιμαίων αὐτῶν πλυνεῖ τὰ ἱμάτια καὶ ἀκάθαρτος ἔσται ἕως ἑσπέ-
ρας· ²⁶ἐν πᾶσιν τοῖς κτήνεσιν ὅ ἐστιν διχηλοῦν ὁπλὴν καὶ ὀνυ- 26
χιστῆρας ὀνυχίζει καὶ μηρυκισμὸν οὐ μαρυκᾶται, ἀκάθαρτα ἔσον-
ται ὑμῖν· πᾶς ὁ ἁπτόμενος τῶν θνησιμαίων αὐτῶν ἀκάθαρτος ἔσται
ἕως ἑσπέρας. ²⁷καὶ πᾶς, ὃς πορεύεται ἐπὶ χειρῶν ἐν πᾶσι τοῖς 27
θηρίοις, ἃ πορεύεται ἐπὶ τέσσαρα, ἀκάθαρτα ἔσται ὑμῖν· πᾶς ὁ
ἁπτόμενος τῶν θνησιμαίων αὐτῶν ἀκάθαρτος ἔσται ἕως ἑσπέρας·
²⁸καὶ ὁ αἴρων τῶν θνησιμαίων αὐτῶν πλυνεῖ τὰ ἱμάτια καὶ ἀκά- 28
θαρτος ἔσται ἕως ἑσπέρας· ἀκάθαρτα ταῦτα ὑμῖν ἐστιν.

²⁹Καὶ ταῦτα ὑμῖν ἀκάθαρτα ἀπὸ τῶν ἑρπετῶν τῶν ἑρπόντων 29
ἐπὶ τῆς γῆς· ἡ γαλῆ καὶ ὁ μῦς καὶ ὁ κροκόδειλος ὁ χερσαῖος,
³⁰μυγαλῆ καὶ χαμαιλέων καὶ καλαβώτης καὶ σαύρα καὶ ἀσπάλαξ. 30
³¹ταῦτα ἀκάθαρτα ὑμῖν ἀπὸ πάντων τῶν ἑρπετῶν τῶν ἐπὶ τῆς γῆς· 31
πᾶς ὁ ἁπτόμενος αὐτῶν τεθνηκότων ἀκάθαρτος ἔσται ἕως ἑσπέ-
ρας. ³²καὶ πᾶν, ἐφ᾽ ὃ ἂν ἐπιπέσῃ ἀπ᾽ αὐτῶν τεθνηκότων αὐτῶν, 32
ἀκάθαρτον ἔσται ἀπὸ παντὸς σκεύους ξυλίνου ἢ ἱματίου ἢ δέρ-
ματος ἢ σάκκου· πᾶν σκεῦος, ὃ ἐὰν ποιηθῇ ἔργον ἐν αὐτῷ, εἰς
ὕδωρ βαφήσεται καὶ ἀκάθαρτον ἔσται ἕως ἑσπέρας καὶ καθαρὸν
ἔσται. ³³καὶ πᾶν σκεῦος ὀστράκινον, εἰς ὃ ἐὰν πέσῃ ἀπὸ τούτων 33
ἔνδον, ὅσα ἐὰν ἔνδον ᾖ, ἀκάθαρτα ἔσται, καὶ αὐτὸ συντριβήσεται.
³⁴καὶ πᾶν βρῶμα, ὃ ἔσθεται, εἰς ὃ ἐὰν ἐπέλθη ἐπ᾽ αὐτὸ ὕδωρ, ἀκά- 34
θαρτον ἔσται· καὶ πᾶν ποτόν, ὃ πίνεται ἐν παντὶ ἀγγείῳ, ἀκάθαρ-
τον ἔσται. ³⁵καὶ πᾶν, ὃ ἐὰν πέσῃ ἀπὸ τῶν θνησιμαίων αὐτῶν ἐπ᾽ 35
αὐτό, ἀκάθαρτον ἔσται· κλίβανοι καὶ κυθρόποδες καθαιρεθήσονται·
ἀκάθαρτα ταῦτά ἐστιν καὶ ἀκάθαρτα ταῦτα ὑμῖν ἔσονται· ³⁶πλὴν 36
πηγῶν ὑδάτων καὶ λάκκου καὶ συναγωγῆς ὕδατος, ἔσται καθαρόν·

21 α 2⁰ > B*A† || 23 βδελυγματα B*A | εστιν υμιν] tr. A || 24 εσται
> B*† || 26 init. M] pr. και BA | ουκ αναμαρυκαται A† || 27 εσται υμιν]
tr. B*† || 28 ιματια] + αυτου Bᶜ || 29 ερποντων > BA† | η > A† | κορ-
κοδ(ε)ιλος B*A || 30 χαμαιλεων M] -μηλ- BA | και ασπ. > A*†(Aᶜ κ. σπα-
λαξ) || 31 ακαθαρτα] + εστιν A || 32 απ αυτων] απο των A | ιματ. η
δερμ.] δερματινου A† || 33 η] ην B† || 34 απελθη B*(uid.)A† || 35 πε-
ση] pr. επι Bᶜ | χυτροποδες A

37 ὁ δὲ ἁπτόμενος τῶν θνησιμαίων αὐτῶν ἀκάθαρτος ἔσται. ³⁷ἐὰν
δὲ ἐπιπέσῃ τῶν θνησιμαίων αὐτῶν ἐπὶ πᾶν σπέρμα σπόριμον, ὃ
38 σπαρήσεται, καθαρὸν ἔσται· ³⁸ἐὰν δὲ ἐπιχυθῇ ὕδωρ ἐπὶ πᾶν σπέρμα
καὶ ἐπιπέσῃ τῶν θνησιμαίων αὐτῶν ἐπ᾽ αὐτό, ἀκάθαρτόν ἐστιν ὑμῖν.
39   ³⁹ Ἐὰν δὲ ἀποθάνῃ τῶν κτηνῶν ὅ ἐστιν ὑμῖν τοῦτο φαγεῖν, ὁ
ἁπτόμενος τῶν θνησιμαίων αὐτῶν ἀκάθαρος ἔσται ἕως ἑσπέρας·
40 ⁴⁰καὶ ὁ ἐσθίων ἀπὸ τῶν θνησιμαίων τούτων πλυνεῖ τὰ ἱμάτια καὶ
ἀκάθαρτος ἔσται ἕως ἑσπέρας· καὶ ὁ αἴρων ἀπὸ θνησιμαίων αὐ-
τῶν πλυνεῖ τὰ ἱμάτια καὶ λούσεται ὕδατι καὶ ἀκάθαρτος ἔσται ἕως
ἑσπέρας.
41   ⁴¹Καὶ πᾶν ἑρπετόν, ὃ ἕρπει ἐπὶ τῆς γῆς, βδέλυγμα τοῦτο ἔσται
42 ὑμῖν, οὐ βρωθήσεται. ⁴²καὶ πᾶς ὁ πορευόμενος ἐπὶ κοιλίας καὶ
πᾶς ὁ πορευόμενος ἐπὶ τέσσαρα διὰ παντός, ὃ πολυπληθεῖ ποσὶν
ἐν πᾶσιν τοῖς ἑρπετοῖς τοῖς ἕρπουσιν ἐπὶ τῆς γῆς, οὐ φάγεσθε
43 αὐτό, ὅτι βδέλυγμα ὑμῖν ἐστιν. ⁴³καὶ οὐ μὴ βδελύξητε τὰς ψυχὰς
ὑμῶν ἐν πᾶσι τοῖς ἑρπετοῖς τοῖς ἕρπουσιν ἐπὶ τῆς γῆς καὶ οὐ
μιανθήσεσθε ἐν τούτοις καὶ οὐκ ἀκάθαρτοι ἔσεσθε ἐν αὐτοῖς·
44 ⁴⁴ὅτι ἐγώ εἰμι κύριος ὁ θεὸς ὑμῶν, καὶ ἁγιασθήσεσθε καὶ ἅγιοι
ἔσεσθε, ὅτι ἅγιός εἰμι ἐγὼ κύριος ὁ θεὸς ὑμῶν, καὶ οὐ μιανεῖτε
τὰς ψυχὰς ὑμῶν ἐν πᾶσιν τοῖς ἑρπετοῖς τοῖς κινουμένοις ἐπὶ τῆς
45 γῆς· ⁴⁵ὅτι ἐγώ εἰμι κύριος ὁ ἀναγαγὼν ὑμᾶς ἐκ γῆς Αἰγύπτου
εἶναι ὑμῶν θεός, καὶ ἔσεσθε ἅγιοι, ὅτι ἅγιός εἰμι ἐγὼ κύριος.
46   ⁴⁶Οὗτος ὁ νόμος περὶ τῶν κτηνῶν καὶ τῶν πετεινῶν καὶ πάσης
ψυχῆς τῆς κινουμένης ἐν τῷ ὕδατι καὶ πάσης ψυχῆς ἑρπούσης
47 ἐπὶ τῆς γῆς ⁴⁷διαστεῖλαι ἀνὰ μέσον τῶν ἀκαθάρτων καὶ ἀνὰ μέσον
τῶν καθαρῶν καὶ ἀνὰ μέσον τῶν ζωογονούντων τὰ ἐσθιόμενα
καὶ ἀνὰ μέσον τῶν ζωογονούντων τὰ μὴ ἐσθιόμενα.
12   ¹Καὶ ἐλάλησεν κύριος πρὸς Μωυσῆν λέγων ²Λάλησον τοῖς υἱοῖς
Ισραηλ καὶ ἐρεῖς πρὸς αὐτούς Γυνή, ἥτις ἐὰν σπερματισθῇ καὶ
τέκῃ ἄρσεν, καὶ ἀκάθαρτος ἔσται ἑπτὰ ἡμέρας, κατὰ τὰς ἡμέρας
3 τοῦ χωρισμοῦ τῆς ἀφέδρου αὐτῆς ἀκάθαρτος ἔσται· ³καὶ τῇ ἡμέ-
4 ρᾳ τῇ ὀγδόῃ περιτεμεῖ τὴν σάρκα τῆς ἀκροβυστίας αὐτοῦ· ⁴καὶ
τριάκοντα ἡμέρας καὶ τρεῖς καθήσεται ἐν αἵματι ἀκαθάρτῳ αὐτῆς,
παντὸς ἁγίου οὐχ ἅψεται καὶ εἰς τὸ ἁγιαστήριον οὐκ εἰσελεύσε-
5 ται, ἕως ἂν πληρωθῶσιν αἱ ἡμέραι καθάρσεως αὐτῆς. ⁵ἐὰν δὲ
θῆλυ τέκῃ, καὶ ἀκάθαρτος ἔσται δὶς ἑπτὰ ἡμέρας κατὰ τὴν ἄφε-
δρον· καὶ ἑξήκοντα ἡμέρας καὶ ἓξ καθεσθήσεται ἐν αἵματι ἀκα-

37 σποριμον > Α*†   ‖   39 των 1⁰] pr. απο Α | υμιν τουτο] tr. Bᶜ ‖
40 ιματια 1⁰ ⌒ 2⁰ Α*†   ‖   42 τεσσαρων Bᶜ   ‖   45 εσεσθε αγιοι] tr. Α†
12 4 τρεις] δεκα Α† | καθισεται Β*, καθεσθησεται Βᶜ | αιματι ιματιω Α† |
αγιου Μ] αγγιου ΒΑ | αν] ου Α† | καθαρισεως Βᶜ: item in 6   ‖   5 εξ] μιαν
Α† | καθησεται Α

θάρτῳ αὐτῆς. ⁶καὶ ὅταν ἀναπληρωθῶσιν αἱ ἡμέραι καθάρσεως 6
αὐτῆς ἐφ᾽ υἱῷ ἢ ἐπὶ θυγατρί, προσοίσει ἀμνὸν ἐνιαύσιον ἄμωμον
εἰς ὁλοκαύτωμα καὶ νεοσσὸν περιστερᾶς ἢ τρυγόνα περὶ ἁμαρτίας
ἐπὶ τὴν θύραν τῆς σκηνῆς τοῦ μαρτυρίου πρὸς τὸν ἱερέα, ⁷καὶ 7
προσοίσει ἔναντι κυρίου καὶ ἐξιλάσεται περὶ αὐτῆς ὁ ἱερεὺς καὶ
καθαριεῖ αὐτὴν ἀπὸ τῆς πηγῆς τοῦ αἵματος αὐτῆς. οὗτος ὁ νόμος
τῆς τικτούσης ἄρσεν ἢ θῆλυ. ⁸ἐὰν δὲ μὴ εὑρίσκῃ ἡ χεὶρ αὐτῆς τὸ 8
ἱκανὸν εἰς ἀμνόν, καὶ λήμψεται δύο τρυγόνας ἢ δύο νεοσσοὺς
περιστερῶν, μίαν εἰς ὁλοκαύτωμα καὶ μίαν περὶ ἁμαρτίας, καὶ ἐξι-
λάσεται περὶ αὐτῆς ὁ ἱερεύς, καὶ καθαρισθήσεται.

¹Καὶ ἐλάλησεν κύριος πρὸς Μωυσῆν καὶ Ααρων λέγων ²Ἀνθρώ- 13
πῳ ἐάν τινι γένηται ἐν δέρματι χρωτὸς αὐτοῦ οὐλὴ σημασίας τηλ-
αυγὴς καὶ γένηται ἐν δέρματι χρωτὸς αὐτοῦ ἁφὴ λέπρας, καὶ
ἀχθήσεται πρὸς Ααρων τὸν ἱερέα ἢ ἕνα τῶν υἱῶν αὐτοῦ τῶν ἱε-
ρέων. ³καὶ ὄψεται ὁ ἱερεὺς τὴν ἁφὴν ἐν δέρματι τοῦ χρωτὸς αὐ- 3
τοῦ, καὶ ἡ θρὶξ ἐν τῇ ἁφῇ μεταβάλῃ λευκή, καὶ ἡ ὄψις τῆς ἁφῆς
ταπεινὴ ἀπὸ τοῦ δέρματος τοῦ χρωτός, ἁφὴ λέπρας ἐστίν· καὶ
ὄψεται ὁ ἱερεὺς καὶ μιανεῖ αὐτόν. ⁴ἐὰν δὲ τηλαυγὴς λευκὴ ᾖ ἐν 4
τῷ δέρματι τοῦ χρωτός, καὶ ταπεινὴ μὴ ᾖ ἡ ὄψις αὐτῆς ἀπὸ τοῦ
δέρματος, καὶ ἡ θρὶξ αὐτοῦ οὐ μετέβαλεν τρίχα λευκήν, αὐτὴ δέ
ἐστιν ἀμαυρά, καὶ ἀφοριεῖ ὁ ἱερεὺς τὴν ἁφὴν ἑπτὰ ἡμέρας. ⁵καὶ 5
ὄψεται ὁ ἱερεὺς τὴν ἁφὴν τῇ ἡμέρᾳ τῇ ἑβδόμῃ, καὶ ἰδοὺ ἡ ἁφὴ
μένει ἐναντίον αὐτοῦ, οὐ μετέπεσεν ἡ ἁφὴ ἐν τῷ δέρματι, καὶ
ἀφοριεῖ αὐτὸν ὁ ἱερεὺς ἑπτὰ ἡμέρας τὸ δεύτερον. ⁶καὶ ὄψεται αὐ- 6
τὸν ὁ ἱερεὺς τῇ ἡμέρᾳ τῇ ἑβδόμῃ τὸ δεύτερον, καὶ ἰδοὺ ἀμαυρὰ
ἡ ἁφή, οὐ μετέπεσεν ἡ ἁφὴ ἐν τῷ δέρματι, καθαριεῖ αὐτὸν ὁ ἱε-
ρεύς· σημασία γάρ ἐστιν· καὶ πλυνάμενος τὰ ἱμάτια καθαρὸς ἔσται.
⁷ἐὰν δὲ μεταβαλοῦσα μεταπέσῃ ἡ σημασία ἐν τῷ δέρματι μετὰ τὸ 7
ἰδεῖν αὐτὸν τὸν ἱερέα τοῦ καθαρίσαι αὐτόν, καὶ ὀφθήσεται τὸ δεύ-
τερον τῷ ἱερεῖ, ⁸καὶ ὄψεται αὐτὸν ὁ ἱερεὺς καὶ ἰδοὺ μετέπεσεν ἡ 8
σημασία ἐν τῷ δέρματι, καὶ μιανεῖ αὐτὸν ὁ ἱερεύς· λέπρα ἐστίν.

⁹Καὶ ἁφὴ λέπρας ἐὰν γένηται ἐν ἀνθρώπῳ, καὶ ἥξει πρὸς τὸν 9
ἱερέα· ¹⁰καὶ ὄψεται ὁ ἱερεὺς καὶ ἰδοὺ οὐλὴ λευκὴ ἐν τῷ δέρματι, 10
καὶ αὕτη μετέβαλεν τρίχα λευκήν, καὶ ἀπὸ τοῦ ὑγιοῦς τῆς σαρκὸς
τῆς ζώσης ἐν τῇ οὐλῇ, ¹¹λέπρα παλαιουμένη ἐστίν, ἐν τῷ δέρ- 11
ματι τοῦ χρωτός ἐστιν, καὶ μιανεῖ αὐτὸν ὁ ἱερεὺς καὶ ἀφοριεῖ αὐ-
τόν, ὅτι ἀκάθαρτός ἐστιν. ¹²ἐὰν δὲ ἐξανθοῦσα ἐξανθήσῃ ἡ λέπρα 12
ἐν τῷ δέρματι, καὶ καλύψῃ ἡ λέπρα πᾶν τὸ δέρμα τῆς ἁφῆς ἀπὸ

6 τρυγονα] δυο τρυγονας A✝: ex 8
13 2 εαν τινι] tr. A | σημασια A✝ || 3 εν τη αφη / μεταβ.] tr. A✝ || 4 η
10 M] ην BA: cf. 26 | χρωτος] + αυτης B* | μη η M] μη ην B, > A | δερ-
ματος] + αυτης B* || 7 του] το B*A✝ || 9 ανθρ.] pr. τω A✝

13 κεφαλῆς ἕως ποδῶν καθ᾽ ὅλην τὴν ὅρασιν τοῦ ἱερέως, ¹³ καὶ ὄψεται ὁ ἱερεὺς καὶ ἰδοὺ ἐκάλυψεν ἡ λέπρα πᾶν τὸ δέρμα τοῦ χρωτός, καὶ καθαριεῖ αὐτὸν ὁ ἱερεὺς τὴν ἁφήν, ὅτι πᾶν μετέβαλεν
14 λευκόν, καθαρόν ἐστιν. ¹⁴ καὶ ᾗ ἂν ἡμέρᾳ ὀφθῇ ἐν αὐτῷ χρὼς ζῶν,
15 μιανθήσεται, ¹⁵ καὶ ὄψεται ὁ ἱερεὺς τὸν χρῶτα τὸν ὑγιῆ, καὶ μιανεῖ αὐτὸν ὁ χρὼς ὁ ὑγιής, ὅτι ἀκάθαρτός ἐστιν· λέπρα ἐστίν.
16 ¹⁶ ἐὰν δὲ ἀποκαταστῇ ὁ χρὼς ὁ ὑγιὴς καὶ μεταβάλῃ λευκή, καὶ
17 ἐλεύσεται πρὸς τὸν ἱερέα, ¹⁷ καὶ ὄψεται ὁ ἱερεὺς καὶ ἰδοὺ μετέβαλεν ἡ ἁφὴ εἰς τὸ λευκόν, καὶ καθαριεῖ ὁ ἱερεὺς τὴν ἁφήν· καθαρός ἐστιν.
18 ¹⁸ Καὶ σὰρξ ἐὰν γένηται ἐν τῷ δέρματι αὐτοῦ ἕλκος καὶ ὑγιασθῇ,
19 ¹⁹ καὶ γένηται ἐν τῷ τόπῳ τοῦ ἕλκους οὐλὴ λευκὴ ἢ τηλαυγὴς
20 λευκαίνουσα ἢ πυρρίζουσα, καὶ ὀφθήσεται τῷ ἱερεῖ, ²⁰ καὶ ὄψεται ὁ ἱερεὺς καὶ ἰδοὺ ἡ ὄψις ταπεινοτέρα τοῦ δέρματος, καὶ ἡ θρὶξ αὐτῆς μετέβαλεν εἰς λευκήν, καὶ μιανεῖ αὐτὸν ὁ ἱερεύς· λέπρα
21 ἐστίν, ἐν τῷ ἕλκει ἐξήνθησεν. ²¹ ἐὰν δὲ ἴδῃ ὁ ἱερεὺς καὶ ἰδοὺ οὐκ ἔστιν ἐν αὐτῷ θρὶξ λευκή, καὶ ταπεινὸν μὴ ᾖ ἀπὸ τοῦ δέρματος τοῦ χρωτός, καὶ αὐτὴ ᾖ ἀμαυρά, ἀφοριεῖ αὐτὸν ὁ ἱερεὺς ἑπτὰ
22 ἡμέρας. ²² ἐὰν δὲ διαχέηται ἐν τῷ δέρματι, καὶ μιανεῖ αὐτὸν ὁ ἱε-
23 ρεύς· ἁφὴ λέπρας ἐστίν, ἐν τῷ ἕλκει ἐξήνθησεν. ²³ ἐὰν δὲ κατὰ χώραν μείνῃ τὸ τηλαύγημα καὶ μὴ διαχέηται, οὐλὴ τοῦ ἕλκους ἐστίν, καὶ καθαριεῖ αὐτὸν ὁ ἱερεύς.
24 ²⁴ Καὶ σὰρξ ἐὰν γένηται ἐν τῷ δέρματι αὐτοῦ κατάκαυμα πυρός, καὶ γένηται ἐν τῷ δέρματι αὐτοῦ τὸ ὑγιασθὲν τοῦ κατακαύματος
25 αὐγάζον τηλαυγὲς λευκὸν ὑποπυρρίζον ἢ ἔκλευκον, ²⁵ καὶ ὄψεται αὐτὸν ὁ ἱερεὺς καὶ ἰδοὺ μετέβαλεν θρὶξ λευκὴ εἰς τὸ αὐγάζον, καὶ ἡ ὄψις αὐτοῦ ταπεινὴ ἀπὸ τοῦ δέρματος, λέπρα ἐστίν, ἐν τῷ κατακαύματι ἐξήνθησεν· καὶ μιανεῖ αὐτὸν ὁ ἱερεύς, ἁφὴ λέπρας
26 ἐστίν. ²⁶ ἐὰν δὲ ἴδῃ ὁ ἱερεὺς καὶ ἰδοὺ οὐκ ἔστιν ἐν τῷ αὐγάζοντι θρὶξ λευκή, καὶ ταπεινὸν μὴ ᾖ ἀπὸ τοῦ δέρματος, αὐτὸ δὲ ἀμαυ-
27 ρόν, καὶ ἀφοριεῖ αὐτὸν ὁ ἱερεὺς ἑπτὰ ἡμέρας. ²⁷ καὶ ὄψεται αὐτὸν ὁ ἱερεὺς τῇ ἡμέρᾳ τῇ ἑβδόμῃ· ἐὰν δὲ διαχύσει διαχέηται ἐν τῷ δέρματι, καὶ μιανεῖ αὐτὸν ὁ ἱερεύς· ἁφὴ λέπρας ἐστίν, ἐν τῷ ἕλ-
28 κει ἐξήνθησεν. ²⁸ ἐὰν δὲ κατὰ χώραν μείνῃ τὸ αὐγάζον καὶ μὴ δια-χυθῇ ἐν τῷ δέρματι, αὐτὴ δὲ ᾖ ἀμαυρά, ἡ οὐλὴ τοῦ κατακαύματός ἐστιν, καὶ καθαριεῖ αὐτὸν ὁ ἱερεύς· ὁ γὰρ χαρακτὴρ τοῦ κατακαύ-ματός ἐστιν.
29 ²⁹ Καὶ ἀνδρὶ καὶ γυναικὶ ἐὰν γένηται ἐν αὐτοῖς ἁφὴ λέπρας ἐν
30 τῇ κεφαλῇ ἢ ἐν τῷ πώγωνι, ³⁰ καὶ ὄψεται ὁ ἱερεὺς τὴν ἁφὴν καὶ

15 τον 2⁰ > A✝ ‖ 17 και οψ. ο ιερ. > A*✝ | καθ. εστιν] και καθ. εσται A ‖ 20 η 2⁰ > B | λεπρα] pr. οτι Bᶜ ‖ 24 το > B*A✝ ‖ 25 αυτον 1⁰] -το A✝: item 2⁰ Asᵗ (εστιν 1⁰ ⌢ 2⁰ A*✝) ‖ 26 η] ην B✝: cf. 4

ἰδοὺ ἡ ὄψις αὐτῆς ἐγκοιλοτέρα τοῦ δέρματος, ἐν αὐτῇ δὲ θρὶξ
ξανθίζουσα λεπτή, καὶ μιανεῖ αὐτὸν ὁ ἱερεύς· θραῦσμά ἐστιν, λέπρα
τῆς κεφαλῆς ἢ λέπρα τοῦ πώγωνός ἐστιν. ³¹ καὶ ἐὰν ἴδῃ ὁ ἱερεὺς 31
τὴν ἀφὴν τοῦ θραύσματος καὶ ἰδοὺ οὐχ ἡ ὄψις ἐγκοιλοτέρα τοῦ
δέρματος, καὶ θρὶξ ξανθίζουσα οὐκ ἔστιν ἐν αὐτῇ, καὶ ἀφοριεῖ ὁ
ἱερεὺς τὴν ἀφὴν τοῦ θραύσματος ἑπτὰ ἡμέρας. ³² καὶ ὄψεται ὁ ἱε- 32
ρεὺς τὴν ἀφὴν τῇ ἡμέρᾳ τῇ ἑβδόμῃ, καὶ ἰδοὺ οὐ διεχύθη τὸ θραῦ-
σμα, καὶ θρὶξ ξανθίζουσα οὐκ ἔστιν ἐν αὐτῇ, καὶ ἡ ὄψις τοῦ θραύ-
σματος οὐκ ἔστιν κοίλη ἀπὸ τοῦ δέρματος, ³³ καὶ ξυρηθήσεται τὸ 33
δέρμα, τὸ δὲ θραῦσμα οὐ ξυρηθήσεται, καὶ ἀφοριεῖ ὁ ἱερεὺς τὸ
θραῦσμα ἑπτὰ ἡμέρας τὸ δεύτερον. ³⁴ καὶ ὄψεται ὁ ἱερεὺς τὸ θραῦ- 34
σμα τῇ ἡμέρᾳ τῇ ἑβδόμῃ, καὶ ἰδοὺ οὐ διεχύθη τὸ θραῦσμα ἐν τῷ
δέρματι μετὰ τὸ ξυρηθῆναι αὐτόν, καὶ ἡ ὄψις τοῦ θραύσματος οὐκ
ἔστιν κοίλη ἀπὸ τοῦ δέρματος, καὶ καθαριεῖ αὐτὸν ὁ ἱερεύς, καὶ
πλυνάμενος τὰ ἱμάτια καθαρὸς ἔσται. ³⁵ ἐὰν δὲ διαχύσει διαχέηται 35
τὸ θραῦσμα ἐν τῷ δέρματι μετὰ τὸ καθαρισθῆναι αὐτόν, ³⁶ καὶ ὄψε- 36
ται ὁ ἱερεὺς καὶ ἰδοὺ διακέχυται τὸ θραῦσμα ἐν τῷ δέρματι, οὐκ
ἐπισκέψεται ὁ ἱερεὺς περὶ τῆς τριχὸς τῆς ξανθῆς, ὅτι ἀκάθαρτός
ἐστιν. ³⁷ ἐὰν δὲ ἐνώπιον μείνῃ τὸ θραῦσμα ἐπὶ χώρας καὶ θρὶξ 37
μέλαινα ἀνατείλῃ ἐν αὐτῷ, ὑγίακεν τὸ θραῦσμα· καθαρός ἐστιν,
καὶ καθαριεῖ αὐτὸν ὁ ἱερεύς.

³⁸ Καὶ ἀνδρὶ ἢ γυναικὶ ἐὰν γένηται ἐν δέρματι τῆς σαρκὸς αὐτοῦ 38
αὐγάσματα αὐγάζοντα λευκαθίζοντα, ³⁹ καὶ ὄψεται ὁ ἱερεὺς καὶ ἰδοὺ 39
ἐν δέρματι τῆς σαρκὸς αὐτοῦ αὐγάσματα αὐγάζοντα λευκαθίζοντα,
ἀλφός ἐστιν, καθαρός ἐστιν· ἐξανθεῖ ἐν τῷ δέρματι τῆς σαρκὸς
αὐτοῦ, καθαρός ἐστιν.

⁴⁰ Ἐὰν δέ τινι μαδήσῃ ἡ κεφαλὴ αὐτοῦ, φαλακρός ἐστιν, καθαρός 40
ἐστιν· ⁴¹ ἐὰν δὲ κατὰ πρόσωπον μαδήσῃ ἡ κεφαλὴ αὐτοῦ, ἀναφά- 41
λαντός ἐστιν, καθαρός ἐστιν. ⁴² ἐὰν δὲ γένηται ἐν τῷ φαλακρώματι 42
αὐτοῦ ἢ ἐν τῷ ἀναφαλαντώματι αὐτοῦ ἀφὴ λευκὴ ἢ πυρρίζουσα,
λέπρα ἐστὶν ἐν τῷ φαλακρώματι αὐτοῦ ἢ ἐν τῷ ἀναφαλαντώματι
αὐτοῦ, ⁴³ καὶ ὄψεται αὐτὸν ὁ ἱερεὺς καὶ ἰδοὺ ἡ ὄψις τῆς ἀφῆς 43
λευκὴ πυρρίζουσα ἐν τῷ φαλακρώματι αὐτοῦ ἢ ἐν τῷ ἀναφαλαν-
τώματι αὐτοῦ ὡς εἶδος λέπρας ἐν δέρματι τῆς σαρκὸς αὐτοῦ,
⁴⁴ ἄνθρωπος λεπρός ἐστιν· μιάνσει μιανεῖ αὐτὸν ὁ ἱερεύς, ἐν τῇ 44
κεφαλῇ αὐτοῦ ἡ ἀφὴ αὐτοῦ.

⁴⁵ Καὶ ὁ λεπρός, ἐν ᾧ ἐστιν ἡ ἀφή, τὰ ἱμάτια αὐτοῦ ἔστω παρα- 45
λελυμένα καὶ ἡ κεφαλὴ αὐτοῦ ἀκατακάλυπτος, καὶ περὶ τὸ στόμα

---

30 λεπρα 1⁰] + εστιν A† || 31 θραυσματος bis] τραυμ. 1⁰ BA, 2⁰ A† | ουχ]
ουκ B*A†, ουχι Bᶜ || 37 καθαρος M] -ρον BA || 38 αυγασμα B*A ||
39 εξανθησει B*† || 43 πυρριζ.] pr. η A || 44 μιανσει > B*(uid.)A ||
45 εστω] εσται A | ακατακαλυπτος Aᶜ] ακαλ. B, ακαταλ. (sic) A*†

46 αὐτοῦ περιβαλέσθω καὶ ἀκάθαρτος κεκλήσεται· ⁴⁶πάσας τὰς ἡμέρας,
ὅσας ἂν ᾖ ἐπ᾽ αὐτοῦ ἡ ἁφή, ἀκάθαρτος ὢν ἀκάθαρτος ἔσται·
κεχωρισμένος καθήσεται, ἔξω τῆς παρεμβολῆς ἔσται αὐτοῦ ἡ
διατριβή.

47   ⁴⁷Καὶ ἱματίῳ ἐὰν γένηται ἐν αὐτῷ ἁφὴ λέπρας, ἐν ἱματίῳ ἐρεῷ
48 ἢ ἐν ἱματίῳ στιππυίνῳ, ⁴⁸ἢ ἐν στήμονι ἢ ἐν κρόκῃ ἢ ἐν τοῖς
λινοῖς ἢ ἐν τοῖς ἐρεοῖς ἢ ἐν δέρματι ἢ ἐν παντὶ ἐργασίμῳ δέρ-
49 ματι, ⁴⁹καὶ γένηται ἡ ἁφὴ χλωρίζουσα ἢ πυρρίζουσα ἐν τῷ δέρ-
ματι ἢ ἐν τῷ ἱματίῳ ἢ ἐν τῷ στήμονι ἢ ἐν τῇ κρόκῃ ἢ ἐν παντὶ
σκεύει ἐργασίμῳ δέρματος, ἁφὴ λέπρας ἐστίν, καὶ δείξει τῷ ἱερεῖ.
50 ⁵⁰καὶ ὄψεται ὁ ἱερεὺς τὴν ἁφήν, καὶ ἀφοριεῖ ὁ ἱερεὺς τὴν ἁφὴν
51 ἑπτὰ ἡμέρας. ⁵¹καὶ ὄψεται ὁ ἱερεὺς τὴν ἁφὴν τῇ ἡμέρᾳ τῇ ἑβδόμῃ·
ἐὰν δὲ διαχέηται ἡ ἁφὴ ἐν τῷ ἱματίῳ ἢ ἐν τῷ στήμονι ἢ ἐν τῇ
κρόκῃ ἢ ἐν τῷ δέρματι κατὰ πάντα, ὅσα ἂν ποιηθῇ δέρματα ἐν
52 τῇ ἐργασίᾳ, λέπρα ἔμμονός ἐστιν ἡ ἁφή, ἀκάθαρτός ἐστιν. ⁵²κατα-
καύσει τὸ ἱμάτιον ἢ τὸν στήμονα ἢ τὴν κρόκην ἐν τοῖς ἐρεοῖς
ἢ ἐν τοῖς λινοῖς ἢ ἐν παντὶ σκεύει δερματίνῳ, ἐν ᾧ ἐὰν ᾖ ἐν
αὐτῷ ἡ ἁφή, ὅτι λέπρα ἔμμονός ἐστιν, ἐν πυρὶ κατακαυθήσεται.
53 ⁵³ἐὰν δὲ ἴδῃ ὁ ἱερεὺς καὶ μὴ διαχέηται ἡ ἁφὴ ἐν τῷ ἱματίῳ ἢ ἐν
54 τῷ στήμονι ἢ ἐν τῇ κρόκῃ ἢ ἐν παντὶ σκεύει δερματίνῳ, ⁵⁴καὶ
συντάξει ὁ ἱερεύς, καὶ πλυνεῖ ἐφ᾽ οὗ ἐὰν ᾖ ἐπ᾽ αὐτοῦ ἡ ἁφή, καὶ
55 ἀφοριεῖ ὁ ἱερεὺς τὴν ἁφὴν ἑπτὰ ἡμέρας τὸ δεύτερον· ⁵⁵καὶ ὄψε-
ται ὁ ἱερεὺς μετὰ τὸ πλυθῆναι αὐτὸ τὴν ἁφήν, καὶ ἥδε μὴ μετέ-
βαλεν τὴν ὄψιν ἡ ἁφή, καὶ ἡ ἁφὴ οὐ διαχεῖται, ἀκάθαρτόν ἐστιν,
ἐν πυρὶ κατακαυθήσεται· ἐστήρισται ἐν τῷ ἱματίῳ ἢ ἐν τῷ στή-
56 μονι ἢ ἐν τῇ κρόκῃ. ⁵⁶καὶ ἐὰν ἴδῃ ὁ ἱερεὺς καὶ ᾖ ἀμαυρὰ ἡ ἁφὴ
μετὰ τὸ πλυθῆναι αὐτό, ἀπορρήξει αὐτὸ ἀπὸ τοῦ ἱματίου ἢ ἀπὸ
57 τοῦ δέρματος ἢ ἀπὸ τοῦ στήμονος ἢ ἀπὸ τῆς κρόκης. ⁵⁷ἐὰν δὲ
ὀφθῇ ἔτι ἐν τῷ ἱματίῳ ἢ ἐν τῷ στήμονι ἢ ἐν τῇ κρόκῃ ἢ ἐν
παντὶ σκεύει δερματίνῳ, λέπρα ἐξανθοῦσά ἐστιν· ἐν πυρὶ κατα-
58 καυθήσεται ἐν ᾧ ἐστὶν ἡ ἁφή. ⁵⁸καὶ τὸ ἱμάτιον ἢ ὁ στήμων ἢ ἡ
κρόκη ἢ πᾶν σκεῦος δερμάτινον, ὃ πλυθήσεται καὶ ἀποστήσεται
ἀπ᾽ αὐτοῦ ἡ ἁφή, καὶ πλυθήσεται τὸ δεύτερον καὶ καθαρὸν ἔσται.
59 ⁵⁹οὗτος ὁ νόμος ἁφῆς λέπρας ἱματίου ἐρεοῦ ἢ στιππυίνου ἢ στή-
μονος ἢ κρόκης ἢ παντὸς σκεύους δερματίνου εἰς τὸ καθαρίσαι
αὐτὸ ἢ μιᾶναι αὐτό.

14   ¹Καὶ ἐλάλησεν κύριος πρὸς Μωυσῆν λέγων ²Οὗτος ὁ νόμος
τοῦ λεπροῦ, ᾗ ἂν ἡμέρᾳ καθαρισθῇ· καὶ προσαχθήσεται πρὸς τὸν

46 επ αυτου / ἡ] tr. A⁺ | εσται 1°] -τιν A⁺ | εσται αυτου] tr. B ‖ 52 η εν
αυτω] γενηται A⁺ | εμμον. εστιν > B*A⁺ ‖ 55 αυτο] -του A | 56 αυτο
1°] -τον A (A⁺ καυθηναι pro πλυθ.) ‖ 57 οφθη ετι] οφθησεται A ‖ 58 και
ult. > B*A⁺ ‖ 59 ερεου η στιππ. > A⁺

ἱερέα, ³καὶ ἐξελεύσεται ὁ ἱερεὺς ἔξω τῆς παρεμβολῆς, και ὄψεται 3
ὁ ἱερεὺς καὶ ἰδοὺ ἴαται ἡ ἀφὴ τῆς λέπρας ἀπὸ τοῦ λεπροῦ, ⁴καὶ 4
προστάξει ὁ ἱερεὺς καὶ λήμψονται τῷ κεκαθαρισμένῳ δύο ὀρνίθια
ζῶντα καθαρὰ καὶ ξύλον κέδρινον καὶ κεκλωσμένον κόκκινον καὶ
ὕσσωπον· ⁵καὶ προστάξει ὁ ἱερεὺς καὶ σφάξουσιν τὸ ὀρνίθιον τὸ 5
ἓν εἰς ἀγγεῖον ὀστράκινον ἐφ᾽ ὕδατι ζῶντι· ⁶καὶ τὸ ὀρνίθιον τὸ 6
ζῶν λήμψεται αὐτὸ καὶ τὸ ξύλον τὸ κέδρινον καὶ τὸ κλωστὸν
κόκκινον καὶ τὸν ὕσσωπον καὶ βάψει αὐτὰ καὶ τὸ ὀρνίθιον τὸ ζῶν
εἰς τὸ αἷμα τοῦ ὀρνιθίου τοῦ σφαγέντος ἐφ᾽ ὕδατι ζῶντι· ⁷καὶ 7
περιρρανεῖ ἐπὶ τὸν καθαρισθέντα ἀπὸ τῆς λέπρας ἑπτάκις, καὶ καθα-
ρὸς ἔσται· καὶ ἐξαποστελεῖ τὸ ὀρνίθιον τὸ ζῶν εἰς τὸ πεδίον. ⁸καὶ 8
πλυνεῖ ὁ καθαρισθεὶς τὰ ἱμάτια αὐτοῦ καὶ ξυρηθήσεται αὐτοῦ πᾶ-
σαν τὴν τρίχα καὶ λούσεται ἐν ὕδατι καὶ καθαρὸς ἔσται· καὶ μετὰ
ταῦτα εἰσελεύσεται εἰς τὴν παρεμβολὴν καὶ διατρίψει ἔξω τοῦ οἴ-
κου αὐτοῦ ἑπτὰ ἡμέρας. ⁹καὶ ἔσται τῇ ἡμέρᾳ τῇ ἑβδόμῃ ξυρηθή- 9
σεται πᾶσαν τὴν τρίχα αὐτοῦ, τὴν κεφαλὴν αὐτοῦ καὶ τὸν πώγωνα
καὶ τὰς ὀφρύας καὶ πᾶσαν τὴν τρίχα αὐτοῦ ξυρηθήσεται· καὶ πλυ-
νεῖ τὰ ἱμάτια καὶ λούσεται τὸ σῶμα αὐτοῦ ὕδατι καὶ καθαρὸς
ἔσται. — ¹⁰καὶ τῇ ἡμέρᾳ τῇ ὀγδόῃ λήμψεται δύο ἀμνοὺς ἐνιαυ- 10
σίους ἀμώμους καὶ πρόβατον ἐνιαύσιον ἄμωμον καὶ τρία δέκατα
σεμιδάλεως εἰς θυσίαν πεφυραμένης ἐν ἐλαίῳ καὶ κοτύλην ἐλαίου
μίαν, ¹¹καὶ στήσει ὁ ἱερεὺς ὁ καθαρίζων τὸν ἄνθρωπον τὸν καθα- 11
ριζόμενον καὶ ταῦτα ἔναντι κυρίου ἐπὶ τὴν θύραν τῆς σκηνῆς τοῦ
μαρτυρίου. ¹²καὶ λήμψεται ὁ ἱερεὺς τὸν ἀμνὸν τὸν ἕνα καὶ προσ- 12
άξει αὐτὸν τῆς πλημμελείας καὶ τὴν κοτύλην τοῦ ἐλαίου καὶ ἀφο-
ριεῖ αὐτὸ ἀφόρισμα ἔναντι κυρίου· ¹³καὶ σφάξουσιν τὸν ἀμνὸν ἐν 13
τόπῳ, οὗ σφάζουσιν τὰ ὁλοκαυτώματα καὶ τὰ περὶ ἁμαρτίας, ἐν
τόπῳ ἁγίῳ· ἔστιν γὰρ τὸ περὶ ἁμαρτίας ὥσπερ τὸ τῆς πλημμε-
λείας, ἔστιν τῷ ἱερεῖ, ἅγια ἁγίων ἐστίν. ¹⁴καὶ λήμψεται ὁ ἱερεὺς 14
ἀπὸ τοῦ αἵματος τοῦ τῆς πλημμελείας, καὶ ἐπιθήσει ὁ ἱερεὺς ἐπὶ
τὸν λοβὸν τοῦ ὠτὸς τοῦ καθαριζομένου τοῦ δεξιοῦ καὶ ἐπὶ τὸ
ἄκρον τῆς χειρὸς τῆς δεξιᾶς καὶ ἐπὶ τὸ ἄκρον τοῦ ποδὸς τοῦ δε-
ξιοῦ. ¹⁵καὶ λαβὼν ὁ ἱερεὺς ἀπὸ τῆς κοτύλης τοῦ ἐλαίου ἐπιχεεῖ 15
ἐπὶ τὴν χεῖρα τοῦ ἱερέως τὴν ἀριστερὰν ¹⁶καὶ βάψει τὸν δάκτυλον 16
τὸν δεξιὸν ἀπὸ τοῦ ἐλαίου τοῦ ὄντος ἐπὶ τῆς χειρὸς τῆς ἀριστε-
ρᾶς καὶ ρανεῖ ἑπτάκις τῷ δακτύλῳ ἔναντι κυρίου· ¹⁷τὸ δὲ κατα- 17
λειφθὲν ἔλαιον τὸ ὂν ἐν τῇ χειρὶ ἐπιθήσει ὁ ἱερεὺς ἐπὶ τὸν λοβὸν
τοῦ ὠτὸς τοῦ καθαριζομένου τοῦ δεξιοῦ καὶ ἐπὶ τὸ ἄκρον τῆς
χειρὸς τῆς δεξιᾶς καὶ ἐπὶ τὸ ἄκρον τοῦ ποδὸς τοῦ δεξιοῦ ἐπὶ τὸν

14 6 κλωστον] κεκλωσμενον A ‖ 11 ο 2⁰ > A⁺ ‖ 12 αυτο] -τα Bᶜ ‖
13 ου] ω A ‖ 16 ρανει] ρανιει(item A in 7) ο ιερευς A⁺ | επτ./τω δακτ.]
tr. A ‖ 17 ον > A

18 τόπον τοῦ αἵματος τοῦ τῆς πλημμελείας· ¹⁸τὸ δὲ καταλειφθὲν
ἔλαιον τὸ ἐπὶ τῆς χειρὸς τοῦ ἱερέως ἐπιθήσει ὁ ἱερεὺς ἐπὶ τὴν
κεφαλὴν τοῦ καθαρισθέντος, καὶ ἐξιλάσεται περὶ αὐτοῦ ὁ ἱερεὺς
19 ἔναντι κυρίου. ¹⁹καὶ ποιήσει ὁ ἱερεὺς τὸ περὶ τῆς ἁμαρτίας, καὶ
ἐξιλάσεται ὁ ἱερεὺς περὶ τοῦ ἀκαθάρτου τοῦ καθαριζομένου ἀπὸ
τῆς ἁμαρτίας αὐτοῦ· καὶ μετὰ τοῦτο σφάξει ὁ ἱερεὺς τὸ ὁλοκαύ-
20 τωμα. ²⁰καὶ ἀνοίσει ὁ ἱερεὺς τὸ ὁλοκαύτωμα καὶ τὴν θυσίαν ἐπὶ
τὸ θυσιαστήριον ἔναντι κυρίου· καὶ ἐξιλάσεται περὶ αὐτοῦ ὁ ἱερεύς,
καὶ καθαρισθήσεται.
21 ²¹Ἐὰν δὲ πένηται καὶ ἡ χεὶρ αὐτοῦ μὴ εὑρίσκῃ, λήμψεται ἀμνὸν
ἕνα εἰς ὃ ἐπλημμέλησεν εἰς ἀφαίρεμα ὥστε ἐξιλάσασθαι περὶ αὐ-
τοῦ καὶ δέκατον σεμιδάλεως πεφυραμένης ἐν ἐλαίῳ εἰς θυσίαν
22 καὶ κοτύλην ἐλαίου μίαν ²²καὶ δύο τρυγόνας ἢ δύο νεοσσοὺς
περιστερῶν, ὅσα εὗρεν ἡ χεὶρ αὐτοῦ, καὶ ἔσται ἡ μία περὶ ἁμαρ-
23 τίας καὶ ἡ μία εἰς ὁλοκαύτωμα· ²³καὶ προσοίσει αὐτὰ τῇ ἡμέρᾳ
τῇ ὀγδόῃ εἰς τὸ καθαρίσαι αὐτὸν πρὸς τὸν ἱερέα ἐπὶ τὴν θύραν
24 τῆς σκηνῆς τοῦ μαρτυρίου ἔναντι κυρίου. ²⁴καὶ λαβὼν ὁ ἱερεὺς
τὸν ἀμνὸν τῆς πλημμελείας καὶ τὴν κοτύλην τοῦ ἐλαίου ἐπιθήσει
25 αὐτὰ ἐπίθεμα ἔναντι κυρίου. ²⁵καὶ σφάξει τὸν ἀμνὸν τῆς πλημμε-
λείας καὶ λήμψεται ὁ ἱερεὺς ἀπὸ τοῦ αἵματος τοῦ τῆς πλημμε-
λείας καὶ ἐπιθήσει ἐπὶ τὸν λοβὸν τοῦ ὠτὸς τοῦ καθαριζομένου
τοῦ δεξιοῦ καὶ ἐπὶ τὸ ἄκρον τῆς χειρὸς τῆς δεξιᾶς καὶ ἐπὶ τὸ
26 ἄκρον τοῦ ποδὸς τοῦ δεξιοῦ. ²⁶καὶ ἀπὸ τοῦ ἐλαίου ἐπιχεεῖ ὁ ἱε-
27 ρεὺς ἐπὶ τὴν χεῖρα τοῦ ἱερέως τὴν ἀριστεράν, ²⁷καὶ ῥανεῖ ὁ ἱερεὺς
τῷ δακτύλῳ τῷ δεξιῷ ἀπὸ τοῦ ἐλαίου τοῦ ἐν τῇ χειρὶ αὐτοῦ τῇ
28 ἀριστερᾷ ἑπτάκις ἔναντι κυρίου· ²⁸καὶ ἐπιθήσει ὁ ἱερεὺς ἀπὸ τοῦ
ἐλαίου τοῦ ἐπὶ τῆς χειρὸς αὐτοῦ ἐπὶ τὸν λοβὸν τοῦ ὠτὸς τοῦ
καθαριζομένου τοῦ δεξιοῦ καὶ ἐπὶ τὸ ἄκρον τῆς χειρὸς αὐτοῦ τῆς
δεξιᾶς καὶ ἐπὶ τὸ ἄκρον τοῦ ποδὸς αὐτοῦ τοῦ δεξιοῦ ἐπὶ τὸν τό-
29 πον τοῦ αἵματος τοῦ τῆς πλημμελείας· ²⁹τὸ δὲ καταλειφθὲν ἀπὸ
τοῦ ἐλαίου τὸ ὂν ἐπὶ τῆς χειρὸς τοῦ ἱερέως ἐπιθήσει ἐπὶ τὴν κε-
φαλὴν τοῦ καθαρισθέντος, καὶ ἐξιλάσεται περὶ αὐτοῦ ὁ ἱερεὺς
30 ἔναντι κυρίου. ³⁰καὶ ποιήσει μίαν τῶν τρυγόνων ἢ ἀπὸ τῶν νεοσ-
31 σῶν τῶν περιστερῶν, καθότι εὗρεν αὐτοῦ ἡ χείρ, ³¹τὴν μίαν περὶ
ἁμαρτίας καὶ τὴν μίαν εἰς ὁλοκαύτωμα σὺν τῇ θυσίᾳ, καὶ ἐξιλά-
32 σεται ὁ ἱερεὺς περὶ τοῦ καθαριζομένου ἔναντι κυρίου. ³²οὗτος ὁ
νόμος, ἐν ᾧ ἐστιν ἡ ἁφὴ τῆς λέπρας καὶ τοῦ μὴ εὑρίσκοντος τῇ
χειρὶ εἰς τὸν καθαρισμὸν αὐτοῦ.

19 ο ιερευς περι] περι αυτου ο ιερ. B† ‖ 20 εναντι] pr. απ B*† ‖ 21 και /
η χ. αυτου] tr. B* (Bᶜ tr. η χ. αυτ. post και μη ευρ.) ‖ 22 και 1⁰] η A† ‖
25 της 1⁰] pr. τον Bᶜ | του καθαρ. / του δεξ. (cf. 28)] tr. BA† ‖ 29 καθαρι-
ζομενου A ‖ 32 της > A†

³³ Καὶ ἐλάλησεν κύριος πρὸς Μωυσῆν καὶ Ααρων λέγων ³⁴ Ὡς 33
ἂν εἰσέλθητε εἰς τὴν γῆν τῶν Χαναναίων, ἣν ἐγὼ δίδωμι ὑμῖν 34
ἐν κτήσει, καὶ δώσω ἀφὴν λέπρας ἐν ταῖς οἰκίαις τῆς γῆς τῆς ἐγ-
κτήτου ὑμῖν, ³⁵ καὶ ἥξει τίνος αὐτοῦ ἡ οἰκία καὶ ἀναγγελεῖ τῷ ἱε- 35
ρεῖ λέγων Ὥσπερ ἀφὴ ἑώραταί μου ἐν τῇ οἰκίᾳ. ³⁶ καὶ προστάξει 36
ὁ ἱερεὺς ἀποσκευάσαι τὴν οἰκίαν πρὸ τοῦ εἰσελθόντα ἰδεῖν τὸν
ἱερέα τὴν ἀφὴν καὶ οὐ μὴ ἀκάθαρτα γένηται ὅσα ἐὰν ᾖ ἐν τῇ
οἰκίᾳ, καὶ μετὰ ταῦτα εἰσελεύσεται ὁ ἱερεὺς καταμαθεῖν τὴν οἰκίαν.
³⁷ καὶ ὄψεται τὴν ἀφὴν ἐν τοῖς τοίχοις τῆς οἰκίας, κοιλάδας χλωρι- 37
ζούσας ἢ πυρριζούσας, καὶ ἡ ὄψις αὐτῶν ταπεινοτέρα τῶν τοίχων,
³⁸ καὶ ἐξελθὼν ὁ ἱερεὺς ἐκ τῆς οἰκίας ἐπὶ τὴν θύραν τῆς οἰκίας 38
καὶ ἀφοριεῖ ὁ ἱερεὺς τὴν οἰκίαν ἑπτὰ ἡμέρας. ³⁹ καὶ ἐπανήξει ὁ ἱε- 39
ρεὺς τῇ ἡμέρᾳ τῇ ἑβδόμῃ καὶ ὄψεται τὴν οἰκίαν καὶ ἰδοὺ οὐ διε-
χύθη ἡ ἀφὴ ἐν τοῖς τοίχοις τῆς οἰκίας, ⁴⁰ καὶ προστάξει ὁ ἱερεὺς 40
καὶ ἐξελοῦσιν τοὺς λίθους, ἐν οἷς ἐστιν ἡ ἀφή, καὶ ἐκβαλοῦσιν
αὐτοὺς ἔξω τῆς πόλεως εἰς τόπον ἀκάθαρτον. ⁴¹ καὶ ἀποξύσουσιν 41
τὴν οἰκίαν ἔσωθεν κύκλῳ καὶ ἐκχεοῦσιν τὸν χοῦν ἔξω τῆς πόλεως
εἰς τόπον ἀκάθαρτον. ⁴² καὶ λήμψονται λίθους ἀπεξυσμένους ἑτέ- 42
ρους καὶ ἀντιθήσουσιν ἀντὶ τῶν λίθων καὶ χοῦν ἕτερον λήμψον-
ται καὶ ἐξαλείψουσιν τὴν οἰκίαν. ⁴³ ἐὰν δὲ ἐπέλθῃ πάλιν ἀφὴ καὶ 43
ἀνατείλῃ ἐν τῇ οἰκίᾳ μετὰ τὸ ἐξελεῖν τοὺς λίθους καὶ μετὰ τὸ ἀπο-
ξυσθῆναι τὴν οἰκίαν καὶ μετὰ τὸ ἐξαλειφθῆναι, ⁴⁴ καὶ εἰσελεύσεται 44
ὁ ἱερεὺς καὶ ὄψεται· εἰ διακέχυται ἡ ἀφὴ ἐν τῇ οἰκίᾳ, λέπρα ἔμ-
μονός ἐστιν ἐν τῇ οἰκίᾳ, ἀκάθαρτός ἐστιν. ⁴⁵ καὶ καθελοῦσιν τὴν 45
οἰκίαν καὶ τὰ ξύλα αὐτῆς καὶ τοὺς λίθους αὐτῆς καὶ πάντα τὸν
χοῦν ἐξοίσουσιν ἔξω τῆς πόλεως εἰς τόπον ἀκάθαρτον. ⁴⁶ καὶ ὁ 46
εἰσπορευόμενος εἰς τὴν οἰκίαν πάσας τὰς ἡμέρας, ἃς ἀφωρισμένη
ἐστίν, ἀκάθαρτος ἔσται ἕως ἑσπέρας· ⁴⁷ καὶ ὁ κοιμώμενος ἐν τῇ 47
οἰκίᾳ πλυνεῖ τὰ ἱμάτια αὐτοῦ καὶ ἀκάθαρτος ἔσται ἕως ἑσπέρας·
καὶ ὁ ἔσθων ἐν τῇ οἰκίᾳ πλυνεῖ τὰ ἱμάτια αὐτοῦ καὶ ἀκάθαρτος
ἔσται ἕως ἑσπέρας. ⁴⁸ ἐὰν δὲ παραγενόμενος εἰσέλθῃ ὁ ἱερεὺς καὶ 48
ἴδῃ καὶ ἰδοὺ διαχύσει οὐ διαχεῖται ἡ ἀφὴ ἐν τῇ οἰκίᾳ μετὰ τὸ ἐξα-
λειφθῆναι τὴν οἰκίαν, καὶ καθαριεῖ ὁ ἱερεὺς τὴν οἰκίαν, ὅτι ἰάθη ἡ
ἀφή. ⁴⁹ καὶ λήμψεται ἀφαγνίσαι τὴν οἰκίαν δύο ὀρνίθια ζῶντα κα- 49
θαρὰ καὶ ξύλον κέδρινον καὶ κεκλωσμένον κόκκινον καὶ ὕσσωπον·
⁵⁰ καὶ σφάξει τὸ ὀρνίθιον τὸ ἓν εἰς σκεῦος ὀστράκινον ἐφ᾽ ὕδατι 50
ζῶντι ⁵¹ καὶ λήμψεται τὸ ξύλον τὸ κέδρινον καὶ τὸ κεκλωσμένον 51
κόκκινον καὶ τὸν ὕσσωπον καὶ τὸ ὀρνίθιον τὸ ζῶν καὶ βάψει αὐτὸ

35 αναγγειλη A† ‖ **36** αφην M] οικιαν BA ‖ **37** η πυρριζ. > B*A ‖
40 εν οις > B† ‖ **42** ετερους] στερεους BA† ‖ **43** αφη] pr. η B^c ‖ **51** τον
υσσωπον] την υ. B^c: item B^c in 52 τη υσσωπω (sed 6 τον υσσωπον in B
non correctum)

εἰς τὸ αἷμα τοῦ ὀρνιθίου τοῦ ἐσφαγμένου ἐφ᾽ ὕδατι ζῶντι καὶ περιρ-
52 ρανεῖ ἐν αὐτοῖς ἐπὶ τὴν οἰκίαν ἑπτάκις ⁵²καὶ ἀφαγνιεῖ τὴν οἰκίαν
ἐν τῷ αἵματι τοῦ ὀρνιθίου καὶ ἐν τῷ ὕδατι τῷ ζῶντι καὶ ἐν τῷ
ὀρνιθίῳ τῷ ζῶντι καὶ ἐν τῷ ξύλῳ τῷ κεδρίνῳ καὶ ἐν τῷ ὑσσώ-
53 πῳ καὶ ἐν τῷ κεκλωσμένῳ κοκκίνῳ· ⁵³καὶ ἐξαποστελεῖ τὸ ὀρνί-
θιον τὸ ζῶν ἔξω τῆς πόλεως εἰς τὸ πεδίον καὶ ἐξιλάσεται περὶ
τῆς οἰκίας, καὶ καθαρὰ ἔσται.
54   ⁵⁴Οὗτος ὁ νόμος κατὰ πᾶσαν ἁφὴν λέπρας καὶ θραύσματος
55 ⁵⁵καὶ τῆς λέπρας ἱματίου καὶ οἰκίας ⁵⁶καὶ οὐλῆς καὶ σημασίας καὶ
56
57 τοῦ αὐγάζοντος ⁵⁷καὶ τοῦ ἐξηγήσασθαι ᾗ ἡμέρᾳ ἀκάθαρτον καὶ ᾗ
ἡμέρᾳ καθαρισθήσεται· οὗτος ὁ νόμος τῆς λέπρας.
15   ¹Καὶ ἐλάλησεν κύριος πρὸς Μωυσῆν καὶ Ααρων λέγων ²Λάλη-
σον τοῖς υἱοῖς Ισραηλ καὶ ἐρεῖς αὐτοῖς Ἀνδρὶ ἀνδρί, ᾧ ἐὰν γένη-
ται ῥύσις ἐκ τοῦ σώματος αὐτοῦ, ἡ ῥύσις αὐτοῦ ἀκάθαρτός ἐστιν.
3 ³καὶ οὗτος ὁ νόμος τῆς ἀκαθαρσίας αὐτοῦ· ῥέων γόνον ἐκ σώ-
ματος αὐτοῦ ἐκ τῆς ῥύσεως, ἧς συνέστηκεν τὸ σῶμα αὐτοῦ διὰ
τῆς ῥύσεως, αὕτη ἡ ἀκαθαρσία αὐτοῦ ἐν αὐτῷ· πᾶσαι αἱ ἡμέραι
ῥύσεως σώματος αὐτοῦ, ᾗ συνέστηκεν τὸ σῶμα αὐτοῦ διὰ τῆς
4 ῥύσεως, ἀκαθαρσία αὐτοῦ ἐστιν. ⁴πᾶσα κοίτη, ἐφ᾽ ᾗ ἐὰν κοιμηθῇ
ἐπ᾽ αὐτῆς ὁ γονορρυής, ἀκάθαρτός ἐστιν, καὶ πᾶν σκεῦος, ἐφ᾽ ὃ
5 ἐὰν καθίσῃ ἐπ᾽ αὐτὸ ὁ γονορρυής, ἀκάθαρτον ἔσται. ⁵καὶ ἄνθρω-
πος, ὃς ἂν ἅψηται τῆς κοίτης αὐτοῦ, πλυνεῖ τὰ ἱμάτια αὐτοῦ καὶ
6 λούσεται ὕδατι καὶ ἀκάθαρτος ἔσται ἕως ἑσπέρας· ⁶καὶ ὁ καθή-
μενος ἐπὶ τοῦ σκεύους, ἐφ᾽ ὃ ἐὰν καθίσῃ ὁ γονορρυής, πλυνεῖ τὰ
ἱμάτια αὐτοῦ καὶ λούσεται ὕδατι καὶ ἀκάθαρτος ἔσται ἕως ἑσπέ-
7 ρας· ⁷καὶ ὁ ἁπτόμενος τοῦ χρωτὸς τοῦ γονορρυοῦς πλυνεῖ τὰ
8 ἱμάτια καὶ λούσεται ὕδατι καὶ ἀκάθαρτος ἔσται ἕως ἑσπέρας. ⁸ἐὰν
δὲ προσσιελίσῃ ὁ γονορρυὴς ἐπὶ τὸν καθαρόν, πλυνεῖ τὰ ἱμάτια
9 καὶ λούσεται ὕδατι καὶ ἀκάθαρτος ἔσται ἕως ἑσπέρας. ⁹καὶ πᾶν
ἐπίσαγμα ὄνου, ἐφ᾽ ὃ ἂν ἐπιβῇ ἐπ᾽ αὐτὸ ὁ γονορρυής, ἀκάθαρτον
10 ἔσται ἕως ἑσπέρας. ¹⁰καὶ πᾶς ὁ ἁπτόμενος ὅσα ἐὰν ᾖ ὑποκάτω
αὐτοῦ, ἀκάθαρτος ἔσται ἕως ἑσπέρας· καὶ ὁ αἴρων αὐτὰ πλυνεῖ
τὰ ἱμάτια αὐτοῦ καὶ λούσεται ὕδατι καὶ ἀκάθαρτος ἔσται ἕως
11 ἑσπέρας. ¹¹καὶ ὅσων ἐὰν ἅψηται ὁ γονορρυὴς καὶ τὰς χεῖρας οὐ
νένιπται, πλυνεῖ τὰ ἱμάτια καὶ λούσεται τὸ σῶμα ὕδατι καὶ ἀκά-
12 θαρτος ἔσται ἕως ἑσπέρας. ¹²καὶ σκεῦος ὀστράκινον, οὗ ἂν ἅψη-
ται ὁ γονορρυής, συντριβήσεται· καὶ σκεῦος ξύλινον νιφήσεται
13 ὕδατι καὶ καθαρὸν ἔσται. — ¹³ἐὰν δὲ καθαρισθῇ ὁ γονορρυὴς ἐκ

53 της 1⁰ > B*A†
15 1 και ααρ. / λεγ.] tr. B† || 2 η ρυσις αυτου > A | εστιν] εσται A ||
4 η] ην Bᶜ | αυτης] -τη A† || 7 του 1⁰ > B*A† || 8 προσεγγιση A† ||
9 παν] pr. επι A† | επιβη] καθιση A† || 11 νενιπται] + υδατι Bᶜ

τῆς ῥύσεως αὐτοῦ, καὶ ἐξαριθμήσεται αὐτῷ ἑπτὰ ἡμέρας εἰς τὸν
καθαρισμὸν καὶ πλυνεῖ τὰ ἱμάτια αὐτοῦ καὶ λούσεται τὸ σῶμα
ὕδατι καὶ καθαρὸς ἔσται. ¹⁴ καὶ τῇ ἡμέρᾳ τῇ ὀγδόῃ λήμψεται ἑαυ- 14
τῷ δύο τρυγόνας ἢ δύο νεοσσοὺς περιστερῶν καὶ οἴσει αὐτὰ
ἔναντι κυρίου ἐπὶ τὰς θύρας τῆς σκηνῆς τοῦ μαρτυρίου καὶ δώσει
αὐτὰ τῷ ἱερεῖ· ¹⁵ καὶ ποιήσει αὐτὰ ὁ ἱερεύς, μίαν περὶ ἁμαρτίας 15
καὶ μίαν εἰς ὁλοκαύτωμα, καὶ ἐξιλάσεται περὶ αὐτοῦ ὁ ἱερεὺς ἔναν-
τι κυρίου ἀπὸ τῆς ῥύσεως αὐτοῦ.

¹⁶ Καὶ ἄνθρωπος, ᾧ ἐὰν ἐξέλθῃ ἐξ αὐτοῦ κοίτη σπέρματος, καὶ 16
λούσεται ὕδατι πᾶν τὸ σῶμα αὐτοῦ καὶ ἀκάθαρτος ἔσται ἕως ἑσπέ-
ρας· ¹⁷ καὶ πᾶν ἱμάτιον καὶ πᾶν δέρμα, ἐφ' ὃ ἐὰν ᾖ ἐπ' αὐτὸ κοίτη 17
σπέρματος, καὶ πλυθήσεται ὕδατι καὶ ἀκάθαρτον ἔσται ἕως ἑσπέ-
ρας. ¹⁸ καὶ γυνή, ἐὰν κοιμηθῇ ἀνὴρ μετ' αὐτῆς κοίτην σπέρματος, 18
καὶ λούσονται ὕδατι καὶ ἀκάθαρτοι ἔσονται ἕως ἑσπέρας.

¹⁹ Καὶ γυνή, ἥτις ἐὰν ᾖ ῥέουσα αἵματι, ἔσται ἡ ῥύσις αὐτῆς ἐν 19
τῷ σώματι αὐτῆς, ἑπτὰ ἡμέρας ἔσται ἐν τῇ ἀφέδρῳ αὐτῆς· πᾶς
ὁ ἁπτόμενος αὐτῆς ἀκάθαρτος ἔσται ἕως ἑσπέρας, ²⁰ καὶ πᾶν, ἐφ' 20
ὃ ἂν κοιτάζηται ἐπ' αὐτὸ ἐν τῇ ἀφέδρῳ αὐτῆς, ἀκάθαρτον ἔσται,
καὶ πᾶν, ἐφ' ὃ ἂν ἐπικαθίσῃ ἐπ' αὐτό, ἀκάθαρτον ἔσται. ²¹ καὶ πᾶς, 21
ὃς ἐὰν ἅψηται τῆς κοίτης αὐτῆς, πλυνεῖ τὰ ἱμάτια αὐτοῦ καὶ λού-
σεται τὸ σῶμα αὐτοῦ ὕδατι καὶ ἀκάθαρτος ἔσται ἕως ἑσπέρας.
²² καὶ πᾶς ὁ ἁπτόμενος παντὸς σκεύους, οὗ ἐὰν καθίσῃ ἐπ' αὐτό, 22
πλυνεῖ τὰ ἱμάτια αὐτοῦ καὶ λούσεται ὕδατι καὶ ἀκάθαρτος ἔσται
ἕως ἑσπέρας. ²³ ἐὰν δὲ ἐν τῇ κοίτῃ αὐτῆς οὔσης ἢ ἐπὶ τοῦ σκεύ- 23
ους, οὗ ἐὰν καθίσῃ ἐπ' αὐτῷ, ἐν τῷ ἅπτεσθαι αὐτὸν αὐτῆς, ἀκά-
θαρτος ἔσται ἕως ἑσπέρας. ²⁴ ἐὰν δὲ κοίτῃ τις κοιμηθῇ μετ' αὐτῆς 24
καὶ γένηται ἡ ἀκαθαρσία αὐτῆς ἐπ' αὐτῷ, καὶ ἀκάθαρτος ἔσται ἑπτὰ
ἡμέρας, καὶ πᾶσα κοίτη, ἐφ' ᾗ ἂν κοιμηθῇ ἐπ' αὐτῆς, ἀκάθαρτος ἔσται.

²⁵ Καὶ γυνή, ἐὰν ῥέῃ ῥύσει αἵματος ἡμέρας πλείους οὐκ ἐν καιρῷ 25
τῆς ἀφέδρου αὐτῆς, ἐὰν καὶ ῥέῃ μετὰ τὴν ἄφεδρον αὐτῆς, πᾶσαι
αἱ ἡμέραι ῥύσεως ἀκαθαρσίας αὐτῆς καθάπερ αἱ ἡμέραι τῆς ἀφέ-
δρου, ἀκάθαρτος ἔσται. ²⁶ καὶ πᾶσαν κοίτην, ἐφ' ἣν ἂν κοιμηθῇ ἐπ' 26
αὐτῆς πάσας τὰς ἡμέρας τῆς ῥύσεως, κατὰ τὴν κοίτην τῆς ἀφέ-
δρου ἔσται αὐτῇ, καὶ πᾶν σκεῦος, ἐφ' ὃ ἐὰν καθίσῃ ἐπ' αὐτό, ἀκά-
θαρτον ἔσται κατὰ τὴν ἀκαθαρσίαν τῆς ἀφέδρου. ²⁷ πᾶς ὁ ἁπτό- 27
μενος αὐτῆς ἀκάθαρτος ἔσται καὶ πλυνεῖ τὰ ἱμάτια καὶ λούσεται
τὸ σῶμα ὕδατι καὶ ἀκάθαρτος ἔσται ἕως ἑσπέρας. ²⁸ ἐὰν δὲ καθα- 28
ρισθῇ ἀπὸ τῆς ῥύσεως, καὶ ἐξαριθμήσεται αὐτῇ ἑπτὰ ἡμέρας καὶ

13 αυτω] εαυ. A | καθαρισμον B*A†] + αυτου Bᶜ || 15 απο] περι A ||
16 ω] ος A || 19 εσται 2] εστω A || 20 εφ 1 > B*† || 23 καθιση B†]
αυτη καθηται A | εν ult.] + δε A† | ακαθαρτον B || 26 ρυσεως B*A†] +
αυτης Bᶜ

29 μετὰ ταῦτα καθαρισθήσεται. ²⁹καὶ τῇ ἡμέρᾳ τῇ ὀγδόῃ λήμψεται
αὐτῇ δύο τρυγόνας ἢ δύο νεοσσοὺς περιστερῶν καὶ οἴσει αὐτὰ
30 πρὸς τὸν ἱερέα ἐπὶ τὴν θύραν τῆς σκηνῆς τοῦ μαρτυρίου, ³⁰καὶ
ποιήσει ὁ ἱερεὺς τὴν μίαν περὶ ἁμαρτίας καὶ τὴν μίαν εἰς ὁλο-
καύτωμα, καὶ ἐξιλάσεται περὶ αὐτῆς ὁ ἱερεὺς ἔναντι κυρίου ἀπὸ
ῥύσεως ἀκαθαρσίας αὐτῆς.
31 ³¹Καὶ εὐλαβεῖς ποιήσετε τοὺς υἱοὺς Ισραηλ ἀπὸ τῶν ἀκαθαρ-
σιῶν αὐτῶν, καὶ οὐκ ἀποθανοῦνται διὰ τὴν ἀκαθαρσίαν αὐτῶν ἐν
32 τῷ μιαίνειν αὐτοὺς τὴν σκηνήν μου τὴν ἐν αὐτοῖς. — ³²οὗτος ὁ
νόμος τοῦ γονορρυοῦς καὶ ἐάν τινι ἐξέλθῃ ἐξ αὐτοῦ κοίτη σπέρ-
33 ματος ὥστε μιανθῆναι ἐν αὐτῇ ³³καὶ τῇ αἱμορροούσῃ ἐν τῇ ἀφέ-
δρῳ αὐτῆς καὶ ὁ γονορρυὴς ἐν τῇ ῥύσει αὐτοῦ, τῷ ἄρσενι ἢ τῇ
θηλείᾳ, καὶ τῷ ἀνδρί, ὃς ἂν κοιμηθῇ μετὰ ἀποκαθημένης.
16 ¹Καὶ ἐλάλησεν κύριος πρὸς Μωυσῆν μετὰ τὸ τελευτῆσαι τοὺς
δύο υἱοὺς Ααρων ἐν τῷ προσάγειν αὐτοὺς πῦρ ἀλλότριον ἔναντι
2 κυρίου καὶ ἐτελεύτησαν ²καὶ εἶπεν κύριος πρὸς Μωυσῆν Λάλησον
πρὸς Ααρων τὸν ἀδελφόν σου καὶ μὴ εἰσπορευέσθω πᾶσαν ὥραν
εἰς τὸ ἅγιον ἐσώτερον τοῦ καταπετάσματος εἰς πρόσωπον τοῦ
ἱλαστηρίου, ὅ ἐστιν ἐπὶ τῆς κιβωτοῦ τοῦ μαρτυρίου, καὶ οὐκ ἀπο-
3 θανεῖται· ἐν γὰρ νεφέλῃ ὀφθήσομαι ἐπὶ τοῦ ἱλαστηρίου. ³οὕτως
εἰσελεύσεται Ααρων εἰς τὸ ἅγιον· ἐν μόσχῳ ἐκ βοῶν περὶ ἁμαρ-
4 τίας καὶ κριὸν εἰς ὁλοκαύτωμα· ⁴καὶ χιτῶνα λινοῦν ἡγιασμένον
ἐνδύσεται, καὶ περισκελὲς λινοῦν ἔσται ἐπὶ τοῦ χρωτὸς αὐτοῦ, καὶ
ζώνη λινῇ ζώσεται καὶ κίδαριν λινῆν περιθήσεται· ἱμάτια ἅγιά
ἐστιν, καὶ λούσεται ὕδατι πᾶν τὸ σῶμα αὐτοῦ καὶ ἐνδύσεται αὐτά.
5 ⁵καὶ παρὰ τῆς συναγωγῆς τῶν υἱῶν Ισραηλ λήμψεται δύο χιμά-
6 ρους ἐξ αἰγῶν περὶ ἁμαρτίας καὶ κριὸν ἕνα εἰς ὁλοκαύτωμα. ⁶καὶ
προσάξει Ααρων τὸν μόσχον τὸν περὶ τῆς ἁμαρτίας αὐτοῦ καὶ
7 ἐξιλάσεται περὶ αὐτοῦ καὶ τοῦ οἴκου αὐτοῦ. ⁷καὶ λήμψεται τοὺς
δύο χιμάρους καὶ στήσει αὐτοὺς ἔναντι κυρίου παρὰ τὴν θύραν
8 τῆς σκηνῆς τοῦ μαρτυρίου· ⁸καὶ ἐπιθήσει Ααρων ἐπὶ τοὺς δύο
χιμάρους κλῆρον ἕνα τῷ κυρίῳ καὶ κλῆρον ἕνα τῷ ἀποπομπαίῳ.
9 ⁹καὶ προσάξει Ααρων τὸν χίμαρον, ἐφ᾽ ὃν ἐπῆλθεν ἐπ᾽ αὐτὸν ὁ
10 κλῆρος τῷ κυρίῳ, καὶ προσοίσει περὶ ἁμαρτίας· ¹⁰καὶ τὸν χίμαρον,
ἐφ᾽ ὃν ἐπῆλθεν ἐπ᾽ αὐτὸν ὁ κλῆρος τοῦ ἀποπομπαίου, στήσει αὐ-
τὸν ζῶντα ἔναντι κυρίου τοῦ ἐξιλάσασθαι ἐπ᾽ αὐτοῦ ὥστε ἀπο-
στεῖλαι αὐτὸν εἰς τὴν ἀποπομπήν· ἀφήσει αὐτὸν εἰς τὴν ἔρημον.

29 αυτη > Α⁺ || 31 αυτων ult. > Α⁺ || 33 και 2⁰ > Β*Α⁺ | τω ult.]
pr. εν Α⁺
16 2 μωυσην] + λεγων Α | εισπορευεσθωσαν Α || 4 ζωνη — αγια] κιδα-
ρεις περι τον τραχηλον αυτου και ζωνη λινη ζωσεται αγιασμα Α⁺ || 10 ζων-
τα / εναντι κυριου] tr. Β⁺

— ¹¹καὶ προσάξει Ααρων τὸν μόσχον τὸν περὶ τῆς ἁμαρτίας τὸν 11
αὐτοῦ καὶ τοῦ οἴκου αὐτοῦ μόνον καὶ ἐξιλάσεται περὶ αὐτοῦ καὶ
τοῦ οἴκου αὐτοῦ καὶ σφάξει τὸν μόσχον τὸν περὶ τῆς ἁμαρτίας
τὸν αὐτοῦ. ¹²καὶ λήμψεται τὸ πυρεῖον πλῆρες ἀνθράκων πυρὸς 12
ἀπὸ τοῦ θυσιαστηρίου τοῦ ἀπέναντι κυρίου καὶ πλήσει τὰς χεῖρας
θυμιάματος συνθέσεως λεπτῆς καὶ εἰσοίσει ἐσώτερον τοῦ κατα-
πετάσματος ¹³καὶ ἐπιθήσει τὸ θυμίαμα ἐπὶ τὸ πῦρ ἔναντι κυρίου· 13
καὶ καλύψει ἡ ἀτμὶς τοῦ θυμιάματος τὸ ἱλαστήριον τὸ ἐπὶ τῶν
μαρτυρίων, καὶ οὐκ ἀποθανεῖται. ¹⁴καὶ λήμψεται ἀπὸ τοῦ αἵματος 14
τοῦ μόσχου καὶ ῥανεῖ τῷ δακτύλῳ ἐπὶ τὸ ἱλαστήριον κατὰ ἀνα-
τολάς· κατὰ πρόσωπον τοῦ ἱλαστηρίου ῥανεῖ ἑπτάκις ἀπὸ τοῦ αἵ-
ματος τῷ δακτύλῳ. ¹⁵καὶ σφάξει τὸν χίμαρον τὸν περὶ τῆς ἁμαρ- 15
τίας τὸν περὶ τοῦ λαοῦ ἔναντι κυρίου καὶ εἰσοίσει ἀπὸ τοῦ αἵμα-
τος αὐτοῦ ἐσώτερον τοῦ καταπετάσματος καὶ ποιήσει τὸ αἷμα αὐ-
τοῦ ὃν τρόπον ἐποίησεν τὸ αἷμα τοῦ μόσχου, καὶ ῥανεῖ τὸ αἷμα
αὐτοῦ ἐπὶ τὸ ἱλαστήριον κατὰ πρόσωπον τοῦ ἱλαστηρίου ¹⁶καὶ 16
ἐξιλάσεται τὸ ἅγιον ἀπὸ τῶν ἀκαθαρσιῶν τῶν υἱῶν Ισραηλ καὶ
ἀπὸ τῶν ἀδικημάτων αὐτῶν περὶ πασῶν τῶν ἁμαρτιῶν αὐτῶν·
καὶ οὕτω ποιήσει τῇ σκηνῇ τοῦ μαρτυρίου τῇ ἐκτισμένῃ ἐν αὐτοῖς ἐν
μέσῳ τῆς ἀκαθαρσίας αὐτῶν. ¹⁷καὶ πᾶς ἄνθρωπος οὐκ ἔσται ἐν τῇ 17
σκηνῇ τοῦ μαρτυρίου εἰσπορευομένου αὐτοῦ ἐξιλάσασθαι ἐν τῷ
ἁγίῳ, ἕως ἂν ἐξέλθῃ· καὶ ἐξιλάσεται περὶ αὐτοῦ καὶ τοῦ οἴκου αὐ-
τοῦ καὶ περὶ πάσης συναγωγῆς υἱῶν Ισραηλ. ¹⁸καὶ ἐξελεύσεται ἐπὶ 18
τὸ θυσιαστήριον τὸ ὂν ἀπέναντι κυρίου καὶ ἐξιλάσεται ἐπ᾽ αὐτοῦ·
καὶ λήμψεται ἀπὸ τοῦ αἵματος τοῦ μόσχου καὶ ἀπὸ τοῦ αἵματος
τοῦ χιμάρου καὶ ἐπιθήσει ἐπὶ τὰ κέρατα τοῦ θυσιαστηρίου κύκλῳ
¹⁹καὶ ῥανεῖ ἐπ᾽ αὐτοῦ ἀπὸ τοῦ αἵματος τῷ δακτύλῳ ἑπτάκις καὶ 19
καθαριεῖ αὐτὸ καὶ ἁγιάσει αὐτὸ ἀπὸ τῶν ἀκαθαρσιῶν τῶν υἱῶν
Ισραηλ. ²⁰καὶ συντελέσει ἐξιλασκόμενος τὸ ἅγιον καὶ τὴν σκηνὴν 20
τοῦ μαρτυρίου καὶ τὸ θυσιαστήριον, καὶ περὶ τῶν ἱερέων καθαριεῖ·
καὶ προσάξει τὸν χίμαρον τὸν ζῶντα. ²¹καὶ ἐπιθήσει Ααρων τὰς 21
χεῖρας αὐτοῦ ἐπὶ τὴν κεφαλὴν τοῦ χιμάρου τοῦ ζῶντος καὶ ἐξα-
γορεύσει ἐπ᾽ αὐτοῦ πάσας τὰς ἀνομίας τῶν υἱῶν Ισραηλ καὶ πά-
σας τὰς ἀδικίας αὐτῶν καὶ πάσας τὰς ἁμαρτίας αὐτῶν καὶ ἐπι-
θήσει αὐτὰς ἐπὶ τὴν κεφαλὴν τοῦ χιμάρου τοῦ ζῶντος καὶ ἐξα-
ποστελεῖ ἐν χειρὶ ἀνθρώπου ἑτοίμου εἰς τὴν ἔρημον· ²²καὶ λήμψε- 22
ται ὁ χίμαρος ἐφ᾽ ἑαυτῷ τὰς ἀδικίας αὐτῶν εἰς γῆν ἄβατον, καὶ
ἐξαποστελεῖ τὸν χίμαρον εἰς τὴν ἔρημον. ²³καὶ εἰσελεύσεται Ααρων 23
εἰς τὴν σκηνὴν τοῦ μαρτυρίου καὶ ἐκδύσεται τὴν στολὴν τὴν λινήν,

15 εισοισει] οισουσιν A† | απο B*A†] > Bᶜ || 18 επ] απ A || 19 αυτου
B*A†] -το Bᶜ | των ult. > A† || 20 προσαξει] + ααρων A† || 21 επιθη-
σει 1⁰] προσαξει A† | ετοιμου > B*† (A* dub.)

ἣν ἐνεδεδύκει εἰσπορευομένου αὐτοῦ εἰς τὸ ἅγιον, καὶ ἀποθήσει
24 αὐτὴν ἐκεῖ. ²⁴καὶ λούσεται τὸ σῶμα αὐτοῦ ὕδατι ἐν τόπῳ ἁγίῳ
καὶ ἐνδύσεται τὴν στολὴν αὐτοῦ καὶ ἐξελθὼν ποιήσει τὸ ὁλοκάρ-
πωμα αὐτοῦ καὶ τὸ ὁλοκάρπωμα τοῦ λαοῦ καὶ ἐξιλάσεται περὶ
αὐτοῦ καὶ περὶ τοῦ οἴκου αὐτοῦ καὶ περὶ τοῦ λαοῦ ὡς περὶ τῶν
25 ἱερέων. ²⁵καὶ τὸ στέαρ τὸ περὶ τῶν ἁμαρτιῶν ἀνοίσει ἐπὶ τὸ θυ-
26 σιαστήριον. ²⁶καὶ ὁ ἐξαποστέλλων τὸν χίμαρον τὸν διεσταλμένον
εἰς ἄφεσιν πλυνεῖ τὰ ἱμάτια καὶ λούσεται τὸ σῶμα αὐτοῦ ὕδατι
27 καὶ μετὰ ταῦτα εἰσελεύσεται εἰς τὴν παρεμβολήν. ²⁷καὶ τὸν μό-
σχον τὸν περὶ τῆς ἁμαρτίας καὶ τὸν χίμαρον τὸν περὶ τῆς ἁμαρ-
τίας, ὧν τὸ αἷμα εἰσηνέχθη ἐξιλάσασθαι ἐν τῷ ἁγίῳ, ἐξοίσουσιν
αὐτὰ ἔξω τῆς παρεμβολῆς καὶ κατακαύσουσιν αὐτὰ ἐν πυρί, καὶ
28 τὰ δέρματα αὐτῶν καὶ τὰ κρέα αὐτῶν καὶ τὴν κόπρον αὐτῶν· ²⁸ὁ
δὲ κατακαίων αὐτὰ πλυνεῖ τὰ ἱμάτια καὶ λούσεται τὸ σῶμα αὐτοῦ
ὕδατι καὶ μετὰ ταῦτα εἰσελεύσεται εἰς τὴν παρεμβολήν.

29　　²⁹Καὶ ἔσται τοῦτο ὑμῖν νόμιμον αἰώνιον· ἐν τῷ μηνὶ τῷ ἑβδό-
μῳ δεκάτῃ τοῦ μηνὸς ταπεινώσατε τὰς ψυχὰς ὑμῶν καὶ πᾶν ἔρ-
γον οὐ ποιήσετε, ὁ αὐτόχθων καὶ ὁ προσήλυτος ὁ προσκείμενος
30 ἐν ὑμῖν. ³⁰ἐν γὰρ τῇ ἡμέρᾳ ταύτῃ ἐξιλάσεται περὶ ὑμῶν καθαρί-
σαι ὑμᾶς ἀπὸ πασῶν τῶν ἁμαρτιῶν ὑμῶν ἔναντι κυρίου, καὶ καθα-
31 ρισθήσεσθε. ³¹σάββατα σαββάτων ἀνάπαυσις αὕτη ἔσται ὑμῖν, καὶ
32 ταπεινώσετε τὰς ψυχὰς ὑμῶν, νόμιμον αἰώνιον. ³²ἐξιλάσεται ὁ ἱε-
ρεύς, ὃν ἂν χρίσωσιν αὐτὸν καὶ ὃν ἂν τελειώσουσιν τὰς χεῖρας
αὐτοῦ ἱερατεύειν μετὰ τὸν πατέρα αὐτοῦ, καὶ ἐνδύσεται τὴν στο-
33 λὴν τὴν λινῆν, στολὴν ἁγίαν, ³³καὶ ἐξιλάσεται τὸ ἅγιον τοῦ ἁγίου
καὶ τὴν σκηνὴν τοῦ μαρτυρίου καὶ τὸ θυσιαστήριον ἐξιλάσεται
34 καὶ περὶ τῶν ἱερέων καὶ περὶ πάσης συναγωγῆς ἐξιλάσεται. ³⁴καὶ
ἔσται τοῦτο ὑμῖν νόμιμον αἰώνιον ἐξιλάσκεσθαι περὶ τῶν υἱῶν
Ισραηλ ἀπὸ πασῶν τῶν ἁμαρτιῶν αὐτῶν· ἅπαξ τοῦ ἐνιαυτοῦ ποιη-
θήσεται, καθάπερ συνέταξεν κύριος τῷ Μωυσῇ.

17　　¹Καὶ ἐλάλησεν κύριος πρὸς Μωυσῆν λέγων ²Λάλησον πρὸς
Ααρων καὶ πρὸς τοὺς υἱοὺς αὐτοῦ καὶ πρὸς πάντας υἱοὺς Ισραηλ
καὶ ἐρεῖς πρὸς αὐτούς Τοῦτο τὸ ῥῆμα, ὃ ἐνετείλατο κύριος λέγων
3　　³Ἄνθρωπος ἄνθρωπος τῶν υἱῶν Ισραηλ ἢ τῶν προσηλύτων τῶν
προσκειμένων ἐν ὑμῖν, ὃς ἂν σφάξῃ μόσχον ἢ πρόβατον ἢ αἶγα
4 ἐν τῇ παρεμβολῇ καὶ ὃς ἂν σφάξῃ ἔξω τῆς παρεμβολῆς ⁴καὶ ἐπὶ
τὴν θύραν τῆς σκηνῆς τοῦ μαρτυρίου μὴ ἐνέγκῃ ὥστε ποιῆσαι

23 ενεδεδυκει compl.] ε 2⁰ > B, δε > A† ‖ 24 περι 2⁰ > A | και περι του λαου
> A† ‖ 29 δεκατη του μηνος > B*A† ‖ 32 τελειωσουσιν (cf. 17 5)] -ωσωσιν
Bᶜ ‖ 34 καθα B*
17 2 παντας] + τους A ‖ 3 των 3⁰ M (cf. 8. 10 12. 13)] pr. η BA

αὐτὸ εἰς ὁλοκαύτωμα ἢ σωτήριον κυρίῳ δεκτὸν εἰς ὀσμὴν εὐω-
δίας, καὶ ὃς ἂν σφάξῃ ἔξω καὶ ἐπὶ τὴν θύραν τῆς σκηνῆς τοῦ
μαρτυρίου μὴ ἐνέγκῃ αὐτὸ ὥστε μὴ προσενέγκαι δῶρον κυρίῳ ἀπέ-
ναντι τῆς σκηνῆς κυρίου, καὶ λογισθήσεται τῷ ἀνθρώπῳ ἐκείνῳ
αἷμα· αἷμα ἐξέχεεν, ἐξολεθρευθήσεται ἡ ψυχὴ ἐκείνη ἐκ τοῦ λαοῦ
αὐτῆς· 5 ὅπως ἀναφέρωσιν οἱ υἱοὶ Ισραηλ τὰς θυσίας αὐτῶν, ὅσας 5
ἂν αὐτοὶ σφάξουσιν ἐν τοῖς πεδίοις, καὶ οἴσουσιν τῷ κυρίῳ ἐπὶ
τὰς θύρας τῆς σκηνῆς τοῦ μαρτυρίου πρὸς τὸν ἱερέα καὶ θύσου-
σιν θυσίαν σωτηρίου τῷ κυρίῳ αὐτά· 6 καὶ προσχεεῖ ὁ ἱερεὺς τὸ 6
αἷμα ἐπὶ τὸ θυσιαστήριον κύκλῳ ἀπέναντι κυρίου παρὰ τὰς θύρας
τῆς σκηνῆς τοῦ μαρτυρίου καὶ ἀνοίσει τὸ στέαρ εἰς ὀσμὴν εὐω-
δίας κυρίῳ· 7 καὶ οὐ θύσουσιν ἔτι τὰς θυσίας αὐτῶν τοῖς ματαίοις, 7
οἷς αὐτοὶ ἐκπορνεύουσιν ὀπίσω αὐτῶν· νόμιμον αἰώνιον ἔσται ὑμῖν
εἰς τὰς γενεὰς ὑμῶν.

8 Καὶ ἐρεῖς πρὸς αὐτούς Ἄνθρωπος ἄνθρωπος τῶν υἱῶν Ισραηλ 8
καὶ ἀπὸ τῶν υἱῶν τῶν προσηλύτων τῶν προσκειμένων ἐν ὑμῖν,
ὃς ἂν ποιήσῃ ὁλοκαύτωμα ἢ θυσίαν 9 καὶ ἐπὶ τὴν θύραν τῆς σκη- 9
νῆς τοῦ μαρτυρίου μὴ ἐνέγκῃ ποιῆσαι αὐτὸ τῷ κυρίῳ, ἐξολεθρευ-
θήσεται ὁ ἄνθρωπος ἐκεῖνος ἐκ τοῦ λαοῦ αὐτοῦ.

10 Καὶ ἄνθρωπος ἄνθρωπος τῶν υἱῶν Ισραηλ ἢ τῶν προσηλύτων 10
τῶν προσκειμένων ἐν ὑμῖν, ὃς ἂν φάγῃ πᾶν αἷμα, καὶ ἐπιστήσω
τὸ πρόσωπόν μου ἐπὶ τὴν ψυχὴν τὴν ἔσθουσαν τὸ αἷμα καὶ ἀπολῶ
αὐτὴν ἐκ τοῦ λαοῦ αὐτῆς. 11 ἡ γὰρ ψυχὴ πάσης σαρκὸς αἷμα αὐ- 11
τοῦ ἐστιν, καὶ ἐγὼ δέδωκα αὐτὸ ὑμῖν ἐπὶ τοῦ θυσιαστηρίου ἐξι-
λάσκεσθαι περὶ τῶν ψυχῶν ὑμῶν· τὸ γὰρ αἷμα αὐτοῦ ἀντὶ τῆς
ψυχῆς ἐξιλάσεται. 12 διὰ τοῦτο εἴρηκα τοῖς υἱοῖς Ισραηλ Πᾶσα ψυχὴ 12
ἐξ ὑμῶν οὐ φάγεται αἷμα, καὶ ὁ προσήλυτος ὁ προσκείμενος ἐν
ὑμῖν οὐ φάγεται αἷμα. 13 καὶ ἄνθρωπος ἄνθρωπος τῶν υἱῶν Ισραηλ 13
καὶ τῶν προσηλύτων τῶν προσκειμένων ἐν ὑμῖν, ὃς ἂν θηρεύσῃ
θήρευμα θηρίον ἢ πετεινόν, ὃ ἔσθεται, καὶ ἐκχεεῖ τὸ αἷμα καὶ κα-
λύψει αὐτὸ τῇ γῇ· 14 ἡ γὰρ ψυχὴ πάσης σαρκὸς αἷμα αὐτοῦ ἐστιν, 14
καὶ εἶπα τοῖς υἱοῖς Ισραηλ Αἷμα πάσης σαρκὸς οὐ φάγεσθε, ὅτι ἡ
ψυχὴ πάσης σαρκὸς αἷμα αὐτοῦ ἐστιν· πᾶς ὁ ἔσθων αὐτὸ ἐξολε-
θρευθήσεται.

15 Καὶ πᾶσα ψυχή, ἥτις φάγεται θνησιμαῖον ἢ θηριάλωτον ἐν τοῖς 15
αὐτόχθοσιν ἢ ἐν τοῖς προσηλύτοις, πλυνεῖ τὰ ἱμάτια αὐτοῦ καὶ
λούσεται ὕδατι καὶ ἀκάθαρτος ἔσται ἕως ἑσπέρας καὶ καθαρὸς
ἔσται· 16 ἐὰν δὲ μὴ πλύνῃ τὰ ἱμάτια καὶ τὸ σῶμα μὴ λούσηται 16
ὕδατι, καὶ λήμψεται ἀνόμημα αὐτοῦ.

4 κυριω 1⁰] -ιου A || 5 σφαξωσιν A: cf. 16 32 | θησουσιν A || 7 ετι]
επι B*A || 9 και > B*Ac† || 10 η > B*A† | αυτης] -του A† || 13 αιμα]
+ αυτου A || 15 εσται paenult. > B*†

18 ¹Καὶ εἶπεν κύριος πρὸς Μωυσῆν λέγων ²Λάλησον τοῖς υἱοῖς
3 Ισραηλ καὶ ἐρεῖς πρὸς αὐτούς Ἐγὼ κύριος ὁ θεὸς ὑμῶν. ³κατὰ
τὰ ἐπιτηδεύματα γῆς Αἰγύπτου, ἐν ᾗ κατῳκήσατε ἐπ᾽ αὐτῇ, οὐ
ποιήσετε καὶ κατὰ τὰ ἐπιτηδεύματα γῆς Χανααν, εἰς ἣν ἐγὼ εἰσάγω
ὑμᾶς ἐκεῖ, οὐ ποιήσετε καὶ τοῖς νομίμοις αὐτῶν οὐ πορεύσεσθε·
4 ⁴τὰ κρίματά μου ποιήσετε καὶ τὰ προστάγματά μου φυλάξεσθε
5 πορεύεσθαι ἐν αὐτοῖς· ἐγὼ κύριος ὁ θεὸς ὑμῶν. ⁵καὶ φυλάξεσθε πάντα
τὰ προστάγματά μου καὶ πάντα τὰ κρίματά μου καὶ ποιήσετε αὐτά,
ἃ ποιήσας ἄνθρωπος ζήσεται ἐν αὐτοῖς· ἐγὼ κύριος ὁ θεὸς ὑμῶν.
6 ⁶Ἄνθρωπος ἄνθρωπος πρὸς πάντα οἰκεῖα σαρκὸς αὐτοῦ οὐ
7 προσελεύσεται ἀποκαλύψαι ἀσχημοσύνην· ἐγὼ κύριος. ⁷ἀσχημο-
σύνην πατρός σου καὶ ἀσχημοσύνην μητρός σου οὐκ ἀποκαλύ-
ψεις· μήτηρ γάρ σού ἐστιν, καὶ οὐκ ἀποκαλύψεις τὴν ἀσχημοσύ-
8 νην αὐτῆς. ⁸ἀσχημοσύνην γυναικὸς πατρός σου οὐκ ἀποκαλύψεις·
9 ἀσχημοσύνη πατρός σού ἐστιν. ⁹ἀσχημοσύνην τῆς ἀδελφῆς σου
ἐκ πατρός σου ἢ ἐκ μητρός σου, ἐνδογενοῦς ἢ γεγεννημένης ἔξω,
10 οὐκ ἀποκαλύψεις ἀσχημοσύνην αὐτῆς. ¹⁰ἀσχημοσύνην θυγατρὸς
υἱοῦ σου ἢ θυγατρὸς θυγατρός σου, οὐκ ἀποκαλύψεις τὴν ἀσχη-
11 μοσύνην αὐτῶν, ὅτι σὴ ἀσχημοσύνη ἐστίν. ¹¹ἀσχημοσύνην θυγα-
τρὸς γυναικὸς πατρός σου οὐκ ἀποκαλύψεις· ὁμοπατρία ἀδελφή
12 σού ἐστιν, οὐκ ἀποκαλύψεις τὴν ἀσχημοσύνην αὐτῆς. ¹²ἀσχημο-
σύνην ἀδελφῆς πατρός σου οὐκ ἀποκαλύψεις· οἰκεία γὰρ πατρός
13 σού ἐστιν. ¹³ἀσχημοσύνην ἀδελφῆς μητρός σου οὐκ ἀποκαλύψεις·
14 οἰκεία γὰρ μητρός σού ἐστιν. ¹⁴ἀσχημοσύνην ἀδελφοῦ τοῦ πατρός
σου οὐκ ἀποκαλύψεις καὶ πρὸς τὴν γυναῖκα αὐτοῦ οὐκ εἰσελεύσῃ·
15 συγγενὴς γάρ σού ἐστιν. ¹⁵ἀσχημοσύνην νύμφης σου οὐκ ἀπο-
καλύψεις· γυνὴ γὰρ υἱοῦ σού ἐστιν, οὐκ ἀποκαλύψεις τὴν ἀσχη-
16 μοσύνην αὐτῆς. ¹⁶ἀσχημοσύνην γυναικὸς ἀδελφοῦ σου οὐκ ἀπο-
17 καλύψεις· ἀσχημοσύνη ἀδελφοῦ σού ἐστιν. ¹⁷ἀσχημοσύνην γυναι-
κὸς καὶ θυγατρὸς αὐτῆς οὐκ ἀποκαλύψεις· τὴν θυγατέρα τοῦ υἱοῦ
αὐτῆς καὶ τὴν θυγατέρα τῆς θυγατρὸς αὐτῆς οὐ λήμψῃ ἀποκαλύ-
ψαι τὴν ἀσχημοσύνην αὐτῶν· οἰκεῖαι γάρ σού εἰσιν, ἀσέβημά
18 ἐστιν. ¹⁸γυναῖκα ἐπὶ ἀδελφῇ αὐτῆς οὐ λήμψῃ ἀντίζηλον ἀποκα-
λύψαι τὴν ἀσχημοσύνην αὐτῆς ἐπ᾽ αὐτῇ ἔτι ζώσης αὐτῆς.
19 ¹⁹Καὶ πρὸς γυναῖκα ἐν χωρισμῷ ἀκαθαρσίας αὐτῆς οὐ προσε-
20 λεύσῃ ἀποκαλύψαι τὴν ἀσχημοσύνην αὐτῆς. ²⁰καὶ πρὸς τὴν γυ-
ναῖκα τοῦ πλησίον σου οὐ δώσεις κοίτην σπέρματός σου ἐκμιαν-
21 θῆναι πρὸς αὐτήν. ²¹καὶ ἀπὸ τοῦ σπέρματός σου οὐ δώσεις λα-
τρεύειν ἄρχοντι καὶ οὐ βεβηλώσεις τὸ ὄνομα τὸ ἅγιον· ἐγὼ κύριος.

18 3 κατοικησατε B† | αυτης AB^c | ποιησετε 1⁰] -ηθησεται B*† | τοις] pr.
εν A† ‖ 4 πορευεσθε A ‖ 5 φυλαξασθαι A† ‖ 9 εκ 2⁰ > B* | η γε-
γενν.] tr. B*A† ‖ 10 ση > B*A ‖ 16 ασχημοσυνη] γυνη γαρ A†

²²καὶ μετὰ ἄρσενος οὐ κοιμηθήσῃ κοίτην γυναικός· βδέλυγμα γάρ 22
ἐστιν. ²³καὶ πρὸς πᾶν τετράπουν οὐ δώσεις τὴν κοίτην σου εἰς 23
σπερματισμὸν ἐκμιανθῆναι πρὸς αὐτό, καὶ γυνὴ οὐ στήσεται πρὸς
πᾶν τετράπουν βιβασθῆναι· μυσερὸν γάρ ἐστιν.

²⁴Μὴ μιαίνεσθε ἐν πᾶσιν τούτοις· ἐν πᾶσι γὰρ τούτοις ἐμιάν- 24
θησαν τὰ ἔθνη, ἃ ἐγὼ ἐξαποστέλλω πρὸ προσώπου ὑμῶν, ²⁵καὶ 25
ἐμιάνθη ἡ γῆ, καὶ ἀνταπέδωκα ἀδικίαν αὐτοῖς δι᾽ αὐτήν, καὶ προσ-
ώχθισεν ἡ γῆ τοῖς ἐγκαθημένοις ἐπ᾽ αὐτῆς. ²⁶καὶ φυλάξεσθε πάντα 26
τὰ νόμιμά μου καὶ πάντα τὰ προστάγματά μου καὶ οὐ ποιήσετε
ἀπὸ πάντων τῶν βδελυγμάτων τούτων, ὁ ἐγχώριος καὶ ὁ προσ-
γενόμενος προσήλυτος ἐν ὑμῖν· ²⁷πάντα γὰρ τὰ βδελύγματα ταῦτα 27
ἐποίησαν οἱ ἄνθρωποι τῆς γῆς οἱ ὄντες πρότεροι ὑμῶν, καὶ ἐμιάν-
θη ἡ γῆ· ²⁸καὶ ἵνα μὴ προσοχθίσῃ ὑμῖν ἡ γῆ ἐν τῷ μιαίνειν ὑμᾶς 28
αὐτήν, ὃν τρόπον προσώχθισεν τοῖς ἔθνεσιν τοῖς πρὸ ὑμῶν. ²⁹ὅτι 29
πᾶς, ὃς ἂν ποιήσῃ ἀπὸ πάντων τῶν βδελυγμάτων τούτων, ἐξολε-
θρευθήσονται αἱ ψυχαὶ αἱ ποιοῦσαι ἐκ τοῦ λαοῦ αὐτῶν. ³⁰καὶ φυλά- 30
ξετε τὰ προστάγματά μου, ὅπως μὴ ποιήσητε ἀπὸ πάντων τῶν
νομίμων τῶν ἐβδελυγμένων, ἃ γέγονεν πρὸ τοῦ ὑμᾶς, καὶ οὐ μιαν-
θήσεσθε ἐν αὐτοῖς· ὅτι ἐγὼ κύριος ὁ θεὸς ὑμῶν.

¹Καὶ ἐλάλησεν κύριος πρὸς Μωυσῆν λέγων ²Λάλησον τῇ συνα- 19
γωγῇ τῶν υἱῶν Ισραηλ καὶ ἐρεῖς πρὸς αὐτούς Ἅγιοι ἔσεσθε, ὅτι
ἐγὼ ἅγιος, κύριος ὁ θεὸς ὑμῶν. ³ἕκαστος πατέρα αὐτοῦ καὶ μη- 3
τέρα αὐτοῦ φοβείσθω, καὶ τὰ σάββατά μου φυλάξεσθε· ἐγὼ κύ-
ριος ὁ θεὸς ὑμῶν. ⁴οὐκ ἐπακολουθήσετε εἰδώλοις καὶ θεοὺς χω- 4
νευτοὺς οὐ ποιήσετε ὑμῖν· ἐγὼ κύριος ὁ θεὸς ὑμῶν. — ⁵καὶ ἐὰν 5
θύσητε θυσίαν σωτηρίου τῷ κυρίῳ, δεκτὴν ὑμῶν θύσετε. ⁶ᾗ ἂν 6
ἡμέρᾳ θύσητε, βρωθήσεται καὶ τῇ αὔριον· καὶ ἐὰν καταλειφθῇ ἕως
ἡμέρας τρίτης, ἐν πυρὶ κατακαυθήσεται. ⁷ἐὰν δὲ βρώσει βρωθῇ τῇ 7
ἡμέρᾳ τῇ τρίτῃ, ἄθυτόν ἐστιν, οὐ δεχθήσεται· ⁸ὁ δὲ ἔσθων αὐτὸ 8
ἁμαρτίαν λήμψεται, ὅτι τὰ ἅγια κυρίου ἐβεβήλωσεν· καὶ ἐξολεθρευ-
θήσονται αἱ ψυχαὶ αἱ ἔσθουσαι ἐκ τοῦ λαοῦ αὐτῶν.

⁹Καὶ ἐκθεριζόντων ὑμῶν τὸν θερισμὸν τῆς γῆς ὑμῶν οὐ συν- 9
τελέσετε τὸν θερισμὸν ὑμῶν τοῦ ἀγροῦ ἐκθερίσαι καὶ τὰ ἀποπί-
πτοντα τοῦ θερισμοῦ σου οὐ συλλέξεις ¹⁰καὶ τὸν ἀμπελῶνά σου 10
οὐκ ἐπανατρυγήσεις οὐδὲ τοὺς ῥῶγας τοῦ ἀμπελῶνός σου συλλέ-
ξεις· τῷ πτωχῷ καὶ τῷ προσηλύτῳ καταλείψεις αὐτά· ἐγώ εἰμι
κύριος ὁ θεὸς ὑμῶν.

22 γυναικος] -κειαν Bᶜ ‖ 23 την > A ‖ 25 αδικ. αυτοις Bᶜ] tr. B*†, αδ.
αυτων A† | τοις εγκαθ.] εν τοις εγκαταλελιμμενοις A† ‖ 26 μου 1⁰ ⌒ 2⁰ A†
| και ult.] η BA† | προσγεν. προσηλ.] προσηλ. ο προσγεν. A ‖ 27 και >
B*A† ‖ 28 τοις 1⁰] pr. εν A ‖ 30 νομιμων] ανομων A | a M] ο BA | οτι > A†
19 3 αυτου 1⁰ ⌒ 2⁰ A† | φυλαξασθε A: item in 19. 37 ‖ 5 δεκτην M] δε-
κατην BA ‖ 9 υμων 2⁰ ⌒ 3⁰ B*A† | αγρου M] + σου BA | ου ult. > B*†

11　　¹¹ Οὐ κλέψετε. οὐ ψεύσεσθε. οὐ συκοφαντήσει ἕκαστος τὸν πλη-
12　σίον. ¹² καὶ οὐκ ὀμεῖσθε τῷ ὀνόματί μου ἐπ᾽ ἀδίκῳ καὶ οὐ βεβη-
λώσετε τὸ ὄνομα τοῦ θεοῦ ὑμῶν· ἐγώ εἰμι κύριος ὁ θεὸς ὑμῶν.
13　¹³ οὐκ ἀδικήσεις τὸν πλησίον καὶ οὐχ ἁρπάσεις, καὶ οὐ μὴ κοιμη-
14　θήσεται ὁ μισθὸς τοῦ μισθωτοῦ παρὰ σοὶ ἕως πρωί. ¹⁴ οὐ κακῶς
ἐρεῖς κωφὸν καὶ ἀπέναντι τυφλοῦ οὐ προσθήσεις σκάνδαλον καὶ
φοβηθήσῃ κύριον τὸν θεόν σου· ἐγώ εἰμι κύριος ὁ θεὸς ὑμῶν.
15　　¹⁵ Οὐ ποιήσετε ἄδικον ἐν κρίσει· οὐ λήμψῃ πρόσωπον πτωχοῦ
οὐδὲ θαυμάσεις πρόσωπον δυνάστου, ἐν δικαιοσύνῃ κρινεῖς τὸν
16　πλησίον σου. ¹⁶ οὐ πορεύσῃ δόλῳ ἐν τῷ ἔθνει σου, οὐκ ἐπισυστήσῃ
17　ἐφ᾽ αἷμα τοῦ πλησίον σου· ἐγώ εἰμι κύριος ὁ θεὸς ὑμῶν. ¹⁷ οὐ
μισήσεις τὸν ἀδελφόν σου τῇ διανοίᾳ σου, ἐλεγμῷ ἐλέγξεις τὸν
18　πλησίον σου καὶ οὐ λήμψῃ δι᾽ αὐτὸν ἁμαρτίαν. ¹⁸ καὶ οὐκ ἐκδικᾶ-
ταί σου ἡ χείρ, καὶ οὐ μηνιεῖς τοῖς υἱοῖς τοῦ λαοῦ σου καὶ ἀγα-
πήσεις τὸν πλησίον σου ὡς σεαυτόν· ἐγώ εἰμι κύριος.
19　　¹⁹ Τὸν νόμον μου φυλάξεσθε· τὰ κτήνη σου οὐ κατοχεύσεις ἑτε-
ροζύγῳ καὶ τὸν ἀμπελῶνά σου οὐ κατασπερεῖς διάφορον καὶ ἱμά-
τιον ἐκ δύο ὑφασμένον κίβδηλον οὐκ ἐπιβαλεῖς σεαυτῷ.
20　　²⁰ Καὶ ἐάν τις κοιμηθῇ μετὰ γυναικὸς κοίτην σπέρματος καὶ αὐ-
τὴ οἰκέτις διαπεφυλαγμένη ἀνθρώπῳ καὶ αὐτὴ λύτροις οὐ λελύ-
τρωται ἢ ἐλευθερία οὐκ ἐδόθη αὐτῇ, ἐπισκοπὴ ἔσται αὐτοῖς· οὐκ
21　ἀποθανοῦνται, ὅτι οὐκ ἀπηλευθερώθη. ²¹ καὶ προσάξει τῆς πλημμελείας
αὐτοῦ τῷ κυρίῳ παρὰ τὴν θύραν τῆς σκηνῆς τοῦ μαρτυρίου κριὸν
22　πλημμελείας· ²² καὶ ἐξιλάσεται περὶ αὐτοῦ ὁ ἱερεὺς ἐν τῷ κριῷ
τῆς πλημμελείας ἔναντι κυρίου περὶ τῆς ἁμαρτίας, ἧς ἥμαρτεν,
καὶ ἀφεθήσεται αὐτῷ ἡ ἁμαρτία, ἣν ἥμαρτεν.
23　　²³ Ὅταν δὲ εἰσέλθητε εἰς τὴν γῆν, ἣν κύριος ὁ θεὸς ὑμῶν δί-
δωσιν ὑμῖν, καὶ καταφυτεύσετε πᾶν ξύλον βρώσιμον καὶ περικα-
θαριεῖτε τὴν ἀκαθαρσίαν αὐτοῦ· ὁ καρπὸς αὐτοῦ τρία ἔτη ἔσται
24　ὑμῖν ἀπερικάθαρτος, οὐ βρωθήσεται· ²⁴ καὶ τῷ ἔτει τῷ τετάρτῳ
25　ἔσται πᾶς ὁ καρπὸς αὐτοῦ ἅγιος αἰνετὸς τῷ κυρίῳ· ²⁵ ἐν δὲ τῷ
ἔτει τῷ πέμπτῳ φάγεσθε τὸν καρπόν, πρόσθεμα ὑμῖν τὰ γενήματα
αὐτοῦ· ἐγώ εἰμι κύριος ὁ θεὸς ὑμῶν.
26　　²⁶ Μὴ ἔσθετε ἐπὶ τῶν ὀρέων καὶ οὐκ οἰωνιεῖσθε οὐδὲ ὀρνιθοσκοπή-
27　σεσθε. ²⁷ οὐ ποιήσετε σισόην ἐκ τῆς κόμης τῆς κεφαλῆς ὑμῶν
28　οὐδὲ φθερεῖτε τὴν ὄψιν τοῦ πώγονος ὑμῶν. ²⁸ καὶ ἐντομίδας ἐπὶ
ψυχῇ οὐ ποιήσετε ἐν τῷ σώματι ὑμῶν καὶ γράμματα στικτὰ οὐ

---

11 ου 3⁰ B*A†] ουδε Bᶜ ‖ 12 ειμι > A: item in 28 (O hab. ειμι in 12
sub ÷, om. ειμι in 28) ‖ 13 αρπασεις] αρπα B† | μισθωτου] μισθιου A† ‖
14 προθησεις A ‖ 15 ουδε] ου A† ‖ 16 επισυστηση F] συ > BA | αιματι A
‖ 19 φυλαξ.: cf. 3 ‖ 23 υμων > B* | καταφυτευσητε A | αυτου 1⁰ ⌢ 2⁰ A†
| απερικαθαρτον A† ‖ 26 ορνιθοσκοπηθησεσθε A ‖ 28 ψυχης A†

ποιήσετε ἐν ὑμῖν· ἐγώ εἰμι κύριος ὁ θεὸς ὑμῶν. ²⁹οὐ βεβηλώσεις 29
τὴν θυγατέρα σου ἐκπορνεῦσαι αὐτήν, καὶ οὐκ ἐκπορνεύσει ἡ γῆ
καὶ ἡ γῆ πλησθήσεται ἀνομίας.
³⁰Τὰ σάββατά μου φυλάξεσθε καὶ ἀπὸ τῶν ἁγίων μου φοβη- 30
θήσεσθε· ἐγώ εἰμι κύριος. ³¹οὐκ ἐπακολουθήσετε ἐγγαστριμύθοις 31
καὶ τοῖς ἐπαοιδοῖς οὐ προσκολληθήσεσθε ἐκμιανθῆναι ἐν αὐτοῖς·
ἐγώ εἰμι κύριος ὁ θεὸς ὑμῶν. ³²ἀπὸ προσώπου πολιοῦ ἐξαναστή- 32
σῃ καὶ τιμήσεις πρόσωπον πρεσβυτέρου καὶ φοβηθήσῃ τὸν θεόν
σου· ἐγώ εἰμι κύριος ὁ θεὸς ὑμῶν.
³³Ἐὰν δέ τις προσέλθῃ προσήλυτος ὑμῖν ἐν τῇ γῇ ὑμῶν, οὐ 33
θλίψετε αὐτόν· ³⁴ὡς ὁ αὐτόχθων ἐν ὑμῖν ἔσται ὁ προσήλυτος ὁ 34
προσπορευόμενος πρὸς ὑμᾶς, καὶ ἀγαπήσεις αὐτὸν ὡς σεαυτόν,
ὅτι προσήλυτοι ἐγενήθητε ἐν γῇ Αἰγύπτῳ· ἐγώ εἰμι κύριος ὁ θεὸς
ὑμῶν. ³⁵οὐ ποιήσετε ἄδικον ἐν κρίσει ἐν μέτροις καὶ ἐν σταθμίοις 35
καὶ ἐν ζυγοῖς· ³⁶ζυγὰ δίκαια καὶ στάθμια δίκαια καὶ χοῦς δίκαιος 36
ἔσται ὑμῖν· ἐγώ εἰμι κύριος ὁ θεὸς ὑμῶν ὁ ἐξαγαγὼν ὑμᾶς ἐκ γῆς
Αἰγύπτου.
³⁷Καὶ φυλάξεσθε πάντα τὸν νόμον μου καὶ πάντα τὰ προστάγ- 37
ματά μου καὶ ποιήσετε αὐτά· ἐγώ εἰμι κύριος ὁ θεὸς ὑμῶν.
¹Καὶ ἐλάλησεν κύριος πρὸς Μωυσῆν λέγων ²Καὶ τοῖς υἱοῖς Ισραηλ 20
λαλήσεις Ἐάν τις ἀπὸ τῶν υἱῶν Ισραηλ ἢ ἀπὸ τῶν προσγεγενη-
μένων προσηλύτων ἐν Ισραηλ, ὃς ἂν δῷ τοῦ σπέρματος αὐτοῦ
ἄρχοντι, θανάτῳ θανατούσθω· τὸ ἔθνος τὸ ἐπὶ τῆς γῆς λιθοβολή-
σουσιν αὐτὸν ἐν λίθοις. ³καὶ ἐγὼ ἐπιστήσω τὸ πρόσωπόν μου ἐπὶ 3
τὸν ἄνθρωπον ἐκεῖνον καὶ ἀπολῶ αὐτὸν ἐκ τοῦ λαοῦ αὐτοῦ, ὅτι
τοῦ σπέρματος αὐτοῦ ἔδωκεν ἄρχοντι, ἵνα μιάνῃ τὰ ἅγιά μου καὶ
βεβηλώσῃ τὸ ὄνομα τῶν ἡγιασμένων μοι. ⁴ἐὰν δὲ ὑπερόψει ὑπερ- 4
ίδωσιν οἱ αὐτόχθονες τῆς γῆς τοῖς ὀφθαλμοῖς αὐτῶν ἀπὸ τοῦ
ἀνθρώπου ἐκείνου ἐν τῷ δοῦναι αὐτὸν τοῦ σπέρματος αὐτοῦ ἄρ-
χοντι τοῦ μὴ ἀποκτεῖναι αὐτόν, ⁵καὶ ἐπιστήσω τὸ πρόσωπόν μου 5
ἐπὶ τὸν ἄνθρωπον ἐκεῖνον καὶ τὴν συγγένειαν αὐτοῦ καὶ ἀπολῶ
αὐτὸν καὶ πάντας τοὺς ὁμονοοῦντας αὐτῷ ὥστε ἐκπορνεύειν αὐ-
τὸν εἰς τοὺς ἄρχοντας ἐκ τοῦ λαοῦ αὐτῶν. ⁶καὶ ψυχή, ἣ ἐὰν ἐπα- 6
κολουθήσῃ ἐγγαστριμύθοις ἢ ἐπαοιδοῖς ὥστε ἐκπορνεῦσαι ὀπίσω
αὐτῶν, ἐπιστήσω τὸ πρόσωπόν μου ἐπὶ τὴν ψυχὴν ἐκείνην καὶ
ἀπολῶ αὐτὴν ἐκ τοῦ λαοῦ αὐτῆς. ⁷καὶ ἔσεσθε ἅγιοι, ὅτι ἅγιος ἐγὼ 7
κύριος ὁ θεὸς ὑμῶν· ⁸καὶ φυλάξεσθε τὰ προστάγματά μου καὶ 8

28 ειμι: cf. 12 || 29 εμπλησθησεται Aᵗ || 30 φοβηθ.] pr. μη B*ᵗ ||
31 επακολουθησεσθε A || 34 o 1⁰ > A || 37 φυλαξεσθε: cf. 3
20 2 απο 2⁰ Bᵗ] > A | προσγεγενημενων A(-γεννη-)] προσ > B | ισραηλ 3⁰]
pr. τω Aᵗ | του σπερμ.] pr. απο A || 4 του ult. > Aᵗ || 6 η 1⁰ > A |
αυτης] -του Aᵗ || 7 αγιος / εγω — υμων] tr. et post αγ. add. ειμι Aᵗ

9 ποιήσετε αὐτά· ἐγὼ κύριος ὁ ἁγιάζων ὑμᾶς. 9 ἄνθρωπος ἄνθρωπος,
ὃς ἂν κακῶς εἴπῃ τὸν πατέρα αὐτοῦ ἢ τὴν μητέρα αὐτοῦ, θανάτῳ
θανατούσθω· πατέρα αὐτοῦ ἢ μητέρα αὐτοῦ κακῶς εἶπεν, ἔνοχος
10 ἔσται. 10 ἄνθρωπος, ὃς ἂν μοιχεύσηται γυναῖκα ἀνδρὸς ἢ ὃς ἂν
μοιχεύσηται γυναῖκα τοῦ πλησίον, θανάτῳ θανατούσθωσαν ὁ μοι-
11 χεύων καὶ ἡ μοιχευομένη. 11 ἐάν τις κοιμηθῇ μετὰ γυναικὸς τοῦ
πατρὸς αὐτοῦ, ἀσχημοσύνην τοῦ πατρὸς αὐτοῦ ἀπεκάλυψεν, θανά-
12 τῳ θανατούσθωσαν ἀμφότεροι, ἔνοχοί εἰσιν. 12 καὶ ἐάν τις κοιμηθῇ
μετὰ νύμφης αὐτοῦ, θανάτῳ θανατούσθωσαν ἀμφότεροι· ἠσεβή-
13 κασιν γάρ, ἔνοχοί εἰσιν. 13 καὶ ὃς ἂν κοιμηθῇ μετὰ ἄρσενος κοίτην
γυναικός, βδέλυγμα ἐποίησαν ἀμφότεροι· θανατούσθωσαν, ἔνοχοί
14 εἰσιν. 14 ὃς ἐὰν λάβῃ γυναῖκα καὶ τὴν μητέρα αὐτῆς, ἀνόμημά
ἐστιν· ἐν πυρὶ κατακαύσουσιν αὐτὸν καὶ αὐτάς, καὶ οὐκ ἔσται
15 ἀνομία ἐν ὑμῖν. 15 καὶ ὃς ἂν δῷ κοιτασίαν αὐτοῦ ἐν τετράποδι,
16 θανάτῳ θανατούσθω, καὶ τὸ τετράπουν ἀποκτενεῖτε. 16 καὶ γυνή,
ἥτις προσελεύσεται πρὸς πᾶν κτῆνος βιβασθῆναι αὐτὴν ὑπ᾿ αὐτοῦ,
ἀποκτενεῖτε τὴν γυναῖκα καὶ τὸ κτῆνος· θανάτῳ θανατούσθωσαν,
17 ἔνοχοί εἰσιν. 17 ὃς ἐὰν λάβῃ τὴν ἀδελφὴν αὐτοῦ ἐκ πατρὸς αὐτοῦ
ἢ ἐκ μητρὸς αὐτοῦ καὶ ἴδῃ τὴν ἀσχημοσύνην αὐτῆς καὶ αὕτη ἴδῃ
τὴν ἀσχημοσύνην αὐτοῦ, ὄνειδός ἐστιν, ἐξολεθρευθήσονται ἐνώ-
πιον υἱῶν γένους αὐτῶν· ἀσχημοσύνην ἀδελφῆς αὐτοῦ ἀπεκάλυ-
18 ψεν, ἁμαρτίαν κομιοῦνται. 18 καὶ ἀνήρ, ὃς ἂν κοιμηθῇ μετὰ γυναι-
κὸς ἀποκαθημένης καὶ ἀποκαλύψῃ τὴν ἀσχημοσύνην αὐτῆς, τὴν
πηγὴν αὐτῆς ἀπεκάλυψεν, καὶ αὕτη ἀπεκάλυψεν τὴν ῥύσιν τοῦ αἵ-
ματος αὐτῆς· ἐξολεθρευθήσονται ἀμφότεροι ἐκ τοῦ γένους αὐτῶν.
19 19 καὶ ἀσχημοσύνην ἀδελφῆς πατρός σου καὶ ἀδελφῆς μητρός σου
οὐκ ἀποκαλύψεις· τὴν γὰρ οἰκειότητα ἀπεκάλυψεν, ἁμαρτίαν ἀποί-
20 σονται. 20 ὃς ἂν κοιμηθῇ μετὰ τῆς συγγενοῦς αὐτοῦ, ἀσχημοσύ-
21 νην τῆς συγγενείας αὐτοῦ ἀπεκάλυψεν· ἄτεκνοι ἀποθανοῦνται. 21 ὃς
ἂν λάβῃ τὴν γυναῖκα τοῦ ἀδελφοῦ αὐτοῦ, ἀκαθαρσία ἐστίν· ἀσχη-
μοσύνην τοῦ ἀδελφοῦ αὐτοῦ ἀπεκάλυψεν, ἄτεκνοι ἀποθανοῦνται.
22 22 Καὶ φυλάξασθε πάντα τὰ προστάγματά μου καὶ τὰ κρίματά
μου καὶ ποιήσετε αὐτά, καὶ οὐ μὴ προσοχθίσῃ ὑμῖν ἡ γῆ, εἰς ἣν
23 ἐγὼ εἰσάγω ὑμᾶς ἐκεῖ κατοικεῖν ἐπ᾿ αὐτῆς. 23 καὶ οὐχὶ πορεύεσθε
τοῖς νομίμοις τῶν ἐθνῶν, οὓς ἐξαποστέλλω ἀφ᾿ ὑμῶν· ὅτι ταῦτα πάν-
24 τα ἐποίησαν, καὶ ἐβδελυξάμην αὐτούς. 24 καὶ εἶπα ὑμῖν Ὑμεῖς κληρονο-

8 κυριος] + ο θεος υμων A(†) ‖ 9 αν > A† | κακως ειπη] tr. A† ‖ 11 init.
B*A†] pr. και Bᶜ | θανατω > B* | θανατουσθω B*† ‖ 12 και > A† ‖
13 θανατουσθωσαν] pr. θανατω Bᶜ ‖ 14 ανομια] ανομημα A ‖ 16 υπ] απ
A† | θανατουσθω B*† ‖ 18 του γενους] της γενεας Bᶜ ‖ 19 απεκαλυψεν]
-ψας A ‖ 20 συγγενειας] -νους B*† ‖ 21 ακαθ.] + αυτου B*† | του 2⁰
> B* ‖ 22 υμιν] υμας A† ‖ 23 εξαποστελω A ‖ 24 κληρονομησετε A

μήσατε τὴν γῆν αὐτῶν, καὶ ἐγὼ δώσω ὑμῖν αὐτὴν ἐν κτήσει, γῆν
ῥέουσαν γάλα καὶ μέλι· ἐγὼ κύριος ὁ θεὸς ὑμῶν, ὃς διώρισα ὑμᾶς
ἀπὸ πάντων τῶν ἐθνῶν. 25 καὶ ἀφοριεῖτε αὐτοὺς ἀνὰ μέσον τῶν 25
κτηνῶν τῶν καθαρῶν καὶ ἀνὰ μέσον τῶν κτηνῶν τῶν ἀκαθάρτων
καὶ ἀνὰ μέσον τῶν πετεινῶν τῶν καθαρῶν καὶ τῶν ἀκαθάρτων
καὶ οὐ βδελύξετε τὰς ψυχὰς ὑμῶν ἐν τοῖς κτήνεσιν καὶ ἐν τοῖς
πετεινοῖς καὶ ἐν πᾶσιν τοῖς ἑρπετοῖς τῆς γῆς, ἃ ἐγὼ ἀφώρισα
ὑμῖν ἐν ἀκαθαρσίᾳ. 26 καὶ ἔσεσθέ μοι ἅγιοι, ὅτι ἐγὼ ἅγιος κύριος 26
ὁ θεὸς ὑμῶν ὁ ἀφορίσας ὑμᾶς ἀπὸ πάντων τῶν ἐθνῶν εἶναι ἐμοί.

27 Καὶ ἀνὴρ ἢ γυνή, ὃς ἂν γένηται αὐτῶν ἐγγαστρίμυθος ἢ ἐπα- 27
οιδός, θανάτῳ θανατούσθωσαν ἀμφότεροι· λίθοις λιθοβολήσατε
αὐτούς, ἔνοχοί εἰσιν.

1 Καὶ εἶπεν κύριος πρὸς Μωυσῆν λέγων Εἶπον τοῖς ἱερεῦσιν τοῖς 21
υἱοῖς Ααρων καὶ ἐρεῖς πρὸς αὐτούς Ἐν ταῖς ψυχαῖς οὐ μιανθήσον-
ται ἐν τῷ ἔθνει αὐτῶν 2 ἀλλ᾿ ἢ ἐν τῷ οἰκείῳ τῷ ἔγγιστα αὐτῶν, 2
ἐπὶ πατρὶ καὶ μητρὶ καὶ υἱοῖς καὶ θυγατράσιν, ἐπ᾿ ἀδελφῷ 3 καὶ ἐπ᾿ 3
ἀδελφῇ παρθένῳ τῇ ἐγγιζούσῃ αὐτῷ τῇ μὴ ἐκδεδομένῃ ἀνδρί, ἐπὶ
τούτοις μιανθήσεται. 4 οὐ μιανθήσεται ἐξάπινα ἐν τῷ λαῷ αὐτοῦ 4
εἰς βεβήλωσιν αὐτοῦ. 5 καὶ φαλάκρωμα οὐ ξυρηθήσεσθε τὴν κεφα- 5
λὴν ἐπὶ νεκρῷ καὶ τὴν ὄψιν τοῦ πώγωνος οὐ ξυρήσονται καὶ ἐπὶ
τὰς σάρκας αὐτῶν οὐ κατατεμοῦσιν ἐντομίδας. 6 ἅγιοι ἔσονται τῷ 6
θεῷ αὐτῶν καὶ οὐ βεβηλώσουσιν τὸ ὄνομα τοῦ θεοῦ αὐτῶν· τὰς
γὰρ θυσίας κυρίου δῶρα τοῦ θεοῦ αὐτῶν αὐτοὶ προσφέρουσιν καὶ
ἔσονται ἅγιοι. 7 γυναῖκα πόρνην καὶ βεβηλωμένην οὐ λήμψονται 7
καὶ γυναῖκα ἐκβεβλημένην ἀπὸ ἀνδρὸς αὐτῆς· ἅγιός ἐστιν τῷ κυ-
ρίῳ θεῷ αὐτοῦ. 8 καὶ ἁγιάσει αὐτόν, τὰ δῶρα κυρίου τοῦ θεοῦ ὑμῶν 8
οὗτος προσφέρει· ἅγιος ἔσται, ὅτι ἅγιος ἐγὼ κύριος ὁ ἁγιάζων
αὐτούς. 9 καὶ θυγάτηρ ἀνθρώπου ἱερέως ἐὰν βεβηλωθῇ τοῦ ἐκπορ- 9
νεῦσαι, τὸ ὄνομα τοῦ πατρὸς αὐτῆς αὐτὴ βεβηλοῖ· ἐπὶ πυρὸς κα-
τακαυθήσεται.

10 Καὶ ὁ ἱερεὺς ὁ μέγας ἀπὸ τῶν ἀδελφῶν αὐτοῦ, τοῦ ἐπικεχυ- 10
μένου ἐπὶ τὴν κεφαλὴν τοῦ ἐλαίου τοῦ χριστοῦ καὶ τετελειωμένου
ἐνδύσασθαι τὰ ἱμάτια, τὴν κεφαλὴν οὐκ ἀποκιδαρώσει καὶ τὰ ἱμά-
τια οὐ διαρρήξει 11 καὶ ἐπὶ πάσῃ ψυχῇ τετελευτηκυίᾳ οὐκ εἰσελεύ- 11
σεται, ἐπὶ πατρὶ αὐτοῦ οὐδὲ ἐπὶ μητρὶ αὐτοῦ οὐ μιανθήσεται· 12 καὶ 12
ἐκ τῶν ἁγίων οὐκ ἐξελεύσεται καὶ οὐ βεβηλώσει τὸ ἡγιασμένον

25 ανα μεσον 3⁰ > A† | καθαρων 2⁰ ... ακαθαρτων 2⁰] tr. A† | α > A† ‖
26 αγιος] + ειμι A B^c
21 1 μιανθησεσθε A† ‖ 2 μητρι et υιοις et θυγ.] pr. επι A ‖ 3 επ >
B* | μιανθησεσθαι(pro-θε) A† ‖ 4 ου μιανθ. > B*A ‖ 5 ξυρηθησεσθε]
-ρησεται A† ‖ 8 του > B† ‖ 9 βεβηλωθη] pr. εκ B^c ‖ 11 τετελευτη-
κυιη B†

τοῦ θεοῦ αὐτοῦ, ὅτι τὸ ἅγιον ἔλαιον τὸ χριστὸν τοῦ θεοῦ ἐπ᾽ αὐτῷ·
13 ἐγὼ κύριος. ¹³οὗτος γυναῖκα παρθένον ἐκ τοῦ γένους αὐτοῦ λήμ-
14 ψεται· ¹⁴χήραν δὲ καὶ ἐκβεβλημένην καὶ βεβηλωμένην καὶ πόρνην,
ταύτας οὐ λήμψεται, ἀλλ᾽ ἢ παρθένον ἐκ τοῦ γένους αὐτοῦ λήμ-
15 ψεται γυναῖκα· ¹⁵καὶ οὐ βεβηλώσει τὸ σπέρμα αὐτοῦ ἐν τῷ λαῷ
αὐτοῦ· ἐγὼ κύριος ὁ ἁγιάζων αὐτόν.
16
17 ¹⁶Καὶ ἐλάλησεν κύριος πρὸς Μωυσῆν λέγων ¹⁷Εἰπὸν Ααρων
Ἄνθρωπος ἐκ τοῦ γένους σου εἰς τὰς γενεὰς ὑμῶν, τίνι ἐὰν ᾖ ἐν
αὐτῷ μῶμος, οὐ προσελεύσεται προσφέρειν τὰ δῶρα τοῦ θεοῦ
18 αὐτοῦ. ¹⁸πᾶς ἄνθρωπος, ᾧ ἂν ᾖ ἐν αὐτῷ μῶμος, οὐ προσελεύ-
19 σεται, ἄνθρωπος χωλὸς ἢ τυφλὸς ἢ κολοβόρριν ἢ ὠτότμητος ¹⁹ἢ
ἄνθρωπος, ᾧ ἐστιν ἐν αὐτῷ σύντριμμα χειρὸς ἢ σύντριμμα ποδός,
20 ²⁰ἢ κυρτὸς ἢ ἔφηλος ἢ πτίλος τοὺς ὀφθαλμοὺς ἢ ἄνθρωπος, ᾧ ἂν
21 ᾖ ἐν αὐτῷ ψώρα ἀγρία ἢ λιχήν, ἢ μόνορχις, ²¹πᾶς, ᾧ ἐστιν ἐν
αὐτῷ μῶμος, ἐκ τοῦ σπέρματος Ααρων τοῦ ἱερέως, οὐκ ἐγγιεῖ τοῦ
προσενεγκεῖν τὰς θυσίας τῷ θεῷ σου· ὅτι μῶμος ἐν αὐτῷ, τὰ
22 δῶρα τοῦ θεοῦ οὐ προσελεύσεται προσενεγκεῖν. ²²τὰ δῶρα τοῦ
23 θεοῦ τὰ ἅγια τῶν ἁγίων καὶ ἀπὸ τῶν ἁγίων φάγεται· ²³πλὴν πρὸς
τὸ καταπέτασμα οὐ προσελεύσεται καὶ πρὸς τὸ θυσιαστήριον οὐκ
ἐγγιεῖ, ὅτι μῶμον ἔχει· καὶ οὐ βεβηλώσει τὸ ἅγιον τοῦ θεοῦ αὐ-
24 τοῦ, ὅτι ἐγώ εἰμι κύριος ὁ ἁγιάζων αὐτούς. ²⁴καὶ ἐλάλησεν Μωυ-
σῆς πρὸς Ααρων καὶ τοὺς υἱοὺς αὐτοῦ καὶ πρὸς πάντας υἱοὺς
Ισραηλ.
22 ¹Καὶ ἐλάλησεν κύριος πρὸς Μωυσῆν λέγων ²Εἰπὸν Ααρων καὶ
τοῖς υἱοῖς αὐτοῦ καὶ προσεχέτωσαν ἀπὸ τῶν ἁγίων τῶν υἱῶν
Ισραηλ καὶ οὐ βεβηλώσουσιν τὸ ὄνομα τὸ ἅγιόν μου, ὅσα αὐτοὶ
3 ἁγιάζουσίν μοι· ἐγὼ κύριος. ³εἰπὸν αὐτοῖς Εἰς τὰς γενεὰς ὑμῶν
πᾶς ἄνθρωπος, ὃς ἂν προσέλθῃ ἀπὸ παντὸς τοῦ σπέρματος ὑμῶν
πρὸς τὰ ἅγια, ὅσα ἂν ἁγιάζωσιν οἱ υἱοὶ Ισραηλ τῷ κυρίῳ, καὶ ἡ
ἀκαθαρσία αὐτοῦ ἐπ᾽ αὐτῷ, ἐξολεθρευθήσεται ἡ ψυχὴ ἐκείνη ἀπ᾽
4 ἐμοῦ· ἐγὼ κύριος ὁ θεὸς ὑμῶν. ⁴καὶ ἄνθρωπος ἐκ τοῦ σπέρματος
Ααρων τοῦ ἱερέως καὶ οὗτος λεπρᾷ ἢ γονορρυής, τῶν ἁγίων οὐκ
ἔδεται, ἕως ἂν καθαρισθῇ· καὶ ὁ ἁπτόμενος πάσης ἀκαθαρσίας ψυχῆς
5 ἢ ἄνθρωπος, ᾧ ἂν ἐξέλθῃ ἐξ αὐτοῦ κοίτη σπέρματος, ⁵ἢ ὅστις
ἂν ἅψηται παντὸς ἑρπετοῦ ἀκαθάρτου, ὃ μιανεῖ αὐτόν, ἢ ἐπ᾽ ἀν-
6 θρώπῳ, ἐν ᾧ μιανεῖ αὐτὸν κατὰ πᾶσαν ἀκαθαρσίαν αὐτοῦ, ⁶ψυχή,

13 γυναικα > B*A⁺ ‖ 14 εκβεβλ.] εβδελυγμενην A⁺ | γενους] λαου B⁺,
> A⁺ ‖ 17 η] ην A⁺ | προσφερων A⁺ ‖ 18 χωλος .. τυφλος] tr. Bᶜ ‖
19 η 1⁰ > B*A⁺ ‖ 20 τοις οφθαλμοις A⁺ | ω] ος A⁺ ‖ 21 ω] ος A⁺ |
ουκ εγγιει] ου προσεγγ. B*A⁽⁺⁾ | τω θεω] του θεου A⁺ ‖ 23 αυτου > A⁺
‖ 24 μωυσης προς] κυριος προς μωυσην και B*(uid.)A⁺: cf. 22 1
22 2 των 2⁰ > A⁺ ‖ 3 παντος > B* | του > A | αυτω] + η B⁺ ‖ 4 λε-
προς A | γονορρυη Bᶜ ‖ 5 η 1⁰ > BA⁺

ἥτις ἂν ἅψηται αὐτῶν, ἀκάθαρτος ἔσται ἕως ἑσπέρας· οὐκ ἔδεται
ἀπὸ τῶν ἁγίων, ἐὰν μὴ λούσηται τὸ σῶμα αὐτοῦ ὕδατι· ⁷καὶ δύῃ 7
ὁ ἥλιος, καὶ καθαρὸς ἔσται καὶ τότε φάγεται τῶν ἁγίων, ὅτι ἄρ-
τος ἐστὶν αὐτοῦ. ⁸θνησιμαῖον καὶ θηριάλωτον οὐ φάγεται μιανθῆ- 8
ναι αὐτὸν ἐν αὐτοῖς· ἐγὼ κύριος. ⁹καὶ φυλάξονται τὰ φυλάγματά 9
μου, ἵνα μὴ λάβωσιν δι᾿ αὐτὰ ἁμαρτίαν καὶ ἀποθάνωσιν δι᾿ αὐτά,
ἐὰν βεβηλώσωσιν αὐτά· ἐγὼ κύριος ὁ θεὸς ὁ ἁγιάζων αὐτούς. —
¹⁰καὶ πᾶς ἀλλογενὴς οὐ φάγεται ἅγια· πάροικος ἱερέως ἢ μισθω- 10
τὸς οὐ φάγεται ἅγια. ¹¹ἐὰν δὲ ἱερεὺς κτήσηται ψυχὴν ἔγκτητον 11
ἀργυρίου, οὗτος φάγεται ἐκ τῶν ἄρτων αὐτοῦ· καὶ οἱ οἰκογενεῖς
αὐτοῦ, καὶ οὗτοι φάγονται τῶν ἄρτων αὐτοῦ. ¹²καὶ θυγάτηρ ἀν- 12
θρώπου ἱερέως ἐὰν γένηται ἀνδρὶ ἀλλογενεῖ, αὐτὴ τῶν ἀπαρχῶν
τῶν ἁγίων οὐ φάγεται. ¹³καὶ θυγάτηρ ἱερέως ἐὰν γένηται χήρα ἢ 13
ἐκβεβλημένη, σπέρμα δὲ μὴ ἦν αὐτῇ, ἐπαναστρέψει ἐπὶ τὸν οἶκον
τὸν πατρικὸν κατὰ τὴν νεότητα αὐτῆς· ἀπὸ τῶν ἄρτων τοῦ πα-
τρὸς αὐτῆς φάγεται. καὶ πᾶς ἀλλογενὴς οὐ φάγεται ἀπ᾿ αὐτῶν.
¹⁴καὶ ἄνθρωπος, ὃς ἂν φάγῃ ἅγια κατὰ ἄγνοιαν, καὶ προσθήσει τὸ 14
ἐπίπεμπτον αὐτοῦ ἐπ᾿ αὐτὸ καὶ δώσει τῷ ἱερεῖ τὸ ἅγιον. ¹⁵καὶ οὐ 15
βεβηλώσουσιν τὰ ἅγια τῶν υἱῶν Ισραηλ, ἃ αὐτοὶ ἀφαιροῦσιν τῷ
κυρίῳ, ¹⁶καὶ ἐπάξουσιν ἐφ᾿ ἑαυτοὺς ἀνομίαν πλημμελείας ἐν τῷ 16
ἐσθίειν αὐτοὺς τὰ ἅγια αὐτῶν· ὅτι ἐγὼ κύριος ὁ ἁγιάζων αὐτούς.
¹⁷Καὶ ἐλάλησεν κύριος πρὸς Μωυσῆν λέγων ¹⁸Λάλησον Ααρων ¹⁷
¹⁸
καὶ τοῖς υἱοῖς αὐτοῦ καὶ πάσῃ συναγωγῇ Ισραηλ καὶ ἐρεῖς πρὸς
αὐτούς Ἄνθρωπος ἄνθρωπος ἀπὸ τῶν υἱῶν Ισραηλ ἢ τῶν υἱῶν
τῶν προσηλύτων τῶν προσκειμένων πρὸς αὐτοὺς ἐν Ισραηλ, ὃς
ἂν προσενέγκῃ τὰ δῶρα αὐτοῦ κατὰ πᾶσαν ὁμολογίαν αὐτῶν ἢ
κατὰ πᾶσαν αἵρεσιν αὐτῶν, ὅσα ἂν προσενέγκωσιν τῷ θεῷ εἰς
ὁλοκαύτωμα, ¹⁹δεκτὰ ὑμῖν ἄμωμα ἄρσενα ἐκ τῶν βουκολίων καὶ 19
ἐκ τῶν προβάτων καὶ ἐκ τῶν αἰγῶν. ²⁰πάντα, ὅσα ἂν ἔχῃ μῶμον 20
ἐν αὐτῷ, οὐ προσάξουσιν κυρίῳ, διότι οὐ δεκτὸν ἔσται ὑμῖν. ²¹καὶ 21
ἄνθρωπος, ὃς ἂν προσενέγκῃ θυσίαν σωτηρίου τῷ κυρίῳ διαστεί-
λας εὐχὴν κατὰ αἵρεσιν ἢ ἐν ταῖς ἑορταῖς ὑμῶν ἐκ τῶν βουκολίων
ἢ ἐκ τῶν προβάτων, ἄμωμον ἔσται εἰς δεκτόν, πᾶς μῶμος οὐκ
ἔσται ἐν αὐτῷ. ²²τυφλὸν ἢ συντετριμμένον ἢ γλωσσότμητον ἢ 22
μυρμηκιῶντα ἢ ψωραγριῶντα ἢ λιχῆνας ἔχοντα, οὐ προσάξουσιν
ταῦτα τῷ κυρίῳ, καὶ εἰς κάρπωσιν οὐ δώσετε ἀπ᾿ αὐτῶν ἐπὶ τὸ

6 αν > A† ‖ 8 ου φαγ.] ουκ εδεται A† ‖ 9 φυλαξουσιν A† | αυτα 2⁰]
-το B*A† | εαν Μ] + δε ΒΑ | βεβηλωσωσιν Μ] -λωσιν A†, -λωσιν B ‖
11 αρτων 1⁰] εργων A† | οι > B* ‖ 12 των αγιων] του -ιου B† ‖ 13 ιε-
ρεως] pr. ανθρωπου Α | η pl.] > ΒΑ | 14 και ult. > A† ‖ 15 αφαιρ.] προσ-
φερουσιν Α ‖ 18 των 2⁰] pr. απο A⁽†⁾ ‖ 20 διοτι] δι > Α | εσται υμιν] υ. εστιν
A† ‖ 21 κατα] pr. η Bᶜ | η 1⁰ > Α ‖ 22 η ψωραγρ. > B*† | ταυτα] αυτα Aᵣ

23 θυσιαστήριον τῷ κυρίῳ. ²³καὶ μόσχον ἢ πρόβατον ὠτότμητον ἢ
κολοβόκερκον, σφάγια ποιήσεις αὐτὰ σεαυτῷ, εἰς δὲ εὐχήν σου
24 οὐ δεχθήσεται. ²⁴θλαδίαν καὶ ἐκτεθλιμμένον καὶ ἐκτομίαν καὶ ἀπε-
σπασμένον, οὐ προσάξεις αὐτὰ τῷ κυρίῳ καὶ ἐπὶ τῆς γῆς ὑμῶν
25 οὐ ποιήσετε. ²⁵καὶ ἐκ χειρὸς ἀλλογενοῦς οὐ προσοίσετε τὰ δῶρα
τοῦ θεοῦ ὑμῶν ἀπὸ πάντων τούτων, ὅτι φθάρματά ἐστιν ἐν αὐ-
τοῖς, μῶμος ἐν αὐτοῖς, οὐ δεχθήσεται ταῦτα ὑμῖν.
26
27 ²⁶Καὶ ἐλάλησεν κύριος πρὸς Μωυσῆν λέγων ²⁷Μόσχον ἢ πρό-
βατον ἢ αἶγα, ὡς ἂν τεχθῇ, καὶ ἔσται ἑπτὰ ἡμέρας ὑπὸ τὴν μη-
τέρα, τῇ δὲ ἡμέρᾳ τῇ ὀγδόῃ καὶ ἐπέκεινα δεχθήσεται εἰς δῶρα,
28 κάρπωμα κυρίῳ. ²⁸καὶ μόσχον ἢ πρόβατον, αὐτὴν καὶ τὰ παιδία
29 αὐτῆς οὐ σφάξεις ἐν ἡμέρᾳ μιᾷ. ²⁹ἐὰν δὲ θύσῃς θυσίαν εὐχὴν χαρ-
30 μοσύνης κυρίῳ, εἰς δεκτὸν ὑμῖν θύσετε αὐτό· ³⁰αὐτῇ τῇ ἡμέρᾳ
ἐκείνῃ βρωθήσεται, οὐκ ἀπολείψετε ἀπὸ τῶν κρεῶν εἰς τὸ πρωί·
ἐγώ εἰμι κύριος.
31
32 ³¹Καὶ φυλάξετε τὰς ἐντολάς μου καὶ ποιήσετε αὐτάς. ³²καὶ οὐ
βεβηλώσετε τὸ ὄνομα τοῦ ἁγίου, καὶ ἁγιασθήσομαι ἐν μέσῳ τῶν
33 υἱῶν Ισραηλ· ἐγὼ κύριος ὁ ἁγιάζων ὑμᾶς ³³ὁ ἐξαγαγὼν ὑμᾶς ἐκ
γῆς Αἰγύπτου ὥστε εἶναι ὑμῶν θεός, ἐγὼ κύριος.

23 ¹Καὶ εἶπεν κύριος πρὸς Μωυσῆν λέγων ²Λάλησον τοῖς υἱοῖς
Ισραηλ καὶ ἐρεῖς πρὸς αὐτούς Αἱ ἑορταὶ κυρίου, ἃς καλέσετε αὐ-
3 τὰς κλητὰς ἁγίας, αὗταί εἰσιν ἑορταί μου. — ³Ἓξ ἡμέρας ποιή-
σεις ἔργα, καὶ τῇ ἡμέρᾳ τῇ ἑβδόμῃ σάββατα ἀνάπαυσις κλητὴ
ἁγία τῷ κυρίῳ· πᾶν ἔργον οὐ ποιήσεις· σάββατά ἐστιν τῷ κυρίῳ
ἐν πάσῃ κατοικίᾳ ὑμῶν.

4 ⁴Αὗται αἱ ἑορταὶ τῷ κυρίῳ, κληταὶ ἅγιαι, ἃς καλέσετε αὐτὰς ἐν
5 τοῖς καιροῖς αὐτῶν. ⁵ἐν τῷ πρώτῳ μηνὶ ἐν τῇ τεσσαρεσκαιδεκάτῃ
ἡμέρᾳ τοῦ μηνὸς ἀνὰ μέσον τῶν ἑσπερινῶν πάσχα τῷ κυρίῳ.
6 ⁶καὶ ἐν τῇ πεντεκαιδεκάτῃ ἡμέρᾳ τοῦ μηνὸς τούτου ἑορτὴ τῶν
7 ἀζύμων τῷ κυρίῳ· ἑπτὰ ἡμέρας ἄζυμα ἔδεσθε. ⁷καὶ ἡ ἡμέρα ἡ
πρώτη κλητὴ ἁγία ἔσται ὑμῖν, πᾶν ἔργον λατρευτὸν οὐ ποιήσετε·
8 ⁸καὶ προσάξετε ὁλοκαυτώματα τῷ κυρίῳ ἑπτὰ ἡμέρας· καὶ ἡ ἑβδό-
μη ἡμέρα κλητὴ ἁγία ἔσται ὑμῖν, πᾶν ἔργον λατρευτὸν οὐ ποιήσετε.
9
10 ⁹Καὶ ἐλάλησεν κύριος πρὸς Μωυσῆν λέγων ¹⁰Εἶπὸν τοῖς υἱοῖς
Ισραηλ καὶ ἐρεῖς πρὸς αὐτούς Ὅταν εἰσέλθητε εἰς τὴν γῆν, ἣν
ἐγὼ δίδωμι ὑμῖν, καὶ θερίζητε τὸν θερισμὸν αὐτῆς, καὶ οἴσετε
11 δράγμα ἀπαρχὴν τοῦ θερισμοῦ ὑμῶν πρὸς τὸν ἱερέα· ¹¹καὶ ἀνοίσει

23 δεχθησεται] pr. προσ B*Aᵍ ‖ 24 εκτομιδα A⁺ | προσαξεις] -ξετε A ‖
25 φθαρτα B*A | αυτοις 1⁰⌒2⁰ A | ταυτα > B*⁺ (hab. Bᶜ⁺ post υμιν) ‖
28 η] και Bᶜ | και 2⁰] η A⁺
23 2 εορται ult.] pr. αι Bᶜ ‖ 3 κυριω ult.] + υμων B*A⁺ ‖ 4 κληται
— καλ.] και αυται αγιας καλεσατε ΒΑ⁽⁺⁾ ‖ 10 δραγμα] τα -ματα A

τὸ δράγμα ἔναντι κυρίου δεκτὸν ὑμῖν, τῇ ἐπαύριον τῆς πρώτης
ἀνοίσει αὐτὸ ὁ ἱερεύς. ¹²καὶ ποιήσετε ἐν τῇ ἡμέρᾳ, ἐν ᾗ ἂν φέ- 12
ρητε τὸ δράγμα, πρόβατον ἄμωμον ἐνιαύσιον εἰς ὁλοκαύτωμα τῷ
κυρίῳ ¹³καὶ τὴν θυσίαν αὐτοῦ δύο δέκατα σεμιδάλεως ἀναπεποιη- 13
μένης ἐν ἐλαίῳ — θυσία τῷ κυρίῳ, ὀσμὴ εὐωδίας κυρίῳ — καὶ
σπονδὴν αὐτοῦ τὸ τέταρτον τοῦ ιν οἴνου. ¹⁴καὶ ἄρτον καὶ πεφρυγ- 14
μένα χίδρα νέα οὐ φάγεσθε ἕως εἰς αὐτὴν τὴν ἡμέραν ταύτην,
ἕως ἂν προσενέγκητε ὑμεῖς τὰ δῶρα τῷ θεῷ ὑμῶν· νόμιμον αἰ-
ώνιον εἰς τὰς γενεὰς ὑμῶν ἐν πάσῃ κατοικίᾳ ὑμῶν.

¹⁵Καὶ ἀριθμήσετε ὑμεῖς ἀπὸ τῆς ἐπαύριον τῶν σαββάτων, ἀπὸ 15
τῆς ἡμέρας, ἧς ἂν προσενέγκητε τὸ δράγμα τοῦ ἐπιθέματος, ἑπτὰ
ἑβδομάδας ὁλοκλήρους· ¹⁶ἕως τῆς ἐπαύριον τῆς ἐσχάτης ἑβδομά- 16
δος ἀριθμήσετε πεντήκοντα ἡμέρας καὶ προσοίσετε θυσίαν νέαν
τῷ κυρίῳ. ¹⁷ἀπὸ τῆς κατοικίας ὑμῶν προσοίσετε ἄρτους ἐπίθεμα, 17
δύο ἄρτους· ἐκ δύο δεκάτων σεμιδάλεως ἔσονται, ἐζυμωμένοι
πεφθήσονται πρωτογενημάτων τῷ κυρίῳ. ¹⁸καὶ προσάξετε μετὰ τῶν 18
ἄρτων ἑπτὰ ἀμνοὺς ἀμώμους ἐνιαυσίους καὶ μόσχον ἕνα ἐκ βου-
κολίου καὶ κριοὺς δύο ἀμώμους — ἔσονται ὁλοκαύτωμα τῷ κυ-
ρίῳ — καὶ αἱ θυσίαι αὐτῶν καὶ αἱ σπονδαὶ αὐτῶν, θυσίαν ὀ-
σμὴν εὐωδίας τῷ κυρίῳ. ¹⁹καὶ ποιήσουσιν χίμαρον ἐξ αἰγῶν ἕνα 19
περὶ ἁμαρτίας καὶ δύο ἀμνοὺς ἐνιαυσίους εἰς θυσίαν σωτηρίου
μετὰ τῶν ἄρτων τοῦ πρωτογενήματος· ²⁰καὶ ἐπιθήσει αὐτὰ ὁ ἱε- 20
ρεὺς μετὰ τῶν ἄρτων τοῦ πρωτογενήματος ἐπίθεμα ἔναντι κυρίου
μετὰ τῶν δύο ἀμνῶν· ἅγια ἔσονται τῷ κυρίῳ, τῷ ἱερεῖ τῷ προσ-
φέροντι αὐτὰ αὐτῷ ἔσται. ²¹καὶ καλέσετε ταύτην τὴν ἡμέραν κλη- 21
τήν· ἁγία ἔσται ὑμῖν, πᾶν ἔργον λατρευτὸν οὐ ποιήσετε ἐν αὐτῇ·
νόμιμον αἰώνιον εἰς τὰς γενεὰς ὑμῶν ἐν πάσῃ τῇ κατοικίᾳ ὑμῶν.
— ²²καὶ ὅταν θερίζητε τὸν θερισμὸν τῆς γῆς ὑμῶν, οὐ συντελέ- 22
σετε τὸ λοιπὸν τοῦ θερισμοῦ τοῦ ἀγροῦ σου ἐν τῷ θερίζειν σε
καὶ τὰ ἀποπίπτοντα τοῦ θερισμοῦ σου οὐ συλλέξεις, τῷ πτωχῷ
καὶ τῷ προσηλύτῳ ὑπολείψῃ αὐτά· ἐγὼ κύριος ὁ θεὸς ὑμῶν.

²³Καὶ ἐλάλησεν κύριος πρὸς Μωυσῆν λέγων ²⁴Λάλησον τοῖς 23
                                                                        24
υἱοῖς Ισραηλ λέγων Τοῦ μηνὸς τοῦ ἑβδόμου μιᾷ τοῦ μηνὸς ἔσται ὑμῖν
ἀνάπαυσις, μνημόσυνον σαλπίγγων, κλητὴ ἁγία ἔσται ὑμῖν· ²⁵πᾶν 25
ἔργον λατρευτὸν οὐ ποιήσετε καὶ προσάξετε ὁλοκαύτωμα κυρίῳ.

²⁶Καὶ ἐλάλησεν κύριος πρὸς Μωυσῆν λέγων ²⁷Καὶ τῇ δεκάτῃ τοῦ 26
                                                                        27
μηνὸς τοῦ ἑβδόμου τούτου ἡμέρα ἐξιλασμοῦ, κλητὴ ἁγία ἔσται
ὑμῖν, καὶ ταπεινώσετε τὰς ψυχὰς ὑμῶν καὶ προσάξετε ὁλοκαύτωμα

11 αυτα B*A ‖ 13 κυριω ult.] pr. τω A | σπονδη B*A† | αυτου ult.]
-τω A† ‖ 14 του θεου A | νομ. αιων. / εις τ. γ. υμων] tr. A† ‖ 16 εβδο-
μαδος M] -μαδης (sic) B*†, -μης ABᶜ ‖ 18 προσαξει B*A† | βουκολιων A
‖ 21 κλητη A ‖ 22 αυτα] -το B*† | o > A† ‖ 25 κυριω] pr. τω A

28 τῷ κυρίῳ. ²⁸πᾶν ἔργον οὐ ποιήσετε ἐν αὐτῇ τῇ ἡμέρᾳ ταύτῃ·
ἔστιν γὰρ ἡμέρα ἐξιλασμοῦ αὕτη ὑμῖν ἐξιλάσασθαι περὶ ὑμῶν
29 ἔναντι κυρίου τοῦ θεοῦ ὑμῶν. ²⁹πᾶσα ψυχή, ἥτις μὴ ταπεινωθή-
σεται ἐν αὐτῇ τῇ ἡμέρᾳ ταύτῃ, ἐξολεθρευθήσεται ἐκ τοῦ λαοῦ αὐ-
30 τῆς. ³⁰καὶ πᾶσα ψυχή, ἥτις ποιήσει ἔργον ἐν αὐτῇ τῇ ἡμέρᾳ ταύ-
31 τῃ, ἀπολεῖται ἡ ψυχὴ ἐκείνη ἐκ τοῦ λαοῦ αὐτῆς. ³¹πᾶν ἔργον οὐ
ποιήσετε· νόμιμον αἰώνιον εἰς τὰς γενεὰς ὑμῶν ἐν πάσαις κατοι-
32 κίαις ὑμῶν. ³²σάββατα σαββάτων ἔσται ὑμῖν, καὶ ταπεινώσετε τὰς
ψυχὰς ὑμῶν· ἀπὸ ἐνάτης τοῦ μηνὸς ἀπὸ ἑσπέρας ἕως ἑσπέρας
σαββατιεῖτε τὰ σάββατα ὑμῶν.

33
34   ³³Καὶ ἐλάλησεν κύριος πρὸς Μωυσῆν λέγων ³⁴Λάλησον τοῖς
υἱοῖς Ισραηλ λέγων Τῇ πεντεκαιδεκάτῃ τοῦ μηνὸς τοῦ ἑβδόμου
35 τούτου ἑορτὴ σκηνῶν ἑπτὰ ἡμέρας τῷ κυρίῳ. ³⁵καὶ ἡ ἡμέρα ἡ
36 πρώτη κλητὴ ἁγία, πᾶν ἔργον λατρευτὸν οὐ ποιήσετε. ³⁶ἑπτὰ ἡμέ-
ρας προσάξετε ὁλοκαυτώματα τῷ κυρίῳ· καὶ ἡ ἡμέρα ἡ ὀγδόη
κλητὴ ἁγία ἔσται ὑμῖν, καὶ προσάξετε ὁλοκαυτώματα τῷ κυρίῳ·
ἐξόδιόν ἐστιν, πᾶν ἔργον λατρευτὸν οὐ ποιήσετε.

37   ³⁷Αὗται αἱ ἑορταὶ κυρίῳ, ἃς καλέσετε κλητὰς ἁγίας ὥστε προσ-
ενέγκαι καρπώματα τῷ κυρίῳ, ὁλοκαυτώματα καὶ θυσίας αὐτῶν
38 καὶ σπονδὰς αὐτῶν τὸ καθ᾽ ἡμέραν εἰς ἡμέραν ³⁸πλὴν τῶν σαβ-
βάτων κυρίου καὶ πλὴν τῶν δομάτων ὑμῶν καὶ πλὴν πασῶν τῶν
εὐχῶν ὑμῶν καὶ πλὴν τῶν ἑκουσίων ὑμῶν, ἃ ἂν δῶτε τῷ κυρίῳ.
39   ³⁹Καὶ ἐν τῇ πεντεκαιδεκάτῃ ἡμέρᾳ τοῦ μηνὸς τοῦ ἑβδόμου τού-
του, ὅταν συντελέσητε τὰ γενήματα τῆς γῆς, ἑορτάσετε τῷ κυρίῳ
ἑπτὰ ἡμέρας· τῇ ἡμέρᾳ τῇ πρώτῃ ἀνάπαυσις, καὶ τῇ ἡμέρᾳ τῇ
40 ὀγδόῃ ἀνάπαυσις. ⁴⁰καὶ λήμψεσθε τῇ ἡμέρᾳ τῇ πρώτῃ καρπὸν ξύ-
λου ὡραῖον καὶ κάλλυνθρα φοινίκων καὶ κλάδους ξύλου δασεῖς
καὶ ἰτέας καὶ ἄγνου κλάδους ἐκ χειμάρρου εὐφρανθῆναι ἔναντι κυ-
41 ρίου τοῦ θεοῦ ὑμῶν ἑπτὰ ἡμέρας ⁴¹τοῦ ἐνιαυτοῦ· νόμιμον αἰώνιον
εἰς τὰς γενεὰς ὑμῶν· ἐν τῷ μηνὶ τῷ ἑβδόμῳ ἑορτάσετε αὐτήν.
42   ⁴²ἐν σκηναῖς κατοικήσετε ἑπτὰ ἡμέρας, πᾶς ὁ αὐτόχθων ἐν Ισραηλ
43 κατοικήσει ἐν σκηναῖς, ⁴³ὅπως ἴδωσιν αἱ γενεαὶ ὑμῶν ὅτι ἐν σκη-
ναῖς κατῴκισα τοὺς υἱοὺς Ισραηλ ἐν τῷ ἐξαγαγεῖν με αὐτοὺς ἐκ
γῆς Αἰγύπτου· ἐγὼ κύριος ὁ θεὸς ὑμῶν.
44   ⁴⁴Καὶ ἐλάλησεν Μωυσῆς τὰς ἑορτὰς κυρίου τοῖς υἱοῖς Ισραηλ.
24   ¹Καὶ ἐλάλησεν κύριος πρὸς Μωυσῆν λέγων ²Ἔντειλαι τοῖς υἱοῖς
Ισραηλ καὶ λαβέτωσάν μοι ἔλαιον ἐλάινον καθαρὸν κεκομμένον εἰς
3 φῶς καῦσαι λύχνον διὰ παντός. ³ἔξωθεν τοῦ καταπετάσματος ἐν τῇ

---

28 εν > A† ‖ 36 ολοκαυτωματα bis] -μα A | κλητη αγ.] tr. B(partim sup.
ras.)† | τω ult. > B ‖ 37 κυριω 1⁰] pr. τω A ‖ 38 πασων] παντων BA†
‖ 39 εορτασατε B ‖ 40 τη 1⁰ ⌒ 2⁰ B*A† | ξυλου 2⁰] -λων A ‖ 43 κατ-
ωκισα F] κατοικ. B, -κησα A

σκηνῇ τοῦ μαρτυρίου καύσουσιν αὐτὸν Ααρων καὶ οἱ υἱοὶ αὐτοῦ
ἀπὸ ἑσπέρας ἕως πρωὶ ἐνώπιον κυρίου ἐνδελεχῶς· νόμιμον αἰώνιον
εἰς τὰς γενεὰς ὑμῶν. ⁴ἐπὶ τῆς λυχνίας τῆς καθαρᾶς καύσετε τοὺς 4
λύχνους ἔναντι κυρίου ἕως τὸ πρωί.

⁵Καὶ λήμψεσθε σεμίδαλιν καὶ ποιήσετε αὐτὴν δώδεκα ἄρτους, 5
δύο δεκάτων ἔσται ὁ ἄρτος ὁ εἷς· ⁶καὶ ἐπιθήσετε αὐτοὺς δύο θέ- 6
ματα, ἓξ ἄρτους τὸ ἓν θέμα, ἐπὶ τὴν τράπεζαν τὴν καθαρὰν ἔναντι
κυρίου. ⁷καὶ ἐπιθήσετε ἐπὶ τὸ θέμα λίβανον καθαρὸν καὶ ἅλα, καὶ 7
ἔσονται εἰς ἄρτους εἰς ἀνάμνησιν προκείμενα τῷ κυρίῳ. ⁸τῇ ἡμέρᾳ 8
τῶν σαββάτων προθήσεται ἔναντι κυρίου διὰ παντὸς ἐνώπιον τῶν
υἱῶν Ισραηλ διαθήκην αἰώνιον. ⁹καὶ ἔσται Ααρων καὶ τοῖς υἱοῖς 9
αὐτοῦ, καὶ φάγονται αὐτὰ ἐν τόπῳ ἁγίῳ· ἔστιν γὰρ ἅγια τῶν ἁγίων
τοῦτο αὐτῷ ἀπὸ τῶν θυσιαζομένων τῷ κυρίῳ, νόμιμον αἰώνιον.

¹⁰Καὶ ἐξῆλθεν υἱὸς γυναικὸς Ισραηλίτιδος καὶ οὗτος ἦν υἱὸς Αἰ- 10
γυπτίου ἐν τοῖς υἱοῖς Ισραηλ, καὶ ἐμαχέσαντο ἐν τῇ παρεμβολῇ ὁ
ἐκ τῆς Ισραηλίτιδος καὶ ὁ ἄνθρωπος ὁ Ισραηλίτης, ¹¹καὶ ἐπονο- 11
μάσας ὁ υἱὸς τῆς γυναικὸς τῆς Ισραηλίτιδος τὸ ὄνομα κατηρά-
σατο, καὶ ἤγαγον αὐτὸν πρὸς Μωυσῆν· καὶ τὸ ὄνομα τῆς μητρὸς
αὐτοῦ Σαλωμιθ θυγάτηρ Δαβρι ἐκ τῆς φυλῆς Δαν. ¹²καὶ ἀπέθεντο 12
αὐτὸν εἰς φυλακὴν διακρῖναι αὐτὸν διὰ προστάγματος κυρίου. ¹³καὶ 13
ἐλάλησεν κύριος πρὸς Μωυσῆν λέγων ¹⁴Ἐξάγαγε τὸν καταρασά- 14
μενον ἔξω τῆς παρεμβολῆς, καὶ ἐπιθήσουσιν πάντες οἱ ἀκούσαντες
τὰς χεῖρας αὐτῶν ἐπὶ τὴν κεφαλὴν αὐτοῦ, καὶ λιθοβολήσουσιν αὐ-
τὸν πᾶσα ἡ συναγωγή. ¹⁵καὶ τοῖς υἱοῖς Ισραηλ λάλησον καὶ ἐρεῖς 15
πρὸς αὐτούς Ἄνθρωπος, ὃς ἐὰν καταράσηται θεόν, ἁμαρτίαν λήμ-
ψεται· ¹⁶ὀνομάζων δὲ τὸ ὄνομα κυρίου θανάτῳ θανατούσθω· λί- 16
θοις λιθοβολείτω αὐτὸν πᾶσα συναγωγὴ Ισραηλ· ἐάν τε προσή-
λυτος ἐάν τε αὐτόχθων, ἐν τῷ ὀνομάσαι αὐτὸν τὸ ὄνομα κυρίου
τελευτάτω. ¹⁷καὶ ἄνθρωπος, ὃς ἂν πατάξῃ ψυχὴν ἀνθρώπου καὶ 17
ἀποθάνῃ, θανάτῳ θανατούσθω. ¹⁸καὶ ὃς ἂν πατάξῃ κτῆνος καὶ 18
ἀποθάνῃ, ἀποτεισάτω ψυχὴν ἀντὶ ψυχῆς. ¹⁹καὶ ἐάν τις δῷ μῶμον 19
τῷ πλησίον, ὡς ἐποίησεν αὐτῷ, ὡσαύτως ἀντιποιηθήσεται αὐτῷ·
²⁰σύντριμμα ἀντὶ συντρίμματος, ὀφθαλμὸν ἀντὶ ὀφθαλμοῦ, ὀδόντα 20
ἀντὶ ὀδόντος· καθότι ἂν δῷ μῶμον τῷ ἀνθρώπῳ, οὕτως δοθή-
σεται αὐτῷ. ²¹ὃς ἂν πατάξῃ ἄνθρωπον καὶ ἀποθάνῃ, θανάτῳ θανα- 21
τούσθω· ²²δικαίωσις μία ἔσται τῷ προσηλύτῳ καὶ τῷ ἐγχωρίῳ, 22
ὅτι ἐγώ εἰμι κύριος ὁ θεὸς ὑμῶν. ²³καὶ ἐλάλησεν Μωυσῆς τοῖς 23
υἱοῖς Ισραηλ καὶ ἐξήγαγον τὸν καταρασάμενον ἔξω τῆς παρεμβολῆς

24 3 καυσουσιν] pr. και ABᶜ | αυτο ABᶜ || 4 το B*] > A, εις το Bᶜ ||
9 αυτω] -των B || 11 ο > A⁺ | αυτον] -τους B*⁺ || 12 εις φυλ.] εν φυ-
λακη A⁺ || 16 πασα] + η Bᶜ || 17 ος αν] εαν A⁽⁺⁾ || 19 δω] δη (sic)
BA⁺: item in 27 9 || 22 τω 2⁰ > A⁺

καὶ ἐλιθοβόλησαν αὐτὸν ἐν λίθοις· καὶ οἱ υἱοὶ Ισραηλ ἐποίησαν
καθὰ συνέταξεν κύριος τῷ Μωυσῇ.

25 ¹Καὶ ἐλάλησεν κύριος πρὸς Μωυσῆν ἐν τῷ ὄρει Σινα λέγων
2 ²Λάλησον τοῖς υἱοῖς Ισραηλ καὶ ἐρεῖς πρὸς αὐτούς Ἐὰν εἰσέλθητε
εἰς τὴν γῆν, ἣν ἐγὼ δίδωμι ὑμῖν, καὶ ἀναπαύσεται ἡ γῆ, ἣν ἐγὼ
3 δίδωμι ὑμῖν, σάββατα τῷ κυρίῳ. ³ἓξ ἔτη σπερεῖς τὸν ἀγρόν σου
καὶ ἓξ ἔτη τεμεῖς τὴν ἄμπελόν σου καὶ συνάξεις τὸν καρπὸν αὐ-
4 τῆς. ⁴τῷ δὲ ἔτει τῷ ἑβδόμῳ σάββατα ἀνάπαυσις ἔσται τῇ γῇ,
σάββατα τῷ κυρίῳ· τὸν ἀγρόν σου οὐ σπερεῖς καὶ τὴν ἄμπελόν
5 σου οὐ τεμεῖς ⁵καὶ τὰ αὐτόματα ἀναβαίνοντα τοῦ ἀγροῦ σου οὐκ
ἐκθερίσεις καὶ τὴν σταφυλὴν τοῦ ἁγιάσματός σου οὐκ ἐκτρυγή-
6 σεις· ἐνιαυτὸς ἀναπαύσεως ἔσται τῇ γῇ. ⁶καὶ ἔσται τὰ σάββατα
τῆς γῆς βρώματά σοι καὶ τῷ παιδί σου καὶ τῇ παιδίσκῃ σου καὶ
7 τῷ μισθωτῷ σου καὶ τῷ παροίκῳ τῷ προσκειμένῳ πρὸς σέ, ⁷καὶ
τοῖς κτήνεσίν σου καὶ τοῖς θηρίοις τοῖς ἐν τῇ γῇ σου ἔσται πᾶν
τὸ γένημα αὐτοῦ εἰς βρῶσιν.

8 ⁸Καὶ ἐξαριθμήσεις σεαυτῷ ἑπτὰ ἀναπαύσεις ἐτῶν, ἑπτὰ ἔτη
ἑπτάκις, καὶ ἔσονταί σοι ἑπτὰ ἑβδομάδες ἐτῶν ἐννέα καὶ τεσσα-
9 ράκοντα ἔτη. ⁹καὶ διαγγελεῖτε σάλπιγγος φωνῇ ἐν πάσῃ τῇ γῇ
ὑμῶν τῷ μηνὶ τῷ ἑβδόμῳ τῇ δεκάτῃ τοῦ μηνός· τῇ ἡμέρᾳ τοῦ
10 ἱλασμοῦ διαγγελεῖτε σάλπιγγι ἐν πάσῃ τῇ γῇ ὑμῶν ¹⁰καὶ ἁγιάσετε
τὸ ἔτος τὸ πεντηκοστὸν ἐνιαυτὸν καὶ διαβοήσετε ἄφεσιν ἐπὶ τῆς
γῆς πᾶσιν τοῖς κατοικοῦσιν αὐτήν· ἐνιαυτὸς ἀφέσεως σημασία
αὕτη ἔσται ὑμῖν, καὶ ἀπελεύσεται εἷς ἕκαστος εἰς τὴν κτῆσιν αὐ-
11 τοῦ, καὶ ἕκαστος εἰς τὴν πατρίδα αὐτοῦ ἀπελεύσεσθε. ¹¹ἀφέσεως
σημασία αὕτη, τὸ ἔτος τὸ πεντηκοστὸν ἐνιαυτὸς ἔσται ὑμῖν· οὐ
σπερεῖτε οὐδὲ ἀμήσετε τὰ αὐτόματα ἀναβαίνοντα αὐτῆς καὶ οὐ
12 τρυγήσετε τὰ ἡγιασμένα αὐτῆς, ¹²ὅτι ἀφέσεως σημασία ἐστίν,
ἅγιον ἔσται ὑμῖν, ἀπὸ τῶν πεδίων φάγεσθε τὰ γενήματα αὐτῆς.
13 ¹³Ἐν τῷ ἔτει τῆς ἀφέσεως σημασίᾳ αὐτῆς ἐπανελεύσεται ἕκα-
14 στος εἰς τὴν κτῆσιν αὐτοῦ. ¹⁴ἐὰν δὲ ἀποδῷ πρᾶσιν τῷ πλησίον
σου ἐὰν καὶ κτήσῃ παρὰ τοῦ πλησίον σου, μὴ θλιβέτω ἄνθρω-
15 πος τὸν πλησίον· ¹⁵κατὰ ἀριθμὸν ἐτῶν μετὰ τὴν σημασίαν κτήσῃ
παρὰ τοῦ πλησίον, κατὰ ἀριθμὸν ἐνιαυτῶν γενημάτων ἀποδώσε-
16 ταί σοι. ¹⁶καθότι ἂν πλεῖον τῶν ἐτῶν, πληθύνῃ τὴν ἔγκτησιν αὐ-
τοῦ, καὶ καθότι ἂν ἔλαττον τῶν ἐτῶν, ἐλαττονώσῃ τὴν κτῆσιν
17 αὐτοῦ· ὅτι ἀριθμὸν γενημάτων αὐτοῦ οὕτως ἀποδώσεταί σοι. ¹⁷μὴ

23 εν > Bᶜ | καθα] + περ Bᶜ
25 5 αναβαιν.] pr. τα A | σου ult.] μου A† || 7 αυτου] σου A || 9 τω
1⁰] pr. εν B† || 10 αγιασατε B*A | εκαστος 1⁰] pr. κατ A† || 11 αμησετε]
μη -σητε A || 13 εκαστος > B*† | εγκτησιν Bᶜ || 15 αριθμον 1⁰ ⌒ 2⁰ A
|| 16 και ετ ελαττον των ετων > A | κτησιν] εγκτ. Bᶜ

θλιβέτω ἄνθρωπος τὸν πλησίον καὶ φοβηθήσῃ κύριον τὸν θεόν
σου· ἐγώ εἰμι κύριος ὁ θεὸς ὑμῶν. ¹⁸ καὶ ποιήσετε πάντα τὰ δικαιώ- 18
ματά μου καὶ πάσας τὰς κρίσεις μου καὶ φυλάξασθε καὶ ποιήσετε
αὐτὰ καὶ κατοικήσετε ἐπὶ τῆς γῆς πεποιθότες· ¹⁹ καὶ δώσει ἡ γῆ τὰ 19
ἐκφόρια αὐτῆς, καὶ φάγεσθε εἰς πλησμονὴν καὶ κατοικήσετε πε-
ποιθότες ἐπ᾽ αὐτῆς. ²⁰ ἐὰν δὲ λέγητε Τί φαγόμεθα ἐν τῷ ἔτει τῷ 20
ἑβδόμῳ τούτῳ, ἐὰν μὴ σπείρωμεν μηδὲ συναγάγωμεν τὰ γενήματα
ἡμῶν; ²¹ καὶ ἀποστελῶ τὴν εὐλογίαν μου ὑμῖν ἐν τῷ ἔτει τῷ ἕκτῳ, 21
καὶ ποιήσει τὰ γενήματα αὐτῆς εἰς τὰ τρία ἔτη. ²² καὶ σπερεῖτε τὸ 22
ἔτος τὸ ὄγδοον καὶ φάγεσθε ἀπὸ τῶν γενημάτων παλαιά· ἕως τοῦ
ἔτους τοῦ ἐνάτου, ἕως ἂν ἔλθῃ τὸ γένημα αὐτῆς, φάγεσθε παλαιὰ
παλαιῶν. ²³ καὶ ἡ γῆ οὐ πραθήσεται εἰς βεβαίωσιν, ἐμὴ γάρ ἐστιν 23
ἡ γῆ, διότι προσήλυτοι καὶ πάροικοι ὑμεῖς ἐστε ἐναντίον μου· ²⁴ καὶ 24
κατὰ πᾶσαν γῆν κατασχέσεως ὑμῶν λύτρα δώσετε τῆς γῆς. —
²⁵ ἐὰν δὲ πένηται ὁ ἀδελφός σου ὁ μετὰ σοῦ καὶ ἀποδῶται ἀπὸ 25
τῆς κατασχέσεως αὐτοῦ καὶ ἔλθῃ ὁ ἀγχιστεύων ἐγγίζων ἔγγιστα
αὐτοῦ, καὶ λυτρώσεται τὴν πρᾶσιν τοῦ ἀδελφοῦ αὐτοῦ. ²⁶ ἐὰν δὲ 26
μὴ ᾖ τινι ὁ ἀγχιστεύων καὶ εὐπορηθῇ τῇ χειρὶ καὶ εὑρεθῇ αὐτῷ
τὸ ἱκανὸν λύτρα αὐτοῦ, ²⁷ καὶ συλλογιεῖται τὰ ἔτη τῆς πράσεως 27
αὐτοῦ καὶ ἀποδώσει ὃ ὑπερέχει τῷ ἀνθρώπῳ, ᾧ ἀπέδοτο ἑαυτὸν
αὐτῷ, καὶ ἀπελεύσεται εἰς τὴν κατάσχεσιν αὐτοῦ. ²⁸ ἐὰν δὲ μὴ εὐ- 28
πορηθῇ ἡ χεὶρ αὐτοῦ τὸ ἱκανὸν ὥστε ἀποδοῦναι αὐτῷ, καὶ ἔσται ἡ
πρᾶσις τῷ κτησαμένῳ αὐτὰ ἕως τοῦ ἕκτου ἔτους τῆς ἀφέσεως· καὶ
ἐξελεύσεται τῇ ἀφέσει, καὶ ἀπελεύσεται εἰς τὴν κατάσχεσιν αὐτοῦ.
²⁹ Ἐὰν δέ τις ἀποδῶται οἰκίαν οἰκητὴν ἐν πόλει τετειχισμένῃ, 29
καὶ ἔσται ἡ λύτρωσις αὐτῆς, ἕως πληρωθῇ ἐνιαυτὸς ἡμερῶν, ἔσται
ἡ λύτρωσις αὐτῆς. ³⁰ ἐὰν δὲ μὴ λυτρωθῇ, ἕως ἂν πληρωθῇ αὐτῆς 30
ἐνιαυτὸς ὅλος, κυρωθήσεται ἡ οἰκία ἡ οὖσα ἐν πόλει τῇ ἐχούσῃ
τεῖχος βεβαίως τῷ κτησαμένῳ αὐτὴν εἰς τὰς γενεὰς αὐτοῦ καὶ οὐκ
ἐξελεύσεται ἐν τῇ ἀφέσει. ³¹ αἱ δὲ οἰκίαι αἱ ἐν ἐπαύλεσιν, αἷς οὐκ 31
ἔστιν ἐν αὐταῖς τεῖχος κύκλῳ, πρὸς τὸν ἀγρὸν τῆς γῆς λογισθή-
τωσαν· λυτρωταὶ διὰ παντὸς ἔσονται καὶ ἐν τῇ ἀφέσει ἐξελεύσον-
ται. ³² καὶ αἱ πόλεις τῶν Λευιτῶν οἰκίαι τῶν πόλεων αὐτῶν κατα- 32
σχέσεως λυτρωταὶ διὰ παντὸς ἔσονται τοῖς Λευίταις· ³³ καὶ ὃς ἂν 33
λυτρωσάμενος παρὰ τῶν Λευιτῶν, καὶ ἐξελεύσεται ἡ διάπρασις
αὐτῶν οἰκιῶν πόλεως κατασχέσεως αὐτῶν ἐν τῇ ἀφέσει, ὅτι οἰκίαι

17 θλιψετω A† || 18 ποιησετε 2⁰] -σατε A | αυτας A | κατοικησητε A |
επι της γης > B*A || 20 δε > A† || 21 αποστελλω B || 25 αποδωται M (cf.
29)] -δωσεται BA | εγγιζων εγγιστα αυτου B*A†] ο εγγιζων αυτω B° || 26 ευ-
πορηθη] ευρεθη A: item B*A† in 28 || 27 ο υπερεχει] οπερ εχει B*A | αυτον
εαυτω A || 28 ευπορηθη: cf. 26 | αυτω] -τα B*A† | τη αφεσει] την -σιν A† |
κατασχεσιν] καταπαυσιν B*A || 31 αις] αι A† | εν 2⁰ > A | λογισθησονται B°

τῶν πόλεων τῶν Λευιτῶν κατάσχεσις αὐτῶν ἐν μέσῳ υἱῶν Ισραηλ.
34 ³⁴ καὶ οἱ ἀγροὶ οἱ ἀφωρισμένοι ταῖς πόλεσιν αὐτῶν οὐ πραθήσονται, ὅτι κατάσχεσις αἰωνία τοῦτο αὐτῶν ἐστιν.
35 ³⁵ Ἐὰν δὲ πένηται ὁ ἀδελφός σου καὶ ἀδυνατήσῃ ταῖς χερσὶν
παρὰ σοί, ἀντιλήμψῃ αὐτοῦ ὡς προσηλύτου καὶ παροίκου, καὶ
36 ζήσεται ὁ ἀδελφός σου μετὰ σοῦ. ³⁶ οὐ λήμψῃ παρ᾽ αὐτοῦ τόκον
οὐδὲ ἐπὶ πλήθει καὶ φοβηθήσῃ τὸν θεόν σου — ἐγὼ κύριος —,
37 καὶ ζήσεται ὁ ἀδελφός σου μετὰ σοῦ. ³⁷ τὸ ἀργύριόν σου οὐ δώσεις αὐτῷ ἐπὶ τόκῳ καὶ ἐπὶ πλεονασμὸν οὐ δώσεις αὐτῷ τὰ βρώ-
38 ματά σου. ³⁸ ἐγὼ κύριος ὁ θεὸς ὑμῶν ὁ ἐξαγαγὼν ὑμᾶς ἐκ γῆς
Αἰγύπτου δοῦναι ὑμῖν τὴν γῆν Χανααν ὥστε εἶναι ὑμῶν θεός.
39 ³⁹ Ἐὰν δὲ ταπεινωθῇ ὁ ἀδελφός σου παρὰ σοὶ καὶ πραθῇ σοι,
40 οὐ δουλεύσει σοι δουλείαν οἰκέτου· ⁴⁰ ὡς μισθωτὸς ἢ πάροικος
41 ἔσται σοι, ἕως τοῦ ἔτους τῆς ἀφέσεως ἐργᾶται παρὰ σοί. ⁴¹ καὶ
ἐξελεύσεται τῇ ἀφέσει καὶ τὰ τέκνα αὐτοῦ μετ᾽ αὐτοῦ καὶ ἀπελεύσεται εἰς τὴν γενεὰν αὐτοῦ, εἰς τὴν κατάσχεσιν τὴν πατρικὴν ἀπο-
42 δραμεῖται, ⁴² διότι οἰκέται μού εἰσιν οὗτοι, οὓς ἐξήγαγον ἐκ γῆς
43 Αἰγύπτου, οὐ πραθήσεται ἐν πράσει οἰκέτου· ⁴³ οὐ κατατενεῖς αὐ-
44 τὸν ἐν τῷ μόχθῳ καὶ φοβηθήσῃ κύριον τὸν θεόν σου. ⁴⁴ καὶ παῖς
καὶ παιδίσκη, ὅσοι ἂν γένωνταί σοι ἀπὸ τῶν ἐθνῶν, ὅσοι κύκλῳ
45 σού εἰσιν, ἀπ᾽ αὐτῶν κτήσεσθε δοῦλον καὶ δούλην. ⁴⁵ καὶ ἀπὸ τῶν
υἱῶν τῶν παροίκων τῶν ὄντων ἐν ὑμῖν, ἀπὸ τούτων κτήσεσθε
καὶ ἀπὸ τῶν συγγενῶν αὐτῶν, ὅσοι ἂν γένωνται ἐν τῇ γῇ ὑμῶν·
46 ἔστωσαν ὑμῖν εἰς κατάσχεσιν. ⁴⁶ καὶ καταμερεῖτε αὐτοὺς τοῖς τέ-
κνοις ὑμῶν μεθ᾽ ὑμᾶς, καὶ ἔσονται ὑμῖν κατόχιμοι εἰς τὸν αἰῶνα·
τῶν ἀδελφῶν ὑμῶν τῶν υἱῶν Ισραηλ ἕκαστος τὸν ἀδελφὸν αὐ-
τοῦ οὐ κατατενεῖ αὐτὸν ἐν τοῖς μόχθοις.
47 ⁴⁷ Ἐὰν δὲ εὕρῃ ἡ χεὶρ τοῦ προσηλύτου ἢ τοῦ παροίκου τοῦ
παρὰ σοί καὶ ἀπορηθεὶς ὁ ἀδελφός σου πραθῇ τῷ προσηλύτῳ ἢ
48 τῷ παροίκῳ τῷ παρὰ σοί ἐκ γενετῆς προσηλύτῳ, ⁴⁸ μετὰ τὸ πρα-
θῆναι αὐτῷ λύτρωσις ἔσται αὐτῷ· εἷς τῶν ἀδελφῶν αὐτοῦ λυ-
49 τρώσεται αὐτόν, ⁴⁹ ἀδελφὸς πατρὸς αὐτοῦ ἢ υἱὸς ἀδελφοῦ πατρὸς
λυτρώσεται αὐτὸν ἢ ἀπὸ τῶν οἰκείων τῶν σαρκῶν αὐτοῦ ἐκ τῆς
φυλῆς αὐτοῦ λυτρώσεται αὐτόν· ἐὰν δὲ εὐπορηθεὶς ταῖς χερσὶν
50 λυτρώσηται ἑαυτόν, ⁵⁰ καὶ συλλογιεῖται πρὸς τὸν κεκτημένον αὐτὸν
ἀπὸ τοῦ ἔτους, οὗ ἀπέδοτο ἑαυτὸν αὐτῷ, ἕως τοῦ ἐνιαυτοῦ τῆς

34 οι 2⁰ Μ] > ΒΑ ‖ 35 αδυνατησει Β* | σοι Μ] σου ΒΑ ‖ 36 τοκον]
το κακον Α† | σου 1⁰ > Α† ‖ 37 πλεονασμον Β*Α†] -μω Βᶜ ‖ 39 σοι
2⁰ > Β* ‖ 40 μισθωτος] pr. ο Α† ‖ 41 γενεαν αυτου] γην εαυτου Α† |
αποδραμ.] αποθανειται Α† ‖ 43 και > Α*† ‖ 44 κτησασθε Α ‖ 46 των
1⁰] + δε Βᶜ | αυτον > Α ‖ 48 αυτω 2⁰] -του Βᶜ | αυτου] σου Β*† ‖
49 αυτου 1⁰ > Α | φυλης] + της σαρκος Α† | λυτρωσηται] -τρωται Βᶜ

ἀφέσεως, καὶ ἔσται τὸ ἀργύριον τῆς πράσεως αὐτοῦ ὡς μισθίου·
ἔτος ἐξ ἔτους ἔσται μετ' αὐτοῦ. ⁵¹ἐὰν δέ τινι πλεῖον τῶν ἐτῶν ᾖ, 51
πρὸς ταῦτα ἀποδώσει τὰ λύτρα αὐτοῦ ἀπὸ τοῦ ἀργυρίου τῆς πρά-
σεως αὐτοῦ· ⁵²ἐὰν δὲ ὀλίγον καταλειφθῇ ἀπὸ τῶν ἐτῶν εἰς τὸν 52
ἐνιαυτὸν τῆς ἀφέσεως, καὶ συλλογιεῖται αὐτῷ κατὰ τὰ ἔτη αὐτοῦ,
καὶ ἀποδώσει τὰ λύτρα αὐτοῦ. ⁵³ὡς μισθωτὸς ἐνιαυτὸν ἐξ ἐνιαυ- 53
τοῦ ἔσται μετ' αὐτοῦ· οὐ κατατενεῖς αὐτὸν ἐν τῷ μόχθῳ ἐνώπιόν
σου. ⁵⁴ἐὰν δὲ μὴ λυτρῶται κατὰ ταῦτα, ἐξελεύσεται ἐν τῷ ἔτει τῆς 54
ἀφέσεως αὐτὸς καὶ τὰ παιδία αὐτοῦ μετ' αὐτοῦ. ⁵⁵ὅτι ἐμοὶ οἱ υἱοὶ 55
Ισραηλ οἰκέται, παῖδές μου οὗτοί εἰσιν, οὓς ἐξήγαγον ἐκ γῆς Αἰ-
γύπτου· ἐγὼ κύριος ὁ θεὸς ὑμῶν.

¹Οὐ ποιήσετε ὑμῖν αὐτοῖς χειροποίητα οὐδὲ γλυπτὰ οὐδὲ στή- 26
λην ἀναστήσετε ὑμῖν οὐδὲ λίθον σκοπὸν θήσετε ἐν τῇ γῇ ὑμῶν
προσκυνῆσαι αὐτῷ· ἐγώ εἰμι κύριος ὁ θεὸς ὑμῶν. ²τὰ σάββατά μου 2
φυλάξεσθε καὶ ἀπὸ τῶν ἁγίων μου φοβηθήσεσθε· ἐγώ εἰμι κύριος.

³Ἐὰν τοῖς προστάγμασίν μου πορεύησθε καὶ τὰς ἐντολάς μου 3
φυλάσσησθε καὶ ποιήσητε αὐτάς, ⁴καὶ δώσω τὸν ὑετὸν ὑμῖν ἐν 4
καιρῷ αὐτοῦ, καὶ ἡ γῆ δώσει τὰ γενήματα αὐτῆς, καὶ τὰ ξύλα τῶν
πεδίων ἀποδώσει τὸν καρπὸν αὐτῶν· ⁵καὶ καταλήμψεται ὑμῖν ὁ 5
ἀλοητὸς τὸν τρύγητον, καὶ ὁ τρύγητος καταλήμψεται τὸν σπόρον,
καὶ φάγεσθε τὸν ἄρτον ὑμῶν εἰς πλησμονὴν καὶ κατοικήσετε μετὰ
ἀσφαλείας ἐπὶ τῆς γῆς ὑμῶν. ⁶καὶ πόλεμος οὐ διελεύσεται διὰ τῆς 6
γῆς ὑμῶν, καὶ δώσω εἰρήνην ἐν τῇ γῇ ὑμῶν, καὶ κοιμηθήσεσθε,
καὶ οὐκ ἔσται ὑμᾶς ὁ ἐκφοβῶν, καὶ ἀπολῶ θηρία πονηρὰ ἐκ τῆς
γῆς ὑμῶν. ⁷καὶ διώξεσθε τοὺς ἐχθροὺς ὑμῶν, καὶ πεσοῦνται ἐναν- 7
τίον ὑμῶν φόνῳ· ⁸καὶ διώξονται ἐξ ὑμῶν πέντε ἑκατόν, καὶ ἑκα- 8
τὸν ὑμῶν διώξονται μυριάδας, καὶ πεσοῦνται οἱ ἐχθροὶ ὑμῶν ἐναν-
τίον ὑμῶν μαχαίρᾳ. ⁹καὶ ἐπιβλέψω ἐφ' ὑμᾶς καὶ αὐξανῶ ὑμᾶς καὶ 9
πληθυνῶ ὑμᾶς καὶ στήσω τὴν διαθήκην μου μεθ' ὑμῶν. ¹⁰καὶ φά- 10
γεσθε παλαιὰ καὶ παλαιὰ παλαιῶν καὶ παλαιὰ ἐκ προσώπου νέων
ἐξοίσετε. ¹¹καὶ θήσω τὴν διαθήκην μου ἐν ὑμῖν, καὶ οὐ βδελύξεται 11
ἡ ψυχή μου ὑμᾶς· ¹²καὶ ἐμπεριπατήσω ἐν ὑμῖν καὶ ἔσομαι ὑμῶν 12
θεός, καὶ ὑμεῖς ἔσεσθέ μου λαός. ¹³ἐγώ εἰμι κύριος ὁ θεὸς ὑμῶν 13
ὁ ἐξαγαγὼν ὑμᾶς ἐκ γῆς Αἰγύπτου ὄντων ὑμῶν δούλων καὶ συνέ-
τριψα τὸν δεσμὸν τοῦ ζυγοῦ ὑμῶν καὶ ἤγαγον ὑμᾶς μετὰ παρρησίας.

¹⁴Ἐὰν δὲ μὴ ὑπακούσητέ μου μηδὲ ποιήσητε τὰ προστάγματά 14
μου ταῦτα, ¹⁵ἀλλὰ ἀπειθήσητε αὐτοῖς καὶ τοῖς κρίμασίν μου προσο- 15
χθίσῃ ἡ ψυχὴ ὑμῶν ὥστε ὑμᾶς μὴ ποιεῖν πάσας τὰς ἐντολάς μου

51 πλεον Α† ‖ 53 ενιαυτον] -τος Β*Α† ‖ 54 κατα Μ] μετα ΒΑ | ετει]
ενιαυτω Α† ‖ 55 οικεται] + εισιν Β†
26 5 αλοητος] αμητος Β*Α† ‖ 6 fin.] + και πολεμος ου διελευσεται δια
της γης υμων ΑΒᶜ: cf. 6 init. ‖ 12 υμων] υμιν Β*

16 ὥστε διασκεδάσαι τὴν διαθήκην μου, ¹⁶καὶ ἐγὼ ποιήσω οὕτως
ὑμῖν καὶ ἐπισυστήσω ἐφ᾽ ὑμᾶς τὴν ἀπορίαν τήν τε ψώραν καὶ
τὸν ἴκτερον καὶ σφακελίζοντας τοὺς ὀφθαλμοὺς ὑμῶν καὶ τὴν
ψυχὴν ὑμῶν ἐκτήκουσαν, καὶ σπερεῖτε διὰ κενῆς τὰ σπέρματα
17 ὑμῶν, καὶ ἔδονται οἱ ὑπεναντίοι ὑμῶν· ¹⁷καὶ ἐπιστήσω τὸ πρόσ-
ωπόν μου ἐφ᾽ ὑμᾶς, καὶ πεσεῖσθε ἐναντίον τῶν ἐχθρῶν ὑμῶν, καὶ
διώξονται ὑμᾶς οἱ μισοῦντες ὑμᾶς, καὶ φεύξεσθε οὐθενὸς διώκον-
18 τος ὑμᾶς. — ¹⁸καὶ ἐὰν ἕως τούτου μὴ ὑπακούσητέ μου, καὶ προσ-
19 θήσω τοῦ παιδεῦσαι ὑμᾶς ἑπτάκις ἐπὶ ταῖς ἁμαρτίαις ὑμῶν ¹⁹καὶ
συντρίψω τὴν ὕβριν τῆς ὑπερηφανίας ὑμῶν καὶ θήσω τὸν οὐρα-
20 νὸν ὑμῖν σιδηροῦν καὶ τὴν γῆν ὑμῶν ὡσεὶ χαλκῆν, ²⁰καὶ ἔσται
εἰς κενὸν ἡ ἰσχὺς ὑμῶν, καὶ οὐ δώσει ἡ γῆ ὑμῶν τὸν σπόρον
αὐτῆς, καὶ τὸ ξύλον τοῦ ἀγροῦ ὑμῶν οὐ δώσει τὸν καρπὸν αὐ-
21 τοῦ. — ²¹καὶ ἐὰν μετὰ ταῦτα πορεύησθε πλάγιοι καὶ μὴ βούλησθε
ὑπακούειν μου, προσθήσω ὑμῖν πληγὰς ἑπτὰ κατὰ τὰς ἁμαρτίας
22 ὑμῶν ²²καὶ ἀποστελῶ ἐφ᾽ ὑμᾶς τὰ θηρία τὰ ἄγρια τῆς γῆς, καὶ
κατέδεται ὑμᾶς καὶ ἐξαναλώσει τὰ κτήνη ὑμῶν καὶ ὀλιγοστοὺς
23 ποιήσει ὑμᾶς, καὶ ἐρημωθήσονται αἱ ὁδοὶ ὑμῶν. — ²³καὶ ἐπὶ τού-
24 τοις ἐὰν μὴ παιδευθῆτε, ἀλλὰ πορεύησθε πρός με πλάγιοι, ²⁴πορεύ-
σομαι κἀγὼ μεθ᾽ ὑμῶν θυμῷ πλαγίῳ καὶ πατάξω ὑμᾶς κἀγὼ ἑπτάκις
25 ἀντὶ τῶν ἁμαρτιῶν ὑμῶν ²⁵καὶ ἐπάξω ἐφ᾽ ὑμᾶς μάχαιραν ἐκδικοῦ-
σαν δίκην διαθήκης, καὶ καταφεύξεσθε εἰς τὰς πόλεις ὑμῶν· καὶ
ἐξαποστελῶ θάνατον εἰς ὑμᾶς, καὶ παραδοθήσεσθε εἰς χεῖρας
26 ἐχθρῶν. ²⁶ἐν τῷ θλῖψαι ὑμᾶς σιτοδείᾳ ἄρτων καὶ πέψουσιν δέκα
γυναῖκες τοὺς ἄρτους ὑμῶν ἐν κλιβάνῳ ἑνὶ καὶ ἀποδώσουσιν τοὺς
ἄρτους ὑμῶν ἐν σταθμῷ, καὶ φάγεσθε καὶ οὐ μὴ ἐμπλησθῆτε. —
27 ²⁷ἐὰν δὲ ἐπὶ τούτοις μὴ ὑπακούσητέ μου καὶ πορεύησθε πρός με
28 πλάγιοι, ²⁸καὶ αὐτὸς πορεύσομαι μεθ᾽ ὑμῶν ἐν θυμῷ πλαγίῳ καὶ
29 παιδεύσω ὑμᾶς ἐγὼ ἑπτάκις κατὰ τὰς ἁμαρτίας ὑμῶν, ²⁹καὶ φά-
γεσθε τὰς σάρκας τῶν υἱῶν ὑμῶν καὶ τὰς σάρκας τῶν θυγατέρων
30 ὑμῶν φάγεσθε· ³⁰καὶ ἐρημώσω τὰς στήλας ὑμῶν καὶ ἐξολεθρεύσω
τὰ ξύλινα χειροποίητα ὑμῶν καὶ θήσω τὰ κῶλα ὑμῶν ἐπὶ τὰ κῶλα
31 τῶν εἰδώλων ὑμῶν, καὶ προσοχθιεῖ ἡ ψυχή μου ὑμῖν· ³¹καὶ θήσω
τὰς πόλεις ὑμῶν ἐρήμους καὶ ἐξερημώσω τὰ ἅγια ὑμῶν καὶ οὐ
32 μὴ ὀσφρανθῶ τῆς ὀσμῆς τῶν θυσιῶν ὑμῶν· ³²καὶ ἐξερημώσω
ἐγὼ τὴν γῆν ὑμῶν, καὶ θαυμάσονται ἐπ᾽ αὐτῇ οἱ ἐχθροὶ ὑμῶν οἱ
33 ἐνοικοῦντες ἐν αὐτῇ· ³³καὶ διασπερῶ ὑμᾶς εἰς τὰ ἔθνη, καὶ ἐξανα-
λώσει ὑμᾶς ἐπιπορευομένη ἡ μάχαιρα· καὶ ἔσται ἡ γῆ ὑμῶν ἔρη-

16 ικτερα Β† | και 4⁰ > Βᶜ ‖ 17 υμων > Β*† | υμας 3⁰ ⌢ 4⁰ Α*† ‖
18 του > Α ‖ 22 αποστελλω Β | ποιησει] -σω Β ‖ 23 πορευσησθε Α:
item in 27 ‖ 26 εν τω] εις Α† | σιτοδεια] σιτον δια Β†, σιτοδιαν Αᶜ ‖
27 cf. 23 | προς με > Α†

μος, καὶ αἱ πόλεις ὑμῶν ἔσονται ἔρημοι. ³⁴ τότε εὐδοκήσει ἡ γῆ 34
τὰ σάββατα αὐτῆς καὶ πάσας τὰς ἡμέρας τῆς ἐρημώσεως αὐτῆς,
καὶ ὑμεῖς ἔσεσθε ἐν τῇ γῇ τῶν ἐχθρῶν ὑμῶν· τότε σαββατιεῖ ἡ
γῆ καὶ εὐδοκήσει τὰ σάββατα αὐτῆς. ³⁵ πάσας τὰς ἡμέρας τῆς ἐρη- 35
μώσεως αὐτῆς σαββατιεῖ ἃ οὐκ ἐσαββάτισεν ἐν τοῖς σαββάτοις
ὑμῶν, ἡνίκα κατῳκεῖτε αὐτήν. ³⁶ καὶ τοῖς καταλειφθεῖσιν ἐξ ὑμῶν 36
ἐπάξω δειλίαν εἰς τὴν καρδίαν αὐτῶν ἐν τῇ γῇ τῶν ἐχθρῶν αὐ-
τῶν, καὶ διώξεται αὐτοὺς φωνὴ φύλλου φερομένου, καὶ φεύξονται
ὡς φεύγοντες ἀπὸ πολέμου καὶ πεσοῦνται οὐθενὸς διώκοντος· ³⁷ καὶ 37
ὑπερόψεται ὁ ἀδελφὸς τὸν ἀδελφὸν ὡσεὶ ἐν πολέμῳ οὐθενὸς κατα-
τρέχοντος, καὶ οὐ δυνήσεσθε ἀντιστῆναι τοῖς ἐχθροῖς ὑμῶν. ³⁸ καὶ 38
ἀπολεῖσθε ἐν τοῖς ἔθνεσιν, καὶ κατέδεται ὑμᾶς ἡ γῆ τῶν ἐχθρῶν
ὑμῶν. ³⁹ καὶ οἱ καταλειφθέντες ἀφ' ὑμῶν καταφθαρήσονται διὰ τὰς 39
ἁμαρτίας ὑμῶν, ἐν τῇ γῇ τῶν ἐχθρῶν αὐτῶν τακήσονται. ⁴⁰ καὶ 40
ἐξαγορεύσουσιν τὰς ἁμαρτίας αὐτῶν καὶ τὰς ἁμαρτίας τῶν πατέ-
ρων αὐτῶν, ὅτι παρέβησαν καὶ ὑπερεῖδόν με, καὶ ὅτι ἐπορεύθησαν
ἐναντίον μου πλάγιοι, ⁴¹ καὶ ἐγὼ ἐπορεύθην μετ' αὐτῶν ἐν θυμῷ 41
πλαγίῳ καὶ ἀπολῶ αὐτοὺς ἐν τῇ γῇ τῶν ἐχθρῶν αὐτῶν· τότε ἐν-
τραπήσεται ἡ καρδία αὐτῶν ἡ ἀπερίτμητος, καὶ τότε εὐδοκήσου-
σιν τὰς ἁμαρτίας αὐτῶν. ⁴² καὶ μνησθήσομαι τῆς διαθήκης Ιακωβ 42
καὶ τῆς διαθήκης Ισαακ καὶ τῆς διαθήκης Αβρααμ μνησθήσομαι
καὶ τῆς γῆς μνησθήσομαι. ⁴³ καὶ ἡ γῆ ἐγκαταλειφθήσεται ὑπ' αὐτῶν· 43
τότε προσδέξεται ἡ γῆ τὰ σάββατα αὐτῆς ἐν τῷ ἐρημωθῆναι αὐ-
τὴν δι' αὐτούς, καὶ αὐτοὶ προσδέξονται τὰς αὐτῶν ἀνομίας, ἀνθ'
ὧν τὰ κρίματά μου ὑπερεῖδον καὶ τοῖς προστάγμασίν μου προσώ-
χθισαν τῇ ψυχῇ αὐτῶν. ⁴⁴ καὶ οὐδ' ὣς ὄντων αὐτῶν ἐν τῇ γῇ τῶν 44
ἐχθρῶν αὐτῶν οὐχ ὑπερεῖδον αὐτοὺς οὐδὲ προσώχθισα αὐτοῖς
ὥστε ἐξαναλῶσαι αὐτοὺς τοῦ διασκεδάσαι τὴν διαθήκην μου τὴν
πρὸς αὐτούς· ὅτι ἐγώ εἰμι κύριος ὁ θεὸς αὐτῶν. ⁴⁵ καὶ μνησθήσο- 45
μαι αὐτῶν τῆς διαθήκης τῆς προτέρας, ὅτε ἐξήγαγον αὐτοὺς ἐκ γῆς
Αἰγύπτου ἐξ οἴκου δουλείας ἔναντι τῶν ἐθνῶν τοῦ εἶναι αὐτῶν
θεός· ἐγώ εἰμι κύριος.

⁴⁶ Ταῦτα τὰ κρίματα καὶ τὰ προστάγματα καὶ ὁ νόμος, ὃν ἔδω- 46
κεν κύριος ἀνὰ μέσον αὐτοῦ καὶ ἀνὰ μέσον τῶν υἱῶν Ισραηλ ἐν
τῷ ὄρει Σινα ἐν χειρὶ Μωυσῆ.

¹ Καὶ ἐλάλησεν κύριος πρὸς Μωυσῆν λέγων ²Λάλησον τοῖς υἱοῖς 27
Ισραηλ καὶ ἐρεῖς αὐτοῖς Ὃς ἂν εὔξηται εὐχὴν ὥστε τιμὴν τῆς ψυχῆς
αὐτοῦ τῷ κυρίῳ, ³ ἔσται ἡ τιμὴ τοῦ ἄρσενος ἀπὸ εἰκοσαετοῦς ἕως 3

34 ευδοκησει ult.] + η γη ΒΑ⁺ || 36 δειλιαν] δουλ. Β || 37 δυνησεται
Β*⁺ || 43 η γη / εγκατ.] tr. Α | υπ] απ Βᶜ || 46 κριματα] + μου ΒΑ |
προσταγμ.] + μου Β*Α⁺

I 9

έξηκονταετούς, έσται αύτού ή τιμή πεντήκοντα δίδραχμα αργυρίου
4 τώ σταθμώ τώ άγίω, ⁴τής δε θηλείας έσται ή συντίμησις τριά-
5 κοντα δίδραχμα. ⁵εάν δε άπό πενταετούς έως είκοσι ετών, έσται
ή τιμή τού άρσενος είκοσι δίδραχμα, τής δε θηλείας δέκα δίδραχ-
6 μα. ⁶άπό δε μηνιαίου έως πενταετούς έσται ή τιμή τού άρσενος
7 πέντε δίδραχμα αργυρίου, τής δε θηλείας τρία δίδραχμα. ⁷εάν δε
άπό έξηκονταετών καί έπάνω, εάν μεν άρσεν ή, έσται ή τιμή πεντε-
8 καίδεκα δίδραχμα αργυρίου, εάν δε θήλεια, δέκα δίδραχμα. ⁸εάν
δε ταπεινός ή τή τιμή, στήσεται εναντίον τού ιερέως, καί τιμή-
σεται αύτόν ό ιερεύς· καθάπερ ισχύει ή χείρ τού εύξαμένου, τιμή-
σεται αύτόν ό ιερεύς.
9 ⁹Εάν δε άπό τών κτηνών τών προσφερομένων άπ' αύτών δώ-
10 ρον τώ κυρίω, ός άν δώ άπό τούτων τώ κυρίω, έσται άγιον. ¹⁰ούκ
άλλάξει αύτό καλόν πονηρώ ουδέ πονηρόν καλώ· εάν δε άλλάσ-
σων άλλάξη αύτό κτήνος κτήνει, έσται αύτό καί τό άλλαγμα άγια.
11 ¹¹εάν δε πάν κτήνος άκάθαρτον, άφ' ών ού προσφέρεται άπ' αύ-
12 τών δώρον τώ κυρίω, στήσει τό κτήνος έναντι τού ιερέως, ¹²καί
τιμήσεται αύτό ό ιερεύς άνά μέσον καλού καί άνά μέσον πονη-
13 ρού, καί καθότι άν τιμήσεται ό ιερεύς, ούτως στήσεται. ¹³εάν δε
λυτρούμενος λυτρώσηται αύτό, προσθήσει τό επίπεμπτον πρός τήν
τιμήν αύτού.
14 ¹⁴Καί άνθρωπος, ός άν άγιάση τήν οικίαν αύτού άγίαν τώ κυ-
ρίω, καί τιμήσεται αύτήν ό ιερεύς άνά μέσον καλής καί άνά μέσον
15 πονηράς· ώς άν τιμήσεται αύτήν ό ιερεύς, ούτως σταθήσεται. ¹⁵εάν
δε ό άγιάσας αύτήν λυτρώται τήν οικίαν αύτού, προσθήσει έπ'
αύτό τό επίπεμπτον τού αργυρίου τής τιμής, καί έσται αύτώ.
16 ¹⁶Εάν δε άπό τού άγρού τής κατασχέσεως αύτού άγιάση άν-
θρωπος τώ κυρίω, καί έσται ή τιμή κατά τόν σπόρον αύτού, κό-
17 ρου κριθών πεντήκοντα δίδραχμα αργυρίου. ¹⁷εάν δε άπό τού ένι-
αυτού τής άφέσεως άγιάση τόν άγρόν αύτού, κατά τήν τιμήν αύ-
18 τού στήσεται. ¹⁸εάν δε έσχατον μετά τήν άφεσιν άγιάση τόν άγρόν
αύτού, προσλογιείται αύτώ ό ιερεύς τό αργύριον επί τά έτη τά
έπίλοιπα έως εις τόν ενιαυτόν τής άφέσεως, καί άνθυφαιρεθήσεται
19 άπό τής συντιμήσεως αύτού. ¹⁹εάν δε λυτρώται τόν άγρόν ό άγιά-
σας αύτόν, προσθήσει τό επίπεμπτον τού αργυρίου πρός τήν τιμήν
20 αύτού, καί έσται αύτώ. ²⁰εάν δε μή λυτρώται τόν άγρόν καί άπο-

---

27 3 εξηκονταετους] εξηκοστου ετους A† || 5 εικοσι ετων] εικοστου ετους
A† | εσται] εστω A† | δεκα] + τεσσερα B*† || 8 τη > B* || 9 cf. 24 19
|| 10 αγιον A || 11 εναντιον A || 12 τιμησεται 1⁰] -σει A | τιμησεται 2⁰]
-μηθησ- B† || 13 αυτο] -τον B*† || 14 αγιασει A || 15 λυτρωται] -ωση-
ται A(-τε) | της τιμης > A† || 19 αγιασας] αγορασας B*† || 20 αγρον 1⁰
⌒ 2⁰ B*†

δῶται τὸν ἀγρὸν ἀνθρώπῳ ἑτέρῳ, οὐκέτι μὴ λυτρώσηται αὐτόν,
²¹ ἀλλ᾽ ἔσται ὁ ἀγρὸς ἐξεληλυθυίας τῆς ἀφέσεως ἅγιος τῷ κυρίῳ 21
ὥσπερ ἡ γῆ ἡ ἀφωρισμένη· τῷ ἱερεῖ ἔσται κατάσχεσις
²² Ἐὰν δὲ ἀπὸ τοῦ ἀγροῦ, οὗ κέκτηται, ὃς οὐκ ἔστιν ἀπὸ τοῦ 22
ἀγροῦ τῆς κατασχέσεως αὐτοῦ, ἁγιάσῃ τῷ κυρίῳ, ²³ λογιεῖται πρὸς 23
αὐτὸν ὁ ἱερεὺς τὸ τέλος τῆς τιμῆς ἐκ τοῦ ἐνιαυτοῦ τῆς ἀφέσεως,
καὶ ἀποδώσει τὴν τιμὴν ἐν τῇ ἡμέρᾳ ἐκείνῃ ἅγιον τῷ κυρίῳ· ²⁴ καὶ 24
ἐν τῷ ἐνιαυτῷ τῆς ἀφέσεως ἀποδοθήσεται ὁ ἀγρὸς τῷ ἀνθρώπῳ,
παρ᾽ οὗ κέκτηται αὐτόν, οὗ ἦν ἡ κατάσχεσις τῆς γῆς. ²⁵ καὶ πᾶσα 25
τιμὴ ἔσται σταθμίοις ἁγίοις· εἴκοσι ὀβολοὶ ἔσται τὸ δίδραχμον.

²⁶ Καὶ πᾶν πρωτότοκον, ὃ ἂν γένηται ἐν τοῖς κτήνεσίν σου, ἔσται 26
τῷ κυρίῳ, καὶ οὐ καθαγιάσει οὐθεὶς αὐτό· ἐάν τε μόσχον ἐάν τε
πρόβατον, τῷ κυρίῳ ἐστίν. ²⁷ ἐὰν δὲ τῶν τετραπόδων τῶν ἀκαθάρ- 27
των, ἀλλάξει κατὰ τὴν τιμὴν αὐτοῦ καὶ προσθήσει τὸ ἐπίπεμπτον
πρὸς αὐτό, καὶ ἔσται αὐτῷ· ἐὰν δὲ μὴ λυτρῶται, πραθήσεται κατὰ
τὸ τίμημα αὐτοῦ. ²⁸ πᾶν δὲ ἀνάθεμα, ὃ ἐὰν ἀναθῇ ἄνθρωπος τῷ 28
κυρίῳ ἀπὸ πάντων, ὅσα αὐτῷ ἐστιν, ἀπὸ ἀνθρώπου ἕως κτήνους
καὶ ἀπὸ ἀγροῦ κατασχέσεως αὐτοῦ, οὐκ ἀποδώσεται οὐδὲ λυτρώ-
σεται· πᾶν ἀνάθεμα ἅγιον ἁγίων ἔσται τῷ κυρίῳ. ²⁹ καὶ πᾶν, ὃ ἐὰν 29
ἀνατεθῇ ἀπὸ τῶν ἀνθρώπων, οὐ λυτρωθήσεται, ἀλλὰ θανάτῳ θανα-
τωθήσεται.

³⁰ Πᾶσα δεκάτη τῆς γῆς ἀπὸ τοῦ σπέρματος τῆς γῆς καὶ τοῦ 30
καρποῦ τοῦ ξυλίνου τῷ κυρίῳ ἐστίν, ἅγιον τῷ κυρίῳ. ³¹ ἐὰν δὲ 31
λυτρῶται λύτρῳ ἄνθρωπος τὴν δεκάτην αὐτοῦ, τὸ ἐπίπεμπτον προσ-
θήσει πρὸς αὐτό, καὶ ἔσται αὐτῷ. ³² καὶ πᾶσα δεκάτη βοῶν καὶ 32
προβάτων καὶ πᾶν, ὃ ἐὰν ἔλθῃ ἐν τῷ ἀριθμῷ ὑπὸ τὴν ῥάβδον, τὸ
δέκατον ἔσται ἅγιον τῷ κυρίῳ. ³³ οὐκ ἀλλάξεις καλὸν πονηρῷ· ἐὰν 33
δὲ ἀλλάσσων ἀλλάξῃς αὐτό, καὶ τὸ ἄλλαγμα αὐτοῦ ἔσται ἅγιον,
οὐ λυτρωθήσεται.

³⁴ Αὗταί εἰσιν αἱ ἐντολαί, ἃς ἐνετείλατο κύριος τῷ Μωυσῇ πρὸς 34
τοὺς υἱοὺς Ισραηλ ἐν τῷ ὄρει Σινα.

---

20 λυτρωσεται Α ‖ 21 η 2ˈ > Α | κατασχεσεως Β*† ‖ 22 αγιασει Β*
‖ 26 αυτο > Α† ‖ 29 ου > Β*† | λυτρωσεται Α
Subscr. λευ(ε)ιτικον ΒΑ

ΑΡΙΘΜΟΙ

1 ¹Καὶ ἐλάλησεν κύριος πρὸς Μωυσῆν ἐν τῇ ἐρήμῳ τῇ Σινα ἐν
τῇ σκηνῇ τοῦ μαρτυρίου ἐν μιᾷ τοῦ μηνὸς τοῦ δευτέρου ἔτους
2 δευτέρου ἐξελθόντων αὐτῶν ἐκ γῆς Αἰγύπτου λέγων ²Λάβετε ἀρ-
χὴν πάσης συναγωγῆς υἱῶν Ισραηλ κατὰ συγγενείας αὐτῶν κατ᾽
οἴκους πατριῶν αὐτῶν κατὰ ἀριθμὸν ἐξ ὀνόματος αὐτῶν κατὰ
3 κεφαλὴν αὐτῶν, πᾶς ἄρσην ³ἀπὸ εἰκοσαετοῦς καὶ ἐπάνω, πᾶς ὁ
ἐκπορευόμενος ἐν δυνάμει Ισραηλ, ἐπισκέψασθε αὐτοὺς σὺν δυνά-
4 μει αὐτῶν, σὺ καὶ Ααρων ἐπισκέψασθε αὐτούς. ⁴καὶ μεθ᾽ ὑμῶν
ἔσονται ἕκαστος κατὰ φυλὴν ἑκάστου ἀρχόντων, κατ᾽ οἴκους πα-
5 τριῶν ἔσονται. ⁵καὶ ταῦτα τὰ ὀνόματα τῶν ἀνδρῶν, οἵτινες παρα-
6 στήσονται μεθ᾽ ὑμῶν· τῶν Ρουβην Ελισουρ υἱὸς Σεδιουρ· ⁶τῶν
7 Συμεων Σαλαμιηλ υἱὸς Σουρισαδαι· ⁷τῶν Ιουδα Ναασσων υἱὸς
8 Αμιναδαβ· ⁸τῶν Ισσαχαρ Ναθαναηλ υἱὸς Σωγαρ· ⁹τῶν Ζαβουλων
9
10 Ελιαβ υἱὸς Χαιλων· ¹⁰τῶν υἱῶν Ιωσηφ, τῶν Εφραιμ Ελισαμα υἱὸς
11 Εμιουδ, τῶν Μανασση Γαμαλιηλ υἱὸς Φαδασσουρ· ¹¹τῶν Βενιαμιν
12 Αβιδαν υἱὸς Γαδεωνι· ¹²τῶν Δαν Αχιεζερ υἱὸς Αμισαδαι· ¹³τῶν
13
14 Ασηρ Φαγαιηλ υἱὸς Εχραν· ¹⁴τῶν Γαδ Ελισαφ υἱὸς Ραγουηλ·
15 ¹⁵τῶν Νεφθαλι Αχιρε υἱὸς Αιναν. ¹⁶οὗτοι ἐπίκλητοι τῆς συναγω-
16
γῆς, ἄρχοντες τῶν φυλῶν κατὰ πατριάς, χιλίαρχοι Ισραηλ εἰσίν.
17 ¹⁷καὶ ἔλαβεν Μωυσῆς καὶ Ααρων τοὺς ἄνδρας τούτους τοὺς ἀνα-
18 κληθέντας ἐξ ὀνόματος ¹⁸καὶ πᾶσαν τὴν συναγωγὴν συνήγαγον
ἐν μιᾷ τοῦ μηνὸς τοῦ δευτέρου ἔτους καὶ ἐπηξονοῦσαν κατὰ γενέ-
σεις αὐτῶν κατὰ πατριάς αὐτῶν κατὰ ἀριθμὸν ὀνομάτων αὐτῶν
ἀπὸ εἰκοσαετοῦς καὶ ἐπάνω πᾶν ἀρσενικὸν κατὰ κεφαλὴν αὐτῶν,
19 ¹⁹ὃν τρόπον συνέταξεν κύριος τῷ Μωυσῇ· καὶ ἐπεσκέπησαν ἐν
τῇ ἐρήμῳ τῇ Σινα.
20 ²⁰Καὶ ἐγένοντο οἱ υἱοὶ Ρουβην πρωτοτόκου Ισραηλ κατὰ συγγε-
νείας αὐτῶν κατὰ δήμους αὐτῶν κατ᾽ οἴκους πατριῶν αὐτῶν κατὰ
ἀριθμὸν ὀνομάτων αὐτῶν κατὰ κεφαλὴν αὐτῶν, πάντα ἀρσενικὰ

Num.: BA, 5 26—7 20 (ualde mutila) etiam S.
1 2 υιων > B† | αυτων 1⁰ 2⁰ > B | αυτων 3⁰] > B, in O sub ÷ || 4 εκα-
στος] + εκαστε A | κατ] pr. και B*† || 5 των ult.] τω A: item in 6—9,
non in 10—15 | ρουβην] pr. υιων B* | σεδιουρ] σ > A: item in 2 10, non in
7 30. 35 10 18 || 7 νασσων B hic, non in 2 3 7 12. 17 10 14 || 10 εμιουδ]
pr. σ A hic, non in 2 18 7 48. 53 10 22 34 20; pr. σ B* in 34 20 | φαδασουρ
B: item A in 7 54, sed ambo ceteris locis φαδασσουρ || 11 γεδεωνει B hic,
non in 2 22 7 65 10 24 (in 7 60 B† γαδαιωνει) || 16 πατριας] + αυτων A ||
18 την > A† | συνηγαγον] εξεκκλησιασαν A | επηξονουσαν B†] επεσκεπησαν A
|| 19 τη ult.] του A

ἀπὸ εἰκοσαετοῦς καὶ ἐπάνω, πᾶς ὁ ἐκπορευόμενος ἐν τῇ δυνάμει,
²¹ ἡ ἐπίσκεψις αὐτῶν ἐκ τῆς φυλῆς Ρουβην ἓξ καὶ τεσσαράκοντα 21
χιλιάδες καὶ πεντακόσιοι. — ²² τοῖς υἱοῖς Συμεων κατὰ συγγενείας 22
αὐτῶν κατὰ δήμους αὐτῶν κατ᾽ οἴκους πατριῶν αὐτῶν κατὰ ἀριθμὸν
ὀνομάτων αὐτῶν κατὰ κεφαλὴν αὐτῶν, πάντα ἀρσενικὰ ἀπὸ εἰκο-
σαετοῦς καὶ ἐπάνω, πᾶς ὁ ἐκπορευόμενος ἐν τῇ δυνάμει, ²³ ἡ ἐπί- 23
σκεψις αὐτῶν ἐκ τῆς φυλῆς Συμεων ἐννέα καὶ πεντήκοντα χιλιά-
δες καὶ τριακόσιοι. — ²⁴ τοῖς υἱοῖς Ιουδα κατὰ συγγενείας αὐτῶν 24
κατὰ δήμους αὐτῶν κατ᾽ οἴκους πατριῶν αὐτῶν κατὰ ἀριθμὸν ὀνο-
μάτων αὐτῶν κατὰ κεφαλὴν αὐτῶν, πάντα ἀρσενικὰ ἀπὸ εἰκοσαε-
τοῦς καὶ ἐπάνω, πᾶς ὁ ἐκπορευόμενος ἐν τῇ δυνάμει, ²⁵ ἡ ἐπίσκε- 25
ψις αὐτῶν ἐκ τῆς φυλῆς Ιουδα τέσσαρες καὶ ἑβδομήκοντα χιλιάδες
καὶ ἑξακόσιοι. — ²⁶ τοῖς υἱοῖς Ισσαχαρ κατὰ συγγενείας αὐτῶν 26
κατὰ δήμους αὐτῶν κατ᾽ οἴκους πατριῶν αὐτῶν κατὰ ἀριθμὸν ὀνο-
μάτων αὐτῶν κατὰ κεφαλὴν αὐτῶν, πάντα ἀρσενικὰ ἀπὸ εἰκοσαε-
τοῦς καὶ ἐπάνω, πᾶς ὁ ἐκπορευόμενος ἐν τῇ δυνάμει, ²⁷ ἡ ἐπίσκε- 27
ψις αὐτῶν ἐκ τῆς φυλῆς Ισσαχαρ τέσσαρες καὶ πεντήκοντα χιλιά-
δες καὶ τετρακόσιοι. — ²⁸ τοῖς υἱοῖς Ζαβουλων κατὰ συγγενείας 28
αὐτῶν κατὰ δήμους αὐτῶν κατ᾽ οἴκους πατριῶν αὐτῶν κατὰ ἀριθ-
μὸν ὀνομάτων αὐτῶν κατὰ κεφαλὴν αὐτῶν, πάντα ἀρσενικὰ ἀπὸ
εἰκοσαετοῦς καὶ ἐπάνω, πᾶς ὁ ἐκπορευόμενος ἐν τῇ δυνάμει, ²⁹ ἡ 29
ἐπίσκεψις αὐτῶν ἐκ τῆς φυλῆς Ζαβουλων ἑπτὰ καὶ πεντήκοντα
χιλιάδες καὶ τετρακόσιοι. — ³⁰ τοῖς υἱοῖς Ιωσηφ υἱοῖς Εφραιμ κατὰ 30
συγγενείας αὐτῶν κατὰ δήμους αὐτῶν κατ᾽ οἴκους πατριῶν αὐτῶν
κατὰ ἀριθμὸν ὀνομάτων αὐτῶν κατὰ κεφαλὴν αὐτῶν, πάντα ἀρ-
σενικὰ ἀπὸ εἰκοσαετοῦς καὶ ἐπάνω, πᾶς ὁ ἐκπορευόμενος ἐν τῇ δυ-
νάμει, ³¹ ἡ ἐπίσκεψις αὐτῶν ἐκ τῆς φυλῆς Εφραιμ τεσσαράκοντα 31
χιλιάδες καὶ πεντακόσιοι. — ³² τοῖς υἱοῖς Μανασση κατὰ συγγενείας 32
αὐτῶν κατὰ δήμους αὐτῶν κατ᾽ οἴκους πατριῶν αὐτῶν κατὰ ἀριθ-
μὸν ὀνομάτων αὐτῶν κατὰ κεφαλὴν αὐτῶν, πάντα ἀρσενικὰ ἀπὸ
εἰκοσαετοῦς καὶ ἐπάνω, πᾶς ὁ ἐκπορευόμενος ἐν τῇ δυνάμει, ³³ ἡ 33
ἐπίσκεψις αὐτῶν ἐκ τῆς φυλῆς Μανασση δύο καὶ τριάκοντα χιλιά-
δες καὶ διακόσιοι. — ³⁴ τοῖς υἱοῖς Βενιαμιν κατὰ συγγενείας αὐ- 34
τῶν κατὰ δήμους αὐτῶν κατ᾽ οἴκους πατριῶν αὐτῶν κατὰ ἀριθμὸν
ὀνομάτων αὐτῶν κατὰ κεφαλὴν αὐτῶν, πάντα ἀρσενικὰ ἀπὸ εἰκο-
σαετοῦς καὶ ἐπάνω, πᾶς ὁ ἐκπορευόμενος ἐν τῇ δυνάμει, ³⁵ ἡ ἐπί- 35
σκεψις αὐτῶν ἐκ τῆς φυλῆς Βενιαμιν πέντε καὶ τριάκοντα χιλιάδες
καὶ τετρακόσιοι. — ³⁶ τοῖς υἱοῖς Γαδ κατὰ συγγενείας αὐτῶν κατὰ 36
δήμους αὐτῶν κατ᾽ οἴκους πατριῶν αὐτῶν κατὰ ἀριθμὸν ὀνομάτων
αὐτῶν κατὰ κεφαλὴν αὐτῶν, πάντα ἀρσενικὰ ἀπὸ εἰκοσαετοῦς καὶ

21 επισκεψις] -σκοπη B || 24—35 / 36—37] tr. 𝔐 || 29 τετρακοσιοι] πεν-
τακοσ. Ar⁺ || 32 αυτων 3⁰ ⌒ 4⁰ B*⁺ || 33 διακοσιοι] τριακ. B: cf. 2 21

37 ἐπάνω, πᾶς ὁ ἐκπορευόμενος ἐν τῇ δυνάμει, ³⁷ἡ ἐπίσκεψις αὐτῶν
ἐκ τῆς φυλῆς Γαδ πέντε καὶ τεσσαράκοντα χιλιάδες καὶ ἑξακόσιοι
38 καὶ πεντήκοντα. — ³⁸τοῖς υἱοῖς Δαν κατὰ συγγενείας αὐτῶν κατὰ
δήμους αὐτῶν κατ᾽ οἴκους πατριῶν αὐτῶν κατὰ ἀριθμὸν ὀνομάτων
αὐτῶν κατὰ κεφαλὴν αὐτῶν, πάντα ἀρσενικὰ ἀπὸ εἰκοσαετοῦς καὶ
39 ἐπάνω, πᾶς ὁ ἐκπορευόμενος ἐν τῇ δυνάμει, ³⁹ἡ ἐπίσκεψις αὐτῶν
ἐκ τῆς φυλῆς Δαν δύο καὶ ἑξήκοντα χιλιάδες καὶ ἑπτακόσιοι. —
40 ⁴⁰τοῖς υἱοῖς Ασηρ κατὰ συγγενείας αὐτῶν κατὰ δήμους αὐτῶν
κατ᾽ οἴκους πατριῶν αὐτῶν κατὰ ἀριθμὸν ὀνομάτων αὐτῶν κατὰ
κεφαλὴν αὐτῶν, πάντα ἀρσενικὰ ἀπὸ εἰκοσαετοῦς καὶ ἐπάνω, πᾶς
41 ὁ ἐκπορευόμενος ἐν τῇ δυνάμει, ⁴¹ἡ ἐπίσκεψις αὐτῶν ἐκ τῆς φυλῆς
42 Ασηρ μία καὶ τεσσαράκοντα χιλιάδες καὶ πεντακόσιοι. — ⁴²τοῖς
υἱοῖς Νεφθαλι κατὰ συγγενείας αὐτῶν κατὰ δήμους αὐτῶν κατ᾽
οἴκους πατριῶν αὐτῶν κατὰ ἀριθμὸν ὀνομάτων αὐτῶν κατὰ κε-
φαλὴν αὐτῶν, πάντα ἀρσενικὰ ἀπὸ εἰκοσαετοῦς καὶ ἐπάνω, πᾶς
43 ὁ ἐκπορευόμενος ἐν τῇ δυνάμει, ⁴³ἡ ἐπίσκεψις αὐτῶν ἐκ τῆς φυ-
λῆς Νεφθαλι τρεῖς καὶ πεντήκοντα χιλιάδες καὶ τετρακόσιοι. —
44 ⁴⁴αὕτη ἡ ἐπίσκεψις, ἣν ἐπεσκέψαντο Μωυσῆς καὶ Ααρων καὶ οἱ
ἄρχοντες Ισραηλ, δώδεκα ἄνδρες· ἀνὴρ εἷς κατὰ φυλὴν μίαν κατὰ
45 φυλὴν οἴκων πατριᾶς ἦσαν. ⁴⁵καὶ ἐγένετο πᾶσα ἡ ἐπίσκεψις υἱῶν
Ισραηλ σὺν δυνάμει αὐτῶν ἀπὸ εἰκοσαετοῦς καὶ ἐπάνω, πᾶς ὁ
46 ἐκπορευόμενος παρατάξασθαι ἐν Ισραηλ, ⁴⁶ἑξακόσιαι χιλιάδες καὶ
τρισχίλιοι καὶ πεντακόσιοι καὶ πεντήκοντα.
47 ⁴⁷Οἱ δὲ Λευῖται ἐκ τῆς φυλῆς πατριᾶς αὐτῶν οὐκ ἐπεσκέπησαν
48 ἐν τοῖς υἱοῖς Ισραηλ. ⁴⁸καὶ ἐλάλησεν κύριος πρὸς Μωυσῆν λέγων
49 ⁴⁹Ὅρα τὴν φυλὴν τὴν Λευι οὐ συνεπισκέψῃ καὶ τὸν ἀριθμὸν αὐ-
50 τῶν οὐ λήμψῃ ἐν μέσῳ τῶν υἱῶν Ισραηλ. ⁵⁰καὶ σὺ ἐπίστησον
τοὺς Λευίτας ἐπὶ τὴν σκηνὴν τοῦ μαρτυρίου καὶ ἐπὶ πάντα τὰ
σκεύη αὐτῆς καὶ ἐπὶ πάντα, ὅσα ἐστὶν ἐν αὐτῇ· αὐτοὶ ἀροῦσιν
τὴν σκηνὴν καὶ πάντα τὰ σκεύη αὐτῆς, καὶ αὐτοὶ λειτουργήσου-
51 σιν ἐν αὐτῇ καὶ κύκλῳ τῆς σκηνῆς παρεμβαλοῦσιν. ⁵¹καὶ ἐν τῷ
ἐξαίρειν τὴν σκηνὴν καθελοῦσιν αὐτὴν οἱ Λευῖται καὶ ἐν τῷ παρεμ-
βάλλειν τὴν σκηνὴν ἀναστήσουσιν· καὶ ὁ ἀλλογενὴς ὁ προσπο-
52 ρευόμενος ἀποθανέτω. ⁵²καὶ παρεμβαλοῦσιν οἱ υἱοὶ Ισραηλ ἀνὴρ
ἐν τῇ ἑαυτοῦ τάξει καὶ ἀνὴρ κατὰ τὴν ἑαυτοῦ ἡγεμονίαν σὺν δυνά-
53 μει αὐτῶν· ⁵³οἱ δὲ Λευῖται παρεμβαλέτωσαν ἐναντίον κυρίου κύκλῳ
τῆς σκηνῆς τοῦ μαρτυρίου, καὶ οὐκ ἔσται ἁμάρτημα ἐν υἱοῖς Ισραηλ.

44 επεσκεψατο Α | ανδρες] αρχοντες Αʳ | πατριας] + αυτων Α ‖ 45 υιων]
pr. των Α | συν] εν Β* ‖ 47 φυλης > Α | πατριας] pr. της Β*† | ουκ
επεσκ.] ου συνεπεσκ. Α ‖ 49 την 2⁰ > Α | των > Β† ‖ 50 και ult. > Α†
‖ 51 αναστησ.] + αυτην Α ‖ 52 εαυτου bis] ε > Α 1⁰, non 2⁰ ‖ 53 εναν-
τιον κυριου] εναντιοι Α, εναντιοι κυριου Βᶜ†: cf. 2 2

καὶ φυλάξουσιν οἱ Λευῖται αὐτοὶ τὴν φυλακὴν τῆς σκηνῆς τοῦ μαρτυρίου. ⁵⁴καὶ ἐποίησαν οἱ υἱοὶ Ισραηλ κατὰ πάντα, ἃ ἐνετείλατο 54 κύριος τῷ Μωυσῇ καὶ Ααρων, οὕτως ἐποίησαν.

¹Καὶ ἐλάλησεν κύριος πρὸς Μωυσῆν καὶ Ααρων λέγων ²Ἄνθρω- 2 πος ἐχόμενος αὐτοῦ κατὰ τάγμα κατὰ σημέας κατ' οἴκους πατριῶν αὐτῶν παρεμβαλέτωσαν οἱ υἱοὶ Ισραηλ· ἐναντίοι κύκλῳ τῆς σκη-νῆς τοῦ μαρτυρίου παρεμβαλοῦσιν οἱ υἱοὶ Ισραηλ. ³καὶ οἱ παρεμ- 3 βάλλοντες πρῶτοι κατ' ἀνατολὰς τάγμα παρεμβολῆς Ιουδα σὺν δυνάμει αὐτῶν, καὶ ὁ ἄρχων τῶν υἱῶν Ιουδα Ναασσων υἱὸς Αμι-ναδαβ· ⁴δύναμις αὐτοῦ οἱ ἐπεσκεμμένοι τέσσαρες καὶ ἑβδομήκοντα 4 χιλιάδες καὶ ἑξακόσιοι. ⁵καὶ οἱ παρεμβάλλοντες ἐχόμενοι φυλῆς 5 Ισσαχαρ, καὶ ὁ ἄρχων τῶν υἱῶν Ισσαχαρ Ναθαναηλ υἱὸς Σωγαρ· ⁶δύναμις αὐτοῦ οἱ ἐπεσκεμμένοι τέσσαρες καὶ πεντήκοντα χιλιάδες 6 καὶ τετρακόσιοι. ⁷καὶ οἱ παρεμβάλλοντες ἐχόμενοι φυλῆς Ζαβου- 7 λων, καὶ ὁ ἄρχων τῶν υἱῶν Ζαβουλων Ελιαβ υἱὸς Χαιλων· ⁸δύνα- 8 μις αὐτοῦ οἱ ἐπεσκεμμένοι ἑπτὰ καὶ πεντήκοντα χιλιάδες καὶ τετρα-κόσιοι. ⁹πάντες οἱ ἐπεσκεμμένοι ἐκ τῆς παρεμβολῆς Ιουδα ἑκατὸν 9 ὀγδοήκοντα χιλιάδες καὶ ἑξακισχίλιοι καὶ τετρακόσιοι σὺν δυνάμει αὐτῶν· πρῶτοι ἐξαροῦσιν.

¹⁰Τάγμα παρεμβολῆς Ρουβην πρὸς λίβα σὺν δυνάμει αὐτῶν, 10 καὶ ὁ ἄρχων τῶν υἱῶν Ρουβην Ελισουρ υἱὸς Σεδιουρ· ¹¹δύναμις 11 αὐτοῦ οἱ ἐπεσκεμμένοι ἓξ καὶ τεσσαράκοντα χιλιάδες καὶ πεντα-κόσιοι. ¹²καὶ οἱ παρεμβάλλοντες ἐχόμενοι αὐτοῦ φυλῆς Συμεων, 12 καὶ ὁ ἄρχων τῶν υἱῶν Συμεων Σαλαμιηλ υἱὸς Σουρισαδαι· ¹³δύνα- 13 μις αὐτοῦ οἱ ἐπεσκεμμένοι ἐννέα καὶ πεντήκοντα χιλιάδες καὶ τρια-κόσιοι. ¹⁴καὶ οἱ παρεμβάλλοντες ἐχόμενοι αὐτοῦ φυλῆς Γαδ, καὶ ὁ 14 ἄρχων τῶν υἱῶν Γαδ Ελισαφ υἱὸς Ραγουηλ· ¹⁵δύναμις αὐτοῦ οἱ 15 ἐπεσκεμμένοι πέντε καὶ τεσσαράκοντα χιλιάδες καὶ ἑξακόσιοι καὶ πεντήκοντα. ¹⁶πάντες οἱ ἐπεσκεμμένοι τῆς παρεμβολῆς Ρουβην ἑκα- 16 τὸν πεντήκοντα μία χιλιάδες καὶ τετρακόσιοι καὶ πεντήκοντα σὺν δυνάμει αὐτῶν· δεύτεροι ἐξαροῦσιν. — ¹⁷καὶ ἀρθήσεται ἡ σκηνὴ 17 τοῦ μαρτυρίου καὶ ἡ παρεμβολὴ τῶν Λευιτῶν μέσον τῶν παρεμ-

54 α] οσα A
2 2 αυτου / κατα ταγμα] tr. A | κατα 2°] και κατα τας A | σημεας A Bᶜ] -μιας B* | εναντιοι] -τιον κυριου A: cf. 1 53 ‖ 3 οι] ουτοι A*† | παρεμβαλοντες B*: item in 12. 14. 22 (et Aʳ in 29), non in 5. 7. 20. 27. 29 | πρωτοι] κατα νοτον B†, πρωτοι ÷ κατα νοτον O ‖ 4 επεσκεμμενοι] ηριθμημενοι A†: item A uel A† in 6. 11. 13. 15. 16. 24. 26 et αριθμηθεντες in 31, sed etiam A επεσκ. in 8. 9. 19. 21. 23. 28. 30 ‖ 7 φυλη A*: item A* in 20, A in 12. 14. 27, B in 14, neuter in 5. 22. 29 ‖ 8 αυτων B ‖ 9 παρεμβολης] φυλης A | ογδοηκ.] pr. και A | εξαρουσιν] αναζευξουσιν A: item in 16. 17. 24. 31 ‖ 10 συν δυν.] δυναμις B ‖ 16 της] pr. εκ B*†: ex 9, sed cf. 24. 31 | εκατον — μια] μια και πεντηκοντα και εκατον A: cf. 31 ‖ 17 μεσον των] ανα μεσων A†

βολῶν· ὡς καὶ παρεμβάλλουσιν, οὕτως καὶ ἐξαροῦσιν ἕκαστος ἐχό-
μενος καθ᾽ ἡγεμονίαν.

18   ¹⁸ Τάγμα παρεμβολῆς Εφραιμ παρὰ θάλασσαν σὺν δυνάμει αὐ-
19 τῶν, καὶ ὁ ἄρχων τῶν υἱῶν Εφραιμ Ελισαμα υἱὸς Εμιουδ· ¹⁹ δύνα-
μις αὐτοῦ οἱ ἐπεσκεμμένοι τεσσαράκοντα χιλιάδες καὶ πεντακόσιοι.
20 ²⁰ καὶ οἱ παρεμβάλλοντες ἐχόμενοι φυλῆς Μανασση, καὶ ὁ ἄρχων
21 τῶν υἱῶν Μανασση Γαμαλιηλ υἱὸς Φαδασσουρ· ²¹ δύναμις αὐτοῦ
22 οἱ ἐπεσκεμμένοι δύο καὶ τριάκοντα χιλιάδες καὶ διακόσιοι. ²² καὶ
οἱ παρεμβάλλοντες ἐχόμενοι φυλῆς Βενιαμιν, καὶ ὁ ἄρχων τῶν
23 υἱῶν Βενιαμιν Αβιδαν υἱὸς Γαδεωνι· ²³ δύναμις αὐτοῦ οἱ ἐπεσκεμ-
24 μένοι πέντε καὶ τριάκοντα χιλιάδες καὶ τετρακόσιοι. ²⁴ πάντες οἱ
ἐπεσκεμμένοι τῆς παρεμβολῆς Εφραιμ ἑκατὸν χιλιάδες καὶ ὀκτα-
κισχίλιοι καὶ ἑκατὸν σὺν δυνάμει αὐτῶν· τρίτοι ἐξαροῦσιν.

25   ²⁵ Τάγμα παρεμβολῆς Δαν πρὸς βορρᾶν σὺν δυνάμει αὐτῶν, καὶ
26 ὁ ἄρχων τῶν υἱῶν Δαν Αχιεζερ υἱὸς Αμισαδαι· ²⁶ δύναμις αὐτοῦ
27 οἱ ἐπεσκεμμένοι δύο καὶ ἑξήκοντα χιλιάδες καὶ ἑπτακόσιοι. ²⁷ καὶ
οἱ παρεμβάλλοντες ἐχόμενοι αὐτοῦ φυλῆς Ασηρ, καὶ ὁ ἄρχων τῶν
28 υἱῶν Ασηρ Φαγαιηλ υἱὸς Εχραν· ²⁸ δύναμις αὐτοῦ οἱ ἐπεσκεμμένοι
29 μία καὶ τεσσαράκοντα χιλιάδες καὶ πεντακόσιοι. ²⁹ καὶ οἱ παρεμ-
βάλλοντες ἐχόμενοι φυλῆς Νεφθαλι, καὶ ὁ ἄρχων τῶν υἱῶν Νε-
30 φθαλι Αχιρε υἱὸς Αιναν· ³⁰ δύναμις αὐτοῦ οἱ ἐπεσκεμμένοι τρεῖς
31 καὶ πεντήκοντα χιλιάδες καὶ τετρακόσιοι. ³¹ πάντες οἱ ἐπεσκεμμένοι
τῆς παρεμβολῆς Δαν ἑκατὸν καὶ πεντήκοντα ἑπτὰ χιλιάδες καὶ
ἑξακόσιοι· ἔσχατοι ἐξαροῦσιν κατὰ τάγμα αὐτῶν.

32   ³² Αὕτη ἡ ἐπίσκεψις τῶν υἱῶν Ισραηλ κατ᾽ οἴκους πατριῶν αὐ-
τῶν· πᾶσα ἡ ἐπίσκεψις τῶν παρεμβολῶν σὺν ταῖς δυνάμεσιν αὐ-
33 τῶν ἑξακόσιαι χιλιάδες καὶ τρισχίλιοι πεντακόσιοι πεντήκοντα. ³³ οἱ
δὲ Λευῖται οὐ συνεπεσκέπησαν ἐν αὐτοῖς, καθὰ ἐνετείλατο κύριος
34 τῷ Μωυσῇ. ³⁴ καὶ ἐποίησαν οἱ υἱοὶ Ισραηλ πάντα, ὅσα συνέταξεν
κύριος τῷ Μωυσῇ, οὕτως παρενέβαλον κατὰ τάγμα αὐτῶν καὶ
οὕτως ἐξῆρον, ἕκαστος ἐχόμενοι κατὰ δήμους αὐτῶν κατ᾽ οἴκους
πατριῶν αὐτῶν.

3   ¹ Καὶ αὗται αἱ γενέσεις Ααρων καὶ Μωυσῆ ἐν ᾗ ἡμέρᾳ ἐλάλησεν
2 κύριος τῷ Μωυσῇ ἐν ὄρει Σινα, ²καὶ ταῦτα τὰ ὀνόματα τῶν υἱῶν

17 και 3⁰ > A | καθ ηγεμ.] κατα ταγμα αυτων A ‖ 18 παρα] κατα A |
υιος > B*† ‖ 21 διακοσιοι] τετρακοσ. B*†, τριακοσ. A*(uid.): cf. 1 33 ‖
25 αμισαδαι] pr. σ A hic, non in 1 12 7 66.71 nec in 10 25 (μισαδαι) ‖ 26 επτα-
κοσιοι] πεντακ. B† hic, non in 1 39 ‖ 29 νεφθαλειμ 1⁰ Ar, 2⁰ A | νεφθ. 1⁰
⌒ 2⁰ B*(uid.) | αιμαν A† hic, non in 1 15 7 78.83 10 27 ‖ 31 εκατον —
επτα] επτα και πεντηκοντα και εκατον A: cf. 16 | εξακοσιοι] + συν δυναμει
αυτων A ‖ 32 πεντακοσιοι et πεντηκοντα] pr. και A ‖ 33 εν > A ‖
34 παντα οσα συνετ.] καθα ενετειλατο A
   3 1 ορει] pr. τω A

Ααρων· πρωτότοκος Ναδαβ καὶ Αβιουδ, Ελεαζαρ καὶ Ιθαμαρ· ³ταῦτα 3
τὰ ὀνόματα τῶν υἱῶν Ααρων, οἱ ἱερεῖς οἱ ἠλειμμένοι, οὓς ἐτελεί-
ωσαν τὰς χεῖρας αὐτῶν ἱερατεύειν. ⁴καὶ ἐτελεύτησεν Ναδαβ καὶ 4
Αβιουδ ἔναντι κυρίου προσφερόντων αὐτῶν πῦρ ἀλλότριον ἔναντι
κυρίου ἐν τῇ ἐρήμῳ Σινα, καὶ παιδία οὐκ ἦν αὐτοῖς· καὶ ἱεράτευ-
σεν Ελεαζαρ καὶ Ιθαμαρ μετ᾽ Ααρων τοῦ πατρὸς αὐτῶν.
⁵Καὶ ἐλάλησεν κύριος πρὸς Μωυσῆν λέγων ⁶Λαβὲ τὴν φυλὴν ⁵₆
Λευι καὶ στήσεις αὐτοὺς ἐναντίον Ααρων τοῦ ἱερέως, καὶ λειτουρ-
γήσουσιν αὐτῷ ⁷καὶ φυλάξουσιν τὰς φυλακὰς αὐτοῦ καὶ τὰς φυλα- 7
κὰς τῶν υἱῶν Ισραηλ ἔναντι τῆς σκηνῆς τοῦ μαρτυρίου ἐργάζε-
σθαι τὰ ἔργα τῆς σκηνῆς ⁸καὶ φυλάξουσιν πάντα τὰ σκεύη τῆς σκη- 8
νῆς τοῦ μαρτυρίου καὶ τὰς φυλακὰς τῶν υἱῶν Ισραηλ κατὰ πάντα
τὰ ἔργα τῆς σκηνῆς. ⁹καὶ δώσεις τοὺς Λευίτας Ααρων καὶ τοῖς 9
υἱοῖς αὐτοῦ τοῖς ἱερεῦσιν· δόμα δεδομένοι οὗτοί μοί εἰσιν ἀπὸ
τῶν υἱῶν Ισραηλ. ¹⁰καὶ Ααρων καὶ τοὺς υἱοὺς αὐτοῦ καταστήσεις 10
ἐπὶ τῆς σκηνῆς τοῦ μαρτυρίου, καὶ φυλάξουσιν τὴν ἱερατείαν αὐ-
τῶν καὶ πάντα τὰ κατὰ τὸν βωμὸν καὶ ἔσω τοῦ καταπετάσματος·
καὶ ὁ ἀλλογενὴς ὁ ἁπτόμενος ἀποθανεῖται.
¹¹Καὶ ἐλάλησεν κύριος πρὸς Μωυσῆν λέγων ¹²Καὶ ἐγὼ ἰδοὺ εἴ- ¹¹₁₂
ληφα τοὺς Λευίτας ἐκ μέσου τῶν υἱῶν Ισραηλ ἀντὶ παντὸς πρω-
τοτόκου διανοίγοντος μήτραν παρὰ τῶν υἱῶν Ισραηλ· λύτρα αὐτῶν
ἔσονται καὶ ἔσονται ἐμοὶ οἱ Λευῖται. ¹³ἐμοὶ γὰρ πᾶν πρωτότοκον· 13
ἐν ᾗ ἡμέρᾳ ἐπάταξα πᾶν πρωτότοκον ἐν γῇ Αἰγύπτου, ἡγίασα ἐμοὶ
πᾶν πρωτότοκον ἐν Ισραηλ ἀπὸ ἀνθρώπου ἕως κτήνους· ἐμοὶ ἔσον-
ται, ἐγὼ κύριος.
¹⁴Καὶ ἐλάλησεν κύριος πρὸς Μωυσῆν ἐν τῇ ἐρήμῳ Σινα λέγων 14
¹⁵Ἐπίσκεψαι τοὺς υἱοὺς Λευι κατ᾽ οἴκους πατριῶν αὐτῶν κατὰ δή- 15
μους αὐτῶν κατὰ συγγενείας αὐτῶν· πᾶν ἀρσενικὸν ἀπὸ μηνιαίου
καὶ ἐπάνω ἐπισκέψασθε αὐτούς. ¹⁶καὶ ἐπεσκέψαντο αὐτοὺς Μωυ- 16
σῆς καὶ Ααρων διὰ φωνῆς κυρίου, ὃν τρόπον συνέταξεν αὐτοῖς
κύριος. ¹⁷καὶ ἦσαν οὗτοι οἱ υἱοὶ Λευι ἐξ ὀνομάτων αὐτῶν· Γεδσων, 17
Κααθ καὶ Μεραρι. ¹⁸καὶ ταῦτα τὰ ὀνόματα τῶν υἱῶν Γεδσων κατὰ 18
δήμους αὐτῶν· Λοβενι καὶ Σεμεΐ. ¹⁹καὶ υἱοὶ Κααθ κατὰ δήμους 19
αὐτῶν· Αμραμ καὶ Ισσααρ, Χεβρων καὶ Οζιηλ. ²⁰καὶ υἱοὶ Μεραρι 20
κατὰ δήμους αὐτῶν· Μοολι καὶ Μουσι. οὗτοί εἰσιν δῆμοι τῶν
Λευιτῶν κατ᾽ οἴκους πατριῶν αὐτῶν.

2 ελεαζαρ] pr. και A ‖ 3 οι 2⁰] pr. και A⁺ | αυτων > A⁺ | ιερατ.] pr. του
A ‖ 4 μετ ααρων] μετα A*(uid.)⁺ ‖ 6 λευι] pr. την A ‖ 9 ααρων] +
τω αδελφω σου A | δομα δεδομ.] tr. B*⁺ | μοι] μονοι A⁺ ‖ 10 εσω] pr. τα
A ‖ 13 ηγιασας A ‖ 15 αυτων 2⁰ ⌒ 3⁰ B | επισκεψασθε] αριθμησονται A
‖ 16 επεσκεψ.] ηριθμησεν A | ον τροπον] καθα A ‖ 17 οι > A ‖ 18 αυ-
των ⌒ 19 αυτων B*(⁺) ‖ 19 αμβραμ A ‖ 20 υιοι] pr. ουτοι A⁺ | μουσι O]
ομουσ(ε)ι BA: cf. 33 26 58 et Exod. 6 19

21 　²¹Τῷ Γεδσων δῆμος τοῦ Λοβενι καὶ δῆμος τοῦ Σεμεΐ· οὗτοι
22 δῆμοι τοῦ Γεδσων. ²²ἡ ἐπίσκεψις αὐτῶν κατὰ ἀριθμὸν παντὸς
ἀρσενικοῦ ἀπὸ μηνιαίου καὶ ἐπάνω, ἡ ἐπίσκεψις αὐτῶν ἑπτακισχί-
23 λιοι καὶ πεντακόσιοι. ²³καὶ υἱοὶ Γεδσων ὀπίσω τῆς σκηνῆς παρὰ
24 θάλασσαν παρεμβαλοῦσιν, ²⁴καὶ ὁ ἄρχων οἴκου πατριᾶς τοῦ δήμου
25 τοῦ Γεδσων Ελισαφ υἱὸς Λαηλ. ²⁵καὶ ἡ φυλακὴ υἱῶν Γεδσων ἐν
τῇ σκηνῇ τοῦ μαρτυρίου· ἡ σκηνὴ ·καὶ τὸ κάλυμμα καὶ τὸ κατα-
26 κάλυμμα τῆς θύρας τῆς σκηνῆς τοῦ μαρτυρίου ²⁶καὶ τὰ ἱστία τῆς
αὐλῆς καὶ τὸ καταπέτασμα τῆς πύλης τῆς αὐλῆς τῆς οὔσης ἐπὶ
τῆς σκηνῆς καὶ τὰ κατάλοιπα πάντων τῶν ἔργων αὐτοῦ
27 　²⁷Τῷ Κααθ δῆμος ὁ Αμραμις καὶ δῆμος ὁ Σααρις καὶ δῆμος ὁ
28 Χεβρωνις καὶ δῆμος ὁ Οζιηλις· οὗτοί εἰσιν δῆμοι τοῦ Κααθ. ²⁸κατὰ
ἀριθμὸν πᾶν ἀρσενικὸν ἀπὸ μηνιαίου καὶ ἐπάνω ὀκτακισχίλιοι
29 καὶ ἑξακόσιοι φυλάσσοντες τὰς φυλακὰς τῶν ἁγίων. ²⁹οἱ δῆμοι
τῶν υἱῶν Κααθ παρεμβαλοῦσιν ἐκ πλαγίων τῆς σκηνῆς κατὰ λίβα,
30 ³⁰καὶ ὁ ἄρχων οἴκου πατριῶν τῶν δήμων τοῦ Κααθ Ελισαφαν
31 υἱὸς Οζιηλ. ³¹καὶ ἡ φυλακὴ αὐτῶν ἡ κιβωτὸς καὶ ἡ τράπεζα καὶ
ἡ λυχνία καὶ τὰ θυσιαστήρια καὶ τὰ σκεύη τοῦ ἁγίου, ὅσα λει-
τουργοῦσιν ἐν αὐτοῖς, καὶ τὸ κατακάλυμμα καὶ πάντα τὰ ἔργα
32 αὐτῶν. ³²καὶ ὁ ἄρχων ἐπὶ τῶν ἀρχόντων τῶν Λευιτῶν Ελεαζαρ
ὁ υἱὸς Ααρων τοῦ ἱερέως καθεσταμένος φυλάσσειν τὰς φυλακὰς
τῶν ἁγίων.
33 　³³Τῷ Μεραρι δῆμος ὁ Μοολι καὶ δῆμος ὁ Μουσι· οὗτοί εἰσιν
34 δῆμοι Μεραρι. ³⁴ἡ ἐπίσκεψις αὐτῶν κατὰ ἀριθμόν, πᾶν ἀρσενικὸν
35 ἀπὸ μηνιαίου καὶ ἐπάνω, ἑξακισχίλιοι καὶ πεντήκοντα· ³⁵καὶ ὁ ἄρ-
χων οἴκου πατριῶν τοῦ δήμου τοῦ Μεραρι Σουριηλ υἱὸς Αβιχαιλ·
36 ἐκ πλαγίων τῆς σκηνῆς παρεμβαλοῦσιν πρὸς βορρᾶν. ³⁶ἡ ἐπίσκε-
ψις ἡ φυλακὴ υἱῶν Μεραρι· τὰς κεφαλίδας τῆς σκηνῆς καὶ τοὺς
μοχλοὺς αὐτῆς καὶ τοὺς στύλους αὐτῆς καὶ τὰς βάσεις αὐτῆς καὶ
37 πάντα τὰ σκεύη αὐτῶν καὶ τὰ ἔργα αὐτῶν ³⁷καὶ τοὺς στύλους
τῆς αὐλῆς κύκλῳ καὶ τὰς βάσεις αὐτῶν καὶ τοὺς πασσάλους καὶ
τοὺς κάλους αὐτῶν.
38 　³⁸Καὶ οἱ παρεμβάλλοντες κατὰ πρόσωπον τῆς σκηνῆς τοῦ μαρ-
τυρίου ἀπ᾽ ἀνατολῆς Μωυσῆς καὶ Ααρων καὶ οἱ υἱοὶ αὐτοῦ φυλάσ-

---

22 η επισκ. 2⁰] ο αριθμος A ‖ 23 υιοι] pr. οι A, ουτοι Bᶜ | παρα — παρ-
εμβ.] παρεμβαλουσιν κατα θαλασσαν A ‖ 24 λαηλ O] δαηλ BA ‖ 25 της
1⁰ ⌒ 2⁰ A* ‖ 27 αμβρααμεις A⁽†⁾ | σααρις] σαριεις B*†, ισσαριεις Bᶜ⁽†⁾ ‖
29 λιβα] νοτον A*(uid.) ‖ 30 ο > A*† | των > A ‖ 32 επι] pr. ο A | ο
2⁰ > A ‖ 33 μολει B* | ο ομουσι A: cf. 20 | μεραρι 2⁰] pr. του A ‖ 34 παν
αρσεν. > A*(uid.)† ‖ 35 πατριας B*† ‖ 36 η φυλ.] της φυλακης A | αυ-
της ult.] -των A*(uid.) ‖ 37 πασσαλους] + αυτων A | καλους] κλαδους A:
item A† in 4 32 ‖ 38 απο ανατολων A

σοντες τὰς φυλακὰς τοῦ ἁγίου εἰς τὰς φυλακὰς τῶν υἱῶν Ισραηλ·
καὶ ὁ ἀλλογενὴς ὁ ἁπτόμενος ἀποθανεῖται.

39 Πᾶσα ἡ ἐπίσκεψις τῶν Λευιτῶν, οὓς ἐπεσκέψατο Μωυσῆς καὶ 39
Ααρων διὰ φωνῆς κυρίου κατὰ δήμους αὐτῶν, πᾶν ἀρσενικὸν ἀπὸ
μηνιαίου καὶ ἐπάνω δύο καὶ εἴκοσι χιλιάδες.

40 Καὶ εἶπεν κύριος πρὸς Μωυσῆν λέγων Ἐπίσκεψαι πᾶν πρωτό- 40
τοκον ἄρσεν τῶν υἱῶν Ισραηλ ἀπὸ μηνιαίου καὶ ἐπάνω καὶ λαβὲ
τὸν ἀριθμὸν ἐξ ὀνόματος· 41 καὶ λήμψῃ τοὺς Λευίτας ἐμοί, ἐγὼ 41
κύριος, ἀντὶ πάντων τῶν πρωτοτόκων τῶν υἱῶν Ισραηλ καὶ τὰ
κτήνη τῶν Λευιτῶν ἀντὶ πάντων τῶν πρωτοτόκων ἐν τοῖς κτήνε-
σιν τῶν υἱῶν Ισραηλ. 42 καὶ ἐπεσκέψατο Μωυσῆς, ὃν τρόπον ἐνε- 42
τείλατο κύριος, πᾶν πρωτότοκον ἐν τοῖς υἱοῖς Ισραηλ· 43 καὶ ἐγέ- 43
νοντο πάντα τὰ πρωτότοκα τὰ ἀρσενικὰ κατὰ ἀριθμὸν ἐξ ὀνόμα-
τος ἀπὸ μηνιαίου καὶ ἐπάνω ἐκ τῆς ἐπισκέψεως αὐτῶν δύο καὶ
εἴκοσι χιλιάδες τρεῖς καὶ ἑβδομήκοντα καὶ διακόσιοι.

44 Καὶ ἐλάλησεν κύριος πρὸς Μωυσῆν λέγων 45 Λαβὲ τοὺς Λευί- 44
τας ἀντὶ πάντων τῶν πρωτοτόκων τῶν υἱῶν Ισραηλ καὶ τὰ κτή- 45
νη τῶν Λευιτῶν ἀντὶ τῶν κτηνῶν αὐτῶν, καὶ ἔσονται ἐμοὶ οἱ
Λευῖται· ἐγὼ κύριος. 46 καὶ τὰ λύτρα τριῶν καὶ ἑβδομήκοντα καὶ 46
διακοσίων, οἱ πλεονάζοντες παρὰ τοὺς Λευίτας ἀπὸ τῶν πρωτο-
τόκων τῶν υἱῶν Ισραηλ, 47 καὶ λήμψῃ πέντε σίκλους κατὰ κεφα- 47
λήν, κατὰ τὸ δίδραχμον τὸ ἅγιον λήμψῃ, εἴκοσι ὀβολοὺς τοῦ σί-
κλου, 48 καὶ δώσεις τὸ ἀργύριον Ααρων καὶ τοῖς υἱοῖς αὐτοῦ λύτρα 48
τῶν πλεοναζόντων ἐν αὐτοῖς. 49 καὶ ἔλαβεν Μωυσῆς τὸ ἀργύριον, 49
τὰ λύτρα τῶν πλεοναζόντων, εἰς τὴν ἐκλύτρωσιν τῶν Λευιτῶν·
50 παρὰ τῶν πρωτοτόκων τῶν υἱῶν Ισραηλ ἔλαβεν τὸ ἀργύριον, 50
χιλίους τριακοσίους ἑξήκοντα πέντε σίκλους κατὰ τὸν σίκλον τὸν
ἅγιον. 51 καὶ ἔδωκεν Μωυσῆς τὰ λύτρα τῶν πλεοναζόντων Ααρων 51
καὶ τοῖς υἱοῖς αὐτοῦ διὰ φωνῆς κυρίου, ὃν τρόπον συνέταξεν
κύριος τῷ Μωυσῇ.

1 Καὶ ἐλάλησεν κύριος πρὸς Μωυσῆν καὶ Ααρων λέγων 2 Λαβὲ 4
τὸ κεφάλαιον τῶν υἱῶν Κααθ ἐκ μέσου υἱῶν Λευι κατὰ δήμους
αὐτῶν κατ᾽ οἴκους πατριῶν αὐτῶν 3 ἀπὸ εἴκοσι καὶ πέντε ἐτῶν 3
καὶ ἐπάνω καὶ ἕως πεντήκοντα ἐτῶν, πᾶς ὁ εἰσπορευόμενος λει-
τουργεῖν ποιῆσαι πάντα τὰ ἔργα ἐν τῇ σκηνῇ τοῦ μαρτυρίου. 4 καὶ 4
ταῦτα τὰ ἔργα τῶν υἱῶν Κααθ ἐν τῇ σκηνῇ τοῦ μαρτυρίου· ἅγιον

38 απτομ.] προσπορευομενος Α || 40 λαβετε Β: cf. 45 | αριθμον] + αυτων
Α || 41 εν τοις κτην. > B*† || 42 κυριος] + αυτω Α || 43 τα 2⁰ > Α |
τρεις] pr. και Bᶜ || 45 λαβετε B*†: cf. 40 || 46 τρεις ... διακοσιοι B*† ||
47 οβολοι ο σικλος Α || 49 τα > Α || 50 χιλιους — πεντε] πεντε και εξη-
κοντα και τριακοσιους και χιλιους Α | σικλους] > Α†, in O sub ÷
43 εικοσι — ετων 1⁰] εικοσαετους Α† | και 3⁰ > Α || 4 κααθ] + εκ μεσου υιων
λευι κατα δημους αυτων κατ οικους πατριων αυτων Α (in O sub ÷): ex 2 repet-

5 τῶν ἁγίων. ⁵καὶ εἰσελεύσεται Ααρων καὶ οἱ υἱοὶ αὐτοῦ, ὅταν ἐξαίρῃ
ἡ παρεμβολή, καὶ καθελοῦσιν τὸ καταπέτασμα τὸ συσκιάζον καὶ
6 κατακαλύψουσιν ἐν αὐτῷ τὴν κιβωτὸν τοῦ μαρτυρίου ⁶καὶ ἐπιθή-
σουσιν ἐπ᾽ αὐτὸ κατακάλυμμα δέρμα ὑακίνθινον καὶ ἐπιβαλοῦσιν
ἐπ᾽ αὐτὴν ἱμάτιον ὅλον ὑακίνθινον ἄνωθεν καὶ διεμβαλοῦσιν τοὺς
7 ἀναφορεῖς. ⁷καὶ ἐπὶ τὴν τράπεζαν τὴν προκειμένην ἐπιβαλοῦσιν
ἐπ᾽ αὐτὴν ἱμάτιον ὁλοπόρφυρον καὶ τὰ τρυβλία καὶ τὰς θυίσκας
καὶ τοὺς κυάθους καὶ τὰ σπονδεῖα, ἐν οἷς σπένδει, καὶ οἱ ἄρτοι
8 οἱ διὰ παντὸς ἐπ᾽ αὐτῆς ἔσονται. ⁸καὶ ἐπιβαλοῦσιν ἐπ᾽ αὐτὴν ἱμά-
τιον κόκκινον καὶ καλύψουσιν αὐτὴν καλύμματι δερματίνῳ ὑακιν-
9 θίνῳ καὶ διεμβαλοῦσιν δι᾽ αὐτῆς τοὺς ἀναφορεῖς. ⁹καὶ λήμψονται
ἱμάτιον ὑακίνθινον καὶ καλύψουσιν τὴν λυχνίαν τὴν φωτίζουσαν
καὶ τοὺς λύχνους αὐτῆς καὶ τὰς λαβίδας αὐτῆς καὶ τὰς ἐπαρυστρί-
δας αὐτῆς καὶ πάντα τὰ ἀγγεῖα τοῦ ἐλαίου, οἷς λειτουργοῦσιν ἐν
10 αὐτοῖς, ¹⁰καὶ ἐμβαλοῦσιν αὐτὴν καὶ πάντα τὰ σκεύη αὐτῆς εἰς
κάλυμμα δερμάτινον ὑακίνθινον καὶ ἐπιθήσουσιν αὐτὴν ἐπ᾽ ἀνα-
11 φορέων. ¹¹καὶ ἐπὶ τὸ θυσιαστήριον τὸ χρυσοῦν ἐπικαλύψουσιν
ἱμάτιον ὑακίνθινον καὶ καλύψουσιν αὐτὸ καλύμματι δερματίνῳ
12 ὑακινθίνῳ καὶ διεμβαλοῦσιν τοὺς ἀναφορεῖς αὐτοῦ. ¹²καὶ λήμψον-
ται πάντα τὰ σκεύη τὰ λειτουργικά, ὅσα λειτουργοῦσιν ἐν αὐτοῖς
ἐν τοῖς ἁγίοις, καὶ ἐμβαλοῦσιν εἰς ἱμάτιον ὑακίνθινον καὶ καλύ-
ψουσιν αὐτὰ καλύμματι δερματίνῳ ὑακινθίνῳ καὶ ἐπιθήσουσιν ἐπὶ
13 ἀναφορεῖς. ¹³καὶ τὸν καλυπτῆρα ἐπιθήσει ἐπὶ τὸ θυσιαστήριον,
14 καὶ ἐπικαλύψουσιν ἐπ᾽ αὐτὸ ἱμάτιον ὁλοπόρφυρον ¹⁴καὶ ἐπιθήσου-
σιν ἐπ᾽ αὐτὸ πάντα τὰ σκεύη, ὅσοις λειτουργοῦσιν ἐπ᾽ αὐτὸ ἐν
αὐτοῖς, καὶ τὰ πυρεῖα καὶ τὰς κρεάγρας καὶ τὰς φιάλας καὶ τὸν
καλυπτῆρα καὶ πάντα τὰ σκεύη τοῦ θυσιαστηρίου· καὶ ἐπιβαλοῦσιν
ἐπ᾽ αὐτὸ κάλυμμα δερμάτινον ὑακίνθινον καὶ διεμβαλοῦσιν τοὺς
ἀναφορεῖς αὐτοῦ· καὶ λήμψονται ἱμάτιον πορφυροῦν καὶ συγκαλύ-
ψουσιν τὸν λουτῆρα καὶ τὴν βάσιν αὐτοῦ καὶ ἐμβαλοῦσιν αὐτὰ
εἰς κάλυμμα δερμάτινον ὑακίνθινον καὶ ἐπιθήσουσιν ἐπὶ ἀναφορεῖς.
15 ¹⁵καὶ συντελέσουσιν Ααρων καὶ οἱ υἱοὶ αὐτοῦ καλύπτοντες τὰ
ἅγια καὶ πάντα τὰ σκεύη τὰ ἅγια ἐν τῷ ἐξαίρειν τὴν παρεμβολήν,
καὶ μετὰ ταῦτα εἰσελεύσονται υἱοὶ Κααθ αἴρειν καὶ οὐχ ἅψονται
τῶν ἁγίων, ἵνα μὴ ἀποθάνωσιν· ταῦτα ἀροῦσιν οἱ υἱοὶ Κααθ ἐν
16 τῇ σκηνῇ τοῦ μαρτυρίου. — ¹⁶ἐπίσκοπος Ελεαζαρ υἱὸς Ααρων
τοῦ ἱερέως· τὸ ἔλαιον τοῦ φωτὸς καὶ τὸ θυμίαμα τῆς συνθέσεως

---

5 εισελευσονται Α | κιβωτον] σκηνην Α ‖ 8 δι αυτης > Α | fin.] + αυτης
Α ‖ 9 ελαιου] + αυτης Α | οις] οσοι Α: item Α in 14 pro οσοις ‖ 11 καλυ-
ψουσιν] pr: επι Α | δερματι Α: item in 12 ‖ 13 τον καλ. επιθησει] επιθη-
σεις τον καλ. Α⸶ ‖ 14 σκευη 1⁰] + αυτου Α | επ αυτο 2⁰ > Α | αυτα] -το Β
‖ 15 αγια 1⁰ ⌢ 2⁰ Β*⸶ | υιοι 2⁰] pr. οι Α

καὶ ἡ θυσία ἡ καθ᾽ ἡμέραν καὶ τὸ ἔλαιον τῆς χρίσεως, ἡ ἐπισκοπὴ
ὅλης τῆς σκηνῆς καὶ ὅσα ἐστὶν ἐν αὐτῇ ἐν τῷ ἁγίῳ ἐν πᾶσι τοῖς
ἔργοις. — ¹⁷καὶ ἐλάλησεν κύριος πρὸς Μωυσῆν καὶ Ααρων λέγων 17
¹⁸Μὴ ὀλεθρεύσητε τῆς φυλῆς τὸν δῆμον τὸν Κααθ ἐκ μέσου τῶν 18
Λευιτῶν· ¹⁹τοῦτο ποιήσατε αὐτοῖς καὶ ζήσονται καὶ οὐ μὴ ἀπο- 19
θάνωσιν προσπορευομένων αὐτῶν πρὸς τὰ ἅγια τῶν ἁγίων· Ααρων
καὶ οἱ υἱοὶ αὐτοῦ προσπορευέσθωσαν καὶ καταστήσουσιν αὐτοὺς
ἕκαστον κατὰ τὴν ἀναφορὰν αὐτοῦ, ²⁰καὶ οὐ μὴ εἰσέλθωσιν ἰδεῖν 20
ἐξάπινα τὰ ἅγια καὶ ἀποθανοῦνται.

²¹Καὶ ἐλάλησεν κύριος πρὸς Μωυσῆν λέγων ²²Λαβὲ τὴν ἀρχὴν $\begin{smallmatrix}21\\22\end{smallmatrix}$
τῶν υἱῶν Γεδσων, καὶ τούτους κατ᾽ οἴκους πατριῶν αὐτῶν κατὰ
δήμους αὐτῶν· ²³ἀπὸ πεντεκαιεικοσαετοῦς καὶ ἐπάνω ἕως πεντη- 23
κονταετοῦς ἐπίσκεψαι αὐτούς, πᾶς ὁ εἰσπορευόμενος λειτουργεῖν
καὶ ποιεῖν τὰ ἔργα αὐτοῦ ἐν τῇ σκηνῇ τοῦ μαρτυρίου. ²⁴αὕτη ἡ 24
λειτουργία τοῦ δήμου τοῦ Γεδσων λειτουργεῖν καὶ αἴρειν· ²⁵καὶ 25
ἀρεῖ τὰς δέρρεις τῆς σκηνῆς καὶ τὴν σκηνὴν τοῦ μαρτυρίου καὶ
τὸ κάλυμμα αὐτῆς καὶ τὸ κάλυμμα τὸ ὑακίνθινον τὸ ὂν ἐπ᾽ αὐτῆς
ἄνωθεν καὶ τὸ κάλυμμα τῆς θύρας τῆς σκηνῆς τοῦ μαρτυρίου ²⁶καὶ 26
τὰ ἱστία τῆς αὐλῆς, ὅσα ἐπὶ τῆς σκηνῆς τοῦ μαρτυρίου, καὶ τὰ
περισσὰ καὶ πάντα τὰ σκεύη τὰ λειτουργικά, ὅσα λειτουργοῦσιν
ἐν αὐτοῖς, ποιήσουσιν. ²⁷κατὰ στόμα Ααρων καὶ τῶν υἱῶν αὐτοῦ 27
ἔσται ἡ λειτουργία τῶν υἱῶν Γεδσων κατὰ πάσας τὰς λειτουργίας
αὐτῶν καὶ κατὰ πάντα τὰ ἀρτὰ δι᾽ αὐτῶν· καὶ ἐπισκέψῃ αὐτοὺς
ἐξ ὀνομάτων πάντα τὰ ἀρτὰ ὑπ᾽ αὐτῶν. ²⁸αὕτη ἡ λειτουργία τῶν 28
υἱῶν Γεδσων ἐν τῇ σκηνῇ τοῦ μαρτυρίου, καὶ ἡ φυλακὴ αὐτῶν
ἐν χειρὶ Ιθαμαρ τοῦ υἱοῦ Ααρων τοῦ ἱερέως.

²⁹Υἱοὶ Μεραρι, κατὰ δήμους αὐτῶν κατ᾽ οἴκους πατριῶν αὐτῶν 29
ἐπισκέψασθε αὐτούς· ³⁰ἀπὸ πεντεκαιεικοσαετοῦς καὶ ἐπάνω ἕως 30
πεντηκονταετοῦς ἐπισκέψασθε αὐτούς, πᾶς ὁ εἰσπορευόμενος λει-
τουργεῖν τὰ ἔργα τῆς σκηνῆς τοῦ μαρτυρίου. ³¹καὶ ταῦτα τὰ φυλάγ- 31
ματα τῶν αἰρομένων ὑπ᾽ αὐτῶν κατὰ πάντα τὰ ἔργα αὐτῶν ἐν τῇ
σκηνῇ τοῦ μαρτυρίου· τὰς κεφαλίδας τῆς σκηνῆς καὶ τοὺς μοχλοὺς
καὶ τοὺς στύλους αὐτῆς καὶ τὰς βάσεις αὐτῆς καὶ τὸ κατακάλυμμα
καὶ αἱ βάσεις αὐτῶν καὶ οἱ στύλοι αὐτῶν καὶ τὸ κατακάλυμμα τῆς

16 εν ult.] pr. και A || 18 ολεθρευσητε] pr. εξ A† || 19 εισπορευεσθω-
σαν A || 20 τα αγια] το αγιον A || 22 και τουτους > A | αυτων 1⁰ ⌒ 2⁰
A || 23 επισκεψασθαι(pro -θε) A: cf. 29. 30. 32 | και ult. > B† | αυτου εν
τη σκηνη] της σκηνης A: cf. 35 || 24 του 2⁰ > A || 25 καλυμμα ter] pr.
κατα A (1⁰ etiam Bᶜ) | επ αυτης] ε. αυτην A, ε. αυτη Bᶜ || 26 init. — μαρ-
τυριου > B*† | περισσα et λειτουργ.] + αυτων A | οσα ult.] pr. και A || 27 και
2⁰ > A | αρτα 1⁰] εργα B: item 2⁰ Bᶜ || 29 υιοι] pr. οι A || 31 αυτων
1⁰] -του A† | αυτων 2⁰] των B*† | μοχλους] + αυτης A | κατακαλυμμα 1⁰] +
της σκηνης A† | κατακαλυμμα 2⁰] κατα > ABᶜ†

32 θύρας της σκηνής ³²καὶ τοὺς στύλους τῆς αὐλῆς κύκλῳ καὶ αἱ
βάσεις αὐτῶν καὶ τοὺς στύλους τοῦ καταπετάσματος τῆς πύλης
τῆς αὐλῆς καὶ τὰς βάσεις αὐτῶν καὶ τοὺς πασσάλους αὐτῶν καὶ
τοὺς κάλους αὐτῶν καὶ πάντα τὰ σκεύη αὐτῶν καὶ πάντα τὰ λει-
τουργήματα αὐτῶν, ἐξ ὀνομάτων ἐπισκέψασθε αὐτοὺς καὶ πάντα
33 τὰ σκεύη τῆς φυλακῆς τῶν αἰρομένων ὑπ᾽ αὐτῶν. ³³αὕτη ἡ λει-
τουργία δήμου υἱῶν Μεραρι ἐν πᾶσιν τοῖς ἔργοις αὐτῶν ἐν τῇ
σκηνῇ τοῦ μαρτυρίου ἐν χειρὶ Ιθαμαρ υἱοῦ Ααρων τοῦ ἱερέως.
34 ³⁴Καὶ ἐπεσκέψατο Μωυσῆς καὶ Ααρων καὶ οἱ ἄρχοντες Ισραηλ
τοὺς υἱοὺς Κααθ κατὰ δήμους αὐτῶν κατ᾽ οἴκους πατριῶν αὐτῶν
35 ³⁵ἀπὸ πεντεκαιεικοσαετοῦς καὶ ἐπάνω ἕως πεντηκονταετοῦς, πᾶς
ὁ εἰσπορευόμενος λειτουργεῖν καὶ ποιεῖν ἐν τῇ σκηνῇ τοῦ μαρ-
36 τυρίου. ³⁶καὶ ἐγένετο ἡ ἐπίσκεψις αὐτῶν κατὰ δήμους αὐτῶν δισ-
37 χίλιοι διακόσιοι πεντήκοντα· ³⁷αὕτη ἡ ἐπίσκεψις δήμου Κααθ,
πᾶς ὁ λειτουργῶν ἐν τῇ σκηνῇ τοῦ μαρτυρίου, καθὰ ἐπεσκέψατο
Μωυσῆς καὶ Ααρων διὰ φωνῆς κυρίου ἐν χειρὶ Μωυσῆ.
38 ³⁸Καὶ ἐπεσκέπησαν υἱοὶ Γεδσων κατὰ δήμους αὐτῶν κατ᾽ οἴκους
39 πατριῶν αὐτῶν ³⁹ἀπὸ πεντεκαιεικοσαετοῦς καὶ ἐπάνω ἕως πεντη-
κονταετοῦς, πᾶς ὁ εἰσπορευόμενος λειτουργεῖν καὶ ποιεῖν τὰ ἔργα
40 ἐν τῇ σκηνῇ τοῦ μαρτυρίου. ⁴⁰καὶ ἐγένετο ἡ ἐπίσκεψις αὐτῶν κατὰ
δήμους αὐτῶν κατ᾽ οἴκους πατριῶν αὐτῶν δισχίλιοι ἑξακόσιοι τριά-
41 κοντα· ⁴¹αὕτη ἡ ἐπίσκεψις δήμου υἱῶν Γεδσων, πᾶς ὁ λειτουργῶν
ἐν τῇ σκηνῇ τοῦ μαρτυρίου, οὓς ἐπεσκέψατο Μωυσῆς καὶ Ααρων
διὰ φωνῆς κυρίου ἐν χειρὶ Μωυσῆ.
42 ⁴²Ἐπεσκέπησαν δὲ καὶ δῆμος υἱῶν Μεραρι κατὰ δήμους αὐτῶν
43 κατ᾽ οἴκους πατριῶν αὐτῶν ⁴³ἀπὸ πεντεκαιεικοσαετοῦς καὶ ἐπάνω
ἕως πεντηκονταετοῦς, πᾶς ὁ εἰσπορευόμενος λειτουργεῖν πρὸς τὰ
44 ἔργα τῆς σκηνῆς τοῦ μαρτυρίου. ⁴⁴καὶ ἐγενήθη ἡ ἐπίσκεψις αὐτῶν
κατὰ δήμους αὐτῶν κατ᾽ οἴκους πατριῶν αὐτῶν τρισχίλιοι καὶ δια-
45 κόσιοι· ⁴⁵αὕτη ἡ ἐπίσκεψις δήμου υἱῶν Μεραρι, οὓς ἐπεσκέψατο
Μωυσῆς καὶ Ααρων διὰ φωνῆς κυρίου ἐν χειρὶ Μωυσῆ.
46 ⁴⁶Πάντες οἱ ἐπεσκεμμένοι, οὓς ἐπεσκέψατο Μωυσῆς καὶ Ααρων
καὶ οἱ ἄρχοντες Ισραηλ, τοὺς Λευίτας κατὰ δήμους κατ᾽ οἴκους
47 πατριῶν αὐτῶν ⁴⁷ἀπὸ πεντεκαιεικοσαετοῦς καὶ ἐπάνω ἕως πεντη-
κονταετοῦς, πᾶς ὁ εἰσπορευόμενος πρὸς τὸ ἔργον τῶν ἔργων καὶ
48 τὰ ἔργα τὰ αἰρόμενα ἐν τῇ σκηνῇ τοῦ μαρτυρίου, ⁴⁸καὶ ἐγενήθη-

---

32 καλους: cf. 3 37 ‖ 33 υιοι] pr. του Α ‖ 35 εν τη σκηνη] τα εργα
της σκηνης Λ: cf. 23 ‖ 36 διακοσιοι] τριακ. Α ‖ 38 υιοι] pr. οι Α ‖
39 εως] pr. και Α (in O sub ※) ‖ 40 init. — αυτων 1⁰ > A† ‖ 44 εγενετο
Α | αυτων 1⁰] pr. της συγγενειας Α | αυτων 1⁰ ⌒ 2⁰ Α ‖ 46 και 2⁰ > B*†
| ισραηλ] pr. υιων Α | δημους] + αυτων Α | κατ] pr. και B† | αυτων > B†
‖ 48 και > Α

σαν οἱ ἐπισκεπέντες ὀκτακισχίλιοι πεντακόσιοι ὀγδοήκοντα. ⁴⁹διὰ 49
φωνῆς κυρίου ἐπεσκέψατο αὐτοὺς ἐν χειρὶ Μωυσῆ ἄνδρα κατ᾽
ἄνδρα ἐπὶ τῶν ἔργων αὐτῶν καὶ ἐπὶ ὧν αἴρουσιν αὐτοί· καὶ ἐπε-
σκέπησαν, ὃν τρόπον συνέταξεν κύριος τῷ Μωυσῇ.

¹Καὶ ἐλάλησεν κύριος πρὸς Μωυσῆν λέγων ²Πρόσταξον τοῖς 5
υἱοῖς Ισραηλ καὶ ἐξαποστειλάτωσαν ἐκ τῆς παρεμβολῆς πάντα λε-
πρὸν καὶ πάντα γονορρυῆ καὶ πάντα ἀκάθαρτον ἐπὶ ψυχῇ· ³ἀπὸ 3
ἀρσενικοῦ ἕως θηλυκοῦ ἐξαποστείλατε ἔξω τῆς παρεμβολῆς, καὶ
οὐ μὴ μιανοῦσιν τὰς παρεμβολὰς αὐτῶν, ἐν οἷς ἐγὼ καταγίνομαι
ἐν αὐτοῖς. ⁴καὶ ἐποίησαν οὕτως οἱ υἱοὶ Ισραηλ καὶ ἐξαπέστειλαν 4
αὐτοὺς ἔξω τῆς παρεμβολῆς· καθὰ ἐλάλησεν κύριος τῷ Μωυσῇ,
οὕτως ἐποίησαν οἱ υἱοὶ Ισραηλ.

⁵Καὶ ἐλάλησεν κύριος πρὸς Μωυσῆν λέγων ⁶Λάλησον τοῖς υἱοῖς 5
Ισραηλ λέγων Ἀνὴρ ἢ γυνή, ὅστις ἐὰν ποιήσῃ ἀπὸ τῶν ἁμαρτιῶν 6
τῶν ἀνθρωπίνων καὶ παριδὼν παρίδῃ καὶ πλημμελήσῃ ἡ ψυχὴ
ἐκείνη, ⁷ἐξαγορεύσει τὴν ἁμαρτίαν, ἣν ἐποίησεν, καὶ ἀποδώσει τὴν 7
πλημμέλειαν τὸ κεφάλαιον καὶ τὸ ἐπίπεμπτον αὐτοῦ προσθήσει ἐπ᾽
αὐτὸ καὶ ἀποδώσει, τίνι ἐπλημμέλησεν αὐτῷ. ⁸ἐὰν δὲ μὴ ᾖ τῷ 8
ἀνθρώπῳ ὁ ἀγχιστεύων ὥστε ἀποδοῦναι αὐτῷ τὸ πλημμέλημα
πρὸς αὐτόν, τὸ πλημμέλημα τὸ ἀποδιδόμενον κυρίῳ τῷ ἱερεῖ ἔσται
πλὴν τοῦ κριοῦ τοῦ ἱλασμοῦ, δι᾽ οὗ ἐξιλάσεται ἐν αὐτῷ περὶ αὐτοῦ.
⁹καὶ πᾶσα ἀπαρχὴ κατὰ πάντα τὰ ἁγιαζόμενα ἐν υἱοῖς Ισραηλ, ὅσα 9
ἂν προσφέρωσιν τῷ κυρίῳ τῷ ἱερεῖ, αὐτῷ ἔσται. ¹⁰καὶ ἑκάστου 10
τὰ ἡγιασμένα αὐτοῦ ἔσται· ἀνὴρ ὃς ἐὰν δῷ τῷ ἱερεῖ, αὐτῷ ἔσται.

¹¹Καὶ ἐλάλησεν κύριος πρὸς Μωυσῆν λέγων ¹²Λάλησον τοῖς 11
υἱοῖς Ισραηλ καὶ ἐρεῖς πρὸς αὐτούς Ἀνδρὸς ἀνδρὸς ἐὰν παραβῇ 12
ἡ γυνὴ αὐτοῦ καὶ παρίδῃ αὐτὸν ὑπεριδοῦσα ¹³καὶ κοιμηθῇ τις μετ᾽ 13
αὐτῆς κοίτην σπέρματος καὶ λάθῃ ἐξ ὀφθαλμῶν τοῦ ἀνδρὸς αὐτῆς
καὶ κρύψῃ, αὐτὴ δὲ ᾖ μεμιαμμένη καὶ μάρτυς μὴ ἦν μετ᾽ αὐτῆς
καὶ αὐτὴ μὴ ᾖ συνειλημμένη, ¹⁴καὶ ἐπέλθῃ αὐτῷ πνεῦμα ζηλώσεως 14
καὶ ζηλώσῃ τὴν γυναῖκα αὐτοῦ, αὐτὴ δὲ μεμίανται, ἢ ἐπέλθῃ αὐτῷ
πνεῦμα ζηλώσεως καὶ ζηλώσῃ τὴν γυναῖκα αὐτοῦ, αὐτὴ δὲ μὴ ᾖ
μεμιαμμένη, ¹⁵καὶ ἄξει ὁ ἄνθρωπος τὴν γυναῖκα αὐτοῦ πρὸς τὸν 15
ἱερέα καὶ προσοίσει τὸ δῶρον περὶ αὐτῆς τὸ δέκατον τοῦ οιφι
ἄλευρον κρίθινον, οὐκ ἐπιχεεῖ ἐπ᾽ αὐτὸ ἔλαιον οὐδὲ ἐπιθήσει ἐπ᾽
αὐτὸ λίβανον, ἔστιν γὰρ θυσία ζηλοτυπίας, θυσία μνημοσύνου

48 επεσκεμμενοι A | ογδοηκοντα] + και πεντηκοντα A⁺ ‖ 49 επεσκεψ.]
pr. ους A⁺
5 2 παρεμβ.] συναγωγης A⁺ ‖ 3 μη > A ‖ 4 αυτους > A⁺ | τω > B⁺
‖ 6 πλημμεληση] pr. πλημμελων B*⁺ ‖ 7 εποιησεν] ημαρτεν A ‖ 8 ο >
A | κυριω] pr. τω A | ιλασμου] εξιλ. A⁺ | 9 κατα] και A | τω 1⁰ > A ‖
10 εκαστω B* | ανηρ] pr. και ABᶜ (in O sub ※) ‖ 13 τις / μετ αυτης] tr. A⁺
| η 1⁰] pr. μη A⁺ | ην B⁺] η A | μετ 2⁰] κατ A ‖ 15 προσοισει] οισει A⁺

16 ἀναμιμνήσκουσα ἁμαρτίαν. ¹⁶ καὶ προσάξει αὐτὴν ὁ ἱερεὺς καὶ στή-
17 σει αὐτὴν ἔναντι κυρίου, ¹⁷ καὶ λήμψεται ὁ ἱερεὺς ὕδωρ καθαρὸν
ζῶν ἐν ἀγγείῳ ὀστρακίνῳ καὶ τῆς γῆς τῆς οὔσης ἐπὶ τοῦ ἐδά-
φους τῆς σκηνῆς τοῦ μαρτυρίου καὶ λαβὼν ὁ ἱερεὺς ἐμβαλεῖ εἰς
18 τὸ ὕδωρ, ¹⁸ καὶ στήσει ὁ ἱερεὺς τὴν γυναῖκα ἔναντι κυρίου καὶ
ἀποκαλύψει τὴν κεφαλὴν τῆς γυναικὸς καὶ δώσει ἐπὶ τὰς χεῖρας
αὐτῆς τὴν θυσίαν τοῦ μνημοσύνου, τὴν θυσίαν τῆς ζηλοτυπίας,
ἐν δὲ τῇ χειρὶ τοῦ ἱερέως ἔσται τὸ ὕδωρ τοῦ ἐλεγμοῦ τοῦ ἐπι-
19 καταρωμένου τούτου. ¹⁹ καὶ ὁρκιεῖ αὐτὴν ὁ ἱερεὺς καὶ ἐρεῖ τῇ γυ-
ναικί Εἰ μὴ κεκοίμηταί τις μετὰ σοῦ, εἰ μὴ παραβέβηκας μιανθῆ-
ναι ὑπὸ τὸν ἄνδρα τὸν σεαυτῆς, ἀθῷα ἴσθι ἀπὸ τοῦ ὕδατος τοῦ
20 ἐλεγμοῦ τοῦ ἐπικαταρωμένου τούτου· ²⁰ εἰ δὲ σὺ παραβέβηκας
ὑπ᾽ ἀνδρὸς οὖσα ἢ μεμίανσαι καὶ ἔδωκέν τις τὴν κοίτην αὐτοῦ ἐν
21 σοὶ πλὴν τοῦ ἀνδρός σου. ²¹ καὶ ὁρκιεῖ ὁ ἱερεὺς τὴν γυναῖκα ἐν τοῖς
ὅρκοις τῆς ἀρᾶς ταύτης, καὶ ἐρεῖ ὁ ἱερεὺς τῇ γυναικί Δῴη κύριός
σε ἐν ἀρᾷ καὶ ἐνόρκιον ἐν μέσῳ τοῦ λαοῦ σου ἐν τῷ δοῦναι
κύριον τὸν μηρόν σου διαπεπτωκότα καὶ τὴν κοιλίαν σου πεπρη-
22 σμένην, ²² καὶ εἰσελεύσεται τὸ ὕδωρ τὸ ἐπικαταρώμενον τοῦτο εἰς
τὴν κοιλίαν σου πρῆσαι γαστέρα καὶ διαπεσεῖν μηρόν σου. καὶ
23 ἐρεῖ ἡ γυνή Γένοιτο, γένοιτο. ²³ καὶ γράψει ὁ ἱερεὺς τὰς ἀρὰς ταύ-
τας εἰς βιβλίον καὶ ἐξαλείψει εἰς τὸ ὕδωρ τοῦ ἐλεγμοῦ τοῦ ἐπι-
24 καταρωμένου ²⁴ καὶ ποτιεῖ τὴν γυναῖκα τὸ ὕδωρ τοῦ ἐλεγμοῦ τοῦ
ἐπικαταρωμένου, καὶ εἰσελεύσεται εἰς αὐτὴν τὸ ὕδωρ τὸ ἐπικατα-
25 ρώμενον τοῦ ἐλεγμοῦ. ²⁵ καὶ λήμψεται ὁ ἱερεὺς ἐκ χειρὸς τῆς γυ-
ναικὸς τὴν θυσίαν τῆς ζηλοτυπίας καὶ ἐπιθήσει τὴν θυσίαν ἔναντι
26 κυρίου καὶ προσοίσει αὐτὴν πρὸς τὸ θυσιαστήριον, ²⁶ καὶ δράξεται
ὁ ἱερεὺς ἀπὸ τῆς θυσίας τὸ μνημόσυνον αὐτῆς καὶ ἀνοίσει αὐτὸ
ἐπὶ τὸ θυσιαστήριον καὶ μετὰ ταῦτα ποτιεῖ τὴν γυναῖκα τὸ ὕδωρ.
27 ²⁷ καὶ ἔσται ἐὰν ᾖ μεμιαμμένη καὶ λήθῃ λάθῃ τὸν ἄνδρα αὐτῆς,
καὶ εἰσελεύσεται εἰς αὐτὴν τὸ ὕδωρ τοῦ ἐλεγμοῦ τὸ ἐπικαταρώ-
μενον, καὶ πρησθήσεται τὴν κοιλίαν, καὶ διαπεσεῖται ὁ μηρὸς αὐ-
28 τῆς, καὶ ἔσται ἡ γυνὴ εἰς ἀρὰν ἐν τῷ λαῷ αὐτῆς· ²⁸ ἐὰν δὲ μὴ
μιανθῇ ἡ γυνὴ καὶ καθαρὰ ᾖ, καὶ ἀθῷα ἔσται καὶ ἐκσπερματιεῖ
29 σπέρμα. — ²⁹ οὗτος ὁ νόμος τῆς ζηλοτυπίας, ᾧ ἐὰν παραβῇ ἡ
30 γυνὴ ὑπ᾽ ἀνδρὸς οὖσα καὶ μιανθῇ· ³⁰ ἢ ἄνθρωπος, ᾧ ἐὰν ἐπέλθῃ
ἐπ᾽ αὐτὸν πνεῦμα ζηλώσεως καὶ ζηλώσῃ τὴν γυναῖκα αὐτοῦ, καὶ
στήσει τὴν γυναῖκα αὐτοῦ ἔναντι κυρίου, καὶ ποιήσει αὐτῇ ὁ ἱε-
31 ρεὺς πάντα τὸν νόμον τοῦτον· ³¹ καὶ ἀθῷος ἔσται ὁ ἄνθρω-

18 ο ιερ. / την γυν.] tr. B⁺ | θυσιαν 1⁰ ⌒ 2⁰ B*⁺ | το επικαταρωμενον τουτο
A: cf. 23. 24 (1⁰) et 24 (2⁰). 27 ‖ 19 υπο] προς A⁺ ‖ 20 ὑπ᾽ ἀνδρὸς Ra.]
ὕπανδρος editiones: item in 29 ‖ 21 ορκοις] λογοις B⁺ | κυριος σε] tr. A
‖ 25 προς] επι A ‖ 27 εαν] + μεν A | εν > BS*⁺

πος ἀπὸ ἁμαρτίας, καὶ ἡ γυνὴ ἐκείνη λήμψεται τὴν ἁμαρτίαν
αὐτῆς.

¹ Καὶ ἐλάλησεν κύριος πρὸς Μωυσῆν λέγων ² Λάλησον τοῖς υἱοῖς 6
Ισραηλ καὶ ἐρεῖς πρὸς αὐτούς Ἀνὴρ ἢ γυνή, ὃς ἐὰν μεγάλως εὔ-
ξηται εὐχὴν ἀφαγνίσασθαι ἁγνείαν κυρίῳ ³ ἀπὸ οἴνου καὶ σικερα, 3
ἁγνισθήσεται ἀπὸ οἴνου καὶ ὄξος ἐξ οἴνου καὶ ὄξος ἐκ σικερα οὐ
πίεται καὶ ὅσα κατεργάζεται ἐκ σταφυλῆς οὐ πίεται καὶ σταφυλὴν
πρόσφατον καὶ σταφίδα οὐ φάγεται. ⁴ πάσας τὰς ἡμέρας τῆς εὐ- 4
χῆς αὐτοῦ ἀπὸ πάντων, ὅσα γίνεται ἐξ ἀμπέλου, οἶνον ἀπὸ στεμ-
φύλων ἕως γιγάρτου οὐ φάγεται. ⁵ πάσας τὰς ἡμέρας τῆς εὐχῆς 5
τοῦ ἁγνισμοῦ ξυρὸν οὐκ ἐπελεύσεται ἐπὶ τὴν κεφαλὴν αὐτοῦ· ἕως
ἂν πληρωθῶσιν αἱ ἡμέραι, ὅσας ηὔξατο κυρίῳ, ἅγιος ἔσται τρέφων
κόμην τρίχα κεφαλῆς. ⁶ πάσας τὰς ἡμέρας τῆς εὐχῆς κυρίῳ ἐπὶ 6
πάσῃ ψυχῇ τετελευτηκυίᾳ οὐκ εἰσελεύσεται· ⁷ ἐπὶ πατρὶ καὶ ἐπὶ 7
μητρὶ καὶ ἐπ᾽ ἀδελφῷ καὶ ἐπ᾽ ἀδελφῇ, οὐ μιανθήσεται ἐπ᾽ αὐτοῖς
ἀποθανόντων αὐτῶν, ὅτι εὐχὴ θεοῦ αὐτοῦ ἐπ᾽ αὐτῷ ἐπὶ κεφαλῆς
αὐτοῦ· ⁸ πάσας τὰς ἡμέρας τῆς εὐχῆς αὐτοῦ ἅγιος ἔσται κυρίῳ. — 8
⁹ ἐὰν δέ τις ἀποθάνῃ ἐξάπινα ἐπ᾽ αὐτῷ, παραχρῆμα μιανθήσεται ἡ 9
κεφαλὴ εὐχῆς αὐτοῦ, καὶ ξυρήσεται τὴν κεφαλὴν αὐτοῦ ᾗ ἂν ἡμέρᾳ
καθαρισθῇ· τῇ ἡμέρᾳ τῇ ἑβδόμῃ ξυρηθήσεται. ¹⁰ καὶ τῇ ἡμέρᾳ τῇ 10
ὀγδόῃ οἴσει δύο τρυγόνας ἢ δύο νεοσσοὺς περιστερῶν πρὸς τὸν
ἱερέα ἐπὶ τὰς θύρας τῆς σκηνῆς τοῦ μαρτυρίου, ¹¹ καὶ ποιήσει ὁ 11
ἱερεὺς μίαν περὶ ἁμαρτίας καὶ μίαν εἰς ὁλοκαύτωμα, καὶ ἐξιλάσεται
περὶ αὐτοῦ ὁ ἱερεὺς περὶ ὧν ἥμαρτεν περὶ τῆς ψυχῆς καὶ ἁγιάσει τὴν
κεφαλὴν αὐτοῦ ἐν ἐκείνῃ τῇ ἡμέρᾳ, ¹² ᾗ ἡγιάσθη κυρίῳ τὰς ἡμέρας 12
τῆς εὐχῆς, καὶ προσάξει ἀμνὸν ἐνιαύσιον εἰς πλημμέλειαν, καὶ αἱ
ἡμέραι αἱ πρότεραι ἄλογοι ἔσονται, ὅτι ἐμιάνθη κεφαλὴ εὐχῆς αὐτοῦ.

¹³ Καὶ οὗτος ὁ νόμος τοῦ εὐξαμένου· ᾗ ἂν ἡμέρᾳ πληρώσῃ ἡμέ- 13
ρας εὐχῆς αὐτοῦ, προσοίσει αὐτὸς παρὰ τὰς θύρας τῆς σκηνῆς
τοῦ μαρτυρίου ¹⁴ καὶ προσάξει τὸ δῶρον αὐτοῦ κυρίῳ ἀμνὸν ἐνι- 14
αύσιον ἄμωμον ἕνα εἰς ὁλοκαύτωσιν καὶ ἀμνάδα ἐνιαυσίαν ἄμωμον
μίαν εἰς ἁμαρτίαν καὶ κριὸν ἕνα ἄμωμον εἰς σωτήριον ¹⁵ καὶ κανοῦν 15
ἀζύμων σεμιδάλεως ἄρτους ἀναπεποιημένους ἐν ἐλαίῳ καὶ λάγανα
ἄζυμα κεχρισμένα ἐν ἐλαίῳ καὶ θυσία αὐτῶν καὶ σπονδὴ αὐτῶν.
¹⁶ καὶ προσοίσει ὁ ἱερεὺς ἔναντι κυρίου καὶ ποιήσει τὸ περὶ ἁμαρ- 16
τίας αὐτοῦ καὶ τὸ ὁλοκαύτωμα αὐτοῦ ¹⁷ καὶ τὸν κριὸν ποιήσει 17
θυσίαν σωτηρίου κυρίῳ ἐπὶ τῷ κανῷ τῶν ἀζύμων, καὶ ποιήσει ὁ

6 4 στεμφυλων Μ] -φυλων ΒΑ ‖ 5 της ευχης > Β | αγνισμου] + αυτου
Α (in Ο sub ※) | οσας] ας Α⁺ ‖ 6 τετελευτηκυιη Β⁺ ‖ 7 επι 2⁰ > Βᶜ ‖
9 αποθανη] pr. θανατω Α | εξαπινα / επ αυτω] tr. Α ‖ 10 και τη] τη δε Α
‖ 12 η > Α | ηγιασεν Α | κυριω] pr. τω S | τας] pr. πασας Α | προτερον Α
| οτε Α⁺ ‖ 14 ολοκαυτωμα Α | ενα ult. > Α | σωτηριαν Β* ‖ 15 θυσιαν
... σπονδην Α

18 ἱερεὺς τὴν θυσίαν αὐτοῦ καὶ τὴν σπονδὴν αὐτοῦ. ¹⁸ καὶ ξυρήσεται
ὁ ηὐγμένος παρὰ τὰς θύρας τῆς σκηνῆς τοῦ μαρτυρίου τὴν κε-
φαλὴν τῆς εὐχῆς αὐτοῦ καὶ ἐπιθήσει τὰς τρίχας ἐπὶ τὸ πῦρ, ὅ
19 ἐστιν ὑπὸ τὴν θυσίαν τοῦ σωτηρίου. ¹⁹ καὶ λήμψεται ὁ ἱερεὺς τὸν
βραχίονα ἐφθὸν ἀπὸ τοῦ κριοῦ καὶ ἄρτον ἕνα ἄζυμον ἀπὸ τοῦ
κανοῦ καὶ λάγανον ἄζυμον ἓν καὶ ἐπιθήσει ἐπὶ τὰς χεῖρας τοῦ
20 ηὐγμένου μετὰ τὸ ξυρήσασθαι αὐτὸν τὴν εὐχὴν αὐτοῦ· ²⁰ καὶ προσ-
οίσει αὐτὰ ὁ ἱερεὺς ἐπίθεμα ἔναντι κυρίου, ἅγιον ἔσται τῷ ἱερεῖ
ἐπὶ τοῦ στηθυνίου τοῦ ἐπιθέματος καὶ ἐπὶ τοῦ βραχίονος τοῦ
21 ἀφαιρέματος· καὶ μετὰ ταῦτα πίεται ὁ ηὐγμένος οἶνον. — ²¹ οὗτος
ὁ νόμος τοῦ εὐξαμένου, ὃς ἂν εὔξηται κυρίῳ δῶρον αὐτοῦ κυρίῳ
περὶ τῆς εὐχῆς, χωρὶς ὧν ἂν εὕρῃ ἡ χεὶρ αὐτοῦ κατὰ δύναμιν
τῆς εὐχῆς αὐτοῦ, ἣν ἂν εὔξηται κατὰ νόμον ἁγνείας.
22
23   ²² Καὶ ἐλάλησεν κύριος πρὸς Μωυσῆν λέγων ²³ Λάλησον Ααρων
καὶ τοῖς υἱοῖς αὐτοῦ λέγων Οὕτως εὐλογήσετε τοὺς υἱοὺς Ισραηλ
λέγοντες αὐτοῖς (καὶ ἐπιθήσουσιν τὸ ὄνομά μου ἐπὶ τοὺς υἱοὺς
Ισραηλ, καὶ ἐγὼ κύριος εὐλογήσω αὐτούς)
24   ²⁴ Εὐλογήσαι σε κύριος καὶ φυλάξαι σε,
25   ²⁵ ἐπιφάναι κύριος τὸ πρόσωπον αὐτοῦ ἐπὶ σὲ καὶ ἐλεήσαι σε,
26   ²⁶ ἐπάραι κύριος τὸ πρόσωπον αὐτοῦ ἐπὶ σὲ καὶ δῴη σοι
εἰρήνην.
7   ¹ Καὶ ἐγένετο ᾗ ἡμέρᾳ συνετέλεσεν Μωυσῆς ὥστε ἀναστῆσαι
τὴν σκηνὴν καὶ ἔχρισεν αὐτὴν καὶ ἡγίασεν αὐτὴν καὶ πάντα τὰ
σκεύη αὐτῆς καὶ τὸ θυσιαστήριον καὶ πάντα τὰ σκεύη αὐτοῦ καὶ
2 ἔχρισεν αὐτὰ καὶ ἡγίασεν αὐτά, ² καὶ προσήνεγκαν οἱ ἄρχοντες
Ισραηλ, δώδεκα ἄρχοντες οἴκων πατριῶν αὐτῶν, οὗτοι ἄρχοντες
3 φυλῶν, οὗτοι οἱ παρεστηκότες ἐπὶ τῆς ἐπισκοπῆς, ³ καὶ ἤνεγκαν
τὰ δῶρα αὐτῶν ἔναντι κυρίου ἓξ ἁμάξας λαμπηνικὰς καὶ δώδεκα
βόας, ἅμαξαν παρὰ δύο ἀρχόντων καὶ μόσχον παρὰ ἑκάστου, καὶ
4 προσήγαγον ἐναντίον τῆς σκηνῆς. ⁴ καὶ εἶπεν κύριος πρὸς Μωυ-
5 σῆν λέγων ⁵ Λαβὲ παρ᾿ αὐτῶν, καὶ ἔσονται πρὸς τὰ ἔργα τὰ λει-
τουργικὰ τῆς σκηνῆς τοῦ μαρτυρίου, καὶ δώσεις αὐτὰ τοῖς Λευί-
6 ταις, ἑκάστῳ κατὰ τὴν αὐτοῦ λειτουργίαν. ⁶ καὶ λαβὼν Μωυσῆς
7 τὰς ἁμάξας καὶ τοὺς βόας ἔδωκεν αὐτὰ τοῖς Λευίταις· ⁷ τὰς δύο
ἁμάξας καὶ τοὺς τέσσαρας βόας ἔδωκεν τοῖς υἱοῖς Γεδσων κατὰ
8 τὰς λειτουργίας αὐτῶν ⁸ καὶ τὰς τέσσαρας ἁμάξας καὶ τοὺς ὀκτὼ
βόας ἔδωκεν τοῖς υἱοῖς Μεραρι κατὰ τὰς λειτουργίας αὐτῶν διὰ

18 υπο] επι Α ‖ 19 ενα αζυμον] tr. Α | ευχην Β†] κεφαλην Α ‖ 21 της
ult. > Α | ην] ης Α | νομον] pr. τον Α ‖ 23 = 𝔐 23 + 27 ‖ 24 σε ult.
> Β† ‖ 25 init.] pr. και Β*†
   7 1 η ημερα] τη ημ. η Α ‖ 2 παραστηκοντες Α† ‖ 3 το δωρον Β† |
προσηγαγον] -ηνεγκαν Α

Ιθαμαρ υἱοῦ Ααρων τοῦ ἱερέως. ⁹καὶ τοῖς υἱοῖς Κααθ οὐκ ἔδωκεν, 9
ὅτι τὰ λειτουργήματα τοῦ ἁγίου ἔχουσιν· ἐπ᾽ ὤμων ἀροῦσιν.

¹⁰Καὶ προσήνεγκαν οἱ ἄρχοντες εἰς τὸν ἐγκαινισμὸν τοῦ θυσια- 10
στηρίου ἐν τῇ ἡμέρᾳ, ᾗ ἔχρισεν αὐτό, καὶ προσήνεγκαν οἱ ἄρχον-
τες τὰ δῶρα αὐτῶν ἀπέναντι τοῦ θυσιαστηρίου. ¹¹καὶ εἶπεν κύριος 11
πρὸς Μωυσῆν Ἄρχων εἷς καθ᾽ ἡμέραν ἄρχων καθ᾽ ἡμέραν προσοί-
σουσιν τὰ δῶρα αὐτῶν εἰς τὸν ἐγκαινισμὸν τοῦ θυσιαστηρίου.

¹²Καὶ ἦν ὁ προσφέρων τῇ ἡμέρᾳ τῇ πρώτῃ τὸ δῶρον αὐτοῦ 12
Ναασσων υἱὸς Αμιναδαβ ἄρχων τῆς φυλῆς Ιουδα. ¹³καὶ προσήνεγ- 13
κεν τὸ δῶρον αὐτοῦ τρυβλίον ἀργυροῦν ἕν, τριάκοντα καὶ ἑκατὸν
ὁλκὴ αὐτοῦ, φιάλην μίαν ἀργυρᾶν ἑβδομήκοντα σίκλων κατὰ τὸν
σίκλον τὸν ἅγιον, ἀμφότερα πλήρη σεμιδάλεως ἀναπεποιημένης
ἐν ἐλαίῳ, εἰς θυσίαν· ¹⁴θυίσκην μίαν δέκα χρυσῶν πλήρη θυμιά- 14
ματος· ¹⁵μόσχον ἕνα ἐκ βοῶν, κριὸν ἕνα, ἀμνὸν ἕνα ἐνιαύσιον εἰς 15
ὁλοκαύτωμα· ¹⁶καὶ χίμαρον ἐξ αἰγῶν ἕνα περὶ ἁμαρτίας· ¹⁷καὶ εἰς 16
θυσίαν σωτηρίου δαμάλεις δύο, κριοὺς πέντε, τράγους πέντε, ἀμνά- 17
δας ἐνιαυσίας πέντε. τοῦτο τὸ δῶρον Ναασσων υἱοῦ Αμιναδαβ.

¹⁸Τῇ ἡμέρᾳ τῇ δευτέρᾳ προσήνεγκεν Ναθαναηλ υἱὸς Σωγαρ ἄρ- 18
χων τῆς φυλῆς Ισσαχαρ. ¹⁹καὶ προσήνεγκεν τὸ δῶρον αὐτοῦ τρυ- 19
βλίον ἀργυροῦν ἕν, τριάκοντα καὶ ἑκατὸν ὁλκὴ αὐτοῦ, φιάλην μίαν
ἀργυρᾶν ἑβδομήκοντα σίκλων κατὰ τὸν σίκλον τὸν ἅγιον, ἀμφό-
τερα πλήρη σεμιδάλεως ἀναπεποιημένης ἐν ἐλαίῳ, εἰς θυσίαν· ²⁰θυί- 20
σκην μίαν δέκα χρυσῶν πλήρη θυμιάματος· ²¹μόσχον ἕνα ἐκ βοῶν, 21
κριὸν ἕνα, ἀμνὸν ἕνα ἐνιαύσιον εἰς ὁλοκαύτωμα· ²²καὶ χίμαρον ἐξ 22
αἰγῶν ἕνα περὶ ἁμαρτίας· ²³καὶ εἰς θυσίαν σωτηρίου δαμάλεις δύο, 23
κριοὺς πέντε, τράγους πέντε, ἀμνάδας ἐνιαυσίας πέντε. τοῦτο τὸ
δῶρον Ναθαναηλ υἱοῦ Σωγαρ.

²⁴Τῇ ἡμέρᾳ τῇ τρίτῃ ἄρχων τῶν υἱῶν Ζαβουλων Ελιαβ υἱὸς 24
Χαιλων. ²⁵τὸ δῶρον αὐτοῦ τρυβλίον ἀργυροῦν ἕν, τριάκοντα καὶ 25
ἑκατὸν ὁλκὴ αὐτοῦ, φιάλην μίαν ἀργυρᾶν ἑβδομήκοντα σίκλων κατὰ
τὸν σίκλον τὸν ἅγιον, ἀμφότερα πλήρη σεμιδάλεως ἀναπεποιη-
μένης ἐν ἐλαίῳ, εἰς θυσίαν· ²⁶θυίσκην μίαν δέκα χρυσῶν πλήρη 26
θυμιάματος· ²⁷μόσχον ἕνα ἐκ βοῶν, κριὸν ἕνα, ἀμνὸν ἕνα ἐνιαύ- 27
σιον εἰς ὁλοκαύτωμα· ²⁸καὶ χίμαρον ἐξ αἰγῶν ἕνα περὶ ἁμαρτίας· 28
²⁹καὶ εἰς θυσίαν σωτηρίου δαμάλεις δύο, κριοὺς πέντε, τράγους 29
πέντε, ἀμνάδας ἐνιαυσίας πέντε. τοῦτο τὸ δῶρον Ελιαβ υἱοῦ Χαιλων.

8 υιου] pr. του Α ‖ 12 τη ημ.] pr. εν B† | τη ημ. τ. πρωτη / το δωρ. αυ-
του] tr. A† ‖ 15 κριον] pr. και B*† hic, non in 21. 27 etc. | ενα ult. > B:
item A in 33. 45. 51. 57. 63. 75, sed ceteris locis B et A hab. ενα ‖ 17 κριους]
pr. και B*S(uid.)† hic, non in 23. 29 etc. ‖ 29 πεντε 1⁰ ⌒ 2⁰ B*: item in
41, non in 17. 23. 35. 47 etc.

30 ³⁰Τῇ ἡμέρᾳ τῇ τετάρτῃ ἄρχων τῶν υἱῶν Ρουβην Ελισουρ υἱὸς
31 Σεδιουρ. ³¹τὸ δῶρον αὐτοῦ τρυβλίον ἀργυροῦν ἕν, τριάκοντα καὶ
ἑκατὸν ὁλκὴ αὐτοῦ, φιάλην μίαν ἀργυρᾶν ἑβδομήκοντα σίκλων
κατὰ τὸν σίκλον τὸν ἅγιον, ἀμφότερα πλήρη σεμιδάλεως ἀναπε-
32 ποιημένης ἐν ἐλαίῳ, εἰς θυσίαν· ³²θυίσκην μίαν δέκα χρυσῶν
33 πλήρη θυμιάματος· ³³μόσχον ἕνα ἐκ βοῶν, κριὸν ἕνα, ἀμνὸν ἕνα
34 ἐνιαύσιον εἰς ὁλοκαύτωμα· ³⁴καὶ χίμαρον ἐξ αἰγῶν ἕνα περὶ ἁμαρ-
35 τίας· ³⁵καὶ εἰς θυσίαν σωτηρίου δαμάλεις δύο, κριοὺς πέντε, τρά-
γους πέντε, ἀμνάδας ἐνιαυσίας πέντε. τοῦτο τὸ δῶρον Ελισουρ
υἱοῦ Σεδιουρ.

36 ³⁶Τῇ ἡμέρᾳ τῇ πέμπτῃ ἄρχων τῶν υἱῶν Συμεων Σαλαμιηλ υἱὸς
37 Σουρισαδαι. ³⁷τὸ δῶρον αὐτοῦ τρυβλίον ἀργυροῦν ἕν, τριάκοντα
καὶ ἑκατὸν ὁλκὴ αὐτοῦ, φιάλην μίαν ἀργυρᾶν ἑβδομήκοντα σίκλων
κατὰ τὸν σίκλον τὸν ἅγιον, ἀμφότερα πλήρη σεμιδάλεως ἀναπε-
38 ποιημένης ἐν ἐλαίῳ, εἰς θυσίαν· ³⁸θυίσκην μίαν δέκα χρυσῶν πλή-
39 ρη θυμιάματος· ³⁹μόσχον ἕνα ἐκ βοῶν, κριὸν ἕνα, ἀμνὸν ἕνα ἐνι-
40 αύσιον εἰς ὁλοκαύτωμα· ⁴⁰καὶ χίμαρον ἐξ αἰγῶν ἕνα περὶ ἁμαρ-
41 τίας· ⁴¹καὶ εἰς θυσίαν σωτηρίου δαμάλεις δύο, κριοὺς πέντε, τρά-
γους πέντε, ἀμνάδας ἐνιαυσίας πέντε. τοῦτο τὸ δῶρον Σαλαμιηλ
υἱοῦ Σουρισαδαι.

42 ⁴²Τῇ ἡμέρᾳ τῇ ἕκτῃ ἄρχων τῶν υἱῶν Γαδ Ελισαφ υἱὸς Ραγουηλ.
43 ⁴³τὸ δῶρον αὐτοῦ τρυβλίον ἀργυροῦν ἕν, τριάκοντα καὶ ἑκατὸν
ὁλκὴ αὐτοῦ, φιάλην μίαν ἀργυρᾶν ἑβδομήκοντα σίκλων κατὰ τὸν
σίκλον τὸν ἅγιον, ἀμφότερα πλήρη σεμιδάλεως ἀναπεποιημένης
44 ἐν ἐλαίῳ, εἰς θυσίαν· ⁴⁴θυίσκην μίαν δέκα χρυσῶν πλήρη θυμιά-
45 ματος· ⁴⁵μόσχον ἕνα ἐκ βοῶν, κριὸν ἕνα, ἀμνὸν ἕνα ἐνιαύσιον
46
47 εἰς ὁλοκαύτωμα· ⁴⁶καὶ χίμαρον ἐξ αἰγῶν ἕνα περὶ ἁμαρτίας· ⁴⁷καὶ
εἰς θυσίαν σωτηρίου δαμάλεις δύο, κριοὺς πέντε, τράγους πέντε,
ἀμνάδας ἐνιαυσίας πέντε. τοῦτο τὸ δῶρον Ελισαφ υἱοῦ Ραγουηλ.

48 ⁴⁸Τῇ ἡμέρᾳ τῇ ἑβδόμῃ ἄρχων τῶν υἱῶν Εφραιμ Ελισαμα υἱὸς
49 Εμιουδ. ⁴⁹τὸ δῶρον αὐτοῦ τρυβλίον ἀργυροῦν ἕν, τριάκοντα καὶ
ἑκατὸν ὁλκὴ αὐτοῦ, φιάλην μίαν ἀργυρᾶν ἑβδομήκοντα σίκλων
κατὰ τὸν σίκλον τὸν ἅγιον, ἀμφότερα πλήρη σεμιδάλεως ἀναπε-
50 ποιημένης ἐν ἐλαίῳ, εἰς θυσίαν· ⁵⁰θυίσκην μίαν δέκα χρυσῶν πλή-
51 ρη θυμιάματος· ⁵¹μόσχον ἕνα ἐκ βοῶν, κριὸν ἕνα, ἀμνὸν ἕνα ἐνι-
52 αύσιον εἰς ὁλοκαύτωμα· ⁵²καὶ χίμαρον ἐξ αἰγῶν ἕνα περὶ ἁμαρ-
53 τίας· ⁵³καὶ εἰς θυσίαν σωτηρίου δαμάλεις δύο, κριοὺς πέντε, τρά-
γους πέντε, ἀμνάδας ἐνιαυσίας πέντε. τοῦτο τὸ δῶρον Ελισαμα
υἱοῦ Εμιουδ.

30 σεδιουρ] εδισουρ B✝ (Bᶜ pr. σ) hic, non in 35 15 2 10 10 18 ‖ 35 κριους
πεντε > A✝

⁵⁴ Τῇ ἡμέρᾳ τῇ ὀγδόῃ ἄρχων τῶν υἱῶν Μανασση Γαμαλιηλ υἱὸς 54
Φαδασσουρ. ⁵⁵ τὸ δῶρον αὐτοῦ τρυβλίον ἀργυροῦν ἕν, τριάκοντα 55
καὶ ἑκατὸν ὁλκὴ αὐτοῦ, φιάλην μίαν ἀργυρᾶν ἑβδομήκοντα σίκλων
κατὰ τὸν σίκλον τὸν ἅγιον, ἀμφότερα πλήρη σεμιδάλεως ἀναπε-
ποιημένης ἐν ἐλαίῳ, εἰς θυσίαν· ⁵⁶ θυίσκην μίαν δέκα χρυσῶν πλή- 56
ρη θυμιάματος· ⁵⁷ μόσχον ἕνα ἐκ βοῶν, κριὸν ἕνα, ἀμνὸν ἕνα ἐνι- 57
αύσιον εἰς ὁλοκαύτωμα· ⁵⁸ καὶ χίμαρον ἐξ αἰγῶν ἕνα περὶ ἁμαρ- 58
τίας· ⁵⁹ καὶ εἰς θυσίαν σωτηρίου δαμάλεις δύο, κριοὺς πέντε, τρά- 59
γους πέντε, ἀμνάδας ἐνιαυσίας πέντε. τοῦτο τὸ δῶρον Γαμαλιηλ
υἱοῦ Φαδασσουρ.

⁶⁰ Τῇ ἡμέρᾳ τῇ ἐνάτῃ ἄρχων τῶν υἱῶν Βενιαμιν Αβιδαν υἱὸς 60
Γαδεωνι. ⁶¹ τὸ δῶρον αὐτοῦ τρυβλίον ἀργυροῦν ἕν, τριάκοντα καὶ 61
ἑκατὸν ὁλκὴ αὐτοῦ, φιάλην μίαν ἀργυρᾶν ἑβδομήκοντα σίκλων κατὰ
τὸν σίκλον τὸν ἅγιον, ἀμφότερα πλήρη σεμιδάλεως ἀναπεποιημέ-
νης ἐν ἐλαίῳ, εἰς θυσίαν· ⁶² θυίσκην μίαν δέκα χρυσῶν πλήρη 62
θυμιάματος· ⁶³ μόσχον ἕνα ἐκ βοῶν, κριὸν ἕνα, ἀμνὸν ἕνα ἐνιαύ- 63
σιον εἰς ὁλοκαύτωμα· ⁶⁴ καὶ χίμαρον ἐξ αἰγῶν ἕνα περὶ ἁμαρτίας· 64
⁶⁵ καὶ εἰς θυσίαν σωτηρίου δαμάλεις δύο, κριοὺς πέντε, τράγους 65
πέντε, ἀμνάδας ἐνιαυσίας πέντε. τοῦτο τὸ δῶρον Αβιδαν υἱοῦ
Γαδεωνι.

⁶⁶ Τῇ ἡμέρᾳ τῇ δεκάτῃ ἄρχων τῶν υἱῶν Δαν Αχιεζερ υἱὸς Αμι- 66
σαδαι. ⁶⁷ τὸ δῶρον αὐτοῦ τρυβλίον ἀργυροῦν ἕν, τριάκοντα καὶ 67
ἑκατὸν ὁλκὴ αὐτοῦ, φιάλην μίαν ἀργυρᾶν ἑβδομήκοντα σίκλων κατὰ
τὸν σίκλον τὸν ἅγιον, ἀμφότερα πλήρη σεμιδάλεως ἀναπεποιημένης
ἐν ἐλαίῳ, εἰς θυσίαν· ⁶⁸ θυίσκην μίαν δέκα χρυσῶν πλήρη θυμιά- 68
ματος· ⁶⁹ μόσχον ἕνα ἐκ βοῶν, κριὸν ἕνα, ἀμνὸν ἕνα ἐνιαύσιον εἰς 69
ὁλοκαύτωμα· ⁷⁰ καὶ χίμαρον ἐξ αἰγῶν ἕνα περὶ ἁμαρτίας· ⁷¹ καὶ εἰς 70
θυσίαν σωτηρίου δαμάλεις δύο, κριοὺς πέντε, τράγους πέντε, ἀμνά- 71
δας ἐνιαυσίας πέντε. τοῦτο τὸ δῶρον Αχιεζερ υἱοῦ Αμισαδαι.

⁷² Τῇ ἡμέρᾳ τῇ ἑνδεκάτῃ ἄρχων τῶν υἱῶν Ασηρ Φαγαιηλ υἱὸς 72
Εχραν. ⁷³ τὸ δῶρον αὐτοῦ τρυβλίον ἀργυροῦν ἕν, τριάκοντα καὶ 73
ἑκατὸν ὁλκὴ αὐτοῦ, φιάλην μίαν ἀργυρᾶν ἑβδομήκοντα σίκλων
κατὰ τὸν σίκλον τὸν ἅγιον, ἀμφότερα πλήρη σεμιδάλεως ἀναπε-
ποιημένης ἐν ἐλαίῳ, εἰς θυσίαν· ⁷⁴ θυίσκην μίαν δέκα χρυσῶν πλή- 74
ρη θυμιάματος· ⁷⁵ μόσχον ἕνα ἐκ βοῶν, κριὸν ἕνα, ἀμνὸν ἕνα ἐνι- 75
αύσιον εἰς ὁλοκαύτωμα· ⁷⁶ καὶ χίμαρον ἐξ αἰγῶν ἕνα περὶ ἁμαρτίας· 76
⁷⁷ καὶ εἰς θυσίαν σωτηρίου δαμάλεις δύο, κριοὺς πέντε, τράγους πέν- 77
τε, ἀμνάδας ἐνιαυσίας πέντε. τοῦτο τὸ δῶρον Φαγαιηλ υἱοῦ Εχραν.

⁷⁸ Τῇ ἡμέρᾳ τῇ δωδεκάτῃ ἄρχων τῶν υἱῶν Νεφθαλι Αχιρε υἱὸς 78
Αιναν. ⁷⁹ τὸ δῶρον αὐτοῦ τρυβλίον ἀργυροῦν ἕν, τριάκοντα καὶ 79
ἑκατὸν ὁλκὴ αὐτοῦ, φιάλην μίαν ἀργυρᾶν ἑβδομήκοντα σίκλων

69 ενιαυσιον] + αμωμον Aᵗ ‖ 77 φαγεηλ B (item in 72), φαγαι Aᵗ

κατὰ τὸν σίκλον τὸν ἅγιον, ἀμφότερα πλήρη σεμιδάλεως ἀναπε-
80 ποιημένης ἐν ἐλαίῳ, εἰς θυσίαν· ⁸⁰θυίσκην μίαν δέκα χρυσῶν πλή-
81 ρη θυμιάματος· ⁸¹μόσχον ἕνα ἐκ βοῶν, κριὸν ἕνα, ἀμνὸν ἕνα ἐνιαύ-
82 σιον εἰς ὁλοκαύτωμα· ⁸²καὶ χίμαρον ἐξ αἰγῶν ἕνα περὶ ἁμαρτίας·
83 ⁸³καὶ εἰς θυσίαν σωτηρίου δαμάλεις δύο, κριοὺς πέντε, τράγους
πέντε, ἀμνάδας ἐνιαυσίας πέντε. τοῦτο τὸ δῶρον Αχιρε υἱοῦ Αιναν.
84 　⁸⁴Οὗτος ὁ ἐγκαινισμὸς τοῦ θυσιαστηρίου, ᾗ ἡμέρᾳ ἔχρισεν αὐτό,
παρὰ τῶν ἀρχόντων τῶν υἱῶν Ισραηλ· τρυβλία ἀργυρᾶ δώδεκα,
85 φιάλαι ἀργυραῖ δώδεκα, θυίσκαι χρυσαῖ δώδεκα, ⁸⁵τριάκοντα καὶ
ἑκατὸν σίκλων τὸ τρυβλίον τὸ ἕν καὶ ἑβδομήκοντα σίκλων ἡ φιά-
λη ἡ μία, πᾶν τὸ ἀργύριον τῶν σκευῶν δισχίλιοι καὶ τετρακόσιοι
86 σίκλοι ἐν τῷ σίκλῳ τῷ ἁγίῳ. ⁸⁶θυίσκαι χρυσαῖ δώδεκα πλήρεις
θυμιάματος· πᾶν τὸ χρυσίον τῶν θυισκῶν εἴκοσι καὶ ἑκατὸν χρυ-
87 σοῖ. ⁸⁷πᾶσαι αἱ βόες εἰς ὁλοκαύτωσιν μόσχοι δώδεκα, κριοὶ δώ-
δεκα, ἀμνοὶ ἐνιαύσιοι δώδεκα καὶ αἱ θυσίαι αὐτῶν καὶ αἱ σπον-
88 δαὶ αὐτῶν· καὶ χίμαροι ἐξ αἰγῶν δώδεκα περὶ ἁμαρτίας. ⁸⁸πᾶσαι
αἱ βόες εἰς θυσίαν σωτηρίου δαμάλεις εἴκοσι τέσσαρες, κριοὶ ἑξή-
κοντα, τράγοι ἑξήκοντα, ἀμνάδες ἑξήκοντα ἐνιαύσιαι ἄμωμοι. αὕτη
ἡ ἐγκαίνωσις τοῦ θυσιαστηρίου μετὰ τὸ πληρῶσαι τὰς χεῖρας αὐ-
89 τοῦ καὶ μετὰ τὸ χρῖσαι αὐτόν. — ⁸⁹ἐν τῷ εἰσπορεύεσθαι Μωυσῆν
εἰς τὴν σκηνὴν τοῦ μαρτυρίου λαλῆσαι αὐτῷ καὶ ἤκουσεν τὴν
φωνὴν κυρίου λαλοῦντος πρὸς αὐτὸν ἄνωθεν τοῦ ἱλαστηρίου, ὅ
ἐστιν ἐπὶ τῆς κιβωτοῦ τοῦ μαρτυρίου, ἀνὰ μέσον τῶν δύο χερου-
βιμ· καὶ ἐλάλει πρὸς αὐτόν.
8 　¹Καὶ ἐλάλησεν κύριος πρὸς Μωυσῆν λέγων ²Λάλησον τῷ Ααρων
καὶ ἐρεῖς πρὸς αὐτόν Ὅταν ἐπιτιθῇς τοὺς λύχνους, ἐκ μέρους κατὰ
3 πρόσωπον τῆς λυχνίας φωτιοῦσιν οἱ ἑπτὰ λύχνοι. ³καὶ ἐποίησεν
οὕτως Ααρων· ἐκ τοῦ ἑνὸς μέρους κατὰ πρόσωπον τῆς λυχνίας
ἐξῆψεν τοὺς λύχνους αὐτῆς, καθὰ συνέταξεν κύριος τῷ Μωυσῇ.
4 ⁴καὶ αὕτη ἡ κατασκευὴ τῆς λυχνίας· στερεὰ χρυσῆ, ὁ καυλὸς αὐ-
τῆς καὶ τὰ κρίνα αὐτῆς, στερεὰ ὅλη· κατὰ τὸ εἶδος, ὃ ἔδειξεν κύ-
ριος τῷ Μωυσῇ, οὕτως ἐποίησεν τὴν λυχνίαν.
5
6 　⁵Καὶ ἐλάλησεν κύριος πρὸς Μωυσῆν λέγων ⁶Λαβὲ τοὺς Λευί-
7 τας ἐκ μέσου υἱῶν Ισραηλ καὶ ἀφαγνιεῖς αὐτούς. ⁷καὶ οὕτως ποιή-
σεις αὐτοῖς τὸν ἁγνισμὸν αὐτῶν· περιρρανεῖς αὐτοὺς ὕδωρ ἁγνι-
σμοῦ, καὶ ἐπελεύσεται ξυρὸν ἐπὶ πᾶν τὸ σῶμα αὐτῶν, καὶ πλυ-

84 των 1⁰ ⌒ 2⁰ B*† ‖ 85 η 2⁰ > B*† | των αγιων B† ‖ 86 θυμιαμ.]
+ φιαλαι αργυραι δωδεκα η θυισκη εν τω σικλω των αγιων A⁽†⁾ ‖ 87 εις]
pr. αι B† | και 1⁰ > ABᶜ ‖ 88 κριοι] pr. και B*† | τραγοι .. αμναδες] tr. B†
| εγκαινισις A
　84 αυτης 1⁰ > A† ‖ 6 υιων] pr. των A ‖ 7 αυτοις > A† | αγνιασμον
A† (αγιασμ. alii) | παν > A†

νοῦσιν τὰ ἱμάτια αὐτῶν καὶ καθαροὶ ἔσονται. ⁸καὶ λήμψονται μό- 8
σχον ἕνα ἐκ βοῶν καὶ τούτου θυσίαν σεμιδάλεως ἀναπεποιημένην
ἐν ἐλαίῳ, καὶ μόσχον ἐνιαύσιον ἐκ βοῶν λήμψῃ περὶ ἁμαρτίας.
⁹καὶ προσάξεις τοὺς Λευίτας ἔναντι τῆς σκηνῆς τοῦ μαρτυρίου 9
καὶ συνάξεις πᾶσαν συναγωγὴν υἱῶν Ισραηλ ¹⁰καὶ προσάξεις τοὺς 10
Λευίτας ἔναντι κυρίου, καὶ ἐπιθήσουσιν οἱ υἱοὶ Ισραηλ τὰς χεῖρας
αὐτῶν ἐπὶ τοὺς Λευίτας, ¹¹καὶ ἀφοριεῖ Ααρων τοὺς Λευίτας ἀπό- 11
δομα ἔναντι κυρίου παρὰ τῶν υἱῶν Ισραηλ, καὶ ἔσονται ὥστε
ἐργάζεσθαι τὰ ἔργα κυρίου. ¹²οἱ δὲ Λευῖται ἐπιθήσουσιν τὰς χεῖρας 12
ἐπὶ τὰς κεφαλὰς τῶν μόσχων, καὶ ποιήσει τὸν ἕνα περὶ ἁμαρτίας
καὶ τὸν ἕνα εἰς ὁλοκαύτωμα κυρίῳ ἐξιλάσασθαι περὶ αὐτῶν. ¹³καὶ 13
στήσεις τοὺς Λευίτας ἔναντι κυρίου καὶ ἔναντι Ααρων καὶ ἔναντι
τῶν υἱῶν αὐτοῦ καὶ ἀποδώσεις αὐτοὺς ἀπόδομα ἔναντι κυρίου·
¹⁴καὶ διαστελεῖς τοὺς Λευίτας ἐκ μέσου υἱῶν Ισραηλ, καὶ ἔσονται 14
ἐμοί. ¹⁵καὶ μετὰ ταῦτα εἰσελεύσονται οἱ Λευῖται ἐργάζεσθαι τὰ ἔργα 15
τῆς σκηνῆς τοῦ μαρτυρίου, καὶ καθαριεῖς αὐτοὺς καὶ ἀποδώσεις
αὐτοὺς ἔναντι κυρίου. ¹⁶ὅτι ἀπόδομα ἀποδεδομένοι οὗτοί μοί εἰσιν 16
ἐκ μέσου υἱῶν Ισραηλ· ἀντὶ τῶν διανοιγόντων πᾶσαν μήτραν πρω-
τοτόκων πάντων ἐκ τῶν υἱῶν Ισραηλ εἴληφα αὐτοὺς ἐμοί. ¹⁷ὅτι 17
ἐμοὶ πᾶν πρωτότοκον ἐν υἱοῖς Ισραηλ ἀπὸ ἀνθρώπου ἕως κτήνους·
ᾗ ἡμέρᾳ ἐπάταξα πᾶν πρωτότοκον ἐν τῇ Αἰγύπτῳ, ἡγίασα αὐτοὺς
ἐμοὶ ¹⁸καὶ ἔλαβον τοὺς Λευίτας ἀντὶ παντὸς πρωτοτόκου ἐν υἱοῖς 18
Ισραηλ. ¹⁹καὶ ἀπέδωκα τοὺς Λευίτας ἀπόδομα δεδομένους Ααρων 19
καὶ τοῖς υἱοῖς αὐτοῦ ἐκ μέσου υἱῶν Ισραηλ ἐργάζεσθαι τὰ ἔργα
τῶν υἱῶν Ισραηλ ἐν τῇ σκηνῇ τοῦ μαρτυρίου καὶ ἐξιλάσκεσθαι
περὶ τῶν υἱῶν Ισραηλ, καὶ οὐκ ἔσται ἐν τοῖς υἱοῖς Ισραηλ προσ-
εγγίζων πρὸς τὰ ἅγια. — ²⁰καὶ ἐποίησεν Μωυσῆς καὶ Ααρων 20
καὶ πᾶσα συναγωγὴ υἱῶν Ισραηλ τοῖς Λευίταις καθὰ ἐνετείλατο
κύριος τῷ Μωυσῇ περὶ τῶν Λευιτῶν, οὕτως ἐποίησαν αὐτοῖς οἱ
υἱοὶ Ισραηλ. ²¹καὶ ἡγνίσαντο οἱ Λευῖται καὶ ἐπλύναντο τὰ ἱμάτια, 21
καὶ ἀπέδωκεν αὐτοὺς Ααρων ἀπόδομα ἔναντι κυρίου, καὶ ἐξιλάσατο
περὶ αὐτῶν Ααρων ἀφαγνίσασθαι αὐτούς. ²²καὶ μετὰ ταῦτα εἰσῆλ- 22
θον οἱ Λευῖται λειτουργεῖν τὴν λειτουργίαν αὐτῶν ἐν τῇ σκηνῇ
τοῦ μαρτυρίου ἔναντι Ααρων καὶ ἔναντι τῶν υἱῶν αὐτοῦ· καθὼς
συνέταξεν κύριος τῷ Μωυσῇ περὶ τῶν Λευιτῶν, οὕτως ἐποίησαν
αὐτοῖς.
²³Καὶ ἐλάλησεν κύριος πρὸς Μωυσῆν λέγων ²⁴Τοῦτό ἐστιν τὸ ²³
περὶ τῶν Λευιτῶν· ἀπὸ πεντεκαιεικοσαετοῦς καὶ ἐπάνω εἰσελεύ- ²⁴

8 σεμιδαλιν A ‖ 12 χειρας] + αυτων A ‖ 13 και 2⁰ > B*† | εναντι κυ-
ριου ult.] κυριω A ‖ 16 εκ ult.] pr. των B*† ‖ 17 εν υιοις] εξ υιων A |
ανθρωπων B ‖ 19 εν ult. > B† | προσεγγ.] + των υιων ισραηλ A ‖ 21 επλυ-
ναν A | ιματια] + αυτων A | απεδωκαν A ‖ 22 εισηλθοσαν A | καθα A Bᶜ

25 σονται ἐνεργεῖν ἐν τῇ σκηνῇ τοῦ μαρτυρίου· ²⁵ καὶ ἀπὸ πεντηκον-
ταετοῦς ἀποστήσεται ἀπὸ τῆς λειτουργίας καὶ οὐκ ἐργᾶται ἔτι,
26 ²⁶ καὶ λειτουργήσει ὁ ἀδελφὸς αὐτοῦ ἐν τῇ σκηνῇ τοῦ μαρτυρίου
φυλάσσειν φυλακάς, ἔργα δὲ οὐκ ἐργᾶται. οὕτως ποιήσεις τοῖς
Λευίταις ἐν ταῖς φυλακαῖς αὐτῶν.

9   ¹ Καὶ ἐλάλησεν κύριος πρὸς Μωυσῆν ἐν τῇ ἐρήμῳ Σινα ἐν τῷ
ἔτει τῷ δευτέρῳ ἐξελθόντων αὐτῶν ἐκ γῆς Αἰγύπτου ἐν τῷ μηνὶ
2 τῷ πρώτῳ λέγων ² Εἰπὸν καὶ ποιείτωσαν οἱ υἱοὶ Ισραηλ τὸ πα-
3 σχα καθ᾽ ὥραν αὐτοῦ· ³ τῇ τεσσαρεσκαιδεκάτῃ ἡμέρᾳ τοῦ μηνὸς
τοῦ πρώτου πρὸς ἑσπέραν ποιήσεις αὐτὸ κατὰ καιρούς· κατὰ τὸν
4 νόμον αὐτοῦ καὶ κατὰ τὴν σύγκρισιν αὐτοῦ ποιήσεις αὐτό. ⁴ καὶ
5 ἐλάλησεν Μωυσῆς τοῖς υἱοῖς Ισραηλ ποιῆσαι τὸ πασχα. ⁵ ἐναρχο-
μένου τῇ τεσσαρεσκαιδεκάτῃ ἡμέρᾳ τοῦ μηνὸς ἐν τῇ ἐρήμῳ τοῦ
Σινα, καθὰ συνέταξεν κύριος τῷ Μωυσῇ, οὕτως ἐποίησαν οἱ υἱοὶ
Ισραηλ.

6   ⁶ Καὶ παρεγένοντο οἱ ἄνδρες, οἳ ἦσαν ἀκάθαρτοι ἐπὶ ψυχῇ ἀν-
θρώπου καὶ οὐκ ἠδύναντο ποιῆσαι τὸ πασχα ἐν τῇ ἡμέρᾳ ἐκείνῃ,
καὶ προσῆλθον ἐναντίον Μωυσῆ καὶ Ααρων ἐν ἐκείνῃ τῇ ἡμέρᾳ,
7 ⁷ καὶ εἶπαν οἱ ἄνδρες ἐκεῖνοι πρὸς αὐτόν Ἡμεῖς ἀκάθαρτοι ἐπὶ ψυχῇ
ἀνθρώπου· μὴ οὖν ὑστερήσωμεν προσενέγκαι τὸ δῶρον κυρίῳ
8 κατὰ καιρὸν αὐτοῦ ἐν μέσῳ υἱῶν Ισραηλ; ⁸ καὶ εἶπεν πρὸς αὐτοὺς
Μωυσῆς Στῆτε αὐτοῦ, καὶ ἀκούσομαι, τί ἐντελεῖται κύριος περὶ
9
10 ὑμῶν. — ⁹ καὶ ἐλάλησεν κύριος πρὸς Μωυσῆν λέγων ¹⁰ Λάλησον
τοῖς υἱοῖς Ισραηλ λέγων Ἄνθρωπος ἄνθρωπος, ὃς ἐὰν γένηται
ἀκάθαρτος ἐπὶ ψυχῇ ἀνθρώπου ἢ ἐν ὁδῷ μακρὰν ὑμῖν ἢ ἐν ταῖς
11 γενεαῖς ὑμῶν, καὶ ποιήσει τὸ πασχα κυρίῳ· ¹¹ ἐν τῷ μηνὶ τῷ δευ-
τέρῳ ἐν τῇ τεσσαρεσκαιδεκάτῃ ἡμέρᾳ τὸ πρὸς ἑσπέραν ποιήσου-
12 σιν αὐτό, ἐπ᾽ ἀζύμων καὶ πικρίδων φάγονται αὐτό, ¹² οὐ καταλεί-
ψουσιν ἀπ᾽ αὐτοῦ εἰς τὸ πρωὶ καὶ ὀστοῦν οὐ συντρίψουσιν ἀπ᾽
13 αὐτοῦ· κατὰ τὸν νόμον τοῦ πασχα ποιήσουσιν αὐτό. ¹³ καὶ ἄνθρω-
πος, ὃς ἐὰν καθαρὸς ᾖ καὶ ἐν ὁδῷ μακρᾷ οὐκ ἔστιν καὶ ὑστερήσῃ
ποιῆσαι τὸ πασχα, ἐξολεθρευθήσεται ἡ ψυχὴ ἐκείνη ἐκ τοῦ λαοῦ
αὐτῆς· ὅτι τὸ δῶρον κυρίῳ οὐ προσήνεγκεν κατὰ τὸν καιρὸν αὐ-
14 τοῦ, ἁμαρτίαν αὐτοῦ λήμψεται ὁ ἄνθρωπος ἐκεῖνος. — ¹⁴ ἐὰν δὲ
προσέλθῃ πρὸς ὑμᾶς προσήλυτος ἐν τῇ γῇ ὑμῶν καὶ ποιήσει τὸ
πασχα κυρίῳ, κατὰ τὸν νόμον τοῦ πασχα καὶ κατὰ τὴν σύνταξιν

24 ενεργειν] λειτουργειν λειτουργειαν εν εργοις Α ‖ 25 απο 2⁰ > Β*† |
εργαζεται Β†: item Β*† in 26
9 3 ποιησεις 1⁰ (non 2⁰)] -σετε Α | καιρους] καιρον αυτου Α ‖ 5 του 2⁰
> Α ‖ 7 αυτον] -τους Α | προσενεγκαι] pr. ωστε Α ‖ 8 προς αυτους /
μωυσης] tr. Β* ‖ 10 υμιν] pr. η εν Α | κυριω] pr. τω Α ‖ 11 το > Α ‖
12 συντριψεται Α† ‖ 13 μακραν Α | ποιησαι] pr. του Α† | κυριου Α

αὐτοῦ ποιήσει αὐτό· νόμος εἷς ἔσται ὑμῖν καὶ τῷ προσηλύτῳ καὶ τῷ αὐτόχθονι τῆς γῆς.

¹⁵Καὶ τῇ ἡμέρᾳ, ᾗ ἐστάθη ἡ σκηνή, ἐκάλυψεν ἡ νεφέλη τὴν σκη- 15 νήν, τὸν οἶκον τοῦ μαρτυρίου· καὶ τὸ ἑσπέρας ἦν ἐπὶ τῆς σκηνῆς ὡς εἶδος πυρὸς ἕως πρωί. ¹⁶οὕτως ἐγίνετο διὰ παντός· ἡ νεφέλη 16 ἐκάλυπτεν αὐτὴν ἡμέρας καὶ εἶδος πυρὸς τὴν νύκτα. ¹⁷καὶ ἡνίκα 17 ἀνέβη ἡ νεφέλη ἀπὸ τῆς σκηνῆς, καὶ μετὰ ταῦτα ἀπῆραν οἱ υἱοὶ Ισραηλ· καὶ ἐν τῷ τόπῳ, οὗ ἂν ἔστη ἡ νεφέλη, ἐκεῖ παρενέβαλον οἱ υἱοὶ Ισραηλ. ¹⁸διὰ προστάγματος κυρίου παρεμβαλοῦσιν οἱ υἱοὶ 18 Ισραηλ καὶ διὰ προστάγματος κυρίου ἀπαροῦσιν· πάσας τὰς ἡμέ-ρας, ἐν αἷς σκιάζει ἡ νεφέλη ἐπὶ τῆς σκηνῆς, παρεμβαλοῦσιν οἱ υἱοὶ Ισραηλ· ¹⁹καὶ ὅταν ἐφέλκηται ἡ νεφέλη ἐπὶ τῆς σκηνῆς ἡμέ- 19 ρας πλείους, καὶ φυλάξονται οἱ υἱοὶ Ισραηλ τὴν φυλακὴν τοῦ θεοῦ καὶ οὐ μὴ ἐξάρωσιν· ²⁰καὶ ἔσται ὅταν σκεπάσῃ ἡ νεφέλη ἡμέρας 20 ἀριθμῷ ἐπὶ τῆς σκηνῆς, διὰ φωνῆς κυρίου παρεμβαλοῦσιν καὶ διὰ προστάγματος κυρίου ἀπαροῦσιν· ²¹καὶ ἔσται ὅταν γένηται ἡ νε- 21 φέλη ἀφ' ἑσπέρας ἕως πρωὶ καὶ ἀναβῇ ἡ νεφέλη τὸ πρωί, καὶ ἀπα-ροῦσιν ἡμέρας ἢ νυκτός· ²²μηνὸς ἡμέρας πλεοναζούσης τῆς νε- 22 φέλης σκιαζούσης ἐπ' αὐτῆς παρεμβαλοῦσιν οἱ υἱοὶ Ισραηλ καὶ οὐ μὴ ἀπάρωσιν. ²³ὅτι διὰ προστάγματος κυρίου ἀπαροῦσιν, τὴν φυ- 23 λακὴν κυρίου ἐφυλάξαντο διὰ προστάγματος κυρίου ἐν χειρὶ Μωυσῆ.

¹Καὶ ἐλάλησεν κύριος πρὸς Μωυσῆν λέγων ²Ποίησον σεαυτῷ 10 δύο σάλπιγγας ἀργυρᾶς, ἐλατὰς ποιήσεις αὐτάς, καὶ ἔσονταί σοι ἀνακαλεῖν τὴν συναγωγὴν καὶ ἐξαίρειν τὰς παρεμβολάς. ³καὶ σαλ- 3 πίσεις ἐν αὐταῖς, καὶ συναχθήσεται πᾶσα ἡ συναγωγὴ ἐπὶ τὴν θύ-ραν τῆς σκηνῆς τοῦ μαρτυρίου· ⁴ἐὰν δὲ ἐν μιᾷ σαλπίσωσιν, προσ- 4 ελεύσονται πρὸς σὲ πάντες οἱ ἄρχοντες, ἀρχηγοὶ Ισραηλ. ⁵καὶ 5 σαλπιεῖτε σημασίαν, καὶ ἐξαροῦσιν αἱ παρεμβολαὶ αἱ παρεμβάλλου-σαι ἀνατολάς· ⁶καὶ σαλπιεῖτε σημασίαν δευτέραν, καὶ ἐξαροῦσιν 6 αἱ παρεμβολαὶ αἱ παρεμβάλλουσαι λίβα· καὶ σαλπιεῖτε σημασίαν τρίτην, καὶ ἐξαροῦσιν αἱ παρεμβολαὶ αἱ παρεμβάλλουσαι παρὰ θά-λασσαν· καὶ σαλπιεῖτε σημασίαν τετάρτην, καὶ ἐξαροῦσιν αἱ παρεμ-βολαὶ αἱ παρεμβάλλουσαι πρὸς βορρᾶν· σημασίᾳ σαλπιοῦσιν ἐν τῇ ἐξάρσει αὐτῶν. ⁷καὶ ὅταν συναγάγητε τὴν συναγωγήν, σαλπιεῖτε 7 καὶ οὐ σημασίᾳ. ⁸καὶ οἱ υἱοὶ Ααρων οἱ ἱερεῖς σαλπιοῦσιν ταῖς σάλ- 8 πιγξιν, καὶ ἔσται ὑμῖν νόμιμον αἰώνιον εἰς τὰς γενεὰς ὑμῶν. ⁹ἐὰν 9

14 ποιησει ult.] pr. ουτως A || 15 σκηνης] γης A† || 17 απηρον et παρ-ενεβαλλον A || 18 παρεμβαλλουσιν 1⁰ (non 2⁰) A | και > B*† || 20 απα-ρουσιν] εξαρ. A || 21 fin.] + και αναβη η νεφελη απαρουσιν A || 22 init.] pr. ημερας η A | της νεφ. σκιαζ. > A || 23 εφυλαξαντο] pr. ην B*, εφυλαξαν A 10 2 αργ. ελατας] tr. B | αυτας] σεαυτω B*† || 3 σαλπιεις A Bᶜ || 5 παρ-εμβαλουσαι B* || 6 λιβα] νοτον A | παρα > A† | προς > A Bᶜ

δὲ ἐξέλθητε εἰς πόλεμον ἐν τῇ γῇ ὑμῶν πρὸς τοὺς ὑπεναντίους
τοὺς ἀνθεστηκότας ὑμῖν, καὶ σημανεῖτε ταῖς σάλπιγξιν καὶ ἀνα-
μνησθήσεσθε ἔναντι κυρίου καὶ διασωθήσεσθε ἀπὸ τῶν ἐχθρῶν
10 ὑμῶν. ¹⁰καὶ ἐν ταῖς ἡμέραις τῆς εὐφροσύνης ὑμῶν καὶ ἐν ταῖς
ἑορταῖς ὑμῶν καὶ ἐν ταῖς νουμηνίαις ὑμῶν σαλπιεῖτε ταῖς σάλ-
πιγξιν ἐπὶ τοῖς ὁλοκαυτώμασιν καὶ ἐπὶ ταῖς θυσίαις τῶν σωτηρίων
ὑμῶν, καὶ ἔσται ὑμῖν ἀνάμνησις ἔναντι τοῦ θεοῦ ὑμῶν· ἐγὼ κύ-
ριος ὁ θεὸς ὑμῶν.

11   ¹¹Καὶ ἐγένετο ἐν τῷ ἐνιαυτῷ τῷ δευτέρῳ ἐν τῷ μηνὶ τῷ δευ-
τέρῳ εἰκάδι τοῦ μηνὸς ἀνέβη ἡ νεφέλη ἀπὸ τῆς σκηνῆς τοῦ μαρ-
12 τυρίου, ¹²καὶ ἐξῆραν οἱ υἱοὶ Ισραηλ σὺν ἀπαρτίαις αὐτῶν ἐν τῇ
13 ἐρήμῳ Σινα, καὶ ἔστη ἡ νεφέλη ἐν τῇ ἐρήμῳ τοῦ Φαραν. ¹³καὶ
14 ἐξῆραν πρῶτοι διὰ φωνῆς κυρίου ἐν χειρὶ Μωυσῆ. — ¹⁴καὶ ἐξῆ-
ραν τάγμα παρεμβολῆς υἱῶν Ιουδα πρῶτοι σὺν δυνάμει αὐτῶν·
15 καὶ ἐπὶ τῆς δυνάμεως αὐτῶν Ναασσων υἱὸς Αμιναδαβ, ¹⁵καὶ ἐπὶ
16 τῆς δυνάμεως φυλῆς υἱῶν Ισσαχαρ Ναθαναηλ υἱὸς Σωγαρ, ¹⁶καὶ
17 ἐπὶ τῆς δυνάμεως φυλῆς υἱῶν Ζαβουλων Ελιαβ υἱὸς Χαιλων. ¹⁷καὶ
καθελοῦσιν τὴν σκηνὴν καὶ ἐξαροῦσιν οἱ υἱοὶ Γεδσων καὶ οἱ υἱοὶ
18 Μεραρι αἴροντες τὴν σκηνήν. — ¹⁸καὶ ἐξῆραν τάγμα παρεμβολῆς
Ρουβην σὺν δυνάμει αὐτῶν· καὶ ἐπὶ τῆς δυνάμεως αὐτῶν Ελισουρ
19 υἱὸς Σεδιουρ, ¹⁹καὶ ἐπὶ τῆς δυνάμεως φυλῆς υἱῶν Συμεων Σαλα-
20 μιηλ υἱὸς Σουρισαδαι, ²⁰καὶ ἐπὶ τῆς δυνάμεως φυλῆς υἱῶν Γαδ
21 Ελισαφ ὁ τοῦ Ραγουηλ. ²¹καὶ ἐξαροῦσιν οἱ υἱοὶ Κααθ αἴροντες τὰ
22 ἅγια καὶ στήσουσιν τὴν σκηνήν, ἕως παραγένωνται. — ²²καὶ ἐξα-
ροῦσιν τάγμα παρεμβολῆς Εφραιμ σὺν δυνάμει αὐτῶν· καὶ ἐπὶ
23 τῆς δυνάμεως αὐτῶν Ελισαμα υἱὸς Εμιουδ, ²³καὶ ἐπὶ τῆς δυνάμεως
24 φυλῆς υἱῶν Μανασση Γαμαλιηλ ὁ τοῦ Φαδασσουρ, ²⁴καὶ ἐπὶ τῆς
25 δυνάμεως φυλῆς υἱῶν Βενιαμιν Αβιδαν ὁ τοῦ Γαδεωνι. — ²⁵καὶ
ἐξαροῦσιν τάγμα παρεμβολῆς υἱῶν Δαν ἔσχατοι πασῶν τῶν παρ-
εμβολῶν σὺν δυνάμει αὐτῶν· καὶ ἐπὶ τῆς δυνάμεως αὐτῶν Αχι-
26 εζερ ὁ τοῦ Αμισαδαι, ²⁶καὶ ἐπὶ τῆς δυνάμεως φυλῆς υἱῶν Ασηρ
27 Φαγαιηλ υἱὸς Εχραν, ²⁷καὶ ἐπὶ τῆς δυνάμεως φυλῆς υἱῶν Νεφθαλι
28 Αχιρε υἱὸς Αιναν. ²⁸αὗται αἱ στρατιαὶ υἱῶν Ισραηλ, καὶ ἐξῆραν
σὺν δυνάμει αὐτῶν.

29   ²⁹Καὶ εἶπεν Μωυσῆς τῷ Ιωβαβ υἱῷ Ραγουηλ τῷ Μαδιανίτῃ τῷ
γαμβρῷ Μωυσῆ Ἐξαίρομεν ἡμεῖς εἰς τὸν τόπον, ὃν εἶπεν κύριος
Τοῦτον δώσω ὑμῖν· δεῦρο μεθ᾽ ἡμῶν, καὶ εὖ σε ποιήσομεν, ὅτι
30 κύριος ἐλάλησεν καλὰ περὶ Ισραηλ. ³⁰καὶ εἶπεν πρὸς αὐτὸν Οὐ
31 πορεύσομαι ἀλλὰ εἰς τὴν γῆν μου καὶ εἰς τὴν γενεάν μου. ³¹καὶ

9 σημαν.] σαλπιειτε A ‖ 12 σινα] pr. του A ‖ 14 υιων] pr. των A ‖
22 και 2⁰ > B*† ‖ 24 ο του] υιος A ‖ 29 ιωβαβ M] ωβαβ A, οβαβ B† ‖
τω 3⁰ > ABᶜ

εἶπεν Μὴ ἐγκαταλίπῃς ἡμᾶς, οὗ εἵνεκεν ἦσθα μεθ' ἡμῶν ἐν τῇ
ἐρήμῳ, καὶ ἔσῃ ἐν ἡμῖν πρεσβύτης· ³²καὶ ἔσται ἐὰν πορευθῇς μεθ' 32
ἡμῶν, καὶ ἔσται τὰ ἀγαθὰ ἐκεῖνα, ὅσα ἐὰν ἀγαθοποιήσῃ κύριος
ἡμᾶς, καὶ εὖ σε ποιήσομεν.

³³Καὶ ἐξῆραν ἐκ τοῦ ὄρους κυρίου ὁδὸν τριῶν ἡμερῶν, καὶ ἡ 33
κιβωτὸς τῆς διαθήκης κυρίου προεπορεύετο προτέρα αὐτῶν ὁδὸν
τριῶν ἡμερῶν κατασκέψασθαι αὐτοῖς ἀνάπαυσιν. ³⁴καὶ ἐγένετο ἐν 34
τῷ ἐξαίρειν τὴν κιβωτὸν καὶ εἶπεν Μωυσῆς Ἐξεγέρθητι, κύριε, δια-
σκορπισθήτωσαν οἱ ἐχθροί σου, φυγέτωσαν πάντες οἱ μισοῦντές
σε. ³⁵καὶ ἐν τῇ καταπαύσει εἶπεν Ἐπίστρεφε, κύριε, χιλιάδας μυ- 35
ριάδας ἐν τῷ Ισραηλ. ³⁶καὶ ἡ νεφέλη ἐγένετο σκιάζουσα ἐπ' αὐ- 36
τοῖς ἡμέρας ἐν τῷ ἐξαίρειν αὐτοὺς ἐκ τῆς παρεμβολῆς.

¹Καὶ ἦν ὁ λαὸς γογγύζων πονηρὰ ἔναντι κυρίου, καὶ ἤκουσεν 11
κύριος καὶ ἐθυμώθη ὀργῇ, καὶ ἐξεκαύθη ἐν αὐτοῖς πῦρ παρὰ κυρίου
καὶ κατέφαγεν μέρος τι τῆς παρεμβολῆς. ²καὶ ἐκέκραξεν ὁ λαὸς 2
πρὸς Μωυσῆν, καὶ ηὔξατο Μωυσῆς πρὸς κύριον, καὶ ἐκόπασεν τὸ
πῦρ. ³καὶ ἐκλήθη τὸ ὄνομα τοῦ τόπου ἐκείνου Ἐμπυρισμός, ὅτι 3
ἐξεκαύθη ἐν αὐτοῖς πῦρ παρὰ κυρίου.

⁴Καὶ ὁ ἐπίμικτος ὁ ἐν αὐτοῖς ἐπεθύμησαν ἐπιθυμίαν, καὶ καθί- 4
σαντες ἔκλαιον καὶ οἱ υἱοὶ Ισραηλ καὶ εἶπαν Τίς ἡμᾶς ψωμιεῖ κρέα;
⁵ἐμνήσθημεν τοὺς ἰχθύας, οὓς ἠσθίομεν ἐν Αἰγύπτῳ δωρεάν, καὶ 5
τοὺς σικύας καὶ τοὺς πέπονας καὶ τὰ πράσα καὶ τὰ κρόμμυα καὶ
τὰ σκόρδα· ⁶νυνὶ δὲ ἡ ψυχὴ ἡμῶν κατάξηρος, οὐδὲν πλὴν εἰς τὸ 6
μαννα οἱ ὀφθαλμοὶ ἡμῶν. ⁷τὸ δὲ μαννα ὡσεὶ σπέρμα κορίου ἐστίν, 7
καὶ τὸ εἶδος αὐτοῦ εἶδος κρυστάλλου· ⁸καὶ διεπορεύετο ὁ λαὸς 8
καὶ συνέλεγον καὶ ἤληθον αὐτὸ ἐν τῷ μύλῳ καὶ ἔτριβον ἐν τῇ θυίᾳ
καὶ ἥψουν αὐτὸ ἐν τῇ χύτρᾳ καὶ ἐποίουν αὐτὸ ἐγκρυφίας, καὶ ἦν
ἡ ἡδονὴ αὐτοῦ ὡσεὶ γεῦμα ἐγκρὶς ἐξ ἐλαίου· ⁹καὶ ὅταν κατέβη ἡ 9
δρόσος ἐπὶ τὴν παρεμβολὴν νυκτός, κατέβαινεν τὸ μαννα ἐπ' αὐτῆς.
¹⁰καὶ ἤκουσεν Μωυσῆς κλαιόντων αὐτῶν κατὰ δήμους αὐτῶν, ἕκα- 10
στον ἐπὶ τῆς θύρας αὐτοῦ· καὶ ἐθυμώθη ὀργῇ κύριος σφόδρα, καὶ
ἔναντι Μωυσῆ ἦν πονηρόν. ¹¹καὶ εἶπεν Μωυσῆς πρὸς κύριον Ἵνα 11
τί ἐκάκωσας τὸν θεράποντά σου, καὶ διὰ τί οὐχ εὕρηκα χάριν
ἐναντίον σου ἐπιθεῖναι τὴν ὁρμὴν τοῦ λαοῦ τούτου ἐπ' ἐμέ; ¹²μὴ 12
ἐγὼ ἐν γαστρὶ ἔλαβον πάντα τὸν λαὸν τοῦτον ἢ ἐγὼ ἔτεκον αὐ-
τούς, ὅτι λέγεις μοι Λαβὲ αὐτὸν εἰς τὸν κόλπον σου, ὡσεὶ ἄραι
τιθηνὸς τὸν θηλάζοντα, εἰς τὴν γῆν, ἣν ὤμοσας τοῖς πατράσιν

33 της > A || 34.35 post 36 tr. 𝔐 || 36 εν] pr. και Β*†
11 4 επεθυμησεν Β | κρεας Β* | 5 σικυους Βᶜ | κρομμα Α || 6 ουδεν
> Β*† || 7 ειδος ult.] pr. ως Α (in Ο sub ※) || 10 εκαστος Α | κατα την
θυραν Α† || 11 ορμην] οργην Α || 12 παντα τον] tr. Α | ετεκον] τετοκα
Α† | αυτον] -τους Α | την > Α

13 αὐτῶν; ¹³πόθεν μοι κρέα δοῦναι παντὶ τῷ λαῷ τούτῳ; ὅτι κλαί-
14 ουσιν ἐπ᾽ ἐμοὶ λέγοντες Δὸς ἡμῖν κρέα, ἵνα φάγωμεν. ¹⁴οὐ δυνή-
σομαι ἐγὼ μόνος φέρειν τὸν λαὸν τοῦτον, ὅτι βαρύτερόν μοί ἐστιν
15 τὸ ῥῆμα τοῦτο. ¹⁵εἰ δὲ οὕτως σὺ ποιεῖς μοι, ἀπόκτεινόν με ἀναι-
ρέσει, εἰ εὕρηκα ἔλεος παρὰ σοί, ἵνα μὴ ἴδω μου τὴν κάκωσιν.
16 — ¹⁶καὶ εἶπεν κύριος πρὸς Μωυσῆν Συνάγαγέ μοι ἑβδομήκοντα
ἄνδρας ἀπὸ τῶν πρεσβυτέρων Ισραηλ, οὓς αὐτὸς σὺ οἶδας ὅτι
οὗτοί εἰσιν πρεσβύτεροι τοῦ λαοῦ καὶ γραμματεῖς αὐτῶν, καὶ ἄξεις
αὐτοὺς πρὸς τὴν σκηνὴν τοῦ μαρτυρίου, καὶ στήσονται ἐκεῖ μετὰ
17 σοῦ. ¹⁷καὶ καταβήσομαι καὶ λαλήσω ἐκεῖ μετὰ σοῦ καὶ ἀφελῶ ἀπὸ
τοῦ πνεύματος τοῦ ἐπὶ σοὶ καὶ ἐπιθήσω ἐπ᾽ αὐτούς, καὶ συναντι-
λήμψονται μετὰ σοῦ τὴν ὁρμὴν τοῦ λαοῦ, καὶ οὐκ οἴσεις αὐτοὺς
18 σὺ μόνος. ¹⁸καὶ τῷ λαῷ ἐρεῖς Ἁγνίσασθε εἰς αὔριον, καὶ φάγεσθε
κρέα, ὅτι ἐκλαύσατε ἔναντι κυρίου λέγοντες Τίς ἡμᾶς ψωμιεῖ κρέα;
ὅτι καλὸν ἡμῖν ἐστιν ἐν Αἰγύπτῳ. καὶ δώσει κύριος ὑμῖν κρέα
19 φαγεῖν, καὶ φάγεσθε κρέα. ¹⁹οὐχ ἡμέραν μίαν φάγεσθε οὐδὲ δύο
20 οὐδὲ πέντε ἡμέρας οὐδὲ δέκα ἡμέρας οὐδὲ εἴκοσι ἡμέρας· ²⁰ἕως
μηνὸς ἡμερῶν φάγεσθε, ἕως ἂν ἐξέλθη ἐκ τῶν μυκτήρων ὑμῶν,
καὶ ἔσται ὑμῖν εἰς χολέραν, ὅτι ἠπειθήσατε κυρίῳ, ὅς ἐστιν ἐν
ὑμῖν, καὶ ἐκλαύσατε ἐναντίον αὐτοῦ λέγοντες Ἵνα τί ἡμῖν ἐξελθεῖν
21 ἐξ Αἰγύπτου; ²¹καὶ εἶπεν Μωυσῆς Ἑξακόσιαι χιλιάδες πεζῶν ὁ
λαός, ἐν οἷς εἰμι ἐν αὐτοῖς, καὶ σὺ εἶπας Κρέα δώσω αὐτοῖς φα-
22 γεῖν, καὶ φάγονται μῆνα ἡμερῶν; ²²μὴ πρόβατα καὶ βόες σφαγή-
σονται αὐτοῖς, καὶ ἀρκέσει αὐτοῖς; ἢ πᾶν τὸ ὄψος τῆς θαλάσσης
23 συναχθήσεται αὐτοῖς, καὶ ἀρκέσει αὐτοῖς; ²³καὶ εἶπεν κύριος πρὸς
Μωυσῆν Μὴ χεὶρ κυρίου οὐκ ἐξαρκέσει; ἤδη γνώσει εἰ ἐπικατα-
24 λήμψεταί σε ὁ λόγος μου ἢ οὔ. ²⁴καὶ ἐξῆλθεν Μωυσῆς καὶ ἐλά-
λησεν πρὸς τὸν λαὸν τὰ ῥήματα κυρίου καὶ συνήγαγεν ἑβδομή-
κοντα ἄνδρας ἀπὸ τῶν πρεσβυτέρων τοῦ λαοῦ καὶ ἔστησεν αὐτοὺς
25 κύκλῳ τῆς σκηνῆς. ²⁵καὶ κατέβη κύριος ἐν νεφέλη καὶ ἐλάλησεν
πρὸς αὐτόν· καὶ παρείλατο ἀπὸ τοῦ πνεύματος τοῦ ἐπ᾽ αὐτῷ καὶ
ἐπέθηκεν ἐπὶ τοὺς ἑβδομήκοντα ἄνδρας τοὺς πρεσβυτέρους· ὡς δὲ
ἐπανεπαύσατο τὸ πνεῦμα ἐπ᾽ αὐτούς, καὶ ἐπροφήτευσαν καὶ οὐκέτι
26 προσέθεντο. ²⁶καὶ κατελείφθησαν δύο ἄνδρες ἐν τῇ παρεμβολῇ,
ὄνομα τῷ ἑνὶ Ελδαδ καὶ ὄνομα τῷ δευτέρῳ Μωδαδ, καὶ ἐπανε-
παύσατο ἐπ᾽ αὐτοὺς τὸ πνεῦμα — καὶ οὗτοι ἦσαν τῶν καταγεγραμ-
μένων καὶ οὐκ ἦλθον πρὸς τὴν σκηνήν — καὶ ἐπροφήτευσαν ἐν τῇ

13 μοι > A | εμοι] εμε A ‖ 14 βαρυ A ‖ 15 μου / την κακ.] tr. A ‖
16 αυτος συ] tr. A | προς ult.] εις A ‖ 20 υμων] + κρεα B*† ‖ 21 μωυ-
σης] + προς κυριον B*† | κρεας Aʳ | φαγειν B†] > Aʳ ‖ 22 αυτοις paen-
ult. > Aʳ ‖ 23 χειρ] pr. η A | ει] η B ‖ 25 ελαλησεν] + κυριος A | αυτω]
-του A | το πνευμα / επ αυτους] tr. A ‖ 26 το > B† | προς] εις A

παρεμβολῆ. ²⁷καὶ προσδραμὼν ὁ νεανίσκος ἀπήγγειλεν Μωυσῆ καὶ 27
εἶπεν λέγων Ελδαδ καὶ Μωδαδ προφητεύουσιν ἐν τῆ παρεμβολῆ.
²⁸καὶ ἀποκριθεὶς Ἰησοῦς ὁ τοῦ Ναυη ὁ παρεστηκὼς Μωυσῆ ὁ 28
ἐκλεκτὸς εἶπεν Κύριε Μωυσῆ, κώλυσον αὐτούς. ²⁹καὶ εἶπεν αὐτῷ 29
Μωυσῆς Μὴ ζηλοῖς σύ μοι; καὶ τίς δώη πάντα τὸν λαὸν κυρίου προ-
φήτας, ὅταν δῷ κύριος τὸ πνεῦμα αὐτοῦ ἐπ᾽ αὐτούς; ³⁰καὶ ἀπῆλ- 30
θεν Μωυσῆς εἰς τὴν παρεμβολήν, αὐτὸς καὶ οἱ πρεσβύτεροι Ισραηλ.
— ³¹καὶ πνεῦμα ἐξῆλθεν παρὰ κυρίου καὶ ἐξεπέρασεν ὀρτυγομήτραν 31
ἀπὸ τῆς θαλάσσης καὶ ἐπέβαλεν ἐπὶ τὴν παρεμβολὴν ὁδὸν ἡμέ-
ρας ἐντεῦθεν καὶ ὁδὸν ἡμέρας ἐντεῦθεν κύκλῳ τῆς παρεμβολῆς
ὡσεὶ δίπηχυ ἀπὸ τῆς γῆς. ³²καὶ ἀναστὰς ὁ λαὸς ὅλην τὴν ἡμέραν 32
καὶ ὅλην τὴν νύκτα καὶ ὅλην τὴν ἡμέραν τὴν ἐπαύριον καὶ συνή-
γαγον τὴν ὀρτυγομήτραν, ὁ τὸ ὀλίγον συνήγαγεν δέκα κόρους,
καὶ ἔψυξαν ἑαυτοῖς ψυγμοὺς κύκλῳ τῆς παρεμβολῆς. ³³τὰ κρέα 33
ἔτι ἦν ἐν τοῖς ὀδοῦσιν αὐτῶν πρὶν ἢ ἐκλείπειν, καὶ κύριος ἐθυ-
μώθη εἰς τὸν λαόν, καὶ ἐπάταξεν κύριος τὸν λαὸν πληγὴν μεγά-
λην σφόδρα. ³⁴καὶ ἐκλήθη τὸ ὄνομα τοῦ τόπου ἐκείνου Μνήματα 34
τῆς ἐπιθυμίας, ὅτι ἐκεῖ ἔθαψαν τὸν λαὸν τὸν ἐπιθυμητήν.
³⁵Ἀπὸ Μνημάτων ἐπιθυμίας ἐξῆρεν ὁ λαὸς εἰς Ασηρωθ, καὶ 35
ἐγένετο ὁ λαὸς ἐν Ασηρωθ.
¹Καὶ ἐλάλησεν Μαριαμ καὶ Ααρων κατὰ Μωυσῆ ἕνεκεν τῆς γυ- 12
ναικὸς τῆς Αἰθιοπίσσης, ἣν ἔλαβεν Μωυσῆς, ὅτι γυναῖκα Αἰθιό-
πισσαν ἔλαβεν, ²καὶ εἶπαν Μὴ Μωυσῆ μόνῳ λελάληκεν κύριος; 2
οὐχὶ καὶ ἡμῖν ἐλάλησεν; καὶ ἤκουσεν κύριος. ³καὶ ὁ ἄνθρωπος 3
Μωυσῆς πραῢς σφόδρα παρὰ πάντας τοὺς ἀνθρώπους τοὺς ὄντας
ἐπὶ τῆς γῆς. ⁴καὶ εἶπεν κύριος παραχρῆμα πρὸς Μωυσῆν καὶ Μα- 4
ριαμ καὶ Ααρων Ἐξέλθατε ὑμεῖς οἱ τρεῖς εἰς τὴν σκηνὴν τοῦ μαρ-
τυρίου· καὶ ἐξῆλθον οἱ τρεῖς εἰς τὴν σκηνὴν τοῦ μαρτυρίου. ⁵καὶ 5
κατέβη κύριος ἐν στύλῳ νεφέλης καὶ ἔστη ἐπὶ τῆς θύρας τῆς σκη-
νῆς τοῦ μαρτυρίου, καὶ ἐκλήθησαν Ααρων καὶ Μαριαμ καὶ ἐξῆλθο-
σαν ἀμφότεροι. ⁶καὶ εἶπεν πρὸς αὐτοὺς Ἀκούσατε τῶν λόγων μου· 6
ἐὰν γένηται προφήτης ὑμῶν κυρίῳ, ἐν ὁράματι αὐτῷ γνωσθήσομαι
καὶ ἐν ὕπνῳ λαλήσω αὐτῷ. ⁷οὐχ οὕτως ὁ θεράπων μου Μωυσῆς· 7
ἐν ὅλῳ τῷ οἴκῳ μου πιστός ἐστιν· ⁸στόμα κατὰ στόμα λαλήσω 8
αὐτῷ, ἐν εἴδει καὶ οὐ δι᾽ αἰνιγμάτων, καὶ τὴν δόξαν κυρίου εἶδεν· καὶ
διὰ τί οὐκ ἐφοβήθητε καταλαλῆσαι κατὰ τοῦ θεράποντός μου Μωυσῆ;

27 μωυση] pr. τω A ‖ 28 εκλεκτος] + αυτου A | κυριε] + μου A ‖ 29 μοι]
εμε B† ‖ 31 της 1⁰ > A | εντευθεν 1⁰ ⌒ 2⁰ B* ‖ 32 την 4⁰] τη A | εψυ-
ξαν] εσφαξαν B⁽†⁾ ‖ 33 λαον 1⁰] + αυτου B*† | επαταξεν κυριος] tr. B*† |
τον λαον ult.] εν τω λαω A ‖ 34 οτι > B† ‖ 35 επιθυμ.] pr. της A
121 ην] ης A ‖ 2 λελαληκεν] ελαλησεν A | ημιν] pr. εν A† ‖ 4 παραχρ.
> B*† | εις 1⁰ > B ‖ 6 κυριου B*(uid.)† ‖ 7 ουτως] + ως A ‖ 8 κυ-
ριου] μου A†

9 ⁹καὶ ὀργὴ θυμοῦ κυρίου ἐπ' αὐτοῖς, καὶ ἀπῆλθεν. ¹⁰καὶ ἡ νεφέλη
10 ἀπέστη ἀπὸ τῆς σκηνῆς, καὶ ἰδοὺ Μαριαμ λεπρῶσα ὡσεὶ χιών·
11 καὶ ἐπέβλεψεν Ααρων ἐπὶ Μαριαμ, καὶ ἰδοὺ λεπρῶσα. ¹¹καὶ εἶπεν
Ααρων πρὸς Μωυσῆν Δέομαι, κύριε, μὴ συνεπιθῇ ἡμῖν ἁμαρτίαν,
12 διότι ἠγνοήσαμεν καθότι ἡμάρτομεν· ¹²μὴ γένηται ὡσεὶ ἴσον θα-
νάτῳ, ὡσεὶ ἔκτρωμα ἐκπορευόμενον ἐκ μήτρας μητρὸς καὶ κατε-
13 σθίει τὸ ἥμισυ τῶν σαρκῶν αὐτῆς. ¹³καὶ ἐβόησεν Μωυσῆς πρὸς
14 κύριον λέγων Ὁ θεός, δέομαί σου, ἴασαι αὐτήν. ¹⁴καὶ εἶπεν κύριος
πρὸς Μωυσῆν Εἰ ὁ πατὴρ αὐτῆς πτύων ἐνέπτυσεν εἰς τὸ πρόσ-
ωπον αὐτῆς, οὐκ ἐντραπήσεται ἑπτὰ ἡμέρας; ἀφορισθήτω ἑπτὰ
15 ἡμέρας ἔξω τῆς παρεμβολῆς καὶ μετὰ ταῦτα εἰσελεύσεται. ¹⁵καὶ
ἀφωρίσθη Μαριαμ ἔξω τῆς παρεμβολῆς ἑπτὰ ἡμέρας· καὶ ὁ λαὸς
οὐκ ἐξῆρεν, ἕως ἐκαθαρίσθη Μαριαμ.
16 ¹⁶Καὶ μετὰ ταῦτα ἐξῆρεν ὁ λαὸς ἐξ Ασηρωθ καὶ παρενέβαλον
ἐν τῇ ἐρήμῳ τοῦ Φαραν.

13 ¹Καὶ ἐλάλησεν κύριος πρὸς Μωυσῆν λέγων ²Ἀπόστειλον σεαυ-
τῷ ἄνδρας, καὶ κατασκεψάσθωσαν τὴν γῆν τῶν Χαναναίων, ἣν
ἐγὼ δίδωμι τοῖς υἱοῖς Ισραηλ εἰς κατάσχεσιν, ἄνδρα ἕνα κατὰ
φυλὴν κατὰ δήμους πατριῶν αὐτῶν ἀποστελεῖς αὐτούς, πάντα
3 ἀρχηγὸν ἐξ αὐτῶν. ³καὶ ἐξαπέστειλεν αὐτοὺς Μωυσῆς ἐκ τῆς ἐρή-
μου Φαραν διὰ φωνῆς κυρίου· πάντες ἄνδρες ἀρχηγοὶ υἱῶν Ισραηλ
4 οὗτοι. ⁴καὶ ταῦτα τὰ ὀνόματα αὐτῶν· τῆς φυλῆς Ρουβην Σαλαμιηλ
5
6 υἱὸς Ζακχουρ· ⁵τῆς φυλῆς Συμεων Σαφατ υἱὸς Σουρι· ⁶τῆς φυ-
7 λῆς Ιουδα Χαλεβ υἱὸς Ιεφοννη· ⁷τῆς φυλῆς Ισσαχαρ Ιγααλ υἱὸς
8 Ιωσηφ· ⁸τῆς φυλῆς Εφραιμ Αυση υἱὸς Ναυη· ⁹τῆς φυλῆς Βενια-
9
10 μιν Φαλτι υἱὸς Ραφου· ¹⁰τῆς φυλῆς Ζαβουλων Γουδιηλ υἱὸς Σουδι·
11 ¹¹τῆς φυλῆς Ιωσηφ τῶν υἱῶν Μανασση Γαδδι υἱὸς Σουσι· ¹²τῆς
13 φυλῆς Δαν Αμιηλ υἱὸς Γαμαλι· ¹³τῆς φυλῆς Ασηρ Σαθουρ υἱὸς
14 Μιχαηλ· ¹⁴τῆς φυλῆς Νεφθαλι Ναβι υἱὸς Ιαβι· ¹⁵τῆς φυλῆς Γαδ
15
16 Γουδιηλ υἱὸς Μακχι. ¹⁶ταῦτα τὰ ὀνόματα τῶν ἀνδρῶν, οὓς ἀπέ-
στειλεν Μωυσῆς κατασκέψασθαι τὴν γῆν. καὶ ἐπωνόμασεν Μωυ-
σῆς τὸν Αυση υἱὸν Ναυη Ἰησοῦν.
17 ¹⁷Καὶ ἀπέστειλεν αὐτοὺς Μωυσῆς κατασκέψασθαι τὴν γῆν Χα-
νααν καὶ εἶπεν πρὸς αὐτούς Ἀνάβητε ταύτῃ τῇ ἐρήμῳ καὶ ἀνα-
18 βήσεσθε εἰς τὸ ὄρος ¹⁸καὶ ὄψεσθε τὴν γῆν, τίς ἐστιν, καὶ τὸν
λαὸν τὸν ἐγκαθήμενον ἐπ' αὐτῆς, εἰ ἰσχυρότερός ἐστιν ἢ ἀσθενής,

9 απηλθον A ‖ 10 απεστη] απηλθεν A† | επι] προς A ‖ 12 γενοιτο A†
| και > B*† ‖ 14 αφορισθησεται A | επτα ημ. ult. > A ‖ 15 καθερισθη A†
‖ 16 παρενεβαλεν A | του > B*
13 2 αποστελεις] -στειλας B† ‖ 3 απεστειλεν A† ‖ 4 σαλαμιηλ M] σα-
μουηλ B†, σαμαλιηλ A | Ζακχουρ M] ο > B†, Ζαχρου A† ‖ 7 ιγααλ Ra.]
ιλααλ B†, ιγαλ A ‖ 12 γαμαλι] γαμαι B(†) ‖ 14 ναβα A† ‖ 15 μαχι A ‖
18 ει 1⁰] η A | ισχυρος A

εἰ ὀλίγοι εἰσὶν ἢ πολλοί· ¹⁹καὶ τίς ἡ γῆ, εἰς ἣν οὗτοι ἐγκάθηνται 19
ἐπ᾽ αὐτῆς, εἰ καλή ἐστιν ἢ πονηρά· καὶ τίνες αἱ πόλεις, εἰς ἃς
οὗτοι κατοικοῦσιν ἐν αὐταῖς, εἰ ἐν τειχήρεσιν ἢ ἐν ἀτειχίστοις·
²⁰καὶ τίς ἡ γῆ, εἰ πίων ἢ παρειμένη, εἰ ἔστιν ἐν αὐτῇ δένδρα ἢ 20
οὔ· καὶ προσκαρτερήσαντες λήμψεσθε ἀπὸ τῶν καρπῶν τῆς γῆς.
καὶ αἱ ἡμέραι ἡμέραι ἔαρος, πρόδρομοι σταφυλῆς. ²¹καὶ ἀναβάντες 21
κατεσκέψαντο τὴν γῆν ἀπὸ τῆς ἐρήμου Σιν ἕως Ρααβ εἰσπορευο-
μένων Εφααθ. ²²καὶ ἀνέβησαν κατὰ τὴν ἔρημον καὶ ἦλθον ἕως 22
Χεβρων, καὶ ἐκεῖ Αχιμαν καὶ Σεσσι καὶ Θελαμιν γενεαὶ Εναχ· καὶ
Χεβρων ἑπτὰ ἔτεσιν ᾠκοδομήθη πρὸ τοῦ Τάνιν Αἰγύπτου. ²³καὶ 23
ἤλθοσαν ἕως Φάραγγος βότρυος καὶ κατεσκέψαντο αὐτήν· καὶ
ἔκοψαν ἐκεῖθεν κλῆμα καὶ βότρυν σταφυλῆς ἕνα ἐπ᾽ αὐτοῦ καὶ
ἦραν αὐτὸν ἐπ᾽ ἀναφορεῦσιν καὶ ἀπὸ τῶν ῥοῶν καὶ ἀπὸ τῶν συ-
κῶν. ²⁴τὸν τόπον ἐκεῖνον ἐπωνόμασαν Φάραγξ βότρυος διὰ τὸν 24
βότρυν, ὃν ἔκοψαν ἐκεῖθεν οἱ υἱοὶ Ισραηλ.

²⁵Καὶ ἀπέστρεψαν ἐκεῖθεν κατασκεψάμενοι τὴν γῆν μετὰ τεσσα- 25
ράκοντα ἡμέρας ²⁶καὶ πορευθέντες ἦλθον πρὸς Μωυσῆν καὶ Ααρων 26
καὶ πρὸς πᾶσαν συναγωγὴν υἱῶν Ισραηλ εἰς τὴν ἔρημον Φαραν
Καδης καὶ ἀπεκρίθησαν αὐτοῖς ῥῆμα καὶ πάσῃ τῇ συναγωγῇ καὶ
ἔδειξαν τὸν καρπὸν τῆς γῆς. ²⁷καὶ διηγήσαντο αὐτῷ καὶ εἶπαν 27
Ἤλθαμεν εἰς τὴν γῆν, εἰς ἣν ἀπέστειλας ἡμᾶς, γῆν ῥέουσαν γάλα καὶ
μέλι, καὶ οὗτος ὁ καρπὸς αὐτῆς· ²⁸ἀλλ᾽ ἢ ὅτι θρασὺ τὸ ἔθνος τὸ 28
κατοικοῦν ἐπ᾽ αὐτῆς, καὶ αἱ πόλεις ὀχυραὶ τετειχισμέναι καὶ μεγά-
λαι σφόδρα, καὶ τὴν γενεὰν Εναχ ἑωράκαμεν ἐκεῖ, ²⁹καὶ Αμαληκ 29
κατοικεῖ ἐν τῇ γῇ τῇ πρὸς νότον, καὶ ὁ Χετταῖος καὶ ὁ Ευαῖος
καὶ ὁ Ιεβουσαῖος καὶ ὁ Αμορραῖος κατοικεῖ ἐν τῇ ὀρεινῇ, καὶ ὁ
Χαναναῖος κατοικεῖ παρὰ θάλασσαν καὶ παρὰ τὸν Ιορδάνην ποτα-
μόν. ³⁰καὶ κατεσιώπησεν Χαλεβ τὸν λαὸν πρὸς Μωυσῆν καὶ εἶπεν 30
αὐτῷ Οὐχί, ἀλλὰ ἀναβάντες ἀναβησόμεθα καὶ κατακληρονομήσομεν
αὐτήν, ὅτι δυνατοὶ δυνησόμεθα πρὸς αὐτούς. ³¹καὶ οἱ ἄνθρωποι 31
οἱ συναναβάντες μετ᾽ αὐτοῦ εἶπαν Οὐκ ἀναβαίνομεν, ὅτι οὐ μὴ
δυνώμεθα ἀναβῆναι πρὸς τὸ ἔθνος, ὅτι ἰσχυρότερόν ἐστιν ἡμῶν
μᾶλλον. ³²καὶ ἐξήνεγκαν ἔκστασιν τῆς γῆς, ἣν κατεσκέψαντο αὐ- 32
τήν, πρὸς τοὺς υἱοὺς Ισραηλ λέγοντες Τὴν γῆν, ἣν παρήλθομεν
αὐτὴν κατασκέψασθαι, γῆ κατέσθουσα τοὺς κατοικοῦντας ἐπ᾽ αὐτῆς
ἐστιν· πᾶς ὁ λαός, ὃν ἑωράκαμεν ἐν αὐτῇ, ἄνδρες ὑπερμήκεις·

18 ει 2⁰] η Β || 19 αυτης] -την Α⁺ | ει 1⁰ 2⁰] η Β | ατιχισταις Β*⁺: cf. Thack.
§ 12, 1 || 20 ει 1⁰ compl.] η ΒΑ | ει 2⁰] η Β | εαρος] αερος Β* || 21 ρααβ]
ρωαβ Α | εφααθ] αιμαθ Α || 22 αχικαμ Α⁺ | σεσσ(ε)ι σεμει Α⁺ | ενακ Α ||
23 ηλθον Β | κληματα Β⁺ | ηρον Α | συκων] σικυων Β*⁺ || 25 επεστρεψαν Α
|| 26 τη > Β || 27 εις 2⁰ > Β || 28 επ αυτης] την γην Α | αι > Β
| και 2⁰ > Α | εναχ] αινακ Α || 29 τη 2⁰ > Α | και ult. — fin. > Β*⁺ ||
31 αυτου] -των Α || 32 της] pr. επι Β*⁺ | πας] pr. και Α | fin.] + εκει Β⁺

33 ³³καὶ ἐκεῖ ἑωράκαμεν τοὺς γίγαντας καὶ ἦμεν ἐνώπιον αὐτῶν ὡσεὶ
ἀκρίδες, ἀλλὰ καὶ οὕτως ἦμεν ἐνώπιον αὐτῶν.

14 ¹Καὶ ἀναλαβοῦσα πᾶσα ἡ συναγωγὴ ἔδωκεν φωνήν, καὶ ἔκλαιεν
2 ὁ λαὸς ὅλην τὴν νύκτα ἐκείνην. ²καὶ διεγόγγυζον ἐπὶ Μωυσῆν
καὶ Ααρων πάντες οἱ υἱοὶ Ισραηλ, καὶ εἶπαν πρὸς αὐτοὺς πᾶσα
ἡ συναγωγή Ὄφελον ἀπεθάνομεν ἐν γῇ Αἰγύπτῳ, ἢ ἐν τῇ ἐρήμῳ
3 ταύτῃ εἰ ἀπεθάνομεν· ³καὶ ἵνα τί κύριος εἰσάγει ἡμᾶς εἰς τὴν γῆν
ταύτην πεσεῖν ἐν πολέμῳ; αἱ γυναῖκες ἡμῶν καὶ τὰ παιδία ἔσον-
ται εἰς διαρπαγήν· νῦν οὖν βέλτιον ἡμῖν ἐστιν ἀποστραφῆναι εἰς
4 Αἴγυπτον. ⁴καὶ εἶπαν ἕτερος τῷ ἑτέρῳ Δῶμεν ἀρχηγὸν καὶ ἀπο-
5 στρέψωμεν εἰς Αἴγυπτον. ⁵καὶ ἔπεσεν Μωυσῆς καὶ Ααρων ἐπὶ
6 πρόσωπον ἐναντίον πάσης συναγωγῆς υἱῶν Ισραηλ. ⁶Ἰησοῦς δὲ
ὁ τοῦ Ναυη καὶ Χαλεβ ὁ τοῦ Ιεφοννη τῶν κατασκεψαμένων τὴν
7 γῆν διέρρηξαν τὰ ἱμάτια αὐτῶν ⁷καὶ εἶπαν πρὸς πᾶσαν συναγω-
γὴν υἱῶν Ισραηλ λέγοντες Ἡ γῆ, ἣν κατεσκεψάμεθα αὐτήν, ἀγαθή
8 ἐστιν σφόδρα σφόδρα· ⁸εἰ αἱρετίζει ἡμᾶς κύριος, εἰσάξει ἡμᾶς εἰς
τὴν γῆν ταύτην καὶ δώσει αὐτὴν ἡμῖν, γῆ ἥτις ἐστὶν ῥέουσα γάλα
9 καὶ μέλι. ⁹ἀλλὰ ἀπὸ τοῦ κυρίου μὴ ἀποστάται γίνεσθε· ὑμεῖς δὲ
μὴ φοβηθῆτε τὸν λαὸν τῆς γῆς, ὅτι κατάβρωμα ἡμῖν ἐστιν· ἀφέ-
στηκεν γὰρ ὁ καιρὸς ἀπ᾽ αὐτῶν, ὁ δὲ κύριος ἐν ἡμῖν· μὴ φοβη-
10 θῆτε αὐτούς. ¹⁰καὶ εἶπεν πᾶσα ἡ συναγωγὴ καταλιθοβολῆσαι αὐ-
τοὺς ἐν λίθοις. καὶ ἡ δόξα κυρίου ὤφθη ἐν νεφέλῃ ἐπὶ τῆς σκη-
11 νῆς τοῦ μαρτυρίου ἐν πᾶσι τοῖς υἱοῖς Ισραηλ. ¹¹καὶ εἶπεν κύριος
πρὸς Μωυσῆν Ἕως τίνος παροξύνει με ὁ λαὸς οὗτος καὶ ἕως
τίνος οὐ πιστεύουσίν μοι ἐν πᾶσιν τοῖς σημείοις, οἷς ἐποίησα ἐν
12 αὐτοῖς; ¹²πατάξω αὐτοὺς θανάτῳ καὶ ἀπολῶ αὐτοὺς καὶ ποιήσω
σὲ καὶ τὸν οἶκον τοῦ πατρός σου εἰς ἔθνος μέγα καὶ πολὺ μᾶλ-
13 λον ἢ τοῦτο. ¹³καὶ εἶπεν Μωυσῆς πρὸς κύριον Καὶ ἀκούσεται Αἴ-
γυπτος ὅτι ἀνήγαγες τῇ ἰσχύι σου τὸν λαὸν τοῦτον ἐξ αὐτῶν,
14 ¹⁴ἀλλὰ καὶ πάντες οἱ κατοικοῦντες ἐπὶ τῆς γῆς ταύτης ἀκηκόασιν
ὅτι σὺ εἶ κύριος ἐν τῷ λαῷ τούτῳ, ὅστις ὀφθαλμοῖς κατ᾽ ὀφθαλ-
μοὺς ὀπτάζῃ, κύριε, καὶ ἡ νεφέλη σου ἐφέστηκεν ἐπ᾽ αὐτῶν, καὶ
ἐν στύλῳ νεφέλης σὺ πορεύῃ πρότερος αὐτῶν τὴν ἡμέραν καὶ ἐν
15 στύλῳ πυρὸς τὴν νύκτα. ¹⁵καὶ ἐκτρίψεις τὸν λαὸν τοῦτον ὡσεὶ
ἄνθρωπον ἕνα, καὶ ἐροῦσιν τὰ ἔθνη, ὅσοι ἀκηκόασιν τὸ ὄνομά
16 σου, λέγοντες ¹⁶Παρὰ τὸ μὴ δύνασθαι κύριον εἰσαγαγεῖν τὸν λαὸν
τοῦτον εἰς τὴν γῆν, ἣν ὤμοσεν αὐτοῖς, κατέστρωσεν αὐτοὺς ἐν

14 1 ενεδωκεν φωνη Β† ‖ 3 παιδια] + ημων Α ∣ εσονται / εις διαρπ.] tr.
Α† ‖ 8 αιρετιζει] ερεθιζει Β† ‖ 10 εν λιθοις > Β*† ∣ εν ult. > Β† ‖
11 σημειοις] θαυμασιοις Α† ‖ 13 ανηγαγες] αν > Β*† ∣ τη] εν Α ‖ 14 ο-
φθαλμοις] -μους Α ∣ συ πορευη] συνπορευη Β* ‖ 16 τον λαον τουτον] αυ-
τους Α

τῇ ἐρήμῳ. ¹⁷καὶ νῦν ὑψωθήτω ἡ ἰσχύς σου, κύριε, ὃν τρόπον εἶπας 17
λέγων ¹⁸Κύριος μακρόθυμος καὶ πολυέλεος καὶ ἀληθινός, ἀφαιρῶν 18
ἀνομίας καὶ ἀδικίας καὶ ἁμαρτίας, καὶ καθαρισμῷ οὐ καθαριεῖ τὸν
ἔνοχον ἀποδιδοὺς ἁμαρτίας πατέρων ἐπὶ τέκνα ἕως τρίτης καὶ τε-
τάρτης. ¹⁹ἄφες τὴν ἁμαρτίαν τῷ λαῷ τούτῳ κατὰ τὸ μέγα ἔλεός 19
σου, καθάπερ ἵλεως αὐτοῖς ἐγένου ἀπ᾽ Αἰγύπτου ἕως τοῦ νῦν. ²⁰καὶ 20
εἶπεν κύριος πρὸς Μωυσῆν Ἵλεως αὐτοῖς εἰμι κατὰ τὸ ῥῆμά σου·
²¹ἀλλὰ Ζῶ ἐγὼ καὶ Ζῶν τὸ ὄνομά μου καὶ ἐμπλήσει ἡ δόξα κυρίου 21
πᾶσαν τὴν γῆν, ²²ὅτι πάντες οἱ ἄνδρες οἱ ὁρῶντες τὴν δόξαν μου 22
καὶ τὰ σημεῖα, ἃ ἐποίησα ἐν Αἰγύπτῳ καὶ ἐν τῇ ἐρήμῳ ταύτῃ, καὶ
ἐπείρασάν με τοῦτο δέκατον καὶ οὐκ εἰσήκουσάν μου τῆς φωνῆς,
²³ἦ μὴν οὐκ ὄψονται τὴν γῆν, ἣν ὤμοσα τοῖς πατράσιν αὐτῶν, 23
ἀλλ᾽ ἢ τὰ τέκνα αὐτῶν, ἅ ἐστιν μετ᾽ ἐμοῦ ὧδε, ὅσοι οὐκ οἴδασιν
ἀγαθὸν οὐδὲ κακόν, πᾶς νεώτερος ἄπειρος, τούτοις δώσω τὴν γῆν,
πάντες δὲ οἱ παροξύναντές με οὐκ ὄψονται αὐτήν. ²⁴ὁ δὲ παῖς μου 24
Χαλεβ, ὅτι ἐγενήθη πνεῦμα ἕτερον ἐν αὐτῷ καὶ ἐπηκολούθησέν μοι,
εἰσάξω αὐτὸν εἰς τὴν γῆν, εἰς ἣν εἰσῆλθεν ἐκεῖ, καὶ τὸ σπέρμα
αὐτοῦ κληρονομήσει αὐτήν. ²⁵ὁ δὲ Αμαληκ καὶ ὁ Χαναναῖος κατοι- 25
κοῦσιν ἐν τῇ κοιλάδι· αὔριον ἐπιστράφητε ὑμεῖς καὶ ἀπάρατε εἰς
τὴν ἔρημον ὁδὸν θάλασσαν ἐρυθράν.

²⁶Καὶ εἶπεν κύριος πρὸς Μωυσῆν καὶ Ααρων λέγων ²⁷Ἕως τίνος   26
τὴν συναγωγὴν τὴν πονηρὰν ταύτην; ἃ αὐτοὶ γογγύζουσιν ἐναν-   27
τίον ἐμοῦ, τὴν γόγγυσιν τῶν υἱῶν Ισραηλ, ἣν ἐγόγγυσαν περὶ
ὑμῶν, ἀκήκοα. ²⁸εἰπὸν αὐτοῖς Ζῶ ἐγώ, λέγει κύριος, ἦ μὴν ὃν 28
τρόπον λελαλήκατε εἰς τὰ ὦτά μου, οὕτως ποιήσω ὑμῖν· ²⁹ἐν τῇ 29
ἐρήμῳ ταύτῃ πεσεῖται τὰ κῶλα ὑμῶν καὶ πᾶσα ἡ ἐπισκοπὴ ὑμῶν
καὶ οἱ κατηριθμημένοι ὑμῶν ἀπὸ εἰκοσαετοῦς καὶ ἐπάνω, ὅσοι ἐγόγ-
γυσαν ἐπ᾽ ἐμοί· ³⁰εἰ ὑμεῖς εἰσελεύσεσθε εἰς τὴν γῆν, ἐφ᾽ ἣν ἐξέ- 30
τεινα τὴν χεῖρά μου κατασκηνῶσαι ὑμᾶς ἐπ᾽ αὐτῆς, ἀλλ᾽ ἢ Χαλεβ
υἱὸς Ιεφοννη καὶ Ἰησοῦς ὁ τοῦ Ναυη. ³¹καὶ τὰ παιδία, ἃ εἴπατε 31
ἐν διαρπαγῇ ἔσεσθαι, εἰσάξω αὐτοὺς εἰς τὴν γῆν, καὶ κληρονομή-
σουσιν τὴν γῆν, ἣν ὑμεῖς ἀπέστητε ἀπ᾽ αὐτῆς. ³²καὶ τὰ κῶλα ὑμῶν 32
πεσεῖται ἐν τῇ ἐρήμῳ ταύτῃ, ³³οἱ δὲ υἱοὶ ὑμῶν ἔσονται νεμόμενοι 33
ἐν τῇ ἐρήμῳ τεσσαράκοντα ἔτη καὶ ἀνοίσουσιν τὴν πορνείαν ὑμῶν,
ἕως ἂν ἀναλωθῇ τὰ κῶλα ὑμῶν ἐν τῇ ἐρήμῳ. ³⁴κατὰ τὸν ἀριθμὸν 34
τῶν ἡμερῶν, ὅσας κατεσκέψασθε τὴν γῆν, τεσσαράκοντα ἡμέρας,

17 ισχυς] χειρ A ‖ 18 fin.] + γενεας A ‖ 19 αυτοις εγενου] tr. A ‖
22 ταυτη] > B, in O sub ÷ | μου / της φ.] tr. A ‖ 23 η μην M] ει μην BA:
item in 28. 35, cf. Thack. § 6, 20 | ουδε] η A | παροξυνοντες A ‖ 24 εισα-
ξω] pr. και A ‖ 25 υμεις / και απαρ.] tr. A ‖ 27 a > B* ‖ 28 μην] μη
A: item B*† in 35 | εις τα ωτα μου > A† ‖ 31 εν — εσεσθαι] εις διαρπα-
γην εσονται A ‖ 33 υμων 2°] αυτων A† | αν > B*A

ἡμέραν τοῦ ἐνιαυτοῦ, λήμψεσθε τὰς ἁμαρτίας ὑμῶν τεσσαράκοντα
35 ἔτη καὶ γνώσεσθε τὸν θυμὸν τῆς ὀργῆς μου. ³⁵ἐγὼ κύριος ἐλά-
λησα· ἦ μὴν οὕτως ποιήσω τῇ συναγωγῇ τῇ πονηρᾷ ταύτῃ τῇ
ἐπισυνεσταμένῃ ἐπ᾽ ἐμέ· ἐν τῇ ἐρήμῳ ταύτῃ ἐξαναλωθήσονται καὶ
36 ἐκεῖ ἀποθανοῦνται. ³⁶καὶ οἱ ἄνθρωποι, οὓς ἀπέστειλεν Μωυσῆς
κατασκέψασθαι τὴν γῆν καὶ παραγενηθέντες διεγόγγυσαν κατ᾽ αὐ-
τῆς πρὸς τὴν συναγωγὴν ἐξενέγκαι ῥήματα πονηρὰ περὶ τῆς γῆς,
37 ³⁷καὶ ἀπέθανον οἱ ἄνθρωποι οἱ κατείπαντες κατὰ τῆς γῆς πονηρὰ
38 ἐν τῇ πληγῇ ἔναντι κυρίου· ³⁸καὶ Ἰησοῦς υἱὸς Ναυη καὶ Χαλεβ
υἱὸς Ιεφοννη ἔζησαν ἀπὸ τῶν ἀνθρώπων ἐκείνων τῶν πεπορευ-
μένων κατασκέψασθαι τὴν γῆν.
39   ³⁹Καὶ ἐλάλησεν Μωυσῆς τὰ ῥήματα ταῦτα πρὸς πάντας υἱοὺς
40 Ισραηλ, καὶ ἐπένθησεν ὁ λαὸς σφόδρα. ⁴⁰καὶ ὀρθρίσαντες τὸ πρωὶ
ἀνέβησαν εἰς τὴν κορυφὴν τοῦ ὄρους λέγοντες Ἰδοὺ οἵδε ἡμεῖς
41 ἀναβησόμεθα εἰς τὸν τόπον, ὃν εἶπεν κύριος, ὅτι ἡμάρτομεν. ⁴¹καὶ
εἶπεν Μωυσῆς Ἵνα τί ὑμεῖς παραβαίνετε τὸ ῥῆμα κυρίου; οὐκ εὔο-
42 δα ἔσται ὑμῖν. ⁴²μὴ ἀναβαίνετε· οὐ γάρ ἐστιν κύριος μεθ᾽ ὑμῶν,
43 καὶ πεσεῖσθε πρὸ προσώπου τῶν ἐχθρῶν ὑμῶν. ⁴³ὅτι ὁ Αμαληκ
καὶ ὁ Χαναναῖος ἐκεῖ ἔμπροσθεν ὑμῶν, καὶ πεσεῖσθε μαχαίρᾳ· οὗ
εἵνεκεν ἀπεστράφητε ἀπειθοῦντες κυρίῳ, καὶ οὐκ ἔσται κύριος ἐν
44 ὑμῖν. ⁴⁴καὶ διαβιασάμενοι ἀνέβησαν ἐπὶ τὴν κορυφὴν τοῦ ὄρους·
ἡ δὲ κιβωτὸς τῆς διαθήκης κυρίου καὶ Μωυσῆς οὐκ ἐκινήθησαν
45 ἐκ τῆς παρεμβολῆς. ⁴⁵καὶ κατέβη ὁ Αμαληκ καὶ ὁ Χαναναῖος ὁ ἐγ-
καθήμενος ἐν τῷ ὄρει ἐκείνῳ καὶ ἐτρέψαντο αὐτοὺς καὶ κατέκοψαν
αὐτοὺς ἕως Ερμαν· καὶ ἀπεστράφησαν εἰς τὴν παρεμβολήν.
15   ¹Καὶ εἶπεν κύριος πρὸς Μωυσῆν λέγων ²Λάλησον τοῖς υἱοῖς
Ισραηλ καὶ ἐρεῖς πρὸς αὐτούς Ὅταν εἰσέλθητε εἰς τὴν γῆν τῆς
3 κατοικήσεως ὑμῶν, ἣν ἐγὼ δίδωμι ὑμῖν, ³καὶ ποιήσεις ὁλοκαυτώ-
ματα κυρίῳ, ὁλοκάρπωμα ἢ θυσίαν, μεγαλῦναι εὐχὴν ἢ καθ᾽ ἑκού-
σιον ἢ ἐν ταῖς ἑορταῖς ὑμῶν ποιῆσαι ὀσμὴν εὐωδίας κυρίῳ, εἰ
4 μὲν ἀπὸ τῶν βοῶν ἢ ἀπὸ τῶν προβάτων, ⁴καὶ προσοίσει ὁ προσ-
φέρων τὸ δῶρον αὐτοῦ κυρίῳ θυσίαν σεμιδάλεως δέκατον τοῦ
5 οιφι ἀναπεποιημένης ἐν ἐλαίῳ ἐν τετάρτῳ τοῦ ιν· ⁵καὶ οἶνον εἰς
σπονδὴν τὸ τέταρτον τοῦ ιν ποιήσετε ἐπὶ τῆς ὁλοκαυτώσεως ἢ
ἐπὶ τῆς θυσίας· τῷ ἀμνῷ τῷ ἑνὶ ποιήσεις τοσοῦτο, κάρπωμα
6 ὀσμὴν εὐωδίας τῷ κυρίῳ. ⁶καὶ τῷ κριῷ, ὅταν ποιῆτε αὐτὸν ἢ εἰς

36 περι] επι A† ‖ 37 οι 2⁰ > B*† | κατα τ. γ./πονηρα] tr. A ‖ 40 εις
1⁰] επι A ‖ 43 ο 1⁰ > A hic, non in 45 ‖ 44 την > A† | εκ] + μεσου A
‖ 45 και κατεβη] κατ. δε A | ετρεψατο A | ερμα A
15 1 ειπεν] ελαλησεν A ‖ 2 κατοικησεως] κατασχεσεως A† ‖ 3 ποιησεις]
-ησητε A | ολοκαυτ.] καρπωμα A | ολοκαρπωμα] ολοκαυτωματα A ‖ 4 ανα-
πεποι.] πεφυραμενης A | εν ελαιω — fin.] εν τεταρτω του ιν ελαιω A ‖
6 η 1⁰ > A

ὁλοκαύτωμα ἢ εἰς θυσίαν, ποιήσεις θυσίαν σεμιδάλεως δύο δέκατα
ἀναπεποιημένης ἐν ἐλαίῳ, τὸ τρίτον τοῦ ιν· ⁷καὶ οἶνον εἰς σπον- 7
δὴν τὸ τρίτον τοῦ ιν προσοίσετε εἰς ὀσμὴν εὐωδίας κυρίῳ. ⁸ἐὰν 8
δὲ ἀπὸ τῶν βοῶν ποιῆτε εἰς ὁλοκαύτωμα ἢ εἰς θυσίαν μεγαλῦναι
εὐχὴν ἢ εἰς σωτήριον κυρίῳ, ⁹καὶ προσοίσει ἐπὶ τοῦ μόσχου θυ- 9
σίαν σεμιδάλεως τρία δέκατα ἀναπεποιημένης ἐν ἐλαίῳ ἥμισυ τοῦ
ιν ¹⁰καὶ οἶνον εἰς σπονδὴν τὸ ἥμισυ τοῦ ιν κάρπωμα ὀσμὴν εὐω- 10
δίας κυρίῳ. ¹¹οὕτως ποιήσεις τῷ μόσχῳ τῷ ἑνὶ ἢ τῷ κριῷ τῷ 11
ἑνὶ ἢ τῷ ἀμνῷ τῷ ἑνὶ ἐκ τῶν προβάτων ἢ ἐκ τῶν αἰγῶν· ¹²κατὰ 12
τὸν ἀριθμὸν ὧν ἐὰν ποιήσητε, οὕτω ποιήσετε τῷ ἑνὶ κατὰ τὸν
ἀριθμὸν αὐτῶν. ¹³πᾶς ὁ αὐτόχθων ποιήσει οὕτως τοιαῦτα, προσ- 13
ενέγκαι καρπώματα εἰς ὀσμὴν εὐωδίας κυρίῳ. ¹⁴ἐὰν δὲ προσή- 14
λυτος ἐν ὑμῖν προσγένηται ἐν τῇ γῇ ὑμῶν ἢ ὃς ἂν γένηται ἐν
ὑμῖν ἐν ταῖς γενεαῖς ὑμῶν, καὶ ποιήσει κάρπωμα ὀσμὴν εὐωδίας
κυρίῳ· ὃν τρόπον ποιεῖτε ὑμεῖς, οὕτως ποιήσει ἡ συναγωγὴ κυρίῳ.
¹⁵νόμος εἷς ἔσται ὑμῖν καὶ τοῖς προσηλύτοις τοῖς προσκειμένοις 15
ἐν ὑμῖν, νόμος αἰώνιος εἰς γενεὰς ὑμῶν· ὡς ὑμεῖς, καὶ ὁ προσή-
λυτος ἔσται ἔναντι κυρίου· ¹⁶νόμος εἷς ἔσται καὶ δικαίωμα ἓν ἔσται 16
ὑμῖν καὶ τῷ προσηλύτῳ τῷ προσκειμένῳ ἐν ὑμῖν.
¹⁷Καὶ ἐλάλησεν κύριος πρὸς Μωυσῆν λέγων ¹⁸Λάλησον τοῖς 17
υἱοῖς Ισραηλ καὶ ἐρεῖς πρὸς αὐτούς Ἐν τῷ εἰσπορεύεσθαι ὑμᾶς 18
εἰς τὴν γῆν, εἰς ἣν ἐγὼ εἰσάγω ὑμᾶς ἐκεῖ, ¹⁹καὶ ἔσται ὅταν ἔσθητε 19
ὑμεῖς ἀπὸ τῶν ἄρτων τῆς γῆς, ἀφελεῖτε ἀφαίρεμα ἀφόρισμα κυρίῳ·
²⁰ἀπαρχὴν φυράματος ὑμῶν ἄρτον ἀφαίρεμα ἀφοριεῖτε αὐτό· ὡς 20
ἀφαίρεμα ἀπὸ ἅλω, οὕτως ἀφελεῖτε αὐτόν, ²¹ἀπαρχὴν φυράματος 21
ὑμῶν, καὶ δώσετε κυρίῳ ἀφαίρεμα εἰς τὰς γενεὰς ὑμῶν.
²²Ὅταν δὲ διαμάρτητε καὶ μὴ ποιήσητε πάσας τὰς ἐντολὰς ταύ- 22
τας, ἃς ἐλάλησεν κύριος πρὸς Μωυσῆν, ²³καθὰ συνέταξεν κύριος 23
πρὸς ὑμᾶς ἐν χειρὶ Μωυσῆ ἀπὸ τῆς ἡμέρας, ἧς συνέταξεν κύριος
πρὸς ὑμᾶς, καὶ ἐπέκεινα εἰς τὰς γενεὰς ὑμῶν, ²⁴καὶ ἔσται ἐὰν ἐξ 24
ὀφθαλμῶν τῆς συναγωγῆς γενηθῇ ἀκουσίως, καὶ ποιήσει πᾶσα ἡ
συναγωγὴ μόσχον ἕνα ἐκ βοῶν ἄμωμον εἰς ὁλοκαύτωμα εἰς ὀσμὴν
εὐωδίας κυρίῳ καὶ θυσίαν τούτου καὶ σπονδὴν αὐτοῦ κατὰ τὴν
σύνταξιν καὶ χίμαρον ἐξ αἰγῶν ἕνα περὶ ἁμαρτίας. ²⁵καὶ ἐξιλάσεται 25
ὁ ἱερεὺς περὶ πάσης συναγωγῆς υἱῶν Ισραηλ, καὶ ἀφεθήσεται αὐ-
τοῖς· ὅτι ἀκούσιόν ἐστιν, καὶ αὐτοὶ ἤνεγκαν τὸ δῶρον αὐτῶν κάρ-

6 θυσιαν 1⁰ ⌒ 2⁰ A⁺ | αναπεποι.] αναπεφυραμενης A: item in 9 ‖ 8 απο
των βοων / ποιητε] tr. A | η ult. > B* ‖ 10 init. — ιν > B* ‖ 12 ων]
ον A | εαν > A⁺ ‖ 14 η συναγ. (κυρ.) trahit 𝔐 ad 15 ‖ 15 εσται 1⁰ >
Bᶜ | γενεας] pr. τας A ‖ 16 υμιν 1⁰ > B*⁺ ‖ 19 κυριω] pr. τω A ‖
20 απαρχων A⁺ | αλω B⁺] αλωνος A ‖ 21 απαρχην] αρτον απαρχης A ‖
23 προς υμας 1⁰] υμιν A ‖ 24 ποιηση B* | συνταξιν] + αυτου A ‖ 25 εξι-
λασεται] + περι αυτου B*⁺

πωμα κυρίῳ περὶ τῆς ἁμαρτίας αὐτῶν ἔναντι κυρίου περὶ τῶν
26 ἀκουσίων αὐτῶν. ²⁶καὶ ἀφεθήσεται κατὰ πᾶσαν συναγωγὴν υἱῶν
Ισραηλ καὶ τῷ προσηλύτῳ τῷ προσκειμένῳ πρὸς ὑμᾶς, ὅτι παντὶ
27 τῷ λαῷ ἀκούσιον. — ²⁷ἐὰν δὲ ψυχὴ μία ἁμάρτῃ ἀκουσίως, προσ-
28 άξει αἶγα μίαν ἐνιαυσίαν περὶ ἁμαρτίας, ²⁸καὶ ἐξιλάσεται ὁ ἱερεὺς
περὶ τῆς ψυχῆς τῆς ἀκουσιασθείσης καὶ ἁμαρτούσης ἀκουσίως
29 ἔναντι κυρίου ἐξιλάσασθαι περὶ αὐτοῦ. ²⁹τῷ ἐγχωρίῳ ἐν υἱοῖς
Ισραηλ καὶ τῷ προσηλύτῳ τῷ προσκειμένῳ ἐν αὐτοῖς, νόμος εἷς
30 ἔσται αὐτοῖς, ὃς ἂν ποιήσῃ ἀκουσίως. ³⁰καὶ ψυχή, ἥτις ποιήσει
ἐν χειρὶ ὑπερηφανίας ἀπὸ τῶν αὐτοχθόνων ἢ ἀπὸ τῶν προσηλύ-
των, τὸν θεὸν οὗτος παροξύνει· ἐξολεθρευθήσεται ἡ φυχὴ ἐκείνη
31 ἐκ τοῦ λαοῦ αὐτῆς, ³¹ὅτι τὸ ῥῆμα κυρίου ἐφαύλισεν καὶ τὰς ἐντο-
λὰς αὐτοῦ διεσκέδασεν, ἐκτρίψει ἐκτριβήσεται ἡ ψυχὴ ἐκείνη, ἡ
ἁμαρτία αὐτῆς ἐν αὐτῇ.
32 ³²Καὶ ἦσαν οἱ υἱοὶ Ισραηλ ἐν τῇ ἐρήμῳ καὶ εὗρον ἄνδρα συλ-
33 λέγοντα ξύλα τῇ ἡμέρᾳ τῶν σαββάτων. ³³καὶ προσήγαγον αὐτὸν
οἱ εὑρόντες αὐτὸν συλλέγοντα ξύλα τῇ ἡμέρᾳ τῶν σαββάτων πρὸς
34 Μωυσῆν καὶ Ααρων καὶ πρὸς πᾶσαν συναγωγὴν υἱῶν Ισραηλ. ³⁴καὶ
ἀπέθεντο αὐτὸν εἰς φυλακήν· οὐ γὰρ συνέκριναν, τί ποιήσωσιν
35 αὐτόν. ³⁵καὶ ἐλάλησεν κύριος πρὸς Μωυσῆν λέγων Θανάτῳ θανα-
τούσθω ὁ ἄνθρωπος· λιθοβολήσατε αὐτὸν λίθοις, πᾶσα ἡ συνα-
36 γωγή. ³⁶καὶ ἐξήγαγον αὐτὸν πᾶσα ἡ συναγωγὴ ἔξω τῆς παρεμ-
βολῆς, καὶ ἐλιθοβόλησαν αὐτὸν πᾶσα ἡ συναγωγὴ λίθοις ἔξω τῆς
παρεμβολῆς, καθὰ συνέταξεν κύριος τῷ Μωυσῇ.
37 ³⁷Καὶ εἶπεν κύριος πρὸς Μωυσῆν λέγων ³⁸Λάλησον τοῖς υἱοῖς
38 Ισραηλ καὶ ἐρεῖς πρὸς αὐτοὺς καὶ ποιησάτωσαν ἑαυτοῖς κράσπεδα
ἐπὶ τὰ πτερύγια τῶν ἱματίων αὐτῶν εἰς τὰς γενεὰς αὐτῶν καὶ
ἐπιθήσετε ἐπὶ τὰ κράσπεδα τῶν πτερυγίων κλῶσμα ὑακίνθινον.
39 ³⁹καὶ ἔσται ὑμῖν ἐν τοῖς κρασπέδοις καὶ ὄψεσθε αὐτὰ καὶ μνη-
σθήσεσθε πασῶν τῶν ἐντολῶν κυρίου καὶ ποιήσετε αὐτὰς καὶ
οὐ διαστραφήσεσθε ὀπίσω τῶν διανοιῶν ὑμῶν καὶ ὀπίσω τῶν
40 ὀφθαλμῶν ὑμῶν, ἐν οἷς ὑμεῖς ἐκπορνεύετε ὀπίσω αὐτῶν, ⁴⁰ὅπως
ἂν μνησθῆτε καὶ ποιήσητε πάσας τὰς ἐντολάς μου καὶ ἔσεσθε
41 ἅγιοι τῷ θεῷ ὑμῶν. ⁴¹ἐγὼ κύριος ὁ θεὸς ὑμῶν ὁ ἐξαγαγὼν ὑμᾶς
ἐκ γῆς Αἰγύπτου εἶναι ὑμῶν θεός, ἐγὼ κύριος ὁ θεὸς ὑμῶν.

26 κατα πασαν συναγ.] πασα η συναγωγη A | τω προσκειμ.] και τω προσ-
πορευομενω A ‖ 28 fin.] + και αφεθησεται αυτω A (in O sub ※) ‖ 30 εξο-
λεθρ.] pr. και A ‖ 31 τα ρηματα B*† ‖ 32 τη ult.] pr. εν A | του σαβ-
βατου A ‖ 33 αυτον 2⁰ > B† | ξυλα] pr. τα A† | τη ημ. τ. σαββ. > A ‖
34 αυτον ult.] -τω A ‖ 36 ελιθοβολησεν B† | λιθοις] pr. εν A | συνεταξεν
.. τω μωυση] ελαλησεν .. προς μωυσην A ‖ 39 οπισω 2⁰ et υμων 2⁰ > B |
υμεις > B*†

¹ Καὶ ἐλάλησεν Κορε υἱὸς Ισσααρ υἱοῦ Κααθ υἱοῦ Λευι καὶ Δα- 16
θαν καὶ Αβιρων υἱοὶ Ελιαβ καὶ Αυν υἱὸς Φαλεθ υἱοῦ Ρουβην ²καὶ 2
ἀνέστησαν ἔναντι Μωυσῆ, καὶ ἄνδρες τῶν υἱῶν Ισραηλ πεντήκοντα
καὶ διακόσιοι, ἀρχηγοὶ συναγωγῆς, σύγκλητοι βουλῆς καὶ ἄνδρες
ὀνομαστοί, ³συνέστησαν ἐπὶ Μωυσῆν καὶ Ααρων καὶ εἶπαν Ἐχέτω 3
ὑμῖν, ὅτι πᾶσα ἡ συναγωγὴ πάντες ἅγιοι καὶ ἐν αὐτοῖς κύριος, καὶ
διὰ τί κατανίστασθε ἐπὶ τὴν συναγωγὴν κυρίου; ⁴καὶ ἀκούσας 4
Μωυσῆς ἔπεσεν ἐπὶ πρόσωπον ⁵καὶ ἐλάλησεν πρὸς Κορε καὶ πρὸς 5
πᾶσαν αὐτοῦ τὴν συναγωγὴν λέγων Ἐπέσκεπται καὶ ἔγνω ὁ θεὸς
τοὺς ὄντας αὐτοῦ καὶ τοὺς ἁγίους καὶ προσηγάγετο πρὸς ἑαυτόν,
καὶ οὓς ἐξελέξατο ἑαυτῷ, προσηγάγετο πρὸς ἑαυτόν. ⁶τοῦτο ποιή- 6
σατε· λάβετε ὑμῖν αὐτοῖς πυρεῖα, Κορε καὶ πᾶσα ἡ συναγωγὴ αὐ-
τοῦ, ⁷καὶ ἐπίθετε ἐπ᾽ αὐτὰ πῦρ καὶ ἐπίθετε ἐπ᾽ αὐτὰ θυμίαμα ἔναντι 7
κυρίου αὔριον, καὶ ἔσται ὁ ἀνήρ, ὃν ἂν ἐκλέξηται κύριος, οὗτος
ἅγιος· ἱκανούσθω ὑμῖν, υἱοὶ Λευι. ⁸καὶ εἶπεν Μωυσῆς πρὸς Κορε 8
Εἰσακούσατέ μου, υἱοὶ Λευι. ⁹μὴ μικρόν ἐστιν τοῦτο ὑμῖν ὅτι διέ- 9
στειλεν ὁ θεὸς Ισραηλ ὑμᾶς ἐκ συναγωγῆς Ισραηλ καὶ προσηγά-
γετο ὑμᾶς πρὸς ἑαυτὸν λειτουργεῖν τὰς λειτουργίας τῆς σκηνῆς
κυρίου καὶ παρίστασθαι ἔναντι τῆς συναγωγῆς λατρεύειν αὐτοῖς;
¹⁰καὶ προσηγάγετό σε καὶ πάντας τοὺς ἀδελφούς σου υἱοὺς Λευι 10
μετὰ σοῦ, καὶ ζητεῖτε ἱερατεύειν; ¹¹οὕτως σὺ καὶ πᾶσα ἡ συνα- 11
γωγή σου ἡ συνηθροισμένη πρὸς τὸν θεόν· καὶ Ααρων τίς ἐστιν
ὅτι διαγογγύζετε κατ᾽ αὐτοῦ; ¹²καὶ ἀπέστειλεν Μωυσῆς καλέσαι 12
Δαθαν καὶ Αβιρων υἱοὺς Ελιαβ. καὶ εἶπαν Οὐκ ἀναβαίνομεν· ¹³μὴ 13
μικρὸν τοῦτο ὅτι ἀνήγαγες ἡμᾶς ἐκ γῆς ρεούσης γάλα καὶ μέλι
ἀποκτεῖναι ἡμᾶς ἐν τῇ ἐρήμῳ, ὅτι κατάρχεις ἡμῶν ἄρχων; ¹⁴εἰ καὶ 14
εἰς γῆν ρέουσαν γάλα καὶ μέλι εἰσήγαγες ἡμᾶς καὶ ἔδωκας ἡμῖν
κλῆρον ἀγροῦ καὶ ἀμπελῶνας, τοὺς ὀφθαλμοὺς τῶν ἀνθρώπων
ἐκείνων ἂν ἐξέκοψας. οὐκ ἀναβαίνομεν. ¹⁵καὶ ἐβαρυθύμησεν Μωυ- 15
σῆς σφόδρα καὶ εἶπεν πρὸς κύριον Μὴ προσχῇς εἰς τὴν θυσίαν
αὐτῶν· οὐκ ἐπιθύμημα οὐδενὸς αὐτῶν εἴληφα οὐδὲ ἐκάκωσα οὐ-
δένα αὐτῶν. ¹⁶καὶ εἶπεν Μωυσῆς πρὸς Κορε Ἁγίασον τὴν συνα- 16
γωγήν σου καὶ γίνεσθε ἕτοιμοι ἔναντι κυρίου σὺ καὶ αὐτοὶ καὶ
Ααρων αὔριον· ¹⁷καὶ λάβετε ἕκαστος τὸ πυρεῖον αὐτοῦ καὶ ἐπι- 17
θήσετε ἐπ᾽ αὐτὰ θυμίαμα καὶ προσάξετε ἔναντι κυρίου ἕκαστος τὸ
πυρεῖον αὐτοῦ, πεντήκοντα καὶ διακόσια πυρεῖα, καὶ σὺ καὶ Ααρων

16 1 αυν B†] αυναν A ‖ 3 επι μωυσην] οπισω μωυση B*† | ειπαν] + προς
αυτους A ‖ 5 και paenult. > A | εξελεξατο] pr. ουκ A | προσηγ. ult.] pr.
ου A ‖ 6 αυτοις] εαυ. A ‖ 7 και 1⁰ ⌒ 2⁰ B*† | αν εκλεξηται] εκλεγεται
B*†, εκλελεκται Bᶜ† ‖ 9 ο θεος ισρ. / υμας] tr. A | συναγωγης ult.] σκηνης
B ‖ 10 ιερατευειν] pr. και B, pr. ※ και γε O† ‖ 11 τις] τι A ‖ 13 εκ
γης ρεουσης V] εις την -σαν BA: ex 14 ‖ 14 και 1⁰] + συ A | κληρον] και-
ρον B† ‖ 17 θυμιαματα B*†

18 ἕκαστος τὸ πυρεῖον αὐτοῦ. ¹⁸ καὶ ἔλαβεν ἕκαστος τὸ πυρεῖον αὐ-
τοῦ καὶ ἐπέθηκαν ἐπ᾽ αὐτὰ πῦρ καὶ ἐπέβαλον ἐπ᾽ αὐτὸ θυμίαμα.
καὶ ἔστησαν παρὰ τὰς θύρας τῆς σκηνῆς τοῦ μαρτυρίου Μωυσῆς
19 καὶ Ααρων. ¹⁹ καὶ ἐπισυνέστησεν ἐπ᾽ αὐτοὺς Κορε τὴν πᾶσαν αὐ-
τοῦ συναγωγὴν παρὰ τὴν θύραν τῆς σκηνῆς τοῦ μαρτυρίου. καὶ
20 ὤφθη ἡ δόξα κυρίου πάσῃ τῇ συναγωγῇ. ²⁰ καὶ ἐλάλησεν κύριος
21 πρὸς Μωυσῆν καὶ Ααρων λέγων ²¹ Ἀποσχίσθητε ἐκ μέσου τῆς
22 συναγωγῆς ταύτης, καὶ ἐξαναλώσω αὐτοὺς εἰς ἅπαξ. ²² καὶ ἔπεσαν
ἐπὶ πρόσωπον αὐτῶν καὶ εἶπαν Θεὸς θεὸς τῶν πνευμάτων καὶ
πάσης σαρκός, εἰ ἄνθρωπος εἷς ἥμαρτεν, ἐπὶ πᾶσαν τὴν συνα-
23 γωγὴν ὀργὴ κυρίου; ²³ καὶ ἐλάλησεν κύριος πρὸς Μωυσῆν λέγων
24 ²⁴ Λάλησον τῇ συναγωγῇ λέγων Ἀναχωρήσατε κύκλῳ ἀπὸ τῆς
25 συναγωγῆς Κορε. ²⁵ καὶ ἀνέστη Μωυσῆς καὶ ἐπορεύθη πρὸς Δαθαν
καὶ Αβιρων, καὶ συνεπορεύθησαν μετ᾽ αὐτοῦ πάντες οἱ πρεσβύτε-
26 ροι Ισραηλ. ²⁶ καὶ ἐλάλησεν πρὸς τὴν συναγωγὴν λέγων Ἀποσχί-
σθητε ἀπὸ τῶν σκηνῶν τῶν ἀνθρώπων τῶν σκληρῶν τούτων καὶ
μὴ ἅπτεσθε ἀπὸ πάντων, ὧν ἐστιν αὐτοῖς, μὴ συναπόλησθε ἐν
27 πάσῃ τῇ ἁμαρτίᾳ αὐτῶν. ²⁷ καὶ ἀπέστησαν ἀπὸ τῆς σκηνῆς Κορε
κύκλῳ· καὶ Δαθαν καὶ Αβιρων ἐξῆλθον καὶ εἱστήκεισαν παρὰ τὰς
θύρας τῶν σκηνῶν αὐτῶν καὶ αἱ γυναῖκες αὐτῶν καὶ τὰ τέκνα
28 αὐτῶν καὶ ἡ ἀποσκευὴ αὐτῶν. ²⁸ καὶ εἶπεν Μωυσῆς Ἐν τούτῳ
γνώσεσθε ὅτι κύριος ἀπέστειλέν με ποιῆσαι πάντα τὰ ἔργα ταῦτα,
29 ὅτι οὐκ ἀπ᾽ ἐμαυτοῦ· ²⁹ εἰ κατὰ θάνατον πάντων ἀνθρώπων ἀπο-
θανοῦνται οὗτοι, εἰ καὶ κατ᾽ ἐπίσκεψιν πάντων ἀνθρώπων ἐπι-
30 σκοπὴ ἔσται αὐτῶν, οὐχὶ κύριος ἀπέσταλκέν με· ³⁰ ἀλλ᾽ ἢ ἐν φά-
σματι δείξει κύριος, καὶ ἀνοίξασα ἡ γῆ τὸ στόμα αὐτῆς καταπίεται
αὐτοὺς καὶ τοὺς οἴκους αὐτῶν καὶ τὰς σκηνὰς αὐτῶν καὶ πάντα,
ὅσα ἐστὶν αὐτοῖς, καὶ καταβήσονται ζῶντες εἰς ᾅδου, καὶ γνώ-
31 σεσθε ὅτι παρώξυναν οἱ ἄνθρωποι οὗτοι τὸν κύριον. ³¹ ὡς δὲ
ἐπαύσατο λαλῶν πάντας τοὺς λόγους τούτους, ἐρράγη ἡ γῆ ὑπο-
32 κάτω αὐτῶν, ³² καὶ ἠνοίχθη ἡ γῆ καὶ κατέπιεν αὐτοὺς καὶ τοὺς
οἴκους αὐτῶν καὶ πάντας τοὺς ἀνθρώπους τοὺς ὄντας μετὰ Κορε
33 καὶ τὰ κτήνη αὐτῶν. ³³ καὶ κατέβησαν αὐτοὶ καὶ ὅσα ἐστὶν αὐτῶν
ζῶντα εἰς ᾅδου, καὶ ἐκάλυψεν αὐτοὺς ἡ γῆ, καὶ ἀπώλοντο ἐκ μέ-
34 σου τῆς συναγωγῆς. ³⁴ καὶ πᾶς Ισραηλ οἱ κύκλῳ αὐτῶν ἔφυγον
ἀπὸ τῆς φωνῆς αὐτῶν, ὅτι λέγοντες Μήποτε καταπίῃ ἡμᾶς ἡ γῆ.

18 αυτα] -το Bᶜ (A deest) | αυτο] -τα Aᵣ Bᶜ ‖ 22 οργη] pr. η A ‖ 24 fin.]
+ και δαθαν και αβειρων A, + ※ δαθαν και αβειρωμ O ‖ 26 ων] οσα A |
αμαρτια] απαρτ. B* | αυτων] υμων B ‖ 27 σκηνων] -νωματων A ‖ 29 απε-
στειλεν A ‖ 31 αυτων] pr. των ποδων A ‖ 33 οσα] pr. παντα A | αυτων]
-τοις A | ζωντα] -τες A ‖ 34 λεγοντες] pr. ειπαν A

35 καὶ πῦρ ἐξῆλθεν παρὰ κυρίου καὶ κατέφαγεν τοὺς πεντήκοντα καὶ 35
διακοσίους ἄνδρας τοὺς προσφέροντας τὸ θυμίαμα.

¹ Καὶ εἶπεν κύριος πρὸς Μωυσῆν ² καὶ πρὸς Ελεαζαρ τὸν υἱὸν 17
Ααρων τὸν ἱερέα Ἀνέλεσθε τὰ πυρεῖα τὰ χαλκᾶ ἐκ μέσου τῶν
κατακεκαυμένων καὶ τὸ πῦρ τὸ ἀλλότριον τοῦτο σπεῖρον ἐκεῖ, ὅτι
ἡγίασαν ³ τὰ πυρεῖα τῶν ἁμαρτωλῶν τούτων ἐν ταῖς ψυχαῖς αὐ- 3
ιῶν· καὶ ποίησον αὐτὰ λεπίδας ἐλατάς, περίθεμα τῷ θυσιαστηρίῳ,
ὅτι προσηνέχθησαν ἔναντι κυρίου καὶ ἡγιάσθησαν καὶ ἐγένοντο
εἰς σημεῖον τοῖς υἱοῖς Ισραηλ. ⁴ καὶ ἔλαβεν Ελεαζαρ υἱὸς Ααρων 4
τοῦ ἱερέως τὰ πυρεῖα τὰ χαλκᾶ, ὅσα προσήνεγκαν οἱ κατακεκαυ-
μένοι, καὶ προσέθηκαν αὐτὰ περίθεμα τῷ θυσιαστηρίῳ, ⁵ μνημόσυ- 5
νον τοῖς υἱοῖς Ισραηλ, ὅπως ἂν μὴ προσέλθῃ μηθεὶς ἀλλογενής,
ὃς οὐκ ἔστιν ἐκ τοῦ σπέρματος Ααρων, ἐπιθεῖναι θυμίαμα ἔναντι
κυρίου καὶ οὐκ ἔσται ὥσπερ Κορε καὶ ἡ ἐπισύστασις αὐτοῦ, καθὰ
ἐλάλησεν κύριος ἐν χειρὶ Μωυσῆ.

⁶ Καὶ ἐγόγγυσαν οἱ υἱοὶ Ισραηλ τῇ ἐπαύριον ἐπὶ Μωυσῆν καὶ 6
Ααρων λέγοντες Ὑμεῖς ἀπεκτάγκατε τὸν λαὸν κυρίου. ⁷ καὶ ἐγένετο 7
ἐν τῷ ἐπισυστρέφεσθαι τὴν συναγωγὴν ἐπὶ Μωυσῆν καὶ Ααρων
καὶ ὥρμησαν ἐπὶ τὴν σκηνὴν τοῦ μαρτυρίου, καὶ τήνδε ἐκάλυψεν
αὐτὴν ἡ νεφέλη, καὶ ὤφθη ἡ δόξα κυρίου. ⁸ καὶ εἰσῆλθεν Μωυσῆς 8
καὶ Ααρων κατὰ πρόσωπον τῆς σκηνῆς τοῦ μαρτυρίου, ⁹ καὶ ἐλά- 9
λησεν κύριος πρὸς Μωυσῆν καὶ Ααρων λέγων ¹⁰ Ἐκχωρήσατε ἐκ 10
μέσου τῆς συναγωγῆς ταύτης, καὶ ἐξαναλώσω αὐτοὺς εἰς ἅπαξ.
καὶ ἔπεσον ἐπὶ πρόσωπον αὐτῶν. ¹¹ καὶ εἶπεν Μωυσῆς πρὸς Ααρων 11
Λαβὲ τὸ πυρεῖον καὶ ἐπίθες ἐπ᾽ αὐτὸ πῦρ ἀπὸ τοῦ θυσιαστηρίου
καὶ ἐπίβαλε ἐπ᾽ αὐτὸ θυμίαμα καὶ ἀπένεγκε τὸ τάχος εἰς τὴν παρεμ-
βολὴν καὶ ἐξίλασαι περὶ αὐτῶν· ἐξῆλθεν γὰρ ὀργὴ ἀπὸ προσώπου
κυρίου, ἦρκται θραύειν τὸν λαόν. ¹² καὶ ἔλαβεν Ααρων, καθάπερ 12
ἐλάλησεν αὐτῷ Μωυσῆς, καὶ ἔδραμεν εἰς τὴν συναγωγήν· καὶ ἤδη
ἐνῆρκτο ἡ θραῦσις ἐν τῷ λαῷ· καὶ ἐπέβαλεν τὸ θυμίαμα καὶ ἐξι-
λάσατο περὶ τοῦ λαοῦ ¹³ καὶ ἔστη ἀνὰ μέσον τῶν τεθνηκότων 13
καὶ τῶν ζώντων, καὶ ἐκόπασεν ἡ θραῦσις. ¹⁴ καὶ ἐγένοντο οἱ τε- 14
θνηκότες ἐν τῇ θραύσει τέσσαρες καὶ δέκα χιλιάδες καὶ ἑπτακόσιοι
χωρὶς τῶν τεθνηκότων ἕνεκεν Κορε. ¹⁵ καὶ ἐπέστρεψεν Ααρων πρὸς 15
Μωυσῆν ἐπὶ τὴν θύραν τῆς σκηνῆς τοῦ μαρτυρίου, καὶ ἐκόπασεν
ἡ θραῦσις.

¹⁶ Καὶ ἐλάλησεν κύριος πρὸς Μωυσῆν λέγων ¹⁷ Λάλησον τοῖς $^{16}_{17}$
υἱοῖς Ισραηλ καὶ λαβὲ παρ᾽ αὐτῶν ῥάβδον ῥάβδον κατ᾽ οἴκους

17 3 τοις υιοις] pr. εν A || 5 προσελθητε B*† | εν χειρι μωυση] > B*†, +
αυτω Bᶜ || 6 ισραηλ τη > B*† | επαυριον] επ > Bʳ || 12 ενηρκται B* |
και επεβαλεν] pr. και ελαβεν A || 13 fin.] + εν τω λαω B*†

πατριῶν παρὰ πάντων τῶν ἀρχόντων αὐτῶν κατ᾽ οἴκους πατριῶν
αὐτῶν, δώδεκα ῥάβδους, καὶ ἑκάστου τὸ ὄνομα αὐτοῦ ἐπίγραψον
18 ἐπὶ τῆς ῥάβδου αὐτοῦ. ¹⁸καὶ τὸ ὄνομα Ααρων ἐπίγραψον ἐπὶ τῆς
ῥάβδου Λευι· ἔστιν γὰρ ῥάβδος μία, κατὰ φυλὴν οἴκου πατριῶν
19 αὐτῶν δώσουσιν. ¹⁹καὶ θήσεις αὐτὰς ἐν τῇ σκηνῇ τοῦ μαρτυρίου
20 κατέναντι τοῦ μαρτυρίου, ἐν οἷς γνωσθήσομαί σοι ἐκεῖ. ²⁰καὶ ἔσται
ὁ ἄνθρωπος, ὃν ἐὰν ἐκλέξωμαι αὐτόν, ἡ ῥάβδος αὐτοῦ ἐκβλαστή-
σει· καὶ περιελῶ ἀπ᾽ ἐμοῦ τὸν γογγυσμὸν τῶν υἱῶν Ισραηλ, ἃ
21 αὐτοὶ γογγύζουσιν ἐφ᾽ ὑμῖν. ²¹καὶ ἐλάλησεν Μωυσῆς τοῖς υἱοῖς
Ισραηλ, καὶ ἔδωκαν αὐτῷ πάντες οἱ ἄρχοντες αὐτῶν ῥάβδον, τῷ
ἄρχοντι τῷ ἑνὶ ῥάβδον κατὰ ἄρχοντα κατ᾽ οἴκους πατριῶν αὐτῶν,
δώδεκα ῥάβδους, καὶ ἡ ῥάβδος Ααρων ἀνὰ μέσον τῶν ῥάβδων
22 αὐτῶν. ²²καὶ ἀπέθηκεν Μωυσῆς τὰς ῥάβδους ἔναντι κυρίου ἐν τῇ
23 σκηνῇ τοῦ μαρτυρίου. ²³καὶ ἐγένετο τῇ ἐπαύριον καὶ εἰσῆλθεν
Μωυσῆς καὶ Ααρων εἰς τὴν σκηνὴν τοῦ μαρτυρίου, καὶ ἰδοὺ ἐβλά-
στησεν ἡ ῥάβδος Ααρων εἰς οἶκον Λευι καὶ ἐξήνεγκεν βλαστὸν
24 καὶ ἐξήνθησεν ἄνθη καὶ ἐβλάστησεν κάρυα. ²⁴καὶ ἐξήνεγκεν Μωυ-
σῆς πάσας τὰς ῥάβδους ἀπὸ προσώπου κυρίου πρὸς πάντας υἱοὺς
25 Ισραηλ, καὶ εἶδον καὶ ἔλαβον ἕκαστος τὴν ῥάβδον αὐτοῦ. ²⁵καὶ
εἶπεν κύριος πρὸς Μωυσῆν Ἀπόθες τὴν ῥάβδον Ααρων ἐνώπιον
τῶν μαρτυρίων εἰς διατήρησιν σημεῖον τοῖς υἱοῖς τῶν ἀνηκόων,
καὶ παυσάσθω ὁ γογγυσμὸς αὐτῶν ἀπ᾽ ἐμοῦ, καὶ οὐ μὴ ἀποθάνω-
26 σιν. ²⁶καὶ ἐποίησεν Μωυσῆς καὶ Ααρων καθὰ συνέταξεν κύριος
τῷ Μωυσῇ, οὕτως ἐποίησαν.
27   ²⁷Καὶ εἶπαν οἱ υἱοὶ Ισραηλ πρὸς Μωυσῆν λέγοντες Ἰδοὺ ἐξανη-
28 λώμεθα, ἀπολώλαμεν, παρανηλώμεθα· ²⁸πᾶς ὁ ἁπτόμενος τῆς σκη-
νῆς κυρίου ἀποθνήσκει· ἕως εἰς τέλος ἀποθάνωμεν;
18   ¹Καὶ εἶπεν κύριος πρὸς Ααρων λέγων Σὺ καὶ οἱ υἱοί σου καὶ
ὁ οἶκος πατριᾶς σου λήμψεσθε τὰς ἁμαρτίας τῶν ἁγίων, καὶ σὺ
2 καὶ οἱ υἱοί σου λήμψεσθε τὰς ἁμαρτίας τῆς ἱερατείας ὑμῶν. ²καὶ
τοὺς ἀδελφούς σου, φυλὴν Λευι, δῆμον τοῦ πατρός σου, προσα-
γάγου πρὸς σεαυτόν, καὶ προστεθήτωσάν σοι καὶ λειτουργείτωσάν
σοι, καὶ σὺ καὶ οἱ υἱοί σου μετὰ σοῦ ἀπέναντι τῆς σκηνῆς τοῦ
3 μαρτυρίου. ³καὶ φυλάξονται τὰς φυλακάς σου καὶ τὰς φυλακὰς
τῆς σκηνῆς, πλὴν πρὸς τὰ σκεύη τὰ ἅγια καὶ πρὸς τὸ θυσιαστή-
ριον οὐ προσελεύσονται, καὶ οὐκ ἀποθανοῦνται καὶ οὗτοι καὶ ὑμεῖς.

17 πατριων 1⁰] + αυτων A | και ult. > A | αυτου ult. > B† ‖ 18 γαρ >
A† ‖ 20 απ εμου] απο σου A | των > ABᶜ | α] οσα A ‖ 23 ααρων 2⁰]
pr. η A | εξηνεγκεν] εξηνθησεν A† ‖ 24 ελαβον] εβαλεν (sic) B† ‖ 25 ση-
μειον] pr. εις A ‖ 26 καθα] οσα A.
18 1 πατριας] του πατρος A | σου 2⁰] + μετα σου A (in O sub ※) | αμαρ-
τιας 1⁰] απαρχας B | και paenult. > B* ‖ 2 σοι 1⁰ > A† ‖ 3 σκηνης]
+ σου A

⁴καὶ προστεθήσονται πρὸς σὲ καὶ φυλάξονται τὰς φυλακὰς τῆς 4
σκηνῆς τοῦ μαρτυρίου κατὰ πάσας τὰς λειτουργίας τῆς σκηνῆς,
καὶ ὁ ἀλλογενὴς οὐ προσελεύσεται πρὸς σέ. ⁵καὶ φυλάξεσθε τὰς 5
φυλακὰς τῶν ἁγίων καὶ τὰς φυλακὰς τοῦ θυσιαστηρίου, καὶ οὐκ
ἔσται θυμὸς ἐν τοῖς υἱοῖς Ισραηλ. ⁶καὶ ἐγὼ εἴληφα τοὺς ἀδελφοὺς 6
ὑμῶν τοὺς Λευίτας ἐκ μέσου τῶν υἱῶν Ισραηλ δόμα δεδομένον
κυρίῳ λειτουργεῖν τὰς λειτουργίας τῆς σκηνῆς τοῦ μαρτυρίου· ⁷καὶ 7
σὺ καὶ οἱ υἱοί σου μετὰ σοῦ διατηρήσετε τὴν ἱερατείαν ὑμῶν κατὰ
πάντα τρόπον τοῦ θυσιαστηρίου καὶ τὸ ἔνδοθεν τοῦ καταπετάσμα-
τος καὶ λειτουργήσετε τὰς λειτουργίας δόμα τῆς ἱερατείας ὑμῶν·
καὶ ὁ ἀλλογενὴς ὁ προσπορευόμενος ἀποθανεῖται.

⁸Καὶ ἐλάλησεν κύριος πρὸς Ααρων Καὶ ἐγὼ ἰδοὺ δέδωκα ὑμῖν 8
τὴν διατήρησιν τῶν ἀπαρχῶν· ἀπὸ πάντων τῶν ἡγιασμένων μοι
παρὰ τῶν υἱῶν Ισραηλ σοὶ δέδωκα αὐτὰ εἰς γέρας καὶ τοῖς υἱοῖς
σου μετὰ σέ, νόμιμον αἰώνιον. ⁹καὶ τοῦτο ἔστω ὑμῖν ἀπὸ τῶν 9
ἡγιασμένων ἁγίων τῶν καρπωμάτων, ἀπὸ πάντων τῶν δώρων αὐ-
τῶν καὶ ἀπὸ πάντων τῶν θυσιασμάτων αὐτῶν καὶ ἀπὸ πάσης
πλημμελείας αὐτῶν καὶ ἀπὸ πασῶν τῶν ἁμαρτιῶν, ὅσα ἀποδιδόα-
σίν μοι, ἀπὸ πάντων τῶν ἁγίων σοὶ ἔσται καὶ τοῖς υἱοῖς σου. ¹⁰ἐν 10
τῷ ἁγίῳ τῶν ἁγίων φάγεσθε αὐτά· πᾶν ἀρσενικὸν φάγεται αὐτά,
σὺ καὶ οἱ υἱοί σου· ἅγια ἔσται σοι. ¹¹καὶ τοῦτο ἔσται ὑμῖν ἀπαρ- 11
χὴ δομάτων αὐτῶν· ἀπὸ πάντων τῶν ἐπιθεμάτων τῶν υἱῶν Ισραηλ
σοὶ δέδωκα αὐτὰ καὶ τοῖς υἱοῖς σου καὶ ταῖς θυγατράσιν σου μετὰ
σοῦ, νόμιμον αἰώνιον· πᾶς καθαρὸς ἐν τῷ οἴκῳ σου ἔδεται αὐτά.
¹²πᾶσα ἀπαρχὴ ἐλαίου καὶ πᾶσα ἀπαρχὴ οἴνου καὶ σίτου, ἀπαρχὴ 12
αὐτῶν, ὅσα ἂν δῶσι τῷ κυρίῳ, σοὶ δέδωκα αὐτά. ¹³τὰ πρωτογενή- 13
ματα πάντα, ὅσα ἐν τῇ γῇ αὐτῶν, ὅσα ἂν ἐνέγκωσιν κυρίῳ, σοὶ
ἔσται· πᾶς καθαρὸς ἐν τῷ οἴκῳ σου ἔδεται αὐτά. ¹⁴πᾶν ἀνατεθεμα- 14
τισμένον ἐν υἱοῖς Ισραηλ σοὶ ἔσται. ¹⁵καὶ πᾶν διανοῖγον μήτραν 15
ἀπὸ πάσης σαρκός, ἃ προσφέρουσιν κυρίῳ ἀπὸ ἀνθρώπου ἕως
κτήνους, σοὶ ἔσται· ἀλλ' ἢ λύτροις λυτρωθήσεται τὰ πρωτότοκα
τῶν ἀνθρώπων, καὶ τὰ πρωτότοκα τῶν κτηνῶν τῶν ἀκαθάρτων
λυτρώσῃ. ¹⁶καὶ ἡ λύτρωσις αὐτοῦ ἀπὸ μηνιαίου· ἡ συντίμησις 16
πέντε σίκλων κατὰ τὸν σίκλον τὸν ἅγιον (εἴκοσι ὀβολοί εἰσιν).
¹⁷πλὴν πρωτότοκα μόσχων καὶ πρωτότοκα προβάτων καὶ πρωτό- 17
τοκα αἰγῶν οὐ λυτρώσῃ· ἅγιά ἐστιν· καὶ τὸ αἷμα αὐτῶν προσχεεῖς
πρὸς τὸ θυσιαστήριον καὶ τὸ στέαρ ἀνοίσεις κάρπωμα εἰς ὀσμὴν
εὐωδίας κυρίῳ· ¹⁸καὶ τὰ κρέα ἔσται σοί· καθὰ καὶ τὸ στηθύνιον 18

5 φυλαξετε Α | εσται] + ετι Α ‖ 6 των > Β*† ‖ 8 των 10] αυτων Β*†
| απαρχων] + μου Α ‖ 9 αυτων 2⁰ > Β* | πλημμελ.] pr. της Α ‖ 11 απαρ-
χη V] -χων ΒΑ ‖ 12 οινου και σιτου] tr. Α†, και > Β ‖ 14 υιοις] pr. τοις
Α ‖ 15 μητραν] pr. πασαν Α | α] οσα ΑΒᶜ ‖ 18 καθα > Β*†

19 τοῦ ἐπιθέματος καὶ κατὰ τὸν βραχίονα τὸν δεξιὸν σοὶ ἔσται. ¹⁹πᾶν
ἀφαίρεμα τῶν ἁγίων, ὅσα ἂν ἀφέλωσιν οἱ υἱοὶ Ισραηλ κυρίῳ, σοὶ
δέδωκα καὶ τοῖς υἱοῖς σου καὶ ταῖς θυγατράσιν σου μετὰ σοῦ,
νόμιμον αἰώνιον· διαθήκη ἁλὸς αἰωνίου ἐστὶν ἔναντι κυρίου σοὶ
καὶ τῷ σπέρματί σου μετὰ σέ.

20   ²⁰Καὶ ἐλάλησεν κύριος πρὸς Ααρων Ἐν τῇ γῇ αὐτῶν οὐ κλη-
ρονομήσεις, καὶ μερὶς οὐκ ἔσται σοι ἐν αὐτοῖς, ὅτι ἐγὼ μερίς σου
21 καὶ κληρονομία σου ἐν μέσῳ τῶν υἱῶν Ισραηλ. ²¹καὶ τοῖς υἱοῖς
Λευι ἰδοὺ δέδωκα πᾶν ἐπιδέκατον ἐν Ισραηλ ἐν κλήρῳ ἀντὶ τῶν
λειτουργιῶν αὐτῶν, ὅσα αὐτοὶ λειτουργοῦσιν λειτουργίαν ἐν τῇ
22 σκηνῇ τοῦ μαρτυρίου. ²²καὶ οὐ προσελεύσονται ἔτι οἱ υἱοὶ Ισραηλ
23 εἰς τὴν σκηνὴν τοῦ μαρτυρίου λαβεῖν ἁμαρτίαν θανατηφόρον. ²³καὶ
λειτουργήσει ὁ Λευίτης αὐτὸς τὴν λειτουργίαν τῆς σκηνῆς τοῦ
μαρτυρίου, καὶ αὐτοὶ λήμψονται τὰ ἁμαρτήματα αὐτῶν, νόμιμον
αἰώνιον εἰς τὰς γενεὰς αὐτῶν· καὶ ἐν μέσῳ υἱῶν Ισραηλ οὐ κλη-
24 ρονομήσουσιν κληρονομίαν· ²⁴ὅτι τὰ ἐπιδέκατα τῶν υἱῶν Ισραηλ,
ὅσα ἂν ἀφορίσωσιν κυρίῳ ἀφαίρεμα, δέδωκα τοῖς Λευίταις ἐν
κλήρῳ· διὰ τοῦτο εἴρηκα αὐτοῖς Ἐν μέσῳ υἱῶν Ισραηλ οὐ κλη-
ρονομήσουσιν κλῆρον.

25
26   ²⁵Καὶ ἐλάλησεν κύριος πρὸς Μωυσῆν λέγων ²⁶Καὶ τοῖς Λευίταις
λαλήσεις καὶ ἐρεῖς πρὸς αὐτούς Ἐὰν λάβητε παρὰ τῶν υἱῶν Ισραηλ
τὸ ἐπιδέκατον, ὃ δέδωκα ὑμῖν παρ᾽ αὐτῶν ἐν κλήρῳ, καὶ ἀφελεῖτε
ὑμεῖς ἀπ᾽ αὐτοῦ ἀφαίρεμα κυρίῳ ἐπιδέκατον ἀπὸ τοῦ ἐπιδεκάτου.
27 ²⁷καὶ λογισθήσεται ὑμῖν τὰ ἀφαιρέματα ὑμῶν ὡς σῖτος ἀπὸ ἅλω
28 καὶ ἀφαίρεμα ἀπὸ ληνοῦ. ²⁸οὕτως ἀφελεῖτε καὶ ὑμεῖς ἀπὸ τῶν
ἀφαιρεμάτων κυρίου ἀπὸ πάντων ἐπιδεκάτων ὑμῶν, ὅσα ἐὰν λά-
βητε παρὰ τῶν υἱῶν Ισραηλ, καὶ δώσετε ἀπ᾽ αὐτῶν ἀφαίρεμα κυ-
29 ρίῳ Ααρων τῷ ἱερεῖ. ²⁹ἀπὸ πάντων τῶν δομάτων ὑμῶν ἀφελεῖτε
ἀφαίρεμα κυρίῳ ἢ ἀπὸ πάντων τῶν ἀπαρχῶν τὸ ἡγιασμένον ἀπ᾽
30 αὐτοῦ. ³⁰καὶ ἐρεῖς πρὸς αὐτούς Ὅταν ἀφαιρῆτε τὴν ἀπαρχὴν ἀπ᾽
αὐτοῦ, καὶ λογισθήσεται τοῖς Λευίταις ὡς γένημα ἀπὸ ἅλω καὶ
31 ὡς γένημα ἀπὸ ληνοῦ. ³¹καὶ ἔδεσθε αὐτὸ ἐν παντὶ τόπῳ ὑμεῖς
καὶ οἱ οἶκοι ὑμῶν, ὅτι μισθὸς οὗτος ὑμῖν ἐστιν ἀντὶ τῶν λειτουρ-
32 γιῶν ὑμῶν τῶν ἐν τῇ σκηνῇ τοῦ μαρτυρίου· ³²καὶ οὐ λήμψεσθε
δι᾽ αὐτὸ ἁμαρτίαν, ὅτι ἂν ἀφαιρῆτε τὴν ἀπαρχὴν ἀπ᾽ αὐτοῦ· καὶ
τὰ ἅγια τῶν υἱῶν Ισραηλ οὐ βεβηλώσετε, ἵνα μὴ ἀποθάνητε.

---

18 κατα > A | σοι εσται] tr. A ‖ 19 σοι δεδωκα] tr. A ‖ 20 σου 1⁰ ⌢ 2⁰
A† ‖ 23 υιων] pr. των A ‖ 24 υιων ult.] pr. των A ‖ 27 απο αλω] αφ
αλωνος A | αφαιρεμα] pr. ως A ‖ 28 αφελειτε] + αυτους B† | των 1⁰] παν-
των A | κυριω > B† ‖ 29 η > A ‖ 30 ερειτε A | αλω] αλωνος A ‖
31 υμεις] + και οι υιοι υμων A ‖ 32 ου λημψεσθε] ουτοι λημψονται A

¹ Καὶ ἐλάλησεν κύριος πρὸς Μωυσῆν καὶ Ααρων λέγων ²Αὕτη 19
ἡ διαστολὴ τοῦ νόμου, ὅσα συνέταξεν κύριος λέγων Λάλησον τοῖς
υἱοῖς Ισραηλ καὶ λαβέτωσαν πρὸς σὲ δάμαλιν πυρρὰν ἄμωμον,
ἥτις οὐκ ἔχει ἐν αὐτῇ μῶμον καὶ ᾗ οὐκ ἐπεβλήθη ἐπ᾽ αὐτὴν ζυγός.
³ καὶ δώσεις αὐτὴν πρὸς Ελεαζαρ τὸν ἱερέα, καὶ ἐξάξουσιν αὐτὴν 3
ἔξω τῆς παρεμβολῆς εἰς τόπον καθαρὸν καὶ σφάξουσιν αὐτὴν ἐνώ-
πιον αὐτοῦ. ⁴ καὶ λήμψεται Ελεαζαρ ἀπὸ τοῦ αἵματος αὐτῆς καὶ 4
ῥανεῖ ἀπέναντι τοῦ προσώπου τῆς σκηνῆς τοῦ μαρτυρίου ἀπὸ τοῦ
αἵματος αὐτῆς ἑπτάκις. ⁵ καὶ κατακαύσουσιν αὐτὴν ἐναντίον αὐτοῦ, 5
καὶ τὸ δέρμα καὶ τὰ κρέα αὐτῆς καὶ τὸ αἷμα αὐτῆς σὺν τῇ κόπρῳ
αὐτῆς κατακαυθήσεται. ⁶ καὶ λήμψεται ὁ ἱερεὺς ξύλον κέδρινον καὶ 6
ὕσσωπον καὶ κόκκινον καὶ ἐμβαλοῦσιν εἰς μέσον τοῦ κατακαύ-
ματος τῆς δαμάλεως. ⁷ καὶ πλυνεῖ τὰ ἱμάτια αὐτοῦ ὁ ἱερεὺς καὶ 7
λούσεται τὸ σῶμα αὐτοῦ ὕδατι καὶ μετὰ ταῦτα εἰσελεύσεται εἰς
τὴν παρεμβολήν, καὶ ἀκάθαρτος ἔσται ὁ ἱερεὺς ἕως ἑσπέρας. ⁸ καὶ 8
ὁ κατακαίων αὐτὴν πλυνεῖ τὰ ἱμάτια αὐτοῦ καὶ λούσεται τὸ σῶμα
αὐτοῦ καὶ ἀκάθαρτος ἔσται ἕως ἑσπέρας. ⁹ καὶ συνάξει ἄνθρωπος 9
καθαρὸς τὴν σποδὸν τῆς δαμάλεως καὶ ἀποθήσει ἔξω τῆς παρεμ-
βολῆς εἰς τόπον καθαρόν, καὶ ἔσται τῇ συναγωγῇ υἱῶν Ισραηλ
εἰς διατήρησιν, ὕδωρ ῥαντισμοῦ· ἅγνισμά ἐστιν. ¹⁰ καὶ πλυνεῖ τὰ 10
ἱμάτια ὁ συνάγων τὴν σποδιὰν τῆς δαμάλεως καὶ ἀκάθαρτος ἔσται
ἕως ἑσπέρας. καὶ ἔσται τοῖς υἱοῖς Ισραηλ καὶ τοῖς προσκειμένοις
προσηλύτοις νόμιμον αἰώνιον.

¹¹ Ὁ ἁπτόμενος τοῦ τεθνηκότος πάσης ψυχῆς ἀνθρώπου ἀκά- 11
θαρτος ἔσται ἑπτὰ ἡμέρας· ¹² οὗτος ἁγνισθήσεται τῇ ἡμέρᾳ τῇ τρίτῃ 12
καὶ τῇ ἡμέρᾳ τῇ ἑβδόμῃ καὶ καθαρὸς ἔσται· ἐὰν δὲ μὴ ἀφαγνισθῇ
τῇ ἡμέρᾳ τῇ τρίτῃ καὶ τῇ ἡμέρᾳ τῇ ἑβδόμῃ, οὐ καθαρὸς ἔσται.
¹³ πᾶς ὁ ἁπτόμενος τοῦ τεθνηκότος ἀπὸ ψυχῆς ἀνθρώπου, ἐὰν ἀπο- 13
θάνῃ, καὶ μὴ ἀφαγνισθῇ, τὴν σκηνὴν κυρίου ἐμίανεν· ἐκτριβήσεται
ἡ ψυχὴ ἐκείνη ἐξ Ισραηλ· ὅτι ὕδωρ ῥαντισμοῦ οὐ περιερραντίσθη
ἐπ᾽ αὐτόν, ἀκάθαρτός ἐστιν, ἔτι ἡ ἀκαθαρσία αὐτοῦ ἐν αὐτῷ ἐστιν.

¹⁴ Καὶ οὗτος ὁ νόμος· ἄνθρωπος ἐὰν ἀποθάνῃ ἐν οἰκίᾳ, πᾶς ὁ 14
εἰσπορευόμενος εἰς τὴν οἰκίαν καὶ ὅσα ἐστὶν ἐν τῇ οἰκίᾳ, ἀκάθαρτα
ἔσται ἑπτὰ ἡμέρας· ¹⁵ καὶ πᾶν σκεῦος ἀνεῳγμένον, ὅσα οὐχὶ δεσμὸν 15
καταδέδεται ἐπ᾽ αὐτῷ, ἀκάθαρτά ἐστιν. ¹⁶ καὶ πᾶς, ὃς ἐὰν ἅψηται 16
ἐπὶ προσώπου τοῦ πεδίου τραυματίου ἢ νεκροῦ ἢ ὀστέου ἀνθρω-

19 2 αυτη ult.] εαυ. A ‖ 5 και τα κρεα / αυτης] tr. A ‖ 8 αυτου ult.] +
υδατι A ‖ 10 πλυνει — δαμαλ.] ο συναγων την σποδον της δαμ. πλυνει τα
ιματ. αυτου A | προσκειμ. προσηλ.] προσηλ. τοις προσκειμ. εμμεσω υμων A ‖
12 τη 1⁰] pr. και A✝ | εστιν 1⁰] εστιν A ‖ 13 ψυχης] pr. πασης A ‖ 14 οι-
κια 1⁰] pr. τη B*✝ ‖ 15 ουχι Bᶜ] ουκ εχ(ε)ι B*A | επ] εν B*✝ ‖ 16 προσ-
ωπον A | ανθρωπινου] -που A

17 πίνου ἢ μνήματος, ἑπτὰ ἡμέρας ἀκάθαρτος ἔσται. ¹⁷καὶ λήμψονται
τῷ ἀκαθάρτῳ ἀπὸ τῆς σποδιᾶς τῆς κατακεκαυμένης τοῦ ἁγνισμοῦ
18 καὶ ἐκχεοῦσιν ἐπ' αὐτὴν ὕδωρ ζῶν εἰς σκεῦος· ¹⁸καὶ λήμψεται
ὕσσωπον καὶ βάψει εἰς τὸ ὕδωρ ἀνὴρ καθαρὸς καὶ περιρρανεῖ ἐπὶ
τὸν οἶκον καὶ ἐπὶ τὰ σκεύη καὶ ἐπὶ τὰς ψυχάς, ὅσαι ἐὰν ὦσιν
ἐκεῖ, καὶ ἐπὶ τὸν ἡμμένον τοῦ ὀστέου τοῦ ἀνθρωπίνου ἢ τοῦ τραυ-
19 ματίου ἢ τοῦ τεθνηκότος ἢ τοῦ μνήματος· ¹⁹καὶ περιρρανεῖ ὁ κα-
θαρὸς ἐπὶ τὸν ἀκάθαρτον ἐν τῇ ἡμέρᾳ τῇ τρίτῃ καὶ ἐν τῇ ἡμέρᾳ
τῇ ἑβδόμῃ, καὶ ἀφαγνισθήσεται τῇ ἡμέρᾳ τῇ ἑβδόμῃ καὶ πλυνεῖ
τὰ ἱμάτια αὐτοῦ καὶ λούσεται ὕδατι καὶ ἀκάθαρτος ἔσται ἕως ἑσπέ-
20 ρας. ²⁰καὶ ἄνθρωπος, ὃς ἐὰν μιανθῇ καὶ μὴ ἀφαγνισθῇ, ἐξολεθρευ-
θήσεται ἡ ψυχὴ ἐκείνη ἐκ μέσου τῆς συναγωγῆς, ὅτι τὰ ἅγια κυ-
ρίου ἐμίανεν, ὅτι ὕδωρ ῥαντισμοῦ οὐ περιερραντίσθη ἐπ' αὐτόν,
21 ἀκάθαρτός ἐστιν. ²¹καὶ ἔσται ὑμῖν νόμιμον αἰώνιον· καὶ ὁ περιρ-
ραίνων ὕδωρ ῥαντισμοῦ πλυνεῖ τὰ ἱμάτια αὐτοῦ, καὶ ὁ ἁπτόμενος
22 τοῦ ὕδατος τοῦ ῥαντισμοῦ ἀκάθαρτος ἔσται ἕως ἑσπέρας· ²²καὶ
παντός, οὗ ἐὰν ἅψηται αὐτοῦ ὁ ἀκάθαρτος, ἀκάθαρτον ἔσται, καὶ
ἡ ψυχὴ ἡ ἁπτομένη ἀκάθαρτος ἔσται ἕως ἑσπέρας.

20 ¹Καὶ ἦλθον οἱ υἱοὶ Ισραηλ, πᾶσα ἡ συναγωγή, εἰς τὴν ἔρημον
Σιν ἐν τῷ μηνὶ τῷ πρώτῳ, καὶ κατέμεινεν ὁ λαὸς ἐν Καδης, καὶ
2 ἐτελεύτησεν ἐκεῖ Μαριαμ καὶ ἐτάφη ἐκεῖ. ²καὶ οὐκ ἦν ὕδωρ τῇ
3 συναγωγῇ, καὶ ἠθροίσθησαν ἐπὶ Μωυσῆν καὶ Ααρων. ³καὶ ἐλοι-
δορεῖτο ὁ λαὸς πρὸς Μωυσῆν λέγοντες Ὄφελον ἀπεθάνομεν ἐν τῇ
4 ἀπωλείᾳ τῶν ἀδελφῶν ἡμῶν ἔναντι κυρίου· ⁴καὶ ἵνα τί ἀνηγάγετε
τὴν συναγωγὴν κυρίου εἰς τὴν ἔρημον ταύτην ἀποκτεῖναι ἡμᾶς
5 καὶ τὰ κτήνη ἡμῶν; ⁵καὶ ἵνα τί τοῦτο ἀνηγάγετε ἡμᾶς ἐξ Αἰγύ-
πτου παραγενέσθαι εἰς τὸν τόπον τὸν πονηρὸν τοῦτον; τόπος, οὗ
οὐ σπείρεται οὐδὲ συκαῖ οὐδὲ ἄμπελοι οὐδὲ ῥόαι οὐδὲ ὕδωρ ἐστὶν
6 πιεῖν. ⁶καὶ ἦλθεν Μωυσῆς καὶ Ααρων ἀπὸ προσώπου τῆς συνα-
γωγῆς ἐπὶ τὴν θύραν τῆς σκηνῆς τοῦ μαρτυρίου καὶ ἔπεσαν ἐπὶ
7 πρόσωπον, καὶ ὤφθη ἡ δόξα κυρίου πρὸς αὐτούς. ⁷καὶ ἐλάλησεν
8 κύριος πρὸς Μωυσῆν λέγων ⁸Λαβὲ τὴν ῥάβδον καὶ ἐκκλησίασον
τὴν συναγωγὴν σὺ καὶ Ααρων ὁ ἀδελφός σου καὶ λαλήσατε πρὸς
τὴν πέτραν ἔναντι αὐτῶν, καὶ δώσει τὰ ὕδατα αὐτῆς, καὶ ἐξοίσετε
αὐτοῖς ὕδωρ ἐκ τῆς πέτρας καὶ ποτιεῖτε τὴν συναγωγὴν καὶ τὰ
9 κτήνη αὐτῶν. ⁹καὶ ἔλαβεν Μωυσῆς τὴν ῥάβδον τὴν ἀπέναντι

---

18 υσσωπιον B*† | τραυματος A† ‖ 19 εβδομη 1⁰ ⌢ 2⁰ B* | τη ημερα
3⁰] pr. εν A
20 1 πρωτω] τριτω B*(uid.)† ‖ 2 ηθροισθ.] pr. συν A ‖ 3 απεθαν.]
απωλομεθα A ‖ 4 ανηγαγετε] -γαγες B*: item B*† in 5 ‖ 5 τον πονη-
ρον > B* | σπειρεται] σπερειται A† | ουδε 3⁰ 4⁰] ουτε A ‖ 8 την συνα-
γωγην 1⁰] τη -γη B† | εναντιον A: item in 25

κυρίου, καθὰ συνέταξεν κύριος· ¹⁰καὶ ἐξεκκλησίασεν Μωυσῆς καὶ 10
Ααρων τὴν συναγωγὴν ἀπέναντι τῆς πέτρας καὶ εἶπεν πρὸς αὐτούς
Ἀκούσατέ μου, οἱ ἀπειθεῖς· μὴ ἐκ τῆς πέτρας ταύτης ἐξάξομεν
ὑμῖν ὕδωρ; ¹¹καὶ ἐπάρας Μωυσῆς τὴν χεῖρα αὐτοῦ ἐπάταξεν τὴν 11
πέτραν τῇ ῥάβδῳ δίς, καὶ ἐξῆλθεν ὕδωρ πολύ, καὶ ἔπιεν ἡ συνα-
γωγὴ καὶ τὰ κτήνη αὐτῶν. ¹²καὶ εἶπεν κύριος πρὸς Μωυσῆν καὶ 12
Ααρων Ὅτι οὐκ ἐπιστεύσατε ἁγιάσαι με ἐναντίον υἱῶν Ισραηλ, διὰ
τοῦτο οὐκ εἰσάξετε ὑμεῖς τὴν συναγωγὴν ταύτην εἰς τὴν γῆν, ἣν
δέδωκα αὐτοῖς. ¹³τοῦτο ὕδωρ ἀντιλογίας, ὅτι ἐλοιδορήθησαν οἱ 13
υἱοὶ Ισραηλ ἔναντι κυρίου καὶ ἡγιάσθη ἐν αὐτοῖς.

¹⁴Καὶ ἀπέστειλεν Μωυσῆς ἀγγέλους ἐκ Καδης πρὸς βασιλέα Εδωμ 14
λέγων Τάδε λέγει ὁ ἀδελφός σου Ισραηλ Σὺ ἐπίστῃ πάντα τὸν
μόχθον τὸν εὑρόντα ἡμᾶς, ¹⁵καὶ κατέβησαν οἱ πατέρες ἡμῶν εἰς 15
Αἴγυπτον, καὶ παρῳκήσαμεν ἐν Αἰγύπτῳ ἡμέρας πλείους, καὶ ἐκά-
κωσαν ἡμᾶς οἱ Αἰγύπτιοι καὶ τοὺς πατέρας ἡμῶν, ¹⁶καὶ ἀνεβοή- 16
σαμεν πρὸς κύριον, καὶ εἰσήκουσεν κύριος τῆς φωνῆς ἡμῶν καὶ
ἀποστείλας ἄγγελον ἐξήγαγεν ἡμᾶς ἐξ Αἰγύπτου, καὶ νῦν ἐσμεν
ἐν Καδης, πόλει ἐκ μερους τῶν ὁρίων σου· ¹⁷παρελευσόμεθα διὰ 17
τῆς γῆς σου, οὐ διελευσόμεθα δι᾽ ἀγρῶν οὐδὲ δι᾽ ἀμπελώνων οὐδὲ
πιόμεθα ὕδωρ ἐκ λάκκου σου, ὁδῷ βασιλικῇ πορευσόμεθα, οὐκ ἐκ-
κλινοῦμεν δεξιὰ οὐδὲ εὐώνυμα, ἕως ἂν παρέλθωμεν τὰ ὅριά σου.
¹⁸καὶ εἶπεν πρὸς αὐτὸν Εδωμ Οὐ διελεύσῃ δι᾽ ἐμοῦ· εἰ δὲ μή, ἐν 18
πολέμῳ ἐξελεύσομαι εἰς συνάντησίν σοι. ¹⁹καὶ λέγουσιν αὐτῷ οἱ 19
υἱοὶ Ισραηλ Παρὰ τὸ ὄρος παρελευσόμεθα· ἐὰν δὲ τοῦ ὕδατός
σου πίωμεν ἐγώ τε καὶ τὰ κτήνη, δώσω τιμήν σοι· ἀλλὰ τὸ πρᾶγ-
μα οὐδέν ἐστιν, παρὰ τὸ ὄρος παρελευσόμεθα. ²⁰ὁ δὲ εἶπεν Οὐ 20
διελεύσῃ δι᾽ ἐμοῦ· καὶ ἐξῆλθεν Εδωμ εἰς συνάντησιν αὐτῷ ἐν ὄχλῳ
βαρεῖ καὶ ἐν χειρὶ ἰσχυρᾷ. ²¹καὶ οὐκ ἠθέλησεν Εδωμ δοῦναι τῷ 21
Ισραηλ παρελθεῖν διὰ τῶν ὁρίων αὐτοῦ· καὶ ἐξέκλινεν Ισραηλ
ἀπ᾽ αὐτοῦ.

²²Καὶ ἀπῆραν ἐκ Καδης· καὶ παρεγένοντο οἱ υἱοὶ Ισραηλ, πᾶσα 22
ἡ συναγωγή, εἰς Ωρ τὸ ὄρος. ²³καὶ εἶπεν κύριος πρὸς Μωυσῆν 23
καὶ Ααρων ἐν Ωρ τῷ ὄρει ἐπὶ τῶν ὁρίων γῆς Εδωμ λέγων ²⁴Προσ- 24
τεθήτω Ααρων πρὸς τὸν λαὸν αὐτοῦ, ὅτι οὐ μὴ εἰσέλθητε εἰς τὴν
γῆν, ἣν δέδωκα τοῖς υἱοῖς Ισραηλ, διότι παρωξύνατέ με ἐπὶ τοῦ
ὕδατος τῆς λοιδορίας. ²⁵λαβὲ τὸν Ααρων καὶ Ελεαζαρ τὸν υἱὸν 25
αὐτοῦ καὶ ἀναβίβασον αὐτοὺς εἰς Ωρ τὸ ὄρος ἔναντι πάσης τῆς

12 υιων] pr. των A | εδωκα A: item in 24 || 15 εν αιγυπτω] εις -πτον A
| ημερ. πλειους / και 3⁰ — αιγυπτιοι] tr. A† || 17 ουκ εκκλιν.] pr. και B*† ||
19 τε] δε A† | κτηνη] + μου A | παρελευσ. ult.] πορευομεθα A† || 20 αυτω]
-του A† || 22 η > B* || 24 ισραηλ] + εν κατασχεσει A || 25 ααρων] +
τον αδελφον σου A

26 συναγωγῆς ²⁶καὶ ἔκδυσον Ααρων τὴν στολὴν αὐτοῦ καὶ ἔνδυσον
Ελεαζαρ τὸν υἱὸν αὐτοῦ, καὶ Ααρων προστεθεὶς ἀποθανέτω ἐκεῖ.
27 ²⁷καὶ ἐποίησεν Μωυσῆς καθὰ συνέταξεν κύριος, καὶ ἀνεβίβασεν
28 αὐτὸν εἰς Ωρ τὸ ὄρος ἐναντίον πάσης τῆς συναγωγῆς. ²⁸καὶ ἐξέ-
δυσεν Ααρων τὰ ἱμάτια αὐτοῦ καὶ ἐνέδυσεν αὐτὰ Ελεαζαρ τὸν
υἱὸν αὐτοῦ· καὶ ἀπέθανεν Ααρων ἐπὶ τῆς κορυφῆς τοῦ ὄρους, καὶ
29 κατέβη Μωυσῆς καὶ Ελεαζαρ ἐκ τοῦ ὄρους. ²⁹καὶ εἶδεν πᾶσα ἡ
συναγωγὴ ὅτι ἀπελύθη Ααρων, καὶ ἔκλαυσαν τὸν Ααρων τριάκοντα
ἡμέρας πᾶς οἶκος Ισραηλ.

21   ¹Καὶ ἤκουσεν ὁ Χανανις βασιλεὺς Αραδ ὁ κατοικῶν κατὰ τὴν
ἔρημον — ἦλθεν γὰρ Ισραηλ ὁδὸν Αθαριν — καὶ ἐπολέμησεν
2 πρὸς Ισραηλ καὶ κατεπρονόμευσαν ἐξ αὐτῶν αἰχμαλωσίαν. ²καὶ
ηὔξατο Ισραηλ εὐχὴν κυρίῳ καὶ εἶπεν Ἐάν μοι παραδῷς τὸν λαὸν
3 τοῦτον ὑποχείριον, ἀναθεματιῶ αὐτὸν καὶ τὰς πόλεις αὐτοῦ. ³καὶ
εἰσήκουσεν κύριος τῆς φωνῆς Ισραηλ καὶ παρέδωκεν τὸν Χανανιν
ὑποχείριον αὐτοῦ, καὶ ἀνεθεμάτισεν αὐτὸν καὶ τὰς πόλεις αὐτοῦ·
καὶ ἐπεκάλεσαν τὸ ὄνομα τοῦ τόπου ἐκείνου Ἀνάθεμα.

4   ⁴Καὶ ἀπάραντες ἐξ Ωρ τοῦ ὄρους ὁδὸν ἐπὶ θάλασσαν ἐρυθρὰν
περιεκύκλωσαν γῆν Εδωμ· καὶ ὠλιγοψύχησεν ὁ λαὸς ἐν τῇ ὁδῷ.
5 ⁵καὶ κατελάλει ὁ λαὸς πρὸς τὸν θεὸν καὶ κατὰ Μωυσῆ λέγοντες
Ἵνα τί ἐξήγαγες ἡμᾶς ἐξ Αἰγύπτου ἀποκτεῖναι ἡμᾶς ἐν τῇ ἐρήμῳ; ὅτι
οὐκ ἔστιν ἄρτος οὐδὲ ὕδωρ, ἡ δὲ ψυχὴ ἡμῶν προσώχθισεν ἐν
6 τῷ ἄρτῳ τῷ διακένῳ. ⁶καὶ ἀπέστειλεν κύριος εἰς τὸν λαὸν τοὺς
ὄφεις τοὺς θανατοῦντας, καὶ ἔδακνον τὸν λαόν, καὶ ἀπέθανεν λαὸς
7 πολὺς τῶν υἱῶν Ισραηλ. ⁷καὶ παραγενόμενος ὁ λαὸς πρὸς Μωυ-
σῆν ἔλεγον ὅτι Ἡμάρτομεν ὅτι κατελαλήσαμεν κατὰ τοῦ κυρίου
καὶ κατὰ σοῦ· εὖξαι οὖν πρὸς κύριον, καὶ ἀφελέτω ἀφ᾽ ἡμῶν τὸν
8 ὄφιν. καὶ ηὔξατο Μωυσῆς πρὸς κύριον περὶ τοῦ λαοῦ. ⁸καὶ εἶπεν
κύριος πρὸς Μωυσῆν Ποίησον σεαυτῷ ὄφιν καὶ θὲς αὐτὸν ἐπὶ
σημείου, καὶ ἔσται ἐὰν δάκῃ ὄφις ἄνθρωπον, πᾶς ὁ δεδηγμένος
9 ἰδὼν αὐτὸν ζήσεται. ⁹καὶ ἐποίησεν Μωυσῆς ὄφιν χαλκοῦν καὶ
ἔστησεν αὐτὸν ἐπὶ σημείου, καὶ ἐγένετο ὅταν ἔδακνεν ὄφις ἄνθρω-
πον, καὶ ἐπέβλεψεν ἐπὶ τὸν ὄφιν τὸν χαλκοῦν καὶ ἔζη.

10
11   ¹⁰Καὶ ἀπῆραν οἱ υἱοὶ Ισραηλ καὶ παρενέβαλον ἐν Ωβωθ. ¹¹καὶ
ἐξάραντες ἐξ Ωβωθ παρενέβαλον ἐν Αχελγαι ἐκ τοῦ πέραν ἐν τῇ
12 ἐρήμῳ, ἥ ἐστιν κατὰ πρόσωπον Μωαβ κατὰ ἀνατολὰς ἡλίου. ¹²ἐκεῖθεν

27 κυριος] + αυτω A, pr. αυτω Bᶜ | αυτον] -τους A ‖ 28 ααρων 1⁰] pr.
τον A | αυτα > B*† | επι] pr. εκει A (in O sub ※)
21 1 χαναναιος A | ηλθεν γαρ] οτι ηλθεν A | αθαρειμ A ‖ 3 χανανι A |
αυτου 1⁰] -τω A | επεκαλεσεν A ‖ 4 γην] pr. την A ‖ 5 τι] + τουτο B†
| εξηγαγετε A | ημας 2⁰ > B | fin.] + τουτω A ‖ 7 ημαρτηκαμενA ‖
9 εδακεν A ‖ 10 ⌒ 11 παρενεβαλον B*† (Bˢ add. και ante 11 παρενεβ.)
‖ 11 αχελγαι] χαλγαει B† | εκ του] τω A

ἀπῆραν καὶ παρενέβαλον εἰς φάραγγα Ζαρετ. ¹³καὶ ἐκεῖθεν ἀπάραν- 13
τες παρενέβαλον εἰς τὸ πέραν Αρνων ἐν τῇ ἐρήμῳ τὸ ἐξέχον ἀπὸ
τῶν ὁρίων τῶν Αμορραίων· ἔστιν γὰρ Αρνων ὅρια Μωαβ ἀνὰ
μέσον Μωαβ καὶ ἀνὰ μέσον τοῦ Αμορραίου. ¹⁴διὰ τοῦτο λέγεται 14
ἐν βιβλίῳ

　　Πόλεμος τοῦ κυρίου τὴν Ζωοβ ἐφλόγισεν
　　καὶ τοὺς χειμάρρους Αρνων,
　¹⁵καὶ τοὺς χειμάρρους κατέστησεν κατοικίσαι Ηρ　　　　　　15
　　καὶ πρόσκειται τοῖς ὁρίοις Μωαβ.

¹⁶καὶ ἐκεῖθεν τὸ φρέαρ· τοῦτό ἐστιν τὸ φρέαρ, ὃ εἶπεν κύριος 16
πρὸς Μωυσῆν Συνάγαγε τὸν λαόν, καὶ δώσω αὐτοῖς ὕδωρ πιεῖν.
¹⁷τότε ᾖσεν Ισραηλ τὸ ᾆσμα τοῦτο ἐπὶ τοῦ φρέατος　　　　　17
　　Ἐξάρχετε αὐτῷ·
　¹⁸φρέαρ, ὤρυξαν αὐτὸ ἄρχοντες,　　　　　　　　　　　　　18
　　ἐξελατόμησαν αὐτὸ βασιλεῖς ἐθνῶν
　　ἐν τῇ βασιλείᾳ αὐτῶν, ἐν τῷ κυριεῦσαι αὐτῶν.

καὶ ἀπὸ φρέατος εἰς Μανθαναιν· ¹⁹καὶ ἀπὸ Μανθαναιν εἰς Να- 19
αλιηλ· καὶ ἀπὸ Νααλιηλ εἰς Βαμωθ· ²⁰καὶ ἀπὸ Βαμωθ εἰς νάπην, 20
ἥ ἐστιν ἐν τῷ πεδίῳ Μωαβ ἀπὸ κορυφῆς τοῦ λελαξευμένου τὸ
βλέπον κατὰ πρόσωπον τῆς ἐρήμου.

²¹Καὶ ἀπέστειλεν Μωυσῆς πρέσβεις πρὸς Σηων βασιλέα Αμορ- 21
ραίων λόγοις εἰρηνικοῖς λέγων ²²Παρελευσόμεθα διὰ τῆς γῆς σου· 22
τῇ ὁδῷ πορευσόμεθα, οὐκ ἐκκλινοῦμεν οὔτε εἰς ἀγρὸν οὔτε εἰς
ἀμπελῶνα, οὐ πιόμεθα ὕδωρ ἐκ φρεάτός σου· ὁδῷ βασιλικῇ πορευ-
σόμεθα, ἕως παρέλθωμεν τὰ ὅριά σου. ²³καὶ οὐκ ἔδωκεν Σηων τῷ 23
Ισραηλ παρελθεῖν διὰ τῶν ὁρίων αὐτοῦ, καὶ συνήγαγεν Σηων πάν-
τα τὸν λαὸν αὐτοῦ καὶ ἐξῆλθεν παρατάξασθαι τῷ Ισραηλ εἰς τὴν
ἔρημον καὶ ἦλθεν εἰς Ιασσα καὶ παρετάξατο τῷ Ισραηλ. ²⁴καὶ ἐπά- 24
ταξεν αὐτὸν Ισραηλ φόνῳ μαχαίρης καὶ κατεκυρίευσαν τῆς γῆς
αὐτοῦ ἀπὸ Αρνων ἕως Ιαβοκ ἕως υἱῶν Αμμαν· ὅτι Ιαζηρ ὅρια
υἱῶν Αμμων ἐστίν. ²⁵καὶ ἔλαβεν Ισραηλ πάσας τὰς πόλεις ταύτας, 25
καὶ κατῴκησεν Ισραηλ ἐν πάσαις ταῖς πόλεσιν τῶν Αμορραίων,
ἐν Εσεβων καὶ ἐν πάσαις ταῖς συγκυρούσαις αὐτῇ. ²⁶ἔστιν γὰρ 26
Εσεβων πόλις Σηων τοῦ βασιλέως τῶν Αμορραίων, καὶ οὗτος
ἐπολέμησεν βασιλέα Μωαβ τὸ πρότερον καὶ ἔλαβον πᾶσαν τὴν γῆν
αὐτοῦ ἀπὸ Αροηρ ἕως Αρνων. ²⁷διὰ τοῦτο ἐροῦσιν οἱ αἰνιγματισταί 27

12 Ζαρε A ‖ 13 και 1⁰] > B, in O sub ÷ ‖ 14 βιβλω A | του > A |
Ζοοβ A ‖ 16 εστιν το > B | ·συναγ. τον λαον > A† ‖ 18 εν 1⁰ ⌢ 2⁰ B*†
| μανθαναιν] -ναειν B, -νιν A: item in 19, sed A -νειν ‖ 19 νααλιηλ bis]
μαναηλ B ‖ 20 ναπην] ιανην B† ‖ 22 τη > A† | αμπελωνα] + σου A†
| εως] + αν A ‖ 23 τω 2⁰ > B* | ιασσα] εισσα B*† ‖ 24 αμμων] -μαν A
‖ 25 αυτη] -ταις A ‖ 26 πολεις B*A | αμορρ.] + εστιν B | ελαβεν A·

Ἔλθετε εἰς Εσεβων,
ἵνα οἰκοδομηθῇ καὶ κατασκευασθῇ πόλις Σηων.
28　²⁸ὅτι πῦρ ἐξῆλθεν ἐξ Εσεβων,
φλὸξ ἐκ πόλεως Σηων
καὶ κατέφαγεν ἕως Μωαβ
καὶ κατέπιεν στήλας Αρνων.
29　²⁹οὐαί σοι, Μωαβ·
ἀπώλου, λαὸς Χαμως.
ἀπεδόθησαν οἱ υἱοὶ αὐτῶν διασώζεσθαι
καὶ αἱ θυγατέρες αὐτῶν αἰχμάλωτοι
τῷ βασιλεῖ τῶν Αμορραίων Σηων·
30　³⁰καὶ τὸ σπέρμα αὐτῶν ἀπολεῖται, Εσεβων ἕως Δαιβων,
καὶ αἱ γυναῖκες ἔτι προσεξέκαυσαν πῦρ ἐπὶ Μωαβ.
31　³¹Κατῴκησεν δὲ Ισραηλ ἐν πάσαις ταῖς πόλεσιν τῶν Αμορραίων.
32　³²καὶ ἀπέστειλεν Μωυσῆς κατασκέψασθαι τὴν Ιαζηρ, καὶ κατελά-
βοντο αὐτὴν καὶ τὰς κώμας αὐτῆς καὶ ἐξέβαλον τὸν Αμορραῖον
33　τὸν κατοικοῦντα ἐκεῖ. — ³³καὶ ἐπιστρέψαντες ἀνέβησαν ὁδὸν τὴν
εἰς Βασαν· καὶ ἐξῆλθεν Ωγ βασιλεὺς τῆς Βασαν εἰς συνάντησιν
34　αὐτοῖς καὶ πᾶς ὁ λαὸς αὐτοῦ εἰς πόλεμον εἰς Εδραϊν. ³⁴καὶ εἶπεν
κύριος πρὸς Μωυσῆν Μὴ φοβηθῇς αὐτόν, ὅτι εἰς τὰς χεῖράς σου
παραδέδωκα αὐτὸν καὶ πάντα τὸν λαὸν αὐτοῦ καὶ πᾶσαν τὴν γῆν
αὐτοῦ, καὶ ποιήσεις αὐτῷ καθὼς ἐποίησας τῷ Σηων βασιλεῖ τῶν
35　Αμορραίων, ὃς κατῴκει ἐν Εσεβων. ³⁵καὶ ἐπάταξεν αὐτὸν καὶ τοὺς
υἱοὺς αὐτοῦ καὶ πάντα τὸν λαὸν αὐτοῦ ἕως τοῦ μὴ καταλιπεῖν
αὐτοῦ ζωγρείαν· καὶ ἐκληρονόμησαν τὴν γῆν αὐτῶν.
22　¹Καὶ ἀπάραντες οἱ υἱοὶ Ισραηλ παρενέβαλον ἐπὶ δυσμῶν Μωαβ
παρὰ τὸν Ιορδάνην κατὰ Ιεριχω.
2　²Καὶ ἰδὼν Βαλακ υἱὸς Σεπφωρ πάντα, ὅσα ἐποίησεν Ισραηλ τῷ
3　Αμορραίῳ, ³καὶ ἐφοβήθη Μωαβ τὸν λαὸν σφόδρα, ὅτι πολλοὶ ἦσαν,
4　καὶ προσώχθισεν Μωαβ ἀπὸ προσώπου υἱῶν Ισραηλ. ⁴καὶ εἶπεν
Μωαβ τῇ γερουσίᾳ Μαδιαμ Νῦν ἐκλείξει ἡ συναγωγὴ αὕτη πάντας
τοὺς κύκλῳ ἡμῶν, ὡς ἐκλείξει ὁ μόσχος τὰ χλωρὰ ἐκ τοῦ πεδίου.
καὶ Βαλακ υἱὸς Σεπφωρ βασιλεὺς Μωαβ ἦν κατὰ τὸν καιρὸν ἐκεῖ-
5　νον. ⁵καὶ ἀπέστειλεν πρέσβεις πρὸς Βαλααμ υἱὸν Βεωρ Φαθουρα,
ὅ ἐστιν ἐπὶ τοῦ ποταμοῦ γῆς υἱῶν λαοῦ αὐτοῦ, καλέσαι αὐτὸν
λέγων Ἰδοὺ λαὸς ἐξελήλυθεν ἐξ Αἰγύπτου καὶ ἰδοὺ κατεκάλυψεν
6　τὴν ὄψιν τῆς γῆς καὶ οὗτος ἐγκάθηται ἐχόμενός μου· ⁶καὶ νῦν
δεῦρο ἄρασαί μοι τὸν λαὸν τοῦτον, ὅτι ἰσχύει οὗτος ἢ ἡμεῖς· ἐὰν

27 ελθατε Α ‖ 29 σηων > Α† ‖ 30 γυναικες] + αυτων Α ‖ 32 κατε-
λαβετο Α⁽†⁾ | κατοικουντα] οντα Α
22 4 εκλιξει Α | ως] ωσει Α ‖ 5 φαθουρα] βαθ. Α† | ο] ος Α ‖ 6 αρα-
σαι] pr. κατ Α† | ισχυει — ημεις] ισχυροτερος μου εστιν Α

δυνώμεθα πατάξαι ἐξ αὐτῶν, καὶ ἐκβαλῶ αὐτοὺς ἐκ τῆς γῆς· ὅτι οἶδα οὓς ἐὰν εὐλογήσῃς σύ, εὐλόγηνται, καὶ οὓς ἐὰν καταράσῃ σύ, κεκατήρανται. ⁷καὶ ἐπορεύθη ἡ γερουσία Μωαβ καὶ ἡ γερουσία Μα- 7 διαμ, καὶ τὰ μαντεῖα ἐν ταῖς χερσὶν αὐτῶν, καὶ ἦλθον πρὸς Βαλααμ καὶ εἶπαν αὐτῷ τὰ ῥήματα Βαλακ. ⁸καὶ εἶπεν πρὸς αὐτοὺς Κατα- 8 λύσατε αὐτοῦ τὴν νύκτα, καὶ ἀποκριθήσομαι ὑμῖν πράγματα, ἃ ἐὰν λαλήσῃ κύριος πρός με· καὶ κατέμειναν οἱ ἄρχοντες Μωαβ παρὰ Βαλααμ. ⁹καὶ ἦλθεν ὁ θεὸς πρὸς Βαλααμ καὶ εἶπεν αὐτῷ Τί οἱ ἄν- 9 θρωποι οὗτοι παρὰ σοί; ¹⁰καὶ εἶπεν Βαλααμ πρὸς τὸν θεόν Βαλακ 10 υἱὸς Σεπφωρ βασιλεὺς Μωαβ ἀπέστειλεν αὐτοὺς πρός με λέγων ¹¹Ἰδοὺ λαὸς ἐξελήλυθεν ἐξ Αἰγύπτου καὶ ἰδοὺ κεκάλυφεν τὴν ὄψιν 11 τῆς γῆς καὶ οὗτος ἐγκάθηται ἐχόμενός μου· καὶ νῦν δεῦρο ἄρασαί μοι αὐτόν, εἰ ἄρα δυνήσομαι πατάξαι αὐτὸν καὶ ἐκβαλῶ αὐτὸν ἀπὸ τῆς γῆς. ¹²καὶ εἶπεν ὁ θεὸς πρὸς Βαλααμ Οὐ πορεύσῃ μετ᾽ αὐτῶν 12 οὐδὲ καταράσῃ τὸν λαόν· ἔστιν γὰρ εὐλογημένος. ¹³καὶ ἀναστὰς 13 Βαλααμ τὸ πρωὶ εἶπεν τοῖς ἄρχουσιν Βαλακ Ἀποτρέχετε πρὸς τὸν κύριον ὑμῶν· οὐκ ἀφίησίν με ὁ θεὸς πορεύεσθαι μεθ᾽ ὑμῶν. ¹⁴καὶ 14 ἀναστάντες οἱ ἄρχοντες Μωαβ ἦλθον πρὸς Βαλακ καὶ εἶπαν Οὐ θέλει Βαλααμ πορευθῆναι μεθ᾽ ἡμῶν.

¹⁵Καὶ προσέθετο Βαλακ ἔτι ἀποστεῖλαι ἄρχοντας πλείους καὶ 15 ἐντιμοτέρους τούτων. ¹⁶καὶ ἦλθον πρὸς Βαλααμ καὶ λέγουσιν αὐτῷ 16 Τάδε λέγει Βαλακ ὁ τοῦ Σεπφωρ Ἀξιῶ σε, μὴ ὀκνήσῃς ἐλθεῖν πρός με· ¹⁷ἐντίμως γὰρ τιμήσω σε, καὶ ὅσα ἐὰν εἴπῃς, ποιήσω σοι· καὶ 17 δεῦρο ἐπικατάρασαί μοι τὸν λαὸν τοῦτον. ¹⁸καὶ ἀπεκρίθη Βαλααμ 18 καὶ εἶπεν τοῖς ἄρχουσιν Βαλακ Ἐὰν δῷ μοι Βαλακ πλήρη τὸν οἶ- κον αὐτοῦ ἀργυρίου καὶ χρυσίου, οὐ δυνήσομαι παραβῆναι τὸ ῥῆμα κυρίου τοῦ θεοῦ ποιῆσαι αὐτὸ μικρὸν ἢ μέγα ἐν τῇ διανοίᾳ μου· ¹⁹καὶ νῦν ὑπομείνατε αὐτοῦ καὶ ὑμεῖς τὴν νύκτα ταύτην, καὶ γνώ- 19 σομαι, τί προσθήσει κύριος λαλῆσαι πρός με. ²⁰καὶ ἦλθεν ὁ θεὸς 20 πρὸς Βαλααμ νυκτὸς καὶ εἶπεν αὐτῷ Εἰ καλέσαι σε πάρεισιν οἱ ἄνθρωποι οὗτοι, ἀναστὰς ἀκολούθησον αὐτοῖς· ἀλλὰ τὸ ῥῆμα, ὃ ἂν λαλήσω πρὸς σέ, τοῦτο ποιήσεις. ²¹καὶ ἀναστὰς Βαλααμ τὸ 21 πρωὶ ἐπέσαξεν τὴν ὄνον αὐτοῦ καὶ ἐπορεύθη μετὰ τῶν ἀρχόντων Μωαβ. — ²²καὶ ὠργίσθη θυμῷ ὁ θεὸς ὅτι ἐπορεύθη αὐτός, καὶ 22 ἀνέστη ὁ ἄγγελος τοῦ θεοῦ ἐνδιαβάλλειν αὐτόν, καὶ αὐτός ἐπιβε- βήκει ἐπὶ τῆς ὄνου αὐτοῦ, καὶ δύο παῖδες αὐτοῦ μετ᾽ αὐτοῦ. ²³καὶ 23

6 οιδα] + οτι Α | ευλογησης] -γης Α† ‖ 8 πραγμα Α† ‖ 10 αυτους] αγγελους Α† ‖ 11 ιδου 2⁰ > Α | κεκαλυφεν Β†] εκαλυψεν Α | απο] εκ Α ‖ 14 ειπαν] ειπον αυτω Α ‖ 15 βαλακ ετι] tr. Α ‖ 17 οσα] pr. παντα Α | ειπης] + μοι Α ‖ 18 και ult.] η Α† ‖ 20 νυκτος > Β*† ‖ 21 αρχον- των] ανδρων Α† ‖ 22 επορευετο Α | ενδιαβαλειν Β | και αυτος επιβ. > Α† | δυο] pr. οι ΑΒᶜ

ἰδοῦσα ἡ ὄνος τὸν ἄγγελον τοῦ θεοῦ ἀνθεστηκότα ἐν τῇ ὁδῷ καὶ
τὴν ῥομφαίαν ἐσπασμένην ἐν τῇ χειρὶ αὐτοῦ καὶ ἐξέκλινεν ἡ ὄνος
ἐκ τῆς ὁδοῦ καὶ ἐπορεύετο εἰς τὸ πεδίον· καὶ ἐπάταξεν τὴν ὄνον
24 τῇ ῥάβδῳ τοῦ εὐθῦναι αὐτὴν ἐν τῇ ὁδῷ. ²⁴καὶ ἔστη ὁ ἄγγελος
τοῦ θεοῦ ἐν ταῖς αὔλαξιν τῶν ἀμπέλων, φραγμὸς ἐντεῦθεν καὶ
25 φραγμὸς ἐντεῦθεν· ²⁵καὶ ἰδοῦσα ἡ ὄνος τὸν ἄγγελον τοῦ θεοῦ
προσέθλιψεν ἑαυτὴν πρὸς τὸν τοῖχον καὶ ἀπέθλιψεν τὸν πόδα
26 Βαλααμ· καὶ προσέθετο ἔτι μαστίξαι αὐτήν. ²⁶καὶ προσέθετο ὁ
ἄγγελος τοῦ θεοῦ καὶ ἀπελθὼν ὑπέστη ἐν τόπῳ στενῷ, εἰς ὃν
27 οὐκ ἦν ἐκκλῖναι δεξιὰν οὐδὲ ἀριστεράν. ²⁷καὶ ἰδοῦσα ἡ ὄνος τὸν
ἄγγελον τοῦ θεοῦ συνεκάθισεν ὑποκάτω Βαλααμ· καὶ ἐθυμώθη
28 Βαλααμ καὶ ἔτυπτεν τὴν ὄνον τῇ ῥάβδῳ. ²⁸καὶ ἤνοιξεν ὁ θεὸς τὸ
στόμα τῆς ὄνου, καὶ λέγει τῷ Βαλααμ Τί ἐποίησά σοι ὅτι πέπαι-
29 κάς με τοῦτο τρίτον; ²⁹καὶ εἶπεν Βαλααμ τῇ ὄνῳ Ὅτι ἐμπέπαιχάς
μοι· καὶ εἰ εἶχον μάχαιραν ἐν τῇ χειρί μου, ἤδη ἂν ἐξεκέντησά σε.
30 ³⁰καὶ λέγει ἡ ὄνος τῷ Βαλααμ Οὐκ ἐγὼ ἡ.ὄνος σου, ἐφ᾽ ἧς ἐπέ-
βαινες ἀπὸ νεότητός σου ἕως τῆς σήμερον ἡμέρας; μὴ ὑπερορά-
31 σει ὑπεριδοῦσα ἐποίησά σοι οὕτως; ὁ δὲ εἶπεν Οὐχί. ³¹ἀπεκάλυ-
ψεν δὲ ὁ θεὸς τοὺς ὀφθαλμοὺς Βαλααμ, καὶ ὁρᾷ τὸν ἄγγελον
κυρίου ἀνθεστηκότα ἐν τῇ ὁδῷ καὶ τὴν μάχαιραν ἐσπασμένην ἐν
32 τῇ χειρὶ αὐτοῦ καὶ κύψας προσεκύνησεν τῷ προσώπῳ αὐτοῦ. ³²καὶ
εἶπεν αὐτῷ ὁ ἄγγελος τοῦ θεοῦ Διὰ τί ἐπάταξας τὴν ὄνον σου
τοῦτο τρίτον; καὶ ἰδοὺ ἐγὼ ἐξῆλθον εἰς διαβολήν σου, ὅτι οὐκ
33 ἀστεία ἡ ὁδός σου ἐναντίον μου. ³³καὶ ἰδοῦσά με ἡ ὄνος ἐξέκλι-
νεν ἀπ᾽ ἐμοῦ τρίτον τοῦτο· καὶ εἰ μὴ ἐξέκλινεν, νῦν οὖν σὲ μὲν
34 ἀπέκτεινα, ἐκείνην δὲ περιεποιησάμην. ³⁴καὶ εἶπεν Βαλααμ τῷ
ἀγγέλῳ κυρίου Ἡμάρτηκα, οὐ γὰρ ἠπιστάμην ὅτι σύ μοι ἀνθέστη-
κας ἐν τῇ ὁδῷ εἰς συνάντησιν· καὶ νῦν εἰ μή σοι ἀρέσκει, ἀπο-
35 στραφήσομαι. ³⁵καὶ εἶπεν ὁ ἄγγελος τοῦ θεοῦ πρὸς Βαλααμ Συμ-
πορεύθητι μετὰ τῶν ἀνθρώπων· πλὴν τὸ ῥῆμα, ὃ ἐὰν εἴπω πρὸς
σέ, τοῦτο φυλάξῃ λαλῆσαι. καὶ ἐπορεύθη Βαλααμ μετὰ τῶν ἀρ-
χόντων Βαλακ.
36 ³⁶Καὶ ἀκούσας Βαλακ ὅτι ἥκει Βαλααμ, ἐξῆλθεν εἰς συνάντησιν
αὐτῷ εἰς πόλιν Μωαβ, ἥ ἐστιν ἐπὶ τῶν ὁρίων Αρνων, ὅ ἐστιν ἐκ
37 μέρους τῶν ὁρίων. ³⁷καὶ εἶπεν Βαλακ πρὸς Βαλααμ Οὐχὶ ἀπέστειλα

23 οδου] + αυτης Β*† | τη ραβδω] pr. εν Α, + αυτου Α† ‖ 24 αμπελω-
νων Α ‖ 25 εαυτην] αυτον Β | βαλααμ] + προς τον τοιχον Α (in O sub ※)
‖ 28 λεγει] ειπεν Α | εποιησα] πεποιηκα Α ‖ 29 ει] η Α | μου > Β† ‖
30 σου 1⁰ > Α† | απο] εκ Α | σημερον ημ.] ημ. ταυτης Α† | ουτως] τουτο Α
‖ 31 βαλααμ] pr. του Α | κυριου] του θεου Α ‖ 32 ειπεν] λεγει Α ‖
33 τριτον τουτο] tr. Α | εξεκλινεν ult.] + απ εμου Α | ουν > Α | δε] δ αν
ΑΒᶜ ‖ 34 εν — συναντ.] εις συναντ. μοι εν τη οδω Α ‖ 36 η εστιν] ητις
Β*† | ο] η Α

πρὸς σὲ καλέσαι σε; διὰ τί οὐκ ἤρχου πρός με; ὄντως οὐ δυνή-
σομαι τιμῆσαί σε; ³⁸καὶ εἶπεν Βαλααμ πρὸς Βαλακ Ἰδοὺ ἥκω πρὸς 38
σέ· νῦν δυνατὸς ἔσομαι λαλῆσαί τι; τὸ ῥῆμα, ὃ ἐὰν βάλῃ ὁ θεὸς
εἰς τὸ στόμα μου, τοῦτο λαλήσω. ³⁹καὶ ἐπορεύθη Βαλααμ μετὰ 39
Βαλακ, καὶ ἦλθον εἰς πόλεις ἐπαύλεων. ⁴⁰καὶ ἔθυσεν Βαλακ πρό- 40
βατα καὶ μόσχους καὶ ἀπέστειλεν τῷ Βαλααμ καὶ τοῖς ἄρχουσι
τοῖς μετ' αὐτοῦ. ⁴¹καὶ ἐγενήθη πρωὶ καὶ παραλαβὼν Βαλακ τὸν 41
Βαλααμ ἀνεβίβασεν αὐτὸν ἐπὶ τὴν στήλην τοῦ Βααλ καὶ ἔδειξεν
αὐτῷ ἐκεῖθεν μέρος τι τοῦ λαοῦ. ¹καὶ εἶπεν Βαλααμ τῷ Βαλακ 23
Οἰκοδόμησόν μοι ἐνταῦθα ἑπτὰ βωμοὺς καὶ ἑτοίμασόν μοι ἐνταῦθα
ἑπτὰ μόσχους καὶ ἑπτὰ κριούς. ²καὶ ἐποίησεν Βαλακ ὃν τρόπον 2
εἶπεν αὐτῷ Βαλααμ, καὶ ἀνήνεγκεν μόσχον καὶ κριὸν ἐπὶ τὸν βω-
μόν. ³καὶ εἶπεν Βαλααμ πρὸς Βαλακ Παράστηθι ἐπὶ τῆς θυσίας 3
σου, καὶ πορεύσομαι, εἴ μοι φανεῖται ὁ θεὸς ἐν συναντήσει, καὶ
ῥῆμα, ὃ ἐάν μοι δείξῃ, ἀναγγελῶ σοι. καὶ παρέστη Βαλακ ἐπὶ τῆς
θυσίας αὐτοῦ, καὶ Βαλααμ ἐπορεύθη ἐπερωτῆσαι τὸν θεὸν καὶ ἐπο-
ρεύθη εὐθεῖαν. ⁴καὶ ἐφάνη ὁ θεὸς τῷ Βαλααμ, καὶ εἶπεν πρὸς αὐ- 4
τὸν Βαλααμ Τοὺς ἑπτὰ βωμοὺς ἡτοίμασα καὶ ἀνεβίβασα μόσχον
καὶ κριὸν ἐπὶ τὸν βωμόν. ⁵καὶ ἐνέβαλεν ὁ θεὸς ῥῆμα εἰς τὸ στόμα 5
Βαλααμ καὶ εἶπεν Ἐπιστραφεὶς πρὸς Βαλακ οὕτως λαλήσεις. ⁶καὶ 6
ἀπεστράφη πρὸς αὐτόν, καὶ ὅδε ἐφειστήκει ἐπὶ τῶν ὁλοκαυτωμά-
των αὐτοῦ, καὶ πάντες οἱ ἄρχοντες Μωαβ μετ' αὐτοῦ. ⁷καὶ ἐγενήθη 7
πνεῦμα θεοῦ ἐπ' αὐτῷ, καὶ ἀναλαβὼν τὴν παραβολὴν αὐτοῦ εἶπεν
　　Ἐκ Μεσοποταμίας μετεπέμψατό με Βαλακ,
　　βασιλεὺς Μωαβ ἐξ ὀρέων ἀπ' ἀνατολῶν λέγων
　　Δεῦρο ἄρασαί μοι τὸν Ιακωβ
　　καὶ δεῦρο ἐπικατάρασαί μοι τὸν Ισραηλ.
⁸τί ἀράσωμαι ὃν μὴ καταρᾶται κύριος, 　　　　　　　　　　　8
　　ἢ τί καταράσωμαι ὃν μὴ καταρᾶται ὁ θεός;
⁹ὅτι ἀπὸ κορυφῆς ὀρέων ὄψομαι αὐτὸν 　　　　　　　　　　9
　　καὶ ἀπὸ βουνῶν προσνοήσω αὐτόν.
　　ἰδοὺ λαὸς μόνος κατοικήσει
　　καὶ ἐν ἔθνεσιν οὐ συλλογισθήσεται.
¹⁰τίς ἐξηκριβάσατο τὸ σπέρμα Ιακωβ, 　　　　　　　　　　　10
　　καὶ τίς ἐξαριθμήσεται δήμους Ισραηλ;
　　ἀποθάνοι ἡ ψυχή μου ἐν ψυχαῖς δικαίων,
　　καὶ γένοιτο τὸ σπέρμα μου ὡς τὸ σπέρμα τούτων.

---

37 οντως / ου δυνησ.] tr. B⁺ ‖ 38 βαλη] pr. εμ A | το στομα] την καρ-
διαν A⁺ | λαλησω] φυλαξω λαλησαι A: ex 23 12
23 3 και 2⁰] εγω δε A ‖ 5 το > B* ‖ 8 αρασωμαι et καταρασωμαι B⁺]
-σομαι A | καταραται 1⁰ (non 2⁰)] κατ > A | κυριος] pr. ο A ‖ 9 βουνων]
pr. των A⁺ | προνοησω Bᶜ | ου > A⁺

11 ¹¹καὶ εἶπεν Βαλακ πρὸς Βαλααμ Τί πεποίηκάς μοι; εἰς κατάρασιν
12 ἐχθρῶν μου κέκληκά σε, καὶ ἰδοὺ εὐλόγηκας εὐλογίαν. ¹²καὶ εἶπεν
Βαλααμ πρὸς Βαλακ Οὐχὶ ὅσα ἐὰν ἐμβάλῃ ὁ θεὸς εἰς τὸ στόμα
μου, τοῦτο φυλάξω λαλῆσαι;
13 ¹³Καὶ εἶπεν πρὸς αὐτὸν Βαλακ Δεῦρο ἔτι μετ᾽ ἐμοῦ εἰς τόπον
ἄλλον, ἐξ ὧν οὐκ ὄψῃ αὐτὸν ἐκεῖθεν, ἀλλ᾽ ἢ μέρος τι αὐτοῦ ὄψῃ,
14 πάντας δὲ οὐ μὴ ἴδῃς, καὶ κατάρασαί μοι αὐτὸν ἐκεῖθεν. ¹⁴καὶ
παρέλαβεν αὐτὸν εἰς ἀγροῦ σκοπιὰν ἐπὶ κορυφὴν λελαξευμένου
καὶ ᾠκοδόμησεν ἐκεῖ ἑπτὰ βωμοὺς καὶ ἀνεβίβασεν μόσχον καὶ κριὸν
15 ἐπὶ τὸν βωμόν. ¹⁵καὶ εἶπεν Βαλααμ πρὸς Βαλακ Παράστηθι ἐπὶ
16 τῆς θυσίας σου, ἐγὼ δὲ πορεύσομαι ἐπερωτῆσαι τὸν θεόν. ¹⁶καὶ
συνήντησεν ὁ θεὸς τῷ Βαλααμ καὶ ἐνέβαλεν ῥῆμα εἰς τὸ στόμα
17 αὐτοῦ καὶ εἶπεν Ἀποστράφητι πρὸς Βαλακ καὶ τάδε λαλήσεις. ¹⁷καὶ
ἀπεστράφη πρὸς αὐτόν, καὶ ὅδε ἐφειστήκει ἐπὶ τῆς ὁλοκαυτώσεως
αὐτοῦ, καὶ πάντες οἱ ἄρχοντες Μωαβ μετ᾽ αὐτοῦ. καὶ εἶπεν αὐτῷ Βα-
18 λακ Τί ἐλάλησεν κύριος; ¹⁸καὶ ἀναλαβὼν τὴν παραβολὴν αὐτοῦ εἶπεν

Ἀνάστηθι, Βαλακ, καὶ ἄκουε·
ἐνώτισαι μάρτυς, υἱὸς Σεπφωρ.

19 ¹⁹οὐχ ὡς ἄνθρωπος ὁ θεὸς διαρτηθῆναι
οὐδὲ ὡς υἱὸς ἀνθρώπου ἀπειληθῆναι·
αὐτὸς εἴπας οὐχὶ ποιήσει;
λαλήσει, καὶ οὐχὶ ἐμμενεῖ;

20 ²⁰ἰδοὺ εὐλογεῖν παρείλημμαι·
εὐλογήσω καὶ οὐ μὴ ἀποστρέψω.

21 ²¹οὐκ ἔσται μόχθος ἐν Ιακωβ,
οὐδὲ ὀφθήσεται πόνος ἐν Ισραηλ·
κύριος ὁ θεὸς αὐτοῦ μετ᾽ αὐτοῦ,
τὰ ἔνδοξα ἀρχόντων ἐν αὐτῷ.

22 ²²θεὸς ὁ ἐξαγαγὼν αὐτοὺς ἐξ Αἰγύπτου·
ὡς δόξα μονοκέρωτος αὐτῷ.

23 ²³οὐ γάρ ἐστιν οἰωνισμὸς ἐν Ιακωβ
οὐδὲ μαντεία ἐν Ισραηλ·
κατὰ καιρὸν ῥηθήσεται Ιακωβ καὶ τῷ Ισραηλ,
τί ἐπιτελέσει ὁ θεός.

24 ²⁴ἰδοὺ λαὸς ὡς σκύμνος ἀναστήσεται
καὶ ὡς λέων γαυριωθήσεται·
οὐ κοιμηθήσεται, ἕως φάγῃ θήραν,
καὶ αἷμα τραυματιῶν πίεται.

11 εποιησας Α | ευλογησας Α ‖ 12 εαν > Α ‖ 13 ων] ου Α ‖ 17 και
οδε (cf. 6)] ο δε Β* ‖ 21 τα] + δε Α⁺ ‖ 22 θεος] pr. ο Α | αυτους] -τον Α

²⁵ καὶ εἶπεν Βαλακ πρὸς Βαλααμ Οὔτε κατάραις καταράσῃ μοι αὐ- 25
τὸν οὔτε εὐλογῶν μὴ εὐλογήσῃς αὐτόν. ²⁶ καὶ ἀποκριθεὶς Βαλααμ 26
εἶπεν τῷ Βαλακ Οὐκ ἐλάλησά σοι λέγων Τὸ ῥῆμα, ὃ ἐὰν λαλήσῃ
ὁ θεός, τοῦτο ποιήσω;
²⁷ Καὶ εἶπεν Βαλακ πρὸς Βαλααμ Δεῦρο παραλάβω σε εἰς τόπον 27
ἄλλον, εἰ ἀρέσει τῷ θεῷ καὶ καταρᾶσαί μοι αὐτὸν ἐκεῖθεν. ²⁸ καὶ 28
παρέλαβεν Βαλακ τὸν Βαλααμ ἐπὶ κορυφὴν τοῦ Φογωρ τὸ παρα-
τεῖνον εἰς τὴν ἔρημον. ²⁹ καὶ εἶπεν Βαλααμ πρὸς Βαλακ Οἰκοδό- 29
μησόν μοι ὧδε ἑπτὰ βωμοὺς καὶ ἑτοίμασόν μοι ὧδε ἑπτὰ μόσχους
καὶ ἑπτὰ κριούς. ³⁰ καὶ ἐποίησεν Βαλακ καθάπερ εἶπεν αὐτῷ Βα- 30
λααμ, καὶ ἀνήνεγκεν μόσχον καὶ κριὸν ἐπὶ τὸν βωμόν. ¹ καὶ ἰδὼν 24
Βαλααμ ὅτι καλόν ἐστιν ἔναντι κυρίου εὐλογεῖν τὸν Ισραηλ, οὐκ
ἐπορεύθη κατὰ τὸ εἰωθὸς εἰς συνάντησιν τοῖς οἰωνοῖς καὶ ἀπέ-
στρεψεν τὸ πρόσωπον αὐτοῦ εἰς τὴν ἔρημον. ² καὶ ἐξάρας Βαλααμ 2
τοὺς ὀφθαλμοὺς αὐτοῦ καθορᾷ τὸν Ισραηλ ἐστρατοπεδευκότα κατὰ
φυλάς. καὶ ἐγένετο πνεῦμα θεοῦ ἐν αὐτῷ, ³ καὶ ἀναλαβὼν τὴν πα- 3
ραβολὴν αὐτοῦ εἶπεν
    Φησὶν Βαλααμ υἱὸς Βεωρ,
    φησὶν ὁ ἄνθρωπος ὁ ἀληθινῶς ὁρῶν,
⁴ φησὶν ἀκούων λόγια θεοῦ, 4
    ὅστις ὅρασιν θεοῦ εἶδεν
    ἐν ὕπνῳ, ἀποκεκαλυμμένοι οἱ ὀφθαλμοὶ αὐτοῦ
⁵ Ὡς καλοί σου οἱ οἶκοι, Ιακωβ, 5
    αἱ σκηναί σου, Ισραηλ·
⁶ ὡσεὶ νάπαι σκιάζουσαι 6
    καὶ ὡσεὶ παράδεισοι ἐπὶ ποταμῶν
    καὶ ὡσεὶ σκηναί, ἃς ἔπηξεν κύριος,
    ὡσεὶ κέδροι παρ᾽ ὕδατα.
⁷ ἐξελεύσεται ἄνθρωπος ἐκ τοῦ σπέρματος αὐτοῦ 7
    καὶ κυριεύσει ἐθνῶν πολλῶν,
    καὶ ὑψωθήσεται ἢ Γωγ βασιλεία αὐτοῦ,
    καὶ αὐξηθήσεται ἡ βασιλεία αὐτοῦ.
⁸ θεὸς ὡδήγησεν αὐτὸν ἐξ Αἰγύπτου, 8
    ὡς δόξα μονοκέρωτος αὐτῷ·
    ἔδεται ἔθνη ἐχθρῶν αὐτοῦ
    καὶ τὰ πάχη αὐτῶν ἐκμυελιεῖ
    καὶ ταῖς βολίσιν αὐτοῦ κατατοξεύσει ἐχθρόν.

26 και αποκρ.] αποκρ. δε A ‖ 28 κορυφην] pr. την A
24 1 εναντιον A | αυτου > B*† ‖ 2 πνευμα — fin.] επ αυτω πνευμα θεου
A ‖ 4 φησιν ακουων λογια θεου B] > al., ⋇ φησιν ακ. λογ. ισχυρου O, φη-
σιν ακ. λογ. θεου ισχυρου A† ‖ 5 σου / οι οικοι] tr. A(om. οι) ‖ 6 ωσει 1⁰]
ως B*(uid.) | παραδεισος B*† ‖ 7 αυτου 2⁰ > B ‖ 8 θεος] pr. ο A

9 ⁹κατακλιθεὶς ἀνεπαύσατο ὡς λέων καὶ ὡς σκύμνος·
τίς ἀναστήσει αὐτόν;
οἱ εὐλογοῦντές σε εὐλόγηνται,
καὶ οἱ καταρώμενοί σε κεκατήρανται.
10 ¹⁰καὶ ἐθυμώθη Βαλακ ἐπὶ Βαλααμ καὶ συνεκρότησεν ταῖς χερσὶν
αὐτοῦ, καὶ εἶπεν Βαλακ πρὸς Βαλααμ Καταρᾶσθαι τὸν ἐχθρόν μου
11 κέκληκά σε, καὶ ἰδοὺ εὐλογῶν εὐλόγησας τρίτον τοῦτο· ¹¹νῦν οὖν
φεῦγε εἰς τὸν τόπον σου· εἶπα Τιμήσω σε, καὶ νῦν ἐστέρησέν σε
12 κύριος τῆς δόξης. ¹²καὶ εἶπεν Βαλααμ πρὸς Βαλακ Οὐχὶ καὶ τοῖς
13 ἀγγέλοις σου, οὓς ἀπέστειλας πρός με, ἐλάλησα λέγων ¹³Ἐάν μοι
δῷ Βαλακ πλήρη τὸν οἶκον αὐτοῦ ἀργυρίου καὶ χρυσίου, οὐ δυνή-
σομαι παραβῆναι τὸ ῥῆμα κυρίου ποιῆσαι αὐτὸ πονηρὸν ἢ καλὸν
14 παρ᾽ ἐμαυτοῦ· ὅσα ἐὰν εἴπῃ ὁ θεός, ταῦτα ἐρῶ; ¹⁴καὶ νῦν ἰδοὺ
ἀποτρέχω εἰς τὸν τόπον μου· δεῦρο συμβουλεύσω σοι, τί ποιήσει
ὁ λαὸς οὗτος τὸν λαόν σου ἐπ᾽ ἐσχάτου τῶν ἡμερῶν.
15 ¹⁵Καὶ ἀναλαβὼν τὴν παραβολὴν αὐτοῦ εἶπεν
Φησὶν Βαλααμ υἱὸς Βεωρ,
φησὶν ὁ ἄνθρωπος ὁ ἀληθινῶς ὁρῶν,
16 ¹⁶ἀκούων λόγια θεοῦ,
ἐπιστάμενος ἐπιστήμην παρὰ ὑψίστου
καὶ ὅρασιν θεοῦ ἰδὼν
ἐν ὕπνῳ, ἀποκεκαλυμμένοι οἱ ὀφθαλμοὶ αὐτοῦ
17 ¹⁷Δείξω αὐτῷ, καὶ οὐχὶ νῦν·
μακαρίζω, καὶ οὐκ ἐγγίζει·
ἀνατελεῖ ἄστρον ἐξ Ιακωβ,
καὶ ἀναστήσεται ἄνθρωπος ἐξ Ισραηλ
καὶ θραύσει τοὺς ἀρχηγοὺς Μωαβ
καὶ προνομεύσει πάντας υἱοὺς Σηθ.
18 ¹⁸καὶ ἔσται Εδωμ κληρονομία,
καὶ ἔσται κληρονομία Ησαυ ὁ ἐχθρὸς αὐτοῦ·
καὶ Ισραηλ ἐποίησεν ἐν ἰσχύι.
19 ¹⁹καὶ ἐξεγερθήσεται ἐξ Ιακωβ
καὶ ἀπολεῖ σῳζόμενον ἐκ πόλεως.
20 ²⁰καὶ ἰδὼν τὸν Αμαληκ καὶ ἀναλαβὼν τὴν παραβολὴν αὐτοῦ εἶπεν
Ἀρχὴ ἐθνῶν Αμαληκ,
καὶ τὸ σπέρμα αὐτῶν ἀπολεῖται.
21 ²¹καὶ ἰδὼν τὸν Καιναῖον καὶ ἀναλαβὼν τὴν παραβολὴν αὐτοῦ εἶπεν
Ἰσχυρὰ ἡ κατοικία σου·
καὶ ἐὰν θῇς ἐν πέτρᾳ τὴν νοσσιάν σου,

10 καταρασασθαι A | τριτον τουτο] tr. A ‖ 13 πονηρον η καλον] tr. A |
ειπη] + μοι A· ‖ 16 παρα > A ‖ 17 υιους] pr. τους A

²²καὶ ἐὰν γένηται τῷ Βεωρ νεοσσιὰ πανουργίας,   22
Ἀσσύριοί σε αἰχμαλωτεύσουσιν.
²³καὶ ἰδὼν τὸν Ωγ καὶ ἀναλαβὼν τὴν παραβολὴν αὐτοῦ εἶπεν   23
Ὦ Ὦ, τίς ζήσεται, ὅταν θῇ ταῦτα ὁ θεός;
²⁴καὶ ἐξελεύσεται ἐκ χειρὸς Κιτιαίων   24
καὶ κακώσουσιν Ασσουρ καὶ κακώσουσιν Εβραίους,
καὶ αὐτοὶ ὁμοθυμαδὸν ἀπολοῦνται.
²⁵καὶ ἀναστὰς Βαλααμ ἀπῆλθεν ἀποστραφεὶς εἰς τὸν τόπον αὐτοῦ, 25
καὶ Βαλακ ἀπῆλθεν πρὸς ἑαυτόν.
¹Καὶ κατέλυσεν Ισραηλ ἐν Σαττιν· καὶ ἐβεβηλώθη ὁ λαὸς ἐκπορ- 25
νεῦσαι εἰς τὰς θυγατέρας Μωαβ. ²καὶ ἐκάλεσαν αὐτοὺς ἐπὶ ταῖς θυ- 2
σίαις τῶν εἰδώλων αὐτῶν, καὶ ἔφαγεν ὁ λαὸς τῶν θυσιῶν αὐτῶν καὶ
προσεκύνησαν τοῖς εἰδώλοις αὐτῶν. ³καὶ ἐτελέσθη Ισραηλ τῷ Βεελ- 3
φεγωρ· καὶ ὠργίσθη θυμῷ κύριος τῷ Ισραηλ. ⁴καὶ εἶπεν κύριος τῷ 4
Μωυσῇ Λαβὲ πάντας τοὺς ἀρχηγοὺς τοῦ λαοῦ καὶ παραδειγμάτισον
αὐτοὺς κυρίῳ ἀπέναντι τοῦ ἡλίου, καὶ ἀποστραφήσεται ὀργὴ θυμοῦ
κυρίου ἀπὸ Ισραηλ. ⁵καὶ εἶπεν Μωυσῆς ταῖς φυλαῖς Ισραηλ Ἀποκτεί- 5
νατε ἕκαστος τὸν οἰκεῖον αὐτοῦ τὸν τετελεσμένον τῷ Βεελφεγωρ.
⁶Καὶ ἰδοὺ ἄνθρωπος τῶν υἱῶν Ισραηλ ἐλθὼν προσήγαγεν τὸν 6
ἀδελφὸν αὐτοῦ πρὸς τὴν Μαδιανῖτιν ἐναντίον Μωυσῆ καὶ ἔναντι
πάσης συναγωγῆς υἱῶν Ισραηλ, αὐτοὶ δὲ ἔκλαιον παρὰ τὴν θύραν
τῆς σκηνῆς τοῦ μαρτυρίου. ⁷καὶ ἰδὼν Φινεες υἱὸς Ελεαζαρ υἱοῦ 7
Ααρων τοῦ ἱερέως ἐξανέστη ἐκ μέσου τῆς συναγωγῆς καὶ λαβὼν
σειρομάστην ἐν τῇ χειρὶ ⁸εἰσῆλθεν ὀπίσω τοῦ ἀνθρώπου τοῦ Ισραη- 8
λίτου εἰς τὴν κάμινον καὶ ἀπεκέντησεν ἀμφοτέρους, τόν τε ἄνθρω-
πον τὸν Ισραηλίτην καὶ τὴν γυναῖκα διὰ τῆς μήτρας αὐτῆς· καὶ
ἐπαύσατο ἡ πληγὴ ἀπὸ υἱῶν Ισραηλ. ⁹καὶ ἐγένοντο οἱ τεθνηκότες 9
ἐν τῇ πληγῇ τέσσαρες καὶ εἴκοσι χιλιάδες.
¹⁰Καὶ ἐλάλησεν κύριος πρὸς Μωυσῆν λέγων ¹¹Φινεες υἱὸς Ελε-   10
αζαρ υἱοῦ Ααρων τοῦ ἱερέως κατέπαυσεν τὸν θυμόν μου ἀπὸ υἱῶν   11
Ισραηλ ἐν τῷ ζηλῶσαί μου τὸν ζῆλον ἐν αὐτοῖς, καὶ οὐκ ἐξαν-
ήλωσα τοὺς υἱοὺς Ισραηλ ἐν τῷ ζήλῳ μου. ¹²οὕτως εἰπόν Ἰδοὺ 12
ἐγὼ δίδωμι αὐτῷ διαθήκην εἰρήνης, ¹³καὶ ἔσται αὐτῷ καὶ τῷ σπέρ- 13
ματι αὐτοῦ μετ᾽ αὐτὸν διαθήκη ἱερατείας αἰωνία, ἀνθ᾽ ὧν ἐζήλωσεν
τῷ θεῷ αὐτοῦ καὶ ἐξιλάσατο περὶ τῶν υἱῶν Ισραηλ. ¹⁴τὸ δὲ ὄνομα 14

22 ασσυριοι] συριοι B*† | σε αιχμ.] tr. A ‖ 23 θη] ελθη B*† ‖ 24 χει-
ρων ABᶜ | κητιαιων Α
25 2 επι ταις θυσιαις] εις τας -σιας Α | προσεκυνησεν Α ‖ 3 ετελεσθη
ισραηλ] ετελεσθησαν Α ‖ 4 τω μωυση] προς -σην Α | παντας > Α | κυριω]
pr. τω Α (in Ο sub ※) | κατεναντι Α | ηλιου] λαου A† | θυμου > B*† ‖
6 εναντιον] -τι Α | εναντι] -τιον ABᶜ ‖ 7 υιου] υιος B†: item B*† in 11
‖ 8 υιων] pr. των Α ‖ 12 διαθηκην ειρηνης] ※ την ⸄ διαθ. μου ειρηνης Ο
(G tr. μου post ειρ.), την διαθ. μου διαθ. ειρηνης Α ‖ 13 αυτον] -του Α

τοῦ ἀνθρώπου τοῦ Ἰσραηλίτου τοῦ πεπληγότος, ὃς ἐπλήγη μετὰ τῆς
Μαδιανίτιδος, Ζαμβρι υἱὸς Σαλω ἄρχων οἴκου πατριᾶς τῶν Συμεων·
15 ¹⁵ καὶ ὄνομα τῇ γυναικὶ τῇ Μαδιανίτιδι τῇ πεπληγυίᾳ Χασβι θυγάτηρ
Σουρ ἄρχοντος ἔθνους Ομμωθ, οἴκου πατριᾶς ἐστιν τῶν Μαδιαν.
16 ¹⁶ Καὶ ἐλάλησεν κύριος πρὸς Μωυσῆν λέγων Λάλησον τοῖς υἱοῖς
17 Ἰσραηλ λέγων ¹⁷ Ἐχθραίνετε τοῖς Μαδιηναίοις καὶ πατάξατε αὐτούς,
18 ¹⁸ ὅτι ἐχθραίνουσιν αὐτοὶ ὑμῖν ἐν δολιότητι, ὅσα δολιοῦσιν ὑμᾶς
διὰ Φογωρ καὶ διὰ Χασβι θυγατέρα ἄρχοντος Μαδιαν ἀδελφὴν
αὐτῶν τὴν πεπληγυῖαν ἐν τῇ ἡμέρᾳ τῆς πληγῆς διὰ Φογωρ.
26 ¹ Καὶ ἐγένετο μετὰ τὴν πληγὴν καὶ ἐλάλησεν κύριος πρὸς Μωυ-
2 σῆν καὶ πρὸς Ελεαζαρ τὸν ἱερέα λέγων ² Λαβὲ τὴν ἀρχὴν πάσης
συναγωγῆς υἱῶν Ἰσραηλ ἀπὸ εἰκοσαετοῦς καὶ ἐπάνω κατ᾽ οἴκους
πατριῶν αὐτῶν, πᾶς ὁ ἐκπορευόμενος παρατάξασθαι ἐν Ἰσραηλ.
3 ³ καὶ ἐλάλησεν Μωυσῆς καὶ Ελεαζαρ ὁ ἱερεὺς ἐν Αραβωθ Μωαβ
4 ἐπὶ τοῦ Ιορδάνου κατὰ Ιεριχω λέγων ⁴ Ἀπὸ εἰκοσαετοῦς καὶ ἐπάνω,
ὃν τρόπον συνέταξεν κύριος τῷ Μωυσῇ.
5 Καὶ οἱ υἱοὶ Ἰσραηλ οἱ ἐξελθόντες ἐξ Αἰγύπτου· ⁵ Ρουβην πρω-
τότοκος Ἰσραηλ. υἱοὶ δὲ Ρουβην· Ενωχ καὶ δῆμος τοῦ Ενωχ· τῷ
6 Φαλλου δῆμος τοῦ Φαλλουι· ⁶ τῷ Ασρων δῆμος τοῦ Ασρωνι· τῷ
7 Χαρμι δῆμος τοῦ Χαρμι. ⁷ οὗτοι δῆμοι Ρουβην· καὶ ἐγένετο ἡ ἐπί-
σκεψις αὐτῶν τρεῖς καὶ τεσσαράκοντα χιλιάδες καὶ ἑπτακόσιοι καὶ
8
9 τριάκοντα. — ⁸ καὶ υἱοὶ Φαλλου· Ελιαβ· ⁹ καὶ υἱοὶ Ελιαβ· Ναμουηλ καὶ
Δαθαν καὶ Αβιρων· οὗτοι ἐπίκλητοι τῆς συναγωγῆς, οὗτοί εἰσιν
οἱ ἐπισυστάντες ἐπὶ Μωυσῆν καὶ Ααρων ἐν τῇ συναγωγῇ Κορε
10 ἐν τῇ ἐπισυστάσει κυρίου, ¹⁰ καὶ ἀνοίξασα ἡ γῆ τὸ στόμα αὐτῆς
κατέπιεν αὐτοὺς καὶ Κορε ἐν τῷ θανάτῳ τῆς συναγωγῆς αὐτοῦ,
ὅτε κατέφαγεν τὸ πῦρ τοὺς πεντήκοντα καὶ διακοσίους, καὶ ἐγενή-
11 θησαν ἐν σημείῳ, ¹¹ οἱ δὲ υἱοὶ Κορε οὐκ ἀπέθανον.
12 ¹² Καὶ οἱ υἱοὶ Συμεων· ὁ δῆμος τῶν υἱῶν Συμεων· τῷ Ναμουηλ
δῆμος ὁ Ναμουηλι· τῷ Ιαμιν δῆμος ὁ Ιαμινι· τῷ Ιαχιν δῆμος ὁ
13 Ιαχινι· ¹³ τῷ Ζαρα δῆμος ὁ Ζαραϊ· τῷ Σαουλ δῆμος ὁ Σαουλι.
14 ¹⁴ οὗτοι δῆμοι Συμεων ἐκ τῆς ἐπισκέψεως αὐτῶν, δύο καὶ εἴκοσι
χιλιάδες καὶ διακόσιοι.
15 ¹⁵ Υἱοὶ δὲ Ιουδα· Ηρ καὶ Αυναν· καὶ ἀπέθανεν Ηρ καὶ Αυναν ἐν
16 γῇ Χανααν. ¹⁶ ἐγένοντο δὲ οἱ υἱοὶ Ιουδα κατὰ δήμους αὐτῶν· τῷ

14 σαλω] σαλμων Β† | των > Α ‖ 15 ομμωθ V] -μοθ Β, σομμωθ Α | μα-
διαμ Α: item in 18, cf. 31 3 ‖ 18 αδελφην] pr. την Α†
26 1 μωυσην] + λεγων Α† | προς ult. > Βᶜ ‖ 2 συναγ.] pr. της Α ‖
3 ο ιερευς] μετ αυτων Α⁽†⁾ ‖ 4 και ult.] pr. συ Β (in Ο sub ÷, cf. Field) ‖
6 ασρων] -ωμ Α ‖ 7 τριακοντα] πεντηκ. Α ‖ 9 επισυσταντες] συ > Α
‖ 10 τω — συναγωγης] τη συναγωγη Β* ‖ 12 ο 1⁰ > Α ‖ 15—23 = 𝔐
19—27 ‖ 15 αυναν 1⁰] + και σηλων και φαρες και ζαρα Α: cf. Gen. 46 12
‖ 16 εγεν. δε] και εγεν. Α | οι > Βᶜ

Σηλων δῆμος ὁ Σηλωνι· τῷ Φαρες δῆμος ὁ Φαρες· τῷ Ζαρα
δῆμος ὁ Ζαραϊ. ¹⁷καὶ ἐγένοντο υἱοὶ Φαρες· τῷ Ασρων δῆμος ὁ 17
Ασρωνι· τῷ Ιαμουν δῆμος ὁ Ιαμουνι. ¹⁸οὗτοι δῆμοι τῷ Ιουδα κατὰ 18
τὴν ἐπισκοπὴν αὐτῶν, ἓξ καὶ ἑβδομήκοντα χιλιάδες καὶ πεντακόσιοι.

¹⁹Καὶ υἱοὶ Ισσαχαρ κατὰ δήμους αὐτῶν· τῷ Θωλα δῆμος ὁ 19
Θωλαϊ· τῷ Φουα δῆμος ὁ Φουαϊ· ²⁰τῷ Ιασουβ δῆμος ὁ Ιασουβι· 20
τῷ Σαμαραν δῆμος ὁ Σαμαρανι. ²¹οὗτοι δῆμοι Ισσαχαρ ἐξ ἐπισκέ- 21
ψεως αὐτῶν, τέσσαρες καὶ ἑξήκοντα χιλιάδες καὶ τριακόσιοι.

²²Υἱοὶ Ζαβουλων κατὰ δήμους αὐτῶν· τῷ Σαρεδ δῆμος ὁ Σαρεδι· 22
τῷ Αλλων δῆμος ὁ Αλλωνι· τῷ Αλληλ δῆμος ὁ Αλληλι. ²³οὗτοι 23
δῆμοι Ζαβουλων ἐξ ἐπισκέψεως αὐτῶν, ἑξήκοντα χιλιάδες καὶ
πεντακόσιοι.

²⁴Υἱοὶ Γαδ κατὰ δήμους αὐτῶν· τῷ Σαφων δῆμος ὁ Σαφωνι· 24
τῷ Αγγι δῆμος ὁ Αγγι· τῷ Σουνι δῆμος ὁ Σουνι· ²⁵τῷ Αζενι δῆ- 25
μος ὁ Αζενι· τῷ Αδδι δῆμος ὁ Αδδι· ²⁶τῷ Αροαδι δῆμος ὁ Αροαδι· 26
τῷ Αριηλ δῆμος ὁ Αριηλι. ²⁷οὗτοι δῆμοι υἱῶν Γαδ ἐξ ἐπισκέψεως 27
αὐτῶν, τεσσαράκοντα χιλιάδες καὶ πεντακόσιοι.

²⁸Υἱοὶ Ασηρ κατὰ δήμους αὐτῶν· τῷ Ιαμιν δῆμος ὁ Ιαμινι· τῷ 28
Ιεσου δῆμος ὁ Ιεσουι· τῷ Βαρια δῆμος ὁ Βαριαϊ· ²⁹τῷ Χοβερ δῆ- 29
μος ὁ Χοβερι· τῷ Μελχιηλ δῆμος ὁ Μελχιηλι. ³⁰καὶ τὸ ὄνομα θυγα- 30
τρὸς Ασηρ Σαρα. ³¹οὗτοι δῆμοι Ασηρ ἐξ ἐπισκέψεως αὐτῶν, τρεῖς 31
καὶ πεντήκοντα χιλιάδες καὶ τετρακόσιοι.

³²Υἱοὶ Ιωσηφ κατὰ δήμους αὐτῶν· Μανασση καὶ Εφραιμ. — 32
³³υἱοὶ Μανασση· τῷ Μαχιρ δῆμος ὁ Μαχιρι· καὶ Μαχιρ ἐγέννησεν 33
τὸν Γαλααδ· τῷ Γαλααδ δῆμος ὁ Γαλααδι. ³⁴καὶ οὗτοι υἱοὶ Γαλααδ· 34
τῷ Αχιεζερ δῆμος ὁ Αχιεζερι· τῷ Χελεγ δῆμος ὁ Χελεγι· ³⁵τῷ Εσριηλ 35
δῆμος ὁ Εσριηλι· τῷ Συχεμ δῆμος ὁ Συχεμι· ³⁶τῷ Συμαερ δῆμος 36
ὁ Συμαερι· καὶ τῷ Οφερ δῆμος ὁ Οφερι. ³⁷καὶ τῷ Σαλπααδ υἱῷ Οφερ 37
οὐκ ἐγένοντο αὐτῷ υἱοί, ἀλλ' ἢ θυγατέρες, καὶ ταῦτα τὰ ὀνόματα
τῶν θυγατέρων Σαλπααδ· Μαλα καὶ Νουα καὶ Εγλα καὶ Μελχα
καὶ Θερσα. ³⁸οὗτοι δῆμοι Μανασση ἐξ ἐπισκέψεως αὐτῶν, δύο καὶ 38
πεντήκοντα χιλιάδες καὶ ἑπτακόσιοι.

17 ιαμουηλ ... ιαμουηλι A ‖ 18 τω] του A | επισκεψιν A ‖ 20 ο 1⁰ > B
| σαμαραν Ra.] -ραμ B*, σαμραμ Bᶜ, αμβραν A⁽ᵗ⁾ | σαμαραν(ε)ι B*⁽ᵗ⁾] σαμ-
ραμει Bᶜ, αμβραμει A ‖ 21 τριακοσιοι] τετρακ. A ‖ 22 ο ult. > Bᵗ ‖
24—27 = 𝔐 15—18 ‖ 26 αροαδι bis] αροδει B*ᵗ | τω 2⁰ — fin. > A ‖
27 υιων > A | τεσσαρακ. χιλ. Oᵗ] pr. τεσσαρες και B, + και τετρακισχιλιοι A
‖ 28—31 = 𝔐 44—47 ‖ 28 ιεσου] ιεσουι ABᶜ | βαριαι] βαρια B*(uid.)ᵗ, βαραι
A ‖ 29 μελλιηλ ... μελλιηλει B*ᵗ ‖ 30 θυγατρος] pr. της A | σαρα] καρα
B*ᵗ ‖ 31 πεντηκοντα Oᵗ] τεσσερακ. rel. | τετρακοσιοι Oᵗ] εξακοσιοι rel. ‖
32—47 = 𝔐 28—43 ‖ 34 τω 1⁰ V] > BA | αχιεζερι] -ζειρει Bᵗ | χελεκ ... χε-
λεκι A ‖ 35 συχεμι] -μεει B* ‖ 36 τω ult. > B ‖ 38 πεντηκοντα]
εξηκ. A | επτακοσιοι] πεντακ. Aᵗ

39   ³⁹ Καὶ οὗτοι υἱοὶ Εφραιμ· τῷ Σουταλα δῆμος ὁ Σουταλαϊ· τῷ Τα-
40 ναχ δῆμος ὁ Ταναχι. ⁴⁰ οὗτοι υἱοὶ Σουταλα· τῷ Εδεν δῆμος ὁ Εδενι.
41   ⁴¹ οὗτοι δῆμοι Εφραιμ ἐξ ἐπισκέψεως αὐτῶν, δύο καὶ τριάκοντα χιλι-
άδες καὶ πεντακόσιοι. — οὗτοι δῆμοι υἱῶν Ιωσηφ κατὰ δήμους αὐτῶν.
42   ⁴² Υἱοὶ Βενιαμιν κατὰ δήμους αὐτῶν· τῷ Βαλε δῆμος ὁ Βαλεϊ·
43 τῷ Ασυβηρ δῆμος ὁ Ασυβηρι· τῷ Ιαχιραν δῆμος ὁ Ιαχιρανι· ⁴³ τῷ
44 Σωφαν δῆμος ὁ Σωφανι. ⁴⁴ καὶ ἐγένοντο οἱ υἱοὶ Βαλε Αδαρ. καὶ
Νοεμαν· τῷ Αδαρ δῆμος ὁ Αδαρι· τῷ Νοεμαν δῆμος ὁ Νοεμανι.
45   ⁴⁵ οὗτοι υἱοὶ Βενιαμιν κατὰ δήμους αὐτῶν ἐξ ἐπισκέψεως αὐτῶν,
πέντε καὶ τεσσαράκοντα χιλιάδες καὶ ἑξακόσιοι.
46   ⁴⁶ Καὶ υἱοὶ Δαν κατὰ δήμους αὐτῶν· τῷ Σαμι δῆμος ὁ Σαμι·
47 οὗτοι δῆμοι Δαν κατὰ δήμους αὐτῶν. ⁴⁷ πάντες οἱ δῆμοι Σαμι κατ'
ἐπισκοπὴν αὐτῶν τέσσαρες καὶ ἑξήκοντα χιλιάδες καὶ τετρακόσιοι.
48   ⁴⁸ Υἱοὶ Νεφθαλι κατὰ δήμους αὐτῶν· τῷ Ασιηλ δῆμος ὁ Ασιηλι·
49 τῷ Γαυνι δῆμος ὁ Γαυνι· ⁴⁹ τῷ Ιεσερ δῆμος ὁ Ιεσερι· τῷ Σελλημ
50 δῆμος ὁ Σελλημι. ⁵⁰ οὗτοι δῆμοι Νεφθαλι ἐξ ἐπισκέψεως αὐτῶν,
πέντε καὶ τεσσαράκοντα χιλιάδες καὶ τετρακόσιοι.
51   ⁵¹ Αὕτη ἡ ἐπίσκεψις υἱῶν Ισραηλ, ἑξακόσιαι χιλιάδες καὶ χίλιοι
καὶ ἑπτακόσιοι καὶ τριάκοντα.
52   ⁵² Καὶ ἐλάλησεν κύριος πρὸς Μωυσῆν λέγων ⁵³ Τούτοις μερισθή-
53
54 σεται ἡ γῆ κληρονομεῖν ἐξ ἀριθμοῦ ὀνομάτων· ⁵⁴ τοῖς πλείοσιν
πλεονάσεις τὴν κληρονομίαν καὶ τοῖς ἐλάττοσιν ἐλαττώσεις τὴν
κληρονομίαν αὐτῶν· ἑκάστῳ καθὼς ἐπεσκέπησαν δοθήσεται ἡ
55 κληρονομία αὐτῶν. ⁵⁵ διὰ κλήρων μερισθήσεται ἡ γῆ· τοῖς ὀνόμα-
56 σιν κατὰ φυλὰς πατριῶν αὐτῶν κληρονομήσουσιν· ⁵⁶ ἐκ τοῦ κλή-
ρου μεριεῖς τὴν κληρονομίαν αὐτῶν ἀνὰ μέσον πολλῶν καὶ ὀλίγων.
57   ⁵⁷ Καὶ υἱοὶ Λευι κατὰ δήμους αὐτῶν· τῷ Γεδσων δῆμος ὁ Γεδ-
58 σωνι· τῷ Κααθ δῆμος ὁ Κααθι· τῷ Μεραρι δῆμος ὁ Μεραρι. ⁵⁸ οὗ-
τοι δῆμοι υἱῶν Λευι· δῆμος ὁ Λοβενι, δῆμος ὁ Χεβρωνι, δῆμος ὁ
59 Κορε καὶ δῆμος ὁ Μουσι. καὶ Κααθ ἐγέννησεν τὸν Αμραμ. ⁵⁹ καὶ
τὸ ὄνομα τῆς γυναικὸς αὐτοῦ Ιωχαβεδ θυγάτηρ Λευι, ἣ ἔτεκεν
τούτους τῷ Λευι ἐν Αἰγύπτῳ· καὶ ἔτεκεν τῷ Αμραμ τὸν Ααρων

39 σουταλα] θωσουσαλα A† | σουταλαι] θουσαλαι A† || 40 σουταλα] θου-
σαλα A† || 42 ιαχιραν] αχ. A | ιαχιρανι] αχιραι A† (αχιρανι al.) || 44 οι
> A | αδερ A | νοεμαν 1⁰—fin. pau.] νοεμανει B*, νοεμανει δημος ο νοε-
μανει B^s†, νοεμα δημος ο νοεμανι A || 45 τεσσαρακοντα O] τριακ. BA | εξα-
κοσιοι O] πεντακ. BA || 46 σαμειδη ... σαμειδηι A† (sed in 47 etiam A
σαμει) || 47 τετρακοσιοι O] εξακ. BA || 48 ασιηλ ... ασιηλι] σαηλ ... σαηλει
B*†, ασηλ ... ασηλει B^c | γαυνι bis] γωυνι A: cf. Gen. 46 24 || 49 ιεσρι ...
ιεσρι A | σελλημ] μ > B† || 50 πεντε και τεσσαρακ.] πεντε και > B (B*†
τριακ. pro τεσσαρακ.) | τετρακοσιοι O] τριακ. BA || 51 και ult.] > B* ||
57 γεδσων] -ωνι A† || 58 δημος 2⁰ et 3⁰] pr. και A | χεβρων A. | κορε ...
μουσι] ομουσι(cf. 3 20) ... κορε A | αμβραμ A || 59 και το] το δε A | αυτου]
αμβραμ A | ιωχαβεθ A | αμβραμ A

καὶ Μωυσῆν καὶ Μαριαμ τὴν ἀδελφὴν αὐτῶν. ⁶⁰καὶ ἐγεννήθησαν 60
τῷ Ααρων ὅ τε Ναδαβ καὶ Αβιουδ καὶ Ελεαζαρ καὶ Ιθαμαρ. ⁶¹καὶ 61
ἀπέθανεν Ναδαβ καὶ Αβιουδ ἐν τῷ προσφέρειν αὐτοὺς πῦρ ἀλλό-
τριον ἔναντι κυρίου ἐν τῇ ἐρήμῳ Σινα. ⁶²καὶ ἐγενήθησαν ἐξ ἐπι- 62
σκέψεως αὐτῶν τρεῖς καὶ εἴκοσι χιλιάδες, πᾶν ἀρσενικὸν ἀπὸ
μηνιαίου καὶ ἐπάνω· οὐ γὰρ συνεπεσκέπησαν ἐν μέσῳ υἱῶν Ισραηλ,
ὅτι οὐ δίδοται αὐτοῖς κλῆρος ἐν μέσῳ υἱῶν Ισραηλ.

⁶³Καὶ αὕτη ἡ ἐπίσκεψις Μωυσῆ καὶ Ελεαζαρ τοῦ ἱερέως, οἳ ἐπε- 63
σκέψαντο τοὺς υἱοὺς Ισραηλ ἐν Αραβωθ Μωαβ ἐπὶ τοῦ Ιορδάνου
κατὰ Ιεριχω. ⁶⁴καὶ ἐν τούτοις οὐκ ἦν ἄνθρωπος τῶν ἐπεσκεμμένων 64
ὑπὸ Μωυσῆ καὶ Ααρων, οὓς ἐπεσκέψαντο τοὺς υἱοὺς Ισραηλ ἐν
τῇ ἐρήμῳ Σινα· ⁶⁵ὅτι εἶπεν κύριος αὐτοῖς Θανάτῳ ἀποθανοῦνται 65
ἐν τῇ ἐρήμῳ· καὶ οὐ κατελείφθη ἐξ αὐτῶν οὐδὲ εἷς πλὴν Χαλεβ
υἱὸς Ιεφοννη καὶ Ἰησοῦς ὁ τοῦ Ναυη.

¹Καὶ προσελθοῦσαι αἱ θυγατέρες Σαλπααδ υἱοῦ Οφερ υἱοῦ Γαλα- 27
αδ υἱοῦ Μαχιρ τοῦ δήμου Μανασση τῶν υἱῶν Ιωσηφ (καὶ ταῦτα
τὰ ὀνόματα αὐτῶν· Μαλα καὶ Νουα καὶ Εγλα καὶ Μελχα καὶ Θερσα)
²καὶ στᾶσαι ἔναντι Μωυσῆ καὶ ἔναντι Ελεαζαρ τοῦ ἱερέως καὶ 2
ἔναντι τῶν ἀρχόντων καὶ ἔναντι πάσης συναγωγῆς ἐπὶ τῆς θύρας
τῆς σκηνῆς τοῦ μαρτυρίου λέγουσιν ³Ὁ πατὴρ ἡμῶν ἀπέθανεν ἐν 3
τῇ ἐρήμῳ, καὶ αὐτὸς οὐκ ἦν ἐν μέσῳ τῆς συναγωγῆς τῆς ἐπισυ-
στάσης ἔναντι κυρίου ἐν τῇ συναγωγῇ Κορε, ὅτι διὰ ἁμαρτίαν αὐ-
τοῦ ἀπέθανεν, καὶ υἱοὶ οὐκ ἐγένοντο αὐτῷ· ⁴μὴ ἐξαλειφθήτω τὸ 4
ὄνομα τοῦ πατρὸς ἡμῶν ἐκ μέσου τοῦ δήμου αὐτοῦ, ὅτι οὐκ ἔστιν
αὐτῷ υἱός· δότε ἡμῖν κατάσχεσιν ἐν μέσῳ ἀδελφῶν πατρὸς ἡμῶν.
⁵καὶ προσήγαγεν Μωυσῆς τὴν κρίσιν αὐτῶν ἔναντι κυρίου. ⁶καὶ 5
ἐλάλησεν κύριος πρὸς Μωυσῆν λέγων ⁷Ὀρθῶς θυγατέρες Σαλπααδ 6 7
λελαλήκασιν· δόμα δώσεις αὐταῖς κατάσχεσιν κληρονομίας ἐν μέσῳ
ἀδελφῶν πατρὸς αὐτῶν καὶ περιθήσεις τὸν κλῆρον τοῦ πατρὸς
αὐτῶν αὐταῖς. ⁸καὶ τοῖς υἱοῖς Ισραηλ λαλήσεις λέγων Ἄνθρωπος 8
ἐὰν ἀποθάνῃ καὶ υἱὸς μὴ ᾖ αὐτῷ, περιθήσετε τὴν κληρονομίαν
αὐτοῦ τῇ θυγατρὶ αὐτοῦ· ⁹ἐὰν δὲ μὴ ᾖ θυγάτηρ αὐτῷ, δώσετε 9
τὴν κληρονομίαν τῷ ἀδελφῷ αὐτοῦ· ¹⁰ἐὰν δὲ μὴ ὦσιν αὐτῷ ἀδελ- 10
φοί, δώσετε τὴν κληρονομίαν τῷ ἀδελφῷ τοῦ πατρὸς αὐτοῦ· ¹¹ἐὰν 11
δὲ μὴ ὦσιν ἀδελφοὶ τοῦ πατρὸς αὐτοῦ, δώσετε τὴν κληρονομίαν
τῷ οἰκείῳ τῷ ἔγγιστα αὐτοῦ ἐκ τῆς φυλῆς αὐτοῦ, κληρονομήσει
τὰ αὐτοῦ. καὶ ἔσται τοῦτο τοῖς υἱοῖς Ισραηλ δικαίωμα κρίσεως,
καθὰ συνέταξεν κύριος τῷ Μωυσῆ.

6ο εγεννηθησαν V] εγενηθ. B, ετεχθ. A ‖ 62 μεσω υιων 1⁰] τοις υιοις A ‖ 63 οι] οτι A† ‖ 65 κυριος > A† | αυτοις] -τω B*† | ο του] υιος A 27 2 συναγ.] pr. της A ‖ 4 αδελφων] pr. των A ‖ 7 ορθως] pr. ως A† ‖ 8 η] ην B† ‖ 11 ισραηλ > A†

12   ¹²Καὶ εἶπεν κύριος πρὸς Μωυσῆν Ἀνάβηθι εἰς τὸ ὄρος τὸ ἐν
τῷ πέραν (τοῦτο ὄρος Ναβαυ) καὶ ἰδὲ τὴν γῆν Χανααν, ἣν
13 ἐγὼ δίδωμι τοῖς υἱοῖς Ισραηλ ἐν κατασχέσει· ¹³καὶ ὄψει αὐτὴν καὶ
προστεθήσῃ πρὸς τὸν λαόν σου καὶ σύ, καθὰ προσετέθη Ααρων
14 ὁ ἀδελφός σου ἐν Ωρ τῷ ὄρει, ¹⁴διότι παρέβητε τὸ ῥῆμά μου ἐν
τῇ ἐρήμῳ Σιν ἐν τῷ ἀντιπίπτειν τὴν συναγωγὴν ἁγιάσαι με· οὐχ
ἡγιάσατέ με ἐπὶ τῷ ὕδατι ἔναντι αὐτῶν (τοῦτό ἐστιν ὕδωρ ἀντι-
15 λογίας Καδης ἐν τῇ ἐρήμῳ Σιν). ¹⁵καὶ εἶπεν Μωυσῆς πρὸς κύριον
16 ¹⁶Ἐπισκεψάσθω κύριος ὁ θεὸς τῶν πνευμάτων καὶ πάσης σαρκὸς
17 ἄνθρωπον ἐπὶ τῆς συναγωγῆς ταύτης, ¹⁷ὅστις ἐξελεύσεται πρὸ
προσώπου αὐτῶν καὶ ὅστις εἰσελεύσεται πρὸ προσώπου αὐτῶν
καὶ ὅστις ἐξάξει αὐτοὺς καὶ ὅστις εἰσάξει αὐτούς, καὶ οὐκ ἔσται
18 ἡ συναγωγὴ κυρίου ὡσεὶ πρόβατα, οἷς οὐκ ἔστιν ποιμήν. ¹⁸καὶ
ἐλάλησεν κύριος πρὸς Μωυσῆν λέγων Λαβὲ πρὸς σεαυτὸν τὸν
Ἰησοῦν υἱὸν Ναυη, ἄνθρωπον, ὃς ἔχει πνεῦμα ἐν ἑαυτῷ, καὶ ἐπι-
19 θήσεις τὰς χεῖράς σου ἐπ᾽ αὐτὸν ¹⁹καὶ στήσεις αὐτὸν ἔναντι Ελε-
αζαρ τοῦ ἱερέως καὶ ἐντελῇ αὐτῷ ἔναντι πάσης συναγωγῆς καὶ
20 ἐντελῇ περὶ αὐτοῦ ἐναντίον αὐτῶν ²⁰καὶ δώσεις τῆς δόξης σου
21 ἐπ᾽ αὐτόν, ὅπως ἂν εἰσακούσωσιν αὐτοῦ οἱ υἱοὶ Ισραηλ. ²¹καὶ
ἔναντι Ελεαζαρ τοῦ ἱερέως στήσεται, καὶ ἐπερωτήσουσιν αὐτὸν
τὴν κρίσιν τῶν δήλων ἔναντι κυρίου· ἐπὶ τῷ στόματι αὐτοῦ ἐξε-
λεύσονται καὶ ἐπὶ τῷ στόματι αὐτοῦ εἰσελεύσονται αὐτὸς καὶ οἱ
22 υἱοὶ Ισραηλ ὁμοθυμαδὸν καὶ πᾶσα ἡ συναγωγή. ²²καὶ ἐποίησεν
Μωυσῆς καθὰ ἐνετείλατο αὐτῷ κύριος, καὶ λαβὼν τὸν Ἰησοῦν
ἔστησεν αὐτὸν ἐναντίον Ελεαζαρ τοῦ ἱερέως καὶ ἔναντι πάσης
23 συναγωγῆς ²³καὶ ἐπέθηκεν τὰς χεῖρας αὐτοῦ ἐπ᾽ αὐτὸν καὶ συνέ-
στησεν αὐτόν, καθάπερ συνέταξεν κύριος τῷ Μωυσῇ.

28   ¹Καὶ ἐλάλησεν κύριος πρὸς Μωυσῆν λέγων ²Ἔντειλαι τοῖς υἱοῖς
Ισραηλ καὶ ἐρεῖς πρὸς αὐτοὺς λέγων Τὰ δῶρά μου δόματά μου
καρπώματά μου εἰς ὀσμὴν εὐωδίας διατηρήσετε προσφέρειν ἐμοὶ
3 ἐν ταῖς ἑορταῖς μου. ³καὶ ἐρεῖς πρὸς αὐτούς Ταῦτα τὰ καρπώματα,
ὅσα προσάξετε κυρίῳ· ἀμνοὺς ἐνιαυσίους ἀμώμους δύο τὴν ἡμέ-
4 ραν εἰς ὁλοκαύτωσιν ἐνδελεχῶς, ⁴τὸν ἀμνὸν τὸν ἕνα ποιήσεις τὸ
5 πρωὶ καὶ τὸν ἀμνὸν τὸν δεύτερον ποιήσεις τὸ πρὸς ἑσπέραν· ⁵καὶ
ποιήσεις τὸ δέκατον τοῦ οιφι σεμίδαλιν εἰς θυσίαν ἀναπεποιημέ-
6 νην ἐν ἐλαίῳ ἐν τετάρτῳ τοῦ ιν. ⁶ὁλοκαύτωμα ἐνδελεχισμοῦ, ἡ
7 γενομένη ἐν τῷ ὄρει Σινα εἰς ὀσμὴν εὐωδίας κυρίῳ· ⁷καὶ σπονδὴν

12 ορος 2⁰] pr. το Β* ‖ 13 ωρ] pr. τω Β*† ‖ 14 σιν 1⁰] σινα Α | αγιασαι]
pr. του Α | εναντιον Α | τουτο] + δε Α† | υδωρ] pr. το Α | καδης] pr. εν Β†
‖ 17 ωσει] ως Α ‖ 19 εναντι 2⁰] -τιον Α | εντελη 2⁰] εντειλαι Α ‖ 20 οι
> Α ‖ 22 εναντιον] -τι Α | εναντι] -τιον ΑΒᶜ
28 2 διατηρησατε Α ‖ 4 ποιησεις bis] -σεται(pro-τε) Α ‖ 7 σπονδην
1⁰] -δη Α†

αὐτοῦ τὸ τέταρτον τοῦ ιν τῷ ἀμνῷ τῷ ἑνί, ἐν τῷ ἁγίῳ σπείσεις σπονδὴν σικερα κυρίῳ. ⁸καὶ τὸν ἀμνὸν τὸν δεύτερον ποιήσεις τὸ 8 πρὸς ἑσπέραν· κατὰ τὴν θυσίαν αὐτοῦ καὶ κατὰ τὴν σπονδὴν αὐτοῦ ποιήσετε εἰς ὀσμὴν εὐωδίας κυρίῳ.

⁹Καὶ τῇ ἡμέρᾳ τῶν σαββάτων προσάξετε δύο ἀμνοὺς ἐνιαυσίους 9 ἀμώμους καὶ δύο δέκατα σεμιδάλεως ἀναπεποιημένης ἐν ἐλαίῳ εἰς θυσίαν καὶ σπονδὴν ¹⁰ὁλοκαύτωμα σαββάτων ἐν τοῖς σαββάτοις 10 ἐπὶ τῆς ὁλοκαυτώσεως τῆς διὰ παντὸς καὶ τὴν σπονδὴν αὐτοῦ.

¹¹Καὶ ἐν ταῖς νεομηνίαις προσάξετε ὁλοκαυτώματα τῷ κυρίῳ 11 μόσχους ἐκ βοῶν δύο καὶ κριὸν ἕνα, ἀμνοὺς ἐνιαυσίους ἑπτὰ ἀμώ- μους, ¹²τρία δέκατα σεμιδάλεως ἀναπεποιημένης ἐν ἐλαίῳ τῷ μό- 12 σχῳ τῷ ἑνὶ καὶ δύο δέκατα σεμιδάλεως ἀναπεποιημένης ἐν ἐλαίῳ τῷ κριῷ τῷ ἑνί, ¹³δέκατον σεμιδάλεως ἀναπεποιημένης ἐν ἐλαίῳ 13 τῷ ἀμνῷ τῷ ἑνί, θυσίαν ὀσμὴν εὐωδίας κάρπωμα κυρίῳ. ¹⁴ἡ σπον- 14 δὴ αὐτῶν τὸ ἥμισυ τοῦ ιν ἔσται τῷ μόσχῳ τῷ ἑνί, καὶ τὸ τρί- τον τοῦ ιν ἔσται τῷ κριῷ τῷ ἑνί, καὶ τὸ τέταρτον τοῦ ιν ἔσται τῷ ἀμνῷ τῷ ἑνὶ οἴνου. τοῦτο ὁλοκαύτωμα μῆνα ἐκ μηνὸς εἰς τοὺς μῆνας τοῦ ἐνιαυτοῦ. ¹⁵καὶ χίμαρον ἐξ αἰγῶν ἕνα περὶ ἁμαρ- 15 τίας κυρίῳ· ἐπὶ τῆς ὁλοκαυτώσεως τῆς διὰ παντὸς ποιηθήσεται καὶ ἡ σπονδὴ αὐτοῦ.

¹⁶Καὶ ἐν τῷ μηνὶ τῷ πρώτῳ τεσσαρεσκαιδεκάτῃ ἡμέρᾳ τοῦ μη- 16 νὸς πασχα κυρίῳ. ¹⁷καὶ τῇ πεντεκαιδεκάτῃ ἡμέρᾳ τοῦ μηνὸς τού- 17 του ἑορτή· ἑπτὰ ἡμέρας ἄζυμα ἔδεσθε. ¹⁸καὶ ἡ ἡμέρα ἡ πρώτη 18 ἐπίκλητος ἁγία ἔσται ὑμῖν, πᾶν ἔργον λατρευτὸν οὐ ποιήσετε. ¹⁹καὶ 19 προσάξετε ὁλοκαυτώματα καρπώματα κυρίῳ μόσχους ἐκ βοῶν δύο, κριὸν ἕνα, ἑπτὰ ἀμνοὺς ἐνιαυσίους, ἄμωμοι ἔσονται ὑμῖν· ²⁰καὶ 20 ἡ θυσία αὐτῶν σεμίδαλις ἀναπεποιημένη ἐν ἐλαίῳ, τρία δέκατα τῷ μόσχῳ τῷ ἑνὶ καὶ δύο δέκατα τῷ κριῷ τῷ ἑνί, ²¹δέκατον δέκατον 21 ποιήσεις τῷ ἀμνῷ τῷ ἑνὶ τοῖς ἑπτὰ ἀμνοῖς· ²²καὶ χίμαρον ἐξ 22 αἰγῶν ἕνα περὶ ἁμαρτίας ἐξιλάσασθαι περὶ ὑμῶν· ²³πλὴν τῆς ὁλο- 23 καυτώσεως τῆς διὰ παντὸς τῆς πρωινῆς, ὅ ἐστιν ὁλοκαύτωμα ἐν- δελεχισμοῦ. ²⁴ταῦτα κατὰ ταῦτα ποιήσετε τὴν ἡμέραν εἰς τὰς ἑπτὰ 24 ἡμέρας δῶρον κάρπωμα εἰς ὀσμὴν εὐωδίας κυρίῳ· ἐπὶ τοῦ ὁλο- καυτώματος τοῦ διὰ παντὸς ποιήσεις τὴν σπονδὴν αὐτοῦ. ²⁵καὶ 25 ἡ ἡμέρα ἡ ἑβδόμη κλητὴ ἁγία ἔσται ὑμῖν, πᾶν ἔργον λατρευτὸν οὐ ποιήσετε ἐν αὐτῇ.

8 κυριου B*†: item in 15. 24 et B* in 16 ‖ 9 αναπεπ. εν ελ./εις θυσ.] tr. A ‖ 10 ολοκαυτωματος σαββατου A ‖ 11 νουμηνιαις A | τω > A | και ult. > A ‖ 13 δεκατον] + δεκατον ABᶜ ‖ 14 αυτων] -τω A† | εσται 1⁰ ⌒ 2⁰ B*† | ολοκαυτ.] pr. το A ‖ 16 ⌒17 μηνος A ‖ 17 εορτη] pr. ποιηθη- σεται A | επτα — fin. > A ‖ 19 ολοκαυτωμα A | καρπωμα ABᶜ | επτα] > B*†, post ενιαυσιους tr. Bᶜ | αμμοι > A† ‖ 20 η > B† | fin.] + ποιησε- ται(pro -τε) A ‖ 22 περι αμαρτ. > A† ‖ 23 της 2⁰ > A ‖ 24 επτα] δυο Ar†

26   ²⁶Καὶ τῇ ἡμέρᾳ τῶν νέων, ὅταν προσφέρητε θυσίαν νέαν κυ-
ρίῳ τῶν ἑβδομάδων, ἐπίκλητος ἁγία ἔσται ὑμῖν, πᾶν ἔργον λατρευ-
27 τὸν οὐ ποιήσετε. ²⁷καὶ προσάξετε ὁλοκαυτώματα εἰς ὀσμὴν εὐω-
δίας κυρίῳ μόσχους ἐκ βοῶν δύο, κριὸν ἕνα, ἑπτὰ ἀμνοὺς ἐνιαυ-
28 σίους ἀμώμους· ²⁸ἡ θυσία αὐτῶν σεμίδαλις ἀναπεποιημένη ἐν
ἐλαίῳ, τρία δέκατα τῷ μόσχῳ τῷ ἑνὶ καὶ δύο δέκατα τῷ κριῷ τῷ
29 ἑνί, ²⁹δέκατον δέκατον τῷ ἀμνῷ τῷ ἑνὶ τοῖς ἑπτὰ ἀμνοῖς· ³⁰καὶ
30
31 χίμαρον ἐξ αἰγῶν ἕνα περὶ ἁμαρτίας ἐξιλάσασθαι περὶ ὑμῶν· ³¹πλὴν
τοῦ ὁλοκαυτώματος τοῦ διὰ παντός· καὶ τὴν θυσίαν αὐτῶν ποιή-
σετέ μοι — ἄμωμοι ἔσονται ὑμῖν — καὶ τὰς σπονδὰς αὐτῶν.
29   ¹Καὶ τῷ μηνὶ τῷ ἑβδόμῳ μιᾷ τοῦ μηνὸς ἐπίκλητος ἁγία ἔσται
ὑμῖν, πᾶν ἔργον λατρευτὸν οὐ ποιήσετε· ἡμέρα σημασίας ἔσται
2 ὑμῖν. ²καὶ ποιήσετε ὁλοκαυτώματα εἰς ὀσμὴν εὐωδίας κυρίῳ μό-
σχον ἕνα ἐκ βοῶν, κριὸν ἕνα, ἀμνοὺς ἐνιαυσίους ἑπτὰ ἀμώμους·
3 ³ἡ θυσία αὐτῶν σεμίδαλις ἀναπεποιημένη ἐν ἐλαίῳ, τρία δέκατα
4 τῷ μόσχῳ τῷ ἑνὶ καὶ δύο δέκατα τῷ κριῷ τῷ ἑνί, ⁴δέκατον δέ-
5 κατον τῷ ἀμνῷ τῷ ἑνὶ τοῖς ἑπτὰ ἀμνοῖς· ⁵καὶ χίμαρον ἐξ αἰγῶν
6 ἕνα περὶ ἁμαρτίας ἐξιλάσασθαι περὶ ὑμῶν· ⁶πλὴν τῶν ὁλοκαυτω-
μάτων τῆς νουμηνίας, καὶ αἱ θυσίαι αὐτῶν καὶ αἱ σπονδαὶ αὐτῶν
καὶ τὸ ὁλοκαύτωμα τὸ διὰ παντὸς καὶ αἱ θυσίαι αὐτῶν καὶ αἱ
σπονδαὶ αὐτῶν κατὰ τὴν σύγκρισιν αὐτῶν εἰς ὀσμὴν εὐωδίας κυρίῳ.
7   ⁷Καὶ τῇ δεκάτῃ τοῦ μηνὸς τούτου ἐπίκλητος ἁγία ἔσται ὑμῖν,
8 καὶ κακώσετε τὰς ψυχὰς ὑμῶν καὶ πᾶν ἔργον οὐ ποιήσετε. ⁸καὶ
προσοίσετε ὁλοκαυτώματα εἰς ὀσμὴν εὐωδίας καρπώματα κυρίῳ
μόσχον ἕνα ἐκ βοῶν, κριὸν ἕνα, ἀμνοὺς ἐνιαυσίους ἑπτά, ἄμωμοι
9 ἔσονται ὑμῖν· ⁹ἡ θυσία αὐτῶν σεμίδαλις ἀναπεποιημένη ἐν ἐλαίῳ,
τρία δέκατα τῷ μόσχῳ τῷ ἑνὶ καὶ δύο δέκατα τῷ κριῷ τῷ ἑνί,
10 ¹⁰δέκατον δέκατον τῷ ἀμνῷ τῷ ἑνὶ εἰς τοὺς ἑπτὰ ἀμνούς· ¹¹καὶ
11
χίμαρον ἐξ αἰγῶν ἕνα περὶ ἁμαρτίας ἐξιλάσασθαι περὶ ὑμῶν· πλὴν
τὸ περὶ τῆς ἁμαρτίας τῆς ἐξιλάσεως καὶ ἡ ὁλοκαύτωσις ἡ διὰ
παντός, ἡ θυσία αὐτῆς καὶ ἡ σπονδὴ αὐτῆς κατὰ τὴν σύγκρισιν
εἰς ὀσμὴν εὐωδίας κάρπωμα κυρίῳ.
12   ¹²Καὶ τῇ πεντεκαιδεκάτῃ ἡμέρᾳ τοῦ μηνὸς τοῦ ἑβδόμου τούτου
ἐπίκλητος ἁγία ἔσται ὑμῖν, πᾶν ἔργον λατρευτὸν οὐ ποιήσετε καὶ
13 ἑορτάσετε αὐτὴν ἑορτὴν κυρίῳ ἑπτὰ ἡμέρας. ¹³καὶ προσάξετε ὁλο-
καυτώματα καρπώματα εἰς ὀσμὴν εὐωδίας κυρίῳ, τῇ ἡμέρᾳ τῇ

27 επτα / αμν. ενιαυσ.] tr. A || 31 του δια παντος] της νουμηνιας και η
θυσια αυτων και το ολοκαυτωμα το δια παντος A | τας σπονδας] αι -δαι A
29 6 το ολοκ. το] τα ολοκαυτωματα B*† | και 4⁰ > A | κυριου B*†: item
in 12. 13 || 7 εργον] + λατρευτον A || 8 ολοκαυτωμα A | καρπωμα A |
κυριω > A | ενα / εκ βοων] tr. A | αμμμους (sic) A || 12 εορτασατε B ||
13 καρπωματα] -μα A, > Bᶜ

πρώτη μόσχους ἐκ βοῶν τρεῖς καὶ δέκα, κριοὺς δύο, ἀμνοὺς ἐνιαυ-
σίους δέκα τέσσαρας, ἄμωμοι ἔσονται· ¹⁴αἱ θυσίαι αὐτῶν σεμί- 14
δαλις ἀναπεποιημένη ἐν ἐλαίῳ, τρία δέκατα τῷ μόσχῳ τῷ ἑνὶ τοῖς
τρισκαίδεκα μόσχοις καὶ δύο δέκατα τῷ κριῷ τῷ ἑνὶ ἐπὶ τοὺς δύο
κριούς, ¹⁵δέκατον δέκατον τῷ ἀμνῷ τῷ ἑνὶ ἐπὶ τοὺς τέσσαρας 15
καὶ δέκα ἀμνούς· ¹⁶καὶ χίμαρον ἐξ αἰγῶν ἕνα περὶ ἁμαρτίας πλὴν 16
τῆς ὁλοκαυτώσεως τῆς διὰ παντός· αἱ θυσίαι αὐτῶν καὶ αἱ σπον-
δαὶ αὐτῶν. — ¹⁷καὶ τῇ ἡμέρᾳ τῇ δευτέρᾳ μόσχους δώδεκα, κρι- 17
οὺς δύο, ἀμνοὺς ἐνιαυσίους τέσσαρας καὶ δέκα ἀμώμους· ¹⁸ἡ θυ- 18
σία αὐτῶν καὶ ἡ σπονδὴ αὐτῶν τοῖς μόσχοις καὶ τοῖς κριοῖς καὶ
τοῖς ἀμνοῖς κατὰ ἀριθμὸν αὐτῶν κατὰ τὴν σύγκρισιν αὐτῶν· ¹⁹καὶ 19
χίμαρον ἐξ αἰγῶν ἕνα περὶ ἁμαρτίας πλὴν τῆς ὁλοκαυτώσεως τῆς
διὰ παντός· αἱ θυσίαι αὐτῶν καὶ αἱ σπονδαὶ αὐτῶν. — ²⁰τῇ ἡμέ- 20
ρᾳ τῇ τρίτῃ μόσχους ἕνδεκα, κριοὺς δύο, ἀμνοὺς ἐνιαυσίους τέσ-
σαρας καὶ δέκα ἀμώμους· ²¹ἡ θυσία αὐτῶν καὶ ἡ σπονδὴ αὐτῶν 21
τοῖς μόσχοις καὶ τοῖς κριοῖς καὶ τοῖς ἀμνοῖς κατὰ ἀριθμὸν αὐτῶν
κατὰ τὴν σύγκρισιν αὐτῶν· ²²καὶ χίμαρον ἐξ αἰγῶν ἕνα περὶ ἁμαρ- 22
τίας πλὴν τῆς ὁλοκαυτώσεως τῆς διὰ παντός· αἱ θυσίαι αὐτῶν
καὶ αἱ σπονδαὶ αὐτῶν. — ²³τῇ ἡμέρᾳ τῇ τετάρτῃ μόσχους δέκα, 23
κριοὺς δύο, ἀμνοὺς ἐνιαυσίους τέσσαρας καὶ δέκα ἀμώμους· ²⁴αἱ 24
θυσίαι αὐτῶν καὶ αἱ σπονδαὶ αὐτῶν τοῖς μόσχοις καὶ τοῖς κριοῖς
καὶ τοῖς ἀμνοῖς κατὰ ἀριθμὸν αὐτῶν κατὰ τὴν σύγκρισιν αὐτῶν·
²⁵καὶ χίμαρον ἐξ αἰγῶν ἕνα περὶ ἁμαρτίας πλὴν τῆς ὁλοκαυτώσεως 25
τῆς διὰ παντός· αἱ θυσίαι αὐτῶν καὶ αἱ σπονδαὶ αὐτῶν. — ²⁶τῇ 26
ἡμέρᾳ τῇ πέμπτῃ μόσχους ἐννέα, κριοὺς δύο, ἀμνοὺς ἐνιαυσίους
τέσσαρας καὶ δέκα ἀμώμους· ²⁷αἱ θυσίαι αὐτῶν καὶ αἱ σπονδαὶ 27
αὐτῶν τοῖς μόσχοις καὶ τοῖς κριοῖς καὶ τοῖς ἀμνοῖς κατὰ ἀριθμὸν
αὐτῶν κατὰ τὴν σύγκρισιν αὐτῶν· ²⁸καὶ χίμαρον ἐξ αἰγῶν ἕνα 28
περὶ ἁμαρτίας πλὴν τῆς ὁλοκαυτώσεως τῆς διὰ παντός· αἱ θυσίαι
αὐτῶν καὶ αἱ σπονδαὶ αὐτῶν. — ²⁹τῇ ἡμέρᾳ τῇ ἕκτῃ μόσχους 29
ὀκτώ, κριοὺς δύο, ἀμνοὺς ἐνιαυσίους δέκα τέσσαρας ἀμώμους· ³⁰αἱ 30
θυσίαι αὐτῶν καὶ αἱ σπονδαὶ αὐτῶν τοῖς μόσχοις καὶ τοῖς κριοῖς
καὶ τοῖς ἀμνοῖς κατὰ ἀριθμὸν αὐτῶν κατὰ τὴν σύγκρισιν αὐτῶν·
³¹καὶ χίμαρον ἐξ αἰγῶν ἕνα περὶ ἁμαρτίας πλὴν τῆς ὁλοκαυτώ- 31
σεως τῆς διὰ παντός· αἱ θυσίαι αὐτῶν καὶ αἱ σπονδαὶ αὐτῶν. —
³²τῇ ἡμέρᾳ τῇ ἑβδόμῃ μόσχους ἑπτά, κριοὺς δύο, ἀμνοὺς ἐνιαυ- 32
σίους τέσσαρας καὶ δέκα ἀμώμους· ³³αἱ θυσίαι αὐτῶν καὶ αἱ σπον- 33
δαὶ αὐτῶν τοῖς μόσχοις καὶ τοῖς κριοῖς καὶ τοῖς ἀμνοῖς κατὰ ἀριθ-
μὸν αὐτῶν κατὰ τὴν σύγκρισιν αὐτῶν· ³⁴καὶ χίμαρον ἐξ αἰγῶν 34

ἕνα περὶ ἁμαρτίας πλὴν τῆς ὁλοκαυτώσεως τῆς διὰ παντός· αἱ
35 θυσίαι αὐτῶν καὶ αἱ σπονδαὶ αὐτῶν. — ³⁵ καὶ τῇ ἡμέρᾳ τῇ ὀγδόῃ
ἐξόδιον ἔσται ὑμῖν· πᾶν ἔργον λατρευτὸν οὐ ποιήσετε ἐν αὐτῇ.
36 ³⁶ καὶ προσάξετε ὁλοκαυτώματα εἰς ὀσμὴν εὐωδίας καρπώματα
κυρίῳ μόσχον ἕνα, κριὸν ἕνα, ἀμνοὺς ἐνιαυσίους ἑπτὰ ἀμώμους·
37 ³⁷ αἱ θυσίαι αὐτῶν καὶ αἱ σπονδαὶ αὐτῶν τῷ μόσχῳ καὶ τῷ κριῷ
καὶ τοῖς ἀμνοῖς κατὰ ἀριθμὸν αὐτῶν κατὰ τὴν σύγκρισιν αὐτῶν·
38 ³⁸ καὶ χίμαρον ἐξ αἰγῶν ἕνα περὶ ἁμαρτίας πλὴν τῆς ὁλοκαυτώσεως
τῆς διὰ παντός· αἱ θυσίαι αὐτῶν καὶ αἱ σπονδαὶ αὐτῶν.
39 ³⁹ Ταῦτα ποιήσετε κυρίῳ ἐν ταῖς ἑορταῖς ὑμῶν πλὴν τῶν εὐχῶν
ὑμῶν καὶ τὰ ἑκούσια ὑμῶν καὶ τὰ ὁλοκαυτώματα ὑμῶν καὶ τὰς
θυσίας ὑμῶν καὶ τὰς σπονδὰς ὑμῶν καὶ τὰ σωτήρια ὑμῶν.
30 ¹ Καὶ ἐλάλησεν Μωυσῆς τοῖς υἱοῖς Ισραηλ κατὰ πάντα, ὅσα ἐνε-
τείλατο κύριος τῷ Μωυσῇ.
2 ² Καὶ ἐλάλησεν Μωυσῆς πρὸς τοὺς ἄρχοντας τῶν φυλῶν Ισραηλ
3 λέγων Τοῦτο τὸ ῥῆμα, ὃ συνέταξεν κύριος· ³ ἄνθρωπος ἄνθρωπος,
ὃς ἂν εὔξηται εὐχὴν κυρίῳ ἢ ὀμόσῃ ὅρκον ἢ ὁρίσηται ὁρισμῷ
περὶ τῆς ψυχῆς αὐτοῦ, οὐ βεβηλώσει τὸ ῥῆμα αὐτοῦ· πάντα, ὅσα
4 ἐὰν ἐξέλθῃ ἐκ τοῦ στόματος αὐτοῦ, ποιήσει. ⁴ ἐὰν δὲ γυνὴ εὔξηται
εὐχὴν κυρίῳ ἢ ὁρίσηται ὁρισμὸν ἐν τῷ οἴκῳ τοῦ πατρὸς αὐτῆς
5 ἐν τῇ νεότητι αὐτῆς ⁵ καὶ ἀκούσῃ ὁ πατὴρ αὐτῆς τὰς εὐχὰς αὐτῆς
καὶ τοὺς ὁρισμοὺς αὐτῆς, οὓς ὡρίσατο κατὰ τῆς ψυχῆς αὐτῆς,
καὶ παρασιωπήσῃ αὐτῆς ὁ πατήρ, καὶ στήσονται πᾶσαι αἱ εὐχαὶ
αὐτῆς, καὶ πάντες οἱ ὁρισμοί, οὓς ὡρίσατο κατὰ τῆς ψυχῆς αὐτῆς,
6 μενοῦσιν αὐτῇ. ⁶ ἐὰν δὲ ἀνανεύων ἀνανεύσῃ ὁ πατὴρ αὐτῆς, ᾗ ἂν
ἡμέρᾳ ἀκούσῃ πάσας τὰς εὐχὰς αὐτῆς καὶ τοὺς ὁρισμούς, οὓς
ὡρίσατο κατὰ τῆς ψυχῆς αὐτῆς, οὐ στήσονται· καὶ κύριος καθα-
7 ριεῖ αὐτήν, ὅτι ἀνένευσεν ὁ πατὴρ αὐτῆς. — ⁷ ἐὰν δὲ γενομένη
γένηται ἀνδρὶ καὶ αἱ εὐχαὶ αὐτῆς ἐπ' αὐτῇ κατὰ τὴν διαστολὴν
8 τῶν χειλέων αὐτῆς, οὓς ὡρίσατο κατὰ τῆς ψυχῆς αὐτῆς, ⁸ καὶ
ἀκούσῃ ὁ ἀνὴρ αὐτῆς καὶ παρασιωπήσῃ αὐτῇ, ᾗ ἂν ἡμέρᾳ ἀκούσῃ,
καὶ οὕτως στήσονται πᾶσαι αἱ εὐχαὶ αὐτῆς, καὶ οἱ ὁρισμοὶ αὐτῆς,
9 οὓς ὡρίσατο κατὰ τῆς ψυχῆς αὐτῆς, στήσονται. ⁹ ἐὰν δὲ ἀνανεύων
ἀνανεύσῃ ὁ ἀνὴρ αὐτῆς, ᾗ ἂν ἡμέρᾳ ἀκούσῃ, πᾶσαι αἱ εὐχαὶ αὐ-
τῆς καὶ οἱ ὁρισμοὶ αὐτῆς, οὓς ὡρίσατο κατὰ τῆς ψυχῆς αὐτῆς,
οὐ μενοῦσιν, ὅτι ὁ ἀνὴρ ἀνένευσεν ἀπ' αὐτῆς, καὶ κύριος καθαριεῖ
10 αὐτήν. ¹⁰ καὶ εὐχὴ χήρας καὶ ἐκβεβλημένης, ὅσα ἂν εὔξηται κατὰ

---

36 εις οσμ. ευωδ./καρπωμ.] tr. A | κυριω] pr. τω Bᶜ, κυριου B*† || 39 κυ-
ριω] pr. τω A
30 1 οσα] a A || 2 ισραηλ] pr. υιων A || 3 κυριω] pr. τω A† | η ορι-
σηται/ορισμω] tr. B || 6 πασας > A | ορισμους] + αυτης A || 7 αι ευχαι]
ευχη A† | ους] οσα A || 9 ο ult. > A | απ] επ A

τῆς ψυχῆς αὐτῆς, μενοῦσιν αὐτῇ. — ¹¹ἐὰν δὲ ἐν τῷ οἴκῳ τοῦ 11
ἀνδρὸς αὐτῆς ἡ εὐχὴ αὐτῆς ἢ ὁ ὁρισμὸς κατὰ τῆς ψυχῆς αὐτῆς
μεθ᾽ ὅρκου ¹²καὶ ἀκούσῃ ὁ ἀνὴρ αὐτῆς καὶ παρασιωπήσῃ αὐτῇ καὶ 12
μὴ ἀνανεύσῃ αὐτῇ, καὶ στήσονται πᾶσαι αἱ εὐχαὶ αὐτῆς, καὶ πάν-
τες οἱ ὁρισμοὶ αὐτῆς, οὓς ὡρίσατο κατὰ τῆς ψυχῆς αὐτῆς, στή-
σονται κατ᾽ αὐτῆς. ¹³ἐὰν δὲ περιελὼν περιέλῃ ὁ ἀνὴρ αὐτῆς, ᾗ ἂν 13
ἡμέρᾳ ἀκούσῃ πάντα, ὅσα ἐὰν ἐξέλθῃ ἐκ τῶν χειλέων αὐτῆς κατὰ
τὰς εὐχὰς αὐτῆς καὶ κατὰ τοὺς ὁρισμοὺς τοὺς κατὰ τῆς ψυχῆς
αὐτῆς, οὐ μενεῖ αὐτῇ· ὁ ἀνὴρ αὐτῆς περιεῖλεν, καὶ κύριος καθα-
ρίσει αὐτήν. ¹⁴πᾶσα εὐχὴ καὶ πᾶς ὅρκος δεσμοῦ κακῶσαι ψυχήν, 14
ὁ ἀνὴρ αὐτῆς στήσει αὐτῇ καὶ ὁ ἀνὴρ αὐτῆς περιελεῖ. ¹⁵ἐὰν δὲ 15
σιωπῶν παρασιωπήσῃ αὐτῇ ἡμέραν ἐξ ἡμέρας, καὶ στήσει αὐτῇ
πάσας τὰς εὐχὰς αὐτῆς, καὶ τοὺς ὁρισμοὺς τοὺς ἐπ᾽ αὐτῆς στήσει
αὐτῇ, ὅτι ἐσιώπησεν αὐτῇ τῇ ἡμέρᾳ, ᾗ ἤκουσεν. ¹⁶ἐὰν δὲ περιε- 16
λὼν περιέλῃ αὐτῆς μετὰ τὴν ἡμέραν, ἣν ἤκουσεν, καὶ λήμψεται
τὴν ἁμαρτίαν αὐτοῦ. — ¹⁷ταῦτα τὰ δικαιώματα, ὅσα ἐνετείλατο 17
κύριος τῷ Μωυσῇ ἀνὰ μέσον ἀνδρὸς καὶ γυναικὸς αὐτοῦ καὶ ἀνὰ
μέσον πατρὸς καὶ θυγατρὸς ἐν νεότητι ἐν οἴκῳ πατρός.

¹Καὶ ἐλάλησεν κύριος πρὸς Μωυσῆν λέγων ²Ἐκδίκει τὴν ἐκ- 31
δίκησιν υἱῶν Ισραηλ ἐκ τῶν Μαδιανιτῶν, καὶ ἔσχατον προστεθήσῃ
πρὸς τὸν λαόν σου. ³καὶ ἐλάλησεν Μωυσῆς πρὸς τὸν λαὸν λέγων 3
Ἐξοπλίσατε ἐξ ὑμῶν ἄνδρας παρατάξασθαι ἔναντι κυρίου ἐπὶ Μα-
διαν ἀποδοῦναι ἐκδίκησιν παρὰ τοῦ κυρίου τῇ Μαδιαν· ⁴χιλίους 4
ἐκ φυλῆς χιλίους ἐκ φυλῆς ἐκ πασῶν φυλῶν Ισραηλ ἀποστείλατε
παρατάξασθαι. ⁵καὶ ἐξηρίθμησαν ἐκ τῶν χιλιάδων Ισραηλ χιλίους 5
ἐκ φυλῆς, δώδεκα χιλιάδες, ἐνωπλισμένοι εἰς παράταξιν. ⁶καὶ ἀπέ- 6
στειλεν αὐτοὺς Μωυσῆς χιλίους ἐκ φυλῆς χιλίους ἐκ φυλῆς σὺν
δυνάμει αὐτῶν καὶ Φινεες υἱὸν Ελεαζαρ υἱοῦ Ααρων τοῦ ἱερέως,
καὶ τὰ σκεύη τὰ ἅγια καὶ αἱ σάλπιγγες τῶν σημασιῶν ἐν ταῖς
χερσὶν αὐτῶν. ⁷καὶ παρετάξαντο ἐπὶ Μαδιαν, καθὰ ἐνετείλατο κύ- 7
ριος τῷ Μωυσῇ, καὶ ἀπέκτειναν πᾶν ἀρσενικόν· ⁸καὶ τοὺς βασι- 8
λεῖς Μαδιαν ἀπέκτειναν ἅμα τοῖς τραυματίαις αὐτῶν, καὶ τὸν Ευιν
καὶ τὸν Σουρ καὶ τὸν Ροκομ καὶ τὸν Ουρ καὶ τὸν Ροβοκ, πέντε
βασιλεῖς Μαδιαν· καὶ τὸν Βαλααμ υἱὸν Βεωρ ἀπέκτειναν ἐν ῥομ-
φαίᾳ σὺν τοῖς τραυματίαις αὐτῶν. ⁹καὶ ἐπρονόμευσαν τὰς γυναῖκας 9

11 κατα] pr. ο A ‖ 12 αυτης 3⁰] > A, in O sub ÷ ‖ 13 καθαριει A ‖
14 ψυχην] αυτην A† ‖ 15 τους επ αυτης] αυτης επ αυτη A† | η] ην B†
‖ 16 περιελων Bˢ (B* om. 16 init. — ηκουσεν)] περιαιρων A ‖ 17 γυναι-
κος] pr. ανα μεσον A
31 2 υιων] pr. των A ‖ 3 παραταξασθαι] και -σθε A | μαδιαν bis B uel
B†] -αμ A: item A in 7. 8. 9 et in 8 (2⁰) etiam B, cf. 25 15 ‖ 4 χιλιους bis]
χειλιοι B*†, 2⁰ pr. και A ‖ 5 χιλιαδας A ‖ 6 χιλιους 2⁰] pr. και A | υιον]
-ος A ‖ 8 σουρ ... ροκομ] tr. A ‖ 9 επρονομευσαν 1⁰] (non 2⁰)] προενομ. A

Μαδιαν καὶ τὴν ἀποσκευὴν αὐτῶν, καὶ τὰ κτήνη αὐτῶν καὶ πάντα
10 τὰ ἔγκτητα αὐτῶν καὶ τὴν δύναμιν αὐτῶν ἐπρονόμευσαν· ¹⁰καὶ πά-
σας τὰς πόλεις αὐτῶν τὰς ἐν ταῖς οἰκίαις αὐτῶν καὶ τὰς ἐπαύ-
11 λεις αὐτῶν ἐνέπρησαν ἐν πυρί. ¹¹καὶ ἔλαβον πᾶσαν τὴν προνο-
12 μὴν καὶ πάντα τὰ σκῦλα αὐτῶν ἀπὸ ἀνθρώπου ἕως κτήνους ¹²καὶ
ἤγαγον πρὸς Μωυσῆν καὶ πρὸς Ελεαζαρ τὸν ἱερέα καὶ πρὸς πάν-
τας υἱοὺς Ισραηλ τὴν αἰχμαλωσίαν καὶ τὰ σκῦλα καὶ τὴν προνο-
μὴν εἰς τὴν παρεμβολὴν εἰς Αραβωθ Μωαβ, ἥ ἐστιν ἐπὶ τοῦ Ιορ-
δάνου κατὰ Ιεριχω.
13 ¹³Καὶ ἐξῆλθεν Μωυσῆς καὶ Ελεαζαρ ὁ ἱερεὺς καὶ πάντες οἱ ἄρ-
χοντες τῆς συναγωγῆς εἰς συνάντησιν αὐτοῖς ἔξω τῆς παρεμβολῆς.
14 ¹⁴καὶ ὠργίσθη Μωυσῆς ἐπὶ τοῖς ἐπισκόποις τῆς δυνάμεως, χιλιάρ-
χοις καὶ ἑκατοντάρχοις τοῖς ἐρχομένοις ἐκ τῆς παρατάξεως τοῦ
15 πολέμου, ¹⁵καὶ εἶπεν αὐτοῖς Μωυσῆς Ἵνα τί ἐζωγρήσατε πᾶν θῆλυ;
16 ¹⁶αὗται γὰρ ἦσαν τοῖς υἱοῖς Ισραηλ κατὰ τὸ ῥῆμα Βαλααμ τοῦ
ἀποστῆσαι καὶ ὑπεριδεῖν τὸ ῥῆμα κυρίου ἕνεκεν Φογωρ, καὶ ἐγέ-
17 νετο ἡ πληγὴ ἐν τῇ συναγωγῇ κυρίου. ¹⁷καὶ νῦν ἀποκτείνατε πᾶν
ἀρσενικὸν ἐν πάσῃ τῇ ἀπαρτίᾳ, καὶ πᾶσαν γυναῖκα, ἥτις ἔγνωκεν
18 κοίτην ἄρσενος, ἀποκτείνατε· ¹⁸πᾶσαν τὴν ἀπαρτίαν τῶν γυναικῶν,
19 ἥτις οὐκ οἶδεν κοίτην ἄρσενος, ζωγρήσατε αὐτάς. ¹⁹καὶ ὑμεῖς παρ-
εμβάλετε ἔξω τῆς παρεμβολῆς ἑπτὰ ἡμέρας· πᾶς ὁ ἀνελὼν καὶ
ὁ ἁπτόμενος τοῦ τετρωμένου ἁγνισθήσεται τῇ ἡμέρᾳ τῇ τρίτῃ καὶ
20 τῇ ἡμέρᾳ τῇ ἑβδόμῃ, ὑμεῖς καὶ ἡ αἰχμαλωσία ὑμῶν· ²⁰καὶ πᾶν
περίβλημα καὶ πᾶν σκεῦος δερμάτινον καὶ πᾶσαν ἐργασίαν ἐξ
21 αἰγείας καὶ πᾶν σκεῦος ξύλινον ἀφαγνιεῖτε. ²¹καὶ εἶπεν Ελεαζαρ
ὁ ἱερεὺς πρὸς τοὺς ἄνδρας τῆς δυνάμεως τοὺς ἐρχομένους ἐκ τῆς
παρατάξεως τοῦ πολέμου Τοῦτο τὸ δικαίωμα τοῦ νόμου, ὃ συνέ-
22 ταξεν κύριος τῷ Μωυσῇ. ²²πλὴν τοῦ χρυσίου καὶ τοῦ ἀργυρίου
23 καὶ χαλκοῦ καὶ σιδήρου καὶ μολίβου καὶ κασσιτέρου, ²³πᾶν πρᾶγ-
μα, ὃ διελεύσεται ἐν πυρί, καὶ καθαρισθήσεται, ἀλλ᾽ ἢ τῷ ὕδατι
τοῦ ἁγνισμοῦ ἁγνισθήσεται· καὶ πάντα, ὅσα ἐὰν μὴ διαπορεύηται
24 διὰ πυρός, διελεύσεται δι᾽ ὕδατος. ²⁴καὶ πλυνεῖσθε τὰ ἱμάτια τῇ
ἡμέρᾳ τῇ ἑβδόμῃ καὶ καθαρισθήσεσθε καὶ μετὰ ταῦτα εἰσελεύσεσθε
εἰς τὴν παρεμβολήν.
25
26 ²⁵Καὶ ἐλάλησεν κύριος πρὸς Μωυσῆν λέγων ²⁶Λαβὲ τὸ κεφά-
λαιον τῶν σκύλων τῆς αἰχμαλωσίας ἀπὸ ἀνθρώπου ἕως κτήνους,
σὺ καὶ Ελεαζαρ ὁ ἱερεὺς καὶ οἱ ἄρχοντες τῶν πατριῶν τῆς συνα-

9 εγκτητα] -τηματα A || 10 οικιαις] κατοικ. A | εν ult. > Bᶜ || 11 προ-
νομην] + αυτων A || 12 υιους] pr. τους A || 17 εγνωκεν] εγνω A | απο-
κτεινατε ult.] -κτενειτε A† || 18 init.] pr. και A | οιδεν] εγνω A || 19 παρ-
εμβαλειτε A || 22 χρυσιου ... αργυριου] tr. A† || 23 ο > B*† | εαν μη
διαπορευηται] μη διαπορευεται A | διελευσεται ult.] pr. ου A†

γωγῆς, ²⁷καὶ διελεῖτε τὰ σκῦλα ἀνὰ μέσον τῶν πολεμιστῶν τῶν ἐκ- 27
πορευομένων εἰς τὴν παράταξιν καὶ ἀνὰ μέσον πάσης συναγωγῆς.
²⁸καὶ ἀφελεῖτε τέλος κυρίῳ παρὰ τῶν ἀνθρώπων τῶν πολεμιστῶν 28
τῶν ἐκπεπορευμένων εἰς τὴν παράταξιν μίαν ψυχὴν ἀπὸ πεντακο-
σίων ἀπὸ τῶν ἀνθρώπων καὶ ἀπὸ τῶν κτηνῶν καὶ ἀπὸ τῶν βοῶν καὶ
ἀπὸ τῶν προβάτων καὶ ἀπὸ τῶν αἰγῶν· ²⁹καὶ ἀπὸ τοῦ ἡμίσους αὐτῶν 29
λήμψεσθε καὶ δώσεις Ελεαζαρ τῷ ἱερεῖ τὰς ἀπαρχὰς κυρίου. ³⁰καὶ 30
ἀπὸ τοῦ ἡμίσους τοῦ τῶν υἱῶν Ισραηλ λήμψη ἕνα ἀπὸ τῶν πεντή-
κοντα ἀπὸ τῶν ἀνθρώπων καὶ ἀπὸ τῶν βοῶν καὶ ἀπὸ τῶν προ-
βάτων καὶ ἀπὸ τῶν ὄνων καὶ ἀπὸ πάντων τῶν κτηνῶν καὶ δώσεις
αὐτὰ τοῖς Λευίταις τοῖς φυλάσσουσιν τὰς φυλακὰς ἐν τῇ σκηνῇ
κυρίου. ³¹καὶ ἐποίησεν Μωυσῆς καὶ Ελεαζαρ ὁ ἱερεὺς καθὰ συνέ- 31
ταξεν κύριος τῷ Μωυσῇ. ³²καὶ ἐγενήθη τὸ πλεόνασμα τῆς προνο- 32
μῆς, ὃ ἐπρονόμευσαν οἱ ἄνδρες οἱ πολεμισταί, ἀπὸ τῶν προβάτων
ἑξακόσιαι χιλιάδες καὶ ἑβδομήκοντα καὶ πέντε χιλιάδες ³³καὶ βόες 33
δύο καὶ ἑβδομήκοντα χιλιάδες ³⁴καὶ ὄνοι μία καὶ ἑξήκοντα χιλιάδες 34
³⁵καὶ ψυχαὶ ἀνθρώπων ἀπὸ τῶν γυναικῶν, αἳ οὐκ ἔγνωσαν κοίτην 35
ἀνδρός, πᾶσαι ψυχαὶ δύο καὶ τριάκοντα χιλιάδες. ³⁶καὶ ἐγενήθη τὸ 36
ἡμίσευμα ἡ μερὶς τῶν ἐκπεπορευμένων εἰς τὸν πόλεμον ἐκ τοῦ
ἀριθμοῦ τῶν προβάτων τριακόσιαι καὶ τριάκοντα χιλιάδες καὶ
ἑπτακισχίλια καὶ πεντακόσια, ³⁷καὶ ἐγένετο τὸ τέλος κυρίῳ ἀπὸ τῶν 37
προβάτων ἑξακόσια ἑβδομήκοντα πέντε· ³⁸καὶ βόες ἓξ καὶ τριά- 38
κοντα χιλιάδες, καὶ τὸ τέλος κυρίῳ δύο καὶ ἑβδομήκοντα· ³⁹καὶ ὄνοι 39
τριάκοντα χιλιάδες καὶ πεντακόσιοι, καὶ τὸ τέλος κυρίῳ εἷς καὶ ἑξή-
κοντα· ⁴⁰καὶ ψυχαὶ ἀνθρώπων ἑκκαίδεκα χιλιάδες, καὶ τὸ τέλος αὐ- 40
τῶν κυρίῳ δύο καὶ τριάκοντα ψυχαί. ⁴¹καὶ ἔδωκεν Μωυσῆς τὸ τέ- 41
λος κυρίῳ τὸ ἀφαίρεμα τοῦ θεοῦ Ελεαζαρ τῷ ἱερεῖ, καθὰ συνέταξεν
κύριος τῷ Μωυσῇ. ⁴²ἀπὸ τοῦ ἡμισεύματος τῶν υἱῶν Ισραηλ, οὓς 42
διεῖλεν Μωυσῆς ἀπὸ τῶν ἀνδρῶν τῶν πολεμιστῶν — ⁴³καὶ ἐγέ- 43
νετο τὸ ἡμίσευμα τὸ τῆς συναγωγῆς ἀπὸ τῶν προβάτων τρια-
κόσιαι χιλιάδες καὶ τριάκοντα χιλιάδες καὶ ἑπτακισχίλια καὶ πεντα-
κόσια ⁴⁴καὶ βόες ἓξ καὶ τριάκοντα χιλιάδες, ⁴⁵ὄνοι τριάκοντα χιλι- 44
άδες καὶ πεντακόσιοι ⁴⁶καὶ ψυχαὶ ἀνθρώπων ἓξ καὶ δέκα χιλιάδες 45 46
— ⁴⁷καὶ ἔλαβεν Μωυσῆς ἀπὸ τοῦ ἡμισεύματος τῶν υἱῶν Ισραηλ 47
τὸ ἓν ἀπὸ τῶν πεντήκοντα ἀπὸ τῶν ἀνθρώπων καὶ ἀπὸ τῶν

27 εκπεπορευμενων Bᶜ | πασης] + της Α ‖ 28 τελος] pr. το Α | εκπορευο-
μενων Α: item in 36 | αιγων] ονων Α ‖ 30 των 2⁰ > Bᶜ ‖ 32 εβδομη-
κοντα] + χιλιαδες Α (in O sub ※) | πεντε χιλ.] πεντακισχιλια Α ‖ 33 βοων
Α ‖ 34 και 1⁰ > Β | ονων Α ‖ 35 πασαι ψυχαι] -σα -χη Α ‖ 36 τρια-
κοσιαι] + χιλιαδες Α (in O sub ※) | επτακισχιλια -λιαι Bᶜ, πεντακισχιλιοι Β*
| πεντακοσια] -σιοι Β*, -σιαι Bᶜ ‖ 37 εξακοσια] -σιοι Β*, -σιαι BᶜAᶜ ‖
41 καθαπερ Α ‖ 42 του > Β*† ‖ 43 το 2⁰] απο Β ‖ 47 το > ΑBᶜ

κτηνῶν καὶ ἔδωκεν αὐτὰ τοῖς Λευίταις τοῖς φυλάσσουσιν τὰς
φυλακὰς τῆς σκηνῆς κυρίου, ὃν τρόπον συνέταξεν κύριος τῷ
Μωυσῇ.

48 ⁴⁸Καὶ προσῆλθον πρὸς Μωυσῆν πάντες οἱ καθεσταμένοι εἰς τὰς
49 χιλιαρχίας τῆς δυνάμεως, χιλίαρχοι καὶ ἑκατόνταρχοι, ⁴⁹καὶ εἶπαν
πρὸς Μωυσῆν Οἱ παῖδές σου εἰλήφασιν τὸ κεφάλαιον τῶν ἀνδρῶν
τῶν πολεμιστῶν τῶν παρ᾽ ἡμῶν, καὶ οὐ διαπεφώνηκεν ἀπ᾽ αὐτῶν
50 οὐδὲ εἷς· ⁵⁰καὶ προσενηνόχαμεν τὸ δῶρον κυρίῳ, ἀνὴρ ὃ εὗρεν
σκεῦος χρυσοῦν, χλιδῶνα καὶ ψέλιον καὶ δακτύλιον καὶ περιδέξιον
51 καὶ ἐμπλόκιον, ἐξιλάσασθαι περὶ ἡμῶν ἔναντι κυρίου. ⁵¹καὶ ἔλαβεν
Μωυσῆς καὶ Ελεαζαρ ὁ ἱερεὺς τὸ χρυσίον παρ᾽ αὐτῶν, πᾶν σκεῦος
52 εἰργασμένον· ⁵²καὶ ἐγένετο πᾶν τὸ χρυσίον, τὸ ἀφαίρεμα, ὃ ἀφεῖ-
λον κυρίῳ, ἓξ καὶ δέκα χιλιάδες καὶ ἑπτακόσιοι καὶ πεντήκοντα
53 σίκλοι παρὰ τῶν χιλιάρχων καὶ παρὰ τῶν ἑκατοντάρχων. ⁵³καὶ οἱ
54 ἄνδρες οἱ πολεμισταὶ ἐπρονόμευσαν ἕκαστος ἑαυτῷ. ⁵⁴καὶ ἔλαβεν
Μωυσῆς καὶ Ελεαζαρ ὁ ἱερεὺς τὸ χρυσίον παρὰ τῶν χιλιάρχων
καὶ παρὰ τῶν ἑκατοντάρχων καὶ εἰσήνεγκεν αὐτὰ εἰς τὴν σκηνὴν
τοῦ μαρτυρίου μνημόσυνον τῶν υἱῶν Ισραηλ ἔναντι κυρίου.

32 ¹Καὶ κτήνη πλῆθος ἦν τοῖς υἱοῖς Ρουβην καὶ τοῖς υἱοῖς Γαδ, πλῆ-
θος σφόδρα· καὶ εἶδον τὴν χώραν Ιαζηρ καὶ τὴν χώραν Γαλααδ,
2 καὶ ἦν ὁ τόπος τόπος κτήνεσιν. ²καὶ προσελθόντες οἱ υἱοὶ Ρουβην
καὶ οἱ υἱοὶ Γαδ εἶπαν πρὸς Μωυσῆν καὶ πρὸς Ελεαζαρ τὸν ἱερέα
3 καὶ πρὸς τοὺς ἄρχοντας τῆς συναγωγῆς λέγοντες ³Αταρωθ καὶ
Δαιβων καὶ Ιαζηρ καὶ Ναμβρα καὶ Εσεβων καὶ Ελεαλη καὶ Σεβαμα
4 καὶ Ναβαυ καὶ Βαιαν, ⁴τὴν γῆν, ἣν παρέδωκεν κύριος ἐνώπιον τῶν
υἱῶν Ισραηλ, γῆ κτηνοτρόφος ἐστίν, καὶ τοῖς παισίν σου κτήνη
5 ὑπάρχει. ⁵καὶ ἔλεγον Εἰ εὕρομεν χάριν ἐνώπιόν σου, δοθήτω ἡ γῆ
αὕτη τοῖς οἰκέταις σου ἐν κατασχέσει, καὶ μὴ διαβιβάσῃς ἡμᾶς τὸν
6 Ιορδάνην. ⁶καὶ εἶπεν Μωυσῆς τοῖς υἱοῖς Γαδ καὶ τοῖς υἱοῖς Ρουβην Οἱ
ἀδελφοὶ ὑμῶν πορεύονται εἰς πόλεμον, καὶ ὑμεῖς καθήσεσθε αὐτοῦ;
7 ⁷καὶ ἵνα τί διαστρέφετε τὰς διανοίας τῶν υἱῶν Ισραηλ μὴ διαβῆναι
8 εἰς τὴν γῆν, ἣν κύριος δίδωσιν αὐτοῖς; ⁸οὐχ οὕτως ἐποίησαν οἱ πα-
τέρες ὑμῶν, ὅτε ἀπέστειλα αὐτοὺς ἐκ Καδης Βαρνη κατανοῆσαι
9 τὴν γῆν; ⁹καὶ ἀνέβησαν Φάραγγα βότρυος καὶ κατενόησαν τὴν
γῆν καὶ ἀπέστησαν τὴν καρδίαν τῶν υἱῶν Ισραηλ, ὅπως μὴ εἰσέλ-
10 θωσιν εἰς τὴν γῆν, ἣν ἔδωκεν κύριος αὐτοῖς. ¹⁰καὶ ὠργίσθη θυμῷ

50 χλιδωνα] pr. και Β*
321 σφοδρα] pr. πολυ Α || 2 αρχοντας] ανδρας Α† || 3 αταρων Α |
ναμβρα] αμβραμ Α: cf. 36 | βαιαν] βαμα Α† || 4 παραδεδωκεν Β† | των >
Α | γη κτηνοτρ.] tr. Α† || 5 ελεγοσαν Α | ενωπ.] εναντιον Α | οικεταις]
παισιν Α || 6 πορευσονται Α | πολεμον] pr. τον Βᶜ || 7 διανοιας] καρδιας
Α | διαβηναι] αναβ. Α† || 9 κυριος αυτοις] tr. Α

κύριος ἐν τῇ ἡμέρᾳ ἐκείνη καὶ ὤμοσεν λέγων ¹¹Εἰ ὄψονται οἱ 11
ἄνθρωποι οὗτοι οἱ ἀναβάντες ἐξ Αἰγύπτου ἀπὸ εἰκοσαετοῦς καὶ
ἐπάνω οἱ ἐπιστάμενοι τὸ κακὸν καὶ τὸ ἀγαθὸν τὴν γῆν, ἣν ὤμοσα
τῷ Αβρααμ καὶ Ισαακ καὶ Ιακωβ, οὐ γὰρ συνεπηκολούθησαν ὀπίσω
μου, ¹²πλὴν Χαλεβ υἱὸς Ιεφοννη ὁ διακεχωρισμένος καὶ Ἰησοῦς ὁ 12
τοῦ Ναυη, ὅτι συνεπηκολούθησεν ὀπίσω κυρίου. ¹³καὶ ὠργίσθη 13
θυμῷ κύριος ἐπὶ τὸν Ισραηλ καὶ κατερρόμβευσεν αὐτοὺς ἐν τῇ
ἐρήμῳ τεσσαράκοντα ἔτη, ἕως ἐξανηλώθη πᾶσα ἡ γενεὰ οἱ ποι-
οῦντες τὰ πονηρὰ ἔναντι κυρίου. ¹⁴ἰδοὺ ἀνέστητε ἀντὶ τῶν πατέ- 14
ρων ὑμῶν σύστρεμμα ἀνθρώπων ἁμαρτωλῶν προσθεῖναι ἔτι ἐπὶ
τὸν θυμὸν τῆς ὀργῆς κυρίου ἐπὶ Ισραηλ, ¹⁵ὅτι ἀποστραφήσεσθε 15
ἀπ᾽ αὐτοῦ προσθεῖναι ἔτι καταλιπεῖν αὐτὸν ἐν τῇ ἐρήμῳ καὶ ἀνο-
μήσετε εἰς ὅλην τὴν συναγωγὴν ταύτην. ¹⁶καὶ προσῆλθον αὐτῷ 16
καὶ ἔλεγον Ἐπαύλεις προβάτων οἰκοδομήσωμεν ὧδε τοῖς κτήνεσιν
ἡμῶν καὶ πόλεις ταῖς ἀποσκευαῖς ἡμῶν, ¹⁷καὶ ἡμεῖς ἐνοπλισάμενοι 17
προφυλακὴ πρότεροι τῶν υἱῶν Ισραηλ, ἕως ἂν ἀγάγωμεν αὐτοὺς
εἰς τὸν ἑαυτῶν τόπον· καὶ κατοικήσει ἡ ἀποσκευὴ ἡμῶν ἐν πόλε-
σιν τετειχισμέναις διὰ τοὺς κατοικοῦντας τὴν γῆν. ¹⁸οὐ μὴ ἀπο- 18
στραφῶμεν εἰς τὰς οἰκίας ἡμῶν, ἕως ἂν καταμερισθῶσιν οἱ υἱοὶ
Ισραηλ ἕκαστος εἰς τὴν κληρονομίαν αὐτοῦ· ¹⁹καὶ οὐκέτι κληρονο- 19
μήσωμεν ἐν αὐτοῖς ἀπὸ τοῦ πέραν τοῦ Ιορδάνου καὶ ἐπέκεινα, ὅτι
ἀπέχομεν τοὺς κλήρους ἡμῶν ἐν τῷ πέραν τοῦ Ιορδάνου ἐν ἀνα-
τολαῖς. ²⁰καὶ εἶπεν πρὸς αὐτοὺς Μωυσῆς Ἐὰν ποιήσητε κατὰ τὸ 20
ῥῆμα τοῦτο, ἐὰν ἐξοπλίσησθε ἔναντι κυρίου εἰς πόλεμον ²¹καὶ παρ- 21
ελεύσεται ὑμῶν πᾶς ὁπλίτης τὸν Ιορδάνην ἔναντι κυρίου, ἕως ἂν
ἐκτριβῇ ὁ ἐχθρὸς αὐτοῦ ἀπὸ προσώπου αὐτοῦ ²²καὶ κατακυριευθῇ 22
ἡ γῆ ἔναντι κυρίου, καὶ μετὰ ταῦτα ἀποστραφήσεσθε, καὶ ἔσεσθε
ἀθῷοι ἔναντι κυρίου καὶ ἀπὸ Ισραηλ, καὶ ἔσται ἡ γῆ αὕτη ὑμῖν ἐν
κατασχέσει ἔναντι κυρίου. ²³ἐὰν δὲ μὴ ποιήσητε οὕτως, ἁμαρτή- 23
σεσθε ἔναντι κυρίου καὶ γνώσεσθε τὴν ἁμαρτίαν ὑμῶν, ὅταν ὑμᾶς
καταλάβῃ τὰ κακά. ²⁴καὶ οἰκοδομήσετε ὑμῖν αὐτοῖς πόλεις τῇ ἀπο- 24
σκευῇ ὑμῶν καὶ ἐπαύλεις τοῖς κτήνεσιν ὑμῶν καὶ τὸ ἐκπορευόμε-
νον ἐκ τοῦ στόματος ὑμῶν ποιήσετε. ²⁵καὶ εἶπαν οἱ υἱοὶ Ρουβην 25
καὶ οἱ υἱοὶ Γαδ πρὸς Μωυσῆν λέγοντες Οἱ παῖδές σου ποιήσου-
σιν καθὰ ὁ κύριος ἡμῶν ἐντέλλεται· ²⁶ἡ ἀποσκευὴ ἡμῶν καὶ αἱ 26
γυναῖκες ἡμῶν καὶ πάντα τὰ κτήνη ἡμῶν ἔσονται ἐν ταῖς πόλεσιν

11 κακον ... αγαθον] tr. A | ωμοσα] -σεν B: ex 10 | τω > A† || 12 συνεπ-
ηκολουθησαν A || 13 κατερρομβευσεν] ε pro ο A | εξανηλωθη] αν εξανα-
λωθη A || 16 αποσκευαις] κατασκ. A† || 17 προφυλακην B || 19 εν αυ-
τοις] εαυτοις A || 20 εξοπλισθησεσθαι(pro -θε) A† || 21 οπλιστης A | εως]
ως A† || 22 και 4⁰ > A† || 24 ποιησετε] pr. τουτο B*† || 25 ημων]
ημιν A† | εντελλεται] -τελειται B*†, -τεταλται A || 26 και 1⁰ — ημων 2⁰ /
και 2⁰ — ημων 3⁰] tr. A†

27 Γαλααδ, 27 οἱ δὲ παῖδές σου παρελεύσονται πάντες ἐνωπλισμένοι
καὶ ἐκτεταγμένοι ἔναντι κυρίου εἰς τὸν πόλεμον, ὃν τρόπον ὁ κύ-
28 ριος λέγει. 28 καὶ συνέστησεν αὐτοῖς Μωυσῆς Ελεαζαρ τὸν ἱερέα
καὶ Ἰησοῦν υἱὸν Ναυη καὶ τοὺς ἄρχοντας πατριῶν τῶν φυλῶν
29 Ισραηλ, 29 καὶ εἶπεν πρὸς αὐτοὺς Μωυσῆς Ἐὰν διαβῶσιν οἱ υἱοὶ
Ρουβην καὶ οἱ υἱοὶ Γαδ μεθ᾽ ὑμῶν τὸν Ιορδάνην, πᾶς ἐνωπλισμέ-
νος εἰς πόλεμον ἔναντι κυρίου, καὶ κατακυριεύσητε τῆς γῆς ἀπέ-
ναντι ὑμῶν, καὶ δώσετε αὐτοῖς τὴν γῆν Γαλααδ ἐν κατασχέσει·
30 30 ἐὰν δὲ μὴ διαβῶσιν ἐνωπλισμένοι μεθ᾽ ὑμῶν εἰς τὸν πόλεμον
ἔναντι κυρίου, καὶ διαβιβάσετε τὴν ἀποσκευὴν αὐτῶν καὶ τὰς γυ-
ναῖκας αὐτῶν καὶ τὰ κτήνη αὐτῶν πρότερα ὑμῶν εἰς γῆν Χανααν,
31 καὶ συγκατακληρονομηθήσονται ἐν ὑμῖν ἐν τῇ γῇ Χανααν. 31 καὶ
ἀπεκρίθησαν οἱ υἱοὶ Ρουβην καὶ οἱ υἱοὶ Γαδ λέγοντες Ὅσα ὁ κύριος
32 λέγει τοῖς θεράπουσιν αὐτοῦ, οὕτως ποιήσομεν· 32 ἡμεῖς διαβησόμεθα
ἐνωπλισμένοι ἔναντι κυρίου εἰς γῆν Χανααν, καὶ δώσετε τὴν κατά-
33 σχεσιν ἡμῖν ἐν τῷ πέραν τοῦ Ιορδάνου. 33 καὶ ἔδωκεν αὐτοῖς Μωυ-
σῆς, τοῖς υἱοῖς Γαδ καὶ τοῖς υἱοῖς Ρουβην καὶ τῷ ἡμίσει φυλῆς
Μανασση υἱῶν Ιωσηφ, τὴν βασιλείαν Σηων βασιλέως Αμορραίων
καὶ τὴν βασιλείαν Ωγ βασιλέως τῆς Βασαν, τὴν γῆν καὶ τὰς πόλεις
σὺν τοῖς ὁρίοις αὐτῆς, πόλεις τῆς γῆς κύκλῳ.

34 34 Καὶ ᾠκοδόμησαν οἱ υἱοὶ Γαδ τὴν Δαιβων καὶ τὴν Αταρωθ
35 καὶ τὴν Αροηρ 35 καὶ τὴν Σωφαρ καὶ τὴν Ιαζηρ καὶ ὕψωσαν αὐτὰς
36 36 καὶ τὴν Ναμβραν καὶ τὴν Βαιθαραν, πόλεις ὀχυρὰς καὶ ἐπαύλεις
37 προβάτων. — 37 καὶ οἱ υἱοὶ Ρουβην ᾠκοδόμησαν τὴν Εσεβων καὶ
38 Ελεαλη καὶ Καριαθαιμ 38 καὶ τὴν Βεελμεων, περικεκυκλωμένας, καὶ
τὴν Σεβαμα καὶ ἐπωνόμασαν κατὰ τὰ ὀνόματα αὐτῶν τὰ ὀνόματα
39 τῶν πόλεων, ἃς ᾠκοδόμησαν. — 39 καὶ ἐπορεύθη υἱὸς Μαχιρ υἱοῦ
Μανασση εἰς Γαλααδ καὶ ἔλαβεν αὐτὴν καὶ ἀπώλεσεν τὸν Αμορ-
40 ραῖον τὸν κατοικοῦντα ἐν αὐτῇ. 40 καὶ ἔδωκεν Μωυσῆς τὴν Γαλααδ
41 τῷ Μαχιρ υἱῷ Μανασση, καὶ κατῴκησεν ἐκεῖ. 41 καὶ Ιαϊρ ὁ τοῦ
Μανασση ἐπορεύθη καὶ ἔλαβεν τὰς ἐπαύλεις αὐτῶν καὶ ἐπωνό-
42 μασεν αὐτὰς Ἐπαύλεις Ιαϊρ. 42 καὶ Ναβαυ ἐπορεύθη καὶ ἔλαβεν τὴν
Κανααθ καὶ τὰς κώμας αὐτῆς καὶ ἐπωνόμασεν αὐτὰς Ναβωθ ἐκ
τοῦ ὀνόματος αὐτοῦ.

27 και > A || 29 οι 2⁰ > A | γαδ] γαλααδ A† || 30 τον > A | και
διαβιβασετε] διαβιβασατε B (Bᶜ pr. και) || 31 οι 2⁰ > B | αυτου > B ||
32 ενωπλ. / εναντι κυρ.] tr. A | γην] pr. την A† || 33 αμορραιων] pr. των
A | της 1⁰ > B* || 35 την 1⁰] + γην A† || 36 την 1⁰ > B* | ναμβραν
Ra. (cf. 3)] ναμραμ B†, αμβραν A | βαιθαρρα A† | και επαυλεις] πολεις A† ||
37 ελεαλη] λεαλημ B† (Bᶜ pr. ε) | καριαιθαμ B || 38 init.] pr. και την βαμω
A(†) | περικεκυκλ.] περικεκαλυμμενας A | την 2⁰ > B*† || 39 εις] > B†, in
O sub ※ (sic) || 41 ιαιρ ult.] ιαηρ A || 42 κανααθ M] κααθ B†, κααναθ A

¹ Καὶ οὗτοι σταθμοὶ τῶν υἱῶν Ισραηλ, ὡς ἐξῆλθον ἐκ τῆς Αἰ- 33
γύπτου σὺν δυνάμει αὐτῶν ἐν χειρὶ Μωυσῆ καὶ Ααρων· ² καὶ ἔγρα- 2
ψεν Μωυσῆς τὰς ἀπάρσεις αὐτῶν καὶ τοὺς σταθμοὺς αὐτῶν διὰ
ῥήματος κυρίου, καὶ οὗτοι σταθμοὶ τῆς πορείας αὐτῶν. ³ ἀπῆραν 3
ἐκ Ραμεσση τῷ μηνὶ τῷ πρώτῳ τῇ πεντεκαιδεκάτῃ ἡμέρᾳ τοῦ μη-
νὸς τοῦ πρώτου· τῇ ἐπαύριον τοῦ πασχα ἐξῆλθον οἱ υἱοὶ Ισραηλ
ἐν χειρὶ ὑψηλῇ ἐναντίον πάντων τῶν Αἰγυπτίων, ⁴ καὶ οἱ Αἰγύπτιοι 4
ἔθαπτον ἐξ αὐτῶν τοὺς τεθνηκότας πάντας, οὓς ἐπάταξεν κύριος,
πᾶν πρωτότοκον ἐν γῇ Αἰγύπτῳ, καὶ ἐν τοῖς θεοῖς αὐτῶν ἐποίη-
σεν τὴν ἐκδίκησιν κύριος. ⁵ καὶ ἀπάραντες οἱ υἱοὶ Ισραηλ ἐκ Ρα- 5
μεσση παρενέβαλον εἰς Σοκχωθ. ⁶ καὶ ἀπῆραν ἐκ Σοκχωθ καὶ παρ- 6
ενέβαλον εἰς Βουθαν, ὅ ἐστιν μέρος τι τῆς ἐρήμου. ⁷ καὶ ἀπῆραν 7
ἐκ Βουθαν καὶ παρενέβαλον ἐπὶ στόμα Εἴρωθ, ὅ ἐστιν ἀπέναντι
Βεελσεπφων, καὶ παρενέβαλον ἀπέναντι Μαγδώλου. ⁸ καὶ ἀπῆραν 8
ἀπέναντι Εἴρωθ καὶ διέβησαν μέσον τῆς θαλάσσης εἰς τὴν ἔρημον
καὶ ἐπορεύθησαν ὁδὸν τριῶν ἡμερῶν διὰ τῆς ἐρήμου αὐτοὶ καὶ
παρενέβαλον ἐν Πικρίαις. ⁹ καὶ ἀπῆραν ἐκ Πικριῶν καὶ ἦλθον εἰς 9
Αιλιμ· καὶ ἐν Αιλιμ δώδεκα πηγαὶ ὑδάτων καὶ ἑβδομήκοντα στε-
λέχη φοινίκων, καὶ παρενέβαλον ἐκεῖ παρὰ τὸ ὕδωρ. ¹⁰ καὶ ἀπῆραν 10
ἐξ Αιλιμ καὶ παρενέβαλον ἐπὶ θάλασσαν ἐρυθράν. ¹¹ καὶ ἀπῆραν ἀπὸ 11
θαλάσσης ἐρυθρᾶς καὶ παρενέβαλον εἰς τὴν ἔρημον Σιν. ¹² καὶ ἀπῆ- 12
ραν ἐκ τῆς ἐρήμου Σιν καὶ παρενέβαλον εἰς Ραφακα. ¹³ καὶ ἀπῆ- 13
ραν ἐκ Ραφακα καὶ παρενέβαλον ἐν Αιλους. ¹⁴ καὶ ἀπῆραν ἐξ Αι- 14
λους καὶ παρενέβαλον ἐν Ραφιδιν, καὶ οὐκ ἦν ὕδωρ τῷ λαῷ πιεῖν
ἐκεῖ. ¹⁵ καὶ ἀπῆραν ἐκ Ραφιδιν καὶ παρενέβαλον ἐν τῇ ἐρήμῳ Σινα. 15
¹⁶ καὶ ἀπῆραν ἐκ τῆς ἐρήμου Σινα καὶ παρενέβαλον ἐν Μνήμασιν 16
τῆς ἐπιθυμίας. ¹⁷ καὶ ἀπῆραν ἐκ Μνημάτων ἐπιθυμίας καὶ παρεν- 17
έβαλον ἐν Ασηρωθ. ¹⁸ καὶ ἀπῆραν ἐξ Ασηρωθ καὶ παρενέβαλον ἐν 18
Ραθαμα. ¹⁹ καὶ ἀπῆραν ἐκ Ραθαμα καὶ παρενέβαλον ἐν Ρεμμων Φα- 19
ρες. ²⁰ καὶ ἀπῆραν ἐκ Ρεμμων Φαρες καὶ παρενέβαλον ἐν Λεμωνα. 20
²¹ καὶ ἀπῆραν ἐκ Λεμωνα καὶ παρενέβαλον εἰς Δεσσα. ²² καὶ ἀπῆραν 21
ἐκ Δεσσα καὶ παρενέβαλον εἰς Μακελλαθ. ²³ καὶ ἀπῆραν ἐκ Μακελλαθ 22
23

33 1 σταθμοι] pr. οι A: item in 2 || 2 επαρσεις A || 3 init.] pr. και A
4 ους] οσους A || 5 και απαρ.] απαρ. δε A | σοχωθ B* hic, non in 6 ||
6 απηραν ... και] απαραντες A | σοκχω A† | τι > B* || 7 ειρωθ] επιρωθ
B* hic, non in 8 | βεελσεφων A: cf. Exod. 14 2 || 8 αυτοι > B*† || 11 εν
τη ερημω A | σιν > A†: item in 12 || 12 ραφακαν A hic, non in 13 ||
13 αιλους] αιλειμ B⁽†⁾: item in 14 || 14 εκει] ante υδωρ tr. A, ante πιειν
tr. Bᶜ || 15 σινα] pr. τη A || 16 της ult. > B* || 17 επιθυμ.] pr. της Aʳ
|| 20 ραμμων B† hic, non in 19 | λεβωνα A: item in 21 || 21 δεσσα] ρεσ-
σα A: item in 22 || 22 μακελαθ A: item in 23

24 καὶ παρενέβαλον εἰς Σαφαρ. ²⁴καὶ ἀπῆραν ἐκ Σαφαρ καὶ παρεν-
25 έβαλον εἰς Χαραδαθ. ²⁵καὶ ἀπῆραν ἐκ Χαραδαθ καὶ παρενέβαλον
26 εἰς Μακηλωθ. ²⁶καὶ ἀπῆραν ἐκ Μακηλωθ καὶ παρενέβαλον εἰς
27
28 Κατααθ. ²⁷καὶ ἀπῆραν ἐκ Κατααθ καὶ παρενέβαλον εἰς Ταραθ. ²⁸καὶ
29 ἀπῆραν ἐκ Ταραθ καὶ παρενέβαλον εἰς Ματεκκα. ²⁹καὶ ἀπῆραν ἐκ
30 Ματεκκα καὶ παρενέβαλον εἰς Σελμωνα. ³⁰καὶ ἀπῆραν ἐκ Σελμωνα
31 καὶ παρενέβαλον εἰς Μασσουρουθ. ³¹καὶ ἀπῆραν ἐκ Μασσουρουθ
32 καὶ παρενέβαλον εἰς Βαναια. ³²καὶ ἀπῆραν ἐκ Βαναια καὶ παρεν-
33 έβαλον εἰς τὸ ὄρος Γαδγαδ. ³³καὶ ἀπῆραν ἐκ τοῦ ὄρους Γαδγαδ
34 καὶ παρενέβαλον εἰς Ετεβαθα. ³⁴καὶ ἀπῆραν ἐξ Ετεβαθα καὶ παρ-
35 ενέβαλον εἰς Εβρωνα. ³⁵καὶ ἀπῆραν ἐξ Εβρωνα καὶ παρενέβαλον
36 εἰς Γεσιωνγαβερ. ³⁶καὶ ἀπῆραν ἐκ Γεσιωνγαβερ καὶ παρενέβα-
λον ἐν τῇ ἐρήμῳ Σιν. καὶ ἀπῆραν ἐκ τῆς ἐρήμου Σιν καὶ παρ-
37 ενέβαλον εἰς τὴν ἔρημον Φαραν, αὕτη ἐστὶν Καδης. ³⁷καὶ ἀπῆραν
ἐκ Καδης καὶ παρενέβαλον εἰς Ωρ τὸ ὄρος πλησίον γῆς Εδωμ·
38 ³⁸καὶ ἀνέβη Ααρων ὁ ἱερεὺς διὰ προστάγματος κυρίου καὶ ἀπέ-
θανεν ἐκεῖ ἐν τῷ τεσσαρακοστῷ ἔτει τῆς ἐξόδου τῶν υἱῶν Ισραηλ
39 ἐκ γῆς Αἰγύπτου τῷ μηνὶ τῷ πέμπτῳ μιᾷ τοῦ μηνός· ³⁹καὶ Ααρων
ἦν τριῶν καὶ εἴκοσι καὶ ἑκατὸν ἐτῶν, ὅτε ἀπέθνησκεν ἐν Ωρ τῷ
40 ὄρει. ⁴⁰καὶ ἀκούσας ὁ Χανανις βασιλεὺς Αραδ, καὶ οὗτος κατῴκει
41 ἐν γῇ Χανααν, ὅτε εἰσεπορεύοντο οἱ υἱοὶ Ισραηλ. ⁴¹καὶ ἀπῆραν
42 ἐξ Ωρ τοῦ ὄρους καὶ παρενέβαλον εἰς Σελμωνα. ⁴²καὶ ἀπῆραν ἐκ
43 Σελμωνα καὶ παρενέβαλον εἰς Φινω. ⁴³καὶ ἀπῆραν ἐκ Φινω καὶ
44 παρενέβαλον εἰς Ωβωθ. ⁴⁴καὶ ἀπῆραν ἐξ Ωβωθ καὶ παρενέβαλον
45 ἐν Γαι ἐν τῷ πέραν ἐπὶ τῶν ὁρίων Μωαβ. ⁴⁵καὶ ἀπῆραν ἐκ Γαι
46 καὶ παρενέβαλον εἰς Δαιβων Γαδ. ⁴⁶καὶ ἀπῆραν ἐκ Δαιβων Γαδ
47 καὶ παρενέβαλον ἐν Γελμων Δεβλαθαιμ. ⁴⁷καὶ ἀπῆραν ἐκ Γελμων
Δεβλαθαιμ καὶ παρενέβαλον ἐπὶ τὰ ὄρη τὰ Αβαριμ ἀπέναντι Ναβαυ.
48 ⁴⁸καὶ ἀπῆραν ἀπὸ ὀρέων Αβαριμ καὶ παρενέβαλον ἐπὶ δυσμῶν
49 Μωαβ ἐπὶ τοῦ Ιορδάνου κατὰ Ιεριχω ⁴⁹καὶ παρενέβαλον παρὰ
τὸν Ιορδάνην ἀνὰ μέσον Αισιμωθ ἕως Βελσαττιμ κατὰ δυσμὰς
Μωαβ.

23 εις σαφαρ] εν αρσαφαρ A, εις ✳ ορος ◀ σαφαρ O ‖ 24 εκ σαφαρ]
εξ αρσαφαρ pau., εκ σαρσαφαρ A^(†), εξ ✳ ορους ◀ σαφαρ O | εις] επι A ‖
27 θαραθ A: item in 28 ‖ 28 μαθεκκα A: item in 29 ‖ 29 ασελμωνα A:
item in 30 (sed εκ retinet A ibi) ‖ 30 μασσουρουθ] -ρωθ B^(†) hic, non in
31; μασουρουθ A: item in 31 ‖ 31 βαναια] βανικαν A: item in 32 ‖
32 το > A[†] ‖ 33 εις ετεβαθα] εις σετεβ. B^{*(†)}, εις ιεταβαθαν A ‖ 34 εξ
ετεβαθα] εκ σετεβ. B^{*(†)}, εξ ιεταβαθαν A | εις εβρωνα] εις σεβρ. B ‖ 35 εξ
εβρωνα] εκ σεβρ. B | γεσσιωνγ. B[*]: item in. 36 ‖ 38 ιερευς] + πλησιον του
ορους A^(†) ‖ 41 εις] εν A B^c ‖ 42 εις] εν A ‖ 43 εις] εν A | ωβωθ]
σωβωθ B ‖ 44 εξ ωβωθ] εκ σωβωθ B ‖ 46 εν] εις A ‖ 49 ασιμωθ A
| βελσαττιμ] βελσα το B

⁵⁰Καὶ ἐλάλησεν κύριος πρὸς Μωυσῆν ἐπὶ δυσμῶν Μωαβ παρὰ 50
τὸν Ιορδάνην κατὰ Ιεριχω λέγων ⁵¹Λάλησον τοῖς υἱοῖς Ισραηλ καὶ 51
ἐρεῖς πρὸς αὐτούς Ὑμεῖς διαβαίνετε τὸν Ιορδάνην εἰς γῆν Χανααν
⁵²καὶ ἀπολεῖτε πάντας τοὺς κατοικοῦντας ἐν τῇ γῇ πρὸ προσώπου 52
ὑμῶν καὶ ἐξαρεῖτε τὰς σκοπιὰς αὐτῶν καὶ πάντα τὰ εἴδωλα τὰ
χωνευτὰ αὐτῶν ἀπολεῖτε αὐτὰ καὶ πάσας τὰς στήλας αὐτῶν ἐξα-
ρεῖτε ⁵³καὶ ἀπολεῖτε πάντας τοὺς κατοικοῦντας τὴν γῆν καὶ κατοι- 53
κήσετε ἐν αὐτῇ· ὑμῖν γὰρ δέδωκα τὴν γῆν αὐτῶν ἐν κλήρῳ. ⁵⁴καὶ 54
κατακληρονομήσετε τὴν γῆν αὐτῶν ἐν κλήρῳ κατὰ φυλὰς ὑμῶν·
τοῖς πλείοσιν πληθυνεῖτε τὴν κατάσχεσιν αὐτῶν καὶ τοῖς ἐλάττο-
σιν ἐλαττώσετε τὴν κατάσχεσιν αὐτῶν· εἰς ὃ ἐὰν ἐξέλθῃ τὸ ὄνο-
μα αὐτοῦ ἐκεῖ, αὐτοῦ ἔσται· κατὰ φυλὰς πατριῶν ὑμῶν κληρονο-
μήσετε. ⁵⁵ἐὰν δὲ μὴ ἀπολέσητε τοὺς κατοικοῦντας ἐπὶ τῆς γῆς 55
ἀπὸ προσώπου ὑμῶν, καὶ ἔσται οὓς ἐὰν καταλίπητε ἐξ αὐτῶν,
σκόλοπες ἐν τοῖς ὀφθαλμοῖς ὑμῶν καὶ βολίδες ἐν ταῖς πλευραῖς
ὑμῶν καὶ ἐχθρεύσουσιν ἐπὶ τῆς γῆς, ἐφ᾿ ἣν ὑμεῖς κατοικήσετε,
⁵⁶καὶ ἔσται καθότι διεγνώκειν ποιῆσαι αὐτούς, ποιήσω ὑμῖν. 56
¹Καὶ ἐλάλησεν κύριος πρὸς Μωυσῆν λέγων ²Ἔντειλαι τοῖς υἱοῖς 34
Ισραηλ καὶ ἐρεῖς πρὸς αὐτούς Ὑμεῖς εἰσπορεύεσθε εἰς τὴν γῆν
Χανααν· αὕτη ἔσται ὑμῖν εἰς κληρονομίαν, γῆ Χανααν σὺν τοῖς
ὁρίοις αὐτῆς. ³καὶ ἔσται ὑμῖν τὸ κλίτος τὸ πρὸς λίβα ἀπὸ ἐρήμου 3
Σιν ἕως ἐχόμενον Εδωμ, καὶ ἔσται ὑμῖν τὰ ὅρια πρὸς λίβα ἀπὸ
μέρους τῆς θαλάσσης τῆς ἁλυκῆς ἀπὸ ἀνατολῶν· ⁴καὶ κυκλώσει 4
ὑμᾶς τὰ ὅρια ἀπὸ λιβὸς πρὸς ἀνάβασιν Ακραβιν καὶ παρελεύσεται
Σεννα, καὶ ἔσται ἡ διέξοδος αὐτοῦ πρὸς λίβα Καδης τοῦ Βαρνη,
καὶ ἐξελεύσεται εἰς ἔπαυλιν Αραδ καὶ παρελεύσεται Ασεμωνα· ⁵καὶ 5
κυκλώσει τὰ ὅρια ἀπὸ Ασεμωνα χειμάρρουν Αἰγύπτου, καὶ ἔσται
ἡ διέξοδος ἡ θάλασσα. ⁶καὶ τὰ ὅρια τῆς θαλάσσης ἔσται ὑμῖν· 6
ἡ θάλασσα ἡ μεγάλη ὁριεῖ, τοῦτο ἔσται ὑμῖν τὰ ὅρια τῆς θαλάσ-
σης. ⁷καὶ τοῦτο ἔσται τὰ ὅρια ὑμῖν πρὸς βορρᾶν· ἀπὸ τῆς θαλάσ- 7
σης τῆς μεγάλης καταμετρήσετε ὑμῖν αὐτοῖς παρὰ τὸ ὄρος τὸ ὄρος·
⁸καὶ ἀπὸ τοῦ ὄρους τὸ ὄρος καταμετρήσετε αὐτοῖς εἰσπορευομέ- 8
νων εἰς Εμαθ, καὶ ἔσται ἡ διέξοδος αὐτοῦ τὰ ὅρια Σαραδα· ⁹καὶ 9
ἐξελεύσεται τὰ ὅρια Δεφρωνα, καὶ ἔσται ἡ διέξοδος αὐτοῦ Ασερναιν·

50 παρα] επι A | του ιορδανου A⁺ | λεγων] ante επι tr. B*⁺ ‖ 53 παν-
τας > A ‖ 54 init. — κληρω > B*⁺ | αυτων 1⁰] > A, in O sub ÷ | εν κλη-
ρω] κληρωτι A: cf. Ios. 21 4—8 | υμων 1⁰] αυτων B⁺ ‖ 55 ους] οσους A |
εχθρευσουσιν] + υμιν A ‖ 56 υμας Bᶜ
34 2 κληρον.] pr. την B* | 3 λιβα 1⁰] βορρα A⁺ | 4 σεννα Oᶜ] εννακ
B⁽⁺⁾, σεεννακ A | ασελμωνα A ‖ 5 σελμωνα A ‖ 6 η 1⁰ > A | τα ορια
ult.] το -ιον A⁺ ‖ 7 τα ορια / υμιν] tr. A | το ορος ult. > A ‖ 8 κατα-
μετρηθησεται A | αιμαθ A | αυτου] -των B*⁺ | σαραδα O⁽⁺⁾ -δακ B, σαδαδακ A
‖ 9 δεφρωνα B*⁺] δ > Bᶜ, Ζεφρωνα A | αρσεναειμ B*⁽⁺⁾ (Bᶜ add. ρ ante ν)

10 τοῦτο ἔσται ὑμῖν ὅρια ἀπὸ βορρᾶ. ¹⁰καὶ καταμετρήσετε ὑμῖν αὐ-
11 τοῖς τὰ ὅρια ἀνατολῶν ἀπὸ Ασερναιν Σεπφαμα· ¹¹καὶ καταβήσε-
ται τὰ ὅρια ἀπὸ Σεπφαμ Αρβηλα ἀπὸ ἀνατολῶν ἐπὶ πηγάς, καὶ
καταβήσεται τὰ ὅρια Βηλα ἐπὶ νώτου θαλάσσης Χεναρα ἀπὸ ἀνα-
12 τολῶν· ¹²καὶ καταβήσεται τὰ ὅρια ἐπὶ τὸν Ιορδάνην, καὶ ἔσται ἡ
διέξοδος θάλασσα ἡ ἁλυκή. αὕτη ἔσται ὑμῖν ἡ γῆ καὶ τὰ ὅρια
13 αὐτῆς κύκλῳ. ¹³καὶ ἐνετείλατο Μωυσῆς τοῖς υἱοῖς Ισραηλ λέγων
Αὕτη ἡ γῆ, ἣν κατακληρονομήσετε αὐτὴν μετὰ κλήρου, ὃν τρόπον
συνέταξεν κύριος τῷ Μωυσῇ δοῦναι αὐτὴν ταῖς ἐννέα φυλαῖς καὶ
14 τῷ ἡμίσει φυλῆς Μανασση· ¹⁴ὅτι ἔλαβεν φυλὴ υἱῶν Ρουβην καὶ
φυλὴ υἱῶν Γαδ κατ᾽ οἴκους πατριῶν αὐτῶν, καὶ τὸ ἥμισυ φυλῆς
15 Μανασση ἀπέλαβον τοὺς κλήρους αὐτῶν, ¹⁵δύο φυλαὶ καὶ ἥμισυ
φυλῆς ἔλαβον τοὺς κλήρους αὐτῶν πέραν τοῦ Ιορδάνου κατὰ Ιε-
ριχω ἀπὸ νότου κατ᾽ ἀνατολάς.

16
17   ¹⁶Καὶ ἐλάλησεν κύριος πρὸς Μωυσῆν λέγων ¹⁷Ταῦτα τὰ ὀνό-
ματα τῶν ἀνδρῶν, οἳ κληρονομήσουσιν ὑμῖν τὴν γῆν· Ελεαζαρ ὁ
18 ἱερεὺς καὶ Ἰησοῦς ὁ τοῦ Ναυη. ¹⁸καὶ ἄρχοντα ἕνα ἐκ φυλῆς λήμ-
19 ψεσθε κατακληρονομῆσαι ὑμῖν τὴν γῆν. ¹⁹καὶ ταῦτα τὰ ὀνόματα
20 τῶν ἀνδρῶν· τῆς φυλῆς Ιουδα Χαλεβ υἱὸς Ιεφοννη· ²⁰τῆς φυλῆς
21 Συμεων Σαλαμιηλ υἱὸς Εμιουδ· ²¹τῆς φυλῆς Βενιαμιν Ελδαδ υἱὸς
22 Χασλων· ²²τῆς φυλῆς Δαν ἄρχων Βακχιρ υἱὸς Εγλι· ²³τῶν υἱῶν
23
24 Ιωσηφ φυλῆς υἱῶν Μανασση ἄρχων Ανιηλ υἱὸς Ουφι, ²⁴τῆς φυ-
25 λῆς υἱῶν Εφραιμ ἄρχων Καμουηλ υἱὸς Σαβαθα· ²⁵τῆς φυλῆς Ζα-
26 βουλων ἄρχων Ελισαφαν υἱὸς Φαρναχ· ²⁶τῆς φυλῆς υἱῶν Ισσα-
27 χαρ ἄρχων Φαλτιηλ υἱὸς Οζα· ²⁷τῆς φυλῆς υἱῶν Ασηρ ἄρχων
28 Αχιωρ υἱὸς Σελεμι· ²⁸τῆς φυλῆς Νεφθαλι ἄρχων Φαδαηλ υἱὸς
29 Βεναμιουδ. ²⁹οὗτοι οἷς ἐνετείλατο κύριος καταμερίσαι τοῖς υἱοῖς
Ισραηλ ἐν γῇ Χανααν.

35   ¹Καὶ ἐλάλησεν κύριος πρὸς Μωυσῆν ἐπὶ δυσμῶν Μωαβ παρὰ
2 τὸν Ιορδάνην κατὰ Ιεριχω λέγων ²Σύνταξον τοῖς υἱοῖς Ισραηλ καὶ
δώσουσιν τοῖς Λευίταις ἀπὸ τῶν κλήρων κατασχέσεως αὐτῶν πό-
λεις κατοικεῖν καὶ τὰ προάστεια τῶν πόλεων κύκλῳ αὐτῶν δώ-
3 σουσιν τοῖς Λευίταις, ³καὶ ἔσονται αὐτοῖς αἱ πόλεις κατοικεῖν, καὶ
τὰ ἀφορίσματα αὐτῶν ἔσται τοῖς κτήνεσιν αὐτῶν καὶ πᾶσι τοῖς
4 τετράποσιν αὐτῶν. ⁴καὶ τὰ συγκυροῦντα τῶν πόλεων, ἃς δώσετε

10 αρσεναειν Β* (Bᶜ ασερν.) | σεπφαμα F] -μαρ ΒΑ: cf. 11 ‖ 11 σεπφαμ
αρβηλα Ra. (sim. Gra.)] σεπφαμαρ βηλα rel. | χεναρα] χενερεθ Α ‖ 12 εσται
υμιν] tr. Β† ‖ 13 τω μωυση > ΑΒᶜ ‖ 15 κατ] προς Α ‖ 17 υμιν > Α†
| ο του] υιος Α† ‖ 20 εμιουδ: cf. 1 10 ‖ 22 βακχιρ] βοκκι Α | εγλ(ε)ι
Β⁽†⁾ εκλι Α⁽†⁾ ‖ 23 ουφ(ε)ι Fᶜ†] σουφι Β, ουφιδ Α ‖ 24 σαβαθαν Α⁽†⁾
‖ 27 αχιωβ Α† ‖ 28 βεναμιουδ Ra. (sim. quaedam uersiones)] βενιαμ(ε)ι-
ουδ Β†, αμιουδ Α ‖ 29 ουτοι οις] τουτοις Β† | καταμετρησαι τους υιους Α
35 3 αυτοις / αι πολεις] tr. Α

τοῖς Λευίταις, ἀπὸ τείχους τῆς πόλεως καὶ ἔξω δισχιλίους πήχεις
κύκλῳ· ⁵καὶ μετρήσεις ἔξω τῆς πόλεως τὸ κλίτος τὸ πρὸς ἀνατο- 5
λὰς δισχιλίους πήχεις καὶ τὸ κλίτος τὸ πρὸς λίβα δισχιλίους πή-
χεις καὶ τὸ κλίτος τὸ πρὸς θάλασσαν δισχιλίους πήχεις καὶ τὸ
κλίτος τὸ πρὸς βορρᾶν δισχιλίους πήχεις, καὶ ἡ πόλις μέσον τού-
του ἔσται ὑμῖν καὶ τὰ ὅμορα τῶν πόλεων. ⁶καὶ τὰς πόλεις δώσετε 6
τοῖς Λευίταις, τὰς ἓξ πόλεις τῶν φυγαδευτηρίων, ἃς δώσετε φεύ-
γειν ἐκεῖ τῷ φονεύσαντι, καὶ πρὸς ταύταις τεσσαράκοντα καὶ δύο
πόλεις· ⁷πάσας τὰς πόλεις δώσετε τοῖς Λευίταις, τεσσαράκοντα 7
καὶ ὀκτὼ πόλεις, ταύτας καὶ τὰ προάστεια αὐτῶν. ⁸καὶ τὰς πόλεις, 8
ἃς δώσετε ἀπὸ τῆς κατασχέσεως υἱῶν Ισραηλ, ἀπὸ τῶν τὰ πολλὰ
πολλὰ καὶ ἀπὸ τῶν ἐλαττόνων ἐλάττω· ἕκαστος κατὰ τὴν κληρονο-
μίαν αὐτοῦ, ἣν κληρονομήσουσιν, δώσουσιν ἀπὸ τῶν πόλεων τοῖς
Λευίταις.

⁹Καὶ ἐλάλησεν κύριος πρὸς Μωυσῆν λέγων ¹⁰Λάλησον τοῖς υἱοῖς 9
Ισραηλ καὶ ἐρεῖς πρὸς αὐτούς Ὑμεῖς διαβαίνετε τὸν Ιορδάνην εἰς 10
γῆν Χανααν ¹¹καὶ διαστελεῖτε ὑμῖν αὐτοῖς πόλεις· φυγαδευτήρια 11
ἔσται ὑμῖν φυγεῖν ἐκεῖ τὸν φονευτήν, πᾶς ὁ πατάξας ψυχὴν ἀκου-
σίως. ¹²καὶ ἔσονται αἱ πόλεις ὑμῖν φυγαδευτήρια ἀπὸ ἀγχιστεύ- 12
οντος τὸ αἷμα, καὶ οὐ μὴ ἀποθάνῃ ὁ φονεύων, ἕως ἂν στῇ ἔναντι
τῆς συναγωγῆς εἰς κρίσιν. ¹³καὶ αἱ πόλεις, ἃς δώσετε, τὰς ἓξ πό- 13
λεις, φυγαδευτήρια ἔσονται ὑμῖν· ¹⁴τὰς τρεῖς πόλεις δώσετε ἐν τῷ 14
πέραν τοῦ Ιορδάνου καὶ τὰς τρεῖς πόλεις δώσετε ἐν γῇ Χανααν·
¹⁵φυγάδιον ἔσται τοῖς υἱοῖς Ισραηλ, καὶ τῷ προσηλύτῳ καὶ τῷ 15
παροίκῳ τῷ ἐν ὑμῖν ἔσονται αἱ πόλεις αὗται εἰς φυγαδευτήριον
φυγεῖν ἐκεῖ παντὶ πατάξαντι ψυχὴν ἀκουσίως. — ¹⁶ἐὰν δὲ ἐν 16
σκεύει σιδήρου πατάξῃ αὐτόν, καὶ τελευτήσῃ, φονευτής ἐστιν· θα-
νάτῳ θανατούσθω ὁ φονευτής. ¹⁷ἐὰν δὲ ἐν λίθῳ ἐκ χειρός, ἐν ᾧ 17
ἀποθανεῖται ἐν αὐτῷ, πατάξῃ αὐτόν, καὶ ἀποθάνῃ, φονευτής ἐστιν·
θανάτῳ θανατούσθω ὁ φονευτής. ¹⁸ἐὰν δὲ ἐν σκεύει ξυλίνῳ ἐκ 18
χειρός, ἐξ οὗ ἀποθανεῖται ἐν αὐτῷ, πατάξῃ αὐτόν, καὶ ἀποθάνῃ,
φονευτής ἐστιν· θανάτῳ θανατούσθω ὁ φονευτής. ¹⁹ὁ ἀγχιστεύων 19
τὸ αἷμα, οὗτος ἀποκτενεῖ τὸν φονεύσαντα· ὅταν συναντήσῃ αὐτῷ,
οὗτος ἀποκτενεῖ αὐτόν. ²⁰ἐὰν δὲ δι᾽ ἔχθραν ὤσῃ αὐτὸν καὶ ἐπιρ- 20
ρίψῃ ἐπ᾽ αὐτὸν πᾶν σκεῦος ἐξ ἐνέδρου, καὶ ἀποθάνῃ, ²¹ἢ διὰ μῆνιν 21
ἐπάταξεν αὐτὸν τῇ χειρί, καὶ ἀποθάνῃ, θανάτῳ θανατούσθω ὁ πατά-

6 δωσετε 1⁰] pr. ας A (in O sub ※) | φυγειν Bᶜ ‖ 7 δωσετε] pr. ας A
| τεσσαρακ.] pr. και B*† ‖ 8 υιων] pr. των A | κληρονομησουσιν] pr. κατα
A ‖ 11 φευγειν A: item in 15 | ο > A ‖ 14 τας 1⁰ > B*† | εν τω > B†
| γη] pr. τη B† ‖ 15 και 2⁰ > B*† (Bᶜ† add. και per errorem post τω 2⁰)
‖ 18 εν αυτω > A* | θανατουσθω] αποθανειτε(pro -ται) A ‖ 20 επιριψει
B* | παν σκευος > Bᶜ

ξας, φονευτής ἐστιν· θανάτῳ θανατούσθω ὁ φονεύων· ὁ ἀγχιστεύ-
ων τὸ αἷμα ἀποκτενεῖ τὸν φονεύσαντα ἐν τῷ συναντῆσαι αὐτῷ.

22 — ²² ἐὰν δὲ ἐξάπινα οὐ δι᾿ ἔχθραν ὤσῃ αὐτὸν ἢ ἐπιρρίψῃ ἐπ᾿ αὐ-
23 τὸν πᾶν σκεῦος οὐκ ἐξ ἐνέδρου ²³ ἢ παντὶ λίθῳ, ἐν ᾧ ἀποθανεῖ-
ται ἐν αὐτῷ, οὐκ εἰδώς, καὶ ἐπιπέσῃ ἐπ᾿ αὐτόν, καὶ ἀποθάνῃ, αὐτὸς
24 δὲ οὐκ ἐχθρὸς αὐτοῦ ἦν οὐδὲ ζητῶν κακοποιῆσαι αὐτόν, ²⁴ καὶ
κρινεῖ ἡ συναγωγὴ ἀνὰ μέσον τοῦ πατάξαντος καὶ ἀνὰ μέσον τοῦ
25 ἀγχιστεύοντος τὸ αἷμα κατὰ τὰ κρίματα ταῦτα, ²⁵ καὶ ἐξελεῖται ἡ
συναγωγὴ τὸν φονεύσαντα ἀπὸ τοῦ ἀγχιστεύοντος τὸ αἷμα, καὶ
ἀποκαταστήσουσιν αὐτὸν ἡ συναγωγὴ εἰς τὴν πόλιν τοῦ φυγα-
δευτηρίου αὐτοῦ, οὗ κατέφυγεν, καὶ κατοικήσει ἐκεῖ, ἕως ἂν ἀπο-
26 θάνῃ ὁ ἱερεὺς ὁ μέγας, ὃν ἔχρισαν αὐτὸν τῷ ἐλαίῳ τῷ ἁγίῳ. ²⁶ ἐὰν
δὲ ἐξόδῳ ἐξέλθῃ ὁ φονεύσας τὰ ὅρια τῆς πόλεως, εἰς ἣν κατέ-
27 φυγεν ἐκεῖ, ²⁷ καὶ εὕρῃ αὐτὸν ὁ ἀγχιστεύων τὸ αἷμα ἔξω τῶν ὁρίων
τῆς πόλεως καταφυγῆς αὐτοῦ καὶ φονεύσῃ ὁ ἀγχιστεύων τὸ αἷμα
28 τὸν φονεύσαντα, οὐκ ἔνοχός ἐστιν· ²⁸ ἐν γὰρ τῇ πόλει τῆς κατα-
φυγῆς κατοικείτω, ἕως ἂν ἀποθάνῃ ὁ ἱερεὺς ὁ μέγας, καὶ μετὰ τὸ
ἀποθανεῖν τὸν ἱερέα τὸν μέγαν ἐπαναστραφήσεται ὁ φονεύσας εἰς
29 τὴν γῆν τῆς κατασχέσεως αὐτοῦ. ²⁹ καὶ ἔσται ταῦτα ὑμῖν εἰς δι-
καίωμα κρίματος εἰς τὰς γενεὰς ὑμῶν ἐν πάσαις ταῖς κατοικίαις
30 ὑμῶν. — ³⁰ πᾶς πατάξας ψυχήν, διὰ μαρτύρων φονεύσεις τὸν φο-
νεύσαντα, καὶ μάρτυς εἷς οὐ μαρτυρήσει ἐπὶ ψυχὴν ἀποθανεῖν.
31 ³¹ καὶ οὐ λήμψεσθε λύτρα περὶ ψυχῆς παρὰ τοῦ φονεύσαντος τοῦ
32 ἐνόχου ὄντος ἀναιρεθῆναι· θανάτῳ γὰρ θανατωθήσεται. ³² οὐ λήμ-
ψεσθε λύτρα τοῦ φυγεῖν εἰς πόλιν τῶν φυγαδευτηρίων τοῦ πάλιν
33 κατοικεῖν ἐπὶ τῆς γῆς, ἕως ἂν ἀποθάνῃ ὁ ἱερεὺς ὁ μέγας. ³³ καὶ
οὐ μὴ φονοκτονήσητε τὴν γῆν, εἰς ἣν ὑμεῖς κατοικεῖτε· τὸ γὰρ
αἷμα τοῦτο φονοκτονεῖ τὴν γῆν, καὶ οὐκ ἐξιλασθήσεται ἡ γῆ ἀπὸ
τοῦ αἵματος τοῦ ἐκχυθέντος ἐπ᾿ αὐτῆς, ἀλλ᾿ ἐπὶ τοῦ αἵματος τοῦ
34 ἐκχέοντος. ³⁴ καὶ οὐ μιανεῖτε τὴν γῆν, ἐφ᾿ ἧς κατοικεῖτε ἐπ᾿ αὐτῆς,
ἐφ᾿ ἧς ἐγὼ κατασκηνώσω ἐν ὑμῖν· ἐγὼ γάρ εἰμι κύριος κατασκη-
νῶν ἐν μέσῳ τῶν υἱῶν Ισραηλ.

36   ¹ Καὶ προσῆλθον οἱ ἄρχοντες φυλῆς υἱῶν Γαλααδ υἱοῦ Μαχιρ
υἱοῦ Μανασση ἐκ τῆς φυλῆς υἱῶν Ιωσηφ καὶ ἐλάλησαν ἔναντι
Μωυσῆ καὶ ἔναντι Ελεαζαρ τοῦ ἱερέως καὶ ἔναντι τῶν ἀρχόντων

21 αποκτενει] παταξει Α⁺ ‖ 22 εξαπινης Α ‖ 25 συναγωγη 1⁰ ⌒ 2⁰ Β*
(uid.)⁺ | αποκαταστησ. — αυτου] εις την πολιν του φυγαδευτηριου αποκατα-
στησει αυτον η συναγωγη Α⁺ | κατοικηση Β ‖ 28 καταφυγης] + αυτου Α |
και > Β*⁺ ‖ 30 φονευσει Α | ψυχην ult.] -ης Β⁺ ‖ 31 περι] επι Α ‖
32 των > Β* ‖ 33 εις ην] εφ ης Α | κατοικειτε] + επ αυτης Α | ουκ] ου
μη Α⁺ ‖ 34 κατασκηνωσω] -νω ΑΒᶜ | εν υμιν] επ αυτης Α | κατασκη-
νων] pr. ο Α
    36 1 αρχοντες] + πατριων Α

οἴκων πατριῶν υἱῶν Ισραηλ ²καὶ εἶπαν Τῷ κυρίῳ ἡμῶν ἐνετείλατο 2
κύριος ἀποδοῦναι τὴν γῆν τῆς κληρονομίας ἐν κλήρῳ τοῖς υἱοῖς
Ισραηλ, καὶ τῷ κυρίῳ συνέταξεν κύριος δοῦναι τὴν κληρονομίαν
Σαλπααδ τοῦ ἀδελφοῦ ἡμῶν ταῖς θυγατράσιν αὐτοῦ. ³καὶ ἔσονται 3
ἑνὶ τῶν φυλῶν υἱῶν Ισραηλ γυναῖκες, καὶ ἀφαιρεθήσεται ὁ κλῆρος
αὐτῶν ἐκ τῆς κατασχέσεως τῶν πατέρων ἡμῶν καὶ προστεθήσεται
εἰς κληρονομίαν τῆς φυλῆς, οἷς ἂν γένωνται γυναῖκες, καὶ ἐκ τοῦ
κλήρου τῆς κληρονομίας ἡμῶν ἀφαιρεθήσεται. ⁴ἐὰν δὲ γένηται ἡ 4
ἄφεσις τῶν υἱῶν Ισραηλ, καὶ προστεθήσεται ἡ κληρονομία αὐτῶν
ἐπὶ τὴν κληρονομίαν τῆς φυλῆς, οἷς ἂν γένωνται γυναῖκες, καὶ ἀπὸ
τῆς κληρονομίας φυλῆς πατριᾶς ἡμῶν ἀφαιρεθήσεται ἡ κληρονομία
αὐτῶν. ⁵καὶ ἐνετείλατο Μωυσῆς τοῖς υἱοῖς Ισραηλ διὰ προστάγμα- 5
τος κυρίου λέγων Οὕτως φυλὴ υἱῶν Ιωσηφ λέγουσιν. ⁶τοῦτο τὸ 6
ῥῆμα, ὃ συνέταξεν κύριος ταῖς θυγατράσιν Σαλπααδ λέγων Οὗ
ἀρέσκει ἐναντίον αὐτῶν, ἔστωσαν γυναῖκες, πλὴν ἐκ τοῦ δήμου
τοῦ πατρὸς αὐτῶν ἔστωσαν γυναῖκες, ⁷καὶ οὐχὶ περιστραφήσεται 7
κληρονομία τοῖς υἱοῖς Ισραηλ ἀπὸ φυλῆς ἐπὶ φυλήν, ὅτι ἕκαστος
ἐν τῇ κληρονομίᾳ τῆς φυλῆς τῆς πατριᾶς αὐτοῦ προσκολληθήσον-
ται οἱ υἱοὶ Ισραηλ. ⁸καὶ πᾶσα θυγάτηρ ἀγχιστεύουσα κληρονομίαν 8
ἐκ τῶν φυλῶν υἱῶν Ισραηλ ἑνὶ τῶν ἐκ τοῦ δήμου τοῦ πατρὸς
αὐτῆς ἔσονται γυναῖκες, ἵνα ἀγχιστεύσωσιν οἱ υἱοὶ Ισραηλ ἕκαστος
τὴν κληρονομίαν τὴν πατρικὴν αὐτοῦ· ⁹καὶ οὐ περιστραφήσεται 9
κλῆρος ἐκ φυλῆς ἐπὶ φυλὴν ἑτέραν, ἀλλὰ ἕκαστος ἐν τῇ κληρο-
νομίᾳ αὐτοῦ προσκολληθήσονται οἱ υἱοὶ Ισραηλ. ¹⁰ὃν τρόπον συν- 10
έταξεν κύριος Μωυσῇ, οὕτως ἐποίησαν θυγατέρες Σαλπααδ, ¹¹καὶ 11
ἐγένοντο Θερσα καὶ Εγλα καὶ Μελχα καὶ Νουα καὶ Μααλα θυγα-
τέρες Σαλπααδ τοῖς ἀνεψιοῖς αὐτῶν· ¹²ἐκ τοῦ δήμου τοῦ Μανασση 12
υἱῶν Ιωσηφ ἐγενήθησαν γυναῖκες, καὶ ἐγένετο ἡ κληρονομία αὐτῶν
ἐπὶ τὴν φυλὴν δήμου τοῦ πατρὸς αὐτῶν.

¹³Αὗται αἱ ἐντολαὶ καὶ τὰ δικαιώματα καὶ τὰ κρίματα, ἃ ἐνετεί- 13
λατο κύριος ἐν χειρὶ Μωυσῆ ἐπὶ δυσμῶν Μωαβ ἐπὶ τοῦ Ιορδάνου
κατὰ Ιεριχω.

1 υιων ult.] pr. των ABᶜ || 2 κυριος δουναι] tr. A† || 3 προστεθησονται
A† | κληρονομιαν] pr. την A || 4 αφεσις] αφαιρεσεις(pro -σις) A || 6 γυ-
ναικες 1⁰ ⌒ 2⁰ B*† || 7 και > A† | προσκολλ.] pr. και B† | οι > B*† || 8 εκ
των φυλων > A† | αυτου > B*† || 9 ου > A† || 10 μωυση B† (pr. τω al.)]
προς μωυσην A | θυγατερες] -τρασι(ν) B || 11 θερσα] pr. μαλαα και A | και
μααλα > A || 12 του 2⁰ > A | εγενηθησαν] + αυτοις A† | εγενετο] -νηθη A
Subscr. αριθμοι B A

ΔΕΥΤΕΡΟΝΟΜΙΟΝ

1 ¹Οὗτοι οἱ λόγοι, οὓς ἐλάλησεν Μωυσῆς παντὶ Ισραηλ πέραν
τοῦ Ιορδάνου ἐν τῇ ἐρήμῳ πρὸς δυσμαῖς πλησίον τῆς ἐρυθρᾶς
ἀνὰ μέσον Φαραν, Τοφολ καὶ Λοβον καὶ Αυλων καὶ Καταχρύσεα·
2 ²ἕνδεκα ἡμερῶν ἐν Χωρηβ ὁδὸς ἐπ᾽ ὄρος Σηιρ ἕως Καδης Βαρνη.
3 ³καὶ ἐγενήθη ἐν τῷ τεσσαρακοστῷ ἔτει ἐν τῷ ἑνδεκάτῳ μηνὶ μιᾷ
τοῦ μηνὸς ἐλάλησεν Μωυσῆς πρὸς πάντας υἱοὺς Ισραηλ κατὰ
4 πάντα, ὅσα ἐνετείλατο κύριος αὐτῷ πρὸς αὐτούς. ⁴μετὰ τὸ πατά-
ξαι Σηων βασιλέα Αμορραίων τὸν κατοικήσαντα ἐν Εσεβων καὶ
Ωγ βασιλέα τῆς Βασαν τὸν κατοικήσαντα ἐν Ασταρωθ καὶ ἐν
5 Εδραϊν ⁵ἐν τῷ πέραν τοῦ Ιορδάνου ἐν γῇ Μωαβ ἤρξατο Μωυ-
6 σῆς διασαφῆσαι τὸν νόμον τοῦτον λέγων ⁶Κύριος ὁ θεὸς ἡμῶν
ἐλάλησεν ἡμῖν ἐν Χωρηβ λέγων Ἱκανούσθω ὑμῖν κατοικεῖν ἐν τῷ
7 ὄρει τούτῳ· ⁷ἐπιστράφητε καὶ ἀπάρατε ὑμεῖς καὶ εἰσπορεύεσθε εἰς
ὄρος Αμορραίων καὶ πρὸς πάντας τοὺς περιοίκους Αραβα εἰς ὄρος
καὶ πεδίον καὶ πρὸς λίβα καὶ παραλίαν, γῆν Χαναναίων καὶ Ἀντι-
8 λίβανον ἕως τοῦ ποταμοῦ τοῦ μεγάλου Εὐφράτου. ⁸ἴδετε παρα-
δέδωκα ἐνώπιον ὑμῶν τὴν γῆν· εἰσπορευθέντες κληρονομήσατε
τὴν γῆν, ἣν ὤμοσα τοῖς πατράσιν ὑμῶν τῷ Αβρααμ καὶ Ισαακ
9 καὶ Ιακωβ δοῦναι αὐτοῖς καὶ τῷ σπέρματι αὐτῶν μετ᾽ αὐτούς. ⁹καὶ
εἶπα πρὸς ὑμᾶς ἐν τῷ καιρῷ ἐκείνῳ λέγων Οὐ δυνήσομαι μόνος
10 φέρειν ὑμᾶς· ¹⁰κύριος ὁ θεὸς ὑμῶν ἐπλήθυνεν ὑμᾶς, καὶ ἰδού ἐστε
11 σήμερον ὡσεὶ τὰ ἄστρα τοῦ οὐρανοῦ τῷ πλήθει· ¹¹κύριος ὁ θεὸς
τῶν πατέρων ὑμῶν προσθείη ὑμῖν ὡς ἐστὲ χιλιοπλασίως καὶ εὐ-
12 λογήσαι ὑμᾶς, καθότι ἐλάλησεν ὑμῖν. ¹²πῶς δυνήσομαι μόνος φέ-
ρειν τὸν κόπον ὑμῶν καὶ τὴν ὑπόστασιν ὑμῶν καὶ τὰς ἀντιλογίας
13 ὑμῶν; ¹³δότε ἑαυτοῖς ἄνδρας σοφοὺς καὶ ἐπιστήμονας καὶ συνε-
τοὺς εἰς τὰς φυλὰς ὑμῶν, καὶ καταστήσω ἐφ᾽ ὑμῶν ἡγουμένους
14 ὑμῶν. ¹⁴καὶ ἀπεκρίθητέ μοι καὶ εἴπατε Καλὸν τὸ ῥῆμα, ὃ ἐλάλησας
15 ποιῆσαι. ¹⁵καὶ ἔλαβον ἐξ ὑμῶν ἄνδρας σοφοὺς καὶ ἐπιστήμονας
καὶ συνετοὺς καὶ κατέστησα αὐτοὺς ἡγεῖσθαι ἐφ᾽ ὑμῶν χιλιάρχους
καὶ ἑκατοντάρχους καὶ πεντηκοντάρχους καὶ δεκαδάρχους καὶ γραμ-
16 ματοεισαγωγεῖς τοῖς κριταῖς ὑμῶν. ¹⁶καὶ ἐνετειλάμην τοῖς κριταῖς

Deut.: B A.
1 1 init.] pr. και Aⴕ ‖ 2 εν] εκ A ‖ 3 κυριος αυτω] tr. Bᶜ ‖ 4 σηων
et ωγ] pr. τον A | αμορρ.] pr. των A ‖ 7 ευφρατου] pr. ποταμου Bᶜ ‖
8 παραδεδωκεν Bⴕ | εισπορ.] εισελθοντες A | ισαακ et ιακωβ] pr. τω A Bᶜ
‖ 10 υμων] ημ. A ‖ 12 μονος φερειν] tr. A ‖ 13 καταστησω] + αυτους
A ‖ 15 και πεντηκονταρχους > B*

ὑμῶν ἐν τῷ καιρῷ ἐκείνῳ λέγων Διακούετε ἀνὰ μέσον τῶν ἀδελ-
φῶν ὑμῶν καὶ κρίνατε δικαίως ἀνὰ μέσον ἀνδρὸς καὶ ἀνὰ μέσον
ἀδελφοῦ καὶ ἀνὰ μέσον προσηλύτου αὐτοῦ. ¹⁷οὐκ ἐπιγνώσῃ πρόσ- 17
ωπον ἐν κρίσει, κατὰ τὸν μικρὸν καὶ κατὰ τὸν μέγαν κρινεῖς, οὐ
μὴ ὑποστείλῃ πρόσωπον ἀνθρώπου, ὅτι ἡ κρίσις τοῦ θεοῦ ἐστιν·
καὶ τὸ ῥῆμα, ὃ ἐὰν σκληρὸν ᾖ ἀφ᾽ ὑμῶν, ἀνοίσετε αὐτὸ ἐπ᾽ ἐμέ,
καὶ ἀκούσομαι αὐτό. ¹⁸καὶ ἐνετειλάμην ὑμῖν ἐν τῷ καιρῷ ἐκείνῳ 18
πάντας τοὺς λόγους, οὓς ποιήσετε.

¹⁹Καὶ ἀπάραντες ἐκ Χωρηβ ἐπορεύθημεν πᾶσαν τὴν ἔρημον τὴν 19
μεγάλην καὶ τὴν φοβερὰν ἐκείνην, ἣν εἴδετε, ὁδὸν ὄρους τοῦ Αμορ-
ραίου, καθότι ἐνετείλατο κύριος ὁ θεὸς ἡμῶν ἡμῖν, καὶ ἤλθομεν
ἕως Καδης Βαρνη. ²⁰καὶ εἶπα πρὸς ὑμᾶς Ἤλθατε ἕως τοῦ ὄρους 20
τοῦ Αμορραίου, ὃ ὁ κύριος ὁ θεὸς ἡμῶν δίδωσιν ὑμῖν. ²¹ἴδετε 21
παραδέδωκεν ὑμῖν κύριος ὁ θεὸς ὑμῶν πρὸ προσώπου ὑμῶν τὴν
γῆν· ἀναβάντες κληρονομήσατε, ὃν τρόπον εἶπεν κύριος ὁ θεὸς
τῶν πατέρων ὑμῶν ὑμῖν· μὴ φοβεῖσθε μηδὲ δειλιάσητε. ²²καὶ προσ- 22
ήλθατέ μοι πάντες καὶ εἴπατε Ἀποστείλωμεν ἄνδρας προτέρους
ἡμῶν, καὶ ἐφοδευσάτωσαν ἡμῖν τὴν γῆν καὶ ἀναγγειλάτωσαν ἡμῖν
ἀπόκρισιν τὴν ὁδόν, δι᾽ ἧς ἀναβησόμεθα ἐν αὐτῇ, καὶ τὰς πόλεις,
εἰς ἃς εἰσπορευσόμεθα εἰς αὐτάς. ²³καὶ ἤρεσεν ἐναντίον μου τὸ 23
ῥῆμα, καὶ ἔλαβον ἐξ ὑμῶν δώδεκα ἄνδρας, ἄνδρα ἕνα κατὰ φυλήν.
²⁴καὶ ἐπιστραφέντες ἀνέβησαν εἰς τὸ ὄρος καὶ ἤλθοσαν ἕως Φά- 24
ραγγος βότρυος καὶ κατεσκόπευσαν αὐτήν. ²⁵καὶ ἐλάβοσαν ἐν ταῖς 25
χερσὶν αὐτῶν ἀπὸ τοῦ καρποῦ τῆς γῆς καὶ κατήνεγκαν πρὸς ἡμᾶς
καὶ ἔλεγον Ἀγαθὴ ἡ γῆ, ἣν κύριος ὁ θεὸς ἡμῶν δίδωσιν ἡμῖν.
²⁶καὶ οὐκ ἠθελήσατε ἀναβῆναι καὶ ἠπειθήσατε τῷ ῥήματι κυρίου 26
τοῦ θεοῦ ὑμῶν ²⁷καὶ διεγογγύζετε ἐν ταῖς σκηναῖς ὑμῶν καὶ εἴπατε 27
Διὰ τὸ μισεῖν κύριον ἡμᾶς ἐξήγαγεν ἡμᾶς ἐκ γῆς Αἰγύπτου παρα-
δοῦναι ἡμᾶς εἰς χεῖρας Αμορραίων ἐξολεθρεῦσαι ἡμᾶς. ²⁸ποῦ ἡμεῖς 28
ἀναβαίνομεν; οἱ ἀδελφοὶ ὑμῶν ἀπέστησαν ὑμῶν τὴν καρδίαν λέ-
γοντες Ἔθνος μέγα καὶ πολὺ καὶ δυνατώτερον ἡμῶν καὶ πόλεις
μεγάλαι καὶ τετειχισμέναι ἕως τοῦ οὐρανοῦ, ἀλλὰ καὶ υἱοὺς γιγάν-
των ἑωράκαμεν ἐκεῖ. ²⁹καὶ εἶπα πρὸς ὑμᾶς Μὴ πτήξητε μηδὲ φοβη- 29
θῆτε ἀπ᾽ αὐτῶν· ³⁰κύριος ὁ θεὸς ὑμῶν ὁ προπορευόμενος πρὸ 30
προσώπου ὑμῶν αὐτὸς συνεκπολεμήσει αὐτοὺς μεθ᾽ ὑμῶν κατὰ

16 κρινετε Α | αδελφου] του αδ. αυτου Α || 17 επιγνωσεσθε Α | σκληρον
η] tr. Α | αυτο ult.] υμων Β† || 18 παντας τους] tr. Α || 19 χωρηβ] σο-
χωθ Α† || 20 του 1⁰ > Α | υμιν] ημ. Α† || 21 υμιν 1⁰ > Α | υμων 1⁰ 3⁰]
ημ. Β | κληρονομειτε Α || 22 αναγγ.] απαγγ. Β*† | εισπορευομεθα Α ||
23 εναντιον] ενωπιον Α || 26 και 2⁰] αλλ Α | υμων] ημ. Β || 27 διεγογ-
γυσατε Α | εις τας χειρας των αμορρ. Α || 28 οι] + δε Α | υμων/την καρδ.]
tr. Α | ημων] υμ. Β*

31 πάντα, ὅσα ἐποίησεν ὑμῖν ἐν γῇ Αἰγύπτῳ ³¹καὶ ἐν τῇ ἐρήμῳ ταύ-
τῃ, ἣν εἴδετε, ὡς ἐτροφοφόρησέν σε κύριος ὁ θεός σου, ὡς εἴ
τις τροφοφορήσει ἄνθρωπος τὸν υἱὸν αὐτοῦ, κατὰ πᾶσαν τὴν
32 ὁδόν, ἣν ἐπορεύθητε, ἕως ἤλθετε εἰς τὸν τόπον τοῦτον. ³²καὶ ἐν
33 τῷ λόγῳ τούτῳ οὐκ ἐνεπιστεύσατε κυρίῳ τῷ θεῷ ὑμῶν, ³³ὃς προ-
πορεύεται πρότερος ὑμῶν ἐν τῇ ὁδῷ ἐκλέγεσθαι ὑμῖν τόπον ὁδη-
γῶν ὑμᾶς ἐν πυρὶ νυκτὸς δεικνύων ὑμῖν τὴν ὁδόν, καθ᾽ ἣν πορεύ-
34 εσθε ἐπ᾽ αὐτῆς, καὶ ἐν νεφέλῃ ἡμέρας. ³⁴καὶ ἤκουσεν κύριος τὴν
35 φωνὴν τῶν λόγων ὑμῶν καὶ παροξυνθεὶς ὤμοσεν λέγων ³⁵Εἰ ὄψε-
ταί τις τῶν ἀνδρῶν τούτων τὴν ἀγαθὴν ταύτην γῆν, ἣν ὤμοσα
36 τοῖς πατράσιν αὐτῶν, ³⁶πλὴν Χαλεβ υἱὸς Ιεφοννη, οὗτος ὄψεται
αὐτήν, καὶ τούτῳ δώσω τὴν γῆν, ἐφ᾽ ἣν ἐπέβη, καὶ τοῖς υἱοῖς αὐ-
37 τοῦ διὰ τὸ προσκεῖσθαι αὐτὸν τὰ πρὸς κύριον. ³⁷καὶ ἐμοὶ ἐθυμώθη
38 κύριος δι᾽ ὑμᾶς λέγων Οὐδὲ σὺ οὐ μὴ εἰσέλθῃς ἐκεῖ· ³⁸Ἰησοῦς
υἱὸς Ναυη ὁ παρεστηκώς σοι, οὗτος εἰσελεύσεται ἐκεῖ· αὐτὸν
39 κατίσχυσον, ὅτι αὐτὸς κατακληρονομήσει αὐτὴν τῷ Ισραηλ. ³⁹καὶ
πᾶν παιδίον νέον, ὅστις οὐκ οἶδεν σήμερον ἀγαθὸν ἢ κακόν, οὗ-
τοι εἰσελεύσονται ἐκεῖ, καὶ τούτοις δώσω αὐτήν, καὶ αὐτοὶ κλη-
40 ρονομήσουσιν αὐτήν. ⁴⁰καὶ ὑμεῖς ἐπιστραφέντες ἐστρατοπεδεύσατε
41 εἰς τὴν ἔρημον ὁδὸν τὴν ἐπὶ τῆς ἐρυθρᾶς θαλάσσης. ⁴¹καὶ ἀπεκρί-
θητέ μοι καὶ εἴπατε Ἡμάρτομεν ἔναντι κυρίου τοῦ θεοῦ ἡμῶν·
ἡμεῖς ἀναβάντες πολεμήσομεν κατὰ πάντα, ὅσα ἐνετείλατο κύριος
ὁ θεὸς ἡμῶν ἡμῖν. καὶ ἀναλαβόντες ἕκαστος τὰ σκεύη τὰ πολε-
42 μικὰ αὐτοῦ καὶ συναθροισθέντες ἀνεβαίνετε εἰς τὸ ὄρος. ⁴²καὶ εἶ-
πεν κύριος πρός με Εἰπὸν αὐτοῖς Οὐκ ἀναβήσεσθε οὐδὲ μὴ πολε-
μήσετε, οὐ γὰρ εἰμι μεθ᾽ ὑμῶν· καὶ οὐ μὴ συντριβῆτε ἐνώπιον τῶν
43 ἐχθρῶν ὑμῶν. ⁴³καὶ ἐλάλησα ὑμῖν, καὶ οὐκ εἰσηκούσατέ μου καὶ
παρέβητε τὸ ῥῆμα κυρίου καὶ παραβιασάμενοι ἀνέβητε εἰς τὸ ὄρος.
44 ⁴⁴καὶ ἐξῆλθεν ὁ Αμορραῖος ὁ κατοικῶν ἐν τῷ ὄρει ἐκείνῳ εἰς συν-
άντησιν ὑμῖν καὶ κατεδίωξαν ὑμᾶς, ὡς εἰ ποιήσαισαν αἱ μέλισσαι,
45 καὶ ἐτίτρωσκον ὑμᾶς ἀπὸ Σηιρ ἕως Ερμα. ⁴⁵καὶ καθίσαντες ἐκλαί-
ετε ἔναντι κυρίου, καὶ οὐκ εἰσήκουσεν κύριος τῆς φωνῆς ὑμῶν
46 οὐδὲ προσέσχεν ὑμῖν. ⁴⁶καὶ ἐνεκάθησθε ἐν Καδης ἡμέρας πολλάς,
ὅσας ποτὲ ἡμέρας ἐνεκάθησθε.

30 υμιν] ημ. B | fin.] + κατ οφθαλμους αυτων Aᶜ (in O sub ※, sed υμων
pro αυτων) ‖ 31 ειδετε] + οδον ορους του αμορραιου B: ex 19 | τις > A |
τροφοφορησει] τροποφορ. B* (sed ετροφοφορησεν etiam B): cf. Act. 13 18;
τροφοφορησαι A | ην ult.] pr. εις B* ‖ 32 υμων] ημ. B ‖ 33 προπορευεται]
προ > A | επ αυτης] εν αυτη A ‖ 34 και 1⁰] + ως A⁺ | και 2⁰ > A⁺ ‖
35 την αγ. ταυτην γην] την γην την αγ. ταυτην A ‖ 38 κατακληροδοτησει
A ‖ 39 init.] pr. και τα παιδια υμων α ειπατε εν διαρπαγη εσεσθε(pro -θαι) A
‖ 41 μοι/και ειπατε] tr. A | εναντιον A ‖ 44 κατεδιωξεν A | και ult. >
B*⁺ ‖ 45 κυριου] + του θεου ημων B ‖ 46 fin.] + εκει B*

¹Καὶ ἐπιστραφέντες ἀπήραμεν εἰς τὴν ἔρημον ὁδὸν θάλασσαν 2
ἐρυθράν, ὃν τρόπον ἐλάλησεν κύριος πρός με, καὶ ἐκυκλώσαμεν
τὸ ὄρος τὸ Σηιρ ἡμέρας πολλάς. ²καὶ εἶπεν κύριος πρός με ³Ἱκα- ²/₃
νούσθω ὑμῖν κυκλοῦν τὸ ὄρος τοῦτο, ἐπιστράφητε οὖν ἐπὶ βορ-
ρᾶν· ⁴καὶ τῷ λαῷ ἔντειλαι λέγων Ὑμεῖς παραπορεύεσθε διὰ τῶν 4
ὁρίων τῶν ἀδελφῶν ὑμῶν υἱῶν Ησαυ, οἳ κατοικοῦσιν ἐν Σηιρ, καὶ
φοβηθήσονται ὑμᾶς καὶ εὐλαβηθήσονται ὑμᾶς σφόδρα. ⁵μὴ συνά- 5
ψητε πρὸς αὐτοὺς πόλεμον· οὐ γὰρ μὴ δῶ ὑμῖν ἀπὸ τῆς γῆς αὐ-
τῶν οὐδὲ βῆμα ποδός, ὅτι ἐν κλήρῳ δέδωκα τοῖς υἱοῖς Ησαυ τὸ
ὄρος τὸ Σηιρ. ⁶βρώματα ἀργυρίου ἀγοράσατε παρ᾽ αὐτῶν καὶ φά- 6
γεσθε καὶ ὕδωρ μέτρῳ λήμψεσθε παρ᾽ αὐτῶν ἀργυρίου καὶ πίεσθε.
⁷ὁ γὰρ κύριος ὁ θεὸς ἡμῶν εὐλόγησέν σε ἐν παντὶ ἔργῳ τῶν 7
χειρῶν σου· διάγνωθι πῶς διῆλθες τὴν ἔρημον τὴν μεγάλην καὶ
τὴν φοβερὰν ἐκείνην· ἰδοὺ τεσσαράκοντα ἔτη κύριος ὁ θεός σου
μετὰ σοῦ, οὐκ ἐπεδεήθης ῥήματος. — ⁸καὶ παρήλθομεν τοὺς ἀδελ- 8
φοὺς ἡμῶν υἱοὺς Ησαυ τοὺς κατοικοῦντας ἐν Σηιρ παρὰ τὴν ὁδὸν
τὴν Αραβα ἀπὸ Αιλων καὶ ἀπὸ Γασιωνγαβερ καὶ ἐπιστρέψαντες
παρήλθομεν ὁδὸν ἔρημον Μωαβ. ⁹καὶ εἶπεν κύριος πρός με Μὴ 9
ἐχθραίνετε τοῖς Μωαβίταις καὶ μὴ συνάψητε πρὸς αὐτοὺς πόλεμον·
οὐ γὰρ μὴ δῶ ὑμῖν ἀπὸ τῆς γῆς αὐτῶν ἐν κλήρῳ, τοῖς γὰρ υἱοῖς
Λωτ δέδωκα τὴν Σηιρ κληρονομεῖν. (¹⁰οἱ Ομμιν πρότεροι ἐνεκά- 10
θηντο ἐπ᾽ αὐτῆς, ἔθνος μέγα καὶ πολὺ καὶ ἰσχύοντες ὥσπερ οἱ
Ενακιμ· ¹¹Ραφαϊν λογισθήσονται καὶ οὗτοι ὥσπερ οἱ Ενακιμ, καὶ 11
οἱ Μωαβῖται ἐπονομάζουσιν αὐτοὺς Ομμιν. ¹²καὶ ἐν Σηιρ ἐνεκά- 12
θητο ὁ Χορραῖος πρότερον, καὶ υἱοὶ Ησαυ ἀπώλεσαν αὐτοὺς καὶ
ἐξέτριψαν αὐτοὺς ἀπὸ προσώπου αὐτῶν καὶ κατῳκίσθησαν ἀντ᾽
αὐτῶν, ὃν τρόπον ἐποίησεν Ισραηλ τὴν γῆν τῆς κληρονομίας αὐ-
τοῦ, ἣν δέδωκεν κύριος αὐτοῖς.) ¹³νῦν οὖν ἀνάστητε καὶ ἀπάρατε 13
ὑμεῖς καὶ παραπορεύεσθε τὴν φάραγγα Ζαρετ. καὶ παρήλθομεν τὴν
φάραγγα Ζαρετ. ¹⁴καὶ αἱ ἡμέραι, ἃς παρεπορεύθημεν ἀπὸ Καδης 14
Βαρνη ἕως οὗ παρήλθομεν τὴν φάραγγα Ζαρετ, τριάκοντα καὶ
ὀκτὼ ἔτη, ἕως οὗ διέπεσεν πᾶσα γενεὰ ἀνδρῶν πολεμιστῶν ἀπο-
θνήσκοντες ἐκ τῆς παρεμβολῆς, καθότι ὤμοσεν αὐτοῖς ὁ θεός·

2 1 ερημον > B*† || 3 επι] προς A || 4 υμας ult. > A || 5 δω] δωσω
A† | δεδωκα / υιοις ησαυ] tr. B* (B*† om. τοις) || 6 βρωμ. αργυρ.] tr. A |
παρ 1⁰] απ A† || 7 ημων] υμ. A | εκεινην] ταυτην A || 8 ημων] υμ. B*
| επιστραφεντες A | οδον ερημον] tr. B*† || 9 υμιν / απο τ. γ. αυτων] tr.
B† | σηιρ] αροηρ A: item in 18 (ροη in 9 sup. ras.), cf. 29. 36 || 10 προτε-
ροι] το προτερον A | ισχυοντες] ισχυρον A || 11 ραφαειμ A: item in 20
(bis) || 12 προτερον] pr. το ABᶜ | υιοι] pr. οι A | απωλεσαν ... εξετριψαν]
tr. A† | της > A | εδωκεν A || 13 και απαρατε > A | Ζαρετ 1⁰ ⌒ 2⁰ A*(uid.)
|| 14 γενεα] pr. η A | αποθνησκ. > A*(uid.) | αυτοις ο θεος] αυ. κυριος ο θ.
Bᶜ, κυριος αυτοις A

15 ¹⁵καὶ ἡ χεὶρ τοῦ θεοῦ ἦν ἐπ᾽ αὐτοῖς ἐξαναλῶσαι αὐτοὺς ἐκ τῆς
16 παρεμβολῆς, ἕως οὗ διέπεσαν. — ¹⁶καὶ ἐγενήθη ἐπεὶ διέπεσαν
πάντες οἱ ἄνδρες οἱ πολεμισταὶ ἀποθνήσκοντες ἐκ μέσου τοῦ λαοῦ,
17
18 ¹⁷καὶ ἐλάλησεν κύριος πρός με λέγων ¹⁸Σὺ παραπορεύσῃ σήμερον
19 τὰ ὅρια Μωαβ τὴν Σηιρ ¹⁹καὶ προσάξετε ἐγγὺς υἱῶν Αμμαν· μὴ
ἐχθραίνετε αὐτοῖς καὶ μὴ συνάψητε αὐτοῖς εἰς πόλεμον· οὐ γὰρ
μὴ δῶ ἀπὸ τῆς γῆς υἱῶν Αμμαν σοὶ ἐν κλήρῳ, ὅτι τοῖς υἱοῖς Λωτ
20 δέδωκα αὐτὴν ἐν κλήρῳ. (²⁰τῇ Ραφαϊν λογισθήσεται· καὶ γὰρ ἐπ᾽
αὐτῆς κατῴκουν οἱ Ραφαϊν τὸ πρότερον, καὶ οἱ Αμμανῖται ὀνομά-
21 ζουσιν αὐτοὺς Ζομζομμιν, ²¹ἔθνος μέγα καὶ πολὺ καὶ δυνατώτερον
ὑμῶν ὥσπερ οἱ Ενακιμ, καὶ ἀπώλεσεν αὐτοὺς κύριος πρὸ προσ-
ώπου αὐτῶν, καὶ κατεκληρονόμησαν καὶ κατῳκίσθησαν ἀντ᾽ αὐτῶν
22 ἕως τῆς ἡμέρας ταύτης· ²²ὥσπερ ἐποίησαν τοῖς υἱοῖς Ησαυ τοῖς
κατοικοῦσιν ἐν Σηιρ, ὃν τρόπον ἐξέτριψαν τὸν Χορραῖον ἀπὸ
προσώπου αὐτῶν καὶ κατεκληρονόμησαν καὶ κατῳκίσθησαν ἀντ᾽
23 αὐτῶν ἕως τῆς ἡμέρας ταύτης· ²³καὶ οἱ Ευαῖοι οἱ κατοικοῦντες
ἐν ασηρωθ ἕως Γάζης, καὶ οἱ Καππάδοκες οἱ ἐξελθόντες ἐκ Καππα-
24 δοκίας ἐξέτριψαν αὐτοὺς καὶ κατῳκίσθησαν ἀντ᾽ αὐτῶν.) ²⁴νῦν οὖν
ἀνάστητε καὶ ἀπάρατε καὶ παρέλθατε ὑμεῖς τὴν φάραγγα Αρνων·
ἰδοὺ παραδέδωκα εἰς τὰς χεῖράς σου τὸν Σηων βασιλέα Εσεβων
τὸν Αμορραῖον καὶ τὴν γῆν αὐτοῦ· ἐνάρχου κληρονομεῖν, σύναπτε
25 πρὸς αὐτὸν πόλεμον. ²⁵ἐν τῇ ἡμέρᾳ ταύτῃ ἐνάρχου δοῦναι τὸν
τρόμον σου καὶ τὸν φόβον σου ἐπὶ πρόσωπον πάντων τῶν ἐθνῶν
τῶν ὑποκάτω τοῦ οὐρανοῦ, οἵτινες ἀκούσαντες τὸ ὄνομά σου ταρα-
χθήσονται καὶ ὠδῖνας ἕξουσιν ἀπὸ προσώπου σου.
26 ²⁶Καὶ ἀπέστειλα πρέσβεις ἐκ τῆς ἐρήμου Κεδαμωθ πρὸς Σηων
27 βασιλέα Εσεβων λόγοις εἰρηνικοῖς λέγων ²⁷Παρελεύσομαι διὰ τῆς
γῆς σου· ἐν τῇ ὁδῷ παρελεύσομαι, οὐχὶ ἐκκλινῶ δεξιὰ οὐδὲ ἀρι-
28 στερά· ²⁸βρώματα ἀργυρίου ἀποδώσῃ μοι, καὶ φάγομαι, καὶ ὕδωρ
ἀργυρίου ἀποδώσῃ μοι, καὶ πίομαι· πλὴν ὅτι παρελεύσομαι τοῖς
29 ποσίν, ²⁹καθὼς ἐποίησάν μοι οἱ υἱοὶ Ησαυ οἱ κατοικοῦντες ἐν
Σηιρ καὶ οἱ Μωαβῖται οἱ κατοικοῦντες ἐν Αροηρ, ἕως παρέλθω τὸν
30 Ιορδάνην εἰς τὴν γῆν, ἣν κύριος ὁ θεὸς ἡμῶν δίδωσιν ἡμῖν. ³⁰καὶ
οὐκ ἠθέλησεν Σηων βασιλεὺς Εσεβων παρελθεῖν ἡμᾶς δι᾽ αὐτοῦ,

15 του θεου] κυριου A† | εξαναλ.] pr. του A | εκ] + μεσου B (in O sub ※)
‖ 18 παραπορευη A | σηιρ: cf. 9 ‖ 19 και μη] μηδε Bᶜ ‖ 20 ραφαιν bis:
cf. 11 | κατωκουν / οι ραφ.] tr. ABᶜ | και 2⁰ > Bᶜ | ονομαζουσιν] pr. επ ABᶜ
| Ζομζομμιν] Ζοχομ(μ)ειν B† (χ sup. ras.) ‖ 21 υμων > A | ωσπερ] + και Bᶜ |
προ] απο A | εως — fin. > A* ‖ 22 εποιησεν A | και 1⁰ ⌒ 2⁰ B*† | κατε-
κληρ.] + αυτους A ‖ 23 ασηρωθ] δ pro ρ B† ‖ 24 ουν > A | και παρελθ.
> B*† | τας > B* ‖ 25 ωδινες B* ‖ 26 κεδαμωθ B(†) κεδμωθ A ‖
27 παρελευσ. 2⁰] πορευσομαι ABᶜ ‖ 28 ποσιν] + μου A ‖ 29 αροηρ B
(cf. 9)] -ηλ A† | εως] + αν A ‖ 30 σηων > A

ὅτι ἐσκλήρυνεν κύριος ὁ θεὸς ἡμῶν τὸ πνεῦμα αὐτοῦ καὶ κατ-
ίσχυσεν τὴν καρδίαν αὐτοῦ, ἵνα παραδοθῇ εἰς τὰς χεῖράς σου ὡς
ἐν τῇ ἡμέρᾳ ταύτῃ. ³¹ καὶ εἶπεν κύριος πρός με Ἰδοὺ ἦργμαι παρα- 31
δοῦναι πρὸ προσώπου σου τὸν Σηων βασιλέα Εσεβων τὸν Αμορ-
ραῖον καὶ τὴν γῆν αὐτοῦ· ἔναρξαι κληρονομῆσαι τὴν γῆν αὐτοῦ.
³² καὶ ἐξῆλθεν Σηων βασιλεὺς Εσεβων εἰς συνάντησιν ἡμῖν, αὐτὸς 32
καὶ πᾶς ὁ λαὸς αὐτοῦ, εἰς πόλεμον Ιασσα. ³³ καὶ παρέδωκεν αὐτὸν 33
κύριος ὁ θεὸς ἡμῶν πρὸ προσώπου ἡμῶν, καὶ ἐπατάξαμεν αὐτὸν
καὶ τοὺς υἱοὺς αὐτοῦ καὶ πάντα τὸν λαὸν αὐτοῦ ³⁴ καὶ ἐκρατήσα- 34
μεν πασῶν τῶν πόλεων αὐτοῦ ἐν τῷ καιρῷ ἐκείνῳ καὶ ἐξωλεθρεύ-
σαμεν πᾶσαν πόλιν ἑξῆς καὶ τὰς γυναῖκας αὐτῶν καὶ τὰ τέκνα
αὐτῶν, οὐ κατελίπομεν ζωγρείαν· ³⁵ πλὴν τὰ κτήνη ἐπρονομεύσαμεν 35
καὶ τὰ σκῦλα τῶν πόλεων ἐλάβομεν. ³⁶ ἐξ Αροηρ, ἥ ἐστιν παρὰ τὸ 36
χεῖλος χειμάρρου Αρνων, καὶ τὴν πόλιν τὴν οὖσαν ἐν τῇ φάραγγι
καὶ ἕως ὄρους τοῦ Γαλααδ οὐκ ἐγενήθη πόλις, ἥτις διέφυγεν ἡμᾶς,
τὰς πάσας παρέδωκεν κύριος ὁ θεὸς ἡμῶν εἰς τὰς χεῖρας ἡμῶν·
³⁷ πλὴν εἰς γῆν υἱῶν Αμμων οὐ προσήλθομεν, πάντα τὰ συγκυ- 37
ροῦντα χειμάρρου Ιαβοκ καὶ τὰς πόλεις τὰς ἐν τῇ ὀρεινῇ, καθότι
ἐνετείλατο ἡμῖν κύριος ὁ θεὸς ἡμῶν. — ¹ καὶ ἐπιστραφέντες ἀνέ- 3
βημεν ὁδὸν τὴν εἰς Βασαν, καὶ ἐξῆλθεν Ωγ βασιλεὺς τῆς Βασαν
εἰς συνάντησιν ἡμῖν, αὐτὸς καὶ πᾶς ὁ λαὸς αὐτοῦ, εἰς πόλεμον
εἰς Εδραϊν. ² καὶ εἶπεν κύριος πρός με Μὴ φοβηθῇς αὐτόν, ὅτι εἰς 2
τὰς χεῖράς σου παραδέδωκα αὐτὸν καὶ πάντα τὸν λαὸν αὐτοῦ καὶ
πᾶσαν τὴν γῆν αὐτοῦ, καὶ ποιήσεις αὐτῷ ὥσπερ ἐποίησας Σηων
βασιλεῖ τῶν Αμορραίων, ὃς κατῴκει ἐν Εσεβων. ³ καὶ παρέδωκεν 3
αὐτὸν κύριος ὁ θεὸς ἡμῶν εἰς τὰς χεῖρας ἡμῶν, καὶ τὸν Ωγ βασι-
λέα τῆς Βασαν καὶ πάντα τὸν λαὸν αὐτοῦ, καὶ ἐπατάξαμεν αὐτὸν
ἕως τοῦ μὴ καταλιπεῖν αὐτοῦ σπέρμα. ⁴ καὶ ἐκρατήσαμεν πασῶν 4
τῶν πόλεων αὐτοῦ ἐν τῷ καιρῷ ἐκείνῳ, οὐκ ἦν πόλις, ἣν οὐκ ἐλά-
βομεν παρ᾽ αὐτῶν, ἑξήκοντα πόλεις, πάντα τὰ περίχωρα Αργοβ
βασιλείας Ωγ ἐν Βασαν, ⁵ πᾶσαι πόλεις ὀχυραί, τείχη ὑψηλά, πύλαι 5
καὶ μοχλοί, πλὴν τῶν πόλεων τῶν Φερεζαίων τῶν πολλῶν σφόδρα.
⁶ ἐξωλεθρεύσαμεν αὐτούς, ὥσπερ ἐποιήσαμεν τὸν Σηων βασιλέα 6
Εσεβων, καὶ ἐξωλεθρεύσαμεν πᾶσαν πόλιν ἑξῆς καὶ τὰς γυναῖκας

30 ως > Bᶜ ‖ 31 προ προσωπου σου] σοι A† ‖ 32 ιασσα B†] pr. εις A
‖ 33 επαταξεν B*† ‖ 35 επρονομ.] προενομευσαμεν A, + αυτοις A⁽†⁾ ‖
36 εξ] απο A | εγενηθη] ην A ‖ 37 εις γην] εγγυς B† | αμμαν A Bᶜ | προσ-
ηλθαμεν A | χειμαρρω A | ημιν / κυρ. ο θ. ημων] tr. B*†
31 επιστραφ.] επι > B*† | την] της A† | ωγ] γωγ B*†: item B* in 13, B*†
in 4 47, sed etiam B ωγ in 14 33.4.10.11 | της > B* | αυτου] + μετ αυτου
A | εδραειμ B: cf. 10 ‖ 2 σηων] pr. τω A ‖ 3 και 2⁰] pr. αυτον A ‖
4 παντα τα] + συνκυρουντα B*†: ex 2 37 | βασιλειας W] -λεως BA ‖ 6 αυ-
τους > Bᶜ | γυναικας] + αυτων A

7 καὶ τὰ παιδία· ⁷καὶ πάντα τὰ κτήνη καὶ τὰ σκῦλα τῶν πόλεων ἐπρονομεύσαμεν ἑαυτοῖς.

8 ⁸Καὶ ἐλάβομεν ἐν τῷ καιρῷ ἐκείνῳ τὴν γῆν ἐκ χειρῶν δύο βασι- λέων τῶν Αμορραίων, οἳ ἦσαν πέραν τοῦ Ιορδάνου ἀπὸ τοῦ χει- 9 μάρρου Αρνων καὶ ἕως Αερμων (⁹οἱ Φοίνικες ἐπονομάζουσιν τὸ 10 Αερμων Σανιωρ, καὶ ὁ Αμορραῖος ἐπωνόμασεν αὐτὸ Σανιρ), ¹⁰πᾶ- σαι πόλεις Μισωρ καὶ πᾶσα Γαλααδ καὶ πᾶσα Βασαν ἕως Σελχα 11 καὶ Εδραϊν, πόλεις βασιλείας τοῦ Ωγ ἐν τῇ Βασαν. ¹¹ὅτι πλὴν Ωγ βασιλεὺς Βασαν κατελείφθη ἀπὸ τῶν Ραφαϊν· ἰδοὺ ἡ κλίνη αὐτοῦ κλίνη σιδηρᾶ, ἰδοὺ αὕτη ἐν τῇ ἄκρᾳ τῶν υἱῶν Αμμων, ἐννέα πη- χῶν τὸ μῆκος αὐτῆς καὶ τεσσάρων πηχῶν τὸ εὖρος αὐτῆς ἐν 12 πήχει ἀνδρός. ¹²καὶ τὴν γῆν ἐκείνην ἐκληρονομήσαμεν ἐν τῷ και- ρῷ ἐκείνῳ ἀπὸ Αροηρ, ἥ ἐστιν ἐπὶ τοῦ χείλους χειμάρρου Αρνων, καὶ τὸ ἥμισυ ὄρους Γαλααδ καὶ τὰς πόλεις αὐτοῦ ἔδωκα τῷ Ρου- 13 βην καὶ τῷ Γαδ. ¹³καὶ τὸ κατάλοιπον τοῦ Γαλααδ καὶ πᾶσαν τὴν Βασαν, βασιλείαν Ωγ, ἔδωκα τῷ ἡμίσει φυλῆς Μανασση καὶ πᾶ- σαν περίχωρον Αργοβ, πᾶσαν τὴν Βασαν ἐκείνην· γῇ Ραφαϊν λο- 14 γισθήσεται. ¹⁴καὶ Ιαϊρ υἱὸς Μανασση ἔλαβεν πᾶσαν τὴν περίχωρον Αργοβ ἕως τῶν ὁρίων Γαργασι καὶ Ομαχαθι· ἐπωνόμασεν αὐτὰς ἐπὶ τῷ ὀνόματι αὐτοῦ τὴν Βασαν Αυωθ Ιαϊρ ἕως τῆς ἡμέρας ταύ- 15 16 της. ¹⁵καὶ τῷ Μαχιρ ἔδωκα τὴν Γαλααδ. ¹⁶καὶ τῷ Ρουβην καὶ τῷ Γαδ δέδωκα ἀπὸ τῆς Γαλααδ ἕως χειμάρρου Αρνων (μέσον τοῦ χειμάρρου ὅριον) καὶ ἕως τοῦ Ιαβοκ· ὁ χειμάρρους ὅριον τοῖς 17 υἱοῖς Αμμαν· ¹⁷καὶ ἡ Αραβα καὶ ὁ Ιορδάνης ὅριον Μαχαναρεθ καὶ ἕως θαλάσσης Αραβα, θαλάσσης ἁλυκῆς, ὑπὸ Ασηδωθ τὴν Φασγα 18 ἀνατολῶν. — ¹⁸καὶ ἐνετειλάμην ὑμῖν ἐν τῷ καιρῷ ἐκείνῳ λέγων Κύριος ὁ θεὸς ὑμῶν ἔδωκεν ὑμῖν τὴν γῆν ταύτην ἐν κλήρῳ· ἐνο- πλισάμενοι προπορεύεσθε πρὸ προσώπου τῶν ἀδελφῶν ὑμῶν υἱῶν 19 Ισραηλ, πᾶς δυνατός· ¹⁹πλὴν αἱ γυναῖκες ὑμῶν καὶ τὰ τέκνα ὑμῶν καὶ τὰ κτήνη ὑμῶν — οἶδα ὅτι πολλὰ κτήνη ὑμῖν — κατοικείτω- 20 σαν ἐν ταῖς πόλεσιν ὑμῶν, αἷς ἔδωκα ὑμῖν, ²⁰ἕως ἂν καταπαύσῃ κύριος ὁ θεὸς ὑμῶν τοὺς ἀδελφοὺς ὑμῶν ὥσπερ καὶ ὑμᾶς, καὶ κατακληρονομήσουσιν καὶ. οὗτοι τὴν γῆν, ἣν κύριος ὁ θεὸς ἡμῶν

8 και ult. > A || 9 επονομαζουσιν] επωνομασαν Bᶜ | αρμων B*† || 10 σελ- χα pau.] ελχα BA | εδρα(ε)ιν W] -ειμ BA⁽†⁾: cf. I | βασιλειαι B || 11 απο] υπο B*† | αμμων] -μαν ABᶜ | αυτης ult. > B*† || 12 εκληρον.] επρονομευ- σαμεν B* | επι του χειλους] παρα το -λος ABᶜ | ορους] pr. του ABᶜ || 13 περιχωρον] pr. την A | την ult.] γην B⁽†⁾ || 14 την 1⁰ > B*† | αργοβ] αρβοκ B* | γαρτασει B*† | ομαχαθι] ο ιαειρ A | αυτας] -το A | βασαν] βασ- σεμαθ B*† || 16 εδωκα ABᶜ | μεσον τ. χ. οριον > B*† || 17 μαχαναρεθ] απο μαχενερεθ A || 18 υμων 1⁰] ημ. B | δεδωκεν A || 19 κτηνη 2⁰] pr. τα A† || 20 υμων 1⁰ > A

δίδωσιν αὐτοῖς ἐν τῷ πέραν τοῦ Ιορδάνου, καὶ ἐπαναστραφήσεσθε
ἕκαστος εἰς τὴν κληρονομίαν αὐτοῦ, ἣν ἔδωκα ὑμῖν.

²¹ Καὶ τῷ Ἰησοῖ ἐνετειλάμην ἐν τῷ καιρῷ ἐκείνῳ λέγων Οἱ 21
ὀφθαλμοὶ ὑμῶν ἑωράκασιν πάντα, ὅσα ἐποίησεν κύριος ὁ θεὸς
ἡμῶν τοῖς δυσὶ βασιλεῦσι τούτοις· οὕτως ποιήσει κύριος ὁ θεὸς
ἡμῶν πάσας τὰς βασιλείας, ἐφ᾽ ἃς σὺ διαβαίνεις ἐκεῖ· ²² οὐ φοβη- 22
θήσεσθε, ὅτι κύριος ὁ θεὸς ἡμῶν αὐτὸς πολεμήσει περὶ ὑμῶν. —
²³ καὶ ἐδεήθην κυρίου ἐν τῷ καιρῷ ἐκείνῳ λέγων ²⁴ Κύριε κύριε, σὺ $\genfrac{}{}{0pt}{}{23}{24}$
ἤρξω δεῖξαι τῷ σῷ θεράποντι τὴν ἰσχύν σου καὶ τὴν δύναμίν σου
καὶ τὴν χεῖρα τὴν κραταιὰν καὶ τὸν βραχίονα τὸν ὑψηλόν· τίς γάρ
ἐστιν θεὸς ἐν τῷ οὐρανῷ ἢ ἐπὶ τῆς γῆς, ὅστις ποιήσει καθὰ σὺ
ἐποίησας καὶ κατὰ τὴν ἰσχύν σου; ²⁵ διαβὰς οὖν ὄψομαι τὴν γῆν 25
τὴν ἀγαθὴν ταύτην τὴν οὖσαν πέραν τοῦ Ιορδάνου, τὸ ὄρος τοῦτο
τὸ ἀγαθὸν καὶ τὸν Ἀντιλίβανον. ²⁶ καὶ ὑπερεῖδεν κύριος ἐμὲ ἕνεκεν 26
ὑμῶν καὶ οὐκ εἰσήκουσέν μου, καὶ εἶπεν κύριος πρός με Ἱκανούσθω
σοι, μὴ προσθῇς ἔτι λαλῆσαι τὸν λόγον τοῦτον· ²⁷ ἀνάβηθι ἐπὶ 27
κορυφὴν Λελαξευμένου καὶ ἀναβλέψας τοῖς ὀφθαλμοῖς κατὰ θάλασ-
σαν καὶ βορρᾶν καὶ λίβα καὶ ἀνατολὰς καὶ ἰδὲ τοῖς ὀφθαλμοῖς σου·
ὅτι οὐ διαβήσῃ τὸν Ιορδάνην τοῦτον. ²⁸ καὶ ἔντειλαι Ἰησοῖ καὶ 28
κατίσχυσον αὐτὸν καὶ παρακάλεσον αὐτόν, ὅτι οὗτος διαβήσεται
πρὸ προσώπου τοῦ λαοῦ τούτου, καὶ αὐτὸς κατακληρονομήσει
αὐτοῖς τὴν γῆν, ἣν ἑώρακας. — ²⁹ καὶ ἐνεκαθήμεθα ἐν νάπῃ σύν- 29
εγγυς οἴκου Φογωρ.

¹ Καὶ νῦν, Ισραηλ, ἄκουε τῶν δικαιωμάτων καὶ τῶν κριμάτων, 4
ὅσα ἐγὼ διδάσκω ὑμᾶς σήμερον ποιεῖν, ἵνα ζῆτε καὶ πολυπλασια-
σθῆτε καὶ εἰσελθόντες κληρονομήσητε τὴν γῆν, ἣν κύριος ὁ θεὸς
τῶν πατέρων ὑμῶν δίδωσιν ὑμῖν. ² οὐ προσθήσετε πρὸς τὸ ῥῆμα, 2
ὃ ἐγὼ ἐντέλλομαι ὑμῖν, καὶ οὐκ ἀφελεῖτε ἀπ᾽ αὐτοῦ· φυλάσσεσθε
τὰς ἐντολὰς κυρίου τοῦ θεοῦ ὑμῶν, ὅσα ἐγὼ ἐντέλλομαι ὑμῖν
σήμερον. ³ οἱ ὀφθαλμοὶ ὑμῶν ἑωράκασιν πάντα, ὅσα ἐποίησεν κύ- 3
ριος ὁ θεὸς ἡμῶν τῷ Βεελφεγωρ, ὅτι πᾶς ἄνθρωπος, ὅστις ἐπο-
ρεύθη ὀπίσω Βεελφεγωρ, ἐξέτριψεν αὐτὸν κύριος ὁ θεὸς ὑμῶν ἐξ
ὑμῶν· ⁴ ὑμεῖς δὲ οἱ προσκείμενοι κυρίῳ τῷ θεῷ ὑμῶν ζῆτε πάν- 4
τες ἐν τῇ σήμερον. ⁵ ἴδετε δέδειχα ὑμῖν δικαιώματα καὶ κρίσεις, 5

21 ημων 1⁰] υμ. A† ‖ 22 φοβηθησεσθε] -θηση B*(uid.)†, + απ αυτων A ∣
πολεμει B*† ‖ 23 κυριου] pr. εναντιον B*† ‖ 24 κυριε 2⁰] ο θεος B*(uid.)†
∣ ηρξω] ηρξαι A ∣ εστιν > A ∣ τω ult. > A ∣ της > Bᶜ ∣ συ εποιησας] tr. A
‖ 25 τουτο > B* ‖ 27 κορυφη B*(uid.) ∣ λελαξ.] pr. του A ∣ αναβλεψον
A ∣ λιβα] νοτον A ‖ 28 κατισχυσον] ενισχ. A† ∣ κατισχ. ... παρακαλ.] tr. Bᶜ
∣ αυτος] ουτος Bᶜ ∣ την] pr. πασαν Bᶜ
4 1 κριματων] ρημ. A† ∣ και πολυπλασ. (cf. 8 1 11 8)] > A ‖ 2 προσθησεσθε
B* ∣ υμιν 1⁰] + σημερον Bᶜ ∣ τας] pr. πασας Bᶜ ∣ υμων] ημ. Bᶜ: item in 4 ∣
οσας Bᶜ ‖ 3 ημων] υμ. A ∣ υμων paenult.] ημ. ABᶜ ∣ υμων ult.] ημ. B*

καθὰ ἐνετείλατό μοι κύριος, ποιῆσαι οὕτως ἐν τῇ γῇ, εἰς ἣν ὑμεῖς
6 εἰσπορεύεσθε ἐκεῖ κληρονομεῖν αὐτήν· ⁶καὶ φυλάξεσθε καὶ ποιή-
σετε, ὅτι αὕτη ἡ σοφία ὑμῶν καὶ ἡ σύνεσις ἐναντίον πάντων
τῶν ἐθνῶν, ὅσοι ἐὰν ἀκούσωσιν πάντα τὰ δικαιώματα ταῦτα καὶ
ἐροῦσιν Ἰδοὺ λαὸς σοφὸς καὶ ἐπιστήμων τὸ ἔθνος τὸ μέγα τοῦτο.
7 ⁷ὅτι ποῖον ἔθνος μέγα, ᾧ ἐστιν αὐτῷ θεὸς ἐγγίζων αὐτοῖς ὡς
8 κύριος ὁ θεὸς ἡμῶν ἐν πᾶσιν, οἷς ἐὰν αὐτὸν ἐπικαλεσώμεθα; ⁸καὶ
ποῖον ἔθνος μέγα, ᾧ ἐστιν αὐτῷ δικαιώματα καὶ κρίματα δίκαια
κατὰ πάντα τὸν νόμον τοῦτον, ὃν ἐγὼ δίδωμι ἐνώπιον ὑμῶν σή-
9 μερον; ⁹πρόσεχε σεαυτῷ καὶ φύλαξον τὴν ψυχήν σου σφόδρα,
μὴ ἐπιλάθῃ πάντας τοὺς λόγους, οὓς ἑωράκασιν οἱ ὀφθαλμοί σου·
καὶ μὴ ἀποστήτωσαν ἀπὸ τῆς καρδίας σου πάσας τὰς ἡμέρας τῆς
ζωῆς σου, καὶ συμβιβάσεις τοὺς υἱούς σου καὶ τοὺς υἱοὺς τῶν
10 υἱῶν σου ¹⁰ἡμέραν, ἣν ἔστητε ἐναντίον κυρίου τοῦ θεοῦ ὑμῶν ἐν
Χωρηβ τῇ ἡμέρᾳ τῆς ἐκκλησίας, ὅτε εἶπεν κύριος πρός με Ἐκκλη-
σίασον πρός με τὸν λαόν, καὶ ἀκουσάτωσαν τὰ ῥήματά μου, ὅπως
μάθωσιν φοβεῖσθαί με πάσας τὰς ἡμέρας, ἃς αὐτοὶ ζῶσιν ἐπὶ τῆς
11 γῆς, καὶ τοὺς υἱοὺς αὐτῶν διδάξωσιν. ¹¹καὶ προσήλθετε καὶ ἔστητε
ὑπὸ τὸ ὄρος, καὶ τὸ ὄρος ἐκαίετο πυρὶ ἕως τοῦ οὐρανοῦ, σκότος,
12 γνόφος, θύελλα, φωνὴ μεγάλη. ¹²καὶ ἐλάλησεν κύριος πρὸς ὑμᾶς
ἐκ μέσου τοῦ πυρός· φωνὴν ῥημάτων ὑμεῖς ἠκούσατε καὶ ὁμοίωμα
13 οὐκ εἴδετε, ἀλλ' ἢ φωνήν· ¹³καὶ ἀνήγγειλεν ὑμῖν τὴν διαθήκην αὐ-
τοῦ, ἣν ἐνετείλατο ὑμῖν ποιεῖν, τὰ δέκα ῥήματα, καὶ ἔγραψεν αὐτὰ
14 ἐπὶ δύο πλάκας λιθίνας. ¹⁴καὶ ἐμοὶ ἐνετείλατο κύριος ἐν τῷ καιρῷ
ἐκείνῳ διδάξαι ὑμᾶς δικαιώματα καὶ κρίσεις ποιεῖν αὐτὰ ὑμᾶς ἐπὶ
15 τῆς γῆς, εἰς ἣν ὑμεῖς εἰσπορεύεσθε ἐκεῖ κληρονομεῖν αὐτήν. ¹⁵καὶ
φυλάξεσθε σφόδρα τὰς ψυχὰς ὑμῶν, ὅτι οὐκ εἴδετε ὁμοίωμα ἐν
τῇ ἡμέρᾳ, ᾗ ἐλάλησεν κύριος πρὸς ὑμᾶς ἐν Χωρηβ ἐν τῷ ὄρει ἐκ
16 μέσου τοῦ πυρός. ¹⁶μὴ ἀνομήσητε καὶ ποιήσητε ὑμῖν ἑαυτοῖς
γλυπτὸν ὁμοίωμα, πᾶσαν εἰκόνα, ὁμοίωμα ἀρσενικοῦ ἢ θηλυκοῦ,
17 ¹⁷ὁμοίωμα παντὸς κτήνους τῶν ὄντων ἐπὶ τῆς γῆς, ὁμοίωμα παν-
18 τὸς ὀρνέου πτερωτοῦ, ὃ πέταται ὑπὸ τὸν οὐρανόν, ¹⁸ὁμοίωμα
παντὸς ἑρπετοῦ, ὃ ἕρπει ἐπὶ τῆς γῆς, ὁμοίωμα παντὸς ἰχθύος,
19 ὅσα ἐστὶν ἐν τοῖς ὕδασιν ὑποκάτω τῆς γῆς. ¹⁹καὶ ·μὴ ἀναβλέψας
εἰς τὸν οὐρανὸν καὶ ἰδὼν τὸν ἥλιον καὶ τὴν σελήνην καὶ τοὺς
ἀστέρας καὶ πάντα τὸν κόσμον τοῦ οὐρανοῦ πλανηθεὶς προσκυνή-

5 κυριος] + ο θεος μου A | ουτως] + υμας A | υμεις > A† ‖ 6 των > B*
‖ 7 αυτω] pr. εν A: item A† in 8 ‖ 8 ενωπ. υμων] υμιν B* ‖ 9 φυλα-
ξαι Bᶜ ‖ 10 εναντιον] ενωπιον ABᶜ | υμων] ημ. B | ας] οσας ABᶜ | διδα-
ξωσιν W] -ξουσιν BA ‖ 11 φωνη μεγ.] > A, μεγ. > B*(uid.)†; cf. 5 22 ‖
12 κυριος] + ο θεος Bᶜ | υμας] + εν τω ορει ABᶜ | υμεις] pr. ην B† ‖ 14 εμοι]
μοι B† | αυτα υμας] tr. A | κληρονομησαι A ‖ 15 ουκ ειδ. / ομοιωμα] tr. Bᶜ
‖ 16 η] και A† ‖ 18 οσα] α B†

σης αὐτοῖς καὶ λατρεύσῃς αὐτοῖς, ἃ ἀπένειμεν κύριος ὁ θεός σου αὐτὰ πᾶσιν τοῖς ἔθνεσιν τοῖς ὑποκάτω τοῦ οὐρανοῦ. ²⁰ὑμᾶς δὲ 20 ἔλαβεν ὁ θεὸς καὶ ἐξήγαγεν ὑμᾶς ἐκ τῆς καμίνου τῆς σιδηρᾶς ἐξ Αἰγύπτου εἶναι αὐτῷ λαὸν ἔγκληρον ὡς ἐν τῇ ἡμέρᾳ ταύτῃ. ²¹καὶ 21 κύριος ἐθυμώθη μοι περὶ τῶν λεγομένων ὑφ' ὑμῶν καὶ ὤμοσεν ἵνα μὴ διαβῶ τὸν Ἰορδάνην τοῦτον καὶ ἵνα μὴ εἰσέλθω εἰς τὴν γῆν, ἣν κύριος ὁ θεὸς δίδωσίν σοι ἐν κλήρῳ· ²²ἐγὼ γὰρ ἀποθνή- 22 σκω ἐν τῇ γῇ ταύτῃ καὶ οὐ διαβαίνω τὸν Ἰορδάνην τοῦτον, ὑμεῖς δὲ διαβαίνετε καὶ κληρονομήσετε τὴν γῆν τὴν ἀγαθὴν ταύτην. ²³προσέχετε ὑμεῖς, μὴ ἐπιλάθησθε τὴν διαθήκην κυρίου τοῦ θεοῦ 23 ὑμῶν, ἣν διέθετο πρὸς ὑμᾶς, καὶ ποιήσητε ὑμῖν ἑαυτοῖς γλυπτὸν ὁμοίωμα πάντων, ὧν συνέταξεν κύριος ὁ θεός σου· ²⁴ὅτι κύριος 24 ὁ θεός σου πῦρ καταναλίσκον ἐστίν, θεὸς Ζηλωτής.

²⁵Ἐὰν δὲ γεννήσῃς υἱοὺς καὶ υἱοὺς τῶν υἱῶν σου καὶ χρονί- 25 σητε ἐπὶ τῆς γῆς καὶ ἀνομήσητε καὶ ποιήσητε γλυπτὸν ὁμοίωμα παντὸς καὶ ποιήσητε τὰ πονηρὰ ἐναντίον κυρίου τοῦ θεοῦ ὑμῶν παροργίσαι αὐτόν, ²⁶διαμαρτύρομαι ὑμῖν σήμερον τόν τε οὐρανὸν 26 καὶ τὴν γῆν ὅτι ἀπωλείᾳ ἀπολεῖσθε ἀπὸ τῆς γῆς, εἰς ἣν ὑμεῖς δια- βαίνετε τὸν Ἰορδάνην ἐκεῖ κληρονομῆσαι αὐτήν· οὐχὶ πολυχρονιεῖτε ἡμέρας ἐπ' αὐτῆς, ἀλλ' ἢ ἐκτριβῇ ἐκτριβήσεσθε. ²⁷καὶ διασπερεῖ 27 κύριος ὑμᾶς ἐν πᾶσιν τοῖς ἔθνεσιν καὶ καταλειφθήσεσθε ὀλίγοι ἀριθμῷ ἐν τοῖς ἔθνεσιν, εἰς οὓς εἰσάξει κύριος ὑμᾶς ἐκεῖ. ²⁸καὶ 28 λατρεύσετε ἐκεῖ θεοῖς ἑτέροις, ἔργοις χειρῶν ἀνθρώπων, ξύλοις καὶ λίθοις, οἳ οὐκ ὄψονται οὐδὲ μὴ ἀκούσωσιν οὔτε μὴ φάγωσιν οὔτε μὴ ὀσφρανθῶσιν. ²⁹καὶ ζητήσετε ἐκεῖ κύριον τὸν θεὸν ὑμῶν καὶ 29 εὑρήσετε, ὅταν ἐκζητήσητε αὐτὸν ἐξ ὅλης τῆς καρδίας σου καὶ ἐξ ὅλης τῆς ψυχῆς σου ἐν τῇ θλίψει σου· ³⁰καὶ εὑρήσουσίν σε πάν- 30 τες οἱ λόγοι οὗτοι ἐπ' ἐσχάτῳ τῶν ἡμερῶν, καὶ ἐπιστραφήσῃ πρὸς κύριον τὸν θεόν σου καὶ εἰσακούσῃ τῆς φωνῆς αὐτοῦ· ³¹ὅτι θεὸς 31 οἰκτίρμων κύριος ὁ θεός σου, οὐκ ἐγκαταλείψει σε οὐδὲ μὴ ἐκ- τρίψει σε, οὐκ ἐπιλήσεται τὴν διαθήκην τῶν πατέρων σου, ἣν ὤμοσεν αὐτοῖς. ³²ἐπερωτήσατε ἡμέρας προτέρας τὰς γενομένας 32 προτέρας σου ἀπὸ τῆς ἡμέρας, ἧς ἔκτισεν ὁ θεὸς ἄνθρωπον ἐπὶ τῆς γῆς, καὶ ἐπὶ τὸ ἄκρον τοῦ οὐρανοῦ ἕως ἄκρου τοῦ οὐρανοῦ,

---

19 αυτα > Bᶜ ‖ 20 ο θεος] pr. κυριος A, κυριος ÷ ο θεος O | υμας 2⁰] ημ. B†, + εκ της αιγυπτου B† | εγκληρον] ευκλ. B*† ‖ 21 κυριος 1⁰] + ο θεος Bᶜ | υμων] ημ. A | θεος] + σου B (in O sub ※) ‖ 22 τουτον] > B*, in O sub ÷ ‖ 23 υμεις] υμιν B*† | και] + ανομησητε και Bᶜ | συνεταξεν] + σοι ABᶜ ‖ 25 το πονηρον ABᶜ(om.το) | εναντι A ‖ 26 αυτην > B† ‖ 27 ολιγω A | τοις ult.] pr. πασι(ν) ABᶜ ‖ 29 ζητησετε] pr. εκ A | υμων W] ημ. BA | ευρησετε] + αυτον A | σου 1⁰] υμων Aʳ ‖ 30 εσχατω B†] -του A | προς] επι A ‖ 31 fin.] + κυριος Bᶜ ‖ 32 ανθρωπον] pr. τον A | ακρου] pr. του Bᶜ

εἰ γέγονεν κατὰ τὸ ῥῆμα τὸ μέγα τοῦτο, εἰ ἤκουσται τοιοῦτο·
33 ³³εἰ ἀκήκοεν ἔθνος φωνὴν θεοῦ ζῶντος λαλοῦντος ἐκ μέσου τοῦ
34 πυρός, ὃν τρόπον ἀκήκοας σὺ καὶ ἔζησας· ³⁴εἰ ἐπείρασεν ὁ θεὸς
εἰσελθὼν λαβεῖν ἑαυτῷ ἔθνος ἐκ μέσου ἔθνους ἐν πειρασμῷ καὶ
ἐν σημείοις καὶ ἐν τέρασιν καὶ ἐν πολέμῳ καὶ ἐν χειρὶ κραταιᾷ
καὶ ἐν βραχίονι ὑψηλῷ καὶ ἐν ὁράμασιν μεγάλοις κατὰ πάντα,
ὅσα ἐποίησεν κύριος ὁ θεὸς ἡμῶν ἐν Αἰγύπτῳ ἐνώπιόν σου βλέ-
35 ποντος· ³⁵ὥστε εἰδῆσαί σε ὅτι κύριος ὁ θεός σου, οὗτος θεός
36 ἐστιν, καὶ οὐκ ἔστιν ἔτι πλὴν αὐτοῦ. ³⁶ἐκ τοῦ οὐρανοῦ ἀκουστὴ
ἐγένετο ἡ φωνὴ αὐτοῦ παιδεῦσαί σε, καὶ ἐπὶ τῆς γῆς ἔδειξέν σοι
τὸ πῦρ αὐτοῦ τὸ μέγα, καὶ τὰ ῥήματα αὐτοῦ ἤκουσας ἐκ μέσου
37 τοῦ πυρός. ³⁷διὰ τὸ ἀγαπῆσαι αὐτὸν τοὺς πατέρας σου καὶ ἐξε-
λέξατο τὸ σπέρμα αὐτῶν μετ᾽ αὐτοὺς ὑμᾶς καὶ ἐξήγαγέν σε αὐτὸς
38 ἐν τῇ ἰσχύι αὐτοῦ τῇ μεγάλῃ ἐξ Αἰγύπτου ³⁸ἐξολεθρεῦσαι ἔθνη
μεγάλα καὶ ἰσχυρότερά σου πρὸ προσώπου σου εἰσαγαγεῖν σε
δοῦναί σοι τὴν γῆν αὐτῶν κληρονομεῖν, καθὼς ἔχεις σήμερον.
39 ³⁹καὶ γνώσῃ σήμερον καὶ ἐπιστραφήσῃ τῇ διανοίᾳ ὅτι κύριος ὁ
θεός σου, οὗτος θεὸς ἐν τῷ οὐρανῷ ἄνω καὶ ἐπὶ τῆς γῆς κάτω,
40 καὶ οὐκ ἔστιν ἔτι πλὴν αὐτοῦ· ⁴⁰καὶ φυλάξῃ τὰ δικαιώματα αὐτοῦ
καὶ τὰς ἐντολὰς αὐτοῦ, ὅσας ἐγὼ ἐντέλλομαί σοι σήμερον, ἵνα εὖ
σοι γένηται καὶ τοῖς υἱοῖς σου μετὰ σέ, ὅπως μακροήμεροι γέ-
νησθε ἐπὶ τῆς γῆς, ἧς κύριος ὁ θεός σου δίδωσίν σοι πάσας
τὰς ἡμέρας.
41 ⁴¹Τότε ἀφώρισεν Μωυσῆς τρεῖς πόλεις πέραν τοῦ Ιορδάνου ἀπὸ
42 ἀνατολῶν ἡλίου ⁴²φυγεῖν ἐκεῖ τὸν φονευτήν, ὃς ἂν φονεύσῃ τὸν
πλησίον οὐκ εἰδὼς καὶ οὗτος οὐ μισῶν αὐτὸν πρὸ τῆς ἐχθὲς καὶ
τρίτης, καὶ καταφεύξεται εἰς μίαν τῶν πόλεων τούτων καὶ ζήσεται·
43 ⁴³τὴν Βοσορ ἐν τῇ ἐρήμῳ ἐν τῇ γῇ τῇ πεδινῇ τῷ Ρουβην καὶ τὴν
Ραμωθ ἐν Γαλααδ τῷ Γαδδι καὶ τὴν Γαυλων ἐν Βασαν τῷ Μανασση.
44 ⁴⁴Οὗτος ὁ νόμος, ὃν παρέθετο Μωυσῆς ἐνώπιον υἱῶν Ισραηλ·
45 ⁴⁵ταῦτα τὰ μαρτύρια καὶ τὰ δικαιώματα καὶ τὰ κρίματα, ὅσα ἐλά-
λησεν Μωυσῆς τοῖς υἱοῖς Ισραηλ ἐν τῇ ἐρήμῳ ἐξελθόντων αὐτῶν
46 ἐκ γῆς Αἰγύπτου ⁴⁶ἐν τῷ πέραν τοῦ Ιορδάνου ἐν φάραγγι ἐγγὺς
οἴκου Φογωρ ἐν γῇ Σηων βασιλέως τῶν Αμορραίων, ὃς κατῴκει
ἐν Εσεβων, οὓς ἐπάταξεν Μωυσῆς καὶ οἱ υἱοὶ Ισραηλ ἐξελθόντων
47 αὐτῶν ἐκ γῆς Αἰγύπτου ⁴⁷καὶ ἐκληρονόμησαν τὴν γῆν αὐτοῦ καὶ

32 ει ηκ. τοιουτο > A† ‖ 34 και εν οραμ. μεγ. > B*† ǀ κυριος > B*† ‖
35 ειδησαι B†] -δεναι A ǀ ουτος] αυτος A ǀ ετι] αλλος A† ‖ 36 ακουστη —
φωνη] ακουστην σοι εποιησεν την φωνην A ‖ 38 init.] pr. και B*† ‖
40 φυλαξασθε B† ǀ οσας] ας Bᶜ ǀ μακροημεροι] μακροχρονιοι A† ‖ 42 φευ-
γειν B*A†] ος αν] pr. ος αν φυγη εκει και ζησεται Bᶜ: ex 19 4 ǀ και τριτης]
ουδε προ της τριτης B*(†) ‖ 45 και τα κριμ. > B* ǀ εν τη ερημω] > B, in
O sub ÷ ‖ 46 ους] ον ABᶜ

τὴν γῆν Ὢγ βασιλέως τῆς Βασαν, δύο βασιλέων τῶν Αμορραίων,
οἳ ἦσαν πέραν τοῦ Ιορδάνου κατ᾽ ἀνατολὰς ἡλίου, ⁴⁸ἀπὸ Αροηρ, 48
ἥ ἐστιν ἐπὶ τοῦ χείλους χειμάρρου Αρνων, καὶ ἐπὶ τοῦ ὄρους τοῦ
Σηων, ὅ ἐστιν Αερμων, ⁴⁹πᾶσαν τὴν Αραβα πέραν τοῦ Ιορδάνου 49
κατ᾽ ἀνατολὰς ἡλίου ὑπὸ Ασηδωθ τὴν λαξευτήν.

¹Καὶ ἐκάλεσεν Μωυσῆς πάντα Ισραηλ καὶ εἶπεν πρὸς αὐτούς 5
Ἄκουε, Ισραηλ, τὰ δικαιώματα καὶ τὰ κρίματα, ὅσα ἐγὼ λαλῶ ἐν
τοῖς ὠσὶν ὑμῶν ἐν τῇ ἡμέρᾳ ταύτῃ, καὶ μαθήσεσθε αὐτὰ καὶ φυλά-
ξεσθε ποιεῖν αὐτά. ²κύριος ὁ θεὸς ὑμῶν διέθετο πρὸς ὑμᾶς δια- 2
θήκην ἐν Χωρηβ· ³οὐχὶ τοῖς πατράσιν ὑμῶν διέθετο κύριος τὴν 3
διαθήκην ταύτην, ἀλλ᾽ ἢ πρὸς ὑμᾶς, ὑμεῖς ὧδε πάντες ζῶντες σή-
μερον· ⁴πρόσωπον κατὰ πρόσωπον ἐλάλησεν κύριος πρὸς ὑμᾶς 4
ἐν τῷ ὄρει ἐκ μέσου τοῦ πυρός — ⁵κἀγὼ εἱστήκειν ἀνὰ μέσον 5
κυρίου καὶ ὑμῶν ἐν τῷ καιρῷ ἐκείνῳ ἀναγγεῖλαι ὑμῖν τὰ ῥήματα
κυρίου, ὅτι ἐφοβήθητε ἀπὸ προσώπου τοῦ πυρὸς καὶ οὐκ ἀνέβητε
εἰς τὸ ὄρος — λέγων

⁶Ἐγὼ κύριος ὁ θεός σου ὁ ἐξαγαγών σε ἐκ γῆς Αἰγύπτου ἐξ 6
οἴκου δουλείας. ⁷οὐκ ἔσονταί σοι θεοὶ ἕτεροι πρὸ προσώπου μου. 7
— ⁸οὐ ποιήσεις σεαυτῷ εἴδωλον οὐδὲ παντὸς ὁμοίωμα, ὅσα ἐν 8
τῷ οὐρανῷ ἄνω καὶ ὅσα ἐν τῇ γῇ κάτω καὶ ὅσα ἐν τοῖς ὕδασιν
ὑποκάτω τῆς γῆς. ⁹οὐ προσκυνήσεις αὐτοῖς οὐδὲ μὴ λατρεύσῃς 9
αὐτοῖς, ὅτι ἐγώ εἰμι κύριος ὁ θεός σου, θεὸς ζηλωτὴς ἀποδιδοὺς
ἁμαρτίας πατέρων ἐπὶ τέκνα ἐπὶ τρίτην καὶ τετάρτην γενεὰν τοῖς
μισοῦσίν με ¹⁰καὶ ποιῶν ἔλεος εἰς χιλιάδας τοῖς ἀγαπῶσίν με καὶ 10
τοῖς φυλάσσουσιν τὰ προστάγματά μου. — ¹¹οὐ λήμψῃ τὸ ὄνομα 11
κυρίου τοῦ θεοῦ σου ἐπὶ ματαίῳ· οὐ γὰρ μὴ καθαρίσῃ κύριος τὸν
λαμβάνοντα τὸ ὄνομα αὐτοῦ ἐπὶ ματαίῳ. — ¹²φύλαξαι τὴν ἡμέ- 12
ραν τῶν σαββάτων ἁγιάζειν αὐτήν, ὃν τρόπον ἐνετείλατό σοι κύ-
ριος ὁ θεός σου. ¹³ἓξ ἡμέρας ἐργᾷ καὶ ποιήσεις πάντα τὰ ἔργα 13
σου· ¹⁴τῇ δὲ ἡμέρᾳ τῇ ἑβδόμῃ σάββατα κυρίῳ τῷ θεῷ σου, οὐ 14
ποιήσεις ἐν αὐτῇ πᾶν ἔργον, σὺ καὶ οἱ υἱοί σου καὶ ἡ θυγάτηρ
σου, ὁ παῖς σου καὶ ἡ παιδίσκη σου, ὁ βοῦς σου καὶ τὸ ὑποζύ-
γιόν σου καὶ πᾶν κτῆνός σου καὶ ὁ προσήλυτος ὁ παροικῶν ἐν σοί,

48 επι το χειλος B*† ‖ 49 περαν] pr. ο εστιν A† | υπο] απο B*A
5 3 κυριος > A† ‖ 4 εν τω ορει > A† ‖ 5 τα ρηματα] ενωπιον A† ‖
6 εγω B*†] + ειμι ABᶜ (in O sub ※) | ο εξαγαγων] οστις εξηγαγον A: cf.
Exod. 20 2 ‖ 7 προ προσωπου μου] πλην εμου A: cf. Exod. 20 3 ‖ 8 ει-
δωλον] γλυπτον A | τω υδατι A ‖ 9 ουδε μη λατρευσης] και ου λατρευσεις
A | οτι εγω] εγω γαρ B*†: cf. Exod. 20 5 ‖ 11 κυριος] + ο θεος σου Bᶜ:
cf. Exod. 20 7 ‖ 14 οι υιοι] ο υιος ABᶜ: cf. Exod. 20 10 | και 6⁰ > B*† |
σοι] + εν γαρ εξ ημεραις εποιησεν κυριος τον τε ουρανον και την γην και την
θαλασσαν και παντα τα εν αυτοις B*†: ex Exod. 20 11

ἵνα ἀναπαύσηται ὁ παῖς σου καὶ ἡ παιδίσκη σου ὥσπερ καὶ σύ·
15 ¹⁵καὶ μνησθήσῃ ὅτι οἰκέτης ἦσθα ἐν γῇ Αἰγύπτῳ καὶ ἐξήγαγέν σε
κύριος ὁ θεός σου ἐκεῖθεν ἐν χειρὶ κραταιᾷ καὶ ἐν βραχίονι ὑψη-
λῷ, διὰ τοῦτο συνέταξέν σοι κύριος ὁ θεός σου ὥστε φυλάσ-
16 σεσθαι τὴν ἡμέραν τῶν σαββάτων καὶ ἁγιάζειν αὐτήν. — ¹⁶τίμα
τὸν πατέρα σου καὶ τὴν μητέρα σου, ὃν τρόπον ἐνετείλατό σοι
κύριος ὁ θεός σου, ἵνα εὖ σοι γένηται, καὶ ἵνα μακροχρόνιος γένῃ
17
18 ἐπὶ τῆς γῆς, ἧς κύριος ὁ θεός σου δίδωσίν σοι. — ¹⁷οὐ μοιχεύ-
20 σεις. — ¹⁸οὐ φονεύσεις. — ¹⁹οὐ κλέψεις. — ²⁰οὐ ψευδομαρτυ-
21 ρήσεις κατὰ τοῦ πλησίον σου μαρτυρίαν ψευδῆ. — ²¹οὐκ ἐπιθυ-
μήσεις τὴν γυναῖκα τοῦ πλησίον σου. οὐκ ἐπιθυμήσεις τὴν οἰκίαν
τοῦ πλησίον σου οὔτε τὸν ἀγρὸν αὐτοῦ οὔτε τὸν παῖδα αὐτοῦ
οὔτε τὴν παιδίσκην αὐτοῦ οὔτε τοῦ βοὸς αὐτοῦ οὔτε τοῦ ὑπο-
ζυγίου αὐτοῦ οὔτε παντὸς κτήνους αὐτοῦ οὔτε ὅσα τῷ πλησίον
σού ἐστιν.
22   ²²Τὰ ῥήματα ταῦτα ἐλάλησεν κύριος πρὸς πᾶσαν συναγωγὴν
ὑμῶν ἐν τῷ ὄρει ἐκ μέσου τοῦ πυρός, σκότος, γνόφος, θύελλα,
φωνὴ μεγάλη, καὶ οὐ προσέθηκεν· καὶ ἔγραψεν αὐτὰ ἐπὶ δύο πλά-
23 κας λιθίνας καὶ ἔδωκέν μοι. ²³καὶ ἐγένετο ὡς ἠκούσατε τὴν φωνὴν
ἐκ μέσου τοῦ πυρὸς καὶ τὸ ὄρος ἐκαίετο πυρί, καὶ προσήλθετε
πρός με, πάντες οἱ ἡγούμενοι τῶν φυλῶν ὑμῶν καὶ ἡ γερουσία
24 ὑμῶν, ²⁴καὶ ἐλέγετε Ἰδοὺ ἔδειξεν ἡμῖν κύριος ὁ θεὸς ἡμῶν τὴν
δόξαν αὐτοῦ, καὶ τὴν φωνὴν αὐτοῦ ἠκούσαμεν ἐκ μέσου τοῦ πυ-
ρός· ἐν τῇ ἡμέρᾳ ταύτῃ εἴδομεν ὅτι λαλήσει ὁ θεὸς πρὸς ἄνθρω-
25 πον, καὶ ζήσεται. ²⁵καὶ νῦν μὴ ἀποθάνωμεν, ὅτι ἐξαναλώσει ἡμᾶς
τὸ πῦρ τὸ μέγα τοῦτο, ἐὰν προσθώμεθα ἡμεῖς ἀκοῦσαι τὴν φωνὴν
26 κυρίου τοῦ θεοῦ ἡμῶν ἔτι, καὶ ἀποθανούμεθα. ²⁶τίς γὰρ σάρξ,
ἥτις ἤκουσεν φωνὴν θεοῦ ζῶντος λαλοῦντος ἐκ μέσου τοῦ πυρὸς
27 ὡς ἡμεῖς καὶ ζήσεται; ²⁷πρόσελθε σὺ καὶ ἄκουσον ὅσα ἐὰν εἴπῃ
κύριος ὁ θεὸς ἡμῶν, καὶ σὺ λαλήσεις πρὸς ἡμᾶς πάντα, ὅσα ἂν
λαλήσῃ κύριος ὁ θεὸς ἡμῶν πρὸς σέ, καὶ ἀκουσόμεθα καὶ ποιή-
28 σομεν. ²⁸καὶ ἤκουσεν κύριος τὴν φωνὴν τῶν λόγων ὑμῶν λαλούν-
των πρός με, καὶ εἶπεν κύριος πρός με Ἤκουσα τὴν φωνὴν τῶν
λόγων τοῦ λαοῦ τούτου, ὅσα ἐλάλησαν πρὸς σέ· ὀρθῶς πάντα,
29 ὅσα ἐλάλησαν. ²⁹τίς δώσει οὕτως εἶναι τὴν καρδίαν αὐτῶν ἐν
αὐτοῖς ὥστε φοβεῖσθαί με καὶ φυλάσσεσθαι τὰς ἐντολάς μου

14 σου ult.] + και το υποζυγιον σου Bᶜ ‖ 15 σοι] σε A† | φυλασσεσθαι]
-αξεσθαι A†, + σε ABᶜ ‖ 16 σοι 1⁰ > B*† | μακροχρονιος γενη A] -νιοι
ητε Bʳ ‖ 17 / 18] tr. A = 𝔐 ‖ 21 ουτε 1⁰ — 5⁰] ουδε A: cf. Exod. 20 17 |
οσα] pr. παντα ABᶜ | τω] του Bᶜ ‖ 22 λιθιvας > B*† | fin.] + κυριος Bᶜ
‖ 24 ημιν] post ημων tr. Bᶜ, > B* | o ult. > B*† ‖ 25 προσθωμεν A |
ημεις ακουσαι] tr. A ‖ 27 οσα 1⁰] pr. παντα Bᶜ | ημων 1⁰] + προς σε A |
ημων 1⁰ ⌢ 2⁰ B* ‖ 29 ουτως ειναι] tr. ABᶜ | φυλασσειν A

πάσας τὰς ἡμέρας, ἵνα εὖ ᾖ αὐτοῖς καὶ τοῖς υἱοῖς αὐτῶν δι᾽ αἰ-
ῶνος; ³⁰βάδισον εἰπὸν αὐτοῖς Ἀποστράφητε ὑμεῖς εἰς τοὺς οἴκους 30
ὑμῶν· ³¹σὺ δὲ αὐτοῦ στῆθι μετ᾽ ἐμοῦ, καὶ λαλήσω πρὸς σὲ τὰς 31
ἐντολὰς καὶ τὰ δικαιώματα καὶ τὰ κρίματα, ὅσα διδάξεις αὐτούς,
καὶ ποιείτωσαν ἐν τῇ γῇ, ἣν ἐγὼ δίδωμι αὐτοῖς ἐν κλήρῳ. ³²καὶ 32
φυλάξεσθε ποιεῖν ὃν τρόπον ἐνετείλατό σοι κύριος ὁ θεός σου·
οὐκ ἐκκλινεῖτε εἰς δεξιὰ οὐδὲ εἰς ἀριστερὰ ³³κατὰ πᾶσαν τὴν ὁδόν, 33
ἣν ἐνετείλατό σοι κύριος ὁ θεός σου πορεύεσθαι ἐν αὐτῇ, ὅπως
καταπαύσῃ σε καὶ εὖ σοι ᾖ καὶ μακροημερεύσητε ἐπὶ τῆς γῆς, ἧς
κληρονομήσετε.

¹Καὶ αὗται αἱ ἐντολαὶ καὶ τὰ δικαιώματα καὶ τὰ κρίματα, ὅσα 6
ἐνετείλατο κύριος ὁ θεὸς ἡμῶν διδάξαι ὑμᾶς ποιεῖν οὕτως ἐν τῇ
γῇ, εἰς ἣν ὑμεῖς εἰσπορεύεσθε ἐκεῖ κληρονομῆσαι αὐτήν, ²ἵνα φο- 2
βῆσθε κύριον τὸν θεὸν ὑμῶν φυλάσσεσθαι πάντα τὰ δικαιώματα
αὐτοῦ καὶ τὰς ἐντολὰς αὐτοῦ, ὅσας ἐγὼ ἐντέλλομαί σοι σήμερον,
σὺ καὶ οἱ υἱοί σου καὶ οἱ υἱοὶ τῶν υἱῶν σου πάσας τὰς ἡμέρας
τῆς ζωῆς σου, ἵνα μακροημερεύσητε. ³καὶ ἄκουσον, Ισραηλ, καὶ 3
φύλαξαι ποιεῖν, ὅπως εὖ σοι ᾖ καὶ ἵνα πληθυνθῆτε σφόδρα, καθ-
άπερ ἐλάλησεν κύριος ὁ θεὸς τῶν πατέρων σου δοῦναί σοι γῆν
ῥέουσαν γάλα καὶ μέλι.

⁴Καὶ ταῦτα τὰ δικαιώματα καὶ τὰ κρίματα, ὅσα ἐνετείλατο κύριος 4
τοῖς υἱοῖς Ισραηλ ἐν τῇ ἐρήμῳ ἐξελθόντων αὐτῶν ἐκ γῆς Αἰγύπτου
Ἄκουε, Ισραηλ· κύριος ὁ θεὸς ἡμῶν κύριος εἷς ἐστιν· ⁵καὶ ἀγα- 5
πήσεις κύριον τὸν θεόν σου ἐξ ὅλης τῆς καρδίας σου καὶ ἐξ ὅλης
τῆς ψυχῆς σου καὶ ἐξ ὅλης τῆς δυνάμεώς σου. ⁶καὶ ἔσται τὰ ῥή- 6
ματα ταῦτα, ὅσα ἐγὼ ἐντέλλομαί σοι σήμερον, ἐν τῇ καρδίᾳ σου
καὶ ἐν τῇ ψυχῇ σου· ⁷καὶ προβιβάσεις αὐτὰ τοὺς υἱούς σου καὶ 7
λαλήσεις ἐν αὐτοῖς καθήμενος ἐν οἴκῳ καὶ πορευόμενος ἐν ὁδῷ
καὶ κοιταζόμενος καὶ διανιστάμενος· ⁸καὶ ἀφάψεις αὐτὰ εἰς σημεῖον 8
ἐπὶ τῆς χειρός σου, καὶ ἔσται ἀσάλευτον πρὸ ὀφθαλμῶν σου· ⁹καὶ 9
γράψετε αὐτὰ ἐπὶ τὰς φλιὰς τῶν οἰκιῶν ὑμῶν καὶ τῶν πυλῶν ὑμῶν.

¹⁰Καὶ ἔσται ὅταν εἰσαγάγῃ σε κύριος ὁ θεός σου εἰς τὴν γῆν, 10
ἣν ὤμοσεν τοῖς πατράσιν σου τῷ Αβρααμ καὶ Ισαακ καὶ Ιακωβ
δοῦναί σοι, πόλεις μεγάλας καὶ καλάς, ἃς οὐκ ᾠκοδόμησας, ¹¹οἰκίας 11
πλήρεις πάντων ἀγαθῶν, ἃς οὐκ ἐνέπλησας, λάκκους λελατομη-
μένους, οὓς οὐκ ἐξελατόμησας, ἀμπελῶνας καὶ ἐλαιῶνας, οὓς οὐ

31 ποιειτωσαν] + ουτω Bᶜ ‖ 32 εκκλινεις A | εις 1⁰ (non 2⁰) > A ‖
33 σοι / κυρ. ο θεος σου] tr. A | εν αυτη > A | ης] ην A
6 1 κυριος > B* | υμεις εισπορ.] tr. A† | αυτην > A Bᶜ ‖ 2 υμων] ημ. A
| φυλασσεσθαι M] -σθε BA | οσας] ας A Bᶜ ‖ 3 οπως] ινα Bᶜ | σοι η] tr. A
‖ 4 κυριος 1⁰] μωυσης B*(uid.) | εν τη ερημω > B* ‖ 5 καρδιας A] διανοι-
ας Bʳ ‖ 7 αυτα > B*† | διανισταμενος] δι > A ‖ 9 γραψεις A ‖ 10 ωμο-
σεν] + κυριος B† | ισαακ et ιακωβ] pr. τω Bᶜ ‖ 11 εξελατομησας] εξ > B*

12 κατεφύτευσας, καὶ φαγὼν καὶ ἐμπλησθεὶς ¹²πρόσεχε σεαυτῷ, μὴ
ἐπιλάθῃ κυρίου τοῦ θεοῦ σου τοῦ ἐξαγαγόντος σε ἐκ γῆς Αἰγύ-
13 πτου ἐξ οἴκου δουλείας. ¹³κύριον τὸν θεόν σου φοβηθήσῃ καὶ
αὐτῷ λατρεύσεις καὶ πρὸς αὐτὸν κολληθήσῃ καὶ τῷ ὀνόματι αὐ-
14 τοῦ ὀμῇ. ¹⁴οὐ πορεύσεσθε ὀπίσω θεῶν ἑτέρων ἀπὸ τῶν θεῶν
15 τῶν ἐθνῶν τῶν περικύκλῳ ὑμῶν, ¹⁵ὅτι θεὸς ζηλωτὴς κύριος ὁ
θεός σου ἐν σοί, μὴ ὀργισθεὶς θυμωθῇ κύριος ὁ θεός σου ἐν σοὶ
καὶ ἐξολεθρεύσῃ σε ἀπὸ προσώπου τῆς γῆς.
16 ¹⁶Οὐκ ἐκπειράσεις κύριον τὸν θεόν σου, ὃν τρόπον ἐξεπειράσασθε
17 ἐν τῷ Πειρασμῷ. ¹⁷φυλάσσων φυλάξῃ τὰς ἐντολὰς κυρίου τοῦ
θεοῦ σου, τὰ μαρτύρια καὶ τὰ δικαιώματα, ὅσα ἐνετείλατό σοι·
18 ¹⁸καὶ ποιήσεις τὸ ἀρεστὸν καὶ τὸ καλὸν ἐναντίον κυρίου τοῦ θεοῦ
ὑμῶν, ἵνα εὖ σοι γένηται καὶ εἰσέλθῃς καὶ κληρονομήσῃς τὴν γῆν
19 τὴν ἀγαθήν, ἣν ὤμοσεν κύριος τοῖς πατράσιν ὑμῶν ¹⁹ἐκδιῶξαι
πάντας τοὺς ἐχθρούς σου πρὸ προσώπου σου, καθὰ ἐλάλησεν.
20 ²⁰Καὶ ἔσται ὅταν ἐρωτήσῃ σε ὁ υἱός σου αὔριον λέγων Τί ἐστιν
τὰ μαρτύρια καὶ τὰ δικαιώματα καὶ τὰ κρίματα, ὅσα ἐνετείλατο
21 κύριος ὁ θεὸς ἡμῶν ἡμῖν; ²¹καὶ ἐρεῖς τῷ υἱῷ σου Οἰκέται ἦμεν
τῷ Φαραω ἐν γῇ Αἰγύπτῳ, καὶ ἐξήγαγεν ἡμᾶς κύριος ἐκεῖθεν ἐν
22 χειρὶ κραταιᾷ καὶ ἐν βραχίονι ὑψηλῷ. ²²καὶ ἔδωκεν κύριος σημεῖα
καὶ τέρατα μεγάλα καὶ πονηρὰ ἐν Αἰγύπτῳ ἐν Φαραω καὶ ἐν τῷ
23 οἴκῳ αὐτοῦ ἐνώπιον ἡμῶν· ²³καὶ ἡμᾶς ἐξήγαγεν ἐκεῖθεν, ἵνα εἰσα-
γάγῃ ἡμᾶς δοῦναι ἡμῖν τὴν γῆν ταύτην, ἣν ὤμοσεν δοῦναι τοῖς
24 πατράσιν ἡμῶν. ²⁴καὶ ἐνετείλατο ἡμῖν κύριος ποιεῖν πάντα τὰ δι-
καιώματα ταῦτα φοβεῖσθαι κύριον τὸν θεὸν ἡμῶν, ἵνα εὖ ᾖ ἡμῖν
25 πάσας τὰς ἡμέρας, ἵνα ζῶμεν ὥσπερ καὶ σήμερον. ²⁵καὶ ἐλεημο-
σύνη ἔσται ἡμῖν, ἐὰν φυλασσώμεθα ποιεῖν πάσας τὰς ἐντολὰς
ταύτας ἐναντίον κυρίου τοῦ θεοῦ ἡμῶν, καθὰ ἐνετείλατο ἡμῖν κύριος.
7 ¹Ἐὰν δὲ εἰσαγάγῃ σε κύριος ὁ θεός σου εἰς τὴν γῆν, εἰς ἣν
εἰσπορεύῃ ἐκεῖ κληρονομῆσαι, καὶ ἐξαρεῖ ἔθνη μεγάλα ἀπὸ προσ-

12 μη] + πλατυνθη η καρδια σου και A: cf. 11 16 ‖ 13 φοβηθ.] προσκυνη-
σεις A†: item in 10 20 | αυτω] + μονω A: item in 10 20 | τω] pr. επι A B c:
item A in 10 20 ‖ 14 πορευσεσθε V] -ευεσθε B(†), pr. μη A | των 1⁰ ⌒ 2⁰
B*† ‖ 15 θυμωθη] θυμω B c | εν 2⁰ > B† | και > B | εξολεθρευσει B*(uid.)
‖ 16 εξεπειρασατε B c ‖ 17 τα μαρτυρια] και τα μαρτ. αυτου A ‖ 18 αρε-
στον ... καλον] tr. A | υμων 1⁰ B*(†)] σου A B c: item 2⁰ B c | τοις] pr. δουναι
A† ‖ 19 fin.] + κυριος B (in O sub ※) ‖ 20 τι] τινα A ‖ 23 ημας εξη-
γαγεν] εξηγ. ημας κυριος ο θεος ημων A | ινα εισαγ. ημας > B*† | ωμοσεν] +
κυριος ο θεος ημων A | δουναι ult. — fin.] τοις πατρασιν ημων δουναι ημιν A
‖ 24 παντα — ταυτα] πασας τας εντολας και τα κριματα A | ευ η ημιν] πολυ-
ημεροι ωμεν A ‖ 25 εναντι A B c | κυριος > A
7 1 εαν — θεος] και εσται εν τω εισαγαγειν σε κυριον τον θεον A | κληρον.]
+ αυτην A | εξαρη A | μεγαλα B*†] + και πολλα A, + και πολλα και ισχυρα B c

ὥπου σου, τὸν Χετταῖον καὶ Γεργεσαῖον καὶ Αμορραῖον καὶ Χανα-
ναῖον καὶ Φερεζαῖον καὶ Ευαῖον καὶ Ιεβουσαῖον, ἑπτὰ ἔθνη πολλὰ
καὶ ἰσχυρότερα ὑμῶν, ²καὶ παραδώσει αὐτοὺς κύριος ὁ θεός σου   2
εἰς τὰς χεῖράς σου καὶ πατάξεις αὐτούς, ἀφανισμῷ ἀφανιεῖς αὐ-
τούς, οὐ διαθήσῃ πρὸς αὐτοὺς διαθήκην οὐδὲ μὴ ἐλεήσητε αὐτούς.
³οὐδὲ μὴ γαμβρεύσητε πρὸς αὐτούς· τὴν θυγατέρα σου οὐ δώσεις   3
τῷ υἱῷ αὐτοῦ καὶ τὴν θυγατέρα αὐτοῦ οὐ λήμψῃ τῷ υἱῷ σου·
⁴ἀποστήσει γὰρ τὸν υἱόν σου ἀπ᾽ ἐμοῦ, καὶ λατρεύσει θεοῖς ἑτέ-   4
ροις, καὶ ὀργισθήσεται θυμῷ κύριος εἰς ὑμᾶς καὶ ἐξολεθρεύσει σε
τὸ τάχος. ⁵ἀλλ᾽ οὕτως ποιήσετε αὐτοῖς· τοὺς βωμοὺς αὐτῶν καθ-   5
ελεῖτε καὶ τὰς στήλας αὐτῶν συντρίψετε καὶ τὰ ἄλση αὐτῶν ἐκ-
κόψετε καὶ τὰ γλυπτὰ τῶν θεῶν αὐτῶν κατακαύσετε πυρί· ⁶ὅτι   6
λαὸς ἅγιος εἶ κυρίῳ τῷ θεῷ σου, καὶ σὲ προείλατο κύριος ὁ θεός
σου εἶναί σε αὐτῷ λαὸν περιούσιον παρὰ πάντα τὰ ἔθνη, ὅσα ἐπὶ
προσώπου τῆς γῆς. ⁷οὐχ ὅτι πολυπληθεῖτε παρὰ πάντα τὰ ἔθνη,   7
προείλατο κύριος ὑμᾶς καὶ ἐξελέξατο ὑμᾶς — ὑμεῖς γάρ ἐστε ὀλι-
γοστοὶ παρὰ πάντα τὰ ἔθνη —, ⁸ἀλλὰ παρὰ τὸ ἀγαπᾶν κύριον   8
ὑμᾶς καὶ διατηρῶν τὸν ὅρκον, ὃν ὤμοσεν τοῖς πατράσιν ὑμῶν,
ἐξήγαγεν κύριος ὑμᾶς ἐν χειρὶ κραταιᾷ καὶ ἐν βραχίονι ὑψηλῷ καὶ
ἐλυτρώσατο ἐξ οἴκου δουλείας ἐκ χειρὸς Φαραω βασιλέως Αἰγύ-
πτου. ⁹καὶ γνώσῃ ὅτι κύριος ὁ θεός σου, οὗτος θεός, θεὸς πιστός,   9
ὁ φυλάσσων διαθήκην καὶ ἔλεος τοῖς ἀγαπῶσιν αὐτὸν καὶ τοῖς
φυλάσσουσιν τὰς ἐντολὰς αὐτοῦ εἰς χιλίας γενεὰς ¹⁰καὶ ἀποδιδοὺς   10
τοῖς μισοῦσιν κατὰ πρόσωπον ἐξολεθρεῦσαι αὐτούς· καὶ οὐχὶ βρα-
δυνεῖ τοῖς μισοῦσιν, κατὰ πρόσωπον ἀποδώσει αὐτοῖς. ¹¹καὶ φυλά-   11
ξῃ τὰς ἐντολὰς καὶ τὰ δικαιώματα καὶ τὰ κρίματα ταῦτα, ὅσα ἐγὼ
ἐντέλλομαί σοι σήμερον ποιεῖν.

¹²Καὶ ἔσται ἡνίκα ἂν ἀκούσητε πάντα τὰ δικαιώματα ταῦτα καὶ   12
φυλάξητε καὶ ποιήσητε αὐτά, καὶ διαφυλάξει κύριος ὁ θεός σού
σοι τὴν διαθήκην καὶ τὸ ἔλεος, ὃ ὤμοσεν τοῖς πατράσιν ὑμῶν,
¹³καὶ ἀγαπήσει σε καὶ εὐλογήσει σε καὶ πληθυνεῖ σε καὶ εὐλογή-   13
σει τὰ ἔκγονα τῆς κοιλίας σου καὶ τὸν καρπὸν τῆς γῆς σου, τὸν
σῖτόν σου καὶ τὸν οἶνόν σου καὶ τὸ ἔλαιόν σου, τὰ βουκόλια τῶν

---

1 γεργεσ. et αμορρ.] tr. B*†, pr. τον A (idem add. τον ante ιεβουσ., non
ante χαν., φερ., ευ.) | πολλα Bᶜ] μεγαλα B*(uid.), μεγαλα και πολλα A ||
2 ελεησης ABᶜ || 5 των θεων > Bᶜ || 6 σε 2⁰ > ABᶜ | της] pr. πασης Bᶜ
|| 8 και 1⁰ > A† | υμας 2⁰] + εκειθεν A | και εν βραχ. υψηλω] > B*, in O
sub ÷ | ελυτρ.] + σε A, + σε κυριος Bᶜ || 9 γνωση] -σεσθε σημερον B*†
| θεος 3⁰] pr. ο ABᶜ | πιστος] pr. ο A | διαθηκην] pr. την A, την διαθ. αυτου
Bᶜ | ελεος] pr. το ABᶜ || 11 εντολας] + αυτου B* | δικαιωμ.] + αυτου B*†
| ταυτα] αυτου B*† || 12 ηνικα αν] εαν B*† | παντα] > B, in O sub ÷ |
αυτα > Bᶜ | ο ult. B†] καθα A || 13 σε 1⁰] + κυριος B*† | και 5⁰ > A†

βοῶν σου καὶ τὰ ποίμνια τῶν προβάτων σου ἐπὶ τῆς γῆς, ἧς
14 ὤμοσεν κύριος τοῖς πατράσιν σου δοῦναί σοι. ¹⁴εὐλογητὸς ἔσῃ
παρὰ πάντα τὰ ἔθνη· οὐκ ἔσται ἐν ὑμῖν ἄγονος οὐδὲ στεῖρα καὶ
15 ἐν τοῖς κτήνεσίν σου. ¹⁵καὶ περιελεῖ κύριος ἀπὸ σοῦ πᾶσαν μα-
λακίαν· καὶ πάσας νόσους Αἰγύπτου τὰς πονηράς, ἃς ἑώρακας
καὶ ὅσα ἔγνως, οὐκ ἐπιθήσει ἐπὶ σὲ καὶ ἐπιθήσει αὐτὰ ἐπὶ πάντας
16 τοὺς μισοῦντάς σε. ¹⁶καὶ φάγῃ πάντα τὰ σκῦλα τῶν ἐθνῶν, ἃ
κύριος ὁ θεός σου δίδωσίν σοι· οὐ φείσεται ὁ ὀφθαλμός σου ἐπ᾽
αὐτοῖς, καὶ οὐ λατρεύσεις τοῖς θεοῖς αὐτῶν, ὅτι σκῶλον τοῦτό
ἐστίν σοι.
17 ¹⁷Ἐὰν δὲ λέγῃς ἐν τῇ διανοίᾳ σου ὅτι Πολὺ τὸ ἔθνος τοῦτο
18 ἢ ἐγώ, πῶς δυνήσομαι ἐξολεθρεῦσαι αὐτούς; ¹⁸οὐ φοβηθήσῃ αὐ-
τούς· μνείᾳ μνησθήσῃ ὅσα ἐποίησεν κύριος ὁ θεός σου τῷ Φα-
19 ραω καὶ πᾶσι τοῖς Αἰγυπτίοις, ¹⁹τοὺς πειρασμοὺς τοὺς μεγάλους,
οὓς εἴδοσαν οἱ ὀφθαλμοί σου, τὰ σημεῖα καὶ τὰ τέρατα τὰ μεγάλα
ἐκεῖνα, τὴν χεῖρα τὴν κραταιὰν καὶ τὸν βραχίονα τὸν ὑψηλόν, ὡς
ἐξήγαγέν σε κύριος ὁ θεός σου· οὕτως ποιήσει κύριος ὁ θεὸς
ἡμῶν πᾶσιν τοῖς ἔθνεσιν, οὓς σὺ φοβῇ ἀπὸ προσώπου αὐτῶν.
20 ²⁰καὶ τὰς σφηκίας ἀποστελεῖ κύριος ὁ θεός σου εἰς αὐτούς, ἕως
21 ἂν ἐκτριβῶσιν οἱ καταλελειμμένοι καὶ οἱ κεκρυμμένοι ἀπὸ σοῦ. ²¹οὐ
τρωθήσῃ ἀπὸ προσώπου αὐτῶν, ὅτι κύριος ὁ θεός σου ἐν σοί,
22 θεὸς μέγας καὶ κραταιός, ²²καὶ καταναλώσει κύριος ὁ θεός σου τὰ
ἔθνη ταῦτα ἀπὸ προσώπου σου κατὰ μικρὸν μικρόν· οὐ δυνήσῃ
ἐξαναλῶσαι αὐτοὺς τὸ τάχος, ἵνα μὴ γένηται ἡ γῆ ἔρημος καὶ
23 πληθυνθῇ ἐπὶ σὲ τὰ θηρία τὰ ἄγρια. ²³καὶ παραδώσει αὐτοὺς κύ-
ριος ὁ θεός σου εἰς τὰς χεῖράς σου καὶ ἀπολέσει αὐτοὺς ἀπω-
24 λείᾳ μεγάλῃ, ἕως ἂν ἐξολεθρεύσῃ αὐτούς, ²⁴καὶ παραδώσει τοὺς
βασιλεῖς αὐτῶν εἰς τὰς χεῖρας ὑμῶν, καὶ ἀπολεῖται τὸ ὄνομα αὐ-
τῶν ἐκ τοῦ τόπου ἐκείνου· οὐκ ἀντιστήσεται οὐδεὶς κατὰ πρόσ-
25 ωπόν σου, ἕως ἂν ἐξολεθρεύσῃς αὐτούς. ²⁵τὰ γλυπτὰ τῶν θεῶν
αὐτῶν κατακαύσετε πυρί· οὐκ ἐπιθυμήσεις ἀργύριον οὐδὲ χρυσίον
ἀπ᾽ αὐτῶν καὶ οὐ λήμψῃ σεαυτῷ, μὴ πταίσῃς δι᾽ αὐτό, ὅτι βδέ-
26 λυγμα κυρίῳ τῷ θεῷ σού ἐστιν· ²⁶καὶ οὐκ εἰσοίσεις βδέλυγμα εἰς
τὸν οἶκόν σου καὶ ἔσῃ ἀνάθημα ὥσπερ τοῦτο· προσοχθίσματι
προσοχθιεῖς καὶ βδελύγματι βδελύξῃ, ὅτι ἀνάθημά ἐστιν.

13 ης] ως B ‖ 15 κυριος] + ο θεος Bᶜ, + ο θεος σου A ‖ 16 και ult.
> Bᶜ | ου ult.] + μη A ‖ 18 ου φοβ. αυτους > B*† ‖ 19 τα μεγαλα
εκεινα] > B*†, in O sub ÷ | ημων] υμ. Bᶜ | απο προσωπ. αυτων 19 ⌒ 21
B*† ‖ 23 απολεσει] -λεις B | εξολοθρευσητε Bᶜ ‖ 24 εξολεθρευση B*
‖ 25 κατακαυσετε] κατα > B | πυρι] pr. εν B*† | ουκ] pr. και A | ουδε] και
B*(uid.)† | και ου λημψη Bᶜ] ου λημψη B*†, λαβειν A ‖ 26 εση αναθ.]
tr. A

¹Πάσας τὰς ἐντολάς, ἃς ἐγὼ ἐντέλλομαι ὑμῖν σήμερον, φυλά- 8
ξεσθε ποιεῖν, ἵνα ζῆτε καὶ πολυπλασιασθῆτε καὶ εἰσέλθητε καὶ κλη-
ρονομήσητε τὴν γῆν, ἣν κύριος ὁ θεὸς ὑμῶν ὤμοσεν τοῖς πατρά-
σιν ὑμῶν. ²καὶ μνησθήσῃ πᾶσαν τὴν ὁδόν, ἣν ἤγαγέν σε κύριος 2
ὁ θεός σου ἐν τῇ ἐρήμῳ, ὅπως ἂν κακώσῃ σε καὶ ἐκπειράσῃ σε
καὶ διαγνωσθῇ τὰ ἐν τῇ καρδίᾳ σου, εἰ φυλάξῃ τὰς ἐντολὰς αὐτοῦ
ἢ οὔ. ³καὶ ἐκάκωσέν σε καὶ ἐλιμαγχόνησέν σε καὶ ἐψώμισέν σε 3
τὸ μαννα, ὃ οὐκ εἴδησαν οἱ πατέρες σου, ἵνα ἀναγγείλῃ σοι ὅτι
οὐκ ἐπ᾽ ἄρτῳ μόνῳ ζήσεται ὁ ἄνθρωπος, ἀλλ᾽ ἐπὶ παντὶ ῥήματι
τῷ ἐκπορευομένῳ διὰ στόματος θεοῦ ζήσεται ὁ ἄνθρωπος. ⁴τὰ 4
ἱμάτιά σου οὐ κατετρίβη ἀπὸ σοῦ, οἱ πόδες σου οὐκ ἐτυλώθησαν,
ἰδοὺ τεσσαράκοντα ἔτη. ⁵καὶ γνώσῃ τῇ καρδίᾳ σου ὅτι ὡς εἴ τις 5
παιδεύσαι ἄνθρωπος τὸν υἱὸν αὐτοῦ, οὕτως κύριος ὁ θεός σου
παιδεύσει σε, ⁶καὶ φυλάξῃ τὰς ἐντολὰς κυρίου τοῦ θεοῦ σου πο- 6
ρεύεσθαι ἐν ταῖς ὁδοῖς αὐτοῦ καὶ φοβεῖσθαι αὐτόν. ⁷ὁ γὰρ κύριος 7
ὁ θεός σου εἰσάγει σε εἰς γῆν ἀγαθὴν καὶ πολλήν, οὗ χείμαρροι
ὑδάτων καὶ πηγαὶ ἀβύσσων ἐκπορευόμεναι διὰ τῶν πεδίων καὶ διὰ
τῶν ὀρέων· ⁸γῆ πυροῦ καὶ κριθῆς, ἄμπελοι, συκαῖ, ῥόαι, γῆ ἐλαί- 8
ας ἐλαίου καὶ μέλιτος· ⁹γῆ, ἐφ᾽ ἧς οὐ μετὰ πτωχείας φάγῃ τὸν 9
ἄρτον σου καὶ οὐκ ἐνδεηθήσῃ οὐδὲν ἐπ᾽ αὐτῆς· γῆ, ἧς οἱ λίθοι
σίδηρος, καὶ ἐκ τῶν ὀρέων αὐτῆς μεταλλεύσεις χαλκόν· ¹⁰καὶ φάγῃ 10
καὶ ἐμπλησθήσῃ καὶ εὐλογήσεις κύριον τὸν θεόν σου ἐπὶ τῆς γῆς
τῆς ἀγαθῆς, ἧς ἔδωκέν σοι. ¹¹πρόσεχε σεαυτῷ, μὴ ἐπιλάθῃ κυρίου 11
τοῦ θεοῦ σου τοῦ μὴ φυλάξαι τὰς ἐντολὰς αὐτοῦ καὶ τὰ κρίματα
καὶ τὰ δικαιώματα αὐτοῦ, ὅσα ἐγὼ ἐντέλλομαί σοι σήμερον, ¹²μὴ 12
φαγὼν καὶ ἐμπλησθεὶς καὶ οἰκίας καλὰς οἰκοδομήσας καὶ κατοική-
σας ἐν αὐταῖς ¹³καὶ τῶν βοῶν σου καὶ τῶν προβάτων σου πλη- 13
θυνθέντων σοι, ἀργυρίου καὶ χρυσίου πληθυνθέντος σοι καὶ πάν-
των, ὅσων σοι ἔσται, πληθυνθέντων σοι ¹⁴ὑψωθῇς τῇ καρδίᾳ καὶ 14
ἐπιλάθῃ κυρίου τοῦ θεοῦ σου τοῦ ἐξαγαγόντος σε ἐκ γῆς Αἰγύ-
πτου ἐξ οἴκου δουλείας, ¹⁵τοῦ ἀγαγόντος σε διὰ τῆς ἐρήμου τῆς 15
μεγάλης καὶ τῆς φοβερᾶς ἐκείνης, οὗ ὄφις δάκνων καὶ σκορπίος

8 1 εντολας] + ταυτας Bᶜ | εισελθητε και] -θοντες Bᶜ | γην] + την αγαθην
A | κυριος ο θ. υμ./ωμοσεν B*† tr. Bᶜ⁽†⁾, ωμοσεν κυριος A ‖ 2 οπως αν]
αν > A, ως αν B*† | εκπειρασῃ] εκ > A ‖ 3 μαννα] + εν τη ερημω Bᶜ |
ειδησαν] ηδεισεν A: cf. 16 | τω > A ‖ 4 σου 1⁰] + ουκ επαλαιωθη απο σου
τα υποδηματα σου B†: ex 29 4 ‖ 5 παιδευσαι ανθρ.] ανθρ. παιδευση A ‖
6 εν > B* ‖ 7 εισαξει A | γην αγαθην] την γ. την αγ. A | και 2⁰ > B*O†
| πεδιων ... ορεων] tr. A ‖ 8 ροαι] pr. και Bᶜ ‖ 9 ουδεν/επ αυτης] tr.
B*† | λιθοι] + αυτης A ‖ 10 fin.] + κυριος ο θεος σου Bᶜ ‖ 11 μη 2⁰ >
A | τας εντολας/αυτου] tr. A ‖ 13 σου 1⁰] + πληθυνθεντων B*† | σοι 1⁰]
> B*, in O sub ÷ | σοι εσται] tr. B*† | σοι ult.] > Bᶜ, in O sub ÷ ‖
14 καρδια] + σου A | εκ γης αιγ. > B*†

καὶ δίψα, οὗ οὐκ ἦν ὕδωρ, τοῦ ἐξαγαγόντος σοι ἐκ πέτρας ἀκρο-
16 τόμου πηγὴν ὕδατος, ¹⁶τοῦ ψωμίσαντός σε τὸ μαννα ἐν τῇ ἐρή-
μῳ, ὃ οὐκ εἴδησαν οἱ πατέρες σου, ἵνα κακώσῃ σε καὶ ἐκπειράσῃ
17 σε καὶ εὖ σε ποιήσῃ ἐπ᾿ ἐσχάτων τῶν ἡμερῶν σου. ¹⁷μὴ εἴπῃς
ἐν τῇ καρδίᾳ σου Ἡ ἰσχύς μου καὶ τὸ κράτος τῆς χειρός μου
18 ἐποίησέν μοι τὴν δύναμιν τὴν μεγάλην ταύτην· ¹⁸καὶ μνησθήσῃ
κυρίου τοῦ θεοῦ σου, ὅτι αὐτός σοι δίδωσιν ἰσχὺν τοῦ ποιῆσαι
δύναμιν καὶ ἵνα στήσῃ τὴν διαθήκην αὐτοῦ, ἣν ὤμοσεν κύριος
19 τοῖς πατράσιν σου, ὡς σήμερον. ¹⁹καὶ ἔσται ἐὰν λήθῃ ἐπιλάθῃ
κυρίου τοῦ θεοῦ σου καὶ πορευθῇς ὀπίσω θεῶν ἑτέρων καὶ λα-
τρεύσῃς αὐτοῖς καὶ προσκυνήσῃς αὐτοῖς, διαμαρτύρομαι ὑμῖν σή-
20 μερον τόν τε οὐρανὸν καὶ τὴν γῆν ὅτι ἀπωλείᾳ ἀπολεῖσθε· ²⁰καθὰ
καὶ τὰ λοιπὰ ἔθνη, ὅσα κύριος ἀπολλύει πρὸ προσώπου ὑμῶν,
οὕτως ἀπολεῖσθε, ἀνθ᾿ ὧν οὐκ ἠκούσατε τῆς φωνῆς κυρίου τοῦ
θεοῦ ὑμῶν.
9   ¹Ἄκουε, Ἰσραηλ· σὺ διαβαίνεις σήμερον τὸν Ἰορδάνην εἰσελθεῖν
κληρονομῆσαι ἔθνη μεγάλα καὶ ἰσχυρότερα μᾶλλον ἢ ὑμεῖς, πό-
2 λεις μεγάλας καὶ τειχήρεις ἕως τοῦ οὐρανοῦ, ²λαὸν μέγαν καὶ πο-
λὺν καὶ εὐμήκη, υἱοὺς Ενακ, οὓς σὺ οἶσθα καὶ σὺ ἀκήκοας Τίς
3 ἀντιστήσεται κατὰ πρόσωπον υἱῶν Ενακ; ³καὶ γνώσῃ σήμερον
ὅτι κύριος ὁ θεός σου, οὗτος προπορεύεται πρὸ προσώπου σου·
πῦρ καταναλίσκον ἐστίν· οὗτος ἐξολεθρεύσει αὐτούς, καὶ οὗτος
ἀποστρέψει αὐτοὺς ἀπὸ προσώπου σου, καὶ ἀπολεῖς αὐτούς, καθ-
4 άπερ εἶπέν σοι κύριος. ⁴μὴ εἴπῃς ἐν τῇ καρδίᾳ σου ἐν τῷ ἐξ-
αναλῶσαι κύριον τὸν θεόν σου τὰ ἔθνη ταῦτα ἀπὸ προσώπου σου
λέγων Διὰ τὰς δικαιοσύνας μου εἰσήγαγέν με κύριος κληρονομῆ-
σαι τὴν γῆν τὴν ἀγαθὴν ταύτην· ἀλλὰ διὰ τὴν ἀσέβειαν τῶν ἐθνῶν
5 τούτων κύριος ἐξολεθρεύσει αὐτοὺς πρὸ προσώπου σου. ⁵οὐχὶ διὰ
τὴν δικαιοσύνην σου οὐδὲ διὰ τὴν ὁσιότητα τῆς καρδίας σου σὺ
εἰσπορεύῃ κληρονομῆσαι τὴν γῆν αὐτῶν, ἀλλὰ διὰ τὴν ἀσέβειαν
τῶν ἐθνῶν τούτων κύριος ἐξολεθρεύσει αὐτοὺς ἀπὸ προσώπου
σου καὶ ἵνα στήσῃ τὴν διαθήκην αὐτοῦ, ἣν ὤμοσεν τοῖς πατράσιν

16 ειδησαν] ηδεισαν A: cf. 3; ηδεις συ και ουκ ηδεισαν Bᶜ | και 1⁰] + ινα A
| και ευ σε ποιηση] ευ σε ποιησαι A | εσχατων των(>Bᶜ) ημερων σου] εσχα-
τω σου A ‖ 17 init.] pr. και A ‖ 18 ισχυν] pr. την B*† | και 2⁰ > A | αυ-
του > B*† | κυριος > A ‖ 19 αυτοις 1⁰ ⌒ 2⁰ B* | τον — γην > B*WO† ‖
20 κυριος] + ο θεος Bᶜ
9 1 ιορδανην] + τουτον B*† | κληρονομ.] pr. και A ‖ 2 ευμηκεις A† | οι-
σθα] -θας B, ησθα A | συ 2⁰ > A† ‖ 3 προπορευσεται ABᶜ | απο] προ ABᶜ:
item in 4 | και ult.] pr. και εξολεθρευσει αυτους A | απολεις αυτους B†] -λει
αυ. εν ταχει A ‖ 4 σου 3⁰ > B | τας δικαιοσυνας] την -νην B†: cf. 5. 6 |
αλλα — fin. > B† ‖ 5 ουδε] και A† | ασεβ.] ανομιαν A | αυτου > A | ωμο-
σεν] + κυριος A

ὑμῶν, τῷ Αβρααμ καὶ τῷ Ισαακ καὶ τῷ Ιακωβ. ⁶καὶ γνώσῃ σή- 6
μερον ὅτι οὐχὶ διὰ τὰς δικαιοσύνας σου κύριος ὁ θεός σου δίδωσίν
σοι τὴν γῆν τὴν ἀγαθὴν ταύτην κληρονομῆσαι, ὅτι λαὸς σκληρο-
τράχηλος εἶ. ⁷μνήσθητι μὴ ἐπιλάθῃ ὅσα παρώξυνας κύριον τὸν θεόν 7
σου ἐν τῇ ἐρήμῳ· ἀφ᾽ ἧς ἡμέρας ἐξήλθετε ἐξ Αἰγύπτου ἕως ἤλθετε
εἰς τὸν τόπον τοῦτον, ἀπειθοῦντες διετελεῖτε τὰ πρὸς κύριον. ⁸καὶ 8
ἐν Χωρηβ παρωξύνατε κύριον, καὶ ἐθυμώθη κύριος ἐφ᾽ ὑμῖν ἐξο-
λεθρεῦσαι ὑμᾶς ⁹ἀναβαίνοντός μου εἰς τὸ ὄρος λαβεῖν τὰς πλάκας 9
τὰς λιθίνας, πλάκας διαθήκης, ἃς διέθετο κύριος πρὸς ὑμᾶς. καὶ
κατεγινόμην ἐν τῷ ὄρει τεσσαράκοντα ἡμέρας καὶ τεσσαράκοντα
νύκτας· ἄρτον οὐκ ἔφαγον καὶ ὕδωρ οὐκ ἔπιον. ¹⁰καὶ ἔδωκεν κύ- 10
ριος ἐμοὶ τὰς δύο πλάκας τὰς λιθίνας γεγραμμένας ἐν τῷ δακτύ-
λῳ τοῦ θεοῦ, καὶ ἐπ᾽ αὐταῖς ἐγέγραπτο πάντες οἱ λόγοι, οὓς ἐλά-
λησεν κύριος πρὸς ὑμᾶς ἐν τῷ ὄρει ἡμέρᾳ ἐκκλησίας· ¹¹καὶ ἐγέ- 11
νετο διὰ τεσσαράκοντα ἡμερῶν καὶ τεσσαράκοντα νυκτῶν ἔδωκεν
κύριος ἐμοὶ τὰς δύο πλάκας τὰς λιθίνας, πλάκας διαθήκης. ¹²καὶ 12
εἶπεν κύριος πρός με Ἀνάστηθι κατάβηθι τὸ τάχος ἐντεῦθεν, ὅτι
ἠνόμησεν ὁ λαός σου, οὓς ἐξήγαγες ἐκ γῆς Αἰγύπτου· παρέβησαν
ταχὺ ἐκ τῆς ὁδοῦ, ἧς ἐνετείλω αὐτοῖς· ἐποίησαν ἑαυτοῖς χώνευμα.
¹³καὶ εἶπεν κύριος πρός με Λελάληκα πρὸς σὲ ἅπαξ καὶ δὶς λέγων 13
Ἑώρακα τὸν λαὸν τοῦτον, καὶ ἰδοὺ λαὸς σκληροτράχηλός ἐστιν·
¹⁴ἔασόν με ἐξολεθρεῦσαι αὐτούς, καὶ ἐξαλείψω τὸ ὄνομα αὐτῶν 14
ὑποκάτωθεν τοῦ οὐρανοῦ καὶ ποιήσω σὲ εἰς ἔθνος μέγα καὶ ἰσχυ-
ρὸν καὶ πολὺ μᾶλλον ἢ τοῦτο. ¹⁵καὶ ἐπιστρέψας κατέβην ἐκ τοῦ 15
ὄρους, καὶ τὸ ὄρος ἐκαίετο πυρί, καὶ αἱ δύο πλάκες ἐπὶ ταῖς δυσὶ
χερσίν μου. ¹⁶καὶ ἰδὼν ὅτι ἡμάρτετε ἐναντίον κυρίου τοῦ θεοῦ 16
ὑμῶν καὶ ἐποιήσατε ὑμῖν ἑαυτοῖς χωνευτὸν καὶ παρέβητε ἀπὸ τῆς
ὁδοῦ, ἧς ἐνετείλατο ὑμῖν κύριος, ¹⁷καὶ ἐπιλαβόμενος τῶν δύο πλα- 17
κῶν ἔρριψα αὐτὰς ἀπὸ τῶν δύο χειρῶν μου καὶ συνέτριψα ἐναν-
τίον ὑμῶν. ¹⁸καὶ ἐδεήθην ἐναντίον κυρίου δεύτερον καθάπερ καὶ 18
τὸ πρότερον τεσσαράκοντα ἡμέρας καὶ τεσσαράκοντα νύκτας —
ἄρτον οὐκ ἔφαγον καὶ ὕδωρ οὐκ ἔπιον — περὶ πασῶν τῶν ἁμαρ-
τιῶν ὑμῶν, ὧν ἡμάρτετε ποιῆσαι τὸ πονηρὸν ἐναντίον κυρίου τοῦ

5 τω ter > A ‖ 6 σημερον] > A†, in O sub ÷ | σου 2⁰ > A ‖ 7 εως]
και B† ‖ 8 κυριος > B† ‖ 10 κυριος εμοι] μοι κυριος A: item in 11 |
γεγραμμ.] pr. τας A† | ορει] + εκ μεσου του πυρος Aˢ (in O sub ※) | ημερα
εκκλησιας > A* ‖ 11 τεσσαρακ. 2⁰] pr. δια A | διαθηκης] pr. της A ‖ 12 κα-
ταβηθι] pr. και A | εποιησαν] pr. και B† | χωνευτα A† ‖ 13 με] + λεγων Bᶜ
‖ 14 init.] pr. και νυν B† | ισχυρον .. πολυ] tr. A† ‖ 15 πυρι] + εως του
ουρανου B†: ex 4 11 | πλακες] + των μαρτυριων A | δυσι > A ‖ 16 εναν-
τι A: item in 18 bis. 25 | χωνευτον] pr. μοσχον A | παρεβητε] + ταχυ A (in
O sub ※) | υμιν κυριος] tr. A ‖ 17 δυο 2⁰ > A | συνετριψα] + αυτας A

19 θεοῦ ὑμῶν παροξῦναι αὐτόν. [19]καὶ ἔκφοβός εἰμι διὰ τὴν ὀργὴν καὶ
τὸν θυμόν, ὅτι παρωξύνθη κύριος ἐφ᾽ ὑμῖν ἐξολεθρεῦσαι ὑμᾶς· καὶ
20 εἰσήκουσεν κύριος ἐμοῦ καὶ ἐν τῷ καιρῷ τούτῳ. [20]καὶ ἐπὶ Ααρων
ἐθυμώθη κύριος σφόδρα ἐξολεθρεῦσαι αὐτόν, καὶ ηὐξάμην καὶ περὶ
21 Ααρων ἐν τῷ καιρῷ ἐκείνῳ. [21]καὶ τὴν ἁμαρτίαν ὑμῶν, ἣν ἐποι-
ήσατε, τὸν μόσχον, ἔλαβον αὐτὸν καὶ κατέκαυσα αὐτὸν ἐν πυρὶ
καὶ συνέκοψα αὐτὸν καταλέσας σφόδρα, ἕως οὗ ἐγένετο λεπτόν·
καὶ ἐγενήθη ὡσεὶ κονιορτός, καὶ ἔρριψα τὸν κονιορτὸν εἰς τὸν χει-
22 μάρρουν τὸν καταβαίνοντα ἐκ τοῦ ὄρους. — [22]καὶ ἐν τῷ Ἐμπυ-
ρισμῷ καὶ ἐν τῷ Πειρασμῷ καὶ ἐν τοῖς Μνήμασιν τῆς ἐπιθυμίας
23 παροξύνοντες ἦτε κύριον τὸν θεὸν ὑμῶν. [23]καὶ ὅτε ἐξαπέστειλεν
κύριος ὑμᾶς ἐκ Καδης Βαρνη λέγων Ἀνάβητε καὶ κληρονομήσατε
τὴν γῆν, ἣν δίδωμι ὑμῖν, καὶ ἠπειθήσατε τῷ ῥήματι κυρίου τοῦ
θεοῦ ὑμῶν καὶ οὐκ ἐπιστεύσατε αὐτῷ καὶ οὐκ εἰσηκούσατε τῆς
24 φωνῆς αὐτοῦ. [24]ἀπειθοῦντες ἦτε τὰ πρὸς κύριον ἀπὸ τῆς ἡμέρας,
25 ἧς ἐγνώσθη ὑμῖν. — [25]καὶ ἐδεήθην ἐναντίον κυρίου τεσσαράκοντα
ἡμέρας καὶ τεσσαράκοντα νύκτας, ὅσας ἐδεήθην — εἶπεν γὰρ κύ-
26 ριος ἐξολεθρεῦσαι ὑμᾶς — [26]καὶ εὐξάμην πρὸς τὸν θεὸν καὶ εἶπα
Κύριε κύριε βασιλεῦ τῶν θεῶν, μὴ ἐξολεθρεύσῃς τὸν λαόν σου
καὶ τὴν μερίδα σου, ἣν ἐλυτρώσω ἐν τῇ ἰσχύι σου τῇ μεγάλῃ,
οὓς ἐξήγαγες ἐκ γῆς Αἰγύπτου ἐν τῇ ἰσχύι σου τῇ μεγάλῃ καὶ ἐν
τῇ χειρί σου τῇ κραταιᾷ καὶ ἐν τῷ βραχίονί σου τῷ ὑψηλῷ·
27 [27]μνήσθητι Αβρααμ καὶ Ισαακ καὶ Ιακωβ τῶν θεραπόντων σου,
οἷς ὤμοσας κατὰ σεαυτοῦ· μὴ ἐπιβλέψῃς ἐπὶ τὴν σκληρότητα τοῦ
28 λαοῦ τούτου καὶ τὰ ἀσεβήματα καὶ τὰ ἁμαρτήματα αὐτῶν, [28]μὴ
εἴπωσιν οἱ κατοικοῦντες τὴν γῆν, ὅθεν ἐξήγαγες ἡμᾶς ἐκεῖθεν, λέ-
γοντες Παρὰ τὸ μὴ δύνασθαι κύριον εἰσαγαγεῖν αὐτοὺς εἰς τὴν γῆν,
ἣν εἶπεν αὐτοῖς, καὶ παρὰ τὸ μισῆσαι αὐτοὺς ἐξήγαγεν αὐτοὺς
29 ἀποκτεῖναι ἐν τῇ ἐρήμῳ. [29]καὶ οὗτοι λαός σου καὶ κλῆρός σου,
οὓς ἐξήγαγες ἐκ γῆς Αἰγύπτου ἐν τῇ ἰσχύι σου τῇ μεγάλῃ καὶ ἐν
τῷ βραχίονί σου τῷ ὑψηλῷ.

18 υμων ult. > B† | παροξ.] pr. του A || **19** εξολεθρ.] pr. του A: item in 20 | τουτω] εκεινω A || **20** κυριος σφοδρα > B† || **21** συνεκοψα] -ετριψα A | καταλεσας] και κατηλασα(pro -λεσα) A | εως ου] ου > B† | εγενηθη] -νετο B† | εκ] απο A || **22** τον θεον υμων] > B†, in *O* sub ÷ || **23** εξαπεστ.] εξ > A | κυριος υμας] tr. A | και 2^0 > A | διδωμι] pr. εγω A || **24** απο της ημ. ης] αφ ης ημερας A || **26** κυριε 2^0 > B† | μεριδα] κληρονομιαν A | εν τη ισχ. σου τη μεγ. 1^0] > B, τη μεγ. in *O* sub ÷ | τη paenult. > A | υψηλω] μεγαλω A† || **27** τα bis] pr. επι A | ασεβ. ... αμαρτ. αυτων] αμαρτ. αυτων ... ασεβ. αυτων A || **28** μη 1^0] + ποτε A | εξηγαγες] -εν A | μισησαι] + κυριον A | αποκτ. — fin.] εν τη ερ. αποκτ. αυτους B† (*O* αποκτ. ※ αυτους ↙ εν τη ερ.) || **29** μεγαλη] + και εν τη χειρι σου τη κραταια B†: ex 26

¹ Ἐν ἐκείνῳ τῷ καιρῷ εἶπεν κύριος πρός με Λάξευσον σεαυτῷ 10
δύο πλάκας λιθίνας ὥσπερ τὰς πρώτας καὶ ἀνάβηθι πρός με εἰς
τὸ ὄρος· καὶ ποιήσεις σεαυτῷ κιβωτὸν ξυλίνην· ²καὶ γράψω ἐπὶ 2
τὰς πλάκας τὰ ῥήματα, ἃ ἦν ἐν ταῖς πλαξὶν ταῖς πρώταις, ἃς συν-
έτριψας, καὶ ἐμβαλεῖς αὐτὰς εἰς τὴν κιβωτόν. ³καὶ ἐποίησα κιβω- 3
τὸν ἐκ ξύλων ἀσήπτων καὶ ἐλάξευσα τὰς δύο πλάκας τὰς λιθίνας
ὡς αἱ πρῶται· καὶ ἀνέβην εἰς τὸ ὄρος, καὶ αἱ δύο πλάκες ἐπὶ ταῖς
χερσίν μου. ⁴καὶ ἔγραψεν ἐπὶ τὰς πλάκας κατὰ τὴν γραφὴν τὴν 4
πρώτην τοὺς δέκα λόγους, οὓς ἐλάλησεν κύριος πρὸς ὑμᾶς ἐν τῷ
ὄρει ἐκ μέσου τοῦ πυρός, καὶ ἔδωκεν αὐτὰς κύριος ἐμοί. ⁵καὶ ἐπι- 5
στρέψας κατέβην ἐκ τοῦ ὄρους καὶ ἐνέβαλον τὰς πλάκας εἰς τὴν
κιβωτόν, ἣν ἐποίησα, καὶ ἦσαν ἐκεῖ, καθὰ ἐνετείλατό μοι κύριος.
— ⁶καὶ οἱ υἱοὶ Ισραηλ ἀπῆραν ἐκ Βηρωθ υἱῶν Ιακιμ Μισαδαι· 6
ἐκεῖ ἀπέθανεν Ααρων καὶ ἐτάφη ἐκεῖ, καὶ ἱεράτευσεν Ελεαζαρ υἱὸς
αὐτοῦ ἀντ᾿ αὐτοῦ. ⁷ἐκεῖθεν ἀπῆραν εἰς Γαδγαδ καὶ ἀπὸ Γαδγαδ εἰς 7
Ετεβαθα, γῆ χείμαρροι ὑδάτων. ⁸ἐν ἐκείνῳ τῷ καιρῷ διέστειλεν 8
κύριος τὴν φυλὴν τὴν Λευι αἴρειν τὴν κιβωτὸν τῆς διαθήκης κυ-
ρίου παρεστάναι ἔναντι κυρίου λειτουργεῖν καὶ ἐπεύχεσθαι ἐπὶ τῷ
ὀνόματι αὐτοῦ ἕως τῆς ἡμέρας ταύτης. ⁹διὰ τοῦτο οὐκ ἔστιν τοῖς 9
Λευίταις μερὶς καὶ κλῆρος ἐν τοῖς ἀδελφοῖς αὐτῶν· κύριος αὐτὸς
κλῆρος αὐτοῦ, καθὰ εἶπεν αὐτῷ. ¹⁰κἀγὼ εἱστήκειν ἐν τῷ ὄρει τεσ- 10
σαράκοντα ἡμέρας καὶ τεσσαράκοντα νύκτας, καὶ εἰσήκουσεν κύ-
ριος ἐμοῦ καὶ ἐν τῷ καιρῷ τούτῳ, καὶ οὐκ ἠθέλησεν κύριος ἐξο-
λεθρεῦσαι ὑμᾶς. ¹¹καὶ εἶπεν κύριος πρός με Βάδιζε ἄπαρον ἐναν- 11
τίον τοῦ λαοῦ τούτου, καὶ εἰσπορευέσθωσαν καὶ κληρονομείτωσαν
τὴν γῆν, ἣν ὤμοσα τοῖς πατράσιν αὐτῶν δοῦναι αὐτοῖς.

¹²Καὶ νῦν, Ισραηλ, τί κύριος ὁ θεός σου αἰτεῖται παρὰ σοῦ ἀλλ᾿ 12
ἢ φοβεῖσθαι κύριον τὸν θεόν σου πορεύεσθαι ἐν πάσαις ταῖς ὁδοῖς
αὐτοῦ καὶ ἀγαπᾶν αὐτὸν καὶ λατρεύειν κυρίῳ τῷ θεῷ σου ἐξ ὅλης
τῆς καρδίας σου καὶ ἐξ ὅλης τῆς ψυχῆς σου, ¹³φυλάσσεσθαι τὰς 13
ἐντολὰς κυρίου τοῦ θεοῦ σου καὶ τὰ δικαιώματα αὐτοῦ, ὅσα ἐγὼ
ἐντέλλομαί σοι σήμερον, ἵνα εὖ σοι ᾖ; ¹⁴ἰδοὺ κυρίου τοῦ θεοῦ 14
σου ὁ οὐρανὸς καὶ ὁ οὐρανὸς τοῦ οὐρανοῦ, ἡ γῆ καὶ πάντα, ὅσα
ἐστὶν ἐν αὐτῇ· ¹⁵πλὴν τοὺς πατέρας ὑμῶν προείλατο κύριος ἀγα- 15
πᾶν αὐτοὺς καὶ ἐξελέξατο τὸ σπέρμα αὐτῶν μετ᾿ αὐτοὺς ὑμᾶς παρὰ
πάντα τὰ ἔθνη κατὰ τὴν ἡμέραν ταύτην. ¹⁶καὶ περιτεμεῖσθε τὴν 16

10 1 ωσπερ] υπερ A† | ξυλινην] λιθινην A† || 2 γραψω] -ψεις B(†) | α]
οσα A | ας] αις A | αυτας] -τα B || 3 δυο > B† | τας 2⁰ > B | ως] ωσπερ
A || 6 εκει 1⁰] pr. και A† || 7 ετεβαθα O] ταιβ. B†, ιεταβ. A: cf. Num.
33 33. 34 | χειμαρρου A || 9 εστιν] -ται A | καθα] καθοτι B† || 10 (ε)ιστη-
κειν B†] εστην A | εισηκουσεν] εισ > B† || 11 εναντι A | αυτων] υμων A†
| δουναι] + αυτην A† || 12 πορευεσθαι] pr. και B

σκληροκαρδίαν ὑμῶν καὶ τὸν τράχηλον ὑμῶν οὐ σκληρυνεῖτε ἔτι.
17 ¹⁷ὁ γὰρ κύριος ὁ θεὸς ὑμῶν, οὗτος θεὸς τῶν θεῶν καὶ κύριος
τῶν κυρίων, ὁ θεὸς ὁ μέγας καὶ ἰσχυρὸς καὶ ὁ φοβερός, ὅστις οὐ
18 θαυμάζει πρόσωπον οὐδ᾽ οὐ μὴ λάβῃ δῶρον, ¹⁸ποιῶν κρίσιν προσ-
ηλύτῳ καὶ ὀρφανῷ καὶ χήρᾳ καὶ ἀγαπᾷ τὸν προσήλυτον δοῦναι
19 αὐτῷ ἄρτον καὶ ἱμάτιον. ¹⁹καὶ ἀγαπήσετε τὸν προσήλυτον· προσ-
20 ήλυτοι γὰρ ἦτε ἐν γῇ Αἰγύπτῳ. ²⁰κύριον τὸν θεόν σου φοβηθήσῃ
καὶ αὐτῷ λατρεύσεις καὶ πρὸς αὐτὸν κολληθήσῃ καὶ τῷ ὀνόματι
21 αὐτοῦ ὀμῇ· ²¹οὗτος καύχημά σου καὶ οὗτος θεός σου, ὅστις ἐποί-
ησεν ἐν σοὶ τὰ μεγάλα καὶ τὰ ἔνδοξα ταῦτα, ἃ εἴδοσαν οἱ ὀφθαλ-
22 μοί σου. ²²ἐν ἑβδομήκοντα ψυχαῖς κατέβησαν οἱ πατέρες σου εἰς
Αἴγυπτον, νυνὶ δὲ ἐποίησέν σε κύριος ὁ θεός σου ὡσεὶ τὰ ἄστρα
τοῦ οὐρανοῦ τῷ πλήθει.
11   ¹Καὶ ἀγαπήσεις κύριον τὸν θεόν σου καὶ φυλάξῃ τὰ φυλάγματα
αὐτοῦ καὶ τὰ δικαιώματα αὐτοῦ καὶ τὰς κρίσεις αὐτοῦ πάσας τὰς
2 ἡμέρας. ²καὶ γνώσεσθε σήμερον ὅτι οὐχὶ τὰ παιδία ὑμῶν, ὅσοι
οὐκ οἴδασιν οὐδὲ εἴδοσαν τὴν παιδείαν κυρίου τοῦ θεοῦ σου καὶ
τὰ μεγαλεῖα αὐτοῦ καὶ τὴν χεῖρα τὴν κραταιὰν καὶ τὸν βραχίονα
3 τὸν ὑψηλὸν ³καὶ τὰ σημεῖα αὐτοῦ καὶ τὰ τέρατα αὐτοῦ, ὅσα ἐποί-
ησεν ἐν μέσῳ Αἰγύπτου Φαραω βασιλεῖ Αἰγύπτου καὶ πάσῃ τῇ γῇ
4 αὐτοῦ, ⁴καὶ ὅσα ἐποίησεν τὴν δύναμιν τῶν Αἰγυπτίων, τὰ ἅρματα
αὐτῶν καὶ τὴν ἵππον αὐτῶν, ὡς ἐπέκλυσεν τὸ ὕδωρ τῆς θαλάσ-
σης τῆς ἐρυθρᾶς ἐπὶ προσώπου αὐτῶν καταδιωκόντων αὐτῶν ἐκ
τῶν ὀπίσω ὑμῶν καὶ ἀπώλεσεν αὐτοὺς κύριος ἕως τῆς σήμερον
5 ἡμέρας, ⁵καὶ ὅσα ἐποίησεν ὑμῖν ἐν τῇ ἐρήμῳ, ἕως ἤλθετε εἰς τὸν
6 τόπον τοῦτον, ⁶καὶ ὅσα ἐποίησεν τῷ Δαθαν καὶ Αβιρων υἱοῖς
Ελιαβ υἱοῦ Ρουβην, οὓς ἀνοίξασα ἡ γῆ τὸ στόμα αὐτῆς κατέπιεν
αὐτοὺς καὶ τοὺς οἴκους αὐτῶν καὶ τὰς σκηνὰς αὐτῶν καὶ πᾶσαν
αὐτῶν τὴν ὑπόστασιν τὴν μετ᾽ αὐτῶν ἐν μέσῳ παντὸς Ισραηλ,
7 ⁷ὅτι οἱ ὀφθαλμοὶ ὑμῶν ἑώρακαν πάντα τὰ ἔργα κυρίου τὰ μεγάλα,
8 ὅσα ἐποίησεν ὑμῖν σήμερον. ⁸καὶ φυλάξεσθε πάσας τὰς ἐντολὰς
αὐτοῦ, ὅσας ἐγὼ ἐντέλλομαί σοι σήμερον, ἵνα ζῆτε καὶ πολυπλα-
σιασθῆτε καὶ εἰσελθόντες κληρονομήσητε τὴν γῆν, εἰς ἣν ὑμεῖς δια-
9 βαίνετε τὸν Ιορδάνην ἐκεῖ κληρονομῆσαι αὐτήν, ⁹ἵνα μακροημερεύ-
σητε ἐπὶ τῆς γῆς, ἧς ὤμοσεν κύριος τοῖς πατράσιν ὑμῶν δοῦναι

16 ετι > B† ‖ 17 και ισχ.] ο ισχ. A | ουδ ου] ουδε A ‖ 18 προσηλυτον]
πλησιον A† ‖ 20 cf. 6 13 ‖ 21 ουτος bis] αυτος A | εν > A ‖ 22 εβδο-
μηκ.] + πεντε A: cf. Gen. 46 27 Exod. 1 5
11 1 και ult.] pr. και τας εντολας αυτου A ‖ 3 βασιλει] -λεως A ‖ 4 τη
δυναμει Aᶜ(-μι) | αυτων 2⁰] + και την δυναμιν αυτων B† | κυριος] + ο θεος A
‖ 5 υμιν] ημ. B | εως] ως A† | ηλθετε] pr. εισ A† ‖ 7 εωρακαν B†] -ρων
A | τα μεγαλα > B† ‖ 8 σοι] υμιν A | εισελθοντες] -θητε και A | κληρονο-
μησητε] -σετε B

αὐτοῖς καὶ τῷ σπέρματι αὐτῶν μετ᾽ αὐτούς, γῆν ῥέουσαν γάλα
καὶ μέλι· ¹⁰ἔστιν γὰρ ἡ γῆ, εἰς ἣν εἰσπορεύῃ ἐκεῖ κληρονομῆσαι 10
αὐτήν, οὐχ ὥσπερ ἡ γῆ Αἰγύπτου ἐστίν, ὅθεν ἐκπεπόρευσθε ἐκεῖ-
θεν, ὅταν σπείρωσιν τὸν σπόρον καὶ ποτίζωσιν τοῖς ποσὶν ὡσεὶ
κῆπον λαχανείας· ¹¹ἡ δὲ γῆ, εἰς ἣν εἰσπορεύῃ ἐκεῖ κληρονομῆσαι 11
αὐτήν, γῆ ὀρεινὴ καὶ πεδινή, ἐκ τοῦ ὑετοῦ τοῦ οὐρανοῦ πίεται
ὕδωρ, ¹²γῆ, ἣν κύριος ὁ θεός σου ἐπισκοπεῖται αὐτή, διὰ παντὸς 12
οἱ ὀφθαλμοὶ κυρίου τοῦ θεοῦ σου ἐπ᾽ αὐτῆς ἀπ᾽ ἀρχῆς τοῦ ἐνι-
αυτοῦ καὶ ἕως συντελείας τοῦ ἐνιαυτοῦ.

¹³Ἐὰν δὲ ἀκοῇ εἰσακούσητε πάσας τὰς ἐντολὰς αὐτοῦ, ὅσας 13
ἐγὼ ἐντέλλομαί σοι σήμερον, ἀγαπᾶν κύριον τὸν θεόν σου καὶ λα-
τρεύειν αὐτῷ ἐξ ὅλης τῆς καρδίας σου καὶ ἐξ ὅλης τῆς ψυχῆς
σου, ¹⁴καὶ δώσει τὸν ὑετὸν τῇ γῇ σου καθ᾽ ὥραν πρόιμον καὶ 14
ὄψιμον, καὶ εἰσοίσεις τὸν σῖτόν σου καὶ τὸν οἶνόν σου καὶ τὸ
ἔλαιόν σου· ¹⁵καὶ δώσει χορτάσματα ἐν τοῖς ἀγροῖς σου τοῖς κτή- 15
νεσίν σου· καὶ φαγὼν καὶ ἐμπλησθεὶς ¹⁶πρόσεχε σεαυτῷ, μὴ πλα- 16
τυνθῇ ἡ καρδία σου καὶ παραβῆτε καὶ λατρεύσητε θεοῖς ἑτέροις
καὶ προσκυνήσητε αὐτοῖς, ¹⁷καὶ θυμωθεὶς ὀργῇ κύριος ἐφ᾽ ὑμῖν καὶ 17
συσχῇ τὸν οὐρανόν, καὶ οὐκ ἔσται ὑετός, καὶ ἡ γῆ οὐ δώσει τὸν
καρπὸν αὐτῆς, καὶ ἀπολεῖσθε ἐν τάχει ἀπὸ τῆς γῆς τῆς ἀγαθῆς,
ἧς ἔδωκεν ὁ κύριος ὑμῖν. ¹⁸καὶ ἐμβαλεῖτε τὰ ῥήματα ταῦτα εἰς 18
τὴν καρδίαν ὑμῶν καὶ εἰς τὴν ψυχὴν ὑμῶν· καὶ ἀφάψετε αὐτὰ εἰς
σημεῖον ἐπὶ τῆς χειρὸς ὑμῶν, καὶ ἔσται ἀσάλευτον πρὸ ὀφθαλμῶν
ὑμῶν· ¹⁹καὶ διδάξετε αὐτὰ τὰ τέκνα ὑμῶν λαλεῖν αὐτὰ καθημένους 19
ἐν οἴκῳ καὶ πορευομένους ἐν ὁδῷ καὶ κοιταζομένους καὶ διανι-
σταμένους· ²⁰καὶ γράψετε αὐτὰ ἐπὶ τὰς φλιὰς τῶν οἰκιῶν ὑμῶν 20
καὶ τῶν πυλῶν ὑμῶν, ²¹ἵνα πολυημερεύσητε καὶ αἱ ἡμέραι τῶν 21
υἱῶν ὑμῶν ἐπὶ τῆς γῆς, ἧς ὤμοσεν κύριος τοῖς πατράσιν ὑμῶν
δοῦναι αὐτοῖς, καθὼς αἱ ἡμέραι τοῦ οὐρανοῦ ἐπὶ τῆς γῆς. ²²καὶ 22
ἔσται ἐὰν ἀκοῇ ἀκούσητε πάσας τὰς ἐντολὰς ταύτας, ὅσας ἐγὼ
ἐντέλλομαί σοι σήμερον ποιεῖν, ἀγαπᾶν κύριον τὸν θεὸν ἡμῶν καὶ
πορεύεσθαι ἐν πάσαις ταῖς ὁδοῖς αὐτοῦ καὶ προσκολλᾶσθαι αὐτῷ,
²³καὶ ἐκβαλεῖ κύριος πάντα τὰ ἔθνη ταῦτα ἀπὸ προσώπου ὑμῶν, 23

10 εισπορευη] -ρευεσθαι(pro -θε) υμεις A⁽ᵗ⁾ | η 2⁰ > Bᵗ | εστιν 2⁰ > A | εκ-
πορευεσθε A(-θαι) | ποσιν] + αυτων Bᵗ, + ※ σου Oᵗ || 11 εισπορ.] pr. συ A
|| 12 συντελ.] pr. της A || 13 εισακους.] εισ > A: cf. 28 | αυτου > Bᵗ |
οσας] ας B: cf. 22. 27. 32 | σου ult. > Aᵗ || 14 της γης A || 15 δωσει]
-σεις A | τοις 2⁰] pr. και εν Aᵗ || 17 οργη] οργισθη A | υετος] pr. ο Bᵗ
| κυριος ult.] θεος Aᵗ || 19 αυτα 2⁰] εν αυτοις Bᵗ | καθημενους et πορευομε-
νους et διανισταμενους] -μενου σου BOᵗ (σου in O sub ※) | κοιταζομενους]
-μενου σου Oᵗ (σου sub ※), καθευδοντος σου Bᵗ || 20 οικων A || 21 πο-
λυημερευσητε] μακροημ. Bᵗ || 22 οσας] ας A: cf. 13 | σοι] υμιν A | και 2⁰
> A | και ult. > Bᵗ (B supra πορευεσθε pro -θαι)

καὶ κληρονομήσετε ἔθνη μεγάλα καὶ ἰσχυρότερα μᾶλλον ἢ ὑμεῖς.
24 ²⁴πάντα τὸν τόπον, οὗ ἐὰν πατήσῃ τὸ ἴχνος τοῦ ποδὸς ὑμῶν,
ὑμῖν ἔσται· ἀπὸ τῆς ἐρήμου καὶ Ἀντιλιβάνου καὶ ἀπὸ τοῦ ποτα-
μοῦ τοῦ μεγάλου, ποταμοῦ Εὐφράτου, καὶ ἕως τῆς θαλάσσης τῆς
25 ἐπὶ δυσμῶν ἔσται τὰ ὅριά σου. ²⁵οὐκ ἀντιστήσεται οὐδεὶς κατὰ
πρόσωπον ὑμῶν· τὸν τρόμον ὑμῶν καὶ τὸν φόβον ὑμῶν ἐπιθήσει
κύριος ὁ θεὸς ὑμῶν ἐπὶ πρόσωπον πάσης τῆς γῆς, ἐφ᾽ ἧς ἐὰν
ἐπιβῆτε ἐπ᾽ αὐτῆς, ὃν τρόπον ἐλάλησεν κύριος πρὸς ὑμᾶς.
26   ²⁶Ἰδοὺ ἐγὼ δίδωμι ἐνώπιον ὑμῶν σήμερον εὐλογίαν καὶ κατά-
27 ραν, ²⁷τὴν εὐλογίαν, ἐὰν ἀκούσητε τὰς ἐντολὰς κυρίου τοῦ θεοῦ
28 ὑμῶν, ἃς ἐγὼ ἐντέλλομαι ὑμῖν σήμερον, ²⁸καὶ τὰς κατάρας, ἐὰν μὴ
ἀκούσητε τὰς ἐντολὰς κυρίου τοῦ θεοῦ ὑμῶν, ὅσας ἐγὼ ἐντέλλο-
μαι ὑμῖν σήμερον, καὶ πλανηθῆτε ἀπὸ τῆς ὁδοῦ, ἧς ἐνετειλάμην
29 ὑμῖν, πορευθέντες λατρεύειν θεοῖς ἑτέροις, οὓς οὐκ οἴδατε. ²⁹καὶ
ἔσται ὅταν εἰσαγάγῃ σε κύριος ὁ θεός σου εἰς τὴν γῆν, εἰς ἣν
διαβαίνεις ἐκεῖ κληρονομῆσαι αὐτήν, καὶ δώσεις τὴν εὐλογίαν ἐπ᾽
30 ὄρος Γαριζιν καὶ τὴν κατάραν ἐπ᾽ ὄρος Γαιβαλ. (³⁰οὐκ ἰδοὺ ταῦτα
πέραν τοῦ Ιορδάνου ὀπίσω ὁδὸν δυσμῶν ἡλίου ἐν γῇ Χανααν τὸ
κατοικοῦν ἐπὶ δυσμῶν ἐχόμενον τοῦ Γολγολ πλησίον τῆς δρυὸς
31 τῆς ὑψηλῆς;) ³¹ὑμεῖς γὰρ διαβαίνετε τὸν Ιορδάνην εἰσελθόντες
κληρονομῆσαι τὴν γῆν, ἣν κύριος ὁ θεὸς ὑμῶν δίδωσιν ὑμῖν ἐν
κλήρῳ πάσας τὰς ἡμέρας, καὶ κληρονομήσετε αὐτὴν καὶ κατοική-
32 σετε ἐν αὐτῇ· ³²καὶ φυλάξεσθε τοῦ ποιεῖν πάντα τὰ προστάγματα
αὐτοῦ καὶ τὰς κρίσεις ταύτας, ὅσας ἐγὼ δίδωμι ἐνώπιον ὑμῶν
σήμερον.
12   ¹Καὶ ταῦτα τὰ προστάγματα καὶ αἱ κρίσεις, ἃς φυλάξετε τοῦ
ποιεῖν ἐπὶ τῆς γῆς, ἧς κύριος ὁ θεὸς τῶν πατέρων ὑμῶν δίδωσιν
ὑμῖν ἐν κλήρῳ, πάσας τὰς ἡμέρας, ἃς ὑμεῖς ζῆτε ἐπὶ τῆς γῆς.
2   ²ἀπωλείᾳ ἀπολεῖτε πάντας τοὺς τόπους, ἐν οἷς ἐλάτρευσαν ἐκεῖ
τοῖς θεοῖς αὐτῶν οὓς ὑμεῖς κληρονομεῖτε αὐτούς, ἐπὶ τῶν ὀρέων
τῶν ὑψηλῶν καὶ ἐπὶ τῶν θινῶν καὶ ὑποκάτω δένδρου δασέος

23 ισχυροτερα] ισχυρα B: cf. 12 21 ‖ 24 σου] υμων A ‖ 25 τρομον ... φο-
βον] tr. A | προσωπον 2⁰] -που A | κυριος ult.] > B, in O sub ÷ ‖ 26 ενω-
πιον] εναντιον A (ante εναντ. tr. A⁺ σημερον) | ευλογιαν και καταραν pau.]
την ευλ. και την κατ. B⁺, ευλογιας και καταρας A ‖ 27 ας] οσας A: cf. 13
‖ 28 τας καταρας] αι -ραι B⁺ | ακουσητε] pr. εισ A: cf. 13 | οσας] οσα B⁺
| ους] οις A ‖ 29 εις 2⁰ > A | την 2⁰ > B⁺ ‖ 31 υμων] ημ. A | και 1⁰
⌒ 2⁰ B ‖ 32 αυτου] μου A⁺, ÷ ταυτα O⁺ | ταυτας (in O sub ÷)] αυτου
A | οσας] ας A: cf. 13
12 1 αι — ποιειν] τα κριματα α φυλαξεσθε του ποιησαι A | επι της γης ης]
εν τη γη η B⁺ | υμων W] ημ. BA ‖ 2 παντας τ. τοπους] παντα τα εθνη
A⁺ | εκει BA⁺] + τα εθνη rel. | κληρονομειτε] pr. κατα A

³καὶ κατασκάψετε τοὺς βωμοὺς αὐτῶν καὶ συντρίψετε τὰς στήλας 3
αὐτῶν καὶ τὰ ἄλση αὐτῶν ἐκκόψετε καὶ τὰ γλυπτὰ τῶν θεῶν αὐ-
τῶν κατακαύσετε πυρί, καὶ ἀπολεῖται τὸ ὄνομα αὐτῶν ἐκ τοῦ τό-
που ἐκείνου. ⁴οὐ ποιήσετε οὕτως κυρίῳ τῷ θεῷ ὑμῶν, ⁵ἀλλ᾿ ἢ ⁴
εἰς τὸν τόπον, ὃν ἂν ἐκλέξηται κύριος ὁ θεὸς ὑμῶν ἐν μιᾷ τῶν ⁵
φυλῶν ὑμῶν ἐπονομάσαι τὸ ὄνομα αὐτοῦ ἐκεῖ ἐπικληθῆναι, καὶ
ἐκζητήσετε καὶ εἰσελεύσεσθε ἐκεῖ ⁶καὶ οἴσετε ἐκεῖ τὰ ὁλοκαυτώ- 6
ματα ὑμῶν καὶ τὰ θυσιάσματα ὑμῶν καὶ τὰς ἀπαρχὰς ὑμῶν καὶ
τὰς εὐχὰς ὑμῶν καὶ τὰ ἑκούσια ὑμῶν καὶ τὰ πρωτότοκα τῶν
βοῶν ὑμῶν καὶ τῶν προβάτων ὑμῶν ⁷καὶ φάγεσθε ἐκεῖ ἐναντίον 7
κυρίου τοῦ θεοῦ ὑμῶν καὶ εὐφρανθήσεσθε ἐπὶ πᾶσιν, οὗ ἂν τὴν
χεῖρα ἐπιβάλητε, ὑμεῖς καὶ οἱ οἶκοι ὑμῶν, καθότι εὐλόγησέν σε
κύριος ὁ θεός σου. ⁸οὐ ποιήσετε πάντα, ἃ ἡμεῖς ποιοῦμεν ὧδε 8
σήμερον, ἕκαστος τὸ ἀρεστὸν ἐνώπιον αὐτοῦ· ⁹οὐ γὰρ ἥκατε ἕως 9
τοῦ νῦν εἰς τὴν κατάπαυσιν καὶ εἰς τὴν κληρονομίαν, ἣν κύριος
ὁ θεὸς ὑμῶν δίδωσιν ὑμῖν. ¹⁰καὶ διαβήσεσθε τὸν Ιορδάνην καὶ 10
κατοικήσετε ἐπὶ τῆς γῆς, ἧς κύριος ὁ θεὸς ὑμῶν κατακληρονομεῖ
ὑμῖν, καὶ καταπαύσει ὑμᾶς ἀπὸ πάντων τῶν ἐχθρῶν ὑμῶν τῶν
κύκλῳ, καὶ κατοικήσετε μετὰ ἀσφαλείας. ¹¹καὶ ἔσται ὁ τόπος, ὃν 11
ἂν ἐκλέξηται κύριος ὁ θεὸς ὑμῶν ἐπικληθῆναι τὸ ὄνομα αὐτοῦ
ἐκεῖ, ἐκεῖ οἴσετε πάντα, ὅσα ἐγὼ ἐντέλλομαι ὑμῖν σήμερον, τὰ ὁλο-
καυτώματα ὑμῶν καὶ τὰ θυσιάσματα ὑμῶν καὶ τὰ ἐπιδέκατα ὑμῶν
καὶ τὰς ἀπαρχὰς τῶν χειρῶν ὑμῶν καὶ τὰ δόματα ὑμῶν καὶ πᾶν
ἐκλεκτὸν τῶν δώρων ὑμῶν, ὅσα ἐὰν εὔξησθε τῷ θεῷ ὑμῶν, ¹²καὶ 12
εὐφρανθήσεσθε ἐναντίον κυρίου τοῦ θεοῦ ὑμῶν, ὑμεῖς καὶ οἱ υἱοὶ
ὑμῶν καὶ αἱ θυγατέρες ὑμῶν, οἱ παῖδες ὑμῶν καὶ αἱ παιδίσκαι
ὑμῶν καὶ ὁ Λευίτης ὁ ἐπὶ τῶν πυλῶν ὑμῶν, ὅτι οὐκ ἔστιν αὐτῷ
μερὶς οὐδὲ κλῆρος μεθ᾿ ὑμῶν. ¹³πρόσεχε σεαυτῷ μὴ ἀνενέγκῃς τὰ 13
ὁλοκαυτώματά σου ἐν παντὶ τόπῳ, οὗ ἐὰν ἴδῃς, ¹⁴ἀλλ᾿ ἢ εἰς τὸν 14
τόπον, ὃν ἂν ἐκλέξηται κύριος ὁ θεός σου αὐτὸν ἐν μιᾷ τῶν φυ-
λῶν σου, ἐκεῖ ἀνοίσεις τὰ ὁλοκαυτώματά σου καὶ ἐκεῖ ποιήσεις
πάντα, ὅσα ἐγὼ ἐντέλλομαί σοι σήμερον. ¹⁵ἀλλ᾿ ἢ ἐν πάσῃ ἐπι- 15
θυμίᾳ σου θύσεις καὶ φάγῃ κρέα κατὰ τὴν εὐλογίαν κυρίου τοῦ
θεοῦ σου, ἣν ἔδωκέν σοι ἐν πάσῃ πόλει· ὁ ἀκάθαρτος ἐν σοὶ καὶ

3 κατασκαψετε] -σκεψατε Β*†, -σκαψατε Bᶜ | κατακαυσετε] -σατε Β† ||
5 υμων 1⁰] σου Β† | φυλων] πολεων Β†: cf. 14 | εκζητησετε] -σατε Β† | και
εισελευσεσθε] > Β*†, και ελευσ. Bᶜ || 6 εκει > Β* | τα θυσιασμ. — εκουσ.
υμων και W] και τας ευχας υμων > Α; τας ομολογιας υμων (sic) Β⁽†⁾: cf. 17
|| 7 εναντιον ΒΑ†] -τι rel. | την χειρα επιβαλητε Β†] επιβ. τας χειρας Α ||
8 ενωπιον Β†] εναντιον Α || 9 υμων V] ημ. ΒΑ || 10 υμων 1⁰] ημ. Β |
κατακληρονομησει Α || 11 υμων 1⁰] σου Β† | εκει εκει] εκει Β | και τα δο-
ματα υμων] > Β†, in O sub ÷ | υμων ult. > Β† || 12 εναντι Α || 14 φυ-
λων] πολεων Α: cf. 5 | ανοισεις] -σετε Β⁽†⁾ | σου ult.] υμων Β†

16 ὁ καθαρὸς ἐπὶ τὸ αὐτὸ φάγεται αὐτὸ ὡς δορκάδα ἢ ἔλαφον· ¹⁶πλὴν
17 τὸ αἷμα οὐ φάγεσθε, ἐπὶ τὴν γῆν ἐκχεεῖτε αὐτὸ ὡς ὕδωρ. ¹⁷οὐ
δυνήσῃ φαγεῖν ἐν ταῖς πόλεσίν σου τὸ ἐπιδέκατον τοῦ σίτου σου
καὶ τοῦ οἴνου σου καὶ τοῦ ἐλαίου σου, τὰ πρωτότοκα τῶν βοῶν
σου καὶ τῶν προβάτων σου καὶ πάσας εὐχάς, ὅσας ἂν εὔξησθε,
18 καὶ τὰς ὁμολογίας ὑμῶν καὶ τὰς ἀπαρχὰς τῶν χειρῶν ὑμῶν, ¹⁸ἀλλ᾽
ἢ ἐναντίον κυρίου τοῦ θεοῦ σου φάγῃ αὐτὰ ἐν τῷ τόπῳ, ᾧ ἂν
ἐκλέξηται κύριος ὁ θεός σου αὐτῷ, σὺ καὶ ὁ υἱός σου καὶ ἡ θυ-
γάτηρ σου, ὁ παῖς σου καὶ ἡ παιδίσκη σου καὶ ὁ προσήλυτος ὁ
ἐν ταῖς πόλεσιν ὑμῶν, καὶ εὐφρανθήσῃ ἐναντίον κυρίου τοῦ θεοῦ
19 σου ἐπὶ πάντα, οὗ ἂν ἐπιβάλῃς τὴν χεῖρά σου. ¹⁹πρόσεχε σεαυτῷ
μὴ ἐγκαταλίπῃς τὸν Λευίτην πάντα τὸν χρόνον, ὅσον ἐὰν ζῇς ἐπὶ
τῆς γῆς.
20   ²⁰Ἐὰν δὲ ἐμπλατύνῃ κύριος ὁ θεός σου τὰ ὅριά σου, καθάπερ
ἐλάλησέν σοι, καὶ ἐρεῖς Φάγομαι κρέα, ἐὰν ἐπιθυμήσῃ ἡ ψυχή σου
ὥστε φαγεῖν κρέα, ἐν πάσῃ ἐπιθυμίᾳ τῆς ψυχῆς σου φάγῃ κρέα.
21 ²¹ἐὰν δὲ μακρότερον ἀπέχῃ σου ὁ τόπος, ὃν ἂν ἐκλέξηται κύριος
ὁ θεός σου ἐπικληθῆναι τὸ ὄνομα αὐτοῦ ἐκεῖ, καὶ θύσεις ἀπὸ τῶν
βοῶν σου καὶ ἀπὸ τῶν προβάτων σου, ὧν ἂν δῷ ὁ θεός σοι,
ὃν τρόπον ἐνετειλάμην σοι, καὶ φάγῃ ἐν ταῖς πόλεσίν σου κατὰ
22 τὴν ἐπιθυμίαν τῆς ψυχῆς σου· ²²ὡς ἔσθεται ἡ δορκὰς καὶ ἡ ἔλα-
φος, οὕτως φάγῃ αὐτό, ὁ ἀκάθαρτος ἐν σοὶ καὶ ὁ καθαρὸς ὡσαύ-
23 τως ἔδεται. ²³πρόσεχε ἰσχυρῶς τοῦ μὴ φαγεῖν αἷμα, ὅτι τὸ αἷμα
24 αὐτοῦ ψυχή· οὐ βρωθήσεται ἡ ψυχὴ μετὰ τῶν κρεῶν, ²⁴οὐ φά-
25 γεσθε, ἐπὶ τὴν γῆν ἐκχεεῖτε αὐτὸ ὡς ὕδωρ. ²⁵οὐ φάγῃ αὐτό, ἵνα
εὖ σοι γένηται καὶ τοῖς υἱοῖς σου μετὰ σέ, ἐὰν ποιήσῃς τὸ κα-
26 λὸν καὶ τὸ ἀρεστὸν ἐναντίον κυρίου τοῦ θεοῦ σου. ²⁶πλὴν τὰ
ἅγιά σου, ἐὰν γένηταί σοι, καὶ τὰς εὐχάς σου λαβὼν ἥξεις εἰς
τὸν τόπον, ὃν ἂν ἐκλέξηται κύριος ὁ θεός σου ἐπικληθῆναι τὸ
27 ὄνομα αὐτοῦ ἐκεῖ, ²⁷καὶ ποιήσεις τὰ ὁλοκαυτώματά σου· τὰ κρέα
ἀνοίσεις ἐπὶ τὸ θυσιαστήριον κυρίου τοῦ θεοῦ σου, τὸ δὲ αἷμα
τῶν θυσιῶν σου προσχεεῖς πρὸς τὴν βάσιν τοῦ θυσιαστηρίου
28 κυρίου τοῦ θεοῦ σου, τὰ δὲ κρέα φάγῃ. ²⁸φυλάσσου καὶ ἄκουε
καὶ ποιήσεις πάντας τοὺς λόγους, οὓς ἐγὼ ἐντέλλομαί σοι, ἵνα εὖ

17 σου 5⁰ ⌒ 6⁰ B⁺ | και paenult. > A⁺ | υμων ult.] σου B⁺ ‖ 18 εναν-
τιον 1⁰] -τι Aʳ | αυτα] -το B⁺ | ω] ου A | και 4⁰] pr. και ο λευιτης A | υμων]
σου A | εναντιον ult.] -τι A ‖ 19 παντα — ζης] οσον αν χρονον ζη A⁺ ‖
20 ερεις] ειπης A | ψυχης] καρδιας A⁺ ‖ 21 μακροτερον] μακραν B: cf. 11 23
| επικληθ. το ον. αυτου / εκει] tr. B⁺, εκει > A*(uid.)⁺ | ων] ως AW⁺ | ο θεος
σοι B⁽⁺⁾] σοι ο θ. σου A ‖ 23 οτι το W] το > B⁺, το γαρ A | η > A ‖
25 σε] + εις τον αιωνα A | εναντιον B⁺] -τι A ‖ 26 εαν γεν. σοι] α αν σοι
γεν. A | σου ult.] + αυτω A, + αυτον Bᶜ, + εαυτω O⁺ ‖ 27 σου τα 1⁰ ⌒
ult. B⁺

σοι γένηται καὶ τοῖς υἱοῖς σου δι' αἰῶνος, ἐὰν ποιήσῃς τὸ καλὸν καὶ τὸ ἀρεστὸν ἐναντίον κυρίου τοῦ θεοῦ σου.

²⁹ Ἐὰν δὲ ἐξολεθρεύσῃ κύριος ὁ θεός σου τὰ ἔθνη, εἰς οὓς σὺ 29 εἰσπορεύῃ ἐκεῖ κληρονομῆσαι τὴν γῆν αὐτῶν, ἀπὸ προσώπου σου καὶ κατακληρονομήσῃς αὐτοὺς καὶ κατοικήσῃς ἐν τῇ γῇ αὐτῶν, ³⁰ πρόσεχε σεαυτῷ μὴ ἐκζητήσῃς ἐπακολουθῆσαι αὐτοῖς μετὰ τὸ 30 ἐξολεθρευθῆναι αὐτοὺς ἀπὸ προσώπου σου· οὐ μὴ ἐκζητήσῃς τοὺς θεοὺς αὐτῶν λέγων Πῶς ποιοῦσιν τὰ ἔθνη ταῦτα τοῖς θεοῖς αὐ- τῶν; ποιήσω κἀγώ. ³¹ οὐ ποιήσεις οὕτως κυρίῳ τῷ θεῷ σου· τὰ 31 γὰρ βδελύγματα, ἃ κύριος ἐμίσησεν, ἐποίησαν τοῖς θεοῖς αὐτῶν, ὅτι τοὺς υἱοὺς αὐτῶν καὶ τὰς θυγατέρας αὐτῶν κατακαίουσιν ἐν πυρὶ τοῖς θεοῖς αὐτῶν.

¹ Πᾶν ῥῆμα, ὃ ἐγὼ ἐντέλλομαί σοι σήμερον, τοῦτο φυλάξῃ ποι- 13 εῖν· οὐ προσθήσεις ἐπ' αὐτὸ οὐδὲ ἀφελεῖς ἀπ' αὐτοῦ.

² Ἐὰν δὲ ἀναστῇ ἐν σοὶ προφήτης ἢ ἐνυπνιαζόμενος ἐνύπνιον 2 καὶ δῷ σοι σημεῖον ἢ τέρας ³ καὶ ἔλθῃ τὸ σημεῖον ἢ τὸ τέρας, ὃ 3 ἐλάλησεν πρὸς σὲ λέγων Πορευθῶμεν καὶ λατρεύσωμεν θεοῖς ἑτέ- ροις, οὓς οὐκ οἴδατε, ⁴ οὐκ ἀκούσεσθε τῶν λόγων τοῦ προφήτου 4 ἐκείνου ἢ τοῦ ἐνυπνιαζομένου τὸ ἐνύπνιον ἐκεῖνο, ὅτι πειράζει κύριος ὁ θεὸς ὑμᾶς εἰδέναι εἰ ἀγαπᾶτε κύριον τὸν θεὸν ὑμῶν ἐξ ὅλης τῆς καρδίας ὑμῶν καὶ ἐξ ὅλης τῆς ψυχῆς ὑμῶν. ⁵ ὀπίσω κυ- 5 ρίου τοῦ θεοῦ ὑμῶν πορεύεσθε καὶ αὐτὸν φοβηθήσεσθε καὶ τὰς ἐντολὰς αὐτοῦ φυλάξεσθε καὶ τῆς φωνῆς αὐτοῦ ἀκούσεσθε καὶ αὐτῷ προστεθήσεσθε. ⁶ καὶ ὁ προφήτης ἐκεῖνος ἢ ὁ τὸ ἐνύπνιον 6 ἐνυπνιαζόμενος ἐκεῖνος ἀποθανεῖται· ἐλάλησεν γὰρ πλανῆσαί σε ἀπὸ κυρίου τοῦ θεοῦ σου τοῦ ἐξαγαγόντος σε ἐκ γῆς Αἰγύπτου τοῦ λυτρωσαμένου σε ἐκ τῆς δουλείας ἐξῶσαί σε ἐκ τῆς ὁδοῦ, ἧς ἐνετείλατό σοι κύριος ὁ θεός σου πορεύεσθαι ἐν αὐτῇ· καὶ ἀφα- νιεῖς τὸν πονηρὸν ἐξ ὑμῶν αὐτῶν.

⁷ Ἐὰν δὲ παρακαλέσῃ σε ὁ ἀδελφός σου ἐκ πατρός σου ἢ ἐκ 7 μητρός σου ἢ ὁ υἱός σου ἢ ἡ θυγάτηρ σου ἢ ἡ γυνὴ ἡ ἐν κόλ- πῳ σου ἢ ὁ φίλος ὁ ἴσος τῆς ψυχῆς σου λάθρᾳ λέγων Βαδίσω- μεν καὶ λατρεύσωμεν θεοῖς ἑτέροις, οὓς οὐκ ᾔδεις σὺ καὶ οἱ πα-

28 εναντιον] -τι A ‖ 29 συ > B | σου 2⁰ > B*† | αυτους] -την B ‖ 30 ου — αυτων 1⁰ > B† ‖ 31 κυριω > B† | γαρ βδελ.] tr. A† | α κυριος] κυριου α B† | τοις 1⁰] pr. εν B†

13 1 σοι] υμιν B† ‖ 2 ενυπνιον] pr. το B† | δω] δωσει A ‖ 3 ους] οις A: cf. 7. 14 ‖ 4 θεος W] + σου B†, + υμων A (in O sub ※) | ειδεναι] pr. του A | κυριον > B† | υμων paenult.] σου B† ‖ 5 αυτον] τουτον B | και 2⁰⌢3⁰ B† | και ult.] pr. και αυτω δουλευσετε A, pr. ※ και αυτω λατρευ- σετε O ‖ 6 εκ ult.] απο B† | αφανιειτε A ‖ 7 γυνη] + σου A | ο φιλος ο ισος] ο 1⁰ > B, ο 2⁰ > B† | τη ψυχη A | βαδισωμεν] πορευθωμεν A | ους] οις A: cf. 3

8 τέρες σου, ⁸ἀπὸ τῶν θεῶν τῶν ἐθνῶν τῶν περικύκλῳ ὑμῶν τῶν
ἐγγιζόντων σοι ἢ τῶν μακρὰν ἀπὸ σοῦ ἀπ᾽ ἄκρου τῆς γῆς ἕως
9 ἄκρου τῆς γῆς, ⁹οὐ συνθελήσεις αὐτῷ καὶ οὐκ εἰσακούσῃ αὐτοῦ,
καὶ οὐ φείσεται ὁ ὀφθαλμός σου ἐπ᾽ αὐτῷ, οὐκ ἐπιποθήσεις ἐπ᾽
10 αὐτῷ οὐδ᾽ οὐ μὴ σκεπάσῃς αὐτόν· ¹⁰ἀναγγέλλων ἀναγγελεῖς περὶ
αὐτοῦ, αἱ χεῖρές σου ἔσονται ἐπ᾽ αὐτὸν ἐν πρώτοις ἀποκτεῖναι
11 αὐτόν, καὶ αἱ χεῖρες παντὸς τοῦ λαοῦ ἐπ᾽ ἐσχάτῳ, ¹¹καὶ λιθοβολή-
σουσιν αὐτὸν ἐν λίθοις, καὶ ἀποθανεῖται, ὅτι ἐζήτησεν ἀποστῆσαί
σε ἀπὸ κυρίου τοῦ θεοῦ σου τοῦ ἐξαγαγόντος σε ἐκ γῆς Αἰγύ-
12 πτου ἐξ οἴκου δουλείας. ¹²καὶ πᾶς Ισραηλ ἀκούσας φοβηθήσεται
καὶ οὐ προσθήσουσιν ἔτι ποιῆσαι κατὰ τὸ ῥῆμα τὸ πονηρὸν τοῦ-
το ἐν ὑμῖν.

13 ¹³Ἐὰν δὲ ἀκούσῃς ἐν μιᾷ τῶν πόλεών σου, ὧν κύριος ὁ θεός
14 σου δίδωσίν σοι κατοικεῖν σε ἐκεῖ, λεγόντων ¹⁴Ἐξήλθοσαν ἄνδρες
παράνομοι ἐξ ὑμῶν καὶ ἀπέστησαν πάντας τοὺς κατοικοῦντας τὴν
πόλιν αὐτῶν λέγοντες Πορευθῶμεν καὶ λατρεύσωμεν θεοῖς ἑτέροις,
15 οὓς οὐκ ᾔδειτε, ¹⁵καὶ ἐρωτήσεις καὶ ἐραυνήσεις σφόδρα, καὶ ἰδοὺ
ἀληθὴς σαφῶς ὁ λόγος, γεγένηται τὸ βδέλυγμα τοῦτο ἐν ὑμῖν,
16 ¹⁶ἀναιρῶν ἀνελεῖς πάντας τοὺς κατοικοῦντας ἐν τῇ πόλει ἐκείνῃ
ἐν φόνῳ μαχαίρας, ἀναθέματι ἀναθεματιεῖτε αὐτὴν καὶ πάντα τὰ
17 ἐν αὐτῇ ¹⁷καὶ πάντα τὰ σκῦλα αὐτῆς συνάξεις εἰς τὰς διόδους
αὐτῆς καὶ ἐμπρήσεις τὴν πόλιν ἐν πυρὶ καὶ πάντα τὰ σκῦλα αὐ-
τῆς πανδημεὶ ἐναντίον κυρίου τοῦ θεοῦ σου, καὶ ἔσται ἀοίκητος
18 εἰς τὸν αἰῶνα, οὐκ ἀνοικοδομηθήσεται ἔτι. ¹⁸οὐ προσκολληθήσεται
ἐν τῇ χειρί σου οὐδὲν ἀπὸ τοῦ ἀναθέματος, ἵνα ἀποστραφῇ κύριος
ἀπὸ θυμοῦ τῆς ὀργῆς αὐτοῦ καὶ δώσει σοι ἔλεος καὶ ἐλεήσει σε
καὶ πληθυνεῖ σε, ὃν τρόπον ὤμοσεν κύριος τοῖς πατράσιν σου,
19 ¹⁹ἐὰν ἀκούσῃς τῆς φωνῆς κυρίου τοῦ θεοῦ σου φυλάσσειν πάσας
τὰς ἐντολὰς αὐτοῦ, ὅσας ἐγὼ ἐντέλλομαί σοι σήμερον, ποιεῖν τὸ
καλὸν καὶ τὸ ἀρεστὸν ἐναντίον κυρίου τοῦ θεοῦ σου.

14 ¹Υἱοί ἐστε κυρίου τοῦ θεοῦ ὑμῶν· οὐ φοιβήσετε, οὐκ ἐπιθήσετε
2 φαλάκρωμα ἀνὰ μέσον τῶν ὀφθαλμῶν ὑμῶν ἐπὶ νεκρῷ· ²ὅτι λαὸς

---

9 ουδ ου Β†] ουδε Α ‖ 10 αι 1⁰ — αυτον 1⁰] και η χειρ σου εσται επ αυ-
τω Α ‖ 12 προσθησουσιν] -θησει Β† | το ρημα το πονηρον] το πον. ρημα
Α† ‖ 13 σε > Α ‖ 14 υμων] ημ. Α | πολιν] γην Β†: cf. 16 | ους] οις Α:
cf. 3 ‖ 15 init.] pr. και εξετασεις Α | εραυνησεις Β*†] ερευν. Βᶜ, εξεραυνη-
σεις Α | αληθης] -θως Β ‖ 16 πολει] γη Β†: cf. 14 ‖ 17 εναντιον] -τι Α
‖ 18 init.] pr. και Β† | εν — σου 1⁰ / ουδεν — αναθεμ.] tr. Α | ελεησει σε και
πληθυνει σε] πληθ. σε και ελ. σε και πλησθηση Α† | ον τροπον] pr. καθως ελα-
λησεν σοι Α | κυριος ult.] > Β, in O sub ÷ ‖ 19 εαν] + δε Αᶜ | ακουσης
Β⁽†⁾] εισακουσητε Α | πασας > Β† | οσας] ας Α | το καλον και το αρεστον]
tr. Β, το καλ. και sub ÷ Ο | εναντιον] -τι Α
14 1 ου φοιβ. > Β*

ἅγιος εἶ κυρίῳ τῷ θεῷ σου, καὶ σὲ ἐξελέξατο κύριος ὁ θεός σου γενέσθαι σε αὐτῷ λαὸν περιούσιον ἀπὸ πάντων τῶν ἐθνῶν τῶν ἐπὶ προσώπου τῆς γῆς. ³Οὐ φάγεσθε πᾶν βδέλυγμα. ⁴ταῦτα τὰ κτήνη, ἃ φάγεσθε· μό- σχον ἐκ βοῶν καὶ ἀμνὸν ἐκ προβάτων καὶ χίμαρον ἐξ αἰγῶν, ⁵ἔλα- φον καὶ δορκάδα καὶ βούβαλον καὶ τραγέλαφον καὶ πύγαργον, ὄρυ- γα καὶ καμηλοπάρδαλιν· ⁶πᾶν κτῆνος διχηλοῦν ὁπλὴν καὶ ὀνυχι- στῆρας ὀνυχίζον δύο χηλῶν καὶ ἀνάγον μηρυκισμὸν ἐν τοῖς κτή- νεσιν, ταῦτα φάγεσθε. ⁷καὶ ταῦτα οὐ φάγεσθε ἀπὸ τῶν ἀναγόν- των μηρυκισμὸν καὶ ἀπὸ τῶν διχηλούντων τὰς ὁπλὰς καὶ ὀνυχι- ζόντων ὀνυχιστῆρας· τὸν κάμηλον καὶ δασύποδα καὶ χοιρογρύλλιον, ὅτι ἀνάγουσιν μηρυκισμὸν καὶ ὁπλὴν οὐ διχηλοῦσιν, ἀκάθαρτα ταῦτα ὑμῖν ἐστιν· ⁸καὶ τὸν ὗν, ὅτι διχηλεῖ ὁπλὴν τοῦτο καὶ ὀνυ- χίζει ὄνυχας ὁπλῆς καὶ τοῦτο μηρυκισμὸν οὐ μαρυκᾶται, ἀκάθαρτον τοῦτο ὑμῖν· ἀπὸ τῶν κρεῶν αὐτῶν οὐ φάγεσθε καὶ τῶν θνησι- μαίων αὐτῶν οὐχ ἅψεσθε. — ⁹καὶ ταῦτα φάγεσθε ἀπὸ πάντων τῶν ἐν τοῖς ὕδασιν· πάντα, ὅσα ἐστὶν ἐν αὐτοῖς πτερύγια καὶ λεπίδες, φάγεσθε. ¹⁰καὶ πάντα, ὅσα οὐκ ἔστιν αὐτοῖς πτερύγια καὶ λεπίδες, οὐ φάγεσθε, ἀκάθαρτα ὑμῖν ἐστιν. — ¹¹πᾶν ὄρνεον καθα- ρὸν φάγεσθε. ¹²καὶ ταῦτα οὐ φάγεσθε ἀπ᾽ αὐτῶν· τὸν ἀετὸν καὶ τὸν γρύπα καὶ τὸν ἁλιαίετον ¹³καὶ τὸν γύπα καὶ τὸν ἰκτῖνα καὶ τὰ ὅμοια αὐτῷ ¹⁴καὶ πάντα κόρακα καὶ τὰ ὅμοια αὐτῷ ¹⁵καὶ στρου- θὸν καὶ γλαῦκα καὶ λάρον ¹⁶καὶ ἐρωδιὸν καὶ κύκνον καὶ ἶβιν ¹⁷καὶ καταράκτην καὶ ἱέρακα καὶ τὰ ὅμοια αὐτῷ καὶ ἔποπα καὶ νυκτικό- ρακα ¹⁸καὶ πελεκᾶνα καὶ χαραδριὸν καὶ τὰ ὅμοια αὐτῷ καὶ πορ- φυρίωνα καὶ νυκτερίδα. ¹⁹πάντα τὰ ἑρπετὰ τῶν πετεινῶν ἀκάθαρτα ταῦτά ἐστιν ὑμῖν, οὐ φάγεσθε ἀπ᾽ αὐτῶν. ²⁰πᾶν πετεινὸν καθαρὸν φάγεσθε. — ²¹πᾶν θνησιμαῖον οὐ φάγεσθε· τῷ παροίκῳ τῷ ἐν ταῖς πόλεσίν σου δοθήσεται, καὶ φάγεται, ἢ ἀποδώσῃ τῷ ἀλλο- τρίῳ· ὅτι λαὸς ἅγιος εἶ κυρίῳ τῷ θεῷ σου. — οὐχ ἑψήσεις ἄρνα ἐν γάλακτι μητρὸς αὐτοῦ.

2 σε 1⁰ > A* | σε 2⁰ > A ‖ 4 τα > B† ‖ 5 και 2⁰ ⌢ 4⁰ B† | πυδαρ- γον A† | ορυγα] pr. και A ‖ 6 διχηλευον A ‖ 7 χοιρογυλιον B, χυρογυ- λιον A*, χυρογρυλιον Ac†: cf. Leu. 11 6 | αναγουσιν] -γει A† | και οπλην — ακαθαρτα / ταυτα] tr. A ‖ 8 οπλην > A | ονυχας] -χιστηρας B†: ex 6. 7 | ου μαρυκαται] ουκ αναμαρυκαται A† | και ult. > B ‖ 9 τω υδατι B† | εν 2⁰ > A | φαγεσθε ult.] pr. ταυτα A ‖ 10 και 2⁰] ουδε A | υμιν εστιν] ταυτα εσται υμιν A ‖ 12 αλιαιετον pau.] αλιαιτον B, αλιετον A: cf. Leu. 11 13 ‖ 14 > BA*: cf. Leu. 11 15 ‖ 16 init. — 17 και καταρ. / και ιερακα και τα ομ. αυτω] tr. A | 16 αρωδιον B*A: cf. Leu. 11 19 ‖ 17 εποπα] υποπα B*, υπω- πα A† | και νυκτικορακα — 18 αυτω / και πορφυριωνα] tr. A ‖ 19 ταυτα] > B, in O sub ÷ | εστιν υμιν] tr. B† ‖ 21 init.] pr. και A | σου ult.] + και ευφρανθησῃ Ar†: cf. 26 | fin.] + ος γαρ ποιει τουτο ωσει θυσει ασφαλακα(al. ασπαλ.; cf. Leu. 11 30)· μνημα εστιν τω θεω ιακωβ W

22 　²²Δεκάτην ἀποδεκατώσεις παντὸς γενήματος τοῦ σπέρματός
23 σου, τὸ γένημα τοῦ ἀγροῦ σου ἐνιαυτὸν κατ᾽ ἐνιαυτόν, ²³καὶ
φάγῃ αὐτὸ ἔναντι κυρίου τοῦ θεοῦ σου ἐν τῷ τόπῳ, ᾧ ἂν ἐκ-
λέξηται κύριος ὁ θεός σου ἐπικληθῆναι τὸ ὄνομα αὐτοῦ ἐκεῖ ·
οἴσετε τὰ ἐπιδέκατα τοῦ σίτου σου καὶ τοῦ οἴνου σου καὶ τοῦ
ἐλαίου σου, τὰ πρωτότοκα τῶν βοῶν σου καὶ τῶν προβάτων
σου, ἵνα μάθῃς φοβεῖσθαι κύριον τὸν θεόν σου πάσας τὰς ἡμέ-
24 ρας. ²⁴ἐὰν δὲ μακρὰν γένηται ἀπὸ σοῦ ἡ ὁδὸς καὶ μὴ δύνῃ
ἀναφέρειν αὐτά, ὅτι μακρὰν ἀπὸ σοῦ ὁ τόπος, ὃν ἂν ἐκλέξηται
κύριος ὁ θεός σου ἐπικληθῆναι τὸ ὄνομα αὐτοῦ ἐκεῖ, ὅτι εὐλογή-
25 σει σε κύριος ὁ θεός σου, ²⁵καὶ ἀποδώσῃ αὐτὰ ἀργυρίου καὶ λήμ-
ψῃ τὸ ἀργύριον ἐν ταῖς χερσίν σου καὶ πορεύσῃ εἰς τὸν τόπον,
26 ὃν ἂν ἐκλέξηται κύριος ὁ θεός σου αὐτόν, ²⁶καὶ δώσεις τὸ ἀρ-
γύριον ἐπὶ παντός, οὗ ἐὰν ἐπιθυμῇ ἡ ψυχή σου, ἐπὶ βουσὶ ἢ ἐπὶ
προβάτοις, ἐπὶ οἴνῳ ἢ ἐπὶ σικερα ἢ ἐπὶ παντός, οὗ ἐὰν ἐπιθυμῇ
ἡ ψυχή σου, καὶ φάγῃ ἐκεῖ ἐναντίον κυρίου τοῦ θεοῦ σου καὶ
27 εὐφρανθήσῃ σὺ καὶ ὁ οἶκός σου ²⁷καὶ ὁ Λευίτης ὁ ἐν ταῖς πό-
λεσίν σου, ὅτι οὐκ ἔστιν αὐτῷ μερὶς οὐδὲ κλῆρος μετὰ σοῦ. —
28 ²⁸μετὰ τρία ἔτη ἐξοίσεις πᾶν τὸ ἐπιδέκατον τῶν γενημάτων σου ·
29 ἐν τῷ ἐνιαυτῷ ἐκείνῳ θήσεις αὐτὸ ἐν ταῖς πόλεσίν σου, ²⁹καὶ
ἐλεύσεται ὁ Λευίτης, ὅτι οὐκ ἔστιν αὐτῷ μερὶς οὐδὲ κλῆρος μετὰ
σοῦ, καὶ ὁ προσήλυτος καὶ ὁ ὀρφανὸς καὶ ἡ χήρα ἡ ἐν ταῖς πό-
λεσίν σου καὶ φάγονται καὶ ἐμπλησθήσονται, ἵνα εὐλογήσῃ σε κύ-
ριος ὁ θεός σου ἐν πᾶσιν τοῖς ἔργοις, οἷς ἐὰν ποιῇς.
15 　¹Δι᾽ ἑπτὰ ἐτῶν ποιήσεις ἄφεσιν. ²καὶ οὕτως τὸ πρόσταγμα τῆς
ἀφέσεως · ἀφήσεις πᾶν χρέος ἴδιον, ὃ ὀφείλει σοι ὁ πλησίον, καὶ
τὸν ἀδελφόν σου οὐκ ἀπαιτήσεις, ὅτι ἐπικέκληται ἄφεσις κυρίῳ
3 τῷ θεῷ σου. ³τὸν ἀλλότριον ἀπαιτήσεις ὅσα ἐὰν ᾖ σοι παρ᾽ αὐτῷ,
4 τοῦ ἀδελφοῦ σου ἄφεσιν ποιήσεις τοῦ χρέους σου · ⁴ὅτι οὐκ ἔσται
ἐν σοὶ ἐνδεής, ὅτι εὐλογῶν εὐλογήσει σε κύριος ὁ θεός σου ἐν
τῇ γῇ, ᾗ κύριος ὁ θεός σου δίδωσίν σοι ἐν κλήρῳ κατακληρονο-
5 μῆσαι αὐτήν, ⁵ἐὰν δὲ ἀκοῇ εἰσακούσητε τῆς φωνῆς κυρίου τοῦ
θεοῦ ὑμῶν φυλάσσειν καὶ ποιεῖν πάσας τὰς ἐντολὰς ταύτας, ὅσας
6 ἐγὼ ἐντέλλομαί σοι σήμερον. ⁶ὅτι κύριος ὁ θεός σου εὐλόγησέν

22 παντος γενηματος] παν το γενημα A || 23 εναντι — σου 1⁰ > B† | τω
> A | οισετε] οισεις A | τα πρωτοτ.] pr. και A || 24 απο σου / η οδος] tr. A
|| 25 σου ult. > A | fin.] + επικληθηναι το ονομα αυτου εκει Bᶜ: ex 23. 24
26 το > B† | η ψυχη σου 1⁰ ⌒ 2⁰ B | εναντιον B†] -τι A | και ευφρανθ. >
A†: cf. 21 | οικος] υιος B† || 27 αυτω > A† || 29 εργοις] + σου A
15 2 οτι επικεκλ.] επικ. γαρ B† | αφεσις] pr. η B† || 3 του αδελφου] τω
δε -φω A || 4 κατακληρονομησαι] -μειν σε B† || 5 ακουη(sic) εισακουσης
A† | και ποιειν > A† | οσας] ας A

σε, ὃν τρόπον ἐλάλησέν σοι, καὶ δανιεῖς ἔθνεσιν πολλοῖς, σὺ δὲ οὐ δανιῇ, καὶ ἄρξεις σὺ ἐθνῶν πολλῶν, σοῦ δὲ οὐκ ἄρξουσιν.

7 Ἐὰν δὲ γένηται ἐν σοὶ ἐνδεὴς τῶν ἀδελφῶν σου ἐν μιᾷ τῶν 7 πόλεων σου ἐν τῇ γῇ, ᾗ κύριος ὁ θεός σου δίδωσίν σοι, οὐκ ἀποστέρξεις τὴν καρδίαν σου οὐδ᾽ οὐ μὴ συσφίγξῃς τὴν χεῖρά σου ἀπὸ τοῦ ἀδελφοῦ σου τοῦ ἐπιδεομένου· 8 ἀνοίγων ἀνοίξεις τὰς 8 χεῖράς σου αὐτῷ, δάνειον δανιεῖς αὐτῷ ὅσον ἐπιδέεται, καθ᾽ ὅσον ἐνδεεῖται. 9 πρόσεχε σεαυτῷ μὴ γένηται ῥῆμα κρυπτὸν ἐν τῇ καρ- 9 δίᾳ σου, ἀνόμημα, λέγων Ἐγγίζει τὸ ἔτος τὸ ἕβδομον, ἔτος τῆς ἀφέσεως, καὶ πονηρεύσηται ὁ ὀφθαλμός σου τῷ ἀδελφῷ σου τῷ ἐπιδεομένῳ, καὶ οὐ δώσεις αὐτῷ, καὶ βοήσεται κατὰ σοῦ πρὸς κύριον, καὶ ἔσται ἐν σοὶ ἁμαρτία μεγάλη. 10 διδοὺς δώσεις αὐτῷ καὶ 10 δάνειον δανιεῖς αὐτῷ ὅσον ἐπιδέεται, καὶ οὐ λυπηθήσῃ τῇ καρδίᾳ σου διδόντος σου αὐτῷ· ὅτι διὰ τὸ ῥῆμα τοῦτο εὐλογήσει σε κύριος ὁ θεός σου ἐν πᾶσιν τοῖς ἔργοις καὶ ἐν πᾶσιν, οὗ ἂν ἐπιβάλῃς τὴν χεῖρά σου. 11 οὐ γὰρ μὴ ἐκλίπῃ ἐνδεὴς ἀπὸ τῆς γῆς· 11 διὰ τοῦτο ἐγώ σοι ἐντέλλομαι ποιεῖν τὸ ῥῆμα τοῦτο λέγων Ἀνοίγων ἀνοίξεις τὰς χεῖράς σου τῷ ἀδελφῷ σου τῷ πένητι καὶ τῷ ἐπιδεομένῳ τῷ ἐπὶ τῆς γῆς σου.

12 Ἐὰν δὲ πραθῇ σοι ὁ ἀδελφός σου ὁ Εβραῖος ἢ ἡ Εβραία, 12 δουλεύσει σοι ἓξ ἔτη, καὶ τῷ ἑβδόμῳ ἐξαποστελεῖς αὐτὸν ἐλεύθερον ἀπὸ σοῦ. 13 ὅταν δὲ ἐξαποστέλλῃς αὐτὸν ἐλεύθερον ἀπὸ σοῦ, 13 οὐκ ἐξαποστελεῖς αὐτὸν κενόν· 14 ἐφόδιον ἐφοδιάσεις αὐτὸν ἀπὸ 14 τῶν προβάτων σου καὶ ἀπὸ τοῦ σίτου σου καὶ ἀπὸ τῆς ληνοῦ σου· καθὰ εὐλόγησέν σε κύριος ὁ θεός σου, δώσεις αὐτῷ. 15 καὶ 15 μνησθήσῃ ὅτι οἰκέτης ἦσθα ἐν γῇ Αἰγύπτου καὶ ἐλυτρώσατό σε κύριος ὁ θεός σου ἐκεῖθεν· διὰ τοῦτο ἐγώ σοι ἐντέλλομαι ποιεῖν τὸ ῥῆμα τοῦτο. 16 ἐὰν δὲ λέγῃ πρὸς σέ Οὐκ ἐξελεύσομαι ἀπὸ σοῦ, 16 ὅτι ἠγάπηκέν σε καὶ τὴν οἰκίαν σου, ὅτι εὖ αὐτῷ ἐστιν παρὰ σοί, 17 καὶ λήμψῃ τὸ ὀπήτιον καὶ τρυπήσεις τὸ ὠτίον αὐτοῦ πρὸς τὴν 17 θύραν, καὶ ἔσται σοι οἰκέτης εἰς τὸν αἰῶνα· καὶ τὴν παιδίσκην σου ποιήσεις ὡσαύτως. 18 οὐ σκληρὸν ἔσται ἐναντίον σου ἐξαποστελ- 18

6 αρξεις συ W (cf. 28 12)] συ > B(†), in O sub ÷; συ αρξη A† | εθνων πολλων] tr. A† || 7 των 1⁰] pr. εκ A (in O sub ※) | σοι 2⁰] + εν κληρω A† | αποστερξεις] -στρεψεις A | ουδ ου] ουδε A || 8 επιδεεται B(†)] αν επιδεηται A | καθ οσον W] pr. και A, καθοτι B† | ενδεειται] υστερειται A || 9 της > A | βοησεται] pr. κατα B(†) || 10 και 1⁰ > B*† | επιδεεται] αν επιδεηται σου A: cf. 8; + καθοτι ενδεειται B(†): ex 8 | λυπηθηση] -πηση A† | εργοις] + σου A || 11 της 1⁰] + σου A | ποιειν > A | επιδεομενω] επι > A† || 12 η 1⁰] και B† || 13 init. — σου > B* || 14 της ληνου] του οινου B† || 15 αιγυπτω A | και 2⁰ — εκειθεν > B*† || 16 ηγαπησεν A | αυτω εστιν] tr. A || 17 και 1⁰ > A | ωτιον] ους A | θυραν] + επι τον σταθμον A: ex Exod. 21 6 | σοι οικετης] οικ. σου A

λομένων αὐτῶν ἐλευθέρων ἀπὸ σοῦ, ὅτι ἐφέτιον μισθὸν τοῦ μι-
σθωτοῦ ἐδούλευσέν σοι ἓξ ἔτη· καὶ εὐλογήσει σε κύριος ὁ θεός
σου ἐν πᾶσιν, οἷς ἐὰν ποιῇς.

19 ¹⁹ Πᾶν πρωτότοκον, ὃ ἐὰν τεχθῇ ἐν τοῖς βουσίν σου καὶ ἐν τοῖς
προβάτοις σου, τὰ ἀρσενικά, ἁγιάσεις κυρίῳ τῷ θεῷ σου· οὐκ
ἐργᾷ ἐν τῷ πρωτοτόκῳ μόσχῳ σου καὶ οὐ μὴ κείρῃς τὸ πρωτό-
20 τοκον τῶν προβάτων σου· ²⁰ ἔναντι κυρίου φάγῃ αὐτὸ ἐνιαυτὸν
ἐξ ἐνιαυτοῦ ἐν τῷ τόπῳ, ᾧ ἐὰν ἐκλέξηται κύριος ὁ θεός σου, σὺ
21 καὶ ὁ οἶκός σου. ²¹ ἐὰν δὲ ᾖ ἐν αὐτῷ μῶμος, χωλὸν ἢ τυφλὸν ἢ καὶ
22 πᾶς μῶμος πονηρός, οὐ θύσεις αὐτὸ κυρίῳ τῷ θεῷ σου· ²² ἐν ταῖς
πόλεσίν σου φάγῃ αὐτό, ὁ ἀκάθαρτος ἐν σοὶ καὶ ὁ καθαρὸς ὡσαύ-
23 τως ἔδεται ὡς δορκάδα ἢ ἔλαφον· ²³ πλὴν τὸ αἷμα οὐ φάγεσθε,
ἐπὶ τὴν γῆν ἐκχεεῖς αὐτὸ ὡς ὕδωρ.

16 ¹ Φύλαξαι τὸν μῆνα τῶν νέων καὶ ποιήσεις τὸ πασχα κυρίῳ τῷ
θεῷ σου, ὅτι ἐν τῷ μηνὶ τῶν νέων ἐξῆλθες ἐξ Αἰγύπτου νυκτός.
2 ² καὶ θύσεις τὸ πασχα κυρίῳ τῷ θεῷ σου πρόβατα καὶ βόας ἐν
τῷ τόπῳ, ᾧ ἐὰν ἐκλέξηται κύριος ὁ θεός σου αὐτὸν ἐπικληθῆναι
3 τὸ ὄνομα αὐτοῦ ἐκεῖ. ³ οὐ φάγῃ ἐπ᾽ αὐτοῦ ζύμην· ἑπτὰ ἡμέρας
φάγῃ ἐπ᾽ αὐτοῦ ἄζυμα, ἄρτον κακώσεως, ὅτι ἐν σπουδῇ ἐξήλθετε
ἐξ Αἰγύπτου· ἵνα μνησθῆτε τὴν ἡμέραν τῆς ἐξοδίας ὑμῶν ἐκ γῆς
4 Αἰγύπτου πάσας τὰς ἡμέρας τῆς ζωῆς ὑμῶν. ⁴ οὐκ ὀφθήσεταί σοι
ζύμη ἐν πᾶσι τοῖς ὁρίοις σου ἑπτὰ ἡμέρας, καὶ οὐ κοιμηθήσεται
ἀπὸ τῶν κρεῶν, ὧν ἐὰν θύσῃς τὸ ἑσπέρας τῇ ἡμέρᾳ τῇ πρώτῃ,
5 εἰς τὸ πρωί. ⁵ οὐ δυνήσῃ θῦσαι τὸ πασχα ἐν οὐδεμιᾷ τῶν πόλεών
6 σου, ὧν κύριος ὁ θεός σου δίδωσίν σοι, ⁶ ἀλλ᾽ ἢ εἰς τὸν τόπον,
ὃν ἐὰν ἐκλέξηται κύριος ὁ θεός σου ἐπικληθῆναι τὸ ὄνομα αὐτοῦ
ἐκεῖ, θύσεις τὸ πασχα ἑσπέρας πρὸς δυσμὰς ἡλίου ἐν τῷ καιρῷ,
7 ᾧ ἐξῆλθες ἐξ Αἰγύπτου, ⁷ καὶ ἑψήσεις καὶ ὀπτήσεις καὶ φάγῃ ἐν
τῷ τόπῳ, ᾧ ἐὰν ἐκλέξηται κύριος ὁ θεός σου αὐτόν, καὶ ἀπο-
8 στραφήσῃ τὸ πρωὶ καὶ ἀπελεύσῃ εἰς τοὺς οἴκους σου. ⁸ ἓξ ἡμέρας
φάγῃ ἄζυμα, καὶ τῇ ἡμέρᾳ τῇ ἑβδόμῃ ἐξόδιον, ἑορτὴ κυρίῳ τῷ
θεῷ σου· οὐ ποιήσεις ἐν αὐτῇ πᾶν ἔργον πλὴν ὅσα ποιηθήσεται
9 ψυχῇ. — ⁹ ἑπτὰ ἑβδομάδας ὁλοκλήρους ἐξαριθμήσεις σεαυτῷ· ἀρ-
ξαμένου σου δρέπανον ἐπ᾽ ἀμητὸν ἄρξῃ ἐξαριθμῆσαι ἑπτὰ ἑβδο-
10 μάδας. ¹⁰ καὶ ποιήσεις ἑορτὴν ἑβδομάδων κυρίῳ τῷ θεῷ σου καθ-
ότι ἡ χείρ σου ἰσχύει, ὅσα ἂν δῷ σοι, καθότι ηὐλόγησέν σε

18 εφετιον ΒΑ] επετ. W | σε > Β† ‖ 19 τοις 1⁰] ταις Β | το πρωτοτο-
κον] τα -κα Β† ‖ 20 κυριου] + του θεου σου Α ‖ 21 εαν δε] και εαν Β†
(+ μη Β*†) | η και — πονηρος] μωμον πονηρον Β† ‖ 22 εδεται Β†] φα-
γεται Α ‖ 23 το > Β† | φαγεσθε] -γη Α
16 3 αιγυπτου 1⁰] + νυκτος Αʳ ‖ 4 θυσης] -σητε Α ‖ 6 θυσεις] -σαι Α† |
δυσμαις Α | εξ] εκ γης Α ‖ 7 ω] ου Β† | απελευση] απ > Β† ‖ 9 ολοκληρους]
> Β, in Ο sub ÷; cf. Leu. 23 15 ‖ 10 η χ. σου / ισχυει] tr. Α | σοι — σε > Β†

κύριος ὁ θεός σου· ¹¹καὶ εὐφρανθήσῃ ἐναντίον κυρίου τοῦ θεοῦ σου, 11
σὺ καὶ ὁ υἱός σου καὶ ἡ θυγάτηρ σου, ὁ παῖς σου καὶ ἡ παιδίσκη σου
καὶ ὁ Λευίτης ὁ ἐν ταῖς πόλεσίν σου καὶ ὁ προσήλυτος καὶ ὁ ὀρφανὸς
καὶ ἡ χήρα ἡ ἐν ὑμῖν, ἐν τῷ τόπῳ, ᾧ ἐὰν ἐκλέξηται κύριος ὁ θεός
σου ἐπικληθῆναι τὸ ὄνομα αὐτοῦ ἐκεῖ, ¹²καὶ μνησθήσῃ ὅτι οἰκέτης 12
ἦσθα ἐν γῇ Αἰγύπτῳ, καὶ φυλάξῃ καὶ ποιήσεις τὰς ἐντολὰς ταύ-
τας. — ¹³ἑορτὴν σκηνῶν ποιήσεις σεαυτῷ ἑπτὰ ἡμέρας ἐν τῷ 13
συναγαγεῖν σε ἐκ τοῦ ἅλωνός σου καὶ ἀπὸ τῆς ληνοῦ σου· ¹⁴καὶ 14
εὐφρανθήσῃ ἐν τῇ ἑορτῇ σου, σὺ καὶ ὁ υἱός σου καὶ ἡ θυγάτηρ
σου, ὁ παῖς σου καὶ ἡ παιδίσκη σου καὶ ὁ Λευίτης καὶ ὁ προσ-
ήλυτος καὶ ὁ ὀρφανὸς καὶ ἡ χήρα ἡ οὖσα ἐν ταῖς πόλεσίν σου.
¹⁵ἑπτὰ ἡμέρας ἑορτάσεις κυρίῳ τῷ θεῷ σου ἐν τῷ τόπῳ, ᾧ ἐὰν 15
ἐκλέξηται κύριος ὁ θεός σου αὐτῷ· ἐὰν δὲ εὐλογήσῃ σε κύριος ὁ
θεός σου ἐν πᾶσιν τοῖς γενήμασίν σου καὶ ἐν παντὶ ἔργῳ τῶν
χειρῶν σου, καὶ ἔσῃ εὐφραινόμενος. — ¹⁶τρεῖς καιροὺς τοῦ ἐνι- 16
αυτοῦ ὀφθήσεται πᾶν ἀρσενικόν σου ἐναντίον κυρίου τοῦ θεοῦ
σου ἐν τῷ τόπῳ, ᾧ ἐὰν ἐκλέξηται αὐτὸν κύριος, ἐν τῇ ἑορτῇ τῶν
ἀζύμων καὶ ἐν τῇ ἑορτῇ τῶν ἑβδομάδων καὶ ἐν τῇ ἑορτῇ τῆς σκη-
νοπηγίας. οὐκ ὀφθήσῃ ἐνώπιον κυρίου τοῦ θεοῦ σου κενός· ¹⁷ἕκα- 17
στος κατὰ δύναμιν τῶν χειρῶν ὑμῶν κατὰ τὴν εὐλογίαν κυρίου
τοῦ θεοῦ σου, ἣν ἔδωκέν σοι.

¹⁸Κριτὰς καὶ γραμματοεισαγωγεῖς καταστήσεις σεαυτῷ ἐν πάσαις 18
ταῖς πόλεσίν σου, αἷς κύριος ὁ θεός σου δίδωσίν σοι, κατὰ φυλάς,
καὶ κρινοῦσιν τὸν λαὸν κρίσιν δικαίαν. ¹⁹οὐκ ἐκκλινοῦσιν κρίσιν, 19
οὐκ ἐπιγνώσονται πρόσωπον οὐδὲ λήμψονται δῶρον· τὰ γὰρ δῶρα
ἐκτυφλοῖ ὀφθαλμοὺς σοφῶν καὶ ἐξαίρει λόγους δικαίων. ²⁰δικαίως 20
τὸ δίκαιον διώξῃ, ἵνα ζῆτε καὶ εἰσελθόντες κληρονομήσητε τὴν γῆν,
ἣν κύριος ὁ θεός σου δίδωσίν σοι.

²¹Οὐ φυτεύσεις σεαυτῷ ἄλσος, πᾶν ξύλον, παρὰ τὸ θυσιαστή- 21
ριον κυρίου τοῦ θεοῦ σου, ὃ ποιήσεις σεαυτῷ. ²²οὐ στήσεις σε- 22
αυτῷ στήλην, ἃ ἐμίσησεν κύριος ὁ θεός σου.

¹Οὐ θύσεις κυρίῳ τῷ θεῷ σου μόσχον ἢ πρόβατον, ἐν ᾧ ἔστιν **17**
ἐν αὐτῷ μῶμος, πᾶν ῥῆμα πονηρόν, ὅτι βδέλυγμα κυρίῳ τῷ θεῷ
σού ἐστιν.

11 εναντιον] -τι A | κυριου > B† | συ > B | ο εν ταις πολ. σου > B† | η
ult.] + ουσα B†: ex 14 | σου ult.] + αυτον A || 12 ησθα] εγενου B† | φυλα-
ξεις A || 13 σκηνων] pr. των A | ποιεις A† | του] της A || 14 εν τη εορ-
τη σου] εναντι κυριου του θεου σου A || 15 αυτω] αυτον επικληθηναι το
ονομα αυτου εκει A | τοις > B† || 16 αυτον > A || 18 καταστησεις] ποιη-
σεις B† | πασαις > B† || 19 ουκ 1⁰⌒2⁰ B† | δωρον] -ρα A | εκτυφλοι]
αποτυφ. B† | εξαρει B*† || 20 διωξη] φυλαξη A† || 21 κυριου > B† | ο
Gra.] ου mss.
17 1 θυσεις] προσοισεις A

2 ²Ἐὰν δὲ εὑρεθῇ ἐν σοὶ ἐν μιᾷ τῶν πόλεών σου, ὧν κύριος ὁ
θεός σου δίδωσίν σοι, ἀνὴρ ἢ γυνή, ὅστις ποιήσει τὸ πονηρὸν
3 ἐναντίον κυρίου τοῦ θεοῦ σου παρελθεῖν τὴν διαθήκην αὐτοῦ, ³καὶ
ἐλθόντες λατρεύσωσιν θεοῖς ἑτέροις καὶ προσκυνήσωσιν αὐτοῖς,
τῷ ἡλίῳ ἢ τῇ σελήνῃ ἢ παντὶ τῶν ἐκ τοῦ κόσμου τοῦ οὐρανοῦ,
4 ἃ οὐ προσέταξεν, ⁴καὶ ἀναγγελῇ σοι, καὶ ἐκζητήσεις σφόδρα, καὶ
ἰδοὺ ἀληθῶς γέγονεν τὸ ῥῆμα, γεγένηται τὸ βδέλυγμα τοῦτο ἐν
5 Ἰσραηλ, ⁵καὶ ἐξάξεις τὸν ἄνθρωπον ἐκεῖνον ἢ τὴν γυναῖκα ἐκείνην
6 καὶ λιθοβολήσετε αὐτοὺς ἐν λίθοις, καὶ τελευτήσουσιν. ⁶ἐπὶ δυσὶν
μάρτυσιν ἢ ἐπὶ τρισὶν μάρτυσιν ἀποθανεῖται ὁ ἀποθνήσκων· οὐκ
7 ἀποθανεῖται ἐφ᾽ ἑνὶ μάρτυρι. ⁷καὶ ἡ χεὶρ τῶν μαρτύρων ἔσται ἐπ᾽
αὐτῷ ἐν πρώτοις θανατῶσαι αὐτόν, καὶ ἡ χεὶρ παντὸς τοῦ λαοῦ
ἐπ᾽ ἐσχάτων· καὶ ἐξαρεῖς τὸν πονηρὸν ἐξ ὑμῶν αὐτῶν.
8 ⁸Ἐὰν δὲ ἀδυνατήσῃ ἀπὸ σοῦ ῥῆμα ἐν κρίσει ἀνὰ μέσον αἷμα
αἵματος καὶ ἀνὰ μέσον κρίσις κρίσεως καὶ ἀνὰ μέσον ἁφὴ ἁφῆς
καὶ ἀνὰ μέσον ἀντιλογία ἀντιλογίας, ῥήματα κρίσεως ἐν ταῖς πό-
λεσιν ὑμῶν, καὶ ἀναστὰς ἀναβήσῃ εἰς τὸν τόπον, ὃν ἂν ἐκλέξηται
9 κύριος ὁ θεός σου ἐπικληθῆναι τὸ ὄνομα αὐτοῦ ἐκεῖ, ⁹καὶ ἐλεύσῃ
πρὸς τοὺς ἱερεῖς τοὺς Λευίτας καὶ πρὸς τὸν κριτήν, ὃς ἂν γένη-
ται ἐν ταῖς ἡμέραις ἐκείναις, καὶ ἐκζητήσαντες ἀναγγελοῦσίν σοι
10 τὴν κρίσιν. ¹⁰καὶ ποιήσεις κατὰ τὸ πρᾶγμα, ὃ ἐὰν ἀναγγείλωσίν
σοι ἐκ τοῦ τόπου, οὗ ἂν ἐκλέξηται κύριος ὁ θεός σου ἐπικληθῆναι
τὸ ὄνομα αὐτοῦ ἐκεῖ, καὶ φυλάξῃ σφόδρα ποιῆσαι κατὰ πάντα,
11 ὅσα ἐὰν νομοθετηθῇ σοι· ¹¹κατὰ τὸν νόμον καὶ κατὰ τὴν κρίσιν,
ἣν ἂν εἴπωσίν σοι, ποιήσεις, οὐκ ἐκκλινεῖς ἀπὸ τοῦ ῥήματος, οὗ
12 ἐὰν ἀναγγείλωσίν σοι, δεξιὰ οὐδὲ ἀριστερά. ¹²καὶ ὁ ἄνθρωπος, ὃς
ἂν ποιήσῃ ἐν ὑπερηφανίᾳ τοῦ μὴ ὑπακοῦσαι τοῦ ἱερέως τοῦ παρ-
εστηκότος λειτουργεῖν ἐπὶ τῷ ὀνόματι κυρίου τοῦ θεοῦ σου ἢ τοῦ
κριτοῦ, ὃς ἂν ᾖ ἐν ταῖς ἡμέραις ἐκείναις, καὶ ἀποθανεῖται ὁ ἄν-
13 θρωπος ἐκεῖνος, καὶ ἐξαρεῖς τὸν πονηρὸν ἐξ Ἰσραηλ· ¹³καὶ πᾶς ὁ
λαὸς ἀκούσας φοβηθήσεται καὶ οὐκ ἀσεβήσει ἔτι.

2 εν 1⁰ ⌒ 2⁰ B† | οστις] ος B† | εναντιον] -τι A || 3 ελθοντες] pr. απ A
| προσκυνησωσιν W] -σουσιν ΒΑ | των εκ του κοσμου] τω κοσμω τω εκ A⁽†⁾
| προσεταξα A || 4 ανηγγελη A | τουτο > A*(uid.)† | ισραηλ] pr. τω A† ||
5 εξαξεις] εξαρεις Β*: ex 7 | εκεινην] + οιτινες εποιησαν το πραγμα το πονη-
ρον τουτο επι την πυλην A, + ※ οι εποιησαν το ρημα το πονηρον τουτο προς
πυλαις σου, τον ανδρα η την γυναικα Ο | λιθοβολησετε] -λησουσιν A | και τε-
λευτησ.] ante και λιθοβολ. tr. A† || 7 παντος > B | εσχατω A | εξαρεις]
-ειτε A: item in 19 19 24 7, non in 17 12 21 21 22 21.22.24 || 8 υμων] σου
A | επικληθ. το ον. αυτου] > B†, in Ο sub ÷ (sub ÷ etiam εκει seq., quod
B retinuit): cf. 10 || 9 προς 1⁰ ⌒ 2⁰ B† || 10 πραγμα] ρημα A | επικληθ. το
ον. αυτου εκει] > B†, in Ο sub ÷ (sub ÷ etiam ο θεος σου praec., quod B
retinuit): cf. 8 | σφοδρα W] > ΒΑ, in Ο sub ÷ | κατα ult. > B† || 12 του
1⁰] ωστε B† | η ult.] γενηται A | εξ] εν A†

¹⁴ Ἐὰν δὲ εἰσέλθῃς εἰς τὴν γῆν, ἣν κύριος ὁ θεός σου δίδωσίν 14
σοι ἐν κλήρῳ, καὶ κληρονομήσῃς αὐτὴν καὶ κατοικήσῃς ἐπ᾽ αὐτῆς
καὶ εἴπῃς Καταστήσω ἐπ᾽ ἐμαυτὸν ἄρχοντα καθὰ καὶ τὰ λοιπὰ ἔθνη
τὰ κύκλῳ μου, ¹⁵ καθιστῶν καταστήσεις ἐπὶ σεαυτὸν ἄρχοντα, ὃν 15
ἂν ἐκλέξηται κύριος ὁ θεός σου αὐτόν. ἐκ τῶν ἀδελφῶν σου κατα-
στήσεις ἐπὶ σεαυτὸν ἄρχοντα· οὐ δυνήσῃ καταστῆσαι ἐπὶ σεαυτὸν
ἄνθρωπον ἀλλότριον, ὅτι οὐκ ἀδελφός σού ἐστιν. ¹⁶ διότι οὐ πλη- 16
θυνεῖ ἑαυτῷ ἵππον οὐδὲ μὴ ἀποστρέψῃ τὸν λαὸν εἰς Αἴγυπτον,
ὅπως πληθύνῃ ἑαυτῷ ἵππον, ὁ δὲ κύριος εἶπεν Οὐ προσθήσετε
ἀποστρέψαι τῇ ὁδῷ ταύτῃ ἔτι. ¹⁷ καὶ οὐ πληθυνεῖ ἑαυτῷ γυναῖκας, 17
οὐδὲ μεταστήσεται αὐτοῦ ἡ καρδία· καὶ ἀργύριον καὶ χρυσίον οὐ
πληθυνεῖ ἑαυτῷ σφόδρα. ¹⁸ καὶ ἔσται ὅταν καθίσῃ ἐπὶ τῆς ἀρχῆς 18
αὐτοῦ, καὶ γράψει ἑαυτῷ τὸ δευτερονόμιον τοῦτο εἰς βιβλίον παρὰ
τῶν ἱερέων τῶν Λευιτῶν, ¹⁹ καὶ ἔσται μετ᾽ αὐτοῦ, καὶ ἀναγνώσεται 19
ἐν αὐτῷ πάσας τὰς ἡμέρας τῆς ζωῆς αὐτοῦ, ἵνα μάθῃ φοβεῖσθαι
κύριον τὸν θεὸν αὐτοῦ φυλάσσεσθαι πάσας τὰς ἐντολὰς ταύτας
καὶ τὰ δικαιώματα ταῦτα ποιεῖν, ²⁰ ἵνα μὴ ὑψωθῇ ἡ καρδία αὐτοῦ 20
ἀπὸ τῶν ἀδελφῶν αὐτοῦ, ἵνα μὴ παραβῇ ἀπὸ τῶν ἐντολῶν δεξιὰ
ἢ ἀριστερά, ὅπως ἂν μακροχρονίσῃ ἐπὶ τῆς ἀρχῆς αὐτοῦ, αὐτὸς
καὶ οἱ υἱοὶ αὐτοῦ ἐν τοῖς υἱοῖς Ισραηλ.

¹ Οὐκ ἔσται τοῖς ἱερεῦσιν τοῖς Λευίταις, ὅλῃ φυλῇ Λευι, μερὶς 18
οὐδὲ κλῆρος μετὰ Ισραηλ· καρπώματα κυρίου ὁ κλῆρος αὐτῶν, φά-
γονται αὐτά. ² κλῆρος δὲ οὐκ ἔσται αὐτοῖς ἐν τοῖς ἀδελφοῖς αὐτῶν· 2
κύριος αὐτὸς κλῆρος αὐτοῦ, καθότι εἶπεν αὐτῷ. ³ καὶ αὕτη ἡ κρίσις 3
τῶν ἱερέων, τὰ παρὰ τοῦ λαοῦ, παρὰ τῶν θυόντων τὰ θύματα,
ἐάν τε μόσχον ἐάν τε πρόβατον· καὶ δώσει τῷ ἱερεῖ τὸν βραχίονα
καὶ τὰ σιαγόνια καὶ τὸ ἔνυστρον. ⁴ καὶ τὰς ἀπαρχὰς τοῦ σίτου 4
σου καὶ τοῦ οἴνου σου καὶ τοῦ ἐλαίου σου καὶ τὴν ἀπαρχὴν τῶν
κουρῶν τῶν προβάτων σου δώσεις αὐτῷ· ⁵ ὅτι αὐτὸν ἐξελέξατο 5
κύριος ὁ θεός σου ἐκ πασῶν τῶν φυλῶν σου παρεστάναι ἔναντι
κυρίου τοῦ θεοῦ σου λειτουργεῖν καὶ εὐλογεῖν ἐπὶ τῷ ὀνόματι αὐ-
τοῦ, αὐτὸς καὶ οἱ υἱοὶ αὐτοῦ ἐν τοῖς υἱοῖς Ισραηλ. — ⁶ ἐὰν δὲ 6
παραγένηται ὁ Λευίτης ἐκ μιᾶς τῶν πόλεων ὑμῶν ἐκ πάντων τῶν

14 εν κληρω] > B†, in O sub ÷ | αυτην] -της A† | αυτης] -την B† | αρ-
χοντας A ‖ 15 σου 1⁰ > B† ‖ 16 διοτι] πλην A | οπως Gra.] + μη B A
| εαυτω] ε > B†: cf. 18 | ειπεν] + υμιν A | προσθησεσθε A ‖ 17 εαυτω
1⁰ ⌢ 2⁰ B*† | ουδε μεταστησεται] ινα μη μεταστη A | 18 εσται > B† | επι]
+ του διφρου A | εαυτω] ε > B: cf. 16 ‖ 19 αυτου ult.] σου B: cf. 20 |
φυλασσ.] pr. και B | fin.] + αυτα A ‖ 20 αυτου 1⁰] σου B†: cf. 19 | μα-
κροχρονιση B(†)] -νιος η A | αυτου ult.] + μετ αυτου Aʳ
18 1 καρπωμα κυριω A ‖ 2 αυτοις] -τω A | αυτων] -του A ‖ 3 τα θυ-
ματα] τας θυσιας A ‖ 5 ο θεος σου > B† | σου ult. > B† | αυτου 1⁰] κυ-
ριου A | εν τοις υιοις ισρ. B(†)] πασας τας ημερας A ‖ 6 υμων > B†

υίῶν Ισραηλ, οὗ αὐτὸς παροικεῖ, καθότι ἐπιθυμεῖ ἡ ψυχὴ αὐτοῦ,
7 εἰς τὸν τόπον, ὃν ἂν ἐκλέξηται κύριος, ⁷καὶ λειτουργήσει τῷ ὀνό-
ματι κυρίου τοῦ θεοῦ αὐτοῦ ὥσπερ πάντες οἱ ἀδελφοὶ αὐτοῦ οἱ
8 Λευῖται οἱ παρεστηκότες ἐκεῖ ἔναντι κυρίου· ⁸μερίδα μεμερισμένην
φάγεται πλὴν τῆς πράσεως τῆς κατὰ πατριάν.
9 ⁹Ἐὰν δὲ εἰσέλθῃς εἰς τὴν γῆν, ἣν κύριος ὁ θεός σου δίδωσίν
σοι, οὐ μαθήσῃ ποιεῖν κατὰ τὰ βδελύγματα τῶν ἐθνῶν ἐκείνων.
10 ¹⁰οὐχ εὑρεθήσεται ἐν σοὶ περικαθαίρων τὸν υἱὸν αὐτοῦ ἢ τὴν θυ-
γατέρα αὐτοῦ ἐν πυρί, μαντευόμενος μαντείαν, κληδονιζόμενος
11 καὶ οἰωνιζόμενος, φαρμακός, ¹¹ἐπαείδων ἐπαοιδήν, ἐγγαστρίμυθος
12 καὶ τερατοσκόπος, ἐπερωτῶν τοὺς νεκρούς. ¹²ἔστιν γὰρ βδέλυγμα
κυρίῳ τῷ θεῷ σου πᾶς ποιῶν ταῦτα· ἕνεκεν γὰρ τῶν βδελυγμά-
13 των τούτων κύριος ἐξολεθρεύσει αὐτοὺς ἀπὸ σοῦ. ¹³τέλειος ἔσῃ
14 ἐναντίον κυρίου τοῦ θεοῦ σου· ¹⁴τὰ γὰρ ἔθνη ταῦτα, οὓς σὺ κατα-
κληρονομεῖς αὐτούς, οὗτοι κληδόνων καὶ μαντειῶν ἀκούσονται,
15 σοὶ δὲ οὐχ οὕτως ἔδωκεν κύριος ὁ θεός σου. ¹⁵προφήτην ἐκ τῶν
ἀδελφῶν σου ὡς ἐμὲ ἀναστήσει σοι κύριος ὁ θεός σου, αὐτοῦ
16 ἀκούσεσθε ¹⁶κατὰ πάντα, ὅσα ᾐτήσω παρὰ κυρίου τοῦ θεοῦ σου
ἐν Χωρηβ τῇ ἡμέρᾳ τῆς ἐκκλησίας λέγοντες Οὐ προσθήσομεν ἀκοῦ-
σαι τὴν φωνὴν κυρίου τοῦ θεοῦ ἡμῶν καὶ τὸ πῦρ τὸ μέγα τοῦτο
17 οὐκ ὀψόμεθα ἔτι οὐδὲ μὴ ἀποθάνωμεν, ¹⁷καὶ εἶπεν κύριος πρός
18 με Ὀρθῶς πάντα, ὅσα ἐλάλησαν· ¹⁸προφήτην ἀναστήσω αὐτοῖς
ἐκ τῶν ἀδελφῶν αὐτῶν ὥσπερ σὲ καὶ δώσω τὸ ῥῆμά μου ἐν τῷ
στόματι αὐτοῦ, καὶ λαλήσει αὐτοῖς καθότι ἂν ἐντείλωμαι αὐτῷ·
19 ¹⁹καὶ ὁ ἄνθρωπος, ὃς ἐὰν μὴ ἀκούσῃ ὅσα ἐὰν λαλήσῃ ὁ προφή-
20 της ἐπὶ τῷ ὀνόματί μου, ἐγὼ ἐκδικήσω ἐξ αὐτοῦ. ²⁰πλὴν ὁ προ-
φήτης, ὃς ἂν ἀσεβήσῃ λαλῆσαι ἐπὶ τῷ ὀνόματί μου ῥῆμα, ὃ οὐ
προσέταξα λαλῆσαι, καὶ ὃς ἂν λαλήσῃ ἐπ' ὀνόματι θεῶν ἑτέρων,
21 ἀποθανεῖται ὁ προφήτης ἐκεῖνος. ²¹ἐὰν δὲ εἴπῃς ἐν τῇ καρδίᾳ σου
22 Πῶς γνωσόμεθα τὸ ῥῆμα, ὃ οὐκ ἐλάλησεν κύριος; ²²ὅσα ἐὰν λα-
λήσῃ ὁ προφήτης ἐπὶ τῷ ὀνόματι κυρίου, καὶ μὴ γένηται τὸ ῥῆμα
καὶ μὴ συμβῇ, τοῦτο τὸ ῥῆμα, ὃ οὐκ ἐλάλησεν κύριος· ἐν ἀσεβείᾳ
ἐλάλησεν ὁ προφήτης ἐκεῖνος, οὐκ ἀφέξεσθε αὐτοῦ.

6 κυριος > B† ‖ 7 και > B | εναντι κυριου] εναντιον κ. του θεου σου
B V† ‖ 9 σου > A ‖ 10 η] και B† | κληδον.] pr. και A | φαρμακος] -κοις
B ‖ 11 επαειδων] επαοιδων (sic) A Bᶜ | επερωτων] pr. και A ‖ 12 κυριος]
+ ο θεος σου A | απο] + προσωπου A ‖ 13 εναντιον] -τι A ‖ 14 κλη-
δονων] -δονισμων A | σοι δε] και σοι B† ‖ 15 σοι / κυριος ο θ. σου] tr. B
‖ 16 ημων] σου B† ‖ 17 fin.] + προς σε B† ‖ 18 εκ] + μεσου A | το
ρημα] τα -ματα B† ‖ 19 ανθρωπος] + εκεινος A | οσα] pr. των λογων αυ-
του A | ο προφητης] post μου tr. A, in O sub ÷ ; + εκεινος B† ‖ 20 επι τω
ον. μου / ρημα] tr. A | προσεταξα] + αυτω A | επ] εν B† ‖ 22 προφητης 1°] +
εκεινος B† | επι > B† | το ρημα 1° > B† | εκεινος > A* | αυτου] pr. απ A

¹ Ἐὰν δὲ ἀφανίσῃ κύριος ὁ θεός σου τὰ ἔθνη, ἃ ὁ θεός σου 19
δίδωσίν σοι τὴν γῆν αὐτῶν, καὶ κατακληρονομήσητε αὐτοὺς καὶ
κατοικήσητε ἐν ταῖς πόλεσιν αὐτῶν καὶ ἐν τοῖς οἴκοις αὐτῶν, ²τρεῖς 2
πόλεις διαστελεῖς σεαυτῷ ἐν μέσῳ τῆς γῆς σου, ἧς κύριος ὁ θεός
σου δίδωσίν σοι. ³στόχασαί σοι τὴν ὁδὸν καὶ τριμεριεῖς τὰ ὅρια 3
τῆς γῆς σου, ἣν καταμερίζει σοι κύριος ὁ θεός σου, καὶ ἔσται κατα-
φυγὴ ἐκεῖ παντὶ φονευτῇ. ⁴τοῦτο δὲ ἔσται τὸ πρόσταγμα τοῦ φο- 4
νευτοῦ, ὃς ἂν φύγῃ ἐκεῖ καὶ ζήσεται· ὃς ἂν πατάξῃ τὸν πλησίον
αὐτοῦ ἀκουσίως καὶ οὗτος οὐ μισῶν αὐτὸν πρὸ τῆς ἐχθὲς καὶ πρὸ
τῆς τρίτης, ⁵καὶ ὃς ἂν εἰσέλθῃ μετὰ τοῦ πλησίον εἰς τὸν δρυμὸν 5
συναγαγεῖν ξύλα, καὶ ἐκκρουσθῇ ἡ χεὶρ αὐτοῦ τῇ ἀξίνῃ κόπτοντος
τὸ ξύλον, καὶ ἐκπεσὸν τὸ σιδήριον ἀπὸ τοῦ ξύλου τύχῃ τοῦ πλη-
σίον, καὶ ἀποθάνῃ, οὗτος καταφεύξεται εἰς μίαν τῶν πόλεων τού-
των καὶ ζήσεται, ⁶ἵνα μὴ διώξας ὁ ἀγχιστεύων τοῦ αἵματος ὀπί- 6
σω τοῦ φονεύσαντος, ὅτι παρατεθέρμανται τῇ καρδίᾳ, καὶ κατα-
λάβῃ αὐτόν, ἐὰν μακροτέρα ᾖ ἡ ὁδός, καὶ πατάξῃ αὐτοῦ τὴν ψυ-
χήν, καὶ ἀποθάνῃ, καὶ τούτῳ οὐκ ἔστιν κρίσις θανάτου, ὅτι οὐ
μισῶν ἦν αὐτὸν πρὸ τῆς ἐχθὲς καὶ πρὸ τῆς τρίτης. ⁷διὰ τοῦτο 7
ἐγώ σοι ἐντέλλομαι τὸ ῥῆμα τοῦτο λέγων Τρεῖς πόλεις διαστελεῖς
σεαυτῷ· ⁸ἐὰν δὲ ἐμπλατύνῃ κύριος ὁ θεός σου τὰ ὅριά σου, ὃν 8
τρόπον ὤμοσεν τοῖς πατράσιν σου, καὶ δῷ σοι κύριος πᾶσαν τὴν
γῆν, ἣν εἶπεν δοῦναι τοῖς πατράσιν σου, ⁹ἐὰν ἀκούσῃς ποιεῖν πά- 9
σας τὰς ἐντολὰς ταύτας, ἃς ἐγὼ ἐντέλλομαί σοι σήμερον, ἀγαπᾶν
κύριον τὸν θεόν σου, πορεύεσθαι ἐν πάσαις ταῖς ὁδοῖς αὐτοῦ πά-
σας τὰς ἡμέρας, καὶ προσθήσεις σεαυτῷ ἔτι τρεῖς πόλεις πρὸς
τὰς τρεῖς ταύτας, ¹⁰καὶ οὐκ ἐκχυθήσεται αἷμα ἀναίτιον ἐν τῇ γῇ 10
σου, ᾗ κύριος ὁ θεός σου δίδωσίν σοι ἐν κλήρῳ, καὶ οὐκ ἔσται
ἐν σοὶ αἵματι ἔνοχος. — ¹¹ἐὰν δὲ γένηται ἄνθρωπος μισῶν τὸν 11
πλησίον καὶ ἐνεδρεύσῃ αὐτὸν καὶ ἐπαναστῇ ἐπ᾿ αὐτὸν καὶ πατάξῃ
αὐτοῦ ψυχήν, καὶ ἀπεθάνῃ, καὶ φύγῃ εἰς μίαν τῶν πόλεων τού-
των, ¹²καὶ ἀποστελοῦσιν ἡ γερουσία τῆς πόλεως αὐτοῦ καὶ λήμ- 12
ψονται αὐτὸν ἐκεῖθεν καὶ παραδώσουσιν αὐτὸν εἰς χεῖρας τῷ ἀγχι-
στεύοντι τοῦ αἵματος, καὶ ἀποθανεῖται· ¹³οὐ φείσεται ὁ ὀφθαλμός 13
σου ἐπ᾿ αὐτῷ, καὶ καθαριεῖς τὸ αἷμα τὸ ἀναίτιον ἐξ Ισραηλ, καὶ
εὖ σοι ἔσται.

19 1 σου 2⁰ et αυτων 1⁰ > B† | κατακληρονομησεις et κατοικησης (sic) A
‖ 3 φονευτη] pr. τω A ‖ 4 ακουσιως] ουκ ειδως B†: ex 4 42 | προ της
ult. > B†: cf. 4 42 ‖ 5 πλησιον 1⁰] + αυτου A ‖ 6 καρδια] + αυτου A
| η 1⁰] ην B | την > B | και αποθανη > B: cf. 11 | και ult.] ουδε B† ‖
7 σοι εντελλομαι] tr. B ‖ 9 ακουσης] εισακουση A | σεαυτω] αυτω B*†,
σαυτω Bᶜ V† | τρεις ult.] + πολεις A† ‖ 10 σου 1⁰ > B | η] ην A | σου
2⁰ > A† ‖ 11 γενηται] + εν σοι B† | πλησιον] + αυτου A ‖ 12 τω αγχι-
στευοντι] των -οντων B†

14 ¹⁴Οὐ μετακινήσεις ὅρια τοῦ πλησίον σου, ἃ ἔστησαν οἱ πατέρες
σου ἐν τῇ κληρονομίᾳ σου, ᾗ κατεκληρονομήθης ἐν τῇ γῇ, ᾗ κύ-
ριος ὁ θεός σου δίδωσίν σοι ἐν κλήρῳ.
15 ¹⁵Οὐκ ἐμμενεῖ μάρτυς εἷς μαρτυρῆσαι κατὰ ἀνθρώπου κατὰ πᾶ-
σαν ἀδικίαν καὶ κατὰ πᾶν ἁμάρτημα καὶ κατὰ πᾶσαν ἁμαρτίαν,
ἣν ἂν ἁμάρτῃ· ἐπὶ στόματος δύο μαρτύρων καὶ ἐπὶ στόματος τριῶν
16 μαρτύρων σταθήσεται πᾶν ῥῆμα. ¹⁶ἐὰν δὲ καταστῇ μάρτυς ἄδικος
17 κατὰ ἀνθρώπου καταλέγων αὐτοῦ ἀσέβειαν, ¹⁷καὶ στήσονται οἱ
δύο ἄνθρωποι, οἷς ἐστιν αὐτοῖς ἡ ἀντιλογία, ἔναντι κυρίου καὶ
ἔναντι τῶν ἱερέων καὶ ἔναντι τῶν κριτῶν, οἳ ἐὰν ὦσιν ἐν ταῖς
18 ἡμέραις ἐκείναις, ¹⁸καὶ ἐξετάσωσιν οἱ κριταὶ ἀκριβῶς, καὶ ἰδοὺ
μάρτυς ἄδικος ἐμαρτύρησεν ἄδικα, ἀντέστη κατὰ τοῦ ἀδελφοῦ
19 αὐτοῦ, ¹⁹καὶ ποιήσετε αὐτῷ ὃν τρόπον ἐπονηρεύσατο ποιῆσαι
κατὰ τοῦ ἀδελφοῦ αὐτοῦ, καὶ ἐξαρεῖς τὸν πονηρὸν ἐξ ὑμῶν αὐ-
20 τῶν. ²⁰καὶ οἱ ἐπίλοιποι ἀκούσαντες φοβηθήσονται καὶ οὐ προσ-
θήσουσιν ἔτι ποιῆσαι κατὰ τὸ ῥῆμα τὸ πονηρὸν τοῦτο ἐν ὑμῖν.
21 ²¹οὐ φείσεται ὁ ὀφθαλμός σου ἐπ᾽ αὐτῷ· ψυχὴν ἀντὶ ψυχῆς,
ὀφθαλμὸν ἀντὶ ὀφθαλμοῦ, ὀδόντα ἀντὶ ὀδόντος, χεῖρα ἀντὶ χειρός,
πόδα ἀντὶ ποδός.
20 ¹Ἐὰν δὲ ἐξέλθῃς εἰς πόλεμον ἐπὶ τοὺς ἐχθρούς σου καὶ ἴδῃς
ἵππον καὶ ἀναβάτην καὶ λαὸν πλείονά σου, οὐ φοβηθήσῃ ἀπ᾽ αὐ-
τῶν, ὅτι κύριος ὁ θεός σου μετὰ σοῦ ὁ ἀναβιβάσας σε ἐκ γῆς
2 Αἰγύπτου. ²καὶ ἔσται ὅταν ἐγγίσῃς τῷ πολέμῳ, καὶ προσεγγίσας
3 ὁ ἱερεὺς λαλήσει τῷ λαῷ ³καὶ ἐρεῖ πρὸς αὐτούς Ἄκουε, Ισραηλ·
ὑμεῖς προσπορεύεσθε σήμερον εἰς πόλεμον ἐπὶ τοὺς ἐχθροὺς ὑμῶν,
μὴ ἐκλυέσθω ἡ καρδία ὑμῶν, μὴ φοβεῖσθε μηδὲ θραύεσθε μηδὲ
4 ἐκκλίνητε ἀπὸ προσώπου αὐτῶν, ⁴ὅτι κύριος ὁ θεὸς ὑμῶν ὁ προ-
πορευόμενος μεθ᾽ ὑμῶν συνεκπολεμῆσαι ὑμῖν τοὺς ἐχθροὺς ὑμῶν
5 διασῶσαι ὑμᾶς. ⁵καὶ λαλήσουσιν οἱ γραμματεῖς πρὸς τὸν λαὸν
λέγοντες Τίς ὁ ἄνθρωπος ὁ οἰκοδομήσας οἰκίαν καινὴν καὶ οὐκ
ἐνεκαίνισεν αὐτήν; πορευέσθω καὶ ἀποστραφήτω εἰς τὴν οἰκίαν
αὐτοῦ, μὴ ἀποθάνῃ ἐν τῷ πολέμῳ καὶ ἄνθρωπος ἕτερος ἐγκαινιεῖ
6 αὐτήν. ⁶καὶ τίς ὁ ἄνθρωπος, ὅστις ἐφύτευσεν ἀμπελῶνα καὶ οὐκ
εὐφράνθη ἐξ αὐτοῦ; πορευέσθω καὶ ἀποστραφήτω εἰς τὴν οἰκίαν
αὐτοῦ, μὴ ἀποθάνῃ ἐν τῷ πολέμῳ καὶ ἄνθρωπος ἕτερος εὐφρανθή-

14 σου 1⁰ et 3⁰ > B† | πατερες] προτεροι A | η bis] ην A | fin.] + κληρο-
νομησαι αυτην Ar || 15 εμμενεις B*† | σταθησεται] στησ. B† || 17 στη-
σονται] γνωσονται B*† || 19 ποιησαι — αυτου] τω πλησιον ποιησαι A† | εξα-
ρεις: cf. 17 7 || 20 ποιησαι] ποιειν A | το πον. / τουτο] tr. B† || 21 fin.]
+ καθοτι αν δω μωμον τω πλησιον ουτως δοθησεται αυτω A Bs: ex Leu. 24 20
20 3 προσπορευεσθε] προσ > B | πολεμον] pr. τον B M† | εκκλινητε] -νετε
B† || 4 διασωσαι] pr. και A || 5 αποστραφητω] επιστρ. A: item in 6. 7,
non in 8

σεται ἐξ αὐτοῦ. ⁷καὶ τίς ὁ ἄνθρωπος, ὅστις μεμνήστευται γυναῖκα 7
καὶ οὐκ ἔλαβεν αὐτήν; πορευέσθω καὶ ἀποστραφήτω εἰς τὴν οἰκίαν
αὐτοῦ, μὴ ἀποθάνῃ ἐν τῷ πολέμῳ καὶ ἄνθρωπος ἕτερος λήμψεται
αὐτήν. ⁸καὶ προσθήσουσιν οἱ γραμματεῖς λαλῆσαι πρὸς τὸν λαὸν 8
καὶ ἐροῦσιν Τίς ὁ ἄνθρωπος ὁ φοβούμενος καὶ δειλὸς τῇ καρδίᾳ;
πορευέσθω καὶ ἀποστραφήτω εἰς τὴν οἰκίαν αὐτοῦ, ἵνα μὴ δειλι-
άνῃ τὴν καρδίαν τοῦ ἀδελφοῦ αὐτοῦ ὥσπερ ἡ αὐτοῦ. ⁹καὶ ἔσται 9
ὅταν παύσωνται οἱ γραμματεῖς λαλυῦντες πρὸς τὸν λαόν, καὶ κατα-
στήσουσιν ἄρχοντας τῆς στρατιᾶς προηγουμένους τοῦ λαοῦ.

¹⁰Ἐὰν δὲ προσέλθῃς πρὸς πόλιν ἐκπολεμῆσαι αὐτήν, καὶ ἐκ- 10
καλέσῃ αὐτοὺς μετ᾽ εἰρήνης · ¹¹ἐὰν μὲν εἰρηνικὰ ἀποκριθῶσίν σοι 11
καὶ ἀνοίξωσίν σοι, ἔσται πᾶς ὁ λαὸς οἱ εὑρεθέντες ἐν αὐτῇ ἔσον-
ταί σοι φορολόγητοι καὶ ὑπήκοοί σου · ¹²ἐὰν δὲ μὴ ὑπακούσωσίν 12
σοι καὶ ποιήσωσιν πρὸς σὲ πόλεμον, περικαθιεῖς αὐτήν, ¹³καὶ πα- 13
ραδώσει αὐτὴν κύριος ὁ θεός σου εἰς τὰς χεῖράς σου, καὶ πατάξεις
πᾶν ἀρσενικὸν αὐτῆς ἐν φόνῳ μαχαίρας, ¹⁴πλὴν τῶν γυναικῶν 14
καὶ τῆς ἀποσκευῆς καὶ πάντα τὰ κτήνη καὶ πάντα, ὅσα ἂν ὑπάρχῃ
ἐν τῇ πόλει, καὶ πᾶσαν τὴν ἀπαρτίαν προνομεύσεις σεαυτῷ καὶ
φάγῃ πᾶσαν τὴν προνομὴν τῶν ἐχθρῶν σου, ὧν κύριος ὁ θεός
σου δίδωσίν σοι. ¹⁵οὕτως ποιήσεις πάσας τὰς πόλεις τὰς μακρὰν 15
οὔσας ἀπὸ σοῦ σφόδρα, αἳ οὐχὶ ἐκ τῶν πόλεων τῶν ἐθνῶν τού-
των, ¹⁶ἰδοὺ δὲ ἀπὸ τῶν πόλεων τῶν ἐθνῶν τούτων, ὧν κύριος ὁ 16
θεός σου δίδωσίν σοι κληρονομεῖν τὴν γῆν αὐτῶν, οὐ ζωγρήσετε
ἀπ᾽ αὐτῶν πᾶν ἐμπνέον, ¹⁷ἀλλ᾽ ἢ ἀναθέματι ἀναθεματιεῖτε αὐτούς, 17
τὸν Χετταῖον καὶ Ἀμορραῖον καὶ Χαναναῖον καὶ Φερεζαῖον καὶ Εὐ-
αῖον καὶ Ιεβουσαῖον καὶ Γεργεσαῖον, ὃν τρόπον ἐνετείλατό σοι κύ-
ριος ὁ θεός σου, ¹⁸ἵνα μὴ διδάξωσιν ὑμᾶς ποιεῖν πάντα τὰ βδε- 18
λύγματα αὐτῶν, ὅσα ἐποίησαν τοῖς θεοῖς αὐτῶν, καὶ ἁμαρτήσεσθε
ἐναντίον κυρίου τοῦ θεοῦ ὑμῶν.

¹⁹Ἐὰν δὲ περικαθίσῃς περὶ πόλιν ἡμέρας πλείους ἐκπολεμῆσαι 19
αὐτὴν εἰς κατάλημψιν αὐτῆς, οὐχὶ ἐξολεθρεύσεις τὰ δένδρα αὐτῆς
ἐπιβαλεῖν ἐπ᾽ αὐτὰ σίδηρον, ἀλλ᾽ ἢ ἀπ᾽ αὐτοῦ φάγῃ, αὐτὸ δὲ οὐκ
ἐκκόψεις. μὴ ἄνθρωπος τὸ ξύλον τὸ ἐν τῷ ἀγρῷ εἰσελθεῖν ἀπὸ
προσώπου σου εἰς τὸν χάρακα; ²⁰ἀλλὰ ξύλον, ὃ ἐπίστασαι ὅτι 20
οὐ καρπόβρωτόν ἐστιν, τοῦτο ἐξολεθρεύσεις καὶ ἐκκόψεις καὶ οἰκο-

8 καρδιαν] + αυτου και A† || 10 εκκαλεση] -σαι B† || 11 init.] pr. και
εσται Aᶜ | σοι 1⁰ > Bᶜ†, 3⁰ > A† | αυτη] τη πολει A | σου] σοι A || 12 ποιη-
σωσιν] ποιωσιν Br† || 13 και παραδωσει] εως αν παραδω σοι B† || 14 παν-
τα 1⁰ — παντα 2⁰ > B† || 15 απο et αι > B† | εκ] απο A || 16 init. —
τουτων > B | των εθνων mu.] > A, in O sub ※ | απ αυτων] > B, in O sub ÷
|| 17 αλλ η] αλλα A | αμορρ. et χαναν.] pr. τον A | και γεργεσ.] > B*†, in
O sub ÷, post ευαιον hab. Bᶜ || 19 πολιν] + μιαν B† | πλειονας A | αλλ
η B†] αλλα A | αγρω] δρυμω A || 20 ξυλον] pr. το A | εξολεθρευσεις] εξ > B†

δομήσεις χαράκωσιν ἐπὶ τὴν πόλιν, ἥτις ποιεῖ πρὸς σὲ τὸν πόλε-
μον, ἕως ἂν παραδοθῇ.

21 ¹Ἐὰν δὲ εὑρεθῇ τραυματίας ἐν τῇ γῇ, ᾗ κύριος ὁ θεός σου δί-
δωσίν σοι κληρονομῆσαι, πεπτωκὼς ἐν τῷ πεδίῳ καὶ οὐκ οἴδασιν
2 τὸν πατάξαντα, ²ἐξελεύσεται ἡ γερουσία σου καὶ οἱ κριταί σου
3 καὶ ἐκμετρήσουσιν ἐπὶ τὰς πόλεις τὰς κύκλῳ τοῦ τραυματίου, ³καὶ
ἔσται ἡ πόλις ἡ ἐγγίζουσα τῷ τραυματίᾳ καὶ λήμψεται ἡ γερουσία
τῆς πόλεως ἐκείνης δάμαλιν ἐκ βοῶν, ἥτις οὐκ εἴργασται καὶ ἥτις
4 οὐχ εἵλκυσεν ζυγόν, ⁴καὶ καταβιβάσουσιν ἡ γερουσία τῆς πόλεως
ἐκείνης τὴν δάμαλιν εἰς φάραγγα τραχεῖαν, ἥτις οὐκ εἴργασται
οὐδὲ σπείρεται, καὶ νευροκοπήσουσιν τὴν δάμαλιν ἐν τῇ φάραγγι.
5 ⁵καὶ προσελεύσονται οἱ ἱερεῖς οἱ Λευῖται — ὅτι αὐτοὺς ἐπέλεξεν
κύριος ὁ θεός σου παρεστηκέναι αὐτῷ καὶ εὐλογεῖν ἐπὶ τῷ ὀνό-
ματι αὐτοῦ, καὶ ἐπὶ τῷ στόματι αὐτῶν ἔσται πᾶσα ἀντιλογία καὶ
6 πᾶσα ἁφή —, ⁶καὶ πᾶσα ἡ γερουσία τῆς πόλεως ἐκείνης οἱ ἐγγί-
ζοντες τῷ τραυματίᾳ νίψονται τὰς χεῖρας ἐπὶ τὴν κεφαλὴν τῆς
7 δαμάλεως τῆς νενευροκοπημένης ἐν τῇ φάραγγι ⁷καὶ ἀποκριθέντες
ἐροῦσιν Αἱ χεῖρες ἡμῶν οὐκ ἐξέχεαν τὸ αἷμα τοῦτο, καὶ οἱ ὀφθαλ-
8 μοὶ ἡμῶν οὐχ ἑωράκασιν · ⁸ἵλεως γενοῦ τῷ λαῷ σου Ισραηλ, οὓς
ἐλυτρώσω, κύριε, ἐκ τῆς Αἰγύπτου, ἵνα μὴ γένηται αἷμα ἀναίτιον
9 ἐν τῷ λαῷ σου Ισραηλ. καὶ ἐξιλασθήσεται αὐτοῖς τὸ αἷμα. ⁹σὺ δὲ
ἐξαρεῖς τὸ αἷμα τὸ ἀναίτιον ἐξ ὑμῶν αὐτῶν, ἐὰν ποιήσῃς τὸ κα-
λὸν καὶ τὸ ἀρεστὸν ἔναντι κυρίου τοῦ θεοῦ σου.
10 ¹⁰Ἐὰν δὲ ἐξελθὼν εἰς πόλεμον ἐπὶ τοὺς ἐχθρούς σου καὶ παρα-
δῷ σοι κύριος ὁ θεός σου εἰς τὰς χεῖράς σου καὶ προνομεύσεις
11 τὴν προνομὴν αὐτῶν ¹¹καὶ ἴδῃς ἐν τῇ προνομῇ γυναῖκα καλὴν τῷ
12 εἴδει καὶ ἐνθυμηθῇς αὐτῆς καὶ λάβῃς αὐτὴν σαυτῷ γυναῖκα, ¹²καὶ
εἰσάξεις αὐτὴν ἔνδον εἰς τὴν οἰκίαν σου καὶ ξυρήσεις τὴν κεφαλὴν
13 αὐτῆς καὶ περιονυχιεῖς αὐτὴν ¹³καὶ περιελεῖς τὰ ἱμάτια τῆς αἰχμα-
λωσίας αὐτῆς ἀπ᾽ αὐτῆς, καὶ καθίεται ἐν τῇ οἰκίᾳ σου καὶ κλαύ-
σεται τὸν πατέρα καὶ τὴν μητέρα μηνὸς ἡμέρας, καὶ μετὰ ταῦτα
εἰσελεύσῃ πρὸς αὐτὴν καὶ συνοικισθήσῃ αὐτῇ, καὶ ἔσται σου γυνή.
14 ¹⁴καὶ ἔσται ἐὰν μὴ θέλῃς αὐτήν, ἐξαποστελεῖς αὐτὴν ἐλευθέραν,
καὶ πράσει οὐ πραθήσεται ἀργυρίου · οὐκ ἀθετήσεις αὐτήν, διότι
ἐταπείνωσας αὐτήν.
15 ¹⁵Ἐὰν δὲ γένωνται ἀνθρώπῳ δύο γυναῖκες, μία αὐτῶν ἠγαπη-
μένη καὶ μία αὐτῶν μισουμένη, καὶ τέκωσιν αὐτῷ ἡ ἠγαπημένη

21 1 η] ην A ‖ 2 επι > A† ‖ 4 την 1⁰ > B ‖ 5 επελεξεν] εξελεξατο
A | σου > B† | στοματι] ονομ. A† ‖ 8 εκ γης αιγ.] > B†, in O sub ÷ ‖
9 εαν] pr. και ευ σοι εσται W | κυριου et σου > A† (του θεου σου in O
sub ÷) ‖ 10 εξελθων B† (cf. 19)] -θης A | σοι] αυτους A ‖ 13 αυτης 1⁰
> B† | καθιεται (cf. Thack. p. 271/2)] καθιειται A | πατερα] + αυτης A (in
O sub ※) | σου ult.] σοι A*

καὶ ἡ μισουμένη, καὶ γένηται υἱὸς πρωτότοκος τῆς μισουμένης, ¹⁶καὶ ἔσται ᾗ ἂν ἡμέρᾳ κατακληροδοτῇ τοῖς υἱοῖς αὐτοῦ τὰ ὑπάρ- 16 χοντα αὐτοῦ, οὐ δυνήσεται πρωτοτοκεῦσαι τῷ υἱῷ τῆς ἠγαπημένης ὑπεριδὼν τὸν υἱὸν τῆς μισουμένης τὸν πρωτότοκον, ¹⁷ἀλλὰ τὸν 17 πρωτότοκον υἱὸν τῆς μισουμένης ἐπιγνώσεται δοῦναι αὐτῷ διπλᾶ ἀπὸ πάντων, ὧν ἂν εὑρεθῇ αὐτῷ, ὅτι οὗτός ἐστιν ἀρχὴ τέκνων αὐτοῦ, καὶ τούτῳ καθήκει τὰ πρωτοτόκια.

¹⁸Ἐὰν δέ τινι ᾖ υἱὸς ἀπειθὴς καὶ ἐρεθιστὴς οὐχ ὑπακούων φω- 18 νὴν πατρὸς καὶ φωνὴν μητρὸς καὶ παιδεύσωσιν αὐτὸν καὶ μὴ εἰσα- κούῃ αὐτῶν, ¹⁹καὶ συλλαβόντες αὐτὸν ὁ πατὴρ αὐτοῦ καὶ ἡ μήτηρ 19 αὐτοῦ καὶ ἐξάξουσιν αὐτὸν ἐπὶ τὴν γερουσίαν τῆς πόλεως αὐτοῦ καὶ ἐπὶ τὴν πύλην τοῦ τόπου αὐτοῦ ²⁰καὶ ἐροῦσιν τοῖς ἀνδράσιν 20 τῆς πόλεως αὐτῶν Ὁ υἱὸς ἡμῶν οὗτος ἀπειθεῖ καὶ ἐρεθίζει, οὐχ ὑπακούει τῆς φωνῆς ἡμῶν, συμβολοκοπῶν οἰνοφλυγεῖ · ²¹καὶ λιθο- 21 βολήσουσιν αὐτὸν οἱ ἄνδρες τῆς πόλεως αὐτοῦ ἐν λίθοις, καὶ ἀπο- θανεῖται · καὶ ἐξαρεῖς τὸν πονηρὸν ἐξ ὑμῶν αὐτῶν, καὶ οἱ ἐπίλοι- ποι ἀκούσαντες φοβηθήσονται.

²²Ἐὰν δὲ γένηται ἔν τινι ἁμαρτίᾳ κρίμα θανάτου καὶ ἀποθάνῃ 22 καὶ κρεμάσητε αὐτὸν ἐπὶ ξύλου, ²³οὐκ ἐπικοιμηθήσεται τὸ σῶμα 23 αὐτοῦ ἐπὶ τοῦ ξύλου, ἀλλὰ ταφῇ θάψετε αὐτὸν ἐν τῇ ἡμέρᾳ ἐκεί- νῃ, ὅτι κεκατηραμένος ὑπὸ θεοῦ πᾶς κρεμάμενος ἐπὶ ξύλου · καὶ οὐ μιανεῖτε τὴν γῆν, ἣν κύριος ὁ θεός σου δίδωσίν σοι ἐν κλήρῳ.

¹Μὴ ἰδὼν τὸν μόσχον τοῦ ἀδελφοῦ σου ἢ τὸ πρόβατον αὐτοῦ 22 πλανώμενα ἐν τῇ ὁδῷ ὑπερίδῃς αὐτά · ἀποστροφῇ ἀποστρέψεις αὐτὰ τῷ ἀδελφῷ σου καὶ ἀποδώσεις αὐτῷ. ²ἐὰν δὲ μὴ ἐγγίζῃ ὁ 2 ἀδελφός σου πρὸς σὲ μηδὲ ἐπίστῃ αὐτόν, συνάξεις αὐτὰ ἔνδον εἰς τὴν οἰκίαν σου, καὶ ἔσται μετὰ σοῦ, ἕως ἂν ζητήσῃ αὐτὰ ὁ ἀδελφός σου, καὶ ἀποδώσεις αὐτῷ. ³οὕτως ποιήσεις τὸν ὄνον αὐ- 3 τοῦ καὶ οὕτως ποιήσεις τὸ ἱμάτιον αὐτοῦ καὶ οὕτως ποιήσεις κατὰ πᾶσαν ἀπώλειαν τοῦ ἀδελφοῦ σου, ὅσα ἐὰν ἀπόληται παρ' αὐτοῦ καὶ εὕρῃς · οὐ δυνήσῃ ὑπεριδεῖν. — ⁴οὐκ ὄψῃ τὸν ὄνον τοῦ ἀδελ- 4 φοῦ σου ἢ τὸν μόσχον αὐτοῦ πεπτωκότας ἐν τῇ ὁδῷ, μὴ ὑπερ- ίδῃς αὐτούς · ἀνιστῶν ἀναστήσεις μετ' αὐτοῦ.

---

16 κατακληρονομη B† | τω υιω] τον υιον A ‖ 18 πατρος et μητρος] + αυτου A | παιδευωσιν A | αυτον⌒19 αυτον 1⁰ B*† ‖ 19 και 3⁰ B† (cf. 10)] > A | του τοπου] της πολεως A† | αυτου ult. > B† ‖ 20 αυτων]-του A | ουχ υπακουει] ουκ ακ. A† ‖ 23 ουκ επικοιμ.] ου κοιμ. B | αυτου]-το B | κεκατηραμενος]-ταρ- B | ου μιανειτε] ου μη -νηται(pro-τε) A

22 1 υπεριδης] pr. μη B† | και αποδ. αυτω] > A*, + αυτα Ac(†); cf. 2 fin. ‖ 2 ο αδ. σου / προς σε] tr. A | αυτα 1⁰] -τον B† | αυτω] pr. αυτα A ‖ 3 αυτου 1⁰⌒2⁰ B† | ευρης] + αυτα A | fin.] + αυτα Ac ‖ 4 οψη] pr. υπερ Ac | πεπτωκοτα A | αυτους]-τα A | μετ αυτου] αυτα μετα σου A†

5 ⁵Οὐκ ἔσται σκεύη ἀνδρὸς ἐπὶ γυναικί, οὐδὲ μὴ ἐνδύσηται ἀνὴρ
στολὴν γυναικείαν, ὅτι βδέλυγμα κυρίῳ τῷ θεῷ σού ἐστιν πᾶς
ποιῶν ταῦτα.

6 ⁶Ἐὰν δὲ συναντήσῃς νοσσιᾷ ὀρνέων πρὸ προσώπου σου ἐν
τῇ ὁδῷ ἢ ἐπὶ παντὶ δένδρει ἢ ἐπὶ τῆς γῆς, νεοσσοῖς ἢ ᾠοῖς, καὶ
ἡ μήτηρ θάλπῃ ἐπὶ τῶν νεοσσῶν ἢ ἐπὶ τῶν ᾠῶν, οὐ λήμψῃ τὴν
7 μητέρα μετὰ τῶν τέκνων · ⁷ἀποστολῇ ἀποστελεῖς τὴν μητέρα, τὰ
δὲ παιδία λήμψῃ σεαυτῷ, ἵνα εὖ σοι γένηται καὶ πολυήμερος ἔσῃ.
8 ⁸Ἐὰν δὲ οἰκοδομήσῃς οἰκίαν καινήν, καὶ ποιήσεις στεφάνην τῷ
δώματί σου · καὶ οὐ ποιήσεις φόνον ἐν τῇ οἰκίᾳ σου, ἐὰν πέσῃ
ὁ πεσὼν ἀπ᾽ αὐτοῦ.

9 ⁹Οὐ κατασπερεῖς τὸν ἀμπελῶνά σου διάφορον, ἵνα μὴ ἁγιασθῇ
τὸ γένημα καὶ τὸ σπέρμα, ὃ ἐὰν σπείρῃς μετὰ τοῦ γενήματος τοῦ
10 ἀμπελῶνός σου. — ¹⁰οὐκ ἀροτριάσεις ἐν μόσχῳ καὶ ὄνῳ ἐπὶ τὸ
11 αὐτό. — ¹¹οὐκ ἐνδύσῃ κίβδηλον, ἔρια καὶ λίνον, ἐν τῷ αὐτῷ.
12 ¹²Στρεπτὰ ποιήσεις σεαυτῷ ἐπὶ τῶν τεσσάρων κρασπέδων τῶν
περιβολαίων σου, ἃ ἐὰν περιβάλῃ ἐν αὐτοῖς.

13 ¹³Ἐὰν δέ τις λάβῃ γυναῖκα καὶ συνοικήσῃ αὐτῇ καὶ μισήσῃ αὐ-
14 τὴν ¹⁴καὶ ἐπιθῇ αὐτῇ προφασιστικοὺς λόγους καὶ κατενέγκῃ αὐτῆς
ὄνομα πονηρὸν καὶ λέγῃ Τὴν γυναῖκα ταύτην εἴληφα καὶ προσελ-
15 θὼν αὐτῇ οὐχ εὕρηκα αὐτῆς παρθένια, ¹⁵καὶ λαβὼν ὁ πατὴρ τῆς
παιδὸς καὶ ἡ μήτηρ ἐξοίσουσιν τὰ παρθένια τῆς παιδὸς πρὸς τὴν
16 γερουσίαν ἐπὶ τὴν πύλην, ¹⁶καὶ ἐρεῖ ὁ πατὴρ τῆς παιδὸς τῇ γε-
ρουσίᾳ Τὴν θυγατέρα μου ταύτην δέδωκα τῷ ἀνθρώπῳ τούτῳ
17 γυναῖκα, καὶ μισήσας αὐτὴν ¹⁷αὐτὸς νῦν ἐπιτίθησιν αὐτῇ προφα-
σιστικοὺς λόγους λέγων Οὐχ εὕρηκα τῇ θυγατρί σου παρθένια,
καὶ ταῦτα τὰ παρθένια τῆς θυγατρός μου · καὶ ἀναπτύξουσιν τὸ
18 ἱμάτιον ἐναντίον τῆς γερουσίας τῆς πόλεως. ¹⁸καὶ λήμψεται ἡ γε-
ρουσία τῆς πόλεως ἐκείνης τὸν ἄνθρωπον ἐκεῖνον καὶ παιδεύσου-
19 σιν αὐτὸν ¹⁹καὶ ζημιώσουσιν αὐτὸν ἑκατὸν σίκλους καὶ δώσουσιν
τῷ πατρὶ τῆς νεάνιδος, ὅτι ἐξήνεγκεν ὄνομα πονηρὸν ἐπὶ παρθένον
Ἰσραηλῖτιν · καὶ αὐτοῦ ἔσται γυνή, οὐ δυνήσεται ἐξαποστεῖλαι αὐ-
20 τὴν τὸν ἅπαντα χρόνον. ²⁰ἐὰν δὲ ἐπ᾽ ἀληθείας γένηται ὁ λόγος
21 οὗτος καὶ μὴ εὑρεθῇ παρθένια τῇ νεάνιδι, ²¹καὶ ἐξάξουσιν τὴν
νεᾶνιν ἐπὶ τὰς θύρας οἴκου πατρὸς αὐτῆς, καὶ λιθοβολήσουσιν
αὐτὴν οἱ ἄνδρες τῆς πόλεως αὐτῆς ἐν λίθοις, καὶ ἀποθανεῖται, ὅτι

---

5 οτι > A† ‖ 6 δενδρω Bᶜ ‖ 7 εση] γενη ΒΟ† ‖ 8 δε] > Β, in Ο sub ÷
| και 1⁰ > Α | αυτου] -της Α ‖ 9 διαφορον] διφορον Β | σπειρης] ς > Β† ‖
11 εν τω αυτω] επι το αυτο Α ‖ 14 παρθενια] pr. τα ΒΑ† ‖ 17 αυτος νυν] νυν
ουτος Β(†) | εναντι Α | fin.] + εκεινης Αᶜ ‖ 21 οικου] του Β | οι ανδρες της
πολ. αυτης > Β†

ἐποίησεν ἀφροσύνην ἐν υἱοῖς Ισραηλ ἐκπορνεῦσαι τὸν οἶκον τοῦ πατρὸς αὐτῆς · καὶ ἐξαρεῖς τὸν πονηρὸν ἐξ ὑμῶν αὐτῶν.

²²Ἐὰν δὲ εὑρεθῇ ἄνθρωπος κοιμώμενος μετὰ γυναικὸς συνῳκι- 22 σμένης ἀνδρί, ἀποκτενεῖτε ἀμφοτέρους, τὸν ἄνδρα τὸν κοιμώμενον μετὰ τῆς γυναικὸς καὶ τὴν γυναῖκα · καὶ ἐξαρεῖς τὸν πονηρὸν ἐξ Ισραηλ.

²³Ἐὰν δὲ γένηται παῖς παρθένος μεμνηστευμένη ἀνδρὶ καὶ εὑρὼν 23 αὐτὴν ἄνθρωπος ἐν πόλει κοιμηθῇ μετ᾽ αὐτῆς, ²⁴ἐξάξετε ἀμφοτέρους 24 ἐπὶ τὴν πύλην τῆς πόλεως αὐτῶν, καὶ λιθοβοληθήσονται ἐν λίθοις καὶ ἀποθανοῦνται · τὴν νεᾶνιν, ὅτι οὐκ ἐβόησεν ἐν τῇ πόλει, καὶ τὸν ἄνθρωπον, ὅτι ἐταπείνωσεν τὴν γυναῖκα τοῦ πλησίον · καὶ ἐξα- ρεῖς τὸν πονηρὸν ἐξ ὑμῶν αὐτῶν. — ²⁵ἐὰν δὲ ἐν πεδίῳ εὕρῃ ἄν- 25 θρωπος τὴν παῖδα τὴν μεμνηστευμένην καὶ βιασάμενος κοιμηθῇ μετ᾽ αὐτῆς, ἀποκτενεῖτε τὸν ἄνθρωπον τὸν κοιμώμενον μετ᾽ αὐτῆς μόνον ²⁶καὶ τῇ νεάνιδι οὐ ποιήσετε οὐδέν · οὐκ ἔστιν τῇ νεάνιδι 26 ἁμάρτημα θανάτου, ὅτι ὡς εἴ τις ἐπαναστῇ ἄνθρωπος ἐπὶ τὸν πλη- σίον καὶ φονεύσῃ αὐτοῦ ψυχήν, οὕτως τὸ πρᾶγμα τοῦτο, ²⁷ὅτι ἐν 27 τῷ ἀγρῷ εὗρεν αὐτήν, ἐβόησεν ἡ νεᾶνις ἡ μεμνηστευμένη, καὶ ὁ βοηθήσων οὐκ ἦν αὐτῇ.

²⁸Ἐὰν δέ τις εὕρῃ τὴν παῖδα τὴν παρθένον, ἥτις οὐ μεμνή- 28 στευται, καὶ βιασάμενος κοιμηθῇ μετ᾽ αὐτῆς καὶ εὑρεθῇ, ²⁹δώσει ὁ 29 ἄνθρωπος ὁ κοιμηθεὶς μετ᾽ αὐτῆς τῷ πατρὶ τῆς νεάνιδος πεντή- κοντα δίδραχμα ἀργυρίου, καὶ αὐτοῦ ἔσται γυνή, ἀνθ᾽ ὧν ἐταπεί- νωσεν αὐτήν· οὐ δυνήσεται ἐξαποστεῖλαι αὐτὴν τὸν ἅπαντα χρόνον.

¹Οὐ λήμψεται ἄνθρωπος τὴν γυναῖκα τοῦ πατρὸς αὐτοῦ καὶ 23 οὐκ ἀποκαλύψει συγκάλυμμα τοῦ πατρὸς αὐτοῦ.

²Οὐκ εἰσελεύσεται θλαδίας καὶ ἀποκεκομμένος εἰς ἐκκλησίαν κυ- 2 ρίου. ³οὐκ εἰσελεύσεται ἐκ πόρνης εἰς ἐκκλησίαν κυρίου. ⁴οὐκ εἰσ- 3 ελεύσεται Αμμανίτης καὶ Μωαβίτης εἰς ἐκκλησίαν κυρίου · καὶ ἕως 4 δεκάτης γενεᾶς οὐκ εἰσελεύσεται εἰς ἐκκλησίαν κυρίου καὶ ἕως εἰς τὸν αἰῶνα ⁵παρὰ τὸ μὴ συναντῆσαι αὐτοὺς ὑμῖν μετὰ ἄρτων καὶ 5 ὕδατος ἐν τῇ ὁδῷ ἐκπορευομένων ὑμῶν ἐξ Αἰγύπτου, καὶ ὅτι ἐμι- σθώσαντο ἐπὶ σὲ τὸν Βαλααμ υἱὸν Βεωρ ἐκ τῆς Μεσοποταμίας καταράσασθαί σε · ⁶καὶ οὐκ ἠθέλησεν κύριος ὁ θεός σου εἰσακοῦ- 6 σαι τοῦ Βαλααμ, καὶ μετέστρεψεν κύριος ὁ θεός σου τὰς κατάρας εἰς εὐλογίαν, ὅτι ἠγάπησέν σε κύριος ὁ θεός σου. ⁷οὐ προσαγο- 7

22 αμφοτερους] pr. αμα A† | τον 1⁰] + τε A || 24 πλησιον] + αυτου A || 25 τον ανθρωπον > B || 26 και τη] τη δε A | ου ποιησ. ουδεν et τη νεαν. 2⁰ > B*† | οτι > B | πλησιον] + αυτου A || 27 ο βοηθησων / ουκ ην M] tr. B, ο βοηθων ουκ εστιν A⁽†⁾ || 28 βιασαμ.] + αυτην A || 29 ων] ου A 23 1 ανακαλυψει A || 2 εισελευσονται B*(uid.)† | και] ουδε B†: cf. 4 || 3 > B* A*(uid.) || 4 και 1⁰] ουδε B†: cf. 2 || 5 καταρασασθαι σε] -ρασθαι B† || 6 ευλογιας A

ρεύσεις εἰρηνικὰ αὐτοῖς καὶ συμφέροντα αὐτοῖς πάσας τὰς ἡμέρας
8 σου εἰς τὸν αἰῶνα. ⁸οὐ βδελύξῃ Ἰδουμαῖον, ὅτι ἀδελφός σού ἐστιν·
9 οὐ βδελύξῃ Αἰγύπτιον, ὅτι πάροικος ἐγένου ἐν τῇ γῇ αὐτοῦ · ⁹υἱοὶ
ἐὰν γενηθῶσιν αὐτοῖς, γενεᾷ τρίτη εἰσελεύσονται εἰς ἐκκλησίαν
κυρίου.
10 ¹⁰Ἐὰν δὲ ἐξέλθῃς παρεμβαλεῖν ἐπὶ τοὺς ἐχθρούς σου, καὶ φυ-
11 λάξῃ ἀπὸ παντὸς ῥήματος πονηροῦ. ¹¹ἐὰν ᾖ ἐν σοὶ ἄνθρωπος, ὃς
οὐκ ἔσται καθαρὸς ἐκ ῥύσεως αὐτοῦ νυκτός, καὶ ἐξελεύσεται ἔξω
12 τῆς παρεμβολῆς καὶ οὐκ εἰσελεύσεται εἰς τὴν παρεμβολήν · ¹²καὶ
ἔσται τὸ πρὸς ἑσπέραν λούσεται τὸ σῶμα αὐτοῦ ὕδατι καὶ δεδυ-
13 κότος ἡλίου εἰσελεύσεται εἰς τὴν παρεμβολήν. ¹³καὶ τόπος ἔσται
14 σοι ἔξω τῆς παρεμβολῆς, καὶ ἐξελεύσῃ ἐκεῖ ἔξω · ¹⁴καὶ πάσσαλος
ἔσται σοι ἐπὶ τῆς ζώνης σου, καὶ ἔσται ὅταν διακαθιζάνῃς ἔξω,
καὶ ὀρύξεις ἐν αὐτῷ καὶ ἐπαγαγὼν καλύψεις τὴν ἀσχημοσύνην
15 σου ἐν αὐτῷ · ¹⁵ὅτι κύριος ὁ θεός σου ἐμπεριπατεῖ ἐν τῇ παρεμ-
βολῇ σου ἐξελέσθαι σε καὶ παραδοῦναι τὸν ἐχθρόν σου πρὸ προσ-
ώπου σου, καὶ ἔσται ἡ παρεμβολή σου ἁγία, καὶ οὐκ ὀφθήσεται
ἐν σοὶ ἀσχημοσύνη πράγματος καὶ ἀποστρέψει ἀπὸ σοῦ.
16 ¹⁶Οὐ παραδώσεις παῖδα τῷ κυρίῳ αὐτοῦ ὃς προστέθειταί σοι
17 παρὰ τοῦ κυρίου αὐτοῦ · ¹⁷μετὰ σοῦ κατοικήσει, ἐν ὑμῖν κατοική-
σει ἐν παντὶ τόπῳ, οὗ ἐὰν ἀρέσῃ αὐτῷ, οὐ θλίψεις αὐτόν.
18 ¹⁸Οὐκ ἔσται πόρνη ἀπὸ θυγατέρων Ισραηλ, καὶ οὐκ ἔσται πορ-
νεύων ἀπὸ υἱῶν Ισραηλ · οὐκ ἔσται τελεσφόρος ἀπὸ θυγατέρων
19 Ισραηλ, καὶ οὐκ ἔσται τελισκόμενος ἀπὸ υἱῶν Ισραηλ. ¹⁹οὐ προσ-
οίσεις μίσθωμα πόρνης οὐδὲ ἄλλαγμα κυνὸς εἰς τὸν οἶκον κυρίου
τοῦ θεοῦ σου πρὸς πᾶσαν εὐχήν, ὅτι βδέλυγμα κυρίῳ τῷ θεῷ σού
ἐστιν καὶ ἀμφότερα.
20 ²⁰Οὐκ ἐκτοκιεῖς τῷ ἀδελφῷ σου τόκον ἀργυρίου καὶ τόκον βρω-
21 μάτων καὶ τόκον παντὸς πράγματος, οὗ ἂν ἐκδανείσῃς · ²¹τῷ ἀλ-
λοτρίῳ ἐκτοκιεῖς, τῷ δὲ ἀδελφῷ σου οὐκ ἐκτοκιεῖς, ἵνα εὐλογήσῃ
σε κύριος ὁ θεός σου ἐν πᾶσι τοῖς ἔργοις σου ἐπὶ τῆς γῆς, εἰς
ἣν εἰσπορεύῃ ἐκεῖ κληρονομῆσαι αὐτήν.
22 ²²Ἐὰν δὲ εὔξῃ εὐχὴν κυρίῳ τῷ θεῷ σου, οὐ χρονιεῖς ἀποδοῦναι
αὐτήν, ὅτι ἐκζητῶν ἐκζητήσει κύριος ὁ θεός σου παρὰ σοῦ, καὶ
23 ἔσται ἐν σοὶ ἁμαρία · ²³ἐὰν δὲ μὴ θέλῃς εὔξασθαι, οὐκ ἔστιν ἐν

10 παρεμβ.] + εις πολεμον Aᶜ | ρηματος πονηρου] πον. πραγματος A ‖
11 -ελευσεται 1⁰ ∩ 2⁰ B† ‖ 13 > B*† ‖ 14 επαγων B† | εν αυτω ult.] >
B†, in O sub ÷ ‖ 15 σου 2⁰ > A | παραδουναι] + σοι A | προ προσωπου]
εις τας χειρας A ‖ 16 αυτου 1⁰ > B† ‖ 17 εν παντι τοπω > B† | (ε)αν
> A† | αρεσκη A ‖ 18 θυγατερων 1⁰] pr. των A† | τελισκ.] + προς πασαν
ευχην Aʳ: ex 19 ‖ 20 τω αδ. σου / τοκον αργ.] tr. A ‖ 21 κληρονομειν
B V†: cf. 28 63 30 16. 18 31 13

σοὶ ἁμαρτία. ²⁴τὰ ἐκπορευόμενα διὰ τῶν χειλέων σου φυλάξῃ καὶ 24
ποιήσεις ὃν τρόπον εὔξω κυρίῳ τῷ θεῷ σου δόμα, ὃ ἐλάλησας
τῷ στόματί σου.
²⁵Ἐὰν δὲ εἰσέλθῃς εἰς ἀμητὸν τοῦ πλησίον σου, καὶ συλλέξεις 25
ἐν ταῖς χερσίν σου στάχυς καὶ δρέπανον οὐ μὴ ἐπιβάλῃς ἐπὶ τὸν
ἀμητὸν τοῦ πλησίον σου. — ²⁶ἐὰν δὲ εἰσέλθῃς εἰς τὸν ἀμπελῶνα 26
τοῦ πλησίον σου, φάγῃ σταφυλὴν ὅσον ψυχήν σου ἐμπλησθῆναι,
εἰς δὲ ἄγγος οὐκ ἐμβαλεῖς.
¹Ἐὰν δέ τις λάβῃ γυναῖκα καὶ συνοικήσῃ αὐτῇ, καὶ ἔσται ἐὰν 24
μὴ εὕρῃ χάριν ἐναντίον αὐτοῦ, ὅτι εὗρεν ἐν αὐτῇ ἄσχημον πρᾶγμα,
καὶ γράψει αὐτῇ βιβλίον ἀποστασίου καὶ δώσει εἰς τὰς χεῖρας αὐ-
τῆς καὶ ἐξαποστελεῖ αὐτὴν ἐκ τῆς οἰκίας αὐτοῦ, ²καὶ ἀπελθοῦσα 2
γένηται ἀνδρὶ ἑτέρῳ, ³καὶ μισήσῃ αὐτὴν ὁ ἀνὴρ ὁ ἔσχατος καὶ 3
γράψει αὐτῇ βιβλίον ἀποστασίου καὶ δώσει εἰς τὰς χεῖρας αὐτῆς
καὶ ἐξαποστελεῖ αὐτὴν ἐκ τῆς οἰκίας αὐτοῦ, ἢ ἀποθάνῃ ὁ ἀνὴρ ὁ
ἔσχατος, ὃς ἔλαβεν αὐτὴν ἑαυτῷ γυναῖκα, ⁴οὐ δυνήσεται ὁ ἀνὴρ 4
ὁ πρότερος ὁ ἐξαποστείλας αὐτὴν ἐπαναστρέψας λαβεῖν αὐτὴν
ἑαυτῷ γυναῖκα μετὰ τὸ μιανθῆναι αὐτήν, ὅτι βδέλυγμά ἐστιν ἐναν-
τίον κυρίου τοῦ θεοῦ σου · καὶ οὐ μιανεῖτε τὴν γῆν, ἣν κύριος
ὁ θεὸς ὑμῶν δίδωσιν ὑμῖν ἐν κλήρῳ.
⁵Ἐὰν δέ τις λάβῃ γυναῖκα προσφάτως, οὐκ ἐξελεύσεται εἰς τὸν 5
πόλεμον, καὶ οὐκ ἐπιβληθήσεται αὐτῷ οὐδὲν πρᾶγμα · ἀθῷος ἔσται
ἐν τῇ οἰκίᾳ αὐτοῦ ἐνιαυτὸν ἕνα, εὐφρανεῖ τὴν γυναῖκα αὐτοῦ, ἣν
ἔλαβεν.
⁶Οὐκ ἐνεχυράσεις μύλον οὐδὲ ἐπιμύλιον, ὅτι ψυχὴν οὗτος ἐνε- 6
χυράζει.
⁷Ἐὰν δὲ ἁλῷ ἄνθρωπος κλέπτων ψυχὴν τῶν ἀδελφῶν αὐτοῦ 7
τῶν υἱῶν Ισραηλ καὶ καταδυναστεύσας αὐτὸν ἀποδῶται, ἀποθανεῖ-
ται ὁ κλέπτης ἐκεῖνος · καὶ ἐξαρεῖς τὸν πονηρὸν ἐξ ὑμῶν αὐτῶν.
⁸Πρόσεχε σεαυτῷ ἐν τῇ ἁφῇ τῆς λέπρας · φυλάξῃ σφόδρα ποι- 8
εῖν κατὰ πάντα τὸν νόμον, ὃν ἐὰν ἀναγγείλωσιν ὑμῖν οἱ ἱερεῖς οἱ
Λευῖται · ὃν τρόπον ἐνετειλάμην ὑμῖν, φυλάξασθε ποιεῖν. ⁹μνήσθητι 9
ὅσα ἐποίησεν κύριος ὁ θεός σου τῇ Μαριαμ ἐν τῇ ὁδῷ ἐκπορευο-
μένων ὑμῶν ἐξ Αἰγύπτου.
¹⁰Ἐὰν ὀφείλημα ᾖ ἐν τῷ πλησίον σου, ὀφείλημα ὁτιοῦν, οὐκ 10
εἰσελεύσῃ εἰς τὴν οἰκίαν αὐτοῦ ἐνεχυράσαι τὸ ἐνέχυρον · ¹¹ἔξω 11

24 κυριω et σου 2⁰ > B || 25 (= 𝔐 26) συλλεξεις] συναξ. Aʳ | επι τον]
επ B† || 26 (= 𝔐 25) οσον] + αν Aʳ† | ψυχη Aʳ
24 1 ευρεν] -ρηκεν Aʳ | 3 η] και B | εαυτω] ε > B || 4 ο 3⁰ > B† |
εναντι A | υμων .. υμιν] σου .. σοι B || 5 τον > A || 6 ενεχυρασεις] -ρας
A: item ABˢ in 17 || 7 των 1⁰] pr. εκ A | εξαρεις: cf. 17 7 || 8 φυλα-
ξεσθε A || 10 οτιουν] + τι A | ουκ] και B*† | fin.] + αυτου B (in O sub
※ uid.)

στήσῃ, καὶ ὁ ἄνθρωπος, οὗ τὸ δάνειόν σού ἐστιν ἐν αὐτῷ, ἐξοίσει
12 σοι τὸ ἐνέχυρον ἔξω. ¹²ἐὰν δὲ ὁ ἄνθρωπος πένηται, οὐ κοιμηθήσῃ
13 ἐν τῷ ἐνεχύρῳ αὐτοῦ · ¹³ἀποδόσει ἀποδώσεις τὸ ἐνέχυρον αὐτοῦ
περὶ δυσμὰς ἡλίου, καὶ κοιμηθήσεται ἐν τῷ ἱματίῳ αὐτοῦ καὶ εὐλο-
γήσει σε, καὶ ἔσται σοι ἐλεημοσύνη ἐναντίον κυρίου τοῦ θεοῦ σου.
14   ¹⁴Οὐκ ἀπαδικήσεις μισθὸν πένητος καὶ ἐνδεοῦς ἐκ τῶν ἀδελφῶν
15 σου ἢ ἐκ τῶν προσηλύτων τῶν ἐν ταῖς πόλεσίν σου · ¹⁵αὐθημε-
ρὸν ἀποδώσεις τὸν μισθὸν αὐτοῦ, οὐκ ἐπιδύσεται ὁ ἥλιος ἐπ' αὐτῷ,
ὅτι πένης ἐστὶν καὶ ἐν αὐτῷ ἔχει τὴν ἐλπίδα · καὶ οὐ καταβοήσε-
ται κατὰ σοῦ πρὸς κύριον, καὶ ἔσται ἐν σοὶ ἁμαρτία.
16   ¹⁶Οὐκ ἀποθανοῦνται πατέρες ὑπὲρ τέκνων, καὶ υἱοὶ οὐκ ἀποθα-
νοῦνται ὑπὲρ πατέρων · ἕκαστος τῇ ἑαυτοῦ ἁμαρτίᾳ ἀποθανεῖται.
17   ¹⁷Οὐκ ἐκκλινεῖς κρίσιν προσηλύτου καὶ ὀρφανοῦ καὶ χήρας καὶ
18 οὐκ ἐνεχυράσεις ἱμάτιον χήρας · ¹⁸καὶ μνησθήσῃ ὅτι οἰκέτης ἦσθα
ἐν γῇ Αἰγύπτῳ καὶ ἐλυτρώσατό σε κύριος ὁ θεός σου ἐκεῖθεν ·
διὰ τοῦτο ἐγώ σοι ἐντέλλομαι ποιεῖν τὸ ῥῆμα τοῦτο.
19   ¹⁹Ἐὰν δὲ ἀμήσῃς ἀμητὸν ἐν τῷ ἀγρῷ σου καὶ ἐπιλάθῃ δράγμα
ἐν τῷ ἀγρῷ σου, οὐκ ἐπαναστραφήσῃ λαβεῖν αὐτό · τῷ πτωχῷ
καὶ τῷ προσηλύτῳ καὶ τῷ ὀρφανῷ καὶ τῇ χήρᾳ ἔσται, ἵνα εὐλο-
γήσῃ σε κύριος ὁ θεός σου ἐν πᾶσι τοῖς ἔργοις τῶν χειρῶν σου.
20 ²⁰ἐὰν δὲ ἐλαιαλογήσῃς, οὐκ ἐπαναστρέψεις καλαμήσασθαι τὰ ὀπίσω
σου · τῷ προσηλύτῳ καὶ τῷ ὀρφανῷ καὶ τῇ χήρᾳ ἔσται · καὶ
μνησθήσῃ ὅτι οἰκέτης ἦσθα ἐν γῇ Αἰγύπτῳ, διὰ τοῦτο ἐγώ σοι
21 ἐντέλλομαι ποιεῖν τὸ ῥῆμα τοῦτο. ²¹ἐὰν δὲ τρυγήσῃς τὸν ἀμπελῶνά
σου, οὐκ ἐπανατρυγήσεις αὐτὸν τὰ ὀπίσω σου · τῷ προσηλύτῳ
22 καὶ τῷ ὀρφανῷ καὶ τῇ χήρᾳ ἔσται · ²²καὶ μνησθήσῃ ὅτι οἰκέτης
ἦσθα ἐν γῇ Αἰγύπτῳ, διὰ τοῦτο ἐγώ σοι ἐντέλλομαι ποιεῖν τὸ
ῥῆμα τοῦτο.
25   ¹Ἐὰν δὲ γένηται ἀντιλογία ἀνὰ μέσον ἀνθρώπων καὶ προσέλ-
θωσιν εἰς κρίσιν καὶ κρίνωσιν καὶ δικαιώσωσιν τὸν δίκαιον καὶ
2 καταγνῶσιν τοῦ ἀσεβοῦς, ²καὶ ἔσται ἐὰν ἄξιος ᾖ πληγῶν ὁ ἀσε-
βῶν, καὶ καθιεῖς αὐτὸν ἔναντι τῶν κριτῶν καὶ μαστιγώσουσιν αὐ-
3 τὸν ἐναντίον αὐτῶν κατὰ τὴν ἀσέβειαν αὐτοῦ ἀριθμῷ. ³τεσσαρά-
κοντα μαστιγώσουσιν αὐτόν, οὐ προσθήσουσιν · ἐὰν δὲ προσθῶσιν

---

12 αυτου > Bᶜ ‖ 13 init. — αυτου 2⁰ > B*† | ενεχυρον] ιματιον A | περι
δυσμας] προς -μαις Bˢ⁽†⁾ | εσται σοι] tr. A ‖ 14 απαδικησεις] αποστερησεις A
‖ 15 ου > B | κατα] περι A† ‖ 16 τη] pr. εν B† ‖ 17 χηρας 1⁰ ⌒ 2⁰ B*
| ενεχυρ.: cf. 6 ‖ 18 και μνησθ. > B*† ‖ 19 δε > A | αμητον] + σου A
| σου 1⁰ ⌒ 2⁰ B* | επαναστραφηση] επ > B | τω πτωχω και] > B, in O sub
÷ ‖ 20 ελαιολογης B⁽†⁾ ‖ 21 αυτον > A
25 1 και 2⁰ ⌒ 3⁰ B† | δικαιωσουσιν A | τον] το B ‖ 2 και 2⁰ > B | αυτον
1⁰ ⌒ 2⁰ B† | κατα τ. ασεβ. αυτου > B† | αριθμω] pr. και B† ‖ 3 προσθωσιν]
-θης B⁽†⁾

μαστιγῶσαι αὐτὸν ὑπὲρ ταύτας τὰς πληγὰς πλείους, ἀσχημονήσει
ὁ ἀδελφός σου ἐναντίον σου.

4 Οὐ φιμώσεις βοῦν ἀλοῶντα. 4

5 Ἐὰν δὲ κατοικῶσιν ἀδελφοὶ ἐπὶ τὸ αὐτὸ καὶ ἀποθάνῃ εἷς ἐξ 5
αὐτῶν, σπέρμα δὲ μὴ ᾖ αὐτῷ, οὐκ ἔσται ἡ γυνὴ τοῦ τεθνηκότος
ἔξω ἀνδρὶ μὴ ἐγγίζοντι · ὁ ἀδελφὸς τοῦ ἀνδρὸς αὐτῆς εἰσελεύσε-
ται πρὸς αὐτὴν καὶ λήμψεται αὐτὴν ἑαυτῷ γυναῖκα καὶ συνοικήσει
αὐτῇ. 6 καὶ ἔσται τὸ παιδίον, ὃ ἐὰν τέκῃ, κατασταθήσεται ἐκ τοῦ 6
ὀνόματος τοῦ τετελευτηκότος, καὶ οὐκ ἐξαλειφθήσεται τὸ ὄνομα
αὐτοῦ ἐξ Ισραηλ. 7 ἐὰν δὲ μὴ βούληται ὁ ἄνθρωπος λαβεῖν τὴν 7
γυναῖκα τοῦ ἀδελφοῦ αὐτοῦ, καὶ ἀναβήσεται ἡ γυνὴ ἐπὶ τὴν πύλην
ἐπὶ τὴν γερουσίαν καὶ ἐρεῖ Οὐ θέλει ὁ ἀδελφὸς τοῦ ἀνδρός μου
ἀναστῆσαι τὸ ὄνομα τοῦ ἀδελφοῦ αὐτοῦ ἐν Ισραηλ, οὐκ ἠθέλησεν
ὁ ἀδελφὸς τοῦ ἀνδρός μου. 8 καὶ καλέσουσιν αὐτὸν ἡ γερουσία 8
τῆς πόλεως αὐτοῦ καὶ ἐροῦσιν αὐτῷ, καὶ στὰς εἴπῃ Οὐ βούλομαι
λαβεῖν αὐτήν, 9 καὶ προσελθοῦσα ἡ γυνὴ τοῦ ἀδελφοῦ αὐτοῦ ἔναντι 9
τῆς γερουσίας καὶ ὑπολύσει τὸ ὑπόδημα αὐτοῦ τὸ ἓν ἀπὸ τοῦ
ποδὸς αὐτοῦ καὶ ἐμπτύσεται εἰς τὸ πρόσωπον αὐτοῦ καὶ ἀποκρι-
θεῖσα ἐρεῖ Οὕτως ποιήσουσιν τῷ ἀνθρώπῳ, ὃς οὐκ οἰκοδομήσει
τὸν οἶκον τοῦ ἀδελφοῦ αὐτοῦ · 10 καὶ κληθήσεται τὸ ὄνομα αὐτοῦ 10
ἐν Ισραηλ Οἶκος τοῦ ὑπολυθέντος τὸ ὑπόδημα.

11 Ἐὰν δὲ μάχωνται ἄνθρωποι ἐπὶ τὸ αὐτό, ἄνθρωπος μετὰ τοῦ 11
ἀδελφοῦ αὐτοῦ, καὶ προσέλθῃ γυνὴ ἑνὸς αὐτῶν ἐξελέσθαι τὸν
ἄνδρα αὐτῆς ἐκ χειρὸς τοῦ τύπτοντος αὐτὸν καὶ ἐκτείνασα τὴν
χεῖρα ἐπιλάβηται τῶν διδύμων αὐτοῦ, 12 ἀποκόψεις τὴν χεῖρα αὐ- 12
τῆς · οὐ φείσεται ὁ ὀφθαλμός σου ἐπ᾽ αὐτῇ.

13 Οὐκ ἔσται ἐν τῷ μαρσίππῳ σου στάθμιον καὶ στάθμιον, μέγα 13
ἢ μικρόν · 14 οὐκ ἔσται ἐν τῇ οἰκίᾳ σου μέτρον καὶ μέτρον, μέγα 14
ἢ μικρόν · 15 στάθμιον ἀληθινὸν καὶ δίκαιον ἔσται σοι, καὶ μέτρον 15
ἀληθινὸν καὶ δίκαιον ἔσται σοι, ἵνα πολυήμερος γένῃ ἐπὶ τῆς γῆς,
ἧς κύριος ὁ θεός σου δίδωσίν σοι ἐν κλήρῳ · 16 ὅτι βδέλυγμα κυ- 16
ρίῳ τῷ θεῷ σου πᾶς ποιῶν ταῦτα, πᾶς ποιῶν ἄδικον.

17 Μνήσθητι ὅσα ἐποίησέν σοι Αμαληκ ἐν τῇ ὁδῷ ἐκπορευομένου 17
σου ἐξ Αἰγύπτου, 18 πῶς ἀντέστη σοι ἐν τῇ ὁδῷ καὶ ἔκοψέν σου 18
τὴν οὐραγίαν, τοὺς κοπιῶντας ὀπίσω σου, σὺ δὲ ἐπείνας καὶ ἐκο-

3 αυτον 2⁰ > B† | τας > A || 5 εξ > B† | η 1⁰] ην B† | τεθνηκ.] τε-
τελευτηκοτος A† : ex 6 || 6 τεκη] τεχθη A || 7 ο 1⁰ > A† | του αδελφου
2⁰ > A || 8 αυτου] εκεινης A || 9 αυτου 1⁰] + προς αυτον A | εις το]
κατα B† | οικοδομησουσιν A† | fin.] + εν ισραηλ B† : ex 10 || 11 ανθρωποι]
+ δυο A Bᶜ | γυνη] pr. η A || 12 αυτης > B† || 13 init.] pr. και A† | εν
τω μαρσ. σου] σοι εν τ. μ. B† || 14 η] και A hic, non in 13 || 15 εσται
σοι 1⁰ ∩ 2⁰ B* || 16 > B*† | σου] + εστιν A | πας 1⁰ — fin.] πας ποιων
ταυτα A*†, πας ποιων αδικον Aᶜ || 17 εξ] εκ γης B†

19 πίας, καὶ οὐκ ἐφοβήθη τὸν θεόν · ¹⁹καὶ ἔσται ἡνίκα ἐὰν καταπαύσῃ
σε κύριος ὁ θεός σου ἀπὸ πάντων τῶν ἐχθρῶν σου τῶν κύκλῳ
σου ἐν τῇ γῇ, ᾗ κύριος ὁ θεός σου δίδωσίν σοι ἐν κλήρῳ κατα-
κληρονομῆσαι, ἐξαλείψεις τὸ ὄνομα Αμαληκ ἐκ τῆς ὑπὸ τὸν οὐρα-
νὸν καὶ οὐ μὴ ἐπιλάθῃ.

26   ¹Καὶ ἔσται ἐὰν εἰσέλθῃς εἰς τὴν γῆν, ἣν κύριος ὁ θεός σου
δίδωσίν σοι ἐν κλήρῳ, καὶ κατακληρονομήσῃς αὐτὴν καὶ κατοική-
2 σῃς ἐπ᾽ αὐτῆς, ²καὶ λήμψῃ ἀπὸ τῆς ἀπαρχῆς τῶν καρπῶν τῆς γῆς
σου, ἧς κύριος ὁ θεός σου δίδωσίν σοι, καὶ ἐμβαλεῖς εἰς κάρταλ-
λον καὶ πορεύσῃ εἰς τὸν τόπον, ὃν ἂν ἐκλέξηται κύριος ὁ θεός
3 σου ἐπικληθῆναι τὸ ὄνομα αὐτοῦ ἐκεῖ, ³καὶ ἐλεύσῃ πρὸς τὸν ἱερέα,
ὃς ἐὰν ᾖ ἐν ταῖς ἡμέραις ἐκείναις, καὶ ἐρεῖς πρὸς αὐτόν Ἀναγγέλλω
σήμερον κυρίῳ τῷ θεῷ μου ὅτι εἰσελήλυθα εἰς τὴν γῆν, ἣν ὤμο-
4 σεν κύριος τοῖς πατράσιν ἡμῶν δοῦναι ἡμῖν. ⁴καὶ λήμψεται ὁ ἱε-
ρεὺς τὸν κάρταλλον ἐκ τῶν χειρῶν σου καὶ θήσει αὐτὸν ἀπέναντι
5 τοῦ θυσιαστηρίου κυρίου τοῦ θεοῦ σου, ⁵καὶ ἀποκριθήσῃ καὶ ἐρεῖς
ἔναντι κυρίου τοῦ θεοῦ σου Συρίαν ἀπέβαλεν ὁ πατήρ μου καὶ
κατέβη εἰς Αἴγυπτον καὶ παρῴκησεν ἐκεῖ ἐν ἀριθμῷ βραχεῖ καὶ
6 ἐγένετο ἐκεῖ εἰς ἔθνος μέγα καὶ πλῆθος πολὺ καὶ μέγα · ⁶καὶ ἐκά-
κωσαν ἡμᾶς οἱ Αἰγύπτιοι καὶ ἐταπείνωσαν ἡμᾶς καὶ ἐπέθηκαν ἡμῖν
7 ἔργα σκληρά · ⁷καὶ ἀνεβοήσαμεν πρὸς κύριον τὸν θεὸν τῶν πα-
τέρων ἡμῶν, καὶ εἰσήκουσεν κύριος τῆς φωνῆς ἡμῶν καὶ εἶδεν
τὴν ταπείνωσιν ἡμῶν καὶ τὸν μόχθον ἡμῶν καὶ τὸν θλιμμὸν ἡμῶν ·
8 ⁸καὶ ἐξήγαγεν ἡμᾶς κύριος ἐξ Αἰγύπτου αὐτὸς ἐν ἰσχύι μεγάλῃ καὶ
ἐν χειρὶ κραταιᾷ καὶ ἐν βραχίονι αὐτοῦ τῷ ὑψηλῷ καὶ ἐν ὁράμα-
9 σιν μεγάλοις καὶ ἐν σημείοις καὶ ἐν τέρασιν ⁹καὶ εἰσήγαγεν ἡμᾶς
εἰς τὸν τόπον τοῦτον καὶ ἔδωκεν ἡμῖν τὴν γῆν ταύτην, γῆν ῥέ-
10 ουσαν γάλα καὶ μέλι· ¹⁰καὶ νῦν ἰδοὺ ἐνήνοχα τὴν ἀπαρχὴν τῶν
γενημάτων τῆς γῆς, ἧς ἔδωκάς μοι, κύριε, γῆν ῥέουσαν γάλα καὶ
μέλι. καὶ ἀφήσεις αὐτὰ ἀπέναντι κυρίου τοῦ θεοῦ σου καὶ προσ-
11 κυνήσεις ἐκεῖ ἔναντι κυρίου τοῦ θεοῦ σου · ¹¹καὶ εὐφρανθήσῃ ἐν
πᾶσιν τοῖς ἀγαθοῖς, οἷς ἔδωκέν σοι κύριος ὁ θεός σου καὶ τῇ
οἰκίᾳ σου, σὺ καὶ ὁ Λευίτης καὶ ὁ προσήλυτος ὁ ἐν σοί.

18 εφοβηθης Bᶜ | θεον] κυριον A† ‖ 19 των 2⁰ — γη > A† | εν κληρω
κατα > B†
26 1 εν κληρω] κληρονομησαι B† | και κατακληρ.] κατακληρονομησαι A | αυ-
της] -την B† ‖ 2 ης] ην A | σοι] + εν κληρω A ‖ 3 εαν η W] αν ην A,
εσται B† ‖ 5 αποκριθηση και ερεις] -θεις ερει B† | απελαβεν A | και μεγα]
> B, in O sub ÷ ‖ 7 των πατερων > B† | ημων 3⁰ ⌒ 4⁰ B† ‖ 8 ισχυι]
+ αυτου τη B† | εν 3⁰ > B† | αυτου τω] > B, αυτου in O sub ÷ ‖ 9 εις]
pr. εις την γην ταυτην A† ‖ 10 κυριε > A† | και 3⁰ ⌒ 4⁰ B | απεναντι] απ
> A | εκει > B† ‖ 11 εν 1⁰] επι A | τη] η BAᶜ | συ O†] > BA: excidit
post σου

¹²'Ἐὰν δὲ συντελέσῃς ἀποδεκατῶσαι πᾶν τὸ ἐπιδέκατον τῶν 12
γενημάτων τῆς γῆς σου ἐν τῷ ἔτει τῷ τρίτῳ, τὸ δεύτερον ἐπιδέ-
κατον δώσεις τῷ Λευίτῃ καὶ τῷ προσηλύτῳ καὶ τῷ ὀρφανῷ καὶ
τῇ χήρᾳ, καὶ φάγονται ἐν ταῖς πόλεσίν σου καὶ ἐμπλησθήσονται.
¹³καὶ ἐρεῖς ἐναντίον κυρίου τοῦ θεοῦ σου Ἐξεκάθαρα τὰ ἅγια ἐκ 13
τῆς οἰκίας μου καὶ ἔδωκα αὐτὰ τῷ Λευίτῃ καὶ τῷ προσηλύτῳ καὶ
τῷ ὀρφανῷ καὶ τῇ χήρᾳ κατὰ πάσας τὰς ἐντολάς, ἃς ἐνετείλω
μοι · οὐ παρῆλθον τὴν ἐντολήν σου καὶ οὐκ ἐπελαθόμην · ¹⁴καὶ 14
οὐκ ἔφαγον ἐν ὀδύνῃ μου ἀπ' αὐτῶν, οὐκ ἐκάρπωσα ἀπ' αὐτῶν
εἰς ἀκάθαρτον, οὐκ ἔδωκα ἀπ' αὐτῶν τῷ τεθνηκότι · ὑπήκουσα τῆς
φωνῆς κυρίου τοῦ θεοῦ μου, ἐποίησα καθὰ ἐνετείλω μοι. ¹⁵κάτιδε 15
ἐκ τοῦ οἴκου τοῦ ἁγίου σου ἐκ τοῦ οὐρανοῦ καὶ εὐλόγησον τὸν
λαόν σου τὸν Ισραηλ καὶ τὴν γῆν, ἣν ἔδωκας αὐτοῖς, καθὰ ὤμο-
σας τοῖς πατράσιν ἡμῶν δοῦναι ἡμῖν γῆν ῥέουσαν γάλα καὶ μέλι.
¹⁶'Ἐν τῇ ἡμέρᾳ ταύτῃ κύριος ὁ θεός σου ἐνετείλατό σοι ποιῆσαι 16
πάντα τὰ δικαιώματα ταῦτα καὶ τὰ κρίματα, καὶ φυλάξεσθε καὶ
ποιήσετε αὐτὰ ἐξ ὅλης τῆς καρδίας ὑμῶν καὶ ἐξ ὅλης τῆς ψυχῆς
ὑμῶν. ¹⁷τὸν θεὸν εἵλου σήμερον εἶναί σου θεὸν καὶ πορεύεσθαι 17
ἐν ταῖς ὁδοῖς αὐτοῦ καὶ φυλάσσεσθαι τὰ δικαιώματα καὶ τὰ κρί-
ματα αὐτοῦ καὶ ὑπακούειν τῆς φωνῆς αὐτοῦ · ¹⁸καὶ κύριος εἵλατό 18
σε σήμερον γενέσθαι σε αὐτῷ λαὸν περιούσιον, καθάπερ εἶπέν σοι,
φυλάσσειν πάσας τὰς ἐντολὰς αὐτοῦ ¹⁹καὶ εἶναί σε ὑπεράνω πάν- 19
των τῶν ἐθνῶν, ὡς ἐποίησέν σε ὀνομαστὸν καὶ καύχημα καὶ δό-
ξαστόν, εἶναί σε λαὸν ἅγιον κυρίῳ τῷ θεῷ σου, καθὼς ἐλάλησεν.
¹Καὶ προσέταξεν Μωυσῆς καὶ ἡ γερουσία Ισραηλ λέγων Φυλάσ- 27
σεσθε πάσας τὰς ἐντολὰς ταύτας, ὅσας ἐγὼ ἐντέλλομαι ὑμῖν σή-
μερον. ²καὶ ἔσται ᾗ ἂν ἡμέρᾳ διαβῆτε τὸν Ιορδάνην εἰς τὴν γῆν, 2
ἣν κύριος ὁ θεός σου δίδωσίν σοι, καὶ στήσεις σεαυτῷ λίθους
μεγάλους καὶ κονιάσεις αὐτοὺς κονίᾳ. ³καὶ γράψεις ἐπὶ τῶν λίθων 3
πάντας τοὺς λόγους τοῦ νόμου τούτου, ὡς ἂν διαβῆτε τὸν Ιορ-
δάνην, ἡνίκα ἐὰν εἰσέλθητε εἰς τὴν γῆν, ἣν κύριος ὁ θεὸς τῶν
πατέρων σου δίδωσίν σοι, γῆν ῥέουσαν γάλα καὶ μέλι, ὃν τρόπον
εἶπεν κύριος ὁ θεὸς τῶν πατέρων σού σοι · ⁴καὶ ἔσται ὡς ἂν 4
διαβῆτε τὸν Ιορδάνην, στήσετε τοὺς λίθους τούτους, οὓς ἐγὼ ἐν-
τέλλομαί σοι σήμερον, ἐν ὄρει Γαιβαλ καὶ κονιάσεις αὐτοὺς κονίᾳ.
⁵καὶ οἰκοδομήσεις ἐκεῖ θυσιαστήριον κυρίῳ τῷ θεῷ σου, θυσια- 5

12 της γης] > B, in O sub ÷ | εμπλησθησονται] ευφρανθ. B ‖ 13 εναντι
A | αγια] + μου A† ‖ 14 αυτων 1⁰ ⌒ 2⁰ B*† | υπηκουσα] επ. B | μου εποι-
ησα] ημων επηκουσα B† | καθα] καθοτι B† ‖ 16 παντα] pr. κατα A† | ταυτα
> B ‖ 17 ταις] pr. πασαις B | αυτου paenult. > B V† ‖ 18 σοι > B |
πασας > B†
27 1 ισραηλ λεγων] ισραηλειτων B*(uid.)† ‖ 3 λιθων] + τουτων B† | εισ-
ελθης A ‖ 5 θυσιαστ. / κυρ. τ. θ. σου] tr. A†

6 στήριον ἐκ λίθων, οὐκ ἐπιβαλεῖς ἐπ' αὐτοὺς σίδηρον · ⁶λίθους ὁλο-
κλήρους οἰκοδομήσεις θυσιαστήριον κυρίῳ τῷ θεῷ σου καὶ ἀνοί-
7 σεις ἐπ' αὐτὸ ὁλοκαυτώματα κυρίῳ τῷ θεῷ σου ⁷καὶ θύσεις ἐκεῖ
θυσίαν σωτηρίου κυρίῳ τῷ θεῷ σου καὶ φάγῃ καὶ ἐμπλησθήσῃ
8 καὶ εὐφρανθήσῃ ἐναντίον κυρίου τοῦ θεοῦ σου. ⁸καὶ γράψεις ἐπὶ
τῶν λίθων πάντα τὸν νόμον τοῦτον σαφῶς σφόδρα.
9   ⁹Καὶ ἐλάλησεν Μωυσῆς καὶ οἱ ἱερεῖς οἱ Λευῖται παντὶ Ισραηλ
λέγοντες Σιώπα καὶ ἄκουε, Ισραηλ · ἐν τῇ ἡμέρᾳ ταύτῃ γέγονας
10 εἰς λαὸν κυρίῳ τῷ θεῷ σου · ¹⁰καὶ εἰσακούσῃ τῆς φωνῆς κυρίου
τοῦ θεοῦ σου καὶ ποιήσεις πάσας τὰς ἐντολὰς αὐτοῦ καὶ τὰ δι-
καιώματα αὐτοῦ, ὅσα ἐγὼ ἐντέλλομαί σοι σήμερον.
11   ¹¹Καὶ ἐνετείλατο Μωυσῆς τῷ λαῷ ἐν τῇ ἡμέρᾳ ἐκείνῃ λέγων
12 ¹²Οὗτοι στήσονται εὐλογεῖν τὸν λαὸν ἐν ὄρει Γαριζιν διαβάντες
τὸν Ιορδάνην · Συμεων, Λευι, Ιουδας, Ισσαχαρ, Ιωσηφ καὶ Βενια-
13 μιν. ¹³καὶ οὗτοι στήσονται ἐπὶ τῆς κατάρας ἐν ὄρει Γαιβαλ · Ρου-
14 βην, Γαδ καὶ Ασηρ, Ζαβουλων, Δαν καὶ Νεφθαλι. ¹⁴καὶ ἀποκρι-
θέντες οἱ Λευῖται ἐροῦσιν παντὶ Ισραηλ φωνῇ μεγάλῃ
15   ¹⁵Ἐπικατάρατος ἄνθρωπος, ὅστις ποιήσει γλυπτὸν καὶ χωνευτόν,
βδέλυγμα κυρίῳ, ἔργον χειρῶν τεχνίτου, καὶ θήσει αὐτὸ ἐν ἀπο-
κρύφῳ · καὶ ἀποκριθεὶς πᾶς ὁ λαὸς ἐροῦσιν Γένοιτο.
16   ¹⁶Ἐπικατάρατος ὁ ἀτιμάζων πατέρα αὐτοῦ ἢ μητέρα αὐτοῦ · καὶ
ἐροῦσιν πᾶς ὁ λαὸς Γένοιτο.
17   ¹⁷Ἐπικατάρατος ὁ μετατιθεὶς ὅρια τοῦ πλησίον · καὶ ἐροῦσιν
πᾶς ὁ λαὸς Γένοιτο.
18   ¹⁸Ἐπικατάρατος ὁ πλανῶν τυφλὸν ἐν ὁδῷ · καὶ ἐροῦσιν πᾶς
ὁ λαός Γένοιτο.
19   ¹⁹Ἐπικατάρατος ὃς ἂν ἐκκλίνῃ κρίσιν προσηλύτου καὶ ὀρφα-
νοῦ καὶ χήρας · καὶ ἐροῦσιν πᾶς ὁ λαὸς Γένοιτο.
20   ²⁰Ἐπικατάρατος ὁ κοιμώμενος μετὰ γυναικὸς τοῦ πατρὸς αὐτοῦ,
ὅτι ἀπεκάλυψεν συγκάλυμμα τοῦ πατρὸς αὐτοῦ · καὶ ἐροῦσιν πᾶς
ὁ λαός Γένοιτο.
21   ²¹Ἐπικατάρατος ὁ κοιμώμενος μετὰ παντὸς κτήνους · καὶ ἐροῦ-
σιν πᾶς ὁ λαὸς Γένοιτο.
22   ²²Ἐπικατάρατος ὁ κοιμώμενος μετὰ ἀδελφῆς ἐκ πατρὸς ἢ ἐκ
μητρὸς αὐτοῦ · καὶ ἐροῦσιν πᾶς ὁ λαὸς Γένοιτο.

5 αυτους] -το B ‖ 6 θυσιαστ.] pr. το A | αυτο] -του A | ολοκαυτ.] pr.
τα B ‖ 7 εκει] post φαγη tr. A | θυσιαν σωτηριου] θυσιαστηριον A† | κυριω
τ. θ. σου > B | εναντι A ‖ 9 οι 2⁰] pr. και A ‖ 11 τω] pr. παντι A⸓ ‖
12 λευι] pr. και A† | ιουδα B† ‖ 15 ανθρωπος] pr. ο A | τεχνιτων B | πας
> B† hic, non in 16. 17 etc. | ερουσιν] ερει A hic, non in 16. 17 etc. ‖
16 γενοιτο] + γενοιτο A† hic, non in 15. 17 etc. ‖ 20 του 1⁰] εκ B† ‖
21 παντος > A† ‖ 22 εκ bis > B

²³ Ἐπικατάρατος ὁ κοιμώμενος μετὰ πενθερᾶς αὐτοῦ · καὶ ἐροῦ- 23
σιν πᾶς ὁ λαός Γένοιτο.
Ἐπικατάρατος ὁ κοιμώμενος μετὰ ἀδελφῆς γυναικὸς αὐτοῦ · καὶ
ἐροῦσιν πᾶς ὁ λαός Γένοιτο.
²⁴ Ἐπικατάρατος ὁ τύπτων τὸν πλησίον αὐτοῦ δόλῳ · καὶ ἐροῦσιν 24
πᾶς ὁ λαός Γένοιτο.
²⁵ Ἐπικατάρατος ὃς ἂν λάβη δῶρα πατάξαι ψυχὴν αἵματος ἀθῴ- 25
ου · καὶ ἐροῦσιν πᾶς ὁ λαός Γένοιτο.
²⁶ Ἐπικατάρατος πᾶς ἄνθρωπος, ὃς οὐκ ἐμμενεῖ ἐν πᾶσιν τοῖς 26
λόγοις τοῦ νόμου τούτου τοῦ ποιῆσαι αὐτούς · καὶ ἐροῦσιν πᾶς
ὁ λαός Γένοιτο.

¹ Καὶ ἔσται ὡς ἂν διαβῆτε τὸν Ιορδάνην εἰς τὴν γῆν, ἣν κύριος 28
ὁ θεὸς ὑμῶν δίδωσιν ὑμῖν, ἐὰν ἀκοῇ εἰσακούσητε τῆς φωνῆς κυ-
ρίου τοῦ θεοῦ ὑμῶν φυλάσσειν καὶ ποιεῖν πάσας τὰς ἐντολὰς αὐ-
τοῦ, ἃς ἐγὼ ἐντέλλομαί σοι σήμερον, καὶ δώσει σε κύριος ὁ θεός
ουυ ὑπεράνω πάντων τῶν ἐθνῶν τῆς γῆς, ² καὶ ἥξουσιν ἐπὶ σὲ 2
πᾶσαι αἱ εὐλογίαι αὗται καὶ εὑρήσουσίν σε, ἐὰν ἀκοῇ ἀκούσῃς
τῆς φωνῆς κυρίου τοῦ θεοῦ σου. ³ εὐλογημένος σὺ ἐν πόλει, καὶ 3
εὐλογημένος σὺ ἐν ἀγρῷ · ⁴ εὐλογημένα τὰ ἔκγονα τῆς κοιλίας σου 4
καὶ τὰ γενήματα τῆς γῆς σου, τὰ βουκόλια τῶν βοῶν σου καὶ τὰ
ποίμνια τῶν προβάτων σου · ⁵ εὐλογημέναι αἱ ἀποθῆκαί σου καὶ 5
τὰ ἐγκαταλείμματά σου · ⁶ εὐλογημένος σὺ ἐν τῷ εἰσπορεύεσθαί σε, 6
καὶ εὐλογημένος σὺ ἐν τῷ ἐκπορεύεσθαί σε. ⁷ παραδῷ κύριος ὁ 7
θεός σου τοὺς ἐχθρούς σου τοὺς ἀνθεστηκότας σοι συντετριμμέ-
νους πρὸ προσώπου σου · ὁδῷ μιᾷ ἐξελεύσονται πρὸς σὲ καὶ ἐν
ἑπτὰ ὁδοῖς φεύξονται ἀπὸ προσώπου σου. ⁸ ἀποστείλαι κύριος ἐπὶ 8
σὲ τὴν εὐλογίαν ἐν τοῖς ταμιείοις σου καὶ ἐν πᾶσιν, οὗ ἂν ἐπι-
βάλῃς τὴν χεῖρά σου, ἐπὶ τῆς γῆς, ἧς κύριος ὁ θεός σου δίδωσίν
σοι. ⁹ ἀναστῆσαι σε κύριος ὁ θεός σου ἑαυτῷ λαὸν ἅγιον, ὃν τρό- 9
πον ὤμοσεν τοῖς πατράσιν σου, ἐὰν εἰσακούσῃς τῆς φωνῆς κυρίου
τοῦ θεοῦ σου καὶ πορευθῇς ἐν ταῖς ὁδοῖς αὐτοῦ · ¹⁰ καὶ ὄψονταί 10
σε πάντα τὰ ἔθνη τῆς γῆς ὅτι τὸ ὄνομα κυρίου ἐπικέκληταί σοι,
καὶ φοβηθήσονταί σε. ¹¹ καὶ πληθυνεῖ σε κύριος ὁ θεός σου εἰς 11
ἀγαθὰ ἐπὶ τοῖς ἐκγόνοις τῆς κοιλίας σου καὶ ἐπὶ τοῖς γενήμασιν

23 πενθερας] νυμφης B† | επικαταρ. 2⁰ — fin. (cf. Leu. 18 18)] > A ‖ 24 αυ-
του > A ‖ 26 ανθρωπος ος] ο ανθρ. οστις A | του 2⁰ > B
28 1 ως — υμιν > B | εισακουσητε] ακουσης B†: cf. 9 | υμων 2⁰] σου B† | αυ-
του] ταυτας B†, > A† | σου > A† | παντων των εθνων] επι παντα τα εθνη
B† ‖ 2 ακουσης] pr. εισ A ‖ 4 σου 1⁰⌒2⁰ B*† | γενηματα] εκγονα A†
‖ 6 ευλογημενος bis] -γητος A ‖ 7 παραδω] + σοι A | οδω] pr. εν A ‖
8 εν πασιν] επι παντα B(†) ‖ 9 ο θεος σου > B | εισακουσης] εισ > B: cf. 1
| ταις] pr. πασαις B† ‖ 11 επι 1⁰] εν B | και επι 1⁰ — γης σου / και επι 2⁰ —
κτηνων σου] tr. A: cf. 30 9

τῆς γῆς σου καὶ ἐπὶ τοῖς ἐκγόνοις τῶν κτηνῶν σου ἐπὶ τῆς γῆς,
12 ἧς ὤμοσεν κύριος τοῖς πατράσιν σου δοῦναί σοι. ¹²ἀνοίξαι σοι
κύριος τὸν θησαυρὸν αὐτοῦ τὸν ἀγαθόν, τὸν οὐρανόν, δοῦναι τὸν
ὑετὸν τῇ γῇ σου ἐπὶ καιροῦ αὐτοῦ εὐλογῆσαι πάντα τὰ ἔργα τῶν
χειρῶν σου, καὶ δανιεῖς ἔθνεσιν πολλοῖς, σὺ δὲ οὐ δανιῇ, καὶ ἄρ-
13 ξεις σὺ ἐθνῶν πολλῶν, σοῦ δὲ οὐκ ἄρξουσιν. ¹³καταστήσαι σε
κύριος ὁ θεός σου εἰς κεφαλὴν καὶ μὴ εἰς οὐράν, καὶ ἔσῃ τότε
ἐπάνω καὶ οὐκ ἔσῃ ὑποκάτω, ἐὰν ἀκούσῃς τῶν ἐντολῶν κυρίου
τοῦ θεοῦ σου, ὅσα ἐγὼ ἐντέλλομαί σοι σήμερον φυλάσσειν καὶ
14 ποιεῖν · ¹⁴οὐ παραβήσῃ ἀπὸ πάντων τῶν λόγων, ὧν ἐγὼ ἐντέλ-
λομαί σοι σήμερον, δεξιὰ οὐδὲ ἀριστερὰ πορεύεσθαι ὀπίσω θεῶν
ἑτέρων λατρεύειν αὐτοῖς.

15   ¹⁵Καὶ ἔσται ἐὰν μὴ εἰσακούσῃς τῆς φωνῆς κυρίου τοῦ θεοῦ σου
φυλάσσειν καὶ ποιεῖν πάσας τὰς ἐντολὰς αὐτοῦ, ὅσας ἐγὼ ἐντέλ-
λομαί σοι σήμερον, καὶ ἐλεύσονται ἐπὶ σὲ πᾶσαι αἱ κατάραι αὗ-
16 ται καὶ καταλήμψονταί σε. ¹⁶ἐπικατάρατος σὺ ἐν πόλει, καὶ ἐπι-
17 κατάρατος σὺ ἐν ἀγρῷ · ¹⁷ἐπικατάρατοι αἱ ἀποθῆκαί σου καὶ τὰ
18 ἐγκαταλείμματά σου · ¹⁸ἐπικατάρατα τὰ ἔκγονα τῆς κοιλίας σου
καὶ τὰ γενήματα τῆς γῆς σου, τὰ βουκόλια τῶν βοῶν σου καὶ τὰ
19 ποίμνια τῶν προβάτων σου · ¹⁹ἐπικατάρατος σὺ ἐν τῷ ἐκπορεύ-
20 εσθαί σε, καὶ ἐπικατάρατος σὺ ἐν τῷ εἰσπορεύεσθαί σε. ²⁰ἐξαπο-
στεῖλαι κύριός σοι τὴν ἔνδειαν καὶ τὴν ἐκλιμίαν καὶ τὴν ἀνάλωσιν
ἐπὶ πάντα, οὗ ἂν ἐπιβάλῃς τὴν χεῖρά σου, ὅσα ἐὰν ποιήσῃς, ἕως
ἂν ἐξολεθρεύσῃ σε καὶ ἕως ἂν ἀπολέσῃ σε ἐν τάχει διὰ τὰ πονη-
21 ρὰ ἐπιτηδεύματά σου, διότι ἐγκατέλιπές με. ²¹προσκολλήσαι κύριος
εἰς σὲ τὸν θάνατον, ἕως ἂν ἐξαναλώσῃ σε ἀπὸ τῆς γῆς, εἰς ἣν
22 σὺ εἰσπορεύῃ ἐκεῖ κληρονομῆσαι αὐτήν. ²²πατάξαι σε κύριος ἀπο-
ρίᾳ καὶ πυρετῷ καὶ ῥίγει καὶ ἐρεθισμῷ καὶ φόνῳ καὶ ἀνεμοφθορίᾳ
23 καὶ τῇ ὤχρᾳ, καὶ καταδιώξονταί σε, ἕως ἂν ἀπολέσωσίν σε. ²³καὶ
ἔσται σοι ὁ οὐρανὸς ὁ ὑπὲρ κεφαλῆς σου χαλκοῦς καὶ ἡ γῆ ἡ
24 ὑποκάτω σου σιδηρᾶ. ²⁴δώῃ κύριος τὸν ὑετὸν τῇ γῇ σου κονιορ-
τόν, καὶ χοῦς ἐκ τοῦ οὐρανοῦ καταβήσεται ἐπὶ σέ, ἕως ἂν ἐκτρίψῃ
25 σε καὶ ἕως ἂν ἀπολέσῃ σε. ²⁵δώῃ σε κύριος ἐπικοπὴν ἐναντίον

12 αυτου / τον αγαθον] tr. A† | ουρανιον A | αυτου 2⁰ > B | δανιεις] pr. εκ A†
| και ult. — fin. (cf. 15 6)] > B* Oᵖ†, in G sub ÷ | συ ult. > Bˢ: cf. 15 6 ||
13 των εντολων] της φωνης B V†: ex 1. 2. 9. 15 etc.; cf. 14 | και ποιειν >
B†: cf. 15 30 10 || 14 λογων] εντολων B†: cf. 13 | ουδε] η A || 15 φυλασ-
σειν και ποιειν] φυλασσεσθαι B† || 19 εκπορ. ... εισπορ.] tr. A || 20 εξαποστ.]
εξ > B† | σοι] επι σε B† | οσα (ε)αν ποι. > B† | αν ult. > A† || 21 συ
> B || 22 απορια] pr. εν B† | και φονω > B† || 23 σοι > A || 24 κυ-
ριος] + ο θεος σου B† | επι σε > B†: cf. 43. 60 | fin.] + εν ταχει B†: ex 20;
cf. 63 || 25 επικοπην] επισκ. B* A

τῶν ἐχθρῶν σου · ἐν ὁδῷ μιᾷ ἐξελεύσῃ πρὸς αὐτοὺς καὶ ἐν ἑπτὰ ὁδοῖς φεύξῃ ἀπὸ προσώπου αὐτῶν · καὶ ἔσῃ ἐν διασπορᾷ ἐν πάσαις ταῖς βασιλείαις τῆς γῆς. ²⁶καὶ ἔσονται οἱ νεκροὶ ὑμῶν κατά- 26 βρωμα τοῖς πετεινοῖς τοῦ οὐρανοῦ καὶ τοῖς θηρίοις τῆς γῆς, καὶ οὐκ ἔσται ὁ ἀποσοβῶν. ²⁷πατάξαι σε κύριος ἐν ἕλκει Αἰγυπτίῳ 27 ἐν ταῖς ἕδραις καὶ ψώρᾳ ἀγρίᾳ καὶ κνήφῃ ὥστε μὴ δύνασθαί σε ἰαθῆναι. ²⁸πατάξαι σε κύριος παραπληξίᾳ καὶ ἀορασίᾳ καὶ ἐκστάσει 28 διανοίας, ²⁹καὶ ἔσῃ ψηλαφῶν μεσημβρίας, ὡσεὶ ψηλαφήσαι ὁ τυ- 29 φλὸς ἐν τῷ σκότει, καὶ οὐκ εὐοδώσει τὰς ὁδούς σου · καὶ ἔσῃ τότε ἀδικούμενος καὶ διαρπαζόμενος πάσας τὰς ἡμέρας, καὶ οὐκ ἔσται σοι ὁ βοηθῶν. ³⁰γυναῖκα λήμψῃ, καὶ ἀνὴρ ἕτερος ἕξει αὐτήν · 30 οἰκίαν οἰκοδομήσεις καὶ οὐκ οἰκήσεις ἐν αὐτῇ · ἀμπελῶνα φυτεύ- σεις καὶ οὐ τρυγήσεις αὐτόν · ³¹ὁ μόσχος σου ἐσφαγμένος ἐναν- 31 τίον σου, καὶ οὐ φάγῃ ἐξ αὐτοῦ · ὁ ὄνος σου ἡρπασμένος ἀπὸ σοῦ καὶ οὐκ ἀποδοθήσεταί σοι · τὰ πρόβατά σου δεδομένα τοῖς ἐχθροῖς σου, καὶ οὐκ ἔσται σοι ὁ βοηθῶν · ³²οἱ υἱοί σου καὶ αἱ 32 θυγατέρες σου δεδομέναι ἔθνει ἑτέρῳ, καὶ οἱ ὀφθαλμοί σου βλέ- ψονται σφακελίζοντες εἰς αὐτά, καὶ οὐκ ἰσχύσει ἡ χείρ σου · ³³τὰ 33 ἐκφόρια τῆς γῆς σου καὶ πάντας τοὺς πόνους σου φάγεται ἔθνος, ὃ οὐκ ἐπίστασαι, καὶ ἔσῃ ἀδικούμενος καὶ τεθραυσμένος πάσας τὰς ἡμέρας · ³⁴καὶ ἔσῃ παράπληκτος διὰ τὰ ὁράματα τῶν ὀφθαλ- 34 μῶν σου, ἃ βλέψῃ. ³⁵πατάξαι σε κύριος ἐν ἕλκει πονηρῷ ἐπὶ τὰ 35 γόνατα καὶ ἐπὶ τὰς κνήμας ὥστε μὴ δύνασθαί σε ἰαθῆναι ἀπὸ ἴχνους τῶν ποδῶν σου ἕως τῆς κορυφῆς σου. ³⁶ἀπαγάγοι κύριός 36 σε καὶ τοὺς ἄρχοντάς σου, οὓς ἐὰν καταστήσῃς ἐπὶ σεαυτόν, εἰς ἔθνος, ὃ οὐκ ἐπίστασαι σὺ καὶ οἱ πατέρες σου, καὶ λατρεύσεις ἐκεῖ θεοῖς ἑτέροις, ξύλοις καὶ λίθοις. ³⁷καὶ ἔσῃ ἐκεῖ ἐν αἰνίγματι 37 καὶ παραβολῇ καὶ διηγήματι ἐν πᾶσιν τοῖς ἔθνεσιν, εἰς οὓς ἂν ἀπαγάγῃ σε κύριος ἐκεῖ. ³⁸σπέρμα πολὺ ἐξοίσεις εἰς τὸ πεδίον 38 καὶ ὀλίγα εἰσοίσεις, ὅτι κατέδεται αὐτὰ ἡ ἀκρίς. ³⁹ἀμπελῶνα φυτεύ- 39 σεις καὶ κατεργᾷ καὶ οἶνον οὐ πίεσαι οὐδὲ εὐφρανθήσῃ ἐξ αὐτοῦ, ὅτι καταφάγεται αὐτὰ ὁ σκώληξ. ⁴⁰ἐλαῖαι ἔσονταί σοι ἐν πᾶσι τοῖς 40 ὁρίοις σου, καὶ ἔλαιον οὐ χρίσῃ, ὅτι ἐκρυήσεται ἡ ἐλαία σου. ⁴¹υἱοὺς καὶ θυγατέρας γεννήσεις, καὶ οὐκ ἔσονταί σοι · ἀπελεύσον- 41 ται γὰρ ἐν αἰχμαλωσίᾳ. ⁴²πάντα τὰ ξύλινά σου καὶ τὰ γενήματα 42 τῆς γῆς σου ἐξαναλώσει ἡ ἐρυσίβη. ⁴³ὁ προσήλυτος, ὅς ἐστιν ἐν 43

25 σου > B⁺ | εν paenult. > B⁺ | ταις > B⁺ || 26 αποσοβων] εκφοβων B⁺ || 27 εν 1⁰ > B⁺ | εν τ. εδραις] εις την εδραν B⁺ || 28 και αορ.] αορασιας B*⁺ (Bᶜ om. ς) || 29 ωσει] + τις B⁺ | ο 1⁰ > B⁺ | σοι] > B⁺, in O sub ÷ || 30 ου] + μη A: item in 31 || 31 ονος] οινος A⁺ | και ult. — 32 ετε- ρω > B*⁺ || 32 δεδομενα A | βλεψονται] εσονται A⁺, οψονται pl. | και ult. > B⁺ | η χειρ / σου] tr. B || 35 σε ιαθηναι] tr. A || 36 εις] επ B⁺ || 37 αν > B⁺ || 41 σοι > B⁺ || 42 της γης / σου] tr. A⁺ || 43 ος εστιν] ο B⁺

σοί, ἀναβήσεται ἐπὶ σὲ ἄνω ἄνω, σὺ δὲ καταβήσῃ κάτω κάτω ·
44 ⁴⁴ οὗτος δανιεῖ σοι, σὺ δὲ τούτῳ οὐ δανιεῖς · οὗτος ἔσται κεφαλή,
45 σὺ δὲ ἔσῃ οὐρά. ⁴⁵ καὶ ἐλεύσονται ἐπὶ σὲ πᾶσαι αἱ κατάραι αὗται
καὶ καταδιώξονταί σε καὶ καταλήμψονταί σε, ἕως ἂν ἐξολεθρεύσῃ
σε καὶ ἕως ἂν ἀπολέσῃ σε, ὅτι οὐκ εἰσήκουσας τῆς φωνῆς κυρίου
τοῦ θεοῦ σου φυλάξαι τὰς ἐντολὰς αὐτοῦ καὶ τὰ δικαιώματα αὐ-
46 τοῦ, ὅσα ἐνετείλατό σοι. ⁴⁶ καὶ ἔσται ἐν σοὶ σημεῖα καὶ τέρατα
47 καὶ ἐν τῷ σπέρματί σου ἕως τοῦ αἰῶνος, ⁴⁷ ἀνθ᾽ ὧν οὐκ ἐλάτρευ-
σας κυρίῳ τῷ θεῷ σου ἐν εὐφροσύνῃ καὶ ἀγαθῇ καρδίᾳ διὰ τὸ
48 πλῆθος πάντων. ⁴⁸ καὶ λατρεύσεις τοῖς ἐχθροῖς σου, οὓς ἐπαποστε-
λεῖ κύριος ἐπὶ σέ, ἐν λιμῷ καὶ ἐν δίψει καὶ ἐν γυμνότητι καὶ ἐν
ἐκλείψει πάντων · καὶ ἐπιθήσει κλοιὸν σιδηροῦν ἐπὶ τὸν τράχηλόν
49 σου, ἕως ἂν ἐξολεθρεύσῃ σε. ⁴⁹ ἐπάξει κύριος ἐπὶ σὲ ἔθνος μακρό-
θεν ἀπ᾽ ἐσχάτου τῆς γῆς ὡσεὶ ὅρμημα ἀετοῦ, ἔθνος, ὃ οὐκ ἀκούσῃ
50 τῆς φωνῆς αὐτοῦ, ⁵⁰ ἔθνος ἀναιδὲς προσώπῳ, ὅστις οὐ θαυμάσει
51 πρόσωπον πρεσβύτου καὶ νέον οὐκ ἐλεήσει, ⁵¹ καὶ κατέδεται τὰ
ἔκγονα τῶν κτηνῶν σου καὶ τὰ γενήματα τῆς γῆς σου ὥστε μὴ
καταλιπεῖν σοι σῖτον, οἶνον, ἔλαιον, τὰ βουκόλια τῶν βοῶν σου
52 καὶ τὰ ποίμνια τῶν προβάτων σου, ἕως ἂν ἀπολέσῃ σε ⁵² καὶ ἐκ-
τρίψῃ σε ἐν πάσαις ταῖς πόλεσίν σου, ἕως ἂν καθαιρεθῶσιν τὰ
τείχη σου τὰ ὑψηλὰ καὶ τὰ ὀχυρά, ἐφ᾽ οἷς σὺ πέποιθας ἐπ᾽ αὐτοῖς,
ἐν πάσῃ τῇ γῇ σου, καὶ θλίψει σε ἐν πάσαις ταῖς πόλεσίν σου,
53 αἷς ἔδωκέν σοι κύριος ὁ θεός σου. ⁵³ καὶ φάγῃ τὰ ἔκγονα τῆς κοι-
λίας σου, κρέα υἱῶν σου καὶ θυγατέρων σου, ὅσα ἔδωκέν σοι κύ-
ριος ὁ θεός σου, ἐν τῇ στενοχωρίᾳ σου καὶ ἐν τῇ θλίψει σου, ᾗ
54 θλίψει σε ὁ ἐχθρός σου. ⁵⁴ ὁ ἁπαλὸς ἐν σοὶ καὶ ὁ τρυφερὸς σφό-
δρα βασκανεῖ τῷ ὀφθαλμῷ τὸν ἀδελφὸν καὶ τὴν γυναῖκα τὴν ἐν
τῷ κόλπῳ αὐτοῦ καὶ τὰ καταλελειμμένα τέκνα, ἃ ἂν καταλειφθῇ,
55 ⁵⁵ ὥστε δοῦναι ἑνὶ αὐτῶν ἀπὸ τῶν σαρκῶν τῶν τέκνων αὐτοῦ,
ὧν ἂν κατέσθῃ, διὰ τὸ μὴ καταλειφθῆναι αὐτῷ μηθὲν ἐν τῇ στε-
νοχωρίᾳ σου καὶ ἐν τῇ θλίψει σου, ᾗ ἂν θλίψωσίν σε οἱ ἐχθροί
56 σου ἐν πάσαις ταῖς πόλεσίν σου. ⁵⁶ καὶ ἡ ἁπαλὴ ἐν ὑμῖν καὶ ἡ

43 επι σε > B: cf. 24 || 44 κεφαλη] εις -ληην A | ουρα] εις -ραν A ||
45 εισηκουσας] εισ > A† | φυλαξαι] του φυλασσεσθαι A (+ σε A†) | τας] pr.
πασας A† | αυτου ult. > B† || 46 και 3⁰ > B† | του > A F† || 47 και]
+ εν Aᶜ | καρδια] διανοια B† || 48 ους] οις A | επαποστελει — σε 1⁰] -στελ-
λει κυριος A† | και εν 1⁰ ⌒ 3⁰ B† | εν 2⁰ > A || 49 ο] ου A || 50 πρε-
σβυτερου A || 51 ελαιον] pr. και A | τα 3⁰ > A || 52 πασαις bis > B† |
σου 2⁰ > B† | κυριος ο θεος σου > B†: item in 53; cf. 24 || 54 εν 1⁰] pr.
ο B† | βασκαινει B*† hic, non in 56 | οφθαλμω et αδελφον] + αυτου A |
γυναικα] + αυτου A† | τω 2⁰ > B | αυτου > B† | fin.] + αυτω A || 55 κα-
ταλελειφθαι A | μηθεν] ουδεν B† | σου 1⁰ > A | θλιψωσιν .. οι εχθροι] θλιψει
(sic) .. ο εχθρος A†

τρυφερὰ σφόδρα, ἧς οὐχὶ πεῖραν ἔλαβεν ὁ πούς αὐτῆς βαίνειν
ἐπὶ τῆς γῆς διὰ τὴν τρυφερότητα καὶ διὰ τὴν ἁπαλότητα, βασκα-
νεῖ τῷ ὀφθαλμῷ αὐτῆς τὸν ἄνδρα αὐτῆς τὸν ἐν τῷ κόλπῳ αὐτῆς
καὶ τὸν υἱὸν καὶ τὴν θυγατέρα αὐτῆς ⁵⁷καὶ τὸ χόριον αὐτῆς τὸ 57
ἐξελθὸν διὰ τῶν μηρῶν αὐτῆς καὶ τὸ τέκνον, ὃ ἂν τέκῃ · κατα-
φάγεται γὰρ αὐτὰ διὰ τὴν ἔνδειαν πάντων κρυφῇ ἐν τῇ στενοχω-
ρίᾳ σου καὶ ἐν τῇ θλίψει σου, ᾗ θλίψει σε ὁ ἐχθρός σου ἐν πά-
σαις ταῖς πόλεσίν σου. ⁵⁸ἐὰν μὴ εἰσακούσητε ποιεῖν πάντα τὰ ῥή- 58
ματα τοῦ νόμου τούτου τὰ γεγραμμένα ἐν τῷ βιβλίῳ τούτῳ φο-
βεῖσθαι τὸ ὄνομα τὸ ἔντιμον καὶ τὸ θαυμαστὸν τοῦτο, κύριον τὸν
θεόν σου, ⁵⁹καὶ παραδοξάσει κύριος τὰς πληγάς σου καὶ τὰς πλη- 59
γὰς τοῦ σπέρματός σου, πληγὰς μεγάλας καὶ θαυμαστάς, καὶ νό-
σους πονηρὰς καὶ πιστὰς ⁶⁰καὶ ἐπιστρέψει ἐπὶ σὲ πᾶσαν τὴν ὀδύ- 60
νην Αἰγύπτου τὴν πονηράν, ἣν διευλαβοῦ ἀπὸ προσώπου αὐτῶν,
καὶ κολληθήσονται ἐν σοί. ⁶¹καὶ πᾶσαν μαλακίαν καὶ πᾶσαν πλη- 61
γὴν τὴν μὴ γεγραμμένην ἐν τῷ βιβλίῳ τοῦ νόμου τούτου ἐπάξει
κύριος ἐπὶ σέ, ἕως ἂν ἐξολεθρεύσῃ σε. ⁶²καὶ καταλειφθήσεσθε ἐν 62
ἀριθμῷ βραχεῖ ἀνθ᾽ ὧν ὅτι ἦτε ὡσεὶ τὰ ἄστρα τοῦ οὐρανοῦ τῷ
πλήθει, ὅτι οὐκ εἰσηκούσατε τῆς φωνῆς κυρίου τοῦ θεοῦ ὑμῶν.
⁶³καὶ ἔσται ὃν τρόπον εὐφράνθη κύριος ἐφ᾽ ὑμῖν εὖ ποιῆσαι ὑμᾶς 63
καὶ πληθῦναι ὑμᾶς, οὕτως εὐφρανθήσεται κύριος ἐφ᾽ ὑμῖν ἐξολεθρεῦ-
σαι ὑμᾶς, καὶ ἐξαρθήσεσθε ἀπὸ τῆς γῆς, εἰς ἣν ὑμεῖς εἰσπορεύεσθε
ἐκεῖ κληρονομῆσαι αὐτήν. ⁶⁴καὶ διασπερεῖ σε κύριος ὁ θεός σου 64
εἰς πάντα τὰ ἔθνη ἀπ᾽ ἄκρου τῆς γῆς ἕως ἄκρου τῆς γῆς, καὶ
δουλεύσεις ἐκεῖ θεοῖς ἑτέροις, ξύλοις καὶ λίθοις, οὓς οὐκ ἠπί-
στω σὺ καὶ οἱ πατέρες σου. ⁶⁵ἀλλὰ καὶ ἐν τοῖς ἔθνεσιν ἐκείνοις 65
οὐκ ἀναπαύσει σε, οὐδ᾽ οὐ μὴ γένηται στάσις τῷ ἴχνει τοῦ ποδός
σου, καὶ δώσει σοι κύριος ἐκεῖ καρδίαν ἀθυμοῦσαν καὶ ἐκλεί-
ποντας ὀφθαλμοὺς καὶ τηκομένην ψυχήν. ⁶⁶καὶ ἔσται ἡ ζωή σου 66
κρεμαμένη ἀπέναντι τῶν ὀφθαλμῶν σου, καὶ φοβηθήσῃ ἡμέρας
καὶ νυκτὸς καὶ οὐ πιστεύσεις τῇ ζωῇ σου · ⁶⁷τὸ πρωὶ ἐρεῖς Πῶς 67
ἂν γένοιτο ἑσπέρα; καὶ τὸ ἑσπέρας ἐρεῖς Πῶς ἂν γένοιτο πρωί;
ἀπὸ τοῦ φόβου τῆς καρδίας σου, ἃ φοβηθήσῃ, καὶ ἀπὸ τῶν ὁρα-
μάτων τῶν ὀφθαλμῶν σου, ὧν ὄψῃ. ⁶⁸καὶ ἀποστρέψει σε κύριος 68

---

56 σφοδρα > ΒΟ | και δια τ. απαλ. > Β† | τω ult. > Β† | αυτης ult.] -του
Β*† || 57 τεκνον] + αυτης Α | σου 1⁰ 2⁰ > Α | η] + αν Α | πασαις > Β:
cf. 52 || 58 εισακουσης Β† | και > Β† || 59 και νοσους — fin. > Β*† ||
6ο επι σε > Β†: cf. 24 || 61 πασαν 2⁰ > Α† | γεγραμμ.] + και πασαν την
γεγραμμενην Α: eadem add. Β⁻† post τουτου || 62 εισηκουσατε ... υμων]
-σας ... σου Β† || 63 υμας 1⁰ ⌢ 2⁰ Β† | εξαρθ.] + εν ταχει Β†: cf. 24 | υμεις
εισπορ.] εισπορευη Β†: cf. 21 | κληρονομειν Β†: cf. 23 21 || 64 ους] οις Α
|| 65 ουδ ου] ουδε Α | αθυμουσαν] ετεραν απειθουσαν Β† | εκλειποντα Α†

εἰς Αἴγυπτον ἐν πλοίοις καὶ ἐν τῇ ὁδῷ, ᾗ εἶπα Οὐ προσθήσεσθε
ἔτι ἰδεῖν αὐτήν · καὶ πραθήσεσθε ἐκεῖ τοῖς ἐχθροῖς ὑμῶν εἰς παῖ-
δας καὶ παιδίσκας, καὶ οὐκ ἔσται ὁ κτώμενος.

69   ⁶⁹Οὗτοι οἱ λόγοι τῆς διαθήκης, οὓς ἐνετείλατο κύριος Μωυσῇ
στῆσαι τοῖς υἱοῖς Ισραηλ ἐν γῇ Μωαβ, πλὴν τῆς διαθήκης, ἧς διέ-
θετο αὐτοῖς ἐν Χωρηβ.

29   ¹Καὶ ἐκάλεσεν Μωυσῆς πάντας τοὺς υἱοὺς Ισραηλ καὶ εἶπεν
πρὸς αὐτούς Ὑμεῖς ἑωράκατε πάντα, ὅσα ἐποίησεν κύριος ἐν γῇ
Αἰγύπτῳ ἐνώπιον ὑμῶν Φαραω καὶ τοῖς θεράπουσιν αὐτοῦ καὶ
2 πάσῃ τῇ γῇ αὐτοῦ, ²τοὺς πειρασμοὺς τοὺς μεγάλους, οὓς ἑωρά-
κασιν οἱ ὀφθαλμοί σου, τὰ σημεῖα καὶ τὰ τέρατα τὰ μεγάλα ἐκεῖ-
3 να · ³καὶ οὐκ ἔδωκεν κύριος ὁ θεὸς ὑμῖν καρδίαν εἰδέναι καὶ ὀ-
4 φθαλμοὺς βλέπειν καὶ ὦτα ἀκούειν ἕως τῆς ἡμέρας ταύτης. ⁴καὶ
ἤγαγεν ὑμᾶς τεσσαράκοντα ἔτη ἐν τῇ ἐρήμῳ · οὐκ ἐπαλαιώθη τὰ
ἱμάτια ὑμῶν, καὶ τὰ ὑποδήματα ὑμῶν οὐ κατετρίβη ἀπὸ τῶν πο-
5 δῶν ὑμῶν · ⁵ἄρτον οὐκ ἐφάγετε, οἶνον καὶ σικερα οὐκ ἐπίετε, ἵνα
6 γνῶτε ὅτι οὗτος κύριος ὁ θεὸς ὑμῶν. ⁶καὶ ἤλθετε ἕως τοῦ τόπου
τούτου, καὶ ἐξῆλθεν Σηων βασιλεὺς Εσεβων καὶ Ωγ βασιλεὺς τῆς
Βασαν εἰς συνάντησιν ἡμῖν ἐν πολέμῳ, καὶ ἐπατάξαμεν αὐτοὺς
7 ⁷καὶ ἐλάβομεν τὴν γῆν αὐτῶν, καὶ ἔδωκα αὐτὴν ἐν κλήρῳ τῷ
8 Ρουβην καὶ τῷ Γαδδι καὶ τῷ ἡμίσει φυλῆς Μανασση. ⁸καὶ φυ-
λάξεσθε ποιεῖν πάντας τοὺς λόγους τῆς διαθήκης ταύτης, ἵνα συν-
ῆτε πάντα, ὅσα ποιήσετε.

9   ⁹Ὑμεῖς ἑστήκατε πάντες σήμερον ἐναντίον κυρίου τοῦ θεοῦ
ὑμῶν, οἱ ἀρχίφυλοι ὑμῶν καὶ ἡ γερουσία ὑμῶν καὶ οἱ κριταὶ ὑμῶν
10 καὶ οἱ γραμματοεισαγωγεῖς ὑμῶν, πᾶς ἀνὴρ Ισραηλ, ¹⁰αἱ γυναῖκες
ὑμῶν καὶ τὰ ἔκγονα ὑμῶν καὶ ὁ προσήλυτος ὁ ἐν μέσῳ τῆς παρ-
εμβολῆς ὑμῶν ἀπὸ ξυλοκόπου ὑμῶν καὶ ἕως ὑδροφόρου ὑμῶν,
11 ¹¹παρελθεῖν ἐν τῇ διαθήκῃ κυρίου τοῦ θεοῦ σου καὶ ἐν ταῖς ἀραῖς
12 αὐτοῦ, ὅσα κύριος ὁ θεός σου διατίθεται πρὸς σὲ σήμερον, ¹²ἵνα
στήσῃ σε αὐτῷ εἰς λαόν, καὶ αὐτὸς ἔσται σου θεός, ὃν τρόπον
εἰπέν σοι, καὶ ὃν τρόπον ὤμοσεν τοῖς πατράσιν σου Αβρααμ καὶ
13 Ισαακ καὶ Ιακωβ. ¹³καὶ οὐχ ὑμῖν μόνοις ἐγὼ διατίθεμαι τὴν δια-

68 και 2⁰ > B† | η > B† | προσθησει B† ‖ 69 ους] ης A | μωυση] pr.
τω A (in O sub ⁂)
29 1 τους > A | τοις] pr. πασι A ‖ 2 εωρακασιν] ειδον A | fin.] + την
χειρα την κραταιαν και τον βραχιονα τον υψηλον A Bˢ: cf. 3 24 7 19 11 2 ‖
3 βλεπειν] pr. του A† | ωτα] pr. τα A† ‖ 4 τεσσ. ετη / εν τη ερ.] tr. B† |
επαλαιωθησαν A ‖ 5 ουτος > B | fin.] + εγω B† ‖ 6 της > B | ημιν]
υμ. B | πολεμω] pr. τω A ‖ 8 ταυτης] + ποιειν αυτους A ‖ 9 παντες
σημερον] tr. A | εναντι A ‖ 10 init.] pr. και A | εκγονα] τεκνα A | και ult.
> A ‖ 11 εν τη διαθηκη] την -κην A | σου 1⁰] υμων B† ‖ 12 αυτω] εαυ.
A | εις > A

θήκην ταύτην καὶ τὴν ἀρὰν ταύτην, ¹⁴ἀλλὰ καὶ τοῖς ὧδε οὖσι μεθ᾽ 14
ἡμῶν σήμερον ἐναντίον κυρίου τοῦ θεοῦ ὑμῶν καὶ τοῖς μὴ οὖσιν
μεθ᾽ ἡμῶν ὧδε σήμερον. ¹⁵ὅτι ὑμεῖς οἴδατε ὡς κατῳκήσαμεν ἐν γῇ 15
Αἰγύπτῳ καὶ παρήλθομεν ἐν μέσῳ τῶν ἐθνῶν, οὓς παρήλθετε, ¹⁶καὶ 16
εἴδετε τὰ βδελύγματα αὐτῶν καὶ τὰ εἴδωλα αὐτῶν, ξύλον καὶ λίθον,
ἀργύριον καὶ χρυσίον, ἅ ἐστιν παρ᾽ αὐτοῖς. ¹⁷μή τίς ἐστιν ἐν ὑμῖν 17
ἀνὴρ ἢ γυνὴ ἢ πατριὰ ἢ φυλή, τίνος ἡ διάνοια ἐξέκλινεν ἀπὸ κυ-
ρίου τοῦ θεοῦ ὑμῶν πορεύεσθαι λατρεύειν τοῖς θεοῖς τῶν ἐθνῶν
ἐκείνων; μή τίς ἐστιν ἐν ὑμῖν ῥίζα ἄνω φύουσα ἐν χολῇ καὶ πι-
κρίᾳ; ¹⁸καὶ ἔσται ἐὰν ἀκούσῃ τὰ ῥήματα τῆς ἀρᾶς ταύτης καὶ ἐπι- 18
φημίσηται ἐν τῇ καρδίᾳ αὐτοῦ λέγων Ὅσιά μοι γένοιτο ὅτι ἐν τῇ
ἀποπλανήσει τῆς καρδίας μου πορεύσομαι, ἵνα μὴ συναπολέσῃ ὁ
ἁμαρτωλὸς τὸν ἀναμάρτητον, ¹⁹οὐ μὴ θελήσῃ ὁ θεὸς εὐιλατεῦσαι 19
αὐτῷ, ἀλλ᾽ ἢ τότε ἐκκαυθήσεται ὀργὴ κυρίου καὶ ὁ ζῆλος αὐτοῦ
ἐν τῷ ἀνθρώπῳ ἐκείνῳ, καὶ κολληθήσονται ἐν αὐτῷ πᾶσαι αἱ ἀραὶ
τῆς διαθήκης ταύτης αἱ γεγραμμέναι ἐν τῷ βιβλίῳ τοῦ νόμου τού-
του, καὶ ἐξαλείψει κύριος τὸ ὄνομα αὐτοῦ ἐκ τῆς ὑπὸ τὸν οὐρα-
νόν · ²⁰καὶ διαστελεῖ αὐτὸν κύριος εἰς κακὰ ἐκ πάντων τῶν υἱῶν 20
Ισραηλ κατὰ πάσας τὰς ἀρὰς τῆς διαθήκης τὰς γεγραμμένας ἐν τῷ
βιβλίῳ τοῦ νόμου τούτου. ²¹καὶ ἐροῦσιν ἡ γενεὰ ἡ ἑτέρα, οἱ υἱοὶ 21
ὑμῶν, οἳ ἀναστήσονται μεθ᾽ ὑμᾶς, καὶ ὁ ἀλλότριος, ὃς ἂν ἔλθῃ ἐκ
γῆς μακρόθεν, καὶ ὄψονται τὰς πληγὰς τῆς γῆς ἐκείνης καὶ τὰς
νόσους αὐτῆς, ἃς ἀπέστειλεν κύριος ἐπ᾽ αὐτήν — ²²θεῖον καὶ ἅλα 22
κατακεκαυμένον, πᾶσα ἡ γῆ αὐτῆς οὐ σπαρήσεται οὐδὲ ἀνατελεῖ,
οὐδὲ μὴ ἀναβῇ ἐπ᾽ αὐτὴν πᾶν χλωρόν, ὥσπερ κατεστράφη Σοδομα
καὶ Γομορρα, Αδαμα καὶ Σεβωιμ, ἃς κατέστρεψεν κύριος ἐν θυμῷ
καὶ ὀργῇ —, ²³καὶ ἐροῦσιν πάντα τὰ ἔθνη Διὰ τί ἐποίησεν κύριος 23
οὕτως τῇ γῇ ταύτῃ; τίς ὁ θυμὸς τῆς ὀργῆς ὁ μέγας οὗτος; ²⁴καὶ 24
ἐροῦσιν Ὅτι κατελίποσαν τὴν διαθήκην κυρίου τοῦ θεοῦ τῶν πα-
τέρων αὐτῶν, ἃ διέθετο τοῖς πατράσιν αὐτῶν, ὅτε ἐξήγαγεν αὐτοὺς
ἐκ γῆς Αἰγύπτου, ²⁵καὶ πορευθέντες ἐλάτρευσαν θεοῖς ἑτέροις καὶ 25
προσεκύνησαν αὐτοῖς, οἷς οὐκ ἠπίσταντο οὐδὲ διένειμεν αὐτοῖς ·
²⁶καὶ ὠργίσθη θυμῷ κύριος ἐπὶ τὴν γῆν ἐκείνην ἐπαγαγεῖν ἐπ᾽ 26
αὐτὴν κατὰ πάσας τὰς κατάρας τὰς γεγραμμένας ἐν τῷ βιβλίῳ

---

14 μεθ ημων / σημερον] tr. A⁽⁺⁾ | εναντιον B⁺] -τι A | μεθ ημων / ωδε σημ.]
tr. B⁽⁺⁾(υμων pro ημ.), + εναντι κυριου του θεου υμων Ac⁺ || 15 ως] πως
B⁺ | και] ως B⁺ | ους] ως B | παρηλθετε] -θομεν A⁺ || 16 ειδετε Ra.] ειδατε
G⁺, ιδετε rel. || 17 πορευεσθαι] -ευθεντες B O⁺ | ριζα] + πικριας A F⁺ | εν
χολη] ενοχλη B*A || 19 ευιλατευσαι] -ευειν A | του νομου] > B⁺, in O sub
÷ | τουτου (cf. 20. 26)] τουτω B O⁺ || 20 των > B⁺ | της γεγραμμενης A
|| 22 αυτην] -της A | σεβωειν A | fin.] + αυτου A ˙ || 23 κυριος ουτως] tr.
A⁺ || 25 και προσεκυν. αυτοις > B⁺ | οις] ους B || 26 θυμω κυριος] tr.
A | καταρας] αρας της διαθηκης A

27 τοῦ νόμου τούτου, ²⁷καὶ ἐξῆρεν αὐτοὺς κύριος ἀπὸ τῆς γῆς αὐ-
τῶν ἐν θυμῷ καὶ ὀργῇ καὶ παροξυσμῷ μεγάλῳ σφόδρα καὶ ἐξ-
28 έβαλεν αὐτοὺς εἰς γῆν ἑτέραν ὡσεὶ νῦν. ²⁸τὰ κρυπτὰ κυρίῳ τῷ
θεῷ ἡμῶν, τὰ δὲ φανερὰ ἡμῖν καὶ τοῖς τέκνοις ἡμῶν εἰς τὸν αἰ-
ῶνα ποιεῖν πάντα τὰ ῥήματα τοῦ νόμου τούτου.

30 ¹Καὶ ἔσται ὡς ἂν ἔλθωσιν ἐπὶ σὲ πάντα τὰ ῥήματα ταῦτα, ἡ
εὐλογία καὶ ἡ κατάρα, ἣν ἔδωκα πρὸ προσώπου σου, καὶ δέξῃ εἰς
τὴν καρδίαν σου ἐν πᾶσιν τοῖς ἔθνεσιν, οὗ ἐάν σε διασκορπίσῃ
2 κύριος ἐκεῖ, ²καὶ ἐπιστραφήσῃ ἐπὶ κύριον τὸν θεόν σου καὶ ὑπ-
ακούσῃ τῆς φωνῆς αὐτοῦ κατὰ πάντα, ὅσα ἐγὼ ἐντέλλομαί σοι
σήμερον, ἐξ ὅλης τῆς καρδίας σου καὶ ἐξ ὅλης τῆς ψυχῆς σου,
3 ³καὶ ἰάσεται κύριος τὰς ἁμαρτίας σου καὶ ἐλεήσει σε καὶ πάλιν
συνάξει σε ἐκ πάντων τῶν ἐθνῶν, εἰς οὓς διεσκόρπισέν σε κύριος
4 ἐκεῖ. ⁴ἐὰν ᾖ ἡ διασπορά σου ἀπ' ἄκρου τοῦ οὐρανοῦ ἕως ἄκρου
τοῦ οὐρανοῦ, ἐκεῖθεν συνάξει σε κύριος ὁ θεός σου, καὶ ἐκεῖθεν
5 λήμψεταί σε κύριος ὁ θεός σου · ⁵καὶ εἰσάξει σε κύριος ὁ θεός
σου εἰς τὴν γῆν, ἣν ἐκληρονόμησαν οἱ πατέρες σου, καὶ κληρο-
νομήσεις αὐτήν · καὶ εὖ σε ποιήσει καὶ πλεοναστόν σε ποιήσει
6 ὑπὲρ τοὺς πατέρας σου. ⁶καὶ περικαθαριεῖ κύριος τὴν καρδίαν σου
καὶ τὴν καρδίαν τοῦ σπέρματός σου ἀγαπᾶν κύριον τὸν θεόν σου
ἐξ ὅλης τῆς καρδίας σου καὶ ἐξ ὅλης τῆς ψυχῆς σου, ἵνα ζῇς σύ.
7 ⁷καὶ δώσει κύριος ὁ θεός σου τὰς ἀρὰς ταύτας ἐπὶ τοὺς ἐχθρούς
8 σου καὶ ἐπὶ τοὺς μισοῦντάς σε, οἳ ἐδίωξάν σε. ⁸καὶ σὺ ἐπιστραφήσῃ
καὶ εἰσακούσῃ τῆς φωνῆς κυρίου τοῦ θεοῦ σου καὶ ποιήσεις τὰς
9 ἐντολὰς αὐτοῦ, ὅσας ἐγὼ ἐντέλλομαί σοι σήμερον, ⁹καὶ πολυωρή-
σει σε κύριος ὁ θεός σου ἐν παντὶ ἔργῳ τῶν χειρῶν σου, ἐν τοῖς
ἐκγόνοις τῆς κοιλίας σου καὶ ἐν τοῖς γενήμασιν τῆς γῆς σου καὶ
ἐν τοῖς ἐκγόνοις τῶν κτηνῶν σου · ὅτι ἐπιστρέψει κύριος ὁ θεός
σου εὐφρανθῆναι ἐπὶ σὲ εἰς ἀγαθά, καθότι ηὐφράνθη ἐπὶ τοῖς πα-
10 τράσιν σου, ¹⁰ἐὰν εἰσακούσῃς τῆς φωνῆς κυρίου τοῦ θεοῦ σου φυλάσ-
σεσθαι καὶ ποιεῖν πάσας τὰς ἐντολὰς αὐτοῦ καὶ τὰ δικαιώματα
αὐτοῦ καὶ τὰς κρίσεις αὐτοῦ τὰς γεγραμμένας ἐν τῷ βιβλίῳ τοῦ
νόμου τούτου, ἐὰν ἐπιστραφῇς ἐπὶ κύριον τὸν θεόν σου ἐξ ὅλης
τῆς καρδίας σου καὶ ἐξ ὅλης τῆς ψυχῆς σου.

27 απο τ. γης αυτων] > A† ‖ 28 ημων bis et ημιν] υμ. B
30 1 και 2⁰ > B*† ‖ εδωκα] δεδ. A ‖ σε διασκορπ.] tr. A ‖ κυριος] + ο θεος
σου A ‖ 2 υπακουση] εισακ. B† ‖ 3 ιασηται B ‖ κυριος ult.] + ο θεος
σου A ‖ 4 κυριος ο θεος σου ult. > A ‖ 5 κυριος > B† ‖ σου 1⁰] + εκει-
θεν B† ‖ 6 fin.] + και το σπερμα σου Aʳ ‖ 8 επιστρ.] + επι κυριον B†
‖ 9 πολυωρησει] ευλογησει B† ‖ και εν τοις γεν. της γης σου / και εν τοις
εκγ. των κτ. σου] tr. A: cf. 28 11 ‖ σε ult.] σοι B† ‖ 10 εισακουση A ‖ και
ποιειν πασας] > B†, in O sub ÷: cf. 28 13. 15

¹¹Ὅτι ἡ ἐντολὴ αὕτη, ἣν ἐγὼ ἐντέλλομαί σοι σήμερον, οὐχ 11
ὑπέρογκός ἐστιν οὐδὲ μακρὰν ἀπὸ σοῦ. ¹²οὐκ ἐν τῷ οὐρανῷ ἄνω 12
ἐστὶν λέγων Τίς ἀναβήσεται ἡμῖν εἰς τὸν οὐρανὸν καὶ λήμψεται
αὐτὴν ἡμῖν; καὶ ἀκούσαντες αὐτὴν ποιήσομεν. ¹³οὐδὲ πέραν τῆς 13
θαλάσσης ἐστὶν λέγων Τίς διαπεράσει ἡμῖν εἰς τὸ πέραν τῆς θα-
λάσσης καὶ λήμψεται ἡμῖν αὐτήν; καὶ ἀκουστὴν ἡμῖν ποιήσει αὐ-
τήν, καὶ ποιήσομεν. ¹⁴ἔστιν σου ἐγγὺς τὸ ῥῆμα σφόδρα ἐν τῷ 14
στόματί σου καὶ ἐν τῇ καρδίᾳ σου καὶ ἐν ταῖς χερσίν σου αὐτὸ
ποιεῖν.

¹⁵Ἰδοὺ δέδωκα πρὸ προσώπου σου σήμερον τὴν ζωὴν καὶ τὸν 15
θάνατον, τὸ ἀγαθὸν καὶ τὸ κακόν. ¹⁶ἐὰν εἰσακούσῃς τὰς ἐντολὰς 16
κυρίου τοῦ θεοῦ σου, ἃς ἐγὼ ἐντέλλομαί σοι σήμερον, ἀγαπᾶν
κύριον τὸν θεόν σου, πορεύεσθαι ἐν πάσαις ταῖς ὁδοῖς αὐτοῦ,
φυλάσσεσθαι τὰ δικαιώματα αὐτοῦ καὶ τὰς κρίσεις αὐτοῦ, καὶ ζή-
σεσθε καὶ πολλοὶ ἔσεσθε, καὶ εὐλογήσει σε κύριος ὁ θεός σου ἐν
πάσῃ τῇ γῇ, εἰς ἣν εἰσπορεύῃ ἐκεῖ κληρονομῆσαι αὐτήν. ¹⁷καὶ ἐὰν 17
μεταστῇ ἡ καρδία σου καὶ μὴ εἰσακούσῃς καὶ πλανηθεὶς προσ-
κυνήσῃς θεοῖς ἑτέροις καὶ λατρεύσῃς αὐτοῖς, ¹⁸ἀναγγέλλω σοι σή- 18
μερον ὅτι ἀπωλείᾳ ἀπολεῖσθε καὶ οὐ μὴ πολυήμεροι γένησθε ἐπὶ
τῆς γῆς, ἧς κύριος ὁ θεός σου δίδωσίν σοι, εἰς ἣν ὑμεῖς διαβαί-
νετε τὸν Ἰορδάνην ἐκεῖ κληρονομῆσαι αὐτήν. ¹⁹διαμαρτύρομαι ὑμῖν 19
σήμερον τόν τε οὐρανὸν καὶ τὴν γῆν Τὴν ζωὴν καὶ τὸν θάνατον
δέδωκα πρὸ προσώπου ὑμῶν, τὴν εὐλογίαν καὶ τὴν κατάραν · ἔκ-
λεξαι τὴν ζωήν, ἵνα ζῇς σὺ καὶ τὸ σπέρμα σου, ²⁰ἀγαπᾶν κύριον 20
τὸν θεόν σου, εἰσακούειν τῆς φωνῆς αὐτοῦ καὶ ἔχεσθαι αὐτοῦ ·
ὅτι τοῦτο ἡ ζωή σου καὶ ἡ μακρότης τῶν ἡμερῶν σου κατοικεῖν
σε ἐπὶ τῆς γῆς, ἧς ὤμοσεν κύριος τοῖς πατράσιν σου Αβρααμ καὶ
Ισαακ καὶ Ιακωβ δοῦναι αὐτοῖς.

¹Καὶ συνετέλεσεν Μωυσῆς λαλῶν πάντας τοὺς λόγους τούτους 31
πρὸς πάντας υἱοὺς Ισραηλ · ²καὶ εἶπεν πρὸς αὐτούς Ἑκατὸν καὶ 2
εἴκοσι ἐτῶν ἐγώ εἰμι σήμερον, οὐ δυνήσομαι ἔτι εἰσπορεύεσθαι
καὶ ἐκπορεύεσθαι, κύριος δὲ εἶπεν πρός με Οὐ διαβήσῃ τὸν Ιορ-
δάνην τοῦτον. ³κύριος ὁ θεός σου ὁ προπορευόμενος πρὸ προσ- 3

11 fin.] + εστιν A ‖ 12 ανω > A*(uid.) | ημιν 1⁰] ημων A | αυτην ημιν]
tr. A | αυτην ult.] -το B† ‖ 13 > B*† | λημψεται] λαβη Bˢ | ακουστην —
και ult.] ακουσαντες αυτην A ‖ 14 εστιν σου εγγυς] εγγ. σου εστιν A (εστιν
in O sub ÷) | αυτο ποιειν] tr. A ‖ 16 εαν] + δε A | εισακουσης B⁽†⁾] -σητε
A | σου 1⁰] υμων A | ας] οσας A | φυλασσεσθαι] και -σσειν A | τα δικ. αυτου]
pr. τας εντολας αυτου και A (in O sub ※) | κληρονομειν B†: cf. 23 21 ‖
18 ης — διδωσιν σοι] > B, in O sub ÷ | κληρονομειν B†: cf. 16 fin. ‖ 19 εκ-
λεξαι] pr. και A | ζωην ult.] ευλογιαν A, + συ B† ‖ 20 σου 2⁰] αυτου B†
| κατοικειν] pr. το B†
31 2 και ult.] η A†

ὥπου σου αὐτὸς ἐξολεθρεύσει τὰ ἔθνη ταῦτα ἀπὸ προσώπου σου,
καὶ κατακληρονομήσεις αὐτούς· καὶ Ἰησοῦς ὁ προπορευόμενος
4 πρὸ προσώπου σου, καθὰ ἐλάλησεν κύριος. ⁴καὶ ποιήσει κύριος
αὐτοῖς καθὰ ἐποίησεν Σηων καὶ Ωγ, τοῖς δυσὶ βασιλεῦσιν τῶν
Ἀμορραίων, οἳ ἦσαν πέραν τοῦ Ἰορδάνου, καὶ τῇ γῇ αὐτῶν, καθ-
5 ότι ἐξωλέθρευσεν αὐτούς. ⁵καὶ παρέδωκεν αὐτοὺς κύριος ὑμῖν,
6 καὶ ποιήσετε αὐτοῖς καθότι ἐνετειλάμην ὑμῖν. ⁶ἀνδρίζου καὶ ἴσχυε,
μὴ φοβοῦ μηδὲ δειλία μηδὲ πτοηθῇς ἀπὸ προσώπου αὐτῶν, ὅτι
κύριος ὁ θεός σου ὁ προπορευόμενος μεθ᾽ ὑμῶν ἐν ὑμῖν οὐ μή
σε ἀνῇ οὔτε μή σε ἐγκαταλίπῃ.
7 ⁷Καὶ ἐκάλεσεν Μωυσῆς Ἰησοῦν καὶ εἶπεν αὐτῷ ἔναντι παντὸς
Ισραηλ Ἀνδρίζου καὶ ἴσχυε· σὺ γὰρ εἰσελεύσῃ πρὸ προσώπου
τοῦ λαοῦ τούτου εἰς τὴν γῆν, ἣν ὤμοσεν κύριος τοῖς πατράσιν
ἡμῶν δοῦναι αὐτοῖς, καὶ σὺ κατακληρονομήσεις αὐτὴν αὐτοῖς·
8 ⁸καὶ κύριος ὁ συμπορευόμενος μετὰ σοῦ οὐκ ἀνήσει σε οὐδὲ μή
ἐγκαταλίπῃ σε· μὴ φοβοῦ μηδὲ δειλία.
9 ⁹Καὶ ἔγραψεν Μωυσῆς τὰ ῥήματα τοῦ νόμου τούτου εἰς βιβλίον
καὶ ἔδωκεν τοῖς ἱερεῦσιν τοῖς υἱοῖς Λευι τοῖς αἴρουσιν τὴν κιβω-
τὸν τῆς διαθήκης κυρίου καὶ τοῖς πρεσβυτέροις τῶν υἱῶν Ισραηλ.
10 ¹⁰καὶ ἐνετείλατο αὐτοῖς Μωυσῆς ἐν τῇ ἡμέρᾳ ἐκείνῃ λέγων Μετὰ
11 ἑπτὰ ἔτη ἐν καιρῷ ἐνιαυτοῦ ἀφέσεως ἐν ἑορτῇ σκηνοπηγίας ¹¹ἐν
τῷ συμπορεύεσθαι πάντα Ισραηλ ὀφθῆναι ἐνώπιον κυρίου τοῦ
θεοῦ σου ἐν τῷ τόπῳ, ᾧ ἂν ἐκλέξηται κύριος, ἀναγνώσεσθε τὸν
12 νόμον τοῦτον ἐναντίον παντὸς Ισραηλ εἰς τὰ ὦτα αὐτῶν· ¹²ἐκ-
κλησιάσας τὸν λαόν, τοὺς ἄνδρας καὶ τὰς γυναῖκας καὶ τὰ ἔκγονα
καὶ τὸν προσήλυτον τὸν ἐν ταῖς πόλεσιν ὑμῶν, ἵνα ἀκούσωσιν
καὶ ἵνα μάθωσιν φοβεῖσθαι κύριον τὸν θεὸν ὑμῶν, καὶ ἀκούσονται
13 ποιεῖν πάντας τοὺς λόγους τοῦ νόμου τούτου· ¹³καὶ οἱ υἱοὶ αὐτῶν,
οἳ οὐκ οἴδασιν, ἀκούσονται καὶ μαθήσονται φοβεῖσθαι κύριον τὸν
θεὸν ὑμῶν πάσας τὰς ἡμέρας, ὅσας αὐτοὶ ζῶσιν ἐπὶ τῆς γῆς, εἰς
ἣν ὑμεῖς διαβαίνετε τὸν Ιορδάνην ἐκεῖ κληρονομῆσαι αὐτήν.
14 ¹⁴Καὶ εἶπεν κύριος πρὸς Μωυσῆν Ἰδοὺ ἠγγίκασιν αἱ ἡμέραι τοῦ
θανάτου σου· κάλεσον Ἰησοῦν καὶ στῆτε παρὰ τὰς θύρας τῆς
σκηνῆς τοῦ μαρτυρίου, καὶ ἐντελοῦμαι αὐτῷ. καὶ ἐπορεύθη Μωυ-

3 αυτος] ουτος B† ‖ 4 κυριος] + ο θεος σου B† | κυριος αυτοις] tr. A†
| καθα] καθως A | τοις > A ‖ 5 υμιν 1⁰] ενωπιον υμων A | υμιν 1⁰ ⌢ 2⁰
B*† ‖ 6 δειλια (cf. 8)] -λιασης B† | ο προπορ.] pr. ουτος A | εν υμιν > A
| ου] ουτε B† | ουτε] ουδ ου A ‖ 7 ημων] αυτων A | αυτην > B ‖ 8 συμ-
πορ.] συνπορ. A†, + σοι A | ουδε] ουδ ου A ‖ 9 τα] pr. παντα A | τοις
υ. λευι > B† | των B A†] > rel. ‖ 10 αυτοις μωυσης] tr. A ‖ 11 σου] υμων
B† | ω] ον A† | κυριος] + ο θεος σου Ac ‖ 12 εκκλησιασατε A | προσηλυ-
τον] + σου A | υμων 1⁰] σου A ‖ 13 υμων] σου B† | κληρονομειν B†: cf.
23 21 ‖ 14 μαρτυριου 1⁰ ⌢ 15 μαρτυριου B*(uid.)†

σῆς καὶ Ἰησοῦς εἰς τὴν σκηνὴν τοῦ μαρτυρίου καὶ ἔστησαν παρὰ
τὰς θύρας τῆς σκηνῆς τοῦ μαρτυρίου. ¹⁵ καὶ κατέβη κύριος ἐν νε- 15
φέλη καὶ ἔστη παρὰ τὰς θύρας τῆς σκηνῆς τοῦ μαρτυρίου, καὶ
ἔστη ὁ στῦλος τῆς νεφέλης παρὰ τὰς θύρας τῆς σκηνῆς. ¹⁶ καὶ 16
εἶπεν κύριος πρὸς Μωυσῆν Ἰδοὺ σὺ κοιμᾷ μετὰ τῶν πατέρων σου,
καὶ ἀναστὰς ὁ λαὸς οὗτος ἐκπορνεύσει ὀπίσω θεῶν ἀλλοτρίων
τῆς γῆς, εἰς ἣν οὗτος εἰσπορεύεται ἐκεῖ εἰς αὐτήν, καὶ ἐγκαταλεί-
ψουσίν με καὶ διασκεδάσουσιν τὴν διαθήκην μου, ἣν διεθέμην αὐ-
τοῖς. ¹⁷ καὶ ὀργισθήσομαι θυμῷ εἰς αὐτοὺς ἐν τῇ ἡμέρᾳ ἐκείνῃ καὶ 17
καταλείψω αὐτοὺς καὶ ἀποστρέψω τὸ πρόσωπόν μου ἀπ᾽ αὐτῶν,
καὶ ἔσται κατάβρωμα, καὶ εὑρήσουσιν αὐτὸν κακὰ πολλὰ καὶ θλί-
ψεις, καὶ ἐρεῖ ἐν τῇ ἡμέρᾳ ἐκείνῃ Διότι οὐκ ἔστιν κύριος ὁ θεός
μου ἐν ἐμοί, εὕροσάν με τὰ κακὰ ταῦτα. ¹⁸ ἐγὼ δὲ ἀποστροφῇ ἀπο- 18
στρέψω τὸ πρόσωπόν μου ἀπ᾽ αὐτῶν ἐν τῇ ἡμέρᾳ ἐκείνῃ διὰ πά-
σας τὰς κακίας, ἃς ἐποίησαν, ὅτι ἐπέστρεψαν ἐπὶ θεοὺς ἀλλοτρίους.
¹⁹ καὶ νῦν γράψατε τὰ ῥήματα τῆς ᾠδῆς ταύτης καὶ διδάξετε αὐτὴν 19
τοὺς υἱοὺς Ισραηλ καὶ ἐμβαλεῖτε αὐτὴν εἰς τὸ στόμα αὐτῶν, ἵνα
γένηταί μοι ἡ ᾠδὴ αὕτη εἰς μαρτύριον ἐν υἱοῖς Ισραηλ. ²⁰ εἰσάξω 20
γὰρ αὐτοὺς εἰς τὴν γῆν τὴν ἀγαθήν, ἣν ὤμοσα τοῖς πατράσιν αὐ-
τῶν δοῦναι αὐτοῖς, γῆν ῥέουσαν γάλα καὶ μέλι, καὶ φάγονται καὶ
ἐμπλησθέντες κορήσουσιν· καὶ ἐπιστραφήσονται ἐπὶ θεοὺς ἀλλο-
τρίους καὶ λατρεύσουσιν αὐτοῖς καὶ παροξυνοῦσίν με καὶ διασκε-
δάσουσιν τὴν διαθήκην μου. ²¹ καὶ ἀντικαταστήσεται ἡ ᾠδὴ αὕτη 21
κατὰ πρόσωπον μαρτυροῦσα, οὐ γὰρ μὴ ἐπιλησθῇ ἀπὸ στόματος
αὐτῶν καὶ ἀπὸ στόματος τοῦ σπέρματος αὐτῶν· ἐγὼ γὰρ οἶδα
τὴν πονηρίαν αὐτῶν, ὅσα ποιοῦσιν ὧδε σήμερον πρὸ τοῦ εἰσα-
γαγεῖν με αὐτοὺς εἰς τὴν γῆν τὴν ἀγαθήν, ἣν ὤμοσα τοῖς πατρά-
σιν αὐτῶν. ²² καὶ ἔγραψεν Μωυσῆς τὴν ᾠδὴν ταύτην ἐν ἐκείνῃ τῇ 22
ἡμέρᾳ καὶ ἐδίδαξεν αὐτὴν τοὺς υἱοὺς Ισραηλ. ²³ καὶ ἐνετείλατο Μωυ- 23
σῆς Ἰησοῖ καὶ εἶπεν αὐτῷ Ἀνδρίζου καὶ ἴσχυε· σὺ γὰρ εἰσάξεις
τοὺς υἱοὺς Ισραηλ εἰς τὴν γῆν, ἣν ὤμοσεν κύριος αὐτοῖς, καὶ αὐ-
τὸς ἔσται μετὰ σοῦ.

---

15 νεφελη] στυλω -λης A | παρα bis] επι A | fin.] + του μαρτυριου Bᶜ Aᶜ
‖ 16 κοιμα] -ασαι A | εκει εις αυτην > B⁺ | εγκαταλειψ.] ετ > B ‖ 17 εις
αυτους] αυτοις A | ερει > B*⁺ | εμοι] υμιν A, ημιν al. ‖ 18 επεστρεψαν]
απ. B⁺ ‖ 19 νυν > B⁺ | διδαξατε A | αυτην 1⁰ > A⁺ | εμβαλετε A | γενη-
ται μοι] tr. B⁺ | εις μαρτ.] κατα προσωπον μαρτυρουσα B⁺: ex 21 ‖ 20 δου-
ναι αυτοις > A | και 2⁰ ⌒ 3⁰ A*(uid.) | και 5⁰ ⌒ 6⁰ B⁺ | fin.] + ην διεθεμην
αυτοις A ‖ 21 init.] pr. και εσται οταν ευρωσιν αυτον κακα πολλα και θλι-
ψεις A (in O sub ※) | προσωπον] + αυτων A | απο στομ. αυτων και > BO
| ποιουσιν] + μοι A ‖ 23 μωυσης > BO | ιησοι] + υιω ναυη A (in O sub
※) | αυτω] > B, in O sub ÷

24 24 Ἡνίκα δὲ συνετέλεσεν Μωυσῆς γράφων πάντας τοὺς λόγους
25 τοῦ νόμου τούτου εἰς βιβλίον ἕως εἰς τέλος, 25 καὶ ἐνετείλατο τοῖς
    Λευίταις τοῖς αἴρουσιν τὴν κιβωτὸν τῆς διαθήκης κυρίου λέγων
26 26 Λαβόντες τὸ βιβλίον τοῦ νόμου τούτου θήσετε αὐτὸ ἐκ πλαγίων
    τῆς κιβωτοῦ τῆς διαθήκης κυρίου τοῦ θεοῦ ὑμῶν, καὶ ἔσται ἐκεῖ
27 ἐν σοὶ εἰς μαρτύριον. 27 ὅτι ἐγὼ ἐπίσταμαι τὸν ἐρεθισμόν σου καὶ
    τὸν τράχηλόν σου τὸν σκληρόν · ἔτι γὰρ ἐμοῦ ζῶντος μεθ᾽ ὑμῶν
    σήμερον παραπικραίνοντες ἦτε τὰ πρὸς τὸν θεόν, πῶς οὐχὶ καὶ
28 ἔσχατον τοῦ θανάτου μου ; 28 ἐκκλησιάσατε πρός με τοὺς φυλάρ-
    χους ὑμῶν καὶ τοὺς πρεσβυτέρους ὑμῶν καὶ τοὺς κριτὰς ὑμῶν
    καὶ τοὺς γραμματοεισαγωγεῖς ὑμῶν, ἵνα λαλήσω εἰς τὰ ὦτα αὐ-
    τῶν πάντας τοὺς λόγους τούτους καὶ διαμαρτύρωμαι αὐτοῖς τόν
29 τε οὐρανὸν καὶ τὴν γῆν · 29 οἶδα γὰρ ὅτι ἔσχατον τῆς τελευτῆς
    μου ἀνομίᾳ ἀνομήσετε καὶ ἐκκλινεῖτε ἐκ τῆς ὁδοῦ, ἧς ἐνετειλάμην
    ὑμῖν, καὶ συναντήσεται ὑμῖν τὰ κακὰ ἔσχατον τῶν ἡμερῶν, ὅτι
    ποιήσετε τὸ πονηρὸν ἐναντίον κυρίου παροργίσαι αὐτὸν ἐν τοῖς
    ἔργοις τῶν χειρῶν ὑμῶν.
30 30 Καὶ ἐλάλησεν Μωυσῆς εἰς τὰ ὦτα πάσης ἐκκλησίας Ισραηλ
    τὰ ῥήματα τῆς ᾠδῆς ταύτης ἕως εἰς τέλος
32 1 Πρόσεχε, οὐρανέ, καὶ λαλήσω,
    καὶ ἀκουέτω γῆ ῥήματα ἐκ στόματός μου.
2 2 προσδοκάσθω ὡς ὑετὸς τὸ ἀπόφθεγμά μου,
    καὶ καταβήτω ὡς δρόσος τὰ ῥήματά μου,
    ὡσεὶ ὄμβρος ἐπ᾽ ἄγρωστιν
    καὶ ὡσεὶ νιφετὸς ἐπὶ χόρτον.
3 3 ὅτι ὄνομα κυρίου ἐκάλεσα ·
    δότε μεγαλωσύνην τῷ θεῷ ἡμῶν.
4 4 θεός, ἀληθινὰ τὰ ἔργα αὐτοῦ,
    καὶ πᾶσαι αἱ ὁδοὶ αὐτοῦ κρίσεις ·
    θεὸς πιστός, καὶ οὐκ ἔστιν ἀδικία,
    δίκαιος καὶ ὅσιος κύριος.
5 5 ἡμάρτοσαν οὐκ αὐτῷ τέκνα μωμητά,
    γενεὰ σκολιὰ καὶ διεστραμμένη.
6 6 ταῦτα κυρίῳ ἀνταποδίδοτε οὕτω,
    λαὸς μωρὸς καὶ οὐχὶ σοφός ;
    οὐκ αὐτὸς οὗτός σου πατὴρ ἐκτήσατό σε
    καὶ ἐποίησέν σε καὶ ἔκτισέν σε ;
7 7 μνήσθητε ἡμέρας αἰῶνος,

28 και τους 1⁰ ⌒ 2⁰ B | διαμαρτυρομαι B ‖ 29 εκ] απο B | υμιν 1⁰ ⌒ 2⁰
B† | τα πονηρα B† | εναντι A. ‖ 30 εκκλησιας] pr. της A | ισραηλ > B†
32 (cf. Od. 2) 1 γη] pr. η B† ‖ 3 ονομα] pr. το B ‖ 4 εστιν > A*† ‖
6 και εκτισεν σε > B†

σύνετε ἔτη γενεᾶς γενεῶν ·
ἐπερώτησον τὸν πατέρα σου, καὶ ἀναγγελεῖ σοι,
τοὺς πρεσβυτέρους σου, καὶ ἐροῦσίν σοι.
⁸ὅτε διεμέριζεν ὁ ὕψιστος ἔθνη,   8
ὡς διέσπειρεν υἱοὺς Αδαμ,
ἔστησεν ὅρια ἐθνῶν
κατὰ ἀριθμὸν ἀγγέλων θεοῦ,
⁹καὶ ἐγενήθη μερὶς κυρίου λαὸς αὐτοῦ Ιακωβ,   9
σχοίνισμα κληρονομίας αὐτοῦ Ισραηλ.
¹⁰αὐτάρκησεν αὐτὸν ἐν γῇ ἐρήμῳ,   10
ἐν δίψει καύματος ἐν ἀνύδρῳ ·
ἐκύκλωσεν αὐτὸν καὶ ἐπαίδευσεν αὐτὸν
καὶ διεφύλαξεν αὐτὸν ὡς κόραν ὀφθαλμοῦ
¹¹ὡς ἀετὸς σκεπάσαι νοσσιὰν αὐτοῦ   11
καὶ ἐπὶ τοῖς νεοσσοῖς αὐτοῦ ἐπεπόθησεν,
διεὶς τὰς πτέρυγας αὐτοῦ ἐδέξατο αὐτοὺς
καὶ ἀνέλαβεν αὐτοὺς ἐπὶ τῶν μεταφρένων αὐτοῦ.
¹²κύριος μόνος ἦγεν αὐτούς,   12
καὶ οὐκ ἦν μετ᾽ αὐτῶν θεὸς ἀλλότριος.
¹³ἀνεβίβασεν αὐτοὺς ἐπὶ τὴν ἰσχὺν τῆς γῆς,   13
ἐψώμισεν αὐτοὺς γενήματα ἀγρῶν ·
ἐθήλασαν μέλι ἐκ πέτρας
καὶ ἔλαιον ἐκ στερεᾶς πέτρας,
¹⁴βούτυρον βοῶν καὶ γάλα προβάτων   14
μετὰ στέατος ἀρνῶν καὶ κριῶν,
υἱῶν ταύρων καὶ τράγων
μετὰ στέατος νεφρῶν πυροῦ,
καὶ αἷμα σταφυλῆς ἔπιον οἶνον.
¹⁵καὶ ἔφαγεν Ιακωβ καὶ ἐνεπλήσθη,   15
καὶ ἀπελάκτισεν ὁ ἠγαπημένος,
ἐλιπάνθη, ἐπαχύνθη, ἐπλατύνθη ·
καὶ ἐγκατέλιπεν θεὸν τὸν ποιήσαντα αὐτὸν
καὶ ἀπέστη ἀπὸ θεοῦ σωτῆρος αὐτοῦ.
¹⁶παρώξυνάν με ἐπ᾽ ἀλλοτρίοις,   16
ἐν βδελύγμασιν αὐτῶν ἐξεπίκρανάν με ·
¹⁷ἔθυσαν δαιμονίοις καὶ οὐ θεῷ,   17
θεοῖς, οἷς οὐκ ᾔδεισαν ·
καινοὶ πρόσφατοι ἥκασιν,
οὓς οὐκ ᾔδεισαν οἱ πατέρες αὐτῶν.

7 γενεας γενεων] -νεων -νεαις B† ‖ 8 ως] ους Aʳ ‖ 10 γη F†] τη BA
| ανυδρωj pr. γη B† | κορην A Bᶜ ‖ 12 και > B ‖ 14 επιεν B ‖ 15 θεον]
pr. τον B† ‖ 16 εξεπικραναν] παρεπ. B† ‖ 17 προσφατοι] pr. και A

18   ¹⁸ θεὸν τὸν γεννήσαντά σε ἐγκατέλιπες
     καὶ ἐπελάθου θεοῦ τοῦ τρέφοντός σε.

19   ¹⁹ καὶ εἶδεν κύριος καὶ ἐζήλωσεν
     καὶ παρωξύνθη δι᾿ ὀργὴν υἱῶν αὐτοῦ καὶ θυγατέρων

20   ²⁰ καὶ εἶπεν Ἀποστρέψω τὸ πρόσωπόν μου ἀπ᾿ αὐτῶν
     καὶ δείξω τί ἔσται αὐτοῖς ἐπ᾿ ἐσχάτων ·
     ὅτι γενεὰ ἐξεστραμμένη ἐστίν,
     υἱοί, οἷς οὐκ ἔστιν πίστις ἐν αὐτοῖς.

21   ²¹ αὐτοὶ παρεζήλωσάν με ἐπ᾿ οὐ θεῷ,
     παρώργισάν με ἐν τοῖς εἰδώλοις αὐτῶν ·
     κἀγὼ παραζηλώσω αὐτοὺς ἐπ᾿ οὐκ ἔθνει,
     ἐπ᾿ ἔθνει ἀσυνέτῳ παροργιῶ αὐτούς.

22   ²² ὅτι πῦρ ἐκκέκαυται ἐκ τοῦ θυμοῦ μου,
     καυθήσεται ἕως ᾅδου κάτω,
     καταφάγεται γῆν καὶ τὰ γενήματα αὐτῆς,
     φλέξει θεμέλια ὀρέων.

23   ²³ συνάξω εἰς αὐτοὺς κακὰ
     καὶ τὰ βέλη μου συντελέσω εἰς αὐτούς.

24   ²⁴ τηκόμενοι λιμῷ καὶ βρώσει ὀρνέων
     καὶ ὀπισθότονος ἀνίατος ·
     ὀδόντας θηρίων ἀποστελῶ εἰς αὐτοὺς
     μετὰ θυμοῦ συρόντων ἐπὶ γῆς.

25   ²⁵ ἔξωθεν ἀτεκνώσει αὐτοὺς μάχαιρα
     καὶ ἐκ τῶν ταμιείων φόβος ·
     νεανίσκος σὺν παρθένῳ,
     θηλάζων μετὰ καθεστηκότος πρεσβύτου.

26   ²⁶ εἶπα Διασπερῶ αὐτούς,
     παύσω δὴ ἐξ ἀνθρώπων τὸ μνημόσυνον αὐτῶν,

27   ²⁷ εἰ μὴ δι᾿ ὀργὴν ἐχθρῶν, ἵνα μὴ μακροχρονίσωσιν,
     καὶ ἵνα μὴ συνεπιθῶνται οἱ ὑπεναντίοι,
     μὴ εἴπωσιν Ἡ χεὶρ ἡμῶν ἡ ὑψηλὴ
     καὶ οὐχὶ κύριος ἐποίησεν ταῦτα πάντα.

28   ²⁸ ὅτι ἔθνος ἀπολωλεκὸς βουλήν ἐστιν,
     καὶ οὐκ ἔστιν ἐν αὐτοῖς ἐπιστήμη.

29   ²⁹ οὐκ ἐφρόνησαν συνιέναι ταῦτα ·
     καταδεξάσθωσαν εἰς τὸν ἐπιόντα χρόνον.

30   ³⁰ πῶς διώξεται εἷς χιλίους
     καὶ δύο μετακινήσουσιν μυριάδας,

---

20 εσχατων] + ημερων B(†) || 21 παρωργισαν] παρωξυναν B F† || 23 συντελεσω] συνπολεμησω B† || 24 αποστελω] pr. επ A | γης W] pr. της A, γην B† || 25 πρεσβυτερου A || 26 παυσω] pr. κατα A | δη] δε B || 27 και 1° > B† | η ult. > A || 28 οτι > B†

εἰ μὴ ὁ θεὸς ἀπέδοτο αὐτοὺς
καὶ κύριος παρέδωκεν αὐτούς;
31 ὅτι οὐκ ἔστιν ὡς ὁ θεὸς ἡμῶν οἱ θεοὶ αὐτῶν ·　　31
οἱ δὲ ἐχθροὶ ἡμῶν ἀνόητοι.
32 ἐκ γὰρ ἀμπέλου Σοδομων ἡ ἄμπελος αὐτῶν,　　32
καὶ ἡ κληματὶς αὐτῶν ἐκ Γομορρας ·
ἡ σταφυλὴ αὐτῶν σταφυλὴ χολῆς,
βότρυς πικρίας αὐτοῖς ·
33 θυμὸς δρακόντων ὁ οἶνος αὐτῶν　　33
καὶ θυμὸς ἀσπίδων ἀνίατος.
34 οὐκ ἰδοὺ ταῦτα συνῆκται παρ᾽ ἐμοὶ　　34
καὶ ἐσφράγισται ἐν τοῖς θησαυροῖς μου;
35 ἐν ἡμέρᾳ ἐκδικήσεως ἀνταποδώσω,　　35
ἐν καιρῷ, ὅταν σφαλῇ ὁ πούς αὐτῶν ·
ὅτι ἐγγὺς ἡμέρα ἀπωλείας αὐτῶν,
καὶ πάρεστιν ἕτοιμα ὑμῖν.
36 ὅτι κρινεῖ κύριος τὸν λαὸν αὐτοῦ　　36
καὶ ἐπὶ τοῖς δούλοις αὐτοῦ παρακληθήσεται ·
εἶδεν γὰρ παραλελυμένους αὐτοὺς
καὶ ἐκλελοιπότας ἐν ἐπαγωγῇ καὶ παρειμένους.
37 καὶ εἶπεν κύριος Ποῦ εἰσιν οἱ θεοὶ αὐτῶν,　　37
ἐφ᾽ οἷς ἐπεποίθεισαν ἐπ᾽ αὐτοῖς,
38 ὧν τὸ στέαρ τῶν θυσιῶν αὐτῶν ἠσθίετε　　38
καὶ ἐπίνετε τὸν οἶνον τῶν σπονδῶν αὐτῶν;
ἀναστήτωσαν καὶ βοηθησάτωσαν ὑμῖν
καὶ γενηθήτωσαν ὑμῖν σκεπασταί.
39 ἴδετε ἴδετε ὅτι ἐγώ εἰμι,　　39
καὶ οὐκ ἔστιν θεὸς πλὴν ἐμοῦ ·
ἐγὼ ἀποκτενῶ καὶ ζῆν ποιήσω,
πατάξω κἀγὼ ἰάσομαι,
καὶ οὐκ ἔστιν ὃς ἐξελεῖται ἐκ τῶν χειρῶν μου.
40 ὅτι ἀρῶ εἰς τὸν οὐρανὸν τὴν χεῖρά μου　　40
καὶ ὀμοῦμαι τῇ δεξιᾷ μου
καὶ ἐρῶ Ζῶ ἐγὼ εἰς τὸν αἰῶνα,
41 ὅτι παροξυνῶ ὡς ἀστραπὴν τὴν μάχαιράν μου,　　41
καὶ ἀνθέξεται κρίματος ἡ χείρ μου,
καὶ ἀνταποδώσω δίκην τοῖς ἐχθροῖς
καὶ τοῖς μισοῦσίν με ἀνταποδώσω ·

30 κυριος] pr. ο A ‖ 32 η ult. > B† ‖ 35 εν καιρω > B† | αυτων ult.]
-τοις B† ‖ 38 εσθιετε A⁽†⁾ ‖ 39 αποκτεννω B† ‖ 40 τη δεξια M] την
-ιαν BA ‖ 41 μου 2⁰] + και εκδικηση Ac† | ανταποδωσω 1⁰] αντ > B† | με
> B

42   42 μεθύσω τὰ βέλη μου ἀφ᾽ αἵματος,
και ἡ μάχαιρά μου καταφάγεται κρέα,
ἀφ᾽ αἵματος τραυματιῶν καὶ αἰχμαλωσίας,
ἀπὸ κεφαλῆς ἀρχόντων ἐχθρῶν.

43   43 εὐφράνθητε, οὐρανοί, ἅμα αὐτῷ,
και προσκυνησάτωσαν αὐτῷ πάντες υἱοὶ θεοῦ ·
εὐφράνθητε, ἔθνη, μετὰ τοῦ λαοῦ αὐτοῦ,
και ἐνισχυσάτωσαν αὐτῷ πάντες ἄγγελοι θεοῦ ·
ὅτι τὸ αἷμα τῶν υἱῶν αὐτοῦ ἐκδικᾶται,
και ἐκδικήσει καὶ ἀνταποδώσει δίκην τοῖς ἐχθροῖς
και τοῖς μισοῦσιν ἀνταποδώσει,
και ἐκκαθαριεῖ κύριος τὴν γῆν τοῦ λαοῦ αὐτοῦ.

44   44 Καὶ ἔγραψεν Μωυσῆς τὴν ᾠδὴν ταύτην ἐν ἐκείνη τῇ ἡμέρᾳ
και ἐδίδαξεν αὐτὴν τοὺς υἱοὺς Ισραηλ. καὶ εἰσῆλθεν Μωυσῆς καὶ
ἐλάλησεν πάντας τοὺς λόγους τοῦ νόμου τούτου εἰς τὰ ὦτα τοῦ
45 λαοῦ, αὐτὸς καὶ Ἰησοῦς ὁ τοῦ Ναυη. 45 καὶ συνετέλεσεν Μωυσῆς λα-
46 λῶν παντὶ Ισραηλ 46 καὶ εἶπεν πρὸς αὐτούς Προσέχετε τῇ καρδίᾳ ἐπὶ
πάντας τοὺς λόγους τούτους, οὓς ἐγὼ διαμαρτύρομαι ὑμῖν σήμε-
ρον, ἃ ἐντελεῖσθε τοῖς υἱοῖς ὑμῶν φυλάσσειν καὶ ποιεῖν πάντας
47 τοὺς λόγους τοῦ νόμου τούτου · 47 ὅτι οὐχὶ λόγος κενὸς οὗτος
ὑμῖν, ὅτι αὕτη ἡ ζωὴ ὑμῶν, καὶ ἕνεκεν τοῦ λόγου τούτου μακρο-
ημερεύσετε ἐπὶ τῆς γῆς, εἰς ἣν ὑμεῖς διαβαίνετε τὸν Ιορδάνην ἐκεῖ
κληρονομῆσαι αὐτήν.

48   48 Καὶ ἐλάλησεν κύριος πρὸς Μωυσῆν ἐν τῇ ἡμέρᾳ ταύτῃ λέγων
49 49 Ἀνάβηθι εἰς τὸ ὄρος τὸ Αβαριν τοῦτο, ὄρος Ναβαυ, ὅ ἐστιν ἐν
γῇ Μωαβ κατὰ πρόσωπον Ιεριχω, καὶ ἰδὲ τὴν γῆν Χανααν, ἣν ἐγὼ
50 δίδωμι τοῖς υἱοῖς Ισραηλ εἰς κατάσχεσιν, 50 καὶ τελεύτα ἐν τῷ ὄρει,
εἰς ὃ ἀναβαίνεις ἐκεῖ, καὶ προστέθητι πρὸς τὸν λαόν σου, ὃν τρό-
πον ἀπέθανεν Ααρων ὁ ἀδελφός σου ἐν Ωρ τῷ ὄρει καὶ προσ-
51 ετέθη πρὸς τὸν λαὸν αὐτοῦ, 51 διότι ἠπειθήσατε τῷ ῥήματί μου ἐν
τοῖς υἱοῖς Ισραηλ ἐπὶ τοῦ ὕδατος ἀντιλογίας Καδης ἐν τῇ ἐρήμῳ
52 Σιν, διότι οὐχ ἡγιάσατέ με ἐν τοῖς υἱοῖς Ισραηλ · 52 ὅτι ἀπέναντι
ὄψῃ τὴν γῆν καὶ ἐκεῖ οὐκ εἰσελεύσῃ.

33   1 Καὶ αὕτη ἡ εὐλογία, ἣν εὐλόγησεν Μωυσῆς ἄνθρωπος τοῦ θεοῦ
2 τοὺς υἱοὺς Ισραηλ πρὸ τῆς τελευτῆς αὐτοῦ · 2 καὶ εἶπεν

42 αιματος 1⁰ ⌒ 2⁰ B† | εχθρων] εθνων A ‖ 43 παντες 1⁰ > B† | αυτω
3⁰] -τους A | εκδικαται B†] -κειται A | εχθροις] + αυτου A ‖ 44 εισηλθεν
μωυσης] προσηλθ. μ. προς τον λαον A ‖ 45 συνετελ.] εξετ. B† | λαλων] +
τους λογους τουτους A ‖ 46 καρδια] + υμων A ‖ 47 αυτην > B† ‖
49 αβαρειμ A | μωαβ] χανααν B† | εις κατασχ. > B† ‖ 51 διοτι 1⁰] οτι B†
‖ 52 οτι > B
33 1 της > A†

Κύριος ἐκ Σινα ἥκει
καὶ ἐπέφανεν ἐκ Σηιρ ἡμῖν
καὶ κατέσπευσεν ἐξ ὄρους Φαραν σὺν μυριάσιν Καδης,
ἐκ δεξιῶν αὐτοῦ ἄγγελοι μετ᾽ αὐτοῦ.
³καὶ ἐφείσατο τοῦ λαοῦ αὐτοῦ,   3
καὶ πάντες οἱ ἡγιασμένοι ὑπὸ τὰς χεῖράς σου ·
καὶ οὗτοι ὑπὸ σέ εἰσιν,
καὶ ἐδέξατο ἀπὸ τῶν λόγων αὐτοῦ
⁴νόμον, ὃν ἐνετείλατο ἡμῖν Μωυσῆς,   4
κληρονομίαν συναγωγαῖς Ιακωβ.
⁵καὶ ἔσται ἐν τῷ ἠγαπημένῳ ἄρχων   5
συναχθέντων ἀρχόντων λαῶν
ἅμα φυλαῖς Ισραηλ.
⁶Ζήτω Ρουβην καὶ μὴ ἀποθανέτω   6
καὶ ἔστω πολὺς ἐν ἀριθμῷ.
⁷Καὶ αὕτη Ιουδα   7
Εἰσάκουσον, κύριε, φωνῆς Ιουδα,
καὶ εἰς τὸν λαὸν αὐτοῦ εἰσέλθοισαν ·
αἱ χεῖρες αὐτοῦ διακρινοῦσιν αὐτῷ,
καὶ βοηθὸς ἐκ τῶν ἐχθρῶν αὐτοῦ ἔσῃ.
⁸Καὶ τῷ Λευι εἶπεν   8
Δότε Λευι δήλους αὐτοῦ
καὶ ἀλήθειαν αὐτοῦ τῷ ἀνδρὶ τῷ ὁσίῳ,
ὃν ἐπείρασαν αὐτὸν ἐν πείρᾳ,
ἐλοιδόρησαν αὐτὸν ἐπὶ ὕδατος ἀντιλογίας ·
⁹ὁ λέγων τῷ πατρὶ καὶ τῇ μητρὶ Οὐχ ἑόρακά σε,   9
καὶ τοὺς ἀδελφοὺς αὐτοῦ οὐκ ἐπέγνω
καὶ τοὺς υἱοὺς αὐτοῦ ἀπέγνω ·
ἐφύλαξεν τὰ λόγιά σου
καὶ τὴν διαθήκην σου διετήρησεν.
¹⁰δηλώσουσιν τὰ δικαιώματά σου τῷ Ιακωβ   10
καὶ τὸν νόμον σου τῷ Ισραηλ ·
ἐπιθήσουσιν θυμίαμα ἐν ὀργῇ σου
διὰ παντὸς ἐπὶ τὸ θυσιαστήριόν σου.
¹¹εὐλόγησον, κύριε, τὴν ἰσχὺν αὐτοῦ   11
καὶ τὰ ἔργα τῶν χειρῶν αὐτοῦ δέξαι ·
κάταξον ὀσφὺν ἐχθρῶν ἐπανεστηκότων αὐτῷ,

4 ημιν μωυσ. M] tr. A†, υμιν μ. B ‖ 5 αρχων > A ‖ 6 εστω] pr. συμεων A ‖ 7 φωνης] pr. της A | εισελθοισαν (cf. 16)] εισ > B, (εισ)ελθοις αν plurimae editiones | αι] pr. και B ‖ 9 ο > B*† | πατρι B†] + αυτου A | μητρι] + αυτου A ‖ 10 οργη] εορτη Aᶜ | του θυσιαστηριου A ‖ 11 καταξον] παταξον Gra. (cf. 32 39), sed καταξον (ab καταγνυμι) reddit textum hebr. optime | εχθρων επανεστ.] tr. A | αυτω] -του A

καὶ οἱ μισοῦντες αὐτὸν μὴ ἀναστήτωσαν.

12 ¹²Καὶ τῷ Βενιαμιν εἶπεν
Ἠγαπημένος ὑπὸ κυρίου κατασκηνώσει πεποιθώς,
καὶ ὁ θεὸς σκιάζει ἐπ᾽ αὐτῷ πάσας τὰς ἡμέρας,
καὶ ἀνὰ μέσον τῶν ὤμων αὐτοῦ κατέπαυσεν.

13 ¹³Καὶ τῷ Ιωσηφ εἶπεν
Ἀπ᾽ εὐλογίας κυρίου ἡ γῆ αὐτοῦ
ἀπὸ ὡρῶν οὐρανοῦ καὶ δρόσου
καὶ ἀπὸ ἀβύσσων πηγῶν κάτωθεν

14 ¹⁴καὶ καθ᾽ ὥραν γενημάτων ἡλίου τροπῶν
καὶ ἀπὸ συνόδων μηνῶν

15 ¹⁵καὶ ἀπὸ κορυφῆς ὀρέων ἀρχῆς
καὶ ἀπὸ κορυφῆς βουνῶν ἀενάων

16 ¹⁶καὶ καθ᾽ ὥραν γῆς πληρώσεως.
καὶ τὰ δεκτὰ τῷ ὀφθέντι ἐν τῷ βάτῳ
ἔλθοισαν ἐπὶ κεφαλὴν Ιωσηφ,
καὶ ἐπὶ κορυφῆς δοξασθεὶς ἐν ἀδελφοῖς.

17 ¹⁷πρωτότοκος ταύρου τὸ κάλλος αὐτοῦ,
κέρατα μονοκέρωτος τὰ κέρατα αὐτοῦ·
ἐν αὐτοῖς ἔθνη κερατιεῖ ἅμα ἕως ἐπ᾽ ἄκρου γῆς.
αὗται μυριάδες Εφραιμ,
καὶ αὗται χιλιάδες Μανασση.

18 ¹⁸Καὶ τῷ Ζαβουλων εἶπεν
Εὐφράνθητι, Ζαβουλων, ἐν ἐξοδίᾳ σου
καί, Ισσαχαρ, ἐν τοῖς σκηνώμασιν αὐτοῦ.

19 ¹⁹ἔθνη ἐξολεθρεύσουσιν, καὶ ἐπικαλέσεσθε ἐκεῖ
καὶ θύσετε θυσίαν δικαιοσύνης,
ὅτι πλοῦτος θαλάσσης θηλάσει σε
καὶ ἐμπόρια παράλιον κατοικούντων.

20 ²⁰Καὶ τῷ Γαδ εἶπεν
Εὐλογημένος ἐμπλατύνων Γαδ·
ὡς λέων ἀνεπαύσατο
συντρίψας βραχίονα καὶ ἄρχοντα.

21 ²¹καὶ εἶδεν ἀπαρχὴν αὐτοῦ,
ὅτι ἐκεῖ ἐμερίσθη γῆ ἀρχόντων
συνηγμένων ἅμα ἀρχηγοῖς λαῶν·
δικαιοσύνην κύριος ἐποίησεν
καὶ κρίσιν αὐτοῦ μετὰ Ισραηλ.

---

12 και ult. > A† ‖ 13 απ] επ B | ωρων] ορεων A† ‖ 15 και 1⁰ > B ‖
16 τω 2⁰ B (cf. Exod. 3 2—4)] τη A | εν ult.] επ B ‖ 17 επ] απ A | γης]
pr. της A ‖ 19 επικαλεσασθε A | θυσετε] + εκει A† ‖ 21 λαων] αυτων A†

²²Καὶ τῷ Δαν εἶπεν   22
Δαν σκύμνος λέοντος
καὶ ἐκπηδήσεται ἐκ τοῦ Βασαν.
²³Καὶ τῷ Νεφθαλι εἶπεν   23
Νεφθαλι πλησμονὴ δεκτῶν
καὶ ἐμπλησθήτω εὐλογίαν παρὰ κυρίου
θάλασσαν καὶ λίβα κληρονομήσει.
²⁴Καὶ τῷ Ασηρ εἶπεν   24
Εὐλογητὸς ἀπὸ τέκνων Ασηρ
καὶ ἔσται δεκτὸς τοῖς ἀδελφοῖς αὐτοῦ.
βάψει ἐν ἐλαίῳ τὸν πόδα αὐτοῦ ·
²⁵σίδηρος καὶ χαλκὸς τὸ ὑπόδημα αὐτοῦ ἔσται,   25
καὶ ὡς αἱ ἡμέραι σου ἡ ἰσχύς σου.
²⁶Οὐκ ἔστιν ὥσπερ ὁ θεὸς τοῦ ἠγαπημένου ·   26
ὁ ἐπιβαίνων ἐπὶ τὸν οὐρανὸν βοηθός σου
καὶ ὁ μεγαλοπρεπὴς τοῦ στερεώματος.
²⁷καὶ σκέπασις θεοῦ ἀρχῆς   27
καὶ ὑπὸ ἰσχὺν βραχιόνων ἀενάων
καὶ ἐκβαλεῖ ἀπὸ προσώπου σου ἐχθρὸν
λέγων Ἀπόλοιο.
²⁸καὶ κατασκηνώσει Ισραηλ πεποιθὼς   28
μόνος ἐπὶ γῆς Ιακωβ
ἐπὶ σίτῳ καὶ οἴνῳ,
καὶ ὁ οὐρανὸς αὐτῷ συννεφὴς δρόσῳ.
²⁹μακάριος σύ, Ισραηλ ·   29
τίς ὅμοιός σοι λαὸς σῳζόμενος ὑπὸ κυρίου;
ὑπερασπιεῖ ὁ βοηθός σου,
καὶ ἡ μάχαιρα καύχημά σου ·
καὶ ψεύσονταί σε οἱ ἐχθροί σου,
καὶ σὺ ἐπὶ τὸν τράχηλον αὐτῶν ἐπιβήσῃ.
¹Καὶ ἀνέβη Μωυσῆς ἀπὸ Αραβωθ Μωαβ ἐπὶ τὸ ὄρος Ναβαυ ἐπὶ 34
κορυφὴν Φασγα, ἥ ἐστιν ἐπὶ προσώπου Ιεριχω, καὶ ἔδειξεν αὐτῷ
κύριος πᾶσαν τὴν γῆν Γαλααδ ἕως Δαν ²καὶ πᾶσαν τὴν γῆν Νε-   2
φθαλι καὶ πᾶσαν τὴν γῆν Εφραιμ καὶ Μανασση καὶ πᾶσαν τὴν γῆν
Ιουδα ἕως τῆς θαλάσσης τῆς ἐσχάτης ³καὶ τὴν ἔρημον καὶ τὰ περί-   3
χωρα Ιεριχω, πόλιν φοινίκων, ἕως Σηγωρ. ⁴καὶ εἶπεν κύριος πρὸς   4
Μωυσῆν Αὕτη ἡ γῆ, ἣν ὤμοσα Αβρααμ καὶ Ισαακ καὶ Ιακωβ λέγων

22 εκπηδησει A || 23 νεφθαλειμ bis B | ευλογιας A || 24 ηυλογημενος
A || 25 και 2⁰ > B || 27 σκεπασις] -σεις A*, -σει σε BᶜAᶜ | αρχης] -ην A†,
-η Bᶜ | και ult. > B*† || 28 πεποιθως μονος] tr. A | σιτου et οινου A | αυτω
συννεφης M] tr. A†, σοι συνν. B || 29 σοι] σου A
34 1 προσωπον A | εως δαν > A† || 2 νεφθαλειμ A

Τῷ σπέρματι ὑμῶν δώσω αὐτήν · καὶ ἔδειξα αὐτὴν τοῖς ὀφθαλμοῖς
5 σου, καὶ ἐκεῖ οὐκ εἰσελεύσῃ. ⁵καὶ ἐτελεύτησεν Μωυσῆς οἰκέτης
6 κυρίου ἐν γῇ Μωαβ διὰ ῥήματος κυρίου. ⁶καὶ ἔθαψαν αὐτὸν ἐν
Γαι ἐν γῇ Μωαβ ἐγγὺς οἴκου Φογωρ · καὶ οὐκ οἶδεν οὐδεὶς τὴν
7 ταφὴν αὐτοῦ ἕως τῆς ἡμέρας ταύτης. ⁷Μωυσῆς δὲ ἦν ἑκατὸν καὶ
εἴκοσι ἐτῶν ἐν τῷ τελευτᾶν αὐτόν · οὐκ ἠμαυρώθησαν οἱ ὀφθαλ-
8 μοὶ αὐτοῦ, οὐδὲ ἐφθάρησαν τὰ χελύνια αὐτοῦ. ⁸καὶ ἔκλαυσαν οἱ
υἱοὶ Ισραηλ τὸν Μωυσῆν ἐν Αραβωθ Μωαβ ἐπὶ τοῦ Ιορδάνου
κατὰ Ιεριχω τριάκοντα ἡμέρας · καὶ συνετελέσθησαν αἱ ἡμέραι
9 πένθους κλαυθμοῦ Μωυσῆ. ⁹καὶ Ἰησοῦς υἱὸς Ναυη ἐνεπλήσθη
πνεύματος συνέσεως, ἐπέθηκεν γὰρ Μωυσῆς τὰς χεῖρας αὐτοῦ
ἐπ᾽ αὐτόν · καὶ εἰσήκουσαν αὐτοῦ οἱ υἱοὶ Ισραηλ καὶ ἐποίησαν
10 καθότι ἐνετείλατο κύριος τῷ Μωυσῆ. ¹⁰καὶ οὐκ ἀνέστη ἔτι προ-
φήτης ἐν Ισραηλ ὡς Μωυσῆς, ὃν ἔγνω κύριος αὐτὸν πρόσωπον
11 κατὰ πρόσωπον, ¹¹ἐν πᾶσι τοῖς σημείοις καὶ τέρασιν, ὃν ἀπέστει-
λεν αὐτὸν κύριος ποιῆσαι αὐτὰ ἐν γῇ Αἰγύπτῳ Φαραω καὶ τοῖς
12 θεράπουσιν αὐτοῦ καὶ πάσῃ τῇ γῇ αὐτοῦ, ¹²τὰ θαυμάσια τὰ με-
γάλα καὶ τὴν χεῖρα τὴν κραταιάν, ἃ ἐποίησεν Μωυσῆς ἔναντι
παντὸς Ισραηλ.

4 και paenult. > A | αυτην ult. > B ‖ 5 ετελευτ.] + εκει A ‖ 6 εν
γη μωαβ > B | ταφην] τελευτην A ‖ 7 τελευτησαι A† | εφθαρη A | τα
χελ. αυτου > B ‖ 8 τον > B ‖ 11 παση > A ‖ 12 init.] pr. και A |
την 1⁰] pr. πασαν A
Subscr. δευτερονομιον ΒΑ

ΙΗΣΟΥΣ

1   ¹Καὶ ἐγένετο μετὰ τὴν τελευτὴν Μωυσῆ εἶπεν κύριος τῷ Ἰησοῖ
2 υἱῷ Ναυη τῷ ὑπουργῷ Μωυσῆ λέγων ²Μωυσῆς ὁ θεράπων μου
τετελεύτηκεν · νῦν οὖν ἀναστὰς διάβηθι τὸν Ιορδάνην, σὺ καὶ πᾶς
3 ὁ λαὸς οὗτος, εἰς τὴν γῆν, ἣν ἐγὼ δίδωμι αὐτοῖς. ³πᾶς ὁ τόπος,
ἐφ᾽ ὃν ἂν ἐπιβῆτε τῷ ἴχνει τῶν ποδῶν ὑμῶν, ὑμῖν δώσω αὐτόν,
4 ὃν τρόπον εἴρηκα τῷ Μωυσῆ, ⁴τὴν ἔρημον καὶ τὸν Ἀντιλίβανον
ἕως τοῦ ποταμοῦ τοῦ μεγάλου, ποταμοῦ Εὐφράτου, καὶ ἕως τῆς
θαλάσσης τῆς ἐσχάτης ἀφ᾽ ἡλίου δυσμῶν ἔσται τὰ ὅρια ὑμῶν.
5 ⁵οὐκ ἀντιστήσεται ἄνθρωπος κατενώπιον ὑμῶν πάσας τὰς ἡμέρας

Ios.: ΒΑ.
Inscr.] + υιος ναυη A
1 1 ειπεν] pr. και A | υπουργω] λιτουργω A

τῆς ζωῆς σου, καὶ ὥσπερ ἤμην μετὰ Μωυσῆ, οὕτως ἔσομαι καὶ
μετὰ σοῦ καὶ οὐκ ἐγκαταλείψω σε οὐδὲ ὑπερόψομαί σε. ⁶ἴσχυε 6
καὶ ἀνδρίζου · σὺ γὰρ ἀποδιαστελεῖς τῷ λαῷ τούτῳ τὴν γῆν, ἣν
ὤμοσα τοῖς πατράσιν ὑμῶν δοῦναι αὐτοῖς. ⁷ἴσχυε οὖν καὶ ἀνδρί- 7
ζου φυλάσσεσθαι καὶ ποιεῖν καθότι ἐνετείλατό σοι Μωυσῆς ὁ παῖς
μου, καὶ οὐκ ἐκκλινεῖς ἀπ᾽ αὐτῶν εἰς δεξιὰ οὐδὲ εἰς ἀριστερά, ἵνα
συνῇς ἐν πᾶσιν, οἷς ἐὰν πράσσῃς. ⁸καὶ οὐκ ἀποστήσεται ἡ βίβλος 8
τοῦ νόμου τούτου ἐκ τοῦ στόματός σου, καὶ μελετήσεις ἐν αὐτῷ
ἡμέρας καὶ νυκτός, ἵνα συνῇς ποιεῖν πάντα τὰ γεγραμμένα · τότε
εὐοδωθήσῃ καὶ εὐοδώσεις τὰς ὁδούς σου καὶ τότε συνήσεις. ⁹ἰδοὺ 9
ἐντέταλμαί σοι · ἴσχυε καὶ ἀνδρίζου, μὴ δειλιάσῃς μηδὲ φοβηθῇς,
ὅτι μετὰ σοῦ κύριος ὁ θεός σου εἰς πάντα, οὗ ἐὰν πορεύῃ.

¹⁰Καὶ ἐνετείλατο Ἰησοῦς τοῖς γραμματεῦσιν τοῦ λαοῦ λέγων 10
¹¹Εἰσέλθατε κατὰ μέσον τῆς παρεμβολῆς τοῦ λαοῦ καὶ ἐντείλασθε 11
τῷ λαῷ λέγοντες Ἑτοιμάζεσθε ἐπισιτισμόν, ὅτι ἔτι τρεῖς ἡμέραι
καὶ ὑμεῖς διαβαίνετε τὸν Ιορδάνην τοῦτον εἰσελθόντες κατασχεῖν
τὴν γῆν, ἣν κύριος ὁ θεὸς τῶν πατέρων ὑμῶν δίδωσιν ὑμῖν. ¹²καὶ 12
τῷ Ρουβην καὶ τῷ Γαδ καὶ τῷ ἡμίσει φυλῆς Μανασση εἶπεν Ἰη-
σοῦς ¹³Μνήσθητε τὸ ῥῆμα κυρίου, ὃ ἐνετείλατο ὑμῖν Μωυσῆς ὁ 13
παῖς κυρίου λέγων Κύριος ὁ θεὸς ὑμῶν κατέπαυσεν ὑμᾶς καὶ ἔδω-
κεν ὑμῖν τὴν γῆν ταύτην. ¹⁴αἱ γυναῖκες ὑμῶν καὶ τὰ παιδία ὑμῶν 14
καὶ τὰ κτήνη ὑμῶν κατοικείτωσαν ἐν τῇ γῇ, ᾗ ἔδωκεν ὑμῖν · ὑμεῖς
δὲ διαβήσεσθε εὔζωνοι πρότεροι τῶν ἀδελφῶν ὑμῶν, πᾶς ὁ ἰσχύ-
ων, καὶ συμμαχήσετε αὐτοῖς, ¹⁵ἕως ἂν καταπαύσῃ κύριος ὁ θεὸς 15
ὑμῶν τοὺς ἀδελφοὺς ὑμῶν ὥσπερ καὶ ὑμᾶς καὶ κληρονομήσωσιν
καὶ οὗτοι τὴν γῆν, ἣν κύριος ὁ θεὸς ἡμῶν δίδωσιν αὐτοῖς · καὶ
ἀπελεύσεσθε ἕκαστος εἰς τὴν κληρονομίαν αὐτοῦ, ἣν δέδωκεν ὑμῖν·
Μωυσῆς εἰς τὸ πέραν τοῦ Ιορδάνου ἀπ᾽ ἀνατολῶν ἡλίου. ¹⁶καὶ 16
ἀποκριθέντες τῷ Ἰησοῖ εἶπαν Πάντα, ὅσα ἂν ἐντείλῃ ἡμῖν, ποιή-
σομεν καὶ εἰς πάντα τόπον, οὗ ἐὰν ἀποστείλῃς ἡμᾶς, πορευσόμεθα ·
¹⁷κατὰ πάντα, ὅσα ἠκούσαμεν Μωυσῆ, ἀκουσόμεθα σοῦ, πλὴν ἔστω 17
κύριος ὁ θεὸς ἡμῶν μετὰ σοῦ, ὃν τρόπον ἦν μετὰ Μωυσῆ. ¹⁸ὁ δὲ 18
ἄνθρωπος, ὃς ἐὰν ἀπειθήσῃ σοι καὶ ὅστις μὴ ἀκούσῃ τῶν ῥημά-
των σου καθότι ἂν αὐτῷ ἐντείλῃ, ἀποθανέτω. ἀλλὰ ἴσχυε καὶ
ἀνδρίζου.

5 εγκαταλειπω A† ‖ 6 αποδιαστελεις] διελεις B (Bᶜ pr. απο) | υμων] αυ-
των Aʳ ‖ 7 εις 1⁰ > A | ουδε] η A ‖ 8 αυτω] -τη B*† | συνης] ειδης B†
| ευοδωσεις] -σει B ‖ 9 εντελλομαι A | σου ult. > A† ‖ 11 και 2⁰] > A, in
O sub ÷ | διαβησεσθαι(pro -θε) A ‖ 13 κυριου 1⁰] > B, in O sub ÷ ‖
14 προτερον A ‖ 15 υμων 1⁰ W] ημ. BA | κληρονομησουσιν A | ημων] υμ.
A | αυτου] εαυ. A | δεδωκεν B†] εδω. A | εις το] εν τω A | απ] επ B† ‖
18 οστις] ος εαν A | αυτω εντειλη] tr. A

2 ¹ Καὶ ἀπέστειλεν ᾽Ιησοῦς υἱὸς Ναυη ἐκ Σαττιν δύο νεανίσκους κατασκοπεῦσαι λέγων Ἀνάβητε καὶ ἴδετε τὴν γῆν καὶ τὴν Ιεριχω. καὶ πορευθέντες εἰσήλθοσαν οἱ δύο νεανίσκοι εἰς Ιεριχω καὶ εἰσήλθοσαν εἰς οἰκίαν γυναικὸς πόρνης, ᾗ ὄνομα Ρααβ, καὶ κατέλυσαν

2 ἐκεῖ. ² καὶ ἀπηγγέλη τῷ βασιλεῖ Ιεριχω λέγοντες Εἰσπεπόρευνται

3 ὧδε ἄνδρες τῶν υἱῶν Ισραηλ κατασκοπεῦσαι τὴν γῆν. ³ καὶ ἀπέστειλεν ὁ βασιλεὺς Ιεριχω καὶ εἶπεν πρὸς Ρααβ λέγων Ἐξάγαγε τοὺς ἄνδρας τοὺς εἰσπεπορευμένους εἰς τὴν οἰκίαν σου τὴν νύκτα ·

4 κατασκοπεῦσαι γὰρ τὴν γῆν ἥκασιν. ⁴ καὶ λαβοῦσα ἡ γυνὴ τοὺς ἄνδρας ἔκρυψεν αὐτοὺς καὶ εἶπεν αὐτοῖς λέγουσα Εἰσεληλύθασιν

5 πρός με οἱ ἄνδρες · ⁵ ὡς δὲ ἡ πύλη ἐκλείετο ἐν τῷ σκότει, καὶ οἱ ἄνδρες ἐξῆλθον · οὐκ ἐπίσταμαι ποῦ πεπόρευνται · καταδιώξατε

6 ὀπίσω αὐτῶν, εἰ καταλήμψεσθε αὐτούς. ⁶ αὐτὴ δὲ ἀνεβίβασεν αὐτοὺς ἐπὶ τὸ δῶμα καὶ ἔκρυψεν αὐτοὺς ἐν τῇ λινοκαλάμῃ τῇ ἐστοι-

7 βασμένῃ αὐτῇ ἐπὶ τοῦ δώματος. ⁷ καὶ οἱ ἄνδρες κατεδίωξαν ὀπίσω αὐτῶν ὁδὸν τὴν ἐπὶ τοῦ Ιορδάνου ἐπὶ τὰς διαβάσεις, καὶ ἡ πύλη ἐκλείσθη. καὶ ἐγένετο ὡς ἐξῆλθοσαν οἱ διώκοντες ὀπίσω αὐτῶν

8 ⁸ καὶ αὐτοὶ δὲ πρὶν ἢ κοιμηθῆναι αὐτούς, καὶ αὐτὴ ἀνέβη ἐπὶ τὸ

9 δῶμα πρὸς αὐτοὺς ⁹ καὶ εἶπεν πρὸς αὐτούς Ἐπίσταμαι ὅτι δέδωκεν ὑμῖν κύριος τὴν γῆν, ἐπιπέπτωκεν γὰρ ὁ φόβος ὑμῶν ἐφ᾽ ἡμᾶς ·

10 ¹⁰ ἀκηκόαμεν γὰρ ὅτι κατεξήρανεν κύριος ὁ θεὸς τὴν ἐρυθρὰν θάλασσαν ἀπὸ προσώπου ὑμῶν, ὅτε ἐξεπορεύεσθε ἐκ γῆς Αἰγύπτου, καὶ ὅσα ἐποίησεν τοῖς δυσὶ βασιλεῦσιν τῶν Αμορραίων, οἳ ἦσαν πέραν τοῦ Ιορδάνου, τῷ Σηων καὶ Ωγ, οὓς ἐξωλεθρεύσατε αὐτούς ·

11 ¹¹ καὶ ἀκούσαντες ἡμεῖς ἐξέστημεν τῇ καρδίᾳ ἡμῶν, καὶ οὐκ ἔστη ἔτι πνεῦμα ἐν οὐδενὶ ἡμῶν ἀπὸ προσώπου ὑμῶν, ὅτι κύριος ὁ

12 θεὸς ὑμῶν θεὸς ἐν οὐρανῷ ἄνω καὶ ἐπὶ τῆς γῆς κάτω. ¹² καὶ νῦν ὀμόσατέ μοι κύριον τὸν θεόν, ὅτι ποιῶ ὑμῖν ἔλεος καὶ ποιήσετε

13 καὶ ὑμεῖς ἔλεος ἐν τῷ οἴκῳ τοῦ πατρός μου ¹³ καὶ ζωγρήσετε τὸν οἶκον τοῦ πατρός μου καὶ τὴν μητέρα μου καὶ τοὺς ἀδελφούς μου καὶ πάντα τὸν οἶκόν μου καὶ πάντα, ὅσα ἐστὶν αὐτοῖς, καὶ

14 ἐξελεῖσθε τὴν ψυχήν μου ἐκ θανάτου. ¹⁴ καὶ εἶπαν αὐτῇ οἱ ἄνδρες Ἡ ψυχὴ ἡμῶν ἀνθ᾽ ὑμῶν εἰς θάνατον. καὶ αὐτὴ εἶπεν Ὡς ἂν παραδῷ κύριος ὑμῖν τὴν πόλιν, ποιήσετε εἰς ἐμὲ ἔλεος καὶ ἀλήθειαν.

2 1 σαττ(ε)ιν] ν > A⁺ | εισηλθοσαν οι δυο νεαν.] οι δυο νεαν. ηλθον A | οικιαν] pr. την A ‖ 2 λεγοντες > A | εισπεπ. ωδε ανδρες] ιδου ανδρες εισπεπ. ωδε A (ιδου in O sub ※) ‖ 3 εισαγαγε A⁺ ‖ 4 τους] + δυο B (in O sub ※) | προς με] + ωδε A⁺ ‖ 7 διωκοντες] pr. κατα A ‖ 8 δε > A | και αυτη] αυτη δε B | επι το δωμα / προς αυτους] tr. A ‖ 9 δεδωκεν] εδω. A | υμιν κυριος] tr. A | εφ] προς A⁺ ‖ 10 ερυθραν θαλ.] θαλ. την ερ. A | εκ γης] εξ A ‖ 11 ημων 2⁰ > A | θεος ult.] ος B⁺ ‖ 12 και 2⁰ > B*⁺ | ποιησετε V] -σατε BA ‖ 13 ζωγρησετε V] -σατε BA | και 2⁰ > B⁺ | παντα τον οικον] τας αδελφας A ‖ 14 παραδοι B⁺ | ποιησετε] -σατε A | εις εμε] μετ εμου A

15καὶ κατεχάλασεν αὐτοὺς διὰ τῆς θυρίδος 16καὶ εἶπεν αὐτοῖς Εἰς ¹⁵
τὴν ὀρεινὴν ἀπέλθετε, μὴ συναντήσωσιν ὑμῖν οἱ καταδιώκοντες, ¹⁶
καὶ κρυβήσεσθε ἐκεῖ τρεῖς ἡμέρας, ἕως ἂν ἀποστρέψωσιν οἱ κατα-
διώκοντες ὀπίσω ὑμῶν, καὶ μετὰ ταῦτα ἀπελεύσεσθε εἰς τὴν ὁδὸν
ὑμῶν. 17καὶ εἶπαν οἱ ἄνδρες πρὸς αὐτήν Ἀθῷοί ἐσμεν τῷ ὅρκῳ 17
σου τούτῳ · 18ἰδοὺ ἡμεῖς εἰσπορευόμεθα εἰς μέρος τῆς πόλεως, 18
καὶ θήσεις τὸ σημεῖον, τὸ σπαρτίον τὸ κόκκινον τοῦτο ἐκδήσεις
εἰς τὴν θυρίδα, δι᾽ ἧς κατεβίβασας ἡμᾶς δι᾽ αὐτῆς, τὸν δὲ πατέρα
σου καὶ τὴν μητέρα σου καὶ τοὺς ἀδελφούς σου καὶ πάντα τὸν
οἶκον τοῦ πατρός σου συνάξεις πρὸς σεαυτὴν εἰς τὴν οἰκίαν σου.
19καὶ ἔσται πᾶς, ὃς ἂν ἐξέλθη τὴν θύραν τῆς οἰκίας σου ἔξω, 19
ἔνοχος ἑαυτῷ ἔσται, ἡμεῖς δὲ ἀθῷοι τῷ ὅρκῳ σου τούτῳ · καὶ
ὅσοι ἐὰν γένωνται μετὰ σοῦ ἐν τῇ οἰκίᾳ σου, ἡμεῖς ἔνοχοι ἐσό-
μεθα. 20ἐὰν δέ τις ἡμᾶς ἀδικήσῃ ἢ καὶ ἀποκαλύψῃ τοὺς λόγους 20
ἡμῶν τούτους, ἐσόμεθα ἀθῷοι τῷ ὅρκῳ σου τούτῳ. 21καὶ εἶπεν 21
αὐτοῖς Κατὰ τὸ ῥῆμα ὑμῶν οὕτως ἔστω · καὶ ἐξαπέστειλεν αὐτούς.
22καὶ ἐπορεύθησαν καὶ ἤλθοσαν εἰς τὴν ὀρεινὴν καὶ κατέμειναν 22
ἐκεῖ τρεῖς ἡμέρας · καὶ ἐξεζήτησαν οἱ καταδιώκοντες πάσας τὰς
ὁδοὺς καὶ οὐχ εὕροσαν. 23καὶ ὑπέστρεψαν οἱ δύο νεανίσκοι καὶ 23
κατέβησαν ἐκ τοῦ ὄρους καὶ διέβησαν πρὸς Ἰησοῦν υἱὸν Ναυη
καὶ διηγήσαντο αὐτῷ πάντα τὰ συμβεβηκότα αὐτοῖς. 24καὶ εἶπαν 24
πρὸς Ἰησοῦν ὅτι Παρέδωκεν κύριος πᾶσαν τὴν γῆν ἐν χειρὶ ἡμῶν,
καὶ κατέπτηκεν πᾶς ὁ κατοικῶν τὴν γῆν ἐκείνην ἀφ᾽ ἡμῶν.

1Καὶ ὤρθρισεν Ἰησοῦς τὸ πρωί, καὶ ἀπῆραν ἐκ Σαττιν καὶ ἦλ- 3
θοσαν ἕως τοῦ Ιορδάνου καὶ κατέλυσαν ἐκεῖ πρὸ τοῦ διαβῆναι.
2καὶ ἐγένετο μετὰ τρεῖς ἡμέρας διῆλθον οἱ γραμματεῖς διὰ τῆς 2
παρεμβολῆς 3καὶ ἐνετείλαντο τῷ λαῷ λέγοντες Ὅταν ἴδητε τὴν κι- 3
βωτὸν τῆς διαθήκης κυρίου τοῦ θεοῦ ἡμῶν καὶ τοὺς ἱερεῖς ἡμῶν
καὶ τοὺς Λευίτας αἴροντας αὐτήν, ἀπαρεῖτε ἀπὸ τῶν τόπων ὑμῶν
καὶ πορεύεσθε ὀπίσω αὐτῆς · 4ἀλλὰ μακρὰν ἔστω ἀνὰ μέσον ὑμῶν 4
καὶ ἐκείνης ὅσον δισχιλίους πήχεις · στήσεσθε, μὴ προσεγγίσητε
αὐτῇ, ἵν᾽ ἐπίστησθε τὴν ὁδόν, ἣν πορεύεσθε αὐτήν · οὐ γὰρ πε-
πόρευσθε τὴν ὁδὸν ἀπ᾽ ἐχθὲς καὶ τρίτης ἡμέρας. 5καὶ εἶπεν Ἰησοῦς 5
τῷ λαῷ Ἁγνίσασθε εἰς αὔριον, ὅτι αὔριον ποιήσει ἐν ὑμῖν κύριος
θαυμαστά. 6καὶ εἶπεν Ἰησοῦς τοῖς ἱερεῦσιν Ἄρατε τὴν κιβωτὸν τῆς 6
διαθήκης κυρίου καὶ προπορεύεσθε τοῦ λαοῦ. καὶ ἦραν οἱ ἱερεῖς

16 απελθατε Α | αν > Α | αναστρεψωσιν Α || 17 οι ανδρες / προς αυτην]
tr. Α || 18 δι αυτης] εν αυτη Α | τον δε] και τον Α || 19 θυραν της οι-
κιας] οικιαν Α || 20 η > Α || 21 ουτως > B† | εσται Α || 24 πασαν τ.
γην / εν χ. ημων] tr. Α | κατεπτηχεν Bᶜ

31 απηραν W] -ρον A†, -ρεν Β || 3 πορευεσθε] -ευσεσθε Bᶜ: item in 4
|| 4 υμων] ημ. Β || 5 αυριον 1º] pr. την Α | εν υμιν(Β ημ.) / κυριος] tr. Α |
θαυμασια Α

τὴν κιβωτὸν τῆς διαθήκης κυρίου καὶ ἐπορεύοντο ἔμπροσθεν τοῦ
7 λαοῦ. ⁷καὶ εἶπεν κύριος πρὸς Ἰησοῦν Ἐν τῇ ἡμέρᾳ ταύτῃ ἄρχομαι
ὑψῶσαί σε κατενώπιον πάντων υἱῶν Ισραηλ, ἵνα γνῶσιν, καθότι
8 ἤμην μετὰ Μωυσῆ, οὕτως ἔσομαι καὶ μετὰ σοῦ. ⁸καὶ νῦν ἔντειλαι
τοῖς ἱερεῦσιν τοῖς αἴρουσιν τὴν κιβωτὸν τῆς διαθήκης λέγων Ὡς
ἂν εἰσέλθητε ἐπὶ μέρους τοῦ ὕδατος τοῦ Ιορδάνου, καὶ ἐν τῷ Ιορ-
9 δάνῃ στήσεσθε. ⁹καὶ εἶπεν Ἰησοῦς τοῖς υἱοῖς Ισραηλ Προσαγάγετε
10 ὧδε καὶ ἀκούσατε τὸ ῥῆμα κυρίου τοῦ θεοῦ ἡμῶν. ¹⁰ἐν τούτῳ
γνώσεσθε ὅτι θεὸς ζῶν ἐν ὑμῖν καὶ ὀλεθρεύων ὀλεθρεύσει ἀπὸ
προσώπου ἡμῶν τὸν Χαναναῖον καὶ τὸν Χετταῖον καὶ τὸν Φερε-
ζαῖον καὶ τὸν Ευαῖον καὶ τὸν Αμορραῖον καὶ τὸν Γεργεσαῖον καὶ
11 τὸν Ιεβουσαῖον · ¹¹ἰδοὺ ἡ κιβωτὸς διαθήκης κυρίου πάσης τῆς γῆς
12 διαβαίνει τὸν Ιορδάνην. ¹²προχειρίσασθε ὑμῖν δώδεκα ἄνδρας ἀπὸ
13 τῶν υἱῶν Ισραηλ, ἕνα ἀφ᾽ ἑκάστης φυλῆς. ¹³καὶ ἔσται ὡς ἂν κατα-
παύσωσιν οἱ πόδες τῶν ἱερέων τῶν αἰρόντων τὴν κιβωτὸν τῆς
διαθήκης κυρίου πάσης τῆς γῆς ἐν τῷ ὕδατι τοῦ Ιορδάνου, τὸ
ὕδωρ τοῦ Ιορδάνου ἐκλείψει, τὸ δὲ ὕδωρ τὸ καταβαῖνον στήσεται.
14 ¹⁴καὶ ἀπῆρεν ὁ λαὸς ἐκ τῶν σκηνωμάτων αὐτῶν διαβῆναι τὸν
Ιορδάνην, οἱ δὲ ἱερεῖς ἦροσαν τὴν κιβωτὸν τῆς διαθήκης κυρίου
15 πρότεροι τοῦ λαοῦ. ¹⁵ὡς δὲ εἰσεπορεύοντο οἱ ἱερεῖς οἱ αἴροντες
τὴν κιβωτὸν τῆς διαθήκης ἐπὶ τὸν Ιορδάνην καὶ οἱ πόδες τῶν ἱε-
ρέων τῶν αἰρόντων τὴν κιβωτὸν τῆς διαθήκης κυρίου ἐβάφησαν
εἰς μέρος τοῦ ὕδατος τοῦ Ιορδάνου — ὁ δὲ Ιορδάνης ἐπλήρου
καθ᾽ ὅλην τὴν κρηπῖδα αὐτοῦ ὡσεὶ ἡμέραι θερισμοῦ πυρῶν —,
16 ¹⁶καὶ ἔστη τὰ ὕδατα τὰ καταβαίνοντα ἄνωθεν, ἔστη πῆγμα ἓν
ἀφεστηκὸς μακρὰν σφόδρα σφοδρῶς ἕως μέρους Καριαθιαριμ, τὸ
δὲ καταβαῖνον κατέβη εἰς τὴν θάλασσαν Αραβα, θάλασσαν ἁλός,
ἕως εἰς τὸ τέλος ἐξέλιπεν · καὶ ὁ λαὸς εἱστήκει ἀπέναντι Ιεριχω.
17 ¹⁷καὶ ἔστησαν οἱ ἱερεῖς οἱ αἴροντες τὴν κιβωτὸν τῆς διαθήκης κυ-
ρίου ἐπὶ ξηρᾶς ἐν μέσῳ τοῦ Ιορδάνου · καὶ πάντες οἱ υἱοὶ Ισραηλ
διέβαινον διὰ ξηρᾶς, ἕως συνετέλεσεν πᾶς ὁ λαὸς διαβαίνων τὸν
Ιορδάνην.

4 ¹Καὶ ἐπεὶ συνετέλεσεν πᾶς ὁ λαὸς διαβαίνων τὸν Ιορδάνην,
2 καὶ εἶπεν κύριος τῷ Ἰησοῖ λέγων ²Παραλαβὼν ἄνδρας ἀπὸ τοῦ
3 λαοῦ, ἕνα ἀφ᾽ ἑκάστης φυλῆς, ³σύνταξον αὐτοῖς λέγων Ἀνέλεσθε

7 παντων] + των A ‖ 8 μερους] μεσου B† ‖ 10 οτι] + εγω A† | θεος]
κυριος A | φερεζ. ... ευαιον] tr. A | αμορρ. ... γεργεσ.] tr. A ‖ 11 διαθηκης]
pr. της A ‖ 12 αφ] εφ A ‖ 14 κυριου > B ‖ 15 οι 2⁰ > A† | της διαθ.
κυριου > A | μερος] pr. το A ‖ 16 τα 2⁰ > A | σφοδρως > Aʳ | καριαθια-
ριμ] καθιαιρειν B† | θαλασσαν 1⁰ ⌒ 2⁰ A† | αλος] των αλων A
4 1 επει συνετελεσεν] επισυν. ABᶜ | τω ιησοι(uel -σου)] προς -σουν A ‖
2 ανδρας απο του λαου] απο τ. λ. δωδεκα ανδρας A | αφ] εφ A ‖ 3 λεγων]
και B | ανελεσθε] + εντευθεν A

ἐκ μέσου τοῦ Ἰορδάνου ἑτοίμους δώδεκα λίθους καὶ τούτους δια-
κομίσαντες ἅμα ὑμῖν αὐτοῖς θέτε αὐτοὺς ἐν τῇ στρατοπεδείᾳ ὑμῶν,
οὗ ἐὰν παρεμβάλητε ἐκεῖ τὴν νύκτα. ⁴καὶ ἀνακαλεσάμενος Ἰησοῦς 4
δώδεκα ἄνδρας τῶν ἐνδόξων ἀπὸ τῶν υἱῶν Ἰσραηλ, ἕνα ἀφ' ἑκά-
στης φυλῆς, ⁵εἶπεν αὐτοῖς Προσαγάγετε ἔμπροσθέν μου πρὸ προσ- 5
ώπου κυρίου εἰς μέσον τοῦ Ἰορδάνου, καὶ ἀνελόμενος ἐκεῖθεν ἕκα-
στος λίθον ἀράτω ἐπὶ τῶν ὤμων αὐτοῦ κατὰ τὸν ἀριθμὸν τῶν
δώδεκα φυλῶν τοῦ Ἰσραηλ, ⁶ἵνα ὑπάρχωσιν ὑμῖν οὗτοι εἰς σημεῖον 6
κείμενον διὰ παντός, ἵνα ὅταν ἐρωτᾷ σε ὁ υἱός σου αὔριον λέγων
Τί εἰσιν οἱ λίθοι οὗτοι ὑμῖν; ⁷καὶ σὺ δηλώσεις τῷ υἱῷ σου λέγων 7
Ὅτι ἐξέλιπεν ὁ Ἰορδάνης ποταμὸς ἀπὸ προσώπου κιβωτοῦ διαθή-
κης κυρίου πάσης τῆς γῆς, ὡς διέβαινεν αὐτόν · καὶ ἔσονται οἱ
λίθοι οὗτοι ὑμῖν μνημόσυνον τοῖς υἱοῖς Ἰσραηλ ἕως τοῦ αἰῶνος.
⁸καὶ ἐποίησαν οὕτως οἱ υἱοὶ Ἰσραηλ, καθότι ἐνετείλατο κύριος τῷ 8
Ἰησοῖ, καὶ λαβόντες δώδεκα λίθους ἐκ μέσου τοῦ Ἰορδάνου, καθ-
άπερ συνέταξεν κύριος τῷ Ἰησοῖ ἐν τῇ συντελείᾳ τῆς διαβάσεως
τῶν υἱῶν Ἰσραηλ, καὶ διεκόμισαν ἅμα ἑαυτοῖς εἰς τὴν παρεμβολὴν
καὶ ἀπέθηκαν ἐκεῖ. ⁹ἔστησεν δὲ Ἰησοῦς καὶ ἄλλους δώδεκα λίθους 9
ἐν αὐτῷ τῷ Ἰορδάνῃ ἐν τῷ γενομένῳ τόπῳ ὑπὸ τοὺς πόδας τῶν
ἱερέων τῶν αἱρόντων τὴν κιβωτὸν τῆς διαθήκης κυρίου, καί εἰσιν
ἐκεῖ ἕως τῆς σήμερον ἡμέρας. ¹⁰εἱστήκεισαν δὲ οἱ ἱερεῖς οἱ αἴρον- 10
τες τὴν κιβωτὸν τῆς διαθήκης ἐν τῷ Ἰορδάνῃ, ἕως οὗ συνετέλεσεν
Ἰησοῦς πάντα, ἃ ἐνετείλατο κύριος ἀναγγεῖλαι τῷ λαῷ, καὶ ἔσπευ-
σεν ὁ λαὸς καὶ διέβησαν. ¹¹καὶ ἐγένετο ὡς συνετέλεσεν πᾶς ὁ 11
λαὸς διαβῆναι, καὶ διέβη ἡ κιβωτὸς τῆς διαθήκης κυρίου, καὶ οἱ
λίθοι ἔμπροσθεν αὐτῶν. ¹²καὶ διέβησαν οἱ υἱοὶ Ρουβην καὶ οἱ υἱοὶ 12
Γαδ καὶ οἱ ἡμίσεις φυλῆς Μανασση διεσκευασμένοι ἔμπροσθεν τῶν
υἱῶν Ἰσραηλ, καθάπερ ἐνετείλατο αὐτοῖς Μωυσῆς. ¹³τετρακισμύριοι 13
εὔζωνοι εἰς μάχην διέβησαν ἐναντίον κυρίου εἰς πόλεμον πρὸς τὴν
Ιεριχω πόλιν. ¹⁴ἐν ἐκείνῃ τῇ ἡμέρᾳ ηὔξησεν κύριος τὸν Ἰησοῦν 14
ἐναντίον παντὸς τοῦ γένους Ἰσραηλ, καὶ ἐφοβοῦντο αὐτὸν ὥσπερ
Μωυσῆν, ὅσον χρόνον ἔζη.
¹⁵Καὶ εἶπεν κύριος τῷ Ἰησοῖ λέγων ¹⁶Ἔντειλαι τοῖς ἱερεῦσιν 15
τοῖς αἴρουσιν τὴν κιβωτὸν τῆς διαθήκης τοῦ μαρτυρίου κυρίου   16
ἐκβῆναι ἐκ τοῦ Ἰορδάνου. ¹⁷καὶ ἐνετείλατο Ἰησοῦς τοῖς ἱερεῦσιν 17
λέγων Ἔκβητε ἐκ τοῦ Ἰορδάνου. ¹⁸καὶ ἐγένετο ὡς ἐξέβησαν οἱ 18

---

3 υμιν αυτοις] υ. και α. Β | θετε] θησεται(pro -τε) Α || 5 αυτοις] + ιησους
Α | εκειθεν εκαστος λιθον αρατω] αρ. εκειθεν εκαστος λ. ενα Α | δωδεκα > Α
|| 6 υμιν ult. M] ημ. ΒΑ || 7 οι λ. ουτοι / υμιν] tr. Α || 8 εαυτοις] ε >
Α | απεθηκαν(Α-κεν)] + αυτους Α | 9 ιορδανω Α⁺ || 10 ου > Α | α] οσα
Α | κυριος] + τω ιησοι Α | διεβησαν] -βη Α || 14 παντος του] tr. Β | ωσπερ]
+ εφοβουντο Α (in O sub ※)

ἱερεῖς οἱ αἴροντες τὴν κιβωτὸν τῆς διαθήκης κυρίου ἐκ τοῦ Ἰορ-
δάνου καὶ ἔθηκαν τοὺς πόδας ἐπὶ τῆς γῆς, ὥρμησεν τὸ ὕδωρ τοῦ
Ἰορδάνου κατὰ χώραν καὶ ἐπορεύετο καθὰ ἐχθὲς καὶ τρίτην ἡμέραν
19 δι᾽ ὅλης τῆς κρηπῖδος. ¹⁹καὶ ὁ λαὸς ἀνέβη ἐκ τοῦ Ἰορδάνου δεκάτη
τοῦ μηνὸς τοῦ πρώτου · καὶ κατεστρατοπέδευσαν οἱ υἱοὶ Ἰσραηλ
ἐν Γαλγαλοις κατὰ μέρος τὸ πρὸς ἡλίου ἀνατολὰς ἀπὸ τῆς Ιεριχω.
20 ²⁰καὶ τοὺς δώδεκα λίθους τούτους, οὓς ἔλαβεν ἐκ τοῦ Ἰορδάνου,
21 ἔστησεν Ἰησοῦς ἐν Γαλγαλοις ²¹λέγων Ὅταν ἐρωτῶσιν ὑμᾶς οἱ
22 υἱοὶ ὑμῶν λέγοντες Τί εἰσιν οἱ λίθοι οὗτοι; ²²ἀναγγείλατε τοῖς
23 υἱοῖς ὑμῶν ὅτι Ἐπὶ ξηρᾶς διέβη Ἰσραηλ τὸν Ἰορδάνην ²³ἀποξη-
ράναντος κυρίου τοῦ θεοῦ ἡμῶν τὸ ὕδωρ τοῦ Ἰορδάνου ἐκ τοῦ
ἔμπροσθεν αὐτῶν μέχρι οὗ διέβησαν, καθάπερ ἐποίησεν κύριος ὁ
θεὸς ἡμῶν τὴν ἐρυθρὰν θάλασσαν, ἣν ἀπεξήρανεν κύριος ὁ θεὸς
24 ἡμῶν ἔμπροσθεν ἡμῶν ἕως παρήλθομεν, ²⁴ὅπως γνῶσιν πάντα τὰ
ἔθνη τῆς γῆς ὅτι ἡ δύναμις τοῦ κυρίου ἰσχυρά ἐστιν, καὶ ἵνα
ὑμεῖς σέβησθε κύριον τὸν θεὸν ὑμῶν ἐν παντὶ χρόνῳ.
5 ¹Καὶ ἐγένετο ὡς ἤκουσαν οἱ βασιλεῖς τῶν Αμορραίων, οἳ ἦσαν
πέραν τοῦ Ἰορδάνου, καὶ οἱ βασιλεῖς τῆς Φοινίκης οἱ παρὰ τὴν
θάλασσαν ὅτι ἀπεξήρανεν κύριος ὁ θεὸς τὸν Ἰορδάνην ποταμὸν
ἐκ τῶν ἔμπροσθεν τῶν υἱῶν Ισραηλ ἐν τῷ διαβαίνειν αὐτούς, καὶ
ἐτάκησαν αὐτῶν αἱ διάνοιαι καὶ κατεπλάγησαν, καὶ οὐκ ἦν ἐν αὐ-
τοῖς φρόνησις οὐδεμία ἀπὸ προσώπου τῶν υἱῶν Ισραηλ.
2 ²Ὑπὸ δὲ τοῦτον τὸν καιρὸν εἶπεν κύριος τῷ Ἰησοῖ Ποίησον
σεαυτῷ μαχαίρας πετρίνας ἐκ πέτρας ἀκροτόμου καὶ καθίσας περί-
3 τεμε τοὺς υἱοὺς Ισραηλ. ³καὶ ἐποίησεν Ἰησοῦς μαχαίρας πετρίνας
ἀκροτόμους καὶ περιέτεμεν τοὺς υἱοὺς Ισραηλ ἐπὶ τοῦ καλουμένου
4 τόπου Βουνὸς τῶν ἀκροβυστιῶν. ⁴ὃν δὲ τρόπον περιεκάθαρεν Ἰη-
σοῦς τοὺς υἱοὺς Ισραηλ, ὅσοι ποτὲ ἐγένοντο ἐν τῇ ὁδῷ καὶ ὅσοι
5 ποτὲ ἀπερίτμητοι ἦσαν τῶν ἐξεληλυθότων ἐξ Αἰγύπτου, ⁵πάντας
6 τούτους περιέτεμεν Ἰησοῦς · ⁶τεσσαράκοντα γὰρ καὶ δύο ἔτη ἀνέ-
στραπται Ισραηλ ἐν τῇ ἐρήμῳ τῇ Μαδβαρίτιδι, διὸ ἀπερίτμητοι
ἦσαν οἱ πλεῖστοι αὐτῶν τῶν μαχίμων τῶν ἐξεληλυθότων ἐκ γῆς
Αἰγύπτου οἱ ἀπειθήσαντες τῶν ἐντολῶν τοῦ θεοῦ, οἷς καὶ διώρι-
σεν μὴ ἰδεῖν αὐτοὺς τὴν γῆν, ἣν ὤμοσεν κύριος τοῖς πατράσιν
7 αὐτῶν δοῦναι ἡμῖν, γῆν ῥέουσαν γάλα καὶ μέλι. ⁷ἀντὶ δὲ τούτων

18 εκ] + μεσου A | γης] ξηρας A | ωρμησεν] pr. και A (in O sub ※) ‖
20 τουτους > A ‖ 21 υμας / οι υιοι υμων] tr. A ‖ 22 ισραηλ > A*† | fin.]
+ τουτον B (in O sub ※) ‖ 23 του 3⁰] των B ‖ 24 κυριον τον] tr. A |
υμων] ημ. B | χρονω] εργω B
5 1 διαβηναι A | ετακησαν] pr. κατ A | αυτων / αι διαν.] tr. A ‖ 2 πετρι-
νας > A | fin.] + εκ δευτερου A ‖ 3 πετριναс] + εαυτω A ‖ 4 περιεκα-
θηρεν A ‖ 6 μαβδαρ(ε)ιτιδι ABᶜ: cf. 15 6 1 A. 18 12 | απεριτμ.] pr. οι B† |
διωρ.] + κυριος αυτοις A | αυτων δουναι ημιν] ημων δουναι B⁽†⁾

ἀντικατέστησεν τοὺς υἱοὺς αὐτῶν, οὓς Ἰησοῦς περιέτεμεν διὰ τὸ
αὐτοὺς γεγενῆσθαι κατὰ τὴν ὁδὸν ἀπεριτμήτους. ⁸περιτμηθέντες 8
δὲ ἡσυχίαν εἶχον αὐτόθι καθήμενοι ἐν τῇ παρεμβολῇ, ἕως ὑγιάσθη-
σαν. ⁹καὶ εἶπεν κύριος τῷ Ἰησοῖ υἱῷ Ναυη Ἐν τῇ σήμερον ἡμέρᾳ 9
ἀφεῖλον τὸν ὀνειδισμὸν Αἰγύπτου ἀφ᾽ ὑμῶν. καὶ ἐκάλεσεν τὸ ὄνομα
τοῦ τόπου ἐκείνου Γαλγαλα.

¹⁰Καὶ ἐποίησαν οἱ υἱοὶ Ισραηλ τὸ πασχα τῇ τεσσαρεσκαιδεκάτῃ 10
ἡμέρᾳ τοῦ μηνὸς ἀπὸ ἑσπέρας ἐπὶ δυσμῶν Ιεριχω ἐν τῷ πέραν
τοῦ Ιορδάνου ἐν τῷ πεδίῳ ¹¹καὶ ἐφάγοσαν ἀπὸ τοῦ σίτου τῆς 11
γῆς ἄζυμα καὶ νέα. ἐν ταύτῃ τῇ ἡμέρᾳ ¹²ἐξέλιπεν τὸ μαννα μετὰ 12
τὸ βεβρωκέναι αὐτοὺς ἐκ τοῦ σίτου τῆς γῆς, καὶ οὐκέτι ὑπῆρχεν
τοῖς υἱοῖς Ισραηλ μαννα · ἐκαρπίσαντο δὲ τὴν χώραν τῶν Φοινί-
κων ἐν τῷ ἐνιαυτῷ ἐκείνῳ.

¹³Καὶ ἐγένετο ὡς ἦν Ἰησοῦς ἐν Ιεριχω, καὶ ἀναβλέψας τοῖς ὀ- 13
φθαλμοῖς εἶδεν ἄνθρωπον ἑστηκότα ἐναντίον αὐτοῦ, καὶ ἡ ῥομφαία
ἐσπασμένη ἐν τῇ χειρὶ αὐτοῦ. καὶ προσελθὼν Ἰησοῦς εἶπεν αὐτῷ
Ἡμέτερος εἶ ἢ τῶν ὑπεναντίων; ¹⁴ὁ δὲ εἶπεν αὐτῷ Ἐγὼ ἀρχι- 14
στράτηγος δυνάμεως κυρίου νυνὶ παραγέγονα. καὶ Ἰησοῦς ἔπεσεν
ἐπὶ πρόσωπον ἐπὶ τὴν γῆν καὶ εἶπεν αὐτῷ Δέσποτα, τί προστάσ-
σεις τῷ σῷ οἰκέτῃ; ¹⁵καὶ λέγει ὁ ἀρχιστράτηγος κυρίου πρὸς Ἰη- 15
σοῦν Λῦσαι τὸ ὑπόδημα ἐκ τῶν ποδῶν σου · ὁ γὰρ τόπος, ἐφ᾽ ᾧ
σὺ ἔστηκας, ἅγιός ἐστιν.

¹Καὶ Ιεριχω συγκεκλεισμένη καὶ ὠχυρωμένη, καὶ οὐθεὶς ἐξεπο- 6
ρεύετο ἐξ αὐτῆς οὐδὲ εἰσεπορεύετο. ²καὶ εἶπεν κύριος πρὸς Ἰησοῦν 2
Ἰδοὺ ἐγὼ παραδίδωμι ὑποχείριόν σου τὴν Ιεριχω καὶ τὸν βασιλέα
αὐτῆς τὸν ἐν αὐτῇ δυνατοὺς ὄντας ἐν ἰσχύι · ³σὺ δὲ περίστησον 3
αὐτῇ τοὺς μαχίμους κύκλῳ, ⁵καὶ ἔσται ὡς ἂν σαλπίσητε τῇ σάλ- 5
πιγγι, ἀνακραγέτω πᾶς ὁ λαὸς ἅμα, καὶ ἀνακραγόντων αὐτῶν πε-
σεῖται αὐτόματα τὰ τείχη τῆς πόλεως, καὶ εἰσελεύσεται πᾶς ὁ λαὸς
ὁρμήσας ἕκαστος κατὰ πρόσωπον εἰς τὴν πόλιν. ⁶καὶ εἰσῆλθεν 6
Ἰησοῦς ὁ τοῦ Ναυη πρὸς τοὺς ἱερεῖς ⁷καὶ εἶπεν αὐτοῖς λέγων 7
Παραγγείλατε τῷ λαῷ περιελθεῖν καὶ κυκλῶσαι τὴν πόλιν, καὶ οἱ
μάχιμοι παραπορευέσθωσαν ἐνωπλισμένοι ἐναντίον κυρίου · ⁸καὶ 8
ἑπτὰ ἱερεῖς ἔχοντες ἑπτὰ σάλπιγγας ἱερὰς παρελθέτωσαν ὡσαύτως

7 ιησους περιετεμεν] tr. A | γεγεννησθαι B || 8 ειχον] εσχον A | αυτοθι]
-τοι A || 9 υιω ναυη > A || 10 τη > A | αφ εσπερου A | επι] απο B*
| εν τω περαν του ιορδ. > A || 12 χωραν] κουραν B† || 13 οφθ.] + αυ-
του A || 14 νυν A || 15 λεγει] ειπεν A† | λυσαι] -σον A | συ] νυν B |
εστηκας] + επ αυτου A
6 2 υποχειρ. σου την ιερ.] την ιερ. υποχειριαν(cf. Thack. § 12, 1) B† | οντας
> A || 3 τους] pr. παντας A | μαχητας A || 5 αμα > A | ανακραγοντων]
-γεντων A⁽†⁾ | κατα προσ./εις την πολ.] tr. A*† || 6 ο του] υιος A ||
7 εναντι A || 8 παρελθατωσαν A

ἐναντίον τοῦ κυρίου καὶ σημαινέτωσαν εὐτόνως, καὶ ἡ κιβωτὸς
9 τῆς διαθήκης κυρίου ἐπακολουθείτω · ⁹οἱ δὲ μάχιμοι ἔμπροσθεν
παραπορευέσθωσαν καὶ οἱ ἱερεῖς οἱ οὐραγοῦντες ὀπίσω τῆς κιβω-
10 τοῦ τῆς διαθήκης κυρίου πορευόμενοι καὶ σαλπίζοντες. ¹⁰τῷ δὲ
λαῷ ἐνετείλατο Ἰησοῦς λέγων Μὴ βοᾶτε, μηδὲ ἀκουσάτω μηθεὶς
ὑμῶν τὴν φωνήν, ἕως ἂν ἡμέραν αὐτὸς διαγγείλῃ ἀναβοῆσαι, καὶ
11 τότε ἀναβοήσετε. ¹¹καὶ περιελθοῦσα ἡ κιβωτὸς τῆς διαθήκης τοῦ
θεοῦ τὴν πόλιν εὐθέως ἀπῆλθεν εἰς τὴν παρεμβολὴν καὶ ἐκοιμήθη
12 ἐκεῖ. ¹²καὶ τῇ ἡμέρᾳ τῇ δευτέρᾳ ἀνέστη Ἰησοῦς τὸ πρωί, καὶ ἦραν
13 οἱ ἱερεῖς τὴν κιβωτὸν τῆς διαθήκης κυρίου, ¹³καὶ οἱ ἑπτὰ ἱερεῖς οἱ
φέροντες τὰς σάλπιγγας τὰς ἑπτὰ προεπορεύοντο ἐναντίον κυρίου,
καὶ μετὰ ταῦτα εἰσεπορεύοντο οἱ μάχιμοι καὶ ὁ λοιπὸς ὄχλος
ὄπισθε τῆς κιβωτοῦ τῆς διαθήκης κυρίου · καὶ οἱ ἱερεῖς ἐσάλπισαν
ταῖς σάλπιγξι, καὶ ὁ λοιπὸς ὄχλος ἅπας περιεκύκλωσε τὴν πόλιν
14 ἐγγύθεν ¹⁴καὶ ἀπῆλθεν πάλιν εἰς τὴν παρεμβολήν. οὕτως ἐποίει
15 ἐπὶ ἓξ ἡμέρας. ¹⁵καὶ τῇ ἡμέρᾳ τῇ ἑβδόμῃ ἀνέστησαν ὄρθρου καὶ
16 περιήλθοσαν τὴν πόλιν ἑξάκις · ¹⁶καὶ τῇ περιόδῳ τῇ ἑβδόμῃ ἐσάλ-
πισαν οἱ ἱερεῖς, καὶ εἶπεν Ἰησοῦς τοῖς υἱοῖς Ισραηλ Κεκράξατε ·
17 παρέδωκεν γὰρ κύριος ὑμῖν τὴν πόλιν. ¹⁷καὶ ἔσται ἡ πόλις ἀνά-
θεμα, αὐτὴ καὶ πάντα, ὅσα ἐστὶν ἐν αὐτῇ, κυρίῳ σαβαωθ · πλὴν
Ρααβ τὴν πόρνην περιποιήσασθε, αὐτὴν καὶ ὅσα ἐστὶν ἐν τῷ οἴκῳ
18 αὐτῆς. ¹⁸ἀλλὰ ὑμεῖς φυλάξασθε σφόδρα ἀπὸ τοῦ ἀναθέματος, μή-
ποτε ἐνθυμηθέντες ὑμεῖς αὐτοὶ λάβητε ἀπὸ τοῦ ἀναθέματος καὶ
ποιήσητε τὴν παρεμβολὴν τῶν υἱῶν Ισραηλ ἀνάθεμα καὶ ἐκτρίψητε
19 ἡμᾶς · ¹⁹καὶ πᾶν ἀργύριον ἢ χρυσίον ἢ χαλκὸς ἢ σίδηρος ἅγιον
20 ἔσται τῷ κυρίῳ, εἰς θησαυρὸν κυρίου εἰσενεχθήσεται. ²⁰καὶ ἐσάλ-
πισαν ταῖς σάλπιγξιν οἱ ἱερεῖς · ὡς δὲ ἤκουσεν ὁ λαὸς τὴν φωνὴν
τῶν σαλπίγγων, ἠλάλαξεν πᾶς ὁ λαὸς ἅμα ἀλαλαγμῷ μεγάλῳ καὶ
ἰσχυρῷ. καὶ ἔπεσεν ἅπαν τὸ τεῖχος κύκλῳ, καὶ ἀνέβη πᾶς ὁ λαὸς
21 εἰς τὴν πόλιν. ²¹καὶ ἀνεθεμάτισεν αὐτὴν Ἰησοῦς καὶ ὅσα ἦν ἐν
τῇ πόλει ἀπὸ ἀνδρὸς καὶ ἕως γυναικός, ἀπὸ νεανίσκου καὶ ἕως
πρεσβύτου καὶ ἕως μόσχου καὶ ὑποζυγίου, ἐν στόματι ῥομφαίας.

9 εμπροσθεν παραπορ.] tr. A | πορευομ. και > B† || 10 βοατε] -τω A† | μη-
δε] και μη A† | υμων / την φωνην] tr. A | ημερα A(ex corr. ?) | αυτος διαγγ.]
tr. A | αναβοησατε A || 11 την πολιν > B† || 12 της διαθ. > A || 13 επτα
ιερ.] ιερ. οι επτα A | οι 2⁰ > A | φεροντες] αιρ. A | σαλπ. τας επτα] επτα
σαλπ. A | κυριου 1⁰] pr. του A† | και μετα ταυτα — κυριου ult.] post 14 παρ-
εμβολην tr. A | περιεκυκλ. — fin. > A || 14 απηλθον A || 15 εξακις] επτακις
A || 16 ιησους] pr. ο B† | παραδεδωκεν A || 17 κυριω σαβαωθ] τω κ. των
δυναμεων A | οσα ult.] pr. παντα A || 18 φυλαξατε A† | σφοδρα] > A, in
O sub ÷ | αυτοι > A | ποιησετε A || 19 η 1⁰ 3⁰] και A | η 2⁰] και πας
A || 20 την φωνην > B† | απαν > A || 21 ανεθεματισεν αυτην ιησους]
-σαν αυτην A | πρεσβυτερου A | μοσχου] + και εως προβατου A (και προβ.
[sine εως] in O sub ※)

²²καὶ τοῖς δυσὶν νεανίσκοις τοῖς κατασκοπεύσασιν εἶπεν Ἰησοῦς 22
Εἰσέλθατε εἰς τὴν οἰκίαν τῆς γυναικὸς καὶ ἐξαγάγετε αὐτὴν ἐκεῖ-
θεν καὶ ὅσα ἐστὶν αὐτῇ. ²³καὶ εἰσῆλθον οἱ δύο νεανίσκοι οἱ κατα- 23
σκοπεύσαντες τὴν πόλιν εἰς τὴν οἰκίαν τῆς γυναικὸς καὶ ἐξηγάγο-
σαν Ρααβ τὴν πόρνην καὶ τὸν πατέρα αὐτῆς καὶ τὴν μητέρα αὐ-
τῆς καὶ τοὺς ἀδελφοὺς αὐτῆς καὶ πάντα, ὅσα ἦν αὐτῇ, καὶ πᾶσαν
τὴν συγγένειαν αὐτῆς καὶ κατέστησαν αὐτὴν ἔξω τῆς παρεμβολῆς
Ισραηλ. ²⁴καὶ ἡ πόλις ἐνεπρήσθη ἐμπυρισμῷ σὺν πᾶσιν τοῖς ἐν 24
αὐτῇ, πλὴν ἀργυρίου καὶ χρυσίου καὶ χαλκοῦ καὶ σιδήρου ἔδωκαν
εἰς θησαυρὸν κυρίου εἰσενεχθῆναι. ²⁵καὶ Ρααβ τὴν πόρνην καὶ 25
πάντα τὸν οἶκον τὸν πατρικὸν αὐτῆς ἐζώγρησεν Ἰησοῦς, καὶ κατῴ-
κησεν ἐν τῷ Ισραηλ ἕως τῆς σήμερον ἡμέρας, διότι ἔκρυψεν τοὺς
κατασκοπεύσαντας, οὓς ἀπέστειλεν Ἰησοῦς κατασκοπεῦσαι τὴν Ιε-
ριχω. — ²⁶καὶ ὥρκισεν Ἰησοῦς ἐν τῇ ἡμέρᾳ ἐκείνῃ ἐναντίον κυρίου 26
λέγων Ἐπικατάρατος ὁ ἄνθρωπος, ὃς οἰκοδομήσει τὴν πόλιν ἐκεί-
νην · ἐν τῷ πρωτοτόκῳ αὐτοῦ θεμελιώσει αὐτὴν καὶ ἐν τῷ ἐλα-
χίστῳ αὐτοῦ ἐπιστήσει τὰς πύλας αὐτῆς. καὶ οὕτως ἐποίησεν Οζαν
ὁ ἐκ Βαιθηλ · ἐν τῷ Αβιρων τῷ πρωτοτόκῳ ἐθεμελίωσεν αὐτὴν
καὶ ἐν τῷ ἐλαχίστῳ διασωθέντι ἐπέστησεν τὰς πύλας αὐτῆς.
²⁷Καὶ ἦν κύριος μετὰ Ἰησοῦ, καὶ ἦν τὸ ὄνομα αὐτοῦ κατὰ πᾶ- 27
σαν τὴν γῆν.
¹Καὶ ἐπλημμέλησαν οἱ υἱοὶ Ισραηλ πλημμέλειαν μεγάλην καὶ 7
ἐνοσφίσαντο ἀπὸ τοῦ ἀναθέματος · καὶ ἔλαβεν Αχαρ υἱὸς Χαρμι
υἱοῦ Ζαμβρι υἱοῦ Ζαρα ἐκ τῆς φυλῆς Ιουδα ἀπὸ τοῦ ἀναθέματος ·
καὶ ἐθυμώθη ὀργῇ κύριος τοῖς υἱοῖς Ισραηλ. ²καὶ ἀπέστειλεν Ἰη- 2
σοῦς ἄνδρας εἰς Γαι, ἥ ἐστιν κατὰ Βαιθηλ, λέγων Κατασκέψασθε
τὴν Γαι · καὶ ἀνέβησαν οἱ ἄνδρες καὶ κατεσκέψαντο τὴν Γαι. ³καὶ 3
ἀνέστρεψαν πρὸς Ἰησοῦν καὶ εἶπαν πρὸς αὐτόν Μὴ ἀναβήτω πᾶς
ὁ λαός, ἀλλ᾽ ὡς δισχίλιοι ἢ τρισχίλιοι ἄνδρες ἀναβήτωσαν καὶ ἐκ-
πολιορκησάτωσαν τὴν πόλιν · μὴ ἀναγάγῃς ἐκεῖ τὸν λαὸν πάντα,
ὀλίγοι γάρ εἰσιν. ⁴καὶ ἀνέβησαν ὡσεὶ τρισχίλιοι ἄνδρες καὶ ἔφυγον 4
ἀπὸ προσώπου τῶν ἀνδρῶν Γαι. ⁵καὶ ἀπέκτειναν ἀπ᾽ αὐτῶν ἄνδρες 5

22 δυο A | οσα] pr. παντα A | αυτη] pr. εν A ‖ 23 ρααβ] pr. την A | και
παντα οσα ην αυτη / και πασαν τ. συγγ. αυτης] tr. B⁽⁺⁾ (hab. αυτης pro -τη et
om. πασαν) ‖ 24 ενεπρησθη] -πυρισθη A | εμπυρισμω(B* ενπ.)] εν πυρι A
‖ 25 παντα] > A, in O sub ÷ ‖ 26 εναντιον κυριου > A | ος] + αναστη-
σει και A (A⁺ om. α 2⁰): eadem, sed η pro και, add. O sub ※ | θεμελιωσει]
εθεμελιωσεν A | και ουτως — fin.: cf. Regn. III 16 34 | οζαν] ο αζαν A, αοζ.
Bε⁺ | ελαχ. διασωθ.] tr. A | τας ult. > A⁺
7 1 μεγαλην > A | αχαρ] -αν A: item in 18—20 22 20, non in 7 24 | ζαμβρι]
μ > A ‖ 2 η εστιν] + την A⁺ | βαιθηλ] βηθαυν A | γαι 2⁰] γην A | γαι
ult.] pr. γην A ‖ 3 αναβητω] -βαινετω A | εκπολιορκ.] ενπ. A⁺ | απαντα A
‖ 4 ανεβησαν] + εκει A | ωσει] ως A | των > A

Γαι εἰς τριάκοντα καὶ ἓξ ἄνδρας καὶ κατεδίωξαν αὐτοὺς ἀπὸ τῆς
πύλης καὶ συνέτριψαν αὐτοὺς ἐπὶ τοῦ καταφεροῦς · καὶ ἐπτοήθη
6 ἡ καρδία τοῦ λαοῦ καὶ ἐγένετο ὥσπερ ὕδωρ. ⁶καὶ διέρρηξεν Ἰη-
σοῦς τὰ ἱμάτια αὐτοῦ, καὶ ἔπεσεν Ἰησοῦς ἐπὶ τὴν γῆν ἐπὶ πρόσ-
ωπον ἐναντίον κυρίου ἕως ἑσπέρας, αὐτὸς καὶ οἱ πρεσβύτεροι
7 Ισραηλ, καὶ ἐπεβάλοντο χοῦν ἐπὶ τὰς κεφαλὰς αὐτῶν. ⁷καὶ εἶπεν
Ἰησοῦς Δέομαι, κύριε, ἵνα τί διεβίβασεν ὁ παῖς σου τὸν λαὸν τοῦ-
τον τὸν Ιορδάνην παραδοῦναι αὐτὸν τῷ Αμορραίῳ ἀπολέσαι ἡμᾶς;
8 καὶ εἰ κατεμείναμεν καὶ κατῳκίσθημεν παρὰ τὸν Ιορδάνην. ⁸καὶ τί
ἐρῶ, ἐπεὶ μετέβαλεν Ισραηλ αὐχένα ἀπέναντι τοῦ ἐχθροῦ αὐτοῦ;
9 ⁹καὶ ἀκούσας ὁ Χαναναῖος καὶ πάντες οἱ κατοικοῦντες τὴν γῆν
περικυκλώσουσιν ἡμᾶς καὶ ἐκτρίψουσιν ἡμᾶς ἀπὸ τῆς γῆς · καὶ τί
10 ποιήσεις τὸ ὄνομά σου τὸ μέγα; ¹⁰καὶ εἶπεν κύριος πρὸς Ἰησοῦν
11 Ἀνάστηθι · ἵνα τί τοῦτο σὺ πέπτωκας ἐπὶ πρόσωπόν σου; ¹¹ἡμάρ-
τηκεν ὁ λαὸς καὶ παρέβη τὴν διαθήκην, ἣν διεθέμην πρὸς αὐτούς,
καὶ κλέψαντες ἀπὸ τοῦ ἀναθέματος ἐνέβαλον εἰς τὰ σκεύη αὐτῶν.
12 ¹²οὐ μὴ δύνωνται οἱ υἱοὶ Ισραηλ ὑποστῆναι κατὰ πρόσωπον τῶν
ἐχθρῶν αὐτῶν · αὐχένα ἐπιστρέψουσιν ἔναντι τῶν ἐχθρῶν αὐτῶν,
ὅτι ἐγενήθησαν ἀνάθεμα · οὐ προσθήσω ἔτι εἶναι μεθ᾽ ὑμῶν, ἐὰν
13 μὴ ἐξάρητε τὸ ἀνάθεμα ἐξ ὑμῶν αὐτῶν. ¹³ἀναστὰς ἁγίασον τὸν
λαὸν καὶ εἰπὸν ἁγιασθῆναι εἰς αὔριον · τάδε λέγει κύριος ὁ θεὸς
Ισραηλ Τὸ ἀνάθεμα ἐν ὑμῖν ἐστιν, οὐ δυνήσεσθε ἀντιστῆναι ἀπ-
έναντι τῶν ἐχθρῶν ὑμῶν, ἕως ἂν ἐξάρητε τὸ ἀνάθεμα ἐξ ὑμῶν.
14 ¹⁴καὶ συναχθήσεσθε πάντες τὸ πρωὶ κατὰ φυλάς, καὶ ἔσται ἡ φυλή,
ἣν ἂν δείξῃ κύριος, προσάξετε κατὰ δήμους · καὶ τὸν δῆμον, ὃν
ἐὰν δείξῃ κύριος, προσάξετε κατ᾽ οἶκον · καὶ τὸν οἶκον, ὃν ἐὰν
15 δείξῃ κύριος, προσάξετε κατ᾽ ἄνδρα · ¹⁵καὶ ὃς ἂν ἐνδειχθῇ, κατα-
καυθήσεται ἐν πυρὶ καὶ πάντα, ὅσα ἐστὶν αὐτῷ, ὅτι παρέβη τὴν
16 διαθήκην κυρίου καὶ ἐποίησεν ἀνόμημα ἐν Ισραηλ. — ¹⁶καὶ ὤρ-
θρισεν Ἰησοῦς καὶ προσήγαγεν τὸν λαὸν κατὰ φυλάς, καὶ ἐν-
17 εδείχθη ἡ φυλὴ Ιουδα · ¹⁷καὶ προσήχθη κατὰ δήμους, καὶ ἐν-
18 εδείχθη δῆμος ὁ Ζαραϊ · καὶ προσήχθη κατὰ ἄνδρα, ¹⁸καὶ ἐνε-
19 δείχθη Αχαρ υἱὸς Ζαμβρι υἱοῦ Ζαρα. ¹⁹καὶ εἶπεν Ἰησοῦς τῷ Αχαρ
Δὸς δόξαν σήμερον τῷ κυρίῳ θεῷ Ισραηλ καὶ δὸς τὴν ἐξομολό-
γησιν καὶ ἀνάγγειλόν μοι τί ἐποίησας, καὶ μὴ κρύψῃς ἀπ᾽ ἐμοῦ.
20 ²⁰καὶ ἀπεκρίθη Αχαρ τῷ Ἰησοῖ καὶ εἶπεν Ἀληθῶς ἥμαρτον ἐναντίον

5 εις > A | και 4⁰] εως A | επι] απο B ‖ 6 εναντι A | επεβαλοντο] -λον
τον A | την κεφαλην A ‖ 7 κυριε] + κυριε A | ινα] δια A† ‖ 11 διαθη-
κην] + μου A | και ult. > B ‖ 12 επιστρεψ.] υποστρ. B*† | εναντι] κατα
προσωπον Ar ‖ 13 εν υμιν / εστιν] tr. A | fin.] + αυτων A ‖ 14 δειξη 2⁰
3⁰] ενδειξη A: item 1⁰ pl., non A | οικον 1⁰] -κους A ‖ 17 ο > B | Ζαρα-
(ε)ι] Ζαριει A† | προσηχθη ult.] + δημος ο Ζαριει A (Ζαριει A† pro Ζαραι) |
κατ ανδρας A ‖ 18—20 αχαρ: cf. ι

κυρίου θεοῦ Ισραηλ · οὕτως καὶ οὕτως ἐποίησα · ²¹ εἶδον ἐν τῇ προ- 21
νομῇ ψιλὴν ποικίλην καλὴν καὶ διακόσια δίδραχμα ἀργυρίου καὶ
γλῶσσαν μίαν χρυσῆν πεντήκοντα διδράχμων καὶ ἐνθυμηθεὶς αὐτῶν
ἔλαβον, καὶ ἰδοὺ αὐτὰ ἐγκέκρυπται ἐν τῇ γῇ ἐν τῇ σκηνῇ μου,
καὶ τὸ ἀργύριον κέκρυπται ὑποκάτω αὐτῶν. ²² καὶ ἀπέστειλεν Ἰη- 22
σοῦς ἀγγέλους, καὶ ἔδραμον εἰς τὴν σκηνὴν εἰς τὴν παρεμβολήν ·
καὶ ταῦτα ἦν ἐγκεκρυμμένα εἰς τὴν σκηνήν, καὶ τὸ ἀργύριον ὑπο-
κάτω αὐτῶν. ²³ καὶ ἐξήνεγκαν αὐτὰ ἐκ τῆς σκηνῆς καὶ ἤνεγκαν 23
πρὸς Ἰησοῦν καὶ τοὺς πρεσβυτέρους Ισραηλ, καὶ ἔθηκαν αὐτὰ
ἔναντι κυρίου. ²⁴ καὶ ἔλαβεν Ἰησοῦς τὸν Αχαρ υἱὸν Ζαρα καὶ ἀνή- 24
γαγεν αὐτὸν εἰς φάραγγα Αχωρ καὶ τοὺς υἱοὺς αὐτοῦ καὶ τὰς θυ-
γατέρας αὐτοῦ καὶ τοὺς μόσχους αὐτοῦ καὶ τὰ ὑποζύγια αὐτοῦ καὶ
πάντα τὰ πρόβατα αὐτοῦ καὶ τὴν σκηνὴν αὐτοῦ καὶ πάντα τὰ ὑπ-
άρχοντα αὐτοῦ, καὶ πᾶς ὁ λαὸς μετ᾽ αὐτοῦ · καὶ ἀνήγαγεν αὐτοὺς
εἰς Εμεκαχωρ. ²⁵ καὶ εἶπεν Ἰησοῦς τῷ Αχαρ Τί ὠλέθρευσας ἡμᾶς; 25
ἐξολεθρεύσαι σε κύριος καθὰ καὶ σήμερον. καὶ ἐλιθοβόλησαν αὐτὸν
λίθοις πᾶς Ισραηλ. ²⁶ καὶ ἐπέστησαν αὐτῷ σωρὸν λίθων μέγαν. 26
καὶ ἐπαύσατο κύριος τοῦ θυμοῦ τῆς ὀργῆς. διὰ τοῦτο ἐπωνόμασεν
αὐτὸ Εμεκαχωρ ἕως τῆς ἡμέρας ταύτης.

¹ Καὶ εἶπεν κύριος πρὸς Ἰησοῦν Μὴ φοβηθῇς μηδὲ δειλιάσῃς · 8
λαβὲ μετὰ σοῦ τοὺς ἄνδρας πάντας τοὺς πολεμιστὰς καὶ ἀναστὰς
ἀνάβηθι εἰς Γαι · ἰδοὺ δέδωκα εἰς τὰς χεῖράς σου τὸν βασιλέα Γαι
καὶ τὴν γῆν αὐτοῦ. ² καὶ ποιήσεις τὴν Γαι ὃν τρόπον ἐποίησας 2
τὴν Ιεριχω καὶ τὸν βασιλέα αὐτῆς, καὶ τὴν προνομὴν τῶν κτηνῶν
προνομεύσεις σεαυτῷ. κατάστησον δὲ σεαυτῷ ἔνεδρα τῇ πόλει εἰς
τὰ ὀπίσω. ³ καὶ ἀνέστη Ἰησοῦς καὶ πᾶς ὁ λαὸς ὁ πολεμιστὴς ὥστε 3
ἀναβῆναι εἰς Γαι. ἐπέλεξεν δὲ Ἰησοῦς τριάκοντα χιλιάδας ἀνδρῶν
δυνατοὺς ἐν ἰσχύι καὶ ἀπέστειλεν αὐτοὺς νυκτός. ⁴ καὶ ἐνετείλατο 4
αὐτοῖς λέγων Ὑμεῖς ἐνεδρεύσατε ὀπίσω τῆς πόλεως · μὴ μακρὰν
γίνεσθε ἀπὸ τῆς πόλεως καὶ ἔσεσθε πάντες ἕτοιμοι. ⁵ καὶ ἐγὼ καὶ 5
πάντες οἱ μετ᾽ ἐμοῦ προσάξομεν πρὸς τὴν πόλιν, καὶ ἔσται ὡς ἂν
ἐξέλθωσιν οἱ κατοικοῦντες Γαι εἰς συνάντησιν ἡμῖν καθάπερ καὶ
πρώην, καὶ φευξόμεθα ἀπὸ προσώπου αὐτῶν. ⁶ καὶ ὡς ἂν ἐξέλθω- 6
σιν ὀπίσω ἡμῶν, ἀποσπάσομεν αὐτοὺς ἀπὸ τῆς πόλεως · καὶ ἐροῦ-
σιν Φεύγουσιν οὗτοι ἀπὸ προσώπου ἡμῶν ὃν τρόπον καὶ ἔμπροσθεν.
⁷ ὑμεῖς δὲ ἐξαναστήσεσθε ἐκ τῆς ἐνέδρας καὶ πορεύσεσθε εἰς τὴν 7

21 καλην > Β | εν τη γη > ΒV† ‖ 22 κεκρυμμενα Α | εις την σκηνην
ult.] εν τη γη Α(†): cf. 21 ‖ 23 τους] pr. προς Α ‖ 24 ο λαος] ισραηλ Α |
αυτους] -τον Α ‖ 25 τω αχαρ > Α | λιθοις πας ισρ.] πας ισρ. εν λ. Α
    81 σου 1⁰] σεαυτου Α | τους ανδρας / παντας] tr. Α ‖ 2 την 1⁰ 2⁰] τη Α |
τον βασιλεα] τω -λει Α ‖ 3 επελεξεν δε] και επ. Α ‖ 4 ενεδρευσετε Α |
απο > Α ‖ 5 παντες οι] πας ο λαος ο Α ‖ 6 αποσπασομεν] -στη- Α†

8 πόλιν. ⁸κατὰ τὸ ῥῆμα τοῦτο ποιήσετε · ἰδοὺ ἐντέταλμαι ὑμῖν.
9 ⁹καὶ ἀπέστειλεν αὐτοὺς Ἰησοῦς, καὶ ἐπορεύθησαν εἰς τὴν ἐνέδραν
καὶ ἐνεκάθισαν ἀνὰ μέσον Βαιθηλ καὶ ἀνὰ μέσον Γαι ἀπὸ θαλάσ-
10 σης τῆς Γαι. ¹⁰καὶ ὀρθρίσας Ἰησοῦς τὸ πρωὶ ἐπεσκέψατο τὸν λαόν ·
καὶ ἀνέβησαν αὐτὸς καὶ οἱ πρεσβύτεροι κατὰ πρόσωπον τοῦ λαοῦ
11 ἐπὶ Γαι. ¹¹καὶ πᾶς ὁ λαὸς ὁ πολεμιστὴς μετ᾽ αὐτοῦ ἀνέβησαν καὶ
12 πορευόμενοι ἦλθον ἐξ ἐναντίας τῆς πόλεως ἀπ᾽ ἀνατολῶν, ¹²καὶ
14 τὰ ἔνεδρα τῆς πόλεως ἀπὸ θαλάσσης. ¹⁴καὶ ἐγένετο ὡς εἶδεν βα-
σιλεὺς Γαι, ἔσπευσεν καὶ ἐξῆλθεν εἰς συνάντησιν αὐτοῖς ἐπ᾽ εὐθεί-
ας εἰς τὸν πόλεμον, αὐτὸς καὶ πᾶς ὁ λαὸς ὁ μετ᾽ αὐτοῦ, καὶ αὐ-
15 τὸς οὐκ ᾔδει ὅτι ἔνεδρα αὐτῷ ἐστιν ὀπίσω τῆς πόλεως. ¹⁵καὶ
εἶδεν καὶ ἀνεχώρησεν Ἰησοῦς καὶ Ισραηλ ἀπὸ προσώπου αὐτῶν.
16 ¹⁶καὶ κατεδίωξαν ὀπίσω τῶν υἱῶν Ισραηλ καὶ αὐτοὶ ἀπέστησαν
17 ἀπὸ τῆς πόλεως · ¹⁷οὐ κατελείφθη οὐθεὶς ἐν τῇ Γαι, ὃς οὐ κατ-
εδίωξεν ὀπίσω Ισραηλ · καὶ κατέλιπον τὴν πόλιν ἀνεῳγμένην καὶ
18 κατεδίωξαν ὀπίσω Ισραηλ. ¹⁸καὶ εἶπεν κύριος πρὸς Ἰησοῦν Ἔκτεινον
τὴν χεῖρά σου ἐν τῷ γαίσῳ τῷ ἐν τῇ χειρί σου ἐπὶ τὴν πό-
λιν — εἰς γὰρ τὰς χεῖράς σου παραδέδωκα αὐτήν —, καὶ τὰ ἔνε-
δρα ἐξαναστήσονται ἐν τάχει ἐκ τοῦ τόπου αὐτῶν. καὶ ἐξέτεινεν
19 Ἰησοῦς τὴν χεῖρα αὐτοῦ, τὸν γαῖσον, ἐπὶ τὴν πόλιν, ¹⁹καὶ τὰ ἔνε-
δρα ἐξανέστησαν ἐν τάχει ἐκ τοῦ τόπου αὐτῶν καὶ ἐξήλθοσαν,
ὅτε ἐξέτεινεν τὴν χεῖρα, καὶ ἦλθοσαν ἐπὶ τὴν πόλιν καὶ κατελά-
20 βοντο αὐτὴν καὶ σπεύσαντες ἐνέπρησαν τὴν πόλιν ἐν πυρί. ²⁰καὶ
περιβλέψαντες οἱ κάτοικοι Γαι εἰς τὰ ὀπίσω αὐτῶν καὶ ἐθεώ-
ρουν καπνὸν ἀναβαίνοντα ἐκ τῆς πόλεως εἰς τὸν οὐρανόν · καὶ
21 οὐκέτι εἶχον ποῦ φύγωσιν ὧδε ἢ ὧδε. ²¹καὶ Ἰησοῦς καὶ πᾶς Ισρα-
ηλ εἶδον ὅτι ἔλαβον τὰ ἔνεδρα τὴν πόλιν καὶ ὅτι ἀνέβη ὁ καπνὸς
τῆς πόλεως εἰς τὸν οὐρανόν, καὶ μεταβαλόμενοι ἐπάταξαν τοὺς
22 ἄνδρας τῆς Γαι. ²²καὶ οὗτοι ἐξῆλθοσαν ἐκ τῆς πόλεως εἰς συνάν-
τησιν καὶ ἐγενήθησαν ἀνὰ μέσον τῆς παρεμβολῆς, οὗτοι ἐντεῦθεν
καὶ οὗτοι ἐντεῦθεν · καὶ ἐπάταξαν ἕως τοῦ μὴ καταλειφθῆναι αὐτῶν
23 σεσωσμένον καὶ διαπεφευγότα. ²³καὶ τὸν βασιλέα τῆς Γαι συνέλα-
24 βον ζῶντα καὶ προσήγαγον αὐτὸν πρὸς Ἰησοῦν. ²⁴καὶ ὡς ἐπαύ-
σαντο οἱ υἱοὶ Ισραηλ ἀποκτέννοντες πάντας τοὺς ἐν τῇ Γαι τοὺς
ἐν τοῖς πεδίοις καὶ ἐν τῷ ὄρει ἐπὶ τῆς καταβάσεως, οὗ κατεδίωξαν

---

8 ποιησατε Α ‖ 10 αυτος] -τοι Β† | πρεσβ.] + ισραηλ Α ‖ 14 βας. γαι]
ο β. της γ. Α | ο μετ > Α | οπισω της πολ.] απο τ. π. οπισω Α† ‖ 15 ισρα-
ηλ] pr. πας Α ‖ 17 ισραηλ 1⁰ ⌒ 2⁰ Α ‖ 18 εις γαρ] οτι εις Α | τας χειρας]
την -ρα Α | την χειρα αυτου τον γαισον] τον γ. και την χ. αυτου Α ‖ 19 ηλ-
θοσαν επι] εισηλθον εις Α ‖ 20 κατοικοι] -κουντες Α | και 2⁰ > Α | εθεω-
ρουν] εωρων Α | καπνον αναβαιν. εκ] αναβ. τον κ. Α | ουρανον ⌒ 21 ουρανον
Α ‖ 22 επαταξαν] -ξεν αυτους Α ‖ 24 εν τη] εκ της Α | επι > Α

αὐτοὺς ἀπ᾽ αὐτῆς εἰς τέλος, καὶ ἀπέστρεψεν Ἰησοῦς εἰς Γαι καὶ ἐπάταξεν αὐτὴν ἐν στόματι ῥομφαίας. ²⁵ καὶ ἐγενήθησαν οἱ πεσόν- 25 τες ἐν τῇ ἡμέρᾳ ἐκείνῃ ἀπὸ ἀνδρὸς καὶ ἕως γυναικὸς δώδεκα χιλιάδες, πάντας τοὺς κατοικοῦντας Γαι, ²⁷ πλὴν τῶν κτηνῶν καὶ τῶν 27 σκύλων τῶν ἐν τῇ πόλει, πάντα ἃ ἐπρονόμευσαν οἱ υἱοὶ Ισραηλ κατὰ πρόσταγμα κυρίου, ὃν τρόπον συνέταξεν κύριος τῷ Ἰησοῖ. ²⁸ καὶ ἐνεπύρισεν Ἰησοῦς τὴν πόλιν ἐν πυρί· χῶμα ἀοίκητον εἰς 28 τὸν αἰῶνα ἔθηκεν αὐτὴν ἕως τῆς ἡμέρας ταύτης. ²⁹ καὶ τὸν βασι- 29 λέα τῆς Γαι ἐκρέμασεν ἐπὶ ξύλου διδύμου, καὶ ἦν ἐπὶ τοῦ ξύλου ἕως ἑσπέρας· καὶ ἐπιδύνοντος τοῦ ἡλίου συνέταξεν Ἰησοῦς καὶ καθείλοσαν αὐτοῦ τὸ σῶμα ἀπὸ τοῦ ξύλου καὶ ἔρριψαν αὐτὸν εἰς τὸν βόθρον καὶ ἐπέστησαν αὐτῷ σωρὸν λίθων ἕως τῆς ἡμέρας ταύτης.

¹ Ὡς δ᾽ ἤκουσαν οἱ βασιλεῖς τῶν Αμορραίων οἱ ἐν τῷ πέραν 9 τοῦ Ιορδάνου, οἱ ἐν τῇ ὀρεινῇ καὶ οἱ ἐν τῇ πεδινῇ καὶ οἱ ἐν πάσῃ τῇ παραλίᾳ τῆς θαλάσσης τῆς μεγάλης καὶ οἱ πρὸς τῷ Ἀντιλιβάνῳ, καὶ οἱ Χετταῖοι καὶ οἱ Χαναναῖοι καὶ οἱ Φερεζαῖοι καὶ οἱ Ευαῖοι καὶ οἱ Αμορραῖοι καὶ οἱ Γεργεσαῖοι καὶ οἱ Ιεβουσαῖοι, ² συν- 2 ήλθοσαν ἐπὶ τὸ αὐτὸ ἐκπολεμῆσαι Ἰησοῦν καὶ Ισραηλ ἅμα πάντες.

²ᵃ Τότε ᾠκοδόμησεν Ἰησοῦς θυσιαστήριον κυρίῳ τῷ θεῷ Ισραηλ 2ᵃ ἐν ὄρει Γαιβαλ, ²ᵇ καθότι ἐνετείλατο Μωυσῆς ὁ θεράπων κυρίου 2ᵇ τοῖς υἱοῖς Ισραηλ, καθὰ γέγραπται ἐν τῷ νόμῳ Μωυσῆ, θυσιαστήριον λίθων ὁλοκλήρων, ἐφ᾽ οὓς οὐκ ἐπεβλήθη σίδηρος, καὶ ἀνεβίβασεν ἐκεῖ ὁλοκαυτώματα κυρίῳ καὶ θυσίαν σωτηρίου. ²ᶜ καὶ ἔγρα- 2ᶜ ψεν Ἰησοῦς ἐπὶ τῶν λίθων τὸ δευτερονόμιον, νόμον Μωυσῆ, ὃν ἔγραψεν ἐνώπιον υἱῶν Ισραηλ. ²ᵈ καὶ πᾶς Ισραηλ καὶ οἱ πρεσβύ- 2ᵈ τεροι αὐτῶν καὶ οἱ δικασταὶ καὶ οἱ γραμματεῖς αὐτῶν παρεπορεύοντο ἔνθεν καὶ ἔνθεν τῆς κιβωτοῦ ἀπέναντι, καὶ οἱ ἱερεῖς καὶ οἱ Λευῖται ἦραν τὴν κιβωτὸν τῆς διαθήκης κυρίου, καὶ ὁ προσήλυτος καὶ ὁ αὐτόχθων, οἳ ἦσαν ἥμισυ πλησίον ὄρους Γαριζιν, καὶ οἳ ἦσαν ἥμισυ πλησίον ὄρους Γαιβαλ, καθότι ἐνετείλατο Μωυσῆς ὁ θεράπων κυρίου εὐλογῆσαι τὸν λαὸν ἐν πρώτοις. ²ᵉ καὶ μετὰ ταῦτα 2ᵉ οὕτως ἀνέγνω Ἰησοῦς πάντα τὰ ῥήματα τοῦ νόμου τούτου, τὰς

24 απ αυτης] εως Α | επεστρεψεν Α | ιησους] αυτους Α† | ρομφαιας] μαχαιρας Bᶜ || 27 των 1⁰ ⌒ 2⁰ B | παντα α > Α | επρονομ.] + εαυτοις B (in O sub ※) || 29 αυτου / το σωμα] tr. Α | fin.] sequuntur in A 9 2ᵃ—2ᶠ = 𝔐 8 30—35
9 1 οι 1⁰] pr. παντες Α | και οι χαν. — ευαιοι] post γεργεσ. tr. Α || 2ᵃ⁻ᶠ = 𝔐 8 30—35 || 2ᵃ κυριω τω] tr. Α || 2ᵇ κυριω] pr. τω Α | και ult. > B*† || 2ᶜ ον εγραψεν > B† | υιων] pr. των Α | 2ᵈ δικασται] + αυτων Α | και οι λευιται] και > Α | οι ησαν ημισυ bis (2⁰ B(†))] 1⁰ ησαν οι ημισεις, 2⁰ οι ημισεις αυτων Α | καθοτι] καθα Α | λαον] + ισραηλ Α || 2ᵉ ουτως > Α | ιησους > Α

εὐλογίας καὶ τὰς κατάρας, κατὰ πάντα τὰ γεγραμμένα ἐν τῷ νόμῳ
2f Μωυσῆ · 2f οὐκ ἦν ῥῆμα ἀπὸ πάντων, ὧν ἐνετείλατο Μωυσῆς τῷ
Ἰησοῖ, ὃ οὐκ ἀνέγνω Ἰησοῦς εἰς τὰ ὦτα πάσης ἐκκλησίας υἱῶν
Ισραηλ, τοῖς ἀνδράσιν καὶ ταῖς γυναιξὶν καὶ τοῖς παιδίοις καὶ τοῖς
προσηλύτοις τοῖς προσπορευομένοις τῷ Ισραηλ.
3 ³ Καὶ οἱ κατοικοῦντες Γαβαων ἤκουσαν πάντα, ὅσα ἐποίησεν
4 κύριος τῇ Ιεριχω καὶ τῇ Γαι. ⁴ καὶ ἐποίησαν καί γε αὐτοὶ μετὰ
πανουργίας καὶ ἐλθόντες ἐπεσιτίσαντο καὶ ἡτοιμάσαντο καὶ λαβόν-
τες σάκκους παλαιοὺς ἐπὶ τῶν ὄνων αὐτῶν καὶ ἀσκοὺς οἴνου πα-
5 λαιοὺς καὶ κατερρωγότας ἀποδεδεμένους, ⁵ καὶ τὰ κοῖλα τῶν ὑπο-
δημάτων αὐτῶν καὶ τὰ σανδάλια αὐτῶν παλαιὰ καὶ καταπεπελμα-
τωμένα ἐν τοῖς ποσὶν αὐτῶν, καὶ τὰ ἱμάτια αὐτῶν πεπαλαιωμένα
ἐπάνω αὐτῶν, καὶ ὁ ἄρτος αὐτῶν τοῦ ἐπισιτισμοῦ ξηρὸς καὶ εὐ-
6 ρωτιῶν καὶ βεβρωμένος. ⁶ καὶ ἤλθοσαν πρὸς Ἰησοῦν εἰς τὴν παρ-
εμβολὴν Ισραηλ εἰς Γαλγαλα καὶ εἶπαν πρὸς Ἰησοῦν καὶ Ισραηλ
7 Ἐκ γῆς μακρόθεν ἤκαμεν, καὶ νῦν διάθεσθε ἡμῖν διαθήκην. ⁷ καὶ
εἶπαν οἱ υἱοὶ Ισραηλ πρὸς τὸν Χορραῖον Ὅρα μὴ ἐν ἐμοὶ κατοι-
8 κεῖς, καὶ πῶς σοι διαθῶμαι διαθήκην; ⁸ καὶ εἶπαν πρὸς Ἰησοῦν
Οἰκέται σού ἐσμεν. καὶ εἶπεν πρὸς αὐτοὺς Ἰησοῦς Πόθεν ἐστὲ
9 καὶ πόθεν παραγεγόνατε; ⁹ καὶ εἶπαν Ἐκ γῆς μακρόθεν σφόδρα
ἥκασιν οἱ παῖδές σου ἐν ὀνόματι κυρίου τοῦ θεοῦ σου · ἀκηκό-
10 αμεν γὰρ τὸ ὄνομα αὐτοῦ καὶ ὅσα ἐποίησεν ἐν Αἰγύπτῳ ¹⁰ καὶ
ὅσα ἐποίησεν τοῖς βασιλεῦσιν τῶν Αμορραίων, οἳ ἦσαν πέραν τοῦ
Ιορδάνου, τῷ Σηων βασιλεῖ Εσεβων καὶ τῷ Ωγ βασιλεῖ τῆς Βα-
11 σαν, ὃς κατῴκει ἐν Ασταρωθ καὶ ἐν Εδραϊν. ¹¹ καὶ ἀκούσαντες
εἶπαν πρὸς ἡμᾶς οἱ πρεσβύτεροι ἡμῶν καὶ πάντες οἱ κατοικοῦντες
τὴν γῆν ἡμῶν λέγοντες Λάβετε ἑαυτοῖς ἐπισιτισμὸν εἰς τὴν ὁδὸν
καὶ πορεύθητε εἰς συνάντησιν αὐτῶν καὶ ἐρεῖτε πρὸς αὐτούς Οἰ-
12 κέται σού ἐσμεν, καὶ νῦν διάθεσθε ἡμῖν διαθήκην. ¹² οὗτοι οἱ ἄρτοι,
θερμοὺς ἐφωδιάσθημεν αὐτοὺς ἐν τῇ ἡμέρᾳ, ᾗ ἐξήλθομεν παρα-
γενέσθαι πρὸς ὑμᾶς, νῦν δὲ ἐξηράνθησαν καὶ γεγόνασιν βεβρω-
13 μένοι · ¹³ καὶ οὗτοι οἱ ἀσκοὶ τοῦ οἴνου, οὓς ἐπλήσαμεν καινούς,
καὶ οὗτοι ἐρρώγασιν · καὶ τὰ ἱμάτια ἡμῶν καὶ τὰ ὑποδήματα ἡμῶν
14 πεπαλαίωται ἀπὸ τῆς πολλῆς ὁδοῦ σφόδρα. ¹⁴ καὶ ἔλαβον οἱ ἄρ-
15 χοντες τοῦ ἐπισιτισμοῦ αὐτῶν καὶ κύριον οὐκ ἐπηρώτησαν. ¹⁵ καὶ
ἐποίησεν Ἰησοῦς πρὸς αὐτοὺς εἰρήνην καὶ διέθετο πρὸς αὐτοὺς

2f υιων > A | προσπορ.] σ > A ‖ 3 κυριος] ιησους A ‖ 4 ονων] ωμων
B ‖ 5 επανω] επ A | ο αρτος — fin.] οι αρτοι του επισιτ. αυτων ξηροι και
βεβρωμενοι A ‖ 6 ισραηλ 1⁰] αυτων A† | ισραηλ 2⁰] pr. προς παντα A ‖
7 κατωκεις A† | σοι διαθωμαι] tr. A ‖ 9 ειπαν] + προς αυτον A ‖ 10 τοις]
+ δυσι A | εσεβων] των αμορραιων B† ‖ 11 ακουσαντες > A | σου] υμων
A ‖ 13 πεπαλαιωνται A ‖ 14 τους επισιτισμους A ‖ 15 διεθεντο B

διαθήκην τοῦ διασῶσαι αὐτούς, καὶ ὤμοσαν αὐτοῖς οἱ ἄρχοντες
τῆς συναγωγῆς. — ¹⁶καὶ ἐγένετο μετὰ τρεῖς ἡμέρας μετὰ τὸ δια- 16
θέσθαι πρὸς αὐτοὺς διαθήκην ἤκουσαν ὅτι ἐγγύθεν αὐτῶν εἰσιν,
καὶ ὅτι ἐν αὐτοῖς κατοικοῦσιν. ¹⁷καὶ ἀπῆραν οἱ υἱοὶ Ισραηλ καὶ 17
ἦλθον εἰς τὰς πόλεις αὐτῶν · αἱ δὲ πόλεις αὐτῶν Γαβαων καὶ Κε-
φιρα καὶ Βηρωθ καὶ πόλις Ιαριν. ¹⁸καὶ οὐκ ἐμαχέσαντο αὐτοῖς οἱ 18
υἱοὶ Ισραηλ, ὅτι ὤμοσαν αὐτοῖς πάντες οἱ ἄρχοντες κύριον τὸν
θεὸν Ισραηλ · καὶ διεγόγγυσαν πᾶσα ἡ συναγωγὴ ἐπὶ τοῖς ἄρχουσιν.
¹⁹καὶ εἶπαν οἱ ἄρχοντες πάσῃ τῇ συναγωγῇ Ἡμεῖς ὠμόσαμεν αὐ- 19
τοῖς κύριον τὸν θεὸν Ισραηλ καὶ νῦν οὐ δυνησόμεθα ἅψασθαι
αὐτῶν · ²⁰τοῦτο ποιήσομεν, ζωγρῆσαι αὐτούς, καὶ περιποιησόμεθα 20
αὐτούς, καὶ οὐκ ἔσται καθ᾽ ἡμῶν ὀργὴ διὰ τὸν ὅρκον, ὃν ὠμόσα-
μεν αὐτοῖς · ²¹Ζήσονται καὶ ἔσονται ξυλοκόποι καὶ ὑδροφόροι πάσῃ 21
τῇ συναγωγῇ, καθάπερ εἶπαν αὐτοῖς οἱ ἄρχοντες. ²²καὶ συνεκάλε- 22
σεν αὐτοὺς Ἰησοῦς καὶ εἶπεν αὐτοῖς Διὰ τί παρελογίσασθέ με λέ-
γοντες Μακρὰν ἀπὸ σοῦ ἐσμεν σφόδρα; ὑμεῖς δὲ ἐγχώριοί ἐστε
τῶν κατοικούντων ἐν ἡμῖν · ²³καὶ νῦν ἐπικατάρατοί ἐστε, οὐ μὴ 23
ἐκλίπῃ ἐξ ὑμῶν δοῦλος οὐδὲ ξυλοκόπος ἐμοὶ καὶ τῷ θεῷ μου.
²⁴καὶ ἀπεκρίθησαν τῷ Ἰησοῖ λέγοντες Ἀνηγγέλη ἡμῖν ὅσα συνέτα- 24
ξεν κύριος ὁ θεός σου Μωυσῇ τῷ παιδὶ αὐτοῦ, δοῦναι ὑμῖν τὴν
γῆν ταύτην καὶ ἐξολεθρεῦσαι ἡμᾶς καὶ πάντας τοὺς κατοικοῦντας
ἐπ᾽ αὐτῆς ἀπὸ προσώπου ὑμῶν, καὶ ἐφοβήθημεν σφόδρα περὶ τῶν
ψυχῶν ἡμῶν ἀπὸ προσώπου ὑμῶν καὶ ἐποιήσαμεν τὸ πρᾶγμα
τοῦτο. ²⁵καὶ νῦν ἰδοὺ ἡμεῖς ὑποχείριοι ὑμῖν · ὡς ἀρέσκει ὑμῖν καὶ 25
ὡς δοκεῖ ὑμῖν, ποιήσατε ἡμῖν. ²⁶καὶ ἐποίησαν αὐτοῖς οὕτως · καὶ 26
ἐξείλατο αὐτοὺς Ἰησοῦς ἐν τῇ ἡμέρᾳ ἐκείνῃ ἐκ χειρῶν υἱῶν Ισραηλ,
καὶ οὐκ ἀνεῖλον αὐτούς. ²⁷καὶ κατέστησεν αὐτοὺς Ἰησοῦς ἐν τῇ 27
ἡμέρᾳ ἐκείνῃ ξυλοκόπους καὶ ὑδροφόρους πάσῃ τῇ συναγωγῇ καὶ
τῷ θυσιαστηρίῳ τοῦ θεοῦ · διὰ τοῦτο ἐγένοντο οἱ κατοικοῦντες
Γαβαων ξυλοκόποι καὶ ὑδροφόροι τοῦ θυσιαστηρίου τοῦ θεοῦ ἕως
τῆς σήμερον ἡμέρας καὶ εἰς τὸν τόπον, ὃν ἐὰν ἐκλέξηται κύριος.
¹Ὡς δὲ ἤκουσεν Αδωνιβεζεκ βασιλεὺς Ιερουσαλημ ὅτι ἔλαβεν 10
Ἰησοῦς τὴν Γαι καὶ ἐξωλέθρευσεν αὐτήν — ὃν τρόπον ἐποίησαν
τὴν Ιεριχω καὶ τὸν βασιλέα αὐτῆς, οὕτως ἐποίησαν τὴν Γαι καὶ
τὸν βασιλέα αὐτῆς — καὶ ὅτι αὐτομόλησαν οἱ κατοικοῦντες Γαβαων

---

16 αυτων εισιν] tr. A ‖ 17 ηλθον] εξηλθαν A⁽⁺⁾ | κεφιρα] χεφ. A | βηρωθ]
βειρων B⁺ | πολις] -λεις B | ιαρ(ε)ιν] -ειμ A ‖ 18 αρχοντες] + της συναγω-
γης A | κυριον τον] tr. A ‖ 19 οι] pr. παντες A | παση > A ‖ 22 απο
σου / εσμεν] tr. A ‖ 23 ουδε > A ‖ 24 απηγγελη A | τω 2⁰ > A ‖
25 ποιησατε] -σαι A ‖ 26 χειρος A ‖ 27 δια τουτο — θεου ult.] > A, in
O sub ÷
10 1 εποιησαν bis] -σεν A | την γαι 2⁰] pr. και A | αυτομολ.] ηυτ. A: cf. 4

2 πρὸς Ἰησοῦν καὶ πρὸς Ισραηλ, ²καὶ ἐφοβήθησαν ἐν αὐτοῖς σφόδρα·
ᾔδει γὰρ ὅτι μεγάλη πόλις Γαβαων ὡσεὶ μία τῶν μητροπόλεων
3 καὶ πάντες οἱ ἄνδρες αὐτῆς ἰσχυροί. ³καὶ ἀπέστειλεν Αδωνιβεζεκ
βασιλεὺς Ιερουσαλημ πρὸς Αιλαμ βασιλέα Χεβρων καὶ πρὸς Φιδων
βασιλέα Ιεριμουθ καὶ πρὸς Ιεφθα βασιλέα Λαχις καὶ πρὸς Δαβιρ
4 βασιλέα Οδολλαμ λέγων ⁴Δεῦτε ἀνάβητε πρός με καὶ βοηθήσατέ
μοι, καὶ ἐκπολεμήσωμεν Γαβαων· αὐτομόλησαν γὰρ πρὸς Ἰησοῦν
5 καὶ πρὸς τοὺς υἱοὺς Ισραηλ. ⁵καὶ ἀνέβησαν οἱ πέντε βασιλεῖς τῶν
Ιεβουσαίων, βασιλεὺς Ιερουσαλημ καὶ βασιλεὺς Χεβρων καὶ βασι-
λεὺς Ιεριμουθ καὶ βασιλεὺς Λαχις καὶ βασιλεὺς Οδολλαμ, αὐτοὶ
καὶ πᾶς ὁ λαὸς αὐτῶν, καὶ περιεκάθισαν τὴν Γαβαων καὶ ἐξεπο-
6 λιόρκουν αὐτήν. ⁶καὶ ἀπέστειλαν οἱ κατοικοῦντες Γαβαων πρὸς
Ἰησοῦν εἰς τὴν παρεμβολὴν Ισραηλ εἰς Γαλγαλα λέγοντες Μὴ ἐκλύ-
σῃς τὰς χεῖράς σου ἀπὸ τῶν παίδων σου· ἀνάβηθι πρὸς ἡμᾶς
τὸ τάχος καὶ ἐξελοῦ ἡμᾶς καὶ βοήθησον ἡμῖν· ὅτι συνηγμένοι
εἰσὶν ἐφ᾽ ἡμᾶς πάντες οἱ βασιλεῖς τῶν Αμορραίων οἱ κατοικοῦντες
7 τὴν ὀρεινήν. ⁷καὶ ἀνέβη Ἰησοῦς ἐκ Γαλγαλων, αὐτὸς καὶ πᾶς ὁ
8 λαὸς ὁ πολεμιστὴς μετ᾽ αὐτοῦ, πᾶς δυνατὸς ἐν ἰσχύι. ⁸καὶ εἶπεν
κύριος πρὸς Ἰησοῦν Μὴ φοβηθῇς αὐτούς· εἰς γὰρ τὰς χεῖράς σου
παραδέδωκα αὐτούς, οὐχ ὑπολειφθήσεται ἐξ αὐτῶν οὐθεὶς ἐνώπιον
9 ὑμῶν. ⁹καὶ ἐπιπαρεγένετο ἐπ᾽ αὐτοὺς Ἰησοῦς ἄφνω, ὅλην τὴν νύκτα
10 εἰσεπορεύθη ἐκ Γαλγαλων. ¹⁰καὶ ἐξέστησεν αὐτοὺς κύριος ἀπὸ
προσώπου τῶν υἱῶν Ισραηλ, καὶ συνέτριψεν αὐτοὺς κύριος σύν-
τριψιν μεγάλην ἐν Γαβαων, καὶ κατεδίωξαν αὐτοὺς ὁδὸν ἀναβάσεως
11 Ωρωνιν καὶ κατέκοπτον αὐτοὺς ἕως Αζηκα καὶ ἕως Μακηδα. ¹¹ἐν
τῷ δὲ φεύγειν αὐτοὺς ἀπὸ προσώπου τῶν υἱῶν Ισραηλ ἐπὶ τῆς
καταβάσεως Ωρωνιν καὶ κύριος ἐπέρριψεν αὐτοῖς λίθους χαλάζης
ἐκ τοῦ οὐρανοῦ ἕως Αζηκα, καὶ ἐγένοντο πλείους οἱ ἀποθανόντες
διὰ τοὺς λίθους τῆς χαλάζης ἢ οὓς ἀπέκτειναν οἱ υἱοὶ Ισραηλ
μαχαίρᾳ ἐν τῷ πολέμῳ.
12 ¹²Τότε ἐλάλησεν Ἰησοῦς πρὸς κύριον, ᾗ ἡμέρᾳ παρέδωκεν ὁ
θεὸς τὸν Αμορραῖον ὑποχείριον Ισραηλ, ἡνίκα συνέτριψεν αὐτοὺς
ἐν Γαβαων καὶ συνετρίβησαν ἀπὸ προσώπου υἱῶν Ισραηλ, καὶ
εἶπεν Ἰησοῦς
Στήτω ὁ ἥλιος κατὰ Γαβαων
καὶ ἡ σελήνη κατὰ φάραγγα Αιλων.

2 εν αυτοις O (sub ÷)] εν εαυ. A, απ αυτων B | ηδει (B⁺ ειδη)] ηδ⟨ε⟩ισαν
A | μεγ. πολις] η πολις μεγ. A | μια] pr. και A || 3 φ(ε)ιδων] φερααμ A |
ιεφθα] ιαφιε A | δαβιρ] -βειν B*⁽⁺⁾ || 4 αυτομολ. B⁺] ηυτ. A: cf. I || 8 υπο-
λειφθ.] υποστησεται A || 9 επιπαρεγ.] επει παρεγ. B (επει in O sub ÷) |
εισεπορ.] εισ > A, + ιησους A⁺ || 10 των υιων > A | συντριψει μεγαλη B
| ωρων(ε)ιν B⁽⁺⁾] βηθωρων A: cf. 11 || 11 των > A | ωρων(ε)ιν B⁽⁺⁾] βεθω-
ρων A, βαιθωρων W: cf. 10 || 12 ο 1⁰] pr. κυριος A | υιων > A

¹³καὶ ἔστη ὁ ἥλιος καὶ ἡ σελήνη ἐν στάσει,   13
ἕως ἠμύνατο ὁ θεὸς τοὺς ἐχθροὺς αὐτῶν.
καὶ ἔστη ὁ ἥλιος κατὰ μέσον τοῦ οὐρανοῦ, οὐ προεπορεύετο εἰς
δυσμὰς εἰς τέλος ἡμέρας μιᾶς. ¹⁴καὶ οὐκ ἐγένετο ἡμέρα τοιαύτη 14
οὐδὲ τὸ πρότερον οὐδὲ τὸ ἔσχατον ὥστε ἐπακοῦσαι θεὸν ἀνθρώ-
που, ὅτι κύριος συνεπολέμησεν τῷ Ἰσραηλ.
¹⁶Καὶ ἔφυγον οἱ πέντε βασιλεῖς οὗτοι καὶ κατεκρύβησαν εἰς τὸ 16
σπήλαιον τὸ ἐν Μακηδα. ¹⁷καὶ ἀπηγγέλη τῷ Ἰησοῦ λέγοντες Εὕ- 17
ρηνται οἱ πέντε βασιλεῖς κεκρυμμένοι ἐν τῷ σπηλαίῳ τῷ ἐν Μα-
κηδα. ¹⁸καὶ εἶπεν Ἰησοῦς Κυλίσατε λίθους ἐπὶ τὸ στόμα τοῦ σπη- 18
λαίου καὶ καταστήσατε ἄνδρας φυλάσσειν ἐπ᾽ αὐτούς, ¹⁹ὑμεῖς δὲ 19
μὴ ἑστήκατε καταδιώκοντες ὀπίσω τῶν ἐχθρῶν ὑμῶν καὶ καταλά-
βετε τὴν οὐραγίαν αὐτῶν καὶ μὴ ἀφῆτε εἰσελθεῖν εἰς τὰς πόλεις
αὐτῶν · παρέδωκεν γὰρ αὐτοὺς κύριος ὁ θεὸς ἡμῶν εἰς τὰς χεῖρας
ἡμῶν. ²⁰καὶ ἐγένετο ὡς κατέπαυσεν Ἰησοῦς καὶ πᾶς υἱὸς Ἰσραηλ 20
κόπτοντες αὐτοὺς κοπὴν μεγάλην σφόδρα ἕως εἰς τέλος καὶ οἱ
διασῳζόμενοι διεσώθησαν εἰς τὰς πόλεις τὰς ὀχυράς, ²¹καὶ ἀπε- 21
στράφη πᾶς ὁ λαὸς πρὸς Ἰησοῦν εἰς Μακηδα ὑγιεῖς, καὶ οὐκ ἔγρυ-
ξεν οὐθεὶς τῶν υἱῶν Ἰσραηλ τῇ γλώσσῃ αὐτοῦ. ²²καὶ εἶπεν Ἰησοῦς 22
Ἀνοίξατε τὸ σπήλαιον καὶ ἐξαγάγετε τοὺς πέντε βασιλεῖς τούτους
ἐκ τοῦ σπηλαίου. ²³καὶ ἐξηγάγοσαν τοὺς πέντε βασιλεῖς ἐκ τοῦ 23
σπηλαίου, τὸν βασιλέα Ιερουσαλημ καὶ τὸν βασιλέα Χεβρων καὶ
τὸν βασιλέα Ιεριμουθ καὶ τὸν βασιλέα Λαχις καὶ τὸν βασιλέα
Οδολλαμ. ²⁴καὶ ἐπεὶ ἐξήγαγον αὐτοὺς πρὸς Ἰησοῦν, καὶ συνεκάλε- 24
σεν Ἰησοῦς πάντα Ισραηλ καὶ τοὺς ἐναρχομένους τοῦ πολέμου
τοὺς συμπορευομένους αὐτῷ λέγων αὐτοῖς Προπορεύεσθε καὶ ἐπί-
θετε τοὺς πόδας ὑμῶν ἐπὶ τοὺς τραχήλους αὐτῶν. καὶ προσελθόν-
τες ἐπέθηκαν τοὺς πόδας αὐτῶν ἐπὶ τοὺς τραχήλους αὐτῶν. ²⁵καὶ 25
εἶπεν πρὸς αὐτοὺς Ἰησοῦς Μὴ φοβηθῆτε αὐτοὺς μηδὲ δειλιάσητε ·
ἀνδρίζεσθε καὶ ἰσχύετε, ὅτι οὕτως ποιήσει κύριος πᾶσι τοῖς ἐχθροῖς
ὑμῶν, οὓς ὑμεῖς καταπολεμεῖτε αὐτούς. ²⁶καὶ ἀπέκτεινεν αὐτοὺς 26
Ἰησοῦς καὶ ἐκρέμασεν αὐτοὺς ἐπὶ πέντε ξύλων, καὶ ἦσαν κρεμά-
μενοι ἐπὶ τῶν ξύλων ἕως ἑσπέρας. ²⁷καὶ ἐγενήθη πρὸς ἡλίου δυ- 27
σμὰς ἐνετείλατο Ἰησοῦς καὶ καθεῖλον αὐτοὺς ἀπὸ τῶν ξύλων καὶ
ἔρριψαν αὐτοὺς εἰς τὸ σπήλαιον, εἰς ὃ κατεφύγοσαν ἐκεῖ, καὶ
ἐπεκύλισαν λίθους ἐπὶ τὸ σπήλαιον ἕως τῆς σήμερον ἡμέρας.

14 fin.] + (15) και επεστρεψεν ιησους και πας ο λαος ισραηλ μετ αυτου εις
την παρεμβολην εις γαλγαλα Bˢ (in O sub ✱) || 18 καταστησατε] -σεται(pro
-τε) A†, + επ αυτου A || 19 αφητε] + αυτους A (in O sub ✱) || 20 πας
υιος] παντες οι υιοι A || 21 απεστραφη] επ. A† | υγιης Bᶜ || 22 εξαγ.]
εξενεγκατε A† | σπηλαιου ⌢ 23 σπηλαιου B* || 23 βασιλεις] + τουτους A
|| 24 τους 2⁰] pr. και A† | προσπορευεσθε A || 27 ενετειλ.] pr. και A | καθ-
ειλεν A | επεκυλισαν] επ > B*†

28　　²⁸Καὶ τὴν Μακηδα ἐλάβοσαν ἐν τῇ ἡμέρᾳ ἐκείνῃ καὶ ἐφόνευσαν
αὐτὴν ἐν στόματι ξίφους καὶ ἐξωλέθρευσαν πᾶν ἐμπνέον ἐν αὐτῇ,
καὶ οὐ κατελείφθη ἐν αὐτῇ οὐδεὶς διασεσῳσμένος καὶ διαπεφευ-
γώς · καὶ ἐποίησαν τῷ βασιλεῖ Μακηδα ὃν τρόπον ἐποίησαν τῷ
βασιλεῖ Ιεριχω.

29　　²⁹Καὶ ἀπῆλθεν Ἰησοῦς καὶ πᾶς Ισραηλ μετ᾽ αὐτοῦ ἐκ Μακηδα
30　εἰς Λεβνα καὶ ἐπολιόρκει Λεβνα. ³⁰καὶ παρέδωκεν αὐτὴν κύριος
εἰς χεῖρας Ισραηλ, καὶ ἔλαβον αὐτὴν καὶ τὸν βασιλέα αὐτῆς καὶ
ἐφόνευσαν αὐτὴν ἐν στόματι ξίφους καὶ πᾶν ἐμπνέον ἐν αὐτῇ,
καὶ οὐ κατελείφθη ἐν αὐτῇ οὐδὲ εἷς διασεσῳσμένος καὶ διαπεφευ-
γώς · καὶ ἐποίησαν τῷ βασιλεῖ αὐτῆς ὃν τρόπον ἐποίησαν τῷ
βασιλεῖ Ιεριχω.

31　　³¹Καὶ ἀπῆλθεν Ἰησοῦς καὶ πᾶς Ισραηλ μετ᾽ αὐτοῦ ἐκ Λεβνα εἰς
32　Λαχις καὶ περιεκάθισεν αὐτὴν καὶ ἐπολιόρκει αὐτήν. ³²καὶ παρέδω-
κεν κύριος τὴν Λαχις εἰς τὰς χεῖρας Ισραηλ, καὶ ἔλαβεν αὐτὴν ἐν
τῇ ἡμέρᾳ τῇ δευτέρᾳ καὶ ἐφόνευσαν αὐτὴν ἐν στόματι ξίφους καὶ
33　ἐξωλέθρευσαν αὐτήν, ὃν τρόπον ἐποίησαν τὴν Λεβνα. — ³³τότε
ἀνέβη Αιλαμ βασιλεὺς Γαζερ βοηθήσων τῇ Λαχις, καὶ ἐπάταξεν αὐ-
τὸν Ἰησοῦς ἐν στόματι ξίφους καὶ τὸν λαὸν αὐτοῦ ἕως τοῦ μὴ
καταλειφθῆναι αὐτῶν σεσῳσμένον καὶ διαπεφευγότα.

34　　³⁴Καὶ ἀπῆλθεν Ἰησοῦς καὶ πᾶς Ισραηλ μετ᾽ αὐτοῦ ἐκ Λαχις εἰς
35　Οδολλαμ καὶ περιεκάθισεν αὐτὴν καὶ ἐπολιόρκησεν αὐτήν. ³⁵καὶ
παρέδωκεν αὐτὴν κύριος ἐν χειρὶ Ισραηλ, καὶ ἔλαβεν αὐτὴν ἐν τῇ
ἡμέρᾳ ἐκείνῃ καὶ ἐφόνευσεν αὐτὴν ἐν στόματι ξίφους, καὶ πᾶν
ἐμπνέον ἐν αὐτῇ ἐφόνευσαν, ὃν τρόπον ἐποίησαν τῇ Λαχις.

36　　³⁶Καὶ ἀπῆλθεν Ἰησοῦς καὶ πᾶς Ισραηλ μετ᾽ αὐτοῦ εἰς Χεβρων
37　καὶ περιεκάθισεν αὐτήν. ³⁷καὶ ἐπάταξεν αὐτὴν ἐν στόματι ξίφους
καὶ πᾶν ἐμπνέον, ὅσα ἦν ἐν αὐτῇ, οὐκ ἦν διασεσῳσμένος · ὃν
τρόπον ἐποίησαν τὴν Οδολλαμ, ἐξωλέθρευσαν αὐτὴν καὶ ὅσα ἦν
ἐν αὐτῇ.

38　　³⁸Καὶ ἀπέστρεψεν Ἰησοῦς καὶ πᾶς Ισραηλ εἰς Δαβιρ καὶ περι-
39　καθίσαντες αὐτὴν ³⁹ἔλαβον αὐτὴν καὶ τὸν βασιλέα αὐτῆς καὶ τὰς
κώμας αὐτῆς καὶ ἐπάταξαν αὐτὴν ἐν στόματι ξίφους καὶ ἐξωλέθρευ-
σαν αὐτὴν καὶ πᾶν ἐμπνέον ἐν αὐτῇ καὶ οὐ κατέλιπον αὐτῇ οὐδένα

28 μακηδαν bis B | ξιφους (cf. 30. 32. 33. 35. 37. 39)] μαχαιρας B*: item
Bcᵗ in 30 | παν] pr. αυτους και A (in O sub ※) | εμπνεον] + ο ην ABc |
εν αυτη / ουδεις] tr. A ǁ 29 ισραηλ] ο λαος A, + ο Aᵗ | εκ] εν A | λεβνα
bis] λεβμνα A: cf. 39 12 15 et 10 31 ǁ 30 εις χειρας] εν χειρι A | ελαβεν
A | εφονευσεν B* | ουδε εις] > B, in O sub ÷ | εποιησαν bis] -σεν A ǁ
31 λεβνα] λαβμνα Aᵗ: item in 32 fin. | περιεκαθισαν A: item in 36 ǁ 32 εφο-
νευσεν, εξωλεθρευσεν, εποιησεν A | την ult.] τη A ǁ 33 γαζερ] γαζης B |
αυτων] -τω A ǁ 34 εκ] εις Bᵗ | επολιορκει A ǁ 36: cf. 31 ǁ 37 παντα
τα ενπνεοντα A | την] τη A ǁ 39 τας] + πασας A | αυτη 2⁰ B⁽ᵗ⁾] > A

διασεσωσμένον · ὃν τρόπον ἐποίησαν τὴν Χεβρων καὶ τῷ βασιλεῖ αὐτῆς, οὕτως ἐποίησαν τῇ Δαβιρ καὶ τῷ βασιλεῖ αὐτῆς.

⁴⁰Καὶ ἐπάταξεν Ἰησοῦς πᾶσαν τὴν γῆν τῆς ὀρεινῆς καὶ τὴν Να- 40 γεβ καὶ τὴν πεδινὴν καὶ τὴν Ασηδωθ καὶ τοὺς βασιλεῖς αὐτῆς, οὐ κατέλιπον αὐτῶν σεσωσμένον · καὶ πᾶν ἐμπνέον ζωῆς ἐξωλέθρευ- σεν, ὃν τρόπον ἐνετείλατο κύριος ὁ θεὸς Ισραηλ. ⁴¹ἀπὸ Καδης 41 Βαρνη ἕως Γάζης, πᾶσαν τὴν Γοσομ ἕως τῆς Γαβαων, ⁴²καὶ πάν- 42 τας τοὺς βασιλεῖς αὐτῶν καὶ τὴν γῆν αὐτῶν ἐπάταξεν Ἰησοῦς εἰς ἅπαξ, ὅτι κύριος ὁ θεὸς Ισραηλ συνεπολέμει τῷ Ισραηλ.

¹ Ὡς δὲ ἤκουσεν Ιαβιν βασιλεὺς Ασωρ, ἀπέστειλεν πρὸς Ιωβαβ 11 βασιλέα Μαρρων καὶ πρὸς βασιλέα Συμοων καὶ πρὸς βασιλέα Αζιφ ²καὶ πρὸς τοὺς βασιλεῖς τοὺς κατὰ Σιδῶνα τὴν μεγάλην, εἰς τὴν 2 ὀρεινὴν καὶ εἰς τὴν Ραβα ἀπέναντι Κενερωθ καὶ εἰς τὸ πεδίον καὶ εἰς Ναφεδδωρ ³καὶ εἰς τοὺς παραλίους Χαναναίους ἀπὸ ἀνατολῶν 3 καὶ εἰς τοὺς παραλίους Αμορραίους καὶ Ευαίους καὶ Ιεβουσαίους καὶ Φερεζαίους τοὺς ἐν τῷ ὄρει καὶ τοὺς Χετταίους τοὺς ὑπὸ τὴν Αερμων εἰς γῆν Μασσηφα. ⁴καὶ ἐξῆλθον αὐτοὶ καὶ οἱ βασιλεῖς 4 αὐτῶν μετ᾽ αὐτῶν ὥσπερ ἡ ἄμμος τῆς θαλάσσης τῷ πλήθει καὶ ἵπποι καὶ ἅρματα πολλὰ σφόδρα. ⁵καὶ συνῆλθον πάντες οἱ βασι- 5 λεῖς οὗτοι καὶ παρεγένοντο ἐπὶ τὸ αὐτὸ καὶ παρενέβαλον ἐπὶ τοῦ ὕδατος Μαρρων πολεμῆσαι τὸν Ισραηλ. ⁶καὶ εἶπεν κύριος πρὸς 6 Ἰησοῦν Μὴ φοβηθῇς ἀπὸ προσώπου αὐτῶν, ὅτι αὔριον ταύτην τὴν ὥραν ἐγὼ παραδίδωμι τετροπωμένους αὐτοὺς ἐναντίον τοῦ Ισραηλ · τοὺς ἵππους αὐτῶν νευροκοπήσεις καὶ τὰ ἅρματα αὐτῶν κατακαύσεις ἐν πυρί. ⁷καὶ ἦλθεν Ἰησοῦς καὶ πᾶς ὁ λαὸς ὁ πολε- 7 μιστὴς ἐπ᾽ αὐτοὺς ἐπὶ τὸ ὕδωρ Μαρρων ἐξάπινα καὶ ἐπέπεσαν ἐπ᾽ αὐτοὺς ἐν τῇ ὀρεινῇ. ⁸καὶ παρέδωκεν αὐτοὺς κύριος ὑποχειρί- 8 ους Ισραηλ, καὶ κόπτοντες αὐτοὺς κατεδίωκον ἕως Σιδῶνος τῆς

39 την] τη A | και τω βασ. αυτης 10 > A | fin.] + καθαπερ εποιησαν τη λεβμνα και τω βασιλει αυτης A || 40 ναγεβ] ναβαι B | αυτων] εν αυτη A: idem hab. O sub ÷ | σεσωσμενον] pr. δια A | ζωης] εξ αυτης A | εξωλεθρευ- σαν A || 41 init.] pr. και απεκτεινεν αυτους ιησους A | την] + γην A || 42 αυτων και] αυτου τους κατα A, τουτους και G | επαταξεν] ελαβεν A | ο θεος ισρ. > A⁺

11 1 ιαβ(ε)ιν W] -βεις BA | μαρρων B(⁺)] μαδων A | συμοων] σομερων A: cf. 12 20 19 15 | αζιφ] αχιφ A; cf. 19 29 || 2 ραβα] -βαθ A | κενερωθ B(⁺)] χενερεθθι A⁺ | ναφεδδωρ pau.] ναφεθδωρ A (θ > A*), φεναεθδωρ B(⁺): cf. 12 23 || 3 ευαιους] τους χετταιους A | ιεβουσ... φερεζ.] tr. A | χεττ.] ευαι- ους A | αερμων] ερημον B | γην pau.] την BA | μασσηφα W] -φαθ A(⁺), μασευμαν B(⁺) || 4 της θαλ.] pr. η παρα το χειλος A || 5 ουτοι] αυτοι B⁺ | επι το αυτο] προς αυτον A⁺ | παρενεβ.] + επι το αυτο A | μαρρων] μερρων A, sed in 7 etiam A μαρρων || 6 ταυτην / την ωραν] tr. A | τετροπωμε- νους αυτους B(⁺)] tr. A | του] υιων A | εν > A || 7 επεπεσαν] επ > A | επ αυτους ult.] αυτοις A || 8 κατεδιωκον] + αυτους A

μεγάλης καὶ ἕως Μασερων καὶ ἕως τῶν πεδίων Μασσωχ κατ᾽ ἀνα
τολὰς καὶ κατέκοψαν αὐτοὺς ἕως τοῦ μὴ καταλειφθῆναι αὐτῶν
9 διασεσῳσμένον. ⁹καὶ ἐποίησεν αὐτοῖς Ἰησοῦς ὃν τρόπον ἐνετεί
λατο αὐτῷ κύριος · τοὺς ἵππους αὐτῶν ἐνευροκόπησεν καὶ τὰ ἅρ
ματα αὐτῶν ἐνέπρησεν ἐν πυρί.

10 ¹⁰Καὶ ἀπεστράφη Ἰησοῦς ἐν τῷ καιρῷ ἐκείνῳ καὶ κατελάβετο
Ασωρ καὶ τὸν βασιλέα αὐτῆς · ἦν δὲ Ασωρ τὸ πρότερον ἄρχουσα
11 πασῶν τῶν βασιλειῶν τούτων. ¹¹καὶ ἀπέκτειναν πᾶν ἐμπνέον ἐν
αὐτῇ ἐν ξίφει καὶ ἐξωλέθρευσαν πάντας, καὶ οὐ κατελείφθη ἐν
12 αὐτῇ ἐμπνέον · καὶ τὴν Ασωρ ἐνέπρησαν ἐν πυρί. ¹²καὶ πάσας
τὰς πόλεις τῶν βασιλέων καὶ τοὺς βασιλεῖς αὐτῶν ἔλαβεν Ἰησοῦς
καὶ ἀνεῖλεν αὐτοὺς ἐν στόματι ξίφους, καὶ ἐξωλέθρευσαν αὐτούς,
13 ὃν τρόπον συνέταξεν Μωυσῆς ὁ παῖς κυρίου. ¹³ἀλλὰ πάσας τὰς
πόλεις τὰς κεχωματισμένας οὐκ ἐνέπρησεν Ισραηλ, πλὴν Ασωρ
14 μόνην ἐνέπρησεν Ἰησοῦς. ¹⁴καὶ πάντα τὰ σκῦλα αὐτῆς ἐπρονόμευ
σαν ἑαυτοῖς οἱ υἱοὶ Ισραηλ, αὐτοὺς δὲ πάντας ἐξωλέθρευσαν ἐν
στόματι ξίφους, ἕως ἀπώλεσεν αὐτούς, οὐ κατέλιπον ἐξ αὐτῶν
15 οὐδὲ ἓν ἐμπνέον. ¹⁵ὃν τρόπον συνέταξεν κύριος τῷ Μωυσῇ τῷ
παιδὶ αὐτοῦ, καὶ Μωυσῆς ὡσαύτως ἐνετείλατο τῷ Ἰησοῖ, καὶ οὕτως
ἐποίησεν Ἰησοῦς, οὐ παρέβη οὐδὲν ἀπὸ πάντων, ὧν συνέταξεν
αὐτῷ Μωυσῆς.

16 ¹⁶Καὶ ἔλαβεν Ἰησοῦς πᾶσαν τὴν γῆν τὴν ὀρεινὴν καὶ πᾶσαν
τὴν Ναγεβ καὶ πᾶσαν τὴν γῆν Γοσομ καὶ τὴν πεδινὴν καὶ τὴν
17 πρὸς δυσμαῖς καὶ τὸ ὄρος Ισραηλ καὶ τὰ ταπεινά, ¹⁷τὰ πρὸς τῷ
ὄρει ἀπὸ ὄρους Αχελ καὶ ὃ προσαναβαίνει εἰς Σηιρ καὶ ἕως Βααλ
γαδ καὶ τὰ πεδία τοῦ Λιβάνου ὑπὸ τὸ ὄρος τὸ Αερμων καὶ πάν
τας τοὺς βασιλεῖς αὐτῶν ἔλαβεν καὶ ἀνεῖλεν αὐτοὺς καὶ ἀπέκτει
18 νεν. ¹⁸καὶ πλείους ἡμέρας ἐποίησεν Ἰησοῦς πρὸς τοὺς βασιλεῖς
19 τούτους τὸν πόλεμον, ¹⁹καὶ οὐκ ἦν πόλις, ἣν οὐκ ἔλαβεν Ισραηλ,
20 πάντα ἐλάβοσαν ἐν πολέμῳ. ²⁰ὅτι διὰ κυρίου ἐγένετο κατισχῦσαι
αὐτῶν τὴν καρδίαν συναντᾶν εἰς πόλεμον πρὸς Ισραηλ, ἵνα ἐξο

8 μασερων] μασρεφωθμαειμ A | μασσωχ B(†)] μασσηφα A | και ult. > A |
κατεκοψεν A || 9 ον τροπον] καθοτι A || 10 επεστρεψεν A | ην δε ασωρ]
οτι α. ην A || 11 απεκτεινεν A | ξιφει] στοματι ξιφους A | εξωλεθρευσεν A
|| 12 βασιλειων ABᶜ | εξωλεθρευσεν A || 13 μονην] + αυτην A (in O sub
※) | ιησους] ισραηλ B || 14 εξ > A || 15 αυτω μωυσης] κυριος τω μωυ
ση A (κυριος in O sub ※) || 16 πασαν την 2⁰] + γην την A | ναγεβ] αδεβ
B† | ορος] οριον A† | ταπεινα] πεδινα A || 17 απο ορους > A | αχελ] αλακ
A | ση(ε)ιρ] -ρα A | βααλγαδ G] βαλαγαδ B, βαλγαδ A: cf. 12 7 | τα πεδια
το -ιον A | παντας / τ. βασ. αυτων] tr. A | αυτους > B || 18 πλειους ημερας]
tr. A || 19 και] > B, in O sub ÷ | ην ουκ ελαβεν] ητις ου παρεδωκεν τοις
υιοις A | παντας A | ελαβοσαν] -βεν A || 20 αυτων / την καρδ.] tr. A

λεθρευθῶσιν, ὅπως μὴ δοθῇ αὐτοῖς ἔλεος, ἀλλ᾽ ἵνα ἐξολεθρευθῶσιν, ὃν τρόπον εἶπεν κύριος πρὸς Μωυσῆν.

²¹ Καὶ ἦλθεν Ἰησοῦς ἐν τῷ καιρῷ ἐκείνῳ καὶ ἐξωλέθρευσεν τοὺς 21 Ενακιμ ἐκ τῆς ὀρεινῆς, ἐκ Χεβρων καὶ ἐκ Δαβιρ καὶ ἐξ Αναβωθ καὶ ἐκ παντὸς γένους Ισραηλ καὶ ἐκ παντὸς ὄρους Ιουδα σὺν ταῖς πόλεσιν αὐτῶν, καὶ ἐξωλέθρευσεν αὐτοὺς Ἰησοῦς. ²² οὐ κατελείφθη 22 τῶν Ενακιμ ἀπὸ τῶν υἱῶν Ισραηλ, ἀλλὰ πλὴν ἐν Γάζῃ καὶ ἐν Γεθ καὶ ἐν Ασεδωθ κατελείφθη. ²³ καὶ ἔλαβεν Ἰησοῦς πᾶσαν τὴν γῆν, 23 καθότι ἐνετείλατο κύριος τῷ Μωυσῇ, καὶ ἔδωκεν αὐτοὺς Ἰησοῦς ἐν κληρονομίᾳ Ισραηλ ἐν μερισμῷ κατὰ φυλὰς αὐτῶν. καὶ ἡ γῆ κατέπαυσεν πολεμουμένη.

¹ Καὶ οὗτοι οἱ βασιλεῖς τῆς γῆς, οὓς ἀνεῖλον οἱ υἱοὶ Ισραηλ καὶ 12 κατεκληρονόμησαν τὴν γῆν αὐτῶν πέραν τοῦ Ιορδάνου ἀφ᾽ ἡλίου ἀνατολῶν ἀπὸ φάραγγος Αρνων ἕως τοῦ ὄρους Αερμων καὶ πᾶσαν τὴν γῆν Αραβα ἀπ᾽ ἀνατολῶν · ² Σηων τὸν βασιλέα τῶν Αμορραίων, 2 ὃς κατῴκει ἐν Εσεβων κυριεύων ἀπὸ Αροηρ, ἥ ἐστιν ἐν τῇ φάραγγι, κατὰ μέρος τῆς φάραγγος καὶ τὸ ἥμισυ τῆς Γαλααδ ἕως Ιαβοκ, ὅρια υἱῶν Αμμων, ³ καὶ Αραβα ἕως τῆς θαλάσσης Χενερεθ 3 κατ᾽ ἀνατολὰς καὶ ἕως τῆς θαλάσσης Αραβα, θάλασσαν τῶν ἁλῶν ἀπὸ ἀνατολῶν, ὁδὸν τὴν κατὰ Ασιμωθ, ἀπὸ Θαιμαν τὴν ὑπὸ Ασηδωθ Φασγα · ⁴ καὶ Ωγ βασιλεὺς Βασαν ὑπελείφθη ἐκ τῶν γιγάντων 4 ὁ κατοικῶν ἐν Ασταρωθ καὶ ἐν Εδραϊν ⁵ ἄρχων ἀπὸ ὄρους Αερμων 5 καὶ ἀπὸ Σελχα καὶ πᾶσαν τὴν Βασαν ἕως ὁρίων Γεσουρι καὶ τὴν Μαχατι καὶ τὸ ἥμισυ Γαλααδ, ὁρίων Σηων βασιλέως Εσεβων. ⁶ Μωυσῆς ὁ παῖς κυρίου καὶ οἱ υἱοὶ Ισραηλ ἐπάταξαν αὐτούς, καὶ 6 ἔδωκεν αὐτὴν Μωυσῆς ἐν κληρονομίᾳ Ρουβην καὶ Γαδ καὶ τῷ ἡμίσει φυλῆς Μανασση.

⁷ Καὶ οὗτοι οἱ βασιλεῖς τῶν Αμορραίων, οὓς ἀνεῖλεν Ἰησοῦς καὶ 7 οἱ υἱοὶ Ισραηλ ἐν τῷ πέραν τοῦ Ιορδάνου παρὰ θάλασσαν Βααλγαδ ἐν τῷ πεδίῳ τοῦ Λιβάνου καὶ ἕως τοῦ ὄρους Χελχα ἀναβαινόντων εἰς Σηιρ, καὶ ἔδωκεν αὐτὴν Ἰησοῦς ταῖς φυλαῖς Ισραηλ κληρονομεῖν κατὰ κλῆρον αὐτῶν, ⁸ ἐν τῷ ὄρει καὶ ἐν τῷ πεδίῳ 8

---

21 αναβωθ] ανωβ A | γενους] ορους A || 22 κατελειφθη bis] -θησαν 1⁰ A†, 2⁰ A | των 1⁰] τω AV† | απο] υπο A | γαζη] -ζηβ A† | και εν 1⁰ ⌒ 2⁰ B | ασεδωθ G] ασελδω B†, αδωθ A† | 23 αυτους] -την Aʳ
12 1 ανειλον] -λεν μωυσης και A | οι 2⁰ > A | γην ult. > A || 2 αροηρ] αρνων B || 3 χεννερεθ A | απο ult.] υπο A | ασηδωθ] μηδωθ B⁽†⁾: cf. 8 || 4 βασαν] -σα B† || 5 σελχα V] ασ. A†, σεκχαι B† | γεσουρι] γεργεσει B | μαχατι] μαχει B || 6 κληρονομια] κληρω A || 7 θαλασσαν] pr. την A† | βααλγαδ V] βαλαγαδα B⁽†⁾, βαλγαδ A: cf. 11 17 | τω 2⁰ > B† | του λιβ.] λιβανω B*† | του ult. > A | χελχα B⁽†⁾] του αλοκ A | ση(ε)ιρ] σεειρα A | αυτην] -τον B | κληρονομιαν A

καὶ ἐν Αραβα καὶ ἐν Ασηδωθ καὶ ἐν τῇ ἐρήμῳ καὶ ἐν Ναγεβ, τὸν
Χετταῖον καὶ τὸν Αμορραῖον καὶ τὸν Χαναναῖον καὶ τὸν Φερεζαῖον
9 καὶ τὸν Ευαῖον καὶ τὸν Ιεβουσαῖον · ⁹τὸν βασιλέα Ιεριχω καὶ τὸν
10 βασιλέα τῆς Γαι, ἥ ἐστιν πλησίον Βαιθηλ, ¹⁰βασιλέα Ιερουσαλημ,
11 βασιλέα Χεβρων, ¹¹βασιλέα Ιεριμουθ, βασιλέα Λαχις, ¹²βασιλέα Αι-
12
13 λαμ, βασιλέα Γαζερ, ¹³βασιλέα Δαβιρ, βασιλέα Γαδερ, ¹⁴βασι-
15 λέα Ερμαθ, βασιλέα Αραθ, ¹⁵βασιλέα Λεβνα, βασιλέα Οδολλαμ,
16 ¹⁶βασιλέα Μακηδα, ¹⁷βασιλέα Ταφουγ, βασιλέα Οφερ, ¹⁸βασιλέα
18
19 Αφεκ τῆς Σαρων, ¹⁹βασιλέα Ασωρ, ²⁰βασιλέα Συμοων, βασιλέα
22 Μαρρων, βασιλέα Αζιφ, ²¹βασιλέα Καδης, βασιλέα Ταναχ, ²²βασι-
23 λέα Μαγεδων, βασιλέα Ιεκοναμ τοῦ Χερμελ, ²³βασιλέα Δωρ τοῦ
24 Ναφεδδωρ, βασιλέα Γωιμ τῆς Γαλιλαίας, ²⁴βασιλέα Θαρσα · πάντες
οὗτοι βασιλεῖς εἴκοσι ἐννέα.

13 ¹Καὶ Ἰησοῦς πρεσβύτερος προβεβηκὼς τῶν ἡμερῶν. καὶ εἶπεν
κύριος πρὸς Ἰησοῦν Σὺ προβέβηκας τῶν ἡμερῶν, καὶ ἡ γῆ ὑπο-
2 λέλειπται πολλὴ εἰς κληρονομίαν. ²καὶ αὕτη ἡ γῆ ἡ καταλελειμ-
3 μένη · ὅρια Φυλιστιιμ, ὁ Γεσιρι καὶ ὁ Χαναναῖος · ³ἀπὸ τῆς ἀοι-
κήτου τῆς κατὰ πρόσωπον Αἰγύπτου ἕως τῶν ὁρίων Ακκαρων ἐξ
εὐωνύμων τῶν Χαναναίων προσλογίζεται ταῖς πέντε σατραπείαις
τῶν Φυλιστιιμ, τῷ Γαζαίῳ καὶ τῷ Ἀζωτίῳ καὶ τῷ Ἀσκαλωνίτῃ καὶ
4 τῷ Γεθθαίῳ καὶ τῷ Ακκαρωνίτῃ · καὶ τῷ Ευαίῳ ⁴ἐκ Θαιμαν καὶ
πάσῃ τῇ Χανααν ἐναντίον Γάζης, καὶ οἱ Σιδώνιοι ἕως Αφεκ ἕως
5 τῶν ὁρίων τῶν Αμορραίων, ⁵καὶ πᾶσαν τὴν γῆν Γαβλι Φυλιστιιμ
καὶ πάντα τὸν Λίβανον ἀπὸ ἀνατολῶν ἡλίου ἀπὸ Γαλγαλ ὑπὸ τὸ
6 ὄρος τὸ Αερμων ἕως τῆς εἰσόδου Εμαθ · ⁶πᾶς ὁ κατοικῶν τὴν
ὀρεινὴν ἀπὸ τοῦ Λιβάνου ἕως τῆς Μασερεφωθμαιμ, πάντας τοὺς
Σιδωνίους, ἐγὼ αὐτοὺς ἐξολεθρεύσω ἀπὸ προσώπου Ισραηλ · ἀλλὰ

8 ασηδωθ] μηδωθ A†: cf. 3 | εν ult. > B† | ναγεβ] ν > A || 9 init.] pr.
και B | βαιθηλ] γεθ A† || 11 ιεριμουθ] θ > A† || 12 αιλαμ] εγλωμ A⁽†⁾ ||
13 γαδερ] ασει B† || 14 ερμαθ] θ > A | βασ. αραθ] pr. βασιλεα αιραθ B† |
αραθ] αδερ A || 15 λεβνα] λεβμνα A†: cf. 10 29 || 16 μακηδα] ηλαδ B⁽†⁾ ||
17 ταφουγ Ra.] αταφουτ B† (τ ult. sup. ras., αταφουγ alius codex saepe cum
B cognatus), θαφφου A || 18 αφεκ] οφεκ B | της σαρων unus codex] της
αρωκ B†, > A || 19 ασωρ (cf. 11 1)] ασομ B || 20 συμοων (cf. 11 1)] σαμ-
ρων A, + βασιλεα φασγα Ar† | μαρρων W (cf. 11 1)] μαρων Ar, μαμρωθ B⁽†⁾
| αζ(ε)ιφ (cf. 11 1)] αχσαφ A || 21/22 καδης .. ταναχ .. μαγεδων Ra.] καδης
.. ζακαχ .. μαρεδωθ B (uel B†), θαναχ .. μαγεδ<ω>ων .. κεδες A || 22 βασ. 2⁰]
pr. και B | ιεκοναμ] ιεκομ B || 23 δωρ W] αδδωρ A, ελδωμ B† | ναφεδδωρ]
φεννεδδωρ B (φενεδδωρ Bᶜ, φενναεδδωρ Bᵐᵍ): cf. 11 2 | γωιμ] γεει B† | γα-
λιλαιας] γελγελ W, γελγεα A† || 24 θαρσα] θερσα W, θερμα A† | εννεα]
pr. και A
13 2 η 2⁰ > B | γεσιρι] γεσουρι A: item in 11. 13 bis || 4 γη] pr. τη A
| γαζης > A | αφεκ mu.] ταφεκ B, αφεκα A || 5 γαβλι A] γαλιαθ B⁽†⁾ |
γαλγαλ] -γαα B† || 6 μασερεθμεμφωνμαιμ B⁽†⁾

διάδος αὐτὴν ἐν κλήρῳ τῷ Ἰσραηλ, ὃν τρόπον σοι ἐνετειλάμην.
⁷καὶ νῦν μέρισον τὴν γῆν ταύτην ἐν κληρονομίᾳ ταῖς ἐννέα φυ- 7
λαῖς καὶ τῷ ἡμίσει φυλῆς Μανασση · ἀπὸ τοῦ Ἰορδάνου ἕως τῆς
θαλάσσης τῆς μεγάλης κατὰ δυσμὰς ἡλίου δώσεις αὐτήν, ἡ θάλασ-
σα ἡ μεγάλη ὁριεῖ. ⁸ταῖς δὲ δύο φυλαῖς καὶ τῷ ἡμίσει φυλῆς Μα- 8
νασση, τῷ Ρουβην καὶ τῷ Γαδ, ἔδωκεν Μωυσῆς ἐν τῷ πέραν τοῦ
Ἰορδάνου κατ᾽ ἀνατολὰς ἡλίου · δέδωκεν αὐτὴν Μωυσῆς ὁ παῖς
κυρίου ⁹ἀπὸ Αροηρ, ἥ ἐστιν ἐπὶ τοῦ χείλους χειμάρρου Αρνων, 9
καὶ τὴν πόλιν τὴν ἐν μέσῳ τῆς φάραγγος καὶ πᾶσαν τὴν Μισωρ
ἀπὸ Μαιδαβα ἕως Δαιβαν, ¹⁰πάσας τὰς πόλεις Σηων βασιλέως 10
Αμορραίων, ὃς ἐβασίλευσεν ἐν Εσεβων, ἕως τῶν ὁρίων υἱῶν Αμ-
μων ¹¹καὶ τὴν Γαλααδίτιδα καὶ τὰ ὅρια Γεσιρι καὶ τοῦ Μαχατι, 11
πᾶν ὄρος Αερμων καὶ πᾶσαν τὴν Βασανῖτιν ἕως Σελχα, ¹²πᾶσαν 12
τὴν βασιλείαν Ωγ ἐν τῇ Βασανίτιδι, ὃς ἐβασίλευσεν ἐν Ασταρωθ
καὶ ἐν Εδραϊν · οὗτος κατελείφθη ἀπὸ τῶν γιγάντων, καὶ ἐπάταξεν
αὐτὸν Μωυσῆς καὶ ἐξωλέθρευσεν. ¹³καὶ οὐκ ἐξωλέθρευσαν οἱ υἱοὶ 13
Ἰσραηλ τὸν Γεσιρι καὶ τὸν Μαχατι καὶ τὸν Χαναναῖον, καὶ κατῴ-
κει βασιλεὺς Γεσιρι καὶ ὁ Μαχατι ἐν τοῖς υἱοῖς Ἰσραηλ ἕως τῆς
σήμερον ἡμέρας. ¹⁴πλὴν τῆς φυλῆς Λευι οὐκ ἐδόθη κληρονομία · 14
κύριος ὁ θεὸς Ἰσραηλ, οὗτος αὐτῶν κληρονομία, καθὰ εἶπεν αὐτοῖς
κύριος. καὶ οὗτος ὁ καταμερισμός, ὃν κατεμέρισεν Μωυσῆς τοῖς
υἱοῖς Ἰσραηλ ἐν Αραβωθ Μωαβ ἐν τῷ πέραν τοῦ Ἰορδάνου κατὰ
Ἰεριχω.
¹⁵Καὶ ἔδωκεν Μωυσῆς τῇ φυλῇ Ρουβην κατὰ δήμους αὐτῶν. 15
¹⁶καὶ ἐγενήθη αὐτῶν τὰ ὅρια ἀπὸ Αροηρ, ἥ ἐστιν κατὰ πρόσωπον 16
φάραγγος Αρνων, καὶ ἡ πόλις ἡ ἐν τῇ φάραγγι Αρνων καὶ πᾶ-
σαν τὴν Μισωρ ¹⁷ἕως Εσεβων καὶ πάσας τὰς πόλεις τὰς οὔσας 17
ἐν τῇ Μισωρ καὶ Δαιβων καὶ Βαμωθβααλ καὶ οἴκου Βεελμων ¹⁸καὶ 18
Ιασσα καὶ Κεδημωθ καὶ Μεφααθ ¹⁹καὶ Καριαθαιμ καὶ Σεβαμα καὶ 19
Σεραδα καὶ Σιωρ ἐν τῷ ὄρει Εμακ ²⁰καὶ Βαιθφογωρ καὶ Ασηδωθ 20
Φασγα καὶ Βαιθασιμωθ ²¹καὶ πάσας τὰς πόλεις τοῦ Μισωρ καὶ 21

6 σοι ενετειλ.] tr. A || 7 φυλης] pr. της A || 8 δε δυο > B† | μανασση]
+ τοις μετ αυτου A | εδωκεν] pr. ην A | τω ιορδανη B† | αυτην] -τω B†,
-τοις O || 9 μαιδαβα εως δαιβαν Ra. (sim. O†, ubi εως δ(ε)ιβων sub ※)] δαι-
δαβαν B*†, μαιδαβαν Bᶜ†, μαιδαβαι A† || 10 αμορρ.] pr. των A | εβασιλευ-
σεν] βασιλευς B† || 11 γαλααδιτιν A Bᶜ | γεσιρι: cf. 2 | του] τους A | μαχα-
τι B†] μαχαθι A: item in 13 bis | σελχα O] ελχα A, αχα B || 12 init.] pr.
και A | βασαν A | ασταρωθ ... εδραιν] tr. B | εν εδραιν] νεσδραειμ A† ||
13 γεσιρι bis: cf. 2 | μαχατι bis: cf. 11 | σημερον ημερας] ημ. ταυτης A ||
14 τη φυλη τη λευι A || 16 αυτων] -τω A† | η ult.] > A, in O sub ※ ||
17 βισωρ A† | δαιβωρ A† | βαμωθβααλ] βαιμωνβ. B⁽†⁾ | οικου] -ους A | βεελ-
μων V] μεελβωθ B, βελαμων A† || 18 ιασσα] βασαν B | κεδημωθ] βακεδμωθ
B⁽†⁾ | μεφααθ G†] μαιφ. B, μηφ. A || 19 σεραδα] σαρθ A | σιωρ] -ων B |
εμακ O†] ενακ A, εναβ B || 20 βαιθασιμωθ Ra.] βαιθθασεινωθ B⁽†⁾, βησιμουθ A

πᾶσαν τὴν βασιλείαν τοῦ Σηων βασιλέως τῶν Αμορραίων, ὃν
ἐπάταξεν Μωυσῆς αὐτὸν καὶ τοὺς ἡγουμένους Μαδιαμ καὶ τὸν
Ευι καὶ τὸν Ροκομ καὶ τὸν Σουρ καὶ τὸν Ουρ καὶ τὸν Ροβε ἄρ-
22 χοντας παρὰ Σηων καὶ τοὺς κατοικοῦντας τὴν γῆν. ²²καὶ τὸν Βα-
23 λααμ τὸν τοῦ Βεωρ τὸν μάντιν ἀπέκτειναν ἐν τῇ ῥοπῇ. ²³ἐγένετο
δὲ τὰ ὅρια Ρουβην · Ιορδάνης ὅριον. αὕτη ἡ κληρονομία υἱῶν
Ρουβην κατὰ δήμους αὐτῶν, αἱ πόλεις αὐτῶν καὶ αἱ ἐπαύλεις αὐτῶν.
24　²⁴Ἔδωκεν δὲ Μωυσῆς τοῖς υἱοῖς Γαδ κατὰ δήμους αὐτῶν.
25 ²⁵καὶ ἐγένετο τὰ ὅρια αὐτῶν Ιαζηρ, πᾶσαι αἱ πόλεις Γαλααδ καὶ
τὸ ἥμισυ γῆς υἱῶν Αμμων ἕως Αροηρ, ἥ ἐστιν κατὰ πρόσωπον
26 Ραββα, ²⁶καὶ ἀπὸ Εσεβων ἕως Ραμωθ κατὰ τὴν Μασσηφα καὶ
27 Βοτανιν καὶ Μααναιν ἕως τῶν ὁρίων Δαβιρ ²⁷καὶ ἐν Εμεκ Βαιθα-
ραμ καὶ Βαιθαναβρα καὶ Σοκχωθα καὶ Σαφαν καὶ τὴν λοιπὴν βασι-
λείαν Σηων βασιλέως Εσεβων, καὶ ὁ Ιορδάνης ὁριεῖ ἕως μέρους
28 τῆς θαλάσσης Χενερεθ πέραν τοῦ Ιορδάνου ἀπ᾿ ἀνατολῶν. ²⁸αὕτη
ἡ κληρονομία υἱῶν Γαδ κατὰ δήμους αὐτῶν, αἱ πόλεις αὐτῶν καὶ
αἱ ἐπαύλεις αὐτῶν.
29　²⁹Καὶ ἔδωκεν Μωυσῆς τῷ ἡμίσει φυλῆς Μανασση κατὰ δήμους
30 αὐτῶν. ³⁰καὶ ἐγένετο τὰ ὅρια αὐτῶν ἀπὸ Μααναιμ καὶ πᾶσα βα-
σιλεία Βασανι καὶ πᾶσα βασιλεία Ωγ βασιλέως Βασαν καὶ πάσας
31 τὰς κώμας Ιαϊρ, αἵ εἰσιν ἐν τῇ Βασανίτιδι, ἑξήκοντα πόλεις, ³¹καὶ
τὸ ἥμισυ τῆς Γαλααδ καὶ ἐν Ασταρωθ καὶ ἐν Εδραϊν, πόλεις βασι-
λείας Ωγ ἐν Βασανίτιδι, καὶ ἐδόθησαν τοῖς υἱοῖς Μαχιρ υἱοῦ Μα-
νασση καὶ τοῖς ἡμίσεσιν υἱοῖς Μαχιρ υἱοῦ Μανασση κατὰ δήμους
αὐτῶν.
32　³²Οὗτοι οὓς κατεκληρονόμησεν Μωυσῆς πέραν τοῦ Ιορδάνου
ἐν Αραβωθ Μωαβ ἐν τῷ πέραν τοῦ Ιορδάνου κατὰ Ιεριχω ἀπὸ
ἀνατολῶν.

21 σηων 1⁰] -ωρ A⁺ | ροκομ] ροβοκ B | ροβε] ρεβεκ A | αρχοντας παρα
compl.] -οντα εναρα B⁺, αρχοντα A | σηων ult. V] -ωρ A⁺, σειων B | την
γην] σειων B ‖ 23 αυτων paenult.] > A, in O sub ÷ ‖ 25 το > A | αροηρ]
αραβα B | ραββα] αραδ B ‖ 26 ραμωθ] αραβωθ B⁺ | μασφα A | βοτανιν]
-ανει B⁽⁺⁾ | μααναιν Ra.] μαναιμ A, μααν B^c, βααν B*⁺ | των > A⁺ | δαβιρ]
δαιβων B ‖ 27 εν εμεκ V] νεμεκ A⁺, εναδωμ B | βαιθαραμ Ra.] βηθ. A,
και οθαργαει B⁽⁺⁾ | βαιθαναβρα Ra.] βαινθ. B⁽⁺⁾, βηθαμνα A⁺ | σοκχωθα] σωχω
A | σαφαν] -φων A | και ult. > A | οριει] μεριει A⁺ | χενερωθ A ‖ 28 αυ-
των 1⁰] + αυχενα επιστρεφουσιν εναντιον των εχθρων αυτων οτι εγενηθη
κατα δημους αυτων B: ex 7 12 + 13 28 | αι 1⁰] και κατα A ‖ 30 μααναιμ
W] α 2⁰ > A, μαανα B | βασιλεια 1⁰] > A, in O sub ÷ | βασανι] βασα A⁺
31 ασθαρωμ A⁺ | εδραιμ A⁺ | βασιλειας] pr. της A | βασανιτ.] pr. τη A | και
εδοθησαν] > B, in O sub ÷ | υιου bis] -οις B | υιοις μαχ. υιου μαν. 2⁰] της
φυλης μαν. εγενηθησαν τα ορια κατα φυλας αυτων και Ar⁺ ‖ 32 ιορδ. 1⁰]
χειμαρρου Ar⁺ | κατα] pr. του B⁺ | απο] επ B

¹Καὶ οὗτοι οἱ κατακληρονομήσαντες υἱῶν Ισραηλ ἐν τῇ γῇ Χα- 14
νααν, οἷς κατεκληρονόμησεν αὐτοῖς Ελεαζαρ ὁ ἱερεὺς καὶ Ἰησοῦς
ὁ τοῦ Ναυη καὶ οἱ ἄρχοντες πατριῶν φυλῶν τῶν υἱῶν Ισραηλ.
²κατὰ κλήρους ἐκληρονόμησαν, ὃν τρόπον ἐνετείλατο κύριος ἐν 2
χειρὶ Ἰησοῦ ταῖς ἐννέα φυλαῖς καὶ τῷ ἡμίσει φυλῆς, ³ἀπὸ τοῦ πέ- 3
ραν τοῦ Ιορδάνου, καὶ τοῖς Λευίταις οὐκ ἔδωκεν κλῆρον ἐν αὐτοῖς ·
⁴ὅτι ἦσαν οἱ υἱοὶ Ιωσηφ δύο φυλαί, Μανασση καὶ Εφραιμ, καὶ 4
οὐκ ἐδόθη μερὶς ἐν τῇ γῇ τοῖς Λευίταις, ἀλλ' ἢ πόλεις κατοικεῖν
καὶ τὰ ἀφωρισμένα αὐτῶν τοῖς κτήνεσιν καὶ τὰ κτήνη αὐτῶν.
⁵ὃν τρόπον ἐνετείλατο κύριος τῷ Μωυσῇ, οὕτως ἐποίησαν οἱ υἱοὶ 5
Ισραηλ καὶ ἐμέρισαν τὴν γῆν.

⁶Καὶ προσήλθοσαν οἱ υἱοὶ Ιουδα πρὸς Ἰησοῦν ἐν Γαλγαλ, καὶ 6
εἶπεν πρὸς αὐτὸν Χαλεβ ὁ τοῦ Ιεφοννη ὁ Κενεζαῖος Σὺ ἐπίστῃ τὸ
ῥῆμα, ὃ ἐλάλησεν κύριος πρὸς Μωυσῆν ἄνθρωπον τοῦ θεοῦ περὶ
ἐμοῦ καὶ σοῦ ἐν Καδης Βαρνη · ⁷τεσσαράκοντα γὰρ ἐτῶν ἤμην, 7
ὅτε ἀπέστειλέν με Μωυσῆς ὁ παῖς τοῦ θεοῦ ἐκ Καδης Βαρνη κατα-
σκοπεῦσαι τὴν γῆν, καὶ ἀπεκρίθην αὐτῷ λόγον κατὰ τὸν νοῦν
αὐτοῦ, ⁸οἱ δὲ ἀδελφοί μου οἱ ἀναβάντες μετ' ἐμοῦ μετέστησαν 8
τὴν καρδίαν τοῦ λαοῦ, ἐγὼ δὲ προσετέθην ἐπακολουθῆσαι κυρίῳ
τῷ θεῷ μου, ⁹καὶ ὤμοσεν Μωυσῆς ἐν ἐκείνῃ τῇ ἡμέρᾳ λέγων Ἡ 9
γῆ, ἐφ' ἣν ἐπέβης, σοὶ ἔσται ἐν κλήρῳ καὶ τοῖς τέκνοις σου εἰς
τὸν αἰῶνα, ὅτι προσετέθης ἐπακολουθῆσαι ὀπίσω κυρίου τοῦ θεοῦ
ἡμῶν. ¹⁰καὶ νῦν διέθρεψέν με κύριος, ὃν τρόπον εἶπεν, τοῦτο τεσ- 10
σαρακοστὸν καὶ πέμπτον ἔτος ἀφ' οὗ ἐλάλησεν κύριος τὸ ῥῆμα
τοῦτο πρὸς Μωυσῆν καὶ ἐπορεύθη Ισραηλ ἐν τῇ ἐρήμῳ. καὶ νῦν
ἰδοὺ ἐγὼ σήμερον ὀγδοήκοντα καὶ πέντε ἐτῶν · ¹¹ἔτι εἰμὶ σήμερον 11
ἰσχύων ὡσεὶ ὅτε ἀπέστειλέν με Μωυσῆς, ὡσαύτως ἰσχύω νῦν ἐξ-
ελθεῖν καὶ εἰσελθεῖν εἰς τὸν πόλεμον. ¹²καὶ νῦν αἰτοῦμαί σε τὸ 12
ὄρος τοῦτο, καθὰ εἶπεν κύριος τῇ ἡμέρᾳ ἐκείνῃ · ὅτι σὺ ἀκήκοας
τὸ ῥῆμα τοῦτο τῇ ἡμέρᾳ ἐκείνῃ. νυνὶ δὲ οἱ Ενακιμ ἐκεῖ εἰσιν, πό-
λεις ὀχυραὶ καὶ μεγάλαι · ἐὰν οὖν κύριος μετ' ἐμοῦ ᾖ, ἐξολεθρεύσω
αὐτούς, ὃν τρόπον εἶπέν μοι κύριος. ¹³καὶ εὐλόγησεν αὐτὸν Ἰησοῦς 13
καὶ ἔδωκεν τὴν Χεβρων τῷ Χαλεβ υἱῷ Ιεφοννη υἱοῦ Κενεζ ἐν

14 1 εν τη γη > A† | κατεκληρονομησαν A | εαυτοις A† || 2 εκληρονο-
μηθησαν Bᶜ | εν χειρι] τω A || 4 αυτων 1⁰] -τοις A | και τα κτηνη > A ||
5 οι υιοι] τοις -οις A† | εμερισαντο A || 6 γαλγαλοις A || 7 ο παις του
θεου] δουλος κυριου A | εκ καδης βαρνη > A | απεκριθησαν A || 8 δε 1⁰
et μου 1⁰ > A | συναναβαντες A | καρδιαν] διανοιαν A || 9 ην] ης A |
προσετεθην A: ex 8 | οπισω — fin.] κυριω τω θεω μου A⁽⁺⁾ || 11 εξελθειν ..
εισελθειν] tr. B* || 12 τη bis] pr. εν A || 13 την W] τη A†, > B† | υιου
κενεζ O† (sub ÷)] υιω κ. B, τω κενεζαιω A(ε pro αι)

14 κλήρῳ. ¹⁴διὰ τοῦτο ἐγενήθη ἡ Χεβρων τῷ Χαλεβ τῷ τοῦ Ιεφοννη
τοῦ Κενεζαίου ἐν κλήρῳ ἕως τῆς ἡμέρας ταύτης διὰ τὸ αὐτὸν
15 ἐπακολουθῆσαι τῷ προστάγματι κυρίου θεοῦ Ισραηλ. ¹⁵τὸ δὲ ὄνο-
μα τῆς Χεβρων ἦν τὸ πρότερον πόλις Αρβοκ · μητρόπολις τῶν
Ενακιμ αὕτη. καὶ ἡ γῆ ἐκόπασεν τοῦ πολέμου.

15 ¹Καὶ ἐγένετο τὰ ὅρια φυλῆς Ιουδα κατὰ δήμους αὐτῶν ἀπὸ τῶν
ὁρίων τῆς Ιδουμαίας ἀπὸ τῆς ἐρήμου Σιν ἕως Καδης πρὸς λίβα.
2 ²καὶ ἐγενήθη αὐτῶν τὰ ὅρια ἀπὸ λιβὸς ἕως μέρους τῆς θαλάσσης
3 τῆς ἁλυκῆς ἀπὸ τῆς λοφιᾶς τῆς φερούσης ἐπὶ λίβα ³καὶ διαπο-
ρεύεται ἀπέναντι τῆς προσαναβάσεως Ακραβιν καὶ ἐκπεριπορεύεται
Σεννα καὶ ἀναβαίνει ἀπὸ λιβὸς ἐπὶ Καδης Βαρνη καὶ ἐκπορεύεται
Ασωρων καὶ προσαναβαίνει εἰς Αδδαρα καὶ περιπορεύεται τὴν κατὰ
4 δυσμὰς Καδης ⁴καὶ πορεύεται ἐπὶ Ασεμωνα καὶ διεκβαλεῖ ἕως φά-
ραγγος Αἰγύπτου, καὶ ἔσται αὐτοῦ ἡ διέξοδος τῶν ὁρίων ἐπὶ τὴν
5 θάλασσαν · τοῦτό ἐστιν αὐτῶν ὅρια ἀπὸ λιβός. ⁵καὶ τὰ ὅρια ἀπὸ
ἀνατολῶν · πᾶσα ἡ θάλασσα ἡ ἁλυκὴ ἕως τοῦ Ιορδάνου. καὶ τὰ
ὅρια αὐτῶν ἀπὸ βορρᾶ καὶ ἀπὸ τῆς λοφιᾶς τῆς θαλάσσης καὶ ἀπὸ
6 τοῦ μέρους τοῦ Ιορδάνου · ⁶ἐπιβαίνει τὰ ὅρια ἐπὶ Βαιθαγλα καὶ
παραπορεύεται ἀπὸ βορρᾶ ἐπὶ Βαιθαραβα, καὶ προσαναβαίνει τὰ
7 ὅρια ἐπὶ λίθον Βαιων υἱοῦ Ρουβην, ⁷καὶ προσαναβαίνει τὰ ὅρια
ἐπὶ τὸ τέταρτον τῆς φάραγγος Αχωρ καὶ καταβαίνει ἐπὶ Γαλγαλ,
ἥ ἐστιν ἀπέναντι τῆς προσβάσεως Αδδαμιν, ἥ ἐστιν κατὰ λίβα
τῇ φάραγγι, καὶ διεκβαλεῖ ἐπὶ τὸ ὕδωρ πηγῆς ἡλίου, καὶ ἔσται
8 αὐτοῦ ἡ διέξοδος πηγὴ Ρωγηλ, ⁸καὶ ἀναβαίνει τὰ ὅρια εἰς φάραγγα
Ονομ ἐπὶ νώτου Ιεβους ἀπὸ λιβός (αὕτη ἐστὶν Ιερουσαλημ), καὶ
διεκβάλλει τὰ ὅρια ἐπὶ κορυφὴν ὄρους, ἥ ἐστιν κατὰ πρόσωπον
φάραγγος Ονομ πρὸς θαλάσσης, ἥ ἐστιν ἐκ μέρους γῆς Ραφαϊν
9 ἐπὶ βορρᾶ, ⁹καὶ διεκβάλλει τὸ ὅριον ἀπὸ κορυφῆς τοῦ ὄρους ἐπὶ
πηγὴν ὕδατος Ναφθω καὶ διεκβάλλει εἰς τὸ ὄρος Εφρων, καὶ

---

14 η > A | του 1⁰ > A† | ημ. ταυτης] σημερον ημ. A | θεου] pr. του A ǁ
15 της et ην > A | αρβοκ mu.] αργοβ B, αρβο A: cf. 15 54 20 7
15 1 ιδουμαιας] ιουδαιας B | της ερ. σιν] των οριων σιμ A† | λιβα] νοτον A:
item in 2 fin. 7. 10 ǁ 2 λιβος] νοτου A: item in 3. 4 | της 1⁰ > A Bᶜ ǁ
3 ακραββειμ Aʳ | σεννα W] σενα A, εννακ B*†, σεννακ Bᶜ | απο] επι B* |
ασωρων] εσρωμ A | αδδαρα] σαραδα B⁽†⁾ | περιπορ.] εκπορ. B ǁ 4 πορευ-
εται] pr. εκ B† | ασεμωνα] σελμωναν B⁽†⁾ | διεκβαλλει A Bᶜ: item in 7. 11 ter
| τουτο] ταυτα A | ορια] pr. τα A ǁ 5 απο βορρα] επι -αν A ǁ 6 βαιθ-
αγλα W] -λααμ B⁽†⁾, βαιθαλα A ǁ 7 επι 2⁰] απο A† | γαλγαλ] τααγαδ B† |
προσαναβασεως A | αδδαμ(ε)ιν B⁽†⁾] αδομμι A† | τη > Aʳ | πηγης] pr. της A
ǁ 8 ονομ bis B† (cf. 18 16)] εννομ A | νωτου] νοτου B | ιεβους] pr. του
B O† | απο λιβος > A | διεκβαλλει] δι > B† | κορυφης A† | θαλασσης] -η
O Bᶜ† | ραφαειμ A | βορραν A ǁ 9 υδατος] pr. του A | μαφθω B† | εις
το ορος] ορους A

ἐξάξει τὸ ὅριον εἰς Βααλ (αὕτη ἐστὶν πόλις Ιαριμ), ¹⁰καὶ περιελεύ- 10
σεται ὅριον ἀπὸ Βααλ ἐπὶ θάλασσαν καὶ παρελεύσεται εἰς ὅρος
Ασσαρες ἐπὶ νώτου, πόλιν Ιαριμ ἀπὸ βορρᾶ (αὕτη ἐστὶν Χασλων)
καὶ καταβήσεται ἐπὶ Πόλιν ἡλίου καὶ παρελεύσεται ἐπὶ λίβα, ¹¹καὶ 11
διεκβαλεῖ τὸ ὅριον κατὰ νώτου Ακκαρων ἐπὶ βορρᾶν, καὶ διεκβα-
λεῖ τὰ ὅρια εἰς Σακχαρωνα καὶ παρελεύσεται ὅρος τῆς Βαλα καὶ
διεκβαλεῖ ἐπὶ Ιαβνηλ, καὶ ἔσται ἡ διέξοδος τῶν ὁρίων ἐπὶ θάλασ-
σαν. ¹²καὶ τὰ ὅρια αὐτῶν ἀπὸ θαλάσσης · ἡ θάλασσα ἡ μεγάλη 12
ὁριεῖ. ταῦτα τὰ ὅρια υἱῶν Ιουδα κύκλῳ κατὰ δήμους αὐτῶν. —
¹³καὶ τῷ Χαλεβ υἱῷ Ιεφοννη ἔδωκεν μερίδα ἐν μέσῳ υἱῶν Ιουδα 13
διὰ προστάγματος τοῦ θεοῦ, καὶ ἔδωκεν αὐτῷ Ἰησοῦς τὴν πόλιν
Αρβοκ μητρόπολιν Ενακ (αὕτη ἐστὶ Χεβρων). ¹⁴καὶ ἐξωλέθρευσεν 14
ἐκεῖθεν Χαλεβ υἱὸς Ιεφοννη τοὺς τρεῖς υἱοὺς Ενακ, τὸν Σουσι
καὶ τὸν Θολμι καὶ τὸν Αχιμα. ¹⁵καὶ ἀνέβη ἐκεῖθεν Χαλεβ ἐπὶ τοὺς 15
κατοικοῦντας Δαβιρ · τὸ δὲ ὄνομα Δαβιρ ἦν τὸ πρότερον Πόλις
γραμμάτων. ¹⁶καὶ εἶπεν Χαλεβ Ὃς ἐὰν λάβῃ καὶ ἐκκόψῃ τὴν Πόλιν 16
τῶν γραμμάτων καὶ κυριεύσῃ αὐτῆς, δώσω αὐτῷ τὴν Αχσαν θυ-
γατέρα μου εἰς γυναῖκα. ¹⁷καὶ ἔλαβεν αὐτὴν Γοθονιηλ υἱὸς Κενεζ 17
ἀδελφὸς Χαλεβ ὁ νεώτερος, καὶ ἔδωκεν αὐτῷ τὴν Αχσαν θυγατέρα
αὐτοῦ αὐτῷ γυναῖκα. ¹⁸καὶ ἐγένετο ἐν τῷ εἰσπορεύεσθαι αὐτὴν καὶ 18
συνεβουλεύσατο αὐτῷ λέγουσα Αἰτήσομαι τὸν πατέρα μου ἀγρόν ·
καὶ ἐβόησεν ἐκ τοῦ ὄνου. καὶ εἶπεν αὐτῇ Χαλεβ Τί ἐστίν σοι;
¹⁹καὶ εἶπεν αὐτῷ Δός μοι εὐλογίαν, ὅτι εἰς γῆν Ναγεβ δέδωκάς 19
με · δός μοι τὴν Γολαθμαιν. καὶ ἔδωκεν αὐτῇ Χαλεβ τὴν Γολαθμαιν
τὴν ἄνω καὶ τὴν Γολαθμαιν τὴν κάτω. — ²⁰αὕτη ἡ κληρονομία 20
φυλῆς υἱῶν Ιουδα.

²¹Ἐγενήθησαν δὲ αἱ πόλεις αὐτῶν · πόλις πρώτη φυλῆς υἱῶν 21
Ιουδα ἐφ᾽ ὁρίων Εδωμ ἐπὶ τῆς ἐρήμου

---

9 εξαξει] εξ > Β O† | εις βααλ (cf. 10)] ιεβααλ Β ‖ 10 απο 1⁰] επι Α |
και παρελ. / εις ορ. ασσαρες] tr. A | ασσαρες] ασσαρ Β*†, σηειρ Α | ιαρειν Β†
hic, non in 9 | χασαλων Α ‖ 11 σακχαρωνα pau.] σοκχωθ Β, ακκαρωνα
Α⁽†⁾ | ορος] ορια Β | της pau.] γης Α, επι Β | βαλα] γαβαλα Αᶜ, λιβα Β |
ιαβνηλ] λεμνα Β ‖ 13 δια] απο Β*† | αρβεκ Α†, αρβε G | μητροπολις Α
‖ 14 σουσαι Α† | τον 2⁰ > Β | θολμ(ε)ι pau.] θοαλμει Β†, θαλμαι Α† ‖
15 ην / το προτ.] tr. A ‖ 16 και εκκοψη > A | δωσω] pr. και Α | την ult.
> A | ασχαν Β: item in 17 ‖ 17 αδελφος W] -φου ΒΑ | ο νεωτερος
(cf. Iud. 1 13)] > Β, in O sub ÷ | αυτω ult.] > Β, in O sub ÷ | γυναικα]
pr. εις Α ‖ 18 εκπορευεσθαι Β | εκ] απο Α ‖ 19 την 1⁰ > Α | γολαθ-
μαιν ter Ra.] 1⁰ βοθθανεις Β, 2⁰ 3⁰ γοναιθλαν Β⁽†⁾; 1⁰ γωλαθμαιμ Α, 2⁰
γωλαθ Α (την ανω — γωλαθ ult. > A) | χαλεβ] > Β, in O sub ÷ ‖ 21 αι >
Β | πολις πρωτη φυλης] πολεις προς τη φυλη Β

Β

Καιβαισελεηλ καὶ Αρα καὶ Ασωρ
22 ²²καὶ Ικαμ καὶ Ρεγμα καὶ Αρου-
23 ηλ ²³καὶ Καδης καὶ Ασοριωναιν
24 ²⁴καὶ Μαιναμ καὶ Βαλμαιναν καὶ
25 αἱ κῶμαι αὐτῶν ²⁵καὶ αἱ πόλεις
26 Ασερων (αὕτη Ασωρ) ²⁶καὶ Σην
27 καὶ Σαλμαα καὶ Μωλαδα ²⁷καὶ
28 Σερι καὶ Βαιφαλαδ ²⁸καὶ
Χολασεωλα καὶ Βηρσαβεε καὶ
αἱ κῶμαι αὐτῶν καὶ αἱ ἐπαύλεις
29 αὐτῶν, ²⁹Βαλα καὶ Βακωκ καὶ
30 Ασομ ³⁰καὶ Ελβωυδαδ καὶ Βαι-
31 θηλ καὶ Ερμα ³¹καὶ Σεκελακ καὶ
32 Μαχαριμ καὶ Σεθεννακ ³²καὶ
Λαβως καὶ Σαλη καὶ Ερωμωθ,
πόλεις κθ´　　　　καὶ αἱ
κῶμαι αὐτῶν.

33 ³³Ἐν τῇ πεδινῇ · Ασταωλ καὶ
34 Ραα καὶ Ασσα ³⁴καὶ Ραμεν καὶ
Τανω καὶ Ιλουθωθ καὶ Μαιανι
35 ³⁵καὶ Ιερμουθ καὶ Οδολλαμ καὶ
Μεμβρα καὶ Σαωχω καὶ Αζηκα
36 ³⁶καὶ Σακαριμ καὶ Γαδηρα καὶ αἱ
ἐπαύλεις αὐτῆς, πόλεις δέκα τέσ-
σαρες καὶ αἱ κῶμαι αὐτῶν ·
37 ³⁷Σεννα καὶ Αδασαν καὶ Μαγ-
38 αδαγαδ ³⁸καὶ Δαλαλ καὶ Μασφα
39 καὶ Ιακαρεηλ ³⁹καὶ Λαχης καὶ
40 Βασηδωθ καὶ Ιδεαδαλεα ⁴⁰καὶ Χαβ-
41 ρα καὶ Μαχες καὶ Μααχως ⁴¹καὶ
Γεδδωρ καὶ Βαγαδιηλ καὶ Νωμαν
καὶ Μακηδαν, πόλεις δεκαεξ καὶ
42 αἱ κῶμαι αὐτῶν · ⁴²Λεμνα καὶ
43 Ιθακ ⁴³καὶ Ανωχ καὶ Ιανα καὶ

Α

Καβσεηλ καὶ Εδραι καὶ Ιαγουρ
²²καὶ Κινα καὶ Διμωνα καὶ Αδα-
δα ²³καὶ Κεδες καὶ Ιθναζιφ
²⁴καὶ Τελεμ καὶ Βαλωθ
²⁵καὶ　　　　πόλις
Ασερων (αὕτη Ασωρ), ²⁶Αμαμ
καὶ Σαμαα καὶ Μωλαδα ²⁷καὶ
Ασεργαδδα καὶ Βαιθφαλεθ ²⁸καὶ
Ασαρσουλα καὶ Βηρσαβεε καὶ
αἱ κῶμαι αὐτῶν καὶ αἱ ἐπαύλεις
αὐτῶν, ²⁹Βααλα καὶ Αυιμ καὶ
Ασεμ ³⁰καὶ Ελθωδαδ καὶ Χα-
σιλ καὶ Ερμα ³¹καὶ Σικελεγ καὶ
Μεδεβηνα καὶ Σανσαννα ³²καὶ
Λαβωθ καὶ Σελεϊμ καὶ Ρεμμων,
πόλεις εἴκοσι καὶ ἐννέα καὶ αἱ
κῶμαι αὐτῶν.

³³Ἐν τῇ πεδινῇ · Εσθαολ καὶ
Σαραα καὶ Ασνα ³⁴καὶ Ραμεν καὶ
Ζανω καὶ Αδιαθαϊμ καὶ Ηναϊμ
³⁵καὶ Ιεριμουθ καὶ Οδολλαμ καὶ
Νεμρα καὶ Σωχω καὶ Αζηκα
³⁶καὶ Σαργαριμ καὶ Γαδηρα καὶ αἱ
ἐπαύλεις αὐτῆς, πόλεις δέκα τέσ-
σαρες καὶ αἱ κῶμαι αὐτῶν ·
³⁷Σενναν καὶ Αδασα καὶ Μαγ-
δαλγαδ ³⁸καὶ Δαλααν καὶ Μασφα
καὶ Ιεχθαηλ ³⁹καὶ Λαχις καὶ
Βαζκαθ καὶ Αγλων ⁴⁰καὶ Χαβ-
βα καὶ Λαμας καὶ Χαθλως ⁴¹καὶ
Γαδηρωθ καὶ Βηθδαγων καὶ Νωμα
καὶ Μακηδα, πόλεις δεκαεξ καὶ
αἱ κῶμαι αὐτῶν · ⁴²Λεβνα καὶ
Αθερ ⁴³καὶ Ιεφθα καὶ Ασεννα καὶ

15 21—43 B: 21 αρα B] αραδ L⁺ (= 44 54 75 106 134) ‖ 35 αζηκα] ιαζ.
B⁺ ‖ 39 λαχης Bᶜ] μαχης B*⁺
15 21—43 A: 21 καβσεηλ W] κασθεηλ A⁺ | εδραι W] -ιν A⁺ ‖ 25 ασερωμ
A⁺ ‖ 26 μωλαδα pl.] μωδαδα A ‖ 28 βηρσαβεθ A⁺ ‖ 30 χασιλ pau.]
-σειρ A⁺ | ερμαλ A⁺ ‖ 31 μεδεβηνα W] βεδ. A⁺, μεδεμηνα al. ‖ 35 οδολ-
λαμ pl.] μ > A ‖ 36 σαργαριμ A] σαγ. O L⁺ ‖ 37 σενναν V] -αμ A⁽⁺⁾ ‖
39 βαζκαθ W] μασχαθ A⁺ | αγλων pl.] εγλωμ A⁺ ‖ 42 αθερ pl.] αφορ A⁺

B

Νασιβ ⁴⁴καὶ Κεϊλαμ καὶ Ακιεζι
καὶ Κεζιβ καὶ Βαθησαρ καὶ Αι-
λων, πόλεις δέκα καὶ αἱ κῶμαι
αὐτῶν · ⁴⁵Ακκαρων καὶ αἱ κῶμαι
αὐτῆς καὶ αἱ ἐπαύλεις αὐτῶν ·
⁴⁶ ἀπὸ Ακκαρων Γεμνα καὶ
πᾶσαι, ὅσαι εἰσὶν πλησίον Αση-
δωθ, καὶ αἱ κῶμαι αὐτῶν · ⁴⁷Ασιε-
δωθ καὶ αἱ κῶμαι αὐτῆς καὶ αἱ
ἐπαύλεις αὐτῆς · Γάζα καὶ αἱ κῶ-
μαι αὐτῆς καὶ αἱ ἐπαύλεις αὐτῆς
ἕως τοῦ χειμάρρου Αἰγύπτου ·
καὶ ἡ θάλασσα ἡ μεγάλη διορίζει.
⁴⁸Καὶ ἐν τῇ ὀρεινῇ · Σαμιρ καὶ
Ιεθερ καὶ Σωχα ⁴⁹καὶ Ρεννα καὶ
Πόλις γραμμάτων (αὕτη
Δαβιρ) ⁵⁰καὶ Ανων καὶ Εσκαιμαν
καὶ Αισαμ ⁵¹καὶ Γοσομ καὶ Χα-
λου καὶ Χαννα, πόλεις ἔνδεκα
καὶ αἱ κῶμαι αὐτῶν · ⁵²Αιρεμ καὶ
Ρεμνα καὶ Σομα ⁵³καὶ Ιεμαϊν καὶ
Βαιθαχου καὶ Φακουα ⁵⁴καὶ
Ευμα καὶ πόλις Αρβοκ (αὕτη
ἐστὶν Χεβρων) καὶ Σωρθ, πόλεις
ἐννέα καὶ αἱ ἐπαύλεις αὐτῶν ·
⁵⁵Μαωρ καὶ Χερμελ καὶ Οζιβ καὶ
Ιταν ⁵⁶καὶ Ιαριηλ καὶ Ιαρικαμ
καὶ Ζακαναϊμ ⁵⁷καὶ Γαβαα καὶ
Θαμναθα, πόλεις ἐννέα καὶ αἱ κῶ-
μαι αὐτῶν · ⁵⁸Αλουα καὶ Βαιθ-
σουρ καὶ Γεδδων ⁵⁹καὶ Μαγαρωθ
καὶ Βαιθαναμ καὶ Θεκουμ, πόλεις
ἓξ καὶ αἱ κῶμαι αὐτῶν · ⁵⁹ᵃΘε-
κω καὶ Εφραθα (αὕτη ἐστὶν Βαιθ-
λεεμ) καὶ Φαγωρ καὶ Αιταν καὶ
Κουλον καὶ Ταταμ καὶ Εωβης καὶ
Καρεμ καὶ Γαλεμ καὶ Θεθηρ καὶ

A

Νεσιβ ⁴⁴καὶ Κεϊλα καὶ Αχζιβ 44
    καὶ Μαρησα καὶ Ε-
δωμ, πόλεις ἐννέα καὶ αἱ κῶμαι
αὐτῶν · ⁴⁵Ακκαρων καὶ αἱ κῶμαι 45
αὐτῆς καὶ αἱ ἐπαύλεις αὐτῆς ·
⁴⁶καὶ ἀπὸ Ακκαρων Ιεμναι καὶ 46
πᾶσαι, ὅσαι εἰσὶν πλησίον Ασ-
δωδ, καὶ αἱ κῶμαι   47   47
    αὐτῆς καὶ αἱ
ἐπαύλεις αὐτῆς · Γάζα καὶ αἱ κῶ-
μαι αὐτῆς καὶ αἱ ἐπαύλεις αὐτῆς
ἕως τοῦ χειμάρρου Αἰγύπτου ·
καὶ ἡ θάλασσα ἡ μεγάλη διορίζει.
⁴⁸Καὶ ἐν τῇ ὀρεινῇ · Σαφιρ καὶ 48
Ιεθερ καὶ Σωχω ⁴⁹καὶ Ρεννα 49
πόλις γραμμάτων (αὕτη ἐστὶν
Δαβιρ) ⁵⁰καὶ Ανωβ καὶ Εσθεμω 50
καὶ Ανιμ ⁵¹καὶ Γοσομ καὶ Χι- 51
λουων καὶ Γηλων, πόλεις δέκα
καὶ αἱ κῶμαι αὐτῶν · ⁵²Ερεβ καὶ 52
Εσαν καὶ Ρουμα ⁵³καὶ Ιανουμ καὶ 53
Βαιθθαπφουε καὶ Αφακα ⁵⁴καὶ 54
Χαμματα καὶ πόλις Αρβο (αὕτη
ἐστὶν Χεβρων) καὶ Σιωρ, πόλεις
ἐννέα καὶ αἱ κῶμαι αὐτῶν ·
⁵⁵Μαων καὶ Χερμελ καὶ Ζιφ καὶ 55
Ιεττα ⁵⁶καὶ Ιεζραελ καὶ Ιεκδααμ 56
καὶ Ζανωακιμ ⁵⁷καὶ Γαβαα καὶ 57
Θαμνα, πόλεις ἐννέα καὶ αἱ κῶ-
μαι αὐτῶν · ⁵⁸Αλουλ καὶ Βαιθ- 58
σουρ καὶ Γεδωρ ⁵⁹καὶ Μαρωθ 59
καὶ Βαιθανωθ καὶ Ελθεκεν, πόλεις
ἓξ καὶ αἱ κῶμαι αὐτῶν · ⁵⁹ᵃΘε- 59ᵃ
κω καὶ Εφραθα (αὕτη ἐστὶν Βηθ-
λεεμ) καὶ Φαγωρ καὶ Αιταμ καὶ
Κουλον καὶ Ταταμι καὶ Σωρης καὶ
Καρεμ καὶ Γαλλιμ καὶ Βαιθηρ καὶ

15 43—59ᵃ B: 54 σωρθ B*†] -ραιθ Bᶜ
15 43—59ᵃ A: 44 αχζιβ mu.] -ζεκ A† ‖ 46 ασδωδ W] -ωμ A† ‖ 54 αρ-
βο pau. (cf. 14 15)] -βοα A† ‖ 56 ιεζραελ W] ιεζδρ. A† ‖ 59 βαιθανωθ
W] -νωμ A†

B

Μανοχω, πόλεις ἕνδεκα καὶ αἱ
60 κῶμαι αὐτῶν · ⁶⁰Καριαθβααλ
(αὕτη ἡ πόλις Ιαριμ) καὶ Σωθη-
βα, πόλεις δύο
    καὶ αἱ ἐπαύλεις αὐτῶν ·
61 ⁶¹καὶ Βαδδαργις καὶ Θαραβααμ
62 καὶ Αινων καὶ Αιχιοζα ⁶²καὶ
Ναφλαζων καὶ αἱ πόλεις Σαδωμ
καὶ Ανκαδης, πόλεις ἑπτὰ καὶ αἱ
κῶμαι αὐτῶν.

A

Μανοχω, πόλεις ἕνδεκα καὶ αἱ
κῶμαι αὐτῶν · ⁶⁰Καριαθβααλ
(αὕτη πόλις Ιαριμ) καὶ Αρεβ-
βα, πόλεις δύο καὶ αἱ κῶμαι
αὐτῶν καὶ αἱ ἐπαύλεις αὐτῶν ·
61 Βαδδαργις καὶ Βηθαραβα
καὶ Μαδων καὶ Σοχοχα ⁶²καὶ
Νεβσαν καὶ αἱ πόλεις ἁλῶν
καὶ Ηνγαδδι, πόλεις ἑπτὰ καὶ αἱ
κῶμαι αὐτῶν.

63   ⁶³Καὶ ὁ Ιεβουσαῖος κατῴκει ἐν Ιερουσαλημ, καὶ οὐκ ἠδυνάσθη-
σαν οἱ υἱοὶ Ιουδα ἀπολέσαι αὐτούς · καὶ κατῴκησαν οἱ Ιεβουσαῖοι
ἐν Ιερουσαλημ ἕως τῆς ἡμέρας ἐκείνης.

16   ¹Καὶ ἐγένετο τὰ ὅρια υἱῶν Ιωσηφ ἀπὸ τοῦ Ιορδάνου τοῦ κατὰ
Ιεριχω ἀπ’ ἀνατολῶν καὶ ἀναβήσεται ἀπὸ Ιεριχω εἰς τὴν ὀρεινὴν
2 τὴν ἔρημον εἰς Βαιθηλ Λουζα ²καὶ ἐξελεύσεται εἰς Βαιθηλ καὶ παρ-
3 ελεύσεται ἐπὶ τὰ ὅρια τοῦ Χαταρωθι ³καὶ διελεύσεται ἐπὶ τὴν θά-
λασσαν ἐπὶ τὰ ὅρια Απταλιμ ἕως τῶν ὁρίων Βαιθωρων τὴν κάτω,
καὶ ἔσται ἡ διέξοδος αὐτῶν ἐπὶ τὴν θάλασσαν.

4
5   ⁴Καὶ ἐκληρονόμησαν οἱ υἱοὶ Ιωσηφ, Εφραιμ καὶ Μανασση · ⁵καὶ
ἐγενήθη ὅρια υἱῶν Εφραιμ κατὰ δήμους αὐτῶν · καὶ ἐγενήθη τὰ
ὅρια τῆς κληρονομίας αὐτῶν ἀπὸ ἀνατολῶν Αταρωθ καὶ Εροκ ἕως
6 Βαιθωρων τὴν ἄνω καὶ Γαζαρα, ⁶καὶ διελεύσεται τὰ ὅρια ἐπὶ τὴν
θάλασσαν εἰς Ικασμων ἀπὸ βορρᾶ Θερμα, περιελεύσεται ἐπὶ ἀνα-
τολὰς εἰς Θηνασα καὶ Σελλησα καὶ παρελεύσεται ἀπ’ ἀνατολῶν
7 εἰς Ιανωκα ⁷καὶ εἰς Μαχω καὶ Αταρωθ καὶ αἱ κῶμαι αὐτῶν καὶ
8 ἐλεύσεται ἐπὶ Ιεριχω καὶ διεκβαλεῖ ἐπὶ τὸν Ιορδάνην, ⁸καὶ ἀπὸ
Ταφου πορεύσεται τὰ ὅρια ἐπὶ θάλασσαν ἐπὶ Χελκανα, καὶ ἔσται
ἡ διέξοδος αὐτῶν ἐπὶ θάλασσαν · αὕτη ἡ κληρονομία φυλῆς Εφραιμ

15 59ᵃ—62 B: 61 αιχιοζα B*†] αιοχ. Bᶜ⁽†⁾
15 59ᵃ—62 A: 61 βαδδαργις και A] εν τη μαβδαριτιδι(pro μαδβαρ.) L†: cf.
5 6 18 12
16 1 ανατολων] + την ερημον A | λουζα] post 2 βαιθηλ tr. A ‖ 2 εις] απο
A | χαταρωθ(ε)ι B⁽†⁾ αρχιαταρωθ A ‖ 3 επι 2⁰] εις A† | απταλ(ε)ιμ] του
ιεφαλθι A | την 2⁰] της A: cf. 5 ‖ 5 ορια 1⁰] pr. τα A | ασταρωθ B†: cf.
7 | εροκ] αδαρ A | την] της A: cf. 3 ‖ 6 διελευσ.] δι > B | ικασμων B⁽†⁾]
μαχθωθ A | θερμα > A | περιελευσ.] και παρελ. A | επι 2⁰] εις B*† | θηνασα
B⁽†⁾ -ναθ W, τηναθ A† | και 2⁰ > A | σελλησα] σηλω A | ιανωκα B⁽†⁾] ιανω
A ‖ 7 και 1⁰ > A | μαχω B⁽†⁾ αταρωθ A | αταρωθ O] αστ. B⁽†⁾: cf. 5; να-
αραθα A | ελευσ. B O] pr. δι A | επι 1⁰] εις A† | διεκβαλλει Bᶜ ‖ 8 ταφου]
θαφφουε W, εφφουε A† | πορευσεται] παρελευσ. A | τα > A† | χελκανα] χει-
μαρρουν κανα A | αυτων 1⁰] -του A | εφραιμ] pr. υιων A

κατὰ δήμους αὐτῶν. ⁹καὶ αἱ πόλεις αἱ ἀφορισθεῖσαι τοῖς υἱοῖς 9
Εφραιμ ἀνὰ μέσον τῆς κληρονομίας υἱῶν Μανασση, πᾶσαι αἱ πό-
λεις καὶ αἱ κῶμαι αὐτῶν. — ¹⁰καὶ οὐκ ἀπώλεσεν Εφραιμ τὸν Χα- 10
ναναῖον τὸν κατοικοῦντα ἐν Γαζερ, καὶ κατῴκει ὁ Χαναναῖος ἐν τῷ
Εφραιμ ἕως τῆς ἡμέρας ταύτης, ἕως ἀνέβη Φαραω βασιλεὺς Αἰ-
γύπτου καὶ ἔλαβεν αὐτὴν καὶ ἐνέπρησεν αὐτὴν ἐν πυρί, καὶ τοὺς
Χαναναίους καὶ τοὺς Φερεζαίους καὶ τοὺς κατοικοῦντας ἐν Γαζερ
ἐξεκέντησαν, καὶ ἔδωκεν αὐτὴν Φαραω ἐν φερνῇ τῇ θυγατρὶ αὐτοῦ.

¹Καὶ ἐγένετο τὰ ὅρια φυλῆς υἱῶν Μανασση, ὅτι οὗτος πρωτό- 17
τοκος τῷ Ιωσηφ · τῷ Μαχιρ πρωτοτόκῳ Μανασση πατρὶ Γαλααδ
(ἀνὴρ γὰρ πολεμιστὴς ἦν) ἐν τῇ Γαλααδίτιδι καὶ ἐν τῇ Βασανίτιδι.
²καὶ ἐγενήθη τοῖς υἱοῖς Μανασση τοῖς λοιποῖς κατὰ δήμους αὐτῶν, 2
τοῖς υἱοῖς Ιεζερ καὶ τοῖς υἱοῖς Κελεζ καὶ τοῖς υἱοῖς Ιεζιηλ καὶ τοῖς
υἱοῖς Συχεμ καὶ τοῖς υἱοῖς Συμαριμ καὶ τοῖς υἱοῖς Οφερ · οὗτοι οἱ
ἄρσενες κατὰ δήμους αὐτῶν. ³καὶ τῷ Σαλπααδ υἱῷ Οφερ, οὐκ 3
ἦσαν αὐτῷ υἱοὶ ἀλλ' ἢ θυγατέρες, καὶ ταῦτα τὰ ὀνόματα τῶν θυ-
γατέρων Σαλπααδ · Μααλα καὶ Νουα καὶ Εγλα καὶ Μελχα καὶ Θερ-
σα. ⁴καὶ ἔστησαν ἐναντίον Ελεαζαρ τοῦ ἱερέως καὶ ἐναντίον Ἰη- 4
σοῦ καὶ ἐναντίον τῶν ἀρχόντων λέγουσαι Ὁ θεὸς ἐνετείλατο διὰ
χειρὸς Μωυσῆ δοῦναι ἡμῖν κληρονομίαν ἐν μέσῳ τῶν ἀδελφῶν
ἡμῶν. καὶ ἐδόθη αὐταῖς διὰ προστάγματος κυρίου κλῆρος ἐν τοῖς
ἀδελφοῖς τοῦ πατρὸς αὐτῶν. ⁵καὶ ἔπεσεν ὁ σχοινισμὸς αὐτῶν ἀπὸ 5
Ανασσα καὶ πεδίον Λαβεκ ἐκ τῆς Γαλααδ, ἥ ἐστιν πέραν τοῦ Ιορ-
δάνου · ⁶ὅτι θυγατέρες υἱῶν Μανασση ἐκληρονόμησαν κλῆρον ἐν 6
μέσῳ τῶν ἀδελφῶν αὐτῶν · ἡ δὲ γῆ Γαλααδ ἐγενήθη τοῖς υἱοῖς
Μανασση τοῖς καταλελειμμένοις.

⁷Καὶ ἐγενήθη ὅρια υἱῶν Μανασση Δηλαναθ, ἥ ἐστιν κατὰ πρόσ- 7
ωπον υἱῶν Αναθ, καὶ πορεύεται ἐπὶ τὰ ὅρια ἐπὶ Ιαμιν καὶ Ιασσιβ
ἐπὶ πηγὴν Θαφθωθ · ⁸τῷ Μανασση ἔσται, καὶ Θαφεθ ἐπὶ τῶν ὁρί- 8
ων Μανασση τοῖς υἱοῖς Εφραιμ. ⁹καὶ καταβήσεται τὰ ὅρια ἐπὶ 9
φάραγγα Καρανα ἐπὶ λίβα κατὰ φάραγγα Ιαριηλ, τερέμινθος τῷ

10 εως ανεβη — fin.: cf. Regn. III 5 14ᵇ (= 𝔐 9 16) | αυτην 1⁰] την πολιν A
| εξεκεντησεν A
17 2 ιεζερ Ra.] ιεζει B⁽⁺⁾, αχιεζερ A | κελεζ B⁽⁺⁾] χελεκ W, φελεκ A⁺ | ιε-
ζ(ε)ιηλ B⁺] εριηλ A | συχεμ] σεχεμ A | συμαρ(ε)ιμ B⁺] σεμιραε A | οι > A
‖ 3 σαλφααδ bis A | μααλα] μαλα A | εγλα] αιγλα W, αιγλαμ A⁺ ‖ 4 ιη-
σου] + υιου ναυη A | δια προστ. κυρ. / κληρος] tr. A ‖ 5 αυτων απο ανασσα
και] μανασση A | της γαλ.] της γαλ. και της βασαν A ‖ 7 δηλαναθ] απο
ασηρ μαχθωθ A | υιων αναθ] συχεμ A | επι 1⁰ > A | ιασσ(ε)ιβ] ιασσηβ Bᶜ,
εις ιασηφ A | πηγην] την γην A | θαφθωθ A⁺, ναφεθ Bᶜ⁺ ‖ 8 θαφεθ B⁽⁺⁾]
θαφθωθ A | τοις υ. εφρ. (⁹)και καταβ. το ορ.] > A (in O sub ※) ‖ 9 καρα-
να] καναι A | φαραγγα 2⁰] pr. την A | ιαριηλ B⁽⁺⁾] ιαειρ A | τερεμινθος] β pro
μ A: cf. Gen. 35 4; pr. η A

Εφραιμ ἀνὰ μέσον πόλεως Μανασση · καὶ ὅρια Μανασση ἐπὶ τὸν
βορρᾶν εἰς τὸν χειμάρρουν, καὶ ἔσται αὐτοῦ ἡ διέξοδος θάλασσα.
10 ¹⁰ἀπὸ λιβὸς τῷ Εφραιμ, καὶ ἐπὶ βορρᾶν Μανασση, καὶ ἔσται ἡ
θάλασσα ὅρια αὐτοῖς · καὶ ἐπὶ Ασηρ συνάψουσιν ἐπὶ βορρᾶν καὶ
11 τῷ Ισσαχαρ ἀπ᾽ ἀνατολῶν. ¹¹καὶ ἔσται Μανασση ἐν Ισσαχαρ καὶ
ἐν Ασηρ Βαιθσαν καὶ αἱ κῶμαι αὐτῶν καὶ τοὺς κατοικοῦντας Δωρ
καὶ τὰς κώμας αὐτῆς καὶ τοὺς κατοικοῦντας Μαγεδδω καὶ τὰς κώ-
12 μας αὐτῆς καὶ τὸ τρίτον τῆς Ναφετα καὶ τὰς κώμας αὐτῆς. ¹²καὶ
οὐκ ἠδυνάσθησαν οἱ υἱοὶ Μανασση ἐξολεθρεῦσαι τὰς πόλεις ταύ-
13 τας, καὶ ἤρχετο ὁ Χαναναῖος κατοικεῖν ἐν τῇ γῇ ταύτῃ · ¹³καὶ
ἐγενήθη καὶ ἐπεὶ κατίσχυσαν οἱ υἱοὶ Ισραηλ, καὶ ἐποίησαν τοὺς
Χαναναίους ὑπηκόους, ἐξολεθρεῦσαι δὲ αὐτοὺς οὐκ ἐξωλέθρευσαν.
14 ¹⁴Ἀντεῖπαν δὲ οἱ υἱοὶ Ιωσηφ τῷ Ἰησοῦ λέγοντες Διὰ τί ἐκληρο-
νόμησας ἡμᾶς κλῆρον ἕνα καὶ σχοίνισμα ἕν; ἐγὼ δὲ λαὸς πο-
15 λύς εἰμι, καὶ ὁ θεὸς εὐλόγησέν με. ¹⁵καὶ εἶπεν αὐτοῖς Ἰησοῦς Εἰ
λαὸς πολὺς εἶ, ἀνάβηθι εἰς τὸν δρυμὸν καὶ ἐκκάθαρον σεαυτῷ, εἰ
16 στενοχωρεῖ σε τὸ ὄρος τὸ Εφραιμ. ¹⁶καὶ εἶπαν Οὐκ ἀρκέσει ἡμῖν
τὸ ὄρος τὸ Εφραιμ, καὶ ἵππος ἐπίλεκτος καὶ σίδηρος τῷ Χανα-
ναίῳ τῷ κατοικοῦντι ἐν αὐτῷ ἐν Βαιθσαν καὶ ἐν ταῖς κώμαις αὐ-
17 τῆς ἐν τῇ κοιλάδι Ιεζραελ. ¹⁷καὶ εἶπεν Ἰησοῦς τοῖς υἱοῖς Ιωσηφ
Εἰ λαὸς πολὺς εἶ καὶ ἰσχὺν μεγάλην ἔχεις, οὐκ ἔσται σοι κλῆρος
18 εἷς · ¹⁸ὁ γὰρ δρυμὸς ἔσται σοι, ὅτι δρυμός ἐστιν καὶ ἐκκαθαριεῖς αὐ-
τὸν καὶ ἔσται σοι · καὶ ὅταν ἐξολεθρεύσῃς τὸν Χαναναῖον, ὅτι
ἵππος ἐπίλεκτός ἐστιν αὐτῷ, σὺ γὰρ ὑπερισχύεις αὐτοῦ.

18 ¹Καὶ ἐξεκκλησιάσθη πᾶσα συναγωγὴ υἱῶν Ισραηλ εἰς Σηλω καὶ
ἔπηξαν ἐκεῖ τὴν σκηνὴν τοῦ μαρτυρίου, καὶ ἡ γῆ ἐκρατήθη ὑπ᾽
2 αὐτῶν. ²καὶ κατελείφθησαν οἱ υἱοὶ Ισραηλ, οἳ οὐκ ἐκληρονόμησαν,
3 ἑπτὰ φυλαί. ³καὶ εἶπεν Ἰησοῦς τοῖς υἱοῖς Ισραηλ Ἕως τίνος ἐκλυ-
θήσεσθε κληρονομῆσαι τὴν γῆν, ἣν ἔδωκεν κύριος ὁ θεὸς ἡμῶν;
4 ⁴δότε ἐξ ὑμῶν τρεῖς ἄνδρας ἐκ φυλῆς, καὶ ἀναστάντες διελθέτω-
σαν τὴν γῆν καὶ διαγραψάτωσαν αὐτὴν ἐναντίον μου, καθὰ δεήσει

9 τον βορραν] βορρα Α | θαλασσα > Α⁺ ‖ 10 μανασση] pr. τω Α | ασηρ]
ιασηβ Β ‖ 11 βαιθσαν] καιθοαν Β* | μαγεδδω] -ωρ Α | αυτης paenult.] +
και τους κατοικουντας ταναχ και τας κωμας αυτης Α | ναφετα Ra.] μαφετα
Β(⁺), ναφεθα Α ‖ 12 ηρχετο] ηρξατο Α ‖ 13 και 2⁰ > Α | εξολεθρευσαι]
ολεθρευσει Α ‖ 14 ευλογ. με] tr. Α ‖ 15 ει 2⁰] + συ Α | εκκαθαρον] -ρι-
σον Α | το ult. > Α ‖ 16 ειπαν] + οι υιοι ιωσηφ Α | αρκεσει] αρεσκε Β*,
αρκει Α | το εφραιμ] > Α, in Ο sub ÷ | εν αυτω > Α | βαιθσαν] βαιθαισαν
Β(⁺) | ιεζραελ] ισραηλ Β ‖ 17 ιωσηφ] + λεγων Α ‖ 18 εστιν ult. > Α⁺ |
υπερισχυσεις αυτον Α
18 1 σηλωμ Α | εκραταιωθη Α⁺ ‖ 2 ου κατεκληρ. Α ‖ 3 ιησ. τοις υ. ισρ.]
αυτοις ιησ. Α | εδωκεν] + ημιν Α, + υμιν V W | ημων] pr. των πατερων AW,
των πατ. υμων V

διελεῖν αὐτήν. (καὶ ἦλθοσαν πρὸς αὐτόν, ⁵καὶ διεῖλεν αὐτοῖς ἑπτὰ 5
μερίδας.) Ιουδας στήσεται αὐτοῖς ὅριον ἀπὸ λιβός, καὶ οἱ υἱοὶ Ιω-
σηφ στήσονται αὐτοῖς ἀπὸ βορρᾶ. ⁶ὑμεῖς δὲ μερίσατε τὴν γῆν 6
ἑπτὰ μερίδας καὶ ἐνέγκατε πρός με ὧδε, καὶ ἐξοίσω ὑμῖν κλῆρον
ἔναντι κυρίου τοῦ θεοῦ ἡμῶν. ⁷οὐ γάρ ἐστιν μερὶς τοῖς υἱοῖς Λευι 7
ἐν ὑμῖν, ἱερατεία γὰρ κυρίου μερὶς αὐτοῦ · καὶ Γαδ καὶ Ρουβην
καὶ τὸ ἥμισυ φυλῆς Μανασση ἐλάβοσαν τὴν κληρονομίαν αὐτῶν
πέραν τοῦ Ιορδάνου ἐπ᾽ ἀνατολάς, ἣν ἔδωκεν αὐτοῖς Μωυσῆς ὁ
παῖς κυρίου. ⁸καὶ ἀναστάντες οἱ ἄνδρες ἐπορεύθησαν, καὶ ἐνετεί- 8
λατο Ἰησοῦς τοῖς ἀνδράσιν τοῖς πορευομένοις χωροβατῆσαι τὴν γῆν
λέγων Πορεύεσθε καὶ χωροβατήσατε τὴν γῆν καὶ παραγενήθητε
πρός με, καὶ ὧδε ἐξοίσω ὑμῖν κλῆρον ἔναντι κυρίου ἐν Σηλω.
⁹καὶ ἐπορεύθησαν καὶ ἐχωροβάτησαν τὴν γῆν καὶ εἴδοσαν αὐτὴν 9
καὶ ἔγραψαν αὐτὴν κατὰ πόλεις αὐτῆς ἑπτὰ μερίδας εἰς βιβλίον
καὶ ἤνεγκαν πρὸς Ἰησοῦν. ¹⁰καὶ ἐνέβαλεν αὐτοῖς Ἰησοῦς κλῆρον 10
ἐν Σηλω ἔναντι κυρίου.

¹¹Καὶ ἐξῆλθεν ὁ κλῆρος φυλῆς Βενιαμιν πρῶτος κατὰ δήμους 11
αὐτῶν, καὶ ἐξῆλθεν ὅρια τοῦ κλήρου αὐτῶν ἀνὰ μέσον Ιουδα καὶ
ἀνὰ μέσον τῶν υἱῶν Ιωσηφ. ¹²καὶ ἐγενήθη αὐτῶν τὰ ὅρια ἀπὸ 12
βορρᾶ ἀπὸ τοῦ Ιορδάνου, προσαναβήσεται τὰ ὅρια κατὰ νώτου Ιε-
ριχω ἀπὸ βορρᾶ καὶ ἀναβήσεται ἐπὶ τὸ ὄρος ἐπὶ τὴν θάλασσαν,
καὶ ἔσται αὐτοῦ ἡ διέξοδος ἡ Μαδβαρῖτις Βαιθων, ¹³καὶ διελεύσε- 13
ται ἐκεῖθεν τὰ ὅρια Λουζα ἐπὶ νώτου Λουζα ἀπὸ λιβός (αὕτη ἐστὶν
Βαιθηλ), καὶ καταβήσεται τὰ ὅρια Μααταρωθορεχ ἐπὶ τὴν ὀρεινήν,
ἥ ἐστιν πρὸς λίβα Βαιθωρων ἡ κάτω, ¹⁴καὶ διελεύσεται τὰ ὅρια 14
καὶ περιελεύσεται ἐπὶ τὸ μέρος τὸ βλέπον παρὰ θάλασσαν ἀπὸ
λιβὸς ἀπὸ τοῦ ὄρους ἐπὶ πρόσωπον Βαιθωρων λίβα, καὶ ἔσται
αὐτοῦ ἡ διέξοδος εἰς Καριαθβααλ (αὕτη ἐστὶν Καριαθιαριν πόλις
υἱῶν Ιουδα) · τοῦτό ἐστιν τὸ μέρος τὸ πρὸς θάλασσαν. ¹⁵καὶ μέ- 15
ρος τὸ πρὸς λίβα ἀπὸ μέρους Καριαθβααλ, καὶ διελεύσεται ὅρια
εἰς Γασιν ἐπὶ πηγὴν ὕδατος Ναφθω, ¹⁶καὶ καταβήσεται τὰ ὅρια ἐπὶ 16
μέρους τοῦ ὄρους, ὅ ἐστιν κατὰ πρόσωπον νάπης Ονναμ, ὅ ἐστιν

---

4 διελειν] -λθειν B*A | ηλθοσαν (A -θον)] pr. δι B || 5 αυτοις ult. > A
|| 6 εναντιον A: item A† in 10 || 7 ιερατεια γαρ] οτι η ιερ. A | αυτου]
-των A | μανασση] pr. υιων A† | ανατολας] -λης B† || 8 πορευεσθε] -ευθητε A |
και ωδε] tr. A || 9 αυτης] > B, in O sub ÷ | fin.] + εις σηλω A, + ※ εις την
παρεμβολην εν σηλω O || 11 φυλης > B*† | βενιαμιν] μανασση A† | των >
A || 12 απο 3⁰] επι A | επι την] κατα A† | η ult. > B*† | μαδβαριτις pau.]
μαββαρ. B A: cf. 5 6 | βαιθαυν A || 13 νωτου] νοτου A: cf. 16 | λιβος] + αυ-
της B | μααταρωθορεχ B(†)] απο αταρωθ αδδαρ A || 14 περιελευσ.] παρελ.
B†, διελ. A† | μερος 1⁰] ορος B* | παρα] εις A† | καριαθιαρ(ε)ιν B†] -ιμ A ||
15 ορια] pr. τα A | γας(ε)ιν γαιν A || 16 του ορους ο] τουτο B | ονναμ
Sa†] σονναμ B(†), υιου εννομ A; cf. inf. et 15 8

ἐκ μέρους Εμεκραφαϊν ἀπὸ βορρᾶ, καὶ καταβήσεται Γαιεννα ἐπὶ
17 νώτου Ιεβουσαι ἀπὸ λιβὸς καὶ καταβήσεται ἐπὶ πηγὴν Ρωγηλ ¹⁷καὶ
διελεύσεται ἐπὶ πηγὴν Βαιθσαμυς καὶ παρελεύσεται ἐπὶ Γαλιλωθ, ἥ
ἐστιν ἀπέναντι πρὸς ἀνάβασιν Αιθαμιν, καὶ καταβήσεται ἐπὶ λίθον
18 Βαιων υἱῶν Ρουβην ¹⁸καὶ διελεύσεται κατὰ νώτου Βαιθαραβα ἀπὸ
19 βορρᾶ καὶ καταβήσεται ¹⁹ἐπὶ τὰ ὅρια ἐπὶ νώτου Βαιθαγλα ἀπὸ
βορρᾶ, καὶ ἔσται ἡ διέξοδος τῶν ὁρίων ἐπὶ λοφιὰν τῆς θαλάσσης
τῶν ἁλῶν ἐπὶ βορρᾶν εἰς μέρος τοῦ Ιορδάνου ἀπὸ λιβός · ταῦτα
20 τὰ ὅριά ἐστιν ἀπὸ λιβός. ²⁰καὶ ὁ Ιορδάνης ὁριεῖ ἀπὸ μέρους ἀνα-
τολῶν. αὕτη ἡ κληρονομία υἱῶν Βενιαμιν, τὰ ὅρια αὐτῆς κύκλῳ
21 κατὰ δήμους. — ²¹καὶ ἐγενήθησαν αἱ πόλεις τῶν υἱῶν Βενιαμιν
κατὰ δήμους αὐτῶν Ιεριχω καὶ

B	A
22 Βαιθεγλιω καὶ Αμεκασις ²²καὶ Βαιθαβαρα καὶ Σαρα καὶ Βησα-	Βηθαγλα καὶ Αμεκκασις ²²καὶ Βαιθαραβα καὶ Σεμριμ καὶ Βηθ-
23 να ²³καὶ Αιιν καὶ Φαρα καὶ Ε-	ηλ ²³καὶ Αυιμ καὶ Αφαρ καὶ Α-
24 φραθα ²⁴καὶ Καραφα καὶ Κεφιρα καὶ Μονι καὶ Γαβαα, πόλεις δέ-	φρα ²⁴καὶ Αικαρεν καὶ Καφη- ραμμιν καὶ Γαβαα, πόλεις δώ-
κα δύο καὶ αἱ κῶμαι αὐτῶν ·	δεκα καὶ αἱ κῶμαι αὐτῶν ·
25 ²⁵Γαβαων καὶ Ραμα καὶ Βεηρωθα	²⁵Γαβαων καὶ Ραμα καὶ Βηρωθ
26 ²⁶καὶ Μασσημα καὶ Μιρων καὶ	²⁶καὶ Μασφα καὶ Χεφιρα καὶ
27 Αμωκη ²⁷καὶ Φιρα καὶ Καφαν καὶ	Αμωσα ²⁷καὶ Ρεκεμ καὶ
Νακαν καὶ Σεληκαν καὶ Θαρεηλα	Ιερφαηλ καὶ Θαραλα
28 ²⁸ καὶ Ιεβους (αὕτη	²⁸καὶ Σηλαλεφ καὶ Ιεβους (αὕτη
ἐστὶν Ιερουσαλημ) καὶ πόλεις καὶ	ἐστὶν Ιερουσαλημ) καὶ Γαβααθ καὶ
Γαβαωθιαριμ, πόλεις τρεῖς καὶ	πόλις Ιαριμ, πόλεις δέκα
δέκα καὶ αἱ κῶμαι αὐτῶν. αὕτη	τρεῖς καὶ αἱ κῶμαι αὐτῶν. αὕτη
ἡ κληρονομία υἱῶν Βενιαμιν κα-	ἡ κληρονομία υἱῶν Βενιαμιν κα-
τὰ δήμους αὐτῶν.	τὰ δήμους αὐτῶν.
19 ¹Καὶ ἐξῆλθεν ὁ δεύτερος κλῆ-	¹Καὶ ἐξῆλθεν ὁ κλῆρος ὁ δεύ-
ρος τῶν υἱῶν Συμεων, καὶ ἐγε-	τερος τῷ Συμεων, καὶ ἐγε-
νήθη ἡ κληρονομία αὐτῶν ἀνὰ	νήθη ἡ κληρονομία αὐτῶν ἀνὰ
2 μέσον κλήρων υἱῶν Ιουδα. ²καὶ	μέσον κλήρου υἱῶν Ιουδα. ²καὶ
ἐγενήθη ὁ κλῆρος αὐτῶν Βηρ-	ἐγενήθη ὁ κλῆρος αὐτῶν Βηρ-
σαβεε καὶ Σαμαα καὶ Κωλαδαμ	σαβεε καὶ Σαβεε καὶ Μωλαδα

16 εμεκραφαειμ A | γαιεννα B⁽ᵗ⁾] επι γαι οννομ A: cf. sup. | νωτου] νοτον
B: cf. 13 | ιεβουσαι] -βους A | και ult. > B O ‖ 17 βαιθσαμυς] σαμε A | γα-
λιλωθ W] γαλιαωθ Bᵗ, αγαλλιλωθ Aᵗ | αιθαμ(ε)ιν] εδωμιν A | βαιων] βααν W,
βααμ Aᵗ | υιου A ‖ 19 επι τα ορια > A | νωτον B | βαιθαγλα W] βαιθ-
αλαγα Aᵗ, θαλασσαν B | η] pr. αυτου Aᵗ | επι βορραν B⁽ᵗ⁾] απο -ρα A | εστιν
> A ‖ 20 fin.] + αυτων A
18 21—28 B: 21 βαιθεγλιω Ra.] βεθεγαιω B⁽ᵗ⁾ ‖ 23 εφραθα pau.] ιεφρ. B
19 1—2 B: 2 κωλαδαμ B*] μωλ. Bᶜ

B

³καὶ Αρσωλα καὶ
Βωλα καὶ Ασομ ⁴καὶ Ελθουλα
καὶ Βουλα καὶ Ερμα ⁵καὶ Σι-
κελακ καὶ Βαιθμαχερεβ καὶ
Σαρσουσιν ⁶καὶ Βαθαρωθ καὶ
οἱ ἀγροὶ αὐτῶν, πόλεις δέκα τρεῖς
καὶ αἱ κῶμαι αὐτῶν· ⁷Ε-
ρεμμων καὶ Θαλχα καὶ Εθερ
καὶ Ασαν, πόλεις τέσσαρες καὶ
αἱ κῶμαι αὐτῶν ⁸ κύκλῳ
τῶν πόλεων αὐτῶν ἕως Βαρεκ
πορευομένων Βαμεθ
κατὰ λίβα. αὕτη ἡ κληρονομία
φυλῆς υἱῶν Συμεων κατὰ δήμους
αὐτῶν. ⁹ἀπὸ τοῦ κλήρου Ιουδα
ἡ κληρονομία φυλῆς υἱῶν Συ-
μεων, ὅτι ἐγενήθη ἡ μερὶς υἱῶν
Ιουδα μείζων τῆς αὐτῶν· καὶ
ἐκληρονόμησαν οἱ υἱοὶ Συμεων
ἐν μέσῳ τοῦ κλήρου αὐτῶν.
¹⁰Καὶ ἐξῆλθεν ὁ κλῆρος ὁ τρί-
τος τῷ Ζαβουλων κατὰ δήμους
αὐτῶν. ἔσται τὰ ὅρια τῆς
κληρονομίας αὐτῶν Εσεδεκ
¹¹Γωλα· ὅρια αὐτῶν ἡ θάλασ-
σα καὶ Μαραγελλα καὶ συνάψει
ἐπὶ Βαιθαραβα εἰς τὴν φάραγγα,
ἥ ἐστιν κατὰ πρόσωπον Ιεκμαν,
¹²καὶ ἀνέστρεψεν ἀπὸ Σεδδουκ ἐξ
ἐναντίας ἀπ' ἀνατολῶν Βαιθσαμυς
ἐπὶ τὰ ὅρια Χασελωθαιθ
καὶ διελεύσεται ἐπὶ Δαβιρωθ καὶ
προσαναβήσεται ἐπὶ Φαγγαι

A

³καὶ Ασερσουαλ καὶ Βαθουλ καὶ 3
Βωλα καὶ Ασομ ⁴καὶ Ελθουλαδ 4
καὶ Ερμα ⁵καὶ Σε- 5
κελα καὶ Βαιθαμμαρχαβωθ καὶ
Ασερσουσιμ ⁶καὶ Βαιθλαβαθ καὶ 6
οἱ ἀγροὶ αὐτῶν, πόλεις δέκα τρεῖς
καὶ αἱ κῶμαι αὐτῶν· ⁷Αιν καὶ 7
Ρεμμων καὶ Εθερ
καὶ Ασαν, πόλεις τέσσαρες καὶ
αἱ κῶμαι αὐτῶν ⁸αἱ περικύκλῳ 8
τῶν πόλεων τούτων ἕως Βααλεθ-
βηρραμωθ πορευομένων Ιαμεθ
κατὰ λίβα. αὕτη ἡ κληρονομία
φυλῆς υἱῶν Συμεων κατὰ δήμους
αὐτῶν. ⁹ἀπὸ τοῦ κλήρου Ιουδα 9
ἡ κληρονομία φυλῆς υἱῶν Συ-
μεων, ὅτι ἐγενήθη μερὶς υἱῶν
Ιουδα μείζων τῆς αὐτῶν· καὶ
ἐκληρονόμησαν οἱ υἱοὶ Συμεων
ἐν μέσῳ τοῦ κλήρου αὐτῶν.
¹⁰Καὶ ἐξῆλθεν ὁ κλῆρος ὁ τρί- 10
τος τῷ Ζαβουλων κατὰ δήμους
αὐτῶν. καὶ ἔσται τὰ ὅρια τῆς
κληρονομίας αὐτῶν ἕως Σαριδ·
¹¹ τὰ ὅρια αὐτῶν ἡ θάλασ- 11
σα καὶ Μαραλα καὶ συνάψει
ἐπὶ Δαβασθαι εἰς τὴν φάραγγα,
ἥ ἐστιν κατὰ πρόσωπον Ιεκναμ,
¹²καὶ ἀναστρέψει ἀπὸ Σαριδ ἐξ 12
ἐναντίας ἀπὸ ἀνατολῶν Σαμς
ἐπὶ τὰ ὅρια Χασαλωθ Θαβωρ
καὶ διελεύσεται ἐπὶ Δαβραθ καὶ
προσαναβήσεται ἐπὶ Ιαφαγαι

19 3—12 B: 3 ασομ pau.] ιασον B || 7 εθερ mu.] ιεθ. B || 8 βαρεκ B*†]
βαλεκ Bᶜ || 9 ιουδα 1⁰ B*] pr. του Bᶜ || 11 μαραγελλα Ra.] -ελδα B†
19 3—12 A: 3 ασερσουαλ W] σερσουλα A† | βωλα W] βελβωλα A† ||
4 ελθουλαδ W] -ουδαδ A || 5 σεκελα: cf. Regn. I 27 6 | βαιθαμμαρχαβωθ
W] -χασβωθ A || 6 βαιθλαβαθ V] αλ pro λα A† || 7 ρεμμων W] -ωθ A†
| εθερ W] βεθερ A† | ασαν pl.] -αμ A† || 8 βααλεθβηρραμωθ mu.] -εθρηρ-
ραμμωθ A | δημους pl.] κληρους A† || 9 του κληρου 1⁰ pl.] των υιων A† |
οι pl.] > A† || 10 σαριδ O†] σαρθιδ A || 11 μαραλα W] μαριλα A† ||
12 σαμς O†] -με A | θαβωρ W] βαθωρ A† | δαβραθ W] pr. τα ορια A†

B

13 ¹³καὶ ἐκεῖθεν περιελεύσεται ἐξ
ἐναντίας ἐπ' ἀνατολὰς ἐπὶ Γεβε-
ρε ἐπὶ πόλιν Κατασεμ καὶ δι-
ελεύσεται ἐπὶ Ρεμμωνα Αμαθαρ
14 Αοζα ¹⁴καὶ περιελεύσεται ὅρι-
α ἐπὶ βορρᾶν ἐπὶ Αμωθ, καὶ
ἔσται ἡ διέξοδος αὐτῶν ἐπὶ Γαι-
15 φαηλ ¹⁵καὶ Καταναθ καὶ Ναβααλ
καὶ Συμοων καὶ Ιεριχω καὶ Βαιθ-
16 μαν. ¹⁶αὕτη ἡ κληρονομία
φυλῆς υἱῶν Ζαβουλων κατὰ δή-
μους αὐτῶν, πόλεις
καὶ αἱ κῶμαι αὐτῶν.
17 ¹⁷Καὶ τῷ Ισσαχαρ ἐξῆλθεν ὁ
18 κλῆρος ὁ τέταρτος. ¹⁸καὶ ἐγενή-
θη τὰ ὅρια αὐτῶν Ιαζηλ καὶ
19 Χασαλωθ καὶ Σουναν ¹⁹καὶ
Αγιν καὶ Σιωνα καὶ Ρεηρωθ καὶ
20 Αναχερεθ ²⁰καὶ Δαβιρων καὶ Κι-
21 σων καὶ Ρεβες ²¹καὶ Ρεμμας καὶ
Ιεων καὶ Τομμαν καὶ Αιμαρεκ
22 καὶ Βηρσαφης, ²²καὶ συνάψει
τὰ ὅρια ἐπὶ Γαιθβωρ καὶ ἐπὶ Σα-
λιμ κατὰ θάλασσαν καὶ Βαιθ-
σαμυς, καὶ ἔσται αὐτοῦ ἡ διέξ-
οδος τῶν ὁρίων ὁ Ιορ-
23 δάνης. ²³αὕτη ἡ κληρονομία φυ-
λῆς υἱῶν Ισσαχαρ κατὰ δήμους
αὐτῶν, αἱ πόλεις καὶ αἱ κῶμαι
αὐτῶν.
24 ²⁴Καὶ ἐξῆλθεν ὁ κλῆρος ὁ πέμ-
πτος Ασηρ.
25 ²⁵καὶ ἐγενήθη τὰ ὅρια αὐτῶν ἐξ
Ελεκεθ καὶ Αλεφ καὶ Βαιθοκ καὶ
26 Κεαφ ²⁶καὶ Ελιμελεκ καὶ Αμιηλ
καὶ Μαασα καὶ συνάψει τῷ Καρ-
μήλῳ κατὰ θάλασσαν καὶ τῷ

A

¹³καὶ ἐκεῖθεν περιελεύσεται ἐξ
ἐναντίας ἐπ' ἀνατολὰς ἐπὶ Γεθ-
θα ἐπὶ πόλιν Κασιμ καὶ δι-
ελεύσεται ἐπὶ Ρεμμων Αμμαθαριμ
Αννουα ¹⁴καὶ περιελεύσεται ἐπὶ
τὰ ὅρια βορρᾷ ἐπὶ Ενναθωθ, καὶ
ἔσται ἡ διέξοδος αὐτῶν ἐπὶ Γαι-
ιεφθαηλ ¹⁵καὶ Ατταθ καὶ Νααλωλ
καὶ Σεμρων καὶ Ιαδηλα καὶ Βαιθ-
λεεμ. ¹⁶αὕτη ἡ κληρονομία τῆς
φυλῆς υἱῶν Ζαβουλων κατὰ δή-
μους αὐτῶν, αἱ πόλεις αὗται
καὶ αἱ κῶμαι αὐτῶν.
¹⁷Καὶ τῷ Ισσαχαρ ἐξῆλθεν ὁ
κλῆρος ὁ τέταρτος. ¹⁸καὶ ἐγενή-
θη τὰ ὅρια αὐτῶν Ιεζραελ καὶ
Αχασελωθ καὶ Σουναμ ¹⁹καὶ
Αφεραϊμ καὶ Σιαν καὶ Ρεναθ καὶ
Αναρεθ ²⁰καὶ Ραββωθ καὶ Κε-
σιων καὶ Αεμε ²¹καὶ Ραμαθ καὶ
Ηνγαννιμ καὶ Ηναδδα
καὶ Βαιθφασης, ²²καὶ συνάψει
τὰ ὅρια ἐπὶ Θαβωθ καὶ ἐπὶ Σα-
σιμα κατὰ θάλασσαν καὶ Βαιθ-
σμας, καὶ ἔσται ἡ διέξ-
οδος τῶν ὁρίων αὐτῶν ὁ Ιορ-
δάνης. ²³αὕτη ἡ κληρονομία φυ-
λῆς υἱῶν Ισσαχαρ κατὰ δήμους
αὐτῶν, αἱ πόλεις καὶ αἱ ἐπαύλεις
αὐτῶν.
²⁴Καὶ ἐξῆλθεν ὁ κλῆρος ὁ πέμ-
πτος Ασηρ κατὰ δήμους αὐτῶν.
²⁵καὶ ἐγενήθη τὰ ὅρια αὐτῶν
Χελκαθ καὶ Οολι καὶ Βατνε καὶ
Αχσαφ ²⁶ καὶ Αμαδ
καὶ Μασαλ καὶ συνάψει τῷ Καρ-
μήλῳ κατὰ θάλασσαν καὶ τῷ

19 13—26 B: 19 ρεηρωθ B*] ρεηθα Bᶜ
19 13—26 A: 13 γεθθα W] γαιθθα A⁺ || 16 αυται W] αυτων A || 19 ανα-
ρεθ V] αρανεθ W⁺, αρρανεθ A⁺ || 21 βαιθφασης V] -σηε A⁺ || 22 θαβωθ
W] θαφωθ A⁺ | σασιμα W] -μαθ A⁺ || 26 μασαλ W] -σαψ A⁺

B

Σιων καὶ Λαβαναθ ²⁷καὶ ἐπι-
στρέψει ἀπ᾽ ἀνατολῶν ἡλίου καὶ
Βαιθεγενεθ καὶ συνάψει τῷ Ζα-
βουλων καὶ ἐκ Γαι καὶ Φθαιηλ
κατὰ βορρᾶν, καὶ εἰσελεύσεται
ὅρια Σαφθαιβαιθμε καὶ
                Ιναηλ καὶ
διελεύσεται εἰς Χωβα   μασο-
μελ   ²⁸καὶ Ελβων καὶ Ρααβ
καὶ Εμεμαων καὶ Κανθαν ἕως Σι-
δῶνος τῆς μεγάλης, ²⁹καὶ ἀνα-
στρέψει τὰ ὅρια εἰς Ραμα καὶ
ἕως πηγῆς Μασφασσατ καὶ τῶν
Τυρίων, καὶ ἀναστρέψει τὰ ὅρια
ἐπὶ Ιασιφ, καὶ ἔσται ἡ διέξοδος
αὐτοῦ ἡ θάλασσα καὶ ἀπὸ
Λεβ   καὶ   Εχοζοβ ³⁰καὶ Αρχωβ
καὶ Αφεκ καὶ Ρααυ.
      ³¹αὕτη ἡ κληρονομία
φυλῆς υἱῶν Ασηρ κατὰ δήμους
αὐτῶν, πόλεις   καὶ αἱ κῶ-
μαι αὐτῶν.
³²Καὶ τῷ Νεφθαλι ἐξῆλθεν ὁ
κλῆρος ὁ ἕκτος. ³³καὶ ἐγενήθη
τὰ ὅρια αὐτῶν Μοολαμ καὶ Μω-
λα καὶ Βεσεμιιν καὶ Αρμε καὶ
Ναβωκ καὶ Ιεφθαμαι ἕως Δωδαμ,
καὶ ἐγενήθησαν αἱ διέξοδοι αὐ-
τοῦ ὁ Ιορδάνης · ³⁴καὶ ἐπιστρέ-
ψει τὰ ὅρια ἐπὶ θάλασσαν Εναθ
Θαβωρ καὶ διελεύσεται ἐκεῖθεν
Ιακανα καὶ συνάψει τῷ Ζα-
βουλων ἀπὸ νότου καὶ   Ασηρ
συνάψει κατὰ θάλασσαν, καὶ ὁ
Ιορδάνης ἀπ᾽ ἀνατολῶν ἡλίου.
³⁵καὶ αἱ πόλεις τειχήρεις τῶν

A

Σιωρ   καὶ Λαβαναθ ²⁷καὶ ἐπι- 27
στρέψει ἀπ᾽ ἀνατολῶν ἡλίου
Βηθδαγων καὶ συνάψει τῷ Ζα-
βουλων καὶ ἐν Γαι   Ιεφθαηλ
κατὰ βορρᾶν, καὶ εἰσελεύσεται
τὰ ὅρια Σαφθαβηθαεμεκ καὶ πο-
ρεύσεται τὸ μεθόριον Ανιηλ καὶ
διελεύσεται εἰς Χαβωλ ἀπὸ ἀρι-
στερῶν ²⁸καὶ Αχραν καὶ Ρωωβ 28
καὶ Αμων καὶ Κανα ἕως Σι-
δῶνος τῆς μεγάλης, ²⁹καὶ ἀνα- 29
στρέψει τὰ ὅρια εἰς Ραμα καὶ
ἕως πόλεως ὀχυρώματος   τῶν
Τυρίων, καὶ ἀναστρέψει τὰ ὅρια
ἐπὶ Ωσα, καὶ ἔσται ἡ διέξοδος
αὐτοῦ ἡ θάλασσα καὶ ἀπὸ τοῦ
σχοινίσματος Αχζιφ ³⁰καὶ Αμμα 30
καὶ Αφεκ καὶ Ραωβ, πόλεις εἴ-
κοσι δύο. ³¹αὕτη ἡ κληρονομία 31
φυλῆς υἱῶν Ασηρ κατὰ δήμους
αὐτῶν, πόλεις αὐτῶν καὶ αἱ κῶ-
μαι αὐτῶν.
³²Καὶ τῷ Νεφθαλι ἐξῆλθεν ὁ 32
κλῆρος ὁ ἕκτος. ³³καὶ ἐγένετο 33
τὰ ὅρια αὐτῶν Μεελεφ καὶ Μαη-
λων καὶ Βεσενανιμ καὶ Αρμαι καὶ
Νακεβ καὶ Ιαβνηλ ἕως Λακου,
καὶ ἐγενήθησαν αἱ διέξοδοι αὐ-
τοῦ ὁ Ιορδάνης · ³⁴καὶ ἐπιστρέ- 34
ψει τὰ ὅρια ἐπὶ θάλασσαν Αζανωθ
Θαβωρ καὶ διελεύσεται ἐκεῖθεν
εἰς Ικωκ καὶ συνάψει τῷ Ζα-
βουλων ἀπὸ νότου καὶ τῷ Ασηρ
συνάψει κατὰ θάλασσαν, καὶ ὁ
Ιορδάνης ἀπ᾽ ἀνατολῶν ἡλίου.
³⁵καὶ   πόλεις τειχήρεις τῶν 35

---

19 26—35 B: 34 επιστρεφει B†

19 26—35 A: 27 σαφθαβηθαεμεκ W] pr. α A† ‖ 29 ωσα W] σωσα V, σου-
σα A† | αχζ(ε)ιφ Aᶜ] αζειφ A*† ‖ 31 πολεις αυτων W] > A† ‖ 32 νε-
φθαλι W] -λιμ A ‖ 33 εγενετο A] -νηθη pl. | μεελεφ W] μελεφ A | μαηλων
V] μηλων A | λακου W†] λακκου V, ακρου A†, λακουμ O†

B	A
Τυρίων Τύρος καὶ Ωμαθα,	Τυρίων Τύρος καὶ Αμαθ καὶ
36 Δακεθ καὶ Κενερεθ ³⁶καὶ Αρμαιθ	Ρεκκαθ καὶ Χενερεθ ³⁶καὶ Αδαμι
37 καὶ Αραηλ καὶ Ασωρ ³⁷καὶ Κα-	καὶ Ραια καὶ Ασωρ ³⁷καὶ Κε-
δες καὶ Ασσαρι καὶ πηγὴ Ασορ	δες καὶ Εδραϊ καὶ πηγὴ Ασορ
38 ³⁸καὶ Κερωε καὶ Μεγαλα, Αριμ	³⁸καὶ Ιαριων καὶ Μαγδαλιηλ, Ωραμ
καὶ Βαιθθαμε καὶ Θεσσαμυς.	καὶ Βαιθαναθ καὶ Θασμους, πό-
39 ³⁹αὕτη ἡ κλη-	λεις δέκα ἐννέα. ³⁹αὕτη ἡ κλη-
ρονομία φυλῆς υἱῶν Νεφθαλι.	ρονομία φυλῆς υἱῶν Νεφθαλι.
40 ⁴⁰Καὶ τῷ Δαν ἐξῆλθεν ὁ κλῆ-	⁴⁰Καὶ τῷ Δαν ἐξῆλθεν ὁ κλῆ-
41 ρος ὁ ἕβδομος. ⁴¹καὶ ἐγενήθη	ρος ὁ ἕβδομος. ⁴¹καὶ ἐγενήθη
τὰ ὅρια αὐτῶν Σαραθ καὶ Ασα,	τὰ ὅρια αὐτῶν Σαραα καὶ Εσθαολ
42 πόλεις Σαμμαυς ⁴²καὶ Σαλα-	καὶ πόλις Σαμες ⁴²καὶ Σαλα-
43 βιν καὶ Αμμων καὶ Σιλαθα ⁴³καὶ	βιν καὶ Ιααλων καὶ Ιεθλα ⁴³καὶ
Αιλων καὶ Θαμναθα καὶ Ακκαρων	Αιλων καὶ Θαμνα καὶ Ακκαρων
44 ⁴⁴καὶ Αλκαθα καὶ Βεγεθων καὶ	⁴⁴καὶ Ελθεκω καὶ Γαβαθων καὶ
45 Γεβεελαν ⁴⁵καὶ Αζωρ καὶ Βαναι-	Βααλων ⁴⁵καὶ Ιουθ καὶ Βανη-
βακατ καὶ Γεθρεμμων,	βαρακ καὶ Γεθρεμμων,

46
47 ⁴⁶καὶ ἀπὸ θαλάσσης Ιερακων ὅριον πλησίον Ιόππης. ⁴⁷αὕτη ἡ κλη-
ρονομία φυλῆς υἱῶν Δαν κατὰ δήμους αὐτῶν, αἱ πόλεις αὐτῶν
47ᵃ καὶ αἱ κῶμαι αὐτῶν. ⁴⁷ᵃκαὶ οὐκ ἐξέθλιψαν οἱ υἱοὶ Δαν τὸν Αμορ-
ραῖον τὸν θλίβοντα αὐτοὺς ἐν τῷ ὄρει · καὶ οὐκ εἴων αὐτοὺς οἱ
Αμορραῖοι καταβῆναι εἰς τὴν κοιλάδα καὶ ἔθλιψαν ἀπ᾽ αὐτῶν τὸ
48 ὅριον τῆς μερίδος αὐτῶν. ⁴⁸καὶ ἐπορεύθησαν οἱ υἱοὶ Ιουδα καὶ ἐπο-
λέμησαν τὴν Λαχις καὶ κατελάβοντο αὐτὴν καὶ ἐπάταξαν αὐτὴν
ἐν στόματι μαχαίρας καὶ κατῴκησαν αὐτὴν καὶ ἐκάλεσαν τὸ ὄνο-
48ᵃ μα αὐτῆς Λασενδακ. ⁴⁸ᵃκαὶ ὁ Αμορραῖος ὑπέμεινεν τοῦ κατοι-
κεῖν ἐν Ελωμ καὶ ἐν Σαλαμιν · καὶ ἐβαρύνθη ἡ χεὶρ τοῦ Εφραιμ
ἐπ᾽ αὐτούς, καὶ ἐγένοντο αὐτοῖς εἰς φόρον.
49   ⁴⁹Καὶ ἐπορεύθησαν ἐμβατεῦσαι τὴν γῆν κατὰ τὸ ὅριον αὐτῶν.
καὶ ἔδωκαν οἱ υἱοὶ Ισραηλ κλῆρον Ἰησοῖ τῷ υἱῷ Ναυη ἐν αὐτοῖς
50 ⁵⁰διὰ προστάγματος τοῦ θεοῦ · καὶ ἔδωκαν αὐτῷ τὴν πόλιν, ἣν
ᾐτήσατο, Θαμνασαραχ, ἥ ἐστιν ἐν τῷ ὄρει Εφραιμ · καὶ ᾠκοδόμη-
σεν τὴν πόλιν καὶ κατῴκει ἐν αὐτῇ.

19 35—45 A: 35 χενερεθ W] -ροθ A⁺ ‖ 38 μαγδαλιηλ W] -λιη A⁺ | βαιθαναθ
W] βαιναθαθ A⁺ ‖ 42 σαλαβ(ε)ιν V] -λαμειν A⁺ ‖ 43 αιλων] ελ. A⁺
19 46—50: 47 (= 𝔐 48) αυτων 2⁰ > A ‖ 47ᵃ (cf. Iud. 1 34) καταβαινειν
A | εθλιψαν] -ιβον A | απ] επ O ‖ 48 (cf. 𝔐 47) ιουδα] δαν A | λαχις] λε-
σεμ A | κατωκησαν] κατεπατησαν A⁺ | λασενδακ (B⁺ -εννδ-)] λεσεν δαν A ‖
48ᵃ (cf. 43. 42) σαλαμειμ A | αυτους] -τοις A⁺ ‖ 49 τω > A ‖ 50 του
θεου] κυριου A | θαμνασαραχ Bᶜ] θαμαρχαρης B*⁺, θαμναθσαρα A: cf. 21 42ᵇ·ᵈ

⁵¹ Αὗται αἱ διαιρέσεις, ἃς κατεκληρονόμησεν Ελεαζαρ ὁ ἱερεὺς καὶ 51
Ἰησοῦς ὁ τοῦ Ναυη καὶ οἱ ἄρχοντες τῶν πατριῶν ἐν ταῖς φυλαῖς
Ισραηλ κατὰ κλήρους ἐν Σηλω ἐναντίον κυρίου παρὰ τὰς θύρας
τῆς σκηνῆς τοῦ μαρτυρίου · καὶ ἐπορεύθησαν ἐμβατεῦσαι τὴν γῆν.

¹ Καὶ ἐλάλησεν κύριος τῷ Ἰησοῖ λέγων ² Λάλησον τοῖς υἱοῖς 20
Ισραηλ λέγων Δότε τὰς πόλεις τῶν φυγαδευτηρίων, ἃς εἶπα πρὸς
ὑμᾶς διὰ Μωυσῆ, ³ φυγαδευτήριον τῷ φονευτῇ τῷ πατάξαντι ψυ- 3
χὴν ἀκουσίως, καὶ ἔσονται ὑμῖν αἱ πόλεις φυγαδευτήριον, καὶ οὐκ
ἀποθανεῖται ὁ φονευτὴς ὑπὸ τοῦ ἀγχιστεύοντος τὸ αἷμα, ἕως ἂν
καταστῇ ἐναντίον τῆς συναγωγῆς εἰς κρίσιν. ⁷ καὶ διέστειλεν τὴν 7
Καδης ἐν τῇ Γαλιλαίᾳ ἐν τῷ ὄρει τῷ Νεφθαλι καὶ Συχεμ ἐν τῷ
ὄρει τῷ Εφραιμ καὶ τὴν πόλιν Αρβοκ (αὕτη ἐστὶν Χεβρων) ἐν
τῷ ὄρει τῷ Ιουδα. ⁸ καὶ ἐν τῷ πέραν τοῦ Ιορδάνου ἔδωκεν Βοσορ 8
ἐν τῇ ἐρήμῳ ἐν τῷ πεδίῳ ἀπὸ τῆς φυλῆς Ρουβην καὶ Αρημωθ ἐν
τῇ Γαλααδ ἐκ τῆς φυλῆς Γαδ καὶ τὴν Γαυλων ἐν τῇ Βασανίτιδι
ἐκ τῆς φυλῆς Μανασση. ⁹ αὗται αἱ πόλεις αἱ ἐπίκλητοι τοῖς υἱοῖς 9
Ισραηλ καὶ τῷ προσηλύτῳ τῷ προσκειμένῳ ἐν αὐτοῖς καταφυγεῖν
ἐκεῖ παντὶ παίοντι ψυχὴν ἀκουσίως, ἵνα μὴ ἀποθάνῃ ἐν χειρὶ τοῦ
ἀγχιστεύοντος τὸ αἷμα, ἕως ἂν καταστῇ ἔναντι τῆς συναγωγῆς
εἰς κρίσιν.

¹ Καὶ προσήλθοσαν οἱ ἀρχιπατριῶται τῶν υἱῶν Λευι πρὸς Ελε- 21
αζαρ τὸν ἱερέα καὶ πρὸς Ἰησοῦν τὸν τοῦ Ναυη καὶ πρὸς τοὺς
ἀρχιφύλους πατριῶν ἐκ τῶν φυλῶν Ισραηλ ² καὶ εἶπον πρὸς αὐ- 2
τοὺς ἐν Σηλω ἐν γῇ Χανααν λέγοντες Ἐνετείλατο κύριος ἐν χειρὶ
Μωυσῆ δοῦναι ἡμῖν πόλεις κατοικεῖν καὶ τὰ περισπόρια τοῖς κτή-
νεσιν ἡμῶν. ³ καὶ ἔδωκαν οἱ υἱοὶ Ισραηλ τοῖς Λευίταις ἐν τῷ 3

51 κατεκληρονομησαν A | των > A† | ισραηλ] pr. του A | εναντι A | κυ-
ριου] pr. του B*†
20 3 υπο] απο A | fin.] + (4)και φευξεται εις μιαν των πολεων τουτων και
στησετε(pro -ται) επι την θυραν της πολεως και λαλησει εν τοις ωσιν των
πρεσβυτερων της πολεως εκεινης τους λογους τουτους και επιστρεψουσιν αυ-
τον η συναγωγη προς αυτους και δωσουσιν αυτω τοπον και κατοικησει μετ
αυτων (5) και οτι διωξεται ο αγχιστευων το αιμα οπισω αυτου και ου συνκλ(ε)ι-
σουσιν τον φονευσαντα εν τη χειρι αυτου οτι ουκ ειδως επαταξεν τον πλησιον
αυτου και ου μισων αυτος αυτον απ εχθες και της τριτης (A† και τριτην)
(6) και κατοικησει εν τη πολει εκεινη εως στη(A† της) κατα προσωπον της συν-
αγωγης εις κρισιν εως αποθανη ο ιερευς ο μεγας ος εσται εν ταις ημεραις εκει-
ναις τοτε επιστρεψει ο φονευσας και ελευσεται εις την πολιν αυτου και προς
τον οικον αυτου και προς πολιν οθεν εφυγεν εκειθεν A || 7 διεστειλαν A |
καδης] κεδες A | αρβοκ] αρβο A: cf. 14 15 || 8 ιορδ. B†] + ιεριχω απ ανα-
τολων A (απ ανατ. in O sub ※) | εδωκαν A | βοσορ] pr. την A | αρημωθ]
ραμωθ A | εκ τ. φ. γαδ > A | γαυλων] γωλαν A: cf. 21 27 Par. I 6 56 ||
9 εν χειρι] εκ -ρος A
21 1 προς 2⁰ > B† | ισραηλ] pr. των υιων A || 2 τα περισπ. > A

κατακληρονομεῖν διὰ προστάγματος κυρίου τὰς πόλεις καὶ τὰ περι-
4 σπόρια αὐτῶν. ⁴καὶ ἐξῆλθεν ὁ κλῆρος τῷ δήμῳ Κααθ, καὶ ἐγένετο
τοῖς υἱοῖς Ααρων τοῖς ἱερεῦσιν τοῖς Λευίταις ἀπὸ φυλῆς Ιουδα καὶ
ἀπὸ φυλῆς Συμεων καὶ ἀπὸ φυλῆς Βενιαμιν κληρωτὶ πόλεις δέκα
5 τρεῖς ⁵καὶ τοῖς υἱοῖς Κααθ τοῖς καταλελειμμένοις ἐκ τῆς φυλῆς
Εφραιμ καὶ ἐκ τῆς φυλῆς Δαν καὶ ἀπὸ τοῦ ἡμίσους φυλῆς Μα-
6 νασση κληρωτὶ πόλεις δέκα · ⁶καὶ τοῖς υἱοῖς Γεδσων ἀπὸ τῆς φυ-
λῆς Ισσαχαρ καὶ ἀπὸ τῆς φυλῆς Ασηρ καὶ ἀπὸ τῆς φυλῆς Νε-
φθαλι καὶ ἀπὸ τοῦ ἡμίσους φυλῆς Μανασση ἐν τῷ Βασαν πόλεις
7 δέκα τρεῖς · ⁷καὶ τοῖς υἱοῖς Μεραρι κατὰ δήμους αὐτῶν ἀπὸ φυ-
λῆς Ρουβην καὶ ἀπὸ φυλῆς Γαδ καὶ ἀπὸ φυλῆς Ζαβουλων κλη-
ρωτὶ πόλεις δώδεκα.
8 ⁸Καὶ ἔδωκαν οἱ υἱοὶ Ισραηλ τοῖς Λευίταις τὰς πόλεις καὶ τὰ
περισπόρια αὐτῶν, ὃν τρόπον ἐνετείλατο κύριος τῷ Μωυσῇ, κλη-
9 ρωτί. ⁹καὶ ἔδωκεν ἡ φυλὴ υἱῶν Ιουδα καὶ ἡ φυλὴ υἱῶν Συμεων
καὶ ἀπὸ τῆς φυλῆς υἱῶν Βενιαμιν τὰς πόλεις, καὶ ἐπεκλήθησαν
10 ¹⁰τοῖς υἱοῖς Ααρων ἀπὸ τοῦ δήμου τοῦ Κααθ τῶν υἱῶν Λευι, ὅτι
11 τούτοις ἐγενήθη ὁ κλῆρος. ¹¹καὶ ἔδωκεν αὐτοῖς τὴν Καριαθαρβοκ
μητρόπολιν τῶν Ενακ (αὕτη ἐστὶν Χεβρων) ἐν τῷ ὄρει Ιουδα ·
12 τὰ δὲ περισπόρια κύκλῳ αὐτῆς ¹²καὶ τοὺς ἀγροὺς τῆς πόλεως καὶ
τὰς κώμας αὐτῆς ἔδωκεν Ἰησοῦς τοῖς υἱοῖς Χαλεβ υἱοῦ Ιεφοννη
13 ἐν κατασχέσει · ¹³καὶ τοῖς υἱοῖς Ααρων τὴν πόλιν φυγαδευτήριον
τῷ φονεύσαντι τὴν Χεβρων καὶ τὰ ἀφωρισμένα τὰ σὺν αὐτῇ καὶ
14 τὴν Λεμνα καὶ τὰ ἀφωρισμένα τὰ πρὸς αὐτῇ ¹⁴καὶ τὴν Αιλωμ καὶ
15 τὰ ἀφωρισμένα αὐτῇ καὶ τὴν Τεμα καὶ τὰ ἀφωρισμένα αὐτῇ ¹⁵καὶ
τὴν Γελλα καὶ τὰ ἀφωρισμένα αὐτῇ καὶ τὴν Δαβιρ καὶ τὰ ἀφω-
16 ρισμένα αὐτῇ ¹⁶καὶ Ασα καὶ τὰ ἀφωρισμένα αὐτῇ καὶ Τανυ καὶ
τὰ ἀφωρισμένα αὐτῇ καὶ Βαιθσαμυς καὶ τὰ ἀφωρισμένα αὐτῇ,
17 πόλεις ἐννέα παρὰ τῶν δύο φυλῶν τούτων. ¹⁷καὶ παρὰ τῆς φυ-
λῆς Βενιαμιν τὴν Γαβαων καὶ τὰ ἀφωρισμένα αὐτῇ καὶ Γαθεθ

3 κατακληρ.] + αυτους A ‖ 4 φυλης ult.] pr. της A ‖ 6 γεδσων (B*
γεδεων)] γηρσωρ A†, γηρσωμ unus codex cum A cognatus, γηρσων W: cf.
27 | τω βασαν] τη β. κληρωτι A ‖ 7 τοις] pr. εν B*† | φυλης ter] pr. της
A ‖ 9 πολεις] + ταυτας B (in O sub ※): idem add. O (non B) sub ※ post
πολεις in 3. 8 | επεκληθησαν] -κληρωθ- A⁽†⁾ ‖ 11 εδωκαν A | καριαθαρβοκ]
ι > B | ιουδα] pr. τω A† | κυκλω] pr. τα A ‖ 12 τοις υιοις χ. υιου] τω χ.
υιω A ‖ 13 ααρων] + του ιερεως A, + εδωκεν B (in O sub ※) | συν αυτη]
προς αυτην A | λεβνα A | τα ult. > A ‖ 14 αιλωμ] ιεθερ A | αυτη bis] τα
προς αυτην A | τεμα] εσθεμω A ‖ 15 γελλα] ωλων A | αυτη bis] pr. τα προς
A: item in 24. 25. 27—31 ‖ 16 ασα] αιν A | αυτη 1⁰ 3⁰] pr. τα προς A (αυ-
τη 1⁰ ⌒ 2⁰ A) | τανυ] την ιεττα W (A deest, cf. sup.) | βαιθσαμυς] -μες A
‖ 17 αυτη bis] 1⁰ τα προς αυτην, 2⁰ τα προς αυτη A: cf. 18 | γαθεθ] γαβεε
A, γαβε V

καὶ τὰ ἀφωρισμένα αὐτῇ ¹⁸καὶ Αναθωθ καὶ τὰ ἀφωρισμένα αὐτῇ 18
καὶ Γαμαλα καὶ τὰ ἀφωρισμένα αὐτῇ, πόλεις τέσσαρες. ¹⁹πᾶσαι 19
αἱ πόλεις υἱῶν Ααρων τῶν ἱερέων δέκα τρεῖς.

²⁰Καὶ τοῖς δήμοις υἱοῖς Κααθ τοῖς Λευίταις τοῖς καταλελειμμένοις 20
ἀπὸ τῶν υἱῶν Κααθ καὶ ἐγενήθη πόλις τῶν ὁρίων αὐτῶν ἀπὸ φυ-
λῆς Εφραιμ, ²¹καὶ ἔδωκαν αὐτοῖς τὴν πόλιν τοῦ φυγαδευτηρίου 21
τὴν τοῦ φονεύσαντος τὴν Συχεμ καὶ τὰ ἀφωρισμένα αὐτῇ καὶ
Γαζαρα καὶ τὰ πρὸς αὐτὴν καὶ τὰ ἀφωρισμένα αὐτῇ ²²καὶ τὴν 22
Καβσαϊμ καὶ τὰ ἀφωρισμένα τὰ πρὸς αὐτῇ καὶ τὴν ἄνω Βαιθωρων
καὶ τὰ ἀφωρισμένα αὐτῇ, πόλεις τέσσαρες. ²³καὶ ἐκ τῆς φυλῆς Δαν 23
τὴν Ελκωθαιμ καὶ τὰ ἀφωρισμένα αὐτῇ καὶ τὴν Γεθεδαν καὶ τὰ
ἀφωρισμένα αὐτῇ ²⁴καὶ Αιλων καὶ τὰ ἀφωρισμένα αὐτῇ καὶ Γεθε- 24
ρεμμων καὶ τὰ ἀφωρισμένα αὐτῇ, πόλεις τέσσαρες. ²⁵καὶ ἀπὸ τοῦ 25
ἡμίσους φυλῆς Μανασση τὴν Ταναχ καὶ τὰ ἀφωρισμένα αὐτῇ καὶ
τὴν Ιεβαθα καὶ τὰ ἀφωρισμένα αὐτῇ, πόλεις δύο. ²⁶πᾶσαι πόλεις 26
δέκα καὶ τὰ ἀφωρισμένα τὰ πρὸς αὐταῖς τοῖς δήμοις υἱῶν Κααθ
τοῖς ὑπολελειμμένοις.

²⁷Καὶ τοῖς υἱοῖς Γεδσων τοῖς Λευίταις ἐκ τοῦ ἡμίσους φυλῆς 27
Μανασση τὰς πόλεις τὰς ἀφωρισμένας τοῖς φονεύσασι, τὴν Γαυ-
λων ἐν τῇ Βασανίτιδι καὶ τὰ ἀφωρισμένα αὐτῇ καὶ τὴν Βοσοραν
καὶ τὰ ἀφωρισμένα αὐτῇ, πόλεις δύο ²⁸καὶ ἐκ τῆς φυλῆς Ισσαχαρ 28
τὴν Κισων καὶ τὰ ἀφωρισμένα αὐτῇ καὶ Δεββα καὶ τὰ ἀφωρι-
σμένα αὐτῇ ²⁹καὶ τὴν Ρεμμαθ καὶ τὰ ἀφωρισμένα αὐτῇ καὶ Πηγὴν 29
γραμμάτων καὶ τὰ ἀφωρισμένα αὐτῇ, πόλεις τέσσαρες. ³⁰καὶ ἐκ τῆς 30
φυλῆς Ασηρ τὴν Βασελλαν καὶ τὰ ἀφωρισμένα αὐτῇ καὶ Δαββων
καὶ τὰ ἀφωρισμένα αὐτῇ ³¹καὶ Χελκατ καὶ τὰ ἀφωρισμένα αὐτῇ 31
καὶ Ρααβ καὶ τὰ ἀφωρισμένα αὐτῇ, πόλεις τέσσαρες. ³²καὶ ἐκ τῆς 32
φυλῆς Νεφθαλι τὴν πόλιν τὴν ἀφωρισμένην τῷ φονεύσαντι τὴν
Καδες ἐν τῇ Γαλιλαίᾳ καὶ τὰ ἀφωρισμένα αὐτῇ καὶ τὴν Εμμαθ καὶ

18 αυτη bis] 1⁰ τα προς αυτη, 2⁰ τα προς αυτην A: cf. 17 | γαμαλα] την αλ-
μων A ‖ 19 δεκα τρεις] πολεις δ. τ. και τα περισπορια αυτων A ‖ 20 υιοις]
υιων A | οριων] ιερεων B ‖ 21 φονευοντος A | αυτη 1⁰] τα προς αυτην A
| γαζαρα] την γαζερ A | και paenult. — fin.] και τα αφωρ. τα προς αυτη A ‖
22 την 1⁰ — ανω > B | αυτη ult.] τα προς αυτην A ‖ 23 ελκωθαιμ] ελθεκω
A | αυτη bis] 1⁰ τα προς αυτην, 2⁰ τα προς αυτη A | γεθεδαν B*] γαβεθων
A✝, γεβεθων V, γεθαιβαν Bᶜ ‖ 24 αιλων] ιαλ. A | γεθερεμμων] την γεθρ. A
‖ 25 φυλης] pr. της Bᶜ✝ | ταναχ] θααναχ A | ιεβαθα] βαιθσα AW✝, βαιθσαν
V ‖ 26 πασαι] pr. αι A | αφωρ.] + αυτη B | αυταις] -τας A✝ ‖ 27 γεδ-
σων] γηρσων A: item in 33, cf. 6 | γαυλων] γωλαν A: cf. 20 8 | βοσοραν]
βεεθαρα A✝, βεεσθαρα VW ‖ 28 εκ] απο A | κισων] -σιων A | δεββα] την
δεβραθ A✝, την δαβραθ W ‖ 29 ρεμμαθ B⁽✝⁾] ιερμωθ A ‖ 30 βασελλαν]
μασααλ A | δαββων B⁽✝⁾] την αβδων A ‖ 31 χελκατ B✝] θελκαθ A✝, χελκαθ
W | ρααβ] την ρωωβ A ‖ 32 κεδες A | αυτη ter] pr. τα προς A, sed 2⁰ A*
τα προς αυτην | εμμαθ Ra.] νεμμαθ B✝: ν ex praec. repet.; εμαθδωρ A

τὰ ἀφωρισμένα αὐτῇ καὶ Θεμμων καὶ τὰ ἀφωρισμένα αὐτῇ, πόλεις
33 τρεῖς. ³³πᾶσαι αἱ πόλεις τοῦ Γεδσων κατὰ δήμους αὐτῶν πόλεις
δέκα τρεῖς.

34 ³⁴Καὶ τῷ δήμῳ υἱῶν Μεραρι τοῖς Λευίταις τοῖς λοιποῖς ἐκ τῆς
φυλῆς υἱῶν Ζαβουλων τὴν Μααν καὶ τὰ περισπόρια αὐτῆς καὶ
35 τὴν Καδης καὶ τὰ περισπόρια αὐτῆς ³⁵καὶ Δεμνα καὶ τὰ περισπό-
ρια αὐτῆς καὶ Σελλα καὶ τὰ περισπόρια αὐτῆς, πόλεις τέσσαρες.
36 ³⁶καὶ πέραν τοῦ Ιορδάνου τοῦ κατὰ Ιεριχω ἐκ τῆς φυλῆς Ρουβην
τὴν πόλιν τὸ φυγαδευτήριον τοῦ φονεύσαντος τὴν Βοσορ ἐν τῇ
ἐρήμῳ τῇ Μισωρ καὶ τὰ περισπόρια αὐτῆς καὶ τὴν Ιαζηρ καὶ τὰ
37 περισπόρια αὐτῆς ³⁷καὶ τὴν Δεκμων καὶ τὰ περισπόρια αὐτῆς καὶ
38 τὴν Μαφα καὶ τὰ περισπόρια αὐτῆς, πόλεις τέσσαρες. ³⁸καὶ ἀπὸ
τῆς φυλῆς Γαδ τὴν πόλιν τὸ φυγαδευτήριον τοῦ φονεύσαντος τὴν
Ραμωθ ἐν τῇ Γαλααδ καὶ τὰ περισπόρια αὐτῆς καὶ τὴν Καμιν καὶ
39 τὰ περισπόρια αὐτῆς ³⁹καὶ τὴν Εσεβων καὶ τὰ περισπόρια αὐτῆς
καὶ τὴν Ιαζηρ καὶ τὰ περισπόρια αὐτῆς · αἱ πᾶσαι πόλεις τέσσα-
40 ρες. ⁴⁰πᾶσαι πόλεις τοῖς υἱοῖς Μεραρι κατὰ δήμους αὐτῶν τῶν
καταλελειμμένων ἀπὸ τῆς φυλῆς Λευι · καὶ ἐγενήθη τὰ ὅρια πόλεις
δέκα δύο.

41 ⁴¹Πᾶσαι αἱ πόλεις τῶν Λευιτῶν ἐν μέσῳ κατασχέσεως υἱῶν
42 Ισραηλ τεσσαράκοντα ὀκτὼ πόλεις καὶ τὰ περισπόρια αὐτῶν ⁴²κύ-
κλῳ τῶν πόλεων τούτων, πόλις καὶ τὰ περισπόρια κύκλῳ τῆς πό-
λεως πάσαις ταῖς πόλεσιν ταύταις.

42ᵃ ⁴²ᵃΚαὶ συνετέλεσεν Ἰησοῦς διαμερίσας τὴν γῆν ἐν τοῖς ὁρίοις
42ᵇ αὐτῶν. ⁴²ᵇκαὶ ἔδωκαν οἱ υἱοὶ Ισραηλ μερίδα τῷ Ἰησοῖ κατὰ
πρόσταγμα κυρίου · ἔδωκαν αὐτῷ τὴν πόλιν, ἣν ᾐτήσατο · τὴν
42ᶜ Θαμνασαραχ ἔδωκαν αὐτῷ ἐν τῷ ὄρει Εφραιμ. ⁴²ᶜκαὶ ᾠκοδό-
42ᵈ μησεν Ἰησοῦς τὴν πόλιν καὶ ᾤκησεν ἐν αὐτῇ. ⁴²ᵈκαὶ ἔλαβεν Ἰη-
σοῦς τὰς μαχαίρας τὰς πετρίνας, ἐν αἷς περιέτεμεν τοὺς υἱοὺς
Ισραηλ τοὺς γενομένους ἐν τῇ ὁδῷ ἐν τῇ ἐρήμῳ, καὶ ἔθηκεν αὐ-
τὰς ἐν Θαμνασαραχ.

32 θεμμων B*†] τεμμων Bᶜ†, την νοεμμων A ‖ 33 πολεις / δεκα τρεις]
tr. Bᶜ ‖ 34 υιων 2⁰] > B, in O sub ÷ | μααν] εκναμ A†, ιεκναμ W†, ιε-
κνασμ V | την ult. > A | καδης] καροα A, καρθα pau. ‖ 35 και 1⁰ — αυτης
1⁰] > B (και 1⁰ — αυτης 2⁰ in O sub ※) | και 1⁰ V] > A | δεμνα VW] δαμνα
A⁽†⁾ | σελλα] την νααλωλ A | τεσσαρες] τρεις B ‖ 36. 37 in Sy sub ÷ ‖
36 του 2⁰ > A | ιερειχων B† | τη μισωρ] την μεισω B ‖ 37 δεκμων] γεδ-
σων A | μαφα] μασφα A ‖ 38 του φυγαδευτηριου A hic, non in 36 | την
2⁰] pr. και B† | τη] γη A† | και paenult. > B | καμιν] μαναιμ A | 39 εσε-
βων] εσβ. B† | αι πασαι] tr. A ‖ 40 πολεις 1⁰] pr. αι A | λευι] pr. του A |
πολεις ult.] pr. αι B | δεκα δυο] δωδεκα A ‖ 41 πασαι αι πολεις] πασα πο-
λις B† ‖ 42ᵃ αυτων] -της A ‖ 42ᵇ κατα προσταγμα] δια -ματος A | θα-
μνασαχαρ A: cf. 19 5⟩ 24 31 ‖ 42ᵈ εθηκαν A | θαμνασαραχ pau.] -σαχαρ A,
-σαχαραθ B†: cf. 42ᵇ

43 Καὶ ἔδωκεν κύριος τῷ Ισραηλ πᾶσαν τὴν γῆν, ἣν ὤμοσεν 43
δοῦναι τοῖς πατρασιν αὐτῶν, καὶ κατεκληρονόμησαν αὐτὴν καὶ
κατῴκησαν ἐν αὐτῇ. 44 καὶ κατέπαυσεν αὐτοὺς κύριος κυκλόθεν, καθ- 44
ότι ὤμοσεν τοῖς πατράσιν αὐτῶν · οὐκ ἀνέστη οὐθεὶς κατενώπιον
αὐτῶν ἀπὸ πάντων τῶν ἐχθρῶν αὐτῶν · πάντας τοὺς ἐχθροὺς αὐ-
τῶν παρέδωκεν κύριος εἰς τὰς χεῖρας αὐτῶν. 45 οὐ διέπεσεν ἀπὸ 45
πάντων τῶν ῥημάτων τῶν καλῶν, ὧν ἐλάλησεν κύριος τοῖς υἱοῖς
Ισραηλ · πάντα παρεγένετο.

1 Τότε συνεκάλεσεν Ἰησοῦς τοὺς υἱοὺς Ρουβην καὶ τοὺς υἱοὺς 22
Γαδ καὶ τὸ ἥμισυ φυλῆς Μανασση 2 καὶ εἶπεν αὐτοῖς Ὑμεῖς ἀκη- 2
κόατε πάντα, ὅσα ἐνετείλατο ὑμῖν Μωυσῆς ὁ παῖς κυρίου, καὶ ἐπ-
ηκούσατε τῆς φωνῆς μου κατὰ πάντα, ὅσα ἐνετειλάμην ὑμῖν. 3 οὐκ 3
ἐγκαταλελοίπατε τοὺς ἀδελφοὺς ὑμῶν ταύτας τὰς ἡμέρας καὶ πλεί-
ους ἕως τῆς σήμερον ἡμέρας · ἐφυλάξασθε τὴν ἐντολὴν κυρίου
τοῦ θεοῦ ὑμῶν. 4 νῦν δὲ κατέπαυσεν κύριος ὁ θεὸς ἡμῶν τοὺς 4
ἀδελφοὺς ἡμῶν, ὃν τρόπον εἶπεν αὐτοῖς · νῦν οὖν ἀποστραφέντες
ἀπέλθατε εἰς τοὺς οἴκους ὑμῶν καὶ εἰς τὴν γῆν τῆς κατασχέσεως
ὑμῶν, ἣν ἔδωκεν ὑμῖν Μωυσῆς ἐν τῷ πέραν τοῦ Ιορδάνου. 5 ἀλλὰ 5
φυλάξασθε ποιεῖν σφόδρα τὰς ἐντολὰς καὶ τὸν νόμον, ὃν ἐνετεί-
λατο ἡμῖν ποιεῖν Μωυσῆς ὁ παῖς κυρίου, ἀγαπᾶν κύριον τὸν θεὸν
ὑμῶν, πορεύεσθαι πάσαις ταῖς ὁδοῖς αὐτοῦ, φυλάξασθαι τὰς ἐντο-
λὰς αὐτοῦ καὶ προσκεῖσθαι αὐτῷ καὶ λατρεύειν αὐτῷ ἐξ ὅλης τῆς
διανοίας ὑμῶν καὶ ἐξ ὅλης τῆς ψυχῆς ὑμῶν. 6 καὶ ηὐλόγησεν αὐ- 6
τοὺς Ἰησοῦς καὶ ἐξαπέστειλεν αὐτούς, καὶ ἐπορεύθησαν εἰς τοὺς
οἴκους αὐτῶν. — 7 καὶ τῷ ἡμίσει φυλῆς Μανασση ἔδωκεν Μωυ- 7
σῆς ἐν τῇ Βασανίτιδι, καὶ τῷ ἡμίσει ἔδωκεν Ἰησοῦς μετὰ τῶν
ἀδελφῶν αὐτοῦ ἐν τῷ πέραν τοῦ Ιορδάνου παρὰ θάλασσαν. καὶ
ἡνίκα ἐξαπέστειλεν αὐτοὺς Ἰησοῦς εἰς τοὺς οἴκους αὐτῶν καὶ εὐ-
λόγησεν αὐτούς, 8 καὶ ἐν χρήμασιν πολλοῖς ἀπῆλθοσαν εἰς τοὺς 8
οἴκους αὐτῶν, καὶ κτήνη πολλὰ σφόδρα καὶ ἀργύριον καὶ χρυσίον
καὶ σίδηρον καὶ ἱματισμὸν πολύν, καὶ διείλαντο τὴν προνομὴν τῶν
ἐχθρῶν μετὰ τῶν ἀδελφῶν αὐτῶν.

44 αυτους κυριος] tr. Bᶜ, αυτοις κ. A | κυριος ult.] + αυτοις A ‖ 45 παρ-
εγενοντο A
22 1 υιους ρουβην] ρουβηνιτας A (item θ′ α′ σ′ teste uno cod.) ‖ 2 υμιν
1⁰] ημ. Aᵗ | επηκουσατε] ουκ εισηκ. Aᵗ | ενετειλαμην] -λατο Bᵗ ‖ 3 ενκατα-
λειπατε (sic) A | υμων 1⁰] ημ. Aᵗ | και] > B, in O sub ÷ | εφυλαξατε A ‖
4 νυν 1⁰] νυνι A: idem hab. Aᵗ pro 19 νυν ει ‖ 5 ποιειν σφοδρα] tr. A |
υμων 1⁰] ημ. B | πασαις] pr. εν A | φυλασσεσθαι A | διανοιας] καρδιας A ‖
7 τω ημισει bis] τοις -σεσιν W; 1⁰ τοις -μισει, 2⁰ τοις -μισιν (sic) Aᵗ | βασαν
A | αυτου] -των A | εν τω περ. του ιορδ. > A ‖ 8 και 1⁰] λεγων A | και
σιδηρον] > A, ※ και χαλκον και σιδ. O | πολυν] + σφοδρα A | και ult. > A Bᶜ
| εχθρων] + αυτων A (in O sub ※)

9   9Καὶ ἐπορεύθησαν οἱ υἱοὶ Ρουβην καὶ οἱ υἱοὶ Γαδ καὶ τὸ ἥμισυ
    φυλῆς υἱῶν Μανασση ἀπὸ τῶν υἱῶν Ισραηλ ἐκ Σηλω ἐν γῇ Χα-
    νααν ἀπελθεῖν εἰς γῆν Γαλααδ εἰς γῆν κατασχέσεως αὐτῶν, ἣν
    ἐκληρονόμησαν αὐτὴν διὰ προστάγματος κυρίου ἐν χειρὶ Μωυσῆ.
10 10καὶ ἦλθον εἰς Γαλγαλα τοῦ Ιορδάνου, ἥ ἐστιν ἐν γῇ Χανααν, καὶ
    ᾠκοδόμησαν οἱ υἱοὶ Γαδ καὶ οἱ υἱοὶ Ρουβην καὶ τὸ ἥμισυ φυλῆς
    Μανασση ἐκεῖ βωμὸν ἐπὶ τοῦ Ιορδάνου, βωμὸν μέγαν τοῦ ἰδεῖν.
11 11καὶ ἤκουσαν οἱ υἱοὶ Ισραηλ λεγόντων Ἰδοὺ ᾠκοδόμησαν οἱ υἱοὶ
    Γαδ καὶ οἱ υἱοὶ Ρουβην καὶ τὸ ἥμισυ φυλῆς Μανασση βωμὸν ἐφ᾽
    ὁρίων γῆς Χανααν ἐπὶ τοῦ Γαλααδ τοῦ Ιορδάνου ἐν τῷ πέραν
12 υἱῶν Ισραηλ. 12καὶ συνηθροίσθησαν πάντες οἱ υἱοὶ Ισραηλ εἰς Ση-
13 λω ὥστε ἀναβάντες ἐκπολεμῆσαι αὐτούς. 13καὶ ἀπέστειλαν οἱ υἱοὶ
    Ισραηλ πρὸς τοὺς υἱοὺς Ρουβην καὶ πρὸς τοὺς υἱοὺς Γαδ καὶ
    πρὸς τὸ ἥμισυ φυλῆς Μανασση εἰς γῆν Γαλααδ τόν τε Φινεες
14 υἱὸν Ελεαζαρ υἱοῦ Ααρων τοῦ ἀρχιερέως 14καὶ δέκα τῶν ἀρχόν-
    των μετ᾽ αὐτοῦ, ἄρχων εἷς ἀπὸ οἴκου πατριᾶς ἀπὸ πασῶν φυλῶν
15 Ισραηλ· ἄρχοντες οἴκων πατριῶν εἰσιν, χιλίαρχοι Ισραηλ. 15καὶ
    παρεγένοντο πρὸς τοὺς υἱοὺς Γαδ καὶ πρὸς τοὺς υἱοὺς Ρουβην
    καὶ πρὸς τοὺς ἡμίσεις φυλῆς Μανασση εἰς γῆν Γαλααδ καὶ ἐλά-
16 λησαν πρὸς αὐτοὺς λέγοντες 16Τάδε λέγει πᾶσα ἡ συναγωγὴ κυ-
    ρίου Τίς ἡ πλημμέλεια αὕτη, ἣν ἐπλημμελήσατε ἐναντίον τοῦ θεοῦ
    Ισραηλ, ἀποστραφῆναι σήμερον ἀπὸ κυρίου οἰκοδομήσαντες ὑμῖν
17 ἑαυτοῖς βωμὸν ἀποστάτας ὑμᾶς γενέσθαι ἀπὸ κυρίου; 17μὴ μικρὸν
    ἡμῖν τὸ ἁμάρτημα Φογωρ; ὅτι οὐκ ἐκαθαρίσθημεν ἀπ᾽ αὐτοῦ ἕως
    τῆς ἡμέρας ταύτης, καὶ ἐγενήθη πληγὴ ἐν τῇ συναγωγῇ κυρίου.
18 18καὶ ὑμεῖς ἀποστραφήσεσθε σήμερον ἀπὸ κυρίου; καὶ ἔσται ἐὰν
    ἀποστῆτε σήμερον ἀπὸ κυρίου, καὶ αὔριον ἐπὶ πάντα Ισραηλ ἔσται
19 ἡ ὀργή. 19καὶ νῦν εἰ μικρὰ ὑμῖν ἡ γῆ τῆς κατασχέσεως ὑμῶν,
    διάβητε εἰς τὴν γῆν τῆς κατασχέσεως κυρίου, οὗ κατασκηνοῖ ἐκεῖ
    ἡ σκηνὴ κυρίου, καὶ κατακληρονομήσατε ἐν ἡμῖν· καὶ μὴ ἀποστά-
    ται ἀπὸ θεοῦ γενήθητε καὶ μὴ ἀπόστητε ἀπὸ κυρίου διὰ τὸ οἰκο-
    δομῆσαι ὑμᾶς βωμὸν ἔξω τοῦ θυσιαστηρίου κυρίου τοῦ θεοῦ ἡμῶν.
20 20οὐκ ἰδοὺ Αχαρ ὁ τοῦ Ζαρα πλημμελείᾳ ἐπλημμέλησεν ἀπὸ τοῦ

9 υιων 1⁰ > A | εκ] εν B | εν γη] εκ γης A | την 1⁰] την B: cf. 15. 32 |
αυτην > A ‖ 10 ηλθον] -θοσαν A | γαλγαλα] γαλιλωθ A: item in 11 | γαδ
... ρουβην] tr. A: item in 11. 15 ‖ 11 εφ] επι των B*† ‖ 12 αναβαντες]
-βηναι A†, -βηναι και L† ‖ 13 το ημισυ] τους υιους ημισυ B⁽†⁾ ‖ 14 φυ-
λων] pr. των A ‖ 15 γην W] την BA: cf. 9 ‖ 16 εναντι A | του θεου]
pr. κυριου A† | υμιν > A | κυριου ult.] pr. του B† ‖ 17 ημιν] υμ. A | ουκ
εκαθ.] ου κεκαθαρισμεθα A ‖ 18 αποστραφ.] απεστραφητε B | η > A ‖
19 υμιν η γη] η γη υμων B | εις] επι A† | σκηνη] κιβωτος A† | κατακληρονο-
μησετε B | αποσταται απο θεου] απο κυριου αποστ. A | και ult.] + υμεις Bᶜ
| μη αποστ. απο κυριου] απο ημων μη αποστ. A ‖ 20 αχαρ] -αν A: cf. 7 1

ἀναθέματος καὶ ἐπὶ πᾶσαν συναγωγὴν Ισραηλ ἐγενήθη ὀργή ; καὶ
οὗτος εἷς μόνος ἦν · μὴ μόνος οὗτος ἀπέθανεν τῇ ἑαυτοῦ ἁμαρτίᾳ ;
²¹ Καὶ ἀπεκρίθησαν οἱ υἱοὶ Ρουβην καὶ οἱ υἱοὶ Γαδ καὶ τὸ ἥμισυ 21
φυλῆς Μανασση καὶ ἐλάλησαν τοῖς χιλιάρχοις Ισραηλ λέγοντες
²² Ὁ θεὸς θεός ἐστιν κύριος, καὶ ὁ θεὸς θεὸς κύριος αὐτὸς οἶδεν, 22
καὶ Ισραηλ αὐτὸς γνώσεται · εἰ ἐν ἀποστασίᾳ ἐπλημμελήσαμεν
ἔναντι τοῦ κυρίου, μὴ ῥύσαιτο ἡμᾶς ἐν ταύτῃ · ²³ καὶ εἰ ᾠκοδομή- 23
σαμεν αὐτοῖς βωμὸν ὥστε ἀποστῆναι ἀπὸ κυρίου τοῦ θεοῦ ἡμῶν
ὥστε ἀναβιβάσαι ἐπ᾽ αὐτὸν θυσίαν ὁλοκαυτωμάτων ἢ ὥστε ποιῆ-
σαι ἐπ᾽ αὐτοῦ θυσίαν σωτηρίου, κύριος ἐκζητήσει. ²⁴ ἀλλ᾽ ἕνεκεν 24
εὐλαβείας ῥήματος ἐποιήσαμεν τοῦτο λέγοντες Ἵνα μὴ εἴπωσιν αὔ-
ριον τὰ τέκνα ὑμῶν τοῖς τέκνοις ἡμῶν Τί ὑμῖν κυρίῳ τῷ θεῷ
Ισραηλ ; ²⁵ καὶ ὅρια ἔθηκεν κύριος ἀνὰ μέσον ἡμῶν καὶ ὑμῶν τὸν 25
Ιορδάνην, καὶ οὐκ ἔστιν ὑμῖν μερὶς κυρίου. καὶ ἀπαλλοτριώσουσιν
οἱ υἱοὶ ὑμῶν τοὺς υἱοὺς ἡμῶν, ἵνα μὴ σέβωνται κύριον. ²⁶ καὶ εἴ- 26
παμεν ποιῆσαι οὕτως τοῦ οἰκοδομῆσαι τὸν βωμὸν τοῦτον οὐχ
ἕνεκεν καρπωμάτων οὐδὲ ἕνεκεν θυσιῶν, ²⁷ ἀλλ᾽ ἵνα ᾖ τοῦτο μαρ- 27
τύριον ἀνὰ μέσον ἡμῶν καὶ ὑμῶν καὶ ἀνὰ μέσον τῶν γενεῶν ἡμῶν
μεθ᾽ ἡμᾶς τοῦ λατρεύειν λατρείαν κυρίῳ ἐναντίον αὐτοῦ ἐν τοῖς
καρπώμασιν ἡμῶν καὶ ἐν ταῖς θυσίαις ἡμῶν καὶ ἐν ταῖς θυσίαις
τῶν σωτηρίων ἡμῶν · καὶ οὐκ ἐροῦσιν τὰ τέκνα ὑμῶν τοῖς τέ-
κνοις ἡμῶν αὔριον Οὐκ ἔστιν ὑμῖν μερὶς κυρίου. ²⁸ καὶ εἴπαμεν Ἐὰν 28
γένηταί ποτε καὶ λαλήσωσιν πρὸς ἡμᾶς καὶ ταῖς γενεαῖς ἡμῶν
αὔριον, καὶ ἐροῦσιν Ἴδετε ὁμοίωμα τοῦ θυσιαστηρίου κυρίου, ὃ
ἐποίησαν οἱ πατέρες ἡμῶν οὐχ ἕνεκεν καρπωμάτων οὐδὲ ἕνεκεν
θυσιῶν, ἀλλὰ μαρτύριόν ἐστιν ἀνὰ μέσον ὑμῶν καὶ ἀνὰ μέσον
ἡμῶν καὶ ἀνὰ μέσον τῶν υἱῶν ἡμῶν. ²⁹ μὴ γένοιτο οὖν ἡμᾶς ἀπο- 29
στραφῆναι ἀπὸ κυρίου ἐν ταῖς σήμερον ἡμέραις ἀποστῆναι ἀπὸ
κυρίου ὥστε οἰκοδομῆσαι ἡμᾶς θυσιαστήριον τοῖς καρπώμασιν καὶ
ταῖς θυσίαις σαλαμιν καὶ τῇ θυσίᾳ τοῦ σωτηρίου πλὴν τοῦ θυσια-
στηρίου κυρίου, ὅ ἐστιν ἐναντίον τῆς σκηνῆς αὐτοῦ.

---

20 συναγ.] pr. την A | μονος 1⁰ ⌢ 2⁰ B (μονος ην et ουτος μονος in O sub
÷) | ουτος ult.] αυτ. B ‖ 22 εστιν κυριος] tr. A (εστιν in O sub ÷) | κυ-
ριος 2⁰ > B⁽†⁾ | αποστασια] -ασει A | του > A | ταυτη] pr. τη ημερα A ‖
23 αυτοις] εαυ. A | η > B | κυριος] + αυτος A ‖ 24 ειπωσιν αυριον] tr. A
| τι] pr. λεγοντες A (in O sub ※) ‖ 25 ημων και υμων] tr. A ‖ 27 τουτο
μαρτ.] tr. A | ημων και υμων] υμ. και ανα μεσον ημ. A | γενεων] τεκνων A |
κυριω] -ιου A | ημων 3⁰ ⌢ 4⁰ A | ημων 5⁰ > B*† ‖ 28 και 3⁰] η Bᶜ, pr.
η A | υμων ... ημων paenult.] tr. A | υιων] τεκνων A ‖ 29 αποστραφηναι]
-στηναι A | ταις σημ. ημεραις] τη σ. -ρα A | αποστηναι(B† -ησαι) απο κυρ. >
A | του σωτηριου] των -ιων A | κυριου ult.] + του θεου ημων A | εναντιον]
pr. απ A†, απεναντι L†

30   ³⁰ Καὶ ἀκούσας Φινεες ὁ ἱερεὺς καὶ πάντες οἱ ἄρχοντες τῆς συν-
αγωγῆς Ισραηλ, οἳ ἦσαν μετ᾽ αὐτοῦ, τοὺς λόγους, οὓς ἐλάλησαν οἱ
υἱοὶ Ρουβην καὶ οἱ υἱοὶ Γαδ καὶ τὸ ἥμισυ φυλῆς Μανασση, καὶ
31 ἤρεσεν αὐτοῖς. ³¹ καὶ εἶπεν Φινεες ὁ ἱερεὺς τοῖς υἱοῖς Ρουβην καὶ
τοῖς υἱοῖς Γαδ καὶ τῷ ἡμίσει φυλῆς Μανασση Σήμερον ἐγνώκαμεν
ὅτι μεθ᾽ ἡμῶν κύριος, διότι οὐκ ἐπλημμελήσατε ἐναντίον κυρίου
πλημμέλειαν καὶ ὅτι ἐρρύσασθε τοὺς υἱοὺς Ισραηλ ἐκ χειρὸς κυ-
32 ρίου. ³² καὶ ἀπέστρεψεν Φινεες ὁ ἱερεὺς καὶ οἱ ἄρχοντες ἀπὸ τῶν
υἱῶν Ρουβην καὶ ἀπὸ τῶν υἱῶν Γαδ καὶ ἀπὸ τοῦ ἡμίσους φυλῆς
Μανασση ἐκ γῆς Γαλααδ εἰς γῆν Χανααν πρὸς τοὺς υἱοὺς Ισραηλ
33 καὶ ἀπεκρίθησαν αὐτοῖς τοὺς λόγους, ³³ καὶ ἤρεσεν τοῖς υἱοῖς Ισρα-
ηλ. καὶ ἐλάλησαν πρὸς τοὺς υἱοὺς Ισραηλ, καὶ εὐλόγησαν τὸν
θεὸν υἱῶν Ισραηλ καὶ εἶπαν μηκέτι ἀναβῆναι πρὸς αὐτοὺς εἰς πό-
λεμον ἐξολεθρεῦσαι τὴν γῆν τῶν υἱῶν Ρουβην καὶ τῶν υἱῶν Γαδ
34 καὶ τοῦ ἡμίσους φυλῆς Μανασση. καὶ κατῴκησαν ἐπ᾽ αὐτῆς. ³⁴ καὶ
ἐπωνόμασεν Ἰησοῦς τὸν βωμὸν τῶν Ρουβην καὶ τῶν Γαδ καὶ τοῦ
ἡμίσους φυλῆς Μανασση καὶ εἶπεν ὅτι Μαρτύριόν ἐστιν ἀνὰ μέ-
σον αὐτῶν ὅτι κύριος ὁ θεὸς αὐτῶν ἐστιν.

23   ¹ Καὶ ἐγένετο μεθ᾽ ἡμέρας πλείους μετὰ τὸ καταπαῦσαι κύριον
τὸν Ισραηλ ἀπὸ πάντων τῶν ἐχθρῶν αὐτῶν κυκλόθεν, καὶ Ἰησοῦς
2 πρεσβύτερος προβεβηκὼς ταῖς ἡμέραις, ² καὶ συνεκάλεσεν Ἰησοῦς
πάντας τοὺς υἱοὺς Ισραηλ καὶ τὴν γερουσίαν αὐτῶν καὶ τοὺς ἄρ-
χοντας αὐτῶν καὶ τοὺς γραμματεῖς αὐτῶν καὶ τοὺς δικαστὰς αὐ-
τῶν καὶ εἶπεν πρὸς αὐτούς Ἐγὼ γεγήρακα καὶ προβέβηκα ταῖς
3 ἡμέραις. ³ ὑμεῖς δὲ ἑωράκατε ὅσα ἐποίησεν κύριος ὁ θεὸς ὑμῶν
πᾶσιν τοῖς ἔθνεσιν τούτοις ἀπὸ προσώπου ὑμῶν, ὅτι κύριος ὁ
4 θεὸς ὑμῶν ὁ ἐκπολεμήσας ὑμῖν. ⁴ ἴδετε ὅτι ἐπέρριφα ὑμῖν τὰ ἔθνη
τὰ καταλελειμμένα ὑμῖν ταῦτα ἐν τοῖς κλήροις εἰς τὰς φυλὰς
ὑμῶν · ἀπὸ τοῦ Ιορδάνου πάντα τὰ ἔθνη, ἃ ἐξωλέθρευσα, καὶ ἀπὸ
5 τῆς θαλάσσης τῆς μεγάλης ὁριεῖ ἐπὶ δυσμὰς ἡλίου. ⁵ κύριος δὲ ὁ
θεὸς ὑμῶν, οὗτος ἐξολεθρεύσει αὐτοὺς ἀπὸ προσώπου ὑμῶν, ἕως
ἂν ἀπόλωνται, καὶ ἀποστελεῖ αὐτοῖς τὰ θηρία τὰ ἄγρια, ἕως ἂν
ἐξολεθρεύσῃ αὐτοὺς καὶ τοὺς βασιλεῖς αὐτῶν ἀπὸ προσώπου ὑμῶν,
καὶ κατακληρονομήσατε τὴν γῆν αὐτῶν, καθὰ ἐλάλησεν κύριος ὁ

30 ακουσαντες A | ισραηλ > A | το ημισυ] οι ημισεις A ‖ 32 αρχοντες]
+ πατριων W, + των πατριων A⁺ (των sup. ras.) | γης] της B: cf. 9 ‖
33 και ελαλ. — ισρ. 2⁰] post ισρ. 3⁰ tr. A, in O sub ÷ ‖ 34 των bis] τω W;
1⁰ του, 2⁰ τω A | του ημισους] τω -σει AW | αυτων ult.] pr. θεος A
23 1 ισραηλ] pr. θεον A | ταις > A⁺ ‖ 2 και 2⁰] κατα A⁺ | γραμματεις ...
δικαστας] tr. A | προς αυτους] αυτοις A⁺ | εγω] pr. ιδου Bᶜ ‖ 3 οσα] pr.
παντα A | υμων 1⁰ M] ημ. BA | υμων 2⁰ 3⁰ et υμιν] ημ. B | ο ult.] pr. αυ-
τος A ‖ 4 επε(ρ)ριφα] οπερ ειπα B | α] και B ‖ 5 υμων 1⁰ 2⁰] ημ. B |
ουτος] αυτ. A | αποστειλη A⁺

θεὸς ὑμῶν ὑμῖν. ⁶κατισχύσατε οὖν σφόδρα φυλάσσειν καὶ ποιεῖν 6
πάντα τὰ γεγραμμένα ἐν τῷ βιβλίῳ τοῦ νόμου Μωυσῆ, ἵνα μὴ
ἐκκλίνητε εἰς δεξιὰν ἢ εὐώνυμα, ⁷ὅπως μὴ εἰσέλθητε εἰς τὰ ἔθνη 7
τὰ καταλελειμμένα ταῦτα, καὶ τὰ ὀνόματα τῶν θεῶν αὐτῶν οὐκ
ὀνομασθήσεται ἐν ὑμῖν, οὐδὲ μὴ προσκυνήσητε αὐτοῖς οὐδὲ μὴ
λατρεύσητε αὐτοῖς, ⁸ἀλλὰ κυρίῳ τῷ θεῷ ὑμῶν προσκολληθήσεσθε, 8
καθάπερ ἐποιήσατε ἕως τῆς ἡμέρας ταύτης. ⁹καὶ ἐξωλέθρευσεν 9
αὐτοὺς κύριος ἀπὸ προσώπου ὑμῶν, ἔθνη μεγάλα καὶ ἰσχυρά, καὶ
ὑμῖν οὐθεὶς ἀντέστη κατενώπιον ὑμῶν ἕως τῆς ἡμέρας ταύτης·
¹⁰εἷς ὑμῶν ἐδίωξεν χιλίους, ὅτι κύριος ὁ θεὸς ὑμῶν ἐξεπολέμει 10
ὑμῖν, καθάπερ εἶπεν ὑμῖν. ¹¹καὶ φυλάξασθε σφόδρα τοῦ ἀγαπᾶν 11
κύριον τὸν θεὸν ὑμῶν. ¹²ἐὰν γὰρ ἀποστραφῆτε καὶ προσθῆσθε 12
τοῖς ὑπολειφθεῖσιν ἔθνεσιν τούτοις τοῖς μεθ' ὑμῶν καὶ ἐπιγαμίας
ποιήσητε πρὸς αὐτοὺς καὶ συγκαταμιγῆτε αὐτοῖς καὶ αὐτοὶ ὑμῖν,
¹³γινώσκετε ὅτι οὐ μὴ προσθῇ κύριος τοῦ ἐξολεθρεῦσαι τὰ ἔθνη 13
ταῦτα ἀπὸ προσώπου ὑμῶν, καὶ ἔσονται ὑμῖν εἰς παγίδας καὶ εἰς
σκάνδαλα καὶ εἰς ἥλους ἐν ταῖς πτέρναις ὑμῶν καὶ εἰς βολίδας
ἐν τοῖς ὀφθαλμοῖς ὑμῶν, ἕως ἂν ἀπόλησθε ἀπὸ τῆς γῆς τῆς ἀγα-
θῆς ταύτης, ἣν ἔδωκεν ὑμῖν κύριος ὁ θεὸς ὑμῶν. ¹⁴ἐγὼ δὲ ἀπο- 14
τρέχω τὴν ὁδὸν καθὰ καὶ πάντες οἱ ἐπὶ τῆς γῆς, καὶ γνώσεσθε
τῇ καρδίᾳ ὑμῶν καὶ τῇ ψυχῇ ὑμῶν διότι οὐ διέπεσεν εἷς λόγος
ἀπὸ πάντων τῶν λόγων, ὧν εἶπεν κύριος ὁ θεὸς ὑμῶν, πρὸς πάν-
τα τὰ ἀνήκοντα ὑμῖν, οὐ διεφώνησεν ἐξ αὐτῶν. ¹⁵καὶ ἔσται ὃν 15
τρόπον ἥκει ἐφ' ὑμᾶς πάντα τὰ ῥήματα τὰ καλά, ἃ ἐλάλησεν κύ-
ριος πρὸς ὑμᾶς, οὕτως ἐπάξει κύριος ὁ θεὸς ἐφ' ὑμᾶς πάντα τὰ
ῥήματα τὰ πονηρά, ἕως ἂν ἐξολεθρεύσῃ ὑμᾶς ἀπὸ τῆς γῆς τῆς
ἀγαθῆς ταύτης, ἧς ἔδωκεν κύριος ὑμῖν, ¹⁶ἐν τῷ παραβῆναι ὑμᾶς 16
τὴν διαθήκην κυρίου τοῦ θεοῦ ὑμῶν, ἣν ἐνετείλατο ὑμῖν, καὶ πο-
ρευθέντες λατρεύσητε θεοῖς ἑτέροις καὶ προσκυνήσητε αὐτοῖς.

24 ¹Καὶ συνήγαγεν Ἰησοῦς πάσας φυλὰς Ισραηλ εἰς Σηλω καὶ συν-
εκάλεσεν τοὺς πρεσβυτέρους αὐτῶν καὶ τοὺς γραμματεῖς αὐτῶν
καὶ τοὺς δικαστὰς αὐτῶν καὶ ἔστησεν αὐτοὺς ἀπέναντι τοῦ θεοῦ.
2 ²καὶ εἶπεν Ἰησοῦς πρὸς πάντα τὸν λαόν Τάδε λέγει κύριος ὁ θεὸς
Ισραηλ Πέραν τοῦ ποταμοῦ κατῴκησαν οἱ πατέρες ὑμῶν τὸ ἀπ'
ἀρχῆς, Θαρα ὁ πατὴρ Αβρααμ καὶ ὁ πατὴρ Ναχωρ, καὶ ἐλάτρευ-
3 σαν θεοῖς ἑτέροις. ³καὶ ἔλαβον τὸν πατέρα ὑμῶν τὸν Αβρααμ ἐκ
τοῦ πέραν τοῦ ποταμοῦ καὶ ὡδήγησα αὐτὸν ἐν πάσῃ τῇ γῇ καὶ
4 ἐπλήθυνα αὐτοῦ σπέρμα καὶ ἔδωκα αὐτῷ τὸν Ισαακ ⁴καὶ τῷ Ισα-
ακ τὸν Ιακωβ καὶ τὸν Ησαυ · καὶ ἔδωκα τῷ Ησαυ τὸ ὄρος τὸ
Σηιρ κληρονομῆσαι αὐτῷ, καὶ Ιακωβ καὶ οἱ υἱοὶ αὐτοῦ κατέβησαν
εἰς Αἴγυπτον καὶ ἐγένοντο ἐκεῖ εἰς ἔθνος μέγα καὶ πολὺ καὶ κρα-
5 ταιόν. ⁵καὶ ἐκάκωσαν αὐτοὺς οἱ Αἰγύπτιοι, καὶ ἐπάταξεν κύριος
τὴν Αἴγυπτον ἐν οἷς ἐποίησεν αὐτοῖς, καὶ μετὰ ταῦτα ἐξήγαγεν
6 ὑμᾶς ⁶ἐξ Αἰγύπτου, καὶ εἰσήλθατε εἰς τὴν θάλασσαν τὴν ἐρυθράν.
καὶ κατεδίωξαν οἱ Αἰγύπτιοι ὀπίσω τῶν πατέρων ὑμῶν ἐν ἅρμα-
7 σιν καὶ ἐν ἵπποις εἰς τὴν θάλασσαν τὴν ἐρυθράν, ⁷καὶ ἀνεβοήσα-
μεν πρὸς κύριον, καὶ ἔδωκεν νεφέλην καὶ γνόφον ἀνὰ μέσον ἡμῶν
καὶ ἀνὰ μέσον τῶν Αἰγυπτίων καὶ ἐπήγαγεν ἐπ' αὐτοὺς τὴν θά-
λασσαν, καὶ ἐκάλυψεν αὐτούς, καὶ εἴδοσαν οἱ ὀφθαλμοὶ ὑμῶν ὅσα
ἐποίησεν κύριος ἐν γῇ Αἰγύπτῳ. καὶ ἦτε ἐν τῇ ἐρήμῳ ἡμέρας πλεί-
8 ους. ⁸καὶ ἤγαγεν ὑμᾶς εἰς γῆν Αμορραίων τῶν κατοικούντων πέ-
ραν τοῦ Ιορδάνου, καὶ παρετάξαντο ὑμῖν, καὶ παρέδωκεν αὐτοὺς
κύριος εἰς τὰς χεῖρας ὑμῶν, καὶ κατεκληρονομήσατε τὴν γῆν αὐ-
9 τῶν καὶ ἐξωλεθρεύσατε αὐτοὺς ἀπὸ προσώπου ὑμῶν. ⁹καὶ ἀνέστη
Βαλακ ὁ τοῦ Σεπφωρ βασιλεὺς Μωαβ καὶ παρετάξατο τῷ Ισραηλ
10 καὶ ἀποστείλας ἐκάλεσεν τὸν Βαλααμ ἀράσασθαι ὑμῖν · ¹⁰καὶ οὐκ
ἠθέλησεν κύριος ὁ θεός σου ἀπολέσαι σε, καὶ εὐλογίαν εὐλόγη-
σεν ὑμᾶς, καὶ ἐξείλατο ὑμᾶς ἐκ χειρῶν αὐτῶν καὶ παρέδωκεν αὐ-
11 τούς. ¹¹καὶ διέβητε τὸν Ιορδάνην καὶ παρεγενήθητε εἰς Ιεριχω ·
καὶ ἐπολέμησαν πρὸς ὑμᾶς οἱ κατοικοῦντες Ιεριχω, ὁ Αμορραῖος

24 1 πασας] + τας A | εις] εν A† | τους 1⁰] pr. παντας A | πρεσβυτερους]
+ ισραηλ και τους αρχοντας A (in O sub ※) | εστησεν αυτους] εστησαν A |
απεναντι] εναντιον A ‖ 2 λαον] + λεγων A | ισραηλ] του ισρ. λεγων A† |
παρωκησαν A ‖ 3 τον 2⁰ > A | αυτου σπερμα] το σπ. αυ. A | και ult.] +
γε A† ‖ 4 και 3⁰ > B† | κληρονομιαν A ‖ 5 επαταξεν κυριος] επαταξαν
B*† (Bᶜ om. ν) | οις] pr. σημ(ε)ιοις A | εποιησαν B | αυτοις] pr. εν A | εξ-
ηγαγεν υμας] εξ. τους πατερας ημων B, εξηγαγον υμας (6) ※ και εξηγαγον τους
πατερας υμων ⊰ O† ‖ 6 την ερυθραν 1⁰ > A | υμων] ημ. B ‖ 7 εκαλυ-
ψεν] + επ A | υμων] ημ. B ‖ 8 υμας et υμων 1⁰] ημ. B | και 2⁰ ⌒ 3⁰ B |
παρεταξατο A | παραδεδωκεν B | τας > A ‖ 9 υμιν] ημ. B ‖ 10 ο θεος
σου > A | υμας bis] ημ. B | χειρων] pr. των A | και παρεδ. αυτους] > A, in
O sub ÷ ‖ 11 υμας] ημ. B

καὶ ὁ Χαναναῖος καὶ ὁ Φερεζαῖος καὶ ὁ Εὐαῖος καὶ ὁ Ιεβουσαῖος
καὶ ὁ Χετταῖος καὶ ὁ Γεργεσαῖος, καὶ παρέδωκεν αὐτοὺς κύριος εἰς
τὰς χεῖρας ὑμῶν. ¹²καὶ ἐξαπέστειλεν προτέραν ὑμῶν τὴν σφηκιάν, 12
καὶ ἐξέβαλεν αὐτοὺς ἀπὸ προσώπου ὑμῶν, δώδεκα βασιλεῖς τῶν
Αμορραίων, οὐκ ἐν τῇ ῥομφαίᾳ σου οὐδὲ ἐν τῷ τόξῳ σου. ¹³καὶ 13
ἔδωκεν ὑμῖν γῆν, ἐφ᾽ ἣν οὐκ ἐκοπιάσατε ἐπ᾽ αὐτῆς, καὶ πόλεις, ἃς
οὐκ ᾠκοδομήσατε, καὶ κατῳκίσθητε ἐν αὐταῖς · καὶ ἀμπελῶνας καὶ
ἐλαιῶνας, οὓς οὐκ ἐφυτεύσατε, ὑμεῖς ἔδεσθε. ¹⁴καὶ νῦν φοβήθητε 14
κύριον καὶ λατρεύσατε αὐτῷ ἐν εὐθύτητι καὶ ἐν δικαιοσύνῃ καὶ
περιέλεσθε τοὺς θεοὺς τοὺς ἀλλοτρίους, οἷς ἐλάτρευσαν οἱ πατέρες
ὑμῶν ἐν τῷ πέραν τοῦ ποταμοῦ καὶ ἐν Αἰγύπτῳ, καὶ λατρεύετε
κυρίῳ. ¹⁵εἰ δὲ μὴ ἀρέσκει ὑμῖν λατρεύειν κυρίῳ, ἕλεσθε ὑμῖν ἑαυ- 15
τοῖς σήμερον, τίνι λατρεύσητε, εἴτε τοῖς θεοῖς τῶν πατέρων ὑμῶν
τοῖς ἐν τῷ πέραν τοῦ ποταμοῦ, εἴτε τοῖς θεοῖς τῶν Αμορραίων,
ἐν οἷς ὑμεῖς κατοικεῖτε ἐπὶ τῆς γῆς αὐτῶν · ἐγὼ δὲ καὶ ἡ οἰκία
μου λατρεύσομεν κυρίῳ, ὅτι ἅγιός ἐστιν.
¹⁶Καὶ ἀποκριθεὶς ὁ λαὸς εἶπεν Μὴ γένοιτο ἡμῖν καταλιπεῖν κύ- 16
ριον ὥστε λατρεύειν θεοῖς ἑτέροις. ¹⁷κύριος ὁ θεὸς ἡμῶν, αὐτὸς 17
θεός ἐστιν · αὐτὸς ἀνήγαγεν ἡμᾶς καὶ τοὺς πατέρας ἡμῶν ἐξ Αἰ-
γύπτου καὶ διεφύλαξεν ἡμᾶς ἐν πάσῃ τῇ ὁδῷ, ᾗ ἐπορεύθημεν ἐν
αὐτῇ, καὶ ἐν πᾶσιν τοῖς ἔθνεσιν, οὓς παρήλθομεν δι᾽ αὐτῶν · ¹⁸καὶ 18
ἐξέβαλεν κύριος τὸν Αμορραῖον καὶ πάντα τὰ ἔθνη τὰ κατοικοῦντα
τὴν γῆν ἀπὸ προσώπου ἡμῶν. ἀλλὰ καὶ ἡμεῖς λατρεύσομεν κυρίῳ ·
οὗτος γὰρ θεὸς ἡμῶν ἐστιν. ¹⁹καὶ εἶπεν Ἰησοῦς πρὸς τὸν λαόν 19
Οὐ μὴ δύνησθε λατρεύειν κυρίῳ, ὅτι θεὸς ἅγιός ἐστιν, καὶ ζηλώ-
σας οὗτος οὐκ ἀνήσει ὑμῶν τὰ ἁμαρτήματα καὶ τὰ ἀνομήματα
ὑμῶν · ²⁰ἡνίκα ἐὰν ἐγκαταλίπητε κύριον καὶ λατρεύσητε θεοῖς ἑτέ- 20
ροις, καὶ ἐπελθὼν κακώσει ὑμᾶς καὶ ἐξαναλώσει ὑμᾶς ἀνθ᾽ ὧν εὖ
ἐποίησεν ὑμᾶς. ²¹καὶ εἶπεν ὁ λαὸς πρὸς Ἰησοῦν Οὐχί, ἀλλὰ κυρίῳ 21
λατρεύσομεν. ²²καὶ εἶπεν Ἰησοῦς πρὸς τὸν λαὸν Μάρτυρες ὑμεῖς 22
καθ᾽ ὑμῶν, ὅτι ὑμεῖς ἐξελέξασθε κύριον λατρεύειν αὐτῷ · ²³καὶ νῦν 23
περιέλεσθε τοὺς θεοὺς τοὺς ἀλλοτρίους τοὺς ἐν ὑμῖν καὶ εὐθύνατε

11 χαναν. ... φερεζ.] tr. A | και ο ευαιος και ο ιεβ.] post γεργεσ. tr. A | κυ-
ριος > A | τας > A⁺ | υμων M] ημ. B A ‖ 12 υμων 1⁰ M] ημ. B A | εξεβα-
λεν] εξαπεστειλεν B⁺ | υμων 2⁰] ημ. B | βασιλεις] πολ(ε)ις A ‖ 13 αυτης]
-ην A | ουκ 2⁰ > A⁺ | ωκοδομησατε] -ηκα- B⁺ | ουκ εφυτευσατε] ου κατεφυτ.
A ‖ 14 κυριον] pr. τον A (in O sub ※) | ευθυτητι ... δικαιοσυνη] tr. A⁺ |
υμων] ημ. B⁺ | λατρευετε] -ευσατε A ‖ 15 ελεσθε] -ευσασθε B: sic α' θ' teste uno codice | η οικια] ο οικος A | λατρευσωμεν A:
item in 18. 21. 24 ‖ 17 κυριος (A⁺ και)] + γαρ A | αυτος θεος > A | εξ]
εκ γης A ‖ 18 θεος] pr. ο A ‖ 19 κυριω] + τω θεω A⁽⁺⁾ | υμων / τα αμαρτ.]
tr. A ‖ 20 κυριον] pr. τον A | ετεροις] αλλοτριοις A | υμας ult.] υμιν A ‖
21 κυριω] pr. τω A ‖ 22 κυριον compl.] pr. τον A, κυριω B⁺

24 τὴν καρδίαν ὑμῶν πρὸς κύριον θεὸν Ισραηλ. ²⁴καὶ εἶπεν ὁ λαὸς
προς Ἰησοῦν Κυρίῳ λατρεύσομεν καὶ τῆς φωνῆς αὐτοῦ ἀκουσόμεθα.
25 ²⁵Καὶ διέθετο Ἰησοῦς διαθήκην πρὸς τὸν λαὸν ἐν τῇ ἡμέρᾳ ἐκεί-
νη καὶ ἔδωκεν αὐτῷ νόμον καὶ κρίσιν ἐν Σηλω ἐνώπιον τῆς σκη-
26 νῆς τοῦ θεοῦ Ισραηλ. ²⁶καὶ ἔγραψεν τὰ ῥήματα ταῦτα εἰς βιβλίον,
νόμον τοῦ θεοῦ · καὶ ἔλαβεν λίθον μέγαν καὶ ἔστησεν αὐτὸν Ἰη-
27 σοῦς ὑπὸ τὴν τερέμινθον ἀπέναντι κυρίου. ²⁷καὶ εἶπεν Ἰησοῦς πρὸς
τὸν λαόν Ἰδοὺ ὁ λίθος οὗτος ἔσται ἐν ὑμῖν εἰς μαρτύριον, ὅτι
αὐτὸς ἀκήκοεν πάντα τὰ λεχθέντα αὐτῷ ὑπὸ κυρίου, ὅ τι ἐλάλη-
σεν πρὸς ἡμᾶς σήμερον · καὶ ἔσται οὗτος ἐν ὑμῖν εἰς μαρτύριον
ἐπ' ἐσχάτων τῶν ἡμερῶν, ἡνίκα ἐὰν ψεύσησθε κυρίῳ τῷ θεῷ μου.
28 ²⁸καὶ ἀπέστειλεν Ἰησοῦς τὸν λαόν, καὶ ἐπορεύθησαν ἕκαστος εἰς
29 τὸν τόπον αὐτοῦ. ²⁹καὶ ἐλάτρευσεν Ισραηλ τῷ κυρίῳ πάσας τὰς
ἡμέρας Ἰησοῦ καὶ πάσας τὰς ἡμέρας τῶν πρεσβυτέρων, ὅσοι ἐφείλ-
κυσαν τὸν χρόνον μετὰ Ἰησοῦ καὶ ὅσοι εἴδοσαν πάντα τὰ ἔργα
κυρίου, ὅσα ἐποίησεν τῷ Ισραηλ.
30 ³⁰Καὶ ἐγένετο μετ' ἐκεῖνα καὶ ἀπέθανεν Ἰησοῦς υἱὸς Ναυη δοῦ-
31 λος κυρίου ἑκατὸν δέκα ἐτῶν. ³¹καὶ ἔθαψαν αὐτὸν πρὸς τοῖς ὁρί-
οις τοῦ κλήρου αὐτοῦ ἐν Θαμναθασαχαρα ἐν τῷ ὄρει τῷ Εφραιμ
31ᵃ ἀπὸ βορρᾶ τοῦ ὄρους Γαας · ³¹ᵃἐκεῖ ἔθηκαν μετ' αὐτοῦ εἰς τὸ
μνῆμα, εἰς ὃ ἔθαψαν αὐτὸν ἐκεῖ, τὰς μαχαίρας τὰς πετρίνας, ἐν
αἷς περιέτεμεν τοὺς υἱοὺς Ισραηλ ἐν Γαλγαλοις, ὅτε ἐξήγαγεν αὐ-
τοὺς ἐξ Αἰγύπτου, καθὰ συνέταξεν αὐτοῖς κύριος, καὶ ἐκεῖ εἰσιν
32 ἕως τῆς σήμερον ἡμέρας. — ³²καὶ τὰ ὀστᾶ Ιωσηφ ἀνήγαγον οἱ
υἱοὶ Ισραηλ ἐξ Αἰγύπτου καὶ κατώρυξαν ἐν Σικιμοις ἐν τῇ μερίδι
τοῦ ἀγροῦ, οὗ ἐκτήσατο Ιακωβ παρὰ τῶν Αμορραίων τῶν κατοι-
κούντων ἐν Σικιμοις ἀμνάδων ἑκατὸν καὶ ἔδωκεν αὐτὴν Ιωσηφ
ἐν μερίδι.
33 ³³Καὶ ἐγένετο μετὰ ταῦτα καὶ Ελεαζαρ υἱὸς Ααρων ὁ ἀρχιερεὺς
ἐτελεύτησεν καὶ ἐτάφη ἐν Γαβααθ Φινεες τοῦ υἱοῦ αὐτοῦ, ἣν ἔδω-
33ᵃ κεν αὐτῷ ἐν τῷ ὄρει τῷ Εφραιμ. ³³ᵃἐν ἐκείνῃ τῇ ἡμέρᾳ λαβόν-
τες οἱ υἱοὶ Ισραηλ τὴν κιβωτὸν τοῦ θεοῦ περιεφέροσαν ἐν ἑαυ-
τοῖς, καὶ Φινεες ἱεράτευσεν ἀντὶ Ελεαζαρ τοῦ πατρὸς αὐτοῦ, ἕως

26 νομου M | τερεμινθον] β pro μ A: cf. Gen. 35 4 ‖ 27 εν 1⁰ > A | αυ-
τος] ουτ. A | αυτω > A | ο τι] οσα A | ημας] υμ. A | εσται ουτος] tr. A | μου]
ημων A, υμων M ‖ 28 απεστειλεν] pr. εξ A | και επορ. εκαστος] εκαστον A
‖ 29 = 𝔐 31 ‖ 30 (𝔐 29) δεκα] pr. και A ‖ 31 (𝔐 30) θαμνασαχαρ A,
θαμνασαραχ uel sim. pau.: cf. 21 42ᵇ | τω 2⁰ > A | γαας] του γαλααδ B ‖
31ᵃ (cf. 21 42ᵈ) init.] pr. και A | μνημα] μνημ(ε)ιον A | εις ο] εν ω A | αυτοις
B⁽⁺⁾ > A ‖ 32 ανηγαγον] pr. ✳α Oᵗ | κατωρυξαν] + αυτα A | και ult. —
fin.] > B*ᵗ ‖ 33 υιος] pr. ο A | αρχιερευς] ιερευς A | γαβααθ] γαβααρ B:
item in 33ᵃ ‖ 33ᵃ κιβωτον] + της διαθηκης A

ἀπέθανεν καὶ κατωρύγη ἐν Γαβααθ τῇ ἑαυτοῦ. ³³ᵇ οἱ δὲ υἱοὶ 33ᵇ
Ισραηλ ἀπήλθοσαν ἕκαστος εἰς τὸν τόπον αὐτῶν καὶ εἰς τὴν ἑαυ-
τῶν πόλιν. καὶ ἐσέβοντο οἱ υἱοὶ Ισραηλ τὴν Ἀστάρτην καὶ Αστα-
ρωθ καὶ τοὺς θεοὺς τῶν ἐθνῶν τῶν κύκλῳ αὐτῶν · καὶ παρέδω-
κεν αὐτοὺς κύριος εἰς χεῖρας Εγλωμ τῷ βασιλεῖ Μωαβ, καὶ ἐκυρί-
ευσεν αὐτῶν ἔτη δέκα ὀκτώ.

33ᵃ κατωρυχθη A⁺ | τη ult.] γη BᶜW⁺ | εαυτου] -των B ‖ 33ᵇ αυτων
1⁰] εαυ. A | την 1⁰] + γην B*⁺ | ασταρωθ] pr. την A | εκυριευσεν] pr. κατ A
| και paenult. — fin.: cf. Iud. 3 12. 14
Subscr. ιησους υιος ναυη B A

Κ Ρ Ι Τ Α Ι

A   ¹Καὶ ἐγένετο μετὰ τὴν τελευτὴν Ἰησοῦ καὶ ἐπηρώτων οἱ υἱοὶ 1
Ισραηλ ἐν κυρίῳ λέγοντες Τίς ἀναβήσεται ἡμῖν πρὸς τὸν Χανα-
ναῖον ἀφηγούμενος τοῦ πολεμῆσαι ἐν αὐτῷ; ²καὶ εἶπεν κύριος 2
Ιουδας ἀναβήσεται, ἰδοὺ δέδωκα τὴν γῆν ἐν χειρὶ αὐτοῦ. ³καὶ εἶ- 3
πεν Ιουδας πρὸς Συμεων τὸν ἀδελφὸν αὐτοῦ Ἀνάβηθι μετ' ἐμοῦ
ἐν τῷ κλήρῳ μου, καὶ πολεμήσωμεν ἐν τῷ Χαναναίῳ, καὶ πορεύ-
σομαι καί γε ἐγὼ μετὰ σοῦ ἐν τῷ κλήρῳ σου. καὶ ἐπορεύθη μετ'
αὐτοῦ Συμεων. ⁴καὶ ἀνέβη Ιουδας, καὶ ἔδωκεν κύριος τὸν Χανα- 4

Iud. A: praeter A saepe adferuntur O et L, i. e. editiones Ueteris Testa-
menti graeci ab Origene et Luciano recensitae. O = (15) 19 (58) 108 376
426 Sy et in capitibus 9—10. 15—21 uel quibusdam horum capitum parti-
bus fragmenta codicis G; L = (44) 54 (58) 59 75 (82 106 134) 314 (344) et
in capitibus 10. 11. 18 fragmenta codicis K, in 16—21 fragmenta codicis
Zˡ (codices uncis inclusi ex parte tantum cum O uel L concordant).

1 3 πολεμησω A⁺

B   ¹Καὶ ἐγένετο μετὰ τὴν τελευτὴν Ἰησοῦ καὶ ἐπηρώτων οἱ υἱοὶ 1
Ισραηλ διὰ τοῦ κυρίου λέγοντες Τίς ἀναβήσεται ἡμῖν πρὸς τοὺς
Χαναναίους ἀφηγούμενος τοῦ πολεμῆσαι πρὸς αὐτούς; ²καὶ εἶπεν 2
κύριος Ιουδας ἀναβήσεται, ἰδοὺ δέδωκα τὴν γῆν ἐν τῇ χειρὶ αὐτοῦ.
³καὶ εἶπεν Ιουδας τῷ Συμεων ἀδελφῷ αὐτοῦ Ἀνάβηθι μετ' ἐμοῦ 3
ἐν τῷ κλήρῳ μου, καὶ παραταξώμεθα πρὸς τοὺς Χαναναίους, καὶ
πορεύσομαι κἀγὼ μετὰ σοῦ ἐν τῷ κλήρῳ σου. καὶ ἐπορεύθη μετ'
αὐτοῦ Συμεων. ⁴καὶ ἀνέβη Ιουδας, καὶ παρέδωκεν κύριος τὸν Χανα- 4

Iud. B: B.

ναῖον καὶ τὸν Φερεζαῖον ἐν χειρὶ αὐτοῦ, καὶ ἐπάταξεν αὐτοὺς ἐν   A
5 Βεζεκ, δέκα χιλιάδας ἀνδρῶν, ⁵καὶ εὗρον τὸν Αδωνιβεζεκ ἐν Βεζεκ
καὶ ἐπολέμησαν ἐν αὐτῷ καὶ ἐπάταξαν τὸν Χαναναῖον καὶ τὸν
6 Φερεζαῖον. ⁶καὶ ἔφυγεν Αδωνιβεζεκ, καὶ κατεδίωξαν ὀπίσω αὐτοῦ
καὶ ἔλαβον αὐτὸν καὶ ἀπέκοψαν τὰ ἄκρα τῶν χειρῶν αὐτοῦ καὶ
7 τῶν ποδῶν αὐτοῦ. ⁷καὶ εἶπεν Αδωνιβεζεκ Ἑβδομήκοντα βασιλεῖς
τὰ ἄκρα τῶν χειρῶν αὐτῶν καὶ τῶν ποδῶν αὐτῶν ἀποκεκομμένοι
ἦσαν συλλέγοντες τὰ ὑποκάτω τῆς τραπέζης μου · καθὼς οὖν
ἐποίησα, οὕτως ἀνταπέδωκέν μοι ὁ θεός. καὶ ἤγαγον αὐτὸν εἰς
Ιερουσαλημ, καὶ ἀπέθανεν ἐκεῖ.
8   ⁸Καὶ ἐπολέμησαν οἱ υἱοὶ Ιουδα ἐν Ιερουσαλημ καὶ κατελάβοντο
αὐτὴν καὶ ἐπάταξαν αὐτὴν ἐν στόματι ῥομφαίας καὶ τὴν πόλιν
9 ἐνέπρησαν ἐν πυρί. ⁹καὶ μετὰ ταῦτα κατέβησαν οἱ υἱοὶ Ιουδα
πολεμῆσαι ἐν τῷ Χαναναίῳ τῷ κατοικοῦντι τὴν ὀρεινὴν καὶ τὸν
10 νότον καὶ τὴν πεδινήν. ¹⁰καὶ ἐπορεύθη Ιουδας πρὸς τὸν Χαναναῖ-
ον τὸν κατοικοῦντα ἐν Χεβρων, καὶ ἐξῆλθεν Χεβρων ἐξ ἐναντίας ·

4 βαζεκ Aᵗ hic, sed in 5 βεζεκ ‖ 5 βεζεκ O Lᵗ] pr. τη A | επαταξεν A Mᵗ
‖ 6 κατεδιωξαν O Lᵗ] -δραμον A | των ult. Oᵖ Lᵗ] pr. τα ακρα A ‖ 7 των
2⁰ O Lᵗ] pr. τα ακρα A | ηγαγον O L] αγουσιν A ‖ 8 επολεμησαν O L] -μουν
A | εν 1⁰ O L] την A | ρομφαιας O L] μαχαιρας A ‖ 9 πολεμησαι O L] pr.
του A | εν — κατοικουντι O Lᵗ] προς τον χαναναιον τον κατοικουντα A ‖
10 εν — χεβρων 2⁰ > Aᵗ

ναῖον καὶ τὸν Φερεζαῖον εἰς τὰς χεῖρας αὐτῶν, καὶ ἔκοψαν αὐτοὺς   B
5 ἐν Βεζεκ εἰς δέκα χιλιάδας ἀνδρῶν ⁵καὶ κατέλαβον τὸν Αδωνιβε-
ζεκ ἐν τῇ Βεζεκ καὶ παρετάξαντο πρὸς αὐτὸν καὶ ἔκοψαν τὸν Χα-
6 ναναῖον καὶ τὸν Φερεζαῖον. ⁶καὶ ἔφυγεν Αδωνιβεζεκ, καὶ κατέδρα-
μον ὀπίσω αὐτοῦ καὶ κατελάβοσαν αὐτὸν καὶ ἀπέκοψαν τὰ ἄκρα
7 τῶν χειρῶν αὐτοῦ καὶ τὰ ἄκρα τῶν ποδῶν αὐτοῦ. ⁷καὶ εἶπεν Αδω-
νιβεζεκ Ἑβδομήκοντα βασιλεῖς τὰ ἄκρα τῶν χειρῶν αὐτῶν καὶ τὰ
ἄκρα τῶν ποδῶν αὐτῶν ἀποκεκομμένοι ἦσαν συλλέγοντες τὰ ὑπο-
κάτω τῆς τραπέζης μου · καθὼς οὖν ἐποίησα, οὕτως ἀνταπέδωκέν
μοι ὁ θεός. καὶ ἄγουσιν αὐτὸν εἰς Ιερουσαλημ, καὶ ἀπέθανεν ἐκεῖ.
8   ⁸Καὶ ἐπολέμουν οἱ υἱοὶ Ιουδα τὴν Ιερουσαλημ καὶ κατελάβοντο
αὐτὴν καὶ ἐπάταξαν αὐτὴν ἐν στόματι ῥομφαίας καὶ τὴν πόλιν
9 ἐνέπρησαν ἐν πυρί. ⁹καὶ μετὰ ταῦτα κατέβησαν οἱ υἱοὶ Ιουδα τοῦ
πολεμῆσαι πρὸς τὸν Χαναναῖον τὸν κατοικοῦντα τὴν ὀρεινὴν καὶ
10 τὸν νότον καὶ τὴν πεδινήν. ¹⁰καὶ ἐπορεύθη Ιουδας πρὸς τὸν Χα-
ναναῖον τὸν κατοικοῦντα ἐν Χεβρων, καὶ ἐξῆλθεν Χεβρων ἐξ ἐναντίας ·

14 εκοψαν] επαταξαν Bᶜ ‖ 5 εν — 6 αδωνιβεζεκ > B*ᵗ (τον ult. > Bˢᵗ) ‖
6 κατελαβοσαν] κατ > Bᶜ

A τὸ δὲ ὄνομα Χεβρων ἦν ἔμπροσθεν Καριαθαρβοκσεφερ. καὶ ἐπά-
ταξεν τὸν Σεσι καὶ τὸν Αχιμαν καὶ τὸν Θολμι, γεννήματα τοῦ
Ενακ. ¹¹καὶ ἐπορεύθησαν ἐκεῖθεν πρὸς τοὺς κατοικοῦντας Δαβιρ · 11
καὶ τὸ ὄνομα Δαβιρ ἦν ἔμπροσθεν Πόλις γραμμάτων. ¹²καὶ εἶπεν 12
Χαλεβ Ὃς ἂν πατάξῃ τὴν Πόλιν τῶν γραμμάτων καὶ προκαταλά-
βηται αὐτήν, δώσω αὐτῷ τὴν Ασχαν θυγατέρα μου εἰς γυναῖκα.
¹³καὶ προκατελάβετο αὐτὴν Γοθονιηλ υἱὸς Κενεζ ἀδελφὸς Χαλεβ ὁ 13
νεώτερος, καὶ ἔδωκεν αὐτῷ τὴν Ασχαν θυγατέρα αὐτοῦ εἰς γυναῖ-
κα. ¹⁴καὶ ἐγένετο ἐν τῷ εἰσπορεύεσθαι αὐτὴν καὶ ἐπέσεισεν αὐτὴν 14
αἰτῆσαι παρὰ τοῦ πατρὸς αὐτῆς τὸν ἀγρόν, καὶ ἐγόγγυζεν ἐπάνω
τοῦ ὑποζυγίου καὶ ἔκραξεν ἀπὸ τοῦ ὑποζυγίου Εἰς γῆν νότου ἐκ-
δέδοσαί με. καὶ εἶπεν αὐτῇ Χαλεβ Τί ἐστίν σοι; ¹⁵καὶ εἶπεν αὐτῷ 15
Ασχα Δός μοι εὐλογίαν, ὅτι εἰς γῆν νότου ἐκδέδοσαί με, καὶ δώ-
σεις μοι λύτρωσιν ὕδατος. καὶ ἔδωκεν αὐτῇ Χαλεβ κατὰ τὴν
καρδίαν αὐτῆς τὴν λύτρωσιν μετεώρων καὶ τὴν λύτρωσιν τα-
πεινῶν.
¹⁶Καὶ οἱ υἱοὶ Ιωβαβ τοῦ Κιναίου πενθεροῦ Μωυσῆ ἀνέβησαν 16

10 καριαρβοκσεφερ Α⁽†⁾ | σεσ(ε)ι Ο] σεσσ(ε)ι L†, γεθθι Α† | αχιμαν OL]
-μααμ Α† | θολμι Ο] θολομι L†, θαμει Α† | ενακ] -αμ Α† || 13 κενεχ Α† |
νεωτερος] + υπερ αυτον Α Ο(sub ※)† || 14 αιτησαι Ο†] -σας Α† || 15 την
2⁰ 3⁰ Α Ορ†] > ΟρL || 16 ιωβαβ OL] ιωαβ Α†

B καὶ τὸ ὄνομα ἦν Χεβρων τὸ πρότερον Καριαθαρβοξεφερ. καὶ ἐπά-
ταξαν τὸν Σεσσι καὶ Αχινααν καὶ Θολμιν, γεννήματα τοῦ Ενακ.
¹¹καὶ ἀνέβησαν ἐκεῖθεν πρὸς τοὺς κατοικοῦντας Δαβιρ · τὸ δὲ ὄνο- 11
μα τῆς Δαβιρ ἦν ἔμπροσθεν Καριαθσωφαρ, πόλις γραμμάτων. ¹²καὶ 12
εἶπεν Χαλεβ Ὃς ἐὰν πατάξῃ τὴν πόλιν τῶν γραμμάτων καὶ προ-
καταλάβηται αὐτήν, δώσω αὐτῷ τὴν Ασχα θυγατέρα μου εἰς γυ-
ναῖκα. ¹³καὶ προκατελάβετο αὐτὴν Γοθονιηλ υἱὸς Κενεζ ἀδελφοῦ 13
Χαλεβ ὁ νεώτερος, καὶ ἔδωκεν αὐτῷ Χαλεβ τὴν Ασχα θυγατέρα
αὐτοῦ εἰς γυναῖκα. ¹⁴καὶ ἐγένετο ἐν τῇ εἰσόδῳ αὐτῆς καὶ ἐπέσει- 14
σεν αὐτὴν Γοθονιηλ τοῦ αἰτῆσαι παρὰ τοῦ πατρὸς αὐτῆς ἀγρόν,
καὶ ἐγόγγυζεν καὶ ἔκραξεν ἀπὸ τοῦ ὑποζυγίου Εἰς γῆν νότου ἐκ-
δέδοσαί με. καὶ εἶπεν αὐτῇ Χαλεβ Τί ἐστίν σοι; ¹⁵καὶ εἶπεν αὐτῷ 15
Ασχα Δὸς δή μοι εὐλογίαν, ὅτι εἰς γῆν νότου ἐκδέδοσαί με, καὶ
δώσεις μοι λύτρωσιν ὕδατος. καὶ ἔδωκεν αὐτῇ Χαλεβ κατὰ τὴν καρ-
δίαν αὐτῆς λύτρωσιν μετεώρων καὶ λύτρωσιν ταπεινῶν.
¹⁶Καὶ οἱ υἱοὶ Ιοθορ τοῦ Κιναιου τοῦ γαμβροῦ Μωυσέως ἀνέβησαν 16

10 καριαρβοξεφερ Β⁽†⁾ | αχειμαν Βᶜ || 11 καριαθσωφαρ Ra.] σ pro θ Β ||
12 ασχα Βᶜ] αζα Β*†: item in 13, sed in 15 Β ipse ασχα

ἐκ τῆς πόλεως τῶν φοινίκων πρὸς τοὺς υἱοὺς Ιουδα εἰς τὴν ἔρημον Α
τὴν οὖσαν ἐν τῷ νότῳ ἐπὶ καταβάσεως Αραδ, καὶ ἐπορεύθη καὶ
17 κατῴκησεν μετὰ τοῦ λαοῦ. — ¹⁷καὶ ἐπορεύθη Ιουδας μετὰ Συμε-
ων τοῦ ἀδελφοῦ αὐτοῦ καὶ ἐπάταξαν τὸν Χαναναῖον τὸν κατοι-
κοῦντα Σεφεθ καὶ ἀνεθεμάτισαν αὐτὴν καὶ ἐξωλέθρευσαν αὐτὴν
18 καὶ ἐκάλεσαν τὸ ὄνομα τῆς πόλεως Ἐξολέθρευσις. ¹⁸καὶ οὐκ ἐκλη-
ρονόμησεν Ιουδας τὴν Γάζαν καὶ τὸ ὅριον αὐτῆς καὶ τὴν Ἀσκα-
λῶνα καὶ τὸ ὅριον αὐτῆς καὶ τὴν Ακκαρων καὶ τὸ ὅριον αὐτῆς
19 καὶ τὴν Ἄζωτον καὶ τὰ περισπόρια αὐτῆς. ¹⁹καὶ ἦν κύριος μετὰ
Ιουδα, καὶ ἐκληρονόμησεν τὸ ὅρος · ὅτι οὐκ ἐδύνατο κληρονομῆ-
σαι τοὺς κατοικοῦντας τὴν κοιλάδα, ὅτι Ρηχαβ διεστείλατο αὐτήν.
20 ²⁰καὶ ἔδωκεν τῷ Χαλεβ τὴν Χεβρων, καθὰ ἐλάλησεν Μωυσῆς · καὶ
ἐκληρονόμησεν ἐκεῖθεν τὰς τρεῖς πόλεις καὶ ἐξῆρεν ἐκεῖθεν τοὺς
21 τρεῖς υἱοὺς Ενακ. ²¹καὶ τὸν Ιεβουσαῖον τὸν κατοικοῦντα ἐν Ιερου-
σαλημ οὐκ ἐξῆραν οἱ υἱοὶ Βενιαμιν, καὶ κατῴκησεν ὁ Ιεβουσαῖος
μετὰ τῶν υἱῶν Βενιαμιν ἕως τῆς ἡμέρας ταύτης.
22 ²²Καὶ ἀνέβησαν οἱ υἱοὶ Ιωσηφ καί γε αὐτοὶ εἰς Βαιθηλ καὶ Ιουδας
23 μετ᾽ αὐτῶν. ²³καὶ παρενέβαλον οἶκος Ισραηλ κατὰ Βαιθηλ · τὸ δὲ

16 ερημον] + ιουδα Α O(sub ✻)† ‖ 17 σεφεθ O͞ᵖ] -φερ Α† ‖ 19 ην κυ-
ριος] tr. Α† | fin.] + και αρματα σιδηρα αυτοις Lᵖ

───────────────────────────────

ἐκ πόλεως τῶν φοινίκων μετὰ τῶν υἱῶν Ιουδα εἰς τὴν ἔρημον Β
τὴν οὖσαν ἐν τῷ νότῳ Ιουδα, ἥ ἐστιν ἐπὶ καταβάσεως Αραδ, καὶ
17 κατῴκησαν μετὰ τοῦ λαοῦ. — ¹⁷καὶ ἐπορεύθη Ιουδας μετὰ Συμε-
ων τοῦ ἀδελφοῦ αὐτοῦ καὶ ἔκοψεν τὸν Χαναναῖον τὸν κατοικοῦν-
τα Σεφεκ · καὶ ἐξωλέθρευσαν αὐτούς, καὶ ἐκάλεσεν τὸ ὄνομα τῆς
18 πόλεως Ἀνάθεμα. ¹⁸καὶ οὐκ ἐκληρονόμησεν Ιουδας τὴν Γάζαν οὐδὲ
τὰ ὅρια αὐτῆς οὐδὲ τὴν Ἀσκαλῶνα οὐδὲ τὰ ὅρια αὐτῆς οὐδὲ τὴν
Ακκαρων οὐδὲ τὰ ὅρια αὐτῆς οὐδὲ τὴν Ἄζωτον οὐδὲ τὰ περισπό-
19 ρια αὐτῆς. ¹⁹καὶ ἦν κύριος μετὰ Ιουδα, καὶ ἐκληρονόμησεν τὸ
ὅρος · ὅτι οὐκ ἠδυνάσθησαν ἐξολεθρεῦσαι τοὺς κατοικοῦντας τὴν
20 κοιλάδα, ὅτι Ρηχαβ διεστείλατο αὐτοῖς. ²⁰καὶ ἔδωκαν τῷ Χαλεβ τὴν
Χεβρων, καθὼς ἐλάλησεν Μωυσῆς, καὶ ἐκληρονόμησεν ἐκεῖθεν τὰς
21 τρεῖς πόλεις τῶν υἱῶν Ενακ. ²¹καὶ τὸν Ιεβουσαῖον τὸν κατοικοῦν-
τα ἐν Ιερουσαλημ οὐκ ἐκληρονόμησαν οἱ υἱοὶ Βενιαμιν, καὶ κατῴ-
κησεν ὁ Ιεβουσαῖος μετὰ τῶν υἱῶν Βενιαμιν ἐν Ιερουσαλημ ἕως
τῆς ἡμέρας ταύτης.
22 ²²Καὶ ἀνέβησαν οἱ υἱοὶ Ιωσηφ καί γε αὐτοὶ εἰς Βαιθηλ, καὶ κύριος
23 ἦν μετ᾽ αὐτῶν. ²³καὶ παρενέβαλον καὶ κατεσκέψαντο Βαιθηλ · τὸ δὲ

16 και ult. > Β*†

A ὄνομα τῆς πόλεως ἦν ἔμπροσθεν Λουζα. ²⁴καὶ εἶδον οἱ φυλάσσον- 24
τες ἄνδρα ἐκπορευόμενον ἐκ τῆς πόλεως καὶ ἔλαβαν αὐτὸν καὶ
εἶπον αὐτῷ Δεῖξον ἡμῖν τὴν εἴσοδον τῆς πόλεως, καὶ ποιήσομεν
μετὰ σοῦ ἔλεος. ²⁵καὶ ἔδειξεν αὐτοῖς τὴν εἴσοδον τῆς πόλεως, καὶ 25
ἐπάταξαν τὴν πόλιν ἐν στόματι ῥομφαίας, τὸν δὲ ἄνδρα καὶ τὴν
συγγένειαν αὐτοῦ ἐξαπέστειλαν. ²⁶καὶ ἀπῆλθεν ὁ ἀνὴρ εἰς γῆν Χετ- 26
τιιμ καὶ ᾠκοδόμησεν ἐκεῖ πόλιν καὶ ἐκάλεσεν τὸ ὄνομα αὐτῆς Λου-
ζα · τοῦτο ὄνομα αὐτῆς ἕως τῆς ἡμέρας ταύτης.
²⁷Καὶ οὐκ ἐκληρονόμησεν Μανασσης τὴν Βαιθσαν, ἥ ἐστιν Σκυ- 27
θῶν πόλις, οὐδὲ τὰς θυγατέρας αὐτῆς οὐδὲ τὰ περισπόρια αὐτῆς
οὐδὲ τὴν Εκθανααδ καὶ τὰς θυγατέρας αὐτῆς οὐδὲ τοὺς κατοικοῦν-
τας Δωρ καὶ τὰς θυγατέρας αὐτῆς καὶ τοὺς κατοικοῦντας Βαλααμ καὶ
τὰς θυγατέρας αὐτῆς καὶ τοὺς κατοικοῦντας Μαγεδων καὶ τὰς θυ-
γατέρας αὐτῆς οὐδὲ τοὺς κατοικοῦντας Ιεβλααμ οὐδὲ τὰς θυγατέ-
ρας αὐτῆς · καὶ ἤρξατο ὁ Χαναναῖος κατοικεῖν ἐν τῇ γῇ ταύτῃ.
²⁸καὶ ἐγένετο ὅτε ἐνίσχυσεν Ισραηλ, καὶ ἔθετο τὸν Χαναναῖον εἰς 28
φόρον καὶ ἐξαίρων οὐκ ἐξῆρεν αὐτόν.
²⁹Καὶ Εφραιμ οὐκ ἐξῆρεν τὸν Χαναναῖον τὸν κατοικοῦντα ἐν 29

27 βαιθσαν] βαιθηλ A†

B ὄνομα τῆς πόλεως αὐτῶν ἦν ἔμπροσθεν Λουζα. ²⁴καὶ εἶδον οἱ 24
φυλάσσοντες, καὶ ἰδοὺ ἀνὴρ ἐξεπορεύετο ἐκ τῆς πόλεως · καὶ ἔλα-
βον αὐτὸν καὶ εἶπον αὐτῷ Δεῖξον ἡμῖν τῆς πόλεως τὴν εἴσοδον,
καὶ ποιήσομεν μετὰ σοῦ ἔλεος. ²⁵καὶ ἔδειξεν αὐτοῖς τὴν εἴσοδον 25
τῆς πόλεως, καὶ ἐπάταξαν τὴν πόλιν ἐν στόματι ῥομφαίας, τὸν δὲ
ἄνδρα καὶ τὴν συγγένειαν αὐτοῦ ἐξαπέστειλαν. ²⁶καὶ ἐπορεύθη ὁ 26
ἀνὴρ εἰς γῆν Χεττιιν καὶ ᾠκοδόμησεν ἐκεῖ πόλιν καὶ ἐκάλεσεν τὸ
ὄνομα αὐτῆς Λουζα· τοῦτο τὸ ὄνομα αὐτῆς ἕως τῆς ἡμέρας ταύτης.
²⁷Καὶ οὐκ ἐξῆρεν Μανασση τὴν Βαιθσαν, ἥ ἐστιν Σκυθῶν πόλις, οὐδὲ 27
τὰς θυγατέρας αὐτῆς οὐδὲ τὰ περίοικα αὐτῆς οὐδὲ τὴν Θανακ οὐδὲ τὰς
θυγατέρας αὐτῆς οὐδὲ τοὺς κατοικοῦντας Δωρ οὐδὲ τὰς θυγατέρας αὐ-
τῆς οὐδὲ τὸν κατοικοῦντα Βαλακ οὐδὲ τὰ περίοικα αὐτῆς οὐδὲ τὰς θυ-
γατέρας αὐτῆς οὐδὲ τοὺς κατοικοῦντας Μαγεδω οὐδὲ τὰ περίοικα αὐ-
τῆς οὐδὲ τὰς θυγατέρας αὐτῆς οὐδὲ τοὺς κατοικοῦντας Ιεβλααμ οὐδὲ
τὰ περίοικα αὐτῆς οὐδὲ τὰς θυγατέρας αὐτῆς · καὶ ἤρξατο ὁ Χαναναῖος
κατοικεῖν ἐν τῇ γῇ ταύτῃ. ²⁸καὶ ἐγένετο ὅτε ἐνίσχυσεν Ισραηλ, καὶ 28
ἐποίησεν τὸν Χαναναῖον εἰς φόρον καὶ ἐξαίρων οὐκ ἐξῆρεν αὐτόν.
²⁹Καὶ Εφραιμ οὐκ ἐξῆρεν τὸν Χαναναῖον τὸν κατοικοῦντα ἐν 29

26 χεττειν B†

Γαζερ · καὶ κατῴκει ὁ Χαναναῖος ἐν μέσῳ αὐτοῦ ἐν Γαζερ καὶ **A**
ἐγένετο εἰς φόρον.
30 ³⁰ Καὶ Ζαβουλων οὐκ ἐξῆρεν τοὺς κατοικοῦντας Κεδρων καὶ τοὺς
κατοικοῦντας Ενααλα · καὶ κατῴκησεν ὁ Χαναναῖος ἐν μέσῳ αὐ-
τοῦ καὶ ἐγένετο εἰς φόρον.
31 ³¹ Καὶ Ασηρ οὐκ ἐξῆρεν τοὺς κατοικοῦντας Ακχω, καὶ ἐγένετο
αὐτῷ εἰς φόρον, καὶ τοὺς κατοικοῦντας Δωρ καὶ τοὺς κατοικοῦν-
τας Σιδῶνα καὶ τοὺς κατοικοῦντας Ααλαφ καὶ τὸν Αχαζιβ καὶ τὴν
32 Χελβα καὶ τὴν Αφεκ καὶ τὴν Ρωβ. ³² καὶ κατῴκησεν Ασηρ ἐν
μέσῳ τοῦ Χαναναίου τοῦ κατοικοῦντος τὴν γῆν, ὅτι οὐκ ἐδυνάσθη
ἐξᾶραι αὐτόν.
33 ³³ Καὶ Νεφθαλι οὐκ ἐξῆρεν τοὺς κατοικοῦντας Βαιθσαμυς οὐδὲ
τοὺς κατοικοῦντας Βαιθενεθ, καὶ κατῴκησεν Ισραηλ ἐν μέσῳ τοῦ
Χαναναίου τοῦ κατοικοῦντος τὴν γῆν · οἱ δὲ κατοικοῦντες Βαιθ-
σαμυς καὶ τὴν Βαιθενεθ ἐγενήθησαν αὐτοῖς εἰς φόρον.
34 ³⁴ Καὶ ἐξέθλιψεν ὁ Αμορραῖος τοὺς υἱοὺς Δαν εἰς τὸ ὅρος, ὅτι
35 οὐκ ἀφῆκεν αὐτὸν καταβῆναι εἰς τὴν κοιλάδα. ³⁵ καὶ ἤρξατο ὁ

30 κεδρων] χεβρων A† | ε(ν)νααλα L†] εν αμμαν A ‖ 31 ααλαφ Gra.] δα-
λαφ A | αχαζ(ε)ιβ M] ασχενδει A† | χελβα L†] σχεδιαν A† | αφεκ M] ναφεκ A
‖ 33 νεφθαλιμ A | βαιθενεθ 2⁰] -νεκ A†

Γαζερ · καὶ κατῴκησεν ὁ Χαναναῖος ἐν μέσῳ αὐτοῦ ἐν Γαζερ καὶ **B**
ἐγένετο εἰς φόρον.
30 ³⁰ Καὶ Ζαβουλων οὐκ ἐξῆρεν τοὺς κατοικοῦντας Κεδρων οὐδὲ
τοὺς κατοικοῦντας Δωμανα · καὶ κατῴκησεν ὁ Χαναναῖος ἐν μέσῳ
αὐτῶν καὶ ἐγένετο αὐτῷ εἰς φόρον.
31 ³¹ Καὶ Ασηρ οὐκ ἐξῆρεν τοὺς κατοικοῦντας Ακχω, καὶ ἐγένετο
αὐτῷ εἰς φόρον, καὶ τοὺς κατοικοῦντας Δωρ καὶ τοὺς κατοικοῦν-
τας Σιδῶνα καὶ τοὺς κατοικοῦντας Ααλαφ καὶ τὸν Ασχαζι καὶ τὸν
32 Χελβα καὶ τὸν Ναϊ καὶ τὸν Ερεω. ³² καὶ κατῴκησεν ὁ Ασηρ ἐν
μέσῳ τοῦ Χαναναίου τοῦ κατοικοῦντος τὴν γῆν, ὅτι οὐκ ἠδυνήθη
ἐξᾶραι αὐτόν.
33 ³³ Καὶ Νεφθαλι οὐκ ἐξῆρεν τοὺς κατοικοῦντας Βαιθσαμυς καὶ
τοὺς κατοικοῦντας Βαιθαναθ, καὶ κατῴκησεν Νεφθαλι ἐν μέσῳ τοῦ
Χαναναίου τοῦ κατοικοῦντος τὴν γῆν · οἱ δὲ κατοικοῦντες Βαιθ-
σαμυς καὶ τὴν Βαιθενεθ ἐγένοντο αὐτοῖς εἰς φόρον.
34 ³⁴ Καὶ ἐξέθλιψεν ὁ Αμορραῖος τοὺς υἱοὺς Δαν εἰς τὸ ὅρος, ὅτι
35 οὐκ ἀφῆκαν αὐτὸν καταβῆναι εἰς τὴν κοιλάδα. ³⁵ καὶ ἤρξατο ὁ

31 ααλαφ Gra.] δαλαφ B | και 6⁰ > B† | χελβα L†] χεβδα B ‖ 33 βαιθ-
αναθ pau.] -ναχ B

A Αμορραῖος κατοικεῖν ἐν τῷ ὄρει τοῦ Μυρσινῶνος, οὗ αἱ ἄρκοι
καὶ αἱ ἀλώπεκες · καὶ ἐβαρύνθη ἡ χεὶρ οἴκου Ιωσηφ ἐπὶ τὸν Αμορ-
ραῖον, καὶ ἐγένετο εἰς φόρον. ³⁶καὶ τὸ ὅριον τοῦ Αμορραίου ὁ 36
Ιδουμαῖος ἐπάνω Ακραβιν ἐπὶ τῆς Πέτρας καὶ ἐπάνω.

¹Καὶ ἀνέβη ἄγγελος κυρίου ἀπὸ Γαλγαλ ἐπὶ τὸν Κλαυθμῶνα καὶ 2
ἐπὶ Βαιθηλ καὶ ἐπὶ τὸν οἶκον Ισραηλ καὶ εἶπεν πρὸς αὐτούς Κύριος
κύριος ἀνεβίβασεν ὑμᾶς ἐξ Αἰγύπτου καὶ εἰσήγαγεν ὑμᾶς εἰς τὴν
γῆν, ἣν ὤμοσεν τοῖς πατράσιν ὑμῶν τοῦ δοῦναι ὑμῖν, καὶ εἶπεν
ὑμῖν Οὐ διασκεδάσω τὴν διαθήκην μου τὴν μεθ᾽ ὑμῶν εἰς τὸν αἰ-
ῶνα · ²καὶ ὑμεῖς οὐ διαθήσεσθε διαθήκην τοῖς ἐγκαθημένοις εἰς 2
τὴν γῆν ταύτην οὐδὲ τοῖς θεοῖς αὐτῶν οὐ μὴ προσκυνήσητε, ἀλλὰ
τὰ γλυπτὰ αὐτῶν συντρίψετε καὶ τὰ θυσιαστήρια αὐτῶν κατασκά-
ψετε. καὶ οὐκ εἰσηκούσατε τῆς φωνῆς μου, ὅτε ταῦτα ἐποιήσατε.
³καὶ ἐγὼ εἶπα Οὐ προσθήσω τοῦ μετοικίσαι τὸν λαόν, ὃν εἶπα 3
τοῦ ἐξολεθρεῦσαι αὐτοὺς ἐκ προσώπου ὑμῶν, καὶ ἔσονται ὑμῖν εἰς
συνοχάς, καὶ οἱ θεοὶ αὐτῶν ἔσονται ὑμῖν εἰς σκάνδαλον. ⁴καὶ ἐγέ- 4
νετο ὡς ἐλάλησεν ὁ ἄγγελος κυρίου τοὺς λόγους τούτους πρὸς
πάντα Ισραηλ, καὶ ἐπῆρεν ὁ λαὸς τὴν φωνὴν αὐτῶν καὶ ἔκλαυσαν.

35 η *OL*] > A
2 2 κατασκαψετε(uel -ψατε) *OL*] κατακαυσεται A†

B Αμορραῖος κατοικεῖν ἐν τῷ ὄρει τῷ ὀστρακώδει, ἐν ᾧ αἱ ἄρκοι
καὶ ἐν ᾧ αἱ ἀλώπεκες, ἐν τῷ Μυρσινῶνι καὶ ἐν Θαλαβιν · καὶ
ἐβαρύνθη χεὶρ οἴκου Ιωσηφ ἐπὶ τὸν Αμορραῖον, καὶ ἐγενήθη αὐ-
τοῖς εἰς φόρον. ³⁶καὶ τὸ ὅριον τοῦ Αμορραίου ἀπὸ τῆς ἀναβάσεως 36
Ακραβιν ἀπὸ τῆς Πέτρας καὶ ἐπάνω.

¹Καὶ ἀνέβη ἄγγελος κυρίου ἀπὸ Γαλγαλ ἐπὶ τὸν Κλαυθμῶνα καὶ 2
ἐπὶ Βαιθηλ καὶ ἐπὶ τὸν οἶκον Ισραηλ καὶ εἶπεν πρὸς αὐτούς Τάδε
λέγει κύριος Ἀνεβίβασα ὑμᾶς ἐξ Αἰγύπτου καὶ εἰσήγαγον ὑμᾶς εἰς
τὴν γῆν, ἣν ὤμοσα τοῖς πατράσιν ὑμῶν, καὶ εἶπα Οὐ διασκεδάσω
τὴν διαθήκην μου τὴν μεθ᾽ ὑμῶν εἰς τὸν αἰῶνα · ²καὶ ὑμεῖς οὐ 2
διαθήσεσθε διαθήκην τοῖς ἐγκαθημένοις εἰς τὴν γῆν ταύτην οὐδὲ
τοῖς θεοῖς αὐτῶν προσκυνήσετε, ἀλλὰ τὰ γλυπτὰ αὐτῶν συντρί-
ψετε καὶ τὰ θυσιαστήρια αὐτῶν καθελεῖτε. καὶ οὐκ εἰσηκούσατε
τῆς φωνῆς μου, ὅτι ταῦτα ἐποιήσατε. ³κἀγὼ εἶπον Οὐ μὴ ἐξαρῶ 3
αὐτοὺς ἐκ προσώπου ὑμῶν, καὶ ἔσονται ὑμῖν εἰς συνοχάς, καὶ
οἱ θεοὶ αὐτῶν ἔσονται ὑμῖν εἰς σκάνδαλον. ⁴καὶ ἐγένετο ὡς 4
ἐλάλησεν ὁ ἄγγελος κυρίου τοὺς λόγους τούτους πρὸς πάντας
υἱοὺς Ισραηλ, καὶ ἐπῆραν ὁ λαὸς τὴν φωνὴν αὐτῶν καὶ ἔκλαυσαν.

2 2 και 2⁰ > B†

5 ⁵διὰ τοῦτο ἐκλήθη τὸ ὄνομα τοῦ τόπου ἐκείνου Κλαυθμών · καὶ Α
ἔθυσαν ἐκεῖ τῷ κυρίῳ.
6 ⁶Καὶ ἐξαπέστειλεν Ἰησοῦς τὸν λαόν, καὶ ἀπῆλθαν οἱ υἱοὶ Ισραηλ
ἕκαστος εἰς τὸν οἶκον αὐτοῦ καὶ εἰς τὴν κληρονομίαν αὐτοῦ τοῦ
7 κατακληρονομῆσαι τὴν γῆν. ⁷καὶ ἐδούλευσεν ὁ λαὸς τῷ κυρίῳ
πάσας τὰς ἡμέρας Ἰησοῦ καὶ πάσας τὰς ἡμέρας τῶν πρεσβυτέ-
ρων, ὅσοι ἐμακροημέρευσαν μετὰ Ἰησοῦν, ὅσοι ἔγνωσαν πᾶν τὸ
8 ἔργον κυρίου τὸ μέγα, ὃ ἐποίησεν τῷ Ισραηλ. ⁸καὶ ἐτελεύτησεν
9 Ἰησοῦς υἱὸς Ναυη δοῦλος κυρίου υἱὸς ἑκατὸν δέκα ἐτῶν. ⁹καὶ
ἔθαψαν αὐτὸν ἐν ὁρίῳ τῆς κληρονομίας αὐτοῦ ἐν Θαμναθαρες ἐν
10 ὄρει Εφραιμ ἀπὸ βορρᾶ τοῦ ὄρους Γαας. ¹⁰καὶ πᾶσα ἡ γενεὰ ἐκεί-
νη προσετέθησαν πρὸς τοὺς πατέρας αὐτῶν, καὶ ἀνέστη γενεὰ
ἑτέρα μετ᾽ αὐτούς, ὅσοι οὐκ ἔγνωσαν τὸν κύριον καὶ τὸ ἔργον, ὃ
ἐποίησεν τῷ Ισραηλ.
11 ¹¹Καὶ ἐποίησαν οἱ υἱοὶ Ισραηλ τὸ πονηρὸν ἐναντίον κυρίου καὶ
12 ἐλάτρευον τοῖς Βααλιμ. ¹²καὶ ἐγκατέλιπον τὸν κύριον θεὸν τῶν
πατέρων αὐτῶν τὸν ἐξαγαγόντα αὐτοὺς ἐκ γῆς Αἰγύπτου καὶ ἐπο-
ρεύθησαν ὀπίσω θεῶν ἑτέρων ἀπὸ τῶν θεῶν τῶν λαῶν τῶν
περικύκλῳ αὐτῶν καὶ προσεκύνησαν αὐτοῖς καὶ παρώργισαν τὸν

6 αυτου ult. > Α† ‖ 7 ιησους Ο] ν > Α L ‖ 8 υιος ult. > Α ‖ 9 ο-
ριω] ορει Α | θαμναθαρεως Α† ‖ 12 των λαων ΟL] αυτων Α†

---

5 ⁵καὶ ἐπωνόμασαν τὸ ὄνομα τοῦ τόπου ἐκείνου Κλαυθμῶνες · καὶ Β
ἐθυσίασαν ἐκεῖ τῷ κυρίῳ.
6 ⁶Καὶ ἐξαπέστειλεν Ἰησοῦς τὸν λαόν, καὶ ἦλθεν᾽ ἀνὴρ εἰς τὴν κλη-
7 ρονομίαν αὐτοῦ κατακληρονομῆσαι τὴν γῆν. ⁷καὶ ἐδούλευσεν ὁ
λαὸς τῷ κυρίῳ πάσας τὰς ἡμέρας Ἰησοῦ καὶ πάσας τὰς ἡμέρας
τῶν πρεσβυτέρων, ὅσοι ἐμακροημέρευσαν μετὰ Ἰησοῦ, ὅσοι ἔγνω-
8 σαν πᾶν τὸ ἔργον κυρίου τὸ μέγα, ὃ ἐποίησεν ἐν τῷ Ισραηλ. ⁸καὶ
ἐτελεύτησεν Ἰησοῦς υἱὸς Ναυη δοῦλος κυρίου υἱὸς ἑκατὸν δέκα
9 ἐτῶν. ⁹καὶ ἔθαψαν αὐτὸν ἐν ὁρίῳ τῆς κληρονομίας αὐτοῦ ἐν
10 Θαμναθαρες ἐν ὄρει Εφραιμ ἀπὸ βορρᾶ τοῦ ὄρους Γαας. ¹⁰καί γε
πᾶσα ἡ γενεὰ ἐκείνη προσετέθησαν πρὸς τοὺς πατέρας αὐτῶν,
καὶ ἀνέστη γενεὰ ἑτέρα μετ᾽ αὐτούς, οἳ οὐκ ἔγνωσαν τὸν κύριον
καί γε τὸ ἔργον, ὃ ἐποίησεν ἐν τῷ Ισραηλ.
11 ¹¹Καὶ ἐποίησαν οἱ υἱοὶ Ισραηλ τὸ πονηρὸν ἐνώπιον κυρίου καὶ
12 ἐλάτρευσαν τοῖς Βααλιμ. ¹²καὶ ἐγκατέλιπον τὸν κύριον τὸν θεὸν τῶν
πατέρων αὐτῶν τὸν ἐξαγαγόντα αὐτοὺς ἐκ γῆς Αἰγύπτου καὶ ἐπο-
ρεύθησαν ὀπίσω θεῶν ἑτέρων ἀπὸ τῶν θεῶν τῶν ἐθνῶν τῶν
περικύκλῳ αὐτῶν καὶ προσεκύνησαν αὐτοῖς καὶ παρώργισαν τὸν

7 ο ult.] οσα Β† ‖ 10 προσετεθη Β*†

A κύριον ¹³καὶ ἐγκατέλιπον τὸν κύριον καὶ ἐλάτρευσαν τῇ Βααλ καὶ 13
ταῖς Ἀστάρταις. ¹⁴καὶ ὠργίσθη θυμῷ κύριος τῷ Ισραηλ καὶ παρ- 14
έδωκεν αὐτοὺς ἐν χειρὶ προνομευόντων, καὶ ἐπρονόμευσαν αὐτούς ·
καὶ ἀπέδοτο αὐτοὺς ἐν χειρὶ τῶν ἐχθρῶν αὐτῶν κυκλόθεν, καὶ οὐκ
ἠδυνάσθησαν ἀντιστῆναι κατὰ πρόσωπον τῶν ἐχθρῶν αὐτῶν. ¹⁵ἐν 15
πᾶσιν, οἷς ἐπόρνευον, καὶ χεὶρ κυρίου ἦν αὐτοῖς εἰς κακά, καθὼς
ἐλάλησεν κύριος καὶ καθὼς ὤμοσεν κύριος, καὶ ἐξέθλιψεν αὐτοὺς
σφόδρα. ¹⁶καὶ ἤγειρεν αὐτοῖς κύριος κριτάς καὶ ἔσωσεν αὐτοὺς 16
ἐκ χειρὸς τῶν προνομευόντων αὐτούς. ¹⁷καί γε τῶν κριτῶν αὐτῶν 17
οὐκ ἐπήκουσαν, ὅτι ἐξεπόρνευσαν ὀπίσω θεῶν ἑτέρων καὶ προσ-
εκύνησαν αὐτοῖς καὶ παρώργισαν τὸν κύριον · καὶ ἐξέκλιναν ταχὺ
ἐκ τῆς ὁδοῦ, ἧς ἐπορεύθησαν οἱ πατέρες αὐτῶν τοῦ εἰσακούειν
ἐντολὰς κυρίου, οὐκ ἐποίησαν οὕτως. ¹⁸καὶ ὅτι ἤγειρεν αὐτοῖς κύ- 18
ριος κριτάς, καὶ ἦν κύριος μετὰ τοῦ κριτοῦ καὶ ἔσωσεν αὐτοὺς
ἐκ χειρὸς τῶν ἐχθρῶν αὐτῶν πάσας τὰς ἡμέρας τοῦ κριτοῦ, ὅτι
παρεκλήθη κύριος ἀπὸ τοῦ στεναγμοῦ αὐτῶν ἀπὸ προσώπου τῶν
πολιορκούντων αὐτοὺς καὶ κακούντων αὐτούς. ¹⁹καὶ ἐγένετο ὡς 19
ἀπέθνῃσκεν ὁ κριτής, καὶ ἀπέστρεψαν καὶ πάλιν διέφθειραν ὑπὲρ

14 απεδοντο A | εχθρων αυτων 1⁰] προνομευοντων A† | αντιστηναι O L] pr.
ετι A | των ult. > A† ‖ 16 αυτοις L] post κυριος 1⁰ tr. O† (hab. αυτοις
sub ※: pro ÷), > A ‖ 17 κριτων > A ‖ 18 εκ χειρος των εχθρων L] εν
χειρι τ. κριτων A† | απο ult.] και προ A† | και κακουντων αυτους O Lᵖ] > A Lᵖ

B κύριον ¹³καὶ ἐγκατέλιπον αὐτὸν καὶ ἐλάτρευσαν τῷ Βααλ καὶ ταῖς 13
Ἀστάρταις. ¹⁴καὶ ὠργίσθη θυμῷ κύριος ἐν τῷ Ισραηλ καὶ παρέδω- 14
κεν αὐτοὺς εἰς χεῖρας προνομευόντων, καὶ κατεπρονόμευσαν αὐ-
τούς · καὶ ἀπέδοτο αὐτοὺς ἐν χερσὶ τῶν ἐχθρῶν αὐτῶν κυκλόθεν,
καὶ οὐκ ἠδυνήθησαν ἔτι ἀντιστῆναι κατὰ πρόσωπον τῶν ἐχθρῶν
αὐτῶν. ¹⁵ἐν πᾶσιν, οἷς ἐξεπορεύοντο, καὶ χεὶρ κυρίου ἦν ἐπ᾽ αὐ- 15
τοὺς εἰς κακά, καθὼς ἐλάλησεν κύριος καὶ καθὼς ὤμοσεν κύριος
αὐτοῖς, καὶ ἐξέθλιψεν αὐτοὺς σφόδρα. ¹⁶καὶ ἤγειρεν κύριος κριτάς, 16
καὶ ἔσωσεν αὐτοὺς κύριος ἐκ χειρὸς τῶν προνομευόντων αὐ-
τούς. ¹⁷καί γε τῶν κριτῶν οὐχ ὑπήκουσαν, ὅτι ἐξεπόρνευσαν 17
ὀπίσω θεῶν ἑτέρων καὶ προσεκύνησαν αὐτοῖς · καὶ ἐξέκλιναν
ταχὺ ἐκ τῆς ὁδοῦ, ἧς ἐπορεύθησαν οἱ πατέρες αὐτῶν τοῦ εἰσα-
κούειν τῶν λόγων κυρίου, οὐκ ἐποίησαν οὕτως. ¹⁸καὶ ὅτι ἤγει- 18
ρεν κύριος κριτὰς αὐτοῖς, καὶ ἦν κύριος μετὰ τοῦ κριτοῦ καὶ ἔσωσεν
αὐτοὺς ἐκ χειρὸς ἐχθρῶν αὐτῶν πάσας τὰς ἡμέρας τοῦ κριτοῦ, ὅτι
παρεκλήθη κύριος ἀπὸ τοῦ στεναγμοῦ αὐτῶν ἀπὸ προσώπου τῶν
πολιορκούντων αὐτοὺς καὶ ἐκθλιβόντων αὐτούς. ¹⁹καὶ ἐγένετο ὡς 19
ἀπέθνῃσκεν ὁ κριτής, καὶ ἀπέστρεψαν καὶ πάλιν διέφθειραν ὑπὲρ

τοὺς πατέρας αὐτῶν πορευθῆναι ὀπίσω θεῶν ἑτέρων λατρεύειν Α
αὐτοῖς καὶ προσκυνεῖν αὐτοῖς · οὐκ ἀπέρριψαν τὰ ἐπιτηδεύματα
αὐτῶν καὶ οὐκ ἀπέστησαν ἀπὸ τῆς ὁδοῦ αὐτῶν τῆς σκληρᾶς.
20 ²⁰καὶ ὠργίσθη θυμῷ κύριος ἐν τῷ Ισραηλ καὶ εἶπεν Ἀνθ᾽ ὧν ὅσα
ἐγκατέλιπαν τὸ ἔθνος τοῦτο τὴν διαθήκην μου, ἣν ἐνετειλάμην τοῖς
21 πατράσιν αὐτῶν, καὶ οὐχ ὑπήκουσαν τῆς φωνῆς μου, ²¹καὶ ἐγὼ
οὐ προσθήσω τοῦ ἐξᾶραι ἄνδρα ἐκ προσώπου αὐτῶν ἀπὸ τῶν
22 ἐθνῶν, ὧν κατέλιπεν Ἰησοῦς καὶ ἀφῆκεν, ²²τοῦ πειράσαι ἐν αὐ-
τοῖς τὸν Ισραηλ εἰ φυλάσσονται τὴν ὁδὸν κυρίου πορεύεσθαι ἐν
23 αὐτῇ, ὃν τρόπον ἐφυλάξαντο οἱ πατέρες αὐτῶν, ἢ οὔ. ²³καὶ ἀφῆ-
κεν κύριος τὰ ἔθνη ταῦτα τοῦ μὴ ἐξᾶραι αὐτὰ τὸ τάχος καὶ οὐ
παρέδωκεν αὐτὰ ἐν χειρὶ Ἰησοῦ.
3 ¹Καὶ ταῦτα τὰ ἔθνη ἀφῆκεν Ἰησοῦς ὥστε πειράσαι ἐν αὐτοῖς
τὸν Ισραηλ, πάντας τοὺς μὴ ἐγνωκότας πάντας τοὺς πολέμους
2 Χανααν, ²πλὴν διὰ τὰς γενεὰς τῶν υἱῶν Ισραηλ τοῦ διδάξαι αὐ-
3 τοὺς πόλεμον, πλὴν οἱ ἔμπροσθεν αὐτῶν οὐκ ἔγνωσαν αὐτά · ³τὰς
πέντε σατραπείας τῶν ἀλλοφύλων καὶ πάντα τὸν Χαναναῖον καὶ
τὸν Σιδώνιον καὶ τὸν Ευαῖον τὸν κατοικοῦντα τὸν Λίβανον ἀπὸ

22 πατερες — fin.] υιοι ισραηλ Α†
31 παντας ult. ΟL] > A

τοὺς πατέρας αὐτῶν πορεύεσθαι ὀπίσω θεῶν ἑτέρων λατρεύ- Β
ειν αὐτοῖς καὶ προσκυνεῖν αὐτοῖς · οὐκ ἀπέρριψαν τὰ ἐπιτη-
20 δεύματα αὐτῶν καὶ τὰς ὁδοὺς αὐτῶν τὰς σκληράς. ²⁰καὶ ὠρ-
γίσθη θυμῷ κύριος ἐν τῷ Ισραηλ καὶ εἶπεν Ἀνθ᾽ ὧν ὅσα
ἐγκατέλιπον τὸ ἔθνος τοῦτο τὴν διαθήκην μου, ἣν ἐνετειλάμην τοῖς
21 πατράσιν αὐτῶν, καὶ οὐκ εἰσήκουσαν τῆς φωνῆς μου, ²¹καί γε ἐγὼ
οὐ προσθήσω τοῦ ἐξᾶραι ἄνδρα ἐκ προσώπου αὐτῶν ἀπὸ τῶν
ἐθνῶν, ὧν κατέλιπεν Ἰησοῦς υἱὸς Ναυη ἐν τῇ γῇ καὶ ἀφῆκεν,
22 ²²τοῦ πειράσαι ἐν αὐτοῖς τὸν Ισραηλ εἰ φυλάσσονται τὴν ὁδὸν
κυρίου πορεύεσθαι ἐν αὐτῇ, ὃν τρόπον ἐφύλαξαν οἱ πατέρες αὐ-
23 τῶν, ἢ οὔ. ²³καὶ ἀφῆκεν κύριος τὰ ἔθνη ταῦτα τοῦ μὴ ἐξᾶραι αὐ-
τὰ τὸ τάχος καὶ οὐ παρέδωκεν αὐτὰ ἐν χειρὶ Ἰησοῦ.
3 ¹Καὶ ταῦτα τὰ ἔθνη, ἃ ἀφῆκεν κύριος αὐτὰ ὥστε πειράσαι ἐν αὐ-
τοῖς τὸν Ισραηλ, πάντας τοὺς μὴ ἐγνωκότας τοὺς πολέμους
2 Χανααν, ²πλὴν διὰ τὰς γενεὰς υἱῶν Ισραηλ τοῦ διδάξαι αὐ-
3 τοὺς πόλεμον, πλὴν οἱ ἔμπροσθεν αὐτῶν οὐκ ἔγνωσαν αὐτά · ³τὰς
πέντε σατραπείας τῶν ἀλλοφύλων καὶ πάντα τὸν Χαναναῖον καὶ
τὸν Σιδώνιον καὶ τὸν Ευαῖον τὸν κατοικοῦντα τὸν Λίβανον ἀπὸ

23 αφηκεν] -ησει Β†

A τοῦ ὄρους τοῦ Βαλαερμων ἕως Λοβωημαθ. ⁴καὶ ἐγένετο ὥστε 4
πειράσαι ἐν αὐτοῖς τὸν Ισραηλ γνῶναι εἰ ἀκούσονται τὰς ἐντολὰς
κυρίου, ἃς ἐνετείλατο τοῖς πατράσιν αὐτῶν ἐν χειρὶ Μωυσῆ. ⁵καὶ 5
οἱ υἱοὶ Ισραηλ κατῴκησαν ἐν μέσῳ τοῦ Χαναναίου καὶ τοῦ Χετ-
ταίου καὶ τοῦ Αμορραίου καὶ τοῦ Φερεζαίου καὶ τοῦ Ευαίου καὶ
τοῦ Ιεβουσαίου ⁶καὶ ἔλαβον τὰς θυγατέρας αὐτῶν ἑαυτοῖς εἰς 6
γυναῖκας καὶ τὰς θυγατέρας αὐτῶν ἔδωκαν τοῖς υἱοῖς αὐτῶν καὶ
ἐλάτρευσαν τοῖς θεοῖς αὐτῶν.
⁷Καὶ ἐποίησαν οἱ υἱοὶ Ισραηλ τὸ πονηρὸν ἔναντι κυρίου καὶ ἐπ- 7
ελάθοντο κυρίου θεοῦ αὐτῶν καὶ ἐλάτρευσαν ταῖς Βααλιμ καὶ τοῖς
ἄλσεσιν. ⁸καὶ ὠργίσθη θυμῷ κύριος ἐν τῷ Ισραηλ καὶ ἀπέδοτο 8
αὐτοὺς εἰς χεῖρας Χουσαρσαθωμ βασιλέως Συρίας ποταμῶν, καὶ
ἐδούλευσαν αὐτῷ ὀκτὼ ἔτη. ⁹καὶ ἐκέκραξαν οἱ υἱοὶ Ισραηλ πρὸς 9
κύριον · καὶ ἤγειρεν κύριος σωτῆρα τῷ Ισραηλ, καὶ ἔσωσεν αὐ-
τούς, τὸν Γοθονιηλ υἱὸν Κενεζ ἀδελφὸν Χαλεβ τὸν νεώτερον αὐ-
τοῦ, καὶ εἰσήκουσεν αὐτοῦ. ¹⁰καὶ ἐγένετο ἐπ' αὐτὸν πνεῦμα κυρίου, 10
καὶ ἔκρινεν τὸν Ισραηλ καὶ ἐξῆλθεν ἐπὶ τὸν πόλεμον · καὶ παρ-

8 χουσαρσαθωμ (uel sim.) *L*†] χουσανρεσαθωμ *O*†, χουσαρσαθαιμ A : item
in 10 bis | συριας] + μεσοποταμιας A*O*(sub ※)*L*† | εδουλ.] + οι υιοι ισραηλ
A*O*(sub ※) | αυτω *OL*] τω χουσαρσαθαιμ A || 9 αδελφον *OᴾLᴾ*† (cf. 1 13)]
-φου A | εισηκουσεν *OᴾLᴾ*] -σαν A

B τοῦ ὄρους τοῦ Αερμων ἕως Λαβωεμαθ. ⁴καὶ ἐγένετο ὥστε πει- 4
ράσαι ἐν αὐτοῖς τὸν Ισραηλ γνῶναι εἰ ἀκούσονται τὰς ἐντολὰς
κυρίου, ἃς ἐνετείλατο τοῖς πατράσιν αὐτῶν ἐν χειρὶ Μωυσῆ. ⁵καὶ 5
οἱ υἱοὶ Ισραηλ κατῴκησαν ἐν μέσῳ τοῦ Χαναναίου καὶ τοῦ Χετ-
ταίου καὶ τοῦ Αμορραίου καὶ τοῦ Φερεζαίου καὶ τοῦ Ευαίου καὶ
τοῦ Ιεβουσαίου ⁶καὶ ἔλαβον τὰς θυγατέρας αὐτῶν ἑαυτοῖς εἰς 6
γυναῖκας καὶ τὰς θυγατέρας αὐτῶν ἔδωκαν τοῖς υἱοῖς αὐτῶν καὶ
ἐλάτρευσαν τοῖς θεοῖς αὐτῶν.
⁷Καὶ ἐποίησαν οἱ υἱοὶ Ισραηλ τὸ πονηρὸν ἐναντίον κυρίου καὶ ἐπ- 7
ελάθοντο κυρίου τοῦ θεοῦ αὐτῶν καὶ ἐλάτρευσαν τοῖς Βααλιμ καὶ τοῖς
ἄλσεσιν. ⁸καὶ ὠργίσθη θυμῷ κύριος ἐν τῷ Ισραηλ καὶ ἀπέδοτο αὐ- 8
τοὺς ἐν χειρὶ Χουσαρσαθαιμ βασιλέως Συρίας ποταμῶν. καὶ ἐδούλευ-
σαν οἱ υἱοὶ Ισραηλ τῷ Χουσαρσαθαιμ ἔτη ὀκτώ. ⁹καὶ ἐκέκραξαν οἱ υἱοὶ 9
Ισραηλ πρὸς κύριον· καὶ ἤγειρεν κύριος σωτῆρα τῷ Ισραηλ, καὶ ἔσω-
σεν αὐτούς, τὸν Γοθονιηλ υἱὸν Κενεζ ἀδελφοῦ Χαλεβ τὸν νεώτερον
ὑπὲρ αὐτόν, ¹⁰καὶ ἐγένετο ἐπ' αὐτὸν πνεῦμα κυρίου, καὶ ἔκρινεν τὸν 10
Ισραηλ καὶ ἐξῆλθεν εἰς πόλεμον πρὸς Χουσαρσαθαιμ· καὶ παρ-

8 συριας ποταμων pau. (cf. 10)] tr. B

ἔδωκεν κύριος ἐν χειρὶ αὐτοῦ τὸν Χουσαρσαθωμ βασιλέα Συρίας, Α
11 καὶ ἐκραταιώθη ἡ χεὶρ αὐτοῦ ἐπὶ τὸν Χουσαρσαθωμ. 11 καὶ ἡσύχα-
σεν ἡ γῆ ἔτη πεντήκοντα · καὶ ἀπέθανεν Γοθονιηλ υἱὸς Κενεζ.
12 12 Καὶ προσέθεντο οἱ υἱοὶ Ισραηλ ποιῆσαι τὸ πονηρὸν ἔναντι
κυρίου. καὶ ἐνίσχυσεν κύριος τὸν Εγλωμ βασιλέα Μωαβ ἐπὶ τὸν
13 Ισραηλ διὰ τὸ πεποιηκέναι αὐτοὺς τὸ πονηρὸν ἔναντι κυρίου. 13 καὶ
προσήγαγεν πρὸς αὐτὸν πάντας τοὺς υἱοὺς Αμμων καὶ Αμαληκ
καὶ ἐπορεύθη καὶ ἐπάταξεν τὸν Ισραηλ καὶ ἐκληρονόμησεν τὴν πό-
14 λιν τῶν φοινίκων. 14 καὶ ἐδούλευσαν οἱ υἱοὶ Ισραηλ τῷ Εγλωμ
15 βασιλεῖ Μωαβ ἔτη δέκα ὀκτώ. 15 καὶ ἐκέκραξαν οἱ υἱοὶ Ισραηλ πρὸς
κύριον · καὶ ἤγειρεν αὐτοῖς κύριος σωτῆρα τὸν Αωδ υἱὸν Γηρα
υἱοῦ τοῦ Ιεμενι, ἄνδρα ἀμφοτεροδέξιον. καὶ ἀπέστειλαν οἱ υἱοὶ
16 Ισραηλ δῶρα ἐν χειρὶ αὐτοῦ τῷ Εγλωμ βασιλεῖ Μωαβ. 16 καὶ ἐποί-
ησεν ἑαυτῷ Αωδ μάχαιραν δίστομον, σπιθαμῆς τὸ μῆκος, καὶ πε-
ριεζώσατο αὐτὴν ὑπὸ τὸν μανδύαν ἐπὶ τὸν μηρὸν τὸν δεξιὸν αὐ-
17 τοῦ. 17 καὶ προσήνεγκεν τὰ δῶρα τῷ Εγλωμ βασιλεῖ Μωαβ · καὶ
18 Εγλωμ ἀνὴρ ἀστεῖος σφόδρα. 18 καὶ ἐγένετο ὡς συνετέλεσεν Αωδ
προσφέρων τὰ δῶρα, καὶ ἐξαπέστειλεν τοὺς αἴροντας τὰ δῶρα.

10 χουσαρσαθωμ bis: cf. 8 | και ult. — fin. > Α Ο͟υ† || 16 μανδυαν] + αυ-
του Α† || 18 εξαπεστ.] + αωδ Ο(sub ÷)†

ἔδωκεν κύριος ἐν χειρὶ αὐτοῦ τὸν Χουσαρσαθαιμ βασιλέα Συρίας Β
11 ποταμῶν, καὶ ἐκραταιώθη ἡ χεὶρ αὐτοῦ ἐπὶ τὸν Χουσαρσαθαιμ. 11 καὶ
ἡσύχασεν ἡ γῆ τεσσαράκοντα ἔτη · καὶ ἀπέθανεν Γοθονιηλ υἱὸς Κενεζ.
12 12 Καὶ προσέθεντο οἱ υἱοὶ Ισραηλ ποιῆσαι τὸ πονηρὸν ἐνώπιον
κυρίου. καὶ ἐνίσχυσεν κύριος τὸν Εγλωμ βασιλέα Μωαβ ἐπὶ τὸν
13 Ισραηλ διὰ τὸ πεποιηκέναι αὐτοὺς τὸ πονηρὸν ἔναντι κυρίου. 13 καὶ
συνήγαγεν πρὸς ἑαυτὸν πάντας τοὺς υἱοὺς Αμμων καὶ Αμαληκ
καὶ ἐπορεύθη καὶ ἐπάταξεν τὸν Ισραηλ καὶ ἐκληρονόμησεν τὴν πό-
14 λιν τῶν φοινίκων. 14 καὶ ἐδούλευσαν οἱ υἱοὶ Ισραηλ τῷ Εγλωμ
15 βασιλεῖ Μωαβ ἔτη δέκα ὀκτώ. 15 καὶ ἐκέκραξαν οἱ υἱοὶ Ισραηλ
πρὸς κύριον · καὶ ἤγειρεν αὐτοῖς κύριος σωτῆρα τὸν Αωδ υἱὸν Γηρα
υἱὸν τοῦ Ιεμενι, ἄνδρα ἀμφοτεροδέξιον. καὶ ἐξαπέστειλαν οἱ υἱοὶ
16 Ισραηλ δῶρα ἐν χειρὶ αὐτοῦ τῷ Εγλωμ βασιλεῖ Μωαβ. 16 καὶ ἐποί-
ησεν ἑαυτῷ Αωδ μάχαιραν δίστομον, σπιθαμῆς τὸ μῆκος αὐτῆς, καὶ
περιεζώσατο αὐτὴν ὑπὸ τὸν μανδύαν ἐπὶ τὸν μηρὸν τὸν δεξιὸν αὐτοῦ.
17 17 καὶ ἐπορεύθη καὶ προσήνεγκεν τὰ δῶρα τῷ Εγλωμ βασιλεῖ Μωαβ·
18 καὶ Εγλωμ ἀνὴρ ἀστεῖος σφόδρα. 18 καὶ ἐγένετο ἡνίκα συνετέλεσεν
Αωδ προσφέρων τὰ δῶρα, καὶ ἐξαπέστειλεν τοὺς φέροντας τὰ δῶρα·

10 η > Β† || 17 τω > Β†

A ¹⁹καὶ Εγλωμ ἀνέστρεψεν ἀπὸ τῶν γλυπτῶν μετὰ τῆς Γαλγαλ, καὶ 19
εἶπεν Αωδ Λόγος μοι κρύφιος πρὸς σέ, βασιλεῦ. καὶ εἶπεν Εγλωμ
πᾶσιν Ἐκ μέσου · καὶ ἐξῆλθον ἀπ᾽ αὐτοῦ πάντες οἱ παραστήκοντες
αὐτῷ. ²⁰καὶ Αωδ εἰσῆλθεν πρὸς αὐτόν, καὶ αὐτὸς ἐκάθητο ἐν τῷ 20
ὑπερῴῳ τῷ θερινῷ αὐτοῦ μονώτατος. καὶ εἶπεν Αωδ Λόγος θεοῦ
μοι πρὸς σέ, βασιλεῦ · καὶ ἐξανέστη ἀπὸ τοῦ θρόνου Εγλωμ ἐγγὺς
αὐτοῦ. ²¹καὶ ἐγένετο ἅμα τοῦ ἀναστῆναι ἐξέτεινεν Αωδ τὴν χεῖρα 21
τὴν ἀριστερὰν αὐτοῦ καὶ ἔλαβεν τὴν μάχαιραν ἀπὸ τοῦ μηροῦ τοῦ
δεξιοῦ αὐτοῦ καὶ ἐνέπηξεν αὐτὴν εἰς τὴν κοιλίαν Εγλωμ ²²καὶ ἐπεισ- 22
ήνεγκεν καί γε τὴν λαβὴν ὀπίσω τῆς φλογός, καὶ ἀπέκλεισεν τὸ
στέαρ κατὰ τῆς φλογός, ὅτι οὐκ ἐξέσπασεν τὴν μάχαιραν ἐκ τῆς
κοιλίας αὐτοῦ. ²³καὶ ἐξῆλθεν Αωδ εἰς τὴν προστάδα καὶ ἀπέκλει- 23
σεν τὰς θύρας τοῦ ὑπερῴου ἐπ᾽ αὐτὸν καὶ ἐσφήνωσεν · ²⁴καὶ αὐ- 24
τὸς ἐξῆλθεν. καὶ οἱ παῖδες αὐτοῦ εἰσῆλθον καὶ εἶδον καὶ ἰδοὺ αἱ
θύραι τοῦ ὑπερῴου ἀποκεκλεισμέναι, καὶ εἶπαν Μήποτε πρὸς δί-
φρους κάθηται ἐν τῇ ἀποχωρήσει τοῦ κοιτῶνος; ²⁵καὶ προσέμει- 25
ναν αἰσχυνόμενοι, καὶ ἰδοὺ οὐκ ἦν ὁ ἀνοίγων τὰς θύρας τοῦ
ὑπερῴου · καὶ ἔλαβον τὴν κλεῖδα καὶ ἤνοιξαν, καὶ ἰδοὺ ὁ κύριος

22 φλογος bis] 1⁰ φλεγος A⁺, 2⁰ φλεβος A

B ¹⁹καὶ αὐτὸς ὑπέστρεψεν ἀπὸ τῶν γλυπτῶν τῶν μετὰ τῆς Γαλγαλ. καὶ 19
εἶπεν Αωδ Λόγος μοι κρύφιος πρὸς σέ, βασιλεῦ. καὶ εἶπεν Εγλωμ
πρὸς αὐτόν Σιώπα · καὶ ἐξαπέστειλεν ἀφ᾽ ἑαυτοῦ πάντας τοὺς ἐφεστῶ-
τας ἐπ᾽ αὐτόν. ²⁰καὶ Αωδ εἰσῆλθεν πρὸς αὐτόν, καὶ αὐτὸς ἐκάθητο ἐν 20
τῷ ὑπερῴῳ τῷ θερινῷ τῷ ἑαυτοῦ μονώτατος. καὶ εἶπεν Αωδ Λόγος θε-
οῦ μοι πρὸς σέ, βασιλεῦ · καὶ ἐξανέστη ἀπὸ τοῦ θρόνου Εγλωμ ἐγγὺς
αὐτοῦ. ²¹καὶ ἐγένετο ἅμα τῷ ἀναστῆναι αὐτὸν καὶ ἐξέτεινεν Αωδ 21
τὴν χεῖρα τὴν ἀριστερὰν αὐτοῦ καὶ ἔλαβεν τὴν μάχαιραν ἐπάνω-
θεν τοῦ μηροῦ αὐτοῦ τοῦ δεξιοῦ καὶ ἐνέπηξεν αὐτὴν ἐν τῇ κοιλίᾳ
αὐτοῦ ²²καὶ ἐπεισήνεγκεν καί γε τὴν λαβὴν ὀπίσω τῆς φλογός, 22
καὶ ἀπέκλεισεν τὸ στέαρ κατὰ τῆς φλογός, ὅτι οὐκ ἐξέσπασεν
τὴν μάχαιραν ἐκ τῆς κοιλίας αὐτοῦ. καὶ ἐξῆλθεν Αωδ τὴν προ-
στάδα ²³καὶ ἐξῆλθεν τοὺς διατεταγμένους καὶ ἀπέκλεισεν τὰς θύ- 23
ρας τοῦ ὑπερῴου κατ᾽ αὐτοῦ καὶ ἐσφήνωσεν · ²⁴καὶ αὐτὸς ἐξ- 24
ῆλθεν. καὶ οἱ παῖδες αὐτοῦ εἰσῆλθον καὶ εἶδον καὶ ἰδοὺ αἱ θύ-
ραι τοῦ ὑπερῴου ἐσφηνωμέναι, καὶ εἶπαν Μήποτε ἀποκενοῖ
τοὺς πόδας αὐτοῦ ἐν τῷ ταμιείῳ τῷ θερινῷ; ²⁵καὶ ὑπέμειναν, 25
ἕως ἠσχύνοντο, καὶ ἰδοὺ οὐκ ἔστιν ὁ ἀνοίγων τὰς θύρας τοῦ
ὑπερῴου · καὶ ἔλαβον τὴν κλεῖδα καὶ ἤνοιξαν, καὶ ἰδοὺ ὁ κύριος

24 εισηλθον] επηλ. Br⁺

26 αὐτῶν πεπτωκὼς ἐπὶ τὴν γῆν τεθνηκώς. ²⁶καὶ Αωδ διεσώθη, ἕως Α
ἐθορυβοῦντο, καὶ οὐκ ἦν ὁ προσνοῶν αὐτῷ · καὶ αὐτὸς παρῆλθεν
27 τὰ γλυπτὰ καὶ διεσώθη εἰς Σεϊρωθα. ²⁷καὶ ἐγένετο ἡνίκα ἦλθεν,
καὶ ἐσάλπισεν κερατίνῃ ἐν ὄρει Εφραιμ · καὶ κατέβησαν σὺν αὐ-
28 τῷ οἱ υἱοὶ Ισραηλ, καὶ αὐτὸς ἔμπροσθεν αὐτῶν. ²⁸καὶ εἶπεν πρὸς
αὐτούς Καταβαίνετε ὀπίσω μου, ὅτι παρέδωκεν κύριος ὁ θεὸς τοὺς
ἐχθροὺς ὑμῶν τὴν Μωαβ ἐν χειρὶ ὑμῶν. καὶ κατέβησαν ὀπίσω
αὐτοῦ καὶ προκατελάβοντο τὰς διαβάσεις τοῦ Ιορδάνου τῆς Μωαβ
29 καὶ οὐκ ἀφῆκαν ἄνδρα διαβῆναι. ²⁹καὶ ἐπάταξαν τὴν Μωαβ ἐν τῷ και-
ρῷ ἐκείνῳ ὡσεὶ δέκα χιλιάδας ἀνδρῶν, πάντας τοὺς μαχητὰς τοὺς
30 ἐν αὐτοῖς καὶ πάντα ἄνδρα δυνάμεως, καὶ οὐ διεσώθη ἀνήρ. ³⁰καὶ ἐνε-
τράπη Μωαβ ἐν τῇ ἡμέρᾳ ἐκείνῃ ὑπὸ τὴν χεῖρα Ισραηλ, καὶ ἡσύχα-
σεν ἡ γῆ ὀγδοήκοντα ἔτη, καὶ ἔκρινεν αὐτοὺς Αωδ ἕως οὗ ἀπέθανεν.
31   ³¹Καὶ μετὰ τοῦτον ἀνέστη Σαμεγαρ υἱὸς Αναθ καὶ ἐπάταξεν
τοὺς ἀλλοφύλους εἰς ἑξακοσίους ἄνδρας ἐκτὸς μόσχων τῶν βοῶν ·
καὶ ἔσωσεν αὐτὸς τὸν Ισραηλ.
4   ¹Καὶ προσέθεντο οἱ υἱοὶ Ισραηλ ποιῆσαι τὸ πονηρὸν ἔναντι

26 εις] εως A⁺ ‖ 27 ορει OL] pr. τω A | ισραηλ L] + απο του ορους
AO(sub ※) ‖ 29 τους εν αυτοις > AO⁺ | παντα ανδρα] -τας -δρας A⁺ ‖
31 εκτος OL] pr. εν τω αροτροποδι A⁽⁺⁾ | των > A⁺
4 1 προσεθ.] + ετι A⁺

---

26 αὐτῶν πεπτωκὼς ἐπὶ τὴν γῆν τεθνηκώς. ²⁶καὶ Αωδ διεσώθη, ἕως Β
ἐθορυβοῦντο, καὶ οὐκ ἦν ὁ προσνοῶν αὐτῷ · καὶ αὐτὸς παρῆλθεν
27 τὰ γλυπτὰ καὶ διεσώθη εἰς Σετιρωθα. ²⁷καὶ ἐγένετο ἡνίκα ἦλθεν
Αωδ εἰς γῆν Ισραηλ, καὶ ἐσάλπισεν ἐν κερατίνῃ ἐν τῷ ὄρει Ε-
φραιμ · καὶ κατέβησαν σὺν αὐτῷ οἱ υἱοὶ Ισραηλ ἀπὸ τοῦ ὄρους,
28 καὶ αὐτὸς ἔμπροσθεν αὐτῶν. ²⁸καὶ εἶπεν πρὸς αὐτούς Κατάβητε
ὀπίσω μου, ὅτι παρέδωκεν κύριος ὁ θεὸς τοὺς ἐχθροὺς ἡμῶν τὴν
Μωαβ ἐν χειρὶ ἡμῶν. καὶ κατέβησαν ὀπίσω αὐτοῦ καὶ προκατελά-
βοντο τὰς διαβάσεις τοῦ Ιορδάνου τῆς Μωαβ, καὶ οὐκ ἀφῆκεν
29 ἄνδρα διαβῆναι. ²⁹καὶ ἐπάταξαν τὴν Μωαβ ἐν τῇ ἡμέρᾳ ἐκείνῃ
ὡσεὶ δέκα χιλιάδας ἀνδρῶν, πᾶν λιπαρὸν καὶ πάντα ἄνδρα δυνά-
30 μεως, καὶ οὐ διεσώθη ἀνήρ. ³⁰καὶ ἐνετράπη Μωαβ ἐν τῇ ἡμέρᾳ
ἐκείνῃ ὑπὸ χεῖρα Ισραηλ, καὶ ἡσύχασεν ἡ γῆ ὀγδοήκοντα ἔτη, καὶ
ἔκρινεν αὐτοὺς Αωδ ἕως οὗ ἀπέθανεν.
31   ³¹Καὶ μετ᾽ αὐτὸν ἀνέστη Σαμεγαρ υἱὸς Διναχ καὶ ἐπάταξεν τοὺς
ἀλλοφύλους εἰς ἑξακοσίους ἄνδρας ἐν τῷ ἀροτρόποδι τῶν βοῶν ·
καὶ ἔσωσεν καί γε αὐτὸς τὸν Ισραηλ.
4   ¹Καὶ προσέθεντο οἱ υἱοὶ Ισραηλ ποιῆσαι τὸ πονηρὸν ἐνώπιον

29 ανηρ] pr. ο B⁺ ‖ 31 σαμαγαρ B⁺: cf. 5 6

A κυρίου. ²καὶ ἀπέδοτο αὐτοὺς κύριος ἐν χειρὶ Ιαβιν βασιλέως Χα- 2
νααν, ὃς ἐβασίλευσεν ἐν Ασωρ · καὶ ὁ ἄρχων τῆς δυνάμεως αὐ-
τοῦ Σισαρα, καὶ αὐτὸς κατῴκει ἐν Αρισωθ τῶν ἐθνῶν. ³καὶ 3
ἐκέκραξαν οἱ υἱοὶ Ισραηλ πρὸς κύριον, ὅτι ἐννακόσια ἄρματα
σιδηρᾶ ἦν αὐτῷ, καὶ αὐτὸς ἔθλιψεν τὸν Ισραηλ κατὰ κράτος
εἴκοσι ἔτη.
⁴Καὶ Δεββωρα γυνὴ προφῆτις γυνὴ Λαφιδωθ, αὐτὴ ἔκρινεν τὸν 4
Ισραηλ ἐν τῷ καιρῷ ἐκείνῳ. ⁵καὶ αὐτὴ ἐκάθητο ὑπὸ φοίνικα Δεβ- 5
βωρα ἀνὰ μέσον Ραμα καὶ ἀνὰ μέσον Βαιθηλ ἐν ὄρει Εφραιμ,
καὶ ἀνέβαινον πρὸς αὐτὴν οἱ υἱοὶ Ισραηλ ἐκεῖ τοῦ κρίνεσθαι. ⁶καὶ 6
ἀπέστειλεν Δεββωρα καὶ ἐκάλεσεν τὸν Βαρακ υἱὸν Αβινεεμ ἐκ Κε-
δες Νεφθαλι καὶ εἶπεν πρὸς αὐτόν Οὐχὶ σοὶ ἐνετείλατο κύριος ὁ
θεὸς Ισραηλ καὶ ἀπελεύσῃ εἰς ὄρος Θαβωρ καὶ λήμψῃ μετὰ σε-
αυτοῦ δέκα χιλιάδας ἀνδρῶν ἀπὸ τῶν υἱῶν Νεφθαλι καὶ ἀπὸ τῶν
υἱῶν Ζαβουλων; ⁷καὶ ἀπάξω πρὸς σὲ εἰς τὸν χειμάρρουν Κισων 7
τὸν Σισαρα ἄρχοντα τῆς δυνάμεως Ιαβιν καὶ τὰ ἄρματα αὐτοῦ
καὶ τὸ πλῆθος αὐτοῦ καὶ παραδώσω αὐτὸν ἐν τῇ χειρί σου. ⁸καὶ 8

1 fin. L] + καὶ αωδ απεθανεν A O(sub ✳) || 2 ιαβιν] μ pro β A⁺ hic et
in 7, non in 17. 23. 24 | αρισωθ] ασειρωθ A hic, non in 13 || 5 ραμα] ια-
μα A⁺ | ανεβησαν A⁺ || 6 βαραχ A M⁺: item A⁺ in 8. 9. 14—16. 22 5 I. 12,
sed in 4 10. 12 βαρακ || 7 προς σε εις] σε προς A⁺ | τον σισ. M⁺] pr. επι
A | τη > A⁺

B κυρίου · καὶ Αωδ ἀπέθανεν. ²καὶ ἀπέδοτο αὐτοὺς κύριος ἐν χειρὶ 2
Ιαβιν βασιλέως Χανααν, ὃς ἐβασίλευσεν ἐν Ασωρ · καὶ ὁ ἄρχων
τῆς δυνάμεως αὐτοῦ Σισαρα, καὶ αὐτὸς κατῴκει ἐν Αρισωθ τῶν
ἐθνῶν. ³καὶ ἐκέκραξαν οἱ υἱοὶ Ισραηλ πρὸς κύριον, ὅτι ἐννακόσια 3
ἄρματα σιδηρᾶ ἦν αὐτῷ, καὶ αὐτὸς ἔθλιψεν τὸν Ισραηλ κατὰ
κράτος εἴκοσι ἔτη.
⁴Καὶ Δεββωρα γυνὴ προφῆτις γυνὴ Λαφιδωθ, αὐτὴ ἔκρινεν τὸν 4
Ισραηλ ἐν τῷ καιρῷ ἐκείνῳ. ⁵καὶ αὐτὴ ἐκάθητο ὑπὸ φοίνικα Δεβ- 5
βωρα ἀνὰ μέσον τῆς Ραμα καὶ ἀνὰ μέσον τῆς Βαιθηλ ἐν τῷ ὄρει
Εφραιμ, καὶ ἀνέβαινον πρὸς αὐτὴν οἱ υἱοὶ Ισραηλ εἰς κρίσιν. ⁶καὶ 6
ἀπέστειλεν Δεββωρα καὶ ἐκάλεσεν τὸν Βαρακ υἱὸν Αβινεεμ ἐκ Κα-
δης Νεφθαλι καὶ εἶπεν πρὸς αὐτόν Οὐχὶ ἐνετείλατο κύριος ὁ
θεὸς Ισραηλ σοὶ καὶ ἀπελεύσῃ εἰς ὄρος Θαβωρ καὶ λήμψῃ μετὰ σε-
αυτοῦ δέκα χιλιάδας ἀνδρῶν ἐκ τῶν υἱῶν Νεφθαλι καὶ ἐκ τῶν
υἱῶν Ζαβουλων; ⁷καὶ ἐπάξω πρὸς σὲ εἰς τὸν χειμάρρουν Κισων 7
τὸν Σισαρα ἄρχοντα τῆς δυνάμεως Ιαβιν καὶ τὰ ἄρματα αὐτοῦ
καὶ τὸ πλῆθος αὐτοῦ καὶ παραδώσω αὐτὸν εἰς τὰς χεῖράς σου. ⁸καὶ 8

4 2 αυτους] τους υιους ισραηλ B⁺ || 5 ραμα] βαμα B⁺: cf. Regn. I 22 6
|| 6 νεφθαλι 1⁰ (non 2⁰)] -λειμ B || 7 τον σισ. M⁺] pr. επι B

εἶπεν πρὸς αὐτὴν Βαρακ Ἐὰν πορευθῇς μετ᾽ ἐμοῦ, πορεύσομαι, Α
καὶ ἐὰν μὴ πορευθῇς μετ᾽ ἐμοῦ, οὐ πορεύσομαι · ὅτι οὐκ οἶδα τὴν
9 ἡμέραν, ἐν ᾗ εὐοδοῖ κύριος τὸν ἄγγελον μετ᾽ ἐμοῦ. ⁹καὶ εἶπεν
πρὸς αὐτὸν Δεββωρα Πορευομένη πορεύσομαι μετὰ σοῦ · πλὴν
γίνωσκε ὅτι οὐκ ἔσται τὸ προτέρημά σου εἰς τὴν ὁδόν, ἣν σὺ
πορεύῃ, ὅτι ἐν χειρὶ γυναικὸς ἀποδώσεται κύριος τὸν Σισαρα. καὶ
10 ἀνέστη Δεββωρα καὶ ἐπορεύθη μετὰ τοῦ Βαρακ εἰς Κεδες. ¹⁰καὶ
παρήγγειλεν Βαρακ τῷ Ζαβουλων καὶ τῷ Νεφθαλι εἰς Κεδες, καὶ
ἀνέβησαν κατὰ πόδας αὐτοῦ δέκα χιλιάδες ἀνδρῶν · καὶ Δεββωρα
11 ἀνέβη μετ᾽ αὐτοῦ. ¹¹καὶ οἱ πλησίον τοῦ Κιναίου ἐχωρίσθησαν ἀπὸ
τῶν υἱῶν Ιωβαβ γαμβροῦ Μωυσῆ, καὶ ἔπηξεν τὴν σκηνὴν αὐτοῦ
πρὸς δρῦν ἀναπαυομένων, ἥ ἐστιν ἐχόμενα Κεδες.
12　¹²Καὶ ἀνήγγειλαν τῷ Σισαρα ὅτι ἀνέβη Βαρακ υἱὸς Αβινεεμ ἐπ᾽
13 ὄρος Θαβωρ. ¹³καὶ ἐκάλεσεν Σισαρα πάντα τὰ ἅρματα αὐτοῦ (ὅτι
ἐννακόσια ἅρματα σιδηρᾶ ἦν αὐτῷ) καὶ πάντα τὸν λαὸν τὸν μετ᾽
14 αὐτοῦ ἀπὸ Αρισωθ τῶν ἐθνῶν εἰς τὸν χειμάρρουν Κισων. ¹⁴καὶ
εἶπεν Δεββωρα πρὸς Βαρακ Ἀνάστηθι, ὅτι αὕτη ἡ ἡμέρα, ἐν ᾗ
παρέδωκεν κύριος τὸν Σισαρα ἐν χειρί σου · οὐκ ἰδοὺ κύριος

9 πορευσομενη Α† | μετα του OL] μετ αυτου Α† | εις ult. L†] εκ Α | κει-
δες Α† hic et in 10, sed in 6. 11 κεδες ‖ 10 εις] εκ Α* ‖ 12 ιαβινεεμ
Α†, sed in 6 5 l. 12 etiam Α αβινεεμ ‖ 13 τον 2⁰ > Α ‖ 14 παραδωσει Α†

εἶπεν πρὸς αὐτὴν Βαρακ Ἐὰν πορευθῇς μετ᾽ ἐμοῦ, πορεύσομαι, Β
καὶ ἐὰν μὴ πορευθῇς, οὐ πορεύσομαι · ὅτι οὐκ οἶδα τὴν ἡμέραν,
9 ἐν ᾗ εὐοδοῖ τὸν ἄγγελον κύριος μετ᾽ ἐμοῦ. ⁹καὶ εἶπεν Πορευο-
μένη πορεύσομαι μετὰ σοῦ · πλὴν γίνωσκε ὅτι οὐκ ἔσται τὸ
προτέρημά σου ἐπὶ τὴν ὁδόν, ἣν σὺ πορεύῃ, ὅτι ἐν χειρὶ γυ-
ναικὸς ἀποδώσεται κύριος τὸν Σισαρα. καὶ ἀνέστη Δεββωρα καὶ
10 ἐπορεύθη μετὰ Βαρακ ἐκ Καδης. ¹⁰καὶ ἐβόησεν Βαρακ τὸν Ζα-
βουλων καὶ τὸν Νεφθαλι ἐκ Καδης, καὶ ἀνέβησαν κατὰ πόδας
αὐτοῦ δέκα χιλιάδες ἀνδρῶν · καὶ ἀνέβη μετ᾽ αὐτοῦ Δεββωρα.
11 ¹¹καὶ Χαβερ ὁ Κιναῖος ἐχωρίσθη ἀπὸ Καινα ἀπὸ τῶν υἱῶν Ιω-
βαβ γαμβροῦ Μωυσῆ καὶ ἔπηξεν τὴν σκηνὴν αὐτοῦ ἕως δρυὸς
πλεονεκτούντων, ἥ ἐστιν ἐχόμενα Κεδες.
12 ¹²Καὶ ἀνηγγέλη Σισαρα ὅτι ἀνέβη Βαρακ υἱὸς Αβινεεμ εἰς
13 ὄρος Θαβωρ. ¹³καὶ ἐκάλεσεν Σισαρα πάντα τὰ ἅρματα αὐτοῦ,
ἐννακόσια ἅρματα σιδηρᾶ, καὶ πάντα τὸν λαὸν τὸν μετ᾽ αὐ-
14 τοῦ ἀπὸ Αρισωθ τῶν ἐθνῶν εἰς τὸν χειμάρρουν Κισων. ¹⁴καὶ
εἶπεν Δεββωρα πρὸς Βαρακ Ἀνάστηθι, ὅτι αὕτη ἡ ἡμέρα, ἐν ᾗ
παρέδωκεν κύριος τὸν Σισαρα ἐν τῇ χειρί σου, ὅτι κύριος

A ἐλεύσεται ἔμπροσθέν σου; καὶ κατέβη Βαρακ ἀπὸ τοῦ ὄρους Θα-
βωρ καὶ δέκα χιλιάδες ἀνδρῶν ὀπίσω αὐτοῦ. ¹⁵καὶ ἐξέστησεν κύ- 15
ριος τὸν Σισαρα καὶ πάντα τὰ ἅρματα αὐτοῦ καὶ πᾶσαν τὴν παρ-
εμβολὴν αὐτοῦ ἐν στόματι ῥομφαίας ἐνώπιον Βαρακ · καὶ κατέβη
Σισαρα ἀπὸ τοῦ ἅρματος αὐτοῦ καὶ ἔφυγεν τοῖς ποσὶν αὐτοῦ.
¹⁶καὶ Βαρακ διώκων ὀπίσω τῶν ἁρμάτων καὶ ὀπίσω τῆς παρεμ- 16
βολῆς ἕως δρυμοῦ τῶν ἐθνῶν · καὶ ἔπεσεν πᾶσα ἡ παρεμβολὴ
Σισαρα ἐν στόματι ῥομφαίας, οὐ κατελείφθη ἕως ἑνός. ¹⁷καὶ Σι- 17
σαρα ἀνεχώρησεν τοῖς ποσὶν αὐτοῦ εἰς σκηνὴν Ιαηλ γυναικὸς
Χαβερ τοῦ Κιναίου, ὅτι εἰρήνη ἀνὰ μέσον Ιαβιν βασιλέως Ασωρ
καὶ ἀνὰ μέσον οἴκου Χαβερ τοῦ Κιναίου. ¹⁸καὶ ἐξῆλθεν Ιαηλ εἰς 18
ἀπάντησιν Σισαρα καὶ εἶπεν πρὸς αὐτόν Ἔκνευσον, κύριέ μου, ἔκ-
νευσον πρός με, μὴ φοβοῦ · καὶ ἐξένευσεν πρὸς αὐτὴν εἰς τὴν
σκηνήν, καὶ συνεκάλυψεν αὐτὸν ἐν τῇ δέρρει αὐτῆς. ¹⁹καὶ εἶπεν 19
Σισαρα πρὸς αὐτήν Πότισόν με δὴ μικρὸν ὕδωρ, ὅτι ἐδίψησα ·
καὶ ἤνοιξεν τὸν ἀσκὸν τοῦ γάλακτος καὶ ἐπότισεν αὐτὸν καὶ συν-
εκάλυψεν τὸ πρόσωπον αὐτοῦ. ²⁰καὶ εἶπεν πρὸς αὐτήν Στῆθι ἐν 20
τῇ θύρᾳ τῆς σκηνῆς, καὶ ἔσται ἐάν τις ἔλθῃ πρὸς σὲ καὶ ἐρωτή-
σῃ σε καὶ εἴπῃ σοι Ἔστιν ἐνταῦθα ἀνήρ; καὶ ἐρεῖς Οὐκ ἔστιν ·

16 εως 1⁰] pr. και Α†

B ἐξελεύσεται ἔμπροσθέν σου. καὶ κατέβη Βαρακ ἀπὸ τοῦ ὄρους Θα-
βωρ καὶ δέκα χιλιάδες ἀνδρῶν ὀπίσω αὐτοῦ. ¹⁵καὶ ἐξέστησεν κύ- 15
ριος τὸν Σισαρα καὶ πάντα τὰ ἅρματα αὐτοῦ καὶ πᾶσαν τὴν παρ-
εμβολὴν αὐτοῦ ἐν στόματι ῥομφαίας ἐνώπιον Βαρακ · καὶ κατέβη
Σισαρα ἐπάνωθεν τοῦ ἅρματος αὐτοῦ καὶ ἔφυγεν τοῖς ποσὶν αὐτοῦ.
¹⁶καὶ Βαρακ διώκων ὀπίσω τῶν ἁρμάτων καὶ ὀπίσω τῆς παρεμ- 16
βολῆς ἕως Αρισωθ τῶν ἐθνῶν · καὶ ἔπεσεν πᾶσα παρεμβολὴ
Σισαρα ἐν στόματι ῥομφαίας, οὐ κατελείφθη ἕως ἑνός. ¹⁷καὶ Σι- 17
σαρα ἔφυγεν τοῖς ποσὶν αὐτοῦ εἰς σκηνὴν Ιαηλ γυναικὸς Χαβερ
ἑταίρου τοῦ Κιναίου, ὅτι εἰρήνη ἦν ἀνὰ μέσον Ιαβιν βασιλέως Ασωρ
καὶ ἀνὰ μέσον οἴκου Χαβερ τοῦ Κιναίου. ¹⁸καὶ ἐξῆλθεν Ιαηλ εἰς 18
συνάντησιν Σισαρα καὶ εἶπεν αὐτῷ Ἔκκλινον, κύριέ μου, ἔκ-
κλινον πρός με, μὴ φοβοῦ · καὶ ἐξέκλινεν πρὸς αὐτὴν εἰς τὴν
σκηνήν, καὶ περιέβαλεν αὐτὸν ἐπιβολαίῳ. ¹⁹καὶ εἶπεν Σισαρα 19
πρὸς αὐτήν Πότισόν με δὴ μικρὸν ὕδωρ, ὅτι ἐδίψησα · καὶ
ἤνοιξεν τὸν ἀσκὸν τοῦ γάλακτος καὶ ἐπότισεν αὐτὸν καὶ πε-
ριέβαλεν αὐτόν. ²⁰καὶ εἶπεν πρὸς αὐτήν Σισαρα Στῆθι δὴ ἐπὶ 20
τὴν θύραν τῆς σκηνῆς, καὶ ἔσται ἐὰν ἀνὴρ ἔλθῃ πρὸς σὲ καὶ ἐρω-
τήσῃ σε καὶ εἴπῃ Εἰ ἔστιν ὧδε ἀνήρ; καὶ ἐρεῖς Οὐκ ἔστιν.

14 απο] κατα Β†

21 καὶ συνεκάλυψεν αὐτὸν ἐν τῇ δέρρει αὐτῆς. ²¹καὶ ἔλαβεν Ιαηλ γυνὴ Α
Χαβερ τὸν πάσσαλον τῆς σκηνῆς καὶ ἔθηκεν τὴν σφῦραν ἐν τῇ
χειρὶ αὐτῆς καὶ εἰσῆλθεν πρὸς αὐτὸν ἡσυχῇ καὶ ἐνέκρουσεν τὸν
πάσσαλον ἐν τῇ γνάθῳ αὐτοῦ καὶ διήλασεν ἐν τῇ γῇ, καὶ αὐτὸς
ἀπεσκάρισεν ἀνὰ μέσον τῶν γονάτων αὐτῆς καὶ ἐξέψυξεν καὶ ἀπ-
22 έθανεν. ²²καὶ ἰδοὺ Βαρακ διώκων τὸν Σισαρα, καὶ ἐξῆλθεν Ιαηλ
εἰς ἀπαντὴν αὐτοῦ καὶ εἶπεν αὐτῷ Δεῦρο καὶ δείξω σοι τὸν ἄνδρα,
ὃν σὺ ζητεῖς. καὶ εἰσῆλθεν πρὸς αὐτήν, καὶ ἰδοὺ Σισαρα πεπτω-
23 κὼς νεκρός, καὶ ὁ πάσσαλος ἐν τῇ γνάθῳ αὐτοῦ. ²³καὶ ἐταπείνω-
σεν κύριος ὁ θεὸς τὸν Ιαβιν βασιλέα Χανααν ἐν τῇ ἡμέρᾳ ἐκείνῃ
24 ἐνώπιον υἱῶν Ισραηλ. ²⁴καὶ ἐπορεύθη χεὶρ τῶν υἱῶν Ισραηλ πο-
ρευομένη καὶ σκληρυνομένη ἐπὶ Ιαβιν βασιλέα Χανααν, ἕως ἐξωλέ-
θρευσαν αὐτόν.
5 ¹Καὶ ᾖσεν Δεββωρα καὶ Βαρακ υἱὸς Αβινεεμ ἐν τῇ ἡμέρᾳ ἐκεί-
νῃ καὶ εἶπεν
2 ²Ἐν τῷ ἄρξασθαι ἀρχηγοὺς ἐν Ισραηλ,
ἐν προαιρέσει λαοῦ εὐλογεῖτε τὸν κύριον.
3 ³ἀκούσατε, βασιλεῖς, ἐνωτίζεσθε, σατράπαι δυνατοί ·
ἐγὼ τῷ κυρίῳ ᾄσομαι,

21 ενεκρουσεν Ο] εθηκεν Α⁺ || 24 των] κυριου Α⁺
5 1 fin.] + εν τη ωδη Α⁺

---

21 ²¹καὶ ἔλαβεν Ιαηλ γυνὴ Χαβερ τὸν πάσσαλον τῆς σκηνῆς καὶ Β
ἔθηκεν τὴν σφῦραν ἐν τῇ χειρὶ αὐτῆς καὶ εἰσῆλθεν πρὸς αὐτὸν
ἐν κρυφῇ καὶ ἔπηξεν τὸν πάσσαλον ἐν τῷ κροτάφῳ αὐτοῦ, καὶ
διεξῆλθεν ἐν τῇ γῇ · καὶ αὐτὸς ἐξεστὼς ἐσκοτώθη καὶ ἀπέθανεν.
22 ²²καὶ ἰδοὺ Βαρακ διώκων τὸν Σισαρα, καὶ ἐξῆλθεν Ιαηλ εἰς συν-
άντησιν αὐτῷ καὶ εἶπεν αὐτῷ Δεῦρο καὶ δείξω σοι τὸν ἄνδρα,
ὃν σὺ ζητεῖς. καὶ εἰσῆλθεν πρὸς αὐτήν, καὶ ἰδοὺ Σισαρα ῥεριμμέ-
23 νος νεκρός, καὶ ὁ πάσσαλος ἐν τῷ κροτάφῳ αὐτοῦ. ²³καὶ ἐτρό-
πωσεν ὁ θεὸς ἐν τῇ ἡμέρᾳ ἐκείνῃ τὸν Ιαβιν βασιλέα Χανααν ἔμ-
24 προσθεν τῶν υἱῶν Ισραηλ. ²⁴καὶ ἐπορεύετο χεὶρ τῶν υἱῶν Ισραηλ
πορευομένη καὶ σκληρυνομένη ἐπὶ Ιαβιν βασιλέα Χανααν, ἕως οὗ
ἐξωλέθρευσαν τὸν Ιαβιν βασιλέα Χανααν.
5 ¹Καὶ ἦσαν Δεββωρα καὶ Βαρακ υἱὸς Αβινεεμ ἐν τῇ ἡμέρᾳ ἐκεί-
νῃ λέγοντες
2 ²Ἀπεκαλύφθη ἀποκάλυμμα ἐν Ισραηλ ·
ἐν τῷ ἑκουσιασθῆναι λαὸν εὐλογεῖτε κύριον.
3 ³ἀκούσατε, βασιλεῖς, καὶ ἐνωτίσασθε, σατράπαι ·
ἐγώ εἰμι τῷ κυρίῳ, ἐγώ εἰμι ᾄσομαι,

5 2 εκουσιασθηναι compl. (cf. 9)] ακουσ. Β

A   ψαλῶ τῷ θεῷ Ισραηλ.

⁴κύριε, ἐν τῇ ἐξόδῳ σου ἐκ Σηιρ,   4
  ἐν τῷ ἀπαίρειν σε ἐξ ἀγροῦ Εδωμ
  γῆ ἐσείσθη, καὶ ὁ οὐρανὸς ἐξεστάθη,
  καὶ αἱ νεφέλαι ἔσταξαν ὕδωρ ·
⁵ὄρη ἐσαλεύθησαν ἀπὸ προσώπου κυρίου,   5
  τοῦτο Σινα ἀπὸ προσώπου κυρίου θεοῦ Ισραηλ.
⁶ἐν ἡμέραις Σαμεγαρ υἱοῦ Αναθ, ἐν ἡμέραις Ιαηλ   6
  ἐξέλιπον βασιλεῖς καὶ ἐπορεύθησαν τρίβους,
  ἐπορεύθησαν ὁδοὺς διεστραμμένας.
⁷ἐξέλιπεν φραζων ἐν τῷ Ισραηλ, ἐξέλιπεν,   7
  ἕως οὗ ἐξανέστη Δεββωρα,
  ὅτι ἀνέστη μήτηρ ἐν τῷ Ισραηλ.
⁸ᾑρέτισαν θεοὺς καινοὺς   8
  ὡς ἄρτον κρίθινον ·
  σκέπην ἐὰν ἴδω σιρομαστῶν
  ἐν τεσσαράκοντα χιλιάσιν.

4 και ult.] + γε A⁺: idem add. O sub ※ post και 1⁰ | αι > A⁺ ‖ 6 αναθ]
κεναθ A⁺ ‖ 7 τω 1⁰ OL⁺] > A ‖ 8 εαν ιδω seruauerunt unus codex ad
L pertinens et Theodoretus quaest. 12 in Iud.; pro σκεπην εαν ιδω prae-
bent rel. σκεπη νεανιδων | εαν ιδω σιρομ. στων] + (ε)αν οφθη και σιρομαστης
O⁺, + ανηφθη και σιρομαστης A L⁺: alter . uersio eorundem uerborum

---

B   ψαλῶ τῷ κυρίῳ τῷ θεῷ Ισραηλ.

⁴κύριε, ἐν τῇ ἐξόδῳ σου ἐν Σηιρ,   4
  ἐν τῷ ἀπαίρειν σε ἐξ ἀγροῦ Εδωμ
  γῆ ἐσείσθη, καὶ ὁ οὐρανὸς ἔσταξεν δρόσους,
  καὶ αἱ νεφέλαι ἔσταξαν ὕδωρ ·
⁵ὄρη ἐσαλεύθησαν ἀπὸ προσώπου κυρίου Ελωι,   5
  τοῦτο Σινα ἀπὸ προσώπου κυρίου θεοῦ Ισραηλ.
⁶ἐν ἡμέραις Σαμεγαρ υἱοῦ Αναθ, ἐν ἡμέραις Ιαηλ   6
  ἐξέλιπον ὁδοὺς καὶ ἐπορεύθησαν ἀτραπούς,
  ἐπορεύθησαν ὁδοὺς διεστραμμένας ·
⁷ἐξέλιπον δυνατοὶ ἐν Ισραηλ, ἐξέλιπον,   7
  ἕως οὗ ἀναστῇ Δεββωρα,
  ἕως οὗ ἀναστῇ μήτηρ ἐν Ισραηλ.
⁸ἐξελέξαντο θεοὺς καινούς ·   8
  τότε ἐπολέμησαν πόλεις ἀρχόντων ·
  θυρεὸς ἐὰν ὀφθῇ καὶ λόγχη
  ἐν τεσσαράκοντα χιλιάσιν ἐν Ισραηλ.

8 τοτε] οτε B(ex corr. uid.)⁺

9 ⁹ἡ καρδία μου ἐπὶ τὰ διατεταγμένα τῷ Ισραηλ · A
οἱ δυνάσται τοῦ λαοῦ, εὐλογεῖτε τὸν κύριον.

10 ¹⁰ἐπιβεβηκότες ἐπὶ ὑποζυγίων,
καθήμενοι ἐπὶ λαμπηνῶν,

11 ¹¹φθέγξασθε φωνὴν ἀνακρουομένων
ἀνὰ μέσον εὐφραινομένων ·
ἐκεῖ δώσουσιν δικαιοσύνην κυρίῳ.
δίκαιοι ἐνίσχυσαν ἐν τῷ Ισραηλ ·
τότε κατέβη εἰς τὰς πόλεις αὐτοῦ ὁ λαὸς κυρίου.

12 ¹²ἐξεγείρου ἐξεγείρου, Δεββωρα,
ἐξέγειρον μυριάδας μετὰ λαοῦ,
ἐξεγείρου ἐξεγείρου, λάλει μετ' ᾠδῆς ·
ἐνισχύων ἐξανίστασο, Βαρακ,
καὶ ἐνίσχυσον, Δεββωρα, τὸν Βαρακ ·
αἰχμαλώτιζε αἰχμαλωσίαν σου, υἱὸς Αβινεεμ.

13 ¹³πότε ἐμεγαλύνθη ἡ ἰσχὺς αὐτοῦ;
κύριε, ταπείνωσόν μοι τοὺς ἰσχυροτέρους μου.

14 ¹⁴λαὸς Εφραιμ ἐτιμωρήσατο αὐτοὺς
ἐν κοιλάδι ἀδελφοῦ σου Βενιαμιν ἐν λαοῖς σου.

9 επι OL] εις A ‖ 11 δικαιοσυνην OL] -νας A | δικαιοι OL†] -οσυνας A ‖ 12 αιχμαλωτιζε OL] -τευσον A ‖ 13 ποτε ALP†] οποτε O†, τοτε rel. | εμεγαλυνεν A†

9 ⁹ἡ καρδία μου εἰς τὰ διατεταγμένα τῷ Ισραηλ · B
οἱ ἑκουσιαζόμενοι ἐν λαῷ, εὐλογεῖτε κύριον.

10 ¹⁰ἐπιβεβηκότες ἐπὶ ὄνου θηλείας μεσημβρίας,
καθήμενοι ἐπὶ κριτηρίου
καὶ πορευόμενοι ἐπὶ ὁδοὺς συνέδρων ἐφ' ὁδῷ.

11 ¹¹διηγεῖσθε ἀπὸ φωνῆς ἀνακρουομένων
ἀνὰ μέσον ὑδρευομένων ·
ἐκεῖ δώσουσιν δικαιοσύνας κυρίῳ,
δικαιοσύνας αὔξησον ἐν Ισραηλ.
τότε κατέβη εἰς τὰς πόλεις λαὸς κυρίου.

12 ¹²ἐξεγείρου ἐξεγείρου, Δεββωρα,
ἐξεγείρου ἐξεγείρου, λάλησον ᾠδήν ·
ἀνάστα, Βαρακ,
καὶ αἰχμαλώτισον αἰχμαλωσίαν σου, υἱὸς Αβινεεμ.

13 ¹³τότε κατέβη κατάλειμμα τοῖς ἰσχυροῖς,
λαὸς κυρίου κατέβη αὐτῷ ἐν τοῖς κραταιοῖς.

14 ¹⁴ἐξ ἐμοῦ Εφραιμ ἐξερρίζωσεν αὐτοὺς ἐν τῷ Αμαληκ ·
ὀπίσω σου Βενιαμιν ἐν τοῖς λαοῖς σου.

11 διηγ. ad 10 trahit 𝔐 | κυριω] -ιε (ad 11ᵃ tractum) B† ‖ 13 καταλημμα B

A ἐξ ἐμοῦ Μαχιρ κατέβησαν ἐξερευνῶντες,
      καὶ ἐκ Ζαβουλων κύριος ἐπολέμει μοι ἐν δυνατοῖς
      ἐκεῖθεν ἐν σκήπτρῳ ἐνισχύοντος ἡγήσεως.
      ¹⁵ἐν Ισσαχαρ μετὰ Δεββωρας   15
      ἐξαπέστειλεν πεζοὺς αὐτοῦ εἰς τὴν κοιλάδα.
      ἵνα τί σὺ κατοικεῖς ἐν μέσῳ χειλέων;
      ἐξέτεινεν ἐν τοῖς ποσὶν αὐτοῦ.
      ἐν διαιρέσεσιν Ρουβην
      μεγάλοι ἀκριβασμοὶ καρδίας.
      ¹⁶ἵνα τί μοι κάθησαι ἀνὰ μέσον τῶν μοσφαθαιμ   16
      τοῦ εἰσακούειν συρισμοὺς ἐξεγειρόντων;
      τοῦ διελθεῖν εἰς τὰ τοῦ Ρουβην
      μεγάλοι ἐξιχνιασμοὶ καρδίας.
      ¹⁷Γαλααδ ἐν τῷ πέραν τοῦ Ιορδάνου κατεσκήνωσεν ·   17
      καὶ Δαν ἵνα τί παροικεῖ πλοίοις;
      Ασηρ παρῴκησεν παρ’ αἰγιαλὸν θαλασσῶν
      καὶ ἐπὶ τὰς διακοπὰς αὐτοῦ κατεσκήνωσεν.
      ¹⁸Ζαβουλων λαὸς ὀνειδίσας ψυχὴν αὐτοῦ εἰς θάνατον   18
      καὶ Νεφθαλιμ ἐπὶ ὕψη ἀγροῦ.
      ¹⁹ἦλθον βασιλεῖς καὶ παρετάξαντο.   19

15 εν 3⁰ > A† | εν διαιρεσεσιν Oᵖ] διαιρ εσεις A† ‖ 16 μοσφαθαιμ uel sim.
L] -φαιθαμ A O

B ἐν ἐμοὶ Μαχιρ κατέβησαν ἐξερευνῶντες
      καὶ ἀπὸ Ζαβουλων ἕλκοντες ἐν ῥάβδῳ διηγήσεως γραμματέως.
      ¹⁵καὶ ἀρχηγοὶ ἐν Ισσαχαρ μετὰ Δεββωρας καὶ Βαρακ,   15
      οὕτως Βαρακ ἐν κοιλάσιν ἀπέστειλεν ἐν ποσὶν αὐτοῦ.
      εἰς τὰς μερίδας Ρουβην
      μεγάλοι ἐξικνούμενοι καρδίαν.
      ¹⁶εἰς τί ἐκάθισαν ἀνὰ μέσον τῆς διγομίας   16
      τοῦ ἀκοῦσαι συρισμοῦ ἀγγέλων;
      εἰς διαιρέσεις Ρουβην
      μεγάλοι ἐξετασμοὶ καρδίας.
      ¹⁷Γαλααδ ἐν τῷ πέραν τοῦ Ιορδάνου ἐσκήνωσεν ·   17
      καὶ Δαν εἰς τί παροικεῖ πλοίοις;
      Ασηρ ἐκάθισεν παραλίαν θαλασσῶν
      καὶ ἐπὶ διεξόδοις αὐτοῦ σκηνώσει.
      ¹⁸Ζαβουλων λαὸς ὠνείδισεν ψυχὴν αὐτοῦ εἰς θάνατον   18
      καὶ Νεφθαλι ἐπὶ ὕψη ἀγροῦ.
      ¹⁹ἦλθον αὐτῶν βασιλεῖς, παρετάξαντο,   19

17 εσκηνωσεν] pr. ου B*

       τότε ἐπολέμησαν βασιλεῖς Χανααν   A
       ἐν Θενναχ ἐπὶ ὕδατος Μαγεδδω ·
       πλεονεξίαν ἀργυρίου οὐκ ἔλαβον.

20   ²⁰ἐκ τοῦ οὐρανοῦ ἐπολέμησαν ἀστέρες,
       ἐκ τῆς τάξεως αὐτῶν ἐπολέμησαν μετὰ Σισαρα.

21   ²¹χειμάρρους Κισων ἐξέβαλεν αὐτούς,
       χειμάρρους καδημιμ, χειμάρρους Κισων ·
       καταπατήσει αὐτοὺς ψυχή μου δυνατή.

22   ²²τότε ἀπεκόπησαν πτέρναι ἵππου,
       αμαδαρωθ δυνατῶν αὐτοῦ.

23   ²³καταράσασθε Μαρωζ, εἶπεν ὁ ἄγγελος κυρίου,
       καταράσει καταράσασθε τοὺς ἐνοίκους αὐτῆς,
       ὅτι οὐκ ἤλθοσαν εἰς τὴν βοήθειαν κυρίου ·
       βοηθὸς ἡμῶν κύριος ἐν μαχηταῖς δυνατός.

24   ²⁴εὐλογηθείη ἐκ γυναικῶν Ιαηλ
       γυνὴ Χαβερ τοῦ Κιναίου,
       ἐκ γυναικῶν ἐν σκηνῇ εὐλογηθείη.

25   ²⁵ὕδωρ ἤτησεν αὐτή, καὶ γάλα ἔδωκεν αὐτῷ,

19 μαγεδδω *OL*] μεγ. A ‖ 20 επολεμησαν 1⁰ *O*†] -μηθησαν A*L*† | σισαρα] ισραηλ A† ‖ 21 καδημιμ(uel -ιν) *O*] -ησειμ A† | αυτους ult. *OL*†] -τον A ‖ 22 αμμαδαρωθ A† ‖ 23 μαρωζ M] μαζωρ A*OᵖL* | δυνατος *OL*†] -τοις A†

       τότε ἐπολέμησαν βασιλεῖς Χανααν   B
       ἐν Θανααχ ἐπὶ ὕδατι Μεγεδδω ·
       δῶρον ἀργυρίου οὐκ ἔλαβον.

20   ²⁰ἐξ οὐρανοῦ παρετάξαντο οἱ ἀστέρες,
       ἐκ τρίβων αὐτῶν παρετάξαντο μετὰ Σισαρα.

21   ²¹χειμάρρους Κισων ἐξέσυρεν αὐτούς,
       χειμάρρους ἀρχαίων, χειμάρρους Κισων ·
       καταπατήσει αὐτὸν ψυχή μου δυνατή.

22   ²²τότε ἐνεποδίσθησαν πτέρναι ἵππου,
       σπουδῇ ἔσπευσαν ἰσχυροὶ αὐτοῦ.

23   ²³καταρᾶσθε Μηρωζ, εἶπεν ἄγγελος κυρίου, καταρᾶσθε,
       ἐπικατάρατος πᾶς ὁ κατοικῶν αὐτήν,
       ὅτι οὐκ ἤλθοσαν εἰς βοήθειαν κυρίου,
       εἰς βοήθειαν ἐν δυνατοῖς.

24   ²⁴εὐλογηθείη ἐν γυναιξὶν Ιαηλ
       γυνὴ Χαβερ τοῦ Κιναίου,
       ἀπὸ γυναικῶν ἐν σκηναῖς εὐλογηθείη.

25   ²⁵ὕδωρ ἤτησεν, γάλα ἔδωκεν,

A　ἐν λακάνῃ ἰσχυρῶν προσήγγισεν βούτυρον.

²⁶τὴν χεῖρα αὐτῆς τὴν ἀριστερὰν εἰς πάσσαλον ἐξέτεινεν,　26
τὴν δεξιὰν αὐτῆς εἰς ἀποτομὰς κατακόπων
καὶ ἀπέτεμεν Σισαρα, ἀπέτριψεν τὴν κεφαλὴν αὐτοῦ
καὶ συνέθλασεν καὶ διήλασεν τὴν γνάθον αὐτοῦ.

²⁷ἀνὰ μέσον τῶν ποδῶν αὐτῆς συγκάμψας ἔπεσεν,　27
ἐκοιμήθη μεταξὺ ποδῶν αὐτῆς ·
ἐν ᾧ ἔκαμψεν, ἐκεῖ ἔπεσεν ταλαίπωρος.

²⁸διὰ τῆς θυρίδος διέκυπτεν ἡ μήτηρ Σισαρα　28
διὰ τῆς δικτυωτῆς ἐπιβλέπουσα ἐπὶ τοὺς μεταστρέφοντας
　　μετὰ Σισαρα
Διὰ τί ἠσχάτισεν τὸ ἅρμα αὐτοῦ παραγενέσθαι;
διὰ τί ἐχρόνισαν ἴχνη ἁρμάτων αὐτοῦ;

²⁹σοφαὶ ἀρχουσῶν αὐτῆς ἀνταπεκρίναντο πρὸς αὐτήν,　29
καὶ αὐτὴ ἀπεκρίνατο ἐν ῥήμασιν αὐτῆς

³⁰Οὐχὶ εὑρήσουσιν αὐτὸν διαμερίζοντα σκῦλα;　30
φιλιάζων φίλοις εἰς κεφαλὴν δυνατοῦ ·
σκῦλα βαμμάτων Σισαρα,
σκῦλα βαμμάτων ποικιλίας,

28 διεκυπτεν] + και κατεμανθανεν A O(sub ※)⁺ | μετα > A⁺ ‖ 29 αυτη]
+ δε A O(sub ※)⁺

B　ἐν λεκάνῃ ὑπερεχόντων προσήνεγκεν βούτυρον.

²⁶χεῖρα αὐτῆς ἀριστερὰν εἰς πάσσαλον ἐξέτεινεν　26
καὶ δεξιὰν αὐτῆς εἰς σφῦραν κοπιώντων
καὶ ἐσφυροκόπησεν Σισαρα, διήλωσεν κεφαλὴν αὐτοῦ
καὶ ἐπάταξεν, διήλωσεν κρόταφον αὐτοῦ.

²⁷ἀνὰ μέσον τῶν ποδῶν αὐτῆς　27
κατεκυλίσθη, ἔπεσεν καὶ ἐκοιμήθη ·
ἀνὰ μέσον τῶν ποδῶν αὐτῆς κατακλιθεὶς ἔπεσεν ·
καθὼς κατεκλίθη, ἐκεῖ ἔπεσεν ἐξοδευθείς.

²⁸διὰ τῆς θυρίδος παρέκυψεν μήτηρ Σισαρα ἐκτὸς τοῦ τοξικοῦ,　28
διότι ἠσχύνθη ἅρμα αὐτοῦ,
διότι ἐχρόνισαν πόδες ἁρμάτων αὐτοῦ.

²⁹αἱ σοφαὶ ἄρχουσαι αὐτῆς ἀπεκρίθησαν πρὸς αὐτήν,　29
καὶ αὐτὴ ἀπέστρεψεν λόγους αὐτῆς ἑαυτῇ

³⁰Οὐχ εὑρήσουσιν αὐτὸν διαμερίζοντα σκῦλα;　30
οἰκτίρμων οἰκτιρήσει εἰς κεφαλὴν ἀνδρός ·
σκῦλα βαμμάτων τῷ Σισαρα,
σκῦλα βαμμάτων ποικιλίας,

28 αυτου 1⁰] + ελθειν compl.

βαφὴ ποικίλων περὶ τράχηλον αὐτοῦ σκῦλον.   **A**

31   ³¹ οὕτως ἀπόλοιντο πάντες οἱ ἐχθροί σου, κύριε ·
     καὶ οἱ ἀγαπῶντες αὐτὸν καθὼς ἡ ἀνατολὴ τοῦ ἡλίου ἐν
     δυναστείαις αὐτοῦ.
     Καὶ ἡσύχασεν ἡ γῆ τεσσαράκοντα ἔτη.

6   ¹ Καὶ ἐποίησαν οἱ υἱοὶ Ισραηλ τὸ πονηρὸν ἔναντι κυρίου, καὶ
2 παρέδωκεν αὐτοὺς κύριος ἐν χειρὶ Μαδιαμ ἔτη ἑπτά. ² καὶ κατί-
σχυσεν χεὶρ Μαδιαμ ἐπὶ Ισραηλ · καὶ ἐποίησαν ἑαυτοῖς οἱ υἱοὶ
Ισραηλ ἀπὸ προσώπου Μαδιαμ μάνδρας ἐν τοῖς ὄρεσιν καὶ τοῖς
3 σπηλαίοις καὶ τοῖς ὀχυρώμασιν. ³ καὶ ἐγένετο ὅταν ἔσπειρεν ἀνὴρ
Ισραηλ, καὶ ἀνέβαινεν Μαδιαμ καὶ Αμαληκ καὶ οἱ υἱοὶ ἀνατολῶν
4 καὶ ἀνέβαινον ἐπ' αὐτόν · ⁴ καὶ παρενέβαλλον ἐπ' αὐτοὺς καὶ διέ-
φθειραν τὰ ἐκφόρια τῆς γῆς ἕως τοῦ ἐλθεῖν εἰς Γάζαν καὶ οὐχ
ὑπελείποντο ὑπόστασιν ζωῆς ἐν Ισραηλ καὶ ποίμνιον καὶ μόσχον
5 καὶ ὄνον · ⁵ ὅτι αὐτοὶ καὶ τὰ κτήνη αὐτῶν ἀνέβαινον καὶ τὰς σκη-
νὰς αὐτῶν παρέφερον καὶ παρεγίνοντο ὡς ἀκρὶς εἰς πλῆθος, καὶ
αὐτοῖς καὶ ταῖς καμήλοις αὐτῶν οὐκ ἦν ἀριθμός, καὶ παρεγίνοντο
6 ἐν τῇ γῇ Ισραηλ τοῦ διαφθείρειν αὐτήν. ⁶ καὶ ἐπτώχευσεν Ισραηλ
σφόδρα ἀπὸ προσώποι Μαδιαμ, καὶ ἐκέκραξαν οἱ υἱοὶ Ισραηλ

5 καὶ 1⁰ > A⁺

βάμματα ποικιλτῶν αὐτά, τῷ τραχήλῳ αὐτοῦ σκῦλα.   **B**

31   ³¹ οὕτως ἀπόλοιντο πάντες οἱ ἐχθροί σου, κύριε ·
     καὶ οἱ ἀγαπῶντες αὐτὸν ὡς ἔξοδος ἡλίου ἐν δυνάμει
     αὐτοῦ.
     Καὶ ἡσύχασεν ἡ γῆ τεσσαράκοντα ἔτη.

6   ¹ Καὶ ἐποίησαν οἱ υἱοὶ Ισραηλ τὸ πονηρὸν ἐνώπιον κυρίου, καὶ
2 ἔδωκεν αὐτοὺς κύριος ἐν χειρὶ Μαδιαμ ἑπτὰ ἔτη. ² καὶ ἴσχυσεν
χεὶρ Μαδιαμ ἐπὶ Ισραηλ · καὶ ἐποί·σαν ἑαυτοῖς οἱ υἱοὶ Ισραηλ
ἀπὸ προσώπου Μαδιαμ τὰς τρυμαλιὰς τὰς ἐν τοῖς ὄρεσιν καὶ τὰ
3 σπήλαια καὶ τὰ κρεμαστά. ³ καὶ ἐγένετο ἐὰν ἔσπειραν οἱ υἱοὶ
Ισραηλ, καὶ ἀνέβαιναν Μαδιαμ καὶ Αμαληκ καὶ οἱ υἱοὶ ἀνατολῶν
4 συνανέβαινον αὐτοῖς · ⁴ καὶ παρενέβαλον εἰς αὐτοὺς καὶ κατέ-
φθειραν τοὺς καρποὺς αὐτῶν ἕως ἐλθεῖν εἰς Γάζαν καὶ οὐ κατέ-
λιπον ὑπόστασιν ζωῆς ἐν τῇ γῇ Ισραηλ οὐδὲ ἐν τοῖς ποιμνίοις
5 ταῦρον καὶ ὄνον · ⁵ ὅτι αὐτοὶ καὶ αἱ κτήσεις αὐτῶν ἀνέβαινον,
καὶ αἱ σκηναὶ αὐτῶν παρεγίνοντο καθὼς ἀκρὶς εἰς πλῆθος, καὶ
αὐτοῖς καὶ τοῖς καμήλοις αὐτῶν οὐκ ἦν ἀριθμός, καὶ ἤρχοντο
6 εἰς τὴν γῆν Ισραηλ καὶ διέφθειρον αὐτήν. ⁶ καὶ ἐπτώχευσεν Ισραηλ
σφόδρα ἀπὸ προσώπου Μαδιαμ, καὶ ἐβόησαν οἱ υἱοὶ Ισραηλ

A πρὸς κύριον. ⁷καὶ ἐγένετο ἐπεὶ ἐκέκραξαν οἱ υἱοὶ Ισραηλ πρὸς 7
κύριον διὰ Μαδιαμ, ⁸καὶ ἐξαπέστειλεν κύριος ἄνδρα προφήτην 8
πρὸς τοὺς υἱοὺς Ισραηλ, καὶ εἶπεν αὐτοῖς Τάδε λέγει κύριος ὁ
θεὸς Ισραηλ Ἐγώ εἰμι ὁ ἀναβιβάσας ὑμᾶς ἐξ Αἰγύπτου καὶ ἐξή-
γαγον ὑμᾶς ἐξ οἴκου δουλείας ⁹καὶ ἐξειλάμην ὑμᾶς ἐκ χειρὸς Αἰ- 9
γύπτου καὶ ἐκ χειρὸς πάντων τῶν θλιβόντων ὑμᾶς καὶ ἐξέβαλον
αὐτοὺς ἐκ προσώπου ὑμῶν καὶ ἔδωκα ὑμῖν τὴν γῆν αὐτῶν ¹⁰καὶ 10
εἶπα ὑμῖν Ἐγὼ κύριος ὁ θεὸς ὑμῶν, οὐ φοβηθήσεσθε τοὺς θεοὺς
τοῦ Αμορραίου, ἐν οἷς ὑμεῖς ἐνοικεῖτε ἐν τῇ γῇ αὐτῶν · καὶ οὐκ
εἰσηκούσατε τῆς φωνῆς μου.

¹¹Καὶ ἦλθεν ἄγγελος κυρίου καὶ ἐκάθισεν ὑπὸ τὴν δρῦν τὴν οὖ- 11
σαν ἐν Εφραθα τὴν τοῦ Ιωας πατρὸς Αβιεζρι, καὶ Γεδεων ὁ υἱὸς
αὐτοῦ ἐρράβδιζεν πυροὺς ἐν ληνῷ τοῦ ἐκφυγεῖν ἐκ προσώπου
Μαδιαμ. ¹²καὶ ὤφθη αὐτῷ ἄγγελος κυρίου καὶ εἶπεν πρὸς αὐτόν 12
Κύριος μετὰ σοῦ, δυνατὸς τῇ ἰσχύι. ¹³καὶ εἶπεν πρὸς αὐτὸν Γε- 13
δεων Ἐν ἐμοί, κύριε, καὶ εἰ ἔστιν κύριος μεθ' ἡμῶν, ἵνα τί εὗρεν
ἡμᾶς πάντα τὰ κακὰ ταῦτα; καὶ ποῦ ἐστιν πάντα τὰ θαυμάσια
αὐτοῦ, ὅσα διηγήσαντο ἡμῖν οἱ πατέρες ἡμῶν λέγοντες Οὐχὶ ἐξ

7 δια OL] περι A⁺ || 8 αιγυπτου⌒9 αιγυπτου A⁺ || 11 υπο] επι A⁺ |
πατρος αβιεζρι A⁺ (cf. 8 32)] του αβ. L⁺ || 12 ωφθη αυτω] ευρεν αυτον A⁺
|| 13 κυριε L] κυριος κυριος A⁺

B πρὸς κύριον ⁷ἀπὸ προσώπου Μαδιαμ. ⁸καὶ ἐξαπέστειλεν κύριος 7/8
ἄνδρα προφήτην πρὸς τοὺς υἱοὺς Ισραηλ, καὶ εἶπεν αὐτοῖς Τάδε
λέγει κύριος ὁ θεὸς Ισραηλ Ἐγώ εἰμι ὃς ἀνήγαγον ὑμᾶς ἐκ γῆς
Αἰγύπτου καὶ ἐξήγαγον ὑμᾶς ἐξ οἴκου δουλείας ὑμῶν ⁹καὶ ἐρρυ- 9
σάμην ὑμᾶς ἐκ χειρὸς Αἰγύπτου καὶ ἐκ χειρὸς πάντων τῶν θλι-
βόντων ὑμᾶς καὶ ἐξέβαλον αὐτοὺς ἐκ προσώπου ὑμῶν καὶ ἔδωκα
ὑμῖν τὴν γῆν αὐτῶν ¹⁰καὶ εἶπα ὑμῖν Ἐγὼ κύριος ὁ θεὸς ὑμῶν, 10
οὐ φοβηθήσεσθε τοὺς θεοὺς τοῦ Αμορραίου, ἐν οἷς ὑμεῖς καθή-
σευθε ἐν τῇ γῇ αὐτῶν · καὶ οὐκ εἰσηκούσατε τῆς φωνῆς μου.

¹¹Καὶ ἦλθεν ἄγγελος κυρίου καὶ ἐκάθισεν ὑπὸ τὴν τερέμινθον 11
τὴν ἐν Εφραθα τὴν Ιωας πατρὸς τοῦ Εσδρι, καὶ Γεδεων υἱὸς
αὐτοῦ ῥαβδίζων σῖτον ἐν ληνῷ εἰς ἐκφυγεῖν ἀπὸ προσώπου
τοῦ Μαδιαμ. ¹²καὶ ὤφθη αὐτῷ ὁ ἄγγελος κυρίου καὶ εἶπεν πρὸς 12
αὐτόν Κύριος μετὰ σοῦ, ἰσχυρὸς τῶν δυνάμεων. ¹³καὶ εἶπεν πρὸς 13
αὐτὸν Γεδεων Ἐν ἐμοί, κύριέ μου, καὶ εἰ ἔστιν κύριος μεθ' ἡμῶν, εἰς
τί εὗρεν ἡμᾶς τὰ κακὰ ταῦτα; καὶ ποῦ ἐστιν πάντα τὰ θαυμάσια
αὐτοῦ, ἃ διηγήσαντο ἡμῖν οἱ πατέρες ἡμῶν λέγοντες Μὴ οὐχὶ ἐξ

11 την 3⁰ Ra.] εν τη B⁽⁺⁾

Αἰγύπτου ἀνήγαγεν ἡμᾶς κύριος; καὶ νῦν ἀπώσατο ἡμᾶς καὶ παρ- A
14 έδωκεν ἡμᾶς ἐν χειρὶ Μαδιαμ. ¹⁴καὶ ἐπέβλεψεν πρὸς αὐτὸν ὁ ἄγ-
γελος κυρίου καὶ εἶπεν αὐτῷ Πορεύου ἐν τῇ ἰσχύι σου καὶ σώ-
15 σεις τὸν Ισραηλ, καὶ ἰδοὺ ἐξαπέστειλά σε. ¹⁵καὶ εἶπεν πρὸς αὐτὸν
Γεδεων Ἐν ἐμοί, κύριε, ἐν τίνι σώσω τὸν Ισραηλ; ἰδοὺ ἡ χιλιάς
μου ταπεινοτέρα ἐν Μανασση, καὶ ἐγώ εἰμι μικρὸς ἐν τῷ οἴκῳ
16 τοῦ πατρός μου. ¹⁶καὶ εἶπεν πρὸς αὐτὸν ὁ ἄγγελος κυρίου Κύριος
17 ἔσται μετὰ σοῦ, καὶ πατάξεις τὴν Μαδιαμ ὡσεὶ ἄνδρα ἕνα. ¹⁷καὶ
εἶπεν πρὸς αὐτὸν Γεδεων Καὶ εἰ εὗρον χάριν ἐν ὀφθαλμοῖς σου,
18 καὶ ποιήσεις μοι σημεῖον ὅτι σὺ λαλεῖς μετ᾽ ἐμοῦ · ¹⁸μὴ κινηθῇς
ἐντεῦθεν ἕως τοῦ ἐλθεῖν με πρὸς σέ, καὶ οἴσω τὴν θυσίαν μου
καὶ θήσω ἐνώπιόν σου. καὶ εἶπεν Ἐγώ εἰμι καθήσομαι ἕως τοῦ
19 ἐπιστρέψαι σε. ¹⁹καὶ Γεδεων εἰσῆλθεν καὶ ἐποίησεν ἔριφον αἰγῶν
καὶ οιφι ἀλεύρου ἄζυμα καὶ τὰ κρέα ἐπέθηκεν ἐπὶ τὸ κανοῦν καὶ
τὸν ζωμὸν ἐνέχεεν εἰς χύτραν καὶ ἐξήνεγκεν πρὸς αὐτὸν ὑπὸ τὴν
20 δρῦν καὶ προσεκύνησεν. ²⁰καὶ εἶπεν πρὸς αὐτὸν ὁ ἄγγελος κυρίου
Λαβὲ τὰ κρέα καὶ τοὺς ἄρτους τοὺς ἀζύμους καὶ θὲς πρὸς τὴν
21 πέτραν ἐκείνην καὶ τὸν ζωμὸν ἔκχεον · καὶ ἐποίησεν οὕτως. ²¹καὶ
ἐξέτεινεν ὁ ἄγγελος κυρίου τὸ ἄκρον τῆς ῥάβδου τῆς ἐν τῇ χειρὶ

13 ανηγαγεν] εξη. A† | ημας paenult. M] + κυριος A O(sub ✳)L || 14 ισρα-
ηλ M] + εκ χειρος μαδιαμ A Oᴾ(sub ✳)L || 15 εν ult. > A†

Αἰγύπτου ἀνήγαγεν ἡμᾶς κύριος; καὶ νῦν ἐξέρριψεν ἡμᾶς καὶ ἔδω- B
14 κεν ἡμᾶς ἐν χειρὶ Μαδιαμ. ¹⁴καὶ ἐπέστρεψεν πρὸς αὐτὸν ὁ ἄγγε-
λος κυρίου καὶ εἶπεν Πορεύου ἐν ἰσχύι σου ταύτῃ καὶ σώσεις
15 τὸν Ισραηλ ἐκ χειρὸς Μαδιαμ · ἰδοὺ ἐξαπέστειλά σε. ¹⁵καὶ εἶπεν
πρὸς αὐτὸν Γεδεων Ἐν ἐμοί, κύριέ μου, ἐν τίνι σώσω τὸν Ισρα-
ηλ; ἰδοὺ ἡ χιλιάς μου ἠσθένησεν ἐν Μανασση, καὶ ἐγώ εἰμι ὁ
16 μικρότερος ἐν οἴκῳ πατρός μου. ¹⁶καὶ εἶπεν πρὸς αὐτὸν ὁ ἄγγελος
κυρίου Κύριος ἔσται μετὰ σοῦ, καὶ πατάξεις τὴν Μαδιαμ ὡσεὶ ἄν-
17 δρα ἕνα. ¹⁷καὶ εἶπεν πρὸς αὐτὸν Γεδεων Εἰ δὲ εὗρον ἔλεος ἐν
ὀφθαλμοῖς σου καὶ ποιήσεις μοι σήμερον πᾶν, ὅ τι ἐλάλησας μετ᾽
18 ἐμοῦ, ¹⁸μὴ χωρισθῇς ἐντεῦθεν ἕως τοῦ ἐλθεῖν με πρὸς σέ, καὶ
ἐξοίσω τὴν θυσίαν καὶ θήσω ἐνώπιόν σου. καὶ εἶπεν Ἐγώ εἰμι
19 καθίομαι ἕως τοῦ ἐπιστρέψαι σε. ¹⁹καὶ Γεδεων εἰσῆλθεν καὶ ἐποίησεν
ἔριφον αἰγῶν καὶ οιφι ἀλεύρου ἄζυμα καὶ τὰ κρέα ἔθηκεν ἐν τῷ κοφί-
νῳ καὶ τὸν ζωμὸν ἔβαλεν ἐν τῇ χύτρᾳ καὶ ἐξήνεγκεν αὐτὰ πρὸς αὐτὸν
20 ὑπὸ τὴν τερέμινθον καὶ προσ.ήγγισεν. ²⁰καὶ εἶπεν πρὸς αὐτὸν ὁ ἄγγε-
λος τοῦ θεοῦ Λαβὲ τὰ κρέα καὶ τὰ ἄζυμα καὶ θὲς πρὸς τὴν πέτραν
21 ἐκείνην καὶ τὸν ζωμὸν ἐχόμενα ἔκχεε · καὶ ἐποίησεν οὕτως. ²¹καὶ
ἐξέτεινεν ὁ ἄγγελος κυρίου τὸ ἄκρον τῆς ῥάβδου τῆς ἐν χειρὶ

A αὐτοῦ καὶ ἥψατο τῶν κρεῶν καὶ τῶν ἀζύμων, καὶ ἀνήφθη πῦρ ἐκ
τῆς πέτρας καὶ κατέφαγεν τὰ κρέα καὶ τοὺς ἀζύμους · καὶ ὁ ἄγγε-
λος κυρίου ἀπῆλθεν ἐξ ὀφθαλμῶν αὐτοῦ. ²²καὶ εἶδεν Γεδεων ὅτι 22
ἄγγελος κυρίου ἐστίν, καὶ εἶπεν Γεδεων Ἀ ἀ, κύριε κύριε, ὅτι εἶ-
δον τὸν ἄγγελον κυρίου πρόσωπον πρὸς πρόσωπον. ²³καὶ εἶπεν 23
αὐτῷ κύριος Εἰρήνη σοι, μὴ φοβοῦ μὴ ἀποθάνης. ²⁴καὶ ᾠκοδόμη- 24
σεν ἐκεῖ Γεδεων θυσιαστήριον τῷ κυρίῳ καὶ ἐκάλεσεν αὐτὸ Εἰρή-
νη κυρίου ἕως τῆς ἡμέρας ταύτης ἔτι αὐτοῦ ὄντος ἐν Εφραθα
πατρὸς τοῦ Εζρι.
²⁵Καὶ ἐγενήθη τῇ νυκτὶ ἐκείνῃ καὶ εἶπεν αὐτῷ κύριος Λαβὲ τὸν 25
μόσχον τὸν σιτευτὸν τοῦ πατρός σου, μόσχον τὸν ἑπταετῆ, καὶ
καθελεῖς τὸ θυσιαστήριον τοῦ Βααλ, ὅ ἐστιν τοῦ πατρός σου, καὶ
τὸ ἄλσος τὸ ἐπ᾽ αὐτῷ ἐκκόψεις · ²⁶καὶ οἰκοδομήσεις θυσιαστήριον 26
κυρίῳ τῷ θεῷ σου τῷ ὀφθέντι σοι ἐπὶ τῆς κορυφῆς τοῦ ὄρους
Μαωζ τούτου ἐν τῇ παρατάξει καὶ λήμψῃ τὸν μόσχον καὶ ἀνοίσεις
ὁλοκαύτωμα ἐν τοῖς ξύλοις τοῦ ἄλσους, οὗ ἐκκόψεις. ²⁷καὶ ἔλαβεν 27
Γεδεων τρεῖς καὶ δέκα ἄνδρας ἀπὸ τῶν δούλων αὐτοῦ καὶ ἐποί-
ησεν καθὰ ἐλάλησεν πρὸς αὐτὸν κύριος · καὶ ἐγένετο ὡς ἐφοβήθη

24 εζρι *O*ᵖ] ιεζρι A† ‖ 25 μοσχον 2⁰] + τον δευτερον A *O*(sub ✳)⁽†⁾ | αυ-
τω ult. *O L*] -της A† | εκκοψαται(pro -τε) A† ‖ 26 μαωζ] -ωχ A† | μοσχον
L] + τον δευτερον A *O*(sub ✳) | ου] ο A†

B αὐτοῦ καὶ ἥψατο τῶν κρεῶν καὶ τῶν ἀζύμων, καὶ ἀνέβη πῦρ ἐκ
τῆς πέτρας καὶ κατέφαγεν τὰ κρέα καὶ τοὺς ἀζύμους · καὶ ὁ ἄγγε-
λος κυρίου ἐπορεύθη ἀπὸ ὀφθαλμῶν αὐιοῦ. ²²καὶ εἶδεν Γεδεων ὅτι 22
ἄγγελος κυρίου οὗτός ἐστιν, καὶ εἶπεν Γεδεων Ἀ ἀ, κύριέ μου κύ-
ριε, ὅτι εἶδον ἄγγελον κυρίου πρόσωπον πρὸς πρόσωπον. ²³καὶ εἶ- 23
πεν αὐτῷ κύριος Εἰρήνη σοι, μὴ φοβοῦ, οὐ μὴ ἀποθάνης. ²⁴καὶ 24
ᾠκοδόμησεν ἐκεῖ Γεδεων θυσιαστήριον τῷ κυρίῳ καὶ ἐπεκάλεσεν
αὐτῷ Εἰρήνη κυρίου ἕως τῆς ἡμέρας ταύτης ἔτι αὐτοῦ ὄντος ἐν
Εφραθα πατρὸς τοῦ Εσδρι.
²⁵Καὶ ἐγένετο ἐν τῇ νυκτὶ ἐκείνῃ καὶ εἶπεν αὐτῷ κύριος Λαβὲ τὸν 25
μόσχον τὸν ταῦρον, ὅς ἐστιν τῷ πατρί σου, καὶ μόσχον δεύτερον
ἑπταετῆ καὶ καθελεῖς τὸ θυσιαστήριον τοῦ Βααλ, ὅ ἐστιν τῷ πατρί
σου, καὶ τὸ ἄλσος τὸ ἐπ᾽ αὐτὸ ὀλεθρεύσεις · ²⁶καὶ οἰκοδ μήσεις 26
θυσιαστήριον κυρίῳ τῷ θεῷ σου ἐπὶ κορυφὴν τοῦ Μαουεκ τούτου
ἐν τῇ παρατάξει καὶ λήμψῃ τὸν μόσχον τὸν δεύτερον καὶ ἀνοίσεις
ὁλοκαύτωμα ἐν τοῖς ξύλοις τοῦ ἄλσους, οὗ ἐξολεθρεύσεις. ²⁷καὶ 27
ἔλαβεν Γεδεων δέκα ἄνδρας ἀπὸ τῶν δούλων ἑαυτοῦ καὶ ἐποίησεν ὃν
τρόπον ἐλάλησεν πρὸς αὐτὸν κύριος · καὶ ἐγενήθη ὡς ἐφοβήθη

22 προς > B† ‖ 26 κυριω] pr. τω B†

τὸν οἶκον τοῦ πατρὸς αὐτοῦ καὶ τοὺς ἄνδρας τῆς πόλεως μὴ Α
28 ποιῆσαι ἡμέρας, καὶ ἐποίησεν νυκτός. ²⁸καὶ ὤρθρισαν οἱ ἄνδρες
τῆς πόλεως τὸ πρωί, καὶ ἰδοὺ κατεσκαμμένον τὸ θυσιαστήριον
τοῦ Βααλ, καὶ τὸ ἄλσος τὸ ἐπ᾽ αὐτῷ ἐκκεκομμένον, καὶ ὁ μόσχος
ὁ σιτευτὸς ἀνηνεγμένος εἰς ὁλοκαύτωμα ἐπὶ τὸ θυσιαστήριον τὸ
29 ᾠκοδομημένον. ²⁹καὶ εἶπεν ἀνὴρ πρὸς τὸν πλησίον αὐτοῦ Τίς ἐποί-
ησεν τὸ πρᾶγμα τοῦτο; καὶ ἀνήταζον καὶ ἐξεζήτουν καὶ εἶπαν Γε-
30 δεων ὁ υἱὸς Ιωας ἐποίησεν τὸ πρᾶγμα τοῦτο. ³⁰καὶ εἶπαν οἱ ἄν-
δρες τῆς πόλεως πρὸς Ιωας Ἐξάγαγε τὸν υἱόν σου καὶ ἀποθανέ-
τω, ὅτι κατέσκαψεν τὸ θυσιαστήριον τοῦ Βααλ καὶ ὅτι ἔκοψεν τὸ
31 ἄλσος τὸ ἐπ᾽ αὐτῷ. ³¹καὶ εἶπεν Ιωας πρὸς τοὺς ἄνδρας τοὺς ἑστα-
μένους ἐπ᾽ αὐτόν Μὴ ὑμεῖς νῦν δικάζεσθε περὶ τοῦ Βααλ; ἢ ὑμεῖς
σῴζετε αὐτόν; ὃς ἀντεδίκησεν αὐτόν, ἀποθανεῖται ἕως πρωί· εἰ
ἔστιν θεός, αὐτὸς ἐκδικήσει αὐτόν, ὅτι κατέσκαψεν τὸ θυσιαστή-
32 ριον αὐτοῦ. ³²καὶ ἐκάλεσεν αὐτὸ ἐν τῇ ἡμέρᾳ ἐκείνῃ Δικαστήριον
τοῦ Βααλ, ὅτι κατέσκαψεν τὸ θυσιαστήριον αὐτοῦ.
33 　³³Καὶ πᾶσα Μαδιαμ καὶ Αμαληκ καὶ υἱοὶ ἀνατολῶν συνήχθησαν
ἐπὶ τὸ αὐτὸ καὶ διέβησαν καὶ παρενέβαλον ἐν τῇ κοιλάδι Ιεζραελ.
34 ³⁴καὶ πνεῦμα θεοῦ ἐνέδυσεν τὸν Γεδεων, καὶ ἐσάλπισεν ἐν κερα-

34 ενεδυσεν L] -δυναμωσεν A O

τὸν οἶκον τοῦ πατρὸς αὐτοῦ καὶ τοὺς ἄνδρας τῆς πόλεως τοῦ Β
28 ποιῆσαι ἡμέρας, καὶ ἐποίησεν νυκτός. ²⁸καὶ ὤρθρισαν οἱ ἄνδρες
τῆς πόλεως τὸ πρωί, καὶ ἰδοὺ καθήρητο τὸ θυσιαστήριον τοῦ
Βααλ, καὶ τὸ ἄλσος τὸ ἐπ᾽ αὐτῷ ὠλέθρευτο· καὶ εἶδαν τὸν μόσχον
τὸν δεύτερον, ὃν ἀνήνεγκεν ἐπὶ τὸ θυσιαστήριον τὸ ᾠκοδομη-
29 μένον. ²⁹καὶ εἶπεν ἀνὴρ πρὸς τὸν πλησίον αὐτοῦ Τίς ἐποίησεν
τὸ ῥῆμα τοῦτο; καὶ ἐπεζήτησαν καὶ ἠρεύνησαν καὶ ἔγνωσαν ὅτι
30 Γεδεων υἱὸς Ιωας ἐποίησεν τὸ ῥῆμα τοῦτο. ³⁰καὶ εἶπον οἱ ἄνδρες
τῆς πόλεως πρὸς Ιωας Ἐξένεγκε τὸν υἱόν σου καὶ ἀποθανέτω,
ὅτι καθεῖλεν τὸ θυσιαστήριον τοῦ Βααλ καὶ ὅτι ὠλέθρευσεν τὸ
31 ἄλσος τὸ ἐπ᾽ αὐτῷ. ³¹καὶ εἶπεν Ιωας τοῖς ἀνδράσιν πᾶσιν, οἳ ἐπ-
ανέστησαν αὐτῷ Μὴ ὑμεῖς νῦν δικάζεσθε ὑπὲρ τοῦ Βααλ; ἢ ὑμεῖς
σώσετε αὐτόν; ὃς ἐὰν δικάσηται αὐτῷ, θανατωθήτω ἕως πρωί·
εἰ θεός ἐστιν, δικαζέσθω αὐτῷ, ὅτι καθεῖλεν τὸ θυσιαστήριον
32 αὐτοῦ. ³²καὶ ἐκάλεσεν αὐτὸ ἐν τῇ ἡμέρᾳ ἐκείνῃ Ιαρβααλ λέγων
Δικασάσθω ἐν αὐτῷ ὁ Βααλ, ὅτι καθηρέθη τὸ θυσιαστήριον αὐτοῦ.
33 　³³Καὶ πᾶσα Μαδιαμ καὶ Αμαληκ καὶ υἱοὶ ἀνατολῶν συνή-
34 χθησαν ἐπὶ τὸ αὐτὸ καὶ παρενέβαλον ἐν κοιλάδι Εζερεελ. ³⁴καὶ
πνεῦμα κυρίου ἐνεδυνάμωσεν τὸν Γεδεων, καὶ ἐσάλπισεν ἐν κερα-

31 ιωας] pr. γεδεων υιος B† ‖ 32 ιαρβααλ Ra. (cf. 7 1)] αρβααλ B†

A τίνη, καὶ ἐβόησεν Αβιεζερ ὀπίσω αὐτοῦ. ³⁵καὶ ἀγγέλους ἐξαπέστει- 35
λεν ἐν παντὶ Μανασση καὶ ἐβόησεν καὶ αὐτὸς ὀπίσω αὐτοῦ · καὶ
ἐξαπέστειλεν ἀγγέλους ἐν Ασηρ καὶ ἐν Ζαβουλων καὶ ἐν Νεφθαλι,
καὶ ἀνέβησαν εἰς συνάντησιν αὐτοῦ. ³⁶καὶ εἶπεν Γεδεων πρὸς τὸν 36
θεόν Εἰ σῴζεις ἐν τῇ χειρί μου τὸν Ισραηλ, ὃν τρόπον ἐλάλησας,
³⁷ἰδοὺ ἐγὼ ἀπερείδομαι τὸν πόκον τῶν ἐρίων ἐν τῷ ἅλωνι, καὶ 37
ἐὰν δρόσος γένηται ἐπὶ τὸν πόκον μόνον καὶ ἐπὶ πᾶσαν τὴν γῆν
ξηρασία, καὶ γνώσομαι ὅτι σῴζεις ἐν τῇ χειρί μου τὸν Ισραηλ, ὃν
τρόπον ἐλάλησας. ³⁸καὶ ἐγένετο οὕτως · καὶ ὤρθρισεν Γεδεων τῇ 38
ἐπαύριον καὶ ἀπεπίασεν τὸν πόκον, καὶ ἀπερρύη ἡ δρόσος ἐκ τοῦ
πόκου, πλήρης λεκάνη ὕδατος. ³⁹καὶ εἶπεν Γεδεων πρὸς τὸν θεόν 39
Μὴ ὀργισθήτω ὁ θυμός σου ἐν ἐμοί, καὶ λαλήσω ἔτι ἅπαξ · καὶ
πειράσω ἔτι ἅπαξ ἐν τῷ πόκῳ, καὶ γενηθήτω ξηρασία ἐπὶ τὸν πό-
κον μόνον, ἐπὶ δὲ πᾶσαν τὴν γῆν γενηθήτω δρόσος. ⁴⁰καὶ ἐποίη- 40
σεν ὁ θεὸς οὕτως ἐν τῇ νυκτὶ ἐκείνῃ, καὶ ἐγένετο ξηρασία ἐπὶ
τὸν πόκον μόνον, ἐπὶ δὲ πᾶσαν τὴν γῆν ἐγένετο δρόσος.

¹Καὶ ὤρθρισεν Ιεροβααλ (αὐτός ἐστιν Γεδεων) καὶ πᾶς ὁ λαὸς 7
ὁ μετ' αὐτοῦ καὶ παρενέβαλεν ἐπὶ τὴν γῆν Αρωεδ, καὶ παρεμβολὴ
Μαδιαμ καὶ Αμαληκ ἦν αὐτῷ ἀπὸ βορρᾶ ἀπὸ τοῦ βουνοῦ τοῦ Αβωρ

39 λαλησω] + προς σε A†
71 ιροβααλ A† | αρωεδ OᵖL] ιαερ A† | βουνου O†] βωμου AL†

B τίνη, καὶ ἐφοβήθη Αβιεζερ ὀπίσω αὐτοῦ. ³⁵καὶ ἀγγέλους ἀπέστει- 35
λεν εἰς πάντα Μανασση καὶ ἐν Ασηρ καὶ ἐν Ζαβουλων καὶ Νε-
φθαλι καὶ ἀνέβη εἰς συνάντησιν αὐτῶν. ³⁶καὶ εἶπεν Γεδεων πρὸς 36
τὸν θεόν Εἰ σὺ σῴζεις ἐν χειρί μου τὸν Ισραηλ, καθὼς ἐλάλη-
σας, ³⁷ἰδοὺ ἐγὼ τίθημι τὸν πόκον τοῦ ἐρίου ἐν τῇ ἅλωνι · ἐὰν 37
δρόσος γένηται ἐπὶ τὸν πόκον μόνον καὶ ἐπὶ πᾶσαν τὴν γῆν ξη-
ρασία, γνώσομαι ὅτι σώσεις ἐν χειρί μου τὸν Ισραηλ, καθὼς
ἐλάλησας. ³⁸καὶ ἐγένετο οὕτως · καὶ ὤρθρισεν τῇ ἐπαύριον κι.ὶ 38
ἐξεπίασεν τὸν πόκον, καὶ ἔσταξεν δρόσος ἀπὸ τοῦ πόκου, πλήρης
λεκάνη ὕδατος. ³⁹καὶ εἶπεν Γεδεων πρὸς τὸν θεόν Μὴ δὴ ὀργι- 39
σθήτω ὁ θυμός σου ἐν ἐμοί, καὶ λαλήσω ἔτι ἅπαξ · πειράσω δὲ
καί γε ἔτι ἅπαξ ἐν τῷ πόκῳ, καὶ γενέσθω ἡ ξηρασία ἐπὶ τὸν πό-
κον μόνον, καὶ ἐπὶ πᾶσαν τὴν γῆν γενηθήτω δρόσος. ⁴⁰καὶ ἐποίη- 40
σεν οὕτως ὁ θεὸς ἐν τῇ νυκτὶ ἐκείνῃ, καὶ ἐγένετο ξηρασία ἐπὶ
τὸν πόκον μόνον, καὶ ἐπὶ πᾶσαν τὴν γῆν ἐγενήθη δρόσος.

¹Καὶ ὤρθρισεν Ιαρβαλ (αὐτός ἐστιν Γεδεων) καὶ πᾶς ὁ 7
λαὸς μετ' αὐτοῦ καὶ παρενέβαλον ἐπὶ πηγὴν Αραδ, καὶ παρ-
εμβολὴ Μαδιαμ ἦν αὐτῷ ἀπὸ βορρᾶ ἀπὸ Γαβααθ Αμωρα

2 ἐν τῇ κοιλάδι. ²καὶ εἶπεν κύριος πρὸς Γεδεων Πολὺς ὁ λαὸς ὁ **A**
μετὰ σοῦ ὥστε μὴ παραδοῦναί με τὴν Μαδιαμ ἐν χειρὶ αὐτῶν,
μήποτε καυχήσηται Ισραηλ ἐπ᾽ ἐμὲ λέγων Ἡ χείρ μου ἔσωσέν με.
3 ³καὶ εἶπεν κύριος πρὸς αὐτόν Λάλησον δὴ εἰς τὰ ὦτα τοῦ λαοῦ
λέγων Τίς δειλὸς καὶ φοβούμενος; ἀποστραφήτω. καὶ ἐξώρμησαν
ἀπὸ τοῦ ὄρους τοῦ Γαλααδ καὶ ἀπεστράφησαν ἀπὸ τοῦ λαοῦ εἴ-
4 κοσι καὶ δύο χιλιάδες, καὶ δέκα χιλιάδες ὑπελείφθησαν. ⁴καὶ εἶπεν
κύριος πρὸς Γεδεων Ἔτι ὁ λαὸς πολύς · κατάγαγε αὐτοὺς εἰς τὸ
ὕδωρ, καὶ δοκιμῶ αὐτούς σοι ἐκεῖ · καὶ ἔσται ὃν ἐὰν εἴπω πρὸς
σέ Οὗτος πορεύσεται μετὰ σοῦ, αὐτὸς πορεύσεται μετὰ σοῦ · καὶ
ὃν ἐὰν εἴπω σοι ὅτι οὐ πορεύσεται μετὰ σοῦ, αὐτὸς οὐ πορεύ-
5 σεται μετὰ σοῦ. ⁵καὶ κατεβίβασεν τὸν λαὸν εἰς τὸ ὕδωρ · καὶ εἶ-
πεν κύριος πρὸς Γεδεων Πᾶς, ὃς ἂν λάψῃ τῇ γλώσσῃ αὐτοῦ ἐκ
τοῦ ὕδατος, ὡς ἐὰν λάψῃ ὁ κύων, στήσεις αὐτὸν κατὰ μόνας,
καὶ πᾶς, ὃς ἂν κάμψῃ ἐπὶ τὰ γόνατα αὐτοῦ τοῦ πιεῖν, μεταστήσεις
6 αὐτὸν καθ᾽ αὑτόν. ⁶καὶ ἐγένετο πᾶς ὁ ἀριθμὸς τῶν λαψάντων ἐν
τῇ γλώσσῃ αὐτῶν τριακόσιοι ἄνδρες, καὶ πᾶς ὁ ἐπίλοιπος τοῦ
7 λαοῦ ἔκαμψαν ἐπὶ τὰ γόνατα αὐτῶν τοῦ πιεῖν ὕδωρ. ⁷καὶ εἶπεν

2 εσωκεν (sic) A⁺ ‖ 3 εξωρμησαν M] -σεν *A O L*⁺ ‖ 4 εκει] εκειθεν A⁺
| ον compl.] pr. παντα A *O*ᵖ(sub ※) ‖ 5 λαψη bis] 1⁰ ληψη, 2⁰ λημψη A⁺ |
επι > A ‖ 6 λαμψαντων A | αυτων ult.] -του A⁺

---

2 ἐν κοιλάδι. ²καὶ εἶπεν κύριος πρὸς Γεδεων Πολὺς ὁ λαὸς ὁ μετὰ **B**
σοῦ ὥστε μὴ παραδοῦναί με τὴν Μαδιαμ ἐν χειρὶ αὐτῶν, μήποτε
3 καυχήσηται Ισραηλ ἐπ᾽ ἐμὲ λέγων Ἡ χείρ μου ἔσωσέν με · ³καὶ
νῦν λάλησον δὴ ἐν ὠσὶν τοῦ λαοῦ λέγων Τίς ὁ φοβούμενος καὶ
δειλός; ἐπιστρεφέτω καὶ ἐκχωρείτω ἀπὸ ὄρους Γαλααδ καὶ ἐπέ-
στρεψεν ἀπὸ τοῦ λαοῦ εἴκοσι καὶ δύο χιλιάδες, καὶ δέκα χιλιάδες
4 ὑπελείφθησαν. ⁴καὶ εἶπεν κύριος πρὸς Γεδεων Ἔτι ὁ λαὸς πολύς ·
κατένεγκον αὐτοὺς πρὸς τὸ ὕδωρ, καὶ ἐκκαθαρῶ σοι αὐτὸν ἐκεῖ ·
καὶ ἔσται ὃν ἐὰν εἴπω πρὸς σέ Οὗτος πορεύσεται σὺν σοί, αὐτὸς
πορεύσεται σὺν σοί · καὶ πᾶν, ὃν ἐὰν εἴπω πρὸς σέ Οὗτος οὐ
5 πορεύσεται μετὰ σοῦ, αὐτὸς οὐ πορεύσεται μετὰ σοῦ. ⁵καὶ κατή-
νεγκεν τὸν λαὸν πρὸς τὸ ὕδωρ · καὶ εἶπεν κύριος πρὸς Γεδεων
Πᾶς, ὃς ἂν λάψῃ τῇ γλώσσῃ αὐτοῦ ἀπὸ τοῦ ὕδατος ὡς ἐὰν λά-
ψῃ ὁ κύων, στήσεις αὐτὸν κατὰ μόνας, καὶ πᾶς, ὃς ἐὰν κλίνῃ ἐπὶ τὰ
6 γόνατα αὐτοῦ πιεῖν. ⁶καὶ ἐγένετο ὁ ἀριθμὸς τῶν λαψάντων ἐν χειρὶ
αὐτῶν πρὸς τὸ στόμα αὐτῶν τριακόσιοι ἄνδρες, καὶ πᾶν τὸ κατάλοι-
7 πον τοῦ λαοῦ ἔκλιναν ἐπὶ τὰ γόνατα αὐτῶν πιεῖν ὕδωρ. ⁷καὶ εἶπεν

4 παν (sic B: pro παντα uid., cf. Exod. 12 44 Thack. p. 175)] πας mu.

A κύριος πρὸς Γεδεων Ἐν τοῖς τριακοσίοις ἀνδράσιν τοῖς λάψασιν
σώσω ὑμᾶς καὶ παραδώσω τὴν Μαδιαμ ἐν χειρί σου, καὶ πᾶς ὁ
λαὸς ἀποτρεχέτω ἀνὴρ εἰς τὸν τόπον αὐτοῦ. ⁸καὶ ἔλαβον τὸν ἐπι- 8
σιτισμὸν τοῦ λαοῦ ἐν τῇ χειρὶ αὐτῶν καὶ τὰς κερατίνας αὐτῶν,
καὶ πάντα ἄνδρα Ισραηλ ἐξαπέστειλεν ἄνδρα εἰς τὸ σκήνωμα αὐ-
τοῦ, τῶν δὲ τριακοσίων ἀνδρῶν ἐκράτησεν. ἡ δὲ παρεμβολὴ Μα-
διαμ ἦν ὑποκάτωθεν αὐτοῦ ἐν τῇ κοιλάδι.

⁹Καὶ ἐγενήθη ἐν τῇ νυκτὶ ἐκείνῃ καὶ εἶπεν πρὸς αὐτὸν κύριος 9
Ἀνάστα κατάβηθι τὸ τάχος ἐντεῦθεν εἰς τὴν παρεμβολήν, ὅτι παρ-
έδωκα αὐτὴν ἐν τῇ χειρί σου · ¹⁰εἰ δὲ φοβῇ σὺ καταβῆναι, κατά- 10
βηθι σὺ καὶ Φαρα τὸ παιδάριόν σου εἰς τὴν παρεμβολὴν ¹¹καὶ 11
ἀκούσῃ, τί λαλοῦσιν · καὶ μετὰ ταῦτα ἰσχύσουσιν αἱ χεῖρές σου,
καὶ καταβήσῃ ἐν τῇ παρεμβολῇ. καὶ κατέβη αὐτὸς καὶ Φαρα τὸ
παιδάριον αὐτοῦ εἰς μέρος τῶν πεντήκοντα τῶν ἐν τῇ παρεμβολῇ.
¹²καὶ Μαδιαμ καὶ Αμαληκ καὶ πάντες οἱ υἱοὶ ἀνατολῶν παρεμβε- 12
βλήκεισαν ἐν τῇ κοιλάδι ὡς ἀκρὶς εἰς πλῆθος, καὶ ταῖς καμήλοις
αὐτῶν οὐκ ἦν ἀριθμός, ἀλλ᾽ ἦσαν ὥσπερ ἡ ἄμμος ἡ ἐπὶ τὸ χεῖλος
τῆς θαλάσσης εἰς πλῆθος. ¹³καὶ εἰσῆλθεν Γεδεων, καὶ ἰδοὺ ἀνὴρ 13
ἐξηγεῖτο τῷ πλησίον αὐτοῦ τὸ ἐνύπνιον καὶ εἶπεν Ἰδοὺ τὸ ἐνύ-

7 λαμψασιν A | την > A† ‖ 8 ταις χερσιν A† ‖ 9 αναστα O] αναβηθι
A† | εντευθεν / εις την παρεμβ. OL] tr. A† ‖ 12 οι OL] > A | αυτων > A†
‖ 13 εξηγειται A†

B κύριος πρὸς Γεδεων Ἐν τοῖς τριακοσίοις ἀνδράσιν τοῖς λάψασιν
σώσω ὑμᾶς καὶ δώσω τὴν Μαδιαμ ἐν χειρί σου, καὶ πᾶς ὁ λαὸς
πορεύσονται ἀνὴρ εἰς τὸν τόπον αὐτοῦ. ⁸καὶ ἔλαβον τὸν ἐπισιτι- 8
σμὸν τοῦ λαοῦ ἐν χειρὶ αὐτῶν καὶ τὰς κερατίνας αὐτῶν, καὶ τὸν
πάντα ἄνδρα Ισραηλ ἐξαπέστειλεν ἄνδρα εἰς σκηνὴν αὐτοῦ καὶ
τοὺς τριακοσίους ἄνδρας κατίσχυσεν. καὶ ἡ παρεμβολὴ Μαδιαμ
ἦσαν αὐτοῦ ὑποκάτω ἐν τῇ κοιλάδι.

⁹Καὶ ἐγενήθη ἐν τῇ νυκτὶ ἐκείνῃ καὶ εἶπεν πρὸς αὐτὸν κύ- 9
ριος Ἀναστὰς κατάβηθι ἐν τῇ παρεμβολῇ, ὅτι παρέδωκα αὐτὴν
ἐν -ῇ χειρί σου · ¹⁰καὶ εἰ φοβῇ σὺ καταβῆναι, κατάβηθι σὺ 10
καὶ Φαρα τὸ παιδάριόν σου εἰς τὴν παρεμβολὴν ¹¹καὶ ἀκού- 11
σῃ, τί λαλήσουσιν · καὶ μετὰ τοῦτο ἰσχύσουσιν αἱ χεῖρές σου,
καὶ καταβήσῃ ἐν τῇ παρεμβολῇ. καὶ κατέβη αὐτὸς καὶ Φαρα τὸ
παιδάριον αὐτοῦ πρὸς ἀρχὴν τῶν πεντήκοντα, οἳ ἦσαν ἐν τῇ παρ-
εμβολῇ. ¹²καὶ Μαδιαμ καὶ Αμαληκ καὶ πάντες υἱοὶ ἀνατολῶν βε- 12
βλημένοι ἐν τῇ κοιλάδι ὡσεὶ ἀκρὶς εἰς πλῆθος, καὶ ταῖς καμήλοις
αὐτῶν οὐκ ἦν ἀριθμός, ἀλλὰ ἦσαν ὡς ἡ ἄμμος ἡ ἐπὶ χείλους
τῆς θαλάσσης εἰς πλῆθος. ¹³καὶ ἦλθεν Γεδεων, καὶ ἰδοὺ ἀνὴρ 13
ἐξηγούμενος τῷ πλησίον αὐτοῦ ἐνύπνιον καὶ εἶπεν Ἐνύπνιον

πνιον, ὃ ἠνυπνιάσθην, καὶ ἰδοὺ μαγὶς ἄρτου κριθίνου κυλιομένη Α
ἐν τῇ παρεμβολῇ Μαδιαμ καὶ ἦλθεν ἕως τῆς σκηνῆς Μαδιαμ καὶ
14 ἐπάταξεν αὐτὴν καὶ κατέστρεψεν αὐτήν, καὶ ἔπεσεν ἡ σκηνή. ¹⁴καὶ
ἀπεκρίθη ὁ πλησίον αὐτοῦ καὶ εἶπεν Οὐκ ἔστιν αὕτη ἀλλ᾿ ἢ ῥομ-
φαία Γεδεων υἱοῦ Ιωας ἀνδρὸς Ισραηλ · παρέδωκεν κύριος ἐν χει-
15 ρὶ αὐτοῦ τὴν Μαδιαμ καὶ πᾶσαν τὴν παρεμβολήν. ¹⁵καὶ ἐγένετο
ὡς ἤκουσεν Γεδεων τὴν διήγησιν τοῦ ἐνυπνίου καὶ τὴν σύγκρι-
σιν αὐτοῦ, καὶ προσεκύνησεν κύριον καὶ ἐπέστρεψεν εἰς τὴν παρ-
εμβολὴν Ισραηλ καὶ εἶπεν Ἀνάστητε, ὅτι παρέδωκεν κύριος ἐν
16 χερσὶν ὑμῶν τὴν παρεμβολὴν Μαδιαμ. ¹⁶καὶ διεῖλεν τοὺς τριακο-
σίους ἄνδρας τρεῖς ἀρχὰς καὶ ἔδωκεν κερατίνας ἐν χειρὶ πάντων
17 καὶ ὑδρίας κενὰς καὶ λαμπάδας ἐν μέσῳ τῶν ὑδριῶν ¹⁷καὶ εἶπεν πρὸς
αὐτούς Ἀπ᾿ ἐμοῦ ὄψεσθε καὶ οὕτως ποιήσετε · καὶ ἰδοὺ ἐγὼ εἰσ-
πορεύομαι ἐν μέσῳ τῆς παρεμβολῆς, καὶ ἔσται ὡς ἐὰν ποιήσω,
18 οὕτως ποιήσετε · ¹⁸καὶ σαλπιῶ τῇ κερατίνῃ ἐγὼ καὶ πάντες οἱ
μετ᾿ ἐμοῦ, καὶ σαλπιεῖτε ταῖς κερατίναις καὶ ὑμεῖς κύκλῳ τῆς παρ-
19 εμβολῆς καὶ ἐρεῖτε Τῷ κυρίῳ καὶ τῷ Γεδεων. ¹⁹καὶ εἰσῆλθεν Γε-
δεων καὶ ἑκατὸν ἄνδρες μετ᾿ αὐτοῦ ἐν μέρει τῆς παρεμβολῆς

13 ηλθεν] -θον Α† | αυτ .ν paenult. L] + και επεσεν Α Oᵖ(sub ※) | αυτην
ult. L] + ανω Α Oᵖ(sub ※) ‖ 15 ισραηλ > Α† | χερσιν Ο L†] χειρι Α

ἰδοὺ ἐνυπνιασάμην, καὶ ἰδοὺ μαγὶς ἄρτου κριθίνου στρεφομένη ἐν Β
τῇ παρεμβολῇ Μαδιαμ καὶ ἦλθεν ἕως τῆς σκηνῆς καὶ ἐπάταξεν
αὐτήν, καὶ ἔπεσεν, καὶ ἀνέστρεψεν αὐτὴν ἄνω, καὶ ἔπεσεν ἡ σκηνή.
14 ¹⁴καὶ ἀπεκρίθη ὁ πλησίον αὐτοῦ καὶ εἶπεν Οὐκ ἔστιν αὕτη εἰ μὴ
ῥομφαία Γεδεων υἱοῦ Ιωας ἀνδρὸς Ισραηλ · παρέδωκεν ὁ θεὸς ἐν
15 χειρὶ αὐτοῦ τὴν Μαδιαμ καὶ πᾶσαν τὴν παρεμβολήν. ¹⁵καὶ ἐγένετο
ὡς ἤκουσεν Γεδεων τὴν ἐξήγησιν τοῦ ἐνυπνίου καὶ τὴν σύγκρι-
σιν αὐτοῦ, καὶ προσεκύνησεν κυρίῳ καὶ ὑπέστρεψεν εἰς τὴν παρ-
εμβολὴν Ισραηλ καὶ εἶπεν Ἀνάστητε, ὅτι παρέδωκεν κύριος ἐν
16 χειρὶ ἡμῶν τὴν παρεμβολὴν Μαδιαμ. ¹⁶καὶ διεῖλεν τοὺς τριακο-
σίους ἄνδρας εἰς τρεῖς ἀρχὰς καὶ ἔδωκεν κερατίνας ἐν χειρὶ πάντων
17 καὶ ὑδρίας κενὰς καὶ λαμπάδας ἐν ταῖς ὑδρίαις ¹⁷καὶ εἶπεν πρὸς
αὐτούς Ἀπ᾿ ἐμοῦ ὄψεσθε καὶ οὕτως ποιήσετε · καὶ ἰδοὺ ἐγὼ εἰσ-
πορεύομαι ἐν ἀρχῇ τῆς παρεμβολῆς, καὶ ἔσται καθὼς ἂν ποιήσω,
18 οὕτως ποιήσετε · ¹⁸καὶ σαλπιῶ ἐν τῇ κερατίνῃ ἐγώ, καὶ πάντες
μετ᾿ ἐμοῦ σαλπιεῖτε ἐν ταῖς κερατίναις κύκλῳ ὅλης τῆς παρεμ-
19 βολῆς καὶ ἐρεῖτε Τῷ κυρίῳ καὶ τῷ Γεδεων. ¹⁹καὶ εἰσῆλθεν Γεδε-
ων καὶ οἱ ἑκατὸν ἄνδρες οἱ μετ᾿ αὐτοῦ ἐν ἀρχῇ τῆς παρεμβολῆς

A ἀρχομένης τῆς φυλακῆς τῆς μεσούσης · πλὴν ἐγέρσει ἤγειρεν τοὺς
φυλάσσοντας, καὶ ἐσάλπισαν ταῖς κερατίναις καὶ ἐξετίναξαν τὰς
ὑδρίας τὰς ἐν ταῖς χερσὶν αὐτῶν. ²⁰ καὶ ἐσάλπισαν αἱ τρεῖς ἀρχαὶ 20
ἐν ταῖς κερατίναις καὶ συνέτριψαν τὰς ὑδρίας καὶ ἐλάβοντο ἐν τῇ
χειρὶ τῇ ἀριστερᾷ αὐτῶν τῶν λαμπάδων, καὶ ἐν τῇ χειρὶ τῇ δεξιᾷ
αὐτῶν αἱ κερατίναι τοῦ σαλπίζειν, καὶ ἀνέκραξαν Ῥομφαία τῷ
κυρίῳ καὶ τῷ Γεδεων. ²¹ καὶ ἔστησαν ἕκαστος καθ᾽ ἑαυτὸν κύκλῳ 21
τῆς παρεμβολῆς, καὶ ἔδραμον πᾶσα ἡ παρεμβολὴ καὶ ἐσήμαναν
καὶ ἔφυγον. ²² καὶ ἐσάλπισαν αἱ τριακόσιαι κερατίναι, καὶ ἔθετο 22
κύριος μάχαιραν ἀνδρὸς ἐν τῷ πλησίον αὐτοῦ καὶ ἐν ὅλῃ τῇ παρ-
εμβολῇ, καὶ ἔφυγεν ἡ παρεμβολὴ ἕως τῆς Βαιθασεττα καὶ συνηγ-
μένη ἕως χείλους Αβελμεουλα καὶ ἐπὶ Ταβαθ. ²³ καὶ ἐβόησεν ἀνὴρ 23
Ισραηλ ἐκ Νεφθαλιμ καὶ ἐξ Ασηρ καὶ ἐκ παντὸς Μανασση καὶ
κατεδίωξαν ὀπίσω Μαδιαμ.
     ²⁴ Καὶ ἀγγέλους ἐξαπέστειλεν Γεδεων ἐν παντὶ ὁρίῳ Εφραιμ λέ- 24
γων Κατάβητε εἰς συνάντησιν Μαδιαμ καὶ καταλάβετε ἑαυτοῖς τὸ
ὕδωρ ἕως Βαιθβηρα καὶ τὸν Ιορδάνην · καὶ ἐβόησεν πᾶς ἀνὴρ

20 λαμπαδων > A⁺ ‖ 21 εστησεν A⁺ | εδραμον O] -μεν A ‖ 22 τρια-
κοσιαι > A⁺ | η] pr. πασα A⁺ | βαιθασεττα O] βασεεττα A⁺ | αβελμεουλα L]
σαβελμ. M, βασελμ. A⁺ | γαβαθ A⁺ ‖ 24 κατ ιβητε — μαδιαμ] αναστητε A⁺ |
βαιθβηρα bis M] βαιθηρα A

─────────────────

B ἐν ἀρχῇ τῆς φυλακῆς μέσης καὶ ἐγείροντες ἤγειραν τοὺς φυ-
λάσσοντας καὶ ἐσάλπισαν ἐν ταῖς κερατίναις καὶ ἐξετίναξαν τὰς
ὑδρίας τὰς ἐν ταῖς χερσὶν αὐτῶν. ²⁰ καὶ ἐσάλπισαν αἱ τρεῖς ἀρχαὶ 20
ἐν ταῖς κερατίναις καὶ συνέτριψαν τὰς ὑδρίας καὶ ἐκράτησαν ἐν
χερσὶν ἀριστεραῖς αὐτῶν τὰς λαμπάδας καὶ ἐν χερσὶν δεξιαῖς
αὐτῶν τὰς κερατίνας τοῦ σαλπίζειν καὶ ἀνέκραξαν Ῥομφαία τῷ
κυρίῳ καὶ τῷ Γεδεων. ²¹ καὶ ἔστησαν ἀνὴρ ἐφ᾽ ἑαυτῷ κύκλῳ τῆς 21
παρεμβολῆς, καὶ ἔδραμεν πᾶσα ἡ παρεμβολὴ καὶ ἐσήμαναν καὶ
ἔφυγαν. ²² καὶ ἐσάλπισαν ἐν ταῖς τριακοσίαις κερατίναις, καὶ ἔθη- 22
κεν κύριος τὴν ῥομφαίαν ἀνδρὸς ἐν τῷ πλησίον αὐτοῦ ἐν πάσῃ
τῇ παρεμβολῇ, καὶ ἔφυγεν ἡ παρεμβολὴ ἕως Βηθσεεδτα Γαρα-
γαθα ἕως χείλους Αβωμεουλα ἐπὶ Ταβαθ. ²³ καὶ ἐβόησαν ἀνὴρ Ισρα- 23
ηλ ἀπὸ Νεφθαλι καὶ ἀπὸ Ασηρ καὶ ἀπὸ παντὸς Μανασση καὶ ἐδί-
ωξαν ὀπίσω Μαδιαμ.
     ²⁴ Καὶ ἀγγέλους ἀπέστειλεν Γεδεων ἐν παντὶ ὄρει Εφραιμ λέ- 24
γων Κατάβητε εἰς συνάντησιν Μαδιαμ καὶ καταλάβετε ἑαυτοῖς τὸ
ὕδωρ ἕως Βαιθηρα καὶ τὸν Ιορδάνην · καὶ ἐβόησεν πᾶς ἀνὴρ

21 εστησεν B*(uid.)⁺

Εφραιμ καὶ προκατελάβοντο τὸ ὕδωρ ἕως Βαιθβηρα καὶ τὸν Ιορ- A
25 δάνην. ²⁵καὶ συνέλαβον τοὺς δύο ἄρχοντας Μαδιαμ, τὸν Ωρηβ
καὶ τὸν Ζηβ, καὶ ἀπέκτειναν τὸν Ωρηβ ἐν Σουριν καὶ τὸν Ζηβ
ἀπέκτειναν ἐν ΙακεφΖηβ καὶ κατεδίωξαν Μαδιαμ · καὶ τὴν κεφαλὴν
Ωρηβ καὶ Ζηβ ἤνεγκαν πρὸς Γεδεων ἐκ τοῦ πέραν τοῦ Ιορδάνου.
8 ¹καὶ εἶπεν πρὸς αὐτὸν ἀνὴρ Εφραιμ Τί τὸ ῥῆμα τοῦτο ἐποίησας
ἡμῖν τοῦ μὴ καλέσαι ἡμᾶς, ὅτε ἐξεπορεύου πολεμῆσαι ἐν τῇ Μα-
2 διαμ; καὶ ἐκρίνοντο μετ᾽ αὐτοῦ κραταιῶς. ²καὶ εἶπεν πρὸς αὐτούς
Τί ἐποίησα νῦν καθὼς ὑμεῖς; οὐχὶ κρείττω ἐπιφυλλίδες Εφραιμ ἢ
3 τρυγητὸς Αβιεζερ; ³ἐν χειρὶ ὑμῶν παρέδωκεν κύριος τοὺς ἄρχον-
τας Μαδιαμ, τὸν Ωρηβ καὶ τὸν Ζηβ · καὶ τί ἠδυνάσθην ποιῆσαι
καθὼς ὑμεῖς; καὶ κατέπαυσαν. τότε ἀνῆκε τὸ πνεῦμα αὐτῶν ἀπ᾽
αὐτοῦ ἐν τῷ λαλῆσαι αὐτὸν τὸν λόγον τοῦτον.
4 ⁴Καὶ ἦλθεν Γεδεων ἐπὶ τὸν Ιορδάνην, καὶ διέβη αὐτὸς καὶ οἱ
5 τριακόσιοι ἄνδρες μετ᾽ αὐτοῦ ὀλιγοψυχοῦντες καὶ πεινῶντες. ⁵καὶ
εἶπεν τοῖς ἀνδράσιν Σοκχωθ Δότε δὴ ἄρτους τῷ λαῷ τῷ μετ᾽
ἐμοῦ, ὅτι πεινῶσιν, ἐγὼ δὲ διώκω ὀπίσω Ζεβεε καὶ Σαλμανα βα-
6 σιλέων Μαδιαμ. ⁶καὶ εἶπαν οἱ ἄρχοντες Σοκχωθ Μὴ χεὶρ Ζεβεε
καὶ Σαλμανα νῦν ἐν τῇ χειρί σου, ὅτι δώσομεν τῇ στρατιᾷ σου

24 εως ult. > A†
8 4 οι τριακοσιοι] διακ. A† || 5 βασιλεως A†

Εφραιμ καὶ προκατελάβοντο τὸ ὕδωρ ἕως Βαιθηρα καὶ τὸν Ιορ- B
25 δάνην. ²⁵καὶ συνέλαβον τοὺς ἄρχοντας Μαδιαμ καὶ τὸν Ωρηβ
καὶ τὸν Ζηβ καὶ ἀπέκτειναν τὸν Ωρηβ ἐν Σουρ καὶ τὸν Ζηβ
ἀπέκτειναν ἐν Ιακεφζηφ καὶ κατεδίωξαν Μαδιαμ · καὶ τὴν κεφαλὴν
Ωρηβ καὶ Ζηβ ἤνεγκαν πρὸς Γεδεων ἀπὸ πέραν τοῦ Ιορδάνου.
8 ¹καὶ εἶπαν πρὸς Γεδεων ἀνὴρ Εφραιμ Τί τὸ ῥῆμα τοῦτο ἐποίησας
ἡμῖν τοῦ μὴ καλέσαι ἡμᾶς, ὅτε ἐπορεύθης παρατάξασθαι ἐν Μα-
2 διαμ; καὶ διελέξαντο πρὸς αὐτὸν ἰσχυρῶς. ²καὶ εἶπεν πρὸς αὐτούς
Τί ἐποίησα νῦν καθὼς ὑμεῖς; ἢ οὐχὶ κρεῖσσον ἐπιφυλλὶς Εφραιμ
3 ἢ τρυγητὸς Αβιεζερ; ³ἐν χειρὶ ὑμῶν παρέδωκεν κύριος τοὺς ἄρ-
χοντας Μαδιαμ, τὸν Ωρηβ καὶ τὸν Ζηβ · καὶ τί ἠδυνήθην ποιῆσαι
ὡς ὑμεῖς; τότε ἀνέθη τὸ πνεῦμα αὐτῶν ἀπ᾽ αὐτοῦ ἐν τῷ λαλῆσαι
αὐτὸν τὸν λόγον τοῦτον.
4 ⁴Καὶ ἦλθεν Γεδεων ἐπὶ τὸν Ιορδάνην, καὶ διέβη αὐτὸς καὶ οἱ τρια-
5 κόσιοι ἄνδρες οἱ μετ᾽ αὐτοῦ πεινῶντες καὶ διώκοντες. ⁵καὶ εἶπεν τοῖς
ἀνδράσιν Σοκχωθ Δότε δὴ ἄρτους εἰς τροφὴν τῷ λαῷ τούτῳ τῷ ἐν
ποσίν μου, ὅτι ἐκλείπουσιν, καὶ ἰδοὺ ἐγώ εἰμι διώκων ὀπίσω τοῦ Ζε-
6 βεε καὶ Σελμανα βασιλέων Μαδιαμ. ⁶καὶ εἶπον οἱ ἄρχοντες Σοκχωθ Μὴ
χεὶρ Ζεβεε καὶ Σελμανα νῦν ἐν χειρί σου; οὐ δώσομεν τῇ δυνάμει σου

A ἄρτους ; ⁷καὶ εἶπεν Γεδεων Οὐχ οὕτως · ἐν τῷ δοῦναι κύριον τὸν 7
Ζεβεε καὶ Σαλμανα ἐν τῇ χειρί μου καὶ καταξανῶ τὰς σάρκας ὑ-
μῶν ἐν ταῖς ἀκάνθαις τῆς ἐρήμου καὶ ἐν ταῖς βαρκοννιμ. ⁸καὶ ἀνέ- 8
βη ἐκεῖθεν εἰς Φανουηλ καὶ ἐλάλησεν πρὸς αὐτοὺς κατὰ ταῦτα,
καὶ ἀπεκρίθησαν αὐτῷ οἱ ἄνδρες Φανουηλ ὃν τρόπον ἀπεκρίθη-
σαν αὐτῷ οἱ ἄνδρες Σοκχωθ. ⁹καὶ εἶπεν τοῖς ἀνδράσιν Φανουηλ 9
λέγων Ἐν τῷ ἐπιστρέφειν με μετ᾽ εἰρήνης κατασκάψω τὸν πύργον
τοῦτον. — ¹⁰καὶ Ζεβεε καὶ Σαλμανα ἐν Καρκαρ, καὶ ἡ παρεμβολὴ 10
αὐτῶν μετ᾽ αὐτῶν ὡσεὶ πεντεκαίδεκα χιλιάδες, οἱ καταλειφθέντες
ἐν πάσῃ παρεμβολῇ υἱῶν ἀνατολῶν, καὶ οἱ πεπτωκότες ἦσαν ἑκα-
τὸν καὶ εἴκοσι χιλιάδες ἀνδρῶν ἐσπασμένων ῥομφαίαν. ¹¹καὶ ἀνέ- 11
βη Γεδεων ὁδὸν κατοικούντων ἐν σκηναῖς ἀνατολῶν τῆς Ναβεθ ἐξ
ἐναντίας Ζεβεε · καὶ ἐπάταξεν τὴν παρεμβολήν, ἡ δὲ παρεμβολὴ ἦν
πεποιθυῖα. ¹²καὶ ἔφυγεν Ζεβεε καὶ Σαλμανα, καὶ ἐδίωξεν ὀπίσω 12
αὐτῶν καὶ ἐκράτησεν τοὺς δύο βασιλεῖς Μαδιαμ, τὸν Ζεβεε καὶ
τὸν Σαλμανα, καὶ πᾶσαν τὴν παρεμβολὴν αὐτῶν ἐξέτριψεν. —
¹³καὶ ἀνέστρεψεν Γεδεων υἱὸς Ιωας ἐκ τοῦ πολέμου ἀπὸ ἀναβά- 13
σεως Αρες. ¹⁴καὶ συνέλαβον παιδάριον ἐκ τῶν ἀνδρῶν Σοκχωθ, 14

7 βαρκονν(ε)ιμ M] -κομμειν A(†) ‖ 10 καρκα A | οι 1⁰ L] pr. παντες A O
(sub ※), sed A† om. οι | εν παση — υιων O] υιοι A† ‖ 12 εξετριψεν A†]
εξετρεψεν O⁰†, εξεστρεψεν O⁰†

B ἄρτους. ⁷καὶ εἶπεν Γεδεων Διὰ τοῦτο ἐν τῷ δοῦναι κύριον τὸν 7
Ζεβεε καὶ Σελμανα ἐν χειρί μου, καὶ ἐγὼ ἀλοήσω τὰς σάρκας ὑ-
μῶν ἐν ταῖς ἀκάνθαις τῆς ἐρήμου καὶ ἐν ταῖς αβαρκενιν. ⁸καὶ ἀνέ- 8
βη ἐκεῖθεν εἰς Φανουηλ καὶ ἐλάλησεν πρὸς αὐτοὺς ὡσαύτως,
καὶ ἀπεκρίθησαν αὐτῷ οἱ ἄνδρες Φανουηλ ὃν τρόπον ἀπεκρίθη-
σαν ἄνδρες Σοκχωθ. ⁹καὶ εἶπεν Γεδεων πρὸς ἄνδρας Φανουηλ 9
Ἐν ἐπιστροφῇ μου μετ᾽ εἰρήνης τὸν πύργον τοῦτον κατασκά-
ψω. — ¹⁰καὶ Ζεβεε καὶ Σελμανα ἐν Καρκαρ, καὶ ἡ παρεμβολὴ 10
αὐτῶν μετ᾽ αὐτῶν ὡσεὶ δέκα πέντε χιλιάδες, πάντες οἱ καταλελειμμέ-
νοι ἀπὸ πάσης παρεμβολῆς ἀλλοφύλων, καὶ οἱ πεπτωκότες ἑκα-
τὸν εἴκοσι χιλιάδες ἀνδρῶν σπωμένων ῥομφαίαν. ¹¹καὶ ἀνέβη 11
Γεδεων ὁδὸν τῶν σκηνούντων ἐν σκηναῖς ἀπὸ ἀνατολῶν τῆς Ναβαι
καὶ Ιεγεβαλ · καὶ ἐπάταξεν τὴν παρεμβολήν, καὶ ἡ παρεμβολὴ ἦν
πεποιθυῖα. ¹²καὶ ἔφυγον Ζεβεε καὶ Σελμανα, καὶ ἐδίωξεν ὀπίσω 12
αὐτῶν καὶ ἐκράτησεν τοὺς δύο βασιλεῖς Μαδιαμ, τὸν Ζεβεε καὶ τὸν
Σελμανα, καὶ πᾶσαν τὴν παρεμβολὴν ἐξέστησεν. — ¹³καὶ ἐπέστρε- 13
ψεν Γεδεων υἱὸς Ιωας ἀπὸ τῆς παρατάξεως ἀπὸ ἐπάνωθεν τῆς παρα-
τάξεως Αρες. ¹⁴καὶ συνέλαβεν παιδάριον ἀπὸ τῶν ἀνδρῶν Σοκχωθ 14

καὶ ἐπηρώτησεν αὐτόν, καὶ ἀπεγράψατο πρὸς αὐτοὺς τοὺς ἄρχον- Α
τας Σοκχωθ καὶ τοὺς πρεσβυτέρους αὐτῆς, ἑβδομήκοντα ἑπτὰ ἄν-
15 δρας. ¹⁵καὶ παρεγένετο Γεδεων πρὸς τοὺς ἄρχοντας Σοκχωθ καὶ
εἶπεν αὐτοῖς Ἰδοὺ Ζεβεε καὶ Σαλμανα, δι' οὓς ὠνειδίσατέ με λέ-
γοντες Μὴ χεὶρ Ζεβεε καὶ Σαλμανα νῦν ἐν τῇ χειρί σου, ὅτι δώ-
16 σομεν τοῖς ἀνδράσιν σου τοῖς ἐκλελυμένοις ἄρτους; ¹⁶καὶ ἔλαβεν
τοὺς ἄρχοντας καὶ τοὺς πρεσβυτέρους τῆς πόλεως καὶ κατέξανεν
αὐτοὺς ἐν ταῖς ἀκάνθαις τῆς ἐρήμου καὶ ταῖς βαρακηνιμ καὶ κατέ-
17 ξανεν ἐν αὐτοῖς ἄνδρας Σοκχωθ. ¹⁷καὶ τὸν πύργον Φανουηλ κατέ-
18 σκαψεν καὶ ἀπέκτεινεν τοὺς ἄνδρας τῆς πόλεως. — ¹⁸καὶ εἶπεν
πρὸς Ζεβεε καὶ Σαλμανα Ποῦ οἱ ἄνδρες, οὓς ἀπεκτείνατε ἐν Θα-
βωρ; καὶ εἶπαν Ὡσεὶ σύ, ὅμοιος σοί, ὅμοιος αὐτῶν, ὡς εἶδος
19 μορφὴ υἱῶν βασιλέων. ¹⁹καὶ εἶπεν Γεδεων Ἀδελφοί μου καὶ υἱοὶ
τῆς μητρός μού εἰσιν. καὶ ὤμοσεν αὐτοῖς Ζῇ κύριος, εἰ ἐζωογο-
20 νήσατε αὐτούς, οὐκ ἂν ἀπέκτεινα ὑμᾶς. ²⁰καὶ εἶπεν τῷ Ιεθερ τῷ
πρωτοτόκῳ αὐτοῦ Ἀνάστὰς ἀπόκτεινον αὐτούς · καὶ οὐκ ἔσπασεν
τὸ παιδάριον αὐτοῦ τὴν μάχαιραν αὐτοῦ, ὅτι ἐφοβήθη, ὅτι ἦν νε-
21 ώτερος. ²¹καὶ εἶπεν Ζεβεε καὶ Σαλμανα Ἀνάστα δὴ σὺ καὶ ἀπάν-
τησον ἡμῖν, ὅτι ὡς ἀνὴρ ἡ δύναμις αὐτοῦ. καὶ ἀνέστη Γεδεων

15 σοκχωθ] + και εισηλθεν προς τους αρχοντας σοκχωθ Α† || 16 ελαβον Α†

καὶ ἐπηρώτησεν αὐτόν, καὶ ἔγραψεν πρὸς αὐτὸν τὰ ὀνόματα τῶν Β
ἀρχόντων Σοκχωθ καὶ τῶν πρεσβυτέρων αὐτῶν, ἑβδομήκοντα καὶ
15 ἑπτὰ ἄνδρας. ¹⁵καὶ παρεγένετο Γεδεων πρὸς τοὺς ἄρχοντας Σοκ-
χωθ καὶ εἶπεν Ἰδοὺ Ζεβεε καὶ Σελμανα, ἐν οἷς ὠνειδίσατέ με λέ-
γοντες Μὴ χεὶρ Ζεβεε καὶ Σελμανα νῦν ἐν χειρί σου, ὅτι δώσο-
16 μεν τοῖς ἀνδράσιν τοῖς ἐκλείπουσιν ἄρτους; ¹⁶καὶ ἔλαβεν τοὺς
πρεσβυτέρους τῆς πόλεως ἐν ταῖς ἀκάνθαις τῆς ἐρήμου καὶ ταῖς
17 βαρακηνιμ καὶ ἠλόησεν ἐν αὐτοῖς τοὺς ἄνδρας τῆς πόλεως. ¹⁷καὶ
τὸν πύργον Φανουηλ κατέστρεψεν καὶ ἀπέκτεινεν τοὺς ἄν-
18 δρας τῆς πόλεως. — ¹⁸καὶ εἶπεν πρὸς Ζεβεε καὶ Σελμανα Ποῦ
οἱ ἄνδρες, οὓς ἀπεκτείνατε ἐν Θαβωρ; καὶ εἶπαν Ὡς σύ,
19 ὡς αὐτοὶ εἰς ὁμοίωμα υἱοῦ βασιλέως. ¹⁹καὶ εἶπεν Γεδεων Ἀδελ-
φοί μου καὶ υἱοὶ τῆς μητρός μου ἦσαν · Ζῇ κύριος, εἰ ἐζωογο-
20 νήκειτε αὐτούς, οὐκ ἂν ἀπέκτεινα ὑμᾶς. ²⁰καὶ εἶπεν Ιεθερ τῷ
πρωτοτόκῳ αὐτοῦ Ἀναστὰς ἀπόκτεινον αὐτούς · καὶ οὐκ ἔσπασεν
τὸ παιδάριον τὴν ρομφαίαν αὐτοῦ, ὅτι ἐφοβήθη, ὅτι ἔτι νε-
21 ώτερος ἦν. ²¹καὶ εἶπεν Ζεβεε καὶ Σελμανα Ἀνάστα σὺ καὶ συνάν-
τησον ἡμῖν, ὅτι ὡς ἀνδρὸς ἡ δύναμίς σου. καὶ ἀνέστη Γεδεων

A καὶ ἀνεῖλεν τὸν Ζεβεε καὶ τὸν Σαλμανα καὶ ἔλαβεν τοὺς μηνίσκους τοὺς ἐν τοῖς τραχήλοις τῶν καμήλων αὐτῶν. ²²Καὶ εἶπεν ἀνὴρ Ἰσραηλ πρὸς Γεδεων Ἄρχε ἐν ἡμῖν σὺ καὶ οἱ 22 υἱοί σου, ὅτι σέσωκας ἡμᾶς ἐκ χειρὸς Μαδιαμ. ²³καὶ εἶπεν πρὸς 23 αὐτοὺς Γεδεων Οὐκ ἄρξω ἐγὼ ὑμῶν, καὶ οὐκ ἄρξει ὁ υἱός μου ὑμῶν · κύριος ἄρξει ὑμῶν. ²⁴καὶ εἶπεν πρὸς αὐτοὺς Γεδεων Αἰτή- 24 σομαι παρ᾽ ὑμῶν αἴτησιν καὶ δότε μοι ἀνὴρ ἐνώτιον τῶν σκύλων αὐτοῦ · ὅτι ἐνώτια χρυσᾶ πολλὰ ἦν αὐτοῖς, ὅτι Ἰσμαηλῖται ἦσαν. ²⁵καὶ εἶπαν Διδόντες δώσομεν · καὶ ἀνέπτυξεν τὸ ἱμάτιον αὐτοῦ, 25 καὶ ἔρριψεν ἐκεῖ ἀνὴρ ἐνώτιον χρυσοῦν τῶν σκύλων αὐτοῦ. ²⁶καὶ 26 ἐγενήθη ὁ σταθμὸς τῶν ἐνωτίων τῶν χρυσῶν, ὧν ᾐτήσατο, σίκλοι χίλιοι καὶ ἑπτακόσιοι χρυσοῦ πλὴν τῶν σιρώνων καὶ τῶν ὁρμί- σκων ενφωθ καὶ τῶν περιβολαίων τῶν πορφυρῶν τῶν ἐπὶ τοῖς βασιλεῦσιν Μαδιαμ καὶ πλὴν τῶν κλοιῶν τῶν χρυσῶν τῶν ἐν τοῖς τραχήλοις τῶν καμήλων αὐτῶν. ²⁷καὶ ἐποίησεν αὐτὸ Γεδεων 27 εἰς εφουδ καὶ ἔστησεν αὐτὸ ἐν πόλει αὐτοῦ ἐν Εφραθα · καὶ ἐξε- πόρνευσεν πᾶς Ἰσραηλ ὀπίσω αὐτοῦ ἐκεῖ, καὶ ἐγένετο τῷ Γεδεων καὶ τῷ οἴκῳ αὐτοῦ εἰς σκάνδαλον. ²⁸καὶ ἐνετράπη Μαδιαμ ἐνώπιον 28

26 σιρωνων pau.] ρ > A† ‖ 27 εφραθα L] -ραιμ A Oᴾ†: item A† in 9 5 ‖ 28 ενωπιον υιων] απο προσωπου A†

B καὶ ἀπέκτεινεν τὸν Ζεβεε καὶ τὸν Σελμανα καὶ ἔλαβεν τοὺς μηνί- σκους τοὺς ἐν τοῖς τραχήλοις τῶν καμήλων αὐτῶν. ²²Καὶ εἶπον ἀνὴρ Ἰσραηλ πρὸς Γεδεων Κύριε, ἄρξον ἡμῶν καὶ 22 σὺ καὶ ὁ υἱός σου, ὅτι σὺ ἔσωσας ἡμᾶς ἐκ χειρὸς Μαδιαμ. ²³καὶ 23 εἶπεν πρὸς αὐτοὺς Γεδεων Οὐκ ἄρξω ἐγώ, καὶ οὐκ ἄρξει ὁ υἱός μου ἐν ὑμῖν · κύριος ἄρξει ὑμῶν. ²⁴καὶ εἶπεν Γεδεων πρὸς αὐτούς 24 Αἰτήσομαι παρ᾽ ὑμῶν αἴτημα καὶ δότε μοι ἀνὴρ ἐνώτιον ἐκ σκύ- λων αὐτοῦ · ὅτι ἐνώτια χρυσᾶ αὐτοῖς, ὅτι Ἰσμαηλῖται ἦσαν. ²⁵καὶ 25 εἶπαν Διδόντες δώσομεν · καὶ ἀνέπτυξεν τὸ ἱμάτιον αὐτοῦ, καὶ ἔβαλεν ἐκεῖ ἀνὴρ ἐνώτιον σκύλων αὐτοῦ. ²⁶καὶ ἐγένετο 26 ὁ σταθμὸς τῶν ἐνωτίων τῶν χρυσῶν, ὧν ᾔτησεν, χίλιοι καὶ πεντακόσιοι χρυσοῖ πάρεξ τῶν μηνίσκων καὶ τῶν στραγγα- λίδων καὶ τῶν ἱματίων καὶ πορφυρίδων τῶν ἐπὶ βασιλεῦσι Μαδιαμ καὶ ἐκτὸς τῶν περιθεμάτων, ἃ ἦν ἐν τοῖς τραχή- λοις τῶν καμήλων αὐτῶν. ²⁷καὶ ἐποίησεν αὐτὸ Γεδεων εἰς 27 εφωθ καὶ ἔστησεν αὐτὸ ἐν πόλει αὐτοῦ Εφραθα · καὶ ἐξεπόρ- νευσεν πᾶς Ἰσραηλ ὀπίσω αὐτοῦ ἐκεῖ, καὶ ἐγένετο τῷ Γεδεων καὶ τῷ οἴκῳ αὐτοῦ εἰς σκῶλον. ²⁸καὶ συνεστάλη Μαδιαμ ἐνώπιον 28

21 σελμανα ult.] σαλμ. B, sed ceteris locis σελμ.

υἱῶν Ισραηλ καὶ οὐ προσέθεντο ἆραι κεφαλὴν αὐτῶν. καὶ ἡσύχα- Α
29 σεν ἡ γῆ ἔτη τεσσαράκοντα ἐν ἡμέραις Γεδεων. — ²⁹ καὶ ἐπορεύθη
30 Ιεροβααλ υἱὸς Ιωας καὶ κατῴκησεν ἐν τῷ οἴκῳ αὐτοῦ. ³⁰ καὶ τῷ
Γεδεων ἦσαν ἑβδομήκοντα υἱοὶ ἐκπορευόμενοι ἐκ μηρῶν αὐτοῦ,
31 ὅτι γυναῖκες πολλαὶ ἦσαν αὐτῷ. ³¹ καὶ ἡ παλλακὴ αὐτοῦ ἡ ἐν Σι-
κιμοις ἔτεκεν αὐτῷ καί γε αὐτὴ υἱόν, καὶ ἐπέθηκεν τὸ ὄνομα αὐ-
32 τοῦ Αβιμελεχ. ³² καὶ ἀπέθανεν Γεδεων υἱὸς Ιωας ἐν πολιᾷ ἀγαθῇ
καὶ ἐτάφη ἐν τῷ τάφῳ Ιωας τοῦ πατρὸς αὐτοῦ ἐν Εφραθα πα-
τρὸς Αβιεζρι.
33 ³³ Καὶ ἐγενήθη ὡς ἀπέθανεν Γεδεων, καὶ ἀπεστράφησαν οἱ υἱοὶ
Ισραηλ καὶ ἐξεπόρνευσαν ὀπίσω τῶν Βααλιμ καὶ ἔθεντο αὐτοῖς
34 τὸν Βααλβεριθ εἰς διαθήκην τοῦ εἶναι αὐτοῖς αὐτὸν εἰς θεόν. ³⁴ καὶ
οὐκ ἐμνήσθησαν οἱ υἱοὶ Ισραηλ κυρίου τοῦ θεοῦ αὐτῶν τοῦ ῥυσα-
μένου αὐτοὺς ἐκ χειρὸς πάντων τῶν ἐχθρῶν αὐτῶν κυκλόθεν.
35 ³⁵ καὶ οὐκ ἐποίησαν ἔλεος μετὰ τοῦ οἴκου Ιεροβααλ Γεδεων κατὰ
πᾶσαν τὴν ἀγαθωσύνην, ἣν ἐποίησεν μετὰ Ισραηλ.
9 ¹ Καὶ ἐπορεύθη Αβιμελεχ υἱὸς Ιεροβααλ εἰς Σικιμα πρὸς τοὺς
ἀδελφοὺς τῆς μητρὸς αὐτοῦ καὶ ἐλάλησεν πρὸς αὐτοὺς καὶ πρὸς
2 πᾶσαν τὴν συγγένειαν τοῦ οἴκου τῆς μητρὸς αὐτοῦ λέγων ² Λαλή-

32 πατρος αβιεζρι Α Oᵖ⁽ᵗ⁾: cf. 3 11 ‖ 33 βααλβεριθ Μ] -βεερ Α⁽ᵗ⁾

υἱῶν Ισραηλ καὶ οὐ προσέθηκαν ἆραι κεφαλὴν αὐτῶν. καὶ ἡσύχα- Β
29 σεν ἡ γῆ τεσσαράκοντα ἔτη ἐν ἡμέραις Γεδεων. — ²⁹ καὶ ἐπορεύθη
30 Ιεροβααλ υἱὸς Ιωας καὶ ἐκάθισεν ἐν οἴκῳ αὐτοῦ. ³⁰ καὶ τῷ
Γεδεων ἦσαν ἑβδομήκοντα υἱοὶ ἐκπεπορευμένοι ἐκ μηρῶν αὐτοῦ,
31 ὅτι γυναῖκες πολλαὶ ἦσαν αὐτῷ. ³¹ καὶ παλλακὴ αὐτοῦ ἦν ἐν Συ-
χεμ · καὶ ἔτεκεν αὐτῷ καί γε αὐτὴ υἱόν, καὶ ἔθηκεν τὸ ὄνομα αὐ-
32 τοῦ Αβιμελεχ. ³² καὶ ἀπέθανεν Γεδεων υἱὸς Ιωας ἐν πόλει αὐτοῦ
καὶ ἐτάφη ἐν τῷ τάφω Ιωας τοῦ πατρὸς αὐτοῦ ἐν Εφραθα
Αβιεσδρι.
33 ³³ Καὶ ἐγένετο καθὼς ἀπέθανεν Γεδεων, καὶ ἐπέστρεψαν οἱ υἱοὶ
Ισραηλ καὶ ἐξεπόρνευσαν ὀπίσω τῶν Βααλιμ καὶ ἔθηκαν ἑαυτοῖς
34 τῷ Βααλ διαθήκην τοῦ εἶναι αὐτοῖς αὐτὸν εἰς θεόν. ³⁴ καὶ οὐκ
ἐμνήσθησαν οἱ υἱοὶ Ισραηλ κυρίου τοῦ θεοῦ τοῦ ῥυσαμένου
35 αὐτοὺς ἐκ χειρὸς πάντων τῶν θλιβόντων αὐτοὺς κυκλόθεν. ³⁵ καὶ
οὐκ ἐποίησαν ἔλεος μετὰ τοῦ οἴκου Ιεροβααλ (αὐτός ἐστιν Γεδε-
ων) κατὰ πάντα τὰ ἀγαθά, ἃ ἐποίησεν μετὰ Ισραηλ.
9 ¹ Καὶ ἐπορεύθη Αβιμελεχ υἱὸς Ιεροβααλ εἰς Συχεμ πρὸς
ἀδελφοὺς μητρὸς αὐτοῦ καὶ ἐλάλησεν πρὸς αὐτοὺς καὶ πρὸς
2 πᾶσαν συγγένειαν οἴκου πατρὸς μητρὸς αὐτοῦ λέγων ² Λαλή-
29 ιεαροβααλ Β⁺

Α σατε δὴ ἐν ὠσὶν τῶν ἀνδρῶν Σικιμων Ποῖον βέλτιόν ἐστιν, τὸ
ἄρχειν ὑμῶν ἑβδομήκοντα ἄνδρας, πάντας υἱοὺς Ιεροβααλ, ἢ κυ-
ριεύειν ὑμῶν ἄνδρα ἕνα; καὶ μνήσθητε ὅτι σὰρξ ὑμῶν καὶ ὀστοῦν
ὑμῶν ἐγώ εἰμι. ³καὶ ἐλάλησαν περὶ αὐτοῦ οἱ ἀδελφοὶ τῆς μητρὸς 3
αὐτοῦ ἐν τοῖς ὠσὶν πάντων τῶν ἀνδρῶν Σικιμων πάντας τοὺς
λόγους τούτους, καὶ ἔκλινεν καρδία αὐτῶν ὀπίσω Αβιμελεχ, ὅτι
εἶπαν Ἀδελφὸς ἡμῶν ἐστιν. ⁴καὶ ἔδωκαν αὐτῷ ἑβδομήκοντα ἀργυ- 4
ρίου ἐκ τοῦ οἴκου Βααλ διαθήκης, καὶ ἐμισθώσατο ἐν αὐτοῖς Αβι-
μελεχ ἄνδρας κενοὺς καὶ θαμβουμένους, καὶ ἐπορεύθησαν ὀπίσω
αὐτοῦ. ⁵καὶ εἰσῆλθεν εἰς τὸν οἶκον τοῦ πατρὸς αὐτοῦ εἰς Εφραθα 5
καὶ ἀπέκτεινεν τοὺς ἀδελφοὺς αὐτοῦ υἱοὺς Ιεροβααλ ἑβδομήκοντα
ἄνδρας ἐπὶ λίθον ἕνα · καὶ ἀπελείφθη Ιωαθαμ υἱὸς Ιεροβααλ ὁ νε-
ώτερος, ὅτι ἐκρύβη.
    ⁶Καὶ συνήχθησαν πάντες οἱ ἄνδρες Σικιμων καὶ πᾶς ὁ οἶκος 6
Μααλλων καὶ ἐπορεύθησαν καὶ ἐβασίλευσαν τὸν Αβιμελεχ εἰς βασι-
λέα πρὸς τῇ βαλάνῳ τῆς στάσεως ἐν Σικιμοις. ⁷καὶ ἀνήγγειλαν 7
τῷ Ιωαθαμ, καὶ ἐπορεύθη καὶ ἔστη ἐπὶ τῆς κορυφῆς τοῦ ὄρους
Γαριζιν καὶ ἐπῆρεν τὴν φωνὴν αὐτοῦ καὶ ἐκάλεσεν καὶ εἶπεν αὐ-
τοῖς Ἀκούσατέ μου, ἄνδρες Σικιμων, καὶ ἀκοῦσαι ὑμῶν ὁ θεός.

2 εστιν Α†] υμιν Ο, > L† ‖ 5 εφραθα: cf. 8 27 | ιωαθαμ] ω > Α†: cf. 21
‖ 7 γαζιρειν Α | εκαλεσεν Ορ] εκλαυσεν Α (+ επ αυτοις Α†)

Β σατε δὴ ἐν τοῖς ὠσὶν πάντων τῶν ἀνδρῶν Συχεμ Τί τὸ ἀγαθὸν
ὑμῖν, κυριεῦσαι ὑμῶν ἑβδομήκοντα ἄνδρας, πάντας υἱοὺς Ιεροβααλ,
ἢ κυριεύειν ὑμῶν ἄνδρα ἕνα; καὶ μνήσθητε ὅτι ὀστοῦν ὑμῶν καὶ
σάρξ ὑμῶν εἰμι. ³καὶ ἐλάλησαν περὶ αὐτοῦ οἱ ἀδελφοὶ τῆς μητρὸς 3
αὐτοῦ ἐν τοῖς ὠσὶν πάντων τῶν ἀνδρῶν Συχεμ πάντας τοὺς
λόγους τούτους, καὶ ἔκλινεν ἡ καρδία αὐτῶν ὀπίσω Αβιμελεχ, ὅτι
εἶπαν Ἀδελφὸς ἡμῶν ἐστιν. ⁴καὶ ἔδωκαν αὐτῷ ἑβδομήκοντα ἀργυ- 4
ρίου ἐξ οἴκου Βααλβεριθ, καὶ ἐμισθώσατο ἑαυτῷ Αβιμελεχ ἄν-
δρας κενοὺς καὶ δειλούς, καὶ ἐπορεύθησαν ὀπίσω αὐτοῦ. ⁵καὶ 5
εἰσῆλθεν εἰς τὸν οἶκον τοῦ πατρὸς αὐτοῦ εἰς Εφραθα καὶ ἀπέ-
κτεινεν τοὺς ἀδελφοὺς αὐτοῦ υἱοὺς Ιεροβααλ ἑβδομήκοντα ἄνδρας
ἐπὶ λίθον ἕνα · καὶ κατελείφθη Ιωαθαν υἱὸς Ιεροβααλ ὁ νεώτερος,
ὅτι ἐκρύβη.
    ⁶Καὶ συνήχθησαν πάντες ἄνδρες Σικιμων καὶ πᾶς οἶκος 6
Βηθμααλων καὶ ἐπορεύθησαν καὶ ἐβασίλευσαν τὸν Αβιμελεχ
πρὸς τῇ βαλάνῳ τῇ εὑρετῇ τῆς στάσεως τῆς ἐν Σικιμοις. ⁷καὶ 7
ἀνηγγέλη τῷ Ιωαθαν, καὶ ἐπορεύθη καὶ ἔστη ἐπὶ κορυφὴν ὄρους
Γαριζιν καὶ ἐπῆρεν τὴν φωνὴν αὐτοῦ καὶ ἔκλαυσεν καὶ εἶπεν
αὐτοῖς Ἀκούσατέ μου, ἄνδρες Σικιμων, καὶ ἀκούσεται ὑμῶν ὁ θεός.

8 ⁸πορευόμενα ἐπορεύθησαν τὰ ξύλα τοῦ χρῖσαι ἑαυτοῖς βασιλέα καὶ Α
9 εἶπον τῇ ἐλαίᾳ Βασίλευσον ἐφ᾽ ἡμῶν. ⁹καὶ εἶπεν αὐτοῖς ἡ ἐλαία
Ἀφεῖσα τὴν πιότητά μου, ἣν ἐν ἐμοὶ ἐδόξασεν ὁ θεὸς καὶ ἄνθρω-
10 ποι, πορευθῶ ἄρχειν τῶν ξύλων; ¹⁰καὶ εἶπαν τὰ ξύλα τῇ συκῇ
11 Δεῦρο βασίλευσον ἐφ᾽ ἡμῶν. ¹¹καὶ εἶπεν αὐτοῖς ἡ συκῆ Ἀφεῖσα
τὴν γλυκύτητά μου καὶ τὸ γένημά μου τὸ ἀγαθὸν πορευθῶ ἄρχειν
12 ἐπὶ ξύλων; ¹²καὶ εἶπαν τὰ ξύλα τῇ ἀμπέλῳ Δεῦρο βασίλευσον ἐφ᾽
13 ἡμῶν. ¹³καὶ εἶπεν αὐτοῖς ἡ ἄμπελος Ἀφεῖσα τὸν οἶνόν μου, τὴν
εὐφροσύνην τὴν παρὰ τοῦ θεοῦ τῶν ἀνθρώπων, πορευθῶ ἄρχειν
14 ξύλων; ¹⁴καὶ εἶπαν τὰ ξύλα πρὸς τὴν ῥάμνον Δεῦρο σὺ βασίλευ-
15 σον ἐφ᾽ ἡμῶν. ¹⁵καὶ εἶπεν ἡ ῥάμνος πρὸς τὰ ξύλα Εἰ ἐν ἀληθείᾳ
ὑμεῖς χρίετέ με εἰς βασιλέα ἐφ᾽ ὑμῶν, δεῦτε πεποίθατε ἐν τῇ σκέ-
πῃ μου · καὶ εἰ μή, ἐξέλθοι πῦρ ἐκ τῆς ῥάμνου καὶ καταφάγοι τὰς
16 κέδρους τοῦ Λιβάνου. — ¹⁶καὶ νῦν εἰ ἐν ἀληθείᾳ καὶ ἐν τελειότητι
ἐποιήσατε καὶ ἐβασιλεύσατε τὸν Αβιμελεχ, καὶ εἰ καλῶς ἐποιήσατε
μετὰ Ιεροβααλ καὶ μετὰ τοῦ οἴκου αὐτοῦ, καὶ εἰ κατὰ τὸ ἀνταπό-
17 δομα τῆς χειρὸς αὐτοῦ ἐποιήσατε αὐτῷ, ¹⁷— ὡς ἐπολέμησεν ὁ πα-
τήρ μου ὑπὲρ ὑμῶν καὶ ἔρριψεν τὴν ψυχὴν αὐτοῦ ἐξ ἐναντίας
18 καὶ ἐξείλατο ὑμᾶς ἐκ χειρὸς Μαδιαμ, ¹⁸καὶ ὑμεῖς ἐπανέστητε ἐπὶ

11 πορευθω] pr. και Α† hic, non in 9. 13 ‖ 13 την παρα του θεου Α†] θεου
και Ο†, > L ‖ 15 εξελθοι Ουᴸᵖ] -θη Α: cf. 20 ‖ 16 καλως Gra.] καθως mss.

---

8 ⁸πορευόμενα ἐπορεύθη τὰ ξύλα τοῦ χρῖσαι ἐφ᾽ ἑαυτὰ βασιλέα καὶ Β
9 εἶπον τῇ ἐλαίᾳ Βασίλευσον ἐφ᾽ ἡμῶν. ⁹καὶ εἶπεν αὐτοῖς ἡ ἐλαία Μὴ
ἀπολείψασα τὴν πιότητά μου, ἐν ᾗ δοξάσουσι τὸν θεὸν ἄνδρες,
10 πορεύσομαι κινεῖσθαι ἐπὶ τῶν ξύλων; ¹⁰καὶ εἶπον τὰ ξύλα τῇ συκῇ
11 Δεῦρο βασίλευσον ἐφ᾽ ἡμῶν. ¹¹καὶ εἶπεν αὐτοῖς ἡ συκῆ Μὴ ἀπολείψα-
σα ἐγὼ τὴν γλυκύτητά μου καὶ τὰ γενήματά μου τὰ ἀγαθὰ πορεύσομαι
12 κινεῖσθαι ἐπὶ τῶν ξύλων; ¹²καὶ εἶπαν τὰ ξύλα πρὸς τὴν ἄμπελον Δεῦρο
13 σὺ βασίλευσον ἐφ᾽ ἡμῶν. ¹³καὶ εἶπεν αὐτοῖς ἡ ἄμπελος Μὴ ἀπολείψασα
τὸν οἶνόν μου τὸν εὐφραίνοντα θεὸν καὶ ἀνθρώπους πορεύσομαι κινεῖ-
14 σθαι ἐπὶ τῶν ξύλων; ¹⁴καὶ εἶπαν πάντα τὰ ξύλα τῇ ῥάμνῳ Δεῦρο σὺ
15 βασίλευσον ἐφ᾽ ἡμῶν. ¹⁵καὶ εἶπεν ἡ ῥάμνος πρὸς τὰ ξύλα Εἰ ἐν
ἀληθείᾳ χρίετέ με ὑμεῖς τοῦ βασιλεύειν ἐφ᾽ ὑμᾶς, δεῦτε ὑπόστητε
ἐν τῇ σκιᾷ μου · καὶ εἰ μή, ἐξέλθῃ πῦρ ἀπ᾽ ἐμοῦ καὶ καταφάγῃ
16 τὰς κέδρους τοῦ Λιβάνου. — ¹⁶καὶ νῦν εἰ ἐν ἀληθείᾳ καὶ τελειό-
τητι ἐποιήσατε καὶ ἐβασιλεύσατε τὸν Αβιμελεχ, καὶ εἰ ἀγαθωσύνην
ἐποιήσατε μετὰ Ιεροβααλ καὶ μετὰ τοῦ οἴκου αὐτοῦ, καὶ εἰ ὡς
17 ἀνταπόδοσις χειρὸς αὐτοῦ ἐποιήσατε αὐτῷ, ¹⁷— ὡς παρετάξατο ὁ
πατήρ μου ὑπὲρ ὑμῶν καὶ ἐξέρριψεν τὴν ψυχὴν αὐτοῦ ἐξ ἐναντίας
18 καὶ ἐρρύσατο ὑμᾶς ἐκ χειρὸς Μαδιαμ, ¹⁸καὶ ὑμεῖς ἐπανέστητε ἐπὶ

A τὸν οἶκον τοῦ πατρός μου σήμερον καὶ ἀπεκτείνατε τοὺς υἱοὺς
αὐτοῦ ἑβδομήκοντα ἄνδρας ἐπὶ λίθον ἕνα καὶ ἐβασιλεύσατε τὸν
Αβιμελεχ υἱὸν τῆς παιδίσκης αὐτοῦ ἐπὶ τοὺς ἄνδρας Σικιμων, ὅτι
ἀδελφὸς ὑμῶν ἐστιν, — ¹⁹ καὶ εἰ ἐν ἀληθείᾳ καὶ τελειότητι ἐποιήσατε 19
μετὰ Ιεροβααλ καὶ τοῦ οἴκου αὐτοῦ τῇ ἡμέρᾳ ταύτῃ, εὐλογηθείητε
ὑμεῖς καὶ εὐφρανθείητε ἐν Αβιμελεχ, καὶ εὐφρανθείη καὶ αὐτὸς ἐν
ὑμῖν. ²⁰ καὶ εἰ μή, ἐξέλθοι πῦρ ἐξ Αβιμελεχ καὶ καταφάγοι τοὺς 20
ἄνδρας Σικιμων καὶ τὸν οἶκον Μααλλων, καὶ εἰ μή, ἐξέλθοι πῦρ
ἀπὸ ἀνδρῶν Σικιμων καὶ ἐκ τοῦ οἴκου Μααλλων καὶ καταφάγοι
τὸν Αβιμελεχ. — ²¹ καὶ ἀπέδρα Ιωαθαμ καὶ ἐπορεύθη ἐν ὁδῷ καὶ 21
ἔφυγεν εἰς Ραρα καὶ κατῴκησεν ἐκεῖ ἀπὸ προσώπου Αβιμελεχ τοῦ
ἀδελφοῦ αὐτοῦ.

²² Καὶ ἦρξεν Αβιμελεχ ἐπὶ Ισραηλ τρία ἔτη. ²³ καὶ ἐξαπέστειλεν ὁ   22
θεὸς πνεῦμα πονηρὸν ἀνὰ μέσον Αβιμελεχ καὶ ἀνὰ μέσον τῶν ἀν-   23
δρῶν Σικιμων, καὶ ἠθέτησαν οἱ ἄνδρες Σικιμων ἐν τῷ οἴκῳ Αβι-
μελεχ, ²⁴ τοῦ ἐπαγαγεῖν τὴν ἀδικίαν τῶν ἑβδομήκοντα υἱῶν Ιερο- 24
βααλ καὶ τὸ αἷμα αὐτῶν ἐπιθεῖναι ἐπὶ Αβιμελεχ τὸν ἀδελφὸν αὐ-
τῶν τὸν ἀποκτείναντα αὐτοὺς καὶ ἐπὶ τοὺς ἄνδρας Σικιμων τοὺς
κατισχύσαντας τὰς χεῖρας αὐτοῦ ὥστε ἀποκτεῖναι τοὺς ἀδελφοὺς

19 και ult. > A⁽†⁾ ‖ 20 εξελθοι 1°] -θη Λ: cf. 15 | εκ] απο A† ‖ 21 ιω-
θαμ A: cf. 5 | ραρα A] ραραθ L†, βηρα O ‖ 22 επι] εν A† ‖ 24 τας >
A | τους αδελφους αυτου] αυτους A†

B τὸν οἶκον τοῦ πατρός μου σήμερον καὶ ἀπεκτείνατε τοὺς υἱοὺς
αὐτοῦ ἑβδομήκοντα ἄνδρας ἐπὶ λίθον ἕνα καὶ ἐβασιλεύσατε τὸν
Αβιμελεχ υἱὸν παιδίσκης αὐτοῦ ἐπὶ τοὺς ἄνδρας Σικιμων, ὅτι
ἀδελφὸς ὑμῶν ἐστιν, — ¹⁹ καὶ εἰ ἐν ἀληθείᾳ καὶ τελειότητι ἐποιήσατε 19
μετὰ Ιεροβααλ καὶ μετὰ τοῦ οἴκου αὐτοῦ ἐν τῇ ἡμέρᾳ ταύτῃ, εὐ-
φρανθείητε ἐν Αβιμελεχ, καὶ εὐφρανθείη καί γε αὐτὸς ἐφ᾽ ὑμῖν.
²⁰ εἰ δὲ οὐ, ἐξέλθοι πῦρ ἀπὸ Αβιμελεχ καὶ φάγοι τοὺς ἄνδρας 20
Σικιμων καὶ τὸν οἶκον Βηθμααλλων, καὶ ἐξέλθοι πῦρ ἀπὸ ἀν-
δρῶν Σικιμων καὶ ἐκ τοῦ οἴκου Βηθμααλλων καὶ καταφάγοι τὸν
Αβιμελεχ. — ²¹ καὶ ἔφυγεν Ιωαθαν καὶ ἀπέδρα καὶ ἐπορεύθη ἕως 21
Βαιηρ καὶ ᾤκησεν ἐκεῖ ἀπὸ προσώπου Αβιμελεχ ἀδελφοῦ αὐτοῦ.

²² Καὶ ἦρξεν Αβιμελεχ ἐπὶ Ισραηλ τρία ἔτη. ²³ καὶ ἐξαπέστειλεν   22
ὁ θεὸς πνεῦμα πονηρὸν ἀνὰ μέσον Αβιμελεχ καὶ ἀνὰ μέσον   23
τῶν ἀνδρῶν Σικιμων, καὶ ἠθέτησαν ἄνδρες Σικιμων ἐν τῷ οἴκῳ
Αβιμελεχ, ²⁴ τοῦ ἐπαγαγεῖν τὴν ἀδικίαν τῶν ἑβδομήκοντα υἱῶν 24
Ιεροβααλ καὶ τὰ αἵματα αὐτῶν τοῦ θεῖναι ἐπὶ Αβιμελεχ τὸν
ἀδελφὸν αὐτῶν, ὃς ἀπέκτεινεν αὐτούς, καὶ ἐπὶ ἄνδρας Σικι-
μων, ὅτι ἐνίσχυσαν τὰς χεῖρας αὐτοῦ ἀποκτεῖναι τοὺς ἀδελφοὺς

25 αὐτοῦ. ²⁵καὶ ἔθεντο αὐτῷ οἱ ἄνδρες Σικιμων ἔνεδρα ἐπὶ τὰς κε- Α
φαλὰς τῶν ὀρέων καὶ ἀνήρπαζον πάντας τοὺς διαπορευομένους
26 ἐπ᾽ αὐτοὺς ἐν τῇ ὁδῷ · καὶ ἀπηγγέλη τῷ Αβιμελεχ. ²⁶καὶ ἦλθεν
Γααλ υἱὸς Αβεδ καὶ οἱ ἀδελφοὶ αὐτοῦ εἰς Σικιμα, καὶ ἐπεποίθησαν
27 ἐν αὐτῷ οἱ ἄνδρες Σικιμων. ²⁷καὶ ἦλθον εἰς ἀγρὸν καὶ ἐτρύγησαν
τοὺς ἀμπελῶνας αὐτῶν καὶ κατεπάτουν καὶ ἐποίησαν χοροὺς καὶ
εἰσῆλθον εἰς οἶκον θεοῦ αὐτῶν καὶ ἔφαγον καὶ ἔπιον καὶ κατη-
28 ρῶντο τὸν Αβιμελεχ. ²⁸καὶ εἶπεν Γααλ υἱὸς Αβεδ Τί ἐστιν Αβιμε-
λεχ, καὶ τίς ἐστιν ὁ υἱὸς Συχεμ, ὅτι δουλεύσομεν αὐτῷ; οὐχ οὗ-
τος υἱὸς Ιεροβααλ, καὶ Ζεβουλ ἐπίσκοπος αὐτοῦ δοῦλος αὐτοῦ σὺν
τοῖς ἀνδράσιν Εμμωρ πατρὸς Συχεμ; καὶ τί ὅτι δουλεύσομεν αὐ-
29 τῷ ἡμεῖς; ²⁹καὶ τίς δῴη τὸν λαὸν τοῦτον ἐν χειρί μου; καὶ με-
ταστήσω τὸν Αβιμελεχ καὶ ἐρῶ τῷ Αβιμελεχ Πλήθυνον τὴν δύ-
30 ναμίν σου καὶ ἔξελθε. ³⁰καὶ ἤκουσεν Ζεβουλ ὁ ἄρχων τῆς πόλεως
31 τοὺς λόγους Γααλ υἱοῦ Αβεδ καὶ ἐθυμώθη ὀργῇ. ³¹καὶ ἀπέστειλεν
ἀγγέλους πρὸς Αβιμελεχ μετὰ δώρων λέγων Ἰδοὺ Γααλ υἱὸς
Αβεδ καὶ οἱ ἀδελφοὶ αὐτοῦ παραγεγόνασιν εἰς Σικιμα, καὶ οἵδε

26 γααλ V] γαλααδ Α: item A in 37, sed in 28. 30. 31. 35. 39. 41 Α γααδ,
in 36 Α† γαδ (V ubique γααλ) | αβεδ Α hic et in 28. 30. 36, sed in 31 Α
αβελ, in 35 Α† σαβετ | εν > Α† ‖ 28 και τι οτι] καθοτι Α† ‖ 30 ο > Α

---

25 αὐτοῦ. ²⁵καὶ ἔθηκαν αὐτῷ οἱ ἄνδρες Σικιμων ἐνεδρεύοντας ἐπὶ τὰς Β
κεφαλὰς τῶν ὀρέων καὶ διήρπαζον πάντα, ὃς παρεπορεύετο ἐπ᾽
26 αὐτοὺς ἐν τῇ ὁδῷ · καὶ ἀπηγγέλη τῷ βασιλεῖ Αβιμελεχ. ²⁶καὶ ἦλ-
θεν Γααλ υἱὸς Ιωβηλ καὶ οἱ ἀδελφοὶ αὐτοῦ καὶ παρῆλθον ἐν Σικιμοις,
27 καὶ ἤλπισαν ἐν αὐτῷ οἱ ἄνδρες Σικιμων. ²⁷καὶ ἐξῆλθον εἰς ἀγρὸν καὶ
ἐτρύγησαν τοὺς ἀμπελῶνας αὐτῶν καὶ ἐπάτησαν καὶ ἐποίησαν ελλου-
λιμ καὶ εἰσήνεγκαν εἰς οἶκον θεοῦ αὐτῶν καὶ ἔφαγον καὶ ἔπιον καὶ
28 κατηράσαντο τὸν Αβιμελεχ. ²⁸καὶ εἶπεν Γααλ υἱὸς Ιωβηλ Τίς ἐστιν
Αβιμελεχ καὶ τίς ἐστιν υἱὸς Συχεμ, ὅτι δουλεύσομεν αὐτῷ; οὐχ
υἱὸς Ιεροβααλ, καὶ Ζεβουλ ἐπίσκοπος αὐτοῦ δοῦλος αὐτοῦ σὺν
τοῖς ἀνδράσιν Εμμωρ πατρὸς Συχεμ; καὶ τί ὅτι δουλεύσομεν αὐ-
29 τῷ ἡμεῖς; ²⁹καὶ τίς δῴη τὸν λαὸν τοῦτον ἐν χειρί μου; καὶ με-
ταστήσω τὸν Αβιμελεχ καὶ ἐρῶ πρὸς αὐτόν Πλήθυνον τὴν δύ-
30 ναμίν σου καὶ ἔξελθε. ³⁰καὶ ἤκουσεν Ζεβουλ ἄρχων τῆς πόλεως
31 τοὺς λόγους Γααλ υἱοῦ Ιωβηλ καὶ ὠργίσθη θυμῷ αὐτός. ³¹καὶ ἀπέ-
στειλεν ἀγγέλους πρὸς Αβιμελεχ ἐν κρυφῇ λέγων Ἰδοὺ Γααλ υἱὸς
Ιωβηλ καὶ οἱ ἀδελφοὶ αὐτοῦ ἔρχονται εἰς Συχεμ, καὶ ἰδοὺ αὐτοὶ

24 αυτου ult. > Β*† ‖ 26 γααλ] γαλααδ Β: item in 30—41, sed in 28
γααδ ‖ 27 επιον] ειπον Β†

A πολιορκοῦσιν τὴν πόλιν ἐπὶ σέ · ³²καὶ νῦν ἀνάστηθι νυκτὸς σὺ 32
καὶ ὁ λαὸς ὁ μετὰ σοῦ καὶ ἐνέδρευσον ἐν τῷ ἀγρῷ, ³³καὶ ἔσται 33
τὸ πρωὶ ἅμα τῷ ἀνατεῖλαι τὸν ἥλιον καὶ ὀρθρίσεις καὶ ἐκτενεῖς
ἐπὶ τὴν πόλιν, καὶ ἰδοὺ αὐτὸς καὶ ὁ λαὸς ὁ μετ᾽ αὐτοῦ ἐκπορεύ-
ονται πρὸς σέ, καὶ ποιήσεις αὐτῷ καθάπερ ἐὰν εὕρῃ ἡ χείρ σου.
³⁴καὶ ἀνέστη Αβιμελεχ καὶ πᾶς ὁ λαὸς ὁ μετ᾽ αὐτοῦ νυκτὸς καὶ 34
ἐνήδρευσαν ἐπὶ Σικιμα τέσσαρας ἀρχάς. ³⁵καὶ ἐγένετο πρωὶ καὶ 35
ἐξῆλθεν Γααλ υἱὸς Αβεδ καὶ ἔστη πρὸς τῇ θύρᾳ τῆς πύλης τῆς
πόλεως, καὶ ἀνέστη Αβιμελεχ καὶ ὁ λαὸς ὁ μετ᾽ αὐτοῦ ἐκ τῶν
ἐνέδρων. ³⁶καὶ εἶδεν Γααλ υἱὸς Αβεδ τὸν λαὸν καὶ εἶπεν πρὸς 36
Ζεβουλ Ἰδοὺ λαὸς καταβαίνων ἀπὸ τῶν κορυφῶν τῶν ὀρέων.
καὶ εἶπεν πρὸς αὐτὸν Ζεβουλ Τὴν σκιὰν τῶν ὀρέων σὺ ὁρᾷς ὡς
ἄνδρας. ³⁷καὶ προσέθετο ἔτι Γααλ τοῦ λαλῆσαι καὶ εἶπεν Ἰδοὺ 37
λαὸς καταβαίνων κατὰ θάλασσαν ἀπὸ τοῦ ἐχόμενα τοῦ ὀμφαλοῦ
τῆς γῆς, καὶ ἀρχὴ μία παραγίνεται ἀπὸ ὁδοῦ δρυὸς ἀποβλεπόντων.
³⁸καὶ εἶπεν πρὸς αὐτὸν Ζεβουλ Ποῦ ἐστιν νῦν τὸ στόμα σου τὸ 38
λέγον Τίς ἐστιν Αβιμελεχ, ὅτι δουλεύσομεν αὐτῷ ; οὐκ ἰδοὺ οὗτός
ἐστιν ὁ λαός, ὃν ἐξουδένωσας ; ἔξελθε νῦν καὶ πολέμει πρὸς αὐτόν.

35 τη πυλη A | ο λαος] pr. πας O(sub ※)L† ‖ 38 τις] που A† | εξουδεν.]
+ εν αυτω A O(sub ※)†

B περικάθηνται τὴν πόλιν ἐπὶ σέ · ³²καὶ νῦν ἀναστὰς νυκτὸς σὺ 32
καὶ ὁ λαὸς ὁ μετὰ σοῦ καὶ ἐνέδρευσον ἐν τῷ ἀγρῷ, ³³καὶ ἔσται 33
τὸ πρωὶ ἅμα τῷ ἀνατεῖλαι τὸν ἥλιον ὀρθριεῖς καὶ ἐκτενεῖς
ἐπὶ τὴν πόλιν, καὶ ἰδοὺ αὐτὸς καὶ ὁ λαὸς ὁ μετ᾽ αὐτοῦ ἐκπορεύ-
ονται πρὸς σέ, καὶ ποιήσεις αὐτῷ ὅσα ἂν εὕρῃ ἡ χείρ σου.
³⁴καὶ ἀνέστη Αβιμελεχ καὶ πᾶς ὁ λαὸς μετ᾽ αὐτοῦ νυκτὸς 34
καὶ ἐνήδρευσαν ἐπὶ Συχεμ τέτρασιν ἀρχαῖς. ³⁵καὶ ἐξῆλθεν 35
Γααλ υἱὸς Ιωβηλ καὶ ἔστη πρὸς τῇ θύρᾳ τῆς πύλης τῆς πό-
λεως, καὶ ἀνέστη Αβιμελεχ καὶ ὁ λαὸς ὁ μετ᾽ αὐτοῦ ἀπὸ τοῦ
ἐνέδρου. ³⁶καὶ εἶδεν Γααλ υἱὸς Ιωβηλ τὸν λαὸν καὶ εἶπεν πρὸς 36
Ζεβουλ Ἰδοὺ λαὸς καταβαίνει ἀπὸ κεφαλῶν τῶν ὀρέων. καὶ
εἶπεν πρὸς αὐτὸν Ζεβουλ Τὴν σκιὰν τῶν ὀρέων σὺ βλέπεις
ὡς ἄνδρας. ³⁷καὶ προσέθετο ἔτι Γααλ τοῦ λαλῆσαι καὶ εἶπεν 37
Ἰδοὺ λαὸς καταβαίνων κατὰ θάλασσαν ἀπὸ τοῦ ἐχόμενα ὀμφαλοῦ
τῆς γῆς, καὶ ἀρχὴ ἑτέρα ἔρχεται διὰ ὁδοῦ Ηλωνμαωνενιμ. ³⁸καὶ 38
εἶπεν πρὸς αὐτὸν Ζεβουλ Καὶ ποῦ ἐστιν τὸ στόμα σου, ὡς ἐλά-
λησας Τίς ἐστιν Αβιμελεχ, ὅτι δουλεύσομεν αὐτῷ ; μὴ οὐχὶ οὗτος
ὁ λαός, ὃν ἐξουδένωσας ; ἔξελθε δὴ νῦν καὶ παράταξαι αὐτῷ.

32 αναστας B†: cf. Exod. 12 30 ‖ 37 ηλωνμαωνενιμ Ra.] μειν pro νιμ B

39 ³⁹καὶ ἐξῆλθεν Γααλ ἀπὸ προσώπου τῶν ἀνδρῶν Σικιμων καὶ ἐπο- A
40 λέμησεν ἐν Αβιμελεχ. ⁴⁰καὶ κατεδίωξεν αὐτὸν Αβιμελεχ, καὶ ἔφυγεν
    ἀπὸ προσώπου αὐτοῦ · καὶ ἔπεσον τραυματίαι πολλοὶ ἕως θυρῶν
41 τῆς πόλεως. ⁴¹καὶ ἐκάθισεν Αβιμελεχ ἐν Αριμα · καὶ ἐξέβαλεν Ζε-
    βουλ τὸν Γααλ καὶ τοὺς ἀδελφοὺς αὐτοῦ τοῦ μὴ οἰκεῖν ἐν Σικι-
42 μοις. ⁴²καὶ ἐγενήθη τῇ ἐπαύριον καὶ ἐξῆλθεν ὁ λαὸς εἰς τὸ πεδίον,
43 καὶ ἀπηγγέλη τῷ Αβιμελεχ. ⁴³καὶ παρέλαβεν τὸν λαὸν καὶ διεῖλεν
    αὐτὸν τρεῖς ἀρχὰς καὶ ἐνήδρευσεν ἐν αὐτῷ · καὶ εἶδεν καὶ ἰδοὺ
    λαὸς ἐξῆλθεν ἐκ τῆς πόλεως, καὶ ἐπανέστη αὐτοῖς καὶ ἐπάταξεν
44 αὐτούς. ⁴⁴καὶ Αβιμελεχ καὶ αἱ ἀρχαὶ αἱ μετ' αὐτοῦ ἐξετάθησαν καὶ
    ἔστησαν παρὰ τὴν πύλην τῆς πόλεως, καὶ αἱ δύο ἀρχαὶ ἐξεχύθη-
45 σαν ἐπὶ πάντας τοὺς ἐν τῷ ἀγρῷ, καὶ ἐπάταξεν αὐτούς. ⁴⁵καὶ
    Αβιμελεχ ἐπολέμει ἐν τῇ πόλει ὅλην τὴν ἡμέραν ἐκείνην, καὶ κατ-
    ελάβοντο τὴν πόλιν, καὶ τὸν λαὸν τὸν ἐν αὐτῇ ἀνεῖλεν καὶ τὴν
46 πόλιν καθεῖλεν καὶ ἔσπειρεν αὐτὴν ἅλας. ⁴⁶καὶ ἤκουσαν πάντες οἱ
    ἄνδρες πύργου Σικιμων καὶ εἰσῆλθον εἰς τὸ ὀχύρωμα οἴκου τοῦ
47 Βααλ διαθήκης. ⁴⁷καὶ ἀπηγγέλη τῷ Αβιμελεχ ὅτι συνήχθησαν πάν-
48 τες οἱ ἄνδρες τοῦ πύργου Σικιμων. ⁴⁸καὶ ἀνέβη Αβιμελεχ εἰς ὄρος

    40 και εφυγεν > A✝ ‖ 44 εστησαν] pr. εξ A✝ ‖ 45 κατελαβοντο OL^p]
·βετο A

---

39 ³⁹καὶ ἐξῆλθεν Γααλ ἐνώπιον ἀνδρῶν Συχεμ καὶ παρετάξατο B
40 πρὸς Αβιμελεχ. ⁴⁰καὶ ἐδίωξεν αὐτὸν Αβιμελεχ, καὶ ἔφυγεν ἀπὸ
    προσώπου αὐτοῦ · καὶ ἔπεσαν τραυματίαι πολλοὶ ἕως τῆς θύρας
41 τῆς πύλης. ⁴¹καὶ εἰσῆλθεν Αβιμελεχ ἐν Αρημα · καὶ ἐξέβαλεν
    Ζεβουλ τὸν Γααλ καὶ τοὺς ἀδελφοὺς αὐτοῦ μὴ οἰκεῖν ἐν Συ-
42 χεμ. ⁴²καὶ ἐγένετο τῇ ἐπαύριον καὶ ἐξῆλθεν ὁ λαὸς εἰς τὸν ἀγρόν,
43 καὶ ἀνήγγειλεν τῷ Αβιμελεχ. ⁴³καὶ ἔλαβεν τὸν λαὸν καὶ διεῖλεν
    αὐτοὺς εἰς τρεῖς ἀρχὰς καὶ ἐνήδρευσεν ἐν ἀγρῷ · καὶ εἶδεν καὶ ἰδοὺ
    ὁ λαὸς ἐξῆλθεν ἐκ τῆς πόλεως, καὶ ἀνέστη ἐπ' αὐτοὺς καὶ ἐπάταξεν
44 αὐτούς. ⁴⁴καὶ Αβιμελεχ καὶ οἱ ἀρχηγοὶ οἱ μετ' αὐτοῦ ἐξέτειναν καὶ
    ἔστησαν παρὰ τὴν θύραν τῆς πύλης τῆς πόλεως, καὶ αἱ δύο ἀρχαὶ
45 ἐξέτειναν ἐπὶ πάντας τοὺς ἐν τῷ ἀγρῷ καὶ ἐπάταξαν αὐτούς. ⁴⁵καὶ
    Αβιμελεχ παρετάσσετο ἐν τῇ πόλει ὅλην τὴν ἡμέραν ἐκείνην καὶ
    κατελάβετο τὴν πόλιν καὶ τὸν λαὸν τὸν ἐν αὐτῇ ἀπέκτεινεν
46 καὶ καθεῖλεν τὴν πόλιν καὶ ἔσπειρεν εἰς ἅλας. ⁴⁶καὶ ἤκουσαν
    πάντες οἱ ἄνδρες πύργων Συχεμ καὶ ἦλθον εἰς συνέλευσιν Βαιθ-
47 ηλβεριθ. ⁴⁷καὶ ἀνηγγέλη τῷ Αβιμελεχ ὅτι συνήχθησαν πάντες
48 οἱ ἄνδρες πύργων Συχεμ. ⁴⁸καὶ ἀνέβη Αβιμελεχ εἰς ὄρος

    42 τον > B*✝ ‖ 46 βαιθηλβεριθ Ra.] -ηρβ- B: item in 50

A Σελμων, αὐτὸς καὶ πᾶς ὁ λαὸς ὁ μετ' αὐτοῦ, καὶ ἔλαβεν Αβιμελεχ
ἀξίνην ἐν τῇ χειρὶ αὐτοῦ καὶ ἔκοψεν φορτίον ξύλων καὶ ἔλαβεν
αὐτὸ καὶ ἐπέθηκεν ἐπὶ τοὺς ὤμους αὐτοῦ καὶ εἶπεν πρὸς τὸν λαὸν
τὸν μετ' αὐτοῦ Τί εἴδετέ με ποιοῦντα, ταχέως ποιήσατε ὡς καὶ
ἐγώ. ⁴⁹ καὶ ἔκοψαν καὶ αὐτοὶ ἕκαστος φορτίον καὶ ἦραν καὶ ἐπο- 49
ρεύθησαν ὀπίσω Αβιμελεχ καὶ ἐπέθηκαν ἐπὶ τὸ ὀχύρωμα καὶ ἐνέ-
πρησαν ἐπ' αὐτοὺς τὸ ὀχύρωμα ἐν πυρί, καὶ ἀπέθανον πάντες οἱ
ἄνδρες πύργου Σικιμων ὡσεὶ χίλιοι ἄνδρες καὶ γυναῖκες.
⁵⁰ Καὶ ἐπορεύθη Αβιμελεχ εἰς Θεβες καὶ περιεκάθισεν ἐπ' αὐτὴν 50
καὶ προκατελάβετο αὐτήν. ⁵¹ καὶ πύργος ἦν ὀχυρὸς ἐν μέσῳ τῆς 51
πόλεως, καὶ ἔφυγον ἐκεῖ πάντες οἱ ἄνδρες καὶ αἱ γυναῖκες καὶ πάν-
τες οἱ ἡγούμενοι τῆς πόλεως καὶ ἀπέκλεισαν ἐφ' ἑαυτοὺς καὶ ἀνέ-
βησαν ἐπὶ τὸ δῶμα τοῦ πύργου. ⁵² καὶ ἦλθεν Αβιμελεχ ἕως τοῦ 52
πύργου, καὶ ἐξεπολέμησαν αὐτόν· καὶ ἤγγισεν Αβιμελεχ ἕως τῆς
θύρας τοῦ πύργου ἐμπρῆσαι αὐτὸν ἐν πυρί. ⁵³ καὶ ἔρριψεν γυνὴ 53
μία κλάσμα μύλου ἐπὶ τὴν κεφαλὴν Αβιμελεχ καὶ συνέθλασεν τὸ
κρανίον αὐτοῦ. ⁵⁴ καὶ ἐβόησεν τὸ τάχος πρὸς τὸ παιδάριον τὸν 54
αἴροντα τὰ σκεύη αὐτοῦ καὶ εἶπεν αὐτῷ Σπάσαι τὴν μάχαιράν σου

48 σελμων pau.] ερμων A || 49 οπισω αβιμ. > A⁺ || 50 θεβες Ra.]
θαιβαις A⁺, θεβεσα uel sim. L⁺ | προκατελαβοντο A || 51 οχυρος OLᵖ⁺] υ-
ψηλος A⁺ || 52 αυτον ult.] -την A⁺ || 54 και ειπεν αυτω > A⁺ | σπασαι
OLᵖ] -σον A | σου > ALᵖ⁺

B Ερμων καὶ πᾶς ὁ λαὸς ὁ μετ' αὐτοῦ, καὶ ἔλαβεν Αβιμελεχ τὰς
ἀξίνας ἐν τῇ χειρὶ αὐτοῦ καὶ ἔκοψεν κλάδον ξύλου καὶ ἦρεν καὶ
ἔθηκεν ἐπ' ὤμων αὐτοῦ καὶ εἶπεν τῷ λαῷ τῷ μετ' αὐτοῦ Ὃ εἴδετέ
με ποιοῦντα, ταχέως ποιήσατε ὡς ἐγώ. ⁴⁹ καὶ ἔκοψαν καί γε ἀνὴρ 49
κλάδον πᾶς ἀνὴρ καὶ ἐπορεύθησαν ὀπίσω Αβιμελεχ καὶ ἐπέθηκαν
ἐπὶ τὴν συνέλευσιν καὶ ἐνεπύρισαν ἐπ' αὐτοὺς τὴν συνέλευσιν ἐν
πυρί, καὶ ἀπέθανον καί γε πάντες οἱ ἄνδρες πύργου Σικιμων ὡς
χίλιοι ἄνδρες καὶ γυναῖκες.
⁵⁰ Καὶ ἐπορεύθη Αβιμελεχ ἐκ Βαιθηλβεριθ καὶ παρενέβαλεν ἐν 50
Θηβης καὶ κατέλαβεν αὐτήν. ⁵¹ καὶ πύργος ἰσχυρὸς ἦν ἐν μέσῳ 51
τῆς πόλεως, καὶ ἔφυγον ἐκεῖ πάντες οἱ ἄνδρες καὶ αἱ γυναῖκες
τῆς πόλεως καὶ ἔκλεισαν ἔξωθεν αὐτῶν καὶ ἀνέβησαν ἐπὶ
τὸ δῶμα τοῦ πύργου. ⁵² καὶ ἦλθεν Αβιμελεχ ἕως τοῦ πύργου, 52
καὶ παρετάξαντο αὐτῷ· καὶ ἤγγισεν Αβιμελεχ ἕως τῆς θύρας
τοῦ πύργου τοῦ ἐμπρῆσαι αὐτὸν ἐν πυρί. ⁵³ καὶ ἔρριψεν γυνὴ 53
μία κλάσμα ἐπιμυλίου ἐπὶ κεφαλὴν Αβιμελεχ καὶ ἔκλασεν τὸ
κρανίον αὐτοῦ. ⁵⁴ καὶ ἐβόησεν ταχὺ πρὸς τὸ παιδάριον τὸ αἶ- 54
ρον τὰ σκεύη αὐτοῦ καὶ εἶπεν αὐτῷ Σπάσον τὴν ῥομφαίαν μου

καὶ θανάτωσόν με, μήποτε εἴπωσιν Γυνὴ ἀπέκτεινεν αὐτόν. καὶ Α
ἐξεκέντησεν αὐτὸν τὸ παιδάριον αὐτοῦ, καὶ ἀπέθανεν Αβιμελεχ.
55 ⁵⁵καὶ εἶδεν ἀνὴρ Ισραηλ ὅτι ἀπέθανεν Αβιμελεχ, καὶ ἀπῆλθον ἀνὴρ
56 εἰς τὸν τόπον αὐτοῦ. ⁵⁶καὶ ἀπέστρεψεν ὁ θεὸς τὴν κακίαν Αβι-
μελεχ, ἣν ἐποίησεν τῷ πατρὶ αὐτοῦ ἀποκτεῖναι τοὺς ἑβδομήκοντα
57 ἀδελφοὺς αὐτοῦ. ⁵⁷καὶ πᾶσαν κακίαν ἀνδρῶν Σικιμων ἐπέστρε-
ψεν ὁ θεὸς εἰς τὴν κεφαλὴν αὐτῶν, καὶ ἐπῆλθεν ἐπ᾽ αὐτοὺς ἡ
κατάρα Ιωαθαμ τοῦ υἱοῦ Ιεροβααλ.
10   ¹Καὶ ἀνέστη μετὰ Αβιμελεχ τοῦ σῶσαι τὸν Ισραηλ Θωλα υἱὸς
Φουα υἱὸς πατραδέλφου αὐτοῦ ἀνὴρ Ισσαχαρ, καὶ αὐτὸς κατῴκει
2 ἐν Σαμαρείᾳ ἐν ὄρει Εφραιμ. ²καὶ ἔκρινεν τὸν Ισραηλ εἴκοσι καὶ
τρία ἔτη καὶ ἀπέθανεν καὶ ἐτάφη ἐν Σαμαρείᾳ.
3   ³Καὶ ἀνέστη μετ᾽ αὐτὸν Ιαϊρ ὁ Γαλααδίτης καὶ ἔκρινεν τὸν Ισραηλ
4 εἴκοσι καὶ δύο ἔτη. ⁴καὶ ἐγένοντο αὐτῷ τριάκοντα καὶ δύο υἱοὶ
ἐπιβεβηκότες ἐπὶ τριάκοντα καὶ δύο πώλους · καὶ τριάκοντα καὶ δύο
πόλεις αὐτοῖς, καὶ ἐκάλεσεν αὐτὰς Ἐπαύλεις Ιαϊρ ἕως τῆς ἡμέρας
5 ταύτης, αἵ εἰσιν ἐν τῇ γῇ Γαλααδ. ⁵καὶ ἀπέθανεν Ιαϊρ καὶ ἐτάφη
ἐν Ραμμω.

57 επεστρεψεν] απ. Α† | ο θεος] κυριος Α† | ιεροβααλ] αυτου Α†
10 4 και paenult. *OL*] > Α ‖ 5 ια(ε)ιρ] αειρ Α† | ραμμω Α†] ραμνω *L*,
καμων *O*

καὶ θανάτωσόν με, μήποτε εἴπωσιν Γυνὴ ἀπέκτεινεν αὐτόν. καὶ Β
55 ἐξεκέντησεν αὐτὸν τὸ παιδάριον αὐτοῦ, καὶ ἀπέθανεν. ⁵⁵καὶ εἶδεν
ἀνὴρ Ισραηλ ὅτι ἀπέθανεν Αβιμελεχ, καὶ ἐπορεύθησαν ἀνὴρ εἰς
56 τὸν τόπον αὐτοῦ. ⁵⁶καὶ ἐπέστρεψεν ὁ θεὸς τὴν πονηρίαν Αβι-
μελεχ, ἣν ἐποίησεν τῷ πατρὶ αὐτοῦ ἀποκτεῖναι τοὺς ἑβδομήκοντα
57 ἀδελφοὺς αὐτοῦ. ⁵⁷καὶ τὴν πᾶσαν πονηρίαν ἀνδρῶν Συχεμ ἐπέ-
στρεψεν ὁ θεὸς εἰς κεφαλὴν αὐτῶν, καὶ ἐπῆλθεν ἐπ᾽ αὐτοὺς ἡ
κατάρα Ιωαθαν υἱοῦ Ιεροβααλ.
10   ¹Καὶ ἀνέστη μετὰ Αβιμελεχ τοῦ σῶσαι τὸν Ισραηλ Θωλα υἱὸς
Φουα υἱὸς πατραδέλφου αὐτοῦ ἀνὴρ Ισσαχαρ, καὶ αὐτὸς ᾤκει
2 ἐν Σαμιρ ἐν ὄρει Εφραιμ. ²καὶ ἔκρινεν τὸν Ισραηλ εἴκοσι τρία
ἔτη καὶ ἀπέθανεν καὶ ἐτάφη ἐν Σαμιρ.
3   ³Καὶ ἀνέστη μετ᾽ αὐτὸν Ιαϊρ ὁ Γαλααδ καὶ ἔκρινεν τὸν Ισραηλ
4 εἴκοσι δύο ἔτη. ⁴καὶ ἦσαν αὐτῷ τριάκοντα καὶ δύο υἱοὶ
ἐπιβαίνοντες ἐπὶ τριάκοντα δύο πώλους · καὶ τριάκοντα δύο
πόλεις αὐτοῖς, καὶ ἐκάλουν αὐτὰς Ἐπαύλεις Ιαϊρ ἕως τῆς
5 ἡμέρας ταύτης ἐν γῇ Γαλααδ. ⁵καὶ ἀπέθανεν Ιαϊρ καὶ ἐτάφη
ἐν Ραμνων.

10 4 γαλααδ Β^c] γααδ Β*†

A   ⁶Καὶ προσέθεντο οἱ υἱοὶ Ισραηλ ποιῆσαι τὸ πονηρὸν ἔναντι 6
κυρίου καὶ ἐλάτρευσαν ταῖς Βααλιμ καὶ ταῖς Ασταρωθ καὶ τοῖς
θεοῖς Σιδῶνος καὶ τοῖς θεοῖς Μωαβ καὶ τοῖς θεοῖς υἱῶν Αμμων
καὶ τοῖς θεοῖς τῶν ἀλλοφύλων καὶ ἐγκατέλιπον τὸν κύριον καὶ
οὐκ ἐδούλευσαν αὐτῷ. ⁷καὶ ἐθυμώθη ὀργῇ κύριος ἐν τῷ Ισραηλ 7
καὶ ἀπέδοτο αὐτοὺς ἐν χειρὶ ἀλλοφύλων καὶ ἐν χειρὶ υἱῶν Αμμων.
⁸καὶ ἐσάθρωσαν καὶ ἔθλασαν τοὺς υἱοὺς Ισραηλ ἐν τῷ ἐνιαυτῷ 8
ἐκείνῳ ὀκτωκαίδεκα ἔτη, πάντας τοὺς υἱοὺς Ισραηλ ἐν τῷ πέραν
τοῦ Ιορδάνου ἐν τῇ γῇ τοῦ Αμορραίου ἐν τῇ Γαλααδίτιδι. ⁹καὶ 9
διέβησαν οἱ υἱοὶ Αμμων τὸν Ιορδάνην ἐκπολεμῆσαι καὶ ἐν τῷ
Ιουδα καὶ Βενιαμιν καὶ ἐν τῷ οἴκῳ Εφραιμ, καὶ ἐθλίβησαν οἱ υἱοὶ
Ισραηλ σφόδρα. ¹⁰καὶ ἐκέκραξαν οἱ υἱοὶ Ισραηλ πρὸς κύριον λέ- 10
γοντες Ἡμάρτομέν σοι, ὅτι ἐγκατελίπομεν τὸν θεὸν ἡμῶν καὶ ἐλα-
τρεύσαμεν ταῖς Βααλιμ. ¹¹καὶ εἶπεν κύριος πρὸς τοὺς υἱοὺς Ισραηλ 11
Οὐχὶ οἱ Αἰγύπτιοι καὶ οἱ Αμορραῖοι καὶ οἱ υἱοὶ Αμμων καὶ Μωαβ
καὶ οἱ ἀλλόφυλοι ¹²καὶ Σιδώνιοι καὶ Μαδιαμ καὶ Αμαληκ ἐξέθλιψαν 12
ὑμᾶς; καὶ ἐκεκράξατε πρός με, καὶ ἔσωσα ὑμᾶς ἐκ χειρὸς αὐτῶν.
¹³καὶ ὑμεῖς ἐγκατελίπετέ με καὶ ἐλατρεύσατε θεοῖς ἑτέροις · διὰ 13

6 και τοις θ. σιδωνος *L*†] pr. και τοις θεοις συριας *O*(sub ※), + και τοις θε-
οις συριας Α† || 7 οργη > Α† || 10 εκεκραξαν *OL*] εβοησαν Α | θεον] pr.
κυριον Α† || 11 οι 1⁰ > Α, 2⁰ > Α†

B   ⁶Καὶ προσέθεντο οἱ υἱοὶ Ισραηλ ποιῆσαι τὸ πονηρὸν ἐνώπιον 6
κυρίου καὶ ἐδούλευσαν τοῖς Βααλιμ καὶ ταῖς Ασταρωθ καὶ τοῖς
θεοῖς Αραδ καὶ τοῖς θεοῖς Σιδῶνος καὶ τοῖς θεοῖς Μωαβ καὶ τοῖς
θεοῖς υἱῶν Αμμων καὶ τοῖς θεοῖς Φυλιστιιμ καὶ ἐγκατέλιπον τὸν
κύριον καὶ οὐκ ἐδούλευσαν αὐτῷ. ⁷καὶ ὠργίσθη θυμῷ κύριος ἐν 7
Ισραηλ καὶ ἀπέδοτο αὐτοὺς ἐν χειρὶ Φυλιστιιμ καὶ ἐν χειρὶ υἱῶν
Αμμων. ⁸καὶ ἔθλιψαν καὶ ἔθλασαν τοὺς υἱοὺς Ισραηλ ἐν τῷ και- 8
ρῷ ἐκείνῳ δέκα ὀκτὼ ἔτη, τοὺς πάντας υἱοὺς Ισραηλ τοὺς ἐν τῷ
πέραν τοῦ Ιορδάνου ἐν γῇ τοῦ Αμορρι τοῦ ἐν Γαλααδ. ⁹καὶ 9
διέβησαν οἱ υἱοὶ Αμμων τὸν Ιορδάνην παρατάξασθαι πρὸς
Ιουδαν καὶ Βενιαμιν καὶ πρὸς Εφραιμ, καὶ ἐθλίβη Ισραηλ
σφόδρα. ¹⁰καὶ ἐβόησαν οἱ υἱοὶ Ισραηλ πρὸς κύριον λέγον- 10
τες Ἡμάρτομέν σοι, ὅτι ἐγκατελίπομεν τὸν θεὸν καὶ ἐδου-
λεύσαμεν τῷ Βααλιμ. ¹¹καὶ εἶπεν κύριος πρὸς τοὺς υἱοὺς Ισραηλ 11
Μὴ οὐχὶ ἐξ Αἰγύπτου καὶ ἀπὸ τοῦ Αμορραίου καὶ ἀπὸ υἱῶν Αμ-
μων καὶ ἀπὸ Φυλιστιιμ ¹²καὶ Σιδωνίων καὶ Αμαληκ καὶ Μαδιαμ, 12
οἳ ἔθλιψαν ὑμᾶς, καὶ ἐβοήσατε πρός με, καὶ ἔσωσα ὑμᾶς ἐκ χειρὸς
αὐτῶν; ¹³καὶ ὑμεῖς ἐγκατελίπετέ με καὶ ἐδουλεύσατε θεοῖς ἑτέροις · διὰ 13

6 ποιησαι] pr. του Β°

14 τοῦτο οὐ προσθήσω τοῦ σῶσαι ὑμᾶς. ¹⁴βαδίζετε καὶ βοᾶτε πρὸς Α
τοὺς θεούς, οὓς ἐξελέξασθε ἑαυτοῖς, καὶ αὐτοὶ σωσάτωσαν ὑμᾶς
15 ἐν καιρῷ θλίψεως ὑμῶν. ¹⁵καὶ εἶπαν οἱ υἱοὶ Ισραηλ πρὸς κύριον
Ἡμάρτομεν, ποίησον σὺ ἡμῖν κατὰ πάντα, ὅσα ἂν ἀρέσκῃ ἐνώ-
16 πιόν σο'ι, πλήν, κύριε, ἐξελοῦ ἡμᾶς ἐν τῇ ἡμέρᾳ ταύτῃ. ¹⁶καὶ
μετέστησαν τοὺς θεοὺς τοὺς ἀλλοτρίους ἐκ μέσου αὐτῶν καὶ ἐλά-
τρευσαν τῷ κυρίῳ· καὶ οὐκ εὐηρέστησεν ἐν τῷ λαῷ, καὶ ὠλιγο-
ψύχησεν ἐν τῷ κόπῳ Ισραηλ.
17   ¹⁷Καὶ ἀνέβησαν οἱ υἱοὶ Αμμων καὶ παρενέβαλον ἐν Γαλααδ, καὶ
18 ἐξῆλθον οἱ υἱοὶ Ισραηλ καὶ παρενέβαλον ἐν τῇ Μασσηφα. ¹⁸καὶ
εἶπον οἱ ἄρχοντες τοῦ λαοῦ Γαλααδ ἀνὴρ πρὸς τὸν πλησίον αὐ-
τοῦ Τίς ἀνήρ, ὃς ἄρξεται πολεμῆσαι ἐν τοῖς υἱοῖς Αμμων; καὶ
ἔσται εἰς κεφαλὴν πᾶσιν τοῖς κατοικοῦσιν Γαλααδ.
11   ¹Καὶ Ιεφθαε ὁ Γαλααδίτης δυνατὸς ἐν ἰσχύι· καὶ αὐτὸς ἦν υἱὸς
2 γυναικὸς πόρνης, καὶ ἔτεκεν τῷ Γαλααδ τὸν Ιεφθαε. ²καὶ ἔτεκεν
ἡ γυνὴ Γαλααδ αὐτῷ υἱούς· καὶ ἡδρύνθησαν οἱ υἱοὶ τῆς γυναικὸς
καὶ ἐξέβαλον τὸν Ιεφθαε καὶ εἶπον αὐτῷ Οὐ κληρονομήσεις ἐν τῷ
3 οἴκῳ τοῦ πατρὸς ἡμῶν, ὅτι γυναικὸς υἱὸς ἑταίρας εἶ σύ. ³καὶ ἀπέ-
δρα Ιεφθαε ἐκ προσώ·του τῶν ἀδελφῶν αὐτοῦ καὶ κατῴκησεν ἐν

16 ευηρεστησαν Α†
11 2 υιους] pr. δυο Α†

---

14 τοῦτο οὐ προσθήσω τοῦ σῶσαι ὑμᾶς. ¹⁴πορεύεσθε καὶ βοήσατε Β
πρὸς τοὺς θεούς, οὓς ἐξελέξασθε ἑαυτοῖς, καὶ αὐτοὶ σωσάτωσαν
15 ὑμᾶς ἐν καιρῷ θλίψεως ὑμῶν. ¹⁵καὶ εἶπαν οἱ υἱοὶ Ισραηλ πρὸς
κύριον Ἡμάρτομεν, ποίησον σὺ ἡμῖν κατὰ πᾶν τὸ ἀγαθὸν ἐν
16 ὀφθαλμοῖς σου, πλὴν ἐξελοῦ ἡμᾶς ἐν τῇ ἡμέρᾳ ταύτῃ. ¹⁶καὶ
ἐξέκλιναν τοὺς θεοὺς τοὺς ἀλλοτρίους ἐκ μέσου αὐτῶν καὶ ἐδού-
λευσαν τῷ κυρίῳ μόνῳ, καὶ ὠλιγώθη ἡ ψυχὴ αὐτοῦ ἐν κόπῳ
Ισραηλ.
17   ¹⁷Καὶ ἀνέβησαν οἱ υἱοὶ Αμμων καὶ παρενέβαλον ἐν Γαλααδ, καὶ
18 συνήχθησαν οἱ υἱοὶ Ισραηλ καὶ παρενέβαλον ἐν τῇ σκοπιᾷ. ¹⁸καὶ
εἶπον ὁ λαὸς οἱ ἄρχοντες Γαλααδ ἀνὴρ πρὸς τὸν πλησίον αὐτοῦ
Τίς ὁ ἀνήρ, ὅστις ἂν ἄρξηται παρατάξασθαι πρὸς υἱοὺς Αμμων;
καὶ ἔσται εἰς ἄρχοντα πᾶσιν τοῖς κατοικοῦσιν Γαλααδ.
11   ¹Καὶ Ιεφθαε ὁ Γαλααδίτης ἐπηρμένος δυνάμει· καὶ αὐτὸς υἱὸς
2 γυναικὸς πόρνης, ἣ ἐγέννησεν τῷ Γαλααδ τὸν Ιεφθαε. ²καὶ ἔτεκεν
ἡ γυνὴ Γαλααδ αὐτῷ υἱούς· καὶ ἡδρύνθησαν οἱ υἱοὶ τῆς γυναικὸς
καὶ ἐξέβαλον τὸν Ιεφθαε καὶ εἶπαν αὐτῷ Οὐ κληρονομήσεις ἐν τῷ
3 οἴκῳ τοῦ πατρὸς ἡμῶν, ὅτι υἱὸς γυναικὸς ἑταίρας σύ. ³καὶ ἔφυ-
γεν Ιεφθάε ἀπὸ προσώπου ἀδελφῶν αὐτοῦ καὶ ᾤκησεν ἐν

A γῆ Τωβ, καὶ συνελέγοντο πρὸς τὸν Ιεφθαε ἄνδρες λιτοὶ καὶ συν-
εξεπορεύοντο μετ᾽ αὐτοῦ.
⁴Καὶ ἐγένετο μεθ᾽ ἡμέρας καὶ ἐπολέμησαν οἱ υἱοὶ Αμμων μετὰ 4
Ισραηλ. ⁵καὶ ἐγενήθη ἡνίκα ἐπολέμουν οἱ υἱοὶ Αμμων μετὰ Ισραηλ, 5
καὶ ἐπορεύθησαν οἱ πρεσβύτεροι Γαλααδ παραλαβεῖν τὸν Ιεφθαε
ἐν γῇ Τωβ ⁶καὶ εἶπαν πρὸς Ιεφθαε Δεῦρο καὶ ἔσῃ ἡμῖν εἰς ἡγού- 6
μενον, καὶ πολεμήσωμεν ἐν τοῖς υἱοῖς Αμμων. ⁷καὶ εἶπεν Ιεφθαε 7
τοῖς πρεσβυτέροις Γαλααδ Οὐχ ὑμεῖς ἐμισήσατέ με καὶ ἐξεβάλετέ
με ἐκ τοῦ οἴκου τοῦ πατρός μου καὶ ἐξαπεστείλατέ με ἀφ᾽ ὑμῶν;
καὶ τί ὅτι ἤλθατε πρός με, ἡνίκα ἐθλίβητε; ⁸καὶ εἶπαν οἱ πρεσβύ- 8
τεροι Γαλααδ πρὸς Ιεφθαε Οὐχ οὕτως · νῦν ἤλθομεν πρὸς σέ, καὶ
συμπορεύσῃ ἡμῖν, καὶ πολεμήσομεν ἐν τοῖς υἱοῖς Αμμων · καὶ ἔσῃ
ἡμῖν εἰς κεφαλήν, πᾶσιν τοῖς κατοικοῦσιν Γαλααδ. ⁹καὶ εἶπεν Ιεφθαε 9
πρὸς τοὺς πρεσβυτέρους Γαλααδ Εἰ ἐπιστρέφετέ με ὑμεῖς πολεμῆ-
σαι ἐν τοῖς υἱοῖς Αμμων καὶ παραδῷ κύριος αὐτοὺς ἐνώπιον ἐμοῦ,
ἐγὼ ὑμῖν ἔσομαι εἰς κεφαλήν. ¹⁰καὶ εἶπαν οἱ πρεσβύτεροι Γαλααδ 10
πρὸς Ιεφθαε Κύριος ἔσται ὁ ἀκούων ἀνὰ μέσον ἡμῶν, εἰ μὴ κατὰ
τὸ ῥῆμά σου οὕτως ποιήσομεν. ¹¹καὶ ἐπορεύθη Ιεφθαε μετὰ τῶν 11
πρεσβυτέρων Γαλααδ, καὶ κατέστησαν αὐτὸν ἐπ᾽ αὐτῶν εἰς κεφαλὴν

5 επολεμουν *OᵖL*†] -μουσαν A†, -μησαν *Oᵖ* | γαλααδ] ισραηλ A† ‖ 11 κατ-
εστησαν *L*†] + ο λαος A*O*(sub ※)

B γῆ Τωβ, καὶ συνεστράφησαν πρὸς Ιεφθαε ἄνδρες κενοὶ καὶ ἐξῆλ-
θον μετ᾽ αὐτοῦ.
⁵Καὶ ἐγένετο ἡνίκα παρετάξαντο οἱ υἱοὶ Αμμων μετὰ Ισραηλ, 5
καὶ ἐπορεύθησαν οἱ πρεσβύτεροι Γαλααδ λαβεῖν τὸν Ιεφθαε ἀπὸ
τῆς γῆς Τωβ ⁶καὶ εἶπαν τῷ Ιεφθαε Δεῦρο καὶ ἔσῃ ἡμῖν εἰς ἀρ- 6
χηγόν, καὶ παραταξώμεθα πρὸς υἱοὺς Αμμων. ⁷καὶ εἶπεν Ιεφθαε 7
τοῖς πρεσβυτέροις Γαλααδ Οὐχὶ ὑμεῖς ἐμισήσατέ με καὶ ἐξεβάλετέ
με ἐκ τοῦ οἴκου τοῦ πατρός μου καὶ ἐξαπεστείλατέ με ἀφ᾽ ὑμῶν;
καὶ διὰ τί ἤλθατε πρός με νῦν, ἡνίκα χρῄζετε; ⁸καὶ εἶπαν οἱ πρε- 8
σβύτεροι Γαλααδ πρὸς Ιεφθαε Διὰ τοῦτο νῦν ἐπεστρέψαμεν πρὸς σέ,
καὶ πορεύσῃ μεθ᾽ ἡμῶν καὶ παρατάξῃ πρὸς υἱοὺς Αμμων · καὶ ἔσῃ
ἡμῖν εἰς ἄρχοντα, πᾶσιν τοῖς οἰκοῦσιν Γαλααδ. ⁹καὶ εἶπεν Ιεφθαε 9
πρὸς τοὺς πρεσβυτέρους Γαλααδ Εἰ ἐπιστρέφετέ με ὑμεῖς παρατά-
ξασθαι ἐν υἱοῖς Αμμων καὶ παραδῷ κύριος αὐτοὺς ἐνώπιον ἐμοῦ,
καὶ ἐγὼ ἔσομαι ὑμῖν εἰς ἄρχοντα. ¹⁰καὶ εἶπαν οἱ πρεσβύτεροι Γα- 10
λααδ πρὸς Ιεφθαε Κύριος ἔστω ἀκούων ἀνὰ μέσον ἡμῶν, εἰ μὴ κατὰ
τὸ ῥῆμά σου οὕτως ποιήσομεν. ¹¹καὶ ἐπορεύθη Ιεφθαε μετὰ τῶν 11
πρεσβυτέρων Γαλααδ, καὶ ἔθηκαν αὐτὸν ὁ λαὸς ἐπ᾽ αὐτοὺς εἰς κεφαλὴν

εἰς ἡγούμενον. καὶ ἐλάλησεν Ιεφθαε πάντας τοὺς λόγους αὐτοῦ **Α**
ἐνώπιον κυρίου ἐν Μασσηφα.

12   ¹²Καὶ ἀπέστειλεν Ιεφθαε ἀγγέλους πρὸς βασιλέα υἱῶν Αμμων
λέγων Τί ἐμοὶ καὶ σοί, ὅτι ἥκεις πρός με σὺ πολεμῆσαί με ἐν
13 τῇ γῇ μου; ¹³καὶ εἶπεν βασιλεὺς υἱῶν Αμμων πρὸς τοὺς ἀγγέλους
Ιεφθαε Διότι ἔλαβεν Ισραηλ τὴν γῆν μου ἐν τῇ ἀναβάσει αὐτοῦ
ἐξ Αἰγύπτου ἀπὸ Αρνων ἕως Ιαβοκ καὶ ἕως τοῦ Ιορδάνου · καὶ
14 νῦν ἐπίστρεψον αὐτὰς μετ᾽ εἰρήνης. ¹⁴καὶ ἀπέστρεψαν οἱ ἄγγελοι
πρὸς Ιεφθαε. καὶ ἀπέστειλεν Ιεφθαε ἀγγέλους πρὸς τὸν βασιλέα
15 υἱῶν Αμμων ¹⁵λέγων Τάδε λέγει Ιεφθαε Οὐκ ἔλαβεν Ισραηλ τὴν
16 γῆν Μωαβ καὶ τὴν γῆν υἱῶν Αμμων ¹⁶ἐν τῇ ἀναβάσει αὐτῶν ἐξ
Αἰγύπτου, ἀλλ᾽ ἐπορεύθη Ισραηλ ἐν τῇ ἐρήμῳ ἕως θαλάσσης ἐρυ-
17 θρᾶς καὶ ἦλθεν ἕως Καδης. ¹⁷καὶ ἐξαπέστειλεν Ισραηλ ἀγγέλους
πρὸς βασιλέα Εδωμ λέγων Παρελεύσομαι διὰ τῆς γῆς σου · καὶ
οὐκ ἤκουσεν βασιλεὺς Εδωμ. καί γε πρὸς βασιλέα Μωαβ ἀπέστει-
18 λεν, καὶ οὐκ ἠθέλησεν. καὶ ἐκάθισεν Ισραηλ ἐν Καδης. ¹⁸καὶ διῆλ-
θεν ἐν τῇ ἐρήμῳ καὶ ἐκύκλωσεν τὴν γῆν Εδωμ καὶ τὴν γῆν Μωαβ
καὶ παρεγένετο κατ᾽ ἀνατολὰς ἡλίου τῆς γῆς Μωαβ καὶ παρενέ-
βαλον ἐν τῷ πέραν Αρνων καὶ οὐκ εἰσῆλθον εἰς τὸ ὅριον Μωαβ,

15 ισραηλ] ιεφθαε Α⁺ ‖ 17 βασιλευς] pr. ο Α⁺

καὶ εἰς ἀρχηγόν. καὶ ἐλάλησεν Ιεφθαε τοὺς λόγους αὐτοῦ πάντας **Β**
ἐνώπιον κυρίου ἐν Μασσηφα.

12   ¹²Καὶ ἀπέστειλεν Ιεφθαε ἀγγέλους πρὸς βασιλέα υἱῶν Αμμων
λέγων Τί ἐμοὶ καὶ σοί, ὅτι ἦλθες πρός με τοῦ παρατάξασθαι ἐν
13 τῇ γῇ μου; ¹³καὶ εἶπεν βασιλεὺς υἱῶν Αμμων πρὸς τοὺς ἀγγέλους
Ιεφθαε Ὅτι ἔλαβεν Ισραηλ τὴν γῆν μου ἐν τῷ ἀναβαίνειν αὐτὸν
ἐξ Αἰγύπτου ἀπὸ Αρνων καὶ ἕως Ιαβοκ καὶ ἕως τοῦ Ιορδάνου · καὶ
14 νῦν ἐπίστρεψον αὐτὰς ἐν εἰρήνη, καὶ πορεύσομαι. ¹⁴καὶ προσέθη-
κεν ἔτι Ιεφθαε καὶ ἀπέστειλεν ἀγγέλους πρὸς βασιλέα υἱῶν
15 Αμμων· ¹⁵καὶ εἶπεν αὐτῷ Οὕτω λέγει Ιεφθαε Οὐκ ἔλαβεν Ισραηλ τὴν
16 γῆν Μωαβ καὶ τὴν γῆν υἱῶν Αμμων. ¹⁶ὅτι ἐν τῷ ἀναβαίνειν αὐ-
τοὺς ἐξ Αἰγύπτου ἐπορεύθη Ισραηλ ἐν τῇ ἐρήμῳ ἕως θαλάσσης
17 Σιφ καὶ ἦλθεν εἰς Καδης. ¹⁷καὶ ἀπέστειλεν Ισραηλ ἀγγέλους
πρὸς βασιλέα Εδωμ λέγων Παρελεύσομαι δὴ ἐν τῇ γῇ σου · καὶ
οὐκ ἤκουσεν βασιλεὺς Εδωμ. καὶ πρὸς βασιλέα Μωαβ ἀπέστει-
18 λεν, καὶ οὐκ εὐδόκησεν. καὶ ἐκάθισεν Ισραηλ ἐν Καδης. ¹⁸καὶ ἐπο-
ρεύθη ἐν τῇ ἐρήμῳ καὶ ἐκύκλωσεν τὴν γῆν Εδωμ καὶ τὴν
γῆν Μωαβ καὶ ἦλθεν ἀπὸ ἀνατολῶν ἡλίου τῇ γῇ Μωαβ καὶ παρ-
ενέβαλον ἐν πέραν Αρνων καὶ οὐκ εἰσῆλθεν ἐν ὁρίοις Μωαβ,

A ὅτι Αρνων ἦν ὅριον Μωαβ. ¹⁹ καὶ ἀπέστειλεν Ισραηλ ἀγγέλους 19
πρὸς Σηων βασιλέα Εσεβων τὸν Αμορραῖον, καὶ εἶπεν αὐτῷ Ισραηλ
Παρελεύσομαι διὰ τῆς γῆς σου ἕως τοῦ τόπου μου. ²⁰ καὶ οὐκ 20
ἠθέλησεν Σηων διελθεῖν τὸν Ισραηλ διὰ τῶν ὁρίων αὐτοῦ · καὶ
συνήγαγεν Σηων πάντα τὸν λαὸν αὐτοῦ καὶ παρενέβαλεν εἰς Ιασσα
καὶ ἐπολέμησεν μετὰ Ισραηλ. ²¹ καὶ παρέδωκεν κύριος ὁ θεὸς Ισρα- 21
ηλ τὸν Σηων καὶ πάντα τὸν λαὸν αὐτοῦ ἐν χειρὶ Ισραηλ, καὶ ἐπά-
ταξεν αὐτούς · καὶ ἐκληρονόμησεν Ισραηλ πᾶσαν τὴν γῆν τοῦ Αμορ-
ραίου τοῦ κατοικοῦντος ἐν τῇ γῇ. ²² καὶ ἐκληρονόμησεν πᾶν τὸ 22
ὅριον τοῦ Αμορραίου ἀπὸ Αρνων καὶ ἕως τοῦ Ιαβοκ καὶ ἀπὸ τῆς
ἐρήμου καὶ ἕως τοῦ Ιορδάνου. ²³ καὶ νῦν κύριος ὁ θεὸς Ισραηλ 23
ἐξῆρεν τὸν Αμορραῖον ἐκ προσώπου τοῦ λαοῦ αὐτοῦ Ισραηλ, καὶ
σὺ κληρονομήσεις αὐτὸν ἐπὶ σοῦ; ²⁴ οὐχὶ ὅσα κατεκληρονόμησέν 24
σοι Χαμως ὁ θεός σου, αὐτὰ κληρονομήσεις; καὶ πάντα, ὅσα κατε-
κληρονόμησεν κύριος ὁ θεὸς ἡμῶν ἀπὸ προσώπου ἡμῶν, αὐτὰ
κληρονομήσομεν. ²⁵ καὶ νῦν μὴ κρείσσων εἶ σὺ τοῦ Βαλακ υἱοῦ 25
Σεπφωρ βασιλέως Μωαβ; μὴ μάχῃ ἐμαχέσατο μετὰ Ισραηλ ἢ πο-
λεμῶν ἐπολέμησεν αὐτοῖς; ²⁶ ἐν τῷ οἴκῳ Ισραηλ ἐν Εσεβων καὶ ἐν 26
ταῖς θυγατράσιν αὐτῆς καὶ ἐν Ιαζηρ καὶ ἐν ταῖς θυγατράσιν αὐτῆς

20 σηων 1⁰ > A† | εις] εν A† | ιασσα] ισραηλ A† ‖ 23 ισραηλ 1⁰ > A
‖ 24 κατεκληρ. 2⁰] + σοι A† | ημων 1⁰ ⌢ 2⁰ A†

B ὅτι Αρνων ὅριον Μωαβ. ¹⁹ καὶ ἀπέστειλεν Ισραηλ ἀγγέλους πρὸς 19
Σηων βασιλέα τοῦ Αμορραίου βασιλέα Εσεβων, καὶ εἶπεν αὐτῷ
Ισραηλ Παρέλθωμεν δὴ ἐν τῇ γῇ σου ἕως τοῦ τόπου ἡμῶν. ²⁰ καὶ 20
οὐκ ἐνεπίστευσεν Σηων τῷ Ισραηλ παρελθεῖν ἐν ὁρίῳ αὐτοῦ · καὶ
συνῆξεν Σηων τὸν πάντα λαὸν αὐτοῦ, καὶ παρενέβαλον εἰς Ιασα,
καὶ παρετάξατο πρὸς Ισραηλ. ²¹ καὶ παρέδωκεν κύριος ὁ θεὸς Ισρα- 21
ηλ τὸν Σηων καὶ πάντα τὸν λαὸν αὐτοῦ ἐν χειρὶ Ισραηλ, καὶ ἐπά-
ταξεν αὐτόν · καὶ ἐκληρονόμησεν Ισραηλ τὴν πᾶσαν γῆν τοῦ Αμορ-
ραίου τοῦ κατοικοῦντος τὴν γῆν ἐκείνην ²² ἀπὸ Αρνων καὶ ἕως 22
τοῦ Ιαβοκ καὶ ἀπὸ τῆς ἐρήμου ἕως τοῦ Ιορδάνου. ²³ καὶ νῦν κύ- 23
ριος ὁ θεὸς Ισραηλ ἐξῆρεν τὸν Αμορραῖον ἀπὸ προσώπου λαοῦ
αὐτοῦ Ισραηλ, καὶ σὺ κληρονομήσεις αὐτόν; ²⁴ οὐχὶ ἃ ἐὰν κλη- 24
ρονομήσει σε Χαμως ὁ θεός σου, αὐτὰ κληρονομήσεις; καὶ τοὺς
πάντας, οὓς ἐξῆρεν κύριος ὁ θεὸς ἡμῶν ἀπὸ προσώπου ἡμῶν,
αὐτοὺς κληρονομήσομεν. ²⁵ καὶ νῦν μὴ ἐν ἀγαθῷ ἀγαθώτερος σὺ ὑπὲρ 25
Βαλακ υἱὸν Σεπφωρ βασιλέα Μωαβ; μὴ μαχόμενος ἐμαχέσατο μετὰ
Ισραηλ ἢ πολεμῶν ἐπολέμησεν αὐτόν; ²⁶ ἐν τῷ οἰκῆσαι ἐν Εσεβων 26
καὶ ἐν τοῖς ὁρίοις αὐτῆς καὶ ἐν γῇ Αροηρ καὶ ἐν τοῖς ὁρίοις αὐτῆς

καὶ ἐν πάσαις ταῖς πόλεσιν ταῖς παρὰ τὸν Ιορδάνην τριακόσια Α
27 ἔτη τί ὅτι οὐκ ἐρρύσαντο αὐτοὺς ἐν τῷ καιρῷ ἐκείνῳ; ²⁷ καὶ ἐγὼ
οὐχ ἥμαρτόν σοι, καὶ σὺ ποιεῖς μετ' ἐμοῦ πονηρίαν τοῦ πολεμῆσαι
ἐν ἐμοί· κρῖναι κύριος ὁ κρίνων σήμερον ἀνὰ μέσον υἱῶν Ισραηλ
28 καὶ ἀνὰ μέσον υἱῶν Αμμων. ²⁸ καὶ οὐκ εἰσήκουσεν βασιλεὺς υἱῶν
Αμμων καὶ οὐκ εἰσήκουσεν τῶν λόγων Ιεφθαε, ὧν ἀπέστειλεν
πρὸς αὐτόν.
29   ²⁹ Καὶ ἐγενήθη ἐπὶ Ιεφθαε πνεῦμα κυρίου, καὶ διέβη τὴν γῆν Γα-
λααδ καὶ τὸν Μανασση καὶ διέβη τὴν σκοπιὰν Γαλααδ καὶ ἀπὸ
30 σκοπιᾶς Γαλααδ εἰς τὸ πέραν υἱῶν Αμμων. ³⁰ καὶ ηὔξατο Ιεφθαε
εὐχὴν τῷ κυρίῳ καὶ εἶπεν Ἐὰν παραδώσει παραδῷς μοι τοὺς
31 υἱοὺς Αμμων ἐν χειρί μου, ³¹ καὶ ἔσται ὃς ἂν ἐξέλθῃ ἐκ τῶν θυ-
ρῶν τοῦ οἴκου μου εἰς ἀπάντησίν μου ἐν τῷ ἐπιστρέψαι με ἐν
εἰρήνῃ ἀπὸ τῶν υἱῶν Αμμων, καὶ ἔσται τῷ κυρίῳ, καὶ ἀνοίσω
32 αὐτὸν ὁλοκαύτωμα. ³² καὶ διέβη Ιεφθαε πρὸς τοὺς υἱοὺς Αμμων
τοῦ πολεμῆσαι πρὸς αὐτούς, καὶ παρέδωκεν αὐτοὺς κύριος ἐν
33 χειρὶ αὐτοῦ. ³³ καὶ ἐπάταξεν αὐτοὺς ἀπὸ Αροηρ καὶ ἕως τοῦ ἐλθεῖν
εἰς Σεμωιθ εἴκοσι πόλεις ἕως Αβελ ἀμπελώνων πληγὴν μεγάλην
σφόδρα, καὶ ἐνετράπησαν οἱ υἱοὶ Αμμων ἀπὸ προσώπου υἱῶν Ισραηλ.

26 τι οτι] διοτι Α† ‖ 27 κυριος] pr. ο Α | υιων bis] pr. των Α† ‖ 31 ος
L†] pr. ο εκπορευομενος Α O(sub ※) ‖ 33 σεμω(ε)ιθ Α†] σεμενιθ O, μωιθ L†

καὶ ἐν πάσαις ταῖς πόλεσιν ταῖς παρὰ τὸν Ιορδάνην τριακόσια Β
27 ἔτη καὶ διὰ τί οὐκ ἐρρύσω αὐτοὺς ἐν τῷ καιρῷ ἐκείνῳ; ²⁷ καὶ
νῦν ἐγώ εἰμι οὐχ ἥμαρτόν σοι, καὶ σὺ ποιεῖς μετ' ἐμοῦ πονηρίαν
τοῦ παρατάξασθαι ἐν ἐμοί· κρῖναι κύριος κρίνων σήμερον ἀνὰ
28 μέσον υἱῶν Ισραηλ καὶ ἀνὰ μέσον υἱῶν Αμμων. ²⁸ καὶ οὐκ ἤκου-
σεν βασιλεὺς υἱῶν Αμμων τῶν λόγων Ιεφθαε, ὧν ἀπέστειλεν
πρὸς αὐτόν.
29   ²⁹ Καὶ ἐγένετο ἐπὶ Ιεφθαε πνεῦμα κυρίου, καὶ παρῆλθεν τὸν Γα-
λααδ καὶ τὸν Μανασση καὶ παρῆλθεν τὴν σκοπιὰν Γαλααδ εἰς
30 τὸ πέραν υἱῶν Αμμων. ³⁰ καὶ ηὔξατο Ιεφθαε εὐχὴν τῷ κυρίῳ
καὶ εἶπεν Ἐὰν διδοὺς δῷς τοὺς υἱοὺς Αμμων ἐν τῇ χειρί μου,
31 ³¹ καὶ ἔσται ὁ ἐκπορευόμενος, ὃς ἐὰν ἐξέλθῃ ἀπὸ τῆς θύρας
τοῦ οἴκου μου εἰς συνάντησίν μου ἐν τῷ ἐπιστρέφειν με ἐν
εἰρήνῃ ἀπὸ υἱῶν Αμμων, καὶ ἔσται τῷ κυρίῳ ἀνοίσω αὐτὸν
32 ὁλοκαύτωμα. ³² καὶ παρῆλθεν Ιεφθαε πρὸς υἱοὺς Αμμων παρα-
τάξασθαι πρὸς αὐτούς, καὶ παρέδωκεν αὐτοὺς κύριος ἐν χειρὶ
33 αὐτοῦ. ³³ καὶ ἐπάταξεν αὐτοὺς ἀπὸ Αροηρ ἕως ἐλθεῖν ἄχρις Αρνων
ἐν ἀριθμῷ εἴκοσι πόλεις καὶ ἕως Εβελχαρμιν πληγὴν μεγάλη σφό-
δρα, καὶ συνεστάλησαν οἱ υἱοὶ Αμμων ἀπὸ προσώπου υἱῶν Ισραηλ.

A ³⁴Καὶ ἦλθεν Ιεφθαε εἰς Μασσηφα εἰς τὸν οἶκον αὐτοῦ, καὶ ἰδοὺ 34
ἡ θυγάτηρ αὐτοῦ ἐξεπορεύετο εἰς ἀπάντησιν αὐτοῦ ἐν τυμπάνοις
καὶ χοροῖς· καὶ αὕτη μονογενὴς αὐτῷ ἀγαπητή, καὶ οὐκ ἔστιν
αὐτῷ πλὴν αὐτῆς υἱὸς ἢ θυγάτηρ. ³⁵καὶ ἐγενήθη ἡνίκα εἶδεν αὐτήν, 35
καὶ διέρρηξεν τὰ ἱμάτια αὐτοῦ καὶ εἶπεν Οἴμμοι, θύγατέρ μου, ἐμ-
πεποδοστάτηκάς με, εἰς σκῶλον ἐγένου ἐν ὀφθαλμοῖς μου, ἐγὼ
δὲ ἤνοιξα τὸ στόμα μου περὶ σοῦ πρὸς κύριον καὶ οὐ δυνήσομαι
ἀποστρέψαι. ³⁶καὶ εἶπεν πρὸς αὐτόν Πάτερ μου, εἰ ἐν ἐμοὶ ἤνοιξας 36
τὸ στόμα σου πρὸς κύριον, ποίει μοι ὃν τρόπον ἐξῆλθεν ἐκ τοῦ
στόματός σου, ἀνθ᾽ ὧν ἐποίησέν σοι κύριος ἐκδικήσεις ἐκ τῶν
ἐχθρῶν σου ἐκ τῶν υἱῶν Αμμων. ³⁷καὶ εἶπεν πρὸς τὸν πατέρα 37
αὐτῆς Καὶ ποίησόν μοι τὸ ῥῆμα τοῦτο· ἔασόν με δύο μῆνας, καὶ
πορεύσομαι καὶ καταβήσομαι ἐπὶ τὰ ὄρη καὶ κλαύσομαι ἐπὶ τὰ
παρθένιά μου, καὶ ἐγὼ καὶ αἱ συνεταιρίδες μου. ³⁸καὶ εἶπεν Πορεύ- 38
ου· καὶ ἐξαπέστειλεν αὐτὴν δύο μῆνας. καὶ ἐπορεύθη, αὐτὴ καὶ αἱ
συνεταιρίδες αὐτῆς, καὶ ἔκλαυσεν ἐπὶ τὰ παρθένια αὐτῆς ἐπὶ τὰ
ὄρη. ³⁹καὶ ἐγένετο μετὰ τέλος δύο μηνῶν καὶ ἀνέκαμψεν πρὸς 39
τὸν πατέρα αὐτῆς, καὶ ἐπετέλεσεν Ιεφθαε τὴν εὐχὴν αὐτοῦ, ἣν

34 ηλθεν] pr. εισ A† || 35 εμπεποδ. με OL] εμπεποδεστατη και σεμνοτατη
A† || 36 του > A⁽†⁾

B ³⁴Καὶ ἦλθεν Ιεφθαε εἰς Μασσηφα εἰς τὸν οἶκον αὐτοῦ, καὶ 34
ἰδοὺ ἡ θυγάτηρ αὐτοῦ ἐξεπορεύετο εἰς ὑπάντησιν ἐν τυμπά-
νοις καὶ χοροῖς· καὶ ἦν αὕτη μονογενής, οὐκ ἦν αὐτῷ ἕτε-
ρος υἱὸς ἢ θυγάτηρ. ³⁵καὶ ἐγένετο ὡς εἶδεν αὐτὴν αὐτός, 35
διέρρηξεν τὰ ἱμάτια αὐτοῦ καὶ εἶπεν Ἀ ᾶ, θυγάτηρ μου, τα-
ραχῇ ἐτάραξάς με, καὶ σὺ ἦς ἐν τῷ ταράχῳ μου, καὶ ἐγώ
εἰμι ἤνοιξα κατὰ σοῦ τὸ στόμα μου πρὸς κύριον καὶ οὐ δυνήσο-
μαι ἐπιστρέψαι. ³⁶ἡ δὲ εἶπεν πρὸς αὐτόν Πάτερ, ἤνοιξας τὸ 36
στόμα σου πρὸς κύριον· ποίησόν μοι ὃν τρόπον ἐξῆλθεν ἐκ
στόματός σου, ἐν τῷ ποιῆσαί σοι κύριον ἐκδίκησιν ἀπὸ τῶν
ἐχθρῶν σου ἀπὸ υἱῶν Αμμων. ³⁷καὶ ἥδε εἶπεν πρὸς τὸν πατέρα 37
αὐτῆς Ποιησάτω δὴ ὁ πατήρ μου τὸν λόγον τοῦτον· ἔασόν με δύο
μῆνας, καὶ πορεύσομαι καὶ καταβήσομαι ἐπὶ τὰ ὄρη καὶ κλαύσομαι
ἐπὶ τὰ παρθένιά μου, ἐγώ εἰμι καὶ αἱ συνεταιρίδες μου. ³⁸καὶ εἶπεν 38
Πορεύου· καὶ ἀπέστειλεν αὐτὴν δύο μῆνας. καὶ ἐπορεύθη, αὐτὴ καὶ
αἱ συνεταιρίδες αὐτῆς, καὶ ἔκλαυσεν ἐπὶ τὰ παρθένια αὐτῆς ἐπὶ τὰ
ὄρη. ³⁹καὶ ἐγένετο ἐν τέλει τῶν δύο μηνῶν καὶ ἐπέστρεψεν πρὸς 39
τὸν πατέρα αὐτῆς, καὶ ἐποίησεν ἐν αὐτῇ τὴν εὐχὴν αὐτοῦ, ἣν

35 ειμι] ει μη B

ηΰξατο · καὶ αὐτὴ οὐκ ἔγνω ἄνδρα. καὶ ἐγενήθη εἰς πρόσταγμα ἐν Α
40 Ισραηλ · ⁴⁰ἐξ ἡμερῶν εἰς ἡμέρας συνεπορεύοντο αἱ θυγατέρες
Ισραηλ θρηνεῖν τὴν θυγατέρα Ιεφθαε τοῦ Γαλααδίτου τέσσαρας
ἡμέρας ἐν τῷ ἐνιαυτῷ.

12 ¹Καὶ συνήχθησαν οἱ υἱοὶ Εφραιμ καὶ ἦλθον εἰς Σεφινα καὶ εἶ-
πον πρὸς Ιεφθαε Τί ὅτι ἐπορεύθης πολεμεῖν ἐν τοῖς υἱοῖς Αμμων
καὶ ἡμᾶς οὐ κέκληκας πορευθῆναι μετὰ σοῦ; τὸν οἶκόν σου ἐμ-
2 πρήσομεν ἐν πυρί. ²καὶ εἶπεν πρὸς αὐτοὺς Ιεφθαε Ἀνὴρ ἀντιδι-
κῶν ἤμην ἐγὼ καὶ ὁ λαός μου, καὶ οἱ υἱοὶ Αμμων ἐταπείνουν με
σφόδρα · καὶ ἐβόησα πρὸς ὑμᾶς, καὶ οὐκ ἐσώσατέ με ἐκ χειρὸς
3 αὐτῶν. ³καὶ εἶδον ὅτι οὐκ ἦν ὁ σῴζων, καὶ ἐθέμην τὴν ψυχήν
μου ἐν τῇ χειρί μου καὶ διέβην πρὸς τοὺς υἱοὺς Αμμων, καὶ παρ-
έδωκεν αὐτοὺς κύριος ἐν χειρί μου · καὶ ἵνα τί ἀνέβητε πρός με
4 τῇ ἡμέρᾳ ταύτῃ τοῦ πολεμεῖν ἐν ἐμοί; ⁴καὶ συνήθροισεν Ιεφθαε
πάντας τοὺς ἄνδρας Γαλααδ καὶ ἐπολέμει τὸν Εφραιμ, καὶ ἐπάτα-
ξαν ἄνδρες Γαλααδ τὸν Εφραιμ, ὅτι εἶπαν Οἱ διασεσωσμένοι τοῦ
Εφραιμ ὑμεῖς, Γαλααδ ἐν μέσῳ Εφραιμ καὶ ἐν μέσῳ Μανασση.
5 ⁵καὶ προκατελάβοντο ἄνδρες Γαλααδ τὰς διαβάσεις τοῦ Ιορδάνου
τοῦ Εφραιμ, καὶ ἐγενήθη ὅτι εἶπαν οἱ διασεσῳσμένοι τοῦ Εφραιμ

12 1 σεφινα] κεφ. Α†   ‖   2 οι > Α†   ‖   3 εν χειρι] ενωπιον Α†

ηΰξατο · καὶ αὐτὴ οὐκ ἔγνω ἄνδρα. καὶ ἐγένετο εἰς πρόσταγμα ἐν Β
40 Ισραηλ · ⁴⁰ἀπὸ ἡμερῶν εἰς ἡμέρας ἐπορεύοντο θυγατέρες Ισραηλ
θρηνεῖν τὴν θυγατέρα Ιεφθαε Γαλααδ ἐπὶ τέσσαρας ἡμέρας ἐν τῷ
ἐνιαυτῷ.

12 ¹Καὶ ἐβόησεν ἀνὴρ Εφραιμ καὶ παρῆλθαν εἰς βορρᾶν καὶ εἶ-
παν πρὸς Ιεφθαε Διὰ τί παρῆλθες παρατάξασθαι ἐν υἱοῖς Αμμων
καὶ ἡμᾶς οὐ κέκληκας πορευθῆναι μετὰ σοῦ; τὸν οἶκόν σου ἐμ-
2 πρήσομεν ἐπὶ σὲ ἐν πυρί. ²καὶ εἶπεν Ιεφθαε πρὸς αὐτούς Ἀνὴρ
μαχητὴς ἤμην ἐγὼ καὶ ὁ λαός μου καὶ οἱ υἱοὶ Αμμων σφό-
δρα · καὶ ἐβόησα ὑμᾶς, καὶ οὐκ ἐσώσατέ με ἐκ χειρὸς αὐ-
3 τῶν. ³καὶ εἶδον ὅτι οὐκ εἶ σωτήρ, καὶ ἔθηκα τὴν ψυχήν μου
ἐν χειρί μου καὶ παρῆλθον πρὸς υἱοὺς Αμμων, καὶ ἔδωκεν
αὐτοὺς κύριος ἐν χειρί μου · καὶ εἰς τί ἀνέβητε ἐπ᾽ ἐμὲ ἐν τῇ
4 ἡμέρᾳ ταύτῃ παρατάξασθαι ἐν ἐμοί; ⁴καὶ συνέστρεψεν Ιεφθαε
τοὺς πάντας ἄνδρας Γαλααδ καὶ παρετάξατο τῷ Εφραιμ, καὶ ἐπά-
ταξαν ἄνδρες Γαλααδ τὸν Εφραιμ, ὅτι εἶπαν Οἱ διασῳζόμενοι τοῦ
Εφραιμ ὑμεῖς, Γαλααδ ἐν μέσῳ τοῦ Εφραιμ καὶ ἐν μέσῳ τοῦ
5 Μανασση. ⁵καὶ προκατελάβετο Γαλααδ τὰς διαβάσεις τοῦ Ιορ-
δάνου τοῦ Εφραιμ, καὶ εἶπαν αὐτοῖς οἱ διασῳζόμενοι Εφραιμ

A Διαβῶμεν, καὶ εἶπαν αὐτοῖς οἱ ἄνδρες Γαλααδ Μὴ ὑμεῖς ἐκ τοῦ
Εφραιμ; καὶ εἶπαν Οὐκ ἐσμεν. ⁶καὶ εἶπαν αὐτοῖς Εἴπατε δὴ Σύν- 6
θημα · καὶ οὐ κατηύθυναν τοῦ λαλῆσαι οὕτως. καὶ ἐπελάβοντο
αὐτῶν καὶ ἔσφαξαν αὐτοὺς ἐπὶ τὰς διαβάσεις τοῦ Ιορδάνου, καὶ
ἔπεσαν ἐξ Εφραιμ ἐν τῷ καιρῷ ἐκείνῳ δύο τεσσαράκοντα χιλιάδες.
⁷Καὶ ἔκρινεν Ιεφθαε τὸν Ισραηλ ἓξ ἔτη. καὶ ἀπέθανεν Ιεφθαε ὁ 7
Γαλααδίτης καὶ ἐτάφη ἐν τῇ πόλει αὐτοῦ Γαλααδ.
⁸Καὶ ἔκρινεν μετ᾽ αὐτὸν τὸν Ισραηλ Εσεβων ἐκ Βαιθλεεμ. 8
⁹καὶ ἐγένοντο αὐτῷ τριάκοντα υἱοὶ καὶ τριάκοντα θυγατέρες ἐξ- 9
απεσταλμέναι ἔξω, καὶ τριάκοντα γυναῖκας εἰσήγαγεν τοῖς υἱοῖς
αὐτοῦ ἔξωθεν. καὶ ἔκρινεν τὸν Ισραηλ ἑπτὰ ἔτη. ¹⁰καὶ ἀπέθανεν 10
Εσεβων καὶ ἐτάφη ἐν Βηθλεεμ.
¹¹Καὶ ἔκρινεν μετ᾽ αὐτὸν τὸν Ισραηλ Αιλων ὁ Ζαβουλωνίτης. 11
καὶ ἔκρινεν τὸν Ισραηλ δέκα ἔτη. ¹²καὶ ἀπέθανεν Αιλων ὁ Ζαβου- 12
λωνίτης ἐν Αιλιμ, καὶ ἔθαψαν αὐτὸν ἐν γῇ Ζαβουλων.
¹³Καὶ ἔκρινεν μετ᾽ αὐτὸν τὸν Ισραηλ Λαβδων υἱὸς Σελλημ ὁ 13
Φρααθωνίτης. ¹⁴καὶ ἐγένοντο αὐτῷ τεσσαράκοντα υἱοὶ καὶ τριά- 14
κοντα υἱοὶ τῶν υἱῶν αὐτοῦ ἐπιβεβηκότες ἐπὶ ἑβδομήκοντα πώλους.

6 ειπαν] -πεν A | εσφαξαν O] σφαζουσιν A⁺ | εν > A⁽⁺⁾ | fin.] + ανδρων A⁺
|| 10 εσεβων] pr. εν A | βηθλεεμ A hic, sed in 8 βαιθλ.; cf. Gen. 48 7 ||
11. 12 Ζαβουλωνιτης] λω > A⁺ || 13 λαβδω ι A⁽⁺⁾ hic, sed in 15 -ων | φθραθω-
νιτης (sic) A⁺: cf. 15

B Διαβῶμεν, καὶ εἶπαν αὐτοῖς οἱ ἄνδρες Γαλααδ Μὴ Εφραθίτης
εἶ; καὶ εἶπεν Οὔ. ⁶καὶ εἶπαν αὐτῷ Εἰπὸν δὴ Στάχυς · καὶ οὐ κατ- 6
εύθυνεν τοῦ λαλῆσαι οὕτως. καὶ ἐπελάβοντο αὐτοῦ καὶ ἔθυσαν
αὐτὸν πρὸς τὰς διαβάσεις τοῦ Ιορδάνου, καὶ ἔπεσαν ἐν τῷ καιρῷ
ἐκείνῳ ἀπὸ Εφραιμ τεσσαράκοντα δύο χιλιάδες.
⁷Καὶ ἔκρινεν Ιεφθαε τὸν Ισραηλ ἑξήκοντα ἔτη. καὶ ἀπέθανεν Ιε- 7
φθαε ὁ Γαλααδίτης καὶ ἐτάφη ἐν πόλει αὐτοῦ ἐν Γαλααδ.
⁸Καὶ ἔκρινεν μετ᾽ αὐτὸν τὸν Ισραηλ Αβαισαν ἀπὸ Βαιθλεεμ. 8
⁹καὶ ἦσαν αὐτῷ τριάκοντα υἱοὶ καὶ τριάκοντα θυγατέρες, ἃς ἐξ- 9
απέστειλεν ἔξω, καὶ τριάκοντα θυγατέρας εἰσήνεγκεν τοῖς υἱοῖς
αὐτοῦ ἔξωθεν. καὶ ἔκρινεν τὸν Ισραηλ ἑπτὰ ἔτη. ¹⁰καὶ ἀπέθανεν 10
Αβαισαν καὶ ἐτάφη ἐν Βαιθλεεμ.
¹¹Καὶ ἔκρινεν μετ᾽ αὐτὸν τὸν Ισραηλ Αιλωμ ὁ Ζαβουλωνίτης 11
δέκα ἔτη. ¹²καὶ ἀπέθανεν Αιλωμ ὁ Ζαβουλωνίτης καὶ ἐτάφη ἐν 12
Αιλωμ ἐν γῇ Ζαβουλων.
¹³Καὶ ἔκρινεν μετ᾽ αὐτὸν τὸν Ισραηλ Αβδων υἱὸς Ελληλ 13
ὁ Φαραθωνίτης. ¹⁴καὶ ἦσαν αὐτῷ τεσσαράκοντα υἱοὶ καὶ 14
τριάκοντα υἱῶν υἱοὶ ἐπιβαίνοντες ἐπὶ ἑβδομήκοντα πώλους.

15 καὶ ἔκρινεν τὸν Ισραηλ ὀκτὼ ἔτη. ¹⁵ καὶ ἀπέθανεν Λαβδων υἱὸς Α Σελλημ ὁ Φρααθωνίτης καὶ ἐτάφη ἐν Φρααθων ἐν τῇ Εφραιμ ἐν ὄρει Λανακ.

13 ¹ Καὶ προσέθεντο οἱ υἱοὶ Ισραηλ ποιῆσαι τὸ πονηρὸν ἐναντίον κυρίου, καὶ παρέδωκεν αὐτοὺς κύριος ἐν χειρὶ ἀλλοφύλων τεσσαράκοντα ἔτη.

2   ² Καὶ ἐγένετο ἀνὴρ ἐκ Σαραα ἐκ τῆς φυλῆς τοῦ Δαν, καὶ ὄνομα
3 αὐτῷ Μανωε, καὶ ἡ γυνὴ αὐτοῦ στεῖρα καὶ οὐκ ἔτικτεν. ³ καὶ ὤφθη ἄγγελος κυρίου πρὸς τὴν γυναῖκα καὶ εἶπεν πρὸς αὐτήν Ἰδοὺ δὴ σὺ στεῖρα καὶ οὐ τέτοκας · καὶ ἐν γαστρὶ ἕξεις καὶ τέξῃ
4 υἱόν. ⁴ καὶ νῦν φύλαξαι καὶ μὴ πίῃς οἶνον καὶ σικερα καὶ μὴ φά-
5 γῃς πᾶν ἀκάθαρτον · ⁵ ὅτι ἰδοὺ σὺ ἐν γαστρὶ ἕξεις καὶ τέξῃ υἱόν, καὶ οὐκ ἀναβήσεται σίδηρος ἐπὶ τὴν κεφαλὴν αὐτοῦ, ὅτι ἡγιασμένον ναζιραῖον ἔσται τῷ θεῷ τὸ παιδάριον ἐκ τῆς γαστρός, καὶ
6 αὐτὸς ἄρξεται σῴζειν τὸν Ισραηλ ἐκ χειρὸς ἀλλοφύλων. ⁶ καὶ ἦλθεν ἡ γυνὴ καὶ εἶπεν τῷ ἀνδρὶ αὐτῆς λέγουσα ὅτι Ἄνθρωπος τοῦ θεοῦ ἦλθεν πρός με, καὶ ἡ ὅρασις αὐτοῦ ὡς ὅρασις ἀγγέλου τοῦ θεοῦ ἐπιφανὴς σφόδρα · καὶ ἠρώτων, πόθεν ἐστίν, καὶ τὸ ὄνομα αὐτοῦ

15 φρααθωνιτης Α†
131 κυριος > Α† || 6 ηρωτων L] + αυτον ΑΟ(sub ※)

---

15 καὶ ἔκρινεν τὸν Ισραηλ ὀκτὼ ἔτη. ¹⁵ καὶ ἀπέθανεν Αβδων υἱὸς Β Ελληλ ὁ Φαραθωνίτης καὶ ἐτάφη ἐν Φαραθωμ ἐν τῇ Εφραιμ ἐν ὄρει τοῦ Αμαληκ.

13 ¹ Καὶ προσέθηκαν οἱ υἱοὶ Ισραηλ ποιῆσαι τὸ πονηρὸν ἐνώπιον κυρίου, καὶ παρέδωκεν αὐτοὺς κύριος ἐν χειρὶ Φυλιστιιμ τεσσαράκοντα ἔτη.

2   ² Καὶ ἦν ἀνὴρ εἷς ἀπὸ Σαραα ἀπὸ δήμου συγγενείας τοῦ Δανι, καὶ ὄνομα αὐτῷ Μανωε, καὶ γυνὴ αὐτῷ στεῖρα καὶ οὐκ ἔτεκεν.
3 ³ καὶ ὤφθη ἄγγελος κυρίου πρὸς τὴν γυναῖκα καὶ εἶπεν πρὸς αὐτήν Ἰδοὺ σὺ στεῖρα καὶ οὐ τέτοκας · καὶ συλλήμψῃ υἱόν.
4 ⁴ καὶ νῦν φύλαξαι δὴ καὶ μὴ πίῃς οἶνον καὶ μέθυσμα καὶ μὴ
5 φάγῃς πᾶν ἀκάθαρτον · ⁵ ὅτι ἰδοὺ σὺ ἐν γαστρὶ ἔχεις καὶ τέξῃ υἱόν, καὶ σίδηρος οὐκ ἀναβήσεται ἐπὶ τὴν κεφαλὴν αὐτοῦ, ὅτι ναζιρ θεοῦ ἔσται τὸ παιδάριον ἀπὸ τῆς κοιλίας, καὶ αὐτὸς
6 ἄρξεται τοῦ σῶσαι τὸν Ισραηλ ἐκ χειρὸς Φυλιστιιμ. ⁶ καὶ εἰσῆλθεν ἡ γυνὴ καὶ εἶπεν τῷ ἀνδρὶ αὐτῆς λέγουσα Ἄνθρωπος θεοῦ ἦλθεν πρός με, καὶ εἶδος αὐτοῦ ὡς εἶδος ἀγγέλου θεοῦ φοβερὸν σφόδρα · καὶ οὐκ ἠρώτησα αὐτόν, πόθεν ἐστίν, καὶ τὸ ὄνομα αὐτοῦ

15 ελληλ Βᶜ†] -ηχ Β*
132 σαραλ Β hic, sed in 25 σαραα | δαν(ε)ι Β*†] δαν Βᶜ

A οὐκ ἀπήγγειλέν μοι. ⁷καὶ εἶπέν μοι Ἰδοὺ σὺ ἐν γαστρὶ ἕξεις καὶ 7
τέξῃ υἱόν · καὶ νῦν μὴ πίῃς οἶνον καὶ σικερα καὶ μὴ φάγῃς πᾶσαν
ἀκαθαρσίαν, ὅτι ναζιραῖον θεοῦ ἔσται τὸ παιδάριον ἀπὸ τῆς γα-
στρὸς ἕως ἡμέρας θανάτου αὐτοῦ. ⁸καὶ ἐδεήθη Μανωε τοῦ κυρίου 8
καὶ εἶπεν Ἐν ἐμοί, κύριε, ἄνθρωπος τοῦ θεοῦ, ὃν ἀπέστειλας πρὸς
ἡμᾶς, ἐλθέτω δὴ πρὸς ἡμᾶς καὶ φωτισάτω ἡμᾶς τί ποιήσωμεν τῷ
παιδαρίῳ τῷ τικτομένῳ. ⁹καὶ ἐπήκουσεν ὁ θεὸς τῆς φωνῆς Μανωε, 9
καὶ παρεγένετο ὁ ἄγγελος τοῦ θεοῦ ἔτι πρὸς τὴν γυναῖκα αὐτῆς
καθημένης ἐν τῷ ἀγρῷ, καὶ Μανωε ὁ ἀνὴρ αὐτῆς οὐκ ἦν μετ᾽
αὐτῆς. ¹⁰καὶ ἐτάχυνεν ἡ γυνὴ καὶ ἐξέδραμεν καὶ ἀπήγγειλεν τῷ 10
ἀνδρὶ αὐτῆς καὶ εἶπεν πρὸς αὐτόν Ἰδοὺ ὦπταί μοι ὁ ἀνὴρ ὁ ἐλ-
θὼν πρός με τῇ ἡμέρᾳ ἐκείνῃ. ¹¹καὶ ἀνέστη Μανωε καὶ ἐπορεύθη 11
ὀπίσω τῆς γυναικὸς αὐτοῦ πρὸς τὸν ἄνδρα καὶ εἶπεν αὐτῷ Εἰ
σὺ εἶ ὁ ἀνὴρ ὁ λαλήσας πρὸς τὴν γυναῖκα; καὶ εἶπεν ὁ ἄγγελος
Ἐγώ. ¹²καὶ εἶπεν Μανωε Νῦν δὴ ἐλθόντος τοῦ ῥήματός σου τί 12
ἔσται τὸ κρίμα τοῦ παιδαρίου καὶ τὰ ἔργα αὐτοῦ; ¹³καὶ εἶπεν ὁ 13
ἄγγελος κυρίου πρὸς Μανωε Ἀπὸ πάντων, ὧν εἶπα πρὸς τὴν
γυναῖκα, φυλαξάσθω · ¹⁴ἀπὸ πάντων, ὅσα ἐκπορεύεται ἐξ ἀμπέλου, 14
οὐ φάγεται καὶ οἶνον καὶ σικερα μὴ πιέτω καὶ πᾶν ἀκάθαρτον μὴ

7 εστιν A† ‖ 12 δη] δε A† ‖ 14 αμπελου] + οινου A Oᴾ(sub ⁕)†

B οὐκ ἀπήγγειλέν μοι. ⁷καὶ εἶπέν μοι Ἰδοὺ σὺ ἐν γαστρὶ ἔχεις καὶ 7
τέξῃ υἱόν · καὶ νῦν μὴ πίῃς οἶνον καὶ μέθυσμα καὶ μὴ φάγῃς πᾶν
ἀκάθαρτον, ὅτι ἅγιον θεοῦ ἔσται τὸ παιδάριον ἀπὸ γαστρὸς
ἕως ἡμέρας θανάτου αὐτοῦ. ⁸καὶ προσηύξατο Μανωε πρὸς κύριον 8
καὶ εἶπεν Ἐν ἐμοί, κύριε Ἀδωναιε, τὸν ἄνθρωπον τοῦ θεοῦ, ὃν ἀπέ-
στειλας, ἐλθέτω δὴ ἔτι πρὸς ἡμᾶς καὶ συμβιβασάτω ἡμᾶς τί ποιή-
σωμεν τῷ παιδίῳ τῷ τικτομένῳ. ⁹καὶ εἰσήκουσεν ὁ θεὸς τῆς φω- 9
νῆς Μανωε, καὶ ἦλθεν ὁ ἄγγελος τοῦ θεοῦ ἔτι πρὸς τὴν γυναῖκα,
καὶ αὕτη ἐκάθητο ἐν ἀγρῷ, καὶ Μανωε ὁ ἀνὴρ αὐτῆς οὐκ ἦν μετ᾽
αὐτῆς. ¹⁰καὶ ἐτάχυνεν ἡ γυνὴ καὶ ἔδραμεν καὶ ἀνήγγειλεν τῷ 10
ἀνδρὶ αὐτῆς καὶ εἶπεν πρὸς αὐτόν Ἰδοὺ ὦπται πρός με ὁ ἀνήρ, ὃς
ἦλθεν ἐν ἡμέρᾳ πρός με. ¹¹καὶ ἀνέστη καὶ ἐπορεύθη Μανωε 11
ὀπίσω τῆς γυναικὸς αὐτοῦ καὶ ἦλθεν πρὸς τὸν ἄνδρα καὶ εἶπεν αὐτῷ
Εἰ σὺ εἶ ὁ ἀνὴρ ὁ λαλήσας πρὸς τὴν γυναῖκα; καὶ εἶπεν ὁ ἄγγελος
Ἐγώ. ¹²καὶ εἶπεν Μανωε Νῦν ἐλεύσεται ὁ λόγος σου · τίς ἔσται 12
κρίσις τοῦ παιδίου καὶ τὰ ποιήματα αὐτοῦ; ¹³καὶ εἶπεν ὁ ἄγγελος 13
κυρίου πρὸς Μανωε Ἀπὸ πάντων, ὧν εἴρηκα πρὸς τὴν γυναῖκα,
φυλάξεται · ¹⁴ἀπὸ παντός, ὃ ἐκπορεύεται ἐξ ἀμπέλου τοῦ οἴνου, οὐ 14
φάγεται καὶ οἶνον καὶ σικερα μέθυσμα μὴ πιέτω καὶ πᾶν ἀκάθαρτον μὴ

15 φαγέτω · πάντα, ὅσα ἐνετειλάμην αὐτῇ, φυλαξάσθω. ¹⁵καὶ εἶπεν Α
Μανωε πρὸς τὸν ἄγγελον κυρίου Βιασώμεθα δή σε καὶ ποιήσομεν
16 ἐνώπιόν σου ἔριφον αἰγῶν. ¹⁶καὶ εἶπεν ὁ ἄγγελος κυρίου πρὸς
Μανωε Ἐὰν βιάσῃ με, οὐ φάγομαι τῶν ἄρτων σου, καὶ ἐὰν ποιή-
σῃς ὁλοκαύτωμα, κυρίῳ ἀνοίσεις αὐτό · ὅτι οὐκ ἔγνω Μανωε ὅτι
17 ἄγγελος κυρίου ἐστίν. ¹⁷καὶ εἶπεν Μανωε πρὸς τὸν ἄγγελον κυρίου
18 Τί ὄνομά σοι, ἵνα, ὅταν ἔλθῃ τὸ ῥῆμά σου, δοξάσωμέν σε; ¹⁸καὶ
εἶπεν αὐτῷ ὁ ἄγγελος κυρίου Ἵνα τί τοῦτο ἐρωτᾷς τὸ ὄνομά μου;
19 καὶ αὐτό ἐστιν θαυμαστόν. ¹⁹καὶ ἔλαβεν Μανωε τὸν ἔριφον τῶν
αἰγῶν καὶ τὴν θυσίαν καὶ ἀνήνεγκεν ἐπὶ τὴν πέτραν τῷ κυρίῳ,
τῷ θαυμαστὰ ποιοῦντι κυρίῳ · καὶ Μανωε καὶ ἡ γυνὴ αὐτοῦ ἐθε-
20 ώρουν. ²⁰καὶ ἐγένετο ἐν τῷ ἀναβῆναι τὴν φλόγα ἐπάνωθεν τοῦ
θυσιαστηρίου εἰς τὸν οὐρανὸν καὶ ἀνέβη ὁ ἄγγελος κυρίου ἐν τῇ
φλογί, καὶ Μανωε καὶ ἡ γυνὴ αὐτοῦ ἐθεώρουν καὶ ἔπεσον ἐπὶ
21 πρόσωπον αὐτῶν ἐπὶ τὴν γῆν. ²¹καὶ οὐ προσέθηκεν ἔτι ὁ ἄγγελος
κυρίου ὀφθῆναι πρὸς Μανωε καὶ πρὸς τὴν γυναῖκα αὐτοῦ · τότε
22 ἔγνω Μανωε ὅτι ἄγγελος κυρίου ἐστίν. ²²καὶ εἶπεν Μανωε πρὸς
τὴν γυναῖκα αὐτοῦ Θανάτῳ ἀποθανούμεθα, ὅτι θεὸν ἑωράκαμεν.

14 αυτη] -τω Α† ‖ 15 ενωπιον] εναντιον Α† ‖ 20 φλογι L] + του θυ-
σιαστηριου Α O(sub ⋇): ad haec superadd. εις τον ουρανον Α

---

15 φαγέτω · πάντα, ὅσα ἐνετειλάμην αὐτῇ, φυλάξεται. ¹⁵καὶ εἶπεν Μα- Β
νωε πρὸς τὸν ἄγγελον κυρίου Κατάσχωμεν ὧδέ σε καὶ ποιήσωμεν
16 ἐνώπιόν σου ἔριφον αἰγῶν. ¹⁶καὶ εἶπεν ὁ ἄγγελος κυρίου πρὸς
Μανωε Ἐὰν κατάσχῃς με, οὐ φάγομαι ἀπὸ τῶν ἄρτων σου, καὶ ἐὰν
ποιήσῃς ὁλοκαύτωμα, τῷ κυρίῳ ἀνοίσεις αὐτό · ὅτι οὐκ ἔγνω Μανωε
17 ὅτι ἄγγελος κυρίου αὐτός. ¹⁷καὶ εἶπεν Μανωε πρὸς τὸν ἄγγελον κυρίου
18 Τί τὸ ὄνομά σοι; ὅτι ἔλθοι τὸ ῥῆμά σου, καὶ δοξάσομέν σε. ¹⁸καὶ
εἶπεν αὐτῷ ὁ ἄγγελος κυρίου Εἰς τί τοῦτο ἐρωτᾷς τὸ ὄνομά μου;
19 καὶ αὐτό ἐστιν θαυμαστόν. ¹⁹καὶ ἔλαβεν Μανωε τὸν ἔριφον τῶν
αἰγῶν καὶ τὴν θυσίαν καὶ ἀνήνεγκεν ἐπὶ τὴν πέτραν τῷ κυρίῳ ·
καὶ διεχώρισεν ποιῆσαι, καὶ Μανωε καὶ ἡ γυνὴ αὐτοῦ βλέποντες.
20 ²⁰καὶ ἐγένετο ἐν τῷ ἀναβῆναι τὴν φλόγα ἐπάνω τοῦ θυσιαστηρίου
ἕως τοῦ οὐρανοῦ καὶ ἀνέβη ὁ ἄγγελος κυρίου ἐν τῇ φλογὶ τοῦ
θυσιαστηρίου, καὶ Μανωε καὶ ἡ γυνὴ αὐτοῦ βλέποντες καὶ ἔπεσαν
21 ἐπὶ πρόσωπον αὐτῶν ἐπὶ τὴν γῆν. ²¹καὶ οὐ προσέθηκεν ἔτι ὁ ἄγ-
γελος κυρίου ὀφθῆναι πρὸς Μανωε καὶ πρὸς τὴν γυναῖκα αὐτοῦ ·
22 τότε ἔγνω Μανωε ὅτι ἄγγελος κυρίου οὗτος. ²²καὶ εἶπεν Μανωε
πρὸς τὴν γυναῖκα αὐτοῦ Θανάτῳ ἀποθανούμεθα, ὅτι θεὸν εἴδομεν.

14 αυτη] -τω Β*†

Α ²³καὶ εἶπεν αὐτῷ ἡ γυνὴ αὐτοῦ Εἰ ἐβούλετο κύριος θανατῶσαι 23
ἡμᾶς, οὐκ ἂν ἐδέξατο ἐκ τῶν χειρῶν ἡμῶν ὁλοκαύτωμα καὶ θυσίαν
καὶ οὐκ ἂν ἐφώτισεν ἡμᾶς πάντα ταῦτα καὶ οὐκ ἂν ἀκουστὰ ἐποί-
ησεν ἡμῖν ταῦτα. ²⁴Καὶ ἔτεκεν ἡ γυνὴ υἱὸν καὶ ἐκάλεσεν τὸ ὄνομα αὐτοῦ Σαμ- 24
ψων · καὶ ηὐλόγησεν αὐτὸν κύριος, καὶ ηὐξήθη τὸ παιδάριον. ²⁵καὶ 25
ἤρξατο πνεῦμα κυρίου συμπορεύεσθαι αὐτῷ ἐν παρεμβολῇ Δαν
ἀνὰ μέσον Σαραα καὶ ἀνὰ μέσον Εσθαολ.
¹Καὶ κατέβη Σαμψων εἰς Θαμναθα καὶ εἶδεν γυναῖκα ἐν Θα- 14
μναθα ἐκ τῶν θυγατέρων τῶν ἀλλοφύλων, καὶ ἤρεσεν ἐνώπιον αὐ-
τοῦ. ²καὶ ἀνέβη καὶ ἀπήγγειλεν τῷ πατρὶ αὐτοῦ καὶ τῇ μητρὶ αὐ- 2
τοῦ καὶ εἶπεν Γυναῖκα ἑώρακα ἐν Θαμναθα ἀπὸ τῶν θυγατέρων
τῶν ἀλλοφύλων, καὶ νῦν λάβετέ μοι αὐτὴν εἰς γυναῖκα. ³καὶ εἶπεν 3
αὐτῷ ὁ πατὴρ αὐτοῦ καὶ ἡ μήτηρ αὐτοῦ Μὴ οὐκ ἔστιν ἀπὸ τῶν
θυγατέρων τῶν ἀδελφῶν σου καὶ ἐν παντὶ τῷ λαῷ μου γυνή, ὅτι
σὺ πορεύῃ λαβεῖν γυναῖκα ἐκ τῶν ἀλλοφύλων τῶν ἀπεριτμήτων;
καὶ εἶπεν Σαμψων πρὸς τὸν πατέρα αὐτοῦ Ταύτην λαβέ μοι, ὅτι
ἤρεσεν ἐν ὀφθαλμοῖς μου. ⁴καὶ ὁ πατὴρ αὐτοῦ καὶ ἡ μήτηρ αὐτοῦ 4
οὐκ ἔγνωσαν ὅτι παρὰ κυρίου ἐστίν, ὅτι ἀνταπόδομα αὐτὸς

23 εβουλετο OL] ουν βουλετε (pro -ται) A⁺ | και ult.] + καθως ο καιρος
A O(sub ※)⁺ ‖ 24 υιον > A⁺ ‖ 25 σαρα A⁺ | εθαελ A⁺
14 2 αυτου 1⁰ > A

Β ²³καὶ εἶπεν αὐτῷ ἡ γυνὴ αὐτοῦ Εἰ ἤθελεν ὁ κύριος θανατῶσαι 23
ἡμᾶς, οὐκ ἂν ἔλαβεν ἐκ χειρὸς ἡμῶν ὁλοκαύτωμα καὶ θυσίαν καὶ
οὐκ ἂν ἔδειξεν ἡμῖν ταῦτα πάντα καὶ καθὼς καιρὸς οὐκ ἂν ἠκού-
τισεν ἡμᾶς ταῦτα. ²⁴Καὶ ἔτεκεν ἡ γυνὴ υἱὸν καὶ ἐκάλεσεν τὸ ὄνομα αὐτοῦ Σαμ- 24
ψων · καὶ ἡδρύνθη τὸ παιδάριον, καὶ εὐλόγησεν αὐτὸ κύριος. ²⁵καὶ 25
ἤρξατο πνεῦμα κυρίου συνεκπορεύεσθαι αὐτῷ ἐν παρεμβολῇ Δαν
καὶ ἀνὰ μέσον Σαραα καὶ ἀνὰ μέσον Εσθαολ.
¹Καὶ κατέβη Σαμψων εἰς Θαμναθα καὶ εἶδεν γυναῖκα εἰς Θα- 14
μναθα ἀπὸ τῶν θυγατέρων τῶν ἀλλοφύλων. ²καὶ ἀνέβη καὶ ἀπήγ- 2
γειλεν τῷ πατρὶ αὐτοῦ καὶ τῇ μητρὶ αὐτοῦ καὶ εἶπεν Γυναῖκα ἑό-
ρακα ἐν Θαμναθα ἀπὸ τῶν θυγατέρων Φυλιστιιμ, καὶ νῦν λάβετε
αὐτὴν ἐμοὶ εἰς γυναῖκα. ³καὶ εἶπεν αὐτῷ ὁ πατὴρ αὐτοῦ καὶ ἡ μή- 3
τηρ αὐτοῦ Μὴ οὔκ εἰσιν θυγατέρες τῶν ἀδελφῶν σου καὶ ἐκ παντὸς
τοῦ λαοῦ μου γυνή, ὅτι σὺ πορεύῃ λαβεῖν γυναῖκα ἀπὸ τῶν ἀλλοφύλων
τῶν ἀπεριτμήτων; καὶ εἶπεν Σαμψων πρὸς τὸν πατέρα αὐτοῦ Ταύτην
λαβέ μοι, ὅτι αὕτη εὐθεῖα ἐν ὀφθαλμοῖς μου. ⁴καὶ ὁ πατὴρ αὐτοῦ καὶ ἡ 4
μήτηρ αὐτοῦ οὐκ ἔγνωσαν ὅτι παρὰ κυρίου ἐστίν, ὅτι ἐκδίκησιν αὐτὸς

ἐκζητεῖ ἐκ τῶν ἀλλοφύλων · καὶ ἐν τῷ καιρῷ ἐκείνῳ ἀλλόφυλοι ἐκυ- **A**
5 ρίευον τῶν υἱῶν Ισραηλ. ⁵καὶ κατέβη Σαμψων καὶ ὁ πατὴρ αὐτοῦ
καὶ ἡ μήτηρ αὐτοῦ εἰς Θαμναθα. καὶ ἐξέκλινεν εἰς ἀμπελῶνα Θα-
μναθα, καὶ ἰδοὺ σκύμνος λεόντων ὠρυόμενος εἰς ἀπάντησιν αὐτοῦ ·
6 ⁶καὶ κατηύθυνεν ἐπ᾽ αὐτὸν πνεῦμα κυρίου, καὶ διέσπασεν αὐτόν,
ὡσεὶ διαστάσαι ἔριφον αἰγῶν, καὶ οὐδὲν ἦν ἐν τῇ χειρὶ αὐτοῦ.
καὶ οὐκ ἀπήγγειλεν τῷ πατρὶ αὐτοῦ οὐδὲ τῇ μητρὶ ἃ ἐποίησεν.
7 ⁷καὶ κατέβησαν καὶ ἐλάλησαν τῇ γυναικί, καὶ ἤρεσεν ἐνώπιον Σαμ-
8 ψων. ⁸καὶ ἐπέστρεψεν μεθ᾽ ἡμέρας λαβεῖν αὐτὴν καὶ ἐξέκλινεν ἰδεῖν
τὸ πτῶμα τοῦ λέοντος, καὶ ἰδοὺ συστροφὴ μελισσῶν ἐν τῷ στό-
9 ματι τοῦ λέοντος καὶ μέλι ἦν. ⁹καὶ ἐξεῖλεν αὐτὸ εἰς τὸ στόμα αὐ-
τοῦ καὶ ἐπορεύθη πορευόμενος καὶ ἔσθων · καὶ ἐπορεύθη πρὸς τὸν
πατέρα αὐτοῦ καὶ πρὸς τὴν μητέρα αὐτοῦ καὶ ἔδωκεν αὐτοῖς, καὶ
ἔφαγον · καὶ οὐκ ἀπήγγειλεν αὐτοῖς ὅτι ἐκ τῆς ἕξεως τοῦ λέοντος
10 ἐξεῖλεν τὸ μέλι. ¹⁰καὶ κατέβη ὁ πατὴρ αὐτοῦ πρὸς τὴν γυναῖκα ·
καὶ ἐποίησεν ἐκεῖ Σαμψων πότον ἡμέρας ἑπτά, ὅτι οὕτως ἐποίουν
11 οἱ νεανίσκοι. ¹¹καὶ ἐγένετο ἐν τῷ φοβεῖσθαι αὐτοὺς αὐτὸν προσ-
12 κατέστησαν αὐτῷ ἑταίρους τριάκοντα, καὶ ἦσαν μετ᾽ αὐτοῦ. ¹²καὶ
εἶπεν αὐτοῖς Σαμψων Προβαλῶ ὑμῖν πρόβλημα, καὶ ἐὰν ἀπαγγείλητέ

12 ἀπαγγείλητε *L*†] pr. απα γελλοντες Α Ο(sub ※)

Ζητεῖ ἐκ τῶν ἀλλοφύλων · καὶ ἐν τῷ καιρῷ ἐκείνῳ οἱ ἀλλόφυλοι **B**
5 κυριεύοντες ἐν Ισραηλ. ⁵καὶ κατέβη Σαμψων καὶ ὁ πατὴρ αὐτοῦ
καὶ ἡ μήτηρ αὐτοῦ εἰς Θαμναθα. καὶ ἦλθεν ἕως τοῦ ἀμπελῶνος
Θαμναθα, καὶ ἰδοὺ σκύμνος λέοντος ὠρυόμενος εἰς συνάντησιν
6 αὐτοῦ · ⁶καὶ ἥλατο ἐπ᾽ αὐτὸν πνεῦμα κυρίου, καὶ συνέτριψεν αὐτόν,
ὡσεὶ συντρίψει ἔριφον, καὶ οὐδὲν ἦν ἐν ταῖς χερσὶν αὐτοῦ. καὶ
7 οὐκ ἀπήγγειλεν τῷ πατρὶ αὐτοῦ καὶ τῇ μητρὶ αὐτοῦ ὃ ἐποίησεν. ⁷καὶ
κατέβησαν καὶ ἐλάλησαν τῇ γυναικί, καὶ ηὐθύνθη ἐν ὀφθαλμοῖς Σαμ-
8 ψων. ⁸καὶ ὑπέστρεψεν μεθ᾽ ἡμέρας λαβεῖν αὐτὴν καὶ ἐξέκλινεν ἰδεῖν
τὸ πτῶμα τοῦ λέοντος, καὶ ἰδοὺ συναγωγὴ μελισσῶν ἐν τῷ στό-
9 ματι τοῦ λέοντος καὶ μέλι. ⁹καὶ ἐξεῖλεν αὐτὸ εἰς χεῖρας αὐτοῦ
καὶ ἐπορεύετο πορευόμενος καὶ ἐσθίων · καὶ ἐπορεύθη πρὸς τὸν
πατέρα αὐτοῦ καὶ τὴν μητέρα αὐτοῦ καὶ ἔδωκεν αὐτοῖς, καὶ ἔφα-
γον · καὶ οὐκ ἀπήγγειλεν αὐτοῖς ὅτι ἀπὸ τοῦ στόματος τοῦ λέον-
10 τος ἐξεῖλεν τὸ μέλι. ¹⁰καὶ κατέβη ὁ πατὴρ αὐτοῦ πρὸς τὴν γυναῖ-
κα · καὶ ἐποίησεν ἐκεῖ Σαμψων πότον ἑπτὰ ἡμέρας, ὅτι οὕτως
11 ποιοῦσιν οἱ νεανίσκοι. ¹¹καὶ ἐγένετο ὅτε εἶδον αὐτόν, καὶ ἔλαβον
12 τριάκοντα κλητούς, καὶ ἦσαν μετ᾽ αὐτοῦ. ¹²καὶ εἶπεν αὐτοῖς Σαμ-
ψων Πρόβλημα ὑμῖν προβάλλομαι · ἐὰν ἀπαγγέλλοντες ἀπαγγείλητε

9 αυτου 1⁰ > Β*† | την] pr. προς Βᶜ

A μοι τὸ πρόβλημα ἐν ταῖς ἑπτὰ ἡμέραις τοῦ πότου, δώσω ὑμῖν
τριάκοντα σινδόνας καὶ τριάκοντα στολάς · ¹³ καὶ ἐὰν μὴ δυνασθῆτε 13
ἀπαγγεῖλαί μοι, καὶ δώσετε ὑμεῖς ἐμοὶ τριάκοντα σινδόνας καὶ τριά-
κοντα στολὰς ἱματίων. καὶ εἶπαν αὐτῷ Προβαλοῦ τὸ πρόβλημά
σου, καὶ ἀκουσόμεθα αὐτοῦ. ¹⁴ καὶ εἶπεν αὐτοῖς 14
        Ἐκ τοῦ ἔσθοντος ἐξῆλθεν βρῶσις,
        καὶ ἐξ ἰσχυροῦ ἐξῆλθεν γλυκύ.
καὶ οὐκ ἠδυνάσθησαν ἀπαγγεῖλαι τὸ πρόβλημα ἐπὶ τρεῖς ἡμέρας.
¹⁵ καὶ ἐγένετο ἐν τῇ ἡμέρᾳ τῇ τετάρτῃ καὶ εἶπαν τῇ γυναικὶ Σαμ- 15
ψων Ἀπάτησον δὴ τὸν ἄνδρα σου καὶ ἀπαγγειλάτω σοι τὸ πρόβλη-
μα, μήποτε ἐμπυρίσωμέν σε καὶ τὸν οἶκον τοῦ πατρός σου ἐν
πυρί · ἢ πτωχεῦσαι ἐκαλέσατε ἡμᾶς; ¹⁶ καὶ ἔκλαυσεν ἡ γυνὴ Σαμ- 16
ψων ἐπ᾽ αὐτὸν καὶ εἶπεν αὐτῷ Μεμίσηκάς με καὶ οὐκ ἠγάπηκάς
με, ὅτι τὸ πρόβλημα, ὃ προεβάλου τοῖς υἱοῖς τοῦ λαοῦ μου, κἀμοὶ
οὐκ ἀπήγγειλας αὐτό. καὶ εἶπεν αὐτῇ Σαμψων Ἰδοὺ τῷ πατρί μου
καὶ τῇ μητρί μου οὐκ ἀπήγγειλα αὐτό, καὶ σοὶ ἀπαγγελῶ; ¹⁷ καὶ 17
ἔκλαυσεν ἐπ᾽ αὐτὸν ἐπὶ τὰς ἑπτὰ ἡμέρας, ἐν αἷς ἦν ἐν αὐταῖς ὁ
πότος · καὶ ἐγένετο ἐν τῇ ἡμέρᾳ τῇ ἑβδόμῃ καὶ ἀπήγγειλεν αὐτῇ,

12 ποτου L] + και ευρητε ΑΟ(sub ※) | fin. Μ] + ιματιων ΑΟ(sub ※)L
|| 13 ιματιων > LM | αυτου OL] σου Α⁺ || 14 το προβλ. / επι τρεις ημ.] tr.
Α⁺ || 15 τεταρτη] εβδομη Ο–ᴿʸ⁺ || 16 επ OL⁺] προς Α

B αὐτὸ ἐν ταῖς ἑπτὰ ἡμέραις τοῦ πότου καὶ εὕρητε, δώσω ὑμῖν
τριάκοντα σινδόνας καὶ τριάκοντα στολὰς ἱματίων · ¹³ καὶ ἐὰν μὴ 13
δύνησθε ἀπαγγεῖλαί μοι, δώσετε ὑμεῖς ἐμοὶ τριάκοντα ὀθόνια καὶ
τριάκοντα ἀλλασσομένας στολὰς ἱματίων. καὶ εἶπαν αὐτῷ Προβα-
λοῦ τὸ πρόβλημα, καὶ ἀκουσόμεθα αὐτό. ¹⁴ καὶ εἶπεν αὐτοῖς 14
        Τί βρωτὸν ἐξῆλθεν ἐκ βιβρώσκοντος
        καὶ ἀπὸ ἰσχυροῦ γλυκύ;
καὶ οὐκ ἠδύναντο ἀπαγγεῖλαι τὸ πρόβλημα ἐπὶ τρεῖς ἡμέρας.
¹⁵ καὶ ἐγένετο ἐν τῇ ἡμέρᾳ τῇ τετάρτῃ καὶ εἶπαν τῇ γυναικὶ Σαμ- 15
ψων Ἀπάτησον δὴ τὸν ἄνδρα σου καὶ ἀπαγγειλάτω σοι τὸ πρό-
βλημα, μήποτε κατακαύσωμέν σε καὶ τὸν οἶκον τοῦ πατρός σου
ἐν πυρί · ἢ ἐκβιάσαι ἡμᾶς κεκλήκατε; ¹⁶ καὶ ἔκλαυσεν ἡ γυνὴ Σαμ- 16
ψων πρὸς αὐτὸν καὶ εἶπεν Πλὴν μεμίσηκάς με καὶ οὐκ ἠγάπησάς
με, ὅτι τὸ πρόβλημα, ὃ προεβάλου τοῖς υἱοῖς τοῦ λαοῦ μου,
οὐκ ἀπήγγειλάς μοι. καὶ εἶπεν αὐτῇ Σαμψων Εἰ τῷ πατρί μου
καὶ τῇ μητρί μου οὐκ ἀπήγγελκα, σοὶ ἀπαγγείλω; ¹⁷ καὶ ἔκλαυ- 17
σεν πρὸς αὐτὸν ἐπὶ τὰς ἑπτὰ ἡμέρας, ἃς ἦν αὐτοῖς ὁ πότος ·
καὶ ἐγένετο ἐν τῇ ἡμέρᾳ τῇ ἑβδόμῃ καὶ ἀπήγγειλεν αὐτῇ,

ὅτι παρηνώχλησεν αὐτόν · καὶ αὐτὴ ἀπήγγειλεν τοῖς υἱοῖς τοῦ λαοῦ Α
18 αὐτῆς. ¹⁸καὶ εἶπαν αὐτῷ οἱ ἄνδρες τῆς πόλεως ἐν τῇ ἡμέρᾳ τῇ
ἑβδόμῃ πρὶν δῦναι τὸν ἥλιον
　　Τί γλυκύτερον μέλιτος,
　　καὶ τί ἰσχυρότερον λέοντος ;
καὶ εἶπεν αὐτοῖς Σαμψων
　　Εἰ μὴ κατεδαμάσατέ μου τὴν δάμαλιν,
　　οὐκ ἂν εὕρετε τὸ πρόβλημά μου.
19 ¹⁹καὶ κατεύθυνεν ἐπ' αὐτὸν πνεῦμα κυρίου, καὶ κατέβη εἰς Ἀσκα-
λῶνα καὶ ἔπαισεν ἐκεῖθεν τριάκοντα ἄνδρας καὶ ἔλαβεν τὰς στο-
λὰς αὐτῶν καὶ ἔδωκεν τοῖς ἀπαγγείλασιν τὸ πρόβλημα. καὶ ἐθυ-
μώθη ὀργῇ Σαμψων καὶ ἀνέβη εἰς τὸν οἶκον τοῦ πατρὸς αὐτοῦ.
20 ²⁰καὶ συνῴκησεν ἡ γυνὴ Σαμψων τῷ νυμφαγωγῷ αὐτοῦ, ὃς ἦν
ἑταῖρος αὐτοῦ.
15 ¹Καὶ ἐγένετο μεθ' ἡμέρας ἐν ἡμέραις θερισμοῦ πυρῶν καὶ ἐπε-
σκέψατο Σαμψων τὴν γυναῖκα αὐτοῦ φέρων ἔριφον αἰγῶν καὶ εἶ-
πεν Εἰσελεύσομαι πρὸς τὴν γυναῖκά μου εἰς τὸν κοιτῶνα · καὶ
2 οὐκ ἀφῆκεν αὐτὸν ὁ πατὴρ αὐτῆς εἰσελθεῖν πρὸς αὐτήν. ²καὶ εἶ-
πεν ὁ πατὴρ αὐτῆς Εἴπας εἶπα ὅτι μισῶν ἐμίσησας αὐτήν, καὶ

18 εν > A†
15 2 ειπα > A†

ὅτι παρενώχλησεν αὐτῷ · καὶ αὐτὴ ἀπήγγειλεν τοῖς υἱοῖς τοῦ λαοῦ Β
18 αὐτῆς. ¹⁸καὶ εἶπαν αὐτῷ οἱ ἄνδρες τῆς πόλεως ἐν τῇ ἡμέρᾳ τῇ
ἑβδόμῃ πρὸ τοῦ ἀνατεῖλαι τὸν ἥλιον
　　Τί γλυκύτερον μέλιτος,
　　καὶ τί ἰσχυρότερον λέοντος ;
καὶ εἶπεν αὐτοῖς Σαμψων
　　Εἰ μὴ ἠροτριάσατε ἐν τῇ δαμάλει μου,
　　οὐκ ἂν ἔγνωτε τὸ πρόβλημά μοι.
19 ¹⁹καὶ ἥλατο ἐπ' αὐτὸν πνεῦμα κυρίου, καὶ κατέβη εἰς Ἀσκαλῶνα
καὶ ἐπάταξεν ἐξ αὐτῶν τριάκοντα ἄνδρας καὶ ἔλαβεν τὰ ἱμάτια
αὐτῶν καὶ ἔδωκεν τὰς στολὰς τοῖς ἀπαγγείλασιν τὸ πρόβλημα.
καὶ ὠργίσθη θυμῷ Σαμψων καὶ ἀνέβη εἰς τὸν οἶκον τοῦ πατρὸς
20 αὐτοῦ. ²⁰καὶ ἐγένετο ἡ γυνὴ Σαμψων ἑνὶ τῶν φίλων αὐτοῦ, ὧν
ἐφιλίασεν.
15 ¹Καὶ ἐγένετο μεθ' ἡμέρας ἐν ἡμέραις θερισμοῦ πυρῶν καὶ
ἐπεσκέψατο Σαμψων τὴν γυναῖκα αὐτοῦ ἐν ἐρίφῳ αἰγῶν
καὶ εἶπεν Εἰσελεύσομαι πρὸς τὴν γυναῖκά μου εἰς τὸ ταμι-
2 εῖον · καὶ οὐκ ἔδωκεν αὐτὸν ὁ πατὴρ αὐτῆς εἰσελθεῖν. ²καὶ
εἶπεν ὁ πατὴρ αὐτῆς Λέγων εἶπα ὅτι μισῶν ἐμίσησας αὐτήν, καὶ

A ἔδωκα αὐτὴν τῷ συνεταίρῳ σου· οὐκ ἰδοὺ ἡ ἀδελφὴ αὐτῆς ἡ
νεωτέρα κρείσσων αὐτῆς ἐστιν; ἔστω δή σοι ἀντὶ αὐτῆς. ³καὶ εἶ- 3
πεν αὐτῷ Σαμψων Ἀθῷός εἰμι τὸ ἅπαξ ἀπὸ τῶν ἀλλοφύλων, ὅτι
ἐγὼ ποιῶ μεθ᾽ ὑμῶν κακά. ⁴καὶ ἐπορεύθη Σαμψων καὶ συνέλαβεν 4
τριακοσίας ἀλώπεκας καὶ ἔλαβεν λαμπάδας καὶ συνέδησεν κέρκον
πρὸς κέρκον καὶ ἔθηκεν λαμπάδα μίαν ἀνὰ μέσον τῶν δύο κέρκων
ἐν τῷ μέσῳ· ⁵καὶ ἐξῆψεν πῦρ ἐν ταῖς λαμπάσιν καὶ ἐξαπέστειλεν 5
εἰς τὰ δράγματα τῶν ἀλλοφύλων καὶ ἐνεπύρισεν τοὺς στάχυας
καὶ τὰ προτεθερισμένα ἀπὸ στοιβῆς καὶ ἕως ἑστῶτος καὶ ἕως ἀμ-
πελῶνος καὶ ἐλαίας. ⁶καὶ εἶπαν οἱ ἀλλόφυλοι Τίς ἐποίησεν ταῦτα; 6
καὶ εἶπαν Σαμψων ὁ γαμβρὸς τοῦ Θαμναθαίου, ὅτι ἔλαβεν τὴν
γυναῖκα αὐτοῦ καὶ ἔδωκεν αὐτὴν τῷ συνεταίρῳ αὐτοῦ· καὶ ἀνέ-
βησαν οἱ ἀλλόφυλοι καὶ ἐνεπύρισαν τὴν οἰκίαν τοῦ πατρὸς αὐτῆς
καὶ αὐτὴν καὶ τὸν πατέρα αὐτῆς ἐν πυρί. ⁷καὶ εἶπεν αὐτοῖς Σαμ- 7
ψων Ἐὰν ποιήσητε οὕτως, οὐκ εὐδοκήσω, ἀλλὰ τὴν ἐκδίκησίν
μου ἐξ ἑνὸς καὶ ἑκάστου ὑμῶν ποιήσομαι. ⁸καὶ ἐπάταξεν αὐτοὺς 8
ἐπὶ μηρὸν πληγὴν μεγάλην· καὶ κατέβη καὶ κατῴκει παρὰ τῷ χει-
μάρρῳ ἐν τῷ σπηλαίῳ Ηταμ.
⁹Καὶ ἀνέβησαν οἱ ἀλλόφυλοι καὶ παρενεβάλοσαν ἐπὶ τὸν Ιουδαν 9

2 δη σοι] tr. A⁺ || 6 ενεβησαν A⁺ || 5 αυτους L⁺] + κνημην AO(sub
※) | κατωκει] κατεβη A⁺

B ἔδωκα αὐτὴν ἑνὶ τῶν ἐκ τῶν φίλων σου· μὴ οὐχὶ ἡ ἀδελφὴ αὐ-
τῆς ἡ νεωτέρα αὐτῆς ἀγαθωτέρα ὑπὲρ αὐτήν; ἔστω δή σοι ἀντὶ
αὐτῆς. ³καὶ εἶπεν αὐτοῖς Σαμψων Ἠθῴωμαι καὶ τὸ ἅπαξ ἀπὸ ἀλλο- 3
φύλων, ὅτι ποιῶ ἐγὼ μετ᾽ αὐτῶν πονηρίαν. ⁴καὶ ἐπορεύθη Σαμψων 4
καὶ συνέλαβεν τριακοσίας ἀλώπεκας καὶ ἔλαβεν λαμπάδας καὶ ἐπέ-
στρεψεν κέρκον πρὸς κέρκον καὶ ἔθηκεν λαμπάδα μίαν ἀνὰ μέσον
τῶν δύο κέρκων καὶ ἔδησεν· ⁵καὶ ἐξέκαυσεν πῦρ ἐν ταῖς λαμπάσιν 5
καὶ ἐξαπέστειλεν ἐν τοῖς στάχυσιν τῶν ἀλλοφύλων, καὶ ἐκάησαν
ἀπὸ ἅλωνος καὶ ἕως σταχύων ὀρθῶν καὶ ἕως ἀμπελῶνος καὶ ἐλαί-
ας. ⁶καὶ εἶπαν οἱ ἀλλόφυλοι Τίς ἐποίησεν ταῦτα; καὶ εἶπαν Σαμ- 6
ψων ὁ νυμφίος τοῦ Θαμνι, ὅτι ἔλαβεν τὴν γυναῖκα αὐτοῦ καὶ ἔδω-
κεν αὐτὴν τῷ ἐκ τῶν φίλων αὐτοῦ· καὶ ἀνέβησαν οἱ ἀλλόφυλοι
καὶ ἐνέπρησαν αὐτὴν καὶ τὸν πατέρα αὐτῆς ἐν πυρί. ⁷καὶ εἶπεν 7
αὐτοῖς Σαμψων Ἐὰν ποιήσητε οὕτως ταύτην, ὅτι εἰ μὴν ἐκδικήσω
ἐν ὑμῖν καὶ ἔσχατον κοπάσω. ⁸καὶ ἐπάταξεν αὐτοὺς κνήμην ἐπὶ 8
μηρὸν πληγὴν μεγάλην· καὶ κατέβη καὶ ἐκάθισεν ἐν τρυμαλιᾷ τῆς
πέτρας Ηταμ.
⁹Καὶ ἀνέβησαν οἱ ἀλλόφυλοι καὶ παρενέβαλον ἐν Ιουδα 9

10 καὶ ἐξερρίφησαν ἐν Λεχι. ¹⁰καὶ εἶπαν αὐτοῖς πᾶς ἀνὴρ Ιουδα Ἵνα Α
τί ἀνέβητε ἐφ᾽ ἡμᾶς; καὶ εἶπαν οἱ ἀλλόφυλοι Δῆσαι τὸν Σαμψων
11 καὶ ποιῆσαι αὐτῷ ὃν τρόπον ἐποίησεν ἡμῖν. ¹¹καὶ κατέβησαν τρεῖς
χιλιάδες ἀνδρῶν ἐξ Ιουδα ἐπὶ τὴν ὀπὴν τῆς πέτρας Ηταμ καὶ εἶ-
παν πρὸς Σαμψων Οὐκ οἶδας ὅτι ἄρχουσιν ἡμῶν οἱ ἀλλόφυλοι,
καὶ ἵνα τί ταῦτα ἐποίησας ἡμῖν; καὶ εἶπεν αὐτοῖς Σαμψων Καθὼς
12 ἐποίησαν ἡμῖν, οὕτως ἐποίησα αὐτοῖς. ¹²καὶ εἶπαν αὐτῷ Τοῦ δῆ-
σαί σε κατέβημεν καὶ παραδοῦναί σε εἰς χεῖρας ἀλλοφύλων. καὶ
εἶπεν αὐτοῖς Σαμψων Ὀμόσατέ μοι μὴ ἀποκτεῖναί με ὑμεῖς καὶ
13 παράδοτέ με αὐτοῖς, μήποτε ἀπαντήσητε ὑμεῖς ἐν ἐμοί. ¹³καὶ ὤμο-
σαν αὐτῷ λέγοντες Οὐχί, ἀλλὰ δεσμῷ δήσομέν σε καὶ παραδώ-
σομέν σε εἰς χεῖρας αὐτῶν, θανάτῳ δὲ οὐ θανατώσομέν σε · καὶ
ἔδησαν αὐτὸν δύο καλωδίοις καινοῖς καὶ ἀνήγαγον αὐτὸν ἐκ τῆς
14 πέτρας. ¹⁴καὶ αὐτὸς ἦλθεν ἕως Σιαγόνος · καὶ οἱ ἀλλόφυλοι ἠλά-
λαξαν εἰς ἀπάντησιν αὐτοῦ καὶ ἔδραμον εἰς συνάντησιν αὐτοῦ ·
καὶ κατηύθυνεν ἐπ᾽ αὐτὸν πνεῦμα κυρίου, καὶ ἐγένοντο τὰ καλώδια
τὰ ἐν τοῖς βραχίοσιν αὐτοῦ ὡσεὶ στιππύον, ἡνίκα ἂν ὀσφρανθῇ
15 πυρός, καὶ διελύθησαν οἱ δεσμοὶ ἀπὸ τῶν βραχιόνων αὐτοῦ. ¹⁵καὶ
εὗρεν σιαγόνα ὄνου ἐρριμμένην ἐν τῇ ὁδῷ καὶ ἐξέτεινεν τὴν χεῖρα

9 λεχι O] λευι A ‖ 10 σαμψων L†] + ανεβημεν AO(sub ※) ‖ 11 εποιη-
ησα] -σαμεν A†

---

10 καὶ ἐξερρίφησαν ἐν Λευι. ¹⁰καὶ εἶπαν ἀνὴρ Ιουδα Εἰς τί ἀνέβητε Β
ἐφ᾽ ἡμᾶς; καὶ εἶπον οἱ ἀλλόφυλοι Δῆσαι τὸν Σαμψων ἀνέβημεν
11 καὶ ποιῆσαι αὐτῷ ὃν τρόπον ἐποίησεν ἡμῖν. ¹¹καὶ κατέβησαν τρισ-
χίλιοι ἄνδρες ἀπὸ Ιουδα εἰς τρυμαλιὰν πέτρας Ηταμ καὶ εἶπαν τῷ
Σαμψων Οὐκ οἶδας ὅτι κυριεύουσιν οἱ ἀλλόφυλοι ἡμῶν, καὶ τί
τοῦτο ἐποίησας ἡμῖν; καὶ εἶπεν αὐτοῖς Σαμψων Ὃν τρόπον ἐποί-
12 ησάν μοι, οὕτως ἐποίησα αὐτοῖς. ¹²καὶ εἶπαν αὐτῷ Δῆσαί σε κατέ-
βημεν τοῦ δοῦναί σε ἐν χειρὶ ἀλλοφύλων. καὶ εἶπεν αὐτοῖς Σαμ-
13 ψων Ὀμόσατέ μοι μήποτε συναντήσητε ἐν ἐμοὶ ὑμεῖς. ¹³καὶ εἶπον
αὐτῷ λέγοντες Οὐχί, ὅτι ἀλλ᾽ ἢ δεσμῷ δήσομέν σε καὶ παραδώ-
σομέν σε ἐν χειρὶ αὐτῶν καὶ θανάτῳ οὐ θανατώσομέν σε · καὶ
ἔδησαν αὐτὸν ἐν δυσὶ καλωδίοις καινοῖς καὶ ἀνήνεγκαν αὐτὸν
14 ἀπὸ τῆς πέτρας ἐκείνης. ¹⁴καὶ ἦλθον ἕως Σιαγόνος · καὶ οἱ
ἀλλόφυλοι ἠλάλαξαν καὶ ἔδραμον εἰς συνάντησιν αὐτοῦ ·
καὶ ἥλατο ἐπ᾽ αὐτὸν πνεῦμα κυρίου, καὶ ἐγενήθη τὰ καλώ-
δια τὰ ἐπὶ βραχίοσιν αὐτοῦ ὡσεὶ στιππύον, ὃ ἐξεκαύθη ἐν
15 πυρί, καὶ ἐτάκησαν δεσμοὶ αὐτοῦ ἀπὸ χειρῶν αὐτοῦ. ¹⁵καὶ
εὗρεν σιαγόνα ὄνου ἐκρεριμμένην καὶ ἐξέτεινεν τὴν χεῖρα

11 κυριευσουσιν B†

A αὐτοῦ καὶ ἔλαβεν αὐτὴν καὶ ἐπάταξεν ἐν αὐτῇ χιλίους ἄνδρας.
¹⁶καὶ εἶπεν Σαμψων   16
    Ἐν σιαγόνι ὄνου ἐξαλείφων ἐξήλειψα αὐτούς,
    ὅτι ἐν σιαγόνι ὄνου ἐπάταξα χιλίους ἄνδρας.
¹⁷καὶ ἐγένετο ἡνίκα συνετέλεσεν λαλῶν, καὶ ἔρριψεν τὴν σιαγόνα 17
ἀπὸ τῆς χειρὸς αὐτοῦ · καὶ ἐκάλεσεν τὸν τόπον ἐκεῖνον Ἀναίρεσις
σιαγόνος. ¹⁸καὶ ἐδίψησεν σφόδρα · καὶ ἐβόησεν πρὸς κύριον καὶ 18
εἶπεν Σὺ ἔδωκας ἐν χειρὶ τοῦ δούλου σου τὴν σωτηρίαν τὴν με-
γάλην ταύτην, καὶ νῦν ἀποθανοῦμαι ἐν δίψει καὶ ἐμπεσοῦμαι ἐν
χειρὶ τῶν ἀπεριτμήτων. ¹⁹καὶ ἤνοιξεν ὁ θεὸς τὸ τραῦμα τῆς σια- 19
γόνος, καὶ ἐξῆλθεν ἐξ αὐτοῦ ὕδατα, καὶ ἔπιεν, καὶ ἐπέστρεψεν τὸ
πνεῦμα αὐτοῦ ἐν αὐτῷ, καὶ ἀνέψυξεν. διὰ τοῦτο ἐκλήθη τὸ ὄνομα
αὐτῆς Πηγὴ ἐπίκλητος σιαγόνος ἕως τῆς ἡμέρας ταύτης. — ²⁰καὶ 20
ἔκρινεν τὸν Ισραηλ ἐν ἡμέραις ἀλλοφύλων ἔτη εἴκοσι.
    ¹Καὶ ἐπορεύθη Σαμψων ἐκεῖθεν εἰς Γάζαν · καὶ εἶδεν ἐκεῖ γυναῖ- 16
κα πόρνην καὶ εἰσῆλθεν πρὸς αὐτήν. ²καὶ ἀπηγγέλη τοῖς Γαζαίοις 2
λέγοντες Ἥκει Σαμψων ἐνταῦθα. καὶ ἐκύκλωσαν καὶ ἐνήδρευσαν
αὐτὸν ὅλην τὴν νύκτα ἐπὶ τῆς πύλης τῆς πόλεως καὶ ἐκώφευσαν
ὅλην τὴν νύκτα λέγοντες Ἕως φωτὸς πρωὶ μείνωμεν καὶ ἀποκτεί-

19 αυτης πηγη] της πληγης A†

B αὐτοῦ καὶ ἔλαβεν αὐτὴν καὶ ἐπάταξεν ἐν αὐτῇ χιλίους ἄνδρας.
¹⁶καὶ εἶπεν Σαμψων   16
    Ἐν σιαγόνι ὄνου ἐξαλείφων ἐξήλειψα αὐτούς,
    ὅτι ἐν τῇ σιαγόνι τοῦ ὄνου ἐπάταξα χιλίους ἄνδρας.
¹⁷καὶ ἐγένετο ὡς ἐπαύσατο λαλῶν, καὶ ἔρριψεν τὴν σιαγόνα ἐκ 17
τῆς χειρὸς αὐτοῦ · καὶ ἐκάλεσεν τὸν τόπον ἐκεῖνον Ἀναίρεσις σια-
γόνος. ¹⁸καὶ ἐδίψησεν σφόδρα · καὶ ἔκλαυσεν πρὸς κύριον καὶ εἶ- 18
πεν Σὺ εὐδόκησας ἐν χειρὶ δούλου σου τὴν σωτηρίαν τὴν μεγά-
λην ταύτην, καὶ νῦν ἀποθανοῦμαι τῷ δίψει καὶ ἐμπεσοῦμαι ἐν
χειρὶ τῶν ἀπεριτμήτων. ¹⁹καὶ ἔρρηξεν ὁ θεὸς τὸν λάκκον τὸν ἐν 19
τῇ σιαγόνι, καὶ ἐξῆλθεν ἐξ αὐτοῦ ὕδωρ, καὶ ἔπιεν, καὶ ἐπέστρεψεν
τὸ πνεῦμα αὐτοῦ, καὶ ἔζησεν. διὰ τοῦτο ἐκλήθη τὸ ὄνομα αὐτῆς
Πηγὴ τοῦ ἐπικαλουμένου, ἥ ἐστιν ἐν Σιαγόνι, ἕως τῆς ἡμέρας
ταύτης. — ²⁰καὶ ἔκρινεν τὸν Ισραηλ ἐν ἡμέραις ἀλλοφύλων εἴ- 20
κοσι ἔτη.
    ¹Καὶ ἐπορεύθη Σαμψων εἰς Γάζαν · καὶ εἶδεν ἐκεῖ γυναῖκα 16
πόρνην καὶ εἰσῆλθεν πρὸς αὐτήν. ²καὶ ἀνηγγέλη τοῖς Γαζαίοις 2
λέγοντες Ἥκει Σαμψων ὧδε. καὶ ἐκύκλωσαν καὶ ἐνήδρευσαν
ἐπ᾽ αὐτὸν ὅλην τὴν νύκτα ἐν τῇ πύλῃ τῆς πόλεως καὶ ἐκώφευ-
σαν ὅλην τὴν νύκτα λέγοντες Ἕως διαφαύσῃ ὁ ὄρθρος, καὶ φονεύ-

3 νωμεν αὐτόν. ³καὶ ἐκοιμήθη Σαμψων ἕως τοῦ μεσονυκτίου · καὶ Α
ἀνέστη περὶ τὸ μεσονύκτιον καὶ ἐπελάβετο τῶν θυρῶν τῆς πύλης
τῆς πόλεως καὶ τῶν δύο σταθμῶν καὶ ἀνεβάστασεν αὐτὰς σὺν
τῷ μοχλῷ καὶ ἐπέθηκεν ἐπὶ τῷ ὤμῳ αὐτοῦ καὶ ἀνήνεγκεν αὐτὰ
ἐπὶ τὴν κορυφὴν τοῦ ὄρους, ὅ ἐστιν ἐπὶ πρόσωπον Χεβρων, καὶ
ἔθηκεν αὐτὰ ἐκεῖ.
4　　⁴Καὶ ἐγένετο μετὰ ταῦτα καὶ ἠγάπησεν γυναῖκα ἐπὶ τοῦ χειμάρ-
5 ρου Σωρηχ, καὶ ὄνομα αὐτῇ Δαλιλα. ⁵καὶ ἀνέβησαν πρὸς αὐτὴν
οἱ σατράπαι τῶν ἀλλοφύλων καὶ εἶπαν αὐτῇ Ἀπάτησον αὐτὸν καὶ
ἰδὲ ἐν τίνι ἡ ἰσχὺς αὐτοῦ ἐστιν ἡ μεγάλη καὶ ἐν τίνι δυνησόμεθα
πρὸς αὐτὸν καὶ δήσομεν αὐτὸν ὥστε ταπεινῶσαι αὐτόν, καὶ ἡμεῖς
6 δώσομέν σοι ἀνὴρ χιλίους καὶ ἑκατὸν ἀργυρίου. ⁶καὶ εἶπεν Δαλιλα
πρὸς Σαμψων Ἀνάγγειλόν μοι ἐν τίνι ἡ ἰσχύς σου ἡ μεγάλη καὶ
7 ἐν τίνι δεθήσῃ τοῦ ταπεινωθῆναί σε. ⁷καὶ εἶπεν πρὸς αὐτὴν Σαμ-
ψων Ἐὰν δήσωσίν με ἐν ἑπτὰ νευραῖς ὑγραῖς μὴ ἠρημωμέναις,
8 καὶ ἀσθενήσω καὶ ἔσομαι ὡς εἷς τῶν ἀνθρώπων. ⁸καὶ ἀνήνεγκαν
αὐτῇ οἱ σατράπαι τῶν ἀλλοφύλων ἑπτὰ νευρὰς ὑγρὰς μὴ ἠρημω-
9 μένας, καὶ ἔδησεν αὐτὸν ἐν αὐταῖς · ⁹καὶ τὸ ἔνεδρον αὐτοῦ ἐκάθητο
ἐν τῷ ταμιείῳ · καὶ εἶπεν πρὸς αὐτόν Ἀλλόφυλοι ἐπὶ σέ, Σαμψων ·

3 του *OL*] > A ‖ 4 δαλιλα *O*ᴳ†] δαλιδα rel.: item in seq.; cf. Regn. I
25 14 II **28** 37 11 3 III **16** 16 ‖ 5 αυτη] προς αυτην A† ‖ 9 εκαθητο]
+ αυτου A *O*ᴳ†, sed αυτου praec. retinent (G sub ÷)

---

3 σωμεν αὐτόν. ³καὶ ἐκοιμήθη Σαμψων ἕως μεσονυκτίου · καὶ ἀνέ- Β
στη ἐν ἡμίσει τῆς νυκτὸς καὶ ἐπελάβετο τῶν θυρῶν τῆς πύλης
τῆς πόλεως σὺν τοῖς δυσὶ σταθμοῖς καὶ ἀνεβάστασεν αὐτὰς σὺν
τῷ μοχλῷ καὶ ἔθηκεν ἐπ᾽ ὤμων αὐτοῦ καὶ ἀνέβη ἐπὶ τὴν κορυφὴν
τοῦ ὄρους τοῦ ἐπὶ προσώπου Χεβρων καὶ ἔθηκεν αὐτὰ ἐκεῖ.
4　　⁴Καὶ ἐγένετο μετὰ τοῦτο καὶ ἠγάπησεν γυναῖκα ἐν Αλσω-
5 ρηχ, καὶ ὄνομα αὐτῇ Δαλιδα. ⁵καὶ ἀνέβησαν πρὸς αὐτὴν οἱ
ἄρχοντες τῶν ἀλλοφύλων καὶ εἶπαν αὐτῇ Ἀπάτησον αὐτὸν καὶ
ἰδὲ ἐν τίνι ἡ ἰσχὺς αὐτοῦ ἡ μεγάλη καὶ ἐν τίνι δυνησόμεθα
αὐτῷ καὶ δήσομεν αὐτὸν τοῦ ταπεινῶσαι αὐτόν, καὶ ἡμεῖς
6 δώσομέν σοι ἀνὴρ χιλίους καὶ ἑκατὸν ἀργυρίου. ⁶καὶ εἶπεν Δαλιδα
πρὸς Σαμψων Ἀπάγγειλον δή μοι ἐν τίνι ἡ ἰσχύς σου ἡ μεγάλη
7 καὶ ἐν τίνι δεθήσῃ τοῦ ταπεινωθῆναί σε. ⁷καὶ εἶπεν πρὸς αὐτὴν
Σαμψων Ἐὰν δήσωσίν με ἐν ἑπτὰ νευρέαις ὑγραῖς μὴ διεφθαρμέ-
8 ναις, καὶ ἀσθενήσω καὶ ἔσομαι ὡς εἷς τῶν ἀνθρώπων. ⁸καὶ ἀνήνεγ-
καν αὐτῇ οἱ ἄρχοντες τῶν ἀλλοφύλων ἑπτὰ νευρὰς ὑγρὰς μὴ διε-
9 φθαρμένας, καὶ ἔδησεν αὐτὸν ἐν αὐταῖς · ⁹καὶ τὸ ἔνεδρον αὐτῇ
ἐκάθητο ἐν τῷ ταμιείῳ · καὶ εἶπεν αὐτῷ Ἀλλόφυλοι ἐπὶ σέ, Σαμψων ·

A καὶ διέρρηξεν τὰς νευράς, ὃν τρόπον διασπᾶται κλῶσμα τοῦ ἀπο-
τινάγματος ἐν τῷ ὀσφρανθῆναι πυρός · καὶ οὐκ ἐγνώσθη ἡ ἰσχὺς
αὐτοῦ. ¹⁰καὶ εἶπεν Δαλιλα πρὸς Σαμψων Ἰδοὺ παρελογίσω με καὶ ¹⁰
ἐλάλησας πρός με ψευδῆ · νῦν οὖν ἀνάγγειλον δή μοι ἐν τίνι δε-
θήσῃ. ¹¹καὶ εἶπεν πρὸς αὐτήν Ἐὰν δεσμῷ δήσωσίν με ἐν ἑπτὰ ¹¹
καλωδίοις καινοῖς, ἐν οἷς οὐκ ἐγενήθη ἔργον, καὶ ἀσθενήσω καὶ ἔσο-
μαι ὡς εἷς τῶν ἀνθρώπων. ¹²καὶ ἔλαβεν αὐτῷ Δαλιλα καλώδια ¹²
καινὰ καὶ ἔδησεν αὐτὸν ἐν αὐτοῖς καὶ εἶπεν πρὸς αὐτόν Οἱ ἀλλό-
φυλοι ἐπὶ σέ, Σαμψων · καὶ τὸ ἔνεδρον ἐκάθητο ἐν τῷ ταμιείῳ ·
καὶ διέσπασεν αὐτὰ ἀπὸ τῶν βραχιόνων αὐτοῦ ὡς ῥάμμα. ¹³καὶ ¹³
εἶπεν Δαλιλα πρὸς Σαμψων Ἕως νῦν παρελογίσω με καὶ ἐλάλη-
σας πρός με ψευδῆ · ἀνάγγειλον δή μοι ἐν τίνι δεθήσῃ. καὶ εἶπεν
πρὸς αὐτήν Ἐὰν ὑφάνῃς τὰς ἑπτὰ σειρὰς τῆς κεφαλῆς μου μετὰ
τοῦ διάσματος καὶ ἐγκρούσῃς ἐν τῷ πασσάλῳ εἰς τὸν τοῖχον, καὶ
ἔσομαι ἀσθενὴς ὡς εἷς τῶν ἀνθρώπων. ¹⁴καὶ ἐκοίμισεν αὐτὸν ¹⁴
Δαλιλα καὶ ἐδιάσατο τοὺς ἑπτὰ βοστρύχους τῆς κεφαλῆς αὐτοῦ
μετὰ τῆς ἐκτάσεως καὶ κατέκρουσεν ἐν τοῖς πασσάλοις εἰς τὸν
τοῖχον καὶ εἶπεν πρὸς αὐτόν Οἱ ἀλλόφυλοι ἐπὶ σέ, Σαμψων · καὶ

9 οσφρανθ. L†] + αυτο AO(sub ※) || 10 ουν > A || 11 καινοις > A†
|| 12 καλωδια > A† | διεσπασεν] δι > A† || 13 εως] ως A† || 14 εκτα-
σεως L] εκστασ. A

B καὶ διέσπασεν τὰς νευρέας, ὡς εἴ τις ἀποσπάσοι στρέμμα στιπ-
πύου ἐν τῷ ὀσφρανθῆναι αὐτὸ πυρός · καὶ οὐκ ἐγνώσθη ἡ ἰσχὺς
αὐτοῦ. ¹⁰καὶ εἶπεν Δαλιδα πρὸς Σαμψων Ἰδοὺ ἐπλάνησάς με καὶ ¹⁰
ἐλάλησας πρός με ψευδῆ · νῦν οὖν ἀνάγγειλόν μοι ἐν τίνι δε-
θήσῃ. ¹¹καὶ εἶπεν πρὸς αὐτήν Ἐὰν δεσμεύοντες δήσωσίν με ἐν ¹¹
καλωδίοις καινοῖς, οἷς οὐκ ἐγένετο ἐν αὐτοῖς ἔργον, καὶ ἀσθενήσω
καὶ ἔσομαι ὡς εἷς τῶν ἀνθρώπων. ¹²καὶ ἔλαβεν Δαλιδα καλώδια ¹²
καινὰ καὶ ἔδησεν αὐτὸν ἐν αὐτοῖς · καὶ τὰ ἔνεδρα ἐξῆλθεν ἐκ
τοῦ ταμιείου · καὶ εἶπεν Ἀλλόφυλοι ἐπὶ σέ, Σαμψων · καὶ διέσπα-
σεν αὐτὰ ἀπὸ βραχιόνων αὐτοῦ ὡς σπαρτίον. ¹³καὶ εἶπεν ¹³
Δαλιδα πρὸς Σαμψων Ἰδοὺ ἐπλάνησάς με καὶ ἐλάλησας πρὸς
ἐμὲ ψευδῆ · ἀπάγγειλον δή μοι ἐν τίνι δεθήσῃ. καὶ εἶπεν
πρὸς αὐτήν Ἐὰν ὑφάνῃς τὰς ἑπτὰ σειρὰς τῆς κεφαλῆς μου
σὺν τῷ διάσματι καὶ ἐγκρούσῃς τῷ πασσάλῳ εἰς τὸν τοῖχον,
καὶ ἔσομαι ὡς εἷς τῶν ἀνθρώπων ἀσθενής. ¹⁴καὶ ἐγένετο ἐν ¹⁴
τῷ κοιμᾶσθαι αὐτὸν καὶ ἔλαβεν Δαλιδα τὰς ἑπτὰ σειρὰς τῆς
κεφαλῆς αὐτοῦ καὶ ὕφανεν ἐν τῷ διάσματι καὶ ἔπηξεν τῷ πασσά-
λῳ εἰς τὸν τοῖχον καὶ εἶπεν Ἀλλόφυλοι ἐπὶ σέ, Σαμψων · καὶ

ἐξηγέρθη ἐκ τοῦ ὕπνου αὐτοῦ καὶ ἐξέσπασεν τοὺς πασσάλους σὺν Α
τῷ ὑφάσματι ἐκ τοῦ τοίχου καὶ τὸ δίασμα, καὶ οὐκ ἐγνώσθη ἡ
15 ἰσχὺς αὐτοῦ. ¹⁵ καὶ εἶπεν πρὸς αὐτὸν Δαλιλα Πῶς ἐρεῖς Ἠγάπηκά
σε, καὶ ἡ καρδία σου οὐκ ἔστιν μετ᾽ ἐμοῦ; τοῦτο τρίτον παρελο-
γίσω με καὶ οὐκ ἀπήγγειλάς μοι ἐν τίνι ἡ ἰσχύς σου ἡ μεγάλη.
16 ¹⁶ καὶ ἐγένετο ὅτε κατειργάσατο αὐτὸν τοῖς λόγοις αὐτῆς ὅλην τὴν
νύκτα καὶ παρηνώχλησεν αὐτόν, καὶ ὠλιγοψύχησεν ἕως εἰς θάνα-
17 τον· ¹⁷ καὶ ἀπήγγειλεν αὐτῇ πάντα τὰ ἀπὸ καρδίας αὐτοῦ καὶ εἶ-
πεν αὐτῇ Ξυρὸν οὐκ ἀναβήσεται ἐπὶ τὴν κεφαλήν μου, ὅτι ναζι-
ραῖος θεοῦ ἐγώ εἰμι ἐκ κοιλίας μητρός μου, καὶ ἐὰν ξυρήσωμαι,
ἀποστήσεται ἀπ᾽ ἐμοῦ ἡ ἰσχύς μου, καὶ ἀσθενήσω καὶ ἔσομαι κατὰ
18 πάντας τοὺς ἀνθρώπους. ¹⁸ καὶ εἶδεν Δαλιλα ὅτι ἀνήγγειλεν αὐτῇ
πάντα τὰ ἀπὸ καρδίας αὐτοῦ, καὶ ἀπέστειλεν καὶ ἐκάλεσεν πάντας
τοὺς σατράπας τῶν ἀλλοφύλων λέγουσα Ἀνάβητε τὸ ἅπαξ, ὅτι
ἀνήγγειλέν μοι πᾶσαν τὴν καρδίαν αὐτοῦ· καὶ ἀνέβησαν πρὸς αὐ-
τὴν πᾶσαι αἱ σατραπίαι τῶν ἀλλοφύλων καὶ ἤνεγκαν τὸ ἀργύριον
19 ἐν ταῖς χερσὶν αὐτῶν. ¹⁹ καὶ ἐκοίμισεν αὐτὸν ἀνὰ μέσον τῶν γο-
νάτων αὐτῆς· καὶ ἐκάλεσεν τὸν κουρέα, καὶ ἐξύρησεν τοὺς ἑπτὰ
βοστρύχους τῆς κεφαλῆς αὐτοῦ· καὶ ἤρξατο ταπεινοῦσθαι, καὶ

14 εξηγερθη] εξ > Α⁺ ‖ 15 ουκ 1⁰ > Α⁺ | τουτο] + το Α⁺ ‖ 18 και
εκαλεσεν > Α⁺ | καρδιαν] κακιαν Α⁺

ἐξυπνίσθη ἐκ τοῦ ὕπνου αὐτοῦ καὶ ἐξῆρεν τὸν πάσσαλον τοῦ ὑφά- Β
15 σματος ἐκ τοῦ τοίχου. ¹⁵ καὶ εἶπεν Δαλιδα πρὸς Σαμψων Πῶς λέγεις
Ἠγάπηκά σε, καὶ οὐκ ἔστιν ἡ καρδία σου μετ᾽ ἐμοῦ; τοῦτο τρίτον
ἐπλάνησάς με καὶ οὐκ ἀπήγγειλάς μοι ἐν τίνι ἡ ἰσχύς σου ἡ μεγάλη.
16 ¹⁶ καὶ ἐγένετο ὅτε ἐξέθλιψεν αὐτὸν ἐν λόγοις αὐτῆς πάσας τὰς
ἡμέρας καὶ ἐστενοχώρησεν αὐτόν, καὶ ὠλιγοψύχησεν ἕως τοῦ ἀπο-
17 θανεῖν· ¹⁷ καὶ ἀνήγγειλεν αὐτῇ τὴν πᾶσαν καρδίαν αὐτοῦ καὶ εἶ-
πεν αὐτῇ Σίδηρος οὐκ ἀνέβη ἐπὶ τὴν κεφαλήν μου, ὅτι ἅγιος
θεοῦ ἐγώ εἰμι ἀπὸ κοιλίας μητρός μου· ἐὰν οὖν ξυρήσωμαι,
ἀποστήσεται ἀπ᾽ ἐμοῦ ἡ ἰσχύς μου, καὶ ἀσθενήσω καὶ ἔσομαι ὡς
18 πάντες οἱ ἄνθρωποι. ¹⁸ καὶ εἶδεν Δαλιδα ὅτι ἀπήγγειλεν αὐτῇ
πᾶσαν τὴν καρδίαν αὐτοῦ, καὶ ἀπέστειλεν καὶ ἐκάλεσεν τοὺς
ἄρχοντας τῶν ἀλλοφύλων λέγουσα Ἀνάβητε ἔτι τὸ ἅπαξ τοῦτο,
ὅτι ἀπήγγειλέν μοι τὴν πᾶσαν καρδίαν αὐτοῦ· καὶ ἀνέβησαν
πρὸς αὐτὴν οἱ ἄρχοντες τῶν ἀλλοφύλων καὶ ἀνήνεγκαν τὸ ἀρ-
19 γύριον ἐν χερσὶν αὐτῶν. ¹⁹ καὶ ἐκοίμισεν Δαλιδα τὸν Σαμψων
ἐπὶ τὰ γόνατα αὐτῆς· καὶ ἐκάλεσεν ἄνδρα, καὶ ἐξύρησεν τὰς ἑπτὰ
σειρὰς τῆς κεφαλῆς αὐτοῦ· καὶ ἤρξατο ταπεινῶσαι αὐτόν, καὶ

A ἀπέστη ἡ ἰσχὺς αὐτοῦ ἀπ' αὐτοῦ. ²⁰καὶ εἶπεν αὐτῷ Δαλιλα Οἱ 20
ἀλλόφυλοι ἐπὶ σέ, Σαμψων. καὶ ἐξηγέρθη ἐκ τοῦ ὕπνου αὐτοῦ καὶ
εἶπεν Ἐξελεύσομαι καὶ ποιήσω καθὼς ἀεὶ καὶ ἀποτινάξομαι · καὶ
αὐτὸς οὐκ ἔγνω ὅτι κύριος ἀπέστη ἀπ' αὐτοῦ. ²¹καὶ ἐπελάβοντο 21
αὐτοῦ οἱ ἀλλόφυλοι καὶ ἐξώρυξαν τοὺς ὀφθαλμοὺς αὐτοῦ · καὶ
κατήγαγον αὐτὸν εἰς Γάζαν καὶ ἔδησαν αὐτὸν ἐν πέδαις χαλκαῖς,
καὶ ἦν ἀλήθων ἐν οἴκῳ τῆς φυλακῆς.
²²Καὶ ἤρξατο ἡ θρὶξ τῆς κεφαλῆς αὐτοῦ ἀνατεῖλαι, ἡνίκα ἐξυ- 22
ρήθη. ²³καὶ οἱ σατράπαι τῶν ἀλλοφύλων συνήχθησαν τοῦ θῦσαι 23
θυσίαν μεγάλην Δαγων τῷ θεῷ αὐτῶν καὶ τοῦ εὐφρανθῆναι καὶ
εἶπαν Παρέδωκεν ὁ θεὸς ἡμῶν ἐν χειρὶ ἡμῶν Σαμψων τὸν ἐχθρὸν
ἡμῶν. ²⁴καὶ εἶδεν αὐτὸν ὁ λαὸς καὶ ᾔνεσαν τοὺς θεοὺς αὐτῶν καὶ 24
εἶπαν Παρέδωκεν ὁ θεὸς ἡμῶν τὸν ἐχθρὸν ἡμῶν ἐν χειρὶ ἡμῶν
καὶ τὸν ἐξερημοῦντα τὴν γῆν ἡμῶν, ὅστις ἐπλήθυνεν τοὺς τραυ-
ματίας ἡμῶν. ²⁵καὶ ἐγένετο ὅτε ἠγαθύνθη ἡ καρδία αὐτῶν, καὶ εἶ- 25
παν Καλέσατε τὸν Σαμψων ἐξ οἴκου φυλακῆς, καὶ παιξάτω ἐνώ-
πιον ἡμῶν. καὶ ἐκάλεσαν τὸν Σαμψων ἐξ οἴκου τῆς φυλακῆς καὶ
ἐνέπαιζον αὐτῷ καὶ ἔστησαν αὐτὸν ἀνὰ μέσον τῶν δύο στύλων.
²⁶καὶ εἶπεν Σαμψων πρὸς τὸ παιδάριον τὸν χειραγωγοῦντα αὐτόν 26

B ἀπέστη ἡ ἰσχὺς αὐτοῦ ἀπ' αὐτοῦ. ²⁰καὶ εἶπεν Δαλιδα Ἀλλόφυλοι 20
ἐπὶ σέ, Σαμψων. καὶ ἐξυπνίσθη ἐκ τοῦ ὕπνου αὐτοῦ καὶ εἶπεν
Ἐξελεύσομαι ὡς ἅπαξ καὶ ἅπαξ καὶ ἐκτιναχθήσομαι · καὶ αὐτὸς
οὐκ ἔγνω ὅτι ἀπέστη ὁ κύριος ἀπάνωθεν αὐτοῦ. ²¹καὶ ἐκράτησαν 21
αὐτὸν οἱ ἀλλόφυλοι καὶ ἐξέκοψαν τοὺς ὀφθαλμοὺς αὐτοῦ · καὶ
κατήνεγκαν αὐτὸν εἰς Γάζαν καὶ ἐπέδησαν αὐτὸν ἐν πέδαις χαλ-
κείαις, καὶ ἦν ἀλήθων ἐν οἴκῳ τοῦ δεσμωτηρίου.
²²Καὶ ἤρξατο θρὶξ τῆς κεφαλῆς αὐτοῦ βλαστάνειν, καθὼς ἐξυ- 22
ρήσατο. ²³καὶ οἱ ἄρχοντες τῶν ἀλλοφύλων συνήχθησαν θῦσαι 23
θυσίασμα μέγα τῷ Δαγων θεῷ αὐτῶν καὶ εὐφρανθῆναι καὶ εἶπαν
Ἔδωκεν ὁ θεὸς ἐν χειρὶ ἡμῶν τὸν Σαμψων τὸν ἐχθρὸν ἡμῶν.
²⁴καὶ εἶδαν αὐτὸν ὁ λαὸς καὶ ὕμνησαν τὸν θεὸν αὐτῶν ὅτι Παρ- 24
έδωκεν ὁ θεὸς ἡμῶν τὸν ἐχθρὸν ἡμῶν ἐν χειρὶ ἡμῶν τὸν ἐρη-
μοῦντα τὴν γῆν ἡμῶν καὶ ὃς ἐπλήθυνεν τοὺς τραυματίας ἡμῶν.
²⁵καὶ ὅτε ἠγαθύνθη ἡ καρδία αὐτῶν, καὶ εἶπαν Καλέσατε τὸν 25
Σαμψων ἐξ οἴκου φυλακῆς, καὶ παιξάτω ἐνώπιον ἡμῶν. καὶ ἐκά-
λεσαν τὸν Σαμψων ἀπὸ οἴκου δεσμωτηρίου, καὶ ἔπαιζεν ἐνώπιον αὐ-
τῶν, καὶ ἐρράπιζον αὐτὸν καὶ ἔστησαν αὐτὸν ἀνὰ μέσον τῶν κιόνων.
²⁶καὶ εἶπεν Σαμψων προς τὸν νεανίαν τὸν κρατοῦντα τὴν χεῖρα αὐτοῦ 26

23 θυσαι] θυσιασαι Bᶜ

Ἐπανάπαυσόν με δὴ καὶ ποίησον ψηλαφῆσαί με ἐπὶ τοὺς στύλους, Α
ἐφ᾽ ὧν ὁ οἶκος ἐπεστήρικται ἐπ᾽ αὐτῶν, καὶ ἐπιστηρίσομαι ἐπ᾽ αὐ-
27 τούς· ὁ δὲ παῖς ἐποίησεν οὕτως. ²⁷ ὁ δὲ οἶκος ἦν πλήρης ἀνδρῶν καὶ
γυναικῶν, καὶ ἐκεῖ πάντες οἱ σατράπαι τῶν ἀλλοφύλων, καὶ ἐπὶ
τοῦ δώματος ὡσεὶ τρισχίλιοι ἄνδρες καὶ γυναῖκες ἐμβλέποντες
28 ἐμπαιζόμενον τὸν Σαμψων. ²⁸ καὶ ἐβόησεν Σαμψων πρὸς κύριον
καὶ εἶπεν Κύριε κύριε, μνήσθητί μου καὶ ἐνίσχυσόν με δὴ πλὴν
ἔτι τὸ ἅπαξ τοῦτο, καὶ ἐκδικήσω ἐκδίκησιν μίαν ἀντὶ τῶν δύο
29 ὀφθαλμῶν μου ἐκ τῶν ἀλλοφύλων. ²⁹ καὶ περιέλαβεν Σαμψων τοὺς
δύο στύλους τοὺς μέσους, ἐφ᾽ ὧν ὁ οἶκος ἐπεστήρικτο ἐπ᾽ αὐτῶν,
καὶ ἐπεστηρίσατο ἐπ᾽ αὐτοῖς, ἕνα ἐν τῇ δεξιᾷ αὐτοῦ καὶ ἕνα ἐν
30 τῇ ἀριστερᾷ αὐτοῦ. ³⁰ καὶ εἶπεν Σαμψων Ἀποθανέτω ἡ ψυχή μου
μετὰ τῶν ἀλλοφύλων · καὶ ἔκλινεν ἐν ἰσχύι, καὶ ἔπεσεν ὁ οἶκος
ἐπὶ τοὺς σατραπας καὶ ἐπὶ πάντα τὸν λαὸν τὸν ἐν αὐτῷ · καὶ
ἐγένοντο οἱ τεθνηκότες, οὓς ἐθανάτωσεν Σαμψων ἐν τῷ θανάτῳ
31 αὐτοῦ, πλείους ὑπὲρ οὓς ἐθανάτωσεν ἐν τῇ ζωῇ αὐτοῦ. ³¹ καὶ κατέ-
βησαν οἱ ἀδελφοὶ αὐτοῦ καὶ πᾶς ὁ οἶκος τοῦ πατρὸς αὐτοῦ καὶ
ἔλαβον αὐτὸν καὶ ἀνέβησαν καὶ ἔθαψαν αὐτὸν ἀνὰ μέσον Σαραα
καὶ ἀνὰ μέσον Εσθαολ ἐν τῷ τάφῳ Μανωε τοῦ πατρὸς αὐτοῦ.
καὶ αὐτὸς ἔκρινεν τὸν Ισραηλ εἴκοσι ἔτη.

26 επεστηρικται *OL*] -κτο Α | επιστηρισομαι *OL*] -σον με Α

Ἄφες με καὶ ψηλαφήσω τοὺς κίονας, ἐφ᾽ οἷς ὁ οἶκος στήκει ἐπ᾽ Β
27 αὐτούς, καὶ ἐπιστηριχθήσομαι ἐπ᾽ αὐτούς. ²⁷ καὶ ὁ οἶκος πλήρης
τῶν ἀνδρῶν καὶ τῶν γυναικῶν, καὶ ἐκεῖ πάντες οἱ ἄρχοντες τῶν
ἀλλοφύλων, καὶ ἐπὶ τὸ δῶμα ὡς ἑπτακόσιοι ἄνδρες καὶ γυναῖκες οἱ
28 θεωροῦντες ἐν παιγνίαις Σαμψων. ²⁸ καὶ ἔκλαυσεν Σαμψων πρὸς
κύριον καὶ εἶπεν Αδωναιε κύριε, μνήσθητι δή μου νῦν καὶ ἐνίσχυσόν
με ἔτι τὸ ἅπαξ τοῦτο, θεέ, καὶ ἀνταποδώσω ἀνταπόδοσιν μίαν περὶ
29 τῶν δύο ὀφθαλμῶν μου τοῖς ἀλλοφύλοις. ²⁹ καὶ περιέλαβεν Σαμψων
τοὺς δύο κίονας τοῦ οἴκου, ἐφ᾽ οὓς ὁ οἶκος εἱστήκει, καὶ ἐπεστη-
ρίχθη ἐπ᾽ αὐτοὺς καὶ ἐκράτησεν ἕνα τῇ δεξιᾷ αὐτοῦ καὶ ἕνα τῇ
30 ἀριστερᾷ αὐτοῦ. ³⁰ καὶ εἶπεν Σαμψων Ἀποθανέτω ψυχή μου μετὰ
ἀλλοφύλων · καὶ ἐβάσταξεν ἐν ἰσχύι, καὶ ἔπεσεν ὁ οἶκος ἐπὶ τοὺς
ἄρχοντας καὶ ἐπὶ πάντα τὸν λαὸν τὸν ἐν αὐτῷ · καὶ ἦσαν οἱ τε-
θνηκότες, οὓς ἐθανάτωσεν Σαμψων ἐν τῷ θανάτῳ αὐτοῦ, πλείους
31 ἢ οὓς ἐθανάτωσεν ἐν τῇ ζωῇ αὐτοῦ. ³¹ καὶ κατέβησαν οἱ ἀδελφοὶ
αὐτοῦ καὶ ὁ οἶκος τοῦ πατρὸς αὐτοῦ καὶ ἔλαβον αὐτὸν καὶ ἀνέ-
βησαν καὶ ἔθαψαν αὐτὸν ἀνὰ μέσον Σαραα καὶ ἀνὰ μέσον Εσθαολ
ἐν τῷ τάφῳ Μανωε τοῦ πατρὸς αὐτοῦ. καὶ αὐτὸς ἔκρινεν τὸν
Ισραηλ εἴκοσι ἔτη.

A ¹Καὶ ἐγένετο ἀνὴρ ἐξ ὄρους Εφραιμ, καὶ ὄνομα αὐτῷ Μιχα. 17
²καὶ εἶπεν τῇ μητρὶ αὐτοῦ Χιλίους καὶ ἑκατὸν ἀργυρίου τοὺς λημ- 2
φθέντας σοι καὶ ἐξώρκισας καὶ εἶπας ἐν τοῖς ὠσίν μου, ἰδοὺ τὸ
ἀργύριον παρ᾽ ἐμοί, ἐγὼ ἔλαβον αὐτό. καὶ εἶπεν ἡ μήτηρ αὐτοῦ
Εὐλογημένος ὁ υἱός μου τῷ κυρίῳ. ³καὶ ἀπέδωκεν τοὺς χιλίους 3
καὶ ἑκατὸν τοῦ ἀργυρίου τῇ μητρὶ αὐτοῦ, καὶ εἶπεν ἡ μήτηρ αὐ-
τοῦ Ἁγιασμῷ ἡγίασα τὸ ἀργύριον τῷ κυρίῳ ἐκ τῆς χειρός μου
κατὰ μόνας τοῦ ποιῆσαι γλυπτὸν καὶ χωνευτόν, καὶ νῦν ἐπιστρέψω
αὐτά σοι καὶ ἀποδώσω σοι αὐτό. ⁴καὶ ἀπέδωκεν τὸ ἀργύριον τῇ 4
μητρὶ αὐτοῦ · καὶ ἔλαβεν ἡ μήτηρ αὐτοῦ διακοσίους τοῦ ἀργυρίου
καὶ ἔδωκεν αὐτὸ τῷ χωνευτῇ, καὶ ἐποίησεν αὐτὸ γλυπτὸν καὶ χω-
νευτόν, καὶ ἐγένετο ἐν τῷ οἴκῳ Μιχα. ⁵καὶ ὁ ἀνὴρ Μιχα, αὐτῷ 5
οἶκος θεοῦ · καὶ ἐποίησεν εφουδ καὶ θεραφιν καὶ ἐνέπλησεν τὴν
χεῖρα ἑνὸς τῶν υἱῶν αὐτοῦ, καὶ ἐγενήθη αὐτῷ εἰς ἱερέα. — ⁶ἐν 6
ταῖς ἡμέραις ἐκείναις οὐκ ἦν βασιλεὺς ἐν Ισραηλ · ἀνὴρ τὸ ἀγαθὸν
ἐν ὀφθαλμοῖς αὐτοῦ ἐποίει.
⁷Καὶ ἐγένετο παιδάριον ἐκ Βηθλεεμ δήμου Ιουδα ἐκ τῆς συγγε- 7
νείας Ιουδα, καὶ αὐτὸς Λευίτης, καὶ αὐτὸς παρῴκει ἐκεῖ. ⁸καὶ ἐπο- 8
ρεύθη ὁ ἀνὴρ ἐκ τῆς πόλεως Ιουδα ἐκ Βηθλεεμ παροικεῖν οὗ ἐὰν

17 1 εγενετο] -νηθη A† ‖ 3 και χωνευτ)ν > A† ‖ 5 θεραπειν A† | αυ-
τω ult. > A† ‖ 6 αγαθον A†] αρεστον J† ‖ 8 εκ 2⁰ > A

B ¹Καὶ ἐγένετο ἀνὴρ ἀπὸ ὄρους Εφραιμ, καὶ ὄνομα αὐτῷ Μιχαιας. 17
²καὶ εἶπεν τῇ μητρὶ αὐτοῦ Οἱ χίλιοι καὶ ἑκατόν, οὓς ἔλαβες ἀργυ- 2
ρίου σεαυτῇ καί με ἠράσω καὶ προσεῖπας ἐν ὠσί μου, ἰδοὺ τὸ
ἀργύριον παρ᾽ ἐμοί, ἐγὼ ἔλαβον αὐτό. καὶ εἶπεν ἡ μήτηρ αὐτοῦ
Εὐλογητὸς ὁ υἱός μου τῷ κυρίῳ. ³καὶ ἀπέδωκεν τοὺς χιλίους καὶ 3
ἑκατὸν τοῦ ἀργυρίου τῇ μητρὶ αὐτοῦ · καὶ εἶπεν ἡ μήτηρ αὐτοῦ
Ἁγιάζουσα ἡγίακα τὸ ἀργύριον τῷ κυρίῳ ἐκ χειρός μου τῷ υἱῷ
μου τοῦ ποιῆσαι γλυπτὸν καὶ χωνευτόν, καὶ νῦν ἀποδώσω σοι
αὐτό. ⁴καὶ ἀπέδωκεν τὸ ἀργύριον τῇ μητρὶ αὐτοῦ · καὶ ἔλαβεν ἡ 4
μήτηρ αὐτοῦ διακοσίους ἀργυρίου καὶ ἔδωκεν αὐτὸ ἀργυροκόπῳ,
καὶ ἐποίησεν αὐτὸ γλυπτὸν καὶ χωνευτόν · καὶ ἐγενήθη ἐν οἴκῳ
Μιχαια. ⁵καὶ ὁ οἶκος Μιχαια, αὐτῷ οἶκος θεοῦ · καὶ ἐποίησεν εφωδ 5
καὶ θαραφιν καὶ ἐπλήρωσεν τὴν χεῖρα ἀπὸ ἑνὸς υἱῶν αὐτοῦ, καὶ
ἐγένετο αὐτῷ εἰς ἱερέα. — ⁶ἐν δὲ ταῖς ἡμέραις ἐκείναις οὐκ ἦν 6
βασιλεὺς ἐν Ισραηλ · ἀνὴρ τὸ εὐθὲς ἐν ὀφθαλμοῖς αὐτοῦ ἐποίει.
⁷Καὶ ἐγενήθη νεανίας ἐκ Βηθλεεμ δήμου Ιουδα, καὶ αὐ- 7
τὸς Λευίτης, καὶ οὗτος παρῴκει ἐκεῖ. ⁸καὶ ἐπορεύθη ὁ 8
ἀνὴρ ἀπὸ Βηθλεεμ τῆς πόλεως Ιουδα παροικῆσαι ἐν ᾧ ἐὰν

εὕρῃ, καὶ ἐγενήθη εἰς ὄρος Εφραιμ ἕως οἴκου Μιχα τοῦ ποιῆσαι Α
9 τὴν ὁδὸν αὐτοῦ. ⁹καὶ εἶπεν αὐτῷ Μιχα Πόθεν ἔρχῃ; καὶ εἶπεν
πρὸς αὐτόν Λευίτης ἐγώ εἰμ᾽ ἐκ Βηθλεεμ Ιουδα, καὶ ἐγὼ πορεύο-
10 μαι παροικεῖν οὗ ἐὰν εὕρω. ¹⁰καὶ εἶπεν αὐτῷ Μιχα Κάθου μετ᾽
ἐμοῦ καὶ γενοῦ μοι εἰς πατέρα καὶ εἰς ἱερέα, καὶ ἐγὼ δώσω σοι
δέκα ἀργυρίου εἰς ἡμέρας καὶ ζεῦγος ἱματίων καὶ τὰ πρὸς τὸ ζῆν
11 σου. καὶ ἐπορεύθη ὁ Λευίτης ¹¹καὶ ἤρξατο παροικεῖν παρὰ τῷ ἀν-
12 δρί, καὶ ἐγενήθη αὐτῷ τὸ παιδάριον ὡς εἷς τῶν υἱῶν αὐτοῦ. ¹²καὶ
ἐνέπλησεν Μιχα τὴν χεῖρα τοῦ Λευίτου, καὶ ἐγενήθη αὐτῷ τὸ παιδά-
13 ριον εἰς ἱερέα καὶ ἦν ἐν τῷ οἴκῳ Μιχα. ¹³καὶ εἶπεν Μιχα Νῦν ἔγνων
ὅτι ἠγαθοποίησέν με κύριος, ὅτι ἐγενήθη μοι ὁ Λευίτης εἰς ἱερέα.
18 ¹Ἐν ταῖς ἡμέραις ἐκείναις οὐκ ἦν βασιλεὺς ἐν Ισραηλ. καὶ ἐν
ταῖς ἡμέραις ἐκείναις ἐζήτει ἡ φυλὴ τοῦ Δαν ἑαυτῇ κληρονομίαν
τοῦ κατοικεῖν, ὅτι οὐκ ἔπεσεν αὐτῇ ἕως τῶν ἡμερῶν ἐκείνων ἐν
2 μέσῳ φυλῶν Ισραηλ κληρονομία. ²καὶ ἐξαπέστειλαν οἱ υἱοὶ Δαν
ἐκ τῶν συγγενειῶν αὐτῶν πέντε ἄνδρας ἀπὸ μέρους αὐτῶν υἱοὺς
δυνάμεως ἐκ Σαραα καὶ Εσθαολ τοῦ κατασκέψασθαι τὴν γῆν καὶ
ἐξιχνιάσαι αὐτὴν καὶ εἶπαν πρὸς αὐτούς Πορεύεσθε καὶ ἐξεραυνήσατε

8 εγενηθη Α†] εγενετο L† ‖ 9 βηθλεεμ OL] βεθ- Α†: pro βαιθ-, cf. Ruth
1 1 | ιουδα] pr. δημου ιουδα εκ της συγγενειας Α†: ex 7 ‖ 10 τα > Α†
18 1 επεσεν OL†] pr. εν Α ‖ 2 εκ σαραα] εξ αραα Α L͞p†

εὕρῃ τόπῳ, καὶ ἦλθεν ἕως ὄρους Εφραιμ καὶ ἕως οἴκου Μιχαια τοῦ Β
9 ποιῆσαι ὁδὸν αὐτοῦ. ⁹καὶ εἶπεν αὐτῷ Μιχαιας Πόθεν ἔρχῃ; καὶ εἶπεν
πρὸς αὐτόν Λευίτης εἰμὶ ἀπὸ Βαιθλεεμ Ιουδα, καὶ ἐγὼ πορεύομαι
10 παροικῆσαι ἐν ᾧ ἐὰν εὕρω τόπῳ. ¹⁰καὶ εἶπεν αὐτῷ Μιχαιας Κάθου
μετ᾽ ἐμοῦ καὶ γίνου μοι εἰς πατέρα καὶ εἰς ἱερέα, καὶ ἐγὼ δώσω σοι
δέκα ἀργυρίου εἰς ἡμέραν καὶ στολὴν ἱματίων καὶ τὰ πρὸς ζωήν
11 σου. καὶ ἐπορεύθη ὁ Λευίτης ¹¹καὶ ἤρξατο παροικεῖν παρὰ τῷ ἀνδρί,
12 καὶ ἐγενήθη ὁ νεανίας παρ᾽ αὐτῷ ὡς εἷς ἀπὸ υἱῶν αὐτοῦ. ¹²καὶ
ἐπλήρωσεν Μιχαιας τὴν χεῖρα τοῦ Λευίτου, καὶ ἐγένετο αὐτῷ εἰς
13 ἱερέα καὶ ἐγένετο ἐν οἴκῳ Μιχαια. ¹³καὶ εἶπεν Μιχαιας Νῦν ἔγνων
ὅτι ἀγαθυνεῖ κύριος ἐμοί, ὅτι ἐγένετό μοι ὁ Λευίτης εἰς ἱερέα.
18 ¹Ἐν ταῖς ἡμέραις ἐκείναις οὐκ ἦν βασιλεὺς ἐν Ισραηλ. καὶ
ἐν ταῖς ἡμέραις ἐκείναις ἡ φυλὴ Δαν ἐζήτει αὐτῇ κληρονομίαν
κατοικῆσαι, ὅτι οὐκ ἐνέπεσεν αὐτῇ ἕως τῆς ἡμέρας ἐκείνης ἐν
2 μέσῳ φυλῶν Ισραηλ κληρονομία. ²καὶ ἀπέστειλαν οἱ υἱοὶ Δαν
ἀπὸ δήμων αὐτῶν πέντε ἄνδρας υἱοὺς δυνάμεως ἀπὸ Σα-
ραα καὶ ἀπὸ Εσθαολ τοῦ κατασκέψασθαι τὴν γῆν καὶ ἐξι-
χνιάσαι αὐτὴν καὶ εἶπαν πρὸς αὐτούς Πορεύεσθε καὶ ἐξιχνιάσατε

A τὴν γῆν. καὶ παρεγένοντο εἰς ὄρος Εφραιμ ἕως οἴκου Μιχα καὶ
κατέπαυσαν ἐκεῖ. ³αὐτῶν ὄντων παρὰ τῷ οἴκῳ Μιχα καὶ αὐτοὶ ἐπέ- 3
γνωσαν τὴν φωνὴν τοῦ παιδαρίου τοῦ νεωτέρου τοῦ Λευίτου καὶ
ἐξέκλιναν ἐκεῖ καὶ εἶπαν αὐτῷ Τίς ἤγαγέν σε ὧδε, καὶ τί ποιεῖς
ἐνταῦθα, καὶ τί σοί ἐστιν ὧδε; ⁴καὶ εἶπεν πρὸς αὐτούς Οὕτως καὶ 4
οὕτως ἐποίησέν μοι Μιχα καὶ ἐμισθώσατό με, καὶ ἐγενήθην αὐτῷ
εἰς ἱερέα. ⁵καὶ εἶπαν αὐτῷ Ἐπερώτησον δὴ ἐν τῷ θεῷ, καὶ γνω- 5
σόμεθα εἰ κατευοδοῖ ἡ ὁδὸς ἡμῶν, ἣν ἡμεῖς πορευόμεθα ἐπ᾽ αὐτήν.
⁶καὶ εἶπεν αὐτοῖς ὁ ἱερεύς Πορεύεσθε εἰς εἰρήνην · ἐνώπιον κυρίου 6
ἡ ὁδὸς ὑμῶν, καθ᾽ ἣν ὑμεῖς πορεύεσθε ἐν αὐτῇ. ⁷καὶ ἐπορεύθησαν 7
οἱ πέντε ἄνδρες καὶ παρεγένοντο εἰς Λαισα · καὶ εἶδον τὸν λαὸν
τὸν κατοικοῦντα ἐν αὐτῇ καθήμενον ἐν ἐλπίδι κατὰ τὴν σύγκρισιν
τῶν Σιδωνίων, ἡσυχάζοντας ἐν ἐλπίδι καὶ μὴ δυναμένους λαλῆσαι
ῥῆμα, ὅτι μακράν εἰσιν ἀπὸ Σιδῶνος, καὶ λόγος οὐκ ἦν αὐτοῖς
μετὰ Συρίας. ⁸καὶ παρεγένοντο οἱ πέντε ἄνδρες πρὸς τοὺς ἀδελ- 8
φοὺς αὐτῶν εἰς Σαραα καὶ Εσθαολ, καὶ ἔλεγον αὐτοῖς οἱ ἀδελφοὶ
αὐτῶν Τί ὑμεῖς κάθησθε; ⁹καὶ εἶπαν Ἀνάστητε καὶ ἀναβῶμεν ἐπ᾽ 9
αὐτούς · ὅτι εἰσήλθαμεν καὶ ἐνεπεριεπατήσαμεν ἐν τῇ γῇ ἕως Λαισα
καὶ εἴδομεν τὸν λαὸν τὸν κατοικοῦντα ἐν αὐτῇ ἐν ἐλπίδι κατὰ τὸ
σύγκριμα τῶν Σιδωνίων, καὶ μακρὰν ἀπέχοντες ἐκ Σιδῶνος, καὶ

5 αυτην O] -της A† ‖ 6 εις] pr. και A† ‖ 7 ρημα L] + εν τη γη A O
(sub ※) ‖ 9 αυτους 1⁰] -την A† | λαισα] σειγησαι A† | το > A†

B τὴν γῆν. καὶ ἦλθον ἕως ὄρους Εφραιμ ἕως οἴκου Μιχαια καὶ ηὐ-
λίσθησαν ἐκεῖ. ³αὐτοὶ ἐν οἴκῳ Μιχαια καὶ αὐτοὶ ἐπέγνωσαν τὴν 3
φωνὴν τοῦ νεανίσκου τοῦ Λευίτου καὶ ἐξέκλιναν ἐκεῖ καὶ εἶπαν
αὐτῷ Τίς ἤνεγκέν σε ὧδε, καὶ τί σὺ ποιεῖς ἐν τῷ τόπῳ τούτῳ,
καὶ τί σοι ὧδε; ⁴καὶ εἶπεν πρὸς αὐτούς Οὕτως καὶ οὕτως ἐποί- 4
ησέν μοι Μιχαιας καὶ ἐμισθώσατό με, καὶ ἐγενόμην αὐτῷ εἰς ἱερέα.
⁵καὶ εἶπαν αὐτῷ Ἐρώτησον δὴ ἐν τῷ θεῷ, καὶ γνωσόμεθα εἰ 5
εὐοδωθήσεται ἡ ὁδὸς ἡμῶν, ἐν ᾗ ἡμεῖς πορευόμεθα ἐν αὐτῇ. ⁶καὶ 6
εἶπεν αὐτοῖς ὁ ἱερεύς Πορεύεσθε ἐν εἰρήνῃ · ἐνώπιον κυρίου
ἡ ὁδὸς ὑμῶν, ἐν ᾗ πορεύεσθε ἐν αὐτῇ. ⁷καὶ ἐπορεύθησαν 7
οἱ πέντε ἄνδρες καὶ ἦλθον εἰς Λαισα · καὶ εἶδαν τὸν λαὸν
τὸν ἐν μέσῳ αὐτῆς καθήμενον ἐπ᾽ ἐλπίδι, ὡς κρίσις Σιδω-
νίων ἡσυχάζουσα, καὶ οὐκ ἔστιν διατρέπων ἢ καταισχύνων
λόγον ἐν τῇ γῇ, κληρονόμος ἐκπιέζων θησαυροῦ, καὶ μακράν
εἰσιν Σιδωνίων καὶ λόγον οὐκ ἔχουσιν πρὸς ἄνθρωπον. ⁸καὶ 8
ἦλθον οἱ πέντε ἄνδρες πρὸς τοὺς ἀδελφοὺς αὐτῶν εἰς Σαραα
καὶ Εσθαολ καὶ εἶπον τοῖς ἀδελφοῖς αὐτῶν Τί ὑμεῖς κάθησθε;
⁹καὶ εἶπαν Ἀνάστητε καὶ ἀναβῶμεν ἐπ᾽ αὐτούς, ὅτι εἴδομεν τὴν γῆν 9

λόγος οὐκ ἦν αὐτοῖς μετὰ Συρίας · ἀλλὰ ἀνάστητε καὶ ἀναβῶμεν Α
ἐπ᾽ αὐτούς, ὅτι εὑρήκαμεν τὴν γῆν καὶ ἰδοὺ ἀγαθὴ σφόδρα. καὶ
ὑμεῖς σιωπᾶτε; μὴ ὀκνήσητε τοῦ πορευθῆναι τοῦ ἐλθεῖν καὶ κατα-
10 κληρονομῆσαι τὴν γῆν. [10]ἡνίκα ἂν εἰσέλθητε, ἥξετε πρὸς λαὸν πε-
ποιθότα, καὶ ἡ γῆ εὐρύχωρος, ὅτι παρέδωκεν αὐτὴν ὁ θεὸς ἐν
χειρὶ ὑμῶν, τόπος, οὗ οὐκ ἔστιν ἐκεῖ ὑστέρημα παντὸς ῥήματος,
ὅσα ἐν τῇ γῇ.
11 [11]Καὶ ἀπῆραν ἐκ συγγενείας τοῦ Δαν ἐκ Σαραα καὶ Εσθαολ
12 ἑξακόσιοι ἄνδρες περιεζωσμένοι σκεύη πολεμικά. [12]καὶ ἀνέβησαν
καὶ παρενεβάλοσαν ἐν Καριαθιαριμ ἐν Ιουδα · διὰ τοῦτο ἐκλήθη
τῷ τόπῳ ἐκείνῳ Παρεμβολὴ Δαν ἕως τῆς ἡμέρας ταύτης, ἰδοὺ
13 κατόπισθεν Καριαθιαριμ. [13]παρῆλθαν ἐκεῖθεν καὶ ἦλθαν ἕως τοῦ
14 ὄρους Εφραιμ καὶ ἦλθον ἕως οἴκου Μιχα. [14]καὶ ἀπεκρίθησαν οἱ
πέντε ἄνδρες οἱ πορευόμενοι κατασκέψασθαι τὴν γῆν καὶ εἶπαν
πρὸς τοὺς ἀδελφοὺς αὐτῶν Εἰ οἴδατε ὅτι ἐν τοῖς οἴκοις τούτοις
εφουδ καὶ θεραφιν καὶ γλυπτὸν καὶ χωνευτόν; καὶ νῦν γνῶτε τί
15 ποιήσετε. [15]καὶ ἐξέκλιναν ἐκεῖ καὶ εἰσήλθοσαν εἰς τὸν οἶκον τοῦ
παιδαρίου τοῦ Λευίτου εἰς τὸν οἶκον Μιχα καὶ ἠσπάσαντο αὐτόν.
16 [16]καὶ οἱ ἑξακόσιοι ἄνδρες περιεζωσμένοι σκεύη πολεμικὰ ἐστηλω-

11 απηραν L†] + εκειθεν ΑΟ(sub ※) ‖ 14 γην L] + λαισα ΑΟ(sub ※) ‖
16 πολεμικα L†] + αυτων ΑΟ(sub ※)

καὶ ἰδοὺ ἀγαθὴ σφόδρα · καὶ ὑμεῖς ἡσυχάζετε; μὴ ὀκνήσητε τοῦ Β
10 πορευθῆναι καὶ εἰσελθεῖν τοῦ κληρονομῆσαι τὴν γῆν. [10]καὶ ἡνίκα
ἂν ἔλθητε, εἰσελεύσεσθε πρὸς λαὸν ἐπ᾽ ἐλπίδι, καὶ ἡ γῆ πλατεῖα,
ὅτι ἔδωκεν αὐτὴν ὁ θεὸς ἐν χειρὶ ὑμῶν, τόπος, ὅπου οὐκ ἔστιν
ἐκεῖ ὑστέρημα παντὸς ῥήματος τῶν ἐν τῇ γῇ.
11 [11]Καὶ ἀπῆραν ἐκεῖθεν ἀπὸ δήμων τοῦ Δαν ἀπὸ Σαραα καὶ ἀπὸ
12 Εσθαολ ἑξακόσιοι ἄνδρες ἐζωσμένοι σκεύη παρατάξεως. [12]καὶ ἀνέ-
βησαν καὶ παρενέβαλον ἐν Καριαθιαριμ ἐν Ιουδα · διὰ τοῦτο ἐκλή-
θη ἐν ἐκείνῳ τῷ τόπῳ Παρεμβολὴ Δαν ἕως τῆς ἡμέρας ταύτης,
13 ἰδοὺ ὀπίσω Καριαθιαριμ. [13]καὶ παρῆλθον ἐκεῖθεν ὄρος Εφραιμ
14 καὶ ἦλθον ἕως οἴκου Μιχαια. [14]καὶ ἀπεκρίθησαν οἱ πέντε ἄνδρες
οἱ πεπορευμένοι κατασκέψασθαι τὴν γῆν Λαισα καὶ εἶπαν πρὸς
τοὺς ἀδελφοὺς αὐτῶν Ἔγνωτε ὅτι ἔστιν ἐν τῷ οἴκῳ τούτῳ εφωδ
καὶ θεραφιν καὶ γλυπτὸν καὶ χωνευτόν; καὶ νῦν γνῶτε ὅ τι ποιήσετε.
15 [15]καὶ ἐξέκλιναν ἐκεῖ καὶ εἰσῆλθον εἰς τὸν οἶκον τοῦ νεανίσκου τοῦ
16 Λευίτου, οἶκον Μιχαια, καὶ ἠρώτησαν αὐτὸν εἰς εἰρήνην. [16]καὶ οἱ ἑξα-
κόσιοι ἄνδρες οἱ ἀνεζωσμένοι τὰ σκεύη τῆς παρατάξεως αὐτῶν ἑστῶ-

15 οικον 2°] pr. εις Bᶜ

A μένοι παρὰ τὴν θύραν τοῦ πυλῶνος, οἱ ἐκ τῶν υἱῶν Δαν. ¹⁷καὶ 17
ἀνέβησαν οἱ πέντε ἄνδρες οἱ πορευόμενοι κατασκέψασθαι τὴν γῆν·
ἐπελθόντες ἐκεῖ ἔλαβον τὸ γλυπτὸν καὶ τὸ εφουδ καὶ τὸ θεραφιν
καὶ τὸ χωνευτόν, καὶ ὁ ἱερεὺς ἐστηλωμένος παρὰ τῇ θύρᾳ τοῦ πυ-
λῶνος καὶ οἱ ἑξακόσιοι ἄνδρες οἱ περιεζωσμένοι σκεύη πολεμικά.
¹⁸καὶ οὗτοι εἰσῆλθον εἰς οἶκον Μιχα καὶ ἔλαβον τὸ γλυπτὸν καὶ 18
τὸ εφουδ καὶ τὸ θεραφιν καὶ τὸ χωνευτόν. καὶ εἶπεν πρὸς αὐτοὺς
ὁ ἱερεύς Τί ὑμεῖς ποιεῖτε; ¹⁹καὶ εἶπαν πρὸς αὐτόν Κώφευσον, 19
ἐπίθες τὴν χεῖρά σου ἐπὶ τὸ στόμα σου καὶ ἐλθὲ μεθ᾽ ἡμῶν, καὶ
ἔσῃ ἡμῖν εἰς πατέρα καὶ εἰς ἱερέα· μὴ βέλτιον εἶναί σε ἱερέα οἴ-
κου ἀνδρὸς ἑνὸς ἢ γίνεσθαί σε ἱερέα φυλῆς καὶ συγγενείας ἐν
Ισραηλ; ²⁰καὶ ἠγαθύνθη ἡ καρδία τοῦ ἱερέως, καὶ ἔλαβεν τὸ εφουδ 20
καὶ τὸ θεραφιν καὶ τὸ γλυπτὸν καὶ τὸ χωνευτὸν καὶ εἰσῆλθεν ἐν
μέσῳ τοῦ λαοῦ. ²¹καὶ ἐπέστρεψαν καὶ ἀπῆλθαν· καὶ ἔταξαν τὴν 21
πανοικίαν καὶ τὴν κτῆσιν αὐτοῦ τὴν ἔνδοξον ἔμπροσθεν αὐτῶν.
²²αὐτῶν δὲ μεμακρυγκότων ἀπὸ τοῦ οἴκου Μιχα καὶ ἰδοὺ Μιχα 22
καὶ οἱ ἄνδρες οἱ σὺν τῷ οἴκῳ μετὰ Μιχα ἔκραζον κατοπίσω υἱῶν
Δαν. ²³καὶ ἐπέστρεψαν οἱ υἱοὶ Δαν τὰ πρόσωπα αὐτῶν καὶ εἶπαν 23
πρὸς Μιχα Τί ἐστίν σοι, ὅτι ἔκραξας; ²⁴καὶ εἶπεν Μιχα Ὅτι τὸ 24

17 οι ult. > A ‖ 21 εταξαν L† (cf. 31)] επαταξαν (sic) O, εθηκαν A ‖
22 ανδρες] + ο λαος A† | οι συν] pr. οι οντες εν τοις οικοις AO(sub ※)† |
υιων > A† ‖ 23 init.] pr. και εβοησαν προς (+ τους A) υιους δαν AO† | τα
προσωπα] κατα προσωπον A | εκραξας O] εβοησας A

B τες παρὰ θύρας τῆς πύλης, οἱ ἐκ τῶν υἱῶν Δαν. ¹⁷καὶ ἀνέβησαν 17
οἱ πέντε ἄνδρες οἱ πορευθέντες κατασκέψασθαι τὴν γῆν ¹⁸καὶ εἰσῆλ- 18
θον ἐκεῖ εἰς οἶκον Μιχαια, καὶ ὁ ἱερεὺς ἐστώς· καὶ ἔλαβον τὸ γλυ-
πτὸν καὶ τὸ εφωδ καὶ τὸ θεραφιν καὶ τὸ χωνευτόν. καὶ εἶπεν πρὸς
αὐτοὺς ὁ ἱερεύς Τί ὑμεῖς ποιεῖτε; ¹⁹καὶ εἶπαν αὐτῷ Κώφευσον, 19
ἐπίθες τὴν χεῖρά σου ἐπὶ τὸ στόμα σου καὶ δεῦρο μεθ᾽ ἡμῶν καὶ
γενοῦ ἡμῖν εἰς πατέρα καὶ εἰς ἱερέα· μὴ ἀγαθὸν εἶναί σε ἱερέα οἴ-
κου ἀνδρὸς ἑνὸς ἢ γενέσθαι σε ἱερέα φυλῆς καὶ οἴκου εἰς δῆμον
Ισραηλ; ²⁰καὶ ἠγαθύνθη ἡ καρδία τοῦ ἱερέως, καὶ ἔλαβεν τὸ εφωδ 20
καὶ τὸ θεραφιν καὶ τὸ γλυπτὸν καὶ τὸ χωνευτὸν καὶ ἦλθεν ἐν μέσῳ
τοῦ λαοῦ. ²¹καὶ ἐπέστρεψαν καὶ ἀπῆλθαν· καὶ ἔθηκαν τὰ τέκνα καὶ 21
τὴν κτῆσιν καὶ τὸ βάρος ἔμπροσθεν αὐτῶν. ²²αὐτοὶ ἐμάκρυναν ἀπὸ 22
οἴκου Μιχαια καὶ ἰδοὺ Μιχαιας καὶ οἱ ἄνδρες οἱ ἐν ταῖς οἰκίαις
ταῖς μετὰ οἴκου Μιχα.α ἐβόησαν καὶ κατελάβοντο τοὺς υἱοὺς
Δαν. ²³καὶ ἐπέστρεψαν τὸ πρόσωπον αὐτῶν υἱοὶ Δαν καὶ εἶπαν 23
τῷ Μιχαια Τί ἐστίν σοι, ὅτι ἐβόησας; ²⁴καὶ εἶπεν Μιχαιας Ὅτι τὸ 24

γλυπτόν μου, ὃ ἐποίησα ἐμαυτῷ, ἐλάβετε καὶ τὸν ἱερέα καὶ ἀπήλ- Α
θατε · καὶ τί ἐμοὶ ἔτι ; καὶ τί τοῦτο λέγετέ μοι Τί τοῦτο κράζεις ;
25 ²⁵ καὶ εἶπον πρὸς αὐτὸν οἱ υἱοὶ Δαν Μὴ ἀκουσθήτω δὴ ἡ φωνή
σου μεθ' ἡμῶν, μήποτε ἀπαντήσωσιν ὑμῖν ἄνδρες κατώδυνοι ψυχῇ,
καὶ προσθήσεις τὴν ψυχήν σου καὶ τὴν ψυχὴν τοῦ οἴκου σου.
26 ²⁶ καὶ ἐπορεύθησαν οἱ υἱοὶ Δαν εἰς τὴν ὁδὸν αὐτῶν · καὶ εἶδεν
Μιχα ὅτι ἰσχυρότεροί εἰσιν αὐτοῦ, καὶ ἐξένευσεν καὶ ἀνέστρεψεν
εἰς τὸν οἶκον αὐτοῦ.
27 ²⁷ Καὶ αὐτοὶ ἔλαβον ὅσα ἐποίησεν Μιχα, καὶ τὸν ἱερέα, ὃς ἦν
αὐτῷ, καὶ ἦλθον ἕως Λαισα ἐπὶ λαὸν ἡσυχάζοντα καὶ πεποιθότα
καὶ ἐπάταξαν αὐτοὺς ἐν στόματι ῥομφαίας καὶ τὴν πόλιν ἐνέπρη-
28 σαν · ²⁸ καὶ οὐκ ἔστιν ἐξαιρούμενος, ὅτι μακράν ἐστιν ἀπὸ Σιδω-
νίων, καὶ λόγος οὐκ ἔστιν αὐτοῖς μετὰ ἀνθρώπων, καὶ αὐτὴ ἐν
κοιλάδι, ἥ ἐστιν τοῦ οἴκου Ρωβ. καὶ ᾠκοδόμησαν τὴν πόλιν καὶ
29 κατῴκησαν ἐν αὐτῇ ²⁹ καὶ ἐκάλεσαν τὸ ὄνομα τῆς πόλεως Δαν
κατὰ τὸ ὄνομα τοῦ πατρὸς αὐτῶν, ὃς ἐγενήθη τῷ Ισραηλ · καὶ ἦν
30 Λαις ὄνομα τῇ πόλει τὸ πρότερον. ³⁰ καὶ ἀνέστησαν ἑαυτοῖς οἱ
υἱοὶ τοῦ Δαν τὸ γλυπτὸν Μιχα · καὶ Ιωναθαν υἱὸς Γηρσωμ υἱοῦ
Μωυσῆ, αὐτὸς καὶ οἱ υἱοὶ αὐτοῦ ἦσαν ἱερεῖς τῇ φυλῇ Δαν ἕως

24 εμαυτω Ο] > Α | τι 2⁰ > Α⁺ ‖ 25 υμιν Ορ] ημ. Α, σοι uel σε Lρ⁺ |
κατωδυνοι Ο] πικροι Α, + και πικροι L⁺ ‖ 28 ρωββ Ορ] τωβ Α⁺ ‖ 29 λαις
mu.] αλεις Α⁺ ‖ 30 μωυση rau.] μωση L⁺, μαν(ν)ασση Α

γλυπτόν μου, ὃ ἐποίησα, ἐλάβετε καὶ τὸν ἱερέα καὶ ἐπορεύθητε · Β
25 καὶ τί ἐμοὶ ἔτι ; καὶ τί τοῦτο λέγετε πρός με Τί κράζεις ; ²⁵ καὶ
εἶπον πρὸς αὐτὸν οἱ υἱοὶ Δαν Μὴ ἀκουσθήτω δὴ φωνή σου μεθ'
ἡμῶν, μήποτε συναντήσωσιν ἐν ἡμῖν ἄνδρες πικροὶ ψυχῇ καὶ
26 προσθήσουσιν ψυχὴν καὶ τὴν ψυχὴν τοῦ οἴκου σου. ²⁶ καὶ ἐπο-
ρεύθησαν οἱ υἱοὶ Δαν εἰς ὁδὸν αὐτῶν · καὶ εἶδεν Μιχαιας ὅτι
δυνατώτεροί εἰσιν ὑπὲρ αὐτόν, καὶ ἐπέστρεψεν εἰς τὸν οἶκον αὐτοῦ.
27 ²⁷ Καὶ οἱ υἱοὶ Δαν ἔλαβον ὃ ἐποίησεν Μιχαιας, καὶ τὸν ἱερέα, ὃς
ἦν αὐτῷ, καὶ ἦλθον ἐπὶ Λαισα ἐπὶ λαὸν ἡσυχάζοντα καὶ πεποιθότα
ἐπ' ἐλπίδι καὶ ἐπάταξαν αὐτοὺς ἐν στόματι ῥομφαίας καὶ τὴν πόλιν
28 ἐνέπρησαν ἐν πυρί · ²⁸ καὶ οὐκ ἦν ὁ ῥυόμενος, ὅτι μακράν ἐστιν ἀπὸ
Σιδωνίων, καὶ λόγος οὐκ ἔστιν αὐτοῖς μετὰ ἀνθρώπου, καὶ αὐτὴ ἐν
τῇ κοιλάδι τοῦ οἴκου Ρααβ. καὶ ᾠκοδόμησαν τὴν πόλιν καὶ
29 κατεσκήνωσαν ἐν αὐτῇ ²⁹ καὶ ἐκάλεσαν τὸ ὄνομα τῆς πόλεως Δαν
ἐν ὀνόματι Δαν πατρὸς αὐτῶν, ὃς ἐτέχθη τῷ Ισραηλ · καὶ
30 Ουλαμαις τὸ ὄνομα τῆς πόλεως τὸ πρότερον. ³⁰ καὶ ἔστησαν ἑαυ-
τοῖς οἱ υἱοὶ Δαν τὸ γλυπτόν · καὶ Ιωναθαμ υἱὸς Γηρσομ υἱὸς
Μανασση, αὐτὸς καὶ οἱ υἱοὶ αὐτοῦ ἦσαν ἱερεῖς τῇ φυλῇ Δαν ἕως

A τῆς ἡμέρας τῆς μετοικεσίας τῆς γῆς. ³¹καὶ ἔταξαν ἑαυτοῖς τὸ 31
γλυπτὸν Μιχα, ὃ ἐποίησεν, πάσας τὰς ἡμέρας, ὅσας ἦν ὁ οἶκος
τοῦ θεοῦ ἐν Σηλω.
¹Καὶ ἐγένετο ἐν ταῖς ἡμέραις ἐκείναις καὶ βασιλεὺς οὐκ ἦν ἐν 19
Ισραηλ. καὶ ἐγένετο ἀνὴρ Λευίτης παροικῶν ἐν μηροῖς ὄρους Ε-
φραιμ, καὶ ἔλαβεν ὁ ἀνὴρ ἑαυτῷ γυναῖκα παλλακὴν ἐκ Βηθλεεμ
Ιουδα. ²καὶ ὠργίσθη αὐτῷ ἡ παλλακὴ αὐτοῦ καὶ ἀπῆλθεν ἀπ᾽ αὐ- 2
τοῦ εἰς τὸν οἶκον τοῦ πατρὸς αὐτῆς εἰς Βηθλεεμ Ιουδα καὶ ἐγέ-
νετο ἐκεῖ ἡμέρας τετράμηνον. ³καὶ ἀνέστη ὁ ἀνὴρ αὐτῆς καὶ ἐπο- 3
ρεύθη κατόπισθεν αὐτῆς τοῦ λαλῆσαι ἐπὶ τὴν καρδίαν αὐτῆς τοῦ
διαλλάξαι αὐτὴν ἑαυτῷ καὶ ἀπαγαγεῖν αὐτὴν πάλιν πρὸς αὐτόν,
καὶ τὸ παιδάριον αὐτοῦ μετ᾽ αὐτοῦ καὶ ζεῦγος ὑποζυγίων· καὶ
ἐπορεύθη ἕως οἴκου τοῦ πατρὸς αὐτῆς, καὶ εἶδεν αὐτὸν ὁ πατὴρ
τῆς νεάνιδος καὶ παρῆν εἰς ἀπάντησιν αὐτοῦ. ⁴καὶ εἰσήγαγεν αὐ- 4
τὸν ὁ γαμβρὸς αὐτοῦ ὁ πατὴρ τῆς νεάνιδος καὶ ἐκάθισεν μετ᾽ αὐ-
τοῦ ἡμέρας τρεῖς, καὶ ἔφαγον καὶ ἔπιον καὶ ὕπνωσαν ἐκεῖ. ⁵καὶ 5
ἐγενήθη τῇ ἡμέρᾳ τῇ τετάρτῃ καὶ ὤρθρισαν τὸ πρωί, καὶ ἀνέστη
τοῦ ἀπελθεῖν· καὶ εἶπεν ὁ πατὴρ τῆς νεάνιδος πρὸς τὸν γαμβρὸν
αὐτοῦ Στήρισον τὴν καρδίαν σου κλάσματι ἄρτου, καὶ μετὰ τοῦτο

30 τῆς 1⁰ ∩ 2⁰ A⁺ | τῆς γῆς] του δαν A⁺ ‖ 31 εαυτοις O] αυτ. A
19 1 παροικων] + εν ιερουδιθ L⁺: cf. 18 ‖ 3 του 2⁰ > A⁺ ‖ 5 εγενηθη
OL] -νετο A

B ἡμέρας ἀποικίας τῆς γῆς. ³¹καὶ ἔθηκαν αὐτοῖς τὸ γλυπτόν, ὃ 31
ἐποίησεν Μιχαιας, πάσας τὰς ἡμέρας, ἃς ἦν ὁ οἶκος τοῦ θεοῦ
ἐν Σηλωμ.
¹Καὶ ἐγένετο ἐν ταῖς ἡμέραις ἐκείναις καὶ οὐκ ἦν βασιλεὺς ἐν 19
Ισραηλ. καὶ ἐγένετο ἀνὴρ Λευίτης παροικῶν ἐν μηροῖς ὄρους Ε-
φραιμ καὶ ἔλαβεν αὐτῷ γυναῖκα παλλακὴν ἀπὸ Βηθλεεμ Ιουδα.
²καὶ ἐπορεύθη ἀπ᾽ αὐτοῦ ἡ παλλακὴ αὐτοῦ καὶ ἀπῆλθεν παρ᾽ αὐ- 2
τοῦ εἰς οἶκον πατρὸς αὐτῆς εἰς Βηθλεεμ Ιουδα καὶ ἦν ἐκεῖ ἡμέρας
τεσσάρων μηνῶν. ³καὶ ἀνέστη ὁ ἀνὴρ αὐτῆς καὶ ἐπορεύθη ὀπίσω 3
αὐτῆς τοῦ λαλῆσαι ἐπὶ καρδίαν αὐτῆς τοῦ ἐπιστρέψαι αὐτὴν
αὐτῷ, καὶ νεανίας αὐτοῦ μετ᾽ αὐτοῦ καὶ ζεῦγος ὄνων· καὶ ἥδε
εἰσήνεγκεν αὐτὸν εἰς οἶκον πατρὸς αὐτῆς, καὶ εἶδεν αὐτὸν ὁ πα-
τὴρ τῆς νεάνιδος καὶ ηὐφράνθη εἰς συνάντησιν αὐτοῦ. ⁴καὶ κατ- 4
έσχεν αὐτὸν ὁ γαμβρὸς αὐτοῦ ὁ πατὴρ τῆς νεάνιδος καὶ ἐκάθισεν
μετ᾽ αὐτοῦ ἐπὶ τρεῖς ἡμέρας, καὶ ἔφαγον καὶ ἔπιον καὶ ηὐλίσθησαν
ἐκεῖ. ⁵καὶ ἐγένετο τῇ ἡμέρᾳ τῇ τετάρτῃ καὶ ὤρθρισαν τὸ πρωί, καὶ 5
ἀνέστη τοῦ πορευθῆναι· καὶ εἶπεν ὁ πατὴρ τῆς νεάνιδος πρὸς τὸν νυμ-
φίον αὐτοῦ Στήρισόν σου τὴν καρδίαν ψωμῷ ἄρτου, καὶ μετὰ τοῦτο

6 πορεύεσθε. ⁶καὶ ἐκάθισαν καὶ ἔφαγον ἀμφότεροι ἐπὶ τὸ αὐτὸ καὶ Α
ἔπιον · καὶ εἶπεν ὁ πατὴρ τῆς νεάνιδος πρὸς τὸν ἄνδρα Ἀρξάμε-
7 νος αὐλίσθητι, καὶ ἀγαθυνθήτω ἡ καρδία σου. ⁷καὶ ἀνέστη ὁ ἀνὴρ
ἀπελθεῖν · καὶ ἐβιάσατο αὐτὸν ὁ γαμβρὸς αὐτοῦ, καὶ πάλιν ηὐλί-
8 σθη ἐκεῖ. ⁸καὶ ὤρθρισεν τὸ πρωὶ τῇ ἡμέρᾳ τῇ πέμπτῃ τοῦ ἀπελ-
θεῖν · καὶ εἶπεν ὁ πατὴρ τῆς νεάνιδος Στήρισον τὴν καρδίαν σου
ἄρτῳ καὶ στρατεύθητι, ἕως κλίνῃ ἡ ἡμέρα · καὶ ἔφαγον καὶ ἔπιον
9 ἀμφότεροι. ⁹καὶ ἀνέστη ὁ ἀνὴρ τοῦ ἀπελθεῖν, αὐτὸς καὶ ἡ παλλακὴ
αὐτοῦ καὶ τὸ παιδάριον αὐτοῦ · καὶ εἶπεν αὐτῷ ὁ γαμβρὸς αὐτοῦ
ὁ πατὴρ τῆς νεάνιδος Ἰδοὺ δὴ εἰς ἑσπέραν κέκλικεν ἡ ἡμέρα ·
κατάλυσον ὧδε ἔτι σήμερον, καὶ ἀγαθυνθήτω ἡ καρδία σου, καὶ
ὀρθριεῖτε αὔριον εἰς τὴν ὁδὸν ὑμῶν, καὶ ἀπελεύσῃ εἰς τὸ σκήνωμά
10 σου. ¹⁰καὶ οὐκ ἠθέλησεν ὁ ἀνὴρ αὐλισθῆναι καὶ ἀνέστη καὶ ἀπῆλ-
θεν, καὶ παρεγένοντο ἕως κατέναντι Ιεβους (αὕτη ἐστὶν Ιερουσα-
λημ), καὶ μετ᾽ αὐτοῦ ζεῦγος ὑποζυγίων ἐπισεσαγμένων, καὶ ἡ παλλα-
11 κὴ αὐτοῦ μετ᾽ αὐτοῦ. ¹¹ἔτι αὐτῶν ὄντων κατὰ Ιεβους καὶ ἡ ἡμέρα
κεκλικυῖα σφόδρα · καὶ εἶπεν τὸ παιδάριον πρὸς τὸν κύριον αὐτοῦ
Δεῦρο δὴ καὶ ἐκκλίνωμεν εἰς τὴν πόλιν τοῦ Ιεβουσαίου ταύτην
12 καὶ αὐλισθῶμεν ἐν αὐτῇ. ¹²καὶ εἶπεν ὁ κύριος αὐτοῦ πρὸς αὐτόν

6 αμφ. / επι το αυτο] tr. Α† ‖ 9 σημερον] + και μεινατε ωδε Α Ο(sub ※)†

---

6 πορεύσεσθε. ⁶καὶ ἐκάθισεν, καὶ ἔφαγον οἱ δύο ἐπὶ τὸ αὐτὸ καὶ Β
ἔπιον · καὶ εἶπεν ὁ πατὴρ τῆς νεάνιδος πρὸς τὸν ἄνδρα Ἄγε δὴ
7 αὐλίσθητι, καὶ ἀγαθυνθήσεται ἡ καρδία σου. ⁷καὶ ἀνέστη ὁ ἀνὴρ
τοῦ πορεύεσθαι · καὶ ἐβιάσατο αὐτὸν ὁ γαμβρὸς αὐτοῦ, καὶ ἐκάθ-
8 ισεν καὶ ηὐλίσθη ἐκεῖ. ⁸καὶ ὤρθρισεν τὸ πρωὶ τῇ ἡμέρᾳ τῇ πέμ-
πτῃ τοῦ πορευθῆναι · καὶ εἶπεν ὁ πατὴρ τῆς νεάνιδος Στήρισον
δὴ τὴν καρδίαν σου καὶ στράτευσον ἕως κλῖναι τὴν ἡμέραν · καὶ
9 ἔφαγον οἱ δύο. ⁹καὶ ἀνέστη ὁ ἀνὴρ τοῦ πορευθῆναι, αὐτὸς καὶ ἡ
παλλακὴ αὐτοῦ καὶ ὁ νεανίας αὐτοῦ · καὶ εἶπεν αὐτῷ ὁ γαμβρὸς
αὐτοῦ ὁ πατὴρ τῆς νεάνιδος Ἰδοὺ δὴ ἠσθένησεν ἡ ἡμέρα εἰς τὴν
ἑσπέραν · αὐλίσθητι ὧδε, καὶ ἀγαθυνθήσεται ἡ καρδία σου, καὶ
ὀρθριεῖτε αὔριον εἰς ὁδὸν ὑμῶν, καὶ πορεύσῃ εἰς τὸ σκήνωμά
10 σου. ¹⁰καὶ οὐκ εὐδόκησεν ὁ ἀνὴρ αὐλισθῆναι καὶ ἀνέστη καὶ ἀπῆλ-
θεν καὶ ἦλθεν ἕως ἀπέναντι Ιεβους (αὕτη ἐστὶν Ιερουσαλημ),
καὶ μετ᾽ αὐτοῦ ζεῦγος ὄνων ἐπισεσαγμένων, καὶ ἡ παλλακὴ
11 αὐτοῦ μετ᾽ αὐτοῦ. ¹¹καὶ ἤλθοσαν ἕως Ιεβους, καὶ ἡ ἡμέρα
προβεβήκει σφόδρα · καὶ εἶπεν ὁ νεανίας πρὸς τὸν κύριον αὐτοῦ
Δεῦρο δὴ καὶ ἐκκλίνωμεν εἰς πόλιν τοῦ Ιεβουσι ταύτην καὶ
12 αὐλισθῶμεν ἐν αὐτῇ. ¹²καὶ εἶπεν πρὸς αὐτὸν ὁ κύριος αὐτοῦ

11 ιεβουσι] -σειν Β†

A Οὐ μὴ ἐκκλίνω εἰς πόλιν ἀλλοτρίου, ἢ οὐκ ἔστιν ἐκ τῶν υἱῶν
Ισραηλ, καὶ παρελευσόμεθα ἕως Γαβαα. ¹³καὶ εἶπεν τῷ παιδαρίῳ 13
αὐτοῦ Δεῦρο καὶ εἰσέλθωμεν εἰς ἕνα τῶν τόπων καὶ αὐλισθῶμεν
ἐν Γαβαα ἢ ἐν Ραμα. ¹⁴καὶ παρῆλθον καὶ ἀπῆλθον · ἔδυ γὰρ ὁ 14
ἥλιος ἐχόμε⟨ν⟩α τῆς Γαβαα, ἥ ἐστιν τοῦ Βενιαμιν. ¹⁵καὶ ἐξέκλιναν 15
ἐκεῖ τοῦ εἰσελθεῖν καταλῦσαι ἐν Γαβαα · καὶ εἰσῆλθον καὶ ἐκάθισαν
ἐν τῇ πλατείᾳ τῆς πόλεως, καὶ οὐκ ἔστιν ἀνὴρ ὁ συνάγων αὐτοὺς
εἰς τὸν οἶκον καταλῦσαι. ¹⁶καὶ ἰδοὺ ἀνὴρ πρεσβύτης εἰσῆλθεν ἀπὸ 16
τῶν ἔργων αὐτοῦ ἐκ τοῦ ἀγροῦ ἑσπέρας · καὶ ὁ ἀνὴρ ἐξ ὄρους
Εφραιμ, καὶ αὐτὸς παρῴκει ἐν Γαβαα, καὶ οἱ ἄνδρες τοῦ τόπου
υἱοὶ Βενιαμιν. ¹⁷καὶ ἀναβλέψας τοῖς ὀφθαλμοῖς εἶδεν τὸν ἄνδρα 17
τὸν ὁδοιπόρον ἐν τῇ πλατείᾳ τῆς πόλεως · καὶ εἶπεν ὁ ἀνὴρ ὁ
πρεσβύτης Ποῦ πορεύῃ καὶ πόθεν ἔρχῃ; ¹⁸καὶ εἶπεν πρὸς αὐτόν 18
Διαβαίνομεν ἡμεῖς ἐκ Βηθλεεμ τῆς Ιουδα ἕως μηρῶν ὄρους τοῦ
Εφραιμ · ἐγὼ δὲ ἐκεῖθέν εἰμι καὶ ἐπορεύθην ἕως Βηθλεεμ Ιουδα,
καὶ εἰς τὸν οἶκόν μου ἐγὼ ἀποτρέχω, καὶ οὐκ ἔστιν ἀνὴρ συνάγων
με εἰς τὴν οἰκίαν · ¹⁹καί γε ἄχυρα καὶ χορτάσματα ὑπάρχει τοῖς 19
ὄνοις ἡμῶν, καί γε ἄρτος καὶ οἶνος ὑπάρχει μοι καὶ τῇ δούλῃ σου

13 εισελθωμεν O†] εισ > A†: cf. 22. 29 | η εν ραμα > A† ‖ 14 απηλθον]
+ εν γαβαα A† | εδυ γαρ OL†] και εδυ A ‖ 18 διαβαιν. — ιουδα 1°] εκ βηθ-
λεεμ της ιουδα διαβαινομεν ημεις εως ιεριδε)θ L†: cf. 1 | ορους] pr. εως A†

B Οὐκ ἐκκλινοῦμεν εἰς πόλιν ἀλλοτρίαν, ἐν ᾗ οὐκ ἔστιν ἀπὸ υἱῶν
Ισραηλ ὧδε, καὶ παρελευσόμεθα ἕως Γαβαα. ¹³καὶ εἶπεν τῷ νεανίᾳ 13
αὐτοῦ Δεῦρο καὶ ἐγγίσωμεν ἑνὶ τῶν τόπων καὶ αὐλισθησόμεθα
ἐν Γαβαα ἢ ἐν Ραμα. ¹⁴καὶ παρῆλθον καὶ ἐπορεύθησαν, καὶ ἔδυ ὁ 14
ἥλιος αὐτοῖς ἐχόμενα τῆς Γαβαα, ἥ ἐστιν τῷ Βενιαμιν. ¹⁵καὶ ἐξέ- 15
κλιναν ἐκεῖ τοῦ εἰσελθεῖν αὐλισθῆναι ἐν Γαβαα · καὶ εἰσῆλθον καὶ
ἐκάθισαν ἐν τῇ πλατείᾳ τῆς πόλεως, καὶ οὐκ ἦν ἀνὴρ συνάγων
αὐτοὺς εἰς οἰκίαν αὐλισθῆναι. ¹⁶καὶ ἰδοὺ ἀνὴρ πρεσβύτης ἤρχετο 16
ἐξ ἔργων αὐτοῦ ἐξ ἀγροῦ ἐν ἑσπέρᾳ · καὶ ὁ ἀνὴρ ἦν ἐξ ὄρους
Εφραιμ, καὶ αὐτὸς παρῴκει ἐν Γαβαα, καὶ οἱ ἄνδρες τοῦ τόπου
υἱοὶ Βενιαμιν. ¹⁷καὶ ἦρεν τοὺς ὀφθαλμοὺς αὐτοῦ καὶ εἶδεν τὸν 17
ὁδοιπόρον ἄνδρα ἐν τῇ πλατείᾳ τῆς πόλεως · καὶ εἶπεν ὁ ἀνὴρ
ὁ πρεσβύτης Ποῦ πορεύῃ καὶ πόθεν ἔρχῃ; ¹⁸καὶ εἶπεν πρὸς αὐ- 18
τόν Παραπορευόμεθα ἡμεῖς ἀπὸ Βηθλεεμ Ιουδα ἕως μηρῶν ὄρους
Εφραιμ · ἐκεῖθεν ἐγώ εἰμι καὶ ἐπορεύθην ἕως Βηθλεεμ Ιουδα,
καὶ εἰς τὸν οἶκόν μου ἐγὼ πορεύομαι, καὶ οὐκ ἔστιν ἀνὴρ συνά-
γων με εἰς τὴν οἰκίαν · ¹⁹καί γε ἄχυρα καὶ χορτάσματά ἐστιν 19
τοῖς ὄνοις ἡμῶν, καὶ ἄρτοι καὶ οἶνός ἐστιν ἐμοὶ καὶ τῇ παιδίσκῃ

καὶ τῷ παιδαρίῳ τοῖς δούλοις σου, οὐκ ἔστιν ὑστέρημα παντὸς Α
20 πράγματος. ²⁰καὶ εἶπεν ὁ ἀνὴρ ὁ πρεσβύτης Εἰρήνη σοι, πλὴν
πᾶν τὸ ὑστέρημά σου ἐπ᾽ ἐμέ · πλὴν ἐν τῇ πλατείᾳ μὴ καταλύσῃς.
21 ²¹καὶ εἰσήγαγεν αὐτὸν εἰς τὴν οἰκίαν αὐτοῦ καὶ παρέβαλεν τοῖς
ὑποζυγίοις αὐτοῦ, καὶ ἐνίψαντο τοὺς πόδας αὐτῶν καὶ ἔφαγον καὶ
22 ἔπιον. ²²αὐτῶν δὲ ἀγαθυνθέντων τῇ καρδίᾳ αὐτῶν καὶ ἰδοὺ οἱ
ἄνδρες τῆς πόλεως υἱοὶ παρανόμων περιεκύκλωσαν τὴν οἰκίαν καὶ
ἔκρουσαν τὴν θύραν καὶ εἶπαν πρὸς τὸν ἄνδρα τὸν κύριον τῆς
οἰκίας τὸν πρεσβύτην λέγοντες Ἐξάγαγε τὸν ἄνδρα τὸν εἰσελθόντα
23 εἰς τὴν οἰκίαν σου, ἵνα γνῶμεν αὐτόν. ²³καὶ ἐξῆλθεν πρὸς αὐτοὺς
ὁ ἀνὴρ ὁ κύριος τῆς οἰκίας καὶ εἶπεν πρὸς αὐτούς Μηδαμῶς,
ἀδελφοί, μὴ πονηρεύσησθε δή · μετὰ τὸ εἰσεληλυθέναι τὸν ἄνδρα
τοῦτον εἰς τὴν οἰκίαν μου μὴ ποιήσητε τὴν ἀφροσύνην ταύτην ·
24 ²⁴ἰδοὺ ἡ θυγάτηρ μου ἡ παρθένος καὶ ἡ παλλακὴ αὐτοῦ, ἐξάξω
δὴ αὐτάς, καὶ ταπεινώσατε αὐτὰς καὶ ποιήσατε αὐταῖς τὸ ἀγαθὸν
ἐν ὀφθαλμοῖς ὑμῶν · καὶ τῷ ἀνδρὶ τούτῳ μὴ ποιήσητε τὸ ῥῆμα
25 τῆς ἀφροσύνης ταύτης. ²⁵καὶ οὐκ ἠθέλησαν οἱ ἄνδρες ἀκοῦσαι
αὐτοῦ. καὶ ἐπελάβετο ὁ ἀνὴρ τῆς παλλακῆς αὐτοῦ καὶ ἐξήγαγεν
αὐτὴν πρὸς αὐτοὺς ἔξω, καὶ ἔγνωσαν αὐτὴν καὶ ἐνέπαιξαν αὐτῇ

21 παρεβαλεν *OL*] παρενεβ. Α | ενιψεν Α† ‖ 22 εισελθοντα] εισ > Α†:
cf. 13

καὶ τῷ νεανίσκῳ μετὰ τῶν παιδίων σου, οὐκ ἔστιν ὑστέρημα παν- Β
20 τὸς πράγματος. ²⁰καὶ εἶπεν ὁ ἀνὴρ ὁ πρεσβύτης Εἰρήνη σοι, πλὴν
πᾶν ὑστέρημά σου ἐπ᾽ ἐμέ · πλὴν ἐν τῇ πλατείᾳ οὐ μὴ αὐλισθήσῃ.
21 ²¹καὶ εἰσήνεγκεν αὐτὸν εἰς τὸν οἶκον αὐτοῦ καὶ τόπον ἐποίησεν
τοῖς ὄνοις, καὶ αὐτοὶ ἐνίψαντο τοὺς πόδας αὐτῶν καὶ ἔφαγον καὶ
22 ἔπιον. ²²αὐτοὶ δ᾽ ἀγαθύνοντες καρδίαν αὐτῶν καὶ ἰδοὺ ἄνδρες
τῆς πόλεως υἱοὶ παρανόμων ἐκύκλωσαν τὴν οἰκίαν κρού-
οντες ἐπὶ τὴν θύραν καὶ εἶπον πρὸς τὸν ἄνδρα τὸν κύριον τοῦ
οἴκου τὸν πρεσβύτην λέγοντες Ἐξένεγκε τὸν ἄνδρα, ὃς εἰσῆλθεν
23 εἰς τὴν οἰκίαν σου, ἵνα γνῶμεν αὐτόν. ²³καὶ ἐξῆλθεν πρὸς
αὐτοὺς ὁ ἀνὴρ ὁ κύριος τοῦ οἴκου καὶ εἶπεν Μή, ἀδελφοί,
μὴ κακοποιήσητε δή · μετὰ τὸ εἰσελθεῖν τὸν ἄνδρα τοῦτον
24 εἰς τὴν οἰκίαν μου μὴ ποιήσητε τὴν ἀφροσύνην ταύτην · ²⁴ἰδὲ
ἡ θυγάτηρ μου ἡ παρθένος καὶ ἡ παλλακὴ αὐτοῦ, ἐξάξω αὐτάς,
καὶ ταπεινώσατε αὐτὰς καὶ ποιήσατε αὐταῖς τὸ ἀγαθὸν ἐν ὀφθαλ-
μοῖς ὑμῶν · καὶ τῷ ἀνδρὶ τούτῳ οὐ ποιήσετε τὸ ῥῆμα τῆς ἀφρο-
25 σύνης ταύτης. ²⁵καὶ οὐκ εὐδόκησαν οἱ ἄνδρες τοῦ εἰσακοῦσαι
αὐτοῦ. καὶ ἐπελάβετο ὁ ἀνὴρ τῆς παλλακῆς αὐτοῦ καὶ ἐξήγαγεν
αὐτὴν πρὸς αὐτοὺς ἔξω, καὶ ἔγνωσαν αὐτὴν καὶ ἐνέπαιζον ἐν αὐτῇ

A ὅλην τὴν νύκτα ἕως τὸ πρωί · καὶ ἐξαπέστειλαν αὐτὴν ἅμα τῷ ἀνα-
βαίνειν τὸν ὄρθρον. ²⁶καὶ ἦλθεν ἡ γυνὴ τὸ πρὸς πρωὶ καὶ ἔπεσεν 26
παρὰ τὴν θύραν τοῦ πυλῶνος τοῦ οἴκου τοῦ ἀνδρός, οὗ ἦν ὁ κύ-
ριος αὐτῆς ἐκεῖ, ἕως οὗ διέφαυσεν. ²⁷καὶ ἀνέστη ὁ κύριος αὐτῆς 27
τὸ πρωὶ καὶ ἤνοιξεν τὰς θύρας τοῦ οἴκου καὶ ἐξῆλθεν τοῦ ἀπελ-
θεῖν τὴν ὁδὸν αὐτοῦ, καὶ ἰδοὺ ἡ γυνὴ ἡ παλλακὴ αὐτοῦ πεπτωκυῖα
παρὰ τὴν θύραν, καὶ αἱ χεῖρες αὐτῆς ἐπὶ τὸ πρόθυρον. ²⁸καὶ εἶπεν 28
πρὸς αὐτήν Ἀνάστηθι καὶ ἀπέλθωμεν · καὶ οὐκ ἀπεκρίθη αὐτῷ,
ἀλλὰ τεθνήκει. καὶ ἀνέλαβεν αὐτὴν ἐπὶ τὸ ὑποζύγιον καὶ ἀνέστη
ὁ ἀνὴρ καὶ ἀπῆλθεν εἰς τὸν τόπον αὐτοῦ. ²⁹καὶ εἰσῆλθεν εἰς τὸν 29
οἶκον αὐτοῦ καὶ ἔλαβεν τὴν μάχαιραν καὶ ἐπελάβετο τῆς παλλακῆς
αὐτοῦ καὶ ἐμέλισεν αὐτὴν κατὰ τὰ ὀστᾶ αὐτῆς εἰς δώδεκα μερίδας
καὶ ἐξαπέστειλεν αὐτὰς εἰς πάσας τὰς φυλὰς Ισραηλ. ³⁰καὶ ἐγένετο 30
πᾶς ὁ ὁρῶν ἔλεγεν Οὔτε ἐγενήθη οὔτε ὤφθη οὕτως ἀπὸ τῆς ἡμέ-
ρας ἀναβάσεως υἱῶν Ισραηλ ἐξ Αἰγύπτου ἕως τῆς ἡμέρας ταύτης.
καὶ ἐνετείλατο τοῖς ἀνδράσιν, οἷς ἐξαπέστειλεν, λέγων Τάδε ἐρεῖτε
πρὸς πάντα ἄνδρα Ισραηλ Εἰ γέγονεν κατὰ τὸ ῥῆμα τοῦτο ἀπὸ
τῆς ἡμέρας ἀναβάσεως υἱῶν Ισραηλ ἐξ Αἰγύπτου ἕως τῆς ἡμέρας
ταύτης; θέσθε δὴ ἑαυτοῖς βουλὴν περὶ αὐτῆς καὶ λαλήσατε.
¹ Καὶ ἐξῆλθον πάντες οἱ υἱοὶ Ισραηλ, καὶ ἐξεκκλησιάσθη πᾶσα ἡ 20

25 το OLᵖ] > A ‖ 26 προς > AV*† ‖ 27 η παλλ. / αυτου] tr. A† ‖
29 εισηλθεν] εισ > A†: cf. 13 | ισραηλ] pr. του A†

B ὅλην τὴν νύκτα ἕως πρωί · καὶ ἐξαπέστειλαν αὐτήν, ὡς ἀνέβη τὸ
πρωί. ²⁶καὶ ἦλθεν ἡ γυνὴ πρὸς τὸν ὄρθρον καὶ ἔπεσεν παρὰ τὴν 26
θύραν τοῦ οἴκου, οὗ ἦν αὐτῆς ἐκεῖ ὁ ἀνήρ, ἕως τοῦ διαφῶσαι.
²⁷καὶ ἀνέστη ὁ ἀνὴρ αὐτῆς τὸ πρωὶ καὶ ἤνοιξεν τὰς θύρας τοῦ 27
οἴκου καὶ ἐξῆλθεν τοῦ πορευθῆναι τὴν ὁδὸν αὐτοῦ, καὶ ἰδοὺ ἡ
γυνὴ ἡ παλλακὴ αὐτοῦ πεπτωκυῖα παρὰ τὰς θύρας τοῦ οἴκου, καὶ
αἱ χεῖρες αὐτῆς ἐπὶ τὸ πρόθυρον. ²⁸καὶ εἶπεν πρὸς αὐτήν Ἀνάστα 28
καὶ ἀπέλθωμεν · καὶ οὐκ ἀπεκρίθη, ὅτι ἦν νεκρά. καὶ ἔλαβεν αὐτὴν
ἐπὶ τὸν ὄνον καὶ ἐπορεύθη εἰς τὸν τόπον αὐτοῦ. ²⁹καὶ ἔλαβεν 29
τὴν ῥομφαίαν καὶ ἐκράτησεν τὴν παλλακὴν αὐτοῦ καὶ ἐμέλισεν αὐ-
τὴν εἰς δώδεκα μέλη καὶ ἀπέστειλεν αὐτὰ ἐν παντὶ ὁρίῳ Ισραηλ.
³⁰καὶ ἐγένετο πᾶς ὁ βλέπων ἔλεγεν Οὐκ ἐγένετο καὶ οὐχ ἑόραται 30
ὡς αὕτη ἀπὸ ἡμέρας ἀναβάσεως υἱῶν Ισραηλ ἐκ γῆς Αἰγύπτου
καὶ ἕως τῆς ἡμέρας ταύτης · θέσθε ὑμῖν αὐτοὶ ἐπ᾽ αὐτὴν βουλὴν
καὶ λαλήσατε.
¹ Καὶ ἐξῆλθον πάντες οἱ υἱοὶ Ισραηλ, καὶ ἐξεκκλησιάσθη ἡ 20

26 διαφωσαι B*† (cf. Regn. I 14 36 II 2 32)] -φαυσαι Bᶜ

συναγωγὴ ὡς ἀνὴρ εἷς ἀπὸ Δαν καὶ ἕως Βηρσαβεε καὶ γῆ Γαλααδ Α
2 πρὸς κύριον εἰς Μασσηφα. ²καὶ ἔστη τὸ κλίμα παντὸς τοῦ λαοῦ,
πᾶσαι αἱ φυλαὶ Ισραηλ, ἐν τῇ ἐκκλησίᾳ τοῦ λαοῦ τοῦ θεοῦ, τετρα-
3 κόσιαι χιλιάδες ἀνδρῶν πεζῶν σπωμένων ῥομφαίαν. ³καὶ ἤκουσαν
οἱ υἱοὶ Βενιαμιν ὅτι ἀνέβησαν οἱ υἱοὶ Ισραηλ πρὸς κύριον εἰς
Μασσηφα. καὶ εἶπαν οἱ υἱοὶ Ισραηλ Λαλήσατε ποῦ ἐγένετο ἡ κα-
4 κία αὕτη. ⁴καὶ ἀπεκρίθη ὁ ἀνὴρ ὁ Λευίτης ὁ ἀνὴρ τῆς γυναικὸς
τῆς πεφονευμένης καὶ εἶπεν Εἰς Γαβαα τῆς Βενιαμιν ἦλθον ἐγὼ
5 καὶ ἡ παλλακή μου καταλῦσαι. ⁵καὶ ἀνέστησαν ἐπ᾽ ἐμὲ οἱ ἄνδρες
οἱ παρὰ τῆς Γαβαα καὶ περιεκύκλωσαν ἐπ᾽ ἐμὲ τὴν οἰκίαν νυκτὸς
καὶ ἐμὲ ἠθέλησαν ἀποκτεῖναι καὶ τὴν παλλακήν μου ἐταπείνωσαν
6 καὶ ἐνέπαιξαν αὐτῇ καὶ ἀπέθανεν. ⁶καὶ ἐπελαβόμην τῆς παλλακῆς
μου καὶ ἐμέλισα αὐτὴν καὶ ἐξαπέστειλα ἐν παντὶ ὁρίῳ κληρονομίας
7 Ισραηλ, ὅτι ἐποίησαν ἀφροσύνην ἐν τῷ Ισραηλ. ⁷ἰδοὺ πάντες
8 ὑμεῖς, οἱ υἱοὶ Ισραηλ, δότε ἑαυτοῖς λόγον καὶ βουλήν. ⁸καὶ ἀνέστη
πᾶς ὁ λαὸς ὡς ἀνὴρ εἷς λέγων Οὐκ εἰσελευσόμεθα ἀνὴρ εἰς τὸ
σκήνωμα αὐτοῦ καὶ οὐκ ἐκκλινοῦμεν ἀνὴρ εἰς τὸν οἶκον αὐτοῦ.
9 ⁹καὶ νῦν τοῦτο τὸ ῥῆμα, ὃ ποιήσομεν τῇ Γαβαα · ἀναβησόμεθα
10 ἐπ᾽ αὐτὴν ἐν κλήρῳ ¹⁰καὶ λημψόμεθα δέκα ἄνδρας τοῖς ἑκατὸν καὶ

2 πασαι] pr. και Α†   ‖   4 παλλακη] γυνη Α   ‖   7 υμεις > Α† | εαυτοις] ε
> Α | fin. L] + ωδε Α O(sub ※)†   ‖   10 εκατον 1⁰ Mj + ταις πασαις φυλαις
ισραηλ Α O(sub ※)⁽†⁾

συναγωγὴ ὡς ἀνὴρ εἷς ἀπὸ Δαν καὶ ἕως Βηρσαβεε καὶ γῆ τοῦ Γαλααδ Β
2 πρὸς κύριον εἰς Μασσηφα. ²καὶ ἐστάθησαν κατὰ πρόσωπον κυρίου
πᾶσαι αἱ φυλαὶ τοῦ Ισραηλ ἐν ἐκκλησίᾳ τοῦ λαοῦ τοῦ θεοῦ, τετρα-
3 κόσιαι χιλιάδες ἀνδρῶν πεζῶν, ἕλκοντες ῥομφαίαν. ³καὶ ἤκουσαν
οἱ υἱοὶ Βενιαμιν ὅτι ἀνέβησαν οἱ υἱοὶ Ισραηλ εἰς Μασσηφα. καὶ
ἐλθόντες εἶπαν οἱ υἱοὶ Ισραηλ Λαλήσατε ποῦ ἐγένετο ἡ πονηρία
4 αὕτη. ⁴καὶ ἀπεκρίθη ὁ ἀνὴρ ὁ Λευίτης ὁ ἀνὴρ τῆς γυναικὸς τῆς
φονευθείσης καὶ εἶπεν Εἰς Γαβαα τῆς Βενιαμιν ἦλθον ἐγὼ καὶ ἡ
5 παλλακή μου τοῦ αὐλισθῆναι. ⁵καὶ ἀνέστησαν ἐπ᾽ ἐμὲ οἱ ἄνδρες
τῆς Γαβαα καὶ ἐκύκλωσαν ἐπ᾽ ἐμὲ ἐπὶ τὴν οἰκίαν νυκτός · ἐμὲ ἠθέ-
λησαν φονεῦσαι καὶ τὴν παλλακήν μου ἐταπείνωσαν καὶ ἀπέθανεν.
6 ⁶καὶ ἐκράτησα τὴν παλλακήν μου καὶ ἐμέλισα αὐτὴν καὶ ἀπέστειλα
ἐν παντὶ ὁρίῳ κληρονομίας υἱῶν Ισραηλ, ὅτι ἐποίησαν ζεμα καὶ
7 ἀπόπτωμα ἐν Ισραηλ. ⁷ἰδοὺ πάντες ὑμεῖς, υἱοὶ Ισραηλ, δότε ἑαυ-
8 τοῖς λόγον καὶ βουλὴν ἐκεῖ. ⁸καὶ ἀνέστη πᾶς ὁ λαὸς ὡς ἀνὴρ εἷς
λέγοντες Οὐκ ἀπελευσόμεθα ἀνὴρ εἰς σκήνωμα αὐτοῦ καὶ οὐκ ἐπι-
9 στρέψομεν ἀνὴρ εἰς οἶκον αὐτοῦ. ⁹καὶ νῦν τοῦτο τὸ ῥῆμα, ὃ
10 ποιηθήσεται τῇ Γαβαα · ἀναβησόμεθα ἐπ᾽ αὐτὴν ἐν κλήρῳ, ¹⁰πλὴν
λημψόμεθα δέκα ἄνδρας τοῖς ἑκατὸν εἰς πάσας φυλὰς Ισραηλ καὶ

A ἑκατὸν τοῖς χιλίοις καὶ χιλίους τοῖς μυρίοις λαβεῖν ἐπισιτισμὸν
τῷ λαῷ τοῖς εἰσπορευομένοις ἐπιτελέσαι τῇ Γαβαα τοῦ Βενιαμιν
κατὰ πᾶσαν τὴν ἀφροσύνην, ἣν ἐποίησαν ἐν Ισραηλ. ¹¹καὶ συν- 11
ήχθη πᾶς ἀνὴρ Ισραηλ ἐκ τῶν πόλεων ὡς ἀνὴρ εἷς ἐρχόμενοι.
¹²Καὶ ἐξαπέστειλαν αἱ φυλαὶ Ισραηλ ἄνδρας ἐν πάσῃ φυλῇ Βενια- 12
μιν λέγοντες Τίς ἡ κακία αὕτη ἡ γενομένη ἐν ὑμῖν; ¹³καὶ νῦν 13
δότε τοὺς ἄνδρας τοὺς ἀσεβεῖς τοὺς ἐν Γαβαα τοὺς υἱοὺς Βελιαλ,
καὶ θανατώσομεν αὐτοὺς καὶ ἐξαροῦμεν κακίαν ἐξ Ισραηλ. καὶ οὐκ
ἠθέλησαν οἱ υἱοὶ Βενιαμιν εἰσακοῦσαι τῆς φωνῆς τῶν ἀδελφῶν
αὐτῶν τῶν υἱῶν Ισραηλ. ¹⁴καὶ συνήχθησαν οἱ υἱοὶ Βενιαμιν ἐκ τῶν 14
πόλεων αὐτῶν εἰς Γαβαα ἐξελθεῖν τοῦ πολεμῆσαι μετὰ υἱῶν Ισραηλ.
¹⁵καὶ ἐπεσκέπησαν οἱ υἱοὶ Βενιαμιν ἐν τῇ ἡμέρᾳ ἐκείνῃ ἐκ τῶν 15
πόλεων εἴκοσι καὶ πέντε χιλιάδες ἀνδρῶν σπωμένων ῥομφαίαν
χωρὶς τῶν κατοικούντων τὴν Γαβαα · οὗτοι ἐπεσκέπησαν ἑπτακό-
σιοι ἄνδρες νεανίσκοι ἐκλεκτοὶ ¹⁶ἀμφοτεροδέξιοι · πάντες οὗτοι 16
σφενδονῆται βάλλοντες λίθους πρὸς τὴν τρίχα καὶ οὐ διαμαρτάνον-
τες. ¹⁷καὶ πᾶς ἀνὴρ Ισραηλ ἐπεσκέπησαν χωρὶς τῶν υἱῶν Βενια- 17
μιν τετρακόσιαι χιλιάδες ἀνδρῶν σπωμένων ῥομφαίαν · πάντες οὗ-
τοι ἄνδρες πολεμισταί. ¹⁸καὶ ἀνέστησαν καὶ ἀνέβησαν εἰς Βαιθηλ 18

13 βελιαλ *Op*†] -αμ A *Op*† | ηθελησαν — εισακουσαι] ηκουσαν εισακουσαι υιοι
βενιαμειν A† ‖ 15 νεαν. εκλεκτοι] tr. A†

B ἑκατὸν τοῖς χιλίοις καὶ χιλίους τοῖς μυρίοις λαβεῖν ἐπισιτισμὸν
τοῦ ποιῆσαι ἐλθεῖν αὐτοὺς εἰς Γαβαα Βενιαμιν ποιῆσαι αὐτῇ κατὰ
πᾶν τὸ ἀπόπτωμα, ὃ ἐποίησεν ἐν Ισραηλ. ¹¹καὶ συνήχθη πᾶς ἀνὴρ 11
Ισραηλ εἰς τὴν πόλιν ὡς ἀνὴρ εἷς.
¹²Καὶ ἀπέστειλαν αἱ φυλαὶ Ισραηλ ἄνδρας ἐν πάσῃ φυλῇ Βενια- 12
μιν λέγοντες Τίς ἡ πονηρία αὕτη ἡ γενομένη ἐν ὑμῖν; ¹³καὶ 13
νῦν δότε τοὺς ἄνδρας υἱοὺς παρανόμων τοὺς ἐν Γαβαα, καὶ
θανατώσομεν αὐτοὺς καὶ ἐκκαθαριοῦμεν πονηρίαν ἀπὸ Ισραηλ.
καὶ οὐκ εὐδόκησαν οἱ υἱοὶ Βενιαμιν ἀκοῦσαι τῆς φωνῆς τῶν
ἀδ∙λφῶν αὐτῶν υἱῶν Ισραηλ. ¹⁴καὶ συνήχθησαν οἱ υἱοὶ Βενιαμιν 14
ἀπὸ τῶν πόλεων αὐτῶν εἰς Γαβαα ἐξελθεῖν εἰς παράταξιν πρὸς
υἱοὺς Ισραηλ. ¹⁵καὶ ἐπεσκέπησαν οἱ υἱοὶ Βενιαμιν ἐν τῇ ἡμέρᾳ 15
ἐκείνῃ ἀπὸ τῶν πόλεων εἴκοσι τρεῖς χιλιάδες, ἀνὴρ ἕλκων ῥομ-
φαίαν, ἐκτὸς τῶν οἰκούντων τὴν Γαβαα, οἳ ἐπεσκέπησαν ἑπτα-
κόσιοι ἄνδρες ἐκλεκτοὶ ¹⁶ἐκ παντὸς λαοῦ ἀμφοτεροδέξιοι · πάν- 16
τες οὗτοι σφενδονῆται ἐν λίθοις πρὸς τρίχα καὶ οὐκ ἐξαμαρ-
τάνοντες. ¹⁷καὶ ἀνὴρ Ισραηλ ἐπεσκέπησαν ἐκτὸς τοῦ Βενιαμιν 17
τετρακόσιαι χιλιάδες ἀνδρῶν ἑλκόντων ῥομφαίαν · πάντες οὗτοι
ἄνδρες παρατάξεως. ¹⁸καὶ ἀνέστησαν καὶ ἀνέβησαν εἰς Βαιθηλ 18

καὶ ἐπηρώτησαν ἐν τῷ θεῷ καὶ εἶπαν οἱ υἱοὶ Ισραηλ Τίς ἀναβή- A
σεται ἡμῖν ἀφηγούμενος πολεμῆσαι μετὰ Βενιαμιν; καὶ εἶπεν κύριος
19 Ιουδας ἀναβήσεται ἀφηγούμενος. ¹⁹καὶ ἀνέστησαν οἱ υἱοὶ Ισραηλ
20 καὶ παρενέβαλον ἐπὶ τὴν Γαβαα. ²⁰καὶ ἐξῆλθεν πᾶς ἀνὴρ Ισραηλ
εἰς πόλεμον μετὰ Βενιαμιν, καὶ παρετάξαντο μετ᾽ αὐτῶν εἰς πό-
21 λεμον ἀνὴρ Ισραηλ πρὸς τὴν Γαβαα. ²¹καὶ ἐξῆλθον οἱ υἱοὶ Βενια-
μιν ἐκ τῆς πόλεως καὶ διέφθειραν ἐν Ισραηλ ἐν τῇ ἡμέρᾳ ἐκεί-
22 νῃ δύο καὶ εἴκοσι χιλιάδας ἀνδρῶν ἐπὶ τὴν γῆν. ²²καὶ ἐνίσχυσεν
ἀνὴρ Ισραηλ καὶ προσέθεντο παρατάξασθαι πόλεμον ἐν τῷ τόπῳ,
23 ᾧ παρετάξαντο ἐκεῖ ἐν τῇ ἡμέρᾳ τῇ πρώτῃ. ²³καὶ ἀνέβησαν οἱ
υἱοὶ Ισραηλ καὶ ἔκλαυσαν ἐνώπιον κυρίου ἕως ἑσπέρας καὶ ἐπη-
ρώτησαν ἐν κυρίῳ λέγοντες Εἰ προσθῶ προσεγγίσαι εἰς πόλεμον
μετὰ Βενιαμιν τοῦ ἀδελφοῦ μου; καὶ εἶπεν κύριος Ἀνάβητε πρὸς
αὐτόν.
24   ²⁴Καὶ προσήλθοσαν οἱ υἱοὶ Ισραηλ πρὸς Βενιαμιν ἐν τῇ ἡμέρᾳ
25 τῇ δευτέρᾳ. ²⁵καὶ ἐξῆλθεν Βενιαμιν εἰς ἀπάντησιν αὐτῶν ἐκ τῆς
Γαβαα ἐν τῇ ἡμέρᾳ τῇ δευτέρᾳ καὶ διέφθειρεν ἐκ τοῦ λαοῦ ὀκτω-
καίδεκα χιλιάδας ἀνδρῶν ἐπὶ τὴν γῆν · πάντες οὗτοι ἐσπασμένοι
26 ῥομφαίαν. ²⁶καὶ ἀνέβησαν πάντες οἱ υἱοὶ Ισραηλ καὶ πᾶς ὁ λαὸς

20 παρεταξατο A⁺ ‖ 21 εν ισρ. / εν τη ημ. εκεινη] tr. A⁺ ‖ 22 παρατα-
ξασθαι] -ξαι A⁺ ‖ 23 κυριος] pr. ο A⁺

καὶ ἠρώτησαν ἐν τῷ θεῷ καὶ εἶπαν οἱ υἱοὶ Ισραηλ Τίς ἀναβήσε- B
ται ἡμῖν ἐν ἀρχῇ εἰς παράταξιν πρὸς υἱοὺς Βενιαμιν; καὶ εἶπεν
19 κύριος Ιουδας ἐν ἀρχῇ ἀναβήσεται ἀφηγούμενος. ¹⁹καὶ ἀνέστησαν
20 οἱ υἱοὶ Ισραηλ τὸ πρωὶ καὶ παρενέβαλον ἐπὶ Γαβαα. ²⁰καὶ ἐξῆλθον
πᾶς ἀνὴρ Ισραηλ εἰς παράταξιν πρὸς Βενιαμιν καὶ συνῆψαν αὐ-
21 τοῖς ἐπὶ Γαβαα. ²¹καὶ ἐξῆλθον οἱ υἱοὶ Βενιαμιν ἀπὸ τῆς Γαβαα
καὶ διέφθειραν ἐν Ισραηλ ἐν τῇ ἡμέρᾳ ἐκείνῃ δύο καὶ εἴκοσι χιλι-
22 άδας ἀνδρῶν ἐπὶ τὴν γῆν. ²²καὶ ἐνί χυσαν ἀνὴρ Ισραηλ καὶ προσ-
έθηκαν συνάψαι παράταξιν ἐν τῷ τόπῳ, ὅπου συνῆψαν ἐν τῇ
23 ἡμέρᾳ τῇ πρώτῃ. ²³καὶ ἀνέβησαν οἱ υἱοὶ Ισραηλ καὶ ἔκλαυσαν
ἐνώπιον κυρίου ἕως ἑσπέρας καὶ ἠρώτησαν ἐν κυρίῳ λέγοντες Εἰ
προσθῶμεν ἐγγίσαι εἰς παράταξιν πρὸς υἱοὺς Βενιαμιν ἀδελφοὺς
ἡμῶν; καὶ εἶπεν κύριος Ἀνάβητε πρὸς αὐτούς.
24   ²⁴Καὶ προσῆλθον οἱ υἱοὶ Ισραηλ πρὸς υἱοὺς Βενιαμιν ἐν τῇ ἡμέρᾳ τῇ
25 δευτέρᾳ. ²⁵καὶ ἐξῆλθον οἱ υἱοὶ Βενιαμιν εἰς συνάντησιν αὐτοῖς ἀπὸ τῆς
Γαβαα ἐν τῇ ἡμέρᾳ τῇ δευτέρᾳ καὶ διέφθειραν ἀπὸ υἱῶν Ισραηλ ἔτι
ὀκτωκαίδεκα χιλιάδας ἀνδρῶν ἐπὶ τὴν γῆν · πάντες οὗτοι ἕλκοντες
26 ῥομφαίαν. ²⁶καὶ ἀνέβησαν πάντες οἱ υἱοὶ Ισραηλ καὶ πᾶς ὁ λαὸς

25 παντες — fin. > B*⁺

A καὶ ἦλθοσαν εἰς Βαιθηλ καὶ ἔκλαυσαν ἔναντι κυρίου καὶ ἐνήστευ-
σαν ἐν τῇ ἡμέρᾳ ἐκείνῃ καὶ ἀνήνεγκαν ὁλοκαυτώματα σωτηρίου
ἔναντι κυρίου, ²⁷ καὶ ἐπηρώτησαν οἱ υἱοὶ Ισραηλ ἐν κυρίῳ · καὶ 27
ἐκεῖ ἡ κιβωτὸς διαθήκης κυρίου ἐν ταῖς ἡμέραις ἐκείναις, ²⁸ καὶ 28
Φινεες υἱὸς Ελεαζαρ υἱοῦ Ααρων παρεστηκὼς ἐνώπιον αὐτῆς ἐν
ταῖς ἡμέραις ἐκείναις λέγων Εἰ προσθῶ ἔτι ἐξελθεῖν εἰς πόλεμον
μετὰ υἱῶν Βενιαμιν τοῦ ἀδελφοῦ μου ἢ κοπάσω ; καὶ εἶπεν κύριος
Ἀνάβητε, ὅτι αὔριον παραδώσω αὐτὸν ἐν χειρί σου.
²⁹ Καὶ ἔθηκαν οἱ υἱοὶ Ισραηλ ἔνεδρα ἐν τῇ Γαβαα κύκλῳ. ³⁰ καὶ ²⁹
ἔταξεν Ισραηλ πρὸς τὸν Βενιαμιν ἐν τῇ ἡμέρᾳ τῇ τρίτῃ καὶ παρ- ³⁰
ετάξαντο πρὸς Γαβαα καθὼς ἅπαξ καὶ ἅπαξ. ³¹ καὶ ἐξῆλθον οἱ υἱοὶ 31
Βενιαμιν εἰς ἀπάντησιν τοῦ λαοῦ καὶ ἐξειλκύσθησαν ἐκ τῆς πόλεως
καὶ ἤρξαντο τύπτειν ἐκ τοῦ λαοῦ καθὼς ἅπαξ καὶ ἅπαξ ἐν ταῖς
ὁδοῖς, ἥ ἐστιν μία ἀναβαίνουσα εἰς Βαιθηλ καὶ μία ἀναβαίνουσα
εἰς Γαβαα ἐν τῷ ἀγρῷ, ὡσεὶ τριάκοντα ἄνδρας ἐν τῷ Ισραηλ.
³² καὶ εἶπαν οἱ υἱοὶ Βενιαμιν Προσκόπτουσιν ἐνώπιον ἡμῶν καθὼς 32

26 εκλαυσαν L†] + και εκαθισαν εκει ΑO(sub ❊) | εκεινη L] + εως εσπε-
ρας ΑO(sub ❊) ‖ 28 ει] pr. ινα τι κυριε εγενηθη ο θυμος σου και η οργη
αυτη εν ισραηλ ημεις δε εξηλθομεν εξαραι τους ποιησαντας την ασεβειαν ταυ-
την και ιδου εφυγομεν απο προσωπου αυτων δευτερον τουτο και νυν L† ‖
31 post και εξηλθον — πολεως ◌dd. L† απεστειλαν δε οι υιοι ισραηλ χιλιους
ανδρας εις την οδον και ενετειλαντο αυτοις λεγοντες πορευεσθε προς τον επι
των ενεδρων τοπον και εσται οταν εκπορευωνται εκ της πολεως υμεις εισελευ-
σεσθε εκει και αρειτε πυρσον εις υψος και επιστρεψομεν επ αυτους και εκκο-
ψομεν αυτους, deinde repetit και εξηλθον — πολεως | λαου 2⁰ L†] + τραυμα-
τιας ΑO(sub ❊)

B καὶ ἦλθον εἰς Βαιθηλ καὶ ἔκλαυσαν καὶ ἐκάθισαν ἐκεῖ ἐνώπιον κυ-
ρίου καὶ ἐνήστευσαν ἐν τῇ ἡμέρᾳ ἐκείνῃ ἕως ἑσπέρας καὶ ἀνήνεγ-
καν ὁλοκαυτώσεις καὶ τελείας ἐνώπιον κυρίου · ²⁷ ὅτι ἐκεῖ κιβωτὸς 27
διαθήκης ϗυρίου τοῦ θεοῦ, ²⁸ καὶ Φινεες υἱὸς Ελεαζαρ υἱοῦ Ααρων 28
παρεστηκὼς ἐνώπιον αὐτῆς ἐν ταῖς ἡμέραις ἐκείναις. καὶ ἐπηρώτη-
σαν οἱ υἱοὶ Ισραηλ ἐν κυρίῳ λέγοντες Εἰ προσθῶμεν ἔτι ἐξελθεῖν εἰς
πα ϸάταξιν πρὸς υἱοὺς Βενιαμιν ἀδελφοὺς ἡμῶν ἢ ἐπίσχωμεν ; καὶ εἶ-
πεν κύριος Ἀνάβητε, ὅτι αὔριον δώσω αὐτοὺς εἰς τὰς χεῖρας ὑμῶν.
²⁹ Καὶ ἔθηκαν οἱ υἱοὶ Ισραηλ ἔνεδρα τῇ Γαβαα κύκλῳ. ³⁰ καὶ ἀνέ- ²⁹
βησαν οἱ υἱοὶ Ισραηλ πρὸς υἱοὺς Βενιαμιν ἐν τῇ ἡμέρᾳ τῇ τρίτῃ ³⁰
καὶ συνῆψαν πρὸς τὴν Γαβαα ὡς ἅπαξ καὶ ἅπαξ. ³¹ καὶ ἐξῆλθον 31
οἱ υἱοὶ Βενιαμιν εἰς συνάντησιν τοῦ λαοῦ καὶ ἐξεκενώθησαν τῆς
πόλεως καὶ ἤρξαντο πατάσσ.ιν ἀπὸ τοῦ λαοῦ τραυματίας ὡς ἅπαξ
καὶ ἅπαξ ἐν ταῖς ὁδοῖς, ἥ ἐστιν μία ἀναβαίνουσα εἰς Βαιθηλ καὶ
μία εἰς Γαβαα ἐν ἀγρῷ, ὡς τριάκοντα ἄνδρας ἐν Ισραηλ.
³² καὶ εἶπαν οἱ υἱοὶ Βενιαμιν Πίπτουσιν ἐνώπιον ἡμῶν ὡς 32

ἔμπροσθεν. καὶ οἱ υἱοὶ Ισραηλ εἶπαν Φύγωμεν καὶ ἐκσπάσωμεν **Α**
33 αὐτοὺς ἐκ τῆς πόλεως εἰς τὰς ὁδούς. ³³καὶ πᾶς ἀνὴρ Ισραηλ ἀνέ-
στη ἐκ τοῦ τόπου αὐτοῦ καὶ παρετάξαντο ἐν Βααλθαμαρ, καὶ τὸ
ἔνεδρον Ισραηλ ἐπάλαιεν ἐκ τοῦ τόπου αὐτοῦ ἀπὸ δυσμῶν τῆς
34 Γαβαα. ³⁴καὶ παρεγένοντο ἐξ ἐναντίας τῆς Γαβαα δέκα χιλιάδες ἀν-
δρῶν ἐκλεκτῶν ἐκ παντὸς Ισραηλ, καὶ ὁ πόλεμος ἐβαρύνθη · καὶ
35 αὐτοὶ οὐκ ἔγνωσαν ὅτι ἀφῆπται αὐτῶν ἡ κακία. ³⁵καὶ ἐτρόπωσεν
κύριος τὸν Βενιαμιν κατὰ πρόσωπον Ισραηλ, καὶ διέφθειραν οἱ
υἱοὶ Ισραηλ ἐν τῷ Βενιαμιν ἐν τῇ ἡμέρᾳ ἐκείνῃ εἴκοσι καὶ πέντε
χιλιάδας καὶ ἑκατὸν ἄνδρας · πάντες οὗτοι σπώμενοι ρομφαίαν.
36 ³⁶καὶ εἶδεν Βενιαμιν ὅτι τετρόπωται · καὶ ἔδωκεν ἀνὴρ Ισραηλ τῷ
Βενιαμιν τόπον, ὅτι ἤλπισαν ἐπὶ τὸ ἔνεδρον, ὃ ἔταξαν πρὸς τὴν
37 Γαβαα. ³⁷καὶ τὸ ἔνεδρον ὥρμησεν καὶ ἐξεχύθησαν πρὸς τὴν Γαβαα,
καὶ ἐπορεύθη τὸ ἔνεδρον καὶ ἐπάταξαν ὅλην τὴν πόλιν ἐν στόματι
38 ρομφαίας. ³⁸καὶ ἡ συνταγὴ ἦν ἀνδρὶ Ισραηλ πρὸς τὸ ἔνεδρον τοῦ
39 ἀνενέγκαι αὐτοὺς πυρσὸν τοῦ καπνοῦ τῆς πόλεως. ³⁹καὶ ἀνέστρε-
ψαν ἀνὴρ Ισραηλ ἐν τῷ πολέμῳ, καὶ Βενιαμιν ἦρκται τοῦ τύπτειν

33 και παρεταξ. > Α† ‖ 38 ενεδρον LV†] + μαχαιρα ΑΟ(hab. per erro-
rem, ni fallor, προς το ενεδρον pro μαχαιρα sub ※) | πυργον Α† ‖ 39 ανε-
στρεψεν Α†

τὸ πρῶτον. καὶ οἱ υἱοὶ Ισραηλ εἶπον Φύγωμεν καὶ ἐκκενώσωμεν αὐ- **Β**
33 τοὺς ἀπὸ τῆς πόλεως εἰς τὰς ὁδούς · καὶ ἐποίησαν οὕτως. ³³καὶ
πᾶς ἀνὴρ ἀνέστη ἐκ τοῦ τόπου αὐτοῦ καὶ συνῆψαν ἐν Βααλθα-
μαρ, καὶ τὸ ἔνεδρον Ισραηλ ἐπήρχετο ἐκ τοῦ τόπου αὐτοῦ ἀπὸ
34 Μααραγαβε. ³⁴καὶ ἦλθον ἐξ ἐναντίας Γαβαα δέκα χιλιάδες ἀνδρῶν
ἐκλεκτῶν ἐκ παντὸς Ισραηλ καὶ παράταξις βαρεῖα · καὶ αὐτοὶ
35 οὐκ ἔγνωσαν ὅτι φθάνει ἐπ᾽ αὐτοὺς ἡ κακία. ³⁵καὶ ἐπάταξεν κύ-
ριος τὸν Βενιαμιν ἐνώπιον υἱῶν Ισραηλ, καὶ διέφθειραν οἱ υἱοὶ
Ισραηλ ἐκ τοῦ Βενιαμιν ἐν τῇ ἡμέρᾳ ἐκείνῃ εἴκοσι καὶ πέντε
36 χιλιάδας καὶ ἑκατὸν ἄνδρας · πάντες οὗτοι εἷλκον ρομφαίαν. ³⁶καὶ
εἶδον οἱ υἱοὶ Βενιαμιν ὅτι ἐπλήγησαν · καὶ ἔδωκεν ἀνὴρ Ισραηλ
τόπον τῷ Βενιαμιν, ὅτι ἤλπισαν πρὸς τὸ ἔνεδρον, ὃ ἔθηκαν ἐπὶ
37 τὴν Γαβαα. ³⁷καὶ ἐν τῷ αὐτοὺς ὑποχωρῆσαι καὶ τὸ ἔνεδρον ἐκι-
νήθη καὶ ἐξέτειναν ἐπὶ τὴν Γαβαα, καὶ ἐξεχύθη τὸ ἔνεδρον
38 καὶ ἐπάταξαν τὴν πόλιν ἐν στόματι ρομφαίας. ³⁸καὶ σημεῖον
ἦν τοῖς υἱοῖς Ισραηλ μετὰ τοῦ ἐνέδρου τῆς μάχης ἀνενέγκαι
39 αὐτοὺς σύσσημον καπνοῦ ἀπὸ τῆς πόλεως. ³⁹καὶ εἶδον
οἱ υἱοὶ Ισραηλ ὅτι προκατελάβετο τὸ ἔνεδρον τὴν Γαβαα, καὶ
ἔστησαν ἐν τῇ παρατάξει, καὶ Βενιαμιν ἤρξατο πατάσσειν

33 αυτου 1⁰] -των Β^c | μααρα- pau.] μαραα- Β ‖ 36 εθηκεν Β† ‖ 39 ει-
δον] pr. ως Β^c

A τραυματίας ἐν τῷ ἀνδρὶ Ισραηλ ὡσεὶ τριάκοντα ἄνδρας, ὅτι εἶπαν
Πλὴν τροπούμενος τροποῦται ἐναντίον ἡμῶν καθὼς ὁ πόλεμος ὁ
ἔμπροσθεν. 40 καὶ ὁ πυρσὸς ἤρξατο ἀναβαίνειν ἐκ τῆς πόλεως στῦ- 40
λος καπνοῦ · καὶ ἐπέβλεψεν Βενιαμιν ὀπίσω αὐτοῦ, καὶ ἰδοὺ ἀνέ-
βη συντέλεια τῆς πόλεως εἰς τὸν οὐρανόν. 41 καὶ ἀνὴρ Ισραηλ ἀπέ- 41
στρεψεν, καὶ ἔσπευσεν ἀνὴρ Βενιαμιν καὶ εἶδεν ὅτι ἧπται αὐτοῦ
ἡ κακία. 42 καὶ ἔκλιναν ἐνώπιον ἀνδρὸς Ισραηλ εἰς τὴν ὁδὸν τῆς 42
ἐρήμου, καὶ ὁ πόλεμος κατέφθασεν αὐτόν, καὶ οἱ ἀπὸ τῶν πόλεων
διέφθειραν αὐτὸν ἐν μέσῳ αὐτῶν. 43 καὶ ἔκοψαν τὸν Βενιαμιν 43
καταπαῦσαι αὐτὸν κατάπαυσιν καὶ κατεπάτησαν αὐτὸν ἕως ἐξ ἐναν-
τίας τῆς Γαβαα ἀπὸ ἀνατολῶν ἡλίου. 44 καὶ ἔπεσαν ἐκ τοῦ Βενια- 44
μιν ὀκτωκαίδεκα χιλιάδες ἀνδρῶν · σὺν πᾶσιν τούτοις ἄνδρες δυνα-
τοί. 45 καὶ ἐξέκλιναν καὶ ἔφυγον εἰς τὴν ἔρημον πρὸς τὴν πέτραν 45
τὴν Ρεμμων, καὶ ἐκαλαμήσαντο ἐν ταῖς ὁδοῖς πέντε χιλιάδας ἀν-
δρῶν · καὶ προσεκολλήθησαν ὀπίσω αὐτοῦ ἕως Γαδααμ καὶ ἐπά-
ταξαν ἐξ αὐτῶν δισχιλίους ἄνδρας. 46 καὶ ἐγένοντο πάντες οἱ πεπτω- 46
κότες ἐν τῷ Βενιαμιν εἴκοσι καὶ πέντε χιλιάδες ἀνδρῶν σπωμένων
ῥομφαίαν ἐν τῇ ἡμέρᾳ ἐκείνῃ · σὺν πᾶσι τούτοις ἄνδρες δυνατοί.

39 ο ult. > Α† ‖ 40 πυργος Α† ‖ 42 εκλεισαν Α† ‖ 43 κατεπατη-
σαν Ο†(Οᵖ -σεν)] κατεπαυσεν Α† | εως > Α Lᵖ† ‖ 45 εκαλαμ. Ra.] + αυτον
Α Ο(sub ※), + αυτους L† | γαδααμ Μ] γα̣ααμ Οᵖ, γαλααδ Α ΟᵛL

B τραυματίας ἐν ἀνδράσιν Ισραηλ ὡς τριάκοντα ἄνδρας, ὅτι εἶπαν
Πάλιν πτώσει πίπτουσιν ἐνώπιον ἡμῶν ὡς ἡ παράταξις ἡ πρώ-
τη. 40 καὶ τὸ σύσσημον ἀνέβη ἐπὶ πλεῖον ἐπὶ τῆς πόλεως ὡς στῦ- 40
λος καπνοῦ · καὶ ἐπέβλεψεν Βενιαμιν ὀπίσω αὐτοῦ, καὶ ἰδοὺ ἀνέ-
βη ἡ συντέλεια τῆς πόλεως ἕως οὐρανοῦ. 41 καὶ ἀνὴρ Ισραηλ ἐπέ- 41
στρεψεν, καὶ ἔσπευσαν ἄνδρες Βενιαμιν, ὅτι εἶδον ὅτι συνήντησεν
ἐπ᾽ αὐτοὺς ἡ πονηρία. 42 καὶ ἐπέβλεψαν ἐνώπιον υἱῶν Ισραηλ εἰς ὁδὸν 42
τῆς ἐρήμου καὶ ἔφυγον, καὶ ἡ παράταξις ἔφθασεν ἐπ᾽ αὐτούς, καὶ οἱ
ἀπὸ τῶν πόλεων διέφθειρον αὐτοὺς ἐν μέσῳ αὐτῶν. 43 καὶ κατέκο- 43
πτον τὸν Βενιαμιν καὶ ἐδίωξαν αὐτὸν ἀπὸ Νουα κατὰ πόδα αὐτοῦ
ἕως ἀπέναντι Γαβαα πρὸς ἀνατολὰς ἡλίου. 44 καὶ ἔπεσαν ἀπὸ Βενια- 44
μιν δέκα ὀκτὼ χιλιάδες ἀνδρῶν · οἱ πάντες οὗτοι ἄνδρες δυνά-
μεως. 45 καὶ ἐπέβλεψαν οἱ λοιποὶ καὶ ἔφευγον εἰς τὴν ἔρημον πρὸς τὴν 45
πέτραν τοῦ Ρεμμων, καὶ ἐκαλαμήσαντο ἐξ αὐτῶν οἱ υἱοὶ Ισραηλ πεντα-
κισχιλίους ἄνδρας· καὶ κατέβησαν ὀπίσω αὐτῶν οἱ υἱοὶ Ισραηλ ἕως Γε-
δαν καὶ ἐπάταξαν ἐξ αὐτῶν δισχιλίους ἄνδρας. 46 καὶ ἐγένοντο πάντες 46
οἱ πίπτοντες ἀπὸ Βενιαμιν εἴκοσι πέντε χιλιάδες ἀνδρῶν ἑλκόντων
ῥομφαίαν ἐν τῇ ἡμέρᾳ ἐκείνῃ · οἱ πάντες οὗτοι ἄνδρες δυνάμεως.

47 ⁴⁷καὶ ἐξέκλιναν καὶ ἔφυγον εἰς τὴν ἔρημον πρὸς τὴν πέτραν τὴν Α
Ρεμμων ἑξακόσιοι ἄνδρες καὶ ἐκάθισαν ἐν τῇ πέτρᾳ Ρεμμων τε-
48 τράμηνον. ⁴⁸καὶ ἀνὴρ Ισραηλ ἀπέκλεισεν τοὺς υἱοὺς Βενιαμιν καὶ
ἐπάταξαν αὐτοὺς ἐν στόματι ῥομφαίας ἀπὸ πόλεως ἑξῆς ἕως κτή-
νους ἕως παντὸς τοῦ εὑρεθέντος εἰς πάσας τὰς πόλεις · καὶ τὰς
πόλεις τὰς εὑρεθείσας ἐξαπέστειλαν ἐν πυρί.
21 ¹Καὶ ἀνὴρ Ισραηλ ὤμοσεν ἐν Μασσηφα λέγων Ἀνὴρ ἐξ ἡμῶν
2 οὐ δώσει τὴν θυγατέρα αὐτοῦ τῷ Βενιαμιν εἰς γυναῖκα. ²καὶ παρ-
εγένοντο πᾶς ὁ λαὸς εἰς Μασσηφα καὶ Βαιθηλ καὶ ἐκάθισαν ἐκεῖ
ἕως ἑσπέρας ἐνώπιον τοῦ θεοῦ καὶ ἐπῆραν τὴν φωνὴν αὐτῶν καὶ
3 ἔκλαυσαν κλαυθμὸν μέγαν ³καὶ εἶπαν Ἵνα τί, κύριε ὁ θεὸς Ισραηλ,
ἐγενήθη αὕτη ἐν τῷ Ισραηλ, τοῦ ἐπισκεπῆναι σήμερον ἐν τῷ Ισρα-
4 ηλ φυλὴν μίαν; ⁴καὶ ἐγένετο ἐν τῇ ἐπαύριον καὶ ὤρθρισεν ὁ λαὸς
καὶ ᾠκοδόμησαν ἐκεῖ θυσιαστήριον καὶ ἀνήνεγκαν ὁλοκαυτώματα
5 σωτηρίου. ⁵καὶ εἶπαν οἱ υἱοὶ Ισραηλ Τίς ὁ μὴ ἀναβὰς ἐν τῇ ἐκ-
κλησίᾳ ἐκ πασῶν φυλῶν Ισραηλ πρὸς κύριον; ὅτι ὅρκος μέγας
ἦν τῷ μὴ ἀναβάντι πρὸς κύριον εἰς Μασσηφα λέγοντες Θανάτῳ
6 ἀποθανεῖται. ⁶καὶ παρεκλήθησαν οἱ υἱοὶ Ισραηλ περὶ Βενιαμιν τοῦ
ἀδελφοῦ αὐτῶν καὶ εἶπαν Ἀφῄρηται σήμερον φυλὴ μία ἐξ Ισραηλ ·

48 εως 1⁰ > Α⁺
21 4 ωκοδομησεν Α | ανηνεγκεν Α⁺

---

47 ⁴⁷καὶ ἐπέβλεψαν οἱ λοιποὶ καὶ ἔφυγον εἰς τὴν ἔρημον πρὸς τὴν Β
πέτραν τοῦ Ρεμμων, ἑξακόσιοι ἄνδρες, καὶ ἐκάθισαν ἐν πέτρᾳ Ρεμ-
48 μων τέσσαρας μῆνας. ⁴⁸καὶ οἱ υἱοὶ Ισραηλ ἐπέστρεψαν πρὸς υἱοὺς
Βενιαμιν καὶ ἐπάταξαν αὐτοὺς ἐν στόματι ῥομφαίας ἀπὸ πόλεως
Μεθλα καὶ ἕως κτήνους καὶ ἕως παντὸς τοῦ εὑρισκομένου εἰς πά-
σας τὰς πόλεις · καὶ τὰς πόλεις τὰς εὑρεθείσας ἐνέπρησαν ἐν πυρί.
21 ¹Καὶ οἱ υἱοὶ Ισραηλ ὤμοσαν ἐν Μασσηφα λέγοντες Ἀνὴρ
ἐξ ἡμῶν οὐ δώσει θυγατέρα αὐτοῦ τῷ Βενιαμιν εἰς γυναῖκα.
2 ²καὶ ἦλθεν ὁ λαὸς εἰς Βαιθηλ καὶ ἐκάθισαν ἐκεῖ ἕως ἑσπέ-
ρας ἐνώπιον τοῦ θεοῦ καὶ ἦραν φωνὴν αὐτῶν καὶ ἔκλαυ-
3 σαν κλαυθμὸν μέγαν ³καὶ εἶπαν Εἰς τί, κύριε θεὲ Ισραηλ,
ἐγενήθη αὕτη, τοῦ ἐπισκεπῆναι σήμερον ἀπὸ Ισραηλ φυλὴν
4 μίαν; ⁴καὶ ἐγένετο τῇ ἐπαύριον καὶ ὤρθρισεν ὁ λαὸς καὶ
ᾠκοδόμησαν ἐκεῖ θυσιαστήριον καὶ ἀνήνεγκαν ὁλοκαυτώσεις καὶ
5 τελείας. ⁵καὶ εἶπον οἱ υἱοὶ Ισραηλ Τίς οὐκ ἀνέβη ἐν τῇ ἐκκλησίᾳ
ἀπὸ πασῶν φυλῶν Ισραηλ πρὸς κύριον; ὅτι ὁ ὅρκος μέγας ἦν
τοῖς οὐκ ἀναβεβηκόσιν πρὸς κύριον εἰς Μασσηφα λέγοντες Θανάτῳ
6 θανατωθήσεται. ⁶καὶ παρεκλήθησαν οἱ υἱοὶ Ισραηλ πρὸς Βενιαμιν
ἀδελφὸν αὐτῶν καὶ εἶπαν Ἐξεκόπη σήμερον φυλὴ μία ἀπὸ Ισραηλ ·

A ⁷τί ποιήσωμεν αὐτοῖς τοῖς ὑπολειφθεῖσιν εἰς γυναῖκας; καὶ ἡμεῖς 7
ὠμόσαμεν ἐν κυρίῳ τοῦ μὴ δοῦναι αὐτοῖς ἀπὸ τῶν θυγατέρων
ἡμῶν εἰς γυναῖκας. ⁸καὶ εἶπαν Τίς μία τῶν φυλῶν Ἰσραηλ, ἥτις 8
οὐκ ἀνέβη πρὸς κύριον εἰς Μασσηφα; καὶ ἰδοὺ οὐκ ἦλθεν ἀνὴρ
εἰς τὴν παρεμβολὴν ἀπὸ Ιαβις Γαλααδ εἰς τὴν ἐκκλησίαν. ⁹καὶ ἐπε- 9
σκέπη ὁ λαός, καὶ ἰδοὺ οὐκ ἔστιν ἐκεῖ ἀνὴρ ἀπὸ τῶν κατοικούντων
Ιαβις Γαλααδ. ¹⁰καὶ ἀπέστειλαν ἐκεῖ ἡ συναγωγὴ δώδεκα χιλιάδας 10
ἀνδρῶν ἀπὸ τῶν υἱῶν τῆς δυνάμεως καὶ ἐνετείλαντο αὐτοῖς λέ-
γοντες Πορεύθητε καὶ πατάξατε πάντας τοὺς κατοικοῦντας Ιαβις
Γαλααδ ἐν στόματι ρομφαίας καὶ τὰς γυναῖκας καὶ τὸν λαόν. ¹¹καὶ 11
οὗτος ὁ λόγος, ὃν ποιήσετε · πᾶν ἀρσενικὸν καὶ πᾶσαν γυναῖκα
γινώσκουσαν κοίτην ἄρσενος ἀναθεματιεῖτε. ¹²καὶ εὗρον ἀπὸ τῶν 12
κατοικούντων Ιαβις Γαλααδ τετρακοσίας νεάνιδας παρθένους, αἳ
οὐκ ἔγνωσαν ἄνδρα εἰς κοίτην ἄρσενος, καὶ ἦγον αὐτὰς εἰς τὴν
παρεμβολὴν εἰς Σηλω, ἥ ἐστιν ἐν γῇ Χανααν. ¹³καὶ ἀπέστειλεν 13
πᾶσα ἡ συναγωγὴ καὶ ἐλάλησαν πρὸς Βενιαμιν τὸν ἐν τῇ πέτρᾳ
Ρεμμων καὶ ἐκάλεσαν αὐτοὺς εἰς εἰρήνην. ¹⁴καὶ ἀπέστρεψεν Βενια- 14
μιν πρὸς τοὺς υἱοὺς Ισραηλ ἐν τῷ καιρῷ ἐκείνῳ, καὶ ἔδωκαν

7 αυτοις 1⁰ OL] > A || 9 επεσκεπη] απεσκοπει A⁺ | κατοικουντων OL⁺]
κατ > A || 12 σηλω OL] -λωμ A, sed in .9. 21 A σηλω

B ⁷τί ποιήσωμεν αὐτοῖς τοῖς περισσοῖς τοῖς ὑπολειφθεῖσιν εἰς γυ- 7
ναῖκας; καὶ ἡμεῖς ὠμόσαμεν ἐν κυρίῳ τοῦ μὴ δοῦναι αὐτοῖς ἀπὸ
τῶν θυγατέρων ἡμῶν εἰς γυναῖκας. ⁸καὶ εἶπαν Τίς εἷς ἀπὸ φυλῶν 8
Ισραηλ, ὃς οὐκ ἀνέβη πρὸς κύριον εἰς Μασσηφα; καὶ ἰδοὺ οὐκ
ἦλθεν ἀνὴρ εἰς τὴν παρεμβολὴν ἀπὸ Ιαβις Γαλααδ εἰς τὴν ἐκκλη-
σίαν. ⁹καὶ ἐπεσκέπη ὁ λαός, καὶ οὐκ ἦν ἐκεῖ ἀνὴρ ἀπὸ οἰκούντων 9
Ιαβις Γαλααδ. ¹⁰καὶ ἀπέστειλεν ἐκεῖ ἡ συναγωγὴ δώδεκα χιλιάδας 10
ἀνδρῶν ἀπὸ υἱῶν τῆς δυνάμεως καὶ ἐνετείλαντο αὐτοῖς λέγοντες
Πορεύεσθε καὶ πατάξατε τοὺς οἰκοῦντας Ιαβις Γαλααδ ἐν στό-
ματι ρομφαίας. ¹¹καὶ τοῦτο ποιήσετε · πᾶν ἄρσεν καὶ πᾶσαν 11
γυναῖκα εἰδυῖαν κοίτην ἄρσενος ἀναθεματιεῖτε, τὰς δὲ παρ-
θένους περιποιήσεσθε. καὶ ἐποίησαν οὕτως. ¹²καὶ εὗρον ἀπὸ 12
οἰκούντων Ιαβις Γαλααδ τετρακοσίας νεάνιδας παρθένους, αἵ-
τινες οὐκ ἔγνωσαν ἄνδρα εἰς κοίτην ἄρσενος, καὶ ἤνεγκαν αὐτὰς
εἰς τὴν παρεμβολὴν εἰς Σηλων τὴν ἐν γῇ Χανααν. ¹³καὶ ἀπέστειλεν 13
πᾶσα ἡ συναγωγὴ καὶ ἐλάλησαν πρὸς τοὺς υἱοὺς Βενιαμιν ἐν τῇ
πέτρᾳ Ρεμμων καὶ ἐκάλεσαν αὐτοὺς εἰς εἰρήνην. ¹⁴καὶ ἐπέστρεψεν 14
Βενιαμιν πρὸς τοὺς υἱοὺς Ισραηλ ἐν τῷ καιρῷ ἐκείνῳ, καὶ ἔδωκαν

αὐτοῖς τὰς γυναῖκας, αἵτινες ἦσαν ἐκ τῶν γυναικῶν Ιαβις Γαλααδ · A
καὶ ἤρεσεν αὐτοῖς οὕτως.

15   ¹⁵ Καὶ ὁ λαὸς παρεκλήθη τῷ Βενιαμιν, ὅτι ἐποίησεν κύριος δια-
16 κοπὴν ἐν ταῖς φυλαῖς Ισραηλ. ¹⁶ καὶ εἶπαν οἱ πρεσβύτεροι τῆς
συναγωγῆς Τί ποιήσωμεν τοῖς ἐπιλοίποις εἰς γυναῖκας; ὅτι ἠφά-
17 νισται ἐκ τοῦ Βενιαμιν γυνή. ¹⁷ καὶ εἶπαν Κληρονομία διασεσῳ-
18 σμένη τῷ Βενιαμιν, καὶ οὐ μὴ ἐξαλειφθῇ φυλὴ ἐξ Ισραηλ · ¹⁸ καὶ
ἡμεῖς οὐ δυνησόμεθα δοῦναι αὐτοῖς γυναῖκας ἀπὸ τῶν θυγατέρων
ἡμῶν, ὅτι ὠμόσαμεν οἱ υἱοὶ Ισραηλ λέγοντες Ἐπικατάρατος ὁ
19 διδοὺς γυναῖκα τῷ Βενιαμιν. ¹⁹ καὶ εἶπαν Ἑορτὴ τῷ κυρίῳ ἐν Ση-
λω ἀφ᾽ ἡμερῶν εἰς ἡμέρας, ἥ ἐστιν ἀπὸ βορρᾶ τῆς Βαιθηλ κατ᾽
ἀνατολὰς ἡλίου ἐν τῇ ὁδῷ τῇ ἀναβαινούσῃ ἐκ Βαιθηλ εἰς Σικιμα
20 καὶ ἀπὸ νότου τοῦ Λιβάνου τῆς Λεβωνα. ²⁰ καὶ ἐνετείλαντο τοῖς
υἱοῖς Βενιαμιν λέγοντες Διέλθατε καὶ ἐνεδρεύσατε ἐν τοῖς ἀμπε-
21 λῶσιν · ²¹ καὶ ὄψεσθε καὶ ἰδοὺ ὡς ἂν ἐξέλθωσιν αἱ θυγατέρες τῶν
κατοικούντων Σηλω ἐν Σηλω χορεῦσαι ἐν χοροῖς, καὶ ἐξελεύσεσθε
ἀπὸ τῶν ἀμπελώνων καὶ ἁρπάσετε ἀνὴρ ἑαυτῷ γυναῖκα ἀπὸ τῶν
22 θυγατέρων Σηλω καὶ ἀπελεύσεσθε εἰς γῆν Βενιαμιν. ²² καὶ ἔσται
ὅταν ἔλθωσιν οἱ πατέρες αὐτῶν ἢ οἱ ἀδελφοὶ αὐτῶν κρίνεσθαι

21 εαυτοις γυναικας A†

αὐτοῖς οἱ υἱοὶ Ισραηλ τὰς γυναῖκας, ἃς ἐζωοποίησαν ἀπὸ τῶν θυ- B
γατέρων Ιαβις Γαλααδ · καὶ ἤρεσεν αὐτοῖς οὕτως.

15   ¹⁵ Καὶ ὁ λαὸς παρεκλήθη ἐπὶ τῷ Βενιαμιν, ὅτι ἐποίησεν κύριος
16 διακοπὴν ἐν ταῖς φυλαῖς Ισραηλ. ¹⁶ καὶ εἶπον οἱ πρεσβύτεροι τῆς
συναγωγῆς Τί ποιήσωμεν τοῖς περισσοῖς εἰς γυναῖκας; ὅτι ἠφα-
17 νίσθη ἀπὸ Βενιαμιν γυνή. ¹⁷ καὶ εἶπαν Κληρονομία διασῳζομένων
18 τῷ Βενιαμιν, καὶ οὐκ ἐξαλειφθήσεται φυλὴ ἀπὸ Ισραηλ · ¹⁸ ὅτι
ἡμεῖς οὐ δυνησόμεθα δοῦναι αὐτοῖς γυναῖκας ἀπὸ τῶν θυγατέρων
ἡμῶν, ὅτι ὠμόσαμεν ἐν υἱοῖς Ισραηλ λέγοντες Ἐπικατάρατος ὁ
19 διδοὺς γυναῖκα τῷ Βενιαμιν. ¹⁹ καὶ εἶπαν Ἰδοὺ δὴ ἑορτὴ κυρίου
ἐν Σηλων ἀφ᾽ ἡμερῶν εἰς ἡμέρας, ἥ ἐστιν ἀπὸ βορρᾶ τῆς Βαιθηλ
κατ᾽ ἀνατολὰς ἡλίου ἐπὶ τῆς ὁδοῦ τῆς ἀναβαινούσης ἀπὸ Βαιθηλ
20 εἰς Συχεμ καὶ ἀπὸ νότου τῆς Λεβωνα. ²⁰ καὶ ἐνετείλαντο τοῖς
υἱοῖς Βενιαμιν λέγοντες Πορεύεσθε ἐνεδρεύσατε ἐν τοῖς ἀμπε-
21 λῶσιν · ²¹ καὶ ὄψεσθε καὶ ἰδοὺ ἐὰν ἐξέλθωσιν αἱ θυγατέρες τῶν
οἰκούντων Σηλων χορεύειν ἐν τοῖς χοροῖς, καὶ ἐξελεύσεσθε
ἐκ τῶν ἀμπελώνων καὶ ἁρπάσατε ἑαυτοῖς ἀνὴρ γυναῖκα ἀπὸ τῶν
22 θυγατέρων Σηλων καὶ πορεύεσθε εἰς γῆν Βενιαμιν. ²² καὶ ἔσται
ὅταν ἔλθωσιν οἱ πατέρες αὐτῶν ἢ οἱ ἀδελφοὶ αὐτῶν κρίνεσθαι

A πρὸς ὑμᾶς, καὶ ἐροῦμεν πρὸς αὐτούς Ἐλεήσατε αὐτούς, ὅτι οὐκ
ἔλαβον ἀνὴρ γυναῖκα αὐτοῦ ἐν τῷ πολέμῳ · οὐ γὰρ ὑμεῖς δεδώ-
κατε αὐτοῖς · κατὰ τὸν καιρὸν ἐπλημμελήσατε. ²³καὶ ἐποίησαν οὕ- 23
τως οἱ υἱοὶ Βενιαμιν καὶ ἔλαβον γυναῖκας κατὰ τὸν ἀριθμὸν αὐ-
τῶν ἀπὸ τῶν χορευουσῶν, ἃς διήρπασαν · καὶ ἀπῆλθον καὶ ἀπέ-
στρεψαν ἐπὶ τὴν κληρονομίαν αὐτῶν καὶ ᾠκοδόμησαν ἑαυτοῖς πό-
λεις καὶ κατῴκησαν ἐν αὐταῖς. ²⁴καὶ περιεπάτησαν ἐκεῖθεν οἱ υἱοὶ 24
Ισραηλ ἐν τῷ καιρῷ ἐκείνῳ, ἀνὴρ εἰς τὴν φυλὴν αὐτοῦ καὶ εἰς
τὴν συγγένειαν αὐτοῦ, καὶ ἀπῆλθον ἐκεῖθεν, ἀνὴρ εἰς τὴν κληρονο-
μίαν αὐτοῦ. — ²⁵ἐν ταῖς ἡμέραις ἐκείναις οὐκ ἦν βασιλεὺς ἐν 25
Ισραηλ · ἀνὴρ ἕκαστος τὸ εὐθὲς ἐν ὀφθαλμοῖς αὐτοῦ ἐποίει.

    22 ελαβον *OL*†] -βομεν A† | δεδωκατε *OL*†] εδωκ. A | επλημμελησατε]
πλημμ. A†, της πλημμελειας και αμαρτημα ουκ εσται ημιν εν τω πραγματι
αλλα δικαιοσυνη ινα μη πορευθωσιν εν τοις εθνεσιν λαβειν εαυτοις γυναικας
απο των θυγατερων των εχθρων αυτων *L*† || 23 και απηλθον > A† ||
24 απηλθον *OᵛL*†] -θεν A*O*ᵖ†
    Subscr. κριται A

B πρὸς ὑμᾶς, καὶ ἐροῦμεν αὐτοῖς Ἔλεος ποιήσατε ἡμῖν αὐτάς, ὅτι
οὐκ ἐλάβομεν ἀνὴρ γυναῖκα αὐτοῦ ἐν τῇ παρατάξει, ὅτι οὐχ ὑμεῖς
ἐδώκατε αὐτοῖς · ὡς καιρὸς πλημμελήσατε. ²³καὶ ἐποίησαν οὕτως 23
οἱ υἱοὶ Βενιαμιν καὶ ἔλαβον γυναῖκας εἰς ἀριθμὸν αὐτῶν ἀπὸ τῶν
χορευουσῶν, ὧν ἥρπασαν · καὶ ἐπορεύθησαν καὶ ὑπέστρεψαν εἰς
τὴν κληρονομίαν αὐτῶν καὶ ᾠκοδόμησαν τὰς πόλεις καὶ ἐκάθισαν
ἐν αὐταῖς. ²⁴καὶ περιεπάτησαν ἐκεῖθεν οἱ υἱοὶ Ισραηλ ἐν τῷ καιρῷ 24
ἐκείνῳ, ἀνὴρ εἰς φυλὴν αὐτοῦ καὶ εἰς συγγένειαν αὐτοῦ, καὶ ἐξῆλ-
θον ἐκεῖθεν, ἀνὴρ εἰς κληρονομίαν αὐτοῦ. — ²⁵ἐν δὲ ταῖς ἡμέραις 25
ἐκείναις οὐκ ἦν βασιλεὺς ἐν Ισραηλ · ἀνὴρ τὸ εὐθὲς ἐνώπιον αὐ-
τοῦ ἐποίει.

    22 καιρος Ra.] κληρος B†: cf. Ps. 30 16
    Subscr. κριται B

ΡΟΥΘ

¹Καὶ ἐγένετο ἐν τῷ κρίνειν τοὺς κριτὰς καὶ ἐγένετο λιμὸς ἐν 1
τῇ γῇ, καὶ ἐπορεύθη ἀνὴρ ἀπὸ Βαιθλεεμ τῆς Ιουδα τοῦ παροικῆ-
σαι ἐν ἀγρῷ Μωαβ, αὐτὸς καὶ ἡ γυνὴ αὐτοῦ καὶ οἱ υἱοὶ αὐτοῦ.

Ruth: BA.

    1 1 εν τω] εν ταις ημεραις του M, pr. εν ταις ημεραις A† | βαιθλεεμ B†]
βηθ. A: item in 2, sed in 19. 22 2 4 4 11 etiam A† βαιθ.; cf. Gen. 48 7 Ios.
19 15 Regn. I 31 10 II 2 32 20 14 21 12. 19 etc. | οι] + δυο A (in *O* sub ※)

2 ²καὶ ὄνομα τῷ ἀνδρὶ Αβιμελεχ, καὶ ὄνομα τῇ γυναικὶ αὐτοῦ Νωε-
μιν, καὶ ὄνομα τοῖς δυσὶν υἱοῖς αὐτοῦ Μααλων καὶ Χελαιων, Εφρα-
θαῖοι ἐκ Βαιθλεεμ τῆς Ιουδα · καὶ ἤλθοσαν εἰς ἀγρὸν Μωαβ καὶ
3 ἦσαν ἐκεῖ. ³καὶ ἀπέθανεν Αβιμελεχ ὁ ἀνὴρ τῆς Νωεμιν, καὶ κατε-
4 λείφθη αὐτὴ καὶ οἱ δύο υἱοὶ αὐτῆς. ⁴καὶ ἐλάβοσαν ἑαυτοῖς γυναῖ-
κας Μωαβίτιδας, ὄνομα τῇ μιᾷ Ορφα, καὶ ὄνομα τῇ δευτέρᾳ Ρουθ ·
5 καὶ κατῴκησαν ἐκεῖ ὡς δέκα ἔτη. ⁵καὶ ἀπέθανον καί γε ἀμφότεροι,
Μααλων καὶ Χελαιων, καὶ κατελείφθη ἡ γυνὴ ἀπὸ τοῦ ἀνδρὸς
6 αὐτῆς καὶ ἀπὸ τῶν δύο υἱῶν αὐτῆς. ⁶καὶ ἀνέστη αὐτὴ καὶ αἱ δύο
νύμφαι αὐτῆς καὶ ἀπέστρεψαν ἐξ ἀγροῦ Μωαβ, ὅτι ἤκουσαν ἐν
ἀγρῷ Μωαβ ὅτι ἐπέσκεπται κύριος τὸν λαὸν αὐτοῦ δοῦναι αὐτοῖς
7 ἄρτους. ⁷καὶ ἐξῆλθεν ἐκ τοῦ τόπου, οὗ ἦν ἐκεῖ, καὶ αἱ δύο νύμφαι
αὐτῆς μετ' αὐτῆς · καὶ ἐπορεύοντο ἐν τῇ ὁδῷ τοῦ ἐπιστρέψαι εἰς
8 τὴν γῆν Ιουδα. ⁸καὶ εἶπεν Νωεμιν ταῖς νύμφαις αὐτῆς Πορεύεσθε
δὴ ἀποστράφητε ἑκάστη εἰς οἶκον μητρὸς αὐτῆς · ποιήσαι κύριος
μεθ' ὑμῶν ἔλεος, καθὼς ἐποιήσατε μετὰ τῶν τεθνηκότων καὶ μετ'
9 ἐμοῦ · ⁹δῴη κύριος ὑμῖν καὶ εὕροιτε ἀνάπαυσιν ἑκάστη ἐν οἴκῳ
ἀνδρὸς αὐτῆς. καὶ κατεφίλησεν αὐτάς, καὶ ἐπῆραν τὴν φωνὴν αὐ-
10 τῶν καὶ ἔκλαυσαν. ¹⁰καὶ εἶπαν αὐτῇ Μετὰ σοῦ ἐπιστρέφομεν εἰς
11 τὸν λαόν σου. ¹¹καὶ εἶπεν Νωεμιν 'Επιστράφητε δή, θυγατέρες
μου · καὶ ἵνα τί πορεύεσθε μετ' ἐμοῦ ; μὴ ἔτι μοι υἱοὶ ἐν τῇ κοι-
12 λίᾳ μου καὶ ἔσονται ὑμῖν εἰς ἄνδρας ; ¹²ἐπιστράφητε δή, θυγατέ-
ρες μου, διότι γεγήρακα τοῦ μὴ εἶναι ἀνδρί · ὅτι εἶπα ὅτι ἔστιν
13 μοι ὑπόστασις τοῦ γενηθῆναί με ἀνδρὶ καὶ τέξομαι υἱούς, ¹³μὴ
αὐτοὺς προσδέξεσθε ἕως οὗ ἁδρυνθῶσιν ; ἢ αὐτοῖς κατασχεθή-
σεσθε τοῦ μὴ γενέσθαι ἀνδρί ; μὴ δή, θυγατέρες μου, ὅτι ἐπικράνθη
14 μοι ὑπὲρ ὑμᾶς ὅτι ἐξῆλθεν ἐν ἐμοὶ χεὶρ κυρίου. ¹⁴καὶ ἐπῆραν τὴν
φωνὴν αὐτῶν καὶ ἔκλαυσαν ἔτι· καὶ κατεφίλησεν Ορφα τὴν πενθερὰν
αὐτῆς καὶ ἐπέστρεψεν εἰς τὸν λαὸν αὐτῆς, Ρουθ δὲ ἠκολούθησεν
15 αὐτῇ. ¹⁵καὶ εἶπεν Νωεμιν πρὸς Ρουθ 'Ιδοὺ ἀνέστρεψεν ἡ σύννυμφός
σου πρὸς λαὸν αὐτῆς καὶ πρὸς τοὺς θεοὺς αὐτῆς· ἐπιστράφητι δὴ
16 καὶ σὺ ὀπίσω τῆς συννύμφου σου. ¹⁶εἶπεν δὲ Ρουθ Μὴ ἀπαντῆσαι ἐμοὶ

2 αβιμελεχ] ελιμ. Ο, αλιμ. A✝: item in 3 23, sed in 2 1 43.9 etiam A αβι-
μελεχ | και 2⁰ — νωεμιν] > B, in Ο sub ✳ | νωεμ(ε)ιν: sic B uel B✝ (in 1 2
deficiens) ubique nec non A✝ in 2 1 43.17, sed ceteris locis fluctuat A inter
νοεμμει 13, νοομμει 18 22.22 31 45.9, νοεμμειν 12.15.18, νοομμειν 111.
19—22 26.20 bis 414.16 | χελαιων] κελ. B✝, sed in 5 49 etiam B χελ. ‖
5 απεθαναν A✝ | και γε > A⁽✝⁾ ‖ 6 απεστρεψαν] επ- A ‖ 7 εξηλθεν] -θαν
A✝ | την > A ‖ 8 ταις] + δυσι A (in Ο sub ✳) | πορευθητε A | οικον] pr.
τον A | μητρος] του πατρος A⁽✝⁾ ‖ 9 δωη] δω A✝ | ευρηται(pro -τε) A ‖
10 επιστρεψωμεν A ‖ 11 μου 1⁰] + πορευθηται(pro -τε) A✝: πορευθητε add.
Ο✝ sub ✳ post 12 μου, A✝ uerbum falso loco inseruit, cf. Regn. II 17 12 ‖
13 μοι] + σφοδρα A Ο(sub ✳)✝ ‖ 15 η > B✝

τοῦ καταλιπεῖν σε ἢ ἀποστρέψαι ὄπισθέν σου· ὅτι σὺ ὅπου ἐὰν
πορευθῇς, πορεύσομαι, καὶ οὗ ἐὰν αὐλισθῇς, αὐλισθήσομαι· ὁ λαός
σου λαός μου, καὶ ὁ θεός σου θεός μου· ¹⁷καὶ οὗ ἐὰν ἀποθάνῃς, 17
ἀποθανοῦμαι κἀκεῖ ταφήσομαι· τάδε ποιῆσαι μοι κύριος καὶ τάδε
προσθείη, ὅτι θάνατος διαστελεῖ ἀνὰ μέσον ἐμοῦ καὶ σοῦ. ¹⁸ἰδοῦσα 18
δὲ Νωεμιν ὅτι κραταιοῦται αὐτὴ τοῦ πορεύεσθαι μετ' αὐτῆς, ἐκό-
πασεν τοῦ λαλῆσαι πρὸς αὐτὴν ἔτι. ¹⁹ἐπορεύθησαν δὲ ἀμφότεραι 19
ἕως τοῦ παραγενέσθαι αὐτὰς εἰς Βαιθλεεμ. καὶ ἤχησεν πᾶσα ἡ
πόλις ἐπ' αὐταῖς καὶ εἶπον Αὕτη ἐστὶν Νωεμιν; ²⁰καὶ εἶπεν πρὸς 20
αὐτάς Μὴ δὴ καλεῖτέ με Νωεμιν, καλέσατέ με Πικράν, ὅτι ἐπικράν-
θη ἐν ἐμοὶ ὁ ἱκανὸς σφόδρα· ²¹ἐγὼ πλήρης ἐπορεύθην, καὶ κενὴν 21
ἀπέστρεψέν με ὁ κύριος· καὶ ἵνα τί καλεῖτέ με Νωεμιν; καὶ κύριος
ἐταπείνωσέν με, καὶ ὁ ἱκανὸς ἐκάκωσέν με. ²²καὶ ἐπέστρεψεν Νωε- 22
μιν καὶ Ρουθ ἡ Μωαβῖτις ἡ νύμφη αὐτῆς ἐπιστρέφουσα ἐξ ἀγροῦ
Μωαβ· αὐταὶ δὲ παρεγενήθησαν εἰς Βαιθλεεμ ἐν ἀρχῇ θερισμοῦ
κριθῶν.

¹Καὶ τῇ Νωεμιν ἀνὴρ γνώριμος τῷ ἀνδρὶ αὐτῆς· ὁ δὲ ἀνὴρ 2
δυνατὸς ἰσχύι ἐκ τῆς συγγενείας Αβιμελεχ, καὶ ὄνομα αὐτῷ Βοος.
²καὶ εἶπεν Ρουθ ἡ Μωαβῖτις πρὸς Νωεμιν Πορευθῶ δὴ εἰς ἀγρὸν 2
καὶ συνάξω ἐν τοῖς στάχυσιν κατόπισθεν οὗ ἐὰν εὕρω χάριν ἐν
ὀφθαλμοῖς αὐτοῦ. εἶπεν δὲ αὐτῇ Πορεύου, θύγατερ. ³καὶ ἐπορεύθη 3
καὶ συνέλεξεν ἐν τῷ ἀγρῷ κατόπισθεν τῶν θεριζόντων· καὶ περι-
έπεσεν περιπτώματι τῇ μερίδι τοῦ ἀγροῦ Βοος τοῦ ἐκ συγγενείας
Αβιμελεχ. ⁴καὶ ἰδοὺ Βοος ἦλθεν ἐκ Βαιθλεεμ καὶ εἶπεν τοῖς θερί- 4
ζουσιν Κύριος μεθ' ὑμῶν· καὶ εἶπον αὐτῷ Εὐλογήσαι σε κύριος.
⁵καὶ εἶπεν Βοος τῷ παιδαρίῳ αὐτοῦ τῷ ἐφεστῶτι ἐπὶ τοὺς θερί- 5
ζοντας Τίνος ἡ νεᾶνις αὕτη; ⁶καὶ ἀπεκρίθη τὸ παιδάριον τὸ ἐφε- 6
στὸς ἐπὶ τοὺς θερίζοντας καὶ εἶπεν Ἡ παῖς ἡ Μωαβῖτίς ἐστιν ἡ
ἀποστραφεῖσα μετὰ Νωεμιν ἐξ ἀγροῦ Μωαβ ⁷καὶ εἶπεν Συλλέξω 7
δὴ καὶ συνάξω ἐν τοῖς δράγμασιν ὄπισθεν τῶν θεριζόντων· καὶ
ἦλθεν καὶ ἔστη ἀπὸ πρωίθεν καὶ ἕως ἑσπέρας, οὐ κατέπαυσεν ἐν
τῷ ἀγρῷ μικρόν. ⁸καὶ εἶπεν Βοος πρὸς Ρουθ Οὐκ ἤκουσας, θύγα- 8
τερ; μὴ πορευθῇς ἐν ἀγρῷ συλλέξαι ἑτέρῳ, καὶ σὺ οὐ πορεύσῃ
ἐντεῦθεν· ὧδε κολλήθητι μετὰ τῶν κορασίων μου· ⁹οἱ ὀφθαλμοί 9
σου εἰς τὸν ἀγρόν, οὗ ἐὰν θερίζωσιν, καὶ πορεύσῃ κατόπισθεν αὐ-
τῶν· ἰδοὺ ἐνετειλάμην τοῖς παιδαρίοις τοῦ μὴ ἅψασθαί σου· καὶ

16 συ > A || 17 μοι κυριος] tr. A O⁺ || 19 αυταις Μ] -της Β⁺, -τη A |
αὕτη] αὐτῇ τί A⁺ || 20 δη > A | πικριαν A || 21 και ult. — fin. > A⁺ ||
22 αυτης] + μετ αυτης A (in O sub ※)
2 1 ισχυι] pr. εν A⁺ || 2 θυγατερ Μ] -τηρ ΒΑ: item ΒΑ in 22 3 1, Β in
2 8, A in 3 16, sed -τερ Β in 3 10. 11. 16. 18, A in 2 8 3 10. 11. 18 || 3 και
2⁰] + ελθουσα A | κατοπισθεν] κατ > A⁺ | συγγεν.] pr. της A || 5 αυτου
> A⁺ || 8 εν αγρω / συλλεξαι Β⁽⁺⁾] tr. A

ὅ τι διψήσεις, καὶ πορευθήσῃ εἰς τὰ σκεύη καὶ πίεσαι ὅθεν ἂν
10 ὑδρεύωνται τὰ παιδάρια. ¹⁰καὶ ἔπεσεν ἐπὶ πρόσωπον αὐτῆς καὶ
προσεκύνησεν ἐπὶ τὴν γῆν καὶ εἶπεν πρὸς αὐτόν Τί ὅτι εὗρον χά-
11 ριν ἐν ὀφθαλμοῖς σου τοῦ ἐπιγνῶναί με; καὶ ἐγώ εἰμι ξένη. ¹¹καὶ
ἀπεκρίθη Βοος καὶ εἶπεν αὐτῇ Ἀπαγγελίᾳ ἀπηγγέλη μοι ὅσα πε-
ποίηκας μετὰ τῆς πενθερᾶς σου μετὰ τὸ ἀποθανεῖν τὸν ἄνδρα
σου καὶ πῶς κατέλιπες τὸν πατέρα σου καὶ τὴν μητέρα σου καὶ
τὴν γῆν γενέσεώς σου καὶ ἐπορεύθης πρὸς λαὸν ὃν οὐκ ᾔδεις
12 ἐχθὲς καὶ τρίτης · ¹²ἀποτείσαι κύριος τὴν ἐργασίαν σου, καὶ γέ-
νοιτο ὁ μισθός σου πλήρης παρὰ κυρίου θεοῦ Ισραηλ, πρὸς ὃν
13 ἦλθες πεποιθέναι ὑπὸ τὰς πτέρυγας αὐτοῦ. ¹³ἡ δὲ εἶπεν Εὕροιμι
χάριν ἐν ὀφθαλμοῖς σου, κύριε, ὅτι παρεκάλεσάς με καὶ ὅτι ἐλά-
λησας ἐπὶ καρδίαν τῆς δούλης σου, καὶ ἰδοὺ ἐγὼ ἔσομαι ὡς μία
14 τῶν παιδισκῶν σου. ¹⁴καὶ εἶπεν αὐτῇ Βοος Ἤδη ὥρᾳ τοῦ φαγεῖν
πρόσελθε ὧδε καὶ φάγεσαι τῶν ἄρτων καὶ βάψεις τὸν ψωμόν σου
ἐν τῷ ὄξει. καὶ ἐκάθισεν Ρουθ ἐκ πλαγίων τῶν θεριζόντων, καὶ
ἐβούνισεν αὐτῇ Βοος ἄλφιτον, καὶ ἔφαγεν καὶ ἐνεπλήσθη καὶ κατ-
15 έλιπεν. ¹⁵καὶ ἀνέστη τοῦ συλλέγειν, καὶ ἐνετείλατο Βοος τοῖς παι-
δαρίοις αὐτοῦ λέγων Καί γε ἀνὰ μέσον τῶν δραγμάτων συλλεγέτω,
16 καὶ μὴ καταισχύνητε αὐτήν · ¹⁶καὶ βαστάζοντες βαστάξατε αὐτῇ
καί γε παραβάλλοντες παραβαλεῖτε αὐτῇ ἐκ τῶν βεβουνισμένων,
17 καὶ ἄφετε καὶ συλλέξει, καὶ οὐκ ἐπιτιμήσετε αὐτῇ. ¹⁷καὶ συνέλεξεν
ἐν τῷ ἀγρῷ ἕως ἑσπέρας · καὶ ἐρράβδισεν ἃ συνέλεξεν, καὶ ἐγε-
18 νήθη ὡς οιφι κριθῶν. ¹⁸καὶ ἦρεν καὶ εἰσῆλθεν εἰς τὴν πόλιν, καὶ
εἶδεν ἡ πενθερὰ αὐτῆς ἃ συνέλεξεν, καὶ ἐξενέγκασα Ρουθ ἔδωκεν
19 αὐτῇ ἃ κατέλιπεν ἐξ ὧν ἐνεπλήσθη. ¹⁹καὶ εἶπεν αὐτῇ ἡ πενθερὰ
αὐτῆς Ποῦ συνέλεξας σήμερον καὶ ποῦ ἐποίησας ; εἴη ὁ ἐπιγνούς
σε εὐλογημένος. καὶ ἀπήγγειλεν Ρουθ τῇ πενθερᾷ αὐτῆς ποῦ ἐποί-
ησεν, καὶ εἶπεν Τὸ ὄνομα τοῦ ἀνδρός, μεθ᾽ οὗ ἐποίησα σήμερον,
20 Βοος. ²⁰καὶ εἶπεν Νωεμιν τῇ νύμφῃ αὐτῆς Εὐλογητός ἐστιν τῷ
κυρίῳ, ὅτι οὐκ ἐγκατέλιπεν τὸ ἔλεος αὐτοῦ μετὰ τῶν ζώντων καὶ
μετὰ τῶν τεθνηκότων. καὶ εἶπεν ωὐτῇ Νωεμιν Ἐγγίζει ἡμῖν ὁ
21 ἀνήρ, ἐκ τῶν ἀγχιστευόντων ἡμᾶς ἐστιν. ²¹καὶ εἶπεν Ρουθ πρὸς
τὴν πενθερὰν αὐτῆς. Καί γε ὅτι εἶπεν πρός με Μετὰ τῶν παιδα-
ρίων μου προσκολλήθητι, ἕως ἂν τελέσωσιν ὅλον τὸν ἀμητόν, ὃς
22 ὑπάρχει μοι. ²²καὶ εἶπεν Νωεμιν πρὸς Ρουθ τὴν νύμφην αὐτῆς

10 προσεκυν.] + επι προσωπον Α† | ειπεν προς αυτον] προσεκυνησεν αυτον
και ειπεν Α† ‖ 11 οσα] pr. παντα ΑΟ(sub ※)† ‖ 12 και > Β† ‖ 13 κυ-
ριε] + μου Α ‖ 14 εν > Β*† ‖ 15 βοος] βοοΖ Α hic et in 4 8: = Ο; sed
ceteris locis etiam Α βοος ‖ 16 αυτη 1⁰] -την Α | αφετε] φαγεται Β ‖
19 ευλογημ.] + οτι εχορτασεν ψυχην κενην καθως εποιησεν μεθ ου εποιησεν
L†: cf. Ps. 106 9 | απηγγειλεν] ανηγγ. Β† ‖ 21 μου] των εμων Α | προσ-
κολλ.] προσ > Β†

Ἀγαθόν, θύγατερ, ὅτι ἐπορεύθης μετὰ τῶν κορασίων αὐτοῦ, καὶ
οὐκ ἀπαντήσονταί σοι ἐν ἀγρῷ ἑτέρῳ. ²³καὶ προσεκολλήθη Ρουθ 23
τοῖς κορασίοις Βοος συλλέγειν ἕως οὗ συνετέλεσεν τὸν θερισμὸν
τῶν κριθῶν καὶ τῶν πυρῶν. καὶ ἐκάθισεν μετὰ τῆς πενθερᾶς αὐτῆς.
¹Εἶπεν δὲ αὐτῇ Νωεμιν ἡ πενθερὰ αὐτῆς Θύγατερ, οὐ μὴ ζητήσω 3
σοι ἀνάπαυσιν, ἵνα εὖ γένηταί σοι; ²καὶ νῦν οὐχὶ Βοος γνώριμος 2
ἡμῶν, οὗ ἦς μετὰ τῶν κορασίων αὐτοῦ; ἰδοὺ αὐτὸς λικμᾷ τὸν
ἅλωνα τῶν κριθῶν ταύτῃ τῇ νυκτί. ³σὺ δὲ λούσῃ καὶ ἀλείψῃ καὶ 3
περιθήσεις τὸν ἱματισμόν σου ἐπὶ σεαυτῇ καὶ ἀναβήσῃ ἐπὶ τὸν
ἅλω · μὴ γνωρισθῇς τῷ ἀνδρὶ ἕως οὗ συντελέσαι αὐτὸν πιεῖν καὶ
φαγεῖν · ⁴καὶ ἔσται ἐν τῷ κοιμηθῆναι αὐτόν, καὶ γνώσῃ τὸν τόπον, 4
ὅπου κοιμᾶται ἐκεῖ, καὶ ἐλεύσῃ καὶ ἀποκαλύψεις τὰ πρὸς ποδῶν
αὐτοῦ καὶ κοιμηθήσῃ, καὶ αὐτὸς ἀπαγγελεῖ σοι ἃ ποιήσεις. ⁵εἶπεν 5
δὲ Ρουθ πρὸς αὐτήν Πάντα, ὅσα ἐὰν εἴπῃς, ποιήσω. ⁶καὶ κατέβη 6
εἰς τὸν ἅλω καὶ ἐποίησεν κατὰ πάντα, ὅσα ἐνετείλατο αὐτῇ ἡ πεν-
θερὰ αὐτῆς. ⁷καὶ ἔφαγεν Βοος, καὶ ἠγαθύνθη ἡ καρδία αὐτοῦ, καὶ 7
ἦλθεν κοιμηθῆναι ἐν μερίδι τῆς στοιβῆς · ἡ δὲ ἦλθεν κρυφῇ καὶ
ἀπεκάλυψεν τὰ πρὸς ποδῶν αὐτοῦ. ⁸ἐγένετο δὲ ἐν τῷ μεσονυκτίῳ 8
καὶ ἐξέστη ὁ ἀνὴρ καὶ ἐταράχθη, καὶ ἰδοὺ γυνὴ κοιμᾶται πρὸς πο-
δῶν αὐτοῦ. ⁹εἶπεν δέ Τίς εἶ σύ; ἡ δὲ εἶπεν Ἐγώ εἰμι Ρουθ ἡ 9
δούλη σου, καὶ περιβαλεῖς τὸ πτερύγιόν σου ἐπὶ τὴν δούλην σου,
ὅτι ἀγχιστεὺς εἶ σύ. ¹⁰καὶ εἶπεν Βοος Εὐλογημένη σὺ τῷ κυρίῳ 10
θεῷ, θύγατερ, ὅτι ἠγάθυνας τὸ ἔλεός σου τὸ ἔσχατον ὑπὲρ τὸ πρῶ-
τον, τὸ μὴ πορευθῆναί σε ὀπίσω νεανιῶν, εἴτοι πτωχὸς εἴτοι πλού-
σιος. ¹¹καὶ νῦν, θύγατερ, μὴ φοβοῦ · πάντα, ὅσα ἐὰν εἴπῃς, ποιήσω 11
σοι · οἶδεν γὰρ πᾶσα φυλὴ λαοῦ μου ὅτι γυνὴ δυνάμεως εἶ σύ,
¹²καὶ ὅτι ἀληθῶς ἀγχιστεὺς ἐγώ εἰμι, καί γε ἔστιν ἀγχιστεὺς ἐγ- 12
γίων ὑπὲρ ἐμέ. ¹³αὐλίσθητι τὴν νύκτα, καὶ ἔσται τὸ πρωί, ἐὰν 13
ἀγχιστεύσῃ σε, ἀγαθόν, ἀγχιστευέτω · ἐὰν δὲ μὴ βούληται ἀγχι-
στεῦσαί σε, ἀγχιστεύσω σε ἐγώ, ζῇ κύριος · κοιμήθητι ἕως πρωί.
¹⁴καὶ ἐκοιμήθη πρὸς ποδῶν αὐτοῦ ἕως πρωί. ἡ δὲ ἀνέστη πρὸ τοῦ 14
ἐπιγνῶναι ἄνδρα τὸν πλησίον αὐτοῦ · καὶ εἶπεν Βοος Μὴ γνω-
σθήτω ὅτι ἦλθεν γυνὴ εἰς τὸν ἅλωνα. ¹⁵καὶ εἶπεν αὐτῇ Φέρε τὸ 15
περίζωμα τὸ ἐπάνω σου. καὶ ἐκράτησεν αὐτό, καὶ ἐμέτρησεν ἓξ
κριθῶν καὶ ἐπέθηκεν ἐπ᾽ αὐτήν · καὶ εἰσῆλθεν εἰς τὴν πόλιν. ¹⁶καὶ 16

23 και 2⁰] + τον θερισμον A O(sub ※)†
31 αυτη νωεμιν η πενθ.] νοομμει(cf. 1 2) τη νυμφη A† | ζητησω] ευρω A†
|| 3 αλειψη] + και χρισῃ μυρου L† | περιθησει(pro -ση) A | σεαυτη] σε B† |
πιειν .. φαγειν] tr. A || 4 οπου] ου A || 7 και 2⁰] pr. και επιεν A (in O
sub ※) | κρυβη A† | fin. B†] + και εκαθευδεν A Oᵖ†, + και εκοιμηθη rel. (in
Sy sub ※) || 8 εξεστη] εξανεστη A || 10 θεω > A | σε > B* || 11 φυ-
λη: ex πυλη corruptum? cf. 4 10 || 13 κυριος] + συ ει κυριος B† || 14 τον
αλωνα compl. (cf. 2)] την αλωνα B, τον αλω A (cf. 3)

Ρουθ εἰσῆλθεν πρὸς τὴν πενθερὰν αὐτῆς · ἡ δὲ εἶπεν Τίς εἶ, θύ-
17 γατερ · καὶ εἶπεν αὐτῇ πάντα, ὅσα ἐποίησεν αὐτῇ ὁ ἀνήρ. ¹⁷καὶ
εἶπεν αὐτῇ Τὰ ἐξ τῶν κριθῶν ταῦτα ἔδωκέν μοι, ὅτι εἶπεν πρός
18 με Μὴ εἰσέλθῃς κενὴ πρὸς τὴν πενθεράν σου. ¹⁸ἡ δὲ εἶπεν Κάθου,
θύγατερ, ἕως τοῦ ἐπιγνῶναί σε πῶς οὐ πεσεῖται ῥῆμα · οὐ γὰρ
μὴ ἡσυχάσῃ ὁ ἀνήρ, ἕως ἂν τελέσῃ τὸ ῥῆμα σήμερον.
4   ¹Καὶ Βοος ἀνέβη ἐπὶ τὴν πύλην καὶ ἐκάθισεν ἐκεῖ, καὶ ἰδοὺ ὁ
ἀγχιστευτὴς παρεπορεύετο, ὃν εἶπεν Βοος. καὶ εἶπεν πρὸς αὐτὸν
Βοος Ἐκκλίνας κάθισον ὧδε, κρύφιε · καὶ ἐξέκλινεν καὶ ἐκάθισεν.
2 ²καὶ ἔλαβεν Βοος δέκα ἄνδρας ἀπὸ τῶν πρεσβυτέρων τῆς πόλεως
3 καὶ εἶπεν Καθίσατε ὧδε · καὶ ἐκάθισαν. ³καὶ εἶπεν Βοος τῷ ἀγ-
χιστεῖ Τὴν μερίδα τοῦ ἀγροῦ, ἥ ἐστιν τοῦ ἀδελφοῦ ἡμῶν τοῦ
Αβιμελεχ, ἣ δέδοται Νωεμιν τῇ ἐπιστρεφούσῃ ἐξ ἀγροῦ Μωαβ,
4 ⁴κἀγὼ εἶπα Ἀποκαλύψω τὸ οὖς σου λέγων Κτῆσαι ἐναντίον τῶν
καθημένων καὶ ἐναντίον τῶν πρεσβυτέρων τοῦ λαοῦ μου · εἰ ἀγ-
χιστεύεις, ἀγχίστευε · εἰ δὲ μὴ ἀγχιστεύεις, ἀνάγγειλόν μοι καὶ
γνώσομαι · ὅτι οὐκ ἔστιν πάρεξ σοῦ τοῦ ἀγχιστεῦσαι, κἀγώ εἰμι
5 μετὰ σέ. ὁ δὲ εἶπεν Ἐγώ εἰμι ἀγχιστεύσω. ⁵καὶ εἶπεν Βοος Ἐν
ἡμέρᾳ τοῦ κτήσασθαί σε τὸν ἀγρὸν ἐκ χειρὸς Νωεμιν καὶ παρὰ
Ρουθ τῆς Μωαβίτιδος γυναικὸς τοῦ τεθνηκότος, καὶ αὐτὴν κτή-
σασθαί σε δεῖ ὥστε ἀναστῆσαι τὸ ὄνομα τοῦ τεθνηκότος ἐπὶ τῆς
6 κληρονομίας αὐτοῦ. ⁶καὶ εἶπεν ὁ ἀγχιστεύς Οὐ δυνήσομαι ἀγχι-
στεῦσαι ἐμαυτῷ, μήποτε διαφθείρω τὴν κληρονομίαν μου · ἀγχί-
στευσον σεαυτῷ τὴν ἀγχιστείαν μου, ὅτι οὐ δυνήσομαι ἀγχιστεῦ-
7 σαι. ⁷καὶ τοῦτο τὸ δικαίωμα ἔμπροσθεν ἐν τῷ Ισραηλ ἐπὶ τὴν ἀγ-
χιστείαν καὶ ἐπὶ τὸ ἀντάλλαγμα τοῦ στῆσαι πᾶν λόγον, καὶ ὑπε-
λύετο ὁ ἀνὴρ τὸ ὑπόδημα αὐτοῦ καὶ ἐδίδου τῷ πλησίον αὐτοῦ
τῷ ἀγχιστεύοντι τὴν ἀγχιστείαν αὐτοῦ, καὶ τοῦτο ἦν μαρτύριον ἐν
8 Ισραηλ. ⁸καὶ εἶπεν ὁ ἀγχιστεὺς τῷ Βοος Κτῆσαι σεαυτῷ τὴν ἀγ-
χιστείαν μου · καὶ ὑπελύσατο τὸ ὑπόδημα αὐτοῦ καὶ ἔδωκεν αὐτῷ.
9 ⁹καὶ εἶπεν Βοος τοῖς πρεσβυτέροις καὶ παντὶ τῷ λαῷ Μάρτυρες
ὑμεῖς σήμερον ὅτι κέκτημαι πάντα τὰ τοῦ Αβιμελεχ καὶ πάντα,
ὅσα ὑπάρχει τῷ Χελαιων καὶ τῷ Μααλων, ἐκ χειρὸς Νωεμιν ·
10 ¹⁰καί γε Ρουθ τὴν Μωαβῖτιν τὴν γυναῖκα Μααλων κέκτημαι ἐμαυ-
τῷ εἰς γυναῖκα τοῦ ἀναστῆσαι τὸ ὄνομα τοῦ τεθνηκότος ἐπὶ τῆς
κληρονομίας αὐτοῦ, καὶ οὐκ ἐξολεθρευθήσεται τὸ ὄνομα τοῦ τεθνη-
κότος ἐκ τῶν ἀδελφῶν αὐτοῦ καὶ ἐκ τῆς φυλῆς λαοῦ αὐτοῦ ·

16 τις ει] αυτη Β†
41 κρυφιε] -φη Α† ‖ 3 τω αγχιστει > Α† | η 10] ητις Α† ‖ 5 αναστη-
σαι] -ησασθαι σε Α† ‖ 7 εν τω > Α† | παν (cf. Iud. 7 4 Β)] τον Α | τω
αγχιστευοντι > Α† ‖ 9 βοος > Α† ‖ 10 φυλης: ex πυλης? cf. 3 11 | λα-
ου] pr. του Α

μάρτυρες ὑμεῖς σήμερον. ¹¹καὶ εἴποσαν πᾶς ὁ λαὸς οἱ ἐν τῇ πύλῃ 11
Μάρτυρες. καὶ οἱ πρεσβύτεροι εἴποσαν Δῴη κύριος τὴν γυναῖκά
σου τὴν εἰσπορευομένην εἰς τὸν οἶκόν σου ὡς Ραχηλ καὶ ὡς Λει-
αν, αἳ ᾠκοδόμησαν ἀμφότεραι τὸν οἶκον Ισραηλ καὶ ἐποίησαν δύ-
ναμιν ἐν Εφραθα, καὶ ἔσται ὄνομα ἐν Βαιθλεεμ · ¹²καὶ γένοιτο ὁ 12
οἶκός σου ὡς ὁ οἶκος Φαρες, ὃν ἔτεκεν Θαμαρ τῷ Ιουδα, ἐκ τοῦ
σπέρματος, οὗ δώσει κύριός σοι ἐκ τῆς παιδίσκης ταύτης. ¹³καὶ 13
ἔλαβεν Βοος τὴν Ρουθ, καὶ ἐγενήθη αὐτῷ εἰς γυναῖκα, καὶ εἰσῆλθεν
πρὸς αὐτήν, καὶ ἔδωκεν αὐτῇ κύριος κύησιν, καὶ ἔτεκεν υἱόν. ¹⁴καὶ εἶ- 14
παν αἱ γυναῖκες πρὸς Νωεμιν Εὐλογητὸς κύριος, ὃς οὐ κατέλυσέ σοι
σήμερον τὸν ἀγχιστέα, καὶ καλέσαι τὸ ὄνομά σου ἐν Ισραηλ, ¹⁵καὶ 15
ἔσται σοι εἰς ἐπιστρέφοντα ψυχὴν καὶ τοῦ διαθρέψαι τὴν πολιάν σου,
ὅτι ἡ νύμφη σου ἡ ἀγαπήσασά σε ἔτεκεν αὐτόν, ἥ ἐστιν ἀγαθή σοι
ὑπὲρ ἑπτὰ υἱούς. ¹⁶καὶ ἔλαβεν Νωεμιν τὸ παιδίον καὶ ἔθηκεν εἰς 16
τὸν κόλπον αὐτῆς καὶ ἐγενήθη αὐτῷ εἰς τιθηνόν. ¹⁷καὶ ἐκάλεσαν 17
αὐτοῦ αἱ γείτονες ὄνομα λέγουσαι Ἐτέχθη υἱὸς τῇ Νωεμιν · καὶ
ἐκάλεσαν τὸ ὄνομα αὐτοῦ Ωβηδ · οὗτος πατὴρ Ιεσσαι πατρὸς Δαυιδ.

¹⁸Καὶ αὗται αἱ γενέσεις Φαρες · Φαρες ἐγέννησεν τὸν Εσρων, 18
¹⁹Εσρων δὲ ἐγέννησεν τὸν Αρραν, καὶ Αρραν ἐγέννησεν τὸν Αμι- 19
ναδαβ, ²⁰καὶ Αμιναδαβ ἐγέννησεν τὸν Ναασσων, καὶ Ναασσων 20
ἐγέννησεν τὸν Σαλμαν, ²¹καὶ Σαλμαν ἐγέννησεν τὸν Βοος, καὶ Βοος 21
ἐγέννησεν τὸν Ωβηδ, ²²καὶ Ωβηδ ἐγέννησεν τὸν Ιεσσαι, καὶ Ιεσσαι 22
ἐγέννησεν τὸν Δαυιδ.

11 ισραηλ] pr. του B† | εποιησαν] ποιησαι AOL† || 13 και 2⁰ ⌢ 4⁰ B† |
ετενηθη] -νετο A | αυτη / κυρ. κυησιν] tr. A† | ετεκεν] εγεννησεν A† || 15 σου
2⁰ > B† || 16 εθηκεν] + αυτο A (in O sub ※) || 18 εσρων B⁽†⁾] -ωμ A,
sed in 19 A -ων || 19 εσρων δε B†] δε > A†, και εσρ. (uel sim.) rel. | αρ-
ραν bis BA†] αραμ rel.: cf. Matth. 1 3.4 | και αρραν] α. δε A† || 20 σαλμαν]
-μων A: item in 21, cf. Matth. 1 4.5 || 22 fin.] + τον βασιλεα A†: ex Matth. 1 6
Subscr. ρουθ B, τελος της ρουθ A

ΒΑΣΙΛΕΙΩΝ Α'

1 ¹ Ἄνθρωπος ἦν ἐξ Αρμαθαιμ Σιφα ἐξ ὄρους Εφραιμ, καὶ ὄνομα
αὐτῷ Ελκανα υἱὸς Ιερεμεηλ υἱοῦ Ηλιου υἱοῦ Θοκε ἐν Νασιβ Εφραιμ.
2 ² καὶ τούτῳ δύο γυναῖκες · ὄνομα τῇ μιᾷ Αννα, καὶ ὄνομα τῇ δευ-
τέρᾳ Φεννανα · καὶ ἦν τῇ Φεννανα παιδία, καὶ τῇ Αννα οὐκ ἦν
3 παιδίον. ³ καὶ ἀνέβαινεν ὁ ἄνθρωπος ἐξ ἡμερῶν εἰς ἡμέρας ἐκ πό-
λεως αὐτοῦ ἐξ Αρμαθαιμ προσκυνεῖν καὶ θύειν τῷ κυρίῳ θεῷ σα-
βαωθ εἰς Σηλω · καὶ ἐκεῖ Ηλι καὶ οἱ δύο υἱοὶ αὐτοῦ Οφνι καὶ Φι-
4 νεες ἱερεῖς τοῦ κυρίου. ⁴ καὶ ἐγενήθη ἡμέρᾳ καὶ ἔθυσεν Ελκανα καὶ
ἔδωκεν τῇ Φεννανα γυναικὶ αὐτοῦ καὶ τοῖς υἱοῖς αὐτῆς καὶ ταῖς
5 θυγατράσιν αὐτῆς μερίδας · ⁵ καὶ τῇ Αννα ἔδωκεν μερίδα μίαν, ὅτι
οὐκ ἦν αὐτῇ παιδίον · πλὴν ὅτι τὴν Ανναν ἠγάπα Ελκανα ὑπὲρ
6 ταύτην, καὶ κύριος ἀπέκλεισεν τὰ περὶ τὴν μήτραν αὐτῆς · ⁶ ὅτι
οὐκ ἔδωκεν αὐτῇ κύριος παιδίον κατὰ τὴν θλῖψιν αὐτῆς καὶ κατὰ
τὴν ἀθυμίαν τῆς θλίψεως αὐτῆς, καὶ ἠθύμει διὰ τοῦτο, ὅτι συν-
έκλεισεν κύριος τὰ περὶ τὴν μήτραν αὐτῆς τοῦ μὴ δοῦναι αὐτῇ
7 παιδίον. ⁷ οὕτως ἐποίει ἐνιαυτὸν κατ᾽ ἐνιαυτὸν ἐν τῷ ἀναβαίνειν
αὐτὴν εἰς οἶκον κυρίου · καὶ ἠθύμει καὶ ἔκλαιεν καὶ οὐκ ἤσθιεν.
8 ⁸ καὶ εἶπεν αὐτῇ Ελκανα ὁ ἀνὴρ αὐτῆς Αννα. καὶ εἶπεν αὐτῷ
Ἰδοὺ ἐγώ, κύριε. καὶ εἶπεν αὐτῇ Τί ἐστίν σοι, ὅτι κλαίεις; καὶ ἵνα
τί οὐκ ἐσθίεις; καὶ ἵνα τί τύπτει σε ἡ καρδία σου; οὐκ ἀγαθὸς
9 ἐγώ σοι ὑπὲρ δέκα τέκνα; ⁹ καὶ ἀνέστη Αννα μετὰ τὸ φαγεῖν αὐ-
τοὺς ἐν Σηλω καὶ κατέστη ἐνώπιον κυρίου, καὶ Ηλι ὁ ἱερεὺς ἐκάθ-
10 ητο ἐπὶ τοῦ δίφρου ἐπὶ τῶν φλιῶν ναοῦ κυρίου. ¹⁰ καὶ αὐτὴ κατ-

Regn. I: BA (12 18—14 9 εαυτοις perierunt in A). — In quatuor libris
Regnorum, cum codices A 247 nec non 376 (in I 1 1—II 20 18) et Sy (in
III. IV; III 7 15 𝔐 — 8 61 desunt) textum praecipue hexaplarem praebeant,
ego O (editionem Origenis) pro A affero, ubi reliqui codices hexaplares
cum A concordant uel paulo tantum differunt. — L (editio Luciani) = 19
82 93 108 127; huius editionis innumeras lectiones singulares (cf. Rahlfs
Sept.-Stud. 3 [1911]) praetereo.

1 1 ανθρ. ην] και εγενετο ανθρ. εις uel sim. O⁺ | σιφα] σωφιμ O⁺ | ιερεμεηλ]
ιεροαμ O⁺ | ελιου A⁽⁺⁾ | θοκε B⁺] θοου O⁺ | εν νασιβ] υιου σουφ(A⁺ σουπ) O⁺
| εφραιμ ult.] εφραθαιος O⁺ | 2 και τη] τη δε AL⁺ ‖ 3 ανθρωπος] + εκει-
νος AL⁺ | εξ 1⁰ — ημερας / εκ — αρμαθαιμ] tr. O⁺ | και θυειν > A⁺ | τω > O
| εις 2⁰ BO–A⁺] εν AL | οι > A ‖ 4 ημερᾳ scripsi, cf. 20 | τοις] pr. πασιν
OL | αυτης 1⁰ ⌒ 2⁰ B ‖ 5 οτι 2⁰] επει O⁺ | κυριος] pr. ο A⁺ | απεκλεισεν]
συναπεκλ. A⁺: cf. 6 ‖ 6 οτι 1⁰| και παρωργιζεν αυτην η αντιζηλος αυτης
και γε παροργισμω δια το εξουθενειν αυτην και L⁽⁺⁾ | συνεκλεισεν] συναπεκλ.
A⁺: cf. 5 ‖ 7 init.] pr. και O ‖ 8 αυτω et κυριε > O | ινα τι 1⁰] δια
τι A | αγαθος εγω] εγω ειμι(>O–A) αγαθος O⁺ ‖ 9 αννα > B | σηλω] ση-
λωμ A, + και μετα το πιειν AL⁺ | εκαθητο > B⁺: cf. 4 13

ώδυνος ψυχῇ καὶ προσηύξατο πρὸς κύριον καὶ κλαίουσα ἔκλαυ-
σεν ¹¹καὶ ηὔξατο εὐχὴν κυρίῳ λέγουσα Αδωναι κύριε ελωαι σαβα- ¹¹
ωθ, ἐὰν ἐπιβλέπων ἐπιβλέψῃς ἐπὶ τὴν ταπείνωσιν τῆς δούλης σου
καὶ μνησθῇς μου καὶ δῷς τῇ δούλῃ σου σπέρμα ἀνδρῶν, καὶ δώ-
σω αὐτὸν ἐνώπιόν σου δοτὸν ἕως ἡμέρας θανάτου αὐτοῦ, καὶ
οἶνον καὶ μέθυσμα οὐ πίεται, καὶ σίδηρος οὐκ ἀναβήσεται ἐπὶ τὴν
κεφαλὴν αὐτοῦ. ¹²καὶ ἐγενήθη ὅτε ἐπλήθυνεν προσευχομένη ἐνώ- ¹²
πιον κυρίου, καὶ Ηλι ὁ ἱερεὺς ἐφύλαξεν τὸ στόμα αὐτῆς· ¹³καὶ αὐ- ¹³
τὴ ἐλάλει ἐν τῇ καρδίᾳ αὐτῆς, καὶ τὰ χείλη αὐτῆς ἐκινεῖτο, καὶ
φωνὴ αὐτῆς οὐκ ἠκούετο· καὶ ἐλογίσατο αὐτὴν Ηλι εἰς μεθύου-
σαν. ¹⁴καὶ εἶπεν αὐτῇ τὸ παιδάριον Ηλι Ἕως πότε μεθυσθήσῃ; ¹⁴
περιελοῦ τὸν οἶνόν σου καὶ πορεύου ἐκ προσώπου κυρίου. ¹⁵καὶ ¹⁵
ἀπεκρίθη Αννα καὶ εἶπεν Οὐχί, κύριε· γυνή, ᾗ σκληρὰ ἡμέρα, ἐγώ
εἰμι καὶ οἶνον καὶ μέθυσμα οὐ πέπωκα καὶ ἐκχέω τὴν ψυχήν μου
ἐνώπιον κυρίου· ¹⁶μὴ δῷς τὴν δούλην σου εἰς θυγατέρα λοιμήν, ¹⁶
ὅτι ἐκ πλήθους ἀδολεσχίας μου ἐκτέτακα ἕως νῦν. ¹⁷καὶ ἀπεκρίθη ¹⁷
Ηλι καὶ εἶπεν αὐτῇ Πορεύου εἰς εἰρήνην· ὁ θεὸς Ισραηλ δῴη σοι
πᾶν αἴτημά σου, ὃ ᾐτήσω παρ᾽ αὐτοῦ. ¹⁸καὶ εἶπεν Εὗρεν ἡ δούλη ¹⁸
σου χάριν ἐν ὀφθαλμοῖς σου. καὶ ἐπορεύθη ἡ γυνὴ εἰς τὴν ὁδὸν
αὐτῆς καὶ εἰσῆλθεν εἰς τὸ κατάλυμα αὐτῆς καὶ ἔφαγεν μετὰ τοῦ
ἀνδρὸς αὐτῆς καὶ ἔπιεν, καὶ τὸ πρόσωπον αὐτῆς οὐ συνέπεσεν
ἔτι. ¹⁹καὶ ὀρθρίζουσιν τὸ πρωὶ καὶ προσκυνοῦσιν τῷ κυρίῳ καὶ ¹⁹
πορεύονται τὴν ὁδὸν αὐτῶν. καὶ εἰσῆλθεν Ελκανα εἰς τὸν οἶκον
αὐτοῦ Αρμαθαιμ καὶ ἔγνω τὴν Ανναν γυναῖκα αὐτοῦ, καὶ ἐμνήσθη
αὐτῆς κύριος, ²⁰καὶ συνέλαβεν. καὶ ἐγενήθη τῷ καιρῷ τῶν ἡμερῶν ²⁰
καὶ ἔτεκεν υἱόν· καὶ ἐκάλεσεν τὸ ὄνομα αὐτοῦ Σαμουηλ καὶ εἶπεν
Ὅτι παρὰ κυρίου θεοῦ σαβαωθ ἠτησάμην αὐτόν.

²¹Καὶ ἀνέβη ὁ ἄνθρωπος Ελκανα καὶ πᾶς ὁ οἶκος αὐτοῦ θῦσαι ²¹
ἐν Σηλωμ τὴν θυσίαν τῶν ἡμερῶν καὶ τὰς εὐχὰς αὐτοῦ καὶ πάσας
τὰς δεκάτας τῆς γῆς αὐτοῦ· ²²καὶ Αννα οὐκ ἀνέβη μετ᾽ αὐτοῦ, ²²
ὅτι εἶπεν τῷ ἀνδρὶ αὐτῆς Ἕως τοῦ ἀναβῆναι τὸ παιδάριον, ἐὰν
ἀπογαλακτίσω αὐτό, καὶ ὀφθήσεται τῷ προσώπῳ κυρίου καὶ καθή-
σεται ἐκεῖ ἕως αἰῶνος. ²³καὶ εἶπεν αὐτῇ Ελκανα ὁ ἀνὴρ αὐτῆς ²³
Ποίει τὸ ἀγαθὸν ἐν ὀφθαλμοῖς σου· κάθου, ἕως ἂν ἀπογαλακτί-

10 και κλαιουσα] λεγουσα και B || 11 κυριω] pr. τω O | κυριε] και A† |
ελωε B | επι 1⁰ > B† | μου] + και μη επιλαθη της δουλης σου OL | ενωπ.
σου / δοτον] tr. A† | ου πιεται] ου μη πιητε(pro -ται) A || 13 αυτη] pr. αν-
να O† (A† om. αυτη) | και 2⁰] πλην O† || 14 σου] + απο σου OL || 15 κυ-
ριε] + μου A† | η BA†] εν rel. | την ψ. μου / ενωπ. κυρ.] tr. A† || 16 μου]
+ και αθυμιας A || 18 αυτης 2⁰ > OL || 19 πορ.] + και ηλθον O† | αρ-
μαθαιμ BA†] pr. εις rel. | εγνω] + ελκανα A || 20 και συνελ. om., sed και
συνελαβεν αννα uel sim. post ημερων add. O† | τω] pr. εν OL || 23 αν
1⁰] ου A†

σης αὐτό· ἀλλὰ στῆσαι κύριος τὸ ἐξελθὸν ἐκ τοῦ στόματός σου.
καὶ ἐκάθισεν ἡ γυνὴ καὶ ἐθήλασεν τὸν υἱὸν αὐτῆς, ἕως ἂν ἀπο-
24 γαλακτίσῃ αὐτόν. ²⁴καὶ ἀνέβη μετ' αὐτοῦ εἰς Σηλωμ ἐν μόσχῳ
τριετίζοντι καὶ ἄρτοις καὶ οιφι σεμιδάλεως καὶ νεβελ οἴνου καὶ
εἰσῆλθεν εἰς οἶκον κυρίου ἐν Σηλωμ, καὶ τὸ παιδάριον μετ' αὐτῶν.
25 ²⁵καὶ προσήγαγον ἐνώπιον κυρίου, καὶ ἔσφαξεν ὁ πατὴρ αὐτοῦ
τὴν θυσίαν, ἣν ἐποίει ἐξ ἡμερῶν εἰς ἡμέρας τῷ κυρίῳ, καὶ προσ-
ήγαγεν τὸ παιδάριον καὶ ἔσφαξεν τὸν μόσχον. καὶ προσήγαγεν
26 Αννα ἡ μήτηρ τοῦ παιδαρίου πρὸς Ηλι ²⁶καὶ εἶπεν Ἐν ἐμοί, κύριε·
Ζῇ ἡ ψυχή σου, ἐγὼ ἡ γυνὴ ἡ καταστᾶσα ἐνώπιόν σου ἐν τῷ
27 προσεύξασθαι πρὸς κύριον· ²⁷ὑπὲρ τοῦ παιδαρίου τούτου προσ-
ηυξάμην, καὶ ἔδωκέν μοι κύριος τὸ αἴτημά μου, ὃ ᾐτησάμην παρ'
28 αὐτοῦ· ²⁸κἀγὼ κιχρῶ αὐτὸν τῷ κυρίῳ πάσας τὰς ἡμέρας, ἃς ζῇ
αὐτός, χρῆσιν τῷ κυρίῳ.

2   ¹Καὶ εἶπεν
      Ἐστερεώθη ἡ καρδία μου ἐν κυρίῳ,
      ὑψώθη κέρας μου ἐν θεῷ μου·
      ἐπλατύνθη ἐπὶ ἐχθροὺς τὸ στόμα μου,
      εὐφράνθην ἐν σωτηρίᾳ σου.
2   ²ὅτι οὐκ ἔστιν ἅγιος ὡς κύριος,
      καὶ οὐκ ἔστιν δίκαιος ὡς ὁ θεὸς ἡμῶν·
      οὐκ ἔστιν ἅγιος πλὴν σοῦ.
3   ³μὴ καυχᾶσθε καὶ μὴ λαλεῖτε ὑψηλά,
      μὴ ἐξελθάτω μεγαλορρημοσύνη ἐκ τοῦ στόματος ὑμῶν,
      ὅτι θεὸς γνώσεων κύριος
      καὶ θεὸς ἑτοιμάζων ἐπιτηδεύματα αὐτοῦ.
4   ⁴τόξον δυνατῶν ἠσθένησεν,
      καὶ ἀσθενοῦντες περιεζώσαντο δύναμιν·
5   ⁵πλήρεις ἄρτων ἠλαττώθησαν,
      καὶ οἱ πεινῶντες παρῆκαν γῆν·
      ὅτι στεῖρα ἔτεκεν ἑπτά,
      καὶ ἡ πολλὴ ἐν τέκνοις ἠσθένησεν.
6   ⁶κύριος θανατοῖ καὶ ζωογονεῖ,
      κατάγει εἰς ᾅδου καὶ ἀνάγει·

24 σηλωμ 1⁰] + ηνικα απεγαλακτισεν αυτον O⁺ | οικον] pr. τον AL | εν ult.
> A⁺ ‖ 25 προσηγαγεν 1⁰] -γαγον AL | του παιδαριου] το -ριον A, +
το παιδαριον O–A⁺ ‖ 26 κυριε] κυριος A⁺ | σου 1⁰] + κυριε μου O⁺ | σου
ult.] + μετα σου B | τω] τουτω OL ‖ 27 μοι] post κυριος tr. A⁺, > B⁺
2 1—10: cf. Od. 3 ‖ 1 init.] pr. και προσηυξατο αννα AL | επι εχθρ. το
στομα μου] το(> L) στ. μου επ εχθρ. μου AL ‖ 2 οτι] ante 1 ευφρ. tr. A⁺
| δικαιος — fin.] πλην σου και ουκ εστιν δικαιος ως ο θεος ημων A⁺ ‖ 3 υ-
ψηλα] + εις υπεροχην OL | γνωσεως BLᵖ⁺ | αυτων A ‖ 5 οι πειν.] ασθε-
νουντες B⁺: ex 4

⁷κύριος πτωχίζει καὶ πλουτίζει,   7
ταπεινοῖ καὶ ἀνυψοῖ.
⁸ἀνιστᾷ ἀπὸ γῆς πένητα   8
καὶ ἀπὸ κοπρίας ἐγείρει πτωχὸν
καθίσαι μετὰ δυναστῶν λαῶν
καὶ θρόνον δόξης κατακληρονομῶν αὐτοῖς.
⁹διδοὺς εὐχὴν τῷ εὐχομένῳ   9
καὶ εὐλόγησεν ἔτη δικαίου ·
ὅτι οὐκ ἐν ἰσχύι δυνατὸς ἀνήρ,
¹⁰κύριος ἀσθενῆ ποιήσει ἀντίδικον αὐτοῦ,   10
κύριος ἅγιος.
μὴ καυχάσθω ὁ φρόνιμος ἐν τῇ φρονήσει αὐτοῦ,
καὶ μὴ καυχάσθω ὁ δυνατὸς ἐν τῇ δυνάμει αὐτοῦ,
καὶ μὴ καυχάσθω ὁ πλούσιος ἐν τῷ πλούτῳ αὐτοῦ,
ἀλλ᾽ ἢ ἐν τούτῳ καυχάσθω ὁ καυχώμενος,
συνίειν καὶ γινώσκειν τὸν κύριον
καὶ ποιεῖν κρίμα καὶ δικαιοσύνην ἐν μέσῳ τῆς γῆς.
κύριος ἀνέβη εἰς οὐρανοὺς καὶ ἐβρόντησεν,
αὐτὸς κρινεῖ ἄκρα γῆς
καὶ δίδωσιν ἰσχὺν τοῖς βασιλεῦσιν ἡμῶν
καὶ ὑψώσει κέρας χριστοῦ αὐτοῦ.
¹¹Καὶ κατέλιπον αὐτὸν ἐκεῖ ἐνώπιον κυρίου καὶ ἀπῆλθον εἰς 11
Αρμαθαιμ, καὶ τὸ παιδάριον ἦν λειτουργῶν τῷ προσώπῳ κυρίου
ἐνώπιον Ηλι τοῦ ἱερέως.
¹²Καὶ οἱ υἱοὶ Ηλι τοῦ ἱερέως υἱοὶ λοιμοὶ οὐκ εἰδότες τὸν κύριον. 12
¹³καὶ τὸ δικαίωμα τοῦ ἱερέως παρὰ τοῦ λαοῦ, παντὸς τοῦ θύον- 13
τος · καὶ ἤρχετο τὸ παιδάριον τοῦ ἱερέως, ὡς ἂν ἡψήθη τὸ κρέας,
καὶ κρεάγρα τριόδους ἐν τῇ χειρὶ αὐτοῦ, ¹⁴καὶ ἐπάταξεν αὐτὴν εἰς 14
τὸν λέβητα τὸν μέγαν ἢ εἰς τὸ χαλκίον ἢ εἰς τὴν κύθραν · πᾶν,
ὃ ἐὰν ἀνέβη ἐν τῇ κρεάγρᾳ, ἐλάμβανεν ἑαυτῷ ὁ ἱερεύς · κατὰ τάδε
ἐποίουν παντὶ Ισραηλ τοῖς ἐρχομένοις θῦσαι κυρίῳ ἐν Σηλωμ.
¹⁵καὶ πρὶν θυμιαθῆναι τὸ στέαρ ἤρχετο τὸ παιδάριον τοῦ ἱερέως 15
καὶ ἔλεγεν τῷ ἀνδρὶ τῷ θύοντι Δὸς κρέας ὀπτῆσαι τῷ ἱερεῖ, καὶ
οὐ μὴ λάβω παρὰ σοῦ ἑφθὸν ἐκ τοῦ λέβητος. ¹⁶καὶ ἔλεγεν ὁ ἀνὴρ 16
ὁ θύων Θυμιαθήτω πρῶτον, ὡς καθήκει, τὸ στέαρ, καὶ λαβὲ σε-
αυτῷ ἐκ πάντων, ὧν ἐπιθυμεῖ ἡ ψυχή σου. καὶ εἶπεν Οὐχί, ὅτι

8 καθισαι] + αυτον OL, pr. του O-AL || 9 δικαιων A || 10³⁻⁸ = Ier. 9 22.
23 || 11 κατελιπεν et απηλθεν BO-A | αρμαθαιμ] + εις τον οικον αυτων
(uel. sim.) OL || 12 οι > BV⁺ || 14 εις 1⁰] pr. εις τον λουτηρα η O⁺ |
το χαλκιον ... την κυθραν] την χυτραν ... το χαλκιον (τον χαλκον A⁺) AL⁺ | ε-
αυτω / ο ιερ.] tr. O⁺ | ταδε] ταυτα δε A⁽⁺⁾ || 15 εφθον] pr. κρεας O || 16 και
ελεγεν > A⁺ | οτι] τι A⁺

17 νῦν δώσεις, καὶ ἐὰν μή, λήμψομαι κραταιῶς. ¹⁷καὶ ἦν ἡ ἁμαρτία
τῶν παιδαρίων ἐνώπιον κυρίου μεγάλη σφόδρα, ὅτι ἠθέτουν τὴν
18 θυσίαν κυρίου. — ¹⁸καὶ Σαμουηλ ἦν λειτουργῶν ἐνώπιον κυρίου
19 παιδάριον περιεζωσμένον εφουδ βαρ, ¹⁹καὶ διπλοΐδα μικρὰν ἐποί-
ησεν αὐτῷ ἡ μήτηρ αὐτοῦ καὶ ἀνέφερεν αὐτῷ ἐξ ἡμερῶν εἰς ἡμέ-
ρας ἐν τῷ ἀναβαίνειν αὐτὴν μετὰ τοῦ ἀνδρὸς αὐτῆς θῦσαι τὴν
20 θυσίαν τῶν ἡμερῶν. ²⁰καὶ εὐλόγησεν Ηλι τὸν Ελκανα καὶ τὴν γυ-
ναῖκα αὐτοῦ λέγων Ἀποτείσαι σοι κύριος σπέρμα ἐκ τῆς γυναικὸς
ταύτης ἀντὶ τοῦ χρέους, οὗ ἔχρησας τῷ κυρίῳ. καὶ ἀπῆλθεν ὁ
21 ἄνθρωπος εἰς τὸν τόπον αὐτοῦ, ²¹καὶ ἐπεσκέψατο κύριος τὴν Αν-
ναν, καὶ ἔτεκεν ἔτι τρεῖς υἱοὺς καὶ δύο θυγατέρας. καὶ ἐμεγαλύνθη
τὸ παιδάριον Σαμουηλ ἐνώπιον κυρίου.
22   ²²Καὶ Ηλι πρεσβύτης σφόδρα · καὶ ἤκουσεν ἃ ἐποίουν οἱ υἱοὶ
23 αὐτοῦ τοῖς υἱοῖς Ισραηλ, ²³καὶ εἶπεν αὐτοῖς Ἵνα τί ποιεῖτε κατὰ
τὸ ῥῆμα τοῦτο, ὃ ἐγὼ ἀκούω ἐκ στόματος παντὸς τοῦ λαοῦ κυ-
24 ρίου; ²⁴μή, τέκνα, ὅτι οὐκ ἀγαθὴ ἡ ἀκοή, ἣν ἐγὼ ἀκούω · μὴ ποι-
εῖτε οὕτως, ὅτι οὐκ ἀγαθαὶ αἱ ἀκοαί, ἃς ἐγὼ ἀκούω, τοῦ μὴ δου-
25 λεύειν λαὸν θεῷ. ²⁵ἐὰν ἁμαρτάνων ἁμάρτῃ ἀνὴρ εἰς ἄνδρα, καὶ
προσεύξονται ὑπὲρ αὐτοῦ πρὸς κύριον · καὶ ἐὰν τῷ κυρίῳ ἁμάρτῃ,
τίς προσεύξεται ὑπὲρ αὐτοῦ; καὶ οὐκ ἤκουον τῆς φωνῆς τοῦ πα-
τρὸς αὐτῶν, ὅτι βουλόμενος ἐβούλετο κύριος διαφθεῖραι αὐτούς.
26 — ²⁶καὶ τὸ παιδάριον Σαμουηλ ἐπορεύετο καὶ ἐμεγαλύνετο καὶ ἀγα-
27 θὸν καὶ μετὰ κυρίου καὶ μετὰ ἀνθρώπων. — ²⁷καὶ ἦλθεν ἄνθρω-
πος θεοῦ πρὸς Ηλι καὶ εἶπεν Τάδε λέγει κύριος Ἀποκαλυφθεὶς
ἀπεκαλύφθην πρὸς οἶκον πατρός σου ὄντων αὐτῶν ἐν γῇ Αἰγύ-
28 πτῳ δούλων τῷ οἴκῳ Φαραω ²⁸καὶ ἐξελεξάμην τὸν οἶκον τοῦ πα-
τρός σου ἐκ πάντων τῶν σκήπτρων Ισραηλ ἐμοὶ ἱερατεύειν καὶ
ἀναβαίνειν ἐπὶ θυσιαστήριόν μου καὶ θυμιᾶν θυμίαμα καὶ αἴρειν
εφουδ καὶ ἔδωκα τῷ οἴκῳ τοῦ πατρός σου τὰ πάντα τοῦ πυρὸς
29 υἱῶν Ισραηλ εἰς βρῶσιν · ²⁹καὶ ἵνα τί ἐπέβλεψας ἐπὶ τὸ θυμίαμά
μου καὶ εἰς τὴν θυσίαν μου ἀναιδεῖ ὀφθαλμῷ καὶ ἐδόξασας
τοὺς υἱούς σου ὑπὲρ ἐμὲ ἐνευλογεῖσθαι ἀπαρχῆς πάσης θυ-
30 σίας Ισραηλ ἔμπροσθέν μου; ³⁰διὰ τοῦτο τάδε εἶπεν κύριος

17 ενωπιον κυριου Μ] post σφοδρα tr. O†, ante των παιδ. tr. Β† ‖ 20 σοι
κυριος] tr. A ‖ 21 ανναν] + και συνελαβεν OL ‖ 22 α] pr. συν παντα (uel
συμπαντα) O: συν = נאֵ ex Aquila, cf. III 8 1 9 9 14 8 15 18. 29 21 15 | fin.]
+ και ως εκομιζον τας γυναικας τας παρεστωσας παρα την θυραν της σκηνης
του μαρτυριου O ‖ 23 ακουω] + ρηματα πονηρα O† (O–A om. πον.) | παν-
τος > AL† | fin.] + τουτου O ‖ 25 υπερ bis] περι 1⁰ O–AL, 2⁰ OLᵛ ‖
26 και εμεγαλ. L] μεγαλυνομενον O, > B ‖ 27 ανθρ.] pr. ο A | γη] τη O†
‖ 28 επελεξαμην O | των > A† | και αναβαινειν B†] και > O, του αναβ. L |
θυσιαστ. BO–A†] pr. το rel. | εφουδ] + ενωπιον (ε)μου OL ‖ 29 επεβλεψατε
A† | μου 2⁰ > A†

ὁ θεὸς Ἰσραηλ Εἶπα Ὁ οἶκός σου καὶ ὁ οἶκος τοῦ πατρός σου
διελεύσεται ἐνώπιόν μου ἕως αἰῶνος · καὶ νῦν φησιν κύριος
Μηδαμῶς ἐμοί, ὅτι ἀλλ᾽ ἢ τοὺς δοξάζοντάς με δοξάσω, καὶ ὁ
ἐξουθενῶν με ἀτιμωθήσεται. 31 ἰδοὺ ἡμέραι ἔρχονται καὶ ἐξολεθρεύ- 31
σω τὸ σπέρμα σου καὶ τὸ σπέρμα οἴκου πατρός σου, 32 καὶ οὐκ 32
ἔσται σου πρεσβύτης ἐν οἴκῳ μου πάσας τὰς ἡμέρας · 33 καὶ ἄν- 33
δρα οὐκ ἐξολεθρεύσω σοι ἀπὸ τοῦ θυσιαστηρίου μου ἐκλιπεῖν
τοὺς ὀφθαλμοὺς αὐτοῦ καὶ καταρρεῖν τὴν ψυχὴν αὐτοῦ, καὶ πᾶς
περισσεύων οἴκου σου πεσοῦνται ἐν ῥομφαίᾳ ἀνδρῶν. 34 καὶ τοῦτό 34
σοι· τὸ σημεῖον, ὃ ἥξει ἐπὶ τοὺς δύο υἱούς σου τούτους Οφνι καὶ
Φινεες · ἐν ἡμέρᾳ μιᾷ ἀποθανοῦνται ἀμφότεροι. 35 καὶ ἀναστήσω 35
ἐμαυτῷ ἱερέα πιστόν, ὃς πάντα τὰ ἐν τῇ καρδίᾳ μου καὶ τὰ ἐν
τῇ ψυχῇ μου ποιήσει · καὶ οἰκοδομήσω αὐτῷ οἶκον πιστόν, καὶ
διελεύσεται ἐνώπιον χριστοῦ μου πάσας τὰς ἡμέρας. 36 καὶ ἔσται 36
ὁ περισσεύων ἐν οἴκῳ σου ἥξει προσκυνεῖν αὐτῷ ὀβολοῦ ἀργυρίου
λέγων Παράρριψόν με ἐπὶ μίαν τῶν ἱερατειῶν σου φαγεῖν ἄρτον.

1 Καὶ τὸ παιδάριον Σαμουηλ ἦν λειτουργῶν τῷ κυρίῳ ἐνώπιον 3
Ηλι τοῦ ἱερέως · καὶ ῥῆμα κυρίου ἦν τίμιον ἐν ταῖς ἡμέραις ἐκεί-
ναις, οὐκ ἦν ὅρασις διαστέλλουσα. 2 καὶ ἐγένετο ἐν τῇ ἡμέρᾳ ἐκεί- 2
νῃ καὶ Ηλι ἐκάθευδεν ἐν τῷ τόπῳ αὐτοῦ, καὶ οἱ ὀφθαλμοὶ αὐτοῦ
ἤρξαντο βαρύνεσθαι, καὶ οὐκ ἠδύνατο βλέπειν, 3 καὶ ὁ λύχνος τοῦ 3
θεοῦ πρὶν ἐπισκευασθῆναι, καὶ Σαμουηλ ἐκάθευδεν ἐν τῷ ναῷ, οὗ
ἡ κιβωτὸς τοῦ θεοῦ, 4 καὶ ἐκάλεσεν κύριος Σαμουηλ Σαμουηλ · καὶ 4
εἶπεν Ἰδοὺ ἐγώ. 5 καὶ ἔδραμεν πρὸς Ηλι καὶ εἶπεν Ἰδοὺ ἐγώ, ὅτι 5
κέκληκάς με · καὶ εἶπεν Οὐ κέκληκά σε, ἀνάστρεφε κάθευδε. καὶ
ἀνέστρεψεν καὶ ἐκάθευδεν. 6 καὶ προσέθετο κύριος καὶ ἐκάλεσεν 6
Σαμουηλ Σαμουηλ · καὶ ἐπορεύθη πρὸς Ηλι τὸ δεύτερον καὶ εἶπεν
Ἰδοὺ ἐγώ, ὅτι κέκληκάς με · καὶ εἶπεν Οὐ κέκληκά σε, ἀνάστρεφε
κάθευδε · 7 καὶ Σαμουηλ πρὶν ἢ γνῶναι θεὸν καὶ ἀποκαλυφθῆναι 7
αὐτῷ ῥῆμα κυρίου. 8 καὶ προσέθετο κύριος καλέσαι Σαμουηλ ἐν 8
τρίτῳ · καὶ ἀνέστη καὶ ἐπορεύθη πρὸς Ηλι καὶ εἶπεν Ἰδοὺ ἐγώ, ὅτι
κέκληκάς με. καὶ ἐσοφίσατο Ηλι ὅτι κύριος κέκληκεν τὸ παιδάριον,

30 ειπα] ειπας AV†: ex εἶπας ειπα (sic Gra.) corruptum uid. | δοξασω]
-αζω A† | ατιμασθησεται O (O–A† -σονται) ‖ 32 (in O 31) και ουκ εσται
σου πρεσβ. εν οικω μου] + (in O 32) και επιβλεψη κραταιωμα μαων(A† μου-
ων) εν πασιν οις αγαθυνει τον ισραηλ και ουκ εσται πρεσβυτης εν τω οικω σου
O(†) ‖ 33 σοι > B | παν περισσευον O ‖ 34 ηξει A† | οφν(ε)ι (A† εφνει)]
pr. προς O† | 36 και] μου (ad 35 tractum) A† | ο] pr. πας OL | σου 1⁰ >
B | προσκυνησαι OL† | αργυρ.] + και εν αρτω ενι OL | σου ult.] του Gra.
32 εκαθευδεν] -θητο B*† ‖ 3 ναω] οικω O–247†, + κυριου O ‖ 5 init.
— εγω > A† ‖ 6 εκαλεσεν] + ετι O | και 3⁰] pr. και ανεστη σαμουηλ O |
σε] + υιε μου O, + τεκνον L | καθευδε] pr. και O–ALB° ‖ 7 η > B† | θεον]
pr. τον OL ‖ 8 σαμουηλ] pr. επι O†, pr. ετι compl.

9 ⁹καὶ εἶπεν Ἀνάστρεφε κάθευδε, τέκνον, καὶ ἔσται ἐὰν καλέσῃ σε,
καὶ ἐρεῖς Λάλει, κύριε, ὅτι ἀκούει ὁ δοῦλός σου. καὶ ἐπορεύθη Σα-
10 μουηλ καὶ ἐκοιμήθη ἐν τῷ τόπῳ αὐτοῦ. ¹⁰καὶ ἦλθεν κύριος καὶ
κατέστη καὶ ἐκάλεσεν αὐτὸν ὡς ἅπαξ καὶ ἅπαξ, καὶ εἶπεν Σαμουηλ
11 Λάλει, ὅτι ἀκούει ὁ δοῦλός σου. ¹¹καὶ εἶπεν κύριος πρὸς Σαμουηλ
Ἰδοὺ ἐγὼ ποιῶ τὰ ῥήματά μου ἐν Ισραηλ ὥστε παντὸς ἀκούοντος
12 αὐτὰ ἠχήσει ἀμφότερα τὰ ὦτα αὐτοῦ. ¹²ἐν τῇ ἡμέρᾳ ἐκείνῃ ἐπε-
γερῶ ἐπὶ Ηλι πάντα, ὅσα ἐλάλησα εἰς τὸν οἶκον αὐτοῦ, ἄρξομαι
13 καὶ ἐπιτελέσω. ¹³καὶ ἀνήγγελκα αὐτῷ ὅτι ἐκδικῶ ἐγὼ τὸν οἶκον
αὐτοῦ ἕως αἰῶνος ἐν ἀδικίαις υἱῶν αὐτοῦ, ὅτι κακολογοῦντες θεὸν
14 υἱοὶ αὐτοῦ, καὶ οὐκ ἐνουθέτει αὐτοὺς καὶ οὐδ᾽ οὕτως. ¹⁴ὤμοσα τῷ
οἴκῳ Ηλι Εἰ ἐξιλασθήσεται ἀδικία οἴκου Ηλι ἐν θυμιάματι καὶ ἐν
15 θυσίαις ἕως αἰῶνος. ¹⁵καὶ κοιμᾶται Σαμουηλ ἕως πρωὶ καὶ ὤρθρι-
σεν τὸ πρωὶ καὶ ἤνοιξεν τὰς θύρας οἴκου κυρίου · καὶ Σαμουηλ
16 ἐφοβήθη ἀπαγγεῖλαι τὴν ὅρασιν τῷ Ηλι. ¹⁶καὶ εἶπεν Ηλι πρὸς Σα-
17 μουηλ Σαμουηλ τέκνον · καὶ εἶπεν Ἰδοὺ ἐγώ. ¹⁷καὶ εἶπεν Τί τὸ
ῥῆμα τὸ λαληθὲν πρὸς σέ; μὴ δὴ κρύψῃς ἀπ᾽ ἐμοῦ · τάδε ποιήσαι
σοι ὁ θεὸς καὶ τάδε προσθείη, ἐὰν κρύψῃς ἀπ᾽ ἐμοῦ ῥῆμα ἐκ πάν-
18 των τῶν λόγων τῶν λαληθέντων σοι ἐν τοῖς ὠσίν σου. ¹⁸καὶ
ἀπήγγειλεν Σαμουηλ πάντας τοὺς λόγους καὶ οὐκ ἔκρυψεν ἀπ᾽ αὐ-
τοῦ, καὶ εἶπεν Ηλι Κύριος αὐτός · τὸ ἀγαθὸν ἐνώπιον αὐτοῦ ποιήσει.
19 ¹⁹Καὶ ἐμεγαλύνθη Σαμουηλ, καὶ ἦν κύριος μετ᾽ αὐτοῦ, καὶ οὐκ
20 ἔπεσεν ἀπὸ πάντων τῶν λόγων αὐτοῦ ἐπὶ τὴν γῆν. ²⁰καὶ ἔγνωσαν
πᾶς Ισραηλ ἀπὸ Δαν καὶ ἕως Βηρσαβεε ὅτι πιστὸς Σαμουηλ εἰς
21 προφήτην τῷ κυρίῳ. ²¹καὶ προσέθετο κύριος δηλωθῆναι ἐν Σηλωμ,
ὅτι ἀπεκαλύφθη κύριος πρὸς Σαμουηλ · καὶ ἐπιστεύθη Σαμουηλ
προφήτης γενέσθαι τῷ κυρίῳ εἰς πάντα Ισραηλ ἀπ᾽ ἄκρων τῆς
γῆς καὶ ἕως ἄκρων. καὶ Ηλι πρεσβύτης σφόδρα, καὶ οἱ υἱοὶ αὐτοῦ
πορευόμενοι ἐπορεύοντο καὶ πονηρὰ ἡ ὁδὸς αὐτῶν ἐνώπιον κυρίου.
4 ¹Καὶ ἐγενήθη ἐν ταῖς ἡμέραις ἐκείναις καὶ συναθροίζονται ἀλλό-
φυλοι εἰς πόλεμον ἐπὶ Ισραηλ · καὶ ἐξῆλθεν Ισραηλ εἰς ἀπάντησιν
αὐτοῖς εἰς πόλεμον καὶ παρεμβάλλουσιν ἐπὶ Αβενεζερ, καὶ οἱ ἀλλό-
2 φυλοι παρεμβάλλουσιν ἐν Αφεκ. ²καὶ παρατάσσονται οἱ ἀλλόφυλοι
εἰς πόλεμον ἐπὶ Ισραηλ · καὶ ἔκλινεν ὁ πόλεμος, καὶ ἔπταισεν ἀνὴρ
Ισραηλ ἐνώπιον ἀλλοφύλων, καὶ ἐπλήγησαν ἐν τῇ παρατάξει ἐν
3 ἀγρῷ τέσσαρες χιλιάδες ἀνδρῶν. ³καὶ ἦλθεν ὁ λαὸς εἰς τὴν παρ-

9 ειπεν] + ηλι τω σαμουηλ OL | κυριε > B || 10 απαξ 2⁰ (δις L†)] + σα-
μουηλ σαμουηλ OL || 11 ωστε > B || 13 εκδικησω O† | εγω > A† | τον]
pr. επι AL || 15 αναγγειλαι OL | τω > B || 17 δη κρυψης] διακρ. A† | και
ταδε προσθειη > B† | ·εκ] εν A† | των 1⁰ > BA† || 18 απηγγ.] + αυτω OL
| ποιησει] pr. αυτος A || 19 ην κυριος] tr. O || 21 τω κυριω] του κυριου
A, κυριου L† | και 3⁰ BL†] > O
4 1 ισρ. / εις απαντ. αυτοις] tr. A†

εμβολήν, καὶ εἶπαν οἱ πρεσβύτεροι Ισραηλ Κατὰ τί ἔπταισεν ἡμᾶς
κύριος σήμερον ἐνώπιον ἀλλοφύλων ; λάβωμεν τὴν κιβωτὸν τοῦ
θεοῦ ἡμῶν ἐκ Σηλωμ, καὶ ἐξελθέτω ἐν μέσῳ ἡμῶν καὶ σώσει ἡμᾶς
ἐκ χειρὸς ἐχθρῶν ἡμῶν. ⁴καὶ ἀπέστειλεν ὁ λαὸς εἰς Σηλωμ, καὶ 4
αἴρουσιν ἐκεῖθεν τὴν κιβωτὸν κυρίου καθημένου χερουβιμ · καὶ
ἀμφότεροι οἱ υἱοὶ Ηλι μετὰ τῆς κιβωτοῦ, Οφνι καὶ Φινεες. ⁵καὶ 5
ἐγενήθη ὡς ἦλθεν κιβωτὸς κυρίου εἰς τὴν παρεμβολήν, καὶ ἀνέ-
κραξεν πᾶς Ισραηλ φωνῇ μεγάλῃ, καὶ ἤχησεν ἡ γῆ. ⁶καὶ ἤκουσαν 6
οἱ ἀλλόφυλοι τῆς κραυγῆς, καὶ εἶπον οἱ ἀλλόφυλοι Τίς ἡ κραυγὴ
ἡ μεγάλη αὕτη ἐν παρεμβολῇ τῶν Εβραίων ; καὶ ἔγνωσαν ὅτι κι-
βωτὸς κυρίου ἥκει εἰς τὴν παρεμβολήν. ⁷καὶ ἐφοβήθησαν οἱ ἀλλό- 7
φυλοι καὶ εἶπον Οὗτοι οἱ θεοὶ ἥκασιν πρὸς αὐτοὺς εἰς τὴν παρ-
εμβολήν · οὐαὶ ἡμῖν · ἐξελοῦ ἡμᾶς, κύριε, σήμερον, ὅτι οὐ γέγονεν
τοιαύτη ἐχθὲς καὶ τρίτην. ⁸οὐαὶ ἡμῖν · τίς ἐξελεῖται ἡμᾶς ἐκ χειρὸς 8
τῶν θεῶν τῶν στερεῶν τούτων ; οὗτοι οἱ θεοὶ οἱ πατάξαντες τὴν
Αἴγυπτον ἐν πάσῃ πληγῇ καὶ ἐν τῇ ἐρήμῳ. ⁹κραταιοῦσθε καὶ γι- 9
νεσθε εἰς ἄνδρας, ἀλλόφυλοι, μήποτε δουλεύσητε τοῖς Εβραίοις, καθ-
ὼς ἐδούλευσαν ἡμῖν, καὶ ἔσεσθε εἰς ἄνδρας καὶ πολεμήσατε αὐτούς.
¹⁰καὶ ἐπολέμησαν αὐτούς· καὶ πταίει ἀνὴρ Ισραηλ, καὶ ἔφυγεν ἕκα- 10
στος εἰς σκήνωμα αὐτοῦ · καὶ ἐγένετο πληγὴ μεγάλη σφόδρα, καὶ
ἔπεσαν ἐξ Ισραηλ τριάκοντα χιλιάδες ταγμάτων. ¹¹καὶ κιβωτὸς θεοῦ 11
ἐλήμφθη, καὶ ἀμφότεροι υἱοὶ Ηλι ἀπέθανον, Οφνι καὶ Φινεες.

¹²Καὶ ἔδραμεν ἀνὴρ Ιεμιναῖος ἐκ τῆς παρατάξεως καὶ ἦλθεν εἰς 12
Σηλωμ ἐν τῇ ἡμέρᾳ ἐκείνῃ, καὶ τὰ ἱμάτια αὐτοῦ διερρηγότα, καὶ
γῆ ἐπὶ τῆς κεφαλῆς αὐτοῦ. ¹³καὶ ἦλθεν, καὶ ἰδοὺ Ηλι ἐκάθητο ἐπὶ 13
τοῦ δίφρου παρὰ τὴν πύλην σκοπεύων τὴν ὁδόν, ὅτι ἦν ἡ καρ-
δία αὐτοῦ ἐξεστηκυῖα περὶ τῆς κιβωτοῦ τοῦ θεοῦ · καὶ ὁ ἄνθρω-
πος εἰσῆλθεν εἰς τὴν πόλιν ἀπαγγεῖλαι, καὶ ἀνεβόησεν ἡ πόλις.
¹⁴καὶ ἤκουσεν Ηλι τὴν φωνὴν τῆς βοῆς καὶ εἶπεν Τίς ἡ βοὴ τῆς 14
φωνῆς ταύτης ; καὶ ὁ ἄνθρωπος σπεύσας εἰσῆλθεν καὶ ἀπήγγειλεν
τῷ Ηλι. ¹⁵καὶ Ηλι υἱὸς ἐνενήκοντα ἐτῶν, καὶ οἱ ὀφθαλμοὶ αὐτοῦ 15
ἐπανέστησαν, καὶ οὐκ ἔβλεπεν · καὶ εἶπεν Ηλὶ τοῖς ἀνδράσιν τοῖς

---

3 λαβωμεν] + προς ημας εκ σηλωμ A, + προς ημας O–AL† | κιβωτον] +
της διαθηκης OL (in 127 sub ✱): cf. 4 bis. 5 | εκ 1⁰] εις A† | εν μεσω] εκ
μεσου B | ημας ult.] υμ. B† || 4 κιβωτον] + της διαθηκης OL: cf. 3 | κυ-
ριου] + των δυναμεων AL | χερουβειν A | οι > A | κιβωτου] + της διαθηκης
του θεου AL: cf. 3 || 5 κιβ. B†] pr. η rel.: cf. 11; + διαθηκης A, + της
διαθηκης L†: cf. 3 || 6 της] pr. την φωνην OL | κραυγη] + του αλαλαγμου
O || 7 ουαι ημιν] post σημερον tr. A†, > O–A† | τριτης AL || 8 ουτοι] +
εισιν O || 9 ανδρας 1⁰⌒2⁰ B || 11 κιβ. B†] pr. η rel.: cf. 5 | θεου B†]
pr. του AL, κυριου O–A† | υιοι] pr. οι O–376L || 13 εκαθητο > B: cf. 19 | η
1⁰ > B† | εις την πολ. / απαγγ.(al. αναγγ.)] tr. OL || 14 βοη της φωνης] φω-
νη τ. βοης AL || 15 υιος] + ων A† | ενενηκ.] + και οκτω OL†

16 περιεστηκόσιν αὐτῷ Τίς ἡ φωνὴ τοῦ ἤχους τούτου ; ¹⁶ καὶ ὁ ἀνὴρ
σπεύσας προσῆλθεν πρὸς Ηλι καὶ εἶπεν αὐτῷ Ἐγώ εἰμι ὁ ἥκων
ἐκ τῆς παρεμβολῆς, κἀγὼ πέφευγα ἐκ τῆς παρατάξεως σήμερον.
17 καὶ εἶπεν Τί τὸ γεγονὸς ῥῆμα, τέκνον ; ¹⁷ καὶ ἀπεκρίθη τὸ παιδά-
ριον καὶ εἶπεν Πέφευγεν ἀνὴρ Ισραηλ ἐκ προσώπου ἀλλοφύλων,
καὶ ἐγένετο πληγὴ μεγάλη ἐν τῷ λαῷ, καὶ ἀμφότεροι οἱ υἱοί σου
18 τεθνήκασιν, καὶ ἡ κιβωτὸς τοῦ θεοῦ ἐλήμφθη. ¹⁸ καὶ ἐγένετο ὡς
ἐμνήσθη τῆς κιβωτοῦ τοῦ θεοῦ, καὶ ἔπεσεν ἀπὸ τοῦ δίφρου ὀπι-
σθίως ἐχόμενος τῆς πύλης, καὶ συνετρίβη ὁ νῶτος αὐτοῦ καὶ ἀπέ-
θανεν, ὅτι πρεσβύτης ὁ ἄνθρωπος καὶ βαρύς · καὶ αὐτὸς ἔκρινεν
τὸν Ισραηλ εἴκοσι ἔτη.
19 　¹⁹ Καὶ νύμφη αὐτοῦ γυνὴ Φινεες συνειληφυῖα τοῦ τεκεῖν · καὶ
ἤκουσεν τὴν ἀγγελίαν ὅτι ἐλήμφθη ἡ κιβωτὸς τοῦ θεοῦ καὶ ὅτι
τέθνηκεν ὁ πενθερὸς αὐτῆς καὶ ὁ ἀνὴρ αὐτῆς, καὶ ὤκλασεν καὶ
20 ἔτεκεν, ὅτι ἐπεστράφησαν ἐπ' αὐτὴν ὠδῖνες αὐτῆς. ²⁰ καὶ ἐν τῷ
καιρῷ αὐτῆς ἀποθνήσκει, καὶ εἶπον αὐτῇ αἱ γυναῖκες αἱ παρεστη-
κυῖαι αὐτῇ Μὴ φοβοῦ, ὅτι υἱὸν τέτοκας · καὶ οὐκ ἀπεκρίθη, καὶ
21 οὐκ ἐνόησεν ἡ καρδία αὐτῆς. ²¹ καὶ ἐκάλεσεν τὸ παιδάριον Οὐαὶ
βαρχαβωθ ὑπὲρ τῆς κιβωτοῦ τοῦ θεοῦ καὶ ὑπὲρ τοῦ πενθεροῦ αὐ-
22 τῆς καὶ ὑπὲρ τοῦ ἀνδρὸς αὐτῆς. ²² καὶ εἶπαν Ἀπῴκισται δόξα Ισραηλ
ἐν τῷ λημφθῆναι τὴν κιβωτὸν κυρίου.
5 　¹ Καὶ ἀλλόφυλοι ἔλαβον τὴν κιβωτὸν τοῦ θεοῦ καὶ εἰσήνεγκαν
2 αὐτὴν ἐξ Αβεννεζερ εἰς Ἄζωτον. ² καὶ ἔλαβον ἀλλόφυλοι τὴν κιβω-
τὸν κυρίου καὶ εἰσήνεγκαν αὐτὴν εἰς οἶκον Δαγων καὶ παρέστησαν
3 αὐτὴν παρὰ Δαγων. ³ καὶ ὤρθρισαν οἱ Ἀζώτιοι καὶ εἰσῆλθον εἰς
οἶκον Δαγων καὶ εἶδον καὶ ἰδοὺ Δαγων πεπτωκὼς ἐπὶ πρόσωπον
αὐτοῦ ἐνώπιον κιβωτοῦ τοῦ θεοῦ · καὶ ἤγειραν τὸν Δαγων καὶ
κατέστησαν εἰς τὸν τόπον αὐτοῦ. καὶ ἐβαρύνθη χεὶρ κυρίου ἐπὶ
τοὺς Ἀζωτίους καὶ ἐβασάνισεν αὐτοὺς καὶ ἐπάταξεν αὐτοὺς εἰς
4 τὰς ἕδρας αὐτῶν, τὴν Ἄζωτον καὶ τὰ ὅρια αὐτῆς. ⁴ καὶ ἐγένετο
ὅτε ὤρθρισαν τὸ πρωί, καὶ ἰδοὺ Δαγων πεπτωκὼς ἐπὶ πρόσωπον
αὐτοῦ ἐνώπιον κιβωτοῦ διαθήκης κυρίου, καὶ ἡ κεφαλὴ Δαγων καὶ

---

15 ηχου OL ‖ 16 προς > Β | πεφευγα / εκ τ. παρ.] tr. O ‖ 17 εγεν.(L γεγο-
νεν) / πληγη μεγ.] tr. AL | τεθνηκ.] + οφνει και φινεες O ‖ 19 υκλασεν Gra.
(cf. Regn. III 8 54 19 18)] εκλαυσεν mss. (L⁺ εστεναξεν) ‖ 21 βαρχαβωθ] βαρ
> O⁺, + και ειπαν(uel -πεν) O | fin.] + απωκεισται δοξα απο ισραηλ εν τω
λημφθηναι την κιβωτον κυριου και δια το τεθνηκεναι τον πενθερον αυτης και
τον ανδρα αυτης A⁺ ‖ 22 ειπεν AL⁺ | ισραηλ] pr. απο OL | εν — fin.] οτι
(L⁺ διοτι) ελημφθη η κιβωτος του θεου OL⁺

5 1 αβ　Ζερ] αβεννηρ Β⁺ ‖ 2 κυριου] pr. του A⁺ ‖ 3 αζωτιοι] + τη
επαυριο　| αυτου 1⁰] + επι την γην OL | κατεστ.(κατ > L⁺)] + αυτον OL |
το οριον A ‖ 4 πρωι] + τη επαυριον O | αυτου 1⁰ (Β⁺ -των)] + επι την
γην O | η 1⁰ > Β

ἀμφότερα τὰ ἴχνη χειρῶν αὐτοῦ ἀφηρημένα ἐπὶ τὰ ἐμπρόσθια
αμαφεθ ἕκαστον, καὶ ἀμφότεροι οἱ κορποὶ τῶν χειρῶν αὐτοῦ πε-
πτωκότες ἐπὶ τὸ πρόθυρον, πλὴν ἡ ῥάχις Δαγων ὑπελείφθη. ⁵διὰ 5
τοῦτο οὐκ ἐπιβαίνουσιν οἱ ἱερεῖς Δαγων καὶ πᾶς ὁ εἰσπορευόμενος
εἰς οἶκον Δαγων ἐπὶ βαθμὸν οἴκου Δαγων ἐν Ἀζώτῳ ἕως τῆς
ἡμέρας ταύτης, ὅτι ὑπερβαίνοντες ὑπερβαίνουσιν. — ⁶καὶ ἐβαρύνθη 6
χεὶρ κυρίου ἐπὶ Ἄζωτον, καὶ ἐπήγαγεν αὐτοῖς καὶ ἐξέζεσεν αὐτοῖς
εἰς τὰς ναῦς, καὶ μέσον τῆς χώρας αὐτῆς ἀνεψύησαν μύες, καὶ
ἐγένετο σύγχυσις θανάτου μεγάλη ἐν τῇ πόλει. ⁷καὶ εἶδον οἱ ἄνδρες 7
Ἀζώτου ὅτι οὕτως, καὶ λέγουσιν ὅτι Οὐ καθήσεται κιβωτὸς τοῦ
θεοῦ Ισραηλ μεθ᾽ ἡμῶν, ὅτι σκληρὰ χεὶρ αὐτοῦ ἐφ᾽ ἡμᾶς καὶ ἐπὶ
Δαγων θεὸν ἡμῶν. ⁸καὶ ἀποστέλλουσιν καὶ συνάγουσιν τοὺς σα- 8
τράπας τῶν ἀλλοφύλων πρὸς αὐτοὺς καὶ λέγουσιν Τί ποιήσωμεν
κιβωτῷ θεοῦ Ισραηλ; καὶ λέγουσιν οἱ Γεθθαῖοι Μετελθέτω κιβωτὸς
τοῦ θεοῦ πρὸς ἡμᾶς · καὶ μετῆλθεν κιβωτὸς τοῦ θεοῦ εἰς Γεθθα.
⁹καὶ ἐγενήθη μετὰ τὸ μετελθεῖν αὐτὴν καὶ γίνεται χεὶρ κυρίου ἐν 9
τῇ πόλει, τάραχος μέγας σφόδρα, καὶ ἐπάταξεν τοὺς ἄνδρας τῆς
πόλεως ἀπὸ μικροῦ ἕως μεγάλου καὶ ἐπάταξεν αὐτοὺς εἰς τὰς
ἕδρας αὐτῶν, καὶ ἐποίησαν ἑαυτοῖς οἱ Γεθθαῖοι ἕδρας. ¹⁰καὶ ἐξα- 10
ποστέλλουσιν τὴν κιβωτὸν τοῦ θεοῦ εἰς Ἀσκαλῶνα, καὶ ἐγενήθη
ὡς εἰσῆλθεν κιβωτὸς θεοῦ εἰς Ἀσκαλῶνα, καὶ ἐβόησαν οἱ Ἀσκα-
λωνῖται λέγοντες Τί ἀπεστρέψατε πρὸς ἡμᾶς τὴν κιβωτὸν τοῦ
θεοῦ Ισραηλ θανατῶσαι ἡμᾶς καὶ τὸν λαὸν ἡμῶν; ¹¹καὶ ἐξαπο- 11
στέλλουσιν καὶ συνάγουσιν τοὺς σατράπας τῶν ἀλλοφύλων καὶ
εἶπον Ἐξαποστείλατε τὴν κιβωτὸν τοῦ θεοῦ Ισραηλ, καὶ καθισάτω
εἰς τὸν τόπον αὐτῆς καὶ οὐ μὴ θανατώσῃ ἡμᾶς καὶ τὸν λαὸν
ἡμῶν · ὅτι ἐγενήθη σύγχυσις θανάτου ἐν ὅλῃ τῇ πόλει βαρεῖα
σφόδρα, ὡς εἰσῆλθεν κιβωτὸς θεοῦ Ισραηλ ἐκεῖ, ¹²καὶ οἱ ζῶντες 12
καὶ οὐκ ἀποθανόντες ἐπλήγησαν εἰς τὰς ἕδρας, καὶ ἀνέβη ἡ κραυγὴ
τῆς πόλεως εἰς τὸν οὐρανόν.

¹Καὶ ἦν ἡ κιβωτὸς ἐν ἀγρῷ τῶν ἀλλοφύλων ἑπτὰ μῆνας, καὶ 6
ἐξέζεσεν ἡ γῆ αὐτῶν μύας. ²καὶ καλοῦσιν ἀλλόφυλοι τοὺς ἱερεῖς 2
καὶ τοὺς μάντεις καὶ τοὺς ἐπαοιδοὺς αὐτῶν λέγοντες Τί ποιήσωμεν
τῇ κιβωτῷ κυρίου; γνωρίσατε ἡμῖν ἐν τίνι ἀποστελοῦμεν αὐτὴν

4 εκαστοι B† ‖ 5 βαθμον] + πλην η ραχεις γαζεε A† (sim. O–A†): ex
4 fin. ‖ 6 ναυς] εδρας O† | συγχυσις] χυσις A† ‖ 7 και 2⁰ > A† | ισραηλ
> B*† ‖ 8 τους] add. (uel pr.) παντας O | του 1⁰ > A | θεου 2⁰] + ισρα-
ηλ OL | κιβ. ult.] pr. η OL ‖ 9 εν > B† | εως] pr. και AL^ρ† | εαυτοις / οι
γεθθ.] tr. A ‖ 10 ασκαλωνα 1⁰ ⌒ 2⁰ A | κιβωτος θεου B†] η κ. του θ. rel. |
προς ημας] > A, post ισραηλ tr. L ‖ 11 εξαποστελλουσιν] εξ > AL | τους]
pr. παντας OL | θανατου > B | ισραηλ ult. > O†
6 1 κιβ.] + κυριου O, + του θεου L: cf. 8. 11 ‖ 2 τη > B*† | κυριου] pr.
του A, του θεου L | εν] pr. και O

3 εἰς τὸν τόπον αὐτῆς. ³καὶ εἶπαν Εἰ ἐξαπεστέλλετε ὑμεῖς τὴν κιβω-
τὸν διαθήκης κυρίου θεοῦ Ισραηλ, μὴ δὴ ἐξαποστείλητε αὐτὴν κε-
νήν, ἀλλὰ ἀποδιδόντες ἀπόδοτε αὐτῇ τῆς βασάνου, καὶ τότε ἰαθή-
σεσθε, καὶ ἐξιλασθήσεται ὑμῖν, μὴ οὐκ ἀποστῇ ἡ χεὶρ αὐτοῦ ἀφ᾽
4 ὑμῶν. ⁴καὶ λέγουσιν Τί τὸ τῆς βασάνου ἀποδώσομεν αὐτῇ; καὶ
εἶπαν Κατ᾽ ἀριθμὸν τῶν σατραπῶν τῶν ἀλλοφύλων πέντε ἕδρας
χρυσᾶς, ὅτι πταῖσμα ἐν ὑμῖν καὶ τοῖς ἄρχουσιν ὑμῶν καὶ τῷ λαῷ,
5 ⁵καὶ μῦς χρυσοῦς ὁμοίωμα τῶν μυῶν ὑμῶν τῶν διαφθειρόντων τὴν
γῆν· καὶ δώσετε τῷ κυρίῳ δόξαν, ὅπως κουφίσῃ τὴν χεῖρα αὐτοῦ
6 ἀφ᾽ ὑμῶν καὶ ἀπὸ τῶν θεῶν ὑμῶν καὶ ἀπὸ τῆς γῆς ὑμῶν. ⁶καὶ
ἵνα τί βαρύνετε τὰς καρδίας ὑμῶν, ὡς ἐβάρυνεν Αἴγυπτος καὶ Φα-
ραω τὴν καρδίαν αὐτῶν; οὐχὶ ὅτε ἐνέπαιξεν αὐτοῖς, ἐξαπέστειλαν
7 αὐτούς, καὶ ἀπῆλθον; ⁷καὶ νῦν λάβετε καὶ ποιήσατε ἅμαξαν και-
νὴν καὶ δύο βόας πρωτοτοκούσας ἄνευ τῶν τέκνων καὶ ζεύξατε
τὰς βόας ἐν τῇ ἁμάξῃ καὶ ἀπαγάγετε τὰ τέκνα ἀπὸ ὄπισθεν αὐ-
8 τῶν εἰς οἶκον· ⁸καὶ λήμψεσθε τὴν κιβωτὸν καὶ θήσετε αὐτὴν ἐπὶ
τὴν ἅμαξαν καὶ τὰ σκεύη τὰ χρυσᾶ ἀποδώσετε αὐτῇ τῆς βασάνου
καὶ θήσετε ἐν θέματι βερσεχθαν ἐκ μέρους αὐτῆς καὶ ἐξαποστε-
9 λεῖτε αὐτὴν καὶ ἀπελάσατε αὐτήν, καὶ ἀπελεύσεται· ⁹καὶ ὄψεσθε,
εἰ εἰς ὁδὸν ὁρίων αὐτῆς πορεύσεται κατὰ Βαιθσαμυς, αὐτὸς πε-
ποίηκεν ἡμῖν τὴν κακίαν ταύτην τὴν μεγάλην, καὶ ἐὰν μή, καὶ
γνωσόμεθα ὅτι οὐ χεὶρ αὐτοῦ ἧπται ἡμῶν, ἀλλὰ σύμπτωμα τοῦτο
10 γέγονεν ἡμῖν. ¹⁰καὶ ἐποίησαν οἱ ἀλλόφυλοι οὕτως καὶ ἔλαβον δύο
βόας πρωτοτοκούσας καὶ ἔζευξαν αὐτὰς ἐν τῇ ἁμάξῃ καὶ τὰ τέκνα
11 αὐτῶν ἀπεκώλυσαν εἰς οἶκον ¹¹καὶ ἔθεντο τὴν κιβωτὸν ἐπὶ τὴν
12 ἅμαξαν καὶ τὸ θέμα εργαβ καὶ τοὺς μῦς τοὺς χρυσοῦς. ¹²καὶ κατ-
εύθυναν αἱ βόες ἐν τῇ ὁδῷ εἰς ὁδὸν Βαιθσαμυς, ἐν τρίβῳ ἑνὶ
ἐπορεύοντο καὶ ἐκοπίων καὶ οὐ μεθίσταντο δεξιὰ οὐδὲ ἀριστερά·
καὶ οἱ σατράπαι τῶν ἀλλοφύλων ἐπορεύοντο ὀπίσω αὐτῆς ἕως
13 ὁρίων Βαιθσαμυς. ¹³καὶ οἱ ἐν Βαιθσαμυς ἐθέριζον θερισμὸν πυρῶν
ἐν κοιλάδι· καὶ ἦραν ὀφθαλμοὺς αὐτῶν καὶ εἶδον κιβωτὸν κυρίου
14 καὶ ηὐφράνθησαν εἰς ἀπάντησιν αὐτῆς. ¹⁴καὶ ἡ ἅμαξα εἰσῆλθεν

3 κυριου θεου] tr. B† | εξαποστειλητε] εξ > O | η > O† ‖ 4 χρυσας] +
και πεντε μυας χρυσους O ‖ 5 μυς χρυσ.] ποιησετε ομοιωμα των εδρων
υμων και O ‖ 6 εξαπεστειλεν OᵖLᵖ ‖ 7 καινην] + μιαν O | απο > A† ‖
8 κιβ.] + κυριου OL: cf. 1 | αυτη] -τα A† | θησετε 2⁰ pl.] pr. ου BA | βερ-
σεχθαν Bᶜ⁽†⁾ σ > B*†, αργοζ uel sim. O†, βαεργαζ L: cf. 11 | εξαποστειλατε
A | και απελασ. αυτην BO–A†] > A | απελευσεται A] -σεσθε BO–A ‖ 9 ο-
ριων] οριον B† | κατα] pr. και O† | βεθθαμυς A† hic et in 12 (2⁰). 13. 15. 19
et βεθθαμυσιτου in 18, sed in 12 (1⁰). 14. 20 A βεθσαμυς | ταυτην / την μεγ.]
tr. OL ‖ 11 κιβ.] + κυριου A, + του θεου L†: cf. 1 | εργαβ] αργοζ uel sim.
O†, βαεργαζ L†: item in 15, cf. 8 | fin.] + και τας εικονας των εδρων αυ-
των O

εἰς ἀγρὸν Ωσηε τὸν ἐν Βαιθσαμυς, καὶ ἔστησαν ἐκεῖ παρ᾽ αὐτῇ
λίθον μέγαν καὶ σχίζουσιν τὰ ξύλα τῆς ἁμάξης καὶ τὰς βόας ἀνή-
νεγκαν εἰς ὁλοκαύτωσιν τῷ κυρίῳ. ¹⁵καὶ οἱ Λευῖται ἀνήνεγκαν 15
τὴν κιβωτὸν τοῦ κυρίου καὶ τὸ θέμα εργαβ μετ᾽ αὐτῆς καὶ τὰ ἐπ᾽
αὐτῆς σκεύη τὰ χρυσᾶ καὶ ἔθεντο ἐπὶ τοῦ λίθου τοῦ μεγάλου, καὶ
οἱ ἄνδρες Βαιθσαμυς ἀνήνεγκαν ὁλοκαυτώσεις καὶ θυσίας ἐν τῇ
ἡμέρᾳ ἐκείνῃ τῷ κυρίῳ. ¹⁶καὶ οἱ πέντε σατράπαι τῶν ἀλλοφύλων 16
ἑώρων καὶ ἀνέστρεψαν εἰς Ἀσκαλῶνα τῇ ἡμέρᾳ ἐκείνῃ. ¹⁷καὶ αὗ- 17
ται αἱ ἕδραι αἱ χρυσαῖ, ἃς ἀπέδωκαν οἱ ἀλλόφυλοι τῆς βασάνου
τῷ κυρίῳ · τῆς Ἀζώτου μίαν, τῆς Γάζης μίαν, τῆς Ἀσκαλῶνος
μίαν, τῆς Γεθ μίαν, τῆς Ακκαρων μίαν. ¹⁸καὶ μῦς οἱ χρυσοῖ κατ᾽ 18
ἀριθμὸν πασῶν πόλεων τῶν ἀλλοφύλων τῶν πέντε σατραπῶν ἐκ
πόλεως ἐστερεωμένης καὶ ἕως κώμης τοῦ Φερεζαίου καὶ ἕως λίθου
τοῦ μεγάλου, οὗ ἐπέθηκαν ἐπ᾽ αὐτοῦ τὴν κιβωτὸν διαθήκης κυρίου,
τοῦ ἐν ἀγρῷ Ωσηε τοῦ Βαιθσαμυσίτου.

¹⁹Καὶ οὐκ ἠσμένισαν οἱ υἱοὶ Ιεχονιου ἐν τοῖς ἀνδράσιν Βαιθσα- 19
μυς, ὅτι εἶδαν κιβωτὸν κυρίου · καὶ ἐπάταξεν ἐν αὐτοῖς ἑβδομή-
κοντα ἄνδρας καὶ πεντήκοντα χιλιάδας ἀνδρῶν. καὶ ἐπένθησεν ὁ
λαός, ὅτι ἐπάταξεν κύριος ἐν τῷ λαῷ πληγὴν μεγάλην σφόδρα.
²⁰καὶ εἶπαν οἱ ἄνδρες οἱ ἐκ Βαιθσαμυς Τίς δυνήσεται διελθεῖν ἐνώ- 20
πιον κυρίου τοῦ ἁγίου τούτου; καὶ πρὸς τίνα ἀναβήσεται κιβωτὸς
κυρίου ἀφ᾽ ἡμῶν; ²¹καὶ ἀποστέλλουσιν ἀγγέλους πρὸς τοὺς κατοι- 21
κοῦντας Καριαθιαριμ λέγοντες Ἀπεστρόφασιν ἀλλόφυλοι τὴν κιβω-
τὸν κυρίου · κατάβητε καὶ ἀναγάγετε αὐτὴν πρὸς ἑαυτούς. ¹καὶ 7
ἔρχονται οἱ ἄνδρες Καριαθιαριμ καὶ ἀνάγουσιν τὴν κιβωτὸν δια-
θήκης κυρίου καὶ εἰσάγουσιν αὐτὴν εἰς οἶκον Αμιναδαβ τὸν ἐν τῷ
βουνῷ · καὶ τὸν Ελεαζαρ υἱὸν αὐτοῦ ἡγίασαν φυλάσσειν τὴν κι-
βωτὸν διαθήκης κυρίου.

²Καὶ ἐγενήθη ἀφ᾽ ἧς ἡμέρας ἦν ἡ κιβωτὸς ἐν Καριαθιαριμ, ἐπλή- 2
θυναν αἱ ἡμέραι καὶ ἐγένοντο εἴκοσι ἔτη, καὶ ἐπέβλεψεν πᾶς οἶκος
Ισραηλ ὀπίσω κυρίου. ³καὶ εἶπεν Σαμουηλ πρὸς πάντα οἶκον Ισραηλ 3
λέγων Εἰ ἐν ὅλῃ καρδίᾳ ὑμῶν ὑμεῖς ἐπιστρέφετε πρὸς κύριον, πε-
ριέλετε τοὺς θεοὺς τοὺς ἀλλοτρίους ἐκ μέσου ὑμῶν καὶ τὰ ἄλση
καὶ ἑτοιμάσατε τὰς καρδίας ὑμῶν πρὸς κύριον καὶ δουλεύσατε
αὐτῷ μόνῳ, καὶ ἐξελεῖται ὑμᾶς ἐκ χειρὸς ἀλλοφύλων. ⁴καὶ περιεῖλον 4
οἱ υἱοὶ Ισραηλ τὰς Βααλιμ καὶ τὰ ἄλση Ασταρωθ καὶ ἐδούλευσαν

14 ωσηε] ιησου O: item in 18 | αυτην A | εις ult. > O–376L† | ολοκαρπω-
σιν A† ‖ 15 του 1⁰ > O | εργαβ: cf. 11 | θυσιας] εθυσαν θυσιαν O ‖ 16 α-
σκαλ.] ακκαρων O: cf. 7 14 ‖ 18 χρυσοι > A† | πολεων] pr. των AL | σατρα-
πιων A | κυριου] + εως(pr. και A†) της ημερας ταυτης O | ωσηε: cf. 14 ‖
19 οι > A ‖ 20 κυριου 1⁰ L] > B†, + του(>O–A†) θεου O | αναβησηται B†
7 1 ηγιασαν] ηναγκασαν A† ‖ 2 οικος] pr. ο O ‖ 3 τους bis > B†

5 κυρίῳ μόνῳ. ⁵καὶ εἶπεν Σαμουηλ Ἀθροίσατε πάντα Ισραηλ εἰς
6 Μασσηφαθ, καὶ προσεύξομαι περὶ ὑμῶν πρὸς κύριον. ⁶καὶ συνή-
χθησαν εἰς Μασσηφαθ καὶ ὑδρεύονται ὕδωρ καὶ ἐξέχεαν ἐνώπιον
κυρίου ἐπὶ τὴν γῆν καὶ ἐνήστευσαν ἐν τῇ ἡμέρᾳ ἐκείνῃ καὶ εἶπαν
Ἡμαρτήκαμεν ἐνώπιον κυρίου · καὶ ἐδίκαζεν Σαμουηλ τοὺς υἱοὺς
7 Ισραηλ εἰς Μασσηφαθ. ⁷καὶ ἤκουσαν οἱ ἀλλόφυλοι ὅτι συνηθροί-
σθησαν πάντες οἱ υἱοὶ Ισραηλ εἰς Μασσηφαθ, καὶ ἀνέβησαν σατρά-
παι ἀλλοφύλων ἐπὶ Ισραηλ · καὶ ἀκούουσιν οἱ υἱοὶ Ισραηλ καὶ ἐφο-
8 βήθησαν ἀπὸ προσώπου ἀλλοφύλων. ⁸καὶ εἶπαν οἱ υἱοὶ Ισραηλ
πρὸς Σαμουηλ Μὴ παρασιωπήσῃς ἀφ' ἡμῶν τοῦ μὴ βοᾶν πρὸς
9 κύριον θεόν σου, καὶ σώσει ἡμᾶς ἐκ χειρὸς ἀλλοφύλων. ⁹καὶ ἔλα-
βεν Σαμουηλ ἄρνα γαλαθηνὸν ἕνα καὶ ἀνήνεγκεν αὐτὸν ὁλοκαύ-
τωσιν σὺν παντὶ τῷ λαῷ τῷ κυρίῳ, καὶ ἐβόησεν Σαμουηλ πρὸς
10 κύριον περὶ Ισραηλ, καὶ ἐπήκουσεν αὐτοῦ κύριος. ¹⁰καὶ ἦν Σαμουηλ
ἀναφέρων τὴν ὁλοκαύτωσιν, καὶ ἀλλόφυλοι προσῆγον εἰς πόλεμον
ἐπὶ Ισραηλ. καὶ ἐβρόντησεν κύριος ἐν φωνῇ μεγάλῃ ἐν τῇ ἡμέρᾳ
ἐκείνῃ ἐπὶ τοὺς ἀλλοφύλους, καὶ συνεχύθησαν καὶ ἔπταισαν ἐνώ-
11 πιον Ισραηλ. ¹¹καὶ ἐξῆλθαν ἄνδρες Ισραηλ ἐκ Μασσηφαθ καὶ κατ-
εδίωξαν τοὺς ἀλλοφύλους καὶ ἐπάταξαν αὐτοὺς ἕως ὑποκάτω τοῦ
12 Βαιθχορ. ¹²καὶ ἔλαβεν Σαμουηλ λίθον ἕνα καὶ ἔστησεν αὐτὸν ἀνὰ
μέσον Μασσηφαθ καὶ ἀνὰ μέσον τῆς παλαιᾶς καὶ ἐκάλεσεν τὸ
ὄνομα αὐτοῦ Αβενεζερ, Λίθος τοῦ βοηθοῦ, καὶ εἶπεν Ἕως ἐνταῦθα
13 ἐβοήθησεν ἡμῖν κύριος. ¹³καὶ ἐταπείνωσεν κύριος τοὺς ἀλλοφύλους,
καὶ οὐ προσέθεντο ἔτι προσελθεῖν εἰς ὅριον Ισραηλ · καὶ ἐγενήθη
χεὶρ κυρίου ἐπὶ τοὺς ἀλλοφύλους πάσας τὰς ἡμέρας τοῦ Σαμουηλ.
14 ¹⁴καὶ ἀπεδόθησαν αἱ πόλεις, ἃς ἔλαβον οἱ ἀλλόφυλοι παρὰ τῶν
υἱῶν Ισραηλ, καὶ ἀπέδωκαν αὐτὰς τῷ Ισραηλ ἀπὸ Ἀσκαλῶνος
ἕως Αζοβ, καὶ τὸ ὅριον Ισραηλ ἀφείλαντο ἐκ χειρὸς ἀλλοφύλων.
καὶ ἦν εἰρήνη ἀνὰ μέσον Ισραηλ καὶ ἀνὰ μέσον τοῦ Αμορραίου.
15 ¹⁵καὶ ἐδίκαζεν Σαμουηλ τὸν Ισραηλ πάσας τὰς ἡμέρας τῆς ζωῆς
16 αὐτοῦ · ¹⁶καὶ ἐπορεύετο κατ' ἐνιαυτὸν ἐνιαυτὸν καὶ ἐκύκλου Βαιθηλ
καὶ τὴν Γαλγαλα καὶ τὴν Μασσηφαθ καὶ ἐδίκαζεν τὸν Ισραηλ ἐν
17 πᾶσι τοῖς ἡγιασμένοις τούτοις, ¹⁷ἡ δὲ ἀποστροφὴ αὐτοῦ εἰς Αρ-
μαθαιμ, ὅτι ἐκεῖ ἦν ὁ οἶκος αὐτοῦ, καὶ ἐδίκαζεν ἐκεῖ τὸν Ισραηλ
καὶ ψκοδόμησεν ἐκεῖ θυσιαστήριον τῷ κυρίῳ.
8 ¹Καὶ ἐγένετο ὡς ἐγήρασεν Σαμουηλ, καὶ κατέστησεν τοὺς υἱοὺς

4 κυριω] pr. τω OL ‖ 5 παντα] pr. τον AL | μασηφατ A†: item in 6
(bis). 7, sed in 12. 16 A† μασηφα ‖ 7 οι 1⁰ > A† ‖ 8 fin.] + και ειπεν
σαμουηλ μη μοι γενοιτο αποστηναι απο κυριου θεου μου του μη βοαν περι
υμων προσευχομενον compl. ‖ 10 τους αλλοφ. ⌢ 11 τους αλλοφ. A† ‖
11 επαταξεν A | βαιθχορ] βελχορ A† ‖ 13 προσελθειν] επελθειν pl., επερθει
(sic) A† | του > AL ‖ 14 ασκαλ.] ακκαρων OL: cf. 6 16 | αζοβ] γεθ OL ‖
17 εκει 2⁰ > A†

αὐτοῦ δικαστὰς τῷ Ισραηλ. ²καὶ ταῦτα τὰ ὀνόματα τῶν υἱῶν αὐ- 2
τοῦ · πρωτότοκος Ιωηλ, καὶ ὄνομα τοῦ δευτέρου Αβια, δικασταὶ
ἐν Βηρσαβεε. ³καὶ οὐκ ἐπορεύθησαν οἱ υἱοὶ αὐτοῦ ἐν ὁδῷ αὐτοῦ 3
καὶ ἐξέκλιναν ὀπίσω τῆς συντελείας καὶ ἐλάμβανον δῶρα καὶ ἐξέ-
κλινον δικαιώματα. ⁴καὶ συναθροίζονται ἄνδρες Ισραηλ καὶ παρα- 4
γίνονται εἰς Αρμαθαιμ πρὸς Σαμουηλ ⁵καὶ εἶπαν αὐτῷ ᾽Ιδοὺ σὺ 5
γεγήρακας, καὶ οἱ υἱοί σου οὐ πορεύονται ἐν τῇ ὁδῷ σου · καὶ
νῦν κατάστησον ἐφ᾽ ἡμᾶς βασιλέα δικάζειν ἡμᾶς καθὰ καὶ τὰ λοιπὰ
ἔθνη. ⁶καὶ ἦν πονηρὸν τὸ ῥῆμα ἐν ὀφθαλμοῖς Σαμουηλ, ὡς εἶπαν 6
Δὸς ἡμῖν βασιλέα δικάζειν ἡμᾶς · καὶ προσηύξατο Σαμουηλ πρὸς
κύριον. ⁷καὶ εἶπεν κύριος πρὸς Σαμουηλ Ἄκουε τῆς φωνῆς τοῦ 7
λαοῦ καθὰ ἂν λαλήσωσίν σοι · ὅτι οὐ σὲ ἐξουθενήκασιν, ἀλλ᾽ ἢ
ἐμὲ ἐξουδενώκασιν τοῦ μὴ βασιλεύειν ἐπ᾽ αὐτῶν. ⁸κατὰ πάντα τὰ 8
ποιήματα, ἃ ἐποίησάν μοι ἀφ᾽ ἧς ἡμέρας ἀνήγαγον αὐτοὺς ἐξ Αἰ-
γύπτου ἕως τῆς ἡμέρας ταύτης καὶ ἐγκατέλιπόν με καὶ ἐδούλευον
θεοῖς ἑτέροις, οὕτως αὐτοὶ ποιοῦσιν καὶ σοί. ⁹καὶ νῦν ἄκουε τῆς 9
φωνῆς αὐτῶν · πλὴν ὅτι διαμαρτυρόμενος διαμαρτύρῃ αὐτοῖς καὶ
ἀπαγγελεῖς αὐτοῖς τὸ δικαίωμα τοῦ βασιλέως, ὃς βασιλεύσει ἐπ᾽
αὐτούς. ¹⁰καὶ εἶπεν Σαμουηλ πᾶν τὸ ῥῆμα κυρίου πρὸς τὸν λαὸν 10
τοὺς αἰτοῦντας παρ᾽ αὐτοῦ βασιλέα ¹¹καὶ εἶπεν Τοῦτο ἔσται τὸ δι- 11
καίωμα τοῦ βασιλέως, ὃς βασιλεύσει ἐφ᾽ ὑμᾶς · τοὺς υἱοὺς ὑμῶν
λήμψεται καὶ θήσεται αὐτοὺς ἐν ἅρμασιν αὐτοῦ καὶ ἱππεῦσιν αὐ-
τοῦ καὶ προτρέχοντας τῶν ἁρμάτων αὐτοῦ ¹²καὶ θέσθαι αὐτοὺς 12
ἑαυτῷ χιλιάρχους καὶ ἑκατοντάρχους καὶ θερίζειν θερισμὸν αὐτοῦ
καὶ τρυγᾶν τρυγητὸν αὐτοῦ καὶ ποιεῖν σκεύη πολεμικὰ αὐτοῦ καὶ
σκεύη ἁρμάτων αὐτοῦ · ¹³καὶ τὰς θυγατέρας ὑμῶν λήμψεται εἰς 13
μυρεψοὺς καὶ εἰς μαγειρίσσας καὶ εἰς πεσσούσας · ¹⁴καὶ τοὺς 14
ἀγροὺς ὑμῶν καὶ τοὺς ἀμπελῶνας ὑμῶν καὶ τοὺς ἐλαιῶνας ὑμῶν
τοὺς ἀγαθοὺς λήμψεται καὶ δώσει τοῖς δούλοις αὐτοῦ · ¹⁵καὶ τὰ 15
σπέρματα ὑμῶν καὶ τοὺς ἀμπελῶνας ὑμῶν ἀποδεκατώσει καὶ δώσει
τοῖς εὐνούχοις αὐτοῦ καὶ τοῖς δούλοις αὐτοῦ · ¹⁶καὶ τοὺς δούλους 16
ὑμῶν καὶ τὰς δούλας ὑμῶν καὶ τὰ βουκόλια ὑμῶν τὰ ἀγαθὰ καὶ
τοὺς ὄνους ὑμῶν λήμψεται καὶ ἀποδεκατώσει εἰς τὰ ἔργα αὐτοῦ
¹⁷καὶ τὰ ποίμνια ὑμῶν ἀποδεκατώσει · καὶ ὑμεῖς ἔσεσθε αὐτῷ δοῦ- 17
λοι. ¹⁸καὶ βοήσεσθε ἐν τῇ ἡμέρᾳ ἐκείνῃ ἐκ προσώπου βασιλέως 18
ὑμῶν, οὗ ἐξελέξασθε ἑαυτοῖς, καὶ οὐκ ἐπακούσεται κύριος ὑμῶν

8 2 δευτερου] + αυτου A | δικαστας O† ‖ 4 ανδρες] pr. παντες OL(O–A†
οι υιοι pro ανδρες) | εις αρμ. / προς σαμ.] tr. OL ‖ 6 ην > B†: cf. 9 1 | εν
οφθ.] ενωπιον AL† | ημας] pr. εφ A ‖ 7 εξουδενωκασιν] -ουθενηκ- O | αυ-
των] -τους A†, -τοις O–A† ‖ 8 τα ποιημ. > A† | εως] pr. και AL | και σοι
(9) και] και συ O† ‖ 9 βασιλευσει] -λευει A† ‖ 10 κυριου] pr. του B ‖
13 υμων] αυτων A† ‖ 14 υμων 2⁰ > A† ‖ 15 το σπερμα O ‖ 16 τα αγα-
θα] pr. και B

ἐν ταῖς ἡμέραις ἐκείναις, ὅτι ὑμεῖς ἐξελέξασθε ἑαυτοῖς βασιλέα.
19 ¹⁹καὶ οὐκ ἠβούλετο ὁ λαὸς ἀκοῦσαι τοῦ Σαμουηλ καὶ εἶπαν αὐτῷ
20 Οὐχί, ἀλλ' ἢ βασιλεὺς ἔσται ἐφ' ἡμᾶς, ²⁰καὶ ἐσόμεθα καὶ ἡμεῖς
κατὰ πάντα τὰ ἔθνη, καὶ δικάσει ἡμᾶς βασιλεὺς ἡμῶν καὶ ἐξελεύ-
21 σεται ἔμπροσθεν ἡμῶν καὶ πολεμήσει τὸν πόλεμον ἡμῶν. ²¹καὶ
ἤκουσεν Σαμουηλ πάντας τοὺς λόγους τοῦ λαοῦ καὶ ἐλάλησεν αὐ-
22 τοὺς εἰς τὰ ὦτα κυρίου. ²²καὶ εἶπεν κύριος πρὸς Σαμουηλ Ἄκουε
τῆς φωνῆς αὐτῶν καὶ βασίλευσον αὐτοῖς βασιλέα. καὶ εἶπεν Σαμου-
ηλ πρὸς ἄνδρας Ισραηλ Ἀποτρεχέτω ἕκαστος εἰς τὴν πόλιν αὐτοῦ.
9 ¹Καὶ ἦν ἀνὴρ ἐξ υἱῶν Βενιαμιν, καὶ ὄνομα αὐτῷ Κις υἱὸς Αβι-
ηλ υἱοῦ Σαρεδ υἱοῦ Βαχιρ υἱοῦ Αφεκ υἱοῦ ἀνδρὸς Ιεμιναίου, ἀνὴρ
2 δυνατός. ²καὶ τούτῳ υἱός, καὶ ὄνομα αὐτῷ Σαουλ, εὐμεγέθης, ἀνὴρ
ἀγαθός, καὶ οὐκ ἦν ἐν υἱοῖς Ισραηλ ἀγαθὸς ὑπὲρ αὐτόν, ὑπὲρ
3 ὠμίαν καὶ ἐπάνω ὑψηλὸς ὑπὲρ πᾶσαν τὴν γῆν. ³καὶ ἀπώλοντο αἱ
ὄνοι Κις πατρὸς Σαουλ, καὶ εἶπεν Κις πρὸς Σαουλ τὸν υἱὸν αὐτοῦ
Λαβὲ μετὰ σεαυτοῦ ἓν τῶν παιδαρίων καὶ ἀνάστητε καὶ πορεύθητε
4 καὶ ζητήσατε τὰς ὄνους. ⁴καὶ διῆλθον δι' ὄρους Εφραιμ καὶ διῆλ-
θον διὰ τῆς γῆς Σελχα καὶ οὐχ εὗρον · καὶ διῆλθον διὰ τῆς γῆς
Εασακεμ, καὶ οὐκ ἦν · καὶ διῆλθον διὰ τῆς γῆς Ιακιμ καὶ οὐχ εὗ-
5 ρον. ⁵αὐτῶν ἐλθόντων εἰς τὴν Σιφ καὶ Σαουλ εἶπεν τῷ παιδαρίῳ
αὐτοῦ τῷ μετ' αὐτοῦ Δεῦρο καὶ ἀναστρέψωμεν, μὴ ἀνεὶς ὁ πατήρ
6 μου τὰς ὄνους φροντίζῃ περὶ ἡμῶν. ⁶καὶ εἶπεν αὐτῷ τὸ παιδά-
ριον Ἰδοὺ δὴ ἄνθρωπος τοῦ θεοῦ ἐν τῇ πόλει ταύτῃ, καὶ ὁ ἄν-
θρωπος ἔνδοξος, πᾶν, ὃ ἐὰν λαλήσῃ, παραγινόμενον παρέσται ·
καὶ νῦν πορευθῶμεν, ὅπως ἀπαγγείλῃ ἡμῖν τὴν ὁδὸν ἡμῶν, ἐφ'
7 ἣν ἐπορεύθημεν ἐπ' αὐτήν. ⁷καὶ εἶπεν Σαουλ τῷ παιδαρίῳ αὐτοῦ
τῷ μετ' αὐτοῦ Καὶ ἰδοὺ πορευσόμεθα, καὶ τί οἴσομεν τῷ ἀνθρώπῳ
τοῦ θεοῦ; ὅτι οἱ ἄρτοι ἐκλελοίπασιν ἐκ τῶν ἀγγείων ἡμῶν, καὶ
πλεῖον οὐκ ἔστιν μεθ' ἡμῶν εἰσενεγκεῖν τῷ ἀνθρώπῳ τοῦ θεοῦ τὸ
8 ὑπάρχον ἡμῖν. ⁸καὶ προσέθετο τὸ παιδάριον ἀποκριθῆναι τῷ Σαουλ
καὶ εἶπεν Ἰδοὺ εὕρηται ἐν τῇ χειρί μου τέταρτον σίκλου ἀργυρίου,
καὶ δώσεις τῷ ἀνθρώπῳ τοῦ θεοῦ, καὶ ἀπαγγελεῖ ἡμῖν τὴν ὁδὸν
9 ἡμῶν. ⁹καὶ ἔμπροσθεν ἐν Ισραηλ τάδε ἔλεγεν ἕκαστος ἐν τῷ πο-

19 ακουσαι] pr. του A | αλλ η] + οτι O ‖ 21 αυτους] -τοις O–376†
9 1 ην > B†: cf. 8 6 | σαρεδ O–A(†)] αρεδ BA, σαρα L† | βαχ(ε)ιρ V] βαχει
B(†), βεχωραθ O, μαχειρ L† | αφεκ] αφαχ A*†, αφιχ Ac† ‖ 3 αι] οι O, sed
in 3 fin. 5 etiam O τας ονους | πατρος] pr. του OL ‖ 4 σελχα] σαλισσα A(†)
| εασακεμ B†] σααλειμ A(†), σεγαλειμ V, γαδδει της πολεως σεγαλειμ L† | ια-
κ(ε)ιμ] ιαβειν L†, του ιεμειναιου uel sim. O ‖ 5 αυτων] + δε O | την] γην
A | αναστρεψωμεν BL†] αποστρ. O | φροντιζει B ‖ 6 ανθρωπος 1⁰] pr. ο
O | πορευθωμεν] + εκει A, + εκει προς αυτον O–A†, + δη προς αυτον L† ‖
7 οισομεν] pr. εισ A | οι > OL | μεθ ημων] εν ημιν A† | εισενεγκειν] pr. του
OL ‖ 9 εν 1⁰ > A

ρεύεσθαι ἐπερωτᾶν τὸν θεόν Δεῦρο πορευθῶμεν πρὸς τὸν βλέ-
ποντα · ὅτι τὸν προφήτην ἐκάλει ὁ λαὸς ἔμπροσθεν Ὁ βλέπων.
¹⁰καὶ εἶπεν Σαουλ πρὸς τὸ παιδάριον αὐτοῦ Ἀγαθὸν τὸ ῥῆμα, 10
δεῦρο καὶ πορευθῶμεν. καὶ ἐπορεύθησαν εἰς τὴν πόλιν, οὗ ἦν
ἐκεῖ ὁ ἄνθρωπος τοῦ θεοῦ. ¹¹αὐτῶν ἀναβαινόντων τὴν ἀνάβασιν 11
τῆς πόλεως καὶ αὐτοὶ εὑρίσκουσιν τὰ κοράσια ἐξεληλυθότα ὑδρεύ-
σασθαι ὕδωρ καὶ λέγουσιν αὐταῖς Εἰ ἔστιν ἐνταῦθα ὁ βλέπων;
¹²καὶ ἀπεκρίθη τὰ κοράσια αὐτοῖς καὶ λέγουσιν αὐτοῖς Ἔστιν, 12
ἰδοὺ κατὰ πρόσωπον ὑμῶν · νῦν διὰ τὴν ἡμέραν ἥκει εἰς τὴν
πόλιν, ὅτι θυσία σήμερον τῷ λαῷ ἐν Βαμα · ¹³ὡς ἂν εἰσέλθητε 13
τὴν πόλιν, οὕτως εὑρήσετε αὐτὸν ἐν τῇ πόλει πρὶν ἀναβῆναι αὐ-
τὸν εἰς Βαμα τοῦ φαγεῖν, ὅτι οὐ μὴ φάγῃ ὁ λαὸς ἕως τοῦ εἰσελ-
θεῖν αὐτόν, ὅτι οὗτος εὐλογεῖ τὴν θυσίαν, καὶ μετὰ ταῦτα ἐσθίου-
σιν οἱ ξένοι · καὶ νῦν ἀνάβητε, ὅτι διὰ τὴν ἡμέραν εὑρήσετε αὐτόν.
¹⁴καὶ ἀναβαίνουσιν τὴν πόλιν. αὐτῶν εἰσπορευομένων εἰς μέσον 14
τῆς πόλεως καὶ ἰδοὺ Σαμουηλ ἐξῆλθεν εἰς ἀπάντησιν αὐτῶν τοῦ
ἀναβῆναι εἰς Βαμα. ¹⁵καὶ κύριος ἀπεκάλυψεν τὸ ὠτίον Σαμουηλ 15
ἡμέρᾳ μιᾷ ἔμπροσθεν τοῦ ἐλθεῖν πρὸς αὐτὸν Σαουλ λέγων ¹⁶Ὡς 16
ὁ καιρὸς αὔριον ἀποστελῶ πρὸς σὲ ἄνδρα ἐκ γῆς Βενιαμιν, καὶ
χρίσεις αὐτὸν εἰς ἄρχοντα ἐπὶ τὸν λαόν μου Ισραηλ, καὶ σώσει
τὸν λαόν μου ἐκ χειρὸς ἀλλοφύλων · ὅτι ἐπέβλεψα ἐπὶ τὴν ταπεί-
νωσιν τοῦ λαοῦ μου, ὅτι ἦλθεν βοὴ αὐτῶν πρός με. ¹⁷καὶ Σαμου- 17
ηλ εἶδεν τὸν Σαουλ · καὶ κύριος ἀπεκρίθη αὐτῷ Ἰδοὺ ὁ ἄνθρωπος,
ὃν εἶπά σοι Οὗτος ἄρξει ἐν τῷ λαῷ μου. ¹⁸καὶ προσήγαγεν Σαουλ 18
πρὸς Σαμουηλ εἰς μέσον τῆς πόλεως καὶ εἶπεν Ἀπάγγειλον δὴ
ποῖος ὁ οἶκος τοῦ βλέποντος. ¹⁹καὶ ἀπεκρίθη Σαμουηλ τῷ Σαουλ 19
καὶ εἶπεν Ἐγώ εἰμι αὐτός · ἀνάβηθι ἔμπροσθέν μου εἰς Βαμα καὶ
φάγε μετ᾽ ἐμοῦ σήμερον, καὶ ἐξαποστελῶ σε πρωὶ καὶ πάντα τὰ
ἐν τῇ καρδίᾳ σου ἀπαγγελῶ σοι · ²⁰καὶ περὶ τῶν ὄνων σου τῶν 20
ἀπολωλυιῶν σήμερον τριταίων μὴ θῇς τὴν καρδίαν σου αὐταῖς,
ὅτι εὕρηνται · καὶ τίνι τὰ ὡραῖα τοῦ Ισραηλ; οὐ σοὶ καὶ τῷ οἴκῳ
τοῦ πατρός σου; ²¹καὶ ἀπεκρίθη Σαουλ καὶ εἶπεν Οὐχὶ ἀνδρὸς 21
υἱὸς Ιεμιναίου ἐγώ εἰμι τοῦ μικροῦ σκήπτρου φυλῆς Ισραηλ καὶ
τῆς φυλῆς τῆς ἐλαχίστης ἐξ ὅλου σκήπτρου Βενιαμιν; καὶ ἵνα τί
ἐλάλησας πρὸς ἐμὲ κατὰ τὸ ῥῆμα τοῦτο; ²²καὶ ἔλαβεν Σαμουηλ 22
τὸν Σαουλ καὶ τὸ παιδάριον αὐτοῦ καὶ εἰσήγαγεν αὐτοὺς εἰς τὸ

9 επερωταν] -τησαι O | τον 1⁰ > O | δευρο] δευτε και OL ‖ 10 του] pr.
ο B† ‖ 11 υδρευεσθαι B† ‖ 12 αυτοις 2⁰ > AL | νυν] pr. ταχυνον O(†), pr.
ταχυνον οτι uel sim. L† ‖ 13 βανα A† hic, sed in 12. 14. 19. 25 βαμα |
εισελθειν] εισ > O ‖ 14 απαντησιν] pr. την A ‖ 15 > A*(uid.) | προς
αυτον / σαουλ tr. Aˢ ‖ 16 καιρος] + ουτος OL | της] της B† ‖ 18 δη]
+ μοι OL | ο > A ‖ 20 σου / των απολ. B†] tr. O (O–A σοι) | τω] pr. παν-
τι O ‖ 21 μικρου] -ροτερου OL

κατάλυμα καὶ ἔθετο αὐτοῖς τόπον ἐν πρώτοις τῶν κεκλημένων
23 ὡσεὶ ἑβδομήκοντα ἀνδρῶν. ²³καὶ εἶπεν Σαμουηλ τῷ μαγείρῳ Δός
μοι τὴν μερίδα, ἣν ἔδωκά σοι, ἣν εἶπά σοι θεῖναι αὐτὴν παρὰ σοί.
24 ²⁴καὶ ὕψωσεν ὁ μάγειρος τὴν κωλέαν καὶ παρέθηκεν αὐτὴν ἐνώ-
πιον Σαουλ · καὶ εἶπεν Σαμουηλ τῷ Σαουλ Ἰδοὺ ὑπόλειμμα, παρά-
θες αὐτὸ ἐνώπιόν σου καὶ φάγε, ὅτι εἰς μαρτύριον τέθειταί σοι
παρὰ τοὺς ἄλλους · ἀπόκνιζε. καὶ ἔφαγεν Σαουλ μετὰ Σαμουηλ ἐν
25 τῇ ἡμέρᾳ ἐκείνῃ. ²⁵καὶ κατέβη ἐκ τῆς Βαμα ἐν τῇ πόλει · καὶ
26 διέστρωσαν τῷ Σαουλ ἐπὶ τῷ δώματι, ²⁶καὶ ἐκοιμήθη. καὶ ἐγένετο
ὡς ἀνέβαινεν ὁ ὄρθρος, καὶ ἐκάλεσεν Σαμουηλ τὸν Σαουλ ἐπὶ τῷ
δώματι λέγων Ἀνάστα, καὶ ἐξαποστελῶ σε · καὶ ἀνέστη Σαουλ,
27 καὶ ἐξῆλθεν αὐτὸς καὶ Σαμουηλ ἕως ἔξω. ²⁷αὐτῶν καταβαινόντων
εἰς μέρος τῆς πόλεως καὶ Σαμουηλ εἶπεν τῷ Σαουλ Εἰπὸν τῷ
νεανίσκῳ καὶ διελθέτω ἔμπροσθεν ἡμῶν, καὶ σὺ στῆθι ὡς σήμε-
10 ρον καὶ ἄκουσον ῥῆμα θεοῦ. ¹καὶ ἔλαβεν Σαμουηλ τὸν φακὸν τοῦ
ἐλαίου καὶ ἐπέχεεν ἐπὶ τὴν κεφαλὴν αὐτοῦ καὶ ἐφίλησεν αὐτὸν
καὶ εἶπεν αὐτῷ Οὐχὶ κέχρικέν σε κύριος εἰς ἄρχοντα ἐπὶ τὸν λαὸν
αὐτοῦ, ἐπὶ Ισραηλ; καὶ σὺ ἄρξεις ἐν λαῷ κυρίου, καὶ σὺ σώσεις
αὐτὸν ἐκ χειρὸς ἐχθρῶν αὐτοῦ κυκλόθεν. καὶ τοῦτό σοι τὸ σημεῖον
2 ὅτι ἔχρισέν σε κύριος ἐπὶ κληρονομίαν αὐτοῦ εἰς ἄρχοντα · ²ὡς
ἂν ἀπέλθῃς σήμερον ἀπ᾽ ἐμοῦ, καὶ εὑρήσεις δύο ἄνδρας πρὸς τοῖς
τάφοις Ραχηλ ἐν τῷ ὁρίῳ Βενιαμιν ἁλλομένους μεγάλα, καὶ ἐροῦ-
σίν σοι Εὕρηνται αἱ ὄνοι, ἃς ἐπορεύθητε ζητεῖν, καὶ ἰδοὺ ὁ πατήρ
σου ἀποτετίνακται τὸ ῥῆμα τῶν ὄνων καὶ ἐδαψιλεύσατο δι᾽ ὑμᾶς
3 λέγων Τί ποιήσω ὑπὲρ τοῦ υἱοῦ μου ; ³καὶ ἀπελεύσει ἐκεῖθεν καὶ
ἐπέκεινα ἥξεις ἕως τῆς δρυὸς Θαβωρ καὶ εὑρήσεις ἐκεῖ τρεῖς ἄν-
δρας ἀναβαίνοντας πρὸς τὸν θεὸν εἰς Βαιθηλ, ἕνα αἴροντα τρία
αἰγίδια καὶ ἕνα αἴροντα τρία ἀγγεῖα ἄρτων καὶ ἕνα αἴροντα ἀσκὸν
4 οἴνου · ⁴καὶ ἐρωτήσουσίν σε τὰ εἰς εἰρήνην καὶ δώσουσίν σοι δύο
5 ἀπαρχὰς ἄρτων, καὶ λήμψῃ ἐκ τῆς χειρὸς αὐτῶν. ⁵καὶ μετὰ ταῦτα
εἰσελεύσῃ εἰς τὸν βουνὸν τοῦ θεοῦ, οὗ ἐστιν ἐκεῖ τὸ ἀνάστημα
τῶν ἀλλοφύλων, ἐκεῖ Νασιβ ὁ ἀλλόφυλος · καὶ ἔσται ὡς ἂν εἰσ-
έλθητε ἐκεῖ εἰς τὴν πόλιν, καὶ ἀπαντήσεις χορῷ προφητῶν κατα-
βαινόντων ἐκ τῆς Βαμα, καὶ ἔμπροσθεν αὐτῶν νάβλα καὶ τύμπα-
6 νον καὶ αὐλὸς καὶ κινύρα, καὶ αὐτοὶ προφητεύοντες · ⁶καὶ ἐφαλεῖ-

---

22 τοπον] pr. εκει B† ‖ 24 υψωσεν Gra.] ηψησεν ΒΟ, ηρεν L | κωλεαν]
+ και το επ αυτης OL | μαρτυριαν A† | τους αλλους] του α̅ν̅ο̅υ̅ (= ανθρωπου)
A†, του λαου L ‖ 26 σαουλ / και εξηλθεν] tr. A† ‖ 27 ημων] + και διηλ-
θεν O† | ακουσον] ακουστον σοι O

101 εν > A† | συ 2⁰ > OL | εχρισεν] κεχρικεν OL ‖ 2 τω οριω ραμ.] τω
ορει ΒΟ, τοις οριοις L† | βενιαμιν] pr. του A | ο πατηρ σου / αποτετ.] tr. O
‖ 5 εκει 1⁰ > A† | ναβλα] ναβαλ B† | τυμπανον] -πανα OL

ται ἐπὶ σὲ πνεῦμα κυρίου, καὶ προφητεύσεις μετ᾽ αὐτῶν καὶ στρα-
φήσῃ εἰς ἄνδρα ἄλλον. ⁷καὶ ἔσται ὅταν ἥξει τὰ σημεῖα ταῦτα ἐπὶ 7
σέ, ποίει πάντα, ὅσα ἐὰν εὕρῃ ἡ χείρ σου, ὅτι θεὸς μετὰ σοῦ.
⁸καὶ καταβήσῃ ἔμπροσθεν τῆς Γαλγαλα, καὶ ἰδοὺ καταβαίνω πρὸς 8
σὲ ἀνενεγκεῖν ὁλοκαύτωσιν καὶ θυσίας εἰρηνικάς· ἑπτὰ ἡμέρας
διαλείψεις ἕως τοῦ ἐλθεῖν με πρὸς σέ, καὶ γνωρίσω σοι ἃ ποιή-
σεις. ⁹καὶ ἐγενήθη ὥστε ἐπιστραφῆναι τῷ ὤμῳ αὐτοῦ ἀπελθεῖν 9
ἀπὸ Σαμουηλ, μετέστρεψεν αὐτῷ ὁ θεὸς καρδίαν ἄλλην· καὶ ἦλθεν
πάντα τὰ σημεῖα ἐν τῇ ἡμέρᾳ ἐκείνῃ. ¹⁰καὶ ἔρχεται ἐκεῖθεν εἰς τὸν 10
βουνόν, καὶ ἰδοὺ χορὸς προφητῶν ἐξ ἐναντίας αὐτοῦ· καὶ ἥλατο
ἐπ᾽ αὐτὸν πνεῦμα θεοῦ, καὶ ἐπροφήτευσεν ἐν μέσῳ αὐτῶν. ¹¹καὶ 11
ἐγενήθησαν πάντες οἱ εἰδότες αὐτὸν ἐχθὲς καὶ τρίτην καὶ εἶδον
καὶ ἰδοὺ αὐτὸς ἐν μέσῳ τῶν προφητῶν, καὶ εἶπεν ὁ λαὸς ἕκαστος
πρὸς τὸν πλησίον αὐτοῦ Τί τοῦτο τὸ γεγονὸς τῷ υἱῷ Κις; ἦ καὶ
Σαουλ ἐν προφήταις; ¹²καὶ ἀπεκρίθη τις αὐτῶν καὶ εἶπεν Καὶ τίς 12
πατὴρ αὐτοῦ; διὰ τοῦτο ἐγενήθη εἰς παραβολήν ᾽Η καὶ Σαουλ ἐν
προφήταις; ¹³καὶ συνετέλεσεν προφητεύων καὶ ἔρχεται εἰς τὸν 13
βουνόν. ¹⁴καὶ εἶπεν ὁ οἰκεῖος αὐτοῦ πρὸς αὐτὸν καὶ πρὸς τὸ παι- 14
δάριον αὐτοῦ Ποῦ ἐπορεύθητε; καὶ εἶπαν Ζητεῖν τὰς ὄνους· καὶ
εἴδαμεν ὅτι οὐκ εἰσίν, καὶ εἰσήλθομεν πρὸς Σαμουηλ. ¹⁵καὶ εἶπεν 15
ὁ οἰκεῖος πρὸς Σαουλ ᾽Απάγγειλον δή μοι τί εἶπέν σοι Σαμουηλ.
¹⁶καὶ εἶπεν Σαουλ πρὸς τὸν οἰκεῖον αὐτοῦ ᾽Απήγγειλεν ἀπαγγέλλων 16
μοι ὅτι εὕρηνται αἱ ὄνοι· τὸ δὲ ῥῆμα τῆς βασιλείας οὐκ ἀπήγγει-
λεν αὐτῷ.
¹⁷Καὶ παρήγγειλεν Σαμουηλ παντὶ τῷ λαῷ πρὸς κύριον εἰς Μασ- 17
σηφα ¹⁸καὶ εἶπεν πρὸς υἱοὺς Ισραηλ Τάδε εἶπεν κύριος ὁ θεὸς 18
Ισραηλ λέγων ᾽Εγὼ ἀνήγαγον τοὺς υἱοὺς Ισραηλ ἐξ Αἰγύπτου καὶ
ἐξειλάμην ὑμᾶς ἐκ χειρὸς Φαραω βασιλέως Αἰγύπτου καὶ ἐκ πασῶν
τῶν βασιλειῶν τῶν θλιβουσῶν ὑμᾶς· ¹⁹καὶ ὑμεῖς σήμερον ἐξου- 19
θενήκατε τὸν θεόν, ὃς αὐτός ἐστιν ὑμῶν σωτὴρ ἐκ πάντων τῶν
κακῶν ὑμῶν καὶ θλίψεων ὑμῶν, καὶ εἴπατε Οὐχί, ἀλλ᾽ ἢ ὅτι βασι-
λέα στήσεις ἐφ᾽ ἡμῶν· καὶ νῦν κατάστητε ἐνώπιον κυρίου κατὰ
τὰ σκῆπτρα ὑμῶν καὶ κατὰ τὰς φυλὰς ὑμῶν. ²⁰καὶ προσήγαγεν 20
Σαμουηλ πάντα τὰ σκῆπτρα Ισραηλ, καὶ κατακληροῦται σκῆπτρον
Βενιαμιν· ²¹καὶ προσάγει σκῆπτρον Βενιαμιν εἰς φυλάς, καὶ κατα- 21
κληροῦται φυλὴ Ματταρι· καὶ προσάγουσιν τὴν φυλὴν Ματταρι

6 μετ] επ Α⁺ || 8 γαλγαλα] γαλααδ Β | ιδου] + εγω OL | θυσιας] pr. θυ-
σαι Ο || 10 βουνον] + των προφητων Ο || 11 απαντες Ο: cf. 24 | ειδοτες]
ιδοντες Ο | τριτης AL | προφητων] + προφητευων OL | ειπεν] -παν Α⁽⁺⁾ ||
12 αυτου] + οὐ κεις; Ο⁻³⁷⁶ || 16 fin.] + ο ειπεν σαμουηλ OL || 17 μασηφα
Ο⁺: cf. 7 5 || 18 τους υιους] τον Ο⁺ | εκθλιβουσων AL⁺ || 19 εξουδενω-
κατε Α | υμων σωτηρ] tr. Ο⁻²⁴⁷⁽⁺⁾ | οτι > OL | στησεις Β*Ο⁺] pr. κατα LBᶜ |
φυλας] χιλιαδας OL || 21 ματταρ(ε)ι 2⁰] -ρειτ Α⁺

εἰς ἄνδρας, καὶ κατακληροῦται Σαουλ υἱὸς Κις. καὶ ἐζήτει αὐτόν,
22 καὶ οὐχ εὑρίσκετο. ²²καὶ ἐπηρώτησεν Σαμουηλ ἔτι ἐν κυρίῳ Εἰ
ἔρχεται ὁ ἀνὴρ ἐνταῦθα; καὶ εἶπεν κύριος Ἰδοὺ αὐτὸς κέκρυπται
23 ἐν τοῖς σκεύεσιν. ²³καὶ ἔδραμεν καὶ λαμβάνει αὐτὸν ἐκεῖθεν καὶ
κατέστησεν ἐν μέσῳ τοῦ λαοῦ, καὶ ὑψώθη ὑπὲρ πάντα τὸν λαὸν
24 ὑπὲρ ὠμίαν καὶ ἐπάνω. ²⁴καὶ εἶπεν Σαμουηλ πρὸς πάντα τὸν λαόν
Εἰ ἑοράκατε ὃν ἐκλέλεκται ἑαυτῷ κύριος, ὅτι οὐκ ἔστιν αὐτῷ ὅμοιος
ἐν πᾶσιν ὑμῖν; καὶ ἔγνωσαν πᾶς ὁ λαὸς καὶ εἶπαν Ζήτω ὁ βασι-
25 λεύς. ²⁵καὶ εἶπεν Σαμουηλ πρὸς τὸν λαὸν τὸ δικαίωμα τοῦ βασι-
λέως καὶ ἔγραψεν ἐν βιβλίῳ καὶ ἔθηκεν ἐνώπιον κυρίου. καὶ ἐξαπ-
έστειλεν Σαμουηλ πάντα τὸν λαόν, καὶ ἀπῆλθεν ἕκαστος εἰς τὸν
26 τόπον αὐτοῦ. ²⁶καὶ Σαουλ ἀπῆλθεν εἰς τὸν οἶκον αὐτοῦ εἰς Γα-
βαα· καὶ ἐπορεύθησαν υἱοὶ δυνάμεων, ὧν ἥψατο κύριος καρδίας
27 αὐτῶν, μετὰ Σαουλ. ²⁷καὶ υἱοὶ λοιμοὶ εἶπαν Τί σώσει ἡμᾶς οὗτος;
καὶ ἠτίμασαν αὐτὸν καὶ οὐκ ἤνεγκαν αὐτῷ δῶρα.
11   ¹Καὶ ἐγενήθη ὡς μετὰ μῆνα καὶ ἀνέβη Ναας ὁ Αμμανίτης καὶ
παρεμβάλλει ἐπὶ Ιαβις Γαλααδ. καὶ εἶπον πάντες οἱ ἄνδρες Ιαβις
πρὸς Ναας τὸν Αμμανίτην Διάθου ἡμῖν διαθήκην, καὶ δουλεύσομέν
2 σοι. ²καὶ εἶπεν πρὸς αὐτοὺς Ναας ὁ Αμμανίτης Ἐν ταύτῃ διαθή-
σομαι ὑμῖν διαθήκην, ἐν τῷ ἐξορύξαι ὑμῶν πάντα ὀφθαλμὸν δε-
3 ξιόν, καὶ θήσομαι ὄνειδος ἐπὶ Ισραηλ. ³καὶ λέγουσιν αὐτῷ οἱ ἄν-
δρες Ιαβις Ἄνες ἡμῖν ἑπτὰ ἡμέρας, καὶ ἀποστελοῦμεν ἀγγέλους
εἰς πᾶν ὅριον Ισραηλ· ἐὰν μὴ ᾖ ὁ σῴζων ἡμᾶς, ἐξελευσόμεθα
4 πρὸς ὑμᾶς. ⁴καὶ ἔρχονται οἱ ἄγγελοι εἰς Γαβαα πρὸς Σαουλ καὶ
λαλοῦσιν τοὺς λόγους εἰς τὰ ὦτα τοῦ λαοῦ, καὶ ἦραν πᾶς ὁ λαὸς
5 τὴν φωνὴν αὐτῶν καὶ ἔκλαυσαν. ⁵καὶ ἰδοὺ Σαουλ ἤρχετο μετὰ τὸ
πρωῒ ἐξ ἀγροῦ, καὶ εἶπεν Σαουλ Τί ὅτι κλαίει ὁ λαός; καὶ διηγοῦν-
6 ται αὐτῷ τὰ ῥήματα τῶν υἱῶν Ιαβις. ⁶καὶ ἐφήλατο πνεῦμα κυρίου
ἐπὶ Σαουλ, ὡς ἤκουσεν τὰ ῥήματα ταῦτα, καὶ ἐθυμώθη ἐπ᾽ αὐτοὺς
7 ὀργὴ αὐτοῦ σφόδρα. ⁷καὶ ἔλαβεν δύο βόας καὶ ἐμέλισεν αὐτὰς καὶ
ἀπέστειλεν εἰς πᾶν ὅριον Ισραηλ ἐν χειρὶ ἀγγέλων λέγων Ὃς οὐκ
ἔστιν ἐκπορευόμενος ὀπίσω Σαουλ καὶ ὀπίσω Σαμουηλ, κατὰ τάδε
ποιήσουσιν τοῖς βουσὶν αὐτοῦ. καὶ ἐπῆλθεν ἔκστασις κυρίου ἐπὶ
8 τὸν λαὸν Ισραηλ, καὶ ἐβόησαν ὡς ἀνὴρ εἷς. ⁸καὶ ἐπισκέπτεται

22 σαμουηλ] pr. ετι (sic) A† | ει ερχεται] εισερχ. A† | ο ανηρ / ενταυθα] tr.
O–A, ετι εντ. ο ανηρ AL || 24 απαντα O†: cf. 11 | αυτω ομοιος] tr. OL ||
26 γαβααθα A(†): cf. 11 4 | δυναμεων] -μενοι O || 27 υιοι] pr. οι OLᵖ | τι
Ra.] τις mss.
11 2 διαθησ. υμιν διαθηκην] τη διαθηκη διαθησ. υμιν O | υμων > A† | ισρα-
ηλ] pr. παντα O, τον ισρ. παντα L† || 3 εξελευσ.] pr. και A || 4 γαβααθα
A†: cf. 10 26 || 5 οτι κλαιει / ο λαος] tr. O | ρηματα ⌒ 6 ρηματα A† | υιων]
ανδρων OL || 7 αγγελων] + αυτων A, + αυτου O–A†

αὐτοὺς Αβιεζεκ ἐν Βαμα, πᾶν ἄνδρα Ισραηλ ἑξακοσίας χιλιάδας
καὶ ἄνδρας Ιουδα ἑβδομήκοντα χιλιάδας. 9καὶ εἶπεν τοῖς ἀγγέλοις 9
τοῖς ἐρχομένοις Τάδε ἐρεῖτε τοῖς ἀνδράσιν Ιαβις Αὔριον ὑμῖν ἡ
σωτηρία διαθερμάναντος τοῦ ἡλίου. καὶ ἦλθον οἱ ἄγγελοι εἰς τὴν
πόλιν καὶ ἀπαγγέλλουσιν τοῖς ἀνδράσιν Ιαβις, καὶ εὐφράνθησαν.
10καὶ εἶπαν οἱ ἄνδρες Ιαβις πρὸς Ναας τὸν Αμμανίτην Αὔριον 10
ἐξελευσόμεθα πρὸς ὑμᾶς, καὶ ποιήσετε ἡμῖν τὸ ἀγαθὸν ἐνώπιον
ὑμῶν. 11καὶ ἐγενήθη μετὰ τὴν αὔριον καὶ ἔθετο Σαουλ τὸν λαὸν 11
εἰς τρεῖς ἀρχάς, καὶ εἰσπορεύονται μέσον τῆς παρεμβολῆς ἐν
φυλακῇ τῇ πρωινῇ καὶ ἔτυπτον τοὺς υἱοὺς Αμμων, ἕως διεθερ-
μάνθη ἡ ἡμέρα, καὶ ἐγενήθησαν οἱ ὑπολελειμμένοι διεσπάρησαν,
καὶ οὐχ ὑπελείφθησαν ἐν αὐτοῖς δύο κατὰ τὸ αὐτό. 12καὶ εἶπεν ὁ 12
λαὸς πρὸς Σαμουηλ Τίς ὁ εἴπας ὅτι Σαουλ οὐ βασιλεύσει ἡμῶν;
παράδος τοὺς ἄνδρας, καὶ θανατώσομεν αὐτούς. 13καὶ εἶπεν Σαουλ 13
Οὐκ ἀποθανεῖται οὐδεὶς ἐν τῇ ἡμέρᾳ ταύτῃ, ὅτι σήμερον κύριος
ἐποίησεν σωτηρίαν ἐν Ισραηλ.

14Καὶ εἶπεν Σαμουηλ πρὸς τὸν λαὸν λέγων Πορευθῶμεν εἰς Γαλ- 14
γαλα καὶ ἐγκαινίσωμεν ἐκεῖ τὴν βασιλείαν. 15καὶ ἐπορεύθη πᾶς ὁ 15
λαὸς εἰς Γαλγαλα, καὶ ἔχρισεν Σαμουηλ ἐκεῖ τὸν Σαουλ εἰς βασι-
λέα ἐνώπιον κυρίου ἐν Γαλγαλοις καὶ ἔθυσεν ἐκεῖ θυσίας καὶ εἰρη-
νικὰς ἐνώπιον κυρίου· καὶ εὐφράνθη Σαμουηλ καὶ πᾶς Ισραηλ
ὥστε λίαν.

1Καὶ εἶπεν Σαμουηλ πρὸς πάντα ἄνδρα Ισραηλ Ἰδοὺ ἤκουσα 12
φωνῆς ὑμῶν εἰς πάντα, ὅσα εἴπατέ μοι, καὶ ἐβασίλευσα ἐφ᾽ ὑμᾶς
βασιλέα. 2καὶ νῦν ἰδοὺ ὁ βασιλεὺς διαπορεύεται ἐνώπιον ὑμῶν, 2
κἀγὼ γεγήρακα καὶ καθήσομαι, καὶ οἱ υἱοί μου ἰδοὺ ἐν ὑμῖν·
κἀγὼ ἰδοὺ διελήλυθα ἐνώπιον ὑμῶν ἐκ νεότητός μου καὶ ἕως τῆς
ἡμέρας ταύτης. 3ἰδοὺ ἐγώ, ἀποκρίθητε κατ᾽ ἐμοῦ ἐνώπιον κυρίου 3
καὶ ἐνώπιον χριστοῦ αὐτοῦ· μόσχον τίνος εἴληφα ἢ ὄνον τίνος
εἴληφα ἢ τίνα κατεδυνάστευσα ὑμῶν ἢ τίνα ἐξεπίεσα ἢ ἐκ χειρὸς
τίνος εἴληφα ἐξίλασμα καὶ ὑπόδημα; ἀποκρίθητε κατ᾽ ἐμοῦ, καὶ
ἀποδώσω ὑμῖν. 4καὶ εἶπαν πρὸς Σαμουηλ Οὐκ ἠδίκησας ἡμᾶς καὶ 4
οὐ κατεδυνάστευσας καὶ οὐκ ἔθλασας ἡμᾶς καὶ οὐκ εἴληφας ἐκ
χειρὸς οὐδενὸς οὐδέν. 5καὶ εἶπεν Σαμουηλ πρὸς τὸν λαὸν Μάρτυς 5
κύριος ἐν ὑμῖν καὶ μάρτυς χριστὸς αὐτοῦ σήμερον ἐν ταύτῃ τῇ
ἡμέρᾳ ὅτι οὐχ εὑρήκατε ἐν χειρί μου οὐθέν· καὶ εἶπαν Μάρτυς.

8 αβιεζεκ] εν βεζεκ A⁽⁺⁾ | εν βαμα > O | παν B⁺ (cf. Iud. 7 4 B)] παντα OL
|| 9 ιαβις 1⁰] + γαλααδ O | αυριον] + εσται O || 11 πρωινη] εωθινη B⁺ |
ετυπτον] επληξεν A, επληξαν O–A⁺, τυπτουσιν L⁺ || 13 σαουλ] σαμουηλ B*
| κυριος εποιησεν] tr. OL || 15 τον σαουλ/εις βασ.] tr. O | σαμουηλ ult.] + εκει
A⁺ | ωστε] εως τε A⁺
121 ανδρα > BO–A⁺ || 2 καθησομαι] + εκ του νυν L⁺ | μου ult. > B⁺
|| 3 υμων > O | και 2⁰] η AL || 4 και ουκ εθλασας > O

6 ⁶καὶ εἶπεν Σαμουηλ πρὸς τὸν λαὸν λέγων Μάρτυς κύριος ὁ ποιή-
σας τὸν Μωυσῆν καὶ τὸν Ααρων, ὁ ἀναγαγὼν τοὺς πατέρας ἡμῶν
7 ἐξ Αἰγύπτου. ⁷καὶ νῦν κατάστητε, καὶ δικάσω ὑμᾶς ἐνώπιον κυρίου
καὶ ἀπαγγελῶ ὑμῖν τὴν πᾶσαν δικαιοσύνην κυρίου, ἃ ἐποίησεν ἐν
8 ὑμῖν καὶ ἐν τοῖς πατράσιν ὑμῶν · ⁸ὡς εἰσῆλθεν Ιακωβ καὶ οἱ υἱοὶ
αὐτοῦ εἰς Αἴγυπτον, καὶ ἐταπείνωσεν αὐτοὺς Αἴγυπτος, καὶ ἐβό-
ησαν οἱ πατέρες ἡμῶν πρὸς κύριον, καὶ ἀπέστειλεν κύριος τὸν
Μωυσῆν καὶ τὸν Ααρων καὶ ἐξήγαγεν τοὺς πατέρας ἡμῶν ἐξ Αἰ-
9 γύπτου καὶ κατῴκισεν αὐτοὺς ἐν τῷ τόπῳ τούτῳ. ⁹καὶ ἐπελάθοντο
κυρίου τοῦ θεοῦ αὐτῶν, καὶ ἀπέδοτο αὐτοὺς εἰς χεῖρας Σισαρα
ἀρχιστρατήγου Ιαβιν βασιλέως Ασωρ καὶ εἰς χεῖρας ἀλλοφύλων
10 καὶ εἰς χεῖρας βασιλέως Μωαβ, καὶ ἐπολέμησαν ἐν αὐτοῖς. ¹⁰καὶ
ἐβόησαν πρὸς κύριον καὶ ἔλεγον Ἡμάρτομεν, ὅτι ἐγκατελίπομεν
τὸν κύριον καὶ ἐδουλεύσαμεν τοῖς Βααλιμ καὶ τοῖς ἄλσεσιν · καὶ
νῦν ἐξελοῦ ἡμᾶς ἐκ χειρὸς ἐχθρῶν ἡμῶν, καὶ δουλεύσομέν σοι.
11 ¹¹καὶ ἀπέστειλεν κύριος τὸν Ιεροβααλ καὶ τὸν Βαρακ καὶ τὸν Ιε-
φθαε καὶ τὸν Σαμουηλ καὶ ἐξείλατο ὑμᾶς ἐκ χειρὸς ἐχθρῶν ὑμῶν
12 τῶν κυκλόθεν, καὶ κατῳκεῖτε πεποιθότες. ¹²καὶ εἴδετε ὅτι Ναας
βασιλεὺς υἱῶν Αμμων ἦλθεν ἐφ᾽ ὑμᾶς, καὶ εἴπατε Οὐχί, ἀλλ᾽ ἢ ὅτι
βασιλεὺς βασιλεύσει ἐφ᾽ ἡμῶν · καὶ κύριος ὁ θεὸς ἡμῶν βασιλεὺς
13 ἡμῶν. ¹³καὶ νῦν ἰδοὺ ὁ βασιλεύς, ὃν ἐξελέξασθε, καὶ ἰδοὺ δέδωκεν
14 κύριος ἐφ᾽ ὑμᾶς βασιλέα. ¹⁴ἐὰν φοβηθῆτε τὸν κύριον καὶ δουλεύ-
σητε αὐτῷ καὶ ἀκούσητε τῆς φωνῆς αὐτοῦ καὶ μὴ ἐρίσητε τῷ
στόματι κυρίου καὶ ἦτε καὶ ὑμεῖς καὶ ὁ βασιλεὺς ὁ βασιλεύων
15 ἐφ᾽ ὑμῶν ὀπίσω κυρίου πορευόμενοι · ¹⁵ἐὰν δὲ μὴ ἀκούσητε τῆς
φωνῆς κυρίου καὶ ἐρίσητε τῷ στόματι κυρίου, καὶ ἔσται χεὶρ κυ-
16 ρίου ἐπὶ ὑμᾶς καὶ ἐπὶ τὸν βασιλέα ὑμῶν. ¹⁶καὶ νῦν κατάστητε
καὶ ἴδετε τὸ ῥῆμα τὸ μέγα τοῦτο, ὃ ὁ κύριος ποιήσει ἐν ὀφθαλ-
17 μοῖς ὑμῶν. ¹⁷οὐχὶ θερισμὸς πυρῶν σήμερον; ἐπικαλέσομαι κύριον,
καὶ δώσει φωνὰς καὶ ὑετόν, καὶ γνῶτε καὶ ἴδετε ὅτι ἡ κακία ὑμῶν
μεγάλη, ἣν ἐποιήσατε ἐνώπιον κυρίου αἰτήσαντες ἑαυτοῖς βασιλέα.
18 ¹⁸καὶ ἐπεκαλέσατο Σαμουηλ τὸν κύριον, καὶ ἔδωκεν κύριος φωνὰς
καὶ ὑετὸν ἐν τῇ ἡμέρᾳ ἐκείνῃ · καὶ ἐφοβήθησαν πᾶς ὁ λαὸς τὸν
19 κύριον σφόδρα καὶ τὸν Σαμουηλ. ¹⁹καὶ εἶπαν πᾶς ὁ λαὸς πρὸς

---

6 ο 2⁰] pr. και O ‖ 7 δικασω] δικαιωσω A⁺ | τας πασας δικαιωσυνας A⁺
| α] ας A⁺ | εν 1⁰ > AL ‖ 8 εξηγαγεν] -γαγον B⁺ ‖ 9 κυριου του] tr.
A⁺ | αρχιστρατηγω B⁺ | ιαβιν L⁺] -βεις rel. | επολεμησεν B | εν > O⁺ ‖
10 εγκαταλελοιπαμεν A⁺ ‖ 11 κυριος > B⁺ | ιεροβααλ] -βοαμ B: cf. II
11 21 | πεποιθως A⁺ ‖ 12 οτι 2⁰ > A | ημων 1⁰⌢3⁰ B*⁺ ‖ 13 εξελεξ.]
+ ον ητησασθε O, ηρετισασθε και ον ητησασθε L⁺ ‖ 14 fin.] + (και) εξε-
λειται υμας L⁺, + ουκ εσται χειρ κυριου εφ υμας (cf. 15) M ‖ 15 ακου-
σητε] pr. εισ O | επι 1⁰] εις A ‖ 17 κυριον] pr. τον O ‖ 18 τον κυριον /
σφοδρα] tr. O (de A hic et in seq. deficiente cf. adnot. ad initium libri)

Σαμουηλ Πρόσευξαι ὑπὲρ τῶν δούλων σου πρὸς κύριον θεόν σου,
καὶ οὐ μὴ ἀποθάνωμεν, ὅτι προστεθείκαμεν πρὸς πάσας τὰς ἁμαρ-
τίας ἡμῶν κακίαν αἰτήσαντες ἑαυτοῖς βασιλέα. ²⁰καὶ εἶπεν Σαμουηλ 20
πρὸς τὸν λαόν Μὴ φοβεῖσθε · ὑμεῖς πεποιήκατε τὴν πᾶσαν κακίαν
ταύτην, πλὴν μὴ ἐκκλίνητε ἀπὸ ὄπισθεν κυρίου καὶ δουλεύσατε
τῷ κυρίῳ ἐν ὅλῃ καρδίᾳ ὑμῶν ²¹καὶ μὴ παραβῆτε ὀπίσω τῶν 21
μηθὲν ὄντων, οἳ οὐ περανοῦσιν οὐθὲν καὶ οἳ οὐκ ἐξελοῦνται, ὅτι
οὐθέν εἰσιν. ²²ὅτι οὐκ ἀπώσεται κύριος τὸν λαὸν αὐτοῦ διὰ τὸ 22
ὄνομα αὐτοῦ τὸ μέγα, ὅτι ἐπιεικέως κύριος προσελάβετο ὑμᾶς
αὐτῷ εἰς λαόν. ²³καὶ ἐμοὶ μηδαμῶς τοῦ ἁμαρτεῖν τῷ κυρίῳ ἀνι- 23
έναι τοῦ προσεύχεσθαι περὶ ὑμῶν, καὶ δουλεύσω τῷ κυρίῳ καὶ
δείξω ὑμῖν τὴν ὁδὸν τὴν ἀγαθὴν καὶ τὴν εὐθεῖαν· ²⁴πλὴν φοβεῖσθε 24
τὸν κύριον καὶ δουλεύσατε αὐτῷ ἐν ἀληθείᾳ καὶ ἐν ὅλῃ καρδίᾳ
ὑμῶν, ὅτι εἴδετε ἃ ἐμεγάλυνεν μεθ᾽ ὑμῶν, ²⁵καὶ ἐὰν κακίᾳ κακο- 25
ποιήσητε, καὶ ὑμεῖς καὶ ὁ βασιλεὺς ὑμῶν προστεθήσεσθε.

²Καὶ ἐκλέγεται Σαουλ ἑαυτῷ τρεῖς χιλιάδας ἀνδρῶν ἐκ τῶν ἀν- 13
δρῶν Ισραηλ, καὶ ἦσαν μετὰ Σαουλ δισχίλιοι ἐν Μαχεμας καὶ ἐν
τῷ ὄρει Βαιθηλ, χίλιοι ἦσαν μετὰ Ιωναθαν ἐν Γαβεε τοῦ Βενιαμιν,
καὶ τὸ κατάλοιπον τοῦ λαοῦ ἐξαπέστειλεν ἕκαστον εἰς τὸ σκήνωμα
αὐτοῦ. ³καὶ ἐπάταξεν Ιωναθαν τὸν Νασιβ τὸν ἀλλόφυλον τὸν ἐν 3
τῷ βουνῷ · καὶ ἀκούουσιν οἱ ἀλλόφυλοι. καὶ Σαουλ σάλπιγγι σαλ-
πίζει εἰς πᾶσαν τὴν γῆν λέγων Ἠθετήκασιν οἱ δοῦλοι. ⁴καὶ πᾶς 4
Ισραηλ ἤκουσεν λεγόντων Πέπαικεν Σαουλ τὸν Νασιβ τὸν ἀλλό-
φυλον, καὶ ᾐσχύνθησαν Ισραηλ ἐν τοῖς ἀλλοφύλοις. καὶ ἀνεβόησαν
ὁ λαὸς ὀπίσω Σαουλ ἐν Γαλγαλοις. ⁵καὶ οἱ ἀλλόφυλοι συνάγονται 5
εἰς πόλεμον ἐπὶ Ισραηλ, καὶ ἀναβαίνουσιν ἐπὶ Ισραηλ τριάκοντα
χιλιάδες ἁρμάτων καὶ ἓξ χιλιάδες ἱππέων καὶ λαὸς ὡς ἡ ἄμμος ἡ
παρὰ τὴν θάλασσαν τῷ πλήθει · καὶ ἀναβαίνουσιν καὶ παρεμβάλ-
λουσιν ἐν Μαχεμας ἐξ ἐναντίας Βαιθων κατὰ νότου. ⁶καὶ ἀνὴρ 6
Ισραηλ εἶδεν ὅτι στενῶς αὐτῷ μὴ προσάγειν αὐτόν, καὶ ἐκρύβη
ὁ λαὸς ἐν τοῖς σπηλαίοις καὶ ἐν ταῖς μάνδραις καὶ ἐν ταῖς πέτραις
καὶ ἐν τοῖς βόθροις καὶ ἐν τοῖς λάκκοις, ⁷καὶ οἱ διαβαίνοντες διέ- 7
βησαν τὸν Ιορδάνην εἰς γῆν Γαδ καὶ Γαλααδ. καὶ Σαουλ ἔτι ἦν
ἐν Γαλγαλοις, καὶ πᾶς ὁ λαὸς ἐξέστη ὀπίσω αὐτοῦ. — ⁸καὶ διέ- 8
λιπεν ἑπτὰ ἡμέρας τῷ μαρτυρίῳ, ὡς εἶπεν Σαμουηλ, καὶ οὐ παρ-

21 οι 2⁰ > OL ‖ 22 επιεικεως Ra.] -καιως Μ, επεικαιως Β⁺, επιεικως pl.,
> L⁺; cf. IV 6 3
13 init.] pr. (1) υιος ενιαυτου(uel τριακοντα ετων) σαουλ εν τω βασιλευειν
αυτον και δυο ετη εβασιλευσεν επι ισραηλ uel sim. OL ‖ 2 σαουλ εαυτω]
tr. OL ‖ 4 ανεβοησαν O⁽⁺⁾] ο > Β: cf. 14 20 II 23 9 IV 3 21 | ο λαος] οι
υιοι ισραηλ Β⁺, > O⁺ ‖ 5 την θαλασσαν] το χειλος της θαλασσης OL |
βαιθων Ra. (cf. Ios. 18 12)] βαιθωρων ΒL, βεθωρ O⁺; cf. 14 23 | νοτου Μ]
νωτου ΒL, νωτον O⁺

εγένετο Σαμουηλ εἰς Γαλγαλα, καὶ διεσπάρη ὁ λαὸς αὐτοῦ ἀπ᾽ αὐ-
9 τοῦ. ⁹καὶ εἶπεν Σαουλ Προσαγάγετε, ὅπως ποιήσω ὁλοκαύτωσιν
10 καὶ εἰρηνικάς · καὶ ἀνήνεγκεν τὴν ὁλοκαύτωσιν. ¹⁰καὶ ἐγένετο ὡς
συνετέλεσεν ἀναφέρων τὴν ὁλοκαύτωσιν, καὶ Σαμουηλ παραγίνε-
ται · καὶ ἐξῆλθεν Σαουλ εἰς ἀπάντησιν αὐτῷ εὐλογῆσαι αὐτόν.
11 ¹¹καὶ εἶπεν Σαμουηλ Τί πεποίηκας; καὶ εἶπεν Σαουλ Ὅτι εἶδον ὡς
διεσπάρη ὁ λαὸς ἀπ᾽ ἐμοῦ καὶ σὺ οὐ παρεγένου, ὡς διετάξω, ἐν
τῷ μαρτυρίῳ τῶν ἡμερῶν καὶ οἱ ἀλλόφυλοι συνήχθησαν εἰς Μα-
12 χεμας, ¹²καὶ εἶπα Νῦν καταβήσονται οἱ ἀλλόφυλοι πρός με εἰς
Γαλγαλα καὶ τοῦ προσώπου τοῦ κυρίου οὐκ ἐδεήθην · καὶ ἐνεκρα-
13 τευσάμην καὶ ἀνήνεγκα τὴν ὁλοκαύτωσιν. ¹³καὶ εἶπεν Σαμουηλ
πρὸς Σαουλ Μεματαίωταί σοι, ὅτι οὐκ ἐφύλαξας τὴν ἐντολήν μου,
ἣν ἐνετείλατό σοι κύριος. ὡς νῦν ἡτοίμασεν κύριος τὴν βασιλείαν
14 σου ἕως αἰῶνος ἐπὶ Ισραηλ · ¹⁴καὶ νῦν ἡ βασιλεία σου οὐ στήσε-
ται, καὶ ζητήσει κύριος ἑαυτῷ ἄνθρωπον κατὰ τὴν καρδίαν αὐτοῦ,
καὶ ἐντελεῖται κύριος αὐτῷ εἰς ἄρχοντα ἐπὶ τὸν λαὸν αὐτοῦ, ὅτι
15 οὐκ ἐφύλαξας ὅσα ἐνετείλατό σοι κύριος. ¹⁵καὶ ἀνέστη Σαμουηλ
καὶ ἀπῆλθεν ἐκ Γαλγαλων εἰς ὁδὸν αὐτοῦ. — καὶ τὸ κατάλειμμα
τοῦ λαοῦ ἀνέβη ὀπίσω Σαουλ εἰς ἀπάντησιν ὀπίσω τοῦ λαοῦ τοῦ
πολεμιστοῦ. αὐτῶν παραγενομένων ἐκ Γαλγαλων εἰς Γαβαα Βενια-
μιν καὶ ἐπεσκέψατο Σαουλ τὸν λαὸν τὸν εὑρεθέντα μετ᾽ αὐτοῦ ὡς
16 ἑξακοσίους ἄνδρας. ¹⁶καὶ Σαουλ καὶ Ιωναθαν υἱὸς αὐτοῦ καὶ ὁ
λαὸς οἱ εὑρεθέντες μετ᾽ αὐτῶν ἐκάθισαν ἐν Γαβεε Βενιαμιν καὶ
17 ἔκλαιον, καὶ οἱ ἀλλόφυλοι παρεμβεβλήκεισαν εἰς Μαχεμας. ¹⁷καὶ ἐξ-
ῆλθεν διαφθείρων ἐξ ἀγροῦ ἀλλοφύλων τρισὶν ἀρχαῖς · ἡ ἀρχὴ ἡ
18 μία ἐπιβλέπουσα ὁδὸν Γοφερα ἐπὶ γῆν Σωγαλ, ¹⁸καὶ ἡ μία ἀρχὴ
ἐπιβλέπουσα ὁδὸν Βαιθωρων, καὶ ἡ ἀρχὴ ἡ μία ἐπιβλέπουσα ὁδὸν
19 Γαβεε τὴν εἰσκύπτουσαν ἐπὶ Γαι τὴν Σαβιν. ¹⁹καὶ τέκτων σιδήρου
οὐχ εὑρίσκετο ἐν πάσῃ γῇ Ισραηλ, ὅτι εἶπον οἱ ἀλλόφυλοι Μὴ
20 ποιήσωσιν οἱ Εβραῖοι ρομφαίαν καὶ δόρυ. ²⁰καὶ κατέβαινον πᾶς
Ισραηλ εἰς γῆν ἀλλοφύλων χαλκεύειν ἕκαστος τὸ θέριστρον αὐτοῦ
καὶ τὸ σκεῦος αὐτοῦ καὶ ἕκαστος τὴν ἀξίνην αὐτοῦ καὶ τὸ δρέ-
21 πανον αὐτοῦ. ²¹καὶ ἦν ὁ τρυγητὸς ἕτοιμος τοῦ θερίζειν · τὰ δὲ
σκεύη ἦν τρεῖς σίκλοι εἰς τὸν ὀδόντα, καὶ τῇ ἀξίνῃ καὶ τῷ δρε-
22 πάνῳ ὑπόστασις ἦν ἡ αὐτή. ²²καὶ ἐγενήθη ἐν ταῖς ἡμέραις τοῦ
πολέμου Μαχεμας καὶ οὐχ εὑρέθη ρομφαία καὶ δόρυ ἐν χειρὶ παν-
τὸς τοῦ λαοῦ τοῦ μετὰ Σαουλ καὶ μετὰ Ιωναθαν, καὶ εὑρέθη τῷ

13 μου > O† | εως αιωνος / επι ισρ.] tr. OL ‖ 14 οσα] ο τι B† ‖ 16 οι
1⁰ OL] pr. και B ‖ 17 την M] την BO, την γην uel πηγην L† | 18 η μια
αρχη B†] η αρχη μια O†, η αρχη η μια M, η αρχη η δευτερα L | σαβιν uel
sim. compl.] σαμειν B⁽†⁾, σαλημ την επι την ερημον O⁽†⁾, σαβαν L ‖ 20 αυ-
του 2⁰ > B† ‖ 21 δρεπανω] + και του κατορθωσαι το βουκεντρον L†

Σαουλ καὶ τῷ Ιωναθαν υἱῷ αὐτοῦ. ²³καὶ ἐξῆλθεν ἐξ ὑποστάσεως 23
τῶν ἀλλοφύλων τὴν ἐν τῷ πέραν Μαχεμας.

¹Καὶ γίνεται ἡμέρα καὶ εἶπεν Ιωναθαν υἱὸς Σαουλ τῷ παιδαρίῳ 14
τῷ αἴροντι τὰ σκεύη αὐτοῦ Δεῦρο καὶ διαβῶμεν εἰς μεσσαβ τῶν
ἀλλοφύλων τὴν ἐν τῷ πέραν ἐκείνῳ · καὶ τῷ πατρὶ αὐτοῦ οὐκ
ἀπήγγειλεν. ²καὶ Σαουλ ἐκάθητο ἐπ᾽ ἄκρου τοῦ βουνοῦ ὑπὸ τὴν 2
ῥόαν τὴν ἐν Μαγδων, καὶ ἦσαν μετ᾽ αὐτοῦ ὡς ἑξακόσιοι ἄνδρες ·
³καὶ Αχια υἱὸς Αχιτωβ ἀδελφοῦ Ιωχαβηδ υἱοῦ Φινεες υἱοῦ Ηλι 3
ἱερεὺς τοῦ θεοῦ ἐν Σηλωμ αἴρων εφουδ. καὶ ὁ λαὸς οὐκ ᾔδει ὅτι
πεπόρευται Ιωναθαν. ⁴καὶ ἀνὰ μέσον τῆς διαβάσεως, οὗ ἐζήτει 4
Ιωναθαν διαβῆναι εἰς τὴν ὑπόστασιν τῶν ἀλλοφύλων, καὶ ἀκρω-
τήριον πέτρας ἔνθεν καὶ ἀκρωτήριον πέτρας ἔνθεν, ὄνομα τῷ ἑνὶ
Βαζες καὶ ὄνομα τῷ ἄλλῳ Σεννα · ⁵ἡ ὁδὸς ἡ μία ἀπὸ βορρᾶ ἐρ- 5
χομένῳ Μαχμας καὶ ἡ ὁδὸς ἡ ἄλλη ἀπὸ νότου ἐρχομένῳ Γαβεε.
⁶καὶ εἶπεν Ιωναθαν πρὸς τὸ παιδάριον τὸ αἶρον τὰ σκεύη αὐτοῦ 6
Δεῦρο διαβῶμεν εἰς μεσσαβ τῶν ἀπεριτμήτων τούτων, εἴ τι ποι-
ήσαι ἡμῖν κύριος · ὅτι οὐκ ἔστιν τῷ κυρίῳ συνεχόμενον σῴζειν
ἐν πολλοῖς ἢ ἐν ὀλίγοις. ⁷καὶ εἶπεν αὐτῷ ὁ αἴρων τὰ σκεύη αὐτοῦ 7
Ποίει πᾶν, ὃ ἐὰν ἡ καρδία σου ἐκκλίνῃ · ἰδοὺ ἐγὼ μετὰ σοῦ, ὡς
ἡ καρδία σου καρδία μου. ⁸καὶ εἶπεν Ιωναθαν Ἰδοὺ ἡμεῖς διαβαί- 8
νομεν πρὸς τοὺς ἄνδρας καὶ κατακυλισθησόμεθα πρὸς αὐτούς ·
⁹ἐὰν τάδε εἴπωσιν πρὸς ἡμᾶς Ἀπόστητε ἐκεῖ ἕως ἂν ἀπαγγείλω- 9
μεν ὑμῖν, καὶ στησόμεθα ἐφ᾽ ἑαυτοῖς καὶ οὐ μὴ ἀναβῶμεν ἐπ᾽ αὐ-
τούς · ¹⁰καὶ ἐὰν τάδε εἴπωσιν πρὸς ἡμᾶς Ἀνάβητε πρὸς ἡμᾶς, καὶ 10
ἀναβησόμεθα, ὅτι παραδέδωκεν αὐτοὺς κύριος εἰς τὰς χεῖρας ἡμῶν ·
τοῦτο ἡμῖν τὸ σημεῖον. ¹¹καὶ εἰσῆλθον ἀμφότεροι εἰς μεσσαβ τῶν 11
ἀλλοφύλων · καὶ λέγουσιν οἱ ἀλλόφυλοι Ἰδοὺ οἱ Εβραῖοι ἐκπορεύ-
ονται ἐκ τῶν τρωγλῶν αὐτῶν, οὗ ἐκρύβησαν ἐκεῖ. ¹²καὶ ἀπεκρίθη- 12
σαν οἱ ἄνδρες μεσσαβ πρὸς Ιωναθαν καὶ πρὸς τὸν αἴροντα τὰ

23 την] της Oᵗ, > L | fin.] + και τω πατρι αυτου ουκ απηγγειλεν B: ex 14 I fin.
14 2 εν] εκ Bᵗ | μαγδων O] δ > Bᵗ, μαγεδδω Lᵗ || 3 ιωχαβηδ M] -βηλ
B, -βε Lᵗ, χαβωθ Oᵗ | ηλι] λευει B || 4 εις την > Bᵗ | ακρωτηρ. 1⁰ — εν-
θεν 2⁰] εντευθεν bis pro ενθεν Lᵗ; οδους πετρας ην εκ τουτου και οδους πε-
τρας εκ τουτου M, οδους πετρας εκ του περαν εκ τουτου και οδους πετρας εκ
του περαν εκ τουτου O; +(sic) και οδους πετρας εκ τουτου B: cf. Ioseph.
Antiq. VI 108 Niese τρισιν ακραις | βαζες] βαζεθ Lᵗ, βωσ(σ)ης O | σεννα O]
σενναρ BLᵗ: ex Gen. 11 2 etc. || 5 οδος (bis) antiquis temporibus ex οδους
corruptum? | γαβαε BVᵗ, sed in 13 2. 16. 18 14 16 etiam B γαββεε | pro toto
uersu hab. Lᵗ το ακρωτηριον το εν απο βορρα εχομενον της μαχμας και το
ακρωτηριον το αλλο απο νοτου εχομενον της γαβαα || 6 μεσσαβ M] μεσσαφ
Bᵗ hic et B in 11. 12. 15, sed in 1 etiam B μεσσαβ; A (in 1. 6 deficiens, cf.
adnot. ad init. libri) in 11. 12 μεσαβ, Aᵗ in 15 μειαβ; Lᵗ in 1. 6. 11 την υπο-
στασιν, in 12 της υποστασεως, in 15 τη υποστασει || 10 τας > O || 12 μεσ-
σαβ (cf. 6)] pr. της O⁽ᵗ⁾ | προς 1⁰] + τον pau., πρωτον Aᵗ

σκεύη αὐτοῦ καὶ λέγουσιν Ἀνάβητε πρὸς ἡμᾶς, καὶ γνωριοῦμεν
ὑμῖν ῥῆμα. καὶ εἶπεν Ιωναθαν πρὸς τὸν αἴροντα τὰ σκεύη αὐτοῦ
Ἀνάβηθι ὀπίσω μου, ὅτι παρέδωκεν αὐτοὺς κύριος εἰς χεῖρας
13 Ισραηλ. ¹³ καὶ ἀνέβη Ιωναθαν ἐπὶ τὰς χεῖρας αὐτοῦ καὶ ἐπὶ τοὺς
πόδας αὐτοῦ καὶ ὁ αἴρων τὰ σκεύη αὐτοῦ μετ᾽ αὐτοῦ · καὶ ἐπέ-
βλεψαν κατὰ πρόσωπον Ιωναθαν, καὶ ἐπάταξεν αὐτούς, καὶ ὁ αἴ-
14 ρων τὰ σκεύη αὐτοῦ ἐπεδίδου ὀπίσω αὐτοῦ. ¹⁴ καὶ ἐγενήθη ἡ πλη-
γὴ ἡ πρώτη, ἣν ἐπάταξεν Ιωναθαν καὶ ὁ αἴρων τὰ σκεύη αὐτοῦ,
ὡς εἴκοσι ἄνδρες ἐν βολίσι καὶ ἐν πετροβόλοις καὶ ἐν κόχλαξιν
15 τοῦ πεδίου. ¹⁵ καὶ ἐγενήθη ἔκστασις ἐν τῇ παρεμβολῇ καὶ ἐν ἀγρῷ,
καὶ πᾶς ὁ λαὸς οἱ ἐν μεσσαβ καὶ οἱ διαφθείροντες ἐξέστησαν,
καὶ αὐτοὶ οὐκ ἤθελον ποιεῖν · καὶ ἐθάμβησεν ἡ γῆ, καὶ ἐγενήθη
16 ἔκστασις παρὰ κυρίου. ¹⁶ καὶ εἶδον οἱ σκοποὶ τοῦ Σαουλ ἐν Γαβεε
17 Βενιαμιν καὶ ἰδοὺ ἡ παρεμβολὴ τεταραγμένη ἔνθεν καὶ ἔνθεν. ¹⁷ καὶ
εἶπεν Σαουλ τῷ λαῷ τῷ μετ᾽ αὐτοῦ Ἐπισκέψασθε δὴ καὶ ἴδετε
τίς πεπόρευται ἐξ ὑμῶν · καὶ ἐπεσκέψαντο, καὶ ἰδοὺ οὐχ εὑρίσκετο
18 Ιωναθαν καὶ ὁ αἴρων τὰ σκεύη αὐτοῦ. ¹⁸ καὶ εἶπεν Σαουλ τῷ Αχια
Προσάγαγε τὸ εφουδ · ὅτι αὐτὸς ἦρεν τὸ εφουδ ἐν τῇ ἡμέρα
19 ἐκείνῃ ἐνώπιον Ισραηλ. ¹⁹ καὶ ἐγενήθη ὡς ἐλάλει Σαουλ πρὸς τὸν
ἱερέα, καὶ ὁ ἦχος ἐν τῇ παρεμβολῇ τῶν ἀλλοφύλων ἐπορεύετο
πορευόμενος καὶ ἐπλήθυνεν · καὶ εἶπεν Σαουλ πρὸς τὸν ἱερέα Συν-
20 άγαγε τὰς χεῖράς σου. ²⁰ καὶ ἀνεβόησεν Σαουλ καὶ πᾶς ὁ λαὸς ὁ
μετ᾽ αὐτοῦ καὶ ἔρχονται ἕως τοῦ πολέμου, καὶ ἰδοὺ ἐγένετο ρομ-
φαία ἀνδρὸς ἐπὶ τὸν πλησίον αὐτοῦ, σύγχυσις μεγάλη σφόδρα.
21 ²¹ καὶ οἱ δοῦλοι οἱ ὄντες ἐχθὲς καὶ τρίτην ἡμέραν μετὰ τῶν ἀλλο-
φύλων οἱ ἀναβάντες εἰς τὴν παρεμβολὴν ἐπεστράφησαν καὶ αὐτοὶ
22 εἶναι μετὰ Ισραηλ τῶν μετὰ Σαουλ καὶ Ιωναθαν. ²² καὶ πᾶς Ισραηλ
οἱ κρυπτόμενοι ἐν τῷ ὄρει Εφραιμ καὶ ἤκουσαν ὅτι πεφεύγασιν
οἱ ἀλλόφυλοι, καὶ συνάπτουσιν καὶ αὐτοὶ ὀπίσω αὐτῶν εἰς πόλε-
23 μον. ²³ καὶ ἔσωσεν κύριος ἐν τῇ ἡμέρα ἐκείνῃ τὸν Ισραηλ.
Καὶ ὁ πόλεμος διῆλθεν τὴν Βαιθων, καὶ πᾶς ὁ λαὸς ἦν μετὰ
Σαουλ ὡς δέκα χιλιάδες ἀνδρῶν · καὶ ἦν ὁ πόλεμος διεσπαρμένος
24 εἰς ὅλην τὴν πόλιν ἐν τῷ ὄρει Εφραιμ. ²⁴ καὶ Σαουλ ἠγνόησεν
ἄγνοιαν μεγάλην ἐν τῇ ἡμέρα ἐκείνῃ καὶ ἄραται τῷ λαῷ λέγων
Ἐπικατάρατος ὁ ἄνθρωπος, ὃς φάγεται ἄρτον ἕως ἑσπέρας, καὶ

12 χειρας] pr. τας AL† ‖ 14 ανδρας OLᵖ | και εν πετροβ. et εν ult. > B ‖
15 οι 1⁰] ο O–376Lᵖ, > O376Lᵖ† | ποιειν] πονειν AL, πολεμειν O–A ‖ 16 γα-
βαα OL ‖ 17 ευρισκεται A† ‖ 18 αυτος ηρεν το εφουδ] ην η κιβωτος του
θεου A (O–A deest) ‖ 20 ανεβοησεν A† | αν > O–A†, ανεβη rel.: cf. 13 4 ‖
21 εχθες — ημεραν / μετα τ. αλλοφ.] tr. O | αναβαινοντες O | ανεστραφησαν B†
‖ 22 ισραηλ] pr. ανηρ O | οι 2⁰ > B† ‖ 23 βαιθων Ra. (cf. 13 5)] βαμωθ B,
θαυν A†, βηθαυν pau., βη(uel o)θαυ O–A†, βαιθωρων L† | την ult. > B† |
εφραιμ] pr. τω B†

ἐκδικήσω τὸν ἐχθρόν μου · καὶ οὐκ ἐγεύσατο πᾶς ὁ λαὸς ἄρτου.
²⁵καὶ πᾶσα ἡ γῆ ἠρίστα. καὶ ιααρ δρυμὸς ἦν μελισσῶνος κατὰ 25
πρόσωπον τοῦ ἀγροῦ, ²⁶καὶ εἰσῆλθεν ὁ λαὸς εἰς τὸν μελισσῶνα, 26
καὶ ἰδοὺ ἐπορεύετο λαλῶν, καὶ ἰδοὺ οὐκ ἦν ἐπιστρέφων τὴν χεῖρα
αὐτοῦ εἰς τὸ στόμα αὐτοῦ, ὅτι ἐφοβήθη ὁ λαὸς τὸν ὅρκον κυρίου.
²⁷καὶ Ιωναθαν οὐκ ἀκηκόει ἐν τῷ ὁρκίζειν τὸν πατέρα αὐτοῦ τὸν 27
λαόν · καὶ ἐξέτεινεν τὸ ἄκρον τοῦ σκήπτρου αὐτοῦ τοῦ ἐν τῇ χειρὶ
αὐτοῦ καὶ ἔβαψεν αὐτὸ εἰς τὸ κηρίον τοῦ μέλιτος καὶ ἐπέστρεψεν
τὴν χεῖρα αὐτοῦ εἰς τὸ στόμα αὐτοῦ, καὶ ἀνέβλεψαν οἱ ὀφθαλμοὶ
αὐτοῦ. ²⁸καὶ ἀπεκρίθη εἷς ἐκ τοῦ λαοῦ καὶ εἶπεν Ὁρκίσας ὥρκισεν 28
ὁ πατήρ σου τὸν λαὸν λέγων Ἐπικατάρατος ὁ ἄνθρωπος, ὃς φά-
γεται ἄρτον σήμερον, καὶ ἐξελύθη ὁ λαός. ²⁹καὶ ἔγνω Ιωναθαν 29
καὶ εἶπεν Ἀπήλλαχεν ὁ πατήρ μου τὴν γῆν · ἰδὲ δὴ ὅτι εἶδον οἱ
ὀφθαλμοί μου, ὅτι ἐγευσάμην βραχὺ τοῦ μέλιτος τούτου · ³⁰ἀλλ' ὅτι 30
εἰ ἔφαγεν ἔσθων ὁ λαὸς σήμερον τῶν σκύλων τῶν ἐχθρῶν αὐτῶν,
ὧν εὗρεν, ὅτι νῦν ἂν μείζων ἦν ἡ πληγὴ ἐν τοῖς ἀλλοφύλοις.
³¹καὶ ἐπάταξεν ἐν τῇ ἡμέρᾳ ἐκείνῃ ἐκ τῶν ἀλλοφύλων ἐν Μαχε- 31
μας, καὶ ἐκοπίασεν ὁ λαὸς σφόδρα. ³²καὶ ἐκλίθη ὁ λαὸς εἰς τὰ 32
σκῦλα, καὶ ἔλαβεν ὁ λαὸς ποίμνια καὶ βουκόλια καὶ τέκνα βοῶν
καὶ ἔσφαξεν ἐπὶ τὴν γῆν, καὶ ἤσθιεν ὁ λαὸς σὺν τῷ αἵματι. ³³καὶ 33
ἀπηγγέλη τῷ Σαουλ λέγοντες Ἡμάρτηκεν ὁ λαὸς τῷ κυρίῳ φαγὼν
σὺν τῷ αἵματι. καὶ εἶπεν Σαουλ ἐν Γεθθεμ Κυλίσατέ μοι λίθον
ἐνταῦθα μέγαν. ³⁴καὶ εἶπεν Σαουλ Διασπάρητε ἐν τῷ λαῷ καὶ εἴ- 34
πατε αὐτοῖς προσαγαγεῖν ἐνταῦθα ἕκαστος τὸν μόσχον αὐτοῦ καὶ
ἕκαστος τὸ πρόβατον αὐτοῦ, καὶ σφαζέτω ἐπὶ τούτου, καὶ οὐ μὴ
ἁμάρτητε τῷ κυρίῳ τοῦ ἐσθίειν σὺν τῷ αἵματι · καὶ προσῆγεν πᾶς
ὁ λαὸς ἕκαστος τὸ ἐν τῇ χειρὶ αὐτοῦ καὶ ἔσφαζον ἐκεῖ. ³⁵καὶ ᾠκο- 35
δόμησεν ἐκεῖ Σαουλ θυσιαστήριον τῷ κυρίῳ · τοῦτο ἤρξατο Σαουλ
οἰκοδομῆσαι θυσιαστήριον τῷ κυρίῳ.
³⁶Καὶ εἶπεν Σαουλ Καταβῶμεν ὀπίσω τῶν ἀλλοφύλων τὴν νύκτα 36
καὶ διαρπάσωμεν ἐν αὐτοῖς, ἕως διαφαύσῃ ἡ ἡμέρα, καὶ μὴ ὑπο-
λίπωμεν ἐν αὐτοῖς ἄνδρα. καὶ εἶπαν Πᾶν τὸ ἀγαθὸν ἐνώπιόν σου
ποίει. καὶ εἶπεν ὁ ἱερεύς Προσέλθωμεν ἐνταῦθα πρὸς τὸν θεόν.
³⁷καὶ ἐπηρώτησεν Σαουλ τὸν θεόν Εἰ καταβῶ ὀπίσω τῶν ἀλλο- 37

---

25 ιααρ Gra.] ιααλ B, ιαρ A†, > O–AL†, ιδου pl. ‖ 26 ιδου 2⁰ > OL ‖
28 τον λαον] τω λαω A† ‖ 29 δη οτι Ra.] διοτι mss. | μου ult. > A† ‖
30 ει > BO† | ο λαος / σημερον] tr. O | ην > B*† | εν] pr. η B† ‖ 31 μαχε-
μας OL ‖ 33 τω 1⁰ > B† | λεγοντες] + οτι A | ημαρτ. / ο λαος] tr. O | γε(θ)-
θεμ] + ημαρτετε L† | λιθον ενταυθα] tr. OL ‖ 34 προσαγειν B† | αυτου 2⁰]
εαυ. B† | σφαζετω] -ζετε L†, σφαξατω O | τουτου] + και φαγεται αυτα O, +
και φαγετε L(†) | προσηγαγεν OL | τη > A† | αυτου ult.] + την νυκτα O;
την νυκτα add. L† post εκει | εσφαζον] -ζεν L, εσφαξαν O†(A†-ξεν) ‖ 36 δια-
φωση A†: cf. Iud. 19 26 B | η ημερα] η > B, το πρωι L† | ειπαν] -πεν A†

φύλων; εἰ παραδώσεις αὐτοὺς εἰς χεῖρας Ισραηλ; καὶ οὐκ ἀπε-
38 κρίθη αὐτῷ ἐν τῇ ἡμέρᾳ ἐκείνῃ. ³⁸καὶ εἶπεν Σαουλ Προσαγάγετε
ἐνταῦθα πάσας τὰς γωνίας τοῦ Ισραηλ καὶ γνῶτε καὶ ἴδετε ἐν
39 τίνι γέγονεν ἡ ἁμαρτία αὕτη σήμερον· ³⁹ὅτι ζῇ κύριος ὁ σώσας
τὸν Ισραηλ, ὅτι ἐὰν ἀποκριθῇ κατὰ Ιωναθαν τοῦ υἱοῦ μου, θανάτῳ
ἀποθανεῖται. καὶ οὐκ ἦν ὁ ἀποκρινόμενος ἐκ παντὸς τοῦ λαοῦ.
40 ⁴⁰καὶ εἶπεν παντὶ Ισραηλ Ὑμεῖς ἔσεσθε εἰς δουλείαν, καὶ ἐγὼ καὶ
Ιωναθαν ὁ υἱός μου ἐσόμεθα εἰς δουλείαν. καὶ εἶπεν ὁ λαὸς πρὸς
41 Σαουλ Τὸ ἀγαθὸν ἐνώπιόν σου ποίει. ⁴¹καὶ εἶπεν Σαουλ Κύριε ὁ
θεὸς Ισραηλ, τί ὅτι οὐκ ἀπεκρίθης τῷ δούλῳ σου σήμερον; εἰ ἐν
ἐμοὶ ἢ ἐν Ιωναθαν τῷ υἱῷ μου ἡ ἀδικία, κύριε ὁ θεὸς Ισραηλ,
δὸς δήλους· καὶ ἐὰν τάδε εἴπῃς Ἐν τῷ λαῷ σου Ισραηλ, δὸς δὴ
ὁσιότητα. καὶ κληροῦται Ιωναθαν καὶ Σαουλ, καὶ ὁ λαὸς ἐξῆλθεν.
42 ⁴²καὶ εἶπεν Σαουλ Βάλετε ἀνὰ μέσον ἐμοῦ καὶ ἀνὰ μέσον Ιωναθαν
τοῦ υἱοῦ μου· ὃν ἂν κατακληρώσηται κύριος, ἀποθανέτω. καὶ εἶπεν
ὁ λαὸς πρὸς Σαουλ Οὐκ ἔστιν τὸ ῥῆμα τοῦτο. καὶ κατεκράτησεν
Σαουλ τοῦ λαοῦ, καὶ βάλλουσιν ἀνὰ μέσον αὐτοῦ καὶ ἀνὰ μέσον
43 Ιωναθαν τοῦ υἱοῦ αὐτοῦ, καὶ κατακληροῦται Ιωναθαν. ⁴³καὶ εἶπεν
Σαουλ πρὸς Ιωναθαν Ἀπάγγειλόν μοι τί πεποίηκας. καὶ ἀπήγγει-
λεν αὐτῷ Ιωναθαν καὶ εἶπεν Γευσάμενος ἐγευσάμην ἐν ἄκρῳ τῷ
σκήπτρῳ τῷ ἐν τῇ χειρί μου βραχὺ μέλι· ἰδοὺ ἐγὼ ἀποθνήσκω.
44 ⁴⁴καὶ εἶπεν αὐτῷ Σαουλ Τάδε ποιήσαι μοι ὁ θεὸς καὶ τάδε προσ-
45 θείη, ὅτι θανάτῳ ἀποθανῇ σήμερον. ⁴⁵καὶ εἶπεν ὁ λαὸς πρὸς Σαουλ
Εἰ σήμερον θανατωθήσεται ὁ ποιήσας τὴν σωτηρίαν τὴν μεγάλην
ταύτην ἐν Ισραηλ; ζῇ κύριος, εἰ πεσεῖται τῆς τριχὸς τῆς κεφαλῆς
αὐτοῦ ἐπὶ τὴν γῆν· ὅτι ὁ λαὸς τοῦ θεοῦ ἐποίησεν τὴν ἡμέραν
ταύτην. καὶ προσηύξατο ὁ λαὸς περὶ Ιωναθαν ἐν τῇ ἡμέρᾳ ἐκείνῃ,
46 καὶ οὐκ ἀπέθανεν. — ⁴⁶καὶ ἀνέβη Σαουλ ἀπὸ ὄπισθεν τῶν ἀλλοφύ-
λων, καὶ οἱ ἀλλόφυλοι ἀπῆλθον εἰς τὸν τόπον αὐτῶν.
47 ⁴⁷Καὶ Σαουλ κατακληροῦται ἔργον ἐπὶ Ισραηλ. καὶ ἐπολέμει κύ-
κλῳ πάντας τοὺς ἐχθροὺς αὐτοῦ, εἰς τὸν Μωαβ καὶ εἰς τοὺς υἱοὺς
Αμμων καὶ εἰς τοὺς υἱοὺς Εδωμ καὶ εἰς τὸν Βαιθεωρ καὶ εἰς
βασιλέα Σουβα καὶ εἰς τοὺς ἀλλοφύλους· οὗ ἂν ἐστράφη, ἐσῴζετο.
48 ⁴⁸καὶ ἐποίησεν δύναμιν καὶ ἐπάταξεν τὸν Αμαληκ καὶ ἐξείλατο τὸν

---

38 προσαγαγε A ‖ 40 παντι] + ανδρι ALBᶜ | fin.] +(sic) και ειπεν σαουλ
προς τον λαον υμεις εσεσθε εις εν μερος και εγω και ιωναθαν εσομεθα εις εν
μερος L ‖ 41 τι > O | απεκριθη Oᵗ | ει L] η BO | ειπης O] ς > Bᵗ, ειποις
Lᵗ | εν τω L] δος δη τω Bᵗ, δος τω O–ᴬ, τω A | σου ισραηλ] η αδικια Lᵗ,
+ η αδικια V | δη > Lᵗ ‖ 42 βαλετε] λαβετε A ‖ 43 γευσαμενος] γευομ.
Bᵗ ‖ 45 την μεγ. ταυτην / εν ισρ.] tr. Aᵗ | ζη] pr. ιλεως OL | της 1⁰ L] >
Bᵗ, pr. απο O⁽ᵗ⁾ | εν ult. > O ‖ 47 κατακληρ. (+ το Lᵗ) εργον BL⁽ᵗ⁾] + του
βασιλευειν Lᵗ, ελαχεν του βασιλευειν O, pr. ελαχεν του βασιλευειν Bᵗ |
βαιθεωρ] ε > O, βαιθρουωβει Lᵗ ‖ 48 δυναμιν] + αυνανειν B⁽ᵗ⁾

Ισραηλ ἐκ χειρὸς τῶν καταπατούντων αὐτόν. — ⁴⁹καὶ ἦσαν υἱοὶ 49
Σαουλ Ιωναθαν καὶ Ιεσσιου καὶ Μελχισα · καὶ ὀνόματα τῶν δύο
θυγατέρων αὐτοῦ, ὄνομα τῇ πρωτοτόκῳ Μεροβ, καὶ ὄνομα τῇ δευ-
τέρᾳ Μελχολ · ⁵⁰καὶ ὄνομα τῇ γυναικὶ αὐτοῦ Αχινοομ θυγάτηρ 50
Αχιμαας. καὶ ὄνομα τῷ ἀρχιστρατήγῳ Αβεννηρ υἱὸς Νηρ υἱοῦ οἰ-
κείου Σαουλ · ⁵¹καὶ Κις πατὴρ Σαουλ καὶ Νηρ πατὴρ Αβεννηρ υἱὸς 51
Ιαμιν υἱοῦ Αβιηλ. — ⁵²καὶ ἦν ὁ πόλεμος κραταιὸς ἐπὶ τοὺς ἀλλο- 52
φύλους πάσας τὰς ἡμέρας Σαουλ, καὶ ἰδὼν Σαουλ πάντα ἄνδρα
δυνατὸν καὶ πάντα ἄνδρα υἱὸν δυνάμεως καὶ συνήγαγεν αὐτοὺς
πρὸς αὐτόν.

¹Καὶ εἶπεν Σαμουηλ πρὸς Σαουλ Ἐμὲ ἀπέστειλεν κύριος χρῖσαί 15
σε εἰς βασιλέα ἐπὶ Ισραηλ, καὶ νῦν ἄκουε τῆς φωνῆς κυρίου ·
²τάδε εἶπεν κύριος σαβαωθ Νῦν ἐκδικήσω ἃ ἐποίησεν Αμαληκ τῷ 2
Ισραηλ, ὡς ἀπήντησεν αὐτῷ ἐν τῇ ὁδῷ ἀναβαίνοντος αὐτοῦ ἐξ
Αἰγύπτου · ³καὶ νῦν πορεύου καὶ πατάξεις τὸν Αμαληκ καὶ Ιεριμ 3
καὶ πάντα τὰ αὐτοῦ καὶ οὐ περιποιήσῃ ἐξ αὐτοῦ καὶ ἐξολεθρεύσεις
αὐτὸν καὶ ἀναθεματιεῖς αὐτὸν καὶ πάντα τὰ αὐτοῦ καὶ οὐ φείσῃ
ἀπ᾽ αὐτοῦ καὶ ἀποκτενεῖς ἀπὸ ἀνδρὸς καὶ ἕως γυναικὸς καὶ ἀπὸ
νηπίου ἕως θηλάζοντος καὶ ἀπὸ μόσχου ἕως προβάτου καὶ ἀπὸ
καμήλου ἕως ὄνου. ⁴καὶ παρήγγειλεν Σαουλ τῷ λαῷ καὶ ἐπισκέ- 4
πτεται αὐτοὺς ἐν Γαλγαλοις τετρακοσίας χιλιάδας ταγμάτων καὶ τὸν
Ιουδαν τριάκοντα χιλιάδας ταγμάτων. ⁵καὶ ἦλθεν Σαουλ ἕως τῶν 5
πόλεων Αμαληκ καὶ ἐνήδρευσεν ἐν τῷ χειμάρρῳ. ⁶καὶ εἶπεν Σαουλ 6
πρὸς τὸν Κιναῖον Ἄπελθε καὶ ἔκκλινον ἐκ μέσου τοῦ Αμαληκίτου,
μὴ προσθῶ σε μετ᾽ αὐτοῦ, καὶ σὺ ἐποίησας ἔλεος μετὰ τῶν υἱῶν
Ισραηλ ἐν τῷ ἀναβαίνειν αὐτοὺς ἐξ Αἰγύπτου · καὶ ἐξέκλινεν ὁ
Κιναῖος ἐκ μέσου Αμαληκ. ⁷καὶ ἐπάταξεν Σαουλ τὸν Αμαληκ ἀπὸ 7
Ευιλατ ἕως Σουρ ἐπὶ προσώπου Αἰγύπτου. ⁸καὶ συνέλαβεν τὸν 8
Αγαγ βασιλέα Αμαληκ ζῶντα καὶ πάντα τὸν λαὸν Ιεριμ ἀπέκτεινεν
ἐν στόματι ῥομφαίας. ⁹καὶ περιεποιήσατο Σαουλ καὶ πᾶς ὁ λαὸς 9
τὸν Αγαγ ζῶντα καὶ τὰ ἀγαθὰ τῶν ποιμνίων καὶ τῶν βουκολίων
καὶ τῶν ἐδεσμάτων καὶ τῶν ἀμπελώνων καὶ πάντων τῶν ἀγαθῶν

49 υιοι] pr. οι OL | ιεσσιου L†] -ουλ B⁽†⁾, ισουει O† | μελχ(ε)ισα B†] -σουε
O, -σ δδε L† ‖ 50 αυτου] σαουλ L† | αχιμαας] ν pro μ B | νηρει B† hic,
sed in 51 etiam B νηρ ‖ 51 αβιηλ] αβειηρ B†

15 1 επι ισραηλ] pr. επι τον λαον αυτου O, + τον λαον αυτου L† | ακουσον
O | φωνης] + των λογων O, + του ρηματος L† ‖ 2 αμαληχ A† hic et in
5, sed in 14 48 15 3. 6—8 etc. etiam A -ληκ ‖ 3 ιερ(ε)ιμ] ιεερειμ A†: cf. 8
| τα 1⁰ > O† ‖ 4 τετρακοσ.] δεκα A† | τον — fin.] δεκα χιλιαδας ταγματων
ιουδα A ‖ 6 των] pr. παντων O ‖ 7 ευιλα A† | σουρ] ασσουρ B⁽†⁾ | επι]
pr. η A, pr. της L ‖ 8 ιερ(ε)ιμ (ηρειμ A†: cf. 3)] pr. εξωλεθρευσεν A⁽†⁾, +
εξωλοθρευσε και O-A†; pro απεκτ. seq. hab. εξωλοθρευσεν L†

καὶ οὐκ ἐβούλετο αὐτὰ ἐξολεθρεῦσαι · καὶ πᾶν ἔργον ἠτιμωμένον
καὶ ἐξουδενωμένον ἐξωλέθρευσαν.

10
11
¹⁰Καὶ ἐγενήθη ῥῆμα κυρίου πρὸς Σαμουηλ λέγων ¹¹Παρακέκλη-
μαι ὅτι ἐβασίλευσα τὸν Σαουλ εἰς βασιλέα, ὅτι ἀπέστρεψεν ἀπὸ
ὄπισθέν μου καὶ τοὺς λόγους μου οὐκ ἐτήρησεν. καὶ ἠθύμησεν
12 Σαμουηλ καὶ ἐβόησεν πρὸς κύριον ὅλην τὴν νύκτα. ¹²καὶ ὤρθρισεν
Σαμουηλ καὶ ἐπορεύθη εἰς ἀπάντησιν Ισραηλ πρωί. καὶ ἀπηγγέλη
τῷ Σαμουηλ λέγοντες Ἥκει Σαουλ εἰς Κάρμηλον καὶ ἀνέστακεν
αὐτῷ χεῖρα καὶ ἐπέστρεψεν τὸ ἅρμα. καὶ κατέβη εἰς Γαλγαλα πρὸς
Σαουλ, καὶ ἰδοὺ αὐτὸς ἀνέφερεν ὁλοκαύτωσιν τῷ κυρίῳ τὰ πρῶτα
13 τῶν σκύλων, ὧν ἤνεγκεν ἐξ Αμαληκ. ¹³καὶ παρεγένετο Σαμουηλ
πρὸς Σαουλ, καὶ εἶπεν αὐτῷ Σαουλ Εὐλογητὸς σὺ τῷ κυρίῳ ·
14 ἔστησα πάντα, ὅσα ἐλάλησεν κύριος. ¹⁴καὶ εἶπεν Σαμουηλ Καὶ
τίς ἡ φωνὴ τοῦ ποιμνίου τούτου ἐν τοῖς ὠσίν μου καὶ φωνὴ τῶν
15 βοῶν, ὧν ἐγὼ ἀκούω; ¹⁵καὶ εἶπεν Σαουλ Ἐξ Αμαληκ ἤνεγκα αὐ-
τά, ἃ περιεποιήσατο ὁ λαός, τὰ κράτιστα τοῦ ποιμνίου καὶ τῶν
βοῶν, ὅπως τυθῇ τῷ κυρίῳ θεῷ σου, καὶ τὰ λοιπὰ ἐξωλέθρευσα.
16 ¹⁶καὶ εἶπεν Σαμουηλ πρὸς Σαουλ Ἄνες καὶ ἀπαγγελῶ σοι ἃ ἐλά-
17 λησεν κύριος πρός με τὴν νύκτα · καὶ εἶπεν αὐτῷ Λάλησον. ¹⁷καὶ
εἶπεν Σαμουηλ πρὸς Σαουλ Οὐχὶ μικρὸς σὺ εἶ ἐνώπιον αὐτοῦ
ἡγούμενος σκήπτρου φυλῆς Ισραηλ; καὶ ἔχρισέν σε κύριος εἰς
18 βασιλέα ἐπὶ Ισραηλ. ¹⁸καὶ ἀπέστειλέν σε κύριος ἐν ὁδῷ καὶ εἶπέν
σοι Πορεύθητι καὶ ἐξολέθρευσον τοὺς ἁμαρτάνοντας εἰς ἐμέ, τὸν
19 Αμαληκ, καὶ πολεμήσεις αὐτούς, ἕως συντελέσῃς αὐτούς. ¹⁹καὶ ἵνα
τί οὐκ ἤκουσας τῆς φωνῆς κυρίου, ἀλλ' ὥρμησας τοῦ θέσθαι ἐπὶ
20 τὰ σκῦλα καὶ ἐποίησας τὸ πονηρὸν ἐνώπιον κυρίου; ²⁰καὶ εἶπεν
Σαουλ πρὸς Σαμουηλ Διὰ τὸ ἀκοῦσαί με τῆς φωνῆς τοῦ λαοῦ ·
καὶ ἐπορεύθην ἐν τῇ ὁδῷ, ᾗ ἀπέστειλέν με κύριος, καὶ ἤγαγον
21 τὸν Αγαγ βασιλέα Αμαληκ καὶ τὸν Αμαληκ ἐξωλέθρευσα · ²¹καὶ
ἔλαβεν ὁ λαὸς τῶν σκύλων ποίμνια καὶ βουκόλια, τὰ πρῶτα τοῦ
ἐξολεθρεύματος, θῦσαι ἐνώπιον κυρίου θεοῦ ἡμῶν ἐν Γαλγαλοις.
22 ²²καὶ εἶπεν Σαμουηλ Εἰ θελητὸν τῷ κυρίῳ ὁλοκαυτώματα καὶ θυ-
σίαι ὡς τὸ ἀκοῦσαι φωνῆς κυρίου; ἰδοὺ ἀκοὴ ὑπὲρ θυσίαν ἀγα-
23 θὴ καὶ ἡ ἐπακρόασις ὑπὲρ στέαρ κριῶν · ²³ὅτι ἁμαρτία οἰώνισμά

9 αυτα εξολ.] tr. O | fin. εξωλεθρευσεν A ‖ 11 οτι εβασιλ. > A† | ετηρη-
σεν] εστησεν AL†, εφυλαξεν O–A ‖ 12 ισρ.] pr. τω AL† | απηγγειλεν A† |
σαμουηλ 2⁰ ... σαουλ 1⁰] tr. B | και 4⁰] + ιδου O–376L | ανεστακεν: cf. Thack.
p. 253 | προς] pr. και ηλθεν σαμουηλ L | πρωτα] προβατα A† ‖ 13 παντα
> B ‖ 14 τουτου] αυτη A†: cf. L† αυτη post φωνη 1⁰ addens | ων] ην B†
‖ 15 τω κυριω] tr. OL ‖ 17 συ ει B†] tr. O, ει > L ‖ 18 εξολεθρ.] +
ανελεις B(†) | συντελεσεις O ‖ 19 της > B ‖ 20 εν > B | απεσταλκεν O†
‖ 21 θυσαι] > B, pr. του L ‖ 22 ολοκαυτωμα O | θυσιαι V] -ιας B, -ια(uel
-ιαν) O† | αγαθη O²⁴⁷L] -θην BO–247

ἐστιν, ὀδύνην καὶ πόνους θεραφιν ἐπάγουσιν · ὅτι ἐξουδένωσας
τὸ ῥῆμα κυρίου, καὶ ἐξουδενώσει σε κύριος μὴ εἶναι βασιλέα ἐπὶ
Ισραηλ. ²⁴καὶ εἶπεν Σαουλ πρὸς Σαμουηλ Ἡμάρτηκα ὅτι παρέβην 24
τὸν λόγον κυρίου καὶ τὸ ῥῆμά σου, ὅτι ἐφοβήθην τὸν λαὸν καὶ
ἤκουσα τῆς φωνῆς αὐτῶν · ²⁵καὶ νῦν ἆρον δὴ τὸ ἁμάρτημά μου 25
καὶ ἀνάστρεψον μετ᾽ ἐμοῦ, καὶ προσκυνήσω κυρίῳ τῷ θεῷ σου.
²⁶καὶ εἶπεν Σαμουηλ πρὸς Σαουλ Οὐκ ἀναστρέφω μετὰ σοῦ, ὅτι 26
ἐξουδένωσας τὸ ῥῆμα κυρίου, καὶ ἐξουδενώσει σε κύριος τοῦ μὴ
εἶναι βασιλέα ἐπὶ τὸν Ισραηλ. ²⁷καὶ ἀπέστρεψεν Σαμουηλ τὸ πρόσ- 27
ωπον αὐτοῦ τοῦ ἀπελθεῖν. καὶ ἐκράτησεν Σαουλ τοῦ πτερυγίου
τῆς διπλοΐδος αὐτοῦ καὶ διέρρηξεν αὐτό · ²⁸καὶ εἶπεν πρὸς αὐτὸν 28
Σαμουηλ Διέρρηξεν κύριος τὴν βασιλείαν Ισραηλ ἐκ χειρός σου
σήμερον καὶ δώσει αὐτὴν τῷ πλησίον σου τῷ ἀγαθῷ ὑπὲρ σέ ·
²⁹καὶ διαιρεθήσεται Ισραηλ εἰς δύο, καὶ οὐκ ἀποστρέψει οὐδὲ μετα- 29
νοήσει, ὅτι οὐχ ὡς ἄνθρωπός ἐστιν τοῦ μετανοῆσαι αὐτός. ³⁰καὶ 30
εἶπεν Σαουλ Ἡμάρτηκα, ἀλλὰ δόξασόν με δὴ ἐνώπιον πρεσβυτέ-
ρων Ισραηλ καὶ ἐνώπιον λαοῦ μου καὶ ἀνάστρεψον μετ᾽ ἐμοῦ, καὶ
προσκυνήσω τῷ κυρίῳ θεῷ σου. ³¹καὶ ἀνέστρεψεν Σαμουηλ ὀπίσω 31
Σαουλ, καὶ προσεκύνησεν τῷ κυρίῳ. ³²καὶ εἶπεν Σαμουηλ Προσ- 32
αγάγετέ μοι τὸν Αγαγ βασιλέα Αμαληκ. καὶ προσῆλθεν πρὸς αὐτὸν
Αγαγ τρέμων, καὶ εἶπεν Αγαγ Εἰ οὕτως πικρὸς ὁ θάνατος ; ³³καὶ 33
εἶπεν Σαμουηλ πρὸς Αγαγ Καθότι ἠτέκνωσεν γυναῖκας ἡ ῥομφαία
σου, οὕτως ἀτεκνωθήσεται ἐκ γυναικῶν ἡ μήτηρ σου. καὶ ἔσφαξεν
Σαμουηλ τὸν Αγαγ ἐνώπιον κυρίου ἐν Γαλγαλ. ³⁴καὶ ἀπῆλθεν Σα- 34
μουηλ εἰς Αρμαθαιμ, καὶ Σαουλ ἀνέβη εἰς τὸν οἶκον αὐτοῦ εἰς Γα-
βαα. ³⁵καὶ οὐ προσέθετο Σαμουηλ ἔτι ἰδεῖν τὸν Σαουλ ἕως ἡμέρας 35
θανάτου αὐτοῦ, ὅτι ἐπένθει Σαμουηλ ἐπὶ Σαουλ · καὶ κύριος μετ-
εμελήθη ὅτι ἐβασίλευσεν τὸν Σαουλ ἐπὶ Ισραηλ.

¹Καὶ εἶπεν κύριος πρὸς Σαμουηλ Ἕως πότε σὺ πενθεῖς ἐπὶ 16
Σαουλ, κἀγὼ ἐξουδένωκα αὐτὸν μὴ βασιλεύειν ἐπὶ Ισραηλ ; πλῆσον
τὸ κέρας σου ἐλαίου, καὶ δεῦρο ἀποστείλω σε πρὸς Ιεσσαι ἕως
εἰς Βηθλεεμ, ὅτι ἑόρακα ἐν τοῖς υἱοῖς αὐτοῦ ἐμοὶ βασιλεύειν. ²καὶ 2
εἶπεν Σαμουηλ Πῶς πορευθῶ ; καὶ ἀκούσεται Σαουλ καὶ ἀποκτενεῖ
με. καὶ εἶπεν κύριος Δάμαλιν βοῶν λαβὲ ἐν τῇ χειρί σου καὶ ἐρεῖς
Θῦσαι τῷ κυρίῳ ἥκω · ³καὶ καλέσεις τὸν Ιεσσαι εἰς τὴν θυσίαν, 3
καὶ γνωριῶ σοι ἃ ποιήσεις, καὶ χρίσεις ὃν ἐὰν εἴπω πρὸς σέ.

23 οδυνην κ. πονους L] -νη κ. -νος BO | θεραφ(ε)ιν AL] -φιμ O–A, θεραπει-
αν B ‖ 24 ηκουσα] pr. ουκ A† ‖ 25 τω > A ‖ 26 αναστρεψω O ‖
27 επεστρεψεν B† ‖ 28 βασιλειαν pau.] + σου απο BOL ‖ 29 ουδε] και
ου O | μετανοησει] + ο αγιος του ισραηλ L† ‖ 30 ισραηλ ... λαου μου] tr.
OL | τω κυριω] tr. OL ‖ 31 προσεκυν.] + σαουλ A† ‖ 32 τρεμων] pr. εξ
αναθωθ L† | ο > A† ‖ 34 τον > O
16 2 τω κυρ./ηκω] tr. B ‖ 3 την > A

4 ⁴καὶ ἐποίησεν Σαμουηλ πάντα, ἃ ἐλάλησεν αὐτῷ κύριος, καὶ ἦλθεν
εἰς Βηθλεεμ. καὶ ἐξέστησαν οἱ πρεσβύτεροι τῆς πόλεως τῇ ἀπαν-
5 τήσει αὐτοῦ καὶ εἶπαν Εἰρήνη ἡ εἴσοδός σου, ὁ βλέπων ; ⁵καὶ εἶ-
πεν Εἰρήνη · θῦσαι τῷ κυρίῳ ἥκω, ἁγιάσθητε καὶ εὐφράνθητε μετ᾽
ἐμοῦ σήμερον. καὶ ἡγίασεν τὸν Ιεσσαι καὶ τοὺς υἱοὺς αὐτοῦ καὶ
6 ἐκάλεσεν αὐτοὺς εἰς τὴν θυσίαν. ⁶καὶ ἐγενήθη ἐν τῷ αὐτοὺς εἰσ-
ιέναι καὶ εἶδεν τὸν Ελιαβ καὶ εἶπεν Ἀλλὰ καὶ ἐνώπιον κυρίου
7 χριστὸς αὐτοῦ. ⁷καὶ εἶπεν κύριος πρὸς Σαμουηλ Μὴ ἐπιβλέψῃς ἐπὶ
τὴν ὄψιν αὐτοῦ μηδὲ εἰς τὴν ἕξιν μεγέθους αὐτοῦ, ὅτι ἐξουδένωκα
αὐτόν · ὅτι οὐχ ὡς ἐμβλέψεται ἄνθρωπος, ὄψεται ὁ θεός, ὅτι ἄν-
8 θρωπος ὄψεται εἰς πρόσωπον, ὁ δὲ θεὸς ὄψεται εἰς καρδίαν. ⁸καὶ
ἐκάλεσεν Ιεσσαι τὸν Αμιναδαβ, καὶ παρῆλθεν κατὰ πρόσωπον Σα-
9 μουηλ · καὶ εἶπεν Οὐδὲ τοῦτον ἐξελέξατο κύριος. ⁹καὶ παρήγαγεν
Ιεσσαι τὸν Σαμα · καὶ εἶπεν Καὶ ἐν τούτῳ οὐκ ἐξελέξατο κύριος.
10 ¹⁰καὶ παρήγαγεν Ιεσσαι τοὺς ἑπτὰ υἱοὺς αὐτοῦ ἐνώπιον Σαμουηλ ·
11 καὶ εἶπεν Σαμουηλ Οὐκ ἐξελέξατο κύριος ἐν τούτοις. ¹¹καὶ εἶπεν
Σαμουηλ πρὸς Ιεσσαι Ἐκλελοίπασιν τὰ παιδάρια ; καὶ εἶπεν Ἔτι
ὁ μικρὸς ἰδοὺ ποιμαίνει ἐν τῷ ποιμνίῳ. καὶ εἶπεν Σαμουηλ πρὸς
Ιεσσαι Ἀπόστειλον καὶ λαβὲ αὐτόν, ὅτι οὐ μὴ κατακλιθῶμεν ἕως
12 τοῦ ἐλθεῖν αὐτόν. ¹²καὶ ἀπέστειλεν καὶ εἰσήγαγεν αὐτόν · καὶ οὗ-
τος πυρράκης μετὰ κάλλους ὀφθαλμῶν καὶ ἀγαθὸς ὁράσει κυρίῳ ·
καὶ εἶπεν κύριος πρὸς Σαμουηλ Ἀνάστα καὶ χρῖσον τὸν Δαυιδ,
13 ὅτι οὗτος ἀγαθός ἐστιν. ¹³καὶ ἔλαβεν Σαμουηλ τὸ κέρας τοῦ ἐλαί-
ου καὶ ἔχρισεν αὐτὸν ἐν μέσῳ τῶν ἀδελφῶν αὐτοῦ, καὶ ἐφήλατο
πνεῦμα κυρίου ἐπὶ Δαυιδ ἀπὸ τῆς ἡμέρας ἐκείνης καὶ ἐπάνω. καὶ
ἀνέστη Σαμουηλ καὶ ἀπῆλθεν εἰς Αρμαθαιμ.
14 ¹⁴Καὶ πνεῦμα κυρίου ἀπέστη ἀπὸ Σαουλ, καὶ ἔπνιγεν αὐτὸν
15 πνεῦμα πονηρὸν παρὰ κυρίου. ¹⁵καὶ εἶπαν οἱ παῖδες Σαουλ πρὸς
16 αὐτόν Ἰδοὺ δὴ πνεῦμα κυρίου πονηρὸν πνίγει σε · ¹⁶εἰπάτωσαν
δὴ οἱ δοῦλοί σου ἐνώπιόν σου καὶ ζητησάτωσαν τῷ κυρίῳ ἡμῶν
ἄνδρα εἰδότα ψάλλειν ἐν κινύρᾳ, καὶ ἔσται ἐν τῷ εἶναι πνεῦμα
πονηρὸν ἐπὶ σοὶ καὶ ψαλεῖ ἐν τῇ κινύρᾳ αὐτοῦ, καὶ ἀγαθόν σοι
17 ἔσται, καὶ ἀναπαύσει σε. ¹⁷καὶ εἶπεν Σαουλ πρὸς τοὺς παῖδας αὐ-
τοῦ Ἴδετε δή μοι ἄνδρα ὀρθῶς ψάλλοντα καὶ εἰσαγάγετε αὐτὸν
18 πρὸς ἐμέ. ¹⁸καὶ ἀπεκρίθη εἷς τῶν παιδαρίων αὐτοῦ καὶ εἶπεν Ἰδοὺ
ἑόρακα υἱὸν τῷ Ιεσσαι Βηθλεεμίτην καὶ αὐτὸν εἰδότα ψαλμόν, καὶ

4 ειρηνη] pr. η Β† ‖ 6 αυτους εισιεναι] tr. Ο, ελθειν αυτους L† ‖ 7 επι-
βλεψης] επιστρεψης Α† | την οψιν] το προσωπον Α† | ο δε θεος] θεος δε Ο
‖ 8 κυριος] ο θεος ΒΟ–Α ‖ 9 σαμα Β⁽†⁾] σαμμα Α, σαμαα Ο–ΑL: cf. ΙΙ 13 32
‖ 10 σαμουηλ 2⁰] + προς ιεσσαι ΟL ‖ 11 fin.] + ενταυθα ΟL ‖ 12 και
ult. > Ο | αγαθος εστιν] tr. Ο, αγαθος > L† ‖ 15 σαουλ] αυτου Α† ‖
16 πνευμα πον. / επι σοι] tr. Ο | επι] εν Α† | ψαλει] ψαλλειν Ο ‖ 17 μοι >
Α† ‖ 18 και ειπεν > Ο† | ψαλμον] ψαλλειν ΟL

ὁ ἀνὴρ συνετός, καὶ ὁ ἀνὴρ πολεμιστὴς καὶ σοφὸς λόγῳ καὶ ἀνὴρ
ἀγαθὸς τῷ εἴδει, καὶ κύριος μετ' αὐτοῦ. [19]καὶ ἀπέστειλεν Σαουλ 19
ἀγγέλους πρὸς Ιεσσαι λέγων Ἀπόστειλον πρός με τὸν υἱόν σου
Δαυιδ τὸν ἐν τῷ ποιμνίῳ σου. [20]καὶ ἔλαβεν Ιεσσαι γομορ ἄρτων 20
καὶ ἀσκὸν οἴνου καὶ ἔριφον αἰγῶν ἕνα καὶ ἐξαπέστειλεν ἐν χειρὶ
Δαυιδ τοῦ υἱοῦ αὐτοῦ πρὸς Σαουλ. [21]καὶ εἰσῆλθεν Δαυιδ πρὸς 21
Σαουλ καὶ παρειστήκει ἐνώπιον αὐτοῦ· καὶ ἠγάπησεν αὐτὸν σφό-
δρα, καὶ ἐγενήθη αὐτῷ αἴρων τὰ σκεύη αὐτοῦ. [22]καὶ ἀπέστειλεν 22
Σαουλ πρὸς Ιεσσαι λέγων Παριστάσθω δὴ Δαυιδ ἐνώπιον ἐμοῦ,
ὅτι εὗρεν χάριν ἐν ὀφθαλμοῖς μου. [23]καὶ ἐγενήθη ἐν τῷ εἶναι 23
πνεῦμα πονηρὸν ἐπὶ Σαουλ καὶ ἐλάμβανεν Δαυιδ τὴν κινύραν καὶ
ἔψαλλεν ἐν τῇ χειρὶ αὐτοῦ, καὶ ἀνέψυχεν Σαουλ, καὶ ἀγαθὸν αὐτῷ,
καὶ ἀφίστατο ἀπ' αὐτοῦ τὸ πνεῦμα τὸ πονηρόν.

[1]Καὶ συνάγουσιν ἀλλόφυλοι τὰς παρεμβολὰς αὐτῶν εἰς πόλεμον 17
καὶ συνάγονται εἰς Σοκχωθ τῆς Ιουδαίας καὶ παρεμβάλλουσιν ἀνὰ
μέσον Σοκχωθ καὶ ἀνὰ μέσον Αζηκα ἐν Εφερμεμ. [2]καὶ Σαουλ καὶ 2
οἱ ἄνδρες Ισραηλ συνάγονται καὶ παρεμβάλλουσιν ἐν τῇ κοιλάδι·
αὐτοὶ παρατάσσονται εἰς πόλεμον ἐξ ἐναντίας ἀλλοφύλων. [3]καὶ 3
ἀλλόφυλοι ἵστανται ἐπὶ τοῦ ὄρους ἐνταῦθα, καὶ Ισραηλ ἵσταται
ἐπὶ τοῦ ὄρους ἐνταῦθα, καὶ ὁ αὐλὼν ἀνὰ μέσον αὐτῶν. [4]καὶ ἐξ- 4
ῆλθεν ἀνὴρ δυνατὸς ἐκ τῆς παρατάξεως τῶν ἀλλοφύλων, Γολιαθ
ὄνομα αὐτῷ ἐκ Γεθ, ὕψος αὐτοῦ τεσσάρων πήχεων καὶ σπιθαμῆς·
[5]καὶ περικεφαλαία ἐπὶ τῆς κεφαλῆς αὐτοῦ, καὶ θώρακα ἁλυσιδωτὸν 5
αὐτὸς ἐνδεδυκώς, καὶ ὁ σταθμὸς τοῦ θώρακος αὐτοῦ πέντε χιλι-
άδες σίκλων χαλκοῦ καὶ σιδήρου· [6]καὶ κνημῖδες χαλκαῖ ἐπάνω 6
τῶν σκελῶν αὐτοῦ, καὶ ἀσπὶς χαλκῆ ἀνὰ μέσον τῶν ὤμων αὐτοῦ·
[7]καὶ ὁ κοντὸς τοῦ δόρατος αὐτοῦ ὡσεὶ μέσακλον ὑφαινόντων, 7
καὶ ἡ λόγχη αὐτοῦ ἑξακοσίων σίκλων σιδήρου· καὶ ὁ αἴρων τὰ
ὅπλα αὐτοῦ προεπορεύετο αὐτοῦ. [8]καὶ ἔστη καὶ ἀνεβόησεν εἰς τὴν 8
παράταξιν Ισραηλ καὶ εἶπεν αὐτοῖς Τί ἐκπορεύεσθε παρατάξασθαι
πολέμῳ ἐξ ἐναντίας ἡμῶν; οὐκ ἐγώ εἰμι ἀλλόφυλος καὶ ὑμεῖς Ε-
βραῖοι τοῦ Σαουλ; ἐκλέξασθε ἑαυτοῖς ἄνδρα καὶ καταβήτω πρός
με, [9]καὶ ἐὰν δυνηθῇ πρὸς ἐμὲ πολεμῆσαι καὶ ἐὰν πατάξῃ με, καὶ 9
ἐσόμεθα ὑμῖν εἰς δούλους, ἐὰν δὲ ἐγὼ δυνηθῶ καὶ πατάξω αὐτόν,
ἔσεσθε ἡμῖν εἰς δούλους καὶ δουλεύσετε ἡμῖν. [10]καὶ εἶπεν ὁ ἀλλό- 10

18 σοφος] συνετος A† | ειδει] ιδειν A† || 19 σαουλ > A† | τον υιον σου /
δαυιδ] tr. OL || 20 αιγων] pr. εξ O† || 21 τα > O || 23 τη > A
17 1 σοκχωθ 1⁰ 2⁰ BL] σογχω A†, 2⁰ σοχχω O–A† (1⁰ deest in O–A): cf.
19 22 | ιουδαιας] ιδουμαιας B: cf. Ps. 62 1 | εν > B† | εφερμεμ B†] αφεσδομ-
μειν uel sim. O, σαφερμειν L(†) || 3 και ο αυλων] κυκλω B† || 4 τεσσα-
ρων BL] εξ O, πεντε V || 5 περικεφαλαιαν O || 7 υφαινοντος O ||
8 εστη] pr. αν B | εις] προς O | τι] ετι A† | του] και B†, > O–A† || 9 δε
> A† | δουλευσατε A

φυλος Ἰδοὺ ἐγὼ ὠνείδισα τὴν παράταξιν Ισραηλ σήμερον ἐν τῇ
11 ἡμέρᾳ ταύτῃ · δότε μοι ἄνδρα, καὶ μονομαχήσομεν ἀμφότεροι. ¹¹ καὶ
ἤκουσεν Σαουλ καὶ πᾶς Ισραηλ τὰ ῥήματα τοῦ ἀλλοφύλου ταῦτα
καὶ ἐξέστησαν καὶ ἐφοβήθησαν σφόδρα.

11 του] pr. αυτου A† | post 11 addunt OL uersus 12—31 a 𝔊 absentes:
(12) και (+ ειπεν A†: ex 32; + ην O–A) δαυιδ υιος ανθρωπου εφραθαιου ου-
τος εκ βηθλεεμ ιουδα και ονομα αυτω ιεσσαι και αυτω οκτω υιοι και ο ανηρ
εν ταις ημεραις σαουλ πρεσβυτερος εληλυθως εν ανδρασιν(L ετεσιν) (13) και
επορευθησαν οι τρεις υιοι ιεσσαι οι μειζονες επορευθησαν(>omn. excepto A†)
οπισω σαουλ εις τον(>A†) πολεμον και ονομα των (+ τριων L) υιων αυτου
των πορευθεντων εις τον πολεμον ελιαβ ο πρωτοτοκος αυτου και ο δευτερος
αυτου αμιναδαβ και ο τριτος (+ αυτου O, non L) σαμμα (14) και δαυιδ αυ-
τος εστιν(>L) ο νεωτερος και οι τρεις οι μειζονες επορευθησαν οπισω σαουλ
(15) και δαυιδ απηλθεν και ανεστρεψεν απο (+ του A) σαουλ ποιμαινων(-νειν
L) τα προβατα του πατρος αυτου εν βηθλεεμ (16) και προσηγεν(σ>A) ο αλ-
λοφυλος ορθριζων και οψιζων και εστηλωθη (+ εναντιον ισραηλ L) τεσσαρα-
κοντα ημερας (17) και ειπεν ιεσσαι δαυιδ τω υιω αυτου (προς δ. A† pro δ.
τω υιω αυτου) λαβε δη τοις αδελφοις σου οιφι του αλφιτου (του αλφ. > A†)
τουτου και δεκα αρτους τουτους και διαδραμε εις την παρεμβολην και δος τοις
αδελφοις (προς τους αδελφους L pro και δος τ. αδ.) σου (18) και τας δεκα
τρυφαλιδας(στρυφ. A*†; στρυνφ. Aᶜ†) του γαλακτος τουτου(ταυτας L) εισοισεις
τω χιλιαρχω και τους αδελφους σου επισκεψη εις ειρηνην και οσα αν χρηζω-
σιν γνωση (το ερσουβα[pro ερουβα] αυτων λημψη και εισοισεις μοι την αγγε-
λιαν αυτων L pro οσα — γνωση; post γνωση add. al. και το σαββατον ποιη-
σεις μετ εμου) (19) και σαουλ αυτος(και αυτοι L) και πας ανηρ ισραηλ εν τη
κοιλαδι της δρυος πολεμουντες μετα των αλλοφυλων (20) και ωρθρισεν δαυιδ
το πρωι και αφηκεν τα προβατα (+ επι L) φυλακι και ελαβεν και απηλθεν
καθα ενετειλατο αυτω ιεσσαι και ηλθεν εις την στρογγυλωσιν(παρεμβολην L,
καμπην al.) και την(>A†) δυναμιν την εκπορευομενην εις την παραταξιν και
ηλαλαξαν εν τω πολεμω (21) και παρεταξαντο ισραηλ και οι αλλοφυλοι παρα-
ταξιν εξ εναντιας παραταξεως (22) και αφηκεν δαυιδ τα σκευη αυτου αφ εαυ-
του επι χειρα του(>A†) φυλακος(σκευοφυλ. L) και εδραμεν εις την παραταξιν
και ηλθεν και ηρωτησεν τους αδελφους αυτου εις ειρηνην (23) και αυτου λα-
λουντος μετ αυτων και(>A) ιδου ανηρ ο μεσαιος(αμεσσαιος A, μεσηλιξ al.) ανε-
βαινεν γολιαθ ο φιλιστιαιος ονομα αυτω εκ γεθ εκ των παραταξεων των αλλο-
φυλων και ελαλησεν κατα τα(>A†) ρηματα ταυτα και ηκουσεν δαυιδ (24) και
πας ανηρ ισραηλ εν τω ιδειν αυτους τον ανδρα και εφυγον εκ προσωπου αυ-
του και εφοβηθησαν σφοδρα (25) και ειπεν ανηρ (+ εξ L) ισραηλ ει εορακατε
τον ανδρα τον αναβαινοντα τουτον οτι ονειδισαι(-σεν O†) τον ισραηλ ανεβη και
εσται (+ ο L) ανηρ ος αν παταξη αυτον πλουτισει αυτον ο βασιλευς πλουτον
μεγαν και την θυγατερα αυτου δωσει αυτω και τον οικον του πατρος αυτου
ποιησει ελευθερον εν τω ισραηλ (26) και ειπεν δαυιδ προς τους ανδρας τους
συνεστηκοτας μετ αυτου λεγων τι(η A†) ποιηθησεται τω ανδρι ος αν πατα-
ξη(-ξει A† pro αλλοφυλον εκεινον και αφελει ονειδισμον απο ισραηλ οτι τις ο(>
A†) αλλοφυλος ο απεριτμητος ουτος(αυτ. A†) οτι ωνειδισεν παραταξιν θεου
ζωντος (27) και ειπεν αυτω ο λαος κατα το ρημα τουτο λεγων ουτως ποιη-
θησεται τω ανδρι ος αν παταξη(-ξει O†) αυτον (28) και ηκουσεν ελιαβ ο αδελ-
φος αυτου ο μειζων εν τω λαλειν αυτον προς τους ανδρας και ωργισθη θυμω
ελιαβ εν τω δαυιδ και ειπεν ινα τι τουτο κατεβης και επι τινα αφηκας τα μι-
κρα προβατα εκεινα εν τη ερημω εγω οιδα την υπερηφανιαν σου και την

³²Καὶ εἶπεν Δαυιδ πρὸς Σαουλ Μὴ δὴ συμπεσέτω ἡ καρδία τοῦ 32
κυρίου μου ἐπ᾽ αὐτόν · ὁ δοῦλός σου πορεύσεται καὶ πολεμήσει
μετὰ τοῦ ἀλλοφύλου τούτου. ³³καὶ εἶπεν Σαουλ πρὸς Δαυιδ Οὐ 33
μὴ δυνήσῃ πορευθῆναι πρὸς τὸν ἀλλόφυλον τοῦ πολεμεῖν μετ᾽ αὐ-
τοῦ, ὅτι παιδάριον εἶ σύ, καὶ αὐτὸς ἀνὴρ πολεμιστὴς ἐκ νεότητος
αὐτοῦ. ³⁴καὶ εἶπεν Δαυιδ πρὸς Σαουλ Ποιμαίνων ἦν ὁ δοῦλός σου 34
τῷ πατρὶ αὐτοῦ ἐν τῷ ποιμνίῳ, καὶ ὅταν ἤρχετο ὁ λέων καὶ ἡ
ἄρκος καὶ ἐλάμβανεν πρόβατον ἐκ τῆς ἀγέλης, ³⁵καὶ ἐξεπορευόμην 35
ὀπίσω αὐτοῦ καὶ ἐπάταξα αὐτὸν καὶ ἐξέσπασα ἐκ τοῦ στόματος
αὐτοῦ, καὶ εἰ ἐπανίστατο ἐπ᾽ ἐμέ, καὶ ἐκράτησα τοῦ φάρυγγος αὐ-
τοῦ καὶ ἐπάταξα καὶ ἐθανάτωσα αὐτόν · ³⁶καὶ τὴν ἄρκον ἔτυπτεν 36
ὁ δοῦλός σου καὶ τὸν λέοντα, καὶ ἔσται ὁ ἀλλόφυλος ὁ ἀπερί-
τμητος ὡς ἓν τούτων · οὐχὶ πορεύσομαι καὶ πατάξω αὐτὸν καὶ
ἀφελῶ σήμερον ὄνειδος ἐξ Ισραηλ; διότι τίς ὁ ἀπερίτμητος οὗ-
τος, ὃς ὠνείδισεν παράταξιν θεοῦ ζῶντος; ³⁷κύριος, ὃς ἐξείλατό 37
με ἐκ χειρὸς τοῦ λέοντος καὶ ἐκ χειρὸς τῆς ἄρκου, αὐτὸς ἐξελεῖ-
ταί με ἐκ χειρὸς τοῦ ἀλλοφύλου τοῦ ἀπεριτμήτου τούτου. καὶ εἶ-
πεν Σαουλ πρὸς Δαυιδ Πορεύου, καὶ ἔσται κύριος μετὰ σοῦ. ³⁸καὶ 38
ἐνέδυσεν Σαουλ τὸν Δαυιδ μανδύαν καὶ περικεφαλαίαν χαλκῆν περὶ
τὴν κεφαλὴν αὐτοῦ ³⁹καὶ ἔζωσεν τὸν Δαυιδ τὴν ῥομφαίαν αὐτοῦ 39
ἐπάνω τοῦ μανδύου αὐτοῦ. καὶ ἐκοπίασεν περιπατήσας ἅπαξ καὶ
δίς · καὶ εἶπεν Δαυιδ πρὸς Σαουλ Οὐ μὴ δύνωμαι πορευθῆναι ἐν
τούτοις, ὅτι οὐ πεπείραμαι. καὶ ἀφαιροῦσιν αὐτὰ ἀπ᾽ αὐτοῦ. ⁴⁰καὶ 40
ἔλαβεν τὴν βακτηρίαν αὐτοῦ ἐν τῇ χειρὶ αὐτοῦ καὶ ἐξελέξατο ἑαυ-
τῷ πέντε λίθους λείους ἐκ τοῦ χειμάρρου καὶ ἔθετο αὐτοὺς ἐν τῷ
καδίῳ τῷ ποιμενικῷ τῷ ὄντι αὐτῷ εἰς συλλογὴν καὶ σφενδόνην αὐτοῦ
ἐν τῇ χειρὶ αὐτοῦ καὶ προσῆλθεν πρὸς τὸν ἄνδρα τὸν ἀλλόφυλον.

κακιαν της καρδιας σου οτι ενεκεν του ιδειν τον πολεμον κατεβης (29) και ει-
πεν δαυιδ τι εποιησα νυν ουχι ρημα εστιν (30) και επεστρεψεν παρ αυτου εις
εναντιον ετερου και ειπεν κατα το ρημα τουτο και απεκριθη αυτω ο λαος κατα
το ρημα του πρωτου (το προτερον L pro του πρ.) (31) και ηκουσθησαν οι
λογοι ους ελαλησεν δαυιδ και ανηγγελησαν ενωπιον(οπισω A†) σαουλ και παρ-
ελαβεν(sic A†,-βον L) αυτον (+ και εισηγαγον προς σαουλ L) ‖ 32 η > B†
‖ 33 δυνηση] δυνη B, δυνηθηση A† | μετ αυτου] προς αυτον AL | παιδιον
A ‖ 35 του ult.] της A ‖ 36 init. — σου / και τον λεοντα] tr. OL | ο απε-
ριτμ. 1°] + ουτος O³⁷⁶V†, pr. ουτος L | σημ. ονειδος] tr. O ‖ 37 init.] pr.
και ειπεν δαυιδ OL | αυτος] ουτος O⁽†⁾ | εσται κυριος] tr. A, εσται > O–A† ‖
38 τον δ. μανδυαν] τον δ. τον μανδ. αυτου L, τον μανδ. αυτου A† | περι] επι
O, επεθηκεν επι L ‖ 39 και εζωσεν τον δαυιδ] (38) και εζωσεν (+ τον O–A)
δαυιδ θωρακα (39) και περιεζωσατο δαυιδ O; (38) και ενεδυσεν αυτον θω-
ρακα (39) και εζωσατο δαυιδ L | περιπατησαι A† | πορ. / εν τουτοις] tr. A† |
αφαιρουσιν] διαφερ. A† ‖ 40 λειους L] τελειους B†, ante λιθους tr. O–A, >
A | fin.] + (41) και επορευθη ο αλλοφυλος πορευομενος και εγγιζων προς
δαυιδ και ο(>A†) ανηρ ο αιρων τον θυρεον εμπροσθεν αυτου (42) και επεβλε-
ψεν ο αλλοφυλος OL

42 ⁴²καὶ εἶδεν Γολιαδ τὸν Δαυιδ καὶ ἠτίμασεν αὐτόν, ὅτι αὐτὸς
43 ἦν παιδάριον καὶ αὐτὸς πυρράκης μετὰ κάλλους ὀφθαλμῶν. ⁴³καὶ
εἶπεν ὁ ἀλλόφυλος πρὸς Δαυιδ Ὡσεὶ κύων ἐγώ εἰμι, ὅτι σὺ ἔρχη
ἐπ᾽ ἐμὲ ἐν ῥάβδῳ καὶ λίθοις; καὶ εἶπεν Δαυιδ Οὐχί, ἀλλ᾽ ἢ χείρω
κυνός. καὶ κατηράσατο ὁ ἀλλόφυλος τὸν Δαυιδ ἐν τοῖς θεοῖς αὐ-
44 τοῦ. ⁴⁴καὶ εἶπεν ὁ ἀλλόφυλος πρὸς Δαυιδ Δεῦρο πρός με, καὶ
δώσω τὰς σάρκας σου τοῖς πετεινοῖς τοῦ οὐρανοῦ καὶ τοῖς κτή-
45 νεσιν τῆς γῆς. ⁴⁵καὶ εἶπεν Δαυιδ πρὸς τὸν ἀλλόφυλον Σὺ ἔρχη
πρός με ἐν ῥομφαίᾳ καὶ ἐν δόρατι καὶ ἐν ἀσπίδι, κἀγὼ πορεύο-
μαι πρὸς σὲ ἐν ὀνόματι κυρίου σαβαωθ θεοῦ παρατάξεως Ισραηλ,
46 ἣν ὠνείδισας σήμερον · ⁴⁶καὶ ἀποκλείσει σε κύριος σήμερον εἰς
τὴν χεῖρά μου, καὶ ἀποκτενῶ σε καὶ ἀφελῶ τὴν κεφαλήν σου ἀπὸ
σοῦ καὶ δώσω τὰ κῶλά σου καὶ τὸ κῶλα παρεμβολῆς ἀλλοφύλων
ἐν ταύτη τῇ ἡμέρᾳ τοῖς πετεινοῖς τοῦ οὐρανοῦ καὶ τοῖς θηρίοις
47 τῆς γῆς, καὶ γνώσεται πᾶσα ἡ γῆ ὅτι ἔστιν θεὸς ἐν Ισραηλ · ⁴⁷καὶ
γνώσεται πᾶσα ἡ ἐκκλησία αὕτη ὅτι οὐκ ἐν ῥομφαίᾳ καὶ δόρατι
σῴζει κύριος, ὅτι τοῦ κυρίου ὁ πόλεμος, καὶ παραδώσει κύριος
48 ὑμᾶς εἰς χεῖρας ἡμῶν. ⁴⁸καὶ ἀνέστη ὁ ἀλλόφυλος καὶ ἐπορεύθη
49 εἰς συνάντησιν Δαυιδ. ⁴⁹καὶ ἐξέτεινεν Δαυιδ τὴν χεῖρα αὐτοῦ εἰς
τὸ κάδιον καὶ ἔλαβεν ἐκεῖθεν λίθον ἕνα καὶ ἐσφενδόνησεν καὶ
ἐπάταξεν τὸν ἀλλόφυλον ἐπὶ τὸ μέτωπον αὐτοῦ, καὶ διέδυ ὁ λίθος
διὰ τῆς περικεφαλαίας εἰς τὸ μέτωπον αὐτοῦ, καὶ ἔπεσεν ἐπὶ πρόσ-
51 ωπον αὐτοῦ ἐπὶ τὴν γῆν. ⁵¹καὶ ἔδραμεν Δαυιδ καὶ ἐπέστη ἐπ᾽ αὐ-
τὸν καὶ ἔλαβεν τὴν ῥομφαίαν αὐτοῦ καὶ ἐθανάτωσεν αὐτὸν καὶ
ἀφεῖλεν τὴν κεφαλὴν αὐτοῦ. καὶ εἶδον οἱ ἀλλόφυλοι ὅτι τέθνηκεν
52 ὁ δυνατὸς αὐτῶν, καὶ ἔφυγον. ⁵²καὶ ἀνίστανται ἄνδρες Ισραηλ
καὶ Ιουδα καὶ ἠλάλαξαν καὶ κατεδίωξαν ὀπίσω αὐτῶν ἕως εἰσόδου

---

42 γολιαδ] -αθ *OL*: sic B in 4 21 10, sed γολιαδ B etiam in 22 10 Ps.
151 1 ‖ 43 επ εμε] προς με *O* | λιθω A⁺ | και ειπεν 2⁰ — κυνος > *OL*⁺ |
θεοις] ειδωλοις A⁺ | αυτου] pr. ε B⁺ ‖ 44 δωσω] pr. παρα A⁺ | κτηνεσιν]
θηριοις *O*–²⁴⁷*L* ‖ 45 σαβαωθ θεου] tr. B, θεου > *O*–ᴬ ‖ 46 σημ.—μου]
εν τη χειρι μου σημερον A⁺ | ταυτη / τη ημ.] tr. *OL* ‖ 48 επορ.] + και ηγ-
γισεν *OL* | fin.] + και εταχυνεν δαυιδ και εδραμεν εις την παραταξιν εις απαν-
τησιν του αλλοφυλου *O* (A⁺ om. εις απαντ., *O*–ᴬ⁺ om. εις την παρατ.), + και
δαυιδ εταχυνεν και εξηλθεν και αυτος εις την παραταξιν εις συναντησιν του
αλλοφυλου *L* ‖ 49 εκειθεν > A⁺ | pro εσφενδονησεν fabulatur codex qui-
dam latinae uersionis antiquae: *misit in fundibulum. circumducens in gyrum
manum suam inuocauit nomen domini Domine deus mitte nuntium tuum
qui praecedat lapidem fundibuli huius* | εις ult.] επι *O*⁺ | προσωπον] pr. το
A | fin.] + (50) και εκραταιωσεν(-ωθη *O*-ᴬ*L*) δαυιδ υπερ τον αλλοφυλον εν(>
L) τη σφενδονη και εν(>*L*) τω λιθω (+ εν τη ημερα εκεινη *L*) και επαταξεν
τον αλλοφυλον και εθανατωσεν αυτον και ρομφαια ουκ ην εν (+ τη *O*-ᴬ*L*)
χειρι δαυιδ *OL* ‖ 51 ρομφ. αυτου] + και εξεσπασεν αυτην εκ του κολεου
αυτης A*L* | αφειλεν] + εν αυτη *OL*

Γεθ καὶ ἕως τῆς πύλης Ἀσκαλῶνος, καὶ ἔπεσαν τραυματίαι τῶν ἀλλοφύλων ἐν τῇ ὁδῷ τῶν πυλῶν καὶ ἕως Γεθ καὶ ἕως Ακκαρων. 53 καὶ ἀνέστρεψαν ἄνδρες Ισραηλ ἐκκλίνοντες ὀπίσω τῶν ἀλλοφύ- 53 λων καὶ κατεπάτουν τὰς παρεμβολὰς αὐτῶν. 54 καὶ ἔλαβεν Δαυιδ 54 τὴν κεφαλὴν τοῦ ἀλλοφύλου καὶ ἤνεγκεν αὐτὴν εἰς Ιερουσαλημ καὶ τὰ σκεύη αὐτοῦ ἔθηκεν ἐν τῷ σκηνώματι αὐτοῦ.

6 Καὶ ἐξῆλθον αἱ χορεύουσαι εἰς συνάντησιν Δαυιδ ἐκ πασῶν 18 πόλεων Ισραηλ ἐν τυμπάνοις καὶ ἐν χαρμοσύνῃ καὶ ἐν κυμβάλοις, 7 καὶ ἐξῆρχον αἱ γυναῖκες καὶ ἔλεγον 7

Ἐπάταξεν Σαουλ ἐν χιλιάσιν αὐτοῦ
καὶ Δαυιδ ἐν μυριάσιν αὐτοῦ.

8 καὶ πονηρὸν ἐφάνη τὸ ῥῆμα ἐν ὀφθαλμοῖς Σαουλ περὶ τοῦ λόγου 8 τούτου, καὶ εἶπεν Τῷ Δαυιδ ἔδωκαν τὰς μυριάδας καὶ ἐμοὶ ἔδωκαν τὰς χιλιάδας. 9 καὶ ἦν Σαουλ ὑποβλεπόμενος τὸν Δαυιδ ἀπὸ τῆς 9 ἡμέρας ἐκείνης καὶ ἐπέκεινα. 12 καὶ ἐφοβήθη Σαουλ ἀπὸ προσώπου 12

52 γεθ 1⁰] γαι O–376† ‖ 53 ανεστρ.] απεστρ. A† ‖ post 54 addunt OL uersus 55—18 61ª a 𝕲 absentes: (55) και (+ εγενετο L) ως ειδεν σαουλ τον δαυιδ εκπορευομενον εις απαντησιν του αλλοφυλου ειπεν προς αβε(ν)νηρ τον αρχοντα της δυναμεως (+ αυτου L) υιος τινος ο νεανισκος ουτος(αβεννηρ L) και ειπεν(απεκριθη L) αβεννηρ (+ και ειπεν L) ζη η ψυχη σου (+ κυριε μου L) βασιλευ ει(ουκ L) οιδα (56) και ειπεν ο βασιλευς επερωτησον συ υιος τινος ο νεανισκος ουτος (57) και ως επεστρεψεν δαυιδ του(μετα το O–A†) παταξαι τον αλλοφυλον και παρελαβεν αυτον αβε(ν)νηρ και εισηγαγεν αυτον ενωπιον σαουλ και η κεφαλη του αλλοφυλου εν τη χειρι αυτου (58) και ειπεν προς αυτον σαουλ υιος τινος ει παιδαριον και ειπεν δαυιδ υιος δουλου σου ιεσσαι του βηθλεεμιτου (18 1) και εγενετο ως (+ εισηλθεν δαυιδ προς σαουλ και L) συνετελεσεν λαλων προς σαουλ (+ ειδεν αυτον ιωναθαν L) και η ψυχη ιωναθαν συνεδεθη τη ψυχη δαυιδ και ηγαπησεν αυτον ιωναθαν κατα την ψυχην αυτου (2) και ελαβεν αυτον σαουλ εν τη ημερα εκεινη και ουκ εδωκεν αυτον επιστρεψαι εν τω οικω (εις τον οικον L) του πατρος αυτου (3) και διεθετο ιωναθαν και δαυιδ (+ ο βασιλευς L) διαθηκην(>A) εν τω αγαπαν αυτον κατα την ψυχην αυτου (4) και εξεδυσατο ιωναθαν τον επενδυτην τον επ αυτον (A† τον επανω, O–A† αυτου pro τον επ αυτον) και εδωκεν αυτον τω δαυιδ και τον μανδυαν αυτου και εως της ρομφαιας αυτου και εως του τοξου αυτου και εως της ζωνης αυτου (5) και εξεπορευετο δαυιδ εν πασιν οις απεστειλεν αυτον σαουλ συνηκεν και κατεστησεν αυτον σαουλ επι τους ανδρας του πολεμου και ηρεσεν εν οφθαλμοις παντος του λαου και γε εν οφθαλμοις δουλων σαουλ (6) και εγενηθη εν τω εισπορευεσθαι αυτους εν τω επιστρεφειν δαυιδ απο του παταξαι τον αλλοφυλον 18 6 πασων] + των OL | ισραηλ] + αδειν(>A†) και χορευουσαι εις απαντησιν σαουλ του βασιλεως O | εν 2⁰ > A† ‖ 7 εξηρχον (ab εξαρχω)] εξηρχοντο (ab εξερχομαι) O–A, εξηλθον A† | γυν.] + αι παιζουσαι A, + απασαι O–A†, + αι χορευουσαι L ‖ 8 init.] pr. και ωργισθη σαουλ L† (L add. σφοδρα post ρημα) | τω δ./εδωκαν] tr. OL | fin.] + και τι αυτω πλην η βασιλεια OL ‖ 9 fin.] + (10) και εγενηθη απο της επαυριον και επεσεν πνευμα (+ παρα L) θεου πονηρον επι σαουλ και προεφητευσεν εν μεσω του(>A†) οικου αυτου και δαυιδ εψαλλεν εν χειρι αυτου ως καθ εκαστην ημεραν και το δορυ εν τη χειρι σαουλ (11) και ηρεν σαουλ το δορυ και ειπεν παταξω εν δαυιδ και εν τω τοιχω και εξεκλινεν δαυιδ απο προσωπου αυτου δις OL

13 Δαυιδ ¹³καὶ ἀπέστησεν αὐτὸν ἀπ᾽ αὐτοῦ καὶ κατέστησεν αὐτὸν
ἑαυτῷ χιλίαρχον, καὶ ἐξεπορεύετο καὶ εἰσεπορεύετο ἔμπροσθεν τοῦ
14 λαοῦ. ¹⁴καὶ ἦν Δαυιδ ἐν πάσαις ταῖς ὁδοῖς αὐτοῦ συνίων, καὶ κύ-
15 ριος μετ᾽ αὐτοῦ. ¹⁵καὶ εἶδεν Σαουλ ὡς αὐτὸς συνίει σφόδρα, καὶ
16 εὐλαβεῖτο ἀπὸ προσώπου αὐτοῦ. ¹⁶καὶ πᾶς Ισραηλ καὶ Ιουδας
ἠγάπα τὸν Δαυιδ, ὅτι αὐτὸς ἐξεπορεύετο καὶ εἰσεπορεύετο πρὸ
προσώπου τοῦ λαοῦ.

20 　²⁰Καὶ ἠγάπησεν Μελχολ ἡ θυγάτηρ Σαουλ τὸν Δαυιδ, καὶ ἀπηγ-
21 γέλη Σαουλ, καὶ ηὐθύνθη ἐν ὀφθαλμοῖς αὐτοῦ. ²¹καὶ εἶπεν Σαουλ
Δώσω αὐτὴν αὐτῷ, καὶ ἔσται αὐτῷ εἰς σκάνδαλον. καὶ ἦν ἐπὶ
22 Σαουλ χεὶρ ἀλλοφύλων· ²²καὶ ἐνετείλατο Σαουλ τοῖς παισὶν αὐτοῦ
λέγων Λαλήσατε ὑμεῖς λάθρα τῷ Δαυιδ λέγοντες Ἰδοὺ ὁ βασιλεὺς
θέλει ἐν σοί, καὶ πάντες οἱ παῖδες αὐτοῦ ἀγαπῶσίν σε, καὶ σὺ
23 ἐπιγάμβρευσον τῷ βασιλεῖ. ²³καὶ ἐλάλησαν οἱ παῖδες Σαουλ εἰς
τὰ ὦτα Δαυιδ τὰ ῥήματα ταῦτα, καὶ εἶπεν Δαυιδ Εἰ κοῦφον ἐν
ὀφθαλμοῖς ὑμῶν ἐπιγαμβρεῦσαι βασιλεῖ; κἀγὼ ἀνὴρ ταπεινὸς καὶ
24 οὐχὶ ἔνδοξος. ²⁴καὶ ἀπήγγειλαν οἱ παῖδες Σαουλ αὐτῷ κατὰ τὰ
25 ῥήματα ταῦτα, ἃ ἐλάλησεν Δαυιδ. ²⁵καὶ εἶπεν Σαουλ Τάδε ἐρεῖτε
τῷ Δαυιδ Οὐ βούλεται ὁ βασιλεὺς ἐν δόματι ἀλλ᾽ ἢ ἐν ἑκατὸν
ἀκροβυστίαις ἀλλοφύλων ἐκδικῆσαι εἰς ἐχθροὺς τοῦ βασιλέως·
καὶ Σαουλ ἐλογίσατο αὐτὸν ἐμβαλεῖν εἰς χεῖρας τῶν ἀλλοφύλων.
26 ²⁶καὶ ἀπαγγέλλουσιν οἱ παῖδες Σαουλ τῷ Δαυιδ τὰ ῥήματα ταῦτα,
καὶ εὐθύνθη ὁ λόγος ἐν ὀφθαλμοῖς Δαυιδ ἐπιγαμβρεῦσαι τῷ βα-
27 σιλεῖ. ²⁷καὶ ἀνέστη Δαυιδ καὶ ἐπορεύθη αὐτὸς καὶ οἱ ἄνδρες αὐτοῦ
καὶ ἐπάταξεν ἐν τοῖς ἀλλοφύλοις ἑκατὸν ἄνδρας καὶ ἀνήνεγκεν τὰς
ἀκροβυστίας αὐτῶν τῷ βασιλεῖ καὶ ἐπιγαμβρεύεται τῷ βασιλεῖ, καὶ

12 fin.] + οτι ην κυριος μετ αυτου και απο σαουλ απεστη *OL* ‖ 13 αυτον
1⁰] + σαουλ *OL* ‖ 14 κυριος] + παντοκρατωρ *L*† ‖ 16 εξεπορ. .. εισεπορ.]
tr. B | fin.] + (17) και ειπεν σαουλ προς δαυιδ ιδου η θυγατηρ μου η μειζων
μεροβ αυτην δωσω σοι εις γυναικα (+ και A†) πλην γινου μοι εις υιον δυνα-
μεως και πολεμει τους πολεμους κυριου και σαουλ ειπεν μη εστω η(>A†) χειρ
μου επ αυτω και εσται επ αυτον χειρ αλλοφυλων (18) και ειπεν δαυιδ προς
σαουλ τις εγω ειμι και τις η ζωη της συγγενειας του πατρος μου εν ισραηλ
οτι εσομαι γαμβρος του βασιλεως (19) και εγενηθη εν τω καιρω του δοθηναι
την μεροβ θυγατερα σαουλ τω δαυιδ (+ εις γυναικα *L*†) και αυτη (+ εφοβηθη
τον δαυιδ και *L*†) εδοθη τω εσριηλ(sic *O*-A†, ισραηλ A†, εχριηλ[ex εδριηλ] *L*†:
cf. II 218) τω(του *L*†) μοουλαθιτη(μαολλαιου *L*†) εις γυναικα *OL* ‖ 20 εν (+
τοις B†) οφθ. αυτου] pr. το ρημα *O*, + το ρημα *L*† ‖ 21 fin.] + και ειπεν
σαουλ προς (+ τον A†) δαυιδ εν ταις δυσιν επιγαμβρευσεις μοι σημερον *OL*
‖ 22 λαθρα／τω δ.] tr. A, λαθρα > *O*-A† | ο βας.／θελει εν σοι] tr. *O* ‖
23 τα ρημ.] pr. κατα *O* | ει > B* | βασιλει] pr. τω *O*-A*L* | ανηρ] ανθρωπος A†
‖ 25 αλλοφυλ. 1⁰ ⌢ 2⁰ A† | εις 1⁰ > B⁽†⁾ | αυτον εμβαλειν] tr. *O*, εμβ. (αυτον)
τον δαυιδ *L* ‖ 27 init.] pr. και ουκ επληρωθησαν αι ημεραι (in 𝔐 ad 26
tractum) *OL* | εκατον > A† | ανηνεγκεν] αν > *OL* | τας > A† | τω 1⁰] pr.
και επληρωσεν αυτας *OL*

δίδωσιν αὐτῷ τὴν Μελχολ θυγατέρα αὐτοῦ αὐτῷ εἰς γυναῖκα. ²⁸καὶ 28
εἶδεν Σαουλ ὅτι κύριος μετὰ Δαυιδ καὶ πᾶς Ισραηλ ἠγάπα αὐτόν,
²⁹καὶ προσέθετο εὐλαβεῖσθαι ἀπὸ Δαυιδ ἔτι. 29
¹Καὶ ἐλάλησεν Σαουλ πρὸς Ιωναθαν τὸν υἱὸν αὐτοῦ καὶ πρὸς 19
πάντας τοὺς παῖδας αὐτοῦ θανατῶσαι τὸν Δαυιδ. καὶ Ιωναθαν
υἱὸς Σαουλ ᾑρεῖτο τὸν Δαυιδ σφόδρα, ²καὶ ἀπήγγειλεν Ιωναθαν 2
τῷ Δαυιδ λέγων Σαουλ ζητεῖ θανατῶσαί σε · φύλαξαι οὖν αὔριον
πρωὶ καὶ κρύβηθι καὶ κάθισον κρυβῇ, ³καὶ ἐγὼ ἐξελεύσομαι καὶ 3
στήσομαι ἐχόμενος τοῦ πατρός μου ἐν ἀγρῷ, οὗ ἐὰν ᾖς ἐκεῖ, καὶ
ἐγὼ λαλήσω περὶ σοῦ πρὸς τὸν πατέρα μου καὶ ὄψομαι ὅ τι ἐὰν
ᾖ, καὶ ἀπαγγελῶ σοι. ⁴καὶ ἐλάλησεν Ιωναθαν περὶ Δαυιδ ἀγαθὰ 4
πρὸς Σαουλ· τὸν πατέρα αὐτοῦ καὶ εἶπεν πρὸς αὐτόν Μὴ ἁμαρτη-
σάτω ὁ βασιλεὺς εἰς τὸν δοῦλόν σου Δαυιδ, ὅτι οὐχ ἡμάρτηκεν
εἰς σέ, καὶ τὰ ποιήματα αὐτοῦ ἀγαθὰ σφόδρα, ⁵καὶ ἔθετο τὴν 5
ψυχὴν αὐτοῦ ἐν τῇ χειρὶ αὐτοῦ καὶ ἐπάταξεν τὸν ἀλλόφυλον, καὶ
ἐποίησεν κύριος σωτηρίαν μεγάλην, καὶ πᾶς Ισραηλ εἶδον καὶ ἐχά-
ρησαν · καὶ ἵνα τί ἁμαρτάνεις εἰς αἷμα ἀθῷον θανατῶσαι τὸν
Δαυιδ δωρεάν; ⁶καὶ ἤκουσεν Σαουλ τῆς φωνῆς Ιωναθαν, καὶ ὤ- 6
μοσεν Σαουλ λέγων Ζῇ κύριος, εἰ ἀποθανεῖται. ⁷καὶ ἐκάλεσεν Ιω- 7
ναθαν τὸν Δαυιδ καὶ ἀπήγγειλεν αὐτῷ πάντα τὰ ῥήματα ταῦτα,
καὶ εἰσήγαγεν Ιωναθαν τὸν Δαυιδ πρὸς Σαουλ, καὶ ἦν ἐνώπιον
αὐτοῦ ὡσεὶ ἐχθὲς καὶ τρίτην ἡμέραν. — ⁸καὶ προσέθετο ὁ πόλε- 8
μος γενέσθαι πρὸς Σαουλ, καὶ κατίσχυσεν Δαυιδ καὶ ἐπολέμησεν
τοὺς ἀλλοφύλους καὶ ἐπάταξεν ἐν αὐτοῖς πληγὴν μεγάλην σφόδρα,
καὶ ἔφυγον ἐκ προσώπου αὐτοῦ.
⁹Καὶ ἐγένετο πνεῦμα θεοῦ πονηρὸν ἐπὶ Σαουλ, καὶ αὐτὸς ἐν οἴ- 9
κῳ καθεύδων, καὶ δόρυ ἐν τῇ χειρὶ αὐτοῦ, καὶ Δαυιδ ἔψαλλεν ἐν
ταῖς χερσὶν αὐτοῦ · ¹⁰καὶ ἐζήτει Σαουλ πατάξαι τὸ δόρυ εἰς Δαυιδ, 10
καὶ ἀπέστη Δαυιδ ἐκ προσώπου Σαουλ, καὶ ἐπάταξεν τὸ δόρυ εἰς
τὸν τοῖχον, καὶ Δαυιδ ἀνεχώρησεν καὶ διεσώθη. ¹¹καὶ ἐγενήθη ἐν 11
τῇ νυκτὶ ἐκείνῃ καὶ ἀπέστειλεν Σαουλ ἀγγέλους εἰς οἶκον Δαυιδ

27 αυτω paenult.] + σαουλ OL | αυτω ult. > O‑ᴬL ‖ 28 σαουλ] + και
εγνω O | και 2⁰] pr. και μελχολ η θυγατηρ αυτου Lᵗ ‖ 29 fin.] + και εγε-
νετο σαουλ εχθρευων τον δαυιδ πασας τας ημερας (30) και εξηλθον οι αρχον-
τες των αλλοφυλων και εγενετο αφ ικανου εξοδιας αυτων συνηκεν δαυιδ παρα
παντας τους δουλους σαουλ και ετιμηθη το ονομα αυτου σφοδρα OL
19 1 τον δαυιδ 1⁰] αυτον Aᵗ | υιος] pr. ο O‑³⁷⁶ ‖ 2 σαουλ ζητει] ζ. σα-
ουλ(>O‑Aᵗ) ο πατηρ μου O | φυλ. ουν] και νυν φυλ. Lᵗ, ουν > Aᵗ | κρυβη]
κρυφη AL ‖ 4 σου] αυτου O‑ᴬLᵗ | αγαθα ult.] + σοι O ‖ 7 αυτω] +
ιωναθαν A | ωσει] ως O ‖ 8 γινεσθαι O | προς σαουλ V] π. δαυιδ B, ετι
επι τους αλλοφυλους Lᵗ, > O | εν αυτοις] αυτους OL ‖ 9 θεου] κυριου O,
> L, sed Lᵗ add. παρα θεου post σαουλ | καθευδων] εκαθητο Lᵗ | δαυιδ] pr.
ιδου OLᵗ | εν ult. > Bᵗ ‖ 10 δαυιδ 1⁰] + και εν τω τοιχω O | διεσωθη]
εξεσπασθη A

φυλάξαι αὐτὸν τοῦ θανατῶσαι αὐτὸν πρωί. καὶ ἀπήγγειλεν τῷ
Δαυιδ Μελχολ ἡ γυνὴ αὐτοῦ λέγουσα Ἐὰν μὴ σὺ σώσῃς τὴν ψυ-
12 χὴν σαυτοῦ τὴν νύκτα ταύτην, αὔριον θανατωθήσῃ. [12] καὶ κατάγει
ἡ Μελχολ τὸν Δαυιδ διὰ τῆς θυρίδος, καὶ ἀπῆλθεν καὶ ἔφυγεν καὶ
13 σῴζεται. [13] καὶ ἔλαβεν ἡ Μελχολ τὰ κενοτάφια καὶ ἔθετο ἐπὶ τὴν
κλίνην καὶ ἧπαρ τῶν αἰγῶν ἔθετο πρὸς κεφαλῆς αὐτοῦ καὶ ἐκά-
14 λυψεν αὐτὰ ἱματίῳ. [14] καὶ ἀπέστειλεν Σαουλ ἀγγέλους λαβεῖν τὸν
15 Δαυιδ, καὶ λέγουσιν ἐνοχλεῖσθαι αὐτόν. [15] καὶ ἀποστέλλει ἐπὶ τὸν
Δαυιδ λέγων Ἀγάγετε αὐτὸν ἐπὶ τῆς κλίνης πρός με τοῦ θανατῶ-
16 σαι αὐτόν. [16] καὶ ἔρχονται οἱ ἄγγελοι, καὶ ἰδοὺ τὰ κενοτάφια ἐπὶ
17 τῆς κλίνης, καὶ ἧπαρ τῶν αἰγῶν πρὸς κεφαλῆς αὐτοῦ. [17] καὶ εἶπεν
Σαουλ τῇ Μελχολ Ἵνα τί οὕτως παρελογίσω με καὶ ἐξαπέστειλας
τὸν ἐχθρόν μου καὶ διεσώθη; καὶ εἶπεν Μελχολ τῷ Σαουλ Αὐτὸς
εἶπεν Ἐξαπόστειλόν με · εἰ δὲ μή, θανατώσω σε.
18   [18] Καὶ Δαυιδ ἔφυγεν καὶ διεσώθη καὶ παραγίνεται πρὸς Σαμουηλ
εἰς Αρμαθαιμ καὶ ἀπαγγέλλει αὐτῷ πάντα, ὅσα ἐποίησεν αὐτῷ
Σαουλ, καὶ ἐπορεύθη Δαυιδ καὶ Σαμουηλ καὶ ἐκάθισαν ἐν Ναυαθ ἐν
19 Ραμα. [19] καὶ ἀπηγγέλη τῷ Σαουλ λέγοντες Ἰδοὺ Δαυιδ ἐν Ναυαθ
20 ἐν Ραμα. [20] καὶ ἀπέστειλεν Σαουλ ἀγγέλους λαβεῖν τὸν Δαυιδ,
καὶ εἶδαν τὴν ἐκκλησίαν τῶν προφητῶν, καὶ Σαμουηλ εἱστήκει
καθεστηκὼς ἐπ᾿ αὐτῶν, καὶ ἐγενήθη ἐπὶ τοὺς ἀγγέλους τοῦ Σαουλ
21 πνεῦμα θεοῦ, καὶ προφητεύουσιν. [21] καὶ ἀπηγγέλη τῷ Σαουλ, καὶ
ἀπέστειλεν ἀγγέλους ἑτέρους, καὶ ἐπροφήτευσαν καὶ αὐτοί. καὶ
προσέθετο Σαουλ ἀποστεῖλαι ἀγγέλους τρίτους, καὶ ἐπροφήτευσαν
22 καὶ αὐτοί. [22] καὶ ἐθυμώθη ὀργῇ Σαουλ καὶ ἐπορεύθη καὶ αὐτὸς εἰς
Αρμαθαιμ καὶ ἔρχεται ἕως τοῦ φρέατος τοῦ ἅλω τοῦ ἐν τῷ Σεφι
καὶ ἠρώτησεν καὶ εἶπεν Ποῦ Σαμουηλ καὶ Δαυιδ; καὶ εἶπαν Ἰδοὺ
23 ἐν Ναυαθ ἐν Ραμα. [23] καὶ ἐπορεύθη ἐκεῖθεν εἰς Ναυαθ ἐν Ραμα,
καὶ ἐγενήθη καὶ ἐπ᾿ αὐτῷ πνεῦμα θεοῦ, καὶ ἐπορεύετο προφητεύων
24 ἕως τοῦ ἐλθεῖν αὐτὸν εἰς Ναυαθ ἐν Ραμα. [24] καὶ ἐξεδύσατο τὰ
ἱμάτια αὐτοῦ καὶ ἐπροφήτευσεν ἐνώπιον αὐτῶν καὶ ἔπεσεν γυμνὸς
ὅλην τὴν ἡμέραν ἐκείνην καὶ ὅλην τὴν νύκτα · διὰ τοῦτο ἔλεγον
Εἰ καὶ Σαουλ ἐν προφήταις;

13 εθετο 1⁰] εθηκεν OL || 14 αποστε(λ)λει A: ex 15 | λεγουσιν] ειπεν μελ-
χολ L† || 15 αποστελλει επι] απ. του ιδειν επι A, απεστειλεν σαουλ αγγελους
ιδειν L† || 17 ειπεν ult.] + προς με OL || 18 διεσωθη] δι > A | εκαθισεν
B† | ναυαθ V] ν > BL, ναυιωθ A: item VBLA in 19—20 1 || 19 ιδου] +
δη A† || 20 προφητων] + προφητευοντων uel sim. OL | fin.] + και γε(hab.
A†,>O-ΑL: cf.24) αυτοι OL || 22 ερχονται A† | αλω] μεγαλου O | τω >
OL | σεφι] σοκχω A†, σογχω O²⁴⁷†, σοχω O³⁷⁶: cf. 17 1 | ειπαν] -πεν B*V†
|| 23 εις 1⁰ L] εν BA | επορευετο] -ρευθη A†, + πορευομενος και AL (O-Α
deest) | εις ult.] εν A || 24 εξεδυσ.] + και γε(>A†: cf.infra et 20) αυτος O
| επροφ.] + και γε αυτος A | αυτων] σαμουηλ L† | ει] η A

¹Καὶ ἀπέδρα Δαυιδ ἐκ Ναυαθ ἐν Ραμα καὶ ἔρχεται ἐνώπιον Ιω- **20**
ναθαν καὶ εἶπεν Τί πεποίηκα καὶ τί τὸ ἀδίκημά μου καὶ τί ἡμάρ-
τηκα ἐνώπιον τοῦ πατρός σου ὅτι ἐπιζητεῖ τὴν ψυχήν μου; ²καὶ **2**
εἶπεν αὐτῷ Ιωναθαν Μηδαμῶς σοι, οὐ μὴ ἀποθάνῃς · ἰδοὺ οὐ μὴ
ποιήσῃ ὁ πατήρ μου ῥῆμα μέγα ἢ μικρὸν καὶ οὐκ ἀποκαλύψει τὸ
ὠτίον μου · καὶ τί ὅτι κρύψει ὁ πατήρ μου τὸ ῥῆμα τοῦτο; οὐκ
ἔστιν τοῦτο. ³καὶ ἀπεκρίθη Δαυιδ τῷ Ιωναθαν καὶ εἶπεν Γινώσκων **3**
οἶδεν ὁ πατήρ σου ὅτι εὕρηκα χάριν ἐν ὀφθαλμοῖς σου, καὶ εἶπεν
Μὴ γνώτω τοῦτο Ιωναθαν, μὴ οὐ βούληται · ἀλλὰ ζῇ κύριος καὶ
ζῇ ἡ ψυχή σου, ὅτι, καθὼς εἶπον, ἐμπέπλησται ἀνὰ μέσον μου καὶ
τοῦ θανάτου. ⁴καὶ εἶπεν Ιωναθαν πρὸς Δαυιδ Τί ἐπιθυμεῖ ἡ ψυχή σου **4**
καὶ τί ποιήσω σοι; ⁵καὶ εἶπεν Δαυιδ πρὸς Ιωναθαν Ἰδοὺ δὴ νεο- **5**
μηνία αὔριον, καὶ ἐγὼ καθίσας οὐ καθήσομαι μετὰ τοῦ βασιλέως φαγεῖν,
καὶ ἐξαποστελεῖς με, καὶ κρυβήσομαι ἐν τῷ πεδίῳ ἕως δείλης.
⁶ἐὰν ἐπισκεπτόμενος ἐπισκέψηταί με ὁ πατήρ σου, καὶ ἐρεῖς Παρ- **6**
αιτούμενος παρῃτήσατο ἀπ᾽ ἐμοῦ Δαυιδ δραμεῖν ἕως εἰς Βηθλεεμ
τὴν πόλιν αὐτοῦ, ὅτι θυσία τῶν ἡμερῶν ἐκεῖ ὅλῃ τῇ φυλῇ. ⁷ἐὰν **7**
τάδε εἴπῃ Ἀγαθῶς, εἰρήνη τῷ δούλῳ σου · καὶ ἐὰν σκληρῶς ἀπο-
κριθῇ σοι, γνῶθι ὅτι συντετέλεσται ἡ κακία παρ᾽ αὐτοῦ. ⁸καὶ ποι- **8**
ήσεις ἔλεος μετὰ τοῦ δούλου σου, ὅτι εἰσήγαγες εἰς διαθήκην κυ-
ρίου τὸν δοῦλόν σου μετὰ σεαυτοῦ · καὶ εἰ ἔστιν ἀδικία ἐν τῷ
δούλῳ σου, θανάτωσόν με σύ · καὶ ἕως τοῦ πατρός σου ἵνα τί
οὕτως εἰσάγεις με; ⁹καὶ εἶπεν Ιωναθαν Μηδαμῶς σοι, ὅτι ἐὰν γι- **9**
νώσκων γνῶ ὅτι συντετέλεσται ἡ κακία παρὰ τοῦ πατρός μου τοῦ
ἐλθεῖν ἐπὶ σέ · καὶ ἐὰν μή, εἰς τὰς πόλεις σου ἐγὼ ἀπαγγελῶ σοι.
¹⁰καὶ εἶπεν Δαυιδ πρὸς Ιωναθαν Τίς ἀπαγγελεῖ μοι, ἐὰν ἀποκριθῇ **10**
ὁ πατήρ σου σκληρῶς; ¹¹καὶ εἶπεν Ιωναθαν πρὸς Δαυιδ Πορεύου **11**
καὶ μένε εἰς ἀγρόν. καὶ ἐκπορεύονται ἀμφότεροι εἰς ἀγρόν. — ¹²καὶ **12**
εἶπεν Ιωναθαν πρὸς Δαυιδ Κύριος ὁ θεὸς Ισραηλ οἶδεν ὅτι ἀνα-
κρινῶ τὸν πατέρα μου ὡς ἂν ὁ καιρὸς τρισσῶς, καὶ ἰδοὺ ἀγαθὸν
ἢ περὶ Δαυιδ, καὶ οὐ μὴ ἀποστείλω πρὸς σὲ εἰς ἀγρόν · ¹³τάδε **13**
ποιήσαι ὁ θεὸς τῷ Ιωναθαν καὶ τάδε προσθείη, ὅτι ἀνοίσω τὰ κακὰ
ἐπὶ σὲ καὶ ἀποκαλύψω τὸ ὠτίον σου καὶ ἐξαποστελῶ σε, καὶ ἀπ-

20 1 εκ ναυαθ V] εξ αυαθ B*L*, εν ναυιωθ A: cf. **19** 18 | ενωπιον ιωναθαν /
και ειπεν] tr. A ‖ **2** μεγα η *OL*] > B†, + ρημα Aᶜ ‖ **3** εν οφθ.] ενωπιον
A† | γνωτω] γνωναι B | βουλεται *O* | καθως ειπον > *L*† | εμπεπλ.] πεπλη-
ρωται *OL* | μου και του θαν. B†] εμου και ανα μεσον του πατρος σου εως
θαν. *OL* ‖ **4** τι ult. > *OL* ‖ **5** ου > *L*† | μετα του βασ. > B† | κρυβησο-
μαι] πορευσ. A† | fin.] + της **τριτης** *O* ‖ **6** εως εις] εως > A†, εις > *L* |
της πολεως *L*† ‖ **7** και εαν] + δε A†, εαν δε *L*† ‖ **8** εισηγ./εις διαθ. κυρ.]
tr. *OL* | αδικια > A† ‖ **9** μη] + η BA† | απαγγελλω B† ‖ **10** τις] pr. και
A† | απαγγειλη B† ‖ **12** αγαθον η] εαν ην αγ. A⁽†⁾ | αποστελλω A† ‖
13 ο θεος] κυριος *O*† | εξαποστελλω A†

ελεύση εἰς εἰρήνην · καὶ ἔσται κύριος μετὰ σοῦ, καθὼς ἦν μετὰ τοῦ
14 πατρός μου. ¹⁴καὶ μὲν ἔτι μου ζῶντος καὶ ποιήσεις ἔλεος μετ᾽ ἐμοῦ,
15 καὶ ἐὰν θανάτῳ ἀποθάνω, ¹⁵οὐκ ἐξαρεῖς ἔλεός σου ἀπὸ τοῦ οἴκου
μου ἕως τοῦ αἰῶνος · καὶ εἰ μὴ ἐν τῷ ἐξαίρειν κύριον τοὺς ἐχ-
16 θροὺς Δαυιδ ἕκαστον ἀπὸ προσώπου τῆς γῆς ¹⁶ἐξαρθῆναι τὸ ὄνομα
τοῦ Ιωναθαν ἀπὸ τοῦ οἴκου Δαυιδ, καὶ ἐκζητῆσαι κύριος ἐχθροὺς
17 τοῦ Δαυιδ. ¹⁷καὶ προσέθετο ἔτι Ιωναθαν ὀμόσαι τῷ Δαυιδ, ὅτι
18 ἠγάπησεν ψυχὴν ἀγαπῶντος αὐτόν. ¹⁸καὶ εἶπεν Ιωναθαν Αὔριον
19 νουμηνία, καὶ ἐπισκεπήσῃ, ὅτι ἐπισκεπήσεται καθέδρα σου. ¹⁹καὶ
τρισσεύσεις καὶ ἐπισκέψῃ καὶ ἥξεις εἰς τὸν τόπον σου, οὗ ἐκρύ-
βης ἐν τῇ ἡμέρᾳ τῇ ἐργασίμῃ, καὶ καθήσῃ παρὰ τὸ εργαβ ἐκεῖνο.
20 ²⁰καὶ ἐγὼ τρισσεύσω ταῖς σχίζαις ἀκοντίζων ἐκπέμπων εἰς τὴν αματ-
21 ταρι · ²¹καὶ ἰδοὺ ἀποστελῶ τὸ παιδάριον λέγων Δεῦρο εὑρέ μοι
τὴν σχίζαν · ἐὰν εἴπω λέγων τῷ παιδαρίῳ Ὧδε ἡ σχίζα ἀπὸ σοῦ
καὶ ὧδε, λαβὲ αὐτήν, παραγίνου, ὅτι εἰρήνη σοι καὶ οὐκ ἔστιν λό-
22 γος, ζῇ κύριος · ²²ἐὰν τάδε εἴπω τῷ νεανίσκῳ Ὧδε ἡ σχίζα ἀπὸ
23 σοῦ καὶ ἐπέκεινα, πορεύου, ὅτι ἐξαπέσταλκέν σε κύριος. ²³καὶ τὸ
ῥῆμα, ὃ ἐλαλήσαμεν ἐγὼ καὶ σύ, ἰδοὺ κύριος μάρτυς ἀνὰ μέσον
ἐμοῦ καὶ σοῦ ἕως αἰῶνος.
24 ²⁴Καὶ κρύπτεται Δαυιδ ἐν ἀγρῷ, καὶ παραγίνεται ὁ μήν, καὶ ἔρ-
25 χεται ὁ βασιλεὺς ἐπὶ τὴν τράπεζαν τοῦ φαγεῖν. ²⁵καὶ ἐκάθισεν ὁ
βασιλεὺς ἐπὶ τὴν καθέδραν αὐτοῦ ὡς ἅπαξ καὶ ἅπαξ, ἐπὶ τῆς καθ-
έδρας παρὰ τοῖχον, καὶ προέφθασεν τὸν Ιωναθαν, καὶ ἐκάθισεν
26 Αβεννηρ ἐκ πλαγίων Σαουλ, καὶ ἐπεσκέπη ὁ τόπος Δαυιδ. ²⁶καὶ
οὐκ ἐλάλησεν Σαουλ οὐδὲν ἐν τῇ ἡμέρᾳ ἐκείνῃ, ὅτι εἶπεν Σύμ-
27 πτωμα φαίνεται μὴ καθαρὸς εἶναι, ὅτι οὐ κεκαθάρισται. ²⁷καὶ ἐγε-
νήθη τῇ ἐπαύριον τοῦ μηνὸς τῇ ἡμέρᾳ τῇ δευτέρᾳ καὶ ἐπεσκέπη
ὁ τόπος τοῦ Δαυιδ, καὶ εἶπεν Σαουλ πρὸς Ιωναθαν τὸν υἱὸν αὐ-
τοῦ Τί ὅτι οὐ παραγέγονεν ὁ υἱὸς Ιεσσαι καὶ ἐχθὲς καὶ σήμερον
28 ἐπὶ τὴν τράπεζαν; ²⁸καὶ ἀπεκρίθη Ιωναθαν τῷ Σαουλ καὶ εἶπεν

14 ελεος μετ εμου] μετ εμου ελ. κυριου OL ‖ 15 σου > A ‖ 16 εξαρθη-
ναι] ευρεθ. B, ει εξαρθησεται L† | το ον. του] τω L†, του > O | εκζητησει O
| εχθρους] εκ χειρος εχθρων A(-θρου†) L†, εχθρους σου εκ χειρος O-A† ‖
17 δαυιδ] + εν τω ηγαπηκεναι αυτον O, + δια το αγαπαν αυτον L† | ηγαπη-
σεν] -πηκεν O† ‖ 18 ειπεν] + αυτω OL ‖ 19 εκρυβης] ε > B(†), + εκει L
| καθισεις O ‖ 20 ακοντ.] pr. θηρα O(†) | αματταρι V] -ραν L†, αρμ. B†, λα-
αρματταραι A†, λαμματαρα O-A(†) ‖ 21 αποστελω O-AL] -στελλω BA | σχι-
ζαν] γουζαν (sic) B† | οτι] pr. γινωσκε L†: traxit παραγινου ad uerba puero
dicta | λογος] + κυριου B† ‖ 22 εαν] pr. και O-A†, + δε L | ωδε (cf. 21)]
ιδε O; εκει L: εκει add. A† post σχιζα ‖ 23 σου] pr. ανα μεσον O-A ‖
24 αγρω] pr. τω A, τω πεδιω L† ‖ 25 ο βασ. > B† | εκ] pr. ενωπιον αυ-
του A† ‖ 26 ουδεν > B | ειπεν] ειρηκεν B ‖ 27 τη 2⁰ ⌒ 3⁰ A† | ο ult.
> A†

αὐτῷ Παρήτηται Δαυιδ παρ᾽ ἐμοῦ ἕως εἰς Βηθλεεμ τὴν πόλιν αὐ-
τοῦ πορευθῆναι ²⁹καὶ εἶπεν ᾽Εξαπόστειλον δή με, ὅτι θυσία τῆς 29
φυλῆς ἡμῖν ἐν τῇ πόλει, καὶ ἐνετείλαντο πρός με οἱ ἀδελφοί μου,
καὶ νῦν εἰ εὕρηκα χάριν ἐν ὀφθαλμοῖς σου, διασωθήσομαι δὴ καὶ
ὄψομαι τοὺς ἀδελφούς μου · διὰ τοῦτο οὐ παραγέγονεν ἐπὶ τὴν
τράπεζαν τοῦ βασιλέως. ³⁰καὶ ἐθυμώθη ὀργῇ Σαουλ ἐπὶ Ιωναθαν 30
σφόδρα καὶ εἶπεν αὐτῷ Υἱὲ κορασίων αὐτομολούντων, οὐ γὰρ οἶδα
ὅτι μέτοχος εἶ σὺ τῷ υἱῷ Ιεσσαι εἰς αἰσχύνην σου καὶ εἰς αἰσχύ-
νην ἀποκαλύψεως μητρός σου; ³¹ὅτι πάσας τὰς ἡμέρας, ἃς ὁ υἱὸς 31
Ιεσσαι ζῇ ἐπὶ τῆς γῆς, οὐχ ἑτοιμασθήσεται ἡ βασιλεία σου · νῦν οὖν
ἀποστείλας λαβὲ τὸν νεανίαν, ὅτι υἱὸς θανάτου οὗτος. ³²καὶ ἀπ- 32
εκρίθη Ιωναθαν τῷ Σαουλ ῞Ινα τί ἀποθνήσκει; τί πεποίηκεν; ³³καὶ 33
ἐπῆρεν Σαουλ τὸ δόρυ ἐπὶ Ιωναθαν τοῦ θανατῶσαι αὐτόν. καὶ ἔγνω
Ιωναθαν ὅτι συντετέλεσται ἡ κακία αὕτη παρὰ τοῦ πατρὸς αὐτοῦ
θανατῶσαι τὸν Δαυιδ, ³⁴καὶ ἀνεπήδησεν Ιωναθαν ἀπὸ τῆς τραπέ- 34
ζης ἐν ὀργῇ θυμοῦ καὶ οὐκ ἔφαγεν ἐν τῇ δευτέρᾳ τοῦ μηνὸς ἄρ-
τον, ὅτι ἐθραύσθη ἐπὶ τὸν Δαυιδ, ὅτι συνετέλεσεν ἐπ᾽ αὐτὸν ὁ
πατὴρ αὐτοῦ.

³⁵Καὶ ἐγενήθη πρωὶ καὶ ἐξῆλθεν Ιωναθαν εἰς ἀγρόν, καθὼς ἐτά- 35
ξατο εἰς τὸ μαρτύριον Δαυιδ, καὶ παιδάριον μικρὸν μετ᾽ αὐτοῦ.
³⁶καὶ εἶπεν τῷ παιδαρίῳ Δράμε, εὑρέ μοι τὰς σχίζας, ἐν αἷς ἐγὼ 36
ἀκοντίζω · καὶ τὸ παιδάριον ἔδραμε, καὶ αὐτὸς ἠκόντιζε τῇ σχίζῃ
καὶ παρήγαγεν αὐτήν. ³⁷καὶ ἦλθεν τὸ παιδάριον ἕως τοῦ τόπου 37
τῆς σχίζης, οὗ ἠκόντιζεν Ιωναθαν, καὶ ἀνεβόησεν Ιωναθαν ὀπίσω
τοῦ νεανίου καὶ εἶπεν ᾽Εκεῖ ἡ σχίζα ἀπὸ σοῦ καὶ ἐπέκεινα · ³⁸καὶ 38
ἀνεβόησεν Ιωναθαν ὀπίσω τοῦ παιδαρίου αὐτοῦ λέγων Ταχύνας
σπεῦσον καὶ μὴ στῇς · καὶ ἀνέλεξεν τὸ παιδάριον Ιωναθαν τὰς σχί-
ζας πρὸς τὸν κύριον αὐτοῦ. ³⁹καὶ τὸ παιδάριον οὐκ ἔγνω οὐθέν, 39
πάρεξ Ιωναθαν καὶ Δαυιδ ἔγνωσαν τὸ ῥῆμα. ⁴⁰καὶ Ιωναθαν ἔδωκεν 40
τὰ σκεύη αὐτοῦ ἐπὶ τὸ παιδάριον αὐτοῦ καὶ εἶπεν τῷ παιδαρίῳ
αὐτοῦ Πορεύου εἴσελθε εἰς τὴν πόλιν. ⁴¹καὶ ὡς εἰσῆλθεν τὸ παι- 41
δάριον, καὶ Δαυιδ ἀνέστη ἀπὸ τοῦ εργαβ καὶ ἔπεσεν ἐπὶ πρόσ-

---

29 δη με] tr. *O* | ημιν] ειμι (s·c) A⁺, ημων *L* | ενετειλατο προς με ο αδελ-
φος *O*⁽⁺⁾ ‖ **30** εις 1⁰ > A⁺, 2⁰ > *O*–A⁺ ‖ **32** σαουλ] + πατρι αυτου και
ειπεν προς αυτον *O*⁺, πατρι αυτου και ειπεν *L* ‖ **33** ιωναθαν 1⁰ ⌢ 2⁰ A⁺ ‖
34 απεπηδησεν *O* | τη δευτ.] pr. ημερα A, pr. τη ημερα *O*–A, + ημερα *L*⁺ |
οτι 1⁰ ⌢ 2⁰ B⁺ ‖ **35** αγρον] pr. τον *O*–A⁺, το πεδιον *L*⁺ | εις το μαρτ./δαυιδ]
tr. *O* ‖ **37** ηκοντιζεν B*O*–A] -τισεν A*L*: item *L* in 36 | ιωναθαν 1⁰ ⌢ 2⁰
A⁺ ‖ **38** εβοησεν A | προς] pr. και ηνεγκεν *O*–A*L*, pr. και ηνεγκεν τας σχι-
ζας AB^c ‖ **39** παιδαριον ⌢ 40 παιδαριον A⁺ | εγνωσαν(*L* ηδεισαν) το ρημα
> B ‖ **40** ιωναθαν εδωκεν] tr. *O*, επεθηκεν ιων. *L*⁺ | εισελθε] pr. και *O*, >
L⁺ ‖ **41** ως > *OL* | εισηλθεν/το παιδ.] tr. A (non *O*–A*L*) | εργαβ *O*–A (cf.
19 6 11. 15)] αργαβ B⁺, αργοβ *L*, υπνου A⁺

ωπον αὐτοῦ καὶ προσεκύνησεν αὐτῷ τρίς, καὶ κατεφίλησεν ἕκαστος
τὸν πλησίον αὐτοῦ, καὶ ἔκλαυσεν ἕκαστος τῷ πλησίον αὐτοῦ ἕως
42 συντελείας μεγάλης. ⁴²καὶ εἶπεν Ιωναθαν Πορεύου εἰς εἰρήνην, καὶ
ὡς ὀμωμόκαμεν ἡμεῖς ἀμφότεροι ἐν ὀνόματι κυρίου λέγοντες Κύ-
ριος ἔσται μάρτυς ἀνὰ μέσον ἐμοῦ καὶ σοῦ καὶ ἀνὰ μέσον τοῦ
σπέρματός μου καὶ ἀνὰ μέσον τοῦ σπέρματός σου ἕως αἰῶνος.
21 ¹καὶ ἀνέστη Δαυιδ καὶ ἀπῆλθεν, καὶ Ιωναθαν εἰσῆλθεν εἰς τὴν πόλιν.
2 ²Καὶ ἔρχεται Δαυιδ εἰς Νομβα πρὸς Αβιμελεχ τὸν ἱερέα. καὶ ἐξ-
έστη Αβιμελεχ τῇ ἀπαντήσει αὐτοῦ καὶ εἶπεν αὐτῷ Τί ὅτι σὺ μόνος
3 καὶ οὐθεὶς μετὰ σοῦ; ³καὶ εἶπεν Δαυιδ τῷ ἱερεῖ Ὁ βασιλεὺς ἐν-
τέταλταί μοι ῥῆμα σήμερον καὶ εἶπέν μοι Μηδεὶς γνώτω τὸ ῥῆμα,
περὶ οὗ ἐγὼ ἀποστέλλω σε καὶ ὑπὲρ οὗ ἐντέταλμαί σοι · καὶ τοῖς
παιδαρίοις διαμεμαρτύρημαι ἐν τῷ τόπῳ τῷ λεγομένῳ Θεοῦ πίστις,
4 Φελλανι Αλεμωνι · ⁴καὶ νῦν εἰ εἰσὶν ὑπὸ τὴν χεῖρά σου πέντε ἄρτοι,
5 δὸς εἰς χεῖρά μου τὸ εὑρεθέν. ⁵καὶ ἀπεκρίθη ὁ ἱερεὺς τῷ Δαυιδ
καὶ εἶπεν Οὐκ εἰσὶν ἄρτοι βέβηλοι ὑπὸ τὴν χεῖρά μου, ὅτι ἀλλ᾽
ἢ ἄρτοι ἅγιοι εἰσίν · εἰ πεφυλαγμένα τὰ παιδάριά ἐστιν ἀπὸ γυναι-
6 κός, καὶ φάγεται. ⁶καὶ ἀπεκρίθη Δαυιδ τῷ ἱερεῖ καὶ εἶπεν αὐτῷ
Ἀλλὰ ἀπὸ γυναικὸς ἀπεσχήμεθα ἐχθὲς καὶ τρίτην ἡμέραν · ἐν τῷ
ἐξελθεῖν με εἰς ὁδὸν γέγονε πάντα τὰ παιδάρια ἡγνισμένα, καὶ
αὐτὴ ἡ ὁδὸς βέβηλος, διότι ἁγιασθήσεται σήμερον διὰ τὰ σκεύη
7 μου. ⁷καὶ ἔδωκεν αὐτῷ Αβιμελεχ ὁ ἱερεὺς τοὺς ἄρτους τῆς προ-
θέσεως, ὅτι οὐκ ἦν ἐκεῖ ἄρτος ὅτι ἀλλ᾽ ἢ ἄρτοι τοῦ προσώπου οἱ
ἀφῃρημένοι ἐκ προσώπου κυρίου παρατεθῆναι ἄρτον θερμὸν ᾗ
8 ἡμέρᾳ ἔλαβεν αὐτούς. ⁸καὶ ἐκεῖ ἦν ἓν τῶν παιδαρίων τοῦ Σαουλ
ἐν τῇ ἡμέρᾳ ἐκείνῃ συνεχόμενος νεεσσαραν ἐνώπιον κυρίου, καὶ
9 ὄνομα αὐτῷ Δωηκ ὁ Σύρος νέμων τὰς ἡμιόνους Σαουλ. ⁹καὶ εἶπεν
Δαυιδ πρὸς Αβιμελεχ Ἰδὲ εἰ ἔστιν ἐνταῦθα ὑπὸ τὴν χεῖρά σου
δόρυ ἢ ῥομφαία, ὅτι τὴν ῥομφαίαν μου καὶ τὰ σκεύη οὐκ εἴληφα

41 αυτου 1⁰] + επι την γην OL | τω BO–A†] τον A, επι τον L† ‖ 42 ιω-
ναθαν] + τω δαυιδ O, + προς δαυιδ L† | ημεις αμφοτ.] tr. O | σου 1⁰] pr. ανα
μεσον O–A† | και ανα μεσον 1⁰ ⌒ 2⁰ B
21 2 νομβα BL] νοβα A (sim. O–A): item O† in 22 9. 19, cf. 22 11 | αβιμελεχ
bis (cf. Ps. 51 2)] 1⁰ αμιμελεχ A†: item in 22 9; 2⁰ et in 3. 7 etiam A αβιμε-
λεχ, in 22 14. 16. 20 23 6 A αχιμελεχ, in 21 9 22 11 30 7 A† αχιμελεκ; B et O–A
ubique αβ(ε)ιμελεχ, sed B in 30 7 αχειμελεχ; L ubique αχ(ε)ιμελεχ; cf. etiam
26 6 | συ > A† ‖ 3 τω ιερει] pr. τω αβιμελεχ(cf. 2) A, + αχειμελεχ L† | ρη-
μα σημερον] tr. A | μηδεις γνωτω] μη γν. μηδεις O | αποστελω O, εξαπεστειλα
L† | εντεταλμαι] εντελλομαι A | φελλανι αλεμωνι Ra.] φ. μαεμωνει B†, φελ-
μωνι αλμωνι A⁽†⁾, φελλονι αλμονι O–A⁽†⁾, > L ‖ 4 ει > B | χειρα ult.] -ρας O,
pr. την L ‖ 5 αλλ η] pr. η A† | αρτοι αγιοι εισιν] αρτος αγιος εστιν A⁽†⁾,
ο αρτος ο αγιος L† | παιδια A† | εστιν] εισιν A | απο] pr. πλην A ‖ 7 αρ-
τος] αρτοι B ‖ 8 νεεσσαραν] νεσσ. A, νεεσσαρ L | συρος] ιδουμαιος L†:
item in 22 9. 18. 22, cf. Ps. 51 2 ‖ 9 σκευη] + μου OL

ἐν τῇ χειρί μου, ὅτι ἦν τὸ ῥῆμα τοῦ βασιλέως κατὰ σπουδήν.
¹⁰καὶ εἶπεν ὁ ἱερεύς Ἰδοὺ ἡ ῥομφαία Γολιαθ τοῦ ἀλλοφύλου, ὃν 10
ἐπάταξας ἐν τῇ κοιλάδι Ηλα, καὶ αὐτὴ ἐνειλημένη ἐν ἱματίῳ· εἰ
ταύτην λήμψῃ σεαυτῷ, λαβέ, ὅτι οὐκ ἔστιν ἑτέρα πάρεξ ταύτης
ἐνταῦθα. καὶ εἶπεν Δαυιδ Ἰδοὺ οὐκ ἔστιν ὥσπερ αὐτή, δός μοι
αὐτήν. ¹¹καὶ ἔδωκεν αὐτὴν αὐτῷ· καὶ ἀνέστη Δαυιδ καὶ ἔφυγεν 11
ἐν τῇ ἡμέρᾳ ἐκείνῃ ἐκ προσώπου Σαουλ.
Καὶ ἦλθεν Δαυιδ πρὸς Αγχους βασιλέα Γεθ. ¹²καὶ εἶπαν οἱ παῖ- 12
δες Αγχους πρὸς αὐτόν Οὐχὶ οὗτος Δαυιδ ὁ βασιλεὺς τῆς γῆς;
οὐχὶ τούτῳ ἐξῆρχον αἱ χορεύουσαι λέγουσαι
Ἐπάταξεν Σαουλ ἐν χιλιάσιν αὐτοῦ
καὶ Δαυιδ ἐν μυριάσιν αὐτοῦ;
¹³καὶ ἔθετο Δαυιδ τὰ ῥήματα ἐν τῇ καρδίᾳ αὐτοῦ καὶ ἐφοβήθη 13
σφόδρα ἀπὸ προσώπου Αγχους βασιλέως Γεθ. ¹⁴καὶ ἠλλοίωσεν τὸ 14
πρόσωπον αὐτοῦ ἐνώπιον αὐτοῦ καὶ προσεποιήσατο ἐν τῇ ἡμέρᾳ
ἐκείνῃ καὶ ἐτυμπάνιζεν ἐπὶ ταῖς θύραις τῆς πόλεως καὶ παρεφέρετο
ἐν ταῖς χερσὶν αὐτοῦ καὶ ἔπιπτεν ἐπὶ τὰς θύρας τῆς πύλης, καὶ τὰ
σίελα αὐτοῦ κατέρρει ἐπὶ τὸν πώγωνα αὐτοῦ. ¹⁵καὶ εἶπεν Αγχους πρὸς 15
τοὺς παῖδας αὐτοῦ Ἰδοὺ ἴδετε ἄνδρα ἐπίλημπτον· ἵνα τί εἰσηγάγετε
αὐτὸν πρός με; ¹⁶ἢ ἐλαττοῦμαι ἐπιλήμπτων ἐγώ, ὅτι εἰσαγειόχατε 16
αὐτὸν ἐπιλημπτεύεσθαι πρός με; οὗτος οὐκ εἰσελεύσεται εἰς οἰκίαν.
¹Καὶ ἀπῆλθεν ἐκεῖθεν Δαυιδ καὶ διεσώθη καὶ ἔρχεται εἰς τὸ 22
σπήλαιον τὸ Οδολλαμ. καὶ ἀκούουσιν οἱ ἀδελφοὶ αὐτοῦ καὶ ὁ οἶκος
τοῦ πατρὸς αὐτοῦ καὶ καταβαίνουσιν πρὸς αὐτὸν ἐκεῖ. ²καὶ συν- 2
ήγοντο πρὸς αὐτὸν πᾶς ἐν ἀνάγκῃ καὶ πᾶς ὑπόχρεως καὶ πᾶς
κατώδυνος ψυχῇ, καὶ ἦν ἐπ᾽ αὐτῶν ἡγούμενος· καὶ ἦσαν μετ᾽
αὐτοῦ ὡς τετρακόσιοι ἄνδρες. ³καὶ ἀπῆλθεν Δαυιδ ἐκεῖθεν εἰς 3
Μασσηφα τῆς Μωαβ καὶ εἶπεν πρὸς βασιλέα Μωαβ Γινέσθωσαν
δὴ ὁ πατήρ μου καὶ ἡ μήτηρ μου παρὰ σοί, ἕως ὅτου γνῶ τί
ποιήσει μοι ὁ θεός. ⁴καὶ παρεκάλεσεν τὸ πρόσωπον τοῦ βασιλέως 4
Μωαβ, καὶ κατῴκουν μετ᾽ αὐτοῦ πάσας τὰς ἡμέρας ὄντος τοῦ
Δαυιδ ἐν τῇ περιοχῇ. ⁵καὶ εἶπεν Γαδ ὁ προφήτης πρὸς Δαυιδ Μὴ 5
κάθου ἐν τῇ περιοχῇ, πορεύου καὶ ἥξεις εἰς γῆν Ιουδα. καὶ ἐπο-
ρεύθη Δαυιδ καὶ ἦλθεν καὶ ἐκάθισεν ἐν πόλει Σαριχ.

9 κατα σπουδην] κατασπευδον A, επισπευδων O–A† ‖ 10 ενειλημενη] εν
> OL†, + ην BO† | ιματιω] + οπισω της επωμιδος OL† ‖ 12 εξηρχον] εξ
> O† ‖ 13 εθετο] εθηκεν O† ‖ 14 το προσωπον] τον τροπον A† | τα σι-
ελα αυτου / κατερρει] tr. O† ‖ 16 η > B† | οικιαν] + μου A†, την οικιαν
μου L†
22 1 απηλθεν] απηλλαγη A† | εκειθεν δαυιδ] tr. OL† | διεσωθη .. ερχεται]
tr. O† | οδολαμ O | ο οικος] pr. πας OL† ‖ 2 και 2⁰ ⌒ 3⁰ A† | πας 3⁰ > A†
| ψυχη] pr. τη A† ‖ 3 μασηφα A⁽†⁾ | τι] ο τι A ‖ 4 οντος > A† ‖ 5 ιου-
δα] pr. του A† | πολει] pr. τη A† | σαρ(ε)ιχ L] σαρεικ B†, αριθ O–A†, αριαθ A†

6 ⁶Καὶ ἤκουσεν Σαουλ ὅτι ἔγνωσται Δαυιδ καὶ οἱ ἄνδρες οἱ μετ᾽
αὐτοῦ · καὶ Σαουλ ἐκάθητο ἐν τῷ βουνῷ ὑπὸ τὴν ἄρουραν τὴν ἐν
Ραμα, καὶ τὸ δόρυ ἐν τῇ χειρὶ αὐτοῦ, καὶ πάντες οἱ παῖδες αὐτοῦ
7 παρειστήκεισαν αὐτῷ. ⁷καὶ εἶπεν Σαουλ πρὸς τοὺς παῖδας αὐτοῦ
τοὺς παρεστηκότας αὐτῷ καὶ εἶπεν αὐτοῖς Ἀκούσατε δή, υἱοὶ Βενια-
μιν · εἰ ἀληθῶς πᾶσιν ὑμῖν δώσει ὁ υἱὸς Ιεσσαι ἀγροὺς καὶ ἀμπε-
8 λῶνας καὶ πάντας ὑμᾶς τάξει ἑκατοντάρχους καὶ χιλιάρχους; ⁸ὅτι
σύγκεισθε πάντες ὑμεῖς ἐπ᾽ ἐμέ, καὶ οὐκ ἔστιν ὁ ἀποκαλύπτων τὸ
ὠτίον μου ἐν τῷ διαθέσθαι τὸν υἱόν μου διαθήκην μετὰ τοῦ υἱοῦ
Ιεσσαι, καὶ οὐκ ἔστιν πονῶν περὶ ἐμοῦ ἐξ ὑμῶν καὶ ἀποκαλύπτων
τὸ ὠτίον μου ὅτι ἐπήγειρεν ὁ υἱός μου τὸν δοῦλόν μου ἐπ᾽ ἐμὲ
9 εἰς ἐχθρὸν ὡς ἡ ἡμέρα αὕτη. ⁹καὶ ἀποκρίνεται Δωηκ ὁ Σύρος ὁ
καθεστηκὼς ἐπὶ τὰς ἡμιόνους Σαουλ καὶ εἶπεν Ἑόρακα τὸν υἱὸν
Ιεσσαι παραγινόμενον εἰς Νομβα πρὸς Αβιμελεχ υἱὸν Αχιτωβ τὸν
10 ἱερέα, ¹⁰καὶ ἠρώτα αὐτῷ διὰ τοῦ θεοῦ καὶ ἐπισιτισμὸν ἔδωκεν
11 αὐτῷ καὶ τὴν ρομφαίαν Γολιαδ τοῦ ἀλλοφύλου ἔδωκεν αὐτῷ. ¹¹καὶ
ἀπέστειλεν ὁ βασιλεὺς καλέσαι τὸν Αβιμελεχ υἱὸν Αχιτωβ καὶ
πάντας τοὺς υἱοὺς τοῦ πατρὸς αὐτοῦ τοὺς ἱερεῖς τοὺς ἐν Νομβα,
12 καὶ παρεγένοντο πάντες πρὸς τὸν βασιλέα. ¹²καὶ εἶπεν Σαουλ
13 Ἄκουε δή, υἱὲ Αχιτωβ. καὶ εἶπεν Ἰδοὺ ἐγώ · λάλει, κύριε. ¹³καὶ
εἶπεν αὐτῷ Σαουλ Ἵνα τί συνέθου κατ᾽ ἐμοῦ σὺ καὶ ὁ υἱὸς Ιεσσαι
δοῦναί σε αὐτῷ ἄρτον καὶ ρομφαίαν καὶ ἐρωτᾶν αὐτῷ διὰ τοῦ
14 θεοῦ θέσθαι αὐτὸν ἐπ᾽ ἐμὲ εἰς ἐχθρὸν ὡς ἡ ἡμέρα αὕτη; ¹⁴καὶ
ἀπεκρίθη τῷ βασιλεῖ καὶ εἶπεν Καὶ τίς ἐν πᾶσιν τοῖς δούλοις σου
ὡς Δαυιδ πιστὸς καὶ γαμβρὸς τοῦ βασιλέως καὶ ἄρχων παντὸς
15 παραγγέλματός σου καὶ ἔνδοξος ἐν τῷ οἴκῳ σου; ¹⁵ἢ σήμερον
ἦργμαι ἐρωτᾶν αὐτῷ διὰ τοῦ θεοῦ; μηδαμῶς. μὴ δότω ὁ βασιλεὺς
κατὰ τοῦ δούλου αὐτοῦ λόγον καὶ ἐφ᾽ ὅλον τὸν οἶκον τοῦ πατρός
μου, ὅτι οὐκ ᾔδει ὁ δοῦλος ὁ σὸς ἐν πᾶσιν τούτοις ῥῆμα μικρὸν
16 ἢ μέγα. ¹⁶καὶ εἶπεν ὁ βασιλεὺς Σαουλ Θανάτῳ ἀποθανῇ, Αβιμελεχ,
17 σὺ καὶ πᾶς ὁ οἶκος τοῦ πατρός σου. ¹⁷καὶ εἶπεν ὁ βασιλεὺς τοῖς
παρατρέχουσιν τοῖς ἐφεστηκόσιν ἐπ᾽ αὐτόν Προσαγάγετε καὶ θανα-
τοῦτε τοὺς ἱερεῖς τοῦ κυρίου, ὅτι ἡ χεὶρ αὐτῶν μετὰ Δαυιδ, καὶ

6 ραμα O–A] ραμμα A†, βαμα BL: cf. Iud. 4 5 B ‖ 7 βενιαμιν] ιεμενι uel
sim. O† | εκατοντ... χιλιαρχους] tr. OL ‖ 8 o bis > A† | περι εμου / εξ υμων]
tr. O ‖ 9 δωηγ scripsit Origenes; γ seruauit A† non nisi hoc loco, 247†
hic et in 18 bis (non in 22 21 8), 376 nusquam | συρος: cf. 21 8 | νομβα et
αβιμελεχ: cf. 21 2 ‖ 10 γολιαδ] -αθ OL: cf. 17 42 ‖ 11 o βασ.] pr. σαουλ A†
| αχιτωβ] + τον ιερεα OL† | ιερεις] + του κυριου A†, + του θεου O–A†: cf.
17 bis. 18. 21 | νομβα L] νομμα B† hic, sed in 9. 19 21 2 B νομβα; νοβα O–A†,
νοβαθ A†: cf. 21 2 ‖ 13 κατ εμου / συ] tr. A† | ερωταν] pr. επ O† ‖ 14 τω
1⁰] pr. αχιμελεχ(uel αβιμ.: cf.21 2) OL ‖ 15 η 1⁰] ως A† | μου] αυτου B*†
‖ 17 επ] προς B† | αυτον] -τω A†

ὅτι ἔγνωσαν ὅτι φεύγει αὐτός, καὶ οὐκ ἀπεκάλυψαν τὸ ὠτίον μου. καὶ οὐκ ἐβουλήθησαν οἱ παῖδες τοῦ βασιλέως ἐπενεγκεῖν τὰς χεῖρας αὐτῶν ἀπαντῆσαι εἰς τοὺς ἱερεῖς κυρίου. ¹⁸καὶ εἶπεν ὁ βασιλεὺς 18 τῷ Δωηκ Ἐπιστρέφου σὺ καὶ ἀπάντα εἰς τοὺς ἱερεῖς. καὶ ἐπεστράφη Δωηκ ὁ Σύρος καὶ ἐθανάτωσεν τοὺς ἱερεῖς κυρίου ἐν τῇ ἡμέρᾳ ἐκείνῃ, τριακοσίους καὶ πέντε ἄνδρας, πάντας αἴροντας εφουδ. ¹⁹καὶ τὴν Νομβα τὴν πόλιν τῶν ἱερέων ἐπάταξεν ἐν στόματι ρομ- 19 φαίας ἀπὸ ἀνδρὸς ἕως γυναικός, ἀπὸ νηπίου ἕως θηλάζοντος καὶ μόσχου καὶ ὄνου καὶ προβάτου. — ²⁰καὶ διασώζεται υἱὸς εἰς τῷ 20 Αβιμελεχ υἱῷ Αχιτωβ, καὶ ὄνομα αὐτῷ Αβιαθαρ, καὶ ἔφυγεν ὀπίσω Δαυιδ. ²¹καὶ ἀπήγγειλεν Αβιαθαρ τῷ Δαυιδ ὅτι ἐθανάτωσεν Σαουλ 21 πάντας τοὺς ἱερεῖς τοῦ κυρίου. ²²καὶ εἶπεν Δαυιδ τῷ Αβιαθαρ 22 Ἤιδειν ἐν τῇ ἡμέρᾳ ἐκείνῃ ὅτι Δωηκ ὁ Σύρος ὅτι ἀπαγγέλλων ἀπαγγελεῖ τῷ Σαουλ · ἐγώ εἰμι αἴτιος τῶν ψυχῶν οἴκου τοῦ πατρός σου · ²³κάθου μετ' ἐμοῦ, μὴ φοβοῦ, ὅτι οὗ ἐὰν ζητῶ τῇ ψυχῇ μου 23 τόπον, ζητήσω καὶ τῇ ψυχῇ σου, ὅτι πεφύλαξαι σὺ παρ' ἐμοί.

¹Καὶ ἀπηγγέλη τῷ Δαυιδ λέγοντες Ἰδοὺ οἱ ἀλλόφυλοι πολεμοῦ- 23 σιν ἐν τῇ Κεϊλα, καὶ αὐτοὶ διαρπάζουσιν, καταπατοῦσιν τοὺς ἅλω. ²καὶ ἐπηρώτησεν Δαυιδ διὰ τοῦ κυρίου λέγων Εἰ πορευθῶ καὶ 2 πατάξω τοὺς ἀλλοφύλους τούτους; καὶ εἶπεν κύριος Πορεύου καὶ πατάξεις ἐν τοῖς ἀλλοφύλοις τούτοις καὶ σώσεις τὴν Κεϊλα. ³καὶ 3 εἶπαν οἱ ἄνδρες τοῦ Δαυιδ πρὸς αὐτόν Ἰδοὺ ἡμεῖς ἐνταῦθα ἐν τῇ Ιουδαίᾳ φοβούμεθα, καὶ πῶς ἔσται ἐὰν πορευθῶμεν εἰς Κεϊλα; εἰς τὰ σκῦλα τῶν ἀλλοφύλων εἰσπορευσόμεθα. ⁴καὶ προσέθετο Δαυιδ 4 ἐρωτῆσαι ἔτι διὰ τοῦ κυρίου, καὶ ἀπεκρίθη αὐτῷ κύριος καὶ εἶπεν πρὸς αὐτόν Ἀνάστηθι καὶ κατάβηθι εἰς Κεϊλα, ὅτι ἐγὼ παραδίδωμι τοὺς ἀλλοφύλους εἰς χεῖράς σου. ⁵καὶ ἐπορεύθη Δαυιδ καὶ οἱ 5 ἄνδρες οἱ μετ' αὐτοῦ εἰς Κεϊλα καὶ ἐπολέμησεν ἐν τοῖς ἀλλοφύλοις, καὶ ἔφυγον ἐκ προσώπου αὐτοῦ, καὶ ἀπήγαγεν τὰ κτήνη αὐτῶν καὶ ἐπάταξεν ἐν αὐτοῖς πληγὴν μεγάλην, καὶ ἔσωσεν Δαυιδ τοὺς κατοικοῦντας Κεϊλα.

⁶Καὶ ἐγένετο ἐν τῷ φυγεῖν Αβιαθαρ υἱὸν Αβιμελεχ πρὸς Δαυιδ 6

17 απαντησαι (cf. 18) L] αμαρτ. ΒΟ | εις > A† || 18 επεστραφη] απ. A† | εθανατ.] + αυτος L† | εν pr. και εθανατωσεν A† (O–A deest), pr. και απεκτεινεν L† | fin.] + λινου O† || 19 fin.] + εν στοματι ρομφαιας OL(add. επαταξεν ante εν)† || 21 init. — δαυιδ > A† || 22 ηδειν] + οτι Β, + εγω L† | οτι 2⁰] > O, και L† | απαγγελει] -γελλει AV† | ψυχων] + εκεινων A† | οικου] pr. ολου του L†
23 1 καταπατ. BL] > O || 2 κυριος] + προς δαυιδ OL† | πορευου > A† | σωσεις] παταξεις Β || 3 εισπορ.] ει πορευομεθα A†, > L || 4 δαυιδ ερωτ./ ετι] tr. A† et cum επερωτ. O–AL | αυτω > O | προς αυτον] post αναστηθι tr. A†, post καταβηθι tr. O–A† (αυτους pro -τον) || 5 απηγαγεν(O–A† επ.)] pr. ουκ O† || 6 αβιμελεχ: cf. 21 2

καὶ αὐτὸς μετὰ Δαυιδ εἰς Κεϊλα κατέβη ἔχων εφουδ ἐν τῇ χειρὶ
7 αὐτοῦ. ⁷καὶ ἀπηγγέλη τῷ Σαουλ ὅτι ἥκει Δαυιδ εἰς Κεϊλα, καὶ
εἶπεν Σαουλ Πέπρακεν αὐτὸν ὁ θεὸς εἰς χεῖράς μου, ὅτι ἀποκέ-
8 κλεισται εἰσελθὼν εἰς πόλιν θυρῶν καὶ μοχλῶν. ⁸καὶ παρήγγειλεν
Σαουλ παντὶ τῷ λαῷ εἰς πόλεμον καταβαίνειν εἰς Κεϊλα συνέχειν
9 τὸν Δαυιδ καὶ τοὺς ἄνδρας αὐτοῦ. ⁹καὶ ἔγνω Δαυιδ ὅτι οὐ παρα-
σιωπᾷ Σαουλ περὶ αὐτοῦ τὴν κακίαν, καὶ εἶπεν Δαυιδ πρὸς Αβι-
10 αθαρ τὸν ἱερέα Προσάγαγε τὸ εφουδ κυρίου. ¹⁰καὶ εἶπεν Δαυιδ
Κύριε ὁ θεὸς Ισραηλ, ἀκούων ἀκήκοεν ὁ δοῦλός σου ὅτι ζητεῖ
11 Σαουλ ἐλθεῖν ἐπὶ Κεϊλα διαφθεῖραι τὴν πόλιν δι᾽ ἐμέ. ¹¹εἰ ἀποκλει-
σθήσεται; καὶ νῦν εἰ καταβήσεται Σαουλ, καθὼς ἤκουσεν ὁ δοῦλός
σου; κύριε ὁ θεὸς Ισραηλ, ἀπάγγειλον τῷ δούλῳ σου. καὶ εἶπεν
13 κύριος Ἀποκλεισθήσεται. ¹³καὶ ἀνέστη Δαυιδ καὶ οἱ ἄνδρες οἱ μετ᾽
αὐτοῦ ὡς τετρακόσιοι καὶ ἐξῆλθον ἐκ Κεϊλα καὶ ἐπορεύοντο οὗ
ἐὰν ἐπορεύθησαν · καὶ τῷ Σαουλ ἀπηγγέλη ὅτι διασέσωται Δαυιδ
ἐκ Κεϊλα, καὶ ἀνῆκεν τοῦ ἐξελθεῖν.
14   ¹⁴Καὶ ἐκάθισεν Δαυιδ ἐν τῇ ἐρήμῳ ἐν Μασερεμ ἐν τοῖς στενοῖς
καὶ ἐκάθητο ἐν τῇ ἐρήμῳ ἐν τῷ ὄρει Ζιφ ἐν τῇ γῇ τῇ αὐχμώδει ·
καὶ ἐζήτει αὐτὸν Σαουλ πάσας τὰς ἡμέρας, καὶ οὐ παρέδωκεν
15 αὐτὸν κύριος εἰς τὰς χεῖρας αὐτοῦ. ¹⁵καὶ εἶδεν Δαυιδ ὅτι ἐξέρ-
χεται Σαουλ τοῦ ζητεῖν τὸν Δαυιδ · καὶ Δαυιδ ἐν τῷ ὄρει τῷ
16 αὐχμώδει ἐν τῇ Καινῇ Ζιφ. ¹⁶καὶ ἀνέστη Ιωναθαν υἱὸς Σαουλ καὶ
ἐπορεύθη πρὸς Δαυιδ εἰς Καινὴν καὶ ἐκραταίωσεν τὰς χεῖρας αὐτοῦ
17 ἐν κυρίῳ. ¹⁷καὶ εἶπεν πρὸς αὐτόν Μὴ φοβοῦ, ὅτι οὐ μὴ εὕρῃ σε
ἡ χεὶρ Σαουλ τοῦ πατρός μου, καὶ σὺ βασιλεύσεις ἐπὶ Ισραηλ, καὶ
ἐγὼ ἔσομαί σοι εἰς δεύτερον · καὶ Σαουλ ὁ πατήρ μου οἶδεν οὕτως.
18 ¹⁸καὶ διέθεντο ἀμφότεροι διαθήκην ἐνώπιον κυρίου. καὶ ἐκάθητο
Δαυιδ ἐν Καινῇ, καὶ Ιωναθαν ἀπῆλθεν εἰς οἶκον αὐτοῦ.
19   ¹⁹Καὶ ἀνέβησαν οἱ Ζιφαῖοι ἐκ τῆς αὐχμώδους πρὸς Σαουλ ἐπὶ
τὸν βουνὸν λέγοντες Οὐκ ἰδοὺ Δαυιδ κέκρυπται παρ᾽ ἡμῖν ἐν
Μεσσαρα ἐν τοῖς στενοῖς ἐν τῇ Καινῇ ἐν τῷ βουνῷ τοῦ Εχελα
20 τοῦ ἐκ δεξιῶν τοῦ Ιεσσαιμουν; ²⁰καὶ νῦν πᾶν τὸ πρὸς ψυχὴν τοῦ

6 κατεβη εχων / εφουδ] tr. Oᵀ || 7 σαουλ 1⁰ ⌒ 2⁰ Aᵀ || 9 ου — αυτου]
περι αυτου σαουλ ου παρεσιωπα Aᵀ: sim. O–Aᵀ | 11 αναγγειλον Aᵀ | fin.]
+ (12) και ειπεν δαυιδ ει παραδωσουσιν οι(> Aᵀ) παρα(> O–Aᵀ, απο Lᵀ) της
κειλα εμε και τους ανδρας μου εις χειρας σαουλ και ειπεν κυριος παραδωσου-
σιν OL || 13 διασεσωται (cf. Thack. p. 221)] -ωσται ALBᶜ || 14 δαυιδ >
Bᵀ | μασερεθ Aᵀ | εν τη ερημω / εν τω ορει] tr. ALᵀ, εν τω ορ. > O–Aᵀ | εν
τη γη τη αυχμ.] εις ορος το αυχμωδες εν τη αυχμωδει A, εν τη καινη(cf. 15—19)
εις το ορος το αυχμωδες Lᵀ || 15 εξερχεται] εξ > Aᵀ | του > O | εν τη και-
νη / Ζιφ] tr. O–376ᵀ, + τη καινη B*ᵀ, Ζιφ > Lᵀ || 18 εκαθητο δαυιδ] tr. Oᵀ ||
19 μεσσαρα pau.] ν pro μ Bᵀ, μεσαρα O⁽ᵀ⁾, μεσσεραμ L⁽ᵀ⁾: cf. 24 23 | ιεσσαι-
μουν] ν > BO: item in 24 26 l. 3

βασιλέως εἰς κατάβασιν καταβαινέτω πρὸς ἡμᾶς · κεκλείκασιν αὐτὸν
εἰς τὰς χεῖρας τοῦ βασιλέως. ²¹καὶ εἶπεν αὐτοῖς Σαουλ Εὐλογημένοι 21
ὑμεῖς τῷ κυρίῳ, ὅτι ἐπονέσατε περὶ ἐμοῦ · ²²πορεύθητε δὴ καὶ 22
ἑτοιμάσατε ἔτι καὶ γνῶτε τὸν τόπον αὐτοῦ, οὗ ἔσται ὁ ποὺς αὐτοῦ,
ἐν τάχει ἐκεῖ οὗ εἴπατε, μήποτε πανουργεύσηται · ²³καὶ ἴδετε καὶ 23
γνῶτε, καὶ πορευσόμεθα μεθ᾿ ὑμῶν, καὶ ἔσται εἰ ἔστιν ἐπὶ τῆς γῆς,
καὶ ἐξερευνήσω αὐτὸν ἐν πάσαις χιλιάσιν Ιουδα. ²⁴καὶ ἀνέστησαν 24
οἱ Ζιφαῖοι καὶ ἐπορεύθησαν ἔμπροσθεν Σαουλ · καὶ Δαυιδ καὶ οἱ
ἄνδρες αὐτοῦ ἐν τῇ ἐρήμῳ τῇ Μααν καθ᾿ ἑσπέραν ἐκ δεξιῶν τοῦ
Ιεσσαιμουν. ²⁵καὶ ἐπορεύθη Σαουλ καὶ οἱ ἄνδρες αὐτοῦ Ζητεῖν 25
αὐτόν · καὶ ἀπήγγειλαν τῷ Δαυιδ, καὶ κατέβη εἰς τὴν πέτραν τὴν
ἐν τῇ ἐρήμῳ Μααν · καὶ ἤκουσεν Σαουλ καὶ κατεδίωξεν ὀπίσω
Δαυιδ εἰς τὴν ἔρημον Μααν. ²⁶καὶ πορεύονται Σαουλ καὶ οἱ 26
ἄνδρες αὐτοῦ ἐκ μέρους τοῦ ὄρους τούτου, καὶ ἦν Δαυιδ καὶ οἱ
ἄνδρες αὐτοῦ ἐκ μέρους τοῦ ὄρους τούτου · καὶ ἦν Δαυιδ σκεπα-
ζόμενος πορεύεσθαι ἀπὸ προσώπου Σαουλ, καὶ Σαουλ καὶ οἱ ἄνδρες
αὐτοῦ παρενέβαλον ἐπὶ Δαυιδ καὶ τοὺς ἄνδρας αὐτοῦ συλλαβεῖν
αὐτούς. ²⁷καὶ ἄγγελος πρὸς Σαουλ ἦλθεν λέγων Σπεῦδε καὶ δεῦρο, 27
ὅτι ἐπέθεντο οἱ ἀλλόφυλοι ἐπὶ τὴν γῆν. ²⁸καὶ ἀνέστρεψεν Σαουλ 28
μὴ καταδιώκειν ὀπίσω Δαυιδ καὶ ἐπορεύθη εἰς συνάντησιν τῶν
ἀλλοφύλων · διὰ τοῦτο ἐπεκλήθη ὁ τόπος ἐκεῖνος Πέτρα ἡ μερι-
σθεῖσα.
¹Καὶ ἀνέβη Δαυιδ ἐκεῖθεν καὶ ἐκάθισεν ἐν τοῖς στενοῖς Εγγαδδι. 24
²καὶ ἐγενήθη ὡς ἀνέστρεψεν Σαουλ ἀπὸ ὄπισθεν τῶν ἀλλοφύλων, 2
καὶ ἀπηγγέλη αὐτῷ λεγόντων ὅτι Δαυιδ ἐν τῇ ἐρήμῳ Εγγαδδι.
³καὶ ἔλαβεν μεθ᾿ ἑαυτοῦ τρεῖς χιλιάδας ἀνδρῶν ἐκλεκτοὺς ἐκ παν- 3
τὸς Ισραηλ καὶ ἐπορεύθη Ζητεῖν τὸν Δαυιδ καὶ τοὺς ἄνδρας αὐτοῦ
ἐπὶ πρόσωπον Σαδαιεμ. ⁴καὶ ἦλθεν εἰς τὰς ἀγέλας τῶν ποιμνίων 4
τὰς ἐπὶ τῆς ὁδοῦ, καὶ ἦν ἐκεῖ σπήλαιον, καὶ Σαουλ εἰσῆλθεν παρα-
σκευάσασθαι · καὶ Δαυιδ καὶ οἱ ἄνδρες αὐτοῦ ἐσώτερον τοῦ σπη-
λαίου ἐκάθηντο. ⁵καὶ εἶπον οἱ ἄνδρες Δαυιδ πρὸς αὐτόν Ἰδοὺ ἡ 5
ἡμέρα αὕτη, ἣν εἶπεν κύριος πρὸς σὲ παραδοῦναι τὸν ἐχθρόν σου

20 κεκλεικ.] pr. και A† ‖ 22 γνωτε] + και ιδετε OL† | αυτου 1⁰ > A† |
ειπετε B† ‖ 23 ιδετε και γνωτε] tr. O†: cf. 22; + εκ παντων των τοπων
οπου (+ αυτος L†) κρυβεται(sic A†, κρυπτεται O²⁴⁷L†, κεκρυπται O³⁷⁶†) εκει και
επιστρεψατε προς με εις ετοιμον OL ‖ 24 οι Ζιφαιοι / και επορ.] tr. O† |
μααν hic et in 25 bis] μαων O; επηκοω L† hic, τη επηκοω uel την επηκοον
L† in 25; cf. 25 1 ‖ 25 απηγγελη OL ‖ 26 μερους bis] μεσου A (2⁰ A†)
| τουτου 1⁰ (non 2⁰)] pr. εκ A | ην 2⁰] εγενετο O† ‖ 27 προς σαουλ / ηλθεν]
tr. OL | οι > A
24 1 ανεβη L†] -εστη BO | και εκαθ. > A† ‖ 2 λεγων A† ‖ 3 σα(δ)δαιεμ
pau.] εδδαιεμ B†, αει(α)μειν A†, αβιαλειμ O-A†, της θηρας των ελαφων LBmg
‖ 4 σαουλ εισηλθεν] tr. OL† ‖ 5 η > A

εἰς τὰς χεῖράς σου καὶ ποιήσεις αὐτῷ ὡς ἀγαθὸν ἐν ὀφθαλμοῖς
σου. καὶ ἀνέστη Δαυιδ καὶ ἀφεῖλεν τὸ πτερύγιον τῆς διπλοΐδος
6 τῆς Σαουλ λαθραίως. ⁶καὶ ἐγενήθη μετὰ ταῦτα καὶ ἐπάταξεν καρδία
7 Δαυιδ αὐτόν, ὅτι ἀφεῖλεν τὸ πτερύγιον τῆς διπλοΐδος αὐτοῦ, ⁷καὶ
εἶπεν Δαυιδ πρὸς τοὺς ἄνδρας αὐτοῦ Μηδαμῶς μοι παρὰ κυρίου,
εἰ ποιήσω τὸ ῥῆμα τοῦτο τῷ κυρίῳ μου τῷ χριστῷ κυρίου ἐπε-
8 νέγκαι χεῖρά μου ἐπ᾽ αὐτόν, ὅτι χριστὸς κυρίου ἐστὶν οὗτος · ⁸καὶ
ἔπεισεν Δαυιδ τοὺς ἄνδρας αὐτοῦ ἐν λόγοις καὶ οὐκ ἔδωκεν αὐτοῖς
ἀναστάντας θανατῶσαι τὸν Σαουλ. καὶ ἀνέστη Σαουλ καὶ κατέβη
9 εἰς τὴν ὁδόν. ⁹καὶ ἀνέστη Δαυιδ ὀπίσω αὐτοῦ ἐκ τοῦ σπηλαίου,
καὶ ἐβόησεν Δαυιδ ὀπίσω Σαουλ λέγων Κύριε βασιλεῦ · καὶ ἐπέ-
βλεψεν Σαουλ εἰς τὰ ὀπίσω αὐτοῦ, καὶ ἔκυψεν Δαυιδ ἐπὶ πρόσ-
10 ωπον αὐτοῦ ἐπὶ τὴν γῆν καὶ προσεκύνησεν αὐτῷ. ¹⁰καὶ εἶπεν Δαυιδ
πρὸς Σαουλ Ἵνα τί ἀκούεις τῶν λόγων τοῦ λαοῦ λεγόντων Ἰδοὺ
11 Δαυιδ ζητεῖ τὴν ψυχήν σου; ¹¹ἰδοὺ ἐν τῇ ἡμέρᾳ ταύτῃ ἑοράκασιν
οἱ ὀφθαλμοί σου ὡς παρέδωκέν σε κύριος σήμερον εἰς χεῖρά μου
ἐν τῷ σπηλαίῳ, καὶ οὐκ ἠβουλήθην ἀποκτεῖναί σε καὶ ἐφεισάμην
σου καὶ εἶπα Οὐκ ἐποίσω χεῖρά μου ἐπὶ κύριόν μου, ὅτι χριστὸς
12 κυρίου οὗτός ἐστιν. ¹²καὶ ἰδοὺ τὸ πτερύγιον τῆς διπλοΐδος σου ἐν
τῇ χειρί μου · ἐγὼ ἀφήρηκα τὸ πτερύγιον καὶ οὐκ ἀπέκταγκά σε.
καὶ γνῶθι καὶ ἰδὲ σήμερον ὅτι οὐκ ἔστιν κακία ἐν τῇ χειρί μου
οὐδὲ ἀσέβεια καὶ ἀθέτησις, καὶ οὐχ ἡμάρτηκα εἰς σέ · καὶ σὺ δε-
13 σμεύεις τὴν ψυχήν μου λαβεῖν αὐτήν. ¹³δικάσαι κύριος ἀνὰ μέσον
ἐμοῦ καὶ σοῦ, καὶ ἐκδικήσαι με κύριος ἐκ σοῦ · καὶ ἡ χείρ μου
14 οὐκ ἔσται ἐπὶ σοί, ¹⁴καθὼς λέγεται ἡ παραβολὴ ἡ ἀρχαία Ἐξ ἀνό-
15 μων ἐξελεύσεται πλημμέλεια · καὶ ἡ χείρ μου οὐκ ἔσται ἐπὶ σέ. ¹⁵καὶ
νῦν ὀπίσω τίνος σὺ ἐκπορεύῃ, βασιλεῦ Ισραηλ; ὀπίσω τίνος κατα-
διώκεις σύ; ὀπίσω κυνὸς τεθνηκότος καὶ ὀπίσω ψύλλου ἑνός.
16 ¹⁶γένοιτο κύριος εἰς κριτὴν καὶ δικαστὴν ἀνὰ μέσον ἐμοῦ καὶ ἀνὰ
μέσον σοῦ · ἴδοι κύριος καὶ κρίναι τὴν κρίσιν μου καὶ δικάσαι μοι
17 ἐκ χειρός σου. ¹⁷καὶ ἐγένετο ὡς συνετέλεσεν Δαυιδ τὰ ῥήματα
ταῦτα λαλῶν πρὸς Σαουλ, καὶ εἶπεν Σαουλ Ἦ φωνή σου αὕτη,
τέκνον Δαυιδ; καὶ ἦρεν τὴν φωνὴν αὐτοῦ Σαουλ καὶ ἔκλαυσεν.
18 ¹⁸καὶ εἶπεν Σαουλ πρὸς Δαυιδ Δίκαιος σὺ ὑπὲρ ἐμέ, ὅτι σὺ ἀντ-

7 κυριου 1⁰] κυριω A | τω 1⁰ ⌒ 2⁰ B† ‖ 8 αυτοις] -τους O† | θανατωσαι]
θυσαι B† | ανεστη σαουλ] σ. ανεστη εκ του σπηλαιου O† | εις > B† ‖ 9 εκ]
pr. και εξηλθεν O†; L hab. εξηλθεν pro ανεστη | κυριε] + μου O | εις τα >
OL ‖ 11 κυριος σημερον] tr. A† | χειρα 1⁰ B⁽†⁾ -ρας A, τας χειρας L | χρι-
στος — fin.] χρηστος κυριος εστιν A† ‖ 12 init.] pr. και πατερ(-τηρ L†) μου
AL†, pr. και πατερ μου ιδε O-A† | πτερυγιον 2⁰] + του ιματιου (+ σου O³⁷⁶)
O†, + της διπλοιδος σου L | κακια / εν τη χ. μου] tr. OL† | ασεβεια και αθετη-
σις] αθετ. ουδε ασεβ. OL† ‖ 13 η > B† ‖ 15 συ 2⁰ > OL ‖ 17 τα ρημ.
ταυτα / λαλων] tr. OL† | την φ. αυτου / σαουλ] tr. OL

ἀπέδωκάς μοι ἀγαθά, ἐγὼ δὲ ἀνταπέδωκά σοι κακά. ¹⁹καὶ σὺ ἀπήγ- 19
γειλάς μοι σήμερον ἃ ἐποίησάς μοι ἀγαθά, ὡς ἀπέκλεισέν με κύριος
σήμερον εἰς χεῖράς σου καὶ οὐκ ἀπέκτεινάς με· ²⁰καὶ ὅτι εἰ εὕροι- 20
τό τις τὸν ἐχθρὸν αὐτοῦ ἐν θλίψει καὶ ἐκπέμψαι αὐτὸν ἐν ὁδῷ
ἀγαθῇ, καὶ κύριος ἀνταποτείσει αὐτῷ ἀγαθά, καθὼς πεποίηκας σή-
μερον. ²¹καὶ νῦν ἰδοὺ ἐγὼ γινώσκω ὅτι βασιλεύων βασιλεύσεις 21
καὶ στήσεται ἐν χερσίν σου βασιλεία Ισραηλ. ²²καὶ νῦν ὄμοσόν 22
μοι ἐν κυρίῳ ὅτι οὐκ ἐξολεθρεύσεις τὸ σπέρμα μου ὀπίσω μου
καὶ οὐκ ἀφανιεῖς τὸ ὄνομά μου ἐκ τοῦ οἴκου τοῦ πατρός μου.
²³καὶ ὤμοσεν Δαυιδ τῷ Σαουλ. καὶ ἀπῆλθεν Σαουλ εἰς τὸν τόπον αὐ- 23
τοῦ, καὶ Δαυιδ καὶ οἱ ἄνδρες αὐτοῦ ἀνέβησαν εἰς τὴν Μεσσαρα στενήν.

¹Καὶ ἀπέθανεν Σαμουηλ, καὶ συναθροίζονται πᾶς Ισραηλ καὶ κό- 25
πτονται αὐτὸν καὶ θάπτουσιν αὐτὸν ἐν οἴκῳ αὐτοῦ ἐν Αρμαθαιμ. —
καὶ ἀνέστη Δαυιδ καὶ κατέβη εἰς τὴν ἔρημον Μααν. ²καὶ ἦν ἄν- 2
θρωπος ἐν τῇ Μααν, καὶ τὰ ποίμνια αὐτοῦ ἐν τῷ Καρμήλῳ· καὶ ὁ
ἄνθρωπος μέγας σφόδρα, καὶ τούτῳ ποίμνια τρισχίλια καὶ αἶγες
χίλιαι· καὶ ἐγενήθη ἐν τῷ κείρειν τὸ ποίμνιον αὐτοῦ ἐν τῷ Καρ-
μήλῳ. ³καὶ ὄνομα τῷ ἀνθρώπῳ Ναβαλ, καὶ ὄνομα τῇ γυναικὶ αὐτοῦ 3
Αβιγαια· καὶ ἡ γυνὴ αὐτοῦ ἀγαθὴ συνέσει καὶ καλὴ τῷ εἴδει σφόδρα,
καὶ ὁ ἄνθρωπος σκληρὸς καὶ πονηρὸς ἐν ἐπιτηδεύμασιν, καὶ ὁ ἄν-
θρωπος κυνικός. ⁴καὶ ἤκουσεν Δαυιδ ἐν τῇ ἐρήμῳ ὅτι κείρει Ναβαλ 4
ὁ Καρμήλιος τὸ ποίμνιον αὐτοῦ, ⁵καὶ Δαυιδ ἀπέστειλεν δέκα παι- 5
δάρια καὶ εἶπεν τοῖς παιδαρίοις Ἀνάβητε εἰς Κάρμηλον καὶ ἀπέλθατε
πρὸς Ναβαλ καὶ ἐρωτήσατε αὐτὸν ἐπὶ τῷ ὀνόματί μου εἰς εἰρήνην
⁶καὶ ἐρεῖτε τάδε Εἰς ὥρας· καὶ σὺ ὑγιαίνων, καὶ ὁ οἶκός σου καὶ 6
πάντα τὰ σὰ ὑγιαίνοντα. ⁷καὶ νῦν ἰδοὺ ἀκήκοα ὅτι κείρουσίν σοι· 7
νῦν οἱ ποιμένες σου, οἳ ἦσαν μεθ' ἡμῶν ἐν τῇ ἐρήμῳ, καὶ οὐκ
ἀπεκωλύσαμεν αὐτοὺς καὶ οὐκ ἐνετειλάμεθα αὐτοῖς οὐθὲν πάσας
τὰς ἡμέρας ὄντων αὐτῶν ἐν Καρμήλῳ· ⁸ἐρώτησον τὰ παιδάριά 8
σου, καὶ ἀπαγγελοῦσίν σοι. καὶ εὑρέτωσαν τὰ παιδάρια χάριν ἐν
ὀφθαλμοῖς σου, ὅτι ἐφ' ἡμέραν ἀγαθὴν ἥκομεν· δὸς δὴ ὃ ἐὰν
εὕρη ἡ χείρ σου τῷ υἱῷ σου τῷ Δαυιδ. ⁹καὶ ἔρχονται τὰ παιδάρια 9

20 ει > O | ευροιτο] -ροι O-ΑL, -ρων Α⁺ | εκπεμψαι] -ψει OL | ανταποδω-
σει ΑL | αγαθα > Α⁺ ‖ 23 μεσσαρα ΒL⁺] μεσαρα O: cf. 23 19
25 1 αρμαθαιμ (cf. 1 1)] ραμα Α⁺: cf. 28 3; pr. ραμα εις O-Α⁺ | μααν] φαραν
O⁺, την επηκοον L⁺: cf. 2 23 24 ‖ 2 εν τη > Α⁺ | μααν] μαων O⁺, ερημω
L: cf. 1 | αιγες χιλιαι] tr. O⁺ | το ποιμνιον] τα -νια ΑL⁺ ‖ 3 αβιγαια (sic
etiam Ioseph. Antiq. ubique)] α ult. antiquis temporibus ex λ corruptum: cf.
Iud. 16 4 | αυτου 2⁰ ΒO] > L | συνεσει] pr. τη O⁺ | καλη] αγαθη Β⁺ | σκλη-
ρος .. πονηρος] tr. O⁺ ‖ 5 δαυιδ απεστ.] tr. OL (δαυιδ > O-Α⁺) | ειπεν] +
δαυιδ Α⁺ ‖ 6 και 3⁰ > Β*⁺ ‖ 8 σου 1⁰ > Α⁺ | παιδαρια 2⁰] + σου Β | τω
paenult.] pr. τοις παισιν σου OL (σου > O³⁷⁶L⁺) | τω ult. > OL ‖ 9 παι-
δαρια] + δαυιδ OL

καὶ λαλοῦσιν τοὺς λόγους τούτους πρὸς Ναβαλ κατὰ πάντα τὰ ῥή-
10 ματα ταῦτα ἐν τῷ ὀνόματι Δαυιδ. καὶ ἀνεπήδησεν ¹⁰καὶ ἀπεκρίθη
Ναβαλ τοῖς παισὶν Δαυιδ καὶ εἶπεν Τίς ὁ Δαυιδ καὶ τίς ὁ υἱὸς
Ιεσσαι; σήμερον πεπληθυμμένοι εἰσὶν οἱ δοῦλοι ἀναχωροῦντες ἕκα-
11 στος ἐκ προσώπου τοῦ κυρίου αὐτοῦ. ¹¹καὶ λήμψομαι τοὺς ἄρτους
μου καὶ τὸν οἶνόν μου καὶ τὰ θύματά μου, ἃ τέθυκα τοῖς κείρου-
σίν μου, τὰ πρόβατα, καὶ δώσω αὐτὰ ἀνδράσιν, οἷς οὐκ οἶδα πόθεν
12 εἰσίν; ¹²καὶ ἀπεστράφησαν τὰ παιδάρια Δαυιδ εἰς ὁδὸν αὐτῶν καὶ
ἀνέστρεψαν καὶ ἦλθον καὶ ἀνήγγειλαν τῷ Δαυιδ κατὰ τὰ ῥήματα
13 ταῦτα. ¹³καὶ εἶπεν Δαυιδ τοῖς ἀνδράσιν αὐτοῦ Ζώσασθε ἕκαστος
τὴν ῥομφαίαν αὐτοῦ· καὶ ἀνέβησαν ὀπίσω Δαυιδ ὡς τετρακόσιοι
14 ἄνδρες, καὶ οἱ διακόσιοι ἐκάθισαν μετὰ τῶν σκευῶν. ¹⁴καὶ τῇ
Αβιγαια γυναικὶ Ναβαλ ἀπήγγειλεν ἓν τῶν παιδαρίων λέγων Ἰδοὺ
Δαυιδ ἀπέστειλεν ἀγγέλους ἐκ τῆς ἐρήμου εὐλογῆσαι τὸν κύριον
15 ἡμῶν, καὶ ἐξέκλινεν ἀπ᾽ αὐτῶν. ¹⁵καὶ οἱ ἄνδρες ἀγαθοὶ ἡμῖν σφό-
δρα· οὐκ ἀπεκώλυσαν ἡμᾶς οὐδὲ ἐνετείλαντο ἡμῖν πάσας τὰς ἡμέ-
16 ρας, ἃς ἦμεν παρ᾽ αὐτοῖς· καὶ ἐν τῷ εἶναι ἡμᾶς ἐν ἀγρῷ ¹⁶ὡς
τεῖχος ἦσαν περὶ ἡμᾶς καὶ τὴν νύκτα καὶ τὴν ἡμέραν πάσας τὰς
17 ἡμέρας, ἃς ἤμεθα παρ᾽ αὐτοῖς ποιμαίνοντες τὸ ποίμνιον. ¹⁷καὶ νῦν
γνῶθι καὶ ἰδὲ τί σὺ ποιήσεις, ὅτι συντετέλεσται ἡ κακία εἰς τὸν
κύριον ἡμῶν καὶ εἰς τὸν οἶκον αὐτοῦ· καὶ οὗτος υἱὸς λοιμός, καὶ
18 οὐκ ἔστιν λαλῆσαι πρὸς αὐτόν. ¹⁸καὶ ἔσπευσεν Αβιγαια καὶ ἔλαβεν
διακοσίους ἄρτους καὶ δύο ἀγγεῖα οἴνου καὶ πέντε πρόβατα πε-
ποιημένα καὶ πέντε οιφι ἀλφίτου καὶ γομορ ἓν σταφίδος καὶ δια-
19 κοσίας παλάθας καὶ ἔθετο ἐπὶ τοὺς ὄνους ¹⁹καὶ εἶπεν τοῖς παιδα-
ρίοις αὐτῆς Προπορεύεσθε ἔμπροσθέν μου, καὶ ἰδοὺ ἐγὼ ὀπίσω
20 ὑμῶν παραγίνομαι. καὶ τῷ ἀνδρὶ αὐτῆς οὐκ ἀπήγγειλεν. ²⁰καὶ ἐγε-
νήθη αὐτῆς ἐπιβεβηκυίης ἐπὶ τὴν ὄνον καὶ καταβαινούσης ἐν σκέπῃ
τοῦ ὄρους καὶ ἰδοὺ Δαυιδ καὶ οἱ ἄνδρες αὐτοῦ κατέβαινον εἰς
21 συνάντησιν αὐτῆς, καὶ ἀπήντησεν αὐτοῖς. ²¹καὶ Δαυιδ εἶπεν Ἴσως
εἰς ἄδικον πεφύλακα πάντα τὰ αὐτοῦ ἐν τῇ ἐρήμῳ καὶ οὐκ ἐνετει-
λάμεθα λαβεῖν ἐκ πάντων τῶν αὐτοῦ οὐθέν, καὶ ἀνταπέδωκέν μοι
22 πονηρὰ ἀντὶ ἀγαθῶν· ²²τάδε ποιήσαι ὁ θεὸς τῷ Δαυιδ καὶ τάδε

9 τους λογ. τουτους > OL† | προς] τω O† | κατα] και B† || 10 απεκριθη
... ειπεν] tr. A† | ο bis > OL† || 12 τα ult.] pr. παντα OL || 13 ρομφαι-
αν(L† μαχαιραν) αυτου] + και περιεζωσαντο ανηρ την μαχαιραν αυτου και περιε-
ζωσατο και δαυιδ την μαχαιραν αυτου OL | μετα] επι L || 14 αβιγαια hic
et in seq.: cf. 3 et 39. 40 | δαυιδ απεστ.] tr. OLᵖ, απεσταλκεν δ. Lᵖ | τον >
B† || 15 ημιν 2⁰] + ουδεν OL || 16 ημεθα (cf. Thack. p. 256) BA] ημεν
pau.; pro ας — ποιμαιν. hab. rel. οντων ημων μετ αυτων εν αγρω (L† και
pro εν αγρω) ποιμαινοντων || 17 τον οικον αυτου] pr. παντα O†, + παντα
L† || 18 διακοσιας] -σιους O | τους] τας O || 19 αυτης ult.] + ναβαλ OL

προσθείη, εἰ ὑπολείψομαι ἐκ πάντων τῶν τοῦ Ναβαλ ἕως πρωὶ
οὐροῦντα πρὸς τοῖχον. ²³καὶ εἶδεν Αβιγαια τὸν Δαυιδ καὶ ἔσπευ- 23
σεν καὶ κατεπήδησεν ἀπὸ τῆς ὄνου καὶ ἔπεσεν ἐνώπιον Δαυιδ
ἐπὶ πρόσωπον αὐτῆς καὶ προσεκύνησεν αὐτῷ ἐπὶ τὴν γῆν ²⁴ἐπὶ 24
τοὺς πόδας αὐτοῦ καὶ εἶπεν Ἐν ἐμοί, κύριέ μου, ἡ ἀδικία· λαλη-
σάτω δὴ ἡ δούλη σου εἰς τὰ ὦτά σου, καὶ ἄκουσον τῆς δούλης
σου λόγον. ²⁵μὴ δὴ θέσθω ὁ κύριός μου καρδίαν αὐτοῦ ἐπὶ τὸν 25
ἄνθρωπον τὸν λοιμὸν τοῦτον, ὅτι κατὰ τὸ ὄνομα αὐτοῦ οὕτως ἐστίν·
Ναβαλ ὄνομα αὐτῷ, καὶ ἀφροσύνη μετ᾽ αὐτοῦ· καὶ ἐγὼ ἡ δούλη
σου οὐκ εἶδον τὰ παιδάριά σου, ἃ ἀπέστειλας. ²⁶καὶ νῦν, κύριε, 26
ζῇ κύριος καὶ ζῇ ἡ ψυχή σου, καθὼς ἐκώλυσέν σε κύριος τοῦ μὴ
ἐλθεῖν εἰς αἷμα ἀθῷον καὶ σῴζειν τὴν χεῖρά σού σοι, καὶ νῦν γέ-
νοιντο ὡς Ναβαλ οἱ ἐχθροί σου καὶ οἱ ζητοῦντες τῷ κυρίῳ μου
κακά. ²⁷καὶ νῦν λαβὲ τὴν εὐλογίαν ταύτην, ἣν ἐνήνοχεν ἡ δούλη 27
σου τῷ κυρίῳ μου, καὶ δώσεις τοῖς παιδαρίοις τοῖς παρεστηκόσιν
τῷ κυρίῳ μου. ²⁸ἆρον δὴ τὸ ἀνόμημα τῆς δούλης σου, ὅτι ποιῶν 28
ποιήσει κύριος τῷ κυρίῳ μου οἶκον πιστόν, ὅτι πόλεμον κυρίου ὁ
κύριός μου πολεμεῖ, καὶ κακία οὐχ εὑρεθήσεται ἐν σοὶ πώποτε.
²⁹καὶ ἀναστήσεται ἄνθρωπος καταδιώκων σε καὶ ζητῶν τὴν ψυχήν 29
σου, καὶ ἔσται ἡ ψυχὴ κυρίου μου ἐνδεδεμένη ἐν δεσμῷ τῆς ζωῆς
παρὰ κυρίῳ τῷ θεῷ, καὶ ψυχὴν ἐχθρῶν σου σφενδονήσεις ἐν μέσῳ
τῆς σφενδόνης. ³⁰καὶ ἔσται ὅτι ποιήσει κύριος τῷ κυρίῳ μου πάντα, 30
ὅσα ἐλάλησεν ἀγαθὰ ἐπὶ σέ, καὶ ἐντελεῖταί σοι κύριος εἰς ἡγού-
μενον ἐπὶ Ισραηλ, ³¹καὶ οὐκ ἔσται σοι τοῦτο βδελυγμὸς καὶ σκάν- 31
δαλον τῷ κυρίῳ μου, ἐκχέαι αἷμα ἀθῷον δωρεὰν καὶ σῶσαι χεῖρα
κυρίου μου αὐτῷ. καὶ ἀγαθώσει κύριος τῷ κυρίῳ μου, καὶ μνησθήσῃ
τῆς δούλης σου ἀγαθῶσαι αὐτῇ. ³²καὶ εἶπεν Δαυιδ τῇ Αβιγαια 32
Εὐλογητὸς κύριος ὁ θεὸς Ισραηλ, ὃς ἀπέστειλέν σε σήμερον ἐν
ταύτῃ εἰς ἀπάντησίν μου, ³³καὶ εὐλογητὸς ὁ τρόπος σου, καὶ εὐλο- 33
γημένη σὺ ἡ ἀποκωλύσασά με σήμερον ἐν ταύτῃ μὴ ἐλθεῖν εἰς
αἵματα καὶ σῶσαι χεῖρά μου ἐμοί. ³⁴πλὴν ὅτι ζῇ κύριος ὁ θεὸς 34
Ισραηλ, ὃς ἀπεκώλυσέν με σήμερον τοῦ κακοποιῆσαί σε, ὅτι εἰ
μὴ ἔσπευσας καὶ παρεγένου εἰς ἀπάντησίν μοι, τότε εἶπα Εἰ ὑπο-

24 επι τ. ποδ. αυτου] pr. και επεσεν O⁺, pr. και et add. επεσεν L⁺ | αδικια
pl.] + μου BO | της δουλης σου/λογον] tr. OL (AL add. τον ante λογον) ‖
25 τουτον] + επι(O–A⁺ τον) ναβαλ OL⁺ | ουτως O–AL] -τος B, αυτος A, post
εστιν add. αυτος L⁺ | σου ult. BO] του κυριου μου pl. ‖ 27 ταυτην > B |
και 2⁰] pr. λαβε O ‖ 28 ποιων et πιστον > A⁺ | ο κυριος/μου Gra.] tr. BL,
pr. μου (sic) O⁺ ‖ 29 η > B⁺ | εχθρων] pr. των OL ‖ 30 οτι] οτε O⁺,
οταν L | κυριος ult. > B⁺ ‖ 31 σκανδ.] + καρδιας OL | αγαθωσει V] -σαι
BA, -θυνει L | αυτη] -την O ‖ 32 ευλογητος] βαρουχ L⁺: item in 39 | σημ.
εν ταυτη (cf. 33)] > B⁺ | μου] μοι L, εμοι A⁺ ‖ 34 απαντην A⁺ | μοι] μου
OL | τοτε — υπολειφθ.] ουκ αν υπελειφθη L⁺

λειφθήσεται τῷ Ναβαλ ἕως φωτὸς τοῦ πρωὶ οὐρῶν πρὸς τοῖχον.
35 ³⁵καὶ ἔλαβεν Δαυιδ ἐκ χειρὸς αὐτῆς πάντα, ἃ ἔφερεν αὐτῷ, καὶ
εἶπεν αὐτῇ Ἀνάβηθι εἰς εἰρήνην εἰς οἶκόν σου· βλέπε ἤκουσα τῆς
36 φωνῆς σου καὶ ἡρέτισα τὸ πρόσωπόν σου. ³⁶καὶ παρεγενήθη
Αβιγαια πρὸς Ναβαλ, καὶ ἰδοὺ αὐτῷ πότος ἐν οἴκῳ αὐτοῦ ὡς πότος
βασιλέως, καὶ ἡ καρδία Ναβαλ ἀγαθὴ ἐπ' αὐτόν, καὶ αὐτὸς μεθύων
ἕως σφόδρα· καὶ οὐκ ἀπήγγειλεν αὐτῷ ῥῆμα μικρὸν ἢ μέγα ἕως
37 φωτὸς τοῦ πρωί. ³⁷καὶ ἐγένετο πρωί, ὡς ἐξένηψεν ἀπὸ τοῦ οἴνου Να-
βαλ, ἀπήγγειλεν αὐτῷ ἡ γυνὴ αὐτοῦ τὰ ῥήματα ταῦτα, καὶ ἐναπέθανεν
38 ἡ καρδία αὐτοῦ ἐν αὐτῷ, καὶ αὐτὸς γίνεται ὡς λίθος. ³⁸καὶ ἐγένετο
ὡσεὶ δέκα ἡμέραι καὶ ἐπάταξεν κύριος τὸν Ναβαλ, καὶ ἀπέθανεν.
39 ³⁹καὶ ἤκουσεν Δαυιδ καὶ εἶπεν Εὐλογητὸς κύριος, ὃς ἔκρινεν τὴν
κρίσιν τοῦ ὀνειδισμοῦ μου ἐκ χειρὸς Ναβαλ καὶ τὸν δοῦλον αὐτοῦ
περιεποιήσατο ἐκ χειρὸς κακῶν, καὶ τὴν κακίαν Ναβαλ ἀπέστρεψεν
κύριος εἰς κεφαλὴν αὐτοῦ. καὶ ἀπέστειλεν Δαυιδ καὶ ἐλάλησεν περὶ
40 Αβιγαιας λαβεῖν αὐτὴν ἑαυτῷ εἰς γυναῖκα. ⁴⁰καὶ ἦλθον οἱ παῖδες
Δαυιδ πρὸς Αβιγαιαν εἰς Κάρμηλον καὶ ἐλάλησαν αὐτῇ λέγοντες
Δαυιδ ἀπέστειλεν ἡμᾶς πρὸς σὲ λαβεῖν σε αὐτῷ εἰς γυναῖκα.
41 ⁴¹καὶ ἀνέστη καὶ προσεκύνησεν ἐπὶ τὴν γῆν ἐπὶ πρόσωπον καὶ
εἶπεν Ἰδοὺ ἡ δούλη σου εἰς παιδίσκην νίψαι πόδας τῶν παίδων
42 σου. ⁴²καὶ ἀνέστη Αβιγαια καὶ ἐπέβη ἐπὶ τὴν ὄνον, καὶ πέντε κορά-
σια ἠκολούθουν αὐτῇ, καὶ ἐπορεύθη ὀπίσω τῶν παίδων Δαυιδ καὶ
43 γίνεται αὐτῷ εἰς γυναῖκα. ⁴³καὶ τὴν Αχινααμ ἔλαβεν Δαυιδ ἐξ Ιεζ-
44 ραελ, καὶ ἀμφότεραι ἦσαν αὐτῷ γυναῖκες. ⁴⁴καὶ Σαουλ ἔδωκεν
Μελχολ τὴν θυγατέρα αὐτοῦ τὴν γυναῖκα Δαυιδ τῷ Φαλτι υἱῷ
Λαις τῷ ἐκ Ρομμα.
26 ¹Καὶ ἔρχονται οἱ Ζιφαῖοι ἐκ τῆς αὐχμώδους πρὸς τὸν Σαουλ
εἰς τὸν βουνὸν λέγοντες Ἰδοὺ Δαυιδ σκεπάζεται μεθ' ἡμῶν ἐν τῷ
2 βουνῷ τοῦ Εχελα τοῦ κατὰ πρόσωπον τοῦ Ιεσσαιμουν. ²καὶ ἀνέστη
Σαουλ καὶ κατέβη εἰς τὴν ἔρημον Ζιφ καὶ μετ' αὐτοῦ τρεῖς χιλι-

35 χειρος] pr. της O† | ειπεν αυτη] tr. A† ‖ 36 αυτω 1⁰ > A† | ποτος 1⁰
⌒ 2⁰ B*† | οικω] pr. τω AL | βασιλεως] pr. του O†, των βασιλεων L† ‖
37 ως 1⁰] εως A† | αυτω 1⁰ > BO† | ως ult.] ωσει O† ‖ 39 δαυιδ 1⁰]
+ οτι απεθανεν ναβαλ OL(om. ναβαλ)† | ναβαλ 1⁰] pr. του A† | αβιγαιας]
ς > A†: cf. 40 ‖ 40 αβιγαιαν] ν > A†: cf. 39 ‖ 41 επι τ. γην/επι προσ.]
tr. OL | σου ult.] του κυριου μου (uel σου του κυρ. μου) OL ‖ 42 init.] pr.
και εταχυνεν OL | παιδων] αγγελων L† ‖ 43 αχινααμ] -νααν B hic, non in
27 3 | ιεζραελ M] ιζιαελ A†, ισραηλ B (L dub.) | αμφοτ. ησαν] tr. O†, αμφ.
post αυτω tr. L† | γυναικες] εις -κας L ‖ 44 λαις O†] αμεις B, ιωας L |
ρομμα] γαλλιμ uel sim. O, γολιαθ L†
26 1 ιδου] pr. ουκ M | μεθ ημων] παρ ημιν AL† | του 1⁰ O (cf. 3 23 19)] τω
BL: item L (non B) in 3, L† in 23 19 | εχελα L⁽†⁾ (cf. 3 23 19)] χελμαθ B†,
αχιλα O†: cf. 3 | του 2⁰] τω L, > O-A† | ιεσσαιμουν] ν > BO: item in 3, cf.
23 19 ‖ 2 ανεστη ... κατεβη] κατεβη ... επορευθη A†

άδες ανδρών εκλεκτοί εξ Ισραηλ ζητεῖν τὸν Δαυιδ ἐν τῇ ἐρήμῳ
Ζιφ. ³καὶ παρενέβαλεν Σαουλ ἐν τῷ βουνῷ τοῦ Εχελα ἐπὶ προσ- 3
ώπου τοῦ Ιεσσαιμουν ἐπὶ τῆς ὁδοῦ, καὶ Δαυιδ ἐκάθισεν ἐν τῇ
ἐρήμῳ. καὶ εἶδεν Δαυιδ ὅτι ἥκει Σαουλ ὀπίσω αὐτοῦ εἰς τὴν ἔρη-
μον, ⁴καὶ ἀπέστειλεν Δαυιδ κατασκόπους καὶ ἔγνω ὅτι ἥκει Σαουλ 4
ἕτοιμος ἐκ Κεϊλα. ⁵καὶ ἀνέστη Δαυιδ λάθρα καὶ εἰσπορεύεται εἰς 5
τὸν τόπον, οὗ ἐκάθευδεν ἐκεῖ Σαουλ, καὶ ἐκεῖ Αβεννηρ υἱὸς Νηρ
ἀρχιστράτηγος αὐτοῦ, καὶ Σαουλ ἐκάθευδεν ἐν λαμπήνῃ, καὶ ὁ λαὸς
παρεμβεβληκὼς κύκλῳ αὐτοῦ. ⁶καὶ ἀπεκρίθη Δαυιδ καὶ εἶπεν πρὸς 6
Αχιμελεχ τὸν Χετταῖον καὶ πρὸς Αβεσσα υἱὸν Σαρουιας ἀδελφὸν
Ιωαβ λέγων Τίς εἰσελεύσεται μετ᾽ ἐμοῦ πρὸς Σαουλ εἰς τὴν παρ-
εμβολήν; καὶ εἶπεν Αβεσσα ᾽Εγὼ εἰσελεύσομαι μετὰ σοῦ. ⁷καὶ 7
εἰσπορεύεται Δαυιδ καὶ Αβεσσα εἰς τὸν λαὸν τὴν νύκτα, καὶ
ἰδοὺ Σαουλ καθεύδων ὕπνῳ ἐν λαμπήνῃ, καὶ τὸ δόρυ ἐμπεπηγὸς
εἰς τὴν γῆν πρὸς κεφαλῆς αὐτοῦ, καὶ Αβεννηρ καὶ ὁ λαὸς αὐτοῦ
ἐκάθευδεν κύκλῳ αὐτοῦ. ⁸καὶ εἶπεν Αβεσσα πρὸς Δαυιδ ᾽Απέκλεισεν 8
σήμερον κύριος τὸν ἐχθρόν σου εἰς τὰς χεῖράς σου, καὶ νῦν πατά-
ξω αὐτὸν τῷ δόρατι εἰς τὴν γῆν ἅπαξ καὶ οὐ δευτερώσω αὐτῷ.
⁹καὶ εἶπεν Δαυιδ πρὸς Αβεσσα Μὴ ταπεινώσῃς αὐτόν, ὅτι τίς 9
ἐποίσει χεῖρα αὐτοῦ ἐπὶ χριστὸν κυρίου καὶ ἀθῳωθήσεται; ¹⁰καὶ 10
εἶπεν Δαυιδ Ζῇ κύριος, ἐὰν μὴ κύριος παίσῃ αὐτόν, ἢ ἡ ἡμέρα
αὐτοῦ ἔλθη καὶ ἀποθάνῃ, ἢ εἰς πόλεμον καταβῇ καὶ προστεθῇ·
¹¹μηδαμῶς μοι παρὰ κυρίου ἐπενεγκεῖν χεῖρά μου ἐπὶ χριστὸν 11
κυρίου· καὶ νῦν λαβὲ δὴ τὸ δόρυ ἀπὸ πρὸς κεφαλῆς αὐτοῦ καὶ
τὸν φακὸν τοῦ ὕδατος, καὶ ἀπέλθωμεν καθ᾽ ἑαυτούς. ¹²καὶ ἔλαβεν 12
Δαυιδ τὸ δόρυ καὶ τὸν φακὸν τοῦ ὕδατος ἀπὸ πρὸς κεφαλῆς αὐ-
τοῦ, καὶ ἀπῆλθον καθ᾽ ἑαυτούς· καὶ ουκ ἦν ὁ βλέπων καὶ οὐκ ἦν
ὁ γινώσκων καὶ οὐκ ἦν ὁ ἐξεγειρόμενος, πάντες ὑπνοῦντες, ὅτι
θάμβος κυρίου ἐπέπεσεν ἐπ᾽ αὐτούς. ¹³καὶ διέβη Δαυιδ εἰς τὸ πέ- 13

2 εκλεκτοι] -των OL ‖ 3 εχελα BAL] αχιμα(pro -ιλα) O–A†: cf. 1 | επι 1⁰
BL†] pr. του A, pr. το O–A†, pr. τω M ‖ 4 εκ κε(ε)ιλα BA (cf. 23 1—13)]
εις κ. O–A†; εις σεκελαγ(cf. 27 6) L, cf. Ioseph. Antiq. VI 310 Niese επι τινι
τοπω σικελλα λεγομενω ‖ 5 εισπορ.] εισ > O, επορευθη L† | σαουλ 1⁰] +
και ειδεν δαυιδ τον τοπον ου εκοιμηθη(O–A† κοιμαται) εκει σαουλ O–AL ‖
6 αχιμελεχ] αβ(ε)ιμ. B*A: cf. 21 2 | αβεσσα bis: sic L ubique et B 1⁰ et in
II 2 18.24 3 30 21 17, sed B (uel B†) 2⁰ et in 7—9 II 10 10.14 16 9.11 18 2.
5.12 19 22 20 6.10 23 18 αβεισα; O† ubique αβισαι (saepe corruptum); cf.
Par. I 2 16 | σαρουιας: sic B† hic, A† in II 2 18, pau. (non A; B deest) in
II 2 13, BA inde ab II 3 39 ubique; ς deest in L ubique, in O–A plerum-
que; cf. Par. I 2 16 | εισελευσομαι] εισπορευσομαι O† (σ 2⁰ > A†) ‖ 7 υπνω
B(†)] υπνωσεν L†, > O | δορυ] + αυτου B† ‖ 8 σημερον κυριος] tr. OL
(L^p tr. σημ. post σου 1⁰) | τας > OL ‖ 9 ταπειν.] διαφθειρης OL ‖ 10 εαν]
pr. οτι OL | παιση AL] παιδευση BO–A | η 2⁰ > O–376 ‖ 11 μοι > O† ‖
12 του υδατος et αυτου > A† | επεπεσεν] επ > BA†

ραν καὶ ἔστη ἐπὶ τὴν κορυφὴν τοῦ ὄρους μακρόθεν, καὶ πολλὴ ἡ
14 ὁδὸς ἀνὰ μέσον αὐτῶν. ¹⁴καὶ προσεκαλέσατο Δαυιδ τὸν λαὸν καὶ
τῷ Αβεννηρ ἐλάλησεν λέγων Οὐκ ἀποκριθήσει, Αβεννηρ; καὶ ἀπε-
15 κρίθη Αβεννηρ καὶ εἶπεν Τίς εἶ σὺ ὁ καλῶν με; ¹⁵καὶ εἶπεν Δαυιδ
πρὸς Αβεννηρ Οὐκ ἀνὴρ σύ; καὶ τίς ὡς σὺ ἐν Ισραηλ; καὶ διὰ
τί οὐ φυλάσσεις τὸν κύριόν σου τὸν βασιλέα; ὅτι εἰσῆλθεν εἷς
16 ἐκ τοῦ λαοῦ διαφθεῖραι τὸν βασιλέα κύριόν σου. ¹⁶καὶ οὐκ ἀγαθὸν
τὸ ῥῆμα τοῦτο, ὃ πεποίηκας· ζῇ κύριος, ὅτι υἱοὶ θανατώσεως
ὑμεῖς οἱ φυλάσσοντες τὸν βασιλέα κύριον ὑμῶν τὸν χριστὸν κυ-
ρίου. καὶ νῦν ἰδὲ δή· τὸ δόρυ τοῦ βασιλέως καὶ ὁ φακὸς τοῦ ὕδα-
17 τος ποῦ ἐστιν τὰ πρὸς κεφαλῆς αὐτοῦ; ¹⁷καὶ ἐπέγνω Σαουλ τὴν
φωνὴν τοῦ Δαυιδ καὶ εἶπεν Ἦ φωνή σου αὕτη, τέκνον Δαυιδ;
18 καὶ εἶπεν Δαυιδ Δοῦλός σου, κύριε βασιλεῦ. ¹⁸καὶ εἶπεν Ἵνα τί
τοῦτο καταδιώκει ὁ κύριός μου ὀπίσω τοῦ δούλου αὐτοῦ; ὅτι τί
19 ἡμάρτηκα καὶ τί εὑρέθη ἐν ἐμοὶ ἀδίκημα; ¹⁹καὶ νῦν ἀκουσάτω δὴ
ὁ κύριός μου ὁ βασιλεὺς τὸ ῥῆμα τοῦ δούλου αὐτοῦ· εἰ ὁ θεὸς
ἐπισείει σε ἐπ᾽ ἐμέ, ὀσφρανθείη θυσίας σου· καὶ εἰ υἱοὶ ἀνθρώ-
πων, ἐπικατάρατοι οὗτοι ἐνώπιον κυρίου, ὅτι ἐξέβαλόν με σήμερον
μὴ ἐστηρίσθαι ἐν κληρονομίᾳ κυρίου λέγοντες Πορεύου δούλευε
20 θεοῖς ἑτέροις. ²⁰καὶ νῦν μὴ πέσοι τὸ αἷμά μου ἐπὶ τὴν γῆν ἐξ
ἐναντίας προσώπου κυρίου, ὅτι ἐξελήλυθεν ὁ βασιλεὺς Ισραηλ
ζητεῖν τὴν ψυχήν μου, καθὼς καταδιώκει ὁ νυκτικόραξ ἐν τοῖς
21 ὄρεσιν. ²¹καὶ εἶπεν Σαουλ Ἡμάρτηκα· ἐπίστρεφε, τέκνον Δαυιδ,
ὅτι οὐ κακοποιήσω σε ἀνθ᾽ ὧν ἔντιμος ψυχή μου ἐν ὀφθαλμοῖς
σου ἐν τῇ σήμερον· μεματαίωμαι καὶ ἠγνόηκα πολλὰ σφόδρα.
22 ²²καὶ ἀπεκρίθη Δαυιδ καὶ εἶπεν Ἰδοὺ τὸ δόρυ τοῦ βασιλέως·
23 διελθέτω εἷς τῶν παιδαρίων καὶ λαβέτω αὐτό. ²³καὶ κύριος ἐπι-
στρέψει ἑκάστῳ τὰς δικαιοσύνας αὐτοῦ καὶ τὴν πίστιν αὐτοῦ, ὡς
παρέδωκέν σε κύριος σήμερον εἰς χεῖράς μου καὶ οὐκ ἠθέλησα
24 ἐπενεγκεῖν χεῖρά μου ἐπὶ χριστὸν κυρίου· ²⁴καὶ ἰδοὺ καθὼς ἐμε-
γαλύνθη ἡ ψυχή σου σήμερον ἐν ταύτῃ ἐν ὀφθαλμοῖς μου, οὕτως
μεγαλυνθείη ἡ ψυχή μου ἐνώπιον κυρίου καὶ σκεπάσαι με καὶ ἐξε-

14 αβεννηρ 2⁰ ∩ 3⁰ BO | με > B† | fin.] + προς τον βασιλεα O†, + τις ει
συ L† ‖ 15 τον ult. — fin.] τον ante κυριον add. A, τον κυριον σου τον
βασ. L, τον βασ. O-A ‖ 16 κυριον] pr. τον OL ‖ 17 του > OL | αυτη τε-
κνον] tr. B† ‖ 18 ειπεν] + δαυιδ AL† | καταδιωκει / ο κυρ. μου] tr. O†, μου
> BA, + ο βασιλευς L† | οτι τι] τι > A ‖ 19 δη > B† | επ] εις A† | θυ-
σιας (cf. Helbing Kasussyntax p. 159) B†] θυσια AM†, η θυσια rel.: οσφραν-
θειη in B est deponens, in rel. passiuum | ουτοι > O ‖ 20 την(> B†) ψυ-
χην μου] ψυλλον ενα L†: cf. 𝔐 et 24 15 ‖ 21 σε] + ετι OL | εν ult.] pr.
και B*† | σημερον BA] ημερα ταυτη L, pr. ημερα ταυτη O-A† | ηγνοησα
O† ‖ 23 σημερον > A ‖ 24 σκεπασαι] -σει uel sim. O†, εκσπασαι L† | εξε-
λειται] -λοιτο AL

λεῖταί με ἐκ πάσης θλίψεως. ²⁵καὶ εἶπεν Σαουλ πρὸς Δαυιδ Εὐλο- 25
γημένος σύ, τέκνον, καὶ ποιῶν ποιήσεις καὶ δυνάμενος δυνήσει.
καὶ ἀπῆλθεν Δαυιδ εἰς τὴν ὁδὸν αὐτοῦ, καὶ Σαουλ ἀνέστρεψεν εἰς
τὸν τόπον αὐτοῦ.

¹Καὶ εἶπεν Δαυιδ ἐν τῇ καρδίᾳ αὐτοῦ λέγων Νῦν προστεθήσομαι 27
ἐν ἡμέρᾳ μιᾷ εἰς χεῖρας Σαουλ, καὶ οὐκ ἔστιν μοι ἀγαθόν, ἐὰν μὴ
σωθῶ εἰς γῆν ἀλλοφύλων καὶ ἀνῇ Σαουλ τοῦ ζητεῖν με εἰς πᾶν
ὅριον Ισραηλ, καὶ σωθήσομαι ἐκ χειρὸς αὐτοῦ. ²καὶ ἀνέστη Δαυιδ 2
καὶ οἱ τετρακόσιοι ἄνδρες μετ᾽ αὐτοῦ καὶ ἐπορεύθη πρὸς Αγχους
υἱὸν Αμμαχ βασιλέα Γεθ. ³καὶ ἐκάθισεν Δαυιδ μετὰ Αγχους ἐν Γεθ, 3
αὐτὸς καὶ οἱ ἄνδρες αὐτοῦ, ἕκαστος καὶ ὁ οἶκος αὐτοῦ, καὶ Δαυιδ
καὶ ἀμφότεραι αἱ γυναῖκες αὐτοῦ Αχινααμ ἡ Ιεζραηλῖτις καὶ Αβι-
γαια ἡ γυνὴ Ναβαλ τοῦ Καρμηλίου. ⁴καὶ ἀνηγγέλη τῷ Σαουλ ὅτι 4
πέφευγεν Δαυιδ εἰς Γεθ, καὶ οὐ προσέθετο ἔτι ζητεῖν αὐτόν. ⁵καὶ 5
εἶπεν Δαυιδ πρὸς Αγχους Εἰ δὴ εὕρηκεν ὁ δοῦλός σου χάριν ἐν
ὀφθαλμοῖς σου, δότωσαν δή μοι τόπον ἐν μιᾷ τῶν πόλεων τῶν
κατ᾽ ἀγρὸν καὶ καθήσομαι ἐκεῖ · καὶ ἵνα τί κάθηται ὁ δοῦλός σου
ἐν πόλει βασιλευομένῃ μετὰ σοῦ; ⁶καὶ ἔδωκεν αὐτῷ ἐν τῇ ἡμέρᾳ 6
ἐκείνῃ τὴν Σεκελακ · διὰ τοῦτο ἐγενήθη Σεκελακ τῷ βασιλεῖ τῆς
Ιουδαίας ἕως τῆς ἡμέρας ταύτης. ⁷καὶ ἐγενήθη ὁ ἀριθμὸς τῶν 7
ἡμερῶν, ὧν ἐκάθισεν Δαυιδ ἐν ἀγρῷ τῶν ἀλλοφύλων, τέσσαρας
μῆνας. ⁸καὶ ἀνέβαινεν Δαυιδ καὶ οἱ ἄνδρες αὐτοῦ καὶ ἐπετίθεντο 8
ἐπὶ πάντα τὸν Γεσιρι καὶ ἐπὶ τὸν Αμαληκίτην · καὶ ἰδοὺ ἡ γῆ κατῳ-
κεῖτο ἀπὸ ἀνηκόντων ἡ ἀπὸ Γελαμψουρ τετειχισμένων καὶ ἕως γῆς
Αἰγύπτου. ⁹καὶ ἔτυπτε τὴν γῆν καὶ οὐκ ἐζωογόνει ἄνδρα καὶ γυ- 9
ναῖκα καὶ ἐλάμβανεν ποίμνια καὶ βουκόλια καὶ ὄνους καὶ καμήλους
καὶ ἱματισμόν, καὶ ἀνέστρεψαν καὶ ἤρχοντο πρὸς Αγχους. ¹⁰καὶ 10
εἶπεν Αγχους πρὸς Δαυιδ Ἐπὶ τίνα ἐπέθεσθε σήμερον; καὶ εἶπεν

25 ευλογημενον Aᵗ | τεκνον] + δαυιδ OLᵗ | την οδον ... τον τοπον] tr. Bᵗ
| ανεστρεψεν BO–A] απεστρ. Aᵗ, επεστρ. L
27 1 ανη] ανει O²⁴⁷ᵗ, εαν η BO³⁷⁶ᵗ, ηλθεν Aᵗ, + απ εμου L ‖ 2 δαυιδ] +
και διεβη αυτος ALᵗ, + αυτος O–Aᵗ | τετρακ.] εξακοσιοι AL (O–A om. nume-
rum: cf. 30 21): cf. 30 9 | μετ] pr. οι ALᵖ | και επορ. > B | αμμαχ B⁽ᵗ⁾] μωαβ
Oᵗ, αχιμααν Lᵗ ‖ 3 εν γεθ > B | ιεζραηλιτις Lᵖ] ειζρ. Aᵗ, ισρ. B ‖ 5 ο
δουλος σου / χαριν] tr. O–AL ‖ 6 αυτω] + αγχους OLᵗ (O–A αχους, L ακχους:
item aliis locis; cf. III 2 39) | σεκελακ bis B] -λαγ L, σικελαγ O (-λαχ O³⁷⁶ᵗ):
item in 30 1.14.26 II 1 1 4 10, sed Aᵗ σικελα in I 30 14; cf. Ios. 15 31 19 5
| σεκελακ 1⁰⌢2⁰ A ‖ 7 ων εκαθ. / δαυιδ] tr. Aᵗ | αγρω] οδω Bᵗ | τεσσα-
ρας μηνας] μηνες τεσσαρες Lᵗ, pr. ημερας Aᵗ, ωσει τεσσαρες μηνες O–Aᵗ ‖
8 γεσιρι] γεσερι(uel sim.) και τον γεζραιον(O–A σ pro ζ) Oᵗ, εγγιζοντα και εξ-
ετεινον επι τον γε(σ)σουραιον και τον ιεζραιον L | η γη / κατωκ.] tr. OLᵗ |
ανηκ. — γελαμψουρ] γελαμσουρ απο ανηκ. Oᵗ, γε(σ)σουρ Lᵗ | τετειχ. > Lᵗ |
της] της B ‖ 9 ετυπτε] + δαυιδ Oᵗ | ανεστρεψαν Bᵗ] -ψε uel -φεν O–Aᵗ,
επεστρεψαν Aᵗ, ανεστρεφον L | ηρχετο O–Aᵗ

Δαυιδ πρὸς Αγχους Κατὰ νότον τῆς Ιουδαίας καὶ κατὰ νότον
11 Ιεσμεγα καὶ κατὰ νότον τοῦ Κενεζι. ¹¹καὶ ἄνδρα καὶ γυναῖκα οὐκ
ἐζωογόνησεν τοῦ εἰσαγαγεῖν εἰς Γεθ λέγων Μὴ ἀναγγείλωσιν εἰς
Γεθ καθ᾽ ἡμῶν λέγοντες Τάδε Δαυιδ ποιεῖ. καὶ τόδε τὸ δικαίωμα
αὐτοῦ πάσας τὰς ἡμέρας, ἃς ἐκάθητο Δαυιδ ἐν ἀγρῷ τῶν ἀλλο-
12 φύλων. ¹²καὶ ἐπιστεύθη Δαυιδ ἐν τῷ Αγχους σφόδρα λέγων Ἤι-
σχυνται αἰσχυνόμενος ἐν τῷ λαῷ αὐτοῦ ἐν Ισραηλ καὶ ἔσται μοι
δοῦλος εἰς τὸν αἰῶνα.

28 ¹Καὶ ἐγενήθη ἐν ταῖς ἡμέραις ἐκείναις καὶ συναθροίζονται ἀλλό-
φυλοι ἐν ταῖς παρεμβολαῖς αὐτῶν ἐξελθεῖν πολεμεῖν μετὰ Ισραηλ,
καὶ εἶπεν Αγχους πρὸς Δαυιδ Γινώσκων γνώσει ὅτι μετ᾽ ἐμοῦ
2 ἐξελεύσει εἰς πόλεμον σὺ καὶ οἱ ἄνδρες σου. ²καὶ εἶπεν Δαυιδ
πρὸς Αγχους Οὕτω νῦν γνώσει ἃ ποιήσει ὁ δοῦλός σου · καὶ
εἶπεν Αγχους πρὸς Δαυιδ Οὕτως ἀρχισωματοφύλακα θήσομαί σε
πάσας τὰς ἡμέρας.

3 ³Καὶ Σαμουηλ ἀπέθανεν, καὶ ἐκόψαντο αὐτὸν πᾶς Ισραηλ καὶ
θάπτουσιν αὐτὸν ἐν Αρμαθαιμ ἐν πόλει αὐτοῦ. καὶ Σαουλ περιεῖλεν
4 τοὺς ἐγγαστριμύθους καὶ τοὺς γνώστας ἀπὸ τῆς γῆς. ⁴καὶ συν-
αθροίζονται οἱ ἀλλόφυλοι καὶ ἔρχονται καὶ παρεμβάλλουσιν εἰς
Σωμαν, καὶ συναθροίζει Σαουλ πάντα ἄνδρα Ισραηλ καὶ παρεμ-
5 βάλλουσιν εἰς Γελβουε. ⁵καὶ εἶδεν Σαουλ τὴν παρεμβολὴν τῶν
6 ἀλλοφύλων καὶ ἐφοβήθη, καὶ ἐξέστη ἡ καρδία αὐτοῦ σφόδρα. ⁶καὶ
ἐπηρώτησεν Σαουλ διὰ κυρίου, καὶ οὐκ ἀπεκρίθη αὐτῷ κύριος ἐν
7 τοῖς ἐνυπνίοις καὶ ἐν τοῖς δήλοις καὶ ἐν τοῖς προφήταις. ⁷καὶ εἶ-
πεν Σαουλ τοῖς παισὶν αὐτοῦ Ζητήσατέ μοι γυναῖκα ἐγγαστρίμυ-
θον, καὶ πορεύσομαι πρὸς αὐτὴν καὶ ζητήσω ἐν αὐτῇ · καὶ εἶπαν
οἱ παῖδες αὐτοῦ πρὸς αὐτόν Ἰδοὺ γυνὴ ἐγγαστρίμυθος ἐν Αενδωρ.
8 ⁸καὶ συνεκαλύψατο Σαουλ καὶ περιεβάλετο ἱμάτια ἕτερα καὶ πορεύε-
ται αὐτὸς καὶ δύο ἄνδρες μετ᾽ αὐτοῦ καὶ ἔρχονται πρὸς τὴν γυ-
ναῖκα νυκτὸς καὶ εἶπεν αὐτῇ Μάντευσαι δή μοι ἐν τῷ ἐγγαστρι-
9 μύθῳ καὶ ἀνάγαγέ μοι ὃν ἐὰν εἴπω σοι. ⁹καὶ εἶπεν ἡ γυνὴ πρὸς
αὐτόν Ἰδοὺ δὴ σὺ οἶδας ὅσα ἐποίησεν Σαουλ, ὡς ἐξωλέθρευσεν
τοὺς ἐγγαστριμύθους καὶ τοὺς γνώστας ἀπὸ τῆς γῆς · καὶ ἵνα τί
10 σὺ παγιδεύεις τὴν ψυχήν μου θανατῶσαι αὐτήν; ¹⁰καὶ ὤμοσεν

10 ιεσμεγα] εραμαλει O-A†, ισραμηλει A† (σ pro ε: cf. 30 29), αερμων L† |
κενεζι (cf. 30 29)] κηνει O† ‖ 11 εζωογονησεν Ra.] -νει L, -νησα BO | δαυιδ
ποιει] tr. L, εποιει δ. A†, εποιησε δ. O-A† | τοδε] ταδε A†, τουτο L† ‖
12 δαυιδ ... αγχους(cf. 6)] tr. O† | μοι] μου AL†
28 1 εξελθειν > O† | μετα] επι AL† | πολεμον] pr. τον OL ‖ 3 αρμαθαιμ]
ραμα A†: cf. 25 1 ‖ 4 οι > A | σωμαν] σωναμ O²⁴⁷, γωναμαν A† ‖ 7 α-
ενδωρ L] αελδωρ B†, ηνδωρ O† (sic O³⁷⁶†, ινδωρ O²⁴⁷†, νηνδωρ A†) ‖
8 συνεκαλυψατο] περιεκαλ. O†, ηλλοιωθη L†

αὐτῇ Σαουλ λέγων Ζῇ κύριος, εἰ ἀπαντήσεταί σοι ἀδικία ἐν τῷ
λόγῳ τούτῳ. ¹¹καὶ εἶπεν ἡ γυνή Τίνα ἀναγάγω σοι; καὶ εἶπεν Τὸν 11
Σαμουηλ ἀνάγαγέ μοι. ¹²καὶ εἶδεν ἡ γυνὴ τὸν Σαμουηλ καὶ ἀνε- 12
βόησεν φωνῇ μεγάλῃ · καὶ εἶπεν ἡ γυνὴ πρὸς Σαουλ Ἵνα τί παρ-
ελογίσω με; καὶ σὺ εἶ Σαουλ. ¹³καὶ εἶπεν αὐτῇ ὁ βασιλεύς Μὴ 13
φοβοῦ, εἰπὸν τίνα ἑόρακας. καὶ εἶπεν αὐτῷ Θεοὺς ἑόρακα ἀνα-
βαίνοντας ἐκ τῆς γῆς. ¹⁴καὶ εἶπεν αὐτῇ Τί ἔγνως; καὶ εἶπεν αὐτῷ 14
Ἄνδρα ὄρθιον ἀναβαίνοντα ἐκ τῆς γῆς, καὶ οὗτος διπλοΐδα ἀναβε-
βλημένος. καὶ ἔγνω Σαουλ ὅτι Σαμουηλ οὗτος, καὶ ἔκυψεν ἐπὶ
πρόσωπον αὐτοῦ ἐπὶ τὴν γῆν καὶ προσεκύνησεν αὐτῷ. ¹⁵καὶ εἶπεν 15
Σαμουηλ Ἵνα τί παρηνώχλησάς μοι ἀναβῆναί με; καὶ εἶπεν Σαουλ
Θλίβομαι σφόδρα, καὶ οἱ ἀλλόφυλοι πολεμοῦσιν ἐν ἐμοί, καὶ ὁ θεὸς
ἀφέστηκεν ἀπ᾽ ἐμοῦ καὶ οὐκ ἐπακήκοέν μοι ἔτι καὶ ἐν χειρὶ τῶν
προφητῶν καὶ ἐν τοῖς ἐνυπνίοις · καὶ νῦν κέκληκά σε γνωρίσαι
μοι τί ποιήσω. ¹⁶καὶ εἶπεν Σαμουηλ Ἵνα τί ἐπερωτᾷς με; καὶ κύ- 16
ριος ἀφέστηκεν ἀπὸ σοῦ καὶ γέγονεν μετὰ τοῦ πλησίον σου ·
¹⁷καὶ πεποίηκεν κύριός σοι καθὼς ἐλάλησεν ἐν χειρί μου, καὶ διαρ- 17
ρήξει κύριος τὴν βασιλείαν σου ἐκ χειρός σου καὶ δώσει αὐτὴν
τῷ πλησίον σου τῷ Δαυιδ. ¹⁸διότι οὐκ ἤκουσας φωνῆς κυρίου 18
καὶ οὐκ ἐποίησας θυμὸν ὀργῆς αὐτοῦ ἐν Αμαληκ, διὰ τοῦτο τὸ
ῥῆμα ἐποίησεν κύριός σοι τῇ ἡμέρᾳ ταύτῃ. ¹⁹καὶ παραδώσει κύριος 19
τὸν Ισραηλ μετὰ σοῦ εἰς χεῖρας ἀλλοφύλων, καὶ αὔριον σὺ καὶ οἱ
υἱοί σου μετὰ σοῦ πεσοῦνται, καὶ τὴν παρεμβολὴν Ισραηλ δώσει
κύριος εἰς χεῖρας ἀλλοφύλων. ²⁰καὶ ἔσπευσεν Σαουλ καὶ ἔπεσεν 20
ἑστηκὼς ἐπὶ τὴν γῆν καὶ ἐφοβήθη σφόδρα ἀπὸ τῶν λόγων Σα-
μουηλ · καὶ ἰσχὺς ἐν αὐτῷ οὐκ ἦν ἔτι, οὐ γὰρ ἔφαγεν ἄρτον ὅλην
τὴν ἡμέραν καὶ ὅλην τὴν νύκτα ἐκείνην. ²¹καὶ εἰσῆλθεν ἡ γυνὴ 21
πρὸς Σαουλ καὶ εἶδεν ὅτι ἔσπευσεν σφόδρα, καὶ εἶπεν πρὸς αὐτόν
Ἰδοὺ δὴ ἤκουσεν ἡ δούλη σου τῆς φωνῆς σου καὶ ἐθέμην τὴν
ψυχήν μου ἐν τῇ χειρί μου καὶ ἤκουσα τοὺς λόγους, οὓς ἐλάλη-
σάς μοι · ²²καὶ νῦν ἄκουσον δὴ φωνῆς τῆς δούλης σου, καὶ παρα- 22
θήσω ἐνώπιόν σου ψωμὸν ἄρτου, καὶ φάγε, καὶ ἔσται ἐν σοὶ ἰσχύς,
ὅτι πορεύσῃ ἐν ὁδῷ. ²³καὶ οὐκ ἐβουλήθη φαγεῖν · καὶ παρεβιάζοντο 23
αὐτὸν οἱ παῖδες αὐτοῦ καὶ ἡ γυνή, καὶ ἤκουσεν τῆς φωνῆς αὐτῶν
καὶ ἀνέστη ἀπὸ τῆς γῆς καὶ ἐκάθισεν ἐπὶ τὸν δίφρον. ²⁴καὶ τῇ 24

10 σαουλ] + εν κυριω Oⴕ, + κατα του θεου Lⴕ || 14 ορθριον Α | διπλ.
αναβεβλ.] tr. O || 15 σαμουηλ] + προς σα υλ OVⴕ | μοι 1⁰] με Α | μοι 2⁰]
μου OL || 16 επερωτησας Aⴕ, ερωτησας O²⁴⁷ⴕ || 17 ελαλησεν] + κυριος
Bⴕ || 18 φωνης] pr. της OL | ρημα] + τουτο O | κυριος σοι] tr. Oⴕ ||
19 συ — πεσουνται] συ και ιωναθαν ο υιος σου μετ εμου Lⴕ || 20 εν αυτω /
ουκ ην] tr. Oⴕ | εκεινην] post ημεραν tr. OLⴕ || 21 εσπευδεν Oⴕ, εσπευκεν
σαουλ Lⴕ || 22 δη] και συ L⁽ⴕ⁾ | φωνης B⁽ⴕ⁾] pr. της OL: cf. 18 | πορευση
Bⴕ] σ > OL

γυναικὶ ἦν δάμαλις νομὰς ἐν τῇ οἰκίᾳ, καὶ ἔσπευσεν καὶ ἔθυσεν
25 αὐτὴν καὶ ἔλαβεν ἄλευρα καὶ ἐφύρασεν καὶ ἔπεψεν ἄζυμα ²⁵καὶ
προσήγαγεν ἐνώπιον Σαουλ καὶ ἐνώπιον τῶν παίδων αὐτοῦ, καὶ
ἔφαγον. καὶ ἀνέστησαν καὶ ἀπῆλθον τὴν νύκτα ἐκείνην.
29 ¹Καὶ συναθροίζουσιν ἀλλόφυλοι πάσας τὰς παρεμβολὰς αὐτῶν
2 εἰς Αφεκ, καὶ Ισραηλ παρενέβαλεν ἐν Αενδωρ τῇ ἐν Ιεζραελ. ²καὶ
σατράπαι ἀλλοφύλων παρεπορεύοντο εἰς ἑκατοντάδας καὶ χιλιάδας,
καὶ Δαυιδ καὶ οἱ ἄνδρες αὐτοῦ παρεπορεύοντο ἐπ᾽ ἐσχάτων μετὰ
3 Αγχους. ³καὶ εἶπον οἱ σατράπαι τῶν ἀλλοφύλων Τίνες οἱ διαπο-
ρευόμενοι οὗτοι; καὶ εἶπεν Αγχους πρὸς τοὺς στρατηγοὺς τῶν
ἀλλοφύλων Οὐχ οὗτος Δαυιδ ὁ δοῦλος Σαουλ βασιλέως Ισραηλ;
γέγονεν μεθ᾽ ἡμῶν ἡμέρας τοῦτο δεύτερον ἔτος, καὶ οὐχ εὕρηκα
ἐν αὐτῷ οὐθὲν ἀφ᾽ ἧς ἡμέρας ἐνέπεσεν πρός με καὶ ἕως τῆς ἡμέ-
4 ρας ταύτης. ⁴καὶ ἐλυπήθησαν ἐπ᾽ αὐτῷ οἱ στρατηγοὶ τῶν ἀλλο-
φύλων καὶ λέγουσιν αὐτῷ Ἀπόστρεψον τὸν ἄνδρα εἰς τὸν τόπον
αὐτοῦ, οὗ κατέστησας αὐτὸν ἐκεῖ, καὶ μὴ ἐρχέσθω μεθ᾽ ἡμῶν εἰς
τὸν πόλεμον καὶ μὴ γινέσθω ἐπίβουλος τῆς παρεμβολῆς · καὶ ἐν
τίνι διαλλαγήσεται οὗτος τῷ κυρίῳ αὐτοῦ; οὐχὶ ἐν ταῖς κεφαλαῖς
5 τῶν ἀνδρῶν ἐκείνων; ⁵οὐχ οὗτος Δαυιδ, ᾧ ἐξῆρχον ἐν χοροῖς
λέγοντες

Ἐπάταξεν Σαουλ ἐν χιλιάσιν αὐτοῦ
καὶ Δαυιδ ἐν μυριάσιν αὐτοῦ;

6 ⁶καὶ ἐκάλεσεν Αγχους τὸν Δαυιδ καὶ εἶπεν αὐτῷ Ζῇ κύριος ὅτι
εὐθὴς σὺ καὶ ἀγαθὸς ἐν ὀφθαλμοῖς μου, καὶ ἡ ἔξοδός σου καὶ ἡ
εἴσοδός σου μετ᾽ ἐμοῦ ἐν τῇ παρεμβολῇ, καὶ ὅτι οὐχ εὕρηκα κατὰ
σοῦ κακίαν ἀφ᾽ ἧς ἡμέρας ἥκεις πρός με ἕως τῆς σήμερον ἡμέ-
7 ρας · καὶ ἐν ὀφθαλμοῖς τῶν σατραπῶν οὐκ ἀγαθὸς σύ · ⁷καὶ νῦν
ἀνάστρεφε καὶ πορεύου εἰς εἰρήνην, καὶ οὐ μὴ ποιήσεις κακίαν ἐν
8 ὀφθαλμοῖς τῶν σατραπῶν τῶν ἀλλοφύλων. ⁸καὶ εἶπεν Δαυιδ πρὸς
Αγχους Τί πεποίηκά σοι καὶ τί εὗρες ἐν τῷ δούλῳ σου ἀφ᾽ ἧς
ἡμέρας ἤμην ἐνώπιόν σου καὶ ἕως τῆς ἡμέρας ταύτης, ὅτι οὐ μὴ
ἔλθω πολεμῆσαι τοὺς ἐχθροὺς τοῦ κυρίου μου τοῦ βασιλέως;
9 ⁹καὶ ἀπεκρίθη Αγχους πρὸς Δαυιδ Οἶδα ὅτι ἀγαθὸς σὺ ἐν ὀφθαλ-
μοῖς μου, ἀλλ᾽ οἱ σατράπαι τῶν ἀλλοφύλων λέγουσιν Οὐχ ἥξει

24 δαμ. νομας] μοσχαριον γαλαθηνον L† | αυτην] -το AL†
29 1 συναθροιζονται A†: ex 28 1 | αενδωρ A (cf. 28 7)] αεδδων B†, αεδων
O–A†, αιν L† | τη O–AL] την BA | ιεζραελ mu.] ισραηλ B, ιζραελ A, ιζαραελ
O–A†, ιεζ(δ)ραηλ L†; cf. 25 43 ‖ 2 αλλοφ.] pr. των OL | εσχατω A ‖
3 βασιλ.] φυλης A† | γεγονεν] pr. ος OL ‖ 4 ελυπηθ.] εθυμωθησαν L† | εις
1⁰] pr. και αποστραφητω OL ‖ 6 κατα σου] εν σοι O† | σημ. ημερας] ημ.
της σημ. O† | ουκ > B ‖ 9 προς] pr. και ειπεν OLV† | μου] + καθως αγ-
γελος θεου(O–A† κυριου) OLᵖ†: cf. L† in 10 εν οφθαλμοις μου ως αγγ. θεου
pro ενωπιον μου praebens

μεθ᾽ ἡμῶν εἰς πόλεμον. ¹⁰καὶ νῦν ὄρθρισον τὸ πρωί, σὺ καὶ οἱ 10
παῖδες τοῦ κυρίου σου οἱ ἥκοντες μετὰ σοῦ, καὶ πορεύεσθε εἰς
τὸν τόπον, οὗ κατέστησα ὑμᾶς ἐκεῖ, καὶ λόγον λοιμὸν μὴ θῇς ἐν
καρδίᾳ σου, ὅτι ἀγαθὸς σὺ ἐνώπιόν μου· καὶ ὀρθρίσατε ἐν τῇ
ὁδῷ, καὶ φωτισάτω ὑμῖν, καὶ πορεύθητε. ¹¹καὶ ὤρθρισεν Δαυιδ 11
αὐτὸς καὶ οἱ ἄνδρες αὐτοῦ ἀπελθεῖν καὶ φυλάσσειν τὴν γῆν τῶν
ἀλλοφύλων, καὶ οἱ ἀλλόφυλοι ἀνέβησαν πολεμεῖν ἐπὶ Ισραηλ.

¹Καὶ ἐγενήθη εἰσελθόντος Δαυιδ καὶ τῶν ἀνδρῶν αὐτοῦ εἰς 30
Σεκελακ τῇ ἡμέρᾳ τῇ τρίτῃ, καὶ Αμαληκ ἐπέθετο ἐπὶ τὸν νότον
καὶ ἐπὶ Σεκελακ καὶ ἐπάταξεν τὴν Σεκελακ καὶ ἐνεπύρισεν αὐτὴν
ἐν πυρί· ²καὶ τὰς γυναῖκας καὶ πάντα τὰ ἐν αὐτῇ ἀπὸ μικροῦ 2
ἕως μεγάλου οὐκ ἐθανάτωσαν ἄνδρα καὶ γυναῖκα, ἀλλ᾽ ἠχμαλώτευ-
σαν καὶ ἀπῆλθον εἰς τὴν ὁδὸν αὐτῶν. ³καὶ ἦλθεν Δαυιδ καὶ οἱ 3
ἄνδρες αὐτοῦ εἰς τὴν πόλιν, καὶ ἰδοὺ ἐμπεπύρισται ἐν πυρί, αἱ δὲ
γυναῖκες αὐτῶν καὶ οἱ υἱοὶ αὐτῶν καὶ. αἱ θυγατέρες αὐτῶν ἠχμα-
λωτευμένοι. ⁴καὶ ἦρεν Δαυιδ καὶ οἱ ἄνδρες αὐτοῦ τὴν φωνὴν αὐ- 4
τῶν καὶ ἔκλαυσαν, ἕως ὅτου οὐκ ἦν ἐν αὐτοῖς ἰσχὺς ἔτι κλαίειν.
⁵καὶ ἀμφότεραι αἱ γυναῖκες Δαυιδ ἠχμαλωτεύθησαν, Αχινοομ ἡ 5
Ιεζραηλῖτις καὶ Αβιγαια ἡ γυνὴ Ναβαλ τοῦ Καρμηλίου. ⁶καὶ ἐθλί- 6
βη Δαυιδ σφόδρα, ὅτι εἶπεν ὁ λαὸς λιθοβολῆσαι αὐτόν, ὅτι κατώ-
δυνος ψυχὴ παντὸς τοῦ λαοῦ, ἑκάστου ἐπὶ τοὺς υἱοὺς αὐτοῦ καὶ
ἐπὶ τὰς θυγατέρας αὐτοῦ· καὶ ἐκραταιώθη Δαυιδ ἐν κυρίῳ θεῷ
αὐτοῦ. ⁷καὶ εἶπεν Δαυιδ πρὸς Αβιαθαρ τὸν ἱερέα υἱὸν Αχιμελεχ 7
Προσάγαγε τὸ εφουδ. ⁸καὶ ἐπηρώτησεν Δαυιδ διὰ τοῦ κυρίου λέ- 8
γων Εἰ καταδιώξω ὀπίσω τοῦ γεδδουρ τούτου; εἰ καταλήμψομαι
αὐτούς; καὶ εἶπεν αὐτῷ Καταδίωκε, ὅτι καταλαμβάνων καταλήμψῃ
καὶ ἐξαιρούμενος ἐξελῇ. ⁹καὶ ἐπορεύθη Δαυιδ, αὐτὸς καὶ οἱ ἑξακό- 9
σιοι ἄνδρες μετ᾽ αὐτοῦ, καὶ ἔρχονται ἕως τοῦ χειμάρρου Βοσορ,
καὶ οἱ περισσοὶ ἔστησαν. ¹⁰καὶ κατεδίωξεν ἐν τετρακοσίοις ἀνδρά- 10
σιν, ὑπέστησαν δὲ διακόσιοι ἄνδρες, οἵτινες ἐκάθισαν πέραν τοῦ
χειμάρρου τοῦ Βοσορ. ¹¹καὶ εὑρίσκουσιν ἄνδρα Αἰγύπτιον ἐν ἀγρῷ 11

10 εκει et εν καρδια σου > O⁺ | καρδια B⁺] pr. τη L (O⁺ deest) | ορθρισατε]
pr. δι A⁺ || 11 απελθειν] + το πρωι O⁽⁺⁾ | επι BL⁺] προς O | ισραηλ hab.
hic omnes; cf. 1
30 1 σεκελακ 1⁰ Sixt.] σικελαγ A: cf. 27 6; κεειλα B: ex 23 1—13 | σεκελακ
2⁰] pr. την O⁺(O³⁷⁶⁺ τον) | ενεπυρ.] ενεπρησεν O⁺: cf. 14 || 2 και 1⁰] + ηχ-
μαλωτευσεν O⁺(+και Δ⁺) | εως] pr. και A⁺ | εθανατωσαν] -σεν O || 5 αχ(ε)ι-
νοομ B] -νααμ OL: cf. 25 43 | ιεζραηλιτις L⁽ᵖ⁾ | ιζρ. A, ισρ. B: cf. 25 43 ||
7 αχιμελεχ: cf. 21 2 | fin.] + και προσηγαγεν αβιαθαρ το εφουδ προς δαυιδ
OL⁺ || 8 γεδδουρ (= הַגְּדוּד pro הַגְּדוּד)] συστρεμμα L⁺ hic et in 15 bis. 23,
sed in Par. I 12 21 retinet L γεδδουρ | ει 2⁰] και AL⁽ᵖ⁾, pr. και L⁽ᵖ⁺⁾ || 9 αυ-
τος > A | εξακ.] τετρακοσιοι B: cf. 27 2 | ερχεται AL⁺ || 10 κατεδιωξεν
L] οι περισσοι εδιωξαν B⁺, εξεδιωκεν δαυιδ A⁺, εδιωξε δαυιδ O—A⁺ | εν] συν
O⁺ | ανδρες] + του φυλασσειν L⁺

καὶ λαμβάνουσιν αὐτὸν καὶ ἄγουσιν αὐτὸν πρὸς Δαυιδ ἐν ἀγρῷ ·
καὶ διδόασιν αὐτῷ ἄρτον, καὶ ἔφαγεν, καὶ ἐπότισαν αὐτὸν ὕδωρ ·
12 ¹²καὶ διδόασιν αὐτῷ κλάσμα παλάθης, καὶ ἔφαγεν, καὶ κατέστη τὸ
πνεῦμα αὐτοῦ ἐν αὐτῷ, ὅτι οὐ βεβρώκει ἄρτον καὶ οὐ πεπώκει
13 ὕδωρ τρεῖς ἡμέρας καὶ τρεῖς νύκτας. ¹³καὶ εἶπεν αὐτῷ Δαυιδ Τίνος
σὺ εἶ καὶ πόθεν εἶ; καὶ εἶπεν τὸ παιδάριον τὸ Αἰγύπτιον Ἐγώ
εἰμι δοῦλος ἀνδρὸς Αμαληκίτου, καὶ κατέλιπέν με ὁ κύριός μου,
14 ὅτι ἠνωχλήθην ἐγὼ σήμερον τριταῖος. ¹⁴καὶ ἡμεῖς ἐπεθέμεθα ἐπὶ
νότον τοῦ Χολθι καὶ ἐπὶ τὰ τῆς Ιουδαίας μέρη καὶ ἐπὶ νότον Χε-
15 λουβ καὶ τὴν Σεκελακ ἐνεπυρίσαμεν ἐν πυρί. ¹⁵καὶ εἶπεν πρὸς αὐ-
τὸν Δαυιδ Εἰ κατάξεις με ἐπὶ τὸ γεδδουρ τοῦτο; καὶ εἶπεν Ὄμο-
σον δή μοι κατὰ τοῦ θεοῦ μὴ θανατώσειν με καὶ μὴ παραδοῦναί
με εἰς χεῖρας τοῦ κυρίου μου, καὶ κατάξω σε ἐπὶ τὸ γεδδουρ τοῦ-
16 το. ¹⁶καὶ κατήγαγεν αὐτὸν ἐκεῖ, καὶ ἰδοὺ οὗτοι διακεχυμένοι ἐπὶ
πρόσωπον πάσης τῆς γῆς ἐσθίοντες καὶ πίνοντες καὶ ἑορτάζοντες
ἐν πᾶσι τοῖς σκύλοις τοῖς μεγάλοις, οἷς ἔλαβον ἐκ γῆς ἀλλοφύλων
17 καὶ ἐκ γῆς Ιουδα. ¹⁷καὶ ἦλθεν ἐπ᾽ αὐτοὺς Δαυιδ καὶ ἐπάταξεν αὐ-
τοὺς ἀπὸ ἑωσφόρου ἕως δείλης καὶ τῇ ἐπαύριον, καὶ οὐκ ἐσώθη
ἐξ αὐτῶν ἀνὴρ ὅτι ἀλλ᾽ ἢ τετρακόσια παιδάρια, ἃ ἦν ἐπιβεβηκότα
18 ἐπὶ τὰς καμήλους καὶ ἔφυγον. ¹⁸καὶ ἀφείλατο Δαυιδ πάντα, ἃ ἔλα-
βον οἱ Αμαληκῖται, καὶ ἀμφοτέρας τὰς γυναῖκας αὐτοῦ ἐξείλατο.
19 ¹⁹καὶ οὐ διεφώνησεν αὐτοῖς ἀπὸ μικροῦ ἕως μεγάλου καὶ ἀπὸ
τῶν σκύλων καὶ ἕως υἱῶν καὶ θυγατέρων καὶ ἕως πάντων, ὧν
20 ἔλαβον αὐτῶν · τὰ πάντα ἐπέστρεψεν Δαυιδ. ²⁰καὶ ἔλαβεν Δαυιδ
πάντα τὰ ποίμνια καὶ τὰ βουκόλια καὶ ἀπήγαγεν ἔμπροσθεν τῶν
σκύλων, καὶ τοῖς σκύλοις ἐκείνοις ἐλέγετο Ταῦτα τὰ σκῦλα Δαυιδ.
21 — ²¹καὶ παραγίνεται Δαυιδ πρὸς τοὺς διακοσίους ἄνδρας τοὺς
ἐκλυθέντας τοῦ πορεύεσθαι ὀπίσω Δαυιδ καὶ ἐκάθισεν αὐτοὺς ἐν
τῷ χειμάρρῳ τῷ Βοσορ, καὶ ἐξῆλθον εἰς ἀπάντησιν Δαυιδ καὶ εἰς
ἀπάντησιν τοῦ λαοῦ τοῦ μετ᾽ αὐτοῦ, καὶ προσήγαγεν Δαυιδ ἕως
22 τοῦ λαοῦ, καὶ ἠρώτησαν αὐτὸν τὰ εἰς εἰρήνην. ²²καὶ ἀπεκρίθη πᾶς
ἀνὴρ λοιμὸς καὶ πονηρὸς τῶν ἀνδρῶν τῶν πολεμιστῶν τῶν πο-

---

12 παλαθης] + και δυο(A⁺ διακοσιους) σταφιδας OL⁺ | εν] επ O || 14 χολ-
θ(ε)ι B†] χελθει compl., χερηθει A⁺, χορρ(ε)ι L | νοτον ult.] τον B⁺ | χελουβ
M] γελβουε B: ex 28 4 31 1; χαλεβ O⁺ | σεκελακ: cf. 27 6 | ενεπυρισα.] ενεπρη-
σαμεν O–AL⁺: cf. 1 || 15 μου > A⁺ || 16 κατηγεν A⁺ | και 3⁰ ⌒ 4⁰ A⁺ ||
17 δαυιδ] post αυτους 2⁰ tr. A⁺ | ουκ εσωθη] ου περιεσ. O⁺, ου διεσ. L | τετρα-
κοσιοι A⁺ || 18 οι αμαληκιται] ο αμαληκ L⁺ | fin.] + δαυιδ O⁺ || 19 και απο
των σκυλων / και 3⁰ — θυγατ.] tr. O⁺; tr. etiam L⁺, sed retinet απο(sic sine και)
των σκυλων etiam suo loco | τα L] και BA, > O–A⁺ | παντα] -τας A⁺ ||
20 δαυιδ 1⁰ > B | και ult.] pr. και ειπεν αυτη προνομη δαυιδ V⁺ | τα ult. >
AL || 21 διακοσιους > A⁺: cf. 27 2 | και 2⁰] ους L | βοσορ L (cf. 9)] βεχωρ
A⁺, βεανα B(†) | τα εις] > A⁺, τα > O–A⁺ || 22 λοιμος .. πονηρος] tr. L⁺

ρευθέντων μετὰ Δαυιδ καὶ εἶπαν Ὅτι οὐ κατεδίωξαν μεθ᾽ ἡμῶν,
οὐ δώσομεν αὐτοῖς ἐκ τῶν σκύλων, ὧν ἐξειλάμεθα, ὅτι ἀλλ᾽ ἢ
ἕκαστος τὴν γυναῖκα αὐτοῦ καὶ τὰ τέκνα αὐτοῦ ἀπαγέσθωσαν καὶ
ἀποστρεφέτωσαν. ²³καὶ εἶπεν Δαυιδ Οὐ ποιήσετε οὕτως μετὰ τὸ 23
παραδοῦναι τὸν κύριον ἡμῖν καὶ φυλάξαι ἡμᾶς καὶ παρέδωκεν
κύριος τὸν γεδδουρ τὸν ἐπερχόμενον ἐφ᾽ ἡμᾶς εἰς χεῖρας ἡμῶν.
²⁴καὶ τίς ὑπακούσεται ὑμῶν τῶν λόγων τούτων; ὅτι οὐχ ἧττον 24
ὑμῶν εἰσιν · διότι κατὰ τὴν μερίδα τοῦ καταβαίνοντος εἰς πόλεμον
οὕτως ἔσται ἡ μερὶς τοῦ καθημένου ἐπὶ τὰ σκεύη · κατὰ τὸ αὐτὸ
μεριοῦνται. ²⁵καὶ ἐγενήθη ἀπὸ τῆς ἡμέρας ἐκείνης καὶ ἐπάνω καὶ 25
ἐγένετο εἰς πρόσταγμα καὶ εἰς δικαίωμα τῷ Ισραηλ ἕως τῆς σήμερον.

²⁶Καὶ ἦλθεν Δαυιδ εἰς Σεκελακ καὶ ἀπέστειλεν τοῖς πρεσβυτέ- 26
ροις Ιουδα τῶν σκύλων καὶ τοῖς πλησίον αὐτοῦ λέγων Ἰδοὺ ἀπὸ
τῶν σκύλων τῶν ἐχθρῶν κυρίου · ²⁷τοῖς ἐν Βαιθσουρ καὶ τοῖς ἐν 27
Ραμα νότου καὶ τοῖς ἐν Ιεθθορ ²⁸καὶ τοῖς ἐν Αροηρ καὶ τοῖς Αμ- 28
μαδι καὶ τοῖς ἐν Σαφι καὶ τοῖς ἐν Εσθιε ²⁸ᵃκαὶ τοῖς ἐν Γεθ καὶ τοῖς 28ᵃ
ἐν Κιναν καὶ τοῖς ἐν Σαφεκ καὶ τοῖς ἐν Θιμαθ ²⁹καὶ τοῖς ἐν Καρ- 29
μήλῳ καὶ τοῖς ἐν ταῖς πόλεσιν τοῦ Ιεραμηλι καὶ τοῖς ἐν ταῖς πό-
λεσιν τοῦ Κενεζι ³⁰καὶ τοῖς ἐν Ιεριμουθ καὶ τοῖς ἐν Βηρσαβεε καὶ 30
τοῖς ἐν Νοο ³¹καὶ τοῖς ἐν Χεβρων καὶ εἰς πάντας τοὺς τόπους, 31
οὓς διῆλθεν Δαυιδ ἐκεῖ, αὐτὸς καὶ οἱ ἄνδρες αὐτοῦ.

¹Καὶ οἱ ἀλλόφυλοι ἐπολέμουν ἐπὶ Ισραηλ, καὶ ἔφυγον οἱ ἄνδρες 31
Ισραηλ ἐκ προσώπου τῶν ἀλλοφύλων, καὶ πίπτουσιν τραυματίαι
ἐν τῷ ὄρει τῷ Γελβουε. ²καὶ συνάπτουσιν ἀλλόφυλοι τῷ Σαουλ 2
καὶ τοῖς υἱοῖς αὐτοῦ, καὶ τύπτουσιν ἀλλόφυλοι τὸν Ιωναθαν καὶ
τὸν Αμιναδαβ καὶ τὸν Μελχισα υἱοὺς Σαουλ. ³καὶ βαρύνεται ὁ πό- 3
λεμος ἐπὶ Σαουλ, καὶ εὑρίσκουσιν αὐτὸν οἱ ἀκοντισταί, ἄνδρες

22 ειπεν Aᵗ | οτι 1⁰] διοτι OLᵗ | οτι αλλ η] αλλα Lᵗ | απαγεσθωσαν] επ.
A, επαγαγετωσαν(uel -εσθωσαν) O–A | αποστρεφετωσαν] επιστρ. Oᵗ, αποστρα-
φητ. Lᵗ || 23 ουτως] + αδελφοι μου Oᵗ: eadem add. Lᵗ ante ουτως ||
24 υπακουσ.] επακ. Oᵗ, ακ. Lᵗ | εισιν > Oᵗ | πολεμον] pr. τον O–AL | η et
του ult. > Bᵗ || 25 εις ult. > Bᵗ || 26 σεκελακ: cf. 27 6 | των σκυλων 1⁰ M]
ante τοις 1⁰ tr. Oᵗ, ante ιουδα tr. Bᵗ, post αυτου tr. Lᵗ | και 3⁰ > M | ιδου]
+ υμιν ευλογια OM, + ευλογια υμιν Lᵗ || 27 βαιθσουρ] βαιθηλ O–376Lᵗ,
βιθλ⟨εε⟩μ O376ᵗ | ραμα] -μαθ Oᵗ | ιεθθορ Ra.] γεθθορ B⁽ᵗ⁾, ιεθερ OL | 28 αμ-
μαδ(ε)ι B⁽ᵗ⁾] εν αμαδι mu., εν αρικαιν Lᵗ (O om. και τοις αμμ.) | σαφ(ε)ι] σα-
φαμωθ Oᵗ(Aᵗ ς pro θ), σεφει(ν)μωθ Lᵗ | εσθ(ε)ιε] εσθεμα Aᵗ, εσθ(uel τ)αμα
O–Aᵗ, ονθομ (uel νοθωμ) Lᵗ || 28ᵃ > OLᵗ | κ(ε)ιναν] κειμαθ Bᵗ || 29 καρ-
μηλω] ραχηλ Aᵗ, ραχελ O–Aᵗ | ιεραμηλ(ε)ι O–376ᵗ (cf. 27 10)] ισαμηλει O376ᵗ,
ισραηλ BLᵗ | κενεζι (cf. 27 10)] κειναιου Aᵗ, κηναιου O–Aᵗ || 30 ιεριμουθ]
ραμμα Aᵗ, ραμα O–Aᵗ, ερμα Lᵗ; cf. 27 | βηρσαβεε] βωρασαν Oᵗ | νοο Bᵗ]
αθαχ O–Aᵗ, αθαγ Aᵗ, ναγεβ Lᵗ, εγβε Mᵗ, εκβε al. || 31 εις > B
31 2 αμιναδαβ (cf. 17 13 A)] ιων. Bᵗ | μελχισα] -σουε O(Aᵗ ρ pro σ)L | υιους]
-ον Bᵗ

4 τοξόται, καὶ ἐτραυματίσθη εἰς τὰ ὑποχόνδρια. ⁴καὶ εἶπεν Σαουλ
πρὸς τὸν αἴροντα τὰ σκεύη αὐτοῦ Σπάσαι τὴν ῥομφαίαν σου καὶ
ἀποκέντησόν με ἐν αὐτῇ, μὴ ἔλθωσιν οἱ ἀπερίτμητοι οὗτοι καὶ
ἀποκεντήσωσίν με καὶ ἐμπαίξωσίν μοι. καὶ οὐκ ἐβούλετο ὁ αἴρων
τὰ σκεύη αὐτοῦ, ὅτι ἐφοβήθη σφόδρα · καὶ ἔλαβεν Σαουλ τὴν
5 ῥομφαίαν καὶ ἐπέπεσεν ἐπ᾽ αὐτήν. ⁵καὶ εἶδεν ὁ αἴρων τὰ σκεύη
αὐτοῦ ὅτι τέθνηκεν Σαουλ, καὶ ἐπέπεσεν καὶ αὐτὸς ἐπὶ τὴν ῥομ-
6 φαίαν αὐτοῦ καὶ ἀπέθανεν μετ᾽ αὐτοῦ. ⁶καὶ ἀπέθανεν Σαουλ καὶ
οἱ τρεῖς υἱοὶ αὐτοῦ καὶ ὁ αἴρων τὰ σκεύη αὐτοῦ ἐν τῇ ἡμέρᾳ
7 ἐκείνῃ κατὰ τὸ αὐτό. ⁷καὶ εἶδον οἱ ἄνδρες Ισραηλ οἱ ἐν τῷ πέραν
τῆς κοιλάδος καὶ οἱ ἐν τῷ πέραν τοῦ Ιορδάνου ὅτι ἔφυγον οἱ ἄν-
δρες Ισραηλ καὶ ὅτι τέθνηκεν Σαουλ καὶ οἱ υἱοὶ αὐτοῦ, καὶ κατα-
λείπουσιν τὰς πόλεις αὐτῶν καὶ φεύγουσιν · καὶ ἔρχονται οἱ ἀλλό-
8 φυλοι καὶ κατοικοῦσιν ἐν αὐταῖς. — ⁸καὶ ἐγενήθη τῇ ἐπαύριον καὶ
ἔρχονται οἱ ἀλλόφυλοι ἐκδιδύσκειν τοὺς νεκροὺς καὶ εὑρίσκουσιν
τὸν Σαουλ καὶ τοὺς τρεῖς υἱοὺς αὐτοῦ πεπτωκότας ἐπὶ τὰ ὄρη
9 Γελβουε. ⁹καὶ ἀποστρέφουσιν αὐτὸν καὶ ἐξέδυσαν τὰ σκεύη αὐτοῦ
καὶ ἀποστέλλουσιν αὐτὰ εἰς γῆν ἀλλοφύλων κύκλῳ εὐαγγελίζοντες
10 τοῖς εἰδώλοις αὐτῶν καὶ τῷ λαῷ αὐτῶν · ¹⁰καὶ ἀνέθηκαν τὰ σκεύη
αὐτοῦ εἰς τὸ Ἀσταρτεῖον καὶ τὸ σῶμα αὐτοῦ κατέπηξαν ἐν τῷ
11 τείχει Βαιθσαν. ¹¹καὶ ἀκούουσιν οἱ κατοικοῦντες Ιαβις τῆς Γαλαα-
12 δίτιδος ἃ ἐποίησαν οἱ ἀλλόφυλοι τῷ Σαουλ. ¹²καὶ ἀνέστησαν πᾶς
ἀνὴρ δυνάμεως καὶ ἐπορεύθησαν ὅλην τὴν νύκτα καὶ ἔλαβον τὸ
σῶμα Σαουλ καὶ τὸ σῶμα Ιωναθαν τοῦ υἱοῦ αὐτοῦ ἀπὸ τείχους
Βαιθσαν καὶ φέρουσιν αὐτοὺς εἰς Ιαβ ς καὶ κατακαίουσιν αὐτοὺς
13 ἐκεῖ. ¹³καὶ λαμβάνουσιν τὰ ὀστᾶ αὐτῶν καὶ θάπτουσιν ὑπὸ τὴν
ἄρουραν τὴν Ιαβις καὶ νηστεύουσιν ἑπτὰ ἡμέρας.

6 αυτου ult.] + και παντες οι ανδρες αυτου *OL* ‖ 7 περαν 1⁰ ⌒ 2⁰ A⁺ ‖
8 και 2⁰ > B | και 3⁰ — υιους > A⁺ | τον > B ‖ 9 αποστρεφ.] αποκεφαλι-
ζουσιν L⁺ | αυτου] + και αποκοπτουσιν την κεφαλην αυτου M | αυτων ult.
> B⁺ ‖ 10 βαιθσαν L] βαιθεμ B; βηθσαν O⁺: cf. 12 et Ruth 1 1 ‖ 11 α-
κου.] + περι αυτου OL⁺ ‖ 12 ανεστη O⁺ | πας ανηρ] παντες (οι) ανδρες L⁺
| βαιθσαν L] -σαμ B, βηθσαν O⁺: cf. 10 | εις > A⁺ ‖ 13 ιαβις] pr. εν L |
fin. *OL*] addunt BM initium libri sequentis usque ad finem primi uersus,
V alii usque ad αμαληκ tantum: seruant consuetudinem librariorum anti-
quorum singulos operis libros in singulis uoluminibus (rotulis) scribentium
et in fine uniuscuiusque initium sequentis addentium, ut lector quae se-
quantur recte inueniat, cf. III 2 11 22 54 Par. I 29 30
    Subscr. βασιλειων α' BAL¹²⁷, nulla subscr. est in *L⁻¹²⁷* (in inscr. libri om-
nes codices L hab. βασιλειων α')

ΒΑΣΙΛΕΙΩΝ Β'

¹Καὶ ἐγένετο μετὰ τὸ ἀποθανεῖν Σαουλ καὶ Δαυιδ ἀνέστρεψεν 1
τύπτων τὸν Αμαληκ, καὶ ἐκάθισεν Δαυιδ ἐν Σεκελακ ἡμέρας δύο.
²καὶ ἐγενήθη τῇ ἡμέρᾳ τῇ τρίτῃ καὶ ἰδοὺ ἀνὴρ ἦλθεν ἐκ τῆς παρ- 2
εμβολῆς ἐκ τοῦ λαοῦ Σαουλ, καὶ τὰ ἱμάτια αὐτοῦ διερρωγότα, καὶ
γῆ ἐπὶ τῆς κεφαλῆς αὐτοῦ, καὶ ἐγένετο ἐν τῷ εἰσελθεῖν αὐτὸν
πρὸς Δαυιδ καὶ ἔπεσεν ἐπὶ τὴν γῆν καὶ προσεκύνησεν αὐτῷ. ³καὶ 3
εἶπεν αὐτῷ Δαυιδ Πόθεν σὺ παραγίνῃ; καὶ εἶπεν πρὸς αὐτόν Ἐκ
τῆς παρεμβολῆς Ισραηλ ἐγὼ διασέσῳσμαι. ⁴καὶ εἶπεν αὐτῷ Δαυιδ 4
Τίς ὁ λόγος οὗτος; ἀπάγγειλόν μοι. καὶ εἶπεν ὅτι Ἔφυγεν ὁ λαὸς
ἐκ τοῦ πολέμου, καὶ πεπτώκασι πολλοὶ ἐκ τοῦ λαοῦ καὶ ἀπέθανον·
καὶ ἀπέθανεν καὶ Σαουλ, καὶ Ιωναθαν ὁ υἱὸς αὐτοῦ ἀπέθανεν.
⁵καὶ εἶπεν Δαυιδ τῷ παιδαρίῳ τῷ ἀπαγγέλλοντι αὐτῷ Πῶς οἶδας 5
ὅτι τέθνηκεν Σαουλ καὶ Ιωναθαν ὁ υἱὸς αὐτοῦ; ⁶καὶ εἶπεν τὸ 6
παιδάριον τὸ ἀπαγγέλλον αὐτῷ Περιπτώματι περιέπεσον ἐν τῷ
ὄρει τῷ Γελβουε, καὶ ἰδοὺ Σαουλ ἐπεστήρικτο ἐπὶ τὸ δόρυ αὐτοῦ,
καὶ ἰδοὺ τὰ ἄρματα καὶ οἱ ἱππάρχαι συνῆψαν αὐτῷ. ⁷καὶ ἐπέβλε- 7
ψεν ἐπὶ τὰ ὀπίσω αὐτοῦ καὶ εἶδέν με καὶ ἐκάλεσέν με, καὶ εἶπα
Ἰδοὺ ἐγώ. ⁸καὶ εἶπέν μοι Τίς εἶ σύ; καὶ εἶπα Αμαληκίτης ἐγώ 8
εἰμι. ⁹καὶ εἶπεν πρός με Στῆθι δὴ ἐπάνω μου καὶ θανάτωσόν με, 9
ὅτι κατέσχεν με σκότος δεινόν, ὅτι πᾶσα ἡ ψυχή μου ἐν ἐμοί.
¹⁰καὶ ἐπέστην ἐπ' αὐτὸν καὶ ἐθανάτωσα αὐτόν, ὅτι ᾔδειν ὅτι οὐ 10
ζήσεται μετὰ τὸ πεσεῖν αὐτόν· καὶ ἔλαβον τὸ βασίλειον τὸ ἐπὶ
τὴν κεφαλὴν αὐτοῦ καὶ τὸν χλιδῶνα τὸν ἐπὶ τοῦ βραχίονος αὐτοῦ
καὶ ἐνήνοχα αὐτὰ τῷ κυρίῳ μου ὧδε. ¹¹καὶ ἐκράτησεν Δαυιδ τῶν 11
ἱματίων αὐτοῦ καὶ διέρρηξεν αὐτά, καὶ πάντες οἱ ἄνδρες οἱ μετ'
αὐτοῦ διέρρηξαν τὰ ἱμάτια αὐτῶν. ¹²καὶ ἐκόψαντο καὶ ἔκλαυσαν 12
καὶ ἐνήστευσαν ἕως δείλης ἐπὶ Σαουλ καὶ ἐπὶ Ιωναθαν τὸν υἱὸν
αὐτοῦ καὶ ἐπὶ τὸν λαὸν Ιουδα καὶ ἐπὶ τὸν οἶκον Ισραηλ, ὅτι ἐπλή-
γησαν ἐν ῥομφαίᾳ. ¹³καὶ εἶπεν Δαυιδ τῷ παιδαρίῳ τῷ ἀπαγγέλλοντι 13
αὐτῷ Πόθεν εἶ σύ; καὶ εἶπεν Υἱὸς ἀνδρὸς παροίκου Αμαληκίτου

Regn. II: BOL, cf. Regn. I.
1 1 σεκελακ: cf. I 27 6 ‖ 2 τη 1⁰] pr. εν OL† | ηλθεν > A† | διερρηγοτα
A† | επι ult.] pr. επι προσωπον (αυτου) OL† ‖ 3 παρεγενου L†, παραγινου A†
| εγω > O–A L† ‖ 4 απαγγ.] αναγγ. O, + δη MV† | οτι — και 3⁰ > A† | πε-
πτωκ. πολλοι] tr. O† | και απεθανον > OL† | και απεθανεν BO†] > rel. | και
paenult. > O† | απεθανεν ult.] -νον M, > O–A†, τεθνηκασιν L† ‖ 5 τω 1⁰
⌒ 2⁰ A† ‖ 6 περιεπεσον L] -σαν BA, περιπεπτωκεν O–A† | ιππαρχαι] -χοι
OL ‖ 7 init.] pr. και επεσεν O† | με 1⁰ > B ‖ 8 μοι > OV† | ειπα] +
προς αυτον OL† ‖ 9 θανατωσεις A† ‖ 11 των ιματιων] τα -τια A† | δι-
ερρηξαν — fin. > OL† ‖ 12 εκλαυσαν .. ενηστ.] tr. B

14 ἐγώ εἰμι. ¹⁴καὶ εἶπεν αὐτῷ Δαυιδ Πῶς οὐκ ἐφοβήθης ἐπενεγκεῖν
15 χεῖρά σου διαφθεῖραι τὸν χριστὸν κυρίου; ¹⁵καὶ ἐκάλεσεν Δαυιδ
   ἐν τῶν παιδαρίων αὐτοῦ καὶ εἶπεν Προσελθὼν ἀπάντησον αὐτῷ ·
16 καὶ ἐπάταξεν αὐτόν, καὶ ἀπέθανεν. ¹⁶καὶ εἶπεν Δαυιδ πρὸς αὐτόν
   Τὸ αἷμά σου ἐπὶ τὴν κεφαλήν σου, ὅτι τὸ στόμα σου ἀπεκρίθη
   κατὰ σοῦ λέγων ὅτι Ἐγὼ ἐθανάτωσα τὸν χριστὸν κυρίου.

17 ¹⁷Καὶ ἐθρήνησεν Δαυιδ τὸν θρῆνον τοῦτον ἐπὶ Σαουλ καὶ ἐπὶ
18 Ιωναθαν τὸν υἱὸν αὐτοῦ ¹⁸καὶ εἶπεν τοῦ διδάξαι τοὺς υἱοὺς Ιουδα
   — ἰδοὺ γέγραπται ἐπὶ βιβλίου τοῦ εὐθοῦς —
19 ¹⁹Στήλωσον, Ισραηλ, ὑπὲρ τῶν τεθνηκότων ἐπὶ τὰ ὕψη σου
   τραυματιῶν ·
   πῶς ἔπεσαν δυνατοί.
20 ²⁰μὴ ἀναγγείλητε ἐν Γεθ
   καὶ μὴ εὐαγγελίσησθε ἐν ταῖς ἐξόδοις Ἀσκαλῶνος,
   μήποτε εὐφρανθῶσιν θυγατέρες ἀλλοφύλων,
   μήποτε ἀγαλλιάσωνται θυγατέρες τῶν ἀπεριτμήτων.
21 ²¹ὄρη τὰ ἐν Γελβουε,
   μὴ καταβῇ δρόσος καὶ μὴ ὑετὸς ἐφ᾽ ὑμᾶς καὶ ἀγροὶ ἀπαρχῶν,
   ὅτι ἐκεῖ προσωχθίσθη θυρεὸς δυνατῶν,
   θυρεὸς Σαουλ οὐκ ἐχρίσθη ἐν ἐλαίῳ.
22 ²²ἀφ᾽ αἵματος τραυματιῶν, ἀπὸ στέατος δυνατῶν
   τόξον Ιωναθαν οὐκ ἀπεστράφη κενὸν εἰς τὰ ὀπίσω,
   καὶ ῥομφαία Σαουλ οὐκ ἀνέκαμψεν κενή.
23 ²³Σαουλ καὶ Ιωναθαν, οἱ ἠγαπημένοι καὶ ὡραῖοι, οὐ διακεχω-
   ρισμένοι,
   εὐπρεπεῖς ἐν τῇ ζωῇ αὐτῶν καὶ ἐν τῷ θανάτῳ αὐτῶν οὐ
   διεχωρίσθησαν,
   ὑπὲρ ἀετοὺς κοῦφοι
   καὶ ὑπὲρ λέοντας ἐκραταιώθησαν.
24 ²⁴θυγατέρες Ισραηλ, ἐπὶ Σαουλ κλαύσατε
   τὸν ἐνδιδύσκοντα ὑμᾶς κόκκινα μετὰ κόσμου ὑμῶν,
   τὸν ἀναφέροντα κόσμον χρυσοῦν ἐπὶ τὰ ἐνδύματα ὑμῶν.
25 ²⁵πῶς ἔπεσαν δυνατοὶ ἐν μέσῳ τοῦ πολέμου ·

15 προσελθων απαντ. αυτω] προσαγαγετε αυτω και αψασθε αυτου L⁺ | αυτον
> A⁺ | απεθανεν] εβαλον αυτον επι την γην L⁺ || 16 δαυιδ / προς αυτον]
tr. O || 18 ιουδα] ισραηλ O–376⁺, > O376⁺, pr. ισραηλ και L⁺; + τοξον O⁺ ||
19 στηλωσον] ακριβασαι L⁺ | υπερ(ALᴾ⁺περι) των(>A⁺) τεθν. / επι τα υψη
σου] tr. et σου etiam post τεθν. add. O⁺, επι τα υψη > L⁺ | τραυματιων >
O⁺ || 20 μη αναγγειλητε] αναγγειλατε A⁺ || 21 καταβη Μ] -βοι Β, βητω
Aᴳ, πεσοι εφ υμας μητε L⁺ | και μη] μηδε Α, μητε L⁺ | υετος] + πεσοι O⁺ |
εφ — απαρχων] επι τα υψη σου ορη θανατου L⁺ | προσωχθ.] εξηρθη Lᴾ⁺ ||
24²] pr. κλαυσατε Β⁺; ex 24¹ repet. | 24³ χρυσιον ΑL(pr. και)⁺ || 25¹ του
> AᴦL⁺

Ιωναθαν ἐπὶ τὰ ὕψη σου τραυματίας.

²⁶ ἀλγῶ ἐπὶ σοί, ἀδελφέ μου Ιωναθαν ·   26
ὡραιώθης μοι σφόδρα,
ἐθαυμαστώθη ἡ ἀγάπησίς σου ἐμοὶ
ὑπὲρ ἀγάπησιν γυναικῶν.

²⁷ πῶς ἔπεσαν δυνατοὶ   27
καὶ ἀπώλοντο σκεύη πολεμικά.

¹ Καὶ ἐγένετο μετὰ ταῦτα καὶ ἐπηρώτησεν Δαυιδ ἐν κυρίῳ λέγων   2
Εἰ ἀναβῶ εἰς μίαν τῶν πόλεων Ιουδα; καὶ εἶπεν κύριος πρὸς αὐ-
τόν Ἀνάβηθι. καὶ εἶπεν Δαυιδ Ποῦ ἀναβῶ ; καὶ εἶπεν Εἰς Χεβρων.
² καὶ ἀνέβη ἐκεῖ Δαυιδ εἰς Χεβρων καὶ ἀμφότεραι αἱ γυναῖκες αὐτοῦ,   2
Αχινοομ ἡ Ιεζραηλῖτις καὶ Αβιγαια ἡ γυνὴ Ναβαλ τοῦ Καρμηλίου,
³ καὶ οἱ ἄνδρες οἱ μετ' αὐτοῦ, ἔκαστος καὶ ὁ οἶκος αὐτοῦ, καὶ κατ-   3
ῴκουν ἐν ταῖς πόλεσιν Χεβρων. ⁴ καὶ ἔρχονται ἄνδρες τῆς Ιουδαίας   4
καὶ χρίουσιν τὸν Δαυιδ ἐκεῖ τοῦ βασιλεύειν ἐπὶ τὸν οἶκον Ιουδα.

Καὶ ἀπήγγειλαν τῷ Δαυιδ λέγοντες ὅτι Οἱ ἄνδρες Ιαβις τῆς Γα-
λααδίτιδος ἔθαψαν τὸν Σαουλ. ⁵ καὶ ἀπέστειλεν Δαυιδ ἀγγέλους   5
πρὸς τοὺς ἡγουμένους Ιαβις τῆς Γαλααδίτιδος καὶ εἶπεν πρὸς αὐ-
τούς Εὐλογημένοι ὑμεῖς τῷ κυρίῳ, ὅτι πεποιήκατε τὸ ἔλεος τοῦτο
ἐπὶ τὸν κύριον ὑμῶν ἐπὶ Σαουλ τὸν χριστὸν κυρίου καὶ ἐθάψατε
αὐτὸν καὶ Ιωναθαν τὸν υἱὸν αὐτοῦ· ⁶ καὶ νῦν ποιήσαι κύριος μεθ'   6
ὑμῶν ἔλεος καὶ ἀλήθειαν, καὶ γε ἐγὼ ποιήσω μεθ' ὑμῶν τὰ ἀγαθὰ
ταῦτα, ὅτι ἐποιήσατε τὸ ῥῆμα τοῦτο· ⁷ καὶ νῦν κραταιούσθωσαν   7
αἱ χεῖρες ὑμῶν καὶ γίνεσθε εἰς υἱοὺς δυνατούς, ὅτι τέθνηκεν ὁ κύ-
ριος ὑμῶν Σαουλ, καὶ γε ἐμὲ κέχρικεν· ὁ οἶκος Ιουδα ἐφ' ἑαυτοὺς
εἰς βασιλέα.

⁸ Καὶ Αβεννηρ υἱὸς Νηρ ἀρχιστράτηγος τοῦ Σαουλ ἔλαβεν τὸν   8
Ιεβοσθε υἱὸν Σαουλ καὶ ἀνεβίβασεν αὐτὸν ἐκ τῆς παρεμβολῆς εἰς
Μαναεμ ⁹ καὶ ἐβασίλευσεν αὐτὸν ἐπὶ τὴν Γαλααδῖτιν καὶ ἐπὶ τὸν   9
Θασιρι καὶ ἐπὶ τὸν Ιεζραελ καὶ ἐπὶ τὸν Εφραιμ καὶ ἐπὶ τὸν Βενια-

---

25 επι — fin.] εις θανατον ετραυματισθης εμοι L et sine εμοι MV | τραυ-
ματιας O] -τιαι B ‖ 26⁴ αγαπησιν] -πην O✝ (O–ᴬ hab. etiam in 26³ αγαπη)
2 2 εκει > O–ᴬL✝ | εις χεβρ. > O✝ | αχ(ε)ινοομ] -νααμ O–ᴬL: cf. I 30₅ |
ιεζραηλιτις Lᵖ✝] ιζρ. AV✝, ισρ. B: cf. I 30₅ | καρμηλειτου A ‖ 3 ανδρες] +
αυτου OL✝ | αυτου 1⁰] + ους ανηγαγεν δαυιδ O✝ ‖ 4 τον δ. / εκει] tr. O✝ |
του βασ.] + επ αυτους A✝ | επι τ. ο. ιουδα] ante του βασ. tr. A✝ ‖ 5 και 2⁰
— 7 ο 1⁰ perierunt in B | το ελεος τουτο] το ελ. του θεου A✝, ελεον L (de
forma attica cf. Sept.-Stud. 3, p. 260. 281) | επι u't. > O | τον χ. κυριου pl.]
> OL✝ | και ult. — fin. pl.] > OL✝ ‖ 6 τα αγαθα ταυτα pl.] το -θον τουτο
O ‖ 7 εφ εαυτους / εις βασ.] tr. O✝ | εαυτους] -τον BOᵖ ‖ 8 ιεβοσθε] ε 1⁰
antiquis temporibus ex σ corruptum, cf. Iud. 16 4; μεμφιβοσθε L–⁹³✝, εισβααλ
L⁹³✝: item ambo in 10. 12. 15, cf. 37 9 6 23 8 Par. I 8 33 | εις μαναεμ(cf. 12)]
> OLV✝ ‖ 9 θασιρι] θασουρ A✝ | ιεζραελ Ra.] ισραηλ BOL: cf. I 25 43

10 μιν καὶ ἐπὶ πάντα Ισραηλ. ¹⁰τεσσαράκοντα ἐτῶν Ιεβοσθε υἱὸς
Σαουλ, ὅτε ἐβασίλευσεν ἐπὶ τὸν Ισραηλ, καὶ δύο ἔτη ἐβασίλευσεν
11 πλὴν τοῦ οἴκου Ιουδα, οἳ ἦσαν ὀπίσω Δαυιδ· ¹¹καὶ ἐγένοντο αἱ
ἡμέραι, ἃς Δαυιδ ἐβασίλευσεν ἐν Χεβρων ἐπὶ τὸν οἶκον Ιουδα, ἑπτὰ
ἔτη καὶ ἓξ μῆνας.
12 ¹²Καὶ ἐξῆλθεν Αβεννηρ υἱὸς Νηρ καὶ οἱ παῖδες Ιεβοσθε υἱοῦ
13 Σαουλ ἐκ Μαναεμ εἰς Γαβαων· ¹³καὶ Ιωαβ υἱὸς Σαρουιας καὶ οἱ
παῖδες Δαυιδ ἐξῆλθοσαν ἐκ Χεβρων καὶ συναντῶσιν αὐτοῖς ἐπὶ
τὴν κρήνην τὴν Γαβαων ἐπὶ τὸ αὐτό, καὶ ἐκάθισαν οὗτοι ἐπὶ τὴν
κρήνην τὴν Γαβαων ἐντεῦθεν καὶ οὗτοι ἐπὶ τὴν κρήνην ἐντεῦθεν.
14 ¹⁴καὶ εἶπεν Αβεννερ πρὸς Ιωαβ Ἀναστήτωσαν δὴ τὰ παιδάρια καὶ
15 παιξάτωσαν ἐνώπιον ἡμῶν· καὶ εἶπεν Ιωαβ Ἀναστήτωσαν. ¹⁵καὶ
ἀνέστησαν καὶ παρῆλθον ἐν ἀριθμῷ τῶν παίδων Βενιαμιν δώδεκα
16 τῶν Ιεβοσθε υἱοῦ Σαουλ καὶ δώδεκα ἐκ τῶν παίδων Δαυιδ. ¹⁶καὶ
ἐκράτησαν ἕκαστος τῇ χειρὶ τὴν κεφαλὴν τοῦ πλησίον αὐτοῦ, καὶ
μάχαιρα αὐτοῦ εἰς πλευρὰν τοῦ πλησίον αὐτοῦ, καὶ πίπτουσιν κατὰ
τὸ αὐτό· καὶ ἐκλήθη τὸ ὄνομα τοῦ τόπου ἐκείνου Μερὶς τῶν ἐπι-
17 βούλων, ἥ ἐστιν ἐν Γαβαων. ¹⁷καὶ ἐγένετο ὁ πόλεμος σκληρὸς
ὥστε λίαν ἐν τῇ ἡμέρᾳ ἐκείνῃ, καὶ ἔπταισεν Αβεννηρ καὶ ἄνδρες
18 Ισραηλ ἐνώπιον παίδων Δαυιδ. — ¹⁸καὶ ἐγένοντο ἐκεῖ τρεῖς υἱοὶ
Σαρουιας, Ιωαβ καὶ Αβεσσα καὶ Ασαηλ, καὶ Ασαηλ κοῦφος τοῖς
19 ποσὶν αὐτοῦ ὡσεὶ μία δορκὰς ἐν ἀγρῷ. ¹⁹καὶ κατεδίωξεν Ασαηλ
ὀπίσω Αβεννηρ καὶ οὐκ ἐξέκλινεν τοῦ πορεύεσθαι εἰς δεξιὰ οὐδὲ
20 εἰς ἀριστερὰ κατόπισθεν Αβεννηρ. ²⁰καὶ ἐπέβλεψεν Αβεννηρ εἰς τὰ
ὀπίσω αὐτοῦ καὶ εἶπεν Εἰ σὺ εἶ αὐτὸς Ασαηλ; καὶ εἶπεν Ἐγώ
21 εἰμι. ²¹καὶ εἶπεν αὐτῷ Αβεννηρ Ἔκκλινον σὺ εἰς τὰ δεξιὰ ἢ εἰς τὰ
ἀριστερὰ καὶ κάτασχε σαυτῷ ἓν τῶν παιδαρίων καὶ λαβὲ σεαυτῷ
τὴν πανοπλίαν αὐτοῦ· καὶ οὐκ ἠθέλησεν Ασαηλ ἐκκλῖναι ἐκ τῶν
22 ὄπισθεν αὐτοῦ. ²²καὶ προσέθετο ἔτι Αβεννηρ λέγων τῷ Ασαηλ
Ἀπόστηθι ἀπ᾽ ἐμοῦ, ἵνα μὴ πατάξω σε εἰς τὴν γῆν· καὶ πῶς ἀρῶ
τὸ πρόσωπόν μου πρὸς Ιωαβ; καὶ ποῦ ἐστιν ταῦτα; ἐπίστρεφε
23 πρὸς Ιωαβ τὸν ἀδελφόν σου. ²³καὶ οὐκ ἐβούλετο τοῦ ἀποστῆναι.
καὶ τύπτει αὐτὸν Αβεννηρ ἐν τῷ ὀπίσω τοῦ δόρατος ἐπὶ τὴν ψόαν,

9 παντα ισρ.] ισρ. απαντα Α†, τον ισρ. απαντα O–A† ‖ 10 επι — 13 κρηνην 2⁰
perierunt in B ‖ 12 αβεννηρ (sic B ubique)] αβενηρ Α: sic A saepius |
μαναεμ (cf. 8)] -ναειμ Α†; cf. 17 27 | γαβαων] ν > Α† ‖ 13 σαρουιας: cf. I
26 6 | γαβαων 1⁰] pr. εν Α† | ουτοι 1⁰] αυτοι Α† | την γαβ. 2⁰ > OL ‖
16 πλευραν] πλαγιον Α† ‖ 17 παιδων] pr. των OLV† ‖ 18 σαρουιας et
αβεσσα: cf. I 26 6 | ασαηλ 1⁰ ⌒ 2⁰ O | ωσει] ως η A ‖ 19 δεξια et αριστ.]
pr. τα AL: cf. 21 ‖ 20 ει 2⁰ > O | ειπεν ult.] + αυτω O† ‖ 21 τα 1⁰ >
Α† | κατασχε] -σχες A, κατεχε O–A† ‖ 22 και ult. — ιωαβ ult. > Lᵖ (in L¹²⁷
sub ÷) | επιστρεφε] αποστρ. Α† ‖ 23 ψοαν] ψοιαν Α†: item in 3 27 20 10;
ψυαν L: item in 3 27 (in 20 10 L† λαγονα)

καὶ διεξῆλθεν τὸ δόρυ ἐκ τῶν ὀπίσω αὐτοῦ, καὶ πίπτει ἐκεῖ καὶ
ἀποθνήσκει ὑποκάτω αὐτοῦ. καὶ ἐγένετο πᾶς ὁ ἐρχόμενος ἕως τοῦ
τόπου, οὗ ἔπεσεν ἐκεῖ Ασαηλ καὶ ἀπέθανεν, καὶ ὑφίστατο. — ²⁴καὶ 24
κατεδίωξεν Ιωαβ καὶ Αβεσσα ὀπίσω Αβεννηρ· καὶ ὁ ἥλιος ἔδυνεν,
καὶ αὐτοὶ εἰσῆλθον ἕως τοῦ βουνοῦ Αμμαν, ὅ ἐστιν ἐπὶ προσώπου
Γαι ὁδὸν ἔρημον Γαβαων. ²⁵καὶ συναθροίζονται υἱοὶ Βενιαμιν οἱ 25
ὀπίσω Αβεννηρ καὶ ἐγενήθησαν εἰς συνάντησιν μίαν καὶ ἔστησαν
ἐπὶ κεφαλὴν βουνοῦ ἑνός. ²⁶καὶ ἐκάλεσεν Αβεννηρ Ιωαβ καὶ εἶπεν 26
Μὴ εἰς νῖκος καταφάγεται ἡ ρομφαία; ἢ οὐκ οἶδας ὅτι πικρὰ ἔσται
εἰς τὰ ἔσχατα; καὶ ἕως πότε οὐ μὴ εἴπῃς τῷ λαῷ ἀναστρέφειν
ἀπὸ ὄπισθεν τῶν ἀδελφῶν ἡμῶν; ²⁷καὶ εἶπεν Ιωαβ Ζῆ κύριος ὅτι 27
εἰ μὴ ἐλάλησας, διότι τότε ἐκ πρωίθεν ἀνέβη ὁ λαὸς ἕκαστος κατ-
όπισθεν τοῦ ἀδελφοῦ αὐτοῦ. ²⁸καὶ ἐσάλπισεν Ιωαβ τῇ σάλπιγγι, 28
καὶ ἀπέστησαν πᾶς ὁ λαὸς καὶ οὐ κατεδίωξαν ὀπίσω τοῦ Ισραηλ
καὶ οὐ προσέθεντο ἔτι τοῦ πολεμεῖν. ²⁹καὶ Αβεννηρ καὶ οἱ ἄνδρες 29
αὐτοῦ ἀπῆλθον εἰς δυσμὰς ὅλην τὴν νύκτα ἐκείνην καὶ διέβαιναν
τὸν Ιορδάνην καὶ ἐπορεύθησαν ὅλην τὴν παρατείνουσαν καὶ ἔρχον-
ται εἰς τὴν παρεμβολήν. ³⁰καὶ Ιωαβ ἀνέστρεψεν ὄπισθεν ἀπὸ τοῦ 30
Αβεννηρ καὶ συνήθροισεν πάντα τὸν λαόν, καὶ ἐπεσκέπησαν τῶν
παίδων Δαυιδ ἐννεακαίδεκα ἄνδρες καὶ Ασαηλ. ³¹καὶ οἱ παῖδες 31
Δαυιδ ἐπάταξαν τῶν υἱῶν Βενιαμιν τῶν ἀνδρῶν Αβεννηρ τριακο-
σίους ἑξήκοντα ἄνδρας παρ' αὐτοῦ. ³²καὶ αἴρουσιν τὸν Ασαηλ καὶ 32
θάπτουσιν αὐτὸν ἐν τῷ τάφῳ τοῦ πατρὸς αὐτοῦ ἐν Βαιθλεεμ.
καὶ ἐπορεύθη Ιωαβ καὶ οἱ ἄνδρες οἱ μετ' αὐτοῦ ὅλην τὴν νύκτα,
καὶ διέφαυσεν αὐτοῖς ἐν Χεβρων.

¹Καὶ ἐγένετο ὁ πόλεμος ἐπὶ πολὺ ἀνὰ μέσον τοῦ οἴκου Σαουλ 3
καὶ ἀνὰ μέσον τοῦ οἴκου Δαυιδ· καὶ ὁ οἶκος Δαυιδ ἐπορεύετο
καὶ ἐκραταιοῦτο, καὶ ὁ οἶκος Σαουλ ἐπορεύετο καὶ ἠσθένει.

²Καὶ ἐτέχθησαν τῷ Δαυιδ υἱοὶ ἐν Χεβρων, καὶ ἦν ὁ πρωτότο- 2
κος αὐτοῦ Αμνων τῆς Αχινοομ τῆς Ιεζραηλίτιδος, ³καὶ ὁ δεύτερος 3
αὐτοῦ Δαλουια τῆς Αβιγαιας τῆς Καρμηλίας, καὶ ὁ τρίτος Αβεσ-
σαλωμ υἱὸς Μααχα θυγατρὸς Θολμι βασιλέως Γεσιρ, ⁴καὶ ὁ τέταρ- 4
τος Ορνια υἱὸς Φεγγιθ, καὶ ὁ πέμπτος Σαβατια τῆς Αβιταλ, ⁵καὶ 5

---

23 διεξηλθεν] δι > O† || 24 αμμαν] ν > O†, εμμαθ L† || 26 ιωαβ] pr. τον
O-AL | η 1⁰ > A†, η 2⁰ > L, η ρομφ. > O-A† | αναστρεφειν] επιστρ. A†,
αποστρ. L† | ημων] αυτων L || 29 την παρεμβ.] την > O†, παρεμβολας L†;
+ μαδιαμ L: ex μααναιμ? || 30 απεστρεψεν O | οπισθεν απο] απο οπισω
A†: sim. O-A† | συνηθροισαν A† || 32 εν 2⁰ > A† | βαιθλεεμ] βηθ. OL: cf.
Ruth 1 1 | ιωαβ — αυτου 2⁰ / ολην τ. νυκτα] tr. AL† | οι μετ > O-AL | διε-
φαυσεν] -φωσθη L?†: cf. Iud. 19 26 B; -φωτισθη L?†

3 2 αχινοομ] -νααμ AL: cf. I 30 5 | ιεζραηλιτιδος L?†] ιζρ. AV†, ισρ. B: cf.
I 30 5 || 3 αβιγαια A† | θολμι] θομμει B⁽†⁾ || 4 ορνια L] -νειλ B†, νιας O†
| φεγγ(ε)ιθ BO] αγγιθ L | σαβατ(ε)ια] σαφαθια A†, σαφατια O-AL(L† -ιας)

ὁ ἕκτος Ιεθερααμ τῆς Αιγλα γυναικὸς Δαυιδ · οὗτοι ἐτέχθησαν τῷ
Δαυιδ ἐν Χεβρων.

6 ⁶Καὶ ἐγένετο ἐν τῷ εἶναι τὸν πόλεμον ἀνὰ μέσον τοῦ οἴκου
Σαουλ καὶ ἀνὰ μέσον τοῦ οἴκου Δαυιδ καὶ Αβεννηρ ἦν κρατῶν
7 τοῦ οἴκου Σαουλ. ⁷καὶ τῷ Σαουλ παλλακὴ Ρεσφα θυγάτηρ Ιαλ ·
καὶ εἶπεν Μεμφιβοσθε υἱὸς Σαουλ πρὸς Αβεννηρ Τί ὅτι εἰσῆλθες
8 πρὸς τὴν παλλακὴν τοῦ πατρός μου; ⁸καὶ ἐθυμώθη σφόδρα Αβεν-
νηρ περὶ τοῦ λόγου Μεμφιβοσθε, καὶ εἶπεν Αβεννηρ πρὸς αὐτόν
Μὴ κεφαλὴ κυνὸς ἐγώ εἰμι; ἐποίησα ἔλεος σήμερον μετὰ τοῦ οἴ-
κου Σαουλ τοῦ πατρός σου καὶ περὶ ἀδελφῶν καὶ γνωρίμων καὶ
οὐκ ηὐτομόλησα εἰς τὸν οἶκον Δαυιδ · καὶ ἐπιζητεῖς ἐπ᾿ ἐμὲ ὑπὲρ
9 ἀδικίας γυναικὸς σήμερον; ⁹τάδε ποιήσαι ὁ θεὸς τῷ Αβεννηρ καὶ
τάδε προσθείη αὐτῷ, ὅτι καθὼς ὤμοσεν κύριος τῷ Δαυιδ, ὅτι
10 οὕτως ποιήσω αὐτῷ ἐν τῇ ἡμέρᾳ ταύτῃ ¹⁰περιελεῖν τὴν βασιλείαν
ἀπὸ τοῦ οἴκου Σαουλ καὶ τοῦ ἀναστῆσαι τὸν θρόνον Δαυιδ ἐπὶ
11 Ισραηλ καὶ ἐπὶ τὸν Ιουδαν ἀπὸ Δαν ἕως Βηρσαβεε. ¹¹καὶ οὐκ
ἠδυνάσθη ἔτι Μεμφιβοσθε ἀποκριθῆναι τῷ Αβεννηρ ῥῆμα ἀπὸ τοῦ
φοβεῖσθαι αὐτόν.

12 ¹²Καὶ ἀπέστειλεν Αβεννηρ ἀγγέλους πρὸς Δαυιδ εἰς Θαιλαμ, οὗ
ἦν παραχρῆμα, λέγων Διάθου διαθήκην σου μετ᾿ ἐμοῦ, καὶ ἰδοὺ ἡ
χείρ μου μετὰ σοῦ τοῦ ἐπιστρέψαι πρὸς σὲ πάντα τὸν οἶκον
13 Ισραηλ. ¹³καὶ εἶπεν Δαυιδ Ἐγὼ καλῶς διαθήσομαι πρὸς σὲ δια-
θήκην, πλὴν λόγον ἕνα ἐγὼ αἰτοῦμαι παρὰ σοῦ λέγων Οὐκ ὄψει
τὸ πρόσωπόν μου, ἐὰν μὴ ἀγάγῃς τὴν Μελχολ θυγατέρα Σαουλ
14 παραγινομένου σου ἰδεῖν τὸ πρόσωπόν μου. ¹⁴καὶ ἐξαπέστειλεν
Δαυιδ πρὸς Μεμφιβοσθε υἱὸν Σαουλ ἀγγέλους λέγων Ἀπόδος μοι
τὴν γυναῖκά μου τὴν Μελχολ, ἣν ἔλαβον ἐν ἑκατὸν ἀκροβυστίαις
15 ἀλλοφύλων. ¹⁵καὶ ἀπέστειλεν Μεμφιβοσθε καὶ ἔλαβεν αὐτὴν παρὰ
16 τοῦ ἀνδρὸς αὐτῆς, παρὰ Φαλτιηλ υἱοῦ Σελλης. ¹⁶καὶ ἐπορεύετο ὁ

5 ιεθερααμ ΒΟ-Α] -θαρ- Α†, ιεθραμ L† | αιγλα pau.] -γαλ ΒΟ-Α†, αιγας Α†,
αγλα L ‖ 6 του 1⁰ > O | του 2⁰ ΒL†] > O ‖ 7 ιαλ Β⁽†⁾] ιολ Α; αια
Ο-Α†: cf. 21 8. 10. 11; σειβα L†, σιβατου Ioseph. Antiq. VII 23 Niese | μεμφι-
βοσθε ΒΟ-ΑL] ιεβοσθε Αʳ: item Aˢ in 8, cf. 11; nomen μεμφιβοσθε antiquis
temporibus ex 4 4 huc et in alios locos (cf. 11 4 1 et 2 8) pro ισβοσθε uel
ιεβοσθε irrepsit, cf. Iud. 16 4 ‖ 8 εποιησα ελ. / σημ.] tr. O† | γνωριμων] pr.
περι LBᶜ ‖ 9 οτι ult. > O-ΑL | εν — fin. > O† ‖ 10 εως] pr. και OL ‖
11 μεμφιβ. ΒOL] ιεβοσθε M: item in 14. 15, cf. 7 ‖ 12 εις θαιλαμ ου ην] εις
θηλαμου γην Α†, > Ο-Α†, εις χεβρων L†, εις γιβρωνα Ioseph. Antiq. VII 24
Niese | παραχρημα > L† | σου 1⁰] συ Α†, > L† | του > Β | προς ult.] επι Α†
‖ 13 εγω καλως ΒΟ] tr. L | σου ult. > Β† ‖ 14 εξαπεστ.] εξ > Α | προς
μεμφ.(cf. 11) υιον σ. / αγγελους] tr. OL† | ελαβον] + εμαυτω OL¹²⁷† ‖ 15 πα-
ρα ult. > Ο-ΑL† | σελλης] μ pro ς L, λαεις Α†, λαιε Ο-Α† ‖ 16 επορ.] +
συν αυτη O†, + μετ αυτης L†

ἀνὴρ αὐτῆς μετ' αὐτῆς κλαίων ὀπίσω αὐτῆς ἕως Βαρακιμ · καὶ
εἶπεν πρὸς αὐτὸν Αβεννηρ Πορεύου ἀνάστρεφε · καὶ ἀνέστρεψεν.
— ¹⁷καὶ εἶπεν Αβεννηρ πρὸς τοὺς πρεσβυτέρους Ισραηλ λέγων 17
Ἐχθὲς καὶ τρίτην ἐζητεῖτε τὸν Δαυιδ βασιλεύειν ἐφ' ὑμῶν · ¹⁸καὶ 18
νῦν ποιήσατε, ὅτι κύριος ἐλάλησεν περὶ Δαυιδ λέγων Ἐν χειρὶ
τοῦ δούλου μου Δαυιδ σώσω τὸν Ισραηλ ἐκ χειρὸς ἀλλοφύλων
καὶ ἐκ χειρὸς πάντων τῶν ἐχθρῶν αὐτῶν. ¹⁹καὶ ἐλάλησεν Αβεννηρ 19
ἐν τοῖς ὠσὶν Βενιαμιν. καὶ ἐπορεύθη Αβεννηρ τοῦ λαλῆσαι εἰς τὰ
ὦτα τοῦ Δαυιδ εἰς Χεβρων πάντα, ὅσα ἤρεσεν ἐν ὀφθαλμοῖς
Ισραηλ καὶ ἐν ὀφθαλμοῖς παντὸς οἴκου Βενιαμιν.

²⁰Καὶ ἦλθεν Αβεννηρ πρὸς Δαυιδ εἰς Χεβρων καὶ μετ' αὐτοῦ 20
εἴκοσι ἄνδρες. καὶ ἐποίησεν Δαυιδ τῷ Αβεννηρ καὶ τοῖς ἀνδράσιν
τοῖς μετ' αὐτοῦ πότον. ²¹καὶ εἶπεν Αβεννηρ πρὸς Δαυιδ Ἀναστή- 21
σομαι δὴ καὶ πορεύσομαι καὶ συναθροίσω πρὸς κύριόν μου τὸν
βασιλέα πάντα Ισραηλ καὶ διαθήσομαι μετὰ σοῦ διαθήκην, καὶ
βασιλεύσεις ἐπὶ πᾶσιν, οἷς ἐπιθυμεῖ ἡ ψυχή σου. καὶ ἀπέστειλεν
Δαυιδ τὸν Αβεννηρ, καὶ ἐπορεύθη ἐν εἰρήνῃ. — ²²καὶ ἰδοὺ οἱ παῖ- 22
δες Δαυιδ καὶ Ιωαβ παρεγίνοντο ἐκ τῆς ἐξοδίας καὶ σκῦλα πολλὰ
ἔφερον μετ' αὐτῶν · καὶ Αβεννηρ οὐκ ἦν μετὰ Δαυιδ εἰς Χεβρων,
ὅτι ἀπεστάλκει αὐτὸν καὶ ἀπεληλύθει ἐν εἰρήνῃ. ²³καὶ Ιωαβ καὶ 23
πᾶσα ἡ στρατιὰ αὐτοῦ ἤχθησαν, καὶ ἀπηγγέλη τῷ Ιωαβ λέγοντες
Ἥκει Αβεννηρ υἱὸς Νηρ πρὸς Δαυιδ, καὶ ἀπέσταλκεν αὐτὸν καὶ
ἀπῆλθεν ἐν εἰρήνῃ. ²⁴καὶ εἰσῆλθεν Ιωαβ πρὸς τὸν βασιλέα καὶ εἶ- 24
πεν Τί τοῦτο ἐποίησας; ἰδοὺ ἦλθεν Αβεννηρ πρὸς σέ, καὶ ἵνα τί
ἐξαπέσταλκας αὐτὸν καὶ ἀπελήλυθεν ἐν εἰρήνῃ; ²⁵ἢ οὐκ οἶδας τὴν 25
κακίαν Αβεννηρ υἱοῦ Νηρ, ὅτι ἀπατῆσαί σε παρεγένετο καὶ γνῶναι
τὴν ἔξοδόν σου καὶ τὴν εἴσοδόν σου καὶ γνῶναί ἅπαντα, ὅσα σὺ
ποιεῖς; ²⁶καὶ ἀνέστρεψεν Ιωαβ ἀπὸ τοῦ Δαυιδ καὶ ἀπέστειλεν ἀγ- 26
γέλους ὀπίσω Αβεννηρ, καὶ ἐπιστρέφουσιν αὐτὸν ἀπὸ τοῦ φρέατος
τοῦ Σεϊραμ · καὶ Δαυιδ οὐκ ᾔδει. ²⁷καὶ ἐπέστρεψεν Αβεννηρ εἰς 27
Χεβρων, καὶ ἐξέκλινεν αὐτὸν Ιωαβ ἐκ πλαγίων τῆς πύλης λαλῆσαι

16 μετ αυτης > O-ΑL⁺ | κλαιων] pr. πορευομενος και L⁺ | βαρακ(ε)ιμ L] μ
> B, βαουρειμ O⁺ ‖ 17 ειπεν αβεννηρ ... λεγων] λογος α. εγενετο ... και ειπεν
L⁺ | εζητειτε] ητε ζητουντες (uel ζητουντες ητε) L⁺ ‖ 18 του δουλου μου /
δαυιδ] tr. O⁺ ‖ 19 αβεννηρ 1⁰] pr. και γε O-A, + και γε A, + και L⁺ | του
2⁰ > OL ‖ 21 κυριον BA*⁺] pr. τον OL | παντα] pr. τον A⁺ | μετα σου]
μετ αυτου BA | επορευθη L] -θησαν BA (O-A om. και ult. — fin.) ‖ 22 ε-
φερον(B⁺ -ραν) / μετ αυτων] tr. O⁺ | εις] εν AL ‖ 23 ηχθησαν BO⁺] ηκουσαν
L⁺, ηλθοσαν M ‖ 24 εισηλθεν] απηλθεν A⁺ | απεληλυθεν] απηλθεν O⁺ ‖
25 η > A⁺ | παραγεγονεν A⁺ | εξοδον ... εισοδον] tr. O-AL ‖ 26 ανεστρ.]
εξηλθεν L⁺ | σε(ε)ιραμ BO] -ρα L⁺ ‖ 27 αβεννηρ L⁺] pr. τον BA, pr. ιωαβ
τον O-A⁺

πρὸς αὐτὸν ἐνεδρεύων καὶ ἐπάταξεν αὐτὸν ἐκεῖ ἐπὶ τὴν ψόαν, καὶ
ἀπέθανεν ἐν τῷ αἵματι Ασαηλ τοῦ ἀδελφοῦ Ιωαβ.

28 ²⁸Καὶ ἤκουσεν Δαυιδ μετὰ ταῦτα καὶ εἶπεν Ἀθῷός εἰμι ἐγὼ καὶ
ἡ βασιλεία μου ἀπὸ κυρίου ἕως αἰῶνος ἀπὸ τῶν αἱμάτων Αβεννηρ
29 υἱοῦ Νηρ · ²⁹καταντησάτωσαν ἐπὶ κεφαλὴν Ιωαβ καὶ ἐπὶ πάντα
τὸν οἶκον τοῦ πατρὸς αὐτοῦ, καὶ μὴ ἐκλίποι ἐκ τοῦ οἴκου Ιωαβ
γονορρυὴς καὶ λεπρὸς καὶ κρατῶν σκυτάλης καὶ πίπτων ἐν ρομ-
30 φαίᾳ καὶ ἐλασσούμενος ἄρτοις. ³⁰Ιωαβ δὲ καὶ Αβεσσα ὁ ἀδελφὸς
αὐτοῦ διεπαρετηροῦντο τὸν Αβεννηρ ἀνθ᾿ ὧν ἐθανάτωσεν τὸν Ασα-
31 ηλ τὸν ἀδελφὸν αὐτῶν ἐν Γαβαων ἐν τῷ πολέμῳ. — ³¹καὶ εἶπεν
Δαυιδ πρὸς Ιωαβ καὶ πρὸς πάντα τὸν λαὸν τὸν μετ᾿ αὐτοῦ Διαρ-
ρήξατε τὰ ἱμάτια ὑμῶν καὶ περιζώσασθε σάκκους καὶ κόπτεσθε
ἔμπροσθεν Αβεννηρ · καὶ ὁ βασιλεὺς Δαυιδ ἐπορεύετο ὀπίσω τῆς
32 κλίνης. ³²καὶ θάπτουσιν τὸν Αβεννηρ εἰς Χεβρων · καὶ ἦρεν ὁ
βασιλεὺς τὴν φωνὴν αὐτοῦ καὶ ἔκλαυσεν ἐπὶ τοῦ τάφου αὐτοῦ,
33 καὶ ἔκλαυσεν πᾶς ὁ λαὸς ἐπὶ Αβεννηρ. ³³καὶ ἐθρήνησεν ὁ βασιλεὺς
ἐπὶ Αβεννηρ καὶ εἶπεν

Εἰ κατὰ τὸν θάνατον Ναβαλ ἀποθανεῖται Αβεννηρ;
34 ³⁴αἱ χεῖρές σου οὐκ ἐδέθησαν,
οἱ πόδες σου οὐκ ἐν πέδαις ·
οὐ προσήγαγεν ὡς Ναβαλ,
ἐνώπιον υἱῶν ἀδικίας ἔπεσας.

35 καὶ συνήχθη πᾶς ὁ λαὸς τοῦ κλαῦσαι αὐτόν. ³⁵καὶ ἦλθεν πᾶς ὁ
λαὸς περιδειπνῆσαι τὸν Δαυιδ ἄρτοις ἔτι οὔσης ἡμέρας, καὶ ὤμο-
σεν Δαυιδ λέγων Τάδε ποιήσαι μοι ὁ θεὸς καὶ τάδε προσθείη,
ὅτι ἐὰν μὴ δύῃ ὁ ἥλιος, οὐ μὴ γεύσωμαι ἄρτου ἢ ἀπὸ παντός
36 τινος. ³⁶καὶ ἔγνω πᾶς ὁ λαός, καὶ ἤρεσεν ἐνώπιον αὐτῶν πάντα,
37 ὅσα ἐποίησεν ὁ βασιλεὺς ἐνώπιον τοῦ λαοῦ. ³⁷καὶ ἔγνω πᾶς ὁ
λαὸς καὶ πᾶς Ισραηλ ἐν τῇ ἡμέρᾳ ἐκείνῃ ὅτι οὐκ ἐγένετο παρὰ
38 τοῦ βασιλέως θανατῶσαι τὸν Αβεννηρ υἱὸν Νηρ. ³⁸καὶ εἶπεν ὁ
βασιλεὺς πρὸς τοὺς παῖδας αὐτοῦ Οὐκ οἴδατε ὅτι ἡγούμενος μέγας
39 πέπτωκεν ἐν τῇ ἡμέρᾳ ταύτῃ ἐν τῷ Ισραηλ; ³⁹καὶ ὅτι ἐγώ εἰμι
σήμερον συγγενὴς καὶ καθεσταμένος ὑπὸ βασιλέως, οἱ δὲ ἄνδρες
οὗτοι υἱοὶ Σαρουιας σκληρότεροί μού εἰσιν · ἀνταποδῷ κύριος τῷ
ποιοῦντι πονηρὰ κατὰ τὴν κακίαν αὐτοῦ.

27 επι (cf. 2 23)] εις B†: cf. 20 10 | ψοαν: cf. 2 23 | ιωαβ ult.] αυτου L† ||
28 εγω] > A†, ante ειμι tr. O–A† | εως O–A†] pr. και BA, pr. απο του νυν και
L || 29 σκυταλη A†, -λην L || 31 εμπροσθεν] ενωπιον B†, post αβ. tr.
A† || 32 εις B†] εν OL || 34 ναβαλ] ναφα A† hic, non in 33 | συνηχθη
BA] -θησαν O–A†, συνηλθεν L†, προσεθετο M || 35 αρτοις] -τους O ||
36 εγνω / πας ο λαος] tr. OL† | fin.] + αγαθον A†, + αγαθα O–A† || 37 θα-
νατωσαι BLᴾ†] pr. του OLᴾ || 38 μεγας] pr. και L | εν ult. > A† || 39 αντ-
αποδω] αντ > B†, -δοι A, -δωσει O–A†

¹Καὶ ἤκουσεν Μεμφιβοσθε υἱὸς Σαουλ ὅτι τέθνηκεν Αβεννηρ ἐν 4
Χεβρων, καὶ ἐξελύθησαν αἱ χεῖρες αὐτοῦ, καὶ πάντες οἱ ἄνδρες
Ισραηλ παρείθησαν. ²καὶ δύο ἄνδρες ἡγούμενοι συστρεμμάτων τῷ 2
Μεμφιβοσθε υἱῷ Σαουλ, ὄνομα τῷ ἑνὶ Βαανα καὶ ὄνομα τῷ δευ-
τέρῳ Ρηχαβ, υἱοὶ Ρεμμων τοῦ Βηρωθαίου ἐκ τῶν υἱῶν Βενιαμιν·
ὅτι Βηρωθ ἐλογίζετο τοῖς υἱοῖς Βενιαμιν, ³καὶ ἀπέδρασαν οἱ Βηρω- 3
θαῖοι εἰς Γεθθαιμ καὶ ἦσαν ἐκεῖ παροικοῦντες ἕως τῆς ἡμέρας ταύ-
της. — ⁴καὶ τῷ Ιωναθαν υἱῷ Σαουλ υἱὸς πεπληγὼς τοὺς πόδας· 4
υἱὸς ἐτῶν πέντε οὗτος ἐν τῷ ἐλθεῖν τὴν ἀγγελίαν Σαουλ καὶ
Ιωναθαν τοῦ υἱοῦ αὐτοῦ ἐξ Ιεζραελ, καὶ ἦρεν αὐτὸν ἡ τιθηνὸς
αὐτοῦ καὶ ἔφυγεν, καὶ ἐγένετο ἐν τῷ σπεύδειν αὐτὴν καὶ ἀναχω-
ρεῖν καὶ ἔπεσεν καὶ ἐχωλάνθη, καὶ ὄνομα αὐτῷ Μεμφιβοσθε. —
⁵καὶ ἐπορεύθησαν υἱοὶ Ρεμμων τοῦ Βηρωθαίου Ρεκχα καὶ Βαανα 5
καὶ εἰσῆλθον ἐν τῷ καύματι τῆς ἡμέρας εἰς οἶκον Μεμφιβοσθε,
καὶ αὐτὸς ἐκάθευδεν ἐν τῇ κοίτῃ τῆς μεσημβρίας, ⁶καὶ ἰδοὺ ἡ 6
θυρωρὸς τοῦ οἴκου ἐκάθαιρεν πυροὺς καὶ ἐνύσταξεν καὶ ἐκάθευδεν,
καὶ Ρεκχα καὶ Βαανα οἱ ἀδελφοὶ διέλαθον ⁷καὶ εἰσῆλθον εἰς τὸν 7
οἶκον, καὶ Μεμφιβοσθε ἐκάθευδεν ἐπὶ τῆς κλίνης αὐτοῦ ἐν τῷ κοι-
τῶνι αὐτοῦ, καὶ τύπτουσιν αὐτὸν καὶ θανατοῦσιν καὶ ἀφαιροῦσιν
τὴν κεφαλὴν αὐτοῦ καὶ ἔλαβον τὴν κεφαλὴν αὐτοῦ καὶ ἀπῆλθον
ὁδὸν τὴν κατὰ δυσμὰς ὅλην τὴν νύκτα. ⁸καὶ ἤνεγκαν τὴν κεφαλὴν 8
Μεμφιβοσθε τῷ Δαυιδ εἰς Χεβρων καὶ εἶπαν πρὸς τὸν βασιλέα
Ἰδοὺ ἡ κεφαλὴ Μεμφιβοσθε υἱοῦ Σαουλ τοῦ ἐχθροῦ σου, ὃς ἐζή-
τει τὴν ψυχήν σου, καὶ ἔδωκεν κύριος τῷ κυρίῳ βασιλεῖ ἐκδίκησιν
τῶν ἐχθρῶν αὐτοῦ ὡς ἡ ἡμέρα αὕτη, ἐκ Σαουλ τοῦ ἐχθροῦ σου
καὶ ἐκ τοῦ σπέρματος αὐτοῦ. ⁹καὶ ἀπεκρίθη Δαυιδ τῷ Ρεκχα καὶ 9
τῷ Βαανα ἀδελφῷ αὐτοῦ υἱοῖς Ρεμμων τοῦ Βηρωθαίου καὶ εἶπεν
αὐτοῖς Ζῇ κύριος, ὃς ἐλυτρώσατο τὴν ψυχήν μου ἐκ πάσης θλί-
ψεως, ¹⁰ὅτι ὁ ἀπαγγείλας μοι ὅτι τέθνηκεν Σαουλ — καὶ αὐτὸς ἦν 10
ὡς εὐαγγελιζόμενος ἐνώπιόν μου — καὶ κατέσχον αὐτὸν καὶ ἀπέκτεινα
ἐν Σεκελακ, ᾧ ἔδει με δοῦναι εὐαγγέλια· ¹¹καὶ νῦν ἄνδρες πονηροὶ 11
ἀπεκτάγκασιν ἄνδρα δίκαιον ἐν τῷ οἴκῳ αὐτοῦ ἐπὶ τῆς κοίτης αὐ-
τοῦ· καὶ νῦν ἐκζητήσω τὸ αἷμα αὐτοῦ ἐκ χειρὸς ὑμῶν καὶ ἐξολε-
θρεύσω ὑμᾶς ἐκ τῆς γῆς. ¹²καὶ ἐνετείλατο Δαυιδ τοῖς παιδαρίοις 12

4 1 μεμφιβοσθε BOL] ιεβ. M: item in 2. 5. 7. 8 bis. 12, cf. 3 7 ‖ 2 τω 1⁰]
των Α | βενιαμιν 1⁰ ⌒ 2⁰ Ο ‖ 3 γεθθαιμ L] μ > Β, γεθθειμ uel sim. Ο† ‖
4 ουτος Ra.] pr. και mss. | ιεζραελ Ra.] ισραηλ mss. | η] ο Β*† | αυτην] -τον
ΒΟ-247 | μεμφιβοσθε] -βααλ L†: cf. 9 6 ‖ 5 υιοι] pr. οι ΟL | ρεκχα: sic B
hic et in 6. 9, sed in 2 Β ρηχαβ et sic ubique ΟL | βαανα] βααμ Β†: item
Β in 9, βαμμα Β† in 6, sed βαανα etiam Β in 2; βαναια L ubique ‖ 7 θα-
νατουσιν] + αυτον Α⁽†⁾ | αφαιρουσιν] αναφ. Β*† ‖ 8 η 1⁰ > Α† | κυριω Β†]
+ μου Ο-247†, + ημων rel. | βασιλει ΒΑ†] pr. τω Ο-ΑL ‖ 10 απεκτ.] + αυ-
τον ΑL | σεκελακ: cf. I 27 6 ‖ 11 κοιτης] κλινης Β°: ex 7

αὐτοῦ καὶ ἀποκτέννουσιν αὐτοὺς καὶ κολοβοῦσιν τὰς χεῖρας αὐτῶν
καὶ τοὺς πόδας αὐτῶν καὶ ἐκρέμασαν αὐτοὺς ἐπὶ τῆς κρήνης ἐν
Χεβρων · καὶ τὴν κεφαλὴν Μεμφιβοσθε ἔθαψαν ἐν τῷ τάφῳ Αβεν-
νηρ υἱοῦ Νηρ.

5   ¹Καὶ παραγίνονται πᾶσαι αἱ φυλαὶ Ισραηλ πρὸς Δαυιδ εἰς Χε-
2 βρων καὶ εἶπαν αὐτῷ Ἰδοὺ ὀστᾶ σου καὶ σάρκες σου ἡμεῖς · ²καὶ
ἐχθὲς καὶ τρίτην ὄντος Σαουλ βασιλέως ἐφ' ἡμῖν σὺ ἦσθα ὁ ἐξά-
γων καὶ εἰσάγων τὸν Ισραηλ, καὶ εἶπεν κύριος πρὸς σέ Σὺ ποι-
μανεῖς τὸν λαόν μου τὸν Ισραηλ, καὶ σὺ ἔσει εἰς ἡγούμενον ἐπὶ
3 τὸν Ισραηλ. ³καὶ ἔρχονται πάντες οἱ πρεσβύτεροι Ισραηλ πρὸς τὸν
βασιλέα εἰς Χεβρων, καὶ διέθετο αὐτοῖς ὁ βασιλεὺς Δαυιδ διαθή-
κην ἐν Χεβρων ἐνώπιον κυρίου, καὶ χρίουσιν τὸν Δαυιδ εἰς βα-
4 σιλέα ἐπὶ πάντα Ισραηλ. — ⁴υἱὸς τριάκοντα ἐτῶν Δαυιδ ἐν τῷ
5 βασιλεῦσαι αὐτὸν καὶ τεσσαράκοντα ἔτη ἐβασίλευσεν, ⁵ἑπτὰ ἔτη
καὶ ἓξ μῆνας ἐβασίλευσεν ἐν Χεβρων ἐπὶ τὸν Ιουδαν καὶ τριάκοντα
τρία ἔτη ἐβασίλευσεν ἐπὶ πάντα Ισραηλ καὶ Ιουδαν ἐν Ιερουσαλημ.
6   ⁶Καὶ ἀπῆλθεν Δαυιδ καὶ οἱ ἄνδρες αὐτοῦ εἰς Ιερουσαλημ πρὸς
τὸν Ιεβουσαῖον τὸν κατοικοῦντα τὴν γῆν. καὶ ἐρρέθη τῷ Δαυιδ
Οὐκ εἰσελεύσει ὧδε, ὅτι ἀντέστησαν οἱ τυφλοὶ καὶ οἱ χωλοί, λέ-
7 γοντες ὅτι Οὐκ εἰσελεύσεται Δαυιδ ὧδε. ⁷καὶ κατελάβετο Δαυιδ
8 τὴν περιοχὴν Σιων (αὕτη ἡ πόλις τοῦ Δαυιδ). ⁸καὶ εἶπεν Δαυιδ
τῇ ἡμέρᾳ ἐκείνῃ Πᾶς τύπτων Ιεβουσαῖον ἁπτέσθω ἐν παραξιφίδι
καὶ τοὺς χωλοὺς καὶ τοὺς τυφλοὺς καὶ τοὺς μισοῦντας τὴν ψυχὴν
Δαυιδ · διὰ τοῦτο ἐροῦσιν Τυφλοὶ καὶ χωλοὶ οὐκ εἰσελεύσονται
9 εἰς οἶκον κυρίου. ⁹καὶ ἐκάθισεν Δαυιδ ἐν τῇ περιοχῇ, καὶ ἐκλήθη
αὕτη ἡ πόλις Δαυιδ · καὶ ᾠκοδόμησεν τὴν πόλιν κύκλῳ ἀπὸ τῆς
10 ἄκρας καὶ τὸν οἶκον αὐτοῦ. ¹⁰καὶ ἐπορεύετο Δαυιδ πορευόμενος
11 καὶ μεγαλυνόμενος, καὶ κύριος παντοκράτωρ μετ' αὐτοῦ. — ¹¹καὶ
ἀπέστειλεν Χιραμ βασιλεὺς Τύρου ἀγγέλους πρὸς Δαυιδ καὶ ξύλα
κέδρινα καὶ τέκτονας ξύλων καὶ τέκτονας λίθων, καὶ ᾠκοδόμησαν
12 οἶκον τῷ Δαυιδ. ¹²καὶ ἔγνω Δαυιδ ὅτι ἡτοίμασεν αὐτὸν κύριος
εἰς βασιλέα ἐπὶ Ισραηλ, καὶ ὅτι ἐπήρθη ἡ βασιλεία αὐτοῦ διὰ τὸν

5 2 και 1⁰ > O† | εξαγων .. εισαγων] tr. O | ποιμαινεις A | εις ηγουμενον]
εισηγουμενος B*† ‖ 4 βασιλευσαι] -λευειν OL ‖ 5 B] εν χεβρων εβασιλ. επι
τον ιουδαν επτα ετη και εξ μηνας και εν ιερους. εβασιλ. τριακοντα και τρια ετη
επι παντα ισραηλ και ιουδαν A†, εν χεβρων και επι τον ιουδαν εβας. επτα ετη
και μηνας εξ και επι τον ισραηλ εβας. τριακοντα και τρια ετη O–A†, και εβας.
εν χεβρων επι ιουδαν ετη επτα και μηνας εξ και εν ιερους. εβας. τριακοντα και
δυο ετη και μηνας εξ επι παντα ισραηλ και ιουδαν L† | ιουδαν 1⁰] ν > B*†
‖ 6 δαυιδ 1⁰] ο βασιλευς L† | ουκ 1⁰] pr. οτι O–AL | δαυιδ ult. > A ‖
8 την > A ‖ 9 αυτη / η πολις] tr. A† | την O–AL] αυτην BA ‖ 10 επο-
ρευετο] pr. δι B† | παντοκρατωρ] pr. ο θεος ο O† ‖ 11 λιθων] + τοιχου O†,
τοιχου uel τοιχου λιθων L†

λαὸν αὐτοῦ Ισραηλ. — ¹³καὶ ἔλαβεν Δαυιδ ἔτι γυναῖκας καὶ παλλα- 13
κὰς ἐξ Ιερουσαλημ μετὰ τὸ ἐλθεῖν αὐτὸν ἐκ Χεβρων, καὶ ἐγένοντο
τῷ Δαυιδ ἔτι υἱοὶ καὶ θυγατέρες. ¹⁴καὶ ταῦτα τὰ ὀνόματα τῶν 14
γεννηθέντων αὐτῷ ἐν Ιερουσαλημ· Σαμμους καὶ Σωβαβ καὶ Ναθαν
καὶ Σαλωμων ¹⁵καὶ Εβεαρ καὶ Ελισους καὶ Ναφεκ καὶ Ιεφιες ¹⁶καὶ ¹⁵
Ελισαμα καὶ Ελιδαε καὶ Ελιφαλαθ, ¹⁶ᵃΣαμαε, Ιεσσιβαθ, Ναθαν, 16ᵃ
Γαλαμααν, Ιεβααρ, Θεησους, Ελφαλατ, Ναγεδ, Ναφεκ, Ιαναθα, Λεα-
σαμυς, Βααλιμαθ, Ελιφαλαθ.

¹⁷Καὶ ἤκουσαν ἀλλόφυλοι ὅτι κέχρισται Δαυιδ βασιλεὺς ἐπὶ Ισρα- 17
ηλ, καὶ ἀνέβησαν πάντες οἱ ἀλλόφυλοι ζητεῖν τὸν Δαυιδ· καὶ
ἤκουσεν Δαυιδ καὶ κατέβη εἰς τὴν περιοχήν. ¹⁸καὶ οἱ ἀλλόφυλοι 18
παραγίνονται καὶ συνέπεσαν εἰς τὴν κοιλάδα τῶν τιτάνων. ¹⁹καὶ 19
ἠρώτησεν Δαυιδ διὰ κυρίου λέγων Εἰ ἀναβῶ πρὸς τοὺς ἀλλοφύ-
λους καὶ παραδώσεις αὐτοὺς εἰς τὰς χεῖράς μου; καὶ εἶπεν κύριος
πρὸς Δαυιδ Ἀνάβαινε, ὅτι παραδιδοὺς παραδώσω τοὺς ἀλλοφύλους
εἰς τὰς χεῖράς σου. ²⁰καὶ ἦλθεν Δαυιδ ἐκ τῶν ἐπάνω διακοπῶν 20
καὶ ἔκοψεν τοὺς ἀλλοφύλους ἐκεῖ, καὶ εἶπεν Δαυιδ Διέκοψεν κύριος
τοὺς ἐχθρούς μου τοὺς ἀλλοφύλους ἐνώπιον ἐμοῦ ὡς διακόπτεται
ὕδατα· διὰ τοῦτο ἐκλήθη τὸ ὄνομα τοῦ τόπου ἐκείνου Ἐπάνω
διακοπῶν. ²¹καὶ καταλιμπάνουσιν ἐκεῖ τοὺς θεοὺς αὐτῶν, καὶ ἐλά- 21
βοσαν αὐτοὺς Δαυιδ καὶ οἱ ἄνδρες οἱ μετ᾽ αὐτοῦ. — ²²καὶ προσ- 22
έθεντο ἔτι ἀλλόφυλοι τοῦ ἀναβῆναι καὶ συνέπεσαν ἐν τῇ κοιλάδι
τῶν τιτάνων. ²³καὶ ἐπηρώτησεν Δαυιδ διὰ κυρίου, καὶ εἶπεν κύριος 23
Οὐκ ἀναβήσει εἰς συνάντησιν αὐτῶν, ἀποστρέφου ἀπ᾽ αὐτῶν καὶ
παρέσει αὐτοῖς πλησίον τοῦ κλαυθμῶνος· ²⁴καὶ ἔσται ἐν τῷ ἀκοῦ- 24
σαί σε τὴν φωνὴν τοῦ συγκλεισμοῦ τοῦ ἄλσους τοῦ κλαυθμῶνος,
τότε καταβήσει πρὸς αὐτούς, ὅτι τότε ἐξελεύσεται κύριος ἔμπρο-
σθέν σου κόπτειν ἐν τῷ πολέμῳ τῶν ἀλλοφύλων. ²⁵καὶ ἐποίησεν 25
Δαυιδ καθὼς ἐνετείλατο αὐτῷ κύριος, καὶ ἐπάταξεν τοὺς ἀλλοφύ-
λους ἀπὸ Γαβαων ἕως τῆς γῆς Γαζηρα.

13 γυν. και παλλακας] tr. O⁺ (O–A⁺ επτα παλακας και γυναικας) | εξ] εν V |
εκ] εις BO–A | τω δαυιδ / ετι] tr. O⁺ ‖ 14—16ᵃ O priorem tantum nominum
seriem (14 σαμμουε — 16 fin.) habet; L⁺ posteriorem (16ᵃ) tantum habet
cum hac inscriptione ante 16ᵃ addita: τεκνα δαυιδ δεκα τρια; ambas series
connectit B (ut edidi) ‖ 14 σαμμους] σαμμουε A⁺, σαμουε O–A⁺ | σωβαβ]
σωβαδαν A⁺ | σαλωμων: cf. 12 24 ‖ 15 εβεαρ] ιεβαρ O⁺ | ιεφιες B⁺] αφιε
A⁺, ιαφεθ O–A⁺, ιεφιε M ‖ 16 ελιδαε] επιδαε B⁽⁺⁾ | ελιφαλαθ M] λ 2⁰ > BA,
-φααλ O–A⁺ ‖ 16ᵃ (cf. Par. I 14 4—7) σαμαε] -μαα L⁺ | γαλαμααν] σαλωμων
L⁺ | θεησους] ελισουε L⁺ | ναγεδ] -εθ L⁺ | ναφεκ] -εθ L⁺ | ιαναθα λεασαμυς]
ιαναθ σαμυς L⁺ | βααλιμαθ] δ (uel λ) pro μ L⁺ | ελιφαλαθ L⁺] λ 2⁰ > B ‖
20 εκοψεν] pr. δι O⁺ | ειπεν δαυιδ] tr. O⁺ | μου τους] > B⁺ (L om. τους αλ-
λοφ.) ‖ 21 ελαβοσαν] -βεν O, λαμβανουσιν L⁺ | αυτους δαυιδ] tr. A⁺ | οι
μετ > O–AL ‖ 23 παρεσει] -ση Bᶜ, περιπεση A⁺ ‖ 24 του 2⁰] pr. απο B⁺
‖ 25 γης] γαζης A⁺ (L om. της γης)

6 ¹Καὶ συνήγαγεν ἔτι Δαυιδ πάντα νεανίαν ἐξ Ισραηλ ὡς ἑβδομή-
2 κοντα χιλιάδας. ²καὶ ἀνέστη καὶ ἐπορεύθη Δαυιδ καὶ πᾶς ὁ λαὸς
  ὁ μετ᾽ αὐτοῦ ἀπὸ τῶν ἀρχόντων Ιουδα ἐν ἀναβάσει τοῦ ἀναγαγεῖν
  ἐκεῖθεν τὴν κιβωτὸν τοῦ θεοῦ, ἐφ᾽ ἣν ἐπεκλήθη τὸ ὄνομα κυρίου
3 τῶν δυνάμεων καθημένου ἐπὶ τῶν χερουβιν ἐπ᾽ αὐτῆς. ³καὶ ἐπε-
  βίβασεν τὴν κιβωτὸν κυρίου ἐφ᾽ ἅμαξαν καινὴν καὶ ἦρεν αὐτὴν
  ἐξ οἴκου Αμιναδαβ τοῦ ἐν τῷ βουνῷ· καὶ Οζα καὶ οἱ ἀδελφοὶ
4 αὐτοῦ υἱοὶ Αμιναδαβ ἦγον τὴν ἅμαξαν ⁴σὺν τῇ κιβωτῷ, καὶ οἱ
5 ἀδελφοὶ αὐτοῦ ἐπορεύοντο ἔμπροσθεν τῆς κιβωτοῦ. ⁵καὶ Δαυιδ
  καὶ οἱ υἱοὶ Ισραηλ παίζοντες ἐνώπιον κυρίου ἐν ὀργάνοις ἡρμο-
  σμένοις ἐν ἰσχύι καὶ ἐν ᾠδαῖς καὶ ἐν κινύραις καὶ ἐν νάβλαις καὶ
6 ἐν τυμπάνοις καὶ ἐν κυμβάλοις καὶ ἐν αὐλοῖς. ⁶καὶ παραγίνονται
  ἕως ἅλω Νωδαβ, καὶ ἐξέτεινεν Οζα τὴν χεῖρα αὐτοῦ ἐπὶ τὴν κι-
  βωτὸν τοῦ θεοῦ κατασχεῖν αὐτὴν καὶ ἐκράτησεν αὐτήν, ὅτι περι-
7 έσπασεν αὐτὴν ὁ μόσχος, τοῦ κατασχεῖν αὐτήν. ⁷καὶ ἐθυμώθη κύ-
  ριος τῷ Οζα, καὶ ἔπαισεν αὐτὸν ἐκεῖ ὁ θεός, καὶ ἀπέθανεν ἐκεῖ
8 παρὰ τὴν κιβωτὸν τοῦ κυρίου ἐνώπιον τοῦ θεοῦ. ⁸καὶ ἠθύμησεν
  Δαυιδ ὑπὲρ οὗ διέκοψεν κύριος διακοπὴν ἐν τῷ Οζα· καὶ ἐκλήθη
9 ὁ τόπος ἐκεῖνος Διακοπὴ Οζα ἕως τῆς ἡμέρας ταύτης. ⁹καὶ ἐφο-
  βήθη Δαυιδ τὸν κύριον ἐν τῇ ἡμέρᾳ ἐκείνη λέγων Πῶς εἰσελεύ-
10 σεται πρός με ἡ κιβωτὸς κυρίου; ¹⁰καὶ οὐκ ἐβούλετο Δαυιδ τοῦ
  ἐκκλῖναι πρὸς αὐτὸν τὴν κιβωτὸν διαθήκης κυρίου εἰς τὴν πόλιν
  Δαυιδ, καὶ ἀπέκλινεν αὐτὴν Δαυιδ εἰς οἶκον Αβεδδαρα τοῦ Γεθ-
11 θαίου. ¹¹καὶ ἐκάθισεν ἡ κιβωτὸς τοῦ κυρίου εἰς οἶκον Αβεδδαρα
  τοῦ Γεθθαίου μῆνας τρεῖς· καὶ εὐλόγησεν κύριος ὅλον τὸν οἶκον
  Αβεδδαρα καὶ πάντα τὰ αὐτοῦ.
12   ¹²Καὶ ἀπηγγέλη τῷ βασιλεῖ Δαυιδ λέγοντες Ηὐλόγησεν κύριος
  τὸν οἶκον Αβεδδαρα καὶ πάντα τὰ αὐτοῦ ἕνεκεν τῆς κιβωτοῦ τοῦ
  θεοῦ. καὶ ἐπορεύθη Δαυιδ καὶ ἀνήγαγεν τὴν κιβωτὸν τοῦ κυρίου

6 1 ως > O³⁷⁶L† ‖ 2 και επορ. / δαυιδ] tr. O† | ο 2⁰ > O | κυριου] pr. του
Α | χερουβιν] -βιμ O–ΑL ‖ 3 εξ οικου L] εις οικον BO; cf. I 7 1 | οζα] αζα
Α†: idem in 6. 8 (bis) αζζα, in 7 αζζαν | ηγον] ηγαν B† | fin.] + την καινην
O† ‖ 4 init.] pr. και ηραν αυτην απο οικου αμιναδαβ εν βουνω O† (O–Α†
ος ην εν τω βουνω pro εν β.) | επορευοντο — fin. > Α† ‖ 5 εν 1⁰ 2⁰] pr.
και Α† | κινυραις] -ρα O† ‖ 6 και 1⁰ > Α | αλω] αλωνος al., αλωμωνος
Α† | νωδαβ B†] ναχων Α⁽†⁾, αχων O–Α†; ορνα του ιεβουσαιου L: ex 24 16. 18
| αυτην paenult.] -τον B†, > O–Α† ‖ 7 θεος] + επι τη(>Α†) προπετεια OL ‖
8 ημερας ταυτης] σημερον ημερα Α† ‖ 9 κυριου] pr. του Α ‖ 10 αβεδ-
δαρα] αβεδδαδαν L†: item in 11 bis. 12 bis; Α† in 11 (1⁰) αβεδδαδομ, reliquis
locis αβεδδαρα; cf. Par. I 13 13 ‖ 11 η κιβωτος] εκει γλωσσοκομον O† | του
κυριου] > O–Α†, του > Α | ολον — fin.] τον αβεδδαρα και ολον τον οικον αυ-
του O† (O–Α† om. τον 1⁰ et ολον) | fin.] + εν τω εισελθειν εκει την κιβωτον
κυριου Μ; + ενεκεν της κιβωτου του θεου pau.: ex 12 ‖ 12 και 3⁰] pr. και
ειπεν δαυιδ επιστρεψω την ευλογιαν εις τον οικον μου L

ἐκ τοῦ οἴκου Αβεδδαρα εἰς τὴν πόλιν Δαυιδ ἐν εὐφροσύνῃ. ¹³καὶ 13
ἦσαν μετ' αὐτῶν αἴροντες τὴν κιβωτὸν ἑπτὰ χοροὶ καὶ θῦμα μό-
σχος καὶ ἄρνα. ¹⁴καὶ Δαυιδ ἀνεκρούετο ἐν ὀργάνοις ἡρμοσμένοις 14
ἐνώπιον κυρίου, καὶ ὁ Δαυιδ ἐνδεδυκὼς στολὴν ἔξαλλον. ¹⁵καὶ 15
Δαυιδ καὶ πᾶς ὁ οἶκος Ισραηλ ἀνήγαγον τὴν κιβωτὸν κυρίου μετὰ
κραυγῆς καὶ μετὰ φωνῆς σάλπιγγος. ¹⁶καὶ ἐγένετο τῆς κιβωτοῦ 16
παραγινομένης ἕως πόλεως Δαυιδ καὶ Μελχολ ἡ θυγάτηρ Σαουλ
διέκυπτεν διὰ τῆς θυρίδος καὶ εἶδεν τὸν βασιλέα Δαυιδ ὀρχούμε-
νον καὶ ἀνακρουόμενον ἐνώπιον κυρίου καὶ ἐξουδένωσεν αὐτὸν ἐν
τῇ καρδίᾳ αὐτῆς. ¹⁷καὶ φέρουσιν τὴν κιβωτὸν τοῦ κυρίου καὶ ἀνέ- 17
θηκαν αὐτὴν εἰς τὸν τόπον αὐτῆς εἰς μέσον τῆς σκηνῆς, ἧς ἔπη-
ξεν αὐτῇ Δαυιδ · καὶ ἀνήνεγκεν Δαυιδ ὁλοκαυτώματα ἐνώπιον κυ-
ρίου καὶ εἰρηνικάς. ¹⁸καὶ συνετέλεσεν Δαυιδ συναναφέρων τὰς ὁλο- 18
καυτώσεις καὶ τὰς εἰρηνικὰς καὶ εὐλόγησεν τὸν λαὸν ἐν ὀνόματι
κυρίου τῶν δυνάμεων. ¹⁹καὶ διεμέρισεν παντὶ τῷ λαῷ εἰς πᾶσαν 19
τὴν δύναμιν τοῦ Ισραηλ ἀπὸ Δαν ἕως Βηρσαβεε ἀπὸ ἀνδρὸς ἕως
γυναικὸς ἑκάστῳ κολλυρίδα ἄρτου καὶ ἐσχαρίτην καὶ λάγανον ἀπὸ
τηγάνου · καὶ ἀπῆλθεν πᾶς ὁ λαὸς ἕκαστος εἰς τὸν οἶκον αὐτοῦ.
— ²⁰καὶ ἐπέστρεψεν Δαυιδ εὐλογῆσαι τὸν οἶκον αὐτοῦ, καὶ ἐξῆλ- 20
θεν Μελχολ ἡ θυγάτηρ Σαουλ εἰς ἀπάντησιν Δαυιδ καὶ εὐλόγησεν
αὐτὸν καὶ εἶπεν Τί δεδόξασται σήμερον ὁ βασιλεὺς Ισραηλ, ὃς
ἀπεκαλύφθη σήμερον ἐν ὀφθαλμοῖς παιδισκῶν τῶν δούλων ἑαυτοῦ,
καθὼς ἀποκαλύπτεται ἀποκαλυφθεὶς εἷς τῶν ὀρχουμένων. ²¹καὶ 21
εἶπεν Δαυιδ πρὸς Μελχολ Ἐνώπιον κυρίου ὀρχήσομαι · εὐλογητὸς
κύριος, ὃς ἐξελέξατό με ὑπὲρ τὸν πατέρα σου καὶ ὑπὲρ πάντα τὸν
οἶκον αὐτοῦ τοῦ καταστῆσαί με εἰς ἡγούμενον ἐπὶ τὸν λαὸν αὐ-
τοῦ ἐπὶ τὸν Ισραηλ · καὶ παίξομαι καὶ ὀρχήσομαι ἐνώπιον κυρίου
²²καὶ ἀποκαλυφθήσομαι ἔτι οὕτως καὶ ἔσομαι ἀχρεῖος ἐν ὀφθαλμοῖς 22
σου καὶ μετὰ τῶν παιδισκῶν, ὧν εἶπάς με δοξασθῆναι. ²³καὶ τῇ 23
Μελχολ θυγατρὶ Σαουλ οὐκ ἐγένετο παιδίον ἕως τῆς ἡμέρας τοῦ
ἀποθανεῖν αὐτήν.

¹Καὶ ἐγένετο ὅτε ἐκάθισεν ὁ βασιλεὺς ἐν τῷ οἴκῳ αὐτοῦ καὶ 7
κύριος κατεκληρονόμησεν αὐτὸν κύκλῳ ἀπὸ πάντων τῶν ἐχθρῶν
αὐτοῦ τῶν κύκλῳ, ²καὶ εἶπεν ὁ βασιλεὺς πρὸς Ναθαν τὸν προ- 2
φήτην Ἰδοὺ δὴ ἐγὼ κατοικῶ ἐν οἴκῳ κεδρίνῳ, καὶ ἡ κιβωτὸς τοῦ

15 ανηγαγεν Oᵀ ‖ 16 κιβωτου] + κυριου OLᵀ ‖ ορχουμ. και ανακρ.] tr.
Oᵀ; pr. παιζοντα και Lᵀ: cf. 21 ‖ αυτης] εαυτης BVᵀ, αυτου Aᵀ ‖ 17 του
> A ‖ αυτης] εαυτης Aᵀ ‖ ανηνεγκεν] ανηγαγεν Oᵀ ‖ δαυιδ ult.] αυτη B⁽ᵀ⁾ ‖
19 εκαστω > Aᵀ ‖ και εσχαριτην / και λαγ. απο τηγ.] tr. Oᵀ ‖ 20 εαυτου BO]
ε > L ‖ 21 ορχησομαι 1⁰ > Aᵀ ‖ ευλογ. κυριος > Oᵀ ‖ του > B ‖ -ησομαι
ult.⌒22 -ησομαι Oᵀ ‖ 22 δοξασθηναι] pr. μη Bᶜ
7 1 ο βασ.] pr. δαυιδ Aᵀ, + δαυιδ Lᵀ ‖ κατεκληρ. αυτον] κατεπαυσεν αυτω
Lᵀ ‖ των κυκλω > OL

3 θεοῦ κάθηται ἐν μέσῳ τῆς σκηνῆς. ³καὶ εἶπεν Ναθαν πρὸς τὸν
βασιλέα Πάντα, ὅσα ἂν ἐν τῇ καρδίᾳ σου, βάδιζε καὶ ποίει, ὅτι
4 κύριος μετὰ σοῦ. — ⁴καὶ ἐγένετο τῇ νυκτὶ ἐκείνῃ καὶ ἐγένετο ῥῆμα
5 κυρίου πρὸς Ναθαν λέγων ⁵Πορεύου καὶ εἰπὸν πρὸς τὸν δοῦλόν
μου Δαυιδ Τάδε λέγει κύριος Οὐ σὺ οἰκοδομήσεις μοι οἶκον τοῦ
6 κατοικῆσαί με · ⁶ὅτι οὐ κατῴκηκα ἐν οἴκῳ ἀφ᾽ ἧς ἡμέρας ἀνήγα-
γον ἐξ Αἰγύπτου τοὺς υἱοὺς Ισραηλ ἕως τῆς ἡμέρας ταύτης καὶ
7 ἤμην ἐμπεριπατῶν ἐν καταλύματι καὶ ἐν σκηνῇ. ⁷ἐν πᾶσιν, οἷς
διῆλθον ἐν παντὶ Ισραηλ, εἰ λαλῶν ἐλάλησα πρὸς μίαν φυλὴν τοῦ
Ισραηλ, ᾧ ἐνετειλάμην ποιμαίνειν τὸν λαόν μου Ισραηλ, λέγων
8 Τί ὅτι οὐκ ᾠκοδομήκατέ μοι οἶκον κέδρινον; ⁸καὶ νῦν τάδε ἐρεῖς
τῷ δούλῳ μου Δαυιδ Τάδε λέγει κύριος παντοκράτωρ Ἔλαβόν σε
ἐκ τῆς μάνδρας τῶν προβάτων τοῦ εἶναί σε εἰς ἡγούμενον ἐπὶ τὸν
9 λαόν μου ἐπὶ τὸν Ισραηλ ⁹καὶ ἤμην μετὰ σοῦ ἐν πᾶσιν, οἷς ἐπο-
ρεύου, καὶ ἐξωλέθρευσα πάντας τοὺς ἐχθρούς σου ἀπὸ προσώπου
σου καὶ ἐποίησά σε ὀνομαστὸν κατὰ τὸ ὄνομα τῶν μεγάλων τῶν
10 ἐπὶ τῆς γῆς. ¹⁰καὶ θήσομαι τόπον τῷ λαῷ μου τῷ Ισραηλ καὶ
καταφυτεύσω αὐτόν, καὶ κατασκηνώσει καθ᾽ ἑαυτὸν καὶ οὐ μερι-
μνήσει οὐκέτι, καὶ οὐ προσθήσει υἱὸς ἀδικίας τοῦ ταπεινῶσαι αὐ-
11 τὸν καθὼς ἀπ᾽ ἀρχῆς ¹¹ἀπὸ τῶν ἡμερῶν, ὧν ἔταξα κριτὰς ἐπὶ τὸν
λαόν μου Ισραηλ, καὶ ἀναπαύσω σε ἀπὸ πάντων τῶν ἐχθρῶν σου,
12 καὶ ἀπαγγελεῖ σοι κύριος ὅτι οἶκον οἰκοδομήσεις αὐτῷ. ¹²καὶ ἔσται
ἐὰν πληρωθῶσιν αἱ ἡμέραι σου καὶ κοιμηθήσῃ μετὰ τῶν πατέρων
σου, καὶ ἀναστήσω τὸ σπέρμα σου μετὰ σέ, ὃς ἔσται ἐκ τῆς κοι-
13 λίας σου, καὶ ἑτοιμάσω τὴν βασιλείαν αὐτοῦ · ¹³αὐτὸς οἰκοδομήσει
μοι οἶκον τῷ ὀνόματί μου, καὶ ἀνορθώσω τὸν θρόνον αὐτοῦ ἕως
14 εἰς τὸν αἰῶνα. ¹⁴ἐγὼ ἔσομαι αὐτῷ εἰς πατέρα, καὶ αὐτὸς ἔσται
μοι εἰς υἱόν · καὶ ἐὰν ἔλθῃ ἡ ἀδικία αὐτοῦ, καὶ ἐλέγξω αὐτὸν ἐν
15 ῥάβδῳ ἀνδρῶν καὶ ἐν ἁφαῖς υἱῶν ἀνθρώπων · ¹⁵τὸ δὲ ἔλεός μου
οὐκ ἀποστήσω ἀπ᾽ αὐτοῦ, καθὼς ἀπέστησα ἀφ᾽ ὧν ἀπέστησα ἐκ
16 προσώπου μου. ¹⁶καὶ πιστωθήσεται ὁ οἶκος αὐτοῦ καὶ ἡ βασιλεία
αὐτοῦ ἕως αἰῶνος ἐνώπιον ἐμοῦ, καὶ ὁ θρόνος αὐτοῦ ἔσται ἀνωρ-
17 θωμένος εἰς τὸν αἰῶνα. ¹⁷κατὰ πάντας τοὺς λόγους τούτους καὶ
κατὰ πᾶσαν τὴν ὅρασιν ταύτην, οὕτως ἐλάλησεν Ναθαν πρὸς Δαυιδ.
18 — ¹⁸καὶ εἰσῆλθεν ὁ βασιλεὺς Δαυιδ καὶ ἐκάθισεν ἐνώπιον κυρίου
καὶ εἶπεν Τίς εἰμι ἐγώ, κύριέ μου κύριε, καὶ τίς ὁ οἶκός μου, ὅτι

---

3 αν > ALᵖ⁺ ‖ 4 τη] pr. εν AL ‖ 6 εξ αιγ. / τ. υιους ισρ.] tr. OL ‖
7 ω] ων A | μου > A⁺ | ισραηλ ult.] pr. τον O-247L⁺ | τι οτι L] οτι B, τι
O⁺: cf. 129 ‖ 8 των προβ.] pr. απο οπισθεν O | επι 1⁰⌒2⁰ O⁺ | τον ult.
> A ‖ 10 και κατασκην.] εν κατασκηνωσει O-376⁺ | προσθησει] + ουκετι B⁺,
+ ετι A⁺ ‖ 11 ισρ.] pr. τον OL | οικοδομησεις αυτω] -σει εαυτω L⁺ ‖ 14 η
> BO-A⁺

ἠγάπηκάς με ἕως τούτων; [19] καὶ κατεσμικρύνθη μικρὸν ἐνώπιόν 19
σου, κύριέ μου κύριε, καὶ ἐλάλησας ὑπὲρ τοῦ οἴκου τοῦ δούλου
σου εἰς μακράν · οὗτος δὲ ὁ νόμος τοῦ ἀνθρώπου, κύριέ μου
κύριε. [20] καὶ τί προσθήσει Δαυιδ ἔτι τοῦ λαλῆσαι πρὸς σέ; καὶ νῦν 20
σὺ οἶδας τὸν δοῦλόν σου, κύριέ μου κύριε. [21] διὰ τὸν λόγον σου 21
πεποίηκας καὶ κατὰ τὴν καρδίαν σου ἐποίησας πᾶσαν τὴν μεγαλω-
σύνην ταύτην γνωρίσαι τῷ δούλῳ σου [22] ἕνεκεν τοῦ μεγαλῦναί σε, 22
κύριέ μου κύριε, ὅτι οὐκ ἔστιν ὡς σὺ καὶ οὐκ ἔστιν θεὸς πλὴν
σοῦ ἐν πᾶσιν, οἷς ἠκούσαμεν ἐν τοῖς ὠσὶν ἡμῶν. [23] καὶ τίς ὡς ὁ 23
λαός σου Ισραηλ ἔθνος ἄλλο ἐν τῇ γῇ; ὡς ὡδήγησεν αὐτὸν ὁ
θεὸς τοῦ λυτρώσασθαι αὐτῷ λαὸν τοῦ θέσθαι σε ὄνομα τοῦ ποιῆ-
σαι μεγαλωσύνην καὶ ἐπιφάνειαν τοῦ ἐκβαλεῖν σε ἐκ προσώπου
τοῦ λαοῦ σου, οὗ ἐλυτρώσω σεαυτῷ ἐξ Αἰγύπτου, ἔθνη καὶ σκηνώ-
ματα. [24] καὶ ἡτοίμασας σεαυτῷ τὸν λαόν σου Ισραηλ λαὸν ἕως 24
αἰῶνος, καὶ σύ, κύριε, ἐγένου αὐτοῖς εἰς θεόν. [25] καὶ νῦν, κύριέ 25
μου κύριε, τὸ ῥῆμα, ὃ ἐλάλησας περὶ τοῦ δούλου σου καὶ τοῦ
οἴκου αὐτοῦ, πίστωσον ἕως αἰῶνος, κύριε παντοκράτωρ θεὲ τοῦ
Ισραηλ · καὶ νῦν καθὼς ἐλάλησας, [26] μεγαλυνθείη τὸ ὄνομά σου 26
ἕως αἰῶνος. [27] κύριε παντοκράτωρ θεὸς Ισραηλ, ἀπεκάλυψας τὸ 27
ὠτίον τοῦ δούλου σου λέγων Οἶκον οἰκοδομήσω σοι · διὰ τοῦτο
εὗρεν ὁ δοῦλός σου τὴν καρδίαν ἑαυτοῦ τοῦ προσεύξασθαι πρὸς
σὲ τὴν προσευχὴν ταύτην. [28] καὶ νῦν, κύριέ μου κύριε, σὺ εἶ ὁ 28
θεός, καὶ οἱ λόγοι σου ἔσονται ἀληθινοί, καὶ ἐλάλησας ὑπὲρ τοῦ
δούλου σου τὰ ἀγαθὰ ταῦτα · [29] καὶ νῦν ἄρξαι καὶ εὐλόγησον τὸν 29
οἶκον τοῦ δούλου σου τοῦ εἶναι εἰς τὸν αἰῶνα ἐνώπιόν σου, ὅτι
σὺ εἶ, κύριέ μου κύριε, ἐλάλησας, καὶ ἀπὸ τῆς εὐλογίας σου εὐλο-
γηθήσεται ὁ οἶκος τοῦ δούλου σου εἰς τὸν αἰῶνα.

[1] Καὶ ἐγένετο μετὰ ταῦτα καὶ ἐπάταξεν Δαυιδ τοὺς ἀλλοφύλους 8
καὶ ἐτροπώσατο αὐτούς · καὶ ἔλαβεν Δαυιδ τὴν ἀφωρισμένην ἐκ
χειρὸς τῶν ἀλλοφύλων. [2] καὶ ἐπάταξεν Δαυιδ τὴν Μωαβ καὶ διε- 2
μέτρησεν αὐτοὺς ἐν σχοινίοις κοιμίσας αὐτοὺς ἐπὶ τὴν γῆν, καὶ ἐγέ-

19 κατεσμικρυνθη] -θην BO–A, -κρυνται L† | κυριε 2⁰ > BA | κυριε ult.]
> A†, + προς σε L† ‖ **20** κυριε μου κυριε L] κυριε BA, κυριε μου O–A†
‖ **21** δια τον λογον σου O] δια τ. δουλον σ. B, + και δια τον δουλον σου L |
μεγαλωσ.] + σου OLᵛ† ‖ **22** μεγαλυναι] -λυνθηναι AL | κυριε μου / κυριε]
tr. BA† ‖ **23** ο 1⁰ > B† | ου] ους AL ‖ **25** κυριε 2⁰ > BO–376 | το >
BA | αιωνος] pr. του B | κυριε παντοκρ. — ισρ.] > OL | ινυν ult.] ποιησον O†
‖ **26** init.] pr. και O, pr. και νυν L | fin.] + κυριε παντοκρατωρ θεε επι τον
ισραηλ ο οικος του δουλου σου δαυιδ εσται ανωρθωμενος ενωπιον σου OL ‖
27 init.] pr. οτι A†, pr. οτι συ L | θεος ισραηλ] ο θεος του ισρ. και νυν καθ-
ως ελαλησας μεγαλυνθειη το ονομα σου εως αιωνος λεγει κυριος παντοκρατωρ
θεος ισραηλ O ‖ **28** κυριε 2⁰ > A† ‖ **29** ει BA (cf. **13** 28)] > pl. | σου paen-
ult. > B†
8 2 αυτους 1⁰] -την O | εν > AL† | εγενετο 1⁰] -νοντο A†

νετο τὰ δύο σχοινίσματα τοῦ θανατῶσαι, καὶ τὰ δύο σχοινίσματα
ἐζώγρησεν, καὶ ἐγένετο Μωαβ τῷ Δαυιδ εἰς δούλους φέροντας
3 ξένια. ³καὶ ἐπάταξεν Δαυιδ τὸν Αδρααζαρ υἱὸν Ρααβ βασιλέα Σουβα
πορευομένου αὐτοῦ ἐπιστῆσαι τὴν χεῖρα αὐτοῦ ἐπὶ τὸν ποταμὸν
4 Εὐφράτην. ⁴καὶ προκατελάβετο Δαυιδ τῶν αὐτοῦ χίλια ἅρματα καὶ
ἑπτὰ χιλιάδας ἱππέων καὶ εἴκοσι χιλιάδας ἀνδρῶν πεζῶν, καὶ παρέ-
λυσεν Δαυιδ πάντα τὰ ἅρματα καὶ ὑπελίπετο ἐξ αὐτῶν ἑκατὸν ἅρ-
5 ματα. ⁵καὶ παραγίνεται Συρία Δαμασκοῦ βοηθῆσαι τῷ Αδρααζαρ
βασιλεῖ Σουβα, καὶ ἐπάταξεν Δαυιδ ἐν τῷ Σύρῳ εἴκοσι δύο χιλι-
6 άδας ἀνδρῶν. ⁶καὶ ἔθετο Δαυιδ φρουρὰν ἐν Συρίᾳ τῇ κατὰ Δαμα-
σκόν, καὶ ἐγένετο ὁ Σύρος τῷ Δαυιδ εἰς δούλους φέροντας ξένια.
7 καὶ ἔσωσεν κύριος τὸν Δαυιδ ἐν πᾶσιν, οἷς ἐπορεύετο. — ⁷καὶ
ἔλαβεν Δαυιδ τοὺς χλιδῶνας τοὺς χρυσοῦς, οἳ ἦσαν ἐπὶ τῶν παί-
δων τῶν Αδρααζαρ βασιλέως Σουβα, καὶ ἤνεγκεν αὐτὰ εἰς Ιερου-
σαλημ· καὶ ἔλαβεν αὐτὰ Σουσακιμ βασιλεὺς Αἰγύπτου ἐν τῷ ἀνα-
βῆναι αὐτὸν εἰς Ιερουσαλημ ἐν ἡμέραις Ροβοαμ υἱοῦ Σολομῶντος.
8 ⁸καὶ ἐκ τῆς Μασβακ ἐκ τῶν ἐκλεκτῶν πόλεων τοῦ Αδρααζαρ ἔλα-
βεν ὁ βασιλεὺς Δαυιδ χαλκὸν πολὺν σφόδρα· ἐν αὐτῷ ἐποίησεν
Σαλωμων τὴν θάλασσαν τὴν χαλκῆν καὶ τοὺς στύλους καὶ τοὺς
9 λουτῆρας καὶ πάντα τὰ σκεύη. — ⁹καὶ ἤκουσεν Θοου ὁ βασιλεὺς
10 Ημαθ ὅτι ἐπάταξεν Δαυιδ πᾶσαν τὴν δύναμιν Αδρααζαρ, ¹⁰καὶ
ἀπέστειλεν Θοου Ιεδδουραν τὸν υἱὸν αὐτοῦ πρὸς βασιλέα Δαυιδ
ἐρωτῆσαι αὐτὸν τὰ εἰς εἰρήνην καὶ εὐλογῆσαι αὐτὸν ὑπὲρ οὗ ἐπο-
λέμησεν τὸν Αδρααζαρ καὶ ἐπάταξεν αὐτόν, ὅτι ἀντικείμενος ἦν τῷ
Αδρααζαρ, καὶ ἐν ταῖς χερσὶν αὐτοῦ ἦσαν σκεύη ἀργυρᾶ καὶ σκεύη
11 χρυσᾶ καὶ σκεύη χαλκᾶ. ¹¹καὶ ταῦτα ἡγίασεν ὁ βασιλεὺς Δαυιδ τῷ
κυρίῳ μετὰ τοῦ ἀργυρίου καὶ μετὰ τοῦ χρυσίου, οὗ ἡγίασεν ἐκ
12 πασῶν τῶν πόλεων, ὧν κατεδυνάστευσεν, ¹²ἐκ τῆς Ιδουμαίας καὶ
ἐκ τῆς γῆς Μωαβ καὶ ἐκ τῶν υἱῶν Αμμων καὶ ἐκ τῶν ἀλλοφύλων
καὶ ἐξ Αμαληκ καὶ ἐκ τῶν σκύλων Αδρααζαρ υἱοῦ Ρααβ βασιλέως
13 Σουβα. — ¹³καὶ ἐποίησεν Δαυιδ ὄνομα· καὶ ἐν τῷ ἀνακάμπτειν

2 σχοινισματα 1⁰ ⌒ 2⁰ Aᵀ | τα δυο σχοιν. 2⁰] το πληρωμα του τριτου σχοι-
νισματος L⁽ᵗ⁾ | εζωγρησαν O | τω δαυιδ > Aᵀ ‖ 4 χιλια] επτα Aᵀ | εξ αυ-
των unus cod.] εαυτω Bᵀ, pr. εαυτω L, pr. αυτω O ‖ 5 δυο > A ‖ 7 οι
ησαν L] εποιησαν Aᵀ, ους εποιησεν BO-A⁽ᵗ⁾ | των 2⁰] του Aᵀ, > O-AL ᵀ |
και 8⁰ — fin.: cf. III 14 26 | ροβοαμ] ιεροβ. BO-Aᵀ ‖ 8 μασβακ] -βαχ Aᵀ, δα-
μασβακ O-Aᵀ, ματεβακ L | εκ 2⁰ — αδρααζαρ / ελαβεν — δαυιδ] tr. B | εν αυτω
— fin.: cf. III 7 23.15.27.40—47 ‖ 9 θοου M] θουου Bᵀ hic, non in 10;
θαει (uel θαν) Oᵀ, θαϊνος Ioseph. Antiq. VII 108 Niese; ελιαβ L ‖ 10 θοου]
θαει Aᵀ (cf. 9), θου O-A, > L ᵀ | ιεδδουραν τον] tr. L ᵀ, τον ιεδδ. τον Aᵀ |
επολεμησεν L] επαταξεν BO(O-A om. και επαταξεν αυτον seq.) | αντικειμενος]
αντι > Bᵀ ‖ 11 δαυιδ > B | μετα 2⁰ > OL ᵀ ‖ 12 της 2⁰ > Bᵀ, της γης
> L ᵀ | και εκ των αλλοφ. / και εξ αμαληκ] tr. Aᵀ | σωβα Aᵀ

αὐτὸν ἐπάταξεν τὴν Ιδουμαίαν ἐν Γαιμελε εἰς ὀκτωκαίδεκα χιλι-
άδας. ¹⁴καὶ ἔθετο ἐν τῇ Ιδουμαίᾳ φρουράν, ἐν πάσῃ τῇ Ιδουμαίᾳ, 14
καὶ ἐγένοντο πάντες οἱ Ιδουμαῖοι δοῦλοι τῷ βασιλεῖ. καὶ ἔσωσεν
κύριος τὸν Δαυιδ ἐν πᾶσιν, οἷς ἐπορεύετο.

¹⁵Καὶ ἐβασίλευσεν Δαυιδ ἐπὶ Ισραηλ, καὶ ἦν Δαυιδ ποιῶν κρίμα 15
καὶ δικαιοσύνην ἐπὶ πάντα τὸν λαὸν αὐτοῦ. ¹⁶καὶ Ιωαβ υἱὸς Σα- 16
ρουιας ἐπὶ τῆς στρατιᾶς, καὶ Ιωσαφατ υἱὸς Αχια ἐπὶ τῶν ὑπομνη-
μάτων, ¹⁷καὶ Σαδδουκ υἱὸς Αχιτωβ καὶ Αχιμελεχ υἱὸς Αβιαθαρ 17
ἱερεῖς, καὶ Ασα ὁ γραμματεύς, ¹⁸καὶ Βαναιας υἱὸς Ιωδαε σύμβου- 18
λος, καὶ ὁ χελεθθι καὶ ὁ φελεττι · καὶ υἱοὶ Δαυιδ αὐλάρχαι ἦσαν.

¹Καὶ εἶπεν Δαυιδ Εἰ ἔστιν ἔτι ὑπολελειμμένος τῷ οἴκῳ Σαουλ 9
καὶ ποιήσω μετ’ αὐτοῦ ἔλεος ἕνεκεν Ιωναθαν; ²καὶ ἐκ τοῦ οἴκου 2
Σαουλ παῖς ἦν καὶ ὄνομα αὐτῷ Σιβα, καὶ καλοῦσιν αὐτὸν πρὸς
Δαυιδ. καὶ εἶπεν πρὸς αὐτὸν ὁ βασιλεύς Εἰ σὺ εἶ Σιβα; καὶ
εἶπεν Ἐγὼ δοῦλος σός. ³καὶ εἶπεν ὁ βασιλεύς Εἰ ὑπολέλειπται ἐκ 3
τοῦ οἴκου Σαουλ ἔτι ἀνὴρ καὶ ποιήσω μετ’ αὐτοῦ ἔλεος θεοῦ; καὶ
εἶπεν Σιβα πρὸς τὸν βασιλέα Ἔτι ἔστιν υἱὸς τῷ Ιωναθαν πεπλη-
γὼς τοὺς πόδας. ⁴καὶ εἶπεν ὁ βασιλεύς Ποῦ οὗτος; καὶ εἶπεν 4
Σιβα πρὸς τὸν βασιλέα Ἰδοὺ ἐν οἴκῳ Μαχιρ υἱοῦ Αμιηλ ἐκ τῆς
Λαδαβαρ. ⁵καὶ ἀπέστειλεν ὁ βασιλεὺς Δαυιδ καὶ ἔλαβεν αὐτὸν ἐκ 5
τοῦ οἴκου Μαχιρ υἱοῦ Αμιηλ ἐκ τῆς Λαδαβαρ. ⁶καὶ παραγίνεται 6
Μεμφιβοσθε υἱὸς Ιωναθαν υἱοῦ Σαουλ πρὸς τὸν βασιλέα Δαυιδ
καὶ ἔπεσεν ἐπὶ πρόσωπον αὐτοῦ καὶ προσεκύνησεν αὐτῷ. καὶ εἶπεν
αὐτῷ Δαυιδ Μεμφιβοσθε · καὶ εἶπεν Ἰδοὺ ὁ δοῦλός σου. ⁷καὶ 7
εἶπεν αὐτῷ Δαυιδ Μὴ φοβοῦ, ὅτι ποιῶν ποιήσω μετὰ σοῦ ἔλεος
διὰ Ιωναθαν τὸν πατέρα σου καὶ ἀποκαταστήσω σοι πάντα ἀγρὸν
Σαουλ πατρὸς τοῦ πατρός σου, καὶ σὺ φάγῃ ἄρτον ἐπὶ τῆς τρα-
πέζης μου διὰ παντός. ⁸καὶ προσεκύνησεν Μεμφιβοσθε καὶ εἶπεν 8
Τίς εἰμι ὁ δοῦλός σου, ὅτι ἐπέβλεψας ἐπὶ τὸν κύνα τὸν τεθνηκότα
τὸν ὅμοιον ἐμοί; ⁹καὶ ἐκάλεσεν ὁ βασιλεὺς Σιβα τὸ παιδάριον 9
Σαουλ καὶ εἶπεν πρὸς αὐτόν Πάντα, ὅσα ἐστὶν τῷ Σαουλ καὶ ὅλῳ

13 γαιμελε Ra. (cf. IV 14 7)] γεβελεμ B, γημαλα A†, γεμελα O–A†, γεμελεχ L† ||
14 φρουρας M | ιδουμαια 2⁰] + εθηκεν εστηλωμενους OL† | οι > A | βασιλει]
δαυιδ L || 15 δαυιδ 2⁰ > B† || 16 αχια] αχιμελεχ A†, αβιμελεχ O–A†, αχινααβ
L†, αχιλουδ M || 17 σα(δ)δουκ BL†] σαδουχ A†, σαδωκ rel.: cf. 15 24 III 4 4
| ασα] σαραιας AL† | ο > L || 18 βαναιας] ας > B†, βαναγαιας A† | ιωδαε]
ιωαδ L†: cf. 23 20; ιανακ B† | χελεθθι] ρ pro λ AM†, χερηθει uel sim. L† (tr.
χερηθει et φελετει) | φελεττ(ε)ι B†] θθ pro ττ AM†, φελτει pl. | και ult. > B*O
9 1 ετι > OLᴾ || 2 προς αυτον / ο βασ.] tr. L† || 3 εκ του οικου σ. (cf.
2)] τω οικω σ. A†, post ανηρ tr. L† || 4 αμιηρ B⁽†⁾ hic, sed in 5 αμειηλ |
λαδαβαρ] λαβαδαρι A⁽†⁾ hic, non in 5; λωδαβαρ M in 4. 5 || 6 μεμφιβοσθε
bis] μεμφιβααλ L†: item L† in 10—13 4 4 16 1. 4 19 25. 26. 27. 31 21 7 (non
in 21 8, ubi alius uiri mentio fit); de -βααλ cf. 2 8 | ιδου > A† || 7 μετα
σου / ελεος] tr. AL(ελεον, cf. 2 5)† | πατρος 1⁰ > OL† || 8 μεμφιβ. > L†

10 τῷ οἴκῳ αὐτοῦ, δέδωκα τῷ υἱῷ τοῦ κυρίου σου· ¹⁰καὶ ἐργᾷ αὐτῷ
τὴν γῆν, σὺ καὶ οἱ υἱοί σου καὶ οἱ δοῦλοί σου, καὶ εἰσοίσεις τῷ
υἱῷ τοῦ κυρίου σου ἄρτους, καὶ ἔδεται αὐτούς· καὶ Μεμφιβοσθε
υἱὸς τοῦ κυρίου σου φάγεται διὰ παντὸς ἄρτον ἐπὶ τῆς τραπέζης
11 μου. (καὶ τῷ Σιβα ἦσαν πεντεκαίδεκα υἱοὶ καὶ εἴκοσι δοῦλοι.) ¹¹καὶ
εἶπεν Σιβα πρὸς τὸν βασιλέα Κατὰ πάντα, ὅσα ἐντέταλται ὁ κύριός
μου ὁ βασιλεὺς τῷ δούλῳ αὐτοῦ, οὕτως ποιήσει ὁ δοῦλός σου.
καὶ Μεμφιβοσθε ἤσθιεν ἐπὶ τῆς τραπέζης Δαυιδ καθὼς εἷς τῶν
12 υἱῶν τοῦ βασιλέως. ¹²καὶ τῷ Μεμφιβοσθε υἱὸς μικρὸς καὶ ὄνομα
αὐτῷ Μιχα. καὶ πᾶσα ἡ κατοίκησις τοῦ οἴκου Σιβα δοῦλοι τοῦ
13 Μεμφιβοσθε. ¹³καὶ Μεμφιβοσθε κατῴκει ἐν Ιερουσαλημ, ὅτι ἐπὶ τῆς
τραπέζης τοῦ βασιλέως διὰ παντὸς ἤσθιεν· καὶ αὐτὸς ἦν χωλὸς
ἀμφοτέροις τοῖς ποσὶν αὐτοῦ.

10 ¹Καὶ ἐγένετο μετὰ ταῦτα καὶ ἀπέθανεν βασιλεὺς υἱῶν Αμμων,
2 καὶ ἐβασίλευσεν Αννων υἱὸς αὐτοῦ ἀντ᾽ αὐτοῦ. ²καὶ εἶπεν Δαυιδ
Ποιήσω ἔλεος μετὰ Αννων υἱοῦ Ναας, ὃν τρόπον ἐποίησεν ὁ πατὴρ
αὐτοῦ μετ᾽ ἐμοῦ ἔλεος· καὶ ἀπέστειλεν Δαυιδ παρακαλέσαι αὐτὸν
ἐν χειρὶ τῶν δούλων αὐτοῦ περὶ τοῦ πατρὸς αὐτοῦ. καὶ παρεγέ-
3 νοντο οἱ παῖδες Δαυιδ εἰς τὴν γῆν υἱῶν Αμμων. ³καὶ εἶπον οἱ
ἄρχοντες υἱῶν Αμμων πρὸς Αννων τὸν κύριον αὐτῶν Μὴ παρὰ τὸ
δοξάζειν Δαυιδ τὸν πατέρα σου ἐνώπιόν σου, ὅτι ἀπέστειλέν σοι
παρακαλοῦντας; ἀλλ᾽ οὐχὶ ὅπως ἐρευνήσωσιν τὴν πόλιν καὶ κατα-
σκοπήσωσιν αὐτὴν καὶ τοῦ κατασκέψασθαι αὐτὴν ἀπέστειλεν Δαυιδ
4 τοὺς παῖδας αὐτοῦ πρὸς σέ; ⁴καὶ ἔλαβεν Αννων τοὺς παῖδας Δαυιδ
καὶ ἐξύρησεν τοὺς πώγωνας αὐτῶν καὶ ἀπέκοψεν τοὺς μανδύας
αὐτῶν ἐν τῷ ἡμίσει ἕως τῶν ἰσχίων αὐτῶν καὶ ἐξαπέστειλεν αὐ-
5 τούς. ⁵καὶ ἀνήγγειλαν τῷ Δαυιδ ὑπὲρ τῶν ἀνδρῶν, καὶ ἀπέστειλεν
εἰς ἀπαντὴν αὐτῶν, ὅτι ἦσαν οἱ ἄνδρες ἠτιμασμένοι σφόδρα· καὶ
εἶπεν ὁ βασιλεύς Καθίσατε ἐν Ιεριχω ἕως τοῦ ἀνατεῖλαι τοὺς πώ-
6 γωνας ὑμῶν, καὶ ἐπιστραφήσεσθε. — ⁶καὶ εἶδαν οἱ υἱοὶ Αμμων
ὅτι κατησχύνθησαν ὁ λαὸς Δαυιδ, καὶ ἀπέστειλαν οἱ υἱοὶ Αμμων
καὶ ἐμισθώσαντο τὴν Συρίαν Βαιθρωωβ, εἴκοσι χιλιάδας πεζῶν, καὶ
τὸν βασιλέα Μααχα, χιλίους ἄνδρας, καὶ Ιστωβ, δώδεκα χιλιάδας

10 εδεται αυτους O] εδ. αρτους B†, φαγονται L | δια παντος / αρτον] tr. A |
αρτον] -τους OL† ‖ 11 του] pr. αυτου B ‖ 12 του 1⁰] αυτου BA†, > O–A†
| του ult.] τω AL ‖ 13 δια παντος / ησθιεν] tr. AL†

10 1 αννων] αων A† hic, ανων A† in 2—4 ‖ 3 αλλ ουχι οπως Ra.] αλλ
οπως ουχι B⁽†⁾, ουχι αλλ οπως V⁽†⁾, αλλ οπως O–AL†, ουκ ινα A⁽†⁾ ‖ 5 ανηγ-
γειλαν] απηγγ. B†, απηγγελη O–AL† | απαντην B†] -τησιν rel. ‖ 6 λαος (cf.
Par. I 19 b)] + εν A† | βαιθρωωβ Gra.] και ρωωβ B, και ρωωβ και την συριαν
σουβα uel sim. O, βαιθρααβ και την συριαν σουβα M, και βαιθρααμ και τον συ-
ρον σουβα L† (hab. τον συρον etiam pro την συριαν praec.) | μααχα ALM†]
μωαχα O–A†, αμαληκ B: cf. 8

ἀνδρῶν. ⁷καὶ ἤκουσεν Δαυιδ καὶ ἀπέστειλεν τὸν Ιωαβ καὶ πᾶσαν 7
τὴν δύναμιν, τοὺς δυνατούς. ⁸καὶ ἐξῆλθαν οἱ υἱοὶ Αμμων καὶ παρ- 8
ετάξαντο πόλεμον παρὰ τῇ θύρᾳ τῆς πύλης, καὶ Συρία Σουβα καὶ
Ρωβ καὶ Ιστωβ καὶ Μααχα μόνοι ἐν ἀγρῷ. ⁹καὶ εἶδεν Ιωαβ ὅτι 9
ἐγενήθη πρὸς αὐτὸν ἀντιπρόσωπον τοῦ πολέμου, ἐκ τοῦ κατὰ πρόσ-
ωπον ἐξ ἐναντίας καὶ ἐκ τοῦ ὄπισθεν, καὶ ἐπέλεξεν ἐκ πάντων των
νεανίσκων Ισραηλ, καὶ παρετάξαντο ἐξ ἐναντίας Συρίας. ¹⁰καὶ τὸ 10
κατάλοιπον τοῦ λαοῦ ἔδωκεν ἐν χειρὶ Αβεσσα τοῦ ἀδελφοῦ αὐτοῦ,
καὶ παρετάξαντο ἐξ ἐναντίας υἱῶν Αμμων. ¹¹καὶ εἶπεν Ἐὰν κρα- 11
ταιωθῇ Συρία ὑπὲρ ἐμέ, καὶ ἔσεσθέ μοι εἰς σωτηρίαν, καὶ ἐὰν υἱοὶ
Αμμων κραταιωθῶσιν ὑπὲρ σέ, καὶ ἐσόμεθα τοῦ σῶσαί σε · ¹²ἀν- 12
δρίζου καὶ κραταιωθῶμεν ὑπὲρ τοῦ λαοῦ ἡμῶν καὶ περὶ τῶν πόλεων
τοῦ θεοῦ ἡμῶν, καὶ κύριος ποιήσει τὸ ἀγαθὸν ἐν ὀφθαλμοῖς αὐτοῦ.
¹³καὶ προσῆλθεν Ιωαβ καὶ ὁ λαὸς αὐτοῦ μετ᾽ αὐτοῦ εἰς πόλεμον 13
πρὸς Συρίαν, καὶ ἔφυγαν ἀπὸ προσώπου αὐτοῦ. ¹⁴καὶ οἱ υἱοὶ Αμ- 14
μων εἶδαν ὅτι ἔφυγεν Συρία, καὶ ἔφυγαν ἀπὸ προσώπου Αβεσσα
καὶ εἰσῆλθαν εἰς τὴν πόλιν. καὶ ἀνέστρεψεν Ιωαβ ἀπὸ τῶν υἱῶν
Αμμων καὶ παρεγένοντο εἰς Ιερουσαλημ. — ¹⁵καὶ εἶδε Συρία ὅτι 15
ἔπταισεν ἔμπροσθεν Ισραηλ, καὶ συνήχθησαν ἐπὶ τὸ αὐτό. ¹⁶καὶ 16
ἀπέστειλεν Αδρααζαρ καὶ συνήγαγεν τὴν Συρίαν τὴν ἐκ τοῦ πέραν
τοῦ ποταμοῦ Χαλαμακ, καὶ παρεγένοντο Αιλαμ, καὶ Σωβακ ἄρχων
τῆς δυνάμεως Αδρααζαρ ἔμπροσθεν αὐτῶν. ¹⁷καὶ ἀνηγγέλη τῷ 17
Δαυιδ, καὶ συνήγαγεν τὸν πάντα Ισραηλ καὶ διέβη τὸν Ιορδάνην
καὶ παρεγένοντο εἰς Αιλαμ · καὶ παρετάξατο Συρία ἀπέναντι Δαυιδ
καὶ ἐπολέμησαν μετ᾽ αὐτοῦ. ¹⁸καὶ ἔφυγεν Συρία ἀπὸ προσώπου 18
Ισραηλ, καὶ ἀνεῖλεν Δαυιδ ἐκ τῆς Συρίας ἑπτακόσια ἄρματα καὶ
τεσσαράκοντα χιλιάδας ἱππέων · καὶ τὸν Σωβακ τὸν ἄρχοντα τῆς
δυνάμεως αὐτοῦ ἐπάταξεν, καὶ ἀπέθανεν ἐκεῖ. ¹⁹καὶ εἶδαν πάντες 19
οἱ βασιλεῖς οἱ δοῦλοι Αδρααζαρ ὅτι ἔπταισαν ἔμπροσθεν Ισραηλ,

7 τον > A ‖ 8 πυλης] πολεως LBᶜ | και συρια V] συριας ΒΟ, και ο συ-
ρος(cf.6) L⁺ | ροαβ A⁺ hic, sed in 6 ρωββ | μααχα uel sim. OL⁺] αμαληκ B:
cf. 6 ‖ 9 εκ του κατα πρ. > L, εξ εναντιας 1⁰ > Ο⁺ | των > Ο⁺ | νεανιων
Ο ‖ 10 αβεσσα: cf. I 26 6 ‖ 11 εσεσθε] εση L⁺ | υιοι] pr. οι Ο | εσομεθα]
πορευσομαι L⁺ ‖ 13 αυτου μετ αυτου] αυτου A⁺, ο μετ αυτου L⁺ | fin.] +
συρια Ο⁺ ‖ 14 ανεστρεψεν] -ψαν B*⁺ | παρεγενετο M (L⁺ om. και παρεγ.):
cf. 17 ‖ 15 ειδεν συρια οτι] ειδον οι υιοι αμμων οτι ο συρος L⁺ ‖ 16 την
2⁰ > A⁺ | χαλαμακ] χαλααμα L⁺: cf. 17 13 37; > Ο⁺ | σωβακ] σαβαχ A⁺, σω-
βα και σαβει L⁺ ‖ 17 παρεγενοντο] -νετο Ο, ερχεται L⁺: cf. 14 | αιλαμ]
χαλααμα L⁺: cf. 16 | συρια απεναντι(A⁺ κατεν.) δαυιδ] δ. απεν. συριας B*: cf.
Par. I 19 17 ‖ 18 ισραηλ] δαυιδ A⁺ | επτακοσια — ιππεων] επτακοσιους ιπ-
πεας και τεσσαρακοντα χιλιαδας ανδρων πεζων L⁺, cf. Ioseph. Antiq. VII 128
Niese (πεζων μεν εις τεσσαρας μυριαδας, ιππεων δε εις επτακισχιλιους) et Par.
I 19 18 | τον 1⁰ > B⁺

καὶ ηὐτομόλησαν μετὰ Ισραηλ καὶ ἐδούλευσαν αὐτοῖς. καὶ ἐφοβήθη
Συρία τοῦ σῶσαι ἔτι τοὺς υἱοὺς Αμμων.

11 ¹ Καὶ ἐγένετο ἐπιστρέψαντος τοῦ ἐνιαυτοῦ εἰς τὸν καιρὸν τῆς
ἐξοδίας τῶν βασιλέων καὶ ἀπέστειλεν Δαυιδ τὸν Ιωαβ καὶ τοὺς
παῖδας αὐτοῦ μετ᾽ αὐτοῦ καὶ τὸν πάντα Ισραηλ, καὶ διέφθειραν
τοὺς υἱοὺς Αμμων καὶ διεκάθισαν ἐπὶ Ραββαθ · καὶ Δαυιδ ἐκάθισεν
ἐν Ιερουσαλημ.

2 ² Καὶ ἐγένετο πρὸς ἑσπέραν καὶ ἀνέστη Δαυιδ ἀπὸ τῆς κοίτης
αὐτοῦ καὶ περιεπάτει ἐπὶ τοῦ δώματος τοῦ οἴκου τοῦ βασιλέως καὶ
εἶδεν γυναῖκα λουομένην ἀπὸ τοῦ δώματος, καὶ ἡ γυνὴ καλὴ τῷ
3 εἴδει σφόδρα. ³ καὶ ἀπέστειλεν Δαυιδ καὶ ἐζήτησεν τὴν γυναῖκα, καὶ
εἶπεν Οὐχὶ αὕτη Βηρσαβεε θυγάτηρ Ελιαβ γυνὴ Ουριου τοῦ Χετ-
4 ταίου ; ⁴ καὶ ἀπέστειλεν Δαυιδ ἀγγέλους καὶ ἔλαβεν αὐτήν, καὶ εἰσ-
ῆλθεν πρὸς αὐτόν, καὶ ἐκοιμήθη μετ᾽ αὐτῆς, καὶ αὐτὴ ἁγιαζομένη
5 ἀπὸ ἀκαθαρσίας αὐτῆς καὶ ἀπέστρεψεν εἰς τὸν οἶκον αὐτῆς. ⁵ καὶ
ἐν γαστρὶ ἔλαβεν ἡ γυνή · καὶ ἀποστείλασα ἀπήγγειλεν τῷ Δαυιδ
6 καὶ εἶπεν Ἐγώ εἰμι ἐν γαστρὶ ἔχω. ⁶ καὶ ἀπέστειλεν Δαυιδ πρὸς
Ιωαβ λέγων Ἀπόστειλον πρός με τὸν Ουριαν τὸν Χετταῖον · καὶ
7 ἀπέστειλεν Ιωαβ τὸν Ουριαν πρὸς Δαυιδ. ⁷ καὶ παραγίνεται Ουριας
καὶ εἰσῆλθεν πρὸς αὐτόν, καὶ ἐπηρώτησεν Δαυιδ εἰς εἰρήνην Ιωαβ
8 καὶ εἰς εἰρήνην τοῦ λαοῦ καὶ εἰς εἰρήνην τοῦ πολέμου. ⁸ καὶ εἶπεν
Δαυιδ τῷ Ουρια Κατάβηθι εἰς τὸν οἶκόν σου καὶ νίψαι τοὺς πόδας
σου · καὶ ἐξῆλθεν Ουριας ἐξ οἴκου τοῦ βασιλέως, καὶ ἐξῆλθεν ὀπί-
9 σω αὐτοῦ ἄρσις τοῦ βασιλέως. ⁹ καὶ ἐκοιμήθη Ουριας παρὰ τῇ θύρᾳ
τοῦ βασιλέως μετὰ τῶν δούλων τοῦ κυρίου αὐτοῦ καὶ οὐ κατέβη
10 εἰς τὸν οἶκον αὐτοῦ. ¹⁰ καὶ ἀνήγγειλαν τῷ Δαυιδ λέγοντες ὅτι Οὐ
κατέβη Ουριας εἰς τὸν οἶκον αὐτοῦ. καὶ εἶπεν Δαυιδ πρὸς Ουριαν
11 Οὐχὶ ἐξ ὁδοῦ σὺ ἔρχῃ ; τί ὅτι οὐ κατέβης εἰς τὸν οἶκόν σου ; ¹¹ καὶ
εἶπεν Ουριας πρὸς Δαυιδ Ἡ κιβωτὸς καὶ Ισραηλ καὶ Ιουδας κατ-
οικοῦσιν ἐν σκηναῖς, καὶ ὁ κύριός μου Ιωαβ καὶ οἱ δοῦλοι τοῦ
κυρίου μου ἐπὶ πρόσωπον τοῦ ἀγροῦ παρεμβάλλουσιν · καὶ ἐγὼ
εἰσελεύσομαι εἰς τὸν οἶκόν μου φαγεῖν καὶ πιεῖν καὶ κοιμηθῆναι
μετὰ τῆς γυναικός μου ; πῶς ; ζῇ ἡ ψυχή σου, εἰ ποιήσω τὸ ῥῆμα
12 τοῦτο. ¹² καὶ εἶπεν Δαυιδ πρὸς Ουριαν Κάθισον ἐνταῦθα καί γε

19 ηυτομολ.] διεθεντο διαθηκην L†, + και εθεντο διαθηκην Bs†
11 1 διεκαθισαν BO–A†] δι > A, περιεκαθ. L ‖ 3 βηρσαβεε: nomen femi-
nae et nomen loci antiquis temporibus inter se permutata sunt, cf. Iud.
16 4; βηθσαβεε A†: item in 12 24 III 1 11 ‖ θυγατηρ et γυνη] pr. η A† ‖
4 αυτον O–A†] -την BAL | απεστρεψεν] + αυτην A† ‖ 7 και εισηλθεν >
OL† | εις ειρηνην 1⁰ — fin.] ει υγιαινει ιωαβ και ει υγιαινει ο λαος και ει υγι-
αινει ο πολεμος και ειπεν υγιαινει L† ‖ 9 παρα τη θυρα] + οικου O†, εν
τω πυλωνι του οικου L† ‖ 11 η κιβ.] pr. ει ALp† | πως] pr. και A†, ζη κυ-
ριος και O–A†, μα την ζωην σου και L† | ζη η ψυχη] μα την ζωην της ψυχης L†

σήμερον, καὶ αὔριον ἐξαποστελῶ σε· καὶ ἐκάθισεν Ουριας ἐν Ιε-
ρουσαλημ ἐν τῇ ἡμέρᾳ ἐκείνῃ καὶ τῇ ἐπαύριον. ¹³καὶ ἐκάλεσεν αὐ- 13
τὸν Δαυιδ, καὶ ἔφαγεν ἐνώπιον αὐτοῦ καὶ ἔπιεν, καὶ ἐμέθυσεν
αὐτόν· καὶ ἐξῆλθεν ἑσπέρας τοῦ κοιμηθῆναι ἐπὶ τῆς κοίτης αὐτοῦ
μετὰ τῶν δούλων τοῦ κυρίου αὐτοῦ, καὶ εἰς τὸν οἶκον αὐτοῦ οὐ
κατέβη. ¹⁴καὶ ἐγένετο πρωὶ καὶ ἔγραψεν Δαυιδ βιβλίον πρὸς Ιωαβ 14
καὶ ἀπέστειλεν ἐν χειρὶ Ουριου. ¹⁵καὶ ἔγραψεν ἐν τῷ βιβλίῳ λέγων 15
Εἰσάγαγε τὸν Ουριαν ἐξ ἐναντίας τοῦ πολέμου τοῦ κραταιοῦ, καὶ
ἀποστραφήσεσθε ἀπὸ ὄπισθεν αὐτοῦ, καὶ πληγήσεται καὶ ἀποθα-
νεῖται. ¹⁶καὶ ἐγενήθη ἐν τῷ φυλάσσειν Ιωαβ ἐπὶ τὴν πόλιν καὶ 16
ἔθηκεν τὸν Ουριαν εἰς τὸν τόπον, οὗ ᾔδει ὅτι ἄνδρες δυνάμεως
ἐκεῖ. ¹⁷καὶ ἐξῆλθον οἱ ἄνδρες τῆς πόλεως καὶ ἐπολέμουν μετὰ Ιωαβ, 17
καὶ ἔπεσαν ἐκ τοῦ λαοῦ ἐκ τῶν δούλων Δαυιδ, καὶ ἀπέθανεν καί
γε Ουριας ὁ Χετταῖος. ¹⁸καὶ ἀπέστειλεν Ιωαβ καὶ ἀπήγγειλεν τῷ 18
βασιλεῖ πάντας τοὺς λόγους τοῦ πολέμου ¹⁹καὶ ἐνετείλατο τῷ ἀγ- 19
γέλῳ λέγων Ἐν τῷ συντελέσαι σε πάντας τοὺς λόγους τοῦ πολέ-
μου λαλῆσαι πρὸς τὸν βασιλέα ²⁰καὶ ἔσται ἐὰν ἀναβῇ ὁ θυμὸς 20
τοῦ βασιλέως καὶ εἴπῃ σοι Τί ὅτι ἠγγίσατε πρὸς τὴν πόλιν πο-
λεμῆσαι; οὐκ ᾔδειτε ὅτι τοξεύσουσιν ἀπάνωθεν τοῦ τείχους; ²¹τίς 21
ἐπάταξεν τὸν Αβιμελεχ υἱὸν Ιεροβααλ; οὐχὶ γυνὴ ἔρριψεν ἐπ᾽ αὐ-
τὸν κλάσμα μύλου ἐπάνωθεν τοῦ τείχους καὶ ἀπέθανεν ἐν Θαμασι;
ἵνα τί προσηγάγετε πρὸς τὸ τεῖχος; καὶ ἐρεῖς Καί γε Ουριας ὁ
δοῦλός σου ὁ Χετταῖος ἀπέθανεν. ²²καὶ ἐπορεύθη ὁ ἄγγελος Ιωαβ 22
πρὸς τὸν βασιλέα εἰς Ιερουσαλημ καὶ παρεγένετο καὶ ἀπήγγειλεν
τῷ Δαυιδ πάντα, ὅσα ἀπήγγειλεν αὐτῷ Ιωαβ, πάντα τὰ ῥήματα
τοῦ πολέμου. καὶ ἐθυμώθη Δαυιδ πρὸς Ιωαβ καὶ εἶπεν πρὸς τὸν
ἄγγελον Ἵνα τί προσηγάγετε πρὸς τὴν πόλιν τοῦ πολεμῆσαι; οὐκ
ᾔδειτε ὅτι πληγήσεσθε ἀπὸ τοῦ τείχους; τίς ἐπάταξεν τὸν Αβιμε-
λεχ υἱὸν Ιεροβααλ; οὐχὶ γυνὴ ἔρριψεν ἐπ᾽ αὐτὸν κλάσμα μύλου
ἀπὸ τοῦ τείχους καὶ ἀπέθανεν ἐν Θαμασι; ἵνα τί προσηγάγετε
πρὸς τὸ τεῖχος; ²³καὶ εἶπεν ὁ ἄγγελος πρὸς Δαυιδ Ὅτι ἐκραταί- 23
ωσαν ἐφ᾽ ἡμᾶς οἱ ἄνδρες καὶ ἐξῆλθαν ἐφ᾽ ἡμᾶς εἰς τὸν ἀγρόν,
καὶ ἐγενήθημεν ἐπ᾽ αὐτοὺς ἕως τῆς θύρας τῆς πύλης, ²⁴καὶ ἐτό- 24
ξευσαν οἱ τοξεύοντες πρὸς τοὺς παῖδάς σου ἀπάνωθεν τοῦ τείχους,
καὶ ἀπέθαναν τῶν παίδων τοῦ βασιλέως, καί γε ὁ δοῦλός σου Ου-

14 απεστειλεν] + δαυιδ A† ‖ 15 τω > BA† ‖ 17 εκ 1⁰] απο O | απε-
θανεν] -ναν B ‖ 18 βασ. O] δαυιδ L, + δαυιδ B† | fin.] + λαλησαι προς τον
βασιλεα B: ex 19 ‖ 19 σε > BO ‖ 20 οτι 1⁰ > A† | πολεμησαι] pr. του
O | τοξευσουσιν] σ 1⁰ > O, πληγησεσθε LBc† ‖ 21 ιεροβααλ Lᴾ] -βοαμ BO:
item in 22, cf. I 12 11; + υιου νηρ BO hic, non in 22 | επ αυτον / κλασμα] tr.
B hic, non in 22 | επανωθεν] απανωθεν A: cf. 20. 24; απο ανωθεν O–A†: item
in 24; απο L†: item in 24, cf. 22 | ουριας / ο δουλος σου BO–376†] tr. rel.:
cf. 24 ‖ 23 εφ 2⁰] προς A ‖ 24 ο δουλος σου / ουρ.] tr. A†: cf. 22

25 ριας ὁ Χετταῖος ἀπέθανεν. ²⁵καὶ εἶπεν Δαυιδ πρὸς τὸν ἄγγελον
Τάδε ἐρεῖς πρὸς Ιωαβ Μὴ πονηρὸν ἔστω ἐν ὀφθαλμοῖς σου τὸ
ῥῆμα τοῦτο, ὅτι ποτὲ μὲν οὕτως καὶ ποτὲ οὕτως φάγεται ἡ μά-
χαιρα · κραταίωσον τὸν πόλεμόν σου πρὸς τὴν πόλιν καὶ κατά-
26 σπασον αὐτὴν καὶ κραταίωσον αὐτόν. ²⁶καὶ ἤκουσεν ἡ γυνὴ Ουριου
ὅτι ἀπέθανεν Ουριας ὁ ἀνὴρ αὐτῆς, καὶ ἐκόψατο τὸν ἄνδρα αὐτῆς.
27 ²⁷καὶ διῆλθεν τὸ πένθος, καὶ ἀπέστειλεν Δαυιδ καὶ συνήγαγεν αὐ-
τὴν εἰς τὸν οἶκον αὐτοῦ, καὶ ἐγενήθη αὐτῷ εἰς γυναῖκα καὶ ἔτεκεν
αὐτῷ υἱόν.
Καὶ πονηρὸν ἐφάνη τὸ ῥῆμα, ὃ ἐποίησεν Δαυιδ, ἐν ὀφθαλμοῖς
12 κυρίου. ¹καὶ ἀπέστειλεν κύριος τὸν Ναθαν τὸν προφήτην πρὸς
Δαυιδ, καὶ εἰσῆλθεν πρὸς αὐτὸν καὶ εἶπεν αὐτῷ Δύο ἦσαν ἄνδρες
2 ἐν πόλει μιᾷ, εἷς πλούσιος καὶ εἷς πένης · ²καὶ τῷ πλουσίῳ ἦν ποί-
3 μνια καὶ βουκόλια πολλὰ σφόδρα, ³καὶ τῷ πένητι οὐδὲν ἀλλ᾽ ἢ
ἀμνὰς μία μικρά, ἣν ἐκτήσατο καὶ περιεποιήσατο καὶ ἐξέθρεψεν
αὐτήν, καὶ ἡδρύνθη μετ᾽ αὐτοῦ καὶ μετὰ τῶν υἱῶν αὐτοῦ ἐπὶ τὸ
αὐτό, ἐκ τοῦ ἄρτου αὐτοῦ ἤσθιεν καὶ ἐκ τοῦ ποτηρίου αὐτοῦ ἔπι-
νεν καὶ ἐν τῷ κόλπῳ αὐτοῦ ἐκάθευδεν καὶ ἦν αὐτῷ ὡς θυγάτηρ ·
4 ⁴καὶ ἦλθεν πάροδος τῷ ἀνδρὶ τῷ πλουσίῳ, καὶ ἐφείσατο λαβεῖν
ἐκ τῶν ποιμνίων αὐτοῦ καὶ ἐκ τῶν βουκολίων αὐτοῦ τοῦ ποιῆσαι
τῷ ξένῳ ὁδοιπόρῳ ἐλθόντι πρὸς αὐτὸν καὶ ἔλαβεν τὴν ἀμνάδα
τοῦ πένητος καὶ ἐποίησεν αὐτὴν τῷ ἀνδρὶ τῷ ἐλθόντι πρὸς αὐτόν.
5 ⁵καὶ ἐθυμώθη ὀργῇ Δαυιδ σφόδρα τῷ ἀνδρί, καὶ εἶπεν Δαυιδ πρὸς
6 Ναθαν Ζῇ κύριος, ὅτι υἱὸς θανάτου ὁ ἀνὴρ ὁ ποιήσας τοῦτο ⁶καὶ
τὴν ἀμνάδα ἀποτείσει ἑπταπλασίονα ἀνθ᾽ ὧν ὅτι ἐποίησεν τὸ ῥῆμα
7 τοῦτο καὶ περὶ οὗ οὐκ ἐφείσατο. ⁷καὶ εἶπεν Ναθαν πρὸς Δαυιδ
Σὺ εἶ ὁ ἀνὴρ ὁ ποιήσας τοῦτο · τάδε λέγει κύριος ὁ θεὸς Ισραηλ
Ἐγώ εἰμι ἔχρισά σε εἰς βασιλέα ἐπὶ Ισραηλ, καὶ ἐγώ εἰμι ἐρρυ-
8 σάμην σε ἐκ χειρὸς Σαουλ ⁸καὶ ἔδωκά σοι τὸν οἶκον τοῦ κυρίου
σου καὶ τὰς γυναῖκας τοῦ κυρίου σου ἐν τῷ κόλπῳ σου καὶ ἔδωκά
σοι τὸν οἶκον Ισραηλ καὶ Ιουδα · καὶ εἰ μικρόν ἐστιν, προσθήσω
9 σοι κατὰ ταῦτα. ⁹τί ὅτι ἐφαύλισας τὸν λόγον κυρίου τοῦ ποιῆσαι τὸ
πονηρὸν ἐν ὀφθαλμοῖς αὐτοῦ; τὸν Ουριαν τὸν Χετταῖον ἐπάταξας

25 φαγεται] pr. κατα ΑL† | σου ult.] συ ΒΟ ‖ 26 εκοψ.] + επι ΟL ‖
27 πον. εφανη] tr. ΑL†, πον. post ρημα tr. Ο–Α†
12 1 αυτω] προς αυτον Ο† | δυο] pr. αναγγειλον δη μοι την κρισιν ταυτην
L | ησαν ανδρες] tr. ΟL ‖ 4 οδοιπορω > Ο† ‖ 5 σφοδρα / τω ανδρι] tr.
Ο† (Α† τω ανδρι σφοδρα σφοδρα δαυιδ pro δαυιδ — ανδρι) ‖ 6 επταπλασι-
ονα] -σιον Α: cf. 24 3; τετραπλασιονα Lᵖ†: = 𝔐, cf. Ioseph. Antiq. VII 150
Niese (τετραπλην) et Exod. 21 37 ‖ 7 ταδε] pr. οτι Β† | εχρισα L] ο χρισας
ΒΟ: cf. 13 28 | εις > Α ‖ 8 και 2⁰ — σου 3⁰] εν τω κολπω σου εδωκα τας
γυν. του κυρ. σου Α† | κατα] και Α† ‖ 9 τι οτι pau.] pr. και L, οτι ΒΟ–Α,
τι Α†: cf. 7 7

ἐν ῥομφαίᾳ καὶ τὴν γυναῖκα αὐτοῦ ἔλαβες σεαυτῷ εἰς γυναῖκα καὶ
αὐτὸν ἀπέκτεινας ἐν ῥομφαίᾳ υἱῶν Αμμων. ¹⁰καὶ νῦν οὐκ ἀποστή- 10
σεται ῥομφαία ἐκ τοῦ οἴκου σου ἕως αἰῶνος ἀνθ' ὧν ὅτι ἐξου-
δένωσάς με καὶ ἔλαβες τὴν γυναῖκα τοῦ Ουριου τοῦ Χετταίου τοῦ
εἶναί σοι εἰς γυναῖκα. ¹¹τάδε λέγει κύριος Ἰδοὺ ἐγὼ ἐξεγείρω ἐπὶ 11
σὲ κακὰ ἐκ τοῦ οἴκου σου καὶ λήμψομαι τὰς γυναῖκάς σου κατ'
ὀφθαλμούς σου καὶ δώσω τῷ πλησίον σου, καὶ κοιμηθήσεται μετὰ
τῶν γυναικῶν σου ἐναντίον τοῦ ἡλίου τούτου· ¹²ὅτι σὺ ἐποίησας 12
κρυβῇ, κἀγὼ ποιήσω τὸ ῥῆμα τοῦτο ἐναντίον παντὸς Ισραηλ καὶ
ἀπέναντι τούτου τοῦ ἡλίου. ¹³καὶ εἶπεν Δαυιδ τῷ Ναθαν Ἡμάρ- 13
τηκα τῷ κυρίῳ. καὶ εἶπεν Ναθαν πρὸς Δαυιδ Καὶ κύριος παρεβί-
βασεν τὸ ἁμάρτημά σου, οὐ μὴ ἀποθάνῃς· ¹⁴πλὴν ὅτι παροξύνων 14
παρώξυνας τοὺς ἐχθροὺς κυρίου ἐν τῷ ῥήματι τούτῳ, καί γε ὁ
υἱός σου ὁ τεχθείς σοι θανάτῳ ἀποθανεῖται. ¹⁵καὶ ἀπῆλθεν Ναθαν 15
εἰς τὸν οἶκον αὐτοῦ.

Καὶ ἔθραυσεν κύριος τὸ παιδίον, ὃ ἔτεκεν ἡ γυνὴ Ουριου τῷ Δαυιδ,
καὶ ἠρρώστησεν. ¹⁶καὶ ἐζήτησεν Δαυιδ τὸν θεὸν περὶ τοῦ παιδαρίου, 16
καὶ ἐνήστευσεν Δαυιδ νηστείαν καὶ εἰσῆλθεν καὶ ηὐλίσθη ἐν σάκκῳ
ἐπὶ τῆς γῆς. ¹⁷καὶ ἀνέστησαν ἐπ' αὐτὸν οἱ πρεσβύτεροι τοῦ οἴκου αὐ- 17
τοῦ τοῦ ἐγεῖραι αὐτὸν ἀπὸ τῆς γῆς, καὶ οὐκ ἠθέλησεν καὶ οὐ συνέφα-
γεν αὐτοῖς ἄρτον. ¹⁸καὶ ἐγένετο ἐν τῇ ἡμέρᾳ τῇ ἑβδόμῃ καὶ ἀπέθανε 18
τὸ παιδάριον· καὶ ἐφοβήθησαν οἱ δοῦλοι Δαυιδ ἀναγγεῖλαι αὐτῷ
ὅτι τέθνηκεν τὸ παιδάριον, ὅτι εἶπαν Ἰδοὺ ἐν τῷ ἔτι τὸ παιδάριον
ζῆν ἐλαλήσαμεν πρὸς αὐτόν, καὶ οὐκ εἰσήκουσεν τῆς φωνῆς ἡμῶν·
καὶ πῶς εἴπωμεν πρὸς αὐτὸν ὅτι τέθνηκεν τὸ παιδάριον; καὶ ποι-
ήσει κακά. ¹⁹καὶ συνῆκεν Δαυιδ ὅτι οἱ παῖδες αὐτοῦ ψιθυρίζουσιν, 19
καὶ ἐνόησεν Δαυιδ ὅτι τέθνηκεν τὸ παιδάριον· καὶ εἶπεν Δαυιδ
πρὸς τοὺς παῖδας αὐτοῦ Εἰ τέθνηκεν τὸ παιδάριον; καὶ εἶπαν
Τέθνηκεν. ²⁰καὶ ἀνέστη Δαυιδ ἐκ τῆς γῆς καὶ ἐλούσατο καὶ ἠλεί- 20
ψατο καὶ ἤλλαξεν τὰ ἱμάτια αὐτοῦ καὶ εἰσῆλθεν εἰς τὸν οἶκον τοῦ
θεοῦ καὶ προσεκύνησεν αὐτῷ· καὶ εἰσῆλθεν εἰς τὸν οἶκον αὐτοῦ
καὶ ᾔτησεν ἄρτον φαγεῖν, καὶ παρέθηκαν αὐτῷ ἄρτον, καὶ ἔφαγεν.
²¹καὶ εἶπαν οἱ παῖδες αὐτοῦ πρὸς αὐτόν Τί τὸ ῥῆμα τοῦτο, ὃ ἐποί- 21
ησας; ἕνεκα τοῦ παιδαρίου ἔτι ζῶντος ἐνήστευες καὶ ἔκλαιες καὶ
ἠγρύπνεις, καὶ ἡνίκα ἀπέθανεν τὸ παιδάριον, ἀνέστης καὶ ἔφαγες
ἄρτον καὶ πέπωκας. ²²καὶ εἶπεν Δαυιδ Ἐν τῷ τὸ παιδάριον ἔτι 22

10 με > B† | του 2⁰ > L ‖ 12 κρυβη] -βδην O, εν κρυπτω L† | τουτου/
του ηλιου] tr. L: cf. 11; τουτου > O³⁷⁶† ‖ 13 ου > A† ‖ 14 κυριου] pr.
του A† ‖ 15 παιδαριον O ‖ 16 εν σακκω pl. (etiam Ioseph. Antiq. VII
154 Niese)] > B, και εκοιμηθη A†, pr. και εκοιμηθη al. ‖ 17 επ αυτον/οι πρεσβ.
τ. οικου αυτου] tr. OL | αυτου του > B ‖ 18 το παιδ./ζην] tr. A† ‖ 21 ετι]
οτι A†

ζῆν ἐνήστευσα καὶ ἔκλαυσα, ὅτι εἶπα Τίς οἶδεν εἰ ἐλεήσει με κύ-
23 ριος καὶ ζήσεται τὸ παιδάριον ; ²³ καὶ νῦν τέθνηκεν · ἵνα τί τοῦτο
ἐγὼ νηστεύω ; μὴ δυνήσομαι ἐπιστρέψαι αὐτὸ ἔτι ; ἐγὼ πορεύσομαι
24 πρὸς αὐτόν, καὶ αὐτὸς οὐκ ἀναστρέψει πρός με. ²⁴ καὶ παρεκάλεσεν
Δαυιδ Βηρσαβεε τὴν γυναῖκα αὐτοῦ καὶ εἰσῆλθεν πρὸς αὐτὴν καὶ
ἐκοιμήθη μετ᾽ αὐτῆς, καὶ συνέλαβεν καὶ ἔτεκεν υἱόν, καὶ ἐκάλεσεν
25 τὸ ὄνομα αὐτοῦ Σαλωμων, καὶ κύριος ἠγάπησεν αὐτόν. ²⁵ καὶ ἀπέ-
στειλεν ἐν χειρὶ Ναθαν τοῦ προφήτου, καὶ ἐκάλεσεν τὸ ὄνομα αὐ-
τοῦ Ιδεδι ἕνεκεν κυρίου.
26   ²⁶ Καὶ ἐπολέμησεν Ιωαβ ἐν Ραββαθ υἱῶν Αμμων καὶ κατέλαβεν
27 τὴν πόλιν τῆς βασιλείας. ²⁷ καὶ ἀπέστειλεν Ιωαβ ἀγγέλους πρὸς
Δαυιδ καὶ εἶπεν Ἐπολέμησα ἐν Ραββαθ καὶ κατελαβόμην τὴν πόλιν
28 τῶν ὑδάτων · ²⁸ καὶ νῦν συνάγαγε τὸ κατάλοιπον τοῦ λαοῦ καὶ
παρέμβαλε ἐπὶ τὴν πόλιν καὶ προκαταλαβοῦ αὐτήν, ἵνα μὴ προκατα-
29 λάβωμαι ἐγὼ τὴν πόλιν καὶ κληθῇ τὸ ὄνομά μου ἐπ᾽ αὐτήν. ²⁹ καὶ
συνήγαγεν Δαυιδ πάντα τὸν λαὸν καὶ ἐπορεύθη εἰς Ραββαθ καὶ
30 ἐπολέμησεν ἐν αὐτῇ καὶ κατελάβετο αὐτήν. ³⁰ καὶ ἔλαβεν τὸν στέ-
φανον Μελχολ τοῦ βασιλέως αὐτῶν ἀπὸ τῆς κεφαλῆς αὐτοῦ, καὶ
ὁ σταθμὸς αὐτοῦ τάλαντον χρυσίου καὶ λίθου τιμίου, καὶ ἦν ἐπὶ
τῆς κεφαλῆς Δαυιδ · καὶ σκῦλα τῆς πόλεως ἐξήνεγκεν πολλὰ
31 σφόδρα. ³¹ καὶ τὸν λαὸν τὸν ὄντα ἐν αὐτῇ ἐξήγαγεν καὶ ἔθηκεν
ἐν τῷ πρίονι καὶ ἐν τοῖς τριβόλοις τοῖς σιδηροῖς καὶ διήγαγεν
αὐτοὺς διὰ τοῦ πλινθείου · καὶ οὕτως ἐποίησεν πάσαις ταῖς πόλε-
σιν υἱῶν Αμμων. καὶ ἐπέστρεψεν Δαυιδ καὶ πᾶς ὁ λαὸς εἰς Ιερου-
σαλημ.
13   ¹ Καὶ ἐγενήθη μετὰ ταῦτα καὶ τῷ Αβεσσαλωμ υἱῷ Δαυιδ ἀδελφὴ
καλὴ τῷ εἴδει σφόδρα, καὶ ὄνομα αὐτῇ Θημαρ, καὶ ἠγάπησεν αὐ-
2 τὴν Αμνων υἱὸς Δαυιδ. ² καὶ ἐθλίβετο Αμνων ὥστε ἀρρωστεῖν διὰ
Θημαρ τὴν ἀδελφὴν αὐτοῦ, ὅτι παρθένος ἦν αὐτή, καὶ ὑπέρογκον
3 ἐν ὀφθαλμοῖς Αμνων τοῦ ποιῆσαί τι αὐτῇ. ³ καὶ ἦν τῷ Αμνων ἑταῖ-
ρος, καὶ ὄνομα αὐτῷ Ιωναδαβ υἱὸς Σαμαα τοῦ ἀδελφοῦ Δαυιδ ·
4 καὶ Ιωναδαβ ἀνὴρ σοφὸς σφόδρα. ⁴ καὶ εἶπεν αὐτῷ Τί σοι ὅτι σὺ

23 τεθνηκεν] + το παιδαριον OL⁺ | επιστρ. αυτο] tr. B⁺ || 24 βηρσαβεε
(cf. 11 3)] pr. την OL | την > O | σαλωμων] σαλομων O-ΑLBᶜ: sic O-Α in
5 14 || 25 ιδεδ(ε)ι B⁽⁺⁾] ιεδιδια uel sim. O⁺, ιεδδιδια L⁺ | ενεκεν] εν λογω L
|| 27 εν] προς O || 29 εις] προς Α⁺ || 30 μελχολ > OL⁺ || 31 οντα >
ΑL⁺ | εθηκεν] διεπρισεν L⁺: ex Par. I 20 3 | τοις 1⁰ > B⁽⁺⁾ | σιδηροις] + και
υποτομευσιν σιδηροις O; + και σκεπαρνοις σιδηροις L⁺: ex Par. I 20 3 | διη-
γαγεν] απηγ. Α⁺, περιηγ. L⁺ | δια του πλινθ.] εν μαδεββαν uel sim. L⁺: Δ προ Λ
13 1 θαμαρ OL: sic ubique | αμμων Α⁺ hic et in 2—6, sed inde ab 7 ex-
cepto 10 (1⁰) αμνων || 2 τι αυτη] tr. O || 3 ιωναδαμ (1⁰) B*⁺: item B⁺
2⁰ et in 5, sed etiam B ιωναδαβ in 32. 35; ιωναθαν L⁺ ubique, ιωναθης Io-
seph. Antiq. VII 164. 166. 178 Niese

οὕτως ἀσθενής, υἱὲ τοῦ βασιλέως, τὸ πρωὶ πρωί; οὐκ ἀπαγγελεῖς
μοι; καὶ εἶπεν αὐτῷ Αμνων Θημαρ τὴν ἀδελφὴν Αβεσσαλωμ τοῦ
ἀδελφοῦ μου ἐγὼ ἀγαπῶ. ⁵καὶ εἶπεν αὐτῷ Ιωναδαβ Κοιμήθητι ἐπὶ 5
τῆς κοίτης σου καὶ μαλακίσθητι, καὶ εἰσελεύσεται ὁ πατήρ σου
τοῦ ἰδεῖν σε, καὶ ἐρεῖς πρὸς αὐτόν Ἐλθέτω δὴ Θημαρ ἡ ἀδελφή
μου καὶ ψωμισάτω με καὶ ποιησάτω κατ᾽ ὀφθαλμούς μου βρῶμα,
ὅπως ἴδω καὶ φάγω ἐκ τῶν χειρῶν αὐτῆς. ⁶καὶ ἐκοιμήθη Αμνων 6
καὶ ἠρρώστησεν, καὶ εἰσῆλθεν ὁ βασιλεὺς ἰδεῖν αὐτόν, καὶ εἶπεν
Αμνων πρὸς τὸν βασιλέα Ἐλθέτω δὴ Θημαρ ἡ ἀδελφή μου πρός
με καὶ κολλυρισάτω ἐν ὀφθαλμοῖς μου δύο κολλυρίδας, καὶ φάγο-
μαι ἐκ τῆς χειρὸς αὐτῆς. ⁷καὶ ἀπέστειλεν Δαυιδ πρὸς Θημαρ εἰς 7
τὸν οἶκον λέγων Πορεύθητι δὴ εἰς τὸν οἶκον Αμνων τοῦ ἀδελφοῦ
σου καὶ ποίησον αὐτῷ βρῶμα. ⁸καὶ ἐπορεύθη Θημαρ εἰς τὸν οἶκον 8
Αμνων ἀδελφοῦ αὐτῆς, καὶ αὐτὸς κοιμώμενος. καὶ ἔλαβεν τὸ σταῖς
καὶ ἐφύρασεν καὶ ἐκολλύρισεν κατ᾽ ὀφθαλμοὺς αὐτοῦ καὶ ἥψησεν
τὰς κολλυρίδας · ⁹καὶ ἔλαβεν τὸ τήγανον καὶ κατεκένωσεν ἐνώπιον 9
αὐτοῦ, καὶ οὐκ ἠθέλησεν φαγεῖν. καὶ εἶπεν Αμνων Ἐξαγάγετε πάντα
ἄνδρα ἐπάνωθέν μου · καὶ ἐξήγαγον πάντα ἄνδρα ἀπὸ ἐπάνωθεν
αὐτοῦ. ¹⁰καὶ εἶπεν Αμνων πρὸς Θημαρ Εἰσένεγκε τὸ βρῶμα εἰς 10
τὸ ταμίειον, καὶ φάγομαι ἐκ τῆς χειρός σου. καὶ ἔλαβεν Θημαρ
τὰς κολλυρίδας, ἃς ἐποίησεν, καὶ εἰσήνεγκεν τῷ Αμνων ἀδελφῷ
αὐτῆς εἰς τὸν κοιτῶνα ¹¹καὶ προσήγαγεν αὐτῷ τοῦ φαγεῖν, καὶ 11
ἐπελάβετο αὐτῆς καὶ εἶπεν αὐτῇ Δεῦρο κοιμήθητι μετ᾽ ἐμοῦ, ἀδελ-
φή μου. ¹²καὶ εἶπεν αὐτῷ Μή, ἄδελφέ μου, μὴ ταπεινώσῃς με, 12
διότι οὐ ποιηθήσεται οὕτως ἐν Ισραηλ · μὴ ποιήσῃς τὴν ἀφροσύ-
νην ταύτην · ¹³καὶ ἐγὼ ποῦ ἀποίσω τὸ ὄνειδός μου; καὶ σὺ ἔσῃ 13
ὡς εἷς τῶν ἀφρόνων ἐν Ισραηλ · καὶ νῦν λάλησον δὴ πρὸς τὸν
βασιλέα, ὅτι οὐ μὴ κωλύσῃ με ἀπὸ σοῦ. ¹⁴καὶ οὐκ ἠθέλησεν Αμνων 14
τοῦ ἀκοῦσαι τῆς φωνῆς αὐτῆς καὶ ἐκραταίωσεν ὑπὲρ αὐτὴν καὶ
ἐταπείνωσεν αὐτὴν καὶ ἐκοιμήθη μετ᾽ αὐτῆς. ¹⁵καὶ ἐμίσησεν αὐτὴν 15
Αμνων μῖσος μέγα σφόδρα, ὅτι μέγα τὸ μῖσος, ὃ ἐμίσησεν αὐτήν,
ὑπὲρ τὴν ἀγάπην, ἣν ἠγάπησεν αὐτήν. καὶ εἶπεν αὐτῇ Αμνων Ἀνά-
στηθι καὶ πορεύου. ¹⁶καὶ εἶπεν αὐτῷ Θημαρ Μή, ἄδελφε, ὅτι με- 16
γάλη ἡ κακία ἡ ἐσχάτη ὑπὲρ τὴν πρώτην, ἣν ἐποίησας μετ᾽ ἐμοῦ,

4 ασθενης] -νεις Ο, συντετηκας L⁺ | απαγγελλεις Β || 5 δη > Α || 6 ηρ-
ρωστησεν] προσεποιησατο ενοχλεισθαι L⁺, cf. Ioseph. Antiq. VII 166 Niese
(νοσειν προσεποιησατο) | κολλυριδας] -ρας Β⁺ hic, non in 8. 10 || 7 αμνων
> Β | βρωμα] pr. το Α || 8 σταις] στεαρ ΑL⁺ | ηψεν Α⁺ || 10 εισενεγκε]
-κατε Α⁺ || 11 αυτη > Α⁺ || 13 κωλυσει ΒΟ–Α || 14 εκραταιωσεν] -ωθη
Ο⁺, εκρατησεν L⁺ || 15 ο > Α⁺ | αυτην 2⁰] + μειζων η κακια η εσχατη η
η πρωτη Β: eadem praemisso οτι addunt alii post αυτην 3⁰; cf. 16 | και
ult. > Ο || 16 μη — πρωτην] περι της κακιας της μεγαλης ταυτης υπερ ετε-
ραν ΒΟ⁺; cf. 15

τοῦ ἐξαποστεῖλαί με. καὶ οὐκ ἠθέλησεν Αμνων ἀκοῦσαι τῆς φωνῆς
17 αὐτῆς. ¹⁷καὶ ἐκάλεσεν τὸ παιδάριον αὐτοῦ τὸν προεστηκότα τοῦ
οἴκου αὐτοῦ καὶ εἶπεν αὐτῷ Ἐξαποστείλατε δὴ ταύτην ἀπ᾽ ἐμοῦ
18 ἔξω καὶ ἀπόκλεισον τὴν θύραν ὀπίσω αὐτῆς. ¹⁸καὶ ἐπ᾽ αὐτῆς ἦν
χιτὼν καρπωτός, ὅτι οὕτως ἐνεδιδύσκοντο αἱ θυγατέρες τοῦ βασι-
λέως αἱ παρθένοι τοὺς ἐπενδύτας αὐτῶν· καὶ ἐξήγαγεν αὐτὴν ὁ
λειτουργὸς αὐτοῦ ἔξω καὶ ἀπέκλεισεν τὴν θύραν ὀπίσω αὐτῆς·
19 ¹⁹καὶ ἔλαβεν Θημαρ σποδὸν καὶ ἐπέθηκεν ἐπὶ τὴν κεφαλὴν αὐτῆς
καὶ τὸν χιτῶνα τὸν καρπωτὸν τὸν ἐπ᾽ αὐτῆς διέρρηξεν καὶ ἐπέ-
θηκεν τὰς χεῖρας αὐτῆς ἐπὶ τὴν κεφαλὴν αὐτῆς καὶ ἐπορεύθη πο-
20 ρευομένη καὶ κράζουσα. ²⁰καὶ εἶπεν πρὸς αὐτὴν Αβεσσαλωμ ὁ ἀδελ-
φὸς αὐτῆς Μὴ Αμνων ὁ ἀδελφός σου ἐγένετο μετὰ σοῦ; καὶ νῦν,
ἀδελφή μου, κώφευσον, ὅτι ἀδελφός σού ἐστιν· μὴ θῇς τὴν καρ-
δίαν σου τοῦ λαλῆσαι εἰς τὸ ῥῆμα τοῦτο. καὶ ἐκάθισεν Θημαρ
21 χηρεύουσα ἐν οἴκῳ Αβεσσαλωμ τοῦ ἀδελφοῦ αὐτῆς. ²¹καὶ ἤκουσεν
ὁ βασιλεὺς Δαυιδ πάντας τοὺς λόγους τούτους καὶ ἐθυμώθη σφόδρα·
καὶ οὐκ ἐλύπησεν τὸ πνεῦμα Αμνων τοῦ υἱοῦ αὐτοῦ, ὅτι ἠγάπα
22 αὐτόν, ὅτι πρωτότοκος αὐτοῦ ἦν. ²²καὶ οὐκ ἐλάλησεν Αβεσσαλωμ
μετὰ Αμνων ἀπὸ πονηροῦ ἕως ἀγαθοῦ, ὅτι ἐμίσει Αβεσσαλωμ τὸν
Αμνων ἐπὶ λόγου οὗ ἐταπείνωσεν Θημαρ τὴν ἀδελφὴν αὐτοῦ.
23 ²³Καὶ ἐγένετο εἰς διετηρίδα ἡμερῶν καὶ ἦσαν κείροντες τῷ Αβεσ-
σαλωμ ἐν Βελασωρ τῇ ἐχόμενα Εφραιμ, καὶ ἐκάλεσεν Αβεσσαλωμ
24 πάντας τοὺς υἱοὺς τοῦ βασιλέως. ²⁴καὶ ἦλθεν Αβεσσαλωμ πρὸς τὸν
βασιλέα καὶ εἶπεν Ἰδοὺ δὴ κείρουσιν τῷ δούλῳ σου, πορευθήτω
25 δὴ ὁ βασιλεὺς καὶ οἱ παῖδες αὐτοῦ μετὰ τοῦ δούλου σου. ²⁵καὶ
εἶπεν ὁ βασιλεὺς πρὸς Αβεσσαλωμ Μὴ δή, υἱέ μου, μὴ πορευθῶ-
μεν πάντες ἡμεῖς, καὶ οὐ μὴ καταβαρυνθῶμεν ἐπὶ σέ. καὶ ἐβιάσατο
αὐτόν, καὶ οὐκ ἠθέλησεν τοῦ πορευθῆναι καὶ εὐλόγησεν αὐτόν.
26 ²⁶καὶ εἶπεν Αβεσσαλωμ Καὶ εἰ μή, πορευθήτω δὴ μεθ᾽ ἡμῶν Αμνων
ὁ ἀδελφός μου. καὶ εἶπεν αὐτῷ ὁ βασιλεύς Ἵνα τί πορευθῇ μετὰ
27 σοῦ; ²⁷καὶ ἐβιάσατο αὐτὸν Αβεσσαλωμ, καὶ ἀπέστειλεν μετ᾽ αὐτοῦ
τὸν Αμνων καὶ πάντας τοὺς υἱοὺς τοῦ βασιλέως. καὶ ἐποίησεν
28 Αβεσσαλωμ πότον κατὰ τὸν πότον τοῦ βασιλέως. ²⁸καὶ ἐνετείλατο
Αβεσσαλωμ τοῖς παιδαρίοις αὐτοῦ λέγων Ἴδετε ὡς ἂν ἀγαθυνθῇ
ἡ καρδία Αμνων ἐν τῷ οἴνῳ καὶ εἴπω πρὸς ὑμᾶς Πατάξατε τὸν
Αμνων, καὶ θανατώσατε αὐτόν· μὴ φοβηθῆτε, ὅτι οὐχὶ ἐγώ εἰμι
29 ἐντέλλομαι ὑμῖν; ἀνδρίζεσθε καὶ γίνεσθε εἰς υἱοὺς δυνάμεως. ²⁹καὶ
ἐποίησαν τὰ παιδάρια Αβεσσαλωμ τῷ Αμνων καθὰ ἐνετείλατο αὐ-

16 του > Α⁺ ‖ 17 αυτου 2⁰ > Β⁺ ‖ 19 επεθηκεν 1⁰] + σποδον Β⁺ | την κε-
φαλην 1⁰] της -λης Α⁺ ‖ 20 σου 1⁰] μου ΑL⁺ ‖ 21 ηκουσεν / ο βασ. δ.] tr. OL⁺
‖ 25 του > O⁺ ‖ 28 εγω ειμι εντελλομαι Ra. (cf. 11 5 12 7 15 28 etc. nec non
7 29 et Thack. p. 55)] εγω ειμι ο(> Β꜄Ο²⁴⁷) εντελλομενος ΒΟ: cf. 12 7; ειμι > L

τοῖς Αβεσσαλωμ. καὶ ἀνέστησαν πάντες οἱ υἱοὶ τοῦ βασιλέως καὶ
ἐπεκάθισαν ἀνὴρ ἐπὶ τὴν ἡμίονον αὐτοῦ καὶ ἔφυγαν. ³⁰καὶ ἐγένετο 30
αὐτῶν ὄντων ἐν τῇ ὁδῷ καὶ ἡ ἀκοὴ ἦλθεν πρὸς Δαυιδ λέγων
Ἐπάταξεν Αβεσσαλωμ πάντας τοὺς υἱοὺς τοῦ βασιλέως, καὶ οὐ
κατελείφθη ἐξ αὐτῶν οὐδὲ εἷς. ³¹καὶ ἀνέστη ὁ βασιλεὺς καὶ διέρ- 31
ρηξεν τὰ ἱμάτια αὐτοῦ καὶ ἐκοιμήθη ἐπὶ τὴν γῆν, καὶ πάντες οἱ
παῖδες αὐτοῦ οἱ περιεστῶτες αὐτῷ διέρρηξαν τὰ ἱμάτια αὐτῶν.
³²καὶ ἀπεκρίθη Ιωναδαβ υἱὸς Σαμαα ἀδελφοῦ Δαυιδ καὶ εἶπεν Μὴ 32
εἰπάτω ὁ κύριός μου ὁ βασιλεὺς ὅτι πάντα τὰ παιδάρια τοὺς υἱοὺς
τοῦ βασιλέως ἐθανάτωσεν, ὅτι Αμνων μονώτατος ἀπέθανεν · ὅτι
ἐπὶ στόματος Αβεσσαλωμ ἦν κείμενος ἀπὸ τῆς ἡμέρας, ἧς ἐταπεί-
νωσεν Θημαρ τὴν ἀδελφὴν αὐτοῦ · ³³καὶ νῦν μὴ θέσθω ὁ κύριός 33
μου ὁ βασιλεὺς ἐπὶ τὴν καρδίαν αὐτοῦ ῥῆμα λέγων Πάντες οἱ
υἱοὶ τοῦ βασιλέως ἀπέθαναν, ὅτι ἀλλ' ἢ Αμνων μονώτατος ἀπέ-
θανεν. ³⁴καὶ ἀπέδρα Αβεσσαλωμ. καὶ ἦρεν τὸ παιδάριον ὁ σκοπὸς 34
τοὺς ὀφθαλμοὺς αὐτοῦ καὶ εἶδεν καὶ ἰδοὺ λαὸς πολὺς πορευό-
μενος ἐν τῇ ὁδῷ ὄπισθεν αὐτοῦ ἐκ πλευρᾶς τοῦ ὄρους ἐν τῇ
καταβάσει · καὶ παρεγένετο ὁ σκοπὸς καὶ ἀπήγγειλεν τῷ βασιλεῖ
καὶ εἶπεν Ἄνδρας ἑώρακα ἐκ τῆς ὁδοῦ τῆς Ωρωνην ἐκ μέρους τοῦ
ὄρους. ³⁵καὶ εἶπεν Ιωναδαβ πρὸς τὸν βασιλέα Ἰδοὺ οἱ υἱοὶ τοῦ 35
βασιλέως πάρεισιν · κατὰ τὸν λόγον τοῦ δούλου σου, οὕτως ἐγέ-
νετο. ³⁶καὶ ἐγένετο ἡνίκα συνετέλεσεν λαλῶν, καὶ ἰδοὺ οἱ υἱοὶ τοῦ 36
βασιλέως ἦλθαν καὶ ἐπῆραν τὴν φωνὴν αὐτῶν καὶ ἔκλαυσαν, καί
γε ὁ βασιλεὺς καὶ πάντες οἱ παῖδες αὐτοῦ ἔκλαυσαν κλαυθμὸν
μέγαν σφόδρα. ³⁷καὶ Αβεσσαλωμ ἔφυγεν καὶ ἐπορεύθη πρὸς Θολ- 37
μαι υἱὸν Εμιουδ βασιλέα Γεδσουρ εἰς γῆν Μαχαδ. καὶ ἐπένθησεν
ὁ βασιλεὺς Δαυιδ ἐπὶ τὸν υἱὸν αὐτοῦ πάσας τὰς ἡμέρας.

³⁸Καὶ Αβεσσαλωμ ἀπέδρα καὶ ἐπορεύθη εἰς Γεδσουρ καὶ ἦν ἐκεῖ 38
ἔτη τρία. ³⁹καὶ ἐκόπασεν τὸ πνεῦμα τοῦ βασιλέως τοῦ ἐξελθεῖν 39
ὀπίσω Αβεσσαλωμ, ὅτι παρεκλήθη ἐπὶ Αμνων ὅτι ἀπέθανεν. ¹καὶ 14
ἔγνω Ιωαβ υἱὸς Σαρουιας ὅτι ἡ καρδία τοῦ βασιλέως ἐπὶ Αβεσσα-
λωμ. ²καὶ ἀπέστειλεν Ιωαβ εἰς Θεκωε καὶ ἔλαβεν ἐκεῖθεν γυναῖκα 2
σοφὴν καὶ εἶπεν πρὸς αὐτήν Πένθησον δὴ καὶ ἔνδυσαι ἱμάτια πεν-

29 επεκαθισεν Α⁽ᵀ⁾ | ανηρ] εκαστος OLᵀ || 30 λεγων ΒΑᵀ] λεγοντων rel.
|| 31 οι ult. > Αᵀ || 32 σαμα ΒΑ hic (cf. I 16 9), sed in 3 ambo σαμαα |
και ειπεν > Αᵀ | ο 1⁰ > Αᵀ | παιδια Αᵀ || 33 ρημα] pr. το Αᵀ | αλλ η >
Αᵀ || 34 εν 1⁰ — αυτου 2⁰] την οδον την σωραιμ Lᵀ: sim. compl. (ωραμ),
cf. inf. | πλευρας] -ρου Oᵀ, μερους Lᵀ | της ωρωνην Βᵀ] των ορεων ην (sic)
Αᵀ, της ορεινης Ο–Αᵀ; της σωραιμ Lᵀ, της ωραμ(uel -αν) mu. || 36 σφοδρα
> Βᵀ || 37 θολμαι unus cod.] -μαιημ Βᵀ, θολομαι Oᵀ, θολμι L | γην] την
Βᵀ | μαχαδ ΒΟ⁽ᵀ⁾] χαλσαμα uel sim. L: cf. 10 16 | ο βασ. > Oᵀ, δαυιδ > L ||
38 αβεσσ. απεδρα] tr. Αᵀ || 39 το πνευμα του βασ. pl.] ο βασιλευς δαυιδ ΒΟ–Α,
δαυιδ ο βασιλευς Α, + δαυιδ Lᵀ | οπισω pl.] προς ΒΟ, επι Lᵀ

θικά καὶ μὴ ἀλείψῃ ἔλαιον καὶ ἔσῃ ὡς γυνὴ πενθοῦσα ἐπὶ τεθνη-
3 κότι τοῦτο ἡμέρας πολλὰς ³καὶ ἐλεύσῃ πρὸς τὸν βασιλέα καὶ λαλή-
σεις πρὸς αὐτὸν κατὰ τὸ ῥῆμα τοῦτο· καὶ ἔθηκεν Ιωαβ τοὺς λόγους
4 ἐν τῷ στόματι αὐτῆς. ⁴καὶ εἰσῆλθεν ἡ γυνὴ ἡ Θεκωῖτις πρὸς τὸν
βασιλέα καὶ ἔπεσεν ἐπὶ πρόσωπον αὐτῆς εἰς τὴν γῆν καὶ προσε-
5 κύνησεν αὐτῷ καὶ εἶπεν Σῶσον, βασιλεῦ, σῶσον. ⁵καὶ εἶπεν πρὸς
αὐτὴν ὁ βασιλεύς Τί ἐστίν σοι; ἡ δὲ εἶπεν Καὶ μάλα γυνὴ χήρα
6 ἐγώ εἰμι, καὶ ἀπέθανεν ὁ ἀνήρ μου. ⁶καί γε τῇ δούλῃ σου δύο
υἱοί, καὶ ἐμαχέσαντο ἀμφότεροι ἐν τῷ ἀγρῷ, καὶ οὐκ ἦν ὁ ἐξαι-
ρούμενος ἀνὰ μέσον αὐτῶν, καὶ ἔπαισεν ὁ εἷς τὸν ἀδελφὸν αὐτοῦ
7 καὶ ἐθανάτωσεν αὐτόν. ⁷καὶ ἰδοὺ ἐπανέστη ὅλη ἡ πατριὰ πρὸς
τὴν δούλην σου καὶ εἶπαν Δὸς τὸν παίσαντα τὸν ἀδελφὸν αὐτοῦ
καὶ θανατώσομεν αὐτὸν ἀντὶ τῆς ψυχῆς τοῦ ἀδελφοῦ αὐτοῦ, οὗ
ἀπέκτεινεν, καὶ ἐξαροῦμεν καί γε τὸν κληρονόμον ὑμῶν· καὶ σβέ-
σουσιν τὸν ἄνθρακά μου τὸν καταλειφθέντα ὥστε μὴ θέσθαι τῷ
8 ἀνδρί μου κατάλειμμα καὶ ὄνομα ἐπὶ προσώπου τῆς γῆς. ⁸καὶ εἶπεν
ὁ βασιλεὺς Ὑγιαίνουσα βάδιζε εἰς τὸν οἶκόν σου, κἀγὼ ἐντελοῦ-
9 μαι περὶ σοῦ. ⁹καὶ εἶπεν ἡ γυνὴ ἡ Θεκωῖτις πρὸς τὸν βασιλέα
Ἐπ᾽ ἐμέ, κύριέ μου βασιλεῦ, ἡ ἀνομία καὶ ἐπὶ τὸν οἶκον τοῦ πα-
10 τρός μου, καὶ ὁ βασιλεὺς καὶ ὁ θρόνος αὐτοῦ ἀθῷος. ¹⁰καὶ εἶπεν
ὁ βασιλεύς Τίς ὁ λαλῶν πρὸς σέ; καὶ ἄξεις αὐτὸν πρὸς ἐμέ, καὶ
11 οὐ προσθήσει ἔτι ἅψασθαι αὐτοῦ. ¹¹καὶ εἶπεν Μνημονευσάτω δὴ
ὁ βασιλεὺς τὸν κύριον θεὸν αὐτοῦ πληθυνθῆναι ἀγχιστέα τοῦ αἵ-
ματος τοῦ διαφθεῖραι καὶ οὐ μὴ ἐξάρωσιν τὸν υἱόν μου· καὶ εἶπεν
Ζῇ κύριος, εἰ πεσεῖται ἀπὸ τῆς τριχὸς τοῦ υἱοῦ σου ἐπὶ τὴν γῆν.
12 ¹²καὶ εἶπεν ἡ γυνή Λαλησάτω δὴ ἡ δούλη σου πρὸς τὸν κύριόν
13 μου τὸν βασιλέα ῥῆμα· καὶ εἶπεν Λάλησον. ¹³καὶ εἶπεν ἡ γυνή
Ἵνα τί ἐλογίσω τοιοῦτο ἐπὶ λαὸν θεοῦ; ἢ ἐκ στόματος τοῦ βασι-
λέως ὁ λόγος οὗτος ὡς πλημμέλεια τοῦ μὴ ἐπιστρέψαι τὸν βασιλέα
14 τὸν ἐξωσμένον αὐτοῦ. ¹⁴ὅτι θανάτῳ ἀποθανούμεθα, καὶ ὥσπερ τὸ
ὕδωρ τὸ καταφερόμενον ἐπὶ τῆς γῆς, ὃ οὐ συναχθήσεται· καὶ
λήμψεται ὁ θεὸς ψυχήν, καὶ λογιζόμενος τοῦ ἐξῶσαι ἀπ᾽ αὐτοῦ

14 2 πενθ. επι τεθν. / τουτο ημ. πολλας] tr. OL ‖ 3 εν τω στομ.] εις το
στομα O† ‖ 4 εις] επι AL | και ειπεν > A† ‖ 6 o ult. > A | αδελφον
L] pr. ενα BO ‖ 7 καταλειμμα και ονομα] ον. και λειμμα AL†; λειμμα pro
καταλειμμα hab. etiam O–AM ‖ 9 τον ult. > A† ‖ 10 ου] + μη AL† ‖
11 πληθυνθηναι B†] πληθυναι O†, pr. εν τω M | πληθ. — εξαρωσιν] οτι εαν
πληθυνωσιν οι αγχιστευοντες το αιμα εν τοις γειωραις και ουκ εξαρεις L† |
απο > A† ‖ 12 η γυνη > B† | τον ult. > B† ‖ 13 τοιουτο B†] -τον O†,
ουτως L†, τουτο pl. | τον paenult.] pr. προς A† ‖ 14 καταφερομενον] κατα-
φθειρ. BO–A† | λημψ. ο θεος ψυχην] ου λημψ. ψυχην M, ουκ ελπιζει επ αυ-
το(uel -τω) ψυχη L† | ψυχην] pr. την A† | λογιζομενος] διαλογιζομενος λογι-
σμους A†: sim. O–A; ελογισατο ο βασιλευς λογισμον L†

ἐξωσμένον. ¹⁵καὶ νῦν ὃ ἦλθον λαλῆσαι πρὸς τὸν βασιλέα τὸν κύ- 15
ριόν μου τὸ ῥῆμα τοῦτο, ὅτι ὄψεταί με ὁ λαός, καὶ ἐρεῖ ἡ δούλη
σου Λαλησάτω δὴ πρὸς τὸν βασιλέα, εἴ πως ποιήσει ὁ βασιλεὺς
τὸ ῥῆμα τῆς δούλης αὐτοῦ · ¹⁶ὅτι ἀκούσει ὁ βασιλεὺς ῥύσασθαι 16
τὴν δούλην αὐτοῦ ἐκ χειρὸς τοῦ ἀνδρὸς τοῦ ζητοῦντος ἐξᾶραί με
καὶ τὸν υἱόν μου ἀπὸ κληρονομίας θεοῦ. ¹⁷καὶ εἶπεν ἡ γυνή Εἴη 17
δὴ ὁ λόγος τοῦ κυρίου μου τοῦ βασιλέως εἰς θυσίαν, ὅτι καθὼς
ἄγγελος θεοῦ οὕτως ὁ κύριός μου ὁ βασιλεὺς τοῦ ἀκούειν τὸ ἀγα-
θὸν καὶ τὸ πονηρόν, καὶ κύριος ὁ θεός σου ἔσται μετὰ σοῦ. ¹⁸καὶ 18
ἀπεκρίθη ὁ βασιλεὺς καὶ εἶπεν πρὸς τὴν γυναῖκα Μὴ δὴ κρύψῃς
ἀπ᾽ ἐμοῦ ῥῆμα, ὃ ἐγὼ ἐπερωτῶ σε. καὶ εἶπεν ἡ γυνή Λαλησάτω
δὴ ὁ κύριός μου ὁ βασιλεύς. ¹⁹καὶ εἶπεν ὁ βασιλεύς Μὴ ἡ χεὶρ 19
Ιωαβ ἐν παντὶ τούτῳ μετὰ σοῦ; καὶ εἶπεν ἡ γυνὴ τῷ βασιλεῖ Ζῇ
ἡ ψυχή σου, κύριέ μου βασιλεῦ, εἰ ἔστιν εἰς τὰ δεξιὰ ἢ εἰς τὰ
ἀριστερὰ ἐκ πάντων, ὧν ἐλάλησεν ὁ κύριός μου ὁ βασιλεύς, ὅτι
ὁ δοῦλός σου Ιωαβ αὐτὸς ἐνετείλατό μοι καὶ αὐτὸς ἔθετο ἐν τῷ
στόματι τῆς δούλης σου πάντας τοὺς λόγους τούτους · ²⁰ἕνεκεν 20
τοῦ περιελθεῖν τὸ πρόσωπον τοῦ ῥήματος τούτου ἐποίησεν ὁ δοῦ-
λός σου Ιωαβ τὸν λόγον τοῦτον, καὶ ὁ κύριός μου σοφὸς καθὼς
σοφία ἀγγέλου τοῦ θεοῦ τοῦ γνῶναι πάντα τὰ ἐν τῇ γῇ. ²¹καὶ 21
εἶπεν ὁ βασιλεὺς πρὸς Ιωαβ Ἰδοὺ δὴ ἐποίησά σοι κατὰ τὸν λόγον
σου τοῦτον · πορεύου ἐπίστρεψον τὸ παιδάριον τὸν Αβεσσαλωμ.
²²καὶ ἔπεσεν Ιωαβ ἐπὶ πρόσωπον αὐτοῦ ἐπὶ τὴν γῆν καὶ προσ- 22
εκύνησεν καὶ εὐλόγησεν τὸν βασιλέα, καὶ εἶπεν Ιωαβ Σήμερον ἔγνω
ὁ δοῦλός σου ὅτι εὗρον χάριν ἐν ὀφθαλμοῖς σου, κύριέ μου βασι-
λεῦ, ὅτι ἐποίησεν ὁ κύριός μου ὁ βασιλεὺς τὸν λόγον τοῦ δούλου
αὐτοῦ. ²³καὶ ἀνέστη Ιωαβ καὶ ἐπορεύθη εἰς Γεδσουρ καὶ ἤγαγεν 23
τὸν Αβεσσαλωμ εἰς Ιερουσαλημ. ²⁴καὶ εἶπεν ὁ βασιλεύς Ἀποστρα- 24
φήτω εἰς τὸν οἶκον αὐτοῦ καὶ τὸ πρόσωπόν μου μὴ βλεπέτω.
καὶ ἀπέστρεψεν Αβεσσαλωμ εἰς τὸν οἶκον αὐτοῦ καὶ τὸ πρόσωπον
τοῦ βασιλέως οὐκ εἶδεν. — ²⁵καὶ ὡς Αβεσσαλωμ οὐκ ἦν ἀνὴρ ἐν 25
παντὶ Ισραηλ αἰνετὸς σφόδρα, ἀπὸ ἴχνους ποδὸς αὐτοῦ καὶ ἕως
κορυφῆς αὐτοῦ οὐκ ἦν ἐν αὐτῷ μῶμος. ²⁶καὶ ἐν τῷ κείρεσθαι 26

14 εξωσμενον] εξεωσμ. B†: cf. Thack. p. 204 ‖ 15 τον 2⁰ > B*† | η δουλη]
ο λαος BO† | δη] + η δουλη σου L† ‖ 16 ακουσει (cf. Thack. p. 231)]
-σεται L, ακουει A† | ρυσασθαι Ra.] ρυσασθω B†, ρυσασθω δη O, και εξελει-
ται L | μου] + κατα το αυτο OL ‖ 17 ειπεν η γυνη] ερει η δουλη σου L |
θυσιας B† | θεου] pr. του O, κυριου L† ‖ 19 εν παντι τουτω / μετα σου] tr.
O† | παντων] + τουτων A† | της δουλης σου] pr. μου A† ‖ 20 περιελειν
A† | εποιησεν M] pr. ο BOL | λογον] δολον B | ο κυριος μου] + ιωαβ A†, +
ο βασιλευς L ‖ 21 πορευου M] > B, και πορευθητι και O†, + και L† ‖
24 απεστρεψεν] επεστρ. O†, απεστραφη L† | αβεσσ.] pr. ο A† ‖ 25 ανηρ]
+ καλος OL†

αὐτὸν τὴν κεφαλὴν αὐτοῦ — καὶ ἐγένετο ἀπ᾿ ἀρχῆς ἡμερῶν εἰς
ἡμέρας, ὡς ἂν ἐκείρετο, ὅτι κατεβαρύνετο ἐπ᾿ αὐτόν — καὶ κειρό-
μενος αὐτὴν ἔστησεν τὴν τρίχα τῆς κεφαλῆς αὐτοῦ διακοσίους
27 σίκλους ἐν τῷ σίκλῳ τῷ βασιλικῷ. ²⁷ καὶ ἐτέχθησαν τῷ Αβεσσαλωμ
τρεῖς υἱοὶ καὶ θυγάτηρ μία, καὶ ὄνομα αὐτῇ Θημαρ· αὕτη ἦν γυνὴ
καλὴ σφόδρα καὶ γίνεται γυνὴ τῷ Ροβοαμ υἱῷ Σαλωμων καὶ τίκτει
αὐτῷ τὸν Αβια.
28 ²⁸ Καὶ ἐκάθισεν Αβεσσαλωμ ἐν Ιερουσαλημ δύο ἔτη ἡμερῶν καὶ
29 τὸ πρόσωπον τοῦ βασιλέως οὐκ εἶδεν. ²⁹ καὶ ἀπέστειλεν Αβεσσαλωμ
πρὸς Ιωαβ τοῦ ἀποστεῖλαι αὐτὸν πρὸς τὸν βασιλέα, καὶ οὐκ ἠθέ-
λησεν ἐλθεῖν πρὸς αὐτόν· καὶ ἀπέστειλεν ἐκ δευτέρου πρὸς αὐτόν,
30 καὶ οὐκ ἠθέλησεν παραγενέσθαι. ³⁰ καὶ εἶπεν Αβεσσαλωμ πρὸς τοὺς
παῖδας αὐτοῦ Ἴδετε ἡ μερὶς ἐν ἀγρῷ τοῦ Ιωαβ ἐχόμενά μου, καὶ
αὐτῷ κριθαὶ ἐκεῖ, πορεύεσθε καὶ ἐμπρήσατε αὐτὴν ἐν πυρί· καὶ
ἐνέπρησαν αὐτὰς οἱ παῖδες Αβεσσαλωμ. καὶ παραγίνονται οἱ δοῦ-
λοι Ιωαβ πρὸς αὐτὸν διερρηχότες τὰ ἱμάτια αὐτῶν καὶ εἶπαν Ἐνε-
31 πύρισαν οἱ δοῦλοι Αβεσσαλωμ τὴν μερίδα ἐν πυρί. ³¹ καὶ ἀνέστη
Ιωαβ καὶ ἦλθεν πρὸς Αβεσσαλωμ εἰς τὸν οἶκον καὶ εἶπεν πρὸς
αὐτόν Ἵνα τί οἱ παῖδές σου ἐνεπύρισαν τὴν μερίδα τὴν ἐμὴν ἐν
32 πυρί; ³² καὶ εἶπεν Αβεσσαλωμ πρὸς Ιωαβ Ἰδοὺ ἀπέστειλα πρὸς σὲ
λέγων Ἧκε ὧδε καὶ ἀποστελῶ σε πρὸς τὸν βασιλέα λέγων Ἵνα
τί ἦλθον ἐκ Γεδσουρ; ἀγαθόν μοι ἦν τοῦ ἔτι εἶναί με ἐκεῖ· καὶ
νῦν ἰδοὺ τὸ πρόσωπον τοῦ βασιλέως οὐκ εἶδον· εἰ δέ ἐστιν ἐν
33 ἐμοὶ ἀδικία, καὶ θανάτωσόν με. ³³ καὶ εἰσῆλθεν Ιωαβ πρὸς τὸν βα-
σιλέα καὶ ἀπήγγειλεν αὐτῷ, καὶ ἐκάλεσεν τὸν Αβεσσαλωμ, καὶ
εἰσῆλθεν πρὸς τὸν βασιλέα καὶ προσεκύνησεν αὐτῷ καὶ ἔπεσεν
ἐπὶ πρόσωπον αὐτοῦ ἐπὶ τὴν γῆν κατὰ πρόσωπον τοῦ βασιλέως,
καὶ κατεφίλησεν ὁ βασιλεὺς τὸν Αβεσσαλωμ.
15 ¹ Καὶ ἐγένετο μετὰ ταῦτα καὶ ἐποίησεν ἑαυτῷ Αβεσσαλωμ ἅρ-
ματα καὶ ἵππους καὶ πεντήκοντα ἄνδρας παρατρέχειν ἔμπροσθεν
2 αὐτοῦ. ² καὶ ὤρθρισεν Αβεσσαλωμ καὶ ἔστη ἀνὰ χεῖρα τῆς ὁδοῦ
τῆς πύλης, καὶ ἐγένετο πᾶς ἀνήρ, ᾧ ἐγένετο κρίσις, ἦλθεν πρὸς
τὸν βασιλέα εἰς κρίσιν, καὶ ἐβόησεν πρὸς αὐτὸν Αβεσσαλωμ καὶ

26 διακοσ. σικλους] και ην εκατον σικλων *L*† || 27 αβεσσαλωμ] βασιλει A†
| θημαρ] θαμαρ *O*: cf. 13 ı; μααχα *L*⁽†⁾: cf. III 15 2 | ην] η A | αβια] αβιαν
A†, αβιαθαρ B† || 29 του > B*O*† || 30 αβεσσ./προς τ. παιδας(*L*† δουλους)
αυτου pl.] tr. BA | η] ει A†, > *O*-A† | εκει] εισι A† | αβεσσαλωμ 2⁰ Ra.] +
την μεριδα mss. (αυτας praec. om. compl., al. hab. αυτην pro αυτας) || 31 οι
παιδες σου / ενεπυρ.] tr. *OL* (*L*† δουλοι pro παιδες) || 32 του ετι ειναι με
M] ειναι B†, του > A†, ετι > *O*³⁷⁶*L*, ετι post με tr. *O*²⁴⁷† | το προσ. του βασ./
ουκ ειδον] tr. *O*†, οψομαι δη το προσ. του βασ. *L*† (om. ιδου praec.) | εν > A†
|| 33 ανηγγειλεν *O*† | τον 2⁰ > A | κατα προσωπον] pr. και BA†
15 2 προς αυτον / αβεσσ.] tr. *O*†

ἔλεγεν αὐτῷ Ἐκ ποίας πόλεως σὺ εἶ; καὶ εἶπεν ὁ ἀνήρ Ἐκ μιᾶς
φυλῶν Ισραηλ ὁ δοῦλός σου. ³καὶ εἶπεν πρὸς αὐτὸν Αβεσσαλωμ 3
Ἰδοὺ οἱ λόγοι σου ἀγαθοὶ καὶ εὔκολοι, καὶ ἀκούων οὐκ ἔστιν σοι
παρὰ τοῦ βασιλέως· ⁴καὶ εἶπεν Αβεσσαλωμ Τίς με καταστήσει 4
κριτὴν ἐν τῇ γῇ, καὶ ἐπ' ἐμὲ ἐλεύσεται πᾶς ἀνήρ, ᾧ ἐὰν ᾖ ἀντι-
λογία καὶ κρίσις, καὶ δικαιώσω αὐτόν; ⁵καὶ ἐγένετο ἐν τῷ ἐγγίζειν 5
ἄνδρα τοῦ προσκυνῆσαι αὐτῷ καὶ ἐξέτεινεν τὴν χεῖρα αὐτοῦ καὶ
ἐπελαμβάνετο αὐτοῦ καὶ κατεφίλησεν αὐτόν. ⁶καὶ ἐποίησεν Αβεσ- 6
σαλωμ κατὰ τὸ ῥῆμα τοῦτο παντὶ Ισραηλ τοῖς παραγινομένοις εἰς
κρίσιν πρὸς τὸν βασιλέα, καὶ ἰδιοποιεῖτο Αβεσσαλωμ τὴν καρδίαν
ἀνδρῶν Ισραηλ.

⁷Καὶ ἐγένετο ἀπὸ τέλους τεσσαράκοντα ἐτῶν καὶ εἶπεν Αβεσ- 7
σαλωμ πρὸς τὸν πατέρα αὐτοῦ Πορεύσομαι δὴ καὶ ἀποτείσω τὰς
εὐχάς μου, ἃς ηὐξάμην τῷ κυρίῳ, ἐν Χεβρων · ⁸ὅτι εὐχὴν ηὔξατο 8
ὁ δοῦλός σου ἐν τῷ οἰκεῖν με ἐν Γεδσουρ ἐν Συρίᾳ λέγων Ἐὰν
ἐπιστρέφων ἐπιστρέψῃ με κύριος εἰς Ιερουσαλημ, καὶ λατρεύσω
τῷ κυρίῳ. ⁹καὶ εἶπεν αὐτῷ ὁ βασιλεύς Βάδιζε εἰς εἰρήνην · καὶ 9
ἀναστὰς ἐπορεύθη εἰς Χεβρων. ¹⁰καὶ ἀπέστειλεν Αβεσσαλωμ κατα- 10
σκόπους ἐν πάσαις φυλαῖς Ισραηλ λέγων Ἐν τῷ ἀκοῦσαι ὑμᾶς
τὴν φωνὴν τῆς κερατίνης καὶ ἐρεῖτε Βεβασίλευκεν βασιλεὺς Αβεσ-
σαλωμ ἐν Χεβρων. ¹¹καὶ μετὰ Αβεσσαλωμ ἐπορεύθησαν διακόσιοι 11
ἄνδρες ἐξ Ιερουσαλημ κλητοὶ καὶ πορευόμενοι τῇ ἁπλότητι αὐτῶν
καὶ οὐκ ἔγνωσαν πᾶν ῥῆμα. ¹²καὶ ἀπέστειλεν Αβεσσαλωμ καὶ ἐκά- 12
λεσεν τὸν Αχιτοφελ τὸν Γελμωναῖον τὸν σύμβουλον Δαυιδ ἐκ τῆς
πόλεως αὐτοῦ ἐκ Γωλα ἐν τῷ θυσιάζειν αὐτόν. καὶ ἐγένετο σύστρεμ-
μα ἰσχυρόν, καὶ ὁ λαὸς πορευόμενος καὶ πολὺς μετὰ Αβεσσαλωμ.

¹³Καὶ παρεγένετο ὁ ἀπαγγέλλων πρὸς Δαυιδ λέγων Ἐγενήθη ἡ 13
καρδία ἀνδρῶν Ισραηλ ὀπίσω Αβεσσαλωμ. ¹⁴καὶ εἶπεν Δαυιδ πᾶσιν 14
τοῖς παισὶν αὐτοῦ τοῖς μετ' αὐτοῦ τοῖς ἐν Ιερουσαλημ Ἀνάστητε
καὶ φύγωμεν, ὅτι οὐκ ἔστιν ἡμῖν σωτηρία ἀπὸ προσώπου Αβεσ-
σαλωμ · ταχύνατε τοῦ πορευθῆναι, ἵνα μὴ ταχύνῃ καὶ καταλάβῃ

2 συ ει] tr. AL⁺ | ο ανηρ > B | φυλων BO⁺] pr. των L⁺, φυλης rel. ||
3 αβεσσ.] pr. ο B⁺ | σοι] σου BA⁺ (A⁺ tr. σου post ακουων) || 4 και 2⁰ >
O⁺ | επ εμου επελευσεται A⁺ | ω] ου A⁺ || 5 ανδρα] pr. τον L⁺ | επελαμβ.]
κατελ. O⁺ || 7 απο — ετων] μετα τεσσαρα ετη L⁽⁺⁾, cf. Ioseph. Antiq. VII
196 Niese (τεσσαρων ετων) || 8 κυριος] pr. ο A | fin.] + εν χεβρων L ||
10 εν 1⁰ > A⁺ | βασιλευς > OL || 11 τη] pr. εν O⁺ || 12 και 2⁰ — τον 2⁰]
τω αχιτοφελ τω BA⁺ | γελμωναιον L⁺ et Ioseph. Antiq. VII 197 Niese] θε-
κωνει B⁺, γιλωναιω O⁺, γωλαμωναιον M | τον 3⁰ > B⁺ | εκ της πολεως pl.]
εν πολει BO | εκ γωλα Ra.] εις γ. B, εν γ. A⁺, > O-A⁺, της μεταλλα(α)δ L⁺;
της γωλαμωνα M | αυτον] + τας θυσιας OL | συστρεμμα] συντρειμμα B |
πορευομ.] pr. ο B || 13 ο απαγγ.] αγγελλων A⁺, αγγελος O-A⁺ || 14 ανα·
στατε BA⁺ | ταχυνατε] pr. και O⁺

ἡμᾶς καὶ ἐξώσῃ ἐφ᾽ ἡμᾶς τὴν κακίαν καὶ πατάξῃ τὴν πόλιν στό-
15 ματι μαχαίρης. ¹⁵καὶ εἶπον οἱ παῖδες τοῦ βασιλέως πρὸς τὸν βα-
σιλέα Κατὰ πάντα, ὅσα αἱρεῖται ὁ κύριος ἡμῶν ὁ βασιλεύς, ἰδοὺ οἱ
16 παῖδές σου. ¹⁶καὶ ἐξῆλθεν ὁ βασιλεὺς καὶ πᾶς ὁ οἶκος αὐτοῦ τοῖς
ποσὶν αὐτῶν · καὶ ἀφῆκεν ὁ βασιλεὺς δέκα γυναῖκας τῶν παλλα-
17 κῶν αὐτοῦ φυλάσσειν τὸν οἶκον. ¹⁷καὶ ἐξῆλθεν ὁ βασιλεὺς καὶ
πάντες οἱ παῖδες αὐτοῦ πεζῇ καὶ ἔστησαν ἐν οἴκῳ τῷ μακράν.
18 ¹⁸καὶ πάντες οἱ παῖδες αὐτοῦ ἀνὰ χεῖρα αὐτοῦ παρῆγον καὶ πᾶς
ὁ χεττι καὶ πᾶς ὁ φελετθι καὶ ἔστησαν ἐπὶ τῆς ἐλαίας ἐν τῇ ἐρή-
μῳ · καὶ πᾶς ὁ λαὸς παρεπορεύετο ἐχόμενος αὐτοῦ καὶ πάντες οἱ
περὶ αὐτὸν καὶ πάντες οἱ ἁδροὶ καὶ πάντες οἱ μαχηταί, ἑξακό-
σιοι ἄνδρες, καὶ παρῆσαν ἐπὶ χεῖρα αὐτοῦ · καὶ πᾶς ὁ χερεθθι καὶ
πᾶς ὁ φελεθθι καὶ πάντες οἱ Γεθθαῖοι, ἑξακόσιοι ἄνδρες οἱ ἐλθόν-
τες τοῖς ποσὶν αὐτῶν ἐκ Γεθ, πορευόμενοι ἐπὶ πρόσωπον τοῦ
19 βασιλέως. ¹⁹καὶ εἶπεν ὁ βασιλεὺς πρὸς Εθθι τὸν Γεθθαῖον Ἵνα τί
πορεύῃ καὶ σὺ μεθ᾽ ἡμῶν; ἐπίστρεφε καὶ οἴκει μετὰ τοῦ βασιλέως,
20 ὅτι ξένος εἶ σὺ καὶ ὅτι μετῴκηκας σὺ ἐκ τοῦ τόπου σου. ²⁰εἰ
ἐχθὲς παραγέγονας, καὶ σήμερον κινήσω σε μεθ᾽ ἡμῶν καί γε μετ-
αναστήσεις τὸν τόπον σου; ἐχθὲς ἡ ἐξέλευσίς σου, καὶ σήμερον
μετακινήσω σε μεθ᾽ ἡμῶν τοῦ πορευθῆναι; καὶ ἐγὼ πορεύσομαι
οὗ ἂν ἐγὼ πορευθῶ. ἐπιστρέφου καὶ ἐπίστρεψον τοὺς ἀδελφούς
σου μετὰ σοῦ, καὶ κύριος ποιήσει μετὰ σοῦ ἔλεος καὶ ἀλήθειαν.
21 ²¹καὶ ἀπεκρίθη Εθθι τῷ βασιλεῖ καὶ εἶπεν Ζῇ κύριος καὶ ζῇ ὁ κύ-
ριός μου ὁ βασιλεύς, ὅτι εἰς τὸν τόπον, οὗ ἐὰν ᾖ ὁ κύριός μου,
καὶ ἐὰν εἰς θάνατον καὶ ἐὰν εἰς ζωήν, ὅτι ἐκεῖ ἔσται ὁ δοῦλός
22 σου. ²²καὶ εἶπεν ὁ βασιλεὺς πρὸς Εθθι Δεῦρο καὶ διάβαινε μετ᾽
ἐμοῦ · καὶ παρῆλθεν Εθθι ὁ Γεθθαῖος καὶ πάντες οἱ παῖδες αὐτοῦ
23 καὶ πᾶς ὁ ὄχλος ὁ μετ᾽ αὐτοῦ. ²³καὶ πᾶσα ἡ γῆ ἔκλαιεν φωνῇ
μεγάλῃ. καὶ πᾶς ὁ λαὸς παρεπορεύοντο ἐν τῷ χειμάρρῳ Κεδρων,
καὶ ὁ βασιλεὺς διέβη τὸν χειμάρρουν Κεδρων · καὶ πᾶς ὁ λαὸς
καὶ ὁ βασιλεὺς παρεπορεύοντο ἐπὶ πρόσωπον ὁδοῦ τὴν ἔρημον. —

16 δεκα BL⁺] pr. τας rel. | των παλλακων BAL⁺] τας -κας rel. ‖ 17 πεζη
B⁺] πεζοι OL: cf. 18 | εν — fin. BOL⁺] ·επι της ελαιας εν τη ερημω rel.: ea-
dem uerba praebent BLpau.⁺ in 18 ‖ 18 ανα χ. αυτου / παρηγον] tr. O⁺ |
και πας ο χεττι — επι χειρα αυτου BLpau.⁺] > rel. | χεττ(ε)ι B⁺] χετθει L⁺,
χερεθι uel χεττοιος και πας ο χερεθθι pau.⁺ | φελετθ(ε)ι] φελθει L⁺ | εξακο-
σιοι ult.] pr. οι BL | τοις ποσιν αυτων BO⁺ (A⁺ εν ταις πολεσιν αυ.)] πεζοι
rel.: cf. 17 | εκ] εις BO | πορευομ. Ra.] pr. και BO⁽⁺⁾, παρεπορευοντο pl. ‖
19 εθθι] σεθθει B⁺: item in 21. 22(bis), sed in 18 2. 5. 12 etiam B εθθει; L⁺
ubique ιθι uel ηθει ‖ 20 και γε — μεθ υμων 2⁰ B pau.⁺] > rel. | ου] pr. εφ
BA⁺ | επιστρεφου και επιστρεψον BO⁺] πορευου και αναστρεφε και αποστρε-
ψου(L⁺-εφε) rel. ‖ 21 μου ult.] + ο βασιλευς OL ‖ 23 εν τω χειμ. (+
των B) κεδρων] > OL⁽⁺⁾ | διεβη] παρερχομενος uel sim. O⁺ | τον χειμ.] εν τω
χειμαρρω OL⁺ | κεδρων 2⁰] pr. τω(ν) OL | και ο βασ. ult. > OLV⁺

²⁴καὶ ἰδοὺ καί γε Σαδωκ καὶ πάντες οἱ Λευῖται μετ' αὐτοῦ αἴρον- 24
τες τὴν κιβωτὸν διαθήκης κυρίου ἀπὸ Βαιθαρ καὶ ἔστησαν τὴν
κιβωτὸν τοῦ θεοῦ, καὶ ἀνέβη Αβιαθαρ, ἕως ἐπαύσατο πᾶς ὁ λαὸς
παρελθεῖν ἐκ τῆς πόλεως. ²⁵καὶ εἶπεν ὁ βασιλεὺς τῷ Σαδωκ Ἀπό- 25
στρεψον τὴν κιβωτὸν τοῦ θεοῦ εἰς τὴν πόλιν · ἐὰν εὕρω χάριν ἐν
ὀφθαλμοῖς κυρίου, καὶ ἐπιστρέψει με καὶ δείξει μοι αὐτὴν καὶ τὴν
εὐπρέπειαν αὐτῆς · ²⁶καὶ ἐὰν εἴπῃ οὕτως Οὐκ ἠθέληκα ἐν σοί, ἰδοὺ 26
ἐγώ εἰμι, ποιείτω μοι κατὰ τὸ ἀγαθὸν ἐν ὀφθαλμοῖς αὐτοῦ. ²⁷καὶ 27
εἶπεν ὁ βασιλεὺς τῷ Σαδωκ τῷ ἱερεῖ Ἴδετε σὺ ἐπιστρέφεις εἰς τὴν
πόλιν ἐν εἰρήνῃ, καὶ Αχιμαας ὁ υἱός σου καὶ Ιωναθαν ὁ υἱὸς Αβι-
αθαρ οἱ δύο υἱοὶ ὑμῶν μεθ' ὑμῶν · ²⁸ἴδετε ἐγώ εἰμι στρατεύομαι 28
ἐν αραβωθ τῆς ἐρήμου ἕως τοῦ ἐλθεῖν ῥῆμα παρ' ὑμῶν τοῦ ἀπαγ-
γεῖλαί μοι. ²⁹καὶ ἀπέστρεψεν Σαδωκ καὶ Αβιαθαρ τὴν κιβωτὸν εἰς 29
Ιερουσαλημ καὶ ἐκάθισεν ἐκεῖ. ³⁰καὶ Δαυιδ ἀνέβαινεν ἐν τῇ ἀνα- 30
βάσει τῶν ἐλαιῶν ἀναβαίνων καὶ κλαίων καὶ τὴν κεφαλὴν ἐπικε-
καλυμμένος καὶ αὐτὸς ἐπορεύετο ἀνυπόδετος, καὶ πᾶς ὁ λαὸς ὁ
μετ' αὐτοῦ ἐπεκάλυψεν ἀνὴρ τὴν κεφαλὴν αὐτοῦ καὶ ἀνέβαινον
ἀναβαίνοντες καὶ κλαίοντες. — ³¹καὶ ἀνηγγέλη Δαυιδ λέγοντες Καὶ 31
Αχιτοφελ ἐν τοῖς συστρεφομένοις μετὰ Αβεσσαλωμ · καὶ εἶπεν
Δαυιδ Διασκέδασον δὴ τὴν βουλὴν Αχιτοφελ, κύριε ὁ θεός μου.
³²καὶ ἦν Δαυιδ ἐρχόμενος ἕως τοῦ Ρως, οὗ προσεκύνησεν ἐκεῖ 32
τῷ θεῷ, καὶ ἰδοὺ εἰς ἀπαντὴν αὐτῷ Χουσι ὁ Αρχι ἑταῖρος Δαυιδ
διερρηχὼς τὸν χιτῶνα αὐτοῦ καὶ γῇ ἐπὶ τῆς κεφαλῆς αὐτοῦ. ³³καὶ 33
εἶπεν αὐτῷ Δαυιδ Ἐὰν μὲν διαβῇς μετ' ἐμοῦ, καὶ ἔσῃ ἐπ' ἐμὲ εἰς
βάσταγμα · ³⁴καὶ ἐὰν εἰς τὴν πόλιν ἐπιστρέψῃς, καὶ ἐρεῖς τῷ Αβεσ- 34
σαλωμ Διεληλύθασιν οἱ ἀδελφοί σου, καὶ ὁ βασιλεὺς κατόπισθέν
μου διελήλυθεν ὁ πατήρ σου, καὶ νῦν παῖς σού εἰμι, βασιλεῦ,
ἔασόν με ζῆσαι, παῖς τοῦ πατρός σου ἤμην τότε καὶ ἀρτίως, καὶ
νῦν ἐγὼ δοῦλος σός · καὶ διασκεδάσεις μοι τὴν βουλὴν Αχιτοφελ.
³⁵καὶ ἰδοὺ μετὰ σοῦ ἐκεῖ Σαδωκ καὶ Αβιαθαρ οἱ ἱερεῖς, καὶ ἔσται 35

---

24 σαδδωκ BAᵗ: item ambo in 25, sed in 27 etiam B σαδωκ (Aᵗ ιαβοκ),
in 29. 35 (bis). 36 17 15 18 19. 22. 27 19 12 20 25 ambo σαδωκ; Lᵗ inde ab
15 29 σαδδουκ, antea codices huius recensionis inter uarias formas fluctuant;
cf. etiam 8 17 III 4 4 | εως] ως B ‖ **25** πολιν] + και καθισατω εις τον το-
πον αυτης(Aᵗ -του) OLᵗ | μοι > Aᵗ ‖ **27** αχειμαιας Bᵗ hic, sed in 36 etiam
B -μαας; cf. 17 17 | υμων paenult. > Aᵗ ‖ **28** εν αραβωθ] επι της ελαιας
Lᵗ, sed in 17 16 Lᵗ κατα δυσμας ‖ **29** απεστρεψεν] -ψαν ALᵗ | κιβ.] + του
θεου OL ‖ **30** εν τη αναβασει B⁽ᵗ⁾] εκ της -σεως Oᵗ, επι την -σιν Lᵗ, την
-σιν του ορους mu. | αναβαινων και κλαιων] > Bᵗ, και εκλαιεν Lᵗ | ο 2⁰] οι
Aᵗ ‖ **31** ανηγγ. δαυιδ] tr. Aᵗ, τω δ. απηγγειλαν Lᵗ | και 2⁰ > Oᵗ ‖ **32** ερ-
χομ.] pr. εισ Aᵗ, pr. παρα Lᵗ | απαντην] -τησιν OL | αυτω] -του ALᵖ | τον
χιτ.] τα ιματια Aᵗ ‖ **33** μεν B⁽ᵗ⁾] > rel. ‖ **34** εαν] αν Bᵗ | διεληλυθεν]
και εληλ. Oᵗ | σος] σου Oᵗ

πᾶν ῥῆμα, ὃ ἐὰν ἀκούσῃς ἐξ οἴκου τοῦ βασιλέως, καὶ ἀναγγελεῖς
36 τῷ Σαδωκ καὶ τῷ Αβιαθαρ τοῖς ἱερεῦσιν · ³⁶ ἰδοὺ ἐκεῖ μετ' αὐτῶν
δύο υἱοὶ αὐτῶν, Αχιμαας υἱὸς τῷ Σαδωκ καὶ Ιωναθαν υἱὸς τῷ
Αβιαθαρ, καὶ ἀποστελεῖτε ἐν χειρὶ αὐτῶν πρός με πᾶν ῥῆμα, ὃ
37 ἐὰν ἀκούσητε. ³⁷ καὶ εἰσῆλθεν Χουσι ὁ ἑταῖρος Δαυιδ εἰς τὴν πόλιν,
16 καὶ Αβεσσαλωμ εἰσεπορεύετο εἰς Ιερουσαλημ. — ¹ καὶ Δαυιδ παρῆλ-
θεν βραχύ τι ἀπὸ τῆς Ροως, καὶ ἰδοὺ Σιβα τὸ παιδάριον Μεμφι-
βοσθε εἰς ἀπαντὴν αὐτοῦ καὶ ζεῦγος ὄνων ἐπισεσαγμένων, καὶ
ἐπ' αὐτοῖς διακόσιοι ἄρτοι καὶ ἑκατὸν σταφίδες καὶ ἑκατὸν φοίνι-
2 κες καὶ νεβελ οἴνου. ² καὶ εἶπεν ὁ βασιλεὺς πρὸς Σιβα Τί ταῦτά
σοι; καὶ εἶπεν Σιβα Τὰ ὑποζύγια τῇ οἰκίᾳ τοῦ βασιλέως τοῦ ἐπι-
καθῆσθαι, καὶ οἱ ἄρτοι καὶ οἱ φοίνικες εἰς βρῶσιν τοῖς παιδαρίοις,
3 καὶ ὁ οἶνος πιεῖν τοῖς ἐκλελυμένοις ἐν τῇ ἐρήμῳ. ³ καὶ εἶπεν ὁ
βασιλεύς Καὶ ποῦ ὁ υἱὸς τοῦ κυρίου σου; καὶ εἶπεν Σιβα πρὸς
τὸν βασιλέα Ἰδοὺ κάθηται ἐν Ιερουσαλημ, ὅτι εἶπεν Σήμερον ἐπι-
στρέψουσίν μοι ὁ οἶκος Ισραηλ τὴν βασιλείαν τοῦ πατρός μου.
4 ⁴ καὶ εἶπεν ὁ βασιλεὺς τῷ Σιβα Ιδοὺ σοὶ πάντα, ὅσα ἐστὶν τῷ
Μεμφιβοσθε. καὶ εἶπεν Σιβα προσκυνήσας Εὕροιμι χάριν ἐν ὀφθαλ-
5 μοῖς σου, κύριέ μου βασιλεῦ. — ⁵ καὶ ἦλθεν ὁ βασιλεὺς Δαυιδ
ἕως Βαουριμ · καὶ ἰδοὺ ἐκεῖθεν ἀνὴρ ἐξεπορεύετο ἐκ συγγενείας
οἴκου Σαουλ, καὶ ὄνομα αὐτῷ Σεμεϊ υἱὸς Γηρα · ἐξῆλθεν ἐκπορευό-
6 μενος καὶ καταρώμενος ⁶ καὶ λιθάζων ἐν λίθοις τὸν Δαυιδ καὶ
πάντας τοὺς παῖδας τοῦ βασιλέως Δαυιδ, καὶ πᾶς ὁ λαὸς ἦν καὶ
7 πάντες οἱ δυνατοὶ ἐκ δεξιῶν καὶ ἐξ εὐωνύμων τοῦ βασιλέως. ⁷ καὶ
οὕτως ἔλεγεν Σεμεϊ ἐν τῷ καταρᾶσθαι αὐτόν Ἔξελθε ἔξελθε, ἀνὴρ
8 αἱμάτων καὶ ἀνὴρ ὁ παράνομος · ⁸ ἐπέστρεψεν ἐπὶ σὲ κύριος πάντα
τὰ αἵματα τοῦ οἴκου Σαουλ, ὅτι ἐβασίλευσας ἀντ' αὐτοῦ, καὶ ἔδω-
κεν κύριος τὴν βασιλείαν ἐν χειρὶ Αβεσσαλωμ τοῦ υἱοῦ σου · καὶ
9 ἰδοὺ σὺ ἐν τῇ κακίᾳ σου, ὅτι ἀνὴρ αἱμάτων σύ. ⁹ καὶ εἶπεν Αβεσσα
υἱὸς Σαρουιας πρὸς τὸν βασιλέα Ἵνα τί καταρᾶται ὁ κύων ὁ τε-
θνηκὼς οὗτος τὸν κύριόν μου τὸν βασιλέα; διαβήσομαι δὴ καὶ
10 ἀφελῶ τὴν κεφαλὴν αὐτοῦ. ¹⁰ καὶ εἶπεν ὁ βασιλεύς Τί ἐμοὶ καὶ

35 εξ οικου BO] παρα L†, εκ (του) στοματος pl. ‖ 37 ο] + αρχι OL†: ex
32 16 16 | εισεπορ.] εισ > O; pr. αρτι L: cf. 34 | ιερουσ.] την πολιν A†, +
και αχιτοφελ μετ αυτου L†
16 1 μεμφιβ.: cf. 9 6 | απαντην B†] -τησιν OL | εκατον σταφ. και εκ. φοιν.]
οιφι σταφιδων και διακοσιαι παλαθαι L⁽†⁾ ‖ 3 ο ult. > B ‖ 4 τω 2⁰ >
B† | προσκυν. — fin.] προσκεκυνηκα ευρηκα χαριν εν οφθαλμοις του κυριου
μου του βασιλεως L† ‖ 5 βαουρ(ε)ιμ] α > B; χορραμ L, cf. Ioseph. Antiq.
VII 207 Niese (χωρανον); cf. 17 18 ‖ 6 λιθαζων εν(>A†) λιθοις] βαλλων λι-
θους επι L†, cf. Ioseph. l. l. (λιθοις εβαλλεν αυτον) | ην > AL† | δεξιων] + αυ-
του BA† ‖ 7 εξελθε 2⁰ > A† ‖ 8 επι σε / κυριος] tr. O† | οτι 1⁰] ανθ ων
L ‖ 9 αβεσσα: cf. I 26 6

ὑμῖν, υἱοὶ Σαρουιας; ἄφετε αὐτὸν καὶ οὕτως καταράσθω, ὅτι κύ-
ριος εἶπεν αὐτῷ καταρᾶσθαι τὸν Δαυιδ, καὶ τίς ἐρεῖ Ὡς τί ἐποί-
ησας οὕτως; ¹¹καὶ εἶπεν Δαυιδ πρὸς Αβεσσα καὶ πρὸς πάντας 11
τοὺς παῖδας αὐτοῦ Ἰδοὺ ὁ υἱός μου ὁ ἐξελθὼν ἐκ τῆς κοιλίας μου
ζητεῖ τὴν ψυχήν μου, καὶ προσέτι νῦν ὁ υἱὸς τοῦ Ιεμινι · ἄφετε
αὐτὸν καταρᾶσθαι, ὅτι εἶπεν αὐτῷ κύριος · ¹²εἴ πως ἴδοι κύριος 12
ἐν τῇ ταπεινώσει μου καὶ ἐπιστρέψει μοι ἀγαθὰ ἀντὶ τῆς κατάρας
αὐτοῦ τῇ ἡμέρᾳ ταύτῃ. ¹³καὶ ἐπορεύθη Δαυιδ καὶ οἱ ἄνδρες αὐτοῦ 13
ἐν τῇ ὁδῷ, καὶ Σεμεϊ ἐπορεύετο ἐκ πλευρᾶς τοῦ ὄρους ἐχόμενα
αὐτοῦ πορευόμενος καὶ καταρώμενος καὶ λιθάζων ἐν λίθοις ἐκ
πλαγίων αὐτοῦ καὶ τῷ χοῒ πάσσων. ¹⁴καὶ ἦλθεν ὁ βασιλεὺς καὶ 14
πᾶς ὁ λαὸς αὐτοῦ ἐκλελυμένοι καὶ ἀνέψυξαν ἐκεῖ.

¹⁵Κοὶ Αβεσσαλωμ καὶ πᾶς ἀνὴρ Ισραηλ εἰσῆλθον εἰς Ιερουσαλημ 15
καὶ Αχιτοφελ μετ᾽ αὐτοῦ. ¹⁶καὶ ἐγενήθη ἡνίκα ἦλθεν Χουσι ὁ Αρχι 16
ἑταῖρος Δαυιδ πρὸς Αβεσσαλωμ, καὶ εἶπεν Χουσι πρὸς Αβεσσαλωμ
Ζήτω ὁ βασιλεύς. ¹⁷καὶ εἶπεν Αβεσσαλωμ πρὸς Χουσι Τοῦτο τὸ 17
ἔλεός σου μετὰ τοῦ ἑταίρου σου; ἵνα τί οὐκ ἀπῆλθες μετὰ τοῦ
ἑταίρου σου; ¹⁸καὶ εἶπεν Χουσι πρὸς Αβεσσαλωμ Οὐχί, ἀλλὰ κατ- 18
όπισθεν οὗ ἐξελέξατο κύριος καὶ ὁ λαὸς οὗτος καὶ πᾶς ἀνὴρ Ισρα-
ηλ, αὐτῷ ἔσομαι καὶ μετ᾽ αὐτοῦ καθήσομαι · ¹⁹καὶ τὸ δεύτερον τίνι 19
ἐγὼ δουλεύσω; οὐχὶ ἐνώπιον τοῦ υἱοῦ αὐτοῦ; καθάπερ ἐδούλευσα
ἐνώπιον τοῦ πατρός σου, οὕτως ἔσομαι ἐνώπιόν σου. ²⁰καὶ εἶπεν 20
Αβεσσαλωμ πρὸς Αχιτοφελ Φέρετε ἑαυτοῖς βουλὴν τί ποιήσωμεν.
²¹καὶ εἶπεν Αχιτοφελ πρὸς Αβεσσαλωμ Εἴσελθε πρὸς τὰς παλλακὰς 21
τοῦ πατρός σου, ἃς κατέλιπεν φυλάσσειν τὸν οἶκον αὐτοῦ, καὶ ἀκού-
σεται πᾶς Ισραηλ ὅτι κατήσχυνας τὸν πατέρα σου, καὶ ἐνισχύσου-
σιν αἱ χεῖρες πάντων τῶν μετὰ σοῦ. ²²καὶ ἔπηξαν τὴν σκηνὴν τῷ 22
Αβεσσαλωμ ἐπὶ τὸ δῶμα, καὶ εἰσῆλθεν Αβεσσαλωμ πρὸς τὰς παλ-
λακὰς τοῦ πατρὸς αὐτοῦ κατ᾽ ὀφθαλμοὺς παντὸς Ισραηλ. ²³καὶ ἡ 23
βουλὴ Αχιτοφελ, ἣν ἐβουλεύσατο ἐν ταῖς ἡμέραις ταῖς πρώταις,
ὃν τρόπον ἐπερωτήσῃ ἐν λόγῳ τοῦ θεοῦ, οὕτως πᾶσα ἡ βουλὴ
τοῦ Αχιτοφελ καί γε τῷ Δαυιδ καί γε τῷ Αβεσσαλωμ. — ¹καὶ 17
εἶπεν Αχιτοφελ πρὸς Αβεσσαλωμ Ἐπιλέξω δὴ ἐμαυτῷ δώδεκα

10 αφετε O] pr. και BL | ως τι BO†] τι οτι L, τι al. ‖ 11 ιεμ(ε)ιν(ε)ι B†]
ιεμενι O†, ιεμιναιου L | καταρασθαι B(†)] -σθω A, και -σθω L† ‖ 12 μοι]
pr. κυριος A†, + (ο) κυριος O–AL† | αυτου] ταυτης A† | τη ult.] pr. εν A, pr.
της εν L† ‖ 13 εκ(A† εις) πλευρας O] εκ περας B†, κατα το κλιτος L† ‖
14 ο λαος (+ ο μετ L) αυτου εκλελ.] ο εκλελυμενος A†; + παρα τον ιορδανην
L†, cf. Ioseph. Antiq. VII 210 Niese (επι τον ιορδανην) | ανεψυχαν A† ‖
15 ανηρ] ο λαος A†, ο λαος ανδρων L† | εισηλθεν A ‖ 16 ηλθεν] pr. εισ A
‖ 18 αυτω] ουτως A† ‖ 21 αυτου > B† | ακουσονται A† | κατησχυνας] κατ
> A† ‖ 22 την(>L) σκηνην / τω αβεσσ.] tr. O | προς τας παλλ. > A† (sic)
‖ 23 επερωτηση] + τις pl., ερωτα τις L† | του ult. pau.] τω BA, > O–AL

χιλιάδας ἀνδρῶν καὶ ἀναστήσομαι καὶ καταδιώξω ὀπίσω Δαυιδ
2 τὴν νύκτα · ²καὶ ἐπελεύσομαι ἐπ᾽ αὐτόν, καὶ αὐτὸς κοπιῶν καὶ
ἐκλελυμένος χερσίν, καὶ ἐκστήσω αὐτόν, καὶ φεύξεται πᾶς ὁ λαὸς
3 ὁ μετ᾽ αὐτοῦ, καὶ πατάξω τὸν βασιλέα μονώτατον · ³καὶ ἐπιστρέψω
πάντα τὸν λαὸν πρὸς σέ, ὃν τρόπον ἐπιστρέφει ἡ νύμφη πρὸς
τὸν ἄνδρα αὐτῆς · πλὴν ψυχὴν ἑνὸς ἀνδρὸς σὺ ζητεῖς, καὶ παντὶ
4 τῷ λαῷ ἔσται εἰρήνη. ⁴καὶ εὐθὴς ὁ λόγος ἐν ὀφθαλμοῖς Αβεσ-
5 σαλωμ καὶ ἐν ὀφθαλμοῖς πάντων τῶν πρεσβυτέρων Ισραηλ. ⁵καὶ
εἶπεν Αβεσσαλωμ Καλέσατε δὴ καί γε τὸν Χουσι τὸν Αραχι, καὶ
6 ἀκούσωμεν τί ἐν τῷ στόματι αὐτοῦ καί γε αὐτοῦ. ⁶καὶ εἰσῆλθεν
Χουσι πρὸς Αβεσσαλωμ · καὶ εἶπεν Αβεσσαλωμ πρὸς αὐτὸν λέγων
Κατὰ τὸ ῥῆμα τοῦτο ἐλάλησεν Αχιτοφελ · εἰ ποιήσομεν κατὰ τὸν
7 λόγον αὐτοῦ; εἰ δὲ μή, σὺ λάλησον. ⁷καὶ εἶπεν Χουσι πρὸς Αβεσ-
σαλωμ Οὐκ ἀγαθὴ αὕτη ἡ βουλή, ἣν ἐβουλεύσατο Αχιτοφελ τὸ
8 ἅπαξ τοῦτο. ⁸καὶ εἶπεν Χουσι Σὺ οἶδας τὸν πατέρα σου καὶ τοὺς
ἄνδρας αὐτοῦ ὅτι δυνατοί εἰσιν σφόδρα καὶ κατάπικροι τῇ ψυχῇ
αὐτῶν ὡς ἄρκος ἠτεκνωμένη ἐν ἀγρῷ καὶ ὡς ὗς τραχεῖα ἐν τῷ
πεδίῳ, καὶ ὁ πατήρ σου ἀνὴρ πολεμιστὴς καὶ οὐ μὴ καταλύσῃ τὸν
9 λαόν · ⁹ἰδοὺ γὰρ αὐτὸς νῦν κέκρυπται ἐν ἑνὶ τῶν βουνῶν ἢ ἐν
ἑνὶ τῶν τόπων, καὶ ἔσται ἐν τῷ ἐπιπεσεῖν αὐτοῖς ἐν ἀρχῇ καὶ
ἀκούσῃ ὁ ἀκούων καὶ εἴπῃ Ἐγενήθη θραῦσις ἐν τῷ λαῷ τῷ ὀπί-
10 σω Αβεσσαλωμ, ¹⁰καί γε αὐτὸς υἱὸς δυνάμεως, οὗ ἡ καρδία καθὼς
ἡ καρδία τοῦ λέοντος, τηκομένη τακήσεται, ὅτι οἶδεν πᾶς Ισραηλ
11 ὅτι δυνατὸς ὁ πατήρ σου καὶ υἱοὶ δυνάμεως οἱ μετ᾽ αὐτοῦ. ¹¹ὅτι
οὕτως συμβουλεύων ἐγὼ συνεβούλευσα, καὶ συναγόμενος συναχθή-
σεται ἐπὶ σὲ πᾶς Ισραηλ ἀπὸ Δαν καὶ ἕως Βηρσαβεε ὡς ἡ ἄμ-
μος ἡ ἐπὶ τῆς θαλάσσης εἰς πλῆθος, καὶ τὸ πρόσωπόν σου πο-
12 ρευόμενον ἐν μέσῳ αὐτῶν, ¹²καὶ ἥξομεν πρὸς αὐτὸν εἰς ἕνα τῶν
τόπων, οὗ ἐὰν εὕρωμεν αὐτὸν ἐκεῖ, καὶ παρεμβαλοῦμεν ἐπ᾽ αὐτόν,
ὡς πίπτει ἡ δρόσος ἐπὶ τὴν γῆν, καὶ οὐχ ὑπολειψόμεθα ἐν αὐτῷ
13 καὶ τοῖς ἀνδράσιν τοῖς μετ᾽ αὐτοῦ καί γε ἕνα · ¹³καὶ ἐὰν εἰς πόλιν
συναχθῇ, καὶ λήμψεται πᾶς Ισραηλ πρὸς τὴν πόλιν ἐκείνην σχοι-
νία καὶ συροῦμεν αὐτὴν ἕως εἰς τὸν χειμάρρουν, ὅπως μὴ καταλειφθῇ
14 ἐκεῖ μηδὲ λίθος. ¹⁴καὶ εἶπεν Αβεσσαλωμ καὶ πᾶς ἀνὴρ Ισραηλ
Ἀγαθὴ ἡ βουλὴ Χουσι τοῦ Αραχι ὑπὲρ τὴν βουλὴν Αχιτοφελ · καὶ

17 2 και 4⁰ > A | φευξεται] pr. εκ A ‖ 3 ειρηνη] pr. εν B⁺ ‖ 5 και γε
αυτου > O–AL ‖ 6 ελαλησεν] pr. ο B | ει 1⁰ M] > BA ‖ 8 και ως υς — πε-
διω > OL (A om etiam και ο seq.) ‖ 9 βουνων] αυλωνων L: cf. Ioseph.
Antiq. VII 218 Niese (εις τινα των αυλωνων) | ο > B | ειπη] ειπεν B⁺, ερει
L⁺ ‖ 10 init. — δυναμ. 1⁰] και εσται ο υιος ο μαχητης L⁺ | υιοι] pr. οι A
‖ 11 συμβουλευων > OL ‖ 12 προς] επ AL | και paenult.] + εν πασιν
O–AL⁺; pr. εν πασιν A⁺: cf. Ruth 1 11 ‖ 13 πολιν 1⁰] pr. την BA | πας] +
ανηρ O⁺: cf. 14

κύριος ἐνετείλατο διασκεδάσαι τὴν βουλὴν Αχιτοφελ τὴν ἀγαθήν,
ὅπως ἂν ἐπαγάγῃ κύριος ἐπὶ Αβεσσαλωμ τὰ κακὰ πάντα. — ¹⁵καὶ 15
εἶπεν Χουσι ὁ τοῦ Αραχι πρὸς Σαδωκ καὶ Αβιαθαρ τοὺς ἱερεῖς
Οὕτως καὶ οὕτως συνεβούλευσεν Αχιτοφελ τῷ Αβεσσαλωμ καὶ
τοῖς πρεσβυτέροις Ισραηλ, καὶ οὕτως καὶ οὕτως συνεβούλευσα
ἐγώ · ¹⁶καὶ νῦν ἀποστείλατε ταχὺ καὶ ἀναγγείλατε τῷ Δαυιδ λέ- 16
γοντες Μὴ αὐλισθῇς τὴν νύκτα ἐν αραβωθ τῆς ἐρήμου καί γε δια-
βαίνων σπεῦσον, μήποτε καταπίῃ τὸν βασιλέα καὶ πάντα τὸν λαὸν
τὸν μετ' αὐτοῦ. ¹⁷καὶ Ιωναθαν καὶ Αχιμαας εἱστήκεισαν ἐν τῇ πη- 17
γῇ Ρωγηλ, καὶ ἐπορεύθη ἡ παιδίσκη καὶ ἀνήγγειλεν αὐτοῖς, καὶ
αὐτοὶ πορεύονται καὶ ἀναγγέλλουσιν τῷ βασιλεῖ Δαυιδ, ὅτι οὐκ
ἐδύναντο ὀφθῆναι τοῦ εἰσελθεῖν εἰς τὴν πόλιν. ¹⁸καὶ εἶδεν αὐτοὺς 18
παιδάριον καὶ ἀπήγγειλεν τῷ Αβεσσαλωμ, καὶ ἐπορεύθησαν οἱ δύο
ταχέως καὶ εἰσῆλθαν εἰς οἰκίαν ἀνδρὸς ἐν Βαουριμ, καὶ αὐτῷ λάκ-
κος ἐν τῇ αὐλῇ, καὶ κατέβησαν ἐκεῖ. ¹⁹καὶ ἔλαβεν ἡ γυνὴ καὶ διε- 19
πέτασεν τὸ ἐπικάλυμμα ἐπὶ πρόσωπον τοῦ λάκκου καὶ ἔψυξεν ἐπ'
αὐτῷ αραφωθ, καὶ οὐκ ἐγνώσθη ῥῆμα. ²⁰καὶ ἦλθαν οἱ παῖδες Αβεσ- 20
σαλωμ πρὸς τὴν γυναῖκα εἰς τὴν οἰκίαν καὶ εἶπαν Ποῦ Αχιμαας
καὶ Ιωναθαν; καὶ εἶπεν αὐτοῖς ἡ γυνή Παρῆλθαν μικρὸν τοῦ ὕδα-
τος · καὶ ἐζήτησαν καὶ οὐχ εὗραν καὶ ἀνέστρεψαν εἰς Ιερουσαλημ.
²¹ἐγένετο δὲ μετὰ τὸ ἀπελθεῖν αὐτοὺς καὶ ἀνέβησαν ἐκ τοῦ λάκκου 21
καὶ ἐπορεύθησαν καὶ ἀνήγγειλαν τῷ βασιλεῖ Δαυιδ καὶ εἶπαν πρὸς
Δαυιδ Ἀνάστητε καὶ διάβητε ταχέως τὸ ὕδωρ, ὅτι οὕτως ἐβουλεύ-
σατο περὶ ὑμῶν Αχιτοφελ. ²²καὶ ἀνέστη Δαυιδ καὶ πᾶς ὁ λαὸς ὁ 22
μετ' αὐτοῦ καὶ διέβησαν τὸν Ιορδάνην ἕως τοῦ φωτὸς τοῦ πρωί,
ἕως ἑνὸς οὐκ ἔλαθεν ὃς οὐ διῆλθεν τὸν Ιορδάνην. ²³καὶ Αχιτοφελ 23
εἶδεν ὅτι οὐκ ἐγενήθη ἡ βουλὴ αὐτοῦ, καὶ ἐπέσαξεν τὴν ὄνον αὐ-
τοῦ καὶ ἀνέστη καὶ ἀπῆλθεν εἰς τὸν οἶκον αὐτοῦ εἰς τὴν πόλιν
αὐτοῦ · καὶ ἐνετείλατο τῷ οἴκῳ αὐτοῦ καὶ ἀπήγξατο καὶ ἀπέθανεν
καὶ ἐτάφη ἐν τῷ τάφῳ τοῦ πατρὸς αὐτοῦ.
²⁴Καὶ Δαυιδ διῆλθεν εἰς Μαναϊμ, καὶ Αβεσσαλωμ διέβη τὸν Ιορ- 24
δάνην αὐτὸς καὶ πᾶς ἀνὴρ Ισραηλ μετ' αὐτοῦ. ²⁵καὶ τὸν Αμεσσαϊ 25
κατέστησεν Αβεσσαλωμ ἀντὶ Ιωαβ ἐπὶ τῆς δυνάμεως · καὶ Αμεσσαϊ

14 την αγαθην] post αχιτοφελ 1⁰ tr. B, + και την βουλην αβεσσαλωμ L† |
παντα > L ‖ 15 ο του αραχι (cf. 5)] > OL† ‖ 16 απαγγειλατε AL | εν
αραβωθ: cf. 15 28 | καταπιη] -πειση B | παντα > O† ‖ 17 αχειμας B† hic
et in 20, sed in 18 19—29 etiam B -μαας; cf. 15 27 ‖ 18 απηγγειλαν B† |
βαουριμ] υ > B†; βαιθχορρων L†, cf. Ioseph. Antiq. VII 225 Niese (βοκχορης);
cf. 16 5 ‖ 19 εκυψεν et αραβωθωθ A† ‖ 22 ο 2⁰ > O ‖ 23 ταφω] οικω
OL† ‖ 24 διεβη] διηλθεν A† | ανηρ > A† ‖ 25 αμεσσα(ε)ι 1⁰] -σσει B†:
item 2⁰ B, sed in 19 14 20 4—12 etiam B αμεσσαει (20 12 1⁰ αβεσσαει B†);
L† ubique αμεσσα | αντι] τω A†

υἱὸς ἀνδρὸς καὶ ὄνομα αὐτῷ Ιοθορ ὁ Ισραηλίτης, οὗτος εἰσῆλθεν
πρὸς Αβιγαιαν θυγατέρα Ναας ἀδελφὴν Σαρουιας μητρὸς Ιωαβ.
26 ²⁶καὶ παρενέβαλεν πᾶς Ισραηλ καὶ Αβεσσαλωμ εἰς τὴν γῆν Γαλααδ.
27 ²⁷καὶ ἐγένετο ἡνίκα ἦλθεν Δαυιδ εἰς Μαναΐμ, Ουεσβι υἱὸς Ναας
ἐκ Ραββαθ υἱῶν Αμμων καὶ Μαχιρ υἱὸς Αμιηλ ἐκ Λωδαβαρ καὶ
28 Βερζελλι ὁ Γαλααδίτης ἐκ Ρωγελλιμ ²⁸ἤνεγκαν δέκα κοίτας καὶ
ἀμφιτάπους καὶ λέβητας δέκα καὶ σκεύη κεράμου καὶ πυροὺς καὶ
29 κριθὰς καὶ ἄλευρον καὶ ἄλφιτον καὶ κύαμον καὶ φακὸν ²⁹καὶ μέλι
καὶ βούτυρον καὶ πρόβατα καὶ σαφφωθ βοῶν καὶ προσήνεγκαν τῷ
Δαυιδ καὶ τῷ λαῷ τῷ μετ᾽ αὐτοῦ φαγεῖν, ὅτι εἶπαν Ὁ λαὸς πει-
νῶν καὶ ἐκλελυμένος καὶ διψῶν ἐν τῇ ἐρήμῳ.
18 ¹Καὶ ἐπεσκέψατο Δαυιδ τὸν λαὸν τὸν μετ᾽ αὐτοῦ καὶ κατέστη-
2 σεν ἐπ᾽ αὐτῶν χιλιάρχους καὶ ἑκατοντάρχους, ²καὶ ἀπέστειλεν Δαυιδ
τὸν λαόν, τὸ τρίτον ἐν χειρὶ Ιωαβ καὶ τὸ τρίτον ἐν χειρὶ Αβεσσα
υἱοῦ Σαρουιας ἀδελφοῦ Ιωαβ καὶ τὸ τρίτον ἐν χειρὶ Εθθι τοῦ
Γεθθαίου. καὶ εἶπεν Δαυιδ πρὸς τὸν λαόν Ἐξελθὼν ἐξελεύσομαι
3 καί γε ἐγὼ μεθ᾽ ὑμῶν. ³καὶ εἶπαν Οὐκ ἐξελεύσῃ, ὅτι ἐὰν φυγῇ
φύγωμεν, οὐ θήσουσιν ἐφ᾽ ἡμᾶς καρδίαν, καὶ ἐὰν ἀποθάνωμεν τὸ
ἥμισυ ἡμῶν, οὐ θήσουσιν ἐφ᾽ ἡμᾶς καρδίαν, ὅτι σὺ ὡς ἡμεῖς δέκα
χιλιάδες · καὶ νῦν ἀγαθὸν ὅτι ἔσῃ ἡμῖν ἐν τῇ πόλει βοήθεια τοῦ
4 βοηθεῖν. ⁴καὶ εἶπεν πρὸς αὐτοὺς ὁ βασιλεύς Ὃ ἐὰν ἀρέσῃ ἐν ὀ-
φθαλμοῖς ὑμῶν, ποιήσω. καὶ ἔστη ὁ βασιλεὺς ἀνὰ χεῖρα τῆς πύλης,
5 καὶ πᾶς ὁ λαὸς ἐξεπορεύετο εἰς ἑκατοντάδας καὶ εἰς χιλιάδας. ⁵καὶ
ἐνετείλατο ὁ βασιλεὺς τῷ Ιωαβ καὶ τῷ Αβεσσα καὶ τῷ Εθθι λέγων
Φείσασθέ μοι τοῦ παιδαρίου τοῦ Αβεσσαλωμ · καὶ πᾶς ὁ λαὸς
ἤκουσεν ἐντελλομένου τοῦ βασιλέως πᾶσιν τοῖς ἄρχουσιν ὑπὲρ
6 Αβεσσαλωμ. ⁶καὶ ἐξῆλθεν πᾶς ὁ λαὸς εἰς τὸν δρυμὸν ἐξ ἐναντίας
7 Ισραηλ, καὶ ἐγένετο ὁ πόλεμος ἐν τῷ δρυμῷ Εφραιμ. ⁷καὶ ἔπται-
σεν ἐκεῖ ὁ λαὸς Ισραηλ ἐνώπιον τῶν παίδων Δαυιδ, καὶ ἐγένετο
8 ἡ θραῦσις μεγάλη ἐν τῇ ἡμέρᾳ ἐκείνῃ, εἴκοσι χιλιάδες ἀνδρῶν. ⁸καὶ
ἐγένετο ἐκεῖ ὁ πόλεμος διεσπαρμένος ἐπὶ πρόσωπον πάσης τῆς

25 ιοθορ ΒΑ†] ιωθωρ Ο–Α†, ιεθερ rel. | ισραηλ(ε)ιτης] ισμαηλ. Α, cf. Par. I
2 17 | ναας ΒΟ] ιεσσαι pl. | αδελφην] -φου ΒΟ || 27 μααναειμ ΒΑ†, sed in
24 19 33 ambo μαναειμ; cf. 2 12 | ουεσβι] και σεφεει L† (Ioseph. Antiq. VII
230 Niese σειφαρ uel siphas), pr. και pl. | ραββαθ] ραβαθ Β, ρωβωθ L† |
αμιηλ] -ηρ Ο | λαδαβαρ L | ρωγελλιμ] λ pro λλ Ο hic, Ο–Α in 19 32; ρακαβειν
L† ambis locis || 28 και σκευη κερ. > Ο† || 29 σαφφωθ βοων] γαλαθηνα
μοσχαρια L† | ειπεν ΒΑ† | εκλελυμ. και διψων] tr. Α
18 1 χιλιαρχους κ. εκατονταρχους] tr. Ο† || 2 απεστειλεν] ετρισσευσε L† |
το 1⁰] τον Ο | αβεσσα: cf. I 26 6 || 3 του βοηθειν > Ο⁽†⁾ || 5 μοι L] μου
ΒΟ | αβεσσαλωμ 1⁰⌒2⁰ Α† | 6 εξ εναντιας] εναντιον Ο†, εις απαντησιν
τω L† || 7 ο] pr. πας Α†

γῆς, καὶ ἐπλεόνασεν ὁ δρυμὸς τοῦ καταφαγεῖν ἐκ τοῦ λαοῦ ὑπὲρ
οὓς κατέφαγεν ἐν τῷ λαῷ ἡ μάχαιρα ἐν τῇ ἡμέρᾳ ἐκείνῃ. 9καὶ 9
συνήντησεν Αβεσσαλωμ ἐνώπιον τῶν παίδων Δαυιδ, καὶ Αβεσσα-
λωμ ἐπιβεβηκὼς ἐπὶ τοῦ ἡμιόνου αὐτοῦ, καὶ εἰσῆλθεν ὁ ἡμίονος
ὑπὸ τὸ δάσος τῆς δρυὸς τῆς μεγάλης, καὶ ἐκρεμάσθη ἡ κεφαλὴ
αὐτοῦ ἐν τῇ δρυΐ, καὶ ἐκρεμάσθη ἀνὰ μέσον τοῦ οὐρανοῦ καὶ ἀνὰ
μέσον τῆς γῆς, καὶ ὁ ἡμίονος ὑποκάτω αὐτοῦ παρῆλθεν. 10καὶ 10
εἶδεν ἀνὴρ εἷς καὶ ἀνήγγειλεν Ιωαβ καὶ εἶπεν Ἰδοὺ ἑώρακα τὸν
Αβεσσαλωμ κρεμάμενον ἐν τῇ δρυΐ. 11καὶ εἶπεν Ιωαβ τῷ ἀνδρὶ τῷ 11
ἀπαγγέλλοντι Καὶ ἰδοὺ ἑόρακας · τί ὅτι οὐκ ἐπάταξας αὐτὸν εἰς
τὴν γῆν; καὶ ἐγὼ ἂν δεδώκειν σοι δέκα ἀργυρίου καὶ παραζώνην
μίαν. 12εἶπεν δὲ ὁ ἀνὴρ πρὸς Ιωαβ Καὶ ἐγώ εἰμι ἵστημι ἐπὶ τὰς 12
χεῖράς μου χιλίους σίκλους ἀργυρίου, οὐ μὴ ἐπιβάλω χεῖρά μου
ἐπὶ τὸν υἱὸν τοῦ βασιλέως, ὅτι ἐν τοῖς ὠσὶν ἡμῶν ἐνετείλατο ὁ
βασιλεὺς σοὶ καὶ Αβεσσα καὶ τῷ Εθθι λέγων Φυλάξατέ μοι τὸ
παιδάριον τὸν Αβεσσαλωμ 13μὴ ποιῆσαι ἐν τῇ ψυχῇ αὐτοῦ ἄδικον · 13
καὶ πᾶς ὁ λόγος οὐ λήσεται ἀπὸ τοῦ βασιλέως, καὶ σὺ στήσῃ ἐξ
ἐναντίας. 14καὶ εἶπεν Ιωαβ Τοῦτο ἐγὼ ἄρξομαι · οὐχ οὕτως μενῶ 14
ἐνώπιόν σου. καὶ ἔλαβεν Ιωαβ τρία βέλη ἐν τῇ χειρὶ αὐτοῦ καὶ
ἐνέπηξεν αὐτὰ ἐν τῇ καρδίᾳ Αβεσσαλωμ. ἔτι αὐτοῦ ζῶντος ἐν τῇ
καρδίᾳ τῆς δρυὸς 15καὶ ἐκύκλωσαν δέκα παιδάρια αἴροντα τὰ σκεύη 15
Ιωαβ καὶ ἐπάταξαν τὸν Αβεσσαλωμ καὶ ἐθανάτωσαν αὐτόν. 16καὶ 16
ἐσάλπισεν Ιωαβ ἐν κερατίνῃ, καὶ ἀπέστρεψεν ὁ λαὸς τοῦ μὴ διώ-
κειν ὀπίσω Ισραηλ, ὅτι ἐφείδετο Ιωαβ τοῦ λαοῦ. 17καὶ ἔλαβεν τὸν 17
Αβεσσαλωμ καὶ ἔρριψεν αὐτὸν εἰς χάσμα μέγα ἐν τῷ δρυμῷ εἰς
τὸν βόθυνον τὸν μέγαν καὶ ἐστήλωσεν ἐπ' αὐτὸν σωρὸν λίθων
μέγαν σφόδρα. καὶ πᾶς Ισραηλ ἔφυγεν ἀνὴρ εἰς τὸ σκήνωμα αὐτοῦ.
18καὶ Αβεσσαλωμ ἔτι ζῶν καὶ ἔστησεν ἑαυτῷ τὴν στήλην, ἐν ᾗ 18
ἐλήμφθη, καὶ ἐστήλωσεν αὐτὴν λαβεῖν, τὴν στήλην τὴν ἐν τῇ κοι-
λάδι τοῦ βασιλέως, ὅτι εἶπεν Οὐκ ἔστιν αὐτῷ υἱὸς ἕνεκεν τοῦ

8 εν τω λαω > OL ‖ 9 συνηντησεν] ην μεγας L | του 1⁰ et ο bis] της
et η LBᶜ | εκρεμασθη 1⁰] -σεν Aᵗ; περιεπλακη L, cf. Ioseph. Antiq. VII 239
Niese (εμπλακεισης) | υποκατω] pr. ο (uel η: cf. sup.) OLᵖᵗ ‖ 10 εν] επι ALᵗ
‖ 11 απαγγ.] αναγγ. Bᵗ, αγγ. Aᵗ; + αυτω AL | δεδωκειν BA (cf. Thack. p.
197 n. 1)] δεδωκα O–A, εδωκα mu. | δεκα BO] πεντηκοντα σικλους L pl. et
Ioseph. Antiq. VII 240 Niese ‖ 12 εγω ειμι ιστημι BO (cf. 13 28)] εαν συ
παριστας mu., εαν παραστησης συ Lᵗ | χειρα] pr. την O, τας χειρας Lᵗ ‖
13 ο > Aᵗ ‖ 14 ουχ ουτως μενω > ALᵗ | σου > Aᵗ | ενεπηξαν Bᵗ | εν τη
καρδια 1⁰] εις την -αν ALᵗ ‖ 17 ελαβεν BA] + ιωαβ pl. | αυτον 1⁰ > ALᵗ
| εστηλωσεν BO] επεστησεν pl. ‖ 18 αβεσσ. 1⁰ — την στηλην την B⁽ᵗ⁾] αβεσσ.
ελημφθη και εστηλωσεν αυτην λαβειν την στηλωσιν την (sic) Aᵗ, αβεσσ. ετι
ζων ελαβεν και εστησεν εαυτω στηλην L⁽ᵗ⁾ | αυτω] μοι Lᵗ

ἀναμνῆσαι τὸ ὄνομα αὐτοῦ · καὶ ἐκάλεσεν τὴν στήλην Χεὶρ Αβεσσα-
λωμ ἕως τῆς ἡμέρας ταύτης.

19 ¹⁹Καὶ Αχιμαας υἱὸς Σαδωκ εἶπεν Δράμω δὴ καὶ εὐαγγελιῶ τῷ
βασιλεῖ ὅτι ἔκρινεν αὐτῷ κύριος ἐκ χειρὸς τῶν ἐχθρῶν αὐτοῦ.
20 ²⁰καὶ εἶπεν αὐτῷ Ιωαβ Οὐκ ἀνὴρ εὐαγγελίας σὺ ἐν τῇ ἡμέρᾳ ταύ-
τῃ καὶ εὐαγγελιῇ ἐν ἡμέρᾳ ἄλλῃ, ἐν δὲ τῇ ἡμέρᾳ ταύτῃ οὐκ εὐαγ-
21 γελιῇ, οὗ εἵνεκεν ὁ υἱὸς τοῦ βασιλέως ἀπέθανεν. ²¹καὶ εἶπεν Ιωαβ
τῷ Χουσι Βαδίσας ἀνάγγειλον τῷ βασιλεῖ ὅσα εἶδες · καὶ προσ-
22 εκύνησεν Χουσι τῷ Ιωαβ καὶ ἐξῆλθεν. ²²καὶ προσέθετο ἔτι Αχιμαας
υἱὸς Σαδωκ καὶ εἶπεν πρὸς Ιωαβ Καὶ ἔστω ὅτι δράμω καί γε ἐγὼ
ὀπίσω τοῦ Χουσι. καὶ εἶπεν Ιωαβ Ἵνα τί τοῦτο τρέχεις, υἱέ μου ;
23 δεῦρο, οὐκ ἔστιν σοι εὐαγγελία εἰς ὠφέλειαν πορευομένῳ. ²³καὶ
εἶπεν Τί γὰρ ἐὰν δραμοῦμαι ; καὶ εἶπεν αὐτῷ Ιωαβ Δράμε. καὶ
ἔδραμεν Αχιμαας ὁδὸν τὴν τοῦ Κεχαρ καὶ ὑπερέβη τὸν Χουσι. —
24 ²⁴καὶ Δαυιδ ἐκάθητο ἀνὰ μέσον τῶν δύο πυλῶν. καὶ ἐπορεύθη ὁ
σκοπὸς εἰς τὸ δῶμα τῆς πύλης πρὸς τὸ τεῖχος καὶ ἐπῆρεν τοὺς
ὀφθαλμοὺς αὐτοῦ καὶ εἶδεν καὶ ἰδοὺ ἀνὴρ τρέχων μόνος ἐνώπιον
25 αὐτοῦ, ²⁵καὶ ἀνεβόησεν ὁ σκοπὸς καὶ ἀπήγγειλεν τῷ βασιλεῖ. καὶ
εἶπεν ὁ βασιλεύς Εἰ μόνος ἐστίν, εὐαγγελία ἐν τῷ στόματι αὐτοῦ.
26 καὶ ἐπορεύετο πορευόμενος καὶ ἐγγίζων. ²⁶καὶ εἶδεν ὁ σκοπὸς ἄν-
δρα ἕτερον τρέχοντα, καὶ ἐβόησεν ὁ σκοπὸς πρὸς τῇ πύλῃ καὶ
εἶπεν Ἰδοὺ ἀνὴρ ἕτερος τρέχων μόνος. καὶ εἶπεν ὁ βασιλεύς Καί
27 γε οὗτος εὐαγγελιζόμενος. ²⁷καὶ εἶπεν ὁ σκοπός Ἐγὼ ὁρῶ τὸν
δρόμον τοῦ πρώτου ὡς δρόμον Αχιμαας υἱοῦ Σαδωκ. καὶ εἶπεν ὁ
βασιλεύς Ἀνὴρ ἀγαθὸς οὗτος καί γε εἰς εὐαγγελίαν ἀγαθὴν ἐλεύ-
28 σεται. ²⁸καὶ ἐβόησεν Αχιμαας καὶ εἶπεν πρὸς τὸν βασιλέα Εἰρήνη ·
καὶ προσεκύνησεν τῷ βασιλεῖ ἐπὶ πρόσωπον αὐτοῦ ἐπὶ τὴν γῆν ·
καὶ εἶπεν Εὐλογητὸς κύριος ὁ θεός σου, ὃς ἀπέκλεισεν τοὺς ἄνδρας
τοὺς μισοῦντας τὴν χεῖρα αὐτῶν ἐν τῷ κυρίῳ μου τῷ βασιλεῖ.
29 ²⁹καὶ. εἶπεν ὁ βασιλεύς Εἰρήνη τῷ παιδαρίῳ τῷ Αβεσσαλωμ ; καὶ
εἶπεν Αχιμαας Εἶδον τὸ πλῆθος τὸ μέγα τοῦ ἀποστεῖλαι τὸν δοῦ-
λον τοῦ βασιλέως Ιωαβ καὶ τὸν δοῦλόν σου, καὶ οὐκ ἔγνων τί
30 ἐκεῖ. ³⁰καὶ εἶπεν ὁ βασιλεύς Ἐπίστρεψον, στηλώθητι ὧδε · καὶ
31 ἐπεστράφη καὶ ἔστη. ³¹καὶ ἰδοὺ ὁ Χουσι παρεγένετο καὶ εἶπεν τῷ
βασιλεῖ Εὐαγγελισθήτω ὁ κύριός μου ὁ βασιλεύς, ὅτι ἔκρινέν σοι

18 αυτου] μου AL† | στηλην ult. BO–A] + επι τω ονοματι αυτου και εκα-
λεσεν(L† επεκαλεσαν) αυτην(A† την στηλην) pl. || 19 αυτω > BA† || 20 ει-
νεκεν (cf. Thack. p. 82)] ι > O || 21 τω βασ. > O† || 22 εστω οτι] εσται
οτι O, τι εσται εαν L† | γε > A | τουτο] συ L†, pr. συ pl., + συ A† | εις]
προς A† || 23 δραμουμαι BO†] δραμω rel. || 25 επορ.] εγενετο A† ||
27 και ειπεν 1⁰] ειπεν δε O† || 28 μισουντας BO–A] ανταραντας A†, επαρα-
μενους L || 29 τω 2⁰ > OL^p† || 30 ωδε > O† || 31 ειπεν] + ο χουσ(ε)ι
OL† | ευαγγ.] + δη O†

κύριος σήμερον ἐκ χειρὸς πάντων τῶν ἐπεγειρομένων ἐπὶ σέ. ³²καὶ 32
εἶπεν ὁ βασιλεὺς πρὸς τὸν Χουσι Εἰ εἰρήνη τῷ παιδαρίῳ τῷ Αβεσ-
σαλωμ; καὶ εἶπεν ὁ Χουσι Γένοιντο ὡς τὸ παιδάριον οἱ ἐχθροὶ
τοῦ κυρίου μου τοῦ βασιλέως καὶ πάντες, ὅσοι ἐπανέστησαν ἐπ᾿
αὐτὸν εἰς κακά. ¹καὶ ἐταράχθη ὁ βασιλεὺς καὶ ἀνέβη εἰς τὸ ὑπε- 19
ρῷον τῆς πύλης καὶ ἔκλαυσεν· καὶ οὕτως εἶπεν ἐν τῷ πορεύεσθαι
αὐτόν Υἱέ μου Αβεσσαλωμ, υἱέ μου υἱέ μου Αβεσσαλωμ, τίς δῴη
τὸν θάνατόν μου ἀντὶ σοῦ, ἐγὼ ἀντὶ σοῦ; Αβεσσαλωμ υἱέ μου
υἱέ μου. — ²καὶ ἀνηγγέλη τῷ Ιωαβ λέγοντες Ἰδοὺ ὁ βασιλεὺς 2
κλαίει καὶ πενθεῖ ἐπὶ Αβεσσαλωμ. ³καὶ ἐγένετο ἡ σωτηρία ἐν τῇ 3
ἡμέρᾳ ἐκείνῃ εἰς πένθος παντὶ τῷ λαῷ, ὅτι ἤκουσεν ὁ λαὸς ἐν
τῇ ἡμέρᾳ ἐκείνῃ λέγων ὅτι Λυπεῖται ὁ βασιλεὺς ἐπὶ τῷ υἱῷ αὐτοῦ·
⁴καὶ διεκλέπτετο ὁ λαὸς ἐν τῇ ἡμέρᾳ ἐκείνῃ τοῦ εἰσελθεῖν εἰς τὴν 4
πόλιν, καθὼς διακλέπτεται ὁ λαὸς οἱ αἰσχυνόμενοι ἐν τῷ αὐτοὺς
φεύγειν ἐν τῷ πολέμῳ. ⁵καὶ ὁ βασιλεὺς ἔκρυψεν τὸ πρόσωπον 5
αὐτοῦ, καὶ ἔκραξεν ὁ βασιλεὺς φωνῇ μεγάλῃ λέγων Υἱέ μου Αβεσ-
σαλωμ, Αβεσσαλωμ υἱέ μου. ⁶καὶ εἰσῆλθεν Ιωαβ πρὸς τὸν βασιλέα 6
εἰς τὸν οἶκον καὶ εἶπεν Κατῄσχυνας σήμερον τὸ πρόσωπον πάν-
των τῶν δούλων σου τῶν ἐξαιρουμένων σε σήμερον καὶ τὴν ψυ-
χὴν τῶν υἱῶν σου καὶ τῶν θυγατέρων σου καὶ τὴν ψυχὴν τῶν
γυναικῶν σου καὶ τῶν παλλακῶν σου ⁷τοῦ ἀγαπᾶν τοὺς μισοῦν- 7
τάς σε καὶ μισεῖν τοὺς ἀγαπῶντάς σε καὶ ἀνήγγειλας σήμερον ὅτι
οὐκ εἰσιν οἱ ἄρχοντές σου οὐδὲ παῖδες, ὅτι ἔγνωκα σήμερον ὅτι
εἰ Αβεσσαλωμ ἔζη, πάντες ἡμεῖς σήμερον νεκροί, ὅτι τότε τὸ εὐθὲς
ἦν ἐν ὀφθαλμοῖς σου· ⁸καὶ νῦν ἀναστὰς ἔξελθε καὶ λάλησον εἰς 8
τὴν καρδίαν τῶν δούλων σου, ὅτι ἐν κυρίῳ ὤμοσα ὅτι εἰ μὴ ἐκ-
πορεύσῃ σήμερον, εἰ αὐλισθήσεται ἀνὴρ μετὰ σοῦ τὴν νύκτα ταύ-
την· καὶ ἐπίγνωθι σεαυτῷ καὶ κακόν σοι τοῦτο ὑπὲρ πᾶν τὸ κακὸν
τὸ ἐπελθόν σοι ἐκ νεότητός σου ἕως τοῦ νῦν. ⁹καὶ ἀνέστη ὁ βα- 9
σιλεὺς καὶ ἐκάθισεν ἐν τῇ πύλῃ, καὶ πᾶς ὁ λαὸς ἀνήγγειλαν λέγον-
τες Ἰδοὺ ὁ βασιλεὺς κάθηται ἐν τῇ πύλῃ· καὶ εἰσῆλθεν πᾶς ὁ
λαὸς κατὰ πρόσωπον τοῦ βασιλέως.
    Καὶ Ισραηλ ἔφυγεν ἀνὴρ εἰς τὰ σκηνώματα αὐτοῦ. ¹⁰καὶ ἦν πᾶς 10

31 επεγειρ.] επ > A† ‖ 32 ει et ο 2⁰ > O
19 1 υιε 1⁰ ⌒ 2⁰ B†, αβεσσαλωμ 1⁰ ⌒ 2⁰ A† | εγω αντι σου > ALT† ‖ 4 ο(>
O-A†) αισχυνομενος O† | αυτους φευγειν] φυγειν αυτους O† | τω ult. > O† ‖
5 εκρυψεν] επεκρ. A†, παρεκαλυπτε L† | φωνη] pr. εν O | αβεσσ. 2⁰] υιε μου
A ‖ 6 εξαιρουμενων] -ρουντων O†, διασωσαντων L† | σε BO] την ψυχην
σου pl. | την ult. > A | των ult.] pr. ψυχην A†, pr. την ψυχην O²⁴⁷L† ‖
7 και 2⁰ BO] οτι pl. | εγνωκα] -καν A†, οιδας L† | σημερον νεκροι] tr. O† |
τοτε το BO†] τουτο rel. (sed L† εκεινος ηρεσκεν pro τοτε το ευθες ην) ‖
8 ανηρ / μετα σου] tr. A† | και ult. BO†] οτι rel.

ὁ λαὸς κρινόμενος ἐν πάσαις φυλαῖς Ισραηλ λέγοντες Ὁ βασιλεὺς
Δαυιδ ἐρρύσατο ἡμᾶς ἀπὸ πάντων τῶν ἐχθρῶν ἡμῶν, καὶ αὐτὸς
ἐξείλατο ἡμᾶς ἐκ χειρὸς ἀλλοφύλων, καὶ νῦν πέφευγεν ἀπὸ τῆς
11 γῆς καὶ ἀπὸ τῆς βασιλείας αὐτοῦ ἀπὸ Αβεσσαλωμ· ¹¹καὶ Αβεσσα-
λωμ, ὃν ἐχρίσαμεν ἐφ᾽ ἡμῶν, ἀπέθανεν ἐν τῷ πολέμῳ, καὶ νῦν
ἵνα τί ὑμεῖς κωφεύετε τοῦ ἐπιστρέψαι τὸν βασιλέα; καὶ τὸ ῥῆμα
12 παντὸς Ισραηλ ἦλθεν πρὸς τὸν βασιλέα. — ¹²καὶ ὁ βασιλεὺς
Δαυιδ ἀπέστειλεν πρὸς Σαδωκ καὶ πρὸς Αβιαθαρ τοὺς ἱερεῖς λέγων
Λαλήσατε πρὸς τοὺς πρεσβυτέρους Ιουδα λέγοντες Ἵνα τί γίνεσθε
ἔσχατοι τοῦ ἐπιστρέψαι τὸν βασιλέα εἰς τὸν οἶκον αὐτοῦ; καὶ
13 λόγος παντὸς Ισραηλ ἦλθεν πρὸς τὸν βασιλέα. ¹³ἀδελφοί μου ὑμεῖς,
ὀστᾶ μου καὶ σάρκες μου ὑμεῖς, καὶ ἵνα τί γίνεσθε ἔσχατοι τοῦ
14 ἐπιστρέψαι τὸν βασιλέα εἰς τὸν οἶκον αὐτοῦ; ¹⁴καὶ τῷ Αμεσσαϊ
ἐρεῖτε Οὐχὶ ὀστοῦν μου καὶ σάρξ μου σύ; καὶ νῦν τάδε ποιήσαι
μοι ὁ θεὸς καὶ τάδε προσθείη, εἰ μὴ ἄρχων δυνάμεως ἔσῃ ἐνώπιον
15 ἐμοῦ πάσας τὰς ἡμέρας ἀντὶ Ιωαβ. ¹⁵καὶ ἔκλινεν τὴν καρδίαν παν-
τὸς ἀνδρὸς Ιουδα ὡς ἀνδρὸς ἑνός, καὶ ἀπέστειλαν πρὸς τὸν βα-
16 σιλέα λέγοντες Ἐπιστράφητι σὺ καὶ πάντες οἱ δοῦλοί σου. ¹⁶καὶ
ἐπέστρεψεν ὁ βασιλεὺς καὶ ἦλθεν ἕως τοῦ Ιορδάνου, καὶ ἄνδρες
Ιουδα ἦλθαν εἰς Γαλγαλα τοῦ πορεύεσθαι εἰς ἀπαντὴν τοῦ βασι-
17 λέως διαβιβάσαι τὸν βασιλέα τὸν Ιορδάνην. — ¹⁷καὶ ἐτάχυνεν Σε-
μεῖ υἱὸς Γηρα υἱοῦ τοῦ Ιεμενι ἐκ Βαουριμ καὶ κατέβη μετὰ ἀνδρὸς
18 Ιουδα εἰς ἀπαντὴν τοῦ βασιλέως Δαυιδ ¹⁸καὶ χίλιοι ἄνδρες μετ᾽
αὐτοῦ ἐκ τοῦ Βενιαμιν καὶ Σιβα τὸ παιδάριον τοῦ οἴκου Σαουλ
καὶ δέκα πέντε υἱοὶ αὐτοῦ μετ᾽ αὐτοῦ καὶ εἴκοσι δοῦλοι αὐτοῦ μετ᾽
19 αὐτοῦ καὶ κατεύθυναν τὸν Ιορδάνην ἔμπροσθεν τοῦ βασιλέως ¹⁹καὶ
ἐλειτούργησαν τὴν λειτουργίαν τοῦ διαβιβάσαι τὸν βασιλέα, καὶ
διέβη ἡ διάβασις ἐξεγεῖραι τὸν οἶκον τοῦ βασιλέως καὶ τοῦ ποι-
ῆσαι τὸ εὐθὲς ἐν ὀφθαλμοῖς αὐτοῦ. καὶ Σεμεῖ υἱὸς Γηρα ἔπεσεν ἐπὶ
πρόσωπον αὐτοῦ ἐνώπιον τοῦ βασιλέως διαβαίνοντος αὐτοῦ τὸν
20 Ιορδάνην ²⁰καὶ εἶπεν πρὸς τὸν βασιλέα Μὴ διαλογισάσθω ὁ κύριός
μου ἀνομίαν καὶ μὴ μνησθῇς ὅσα ἠδίκησεν ὁ παῖς σου ἐν τῇ
ἡμέρᾳ, ᾗ ὁ κύριός μου ὁ βασιλεὺς ἐξεπορεύετο ἐξ Ιερουσαλημ, τοῦ

10 κρινομενος ΒΟ†] γογγυζοντες L†, διακρινομενος rel. | απο 1⁰ pl.] εκ χει-
ρος Ο–ᴬL, pr. εκ χειρος ΒΑ† | εξειλατο] ερρυσατο ΑL† (pro ερρυσατο praec.
praeb. L† εξηρηται) | απο ult.] pr. και Β† ‖ 11 και αβεσσ. > ΒΟ–ᴬLᴾ† | επι-
στρεψαι pl.] + προς ΒΑL: idem add. ΒΑ† post επιστρ. in 12, nullus in 13
‖ 12 προς 2⁰ > Ο ‖ 13 μου 1⁰] μοι Β† | και 2⁰ > ΒΑ† ‖ 15 ως Ο–ᴬL]
εως ΒΑ | 16 απαντην] -τησιν OL: item OL in 17. 25, Ο–ᴬLᴾ in 21, ΒΟL
in 26 | τον 1⁰⌢2⁰ Α ‖ 17 δαυιδ > Α† ‖ 18 χιλιοι] + οι Β† | εκ του >
Β*† | αυτου μετ αυτου 1⁰⌢2⁰ Α ‖ 19 του διαβ. τον βασ.] του βασιλεως
του διαβ. αυτον Α† | η > Ο† | εξεγειραι] pr. του Ο | αυτου ενωπιον > Ο† ‖
20 ο βασ. > Β | εξεπορ. (L† εξηλθεν)] ante ο κυρ. μου ult. tr. OL

θέσθαι τὸν βασιλέα εἰς τὴν καρδίαν αὐτοῦ, ²¹ὅτι ἔγνω ὁ δοῦλός 21
σου ὅτι ἐγὼ ἥμαρτον, καὶ ἰδοὺ ἐγὼ ἦλθον σήμερον πρότερος παν-
τὸς οἴκου Ιωσηφ τοῦ καταβῆναι εἰς ἀπαντὴν τοῦ κυρίου μου τοῦ
βασιλέως. ²²καὶ ἀπεκρίθη Αβεσσα υἱὸς Σαρουιας καὶ εἶπεν Μὴ ἀντὶ 22
τούτου οὐ θανατωθήσεται Σεμεϊ, ὅτι κατηράσατο τὸν χριστὸν κυ-
ρίου; ²³καὶ εἶπεν Δαυιδ Τί ἐμοὶ καὶ ὑμῖν, υἱοὶ Σαρουιας, ὅτι γίνεσθέ 23
μοι σήμερον εἰς ἐπίβουλον; σήμερον οὐ θανατωθήσεταί τις ἀνὴρ
ἐξ Ισραηλ, ὅτι οὐκ οἶδα εἰ σήμερον βασιλεύω ἐγὼ ἐπὶ τὸν Ισραηλ.
²⁴καὶ εἶπεν ὁ βασιλεὺς πρὸς Σεμεϊ Οὐ μὴ ἀποθάνῃς· καὶ ὤμοσεν 24
αὐτῷ ὁ βασιλεύς. — ²⁵καὶ Μεμφιβοσθε υἱὸς Ιωναθαν υἱοῦ Σαουλ 25
κατέβη εἰς ἀπαντὴν τοῦ βασιλέως· καὶ οὐκ ἐθεράπευσεν τοὺς πό-
δας αὐτοῦ οὐδὲ ὠνυχίσατο οὐδὲ ἐποίησεν τὸν μύστακα αὐτοῦ καὶ
τὰ ἱμάτια αὐτοῦ οὐκ ἔπλυνεν ἀπὸ τῆς ἡμέρας, ἧς ἀπῆλθεν ὁ βα-
σιλεύς, ἕως τῆς ἡμέρας, ἧς αὐτὸς παρεγένετο ἐν εἰρήνῃ. ²⁶καὶ ἐγέ- 26
νετο ὅτε εἰσῆλθεν εἰς Ιερουσαλημ εἰς ἀπάντησιν τοῦ βασιλέως,
καὶ εἶπεν αὐτῷ ὁ βασιλεύς Τί ὅτι οὐκ ἐπορεύθης μετ᾽ ἐμοῦ, Μεμ-
φιβοσθε; ²⁷καὶ εἶπεν πρὸς αὐτὸν Μεμφιβοσθε Κύριέ μου βασιλεῦ, 27
ὁ δοῦλός μου παρελογίσατό με, ὅτι εἶπεν ὁ παῖς σου αὐτῷ Ἐπί-
σαξόν μοι τὴν ὄνον καὶ ἐπιβῶ ἐπ᾽ αὐτὴν καὶ πορεύσομαι μετὰ
τοῦ βασιλέως, ὅτι χωλὸς ὁ δοῦλός σου· ²⁸καὶ μεθώδευσεν ἐν τῷ 28
δούλῳ σου πρὸς τὸν κύριόν μου τὸν βασιλέα, καὶ ὁ κύριός μου
ὁ βασιλεὺς ὡς ἄγγελος τοῦ θεοῦ, καὶ ποίησον τὸ ἀγαθὸν ἐν ὀ-
φθαλμοῖς σου· ²⁹ὅτι οὐκ ἦν πᾶς ὁ οἶκος τοῦ πατρός μου ἀλλ᾽ ἢ 29
ὅτι ἄνδρες θανάτου τῷ κυρίῳ μου τῷ βασιλεῖ, καὶ ἔθηκας τὸν
δοῦλόν σου ἐν τοῖς ἐσθίουσιν τὴν τράπεζάν σου· καὶ τί ἐστίν
μοι ἔτι δικαίωμα καὶ τοῦ κεκραγέναι με ἔτι πρὸς τὸν βασιλέα;
³⁰καὶ εἶπεν αὐτῷ ὁ βασιλεύς Ἵνα τί λαλεῖς ἔτι τοὺς λόγους σου; 30
εἶπον Σὺ καὶ Σιβα διελεῖσθε τὸν ἀγρόν. ³¹καὶ εἶπεν Μεμφιβοσθε 31
πρὸς τὸν βασιλέα Καί γε τὰ πάντα λαβέτω μετὰ τὸ παραγενέσθαι
τὸν κύριόν μου τὸν βασιλέα ἐν εἰρήνῃ εἰς τὸν οἶκον αὐτοῦ. —
³²καὶ Βερζελλι ὁ Γαλααδίτης κατέβη ἐκ Ρωγελλιμ καὶ διέβη μετὰ 32
τοῦ βασιλέως τὸν Ιορδάνην ἐκπέμψαι αὐτὸν τὸν Ιορδάνην· ³³καὶ 33
Βερζελλι ἀνὴρ πρεσβύτερος σφόδρα, υἱὸς ὀγδοήκοντα ἐτῶν, καὶ
αὐτὸς διέθρεψεν τὸν βασιλέα ἐν τῷ οἰκεῖν αὐτὸν ἐν Μαναϊμ, ὅτι

21 καταβηναι] + με O ‖ 22 αβεσσα (cf. I 26 6)] pr. ο A⁺ | και ειπεν] λε-
γων O⁺ ‖ 23 μοι > A⁺ | σημερον ου BO⁺] ει σημ. rel. | βασιλευω εγω] εμοι
εγω βασ. A⁺ ‖ 24 αποθανης] θανατωθησει L⁺ ‖ 25 μεμφιβοσθε (cf. 9 6)]
pr. ιδου pl. | ιωναθαν > B, ιων. υιου > A⁺ | επλυνεν] pr. απ B | αυτος > OL⁺
‖ 27 μου 1⁰ > A⁺ | μου 2⁰] σου BA⁺ ‖ 28 εν τω δουλω M] ο δουλος B*
A⁺, τω δουλω Bᶜ | τον 2⁰] pr. προς B⁺ | βασιλευς M] + εποιησεν το καλον
ενωπιον (sic) BO; pro και ult. — fin. hab. L⁺ εποιησε το καλον ενωπιον του
θεου ‖ 31 γε > OL⁺ ‖ 32 εκπεμψαι BO⁺] προπεμψαι rel.: cf. Ioseph.
Antiq. VII 272 Niese (προπεμψαντα)

34 ἀνὴρ μέγας ἐστὶν σφόδρα. ³⁴ καὶ εἶπεν ὁ βασιλεὺς πρὸς Βερζελλι
   Σὺ διαβήσῃ μετ' ἐμοῦ, καὶ διαθρέψω τὸ γῆράς σου μετ' ἐμοῦ ἐν
35 Ιερουσαλημ. ³⁵ καὶ εἶπεν Βερζελλι πρὸς τὸν βασιλέα Πόσαι ἡμέραι
   ἐτῶν ζωῆς μου, ὅτι ἀναβήσομαι μετὰ τοῦ βασιλέως εἰς Ιερουσα-
36 λημ; ³⁶ υἱὸς ὀγδοήκοντα ἐτῶν ἐγώ εἰμι σήμερον · μὴ γνώσομαι
   ἀνὰ μέσον ἀγαθοῦ καὶ κακοῦ; ἢ γεύσεται ὁ δοῦλός σου ἔτι ὃ
   φάγομαι ἢ πίομαι; ἢ ἀκούσομαι ἔτι φωνὴν ᾀδόντων καὶ ᾀδουσῶν;
   ἵνα τί ἔσται ἔτι ὁ δοῦλός σου εἰς φορτίον ἐπὶ τὸν κύριόν μου τὸν
37 βασιλέα; ³⁷ ὡς βραχὺ διαβήσεται ὁ δοῦλός σου τὸν Ιορδάνην μετὰ
   τοῦ βασιλέως · καὶ ἵνα τί ἀνταποδίδωσίν μοι ὁ βασιλεὺς τὴν ἀντ-
38 απόδοσιν ταύτην; ³⁸ καθισάτω δὴ ὁ δοῦλός σου καὶ ἀποθανοῦμαι
   ἐν τῇ πόλει μου παρὰ τῷ τάφῳ τοῦ πατρός μου καὶ τῆς μητρός
   μου · καὶ ἰδοὺ ὁ δοῦλός σου Χαμααμ διαβήσεται μετὰ τοῦ κυρίου
   μου τοῦ βασιλέως, καὶ ποίησον αὐτῷ τὸ ἀγαθὸν ἐν ὀφθαλμοῖς
39 σου. ³⁹ καὶ εἶπεν ὁ βασιλεύς Μετ' ἐμοῦ διαβήτω Χαμααμ, κἀγὼ ποι-
   ήσω αὐτῷ τὸ ἀγαθὸν ἐν ὀφθαλμοῖς σου καὶ πάντα, ὅσα ἐκλέξῃ
40 ἐπ' ἐμοί, ποιήσω σοι. ⁴⁰ καὶ διέβη πᾶς ὁ λαὸς τὸν Ιορδάνην, καὶ
   ὁ βασιλεὺς διέβη · καὶ κατεφίλησεν ὁ βασιλεὺς τὸν Βερζελλι καὶ
41 εὐλόγησεν αὐτόν, καὶ ἐπέστρεψεν εἰς τὸν τόπον αὐτοῦ. ⁴¹ καὶ διέβη
   ὁ βασιλεὺς εἰς Γαλγαλα, καὶ Χαμααμ διέβη μετ' αὐτοῦ, καὶ πᾶς ὁ
   λαὸς Ιουδα διαβαίνοντες μετὰ τοῦ βασιλέως καί γε τὸ ἥμισυ τοῦ
42 λαοῦ Ισραηλ. — ⁴² καὶ ἰδοὺ πᾶς ἀνὴρ Ισραηλ παρεγένοντο πρὸς
   τὸν βασιλέα καὶ εἶπον πρὸς τὸν βασιλέα Τί ὅτι ἔκλεψάν σε οἱ
   ἀδελφοὶ ἡμῶν ἀνὴρ Ιουδα καὶ διεβίβασαν τὸν βασιλέα καὶ τὸν οἶκον
43 αὐτοῦ τὸν Ιορδάνην καὶ πάντες ἄνδρες Δαυιδ μετ' αὐτοῦ; ⁴³ καὶ
   ἀπεκρίθη πᾶς ἀνὴρ Ιουδα πρὸς ἄνδρα Ισραηλ καὶ εἶπαν Διότι ἐγγί-
   ζει πρός με ὁ βασιλεύς · καὶ ἵνα τί οὕτως ἐθυμώθης περὶ τοῦ
   λόγου τούτου; μὴ βρώσει ἐφάγαμεν ἐκ τοῦ βασιλέως, ἢ δόμα ἔδω-
44 κεν ἢ ἄρσιν ἦρεν ἡμῖν; ⁴⁴ καὶ ἀπεκρίθη ἀνὴρ Ισραηλ τῷ ἀνδρὶ
   Ιουδα καὶ εἶπεν Δέκα χεῖρές μοι ἐν τῷ βασιλεῖ, καὶ πρωτότοκος
   ἐγὼ ἢ σύ, καί γε ἐν τῷ Δαυιδ εἰμὶ ὑπὲρ σέ · καὶ ἵνα τί τοῦτο
   ὕβρισάς με καὶ οὐκ ἐλογίσθη ὁ λόγος μου πρῶτός μοι τοῦ ἐπι-

---

33 εστιν ΒΟ†] ην rel. ‖ **34** προς > Α† | το — εμου u!t.] τον οικον σου
Α† ‖ **35** ετων] ημερων Β† | εις] εν Α | **36** μη] ει μην Β†, ει L† | κα-
κου Ο†] pr. ανα μεσον L†, + εις πονηρον Β(†), ανα μεσον πονηρου pl. | η 1⁰]
ει ΒL | η 3⁰] και Α† | και 2⁰] η Α | ινα τι ΒΟ†] pr. και rel. | ετι / ο δουλος
σου] tr. Α, ετι > L ‖ **38** χαμααμ] χανααν Ο†: item in 39. 41; αχιμααν uel
sim. L†: item in 39. 41, cf. Ioseph. Antiq. VII 274 Niese (αχιμανον) ‖ **39** εκ-
λεξη] εκδεξηται Α† ‖ **40** διεβη 2⁰] εστηκει Ο–ΑL ‖ **41** ο βασ.] πας ο λαος
Α†, ο λαος Ο²⁴⁷†, > Ο³⁷⁶† ‖ **43** προς με / ο βασ.] tr. Ο† (Α† add. μου post
βασ.) | ουτως] τουτο ΟL†: cf. 44 | βρωσει] -σιν Α, -σεις Ο–Α† | εδωκεν] δε-
δωκεν Α, δεδωκεν ημιν L† ‖ **44** του ΟL†] + ιουδα rel.

στρέψαι τὸν βασιλέα ἐμοί; καὶ ἐσκληρύνθη ὁ λόγος ἀνδρὸς Ιουδα
ὑπὲρ τὸν λόγον ἀνδρὸς Ισραηλ.

¹Καὶ ἐκεῖ ἐπικαλούμενος υἱὸς παράνομος καὶ ὄνομα αὐτῷ Σαβεε 20
υἱὸς Βοχορι ἀνὴρ ὁ Ιεμενι καὶ ἐσάλπισεν ἐν τῇ κερατίνῃ καὶ εἶπεν
Οὐκ ἔστιν ἡμῖν μερὶς ἐν Δαυιδ οὐδὲ κληρονομία ἡμῖν ἐν τῷ υἱῷ
Ιεσσαι· ἀνὴρ εἰς τὰ σκηνώματά σου, Ισραηλ. ²καὶ ἀνέβη πᾶς ἀνὴρ 2
Ισραηλ ἀπὸ ὄπισθεν Δαυιδ ὀπίσω Σαβεε υἱοῦ Βοχορι, καὶ ἀνὴρ
Ιουδα ἐκολλήθη τῷ βασιλεῖ αὐτῶν ἀπὸ τοῦ Ιορδάνου καὶ ἕως Ιε-
ρουσαλημ. ³καὶ εἰσῆλθεν Δαυιδ εἰς τὸν οἶκον αὐτοῦ εἰς Ιερουσα- 3
λημ, καὶ ἔλαβεν ὁ βασιλεὺς τὰς δέκα γυναῖκας τὰς παλλακὰς αὐτοῦ,
ἃς ἀφῆκεν φυλάσσειν τὸν οἶκον, καὶ ἔδωκεν αὐτὰς ἐν οἴκῳ φυ-
λακῆς καὶ διέθρεψεν αὐτὰς καὶ πρὸς αὐτὰς οὐκ εἰσῆλθεν, καὶ ἦσαν
συνεχόμεναι ἕως ἡμέρας θανάτου αὐτῶν, χῆραι ζῶσαι. — ⁴καὶ 4
εἶπεν ὁ βασιλεὺς πρὸς Αμεσσαϊ Βόησόν μοι τὸν ἄνδρα Ιουδα
τρεῖς ἡμέρας, σὺ δὲ αὐτοῦ στῆθι. ⁵καὶ ἐπορεύθη Αμεσσαϊ τοῦ βο- 5
ῆσαι τὸν Ιουδαν καὶ ἐχρόνισεν ἀπὸ τοῦ καιροῦ, οὗ ἐτάξατο αὐτῷ
Δαυιδ. ⁶καὶ εἶπεν Δαυιδ πρὸς Αβεσσα Νῦν κακοποιήσει ἡμᾶς Σαβεε 6
υἱὸς Βοχορι ὑπὲρ Αβεσσαλωμ, καὶ νῦν σὺ λαβὲ μετὰ σεαυτοῦ τοὺς
παῖδας τοῦ κυρίου σου καὶ καταδίωξον ὀπίσω αὐτοῦ, μήποτε ἑαυτῷ
εὕρῃ πόλεις ὀχυρὰς καὶ σκιάσει τοὺς ὀφθαλμοὺς ἡμῶν. ⁷καὶ ἐξῆλ- 7
θον ὀπίσω αὐτοῦ οἱ ἄνδρες Ιωαβ καὶ ὁ χερεθθι καὶ ὁ φελεθθι καὶ
πάντες οἱ δυνατοὶ καὶ ἐξῆλθαν ἐξ Ιερουσαλημ διῶξαι ὀπίσω Σαβεε
υἱοῦ Βοχορι. — ⁸καὶ αὐτοὶ παρὰ τῷ λίθῳ τῷ μεγάλῳ τῷ ἐν Γα- 8
βαων, καὶ Αμεσσαϊ εἰσῆλθεν ἔμπροσθεν αὐτῶν. καὶ Ιωαβ περιεζω-
σμένος μανδύαν τὸ ἔνδυμα αὐτοῦ καὶ ἐπ᾽ αὐτῷ περιεζωσμένος
μάχαιραν ἐζευγμένην ἐπὶ τῆς ὀσφύος αὐτοῦ ἐν κολεῷ αὐτῆς, καὶ
ἡ μάχαιρα ἐξῆλθεν καὶ ἔπεσεν. ⁹καὶ εἶπεν Ιωαβ τῷ Αμεσσαϊ Εἰ 9
ὑγιαίνεις σύ, ἀδελφέ; καὶ ἐκράτησεν ἡ χεὶρ ἡ δεξιὰ Ιωαβ τοῦ πώ-
γωνος Αμεσσαϊ τοῦ καταφιλῆσαι αὐτόν· ¹⁰καὶ Αμεσσαϊ οὐκ ἐφυ- 10
λάξατο τὴν μάχαιραν τὴν ἐν τῇ χειρὶ Ιωαβ, καὶ ἔπαισεν αὐτὸν ἐν
αὐτῇ Ιωαβ εἰς τὴν ψόαν, καὶ ἐξεχύθη ἡ κοιλία αὐτοῦ εἰς τὴν γῆν,

20 1 εκει επικαλ.] tr. A⁺ | επικαλ.] απηντα ανηρ L⁺ | αβεε A⁺ hic et in 7,
sed in 2. 6. 10. 13. 21. 22 etiam A σαβεε | βοχορι hic et in 2—22 (cf. Ioseph.
Antiq. VII 278. 280. 290 Niese βοχοριου)] βεδδαδι L⁺: cf. Iosephi uersio latina
beddadi (sic in 278. 280) uel badadi (sic in 290) | ιεμενι] αραχι L⁺: ex 17 5.
14 | εν 1⁰ > B, εν τη > L⁺ | ημιν μερις] tr. A⁺ || 2 ανηρ 1⁰ > BL (L⁺
οι δε ανδρες pro και ανηρ seq.) || 3 παλλακιδας A⁺ || 4 αμεσσαι: cf. 17 25
|| 5 δαυιδ > BO⁺ || 6 αβεσσα: cf. I 26 6 | συ > AL | μετα σεαυτου > O⁺
| εαυτω ευρη] ευρη αυτω O⁽⁺⁾ || 7 εξηλθον compl.] -θαν MV, -θεν BO | αυ-
του] + αβεσσα Bᶜ pl. | οι ανδρες V] pr. και BO | χερεθθι] λ pro ρ B*⁺: item
B⁺ in 23, cf. 8 18 || 8 εισηλθεν] εισ > B⁺, παρεγενετο L⁺ | εξηλθεν] + και
αυτη εξηλθεν B⁺ || 9 ει > O | συ pl.] > BO | αδελφε] + μου αμεσσαει O⁺
| ιωαβ ult. > O || 10 εις 1⁰] επι OL⁺: cf. 3 27 | ψοαν: cf. 2 23

καὶ οὐκ ἐδευτέρωσεν αὐτῷ, καὶ ἀπέθανεν. καὶ Ιωαβ καὶ Αβεσσα ὁ
11 ἀδελφὸς αὐτοῦ ἐδίωξεν ὀπίσω Σαβεε υἱοῦ Βοχορι · ¹¹καὶ ἀνὴρ
ἔστη ἐπ᾿ αὐτὸν τῶν παιδαρίων Ιωαβ καὶ εἶπεν Τίς ὁ βουλόμενος
12 Ιωαβ καὶ τίς τοῦ Δαυιδ, ὀπίσω Ιωαβ · ¹²καὶ Αμεσσαϊ πεφυρμένος
ἐν τῷ αἵματι ἐν μέσῳ τῆς τρίβου, καὶ εἶδεν ὁ ἀνὴρ ὅτι εἱστήκει
πᾶς ὁ λαός, καὶ ἀπέστρεψεν τὸν Αμεσσαϊ ἐκ τῆς τρίβου εἰς ἀγρὸν
καὶ ἐπέρριψεν ἐπ᾿ αὐτὸν ἱμάτιον, καθότι εἶδεν πάντα τὸν ἐρχόμενον
13 ἐπ᾿ αὐτὸν ἑστηκότα · ¹³ἡνίκα δὲ ἔφθασεν ἐκ τῆς τρίβου, παρῆλθεν
πᾶς ἀνὴρ Ισραηλ ὀπίσω Ιωαβ τοῦ διῶξαι ὀπίσω Σαβεε υἱοῦ Βοχορι. —
14 ¹⁴καὶ διῆλθεν ἐν πάσαις φυλαῖς Ισραηλ εἰς Αβελ καὶ εἰς Βαιθμαχα
καὶ πάντες ἐν Χαρρι, καὶ ἐξεκκλησιάσθησαν καὶ ἦλθον κατόπισθεν
15 αὐτοῦ. ¹⁵καὶ παρεγενήθησαν καὶ ἐπολιόρκουν ἐπ᾿ αὐτὸν τὴν Αβελ
καὶ τὴν Βαιθμαχα καὶ ἐξέχεαν πρόσχωμα πρὸς τὴν πόλιν, καὶ ἔστη
ἐν τῷ προτειχίσματι, καὶ πᾶς ὁ λαὸς ὁ μετὰ Ιωαβ ἐνοοῦσαν κατα-
16 βαλεῖν τὸ τεῖχος. ¹⁶καὶ ἐβόησεν γυνὴ σοφὴ ἐκ τοῦ τείχους καὶ
εἶπεν Ἀκούσατε ἀκούσατε, εἴπατε δὴ πρὸς Ιωαβ Ἔγγισον ἕως ὧδε,
17 καὶ λαλήσω πρὸς αὐτόν. ¹⁷καὶ προσήγγισεν πρὸς αὐτήν, καὶ εἶπεν
ἡ γυνή Εἰ σὺ εἶ Ιωαβ; ὁ δὲ εἶπεν Ἐγώ. εἶπεν δὲ αὐτῷ Ἄκουσον
τοὺς λόγους τῆς δούλης σου. καὶ εἶπεν Ιωαβ Ἀκούω ἐγώ εἰμι.
18 ¹⁸καὶ εἶπεν λέγουσα Λόγον ἐλάλησαν ἐν πρώτοις λέγοντες Ἠρωτη-
μένος ἠρωτήθη ἐν τῇ Αβελ καὶ ἐν Δαν εἰ ἐξέλιπον ἃ ἔθεντο οἱ
πιστοὶ τοῦ Ισραηλ, ἐρωτῶντες ἐπερωτήσουσιν ἐν Αβελ καὶ οὕτως
19 εἰ ἐξέλιπον. ¹⁹ἐγώ εἰμι εἰρηνικὰ τῶν στηριγμάτων Ισραηλ, σὺ δὲ
ζητεῖς θανατῶσαι πόλιν καὶ μητρόπολιν ἐν Ισραηλ · ἵνα τί κατα-
20 ποντίζεις κληρονομίαν κυρίου; ²⁰καὶ ἀπεκρίθη Ιωαβ καὶ εἶπεν Ἵλεώς
21 μοι ἵλεώς μοι, εἰ καταποντιῶ καὶ εἰ διαφθερῶ · ²¹οὐχ οὗτος ὁ λό-
γος, ὅτι ἀνὴρ ἐξ ὄρους Εφραιμ, Σαβεε υἱὸς Βοχορι ὄνομα αὐτοῦ,
καὶ ἐπῆρεν τὴν χεῖρα αὐτοῦ ἐπὶ τὸν βασιλέα Δαυιδ · δότε αὐτόν
μοι μόνον, καὶ ἀπελεύσομαι ἀπάνωθεν τῆς πόλεως. καὶ εἶπεν ἡ
γυνὴ πρὸς Ιωαβ Ἰδοὺ ἡ κεφαλὴ αὐτοῦ ῥιφήσεται πρὸς σὲ διὰ
22 τοῦ τείχους. ²²καὶ εἰσῆλθεν ἡ γυνὴ πρὸς πάντα τὸν λαὸν καὶ ἐλά-

10 εδιωξεν] -ξαν Ο, κατεδιωκον L⁺ ‖ 12 ο 1⁰ ALᵖ⁺] > rel. | απεστρεψεν
compl.] -ψαν ΒΟ, απερριψε L⁺ | επερριψεν] -ψαν Ο ‖ 13 ηνικα δε εφθασεν
ΒΟ] και εγενετο οτε μετεστη(L¹ μετεστησεν τον αμεσσα) pl. ‖ 14 εις 2⁰ > L⁺ |
βαιθμαχα] βηθ. Α⁺: item in 15, cf. Ruth 1 1 | εξεκκλ. ΒΟ⁺] pr. πασαι αι πολεις
rel. (L⁺ om. και παντες εν χορρι) | ηλθον] ηλθεν Β⁺ ‖ 15 επολιορκουν επ]
περιεκαθισαν L⁺, cf. Ioseph. Antiq. VII 288 Niese (περικαθισας) | την 1⁰ pl.]
εν ΒΟ, εν τη L⁺ | και 3⁰ > ΒΟ⁺ | την 2⁰ Β] εν Α⁺, τη Ο–Α⁺, > L | ο ult.
> A ‖ 16 ακουσ. 2⁰ > Α⁺ | ιωαβ] pr. τον Α⁺ | εως > ΑV⁺ ‖ 17 προσ-
ηγγισεν] προσ > OL ‖ 18 ηρωτηθη] -θην Ο | ερωτωντες] ερωντες Β⁺ | εν αβελ]
pr. ενα Β⁺ ‖ 19 ινα] pr. και Ο, > L⁺ ‖ 20 μοι 1⁰ > Ο⁺ | ιλεως μοι 2⁰
ΒΟ⁺] > rel. | διαφθερω pl.] δια > Β⁺, διαφθειρω Ο ‖ 21 η ult. et προς σε
> Α⁺

λησεν πρὸς πᾶσαν τὴν πόλιν ἐν τῇ σοφίᾳ αὐτῆς · καὶ ἀφεῖλεν
τὴν κεφαλὴν Σαβεε υἱοῦ Βοχορι καὶ ἔβαλεν πρὸς Ιωαβ. καὶ ἐσάλ-
πισεν ἐν κερατίνῃ, καὶ διεσπάρησαν ἀπὸ τῆς πόλεως ἀνὴρ εἰς τὰ
σκηνώματα αὐτοῦ · καὶ Ιωαβ ἀπέστρεψεν εἰς Ιερουσαλημ πρὸς τὸν
βασιλέα.
²³Καὶ Ιωαβ πρὸς πάσῃ τῇ δυνάμει Ισραηλ, καὶ Βαναιας υἱὸς 23
Ιωδαε ἐπὶ τοῦ χερεθθι καὶ ἐπὶ τοῦ φελεθθι, ²⁴καὶ Αδωνιραμ ἐπὶ 24
τοῦ φόρου, καὶ Ιωσαφατ υἱὸς Αχιλουθ ἀναμιμνήσκων, ²⁵καὶ Σουσα 25
γραμματεύς, καὶ Σαδωκ καὶ Αβιαθαρ ἱερεῖς, ²⁶καί γε Ιρας ὁ Ιαριν 26
ἦν ἱερεὺς τοῦ Δαυιδ.
¹Καὶ ἐγένετο λιμὸς ἐν ταῖς ἡμέραις Δαυιδ τρία ἔτη, ἐνιαυτὸς 21
ἐχόμενος ἐνιαυτοῦ, καὶ ἐζήτησεν Δαυιδ τὸ πρόσωπον τοῦ κυρίου.
καὶ εἶπεν κύριος Ἐπὶ Σαουλ καὶ ἐπὶ τὸν οἶκον αὐτοῦ ἀδικία διὰ
τὸ αὐτὸν θανάτῳ αἱμάτων περὶ οὗ ἐθανάτωσεν τοὺς Γαβαωνίτας.
²καὶ ἐκάλεσεν ὁ βασιλεὺς Δαυιδ τοὺς Γαβαωνίτας καὶ εἶπεν πρὸς 2
αὐτούς · καὶ οἱ Γαβαωνῖται οὐχ υἱοὶ Ισραηλ εἰσίν, ὅτι ἀλλ᾿ ἢ ἐκ
τοῦ λείμματος τοῦ Αμορραίου, καὶ οἱ υἱοὶ Ισραηλ ὤμοσαν αὐτοῖς ·
καὶ ἐζήτησεν Σαουλ πατάξαι αὐτοὺς ἐν τῷ ζηλῶσαι αὐτὸν τοὺς
υἱοὺς Ισραηλ καὶ Ιουδα. ³καὶ εἶπεν Δαυιδ πρὸς τοὺς Γαβαωνίτας 3
Τί ποιήσω ὑμῖν καὶ ἐν τίνι ἐξιλάσομαι καὶ εὐλογήσετε τὴν κληρο-
νομίαν κυρίου; ⁴καὶ εἶπαν αὐτῷ οἱ Γαβαωνῖται Οὐκ ἔστιν ἡμῖν 4
ἀργύριον καὶ χρυσίον μετὰ Σαουλ καὶ μετὰ τοῦ οἴκου αὐτοῦ, καὶ
οὐκ ἔστιν ἡμῖν ἀνὴρ θανατῶσαι ἐν Ισραηλ. καὶ εἶπεν Τί ὑμεῖς λέ-
γετε καὶ ποιήσω ὑμῖν; ⁵καὶ εἶπαν πρὸς ·τὸν βασιλέα Ὁ ἀνὴρ συν- 5
ετέλεσεν ἐφ᾿ ἡμᾶς καὶ ἐδίωξεν ἡμᾶς, ὃς παρελογίσατο ἐξολεθρεῦ-
σαι ἡμᾶς · ἀφανίσωμεν αὐτὸν τοῦ μὴ ἑστάναι αὐτὸν ἐν παντὶ
ὁρίῳ Ισραηλ · ⁶δότω ἡμῖν ἑπτὰ ἄνδρας ἐκ τῶν υἱῶν αὐτοῦ, καὶ 6
ἐξηλιάσωμεν αὐτοὺς τῷ κυρίῳ ἐν Γαβαων Σαουλ ἐκλεκτοὺς κυρίου.
καὶ εἶπεν ὁ βασιλεύς Ἐγὼ δώσω. ⁷καὶ ἐφείσατο ὁ βασιλεὺς ἐπὶ 7

22 αφειλεν ΒΟ†] αφαιρουσι L†, αφελειν την κεφαλην σαβεε υιου βοχορι και
αφαιρουσιν pl. | βοχορι] + και αφειλεν ΒΑ† | εβαλεν Β†] ελαβεν Α†, επεμψε
Ο²⁴⁷†, ριπτουσιν αυτην rel. | κερατινη] pr. τη Α | απο της πολ.] + απ αυτου
ΒΟ⁽†⁾ ‖ 23 προς ΒΟ] επι pl. | ισραηλ ΒΟL] > pl. | ιωδαε] αχειλουθ Β: ex
24 | χερεθθι: cf. 7 | επι του ult.] ο Α† ‖ 24 ιωσαφαθ Β hic, sed in 8 16
etiam Β -φατ: cf. ΙΙΙ 4 3 15 24 16 28ª 22 32 IV 1 18ª 3 1 8 16 9 2 12 19 ‖
25 σουσα pl.] ισους ο Α†, ιησους ο Β† | 26 ιαριν] ιαειρει Α†
21 1 αδικια ΒΟ†] pr. η rel. | δια — αιματων > MV | δια το αυτον] εν mu. |
αυτον — εθανατωσεν] θανατω αιματων θανατωσαι αυτον L† ‖ 2 ουχι Α |
λειμματος Ο²⁴⁷⁽†⁾ (cf. IV 19 4)] αιματος rel. | του 2⁰ > Α† | ωμοσαν αυτοις] +
μη απολεσαι αυτους L† | αυτους ult.] αυτον Ο† | 3 εξιλασομαι] -σωμαι
Β† ‖ 4 εν ισρ. ΒΟ⁽†⁾] εκ παντος ισρ. rel. | ειπεν] + αυτοις ΑL† | 5 συν-
ετελ. εφ ΒΟ†] ος συνετ. rel. (L† ο συντελεσας) | ος παρελογ. ΒΟ] και ελογ.
pl. ‖ 6 δοτω ΒΟ²⁴⁷†] δοθητωσαν L†, δοτε Α pl. | γαβαων ΒΟ†] (τω) βου-
νω pl.: teste uno cod. ex Theodotione | εκλεκτος Ο†

Μεμφιβοσθε υἱὸν Ιωναθαν υἱοῦ Σαουλ διὰ τὸν ὅρκον κυρίου τὸν
ἀνὰ μέσον αὐτῶν, ἀνὰ μέσον Δαυιδ καὶ ἀνὰ μέσον Ιωναθαν υἱοῦ
8 Σαουλ. ⁸καὶ ἔλαβεν ὁ βασιλεὺς τοὺς δύο υἱοὺς Ρεσφα θυγατρὸς
Αια, οὓς ἔτεκεν τῷ Σαουλ, τὸν Ερμωνι καὶ τὸν Μεμφιβοσθε, καὶ
τοὺς πέντε υἱοὺς Μιχολ θυγατρὸς Σαουλ, οὓς ἔτεκεν τῷ Εσριηλ
9 υἱῷ Βερζελλι τῷ Μοουλαθι, ⁹καὶ ἔδωκεν αὐτοὺς ἐν χειρὶ τῶν Γα-
βαωνιτῶν, καὶ ἐξηλίασαν αὐτοὺς ἐν τῷ ὄρει ἔναντι κυρίου, καὶ
ἔπεσαν οἱ ἑπτὰ αὐτοὶ ἐπὶ τὸ αὐτό · καὶ αὐτοὶ δὲ ἐθανατώθησαν
10 ἐν ἡμέραις θερισμοῦ ἐν πρώτοις ἐν ἀρχῇ θερισμοῦ κριθῶν. ¹⁰καὶ
ἔλαβεν Ρεσφα θυγάτηρ Αια τὸν σάκκον καὶ ἔπηξεν αὐτῇ πρὸς τὴν
πέτραν ἐν ἀρχῇ θερισμοῦ κριθῶν, ἕως ἔσταξεν ἐπ᾽ αὐτοὺς ὕδωρ
ἐκ τοῦ οὐρανοῦ, καὶ οὐκ ἔδωκεν τὰ πετεινὰ τοῦ οὐρανοῦ καταπαῦ-
11 σαι ἐπ᾽ αὐτοὺς ἡμέρας καὶ τὰ θηρία τοῦ ἀγροῦ νυκτός. — ¹¹καὶ
ἀπηγγέλη τῷ Δαυιδ ὅσα ἐποίησεν Ρεσφα θυγάτηρ Αια παλλακὴ
Σαουλ, καὶ ἐξελύθησαν, καὶ κατέλαβεν αὐτοὺς Δαν υἱὸς Ιωα ἐκ
12 τῶν ἀπογόνων τῶν γιγάντων, ¹²καὶ ἐπορεύθη Δαυιδ καὶ ἔλαβεν
τὰ ὀστᾶ Σαουλ καὶ τὰ ὀστᾶ Ιωναθαν τοῦ υἱοῦ αὐτοῦ παρὰ τῶν
ἀνδρῶν υἱῶν Ιαβις Γαλααδ, οἳ ἔκλεψαν αὐτοὺς ἐκ τῆς πλατείας
Βαιθσαν, ὅτι ἔστησαν αὐτοὺς ἐκεῖ οἱ ἀλλόφυλοι ἐν ἡμέρᾳ, ᾗ ἐπά-
13 ταξαν οἱ ἀλλόφυλοι τὸν Σαουλ ἐν Γελβουε, ¹³καὶ ἀνήνεγκεν ἐκεῖθεν
τὰ ὀστᾶ Σαουλ καὶ τὰ ὀστᾶ Ιωναθαν τοῦ υἱοῦ αὐτοῦ καὶ συν-
14 ήγαγεν τὰ ὀστᾶ τῶν ἐξηλιασμένων. ¹⁴καὶ ἔθαψαν τὰ ὀστᾶ Σαουλ
καὶ τὰ ὀστᾶ Ιωναθαν τοῦ υἱοῦ αὐτοῦ καὶ τῶν ἡλιασθέντων ἐν γῇ
Βενιαμιν ἐν τῇ πλευρᾷ ἐν τῷ τάφῳ Κις τοῦ πατρὸς αὐτοῦ καὶ
ἐποίησαν πάντα, ὅσα ἐνετείλατο ὁ βασιλεύς. — καὶ ἐπήκουσεν ὁ
θεὸς τῇ γῇ μετὰ ταῦτα.
15 ¹⁵Καὶ ἐγενήθη ἔτι πόλεμος τοῖς ἀλλοφύλοις μετὰ Ισραηλ. καὶ
κατέβη Δαυιδ καὶ οἱ παῖδες αὐτοῦ μετ᾽ αὐτοῦ καὶ ἐπολέμησαν μετὰ
16 τῶν ἀλλοφύλων, καὶ ἐξελύθη Δαυιδ. ¹⁶καὶ Ιεσβι, ὃς ἦν ἐν τοῖς
ἐκγόνοις τοῦ Ραφα καὶ ὁ σταθμὸς τοῦ δόρατος αὐτοῦ τριακοσίων

7 ανα μεσον 2⁰ L†] pr. και rel. ‖ 8 ρεφφαθ A† hic, sed in 10. 11 3 7
etiam A ρεσφα | ερμωνι Ra.] -νιει A†, -νοει B†, αχι L† | μιχολ B†] μελχολ
O; της μεροβ L mu.: cf. I 18 19 II 6 23 | εσριηλ V⁽⁺⁾ (cf. 1 18 19)] εσδριηλ
pl., σερει B†, εσδρι A†, εζρι L† | μοουλαθι] μωου. B†, -θειτη A†, μααθει L†:
cf. I 18 19 ‖ 9 εναντιον A | εν ult. > A† ‖ 10 επηξεν BO†] διεστρω-
σεν(δι> L†) αυτον rel. | προς BO] επι pl. | επ αυτους/υδωρ] tr. O†, επ αυτ.
> L† | υδωρ BO†] υδατα θεου rel. | εκ του BO] εξ pl. ‖ 11 οσα BO] pr.
παντα pl. | και 2⁰ — fin. BO] tr. L† ante 11, > mu. ‖ 12 υιων BO] > L
mu. | εκλεψαν] εθαψαν A† | εκ της πλατειας BO] απο του τειχους pl.: cf. I
31 12 | βαιθσαν] σαν > B†; βηθσαν O†; cf. 1 31 10 | οτι — αλλοφ. 1⁰ BO] κρε-
μασαντων αυτους εκει των αλλοφυλων L pl. | επαταξαν] + αυτον O† | τον
σαουλ / εν γελβ.] tr. A† ‖ 14 εθαψεν AL | ηλιασθεντων] + των B | γη 1⁰]
pr. τη AL† ‖ 15 εξελυθη] επορευθη B† ‖ 16 ιεσβι] + εν νοβ O†, δαδου
ουιος ιωας L† | του ρ]αφα BO⁽⁺⁾ωτων γιγαντν L pl.: cf. 18 23 13

σίκλων όλκὴ χαλκοῦ καὶ αὐτὸς περιεζωσμένος κορύνην, καὶ διενο-
εῖτο πατάξαι τὸν Δαυιδ. ¹⁷καὶ ἐβοήθησεν αὐτῷ Αβεσσα υἱὸς Σα- 17
ρουιας καὶ ἐπάταξεν τὸν ἀλλόφυλον καὶ ἐθανάτωσεν αὐτόν. τότε
ὤμοσαν οἱ ἄνδρες Δαυιδ λέγοντες Οὐκ ἐξελεύσῃ ἔτι μεθ᾽ ἡμῶν εἰς
πόλεμον καὶ οὐ μὴ σβέσῃς τὸν λύχνον Ισραηλ. — ¹⁸καὶ ἐγενήθη 18
μετὰ ταῦτα ἔτι πόλεμος ἐν Γεθ μετὰ τῶν ἀλλοφύλων. τότε ἐπά-
ταξεν Σεβοχα ὁ Αστατωθι τὸν Σεφ τὸν ἐν τοῖς ἐκγόνοις τοῦ Ραφα. —
¹⁹καὶ ἐγένετο ὁ πόλεμος ἐν Γοβ μετὰ τῶν ἀλλοφύλων. καὶ ἐπά- 19
ταξεν Ελεαναν υἱὸς Αριωργιμ ὁ Βαιθλεεμίτης τὸν Γολιαθ τὸν Γεθ-
θαῖον, καὶ τὸ ξύλον τοῦ δόρατος αὐτοῦ ὡς ἀντίον ὑφαινόντων. —
²⁰καὶ ἐγένετο ἔτι πόλεμος ἐν Γεθ. καὶ ἦν ἀνὴρ μαδων, καὶ οἱ δά- 20
κτυλοι τῶν χειρῶν αὐτοῦ καὶ οἱ δάκτυλοι τῶν ποδῶν αὐτοῦ ἓξ καὶ
ἕξ, εἴκοσι τέσσαρες ἀριθμῷ, καί γε αὐτὸς ἐτέχθη τῷ Ραφα. ²¹καὶ 21
ὠνείδισεν τὸν Ισραηλ, καὶ ἐπάταξεν αὐτὸν Ιωναθαν υἱὸς Σεμεῖ
ἀδελφοῦ Δαυιδ. — ²²οἱ τέσσαρες οὗτοι ἐτέχθησαν ἀπόγονοι τῶν 22
γιγάντων ἐν Γεθ τῷ Ραφα οἶκος, καὶ ἔπεσαν ἐν χειρὶ Δαυιδ καὶ
ἐν χειρὶ τῶν δούλων αὐτοῦ.

¹Καὶ ἐλάλησεν Δαυιδ τῷ κυρίῳ τοὺς λόγους τῆς ᾠδῆς ταύτης 22
ἐν ᾗ ἡμέρᾳ ἐξείλατο αὐτὸν κύριος ἐκ χειρὸς πάντων τῶν ἐχθρῶν
αὐτοῦ καὶ ἐκ χειρὸς Σαουλ, ²καὶ εἶπεν 2

Κύριε, πέτρα μου καὶ ὀχύρωμά μου καὶ ἐξαιρούμενός με ἐμοί,
³ὁ θεός μου φύλαξ ἔσται μου, πεποιθὼς ἔσομαι ἐπ᾽ αὐτῷ, 3
ὑπερασπιστής μου καὶ κέρας σωτηρίας μου,
ἀντιλήμπτωρ μου καὶ καταφυγή μου σωτηρίας μου,
ἐξ ἀδίκου σώσεις με.
⁴αἰνετὸν ἐπικαλέσομαι κύριον 4
καὶ ἐκ τῶν ἐχθρῶν μου σωθήσομαι.
⁵ὅτι περιέσχον με συντριμμοὶ θανάτου, 5
χείμαρροι ἀνομίας ἐθάμβησάν με ·

16 ολκη ΒΟ²⁴⁷] -κης A mu., > L† ‖ 17 ισραηλ] μου A† ‖ 18 γεθ ΒΟ]
γαζεθ L†, γαρζερ uel γαρζελ uel sim. pl.: cf. Par. I 20 4 γαζερ | σεβοχα Ra.]
οεβ. Β†, σεβοχαει Ο, σοβεκχι L† | αστατωθ(ε)ι Β⁽†⁾] ασατωθει Ο²⁴⁷†, αουσα-
στωνθει A†, χετταιος L† et Ioseph. Antiq. VII 301 Niese | τον σεφ — fin.
ΒΟ] τους επισυνηγμενους απογονους(L† των απογονων) των γιγαντων pl. |
σεφ] σεφε A†, σεφα Ο²⁴⁷ ‖ 19 ο 1° ΒΟ⁽†⁾] ετι L pl. | γοβ Ο†] ροβ L pl.,
ρομ Β† | αριωργ(ε)ιμ ΒΟ⁽†⁾] ιαδδειν uel sim. L†, αρωρι mu. | ο βαιθλ.] υιου
του ελεμι L† | βαιθλεεμιτης] βηθλ. A: cf. Ruth 1 1; μμ pro μ Β† | γολιαθ]
γοδολιαν Β⁽†⁾ | γεθθαιον] χετταιον Β⁽†⁾ ‖ 20 μαδων ΒΑ†] pr. εκ rel., εκ
ρααζης L† | αυτος] ουτος ΟL† ‖ 21 σεμε(ε)ι ΒΟ] σαμαα L†, σαμα pl.: cf.
13 3. 32 I 16 9 ‖ 22 ετεχθ. > A† | εν γεθ τω ρ. οικος] τω ρ. εν γ. Ο, των
εν γ. τω οικω ρ. L†
22 1 η ημερα] tr. AL ‖ 2 κυριε] pr. inscr. ωδη Β; cf. Ps. 17 ‖ 3 φυλαξ
εσται μου] φ. μου ε. μοι Βᶜ | φυλαξ] πλαστης L†: item in 23 3, cf. 22 47 L†
ο πλασας με pro ο φυλαξ μου ‖ 5 χειμαρροι ΒΑ†] pr. και rel.

6   ⁶ὠδῖνες θανάτου ἐκύκλωσάν με,
προέφθασάν με σκληρότητες θανάτου.

7   ⁷ἐν τῷ θλίβεσθαί με ἐπικαλέσομαι κύριον
καὶ πρὸς τὸν θεόν μου βοήσομαι ·
καὶ ἐπακούσεται ἐκ ναοῦ αὐτοῦ φωνῆς μου,
καὶ ἡ κραυγή μου ἐν τοῖς ὠσὶν αὐτοῦ.

8   ⁸καὶ ἐταράχθη καὶ ἐσείσθη ἡ γῆ,
καὶ τὰ θεμέλια τοῦ οὐρανοῦ συνεταράχθησαν
καὶ ἐσπαράχθησαν, ὅτι ἐθυμώθη κύριος αὐτοῖς.

9   ⁹ἀνέβη καπνὸς ἐν τῇ ὀργῇ αὐτοῦ,
καὶ πῦρ ἐκ στόματος αὐτοῦ κατέδεται,
ἄνθρακες ἐξεκαύθησαν ἀπ᾽ αὐτοῦ.

10   ¹⁰καὶ ἔκλινεν οὐρανοὺς καὶ κατέβη,
καὶ γνόφος ὑποκάτω τῶν ποδῶν αὐτοῦ.

11   ¹¹καὶ ἐπεκάθισεν ἐπὶ χερουβιν καὶ ἐπετάσθη
καὶ ὤφθη ἐπὶ πτερύγων ἀνέμου.

12   ¹²καὶ ἔθετο σκότος ἀποκρυφὴν αὐτοῦ κύκλῳ αὐτοῦ,
ἡ σκηνὴ αὐτοῦ σκότος ὑδάτων ·
ἐπάχυνεν ἐν νεφέλαις ἀέρος.

13   ¹³ἀπὸ τοῦ φέγγους ἐναντίον αὐτοῦ
ἐξεκαύθησαν ἄνθρακες πυρός.

14   ¹⁴ἐβρόντησεν ἐξ οὐρανοῦ κύριος,
καὶ ὁ ὕψιστος ἔδωκεν φωνὴν αὐτοῦ

15   ¹⁵καὶ ἀπέστειλεν βέλη καὶ ἐσκόρπισεν αὐτούς,
ἀστραπὴν καὶ ἐξέστησεν αὐτούς.

16   ¹⁶καὶ ὤφθησαν ἀφέσεις θαλάσσης,
καὶ ἀπεκαλύφθη θεμέλια τῆς οἰκουμένης
ἐν τῇ ἐπιτιμήσει κυρίου,
ἀπὸ πνοῆς πνεύματος θυμοῦ αὐτοῦ.

17   ¹⁷ἀπέστειλεν ἐξ ὕψους καὶ ἔλαβέν με,
εἵλκυσέν με ἐξ ὑδάτων πολλῶν ·

18   ¹⁸ἐρρύσατό με ἐξ ἐχθρῶν μου ἰσχύος,
ἐκ τῶν μισούντων με, ὅτι ἐκραταιώθησαν ὑπὲρ ἐμέ.

19   ¹⁹προέφθασάν με ἐν ἡμέρᾳ θλίψεώς μου,
καὶ ἐγένετο κύριος ἐπιστήριγμά μου

20   ²⁰καὶ ἐξήγαγέν με εἰς πλατυσμὸν
καὶ ἐξείλατό με, ὅτι εὐδόκησεν ἐν ἐμοί.

6 ωδινες] σχοινια L⁺ ‖ 8 init.] pr. επεβλεψε L⁺: cf. Ps. 103 32 | συνετα-
ραχθ.] συν > A⁺ | εσπαραχθ.] pr. οι Μ, εταραχθ. O⁺ ‖ 11 επεκαθ.] επ > A⁺
| χερουβειμ OL | ανεμων OL: cf. Ps. 17 11 ‖ 12 αποκρυφης B⁺ | αερων O
‖ 15 βελη] πετροβολους L⁺ | αστραπην BO⁽⁺⁾] pr. και ηστραψεν rel. ‖ 17 ελα-
βεν] pr. αν A⁺ | 18 ισχυος] ante εχθρων tr. L⁺, ισχυρος A⁺ ‖ 19 εν ημε-
ρα] ημεραι BA⁺

²¹καὶ ἀνταπέδωκέν μοι κύριος κατὰ τὴν δικαιοσύνην μου,   21
κατὰ τὴν καθαριότητα τῶν χειρῶν μου ἀνταπέδωκέν μοι,
²²ὅτι ἐφύλαξα ὁδοὺς κυρίου   22
καὶ οὐκ ἠσέβησα ἀπὸ τοῦ θεοῦ μου,
²³ὅτι πάντα τὰ κρίματα αὐτοῦ κατεναντίον μου,   23
καὶ τὰ δικαιώματα αὐτοῦ, οὐκ ἀπέστην ἀπ᾽ αὐτῶν.
²⁴καὶ ἔσομαι ἄμωμος αὐτῷ   24
καὶ προφυλάξομαι ἀπὸ τῆς ἀνομίας μου.
²⁵καὶ ἀποδώσει μοι κύριος κατὰ τὴν δικαιοσύνην μου   25
καὶ κατὰ τὴν καθαριότητα τῶν χειρῶν μου ἐνώπιον τῶν
ὀφθαλμῶν αὐτοῦ.
²⁶μετὰ ὁσίου ὁσιωθήσῃ   26
καὶ μετὰ ἀνδρὸς τελείου τελειωθήσῃ
²⁷καὶ μετὰ ἐκλεκτοῦ ἐκλεκτὸς ἔσῃ   27
καὶ μετὰ στρεβλοῦ στρεβλωθήσῃ.
²⁸καὶ τὸν λαὸν τὸν πτωχὸν σώσεις   28
καὶ ὀφθαλμοὺς ἐπὶ μετεώρων ταπεινώσεις.
²⁹ὅτι σὺ ὁ λύχνος μου, κύριε,   29
καὶ κύριος ἐκλάμψει μοι τὸ σκότος μου.
³⁰ὅτι ἐν σοὶ δραμοῦμαι μονόζωνος   30
καὶ ἐν τῷ θεῷ μου ὑπερβήσομαι τεῖχος.
³¹ὁ ἰσχυρός, ἄμωμος ἡ ὁδὸς αὐτοῦ,   31
τὸ ῥῆμα κυρίου κραταιόν, πεπυρωμένον,
ὑπερασπιστής ἐστιν πᾶσιν τοῖς πεποιθόσιν ἐπ᾽ αὐτῷ.
³²τίς ἰσχυρὸς πλὴν κυρίου;   32
καὶ τίς κτίστης ἔσται πλὴν τοῦ θεοῦ ἡμῶν;
³³ὁ ἰσχυρὸς ὁ κραταιῶν με δυνάμει,   33
καὶ ἐξετίναξεν ἄμωμον τὴν ὁδόν μου ·
³⁴τιθεὶς τοὺς πόδας μου ὡς ἐλάφων   34
καὶ ἐπὶ τὰ ὕψη ἱστῶν με ·
³⁵διδάσκων χεῖράς μου εἰς πόλεμον   35
καὶ κατάξας τόξον χαλκοῦν ἐν βραχίονί μου.

21 κατα την καθ. B†] pr. και OL; δοξαν L† = כבד‎ || 23 απεστην BO²⁴⁷†]
-στησαν pl.: cf. Ps. 17 23; αποστησεται L† | αυτων BO†] εμου rel.: cf. Ps. 17 23
|| 25 ενωπιον] εναντιον O†, απεναντι pl. || 26 init.] pr. μετα ελεημονος
ελεον ποιησεις L† || 27 στρεβλωθηση] διαστρεψεις OL† || 28 και 1⁰ BO]
οτι συ L pl.: cf. Ps. 17 28 | τον λαον τον πτωχον BO] τ. λ. τ. πραον(uel πραυν)
L†; λαον ταπεινον pl.: cf. Ps. 17 28 || 29 ο λυχνος BO†] φωτιεις λυχνον
rel.: ex Ps. 17 29 | κυριος] + μου OL || 30 μου > A† || 31 κραταιον >
O || 32 init. BO†] pr. διοτι L†, pr. οτι rel.: cf. Ps. 17 32 | ισχυρος BO (cf.
31. 33. 48 23 5 et Ps. 41 3)] θεος L pl.: item L† aliis locis || 33 κρατ. με
δυν.] κ. μ. δυναμιν A, περιτιθεις μοι δυναμιν L† | εξετιναξεν B†] εξετεινεν O†;
εθετο pl.: cf. Ps. 17 33; pro εξετ. — fin. hab. L† διδους οσιοτητα ταις οδοις μου
|| 35 εν βραχιονι] τους -νας A†

36   ³⁶καὶ ἔδωκάς μοι ὑπερασπισμὸν σωτηρίας μου,
       καὶ ἡ ὑπακοή σου ἐπλήθυνέν με

37   ³⁷εἰς πλατυσμὸν εἰς τὰ διαβήματά μου ὑποκάτω μου,
       καὶ οὐκ ἐσαλεύθησαν τὰ σκέλη μου.

38   ³⁸διώξω ἐχθρούς μου καὶ ἀφανιῶ αὐτοὺς
       καὶ οὐκ ἀναστρέψω, ἕως συντελέσω αὐτούς ·

39   ³⁹καὶ θλάσω αὐτούς, καὶ οὐκ ἀναστήσονται
       καὶ πεσοῦνται ὑπὸ τοὺς πόδας μου.

40   ⁴⁰καὶ ἐνισχύσεις με δυνάμει εἰς πόλεμον,
       κάμψεις τοὺς ἐπανιστανομένους μοι ὑποκάτω μου ·

41   ⁴¹καὶ τοὺς ἐχθρούς μου ἔδωκάς μοι νῶτον,
       τοὺς μισοῦντάς με, καὶ ἐθανάτωσας αὐτούς.

42   ⁴²βοήσονται, καὶ οὐκ ἔστιν βοηθός,
       πρὸς κύριον, καὶ οὐχ ὑπήκουσεν αὐτῶν.

43   ⁴³καὶ ἐλέανα αὐτοὺς ὡς χοῦν γῆς,
       ὡς πηλὸν ἐξόδων ἐλέπτυνα αὐτούς.

44   ⁴⁴καὶ ῥύσῃ με ἐκ μάχης λαῶν,
       φυλάξεις με εἰς κεφαλὴν ἐθνῶν ·
       λαός, ὃν οὐκ ἔγνων, ἐδούλευσάν μοι,

45   ⁴⁵υἱοὶ ἀλλότριοι ἐψεύσαντό μοι,
       εἰς ἀκοὴν ὠτίου ἤκουσάν μου ·

46   ⁴⁶υἱοὶ ἀλλότριοι ἀπορριφήσονται
       καὶ σφαλοῦσιν ἐκ τῶν συγκλεισμῶν αὐτῶν.

47   ⁴⁷ζῇ κύριος, καὶ εὐλογητὸς ὁ φύλαξ μου,
       καὶ ὑψωθήσεται ὁ θεός μου, ὁ φύλαξ τῆς σωτηρίας μου.

48   ⁴⁸ἰσχυρὸς κύριος ὁ διδοὺς ἐκδικήσεις ἐμοί,
       παιδεύων λαοὺς ὑποκάτω μου

49   ⁴⁹καὶ ἐξάγων με ἐξ ἐχθρῶν μου,
       καὶ ἐκ τῶν ἐπεγειρομένων μοι ὑψώσεις με,
       ἐξ ἀνδρὸς ἀδικημάτων ῥύσῃ με.

50   ⁵⁰διὰ τοῦτο ἐξομολογήσομαί σοι, κύριε, ἐν τοῖς ἔθνεσιν
       καὶ ἐν τῷ ὀνόματί σου ψαλῶ,

36 η > O† || 37 εις πλατ. εις ΒΟ†] και επλατυνας L†: cf. Ps. 17 37; πλα-
τυνεις rel. | fin.] + ολιγοτητες εξεστησαν με και ουχ υπεστησαν με οι υπεναν-
τιοι L† || 38 αφανισω AV† || 39 init.] pr. και τελεσω αυτους A† | ουκ
αναστησ. ΒΟ] ου μη αναστωσιν L pl.: cf. Ps. 17 39 || 40 δυναμει εις πολ.]
δυναμιν και αγαλλιασιν του πολεμειν αυτους L† || 42 εσται A† || 43 χουν
pl.] χνουν ΒΑL† | fin.] + στερεωματισω αυτους O²⁴⁷†: ex Aquila || 44 εκ
μαχης λαων ΒΟ] εκ δυναστων λαου L†; εξ αντιλογιων λαου μου pl.: cf. Ps.
17 44 | εδουλευσαν Β†] -σεν rel. || 45 pro hoc uersu M mu. praebent Ps.
17 45 | ηκουσαν] pr. υπ A†: cf. Ps. 17 45 || 47 φυλαξ 1⁰: cf. 3 | υψωθητω
A† | μου 2⁰ > AL (ο 2⁰ ⌒ 3⁰ O²⁴⁷†) | φυλαξ της(>A†) σωτηριας ΒΟ] σωτηρ L
pl. || 48 ισχυρος] υψηλος A† | παιδευων ΒΟ†] pr. και rel. || 49¹ > A† |
επεγειρ.] επανισταμενων A†

⁵¹μεγαλύνων σωτηρίας βασιλέως αὐτοῦ   51
καὶ ποιῶν ἔλεος τῷ χριστῷ αὐτοῦ,
τῷ Δαυιδ καὶ τῷ σπέρματι αὐτοῦ ἕως αἰῶνος.
¹Καὶ οὗτοι οἱ λόγοι Δαυιδ οἱ ἔσχατοι   23
Πιστὸς Δαυιδ υἱὸς Ιεσσαι,
καὶ πιστὸς ἀνήρ, ὃν ἀνέστησεν κύριος ἐπὶ χριστὸν θεοῦ Ιακωβ,
καὶ εὐπρεπεῖς ψαλμοὶ Ισραηλ.
²πνεῦμα κυρίου ἐλάλησεν ἐν ἐμοί,   2
καὶ ὁ λόγος αὐτοῦ ἐπὶ γλώσσης μου ·
³λέγει ὁ θεὸς Ισραηλ,   3
ἐμοὶ ἐλάλησεν φύλαξ Ισραηλ Παραβολὴν εἰπόν
᾿Εν ἀνθρώπῳ πῶς κραταιώσητε φόβον θεοῦ ;
⁴καὶ ἐν θεῷ φωτὶ πρωίας ἀνατείλαι ἥλιος,   4
τὸ πρωὶ οὐ παρῆλθεν ἐκ φέγγους
καὶ ὡς ἐξ ὑετοῦ χλόης ἀπὸ γῆς.
⁵οὐ γὰρ οὕτως ὁ οἶκός μου μετὰ ἰσχυροῦ ;   5
διαθήκην γὰρ αἰώνιον ἔθετό μοι,
ἑτοίμην ἐν παντὶ καιρῷ, πεφυλαγμένην,
ὅτι πᾶσα σωτηρία μου καὶ πᾶν θέλημα,
ὅτι οὐ μὴ βλαστήσῃ ὁ παράνομος.
⁶ὥσπερ ἄκανθα ἐξωσμένη πάντες αὐτοί,   6
ὅτι οὐ χειρὶ λημφθήσονται,
⁷καὶ ἀνὴρ οὐ κοπιάσει ἐν αὐτοῖς,   7
καὶ πλῆρες σιδήρου καὶ ξύλον δόρατος,
καὶ ἐν πυρὶ καύσει καυθήσονται αἰσχύνῃ αὐτῶν.
⁸Ταῦτα τὰ ὀνόματα τῶν δυνατῶν Δαυιδ · Ιεβοσθε ὁ Χαναναῖος   8
ἄρχων τοῦ τρίτου ἐστίν, Αδινων ὁ Ασωναῖος. οὗτος ἐσπάσατο
τὴν ῥομφαίαν αὐτοῦ ἐπὶ ὀκτακοσίους τραυματίας εἰς ἅπαξ. —
⁹καὶ μετ᾿ αὐτὸν Ελεαζαρ υἱὸς πατραδέλφου αὐτοῦ υἱὸς Σουσίτου   9

23 1 ανηρ] pr. ο Aⴕ | θεου] pr. κυριου Aⴕ || 3 φυλαξ] + εξ Bⴕ | κραταιω-
σατε (sic) Oⴕ | θεου pl.] χριστου Bⴕ, κυριου Aⴕ || 4 θεω φωτι BAⴕ] θεου
φ. pau., φ. θεου pl. | ηλιος BO²⁴⁷Lⴕ] pr. ο rel. | ου παρηλθεν O] ου κυριος π.
Bⴕ; και ου σκοτασει L: item uel sim. pl. || 5 ουτως pl.] ουτος BO | εθετο
μοι / ετοιμην] tr. Aⴕ | πεφυλαγμενον Aⴕ || 6 αυτοι] ουτοι Bⴕ, > Lⴕ ||
7 ου > OLⴕ | κοπασει Aⴕ | καυθησεται Ra.] pr. κατα Lⴕ, και θησονται Bⴕ,
και καυθησεται Oⴕ, pr. και pl. | αισχυνη Aⴕ] εν (τη) -νη O-ALⴕ; -νην B,
εις -νην pl. || 8 δαυιδ] pr. του O | ιεβοσθε] ιεσβααλ Lⴕ: cf. 2 8 | ο χανα-
ναιος] υιος θεκεμανει Lⴕ: cf. Par. I 11 11 | αρχων του τριτου] πρωτος των
τριων Lⴕ | εστιν] pr. αυτος Oⴕ, > Lⴕ | αδινων] ων > Oⴕ | ουτος — αυτου >
Oⴕ | οκτακοσιους] εννακ. Lⴕ et Ioseph. Antiq. VII 308 Niese; τριακ. Bⴕ: ex
Par. I 11 11 | τραυμ. OLBⴕ] στρατιωτας rel. || 9 ελεαζαρ] ελεαναν B: cf.
24 21 19 | υιος πατραδ. αυτου > Lⴕ: cf. 24 | σουσ(ε)ιτου (uel σουσει του?)
B*ⴕ] + του Bⴕ; σωσειτου Oⴕ; δουδει Lⴕ (δουδ pro σουσ etiam Bⴕ): cf. 24;
rel. om. υιος σουσιτου

ἐν τοῖς τρισὶν δυνατοῖς. οὗτος ἦν μετὰ Δαυιδ ἐν Σερραν, καὶ ἐν
τῷ ὀνειδίσαι αὐτὸν ἐν τοῖς ἀλλοφύλοις συνήχθησαν ἐκεῖ εἰς πό-
10 λεμον, καὶ ἀνέβησαν ἀνὴρ Ισραηλ · ¹⁰αὐτὸς ἀνέστη καὶ ἐπάταξεν
ἐν τοῖς ἀλλοφύλοις, ἕως οὗ ἐκοπίασεν ἡ χεὶρ αὐτοῦ καὶ προσεκολ-
λήθη ἡ χεὶρ αὐτοῦ πρὸς τὴν μάχαιραν, καὶ ἐποίησεν κύριος σωτη-
ρίαν μεγάλην ἐν τῇ ἡμέρᾳ ἐκείνῃ · καὶ ὁ λαὸς ἐκάθητο ὀπίσω αὐ-
11 τοῦ πλὴν ἐκδιδύσκειν. — ¹¹καὶ μετ᾽ αὐτὸν Σαμαια υἱὸς Ασα ὁ
Αρουχαῖος. καὶ συνήχθησαν οἱ ἀλλόφυλοι εἰς Θηρία, καὶ ἦν ἐκεῖ
μερὶς τοῦ ἀγροῦ πλήρης φακοῦ, καὶ ὁ λαὸς ἔφυγεν ἐκ προσώπου
12 ἀλλοφύλων · ¹²καὶ ἐστηλώθη ἐν μέσῳ τῆς μερίδος καὶ ἐξείλατο
αὐτὴν καὶ ἐπάταξεν τοὺς ἀλλοφύλους, καὶ ἐποίησεν κύριος σωτη-
13 ρίαν μεγάλην. — ¹³καὶ κατέβησαν τρεῖς ἀπὸ τῶν τριάκοντα καὶ
ἦλθον εἰς Κασων πρὸς Δαυιδ εἰς τὸ σπήλαιον Οδολλαμ, καὶ τάγμα
14 τῶν ἀλλοφύλων παρενέβαλον ἐν τῇ κοιλάδι Ραφαϊμ · ¹⁴καὶ Δαυιδ
τότε ἐν τῇ περιοχῇ, καὶ τὸ ὑπόστημα τῶν ἀλλοφύλων τότε ἐν
15 Βαιθλεεμ. ¹⁵καὶ ἐπεθύμησεν Δαυιδ καὶ εἶπεν Τίς ποτιεῖ με ὕδωρ
ἐκ τοῦ λάκκου τοῦ ἐν Βαιθλεεμ τοῦ ἐν τῇ πύλῃ; τὸ δὲ σύστημα
16 τῶν ἀλλοφύλων τότε ἐν Βαιθλεεμ. ¹⁶καὶ διέρρηξαν οἱ τρεῖς δυνα-
τοὶ ἐν τῇ παρεμβολῇ τῶν ἀλλοφύλων καὶ ὑδρεύσαντο ὕδωρ ἐκ
τοῦ λάκκου τοῦ ἐν Βαιθλεεμ τοῦ ἐν τῇ πύλῃ καὶ ἔλαβαν καὶ παρ-
εγένοντο πρὸς Δαυιδ, καὶ οὐκ ἠθέλησεν πιεῖν αὐτὸ καὶ ἔσπεισεν
17 αὐτὸ τῷ κυρίῳ ¹⁷καὶ εἶπεν Ἵλεώς μοι, κύριε, τοῦ ποιῆσαι τοῦτο ·
εἰ αἷμα τῶν ἀνδρῶν τῶν πορευθέντων ἐν ταῖς ψυχαῖς αὐτῶν πίο-
μαι ; καὶ οὐκ ἠθέλησεν πιεῖν αὐτό. ταῦτα ἐποίησαν οἱ τρεῖς δυνατοί.
18 ¹⁸Καὶ Αβεσσα ἀδελφὸς Ιωαβ υἱὸς Σαρουιας, αὐτὸς ἄρχων ἐν
τοῖς τρισίν. καὶ αὐτὸς ἐξήγειρεν τὸ δόρυ αὐτοῦ ἐπὶ τριακοσίους
19 τραυματίας, καὶ αὐτῷ ὄνομα ἐν τοῖς τρισίν· ¹⁹ἐκ τῶν τριῶν ἐκεί-
νων ἔνδοξος, καὶ ἐγένετο αὐτοῖς εἰς ἄρχοντα, καὶ ἕως τῶν τριῶν

---

9 ουτος ην et εν σερραν (cf. Par. I **11** 13) > BO† | και 2⁰ — συνηχθ. εκει
B†] και > O pl., ante συνηχθ. add. και οι αλλοφυλοι pl.; και οι αλλοφυλοι
εκει συνηχθ. L†; cf. Par. I **11** 13 | ανεβησαν LV (L† ανδρες pro ανηρ)] -βο-
ησεν BO, -βοησαν M: cf. I **13**4 | fin. BO†] + προ προσωπου αυτου(L†-των)
rel. || **10** init. BO†] pr. και rel. | εκοπασεν A† | εκαθητο] επεστρεψεν L pl.
| πλην εκδιδυσκειν] εις το σκυλευειν L†: cf. Ioseph. Antiq. VII 309 Niese (σκυ-
λευοντος) || **11** και 1⁰ > A† | σαμαια] σαμμεας A† | ασα] αγοα A†, ηλα uel
sim. L†, ηλου (est genetiuus) Ioseph. Antiq. VII 310 Niese | θηρια] σιαγονα
L† et Ioseph. l. l. || **13** τριακοντα] + αρχων M, τριων αρχων L† | ηλθον]
κατεβησαν BA† | κασων Bε†] καδων B*†, κασωαρ A†, κασορα O²⁴⁷†, κασωα
pl., εις την πετραν L† | ταγμα] τα θηρια L pl. | παρενεβ.] pr. και B† | ρα-
φα(ε)ιμ] -ειν A; των τιτανων L†: cf. **21** 16 || **14** βηθλεεμ AL: item in **15**
(bis). 16. 24, cf. Ruth **1** 1 || **18** αβεσσα: cf. I **26**6 | τοις τρισιν 1⁰] τω τριτω
M | τριακοσιους] εξακ. L† et Ioseph. Antiq. VII 315 Niese, cf. Par. I **11** 20
|| **19** εις] επ A·

οὐκ ἦλθεν. — ²⁰καὶ Βαναιας υἱὸς Ιωδαε, ἀνὴρ αὐτὸς πολλοστὸς 20
ἔργοις ἀπὸ Καβεσεηλ. καὶ αὐτὸς ἐπάταξεν τοὺς δύο υἱοὺς αριηλ
τοῦ Μωαβ · καὶ αὐτὸς κατέβη καὶ ἐπάταξε τὸν λέοντα ἐν μέσῳ
τοῦ λάκκου ἐν τῇ ἡμέρᾳ τῆς χιόνος · ²¹αὐτὸς ἐπάταξεν τὸν ἄνδρα 21
τὸν Αἰγύπτιον, ἄνδρα ὁρατόν, ἐν δὲ τῇ χειρὶ τοῦ Αἰγυπτίου δόρυ
ὡς ξύλον διαβάθρας, καὶ κατέβη πρὸς αὐτὸν ἐν ῥάβδῳ καὶ ἥρπα-
σεν τὸ δόρυ ἐκ τῆς χειρὸς τοῦ Αἰγυπτίου καὶ ἀπέκτεινεν αὐτὸν
ἐν τῷ δόρατι αὐτοῦ. ²²ταῦτα ἐποίησεν Βαναιας υἱὸς Ιωδαε, καὶ 22
αὐτῷ ὄνομα ἐν τοῖς τρισὶν τοῖς δυνατοῖς· ²³ἐκ τῶν τριῶν ἔνδο- 23
ξος, καὶ πρὸς τοὺς τρεῖς οὐκ ἦλθεν · καὶ ἔταξεν αὐτὸν Δαυιδ εἰς
τὰς ἀκοὰς αὐτοῦ.

²⁴Καὶ ταῦτα τὰ ὀνόματα τῶν δυνατῶν Δαυιδ βασιλέως · Ασαηλ 24
ἀδελφὸς Ιωαβ (οὗτος ἐν τοῖς τριάκοντα), Ελεαναν υἱὸς Δουδι
πατραδέλφου αὐτοῦ ἐν Βαιθλεεμ, ²⁵Σαμαι ὁ Αρουδαῖος, Ελικα ὁ 25
Αρωδαῖος, ²⁶Ελλης ὁ Φελωθι, Ιρας υἱὸς Εκκας ὁ Θεκωίτης, ²⁷Αβι- 26
εζερ ὁ Αναθωθίτης ἐκ τῶν υἱῶν τοῦ Ασωθίτου, ²⁸Σελμων ὁ Αωί- 27
της, Μοορε ὁ Νετωφαθίτης, ²⁹Ελα υἱὸς Βαανα ὁ Νετωφαθίτης, 28
Εθθι υἱὸς Ριβα ἐκ Γαβαεθ υἱὸς Βενιαμιν, ³⁰Βαναιας ὁ Φαραθωνί- 29
της, Ουρι ἐκ Ναχαλιγαιας, ³¹Αβιηλ υἱὸς τοῦ Αραβωθίτου, Αζμωθ 30
ὁ Βαρσαμίτης, ³²Ελιασου ὁ Σαλαβωνίτης, υἱοὶ Ιασαν, Ιωναθαν, 31
                                                                32

20 ιωδαε] ιωιαδαε Aᵗ, ιωαδ Lᵗ: item ambo in 22 et in III 1.2 ubique et
4₄, cf. II 8 18, ubi etiam A ιωδαε | ανηρ αυτος] υιου ιεσσαι Lᵗ | επαταξε(ν)
1⁰⌒2⁰ Aᵗ || 21 init. ΒΟ] pr. και L pl. | δορυ 1⁰⌒2⁰ Aᵗ | ραβδω pl.] τω
δορατι ΒΟ²⁴⁷(A deest), τω δορατι αυτου ο αιγυπτιος Lᵗ | 23 εις B*] προς
ΟΒᶜ | εις τας ακ.] επι την φυλακην Lᵗ || 24 δουδι > mu., πατραδ. αυτου
> Lᵗ | εν ult.] εκ OL | βαιθλ.: cf. 14 || 25 σαμαι Ra.] σαιμα Bᵗ, σαμμαι
Aᵗ, σαμαιας Lᵗ; σεμωθ pl., cf. Par. I 11 27 | αρουδαιος Οᵗ] ρουδ. B⁽ᵗ⁾, αδαρι
Lᵗ | ελικα — fin. > BL | ελικα pl.] ενακα Aᵗ || 26 ελλης Aᵗ] σελλης B,
χαλλης Lᵗ, χελλης pl. | φελωθι Ra.] κελ. Bᵗ, φελλωνει A, φαλμωνει Lᵖᵗ | εκ-
κας Aᵗ] εισκα B⁽ᵗ⁾, εκκης L pl. || 27 αναθωθιτης] αθ > B | εκ — fin. ΒΟᵗ]
σαβουχαι(cf. Par. I 11 29) ο ασωθιτης uel sim. pl., σαβενι ο χεθθι uel sim. Lᵗ |
ασωθιτου] ν προ σ Bᵗ || 28 σελμων Gra.] σελλωμ Aᵗ, ελλων B, ελιμαν Lᵗ
| αω(ε)ιτης Bᵗ] ελωειτης Aᵗ, αλωνιτης pl., ακαχι Lᵗ | μοορε pl.] νοερε B,
μαεραει Aᵗ, μααρναν Lᵗ | νετωφ.] εντωφατειτης B⁽ᵗ⁾, νεπωφ. Aᵗ, του φατεια
uel sim. Lᵗ || 29 init. — νετωφ. > B | ελα pl.] αλαφ Οᵗ, αλλαν Lᵗ | βαανα
ο νετωφ.] βααναια του εφραθαιου Aᵗ; sequentia usque ad finem uersus om.
Aᵗ | εθθι pl.] εσθαει B⁽ᵗ⁾ | γαβαεθ] γαβαα pl., του βουνου Lᵗ | υιος ult.] υιου
Ο²⁴⁷ᵗ, > L pl. | fin.] + του εφραθαιου ΒΟ²⁴⁷ || 30 > B, cf. 39 fin. | βα-
ναιας ο φαραθ. > AL | ουρι] αθθαι Aᵗ, αδδα(ε)ι Ο²⁴⁷Lᵗ | ναχαλιγ.] νααλεας
Aᵗ, νααλγας Ο²⁴⁷ᵗ, νεχαβαι Lᵗ || 31 init. — αραβ. pl.] > B (cf. 30), α⟨β⟩ειελ-
βων ο αρωβωθει Οᵗ, ταλσαβηης ο σαραιβαθει Lᵗ | αζμωθ pl.] ασβωθ B*ᵗ,
ασμωθ ΟΒᶜ, αζελμων Lᵗ | βαρσαμ. pl.] βαρδιαμ. Bᵗ, βαρωμμ. Aᵗ, αβαρνει uel
sim. Lᵗ || 32 ελιασου Ra.] εμασου B⁽ᵗ⁾, ελιαβ Aᵗ, σαλαβαθ Lᵗ | υιοι ιασαν(sic
Ra. pro ασαν)] βασαι ο γωυνι mu., ιασσαι ο γουνι Lᵗ: cf. Par. I 11 34

33 ³³Σαμμα ὁ Αρωδίτης, Αχιαν υἱὸς Σαραδ ὁ Αραουρίτης, ³⁴Αλιφαλεθ
34 υἱὸς τοῦ Ασβίτου υἱὸς τοῦ Μααχατι, Ελιαβ υἱὸς Αχιτοφελ τοῦ
35 Γελωνίτου, ³⁵Ασαραι ὁ Καρμήλιος, Φαραϊ ὁ Ερχι, ³⁶Ιγααλ υἱὸς
36
37 Ναθαν ἀπὸ δυνάμεως, υἱὸς Γαδδι, ³⁷Ελιε ὁ Αμμανίτης, Γελωραι ὁ
38 Βηρωθαῖος αἴρων τὰ σκεύη Ιωαβ υἱοῦ Σαρουιας, ³⁸Ιρας ὁ Ιεθιραῖος,
39 Γαρηβ ὁ Ιεθιραῖος, ³⁹Ουριας ὁ Χετταῖος, πάντες τριάκοντα καὶ ἑπτά.
24   ¹Καὶ προσέθετο ὀργὴ κυρίου ἐκκαῆναι ἐν Ισραηλ, καὶ ἐπέσεισεν
τὸν Δαυιδ ἐν αὐτοῖς λέγων Βάδιζε ἀρίθμησον τὸν Ισραηλ καὶ τὸν
2 Ιουδα. ²καὶ εἶπεν ὁ βασιλεὺς πρὸς Ιωαβ ἄρχοντα τῆς ἰσχύος τὸν
μετ' αὐτοῦ Δίελθε δὴ πάσας φυλὰς Ισραηλ ἀπὸ Δαν καὶ ἕως Βηρ-
σαβεε καὶ ἐπίσκεψαι τὸν λαόν, καὶ γνώσομαι τὸν ἀριθμὸν τοῦ
3 λαοῦ. ³καὶ εἶπεν Ιωαβ πρὸς τὸν βασιλέα Καὶ προσθείη κύριος ὁ
θεός σου πρὸς τὸν λαὸν ὥσπερ αὐτοὺς καὶ ὥσπερ αὐτοὺς ἑκα-
τονταπλασίονα, καὶ ὀφθαλμοὶ τοῦ κυρίου μου τοῦ βασιλέως ὁρῶν-
τες · καὶ ὁ κύριός μου ὁ βασιλεὺς ἵνα τί βούλεται ἐν τῷ λόγῳ
4 τούτῳ; ⁴καὶ ὑπερίσχυσεν ὁ λόγος τοῦ βασιλέως πρὸς Ιωαβ καὶ
εἰς τοὺς ἄρχοντας τῆς δυνάμεως. καὶ ἐξῆλθεν Ιωαβ καὶ οἱ ἄρχον-
τες τῆς ἰσχύος ἐνώπιον τοῦ βασιλέως ἐπισκέψασθαι τὸν λαὸν Ισ-
5 ραηλ. ⁵καὶ διέβησαν τὸν Ιορδάνην καὶ παρενέβαλον ἐν Αροηρ ἐκ
δεξιῶν τῆς πόλεως τῆς ἐν μέσῳ τῆς φάραγγος Γαδ καὶ Ελιεζερ
6 ⁶καὶ ἦλθον εἰς τὴν Γαλααδ καὶ εἰς γῆν Θαβασων, ἥ ἐστιν Αδασαι,
καὶ παρεγένοντο εἰς Δανιδαν καὶ Ουδαν καὶ ἐκύκλωσαν εἰς Σιδῶνα

33 init.] pr. υιος L mu. | σαμμα Ra.] σαμναν B*, σαμνας ΑΒ°⁽ᵗ⁾, σαμμα Lᵗ,
σαμα mu. | αρωδιτης] αρωριτης mu. | αχιαν mu.] αμναν ΒΟ, αραχει Lᵗ(om. ο
αρωδ. praec.) | σαραδ Ra.] αραι Β, αραδ Αᵗ, σαραια pl. | ο ult.] σ (ad nomen
seq. tractum) Bᵗ | αραουρ. Bᵗ] αραρ. Α, αραθυρ. pl. ‖ 34 αλιφαλεθ Β⁽ᵗ⁾]
ελιφαλετ Ο⁽ᵗ⁾, ο φελλει Lᵗ, αλιφαλατ pl. | ασβιτου Β⁽ᵗ⁾] αιτουε Αᵗ, ασσαια Lᵗ
| μααχατι Ra.] μαχαχααχει Bᵗ, μαχαταιου Αᵗ, μακαρθει Lᵗ | ελιαβ] ελιαφ Αᵗ
| γειλωνιτου Αᵗ ‖ 35 φαραι Α⁽ᵗ⁾] του ουραι Β | ο ερχι] ο αραχειεις Αᵗ, υιος
ασβι mu. ‖ 36 ιγααλ M] γααλ ΒΟ, ιωηλ Lᵗ | απο δυν. pau.] απολυδυν. Bᵗ,
ο(>Α) πολυς(Αᵗ πολλυς) δυναμεως Ο, μασ(σ)αβα Lᵗ | γαδδι Αᵗ] γαλααδδει Β,
αγηρει Lᵗ ‖ 37 ελ(ε)ιε Β⁽ᵗ⁾] σβλεγι Αᵗ, σαλααδ Lᵗ, ελληχ pl. | γελωραι(ΒΑ
-ρε)] αραια Lᵗ | βηρωθαιος] βηθωραιος B* | αιρων τα] αιροντες Lᵗ | υιου]
υιος Bᵗ ‖ 38 ιεθιραιος 1⁰ pl.] αθειρ. Β*ᵗ, εθρ. Οᵗ, ιεθερει uel sim. Lᵗ |
γαρηβ pl.] γηραβ Β⁽ᵗ⁾, γαρηθ Αᵗ, γαβερ Lᵗ | ιεθιραιος 2⁰ M] εθθεναιος Bᵗ,
ιεθει Lᵗ, τεθριτης Αᵗ ‖ 39 παντες ΒΟᵗ] pr. οι rel. | fin.] + αδαοι(Β° αδροι)
απο χειμαρρων · γαδαβιηλ υιος του αραβωθαιου Β: cf. 30/31
24 1 οργην κυριος B* ‖ 2 ισραηλ] pr. του Ο ‖ 3 σου > Bᵗ | και ωσπερ
αυτους Bᵗ] > rel. | εκατονταπλασιονα Bᵗ (cf. 12 6)] -σιον Οᵗ, -σιως L pl. |
οφθ.] pr. οι AL ‖ 4 εις ΒΟᵗ] προς pl., υπερ Lᵗ (idem praebet Lᵗ pro
προς praec.) | ισραηλ Β*ΑLᵗ] pr. τον (uel του) rel. ‖ 5 αροηλ Β | ελιαζηρ
Αᵗ ‖ 6 την > OL | γην ΑLᵖᵗ] την rel. | θαβασων(Αᵗ εθαων) — αδασαι]
χεττιειμ καδης Lᵗ | η εστιν] > Αᵗ, και εις εσθων και εις pl. | αδασαι] ναδ.
Bᵗ | δανιδαν] δανιαραν Αᵗ, δαν Lᵗ | και ουδαν Bᵗ] και ιουδαν Οᵗ, > rel. |
σιδωνα] + την μεγαλην ΟLᵗ: cf. Ios. 11 2

⁷καὶ ἦλθαν εἰς Μαψαρ Τύρου καὶ πάσας τὰς πόλεις τοῦ Ευαίου 7
καὶ τοῦ Χαναναίου καὶ ἦλθαν κατὰ νότον Ιουδα εἰς Βηρσαβεε ⁸καὶ 8
περιώδευσαν ἐν πάσῃ τῇ γῇ καὶ παρεγένοντο ἀπὸ τέλους ἐννέα
μηνῶν καὶ εἴκοσι ἡμερῶν εἰς Ιερουσαλημ. ⁹καὶ ἔδωκεν Ιωαβ τὸν 9
ἀριθμὸν τῆς ἐπισκέψεως τοῦ λαοῦ πρὸς τὸν βασιλέα, καὶ ἐγένετο
Ισραηλ ὀκτακόσιαι χιλιάδες ἀνδρῶν δυνάμεως σπωμένων ῥομφαίαν
καὶ ἀνὴρ Ιουδα πεντακόσιαι χιλιάδες ἀνδρῶν μαχητῶν.

¹⁰Καὶ ἐπάταξεν καρδία Δαυιδ αὐτὸν μετὰ τὸ ἀριθμῆσαι τὸν λαόν, 10
καὶ εἶπεν Δαυιδ πρὸς κύριον Ἥμαρτον σφόδρα ὃ ἐποίησα · νῦν,
κύριε, παραβίβασον δὴ τὴν ἀνομίαν τοῦ δούλου σου, ὅτι ἐμωράν-
θην σφόδρα. ¹¹καὶ ἀνέστη Δαυιδ τὸ πρωί. καὶ λόγος κυρίου ἐγέ- 11
νετο πρὸς Γαδ τὸν προφήτην τὸν ὁρῶντα Δαυιδ λέγων ¹²Πορεύ- 12
θητι καὶ λάλησον πρὸς Δαυιδ λέγων Τάδε λέγει κύριος Τρία ἐγώ
εἰμι αἴρω ἐπὶ σέ, καὶ ἔκλεξαι σεαυτῷ ἓν ἐξ αὐτῶν, καὶ ποιήσω
σοι. ¹³καὶ εἰσῆλθεν Γαδ πρὸς Δαυιδ καὶ ἀνήγγειλεν αὐτῷ καὶ εἶπεν 13
αὐτῷ Ἔκλεξαι σεαυτῷ γενέσθαι, εἰ ἔλθῃ σοι τρία ἔτη λιμὸς ἐν τῇ
γῇ σου, ἢ τρεῖς μῆνας φεύγειν σε ἔμπροσθεν τῶν ἐχθρῶν σου
καὶ ἔσονται διώκοντές σε, ἢ γενέσθαι τρεῖς ἡμέρας θάνατον ἐν
τῇ γῇ σου· νῦν οὖν γνῶθι καὶ ἰδὲ τί ἀποκριθῶ τῷ ἀποστείλαντί
με ῥῆμα. ¹⁴καὶ εἶπεν Δαυιδ πρὸς Γαδ Στενά μοι πάντοθεν σφόδρα 14
ἐστίν · ἐμπεσοῦμαι δὴ ἐν χειρὶ κυρίου, ὅτι πολλοὶ οἱ οἰκτιρμοὶ
αὐτοῦ σφόδρα, εἰς δὲ χεῖρας ἀνθρώπου οὐ μὴ ἐμπέσω · καὶ ἐξε-
λέξατο ἑαυτῷ Δαυιδ τὸν θάνατον. ¹⁵καὶ ἡμέραι θερισμοῦ πυρῶν, 15
καὶ ἔδωκεν κύριος ἐν Ισραηλ θάνατον ἀπὸ πρωίθεν ἕως ὥρας
ἀρίστου, καὶ ἤρξατο ἡ θραῦσις ἐν τῷ λαῷ, καὶ ἀπέθανεν ἐκ τοῦ
λαοῦ ἀπὸ Δαν καὶ ἕως Βηρσαβεε ἑβδομήκοντα χιλιάδες ἀνδρῶν.
¹⁶καὶ ἐξέτεινεν ὁ ἄγγελος τοῦ θεοῦ τὴν χεῖρα αὐτοῦ εἰς Ιερουσα- 16
λημ τοῦ διαφθεῖραι αὐτήν, καὶ παρεκλήθη κύριος ἐπὶ τῇ κακίᾳ καὶ
εἶπεν τῷ ἀγγέλῳ τῷ διαφθείροντι ἐν τῷ λαῷ Πολὺ νῦν, ἄνες τὴν
χεῖρά σου · καὶ ὁ ἄγγελος κυρίου ἦν παρὰ τῷ ἅλῳ Ορνα τοῦ Ιε-
βουσαίου. ¹⁷καὶ εἶπεν Δαυιδ πρὸς κύριον ἐν τῷ ἰδεῖν αὐτὸν τὸν 17

---

7 μαψαρ] βοσορραν L⁺ | νοτον ιουδα] τον ιορδανην A⁺ ‖ 9 pro 800000
et 500000 praebent L⁺ et Ioseph. Antiq. VII 320 Niese 900000 et 400000
‖ 10 ο εποιησα B⁺] οτι επ. A⁺ (sim. O²⁴⁷⁺), ποιησας rel.: ad quae addunt
omnes excepto B⁺ το ρημα τουτο | νυν BO⁺] pr. και rel. | παραβιβασον BO⁺]
περιελε rel. | δη > OL | εμωρανθην BA⁺ εματαιωθην pl. ‖ 11 δαυιδ ult.]
pr. τον A⁺, pr. τω L⁺ ‖ 12 ταδε λεγει κυρ. > A⁺ ‖ 13 εκλεξαι σ. γεν. >
O⁺ | ει ελθη] εισελθη A⁺ | διωκοντες B*⁽⁺⁾] διωκειν OBc⁺, καταδιωκειν L rel.
(L⁺ αυτους pro εσονται praec.) ‖ 14 εστιν BO⁺] + και τα τρια rel. | αν-
θρωπου BO²⁴⁷⁺] -πων rel. | εαυτω δαυιδ] tr. A⁺ ‖ 15 εν ισρ. / θαν. BO⁺] tr.
rel. | ωρας > A⁺ ‖ 16 του θεου > AL | επι] εν O⁺ | τω ult.] τη A, την
L⁺: cf. 18. 21. 24

ἄγγελον τύπτοντα ἐν τῷ λαῷ καὶ εἶπεν Ἰδοὺ ἐγώ εἰμι ἠδίκησα
καὶ ἐγώ εἰμι ὁ ποιμὴν ἐκακοποίησα, καὶ οὗτοι τὰ πρόβατα τί ἐποί-
ησαν; γενέσθω δὴ ἡ χείρ σου ἐν ἐμοὶ καὶ ἐν τῷ οἴκῳ τοῦ πα-
18 τρός μου. ¹⁸ καὶ ἦλθεν Γαδ πρὸς Δαυιδ ἐν τῇ ἡμέρᾳ ἐκείνῃ καὶ εἶ-
πεν αὐτῷ Ἀνάβηθι καὶ στῆσον τῷ κυρίῳ θυσιαστήριον ἐν τῷ
19 ἅλωνι Ορνα τοῦ Ιεβουσαίου. ¹⁹ καὶ ἀνέβη Δαυιδ κατὰ τὸν λόγον
20 Γαδ, καθ᾽ ὃν τρόπον ἐνετείλατο αὐτῷ κύριος. ²⁰ καὶ διέκυψεν Ορνα
καὶ εἶδεν τὸν βασιλέα καὶ τοὺς παῖδας αὐτοῦ παραπορευομένους
ἐπάνω αὐτοῦ, καὶ ἐξῆλθεν Ορνα καὶ προσεκύνησεν τῷ βασιλεῖ ἐπὶ
21 πρόσωπον αὐτοῦ ἐπὶ τὴν γῆν. ²¹ καὶ εἶπεν Ορνα Τί ὅτι ἦλθεν ὁ
κύριός μου ὁ βασιλεὺς πρὸς τὸν δοῦλον αὐτοῦ; καὶ εἶπεν Δαυιδ
Κτήσασθαι παρὰ σοῦ τὸν ἅλωνα τοῦ οἰκοδομῆσαι θυσιαστήριον
22 τῷ κυρίῳ, καὶ συσχεθῇ ἡ θραῦσις ἐπάνω τοῦ λαοῦ. ²² καὶ εἶπεν
Ορνα πρὸς Δαυιδ Λαβέτω καὶ ἀνενεγκέτω ὁ κύριός μου ὁ βασι-
λεὺς τῷ κυρίῳ τὸ ἀγαθὸν ἐν ὀφθαλμοῖς αὐτοῦ· ἰδοὺ οἱ βόες εἰς
23 ὁλοκαύτωμα, καὶ οἱ τροχοὶ καὶ τὰ σκεύη τῶν βοῶν εἰς ξύλα. ²³ τὰ
πάντα ἔδωκεν Ορνα τῷ βασιλεῖ, καὶ εἶπεν Ορνα πρὸς τὸν βασιλέα
24 Κύριος ὁ θεός σου εὐλογήσαι σε. ²⁴ καὶ εἶπεν ὁ βασιλεὺς πρὸς
Ορνα Οὐχί, ὅτι ἀλλὰ κτώμενος κτήσομαι παρὰ σοῦ ἐν ἀλλάγματι
καὶ οὐκ ἀνοίσω τῷ κυρίῳ θεῷ μου ὁλοκαύτωμα δωρεάν· καὶ ἐκτή-
σατο Δαυιδ τὸν ἅλωνα καὶ τοὺς βόας ἐν ἀργυρίῳ σίκλων πεντή-
25 κοντα. ²⁵ καὶ ᾠκοδόμησεν ἐκεῖ Δαυιδ θυσιαστήριον κυρίῳ καὶ ἀνή-
νεγκεν ὁλοκαυτώσεις καὶ εἰρηνικάς· καὶ προσέθηκεν Σαλωμων ἐπὶ
τὸ θυσιαστήριον ἐπ᾽ ἐσχάτῳ, ὅτι μικρὸν ἦν ἐν πρώτοις. καὶ ἐπή-
κουσεν κύριος τῇ γῇ, καὶ συνεσχέθη ἡ θραῦσις ἐπάνωθεν Ισραηλ.

17 τυπτ.] pr. τον Ο | ηδικησα Β*Ο†] ημαρτηκα rel. (-τον L†) | και εγω —
εκακοπ. > Β*† | ειμι ult. > ΟL† ‖ 18 τω ult.] τη ΑL: cf. 16 ‖ 19 γαδ
ΒΟ†] + του προφητου rel. ‖ 21 τον 2⁰] την ΑL: cf. 16 | συσχεθη] συν-
εσχεθη Β; συνεσχεσθη (sic) Α†: item Α† in 25 | επανω ΒΟ†] απο L†, επ-
ανωθεν rel. ‖ 22 ολοκαυτωμα] -τωματα Α†; -τωσιν L†: item Ioseph. Antiq.
VII 331 Niese (ambo praebent etiam αροτρα pro τροχοι) ‖ 23 σου > Α†
‖ 24 αλλα] > Ο†, αλλ η pl. | κυριω] + μου Β† | τον] την ΑL: cf. 16 | αλω
ΑL, sed in 18. 21 etiam Α αλωνι et αλωνα ‖ 25 εκει > Α† | κυριω] pr.
τω ΟL

Subscr. βασιλειων β′ ΒΑ. ad hunc librum L† et Ioseph. Antiq. VII trahunt
finem narrationis de Dauide Regn. III 1 1—2 11, cf. III 2 11 et subscriptio
codicis 554 ad Regn. II εν τω εξαπλω και τοις ακριβεστεροις των αντιγραφων
εως ωδε πληρουται η δευτερα των βασιλειων, διοδωρος δε συναπτει ταυτη τα
εως της του δαυιδ τελευτης, ομοιως θεοδωρητος; cf. Rahlfs Sept.-Stud. 3
(1911), § 46

ΒΑΣΙΛΕΙΩΝ Γ'

¹Καὶ ὁ βασιλεὺς Δαυιδ πρεσβύτερος προβεβηκὼς ἡμέραις, καὶ 1
περιέβαλλον αὐτὸν ἱματίοις, καὶ οὐκ ἐθερμαίνετο. ²καὶ εἶπον οἱ 2
παῖδες αὐτοῦ Ζητησάτωσαν τῷ κυρίῳ ἡμῶν τῷ βασιλεῖ παρθένον
νεάνιδα, καὶ παραστήσεται τῷ βασιλεῖ καὶ ἔσται αὐτὸν θάλπουσα
καὶ κοιμηθήσεται μετ' αὐτοῦ, καὶ θερμανθήσεται ὁ κύριος ἡμῶν ὁ
βασιλεύς. ³καὶ ἐζήτησαν νεάνιδα καλὴν ἐκ παντὸς ὁρίου Ισραηλ 3
καὶ εὗρον τὴν Αβισακ τὴν Σωμανῖτιν καὶ ἤνεγκαν αὐτὴν πρὸς τὸν
βασιλέα. ⁴καὶ ἡ νεᾶνις καλὴ ἕως σφόδρα · καὶ ἦν θάλπουσα τὸν 4
βασιλέα καὶ ἐλειτούργει αὐτῷ, καὶ ὁ βασιλεὺς οὐκ ἔγνω αὐτήν.

⁵Καὶ Αδωνιας υἱὸς Αγγιθ ἐπήρετο λέγων Ἐγὼ βασιλεύσω · καὶ 5
ἐποίησεν ἑαυτῷ ἅρματα καὶ ἱππεῖς καὶ πεντήκοντα ἄνδρας παρα-
τρέχειν ἔμπροσθεν αὐτοῦ. ⁶καὶ οὐκ ἀπεκώλυσεν αὐτὸν ὁ πατὴρ αὐ- 6
τοῦ οὐδέποτε λέγων Διὰ τί σὺ ἐποίησας; καί γε αὐτὸς ὡραῖος τῇ
ὄψει σφόδρα, καὶ αὐτὸν ἔτεκεν ὀπίσω Αβεσσαλωμ. ⁷καὶ ἐγένοντο 7
οἱ λόγοι αὐτοῦ μετὰ Ιωαβ τοῦ υἱοῦ Σαρουιας καὶ μετὰ Αβιαθαρ
τοῦ ἱερέως, καὶ ἐβοήθουν ὀπίσω Αδωνιου · ⁸καὶ Σαδωκ ὁ ἱερεὺς 8
καὶ Βαναιας υἱὸς Ιωδαε καὶ Ναθαν ὁ προφήτης καὶ Σεμεϊ καὶ Ρηι
καὶ οἱ δυνατοὶ τοῦ Δαυιδ οὐκ ἦσαν ὀπίσω Αδωνιου. ⁹καὶ ἐθυσία- 9
σεν Αδωνιας πρόβατα καὶ μόσχους καὶ ἄρνας μετὰ λίθου τοῦ Ζωε-
λεθ, ὃς ἦν ἐχόμενα τῆς πηγῆς Ρωγηλ, καὶ ἐκάλεσεν πάντας τοὺς
ἀδελφοὺς αὐτοῦ καὶ πάντας τοὺς ἁδροὺς Ιουδα, παῖδας τοῦ βασι-
λέως · ¹⁰καὶ τὸν Ναθαν τὸν προφήτην καὶ Βαναιαν καὶ τοὺς δυνα- 10
τοὺς καὶ τὸν Σαλωμων ἀδελφὸν αὐτοῦ οὐκ ἐκάλεσεν.

Regn. III: B; O = A Sy (et Arm) et usque ad 15 7 cod. 247 (deinde raro
tantum lectiones hexaplares praebens); L = 19 93 108 et plerumque 82
(cf. Rahlfs Sept.-Stud. 1 [1904], p. 5—15) et 127 (interdum ex O pendens)
nec non in 2—8. 21 fragmenta codicis Z ᴵᴵ; cf. Regn. I.

1 2 τω κυριω ημων > B† | τω βασ. 2⁰] pr. ✳ ενωπιον O†, εναντι του βασι-
λεως L† | ημων ult.] μου B*† || 3 αβισακ L pl. (cf. αβισακη Ioseph. Antiq.
VII 344 VIII 5. 8. 9 Niese)] -σα B†, -σαγ O: item in 15 2 17. 21. 22 ||
4 θαλπ./του βασ.] tr. O†; τιι βασιλει συγκοιτος L†: cf. Ioseph. Antiq. VII 344
Niese (συγκοιμωμενη μονον τω βασιλει συνεθερμαινεν αυτον · υπο γαρ γηρως
ην προς ταφροδισια και γυναικος ομιλιας ασθενης) || 5 αδωνιας] ορνια L†:
sic ubique (= אדניה) | παρατρεχοντας A† | 6 απεκωλυεν A† | τη οψει >
A† || 8 ιωδαε: cf. II 23 20 | ρηι O–A] ρησει BA, οι εταιροι αυτου L† | οι
Ra.] υιοι mss. || 9 αδωνειου B: item BA† in 25, cf. 44 | μοσχ.] βοας O†:
cf. L† βοας και προβατα pro προβ. — αρνας | μετα λιθου Ra.] μ. αιθη B, παρα
τον λιθον OL | του 1⁰] τον L pl. | ζωελεθ] -θει B, σελλαθ L† | πηγης > B†
| παντας bis > B† | αυτου] + τους υιους του βασιλεως O(sub✳)L | αδρους]
ανδρας OL || 10 σαλωμων] -μωντα A†: A inter uarias huius nominis formas
fluctuat; L ubique in Regn. (non in Par.) σολομων, -ωντος, Ioseph. σολομων,
-ωνος | αδελφον] pr. τον O

I 22

11   ¹¹Καὶ εἶπεν Ναθαν πρὸς Βηρσαβεε μητέρα Σαλωμων λέγων Οὐκ
ἤκουσας ὅτι ἐβασίλευσεν Αδωνιας υἱὸς Αγγιθ; καὶ ὁ κύριος ἡμῶν
12 Δαυιδ οὐκ ἔγνω. ¹²καὶ νῦν δεῦρο συμβουλεύσω σοι δὴ συμβου-
λίαν, καὶ ἐξελοῦ τὴν ψυχήν σου καὶ τὴν ψυχὴν τοῦ υἱοῦ σου Σα-
13 λωμων · ¹³δεῦρο εἴσελθε πρὸς τὸν βασιλέα Δαυιδ καὶ ἐρεῖς πρὸς
αὐτὸν λέγουσα Οὐχὶ σύ, κύριέ μου βασιλεῦ, ὤμοσας τῇ δούλῃ
σου λέγων ὅτι Σαλωμων ὁ υἱός σου βασιλεύσει μετ' ἐμὲ καὶ αὐτὸς
καθιεῖται ἐπὶ τοῦ θρόνου μου; καὶ τί ὅτι ἐβασίλευσεν Αδωνιας;
14 ¹⁴καὶ ἰδοὺ ἔτι λαλούσης σου ἐκεῖ μετὰ τοῦ βασιλέως καὶ ἐγὼ εἰσ-
15 ελεύσομαι ὀπίσω σου καὶ πληρώσω τοὺς λόγους σου. — ¹⁵καὶ
εἰσῆλθεν Βηρσαβεε πρὸς τὸν βασιλέα εἰς τὸ ταμίειον, καὶ ὁ βασι-
λεὺς πρεσβύτης σφόδρα, καὶ Αβισακ ἡ Σωμανῖτις ἦν λειτουργοῦσα
16 τῷ βασιλεῖ. ¹⁶καὶ ἔκυψεν Βηρσαβεε καὶ προσεκύνησεν τῷ βασιλεῖ.
17 καὶ εἶπεν ὁ βασιλεύς Τί ἐστίν σοι; ¹⁷ἡ δὲ εἶπεν Κύριέ μου βασιλεῦ,
σὺ ὤμοσας ἐν κυρίῳ τῷ θεῷ σου τῇ δούλῃ σου λέγων ὅτι Σα-
λωμων ὁ υἱός σου βασιλεύσει μετ' ἐμὲ καὶ αὐτὸς καθήσεται ἐπὶ
18 τοῦ θρόνου μου. ¹⁸καὶ νῦν ἰδοὺ Αδωνιας ἐβασίλευσεν, καὶ σύ,
19 κύριέ μου βασιλεῦ, οὐκ ἔγνως · ¹⁹καὶ ἐθυσίασεν μόσχους καὶ ἄρνας
καὶ πρόβατα εἰς πλῆθος καὶ ἐκάλεσεν πάντας τοὺς υἱοὺς τοῦ βα-
σιλέως καὶ Αβιαθαρ τὸν ἱερέα καὶ Ιωαβ τὸν ἄρχοντα τῆς δυνά-
20 μεως, καὶ τὸν Σαλωμων τὸν δοῦλόν σου οὐκ ἐκάλεσεν. ²⁰καὶ σύ,
κύριέ μου βασιλεῦ, οἱ ὀφθαλμοὶ παντὸς Ισραηλ πρὸς σὲ ἀπαγγεῖ-
λαι αὐτοῖς τίς καθήσεται ἐπὶ τοῦ θρόνου τοῦ κυρίου μου τοῦ
21 βασιλέως μετ' αὐτόν. ²¹καὶ ἔσται ὡς ἂν κοιμηθῇ ὁ κύριός μου ὁ
βασιλεὺς μετὰ τῶν πατέρων αὐτοῦ, καὶ ἔσομαι ἐγὼ καὶ ὁ υἱός
22 μου Σαλωμων ἁμαρτωλοί. — ²²καὶ ἰδοὺ ἔτι αὐτῆς λαλούσης μετὰ
23 τοῦ βασιλέως καὶ Ναθαν ὁ προφήτης ἦλθεν. ²³καὶ ἀνηγγέλη τῷ
βασιλεῖ Ἰδοὺ Ναθαν ὁ προφήτης · καὶ εἰσῆλθεν κατὰ πρόσωπον
τοῦ βασιλέως καὶ προσεκύνησεν τῷ βασιλεῖ κατὰ πρόσωπον αὐτοῦ
24 ἐπὶ τὴν γῆν. ²⁴καὶ εἶπεν Ναθαν Κύριέ μου βασιλεῦ, σὺ εἶπας Αδω-
νιας βασιλεύσει ὀπίσω μου καὶ αὐτὸς καθήσεται ἐπὶ τοῦ θρόνου
25 μου · ²⁵ὅτι κατέβη σήμερον καὶ ἐθυσίασεν μόσχους καὶ ἄρνας καὶ
πρόβατα εἰς πλῆθος καὶ ἐκάλεσεν πάντας τοὺς υἱοὺς τοῦ βασιλέως
καὶ τοὺς ἄρχοντας τῆς δυνάμεως καὶ Αβιαθαρ τὸν ἱερέα, καὶ ἰδοὺ
εἰσιν ἐσθίοντες καὶ πίνοντες ἐνώπιον αὐτοῦ καὶ εἶπαν Ζήτω ὁ βα-

11 βηθσαβεε A† (cf. Π 11 3), sed in 15. 16 etc. etiam A βηρσαβεε | δαυιδ]
pr. ο βασιλευς A† || 13 σαλ./ο υιος σ.] tr. B: item in 17, cf. 21. 33 ||
14 λαλουσης σου] tr. AL | οπισω σου] σου > B, μετα σε L† || 15 σωμανι-
τις] ου pro ω A: item A in 2 17. 21. 22, non in 1 3; V ubique σουναμιτις |
ην mu.] η B†, > OL || 17 μου βασ.] > B† (βασ. sub ÷ O); μου > L† |
κυριω > B† | σαλ./ο υιος σου] tr. B | αυτος > B† || 21 ο υιος μ./σαλ.] tr.
B: cf. 13 || 23 βασ. 1°] + λεγοντων O: sim. L | κατα 1°] + το A† || 25 εθυσ.]
εθυμιασεν A | ιερεα] pr. αρχ A† hic, non in 19 etc.

σιλεὺς Αδωνιας. ²⁶καὶ ἐμὲ αὐτὸν τὸν δοῦλόν σου καὶ Σαδωκ τὸν 26
ἱερέα καὶ Βαναιαν υἱὸν Ιωδαε καὶ Σαλωμων τὸν δοῦλόν σου οὐκ
ἐκάλεσεν. ²⁷εἰ διὰ τοῦ κυρίου μου τοῦ βασιλέως γέγονεν τὸ ῥῆμα 27
τοῦτο καὶ οὐκ ἐγνώρισας τῷ δούλῳ σου τίς καθήσεται ἐπὶ τὸν
θρόνον τοῦ κυρίου μου τοῦ βασιλέως μετ᾽ αὐτόν; — ²⁸καὶ ἀπε- 28
κρίθη Δαυιδ καὶ εἶπεν Καλέσατέ μοι τὴν Βηρσαβεε · καὶ εἰσῆλθεν
ἐνώπιον τοῦ βασιλέως καὶ ἔστη ἐνώπιον αὐτοῦ. ²⁹καὶ ὤμοσεν ὁ 29
βασιλεὺς καὶ εἶπεν Ζῇ κύριος, ὃς ἐλυτρώσατο τὴν ψυχήν μου ἐκ
πάσης θλίψεως, ³⁰ὅτι καθὼς ὤμοσά σοι ἐν κυρίῳ τῷ θεῷ Ισραηλ 30
λέγων ὅτι Σαλωμων ὁ υἱός σου βασιλεύσει μετ᾽ ἐμὲ καὶ αὐτὸς
καθήσεται ἐπὶ τοῦ θρόνου μου ἀντ᾽ ἐμοῦ, ὅτι οὕτως ποιήσω τῇ
ἡμέρᾳ ταύτῃ. ³¹καὶ ἔκυψεν Βηρσαβεε ἐπὶ πρόσωπον ἐπὶ τὴν γῆν 31
καὶ προσεκύνησεν τῷ βασιλεῖ καὶ εἶπεν Ζήτω ὁ κύριός μου ὁ βα-
σιλεὺς Δαυιδ εἰς τὸν αἰῶνα. ³²καὶ εἶπεν ὁ βασιλεὺς Δαυιδ Καλέ- 32
σατέ μοι Σαδωκ τὸν ἱερέα καὶ Ναθαν τὸν προφήτην καὶ Βαναιαν
υἱὸν Ιωδαε · καὶ εἰσῆλθον ἐνώπιον τοῦ βασιλέως. ³³καὶ εἶπεν ὁ 33
βασιλεὺς αὐτοῖς Λάβετε τοὺς δούλους τοῦ κυρίου ὑμῶν μεθ᾽ ὑμῶν
καὶ ἐπιβιβάσατε τὸν υἱόν μου Σαλωμων ἐπὶ τὴν ἡμίονον τὴν ἐμὴν
καὶ καταγάγετε αὐτὸν εἰς τὸν Γιων, ³⁴καὶ χρισάτω αὐτὸν ἐκεῖ Σα- 34
δωκ ὁ ἱερεὺς καὶ Ναθαν ὁ προφήτης εἰς βασιλέα ἐπὶ Ισραηλ, καὶ
σαλπίσατε κερατίνῃ καὶ ἐρεῖτε Ζήτω ὁ βασιλεὺς Σαλωμων. ³⁵καὶ 35
καθήσεται ἐπὶ τοῦ θρόνου μου καὶ αὐτὸς βασιλεύσει ἀντ᾽ ἐμοῦ,
καὶ ἐγὼ ἐνετειλάμην τοῦ εἶναι εἰς ἡγούμενον ἐπὶ Ισραηλ καὶ Ιουδα.
³⁶καὶ ἀπεκρίθη Βαναιας υἱὸς Ιωδαε τῷ βασιλεῖ καὶ εἶπεν Γένοιτο · 36
οὕτως πιστώσαι κύριος ὁ θεὸς τοῦ κυρίου μου τοῦ βασιλέως ·
³⁷καθὼς ἦν κύριος μετὰ τοῦ κυρίου μου τοῦ βασιλέως, οὕτως εἴη 37
μετὰ Σαλωμων καὶ μεγαλύναι τὸν θρόνον αὐτοῦ ὑπὲρ τὸν θρόνον
τοῦ κυρίου μου τοῦ βασιλέως Δαυιδ. — ³⁸καὶ κατέβη Σαδωκ ὁ 38
ἱερεὺς καὶ Ναθαν ὁ προφήτης καὶ Βαναιας υἱὸς Ιωδαε καὶ ὁ χε-
ρεθθι καὶ ὁ φελεθθι καὶ ἐπεκάθισαν τὸν Σαλωμων ἐπὶ τὴν ἡμίονον
τοῦ βασιλέως Δαυιδ καὶ ἀπήγαγον αὐτὸν εἰς τὸν Γιων. ³⁹καὶ ἔλα- 39
βεν Σαδωκ ὁ ἱερεὺς τὸ κέρας τοῦ ἐλαίου ἐκ τῆς σκηνῆς καὶ ἔχρι-
σεν τὸν Σαλωμων καὶ ἐσάλπισεν τῇ κερατίνῃ, καὶ εἶπεν πᾶς ὁ
λαὸς Ζήτω ὁ βασιλεὺς Σαλωμων. ⁴⁰καὶ ἀνέβη πᾶς ὁ λαὸς ὀπίσω 40
αὐτοῦ καὶ ἐχόρευον ἐν χοροῖς καὶ εὐφραινόμενοι εὐφροσύνην με-
γάλην, καὶ ἐρράγη ἡ γῆ ἐν τῇ φωνῇ αὐτῶν.

27 του ult. > B† ‖ **28** δαυιδ] pr. ο βασιλευς *O* ‖ **30** τω > *OL* ‖
33 τους — υμων 1⁰ / μεθ υμων] tr. *O*, μεθ εαυτων τους παιδας τ. κυρ. υμων *L*†
| τον υιον μου / σαλ.] tr. *OL*†: cf. 13 | τον ult.] την B†: item B in 38, τη B†
in 45 ‖ **34** χρισατω pl.] -σατε B†, -σατωσαν A† ‖ **35** init.] pr. και ανα-
βησεσθε οπισω αυτου και εισελευσεται *O*(sub※)*L* | αυτος > B | εις > *O* |
ιουδα(ν)] pr. επι *O*⁻²⁴⁷*L*† (*L*† tr. ισρ. et ιουδ.) ‖ **36** κυριος > B*L*† ‖
37 ουτως > A† ‖ **38** δαυιδ > A†

41　⁴¹ Καὶ ἤκουσεν Αδωνιας καὶ πάντες οἱ κλητοὶ αὐτοῦ, καὶ αὐτοὶ
συνετέλεσαν φαγεῖν· καὶ ἤκουσεν Ιωαβ τὴν φωνὴν τῆς κερατίνης
42　καὶ εἶπεν Τίς ἡ φωνὴ τῆς πόλεως ἠχούσης; ⁴² ἔτι αὐτοῦ λαλοῦντος
καὶ ἰδοὺ Ιωναθαν υἱὸς Αβιαθαρ τοῦ ἱερέως ἦλθεν, καὶ εἶπεν Αδω-
νιας Εἴσελθε, ὅτι ἀνὴρ δυνάμεως εἶ σύ, καὶ ἀγαθὰ εὐαγγέλισαι.
43　⁴³ καὶ ἀπεκρίθη Ιωναθαν καὶ εἶπεν Καὶ μάλα ὁ κύριος ἡμῶν ὁ βα-
44　σιλεὺς Δαυιδ ἐβασίλευσεν τὸν Σαλωμων· ⁴⁴ καὶ ἀπέστειλεν ὁ βα-
σιλεὺς μετ᾽ αὐτοῦ τὸν Σαδωκ τὸν ἱερέα καὶ Ναθαν τὸν προφήτην
καὶ Βαναιαν υἱὸν Ιωδαε καὶ τὸν χερεθθι καὶ τὸν φελεθθι, καὶ ἐπε-
45　κάθισαν αὐτὸν ἐπὶ τὴν ἡμίονον τοῦ βασιλέως· ⁴⁵ καὶ ἔχρισαν αὐτὸν
Σαδωκ ὁ ἱερεὺς καὶ Ναθαν ὁ προφήτης εἰς βασιλέα ἐν τῷ Γιων,
καὶ ἀνέβησαν ἐκεῖθεν εὐφραινόμενοι, καὶ ἤχησεν ἡ πόλις· αὕτη ἡ
46　φωνή, ἣν ἠκούσατε. ⁴⁶ καὶ ἐκάθισεν Σαλωμων ἐπὶ θρόνον τῆς βα-
47　σιλείας, ⁴⁷ καὶ εἰσῆλθον οἱ δοῦλοι τοῦ βασιλέως εὐλογῆσαι τὸν
κύριον ἡμῶν τὸν βασιλέα Δαυιδ λέγοντες Ἀγαθύναι ὁ θεὸς τὸ
ὄνομα Σαλωμων τοῦ υἱοῦ σου ὑπὲρ τὸ ὄνομά σου καὶ μεγαλύναι
τὸν θρόνον αὐτοῦ ὑπὲρ τὸν θρόνον σου· καὶ προσεκύνησεν ὁ
48　βασιλεὺς ἐπὶ τὴν κοίτην αὐτοῦ, ⁴⁸ καί γε οὕτως εἶπεν ὁ βασιλεύς
Εὐλογητὸς κύριος ὁ θεὸς Ισραηλ, ὃς ἔδωκεν σήμερον ἐκ τοῦ σπέρ-
ματός μου καθήμενον ἐπὶ τοῦ θρόνου μου, καὶ οἱ ὀφθαλμοί μου
βλέπουσιν.
49　⁴⁹ Καὶ ἐξέστησαν καὶ ἐξανέστησαν πάντες οἱ κλητοὶ τοῦ Αδωνιου
50　καὶ ἀπῆλθον ἀνὴρ εἰς τὴν ὁδὸν αὐτοῦ. ⁵⁰ καὶ Αδωνιας ἐφοβήθη
ἀπὸ προσώπου Σαλωμων καὶ ἀνέστη καὶ ἀπῆλθεν καὶ ἐπελάβετο
51　τῶν κεράτων τοῦ θυσιαστηρίου. ⁵¹ καὶ ἀνηγγέλη τῷ Σαλωμων λέ-
γοντες Ἰδοὺ Αδωνιας ἐφοβήθη τὸν βασιλέα Σαλωμων καὶ κατέχει
τῶν κεράτων τοῦ θυσιαστηρίου λέγων Ὀμοσάτω μοι σήμερον ὁ
βασιλεὺς Σαλωμων εἰ οὐ θανατώσει τὸν δοῦλον αὐτοῦ ἐν ῥομ-
52　φαίᾳ. ⁵² καὶ εἶπεν Σαλωμων Ἐὰν γένηται εἰς υἱὸν δυνάμεως, εἰ
πεσεῖται τῶν τριχῶν αὐτοῦ ἐπὶ τὴν γῆν· καὶ ἐὰν κακία εὑρεθῇ
53　ἐν αὐτῷ, θανατωθήσεται. ⁵³ καὶ ἀπέστειλεν ὁ βασιλεὺς Σαλωμων
καὶ κατήνεγκεν αὐτὸν ἀπάνωθεν τοῦ θυσιαστηρίου· καὶ εἰσῆλθεν
καὶ προσεκύνησεν τῷ βασιλεῖ Σαλωμων, καὶ εἶπεν αὐτῷ Σαλωμων
Δεῦρο εἰς τὸν οἶκόν σου.

42 ηλθεν] pr. εισ Β ‖ 43 ειπεν] + τω αδωνια(L⁺ ορνια: cf. 5) O(sub ✳)L
‖ 44 ο βασ./μετ αυτου] tr. O, ο βασ. > L⁺ | ναθαν] pr. τον A | βαναιου Β⁺:
cf. 9 2 29 ‖ 45 εχρισεν OL | εις βασ. > BL⁺ ‖ 46 θρονον BO⁺] (του)
θρονου rel. | της > Β⁺ ‖ 47 του υιου σου] > Β⁺, in O sub ÷ | αυτου ult.
> Β⁺ ‖ 48 εδωκεν] + μοι O⁺ | μου 2⁰ > A⁺ ‖ 49 και εξεστ. και εξανεστ.]
και εξανεστ. Β⁺; και εξανεστ. και ανεπηδησαν L⁺: cf. Ioseph. Antiq. VII 360
Niese αναπηδησαντες (idem et L⁺ κεκλημενοι pro κλητοι) | του > Β | απηλ-
θον] απ > Β⁺, -θεν A ‖ 51 κατεχει] pr. ιδου L⁺ | ο βασιλευς > Β ‖ 53 ο
βασ./σαλ.] tr. A⁺, ο βασ. > L⁺ | βασιλει > Β⁺

¹Καὶ ἤγγισαν αἱ ἡμέραι Δαυιδ ἀποθανεῖν αὐτόν, καὶ ἐνετείλατο 2
τῷ Σαλωμων υἱῷ αὐτοῦ λέγων ²Ἐγώ εἰμι πορεύομαι ἐν ὁδῷ πά- 2
σης τῆς γῆς · καὶ ἰσχύσεις καὶ ἔσῃ εἰς ἄνδρα ³καὶ φυλάξεις τὴν 3
φυλακὴν κυρίου τοῦ θεοῦ σου τοῦ πορεύεσθαι ἐν ταῖς ὁδοῖς αὐ-
τοῦ φυλάσσειν τὰς ἐντολὰς αὐτοῦ καὶ τὰ δικαιώματα καὶ τὰ κρί-
ματα τὰ γεγραμμένα ἐν νόμῳ Μωυσέως, ἵνα συνίῃς ἃ ποιήσεις
κατὰ πάντα, ὅσα ἂν ἐντείλωμαί σοι, ⁴ἵνα στήσῃ κύριος τὸν λόγον 4
αὐτοῦ, ὃν ἐλάλησεν λέγων Ἐὰν φυλάξωσιν οἱ υἱοί σου τὴν ὁδὸν
αὐτῶν πορεύεσθαι ἐνώπιον ἐμοῦ ἐν ἀληθείᾳ ἐν ὅλῃ καρδίᾳ αὐτῶν
καὶ ἐν ὅλῃ ψυχῇ αὐτῶν, λέγων Οὐκ ἐξολεθρευθήσεταί σοι ἀνὴρ
ἐπάνωθεν θρόνου Ισραηλ. ⁵καί γε σὺ ἔγνως ὅσα ἐποίησέν μοι 5
Ιωαβ υἱὸς Σαρουιας, ὅσα ἐποίησεν τοῖς δυσὶν ἄρχουσιν τῶν δυνά-
μεων Ισραηλ, τῷ Αβεννηρ υἱῷ Νηρ καὶ τῷ Αμεσσαϊ υἱῷ Ιεθερ,
καὶ ἀπέκτεινεν αὐτοὺς καὶ ἔταξεν τὰ αἵματα πολέμου ἐν εἰρήνῃ
καὶ ἔδωκεν αἷμα ἀθῷον ἐν τῇ ζώνῃ αὐτοῦ τῇ ἐν τῇ ὀσφύι αὐτοῦ
καὶ ἐν τῷ ὑποδήματι αὐτοῦ τῷ ἐν τῷ ποδὶ αὐτοῦ · ⁶καὶ ποιήσεις 6
κατὰ τὴν σοφίαν σου καὶ οὐ κατάξεις τὴν πολιὰν αὐτοῦ ἐν εἰρή-
νῃ εἰς ᾅδου. ⁷καὶ τοῖς υἱοῖς Βερζελλι τοῦ Γαλααδίτου ποιήσεις 7
ἔλεος, καὶ ἔσονται ἐν τοῖς ἐσθίουσιν τὴν τράπεζάν σου, ὅτι οὕτως
ἤγγισάν μοι ἐν τῷ με ἀποδιδράσκειν ἀπὸ προσώπου Αβεσσαλωμ
τοῦ ἀδελφοῦ σου. ⁸καὶ ἰδοὺ μετὰ σοῦ Σεμεϊ υἱὸς Γηρα υἱὸς τοῦ 8
Ιεμενι ἐκ Βαουριμ, καὶ αὐτὸς κατηράσατό με κατάραν ὀδυνηρὰν
τῇ ἡμέρᾳ, ᾗ ἐπορευόμην εἰς Παρεμβολάς, καὶ αὐτὸς κατέβη εἰς
ἀπαντήν μου εἰς τὸν Ιορδάνην, καὶ ὤμοσα αὐτῷ ἐν κυρίῳ λέγων
Εἰ θανατώσω σε ἐν ρομφαίᾳ · ⁹καὶ οὐ μὴ ἀθῳώσῃς αὐτόν, ὅτι 9
ἀνὴρ σοφὸς εἶ σὺ καὶ γνώσῃ ἃ ποιήσεις αὐτῷ, καὶ κατάξεις τὴν
πολιὰν αὐτοῦ ἐν αἵματι εἰς ᾅδου. ¹⁰καὶ ἐκοιμήθη Δαυιδ μετὰ τῶν 10
πατέρων αὐτοῦ καὶ ἐτάφη ἐν πόλει Δαυιδ. ¹¹καὶ αἱ ἡμέραι, ἃς ἐβα- 11
σίλευσεν Δαυιδ ἐπὶ τὸν Ισραηλ, τεσσαράκοντα ἔτη · ἐν Χεβρων
ἐβασίλευσεν ἔτη ἑπτὰ καὶ ἐν Ιερουσαλημ τριάκοντα τρία ἔτη.

21 αυτον > O | ενετειλ.] απεκρινατο BO⁺ | τω > B || 3 την > B⁺ | κυ-
ριου του] > B⁺, του > O | δικαιωμ.] + αυτου O⁺ | κριματα] + ✳και τα μαρ-
τυρια αυτου O | νομω] pr. τω OL⁺ | συνιης O] συνησεις B* (Bᶜ-σης) | αν > O
|| 4 ελαλ.] + περι εμου OL | αυτων 2⁰⌒3⁰ B | θρονου] pr. του QL ||
5 εποι. μοι] tr. A⁺ | τω 1⁰ > B⁺ | αμεσσαι (cf. II 17 25)] -σσαια B⁺, αμμεσα A⁺
| εν ειρ. και εδ. αιμα αθ.] > B, in O sub ✳ || 6 ου] συ B, > Orig. (Rahlfs
Sept.-Stud. 1 [1904], p. 78) || 7 με > A | 8 ιεμεινει B⁺: cf. 35¹ | βαουριμ
compl.] βαθουρ. A, βααθουρ. B; γαβααθουρ. Lᵖ⁺: cf. 35¹ | απαντησιν OL ||
11 εν ιερους.] + εβασιλευσεν O, + εβασιλευσεν επι ισραηλ L⁺ | τρια] pr. και OL
| fin.] + και σολομων εκαθισεν επι του θρονου δαυιδ του πατρος αυτου L⁺
(superaddit L¹²⁷⁺ ετων δωδεκα: cf. I 2): haec sunt prima uerba tertii Re-
gnorum libri iuxta L⁺ ab III 2 12 incipientis. cf. Regn. I subscr. et Regn. II
subscr.; post haec uerba hab. L¹²⁷⁺ subscriptionem βασιλειων β', ante 12
habent omnes editionis Luciani codices inscriptionem βασιλειων γ'

12 ¹²Καὶ Σαλωμων ἐκάθισεν ἐπὶ τοῦ θρόνου Δαυιδ τοῦ πατρὸς
αὐτοῦ υἱὸς ἐτῶν δώδεκα, καὶ ἡτοιμάσθη ἡ βασιλεία αὐτοῦ σφόδρα.
13 ¹³καὶ εἰσῆλθεν Αδωνιας υἱὸς Αγγιθ πρὸς Βηρσαβεε μητέρα Σαλωμων
καὶ προσεκύνησεν αὐτῇ. ἡ δὲ εἶπεν Εἰρήνη ἡ εἴσοδός σου ; καὶ
14 εἶπεν Εἰρήνη · ¹⁴λόγος μοι πρὸς σέ. καὶ εἶπεν αὐτῷ Λάλησον.
15 ¹⁵καὶ εἶπεν αὐτῇ Σὺ οἶδας ὅτι ἐμοὶ ἦν ἡ βασιλεία καὶ ἐπ᾽ ἐμὲ
ἔθετο πᾶς Ισραηλ τὸ πρόσωπον αὐτοῦ εἰς βασιλέα, καὶ ἐστράφη
ἡ βασιλεία καὶ ἐγενήθη τῷ ἀδελφῷ μου, ὅτι παρὰ κυρίου ἐγένετο
16 αὐτῷ · ¹⁶καὶ νῦν αἴτησιν μίαν ἐγὼ αἰτοῦμαι παρὰ σοῦ, μὴ ἀπο-
17 στρέψῃς τὸ πρόσωπόν σου. καὶ εἶπεν αὐτῷ Βηρσαβεε Λάλει. ¹⁷καὶ
εἶπεν αὐτῇ Εἰπὸν δὴ πρὸς Σαλωμων τὸν βασιλέα — ὅτι οὐκ ἀπο-
στρέψει τὸ πρόσωπον αὐτοῦ ἀπὸ σοῦ — καὶ δώσει μοι τὴν Αβι-
18 σακ τὴν Σωμανῖτιν εἰς γυναῖκα. ¹⁸καὶ εἶπεν Βηρσαβεε Καλῶς · ἐγὼ
19 λαλήσω περὶ σοῦ τῷ βασιλεῖ. ¹⁹καὶ εἰσῆλθεν Βηρσαβεε πρὸς τὸν
βασιλέα Σαλωμων λαλῆσαι αὐτῷ περὶ Αδωνιου. καὶ ἐξανέστη ὁ
βασιλεὺς εἰς ἀπαντὴν αὐτῇ καὶ κατεφίλησεν αὐτὴν καὶ ἐκάθισεν
ἐπὶ τοῦ θρόνου αὐτοῦ, καὶ ἐτέθη θρόνος τῇ μητρὶ τοῦ βασιλέως
20 καὶ ἐκάθισεν ἐκ δεξιῶν αὐτοῦ. ²⁰καὶ εἶπεν αὐτῷ Αἴτησιν μίαν μι-
κρὰν ἐγὼ αἰτοῦμαι παρὰ σοῦ, μὴ ἀποστρέψῃς τὸ πρόσωπόν σου.
καὶ εἶπεν αὐτῇ ὁ βασιλεύς Αἴτησαι, μῆτερ ἐμή, ὅτι οὐκ ἀποστρέψω
21 σε. ²¹καὶ εἶπεν Δοθήτω δὴ Αβισακ ἡ Σωμανῖτις τῷ Αδωνια τῷ ἀδελ-
22 φῷ σου εἰς γυναῖκα. ²²καὶ ἀπεκρίθη Σαλωμων ὁ βασιλεὺς καὶ εἶ-
πεν τῇ μητρὶ αὐτοῦ Καὶ ἵνα τί σὺ ᾔτησαι τὴν Αβισακ τῷ Αδω-
νια ; καὶ αἴτησαι αὐτῷ τὴν βασιλείαν, ὅτι οὗτος ἀδελφός μου ὁ
μέγας ὑπὲρ ἐμέ, καὶ αὐτῷ Αβιαθαρ ὁ ἱερεὺς καὶ αὐτῷ Ιωαβ ὁ υἱὸς
23 Σαρουιας ὁ ἀρχιστράτηγος ἑταῖρος. ²³καὶ ὤμοσεν ὁ βασιλεὺς Σαλω-
μων κατὰ τοῦ κυρίου λέγων Τάδε ποιῆσαι μοι ὁ θεὸς καὶ τάδε
προσθείη, ὅτι κατὰ τῆς ψυχῆς αὐτοῦ ἐλάλησεν Αδωνιας τὸν λό-
24 γον τοῦτον · ²⁴καὶ νῦν ζῇ κύριος, ὃς ἡτοίμασέν με καὶ ἔθετό με
ἐπὶ τὸν θρόνον Δαυιδ τοῦ πατρός μου καὶ αὐτὸς ἐποίησέν μοι
οἶκον, καθὼς ἐλάλησεν κύριος, ὅτι σήμερον θανατωθήσεται Αδω-
25 νιας. ²⁵καὶ ἐξαπέστειλεν Σαλωμων ὁ βασιλεὺς ἐν χειρὶ Βαναιου
υἱοῦ Ιωδαε καὶ ἀνεῖλεν αὐτόν, καὶ ἀπέθανεν Αδωνιας ἐν τῇ ἡμέ-
ρᾳ ἐκείνῃ.
26 ²⁶Καὶ τῷ Αβιαθαρ τῷ ἱερεῖ εἶπεν ὁ βασιλεύς Ἀπότρεχε σὺ εἰς

12 του 1⁰ > B† | υιος ετων δωδεκα M mu.] > BL (etiam L¹²⁷, sed cf. 11),
in Sy sub ÷; υιος > O-Sy† ‖ 13 υιος αγγιθ > B | αυτην A ‖ 14 init.]
pr. και ειπεν O(sub※)L ‖ 16 σου ult.] μου O†: cf. 20 ‖ 17 αβισακ et
σωμαν: cf. 1 3. 15 | εις > A† ‖ 19 απαντησιν OL | αυτου 1⁰ > B† ‖
20 μικραν εγω] tr. B | σου 2⁰] μου Sy Lᵖ: cf. 16 | αυτη > A† | οτι] και B
‖ 22 σαλ./ο βασ.] tr. O: item in 25 | αβισακ (cf. 1 3)] + την σουμανιτιν(O²⁴⁷†
σωμ.) O ‖ 23 αδωνιας] ς > B†: item in 24 (cf. 28), non in 13. 25 ‖
26 αποτρ. συ / εις αναθ.] tr. O

Αναθωθ εἰς ἀγρόν σου, ὅτι ἀνὴρ θανάτου εἶ σὺ ἐν τῇ ἡμέρᾳ ταύ-
τῃ, καὶ οὐ θανατώσω σε, ὅτι ἦρας τὴν κιβωτὸν τῆς διαθήκης κυ-
ρίου ἐνώπιον τοῦ πατρός μου, καὶ ὅτι ἐκακουχήθης ἐν ἅπασιν,
οἷς ἐκακουχήθη ὁ πατήρ μου. ²⁷καὶ ἐξέβαλεν Σαλωμων τὸν Αβια- 27
θαρ τοῦ μὴ εἶναι ἱερέα τοῦ κυρίου, πληρωθῆναι τὸ ῥῆμα κυρίου,
ὃ ἐλάλησεν ἐπὶ τὸν οἶκον Ηλι ἐν Σηλωμ. — ²⁸καὶ ἡ ἀκοὴ ἦλθεν 28
ἕως Ιωαβ τοῦ υἱοῦ Σαρουιας (ὅτι Ιωαβ ἦν κεκλικὼς ὀπίσω Αδω-
νιου, καὶ ὀπίσω Σαλωμων οὐκ ἔκλινεν), καὶ ἔφυγεν Ιωαβ εἰς τὸ
σκήνωμα τοῦ κυρίου καὶ κατέσχεν τῶν κεράτων τοῦ θυσιαστηρίου.
²⁹καὶ ἀπηγγέλη τῷ Σαλωμων λέγοντες ὅτι Ἔφυγεν Ιωαβ εἰς τὴν 29
σκηνὴν τοῦ κυρίου καὶ ἰδοὺ κατέχει τῶν κεράτων τοῦ θυσιαστη-
ρίου. καὶ ἀπέστειλεν Σαλωμων πρὸς Ιωαβ λέγων Τί γέγονέν σοι,
ὅτι πέφευγας εἰς τὸ θυσιαστήριον; καὶ εἶπεν Ιωαβ Ὅτι ἐφοβήθην
ἀπὸ προσώπου σου, καὶ ἔφυγον πρὸς κύριον. καὶ ἀπέστειλεν
Σαλωμων ὁ βασιλεὺς τὸν Βαναιου υἱὸν Ιωδαε λέγων Πορεύου
καὶ ἄνελε αὐτὸν καὶ θάψον αὐτόν. ³⁰καὶ ἦλθεν Βαναιου υἱὸς Ιω- 30
δαε πρὸς Ιωαβ εἰς τὴν σκηνὴν τοῦ κυρίου καὶ εἶπεν αὐτῷ Τάδε
λέγει ὁ βασιλεύς Ἔξελθε. καὶ εἶπεν Ιωαβ Οὐκ ἐκπορεύομαι, ὅτι
ὧδε ἀποθανοῦμαι. καὶ ἀπέστρεψεν Βαναιας υἱὸς Ιωδαε καὶ εἶπεν
τῷ βασιλεῖ λέγων Τάδε λελάληκεν Ιωαβ καὶ τάδε ἀποκέκριταί μοι.
³¹καὶ εἶπεν αὐτῷ ὁ βασιλεύς Πορεύου καὶ ποίησον αὐτῷ καθὼς 31
εἴρηκεν, καὶ ἄνελε αὐτὸν καὶ θάψεις αὐτὸν καὶ ἐξαρεῖς σήμερον
τὸ αἷμα, ὃ δωρεὰν ἐξέχεεν Ιωαβ, ἀπ᾽ ἐμοῦ καὶ ἀπὸ τοῦ οἴκου τοῦ
πατρός μου · ³²καὶ ἀπέστρεψεν κύριος τὸ αἷμα τῆς ἀδικίας αὐτοῦ 32
εἰς κεφαλὴν αὐτοῦ, ὡς ἀπήντησεν τοῖς δυσὶν ἀνθρώποις τοῖς δι-
καίοις καὶ ἀγαθοῖς ὑπὲρ αὐτὸν καὶ ἀπέκτεινεν αὐτοὺς ἐν ῥομφαίᾳ,
καὶ ὁ πατήρ μου Δαυιδ οὐκ ἔγνω τὸ αἷμα αὐτῶν, τὸν Αβεννηρ
υἱὸν Νηρ ἀρχιστράτηγον Ισραηλ καὶ τὸν Αμεσσα υἱὸν Ιεθερ ἀρχι-
στράτηγον Ιουδα · ³³καὶ ἐπεστράφη τὰ αἵματα αὐτῶν εἰς κεφαλὴν 33
αὐτοῦ καὶ εἰς κεφαλὴν τοῦ σπέρματος αὐτοῦ εἰς τὸν αἰῶνα, καὶ
τῷ Δαυιδ καὶ τῷ σπέρματι αὐτοῦ καὶ τῷ οἴκῳ αὐτοῦ καὶ τῷ θρό-
νῳ αὐτοῦ γένοιτο εἰρήνη ἕως αἰῶνος παρὰ κυρίου. ³⁴καὶ ἀπήντη- 34
σεν Βαναιου υἱὸς Ιωδαε τῷ Ιωαβ καὶ ἐθανάτωσεν αὐτὸν καὶ ἔθα-

26 της > OLᵖ || 28 του υιου σαρ. > O | αδωνια B†: cf. 23 | σαλωμων]
αβεσσαλωμ BO–Sy† || 29 κυριον] pr. τον AL† | σαλ. ο βασ.] ο σαλ. B†; ο
βασ. > L (in O sub ÷) | βαναιου B: item BA in 30 (1⁰). 35, cf. 30. 34] βαναιας,
-αν pl., cf. 1 44 || 30 προς ιωαβ] > B†, in O sub ÷ | εκπορευσομαι A |
βαναιας] -ου pro -ας A (non B): cf. 29 || 31 ιωαβ > B† || 32 ως] και B*†
| αρχιστρατ. 1⁰ ⌒ 2⁰ A† | υιον ult.] τον B† || 33 επεστραφη] απ. O†, απο-
στραφητω L† | αυτων] -του B† | κεφαλην bis] 1⁰ pr. την O²⁴⁷L†, 2⁰ pr. την
ALᵖ (αυτου 1⁰ ⌒ 2⁰ O²⁴⁷†) || 34 βαναιου(cf. 29) υιος ιωδαε unus cod.] ιω-
δαε(uel ιωιαδαε: cf. II 23 20) BO† (in Sy sub ÷; O²⁴⁷ deest); haec omittunt et ini-
tio uersus και ανεβη βαναιας υιος ιωδαε addunt rel.: eadem initio add. O sub ※

35 ψεν αὐτὸν ἐν τῷ οἴκῳ αὐτοῦ ἐν τῇ ἐρήμῳ. — ³⁵καὶ ἔδωκεν ὁ
βασιλεὺς τὸν Βαναιου υἱὸν Ιωδαε ἀντ᾽ αὐτοῦ ἐπὶ τὴν στρατηγίαν·
καὶ ἡ βασιλεία κατωρθοῦτο ἐν Ιερουσαλημ· καὶ τὸν Σαδωκ τὸν
ἱερέα ἔδωκεν ὁ βασιλεὺς εἰς ἱερέα πρῶτον ἀντὶ Αβιαθαρ.

35ᵃ ³⁵ᵃΚαὶ ἔδωκεν κύριος φρόνησιν τῷ Σαλωμων καὶ σοφίαν πολ-
λὴν σφόδρα καὶ πλάτος καρδίας ὡς ἡ ἄμμος ἡ παρὰ τὴν θάλασ-
35ᵇ σαν, ³⁵ᵇ καὶ ἐπληθύνθη ἡ φρόνησις Σαλωμων σφόδρα ὑπὲρ τὴν
φρόνησιν πάντων ἀρχαίων υἱῶν καὶ ὑπὲρ πάντας φρονίμους Αἰ-
35ᶜ γύπτου. ³⁵ᶜκαὶ ἔλαβεν τὴν θυγατέρα Φαραω καὶ εἰσήγαγεν αὐτὴν
εἰς τὴν πόλιν Δαυιδ ἕως συντελέσαι αὐτὸν τὸν οἶκον αὐτοῦ καὶ
τὸν οἶκον κυρίου ἐν πρώτοις καὶ τὸ τεῖχος Ιερουσαλημ κυκλόθεν·
35ᵈ ἐν ἑπτὰ ἔτεσιν ἐποίησεν καὶ συνετέλεσεν. ³⁵ᵈ καὶ ἦν τῷ Σαλωμων
ἑβδομήκοντα χιλιάδες αἴροντες ἄρσιν καὶ ὀγδοήκοντα χιλιάδες
35ᵉ λατόμων ἐν τῷ ὄρει. ³⁵ᵉ καὶ ἐποίησεν Σαλωμων τὴν θάλασσαν
καὶ τὰ ὑποστηρίγματα καὶ τοὺς λουτῆρας τοὺς μεγάλους καὶ τοὺς
στύλους καὶ τὴν κρήνην τῆς αὐλῆς καὶ τὴν θάλασσαν τὴν χαλ-
35ᶠ κήν. ³⁵ᶠκαὶ ᾠκοδόμησεν τὴν ἄκραν καὶ τὰς ἐπάλξεις αὐτῆς καὶ
διέκοψεν τὴν πόλιν Δαυιδ· οὕτως θυγάτηρ Φαραω ἀνέβαινεν ἐκ
τῆς πόλεως Δαυιδ εἰς τὸν οἶκον αὐτῆς, ὃν ᾠκοδόμησεν αὐτῇ·
35ᵍ τότε ᾠκοδόμησεν τὴν ἄκραν. ³⁵ᵍκαὶ Σαλωμων ἀνέφερεν τρεῖς ἐν
τῷ ἐνιαυτῷ ὁλοκαυτώσεις καὶ εἰρηνικὰς ἐπὶ τὸ θυσιαστήριον, ὃ
ᾠκοδόμησεν τῷ κυρίῳ, καὶ ἐθυμία ἐνώπιον κυρίου. καὶ συνετέλε-
35ʰ σεν τὸν οἶκον. ³⁵ʰ καὶ οὗτοι οἱ ἄρχοντες οἱ καθεσταμένοι ἐπὶ τὰ
ἔργα τοῦ Σαλωμων· τρεῖς χιλιάδες καὶ ἑξακόσιοι ἐπιστάται τοῦ
35ⁱ λαοῦ τῶν ποιούντων τὰ ἔργα. ³⁵ⁱ καὶ ᾠκοδόμησεν τὴν Ασσουρ
καὶ τὴν Μαγδω καὶ τὴν Γαζερ καὶ τὴν Βαιθωρων τὴν ἐπάνω καὶ
35ᵏ τὰ Βααλαθ· ³⁵ᵏ πλὴν μετὰ τὸ οἰκοδομῆσαι αὐτὸν τὸν οἶκον τοῦ
κυρίου καὶ τὸ τεῖχος Ιερουσαλημ κύκλῳ, μετὰ ταῦτα ᾠκοδόμησεν
τὰς πόλεις ταύτας.

35ˡ ³⁵ˡΚαὶ ἐν τῷ ἔτι Δαυιδ ζῆν ἐνετείλατο τῷ Σαλωμων λέγων
᾽Ιδοὺ μετὰ σοῦ Σεμεϊ υἱὸς Γηρα υἱὸς σπέρματος τοῦ Ιεμινι ἐκ

35 και η βασ. —ιερουσ. (cf. 𝔐 46)] in O sub ÷ | τον 2⁰ > B | εδωκεν ult.]
+ αυτον B† ‖ 35ᵃ (cf. 5 9) φρον./τω σαλ.] tr. O ‖ 35ᵇ (cf. 5 10) σφο-
δρα(>L) υπερ τ. φρον. > BA⁽†⁾ ‖ 35ᶜ (cf. 5 14ᵃ et 𝔐 3 1 6 38) τον οικον
1⁰⌒2⁰ B† | εν ult. > O ‖ 35ᵈ (cf. 5 29) ην] ησαν OL | χιλιαδες 1⁰⌒2⁰
A† ‖ 35ᵉ: cf. 7 ‖ 35ᶠ (cf. 11 27 et 𝔐 9 24) και τας επαλξεις] επαλξιν
επ BO–Sy† | και 3⁰ > BO–Sy† ‖ 35ᵍ (cf. 𝔐 9 25) εν > A† ‖ 35ʰ (cf. 𝔐
9 23) εξακοσιοι] επτακ. L†: cf. 5 30 | τω λαω A† ‖ 35ⁱ (cf. 10 22ᵃ et 𝔐 9
15—18) μαγαω B† | γαζερ] γ > O–Sy† | βαιθωρων] -ρωθ O–Sy† | την ult. >
BO–Sy† | τα] την L | βααλαθ pau.] βαλλαθ B, βαλαλαθ Oᴬ ²⁴⁷† ‖ 35ˡ⁻⁰: cf.
8. 9 ‖ 35ˡ υιος 2⁰] υιου O²⁴⁷L† | σπερμ.] pr. του B†; > L†: cf. 8 | ιεμ(ε)ι-
ν(ε)ι BLᵖ] ιεμενει A: cf. 8

Χεβρων · 35ᵐ οὗτος κατηράσατό με κατάραν ὀδυνηρὰν ἐν ᾗ ἡμέρᾳ 35ᵐ
ἐπορευόμην εἰς Παρεμβολάς, 35ⁿ καὶ αὐτὸς κατέβαινεν εἰς ἀπαν- 35ⁿ
τήν μοι ἐπὶ τὸν Ιορδάνην, καὶ ὤμοσα αὐτῷ κατὰ τοῦ κυρίου
λέγων Εἰ θανατωθήσεται ἐν ῥομφαίᾳ · 35ᵒ καὶ νῦν μὴ ἀθῳώσῃς 35ᵒ
αὐτόν, ὅτι ἀνὴρ φρόνιμος σὺ καὶ γνώσῃ ἃ ποιήσεις αὐτῷ, καὶ
κατάξεις τὴν πολιὰν αὐτοῦ ἐν αἵματι εἰς ᾅδου. 36 καὶ ἐκάλεσεν ὁ 36
βασιλεὺς τὸν Σεμεϊ καὶ εἶπεν αὐτῷ Οἰκοδόμησον σεαυτῷ οἶκον ἐν
Ιερουσαλημ καὶ κάθου ἐκεῖ καὶ οὐκ ἐξελεύσῃ ἐκεῖθεν οὐδαμοῦ ·
37 καὶ ἔσται ἐν τῇ ἡμέρᾳ τῆς ἐξόδου σου καὶ διαβήσῃ τὸν χειμάρ- 37
ρουν Κεδρων, γινώσκων γνώσῃ ὅτι θανάτῳ ἀποθανῇ, τὸ αἷμά σου
ἔσται ἐπὶ τὴν κεφαλήν σου. καὶ ὤρκισεν αὐτὸν ὁ βασιλεὺς ἐν τῇ
ἡμέρᾳ ἐκείνῃ. 38 καὶ εἶπεν Σεμεϊ πρὸς τὸν βασιλέα Ἀγαθὸν τὸ ῥῆμα, 38
ὃ ἐλάλησας, κύριέ μου βασιλεῦ · οὕτω ποιήσει ὁ δοῦλός σου. καὶ
ἐκάθισεν Σεμεϊ ἐν Ιερουσαλημ τρία ἔτη. 39 καὶ ἐγενήθη μετὰ τρία 39
ἔτη καὶ ἀπέδρασαν δύο δοῦλοι τοῦ Σεμεϊ πρὸς Αγχους υἱὸν Μααχα
βασιλέα Γεθ, καὶ ἀπηγγέλη τῷ Σεμεϊ λέγοντες Ἰδοὺ οἱ δοῦλοί σου
ἐν Γεθ · 40 καὶ ἀνέστη Σεμεϊ καὶ ἐπέσαξε τὴν ὄνον αὐτοῦ καὶ ἐπο- 40
ρεύθη εἰς Γεθ πρὸς Αγχους τοῦ ἐκζητῆσαι τοὺς δούλους αὐτοῦ,
καὶ ἐπορεύθη Σεμεϊ καὶ ἤγαγεν τοὺς δούλους αὐτοῦ ἐκ Γεθ. 41 καὶ 41
ἀπηγγέλη τῷ Σαλωμων λέγοντες ὅτι Ἐπορεύθη Σεμεϊ ἐξ Ιερουσα-
λημ εἰς Γεθ καὶ ἀπέστρεψεν τοὺς δούλους αὐτοῦ. 42 καὶ ἀπέστειλεν 42
ὁ βασιλεὺς καὶ ἐκάλεσεν τὸν Σεμεϊ καὶ εἶπεν πρὸς αὐτόν Οὐχὶ
ὥρκισά σε κατὰ τοῦ κυρίου καὶ ἐπεμαρτυράμην σοι λέγων Ἐν ᾗ
ἂν ἡμέρᾳ ἐξέλθῃς ἐξ Ιερουσαλημ καὶ πορευθῇς εἰς δεξιὰ ἢ εἰς ἀρι-
στερά, γινώσκων γνώσῃ ὅτι θανάτῳ ἀποθανῇ; 43 καὶ τί ὅτι οὐκ 43
ἐφύλαξας τὸν ὅρκον κυρίου καὶ τὴν ἐντολήν, ἣν ἐνετειλάμην κατὰ
σοῦ; 44 καὶ εἶπεν ὁ βασιλεὺς πρὸς Σεμεϊ Σὺ οἶδας πᾶσαν τὴν κα- 44
κίαν σου, ἣν ἔγνω ἡ καρδία σου, ἃ ἐποίησας τῷ Δαυιδ τῷ πατρί
μου, καὶ ἀνταπέδωκεν κύριος τὴν κακίαν σου εἰς κεφαλήν σου ·
45 καὶ ὁ βασιλεὺς Σαλωμων ηὐλογημένος, καὶ ὁ θρόνος Δαυιδ 45
ἔσται ἕτοιμος ἐνώπιον κυρίου εἰς τὸν αἰῶνα. 46 καὶ ἐνετείλατο ὁ 46
βασιλεὺς Σαλωμων τῷ Βαναια υἱῷ Ιωδαε, καὶ ἐξῆλθεν καὶ ἀνεῖλεν
αὐτόν, καὶ ἀπέθανεν.

35¹ χεβρων] γαβαθα L†: cf. 8 II 16 5 || 35ᵐ init. BO†] pr. και rel.: cf. 8
|| 35ⁿ κατεβαινεν BAL†] -βη rel.: cf. 8 | απαντην B†] -τησιν rel. | θανατωθ.]
θανατωσω σε L: ex 8 || 35ᵒ συ] pr. ει O†: cf. 9 || 36 εκαλ. ο βασ. B†] pr.
αποστειλας L, αποστειλας ο βασ. εκαλ. O | σεαυτω οικον] tr. B || 37 εξοδιας
A† | και 2ᵒ] η L† || 39 τρια] pr. τα B | του] τω A† | αγχους] αγχις A, αχεις
O²⁴⁷†, αχχους L†: item in 40, sed O²⁴⁷† αχους; cf. I 27 6 | μααχα] αμησα B†
| απηγγειλαν L†: item in 41 || 41 απεστρ. BLᵖ†] επεστρ. ALᵖ†, ανεστρ. rel.
|| 42 fin.] + και ειπας μοι αγαθον το ρημα ο ηκουσα O(sub※)L || 43 κυ-
ριου] pr. του A || 44 οιδας] εγνως A || 45 εσται > O† || 46 και απε-
θανεν > B†

46ª   46ªΚαὶ ἦν ὁ βασιλεὺς Σαλωμων φρόνιμος σφόδρα καὶ σοφός,
κaὶ Ιουδα καὶ Ισραηλ πολλοὶ σφόδρα ὡς ἡ ἄμμος ἡ ἐπὶ τῆς θα-
46ᵇ λάσσης εἰς πλῆθος, ἐσθίοντες καὶ πίνοντες καὶ χαίροντες · 46ᵇ καὶ
Σαλωμων ἦν ἄρχων ἐν πάσαις ταῖς βασιλείαις, καὶ ἦσαν προσ-
φέροντες δῶρα καὶ ἐδούλευον τῷ Σαλωμων πάσας τὰς ἡμέρας
46ᶜ τῆς ζωῆς αὐτοῦ. 46ᶜ καὶ Σαλωμων ἤρξατο διανοίγειν τὰ δυναστεύ-
46ᵈ ματα τοῦ Λιβάνου, 46ᵈ καὶ αὐτὸς ᾠκοδόμησεν τὴν Θερμαι ἐν τῇ
46ᵉ ἐρήμῳ. 46ᵉ καὶ τοῦτο τὸ ἄριστον τῷ Σαλωμων · τριάκοντα κόροι
σεμιδάλεως καὶ ἑξήκοντα κόροι ἀλεύρου κεκοπανισμένου, δέκα
μόσχοι ἐκλεκτοὶ καὶ εἴκοσι βόες νομάδες καὶ ἑκατὸν πρόβατα
ἐκτὸς ἐλάφων καὶ δορκάδων καὶ ὀρνίθων ἐκλεκτῶν νομάδων.
46ᶠ 46ᶠ ὅτι ἦν ἄρχων ἐν παντὶ πέραν τοῦ ποταμοῦ ἀπὸ Ραφι ἕως
46ᵍ Γάζης, ἐν πᾶσιν τοῖς βασιλεῦσιν πέραν τοῦ ποταμοῦ · 46ᵍ καὶ ἦν
αὐτῷ εἰρήνη ἐκ πάντων τῶν μερῶν αὐτοῦ κυκλόθεν, καὶ κατῴκει
Ιουδα καὶ Ισραηλ πεποιθότες, ἕκαστος ὑπὸ τὴν ἄμπελον αὐτοῦ
καὶ ὑπὸ τὴν συκῆν αὐτοῦ, ἐσθίοντες καὶ πίνοντες, ἀπὸ Δαν καὶ
46ʰ ἕως Βηρσαβεε πάσας τὰς ἡμέρας Σαλωμων. — 46ʰ καὶ οὗτοι οἱ
ἄρχοντες τοῦ Σαλωμων · Αζαριου υἱὸς Σαδωκ τοῦ ἱερέως καὶ
Ορνιου υἱὸς Ναθαν ἄρχων τῶν ἐφεστηκότων καὶ Εδραμ ἐπὶ τὸν
οἶκον αὐτοῦ καὶ Σουβα γραμματεὺς καὶ Βασα υἱὸς Αχιθαλαμ ἀνα-
μιμνήσκων καὶ Αβι υἱὸς Ιωαβ ἀρχιστράτηγος καὶ Αχιρε υἱὸς Εδραϊ
ἐπὶ τὰς ἄρσεις καὶ Βαναια υἱὸς Ιωδαε ἐπὶ τῆς αὐλαρχίας καὶ ἐπὶ
46ⁱ τοῦ πλινθείου καὶ Ζαχουρ υἱὸς Ναθαν ὁ σύμβουλος. — 46ⁱ καὶ
ἦσαν τῷ Σαλωμων τεσσαράκοντα χιλιάδες τοκάδες ἵπποι εἰς ἅρ-
46ᵏ ματα καὶ δώδεκα χιλιάδες ἱππέων. 46ᵏ καὶ ἦν ἄρχων ἐν πᾶσιν
τοῖς βασιλεῦσιν ἀπὸ τοῦ ποταμοῦ καὶ ἕως γῆς ἀλλοφύλων καὶ
ἕως ὁρίων Αἰγύπτου.

46ˡ   46ˡ Σαλωμων υἱὸς Δαυιδ ἐβασίλευσεν ἐπὶ Ισραηλ καὶ Ιουδα ἐν
3   Ιερουσαλημ. ²πλὴν ὁ λαὸς ἦσαν θυμιῶντες ἐπὶ τοῖς ὑψηλοῖς, ὅτι
3   οὐκ ᾠκοδομήθη οἶκος τῷ ὀνόματι κυρίου ἕως νῦν. ³καὶ ἠγάπησεν
Σαλωμων τὸν κύριον πορεύεσθαι ἐν τοῖς προστάγμασιν Δαυιδ τοῦ

46ᵃ⁻ˡ: pro his uersibus praebet Oᵗ ※της δε βασιλειας εδρασθεισης εν
χειρι σαλωμων επιγαμιαν εποιησατο σαλωμων προς φαραω βασιλεα αιγυπτου
και ελαβεν την θυγατερα φαραω και εισηγαγεν αυτην εις την πολιν δαυιδ εως
ου συνετελεσεν οικοδομων τον οικον εαυτου και τον οικον κυριου και το τει-
χος ιερουσαλημ κυκλω = 𝔐 246² 31 || 46ᵃ: cf. 𝔐 420 || 46ᵇ: cf. 46ᵏ
|| 46ᶜ διανοιγειν] δι > Β || 46ᵈ (cf. 1022ᵃ et 𝔐 918) θερμαι] θοδαμορ
uel sim. Lᵗ || 46ᵉ: cf. 52.3 || 46ᶠ·ᵍ = 𝔐 54.5 || 46ᶠ οτι] ουκ Βᵗ hic,
non in 54 || 46ᵍ fin.] + και ουκ ην σαταν εν ταις ημεραις σολομωντος L:
cf. 518 || 46ʰ (cf. 42—6) εδραμ Lag. (cf. 𝔐 Sam. II 2024 אדרם)] εδραμεν
Β, εδραν uel εσρωμ L | ζαχουρ] καχ. Βᵗ || 46ⁱ (cf. 𝔐 56) ιππεων] ιππων
ΒLpᵗ || 46ᵏ: cf. 1026ᵃ et 𝔐 51 || 46ˡ init. Βᵗ] pr. και rel.
31: uide 246ᵃ⁻ˡ 514ᵃ || 2 init. — ησαν > Βᵗ | επι] εν OL | ονομ. κυρι.
ου] κυριω Βᵗ | νυν] των ημερων εκεινων Oᵗ

πατρὸς αὐτοῦ, πλὴν ἐν τοῖς ὑψηλοῖς ἔθυεν καὶ ἐθυμία. ⁴καὶ ἀνέστη 4
καὶ ἐπορεύθη εἰς Γαβαων θῦσαι ἐκεῖ, ὅτι αὐτὴ ὑψηλοτάτη καὶ μεγά-
λη · χιλίαν ὁλοκαύτωσιν ἀνήνεγκεν Σαλωμων ἐπὶ τὸ θυσιαστήριον
ἐν Γαβαων. ⁵καὶ ὤφθη κύριος τῷ Σαλωμων ἐν ὕπνῳ τὴν νύκτα, 5
καὶ εἶπεν κύριος πρὸς Σαλωμων Αἴτησαί τι αἴτημα σαυτῷ. ⁶καὶ 6
εἶπεν Σαλωμων Σὺ ἐποίησας μετὰ τοῦ δούλου σου Δαυιδ τοῦ
πατρός μου ἔλεος μέγα, καθὼς διῆλθεν ἐνώπιόν σου ἐν ἀληθείᾳ
καὶ ἐν δικαιοσύνῃ καὶ ἐν εὐθύτητι καρδίας μετὰ σοῦ, καὶ ἐφύλαξας
αὐτῷ τὸ ἔλεος τὸ μέγα τοῦτο δοῦναι τὸν υἱὸν αὐτοῦ ἐπὶ τοῦ
θρόνου αὐτοῦ ὡς ἡ ἡμέρα αὕτη · ⁷καὶ νῦν, κύριε ὁ θεός μου, σὺ 7
ἔδωκας τὸν δοῦλόν σου ἀντὶ Δαυιδ τοῦ πατρός μου, καὶ ἐγώ εἰμι
παιδάριον μικρὸν καὶ οὐκ οἶδα τὴν ἔξοδόν μου καὶ τὴν εἴσοδόν
μου, ⁸ὁ δὲ δοῦλός σου ἐν μέσῳ τοῦ λαοῦ σου, ὃν ἐξελέξω, λαὸν 8
πολύν, ὃς οὐκ ἀριθμηθήσεται, ⁹καὶ δώσεις τῷ δούλῳ σου καρδίαν 9
ἀκούειν καὶ διακρίνειν τὸν λαόν σου ἐν δικαιοσύνῃ τοῦ συνίειν
ἀνὰ μέσον ἀγαθοῦ καὶ κακοῦ · ὅτι τίς δυνήσεται κρίνειν τὸν λαόν
σου τὸν βαρὺν τοῦτον; ¹⁰καὶ ἤρεσεν ἐνώπιον κυρίου ὅτι ᾐτήσατο 10
Σαλωμων τὸ ῥῆμα τοῦτο, ¹¹καὶ εἶπεν κύριος πρὸς αὐτόν Ἀνθ᾽ ὧν 11
ᾐτήσω παρ᾽ ἐμοῦ τὸ ῥῆμα τοῦτο καὶ οὐκ ᾐτήσω σαυτῷ ἡμέρας
πολλὰς καὶ οὐκ ᾐτήσω πλοῦτον οὐδὲ ᾐτήσω ψυχὰς ἐχθρῶν σου,
ἀλλ᾽ ᾐτήσω σαυτῷ σύνεσιν τοῦ εἰσακούειν κρίμα, ¹²ἰδοὺ πεποίηκα 12
κατὰ τὸ ῥῆμά σου · ἰδοὺ δέδωκά σοι καρδίαν φρονίμην καὶ σοφήν,
ὡς σὺ οὐ γέγονεν ἔμπροσθέν σου καὶ μετὰ σὲ οὐκ ἀναστήσεται
ὅμοιός σοι. ¹³καὶ ἃ οὐκ ᾐτήσω, δέδωκά σοι, καὶ πλοῦτον καὶ δό- 13
ξαν, ὡς οὐ γέγονεν ἀνὴρ ὅμοιός σοι ἐν βασιλεῦσιν · ¹⁴καὶ ἐὰν 14
πορευθῇς ἐν τῇ ὁδῷ μου φυλάσσειν τὰς ἐντολάς μου καὶ τὰ προσ-
τάγματά μου, ὡς ἐπορεύθη Δαυιδ ὁ πατήρ σου, καὶ πληθυνῶ
τὰς ἡμέρας σου. ¹⁵καὶ ἐξυπνίσθη Σαλωμων, καὶ ἰδοὺ ἐνύπνιον · 15
καὶ ἀνέστη καὶ παραγίνεται εἰς Ιερουσαλημ καὶ ἔστη κατὰ πρόσ-
ωπον τοῦ θυσιαστηρίου τοῦ κατὰ πρόσωπον κιβωτοῦ διαθήκης
κυρίου ἐν Σιων καὶ ἀνήγαγεν ὁλοκαυτώσεις καὶ ἐποίησεν εἰρηνικὸς
καὶ ἐποίησεν πότον μέγαν ἑαυτῷ καὶ πᾶσιν τοῖς παισὶν αὐτοῦ.
¹⁶Τότε ὤφθησαν δύο γυναῖκες πόρναι τῷ βασιλεῖ καὶ ἔστησαν 16

---

3 εθυεν] pr. ⁂αυτος O ‖ 4 και επορευθη] add.(O²⁴⁷⁺ pr.) ⁂ο βασιλευς
O⁺, pr. σολομων L⁺ | θυσιαστ.] + ⁂εκεινο O⁺ ‖ 5 κυρ. τω σαλ.] τω σαλ.
ο κυρ. A⁺ ‖ 6 του 1⁰ > A⁺ | ελεος ult.] + σου A⁺ | επι] pr. ⁂καθημενον
O⁺ ‖ 7 εξοδον ... εισοδον] tr. OL ‖ 8 fin.] + ⁂και ου ψηφισθησεται απο
πληθους O⁺: similia add. L⁺ ‖ 9 λαον 1⁰] δουλον A⁺ | του] pr. και BL |
συνιεναι AL ‖ 10 ηρεσεν] + ο λογος O(sub ⁂)L⁺ ‖ 11 ητησω 3⁰] +
⁂σεαυτω O⁺ | συνεσιν] του συνιειν BA⁺, συνιειν O²⁴⁷⁺: ex 9 ‖ 12 κατα >
B⁺ | φρονιμην .. σοφην] tr. O⁺ ‖ 13 εδωκα A⁺ | ανηρ / ομοιος σοι] tr. O²⁴⁷⁺
| ανηρ > A⁺ | fin.] + ⁂πασας τας ημερας σου O⁺ ‖ 14 τας εντολας ... τα
προσταγμ.] tr. O⁺ ‖ 15 αυτου] εαυ. BA⁺

17 ἐνώπιον αὐτοῦ. ¹⁷καὶ εἶπεν ἡ γυνὴ ἡ μία Ἐν ἐμοί, κύριε· ἐγὼ καὶ
ἡ γυνὴ αὕτη οἰκοῦμεν ἐν οἴκῳ ἑνὶ καὶ ἐτέκομεν ἐν τῷ οἴκῳ.
18 ¹⁸καὶ ἐγενήθη ἐν τῇ ἡμέρᾳ τῇ τρίτῃ τεκούσης μου καὶ ἔτεκεν
καὶ ἡ γυνὴ αὕτη · καὶ ἡμεῖς κατὰ τὸ αὐτό, καὶ οὐκ ἔστιν οὐθ-
19 εἰς μεθ᾽ ἡμῶν πάρεξ ἀμφοτέρων ἡμῶν ἐν τῷ οἴκῳ. ¹⁹καὶ ἀπέθα-
νεν ὁ υἱὸς τῆς γυναικὸς ταύτης τὴν νύκτα, ὡς ἐπεκοιμήθη ἐπ᾽
20 αὐτόν · ²⁰καὶ ἀνέστη μέσης τῆς νυκτὸς καὶ ἔλαβεν τὸν υἱόν μου
ἐκ τῶν ἀγκαλῶν μου καὶ ἐκοίμισεν αὐτὸν ἐν τῷ κόλπῳ αὐτῆς καὶ
21 τὸν υἱὸν αὐτῆς τὸν τεθνηκότα ἐκοίμισεν ἐν τῷ κόλπῳ μου. ²¹καὶ
ἀνέστην τὸ πρωὶ θηλάσαι τὸν υἱόν μου, καὶ ἐκεῖνος ἦν τεθνηκώς·
καὶ ἰδοὺ κατενόησα αὐτὸν πρωί, καὶ ἰδοὺ οὐκ ἦν ὁ υἱός μου, ὃν
22 ἔτεκον. ²²καὶ εἶπεν ἡ γυνὴ ἡ ἑτέρα Οὐχί, ἀλλὰ ὁ υἱός μου ὁ ζῶν,
ὁ δὲ υἱός σου ὁ τεθνηκώς. καὶ ἐλάλησαν ἐνώπιον τοῦ βασιλέως.
23 ²³καὶ εἶπεν ὁ βασιλεὺς αὐταῖς Σὺ λέγεις Οὗτος ὁ υἱός μου ὁ ζῶν,
καὶ ὁ υἱὸς ταύτης ὁ τεθνηκώς · καὶ σὺ λέγεις Οὐχί, ἀλλὰ ὁ υἱός
24 μου ὁ ζῶν, καὶ ὁ υἱός σου ὁ τεθνηκώς. ²⁴καὶ εἶπεν ὁ βασιλεύς
Λάβετέ μοι μάχαιραν · καὶ προσήνεγκαν τὴν μάχαιραν ἐνώπιον τοῦ
25 βασιλέως. ²⁵καὶ εἶπεν ὁ βασιλεύς Διέλετε τὸ παιδίον τὸ θηλάζον
τὸ ζῶν εἰς δύο καὶ δότε τὸ ἥμισυ αὐτοῦ ταύτῃ καὶ τὸ ἥμισυ αὐ-
26 τοῦ ταύτῃ. ²⁶καὶ ἀπεκρίθη ἡ γυνή, ἧς ἦν ὁ υἱὸς ὁ ζῶν, καὶ εἶπεν
πρὸς τὸν βασιλέα, ὅτι ἐταράχθη ἡ μήτρα αὐτῆς ἐπὶ τῷ υἱῷ αὐτῆς,
καὶ εἶπεν Ἐν ἐμοί, κύριε, δότε αὐτῇ τὸ παιδίον καὶ θανάτῳ μὴ
θανατώσητε αὐτόν · καὶ αὕτη εἶπεν Μήτε ἐμοὶ μήτε αὐτῇ ἔστω ·
27 διέλετε. ²⁷καὶ ἀπεκρίθη ὁ βασιλεὺς καὶ εἶπεν Δότε τὸ παιδίον τῇ
εἰπούσῃ Δότε αὐτῇ αὐτὸ καὶ θανάτῳ μὴ θανατώσητε αὐτόν · αὐτὴ
28 ἡ μήτηρ αὐτοῦ. ²⁸καὶ ἤκουσαν πᾶς Ισραηλ τὸ κρίμα τοῦτο, ὃ ἔκρι-
νεν ὁ βασιλεύς, καὶ ἐφοβήθησαν ἀπὸ προσώπου τοῦ βασιλέως, ὅτι
εἶδον ὅτι φρόνησις θεοῦ ἐν αὐτῷ τοῦ ποιεῖν δικαίωμα.
4 ¹Καὶ ἦν ὁ βασιλεὺς Σαλωμων βασιλεύων ἐπὶ Ισραηλ. ²καὶ οὗτοι

---

17 κυριε BL†] + μου rel. | οικουμεν BLᵖ†] ωκ. rel. | ετεκομεν] -κον L† ||
18 η γυνη / αυτη] tr. A† | και ult. > OL | ημων paenult.] + ⁂εν τω οικω O–247†
|| 19 της γυν. > A† | επεκοιμηθη] επ > O† || 20 μου 2⁰] + ⁂και η δουλη
σου υπνου O† || 21 πρωι ult.] pr. το AL || 22 ουχι] + ⁂αλλ η ο υιος
σου εστιν ο νεκρος, υιος δε εμος ο ζων · η δε αλλη και αυτη ελεγεν ουχι O†
| τεθνηκως] + και αυτη ειπεν ουχι, ο υιος σου ο τεθνηκως και ο υιος μου ο
ζων L† || 23 και 3⁰ > A† | αλλα — fin.] αλλ η ο υιος σου ο τεθνηκως και
ο υιος μου ο ζων O† || 24 μοι > B† || 25 fin.] + και το τεθνηκος ομοι-
ως διελετε και δοτε αμφοτεραις L†, cf. Ioseph. Antiq. VIII 31 Niese (εκελευσε
… αμφοτερα διχοτομησαι τα παιδια) || 26 ην / ο υιος] tr. O† (ην in Sy sub
÷) | παιδιον] + ⁂το ζων O† | αυτον B†] -το rel.: item in 27 | fin.] + αυτο
O–247L† || 27 δοτε 1⁰] + ⁂αυτη O† | παιδιον BL†] + το ζων rel. | τη B
O†] pr. τη γυναικι rel. || 28 ηκουσεν OL
4 2—6: cf. 2 46ʰ

οἱ ἄρχοντες, οἳ ἦσαν αὐτοῦ · Αζαριου υἱὸς Σαδωκ ³καὶ Ελιαρεφ 3
καὶ Αχια υἱὸς Σαβα γραμματεῖς καὶ Ιωσαφατ υἱὸς Αχιλιδ ὑπομι-
μνῄσκων ⁴καὶ Σαδουχ καὶ Αβιαθαρ ἱερεῖς ⁵καὶ Ορνια υἱὸς Ναθαν 4
ἐπὶ τῶν καθεσταμένων καὶ Ζαβουθ υἱὸς Ναθαν ἑταῖρος τοῦ βασι- 5
λέως ⁶καὶ Αχιηλ οἰκονόμος καὶ Ελιαβ υἱὸς Σαφ ἐπὶ τῆς πατριᾶς 6
καὶ Αδωνιραμ υἱὸς Εφρα ἐπὶ τῶν φόρων.

⁷Καὶ τῷ Σαλωμων δώδεκα καθεσταμένοι ἐπὶ πάντα Ισραηλ χορη- 7
γεῖν τῷ βασιλεῖ καὶ τῷ οἴκῳ αὐτοῦ · μῆνα ἐν τῷ ἐνιαυτῷ ἐγίνετο
ἐπὶ τὸν ἕνα χορηγεῖν. ⁸καὶ ταῦτα τὰ ὀνόματα αὐτῶν · Βενωρ ἐν 8
ὄρει Εφραιμ, εἷς · ⁹υἱὸς Ρηχαβ ἐν Μαχεμας καὶ Βηθαλαμιν καὶ Βαιθ- 9
σαμυς καὶ Αιλων ἕως Βαιθαναν, εἷς · ¹⁰υἱὸς Εσωθ Βηρβηθνεμα, 10
Λουσαμηνχα καὶ Ρησφαρα· ¹¹Χιναναδαβ καὶ Αναφαθι, ἀνὴρ Ταβληθ, 11
θυγάτηρ Σαλωμων ἦν αὐτῷ εἰς γυναῖκα, εἷς · ¹²Βακχα υἱὸς Αχιλιδ 12
Θααναχ καὶ Μεκεδω καὶ πᾶς ὁ οἶκος Σαν ὁ παρὰ Σεσαθαν ὑπο-
κάτω τοῦ Εσραε καὶ ἐκ Βαισαφουδ Εβελμαωλα ἕως Μαεβερ Λου-

2 οι 1⁰ > B† | αζαριου Ra. (cf. 2 46ʰ)] -ρει B†: ου ante υ excidisse uid.;
-ριας rel. | fin.] + ✳ο ιερευς O ‖ 3 και 1⁰ BL†] > rel. | ελιαρεφ (A† N
pro Λι)] ελιαφ B†, ελιαβ L† | σαβα B†] σαφατ L†, σισα O | ιωσαφαθ B†:
cf. II 20 24 | αχιλιδ M pl.] -λιαδ B†; αχιμα A†: MA pro ΛΙΔ; αχιθ(uel τ)αλαμ
L†: ex 2 46ʰ | υπομιμν. rel.: cf. 2 46ʰ ‖ 4 init.] pr. και βα-
ναιας υιος ιωδαε(cf. II 23 20) επι της στρατιας O(sub ✳)L | σαδουχ B†] σαδδουκ
L†, σαδωκ O: cf. II 8 17 15 24 ‖ 5 ορνια BL(†)] αζαριας O | ζαβουθ] ζαβ-
βουθ A, ζα(κ)χουρ L†: cf. 2 46ʰ | ναθαν ult.] + ιερευς O(sub ✳)Lᴾ ‖ 6 αχι-
ηλ L†]αχει ην B†, αχισαρ ην rel. | οικονομος] + και ελιακ ο οικονομος BA | σαφ]
σαφατ A, ασαφ Sy†, ιωαβ (uel ιωαδ) L† | πατριας] στρατιας L | εφρα B†]
εδραμ L†: cf. 2 46ʰ; αβδω pl. (A† αβαω) ‖ 7 εν τω > A† ‖ 8—19: cf.
Rahlfs Sept.-Stud. 3 (1911), § 52 ‖ 8 βενωρ unus cod. cum B cognatus] βαινωρ
V, βαιωρ BL†, βεν υιος ωρ O | εις > A† (in Sy sub ÷): cf. l.l. § 52₃ ‖ 9 ρηχαβ
L†] ρηχας B†, δακαρ rel. | μαχεμας B] μαχμας OL, μακες al. | βηθαλαμ(ε)ιν
unus cod.] ν > B†, θαλαμιν L†, εν σαλαβιμ O | αιλων mu.] ελωμ B(†), αιαλωμ
A (L dub.) | βαιθαναν M] βαιθαλαμαν B†, βαιθνααμ L†; βηθαναν O: cf. Ruth
1 1 | εις > O: cf. 8 ‖ 10 sic B† (sed βηθ excidit post βηρ; uerba ita di-
stinxi, ut textui hebr. quam maxime respondeant)] μαχει υιος εχωβηρ βηθ-
ναμαλουζα και αμηχα και της φαρα L†, υιος εσθ εν αραβωθ · αυτου σωχω(A†
σοχλω) και πασα η γη οφερ rel.: cf. Sept.-Stud. 3, p. 227—229 ‖ 11 χινα-
ναδαβ B(-δαν)L†] υιου αβιναδαβ(uel αμιν.) rel. | και αναφαθ(ε)ι B†] και μαθ-
ναη(uel βαθ.) ο νετωφατι(uel νεθωφαθει) L†, πασα νεφαθδωρ(uel sim.) rel. |
ανηρ (+ εις L†: cf. 8) BL†] > rel. | ταβληθ Aeth†] -θει B†, η ταβααθ L†,
ταφαθ rel. (A† ταφατα) | εις ult. > O: cf. 8 ‖ 12 βακχα B†] βαχα L†, βα-
ανα rel. | αχιλιδ Ra.] αχειμαχ B†: cf. 3; αχιαβ L†; αχιλουθ M, ελουδ A†, αβι-
λουδ mu. | θααναχ Ra.] πολαμαχ B†, αιθαμ L†, pr. την O | μεκεδω B†] μαγεδ-
δω uel sim. rel. (A† μεμαγεδαω) | σαν] δαν B† | σεσαθαν B†] σασαρθαν L†;
εσλσαρθαν Origenes scripsisse uid. (O²⁴⁷† εσσασαρθαν, A† εσλιανθαν) | εσραε
B†] εζραε uel sim. L†, ιεζραελ O | βαισαφουδ Ra.] -ουτ B†, -ουδου Aeth†;
βαιθσααν εως L†, βεθσαν εως A†, βηθσαν(cf. Ruth 1 1) εως rel. | αβελμαωλα
L, αβελμαουλα O | μαεβερ BL†] μεεβερ pl., μεμβρ A† | λουκαμ BL(om. λ)†]
λαϊεκμααμ uel sim. rel. (A† αδειεκμααν)

13 καμ, εἷς · ¹³υἱὸς Γαβερ ἐν Ρεμαθ Γαλααδ, τούτῳ σχοίνισμα Ερεγα-
βα, ἣ ἐν τῇ Βασαν, ἑξήκοντα πόλεις μεγάλαι τειχήρεις καὶ μοχλοὶ
¹⁴
₁₅ χαλκοῖ, εἷς · ¹⁴Αχιναδαβ υἱὸς Αχελ Μααναιν, εἷς · ¹⁵Αχιμαας ἐν Νε-
φθαλι, καὶ οὗτος ἔλαβεν τὴν Βασεμμαθ θυγατέρα Σαλωμων εἰς γυ-
¹⁶
₁₇ ναῖκα, εἷς · ¹⁶Βαανα υἱὸς Χουσι ἐν τῇ Μααλαθ, εἷς · ¹⁷Σαμαα υἱὸς
18 Ηλα ἐν τῷ Βενιαμιν · ¹⁸Γαβερ υἱὸς Αδαι ἐν τῇ γῇ Γαδ, τῇ Σηων
βασιλέως τοῦ Εσεβων καὶ Ωγ βασιλέως τοῦ Βασαν · καὶ νασιφ
19 εἷς ἐν τῇ Ιουδα · ¹⁹Ιωσαφατ υἱὸς Φουασουδ ἐν Ισσαχαρ.

5 ¹Καὶ ἐχορήγουν οἱ καθεσταμένοι οὕτως τῷ βασιλεῖ Σαλωμων
καὶ πάντα τὰ διαγγέλματα ἐπὶ τὴν τράπεζαν τοῦ βασιλέως, ἕκαστος
μῆνα αὐτοῦ, οὐ παραλλάσσουσιν λόγον · καὶ τὰς κριθὰς καὶ τὸ
ἄχυρον τοῖς ἵπποις καὶ τοῖς ἅρμασιν ᾖρον εἰς τὸν τόπον, οὗ ἂν
2 ᾖ ὁ βασιλεύς, ἕκαστος κατὰ τὴν σύνταξιν αὐτοῦ. ²καὶ ταῦτα τὰ
δέοντα τῷ Σαλωμων ἐν ἡμέρᾳ μιᾷ · τριάκοντα κόροι σεμιδάλεως
3 καὶ ἑξήκοντα κόροι ἀλεύρου κεκοπανισμένου ³καὶ δέκα μόσχοι ἐκ-
λεκτοὶ καὶ εἴκοσι βόες νομάδες καὶ ἑκατὸν πρόβατα ἐκτὸς ἐλάφων
4 καὶ δορκάδων καὶ ὀρνίθων ἐκλεκτῶν, σιτευτά. ⁴ὅτι ἦν ἄρχων πέραν
τοῦ ποταμοῦ, καὶ ἦν αὐτῷ εἰρήνη ἐκ πάντων τῶν μερῶν κυκλόθεν.

---

13 εν ρεμαθ Aeth†] ερεμαθ B†, ερμαθ L†, εν ραμωθ rel. | γαλααδ] γαλααθ
B†; + ✳αυτω αυωθ ιαειρ υιου μανασση εν γαλααδ O† | ερεγαβα η Ra.] ερε-
ταβαη Aeth†, ερεταβαμ B†, εν ραγαβαν L†, εργαβ η rel. | εις] > O, ante του-
τω tr. L†: cf. 8 ‖ 14 αχιναδαβ L] δ > B†, χ > O | αχελ B†] αχιαβ L†,
αδδω pl., σαδωκ A† | μααναιν] -ιμ O, εν μαχιλαμ L† | εις Ra.] > pl., post
αχιαβ(cf. sup.) tr. L†; B† μααναιειον pro μααναιν εις; cf. 8 ‖ 15 μασ(σ)εμαθ
O | εις γυναικα > BL† | εις ult. B†] post νεφθ. tr. L†, > rel.: cf. 8 ‖
16 βαανα] -νας O†, βαναιας L | εν τη μααλαθ Ra.] θ > B†, εν τη γαλααδ L†;
εν ασηρ και εν βααλωθ(μααλωτ A†) rel. (in O sub ✳) | εις BL†] > rel.: cf. 8
| fin. BL] + ✳ιωσαφατ υιος φαρρου εν ισ(σ)αχαρ O pl.: = 𝔐 17 ‖ 17 (𝔐O
18) σαμαα L†] α B†, σεμεει rel. | ηλα] + εις L†: idem add. Aeth† post βενια-
μιν; cf. 8 | τω] γη L† ‖ 18 (𝔐O 19) γαβερ > BL† | γαδ BL†] γαλααδ rel.
| γη 2⁰ pl.] τη BO, εν τη γη L† | του εσεβων] του αμορραιου O⁻ᴬ, εσεβων
του αμορραιου A† | νασιφ A†] νασεφ B†, νασειβ L | εις > A†: cf. 8 | ιουδα
(= 𝔐 20 init.) hab. omnes, etiam Sy (sub ÷), quamquam in Sy ✳και ιουδα
sequuntur, cf. inf. ‖ 19 (𝔐 17) BL†] post 16 tr. O pl., cf. ibi | φουασουδ
B†] φαρσαουχ L† | fin.] + εις L†: cf. 8 ‖ in fine huius capitis O† addit ✳(20)
και ιουδα (haec Sy solus praebet, cf. 18 fin.) και ισραηλ πολλοι ως η αμμος η
επι της θαλασσης εις πληθος εσθοντες και πινοντες και ευφραινομενοι (5 1) και
σαλωμων ην εξουσιαζων εν πασιν τοις βασιλειοις απο του ποταμου γης αλλο-
φυλων και εως οριου αιγυπτου προσεγγιζοντες δωρα και δουλευοντες τω σα-
λωμων πασας ημερας ζωης αυτου
5 1 (= 𝔐 7. 8) ante 9 tr. O† | ουτως] -τοι L† | τα > B† | ηρον] ηγον A†,
εφερον L† ‖ 2—4: cf. 2 46ᵉ·ᶠ ‖ 2 τω(Lᵖ† του)] > OLᵖ ‖ 3 και 1⁰ >
O† | εκλεκτων] ✳ (Sy per errorem ÷) εκλεκτα ⊿ εκλεκτων O† = בר ברים ‖
4 περαν] pr. εν παντι OL† | ποταμου] + ✳απο θαψα και εως γαζης εν πασιν
βασιλευσιν περαν του ποταμου O† | ην αυτω / ειρηνη] tr. O† ‖ inter 4 et 9
O† praebet 𝔐 5—8 = 𝔊 2 46g·ⁱ 51

⁹Καὶ ἔδωκεν κύριος φρόνησιν τῷ Σαλωμων καὶ σοφίαν πολλὴν 9
σφόδρα καὶ χύμα καρδίας ὡς ἡ ἄμμος ἡ παρὰ τὴν θάλασσαν,
¹⁰καὶ ἐπληθύνθη Σαλωμων σφόδρα ὑπὲρ τὴν φρόνησιν πάντων 10
ἀρχαίων ἀνθρώπων καὶ ὑπὲρ πάντας φρονίμους Αἰγύπτου ¹¹καὶ 11
ἐσοφίσατο ὑπὲρ πάντας τοὺς ἀνθρώπους καὶ ἐσοφίσατο ὑπὲρ Γαι-
θαν τὸν Εζραΐτην καὶ τὸν Αιμαν καὶ τὸν Χαλκαλ καὶ Δαρδα υἱοὺς
Μαλ. ¹²καὶ ἐλάλησεν Σαλωμων τρισχιλίας παραβολάς, καὶ ἦσαν 12
ᾠδαὶ αὐτοῦ πεντακισχίλιαι. ¹³καὶ ἐλάλησεν περὶ τῶν ξύλων ἀπὸ 13
τῆς κέδρου τῆς ἐν τῷ Λιβάνῳ καὶ ἕως τῆς ὑσσώπου τῆς ἐκπο-
ρευομένης διὰ τοῦ τοίχου καὶ ἐλάλησεν περὶ τῶν κτηνῶν καὶ περὶ
τῶν πετεινῶν καὶ περὶ τῶν ἑρπετῶν καὶ περὶ τῶν ἰχθύων. ¹⁴καὶ 14
παρεγίνοντο πάντες οἱ λαοὶ ἀκοῦσαι τῆς σοφίας Σαλωμων, καὶ
ἐλάμβανεν δῶρα παρὰ πάντων τῶν βασιλέων τῆς γῆς, ὅσοι ἤκουον
τῆς σοφίας αὐτοῦ.

¹⁴ᵃΚαὶ ἔλαβεν Σαλωμων τὴν θυγατέρα Φαραω ἑαυτῷ εἰς γυναῖκα 14ᵃ
καὶ εἰσήγαγεν αὐτὴν εἰς τὴν πόλιν Δαυιδ ἕως συντελέσαι αὐτὸν
τὸν οἶκον κυρίου καὶ τὸν οἶκον ἑαυτοῦ καὶ τὸ τεῖχος Ιερουσαλημ.
¹⁴ᵇτότε ἀνέβη Φαραω βασιλεὺς Αἰγύπτου καὶ προκατελάβετο τὴν 14ᵇ
Γαζερ καὶ ἐνεπύρισεν αὐτὴν καὶ τὸν Χανανίτην τὸν κατοικοῦντα
ἐν Μεργαβ, καὶ ἔδωκεν αὐτὰς Φαραω ἀποστολὰς θυγατρὶ αὐτοῦ
γυναικὶ Σαλωμων, καὶ Σαλωμων ᾠκοδόμησεν τὴν Γαζερ.

¹⁵Καὶ ἀπέστειλεν Χιραμ βασιλεὺς Τύρου τοὺς παῖδας αὐτοῦ χρῖ- 15
σαι τὸν Σαλωμων ἀντὶ Δαυιδ τοῦ πατρὸς αὐτοῦ, ὅτι ἀγαπῶν ἦν
Χιραμ τὸν Δαυιδ πάσας τὰς ἡμέρας. ¹⁶καὶ ἀπέστειλεν Σαλωμων 16
πρὸς Χιραμ λέγων ¹⁷Σὺ οἶδας Δαυιδ τὸν πατέρα μου ὅτι οὐκ ἐδύ- 17
νατο οἰκοδομῆσαι οἶκον τῷ ὀνόματι κυρίου θεοῦ μου ἀπὸ προσώ-
που τῶν πολέμων τῶν κυκλωσάντων αὐτὸν ἕως τοῦ δοῦναι κύριον
αὐτοὺς ὑπὸ τὰ ἴχνη τῶν ποδῶν αὐτοῦ. ¹⁸καὶ νῦν ἀνέπαυσε κύριος 18
ὁ θεός μου ἐμοὶ κυκλόθεν · οὐκ ἔστιν ἐπίβουλος καὶ οὐκ ἔστιν
ἀπάντημα πονηρόν. ¹⁹καὶ ἰδοὺ ἐγὼ λέγω οἰκοδομῆσαι οἶκον τῷ 19
ὀνόματι κυρίου θεοῦ μου, καθὼς ἐλάλησεν κύριος ὁ θεὸς πρὸς

9 φρονησιν ... σοφιαν (cf. 2 35ᵃ)] tr. O⁽⁺⁾ ‖ 10 επληθ.] + η σοφια O(sub
※)L; cf. 2 35ᵇ | αρχαιων ανθρ.] tr. O²⁴⁷⁺ ‖ 11 γαιθαν] αιθαμ L⁺ | εζραιτην
unus cod.] ζαρειτην B, εζραηλιτην A | τον 2⁰ > A | αιμαν L] αιναν B, ημαν
O | χαλκαλ pau.] -καδ B, -καχ L⁺, χαλχαλ O | δαρδα mu.] δαραλα B⁺, δαραα
A⁺, δαρδαε L⁺; pr. τον OL | υιους pl.] υιος B, υιον L⁺ | μαλ B⁺] μαουλ O⁺,
μααλα L⁺, αμαδ mu. | fin.] + ※και ην ονομαστος εν πασιν τοις εθνεσιν κυ-
κλω O⁺, + και εγενετο το ονομα αυτου εν πασι τοις εθνεσι κυκλω L⁺ ‖
13 περι 1⁰] υπερ B ‖ 14 ελαμβ. δωρα] > BO–Sy⁺, in Sy sub ÷ | της σοφιας
ult.] την -αν O ‖ 14ᵃ·ᵇ (cf. 𝔐 3 1 9 16. 17) > O ‖ 14ᵇ τοτε] οτε B⁺ |
μεργαβ B⁺] μαργαβ M, αροαβ L ‖ 15 χρισαι(L⁺ pr. του) τον σαλ.] προς σαλ
ηκουσεν γαρ οτι αυτον εχρισαν εις βασιλεα O ‖ 17 των 1⁰ > O⁺ | κυριον]
> B⁺, in O sub ※ ‖ 18 απαντημα] αμαρτ. B⁺ ‖ 19 οικοδομησαι] -σω B
O–247M⁺

Δαυιδ τὸν πατέρα μου λέγων Ὁ υἱός σου, ὃν δώσω ἀντὶ σοῦ
ἐπὶ τὸν θρόνον σου, οὗτος οἰκοδομήσει τὸν οἶκον τῷ ὀνόματί
20 μου. ²⁰ καὶ νῦν ἔντειλαι καὶ κοψάτωσάν μοι ξύλα ἐκ τοῦ Λιβάνου,
καὶ ἰδοὺ οἱ δοῦλοί μου μετὰ τῶν δούλων σου· καὶ τὸν μισθὸν
δουλείας σου δώσω σοι κατὰ πάντα, ὅσα ἐὰν εἴπῃς, ὅτι σὺ οἶδας
21 ὅτι οὐκ ἔστιν ἡμῖν εἰδὼς ξύλα κόπτειν καθὼς οἱ Σιδώνιοι. ²¹ καὶ
ἐγενήθη καθὼς ἤκουσεν Χιραμ τῶν λόγων Σαλωμων, ἐχάρη σφόδρα
καὶ εἶπεν Εὐλογητὸς ὁ θεὸς σήμερον, ὃς ἔδωκεν τῷ Δαυιδ υἱὸν
22 φρόνιμον ἐπὶ τὸν λαὸν τὸν πολὺν τοῦτον. ²² καὶ ἀπέστειλεν πρὸς
Σαλωμων λέγων Ἀκήκοα περὶ πάντων, ὧν ἀπέσταλκας πρός με·
23 ἐγὼ ποιήσω πᾶν θέλημά σου, ξύλα κέδρινα καὶ πεύκινα· ²³ οἱ δοῦ-
λοί μου κατάξουσιν αὐτὰ ἐκ τοῦ Λιβάνου εἰς τὴν θάλασσαν, ἐγὼ
θήσομαι αὐτὰ σχεδίας ἕως τοῦ τόπου, οὗ ἐὰν ἀποστείλῃς πρός
με, καὶ ἐκτινάξω αὐτὰ ἐκεῖ, καὶ σὺ ἀρεῖς· καὶ ποιήσεις τὸ θέλημά
24 μου τοῦ δοῦναι ἄρτους τῷ οἴκῳ μου. ²⁴ καὶ ἦν Χιραμ διδοὺς τῷ
25 Σαλωμων κέδρους καὶ πᾶν θέλημα αὐτοῦ. ²⁵ καὶ Σαλωμων ἔδωκεν
τῷ Χιραμ εἴκοσι χιλιάδας κόρους πυροῦ καὶ μαχιρ τῷ οἴκῳ αὐτοῦ
καὶ εἴκοσι χιλιάδας βεθ ἐλαίου κεκομμένου· κατὰ τοῦτο ἐδίδου Σα-
26 λωμων τῷ Χιραμ κατ᾽ ἐνιαυτόν. ²⁶ καὶ κύριος ἔδωκεν σοφίαν τῷ
Σαλωμων, καθὼς ἐλάλησεν αὐτῷ· καὶ ἦν εἰρήνη ἀνὰ μέσον Χιραμ
καὶ ἀνὰ μέσον Σαλωμων, καὶ διέθεντο διαθήκην ἀνὰ μέσον ἑαυ-
27 τῶν. — ²⁷ καὶ ἀνήνεγκεν ὁ βασιλεὺς φόρον ἐκ παντὸς Ισραηλ, καὶ
28 ἦν ὁ φόρος τριάκοντα χιλιάδες ἀνδρῶν. ²⁸ καὶ ἀπέστειλεν αὐτοὺς
εἰς τὸν Λίβανον, δέκα χιλιάδες ἐν τῷ μηνί, ἀλλασσόμενοι, μῆνα
ἦσαν ἐν τῷ Λιβάνῳ καὶ δύο μῆνας ἐν οἴκῳ αὐτῶν· καὶ Αδωνιραμ
29 ἐπὶ τοῦ φόρου. ²⁹ καὶ ἦν τῷ Σαλωμων ἑβδομήκοντα χιλιάδες αἴρον-
30 τες ἄρσιν καὶ ὀγδοήκοντα χιλιάδες λατόμων ἐν τῷ ὄρει ³⁰ χωρὶς
ἀρχόντων τῶν καθεσταμένων ἐπὶ τῶν ἔργων τῶν Σαλωμων, τρεῖς
32 χιλιάδες καὶ ἑξακόσιοι ἐπιστάται οἱ ποιοῦντες τὰ ἔργα. ³² καὶ ἡτοί-
μασαν τοὺς λίθους καὶ τὰ ξύλα τρία ἔτη.
6 ¹ Καὶ ἐγενήθη ἐν τῷ τεσσαρακοστῷ καὶ τετρακοσιοστῷ ἔτει τῆς

---

20 μετα] pr. ✳εστωσαν O⁺ | και τον(> O⁺) μισθον] > B⁺ | ειδως] ιδιως B⁺;
pr. ανηρ O⁺ | ξυλα κοπτειν] tr. OL⁺ || 22 απεστειλεν] + χειραμ O(sub✳)L⁺
| απεσταλκας] επ. A | ξυλα] pr. εις OL⁺ || 23 εγω B⁺] pr. και O(sub✳)L,
και al. | σχεδιας] + εν τη θαλασση O⁺ | εκει > A⁺ || 24 κεδρους] + και
πευκας O(sub✳)L || 25 κορους] -ρων OL | και 2⁰ > A⁺ | μαχιρ] -χαλ O |
βεθ A] βαιθ B || 27 βασ.] + σαλωμων(cf. 1 10) O(sub✳)L⁺ | εκ] pr. και B⁺
|| 28 χιλιαδας O⁺ | αλλασσομεναι A⁺ || 29: cf. 2 35ᵈ || 30 των 1⁰ > A |
επι — σαλ.] τω σαλ. επι των εργων O-247(†) | εξακοσιοι (cf. Par. II 2 1. 17)] πεν-
τακ. O⁺, επτακ. L⁺: cf. 2 35ʰ | επισταται] + του λαου O(sub✳)L⁺ || 𝔐 31.
32¹: uide 𝔊 6 1 ᵃ·ᵇ || 32 (= 𝔐 32²) τους λιθους .. τα ξυλα] tr. OL | fin.] +
✳του οικοδομησαι τον οικον O-A⁺, + εις την οικοδομην του οικου L⁺
6 1 τεσσαρακοστω] ογδοηκ. L⁺

ἐξόδου υἱῶν Ισραηλ ἐξ Αἰγύπτου, τῷ ἔτει τῷ τετάρτῳ ἐν μηνὶ τῷ
δευτέρῳ βασιλεύοντος τοῦ βασιλέως Σαλωμων ἐπὶ Ισραηλ, ¹ᵃκαὶ ₁ₐ
ἐνετείλατο ὁ βασιλεὺς καὶ αἴρουσιν λίθους μεγάλους τιμίους εἰς
τὸν θεμέλιον τοῦ οἴκου καὶ λίθους ἀπελεκήτους· ¹ᵇκαὶ ἐπελέκησαν ₁ᵇ
οἱ υἱοὶ Σαλωμων καὶ οἱ υἱοὶ Χιραμ καὶ ἔβαλαν αὐτούς. ¹ᶜἐν τῷ ₁ᶜ
ἔτει τῷ τετάρτῳ ἐθεμελίωσεν τὸν οἶκον κυρίου ἐν μηνὶ Νισω τῷ
δευτέρῳ μηνί· ¹ᵈἐν ἑνδεκάτῳ ἐνιαυτῷ ἐν μηνὶ Βααλ (οὗτος ὁ ₁ᵈ
μὴν ὁ ὄγδοος) συνετελέσθη ὁ οἶκος εἰς πάντα λόγον αὐτοῦ καὶ
εἰς πᾶσαν διάταξιν αὐτοῦ. ²καὶ ὁ οἶκος, ὃν ᾠκοδόμησεν ὁ βασι- 2
λεὺς Σαλωμων τῷ κυρίῳ, τεσσαράκοντα πήχεων μῆκος αὐτοῦ καὶ
εἴκοσι ἐν πήχει πλάτος αὐτοῦ καὶ πέντε καὶ εἴκοσι ἐν πήχει τὸ
ὕψος αὐτοῦ. ³καὶ τὸ αιλαμ κατὰ πρόσωπον τοῦ ναοῦ, εἴκοσι ἐν 3
πήχει μῆκος αὐτοῦ εἰς τὸ πλάτος τοῦ οἴκου καὶ δέκα ἐν πήχει τὸ
πλάτος αὐτοῦ κατὰ πρόσωπον τοῦ οἴκου. καὶ ᾠκοδόμησεν τὸν
οἶκον καὶ συνετέλεσεν αὐτόν. ⁴καὶ ἐποίησεν τῷ οἴκῳ θυρίδας πα- 4
ρακυπτομένας κρυπτάς. ⁵καὶ ἔδωκεν ἐπὶ τὸν τοῖχον τοῦ οἴκου μέ- 5
λαθρα κυκλόθεν τῷ ναῷ καὶ τῷ δαβιρ καὶ ἐποίησεν πλευρὰς κυ-
κλόθεν. ⁶ἡ πλευρὰ ἡ ὑποκάτω πέντε πήχεων τὸ πλάτος αὐτῆς, 6
καὶ τὸ μέσον ἕξ, καὶ ἡ τρίτη ἑπτὰ ἐν πήχει τὸ πλάτος αὐτῆς· ὅτι
διάστημα ἔδωκεν τῷ οἴκῳ κυκλόθεν ἔξωθεν τοῦ οἴκου, ὅπως μὴ
ἐπιλαμβάνωνται τῶν τοίχων τοῦ οἴκου. ⁷καὶ ὁ οἶκος ἐν τῷ οἰκο- 7
δομεῖσθαι αὐτὸν λίθοις ἀκροτόμοις ἀργοῖς ᾠκοδομήθη, καὶ σφύρα
καὶ πέλεκυς καὶ πᾶν σκεῦος σιδηροῦν οὐκ ἠκούσθη ἐν τῷ οἴκῳ
ἐν τῷ οἰκοδομεῖσθαι αὐτόν. ⁸καὶ ὁ πυλὼν τῆς πλευρᾶς τῆς ὑπο- 8
κάτωθεν ὑπὸ τὴν ὠμίαν τοῦ οἴκου τὴν δεξιάν, καὶ ἑλικτὴ ἀνάβα-
σις εἰς τὸ μέσον καὶ ἐκ τῆς μέσης ἐπὶ τὰ τριώροφα. ⁹καὶ ᾠκο- 9

1 υιων] pr. των OL | εξ] εκ γης L† | fin.] + και ωκοδομει τον οικον τω
κυριω OL ‖ 1ᵃ·ᵇ (= ₥ 5 31. 32¹) post 5 30 tr. O mu. ‖ 1ᵃ και 10⌢20
B*† | τιμιους] pr. λιθους OL† | και ult. > L† ‖ 1ᵇ υιοι bis BOL] δουλοι
mu. | και εβαλαν(L ενεβαλον) αυτους BL] ✶και οι βιβλιοι O†, > mu. ‖ 1ᶜ·ᵈ
(= ₥ 37. 38) post 36 tr. O†, post ₥ 5 32¹ (= ₲ 6 1ᵇ) tr. mu. ‖ 1ᶜ ν(ε)ισω
BLᵖ†] νισων Lᵖ†, νισαν Origenes (Rahlfs Sept.-Stud. 1 [1904], p. 78), ζιου O
mu. | τω ult.] pr. και BO–Sy† ‖ 1ᵈ βααλ Origenes (cf. Rahlfs l. l.)] βααδ
(uel βαλδ) BL†, βουλ O†, βουαλ mu. | fin. BL†] + και ωκοδομησεν αυτον (+
εν Α†) επτα ετεσιν O mu.: cf. ₥ et 2 35ᶜ ‖ 2 σαλωμων > B† | τεσσαρακ.]
εξηκ. O† | πηχεων] > B*†, πηχεις LBᶜ† | πεντε και εικοσι] τριακοντα O† | το
> O† ‖ 3 του ναου] + ✶του οικου O†, + κυριου L† | εις(L† επι) το πλα-
τος του οικου BL†] κατα προσωπον εις το υψος του οικου rel. | και 20 — αυ-
του 20 L†] > B†, δεκα πηχεις πλατος αυτου rel. | και ωκοδομ. — fin.: cf. 9. 14
‖ 4 παρακυπτ. BO†] διακρυπτ. al., δεδικτυωμενας L ‖ 5 επι τον] επ αυτον
B† | κυκλοθεν] + ✶συν τοιχοις του οικου κυκλοθεν O–247† | και ult. — fin.]
> B, in O sub ✶ ‖ 6 πεντε] εξ Α† | πηχεων] + εν πηχει BL | το μεσον]
η πλευρα η μεση L† | εξ B†] + πηχεων το πλατος uel sim. rel. (in O sub ✶)
| διαστηματα Α ‖ 7 ηκουσται Α† | εν τω οικω > O–SyL† ‖ 8 υπο] επι
O247L†

δόμησεν τὸν οἶκον καὶ συνετέλεσεν αὐτόν· καὶ ἐκοιλοστάθμησεν
10 τὸν οἶκον κέδροις. 10 καὶ ᾠκοδόμησεν τοὺς ἐνδέσμους δι' ὅλου τοῦ
οἴκου, πέντε ἐν πήχει τὸ ὕψος αὐτοῦ, καὶ συνέσχεν τὸν ἔνδεσμον
ἐν ξύλοις κεδρίνοις.
15 15 Καὶ ᾠκοδόμησεν τοὺς τοίχους τοῦ οἴκου διὰ ξύλων κεδρίνων
ἀπὸ τοῦ ἐδάφους τοῦ οἴκου καὶ ἕως τῶν δοκῶν καὶ ἕως τῶν
τοίχων· ἐκοιλοστάθμησεν συνεχόμενα ξύλοις ἔσωθεν καὶ περιέσχεν
16 τὸ ἔσω τοῦ οἴκου ἐν πλευραῖς πευκίναις. 16 καὶ ᾠκοδόμησεν τοὺς
εἴκοσι πήχεις ἀπ' ἄκρου τοῦ οἴκου, τὸ πλευρὸν τὸ ἓν ἀπὸ τοῦ ἐδά-
φους ἕως τῶν δοκῶν, καὶ ἐποίησεν ἐκ τοῦ δαβιρ εἰς τὸ ἅγιον τῶν
17 ἁγίων. 17 καὶ τεσσαράκοντα πηχῶν ἦν ὁ ναὸς κατὰ πρόσωπον
19 19 τοῦ δαβιρ ἐν μέσῳ τοῦ οἴκου ἔσωθεν δοῦναι ἐκεῖ τὴν κιβωτὸν
20 διαθήκης κυρίου. 20 εἴκοσι πήχεις μῆκος καὶ εἴκοσι πήχεις πλάτος
καὶ εἴκοσι πήχεις τὸ ὕψος αὐτοῦ, καὶ περιέσχεν αὐτὸν χρυσίῳ
21 συγκεκλεισμένῳ. καὶ ἐποίησεν θυσιαστήριον 21 κατὰ πρόσωπον
22 τοῦ δαβιρ καὶ περιέσχεν αὐτὸ χρυσίῳ. 22 καὶ ὅλον τὸν οἶκον περι-
έσχεν χρυσίῳ ἕως συντελείας παντὸς τοῦ οἴκου.
23 23 Καὶ ἐποίησεν ἐν τῷ δαβιρ δύο χερουβιν δέκα πήχεων μέγεθος
24 ἐσταθμωμένον. 24 καὶ πέντε πήχεων πτερύγιον τοῦ χερουβ τοῦ ἑνός,
καὶ πέντε πήχεων πτερύγιον αὐτοῦ τὸ δεύτερον, ἐν πήχει δέκα ἀπὸ
25 μέρους πτερυγίου αὐτοῦ εἰς μέρος πτερυγίου αὐτοῦ· 25 οὕτως τῷ
26 χερουβ τῷ δευτέρῳ, ἐν μέτρῳ ἑνὶ συντέλεια μία ἀμφοτέροις. 26 καὶ

9 κεδροις] pr. ※φατνωμασιν(uel -ωσεσιν) και διαταξεσιν *O* || 10 ενδεσμον] συνδ. B | fin. B*L*†] rel. addunt (11) και εγενετο λογος κυριου προς σαλωμων λεγων (12) ο οικος ουτος ον συ οικοδομεις εαν οδευης τοις προσταγμασιν μου και τα κριματα μου ποιης και φυλασσης πασας τας εντολας μου αναστρεφεσθαι εν αυταις στησω τον λογον μου (+ ※συν σοι *O*) ον ελαλησα προς δαυιδ τον πατερα σου (13) και κατασκηνωσω εν μεσω υιων ισραηλ και ουκ εγκαταλειψω τον λαον μου ισραηλ (14) και ωκοδομησεν σαλωμων τον οικον και συνετελεσεν αυτον || 15 οικου 1^0] + ※εσωθεν *O* | και εως των δοκων] post τοιχων tr. *O*, in Sy sub ÷ | συνεχομενος B*† || 16 οικου *L*†] τοιχου rel. | εδαφους] + του οικου *O*-Sy†: ex 15 | εποιησεν B*L*†] + αυτω(uel -το) rel. | εκ B*L*] εσωθεν *O* pl. || 17 ο ναος] pr. ※ο οικος αυτος(A† ουτος) *O*†, pr. αυτος *L*† | κατα προσωπον (haec uerba ad 19 tracta etiam *O* retinet)] pr. ※ο εσωτατος (18) και δια κεδρου προς τον οικον εσω πλοκην επαναστασεις και πεταλα και αναγλυφα παντα κεδρινα ουκ εφαινετο λιθος *O*† || 19 δουναι] pr. ※ητοιμασεν *O*† || 20 init.] pr. ※και εις προσωπον του δαβειρ *O*-247† | και εικοσι 1^0 > A† | αυτον] -το *O* | fin.] + ※κεδρου (21) και περιεπιλησεν σαλωμων τον οικον ενδοθεν χρυσιω αποκλειστω και παρηγαγεν εν καθηλωμασιν χρυσιου *O*† || 21 αυτο] -τον B† || 22 fin.] + ※και ολον το εσω του δαβειρ επεταλωσεν χρυσιω *O*† || 23 χερουβιν(uel -βιμ: item in seq.)] + ξυλων κυπαρισσινων *O*(sub ※)L^p || 24 πτερυγιον 1^0 — πηχεων 2^0 pl.] > B†, ※πτερυγιον αυτου το εν και πεντε πηχεων *O*† | δευτερον] + δε B† | εις — fin. pl.] > B, και εως μερους πτερυγιου αυτου *O*(sub ※)*L*† || 25 ουτως (in *O* sub ÷)] pr. ※και δεκα εν πηχει *O*-247†, + και *L*† | αμφοτ.] + ※τοις χερουβειν(uel -βιμ) *O*† | fin.] + συντελεια μια B†

τὸ ὕψος τοῦ χερουβ τοῦ ἑνὸς δέκα ἐν πήχει, καὶ οὕτως τὸ χερουβ
τὸ δεύτερον. ²⁷καὶ ἀμφότερα τὰ χερουβιν ἐν μέσῳ τοῦ οἴκου τοῦ 27
ἐσωτάτου · καὶ διεπέτασεν τὰς πτέρυγας αὐτῶν, καὶ ἥπτετο πτέρυξ
μία τοῦ τοίχου, καὶ πτέρυξ ἥπτετο τοῦ τοίχου τοῦ δευτέρου, καὶ
αἱ πτέρυγες αὐτῶν αἱ ἐν μέσῳ τοῦ οἴκου ἥπτοντο πτέρυξ πτέρυ-
γος. ²⁸καὶ περιέσχεν τὰ χερουβιν χρυσίῳ. ²⁹καὶ πάντας τοὺς τοί- ²⁸
χους τοῦ οἴκου κύκλῳ ἐγκολαπτὰ ἔγραψεν γραφίδι χερουβιν, καὶ ²⁹
φοίνικες τῷ ἐσωτέρῳ καὶ τῷ ἐξωτέρῳ. ³⁰καὶ τὸ ἔδαφος τοῦ οἴκου 30
περιέσχεν χρυσίῳ, τοῦ ἐσωτάτου καὶ τοῦ ἐξωτάτου.

³¹Καὶ τῷ θυρώματι τοῦ δαβιρ ἐποίησεν θύρας ξύλων ἀρκευθίνων 31
καὶ φλιὰς πενταπλᾶς ³²καὶ δύο θύρας ξύλων πευκίνων καὶ ἐγκο- 32
λαπτὰ ἐπ᾽ αὐτῶν ἐγκεκολαμμένα χερουβιν καὶ φοίνικας καὶ πέταλα
διαπεπετασμένα· καὶ περιέσχεν χρυσίῳ, καὶ κατέβαινεν ἐπὶ τὰ χερου-
βιν καὶ ἐπὶ τοὺς φοίνικας τὸ χρυσίον. ³³καὶ οὕτως ἐποίησεν τῷ 33
πυλῶνι τοῦ ναοῦ, φλιαὶ ξύλων ἀρκευθίνων, στοαὶ τετραπλῶς. ³⁴καὶ 34
ἐν ἀμφοτέραις ταῖς θύραις ξύλα πεύκινα · δύο πτυχαὶ ἡ θύρα ἡ
μία καὶ στροφεῖς αὐτῶν, καὶ δύο πτυχαὶ ἡ θύρα ἡ δευτέρα, στρε-
φόμενα· ³⁵ἐγκεκολαμμένα χερουβιν καὶ φοίνικες καὶ διαπεπετασμένα 35
πέταλα καὶ περιεχόμενα χρυσίῳ καταγομένῳ ἐπὶ τὴν ἐκτύπωσιν.
³⁶καὶ ᾠκοδόμησεν τὴν αὐλὴν τὴν ἐσωτάτην, τρεῖς στίχους ἀπελε- 36
κήτων, καὶ στίχος κατειργασμένης κέδρου κυκλόθεν. ³⁶ᵃκαὶ ᾠκο- 36ᵃ
δόμησε καταπέτασμα τῆς αὐλῆς τοῦ αιλαμ τοῦ οἴκου τοῦ κατὰ
πρόσωπον τοῦ ναοῦ.

¹Καὶ ἀπέστειλεν ὁ βασιλεὺς Σαλωμων καὶ ἔλαβεν τὸν Χιραμ ἐκ 7
Τύρου, ²υἱὸν γυναικὸς χήρας, καὶ οὗτος ἀπὸ τῆς φυλῆς Νεφθαλι, 2
καὶ ὁ πατὴρ αὐτοῦ ἀνὴρ Τύριος, τέκτων χαλκοῦ καὶ πεπληρωμένος
τῆς τέχνης καὶ συνέσεως καὶ ἐπιγνώσεως τοῦ ποιεῖν πᾶν ἔργον
ἐν χαλκῷ· καὶ εἰσήχθη πρὸς τὸν βασιλέα Σαλωμων καὶ ἐποίησεν

26 χερουβ bis] -βειν B⁽⁺⁾ | του ενος δεκα > B⁺ | το χ. το δευτερον] του χ. του
-ρου O–247⁺ || 27 και 1⁰] + ※εθηκεν O | τα > B⁺ | πτερυξ μια] η πτ. ※του ενος
O⁽⁺⁾, η πτ. η μια του χερουβ L⁽⁺⁾ | πτερυξ 2⁰] pr. η OL⁺, + του χερουβ του
δευτερου O(sub※)L | αυτων ult.] -του B⁺ | ηπτοντο] ηπτετο O–Sy⁺ || 29 και
1⁰ > B⁺ | εγκολαπτα] εκκολ. B: cf. 32. 35 | φοινικες] + ※και περιγλυφα εγ-
κυπτοντα O⁺ || 31 ξυλων pl.] pr. εκ OL⁺, ξυλινων B⁺ | αρκευθινων ⌒ 33 αρ-
κευθινων B⁺ || 33 αρκευθινων L mu.] -θου O (B deest, cf. 31) || 34 και
1⁰ > BL^p⁺ | η 1⁰] pr. και B⁺ | και ult. > A⁺ || 35 εγκεκολαμμενα mu.] -ναι
L⁺, εκκεκ. B, εισκεκ. A⁺: cf. 29 || 36 κυκλοθεν > O⁺ | hunc uersum in O⁺
sequuntur 1ᶜ·ᵈ = 𝔐 37. 38, cf. 1ᶜ·ᵈ || 36ᵃ BL⁺ (sic etiam Origenes, cf. Rahlfs
Sept.-Stud. 1, p. 78)] και ωκοδ. την αυλην οικου κυριου την εσωτατην τω αι-
λαμ του οικου του κατα προσωπον του ναου rel.: haec (cf. 𝔐 7 12²) ante 𝔐
7 13 tr. O⁺ (του κατα — fin. sub ÷), cf. 7 49 fin.
7 1—37(𝔐 13—51) / 38—49(𝔐 1—12)] tr. O⁺ || 2(𝔐 14) νεφθαλ(ε)ι BL^p⁺]
-λ(ε)ιμ rel. | επιγνωσεως] επι > B⁺ | εισηχθη] εισηνεχθη B⁺

3 πάντα τὰ ἔργα. ³καὶ ἐχώνευσεν τοὺς δύο στύλους τῷ αιλαμ τοῦ
οἴκου, ὀκτωκαίδεκα πήχεις ὕψος τοῦ στύλου, καὶ περίμετρον τέσ-
σαρες καὶ δέκα πήχεις ἐκύκλου αὐτόν, καὶ τὸ πάχος τοῦ στύλου
τεσσάρων δακτύλων τὰ κοιλώματα, καὶ οὕτως ὁ στῦλος ὁ δεύτε-
4 ρος. ⁴καὶ δύο ἐπιθέματα ἐποίησεν δοῦναι ἐπὶ τὰς κεφαλὰς τῶν
στύλων, χωνευτὰ χαλκᾶ · πέντε πήχεις τὸ ὕψος τοῦ ἐπιθέματος
τοῦ ἑνός, καὶ πέντε πήχεις τὸ ὕψος τοῦ ἐπιθέματος τοῦ δευτέρου.
5 ⁵καὶ ἐποίησεν δύο δίκτυα περικαλύψαι τὸ ἐπίθεμα τῶν στυλων,
καὶ δίκτυον τῷ ἐπιθέματι τῷ ἑνί, καὶ δίκτυον τῷ ἐπιθέματι τῷ
6 δευτέρῳ. ⁶καὶ ἔργον κρεμαστόν, δύο στίχοι ροῶν χαλκῶν δεδι-
κτυωμένοι, ἔργον κρεμαστόν, στίχος ἐπὶ στίχον · καὶ οὕτως ἐποί-
7 ησεν τῷ ἐπιθέματι τῷ δευτέρῳ. ⁷καὶ ἔστησεν τοὺς στύλους τοῦ
αιλαμ τοῦ ναοῦ · καὶ ἔστησεν τὸν στῦλον τὸν ἕνα καὶ ἐπεκάλεσεν
τὸ ὄνομα αὐτοῦ Ιαχουμ · καὶ ἔστησεν τὸν στῦλον τὸν δεύτερον
8 καὶ ἐπεκάλεσεν τὸ ὄνομα αὐτοῦ Βααζ. ⁸καὶ ἐπὶ τῶν κεφαλῶν τῶν
9 στύλων ἔργον κρίνου κατὰ τὸ αιλαμ τεσσάρων πηχῶν. ⁹καὶ μέλα-
θρον ἐπ᾽ ἀμφοτέρων τῶν στύλων, καὶ ἐπάνωθεν τῶν πλευρῶν
ἐπίθεμα τὸ μέλαθρον τῷ πάχει.
10 ¹⁰Καὶ ἐποίησεν τὴν θάλασσαν δέκα ἐν πήχει ἀπὸ τοῦ χείλους
αὐτῆς ἕως τοῦ χείλους αὐτῆς, στρογγύλον κύκλῳ τὸ αὐτό · πέντε
ἐν πήχει τὸ ὕψος αὐτῆς, καὶ συνηγμένοι τρεῖς καὶ τριάκοντα ἐν
11 πήχει ἐκύκλουν αὐτήν. ¹¹καὶ ὑποστηρίγματα ὑποκάτωθεν τοῦ χεί-
λους αὐτῆς κυκλόθεν ἐκύκλουν αὐτήν, δέκα ἐν πήχει κυκλόθεν,
12 ἀνιστᾶν τὴν θάλασσαν. ¹²καὶ τὸ χεῖλος αὐτῆς ὡς ἔργον χείλους
13 ποτηρίου, βλαστὸς κρίνου, καὶ τὸ πάχος αὐτοῦ παλαιστής. ¹³καὶ
δώδεκα βόες ὑποκάτω τῆς θαλάσσης, οἱ τρεῖς ἐπιβλέποντες βορρᾶν
καὶ οἱ τρεῖς ἐπιβλέποντες θάλασσαν καὶ οἱ τρεῖς ἐπιβλέποντες νό-

---

3 (𝔐 15) τους δυο στυλους τω] το B† | και 4⁰ > ΒO† | ο paenult. > B† ‖
4 (𝔐 16) χαλκα > B† | και ult. — fin. > B ‖ 5 (𝔐 17) τω επιθεματι 1⁰ ⌒ 2⁰
A ‖ 7 (𝔐 21) post 9 (𝔐 20) tr. O† ‖ 7 ενα] δεξιον L† | ιαχουμ] -ουν O†
| δευτερον] + τον αριστερον L† | βααζ L†] βαλαζ B; βοοζ O† (ut mihi qui-
dem uidetur; A† βοος, O²⁴⁷† βοωζ); βαολοαζ M mu. ‖ 8 (𝔐 19) και] + επιθεματα
O† ‖ 9 (𝔐 20) το > A† | τω παχει] τω πηχει B*†, pr. επ αμφοτερων των
στυλων L†, και των ροων διακοσιοι στιχοι κυκλω επι της κεφαλιδος της δευ-
τερας O pl. (O† πεντε = ε′ pro διακοσιοι = ϛ′) ‖ 10 (𝔐 23)] pr. και επι των
κεφαλων των στυλων (των στ. > A†) εργον κρινου(A† -νους, O²⁴⁷† -νων) και
ετελειωθη το εργον των στυλων O†: = 𝔐 22 | θαλασσαν ΒL†] + χυτην rel.
(A† αυτην) | χειλους 1⁰] τειχους B*† | το ult. > A† | εκυκλουν αυτην] > B†,
+ κυκλω O† ‖ 11 (𝔐 24) ανισταν την θαλ. > ΒO† | fin.] + δυο στιχοι των
υποστηριγματων κεχυμενοι εν τη χυσει αυτης εστωτες O† ‖ 12 (𝔐 26) /
13 (𝔐 25) BL] tr. O pl. ‖ 12 κρινου] + δισχιλιους χοεις χωρουντα(A† -τας)
OL¹²⁷(sub ※)† | και ult. — fin.] in initium uersus tr. O†

τον καὶ οἱ τρεῖς ἐπιβλέποντες ἀνατολήν, καὶ πάντα τὰ ὀπίσθια εἰς
τὸν οἶκον, καὶ ἡ θάλασσα ἐπ᾽ αὐτῶν ἐπάνωθεν.
¹⁴ Καὶ ἐποίησεν δέκα μεχωνωθ χαλκᾶς · πέντε πήχεις μῆκος τῆς 14
μεχωνωθ τῆς μιᾶς, καὶ τέσσαρες πήχεις πλάτος αὐτῆς, καὶ ἓξ ἐν
πήχει ὕψος αὐτῆς. ¹⁵ καὶ τοῦτο τὸ ἔργον τῶν μεχωνωθ · σύγκλει- 15
στον αὐτοῖς, καὶ σύγκλειστον ἀνὰ μέσον τῶν ἐξεχομένων. ¹⁶ καὶ ἐπὶ 16
τὰ συγκλείσματα αὐτῶν ἀνὰ μέσον τῶν ἐξεχομένων λέοντες καὶ
βόες καὶ χερουβιν, καὶ ἐπὶ τῶν ἐξεχομένων οὕτως · καὶ ἐπάνωθεν
καὶ ὑποκάτωθεν τῶν λεόντων καὶ τῶν βοῶν χῶραι, ἔργον κατα-
βάσεως. ¹⁷ καὶ τέσσαρες τροχοὶ χαλκοῖ τῇ μεχωνωθ τῇ μιᾷ, καὶ 17
τὰ προσέχοντα χαλκᾶ, καὶ τέσσαρα μέρη αὐτῶν, ὠμίαι ὑποκάτω
τῶν λουτήρων. ¹⁸ καὶ χεῖρες ἐν τοῖς τροχοῖς ἐν τῇ μεχωνωθ, καὶ 18
τὸ ὕψος τοῦ τροχοῦ τοῦ ἑνὸς πήχεος καὶ ἡμίσους. ¹⁹ καὶ τὸ ἔργον 19
τῶν τροχῶν ἔργον τροχῶν ἅρματος · αἱ χεῖρες αὐτῶν καὶ οἱ νῶ-
τοι αὐτῶν καὶ ἡ πραγματεία αὐτῶν, τὰ πάντα χωνευτά. ²⁰ αἱ τέσ- 20
σαρες ὠμίαι ἐπὶ τῶν τεσσάρων γωνιῶν τῆς μεχωνωθ τῆς μιᾶς,
ἐκ τῆς μεχωνωθ οἱ ὦμοι αὐτῆς. ²¹ καὶ ἐπὶ τῆς κεφαλῆς τῆς μεχω- 21
νωθ ἥμισυ τοῦ πήχεος μέγεθος στρογγύλον κύκλῳ ἐπὶ τῆς κεφα-
λῆς τῆς μεχωνωθ, καὶ ἀρχὴ χειρῶν αὐτῆς καὶ τὰ συγκλείσματα
αὐτῆς, καὶ ἠνοίγετο ἐπὶ τὰς ἀρχὰς τῶν χειρῶν αὐτῆς. ²² καὶ τὰ 22
συγκλείσματα αὐτῆς χερουβιν καὶ λέοντες καὶ φοίνικες ἑστῶτα,
ἐχόμενον ἕκαστον κατὰ πρόσωπον αὐτοῦ ἔσω καὶ τὰ κυκλόθεν.
²³ κατ᾽ αὐτὴν ἐποίησεν πάσας τὰς δέκα μεχωνωθ, τάξιν μίαν καὶ 23
μέτρον ἓν πάσαις. ²⁴ καὶ ἐποίησεν δέκα χυτροκαύλους χαλκοῦς, 24
τεσσαράκοντα χοεῖς χωροῦντα τὸν χυτρόκαυλον τὸν ἕνα μετρήσει ·
ὁ χυτρόκαυλος ὁ εἷς ἐπὶ τῆς μεχωνωθ τῆς μιᾶς ταῖς δέκα μεχωνωθ.
²⁵ καὶ ἔθετο τὰς δέκα μεχωνωθ, πέντε ἀπὸ τῆς ὠμίας τοῦ οἴκου 25
ἐκ δεξιῶν καὶ πέντε ἀπὸ τῆς ὠμίας τοῦ οἴκου ἐξ ἀριστερῶν · καὶ

13 και paenult. — οικον / και ult. — fin.] tr. O⁺ | τον οικον] το ενδον L⁺ ||
14 (𝔐 27) δεκα μεχ.] τας μεχ. δεκα O⁺ || 16 (𝔐 29) των 1⁰ > ΒΑ || 17 (𝔐
30) ωμιαι] + αυτοις O, + αυτων L⁺ | fin.] + ✠αι ωμιαι κεχυμεναι απο πε-
ραν ανδρος προσκειμεναι (𝔐 31) και στομα αυτου εσωθεν της κεφαλιδος
και(> Α⁺) ανωθεν εν πηχει και στομα αυτου στρογγυλον(Α⁺ -λουν) · ποιη-
μα ουτως πηχεος και ημισους του πηχεος · και γε επι στοματος αυτου διατο-
ρευματα και διαπηγα αυτων τετραγωνα, ου στρογγυλα (𝔐 32) και τεσσαρες
οι(> Α⁺) τροχοι εις υποκατωθεν των διαπηγων O⁺ || 18 (𝔐 32) τη] τω ΒO⁺
| fin.] + του πηχεος O⁺ || 19 (𝔐 33) και οι νωτοι αυτων] pr. και αυχενες
αυτων O-247 | τα] > Β⁺, ισα Α⁺ || 20 (𝔐 34) τη μια Β⁺ || 21 (𝔐 35) με-
γεθος] + αυτης ΒL | αρχη χειρων] αι χειρες L⁺ | αυτης paenult.] + εξ αυτης
O | τας] τεσσαρας Β⁺ || 22 (𝔐 36) αυτου > Β⁺ || 23 (𝔐 37) μετρον εν]
+ τερμα εν O⁺ || 24 (𝔐 38) χωρουντας Β | μετρησει] τεσσαρων πηχων Α,
pr. τεσσαρων πηχων ο χυτροκαυλος ο εις O-Α⁺ | τη μεχ. τη μια Β⁺ || 25 (𝔐 39)
δεκα μεχ. πεντε pl.] πεντε μεχ. Β⁺, μεχ. πεντε O⁺, μεχ. L⁺ | οικου 1⁰ ⌢ 2⁰ ΒLᴾ
| απο της ωμιας 2⁰] επ ωμιαν (uel επι την ωμ.) O⁺ | αριστ.] + αυτου O⁺

ἡ θάλασσα ἀπὸ τῆς ὠμίας τοῦ οἴκου ἐκ δεξιῶν κατ᾿ ἀνατολὰς
ἀπὸ τοῦ κλίτους τοῦ νότου.

26 ²⁶Καὶ ἐποίησεν Χιραμ τοὺς λέβητας καὶ τὰς θερμάστρεις καὶ τὰς
φιάλας, καὶ συνετέλεσεν Χιραμ ποιῶν πάντα τὰ ἔργα, ἃ ἐποίησεν
27 τῷ βασιλεῖ Σαλωμων ἐν οἴκῳ κυρίου, ²⁷στύλους δύο καὶ τὰ στρε-
πτὰ τῶν στύλων ἐπὶ τῶν κεφαλῶν τῶν στύλων δύο καὶ τὰ δίκτυα
δύο τοῦ καλύπτειν ἀμφότερα τὰ στρεπτὰ τῶν γλυφῶν τὰ ὄντα
28 ἐπὶ τῶν στύλων, ²⁸τὰς ῥόας τετρακοσίας ἀμφοτέροις τοῖς δικτύοις,
δύο στίχοι ῥοῶν τῷ δικτύῳ τῷ ἑνὶ περικαλύπτειν ἀμφότερα τὰ
29 στρεπτὰ ἐπ᾿ ἀμφοτέροις τοῖς στύλοις, ²⁹καὶ τὰς μεχωνωθ δέκα καὶ
30 τοὺς χυτροκαύλους δέκα ἐπὶ τῶν μεχωνωθ ³⁰καὶ τὴν θάλασσαν
31 μίαν καὶ τοὺς βόας δώδεκα ὑποκάτω τῆς θαλάσσης ³¹καὶ τοὺς
λέβητας καὶ τὰς θερμάστρεις καὶ τὰς φιάλας καὶ πάντα τὰ σκεύη,
ἃ ἐποίησεν Χιραμ τῷ βασιλεῖ Σαλωμων τῷ οἴκῳ κυρίου · καὶ οἱ
στύλοι τεσσαράκοντα καὶ ὀκτὼ τοῦ οἴκου τοῦ βασιλέως καὶ τοῦ
οἴκου κυρίου. πάντα τὰ ἔργα τοῦ βασιλέως, ἃ ἐποίησεν Χιραμ,
32 χαλκᾶ ἄρδην · ³²οὐκ ἦν σταθμὸς τοῦ χαλκοῦ, οὗ ἐποίησεν πάντα
τὰ ἔργα ταῦτα, ἐκ πλήθους σφόδρα · οὐκ ἦν τέρμα τῷ σταθμῷ
33 τοῦ χαλκοῦ. ³³ἐν τῷ περιοίκῳ τοῦ Ιορδάνου ἐχώνευσεν αὐτὰ
ὁ βασιλεὺς ἐν τῷ πάχει τῆς γῆς ἀνὰ μέσον Σοκχωθ καὶ ἀνὰ
μέσον Σιρα.

34 ³⁴Καὶ ἔδωκεν ὁ βασιλεὺς Σαλωμων τὰ σκεύη, ἃ ἐποίησεν, ἐν
οἴκῳ κυρίου, τὸ θυσιαστήριον τὸ χρυσοῦν καὶ τὴν τράπεζαν, ἐφ᾿
35 ἧς οἱ ἄρτοι τῆς προσφορᾶς, χρυσῆν, ³⁵καὶ τὰς λυχνίας, πέντε ἐκ
δεξιῶν καὶ πέντε ἐξ ἀριστερῶν κατὰ πρόσωπον τοῦ δαβιρ, χρυσᾶς
συγκλειομένας, καὶ τὰ λαμπάδια καὶ τοὺς λύχνους καὶ τὰς ἐπαρυ-
36 στρίδας χρυσᾶς ³⁶καὶ τὰ πρόθυρα καὶ οἱ ἧλοι καὶ αἱ φιάλαι καὶ τὰ
τρύβλια καὶ αἱ θυΐσκαι χρυσαῖ, σύγκλειστα, καὶ τὰ θυρώματα τῶν
θυρῶν τοῦ οἴκου τοῦ ἐσωτάτου, ἁγίου τῶν ἁγίων, καὶ τὰς θύρας
37 τοῦ οἴκου τοῦ ναοῦ χρυσᾶς. ³⁷καὶ ἀνεπληρώθη πᾶν τὸ ἔργον, ὃ
ἐποίησεν Σαλωμων οἴκου κυρίου, καὶ εἰσήνεγκεν Σαλωμων τὰ ἅγια
Δαυιδ τοῦ πατρὸς αὐτοῦ καὶ πάντα τὰ ἅγια Σαλωμων, τὸ ἀργύ-

---

28 (𝔐 42) τα στρεπτα pl.] τα οντα τα στρ. της μεχωνωθ ΒΟ†, + της
μεχωνωθ τα οντα L† ‖ 29 (𝔐 43) των] της Α† ‖ 31 (𝔐 45) κυ-
ριου ult.] pr. του Α | α ult. > ΒΟ ‖ 32 (𝔐 47) των σταθμων ΒΑ |
fin.] + στιλβοντος Ο† ‖ 33 (𝔐 46) ο βασ. > ΒL† | σ(ε)ιρα Β] σιαραμ Α†,
σαρθαν L† ‖ 34 (𝔐 48) εδωκεν] ελαβεν Β† | σαλ.] + (𝔐 47) παντα (pr. επι
Α†) τα σκευη απο του πληθους σφοδρα σφοδρα · ουκ ην σταθμος του χαλκου ·
(𝔐 48) και εποιησεν σαλωμων παντα Ο† | α εποιησεν] τα Ο† | οικω] pr. τω
ΑL† | κυριου > Β† ‖ 35 (𝔐 49) εκ δεξ. ... εξ αριστ.] tr. Β | επαρυστρις Β†
| χρυσας ult.] + τρεις Ο†, χρυσα τα παντα L† ‖ 36 (𝔐 50) των ult. > Α†
| του οικου ult. > ΒL ‖ 37 (𝔐 51) παν > ΒL | σαλ. 1⁰] pr. ο βασιλευς Α†

ριον καὶ τὸ χρυσίον καὶ τὰ σκεύη, ἔδωκεν εἰς τοὺς θησαυροὺς
οἴκου κυρίου.

³⁸Καὶ τὸν οἶκον αὐτοῦ ᾠκοδόμησεν Σαλωμων τρισκαίδεκα ἔτε- 38
σιν. ³⁹καὶ ᾠκοδόμησεν τὸν οἶκον δρυμῷ τοῦ Λιβάνου · ἑκατὸν πή- 39
χεις μῆκος αὐτοῦ, καὶ πεντήκοντα πήχεις πλάτος αὐτοῦ, καὶ τριά-
κοντα πηχῶν ὕψος αὐτοῦ · καὶ τριῶν στίχων στύλων κεδρίνων,
καὶ ὠμίαι κέδριναι τοῖς στύλοις. ⁴⁰καὶ ἐφάτνωσεν τὸν οἶκον ἄνω- 40
θεν ἐπὶ τῶν πλευρῶν τῶν στύλων, καὶ ἀριθμὸς τῶν στύλων τεσ-
σαράκοντα καὶ πέντε, δέκα καὶ πέντε ὁ στίχος · ⁴¹καὶ μέλαθρα τρία 41
καὶ χώρα ἐπὶ χώραν τρισσῶς · ⁴²καὶ πάντα τὰ θυρώματα καὶ αἱ 42
χῶραι τετράγωνοι μεμελαθρωμέναι καὶ ἀπὸ τοῦ θυρώματος ἐπὶ
θύραν τρισσῶς. ⁴³καὶ τὸ αιλαμ τῶν στύλων πεντήκοντα πηχῶν 43
μῆκος καὶ τριάκοντα ἐν πλάτει, ἐζυγωμένα, αιλαμ ἐπὶ πρόσωπον
αὐτῶν, καὶ στῦλοι καὶ πάχος ἐπὶ πρόσωπον αὐτῆς τοῖς αιλαμμιν.
⁴⁴καὶ τὸ αιλαμ τῶν θρόνων, οὗ κρινεῖ ἐκεῖ, αιλαμ τοῦ κριτηρίου. 44
⁴⁵καὶ οἶκος αὐτῷ, ἐν ᾧ καθήσεται ἐκεῖ, αὐλὴ μία ἐξελισσομένη 45
τούτοις κατὰ τὸ ἔργον τοῦτο · καὶ οἶκον τῇ θυγατρὶ Φαραω, ἣν
ἔλαβεν Σαλωμων, κατὰ τὸ αιλαμ τοῦτο. ⁴⁶πάντα ταῦτα ἐκ λίθων 46
τιμίων κεκολαμμένα ἐκ διαστήματος ἔσωθεν καὶ ἐκ τοῦ θεμελίου
ἕως τῶν γεισῶν καὶ ἔξωθεν εἰς τὴν αὐλὴν τὴν μεγάλην ⁴⁷τὴν 47
τεθεμελιωμένην ἐν τιμίοις λίθοις μεγάλοις, λίθοις δεκαπήχεσιν καὶ
τοῖς ὀκταπήχεσιν, ⁴⁸καὶ ἐπάνωθεν τιμίοις κατὰ τὸ μέτρον ἀπελε- 48
κήτων καὶ κέδροις. ⁴⁹τῆς αὐλῆς τῆς μεγάλης κύκλῳ τρεῖς στίχοι 49
ἀπελεκήτων καὶ στίχος κεκολαμμένης κέδρου. ⁵⁰καὶ συνετέλεσεν 50
Σαλωμων ὅλον τὸν οἶκον αὐτοῦ.

¹Καὶ ἐγένετο ἐν τῷ συντελέσαι Σαλωμων τοῦ οἰκοδομῆσαι τὸν 8

37 και τα σκευη > B ‖ 38(𝔐 1) αυτου] εαυτω B | τρισκαιδ. ετεσιν] τρ.
ετη B†, τω τρισκαιδεκατω ετει L† (+ της βασιλειας αυτου Lᵖ†) | fin.] + ✳και
συνετελεσεν ολον τον οικον αυτου O†: cf. 𝕲 50 ‖ 39(𝔐 2) δρυμου OL |
μηκος] pr. το AL | πλατος] pr. το L (non A) | και τριακ. —αυτου ult.] > BL,
in O sub ✳ | και paenult.] επι L† ‖ 40(𝔐 3) δεκα και πεντε > BL | fin.]
+ ο εις L† (Lᵖ† superadd. δεκα και πεντε) ‖ 43(𝔐 6) στυλων] + ✳εποι-
ησεν O† | πηχων > B | τριακοντα] πεντηκ. B | αυτης] -των A ‖ 44(𝔐 7)
αιλαμ ult. BL†] pr. το rel. | fin.] + ✳εποιησεν · και ωροφωσεν εν κεδρω απο
του εδαφους εως του εδαφους O† ‖ 45(𝔐 8) οικος αυτω O—247†] ο οικος αυ-
των rel. | ω] οικω B† | εξελισσομενη]-νης B† ‖ 46(𝔐 9) τιμιων] + ✳με-
τρον απελεκητων O† | εσωθεν] + ✳και εξωθεν O† ‖ 47(𝔐 10) εν > OL†
| τιμιοις λιθοις BO†] tr. rel. ‖ 48(𝔐 11) τιμιοις] pr. λιθοις OL† | κατα—
απελεκ.] κατα το αυτο μετρον απελεκητοις OᵖL ‖ 49(𝔐 12) κυκλω]-λοι B†,
-λως A† | κεκολλημενης B† | fin.] + και ÷ ωκοδομησεν ⟨⟩ αυλην οικου κυριου
την εσωτατην τω(A† των) αιλαμ του οικου ÷ του κατα προσωπον του ναου
O†: cf. 𝔐 12² et 𝕲 6 36ᵃ; deinde in O† sequuntur 𝔐 13—51 ‖ 50(𝔐 1²)
> O†
8 1 init. — ετη > O | εν τω συντ.] ως συνετελεσεν B*†

οἶκον κυρίου καὶ τὸν οἶκον ἑαυτοῦ μετὰ εἴκοσι ἔτη, τότε ἐξεκκλη-
σίασεν ὁ βασιλεὺς Σαλωμων πάντας τοὺς πρεσβυτέρους Ισραηλ
ἐν Σιων τοῦ ἀνενεγκεῖν τὴν κιβωτὸν διαθήκης κυρίου ἐκ πόλεως
2
3 Δαυιδ (αὕτη ἐστὶν Σιων) ²ἐν μηνὶ Αθανιν. ³καὶ ἦραν οἱ ἱερεῖς τὴν
4 κιβωτὸν ⁴καὶ τὸ σκήνωμα τοῦ μαρτυρίου καὶ πάντα τὰ σκεύη τὰ
5 ἅγια τὰ ἐν τῷ σκηνώματι τοῦ μαρτυρίου, ⁵καὶ ὁ βασιλεὺς καὶ πᾶς
Ισραηλ ἔμπροσθεν τῆς κιβωτοῦ θύοντες πρόβατα καὶ βόας ἀναρίθ-
6 μητα. ⁶καὶ εἰσφέρουσιν οἱ ἱερεῖς τὴν κιβωτὸν εἰς τὸν τόπον αὐ-
τῆς εἰς τὸ δαβιρ τοῦ οἴκου εἰς τὰ ἅγια τῶν ἁγίων ὑπὸ τὰς πτέ-
7 ρυγας τῶν χερουβιν · ⁷ὅτι τὰ χερουβιν διαπεπετασμένα ταῖς πτέ-
ρυξιν ἐπὶ τὸν τόπον τῆς κιβωτοῦ, καὶ περιεκάλυπτον τὰ χερουβιν
8 ἐπὶ τὴν κιβωτὸν καὶ ἐπὶ τὰ ἅγια αὐτῆς ἐπάνωθεν, ⁸καὶ ὑπερεῖχον
τὰ ἡγιασμένα, καὶ ἐνεβλέποντο αἱ κεφαλαὶ τῶν ἡγιασμένων ἐκ τῶν
9 ἁγίων εἰς πρόσωπον τοῦ δαβιρ καὶ οὐκ ὠπτάνοντο ἔξω. ⁹οὐκ ἦν
ἐν τῇ κιβωτῷ πλὴν δύο πλάκες λίθιναι, πλάκες τῆς διαθήκης, ἃς
ἔθηκεν ἐκεῖ Μωυσῆς ἐν Χωρηβ, ἃ διέθετο κύριος μετὰ τῶν υἱῶν
10 Ισραηλ ἐν τῷ ἐκπορεύεσθαι αὐτοὺς ἐκ γῆς Αἰγύπτου. ¹⁰καὶ ἐγένετο
ὡς ἐξῆλθον οἱ ἱερεῖς ἐκ τοῦ ἁγίου, καὶ ἡ νεφέλη ἔπλησεν τὸν οἶ-
11 κον · ¹¹καὶ οὐκ ἠδύναντο οἱ ἱερεῖς στῆναι λειτουργεῖν ἀπὸ προσ-
ώπου τῆς νεφέλης, ὅτι ἔπλησεν δόξα κυρίου τὸν οἶκον.
14 ¹⁴Καὶ ἀπέστρεψεν ὁ βασιλεὺς τὸ πρόσωπον αὐτοῦ, καὶ εὐλόγη-
σεν ὁ βασιλεὺς πάντα Ισραηλ, καὶ πᾶσα ἐκκλησία Ισραηλ εἱστή-
15 κει. ¹⁵καὶ εἶπεν Εὐλογητὸς κύριος ὁ θεὸς Ισραηλ σήμερον, ὃς ἐλά-
λησεν ἐν τῷ στόματι αὐτοῦ περὶ Δαυιδ τοῦ πατρός μου καὶ ἐν
16 ταῖς χερσὶν αὐτοῦ ἐπλήρωσεν λέγων ¹⁶Ἀφ᾽ ἧς ἡμέρας ἐξήγαγον
τὸν λαόν μου τὸν Ισραηλ ἐξ Αἰγύπτου, οὐκ ἐξελεξάμην ἐν πόλει
ἐν ἑνὶ σκήπτρῳ Ισραηλ τοῦ οἰκοδομῆσαι οἶκον τοῦ εἶναι τὸ ὄνομά

---

1 ισραηλ] + συν(cf. I 2 22) πασας κεφαλας των ραβδων επηρμενους των πα-
τερων των υιων ισραηλ προς τον βασιλεα σαλωμων *O* | ανενεγκ.] αν > B ||
2 init.] pr. και εξεκκλησιασθησαν προς τον βασιλεα σαλωμων πας ανηρ ισραηλ
O† | αθανιν mu.] -νειμ *O*†, αθαμειν B*L*; + εν τη εορτη · αυτος ο μην ο(A†
εβδομηκοστος = ο' pro ο) εβδομος · (3) και ηλθον παντες οι πρεσβυτεροι
ισραηλ *O*⁻²⁴⁷† || 4 init.] pr. και ανεβιβασαν την κιβωτον κυριου *O*† | παντα
> B | fin.] + ※και ανεβιβασαν αυτα οι ιερεις και οι λευιται *OL*ᴾ† || 5 ο
βασ. — ισραηλ] ο βασ. σαλωμων και πασα συναγωγη ισραηλ οι συντεταγμενοι
επ αυτον συν αυτω *O*† | και ult. > B† | αναριθμ.] pr. α ου ψηφισθησεται et
add. απο πληθους *O*† || 6 κιβ.] + διαθηκης κυριου *OL*† || 7 επι 2⁰ > A†
|| 8 fin.] + και εγενοντο εκει εως της ημερας ταυτης *O*† || 9 ας] α B† | εκει]
> B, post μωυσ. tr. A† | των > A† || 10 fin.] + κυριου *OL*†: item in 11
fin. || 11 στηναι] στηκειν B† || post 11 add. *OL*ᴾM† ※(12) τοτε ειπεν
σαλωμων κυριος ειπεν του σκηνωσαι εν γνοφω (13) οικοδομων(>A†) ωκοδο-
μησα οικον κατοικητηριου σοι εδρασμα τη καθεδρα (A† της -δρας) σου αιω-
νας(sic Field; mss. -νος): cf. 53ᵃ, qui uersus etiam ab illis codicibus retinetur
|| 14 ο βασ. 2⁰ > *O-AL* || 15 τω > *OL*

μου ἐκεῖ· καὶ ἐξελεξάμην ἐν Ιερουσαλημ εἶναι τὸ ὄνομά μου
ἐκεῖ καὶ ἐξελεξάμην τὸν Δαυιδ τοῦ εἶναι ἐπὶ τὸν λαόν μου τὸν
Ισραηλ. ¹⁷καὶ ἐγένετο ἐπὶ τῆς καρδίας Δαυιδ τοῦ πατρός μου οἰ- 17
κοδομῆσαι οἶκον τῷ ὀνόματι κυρίου θεοῦ Ισραηλ. ¹⁸καὶ εἶπεν κύ- 18
ριος πρὸς Δαυιδ τὸν πατέρα μου Ἀνθ' ὧν ἦλθεν ἐπὶ τὴν καρδίαν
σου τοῦ οἰκοδομῆσαι οἶκον τῷ ὀνόματί μου, καλῶς ἐποίησας ὅτι
ἐγενήθη ἐπὶ τὴν καρδίαν σου· ¹⁹πλὴν σὺ οὐκ οἰκοδομήσεις τὸν 19
οἶκον, ἀλλ' ἢ ὁ υἱός σου ὁ ἐξελθὼν ἐκ τῶν πλευρῶν σου, οὗτος
οἰκοδομήσει τὸν οἶκον τῷ ὀνόματί μου. ²⁰καὶ ἀνέστησεν κύριος 20
τὸ ῥῆμα αὐτοῦ, ὃ ἐλάλησεν, καὶ ἀνέστην ἀντὶ Δαυιδ τοῦ πατρός
μου καὶ ἐκάθισα ἐπὶ τοῦ θρόνου Ισραηλ, καθὼς ἐλάλησεν κύριος,
καὶ ᾠκοδόμησα τὸν οἶκον τῷ ὀνόματι κυρίου θεοῦ Ισραηλ. ²¹καὶ 21
ἐθέμην ἐκεῖ τόπον τῇ κιβωτῷ, ἐν ᾗ ἐστιν ἐκεῖ διαθήκη κυρίου, ἣν
διέθετο κύριος μετὰ τῶν πατέρων ἡμῶν ἐν τῷ ἐξαγαγεῖν αὐτὸν
αὐτοὺς ἐκ γῆς Αἰγύπτου.
²²Καὶ ἔστη Σαλωμων κατὰ πρόσωπον τοῦ θυσιαστηρίου κυρίου 22
ἐνώπιον πάσης ἐκκλησίας Ισραηλ καὶ διεπέτασεν τὰς χεῖρας αὐτοῦ
εἰς τὸν οὐρανὸν ²³καὶ εἶπεν Κύριε ὁ θεὸς Ισραηλ, οὐκ ἔστιν ὡς 23
σὺ θεὸς ἐν τῷ οὐρανῷ ἄνω καὶ ἐπὶ τῆς γῆς κάτω φυλάσσων
διαθήκην καὶ ἔλεος τῷ δούλῳ σου τῷ πορευομένῳ ἐνώπιόν σου
ἐν ὅλῃ τῇ καρδίᾳ αὐτοῦ, ²⁴ἃ ἐφύλαξας τῷ δούλῳ σου Δαυιδ τῷ 24
πατρί μου καὶ ἐλάλησας ἐν τῷ στόματί σου καὶ ἐν χερσίν σου
ἐπλήρωσας ὡς ἡ ἡμέρα αὕτη. ²⁵καὶ νῦν, κύριε ὁ θεὸς Ισραηλ, 25
φύλαξον τῷ δούλῳ σου τῷ Δαυιδ τῷ πατρί μου ἃ ἐλάλησας αὐτῷ
λέγων Οὐκ ἐξαρθήσεταί σου ἀνὴρ ἐκ προσώπου μου καθήμενος ἐπὶ
θρόνου Ισραηλ, πλὴν ἐὰν φυλάξωνται τὰ τέκνα σου τὰς ὁδοὺς
αὐτῶν τοῦ πορεύεσθαι ἐνώπιον ἐμοῦ, καθὼς ἐπορεύθης ἐνώπιον
ἐμοῦ. ²⁶καὶ νῦν, κύριε ὁ θεὸς Ισραηλ, πιστωθήτω δὴ τὸ ῥῆμά σου 26
τῷ Δαυιδ τῷ πατρί μου. ²⁷ὅτι εἰ ἀληθῶς κατοικήσει ὁ θεὸς μετὰ 27
ἀνθρώπων ἐπὶ τῆς γῆς; εἰ ὁ οὐρανὸς καὶ ὁ οὐρανὸς τοῦ οὐρανοῦ
οὐκ ἀρκέσουσίν σοι, πλὴν καὶ ὁ οἶκος οὗτος, ὃν ᾠκοδόμησα τῷ
ὀνόματί σου; ²⁸καὶ ἐπιβλέψῃ ἐπὶ τὴν δέησίν μου, κύριε ὁ θεὸς 28
Ισραηλ, ἀκούειν τῆς τέρψεως, ἧς ὁ δοῦλός σου προσεύχεται ἐνώ-
πιόν σου πρὸς σὲ σήμερον, ²⁹τοῦ εἶναι ὀφθαλμούς σου ἠνεῳγμέ- 29

---

16 και 1⁰ — εκει 2⁰ > OL | ιερουσ. ειναι] ι. μειναι B✝ | επι] > A✝, εις O²⁴⁷✝,
pr. ηγουμενον L pl. ‖ 17 δαυιδ > B✝ ‖ 18 του > OL✝ ‖ 19 πλην > B✝ |
συ ουκ] ου συ AL✝ ‖ 20 κυριος ult. > B*✝ ‖ 22 εστη] ανεστη B ‖
23 τη > OL ‖ 24 μου] + οσα ελαλησας αυτω O✝ | και 1⁰] + γαρ B, α L✝
| τω ult. > A ‖ 25 τω 2⁰ > A ‖ 26 τω δαυιδ] ο ελαλησας τω δουλω σου
δαυιδ O⁽✝⁾ ‖ 27 ο 1⁰ > O | ο 3⁰ > A✝ | τω ονομ. σου > O-247✝ ‖ 28 επι]
+ προσευχην δουλου σου και O✝ | κυριε > A✝ | τερψεως] + και της προσευ-
χης A, δεησεως και της προσευχης LO²⁴⁷✝

νους εἰς τὸν οἶκον τοῦτον ἡμέρας καὶ νυκτός, εἰς τὸν τόπον, ὃν
εἶπας Ἔσται τὸ ὄνομά μου ἐκεῖ, τοῦ εἰσακούειν τῆς προσευχῆς,
ἧς προσεύχεται ὁ δοῦλός σου εἰς τὸν τόπον τοῦτον ἡμέρας καὶ
30 νυκτός. ³⁰καὶ εἰσακούσῃ τῆς δεήσεως τοῦ δούλου σου καὶ τοῦ
λαοῦ σου Ἰσραηλ, ἃ ἂν προσεύξωνται εἰς τὸν τόπον τοῦτον, καὶ
σὺ εἰσακούσῃ ἐν τῷ τόπῳ τῆς κατοικήσεώς σου ἐν οὐρανῷ καὶ
31 ποιήσεις καὶ ἵλεως ἔσῃ. — ³¹ὅσα ἂν ἁμάρτῃ ἕκαστος τῷ πλησίον
αὐτοῦ, καὶ ἐὰν λάβῃ ἐπ᾽ αὐτὸν ἀρὰν τοῦ ἀρᾶσθαι αὐτόν, καὶ ἔλθῃ καὶ
ἐξαγορεύσῃ κατὰ πρόσωπον τοῦ θυσιαστηρίου σου ἐν τῷ οἴκῳ τούτῳ,
32 ³²καὶ σὺ εἰσακούσει ἐκ τοῦ οὐρανοῦ καὶ ποιήσεις καὶ κρινεῖς τὸν λαόν
σου Ἰσραηλ ἀνομηθῆναι ἄνομον δοῦναι τὴν ὁδὸν αὐτοῦ εἰς κεφα-
λὴν αὐτοῦ καὶ τοῦ δικαιῶσαι δίκαιον δοῦναι αὐτῷ κατὰ τὴν δι-
33 καιοσύνην αὐτοῦ. — ³³ἐν τῷ πταῖσαι τὸν λαόν σου Ἰσραηλ ἐνώ-
πιον ἐχθρῶν, ὅτι ἁμαρτήσονταί σοι, καὶ ἐπιστρέψουσιν καὶ ἐξομο-
λογήσονται τῷ ὀνόματί σου καὶ προσεύξονται καὶ δεηθήσονται ἐν
34 τῷ οἴκῳ τούτῳ, ³⁴καὶ σὺ εἰσακούσῃ ἐκ τοῦ οὐρανοῦ καὶ ἵλεως
ἔσῃ ταῖς ἁμαρτίαις τοῦ λαοῦ σου Ἰσραηλ καὶ ἀποστρέψεις αὐτοὺς
35 εἰς τὴν γῆν, ἣν ἔδωκας τοῖς πατράσιν αὐτῶν. — ³⁵ἐν τῷ συσχε-
θῆναι τὸν οὐρανὸν καὶ μὴ γενέσθαι ὑετόν, ὅτι ἁμαρτήσονταί σοι,
καὶ προσεύξονται εἰς τὸν τόπον τοῦτον καὶ ἐξομολογήσονται τῷ
ὀνόματί σου καὶ ἀπὸ τῶν ἁμαρτιῶν αὐτῶν ἀποστρέψουσιν, ὅταν
36 ταπεινώσῃς αὐτούς, ³⁶καὶ εἰσακούσῃ ἐκ τοῦ οὐρανοῦ καὶ ἵλεως
ἔσῃ ταῖς ἁμαρτίαις τοῦ δούλου σου καὶ τοῦ λαοῦ σου Ἰσραηλ ·
ὅτι δηλώσεις αὐτοῖς τὴν ὁδὸν τὴν ἀγαθὴν πορεύεσθαι ἐν αὐτῇ
καὶ δώσεις ὑετὸν ἐπὶ τὴν γῆν, ἣν ἔδωκας τῷ λαῷ σου ἐν κλη-
37 ρονομίᾳ. — ³⁷λιμὸς ἐὰν γένηται, θάνατος ἐὰν γένηται, ὅτι ἔσται
ἐμπυρισμός, βροῦχος, ἐρυσίβη ἐὰν γένηται, καὶ ἐὰν θλίψῃ αὐτὸν
ἐχθρὸς αὐτοῦ ἐν μιᾷ τῶν πόλεων αὐτοῦ, πᾶν συνάντημα, πᾶν πό-
38 νον, ³⁸πᾶσαν προσευχήν, πᾶσαν δέησιν, ἐὰν γένηται παντὶ ἀνθρώ-
πῳ, ὡς ἂν γνῶσιν ἕκαστος ἀφὴν καρδίας αὐτοῦ καὶ διαπετάσῃ
39 τὰς χεῖρας αὐτοῦ εἰς τὸν οἶκον τοῦτον, ³⁹καὶ σὺ εἰσακούσῃ ἐκ
τοῦ οὐρανοῦ ἐξ ἑτοίμου κατοικητηρίου σου καὶ ἵλεως ἔσῃ καὶ
ποιήσεις καὶ δώσεις ἀνδρὶ κατὰ τὰς ὁδοὺς αὐτοῦ, καθὼς ἂν γνῷς
τὴν καρδίαν αὐτοῦ, ὅτι σὺ μονώτατος οἶδας τὴν καρδίαν πάντων
40 υἱῶν ἀνθρώπων, ⁴⁰ὅπως φοβῶνται σε πάσας τὰς ἡμέρας, ἃς αὐ-

29 ημερας 1⁰ .. νυκτος 1⁰ (non 2⁰)] tr. O–247† | προσευχ. / ο δουλ. σου] tr. A†:
cf. 28 ‖ 30 δεησεως] φωνης O–247† | σου 1⁰ ⌒ 2⁰ A† | προσευχωνται O |
ουρανω] pr. τω OL ‖ 31 αρασασθαι AL ‖ 33 επιστρεψ. et δεηθησ.] +
προς σε O† ‖ 34 λαου] δουλου B*A†: cf. 36 ‖ 35 αποστρεψ.] επιστρ. O
pl. ‖ 36 γην] + σου OL | λαω] δουλω B†: cf. 34 ‖ 37 γενηται 1⁰] + εν
τη γη O† | εμπυρ.] + ικτερος O† | εαν ult. > O† (A† εκθλιψει pro εαν θλ.)
| παν ult. (cf. Iud. 7 4 B)] παντα OL ‖ 38 ανθρ.] + παντος λαου σου ισραηλ
O† ‖ 39 τας] pr. πασας AL† ‖ 40 ας] οσας B†, > A†

τοὶ ζῶσιν ἐπὶ τῆς γῆς, ἧς ἔδωκας τοῖς πατράσιν ἡμῶν. — 41καὶ 41
τῷ ἀλλοτρίῳ, ὃς οὐκ ἔστιν ἀπὸ λαοῦ σου οὗτος, 42καὶ ἥξουσιν 42
καὶ προσεύξονται εἰς τὸν τόπον τοῦτον, 43καὶ σὺ εἰσακούσῃ ἐκ 43
τοῦ οὐρανοῦ ἐξ ἑτοίμου κατοικητηρίου σου καὶ ποιήσεις κατὰ
πάντα, ὅσα ἂν ἐπικαλέσηταί σε ὁ ἀλλότριος, ὅπως γνῶσιν πάντες
οἱ λαοὶ τὸ ὄνομά σου καὶ φοβῶνταί σε καθὼς ὁ λαός σου Ισραηλ
καὶ γνῶσιν ὅτι τὸ ὄνομά σου ἐπικέκληται ἐπὶ τὸν οἶκον τοῦτον,
ὃν ᾠκοδόμησα. — 44ὅτι ἐξελεύσεται ὁ λαός σου εἰς πόλεμον ἐπὶ 44
τοὺς ἐχθροὺς αὐτοῦ ἐν ὁδῷ, ᾗ ἐπιστρέψεις αὐτούς, καὶ προσεύξον-
ται ἐν ὀνόματι κυρίου ὁδὸν τῆς πόλεως, ἧς ἐξελέξω ἐν αὐτῇ, καὶ
τοῦ οἴκου, οὗ ᾠκοδόμησα τῷ ὀνόματί σου, 45καὶ εἰσακούσει ἐκ 45
τοῦ οὐρανοῦ τῆς δεήσεως αὐτῶν καὶ τῆς προσευχῆς αὐτῶν καὶ
ποιήσεις τὸ δικαίωμα αὐτοῖς. — 46ὅτι ἁμαρτήσονταί σοι — ὅτι 46
οὐκ ἔστιν ἄνθρωπος, ὃς οὐχ ἁμαρτήσεται — καὶ ἐπάξεις ἐπ᾽ αὐ-
τοὺς καὶ παραδώσεις αὐτοὺς ἐνώπιον ἐχθρῶν καὶ αἰχμαλωτιοῦσιν
αὐτοὺς οἱ αἰχμαλωτίζοντες εἰς γῆν μακρὰν καὶ ἐγγύς, 47καὶ ἐπιστρέ- 47
ψουσιν καρδίας αὐτῶν ἐν τῇ γῇ, οὗ μετήχθησαν ἐκεῖ, καὶ ἐπιστρέ-
ψωσιν καὶ δεηθῶσίν σου ἐν γῇ μετοικίας αὐτῶν λέγοντες Ἡμάρ-
τομεν ἠνομήσαμεν ἠδικήσαμεν, 48καὶ ἐπιστρέψωσιν πρὸς σὲ ἐν 48
ὅλῃ καρδίᾳ αὐτῶν καὶ ἐν ὅλῃ ψυχῇ αὐτῶν ἐν τῇ γῇ ἐχθρῶν αὐ-
τῶν, οὗ μετήγαγες αὐτούς, καὶ προσεύξονται πρὸς σὲ ὁδὸν γῆς
αὐτῶν, ἧς ἔδωκας τοῖς πατράσιν αὐτῶν, τῆς πόλεως, ἧς ἐξελέξω,
καὶ τοῦ οἴκου, οὗ ᾠκοδόμηκα τῷ ὀνόματί σου, 49καὶ εἰσακούσῃ 49
ἐκ τοῦ οὐρανοῦ ἐξ ἑτοίμου κατοικητηρίου σου 50καὶ ἵλεως ἔσῃ 50
ταῖς ἀδικίαις αὐτῶν, αἷς ἥμαρτόν σοι, καὶ κατὰ πάντα τὰ ἀθετή-
ματα αὐτῶν, ἃ ἠθέτησάν σοι, καὶ δώσεις αὐτοὺς εἰς οἰκτιρμοὺς
ἐνώπιον αἰχμαλωτευόντων αὐτούς, καὶ οἰκτιρήσουσιν αὐτούς · 51ὅτι 51
λαός σου καὶ κληρονομία σου, οὓς ἐξήγαγες ἐκ γῆς Αἰγύπτου ἐκ
μέσου χωνευτηρίου σιδήρου. 52καὶ ἔστωσαν οἱ ὀφθαλμοί σου καὶ 52
τὰ ὦτά σου ἠνεῳγμένα εἰς τὴν δέησιν τοῦ δούλου σου καὶ εἰς
τὴν δέησιν τοῦ λαοῦ σου Ισραηλ εἰσακούειν αὐτῶν ἐν πᾶσιν, οἷς

40 επι] + προσωπου O⁺ | της] pr. πασης A⁺ ‖ 41 σου] + ισραηλ OL⁺ |
fin.] + και ελθη απο γης μακροθεν ενεκα ονοματος σου (42) οτι ακουσου-
σιν(O²⁴⁷⁺ -σονται) το ονομα σου το μεγα και την χειρα σου την ισχυουσαν και
βραχιονα σου τον εκτεταμενον O⁺ ‖ 43 συ > A⁺ | λαοι] + της γης A |
τουτον > A⁺ ‖ 45 εισακ.] pr. συ B⁺ | δεησ. ... προσευχης] tr. OL⁺ ‖ 46 α-
μαρτησεται] + σοι O | επαξεις] επαρεις A⁺ | επ > B⁽⁺⁾ | αυτους ult. > BL⁺ |
αιχμαλωτιζοντες] + αυτους OL⁺ | γην] την γην του εχθρου O⁺ | και ult. BOL⁺]
η rel. ‖ 47 και δεηθ. σου / εν γη μετοικ. αυτων] tr. B⁺ | ηνομ. ηδικ.] tr. B⁺,
ηδικ. > L⁺ ‖ 48 προσευξωνται A | ωκοδομησα OL ‖ 49 fin.] + την προσευχην
αυτων και την δεησιν αυτων και ποιησεις κρισιν αυτων O⁺ ‖ 50 ημαρτον]
-τοσαν A⁺ | οικτιρησ.] + εις B⁺ ‖ 51 σου 2⁰] + εισιν OL⁺

53 ἂν ἐπικαλέσωνταί σε, ⁵³ὅτι σὺ διέστειλας αὐτοὺς σαυτῷ εἰς κλη-
ρονομίαν ἐκ πάντων τῶν λαῶν τῆς γῆς, καθὼς ἐλάλησας ἐν χειρὶ
δούλου σου Μωυσῆ ἐν τῷ ἐξαγαγεῖν σε τοὺς πατέρας ἡμῶν ἐκ
γῆς Αἰγύπτου, κύριε κύριε.

53ᵃ   ⁵³ᵃ Τότε ἐλάλησεν Σαλωμων ὑπὲρ τοῦ οἴκου, ὡς συνετέλεσεν
τοῦ οἰκοδομῆσαι αὐτόν
῞Ηλιον ἐγνώρισεν ἐν οὐρανῷ κύριος,
εἶπεν τοῦ κατοικεῖν ἐν γνόφῳ
Οἰκοδόμησον οἶκόν μου, οἶκον ἐκπρεπῆ σαυτῷ,
τοῦ κατοικεῖν ἐπὶ καινότητος.
οὐκ ἰδοὺ αὕτη γέγραπται ἐν βιβλίῳ τῆς ᾠδῆς;

54   ⁵⁴ Καὶ ἐγένετο ὡς συνετέλεσεν Σαλωμων προσευχόμενος πρὸς
κύριον ὅλην τὴν προσευχὴν καὶ τὴν δέησιν ταύτην, καὶ ἀνέστη
ἀπὸ προσώπου τοῦ θυσιαστηρίου κυρίου ὀκλακὼς ἐπὶ τὰ γόνατα
55 αὐτοῦ καὶ αἱ χεῖρες αὐτοῦ διαπεπετασμέναι εἰς τὸν οὐρανόν. ⁵⁵καὶ
ἔστη καὶ εὐλόγησεν πᾶσαν ἐκκλησίαν Ισραηλ φωνῇ μεγάλῃ λέγων
56 ⁵⁶Εὐλογητὸς κύριος σήμερον, ὃς ἔδωκεν κατάπαυσιν τῷ λαῷ αὐ-
τοῦ Ισραηλ κατὰ πάντα, ὅσα ἐλάλησεν · οὐ διεφώνησεν λόγος εἷς
ἐν πᾶσιν τοῖς λόγοις αὐτοῦ τοῖς ἀγαθοῖς, οἷς ἐλάλησεν ἐν χειρὶ
57 Μωυσῆ δούλου αὐτοῦ. ⁵⁷γένοιτο κύριος ὁ θεὸς ἡμῶν μεθ᾽ ἡμῶν,
καθὼς ἦν μετὰ τῶν πατέρων ἡμῶν · μὴ ἐγκαταλίποιτο ἡμᾶς μηδὲ
58 ἀποστρέψοιτο ἡμᾶς ⁵⁸ἐπικλῖναι καρδίας ἡμῶν πρὸς αὐτὸν τοῦ πο-
ρεύεσθαι ἐν πάσαις ὁδοῖς αὐτοῦ καὶ φυλάσσειν πάσας τὰς ἐντολὰς
αὐτοῦ καὶ προστάγματα αὐτοῦ, ἃ ἐνετείλατο τοῖς πατράσιν ἡμῶν.
59 ⁵⁹καὶ ἔστωσαν οἱ λόγοι οὗτοι, οὓς δεδέημαι ἐνώπιον κυρίου θεοῦ
ἡμῶν, ἐγγίζοντες πρὸς κύριον θεὸν ἡμῶν ἡμέρας καὶ νυκτὸς τοῦ
ποιεῖν τὸ δικαίωμα τοῦ δούλου σου καὶ τὸ δικαίωμα λαοῦ σου
60 Ισραηλ ῥῆμα ἡμέρας ἐν ἡμέρᾳ αὐτοῦ, ⁶⁰ὅπως γνῶσιν πάντες οἱ
λαοὶ τῆς γῆς ὅτι κύριος ὁ θεός, αὐτὸς θεὸς καὶ οὐκ ἔστιν ἔτι.
61 ⁶¹καὶ ἔστωσαν αἱ καρδίαι ἡμῶν τέλειαι πρὸς κύριον θεὸν ἡμῶν
καὶ ὁσίως πορεύεσθαι ἐν τοῖς προστάγμασιν αὐτοῦ καὶ φυλάσσειν
ἐντολὰς αὐτοῦ ὡς ἡ ἡμέρα αὕτη.
62   ⁶²Καὶ ὁ βασιλεὺς καὶ πάντες οἱ υἱοὶ Ισραηλ ἔθυσαν θυσίαν ἐνώ-
63 πιον κυρίου. ⁶³καὶ ἔθυσεν ὁ βασιλεὺς Σαλωμων τὰς θυσίας τῶν

---

53 οτι] και B*† | αυτους > B† | δουλου σου / μωυση] tr. O† | εκ γης] εξ O†
| κυριε κυριε > A† || 53ᵃ (cf. 12. 13) εγνωρισεν] εστησεν L† | εν γνοφω]
εκ νοφου B | ουκ ιδου] ουχι O† | βιβλω A || 56 οσα] α A† | μωυση / δου-
λου αυτου] tr. B† || 58 προς] επ B† | τας > BA† | αυτου ult.] + και τα
κριματα αυτου O-A† || 59 λογοι] + μου O† | ους] ως B | σου 1⁰ ⌒ 2⁰ B ||
60 κυριος ο θεος αυτος θεος] κυριος αυτος ο θεος O†, συ κυριος ο θεος L†
|| 61 θεον] pr. τον AL† | και 2⁰] του L† || 62 ισραηλ] + ※μετ αυτου O†

εἰρηνικῶν, ἃς ἔθυσεν τῷ κυρίῳ, βοῶν δύο καὶ εἴκοσι χιλιάδας καὶ
προβάτων ἑκατὸν εἴκοσι χιλιάδας · καὶ ἐνεκαίνισεν τὸν οἶκον κυρίου
ὁ βασιλεὺς καὶ πάντες οἱ υἱοὶ Ἰσραηλ. ⁶⁴τῇ ἡμέρᾳ ἐκείνῃ ἡγίασεν 64
ὁ βασιλεὺς τὸ μέσον τῆς αὐλῆς τὸ κατὰ πρόσωπον τοῦ οἴκου
κυρίου · ὅτι ἐποίησεν ἐκεῖ τὴν ὁλοκαύτωσιν καὶ τὰς θυσίας καὶ τὰ
στέατα τῶν εἰρηνικῶν, ὅτι τὸ θυσιαστήριον τὸ χαλκοῦν τὸ ἐνώ-
πιον κυρίου μικρὸν τοῦ μὴ δύνασθαι τὴν ὁλοκαύτωσιν καὶ τὰς
θυσίας τῶν εἰρηνικῶν ὑπενεγκεῖν. ⁶⁵καὶ ἐποίησεν Σαλωμων τὴν 65
ἑορτὴν ἐν τῇ ἡμέρᾳ ἐκείνῃ καὶ πᾶς Ἰσραηλ μετ᾽ αὐτοῦ, ἐκκλησία
μεγάλη ἀπὸ τῆς εἰσόδου Ημαθ ἕως ποταμοῦ Αἰγύπτου, ἐνώπιον
κυρίου θεοῦ ἡμῶν ἐν τῷ οἴκῳ, ᾧ ᾠκοδόμησεν, ἐσθίων καὶ πίνων
καὶ εὐφραινόμενος ἐνώπιον κυρίου θεοῦ ἡμῶν ἑπτὰ ἡμέρας. ⁶⁶καὶ 66
ἐν τῇ ἡμέρᾳ τῇ ὀγδόῃ ἐξαπέστειλεν τὸν λαὸν καὶ εὐλόγησεν αὐ-
τόν, καὶ ἀπῆλθον ἕκαστος εἰς τὰ σκηνώματα αὐτοῦ χαίροντες καὶ
ἀγαθῇ καρδίᾳ ἐπὶ τοῖς ἀγαθοῖς, οἷς ἐποίησεν κύριος τῷ Δαυιδ
δούλῳ αὐτοῦ καὶ τῷ Ἰσραηλ λαῷ αὐτοῦ.

¹Καὶ ἐγενήθη ὡς συνετέλεσεν Σαλωμων οἰκοδομεῖν τὸν οἶκον 9
κυρίου καὶ τὸν οἶκον τοῦ βασιλέως καὶ πᾶσαν τὴν πραγματείαν
Σαλωμων, ὅσα ἠθέλησεν ποιῆσαι, ²καὶ ὤφθη κύριος τῷ Σαλωμων 2
δεύτερον, καθὼς ὤφθη ἐν Γαβαων, ³καὶ εἶπεν πρὸς αὐτὸν κύριος 3
Ἤκουσα τῆς φωνῆς τῆς προσευχῆς σου καὶ τῆς δεήσεώς σου, ἧς
ἐδεήθης ἐνώπιον ἐμοῦ · πεποίηκά σοι κατὰ πᾶσαν τὴν προσευχήν
σου, ἡγίακα τὸν οἶκον τοῦτον, ὃν ᾠκοδόμησας, τοῦ θέσθαι τὸ
ὄνομά μου ἐκεῖ εἰς τὸν αἰῶνα, καὶ ἔσονται οἱ ὀφθαλμοί μου ἐκεῖ
καὶ ἡ καρδία μου πάσας τὰς ἡμέρας. ⁴καὶ σὺ ἐὰν πορευθῇς ἐνώ- 4
πιον ἐμοῦ, καθὼς ἐπορεύθη Δαυιδ ὁ πατήρ σου, ἐν ὁσιότητι καρ-
δίας καὶ ἐν εὐθύτητι καὶ τοῦ ποιεῖν κατὰ πάντα, ἃ ἐνετειλάμην
αὐτῷ, καὶ τὰ προστάγματά μου καὶ τὰς ἐντολάς μου φυλάξῃς, ⁵καὶ 5
ἀναστήσω τὸν θρόνον τῆς βασιλείας σου ἐπὶ Ἰσραηλ εἰς τὸν αἰ-
ῶνα, καθὼς ἐλάλησα τῷ Δαυιδ πατρί σου λέγων Οὐκ ἐξαρθήσεταί
σοι ἀνὴρ ἡγούμενος ἐν Ἰσραηλ. ⁶ἐὰν δὲ ἀποστραφέντες ἀποστρα- 6

---

63 ας] ην B*L (in L† praecedit θυσιαν pro -ας), ων Bᶜ† | δυο .. εικοσι]
tr. O† | χιλιαδας 1⁰] -δες B | και προβ. εκ. εικ. χιλιαδας] > B, in O sub ※ ||
64 και τας θυσ. 1⁰ (in O sub ÷)] pr. και το δωρον O† | υπενεγκειν B⁽†⁾] >
rel., sed L pl. add. δεξασθαι post δυνασθαι || 65 την εορτην / εν τη ημ. εκ.]
tr. O† | ημαθ] αιμ. A, εμαθων O²⁴⁷† | fin.] + και επτα ημερας τεσσαρεσκαιδε-
κα ημερας O(sub※)L, cf. Ioseph. Antiq. VIII 123 Niese (δις επτα ημερας) ||
66 ευλογησεν αυτον] -σαν τον βασιλεα O pl., + και ευλογησαν και αυτοι τον
βασιλεα L† | απηλθεν B | αγαθη] + η B† | τοις] pr. ※πασιν O†
9 1 οικοδομειν] -μων ABᶜ, -μησαι L mu. || 2 ωφθη ult.] + αυτω O(sub※)
L† | γαβαωθ B† | 3 προς αυτον / κυριος] tr. O† | σου 2⁰ > A | ηγιασα AL†
| εκει / και η καρδ. μου] tr. OL† | εκει ult.] + εις τον αιωνα B† || 4 και 2⁰
> A† | και 3⁰ > OL || 5 της βασ. > A† | τω δαυιδ] tr. A | σοι] σου A†

φῆτε ὑμεῖς καὶ τὰ τέκνα ὑμῶν ἀπ᾽ ἐμοῦ καὶ μὴ φυλάξητε τὰς ἐν-
τολάς μου καὶ τὰ προστάγματά μου, ἃ ἔδωκεν Μωυσῆς ἐνώπιον
ὑμῶν, καὶ πορευθῆτε καὶ δουλεύσητε θεοῖς ἑτέροις καὶ προσκυνή-
7 σητε αὐτοῖς, 7καὶ ἐξαρῶ τὸν Ισραηλ ἀπὸ τῆς γῆς, ἧς ἔδωκα αὐτοῖς,
καὶ τὸν οἶκον τοῦτον, ὃν ἡγίασα τῷ ὀνόματί μου, ἀπορρίψω ἐκ
προσώπου μου, καὶ ἔσται Ισραηλ εἰς ἀφανισμὸν καὶ εἰς λάλημα
8 εἰς πάντας τοὺς λαούς. 8καὶ ὁ οἶκος οὗτος ὁ ὑψηλός, πᾶς ὁ δια-
πορευόμενος δι᾽ αὐτοῦ ἐκστήσεται καὶ συριεῖ καὶ ἐροῦσιν Ἕνεκα
τίνος ἐποίησεν κύριος οὕτως τῇ γῇ ταύτῃ καὶ τῷ οἴκῳ τούτῳ;
9 9καὶ ἐροῦσιν Ἀνθ᾽ ὧν ἐγκατέλιπον κύριον θεὸν αὐτῶν, ὃς ἐξήγαγεν
τοὺς πατέρας αὐτῶν ἐξ Αἰγύπτου ἐξ οἴκου δουλείας, καὶ ἀντελά-
βοντο θεῶν ἀλλοτρίων καὶ προσεκύνησαν αὐτοῖς καὶ ἐδούλευσαν
αὐτοῖς, διὰ τοῦτο ἐπήγαγεν κύριος ἐπ᾽ αὐτοὺς τὴν κακίαν ταύτην.
9ª 9ªΤότε ἀνήγαγεν Σαλωμων τὴν θυγατέρα Φαραω ἐκ πόλεως
Δαυιδ εἰς οἶκον αὐτοῦ, ὃν ᾠκοδόμησεν ἑαυτῷ ἐν ταῖς ἡμέραις
ἐκείναις.
10 10Εἴκοσι ἔτη, ἐν οἷς ᾠκοδόμησεν Σαλωμων τοὺς δύο οἴκους,
11 τὸν οἶκον κυρίου καὶ τὸν οἶκον τοῦ βασιλέως, 11Χιραμ βασιλεὺς
Τύρου ἀντελάβετο τοῦ Σαλωμων ἐν ξύλοις κεδρίνοις καὶ ἐν ξύλοις
πευκίνοις καὶ ἐν χρυσίῳ καὶ ἐν παντὶ θελήματι αὐτοῦ. τότε ἔδω-
κεν ὁ βασιλεὺς τῷ Χιραμ εἴκοσι πόλεις ἐν τῇ γῇ τῇ Γαλιλαίᾳ.
12 12καὶ ἐξῆλθεν Χιραμ ἐκ Τύρου καὶ ἐπορεύθη εἰς τὴν Γαλιλαίαν τοῦ
ἰδεῖν τὰς πόλεις, ἃς ἔδωκεν αὐτῷ Σαλωμων, καὶ οὐκ ἤρεσαν αὐτῷ·
13 13καὶ εἶπεν Τί αἱ πόλεις αὗται, ἃς ἔδωκάς μοι, ἀδελφέ; καὶ ἐκά-
14 λεσεν αὐτὰς Ὅριον ἕως τῆς ἡμέρας ταύτης. 14καὶ ἤνεγκεν Χιραμ
26 τῷ Σαλωμων ἑκατὸν καὶ εἴκοσι τάλαντα χρυσίου 26καὶ ναῦν ὑπὲρ

---

8 ο(> O–Sy†) υψηλος pl.] pr. εσται BO–Sy†; + εσται L: ad sequentia trac-
tum || 9 κυριον] pr. τον A†, + τον O²⁴⁷L | αλλοτριων] ετερων O–Sy† | αυ-
τοις 1⁰⌒2⁰ A | κυριος > B*† | την] pr. ⚹συμπασαν O†: pro συν πασαν, cf.
I 2 22; pr. πασαν L† || 9ª (cf. 𝔐 24) οικον] pr. τον AL† | εαυτω] ε > B
| εν ταις ημ. εκ.] pr. ⚹και εγενετο O†: cf. 𝔐 10 init. || 11 και εν 1⁰⌒2⁰ A†
| εν 4⁰ > A† | εδωκεν] ωκοδομησεν A† | βασ. ult.] + σαλωμων O(sub⚹)L |
τη γη > OL† || 12 ηρεσεν B || post 14 sequuntur in O† (15) αυτη η
πραγματεια της προνομης ης ανηνεγκεν ο βασιλευς σαλωμων οικοδομησαι τον
οικον κυριου και τον οικον του βασιλεως και συν(cf. 9) την μελω και την ακραν
του περιφραξαι τον φραγμον της πολεως δαυιδ και την ασσουρ και την μαιδαν
και το τειχος ιερουσαλημ και την εσερ και την μαγδω και την γεζερ (16) φα-
ραω βασιλευς αιγυπτου ανεβη και κατελαβετο την γεζερ και ενεπρησεν αυτην
εν πυρι και συν(cf. 9) τον χαναναιον τον καθημενον εν τη πολει απεκτεινεν
και εδωκεν αυτην αποστολας τη θυγατρι αυτου γυναικι σαλωμων (17) και
ωκοδομησεν σαλωμων την γαζερ και την βαιθωρων την κατωτατην (18) και
την βαλαθ και την θερμαθ(cf. 𝔊 10 22ª) εν τη ερημω και εν τη γη (19) πα-
σας τας πολεις των σκηνωματων αι ησαν τω σαλωμων και τας πολεις των αρ-
ματων και πασας τας πολεις των ιππεων και την πραγματειαν σαλωμων ην
επραγματευσατο οικοδομησαι εν ιερουσαλημ και εν τω λιβανω και εν παση τη

οὗ ἐποίησεν ὁ βασιλεὺς Σαλωμων ἐν Γασιωνγαβερ τὴν οὖσαν
ἐχομένην Αιλαθ ἐπὶ τοῦ χείλους τῆς ἐσχάτης θαλάσσης ἐν γῇ
Εδωμ. ²⁷καὶ ἀπέστειλεν Χιραμ ἐν τῇ νηὶ τῶν παίδων αὐτοῦ ἄνδρας 27
ναυτικοὺς ἐλαύνειν εἰδότας θάλασσαν μετὰ τῶν παίδων Σαλωμων.
²⁸καὶ ἦλθον εἰς Σωφηρα καὶ ἔλαβον ἐκεῖθεν χρυσίου ἑκατὸν καὶ 28
εἴκοσι τάλαντα καὶ ἤνεγκαν τῷ βασιλεῖ Σαλωμων.

¹Καὶ βασίλισσα Σαβα ἤκουσεν τὸ ὄνομα Σαλωμων καὶ τὸ ὄνομα 10
κυρίου καὶ ἦλθεν πειράσαι αὐτὸν ἐν αἰνίγμασιν · ²καὶ ἦλθεν εἰς 2
Ιερουσαλημ ἐν δυνάμει βαρείᾳ σφόδρα, καὶ κάμηλοι αἴρουσαι ἡδύ-
σματα καὶ χρυσὸν πολὺν σφόδρα καὶ λίθον τίμιον, καὶ εἰσῆλθεν
πρὸς Σαλωμων καὶ ἐλάλησεν αὐτῷ πάντα, ὅσα ἦν ἐν τῇ καρδίᾳ
αὐτῆς. ³καὶ ἀπήγγειλεν αὐτῇ Σαλωμων πάντας τοὺς λόγους αὐτῆς · 3
οὐκ ἦν λόγος παρεωραμένος παρὰ τοῦ βασιλέως, ὃν οὐκ ἀπήγγει-
λεν αὐτῇ. ⁴καὶ εἶδεν βασίλισσα Σαβα πᾶσαν φρόνησιν Σαλωμων 4
καὶ τὸν οἶκον, ὃν ᾠκοδόμησεν, ⁵καὶ τὰ βρώματα Σαλωμων καὶ 5
τὴν καθέδραν παίδων αὐτοῦ καὶ τὴν στάσιν λειτουργῶν αὐτοῦ καὶ
τὸν ἱματισμὸν αὐτοῦ καὶ τοὺς οἰνοχόους αὐτοῦ καὶ τὴν ὁλοκαύτω-
σιν αὐτοῦ, ἣν ἀνέφερεν ἐν οἴκῳ κυρίου, καὶ ἐξ ἑαυτῆς ἐγένετο.
⁶καὶ εἶπεν πρὸς τὸν βασιλέα Σαλωμων Ἀληθινὸς ὁ λόγος, ὃν ἤκου- 6
σα ἐν τῇ γῇ μου περὶ τοῦ λόγου σου καὶ περὶ τῆς φρονήσεώς
σου, ⁷καὶ οὐκ ἐπίστευσα τοῖς λαλοῦσίν μοι, ἕως ὅτου παρεγενό- 7
μην καὶ ἑωράκασιν οἱ ὀφθαλμοί μου, καὶ ἰδοὺ οὐκ ἔστιν τὸ ἥμισυ

γη του μη καταρξαι αυτου (20) παντα τον λαον τον υπολελειμμενον απο(A†
υπο) του αμορραιου και του χετταιου και του φερεζαιου και του χαναναιου και
του ευαιου και του ιεβουσαιου και του γεργεσαιου των μη εκ των υιων ισραηλ
οντων (21) τα τεκνα αυτων τα υπολελειμμενα μετ αυτους εν τη γη ους
ουκ ηδυναντο οι υιοι ισραηλ εξολεθρευσαι αυτους και ανηγαγεν αυτους σαλω-
μων εις φορον δουλειας εως της ημερας ταυτης (22) και εκ των υιων ισραηλ
ουκ εδωκεν σαλωμων εις πραγμα οτι αυτοι ησαν ανδρες πολεμισται και παιδες
αυτου και αρχοντες αυτου και τρισσοι αυτου και αρχοντες αυτου των αρματων
και ιππεις αυτου (23) ουτοι οι αρχοντες οι εστηλωμενοι οι(> O–A) επι του
εργου του σαλωμων πεντηκοντα και πεντακοσιοι οι(> A) επικρατουντες εν τω
λαω οι ποιουντες εν τω εργω (24) πλην θυγατηρ φαραω ανεβη εκ πολεως
δαυιδ προς οικον αυτης ον ωκοδομησεν αυτη τοτε ωκοδομησεν (ωκοδ. 1⁰ ⌒ 2⁰
A) συν(> O–A, cf. 9) την μελω (25) και ανεβιβαζεν(A -βασεν) σαλωμων τρεις
καθοδους εν τω ενιαυτω ολοκαυτωματα(A -μα) και ειρηνικας επι του θυσιαστη-
ριου ου ωκοδομησεν τω κυριω και εθυμια αυτο το (sic Field; A αυτος pro
αυτο το) εις προσωπον κυριου και απηρτισεν συν(cf. 9) τον οικον: cf. 𝔊 2 35ᶠ⁻ᵏ
10 22ᵃ·ᵇ 5 14ᵇ 2 46ᵈ 9 9ᵃ, qui uersus in O desunt exceptis 2 35ᶠ⁻ᵏ 9 9ᵃ, quos
Origenes non deleuit, sed obelo tantum notauit, cf. Rahlfs Sept.-Stud. 1
(1904), p. 73/74; in 15—25 Sy praebet complures obelos ante uerba ex 𝔊
seruata, in 𝔐 deficientia ‖ 26 ο βας./σαλ.] tr. B | γασιωνγ.] εμαεσειωνγ.
B† ‖ 28 σωφαρα A† | ελαβεν A | εκατον] τετρακοσια OL | και ϑ⁰ > B
10 2 εις] εν B | και ϑ⁰ > A† | χρυσιον πολυν (sic) AL ‖ 3 παρα] υπο
OLBᶜ ‖ 5 παιδων] pr. των O ‖ 7 εστιν] εισιν B† | το ημ. / καθως απηγγ.
μοι] tr. O† (εστι καθως sub ÷)

καθὼς ἀπήγγειλάν μοι, προσέθεικας ἀγαθὰ πρὸς αὐτὰ ἐπὶ πᾶσαν
8 τὴν ἀκοήν, ἣν ἤκουσα ἐν τῇ γῇ μου · ⁸μακάριαι αἱ γυναῖκές σου,
μακάριοι οἱ παῖδές σου οὗτοι οἱ παρεστηκότες ἐνώπιόν σου δι᾽
9 ὅλου οἱ ἀκούοντες πᾶσαν τὴν φρόνησίν σου · ⁹γένοιτο κύριος ὁ
θεός σου εὐλογημένος, ὃς ἠθέλησεν ἐν σοὶ δοῦναί σε ἐπὶ θρόνου
Ισραηλ · διὰ τὸ ἀγαπᾶν κύριον τὸν Ισραηλ στῆσαι εἰς τὸν αἰῶνα
καὶ ἔθετό σε βασιλέα ἐπ᾽ αὐτοὺς τοῦ ποιεῖν κρίμα ἐν δικαιοσύνῃ
10 καὶ ἐν κρίμασιν αὐτῶν. ¹⁰καὶ ἔδωκεν τῷ Σαλωμων ἑκατὸν εἴκοσι
τάλαντα χρυσίου καὶ ἡδύσματα πολλὰ σφόδρα καὶ λίθον τίμιον ·
οὐκ ἐληλύθει κατὰ τὰ ἡδύσματα ἐκεῖνα ἔτι εἰς πλῆθος, ἃ ἔδωκεν
11 βασίλισσα Σαβα τῷ βασιλεῖ Σαλωμων. (¹¹καὶ ἡ ναῦς Χιραμ ἡ αἴ-
ρουσα τὸ χρυσίον ἐκ Σουφιρ ἤνεγκεν ξύλα ἀπελέκητα πολλὰ σφό-
12 δρα καὶ λίθον τίμιον · ¹²καὶ ἐποίησεν ὁ βασιλεὺς τὰ ξύλα τὰ ἀπε-
λέκητα ὑποστηρίγματα τοῦ οἴκου κυρίου καὶ τοῦ οἴκου τοῦ βασιλέως
καὶ νάβλας καὶ κινύρας τοῖς ᾠδοῖς · οὐκ ἐληλύθει τοιαῦτα ξύλα ἀπε-
λέκητα ἐπὶ τῆς γῆς οὐδὲ ὤφθησάν που ἕως τῆς ἡμέρας ταύτης.)
13 ¹³καὶ ὁ βασιλεὺς Σαλωμων ἔδωκεν τῇ βασιλίσσῃ Σαβα πάντα, ὅσα
ἠθέλησεν, ὅσα ᾐτήσατο, ἐκτὸς πάντων, ὧν δεδώκει αὐτῇ διὰ χει-
ρὸς τοῦ βασιλέως Σαλωμων · καὶ ἀπεστράφη καὶ ἦλθεν εἰς τὴν
γῆν αὐτῆς, αὐτὴ καὶ πάντες οἱ παῖδες αὐτῆς.
14 ¹⁴Καὶ ἦν ὁ σταθμὸς τοῦ χρυσίου τοῦ ἐληλυθότος τῷ Σαλωμων
15 ἐν ἐνιαυτῷ ἑνὶ ἑξακόσια καὶ ἑξήκοντα ἓξ τάλαντα χρυσίου ¹⁵χωρὶς
τῶν φόρων τῶν ὑποτεταγμένων καὶ τῶν ἐμπόρων καὶ πάντων τῶν
16 βασιλέων τοῦ πέραν καὶ τῶν σατραπῶν τῆς γῆς. ¹⁶καὶ ἐποίησεν
Σαλωμων τριακόσια δόρατα χρυσᾶ ἐλατά — τριακόσιοι χρυσοῖ ἐπῆ-
17 σαν ἐπὶ τὸ δόρυ τὸ ἕν — ¹⁷καὶ τριακόσια ὅπλα χρυσᾶ ἐλατά — τρεῖς
μναῖ χρυσίου ἐνῆσαν εἰς τὸ ὅπλον τὸ ἕν — καὶ ἔδωκεν αὐτὰ εἰς
18 οἶκον δρυμοῦ τοῦ Λιβάνου. ¹⁸καὶ ἐποίησεν ὁ βασιλεὺς θρόνον ἐλε-
19 φάντινον μέγαν καὶ περιεχρύσωσεν αὐτὸν χρυσίῳ δοκίμῳ · ¹⁹ἓξ
ἀναβαθμοὶ τῷ θρόνῳ, καὶ προτομαὶ μόσχων τῷ θρόνῳ ἐκ τῶν
ὀπίσω αὐτοῦ καὶ χεῖρες ἔνθεν καὶ ἔνθεν ἐπὶ τοῦ τόπου τῆς καθ-
20 έδρας, καὶ δύο λέοντες ἑστηκότες παρὰ τὰς χεῖρας, ²⁰καὶ δώδεκα

---

7 αγαθα] pr. ※σοφιαν και O† ‖ 8 παρεστηκ.] παραστηκοντες A† ‖ 9 εν
δικαιοσυνη] και -νην O† (και εν κριμ. αυτων sub ÷) ‖ 10 ετι et βασιλει >
A† ‖ 11 η 2⁰] ην B*† | ηνεγκεν] + εκ σουφειρ O-247† | ξυλα απελεκ.] ξυλα-
πελεκ. B†, ξυλοπελεκ. A† ‖ 12 απελεκ. bis] πελεκ. B† uel BLᵖ† | του 1⁰ >
B | ναβλας .. κινυρας] tr. O† | απελεκ. 2⁰ — ωφθ. > A† ‖ 13 οσα 2⁰ BAL†]
pr. και rel. | αυτη ult. > A† ‖ 14 ο > A† | τω] του A† | και ult. > OL
‖ 15 και 1⁰ > B | εμπορων] + ※των ρωποπωλων O; + των εμπορευομενων
L†: ex Par. II 9 14 ‖ 16 σαλ.] pr. ※ο βασιλευς OL ‖ 17 χρυσα > AL |
τρεις] pr. και BO† | χρυσιου(B† -σου) ενησαν] tr. B† | εις 1⁰ BO†] επι rel. | αυ-
τα] + ο βασιλευς O ‖ 19 και χειρες] > B†, + επι του θρονου A† | τοπου]
θρονου O-Sy | 19 λεοντες ⌢ 20 λεοντες A†

λέοντες ἑστῶτες ἐπὶ τῶν ἓξ ἀναβαθμῶν ἔνθεν καὶ ἔνθεν · οὐ γέγονεν οὕτως πάσῃ βασιλείᾳ. 21 καὶ πάντα τὰ σκεύη τοῦ πότου 21 Σαλωμων χρυσᾶ καὶ λουτῆρες χρυσοῖ, πάντα τὰ σκεύη οἴκου δρυμοῦ τοῦ Λιβάνου χρυσίῳ συγκεκλεισμένα, οὐκ ἦν ἀργύριον, ὅτι οὐκ ἦν λογιζόμενον ἐν ταῖς ἡμέραις Σαλωμων · 22 ὅτι ναῦς Θαρσις 22 τῷ βασιλεῖ ἐν τῇ θαλάσσῃ μετὰ τῶν νηῶν Χιραμ, μία διὰ τριῶν ἐτῶν ἤρχετο τῷ βασιλεῖ ναῦς ἐκ Θαρσις χρυσίου καὶ ἀργυρίου καὶ λίθων τορευτῶν καὶ πελεκητῶν.

22a Αὕτη ἦν ἡ πραγματεία τῆς προνομῆς, ἧς ἀνήνεγκεν ὁ βασι- 22a λεὺς Σαλωμων οἰκοδομῆσαι τὸν οἶκον κυρίου καὶ τὸν οἶκον τοῦ βασιλέως καὶ τὸ τεῖχος Ιερουσαλημ καὶ τὴν ἄκραν τοῦ περιφράξαι τὸν φραγμὸν τῆς πόλεως Δαυιδ καὶ τὴν Ασσουρ καὶ τὴν Μαγδαν καὶ τὴν Γαζερ καὶ τὴν Βαιθωρων τὴν ἀνωτέρω καὶ τὴν Ιεθερμαθ καὶ πάσας τὰς πόλεις τῶν ἁρμάτων καὶ πάσας τὰς πόλεις τῶν ἱππέων καὶ τὴν πραγματείαν Σαλωμων, ἣν ἐπραγματεύσατο οἰκοδομῆσαι ἐν Ιερουσαλημ καὶ ἐν πάσῃ τῇ γῇ τοῦ μὴ κατάρξαι αὐτοῦ. 22b πάντα τὸν λαὸν τὸν ὑπολελειμμένον ἀπὸ τοῦ Χετταίου καὶ 22b τοῦ Αμορραίου καὶ τοῦ Φερεζαίου καὶ τοῦ Χαναναίου καὶ τοῦ Ευαίου καὶ τοῦ Ιεβουσαίου καὶ τοῦ Γεργεσαίου τῶν μὴ ἐκ τῶν υἱῶν Ισραηλ ὄντων, τὰ τέκνα αὐτῶν τὰ ὑπολελειμμένα μετ᾽ αὐτοὺς ἐν τῇ γῇ, οὓς οὐκ ἐδύναντο οἱ υἱοὶ Ισραηλ ἐξολεθρεῦσαι αὐτούς, καὶ ἀνήγαγεν αὐτοὺς Σαλωμων εἰς φόρον ἕως τῆς ἡμέρας ταύτης. 22c καὶ ἐκ τῶν υἱῶν Ισραηλ οὐκ ἔδωκε Σαλωμων εἰς πρᾶγμα, ὅτι 22c αὐτοὶ ἦσαν ἄνδρες οἱ πολεμισταὶ καὶ παῖδες αὐτοῦ καὶ ἄρχοντες τῶν ἁρμάτων αὐτοῦ καὶ ἱππεῖς αὐτοῦ.

23 Καὶ ἐμεγαλύνθη Σαλωμων ὑπὲρ πάντας τοὺς βασιλεῖς τῆς γῆς 23 πλούτῳ καὶ φρονήσει. 24 καὶ πάντες βασιλεῖς τῆς γῆς ἐζήτουν τὸ 24 πρόσωπον Σαλωμων τοῦ ἀκοῦσαι τῆς φρονήσεως αὐτοῦ, ἧς ἔδωκεν κύριος ἐν τῇ καρδίᾳ αὐτοῦ. 25 καὶ αὐτοὶ ἔφερον ἕκαστος τὰ 25 δῶρα αὐτοῦ, σκεύη χρυσᾶ καὶ ἱματισμόν, στακτὴν καὶ ἡδύσματα καὶ ἵππους καὶ ἡμιόνους, τὸ κατ᾽ ἐνιαυτὸν ἐνιαυτόν. 26 καὶ ἦσαν 26 τῷ Σαλωμων τέσσαρες χιλιάδες θήλειαι ἵπποι εἰς ἅρματα καὶ δώ-

20 εστωτες] + εκει O || 21 του ποτου σαλ. χρυσα Ra.] τα υπο του σαλ. γεγονοτα χρυσα BL, του ποτου βασιλεως σαλ. χρυσα ⟨÷⟩ γεγονοτα O† | οικου (+ του A†) δρυμου] tr. B | συγκεκλισμενω A† | fin.] + ※εις οτιουν O‑247 || 22 λιθων — fin.] οδοντων ελεφαντινων και πιθηκων και ταωνων O(†) || 22a‑c (cf. 𝔐 9 15—22) > O† || 22a μαγδαν Ra.] μαγδαλ pl., μαδιαν B†, μαγεδδω L†; cf. 9 15 O | βαιθωρων]‑ραμ B† | ιεθερμαθ (cf. 9 18 O)] θοθμορ L† || 22b υπολελειμμενον] υποδεδειγμενον B† || 22c εις > B† || 23 της γης > B† || 24 εν > BO‑Sy† || 25 εκαστος] προς αυτον A† | σκευη] pr. ※σκευη αργυρα και O(†) | ενιαυτον ult.] ‑τω B || 26 init.] pr. ※και συνελεξεν σαλωμων αρματα και ιππεις(A† ιππους) O† | τεσσαρες B† (cf. Par. II 9 25)] τεσσαρακοντα rel.: cf. 2 46i et 𝔐 5 6

δεκα χιλιάδες ἱππέων, καὶ ἔθετο αὐτὰς ἐν ταῖς πόλεσι τῶν ἁρμά-
26ᵃ των καὶ μετὰ τοῦ βασιλέως ἐν Ιερουσαλημ. ²⁶ᵃ καὶ ἦν ἡγούμενος
πάντων τῶν βασιλέων ἀπὸ τοῦ ποταμοῦ καὶ ἕως γῆς ἀλλοφύλων
27 καὶ ἕως ὁρίων Αἰγύπτου. ²⁷ καὶ ἔδωκεν ὁ βασιλεὺς τὸ χρυσίον καὶ
τὸ ἀργύριον ἐν Ιερουσαλημ ὡς λίθους, καὶ τὰς κέδρους ἔδωκεν ὡς
28 συκαμίνους τὰς ἐν τῇ πεδινῇ εἰς πλῆθος. ²⁸ καὶ ἡ ἔξοδος τῶν ἵπ-
πων Σαλωμων ἐξ Αἰγύπτου καὶ ἐκ Θεκουε, ἔμποροι τοῦ βασιλέως
29 ἐλάμβανον ἐκ Θεκουε ἐν ἀλλάγματι · ²⁹ καὶ ἀνέβαινεν ἡ ἔξοδος ἐξ
Αἰγύπτου, ἅρμα ἀντὶ ἑκατὸν ἀργυρίου καὶ ἵππος ἀντὶ πεντήκοντα
ἀργυρίου · καὶ οὕτω πᾶσιν τοῖς βασιλεῦσιν Χεττιιν καὶ βασιλεῦσιν
Συρίας κατὰ θάλασσαν ἐξεπορεύοντο.

11   ¹ Καὶ ὁ βασιλεὺς Σαλωμων ἦν φιλογύναιος. καὶ ἦσαν αὐτῷ ἄρ-
χουσαι ἑπτακόσιαι καὶ παλλακαὶ τριακόσιαι. καὶ ἔλαβεν γυναῖκας
ἀλλοτρίας καὶ τὴν θυγατέρα Φαραω, Μωαβίτιδας, Αμμανίτιδας, Σύ-
2 ρας καὶ Ιδουμαίας, Χετταίας καὶ Αμορραίας, ² ἐκ τῶν ἐθνῶν, ὧν
ἀπεῖπεν κύριος τοῖς υἱοῖς Ισραηλ Οὐκ εἰσελεύσεσθε εἰς αὐτούς, καὶ
αὐτοὶ οὐκ εἰσελεύσονται εἰς ὑμᾶς, μὴ ἐκκλίνωσιν τὰς καρδίας ὑμῶν
ὀπίσω εἰδώλων αὐτῶν, εἰς αὐτοὺς ἐκολλήθη Σαλωμων τοῦ ἀγα-
4 πῆσαι. ⁴ καὶ ἐγενήθη ἐν καιρῷ γήρους Σαλωμων καὶ οὐκ ἦν ἡ καρ-
δία αὐτοῦ τελεία μετὰ κυρίου θεοῦ αὐτοῦ καθὼς ἡ καρδία Δαυιδ
τοῦ πατρὸς αὐτοῦ, καὶ ἐξέκλιναν αἱ γυναῖκες αἱ ἀλλότριαι τὴν
5 καρδίαν αὐτοῦ ὀπίσω θεῶν αὐτῶν. ⁵ τότε ᾠκοδόμησεν Σαλωμων
ὑψηλὸν τῷ Χαμως εἰδώλῳ Μωαβ καὶ τῷ βασιλεῖ αὐτῶν εἰδώλῳ
6
7 υἱῶν Αμμων ⁶ καὶ τῇ Ἀστάρτῃ βδελύγματι Σιδωνίων, ⁷ καὶ οὕτως
ἐποίησεν πάσαις ταῖς γυναιξὶν αὐτοῦ ταῖς ἀλλοτρίαις, ἐθυμίων καὶ

26ᵃ (cf. 2 46ᵏ et 𝔐 5 1) adest in omn. mss. (in O sub ÷) || 27 το χρυσ.
και το αργ.] το αργ. ÷ και το χρυσ. Oᵗ || 28 των ιππων σαλ.] σαλ. των ιπ-
πεων και Bᵗ | θεκουε 1⁰] + και εκ δαμασκου Lᵗ | ελαμβανον(B -νεν)] pr. και
mss., quod deleui || 29 εξ αιγ. / αρμα] tr. Oᵗ (O-Syᵗ αρματα) | εκατον] εξα-
κοσιων Syᵗ | πεντηκ.] pr. ✳εκατον και O-247ᵗ (A deest) | πασιν / τοις βασ.]
tr. B | χεττι(ε)ιν] χεθθιειμ O247ᵗ, > Aᵗ
11 1 ην φιλογυν.] tr. Oᵗ | φιλογυνης Bᵗ | και 2⁰ — τριακ. BLᵗ] > rel., cf. 3
| αλλοτρ.] + ✳πολλας O | αμμαν.] pr. και AL | συρας] post ιδουμ. tr. O ||
2 υμων] αυτων Aᵗ | fin. BLᵗ] + (3) και ησαν αυτω γυναικες αρχουσαι επτα-
κοσιαι και παλλακαι τριακοσιαι rel.: cf. 𝔊 1; deinde add. ✳και εξεκλιναν(Aᵗ
εκκλιν.) γυναικες αυτου την καρδιαν αυτου Oᵗ: = 𝔐 3² || 4 γηρως A | και
2⁰ — πατρος αυτου / και ult. — fin. BL] tr. pl., etiam O (Oᵗ αι γυν. αυτου εξ-
εκλ. pro εξεκλ. αι γυν. αι αλλοτρ.) | η 1⁰ et του > A || 5 (𝔐 7) BLᵗ] rel.
pr. (𝔐 5) και επορευθη σαλωμων οπισω της ασταρτης βδελυγματος σιδωνιων
και οπισω του βασιλεως αυτων ειδωλου υιων αμμων (𝔐 6) και εποιησεν σαλω-
μων το πονηρον ενωπιον κυριου και ουκ επορευθη οπισω κυριου ως δαυιδ ο
πατηρ αυτου | μωαβ] + ✳εν τω ορει ο επι προσωπον ιερουσαλημ Oᵗ | βασιλει
αυτων] μελχομ uel -χολ uel sim. L: item in 33; μελχο Aᵗ, sed in 33 βασ.
αυτων || 6 (cf. 𝔐 5)] in O sub ÷ || 7 (𝔐 8) εθυμιων] pr. αι O mu.

ἔθυον τοῖς εἰδώλοις αὐτῶν · ⁸καὶ ἐποίησεν Σαλωμων τὸ πονηρὸν 8
ἐνώπιον κυρίου, οὐκ ἐπορεύθη ὀπίσω κυρίου ὡς Δαυιδ ὁ πατὴρ
αὐτοῦ. — ⁹καὶ ὠργίσθη κύριος ἐπὶ Σαλωμων, ὅτι ἐξέκλινεν καρ- 9
δίαν αὐτοῦ ἀπὸ κυρίου θεοῦ Ισραηλ τοῦ ὀφθέντος αὐτῷ δὶς
¹⁰καὶ ἐντειλαμένου αὐτῷ ὑπὲρ τοῦ λόγου τούτου τὸ παράπαν μὴ 10
πορευθῆναι ὀπίσω θεῶν ἑτέρων καὶ φυλάξασθαι ποιῆσαι ἃ ἐνετεί-
λατο αὐτῷ κύριος ὁ θεός, ¹¹καὶ εἶπεν κύριος πρὸς Σαλωμων Ἀνθ᾽ 11
ὧν ἐγένετο ταῦτα μετὰ σοῦ καὶ οὐκ ἐφύλαξας τὰς ἐντολάς μου
καὶ τὰ προστάγματά μου, ἃ ἐνετειλάμην σοι, διαρρήσσων διαρρήξω
τὴν βασιλείαν σου ἐκ χειρός σου καὶ δώσω αὐτὴν τῷ δούλῳ σου.
¹²πλὴν ἐν ταῖς ἡμέραις σου οὐ ποιήσω αὐτὰ διὰ Δαυιδ τὸν πα- 12
τέρα σου · ἐκ χειρὸς υἱοῦ σου λήμψομαι αὐτήν. ¹³πλὴν ὅλην τὴν 13
βασιλείαν οὐ μὴ λάβω· σκῆπτρον ἓν δώσω τῷ υἱῷ σου διὰ Δαυιδ
τὸν δοῦλόν μου καὶ διὰ Ιερουσαλημ τὴν πόλιν ἣν ἐξελεξάμην.

¹⁴Καὶ ἤγειρεν κύριος σαταν τῷ Σαλωμων τὸν Αδερ τὸν Ιδου- 14
μαῖον καὶ τὸν Εσρωμ υἱὸν Ελιαδαε τὸν ἐν Ραεμμαθ Αδραζαρ βα-
σιλέα Σουβα κύριον αὐτοῦ· καὶ συνηθροίσθησαν ἐπ᾽ αὐτὸν ἄνδρες,
καὶ ἦν ἄρχων συστρέμματος καὶ προκατελάβετο τὴν Δαμασεκ· καὶ
ἦσαν σαταν τῷ Ισραηλ πάσας τὰς ἡμέρας Σαλωμων. καὶ Αδερ ὁ
Ιδουμαῖος ἐκ τοῦ σπέρματος τῆς βασιλείας ἐν Ιδουμαίᾳ · ¹⁵καὶ ἐγέ- 15
νετο ἐν τῷ ἐξολεθρεῦσαι Δαυιδ τὸν Εδωμ ἐν τῷ πορευθῆναι Ιωαβ
ἄρχοντα τῆς στρατιᾶς θάπτειν τοὺς τραυματίας ἔκοψαν πᾶν ἀρ-
σενικὸν ἐν τῇ Ιδουμαίᾳ — ¹⁶ὅτι ἓξ μῆνας ἐνεκάθητο ἐκεῖ Ιωαβ 16
καὶ πᾶς Ισραηλ ἐν τῇ Ιδουμαίᾳ, ἕως ὅτου ἐξωλέθρευσεν πᾶν ἀρ-
σενικὸν ἐκ τῆς Ιδουμαίας — ¹⁷καὶ ἀπέδρα Αδερ, αὐτὸς καὶ πάντες 17
ἄνδρες Ιδουμαῖοι τῶν παίδων τοῦ πατρὸς αὐτοῦ μετ᾽ αὐτοῦ, καὶ
εἰσῆλθον εἰς Αἴγυπτον, καὶ Αδερ παιδάριον μικρόν· ¹⁸καὶ ἀνίσταν- 18
ται ἄνδρες ἐκ τῆς πόλεως Μαδιαμ καὶ ἔρχονται εἰς Φαραν καὶ
λαμβάνουσιν ἄνδρας μετ᾽ αὐτῶν καὶ ἔρχονται πρὸς Φαραω βασι-
λέα Αἰγύπτου, καὶ εἰσῆλθεν Αδερ πρὸς Φαραω, καὶ ἔδωκεν αὐτῷ

8 (𝔐 6) B*L⁺] hoc loco omittunt, sed supra (cf. adnot. ad 5) addunt rel.
|| 10 εντειλαμενω B⁺ | φυλαξασθαι] -ξαι και OL | fin.] + ουκ(B⁺ ουδ) ην η καρ-
δια αυτου τελεια μετα κυριου κατα την καρδιαν δαυιδ του πατρος αυτου BL:
ex 4 repet. || 11 τας εντολας ... τα προσταγμ .. α] τα προσιαγμ. ... τας εν-
τολας .. ας O⁺ || 13 βασιλ.] + ολην A⁺, sed etiam ολην praec. retinet ||
14 και 2⁰ — ιδουμαιος > O⁺: cf. 23—25 | εσρωμ] -ων L⁺, αζρων uel ναζρων
mu. | εν ραεμμαθ Ra.] εν ραεμμααερ B⁺, εκ ραεμαθ L⁺; βαραμεεθ rel.: cf. 23
| αδραζαρ B⁺] και τον αδρααζαρ(uel sim.) L | δαμασεκ] δαμασκον και εκαθισεν
εν αυτη και εβασιλευσεν εν δαμασκω L: cf. 24 | ησαν] ην L pl. || 15 αρ-
χοντα] pr. τον OL | στρατιας] δυναμεως A⁺ || 16 εκαθητο A | οτου] ου OL |
εκ της ιδουμαιας] εν τη -μαια B⁺: ex praec. || 17 παντες > L⁺ | ανδρες] οι
B*⁺ | εισηλθεν OL || 18 ερχονται 1⁰] αρχοντες B*⁺ | αυτων] + ✳απο φα-
ραν O⁺ | ερχονται 2⁰] + ✳εις αιγυπτον O⁺

19 οἶκον καὶ ἄρτους διέταξεν αὐτῷ. ¹⁹καὶ εὗρεν Αδερ χάριν ἐναντίον
Φαραω σφόδρα, καὶ ἔδωκεν αὐτῷ γυναῖκα ἀδελφὴν τῆς γυναικὸς
20 αὐτοῦ, ἀδελφὴν Θεκεμινας τὴν μείζω · ²⁰καὶ ἔτεκεν αὐτῷ ἡ ἀδελφὴ
Θεκεμινας τῷ Αδερ τὸν Γανηβαθ υἱὸν αὐτῆς, καὶ ἐξέθρεψεν αὐτὸν
Θεκεμινα ἐν μέσῳ υἱῶν Φαραω, καὶ ἦν Γανηβαθ ἐν μέσῳ υἱῶν
21 Φαραω. ²¹καὶ Αδερ ἤκουσεν ἐν Αἰγύπτῳ ὅτι κεκοίμηται Δαυιδ μετὰ
τῶν πατέρων αὐτοῦ, καὶ ὅτι τέθνηκεν Ιωαβ ὁ ἄρχων τῆς στρατιᾶς·
καὶ εἶπεν Αδερ πρὸς Φαραω Ἐξαπόστειλόν με καὶ ἀποστρέψω εἰς
22 τὴν γῆν μου. ²²καὶ εἶπεν Φαραω τῷ Αδερ Τίνι σὺ ἐλαττονῇ μετ᾽
ἐμοῦ; καὶ ἰδοὺ σὺ ζητεῖς ἀπελθεῖν εἰς τὴν γῆν σου. καὶ εἶπεν αὐτῷ
Αδερ Ὅτι ἐξαποστέλλων ἐξαποστελεῖς με. καὶ ἀνέστρεψεν Αδερ εἰς
25 τὴν γῆν αὐτοῦ. ²⁵αὕτη ἡ κακία, ἣν ἐποίησεν Αδερ · καὶ ἐβαρυθύ-
μησεν ἐν Ισραηλ καὶ ἐβασίλευσεν ἐν γῇ Εδωμ.
26   ²⁶Καὶ Ιεροβοαμ υἱὸς Ναβατ ὁ Εφραθι ἐκ τῆς Σαριρα υἱὸς γυ-
27 ναικὸς χήρας δοῦλος Σαλωμων, ²⁷καὶ τοῦτο τὸ πρᾶγμα ὡς ἐπή-
ρατο χεῖρας ἐπὶ βασιλέα Σαλωμων· ᾠκοδόμησεν τὴν ἄκραν, συν-
28 έκλεισεν τὸν φραγμὸν τῆς πόλεως Δαυιδ τοῦ πατρὸς αὐτοῦ, ²⁸καὶ
ὁ ἄνθρωπος Ιεροβοαμ ἰσχυρὸς δυνάμει, καὶ εἶδεν Σαλωμων τὸ παι-
δάριον ὅτι ἀνὴρ ἔργων ἐστίν, καὶ κατέστησεν αὐτὸν ἐπὶ τὰς ἄρ-
29 σεις οἴκου Ιωσηφ. ²⁹καὶ ἐγενήθη ἐν τῷ καιρῷ ἐκείνῳ καὶ Ιεροβοαμ
ἐξῆλθεν ἐξ Ιερουσαλημ, καὶ εὗρεν αὐτὸν Αχιας ὁ Σηλωνίτης ὁ
προφήτης ἐν τῇ ὁδῷ καὶ ἀπέστησεν αὐτὸν ἐκ τῆς ὁδοῦ · καὶ ὁ
Αχιας περιβεβλημένος ἱματίῳ καινῷ, καὶ ἀμφότεροι ἐν τῷ πεδίῳ.
30 ³⁰καὶ ἐπελάβετο Αχια τοῦ ἱματίου αὐτοῦ τοῦ καινοῦ τοῦ ἐπ᾽ αὐ-
31 τῷ καὶ διέρρηξεν αὐτὸ δώδεκα ῥήγματα ³¹καὶ εἶπεν τῷ Ιεροβοαμ
Λαβὲ σεαυτῷ δέκα ῥήγματα, ὅτι τάδε λέγει κύριος ὁ θεὸς Ισραηλ
Ἰδοὺ ἐγὼ ῥήσσω τὴν βασιλείαν ἐκ χειρὸς Σαλωμων καὶ δώσω
32 σοι δέκα σκῆπτρα, ³²καὶ δύο σκῆπτρα ἔσονται αὐτῷ διὰ τὸν δοῦ-
λόν μου Δαυιδ καὶ διὰ Ιερουσαλημ τὴν πόλιν, ἣν ἐξελεξάμην ἐν
33 αὐτῇ ἐκ πασῶν φυλῶν Ισραηλ, ³³ἀνθ᾽ ὧν κατέλιπέν με καὶ ἐποί-

18 fin.] + ※καὶ γην εδωκεν αυτω OL† || 19 την] της B || 20 φαραω
1⁰ ⌒ 2⁰ A | γανηβαθ ult.] + ※εν οικω φαραω O† || 22 τω αδερ > A† |
fin.] + (23) και ηγειρεν κυριος σαταν τω σαλωμων (uel τω σαλ. σαταν) τον
ραζων υιον ελιαδαε τον βαραμεεθ αδαδεζερ βασιλεα σουβα κυριον αυτου (24) και
συνηθροισθησαν επ αυτον ανδρες και ην αρχων συστρεμματος ※εν τω αποκτεννειν δαυιδ αυτους και επορευθησαν εις(>A†) δαμασκον και εκαθισαν εν αυτη
και εβασιλευσεν(A†·σαν) εν δαμασκω (25) και εγενετο αντικειμενος τω ισραηλ
πασας τας ημερας σαλωμων O†: cf. 14 || 25 ην εποι. > OV† | εβαρυθυμησεν
εν unus cod.] εβαρυθυμησεν BO†, εβαρυνθη επι L pl. | γη] τη B, τω A† ||
26 ναβαθ B†, sed in 43 12 15 etiam B ναβατ; cf. 15 1 | σαριδα O† | υιος γυν. χηρας] ※και ονομα της μητρος αυτου σαρουα γυνη χηρα O† | δουλος] pr. ο B |
fin.] + ※και υψωσεν χειρα εν τω βασιλει O† || 27 χειρας] -ρα OL† | συνεκλεισεν BSy†] pr. και rel. || 28 τας > A† || 31 σκηπτρα] ρηγματα A†
hic, non in 32 || 32 τον δουλ. μου / δαυιδ] tr. B†

ησεν τῇ Ἀστάρτῃ βδελύγματι Σιδωνίων καὶ τῷ Χαμως καὶ τοῖς
εἰδώλοις Μωαβ καὶ τῷ βασιλεῖ αὐτῶν προσοχθίσματι υἱῶν Αμμων
καὶ οὐκ ἐπορεύθη ἐν ταῖς ὁδοῖς μου τοῦ ποιῆσαι τὸ εὐθὲς ἐνώ-
πιον ἐμοῦ ὡς Δαυιδ ὁ πατὴρ αὐτοῦ. 34 καὶ οὐ μὴ λάβω ὅλην τὴν 34
βασιλείαν ἐκ χειρὸς αὐτοῦ, διότι ἀντιτασσόμενος ἀντιτάξομαι αὐτῷ
πάσας τὰς ἡμέρας τῆς ζωῆς αὐτοῦ, διὰ Δαυιδ τὸν δοῦλόν μου,
ὃν ἐξελεξάμην αὐτόν. 35 καὶ λήμψομαι τὴν βασιλείαν ἐκ χειρὸς τοῦ 35
υἱοῦ αὐτοῦ καὶ δώσω σοι τὰ δέκα σκῆπτρα, 36 τῷ δὲ υἱῷ αὐτοῦ 36
δώσω τὰ δύο σκῆπτρα, ὅπως ἦ θέσις τῷ δούλῳ μου Δαυιδ πάσας
τὰς ἡμέρας ἐνώπιον ἐμοῦ ἐν Ιερουσαλημ τῇ πόλει, ἣν ἐξελεξάμην
ἐμαυτῷ τοῦ θέσθαι ὄνομά μου ἐκεῖ. 37 καὶ σὲ λήμψομαι καὶ βασι- 37
λεύσεις ἐν οἷς ἐπιθυμεῖ ἡ ψυχή σου, καὶ σὺ ἔσῃ βασιλεὺς ἐπὶ τὸν
Ισραηλ. 38 καὶ ἔσται ἐὰν φυλάξῃς πάντα, ὅσα ἂν ἐντείλωμαί σοι, 38
καὶ πορευθῇς ἐν ταῖς ὁδοῖς μου καὶ ποιήσῃς τὸ εὐθὲς ἐνώπιον
ἐμοῦ τοῦ φυλάξασθαι τὰς ἐντολάς μου καὶ τὰ προστάγματά μου,
καθὼς ἐποίησεν Δαυιδ ὁ δοῦλός μου, καὶ ἔσομαι μετὰ σοῦ καὶ
οἰκοδομήσω σοι οἶκον πιστόν, καθὼς ᾠκοδόμησα τῷ Δαυιδ. 40 καὶ 40
ἐζήτησεν Σαλωμων θανατῶσαι τὸν Ιεροβοαμ, καὶ ἀνέστη καὶ ἀπ-
έδρα εἰς Αἴγυπτον πρὸς Σουσακιμ βασιλέα Αἰγύπτου καὶ ἦν ἐν
Αἰγύπτῳ, ἕως οὗ ἀπέθανεν Σαλωμων.

41 Καὶ τὰ λοιπὰ τῶν ῥημάτων Σαλωμων καὶ πάντα, ὅσα ἐποί- 41
ησεν, καὶ πᾶσαν τὴν φρόνησιν αὐτοῦ, οὐκ ἰδοὺ ταῦτα γέγραπται
ἐν βιβλίῳ ῥημάτων Σαλωμων; 42 καὶ αἱ ἡμέραι, ἃς ἐβασίλευσεν 42
Σαλωμων ἐν Ιερουσαλημ, τεσσαράκοντα ἔτη. 43 καὶ ἐκοιμήθη Σαλω- 43
μων μετὰ τῶν πατέρων αὐτοῦ, καὶ ἔθαψαν αὐτὸν ἐν πόλει Δαυιδ
τοῦ πατρὸς αὐτοῦ. καὶ ἐγενήθη ὡς ἤκουσεν Ιεροβοαμ υἱὸς Ναβατ
— καὶ αὐτοῦ ἔτι ὄντος ἐν Αἰγύπτῳ, ὡς ἔφυγεν ἐκ προσώπου Σαλω-
μων καὶ ἐκάθητο ἐν Αἰγύπτῳ —, κατευθύνει καὶ ἔρχεται εἰς τὴν
πόλιν αὐτοῦ εἰς τὴν γῆν Σαριρα τὴν ἐν ὄρει Εφραιμ. καὶ ὁ βασι-
λεὺς Σαλωμων ἐκοιμήθη μετὰ τῶν πατέρων αὐτοῦ, καὶ ἐβασίλευ-
σεν Ροβοαμ υἱὸς αὐτοῦ ἀντ' αὐτοῦ.

33 τοις] pr. εν Β† | βασ. αυτων: cf. 5 | επορ.] + ενωπιον κυριου Α† | εμου]
+ ※και διακριβειας μου και κρισεις μου O‑247† || 34 fin.] + ※ος εφυλαξεν
εντολας μου και ακριβειας μου O† (Α† ακριβασμον pro ‑βειας μου), + ος εφυ-
λαξεν τας εντολας μου και τα δικαιωματα μου L† || 36 τα > O† | τω δου-
λω μου / δαυιδ] tr. O‑A† | ην] η Β† | ονομα] pr. το AL || 38 του et σοι
ult. > A† | fin.] + ※και δωσω σοι τον ισραηλ (39) και κακουχησω το σπερ-
μα δαυιδ(A† ισραηλ) δια ταυτην πλην ου πασας τας ημερας OLᴾ† || 40 εστη
και απ bis scr. Β† | ανεστη] + ※ιεροβοαμ O† | σουσακιμ: ‑ιμ ex nomine ιω-
ακιμ huc translatum, cf. Iud. 16 4 || 41 ρηματων 1⁰] λογων AL | γεγραμ-
μενα O‑247L† || 42 ιερουσαλημ] + ※επι παντα ισραηλ OL || 43 και εγε-
νηθη — πατερων αυτου ult. > O mu.: cf. ℳ 12 2. 3 | κατευθυνειν Β

12 ¹Καὶ πορεύεται βασιλεὺς Ροβοαμ εἰς Σικιμα, ὅτι εἰς Σικιμα ἤρχοντο
3 πᾶς Ισραηλ βασιλεῦσαι αὐτόν. ³καὶ ἐλάλησεν ὁ λαὸς πρὸς τὸν βασι-
4 λέα Ροβοαμ λέγοντες ⁴Ὁ πατήρ σου ἐβάρυνεν τὸν κλοιὸν ἡμῶν,
   καὶ σὺ νῦν κούφισον ἀπὸ τῆς δουλείας τοῦ πατρός σου τῆς σκλη-
   ρᾶς καὶ ἀπὸ τοῦ κλοιοῦ αὐτοῦ τοῦ βαρέος, οὗ ἔδωκεν ἐφ᾽ ἡμᾶς,
5 καὶ δουλεύσομέν σοι. ⁵καὶ εἶπεν πρὸς αὐτούς Ἀπέλθετε ἕως ἡμε-
6 ρῶν τριῶν καὶ ἀναστρέψατε πρός με · καὶ ἀπῆλθον. ⁶καὶ παρήγ-
   γειλεν ὁ βασιλεὺς τοῖς πρεσβυτέροις, οἳ ἦσαν παρεστῶτες ἐνώπιον
   Σαλωμων τοῦ πατρὸς αὐτοῦ ἔτι ζῶντος αὐτοῦ, λέγων Πῶς ὑμεῖς
7 βουλεύεσθε καὶ ἀποκριθῶ τῷ λαῷ τούτῳ λόγον; ⁷καὶ ἐλάλησαν
   πρὸς αὐτὸν λέγοντες Εἰ ἐν τῇ ἡμέρᾳ ταύτῃ ἔσῃ δοῦλος τῷ λαῷ
   τούτῳ καὶ δουλεύσῃς αὐτοῖς καὶ λαλήσῃς αὐτοῖς λόγους ἀγαθούς,
8 καὶ ἔσονταί σοι δοῦλοι πάσας τὰς ἡμέρας. ⁸καὶ ἐγκατέλιπεν τὴν
   βουλὴν τῶν πρεσβυτέρων, ἃ συνεβουλεύσαντο αὐτῷ, καὶ συνεβου-
   λεύσατο μετὰ τῶν παιδαρίων τῶν ἐκτραφέντων μετ᾽ αὐτοῦ τῶν
9 παρεστηκότων πρὸ προσώπου αὐτοῦ ⁹καὶ εἶπεν αὐτοῖς Τί ὑμεῖς
   συμβουλεύετε, καὶ τί ἀποκριθῶ τῷ λαῷ τούτῳ τοῖς λαλήσασιν
   πρός με λεγόντων Κούφισον ἀπὸ τοῦ κλοιοῦ, οὗ ἔδωκεν ὁ πατήρ
10 σου ἐφ᾽ ἡμᾶς; ¹⁰καὶ ἐλάλησαν πρὸς αὐτὸν τὰ παιδάρια τὰ ἐκτρα-
   φέντα μετ᾽ αὐτοῦ οἱ παρεστηκότες πρὸ προσώπου αὐτοῦ λέγοντες
   Τάδε λαλήσεις τῷ λαῷ τούτῳ τοῖς λαλήσασι πρὸς σὲ λέγοντες
   Ὁ πατήρ σου ἐβάρυνεν τὸν κλοιὸν ἡμῶν καὶ σὺ νῦν κούφισον
   ἀφ᾽ ἡμῶν, τάδε λαλήσεις πρὸς αὐτούς Ἡ μικρότης μου παχυτέρα
11 τῆς ὀσφύος τοῦ πατρός μου · ¹¹καὶ νῦν ὁ πατήρ μου ἐπεσάσσετο
   ὑμᾶς κλοιῷ βαρεῖ κἀγὼ προσθήσω ἐπὶ τὸν κλοιὸν ὑμῶν, ὁ πατήρ
   μου ἐπαίδευσεν ὑμᾶς ἐν μάστιξιν, ἐγὼ δὲ παιδεύσω ὑμᾶς ἐν
12 σκορπίοις. ¹²καὶ παρεγένοντο πᾶς Ισραηλ πρὸς τὸν βασιλέα Ρο-
   βοαμ ἐν τῇ ἡμέρᾳ τῇ τρίτῃ, καθότι ἐλάλησεν αὐτοῖς ὁ βασιλεὺς
13 λέγων Ἀναστράφητε πρός με τῇ ἡμέρᾳ τῇ τρίτῃ. ¹³καὶ ἀπεκρίθη
   ὁ βασιλεὺς πρὸς τὸν λαὸν σκληρά, καὶ ἐγκατέλιπεν Ροβοαμ τὴν
14 βουλὴν τῶν πρεσβυτέρων, ἃ συνεβουλεύσαντο αὐτῷ, ¹⁴καὶ ἐλάλη-
   σεν πρὸς αὐτοὺς κατὰ τὴν βουλὴν τῶν παιδαρίων λέγων Ὁ πατήρ
   μου ἐβάρυνεν τὸν κλοιὸν ὑμῶν κἀγὼ προσθήσω ἐπὶ τὸν κλοιὸν

12 1 βασιλευς] pr. ο OL | ηρχετο A† | fin. + (2) και εγενετο ως ηκουσεν
ιεροβοαμ υιος ναβατ και αυτου ετι οντος εν αιγυπτω ως εφυγεν εκ προσωπου
του βασιλεως σαλωμων και επεστρεψεν ιεροβοαμ εξ αιγυπτου (3) και απεστει-
λαν και εκαλεσαν αυτον και ηλθεν ιεροβοαμ και πασα η εκκλησια ισραηλ A:
sim. Sy mu., sed pro επεστρεψεν — fin. habent (11 43) εκαθητο — εφραιμ, ad
quae Sy addit και επεστρεψεν — fin. (partim sub ※) ‖ 4 βαρεως ΒΑ: cf.
Thack. p. 179 ‖ 5 ημερων τριων] tr. O† ‖ 6 βασ.] + ※ροβοαμ O ‖
7 αυτοις 1⁰] + ※και ειξεις αυτοις O† ‖ 9 συμβουλ.] συμ > A† | λαλησασιν]
λεγουσι B† ‖ 10 της οσφυος] υπερ την οσφυν A† ‖ 11 μαστιγειν B*] γ
> ABᶜ: item in 14. 24ʳ(A deest), cf. Par. II 10 11 et Thack. p. 151

ὑμῶν, ὁ πατήρ μου ἐπαίδευσεν ὑμᾶς ἐν μάστιγξιν κἀγὼ παιδεύσω ὑμᾶς ἐν σκορπίοις. ¹⁵καὶ οὐκ ἤκουσεν ὁ βασιλεὺς τοῦ λαοῦ, ὅτι 15 ἦν μεταστροφὴ παρὰ κυρίου, ὅπως στήσῃ τὸ ῥῆμα αὐτοῦ, ὃ ἐλάλησεν ἐν χειρὶ Αχια τοῦ Σηλωνίτου περὶ Ιεροβοαμ υἱοῦ Ναβατ. ¹⁶καὶ εἶδον πᾶς Ισραηλ ὅτι οὐκ ἤκουσεν ὁ βασιλεὺς αὐτῶν, καὶ 16 ἀπεκρίθη ὁ λαὸς τῷ βασιλεῖ λέγων Τίς ἡμῖν μερὶς ἐν Δαυιδ; καὶ οὐκ ἔστιν ἡμῖν κληρονομία ἐν υἱῷ Ιεσσαι · ἀπότρεχε, Ισραηλ, εἰς τὰ σκηνώματά σου · νῦν βόσκε τὸν οἶκόν σου, Δαυιδ. καὶ ἀπῆλθεν Ισραηλ εἰς τὰ σκηνώματα αὐτοῦ. ¹⁸καὶ ἀπέστειλεν ὁ βασιλεὺς 18 τὸν Αδωνιραμ τὸν ἐπὶ τοῦ φόρου, καὶ ἐλιθοβόλησαν αὐτὸν πᾶς Ισραηλ ἐν λίθοις καὶ ἀπέθανεν · καὶ ὁ βασιλεὺς Ροβοαμ ἔφθασεν ἀναβῆναι τοῦ φυγεῖν εἰς Ιερουσαλημ. ¹⁹καὶ ἠθέτησεν Ισραηλ εἰς 19 τὸν οἶκον Δαυιδ ἕως τῆς ἡμέρας ταύτης. ²⁰καὶ ἐγένετο ὡς ἤκου- 20 σεν πᾶς Ισραηλ ὅτι ἀνέκαμψεν Ιεροβοαμ ἐξ Αἰγύπτου, καὶ ἀπέστειλαν καὶ ἐκάλεσαν αὐτὸν εἰς τὴν συναγωγὴν καὶ ἐβασίλευσαν αὐτὸν ἐπὶ Ισραηλ · καὶ οὐκ ἦν ὀπίσω οἴκου Δαυιδ πάρεξ σκήπτρου Ιουδα καὶ Βενιαμιν μόνοι. — ²¹καὶ Ροβοαμ εἰσῆλθεν εἰς Ιε- 21 ρουσαλημ καὶ ἐξεκκλησίασεν τὴν συναγωγὴν Ιουδα καὶ σκῆπτρον Βενιαμιν, ἑκατὸν καὶ εἴκοσι χιλιάδες νεανιῶν ποιούντων πόλεμον, τοῦ πολεμεῖν πρὸς οἶκον Ισραηλ ἐπιστρέψαι τὴν βασιλείαν Ροβοαμ υἱῷ Σαλωμων. ²²καὶ ἐγένετο λόγος κυρίου πρὸς Σαμαιαν ἄνθρω- 22 πον τοῦ θεοῦ λέγων ²³Εἰπὸν τῷ Ροβοαμ υἱῷ Σαλωμων βασιλεῖ 23 Ιουδα καὶ πρὸς πάντα οἶκον Ιουδα καὶ Βενιαμιν καὶ τῷ καταλοίπῳ τοῦ λαοῦ λέγων ²⁴Τάδε λέγει κύριος Οὐκ ἀναβήσεσθε οὐδὲ πολε- 24 μήσετε μετὰ τῶν ἀδελφῶν ὑμῶν υἱῶν Ισραηλ · ἀναστρεφέτω ἕκαστος εἰς τὸν οἶκον ἑαυτοῦ, ὅτι παρ' ἐμοῦ γέγονεν τὸ ῥῆμα τοῦτο. καὶ ἤκουσαν τοῦ λόγου κυρίου καὶ κατέπαυσαν τοῦ πορευθῆναι κατὰ τὸ ῥῆμα κυρίου.

²⁴ᵃΚαὶ ὁ βασιλεὺς Σαλωμων κοιμᾶται μετὰ τῶν πατέρων αὐ- 24ᵃ τοῦ καὶ θάπτεται μετὰ τῶν πατέρων αὐτοῦ ἐν πόλει Δαυιδ. καὶ ἐβασίλευσεν Ροβοαμ υἱὸς αὐτοῦ ἀντ' αὐτοῦ ἐν Ιερουσαλημ υἱὸς ὢν ἑκκαίδεκα ἐτῶν ἐν τῷ βασιλεύειν αὐτὸν καὶ δώδεκα ἔτη ἐβα-

---

15 ελαλ.] + κυριος Oᵗ: idem post στηση add. Lᵗ ‖ 16 βασιλει] + ✳λογον Oᵗ | ισρ. / εις τα σκην. σου] tr. OLᵗ | fin.] + ✳(17) και υιων ισραηλ των καθημενων εν πολεσιν ιουδα και εβασιλευσεν επ αυτων ροβοαμ Oᵗ: sim. L ‖ 18 βασ. 1⁰] + ✳ροβοαμ OLᵗ | αδωνιραμ (cf. 4 6)] αραμ Bᵗ | πας ισραηλ > Bᵗ | αναβηναι] + ✳επι το αρμα OL ‖ 20 πας > O–Syᵗ | ιεροβοαμ] ροβ. B✳ᵗ | εξ αιγυπτου > BOVᵗ | απεστειλεν και εκαλεσεν B, απεστειλαν και εισηγαγεν (sic) Aᵗ | οικου] > B, pr. του Aᵗ ‖ 21 εικοσι] ογδοηκοντα Oᵗ (Aᵗ om. και praec.) ‖ 24 ουδε] + μη Aᵗ | αποστρεφετω Bᵗ ‖ 24ᵃ–ᶻ > O mu. ‖ 24ᵃ (cf. 11 43 14 21. 22) εκκαιδεκα] τεσσαρακοντα και ενος Lᵗ: ex 14 21 | δωδεκα Bᵗ et Orig. (Rahlfs Sept.-Stud. 1 [1904], p. 78)] επτακαιδεκα L, δεκα επτα V mu.: ex 14 21

σίλευσεν ἐν Ιερουσαλημ, καὶ ὄνομα τῆς μητρὸς αὐτοῦ Νααναν
θυγάτηρ Αναν υἱοῦ Νοας βασιλέως υἱῶν Αμμων · καὶ ἐποίησεν
τὸ πονηρὸν ἐνώπιον κυρίου καὶ οὐκ ἐπορεύθη ἐν ὁδῷ Δαυιδ
24ᵇ τοῦ πατρὸς αὐτοῦ. — ²⁴ᵇ καὶ ἦν ἄνθρωπος ἐξ ὄρους Εφραιμ
δοῦλος τῷ Σαλωμων, καὶ ὄνομα αὐτῷ Ιεροβοαμ, καὶ ὄνομα τῆς
μητρὸς αὐτοῦ Σαριρα γυνὴ πόρνη · καὶ ἔδωκεν αὐτὸν Σαλωμων
εἰς ἄρχοντα σκυτάλης ἐπὶ τὰς ἄρσεις οἴκου Ιωσηφ, καὶ ᾠκοδό-
μησεν τῷ Σαλωμων τὴν Σαριρα τὴν ἐν ὄρει Εφραιμ, καὶ ἦσαν
αὐτῷ ἅρματα τριακόσια ἵππων · οὗτος ᾠκοδόμησεν τὴν ἄκραν
ἐν ταῖς ἄρσεσιν οἴκου Εφραιμ, οὗτος συνέκλεισεν τὴν πόλιν
24ᶜ Δαυιδ καὶ ἦν ἐπαιρόμενος ἐπὶ τὴν βασιλείαν. ²⁴ᶜ καὶ ἐζήτει Σα-
λωμων θανατῶσαι αὐτόν, καὶ ἐφοβήθη καὶ ἀπέδρα αὐτὸς πρὸς
Σουσακιμ βασιλέα Αἰγύπτου καὶ ἦν μετ᾽ αὐτοῦ, ἕως ἀπέθανεν
24ᵈ Σαλωμων. ²⁴ᵈ καὶ ἤκουσεν Ιεροβοαμ ἐν Αἰγύπτῳ ὅτι τέθνηκεν
Σαλωμων, καὶ ἐλάλησεν εἰς τὰ ὦτα Σουσακιμ βασιλέως Αἰγύπτου
λέγων Ἐξαπόστειλόν με καὶ ἀπελεύσομαι ἐγὼ εἰς τὴν γῆν μου ·
καὶ εἶπεν αὐτῷ Σουσακιμ Αἴτησαί τι αἴτημα καὶ δώσω σοι.
24ᵉ ²⁴ᵉ καὶ Σουσακιμ ἔδωκεν τῷ Ιεροβοαμ τὴν Ανω ἀδελφὴν Θεκε-
μινας τὴν πρεσβυτέραν τῆς γυναικὸς αὐτοῦ αὐτῷ εἰς γυναῖκα
αὕτη ἦν μεγάλη ἐν μέσῳ τῶν θυγατέρων τοῦ βασιλέως καὶ ἔτε-
24ᶠ κεν τῷ Ιεροβοαμ τὸν Αβια υἱὸν αὐτοῦ. ²⁴ᶠ καὶ εἶπεν Ιεροβοαμ
πρὸς Σουσακιμ Ὄντως ἐξαπόστειλόν με καὶ ἀπελεύσομαι. καὶ
ἐξῆλθεν Ιεροβοαμ ἐξ Αἰγύπτου καὶ ἦλθεν εἰς γῆν Σαριρα τὴν ἐν
ὄρει Εφραιμ · καὶ συνάγεται ἐκεῖ πᾶν σκῆπτρον Εφραιμ · καὶ
ᾠκοδόμησεν Ιεροβοαμ ἐκεῖ χάρακα.
24ᵍ ²⁴ᵍ Καὶ ἠρρώστησε τὸ παιδάριον αὐτοῦ ἀρρωστίαν κραταιὰν
σφόδρα · καὶ ἐπορεύθη Ιεροβοαμ ἐπερωτῆσαι ὑπὲρ τοῦ παιδαρίου ·
καὶ εἶπε πρὸς Ανω τὴν γυναῖκα αὐτοῦ Ἀνάστηθι καὶ πορεύου,
ἐπερώτησον τὸν θεὸν ὑπὲρ τοῦ παιδαρίου, εἰ ζήσεται ἐκ τῆς
24ʰ ἀρρωστίας αὐτοῦ. ²⁴ʰ καὶ ἄνθρωπος ἦν ἐν Σηλω καὶ ὄνομα αὐτῷ
Αχια, καὶ οὗτος ἦν υἱὸς ἑξήκοντα ἐτῶν, καὶ ῥῆμα κυρίου μετ᾽
αὐτοῦ. καὶ εἶπεν Ιεροβοαμ πρὸς τὴν γυναῖκα αὐτοῦ Ἀνάστηθι καὶ
λαβὲ εἰς τὴν χεῖρά σου τῷ ἀνθρώπῳ τοῦ θεοῦ ἄρτους καὶ κολ-
λύρια τοῖς τέκνοις αὐτοῦ καὶ σταφυλὴν καὶ στάμνον μέλιτος.
24ⁱ ²⁴ⁱ καὶ ἀνέστη ἡ γυνὴ καὶ ἔλαβεν εἰς τὴν χεῖρα αὐτῆς ἄρτους καὶ
δύο κολλύρια καὶ σταφυλὴν καὶ στάμνον μέλιτος τῷ Αχια · καὶ
ὁ ἄνθρωπος πρεσβύτερος, καὶ οἱ ὀφθαλμοὶ αὐτοῦ ἠμβλυώπουν

24ᵃ αναν Lᵖ (cf. Par. I 19 1—6)] ανα Β†; αννων V mu.: cf. Regn. II 10 1—4
| υιων > Β† ‖ 24ᵇ (cf. 11 26—28) σαριρα 1º] σαρεισα Β† | γυνη > Β† | τω
2⁰ > Β† ‖ 24ᶜ (cf. 11 40): de σουσακιμ uide 11 40 ‖ 24ᵈ⁻ᶠ: cf. 11 19—22
‖ 24ᵉ ην] η Β† ‖ 24ᵍ⁻ⁿ: cf. 𝔐 14 1—18 ‖ 24ᵍ αρρωστια κραταια Β† |
και ult. > Β†

τοῦ βλέπειν. ²⁴ᵏ καὶ ἀνέστη ἐκ Σαριρα καὶ πορεύεται, καὶ ἐγένετο 24ᵏ
εἰσελθούσης αὐτῆς εἰς τὴν πόλιν πρὸς Αχια τὸν Σηλωνίτην καὶ
εἶπεν Αχια τῷ παιδαρίῳ αὐτοῦ Ἔξελθε δὴ εἰς ἀπαντὴν Ανω τῇ
γυναικὶ Ιεροβοαμ καὶ ἐρεῖς αὐτῇ Εἴσελθε καὶ μὴ στῇς, ὅτι τάδε
λέγει κύριος Σκληρὰ ἐγὼ ἐπαποστελῶ ἐπὶ σέ. ²⁴ˡ καὶ εἰσῆλθεν 24ˡ
Ανω πρὸς τὸν ἄνθρωπον τοῦ θεοῦ, καὶ εἶπεν αὐτῇ Αχια "Ινα τί
μοι ἐνήνοχας ἄρτους καὶ σταφυλὴν καὶ κολλύρια καὶ στάμνον
μέλιτος; τάδε λέγει κύριος Ἰδοὺ σὺ ἀπελεύσῃ ἀπ᾽ ἐμοῦ, καὶ ἔσται
εἰσελθούσης σου τὴν πύλην εἰς Σαριρα καὶ τὰ κοράσιά σου ἐξ-
ελεύσονταί σοι εἰς συνάντησιν καὶ ἐροῦσίν σοι Τὸ παιδάριον
τέθνηκεν. ²⁴ᵐ ὅτι τάδε λέγει κύριος Ἰδοὺ ἐγὼ ἐξολεθρεύσω τοῦ 24ᵐ
Ιεροβοαμ οὐροῦντα πρὸς τοῖχον, καὶ ἔσονται οἱ τεθνηκότες τοῦ
Ιεροβοαμ ἐν τῇ πόλει καταφάγονται οἱ κύνες, καὶ τὸν τεθνηκότα
ἐν τῷ ἀγρῷ κοταφάγεται τὰ πετεινὰ τοῦ οὐρανοῦ. καὶ τὸ παι-
δάριον κόψονται Οὐαὶ κύριε, ὅτι εὑρέθη ἐν αὐτῷ ῥῆμα καλὸν
περὶ τοῦ κυρίου. ²⁴ⁿ καὶ ἀπῆλθεν ἡ γυνή, ὡς ἤκουσεν, καὶ ἐγέ- 24ⁿ
νετο ὡς εἰσῆλθεν εἰς τὴν Σαριρα, καὶ τὸ παιδάριον ἀπέθανεν,
καὶ ἐξῆλθεν ἡ κραυγὴ εἰς ἀπαντήν.

²⁴ᵒ Καὶ ἐπορεύθη Ιεροβοαμ εἰς Σικιμα τὴν ἐν ὄρει Εφραιμ καὶ 24ᵒ
συνήθροισεν ἐκεῖ τὰς φυλὰς τοῦ Ισραηλ, καὶ ἀνέβη ἐκεῖ Ροβοαμ
υἱὸς Σαλωμων. καὶ λόγος κυρίου ἐγένετο πρὸς Σαμαιαν τὸν Ελα-
μι λέγων Λαβὲ σεαυτῷ ἱμάτιον καινὸν τὸ οὐκ εἰσεληλυθὸς εἰς
ὕδωρ καὶ ῥῆξον αὐτὸ δώδεκα ῥήγματα καὶ δώσεις τῷ Ιεροβοαμ
καὶ ἐρεῖς αὐτῷ Τάδε λέγει κύριος Λαβὲ σεαυτῷ δέκα ῥήγματα
τοῦ περιβαλέσθαι σε. καὶ ἔλαβεν Ιεροβοαμ · καὶ εἶπεν Σαμαιας
Τάδε λέγει κύριος ἐπὶ τὰς δέκα φυλὰς τοῦ Ισραηλ.

²⁴ᵖ Καὶ εἶπεν ὁ λαὸς πρὸς Ροβοαμ υἱὸν Σαλωμων Ὁ πατήρ 24ᵖ
σου ἐβάρυνεν τὸν κλοιὸν αὐτοῦ ἐφ᾽ ἡμᾶς καὶ ἐβάρυνεν τὰ βρώ-
ματα τῆς τραπέζης αὐτοῦ · καὶ νῦν εἰ κουφιεῖς σὺ ἐφ᾽ ἡμᾶς, καὶ
δουλεύσομέν σοι. καὶ εἶπεν Ροβοαμ πρὸς τὸν λαόν Ἔτι τριῶν
ἡμερῶν καὶ ἀποκριθήσομαι ὑμῖν ῥῆμα. ²⁴ᑫ καὶ εἶπεν Ροβοαμ Εἰσ- 24ᑫ
αγάγετέ μοι τοὺς πρεσβυτέρους, καὶ συμβουλεύσομαι μετ᾽ αὐ-
τῶν τί ἀποκριθῶ τῷ λαῷ ῥῆμα ἐν τῇ ἡμέρᾳ τῇ τρίτῃ. καὶ ἐλά-
λησεν Ροβοαμ εἰς τὰ ὦτα αὐτῶν καθὼς ἀπέστειλεν ὁ λαὸς πρὸς
αὐτόν, καὶ εἶπον οἱ πρεσβύτεροι τοῦ λαοῦ Οὕτως ἐλάλησεν πρὸς
σὲ ὁ λαός. ²⁴ʳ καὶ διεσκέδασεν Ροβοαμ τὴν βουλὴν αὐτῶν, καὶ 24ʳ

24ⁱ βλεπειν] ιδειν B†: cf. 14 4 ‖ 24ᵏ εισελθουσης] εισ > B† | επαποστελ-
λω B ‖ 24ᵐ κοψεται B† ‖ 24ᵒ (cf. 12 1 11 30. 31) ελαμι Ra.] ενλαμει B†,
ελαμιτην rel. | δεκα 1ᵒ] δωδεκα B† ‖ 24ᵖ⁻ᶻ: cf. 12 3—24 ‖ 24ᵖ και νυν
ει] και νυνι B*, νυνι δε L†, και > V pl. ‖ 24ᑫ ελαλ. ult. — fin. B†] λαλη-
σεις προς τον λαον αγαθως L mu., ως ελαλ. προς σε ο λαος λαλησεις προς
τον λαον pau.

οὐκ ἤρεσεν ἐνώπιον αὐτοῦ · καὶ ἀπέστειλεν καὶ εἰσήγαγεν τοὺς
συντρόφους αὐτοῦ καὶ ἐλάλησεν αὐτοῖς τὰ αὐτά Καὶ ταῦτα ἀπέ-
στειλεν πρός με λέγων ὁ λαός. καὶ εἶπαν οἱ σύντροφοι αὐτοῦ
Οὕτως λαλήσεις πρὸς τὸν λαὸν λέγων Ἡ μικρότης μου παχυ-
τέρα ὑπὲρ τὴν ὀσφὺν τοῦ πατρός μου · ὁ πατήρ μου ἐμαστίγου
24ˢ ὑμᾶς μάστιγξιν, ἐγὼ δὲ κατάρξω ὑμῶν ἐν σκορπίοις. 24ˢ καὶ ἤ-
ρεσεν τὸ ῥῆμα ἐνώπιον Ροβοαμ, καὶ ἀπεκρίθη τῷ λαῷ καθὼς
24ᵗ συνεβούλευσαν αὐτῷ οἱ σύντροφοι αὐτοῦ τὰ παιδάρια. 24ᵗ καὶ
εἶπεν πᾶς ὁ λαὸς ὡς ἀνὴρ εἷς, ἕκαστος τῷ πλησίον αὐτοῦ, καὶ
ἀνέκραξαν ἅπαντες λέγοντες Οὐ μερὶς ἡμῖν ἐν Δαυιδ οὐδὲ κλη-
ρονομία ἐν υἱῷ Ιεσσαι · εἰς τὰ σκηνώματά σου, Ισραηλ, ὅτι οὗ-
24ᵘ τος ὁ ἄνθρωπος οὐκ εἰς ἄρχοντα οὐδὲ εἰς ἡγούμενον. 24ᵘ καὶ
διεσπάρη πᾶς ὁ λαὸς ἐκ Σικιμων, καὶ ἀπῆλθεν ἕκαστος εἰς τὸ
σκήνωμα αὐτοῦ. καὶ κατεκράτησεν Ροβοαμ καὶ ἀπῆλθεν καὶ ἀνέ-
βη ἐπὶ τὸ ἅρμα αὐτοῦ καὶ εἰσῆλθεν εἰς Ιερουσαλημ, καὶ πορεύ-
ονται ὀπίσω αὐτοῦ πᾶν σκῆπτρον Ιουδα καὶ πᾶν σκῆπτρον Βεν-
24ˣ ιαμιν. — 24ˣ καὶ ἐγένετο ἐνισταμένου τοῦ ἐνιαυτοῦ καὶ συνή-
θροισεν Ροβοαμ πάντα ἄνδρα Ιουδα καὶ Βενιαμιν καὶ ἀνέβη τοῦ
24ʸ πολεμεῖν πρὸς Ιεροβοαμ εἰς Σικιμα. 24ʸ καὶ ἐγένετο ῥῆμα κυρίου
πρὸς Σαμαιαν ἄνθρωπον τοῦ θεοῦ λέγων Εἰπὸν τῷ Ροβοαμ βα-
σιλεῖ Ιουδα καὶ πρὸς πάντα οἶκον Ιουδα καὶ Βενιαμιν καὶ πρὸς
τὸ κατάλειμμα τοῦ λαοῦ λέγων Τάδε λέγει κύριος Οὐκ ἀναβή-
σεσθε οὐδὲ πολεμήσετε πρὸς τοὺς ἀδελφοὺς ὑμῶν υἱοὺς Ισραηλ ·
ἀναστρέφετε ἕκαστος εἰς τὸν οἶκον αὐτοῦ, ὅτι παρ᾽ ἐμοῦ γέγονεν
24ᶻ τὸ ῥῆμα τοῦτο. 24ᶻ καὶ ἤκουσαν τοῦ λόγου κυρίου καὶ ἀνέσχον
τοῦ πορευθῆναι, κατὰ τὸ ῥῆμα κυρίου.
25 　　25 Καὶ ᾠκοδόμησεν Ιεροβοαμ τὴν Σικιμα τὴν ἐν ὄρει Εφραιμ καὶ
κατῴκει ἐν αὐτῇ · καὶ ἐξῆλθεν ἐκεῖθεν καὶ ᾠκοδόμησεν τὴν Φανουηλ.
26 26 καὶ εἶπεν Ιεροβοαμ ἐν τῇ καρδίᾳ αὐτοῦ Ἰδοὺ νῦν ἐπιστρέψει ἡ
27 βασιλεία εἰς οἶκον Δαυιδ · 27 ἐὰν ἀναβῇ ὁ λαὸς οὗτος ἀναφέρειν
θυσίας ἐν οἴκῳ κυρίου εἰς Ιερουσαλημ, καὶ ἐπιστραφήσεται καρδία
τοῦ λαοῦ πρὸς κύριον καὶ κύριον αὐτῶν, πρὸς Ροβοαμ βασιλέα
28 Ιουδα, καὶ ἀποκτενοῦσίν με. 28 καὶ ἐβουλεύσατο ὁ βασιλεὺς καὶ ἐπο-
ρεύθη καὶ ἐποίησεν δύο δαμάλεις χρυσᾶς καὶ εἶπεν πρὸς τὸν λαὸν
Ἱκανούσθω ὑμῖν ἀναβαίνειν εἰς Ιερουσαλημ · ἰδοὺ θεοί σου, Ισρα-
29 ηλ, οἱ ἀναγαγόντες σε ἐκ γῆς Αἰγύπτου. 29 καὶ ἔθετο τὴν μίαν ἐν
30 Βαιθηλ καὶ τὴν μίαν ἔδωκεν ἐν Δαν. 30 καὶ ἐγένετο ὁ λόγος οὗτος

24ʳ υμων] υμας B ‖ 24ʸ λεγων 1⁰ > B*† ‖ 26 εις (+ τον Α) οικον]
εν οικω B† ‖ 27 θυσιαν B† | του > A† | λαου] + ✳ τουτου Ο-Α† | κυριον
και κυριον] τον κυριον L† | fin.] + ✳ και επιστραφησονται προς ροβοαμ βασι-
λεα ιουδα Ο† ‖ 28 εβουλ. ο βασ. και επορευθη] επορ. ο βασ. Α† | θεοι BV†]
pr. οι rel. | οι αναγαγοντες] οι ανηγαγον Ο† ‖ 29 εν 1⁰] εις B†

εἰς ἁμαρτίαν · καὶ ἐπορεύετο ὁ λαὸς πρὸ προσώπου τῆς μιᾶς ἕως
Δαν. 31καὶ ἐποίησεν οἴκους ἐφ᾽ ὑψηλῶν καὶ ἐποίησεν ἱερεῖς μέρος 31
τι ἐκ τοῦ λαοῦ, οἳ οὐκ ἦσαν ἐκ τῶν υἱῶν Λευι. 32καὶ ἐποίησεν 32
Ιεροβοαμ ἑορτὴν ἐν τῷ μηνὶ τῷ ὀγδόῳ ἐν τῇ πεντεκαιδεκάτῃ ἡμέ-
ρᾳ τοῦ μηνὸς κατὰ τὴν ἑορτὴν τὴν ἐν γῇ Ιουδα καὶ ἀνέβη ἐπὶ τὸ
θυσιαστήριον, ὃ ἐποίησεν ἐν Βαιθηλ, τοῦ θύειν ταῖς δαμάλεσιν, αἷς
ἐποίησεν, καὶ παρέστησεν ἐν Βαιθηλ τοὺς ἱερεῖς τῶν ὑψηλῶν, ὧν
ἐποίησεν. 33καὶ ἀνέβη ἐπὶ τὸ θυσιαστήριον, ὃ ἐποίησεν, τῇ πεντε- 33
καιδεκάτῃ ἡμέρᾳ ἐν τῷ μηνὶ τῷ ὀγδόῳ ἐν τῇ ἑορτῇ, ᾗ ἐπλάσατο
ἀπὸ καρδίας αὐτοῦ, καὶ ἐποίησεν ἑορτὴν τοῖς υἱοῖς Ισραηλ καὶ
ἀνέβη ἐπὶ τὸ θυσιαστήριον τοῦ ἐπιθῦσαι.

1Καὶ ἰδοὺ ἄνθρωπος τοῦ θεοῦ ἐξ Ιουδα παρεγένετο ἐν λόγῳ κυ- 13
ρίου εἰς Βαιθηλ, καὶ Ιεροβοαμ εἱστήκει ἐπὶ τὸ θυσιαστήριον τοῦ
ἐπιθῦσαι. 2καὶ ἐπεκάλεσεν πρὸς τὸ θυσιαστήριον ἐν λόγῳ κυρίου 2
καὶ εἶπεν Θυσιαστήριον θυσιαστήριον, τάδε λέγει κύριος Ἰδοὺ υἱὸς
τίκτεται τῷ οἴκῳ Δαυιδ, Ιωσιας ὄνομα αὐτῷ, καὶ θύσει ἐπὶ σὲ
τοὺς ἱερεῖς τῶν ὑψηλῶν τοὺς ἐπιθύοντας ἐπὶ σὲ καὶ ὀστᾶ ἀνθρώ-
πων καύσει ἐπὶ σέ. 3καὶ ἔδωκεν ἐν τῇ ἡμέρᾳ ἐκείνῃ τέρας λέγων 3
Τοῦτο τὸ ῥῆμα, ὃ ἐλάλησεν κύριος λέγων Ἰδοὺ τὸ θυσιαστήριον
ῥήγνυται, καὶ ἐκχυθήσεται ἡ πιότης ἡ ἐπ᾽ αὐτῷ. 4καὶ ἐγένετο ὡς 4
ἤκουσεν ὁ βασιλεὺς Ιεροβοαμ τῶν λόγων τοῦ ἀνθρώπου τοῦ θεοῦ
τοῦ ἐπικαλεσαμένου ἐπὶ τὸ θυσιαστήριον τὸ ἐν Βαιθηλ, καὶ ἐξέτει-
νεν ὁ βασιλεὺς τὴν χεῖρα αὐτοῦ ἀπὸ τοῦ θυσιαστηρίου λέγων
Συλλάβετε αὐτόν · καὶ ἰδοὺ ἐξηράνθη ἡ χεὶρ αὐτοῦ, ἣν ἐξέτεινεν
ἐπ᾽ αὐτόν, καὶ οὐκ ἠδυνήθη ἐπιστρέψαι αὐτὴν πρὸς ἑαυτόν, 5καὶ 5
τὸ θυσιαστήριον ἐρράγη, καὶ ἐξεχύθη ἡ πιότης ἀπὸ τοῦ θυσια-
στηρίου κατὰ τὸ τέρας, ὃ ἔδωκεν ὁ ἄνθρωπος τοῦ θεοῦ ἐν λόγῳ
κυρίου. 6καὶ εἶπεν ὁ βασιλεὺς Ιεροβοαμ τῷ ἀνθρώπῳ τοῦ θεοῦ 6
Δεήθητι τοῦ προσώπου κυρίου τοῦ θεοῦ σου, καὶ ἐπιστρεψάτω ἡ
χεὶρ μου πρός με. καὶ ἐδεήθη ὁ ἄνθρωπος τοῦ θεοῦ τοῦ προσ-
ώπου κυρίου, καὶ ἐπέστρεψεν τὴν χεῖρα τοῦ βασιλέως πρὸς αὐτόν,
καὶ ἐγένετο καθὼς τὸ πρότερον. 7καὶ ἐλάλησεν ὁ βασιλεὺς πρὸς 7
τὸν ἄνθρωπον τοῦ θεοῦ Εἴσελθε μετ᾽ ἐμοῦ εἰς οἶκον καὶ ἀρίστη-

30 fin.] + και προ προσωπου της αλλης εις βαιθηλ L✝, + και ειασαν τον οι-
κον κυριου mu. || 31 ουκ > A✝ || 33 εποιησεν 1⁰] + ※εν βαιθηλ O✝ |
ανεβη ult.] επεβη A✝
13 1 εξ ιουδα / παρεγεν.] tr. OL | του ult. L✝] αυτου O(sub ÷) pl., > B ||
2 και ειπεν > B✝ | θυσει] pr. επι A✝ | τους επιθυοντας Sy✝] pr. και L✝, των
-ντων rel. | επι σε 2⁰ ⌢ 3⁰ A✝ || 3 εδωκεν] δωσει BLᵖ✝ | το 1⁰ > A✝ | ρη-
μα] τερας O✝ | επ] εν A✝ || 4 εαυτον] ε > B || 5 ο 1⁰ > A✝ || 6 ειπεν
ο βασ.] απεκριθη ο βασ. και ειπεν L✝ | του προσωπου κυριου] > B*✝, τω -πω
κ. A | σου] + ※και προσευξαι περι εμου O✝ | το > O✝

8 σον, καὶ δώσω σοι δόμα. ⁸καὶ εἶπεν ὁ ἄνθρωπος τοῦ θεοῦ πρὸς
τὸν βασιλέα Ἐάν μοι δῷς τὸ ἥμισυ τοῦ οἴκου σου, οὐκ εἰσελεύ-
σομαι μετὰ σοῦ οὐδὲ μὴ φάγω ἄρτον οὐδὲ μὴ πίω ὕδωρ ἐν τῷ
9 τόπῳ τούτῳ. ⁹ὅτι οὕτως ἐνετείλατό μοι ἐν λόγῳ κύριος λέγων
Μὴ φάγῃς ἄρτον καὶ μὴ πίῃς ὕδωρ καὶ μὴ ἐπιστρέψῃς ἐν τῇ ὁδῷ,
10 ᾗ ἐπορεύθης ἐν αὐτῇ. ¹⁰καὶ ἀπῆλθεν ἐν ὁδῷ ἄλλῃ καὶ οὐκ ἀνέ-
στρεψεν ἐν τῇ ὁδῷ, ᾗ ἦλθεν ἐν αὐτῇ εἰς Βαιθηλ.
11　　¹¹Καὶ προφήτης εἷς πρεσβύτης κατῴκει ἐν Βαιθηλ, καὶ ἔρχονται
οἱ υἱοὶ αὐτοῦ καὶ διηγήσαντο αὐτῷ ἅπαντα τὰ ἔργα, ἃ ἐποίησεν
ὁ ἄνθρωπος τοῦ θεοῦ ἐν τῇ ἡμέρᾳ ἐκείνῃ ἐν Βαιθηλ, καὶ τοὺς
λόγους, οὓς ἐλάλησεν τῷ βασιλεῖ · καὶ ἐπέστρεψαν τὸ πρόσωπον
12 τοῦ πατρὸς αὐτῶν. ¹²καὶ ἐλάλησεν πρὸς αὐτοὺς ὁ πατὴρ αὐτῶν
λέγων Ποίᾳ ὁδῷ πεπόρευται; καὶ δεικνύουσιν αὐτῷ οἱ υἱοὶ αὐτοῦ
τὴν ὁδόν, ἐν ᾗ ἀνῆλθεν ὁ ἄνθρωπος τοῦ θεοῦ ὁ ἐλθὼν ἐξ Ιουδα.
13 ¹³καὶ εἶπεν τοῖς υἱοῖς αὐτοῦ Ἐπισάξατέ μοι τὸν ὄνον · καὶ ἐπέσα-
14 ξαν αὐτῷ τὸν ὄνον, καὶ ἐπέβη ἐπ' αὐτόν. ¹⁴καὶ ἐπορεύθη κατόπι-
σθεν τοῦ ἀνθρώπου τοῦ θεοῦ καὶ εὗρεν αὐτὸν καθήμενον ὑπὸ
δρῦν καὶ εἶπεν αὐτῷ Εἰ σὺ εἶ ὁ ἄνθρωπος τοῦ θεοῦ ὁ ἐληλυθὼς
15 ἐξ Ιουδα; καὶ εἶπεν αὐτῷ Ἐγώ. ¹⁵καὶ εἶπεν αὐτῷ Δεῦρο μετ' ἐμοῦ
16 καὶ φάγε ἄρτον. ¹⁶καὶ εἶπεν Οὐ μὴ δύνωμαι τοῦ ἐπιστρέψαι μετὰ
σοῦ οὐδὲ μὴ φάγομαι ἄρτον οὐδὲ πίομαι ὕδωρ ἐν τῷ τόπῳ τούτῳ·
17 ¹⁷ὅτι οὕτως ἐντέταλταί μοι ἐν λόγῳ κύριος λέγων Μὴ φάγῃς ἄρτον
ἐκεῖ καὶ μὴ πίῃς ὕδωρ ἐκεῖ καὶ μὴ ἐπιστρέψῃς ἐν τῇ ὁδῷ, ᾗ ἐπο-
18 ρεύθης ἐν αὐτῇ. ¹⁸καὶ εἶπεν πρὸς αὐτόν Κἀγὼ προφήτης εἰμὶ καθ-
ὼς σύ, καὶ ἄγγελος λελάληκεν πρός με ἐν ῥήματι κυρίου λέγων
Ἐπίστρεψον αὐτὸν πρὸς σεαυτὸν εἰς τὸν οἶκόν σου, καὶ φαγέτω
19 ἄρτον καὶ πιέτω ὕδωρ · καὶ ἐψεύσατο αὐτῷ. ¹⁹καὶ ἐπέστρεψεν αὐ-
20 τόν, καὶ ἔφαγεν ἄρτον καὶ ἔπιεν ὕδωρ ἐν τῷ οἴκῳ αὐτοῦ. ²⁰καὶ
ἐγένετο αὐτῶν καθημένων ἐπὶ τῆς τραπέζης καὶ ἐγένετο λόγος κυ-
21 ρίου πρὸς τὸν προφήτην τὸν ἐπιστρέψαντα αὐτὸν ²¹καὶ εἶπεν πρὸς
τὸν ἄνθρωπον τοῦ θεοῦ τὸν ἥκοντα ἐξ Ιουδα λέγων Τάδε λέγει
κύριος Ἀνθ' ὧν παρεπίκρανας τὸ ῥῆμα κυρίου καὶ οὐκ ἐφύλαξας

---

8 μοι δως] tr. *OL* ‖ 9 και 1⁰ > A† ‖ 11 πρεσβυτης εις προφητης Β |
εν 1⁰] εις Β† | εκεινη > ΒΑ† | και paenult. > ΒΑ (in *O* sub ※ pro ÷) |
απεστρεψαν Α† ‖ 12 απηλθεν *O*–Sy*L* | ελθων] pr. εξ *O* ‖ 13 ονος est fe-
mininum in *OL*: in 23—29 eidem inter masc. et fem. fluctuant ‖ 14 και
επορ. > A† | υπο] επι *O*–Sy† | του θεου ult. > A† ‖ 15 εμου] + ※εις την
οικιαν *O*† ‖ 16 του > A | σου] + ※ουδε ελθειν μετα σου *O*–A† | μη 2⁰ >
O ‖ 17 μη 1⁰] pr. ου *O*† | αρτον εκει] tr. *O*† | εκει 2⁰] > ΒΑ*L*†, in Sy sub
÷; sed Β*O*⁻²⁴⁷ add. εκει post επιστρεψης ‖ 18 προς με] μοι Α† | επιστρε-
ψαι Α† | φαγεται et πιεται *OV*† ‖ 19 αυτον] + ※συν εαυτω *O*† | και επιεν
υδωρ / εν τω οικω αυτου] tr. Β*O*† ‖ 20 επι της τραπ. > Β*†

τὴν ἐντολήν, ἣν ἐνετείλατό σοι κύριος ὁ θεός σου, ²²καὶ ἐπέστρε- 22
ψας καὶ ἔφαγες ἄρτον καὶ ἔπιες ὕδωρ ἐν τῷ τόπῳ τούτῳ, ᾧ ἐλά-
λησεν πρὸς σὲ λέγων Μὴ φάγῃς ἄρτον καὶ μὴ πίῃς ὕδωρ, οὐ μὴ
εἰσέλθῃ τὸ σῶμά σου εἰς τὸν τάφον τῶν πατέρων σου. ²³καὶ ἐγέ- 23
νετο μετὰ τὸ φαγεῖν ἄρτον καὶ πιεῖν ὕδωρ καὶ ἐπέσαξεν αὐτῷ τὸν
ὄνον, καὶ ἐπέστρεψεν. ²⁴καὶ ἀπῆλθεν, καὶ εὗρεν αὐτὸν λέων ἐν τῇ 24
ὁδῷ καὶ ἐθανάτωσεν αὐτόν, καὶ ἦν τὸ σῶμα αὐτοῦ ἐρριμμένον ἐν
τῇ ὁδῷ, καὶ ὁ ὄνος εἱστήκει παρ᾽ αὐτό, καὶ ὁ λέων εἱστήκει παρὰ
τὸ σῶμα. ²⁵καὶ ἰδοὺ ἄνδρες παραπορευόμενοι καὶ εἶδον τὸ θνη- 25
σιμαῖον ἐρριμμένον ἐν τῇ ὁδῷ, καὶ ὁ λέων εἱστήκει ἐχόμενα τοῦ
θνησιμαίου · καὶ εἰσῆλθον καὶ ἐλάλησαν ἐν τῇ πόλει, οὗ ὁ προφή-
της ὁ πρεσβύτης κατῴκει ἐν αὐτῇ. ²⁶καὶ ἤκουσεν ὁ ἐπιστρέψας 26
αὐτὸν ἐκ τῆς ὁδοῦ καὶ εἶπεν Ὁ ἄνθρωπος τοῦ θεοῦ οὗτός ἐστιν,
ὃς παρεπίκρανε τὸ ῥῆμα κυρίου. ²⁸καὶ ἐπορεύθη καὶ εὗρεν τὸ σῶμα 28
αὐτοῦ ἐρριμμένον ἐν τῇ ὁδῷ, καὶ ὁ ὄνος καὶ ὁ λέων εἱστήκεισαν
παρὰ τὸ σῶμα, καὶ οὐκ ἔφαγεν ὁ λέων τὸ σῶμα τοῦ ἀνθρώπου
τοῦ θεοῦ καὶ οὐ συνέτριψεν τὸν ὄνον. ²⁹καὶ ἦρεν ὁ προφήτης τὸ 29
σῶμα τοῦ ἀνθρώπου τοῦ θεοῦ καὶ ἐπέθηκεν αὐτὸ ἐπὶ τὸν ὄνον,
καὶ ἐπέστρεψεν αὐτὸν εἰς τὴν πόλιν ὁ προφήτης τοῦ θάψαι αὐτὸν
³⁰ἐν τῷ τάφῳ ἑαυτοῦ · καὶ ἐκόψαντο αὐτὸν Οὐαὶ ἀδελφέ. ³¹καὶ $\genfrac{}{}{0pt}{}{30}{31}$
ἐγένετο μετὰ τὸ κόψασθαι αὐτὸν καὶ εἶπεν τοῖς υἱοῖς αὐτοῦ λέγων
Ἐὰν ἀποθάνω, θάψατέ με ἐν τῷ τάφῳ τούτῳ, οὗ ὁ ἄνθρωπος τοῦ
θεοῦ τέθαπται ἐν αὐτῷ · παρὰ τὰ ὀστᾶ αὐτοῦ θέτε με, ἵνα σω-
θῶσι τὰ ὀστᾶ μου μετὰ τῶν ὀστῶν αὐτοῦ · ³²ὅτι γινόμενον ἔσται 32
τὸ ῥῆμα, ὃ ἐλάλησεν ἐν λόγῳ κυρίου ἐπὶ τοῦ θυσιαστηρίου τοῦ
ἐν Βαιθηλ καὶ ἐπὶ τοὺς οἴκους τοὺς ὑψηλοὺς τοὺς ἐν Σαμαρείᾳ.

³³Καὶ μετὰ τὸ ῥῆμα τοῦτο οὐκ ἐπέστρεψεν Ιεροβοαμ ἀπὸ τῆς 33
κακίας αὐτοῦ καὶ ἐπέστρεψεν καὶ ἐποίησεν ἐκ μέρους τοῦ λαοῦ
ἱερεῖς ὑψηλῶν · ὁ βουλόμενος, ἐπλήρου τὴν χεῖρα αὐτοῦ, καὶ ἐγί-
νετο ἱερεὺς εἰς τὰ ὑψηλά. ³⁴καὶ ἐγένετο τὸ ῥῆμα τοῦτο εἰς ἁμαρ- 34
τίαν τῷ οἴκῳ Ιεροβοαμ καὶ εἰς ὄλεθρον καὶ εἰς ἀφανισμὸν ἀπὸ
προσώπου τῆς γῆς.

22 ω] ως A⁺ | μη 1⁰] pr. ου B⁺ ‖ 23 ονον] + ※τω προφητη O–247 ‖
24 και ult. — παρα > A⁺: sim. O–A⁺ ‖ 26 fin.] + ※και εδωκεν αυτον ο
κυριος τω λεοντι και συνετριψεν αυτον και εθανατωσεν αυτον κατα το ρημα
κυριου ο ελαλησεν αυτω (27) και ελαλησεν προς τους υιους αυτου τω λεγειν
επισαξατε μοι την ονον και επεσαξαν OLᵖ ‖ 28 θεου⌢29 θεου A⁺ ‖ 29 εις
την πολιν] pr. ※και ηλθεν et add. ※του προφητου του πρεσβυτερου του
κοψασθαι και του θαψαι αυτον (30) και ανεπαυσεν το νεκριμαιον αυτου O;
deinde sequuntur (29) ο προφ. του θαψαι αυτον sub ÷ ‖ 30 εκοψατο OL
‖ 31 τουτω] > A⁺, in O sub ÷ | εν αυτω] παρ αυτου A⁺ ‖ 32 του 2⁰ >
B⁺, του εν > mu. | τους 1⁰] pr. ※παντας Sy⁺ ‖ 33 ετενετο B

Superius 12 24g–n omissis *O* mu. (non B*L* mu.) hoc loco praebent 𝕸 14 1—20:
※ (I) εν τω καιρω εκεινω ηρρωστησεν αβια υιος ιεροβοαμ   (2) και ειπεν (+ ο Α)
ιεροβοαμ προς την γυναικα αυτου αναστηθι και αλλοιωθηση και ου γνωσονται οτι
συ γυνη ιεροβοαμ και πορευθηση εις σηλω (+ και *O*–Sy†) ιδου εκει αχια(*O*²⁷⁴† αια:
item in seq.) ο προφητης αυτος ελαλησεν επ(>Α†) εμε του βασιλευσαι επι
τον λαον τουτον   (3) και λαβε εις την χειρα σου τω ανθρωπω του θεου αρ-
τους και κολλυρια(Α† -ιδα) τοις τεκνοις αυτου και σταφιδας και σταμνον μελιτος
και ελευση προς αυτον αυτος αναγγελει(Α† -γειλη) σοι τι εσται τω παιδιω(ω>
Α†)   (4) και εποιησεν ουτως γυνη ιεροβοαμ και ανεστη και επορευθη εις σηλω
και εισηλθεν εν οικω αχια και ο ανθρωπος πρεσβυτερος του ιδειν και ημβλυω-
πουν οι οφθαλμοι αυτου απο γηρους αυτου   (5) και κυριος ειπεν προς αχια
ιδου γυνη (+ του Α†) ιεροβοαμ εισερχεται του εκζητησαι ρημα παρα σου
υπερ(>Α†) υιου αυτης οτι αρρωστος εστιν κατα τουτο και κατα τουτο λαλη-
σεις προς αυτην και εγενετο εν τω εισερχεσθαι αυτην και αυτη απεξενουτο
(6) και εγενετο ως ηκουσεν αχια την φωνην ποδων αυτης εισερχομενης αυτης
εν τω ανοιγματι και ειπεν εισελθε γυνη ιεροβοαμ ινα τι τουτο συ (*O*–Sy† tr.
συ ante τουτο) αποξενουσαι και εγω ειμι αποστολος προς σε σκληρος   (7) πο-
ρευθεισα ειπον τω ιεροβοαμ ταδε λεγει κυριος ο θεος ισραηλ ανθ ου οσον υψω-
σα σε απο μεσου του(>Α†) λαου και εδωκα σε ηγουμενον επι τον λαον μου
ισραηλ   (8) και ερρηξα συν(cf. 12 22) το βασιλειον απο (+ του Α†) οικου δαυιδ
και εδωκα αυτο σοι και ουκ εγενου ως ο δουλος μου δαυιδ ος εφυλαξεν τας(>
mu.) εντολας μου και ος επορευθη οπισω μου εν παση καρδια αυτου του(>Α†)
ποιησαι εκτος(sic Sy†, εκαστος Α†, >rel.) του ευθες εν οφθαλμοις μου   (9) και
επονηρευσω του ποιησαι παρα παντας οσοι εγενοντο εις προσωπον σου και
επορευθης και εποιησας σεαυτω θεους ετερους και(>Α†) χωνευτα του παρορ-
γισαι με και εμε ερριψας οπισω σωματος σου   (IO) δια τουτο ιδου(>*O*–Sy)
εγω αγω κακιαν προς (+ σε εις Α†) οικον ιεροβοαμ και(>Α) εξολεθρευσω του
ιεροβοαμ ουρουντα προς τοιχον επεχομενον(επ>Α†) και εγκαταλελειμμενον εν
ισραηλ και επιλεξω οπισω(>Α†) οικου ιεροβοαμ καθως επιλεγεται η κοπρος
εως(Α† ως) τελειωθηναι αυτον   (II) τον τεθνηκοτα (τους -κοτας *O*²⁴⁷†, οι -κο-
τες Α†) του ιεροβοαμ εν τη πολει καταφαγονται οι κυνες και τον τεθνηκοτα
εν τω αγρω καταφαγεται(Α† -γονται) τα πετεινα του ουρανου οτι κυριος ελα-
λησεν   (I2) και συ αναστασα πορευθητι εις τον οικον σου εν τω εισερχεσθαι
ποδας(ς>Α†) σου την πολιν αποθανειται το παιδαριον   (I3) και κοψονται αυ-
τον πας ισραηλ και θαψουσιν αυτον οτι ουτος μονος εισελευσεται τω ιεροβοαμ
προς ταφον οτι ευρεθη εν αυτω ρημα καλον περι του κυριου θεου ισραηλ εν
οικω ιεροβοαμ   (I4) και αναστησει κυριος εαυτω βασιλεα επι ισραηλ ος πληξει
τον οικον ιεροβοαμ ταυτη τη ημερα και τι και γε(>Α†) νυν   (I5) και(Α†
κυριος) πληξει κυριος(>Α†) τον ισραηλ καθα κινειται ο καλαμος(Α† ανεμος) εν
τω υδατι και εκτιλει(Α† εκτελ.) τον ισραηλ απο ανω της χθονος της αγαθης
ταυτης ης εδωκεν τοις πατρασιν αυτων και λικμησει αυτους απο περαν του
ποταμου ανθ ου οσον εποιησαν τα αλση αυτων παροργιζοντες τον κυριον
(I6) και δωσει(Α† παραδωσει) κυριος τον ισραηλ χαριν αμαρτιων ιεροβοαμ ος
ημαρτεν και ος εξημαρτεν τον ισραηλ   (I7) και ανεστη η γυνη ιεροβοαμ και
επορευθη (+ και εισηλθεν Sy†) εις την(Α† γην) σαριρα και εγενετο ως εισηλ-
θεν εν τω προθυρω του οικου και το παιδαριον απεθανεν   (I8) και εθαψαν
αυτον και εκοψαντο αυτον πας ισραηλ κατα το ρημα κυριου ο ελαλησεν εν
χειρι δουλου αυτου αχια του προφητου   (I9) και περισσον ρηματων ιεροβοαμ
οσα επολεμησεν και οσα εβασιλευσεν ιδου αυτα γεγραμμενα επι βιβλιου ρημα-
των των ημερων των βασιλεων ισραηλ   (20) και αι ημεραι ας εβασιλευσεν ιε-
ροβοαμ εικοσι και(>Α) δυο ετη και εκοιμηθη μετα των πατερων αυτου και
εβασιλευσεν ναδαβ(Α† ναβατ) υιος αυτου αντ αυτου

²¹ Καὶ Ροβοαμ υἱὸς Σαλωμων ἐβασίλευσεν ἐπὶ Ιουδα· υἱὸς τεσσα- 14
ράκοντα καὶ ἑνὸς ἐνιαυτῶν Ροβοαμ ἐν τῷ βασιλεύειν αὐτὸν καὶ
δέκα ἑπτὰ ἔτη ἐβασίλευσεν ἐν Ιερουσαλημ τῇ πόλει, ἣν ἐξελέξατο
κύριος θέσθαι τὸ ὄνομα αὐτοῦ ἐκεῖ ἐκ πασῶν φυλῶν τοῦ Ισραηλ·
καὶ τὸ ὄνομα τῆς μητρὸς αὐτοῦ Νααμα ἡ Αμμανῖτις. ²² καὶ ἐποί- 22
ησεν Ροβοαμ τὸ πονηρὸν ἐνώπιον κυρίου καὶ παρεζήλωσεν αὐτὸν
ἐν πᾶσιν, οἷς ἐποίησαν οἱ πατέρες αὐτοῦ, καὶ ἐν ταῖς ἁμαρτίαις
αὐτῶν, αἷς ἥμαρτον, ²³ καὶ ᾠκοδόμησαν ἑαυτοῖς ὑψηλὰ καὶ στήλας 23
καὶ ἄλση ἐπὶ πάντα βουνὸν ὑψηλὸν καὶ ὑποκάτω παντὸς ξύλου
συσκίου· ²⁴ καὶ σύνδεσμος ἐγενήθη ἐν τῇ γῇ, καὶ ἐποίησαν ἀπὸ 24
πάντων τῶν βδελυγμάτων τῶν ἐθνῶν, ὧν ἐξῆρεν κύριος ἀπὸ προσ-
ώπου υἱῶν Ισραηλ. — ²⁵ καὶ ἐγένετο ἐν τῷ ἐνιαυτῷ τῷ πέμπτῳ 25
βασιλεύοντος Ροβοαμ ἀνέβη Σουσακιμ βασιλεὺς Αἰγύπτου ἐπὶ Ιε-
ρουσαλημ ²⁶ καὶ ἔλαβεν πάντας τοὺς θησαυροὺς οἴκου κυρίου καὶ 26
τοὺς θησαυροὺς οἴκου τοῦ βασιλέως καὶ τὰ δόρατα τὰ χρυσᾶ, ἃ
ἔλαβεν Δαυιδ ἐκ χειρὸς τῶν παίδων Αδρααζαρ βασιλέως Σουβα
καὶ εἰσήνεγκεν αὐτὰ εἰς Ιερουσαλημ, τὰ πάντα ἔλαβεν, ὅπλα τὰ
χρυσᾶ. ²⁷ καὶ ἐποίησεν Ροβοαμ ὁ βασιλεὺς ὅπλα χαλκᾶ ἀντ᾽ αὐτῶν. 27
καὶ ἐπέθεντο ἐπ᾽ αὐτὸν οἱ ἡγούμενοι τῶν παρατρεχόντων οἱ φυ-
λάσσοντες τὸν πυλῶνα οἴκου τοῦ βασιλέως. ²⁸ καὶ ἐγένετο ὅτε 28
εἰσεπορεύετο ὁ βασιλεὺς εἰς οἶκον κυρίου, καὶ ᾖρον αὐτὰ οἱ πα-
ρατρέχοντες καὶ ἀπηρείδοντο αὐτὰ εἰς τὸ θεε τῶν παρατρεχόντων.
— ²⁹ καὶ τὰ λοιπὰ τῶν λόγων Ροβοαμ καὶ πάντα, ἃ ἐποίησεν, οὐκ 29
ἰδοὺ ταῦτα γεγραμμένα ἐν βιβλίῳ λόγων τῶν ἡμερῶν τοῖς βασι-
λεῦσιν Ιουδα; ³⁰ καὶ πόλεμος ἦν ἀνὰ μέσον Ροβοαμ καὶ ἀνὰ μέσον 30
Ιεροβοαμ πάσας τὰς ἡμέρας. ³¹ καὶ ἐκοιμήθη Ροβοαμ μετὰ τῶν 31
πατέρων αὐτοῦ καὶ θάπτεται μετὰ τῶν πατέρων αὐτοῦ ἐν πόλει
Δαυιδ, καὶ ἐβασίλευσεν Αβιου υἱὸς αὐτοῦ ἀντ᾽ αὐτοῦ.

¹ Καὶ ἐν τῷ ὀκτωκαιδεκάτῳ ἔτει βασιλεύοντος Ιεροβοαμ υἱοῦ 15
Ναβατ βασιλεύει Αβιου υἱὸς Ροβοαμ ἐπὶ Ιουδα ² καὶ ἓξ ἔτη ἐβασί- 2
λευσεν, καὶ ὄνομα τῆς μητρὸς αὐτοῦ Μααχα θυγάτηρ Αβεσσαλωμ.

21 ιουδα] -δαν OLᵖ, + και βενιαμιν L | επτακαιδεκα OL | εκ] pr. και Aᵗ |
το ult. > Aᵗ | νααμα η] μααχαμ Bᵗ: cf. 31 15 2 ‖ 22 ροβοαμ] ※ ιουδας
O-A | παρεζηλωσαν O-247 | αυτου] -των B | και ult. > Bᵗ ‖ 23 ωκοδομ.]
+ ※και αυτοι O | υψηλον] -λου Aᵗ ‖ 24 των 1⁰ > O ‖ 26 παντας] >
Aᵗ, in Sy sub ÷ | παντα] + α B | ελαβεν ult. BLᵗ] + και ελαβεν rel. | οπλα]
pr. και τα Lᵗ | fin. B*Vᵗ] + ※οσα εποιησεν σαλωμων OLBᶜ, ad quae super-
add. και απηνεγκεν αυτα εις αιγυπτον Bᶜ ‖ 27 ροβ./ο βασ.] tr. O | οπλα
χ./αντ αυτων] tr. O | του > Bᵗ ‖ 28 ηραν A ‖ 29 α] οσα ALᵗ ‖
31 δαυιδ] + ※και ονομα (+ της Aᵗ) μητρος αυτου νααμα η αμμανιτις O: cf. 21
15 1 ναβαθ B*ᵗ: item in 34 16 3 20 22, sed in 16 26. 31 etc. etiam B ναβατ;
cf. 11 26 | ροβοαμ] ιεροβ. Bᵗ | ιουδαν OL ‖ 2 εξ] δεκα και(>Aᵗ) εξ O-Sy,
τρια Sy | εβασιλ. Bᵗ] + ※εν(uel επι) ιερουσαλημ rel.

3 ³καὶ ἐπορεύθη ἐν ταῖς ἁμαρτίαις τοῦ πατρὸς αὐτοῦ, αἷς ἐποίησεν
ἐνώπιον αὐτοῦ, καὶ οὐκ ἦν ἡ καρδία αὐτοῦ τελεία μετὰ κυρίου
4 θεοῦ αὐτοῦ ὡς ἡ καρδία Δαυιδ τοῦ πατρὸς αὐτοῦ. ⁴ὅτι διὰ Δαυιδ
ἔδωκεν αὐτῷ κύριος κατάλειμμα, ἵνα στήσῃ τέκνα αὐτοῦ μετ᾿ αὐ-
5 τὸν καὶ στήσῃ τὴν Ιερουσαλημ, ⁵ὡς ἐποίησεν Δαυιδ τὸ εὐθὲς ἐνώ-
πιον κυρίου, οὐκ ἐξέκλινεν ἀπὸ πάντων, ὧν ἐνετείλατο αὐτῷ, πάσας
7 τὰς ἡμέρας τῆς ζωῆς αὐτοῦ. ⁷καὶ τὰ λοιπὰ τῶν λόγων Αβιου καὶ
πάντα, ἃ ἐποίησεν, οὐκ ἰδοὺ ταῦτα γεγραμμένα ἐπὶ βιβλίῳ λόγων
τῶν ἡμερῶν τοῖς βασιλεῦσιν Ιουδα; καὶ πόλεμος ἦν ἀνὰ μέσον
8 Αβιου καὶ ἀνὰ μέσον Ιεροβοαμ. ⁸καὶ ἐκοιμήθη Αβιου μετὰ τῶν
πατέρων αὐτοῦ ἐν τῷ εἰκοστῷ καὶ τετάρτῳ ἔτει τοῦ Ιεροβοαμ καὶ
θάπτεται μετὰ τῶν πατέρων αὐτοῦ ἐν πόλει Δαυιδ, καὶ βασιλεύει
Ασα υἱὸς αὐτοῦ ἀντ᾿ αὐτοῦ.

9 ⁹Ἐν τῷ ἐνιαυτῷ τῷ τετάρτῳ καὶ εἰκοστῷ τοῦ Ιεροβοαμ βασι-
10 λέως Ισραηλ βασιλεύει Ασα ἐπὶ Ιουδαν ¹⁰καὶ τεσσαράκοντα καὶ
ἓν ἔτος ἐβασίλευσεν ἐν Ιερουσαλημ, καὶ ὄνομα τῆς μητρὸς αὐτοῦ
11 Ανα θυγάτηρ Αβεσσαλωμ. ¹¹καὶ ἐποίησεν Ασα τὸ εὐθὲς ἐνώπιον
12 κυρίου ὡς Δαυιδ ὁ πατὴρ αὐτοῦ. ¹²καὶ ἀφεῖλεν τὰς τελετὰς ἀπὸ
τῆς γῆς καὶ ἐξαπέστειλεν πάντα τὰ ἐπιτηδεύματα, ἃ ἐποίησαν οἱ
13 πατέρες αὐτοῦ. ¹³καὶ τὴν Ανα τὴν μητέρα αὐτοῦ μετέστησεν τοῦ
μὴ εἶναι ἡγουμένην, καθὼς ἐποίησεν σύνοδον ἐν τῷ ἄλσει αὐτῆς,
καὶ ἐξέκοψεν Ασα τὰς καταδύσεις αὐτῆς καὶ ἐνέπρησεν πυρὶ ἐν
14 τῷ χειμάρρῳ Κεδρων. ¹⁴τὰ δὲ ὑψηλὰ οὐκ ἐξῆρεν · πλὴν ἡ καρδία
15 Ασα ἦν τελεία μετὰ κυρίου πάσας τὰς ἡμέρας αὐτοῦ. ¹⁵καὶ εἰσ-
ήνεγκεν τοὺς κίονας τοῦ πατρὸς αὐτοῦ καὶ τοὺς κίονας αὐτοῦ
εἰσήνεγκεν εἰς τὸν οἶκον κυρίου, ἀργυροῦς καὶ χρυσοῦς καὶ σκεύη.
16 — ¹⁶καὶ πόλεμος ἦν ἀνὰ μέσον Ασα καὶ ἀνὰ μέσον Βαασα βασιλέως
17 Ισραηλ πάσας τὰς ἡμέρας. ¹⁷καὶ ἀνέβη Βαασα βασιλεὺς Ισραηλ
ἐπὶ Ιουδαν καὶ ᾠκοδόμησεν τὴν Ραμα τοῦ μὴ εἶναι ἐκπορευόμενον
18 καὶ εἰσπορευόμενον τῷ Ασα βασιλεῖ Ιουδα. ¹⁸καὶ ἔλαβεν Ασα τὸ
ἀργύριον καὶ τὸ χρυσίον τὸ εὑρεθὲν ἐν τοῖς θησαυροῖς τοῦ οἴκου

3 ταις] pr. πασαις O | δαυιδ > B† ‖ 4 κυριος BL†] + ο θεος rel. | κατα-
λειμμα] + ✠εν ιερουσαλημ O mu. (O-Sy† ισραηλ pro ιερουσ.) | τεκνα] pr.
✠τα OL ‖ 5 fin.] + ✠εκτος εν ρηματι ουριου του χετταιου OL; ad quae
superadd. O ✠(6) και πολεμος ην μεταξυ ροβοαμ και μεταξυ ιεροβοαμ πασας
τας ημερας της ζωης αυτου(A† -των): cf. 14 30 ‖ 7 α] οσα ALV† | βιβλιου
OL ‖ 8 εν 1⁰ — ιεροβ. > O | μετα τ. πατ. αυτου ult. > O ‖ 9 init.] pr.
και O | τω ενιαυτω τω BL†] ετει rel. | τεταρτω και εικοστω] εικ. κ. τετ. L†;
εικοστω O: cf. 2 ‖ 10 ανα] μααχα O: item in 13 ‖ 13 μη > A | κεδρων
Sy L†] pr. των rel. ‖ 14 η > A† ‖ 16 fin.] + αυτων O (A† -του) ‖
17 ρααμα B: item in 21. 22; ραμμα A†: idem in 21. 22 ραμμα ‖ 18 το 1⁰]
pr. ✠συμπαν (pro συν παν, cf. I 2 22) O | εν 1⁰] pr. ✠εν θησαυροις οικου
κυριου και OL | του 1⁰ > AL

τοῦ βασιλέως καὶ ἔδωκεν αὐτὰ εἰς χεῖρας παίδων αὐτοῦ, καὶ ἐξαπέ-
στειλεν αὐτοὺς ὁ βασιλεὺς Ασα πρὸς υἱὸν Αδερ υἱὸν Ταβερεμμαν
υἱοῦ Αζιν βασιλέως Συρίας τοῦ κατοικοῦντος ἐν Δαμασκῷ λέγων
¹⁹Διάθου διαθήκην ἀνὰ μέσον ἐμοῦ καὶ ἀνὰ μέσον σοῦ καὶ ἀνὰ 19
μέσον τοῦ πατρός μου καὶ τοῦ πατρός σου · ἰδοὺ ἐξαπέσταλκά σοι
δῶρα ἀργύριον καὶ χρυσίον, δεῦρο διασκέδασον τὴν διαθήκην σου
τὴν πρὸς Βαασα βασιλέα Ισραηλ, καὶ ἀναβήσεται ἀπ᾽ ἐμοῦ. ²⁰καὶ 20
ἤκουσεν υἱὸς Αδερ τοῦ βασιλέως Ασα καὶ ἀπέστειλεν τοὺς ἄρχον-
τας τῶν δυνάμεων τῶν αὐτοῦ ταῖς πόλεσιν τοῦ Ισραηλ καὶ ἐπάταξεν
τὴν Αιν καὶ τὴν Δαν καὶ τὴν Αβελμαα καὶ πᾶσαν τὴν Χεζραθ ἕως
πάσης τῆς γῆς Νεφθαλι. ²¹καὶ ἐγένετο ὡς ἤκουσεν Βαασα, καὶ 21
διέλιπεν τοῦ οἰκοδομεῖν τὴν Ραμα καὶ ἀνέστρεψεν εἰς Θερσα.
²²καὶ ὁ βασιλεὺς Ασα παρήγγειλεν παντὶ Ιουδα εἰς Αινακιμ, καὶ 22
αἴρουσιν τοὺς λίθους τῆς Ραμα καὶ τὰ ξύλα αὐτῆς, ἃ ᾠκοδόμησεν
Βαασα, καὶ ᾠκοδόμησεν ἐν αὐτοῖς ὁ βασιλεὺς Ασα πᾶν βουνὸν
Βενιαμιν καὶ τὴν σκοπιάν. — ²³καὶ τὰ λοιπὰ τῶν λόγων Ασα καὶ 23
πᾶσα ἡ δυναστεία αὐτοῦ, ἣν ἐποίησεν, οὐκ ἰδοὺ ταῦτα γεγραμμένα
ἐστὶν ἐπὶ βιβλίῳ λόγων τῶν ἡμερῶν τοῖς βασιλεῦσιν Ιουδα; πλὴν
ἐν τῷ καιρῷ τοῦ γήρως αὐτοῦ ἐπόνεσεν τοὺς πόδας αὐτοῦ. ²⁴καὶ 24
ἐκοιμήθη Ασα καὶ θάπτεται μετὰ τῶν πατέρων αὐτοῦ ἐν πόλει
Δαυιδ, καὶ βασιλεύει Ιωσαφατ υἱὸς αὐτοῦ ἀντ᾽ αὐτοῦ.

²⁵Καὶ Ναδαβ υἱὸς Ιεροβοαμ βασιλεύει ἐπὶ Ισραηλ ἐν ἔτει δευτέ- 25
ρῳ τοῦ Ασα βασιλέως Ιουδα καὶ ἐβασίλευσεν ἐπὶ Ισραηλ ἔτη δύο.
²⁶καὶ ἐποίησεν τὸ πονηρὸν ἐνώπιον κυρίου καὶ ἐπορεύθη ἐν ὁδῷ 26
τοῦ πατρὸς αὐτοῦ καὶ ἐν ταῖς ἁμαρτίαις αὐτοῦ, αἷς ἐξήμαρτεν τὸν
Ισραηλ. ²⁷καὶ περιεκάθισεν αὐτὸν Βαασα υἱὸς Αχια ἐπὶ τὸν οἶκον 27
Βελααν καὶ ἐπάταξεν αὐτὸν ἐν Γαβαθων τῇ τῶν ἀλλοφύλων, καὶ
Ναδαβ καὶ πᾶς Ισραηλ περιεκάθητο ἐπὶ Γαβαθων. ²⁸καὶ ἐθανάτω- 28

18 αυτα et και εξαπεστ. αυτους > A⁺ | υιον 2⁰] υιου AL⁺ | ταβερεμμαν L⁺]
-ρεμα B⁺, ταβενραημα A⁺, ταβενραμμαν mu. | αζ(ε)ιν B⁺] αζειβ Lᵖ⁺, αζαηλ rel.
|| 19 ανα μεσον σου και ανα μεσον > BV⁺ | δωρον A⁺ | βαασα > A⁺ ||
20 των δυναμεων των αυτου] της -μεως αυτου L⁺, της -μεως των αυτου
B⁺ | επαταξαν B | αιν] ναιν A | και 4⁰ > B⁺ | αβελμαα(uel -μααν) L⁺] αδελ-
μαθ B⁺, αβελ οικου μααχα O pl. | χεζραθ B⁺] χεν(ν)ερεθ rel. || 21 και διελ.
> A⁺ || 22 ιουδα] pr. τω λαω A⁺ | αννακειμ A⁺ | εν αυτοις et ασα ult. >
A⁺ | παν (cf. Iud. 7 4 B)] παντα mu., τον L⁺ | 23 ην BL⁺] και παντα α
rel. | εποι. BV⁺] + ☧και τας(>L) πολεις ας ωκοδομησεν rel. | βιβλιου OL |
γηρους ALᵖ | επονεσεν] pr. εποιησεν ασα το πονηρον και L || 24 ασα] +
☧μετα των πατερων αυτου OL | δαυιδ] + ☧πατρος(pr. του A⁺) αυτου O |
εβασιλευσεν AL | ιωσαφαθ B⁺: cf. II 20 24 || 25 ναδαβ OL⁺] ναβατ Bᶜ pl.,
ναβαθ B*⁺: item in 27.31, sed A⁺ in 27 ναβαδ (sic Lᵖ⁺ in 25), B in 31 να-
βατ | επι ult.] εν B⁺ | ετη δυο] tr. AL⁺ || 27 βελααν] ισ(σ)αχαρ O, βελλα-
μα(uel βεδδαμα) του ισσαχορ L⁽⁺⁾; + ο υιος αχεια B⁽⁺⁾ | επαταξεν] εχαραξεν B⁺,
εχαρακωσεν L⁺ | αυτον 2⁰] + ☧βαασα O⁺

σεν αὐτὸν Βαασα ἐν ἔτει τρίτῳ τοῦ Ασα υἱοῦ Αβιου βασιλέως
29 Ιουδα καὶ ἐβασίλευσεν. ²⁹ καὶ ἐγένετο ὡς ἐβασίλευσεν, καὶ ἐπάταξεν
τὸν οἶκον Ιεροβοαμ καὶ οὐχ ὑπελίπετο πᾶσαν πνοὴν τοῦ Ιεροβοαμ
ἕως τοῦ ἐξολεθρεῦσαι αὐτὸν κατὰ τὸ ῥῆμα κυρίου, ὃ ἐλάλησεν ἐν
30 χειρὶ δούλου αὐτοῦ Αχια τοῦ Σηλωνίτου ³⁰ περὶ τῶν ἁμαρτιῶν Ιε-
ροβοαμ, ὡς ἐξήμαρτεν τὸν Ισραηλ, καὶ ἐν τῷ παροργισμῷ αὐτοῦ,
31 ᾧ παρώργισεν τὸν κύριον θεὸν τοῦ Ισραηλ. ³¹ καὶ τὰ λοιπὰ τῶν
λόγων Ναδαβ καὶ πάντα, ἃ ἐποίησεν, οὐκ ἰδοὺ ταῦτα γεγραμμένα
ἐστὶν ἐν βιβλίῳ λόγων τῶν ἡμερῶν τοῖς βασιλεῦσιν Ισραηλ;
33 ³³ Καὶ ἐν τῷ ἔτει τῷ τρίτῳ τοῦ Ασα βασιλέως Ιουδα βασιλεύει
Βαασα υἱὸς Αχια ἐπὶ Ισραηλ ἐν Θερσα εἴκοσι καὶ τέσσαρα ἔτη.
34 ³⁴ καὶ ἐποίησεν τὸ πονηρὸν ἐνώπιον κυρίου καὶ ἐπορεύθη ἐν ὁδῷ
Ιεροβοαμ υἱοῦ Ναβατ καὶ ἐν ταῖς ἁμαρτίαις αὐτοῦ, ὡς ἐξήμαρτεν
16 τὸν Ισραηλ. — ¹ καὶ ἐγένετο λόγος κυρίου ἐν χειρὶ Ιου υἱοῦ Ανανι
2 πρὸς Βαασα ² Ἀνθ᾽ ὧν ὕψωσά σε ἀπὸ τῆς γῆς καὶ ἔδωκά σε ἡγού-
μενον ἐπὶ τὸν λαόν μου Ισραηλ καὶ ἐπορεύθης ἐν τῇ ὁδῷ Ιερο-
βοαμ καὶ ἐξήμαρτες τὸν λαόν μου τὸν Ισραηλ τοῦ παροργίσαι με
3 ἐν τοῖς ματαίοις αὐτῶν, ³ ἰδοὺ ἐγὼ ἐξεγείρω ὀπίσω Βαασα καὶ
ὄπισθεν τοῦ οἴκου αὐτοῦ καὶ δώσω τὸν οἶκόν σου ὡς τὸν οἶκον
4 Ιεροβοαμ υἱοῦ Ναβατ· ⁴ τὸν τεθνηκότα τοῦ Βαασα ἐν τῇ πόλει,
καταφάγονται αὐτὸν οἱ κύνες, καὶ τὸν τεθνηκότα αὐτοῦ ἐν τῷ πε-
5 δίῳ, καταφάγονται αὐτὸν τὰ πετεινὰ τοῦ οὐρανοῦ. — ⁵ καὶ τὰ λοιπὰ
τῶν λόγων Βαασα καὶ πάντα, ἃ ἐποίησεν, καὶ αἱ δυναστεῖαι αὐτοῦ,
οὐκ ἰδοὺ ταῦτα γεγραμμένα ἐν βιβλίῳ λόγων τῶν ἡμερῶν τῶν
6 βασιλέων Ισραηλ; ⁶ καὶ ἐκοιμήθη Βαασα μετὰ τῶν πατέρων αὐτοῦ
καὶ θάπτεται ἐν Θερσα, καὶ βασιλεύει Ηλα υἱὸς αὐτοῦ ἀντ᾽ αὐτοῦ
7 ἐν τῷ εἰκοστῷ ἔτει βασιλέως Ασα. ⁷ καὶ ἐν χειρὶ Ιου υἱοῦ Ανανι
ἐλάλησεν κύριος ἐπὶ Βαασα καὶ ἐπὶ τὸν οἶκον αὐτοῦ πᾶσαν τὴν
κακίαν, ἣν ἐποίησεν ἐνώπιον κυρίου τοῦ παροργίσαι αὐτὸν ἐν τοῖς

28 του > A | υιου αβιου(uel αβια) > OL | ιουδα om. et βασιλεως ante του
ασα tr. B† | fin.] + ✳ αντ αυτου O pl., + βαασα επι τον ισραηλ L† ‖ **29** τον]
pr.(A† add.) ✳ συμπαντα (pro συν παντα, cf. 18) O, pr. ολον L | και ουχ
υπελιπ. — ιεροβ. 2⁰ / εως — αυτον] tr. A†; sequentia usque ad 30 ιεροβ. om. A†
| αυτου > B† ‖ **30** ως] ✳ ος ημαρτεν και ⱹ ος O† | ω] ως A† | του > A
‖ **31** εστιν > O | fin.] + ✳ (32) και πολεμος ην μεταξυ ασα και μεταξυ βαασα
βασιλεως ισραηλ πασας τας ημερας αυτων O†; cf. 16. 6 ‖ **33** του ασα > B†
| ισραηλ BL†] pr. παντα rel. ‖ **34** αυτου > A†
16 1 (ε)ιου BL†] (ε)ιηου rel.: item uel sim. in 7. 12 19 16. 17 bis ‖ **2** λαον
1⁰] δουλον A† | τον ult. > OLV† ‖ **3** σου] αυτου BL ‖ **4** αυτον 1⁰ > A
‖ **5** α] οσα AL† | ουκ ιδου] ουχι A† | εν βιβλιω] επι β. A†; επι βιβλιου LV†:
item L† uel L in 14. 27 et AL† in 20 ‖ **6** ηλααν B†, sed in 8. 13. 14 etiam
B ηλα | τω εικοστω ετει BOL𝑝] ετει εικοστω και ογδοω mu.; cf. 𝔐 8 | βασ.
ασα BO†] ασα βασ. ιουδα rel.: cf. 23. 29 ‖ **7** υιου > B† | ανανι] -ια A†,
-ιου L†; + ✳ του προφητου O pl. | επι 1⁰] περι A† | και 2⁰ — πασαν > A†

ἔργοις τῶν χειρῶν αὐτοῦ, τοῦ εἶναι κατὰ τὸν οἶκον Ιεροβοαμ καὶ
ὑπὲρ τοῦ πατάξαι αὐτόν.

⁸Καὶ Ηλα υἱὸς Βαασα ἐβασίλευσεν ἐπὶ Ισραηλ δύο ἔτη ἐν Θερσα. 8
⁹καὶ συνέστρεψεν ἐπ' αὐτὸν Ζαμβρι ὁ ἄρχων τῆς ἡμίσους τῆς 9
ἵππου, καὶ αὐτὸς ἦν ἐν Θερσα πίνων μεθύων ἐν τῷ οἴκῳ Ωσα
τοῦ οἰκονόμου ἐν Θερσα· ¹⁰καὶ εἰσῆλθεν Ζαμβρι καὶ ἐπάταξεν αὐ- 10
τὸν καὶ ἐθανάτωσεν αὐτὸν καὶ ἐβασίλευσεν ἀντ' αὐτοῦ. ¹¹καὶ ἐγε- 11
νήθη ἐν τῷ βαοιλεῦσαι αὐτὸν ἐν τῷ καθίσαι αὐτὸν ἐπὶ τοῦ θρόνου
αὐτοῦ καὶ ἐπάταξεν ὅλον τὸν οἶκον Βαασα ¹²κατὰ τὸ ῥῆμα, ὃ ἐλά- 12
λησεν κύριος ἐπὶ τὸν οἶκον Βαασα πρὸς Ιου τὸν προφήτην ¹³περὶ 13
πασῶν τῶν ἁμαρτιῶν Βαασα καὶ Ηλα τοῦ υἱοῦ αὐτοῦ, ὡς ἐξήμαρ-
τεν τὸν Ισραηλ τοῦ παροργίσαι κύριον τὸν θεὸν Ισραηλ ἐν τοῖς
ματαίοις αὐτῶν. ¹⁴καὶ τὰ λοιπὰ τῶν λόγων Ηλα καὶ πάντα, ἃ ἐποί- 14
ησεν, οὐκ ἰδοὺ ταῦτα γεγραμμένα ἐν βιβλίῳ λόγων τῶν ἡμερῶν
τῶν βασιλέων Ισραηλ;

¹⁵Καὶ Ζαμβρι ἐβασίλευσεν ἑπτὰ ἡμέρας ἐν Θερσα. καὶ ἡ παρεμ- 15
βολὴ Ισραηλ ἐπὶ Γαβαθων τὴν τῶν ἀλλοφύλων, ¹⁶καὶ ἤκουσεν ὁ 16
λαὸς ἐν τῇ παρεμβολῇ λεγόντων Συνεστράφη Ζαμβρι καὶ ἔπαισεν
τὸν βασιλέα· καὶ ἐβασίλευσαν ἐν Ισραηλ τὸν Αμβρι τὸν ἡγούμε-
νον τῆς στρατιᾶς ἐπὶ Ισραηλ ἐν τῇ ἡμέρᾳ ἐκείνῃ ἐν τῇ παρεμβολῇ.
¹⁷καὶ ἀνέβη Αμβρι καὶ πᾶς Ισραηλ μετ' αὐτοῦ ἐκ Γαβαθων καὶ 17
περιεκάθισαν ἐπὶ Θερσα. ¹⁸καὶ ἐγενήθη ὡς εἶδεν Ζαμβρι ὅτι προ- 18
κατείλημπται αὐτοῦ ἡ πόλις, καὶ εἰσπορεύεται εἰς ἄντρον τοῦ οἴκου
τοῦ βασιλέως καὶ ἐνεπύρισεν ἐπ' αὐτὸν τὸν οἶκον τοῦ βασιλέως
ἐν πυρὶ καὶ ἀπέθανεν ¹⁹ὑπὲρ τῶν ἁμαρτιῶν αὐτοῦ, ὧν ἐποίησεν 19
τοῦ ποιῆσαι τὸ πονηρὸν ἐνώπιον κυρίου πορευθῆναι ἐν ὁδῷ Ιερο-
βοαμ υἱοῦ Ναβατ καὶ ἐν ταῖς ἁμαρτίαις αὐτοῦ, ὡς ἐξήμαρτεν τὸν

7 κατα τον οικον B†] ως οικον L†, καθως ο οικος rel. ‖ 8 και] εν ετει
εικοστω και εκτω επι του ασα βασιλεως ιουδα O†: cf. 𝕲 6; pr. εν τω ασα βα-
σιλει ιουδα L | ηλα υ. βαασα / εβασ.] tr. O† | δυο ετη / εν θερσα] tr. OL ‖
9 Ζαμβρι BL†] pr. παις αυτου O | ωσα] αρσα O† ‖ 10 αυτον 2⁰] + ※ εν ετει
εικοστω και εβδομω του ασα βασιλεως ιουδα O† ‖ 11 init. — αυτον 1⁰ > A†
| και ult. > OL† | οικον] + αυτου του A† | fin.] + ※ ουχ υπελιπεν αυτω ου-
ρουντα προς τοιχον και αγχιστεις αυτου και εταιρους αυτου (12) και εξετριψεν
Ζαμβρι ολον τον οικον βαασα O† ‖ 12 ο ελαλ. κυριος] κυριου ο ελαλ. O pl. |
προς Ra.] εν χειρι L†, pr. και rel. ‖ 13 των > B | ως] ος ημαρτεν ※ και
(sic) Sy†, pr. ου(sic) ημαρτον και A† | τον ult. > AL† | ισραηλ ult.] pr. του
A† ‖ 14 και παντα > B† ‖ 15 και 1⁰] pr. ※ εν ετει εικοστω και εβδομω
του ασα βασιλεως ιουδα O†, εν τω εικοστω και δευτερω ετει ασα βασιλεως
ιουδα L | Ζαμβρι εβασ.] tr. OL | ημερας] ετη B† | γαβαθων (cf. 17 15 27)] θ
> BL^p | την] τη A† ‖ 16 αμβρι L†] Ζαμβρ(ε)ι rel.: item in seq., sed in
IV 8 26 B*A^(†) αμβρ(ε)ι; cf. Par. II 22 2 Iud. 16 4 ‖ 17 εκ] εν B ‖ 18 εισ-
πορευεται] -ρευονται BA† (B† om. εισ) | ενεπυρισεν] -σαν O†, + ο βασιλευς και
ενεπυρισεν B† | εν πυρι > B ‖ 19 πορευθηναι] pr. του AL† | αυτου ult.]
+ ※ αις εποιησεν O†

20 Ισραηλ. ²⁰ καὶ τὰ λοιπὰ τῶν λόγων Ζαμβρι καὶ τὰς συνάψεις αὐτοῦ,
ἃς συνῆψεν, οὐκ ἰδοὺ ταῦτα γεγραμμένα ἐν βιβλίῳ λόγων τῶν
ἡμερῶν τῶν βασιλέων Ισραηλ;

21 ²¹ Τότε μερίζεται ὁ λαὸς Ισραηλ· ἥμισυ τοῦ λαοῦ γίνεται ὀπίσω
Θαμνι υἱοῦ Γωναθ τοῦ βασιλεῦσαι αὐτόν, καὶ τὸ ἥμισυ τοῦ λαοῦ
22 γίνεται ὀπίσω Αμβρι. ²² ὁ λαὸς ὁ ὢν ὀπίσω Αμβρι ὑπερεκράτησεν
τὸν λαὸν τὸν ὀπίσω Θαμνι υἱοῦ Γωναθ, καὶ ἀπέθανεν Θαμνι καὶ
Ιωραμ ὁ ἀδελφὸς αὐτοῦ ἐν τῷ καιρῷ ἐκείνῳ, καὶ ἐβασίλευσεν Αμβρι
23 μετὰ Θαμνι. ²³ ἐν τῷ ἔτει τῷ τριακοστῷ καὶ πρώτῳ τοῦ βασιλέως
Ασα βασιλεύει Αμβρι ἐπὶ Ισραηλ δώδεκα ἔτη. ἐν Θερσα βασιλεύει
24 ἓξ ἔτη· ²⁴ καὶ ἐκτήσατο Αμβρι τὸ ὄρος τὸ Σεμερων παρὰ Σεμηρ
τοῦ κυρίου τοῦ ὄρους δύο ταλάντων ἀργυρίου καὶ ᾠκοδόμησεν τὸ
ὄρος καὶ ἐπεκάλεσεν τὸ ὄνομα τοῦ ὄρους, οὗ ᾠκοδόμεσεν, ἐπὶ τῷ
25 ὀνόματι Σεμηρ τοῦ κυρίου τοῦ ὄρους Σαεμηρων. ²⁵ καὶ ἐποίησεν
Αμβρι τὸ πονηρὸν ἐνώπιον κυρίου καὶ ἐπονηρεύσατο ὑπὲρ πάντας
26 τοὺς γενομένους ἔμπροσθεν αὐτοῦ· ²⁶ καὶ ἐπορεύθη ἐν πάσῃ ὁδῷ
Ιεροβοαμ υἱοῦ Ναβατ καὶ ἐν ταῖς ἁμαρτίαις αὐτοῦ, αἷς ἐξήμαρτεν
τὸν Ισραηλ τοῦ παροργίσαι τὸν κύριον θεὸν Ισραηλ ἐν τοῖς ματαί-
27 οις αὐτῶν. ²⁷ καὶ τὰ λοιπὰ τῶν λόγων Αμβρι καὶ πάντα, ἃ ἐποίησεν,
καὶ ἡ δυναστεία αὐτοῦ, οὐκ ἰδοὺ ταῦτα γεγραμμένα ἐν βιβλίῳ λό-
28 γων τῶν ἡμερῶν τῶν βασιλέων Ισραηλ; ²⁸ καὶ ἐκοιμήθη Αμβρι
μετὰ τῶν πατέρων αὐτοῦ καὶ θάπτεται ἐν Σαμαρείᾳ, καὶ βασιλεύει
Αχααβ υἱὸς αὐτοῦ ἀντ᾽ αὐτοῦ.

28ᵃ ²⁸ᵃ Καὶ ἐν τῷ ἐνιαυτῷ τῷ ἐνδεκάτῳ τοῦ Αμβρι βασιλεύει Ιωσα-
φατ υἱὸς Ασα ἐτῶν τριάκοντα καὶ πέντε ἐν τῇ βασιλείᾳ αὐτοῦ,
καὶ εἴκοσι πέντε ἔτη ἐβασίλευσεν ἐν Ιερουσαλημ, καὶ ὄνομα τῆς
28ᵇ μητρὸς αὐτοῦ Γαζουβα θυγάτηρ Σελεϊ. ²⁸ᵇ καὶ ἐπορεύθη ἐν τῇ ὁδῷ
Ασα τοῦ πατρὸς αὐτοῦ καὶ οὐκ ἐξέκλινεν ἀπ᾽ αὐτῆς τοῦ ποιεῖν τὸ
εὐθὲς ἐνώπιον κυρίου· πλὴν τῶν ὑψηλῶν οὐκ ἐξῆραν, ἔθυον ἐν
28ᶜ τοῖς ὑψηλοῖς καὶ ἐθυμίων. ²⁸ᶜ καὶ ἃ συνέθετο Ιωσαφατ, καὶ πᾶσα
ἡ δυναστεία, ἣν ἐποίησεν, καὶ οὓς ἐπολέμησεν, οὐκ ἰδοὺ ταῦτα

20 ουκ ιδου] ουχι Aᵗ: item in 27 ‖ 21 ημισυ 1⁰] pr. το Aᵗ ‖ 22 ο λαος
ο ων οπισω αμβρι(cf. 16) υπερεκρατησεν τον λαον τον οπισω θαμνι mu.] οπισω
1⁰ ⌒ 2⁰ BLᵗ (L add. και ante ο λαος), ⚹και υπερισχυσεν ο λαος ο ακολου-
θων(uel -θησας) τω (ζ)αμβρι και ηττηθη⏌ ο λαος ο ων οπισω θαμνι O mu. |
θαμνι 1⁰ ⌒ 2⁰ Aᵗ | ιωραμ ο] tr. Aᵗ ‖ 23 πρωτω] + ⚹ετει Oᵗ | βασ. ασα]
ασα βασ. ιουδα OLᵗ; cf. 6 | ετη 1⁰ > Aᵗ ‖ 24 σεμερων] σ > Oᵗ | δυο] pr. εν
(sic) BAᵗ | επεκαλεσαν et ωκοδομησαν Bᵗ | σεμηρ ult.] σαμηρ Bᵗ | σαεμηρων]
σομηρων Aᵗ, σομορ(ρ)ων Lᵗ ‖ 25 και 2⁰ > Bᵗ ‖ 26 παση] + τη Aᵗ |
τον κυριον θεον ισραηλ > BLpᵗ ‖ 27 αι δυναστειαι ALᵗ | αυτου] + ⚹ην(sic)
εποιησεν Oᵗ | των ult. > Bᵗ ‖ 28 εβασιλευσεν ALᵗ ‖ 28ᵃ⁻ʰ > Oᵗ, cf.
22 41—51 ‖ 28ᵃ ενδεκατω] + ετει B | ιωσαφατ Bᵗ: item in seq.: cf. II
20 24 | ασα] + βασιλευει Bᵗ | εβασιλ.] βασιλευει Bᵗ | γαβουζα Bᵗ ‖ 28ᶜ η
> Bᵗ

γεγραμμένα ἐν βιβλίῳ λόγων τῶν ἡμερῶν τῶν βασιλέων Ιουδα;
²⁸ᵈκαὶ τὰ λοιπὰ τῶν συμπλοκῶν, ἃς ἐπέθεντο ἐν ταῖς ἡμέραις 28ᵈ
Ασα τοῦ πατρὸς αὐτοῦ, ἐξῆρεν ἀπὸ τῆς γῆς. ²⁸ᵉκαὶ βασιλεὺς οὐκ 28ᵉ
ἦν ἐν Συρίᾳ νασιβ. ²⁸ᶠκαὶ ὁ βασιλεὺς Ιωσαφατ ἐποίησεν ναῦν 28ᶠ
εἰς Θαρσις πορεύεσθαι εἰς Σωφιρ ἐπὶ τὸ χρυσίον· καὶ οὐκ ἐπο-
ρεύθη, ὅτι συνετρίβη ἡ ναῦς ἐν Γασιωνγαβερ. ²⁸ᵍτότε εἶπεν ὁ βα- 28ᵍ
σιλεὺς Ισραηλ πρὸς Ιωσαφατ Ἐξαποστελῶ τοὺς παῖδάς σου καὶ
τὰ παιδάριά μου ἐν τῇ νηΐ· καὶ οὐκ ἐβούλετο Ιωσαφατ. ²⁸ʰκαὶ 28ʰ
ἐκοιμήθη Ιωσαφατ μετὰ τῶν πατέρων αὐτοῦ καὶ θάπτεται μετὰ
τῶν πατέρων αὐτοῦ ἐν πόλει Δαυιδ, καὶ ἐβασίλευσεν Ιωραμ υἱὸς
αὐτοῦ ἀντ' αὐτοῦ.

²⁹ Ἐν ἔτει δευτέρῳ τῷ Ιωσαφατ βασιλεύει Αχααβ υἱὸς Αμβρι· 29
ἐβασίλευσεν ἐπὶ Ισραηλ ἐν Σαμαρείᾳ εἴκοσι καὶ δύο ἔτη. ³⁰καὶ ἐποί- 30
ησεν Αχααβ τὸ πονηρὸν ἐνώπιον κυρίου, ἐπονηρεύσατο ὑπὲρ πάν-
τας τοὺς ἔμπροσθεν αὐτοῦ· ³¹καὶ οὐκ ἦν αὐτῷ ἱκανὸν τοῦ πορεύ- 31
εσθαι ἐν ταῖς ἁμαρτίαις Ιεροβοαμ υἱοῦ Ναβατ, καὶ ἔλαβεν γυναῖκα
τὴν Ιεζαβελ θυγατέρα Ιεθεβααλ βασιλέως Σιδωνίων καὶ ἐπορεύθη
καὶ ἐδούλευσεν τῷ Βααλ καὶ προσεκύνησεν αὐτῷ. ³²καὶ ἔστησεν 32
θυσιαστήριον τῷ Βααλ ἐν οἴκῳ τῶν προσοχθισμάτων αὐτοῦ, ὃν
ᾠκοδόμησεν ἐν Σαμαρείᾳ, ³³καὶ ἐποίησεν Αχααβ ἄλσος, καὶ προσ- 33
έθηκεν Αχααβ τοῦ ποιῆσαι παροργίσματα τοῦ παροργίσαι τὴν ψυ-
χὴν αὐτοῦ τοῦ ἐξολεθρευθῆναι· ἐκακοποίησεν ὑπὲρ πάντας τοὺς
βασιλεῖς Ισραηλ τοὺς γενομένους ἔμπροσθεν αὐτοῦ. — ³⁴ἐν ταῖς 34
ἡμέραις αὐτοῦ ᾠκοδόμησεν Αχιηλ ὁ Βαιθηλίτης τὴν Ιεριχω· ἐν τῷ
Αβιρων τῷ πρωτοτόκῳ αὐτοῦ ἐθεμελίωσεν αὐτὴν καὶ τῷ Σεγουβ
τῷ νεωτέρῳ αὐτοῦ ἐπέστησεν θύρας αὐτῆς κατὰ τὸ ῥῆμα κυρίου,
ὃ ἐλάλησεν ἐν χειρὶ Ιησου υἱοῦ Ναυη.

¹Καὶ εἶπεν Ηλιου ὁ προφήτης ὁ Θεσβίτης ἐκ Θεσβων τῆς Γαλααδ 17
πρὸς Αχααβ Ζῆ κύριος ὁ θεὸς τῶν δυνάμεων ὁ θεὸς Ισραηλ, ᾧ
παρέστην ἐνώπιον αὐτοῦ, εἰ ἔσται τὰ ἔτη ταῦτα δρόσος καὶ ὑετὸς
ὅτι εἰ μὴ διὰ στόματος λόγου μου. ²καὶ ἐγένετο ῥῆμα κυρίου πρὸς 2

28ᵈ ας επεθεντο B†] α ην rel.: sic etiam L post αυτου (sic) addens αις
επεθεντο ‖ 28ᶠ και 1⁰ et ιωσ. > B*† | σωφιρ] + πορευεσθαι B† ‖ 28ᵍ ο
> B† | σου και τα παιδαρια μου B†] μου μετα των παιδων σου rel. (σου ...
μου tr. etiam Bᶜ) ‖ 28ʰ αυτου 1⁰ ⌒ 2⁰ B ‖ 29 init. — αχααβ] ο δε αχααβ
O† | τω ιωσ. B†] του ιωσ. βασιλεως ιουδα rel.: cf. 6 | ισραηλ] + ✕ εν ετει
τριακοστω και ογδοω του ασα βασιλεως ιουδα · βασιλευσας δε αχααβ υιος (Ζ)αμ-
βρι επι ισραηλ O†: simillima add. alii post 28 | και > A† ‖ 30 αχααβ] +
υιος (Ζ)αμβρι O | επονηρ. > O† ‖ 31 του > A† | ιεθεβααλ] ιαβααλ A† ‖
32 εν οικω] ενωπιον A† | ον] ων A ‖ 33 παροργισματα > OV† | την ψυ-
χην αυτου] pr. του ποιησαι L†, τον κυριον θεον ισραηλ O | του εξολεθρ. εκα-
κοπ. > O ‖ 34 (cf. Ios. 6 26) > L† | init. — αυτου 1⁰ > B† | σεγουβ] ζεγ. B
17 1 ο προφ. > L†, ο θεσβ. > O pl. | εκ] pr. ο AL | θεσβων] θεσσεβων L†,
θεσσεβωνης Ioseph. Antiq. VIII 319 Niese ‖ 2 ρημα] λογος A†

3 Ηλιου ³Πορεύου ἐντεῦθεν κατὰ ἀνατολὰς καὶ κρύβηθι ἐν τῷ χειμάρ-
4 ρῳ Χορραθ τοῦ ἐπὶ προσώπου τοῦ Ιορδάνου · ⁴καὶ ἔσται ἐκ τοῦ
χειμάρρου πίεσαι ὕδωρ, καὶ τοῖς κόραξιν ἐντελοῦμαι διατρέφειν σε
5 ἐκεῖ. ⁵καὶ ἐποίησεν Ηλιου κατὰ τὸ ῥῆμα κυρίου καὶ ἐκάθισεν ἐν
6 τῷ χειμάρρῳ Χορραθ ἐπὶ προσώπου τοῦ Ιορδάνου. ⁶καὶ οἱ κόρακες
ἔφερον αὐτῷ ἄρτους τὸ πρωὶ καὶ κρέα τὸ δείλης, καὶ ἐκ τοῦ χει-
μάρρου ἔπινεν ὕδωρ.
7 ⁷Καὶ ἐγένετο μετὰ ἡμέρας καὶ ἐξηράνθη ὁ χειμάρρους, ὅτι οὐκ
8 ἐγένετο ὑετὸς ἐπὶ τῆς γῆς. ⁸καὶ ἐγένετο ῥῆμα κυρίου πρὸς Ηλιου
9 ⁹Ἀνάστηθι καὶ πορεύου εἰς Σαρεπτα τῆς Σιδωνίας · ἰδοὺ ἐντέταλ-
10 μαι ἐκεῖ γυναικὶ χήρᾳ τοῦ διατρέφειν σε. ¹⁰καὶ ἀνέστη καὶ ἐπο-
ρεύθη εἰς Σαρεπτα εἰς τὸν πυλῶνα τῆς πόλεως, καὶ ἰδοὺ ἐκεῖ γυνὴ
χήρα συνέλεγεν ξύλα · καὶ ἐβόησεν ὀπίσω αὐτῆς Ηλιου καὶ εἶπεν
11 αὐτῇ Λαβὲ δή μοι ὀλίγον ὕδωρ εἰς ἄγγος καὶ πίομαι. ¹¹καὶ ἐπο-
ρεύθη λαβεῖν, καὶ ἐβόησεν ὀπίσω αὐτῆς Ηλιου καὶ εἶπεν Λήμψῃ δή
12 μοι ψωμὸν ἄρτου ἐν τῇ χειρί σου. ¹²καὶ εἶπεν ἡ γυνὴ Ζῆ κύριος
ὁ θεός σου, εἰ ἔστιν μοι ἐγκρυφίας ἀλλ᾽ ἢ ὅσον δρὰξ ἀλεύρου ἐν
τῇ ὑδρίᾳ καὶ ὀλίγον ἔλαιον ἐν τῷ καψάκῃ · καὶ ἰδοὺ ἐγὼ συλλέγω
δύο ξυλάρια καὶ εἰσελεύσομαι καὶ ποιήσω αὐτὸ ἐμαυτῇ καὶ τοῖς
13 τέκνοις μου, καὶ φαγόμεθα καὶ ἀποθανούμεθα. ¹³καὶ εἶπεν πρὸς
αὐτὴν Ηλιου Θάρσει, εἴσελθε καὶ ποίησον κατὰ τὸ ῥῆμά σου · ἀλλὰ
ποίησον ἐμοὶ ἐκεῖθεν ἐγκρυφίαν μικρὸν ἐν πρώτοις καὶ ἐξοίσεις
14 μοι, σαυτῇ δὲ καὶ τοῖς τέκνοις σου ποιήσεις ἐπ' ἐσχάτου · ¹⁴ὅτι
τάδε λέγει κύριος Ἡ ὑδρία τοῦ ἀλεύρου οὐκ ἐκλείψει καὶ ὁ κα-
ψάκης τοῦ ἐλαίου οὐκ ἐλαττονήσει ἕως ἡμέρας τοῦ δοῦναι κύριον
15 τὸν ὑετὸν ἐπὶ τῆς γῆς. ¹⁵καὶ ἐπορεύθη ἡ γυνὴ καὶ ἐποίησεν · καὶ
16 ἤσθιεν αὐτὴ καὶ αὐτὸς καὶ τὰ τέκνα αὐτῆς. ¹⁶καὶ ἡ ὑδρία τοῦ ἀλεύ-
ρου οὐκ ἐξέλιπεν καὶ ὁ καψάκης τοῦ ἐλαίου οὐκ ἐλαττονώθη
κατὰ τὸ ῥῆμα κυρίου, ὃ ἐλάλησεν ἐν χειρὶ Ηλιου.
17 ¹⁷Καὶ ἐγένετο μετὰ ταῦτα καὶ ἠρρώστησεν ὁ υἱὸς τῆς γυναικὸς
τῆς κυρίας τοῦ οἴκου, καὶ ἦν ἡ ἀρρωστία αὐτοῦ κραταιὰ σφόδρα,

3 του 1⁰ > A⁺ || 5 init.] pr. ✲και επορευθη O | ηλιου — κυριου > A⁽⁺⁾ |
και 2⁰] pr. ✲και επορευθη O–A | προσωπον A || 6 αρτους] + ✲και κρεας
O⁺ | κρεα BLᵖ⁺] κρεας rel., pr. ✲αρτον και O⁺ || 8 fin.] + ✲λεγων O⁺ ||
9 πορευθητι A | σαρεπτα] σαρεφθα compl., σεφθα A⁺, sed in 10 etiam A σα-
ρεπτα | σιδωνιας] + ✲και καθηση εκει O || 10 μοι > B⁺ || 11 αρτου] +
του B⁺, αρτον A | fin. BO] + και φαγομαι L pl. || 12 εστιν] εσται A⁺ |
καμψακη A: item in 19 6(-κης), sed in 17 14.16 etiam A καψακης | εγω >
BO⁺ | ξυληρια A | φαγομ.] + αυτο O⁺ || 13 προς αυτην / ηλιου] tr. O⁺ |
εσχατων A || 14 κυριος] + ✲ο θεος ισραηλ O | τον > A | επι] + ✲προσ-
ωπου O⁺ || 15 εποι.] + ✲κατα το ρημα ηλιου O | αυτη .. αυτος] tr. A⁺
|| 16 init.] pr. ✲και απο της ημερας ταυτης O: cf. ⅢΙ 15 fin. | και 1⁰ > Lᵖ⁺
| ελαττονηθη A || 17 ταυτα] pr. ✲τα ρηματα O⁺ | ην > A⁺

ἕως οὗ οὐχ ὑπελείφθη ἐν αὐτῷ πνεῦμα. ¹⁸καὶ εἶπεν πρὸς Ηλιου 18
Τί ἐμοὶ καὶ σοί, ἄνθρωπε τοῦ θεοῦ; εἰσῆλθες πρός με τοῦ ἀνα-
μνῆσαι τὰς ἀδικίας μου καὶ θανατῶσαι τὸν υἱόν μου. ¹⁹καὶ εἶπεν 19
Ηλιου πρὸς τὴν γυναῖκα Δός μοι τὸν υἱόν σου. καὶ ἔλαβεν αὐτὸν
ἐκ τοῦ κόλπου αὐτῆς καὶ ἀνήνεγκεν αὐτὸν εἰς τὸ ὑπερῷον, ἐν ᾧ
αὐτὸς ἐκάθητο ἐκεῖ, καὶ ἐκοίμισεν αὐτὸν ἐπὶ τῆς κλίνης αὐτοῦ.
²⁰καὶ ἀνεβόησεν Ηλιου καὶ εἶπεν Οἴμμοι, κύριε ὁ μάρτυς τῆς χήρας, 20
μεθ᾽ ἧς ἐγὼ κατοικῶ μετ᾽ αὐτῆς, οὐ κεκάκωκας τοῦ θανατῶσαι
τὸν υἱὸν αὐτῆς. ²¹καὶ ἐνεφύσησεν τῷ παιδαρίῳ τρὶς καὶ ἐπεκα- 21
λέσατο τὸν κύριον καὶ εἶπεν Κύριε ὁ θεός μου, ἐπιστραφήτω δὴ ἡ
ψυχὴ τοῦ παιδαρίου τούτου εἰς αὐτόν. ²²καὶ ἐγένετο οὕτως, καὶ 22
ἀνεβόησεν τὸ παιδάριον. ²³καὶ κατήγαγεν αὐτὸν ἀπὸ τοῦ ὑπερῴου 23
εἰς τὸν οἶκον καὶ ἔδωκεν αὐτὸν τῇ μητρὶ αὐτοῦ· καὶ εἶπεν Ηλιου
Βλέπε, ζῇ ὁ υἱός σου. ²⁴καὶ εἶπεν ἡ γυνὴ πρὸς Ηλιου Ἰδοὺ ἔγνωκα 24
ὅτι ἄνθρωπος θεοῦ εἶ σὺ καὶ ῥῆμα κυρίου ἐν στόματί σου ἀληθινόν.

¹Καὶ ἐγένετο μεθ᾽ ἡμέρας πολλὰς καὶ ῥῆμα κυρίου ἐγένετο πρὸς 18
Ηλιου ἐν τῷ ἐνιαυτῷ τῷ τρίτῳ λέγων Πορεύθητι καὶ ὄφθητι τῷ
Αχααβ, καὶ δώσω ὑετὸν ἐπὶ πρόσωπον τῆς γῆς. ²καὶ ἐπορεύθη 2
Ηλιου τοῦ ὀφθῆναι τῷ Αχααβ. — καὶ ἡ λιμὸς κραταιὰ ἐν Σαμα-
ρείᾳ. ³καὶ ἐκάλεσεν Αχααβ τὸν Αβδιου τὸν οἰκονόμον· (καὶ Αβδιου 3
ἦν φοβούμενος τὸν κύριον σφόδρα, ⁴καὶ ἐγένετο ἐν τῷ τύπτειν 4
τὴν Ιεζαβελ τοὺς προφήτας κυρίου καὶ ἔλαβεν Αβδιου ἑκατὸν ἄν-
δρας προφήτας καὶ ἔκρυψεν αὐτοὺς κατὰ πεντήκοντα ἐν σπηλαίῳ
καὶ διέτρεφεν αὐτοὺς ἐν ἄρτῳ καὶ ὕδατι·) ⁵καὶ εἶπεν Αχααβ πρὸς 5
Αβδιου Δεῦρο καὶ διέλθωμεν ἐπὶ τὴν γῆν ἐπὶ πηγὰς τῶν ὑδάτων
καὶ ἐπὶ χειμάρρους, ἐάν πως εὕρωμεν βοτάνην καὶ περιποιησώμεθα
ἵππους καὶ ἡμιόνους, καὶ οὐκ ἐξολοθρευθήσονται ἀπὸ τῶν κτηνῶν.
⁶καὶ ἐμέρισαν ἑαυτοῖς τὴν ὁδὸν τοῦ διελθεῖν αὐτήν· Αχααβ ἐπο- 6
ρεύθη ἐν ὁδῷ μιᾷ μόνος, καὶ Αβδιου ἐπορεύθη ἐν ὁδῷ ἄλλῃ μόνος.
— ⁷καὶ ἦν Αβδιου ἐν τῇ ὁδῷ μόνος, καὶ ἦλθεν Ηλιου εἰς συνάν- 7
τησιν αὐτοῦ μόνος· καὶ Αβδιου ἔσπευσεν καὶ ἔπεσεν ἐπὶ πρόσωπον

---

17 πνευμα] πνοη ζωης L† || 18 ανθρωπε] ο -πος B† | τας > B† ||
19 ανηγαγεν A† | αυτου > BL† | 20 κεκακωσας BA] κ 1⁰ > rel. || 22 ad
uerba και 1⁰ — ανεβοησεν sub ÷ retenta addit O† ⚹και ηκουσεν κυριος εν
φωνη ηλια και επεστραφη(A απ-) η ψυχη του παιδαριου προς εγκατον αυτου
και εζησεν (23) και ελαβεν ηλιου: sim. L† || 23 αυτον 2⁰] -το A: item A*
in 21 || 24 εγνωκα] pr. ⚹τουτο O† | ανθρ. θεου ει συ] συ ανθρ. θ. B†, συ
> A†
18 2 η .. κραταια] ην .. -ταιος AL: cf. Thack. p. 146 || 3 τον 1⁰ > A† ||
4 την > AL | κατα] ανα L pl.: cf. 13 | σπηλαιω BO†] δυο σπηλαιοις rel.: cf. 13
|| 5 επι την γην] εις το παιδιον(pro πεδ.) A† | πηγας] pr. τας AL pl., pr.
πασας O–A† | χειμ. B†] pr. τους L†, pr. παντας O, pr. παντας τους Lᵖ | κτη-
νων] σκην. B† || 6 εμερισεν αυτοις A† | μια] αλλη A† | μονος 1⁰ > BL†
|| 7 μονος 1⁰ > O | ηλθεν] pr. απ A†, ιδου L† | μονος 2⁰ BO(sub ÷)†] > rel.

8 αὐτοῦ καὶ εἶπεν Εἶ σὺ εἶ αὐτός, κύριέ μου Ηλιου ; ⁸καὶ εἶπεν Ηλιου
9 αὐτῷ Ἐγώ · πορεύου λέγε τῷ κυρίῳ σου Ἰδοὺ Ηλιου. ⁹καὶ εἶπεν
Αβδιου Τί ἡμάρτηκα, ὅτι δίδως τὸν δοῦλόν σου εἰς χεῖρα Αχααβ
10 τοῦ θανατῶσαί με ; ¹⁰Ζῇ κύριος ὁ θεός σου, εἰ ἔστιν ἔθνος ἢ βα-
σιλεία, οὗ οὐκ ἀπέσταλκεν ὁ κύριός μου ζητεῖν σε, καὶ εἶπον Οὐκ
ἔστιν · καὶ ἐνέπρησεν τὴν βασιλείαν καὶ τὰς χώρας αὐτῆς, ὅτι οὐχ
11 εὕρηκέν σε. ¹¹καὶ νῦν σὺ λέγεις Πορεύου ἀνάγγελλε τῷ κυρίῳ σου
12 Ἰδοὺ Ηλιου · ¹²καὶ ἔσται ἐὰν ἐγὼ ἀπέλθω ἀπὸ σοῦ, καὶ πνεῦμα
κυρίου ἀρεῖ σε εἰς γῆν, ἣν οὐκ οἶδα, καὶ εἰσελεύσομαι ἀπαγγεῖλαι
τῷ Αχααβ, καὶ ἀποκτενεῖ με · καὶ ὁ δοῦλός σού ἐστιν φοβούμενος
13 τὸν κύριον ἐκ νεότητος αὐτοῦ. ¹³ἢ οὐκ ἀπηγγέλη σοι τῷ κυρίῳ
μου οἷα πεποίηκα ἐν τῷ ἀποκτείνειν Ιεζαβελ τοὺς προφήτας κυρίου
καὶ ἔκρυψα ἀπὸ τῶν προφητῶν κυρίου ἑκατὸν ἄνδρας ἀνὰ πεντή-
14 κοντα ἐν σπηλαίῳ καὶ ἔθρεψα ἐν ἄρτοις καὶ ὕδατι ; ¹⁴καὶ νῦν σὺ
λέγεις μοι Πορεύου λέγε τῷ κυρίῳ σου Ἰδοὺ Ηλιου · καὶ ἀποκτε-
15 νεῖ με. ¹⁵καὶ εἶπεν Ηλιου Ζῇ κύριος τῶν δυνάμεων, ᾧ παρέστην
16 ἐνώπιον αὐτοῦ, ὅτι σήμερον ὀφθήσομαι αὐτῷ. ¹⁶καὶ ἐπορεύθη Αβδι-
ου εἰς συναντὴν τῷ Αχααβ καὶ ἀπήγγειλεν αὐτῷ · καὶ ἐξέδραμεν
Αχααβ καὶ ἐπορεύθη εἰς συνάντησιν Ηλιου.

17   ¹⁷Καὶ ἐγένετο ὡς εἶδεν Αχααβ τὸν Ηλιου, καὶ εἶπεν Αχααβ πρὸς
18 Ηλιου Εἶ σὺ εἶ αὐτὸς ὁ διαστρέφων τὸν Ισραηλ ; ¹⁸καὶ εἶπεν
Ηλιου Οὐ διαστρέφω τὸν Ισραηλ, ὅτι ἀλλ' ἢ σὺ καὶ ὁ οἶκος τοῦ
πατρός σου ἐν τῷ καταλιμπάνειν ὑμᾶς τὸν κύριον θεὸν ὑμῶν καὶ
19 ἐπορεύθης ὀπίσω τῶν Βααλιμ · ¹⁹καὶ νῦν ἀπόστειλον συνάθροισον
πρός με πάντα Ισραηλ εἰς ὄρος τὸ Καρμήλιον καὶ τοὺς προφήτας
τῆς αἰσχύνης τετρακοσίους καὶ πεντήκοντα καὶ τοὺς προφήτας
20 τῶν ἀλσῶν τετρακοσίους ἐσθίοντας τράπεζαν Ιεζαβελ. ²⁰καὶ ἀπέ-
στειλεν Αχααβ εἰς πάντα Ισραηλ καὶ ἐπισυνήγαγεν πάντας τοὺς
21 προφήτας εἰς ὄρος τὸ Καρμήλιον. ²¹καὶ προσήγαγεν Ηλιου πρὸς
πάντας, καὶ εἶπεν αὐτοῖς Ηλιου Ἕως πότε ὑμεῖς χωλανεῖτε ἐπ'

8 αυτω B†] > O†, τω αβδιου rel. | λεγε] ειπον A† ‖ 9 διδως] δωσεις A†
| χειρα BSy†] -ρας rel. ‖ 10 εθνη A† | απεσταλκεν] -στειλεν B†, + με A |
ειπον] pr. ει B† | την βασιλειαν .. τας χωρας αυτης] tr. A† ‖ 11 συ λεγεις /
πορ.] tr. A† | αναγγ.] pr. και AL† | ιδου ηλιου] > BLᵖV†, in O sub ※ ‖
12 γην] pr. την B† | αχααβ] + ※και ουχ ευρησει σε OLᵖ ‖ 13 η L] και BO
| ανηγγελη A† | αποκτεννειν A | εκρυψα απο των ... ανδρας BO†] ελαβον εκ
των ... ανδρας και εκρυψα αυτου rel.: cf. 4 | πεντηκοντα] + ※πεντηκοντα(>
A) ανδρας O† | σπηλαιω] δυο(uel τοις) -λαιοις L: cf. 4 | εθρεψα] + ※αυτους
O | αρτω A ‖ 14 μοι] > ALᵖ, in Sy sub ÷ | λεγε] pr. και AL† ‖ 16 συν-
αντην B†] -τησιν rel. ‖ 17 init. — ηλιου 1⁰ > A† ‖ 18 διαστρ.] + εγω L
| επορευθη A | των] του A ‖ 19 εις] + το L, πρός το A† | προφ. 1⁰] +
※του βααλ τετρακοσιους και(> A†) πεντηκοντα και τους(> A†) προφητας
O | και ult. > A† ‖ 20 επισυνηγ.] επι > AL† ‖ 21 παντας] παντα ※τον
λαον OL | υμεις χωλαν.] tr. A†

ἀμφοτέραις ταῖς ἰγνύαις; εἰ ἔστιν κύριος ὁ θεός, πορεύεσθε ὀπίσω αὐτοῦ· εἰ δὲ ὁ Βααλ αὐτός, πορεύεσθε ὀπίσω αὐτοῦ. καὶ οὐκ ἀπεκρίθη ὁ λαὸς λόγον. ²²καὶ εἶπεν Ηλιου πρὸς τὸν λαόν Ἐγὼ 22 ὑπολέλειμμαι προφήτης τοῦ κυρίου μονώτατος, καὶ οἱ προφῆται τοῦ Βααλ τετρακόσιοι καὶ πεντήκοντα ἄνδρες, καὶ οἱ προφῆται τοῦ ἄλσους τετρακόσιοι· ²³δότωσαν ἡμῖν δύο βόας, καὶ ἐκλεξάσθωσαν 23 ἑαυτοῖς τὸν ἕνα καὶ μελισάτωσαν καὶ ἐπιθέτωσαν ἐπὶ τῶν ξύλων καὶ πῦρ μὴ ἐπιθέτωσαν, καὶ ἐγὼ ποιήσω τὸν βοῦν τὸν ἄλλον καὶ πῦρ οὐ μὴ ἐπιθῶ· ²⁴καὶ βοᾶτε ἐν ὀνόματι θεῶν ὑμῶν, καὶ ἐγὼ 24 ἐπικαλέσομαι ἐν ὀνόματι κυρίου τοῦ θεοῦ μου, καὶ ἔσται ὁ θεός, ὃς ἐὰν ἐπακούσῃ ἐν πυρί, οὗτος θεός. καὶ ἀπεκρίθησαν πᾶς ὁ λαὸς καὶ εἶπον Καλὸν τὸ ῥῆμα, ὃ ἐλάλησας. ²⁵καὶ εἶπεν Ηλιου 25 τοῖς προφήταις τῆς αἰσχύνης Ἐκλέξασθε ἑαυτοῖς τὸν μόσχον τὸν ἕνα καὶ ποιήσατε πρῶτοι, ὅτι πολλοὶ ὑμεῖς, καὶ ἐπικαλέσασθε ἐν ὀνόματι θεοῦ ὑμῶν καὶ πῦρ μὴ ἐπιθῆτε. ²⁶καὶ ἔλαβον τὸν μόσχον 26 καὶ ἐποίησαν καὶ ἐπεκαλοῦντο ἐν ὀνόματι τοῦ Βααλ ἐκ πρωίθεν ἕως μεσημβρίας καὶ εἶπον Ἐπάκουσον ἡμῶν, ὁ Βααλ, ἐπάκουσον ἡμῶν· καὶ οὐκ ἦν φωνὴ καὶ οὐκ ἦν ἀκρόασις· καὶ διέτρεχον ἐπὶ τοῦ θυσιαστηρίου, οὗ ἐποίησαν. ²⁷καὶ ἐγένετο μεσημβρίᾳ καὶ ἐμυ- 27 κτήρισεν αὐτοὺς Ηλιου ὁ Θεσβίτης καὶ εἶπεν Ἐπικαλεῖσθε ἐν φωνῇ μεγάλῃ, ὅτι θεός ἐστιν, ὅτι ἀδολεσχία αὐτῷ ἐστιν, καὶ ἅμα μήποτε χρηματίζει αὐτός, ἢ μήποτε καθεύδει αὐτός, καὶ ἐξαναστήσεται. ²⁸καὶ ἐπεκαλοῦντο ἐν φωνῇ μεγάλῃ καὶ κατετέμνοντο κατὰ τὸν 28 ἐθισμὸν αὐτῶν ἐν μαχαίραις καὶ σειρομάσταις ἕως ἐκχύσεως αἵμα- τος ἐπ᾽ αὐτούς· ²⁹καὶ ἐπροφήτευον, ἕως οὗ παρῆλθεν τὸ δειλινόν. 29 καὶ ἐγένετο ὡς ὁ καιρὸς τοῦ ἀναβῆναι τὴν θυσίαν καὶ οὐκ ἦν φωνή, καὶ ἐλάλησεν Ηλιου ὁ Θεσβίτης πρὸς τοὺς προφήτας τῶν προσοχθισμάτων λέγων Μετάστητε ἀπὸ τοῦ νῦν, καὶ ἐγὼ ποιήσω τὸ ὁλοκαύτωμά μου· καὶ μετέστησαν καὶ ἀπῆλθον. — ³⁰καὶ εἶπεν 30 Ηλιου πρὸς τὸν λαὸν Προσαγάγετε πρός με· καὶ προσήγαγεν πᾶς ὁ λαὸς πρὸς αὐτόν. ³¹καὶ ἔλαβεν Ηλιου δώδεκα λίθους κατ᾽ ἀριθ- 31 μὸν φυλῶν τοῦ Ισραηλ, ὡς ἐλάλησεν κύριος πρὸς αὐτὸν λέγων Ισραηλ ἔσται τὸ ὄνομά σου. ³²καὶ ᾠκοδόμησεν τοὺς λίθους ἐν 32

21 εστιν κυριος] tr. O⁺ (εστιν sub ÷) | ο 2⁰ > B⁺ | αυτος > B⁺ (in O sub ÷) | ο λαος] add. (uel pr.) ✳αυτω O || 22 οι ult. > A | τετρακ. ult. > O⁺ || 23 και 3⁰⌒4⁰ A⁺ | και ult.] pr. ✳και δωσω επι τα ξυλα O⁺ || 24 θεων] θεου O⁺ || 25 επικαλεισθε OL || 26 μοσχον] + ✳ον εδωκεν αυτοις O⁺ || 28 κατα τον εθισμον αυτων] > B⁺ (in O sub ✳); το κριμα pro τον εθ. O⁺ | μαχαιρα BSy⁺ | σειρομ.] pr. εν OL || 29 επροφ. — εγενετο] εγενετο ως παρ- ηλθεν το δειλινον και επροφητευον O⁺ | επροφητευσαν B⁺ | και ουκ ην φωνη] > B; + και ουκ ην ακροασις Sy: cf. 26 | ο θεσβ. > B || 30 fin.: cf. 32 || 31 του > B | ισραηλ 1⁰] ιακωβ O⁺

ὀνόματι κυρίου καὶ ἰάσατο τὸ θυσιαστήριον τὸ κατεσκαμμένον καὶ
ἐποίησεν θααλα χωροῦσαν δύο μετρητὰς σπέρματος κυκλόθεν τοῦ
33 θυσιαστηρίου. ³³ καὶ ἐστοίβασεν τὰς σχίδακας ἐπὶ τὸ θυσιαστήριον,
ὃ ἐποίησεν, καὶ ἐμέλισεν τὸ ὁλοκαύτωμα καὶ ἐπέθηκεν ἐπὶ τὰς
34 σχίδακας καὶ ἐστοίβασεν ἐπὶ τὸ θυσιαστήριον. ³⁴ καὶ εἶπεν Λάβετέ
μοι τέσσαρας ὑδρίας ὕδατος καὶ ἐπιχέετε ἐπὶ τὸ ὁλοκαύτωμα καὶ
ἐπὶ τὰς σχίδακας · καὶ ἐποίησαν οὕτως. καὶ εἶπεν Δευτερώσατε ·
35 καὶ ἐδευτέρωσαν. καὶ εἶπεν Τρισσώσατε · καὶ ἐτρίσσευσαν. ³⁵ καὶ
διεπορεύετο τὸ ὕδωρ κύκλῳ τοῦ θυσιαστηρίου, καὶ τὴν θααλα ἔπλη-
36 σαν ὕδατος. ³⁶ καὶ ἀνεβόησεν Ηλιου εἰς τὸν οὐρανὸν καὶ εἶπεν Κύ-
ριε ὁ θεὸς Αβρααμ καὶ Ισαακ καὶ Ισραηλ, ἐπάκουσόν μου, κύριε,
ἐπάκουσόν μου σήμερον ἐν πυρί, καὶ γνώτωσαν πᾶς ὁ λαὸς οὗτος
ὅτι σὺ εἶ κύριος ὁ θεὸς Ισραηλ κἀγὼ δοῦλός σου καὶ διὰ σὲ πε-
37 ποίηκα τὰ ἔργα ταῦτα. ³⁷ ἐπάκουσόν μου, κύριε, ἐπάκουσόν μου
ἐν πυρί, καὶ γνώτω ὁ λαὸς οὗτος ὅτι σὺ εἶ κύριος ὁ θεὸς καὶ σὺ
38 ἔστρεψας τὴν καρδίαν τοῦ λαοῦ τούτου ὀπίσω. ³⁸ καὶ ἔπεσεν πῦρ
παρὰ κυρίου ἐκ τοῦ οὐρανοῦ καὶ κατέφαγεν τὸ ὁλοκαύτωμα καὶ
τὰς σχίδακας καὶ τὸ ὕδωρ τὸ ἐν τῇ θααλα, καὶ τοὺς λίθους καὶ
39 τὸν χοῦν ἐξέλιξεν τὸ πῦρ. ³⁹ καὶ ἔπεσεν πᾶς ὁ λαὸς ἐπὶ πρόσ-
ωπον αὐτῶν καὶ εἶπον Ἀληθῶς κύριός ἐστιν ὁ θεός, αὐτὸς ὁ θεός.
40 ⁴⁰ καὶ εἶπεν Ηλιου πρὸς τὸν λαὸν Συλλάβετε τοὺς προφήτας τοῦ
Βααλ, μηθεὶς σωθήτω ἐξ αὐτῶν · καὶ συνέλαβον αὐτούς, καὶ κατάγει
αὐτοὺς Ηλιου εἰς τὸν χειμάρρουν Κισων καὶ ἔσφαξεν αὐτοὺς ἐκεῖ.
41 ⁴¹ Καὶ εἶπεν Ηλιου τῷ Αχααβ Ἀνάβηθι καὶ φάγε καὶ πίε, ὅτι
42 φωνὴ τῶν ποδῶν τοῦ ὑετοῦ. ⁴² καὶ ἀνέβη Αχααβ τοῦ φαγεῖν καὶ
πιεῖν, καὶ Ηλιου ἀνέβη ἐπὶ τὸν Κάρμηλον καὶ ἔκυψεν ἐπὶ τὴν γῆν
καὶ ἔθηκεν τὸ πρόσωπον ἑαυτοῦ ἀνὰ μέσον τῶν γονάτων ἑαυτοῦ.
43 ⁴³ καὶ εἶπεν τῷ παιδαρίῳ αὐτοῦ Ἀνάβηθι καὶ ἐπίβλεψον ὁδὸν τῆς
θαλάσσης. καὶ ἐπέβλεψεν τὸ παιδάριον καὶ εἶπεν Οὐκ ἔστιν οὐθέν.

32 και ιασατο — κατεσκαμμ.] post 30 tr. O | θυσιαστηριον] + κυριου OL | θα-
αλα(uel θαλαα) L] θαλασσαν BO pl.: item in 35, cf. 38 ‖ 33 επι 2⁰ > B ‖
34 και εποιησαν ουτως] > AL†, in Sy sub ÷ | τρισσευσατε L | ετρισσωσαν A
‖ 35 θααλα: cf. 32 ‖ 36 init.] pr. ※και εγενετο κατα αναβασιν του δωρου
O† | ισραηλ 1⁰] ιακωβ A | επακουσον 1⁰ — ουτος] σημερον γνωτωσαν OV†
ει > B† ‖ 37 εν πυρι] > BA†, in Sy sub ÷ | γνωτωσαν A | ουτος > A†
| ει > B | θεος] + μονος A† | εστρεψας] pr. επ AL† | οπισω] + σου L ‖
38 το ολοκαυτωμα L pl.] τα -ματα BO | και το υδωρ — θααλα / και τους — χουν]
tr. O pl. | θααλα(uel θαλαα) L†] θαλασση BO: cf. 32 ‖ 39 init. — λαος] ※και
ειδεν(A†-δαν) πας ο λαος και επεσον(A†-σαν) O† | κυριος — fin.] κυριος ※αυ-
τος◁ εστιν ο θεος ※κυριος◁ αυτος ※εστιν◁ ο θεος O† (ο θεος 1⁰ ⌒ 2⁰ A) |
εστιν] > B, post αυτος tr. L ‖ 40 ηλιου ult. > A† ‖ 41 τω] προς A†
‖ 42 επι τον καρμ.] εις την κορυφην του καρμηλου O† | το > A† ‖ 43 και
3⁰ BL†] pr. ※και ανεβη rel.

καὶ εἶπεν Ηλιου Καὶ σὺ ἐπίστρεψον ἑπτάκι · καὶ ἐπέστρεψεν τὸ
παιδάριον ἑπτάκι. ⁴⁴καὶ ἐγένετο ἐν τῷ ἑβδόμῳ καὶ ἰδοὺ νεφέλη 44
μικρὰ ὡς ἴχνος ἀνδρὸς ἀνάγουσα ὕδωρ · καὶ εἶπεν Ἀνάβηθι καὶ
εἰπὸν τῷ Αχααβ Ζεῦξον τὸ ἅρμα σου καὶ κατάβηθι, μὴ καταλάβη
σε ὁ ὑετός. ⁴⁵καὶ ἐγένετο ἕως ὧδε καὶ ὧδε καὶ ὁ οὐρανὸς συν- 45
εσκότασεν νεφέλαις καὶ πνεύματι, καὶ ἐγένετο ὑετὸς μέγας · καὶ
ἔκλαιεν καὶ ἐπορεύετο Αχααβ εἰς Ιεζραελ. ⁴⁶καὶ χεὶρ κυρίου ἐπὶ τὸν 46
Ηλιου, καὶ συνέσφιγξεν τὴν ὀσφὺν αὐτοῦ καὶ ἔτρεχεν ἔμπροσθεν
Αχααβ ἕως Ιεζραελ.

¹Καὶ ἀνήγγειλεν Αχααβ τῇ Ιεζαβελ γυναικὶ αὐτοῦ πάντα, ἃ ἐποί- 19
ησεν Ηλιου, καὶ ὡς ἀπέκτεινεν τοὺς προφήτας ἐν ῥομφαίᾳ. ²καὶ 2
ἀπέστειλεν Ιεζαβελ πρὸς Ηλιου καὶ εἶπεν Εἰ σὺ εἶ Ηλιου καὶ ἐγὼ
Ιεζαβελ, τάδε ποιήσαι μοι ὁ θεὸς καὶ τάδε προσθείη, ὅτι ταύτην
τὴν ὥραν αὔριον θήσομαι τὴν ψυχήν σου καθὼς ψυχὴν ἑνὸς ἐξ
αὐτῶν. ³καὶ ἐφοβήθη Ηλιου καὶ ἀνέστη καὶ ἀπῆλθεν κατὰ τὴν 3
ψυχὴν ἑαυτοῦ καὶ ἔρχεται εἰς Βηρσαβεε τὴν Ιουδα καὶ ἀφῆκεν τὸ
παιδάριον αὐτοῦ ἐκεῖ · ⁴καὶ αὐτὸς ἐπορεύθη ἐν τῇ ἐρήμῳ ὁδὸν 4
ἡμέρας καὶ ἦλθεν καὶ ἐκάθισεν ὑπὸ ραθμ ἓν καὶ ᾐτήσατο τὴν ψυ-
χὴν αὐτοῦ ἀποθανεῖν καὶ εἶπεν Ἱκανούσθω νῦν, λαβὲ δὴ τὴν ψυ-
χήν μου ἀπ᾽ ἐμοῦ, κύριε, ὅτι οὐ κρείσσων ἐγώ εἰμι ὑπὲρ τοὺς πα-
τέρας μου. ⁵καὶ ἐκοιμήθη καὶ ὕπνωσεν ἐκεῖ ὑπὸ φυτόν, καὶ ἰδού 5
τις ἥψατο αὐτοῦ καὶ εἶπεν αὐτῷ Ἀνάστηθι καὶ φάγε. ⁶καὶ ἐπέβλε- 6
ψεν Ηλιου, καὶ ἰδοὺ πρὸς κεφαλῆς αὐτοῦ ἐγκρυφίας ὀλυρίτης καὶ
καψάκης ὕδατος · καὶ ἀνέστη καὶ ἔφαγεν καὶ ἔπιεν. καὶ ἐπιστρέ-
ψας ἐκοιμήθη. ⁷καὶ ἐπέστρεψεν ὁ ἄγγελος κυρίου ἐκ δευτέρου καὶ 7
ἥψατο αὐτοῦ καὶ εἶπεν αὐτῷ Ἀνάστα φάγε, ὅτι πολλὴ ἀπὸ σοῦ
ἡ ὁδός. ⁸καὶ ἀνέστη καὶ ἔφαγεν καὶ ἔπιεν · καὶ ἐπορεύθη ἐν τῇ 8
ἰσχύι τῆς βρώσεως ἐκείνης τεσσαράκοντα ἡμέρας καὶ τεσσαρά-
κοντα νύκτας ἕως ὄρους Χωρηβ. ⁹καὶ εἰσῆλθεν ἐκεῖ εἰς τὸ σπή- 9
λαιον καὶ κατέλυσεν ἐκεῖ · καὶ ἰδοὺ ῥῆμα κυρίου πρὸς αὐτὸν καὶ
εἶπεν Τί σὺ ἐνταῦθα, Ηλιου; ¹⁰καὶ εἶπεν Ηλιου Ζηλῶν ἐζήλωκα 10

43 επτακι 1⁰] + και αποστρεψον επτακι B†, pr. και επιβλεψον L† | επε-
στρεψεν] απεστρ. B† ‖ 44 υδωρ BO] + απο θαλασσης L pl. | τω ult. >
B† ‖ 45 ωδε 2⁰] pr. εως O | υετος] pr. ο BA | εκλαιεν] ι > B†: cf. Thack.
p. 272 | επορευθη A† | εις BOL†] εως rel.: ex 46 | ισραηλ B: item in 46 ‖
46 επι B†] pr. ※εγενετο rel. | εως] εις B†: ex 45; + ※του ελθειν εις O (A†
om. εως)

19 1 τους] pr. παντας O† ‖ 2 ιεζαβελ 1⁰] + ※αγγελον O | ποιησαι μοι ο
θεος et προσθειη B†] ποιησαισαν μ. οι θεοι et προσθεινσαν rel.: cf. 21 10 |
ταυτην / την ωραν] tr. O† ‖ 3 την 2⁰ A†] η εστι του L†, γην rel. ‖
4 υπο(cf. 5. 13) ραθμ εν Ra.] υποκατω ραθμεν mss. (A† ραμαθ, L† ραθαμειν
pro ραθμεν) | νυν] + ※κυριε O† (απ εμου κυριε seq. sub ÷) | δη > A† ‖
5 και ult. > A† ‖ 6 καμψακης AL^p ‖ 7 αναστηθι OL ‖ 8 ορους] +
※του θεου O | χωρηβ] pr. του A ‖ 10 εζηλωσα A†

τῷ κυρίῳ παντοκράτορι, ὅτι ἐγκατέλιπόν σε οἱ υἱοὶ Ισραηλ · τὰ
θυσιαστήριά σου κατέσκαψαν καὶ τοὺς προφήτας σου ἀπέκτειναν
ἐν ῥομφαίᾳ, καὶ ὑπολέλειμμαι ἐγὼ μονώτατος, καὶ ζητοῦσι τὴν
11 ψυχήν μου λαβεῖν αὐτήν. ¹¹καὶ εἶπεν Ἐξελεύσῃ αὔριον καὶ στήσῃ
ἐνώπιον κυρίου ἐν τῷ ὄρει · ἰδοὺ παρελεύσεται κύριος. καὶ πνεῦμα
μέγα κραταιὸν διαλῦον ὄρη καὶ συντρῖβον πέτρας ἐνώπιον κυρίου,
οὐκ ἐν τῷ πνεύματι κύριος · καὶ μετὰ τὸ πνεῦμα συσσεισμός, οὐκ
12 ἐν τῷ συσσεισμῷ κύριος · ¹²καὶ μετὰ τὸν συσσεισμὸν πῦρ, οὐκ
ἐν τῷ πυρὶ κύριος · καὶ μετὰ τὸ πῦρ φωνὴ αὔρας λεπτῆς, κἀκεῖ
13 κύριος. ¹³καὶ ἐγένετο ὡς ἤκουσεν Ηλιου, καὶ ἐπεκάλυψεν τὸ πρόσ-
ωπον αὐτοῦ ἐν τῇ μηλωτῇ ἑαυτοῦ καὶ ἐξῆλθεν καὶ ἔστη ὑπὸ τὸ
σπήλαιον · καὶ ἰδοὺ πρὸς αὐτὸν φωνὴ καὶ εἶπεν Τί σὺ ἐνταῦθα,
14 Ηλιου; ¹⁴καὶ εἶπεν Ηλιου Ζηλῶν ἐζήλωκα τῷ κυρίῳ παντοκράτορι,
ὅτι ἐγκατέλιπον τὴν διαθήκην σου οἱ υἱοὶ Ισραηλ · τὰ θυσιαστήριά
σου καθεῖλαν καὶ τοὺς προφήτας σου ἀπέκτειναν ἐν ῥομφαίᾳ, καὶ
ὑπολέλειμμαι ἐγὼ μονώτατος, καὶ ζητοῦσι τὴν ψυχήν μου λαβεῖν
15 αὐτήν. ¹⁵καὶ εἶπεν κύριος πρὸς αὐτόν Πορεύου ἀνάστρεφε εἰς τὴν
ὁδόν σου καὶ ἥξεις εἰς τὴν ὁδὸν ἐρήμου Δαμασκοῦ καὶ χρίσεις
16 τὸν Αζαηλ εἰς βασιλέα τῆς Συρίας · ¹⁶καὶ τὸν Ιου υἱὸν Ναμεσσι
χρίσεις εἰς βασιλέα ἐπὶ Ισραηλ · καὶ τὸν Ελισαιε υἱὸν Σαφατ ἀπὸ
17 Αβελμαουλα χρίσεις εἰς προφήτην ἀντὶ σοῦ. ¹⁷καὶ ἔσται τὸν σῳ-
ζόμενον ἐκ ῥομφαίας Αζαηλ θανατώσει Ιου, καὶ τὸν σῳζόμενον
18 ἐκ ῥομφαίας Ιου θανατώσει Ελισαιε. ¹⁸καὶ καταλείψεις ἐν Ισραηλ
ἑπτὰ χιλιάδας ἀνδρῶν, πάντα γόνατα, ἃ οὐκ ὤκλασαν γόνυ τῷ
Βααλ, καὶ πᾶν στόμα, ὃ οὐ προσεκύνησεν αὐτῷ.
19 　　¹⁹Καὶ ἀπῆλθεν ἐκεῖθεν καὶ εὑρίσκει τὸν Ελισαιε υἱὸν Σαφατ, καὶ
αὐτὸς ἠροτρία ἐν βουσίν — δώδεκα ζεύγη βοῶν ἐνώπιον αὐτοῦ, καὶ
αὐτὸς ἐν τοῖς δώδεκα —, καὶ ἐπῆλθεν ἐπ᾽ αὐτὸν καὶ ἐπέρριψε τὴν
20 μηλωτὴν αὐτοῦ ἐπ᾽ αὐτόν. ²⁰καὶ κατέλιπεν Ελισαιε τὰς βόας καὶ
κατέδραμεν ὀπίσω Ηλιου καὶ εἶπεν Καταφιλήσω τὸν πατέρα μου

---

10 και 2⁰ > A† | την ψ./μου] tr. B† ‖ 11 ενωπ. κυρ./εν τω ορ.] tr. O†
| ιδου] pr. και OL† | παρελευσ. κυρ.] tr. OL† | ουκ εν τω πν. κυριος] εν τω
πν. κυριου B†: hanc lectionem nouit Origenes, cf. Sept.-Stud. 1 (1904), p. 79
‖ 12 κακει κυριος > BLᵖV† ‖ 13 το ult. > B† ‖ 14 εζηλωσα A† | την
διαθ. σου] σε ALᵗ: item B†, sed addit την διαθ. σου και ante τα θυσ. σου |
ρομφαιας A† ‖ 15 δαμασκου] + ⳨και ηξεις OB† (και ηξεις praecedens O obelo
notauit) | τον] εκει A† ‖ 16 ιου(cf. 16 1) υιον] υιον ειου υιου B† | υιον 1⁰ — εις
1⁰ > A† | ναμεσθει B† | ελισαιε] σσ pro σ ALᵖ: item plerumque, cf. IV 2 1 |
σαφαθ B† hoc loco, sed in 19 etiam B σαφατ | απο] εξ BL† | αβελμαουλα]
εβαλμ. B†, α ult. > A | χρισεις ante εξ εβαλμ. (cf. sup.) tr. B† | εις ult. Sy L]
> BA ‖ 17 ιου 1⁰ ⌒ 2⁰ A† ‖ 18 γονυ > A† | προσκυνησει A† ‖ 19 βοων
OL] in Sy sub ÷, > B (A† om. ζευγη praec.) | και paenult. > B† | επηλθεν]
απ. ALᵖ | επ αυτον 1⁰] pr. ελισαιε A†, επι τον ελισ(σ)εαι (ο) ηλιας L† ‖
20 κατεδραμεν] επεδρ. A†, εδρ. L pl. | μου] + ⳨και την μητερα μου O–ALᵖ

καὶ ἀκολουθήσω ὀπίσω σου · καὶ εἶπεν Ηλιου Ἀνάστρεφε, ὅτι πε-
ποίηκά σοι. ²¹καὶ ἀνέστρεψεν ἐξόπισθεν αὐτοῦ καὶ ἔλαβεν τὰ ζεύγη 21
τῶν βοῶν καὶ ἔθυσεν καὶ ἥψησεν αὐτὰ ἐν τοῖς σκεύεσι τῶν βοῶν
καὶ ἔδωκεν τῷ λαῷ, καὶ ἔφαγον · καὶ ἀνέστη καὶ ἐπορεύθη ὀπίσω
Ηλιου καὶ ἐλειτούργει αὐτῷ.

¹Καὶ ἀμπελὼν εἷς ἦν τῷ Ναβουθαι τῷ Ιεζραηλίτη παρὰ τῷ ἅλῳ 20
Αχααβ βασιλέως Σαμαρείας. ²καὶ ἐλάλησεν Αχααβ πρὸς Ναβουθαι 2
λέγων Δός μοι τὸν ἀμπελῶνά σου καὶ ἔϲται μοι εἰς κῆπον λαχά-
νων, ὅτι ἐγγίων οὗτος τῷ οἴκῳ μου, καὶ δώσω σοι ἀμπελῶνα
ἄλλον ἀγαθὸν ὑπὲρ αὐτόν · εἰ δὲ ἀρέσκει ἐνώπιόν σου, δώσω σοι
ἀργύριον ἀντάλλαγμα τοῦ ἀμπελῶνός σου τούτου, καὶ ἔσται μοι
εἰς κῆπον λαχάνων. ³καὶ εἶπεν Ναβουθαι πρὸς Αχααβ Μή μοι γέ- 3
νοιτο παρὰ θεοῦ μου δοῦναι κληρονομίαν πατέρων μου σοί. ⁴καὶ 4
ἐγένετο τὸ πνεῦμα Αχααβ τεταραγμένον, καὶ ἐκοιμήθη ἐπὶ τῆς κλί-
νης αὐτοῦ καὶ συνεκάλυψεν τὸ πρώσωπον αὐτοῦ καὶ οὐκ ἔφαγεν
ἄρτον. ⁵καὶ εἰσῆλθεν Ιεζαβελ ἡ γυνὴ αὐτοῦ πρὸς αὐτὸν καὶ ἐλά- 5
λησεν πρὸς αὐτόν Τί τὸ πνεῦμά σου τεταραγμένον καὶ οὐκ εἶ σὺ
ἐσθίων ἄρτον; ⁶καὶ εἶπεν πρὸς αὐτήν Ὅτι ἐλάλησα πρὸς Ναβου- 6
θαι τὸν Ιεζραηλίτην λέγων Δός μοι τὸν ἀμπελῶνά σου ἀργυρίου ·
εἰ δὲ βούλει, δώσω σοι ἀμπελῶνα ἄλλον ἀντ᾿ αὐτοῦ · καὶ εἶπεν
Οὐ δώσω σοι κληρονομίαν πατέρων μου. ⁷καὶ εἶπεν πρὸς αὐτὸν 7
Ιεζαβελ ἡ γυνὴ αὐτοῦ Σὺ νῦν οὕτως ποιεῖς βασιλέα ἐπὶ Ισραηλ;
ἀνάστηθι φάγε ἄρτον καὶ σαυτοῦ γενοῦ · ἐγὼ δώσω σοι τὸν ἀμ-
πελῶνα Ναβουθαι τοῦ Ιεζραηλίτου. ⁸καὶ ἔγραψεν βιβλίον ἐπὶ τῷ 8
ὀνόματι Αχααβ καὶ ἐσφραγίσατο τῆ σφραγῖδι αὐτοῦ καὶ ἀπέστειλεν
τὸ βιβλίον πρὸς τοὺς πρεσβυτέρους καὶ τοὺς ἐλευθέρους τοὺς κατ-
οικοῦντας μετὰ Ναβουθαι. ⁹καὶ ἐγέγραπτο ἐν τοῖς βιβλίοις λέγων 9
Νηστεύσατε νηστείαν καὶ καθίσατε τὸν Ναβουθαι ἐν ἀρχῆ τοῦ

20 ηλιου ult.] αυτω O mu. | αναστρεφε BL†] pr. πορευου rel. | οτι] τι L†
|| 21 τα ζευγη BO–AL†] το ζευγος rel. | και 4⁰ > A† | ηψησεν αυτα / εν τ.
σκ. των βοων] tr. O†
20 / 21] tr. O† = 𝔐
20 (𝔐 21) 1 και B†] > V†, + ※εγενετο μετα τα ρηματα ταυτα O†, + εγε-
νετο μετα τα ρημ. ταυτα και rel. | εις ην] tr. A† (εις in Sy sub ÷) | ιεζραηλ.
Lᵖ⁽†⁾ hoc loco, L⁽†⁾ in 6. 7. 15. 16. 27, sed BA ubique ισραηλ.; cf. 23 ||
2 δωσω σοι 1⁰] + ※αντ αυτου SyL† | ανταλλαγμα του] αλλαγμα αντι του
L†, αλλαγμα του B† | σου ult. > A† || 3 μοι γενοιτο] tr. BO (A† om. μοι)
|| 4 init. — τεταραγμ. BLᵖ†] και ηλθεν αχααβ προς οικον αυτου συγκεχυμενος
και εκλελυμενος επι τω λογω ω(A† ως) ελαλησεν προς αυτον ναβουθαι ο ιεζ-
ραηλιτης(cf. 1) και ειπεν ου δωσω σοι την(>A†) κληρονομιαν πατερων μου rel.
|| 5 ιεζ. η γ. αυτου / προς αυτον] tr. OL† | και 2⁰] pr. και εισηλθεν προς αυ-
τον A† || 6 αντι τουτου A† | fin.] + σοι A†: ex 3 || 7 συ > A† | βασι-
λεα B†] -λειαν OL, -λευς mu. || 8 και ult.] +※προς OL | ελευθ.] + ※οι
εν τη πολει αυτου O†

10 λαοῦ · ¹⁰καὶ ἐγκαθίσατε δύο ἄνδρας υἱοὺς παρανόμων ἐξ ἐναντίας
αὐτοῦ, καὶ καταμαρτυρησάτωσαν αὐτοῦ λέγοντες Ηὐλόγησεν θεὸν
καὶ βασιλέα · καὶ ἐξαγαγέτωσαν αὐτὸν καὶ λιθοβολησάτωσαν αὐ-
11 τόν, καὶ ἀποθανέτω. ¹¹καὶ ἐποίησαν οἱ ἄνδρες τῆς πόλεως αὐτοῦ
οἱ πρεσβύτεροι καὶ οἱ ἐλεύθεροι οἱ κατοικοῦντες ἐν τῇ πόλει αὐτοῦ
καθὰ ἀπέστειλεν πρὸς αὐτοὺς Ιεζαβελ, καθὰ γέγραπται ἐν τοῖς βι-
12 βλίοις, οἷς ἀπέστειλεν πρὸς αὐτούς. ¹²ἐκάλεσαν νηστείαν καὶ ἐκά-
13 θισαν τὸν Ναβουθαι ἐν ἀρχῇ τοῦ λαοῦ, ¹³καὶ ἦλθον δύο ἄνδρες
υἱοὶ παρανόμων καὶ ἐκάθισαν ἐξ ἐναντίας αὐτοῦ καὶ κατεμαρτύρη-
σαν αὐτοῦ λέγοντες Ηὐλόγηκας θεὸν καὶ βασιλέα · καὶ ἐξήγαγον
αὐτὸν ἔξω τῆς πόλεως καὶ ἐλιθοβόλησαν αὐτὸν λίθοις, καὶ ἀπέ-
14 θανεν. ¹⁴καὶ ἀπέστειλαν πρὸς Ιεζαβελ λέγοντες Λελιθοβόληται Να-
15 βουθαι καὶ τέθνηκεν. ¹⁵καὶ ἐγένετο ὡς ἤκουσεν Ιεζαβελ, καὶ εἶπεν
πρὸς Αχααβ Ἀνάστα κληρονόμει τὸν ἀμπελῶνα Ναβουθαι τοῦ Ιεζ-
ραηλίτου, ὃς οὐκ ἔδωκέν σοι ἀργυρίου, ὅτι οὐκ ἔστιν Ναβουθαι
16 ζῶν, ὅτι τέθνηκεν. ¹⁶καὶ ἐγένετο ὡς ἤκουσεν Αχααβ ὅτι τέθνηκεν Να-
βουθαι ὁ Ιεζραηλίτης, καὶ διέρρηξεν τὰ ἱμάτια ἑαυτοῦ καὶ περιεβά-
λετο σάκκον · καὶ ἐγένετο μετὰ ταῦτα καὶ ἀνέστη καὶ κατέβη Αχααβ
εἰς τὸν ἀμπελῶνα Ναβουθαι τοῦ Ιεζραηλίτου κληρονομῆσαι αὐτόν.
17
18 ¹⁷Καὶ εἶπεν κύριος πρὸς Ηλιου τὸν Θεσβίτην λέγων ¹⁸Ἀνάστηθι
καὶ κατάβηθι εἰς ἀπαντὴν Αχααβ βασιλέως Ισραηλ τοῦ ἐν Σαμα-
ρείᾳ · ἰδοὺ οὗτος ἐν ἀμπελῶνι Ναβουθαι, ὅτι καταβέβηκεν ἐκεῖ
19 κληρονομῆσαι αὐτόν. ¹⁹καὶ λαλήσεις πρὸς αὐτὸν λέγων Τάδε λέγει
κύριος Ὡς σὺ ἐφόνευσας καὶ ἐκληρονόμησας, διὰ τοῦτο τάδε λέ-
γει κύριος Ἐν παντὶ τόπῳ, ᾧ ἔλειξαν αἱ ὕες καὶ οἱ κύνες τὸ αἷμα
Ναβουθαι, ἐκεῖ λείξουσιν οἱ κύνες τὸ αἷμά σου, καὶ αἱ πόρναι λού-
20 σονται ἐν τῷ αἵματί σου. ²⁰καὶ εἶπεν Αχααβ πρὸς Ηλιου Εἰ εὕρη-
κάς με, ὁ ἐχθρός μου; καὶ εἶπεν Εὕρηκα, διότι μάτην πέπρασαι
21 ποιῆσαι τὸ πονηρὸν ἐνώπιον κυρίου παροργίσαι αὐτόν. ²¹τάδε λέ-
γει κύριος Ἰδοὺ ἐγὼ ἐπάγω ἐπὶ σὲ κακὰ καὶ ἐκκαύσω ὀπίσω σου
καὶ ἐξολεθρεύσω τοῦ Αχααβ οὐροῦντα πρὸς τοῖχον καὶ συνεχόμε-
22 νον καὶ ἐγκαταλελειμμένον ἐν Ισραηλ · ²²καὶ δώσω τὸν οἶκόν σου
ὡς τὸν οἶκον Ιεροβοαμ υἱοῦ Ναβατ καὶ ὡς τὸν οἶκον Βαασα υἱοῦ

10 εγκαθισατε] εγ > ΑL† | 10 παραν. ⌒ 13 παραν. Β†, 10 ηυλογησεν — 13 λε-
γοντες in Sy sub ※ ‖ 11 της et τη > Α† | κατοικ.] καθημενοι Α† ‖
12 εκαλεσεν Α† | αρχη] κεφαλη Α† ‖ 13 υιοι] pr. οι Α | αυτου 2⁰ ΒL†] +
ανδρες της αποστασιας του ναβουθαι κατεναντι του λαου rel. (in Sy sub ※,
uide 10; Α† om. αυτου 2⁰) | ηυλογηκας] -γησεν ναβουθαι Ο† | λιθοις] pr. εν ΑL
‖ 15 ιεζαβελ] + ※οτι λελιθοβοληται ναβουθαι και απεθανεν Ο†, + λεγοντων κε-
χωσται ναβουθαι και τεθνηκεν L | ειπεν] + ※ιεζαβελ ΟL† ‖ 16 και κατεβη /
αχααβ tr. ΟL† ‖ 18 απαντησιν ΑL | ιδου] οτι ΒΟ† | οτι et εκει > Α† ‖
19 παντι ΒΟ(sub ÷)†] τω rel. | αι υες .. οι κυνες 1⁰] tr. Ο† | οι κυναι ult. et αι
ult. > Α† ‖ 21 ταδε λεγει κυρ.] > ΒΑ†, in Sy sub ÷ ‖ 22 ναβατ: cf. 15 1

Αχια περὶ τῶν παροργισμάτων, ὧν παρώργισας καὶ ἐξήμαρτες τὸν
Ισραηλ. ²³καὶ τῇ Ιεζαβελ ἐλάλησεν κύριος λέγων Οἱ κύνες κατα- 23
φάγονται αὐτὴν ἐν τῷ προτειχίσματι Ιεζραελ. ²⁴τὸν τεθνηκότα τοῦ 24
Αχααβ ἐν τῇ πόλει φάγονται οἱ κύνες, καὶ τὸν τεθνηκότα αὐτοῦ
ἐν τῷ πεδίῳ φάγονται τὰ πετεινὰ τοῦ οὐρανοῦ. ²⁵πλὴν ματαίως 25
Αχααβ ὡς ἐπράθη ποιῆσαι τὸ πονηρὸν ἐνώπιον κυρίου, ὡς μετέ-
θηκεν αὐτὸν Ιεζαβελ ἡ γυνὴ αὐτοῦ· ²⁶καὶ ἐβδελύχθη σφόδρα πο- 26
ρεύεσθαι ὀπίσω τῶν βδελυγμάτων κατὰ πάντα, ἃ ἐποίησεν ὁ Αμορ-
ραῖος, ὃν ἐξωλέθρευσεν κύριος ἀπὸ προσώπου υἱῶν Ισραηλ. ²⁷καὶ 27
ὑπὲρ τοῦ λόγου, ὡς κατενύγη Αχααβ ἀπὸ προσώπου τοῦ κυρίου
καὶ ἐπορεύετο κλαίων καὶ διέρρηξεν τὸν χιτῶνα αὐτοῦ καὶ ἐζώσατο
σάκκον ἐπὶ τὸ σῶμα αὐτοῦ καὶ ἐνήστευσεν καὶ περιεβάλετο σάκ-
κον ἐν τῇ ἡμέρᾳ, ᾗ ἐπάταξεν Ναβουθαι τὸν Ιεζραηλίτην, ²⁸καὶ ἐγέ- 28
νετο ῥῆμα κυρίου ἐν χειρὶ δούλου αὐτοῦ Ηλιου περὶ Αχααβ, καὶ
εἶπεν κύριος ²⁹Ἑώρακας ὡς κατενύγη Αχααβ ἀπὸ προσώπου μου; 29
οὐκ ἐπάξω τὴν κακίαν ἐν ταῖς ἡμέραις αὐτοῦ, ἀλλ᾽ ἐν ταῖς ἡμέραις
τοῦ υἱοῦ αὐτοῦ ἐπάξω τὴν κακίαν.

¹Καὶ συνήθροισεν υἱὸς Αδερ πᾶσαν τὴν δύναμιν αὐτοῦ καὶ ἀνέ- 21
βη καὶ περιεκάθισεν ἐπὶ Σαμάρειαν καὶ τριάκοντα καὶ δύο βασιλεῖς
μετ᾽ αὐτοῦ καὶ πᾶς ἵππος καὶ ἅρμα· καὶ ἀνέβησαν καὶ περιεκάθι-
σαν ἐπὶ Σαμάρειαν καὶ ἐπολέμησαν ἐπ᾽ αὐτήν. ²καὶ ἀπέστειλεν πρὸς 2
Αχααβ βασιλέα Ισραηλ εἰς τὴν πόλιν ³καὶ εἶπεν πρὸς αὐτόν Τάδε 3
λέγει υἱὸς Αδερ Τὸ ἀργύριόν σου καὶ τὸ χρυσίον σου ἐμόν ἐστιν,
καὶ αἱ γυναῖκές σου καὶ τὰ τέκνα σου ἐμά ἐστιν. ⁴καὶ ἀπεκρίθη 4
ὁ βασιλεὺς Ισραηλ καὶ εἶπεν Καθὼς ἐλάλησας, κύριε βασιλεῦ, σὸς
ἐγώ εἰμι καὶ πάντα τὰ ἐμά. ⁵καὶ ἀνέστρεψαν οἱ ἄγγελοι καὶ εἶπον 5
Τάδε λέγει υἱὸς Αδερ Ἐγὼ ἀπέσταλκα πρὸς σὲ λέγων Τὸ ἀργύ-
ριόν σου καὶ τὸ χρυσίον σου καὶ τὰς γυναῖκάς σου καὶ τὰ τέκνα
σου δώσεις ἐμοί· ⁶ὅτι ταύτην τὴν ὥραν αὔριον ἀποστελῶ τοὺς 6
παῖδάς μου πρὸς σέ, καὶ ἐρευνήσουσιν τὸν οἶκόν σου καὶ τοὺς
οἴκους τῶν παίδων σου καὶ ἔσται τὰ ἐπιθυμήματα ὀφθαλμῶν αὐ-

23 ιεζραελ A] ισραηλ B pl.: cf. 1; ante ισρ. uel ιεζρ. add. του BA𝐿 || 24 φα-
γονται bis] pr. κατα A𝐿⁺ (𝐿ᵖ 2⁰ -γεται) || 25 ματαιως] ουκ ην ως 𝐿⁺, +
επραθη A⁺ || 26 ον] ων A⁺ || 27 ως] ου A⁺ | του 2⁰ > A𝐿 | σακκον 1⁰
⌒ 2⁰ A⁺ | fin.] + και επορευθη B⁺, + και επορευθη ✳κεκλιμενος O⁺; + και
τον υιον αυτου 𝐿⁺: cf. IV 9 26 || 29 αλλ] και BA⁺ | του > BV*⁺ | fin.] +
επι τον οικον αυτου O⁺

21 (ℳ 20) 1 συνηθρ. υιος αδερ] + βασιλευς συριας 𝐿ᵖ, υ. α. βασιλευς συριας συνηθρ.
O pl. | και 5⁰ > A | αρμα BO⁺] -ματα rel. | περιεκαθισεν (2⁰) et επολεμησεν A⁺
|| 2 απεστειλεν] + ✳αγγελους O𝐿ᵖ || 3 υιος] pr. ο A⁺ | σου ult.] + ✳τα
καλα O⁺, + τα καλλιστα 𝐿⁺ || 4 ο > B⁺ | ελαλ.] + μοι A⁺ | κυριε] ·⊦ ✳μου
O⁺ | εγω ειμι] tr. O𝐿⁺ || 5 ειπον(uel -παν)] + προς αυτον A⁺ | υιος] pr. ο
A: cf. 3 | απεσταλκα προς σε] απεστρεψα BO⁺ | λεγων > O⁺ | και τα τεκνα
σου > B𝐿⁺ | δωσεις εμοι] tr. O⁺ || 6 αποστελλω A⁺ | επιθυμητα O

7 τῶν, ἐφ᾽ ἃ ἂν ἐπιβάλωσι τὰς χεῖρας αὐτῶν, καὶ λήμψονται. ⁷καὶ
ἐκάλεσεν ὁ βασιλεὺς Ισραηλ πάντας τοὺς πρεσβυτέρους καὶ εἶπεν
Γνῶτε δὴ καὶ ἴδετε ὅτι κακίαν οὗτος ζητεῖ, ὅτι ἀπέσταλκεν πρός
με περὶ τῶν γυναικῶν μου καὶ περὶ τῶν υἱῶν μου καὶ περὶ τῶν
θυγατέρων μου · τὸ ἀργύριόν μου καὶ τὸ χρυσίον μου οὐκ ἀπε-
8 κώλυσα ἀπ᾽ αὐτοῦ. ⁸καὶ εἶπαν αὐτῷ οἱ πρεσβύτεροι καὶ πᾶς ὁ λαὸς
9 Μὴ ἀκούσῃς καὶ μὴ θελήσῃς. ⁹καὶ εἶπεν τοῖς ἀγγέλοις υἱοῦ Αδερ
Λέγετε τῷ κυρίῳ ὑμῶν Πάντα, ὅσα ἀπέσταλκας πρὸς τὸν δοῦλόν
σου ἐν πρώτοις, ποιήσω, τὸ δὲ ῥῆμα τοῦτο οὐ δυνήσομαι ποιῆσαι.
10 καὶ ἀπῆραν οἱ ἄνδρες καὶ ἐπέστρεψαν αὐτῷ λόγον. ¹⁰καὶ ἀνταπέστει-
λεν πρὸς αὐτὸν υἱὸς Αδερ λέγων Τάδε ποιήσαι μοι ὁ θεὸς καὶ
τάδε προσθείη, εἰ ἐκποιήσει ὁ χοῦς Σαμαρείας ταῖς ἀλώπεξιν παν-
11 τὶ τῷ λαῷ τοῖς πεζοῖς μου. ¹¹καὶ ἀπεκρίθη ὁ βασιλεὺς Ισραηλ καὶ
12 εἶπεν Ἱκανούσθω · μὴ καυχάσθω ὁ κυρτὸς ὡς ὁ ὀρθός. ¹²καὶ ἐγέ-
νετο ὅτε ἀπεκρίθη αὐτῷ τὸν λόγον τοῦτον, πίνων ἦν αὐτὸς καὶ
πάντες οἱ βασιλεῖς μετ᾽ αὐτοῦ ἐν σκηναῖς · καὶ εἶπεν τοῖς παισὶν
αὐτοῦ Οἰκοδομήσατε χάρακα · καὶ ἔθεντο χάρακα ἐπὶ τὴν πόλιν.
13 ¹³Καὶ ἰδοὺ προφήτης εἷς προσῆλθεν τῷ βασιλεῖ Ισραηλ καὶ εἶ-
πεν Τάδε λέγει κύριος Εἰ ἑόρακας πάντα τὸν ὄχλον τὸν μέγαν
τοῦτον; ἰδοὺ ἐγὼ δίδωμι αὐτὸν σήμερον εἰς χεῖρας σάς, καὶ γνώ-
14 σῃ ὅτι ἐγὼ κύριος. ¹⁴καὶ εἶπεν Αχααβ Ἐν τίνι; καὶ εἶπεν Τάδε
λέγει κύριος Ἐν τοῖς παιδαρίοις τῶν ἀρχόντων τῶν χωρῶν. καὶ
15 εἶπεν Αχααβ Τίς συνάψει τὸν πόλεμον; καὶ εἶπεν Σύ. ¹⁵καὶ ἐπε-
σκέψατο Αχααβ τὰ παιδάρια τῶν ἀρχόντων τῶν χωρῶν, καὶ ἐγέ-
νοντο διακόσιοι καὶ τριάκοντα · καὶ μετὰ ταῦτα ἐπεσκέψατο τὸν
16 λαόν, πᾶν υἱὸν δυνάμεως, ἑξήκοντα χιλιάδας. ¹⁶καὶ ἐξῆλθεν μεσημ-
βρίας · καὶ υἱὸς Αδερ πίνων μεθύων ἐν Σοκχωθ, αὐτὸς καὶ οἱ βα-
17 σιλεῖς, τριάκοντα καὶ δύο βασιλεῖς συμβοηθοὶ μετ᾽ αὐτοῦ. ¹⁷καὶ ἐξ-

7 πρεσβυτ.] + ※της γης Ο, + ισραηλ Lᵗ | αργυριον ... χρυσιον] tr. Aᵗ ‖
9 υμων] +※τω βασιλει Οᵗ | εν πρωτοις > A | ανεστρεψαν Aᵗ ‖ 10 αντ-
απεστειλεν] αντ > BLᵗ.| ποιησαι μοι ο θεος et προσθειη BLᵗ] ποιησαισαν
μ. οι θεοι et προσθεισαν rel.: cf. 19 2 | αλωπεξιν] δραξι L: cf. Ioseph. Antiq.
VIII 371 Niese (κατα δρακα) ‖ 11 ο 1⁰ > BAᵗ | και ειπεν] > AVᵗ, in Sy
sub ※ ‖ 12 οτε] ως Aᵗ | οι > B*ᵗ ‖ 13 τω βασ. BLᵗ] τω αχααβ (+ τω
Aᵗ) βασ. rel. | παντα > Bᵗ | σημ./εις χ. σας] tr. Οᵗ ‖ 14 χωρων] χορ. B:
item in 15. 17. 19; πολεων Οᵗ hoc loco, non in seq. ‖ 15 αχααβ > Ο | τα
παιδ. των αρχ. Ra.] τους παιδας των αρχ. A pl., τους αρχοντας τα παιδαρια
Bᵗ, pr. τους αρχοντας και Lᵗ; cf. 17. 19 | εγενετο B | διακοσιοι] -σια Bᵗ, τρια-
κοσιοι Aᵗ | και 3⁰ > AL | τριακοντα Bᵗ] + ※(και) δυο rel.; ad quae super-
add. και (ο) βασιλευς εζερ μετ αυτου Lᵗ: cf. 𝔐 16 fin. | τον] pr. συμπαντα Οᵗ:
pro συν παντα, cf. I 2 22 | παν (cf. Iud. 7 4 B)] παντα AL | εξηκοντα χιλιαδας
L] χιλ. > Bᵗ, επτα χιλ. Ο ‖ 16 σοκχω OLᵗ

ἦλθον παιδάρια ἀρχόντων τῶν χωρῶν ἐν πρώτοις. καὶ ἀποστέλ-
λουσιν καὶ ἀπαγγέλλουσιν τῷ βασιλεῖ Συρίας λέγοντες Ἄνδρες ἐξ-
εληλύθασιν ἐκ Σαμαρείας. ¹⁸καὶ εἶπεν αὐτοῖς Εἰ εἰς εἰρήνην οὗτοι 18
ἐκπορεύονται, συλλάβετε αὐτοὺς ζῶντας, καὶ εἰ εἰς πόλεμον, ζῶν-
τας συλλάβετε αὐτούς· ¹⁹καὶ μὴ ἐξελθάτωσαν ἐκ τῆς πόλεως τὰ 19
παιδάρια ἀρχόντων τῶν χωρῶν. καὶ ἡ δύναμις ὀπίσω αὐτῶν ²⁰ἐπά- 20
ταξεν ἕκαστος τὸν παρ᾽ αὐτοῦ καὶ ἐδευτέρωσεν ἕκαστος τὸν παρ᾽
αὐτοῦ, καὶ ἔφυγεν Συρία, καὶ κατεδίωξεν αὐτοὺς Ισραηλ· καὶ σώ-
ζεται υἱὸς Αδερ βασιλεὺς Συρίας ἐφ᾽ ἵππου ἱππέως. ²¹καὶ ἐξῆλθεν 21
βασιλεὺς Ισραηλ καὶ ἔλαβεν πάντας τοὺς ἵππους καὶ τὰ ἅρματα
καὶ ἐπάταξεν πληγὴν μεγάλην ἐν Συρίᾳ. ²²καὶ προσῆλθεν ὁ προ- 22
φήτης πρὸς βασιλέα Ισραηλ καὶ εἶπεν Κραταιοῦ καὶ γνῶθι καὶ ἰδὲ
τί ποιήσεις, ὅτι ἐπιστρέφοντος τοῦ ἐνιαυτοῦ υἱὸς Αδερ βασιλεὺς
Συρίας ἀναβαίνει ἐπὶ σέ.
²³Καὶ οἱ παῖδες βασιλέως Συρίας εἶπον Θεὸς ὀρέων θεὸς Ισραηλ 23
καὶ οὐ θεὸς κοιλάδων, διὰ τοῦτο ἐκραταίωσεν ὑπὲρ ἡμᾶς· ἐὰν δὲ
πολεμήσωμεν αὐτοὺς κατ᾽ εὐθύ, εἰ μὴ κραταιώσομεν ὑπὲρ αὐτούς.
²⁴καὶ τὸ ῥῆμα τοῦτο ποίησον· ἀπόστησον τοὺς βασιλεῖς ἕκαστον 24
εἰς τὸν τόπον αὐτῶν καὶ θοῦ ἀντ᾽ αὐτῶν σατράπας, ²⁵καὶ ἀλλά- 25
ξομέν σοι δύναμιν κατὰ τὴν δύναμιν τὴν πεσοῦσαν ἀπὸ σοῦ καὶ
ἵππον κατὰ τὴν ἵππον καὶ ἅρματα κατὰ τὰ ἅρματα καὶ πολεμήσο-
μεν πρὸς αὐτοὺς κατ᾽ εὐθὺ καὶ κραταιώσομεν ὑπὲρ αὐτούς. καὶ
ἤκουσεν τῆς φωνῆς αὐτῶν καὶ ἐποίησεν οὕτως. ²⁶καὶ ἐγένετο ἐπι- 26
στρέψαντος τοῦ ἐνιαυτοῦ καὶ ἐπεσκέψατο υἱὸς Αδερ τὴν Συρίαν
καὶ ἀνέβη εἰς Αφεκα εἰς πόλεμον ἐπὶ Ισραηλ. ²⁷καὶ οἱ υἱοὶ Ισραηλ 27
ἐπεσκέπησαν καὶ παρεγένοντο εἰς ἀπαντὴν αὐτῶν, καὶ παρενέβαλεν
Ισραηλ ἐξ ἐναντίας αὐτῶν ὡσεὶ δύο ποίμνια αἰγῶν, καὶ Συρία
ἔπλησεν τὴν γῆν. ²⁸καὶ προσῆλθεν ὁ ἄνθρωπος τοῦ θεοῦ καὶ εἶπεν 28

17 παιδαρια αρχοντων] αρχοντες παιδαρια B†, οι αρχοντες και τα παιδαρια
των αρχοντων L†: cf. 15 | αποστελλ. — συριας] απεστειλεν υιος αδερ και ανηγ-
γειλαν αυτω O || 18 και ειπεν] ειπειν B† | ει 1⁰ > B | εκπορ.] pr. ου γαρ
B† | συλλαβετε bis] -βειν B† | ει 2⁰] η A, > B | πολεμον BL†] + εξηλθον rel.
|| 19 μη εξελθ.] εξηλθον L† | εκ τ. πολ./τα παιδ.] tr. A† | πολεως] + αρχοντα
B†: cf. 15; + και ερχονται L†, + και εξηλθον εκ της πολεως mu. | αρχοντων] -τα
B† || 20 init.] pr. και O-AL | και εδευτερ. — αυτου 2⁰ > OV† | βασιλεως B
| ιππου] ιππων A† | ιππεως] συν ιππευσιν τισιν O | 21 ισραηλ] συριας A†
| παντας] > AL†, in Sy sub ÷ | πληγην μεγ./εν συρια] tr. O† || 22 ειπεν]
+ ※αυτω O† | επιστρεψαντος A† | αναβαινει] ανεισιν A† || 23 συριας] +
και B† | ειπον BL†] ειπαν(uel -πον) προς αυτον rel. | θεος 2⁰] pr. ο L, pr.
κυριος ο A† | κοιλαδος B† hoc loco, non in 28 | πολεμησομεν BA† ||
24 αντ αυτων/σατρ.] tr. O† || 25 απο σου > B† | την 3⁰] τον B† | αυτων]
-του B† || 26 αφεκαν A† || 27 επεσκεπ.] + ※και διοικηθησαν O† | απαν-
την B†] -τησιν rel. | αυτων 1⁰] ν > B† | παρενεβ.] παρενεβαλον ※οι υιοι O
|| 28 ο 1⁰ > ALV† | και ειπεν τω βασ.] προς βασιλεα A†

I 24

τῷ βασιλεῖ Ισραηλ Τάδε λέγει κύριος Ἀνθ᾽ ὧν εἶπεν Συρία Θεὸς
ὀρέων κύριος ὁ θεὸς Ισραηλ καὶ οὐ θεὸς κοιλάδων αὐτός, καὶ
δώσω τὴν δύναμιν τὴν μεγάλην ταύτην εἰς χεῖρα σήν, καὶ γνώσῃ
29 ὅτι ἐγὼ κύριος. ²⁹καὶ παρεμβάλλουσιν οὗτοι ἀπέναντι τούτων ἑπτὰ
ἡμέρας, καὶ ἐγένετο ἐν τῇ ἡμέρᾳ τῇ ἑβδόμῃ καὶ προσήγαγεν ὁ πό-
λεμος, καὶ ἐπάταξεν Ισραηλ τὴν Συρίαν ἑκατὸν χιλιάδας πεζῶν
30 μιᾷ ἡμέρᾳ. ³⁰καὶ ἔφυγον οἱ κατάλοιποι εἰς Αφεκα εἰς τὴν πόλιν,
καὶ ἔπεσεν τὸ τεῖχος ἐπὶ εἴκοσι καὶ ἑπτὰ χιλιάδας ἀνδρῶν τῶν
καταλοίπων. — καὶ υἱὸς Αδερ ἔφυγεν καὶ εἰσῆλθεν εἰς τὸν οἶκον
31 τοῦ κοιτῶνος εἰς τὸ ταμίειον. ³¹καὶ εἶπεν τοῖς παισὶν αὐτοῦ Οἶδα
ὅτι βασιλεῖς Ισραηλ βασιλεῖς ἐλέους εἰσίν· ἐπιθώμεθα δὴ σάκκους
ἐπὶ τὰς ὀσφύας ἡμῶν καὶ σχοινία ἐπὶ τὰς κεφαλὰς ἡμῶν καὶ ἐξ-
έλθωμεν πρὸς βασιλέα Ισραηλ, εἴ πως ζωογονήσει τὰς ψυχὰς ἡμῶν.
32 ³²καὶ περιεζώσαντο σάκκους ἐπὶ τὰς ὀσφύας αὐτῶν καὶ ἔθεσαν
σχοινία ἐπὶ τὰς κεφαλὰς αὐτῶν καὶ εἶπον τῷ βασιλεῖ Ισραηλ Δοῦ-
λός σου υἱὸς Αδερ λέγει Ζησάτω δὴ ἡ ψυχή μου. καὶ εἶπεν Εἰ
33 ἔτι ζῇ; ἀδελφός μού ἐστιν. ³³καὶ οἱ ἄνδρες οἰωνίσαντο καὶ ἔσπευ-
σαν καὶ ἀνέλεξαν τὸν λόγον ἐκ τοῦ στόματος αὐτοῦ καὶ εἶπον
Ἀδελφός σου υἱὸς Αδερ. καὶ εἶπεν Εἰσέλθατε καὶ λάβετε αὐτόν·
καὶ ἐξῆλθεν πρὸς αὐτὸν υἱὸς Αδερ, καὶ ἀναβιβάζουσιν αὐτὸν πρὸς
34 αὐτὸν ἐπὶ τὸ ἅρμα. ³⁴καὶ εἶπεν πρὸς αὐτὸν Τὰς πόλεις, ἃς ἔλαβεν
ὁ πατήρ μου παρὰ τοῦ πατρός σου, ἀποδώσω σοι, καὶ ἐξόδους
θήσεις σαυτῷ ἐν Δαμασκῷ, καθὼς ἔθετο ὁ πατήρ μου ἐν Σαμα-
ρείᾳ· καὶ ἐγὼ ἐν διαθήκῃ ἐξαποστελῶ σε. καὶ διέθετο αὐτῷ δια-
θήκην καὶ ἐξαπέστειλεν αὐτόν.
35 ³⁵Καὶ ἄνθρωπος εἷς ἐκ τῶν υἱῶν τῶν προφητῶν εἶπεν πρὸς
τὸν πλησίον αὐτοῦ ἐν λόγῳ κυρίου Πάταξον δή με· καὶ οὐκ ἠθέ-
36 λησεν ὁ ἄνθρωπος πατάξαι αὐτόν. ³⁶καὶ εἶπεν πρὸς αὐτὸν Ἀνθ᾽
ὧν οὐκ ἤκουσας τῆς φωνῆς κυρίου, ἰδοὺ σὺ ἀποτρέχεις ἀπ᾽ ἐμοῦ,
καὶ πατάξει σε λέων· καὶ ἀπῆλθεν ἀπ᾽ αὐτοῦ, καὶ εὑρίσκει αὐτὸν
37 λέων καὶ ἐπάταξεν αὐτόν. ³⁷καὶ εὑρίσκει ἄνθρωπον ἄλλον καὶ εἶ-

28 ειπεν 2⁰ > A⁺ | θεος 1⁰] pr. ο A⁺ | και δωσω] δωσει A⁺ ‖ 29 παρεμ-
βαλουσιν ΒΑ | ουτοι]· αυτ. Α | τη ημ. τη εβδ.] εβδ. ημ. A⁺ | εκατον] + και ει-
κοσι L⁺ | μια ημερα BL⁺] tr. rel. (Α εν ημ. μια) ‖ 31 ειπεν τοις παισιν Β
L⁺] ειπον(A⁺ -παν) προς αυτον οι(>A⁺) παιδες rel. | οιδα BLᵖ⁺] οιδατε Lᵖ⁺,
ιδου δη οιδαμεν rel. | ισραηλ 1⁰] pr. ⚭οικου O⁺ | δη] ουν AL⁺ | εξελθ.] + ετι B⁺
‖ 32 επι 1⁰] περι B⁺, > L⁺ | εθεσαν B⁺ (cf. Thack. p. 255)] εθηκαν A⁺; εδη-
σαν σχοινιοις L⁺ pro εθ. σχοιν. επι; εθεντο rel. | Ζησατω] Ζητω A⁺ | μου 1⁰]
ημων B*⁺ | αδελφος] pr. ο B⁺ ‖ 33 εσπευσαν L⁺] εσπεισαντο rel. (in O
sub ÷) | ἐκ] απο Β | ειπον] -πεν A⁺ | αδερ 1⁰] + λεγει A⁺ | προς αυτον ult.]
in finem uersus tr. L⁺, in fine uersus repetit A⁺ (αυτον προς αυτον in Sy
sub ÷) ‖ 34 εξοδον LBᶜ⁺ | fin.] + εκ της οικιας αυτου και απηλθεν απ αυ-
του L⁺ ‖ 35 δη με] tr. Α | ο ανθρ./παταξαι] tr. B⁺ ‖ 36 ιδου] pr. και
B⁺ | λεων bis] pr. ο L⁺ ‖ 37 init. — αυτον > A⁺

πεν Πάταξόν με δή · καὶ ἐπάταξεν αὐτὸν ὁ ἄνθρωπος πατάξας καὶ
συνέτριψεν. ³⁸καὶ ἐπορεύθη ὁ προφήτης καὶ ἔστη τῷ βασιλεῖ Ἰσρα- 38
ηλ ἐπὶ τῆς ὁδοῦ καὶ κατεδήσατο τελαμῶνι τοὺς ὀφθαλμοὺς αὐτοῦ.
³⁹καὶ ἐγένετο ὡς ὁ βασιλεὺς παρεπορεύετο, καὶ οὗτος ἐβόα πρὸς 39
τὸν βασιλέα καὶ εἶπεν Ὁ δοῦλός σου ἐξῆλθεν ἐπὶ τὴν στρατιὰν
τοῦ πολέμου, καὶ ἰδοὺ ἀνὴρ εἰσήγαγεν πρός με ἄνδρα καὶ εἶπεν
πρός με Φύλαξον τοῦτον τὸν ἄνδρα, ἐὰν δὲ ἐκπηδῶν ἐκπη-
δήσῃ, καὶ ἔσται ἡ ψυχή σου ἀντὶ τῆς ψυχῆς αὐτοῦ ἢ τάλαντον
ἀργυρίου στήσεις· ⁴⁰καὶ ἐγενήθη περιεβλέψατο ὁ δοῦλός σου ὧδε 40
καὶ ὧδε, καὶ οὗτος οὐκ ἦν. καὶ εἶπεν πρὸς αὐτὸν ὁ βασιλεὺς
Ισραηλ Ἰδοὺ καὶ τὰ ἔνεδρα, παρ' ἐμοὶ ἐφόνευσας. ⁴¹καὶ ἔσπευσεν 41
καὶ ἀφεῖλεν τὸν τελαμῶνα ἀπὸ τῶν ὀφθαλμῶν αὐτοῦ, καὶ ἐπέγνω
αὐτὸν ὁ βασιλεὺς Ισραηλ ὅτι ἐκ τῶν προφητῶν οὗτος. ⁴²καὶ εἶπεν 42
πρὸς αὐτόν Τάδε λέγει κύριος Διότι ἐξήνεγκας σὺ ἄνδρα ὀλέθριον
ἐκ χειρός σου, καὶ ἔσται ἡ ψυχή σου ἀντὶ τῆς ψυχῆς αὐτοῦ καὶ
ὁ λαός σου ἀντὶ τοῦ λαοῦ αὐτοῦ. ⁴³καὶ ἀπῆλθεν ὁ βασιλεὺς Ισρα- 43
ηλ συγκεχυμένος καὶ ἐκλελυμένος καὶ ἔρχεται εἰς Σαμάρειαν.

¹Καὶ ἐκάθισεν τρία ἔτη, καὶ οὐκ ἦν πόλεμος ἀνὰ μέσον Συρίας 22
καὶ ἀνὰ μέσον Ισραηλ. ²καὶ ἐγενήθη ἐν τῷ ἐνιαυτῷ τῷ τρίτῳ καὶ 2
κατέβη Ιωσαφατ βασιλεὺς Ιουδα πρὸς βασιλέα Ισραηλ. ³καὶ 3
εἶπεν βασιλεὺς Ισραηλ πρὸς τοὺς παῖδας αὐτοῦ Εἰ οἴδατε ὅτι ἡμῖν
Ρεμμαθ Γαλααδ, καὶ ἡμεῖς σιωπῶμεν λαβεῖν αὐτὴν ἐκ χειρὸς βασι-
λέως Συρίας; ⁴καὶ εἶπεν βασιλεὺς Ισραηλ πρὸς Ιωσαφατ Ἀναβήσῃ 4
μεθ' ἡμῶν εἰς Ρεμμαθ Γαλααδ εἰς πόλεμον; καὶ εἶπεν Ιωσαφατ
Καθὼς ἐγὼ οὕτως καὶ σύ, καθὼς ὁ λαός μου ὁ λαός σου, καθὼς
οἱ ἵπποι μου οἱ ἵπποι σου. ⁵καὶ εἶπεν Ιωσαφατ βασιλεὺς Ιουδα 5
πρὸς βασιλέα Ισραηλ Ἐπερωτήσατε δὴ σήμερον τὸν κύριον. ⁶καὶ 6
συνήθροισεν ὁ βασιλεὺς Ισραηλ πάντας τοὺς προφήτας ὡς τετρα-
κοσίους ἄνδρας, καὶ εἶπεν αὐτοῖς ὁ βασιλεύς Εἰ πορευθῶ εἰς Ρεμ-
μαθ Γαλααδ εἰς πόλεμον ἢ ἐπίσχω; καὶ εἶπαν Ἀνάβαινε, καὶ διδοὺς
δώσει κύριος εἰς χεῖρας τοῦ βασιλέως. ⁷καὶ εἶπεν Ιωσαφατ πρὸς 7
βασιλέα Ισραηλ Οὐκ ἔστιν ὧδε προφήτης τοῦ κυρίου καὶ ἐπερωτή-
σομεν τὸν κύριον δι' αὐτοῦ; ⁸καὶ εἶπεν ὁ βασιλεὺς Ισραηλ πρὸς 8

---

38 τελαμ.] ταλ. A†: item in 41 ‖ 39 ο βασ. / παρεπορ.] tr. B† | εισηγαγεν]
εξηγ. B† | προς με 2⁰] μοι Lᵖ†, > OLᵖ† | τουτον / τον ανδρα] tr. O†, τουτον
L† | δε > A† ‖ 40 και τα ενεδρα] δικαστης συ L† ‖ 41 επεγνω] επ >
A† ‖ 42 εξηνεγκας] εξηγαγες A†, εξαπεστειλας L† | σου 1⁰] μου ABᶜ ‖
43 ισραηλ] + ※προς οικον αυτου O†
22 2 εγενετο AL† ‖ 4 αναβηση] -βηθι A† | εις(>A) ρ. γαλ. / εις πολ.] tr.
O | ιωσαφατ 2⁰] + ※προς βασιλεα ισραηλ O† | ουτως / και συ] tr. BO† (ουτως
in O sub ÷) ‖ 6 ο 1⁰ > B | ως] ωστε A† | επεχω BV† | και ult.] οτι AL†
‖ 7 βασ.] pr. τον AL† | ουκ] pr. αρα O† | κυριου] + ουκετι O†

Ιωσαφατ "Ετι ἔστιν ἀνὴρ εἷς τοῦ ἐπερωτῆσαι τὸν κύριον δι' αὐτοῦ,
καὶ ἐγὼ μεμίσηκα αὐτόν, ὅτι οὐ λαλεῖ περὶ ἐμοῦ καλά, ἀλλ' ἢ κακά,
Μιχαιας υἱὸς Ιεμλα. καὶ εἶπεν Ιωσαφατ βασιλεὺς Ιουδα Μὴ λεγέτω
9 ὁ βασιλεὺς οὕτως. ⁹καὶ ἐκάλεσεν ὁ βασιλεὺς Ισραηλ εὐνοῦχον ἕνα
10 καὶ εἶπεν Τάχος Μιχαιαν υἱὸν Ιεμλα. ¹⁰καὶ ὁ βασιλεὺς Ισραηλ καὶ
Ιωσαφατ βασιλεὺς Ιουδα ἐκάθηντο ἀνὴρ ἐπὶ τοῦ θρόνου αὐτοῦ
ἔνοπλοι ἐν ταῖς πύλαις Σαμαρείας, καὶ πάντες οἱ προφῆται ἐπρο-
11 φήτευον ἐνώπιον αὐτῶν. ¹¹καὶ ἐποίησεν ἑαυτῷ Σεδεκιας υἱὸς Χα-
νανα κέρατα σιδηρᾶ καὶ εἶπεν Τάδε λέγει κύριος Ἐν τούτοις κερα-
12 τιεῖς τὴν Συρίαν, ἕως συντελεσθῇ. ¹²καὶ πάντες οἱ προφῆται ἐπρο-
φήτευον οὕτως λέγοντες Ἀνάβαινε εἰς Ρεμμαθ Γαλααδ, καὶ εὐοδώ-
13 σει καὶ δώσει κύριος εἰς χεῖράς σου καὶ τὸν βασιλέα Συρίας. ¹³καὶ
ὁ ἄγγελος ὁ πορευθεὶς καλέσαι τὸν Μιχαιαν ἐλάλησεν αὐτῷ λέγων
Ἰδοὺ δὴ λαλοῦσιν πάντες οἱ προφῆται ἐν στόματι ἑνὶ καλὰ περὶ
τοῦ βασιλέως · γίνου δὴ καὶ σὺ εἰς λόγους σου κατὰ τοὺς λόγους
14 ἑνὸς τούτων καὶ λάλησον καλά. ¹⁴καὶ εἶπεν Μιχαιας Ζῇ κύριος ὅτι
15 ἃ ἂν εἴπῃ κύριος πρός με, ταῦτα λαλήσω. ¹⁵καὶ ἦλθεν πρὸς τὸν
βασιλέα, καὶ εἶπεν αὐτῷ ὁ βασιλεύς Μιχαια, εἰ ἀναβῶ εἰς Ρεμμαθ
Γαλααδ εἰς πόλεμον ἢ ἐπίσχω; καὶ εἶπεν Ἀνάβαινε, καὶ εὐοδώσει
16 καὶ δώσει κύριος εἰς χεῖρα τοῦ βασιλέως. ¹⁶καὶ εἶπεν αὐτῷ ὁ βα-
σιλεύς Ποσάκις ἐγὼ ὁρκίζω σε ὅπως λαλήσῃς πρός με ἀλήθειαν
17 ἐν ὀνόματι κυρίου; ¹⁷καὶ εἶπεν Μιχαιας Οὐχ οὕτως · ἑώρακα πάν-
τα τὸν Ισραηλ διεσπαρμένον ἐν τοῖς ὄρεσιν ὡς ποίμνιον, ᾧ οὐκ
ἔστιν ποιμήν, καὶ εἶπεν κύριος Οὐ κύριος τούτοις, ἀναστρεφέτω
18 ἕκαστος εἰς τὸν οἶκον αὐτοῦ ἐν εἰρήνῃ. ¹⁸καὶ εἶπεν βασιλεὺς Ισρα-
ηλ πρὸς Ιωσαφατ βασιλέα Ιουδα Οὐκ εἶπα πρὸς σέ Οὐ προφη-
19 τεύει οὗτός μοι καλά, διότι ἀλλ' ἢ κακά; ¹⁹καὶ εἶπεν Μιχαιας Οὐχ
οὕτως, οὐκ ἐγώ, ἄκουε ῥῆμα κυρίου, οὐχ οὕτως · εἶδον τὸν κύριον
θεὸν Ισραηλ καθήμενον ἐπὶ θρόνου αὐτοῦ, καὶ πᾶσα ἡ στρατιὰ
τοῦ οὐρανοῦ εἱστήκει περὶ αὐτὸν ἐκ δεξιῶν αὐτοῦ καὶ ἐξ εὐωνύ-
20 μων αὐτοῦ. ²⁰καὶ εἶπεν κύριος Τίς ἀπατήσει τὸν Αχααβ βασιλέα

8 ετι *O*†] εις B†, + εις pl. | εἷς του *L*†] εἷς το rel. | ιεμλα Gra.] ιεμαα A†,
ιεμιας B†, ιεμ(β)λαα pl., ναμαλει *L*†: item in 9, sed B† ιεμια; cf. Par. II 18 7
|| 9 ταχος (cf. Par. II 18 8)] pr. το A*L* | ιεμλα: cf. 8 || 10 εκαθητο A | αυ-
του] -των O B*c* || 11 χανανα A†] χαανα B†, χανααν rel.: cf. 24 Par. II 18 10
|| 12 και ult. B*L*†] > rel. | συρ. > A† || 13 ενι] επι B | περι] κατα B† |
γινου B*L*†] γενου rel. | κατα] rel. | pr. εις B Sy† || 14 α αν] εαν A || 15 αυτω/
c βας.] tr. A | ειπεν 2⁰] + ※προς αυτον *O*†, + αυτω *L*† | και δωσει *O*† (sub
※; cf. 12)] om. rel. | εις χειρα B†] εν χειρι *L*†, εις χειρας rel. || 16 ποσα-
κις (sic etiam B*c*)] πεντακις B*※*†, ετι δις O B*mg* | ορκιζω] pr. εξ B†: ex Matth.
26 63 || 17 μιχαιας > B O V† | παντα τον] tr. B† | διεσπαρμενους B Sy† | ου
κυριος τουτοις *O*] + θεος B†, + εις θεον pl., ει κυριως αυτοι προς (τον) θεον
L† | αναστρεφ.] in fin. u. tr. B || 18 βασιλευς] pr. ο A*L* | ου] pr. οτι O*L*†
|| 19 τον κυριον > B† | θρονου] pr. του A | αυτου paenult. > O†

Ισραηλ καὶ ἀναβήσεται καὶ πεσεῖται ἐν Ρεμμαθ Γαλααδ; καὶ εἶπεν
οὗτος οὕτως καὶ οὗτος οὕτως. ²¹καὶ ἐξῆλθεν πνεῦμα καὶ ἔστη 21
ἐνώπιον κυρίου καὶ εἶπεν Ἐγὼ ἀπατήσω αὐτόν. καὶ εἶπεν πρὸς
αὐτὸν κύριος Ἐν τίνι; ²²καὶ εἶπεν Ἐξελεύσομαι καὶ ἔσομαι πνεῦ- 22
μα ψευδὲς ἐν στόματι πάντων τῶν προφητῶν αὐτοῦ. καὶ εἶπεν
Ἀπατήσεις καί γε δυνήσει, ἔξελθε καὶ ποίησον οὕτως. ²³καὶ νῦν 23
ἰδοὺ ἔδωκεν κύριος πνεῦμα ψευδὲς ἐν στόματι πάντων τῶν προ-
φητῶν σου τούτων, καὶ κύριος ἐλάλησεν ἐπὶ σὲ κακά. ²⁴καὶ προσ- 24
ῆλθεν Σεδεκιου υἱὸς Χανανα καὶ ἐπάταξεν τὸν Μιχαιαν ἐπὶ τὴν
σιαγόνα καὶ εἶπεν Ποῖον πνεῦμα κυρίου τὸ λαλῆσαν ἐν σοί; ²⁵καὶ 25
εἶπεν Μιχαιας Ἰδοὺ σὺ ὄψη ἐν τῇ ἡμέρᾳ ἐκείνῃ, ὅταν εἰσέλθης
ταμίειον τοῦ ταμιείου τοῦ κρυβῆναι. ²⁶καὶ εἶπεν ὁ βασιλεὺς Ισραηλ 26
Λάβετε τὸν Μιχαιαν καὶ ἀποστρέψατε αὐτὸν πρὸς Εμηρ τὸν ἄρ-
χοντα τῆς πόλεως · καὶ τῷ Ιωας υἱῷ τοῦ βασιλέως ²⁷εἰπὸν θέ- 27
σθαι τοῦτον ἐν φυλακῇ καὶ ἐσθίειν αὐτὸν ἄρτον θλίψεως καὶ ὕδωρ
θλίψεως ἕως τοῦ ἐπιστρέψαι με ἐν εἰρήνη. ²⁸καὶ εἶπεν Μιχαιας 28
Ἐὰν ἐπιστρέφων ἐπιστρέψῃς ἐν εἰρήνη, οὐκ ἐλάλησεν κύριος ἐν ἐμοί.

²⁹Καὶ ἀνέβη βασιλεὺς Ισραηλ καὶ Ιωσαφατ βασιλεὺς Ιουδα μετ᾽ 29
αὐτοῦ εἰς Ρεμμαθ Γαλααδ. ³⁰καὶ εἶπεν βασιλεὺς Ισραηλ πρὸς Ιω- 30
σαφατ βασιλέα Ιουδα Συγκαλύψομαι καὶ εἰσελεύσομαι εἰς τὸν πό-
λεμον, καὶ σὺ ἔνδυσαι τὸν ἱματισμόν μου · καὶ συνεκαλύψατο ὁ
βασιλεὺς Ισραηλ καὶ εἰσῆλθεν εἰς τὸν πόλεμον. ³¹καὶ βασιλεὺς Συ- 31
ρίας ἐνετείλατο τοῖς ἄρχουσι τῶν ἁρμάτων αὐτοῦ τριάκοντα καὶ
δυσὶν λέγων Μὴ πολεμεῖτε μικρὸν καὶ μέγαν ἀλλ᾽ ἢ τὸν βασιλέα
Ισραηλ μονώτατον. ³²καὶ ἐγένετο ὡς εἶδον οἱ ἄρχοντες τῶν ἁρ- 32
μάτων τὸν Ιωσαφατ βασιλέα Ιουδα, καὶ αὐτοὶ εἶπον Φαίνεται βα-
σιλεὺς Ισραηλ οὗτος · καὶ ἐκύκλωσαν αὐτὸν πολεμῆσαι, καὶ ἀνέ-
κραξεν Ιωσαφατ. ³³καὶ ἐγένετο ὡς εἶδον οἱ ἄρχοντες τῶν ἁρμάτων 33
ὅτι οὐκ ἔστιν βασιλεὺς Ισραηλ οὗτος, καὶ ἀπέστρεψαν ἀπ᾽ αὐτοῦ.
³⁴καὶ ἐνέτεινεν εἰς τὸ τόξον εὐστόχως καὶ ἐπάταξεν τὸν βασιλέα 34

20 ραμμαθ A | ουτως 1⁰ ⌒ 2⁰ A | fin.] + και ειπεν ου δυνηση και ειπεν εν
σοι L†: cf. 22 ‖ 21 προς αυτον / κυριος] tr. O† ‖ 22 εν στοματι] εις το
στομα B† ‖ 24 σεδεκιου B†] -κιας rel. | χανανα Ra.] χανααν mss.: cf. 11 |
πνευμα κυριου] ※τουτο παρηλθεν ⊰ πν. κυρ. ※παρ εμου O†, + απεστη απ εμου
L† (sequitur του λαλησαι pro το -σαν) ‖ 25 συ > A† | εν > B† | κρυβη-
ναι] κρυφιου B*† ‖ 26 ισραηλ > A† | εμηρ Ra.] σεμηρ B†, (σ)εμμηρ L†,
αμ(μ)ων rel.: cf. Par. II 18 25 | αρχοντα] βασιλεα B† | τω ιωας υιω BL†]
προς ι. υιον rel. ‖ 27 ειπον] + ταδε λεγει ο βασιλευς O† | θεσθαι] pr. του
L†, θεσθε O† (A -θαι pro -θε): cf. Par. II 18 26 | εσθιειν αυτον] εσθιετω OL†
| υδωρ] pr. πινετω L† ‖ 28 ουκ ελαλ.] ου λελαληκεν BL† | fin.] + ※και
ειπεν ακουσατε λαοι παντες O† ‖ 30 συγκαλυψομαι BL(†)] -ψου με rel.:
cf. Par. II 18 29 | ο > B† ‖ 31 δυσιν B†] δυο rel. ‖ 32 ιωσαφαθ B*†
2⁰: item in 41—52, sed 1⁰ et in 2—30 etiam B* -φατ (B^c saepe -φαθ): cf.
II 20 24 ‖ 34 επετεινεν B† | το > AV†

Ισραηλ ἀνὰ μέσον τοῦ πνεύμονος καὶ ἀνὰ μέσον τοῦ θώρακος. καὶ εἶπεν τῷ ἡνιόχῳ αὐτοῦ Ἐπίστρεψον τὰς χεῖράς σου καὶ ἐξ-
35 άγαγέ με ἐκ τοῦ πολέμου, ὅτι τέτρωμαι. ³⁵καὶ ἐτροπώθη ὁ πόλεμος ἐν τῇ ἡμέρᾳ ἐκείνῃ, καὶ ὁ βασιλεὺς ἦν ἑστηκὼς ἐπὶ τοῦ ἅρματος ἐξ ἐναντίας Συρίας ἀπὸ πρωὶ ἕως ἑσπέρας καὶ ἀπέχυννε τὸ αἷμα ἐκ τῆς πληγῆς εἰς τὸν κόλπον τοῦ ἅρματος · καὶ ἀπέθανεν ἑσπέ-ρας, καὶ ἐξεπορεύετο τὸ αἷμα τῆς τροπῆς ἕως τοῦ κόλπου τοῦ ἅρ-
36 ματος. ³⁶καὶ ἔστη ὁ στρατοκῆρυξ δύνοντος τοῦ ἡλίου λέγων Ἕκα-
37 στος εἰς τὴν ἑαυτοῦ πόλιν καὶ εἰς τὴν ἑαυτοῦ γῆν, ³⁷ὅτι τέθνηκεν ὁ βασιλεύς. καὶ ἦλθον εἰς Σαμάρειαν καὶ ἔθαψαν τὸν βασιλέα ἐν
38 Σαμαρείᾳ. ³⁸καὶ ἀπένιψαν τὸ ἅρμα ἐπὶ τὴν κρήνην Σαμαρείας, καὶ ἐξέλειξαν αἱ ὕες καὶ οἱ κύνες τὸ αἷμα, καὶ αἱ πόρναι ἐλούσαντο
39 ἐν τῷ αἵματι κατὰ τὸ ῥῆμα κυρίου, ὃ ἐλάλησεν. ³⁹καὶ τὰ λοιπὰ τῶν λόγων Αχααβ καὶ πάντα, ἃ ἐποίησεν, καὶ οἶκον ἐλεφάντινον, ὃν ᾠκοδόμησεν, καὶ πάσας τὰς πόλεις, ἃς ἐποίησεν, οὐκ ἰδοὺ ταῦτα γέγραπται ἐν βιβλίῳ λόγων τῶν ἡμερῶν τῶν βασιλέων
40 Ισραηλ ; ⁴⁰καὶ ἐκοιμήθη Αχααβ μετὰ τῶν πατέρων αὐτοῦ, καὶ ἐβα-σίλευσεν Οχοζιας υἱὸς αὐτοῦ ἀντ᾽ αὐτοῦ.
41 ⁴¹Καὶ Ιωσαφατ υἱὸς Ασα ἐβασίλευσεν ἐπὶ Ιουδα. ἔτει τετάρτῳ
42 τῷ Αχααβ βασιλέως Ισραηλ ἐβασίλευσεν. ⁴²Ιωσαφατ υἱὸς τριάκοντα καὶ πέντε ἐτῶν ἐν τῷ βασιλεύειν αὐτὸν καὶ εἴκοσι καὶ πέντε ἔτη ἐβασίλευσεν ἐν Ιερουσαλημ, καὶ ὄνομα τῇ μητρὶ αὐτοῦ Αζουβα
43 θυγάτηρ Σελεΐ. ⁴³καὶ ἐπορεύθη ἐν πάσῃ ὁδῷ Ασα τοῦ πατρὸς αὐ-τοῦ · οὐκ ἐξέκλινεν ἀπ᾽ αὐτῆς τοῦ ποιῆσαι τὸ εὐθὲς ἐν ὀφθαλμοῖς
44 κυρίου · ⁴⁴πλὴν τῶν ὑψηλῶν οὐκ ἐξῆρεν, ἔτι ὁ λαὸς ἐθυσίαζεν καὶ
45 ἐθυμίων ἐν τοῖς ὑψηλοῖς. ⁴⁵καὶ εἰρήνευσεν Ιωσαφατ μετὰ βασιλέως
46 Ισραηλ. ⁴⁶καὶ τὰ λοιπὰ τῶν λόγων Ιωσαφατ καὶ αἱ δυναστεῖαι αὐτοῦ, ὅσα ἐποίησεν, οὐκ ἰδοὺ ταῦτα γεγραμμένα ἐν βιβλίῳ λόγων
51 τῶν ἡμερῶν τῶν βασιλέων Ιουδα ; ⁵¹καὶ ἐκοιμήθη Ιωσαφατ μετὰ

34 την χειρα OL† ‖ 35 της ult.] pr. εκ A† ‖ 36 στρατ.] + ✳εν τη παρεμβολη O | fin.] + αποτρεχετω A† ‖ 37 ηλθεν A† | σαμαρειαν] pr. την B† ‖ 38 αρμα O] αιμα B pl., αιμα απο του αρματος L | αι υες και (cf. 20 19)] in O sub ÷, > L | αιμα] + ✳αυτου O† ‖ 39 ουκ] και BO† | βιβλιου AL† ‖ 41—51 > L†, cf. 16 28ᵃ⁻ʰ ‖ 41 ιωσαφατ: cf. 32 | ιουδαν A | ετει τεταρ-τω τω BA†] εν ετει τετ. του rel. | βασ. ισρ. > B† ‖ 42 υιος BO†] + ασα rel. | αζουβα] αζαεβα B† | σελει Ra. (cf. 16 28ᵃ)] σεμεει B†, σαλαλα A†, σαλαει V pl. ‖ 43 εν οφθ.] ενωπιον A: cf. 16 28ᵇ ‖ 45 βασιλεων A† ‖ 46 ε-ποι.] + ✳και οσα επολεμησεν O† | ουκ ιδου] ουχι A† | γεγραμμ.] pr. εν B† | των ημερων — fin.] ιωσαφαθ B† ‖ post 46 addit O† ✳(47) και περισσον του ενδιηλλαγμενου ο(A† ουχ) υπελειφθη εν ημεραις ασα πατρος αυτου επελεξεν απο της γης. (48) και βασιλευς ουκ ην εν εδωμ εστηλωμενος. και ο βασιλευς (49) ιωσαφατ εποιησεν νηας εις θαρσις (εις θ. > A†) του πορευθηναι ωφιρ-δε(cf. IV 16 9) εις χρυσιον και ουκ επορευθησαν, οτι συνετριβησαν νηες εν ασι-ωνγαβερ. (50) τοτε ειπεν οχοζιας υιος αχααβ προς ιωσαφατ πορευθητωσαν

τῶν πατέρων αὐτοῦ καὶ ἐτάφη παρὰ τοῖς πατράσιν αὐτοῦ ἐν πό-
λει Δαυιδ τοῦ πατρὸς αὐτοῦ · καὶ ἐβασίλευσεν Ιωραμ υἱὸς αὐτοῦ
ἀντ᾽ αὐτοῦ.

⁵²Καὶ Οχοζιας υἱὸς Αχααβ ἐβασίλευσεν ἐπὶ Ισραηλ ἐν Σαμαρείᾳ 52
ἐν ἔτει ἑπτακαιδεκάτῳ Ιωσαφατ βασιλεῖ Ιουδα · καὶ ἐβασίλευσεν
ἐν Ισραηλ ἔτη δύο. ⁵³καὶ ἐποίησεν τὸ πονηρὸν ἐναντίον κυρίου 53
καὶ ἐπορεύθη ἐν ὁδῷ Αχααβ τοῦ πατρὸς αὐτοῦ καὶ ἐν ὁδῷ Ιεζαβελ
τῆς μητρὸς αὐτοῦ καὶ ἐν ταῖς ἁμαρτίαις οἴκου Ιεροβοαμ υἱοῦ Να-
βατ, ὃς ἐξήμαρτεν τὸν Ισραηλ. ⁵⁴καὶ ἐδούλευσεν τοῖς Βααλιμ καὶ 54
προσεκύνησεν αὐτοῖς καὶ παρώργισεν τὸν κύριον θεὸν Ισραηλ κα-
τὰ πάντα τὰ γενόμενα ἔμπροσθεν αὐτοῦ.

δουλοι μου(A† σου) μετα των δουλων σου(A† μου) και(sic) ταις ναυσιν · και
ουκ ηθελησεν ιωσαφατ ‖ 51 ιωσαφατ et παρα τ. πατρ. αυτου > B† ‖
52 βασιλει] -λεως A | ετη δυο] tr. A ‖ 53 εναντ.] ενωπιον AL | αχααβ / του
πατρ. αυτου] tr. B†, αχααβ in O sub ÷, του πατρ. αυτου > L† | οικου] > AL†,
in Sy sub ÷ ‖ 54 fin.] BL† addunt initium libri sequentis, B† usque ad
IV 1 ι fin., L† usque ad IV 1 2 ηρρωστησεν, cf. I 31 13
    Subscr. βασιλειων γ′ BAL¹²⁷, nulla subscr. est in L–¹²⁷, cf. Regn. I subscr.

ΒΑΣΙΛΕΙΩΝ Δ′

¹Καὶ ἠθέτησεν Μωαβ ἐν Ισραηλ μετὰ τὸ ἀποθανεῖν Αχααβ. ²καὶ 1
ἔπεσεν Οχοζιας διὰ τοῦ δικτυωτοῦ τοῦ ἐν τῷ ὑπερῴῳ αὐτοῦ τῷ
ἐν Σαμαρείᾳ καὶ ἠρρώστησεν. καὶ ἀπέστειλεν ἀγγέλους καὶ εἶπεν
πρὸς αὐτούς Δεῦτε καὶ ἐπιζητήσατε ἐν τῇ Βααλ μυῖαν θεὸν Ακ-
καρων εἰ ζήσομαι ἐκ τῆς ἀρρωστίας μου ταύτης · καὶ ἐπορεύθη-
σαν ἐπερωτῆσαι δι᾽ αὐτοῦ. ³καὶ ἄγγελος κυρίου ἐλάλησεν πρὸς 3
Ηλιου τὸν Θεσβίτην λέγων Ἀναστὰς δεῦρο εἰς συνάντησιν τῶν
ἀγγέλων Οχοζιου βασιλέως Σαμαρείας καὶ λαλήσεις πρὸς αὐτούς
Εἰ παρὰ τὸ μὴ εἶναι θεὸν ἐν Ισραηλ ὑμεῖς πορεύεσθε ἐπιζητῆσαι
ἐν τῇ Βααλ μυῖαν θεὸν Ακκαρων; ⁴καὶ οὐχ οὕτως · ὅτι τάδε λέγει 4
κύριος Ἡ κλίνη, ἐφ᾽ ἧς ἀνέβης ἐκεῖ, οὐ καταβήσῃ ἀπ᾽ αὐτῆς, ὅτι
ἐκεῖ θανάτῳ ἀποθανῇ. καὶ ἐπορεύθη Ηλιου καὶ εἶπεν πρὸς αὐτούς.
⁵καὶ ἐπεστράφησαν οἱ ἄγγελοι πρὸς αὐτόν, καὶ εἶπεν πρὸς αὐτούς 5

    Regn. IV: B; O = A Sy(Arm) et multis locis 121 247; L = 19 93 108
700 et plerumque 82 127; cf. Regn. III.
    1 2 τω 2⁰ BSy†] του A | επιζητησατε] επερωτησ. OL†: cf. 16 | τη βααλ A†:
item mu. in 3, BA in 6. 16, sed τω β. B in 2. 3, A in 3, pl. in 6. 16 | αυτου
ult.] -των O† ‖ 3 ελαλησεν προς V] εκαλεσεν BA | αναστας δευρο] αναστηθι
και πορευθητι O⁽†⁾ ‖ 4 κλινη] + σου A† | εκει 2⁰] > B, in O sub ÷; εν
αυτη L†

6 Τί ὅτι ἐπεστρέψατε; ⁶καὶ εἶπαν πρὸς αὐτόν Ἀνὴρ ἀνέβη εἰς συν-
άντησιν ἡμῶν καὶ εἶπεν πρὸς ἡμᾶς Δεῦτε ἐπιστράφητε πρὸς τὸν
βασιλέα τὸν ἀποστείλαντα ὑμᾶς καὶ λαλήσατε πρὸς αὐτόν Τάδε
λέγει κύριος Εἰ παρὰ τὸ μὴ εἶναι θεὸν ἐν Ισραηλ σὺ πορεύῃ ζη-
τῆσαι ἐν τῇ Βααλ μυῖαν θεὸν Ακκαρων; οὐχ οὕτως · ἡ κλίνη, ἐφ᾽
7 ἧς ἀνέβης ἐκεῖ, οὐ καταβήσῃ ἀπ᾽ αὐτῆς, ὅτι θανάτῳ ἀποθανῇ. ⁷καὶ
ἐλάλησεν πρὸς αὐτοὺς λέγων Τίς ἡ κρίσις τοῦ ἀνδρὸς τοῦ ἀνα-
βάντος εἰς συνάντησιν ὑμῖν καὶ λαλήσαντος πρὸς ὑμᾶς τοὺς λό-
8 γους τούτους; ⁸καὶ εἶπον πρὸς αὐτόν Ἀνὴρ δασὺς καὶ ζώνην δερ-
ματίνην περιεζωσμένος τὴν ὀσφὺν αὐτοῦ. καὶ εἶπεν Ηλιου ὁ Θε-
9 σβίτης οὗτός ἐστιν. ⁹καὶ ἀπέστειλεν πρὸς αὐτὸν ἡγούμενον πεντη-
κόνταρχον καὶ τοὺς πεντήκοντα αὐτοῦ, καὶ ἀνέβη καὶ ἦλθεν πρὸς
αὐτόν, καὶ ἰδοὺ Ηλιου ἐκάθητο ἐπὶ τῆς κορυφῆς τοῦ ὄρους. καὶ
ἐλάλησεν ὁ πεντηκόνταρχος πρὸς αὐτὸν καὶ εἶπεν Ἄνθρωπε τοῦ
10 θεοῦ, ὁ βασιλεὺς ἐκάλεσέν σε, κατάβηθι. ¹⁰καὶ ἀπεκρίθη Ηλιου καὶ
εἶπεν πρὸς τὸν πεντηκόνταρχον Καὶ εἰ ἄνθρωπος τοῦ θεοῦ ἐγώ,
καταβήσεται πῦρ ἐκ τοῦ οὐρανοῦ καὶ καταφάγεταί σε καὶ τοὺς
πεντήκοντά σου · καὶ κατέβη πῦρ ἐκ τοῦ οὐρανοῦ καὶ κατέφαγεν
11 αὐτὸν καὶ τοὺς πεντήκοντα αὐτοῦ. ¹¹καὶ προσέθετο ὁ βασιλεὺς
καὶ ἀπέστειλεν πρὸς αὐτὸν ἄλλον πεντηκόνταρχον καὶ τοὺς πεντή-
κοντα αὐτοῦ, καὶ ἀνέβη καὶ ἐλάλησεν ὁ πεντηκόνταρχος πρὸς αὐ-
τὸν καὶ εἶπεν Ἄνθρωπε τοῦ θεοῦ, τάδε λέγει ὁ βασιλεύς Ταχέως
12 κατάβηθι. ¹²καὶ ἀπεκρίθη Ηλιου καὶ ἐλάλησεν πρὸς αὐτὸν καὶ εἶπεν
Εἰ ἄνθρωπος τοῦ θεοῦ ἐγώ εἰμι, καταβήσεται πῦρ ἐκ τοῦ οὐρανοῦ
καὶ καταφάγεταί σε καὶ τοὺς πεντήκοντά σου · καὶ κατέβη πῦρ ἐκ
τοῦ οὐρανοῦ καὶ κατέφαγεν αὐτὸν καὶ τοὺς πεντήκοντα αὐτοῦ.
13 ¹³καὶ προσέθετο ὁ βασιλεὺς ἔτι ἀποστεῖλαι ἡγούμενον πεντηκόνταρ-
χον τρίτον καὶ τοὺς πεντήκοντα αὐτοῦ, καὶ ἦλθεν πρὸς αὐτὸν ὁ
πεντηκόνταρχος ὁ τρίτος καὶ ἔκαμψεν ἐπὶ τὰ γόνατα αὐτοῦ κατ-
έναντι Ηλιου καὶ ἐδεήθη αὐτοῦ καὶ ἐλάλησεν πρὸς αὐτὸν καὶ εἶπεν
Ἄνθρωπε τοῦ θεοῦ, ἐντιμωθήτω δὴ ἡ ψυχή μου καὶ ἡ ψυχὴ τῶν
14 δούλων σου τούτων τῶν πεντήκοντα ἐν ὀφθαλμοῖς σου · ¹⁴ἰδοὺ
κατέβη πῦρ ἐκ τοῦ οὐρανοῦ καὶ κατέφαγεν τοὺς δύο πεντηκοντάρ-
χους τοὺς πρώτους καὶ τοὺς πεντήκοντα αὐτῶν, καὶ νῦν ἐντιμω-
15 θήτω δὴ ἡ ψυχὴ τῶν δούλων σου ἐν ὀφθαλμοῖς σου. ¹⁵καὶ ἐλά-

5 fin. επεστραφηται(pro -τε) Α† ‖ 6 η κλινη > Α† | εκει Ra. (cf. 4. 16)] οτι Β
O†, > rel. ‖ 7 λεγων > ΒOL† ‖ 8 αυτου > Α† | ουτος] in Sy sub ÷, post
εστιν tr. Α† ‖ 9 ηγουμ.] > ΒL, in O sub ÷, cf. 13 | και ηλθεν > Β(†) ‖ 10 του
1⁰ > Β†: item in 12 ‖ 11 προσεθηκεν Α: item Α† in 13 | και ανεβη > Β†
12 ειμι] ante εγω tr. ΑL†(non Sy), > Β† | πυρ ult.] + ※θεου O–Α† ‖ 13 ετι >
Α† | πεντηκονταρχον τριτον > Β†: cf. 9 | ηλθεν] pr. ※αναβας O† | προς αυ-
τον 1⁰] > ΒL†, in O sub ÷ | αυτου 2⁰] εαυ. Α† | δη > ΒO† | των πεντη-
κοντα > Β† ‖ 14 και τους πεντ. αυτων > Β† | των δουλων σου] μου ΒSy†

λησεν ἄγγελος κυρίου πρὸς Ηλιου καὶ εἶπεν Κατάβηθι μετ᾽ αὐτοῦ,
μὴ φοβηθῇς ἀπὸ προσώπου αὐτῶν · καὶ ἀνέστη Ηλιου καὶ κατέβη
μετ᾽ αὐτοῦ πρὸς τὸν βασιλέα. ¹⁶καὶ ἐλάλησεν πρὸς αὐτὸν καὶ εἶπεν 16
Ηλιου Τάδε λέγει κύριος Τί ὅτι ἀπέστειλας ἀγγέλους ζητῆσαι ἐν
τῇ Βααλ μυῖαν θεὸν Ακκαρων; οὐχ οὕτως · ἡ κλίνη, ἐφ᾽ ἧς ἀνέ-
βης ἐκεῖ, οὐ καταβήσῃ ἀπ᾽ αὐτῆς, ὅτι θανάτῳ ἀποθανῇ. ¹⁷καὶ ἀπέ- 17
θανεν κατὰ τὸ ῥῆμα κυρίου, ὃ ἐλάλησεν Ηλιου. ¹⁸καὶ τὰ λοιπὰ 18
τῶν λόγων Οχοζιου, ὅσα ἐποίησεν, οὐκ ἰδοὺ ταῦτα γεγραμμένα
ἐπὶ βιβλίου λόγων τῶν ἡμερῶν τοῖς βασιλεῦσιν Ισραηλ;
    ¹⁸ᵃ Καὶ Ιωραμ υἱὸς Αχααβ βασιλεύει ἐπὶ Ισραηλ ἐν Σαμαρείᾳ 18ᵃ
ἔτη δέκα δύο ἐν ἔτει ὀκτωκαιδεκάτῳ Ιωσαφατ βασιλέως Ιουδα.
¹⁸ᵇ καὶ ἐποίησεν τὸ πονηρὸν ἐνώπιον κυρίου, πλὴν οὐχ ὡς οἱ 18ᵇ
ἀδελφοὶ αὐτοῦ οὐδὲ ὡς ἡ μήτηρ αὐτοῦ · ¹⁸ᶜ καὶ ἀπέστησεν τὰς 18ᶜ
στήλας τοῦ Βααλ, ἃς ἐποίησεν ὁ πατὴρ αὐτοῦ, καὶ συνέτριψεν
αὐτάς · πλὴν ἐν ταῖς ἁμαρτίαις οἴκου Ιεροβοαμ, ὃς ἐξήμαρτεν τὸν
Ισραηλ, ἐκολλήθη, οὐκ ἀπέστη ἀπ᾽ αὐτῶν. ¹⁸ᵈ καὶ ἐθυμώθη ὀργῇ 18ᵈ
κύριος εἰς τὸν οἶκον Αχααβ.
    ¹Καὶ ἐγένετο ἐν τῷ ἀνάγειν κύριον τὸν Ηλιου ἐν συσσεισμῷ 2
ὡς εἰς τὸν οὐρανὸν καὶ ἐπορεύθη Ηλιου καὶ Ελισαιε ἐκ Γαλγαλων.
²καὶ εἶπεν Ηλιου πρὸς Ελισαιε Κάθου δὴ ἐνταῦθα, ὅτι κύριος ἀπέ- 2
σταλκέν με ἕως Βαιθηλ · καὶ εἶπεν Ελισαιε Ζῇ κύριος καὶ ζῇ ἡ
ψυχή σου, εἰ καταλείψω σε · καὶ ἦλθον εἰς Βαιθηλ. ³καὶ ἦλθον οἱ 3
υἱοὶ τῶν προφητῶν οἱ ἐν Βαιθηλ πρὸς Ελισαιε καὶ εἶπον πρὸς
αὐτόν Εἰ ἔγνως ὅτι κύριος σήμερον λαμβάνει τὸν κύριόν σου ἐπά-
νωθεν τῆς κεφαλῆς σου; καὶ εἶπεν Κἀγὼ ἔγνωκα, σιωπᾶτε. ⁴καὶ 4
εἶπεν Ηλιου πρὸς Ελισαιε Κάθου δὴ ἐνταῦθα, ὅτι κύριος ἀπέσταλ-
κέν με εἰς Ιεριχω · καὶ εἶπεν Ελισαιε Ζῇ κύριος καὶ ζῇ ἡ ψυχή
σου, εἰ ἐγκαταλείψω σε · καὶ ἦλθον εἰς Ιεριχω. ⁵καὶ ἤγγισαν οἱ 5

16 ηλιου] ante και 2⁰ tr. L⁺, > O | τι οτι] ανθ ων OL | απεστειλας] pr. εξ A
| αγγελους > B⁺ | ζητησαι] επερωτ. OL⁺: cf. 2 | ακκαρων] + ✳παρα το μη
ειναι θεον εν ισραηλ του εκζητησαι εν ρηματι αυτου O⁺ || 17 απεθ.] + οχο-
ζιας AL⁺ | fin.] + (17 ²) και εβασιλ υσεν ιωραμ ο αδελφος οχοζιου αντ αυτου
οτι ουκ ην αυτω υιος L⁽⁺⁾; + ✳(17 ²) και εβασιλευσεν ιωραμ αδελφος αυτου
αντ αυτου εν ετει δευτερω ιωραμ υιω ιωσαφατ βασιλει ιουδα οτι ουκ ην αυτω
υιος O⁺, ante quae uerba O⁺ sub ÷ ea transponit, quae 𝔊 in 18ᵃ⁻ᵈ praebet
|| 18 οσα] α B | βιβλιου] -λιω B || 18ᵃ βασιλευσεν A⁺ | δεκα > A⁺ | οκτω-
καιδεκατω ιωσ.] εικοστον και πρωτω ιωσ. V; δευτερω του ιωραμ υιου ιωσ. L⁺:
cf. 𝔐 17 ² et Rahlfs Sept.-Stud. 3 (1911), p. 270/271 | ιωσαφαθ B✳⁺: cf. II
20 24 || 18ᶜ απεστησεν] -στειλεν B⁺
    21 ως > O: item in 11 | ελισαιε] σσ pro σ AL: item plerumque, cf. III
19 16 | εκ γαλγ.] εξ ιεριχω B✳⁺ || 2 καθου δη ενταυθα] ιδου δη εντ. καθ.
B⁺ | κυριος] ο θεος B⁺ | απεστειλεν A⁺ | ηλθον] -θεν BO–Sy⁺ || 3 εν] εις
A⁺ | αυτον] + οι υιοι των προφητων O | απανωθεν B✳ || 4 ελισαιε 2⁰ >
B Sy⁺

υἱοὶ τῶν προφητῶν οἱ ἐν Ιεριχω πρὸς Ελισαιε καὶ εἶπαν πρὸς αὐ-
τόν Εἰ ἔγνως ὅτι σήμερον λαμβάνει κύριος τὸν κύριόν σου ἐπά-
νωθεν τῆς κεφαλῆς σου; καὶ εἶπεν Καί γε ἐγὼ ἔγνων, σιωπᾶτε.
6 ⁶καὶ εἶπεν αὐτῷ Ηλιου Κάθου δὴ ὧδε, ὅτι κύριος ἀπέσταλκέν με
ἕως τοῦ Ιορδάνου · καὶ εἶπεν Ελισαιε Ζῇ κύριος καὶ ζῇ ἡ ψυχή
7 σου, εἰ ἐγκαταλείψω σε · καὶ ἐπορεύθησαν ἀμφότεροι. ⁷καὶ πεντή-
κοντα ἄνδρες υἱοὶ τῶν προφητῶν καὶ ἔστησαν ἐξ ἐναντίας μακρό-
8 θεν · καὶ ἀμφότεροι ἔστησαν ἐπὶ τοῦ Ιορδάνου. ⁸καὶ ἔλαβεν Ηλιου
τὴν μηλωτὴν αὐτοῦ καὶ εἵλησεν καὶ ἐπάταξεν τὸ ὕδωρ, καὶ διη-
ρέθη τὸ ὕδωρ ἔνθα καὶ ἔνθα, καὶ διέβησαν ἀμφότεροι ἐν ἐρήμῳ.
9 ⁹καὶ ἐγένετο ἐν τῷ διαβῆναι αὐτοὺς καὶ Ηλιου εἶπεν πρὸς Ελισαιε
Αἴτησαι τί ποιήσω σοι πρὶν ἢ ἀναλημφθῆναί με ἀπὸ σοῦ · καὶ εἶ-
10 πεν Ελισαιε Γενηθήτω δὴ διπλᾶ ἐν πνεύματί σου ἐπ᾽ ἐμέ. ¹⁰καὶ
εἶπεν Ηλιου Ἐσκλήρυνας τοῦ αἰτήσασθαι · ἐὰν ἴδῃς με ἀναλαμβα-
νόμενον ἀπὸ σοῦ, καὶ ἔσται σοι οὕτως · καὶ ἐὰν μή, οὐ μὴ γένη-
11 ται. ¹¹καὶ ἐγένετο αὐτῶν πορευομένων ἐπορεύοντο καὶ ἐλάλουν,
καὶ ἰδοὺ ἅρμα πυρὸς καὶ ἵπποι πυρὸς καὶ διέστειλαν ἀνὰ μέσον
ἀμφοτέρων, καὶ ἀνελήμφθη Ηλιου ἐν συσσεισμῷ ὡς εἰς τὸν οὐ-
12 ρανόν. ¹²καὶ Ελισαιε ἑώρα καὶ ἐβόα Πάτερ πάτερ, ἅρμα Ισραηλ
καὶ ἱππεὺς αὐτοῦ · καὶ οὐκ εἶδεν αὐτὸν ἔτι καὶ ἐπελάβετο τῶν ἱμα-
13 τίων αὐτοῦ καὶ διέρρηξεν αὐτὰ εἰς δύο ῥήγματα. ¹³καὶ ὕψωσεν
τὴν μηλωτὴν Ηλιου, ἣ ἔπεσεν ἐπάνωθεν Ελισαιε, καὶ ἐπέστρεψεν
14 Ελισαιε καὶ ἔστη ἐπὶ τοῦ χείλους τοῦ Ιορδάνου · ¹⁴καὶ ἔλαβεν τὴν
μηλωτὴν Ηλιου, ἣ ἔπεσεν ἐπάνωθεν αὐτοῦ, καὶ ἐπάταξεν τὸ ὕδωρ,
καὶ οὐ διέστη · καὶ εἶπεν Ποῦ ὁ θεὸς Ηλιου αφφω; καὶ ἐπάταξεν
15 τὰ ὕδατα, καὶ διερράγησαν ἔνθα καὶ ἔνθα, καὶ διέβη Ελισαιε. ¹⁵καὶ
εἶδον αὐτὸν οἱ υἱοὶ τῶν προφητῶν οἱ ἐν Ιεριχω ἐξ ἐναντίας καὶ
εἶπον Ἐπαναπέπαυται τὸ πνεῦμα Ηλιου ἐπὶ Ελισαιε · καὶ ἦλθον εἰς
16 συναντὴν αὐτοῦ καὶ προσεκύνησαν αὐτῷ ἐπὶ τὴν γῆν. ¹⁶καὶ εἶπον
πρὸς αὐτόν Ἰδοὺ δὴ μετὰ τῶν παίδων σου πεντήκοντα ἄνδρες
υἱοὶ δυνάμεως · πορευθέντες δὴ ζητησάτωσαν τὸν κύριόν σου, μή-
ποτε ἦρεν αὐτὸν πνεῦμα κυρίου καὶ ἔρριψεν αὐτὸν ἐν τῷ Ιορδάνῃ
ἢ ἐφ᾽ ἓν τῶν ὀρέων ἢ ἐφ᾽ ἕνα τῶν βουνῶν. καὶ εἶπεν Ελισαιε
17 Οὐκ ἀποστελεῖτε. ¹⁷καὶ παρεβιάσαντο αὐτὸν ἕως ὅτου ἠσχύνετο
καὶ εἶπεν Ἀποστείλατε. καὶ ἀπέστειλαν πεντήκοντα ἄνδρας, καὶ ἐζή-

5 απανωθεν A | εγνων] -ωκα A ‖ 6 αυτω > A† | εως του ιορδανου] εις
τον -νην O†, εως εις τον -νην B ‖ 9 αιτησαι] > B*†, + με A† | πριν η]
προ του O† ‖ 10 αιτησ.] + σε A† | σοι > B† ‖ 11 ιππος B† | διεστειλεν
B ‖ 13 ελισαιε 1⁰ ⌒ 2⁰ B*† ‖ 14 και ου διεστη > BA† | ο θεος] pr. κυ-
ριος O (A† -ριε), pr. (δη) εστιν L† | ενθεν και ενθεν A† ‖ 15 οι 2⁰] pr. και
B† | συναντην B†] -τησιν rel. ‖ 16 πεντηκ. ανδρες / υιοι δυν.] tr. A† (A†
add. οι ante υιοι) | ηρεν] ευρεν BO-Sy† | εν τω ιορδ.] > L†, in O sub ÷ |
η 1⁰ > OL | η ult. — βουνων > A† ‖ 17 οτου] ου B, > L†

τησαν τρεῖς ἡμέρας καὶ οὐχ εὗρον αὐτόν · ¹⁸καὶ ἀνέστρεψαν πρὸς 18
αὐτόν, καὶ αὐτὸς ἐκάθητο ἐν Ιεριχω, καὶ εἶπεν Ελισαιε Οὐκ εἶπον
πρὸς ὑμᾶς Μὴ πορευθῆτε;
¹⁹Καὶ εἶπον οἱ ἄνδρες τῆς πόλεως πρὸς Ελισαιε Ἰδοὺ ἡ κατοί- 19
κησις τῆς πόλεως ἀγαθή, καθὼς ὁ κύριος βλέπει, καὶ τὰ ὕδατα
πονηρὰ καὶ ἡ γῆ ἀτεκνουμένη. ²⁰καὶ εἶπεν Ελισαιε Λάβετέ μοι ὑδρί- 20
σκην καινὴν καὶ θέτε ἐκεῖ ἅλα · καὶ ἔλαβον πρὸς αὐτόν. ²¹καὶ ἐξ- 21
ῆλθεν Ελισαιε εἰς τὴν διέξοδον τῶν ὑδάτων καὶ ἔρριψεν ἐκεῖ ἅλα
καὶ εἶπεν Τάδε λέγει κύριος Ἴαμαι τὰ ὕδατα ταῦτα, οὐκ ἔσται ἔτι
ἐκεῖθεν θάνατος καὶ ἀτεκνουμένη. ²²καὶ ἰάθησαν τὰ ὕδατα ἕως τῆς 22
ἡμέρας ταύτης κατὰ τὸ ῥῆμα Ελισαιε, ὃ ἐλάλησεν. — ²³καὶ ἀνέβη 23
ἐκεῖθεν εἰς Βαιθηλ · καὶ ἀναβαίνοντος αὐτοῦ ἐν τῇ ὁδῷ καὶ παιδά-
ρια μικρὰ ἐξῆλθον ἐκ τῆς πόλεως καὶ κατέπαιζον αὐτοῦ καὶ εἶπον
αὐτῷ Ἀνάβαινε, φαλακρέ, ἀνάβαινε. ²⁴καὶ ἐξένευσεν ὀπίσω αὐτῶν 24
καὶ εἶδεν αὐτὰ καὶ κατηράσατο αὐτοῖς ἐν ὀνόματι κυρίου, καὶ ἰδοὺ
ἐξῆλθον δύο ἄρκοι ἐκ τοῦ δρυμοῦ καὶ ἀνέρρηξαν ἐξ αὐτῶν τεσσα-
ράκοντα καὶ δύο παῖδας. ²⁵καὶ ἐπορεύθη ἐκεῖθεν εἰς τὸ ὄρος τὸ 25
Καρμήλιον καὶ ἐκεῖθεν ἐπέστρεψεν εἰς Σαμάρειαν.
¹Καὶ Ιωραμ υἱὸς Αχααβ ἐβασίλευσεν ἐν Ισραηλ ἐν ἔτει ὀκτωκαι- 3
δεκάτῳ Ιωσαφατ βασιλεῖ Ιουδα καὶ ἐβασίλευσεν δώδεκα ἔτη. ²καὶ 2
ἐποίησεν τὸ πονηρὸν ἐν ὀφθαλμοῖς κυρίου, πλὴν οὐχ ὡς ὁ πατὴρ
αὐτοῦ καὶ οὐχ ὡς ἡ μήτηρ αὐτοῦ, καὶ μετέστησεν τὰς στήλας τοῦ
Βααλ, ἃς ἐποίησεν ὁ πατὴρ αὐτοῦ · ³πλὴν ἐν τῇ ἁμαρτίᾳ Ιεροβοαμ 3
υἱοῦ Ναβατ, ὃς ἐξήμαρτεν τὸν Ισραηλ, ἐκολλήθη, οὐκ ἀπέστη
ἀπ' αὐτῆς.
⁴Καὶ Μωσα βασιλεὺς Μωαβ ἦν νωκηδ καὶ ἐπέστρεφεν τῷ βα- 4
σιλεῖ Ισραηλ ἐν τῇ ἐπαναστάσει ἑκατὸν χιλιάδας ἀρνῶν καὶ ἑκατὸν
χιλιάδας κριῶν ἐπὶ πόκων. ⁵καὶ ἐγένετο μετὰ τὸ ἀποθανεῖν Αχααβ 5
καὶ ἠθέτησεν βασιλεὺς Μωαβ ἐν βασιλεῖ Ισραηλ. ⁶καὶ ἐξῆλθεν ὁ 6
βασιλεὺς Ιωραμ ἐν τῇ ἡμέρᾳ ἐκείνῃ ἐκ Σαμαρείας καὶ ἐπεσκέψατο
τὸν Ισραηλ · ⁷καὶ ἐπορεύθη καὶ ἐξαπέστειλεν πρὸς Ιωσαφατ βασι- 7

18 και ανεστρ.(Α επεστρ.) προς αυτον] > B†, in O sub ※ | ελισ.] + ※προς
αυτους O†; nihil nisi αυτοις L† (ελισ. in O sub ÷) | ουκ > A† | προς υμας]
υμιν AL† ‖ 20 και ελαβον BOL†] + και ηνεγκαν rel. ‖ 23 και κατεπαι-
ζον αυτου] pr. και ελιθαζον αυτον L† | fin.] + ※φαλακρε OL† ‖ 24 κυριου]
+ και ειπεν τεκνα παραβασεως και αργιας A†: haec praebet etiam Syᵐᵍ ad-
notans „haec apud θ' solum posita sunt sub ÷" | εξ] απ B† | τεσσαρακ.
.. δυο] tr. A† ‖ 25 υπεστρεψεν A
3 1 εβασιλ. 1⁰ ⌢ 2⁰ A† | ιωσαφαθ B*†: item in 7—14, cf. II 2〕24 ‖ 2 ο
πατηρ αυτου 1⁰ ⌢ 2⁰ A† | 3 ταις αμαρτιαις LV† | αυτων AL† ‖ 4 νω-
κηθ BA† | επεστρεφεν V pl.] ψ pro φ BO, ην φερων φορου και επιστρεφων
L† | εν τη επαναστ.] in O sub ÷, > L† | χιλιαδας 1⁰ ⌢ 2⁰ A† | επι πόκων:
sic uel ἐπιπόκων? ‖ 7 ιωσαφατ(cf. 1)] οχοζιαν L†: cf. Rahlfs Sept.-Stud. 3
(1911), p. 271

λέα Ιουδα λέγων Βασιλεὺς Μωαβ ἠθέτησεν ἐν ἐμοί · εἰ πορεύσῃ
μετ᾽ ἐμοῦ εἰς Μωαβ εἰς πόλεμον; καὶ εἶπεν Ἀναβήσομαι · ὅμοιός
μοι ὅμοιός σοι, ὡς ὁ λαός μου ὁ λαός σου, ὡς οἱ ἵπποι μου οἱ
8 ἵπποι σου. ⁸καὶ εἶπεν Ποίᾳ ὁδῷ ἀναβῶ; καὶ εἶπεν Ὁδὸν ἔρημον
9 Εδωμ. ⁹καὶ ἐπορεύθη ὁ βασιλεὺς Ισραηλ καὶ ὁ βασιλεὺς Ιουδα καὶ
ὁ βασιλεὺς Εδωμ καὶ ἐκύκλωσαν ὁδὸν ἑπτὰ ἡμερῶν, καὶ οὐκ ἦν
ὕδωρ τῇ παρεμβολῇ καὶ τοῖς κτήνεσιν τοῖς ἐν τοῖς ποσὶν αὐτῶν.
10 ¹⁰καὶ εἶπεν ὁ βασιλεὺς Ισραηλ Ὦ ὅτι κέκληκεν κύριος τοὺς τρεῖς
11 βασιλεῖς παρερχομένους δοῦναι αὐτοὺς ἐν χειρὶ Μωαβ. ¹¹καὶ εἶπεν
Ιωσαφατ Οὐκ ἔστιν ὧδε προφήτης τοῦ κυρίου καὶ ἐπιζητήσωμεν
τὸν κύριον παρ᾽ αὐτοῦ; καὶ ἀπεκρίθη εἷς τῶν παίδων βασιλέως
Ισραηλ καὶ εἶπεν Ὧδε Ελισαιε υἱὸς Σαφατ, ὃς ἐπέχεεν ὕδωρ ἐπὶ
12 χεῖρας Ηλιου. ¹²καὶ εἶπεν Ιωσαφατ Ἔστιν αὐτῷ ῥῆμα κυρίου. καὶ
κατέβη πρὸς αὐτὸν βασιλεὺς Ισραηλ καὶ Ιωσαφατ βασιλεὺς Ιουδα
13 καὶ βασιλεὺς Εδωμ. ¹³καὶ εἶπεν Ελισαιε πρὸς βασιλέα Ισραηλ Τί
ἐμοὶ καὶ σοί; δεῦρο πρὸς τοὺς προφήτας τοῦ πατρός σου. καὶ
εἶπεν αὐτῷ ὁ βασιλεὺς Ισραηλ Μή, ὅτι κέκληκεν κύριος τοὺς τρεῖς
14 βασιλεῖς τοῦ παραδοῦναι αὐτοὺς εἰς χεῖρας Μωαβ. ¹⁴καὶ εἶπεν
Ελισαιε Ζῇ κύριος τῶν δυνάμεων, ᾧ παρέστην ἐνώπιον αὐτοῦ,
ὅτι εἰ μὴ πρόσωπον Ιωσαφατ βασιλέως Ιουδα ἐγὼ λαμβάνω, εἰ
15 ἐπέβλεψα πρὸς σὲ καὶ εἶδόν σε · ¹⁵καὶ νυνὶ δὲ λαβέ μοι ψάλλοντα.
καὶ ἐγένετο ὡς ἔψαλλεν ὁ ψάλλων, καὶ ἐγένετο ἐπ᾽ αὐτὸν χεὶρ κυ-
16 ρίου, ¹⁶καὶ εἶπεν Τάδε λέγει κύριος Ποιήσατε τὸν χειμάρρουν τοῦ-
17 τον βοθύνους βοθύνους · ¹⁷ὅτι τάδε λέγει κύριος Οὐκ ὄψεσθε
πνεῦμα καὶ οὐκ ὄψεσθε ὑετόν, καὶ ὁ χειμάρρους οὗτος πλησθήσε-
18 ται ὕδατος, καὶ πίεσθε ὑμεῖς καὶ αἱ κτήσεις ὑμῶν καὶ τὰ κτήνη
19 ὑμῶν · ¹⁸καὶ κούφη αὕτη ἐν ὀφθαλμοῖς κυρίου, καὶ παραδώσω τὴν
Μωαβ ἐν χειρὶ ὑμῶν, ¹⁹καὶ πατάξετε πᾶσαν πόλιν ὀχυρὰν καὶ πᾶν
ξύλον ἀγαθὸν καταβαλεῖτε καὶ πάσας πηγὰς ὕδατος ἐμφράξετε καὶ
20 πᾶσαν μερίδα ἀγαθὴν ἀχρειώσετε ἐν λίθοις. ²⁰καὶ ἐγένετο τὸ πρωὶ
ἀναβαινούσης τῆς θυσίας καὶ ἰδοὺ ὕδατα ἤρχοντο ἐξ ὁδοῦ Εδωμ,
21 καὶ ἐπλήσθη ἡ γῆ ὕδατος. ²¹καὶ πᾶσα Μωαβ ἤκουσαν ὅτι ἀνέβησαν

8 ερημου L⁺ ‖ 9 ο 3⁰ > Β⁺ ‖ 10 ο > ΒΟ⁺ | παρερχ.] κατεχ. Α⁺ ‖
11 ουκ] pr. ει ΟV⁺, ει L⁺ | σαφατ] ιωσαφαθ(Βᶜ-φατ, cf. 1) Β⁺ ‖ 12 αυτω]
pr. συν Ο⁺, pr. εν L | κυριου > Β⁺ | κατεβησαν Ο⁺ ‖ 13 σου] + ※και προς
τους προφητας της μητρος σου ΟL | του παραδουναι] παρερχομενους δουναι
Α⁺: ex 10 ‖ 14 ει ult.] η Β⁺ ‖ 15 νυνι δε (δε in Sy sub ÷) uel νυν
ιδε] νυν ΒL | λαβε] -βετε SyL⁺, > Α⁺ ‖ 17 οψεσθε 1⁰⌒2⁰ Α⁺ ‖ 18 κου-
φη αυτη] κουφος και αυτη Β⁺, κουφον τουτο L⁺ ‖ 19 πατάξατε ΑLᵖ | πο-
λιν] pr. την Α⁺ | οχυραν] + ※και πασαν πολιν εκλεκτην Ο⁺, + εν τη μωαβ
L⁺ | εμφραξατε Β Sy | αχρ⟨ε⟩ιωσατε Α ‖ 20 το πρωι] το > Α pl., εν τω
πρωι uel εν τη πρωια L⁺ | εξ οδου] + της ερημου σουρ(uel sim.) εξ L⁺: cf.
Exod. 15 22 et Rahlfs Sept.-Stud. 3 (1911), p. 195

οἱ βασιλεῖς πολεμεῖν αὐτούς, καὶ ἀνεβόησαν ἐκ παντὸς περιεζω-
σμένου ζώνην καὶ ἐπάνω καὶ ἔστησαν ἐπὶ τοῦ ὁρίου. ²²καὶ ὤρ- 22
θρισαν τὸ πρωί, καὶ ὁ ἥλιος ἀνέτειλεν ἐπὶ τὰ ὕδατα · καὶ εἶδεν
Μωαβ ἐξ ἐναντίας τὰ ὕδατα πυρρὰ ὡσεὶ αἷμα ²³καὶ εἶπαν Αἷμα 23
τοῦτο τῆς ῥομφαίας, ἐμαχέσαντο οἱ βασιλεῖς καὶ ἐπάταξαν ἀνὴρ
τὸν πλησίον αὐτοῦ, καὶ νῦν ἐπὶ τὰ σκῦλα, Μωαβ. ²⁴καὶ εἰσῆλθον 24
εἰς τὴν παρεμβολὴν Ισραηλ, καὶ Ισραηλ ἀνέστησαν καὶ ἐπάταξαν
τὴν Μωαβ, καὶ ἔφυγον ἀπὸ προσώπου αὐτῶν. καὶ εἰσῆλθον εἰσ-
πορευόμενοι καὶ τύπτοντες τὴν Μωαβ ²⁵καὶ τὰς πόλεις καθεῖλον 25
καὶ πᾶσαν μερίδα ἀγαθὴν ἔρριψαν ἀνὴρ τὸν λίθον καὶ ἐνέπλησαν
αὐτὴν καὶ πᾶσαν πηγὴν ὕδατος ἐνέφραξαν καὶ πᾶν ξύλον ἀγαθὸν
κατέβαλον ἕως τοῦ καταλιπεῖν τοὺς λίθους τοῦ τοίχου καθηρημέ-
νους, καὶ ἐκύκλευσαν οἱ σφενδονῆται καὶ ἐπάταξαν αὐτήν. ²⁶καὶ 26
εἶδεν ὁ βασιλεὺς Μωαβ ὅτι ἐκραταίωσεν ὑπὲρ αὐτὸν ὁ πόλεμος,
καὶ ἔλαβεν μεθ' ἑαυτοῦ ἑπτακοσίους ἄνδρας ἐσπασμένους ῥομφαίαν
διακόψαι πρὸς βασιλέα Εδωμ, καὶ οὐκ ἠδυνήθησαν. ²⁷καὶ ἔλαβεν 27
τὸν υἱὸν αὐτοῦ τὸν πρωτότοκον, ὃς ἐβασίλευσεν ἀντ' αὐτοῦ, καὶ
ἀνήνεγκεν αὐτὸν ὁλοκαύτωμα ἐπὶ τοῦ τείχους · καὶ ἐγένετο μετά-
μελος μέγας ἐπὶ Ισραηλ, καὶ ἀπῆραν ἀπ' αὐτοῦ καὶ ἐπέστρεψαν
εἰς τὴν γῆν.

¹Καὶ γυνὴ μία ἀπὸ τῶν υἱῶν τῶν προφητῶν ἐβόα πρὸς Ελισαιε 4
λέγουσα Ὁ δοῦλός σου ὁ ἀνήρ μου ἀπέθανεν, καὶ σὺ ἔγνως ὅτι
δοῦλος ἦν φοβούμενος τὸν κύριον · καὶ ὁ δανιστὴς ἦλθεν λαβεῖν
τοὺς δύο υἱούς μου ἑαυτῷ εἰς δούλους. ²καὶ εἶπεν Ελισαιε Τί 2
ποιήσω σοι; ἀνάγγειλόν μοι τί ἐστίν σοι ἐν τῷ οἴκῳ. ἡ δὲ εἶπεν
Οὐκ ἔστιν τῇ δούλῃ σου οὐθὲν ἐν τῷ οἴκῳ ὅτι ἀλλ' ἢ ὃ ἀλείψομαι
ἔλαιον. ³καὶ εἶπεν πρὸς αὐτὴν Δεῦρο αἴτησον σαυτῇ σκεύη ἔξω- 3
θεν παρὰ πάντων τῶν γειτόνων σου, σκεύη κενά, μὴ ὀλιγώσῃς,
⁴καὶ εἰσελεύσῃ καὶ ἀποκλείσεις τὴν θύραν κατὰ σοῦ καὶ κατὰ τῶν 4
υἱῶν σου καὶ ἀποχεεῖς εἰς τὰ σκεύη ταῦτα καὶ τὸ πληρωθὲν ἀρεῖς.
⁵καὶ ἀπῆλθεν παρ' αὐτοῦ καὶ ἐποίησεν οὕτως καὶ ἀπέκλεισεν τὴν 5
θύραν κατ' αὐτῆς καὶ κατὰ τῶν υἱῶν αὐτῆς · αὐτοὶ προσήγγιζον
πρὸς αὐτήν, καὶ αὐτὴ ἐπέχεεν, ⁶ἕως ἐπλήσθησαν τὰ σκεύη. καὶ 6
εἶπεν πρὸς τοὺς υἱοὺς αὐτῆς Ἐγγίσατε ἔτι πρός με σκεῦος · καὶ

21 ανεβοησαν] ο > A: cf. I 13 4 | περιεζωσμενου Sy] -νοι BA, παραζωννυ-
μενου L† | επανω OL] ειπαν ω V, ειπον ω B ‖ 23 επαταξεν BL ‖ 25 λι-
θον] + ✳αυτου O-AL | υδατος > B† | εκυκλευσαν B†] -λωσαν rel. ‖ 26 μετ
αυτου A† ‖ 27 ος BO†] ον rel. | επεστρ.] υπ. A†
41 δανιστης] + μου A† ‖ 2 ειπεν 1⁰] + ✳προς αυτην O†, + αυτη L† |
σοι 1⁰ > A† | αναγγ. μοι > B*† | εν τω οικω ult.] > B† et L†, sed L† αγ-
γειον ελαιου εν τω οικω ο αλειψ. pro ο αλειψ. ελαιον | οτι > AL† ‖ 3 παν-
των > A | σου > B ‖ 4 εις > A† | τα] pr. ✳παντα O† ‖ 5 παρ] απ
AL | και εποι. ουτως > BO† ‖ 6 σκευος 1⁰] pr. το B†

7 εἶπον αὐτῇ Οὐκ ἔστιν ἔτι σκεῦος · καὶ ἔστη τὸ ἔλαιον. ⁷καὶ ἦλθεν
καὶ ἀπήγγειλεν τῷ ἀνθρώπῳ τοῦ θεοῦ, καὶ εἶπεν Ελισαιε Δεῦρο
καὶ ἀπόδου τὸ ἔλαιον καὶ ἀποτείσεις τοὺς τόκους σου, καὶ σὺ καὶ
οἱ υἱοί σου ζήσεσθε ἐν τῷ ἐπιλοίπῳ ἐλαίῳ.

8 ⁸Καὶ ἐγένετο ἡμέρα καὶ διέβη Ελισαιε εἰς Σουμαν, καὶ ἐκεῖ γυνὴ
μεγάλη καὶ ἐκράτησεν αὐτὸν φαγεῖν ἄρτον. καὶ ἐγένετο ἀφ᾽ ἱκανοῦ
9 τοῦ εἰσπορεύεσθαι αὐτὸν ἐξέκλινεν τοῦ ἐκεῖ φαγεῖν. ⁹καὶ εἶπεν ἡ
γυνὴ πρὸς τὸν ἄνδρα αὐτῆς Ἰδοὺ δὴ ἔγνων ὅτι ἄνθρωπος τοῦ
10 θεοῦ ἅγιος οὗτος διαπορεύεται ἐφ᾽ ἡμᾶς διὰ παντός · ¹⁰ποιήσωμεν
δὴ αὐτῷ ὑπερῷον τόπον μικρὸν καὶ θῶμεν αὐτῷ ἐκεῖ κλίνην καὶ
τράπεζαν καὶ δίφρον καὶ λυχνίαν, καὶ ἔσται ἐν τῷ εἰσπορεύεσθαι
11 πρὸς ἡμᾶς καὶ ἐκκλινεῖ ἐκεῖ. ¹¹καὶ ἐγένετο ἡμέρα καὶ εἰσῆλθεν ἐκεῖ
12 καὶ ἐξέκλινεν εἰς τὸ ὑπερῷον καὶ ἐκοιμήθη ἐκεῖ. ¹²καὶ εἶπεν πρὸς
Γιεζι τὸ παιδάριον αὐτοῦ Κάλεσόν μοι τὴν Σωμανῖτιν ταύτην ·
13 καὶ ἐκάλεσεν αὐτήν, καὶ ἔστη ἐνώπιον αὐτοῦ. ¹³καὶ εἶπεν αὐτῷ
Εἰπὸν δὴ πρὸς αὐτήν Ἰδοὺ ἐξέστησας ἡμῖν πᾶσαν τὴν ἔκστασιν
ταύτην · τί δεῖ ποιῆσαί σοι; εἰ ἔστιν λόγος σοι πρὸς τὸν βασιλέα
ἢ πρὸς τὸν ἄρχοντα τῆς δυνάμεως; ἡ δὲ εἶπεν Ἐν μέσῳ τοῦ
14 λαοῦ μου ἐγώ εἰμι οἰκῶ. ¹⁴καὶ εἶπεν Τί δεῖ ποιῆσαι αὐτῇ; καὶ εἶ-
πεν Γιεζι τὸ παιδάριον αὐτοῦ Καὶ μάλα υἱὸς οὐκ ἔστιν αὐτῇ, καὶ
15 ὁ ἀνὴρ αὐτῆς πρεσβύτης. ¹⁵καὶ ἐκάλεσεν αὐτήν, καὶ ἔστη παρὰ τὴν
16 θύραν. ¹⁶καὶ εἶπεν Ελισαιε πρὸς αὐτήν Εἰς τὸν καιρὸν τοῦτον ὡς
ἡ ὥρα ζῶσα σὺ περιειληφυῖα υἱόν · ἡ δὲ εἶπεν Μή, κύριέ μου, μὴ
17 διαψεύσῃ τὴν δούλην σου. ¹⁷καὶ ἐν γαστρὶ ἔλαβεν ἡ γυνὴ καὶ ἔτε-
κεν υἱὸν εἰς τὸν καιρὸν τοῦτον ὡς ἡ ὥρα ζῶσα, ὡς ἐλάλησεν
18 πρὸς αὐτὴν Ελισαιε. — ¹⁸καὶ ἡδρύνθη τὸ παιδάριον · καὶ ἐγένετο
ἡνίκα ἐξῆλθεν τὸ παιδάριον πρὸς τὸν πατέρα αὐτοῦ πρὸς τοὺς
19 θερίζοντας, ¹⁹καὶ εἶπεν πρὸς τὸν πατέρα αὐτοῦ Τὴν κεφαλήν μου,
τὴν κεφαλήν μου · καὶ εἶπεν τῷ παιδαρίῳ Ἆρον αὐτὸν πρὸς τὴν
20 μητέρα αὐτοῦ. ²⁰καὶ ἦρεν αὐτὸν πρὸς τὴν μητέρα αὐτοῦ, καὶ ἐκοι-
21 μήθη ἐπὶ τῶν γονάτων αὐτῆς ἕως μεσημβρίας καὶ ἀπέθανεν. ²¹καὶ
ἀνήνεγκεν αὐτὸν καὶ ἐκοίμισεν αὐτὸν ἐπὶ τὴν κλίνην τοῦ ἀνθρώ-

---

7 ηλθεν] ανεστη Α⁺ | οι > Α⁺ | επιλοιπω] υπολ. Α, καταλ. L⁺ ‖ 8 σου-
μαν] σωμ. LBᶜ, σιωναμ Α(Aᶜ μ pro ν)⁺; cf. 12 | εκει ult. > A⁺ | fin.] + ✠αρ-
τον O–AL ‖ 9 εγνων] εγνωκα A⁺, οιδα L⁺ | δια παντος > A⁺ ‖ 10 δη
> A⁺ ‖ 12 σουμαν. A: item A* in 25, sed etiam Aᶜ in 25, A in 36 σω-
μαν.; cf. 8 ‖ 13 ημιν] ημας A | πασαν την] tr. B⁺ | εκστασιν] ενκτησιν B*⁺,
εκταξιν L⁺ (idem εξεταξας pro εξεστησας) | ταυτην > B*⁺ | μου > B⁺ | εγω
ειμι (cf. II 13 28)] tr. A⁺ ‖ 14 πρεσβυτης] pr. ουκ εστιν O (in Sy sub ÷)
‖ 15 init.] pr. ✠και ειπεν καλεσον αυτην OL ‖ 16 κυριε μου] κυριε ✠αν-
θρωπε του θεου OL, μου > V mu. ‖ 18 το παιδ. 2⁰ > BO ‖ 20 init. —
αυτου > BA | αυτον] + ✠και εισηνεγκεν αυτον Sy L⁺ ‖ 21 ανηνεγκεν] αν
> A⁺

που τοῦ θεοῦ καὶ ἀπέκλεισεν κατ' αὐτοῦ καὶ ἐξῆλθεν. ²²καὶ ἐκάλε- 22
σεν τὸν ἄνδρα αὐτῆς καὶ εἶπεν Ἀπόστειλον δή μοι ἓν τῶν παι-
δαρίων καὶ μίαν τῶν ὄνων, καὶ δραμοῦμαι ἕως τοῦ ἀνθρώπου τοῦ
θεοῦ καὶ ἐπιστρέψω. ²³καὶ εἶπεν Τί ὅτι σὺ πορεύῃ πρὸς αὐτὸν 23
σήμερον; οὐ νεομηνία οὐδὲ σάββατον. ἡ δὲ εἶπεν Εἰρήνη. ²⁴καὶ 24
ἐπέσαξεν τὴν ὄνον καὶ εἶπεν πρὸς τὸ παιδάριον αὐτῆς Ἄγε πορεύ-
ου, μὴ ἐπίσχῃς μοι τοῦ ἐπιβῆναι, ὅτι ἐὰν εἴπω σοι · ²⁵δεῦρο καὶ 25
πορεύσῃ καὶ ἐλεύσῃ πρὸς τὸν ἄνθρωπον τοῦ θεοῦ εἰς τὸ ὄρος τὸ
Καρμήλιον. καὶ ἐγένετο ὡς εἶδεν Ελισαιε ἐρχομένην αὐτήν, καὶ εἶ-
πεν πρὸς Γιεζι τὸ παιδάριον αὐτοῦ Ἰδοὺ δὴ ἡ Σωμανῖτις ἐκείνη ·
²⁶νῦν δράμε εἰς ἀπαντὴν αὐτῆς καὶ ἐρεῖς Εἰ εἰρήνη σοι; εἰ εἰρήνη 26
τῷ ἀνδρί σου; εἰ εἰρήνη τῷ παιδαρίῳ; ἡ δὲ εἶπεν Εἰρήνη. ²⁷καὶ 27
ἦλθεν πρὸς Ελισαιε εἰς τὸ ὄρος καὶ ἐπελάβετο τῶν ποδῶν αὐτοῦ.
καὶ ἤγγισεν Γιεζι ἀπώσασθαι αὐτήν, καὶ εἶπεν Ελισαιε Ἄφες αὐ-
τήν, ὅτι ἡ ψυχὴ αὐτῆς κατώδυνος αὐτῇ, καὶ κύριος ἀπέκρυψεν
ἀπ' ἐμοῦ καὶ οὐκ ἀνήγγειλέν μοι. ²⁸ἡ δὲ εἶπεν Μὴ ᾐτησάμην υἱὸν 28
παρὰ τοῦ κυρίου μου; οὐκ εἶπα Οὐ πλανήσεις μετ' ἐμοῦ; ²⁹καὶ 29
εἶπεν Ελισαιε τῷ Γιεζι Ζῶσαι τὴν ὀσφύν σου καὶ λαβὲ τὴν βα-
κτηρίαν μου ἐν τῇ χειρί σου καὶ δεῦρο · ὅτι ἐὰν εὕρῃς ἄνδρα, οὐκ
εὐλογήσεις αὐτόν, καὶ ἐὰν εὐλογήσῃ σε ἀνήρ, οὐκ ἀποκριθήσῃ
αὐτῷ · καὶ ἐπιθήσεις τὴν βακτηρίαν μου ἐπὶ πρόσωπον τοῦ παι-
δαρίου. ³⁰καὶ εἶπεν ἡ μήτηρ τοῦ παιδαρίου Ζῇ κύριος καὶ ζῇ ἡ 30
ψυχή σου, εἰ ἐγκαταλείψω σε· καὶ ἀνέστη Ελισαιε καὶ ἐπορεύθη ὀπί-
σω αὐτῆς. ³¹καὶ Γιεζι διῆλθεν ἔμπροσθεν αὐτῆς καὶ ἐπέθηκεν τὴν 31
βακτηρίαν ἐπὶ πρόσωπον τοῦ παιδαρίου, καὶ οὐκ ἦν φωνὴ καὶ
οὐκ ἦν ἀκρόασις · καὶ ἐπέστρεψεν εἰς ἀπαντὴν αὐτοῦ καὶ ἀπήγ-
γειλεν αὐτῷ λέγων Οὐκ ἠγέρθη τὸ παιδάριον. ³²καὶ εἰσῆλθεν Ελι- 32
σαιε εἰς τὸν οἶκον, καὶ ἰδοὺ τὸ παιδάριον τεθνηκὸς κεκοιμισμένον
ἐπὶ τὴν κλίνην αὐτοῦ. ³³καὶ εἰσῆλθεν Ελισαιε εἰς τὸν οἶκον καὶ 33
ἀπέκλεισεν τὴν θύραν κατὰ τῶν δύο ἑαυτῶν καὶ προσηύξατο πρὸς
κύριον · ³⁴καὶ ἀνέβη καὶ ἐκοιμήθη ἐπὶ τὸ παιδάριον καὶ ἔθηκεν τὸ 34
στόμα αὐτοῦ ἐπὶ τὸ στόμα αὐτοῦ καὶ τοὺς ὀφθαλμοὺς αὐτοῦ ἐπὶ
τοὺς ὀφθαλμοὺς αὐτοῦ καὶ τὰς χεῖρας αὐτοῦ ἐπὶ τὰς χεῖρας αὐτοῦ
καὶ διέκαμψεν ἐπ' αὐτόν, καὶ διεθερμάνθη ἡ σὰρξ τοῦ παιδαρίου.
³⁵καὶ ἐπέστρεψεν καὶ ἐπορεύθη ἐν τῇ οἰκίᾳ ἔνθεν καὶ ἔνθεν καὶ 35
ἀνέβη καὶ συνέκαμψεν ἐπὶ τὸ παιδάριον ἕως ἑπτάκις, καὶ ἤνοιξεν

25 το 1⁰ > A | καρμηλιον BO†] + και επορευθη και ηλθεν εως του ανθρω-
που του θεου εις το ορος rel. | δη > OL || 26 απαντην B†] -τησιν rel.:
item in 31 | ερεις] + ※αυτη Sy L† | ει ter V] η B†, > AL: cf. 9 11.17.18
|| 27 ελισαιε 1⁰] pr. τον A, τον ανθρωπον του θεου L† | απεωσασθαι B†: cf.
21 14 23 27 et Thack. p. 204 | εμου] + και σου B† || 28 ουκ Ra.] οτι ουκ
B†, ουχι συ πεποιηκας; ουκ L†, οτι rel. || 29 σου 2⁰ > A† || 32 τεθνη-
κως B* || 35 συνεκαλυψεν O

36 τὸ παιδάριον τοὺς ὀφθαλμοὺς αὐτοῦ. 36καὶ ἐξεβόησεν Ελισαιε
πρὸς Γιεζι καὶ εἶπεν Κάλεσον τὴν Σωμανῖτιν ταύτην· καὶ ἐκάλε-
σεν, καὶ εἰσῆλθεν πρὸς αὐτόν. καὶ εἶπεν Ελισαιε Λαβὲ τὸν υἱόν
37 σου. 37καὶ εἰσῆλθεν ἡ γυνὴ καὶ ἔπεσεν ἐπὶ τοὺς πόδας αὐτοῦ καὶ
προσεκύνησεν ἐπὶ τὴν γῆν καὶ ἔλαβεν τὸν υἱὸν αὐτῆς καὶ ἐξῆλθεν.
38   38Καὶ Ελισαιε ἐπέστρεψεν εἰς Γαλγαλα, καὶ ὁ λιμὸς ἐν τῇ γῇ,
καὶ οἱ υἱοὶ τῶν προφητῶν ἐκάθηντο ἐνώπιον αὐτοῦ. καὶ εἶπεν
Ελισαιε τῷ παιδαρίῳ αὐτοῦ Ἐπίστησον τὸν λέβητα τὸν μέγαν
39 καὶ ἕψε ἕψεμα τοῖς υἱοῖς τῶν προφητῶν. 39καὶ ἐξῆλθεν εἷς εἰς τὸν
ἀγρὸν συλλέξαι αριωθ καὶ εὗρεν ἄμπελον ἐν τῷ ἀγρῷ καὶ συν-
έλεξεν ἀπ' αὐτῆς τολύπην ἀγρίαν πλῆρες τὸ ἱμάτιον αὐτοῦ καὶ
40 ἐνέβαλεν εἰς τὸν λέβητα τοῦ ἑψέματος, ὅτι οὐκ ἔγνωσαν. 40καὶ
ἐνέχει τοῖς ἀνδράσιν φαγεῖν, καὶ ἐγένετο ἐν τῷ ἐσθίειν αὐτοὺς ἐκ
τοῦ ἑψήματος καὶ ἰδοὺ ἀνεβόησαν καὶ εἶπον Θάνατος ἐν τῷ λέ-
41 βητι, ἄνθρωπε τοῦ θεοῦ· καὶ οὐκ ἠδύναντο φαγεῖν. 41καὶ εἶπεν
Λάβετε ἄλευρον καὶ ἐμβάλετε εἰς τὸν λέβητα· καὶ εἶπεν Ελισαιε
πρὸς Γιεζι τὸ παιδάριον Ἔγχει τῷ λαῷ καὶ ἐσθιέτωσαν· καὶ οὐκ
42 ἐγενήθη ἔτι ἐκεῖ ῥῆμα πονηρὸν ἐν τῷ λέβητι. — 42καὶ ἀνὴρ δι-
ῆλθεν ἐκ Βαιθσαρισα καὶ ἤνεγκεν πρὸς τὸν ἄνθρωπον τοῦ θεοῦ
πρωτογενημάτων εἴκοσι ἄρτους κριθίνους καὶ παλάθας, καὶ εἶπεν
43 Δότε τῷ λαῷ καὶ ἐσθιέτωσαν. 43καὶ εἶπεν ὁ λειτουργὸς αὐτοῦ Τί
δῶ τοῦτο ἐνώπιον ἑκατὸν ἀνδρῶν; καὶ εἶπεν Δὸς τῷ λαῷ καὶ
ἐσθιέτωσαν, ὅτι τάδε λέγει κύριος Φάγονται καὶ καταλείψουσιν.
44 44καὶ ἔφαγον καὶ κατέλιπον κατὰ τὸ ῥῆμα κυρίου.
5   1Καὶ Ναιμαν ὁ ἄρχων τῆς δυνάμεως Συρίας ἦν ἀνὴρ μέγας ἐνώ-
πιον τοῦ κυρίου αὐτοῦ καὶ τεθαυμασμένος προσώπῳ, ὅτι ἐν αὐτῷ
ἔδωκεν κύριος σωτηρίαν Συρίᾳ· καὶ ὁ ἀνὴρ ἦν δυνατὸς ἰσχύι,
2 λελεπρωμένος. 2καὶ Συρία ἐξῆλθον μονόζωνοι καὶ ἠχμαλώτευσαν
ἐκ γῆς Ισραηλ νεάνιδα μικράν, καὶ ἦν ἐνώπιον τῆς γυναικὸς Ναι-
3 μαν. 3ἡ δὲ εἶπεν τῇ κυρίᾳ αὐτῆς Ὄφελον ὁ κύριός μου ἐνώπιον
τοῦ προφήτου τοῦ θεοῦ τοῦ ἐν Σαμαρείᾳ, τότε ἀποσυνάξει αὐτὸν
4 ἀπὸ τῆς λέπρας αὐτοῦ. 4καὶ εἰσῆλθεν καὶ ἀπήγγειλεν τῷ κυρίῳ
ἑαυτῆς καὶ εἶπεν Οὕτως καὶ οὕτως ἐλάλησεν ἡ νεᾶνις ἡ ἐκ γῆς

36 εκαλεσεν] + ※αυτην Ο†, + αυτην ο γιεζι L† (cf. Rahlfs Sept.-Stud. 3
[1911], p. 273 ad 4 12) || 37 επεσεν] pr. επ Α† || 38 τον μεγαν > Β† ||
39 εἷς Sy† (sub ※)] > rel. | αγριαν > Α | και ult.] pr. ※et uenit Sy†, pr.
(sic) ελθων Α†, pr. και εισηλθε L† || 40 ενεχει Β†] -χεαν Α†, -χεεν rel. ||
41 λαβετε] λαβε Α† | ετι] > Ο, post πονηρον tr. L† || 42 πρωτογ. εικοσι
αρτους] pr. ※αρτους Ο†, αρτους πρωτογ. εικοσι L† | παλαθας] + ※βακελ(λ)εθ
Ο† || 43 τι ΒL†] τινι rel. | τουτο Β†] post ανδρων tr. L†, ταυτα rel. |
δος] δοτε Ο† || 44 init.] pr. ※και εδωκεν εις προσωπον αυτων Ο†
  51 ναιμαν] νεεμαν L mu.: item in seq. | δυναμ.] + ※βασιλεως Ο–ΑL | συ-
ριας] pr. της Α | εδωκεν] εθηκεν Ο | συρια] -ας Ο || 2 εξηλθεν Ο

Ισραηλ. ⁵καὶ εἶπεν βασιλεὺς Συρίας πρὸς Ναιμαν Δεῦρο εἴσελθε, 5
καὶ ἐξαποστελῶ βιβλίον πρὸς βασιλέα Ισραηλ · καὶ ἐπορεύθη καὶ
ἔλαβεν ἐν τῇ χειρὶ αὐτοῦ δέκα τάλαντα ἀργυρίου καὶ ἑξακισχιλίους
χρυσοῦς καὶ δέκα ἀλλασσομένας στολάς. ⁶καὶ ἤνεγκεν τὸ βιβλίον 6
πρὸς τὸν βασιλέα Ισραηλ λέγων Καὶ νῦν ὡς ἂν ἔλθῃ τὸ βιβλίον
τοῦτο πρὸς σέ, ἰδοὺ ἀπέστειλα πρὸς σὲ Ναιμαν τὸν δοῦλόν μου,
καὶ ἀποσυνάξεις αὐτὸν ἀπὸ τῆς λέπρας αὐτοῦ. ⁷καὶ ἐγένετο ὡς 7
ἀνέγνω βασιλεὺς Ισραηλ τὸ βιβλίον, διέρρηξεν τὰ ἱμάτια αὐτοῦ καὶ
εἶπεν Μὴ θεὸς ἐγὼ τοῦ θανατῶσαι καὶ ζωοποιῆσαι, ὅτι οὗτος ἀπο-
στέλλει πρός με ἀποσυνάξαι ἄνδρα ἀπὸ τῆς λέπρας αὐτοῦ; ὅτι
πλὴν γνῶτε δὴ καὶ ἴδετε ὅτι προφασίζεται οὗτός με. ⁸καὶ ἐγένετο 8
ὡς ἤκουσεν Ελισαιε ὅτι διέρρηξεν ὁ βασιλεὺς Ισραηλ τὰ ἱμάτια
ἑαυτοῦ, καὶ ἀπέστειλεν πρὸς τὸν βασιλέα Ισραηλ λέγων Ἵνα τί
διέρρηξας τὰ ἱμάτιά σου; ἐλθέτω δὴ πρός με Ναιμαν καὶ γνώτω
ὅτι ἔστιν προφήτης ἐν Ισραηλ. ⁹καὶ ἦλθεν Ναιμαν ἐν ἵππῳ καὶ 9
ἄρματι καὶ ἔστη ἐπὶ θύρας οἴκου Ελισαιε. ¹⁰καὶ ἀπέστειλεν Ελισαιε 10
ἄγγελον πρὸς αὐτὸν λέγων Πορευθεὶς λοῦσαι ἑπτάκις ἐν τῷ Ιορ-
δάνῃ, καὶ ἐπιστρέψει ἡ σάρξ σού σοι, καὶ καθαρισθήσῃ. ¹¹καὶ ἐθυ- 11
μώθη Ναιμαν καὶ ἀπῆλθεν καὶ εἶπεν Ἰδοὺ δὴ ἔλεγον ὅτι ἐξελεύσε-
ται πρός με καὶ στήσεται καὶ ἐπικαλέσεται ἐν ὀνόματι θεοῦ αὐτοῦ
καὶ ἐπιθήσει τὴν χεῖρα αὐτοῦ ἐπὶ τὸν τόπον καὶ ἀποσυνάξει τὸ
λεπρόν · ¹²οὐχὶ ἀγαθὸς Αβανα καὶ Φαρφαρ ποταμοὶ Δαμασκοῦ 12
ὑπὲρ Ιορδάνην καὶ πάντα τὰ ὕδατα Ισραηλ; οὐχὶ πορευθεὶς λού-
σομαι ἐν αὐτοῖς καὶ καθαρισθήσομαι; καὶ ἐξέκλινεν καὶ ἀπῆλθεν
ἐν θυμῷ. ¹³καὶ ἤγγισαν οἱ παῖδες αὐτοῦ καὶ ἐλάλησαν πρὸς αὐτόν 13
Μέγαν λόγον ἐλάλησεν ὁ προφήτης πρὸς σέ, οὐχὶ ποιήσεις; καὶ
ὅτι εἶπεν πρὸς σέ Λοῦσαι καὶ καθαρίσθητι. ¹⁴καὶ κατέβη Ναιμαν 14
καὶ ἐβαπτίσατο ἐν τῷ Ιορδάνῃ ἑπτάκι κατὰ τὸ ῥῆμα Ελισαιε, καὶ
ἐπέστρεψεν ἡ σάρξ αὐτοῦ ὡς σὰρξ παιδαρίου μικροῦ, καὶ ἐκαθαρίσθη.
¹⁵καὶ ἐπέστρεψεν πρὸς Ελισαιε, αὐτὸς καὶ πᾶσα ἡ παρεμβολὴ αὐ- 15
τοῦ, καὶ ἦλθεν καὶ ἔστη καὶ εἶπεν Ἰδοὺ δὴ ἔγνωκα ὅτι οὐκ ἔστιν

5 βασιλευς] pr. ο OL: item in 7 | προς 1⁰] pr. πορευου Aᵀ ‖ 6 απο] εκ
Aᵀ: item in 7 ‖ 7 μη] ο ΒΟᵀ | και 3⁰] η Ο | με ult.] μοι Β, προς με Lᵀ
‖ 8 ελισ.] + ※(ο) ανθρωπος του θεου Oᵀ, ο ανθρωπος του θεου Lᵀ ‖ 9 θυ-
ρας οικου] της θ. του οι. ALᵀ ‖ 10 ελισ. αγγ. / προς αυτον] tr. Oᵀ, ελισ. προς
αυτον αγγ. Lᵀ | καθαρισθητι Ο ‖ 11 ιδου > O–Syᵀ | δη ελεγον οτι Sy Bᶜ
pl.] ελεγον Lᵀ, ειπον B*ᵀ, > O–Syᵀ | εξελευσ. προς με] προς με παντως εξελ.
ΒΟ⁽ᵀ⁾ | και στησεται > BLᵀ | θεου] pr. κυριου OL (Aᵀ κυριου pro θεου) | απο-
συναξει] απο > Aᵀ ‖ 12 αγαθος BLᵀ] -θοι rel. | αβανα] ναεβ. Aᵀ, αρβ. Bᶜ,
αβρανα Lᵀ | φαρφαρ V pl.] αφαρφα B*ᵀ, φαρφα Bᶜ, φαρφαρα Aᵀ | ιορδ. και
Sy pl.] τον ιορδ. και υπερ Lᵀ, > BO–Syᵀ | ουχι 2⁰] ου Aᵀ | λουσομαι] πορευσ.
Aᵀ ‖ 13 μεγαν] pr. ※(και ειπαν) πατερ Oᵀ, pr. πατερ ει Lᵀ | και οτι] καθ-
οτι Lᵀ, και > Ο pl. ‖ 15 εστη] + ※εις προσωπον αυτου Oᵀ, + ενωπιον
αυτου L pl. | και ειπεν > Aᵀ | δη > Bᵀ

θεὸς ἐν πάσῃ τῇ γῇ ὅτι ἀλλ᾿ ἢ ἐν τῷ Ισραηλ · καὶ νῦν λαβὲ τὴν
16 εὐλογίαν παρὰ τοῦ δούλου σου. ¹⁶καὶ εἶπεν Ελισαιε Ζῇ κύριος, ᾧ
παρέστην ἐνώπιον αὐτοῦ, εἰ λήμψομαι · καὶ παρεβιάσατο αὐτὸν
17 λαβεῖν, καὶ ἠπείθησεν. ¹⁷καὶ εἶπεν Ναιμαν Καὶ εἰ μή, δοθήτω δὴ
τῷ δούλῳ σου γόμος ζεύγους ἡμιόνων, καὶ σύ μοι δώσεις ἐκ τῆς
γῆς τῆς πυρρᾶς, ὅτι οὐ ποιήσει ἔτι ὁ δοῦλός σου ὁλοκαύτωμα
18 καὶ θυσίασμα θεοῖς ἑτέροις, ἀλλ᾿ ἢ τῷ κυρίῳ μόνῳ · ¹⁸καὶ ἱλάσε-
ται κύριος τῷ δούλῳ σου ἐν τῷ εἰσπορεύεσθαι τὸν κύριόν μου
εἰς οἶκον Ρεμμαν προσκυνῆσαι αὐτὸν καὶ ἐπαναπαύσεται ἐπὶ τῆς
χειρός μου καὶ προσκυνήσω ἐν οἴκῳ Ρεμμαν ἐν τῷ προσκυνεῖν
αὐτὸν ἐν οἴκῳ Ρεμμαν, καὶ ἱλάσεται δὴ κύριος τῷ δούλῳ σου ἐν
19 τῷ λόγῳ τούτῳ. ¹⁹καὶ εἶπεν Ελισαιε πρὸς Ναιμαν Δεῦρο εἰς εἰ-
ρήνην. καὶ ἀπῆλθεν ἀπ᾿ αὐτοῦ εἰς δεβραθα τῆς γῆς.
20   ²⁰Καὶ εἶπεν Γιεζι τὸ παιδάριον Ελισαιε Ἰδοὺ ἐφείσατο ὁ κύριός
μου τοῦ Ναιμαν τοῦ Σύρου τούτου τοῦ μὴ λαβεῖν ἐκ χειρὸς αὐτοῦ
ἃ ἐνήνοχεν · Ζῇ κύριος ὅτι εἰ μὴ δραμοῦμαι ὀπίσω αὐτοῦ καὶ λήμ-
21 ψομαι παρ᾿ αὐτοῦ τι. ²¹καὶ ἐδίωξε Γιεζι ὀπίσω τοῦ Ναιμαν, καὶ εἶ-
δεν αὐτὸν Ναιμαν τρέχοντα ὀπίσω αὐτοῦ καὶ ἐπέστρεψεν ἀπὸ τοῦ
22 ἅρματος εἰς ἀπαντὴν αὐτοῦ. ²²καὶ εἶπεν Εἰρήνη · ὁ κύριός μου
ἀπέστειλέν με λέγων Ἰδοὺ νῦν ἦλθον πρός με δύο παιδάρια ἐξ
ὄρους Εφραιμ ἀπὸ τῶν υἱῶν τῶν προφητῶν · δὸς δὴ αὐτοῖς τά-
23 λαντον ἀργυρίου καὶ δύο ἀλλασσομένας στολάς. ²³καὶ εἶπεν Ναιμαν
Λαβὲ διτάλαντον ἀργυρίου · καὶ ἔλαβεν ἐν δυσὶ θυλάκοις καὶ δύο
ἀλλασσομένας στολὰς καὶ ἔδωκεν ἐπὶ δύο παιδάρια αὐτοῦ, καὶ
24 ἦραν ἔμπροσθεν αὐτοῦ. ²⁴καὶ ἦλθον εἰς τὸ σκοτεινόν, καὶ ἔλαβεν
ἐκ τῶν χειρῶν αὐτῶν καὶ παρέθετο ἐν οἴκῳ καὶ ἐξαπέστειλεν τοὺς
25 ἄνδρας. ²⁵καὶ αὐτὸς εἰσῆλθεν καὶ παρειστήκει πρὸς τὸν κύριον
αὐτοῦ. καὶ εἶπεν πρὸς αὐτὸν Ελισαιε Πόθεν, Γιεζι ; καὶ εἶπεν Γιεζι
26 Οὐ πεπόρευται ὁ δοῦλός σου ἔνθα καὶ ἔνθα. ²⁶καὶ εἶπεν πρὸς αὐ-

15 παρα > A† ‖ 16 αυτον > A† ‖ 17 γομος L† (cf. Exod. 23 5)]
γομορ rel. | ζευγους] -γη B*†, -γος Bᶜ | και συ — πυρρας V mu.] > B, απο
της γης A†, γης L† | και θυσιασμα B] > V mu., και θυσιαν A⁽†⁾ (in Sy
sub ※), η θυσιαν L† | μονω L pl.] > BO ‖ 18 και 1⁰ V mu.] pr. ※τω
ρηματι τουτω OB†, και περι του λογου τουτου L | αυτον και AV pl.] εκει
και(L† οτι) αυτος BL†, αυτω και ※αυτος Sy† | ρεμμαν 2⁰⌒3⁰ O | ιλασε-
ται ult.] ιλασθεσεται O ‖ 19 απ] παρ B† | εις ult. — fin.] απο της γης
÷ ισραηλ O†, εις χαβραθα την γην L†; χαβραθα pro δεβραθα etiam V pl. ‖
20 α BL†] ων rel. ‖ 21 απαντην] -τησιν OL (A† tr. εις απαντησιν αυτου
ante απο) | fin.] + και ειπεν (+ ει Sy†) ειρηνη OL† (22 και ειπεν ειρηνη in
Sy sub ※) ‖ 22 με 1⁰] προς σε A† | ιδου > A | νυν] + τουτο O† ‖ 23 λαβε]
pr. ※ουκουν O†; pr. επιεικ(ε)ως L†: cf. 6 3 | και ελαβεν B†] + δυο ταλαντα
αργυριου V mu., ※και εβιασατο αυτον και εδησεν(L† εδωκεν αυτω) διταλαντον
αργυριου OL† | ηραν] ηρον B† ‖ 24 fin.] + ※και επορευθησαν O†, + και
απηλθον L†

τὸν Ελισαιε Οὐχὶ ἡ καρδία μου ἐπορεύθη μετὰ σοῦ, ὅτε ἐπέστρε-
ψεν ὁ ἀνὴρ ἀπὸ τοῦ ἅρματος εἰς συναντήν σοι; καὶ νῦν ἔλαβες
τὸ ἀργύριον καὶ νῦν ἔλαβες τὰ ἱμάτια καὶ λήμψῃ ἐν αὐτῷ κήπους
καὶ ἐλαιῶνας καὶ ἀμπελῶνας καὶ πρόβατα καὶ βόας καὶ παῖδας καὶ
παιδίσκας · ²⁷καὶ ἡ λέπρα Ναιμαν κολληθήσεται ἐν σοὶ καὶ ἐν τῷ 27
σπέρματί σου εἰς τὸν αἰῶνα. καὶ ἐξῆλθεν ἐκ προσώπου αὐτοῦ λε-
λεπρωμένος ὡσεὶ χιών.

¹Καὶ εἶπον οἱ υἱοὶ τῶν προφητῶν πρὸς Ελισαιε Ἰδοὺ δὴ ὁ τό- 6
πος, ἐν ᾧ ἡμεῖς οἰκοῦμεν ἐνώπιόν σου, στενὸς ἀφ᾽ ἡμῶν · ²πορευ- 2
θῶμεν δὴ ἕως τοῦ Ιορδάνου καὶ λάβωμεν ἐκεῖθεν ἀνὴρ εἷς δοκὸν
μίαν καὶ ποιήσωμεν ἑαυτοῖς ἐκεῖ τοῦ οἰκεῖν ἐκεῖ. καὶ εἶπεν Δεῦτε.
³καὶ εἶπεν ὁ εἷς Ἐπιεικέως δεῦρο μετὰ τῶν δούλων σου · καὶ εἶ- 3
πεν Ἐγὼ πορεύσομαι. ⁴καὶ ἐπορεύθη μετ᾽ αὐτῶν, καὶ ἦλθον εἰς τὸν 4
Ιορδάνην καὶ ἔτεμνον τὰ ξύλα. ⁵καὶ ἰδοὺ ὁ εἷς καταβάλλων τὴν δο- 5
κόν, καὶ τὸ σιδήριον ἐξέπεσεν εἰς τὸ ὕδωρ · καὶ ἐβόησεν ᾽Ω, κύριε,
καὶ αὐτὸ κεχρημένον. ⁶καὶ εἶπεν ὁ ἄνθρωπος τοῦ θεοῦ Ποῦ ἔπε- 6
σεν; καὶ ἔδειξεν αὐτῷ τὸν τόπον. καὶ ἀπέκνισεν ξύλον καὶ ἔρριψεν
ἐκεῖ, καὶ ἐπεπόλασεν τὸ σιδήριον. ⁷καὶ εἶπεν ῞Υψωσον σαυτῷ · καὶ 7
ἐξέτεινεν τὴν χεῖρα αὐτοῦ καὶ ἔλαβεν αὐτό.

⁸Καὶ βασιλεὺς Συρίας ἦν πολεμῶν ἐν Ισραηλ καὶ ἐβουλεύσατο 8
πρὸς τοὺς παῖδας αὐτοῦ λέγων Εἰς τὸν τόπον τόνδε τινὰ ελμωνι
παρεμβαλῶ. ⁹καὶ ἀπέστειλεν Ελισαιε πρὸς τὸν βασιλέα Ισραηλ λέ- 9
γων Φύλαξαι μὴ παρελθεῖν ἐν τῷ τόπῳ τούτῳ, ὅτι ἐκεῖ Συρία κέ-
κρυπται. ¹⁰καὶ ἀπέστειλεν ὁ βασιλεὺς Ισραηλ εἰς τὸν τόπον, ὃν 10
εἶπεν αὐτῷ Ελισαιε, καὶ ἐφυλάξατο ἐκεῖθεν οὐ μίαν οὐδὲ δύο. ¹¹καὶ 11
ἐξεκινήθη ἡ ψυχὴ βασιλέως Συρίας περὶ τοῦ λόγου τούτου, καὶ
ἐκάλεσεν τοὺς παῖδας αὐτοῦ καὶ εἶπεν πρὸς αὐτούς Οὐκ ἀναγγε-
λεῖτέ μοι τίς προδίδωσίν με βασιλεῖ Ισραηλ; ¹²καὶ εἶπεν εἷς τῶν 12
παίδων αὐτοῦ Οὐχί, κύριέ μου βασιλεῦ, ὅτι Ελισαιε ὁ προφήτης
ὁ ἐν Ισραηλ ἀναγγέλλει τῷ βασιλεῖ Ισραηλ πάντας τοὺς λόγους,
οὓς ἐὰν λαλήσῃς ἐν τῷ ταμιείῳ τοῦ κοιτῶνός σου. ¹³καὶ εἶπεν Δεῦτε 13
ἴδετε ποῦ οὗτος, καὶ ἀποστείλας λήμψομαι αὐτόν · καὶ ἀνήγγειλαν

26 μετα σου > O⁺ | αρματος] +⁎ αυτου SyL⁺ | συναντην B⁺] -τησιν rel. |
σοι] σου O | τα] pr. και A⁺ | και λημψη εν αυτω κηπους > BA⁺ | ελαιωνα et
αμπελωνα O || 27 προσωπου] pr. του O

6 2 εις > O || 3 επιεικεως Ra.] -καιως L^p⁺, επεικαιως B*⁺, επεικως rel.,
cf. I 12 22; pr. δευρο O mu., sed δευρο post επιεικ. retinent | και ult.] ⁎ο δε
O⁺ || 5 εξεπεσεν BO] pr. εκπεσον εκ του στελεχους V, + του στελεου L⁺ |
εβοησεν] +⁎και ειπεν O⁺, + ο ανηρ και ειπεν L⁺ | κεχρη(σ)μενον L] κεκρυμ-
μενον BA || 6 απεκνιξεν A⁺ || 7 ειπεν] ειρηκεν B⁺ | αυτου > B⁺ ||
8 ελμωνι] ελιμ. B*⁺ || 9 τον > B⁺ | εκει συρια] tr. O || 10 ελισ.] +⁎και
διεστειλατο αυτω O⁺ | ουδε] ου A || 12 o bis > A⁽⁺⁾ || 13 ουτος B⁺] pr.
εστιν L⁺, αυτος rel.

14 αὐτῷ λέγοντες Ἰδοὺ ἐν Δωθαΐμ. ¹⁴καὶ ἀπέστειλεν ἐκεῖ ἵππον καὶ
ἅρμα καὶ δύναμιν βαρεῖαν, καὶ ἦλθον νυκτὸς καὶ περιεκύκλωσαν
15 τὴν πόλιν. ¹⁵καὶ ὤρθρισεν ὁ λειτουργὸς Ελισαιε ἀναστῆναι καὶ
ἐξῆλθεν, καὶ ἰδοὺ δύναμις κυκλοῦσα τὴν πόλιν καὶ ἵππος καὶ ἅρμα,
καὶ εἶπεν τὸ παιδάριον πρὸς αὐτόν Ὦ, κύριε, πῶς ποιήσωμεν;
16 ¹⁶καὶ εἶπεν Ελισαιε Μὴ φοβοῦ, ὅτι πλείους οἱ μεθ᾽ ἡμῶν ὑπὲρ
17 τοὺς μετ᾽ αὐτῶν. ¹⁷καὶ προσεύξατο Ελισαιε καὶ εἶπεν Κύριε, διάν-
οιξον τοὺς ὀφθαλμοὺς τοῦ παιδαρίου καὶ ἰδέτω· καὶ διήνοιξεν
κύριος τοὺς ὀφθαλμοὺς αὐτοῦ, καὶ εἶδεν, καὶ ἰδοὺ τὸ ὄρος πλῆρες
18 ἵππων, καὶ ἅρμα πυρὸς περικύκλῳ Ελισαιε. ¹⁸καὶ κατέβησαν πρὸς
αὐτόν, καὶ προσηύξατο Ελισαιε πρὸς κύριον καὶ εἶπεν Πάταξον
δὴ τοῦτο τὸ ἔθνος ἀορασίᾳ· καὶ ἐπάταξεν αὐτοὺς ἀορασίᾳ κατὰ
19 τὸ ῥῆμα Ελισαιε. ¹⁹καὶ εἶπεν πρὸς αὐτοὺς Ελισαιε Οὐχ αὕτη ἡ
πόλις καὶ αὕτη ἡ ὁδός· δεῦτε ὀπίσω μου, καὶ ἀπάξω ὑμᾶς πρὸς
20 τὸν ἄνδρα, ὃν ζητεῖτε· καὶ ἀπήγαγεν αὐτοὺς εἰς Σαμάρειαν. ²⁰καὶ
ἐγένετο ὡς εἰσῆλθον εἰς Σαμάρειαν, καὶ εἶπεν Ελισαιε Ἄνοιξον δή,
κύριε, τοὺς ὀφθαλμοὺς αὐτῶν καὶ ἰδέτωσαν· καὶ διήνοιξεν κύριος
τοὺς ὀφθαλμοὺς αὐτῶν, καὶ εἶδον, καὶ ἰδοὺ ἦσαν ἐν μέσῳ Σαμα-
21 ρείας. ²¹καὶ εἶπεν ὁ βασιλεὺς Ισραηλ, ὡς εἶδεν αὐτούς Εἰ πατάξας
22 πατάξω, πάτερ; ²²καὶ εἶπεν Οὐ πατάξεις, εἰ μὴ οὓς ᾐχμαλώτευσας
ἐν ῥομφαίᾳ σου καὶ τόξῳ σου, σὺ τύπτεις· παράθες ἄρτους καὶ
ὕδωρ ἐνώπιον αὐτῶν, καὶ φαγέτωσαν καὶ πιέτωσαν καὶ ἀπελθέ-
23 τωσαν πρὸς τὸν κύριον αὐτῶν. ²³καὶ παρέθηκεν αὐτοῖς παράθεσιν
μεγάλην, καὶ ἔφαγον καὶ ἔπιον· καὶ ἀπέστειλεν αὐτούς, καὶ ἀπῆλ-
θον πρὸς τὸν κύριον αὐτῶν. καὶ οὐ προσέθεντο ἔτι μονόζωνοι
Συρίας τοῦ ἐλθεῖν εἰς γῆν Ισραηλ.
24 ²⁴Καὶ ἐγένετο μετὰ ταῦτα καὶ ἤθροισεν υἱὸς Αδερ βασιλεὺς Συ-
ρίας πᾶσαν τὴν παρεμβολὴν αὐτοῦ καὶ ἀνέβη καὶ περιεκάθισεν
25 Σαμάρειαν. ²⁵καὶ ἐγένετο λιμὸς μέγας ἐν Σαμαρείᾳ, καὶ ἰδοὺ περι-
εκάθηντο ἐπ᾽ αὐτήν, ἕως οὗ ἐγενήθη κεφαλὴ ὄνου πεντήκοντα σί-
κλων ἀργυρίου καὶ τέταρτον τοῦ κάβου κόπρου περιστερῶν πέντε
26 σίκλων ἀργυρίου. ²⁶καὶ ἦν ὁ βασιλεὺς Ισραηλ διαπορευόμενος ἐπὶ
τοῦ τείχους, καὶ γυνὴ ἐβόησεν πρὸς αὐτὸν λέγουσα Σῶσον, κύριε
27 βασιλεῦ. ²⁷καὶ εἶπεν αὐτῇ Μή σε σώσαι κύριος, πόθεν σώσω σε;
28 μὴ ἀπὸ τῆς ἅλωνος ἢ ἀπὸ τῆς ληνοῦ; ²⁸καὶ εἶπεν αὐτῇ ὁ βασι-
λεύς Τί ἐστίν σοι; καὶ εἶπεν Ἡ γυνὴ αὕτη εἶπεν πρός με Δὸς

15 ιπποι OL | ω > O† ‖ 17 διανοιξον B†] δι > L†, + δη rel. ‖ 18 ελισ.
1⁰ > B† ‖ 19 πολις ... οδος] tr. OL† | αυτη 2⁰] pr. ουχ(uel ουκ) OL | απα-
ξω] αξω B† | εις] προς B† ‖ 20 εισηλθεν A | κυριος > B† ‖ 21 ισραηλ]
+ ※προς ελισαιε OL ‖ 22 συ > A† ‖ 23 και απηλθον > B*† ‖ 24 πε-
ριεκαθισαν B*† | σαμαρ.] pr. επι OL ‖ 25 επ] περι A† | ου > A | σικλων
1⁰ > B*O†, 2⁰ > BO† | τετ. του καβου] τεσσαρες καβοι A† | πεντε] pr. πεν-
τηκοντα O† ‖ 27 αυτη > O | σωσαι] -ση A† | της bis > B†

τὸν υἱόν σου καὶ φαγόμεθα αὐτὸν σήμερον, καὶ τὸν υἱόν μου καὶ
φαγόμεθα αὐτὸν αὔριον · ²⁹καὶ ἡψήσαμεν τὸν υἱόν μου καὶ ἐφά- 29
γομεν αὐτόν, καὶ εἶπον πρὸς αὐτὴν τῇ ἡμέρᾳ τῇ δευτέρᾳ Δὸς τὸν
υἱόν σου καὶ φάγωμεν αὐτόν, καὶ ἔκρυψεν τὸν υἱὸν αὐτῆς. ³⁰καὶ 30
ἐγένετο ὡς ἤκουσεν ὁ βασιλεὺς Ἰσραηλ τοὺς λόγους τῆς γυναικός,
διέρρηξεν τὰ ἱμάτια αὐτοῦ, καὶ αὐτὸς διεπορεύετο ἐπὶ τοῦ τείχους,
καὶ εἶδεν ὁ λαὸς τὸν σάκκον ἐπὶ τῆς σαρκὸς αὐτοῦ ἔσωθεν. ³¹καὶ 31
εἶπεν Τάδε ποιήσαι μοι ὁ θεὸς καὶ τάδε προσθείη, εἰ στήσεται ἡ
κεφαλὴ Ελισαιε ἐπ' αὐτῷ σήμερον. ³²καὶ Ελισαιε ἐκάθητο ἐν τῷ 32
οἴκῳ αὐτοῦ, καὶ οἱ πρεσβύτεροι ἐκάθηντο μετ' αὐτοῦ. καὶ ἀπέστει-
λεν ἄνδρα πρὸ προσώπου αὐτοῦ · πρὶν ἐλθεῖν τὸν ἄγγελον πρὸς
αὐτὸν καὶ αὐτὸς εἶπεν πρὸς τοὺς πρεσβυτέρους Εἰ οἴδατε ὅτι ἀπέ-
στειλεν ὁ υἱὸς τοῦ φονευτοῦ οὗτος ἀφελεῖν τὴν κεφαλήν μου;
ἴδετε ὡς ἂν ἔλθη ὁ ἄγγελος, ἀποκλείσατε τὴν θύραν καὶ παρα-
θλίψατε αὐτὸν ἐν τῇ θύρᾳ · οὐχὶ φωνὴ τῶν ποδῶν τοῦ κυρίου
αὐτοῦ κατόπισθεν αὐτοῦ; ³³ἔτι αὐτοῦ λαλοῦντος μετ' αὐτῶν καὶ 33
ἰδοὺ ἄγγελος κατέβη πρὸς αὐτὸν καὶ εἶπεν Ἰδοὺ αὕτη ἡ κακία
παρὰ κυρίου · τί ὑπομείνω τῷ κυρίῳ ἔτι; ¹καὶ εἶπεν Ελισαιε Ἄκου- 7
σον λόγον κυρίου Τάδε λέγει κύριος Ὡς ἡ ὥρα αὕτη αὔριον μέ-
τρον σεμιδάλεως σίκλου καὶ δίμετρον κριθῶν σίκλου ἐν ταῖς πύλαις
Σαμαρείας. ²καὶ ἀπεκρίθη ὁ τριστάτης, ἐφ' ὃν ὁ βασιλεὺς ἐπανε- 2
παύετο ἐπὶ τὴν χεῖρα αὐτοῦ, τῷ Ελισαιε καὶ εἶπεν Ἰδοὺ ποιήσει
κύριος καταρράκτας ἐν οὐρανῷ, μὴ ἔσται τὸ ῥῆμα τοῦτο; καὶ
Ελισαιε εἶπεν Ἰδοὺ σὺ ὄψη τοῖς ὀφθαλμοῖς σου καὶ ἐκεῖθεν οὐ
φάγῃ. — ³καὶ τέσσαρες ἄνδρες ἦσαν λεπροὶ παρὰ τὴν θύραν τῆς 3
πόλεως, καὶ εἶπεν ἀνὴρ πρὸς τὸν πλησίον αὐτοῦ Τί ἡμεῖς καθή-
μεθα ὧδε, ἕως ἀποθάνωμεν; ⁴ἐὰν εἴπωμεν Εἰσέλθωμεν εἰς τὴν 4
πόλιν, καὶ ὁ λιμὸς ἐν τῇ πόλει καὶ ἀποθανούμεθα ἐκεῖ · καὶ ἐὰν
καθίσωμεν ὧδε, καὶ ἀποθανούμεθα. καὶ νῦν δεῦτε καὶ ἐμπέσωμεν
εἰς τὴν παρεμβολὴν Συρίας · ἐὰν ζωογονήσωσιν ἡμᾶς, καὶ ζησό-
μεθα · καὶ ἐὰν θανατώσωσιν ἡμᾶς, καὶ ἀποθανούμεθα. ⁵καὶ ἀνέστη- 5
σαν ἐν τῷ σκότει εἰσελθεῖν εἰς τὴν παρεμβολὴν Συρίας καὶ ἦλθον
εἰς μέρος τῆς παρεμβολῆς Συρίας, καὶ ἰδοὺ οὐκ ἔστιν ἀνὴρ ἐκεῖ.
⁶καὶ κύριος ἀκουστὴν ἐποίησεν τὴν παρεμβολὴν Συρίας φωνὴν 6

28 και φαγ. αυτον ult.] φαγ. OL†, om. Vpl. ‖ 30 ισραηλ] > BL, in O sub
÷ ‖ 31 ελισ.] + ※υιου σαφατ OL† ‖ 32 απεστ. 1⁰] + ο βασιλευς L⁽†⁾ |
αυτος > B† | ει BLᵖ] > Lᵖ†, μη O pl. | οιδατε] ηδειτε B*†, εωρακατε L†,
ειδετε Sixt. | ουτος > B† ‖ 33 αγγελος] pr. ο A†, ο αγγ. ο παρα του βασι-
λεως L† | υπομενω O | τω κυριω > A†
7 1 σικλου 1⁰ ⌒ 2⁰ B*† ‖ 2 τω] προς τον O | συ > BO–Sy† | σου > B†
‖ 3 και 1⁰] + ιδου A† ‖ 5 μερος] μεσον B*A | της > O ‖ 6 ακουστην
εποι.] tr. A† | την παρεμβ. BLᵖ] τη -λη L¹²⁷†, παρεμβολη A pl.

ἅρματος καὶ φωνὴν ἵππου καὶ φωνὴν δυνάμεως μεγάλης, καὶ εἶπεν
ἀνὴρ πρὸς τὸν ἀδελφὸν αὐτοῦ Νῦν ἐμισθώσατο ἐφ᾽ ἡμᾶς βασιλεὺς
Ἰσραηλ τοὺς βασιλέας τῶν Χετταίων καὶ τοὺς βασιλέας Αἰγύπτου
7 τοῦ ἐλθεῖν ἐφ᾽ ἡμᾶς. ⁷καὶ ἀνέστησαν καὶ ἀπέδρασαν ἐν τῷ σκότει καὶ
ἐγκατέλιπαν τὰς σκηνὰς αὐτῶν καὶ τοὺς ἵππους αὐτῶν καὶ τοὺς
ὄνους αὐτῶν ἐν τῇ παρεμβολῇ ὡς ἔστιν καὶ ἔφυγον πρὸς τὴν
8 ψυχὴν ἑαυτῶν. ⁸καὶ εἰσῆλθον οἱ λεπροὶ οὗτοι ἕως μέρους τῆς
παρεμβολῆς καὶ εἰσῆλθον εἰς σκηνὴν μίαν καὶ ἔφαγον καὶ ἔπιον
καὶ ἦραν ἐκεῖθεν ἀργύριον καὶ χρυσίον καὶ ἱματισμὸν καὶ ἐπορεύ-
θησαν · καὶ ἐπέστρεψαν καὶ εἰσῆλθον εἰς σκηνὴν ἄλλην καὶ ἔλαβον
9 ἐκεῖθεν καὶ ἐπορεύθησαν καὶ κατέκρυψαν. ⁹καὶ εἶπεν ἀνὴρ πρὸς
τὸν πλησίον αὐτοῦ Οὐχ οὕτως ἡμεῖς ποιοῦμεν · ἡ ἡμέρα αὕτη
ἡμέρα εὐαγγελίας ἐστίν, καὶ ἡμεῖς σιωπῶμεν καὶ μένομεν ἕως φω-
τὸς τοῦ πρωὶ καὶ εὑρήσομεν ἀνομίαν · καὶ νῦν δεῦρο καὶ εἰσέλ-
10 θωμεν καὶ ἀναγγείλωμεν εἰς τὸν οἶκον τοῦ βασιλέως. ¹⁰καὶ εἰσῆλ-
θον καὶ ἐβόησαν πρὸς τὴν πύλην τῆς πόλεως καὶ ἀνήγγειλαν αὐ-
τοῖς λέγοντες Εἰσήλθομεν εἰς τὴν παρεμβολὴν Συρίας, καὶ ἰδοὺ
οὐκ ἔστιν ἐκεῖ ἀνὴρ καὶ φωνὴ ἀνθρώπου, ὅτι εἰ μὴ ἵππος δεδε-
11 μένος καὶ ὄνος καὶ αἱ σκηναὶ αὐτῶν ὡς εἰσίν. ¹¹καὶ ἐβόησαν οἱ
12 θυρωροὶ καὶ ἀνήγγειλαν εἰς τὸν οἶκον τοῦ βασιλέως ἔσω. ¹²καὶ
ἀνέστη ὁ βασιλεὺς νυκτὸς καὶ εἶπεν πρὸς τοὺς παῖδας αὐτοῦ
Ἀναγγελῶ δὴ ὑμῖν ἃ ἐποίησεν ἡμῖν Συρία · ἔγνωσαν ὅτι πεινῶμεν
ἡμεῖς, καὶ ἐξῆλθαν ἐκ τῆς παρεμβολῆς καὶ ἐκρύβησαν ἐν τῷ ἀγρῷ
λέγοντες ὅτι Ἐξελεύσονται ἐκ τῆς πόλεως, καὶ συλλημψόμεθα αὐ-
13 τοὺς ζῶντας καὶ εἰς τὴν πόλιν εἰσελευσόμεθα. ¹³καὶ ἀπεκρίθη εἷς
τῶν παίδων αὐτοῦ καὶ εἶπεν Λαβέτωσαν δὴ πέντε τῶν ἵππων τῶν
ὑπολελειμμένων, οἳ κατελείφθησαν ὧδε, ἰδοὺ εἰσιν πρὸς πᾶν τὸ
πλῆθος Ἰσραηλ τὸ ἐκλεῖπον · καὶ ἀποστελοῦμεν ἐκεῖ καὶ ὀψόμεθα.
14 ¹⁴καὶ ἔλαβον δύο ἐπιβάτας ἵππων, καὶ ἀπέστειλεν ὁ βασιλεὺς Ἰσρα-
15 ηλ ὀπίσω τοῦ βασιλέως Συρίας λέγων Δεῦτε καὶ ἴδετε. ¹⁵καὶ ἐπο-
ρεύθησαν ὀπίσω αὐτῶν ἕως τοῦ Ἰορδάνου, καὶ ἰδοὺ πᾶσα ἡ ὁδὸς
πλήρης ἱματίων καὶ σκευῶν, ὧν ἔρριψεν Συρία ἐν τῷ θαμβεῖσθαι
αὐτούς · καὶ ἐπέστρεψαν οἱ ἄγγελοι καὶ ἀνήγγειλαν τῷ βασιλεῖ.
16 ¹⁶καὶ ἐξῆλθεν ὁ λαὸς καὶ διήρπασεν τὴν παρεμβολὴν Συρίας, καὶ
ἐγένετο μέτρον σεμιδάλεως σίκλου καὶ δίμετρον κριθῶν σίκλου
17 κατὰ τὸ ῥῆμα κυρίου. ¹⁷καὶ ὁ βασιλεὺς κατέστησεν τὸν τριστάτην,

6 και φωνην ιππου > A✝ | και 3⁰ > B✝ | εφ ult.] προς B✝ ‖ 8 επορ. 1⁰]
+ ⁂και εκρυψαν O✝, απηλθον και κατεκρυψαν L✝ | επεστρ.] + εκειθεν B✝ ‖
10 πολεως] + και εκαλεσαν τους στρατηγους της πολεως L✝ | ονος] + ⁂δεδε-
μενος OL✝ ‖ 11 εβοη. οι θυρ.] εκαλεσαν τους θυρωρους L✝ ‖ 12 ανεστη]
αν > B✝ | αν(uel απ)αγγειλω OLᴾ✝ | ημεις] pr. ÷και O✝ | πολεως] γης O✝ |
fin.] + ÷και εξελευσομεθα O✝ ‖ 13 πεντε] παντες απο A✝ ‖ 14 ισραηλ
> O✝ ‖ 16 και διμ. κριθ. σικλου / κατα το ρ. κυρ.] tr. B

ἐφ᾽ ὃν ὁ βασιλεὺς ἐπανεπαύετο ἐπὶ τῆ χειρὶ αὐτοῦ, ἐπὶ τῆς πύλης, καὶ συνεπάτησεν αὐτὸν ὁ λαὸς ἐν τῆ πύλη, καὶ ἀπέθανεν, καθὰ ἐλάλησεν ὁ ἄνθρωπος τοῦ θεοῦ, ὃς ἐλάλησεν ἐν τῷ καταβῆναι τὸν ἄγγελον πρὸς αὐτόν. ¹⁸καὶ ἐγένετο καθὰ ἐλάλησεν Ελισαιε πρὸς 18 τὸν βασιλέα λέγων Δίμετρον κριθῆς σίκλου καὶ μέτρον σεμιδάλεως σίκλου καὶ ἔσται ὡς ἡ ὥρα αὕτη αὔριον ἐν τῆ πύλη Σαμαρείας · ¹⁹καὶ ἀπεκρίθη ὁ τριστάτης τῷ Ελισαιε καὶ εἶπεν ᾽Ιδοὺ κύριος 19 ποιεῖ καταρράκτας ἐν τῷ οὐρανῷ, μὴ ἔσται τὸ ῥῆμα τοῦτο ; καὶ εἶπεν Ελισαιε ᾽Ιδοὺ ὄψη τοῖς ὀφθαλμοῖς σου καὶ ἐκεῖθεν οὐ φάγη. ²⁰καὶ ἐγένετο οὕτως, καὶ συνεπάτησεν αὐτὸν ὁ λαὸς ἐν τῆ πύλη, 20 καὶ ἀπέθανεν.

¹Καὶ Ελισαιε ἐλάλησεν πρὸς τὴν γυναῖκα, ἧς ἐζωπύρησεν τὸν 8 υἱόν, λέγων Ἀνάστηθι καὶ δεῦρο σὺ καὶ ὁ οἶκός σου καὶ παροίκει οὗ ἐὰν παροικήσῃς, ὅτι κέκληκεν κύριος λιμὸν ἐπὶ τὴν γῆν, καί γε ἦλθεν ἐπὶ τὴν γῆν ἑπτὰ ἔτη. ²καὶ ἀνέστη ἡ γυνὴ καὶ ἐποίησεν 2 κατὰ τὸ ῥῆμα Ελισαιε καὶ ἐπορεύθη αὐτὴ καὶ ὁ οἶκος αὐτῆς καὶ παρῴκει ἐν τῆ ἀλλοφύλων ἑπτὰ ἔτη. ³καὶ ἐγένετο μετὰ τὸ τέλος 3 τῶν ἑπτὰ ἐτῶν καὶ ἐπέστρεψεν ἡ γυνὴ ἐκ γῆς ἀλλοφύλων εἰς τὴν πόλιν καὶ ἦλθεν βοῆσαι πρὸς τὸν βασιλέα περὶ τοῦ οἴκου ἑαυτῆς καὶ περὶ τῶν ἀγρῶν ἑαυτῆς. ⁴καὶ ὁ βασιλεὺς ἐλάλει πρὸς Γιεζι τὸ 4 παιδάριον Ελισαιε τοῦ ἀνθρώπου τοῦ θεοῦ λέγων Διήγησαι δή μοι πάντα τὰ μεγάλα, ἃ ἐποίησεν Ελισαιε. ⁵καὶ ἐγένετο αὐτοῦ 5 ἐξηγουμένου τῷ βασιλεῖ ὡς ἐζωπύρησεν υἱὸν τεθνηκότα, καὶ ἰδοὺ ἡ γυνή, ἧς ἐζωπύρησεν τὸν υἱὸν αὐτῆς Ελισαιε, βοῶσα πρὸς τὸν βασιλέα περὶ τοῦ οἴκου ἑαυτῆς καὶ περὶ τῶν ἀγρῶν ἑαυτῆς · καὶ εἶπεν Γιεζι Κύριε βασιλεῦ, αὕτη ἡ γυνή, καὶ οὗτος ὁ υἱὸς αὐτῆς, ὃν ἐζωπύρησεν Ελισαιε. ⁶καὶ ἐπηρώτησεν ὁ βασιλεὺς τὴν γυναῖκα, 6 καὶ διηγήσατο αὐτῷ · καὶ ἔδωκεν αὐτῆ ὁ βασιλεὺς εὐνοῦχον ἕνα λέγων Ἐπίστρεψον πάντα τὰ αὐτῆς καὶ πάντα τὰ γενήματα τοῦ ἀγροῦ αὐτῆς ἀπὸ τῆς ἡμέρας, ἧς κατέλιπεν τὴν γῆν, ἕως τοῦ νῦν.

⁷Καὶ ἦλθεν Ελισαιε εἰς Δαμασκόν, καὶ υἱὸς Αδερ βασιλεὺς Συ- 7 ρίας ἠρρώστει, καὶ ἀνήγγειλαν αὐτῷ λέγοντες Ἥκει ὁ ἄνθρωπος τοῦ θεοῦ ἕως ὧδε. ⁸καὶ εἶπεν ὁ βασιλεὺς πρὸς Αζαηλ Λαβὲ ἐν 8 τῆ χειρί σου μαναα καὶ δεῦρο εἰς ἀπαντὴν τῷ ἀνθρώπῳ τοῦ θεοῦ

---

17 επι 1⁰ > B⁺ | εν τη πυλη] επι της πυλης Ο pl., > L⁺ | καθα] καθως ALᵗ: item Οᵗ in 18 ǁ 18 και ult.] > L, in Ο sub ÷ | ωρα] ημερα A⁺ | αυτη] > Bᵗ, in Ο sub ÷ ǁ 19 μη] pr. ου Β; ει Lᵗ: item Lᵗ in 2 | ου] + μη B ǁ 20 εγεν.] + ※αυτω Οᵗ

8 3 γης] των Ο | εις την πολιν > OL ǁ 4 ελαλησεν Aᵗ ǁ 5 ο > Aᵗ ǁ 6 παντα 1⁰ — γενηματα] παντα αυτης τα γενηματα Bᵗ, ※πανταϟ (sic) αυ-της τα γενηματα ※και παντα τα γενηματα Οᵗ | αυτης ult. > BA | κατελιπεν] pr. εν Aᵗ ǁ 7 ηρρωστησεν Bᵗ ǁ 8 μαναα] μαανα Β: item in 9 | απαν-τησιν OL

καὶ ἐπιζήτησον τὸν κύριον παρ᾽ αὐτοῦ λέγων Εἰ ζήσομαι ἐκ τῆς
9 ἀρρωστίας μου ταύτης; 9καὶ ἐπορεύθη Αζαηλ εἰς ἀπαντὴν αὐτοῦ
καὶ ἔλαβεν μαναα ἐν τῇ χειρὶ αὐτοῦ καὶ πάντα τὰ ἀγαθὰ Δαμα-
σκοῦ, ἄρσιν τεσσαράκοντα καμήλων, καὶ ἦλθεν καὶ ἔστη ἐνώπιον
αὐτοῦ καὶ εἶπεν πρὸς Ελισαιε Ὁ υἱός σου υἱὸς Αδερ βασιλεὺς Συ-
ρίας ἀπέστειλέν με πρὸς σὲ λέγων Εἰ ζήσομαι ἐκ τῆς ἀρρωστίας
10 μου ταύτης; 10καὶ εἶπεν Ελισαιε Δεῦρο εἰπὸν αὐτῷ Ζωῇ ζήσῃ ·
11 καὶ ἔδειξέν μοι κύριος ὅτι θανάτῳ ἀποθανῇ. 11καὶ παρέστη τῷ
προσώπῳ αὐτοῦ καὶ ἔθηκεν ἕως αἰσχύνης, καὶ ἔκλαυσεν ὁ ἄνθρω-
12 πος τοῦ θεοῦ. 12καὶ εἶπεν Αζαηλ Τί ὅτι ὁ κύριός μου κλαίει; καὶ
εἶπεν Ὅτι οἶδα ὅσα ποιήσεις τοῖς υἱοῖς Ισραηλ κακά · τὰ ὀχυρώ-
ματα αὐτῶν ἐξαποστελεῖς ἐν πυρὶ καὶ τοὺς ἐκλεκτοὺς αὐτῶν ἐν
ρομφαίᾳ ἀποκτενεῖς καὶ τὰ νήπια αὐτῶν ἐνσείσεις καὶ τὰς ἐν γα-
13 στρὶ ἐχούσας αὐτῶν ἀναρρήξεις. 13καὶ εἶπεν Αζαηλ Τίς ἐστιν ὁ
δοῦλός σου, ὁ κύων ὁ τεθνηκώς, ὅτι ποιήσει τὸ ῥῆμα τοῦτο; καὶ
εἶπεν Ελισαιε Ἔδειξέν μοι κύριός σε βασιλεύοντα ἐπὶ Συρίαν.
14 14καὶ ἀπῆλθεν ἀπὸ Ελισαιε καὶ εἰσῆλθεν πρὸς τὸν κύριον αὐτοῦ,
καὶ εἶπεν αὐτῷ Τί εἶπέν σοι Ελισαιε; καὶ εἶπεν Εἶπέν μοι Ζωῇ
15 ζήσῃ. 15καὶ ἐγένετο τῇ ἐπαύριον καὶ ἔλαβεν τὸ μαχμα καὶ ἔβαψεν
ἐν τῷ ὕδατι καὶ περιέβαλεν ἐπὶ τὸ πρόσωπον αὐτοῦ, καὶ ἀπέθα-
νεν, καὶ ἐβασίλευσεν Αζαηλ ἀντ᾽ αὐτοῦ.

16 16Ἐν ἔτει πέμπτῳ τῷ Ιωραμ υἱῷ Αχααβ βασιλεῖ Ισραηλ ἐβασί-
17 λευσεν Ιωραμ υἱὸς Ιωσαφατ βασιλεὺς Ιουδα. 17υἱὸς τριάκοντα καὶ
δύο ἐτῶν ἦν ἐν τῷ βασιλεύειν αὐτὸν καὶ ὀκτὼ ἔτη ἐβασίλευσεν
18 ἐν Ιερουσαλημ. 18καὶ ἐπορεύθη ἐν ὁδῷ βασιλέων Ισραηλ, καθὼς
ἐποίησεν οἶκος Αχααβ, ὅτι θυγάτηρ Αχααβ ἦν αὐτῷ εἰς γυναῖκα ·
19 καὶ ἐποίησεν τὸ πονηρὸν ἐνώπιον κυρίου. 19καὶ οὐκ ἠθέλησεν
κύριος διαφθεῖραι τὸν Ιουδαν διὰ Δαυιδ τὸν δοῦλον αὐτοῦ, καθὼς
εἶπεν δοῦναι αὐτῷ λύχνον καὶ τοῖς υἱοῖς αὐτοῦ πάσας τὰς ἡμέρας.
20 20ἐν ταῖς ἡμέραις αὐτοῦ ἠθέτησεν Εδωμ ὑποκάτωθεν χειρὸς Ιουδα
21 καὶ ἐβασίλευσαν ἐφ᾽ ἑαυτοὺς βασιλέα. 21καὶ ἀνέβη Ιωραμ εἰς Σιωρ

8 παρ ΒΟ†] δι rel. || 9 απαντην Β†] -τησιν rel. | καμηλων] + δωρα Β†
| αυτου 3⁰] -των Ο† | ο.> Β† | λεγων] pr. επερωτησαι Β† || 10 ειπεν] +
✻προς αυτον Ο | αυτω] > Β†, in Sy sub ✻ (uid.) | ζωη] ζων Ο || 12 τι
et ο > Α† | οτι 2⁰ ΒL–93†] > rel. | κακα] και Α† || 13 ο κυων ο τεθν.] ω
κυριε Α† | ρημα] + ✻το μεγα SyL† | συριαν] ισραηλ ΒΑ† || 14 τι] pr. ο
ΒΑ | σοι > Α || 15 το μαχμα V mu.] τον χαββα Β†, το ναβρα Α†, το μαχ-
βαρ Sy⁽†⁾, το στρωμα L | εν > ΒΑ || 16 τω ιωρ. υιω] του ι. υιου ΟL, sed
βασιλει etiam A, cf. 25 | ισραηλ] + και (τω) ιωσαφατ(Β✻† -φαθ) βασιλει(Α†
-λευς) ιουδα ΒΑL† | εβασιλ.] pr. και Α | ιωσαφαθ Β✻†: cf. II 20 24 || 17 ο-
κτω] τεσσερακοντα ΒΑ†: Μ' pro Η' || 18 βασιλεως Α || 19 ειπεν] + ✻αυ-
τω ΟL† | και τ. υιοις αυτου] > Β†, και > Sy || 20 εβασιλευσεν εφ εαυτου Ο
|| 21 εις σιωρ] > Α†, εκ σιων L†

καὶ πάντα τὰ ἅρματα μετ' αὐτοῦ, καὶ ἐγένετο αὐτοῦ ἀναστάντος
καὶ ἐπάταξεν τὸν Εδωμ τὸν κυκλώσαντα ἐπ' αὐτὸν καὶ τοὺς ἄρ-
χοντας τῶν ἁρμάτων, καὶ ἔφυγεν ὁ λαὸς εἰς τὰ σκηνώματα αὐτῶν.
²²καὶ ἠθέτησεν Εδωμ ὑποκάτωθεν χειρὸς Ιουδα ἕως τῆς ἡμέρας 22
ταύτης. τότε ἠθέτησεν Λοβενα ἐν τῷ καιρῷ ἐκείνῳ. ²³καὶ τὰ λοιπὰ 23
τῶν λόγων Ιωραμ καὶ πάντα, ὅσα ἐποίησεν, οὐκ ἰδοὺ ταῦτα γέ-
γραπται ἐπὶ βιβλίῳ λόγων τῶν ἡμερῶν τοῖς βασιλεῦσιν Ιουδα;
²⁴καὶ ἐκοιμήθη Ιωραμ μετὰ τῶν πατέρων αὐτοῦ καὶ ἐτάφη μετὰ 24
τῶν πατέρων αὐτοῦ ἐν πόλει Δαυιδ τοῦ πατρὸς αὐτοῦ · καὶ ἐβα-
σίλευσεν Οχοζιας υἱὸς αὐτοῦ ἀντ' αὐτοῦ.

²⁵Ἐν ἔτει δωδεκάτῳ τῷ Ιωραμ υἱῷ Αχααβ βασιλεῖ Ισραηλ ἐβα- 25
σίλευσεν Οχοζιας υἱὸς Ιωραμ. ²⁶υἱὸς εἴκοσι καὶ δύο ἐτῶν Οχοζιας 26
ἐν τῷ βασιλεύειν αὐτὸν καὶ ἐνιαυτὸν ἕνα ἐβασίλευσεν ἐν Ιερου-
σαλημ, καὶ ὄνομα τῆς μητρὸς αὐτοῦ Γοθολια θυγάτηρ Αμβρι βασι-
λέως Ισραηλ. ²⁷καὶ ἐπορεύθη ἐν ὁδῷ οἴκου Αχααβ καὶ ἐποίησεν 27
τὸ πονηρὸν ἐνώπιον κυρίου καθὼς ὁ οἶκος Αχααβ. ²⁸καὶ ἐπορεύθη 28
μετὰ Ιωραμ υἱοῦ Αχααβ εἰς πόλεμον μετὰ Αζαηλ βασιλέως ἀλλο-
φύλων ἐν Ρεμμωθ Γαλααδ, καὶ ἐπάταξαν οἱ Σύροι τὸν Ιωραμ.
²⁹καὶ ἐπέστρεψεν ὁ βασιλεὺς Ιωραμ τοῦ ἰατρευθῆναι ἐν Ιεζραελ 29
ἀπὸ τῶν πληγῶν, ὧν ἐπάταξαν αὐτὸν ἐν Ρεμμωθ ἐν τῷ πολεμεῖν
αὐτὸν μετὰ Αζαηλ βασιλέως Συρίας · καὶ Οχοζιας υἱὸς Ιωραμ κατ-
έβη τοῦ ἰδεῖν τὸν Ιωραμ υἱὸν Αχααβ ἐν Ιεζραελ, ὅτι ἠρρώστει αὐτός.

¹Καὶ Ελισαιε ὁ προφήτης ἐκάλεσεν ἕνα τῶν υἱῶν τῶν προφη- 9
τῶν καὶ εἶπεν αὐτῷ Ζῶσαι τὴν ὀσφύν σου καὶ λαβὲ τὸν φακὸν
τοῦ ἐλαίου τούτου ἐν τῇ χειρί σου καὶ δεῦρο εἰς Ρεμμωθ Γαλααδ ·
²καὶ εἰσελεύσῃ ἐκεῖ καὶ ὄψῃ ἐκεῖ Ιου υἱὸν Ιωσαφατ υἱοῦ Ναμεσσι 2
καὶ εἰσελεύσῃ καὶ ἀναστήσεις αὐτὸν ἐκ μέσου τῶν ἀδελφῶν αὐτοῦ

---

21 τα 1⁰ > A† | αυτου ανασταντος] + ※νυκτος O†, ως ανεστη νυκτος L† |
τον 1⁰ BL†] > rel. || 22 υποκατωθεν] -τω της B† | λοβενα V mu.] λομνα
A, λοβνα Lᵖ†, σεννα B† || 23 επι] εν A || 24 αυτου 1⁰ ⌒ 2⁰ A || 25 δω-
δεκατω] ενδεκ. L†: cf. 9 29 | τω] του OL†, > V mu. | υιω et βασιλει] υιου et
-λεως SyL† (non A; cf. 16) | fin.] + ※βασιλεως ιουδα O† || 26 υιος > O–Sy
| ετων] + ※ην OL† | ιερουσ.] ισραηλ BA† | αμβρ(ε)ι B*A⁽†⁾] ζαμβρι Bᶜ pl.:
cf. III 16 16; αχααβ L†: item L† in additamento post 10 36 || 27 fin.] +
⟨※⟩γαμβρος γαρ οικου αχααβ εστιν O, + οτι γαμβρος οικου αχααβ εστιν L†:
sim. οτι γαμβρος ην του οικου αχααβ L† in additamento post 10 36 || 28 αλλοφ.]
συριας L† | ρεμμωθ: sic B hic et in 29 9 1.14, sed in 9 4 ρεμμαθ, in 9 16
ραμμαθ; A in 8 28.29 9 14 ραμωθ, in 9 1 ρεμμωθ, in 9 16 ρεμμαθ, A† in 9 4
ρεμαθ || 29 του 1⁰] pr. προ A† | ιεζραελ bis] ιεζραηλ Lᵖ†, ισραηλ BLᵖ: cf.
9 15 | αυτον 1⁰] + ※οι συροι OL† | οχοζει B†: cf. 9 21 | ιωραμ 2⁰] + ※βασι-
λευς ιουδα OL | εν ult.] εις A
9 1 εν τη χ. σου > A† || 2 (ε)ιου / υιον ιωσ.] tr. B† (sic) | (ε)ιου] ιηου A:
item in seq. | ιωσαφαθ B†: item B*† in 14, cf. II 20 24 | υιου ναμεσσ(ε)ι]
υιον αμεσει A⁽†⁾

3 καὶ εἰσάξεις αὐτὸν εἰς τὸ ταμίειον ἐν τῷ ταμιείῳ · ³καὶ λήμψῃ τὸν
φακὸν τοῦ ἐλαίου καὶ ἐπιχεεῖς ἐπὶ τὴν κεφαλὴν αὐτοῦ καὶ εἰπόν
Τάδε λέγει κύριος Κέχρικά σε εἰς βασιλέα ἐπὶ Ισραηλ · καὶ ἀνοί-
4 ξεις τὴν θύραν καὶ φεύξῃ καὶ οὐ μενεῖς. ⁴καὶ ἐπορεύθη τὸ παιδά-
5 ριον ὁ προφήτης εἰς Ρεμμωθ Γαλααδ ⁵καὶ εἰσῆλθεν, καὶ ἰδοὺ οἱ
ἄρχοντες τῆς δυνάμεως ἐκάθηντο, καὶ εἶπεν Λόγος μοι πρὸς σέ,
ὁ ἄρχων · καὶ εἶπεν Ιου Πρὸς τίνα ἐκ πάντων ἡμῶν; καὶ εἶπεν
6 Πρὸς σέ, ὁ ἄρχων. ⁶καὶ ἀνέστη καὶ εἰσῆλθεν εἰς τὸν οἶκον, καὶ
ἐπέχεεν τὸ ἔλαιον ἐπὶ τὴν κεφαλὴν αὐτοῦ καὶ εἶπεν αὐτῷ Τάδε
λέγει κύριος ὁ θεὸς Ισραηλ Κέχρικά σε εἰς βασιλέα ἐπὶ λαὸν κυ-
7 ρίου ἐπὶ τὸν Ισραηλ, ⁷καὶ ἐξολεθρεύσεις τὸν οἶκον Αχααβ τοῦ κυ-
ρίου σου ἐκ προσώπου μου καὶ ἐκδικήσεις τὰ αἵματα τῶν δούλων
μου τῶν προφητῶν καὶ τὰ αἵματα πάντων τῶν δούλων κυρίου ἐκ
8 χειρὸς Ιεζαβελ ⁸καὶ ἐκ χειρὸς ὅλου τοῦ οἴκου Αχααβ καὶ ἐξολε-
θρεύσεις τῷ οἴκῳ Αχααβ οὐροῦντα πρὸς τοῖχον καὶ συνεχόμενον
9 καὶ ἐγκαταλελειμμένον ἐν Ισραηλ · ⁹καὶ δώσω τὸν οἶκον Αχααβ ὡς
τὸν οἶκον Ιεροβοαμ υἱοῦ Ναβατ καὶ ὡς τὸν οἶκον Βαασα υἱοῦ
10 Αχια · ¹⁰καὶ τὴν Ιεζαβελ καταφάγονται οἱ κύνες ἐν τῇ μερίδι Ιεζ-
ραελ, καὶ οὐκ ἔστιν ὁ θάπτων. καὶ ἤνοιξεν τὴν θύραν καὶ ἔφυγεν.
11 ¹¹καὶ Ιου ἐξῆλθεν πρὸς τοὺς παῖδας τοῦ κυρίου αὐτοῦ, καὶ εἶπον
αὐτῷ Εἰ εἰρήνη; τί ὅτι εἰσῆλθεν ὁ ἐπίλημπτος οὗτος πρὸς σέ;
καὶ εἶπεν αὐτοῖς Ὑμεῖς οἴδατε τὸν ἄνδρα καὶ τὴν ἀδολεσχίαν αὐ-
12 τοῦ. ¹²καὶ εἶπον Ἄδικον · ἀπάγγειλον δὴ ἡμῖν. καὶ εἶπεν Ιου πρὸς
αὐτούς Οὕτως καὶ οὕτως ἐλάλησεν πρός με λέγων Τάδε λέγει
13 κύριος Κέχρικά σε εἰς βασιλέα ἐπὶ Ισραηλ. ¹³καὶ ἀκούσαντες ἔσπευ-
σαν καὶ ἔλαβον ἕκαστος τὸ ἱμάτιον αὐτοῦ καὶ ἔθηκαν ὑποκάτω
αὐτοῦ ἐπὶ γαρεμ τῶν ἀναβαθμῶν καὶ ἐσάλπισαν ἐν κερατίνῃ καὶ
14 εἶπον Ἐβασίλευσεν Ιου. ¹⁴καὶ συνεστράφη Ιου υἱὸς Ιωσαφατ υἱοῦ
Ναμεσσι πρὸς Ιωραμ — καὶ Ιωραμ αὐτὸς ἐφύλασσεν ἐν Ρεμμωθ
Γαλααδ, αὐτὸς καὶ πᾶς Ισραηλ, ἀπὸ προσώπου Αζαηλ βασιλέως
15 Συρίας, ¹⁵καὶ ἀπέστρεψεν Ιωραμ ὁ βασιλεὺς ἰατρευθῆναι ἐν Ιεζ-
ραελ ἀπὸ τῶν πληγῶν, ὧν ἔπαισαν αὐτὸν οἱ Σύροι ἐν τῷ πολε-

2 εις το > L⁺ | εν τω ταμ(ι)ειω] τω > B⁺, εκ ταμιειου L⁺ ‖ 3 ειπον(B*⁺
-πεν)] ερεις L⁺ | εις > O ‖ 4 το παιδ./ο προφ.] tr. B⁺ ‖ 6 λαον] pr.
τον AL⁺ ‖ 7 μου 1⁰] σου BA⁺ ‖ 8 τω οικω] του οικου A ‖ 9 δωσω]
επιδουναι O | αχααβ et ιεροβ.] pr. του A⁺ ‖ 10 ιεζραελ V mu.] του ισραηλ
BA, του αγρου ιεζραηλ L⁺: cf. 15 ‖ 11 ει Ra.] > mss.; cf. 17. 18 4 26 ‖
12 ειπον] -πεν B*A⁺ | λεγων] + και ειπεν B | εις > A ‖ 13 ελαβεν B | επι
γαρεμ των αναβαθμων Ra.] το ante γαρεμ add. B⁺, επι γαρ ενα των αναβ.
εκαθητο pl. (O⁺ εκαθητο[sic] sub ÷), εφ εν των γαρεμ επι μιαν των αναβαθ-
μιδων L⁺: cf. Rahlfs Sept.-Stud. 3 (1911), p. 223 ‖ 14 ιωραμ αυτος] tr. A⁺,
αυτος > L⁺ | αυτος 2⁰ > B⁺ ‖ 15 ιωραμ/ο βασ.] tr. AL⁺ | ιεζραελ bis A]
ισραηλ B, ιεζραηλ L⁺: item in 16 (bis). 17. 30. 36. 37, cf. 10. 21 8 29 106

μεῖν αὐτὸν μετὰ Αζαηλ βασιλέως Συρίας — καὶ εἶπεν Ιου Εἰ ἔστιν
ἡ ψυχὴ ὑμῶν μετ' ἐμοῦ, μὴ ἐξελθέτω ἐκ τῆς πόλεως διαπεφευγὼς
τοῦ πορευθῆναι καὶ ἀπαγγεῖλαι ἐν Ιεζραελ. [16] καὶ ἵππευσεν καὶ ἐπο- 16
ρεύθη Ιου καὶ κατέβη εἰς Ιεζραελ, ὅτι Ιωραμ βασιλεὺς Ισραηλ ἐθε-
ραπεύετο ἐν Ιεζραελ ἀπὸ τῶν τοξευμάτων, ὧν κατετόξευσαν αὐτὸν
οἱ Αραμιν ἐν τῇ Ραμμαθ ἐν τῷ πολέμῳ μετὰ Αζαηλ βασιλέως Συ-
ρίας, ὅτι αὐτὸς δυνατὸς καὶ ἀνὴρ δυνάμεως, καὶ Οχοζιας βασιλεὺς
Ιουδα κατέβη ἰδεῖν τὸν Ιωραμ. [17] καὶ ὁ σκοπὸς ἀνέβη ἐπὶ τὸν πύρ- 17
γον ἐν Ιεζραελ καὶ εἶδεν τὸν κονιορτὸν Ιου ἐν τῷ παραγίνεσθαι αὐ-
τὸν καὶ εἶπεν Κονιορτὸν ἐγὼ βλέπω. καὶ εἶπεν Ιωραμ Λαβὲ ἐπιβά-
την καὶ ἀπόστειλον ἔμπροσθεν αὐτῶν, καὶ εἰπάτω Εἰ εἰρήνη; [18] καὶ 18
ἐπορεύθη ἐπιβάτης ἵππου εἰς ἀπαντὴν αὐτῶν καὶ εἶπεν Τάδε λέγει
ὁ βασιλεύς Εἰ εἰρήνη; καὶ εἶπεν Ιου Τί σοι καὶ εἰρήνῃ; ἐπίστρεφε
εἰς τὰ ὀπίσω μου. καὶ ἀπήγγειλεν ὁ σκοπὸς λέγων Ἦλθεν ὁ ἄγ-
γελος ἕως αὐτῶν καὶ οὐκ ἀνέστρεψεν. [19] καὶ ἀπέστειλεν ἐπιβά- 19
την ἵππου δεύτερον, καὶ ἦλθεν πρὸς αὐτὸν καὶ εἶπεν Τάδε λέ-
γει ὁ βασιλεύς Εἰ εἰρήνη; καὶ εἶπεν Ιου Τί σοι καὶ εἰρήνῃ; ἐπι-
στρέφου εἰς τὰ ὀπίσω μου. [20] καὶ ἀπήγγειλεν ὁ σκοπὸς λέγων 20
Ἦλθεν ἕως αὐτῶν καὶ οὐκ ἀνέστρεψεν · καὶ ὁ ἄγων ἦγεν τὸν Ιου
υἱὸν Ναμεσσιου, ὅτι ἐν παραλλαγῇ ἐγένετο. [21] καὶ εἶπεν Ιωραμ Ζεῦ- 21
ξον · καὶ ἔζευξεν ἅρμα. καὶ ἐξῆλθεν Ιωραμ βασιλεὺς Ισραηλ καὶ
Οχοζιας βασιλεὺς Ιουδα, ἀνὴρ ἐν τῷ ἅρματι αὐτοῦ, καὶ ἐξῆλθον
εἰς ἀπαντὴν Ιου καὶ εὗρον αὐτὸν ἐν τῇ μερίδι Ναβουθαι τοῦ Ιεζ-
ραηλίτου. [22] καὶ ἐγένετο ὡς εἶδεν Ιωραμ τὸν Ιου, καὶ εἶπεν Εἰ εἰ- 22
ρήνη, Ιου; καὶ εἶπεν Ιου Τί εἰρήνη; ἔτι αἱ πορνεῖαι Ιεζαβελ τῆς
μητρός σου καὶ τὰ φάρμακα αὐτῆς τὰ πολλά. [23] καὶ ἐπέστρεψεν 23
Ιωραμ τὰς χεῖρας αὐτοῦ τοῦ φυγεῖν καὶ εἶπεν πρὸς Οχοζιαν Δό-
λος, Οχοζια. [24] καὶ ἔπλησεν Ιου τὴν χεῖρα αὐτοῦ ἐν τῷ τόξῳ καὶ 24
ἐπάταξεν τὸν Ιωραμ ἀνὰ μέσον τῶν βραχιόνων αὐτοῦ, καὶ ἐξῆλθεν
τὸ βέλος διὰ τῆς καρδίας αὐτοῦ, καὶ ἔκαμψεν ἐπὶ τὰ γόνατα αὐτοῦ.
[25] καὶ εἶπεν Ιου πρὸς Βαδεκαρ τὸν τριστάτην αὐτοῦ Ῥῖψον αὐτὸν 25

15 αυτον 2⁰ L] -τους BO | η > A | εκ της πολ. / διαπεφ.] tr. O⁺ || 16 ιπ-
πευσεν BO–A⁺] εσπευσεν A pl., επεβη L⁺ | και επορ. / ι(η)ου] tr. OL⁺ | εις]
εν B⁺ | ιεζρ. 2⁰] τω ισραηλ(cf. 15) B | αραμ(ε)ιν Lᵖ] -μεειν Lᵖ, -μιειν B⁺, ραμ-
μαει A⁺, ραμαειμ V mu. | αυτος > B⁺ | και ult.] pr. εκοιμηθη εκει O || 17 εν
1⁰ > B | παραγιν. αυτον] tr. A⁺ | ει] η B, > A: item in 19. 22, cf. 11. 18. 31
|| 18 απαντησιν OL | αυτων 1⁰] -τω A, -του L | ει] η B⁺, > A⁺: cf. 17 | εις
τα] προς το O⁺ || 19 προς] μετ A | επιστρεφου — fin. > A⁺ || 20 ο αγων
ηγεν τον] η αγωγη αγωγη L⁺ | υιον] υιου AL || 21 εζευξεν B Sy⁺] -ξαν rel.
| οχοζει B⁺: cf. 23 8 29 | ιεζραηλιτου VLᵖ⁺] ιζρ. A⁺, ιορ. rel.: item in 25, sed
A⁺ ισζρ.; cf. 15 || 23 του φυγειν L pl.] και εφυγεν BO | οχοζει bis A⁺: cf.
21 || 24 βελος] + αυτου BA⁺ || 25 ιου > BA⁺ | βαδεκαρ] ρ > B*⁺, βα-
δεκ L⁺ | ριψον (cf. 26)] ριψαι BO⁺: est infinitiuus

ἐν τῇ μερίδι ἀγροῦ Ναβουθαι τοῦ Ιεζραηλίτου · ὅτι μνημονεύω,
ἐγὼ καὶ σὺ ἐπιβεβηκότες ἐπὶ ζεύγη ὀπίσω Αχααβ τοῦ πατρὸς αὐ-
26 τοῦ, καὶ κύριος ἔλαβεν ἐπ᾽ αὐτὸν τὸ λῆμμα τοῦτο λέγων ²⁶Εἰ μὴ
μετὰ τῶν αἱμάτων Ναβουθαι καὶ τὰ αἵματα τῶν υἱῶν αὐτοῦ εἶδον
ἐχθές, φησὶν κύριος, καὶ ἀνταποδώσω αὐτῷ ἐν τῇ μερίδι ταύτῃ,
φησὶν κύριος · καὶ νῦν ἄρας δὴ ῥῖψον αὐτὸν ἐν τῇ μερίδι κατὰ
27 τὸ ῥῆμα κυρίου. ²⁷καὶ Οχοζιας βασιλεὺς Ιουδα εἶδεν καὶ ἔφυγεν
ὁδὸν Βαιθαγγαν, καὶ ἐδίωξεν ὀπίσω αὐτοῦ Ιου καὶ εἶπεν Καί γε
αὐτόν · καὶ ἐπάταξεν αὐτὸν ἐν τῷ ἅρματι ἐν τῷ ἀναβαίνειν Γαι,
ἥ ἐστιν Ιεβλααμ, καὶ ἔφυγεν εἰς Μαγεδδων καὶ ἀπέθανεν ἐκεῖ.
28 ²⁸καὶ ἐπεβίβασαν αὐτὸν οἱ παῖδες αὐτοῦ ἐπὶ τὸ ἅρμα καὶ ἤγαγον
αὐτὸν εἰς Ιερουσαλημ καὶ ἔθαψαν αὐτὸν ἐν τῷ τάφῳ αὐτοῦ ἐν
29 πόλει Δαυιδ. — ²⁹καὶ ἐν ἔτει ἑνδεκάτῳ Ιωραμ βασιλέως Ισραηλ
ἐβασίλευσεν Οχοζιας ἐπὶ Ιουδαν.

30 ³⁰Καὶ ἦλθεν Ιου εἰς Ιεζραελ · καὶ Ιεζαβελ ἤκουσεν καὶ ἐστιμί-
σατο τοὺς ὀφθαλμοὺς αὐτῆς καὶ ἠγάθυνεν τὴν κεφαλὴν αὐτῆς καὶ
31 διέκυψεν διὰ τῆς θυρίδος. ³¹καὶ Ιου εἰσεπορεύετο ἐν τῇ πόλει, καὶ
32 εἶπεν Εἰ εἰρήνη, Ζαμβρι ὁ φονευτὴς τοῦ κυρίου αὐτοῦ; ³²καὶ ἐπῆ-
ρεν τὸ πρόσωπον αὐτοῦ εἰς τὴν θυρίδα καὶ εἶδεν αὐτὴν καὶ εἶπεν
Τίς εἶ σύ; κατάβηθι μετ᾽ ἐμοῦ. καὶ κατέκυψαν πρὸς αὐτὸν δύο
33 εὐνοῦχοι · ³³καὶ εἶπεν Κυλίσατε αὐτήν · καὶ ἐκύλισαν αὐτήν, καὶ
ἐρραντίσθη τοῦ αἵματος αὐτῆς πρὸς τὸν τοῖχον καὶ πρὸς τοὺς
34 ἵππους, καὶ συνεπάτησαν αὐτήν. ³⁴καὶ εἰσῆλθεν Ιου καὶ ἔφαγεν καὶ
ἔπιεν καὶ εἶπεν Ἐπισκέψασθε δὴ τὴν κατηραμένην ταύτην καὶ θά-
35 ψατε αὐτήν, ὅτι θυγάτηρ βασιλέως ἐστίν. ³⁵καὶ ἐπορεύθησαν θάψαι
αὐτὴν καὶ οὐχ εὗρον ἐν αὐτῇ ἄλλο τι ἢ τὸ κρανίον καὶ οἱ πόδες
36 καὶ τὰ ἴχνη τῶν χειρῶν. ³⁶καὶ ἐπέστρεψαν καὶ ἀνήγγειλαν αὐτῷ,
καὶ εἶπεν Λόγος κυρίου, ὃν ἐλάλησεν ἐν χειρὶ δούλου αὐτοῦ Ηλιου
τοῦ Θεσβίτου λέγων Ἐν τῇ μερίδι Ιεζραελ καταφάγονται οἱ κύνες
37 τὰς σάρκας Ιεζαβελ, ³⁷καὶ ἔσται τὸ θνησιμαῖον Ιεζαβελ ὡς κοπρία
ἐπὶ προσώπου τοῦ ἀγροῦ ἐν τῇ μερίδι Ιεζραελ ὥστε μὴ εἰπεῖν
αὐτούς Ιεζαβελ.

25 αγρου] pr. του OL | λημμα] ρημα A† | λεγων > BO† || 26 μετα των
αιμ.] τα αιματα BOL† || 27 βαιθαγγαν O(Aʳ† βαιατγαν)] βαιθαν B pl., βαιθ-
ωρων L† | εν 1⁰] προς B†, επι L† | εν 2⁰] προς O pl. | γαι] γαιρ Sy† | ιε-
βλααμ] εκ βλααμ B† | μαγεδδων pau.] μαγεδαων B†, μαγεδδωδ L, μακεδδω A†
|| 28 ενεβιβασαν A† | επι — αυτου 2⁰] > AL, in Sy sub ÷ | αυτου ult.] +
✳μετα των πατερων αυτου O† || 29 ιωραμ] pr. υιου A† | βασιλεως] -λει B†:
cf. 8 25 | fin.] + και ενιαυτον ενα εβασιλευσεν εν ιερουσαλημ L†: ex 8 26, cf.
Rahlfs Sept.-Stud. 3 (1911), p. 253 || 30 εις] επι B† | εστιβ(ε)ισατο ABc ||
31 ει] η BA†: cf. 17 || 32 και ειδεν αυτην > O† | δυο] + ✳η τρεις Sy†,
τρεις pro δυο A† || 33 αυτην 1⁰ ⌢ 2⁰ A† || 34 ιου L pl.] > BO
36 δουλου αυτου > BO† || 37 ιεζρ.] > A†, in Sy sub ✳; εν τη μερ. ιεζρ.
> L† | fin.] + και ουκ εσται ο λεγων οιμμοι L†

¹Καὶ τῷ Αχααβ ἑβδομήκοντα υἱοὶ ἐν Σαμαρείᾳ. καὶ ἔγραψεν Ιου 10
βιβλίον καὶ ἀπέστειλεν ἐν Σαμαρείᾳ πρὸς τοὺς ἄρχοντας Σαμαρείας
καὶ πρὸς τοὺς πρεσβυτέρους καὶ πρὸς τοὺς τιθηνοὺς υἱῶν Αχααβ λέ-
γων ²Καὶ νῦν ὡς ἐὰν ἔλθῃ τὸ βιβλίον τοῦτο πρὸς ὑμᾶς, μεθ᾽ ὑμῶν 2
οἱ υἱοὶ τοῦ κυρίου ὑμῶν καὶ μεθ᾽ ὑμῶν τὸ ἅρμα καὶ οἱ ἵπποι καὶ
πόλεις ὀχυραὶ καὶ τὰ ὅπλα, ³καὶ ὄψεσθε τὸν ἀγαθὸν καὶ τὸν εὐθῆ 3
ἐν τοῖς υἱοῖς τοῦ κυρίου ὑμῶν καὶ καταστήσετε αὐτὸν ἐπὶ τὸν θρό-
νον τοῦ πατρὸς αὐτοῦ καὶ πολεμεῖτε ὑπὲρ τοῦ οἴκου τοῦ κυρίου
ὑμῶν. ⁴καὶ ἐφοβήθησαν σφόδρα καὶ εἶπον Ἰδοὺ οἱ δύο βασιλεῖς 4
οὐκ ἔστησαν κατὰ πρόσωπον αὐτοῦ, καὶ πῶς στησόμεθα ἡμεῖς;
⁵καὶ ἀπέστειλαν οἱ ἐπὶ τοῦ οἴκου καὶ οἱ ἐπὶ τῆς πόλεως καὶ οἱ 5
πρεσβύτεροι καὶ οἱ τιθηνοὶ πρὸς Ιου λέγοντες Παῖδές σου ἡμεῖς,
καὶ ὅσα ἐὰν εἴπῃς πρὸς ἡμᾶς, ποιήσομεν · οὐ βασιλεύσομεν ἄνδρα,
τὸ ἀγαθὸν ἐν ὀφθαλμοῖς σου ποιήσομεν. ⁶καὶ ἔγραψεν πρὸς αὐτοὺς 6
βιβλίον δεύτερον λέγων Εἰ ἐμοὶ ὑμεῖς καὶ τῆς φωνῆς μου ὑμεῖς
εἰσακούετε, λάβετε τὴν κεφαλὴν ἀνδρῶν τῶν υἱῶν τοῦ κυρίου
ὑμῶν καὶ ἐνέγκατε πρός με ὡς ἡ ὥρα αὔριον εἰς Ιεζραελ. καὶ οἱ
υἱοὶ τοῦ βασιλέως ἦσαν ἑβδομήκοντα ἄνδρες · οὗτοι ἁδροὶ τῆς
πόλεως ἐξέτρεφον αὐτούς. ⁷καὶ ἐγένετο ὡς ἦλθεν τὸ βιβλίον πρὸς 7
αὐτούς, καὶ ἔλαβον τοὺς υἱοὺς τοῦ βασιλέως καὶ ἔσφαξαν αὐτούς,
ἑβδομήκοντα ἄνδρας, καὶ ἔθηκαν τὰς κεφαλὰς αὐτῶν ἐν καρτάλ-
λοις καὶ ἀπέστειλαν αὐτὰς πρὸς αὐτὸν εἰς Ιεζραελ. ⁸καὶ ἦλθεν ὁ 8
ἄγγελος καὶ ἀπήγγειλεν λέγων Ἤνεγκαν τὰς κεφαλὰς τῶν υἱῶν
τοῦ βασιλέως · καὶ εἶπεν Θέτε αὐτὰς βουνοὺς δύο παρὰ τὴν θύραν
τῆς πύλης εἰς πρωί. ⁹καὶ ἐγένετο πρωὶ καὶ ἐξῆλθεν καὶ ἔστη ἐν 9
τῷ πυλῶνι τῆς πόλεως καὶ εἶπεν πρὸς πάντα τὸν λαὸν Δίκαιοι
ὑμεῖς, ἰδοὺ ἐγώ εἰμι συνεστράφην ἐπὶ τὸν κύριόν μου καὶ ἀπέκτεινα
αὐτόν · καὶ τίς ἐπάταξεν πάντας τούτους; ¹⁰ἴδετε αφφω ὅτι οὐ 10
πεσεῖται ἀπὸ τοῦ ῥήματος κυρίου εἰς τὴν γῆν, οὗ ἐλάλησεν κύριος
ἐπὶ τὸν οἶκον Αχααβ · καὶ κύριος ἐποίησεν ὅσα ἐλάλησεν ἐν χειρὶ
δούλου αὐτοῦ Ηλιου. — ¹¹καὶ ἐπάταξεν Ιου πάντας τοὺς καταλει- 11
φθέντας ἐν τῷ οἴκῳ Αχααβ ἐν Ιεζραελ καὶ πάντας τοὺς ἁδροὺς

10 1 και paenult. > *O* | προς ult. > *O*⁺ | υιων > B*O*⁺ ‖ **2** μεθ 1⁰ A pl.]
pr. και B*O*-A(sub ※), pr. και ιδου *L*⁺ (*L*⁺ om. και νυν praec.) | τα αρματα *L*⁺ | οι
ult. > B⁺ | πολεις] pr. αι A⁺ ‖ **3** τον 2⁰ > A*L* | και 3⁰ > A⁺ | καταστη-
σατε *OL* ‖ **4** σφοδρα] + ※σφοδρα *O*⁺ | στησομ. ημεις] tr. *L*⁺, + αυτοι *O*-Sy⁺
‖ **5** επι 1⁰] απο *O* | οι επι 2⁰] απο *O*-Sy⁺ | ημεις] + αυτοι *O*-Sy⁺ ‖ **6** των
υιων > A | ιεζραελ A] ιεζραηλ *LV*⁺, ισραηλ B : item in 7, cf. 11 9 15 | ουτοι]
ους οι *L* Sy ‖ **7** αυτους 2⁰ > *O*⁺ | εις] εν A⁺ ‖ **8** ηνεγκα B⁺ | θυραν της
πυλης Ra.] θ. τ. πυλης πολεως B*⁺, πυλην της πολεως *L*⁺, θυραν της πολεως
rel. ‖ **9** πρωι] εν πρωια A⁽⁺⁾ | εν — πολεως > B*O* ‖ **10** ου 2⁰] ο τι *O* ‖
11 καταλειφθ./εν τω οικω αχ.] tr. BA | ιεζραελ A⁺ (A⁺ pr. τω)] ιεζραηλ *LV*⁺,
ισραηλ rel. : cf. 6

αὐτοῦ καὶ τοὺς γνωστοὺς αὐτοῦ καὶ τοὺς ἱερεῖς αὐτοῦ ὥστε μὴ
καταλιπεῖν αὐτοῦ κατάλειμμα.

12 ¹²Καὶ ἀνέστη καὶ ἐπορεύθη εἰς Σαμάρειαν. αὐτὸς ἐν Βαιθακαδ
13 τῶν ποιμένων ἐν τῇ ὁδῷ, ¹³καὶ Ιου εὗρεν τοὺς ἀδελφοὺς Οχοζιου
βασιλέως Ιουδα καὶ εἶπεν Τίνες ὑμεῖς; καὶ εἶπον Οἱ ἀδελφοὶ Οχο-
ζιου ἡμεῖς καὶ κατέβημεν εἰς εἰρήνην τῶν υἱῶν τοῦ βασιλέως καὶ
14 τῶν υἱῶν τῆς δυναστευούσης. ¹⁴καὶ εἶπεν Συλλάβετε αὐτοὺς ζῶν-
τας· καὶ συνέλαβον αὐτοὺς ζῶντας. καὶ ἔσφαξαν αὐτοὺς εἰς Βαιθ-
ακαδ, τεσσαράκοντα καὶ δύο ἄνδρας, οὐ κατέλιπεν ἄνδρα ἐξ αὐτῶν.
15 — ¹⁵καὶ ἐπορεύθη ἐκεῖθεν καὶ εὗρεν τὸν Ιωναδαβ υἱὸν Ρηχαβ ἐν
τῇ ὁδῷ εἰς ἀπαντὴν αὐτοῦ, καὶ εὐλόγησεν αὐτόν. καὶ εἶπεν πρὸς
αὐτὸν Ιου Εἰ ἔστιν καρδία σου μετὰ καρδίας μου εὐθεῖα καθὼς ἡ
καρδία μου μετὰ τῆς καρδίας σου; καὶ εἶπεν Ιωναδαβ Ἔστιν. καὶ
εἶπεν Ιου Καὶ εἰ ἔστιν, δὸς τὴν χεῖρά σου. καὶ ἔδωκεν τὴν χεῖρα
16 αὐτοῦ, καὶ ἀνεβίβασεν αὐτὸν πρὸς αὐτὸν ἐπὶ τὸ ἅρμα ¹⁶καὶ εἶπεν
πρὸς αὐτὸν Δεῦρο μετ' ἐμοῦ καὶ ἰδὲ ἐν τῷ ζηλῶσαί με τῷ κυρίῳ
17 Σαβαωθ· καὶ ἐπεκάθισεν αὐτὸν ἐν τῷ ἅρματι αὐτοῦ. — ¹⁷καὶ
εἰσῆλθεν εἰς Σαμάρειαν καὶ ἐπάταξεν πάντας τοὺς καταλειφθέντας
τοῦ Αχααβ ἐν Σαμαρείᾳ ἕως τοῦ ἀφανίσαι αὐτὸν κατὰ τὸ ῥῆμα
κυρίου, ὃ ἐλάλησεν πρὸς Ηλιου.
18 ¹⁸Καὶ συνήθροισεν Ιου πάντα τὸν λαὸν καὶ εἶπεν πρὸς αὐτούς
Αχααβ ἐδούλευσεν τῷ Βααλ ὀλίγα, καί γε Ιου δουλεύσει αὐτῷ
19 πολλά· ¹⁹καὶ νῦν, πάντες οἱ προφῆται τοῦ Βααλ, πάντας τοὺς
δούλους αὐτοῦ καὶ τοὺς ἱερεῖς αὐτοῦ καλέσατε πρός με, ἀνὴρ μὴ
ἐπισκεπήτω, ὅτι θυσία μεγάλη μοι τῷ Βααλ· πᾶς, ὃς ἐὰν ἐπισκεπῇ,
οὐ ζήσεται. καὶ Ιου ἐποίησεν ἐν πτερνισμῷ, ἵνα ἀπολέσῃ τοὺς
20 δούλους τοῦ Βααλ. ²⁰καὶ εἶπεν Ιου Ἁγιάσατε ἱερείαν τῷ Βααλ·
21 καὶ ἐκήρυξαν. ²¹καὶ ἀπέστειλεν Ιου ἐν παντὶ Ισραηλ λέγων Καὶ νῦν
πάντες οἱ δοῦλοι τοῦ Βααλ καὶ πάντες οἱ ἱερεῖς αὐτοῦ καὶ πάντες
οἱ προφῆται αὐτοῦ, μηδεὶς ἀπολειπέσθω, ὅτι θυσίαν μεγάλην ποιῶ·
ὃς ἂν ἀπολειφθῇ, οὐ ζήσεται. καὶ ἦλθον πάντες οἱ δοῦλοι τοῦ
Βααλ καὶ πάντες οἱ ἱερεῖς αὐτοῦ καὶ πάντες οἱ προφῆται αὐτοῦ·
οὐ κατελείφθη ἀνήρ, ὃς οὐ παρεγένετο. καὶ εἰσῆλθον εἰς τὸν οἶ-
κον τοῦ Βααλ, καὶ ἐπλήσθη ὁ οἶκος τοῦ Βααλ στόμα εἰς στόμα.

11 γνωστας A | αυτου ult.] -τους B⁺ || 12 και 2⁰] pr. ⁂και ηλθεν O⁺ |
βαιθακαθ B⁺: item in 14 || 14 και συνελαβον(A⁺-βοντο) αυτους ζωντας O⁺
(sub⁂)] και συνελ. αυτους L⁺, > rel. | και ult. > A⁺ || 15 ευρεν] ελαβεν B⁺
| εν τη οδω > BO | απαντην B⁺]-τησιν rel. | καρδια σου μετα καρδιας μου]
μετα σου καρδια σου (sic) A⁺, καρδια σου ÷ μετ εμου Sy⁺ | και 7⁰ > OL⁺ |
αυτον paenult. > A⁺ || 16 σαβαωθ pl.] > BAL || 18 συνηθρ.] εζηλωσεν
BO⁺ | και γε] > BO⁺, γε > L⁺ || 19 πας > A⁺ || 20 εκηρυξεν BL ||
21 λεγων — ζησεται > OL⁺ | του βααλ 1⁰] αυτου B⁺ | και παντες οι ιερεις αυ-
του και παντες οι προφηται αυτου 2⁰ > OL⁺

²²καὶ εἶπεν Ιου τῷ ἐπὶ τοῦ οἴκου μεσθααλ Ἐξάγαγε ἐνδύματα πᾶσι 22
τοῖς δούλοις τοῦ Βααλ· καὶ ἐξήνεγκεν αὐτοῖς ὁ στολιστής. ²³καὶ 23
εἰσῆλθεν Ιου καὶ Ιωναδαβ υἱὸς Ρηχαβ εἰς οἶκον τοῦ Βααλ καὶ εἶ-
πεν τοῖς δούλοις τοῦ Βααλ Ἐρευνήσατε καὶ ἴδετε εἰ ἔστιν μεθ᾽
ὑμῶν τῶν δούλων κυρίου, ὅτι ἀλλ᾽ ἢ οἱ δοῦλοι τοῦ Βααλ μονώ-
τατοι. ²⁴καὶ εἰσῆλθεν τοῦ ποιῆσαι τὰ θύματα καὶ τὰ ὁλοκαυτώματα. 24
καὶ Ιου ἔταξεν ἑαυτῷ ἔξω ὀγδοήκοντα ἄνδρας καὶ εἶπεν Ἀνήρ, ὃς
ἐὰν διασωθῇ ἀπὸ τῶν ἀνδρῶν, ὧν ἐγὼ ἀνάγω ἐπὶ χεῖρας ὑμῶν,
ἡ ψυχὴ αὐτοῦ ἀντὶ τῆς ψυχῆς αὐτοῦ. ²⁵καὶ ἐγένετο ὡς συνετέλε- 25
σεν ποιῶν τὴν ὁλοκαύτωσιν, καὶ εἶπεν Ιου τοῖς παρατρέχουσιν
καὶ τοῖς τριστάταις Εἰσελθόντες πατάξατε αὐτούς, ἀνὴρ μὴ ἐξελ-
θάτω ἐξ αὐτῶν· καὶ ἐπάταξαν αὐτοὺς ἐν στόματι ῥομφαίας, καὶ
ἔρριψαν οἱ παρατρέχοντες καὶ οἱ τριστάται καὶ ἐπορεύθησαν ἕως
πόλεως οἴκου τοῦ Βααλ. ²⁶καὶ ἐξήνεγκαν τὴν στήλην τοῦ Βααλ 26
καὶ ἐνέπρησαν αὐτήν. ²⁷καὶ κατέσπασαν τὰς στήλας τοῦ Βααλ καὶ 27
καθεῖλον τὸν οἶκον τοῦ Βααλ καὶ ἔταξαν αὐτὸν εἰς λυτρῶνας ἕως
τῆς ἡμέρας ταύτης.

²⁸Καὶ ἠφάνισεν Ιου τὸν Βααλ ἐξ Ισραηλ· ²⁹πλὴν ἁμαρτιῶν Ιερο- ²⁸
βοαμ υἱοῦ Ναβατ, ὃς ἐξήμαρτεν τὸν Ισραηλ, οὐκ ἀπέστη Ιου ἀπὸ ²⁹
ὄπισθεν αὐτῶν, αἱ δαμάλεις αἱ χρυσαῖ ἐν Βαιθηλ καὶ ἐν Δαν.
³⁰καὶ εἶπεν κύριος πρὸς Ιου Ἀνθ᾽ ὧν ὅσα ἠγάθυνας ποιῆσαι τὸ 30
εὐθὲς ἐν ὀφθαλμοῖς μου καὶ πάντα, ὅσα ἐν τῇ καρδίᾳ μου, ἐποί-
ησας τῷ οἴκῳ Αχααβ, υἱοὶ τέταρτοι καθήσονταί σοι ἐπὶ θρόνου
Ισραηλ. ³¹καὶ Ιου οὐκ ἐφύλαξεν πορεύεσθαι ἐν νόμῳ κυρίου θεοῦ 31
Ισραηλ ἐν ὅλῃ καρδίᾳ αὐτοῦ, οὐκ ἀπέστη ἐπάνωθεν ἁμαρτιῶν Ιερο-
βοαμ υἱοῦ Ναβατ, ὃς ἐξήμαρτεν τὸν Ισραηλ. — ³²ἐν ταῖς ἡμέραις 32
ἐκείναις ἤρξατο κύριος συγκόπτειν ἐν τῷ Ισραηλ, καὶ ἐπάταξεν
αὐτοὺς Αζαηλ ἐν παντὶ ὁρίῳ Ισραηλ ³³ἀπὸ τοῦ Ιορδάνου κατ᾽ ἀνα- 33
τολὰς ἡλίου, πᾶσαν τὴν γῆν Γαλααδ τοῦ Γαδδι καὶ τοῦ Ρουβην
καὶ τοῦ Μανασση ἀπὸ Αροηρ, ἥ ἐστιν ἐπὶ τοῦ χείλους χειμάρρου
Αρνων, καὶ τὴν Γαλααδ καὶ τὴν Βασαν. ³⁴καὶ τὰ λοιπὰ τῶν λόγων 34
Ιου καὶ πάντα, ὅσα ἐποίησεν, καὶ πᾶσα ἡ δυναστεία αὐτοῦ καὶ

22 ιου] > B†, in O sub ÷ | τω BL†] τοις rel. | οικου > O–Sy† | μεσθααλ] μισθααλ A†, μαλθααλ Sy†, > L† | εξαγαγε B†] εξενεγκε L†, εξαγαγετε rel. | ενδυματα] -μα BA† || 23 βααλ 1⁰ ⌢ 2⁰ A | εστιν] + ※ωδε O† || 24 θυμιαματα O | ογδοηκοντα] οκτω A†, τρισχιλιους L† | 25 επαταξεν A | βααλ] βασιλεως A† || 26 στηλην O–AL^p] στολην BA | του] pr. οικου O† | 27 και καθειλον τον οικον του βααλ O† (sub ※)] και καθ. τον οικ. αυτου L†, > rel. | εταξαν] επαταξεν B† || 28 βααλ BO–Sy] + και τον οικον αυτου L†, pr. οικον του Sy pl. || 29 αμαρτιων B†] pr. απο L†, pr. των rel. | απο οπισθεν] απο > A, εμπροσθεν B† | εν 1⁰] pr. αι A || 30 και 2⁰] κατα BA† || 31 υιου ναβατ pl.] > BA || 32 τω] παντι οριω A | εν ult.] pr. και B† || 33 την > B† | γαδδ(ε)ι] γαδ O–AL†, γαλααδδει A† | χειμαρρου] pr. του A†

τὰς συνάψεις, ἃς συνῆψεν, οὐχὶ ταῦτα γεγραμμένα ἐπὶ βιβλίῳ λό-
35 γων τῶν ἡμερῶν τοῖς βασιλεῦσιν Ισραηλ; ³⁵ καὶ ἐκοιμήθη Ιου μετὰ
τῶν πατέρων αὐτοῦ, καὶ ἔθαψαν αὐτὸν ἐν Σαμαρείᾳ· καὶ ἐβασί-
36 λευσεν Ιωαχας υἱὸς αὐτοῦ ἀντ' αὐτοῦ. ³⁶ καὶ αἱ ἡμέραι, ἃς ἐβασί-
λευσεν Ιου ἐπὶ Ισραηλ, εἴκοσι ὀκτὼ ἔτη ἐν Σαμαρείᾳ.
11 ¹ Καὶ Γοθολια ἡ μήτηρ Οχοζιου εἶδεν ὅτι ἀπέθανον οἱ υἱοὶ αὐτῆς,
2 καὶ ἀπώλεσεν πᾶν τὸ σπέρμα τῆς βασιλείας. ² καὶ ἔλαβεν Ιωσαβεε
θυγάτηρ τοῦ βασιλέως Ιωραμ ἀδελφὴ Οχοζιου τὸν Ιωας υἱὸν ἀδελ-
φοῦ αὐτῆς καὶ ἔκλεψεν αὐτὸν ἐκ μέσου τῶν υἱῶν τοῦ βασιλέως
τῶν θανατουμένων, αὐτὸν καὶ τὴν τροφὸν αὐτοῦ, ἐν τῷ ταμιείῳ
τῶν κλινῶν καὶ ἔκρυψεν αὐτὸν ἀπὸ προσώπου Γοθολιας, καὶ οὐκ
3 ἐθανατώθη. ³ καὶ ἦν μετ' αὐτῆς ἐν οἴκῳ κυρίου κρυβόμενος ἓξ ἔτη·
4 καὶ Γοθολια βασιλεύουσα ἐπὶ τῆς γῆς. ⁴ καὶ ἐν τῷ ἔτει τῷ ἑβδόμῳ
ἀπέστειλεν Ιωδαε ὁ ἱερεὺς καὶ ἔλαβεν τοὺς ἑκατοντάρχους, τὸν
Χορρι καὶ τὸν Ρασιμ, καὶ ἀπήγαγεν αὐτοὺς πρὸς αὐτὸν εἰς οἶκον
κυρίου καὶ διέθετο αὐτοῖς διαθήκην κυρίου καὶ ὥρκισεν αὐτοὺς
ἐνώπιον κυρίου, καὶ ἔδειξεν αὐτοῖς Ιωδαε τὸν υἱὸν τοῦ βασιλέως
5 ⁵ καὶ ἐνετείλατο αὐτοῖς λέγων Οὗτος ὁ λόγος, ὃν ποιήσετε· τὸ
τρίτον ἐξ ὑμῶν εἰσελθέτω τὸ σάββατον καὶ φυλάξετε φυλακὴν
6 οἴκου τοῦ βασιλέως ἐν τῷ πυλῶνι ⁶ καὶ τὸ τρίτον ἐν τῇ πύλῃ τῶν
ὁδῶν καὶ τὸ τρίτον τῆς πύλης ὀπίσω τῶν παρατρεχόντων· καὶ
7 φυλάξετε τὴν φυλακὴν τοῦ οἴκου· ⁷ καὶ δύο χεῖρες ἐν ὑμῖν, πᾶς
ὁ ἐκπορευόμενος τὸ σάββατον, καὶ φυλάξουσιν τὴν φυλακὴν οἴκου
8 κυρίου πρὸς τὸν βασιλέα· ⁸ καὶ κυκλώσατε ἐπὶ τὸν βασιλέα κύκλῳ,
ἀνὴρ καὶ τὸ σκεῦος αὐτοῦ ἐν χειρὶ αὐτοῦ, καὶ ὁ εἰσπορευόμενος
εἰς τὰ σαδηρωθ ἀποθανεῖται. καὶ ἐγένετο μετὰ τοῦ βασιλέως ἐν
9 τῷ ἐκπορεύεσθαι αὐτὸν καὶ ἐν τῷ εἰσπορεύεσθαι αὐτόν. ⁹ καὶ ἐποί-
ησαν οἱ ἑκατόνταρχοι πάντα, ὅσα ἐνετείλατο Ιωδαε ὁ συνετός,

34 ουχι] ουκ ιδου ΑL | βιβλιου OL || 35 ιωαχαζ O (non L): cf. 13 1 ||
36 fin.] + εν ετει δευτερω της γοθολιας βασιλευει κυριος τον ιου υιον ναμεσ-
σει L†; deinde addit L† res Ochoziae regis Iudae ex 8 26 — 9 28 excerptas,
cf. 8 26. 27
11 1 απεθανον(Α -ναν) οι υιοι O pl. (cf. 10 13. 14)] -νεν ο υιος ΒL | και ult.]
pr. ※και ανεστη SyL† || 2 ιωσαβεθ BᶜV*(uid.)†: cf. Par. II 22 11 et ⟨ι⟩ω-
σαβεθη Ioseph. Antiq. IX 141 Niese | αδελφη] υιον A† | τον ιωας υιον αδελ-
φου αυτης] > Β*†, ※τον ιωας υιον ααζια O† (ad ααζια cf. 14 13; A in 11 2
αζια), τον ιωας υιον οχοζιου του αδελφου αυτης L† || 3 κυριου] > Β, in
O sub ※: κ̅υ̅ excidit inter -κω et κρυ- || 4 τω 1⁰ > A† | ιωδαε bis] ιωια-
δαε A†: item in 12 8, sed in 11 9 (bis). 15. 17 12 3. 10 A† ιωαδαε | ο ιερευς
> ΒΑ† | τον 1⁰ 2⁰ (cf. 19)] των V | ρασειν Β: cf. 19 | προς αυτον] > A†, in
Sy sub ※ | κυριου 2⁰] > L†, in Sy sub ÷ | ωρκωσεν Β† | αυτους ενωπ.
κυρ.] > Β†, ※αυτους εν τη διαθηκη κυριου O† || 5 φυλαξετε] -ξατε O, φυ-
λασσετωσαν L† || 6 τη et και ult. > A† | φυλαξατε OL | fin.] + μεσσαε L†
|| 7 το σαββ. > A† || 8 επι] προς Α*† | τα σαδηρωθ] τας σαδ. A†, αηδωθ Β†

καὶ ἔλαβεν ἀνὴρ τοὺς ἄνδρας αὐτοῦ τοὺς εἰσπορευομένους τὸ
σάββατον μετὰ τῶν ἐκπορευομένων τὸ σάββατον καὶ εἰσῆλθεν
πρὸς Ιωδαε τὸν ἱερέα. ¹⁰καὶ ἔδωκεν ὁ ἱερεὺς τοῖς ἑκατοντάρχαις 10
τοὺς σειρομάστας καὶ τοὺς τρισσοὺς τοῦ βασιλέως Δαυιδ τοὺς
ἐν οἴκῳ κυρίου. ¹¹καὶ ἔστησαν οἱ παρατρέχοντες, ἀνὴρ καὶ τὸ σκεῦ- 11
ος αὐτοῦ ἐν τῇ χειρὶ αὐτοῦ, ἀπὸ τῆς ὠμίας τοῦ οἴκου τῆς δεξιᾶς
ἕως τῆς ὠμίας τοῦ οἴκου τῆς εὐωνύμου τοῦ θυσιαστηρίου καὶ τοῦ
οἴκου ἐπὶ τὸν βασιλέα κύκλῳ. ¹²καὶ ἐξαπέστειλεν τὸν υἱὸν τοῦ 12
βασιλέως καὶ ἔδωκεν ἐπ᾽ αὐτὸν τὸ νεζερ καὶ τὸ μαρτύριον καὶ
ἐβασίλευσεν αὐτὸν καὶ ἔχρισεν αὐτόν, καὶ ἐκρότησαν τῇ χειρὶ καὶ
εἶπαν Ζήτω ὁ βασιλεύς. ¹³καὶ ἤκουσεν Γοθολια τὴν φωνὴν τῶν 13
τρεχόντων τοῦ λαοῦ καὶ εἰσῆλθεν πρὸς τὸν λαὸν εἰς οἶκον κυρίου.
¹⁴καὶ εἶδεν καὶ ἰδοὺ ὁ βασιλεὺς εἱστήκει ἐπὶ τοῦ στύλου κατὰ τὸ 14
κρίμα, καὶ οἱ ᾠδοὶ καὶ αἱ σάλπιγγες πρὸς τὸν βασιλέα, καὶ πᾶς ὁ
λαὸς τῆς γῆς χαίρων καὶ σαλπίζων ἐν σάλπιγξιν · καὶ διέρρηξεν
Γοθολια τὰ ἱμάτια ἑαυτῆς καὶ ἐβόησεν Σύνδεσμος σύνδεσμος. ¹⁵καὶ 15
ἐνετείλατο Ιωδαε ὁ ἱερεὺς τοῖς ἑκατοντάρχαις τοῖς ἐπισκόποις τῆς
δυνάμεως καὶ εἶπεν πρὸς αὐτούς Ἐξαγάγετε αὐτὴν ἔσωθεν τῶν
σαδηρωθ, καὶ ὁ εἰσπορευόμενος ὀπίσω αὐτῆς θανάτῳ θανατωθήσε-
ται ῥομφαίᾳ · ὅτι εἶπεν ὁ ἱερεύς Καὶ μὴ ἀποθάνῃ ἐν οἴκῳ κυρίου.
¹⁶καὶ ἐπέθηκαν αὐτῇ χεῖρας, καὶ εἰσῆλθεν ὁδὸν εἰσόδου τῶν ἵππων 16
οἴκου τοῦ βασιλέως καὶ ἀπέθανεν ἐκεῖ. — ¹⁷καὶ διέθετο Ιωδαε δια- 17
θήκην ἀνὰ μέσον κυρίου καὶ ἀνὰ μέσον τοῦ βασιλέως καὶ ἀνὰ μέ-
σον τοῦ λαοῦ τοῦ εἶναι εἰς λαὸν τῷ κυρίῳ, καὶ ἀνὰ μέσον τοῦ
βασιλέως καὶ ἀνὰ μέσον τοῦ λαοῦ. ¹⁸καὶ εἰσῆλθεν πᾶς ὁ λαὸς τῆς 18
γῆς εἰς οἶκον τοῦ Βααλ καὶ κατέσπασαν αὐτὸν καὶ τὰ θυσιαστήρια
αὐτοῦ καὶ τὰς εἰκόνας αὐτοῦ συνέτριψαν ἀγαθῶς καὶ τὸν Ματθαν
τὸν ἱερέα τοῦ Βααλ ἀπέκτειναν κατὰ πρόσωπον τῶν θυσιαστηρίων,
καὶ ἔθηκεν ὁ ἱερεὺς ἐπισκόπους εἰς τὸν οἶκον κυρίου. ¹⁹καὶ ἔλαβεν 19
τοὺς ἑκατοντάρχους καὶ τὸν Χορρι καὶ τὸν Ρασιμ καὶ πάντα τὸν
λαὸν τῆς γῆς, καὶ κατήγαγον τὸν βασιλέα ἐξ οἴκου κυρίου, καὶ
εἰσῆλθεν ὁδὸν πύλης τῶν παρατρεχόντων οἴκου τοῦ βασιλέως, καὶ
ἐκάθισαν αὐτὸν ἐπὶ τοῦ θρόνου τῶν βασιλέων. ²⁰καὶ ἐχάρη πᾶς ὁ 20

9 τους εισπορ. L†] pr. και rel. | μετα των εκπορ. το σαββ.] > B mu., in O
sub ※ | επηλθεν A† || 10 εκατονταρχοις OL: item in 15, cf. 9, ubi B c†
-χαι || 11 εστησαν] pr. αν A† | τη > A | οικου 1⁰ ⌒ 2⁰ A || 12 το νεζερ
Sy†] τον εζερ pau., το εζερ B†, το αγιασμα L† | εκρατησεν(sic) et
ειπεν BA† || 15 τοις 2⁰ BO†] pr. και rel. | εξαγαγε αυτους B*† | των] τον
B*†, την A† | σαδηρωθ] ασηρ. B*† (B c† αδηρ.) | θανατω > O | μη] pr. ει A†
|| 16 εισηλθεν] -θον B†, -θαν Ar†, + μετα των ευνουχων compl., εισηγαγον
αυτην L† (idem εθανατωσαν αυτην pro απεθανεν) || 17 και ανα μεσον paen-
ult. — fin. BO(sub※)] > L pl. || 18 κατεσπασεν B† | μαγθαν B†, μαχαν A†
|| 19 ρασσειμ B, ρασρειμ A† | εκαθισεν A† | του ult. > A

λαὸς τῆς γῆς, καὶ ἡ πόλις ἡσύχασεν · καὶ τὴν Γοθολιαν ἐθανά-
τωσαν ἐν ῥομφαίᾳ ἐν οἴκῳ τοῦ βασιλέως.

12 ¹Υἱὸς ἐτῶν ἑπτὰ Ιωας ἐν τῷ βασιλεύειν αὐτόν. ²ἐν ἔτει ἑβδόμῳ
τῷ Ιου ἐβασίλευσεν Ιωας καὶ τεσσαράκοντα ἔτη ἐβασίλευσεν ἐν
Ιερουσαλημ, καὶ ὄνομα τῆς μητρὸς αὐτοῦ Αβια ἐκ τῆς Βηρσαβεε.
3 ³καὶ ἐποίησεν Ιωας τὸ εὐθὲς ἐνώπιον κυρίου πάσας τὰς ἡμέρας,
4 ἃς ἐφώτισεν αὐτὸν Ιωδαε ὁ ἱερεύς · ⁴πλὴν τῶν ὑψηλῶν οὐ μετ-
εστάθησαν, καὶ ἐκεῖ ἔτι ὁ λαὸς ἐθυσίαζεν καὶ ἐθυμίων ἐν τοῖς ὑψηλοῖς.
5 ⁵Καὶ εἶπεν Ιωας πρὸς τοὺς ἱερεῖς Πᾶν τὸ ἀργύριον τῶν ἁγίων
τὸ εἰσοδιαζόμενον ἐν τῷ οἴκῳ κυρίου, ἀργύριον συντιμήσεως, ἀνὴρ
ἀργύριον λαβὼν συντιμήσεως, πᾶν ἀργύριον, ὃ ἐὰν ἀναβῇ ἐπὶ καρ-
6 δίαν ἀνδρὸς ἐνεγκεῖν ἐν οἴκῳ κυρίου, ⁶λαβέτωσαν ἑαυτοῖς οἱ ἱερεῖς
ἀνὴρ ἀπὸ τῆς πράσεως αὐτῶν, καὶ αὐτοὶ κρατήσουσιν τὸ βεδεκ
7 τοῦ οἴκου εἰς πάντα, οὗ ἐὰν εὑρεθῇ ἐκεῖ βεδεκ. ⁷καὶ ἐγενήθη ἐν
τῷ εἰκοστῷ καὶ τρίτῳ ἔτει τῷ βασιλεῖ Ιωας οὐκ ἐκραταίωσαν οἱ
8 ἱερεῖς τὸ βεδεκ τοῦ οἴκου. ⁸καὶ ἐκάλεσεν Ιωας ὁ βασιλεὺς Ιωδαε
τὸν ἱερέα καὶ τοὺς ἱερεῖς καὶ εἶπεν πρὸς αὐτούς Τί ὅτι οὐκ ἐκρα-
ταιοῦτε τὸ βεδεκ τοῦ οἴκου; καὶ νῦν μὴ λάβητε ἀργύριον ἀπὸ
9 τῶν πράσεων ὑμῶν, ὅτι εἰς τὸ βεδεκ τοῦ οἴκου δώσετε αὐτό. ⁹καὶ
συνεφώνησαν οἱ ἱερεῖς τοῦ μὴ λαβεῖν ἀργύριον παρὰ τοῦ λαοῦ
10 καὶ τοῦ μὴ ἐνισχῦσαι τὸ βεδεκ τοῦ οἴκου. ¹⁰καὶ ἔλαβεν Ιωδαε ὁ
ἱερεὺς κιβωτὸν μίαν καὶ ἔτρησεν τρώγλην ἐπὶ τῆς σανίδος αὐτῆς
καὶ ἔδωκεν αὐτὴν παρὰ ιαμιβιν ἐν τῷ οἴκῳ ἀνδρὸς οἴκου κυρίου,
καὶ ἔδωκαν οἱ ἱερεῖς οἱ φυλάσσοντες τὸν σταθμὸν πᾶν τὸ ἀργύ-
11 ριον τὸ εὑρεθὲν ἐν οἴκῳ κυρίου. ¹¹καὶ ἐγένετο ὡς εἶδον ὅτι πολὺ
τὸ ἀργύριον ἐν τῇ κιβωτῷ, καὶ ἀνέβη ὁ γραμματεὺς τοῦ βασιλέως
καὶ ὁ ἱερεὺς ὁ μέγας καὶ ἔσφιγξαν καὶ ἠρίθμησαν τὸ ἀργύριον τὸ
12 εὑρεθὲν ἐν οἴκῳ κυρίου. ¹²καὶ ἔδωκαν τὸ ἀργύριον τὸ ἑτοιμασθὲν
ἐπὶ χεῖρας ποιούντων τὰ ἔργα τῶν ἐπισκόπων οἴκου κυρίου, καὶ
ἐξέδοσαν τοῖς τέκτοσιν τῶν ξύλων καὶ τοῖς οἰκοδόμοις τοῖς ποι-
13 οῦσιν ἐν οἴκῳ κυρίου ¹³καὶ τοῖς τειχισταῖς καὶ τοῖς λατόμοις τῶν
λίθων τοῦ κτήσασθαι ξύλα καὶ λίθους λατομητοὺς τοῦ κατασχεῖν
το βεδεκ οἴκου κυρίου εἰς πάντα, ὅσα ἐξωδιάσθη ἐπὶ τὸν οἶκον
14 τοῦ κραταιῶσαι · ¹⁴πλὴν οὐ ποιηθήσεται οἴκῳ κυρίου θύραι ἀρ-

---

12 1 ετων επτα] tr. OL | αυτον > BA† ‖ 2 τω] του A, > L† | της ult.]
της B, > L ‖ 4 εθυσιαζεν] -ασαν B† ‖ 5 τω > OL | συντιμ. 1⁰ — συν-
τιμ. 2⁰] ※παρερχομενον ανηρ ψηφω ψυχων⊰ συντιμησεως ανηρ O† | αναβη]
λαβη BSy† ‖ 6 πραξεως A† | αυτων] -του B† | το] του A† ‖ 8 ιωας /
ο βασ.] tr. OL ‖ 9 βεδεκ] βδελυγμα B† ‖ 10 επι της σανιδος] εν τη τρω-
γλη BA† | ιαμ(ε)ιβ(ε)ιν B†] αμμασβη A†, αμμαζειβη V | οικου] -κω B | fin.]
+ κυριω A† ‖ 11 ειδον] -δεν BA† (+ αυτον A†) ‖ 12 εδωκεν B | ποιουν-
των] pr. των AL† | επισκοπων BL†] επι σκευων rel. ‖ 13 τειχισταις] + και
τοις τεχνιταις O | το] τον A† ‖ 14 οικω 1⁰] -κου A†, εν οικω O-A†

γυραῖ, ἧλοι, φιάλαι καὶ σάλπιγγες, πᾶν σκεῦος χρυσοῦν καὶ σκεῦος ἀργυροῦν, ἐκ τοῦ ἀργυρίου τοῦ εἰσενεχθέντος ἐν οἴκῳ κυρίου, ¹⁵ὅτι τοῖς ποιοῦσιν τὰ ἔργα δώσουσιν αὐτό, καὶ ἐκραταίωσαν ἐν 15 αὐτῷ τὸν οἶκον κυρίου. ¹⁶καὶ οὐκ ἐξελογίζοντο τοὺς ἄνδρας, οἷς 16 ἐδίδουν τὸ ἀργύριον ἐπὶ χεῖρας αὐτῶν δοῦναι τοῖς ποιοῦσιν τὰ ἔργα, ὅτι ἐν πίστει αὐτῶν ποιοῦσιν. ¹⁷ἀργύριον περὶ ἁμαρτίας καὶ 17 ἀργύριον περὶ πλημμελείας, ὅ τι εἰσηνέχθη ἐν οἴκῳ κυρίου, τοῖς ἱερεῦσιν ἐγένετο.

¹⁸Τότε ἀνέβη Αζαηλ βασιλεὺς Συρίας καὶ ἐπολέμησεν ἐπὶ Γεθ 18 καὶ προκατελάβετο αὐτήν. καὶ ἔταξεν Αζαηλ τὸ πρόσωπον αὐτοῦ ἀναβῆναι ἐπὶ Ιερουσαλημ. ¹⁹καὶ ἔλαβεν Ιωας βασιλεὺς Ιουδα πάντα 19 τὰ ἅγια, ὅσα ἡγίασεν Ιωσαφατ καὶ Ιωραμ καὶ Οχοζιας οἱ πατέρες αὐτοῦ καὶ βασιλεῖς Ιουδα, καὶ τὰ ἅγια αὐτοῦ καὶ πᾶν τὸ χρυσίον τὸ εὑρεθὲν ἐν θησαυροῖς οἴκου κυρίου καὶ οἴκου τοῦ βασιλέως καὶ ἀπέστειλεν τῷ Αζαηλ βασιλεῖ Συρίας, καὶ ἀνέβη ἀπὸ Ιερουσαλημ. ²⁰καὶ τὰ λοιπὰ τῶν λόγων Ιωας καὶ πάντα, ὅσα ἐποίησεν, οὐκ 20 ἰδοὺ ταῦτα γεγραμμένα ἐπὶ βιβλίῳ λόγων τῶν ἡμερῶν τοῖς βασιλεῦσιν Ιουδα; ²¹καὶ ἀνέστησαν οἱ δοῦλοι αὐτοῦ καὶ ἔδησαν πάντα 21 σύνδεσμον καὶ ἐπάταξαν τὸν Ιωας ἐν οἴκῳ Μαλλω τῷ ἐν Γααλλα. ²²καὶ Ιεζιχαρ υἱὸς Ιεμουαθ καὶ Ιεζεβουθ ὁ υἱὸς αὐτοῦ Σωμηρ οἱ 22 δοῦλοι αὐτοῦ ἐπάταξαν αὐτόν, καὶ ἀπέθανεν · καὶ ἔθαψαν αὐτὸν μετὰ τῶν πατέρων αὐτοῦ ἐν πόλει Δαυιδ, καὶ ἐβασίλευσεν Αμεσσιας υἱὸς αὐτοῦ ἀντ᾽ αὐτοῦ.

¹Ἐν ἔτει εἰκοστῷ καὶ τρίτῳ ἔτει τῷ Ιωας υἱῷ Οχοζιου βασιλεῖ 13 Ιουδα ἐβασίλευσεν Ιωαχας υἱὸς Ιου ἐν Σαμαρείᾳ ἑπτακαίδεκα ἔτη. ²καὶ ἐποίησεν τὸ πονηρὸν ἐν ὀφθαλμοῖς κυρίου καὶ ἐπορεύθη ὀπί- 2 σω ἁμαρτιῶν Ιεροβοαμ υἱοῦ Ναβατ, ὃς ἐξήμαρτεν τὸν Ισραηλ, οὐκ ἀπέστη ἀπ᾽ αὐτῶν. ³καὶ ὠργίσθη θυμῷ κύριος ἐν τῷ Ισραηλ καὶ 3 ἔδωκεν αὐτοὺς ἐν χειρὶ Αζαηλ βασιλέως Συρίας καὶ ἐν χειρὶ υἱοῦ Αδερ υἱοῦ Αζαηλ πάσας τὰς ἡμέρας. ⁴καὶ ἐδεήθη Ιωαχας τοῦ προσ- 4 ώπου κυρίου, καὶ ἐπήκουσεν αὐτοῦ κύριος, ὅτι εἶδεν τὴν θλῖψιν Ισραηλ, ὅτι ἔθλιψεν αὐτοὺς βασιλεὺς Συρίας. ⁵καὶ ἔδωκεν κύριος 5

15 εν > A† ‖ 16 το > A† ‖ 17 αργυρ. 2⁰ > A† | ο τι] ουκ L†, + ουκ O† ‖ 18 αναβηναι] πορευθηναι A† ‖ 19 ιωσαφαθ B*†: cf. Il 20 24 | χρυσιον] αργυριον O† ‖ 20 βιβλιου AL ‖ 21 παντα] > L†, in O sub ÷ | συνδεσμον] συν > B*† | μαλλω pau.] μααλω BO | τω εν] τον B*†, τον εν Bc†, ✕τοτε καταβαινοντα(A† καταμεν.) O†, τω εν τη καταβασει L† | γααλλα B†] σελλα O–A†, γααλαδ A†, αλλαν uel sim. L†, σελα V ‖ 22 ιεζ(ε)ιχαρ] ιωζαχαρ OL† | ο > OL | αυτου 1⁰ > SyL† | σωμηρ] pr. ως A†

13 1 ετει 2⁰ B Sy†] > rel.: cf. 10 | τω B†] του L†, της βασιλειας V†, > rel. | υιου et βασιλεως OL | ιωαχαζ OL: item in seq., cf. 14 1 10 35 | ιου (cf. 9 2)] + ✕επι ισραηλ OL† | επτακαιδεκα] επτα ετη και δεκα B*† ‖ 2 αυτων] -της B†: cf. 6. 11 et 𝔐

σωτηρίαν τῷ Ισραηλ, καὶ ἐξῆλθεν ὑποκάτωθεν χειρὸς Συρίας, καὶ
ἐκάθισαν οἱ υἱοὶ Ισραηλ ἐν τοῖς σκηνώμασιν αὐτῶν καθὼς ἐχθὲς
6 καὶ τρίτης· [6]πλὴν οὐκ ἀπέστησαν ἀπὸ ἁμαρτιῶν οἴκου Ιεροβοαμ,
ὃς ἐξήμαρτεν τὸν Ισραηλ, ἐν αὐταῖς ἐπορεύθησαν, καί γε τὸ ἄλσος
7 ἐστάθη ἐν Σαμαρείᾳ. [7]ὅτι οὐχ ὑπελείφθη τῷ Ιωαχας λαὸς ἀλλ'
ἢ πεντήκοντα ἱππεῖς καὶ δέκα ἅρματα καὶ δέκα χιλιάδες πεζῶν,
ὅτι ἀπώλεσεν αὐτοὺς βασιλεὺς Συρίας καὶ ἔθεντο αὐτοὺς ὡς χοῦν
8 εἰς καταπάτησιν. [8]καὶ τὰ λοιπὰ τῶν λόγων Ιωαχας καὶ πάντα, ὅσα
ἐποίησεν, καὶ αἱ δυναστεῖαι αὐτοῦ, οὐχὶ ταῦτα γεγραμμένα ἐπὶ βι-
9 βλίῳ λόγων τῶν ἡμερῶν τοῖς βασιλεῦσιν Ισραηλ; [9]καὶ ἐκοιμήθη
Ιωαχας μετὰ τῶν πατέρων αὐτοῦ, καὶ ἔθαψαν αὐτὸν μετὰ τῶν
πατέρων αὐτοῦ ἐν Σαμαρείᾳ, καὶ ἐβασίλευσεν Ιωας υἱὸς αὐτοῦ
ἀντ' αὐτοῦ.
10 [10]Ἐν ἔτει τριακοστῷ καὶ ἑβδόμῳ ἔτει τῷ Ιωας βασιλεῖ Ιουδα
ἐβασίλευσεν Ιωας υἱὸς Ιωαχας ἐπὶ Ισραηλ ἐν Σαμαρείᾳ ἑκκαίδεκα ἔτη.
11 [11]καὶ ἐποίησεν τὸ πονηρὸν ἐν ὀφθαλμοῖς κυρίου· οὐκ ἀπέστη ἀπὸ
πάσης ἁμαρτίας Ιεροβοαμ υἱοῦ Ναβατ, ὃς ἐξήμαρτεν τὸν Ισραηλ,
12 ἐν αὐταῖς ἐπορεύθη. [12]καὶ τὰ λοιπὰ τῶν λόγων Ιωας καὶ πάντα,
ὅσα ἐποίησεν, καὶ αἱ δυναστεῖαι αὐτοῦ, ἃς ἐποίησεν μετὰ Αμεσ-
σιου βασιλέως Ιουδα, οὐχὶ ταῦτα γεγραμμένα ἐπὶ βιβλίῳ λόγων
13 τῶν ἡμερῶν τοῖς βασιλεῦσιν Ισραηλ; [13]καὶ ἐκοιμήθη Ιωας μετὰ
τῶν πατέρων αὐτοῦ, καὶ Ιεροβοαμ ἐκάθισεν ἐπὶ τοῦ θρόνου αὐτοῦ
ἐν Σαμαρείᾳ μετὰ τῶν υἱῶν Ισραηλ.
14 [14]Καὶ Ελισαιε ἠρρώστησεν τὴν ἀρρωστίαν αὐτοῦ, δι' ἣν ἀπέ-
θανεν. καὶ κατέβη πρὸς αὐτὸν Ιωας βασιλεὺς Ισραηλ καὶ ἔκλαυσεν
ἐπὶ προσώπου αὐτοῦ καὶ εἶπεν Πάτερ πάτερ, ἅρμα Ισραηλ καὶ ἱπ-
15 πεὺς αὐτοῦ. [15]καὶ εἶπεν αὐτῷ Ελισαιε Λαβὲ τόξον καὶ βέλη· καὶ
16 ἔλαβεν πρὸς αὐτὸν τόξον καὶ βέλη. [16]καὶ εἶπεν τῷ βασιλεῖ Ἐπι-
βίβασον τὴν χεῖρά σου ἐπὶ τὸ τόξον· καὶ ἐπεβίβασεν Ιωας τὴν
χεῖρα αὐτοῦ ἐπὶ τὸ τόξον, καὶ ἐπέθηκεν Ελισαιε τὰς χεῖρας αὐτοῦ
17 ἐπὶ τὰς χεῖρας τοῦ βασιλέως. [17]καὶ εἶπεν Ἄνοιξον τὴν θυρίδα κατ'
ἀνατολάς· καὶ ἤνοιξεν. καὶ εἶπεν Ελισαιε Τόξευσον· καὶ ἐτόξευσεν.

5 τω > B† || 6 αμαρτιας A† | ιεροβ.] + ÷υιου ναβατ *O* | αυταις] -τη B†: cf. 2 et 𝔐 | επορευθησαν] -θη B†: cf. 𝔐 | εσταθη] pr. ο *O* || 8 ουχι] ουκ ιδου *OL* | βιβλιου A*L*† || 9 μετα τ. πατ. αυτου 2^0] > B*L*, in *O* sub ÷ | αντ αυτου > B*† || 10 ετει … ετει B (sim. Sy)] ετει 2^0 > A*L*, τω … ετει mu.; cf. 1 || 11 αμαρτ./ιεροβ. υ. ναβ.] tr. B† | αυταις] -τη B†: cf. 6 et 𝔐 || 12.13 post 25 tr. *L*† || 12 βιβλιου A*L* || 13 επι τ. θρον.] μετα των πατερων B† | εν σαμ. V mu.] pr. ※και εταφη ιωας *O*†, pr. και B†, pr. και εταφη compl., pr. και θαπτεται *L*† | υιων] αδελφων B†, βασιλεων *O* || 14 αυτου 1^0] εαυ. B† | προσωπον *OL* || 16 βασιλει] + ※ισραηλ *OL*† | το 1^0 > AV*† | επι το τοξον 2^0] > B†, in *O* sub ÷ | τας χειρας 1^0] την -ρα A† || 17 και ειπεν 2^0 — ετοξευσεν *L* mu.] > B, ※και ειπεν ελισ(σ)αιε ροιζησον και εροιζησεν *O*†

καὶ εἶπεν Βέλος σωτηρίας τῷ κυρίῳ καὶ βέλος σωτηρίας ἐν Συρίᾳ,
καὶ πατάξεις τὴν Συρίαν ἐν Αφεκ ἕως συντελείας. ¹⁸καὶ εἶπεν αὐτῷ 18
Ελισαιε Λαβὲ τόξα · καὶ ἔλαβεν. καὶ εἶπεν τῷ βασιλεῖ Ισραηλ Πά-
ταξον εἰς τὴν γῆν · καὶ ἐπάταξεν ὁ βασιλεὺς τρὶς καὶ ἔστη. ¹⁹καὶ 19
ἐλυπήθη ἐπ᾽ αὐτῷ ὁ ἄνθρωπος τοῦ θεοῦ καὶ εἶπεν Εἰ ἐπάταξας
πεντάκις ἢ ἑξάκις, τότε ἂν ἐπάταξας τὴν Συρίαν ἕως συντελείας ·
καὶ νῦν τρὶς πατάξεις τὴν Συρίαν. — ²⁰καὶ ἀπέθανεν Ελισαιε, καὶ 20
ἔθαψαν αὐτόν. καὶ μονόζωνοι Μωαβ ἦλθον ἐν τῇ γῇ ἐλθόντος τοῦ
ἐνιαυτοῦ · ²¹καὶ ἐγένετο αὐτῶν θαπτόντων τὸν ἄνδρα καὶ ἰδοὺ εἶ- 21
δον τὸν μονόζωνον καὶ ἔρριψαν τὸν ἄνδρα ἐν τῷ τάφῳ Ελισαιε,
καὶ ἐπορεύθη καὶ ἥψατο τῶν ὀστέων Ελισαιε καὶ ἔζησεν καὶ ἀν-
έστη ἐπὶ τοὺς πόδας αὐτοῦ. — ²²καὶ Αζαηλ ἐξέθλιψεν τὸν Ισραηλ 22
πάσας τὰς ἡμέρας Ιωαχας. ²³καὶ ἠλέησεν κύριος αὐτοὺς καὶ οἰκτί- 23
ρησεν αὐτοὺς καὶ ἐπέβλεψεν πρὸς αὐτοὺς διὰ τὴν διαθήκην αὐτοῦ
τὴν μετὰ Αβρααμ καὶ Ισαακ καὶ Ιακωβ, καὶ οὐκ ἠθέλησεν κύριος
διαφθεῖραι αὐτοὺς καὶ οὐκ ἀπέρριψεν αὐτοὺς ἀπὸ τοῦ προσώπου
αὐτοῦ. ²⁴καὶ ἀπέθανεν Αζαηλ βασιλεὺς Συρίας, καὶ ἐβασίλευσεν 24
υἱὸς Αδερ υἱὸς αὐτοῦ ἀντ᾽ αὐτοῦ. ²⁵καὶ ἐπέστρεψεν Ιωας υἱὸς Ιω- 25
αχας καὶ ἔλαβεν τὰς πόλεις ἐκ χειρὸς υἱοῦ Αδερ υἱοῦ Αζαηλ, ἃς
ἔλαβεν ἐκ χειρὸς Ιωαχας τοῦ πατρὸς αὐτοῦ ἐν τῷ πολέμῳ · τρὶς
ἐπάταξεν αὐτὸν Ιωας καὶ ἐπέστρεψεν τὰς πόλεις Ισραηλ.

¹Ἐν ἔτει δευτέρῳ τῷ Ιωας υἱῷ Ιωαχας βασιλεῖ Ισραηλ καὶ ἐβα- 14
σίλευσεν Αμεσσιας υἱὸς Ιωας βασιλεὺς Ιουδα. ²υἱὸς εἴκοσι καὶ 2
πέντε ἐτῶν ἦν ἐν τῷ βασιλεύειν αὐτὸν καὶ εἴκοσι καὶ ἐννέα ἔτη
ἐβασίλευσεν ἐν Ιερουσαλημ, καὶ ὄνομα τῆς μητρὸς αὐτοῦ Ιωαδιν
ἐξ Ιερουσαλημ. ³καὶ ἐποίησεν τὸ εὐθὲς ἐν ὀφθαλμοῖς κυρίου, πλὴν 3
οὐχ ὡς Δαυιδ ὁ πατὴρ αὐτοῦ · κατὰ πάντα, ὅσα ἐποίησεν Ιωας
ὁ πατὴρ αὐτοῦ, ἐποίησεν · ⁴πλὴν τὰ ὑψηλὰ οὐκ ἐξῆρεν, ἔτι ὁ λαὸς 4
ἐθυσίαζεν καὶ ἐθυμίων ἐν τοῖς ὑψηλοῖς. ⁵καὶ ἐγένετο ὅτε κατίσχυ- 5
σεν ἡ βασιλεία ἐν χειρὶ αὐτοῦ, καὶ ἐπάταξεν τοὺς δούλους αὐτοῦ
τοὺς πατάξαντας τὸν πατέρα αὐτοῦ · ⁶καὶ τοὺς υἱοὺς τῶν πατα- 6
ξάντων οὐκ ἐθανάτωσεν, καθὼς γέγραπται ἐν βιβλίῳ νόμων Μωυ-
σῆ, ὡς ἐνετείλατο κύριος λέγων Οὐκ ἀποθανοῦνται πατέρες ὑπὲρ
υἱῶν, καὶ υἱοὶ οὐκ ἀποθανοῦνται ὑπὲρ πατέρων, ὅτι ἀλλ᾽ ἢ ἕκαστος

---

17 ειπεν ult. BOL†] + ελισαιε rel. | πατάξεις] ς > B† ‖ 22 αζαηλ] + ※βα-
σιλευς συριας OL ‖ 23 post 7 tr. L† post 22 addens και ελαβεν αζαηλ τον αλ-
λοφυλον εκ χειρος αυτου απο θαλασσης της καθ εσπεραν εως αφεκ | προς]
επ B† ‖ 24 αδερ] αζερ A† ‖ 25 επεστρεψεν 1⁰] απ. A† | αδερ] αδαδ A†
14 1 ιωαχαζ OL] item in 8. 13. 17, cf. 13 1 23 30 | αμασιας A: -μασ- A etiam
in 8. 9. 11(2⁰), sed ceteris locis -μεσ- uel -μεσσ- ‖ 2 και 3⁰ > A | της μη-
τρος BL†] τη -τρι rel. | ιωαδειμ BL† ‖ 4 ετι] οτι A†: cf. 15 4 | εθυσιασεν
B*† ‖ 5 τον] pr. ※τον βασιλεα O† ‖ 6 βιβλω A | εκαστος > B†

7 ἐν ταῖς ἁμαρτίαις αὐτοῦ ἀποθανεῖται. ⁷αὐτὸς ἐπάταξεν τὸν Εδωμ
ἐν Γαιμελε δέκα χιλιάδας καὶ συνέλαβε τὴν Πέτραν ἐν τῷ πολέμῳ
καὶ ἐκάλεσεν τὸ ὄνομα αὐτῆς Καθοηλ ἕως τῆς ἡμέρας ταύτης. —
8 ⁸τότε ἀπέστειλεν Αμεσσιας ἀγγέλους πρὸς Ιωας υἱὸν Ιωαχας υἱοῦ
9 Ιου βασιλέως Ισραηλ λέγων Δεῦρο ὀφθῶμεν προσώποις. ⁹καὶ ἀπ-
έστειλεν Ιωας βασιλεὺς Ισραηλ πρὸς Αμεσσιαν βασιλέα Ιουδα λέγων
Ὁ ακαν ὁ ἐν τῷ Λιβάνῳ ἀπέστειλεν πρὸς τὴν κέδρον τὴν ἐν τῷ
Λιβάνῳ λέγων Δὸς τὴν θυγατέρα σου τῷ υἱῷ μου εἰς γυναῖκα·
καὶ διῆλθον τὰ θηρία τοῦ ἀγροῦ τὰ ἐν τῷ Λιβάνῳ καὶ συνεπάτη-
10 σαν τὸν ακανα. ¹⁰τύπτων ἐπάταξας τὴν Ιδουμαίαν, καὶ ἐπῆρέν σε
ἡ καρδία σου· ἐνδοξάσθητι καθήμενος ἐν τῷ οἴκῳ σου, καὶ ἵνα
11 τί ἐρίζεις ἐν κακίᾳ σου; καὶ πεσῇ σὺ καὶ Ιουδας μετὰ σοῦ. ¹¹καὶ
οὐκ ἤκουσεν Αμεσσιας. καὶ ἀνέβη ὁ βασιλεὺς Ισραηλ, καὶ ὤφθησαν
προσώποις αὐτὸς καὶ Αμεσσιας βασιλεὺς Ιουδα ἐν Βαιθσαμυς τῇ
12 τοῦ Ιουδα· ¹²καὶ ἔπταισεν Ιουδας ἀπὸ προσώπου Ισραηλ, καὶ ἔφυ-
13 γεν ἀνὴρ εἰς τὸ σκήνωμα αὐτοῦ· ¹³καὶ τὸν Αμεσσιαν υἱὸν Ιωας
υἱοῦ Οχοζιου βασιλέα Ιουδα συνέλαβεν Ιωας υἱὸς Ιωαχας βασιλεὺς
Ισραηλ ἐν Βαιθσαμυς. καὶ ἦλθεν εἰς Ιερουσαλημ καὶ καθεῖλεν ἐν
τῷ τείχει Ιερουσαλημ ἐν τῇ πύλῃ Εφραιμ ἕως πύλης τῆς γωνίας
14 τετρακοσίους πήχεις· ¹⁴καὶ ἔλαβεν τὸ χρυσίον καὶ τὸ ἀργύριον
καὶ πάντα τὰ σκεύη τὰ εὑρεθέντα ἐν οἴκῳ κυρίου καὶ ἐν θησαυ-
ροῖς οἴκου τοῦ βασιλέως καὶ τοὺς υἱοὺς τῶν συμμίξεων καὶ ἀπ-
15 έστρεψεν εἰς Σαμάρειαν. — ¹⁵καὶ τὰ λοιπὰ τῶν λόγων Ιωας, ὅσα
ἐποίησεν ἐν δυναστείᾳ αὐτοῦ, ἃ ἐπολέμησεν μετὰ Αμεσσιου βασι-
λέως Ιουδα, οὐχὶ ταῦτα γεγραμμένα ἐπὶ βιβλίῳ λόγων τῶν ἡμερῶν
16 τοῖς βασιλεῦσιν Ισραηλ; ¹⁶καὶ ἐκοιμήθη Ιωας μετὰ τῶν πατέρων
αὐτοῦ καὶ ἐτάφη ἐν Σαμαρείᾳ μετὰ τῶν βασιλέων Ισραηλ, καὶ
17 ἐβασίλευσεν Ιεροβοαμ υἱὸς αὐτοῦ ἀντ' αὐτοῦ. — ¹⁷καὶ ἔζησεν Αμεσ-
σιας υἱὸς Ιωας βασιλεὺς Ιουδα μετὰ τὸ ἀποθανεῖν Ιωας υἱὸν Ιωαχας
18 βασιλέα Ισραηλ πεντεκαίδεκα ἔτη. ¹⁸καὶ τὰ λοιπὰ τῶν λόγων Αμεσ-
σιου καὶ πάντα, ἃ ἐποίησεν, οὐχὶ ταῦτα γεγραμμένα ἐπὶ βιβλίῳ λόγων
19 τῶν ἡμερῶν τοῖς βασιλεῦσιν Ιουδα; ¹⁹καὶ συνεστράφησαν ἐπ' αὐτὸν
σύστρεμμα ἐν Ιερουσαλημ, καὶ ἔφυγεν εἰς Λαχις· καὶ ἀπέστειλαν

---

7 τον] την B | γαιμελε] -λα A, ρεμελε B† | ιεκθοηλ O† ‖ 9 διηλθεν ALᵗ
| τα ult. > Aᵗ | την ακανα A mu., sed etiam hi antea ο ακαν ‖ 10 η > Bᵗ
| και 2⁰ > O pl. | εριζεις εν] -ζει σε η Aᵗ ‖ 11 ο βασ. B†] pr. ⁂ιωας rel.
(AL om. ο) | ωφθη Bᵗ | βηθσαμυς Aᵗ, sed in 13 βεθ-: cf. Ruth 1 1 | τη(Bᵗ
γη) του ιουδα] της ιουδαιας OLᵗ ‖ 13 υιου οχοζιου V mu.] υ. ιωαχας Bᵗ,
> Lᵗ, ⁂υιου ααζια Oᵗ(cf. 112) | βασιλεα ιουδα] > Bᵗ, post αμεσσιαν tr. Oᵗ
(sub ⁂) | συνελαβεν] συν > Oᵗ | υιος ιωαχας] > BL, in O sub ÷ (uid.) |
καθειλεν] διεκοψεν A | τω > A | πυλης] pr. της OL | των γωνιων O ‖
15 ουχι] ουχ ιδου Aᵗ | επι] εν Aᵗ ‖ 16 πατερων > Aᵗ ‖ 18 α] οσα OL
‖ 19 συστρατευμα Aᵗ | απεστειλεν BLᵖ

ὀπίσω αὐτοῦ εἰς Λαχις καὶ ἐθανάτωσαν αὐτὸν ἐκεῖ. ²⁰καὶ ἦραν 20
αὐτὸν ἐφ᾽ ἵππων, καὶ ἐτάφη ἐν Ιερουσαλημ μετὰ τῶν πατέρων
αὐτοῦ ἐν πόλει Δαυιδ. ²¹καὶ ἔλαβεν πᾶς ὁ λαὸς Ιουδα τὸν Αζα- 21
ριαν — καὶ αὐτὸς υἱὸς ἑκκαίδεκα ἐτῶν — καὶ ἐβασίλευσαν αὐτὸν
ἀντὶ τοῦ πατρὸς αὐτοῦ Αμεσσιου. ²²αὐτὸς ᾠκοδόμησεν τὴν Αιλωθ 22
καὶ ἐπέστρεψεν αὐτὴν τῷ Ιουδα μετὰ τὸ κοιμηθῆναι τὸν βασιλέα
μετὰ τῶν πατέρων αὐτοῦ.

²³Ἐν ἔτει πεντεκαιδεκάτῳ τοῦ Αμεσσιου υἱοῦ Ιωας βασιλέως 23
Ιουδα ἐβασίλευσεν Ιεροβοαμ υἱὸς Ιωας ἐπὶ Ισραηλ ἐν Σαμαρείᾳ
τεσσαράκοντα καὶ ἓν ἔτος. ²⁴καὶ ἐποίησεν τὸ πονηρὸν ἐνώπιον 24
κυρίου· οὐκ ἀπέστη ἀπὸ πασῶν ἁμαρτιῶν Ιεροβοαμ υἱοῦ Ναβατ,
ὃς ἐξήμαρτεν τὸν Ισραηλ. ²⁵αὐτὸς ἀπέστησεν τὸ ὅριον Ισραηλ 25
ἀπὸ εἰσόδου Αιμαθ ἕως τῆς θαλάσσης τῆς Αραβα κατὰ τὸ ῥῆμα
κυρίου θεοῦ Ισραηλ, ὃ ἐλάλησεν ἐν χειρὶ δούλου αὐτοῦ Ιωνα υἱοῦ
Αμαθι τοῦ προφήτου τοῦ ἐκ Γεθχοβερ. ²⁶ὅτι εἶδεν κύριος τὴν τα- 26
πείνωσιν Ισραηλ πικρὰν σφόδρα καὶ ὀλιγοστοὺς συνεχομένους καὶ
ἐσπανισμένους καὶ ἐγκαταλελειμμένους, καὶ οὐκ ἦν ὁ βοηθῶν τῷ
Ισραηλ. ²⁷καὶ οὐκ ἐλάλησεν κύριος ἐξαλεῖψαι τὸ σπέρμα Ισραηλ 27
ὑποκάτωθεν τοῦ οὐρανοῦ καὶ ἔσωσεν αὐτοὺς διὰ χειρὸς Ιεροβοαμ
υἱοῦ Ιωας. ²⁸καὶ τὰ λοιπὰ τῶν λόγων Ιεροβοαμ καὶ πάντα, ὅσα 28
ἐποίησεν, καὶ αἱ δυναστεῖαι αὐτοῦ, ὅσα ἐπολέμησεν καὶ ὅσα ἐπ-
έστρεψεν τὴν Δαμασκὸν καὶ τὴν Αιμαθ τῷ Ιουδα ἐν Ισραηλ, οὐχὶ
ταῦτα γεγραμμένα ἐπὶ βιβλίῳ λόγων τῶν ἡμερῶν τοῖς βασιλεῦσιν
Ισραηλ; ²⁹καὶ ἐκοιμήθη Ιεροβοαμ μετὰ τῶν πατέρων αὐτοῦ μετὰ 29
βασιλέων Ισραηλ, καὶ ἐβασίλευσεν Αζαριας υἱὸς Αμεσσιου ἀντὶ
τοῦ πατρὸς αὐτοῦ.

¹Ἐν ἔτει εἰκοστῷ καὶ ἑβδόμῳ τῷ Ιεροβοαμ βασιλεῖ Ισραηλ ἐβα- 15
σίλευσεν Αζαριας υἱὸς Αμεσσιου βασιλέως Ιουδα. ²υἱὸς ἑκκαίδεκα 2
ἐτῶν ἦν ἐν τῷ βασιλεύειν αὐτὸν καὶ πεντήκοντα καὶ δύο ἔτη ἐβα-
σίλευσεν ἐν Ιερουσαλημ, καὶ ὄνομα τῇ μητρὶ αὐτοῦ Χαλια ἐξ Ιε-
ρουσαλημ. ³καὶ ἐποίησεν τὸ εὐθὲς ἐν ὀφθαλμοῖς κυρίου κατὰ πάντα, 3
ὅσα ἐποίησεν Αμεσσιας ὁ πατὴρ αὐτοῦ· ⁴πλὴν τῶν ὑψηλῶν οὐκ 4
ἐξῆρεν, ἔτι ὁ λαὸς ἐθυσίαζεν καὶ ἐθυμίων ἐν τοῖς ὑψηλοῖς. ⁵καὶ 5

19 εθανατωσεν B† ‖ 21 εβασιλευσεν αυτος B*A† ‖ 22 αιλωθ V mu.]
ελωθ A, αιλωμ B, αιδωμ uel εδωμ L† | απεστρεψεν A ‖ 23 υιου] υιω B |
βασιλει B† | ιωας ult.] + ✳βασιλεως ισραηλ OL† ‖ 25 ο] ος A | τεθχοβερ
B†] γεθαχοβερ A†, γεθαχ(χ)οφερ V pl., γαιθοφρα L† ‖ 26 ολιγοστους]
-γους τους B† | συγκεχυμενους O–Sy† ‖ 27 δια χειρος] εκ χ. BO†, εν χειρι
L† ‖ 28 αιμαθ] εμμαθ B† ‖ 29 αζαριας — fin. (ad 15 1 adapt.)] Ζαχαριας
υιος αυτου αντ αυτου L†
15 1 εβδομω] + ετει O†: cf. 8 ‖ 2 τη > A† | χαλ(ε)ια] ιεχελια L, ιεχεμα
A† ‖ 3 ευθες] αγαθον O ‖ 4 ετι] οτι A†: item in 35, cf. 14 4

ἥψατο κύριος τοῦ βασιλέως, καὶ ἦν λελεπρωμένος ἕως ἡμέρας
θανάτου αὐτοῦ καὶ ἐβασίλευσεν ἐν οἴκῳ αφφουσωθ, καὶ Ιωαθαμ
6 υἱὸς τοῦ βασιλέως ἐπὶ τῷ οἴκῳ κρίνων τὸν λαὸν τῆς γῆς. ⁶καὶ
τὰ λοιπὰ τῶν λόγων Αζαριου καὶ πάντα, ὅσα ἐποίησεν, οὐκ ἰδοὺ
ταῦτα γεγραμμένα ἐπὶ βιβλίου λόγων τῶν ἡμερῶν τοῖς βασιλεῦσιν
7 Ιουδα; ⁷καὶ ἐκοιμήθη Αζαριας μετὰ τῶν πατέρων αὐτοῦ, καὶ ἔθα-
ψαν αὐτὸν μετὰ τῶν πατέρων αὐτοῦ ἐν πόλει Δαυιδ, καὶ ἐβασί-
λευσεν Ιωαθαμ υἱὸς αὐτοῦ ἀντ᾽ αὐτοῦ.
8 ⁸Ἐν ἔτει τριακοστῷ καὶ ὀγδόῳ τῷ Αζαρια βασιλεῖ Ιουδα ἐβα-
σίλευσεν Ζαχαριας υἱὸς Ιεροβοαμ ἐπὶ Ισραηλ ἐν Σαμαρείᾳ ἑξάμη-
9 νον. ⁹καὶ ἐποίησεν τὸ πονηρὸν ἐν ὀφθαλμοῖς κυρίου, καθὰ ἐποί-
ησαν οἱ πατέρες αὐτοῦ · οὐκ ἀπέστη ἀπὸ ἁμαρτιῶν Ιεροβοαμ υἱοῦ
10 Ναβατ, ὃς ἐξήμαρτεν τὸν Ισραηλ. ¹⁰καὶ συνεστράφησαν ἐπ᾽ αὐτὸν
Σελλουμ υἱὸς Ιαβις καὶ Κεβλααμ καὶ ἐπάταξαν αὐτὸν καὶ ἐθανά-
11 τωσαν αὐτόν, καὶ Σελλουμ ἐβασίλευσεν ἀντ᾽ αὐτοῦ. ¹¹καὶ τὰ λοιπὰ
τῶν λόγων Ζαχαριου ἰδού ἐστιν γεγραμμένα ἐπὶ βιβλίῳ λόγων τῶν
12 ἡμερῶν τοῖς βασιλεῦσιν Ισραηλ. ¹²ὁ λόγος κυρίου, ὃν ἐλάλησεν
πρὸς Ιου λέγων Υἱοὶ τέταρτοι καθήσονταί σοι ἐπὶ θρόνου Ισραηλ·
καὶ ἐγένετο οὕτως.
13 ¹³Καὶ Σελλουμ υἱὸς Ιαβις ἐβασίλευσεν· καὶ ἐν ἔτει τριακοστῷ
καὶ ἐνάτῳ Αζαρια βασιλεῖ Ιουδα ἐβασίλευσεν Σελλουμ μῆνα ἡμε-
14 ρῶν ἐν Σαμαρείᾳ. ¹⁴καὶ ἀνέβη Μαναημ υἱὸς Γαδδι ἐκ Θαρσιλα καὶ
ἦλθεν εἰς Σαμάρειαν καὶ ἐπάταξεν τὸν Σελλουμ υἱὸν Ιαβις ἐν Σα-
15 μαρείᾳ καὶ ἐθανάτωσεν αὐτόν. ¹⁵καὶ τὰ λοιπὰ τῶν λόγων Σελλουμ
καὶ ἡ συστροφὴ αὐτοῦ, ἣν συνεστράφη, ἰδοὺ εἰσιν γεγραμμένα
16 ἐπὶ βιβλίῳ λόγων τῶν ἡμερῶν τοῖς βασιλεῦσιν Ισραηλ. ¹⁶τότε ἐπά-
ταξεν Μαναημ τὴν Θερσα καὶ πάντα τὰ ἐν αὐτῇ καὶ τὰ ὅρια αὐ-

5 του βασιλεως 1⁰] τον -λεα B⁺ | αυτου > A⁺ | ιωαθαμ: sic B in 30, A in
7, ambo in 36. 38 16 1, L pl. ubique; sed B uel B⁺ in 15 5. 7. 32, A⁺ in 30
ιωναθαν, A uel A⁺ in 15 5. 32 ιωαθαν | κρινειν A⁺ || 6 ουκ ιδου] ουχι O |
επι] εν A⁺ | βιβλιω A || 7 αυτου 1⁰ ⌒ 2⁰ A: item in 38 || 8 ογδοω] +
ετει O⁺: cf. 1 | τω αζαρια βασιλει B Sy⁺] του -ριου -λεως rel. | Ζαχαριας BL⁺]
αζαρ. rel.: cf. 11 || 10 συνεστραφη L⁺ | ιαβ(ε)ις] αβ. A⁺ | κεβλααμ(uel κεβδα-
αμ) και επαταξαν αυτον V mu.] επαταξαν αυτον κεβλααμ B⁺, επαταξεν αυτον
εν ιεβλααμ(cf. 9 27 Iud. 1 27) L⁺, + κατεναντι του λαου O⁺; post κεβλααμ add.
και σελλημ ο πατηρ αυτου compl. | σελλουμ ult.] > B⁺, in O sub ÷ ||
11 Ζαχαριου BL⁺] αζαρ. rel.: cf. 8 | εστιν A⁺] εισιν B⁽⁺⁾, ταυτα L⁺, + ταυτα
rel. | βιβλιου OL⁺ || 12 init.] pr. ⁜ουτος Sy L⁺ || 13 και 2⁰ > OL | αζα-
ρια βασ.] του αζαριου(A⁺ οχοζιου: cf. 30) βασιλεως OL | μηνα ημερων] ημερας
B⁺, οκτω ημερας A⁺ || 14 γεδδει A⁺: idem in 17 γαλλει | θερσιλα A pl.,
θερσα L⁺ | fin.] + ⁜και εβασιλευσεν αντ αυτου OL⁺ || 15 ην] η B⁺ | βι-
βλιου OL⁺ || 16 μαναην A: item in seq. | την] pr. και B⁺ | θερσα 1⁰] θαιρα
A⁺, ταφωε L⁺

τῆς ἀπὸ Θερσα, ὅτι οὐκ ἤνοιξαν αὐτῷ · καὶ ἐπάταξεν αὐτὴν καὶ
τὰς ἐν γαστρὶ ἐχούσας ἀνέρρηξεν.

¹⁷ Ἐν ἔτει τριακοστῷ καὶ ἐνάτῳ Αζαρια βασιλεῖ Ιουδα καὶ ἐβασί- 17
λευσεν Μαναημ υἱὸς Γαδδι ἐπὶ Ισραηλ δέκα ἔτη ἐν Σαμαρείᾳ.
¹⁸ καὶ ἐποίησεν τὸ πονηρὸν ἐν ὀφθαλμοῖς κυρίου · οὐκ ἀπέστη 18
ἀπὸ πασῶν ἁμαρτιῶν Ιεροβοαμ υἱοῦ Ναβατ, ὃς ἐξήμαρτεν τὸν
Ισραηλ. ¹⁹ ἐν ταῖς ἡμέραις αὐτοῦ ἀνέβη Φουλ βασιλεὺς Ἀσσυρίων 19
ἐπὶ τὴν γῆν, καὶ Μαναημ ἔδωκεν τῷ Φουλ χίλια τάλαντα ἀργυρίου
εἶναι τὴν χεῖρα αὐτοῦ μετ᾽ αὐτοῦ. ²⁰ καὶ ἐξήνεγκεν Μαναημ τὸ ἀρ- 20
γύριον ἐπὶ τὸν Ισραηλ, ἐπὶ πᾶν δυνατὸν ἰσχύι, δοῦναι τῷ βασιλεῖ
τῶν Ἀσσυρίων, πεντήκοντα σίκλους τῷ ἀνδρὶ τῷ ἑνί · καὶ ἀπ-
έστρεψεν βασιλεὺς Ἀσσυρίων καὶ οὐκ ἔστη ἐκεῖ ἐν τῇ γῇ. ²¹ καὶ τὰ 21
λοιπὰ τῶν λόγων Μαναημ καὶ πάντα, ὅσα ἐποίησεν, οὐκ ἰδοὺ
ταῦτα γεγραμμένα ἐπὶ βιβλίῳ λόγων τῶν ἡμερῶν τοῖς βασιλεῦσιν
Ισραηλ; ²² καὶ ἐκοιμήθη Μαναημ μετὰ τῶν πατέρων αὐτοῦ, καὶ 22
ἐβασίλευσεν Φακεΐας υἱὸς αὐτοῦ ἀντ᾽ αὐτοῦ.

²³ Ἐν ἔτει πεντηκοστῷ τοῦ Αζαριου βασιλέως Ιουδα ἐβασίλευσεν 23
Φακεΐας υἱὸς Μαναημ ἐπὶ Ισραηλ ἐν Σαμαρείᾳ δύο ἔτη. ²⁴ καὶ ἐποί- 24
ησεν τὸ πονηρὸν ἐν ὀφθαλμοῖς κυρίου · οὐκ ἀπέστη ἀπὸ ἁμαρτιῶν
Ιεροβοαμ υἱοῦ Ναβατ, ὃς ἐξήμαρτεν τὸν Ισραηλ. ²⁵ καὶ συνεστράφη 25
ἐπ᾽ αὐτὸν Φακεε υἱὸς Ρομελιου ὁ τριστάτης αὐτοῦ καὶ ἐπάταξεν
αὐτὸν ἐν Σαμαρείᾳ ἐναντίον οἴκου τοῦ βασιλέως μετὰ τοῦ Αργοβ
καὶ μετὰ τοῦ Αρια, καὶ μετ᾽ αὐτοῦ πεντήκοντα ἄνδρες ἀπὸ τῶν
τετρακοσίων · καὶ ἐθανάτωσεν αὐτὸν καὶ ἐβασίλευσεν ἀντ᾽ αὐτοῦ.
²⁶ καὶ τὰ λοιπὰ τῶν λόγων Φακεΐου καὶ πάντα, ὅσα ἐποίησεν, ἰδοὺ εἰσιν 26
γεγραμμένα ἐπὶ βιβλίῳ λόγων τῶν ἡμερῶν τοῖς βασιλεῦσιν Ισραηλ.

²⁷ Ἐν ἔτει πεντηκοστῷ καὶ δευτέρῳ τοῦ Αζαριου βασιλέως Ιουδα 27
ἐβασίλευσεν Φακεε υἱὸς Ρομελιου ἐπὶ Ισραηλ ἐν Σαμαρείᾳ εἴκοσι
ἔτη. ²⁸ καὶ ἐποίησεν τὸ πονηρὸν ἐν ὀφθαλμοῖς κυρίου · οὐκ ἀπέστη 28
ἀπὸ πασῶν ἁμαρτιῶν Ιεροβοαμ υἱοῦ Ναβατ, ὃς ἐξήμαρτεν τὸν
Ισραηλ. ²⁹ ἐν ταῖς ἡμέραις Φακεε βασιλέως Ισραηλ ἦλθεν Θαγλαθ- 29

16 θερσα 2⁰ BA*L*] θερσιλα rel. ‖ 17 αζαρια BA*] pr. του L*, pr. τω rel.
| βασιλεως AL* | και 2⁰] > BL, in O sub ÷ ‖ 19 φουλ bis O–A*] φουα
BAL | μετ αυτου] συν αυτω O mu.; + ※ του ενισχυσαι το βασιλειον εν (+
τη A*) χειρι αυτου O*, + (του) κραταιωσαι την βασιλειαν αυτου εν χειρι αυ-
του L* ‖ 20 παν BA] παντα L: cf. Iud. 7 4 B | ισχυι] pr. εν O* | σικλους]
+ ※ αργυριου O* ‖ 21 ουκ ιδου] ουχι O | βιβλιου OL ‖ 22 φακειας O] ς
> L*, -κεσιας B pl.: item in seq. | αυτου paenult.] μαναην(cf. 16) A* ‖
23 βασιλει B* (sed του etiam B): item in 27 | δυο] δεκα O–Sy L*, δεκα δυο V
‖ 25 μετα του 2⁰] μετ αυτου B*AᶜL* | αρ(ε)ια] αριε O ‖ 26 βιβλιου OL ‖
29 θαγλαθφελλασαρ Ra.] αλγαθφ. B*: idem in 16 7 θαλγαθφ., in 16 10 θαλ-
γαλφ.; αγλαθφαλλ. A* in 16 10 (A* om. nomen in 15 29 16 7); θεγλαθφαλσαρ
uel sim. L ubique

φελλασαρ βασιλεὺς Ἀσσυρίων καὶ ἔλαβεν τὴν Αιν καὶ τὴν Αβελ-
βαιθαμααχα καὶ τὴν Ιανωχ καὶ τὴν Κενεζ καὶ τὴν Ασωρ καὶ τὴν
Γαλααδ καὶ τὴν Γαλιλαίαν, πᾶσαν γῆν Νεφθαλι, καὶ ἀπῴκισεν αὐ-
30 τοὺς εἰς Ἀσσυρίους. ³⁰καὶ συνέστρεψεν σύστρεμμα Ωσηε υἱὸς
Ηλα ἐπὶ Φακεε υἱὸν Ρομελιου καὶ ἐπάταξεν αὐτὸν καὶ ἐθανάτωσεν
αὐτὸν καὶ ἐβασίλευσεν ἀντ᾽ αὐτοῦ ἐν ἔτει εἰκοστῷ Ιωαθαμ υἱοῦ
31 Αζαριου. ³¹καὶ τὰ λοιπὰ τῶν λόγων Φακεε καὶ πάντα, ὅσα ἐποί-
ησεν, ἰδού ἐστιν γεγραμμένα ἐπὶ βιβλίῳ λόγων τῶν ἡμερῶν τοῖς
βασιλεῦσιν Ισραηλ.
32   ³²Ἐν ἔτει δευτέρῳ Φακεε υἱοῦ Ρομελιου βασιλέως Ισραηλ ἐβα-
33 σίλευσεν Ιωαθαμ υἱὸς Αζαριου βασιλέως Ιουδα. ³³υἱὸς εἴκοσι καὶ
πέντε ἐτῶν ἦν ἐν τῷ βασιλεύειν αὐτὸν καὶ ἑκκαίδεκα ἔτη ἐβασί-
λευσεν ἐν Ιερουσαλημ, καὶ ὄνομα τῆς μητρὸς αὐτοῦ Ιερουσα θυ-
34 γάτηρ Σαδωκ. ³⁴καὶ ἐποίησεν τὸ εὐθὲς ἐν ὀφθαλμοῖς κυρίου κατὰ
35 πάντα, ὅσα ἐποίησεν Οζιας ὁ πατὴρ αὐτοῦ · ³⁵πλὴν τὰ ὑψηλὰ οὐκ
ἐξῆρεν, ἔτι ὁ λαὸς ἐθυσίαζεν καὶ ἐθυμία ἐν τοῖς ὑψηλοῖς. αὐτὸς
36 ᾠκοδόμησεν τὴν πύλην οἴκου κυρίου τὴν ἐπάνω. ³⁶καὶ τὰ λοιπὰ
τῶν λόγων Ιωαθαμ καὶ πάντα, ὅσα ἐποίησεν, οὐχὶ ταῦτα γεγραμ-
37 μένα ἐπὶ βιβλίῳ λόγων τῶν ἡμερῶν τοῖς βασιλεῦσιν Ιουδα; ³⁷ἐν
ταῖς ἡμέραις ἐκείναις ἤρξατο κύριος ἐξαποστέλλειν ἐν Ιουδα τὸν
38 Ρααςςων βασιλέα Συρίας καὶ τὸν Φακεε υἱὸν Ρομελιου. ³⁸καὶ ἐκοι-
μήθη Ιωαθαμ μετὰ τῶν πατέρων αὐτοῦ καὶ ἐτάφη μετὰ τῶν πα-
τέρων αὐτοῦ ἐν πόλει Δαυιδ τοῦ πατρὸς αὐτοῦ, καὶ ἐβασίλευσεν
Αχαζ υἱὸς αὐτοῦ ἀντ᾽ αὐτοῦ.

16   ¹Ἐν ἔτει ἑπτακαιδεκάτῳ Φακεε υἱοῦ Ρομελιου ἐβασίλευσεν Αχαζ
2 υἱὸς Ιωαθαμ βασιλέως Ιουδα. ²υἱὸς εἴκοσι ἐτῶν ἦν Αχαζ ἐν τῷ
βασιλεύειν αὐτὸν καὶ ἑκκαίδεκα ἔτη ἐβασίλευσεν ἐν Ιερουσαλημ.
καὶ οὐκ ἐποίησεν τὸ εὐθὲς ἐν ὀφθαλμοῖς κυρίου θεοῦ αὐτοῦ πιστῶς
3 ὡς Δαυιδ ὁ πατὴρ αὐτοῦ ³καὶ ἐπορεύθη ἐν ὁδῷ Ιεροβοαμ υἱοῦ
Ναβατ βασιλέως Ισραηλ καί γε τὸν υἱὸν αὐτοῦ διῆγεν ἐν πυρὶ
κατὰ τὰ βδελύγματα τῶν ἐθνῶν, ὧν ἐξῆρεν κύριος ἀπὸ προσώπου
4 τῶν υἱῶν Ισραηλ, ⁴καὶ ἐθυσίαζεν καὶ ἐθυμία ἐν τοῖς ὑψηλοῖς καὶ

29 αιν BLᵖ†] ναιν ALᵖ, αιαν Vpl. | αβελβαιθαμααχα Vmu.] αβελ και θα-
μααχα unus cod., αβελ και την θαμααχα B, αβελ και την βαιθμααχα L; καβελ-
βερμααχα A† | ιανωχ AL†] ανιωχ B | νεφθαλειμ AL ‖ 30 αυτον 2⁰ > B |
υιου] υιω B | αζαριου O (sic Sy in marg.)] αχας B†, οζιου Sy (in textu), οχο-
ζιου Vmu. (L deest): cf. 13. 32. 34 ‖ 31 βιβλιου AL ‖ 32 βασιλεως 1⁰] -λει
B† | αζαριου BO–Sy] οζιου SyLᵖ†, οχοζιου Lᵖ mu.: cf. 30 ‖ 33 ετων ην]
tr. B† | ιερουσα L] ερους B†, ιερους A ‖ 34 οζ(ε)ιας BL] αζαριας O: cf. 30
‖ 36 βιβλιου AL ‖ 37 εν ιουδα > BA ‖ 38 cf. 7
16 2 αχας B†, αχααζ A†, sed ceteris locis ambo αχαζ: cf. Par. II 27 9 | ουκ
> B* | αυτου paenult. > BA† ‖ 3 ιεροβ. υιου ναβατ] > BL†, in O sub ÷
| βασιλεως] -ων L† (non B) | εν 2⁰ > B† | κατα] και B*

ἐπὶ τῶν βουνῶν καὶ ὑποκάτω παντὸς ξύλου ἀλσώδους. — ⁵τότε 5
ἀνέβη Ραασσων βασιλεὺς Συρίας καὶ Φακεε υἱὸς Ρομελιου βασι-
λεὺς Ισραηλ εἰς Ιερουσαλημ εἰς πόλεμον καὶ ἐπολιόρκουν ἐπὶ Αχαζ
καὶ οὐκ ἐδύναντο πολεμεῖν. ⁶ἐν τῷ καιρῷ ἐκείνῳ ἐπέστρεψεν Ραασ- 6
σων βασιλεὺς Συρίας τὴν Αιλαθ τῇ Συρίᾳ καὶ ἐξέβαλεν τοὺς Ιου-
δαίους ἐξ Αιλαθ, καὶ Ιδουμαῖοι ἦλθον εἰς Αιλαθ καὶ κατῴκησαν ἐκεῖ
ἕως τῆς ἡμέρας ταύτης. ⁷καὶ ἀπέστειλεν Αχαζ ἀγγέλους πρὸς 7
Θαγλαθφελλασαρ βαυιλέα Ἀσσυρίων λέγων Δοῦλός σου καὶ υἱός
σου ἐγώ, ἀνάβηθι καὶ σῶσόν με ἐκ χειρὸς βασιλέως Συρίας καὶ
ἐκ χειρὸς βασιλέως Ισραηλ τῶν ἐπανισταμένων ἐπ᾽ ἐμέ. ⁸καὶ ἔλα- 8
βεν Αχαζ τὸ ἀργύριον καὶ τὸ χρυσίον τὸ εὑρεθὲν ἐν θησαυροῖς
οἴκου κυρίου καὶ οἴκου τοῦ βασιλέως καὶ ἀπέστειλεν τῷ βασιλεῖ
δῶρα. ⁹καὶ ἤκουσεν αὐτοῦ βασιλεὺς Ἀσσυρίων, καὶ ἀνέβη βασιλεὺς 9
Ἀσσυρίων εἰς Δαμασκὸν καὶ συνέλαβεν αὐτὴν καὶ ἀπῴκισεν αὐτὴν
καὶ τὸν Ραασσων ἐθανάτωσεν. — ¹⁰καὶ ἐπορεύθη βασιλεὺς Αχαζ 10
εἰς ἀπαντὴν τῷ Θαγλαθφελλασαρ βασιλεῖ Ἀσσυρίων εἰς Δαμασκόν.
καὶ εἶδεν τὸ θυσιαστήριον ἐν Δαμασκῷ, καὶ ἀπέστειλεν ὁ βασιλεὺς
Αχαζ πρὸς Ουριαν τὸν ἱερέα τὸ ὁμοίωμα τοῦ θυσιαστηρίου καὶ
τὸν ῥυθμὸν αὐτοῦ εἰς πᾶσαν ποίησιν αὐτοῦ · ¹¹καὶ ᾠκοδόμησεν 11
Ουριας ὁ ἱερεὺς τὸ θυσιαστήριον κατὰ πάντα, ὅσα ἀπέστειλεν ὁ
βασιλεὺς Αχαζ ἐκ Δαμασκοῦ. ¹²καὶ εἶδεν ὁ βασιλεὺς τὸ θυσιαστή- 12
ριον καὶ ἀνέβη ἐπ᾽ αὐτό ¹³καὶ ἐθυμίασεν τὴν ὁλοκαύτωσιν αὐτοῦ 13
καὶ τὴν θυσίαν αὐτοῦ καὶ τὴν σπονδὴν αὐτοῦ καὶ προσέχεεν τὸ
αἷμα τῶν εἰρηνικῶν τῶν αὐτοῦ ἐπὶ τὸ θυσιαστήριον. ¹⁴καὶ τὸ θυ- 14
σιαστήριον τὸ χαλκοῦν τὸ ἀπέναντι κυρίου καὶ προσήγαγεν ἀπὸ
προσώπου τοῦ οἴκου κυρίου ἀπὸ τοῦ ἀνὰ μέσον τοῦ θυσιαστηρίου
καὶ ἀπὸ τοῦ ἀνὰ μέσον τοῦ οἴκου κυρίου καὶ ἔδωκεν αὐτὸ ἐπὶ
μηρὸν τοῦ θυσιαστηρίου κατὰ βορρᾶν. ¹⁵καὶ ἐνετείλατο ὁ βασιλεὺς 15
Αχαζ τῷ Ουρια τῷ ἱερεῖ λέγων Ἐπὶ τὸ θυσιαστήριον τὸ μέγα
πρόσφερε τὴν ὁλοκαύτωσιν τὴν πρωινὴν καὶ τὴν θυσίαν τὴν ἑσπε-
ρινὴν καὶ τὴν ὁλοκαύτωσιν τοῦ βασιλέως καὶ τὴν θυσίαν αὐτοῦ
καὶ τὴν ὁλοκαύτωσιν παντὸς τοῦ λαοῦ καὶ τὴν θυσίαν αὐτῶν καὶ

6 απεστρεψεν A L† | αιλαμ ter A (3⁰ A†) || 7 θαγλ.: cf. 15 29 | και 3⁰ >
B† || 8 το 1⁰ 2⁰ > B† | του > A | βασιλει] + ※ασσυριων OL† || 9 ασ-
συριων 1⁰⌒2⁰ A† | αυτην ult.] + ※κυρηνηνδε O†: cf. ΙΙΙ 22 49 O || 10 απαν-
την B†] -τησιν rel.; + αυτου B† | θαγλ.: cf. 15 29 | εν] pr. το OL† | αυτου
paenult. > A† || 11 fin.] + ※ουτως εποιησεν ουριας ο ιερευς εως ερχεσθαι
τον βασιλεα αχαζ απο δαμασκου (12) και ηλθεν ο βασιλευς απο δαμασκου O†:
sim. L† || 12 θυσιαστ.] + ※και προσηλθεν ο βασιλευς επι το θυσιαστηριον
O†: sim. L† || 13 την σπονδ. αυτου] pr. εσπεισεν O†, + εσπεισεν επ αυτο
(uel εσπ. αυτω) L† || 14 και το θυσ. το χαλκ. Ra.] το χαλκ. BA pl., το δε
χαλκ. θυσ. L† | και 2⁰ > L† | απο προσωπου L Sy] προ προσ. Vpl., το προσ-
ωπον BA† | απο 2⁰] pr. και O | εδωκεν L†] εθηκεν pau., εδειξεν rel. ||
15 παντος > A† | λαου] + ※της γης O†

τὴν σπονδὴν αὐτῶν καὶ πᾶν αἷμα ὁλοκαυτώσεως καὶ πᾶν αἷμα
θυσίας ἐπ᾽ αὐτὸ προσχεεῖς · καὶ τὸ θυσιαστήριον τὸ χαλκοῦν ἔσται
16 μοι εἰς τὸ πρωί. ¹⁶καὶ ἐποίησεν Ουριας ὁ ἱερεὺς κατὰ πάντα, ὅσα
17 ἐνετείλατο αὐτῷ ὁ βασιλεὺς Αχαζ. ¹⁷καὶ συνέκοψεν ὁ βασιλεὺς
Αχαζ τὰ συγκλείσματα τῶν μεχωνωθ καὶ μετῆρεν ἀπ᾽ αὐτῶν τὸν
λουτῆρα καὶ τὴν θάλασσαν καθεῖλεν ἀπὸ τῶν βοῶν τῶν χαλκῶν
18 τῶν ὑποκάτω αὐτῆς καὶ ἔδωκεν αὐτὴν ἐπὶ βάσιν λιθίνην. ¹⁸καὶ
τὸν θεμέλιον τῆς καθέδρας ᾠκοδόμησεν ἐν οἴκῳ κυρίου καὶ τὴν
εἴσοδον τοῦ βασιλέως τὴν ἔξω ἐπέστρεψεν ἐν οἴκῳ κυρίου ἀπὸ
19 προσώπου βασιλέως Ἀσσυρίων. — ¹⁹καὶ τὰ λοιπὰ τῶν λόγων
Αχαζ, ὅσα ἐποίησεν, οὐχὶ ταῦτα γεγραμμένα ἐπὶ βιβλίῳ λόγων τῶν
20 ἡμερῶν τοῖς βασιλεῦσιν Ιουδα; ²⁰καὶ ἐκοιμήθη Αχαζ μετὰ τῶν
πατέρων αὐτοῦ καὶ ἐτάφη ἐν πόλει Δαυιδ, καὶ ἐβασίλευσεν Εζεκιας
υἱὸς αὐτοῦ ἀντ᾽ αὐτοῦ.

17 ¹Ἐν ἔτει δωδεκάτῳ τῷ Αχαζ βασιλεῖ Ιουδα ἐβασίλευσεν Ωσηε
2 υἱὸς Ηλα ἐν Σαμαρείᾳ ἐπὶ Ισραηλ ἐννέα ἔτη. ²καὶ ἐποίησεν τὸ
πονηρὸν ἐν ὀφθαλμοῖς κυρίου, πλὴν οὐχ ὡς οἱ βασιλεῖς Ισραηλ,
3 οἳ ἦσαν ἔμπροσθεν αὐτοῦ. ³ἐπ᾽ αὐτὸν ἀνέβη Σαλαμανασαρ βασι-
λεὺς Ἀσσυρίων, καὶ ἐγενήθη αὐτῷ Ωσηε δοῦλος καὶ ἐπέστρεψεν
4 αὐτῷ μαναα. ⁴καὶ εὗρεν βασιλεὺς Ἀσσυρίων ἐν τῷ Ωσηε ἀδικίαν,
ὅτι ἀπέστειλεν ἀγγέλους πρὸς Σηγωρ βασιλέα Αἰγύπτου καὶ οὐκ
ἤνεγκεν μαναα τῷ βασιλεῖ Ἀσσυρίων ἐν τῷ ἐνιαυτῷ ἐκείνῳ, καὶ
ἐπολιόρκησεν αὐτὸν ὁ βασιλεὺς Ἀσσυρίων καὶ ἔδησεν αὐτὸν ἐν
5 οἴκῳ φυλακῆς. ⁵καὶ ἀνέβη ὁ βασιλεὺς Ἀσσυρίων ἐν πάσῃ τῇ γῇ
καὶ ἀνέβη εἰς Σαμάρειαν καὶ ἐπολιόρκησεν ἐπ᾽ αὐτὴν τρία ἔτη.
6 ⁶ἐν ἔτει ἐνάτῳ Ωσηε συνέλαβεν βασιλεὺς Ἀσσυρίων τὴν Σαμά-
ρειαν καὶ ἀπῴκισεν τὸν Ισραηλ εἰς Ἀσσυρίους καὶ κατῴκισεν αὐ-
τοὺς ἐν Αλαε καὶ ἐν Αβωρ, ποταμοῖς Γωζαν, καὶ Ορη Μήδων. —
7 ⁷καὶ ἐγένετο ὅτι ἥμαρτον οἱ υἱοὶ Ισραηλ τῷ κυρίῳ θεῷ αὐτῶν τῷ
ἀναγαγόντι αὐτοὺς ἐκ γῆς Αἰγύπτου ὑποκάτωθεν χειρὸς Φαραω
8 βασιλέως Αἰγύπτου καὶ ἐφοβήθησαν θεοὺς ἑτέρους ⁸καὶ ἐπορεύ-
θησαν τοῖς δικαιώμασιν τῶν ἐθνῶν, ὧν ἐξῆρεν κύριος ἀπὸ προσ-
9 ώπου υἱῶν Ισραηλ, καὶ οἱ βασιλεῖς Ισραηλ, ὅσοι ἐποίησαν, ⁹καὶ

15 την ult. > A† | και ult.] επι B† | το ult. > O† ‖ 17 init. — αχαζ >
A†, αχαζ > B† | βουν] pr. ÷δεκα Sy†; post των ult. add. δεκα A†, ante
των ult. add. των δωδεκα pau. ‖ 18 εν ult. > B† | βασιλεως ult.] pr. του O
‖ 20 εταφη] + ⁂μετα των πατερων αυτου O†
17 1 τω > OL | βασιλεως BL ‖ 3 σαλαμανασαρ A] σαμεννασαρ B†: cf.
18 9 | μαναχ B†, sed in 4 etiam B μαναα ‖ 4 σηγωρ] σωα O, αδραμελεχ
L† | βασ. αιγ.] τον αιθιοπα τον κατοικουντα εν αιγυπτω L† ‖ 5 επ αυτην]
εν αυτη A ‖ 6 γωζαρ B(†), sed in 18 11 etiam B γωζαν | ορη] εν οριοις(uel
οροις) L†, in montibus Sy: item in 18 11 ‖ 7 οτι] οτε O, διοτι L† ‖
8 απο] εκ B† | οσοι] οσα L†

ὅσοι ἠμφιέσαντο οἱ υἱοὶ Ισραηλ λόγους οὐχ οὕτως κατὰ κυρίου
θεοῦ αὐτῶν καὶ ᾠκοδόμησαν ἑαυτοῖς ὑψηλὰ ἐν πάσαις ταῖς πόλε-
σιν αὐτῶν ἀπὸ πύργου φυλασσόντων ἕως πόλεως ὀχυρᾶς ¹⁰καὶ 10
ἐστήλωσαν ἑαυτοῖς στήλας καὶ ἄλση ἐπὶ παντὶ βουνῷ ὑψηλῷ καὶ
ὑποκάτω παντὸς ξύλου ἀλσώδους ¹¹καὶ ἐθυμίασαν ἐκεῖ ἐν πᾶσιν 11
ὑψηλοῖς καθὼς τὰ ἔθνη, ἃ ἀπῴκισεν κύριος ἐκ προσώπου αὐτῶν,
καὶ ἐποίησαν κοινωνοὺς καὶ ἐχάραξαν τοῦ παροργίσαι τὸν κύριον
¹²καὶ ἐλάτρευσαν τοῖς εἰδώλοις, οἷς εἶπεν κύριος αὐτοῖς Οὐ ποιή- 12
σετε τὸ ῥῆμα τοῦτο κυρίῳ. ¹³καὶ διεμαρτύρατο κύριος ἐν τῷ Ισρα- 13
ηλ καὶ ἐν τῷ Ιουδα ἐν χειρὶ πάντων τῶν προφητῶν αὐτοῦ, παν-
τὸς ὁρῶντος, λέγων Ἀποστράφητε ἀπὸ τῶν ὁδῶν ὑμῶν τῶν πο-
νηρῶν καὶ φυλάξατε τὰς ἐντολάς μου καὶ τὰ δικαιώματά μου καὶ
πάντα τὸν νόμον, ὃν ἐνετειλάμην τοῖς πατράσιν ὑμῶν, ὅσα ἀπ-
έστειλα αὐτοῖς ἐν χειρὶ τῶν δούλων μου τῶν προφητῶν. ¹⁴καὶ οὐκ 14
ἤκουσαν καὶ ἐσκλήρυναν τὸν νῶτον αὐτῶν ὑπὲρ τὸν νῶτον τῶν
πατέρων αὐτῶν ¹⁵καὶ τὰ μαρτύρια αὐτοῦ, ὅσα διεμαρτύρατο αὐ- 15
τοῖς, οὐκ ἐφύλαξαν καὶ ἐπορεύθησαν ὀπίσω τῶν ματαίων καὶ ἐμα-
ταιώθησαν καὶ ὀπίσω τῶν ἐθνῶν τῶν περικύκλῳ αὐτῶν, ὧν ἐν-
ετείλατο αὐτοῖς τοῦ μὴ ποιῆσαι κατὰ ταῦτα · ¹⁶ἐγκατέλιπον τὰς 16
ἐντολὰς κυρίου θεοῦ αὐτῶν καὶ ἐποίησαν ἑαυτοῖς χώνευμα, δύο
δαμάλεις, καὶ ἐποίησαν ἄλση καὶ προσεκύνησαν πάσῃ τῇ δυνάμει
τοῦ οὐρανοῦ καὶ ἐλάτρευσαν τῷ Βααλ ¹⁷καὶ διῆγον τοὺς υἱοὺς αὐ- 17
τῶν καὶ τὰς θυγατέρας αὐτῶν ἐν πυρὶ καὶ ἐμαντεύοντο μαντείας
καὶ οἰωνίζοντο καὶ ἐπράθησαν τοῦ ποιῆσαι τὸ πονηρὸν ἐν ὀφθαλ-
μοῖς κυρίου παροργίσαι αὐτόν. ¹⁸καὶ ἐθυμώθη κύριος σφόδρα ἐν 18
τῷ Ισραηλ καὶ ἀπέστησεν αὐτοὺς ἀπὸ τοῦ προσώπου αὐτοῦ, καὶ
οὐχ ὑπελείφθη πλὴν φυλὴ Ιουδα μονωτάτη. ¹⁹καί γε Ιουδας οὐκ 19
ἐφύλαξεν τὰς ἐντολὰς κυρίου τοῦ θεοῦ αὐτῶν καὶ ἐπορεύθησαν
ἐν τοῖς δικαιώμασιν Ισραηλ, οἷς ἐποίησαν, ²⁰καὶ ἀπεώσαντο τὸν 20
κύριον ἐν παντὶ σπέρματι Ισραηλ, καὶ ἐσάλευσεν αὐτοὺς καὶ ἔδω-
κεν αὐτοὺς ἐν χειρὶ διαρπαζόντων αὐτούς, ἕως οὗ ἀπέρριψεν αὐ-

9 οσοι > L⁺ | ημφιασαντο OL | ωκοδομ.] pr. ων ΒΑ⁺ | υψηλων Α⁺ ||
11 α > Β | εκ] απο Α⁺ | και ult. > Ο || 13 τω 2⁰ > Α⁺ | εν 3⁰] pr. και Ο
| λεγων] λογον Β⁺ | υμων 1⁰] ημ. Α⁺ | αυτοις] ÷ αυτους ⸗ προς υμας Ο⁺, προς
αυτους L⁺ || 14 ηκουσαν] + αυτων Ο⁺ | fin.] + ※οι ουκ επιστευσαν κυριω
θεω αυτων (15) και απερριψαν τους ακριβασμους αυτου(Α⁺ -των) και την συν-
θηκην αυτου ην εκοψεν συν πατρασιν αυτων Ο⁺: sim. L⁺ || 15 ουκ εφυλα-
ξαν] > ΒL⁺, in Ο sub ÷ | οπισω 1⁰ ⌢ 2⁰ ΑV⁺ | των 2⁰ > Ο | περικ. αυτων]
περικυκλωσαντων αυτους Α⁺ | αυτοις ult.] pr. (Sy add.) ※κυριος OL | του >
Β⁺ || 16 και 2⁰ ⌢ 3⁰ Α⁺ || 17 και 3⁰ > Β⁺ | μαντ. κ. οιων. > Α⁺ || 19 κυ-
ριου et αυτων > Β*⁺ | κυριου του] tr. Α⁺ || 20 απ(ε)ωσαντο] απωκεισ. Α⁺ |
εν παντι σπερμ. ισρ. ΒΑ⁺] απ(uel δι uel εξ) αυτων απαν το σπερμα ισρ. και εθυ-
μωθη κυριος επ αυτοις L⁺, pr. και εθυμωθη κυριος rel.

21 τοὺς ἀπὸ προσώπου αὐτοῦ. ²¹ὅτι πλὴν Ισραηλ ἐπάνωθεν οἴκου
Δαυιδ καὶ ἐβασίλευσαν τὸν Ιεροβοαμ υἱὸν Ναβατ, καὶ ἐξέωσεν Ιε-
ροβοαμ τὸν Ισραηλ ἐξόπισθεν κυρίου καὶ ἐξήμαρτεν αὐτοὺς ἁμαρ-
22 τίαν μεγάλην · ²²καὶ ἐπορεύθησαν οἱ υἱοὶ Ισραηλ ἐν πάσῃ ἁμαρτίᾳ
23 Ιεροβοαμ, ᾗ ἐποίησεν, οὐκ ἀπέστησαν ἀπ᾽ αὐτῆς, ²³ἕως οὗ μετ-
έστησεν κύριος τὸν Ισραηλ ἀπὸ προσώπου αὐτοῦ, καθὼς ἐλάλησεν
κύριος ἐν χειρὶ πάντων τῶν δούλων αὐτοῦ τῶν προφητῶν, καὶ
ἀπῳκίσθη Ισραηλ ἐπάνωθεν τῆς γῆς αὐτοῦ εἰς Ἀσσυρίους ἕως τῆς
ἡμέρας ταύτης.
24 ²⁴Καὶ ἤγαγεν βασιλεὺς Ἀσσυρίων ἐκ Βαβυλῶνος τὸν ἐκ Χουνθα
καὶ ἀπὸ Αια καὶ ἀπὸ Αιμαθ καὶ Σεπφαρουαιν, καὶ κατῳκίσθησαν
ἐν πόλεσιν Σαμαρείας ἀντὶ τῶν υἱῶν Ισραηλ καὶ ἐκληρονόμησαν
25 τὴν Σαμάρειαν καὶ κατῴκησαν ἐν ταῖς πόλεσιν αὐτῆς. ²⁵καὶ ἐγέ-
νετο ἐν ἀρχῇ τῆς καθέδρας αὐτῶν οὐκ ἐφοβήθησαν τὸν κύριον,
καὶ ἀπέστειλεν κύριος ἐν αὐτοῖς τοὺς λέοντας, καὶ ἦσαν ἀποκτέν-
26 νοντες ἐν αὐτοῖς. ²⁶καὶ εἶπον τῷ βασιλεῖ Ἀσσυρίων λέγοντες Τὰ
ἔθνη, ἃ ἀπῴκισας καὶ ἀντεκάθισας ἐν πόλεσιν Σαμαρείας, οὐκ ἔ-
γνωσαν τὸ κρίμα τοῦ θεοῦ τῆς γῆς, καὶ ἀπέστειλεν εἰς αὐτοὺς
τοὺς λέοντας, καὶ ἰδού εἰσιν θανατοῦντες αὐτούς, καθότι οὐκ οἴ-
27 δασιν τὸ κρίμα τοῦ θεοῦ τῆς γῆς. ²⁷καὶ ἐνετείλατο ὁ βασιλεὺς
Ἀσσυρίων λέγων Ἀπάγετε ἐκεῖθεν καὶ πορευέσθωσαν καὶ κατοι-
κείτωσαν ἐκεῖ καὶ φωτιοῦσιν αὐτοὺς τὸ κρίμα τοῦ θεοῦ τῆς γῆς.
28 ²⁸καὶ ἤγαγον ἕνα τῶν ἱερέων, ὧν ἀπῴκισαν ἀπὸ Σαμαρείας, καὶ
ἐκάθισεν ἐν Βαιθηλ καὶ ἦν φωτίζων αὐτοὺς πῶς φοβηθῶσιν τὸν
29 κύριον. ²⁹καὶ ἦσαν ποιοῦντες ἔθνη ἔθνη θεοὺς αὐτῶν καὶ ἔθηκαν
ἐν οἴκῳ τῶν ὑψηλῶν, ὧν ἐποίησαν οἱ Σαμαρῖται, ἔθνη ἐν ταῖς πό-
30 λεσιν αὐτῶν, ἐν αἷς κατῴκουν ἐν αὐταῖς · ³⁰καὶ οἱ ἄνδρες Βαβυ-
λῶνος ἐποίησαν τὴν Σοκχωθβαινιθ, καὶ οἱ ἄνδρες Χουθ ἐποίησαν
31 τὴν Νηριγελ, καὶ οἱ ἄνδρες Αιμαθ ἐποίησαν τὴν Ασιμαθ, ³¹καὶ οἱ
Ευαῖοι ἐποίησαν τὴν Εβλαζερ καὶ τὴν Θαρθακ, καὶ οἱ Σεπφαρου-
αιν κατέκαιον τοὺς υἱοὺς αὐτῶν ἐν πυρὶ τῷ Αδραμελεχ καὶ Ανη-

21 και 1⁰ > O ‖ 22 η] ης B⁺ ‖ 24 χουνθα] χουθα O (A⁺ om. θ), χωθα
L⁺ | και 2⁰ > B | σεπφαρουαιν B⁽⁺⁾] σεφφαρουαιμ A⁽⁺⁾, σεπφαρειμ L⁺: cf. 31
18 34 19 13; pr. απο L ‖ 25 αυτων] + ⁂εκει O⁺ ‖ 26 το κριμα 1⁰] τα
-ματα A⁺ | απεστειλεν] + ÷ κυριος O⁺: ex 25 ‖ 27 απαγετε B⁺] απαγαγετε
L, απαρατε A | εκειθεν] pr. ⁂εκει ενα των ιερεων ων απωκισατε uel sim.
Sy⁺: sim. L⁺ | του θεου > B⁺ ‖ 28 απωκ.] απηγαγον A mu. (A⁺ om. απ) |
πως] οπως O ‖ 29 κατωκουν] pr. ⁂αυτοι O⁺ ‖ 30 σοκχωθβαινιθ mu.]
-βενιθει A⁺, -βανιθα uel sim. L⁺, ροχχωθβαινειθ B⁺ | και 2⁰ ⌢ 3⁰ A⁺ | νηρι-
γελ] εργελ B⁺ ‖ 31 εβλαζερ B⁺] αβλαζερ mu. (A⁺ α pro λ), εβλαιζερ uel sim.
L⁽⁺⁾; + και την ναιβας A⁺ | οι 2⁰] την BO | σεπφαρουαιν bis Ra. (cf. 24)]
-ρουν B⁺ (B 2⁰, non 1⁰ φ pro π), -ρουαιμ Vpl., -ρειμ L⁺, σεφφαρουαιμ A⁽⁺⁾
| κατεκαιον L⁺] pr. ηνικα rel. | αδραμελεκ A⁺ | αμημελεχ A⁺

μελεχ θεοῖς Σεπφαρουαιν. ³²καὶ ἦσαν φοβούμενοι τὸν κύριον καὶ 32
κατῴκισαν τὰ βδελύγματα αὐτῶν ἐν τοῖς οἴκοις τῶν ὑψηλῶν, ἃ
ἐποίησαν ἐν Σαμαρείᾳ, ἔθνος ἔθνος ἐν πόλει ἐν ᾗ κατῴκουν ἐν
αὐτῇ · καὶ ἦσαν φοβούμενοι τὸν κύριον καὶ ἐποίησαν ἑαυτοῖς ἱερεῖς
τῶν ὑψηλῶν καὶ ἐποίησαν ἑαυτοῖς ἐν οἴκῳ τῶν ὑψηλῶν. ³³τὸν 33
κύριον ἐφοβοῦντο καὶ τοῖς θεοῖς αὐτῶν ἐλάτρευον κατὰ τὸ κρίμα
τῶν ἐθνῶν, ὅθεν ἀπῴκισεν αὐτοὺς ἐκεῖθεν. ³⁴ἕως τῆς ἡμέρας ταύ- 34
της αὐτοὶ ἐποίουν κατὰ τὸ κρίμα αὐτῶν · αὐτοὶ φοβοῦνται καὶ
αὐτοὶ ποιοῦσιν κατὰ τὰ δικαιώματα αὐτῶν καὶ κατὰ τὴν κρίσιν
αὐτῶν καὶ κατὰ τὸν νόμον καὶ κατὰ τὴν ἐντολήν, ἣν ἐνετείλατο
κύριος τοῖς υἱοῖς Ιακωβ, οὗ ἔθηκεν τὸ ὄνομα αὐτοῦ Ισραηλ, ³⁵καὶ 35
διέθετο κύριος μετ' αὐτῶν διαθήκην καὶ ἐνετείλατο αὐτοῖς λέγων
Οὐ φοβηθήσεσθε θεοὺς ἑτέρους καὶ οὐ προσκυνήσετε αὐτοῖς καὶ
οὐ λατρεύσετε αὐτοῖς καὶ οὐ θυσιάσετε αὐτοῖς, ³⁶ὅτι ἀλλ' ἢ τῷ 36
κυρίῳ, ὃς ἀνήγαγεν ὑμᾶς ἐκ γῆς Αἰγύπτου ἐν ἰσχύι μεγάλῃ καὶ ἐν
βραχίονι ὑψηλῷ, αὐτὸν φοβηθήσεσθε καὶ αὐτῷ προσκυνήσετε καὶ
αὐτῷ θύσετε ³⁷καὶ τὰ δικαιώματα καὶ τὰ κρίματα καὶ τὸν νόμον 37
καὶ τὰς ἐντολάς, ἃς ἔγραψεν ὑμῖν, φυλάσσεσθε ποιεῖν πάσας τὰς
ἡμέρας καὶ οὐ φοβηθήσεσθε θεοὺς ἑτέρους · ³⁸καὶ τὴν διαθήκην, 38
ἣν διέθετο μεθ' ὑμῶν, οὐκ ἐπιλήσεσθε καὶ οὐ φοβηθήσεσθε θεοὺς
ἑτέρους, ³⁹ὅτι ἀλλ' ἢ τὸν κύριον θεὸν ὑμῶν φοβηθήσεσθε, καὶ αὐ- 39
τὸς ἐξελεῖται ὑμᾶς ἐκ πάντων τῶν ἐχθρῶν ὑμῶν · ⁴⁰καὶ οὐκ ἀκού- 40
σεσθε ἐπὶ τῷ κρίματι αὐτῶν, ὃ αὐτοὶ ποιοῦσιν. ⁴¹καὶ ἦσαν τὰ ἔθνη 41
ταῦτα φοβούμενοι τὸν κύριον καὶ τοῖς γλυπτοῖς αὐτῶν ἦσαν δου-
λεύοντες, καί γε οἱ υἱοὶ καὶ οἱ υἱοὶ τῶν υἱῶν αὐτῶν καθὰ ἐποίη-
σαν οἱ πατέρες αὐτῶν ποιοῦσιν ἕως τῆς ἡμέρας ταύτης.

¹Καὶ ἐγένετο ἐν ἔτει τρίτῳ τῷ Ωσηε υἱῷ Ηλα βασιλεῖ Ισραηλ 18
ἐβασίλευσεν Εζεκιας υἱὸς Αχαζ βασιλέως Ιουδα. ²υἱὸς εἴκοσι καὶ 2
πέντε ἐτῶν ἦν ἐν τῷ βασιλεύειν αὐτὸν καὶ εἴκοσι καὶ ἐννέα ἔτη
ἐβασίλευσεν ἐν Ιερουσαλημ, καὶ ὄνομα τῇ μητρὶ αὐτοῦ Αβου θυ-
γάτηρ Ζαχαριου. ³καὶ ἐποίησεν τὸ εὐθὲς ἐν ὀφθαλμοῖς κυρίου κατὰ 3
πάντα, ὅσα ἐποίησεν Δαυιδ ὁ πατὴρ αὐτοῦ. ⁴αὐτὸς ἐξῆρεν τὰ 4
ὑψηλὰ καὶ συνέτριψεν πάσας τὰς στήλας καὶ ἐξωλέθρευσεν τὰ ἄλ-
ση καὶ τὸν ὄφιν τὸν χαλκοῦν, ὃν ἐποίησεν Μωυσῆς, ὅτι ἕως τῶν

---

31 θεοις > B† ‖ 32 εαυτοις paenult. > B*† ‖ 34 αυτοι εποιουν — αυ-
τοι ποιουσιν] ουτως εποιουν κατα το κριμα αυτων το απ αρχης · οι πρωτοι
αυτων ουκ ησαν φοβουμενοι τον κυριον και ουκ εποιησαν L† | τοις > A† ‖
35 μετ αυτων > A† | ου 2⁰ > B*† | θυσιασετε] θυμιασ. A†: cf. 36 ‖ 36 αυ-
τω προσκυν.] tr. A† | και ult. > B† | θυσετε] θυμιασ. A†: cf. 35; θυσιασ. Vpl.
‖ 37 δικαιωμ. BO†] + αυτου rel. | κριματα BOL†] + αυτου rel. | φυλασσ.
ποιειν] tr. B† ‖ 39 οτι > B† ‖ 40 επι] ετι B ‖ 41 υιοι 1⁰ ⌒ 2⁰ A†
18 1 τω ω. υιω η. βασιλει BV†] του ω. υιου η. βασιλεως L†, τω > rel. ‖
2 ην > B | και 3⁰ > A† | Ζαχχαιου A† ‖ 4 πασας] > BL†, in O sub ÷

ἡμερῶν ἐκείνων ἦσαν οἱ υἱοὶ Ισραηλ θυμιῶντες αὐτῷ, καὶ ἐκά-
5 λεσεν αὐτὸν Νεεσθαν. ⁵ἐν κυρίῳ θεῷ Ισραηλ ἤλπισεν, καὶ μετ᾽
αὐτὸν οὐκ ἐγενήθη ὅμοιος αὐτῷ ἐν βασιλεῦσιν Ιουδα καὶ ἐν τοῖς
6 γενομένοις ἔμπροσθεν αὐτοῦ · ⁶καὶ ἐκολλήθη τῷ κυρίῳ, οὐκ ἀπ-
έστη ὄπισθεν αὐτοῦ καὶ ἐφύλαξεν τὰς ἐντολὰς αὐτοῦ, ὅσας ἐνετεί-
7 λατο Μωυσῇ · ⁷καὶ ἦν κύριος μετ᾽ αὐτοῦ, ἐν πᾶσιν, οἷς ἐποίει,
συνῆκεν. καὶ ἠθέτησεν ἐν τῷ βασιλεῖ Ἀσσυρίων καὶ οὐκ ἐδούλευ-
8 σεν αὐτῷ. ⁸αὐτὸς ἐπάταξεν τοὺς ἀλλοφύλους ἕως Γάζης καὶ ἕως
ὁρίου αὐτῆς ἀπὸ πύργου φυλασσόντων καὶ ἕως πόλεως ὀχυρᾶς.
9 ⁹Καὶ ἐγένετο ἐν τῷ ἔτει τῷ τετάρτῳ βασιλεῖ Εζεκια (αὐτὸς
ἐνιαυτὸς ὁ ἕβδομος τῷ Ωσηε υἱῷ Ηλα βασιλεῖ Ισραηλ) ἀνέβη
Σαλαμανασσαρ βασιλεὺς Ἀσσυρίων ἐπὶ Σαμάρειαν καὶ ἐπολιόρκει
10 ἐπ᾽ αὐτήν · ¹⁰καὶ κατελάβετο αὐτὴν ἀπὸ τέλους τριῶν ἐτῶν ἐν ἔτει
ἕκτῳ τῷ Εζεκια (αὐτὸς ἐνιαυτὸς ἔνατος τῷ Ωσηε βασιλεῖ Ισραηλ),
11 καὶ συνελήμφθη Σαμάρεια. ¹¹καὶ ἀπῴκισεν βασιλεὺς Ἀσσυρίων
τὴν Σαμάρειαν εἰς Ἀσσυρίους καὶ ἔθηκεν αὐτοὺς ἐν Αλαε καὶ ἐν
12 Αβωρ ποταμῷ Γωζαν καὶ Ορη Μήδων, ¹²ἀνθ᾽ ὧν ὅτι οὐκ ἤκουσαν
τῆς φωνῆς κυρίου θεοῦ αὐτῶν καὶ παρέβησαν τὴν διαθήκην αὐ-
τοῦ, πάντα ὅσα ἐνετείλατο Μωυσῆς ὁ δοῦλος κυρίου, καὶ οὐκ
ἤκουσαν καὶ οὐκ ἐποίησαν.
13 ¹³Καὶ τῷ τεσσαρεσκαιδεκάτῳ ἔτει βασιλεῖ Εζεκιου ἀνέβη Σεννα-
χηριμ βασιλεὺς Ἀσσυρίων ἐπὶ τὰς πόλεις Ιουδα τὰς ὀχυρὰς καὶ
14 συνέλαβεν αὐτάς. ¹⁴καὶ ἀπέστειλεν Εζεκιας βασιλεὺς Ιουδα ἀγγέ-
λους πρὸς βασιλέα Ἀσσυρίων εἰς Λαχις λέγων Ἡμάρτηκα, ἀπο-
στράφητι ἀπ᾽ ἐμοῦ · ὃ ἐὰν ἐπιθῇς ἐπ᾽ ἐμέ, βαστάσω. καὶ ἐπέθηκεν
ὁ βασιλεὺς Ἀσσυρίων ἐπὶ Εζεκιαν βασιλέα Ιουδα τριακόσια τά-
15 λαντα ἀργυρίου καὶ τριάκοντα τάλαντα χρυσίου. ¹⁵καὶ ἔδωκεν Εζε-
κιας πᾶν τὸ ἀργύριον τὸ εὑρεθὲν ἐν οἴκῳ κυρίου καὶ ἐν θησαυροῖς
16 οἴκου τοῦ βασιλέως. ¹⁶ἐν τῷ καιρῷ ἐκείνῳ συνέκοψεν Εζεκιας τὰς
θύρας ναοῦ κυρίου καὶ τὰ ἐστηριγμένα, ἃ ἐχρύσωσεν Εζεκιας βα-
σιλεὺς Ιουδα, καὶ ἔδωκεν αὐτὰ βασιλεῖ Ἀσσυρίων.
17 ¹⁷Καὶ ἀπέστειλεν βασιλεὺς Ἀσσυρίων τὸν Θαρθαν καὶ τὸν Ρα-
φις καὶ τὸν Ραψακην ἐκ Λαχις πρὸς τὸν βασιλέα Εζεκιαν ἐν δυ-
νάμει βαρείᾳ ἐπὶ Ιερουσαλημ, καὶ ἀνέβησαν καὶ ἦλθον εἰς Ιερου-
σαλημ καὶ ἔστησαν ἐν τῷ ὑδραγωγῷ τῆς κολυμβήθρας τῆς ἄνω,

4 εκαλεσαν L | αυτον] -τους A | νεεσθαν Vpl.] νεσθαλει B†, νεσθαν A,
εεσθαν L† || 5 βασ.] pr. πασιν O†, pr. τοις L† | εν ult. > A† || 6 μωυση
B†] pr. κυριος τω L, -σης Opl. || 7 εν 1⁰] pr. και B† || 9 ενιαυτος] pr.
ο AV† | ο > OL | τω 3⁰ > A | σαλαμανασσαρ] λα > A†, σαλμανασ(σ)αρ L:
cf. 17 3 || 10 αυτος] ουτος O || 11 αβιωρ B†, sed in 17 6 etiam B αβωρ
| ορη: cf. 17 6 || 12 ανθ ων > O | ο > A† || 13 βασιλει B(†) του(> L†)
βασιλεως rel. || 14 ο ult. > AL† || 16 κυριου > B† || 17 init. — ασσυρ.
> A† | θαρθαν] θανθαν B†, τανθαν L† | ραφ(ε)ις] ραβσαρεις O†, ραψεις L†

ἥ ἐστιν ἐν τῇ ὁδῷ τοῦ ἀγροῦ τοῦ γναφέως. ¹⁸καὶ ἐβόησαν πρὸς 18
Εζεκιαν, καὶ ἐξῆλθον πρὸς αὐτὸν Ελιακιμ υἱὸς Χελκιου ὁ οἰκονόμος
καὶ Σομνας ὁ γραμματεὺς καὶ Ιωας υἱὸς Ασαφ ὁ ἀναμιμνῄσκων.
¹⁹καὶ εἶπεν πρὸς αὐτοὺς Ραψακης Εἴπατε δὴ πρὸς Εζεκιαν Τάδε 19
λέγει ὁ βασιλεὺς ὁ μέγας βασιλεὺς ᾿Ασσυρίων Τίς ἡ πεποίθησις
αὕτη, ἣν πέποιθας; ²⁰εἶπας Πλὴν λόγοι χειλέων βουλὴ καὶ δύνα- 20
μις εἰς πόλεμον. νῦν οὖν τίνι πεποιθὼς ἠθέτησας ἐν ἐμοί; ²¹νῦν 21
ἰδοὺ πέποιθας σαυτῷ ἐπὶ τὴν ῥάβδον τὴν καλαμίνην τὴν τεθλα-
σμένην ταύτην, ἐπ᾿ Αἴγυπτον · ὃς ἂν στηριχθῇ ἀνὴρ ἐπ᾿ αὐτήν, καὶ
εἰσελεύσεται εἰς τὴν χεῖρα αὐτοῦ καὶ τρήσει αὐτήν · οὕτως Φαραω
βασιλεὺς Αἰγύπτου πᾶσιν τοῖς πεποιθόσιν ἐπ᾿ αὐτόν. ²²καὶ ὅτι εἶ- 22
πας πρός με ᾿Επὶ κύριον θεὸν πεποίθαμεν · οὐχὶ αὐτὸς οὗτος, οὗ
ἀπέστησεν Εζεκιας τὰ ὑψηλὰ αὐτοῦ καὶ τὰ θυσιαστήρια αὐτοῦ καὶ
εἶπεν τῷ Ιουδα καὶ τῇ Ιερουσαλημ ᾿Ενώπιον τοῦ θυσιαστηρίου
τούτου προσκυνήσετε ἐν Ιερουσαλημ; ²³καὶ νῦν μίχθητε δὴ τῷ 23
κυρίῳ μου βασιλεῖ ᾿Ασσυρίων, καὶ δώσω σοι δισχιλίους ἵππους,
εἰ δυνήσῃ δοῦναι σεαυτῷ ἐπιβάτας ἐπ᾿ αὐτούς. ²⁴καὶ πῶς ἀποστρέ- 24
ψεις τὸ πρόσωπον τοπάρχου ἑνὸς τῶν δούλων τοῦ κυρίου μου
τῶν ἐλαχίστων; καὶ ἤλπισας σαυτῷ ἐπ᾿ Αἴγυπτον εἰς ἅρματα καὶ
ἱππεῖς. ²⁵καὶ νῦν μὴ ἄνευ κυρίου ἀνέβημεν ἐπὶ τὸν τόπον τοῦτον 25
τοῦ διαφθεῖραι αὐτόν; κύριος εἶπεν πρός με ᾿Ανάβηθι ἐπὶ τὴν γῆν
ταύτην καὶ διάφθειρον αὐτήν. ²⁶καὶ εἶπεν Ελιακιμ υἱὸς Χελκιου καὶ 26
Σομνας καὶ Ιωας πρὸς Ραψακην Λάλησον δὴ πρὸς τοὺς παῖδάς
σου Συριστί, ὅτι ἀκούομεν ἡμεῖς, καὶ οὐ λαλήσεις μεθ᾿ ἡμῶν Ιου-
δαϊστί, καὶ ἵνα τί λαλεῖς ἐν τοῖς ὠσὶν τοῦ λαοῦ τοῦ ἐπὶ τοῦ τεί-
χους; ²⁷καὶ εἶπεν πρὸς αὐτοὺς Ραψακης Μὴ ἐπὶ τὸν κύριόν σου 27
καὶ πρὸς σὲ ἀπέστειλέν με ὁ κύριός μου λαλῆσαι τοὺς λόγους
τούτους; οὐχὶ ἐπὶ τοὺς ἄνδρας τοὺς καθημένους ἐπὶ τοῦ τείχους
τοῦ φαγεῖν τὴν κόπρον αὐτῶν καὶ πιεῖν τὸ οὖρον αὐτῶν μεθ᾿ ὑμῶν
ἅμα; ²⁸καὶ ἔστη Ραψακης καὶ ἐβόησεν φωνῇ μεγάλῃ Ιουδαϊστὶ καὶ 28
ἐλάλησεν καὶ εἶπεν ᾿Ακούσατε τοὺς λόγους τοῦ μεγάλου βασιλέως
᾿Ασσυρίων ²⁹Τάδε λέγει ὁ βασιλεύς Μὴ ἐπαιρέτω ὑμᾶς Εζεκιας 29
λόγοις, ὅτι οὐ μὴ δύνηται ὑμᾶς ἐξελέσθαι ἐκ χειρός μου. ³⁰καὶ μὴ 30
ἐπελπιζέτω ὑμᾶς Εζεκιας πρὸς κύριον λέγων ᾿Εξαιρούμενος ἐξελεῖ-

18 εξηλθον] εξ > ΒΑ†, -θε L | υιος 1°] pr. ο Α† | χαλκιου Α†, sed in 26. 37
etiam Α χελκ. | ιωας υιος ασαφ unus cod.] ιωσαφατ ΒΑ†, ιωαχ υ. σαφαν L†,
ιωας υ. σαφατ Vpl.: cf. 26. 37 || 19 τις] τι Β† || 20 νυν ουν] και νυν
ΑL†: cf. 25 || 22 ου > ΒL | προσκυνησατε ΑLᵖ† || 23 βασ.] pr. τω ΑL†
|| 24 αποστρεψετε Β† | επ ΒL†] εις rel. | εις] επι L† || 25 και νυν ΒL†]
νυν ουν rel.: cf. 20 || 26 ιωας] ιωσαφατ Α†: cf. 18 | οτι > Β† | μεθ ημων]
προς ημας OL | και ινα τι λαλεις > OL | του paenult.] τουτου O–Sy ||
27 επι 1°] προς OL | επι 2°] προς L† | αμα > O–Sy || 28 φωνη > Β† | του
μεγ. βασ.] pr. ※του βασιλεως OL† || 29 λογοις > OL | μου] αυτου Β†

ται ἡμᾶς κύριος, οὐ μὴ παραδοθῇ ἡ πόλις αὕτη ἐν χειρὶ βασιλέως
31 Ἀσσυρίων. ³¹μὴ ἀκούετε Εζεκιου, ὅτι τάδε λέγει ὁ βασιλεὺς Ἀσ-
συρίων Ποιήσατε μετ' ἐμοῦ εὐλογίαν καὶ ἐξέλθατε πρός με, καὶ
πίεται ἀνὴρ τὴν ἄμπελον αὐτοῦ καὶ ἀνὴρ τὴν συκῆν αὐτοῦ φάγε-
32 ται καὶ πίεται ὕδωρ τοῦ λάκκου αὐτοῦ, ³²ἕως ἔλθω καὶ λάβω ὑμᾶς
εἰς γῆν ὡς γῆ ὑμῶν, γῆ σίτου καὶ οἴνου καὶ ἄρτου καὶ ἀμπελώ-
νων, γῆ ἐλαίας ἐλαίου καὶ μέλιτος, καὶ ζήσετε καὶ οὐ μὴ ἀποθά-
νητε. καὶ μὴ ἀκούετε Εζεκιου, ὅτι ἀπατᾷ ὑμᾶς λέγων Κύριος ῥύ-
33 σεται ἡμᾶς. ³³μὴ ῥυόμενοι ἐρρύσαντο οἱ θεοὶ τῶν ἐθνῶν ἕκαστος
34 τὴν ἑαυτοῦ χώραν ἐκ χειρὸς βασιλέως Ἀσσυρίων; ³⁴ποῦ ἐστιν ὁ
θεὸς Αιμαθ καὶ Αρφαδ; ποῦ ἐστιν ὁ θεὸς Σεπφαρουαιν; καὶ ὅτι
35 ἐξείλαντο Σαμάρειαν ἐκ χειρός μου; ³⁵τίς ἐν πᾶσιν τοῖς θεοῖς τῶν
γαιῶν, οἳ ἐξείλαντο τὰς γᾶς αὐτῶν ἐκ χειρός μου, ὅτι ἐξελεῖται
36 κύριος τὴν Ιερουσαλημ ἐκ χειρός μου; ³⁶καὶ ἐκώφευσαν καὶ οὐκ
ἀπεκρίθησαν αὐτῷ λόγον, ὅτι ἐντολὴ τοῦ βασιλέως λέγων Οὐκ
ἀποκριθήσεσθε αὐτῷ.
37   ³⁷Καὶ εἰσῆλθεν Ελιακιμ υἱὸς Χελκιου ὁ οἰκονόμος καὶ Σομνας ὁ
γραμματεὺς καὶ Ιωας υἱὸς Ασαφ ὁ ἀναμιμνήσκων πρὸς Εζεκιαν
διερρηχότες τὰ ἱμάτια καὶ ἀνήγγειλαν αὐτῷ τοὺς λόγους Ραψακου.
19 ¹καὶ ἐγένετο ὡς ἤκουσεν ὁ βασιλεὺς Εζεκιας, καὶ διέρρηξεν τὰ
ἱμάτια ἑαυτοῦ καὶ περιεβάλετο σάκκον καὶ εἰσῆλθεν εἰς οἶκον κυ-
2 ρίου. ²καὶ ἀπέστειλεν Ελιακιμ τὸν οἰκονόμον καὶ Σομναν τὸν
γραμματέα καὶ τοὺς πρεσβυτέρους τῶν ἱερέων περιβεβλημένους
3 σάκκους πρὸς Ησαιαν τὸν προφήτην υἱὸν Αμως, ³καὶ εἶπον πρὸς
αὐτόν Τάδε λέγει Εζεκιας Ἡμέρα θλίψεως καὶ ἐλεγμοῦ καὶ παρορ-
γισμοῦ ἡ ἡμέρα αὕτη, ὅτι ἦλθον υἱοὶ ἕως ὠδίνων, καὶ ἰσχὺς οὐκ
4 ἔστιν τῇ τικτούσῃ· ⁴εἴ πως εἰσακούσεται κύριος ὁ θεός σου πάν-
τας τοὺς λόγους Ραψακου, ὃν ἀπέστειλεν αὐτὸν βασιλεὺς Ἀσσυ-
ρίων ὁ κύριος αὐτοῦ ὀνειδίζειν θεὸν ζῶντα καὶ βλασφημεῖν ἐν
λόγοις, οἷς ἤκουσεν κύριος ὁ θεός σου, καὶ λήμψη προσευχὴν
5 περὶ τοῦ λείμματος τοῦ εὑρισκομένου. ⁵καὶ ἦλθον οἱ παῖδες τοῦ
6 βασιλέως Εζεκιου πρὸς Ησαιαν, ⁶καὶ εἶπεν αὐτοῖς Ησαιας Τάδε
ἐρεῖτε πρὸς τὸν κύριον ὑμῶν Τάδε λέγει κύριος Μὴ φοβηθῇς ἀπὸ

30 ημας] > Β✝, υμ. Lᵖ pl. ‖ 32 γη 1⁰] pr. η Ο | γη 2⁰ > Β✝ | αρτου κ.
αμπ.] αμπ. κ. αρτων Ο✝ | ημας pau.] υμ. ΒΟL ‖ 34 αρφαλ ΒLᵖ✝, αρφατ Α✝:
cf. 19 13 | σεπφαρουαιν Ra.] -ουμαιν Β✝, σεφφαρουαιμ Α, σεπφαρειμ(uel -ειν)
L✝: cf. 17 24; + ⚹ανα και αυα Ο: cf. 19 13 | και οτι Β✝ (cf. Is. 36 19 𝔐)] μη
Ο, μητι mu., και που εισιν οι θεοι της χωρας σαμαρειας; μη L✝ ‖ 35 γας]
γαιας ΑΒᶜ: cf. 19 11 ‖ 37 υιος 1⁰] ο του ΑL✝ (sed post οικονομος add. Α✝
ο υιος χελκιου) | ασαφ ΟL] σαφαν Β✝: cf. 18 | εζεκιαν] pr. τον ΒΑ✝
19 1 ο > Β ‖ 3 ειπεν ΒΟ–Sʸ | η > Α✝ ‖ 4 παντας > ΑL✝ | εν λογοις
οις] λογους ους ΑL✝ | λειμματος ΟLᵖ(cf. II 21 2)] λημμ. Β pl. ‖ 6 φοβηθης]
-βου Α✝ | απο] + προσωπου Ο

τῶν λόγων, ὧν ἤκουσας, ὧν ἐβλασφήμησαν τὰ παιδάρια βασιλέως
Ἀσσυρίων · ⁷ἰδοὺ ἐγὼ δίδωμι ἐν αὐτῷ πνεῦμα, καὶ ἀκούσεται ἀγ- 7
γελίαν καὶ ἀποστραφήσεται εἰς τὴν γῆν αὐτοῦ, καὶ καταβαλῶ αὐ-
τὸν ἐν ῥομφαίᾳ ἐν τῇ γῇ αὐτοῦ.

⁸Καὶ ἐπέστρεψεν Ραψακης καὶ εὗρεν τὸν βασιλέα Ἀσσυρίων πο- 8
λεμοῦντα ἐπὶ Λομνα, ὅτι ἤκουσεν ὅτι ἀπῆρεν ἀπὸ Λαχις · ⁹καὶ 9
ἤκουσεν περὶ Θαρακα βασιλέως Αἰθιόπων λέγων Ἰδοὺ ἐξῆλθεν πο-
λεμεῖν μετὰ σοῦ. καὶ ἐπέστρεψεν καὶ ἀπέστειλεν ἀγγέλους πρὸς
Εζεκιαν λέγων ¹⁰Μὴ ἐπαιρέτω σε ὁ θεός σου, ἐφ' ᾧ σὺ πέποιθας 10
ἐπ' αὐτῷ λέγων Οὐ μὴ παραδοθῇ Ιερουσαλημ εἰς χεῖρας βασιλέως
Ἀσσυρίων. ¹¹ἰδοὺ σὺ ἤκουσας πάντα, ὅσα ἐποίησαν βασιλεῖς Ἀσ- 11
συρίων πάσαις ταῖς γαῖς τοῦ ἀναθεματίσαι αὐτάς · καὶ σὺ ῥυσθή-
σῃ; ¹²μὴ ἐξείλαντο αὐτοὺς οἱ θεοὶ τῶν ἐθνῶν, οὓς διέφθειραν οἱ 12
πατέρες μου, τήν τε Γωζαν καὶ τὴν Χαρραν καὶ Ραφες καὶ υἱοὺς
Εδεμ τοὺς ἐν Θαεσθεν; ¹³ποῦ ἐστιν ὁ βασιλεὺς Αιμαθ καὶ ὁ βασι- 13
λεὺς Αρφαδ; καὶ ποῦ ἐστιν Σεπφαρουαιν, Ανα καὶ Αυα; — ¹⁴καὶ 14
ἔλαβεν Εζεκιας τὰ βιβλία ἐκ χειρὸς τῶν ἀγγέλων καὶ ἀνέγνω αὐτά·
καὶ ἀνέβη εἰς οἶκον κυρίου καὶ ἀνέπτυξεν αὐτὰ Εζεκιας ἐναντίον
κυρίου ¹⁵καὶ εἶπεν Κύριε ὁ θεὸς Ισραηλ ὁ καθήμενος ἐπὶ τῶν χε- 15
ρουβιν, σὺ εἶ ὁ θεὸς μόνος ἐν πάσαις ταῖς βασιλείαις τῆς γῆς, σὺ
ἐποίησας τὸν οὐρανὸν καὶ τὴν γῆν. ¹⁶κλῖνον, κύριε, τὸ οὖς σου 16
καὶ ἄκουσον · ἄνοιξον, κύριε, τοὺς ὀφθαλμούς σου καὶ ἰδὲ καὶ ἄκου-
σον τοὺς λόγους Σενναχηριμ, οὓς ἀπέστειλεν ὀνειδίζειν θεὸν ζῶντα.
¹⁷ὅτι ἀληθείᾳ, κύριε, ἠρήμωσαν βασιλεῖς Ἀσσυρίων τὰ ἔθνη 17
¹⁸καὶ ἔδωκαν τοὺς θεοὺς αὐτῶν εἰς τὸ πῦρ, ὅτι οὐ θεοί εἰσιν, 18
ἀλλ' ἢ ἔργα χειρῶν ἀνθρώπων, ξύλα καὶ λίθοι, καὶ ἀπώλεσαν αὐ-
τούς. ¹⁹καὶ νῦν, κύριε ὁ θεὸς ἡμῶν, σῶσον ἡμᾶς ἐκ χειρὸς αὐτοῦ, 19
καὶ γνώσονται πᾶσαι αἱ βασιλεῖαι τῆς γῆς ὅτι σὺ κύριος ὁ θεὸς
μόνος.

6 fin.] + εμε O–Sy†; post εβλασφ. add. εις εμε L^p Sy† || 7 αγγελιας A† |
καταβαλλω A† || 8 επεστρεψεν BL^p†] απ. rel. | λομνα] λοβνα OL || 9 θα-
ρακα] θαρα B† | εξηλθον O† | απεστρεψεν AL† || 10 init. B†] pr. ※ταδε
ερειτε προς εζεκιαν βασιλεα ιουδα τω λεγειν OL† (L† om. τω λεγ.), pr. ουτως
ερειτε εζεκια βασιλει της ιουδαιας rel. | επ] εν B† || 11 γαις B*†] γαι-
αις B^c pl., γενεαις A†: cf. 18 35 || 12 ους] ου B*† | και 2⁰ BL†] + την rel.
| ραφες] -φεις B*†, -φεθ A† | εδεμ] εδωμ AL | θαεσθεν B^(†)] θαλασσαρ A^(†),
θαλασση L†, θαλασσαριμ Vmu. || 13 αιμαθ] μαθ B†, αιθαμ A† | αρφαθ B:
cf. 18 34 | που εστιν ult. Vmu.] που B†, ※βασιλευς(pr. ο L†) της πολεως OL^(†)
| σεπφαρουαιν Ra.] σεφφαρ. B†, σεφφαρουαιμ A†, σεφφαρειμ L†: cf. 17 24 |
ανα] ανες B†, αινα A†; και αιναγ uel sim. L† pro ανα και αυα | αυα] ουδου
B†, αυτα A† || 14 των > A† | αυτα ult.] -το A† || 15 init.] pr. ※και
προσηυξατο εζεκιας εις προσωπον (uel προ προσωπου) κυριου O†: sim. L† |
χερουβ(ε)ιν B*†] -β(ε)ιμ rel. || 17 fin.] + ※και (+ πασαν L†) την γην αυ-
των OL† || 18 λιθος BA† || 19 συ BL^p] + ει Opl.

20 ²⁰Καὶ ἀπέστειλεν Ησαιας υἱὸς Αμως πρὸς Εζεκιαν λέγων Τάδε
λέγει κύριος ὁ θεὸς τῶν δυνάμεων ὁ θεὸς Ισραηλ Ἅ προσηύξω
21 πρός με περὶ Σενναχηριμ βασιλέως Ἀσσυρίων, ἤκουσα. ²¹οὗτος ὁ
λόγος, ὃν ἐλάλησεν κύριος ἐπ᾽ αὐτόν Ἐξουδένησέν σε καὶ ἐμυ-
κτήρισέν σε παρθένος θυγάτηρ Σιων, ἐπὶ σοὶ κεφαλὴν αὐτῆς ἐκί-
22 νησεν θυγάτηρ Ιερουσαλημ. ²²τίνα ὠνείδισας καὶ ἐβλασφήμησας;
καὶ ἐπὶ τίνα ὕψωσας φωνήν; καὶ ἦρας εἰς ὕψος τοὺς ὀφθαλμοὺς
23 σου εἰς τὸν ἅγιον τοῦ Ισραηλ. ²³ἐν χειρὶ ἀγγέλων σου ὠνείδισας
κύριον καὶ εἶπας Ἐν τῷ πλήθει τῶν ἁρμάτων μου ἐγὼ ἀναβήσο-
μαι εἰς ὕψος ὀρέων, μηροὺς τοῦ Λιβάνου, καὶ ἔκοψα τὸ μέγεθος
τῆς κέδρου αὐτοῦ, τὰ ἐκλεκτὰ κυπαρίσσων αὐτοῦ, καὶ ἦλθον εἰς
24 μελον τέλους αὐτοῦ, δρυμοῦ Καρμήλου αὐτοῦ. ²⁴ἐγὼ ἔψυξα καὶ
ἔπιον ὕδατα ἀλλότρια καὶ ἐξηρήμωσα τῷ ἴχνει τοῦ ποδός μου
25 πάντας ποταμοὺς περιοχῆς. ²⁵ἔπλασα αὐτήν, νῦν ἤγαγον αὐτήν,
καὶ ἐγενήθη εἰς ἐπάρσεις ἀποικεσιῶν μαχίμων, πόλεις ὀχυράς.
26 ²⁶καὶ οἱ ἐνοικοῦντες ἐν αὐταῖς ἠσθένησαν τῇ χειρί, ἔπτηξαν καὶ
κατῃσχύνθησαν, ἐγένοντο χόρτος ἀγροῦ ἢ χλωρὰ βοτάνη, χλόη
27 δωμάτων καὶ πάτημα ἀπέναντι ἑστηκότος. ²⁷καὶ τὴν καθέδραν σου
καὶ τὴν ἔξοδόν σου καὶ τὴν εἴσοδόν σου ἔγνων καὶ τὸν θυμόν
28 σου ἐπ᾽ ἐμέ. ²⁸διὰ τὸ ὀργισθῆναί σε ἐπ᾽ ἐμὲ καὶ τὸ στρῆνός σου
ἀνέβη ἐν τοῖς ὠσίν μου καὶ θήσω τὰ ἄγκιστρά μου ἐν τοῖς μυ-
κτήρσίν σου καὶ χαλινὸν ἐν τοῖς χείλεσίν σου καὶ ἀποστρέψω σε
29 ἐν τῇ ὁδῷ, ᾗ ἦλθες ἐν αὐτῇ. ²⁹καὶ τοῦτό σοι τὸ σημεῖον · φάγῃ
τοῦτον τὸν ἐνιαυτὸν αὐτόματα καὶ τῷ ἔτει τῷ δευτέρῳ τὰ ἀνα-
τέλλοντα · καὶ ἔτει τρίτῳ σπορὰ καὶ ἄμητος καὶ φυτεία ἀμπελώ-
30 νων, καὶ φάγεσθε τὸν καρπὸν αὐτῶν. ³⁰καὶ προσθήσει τὸ διασε-
σῳσμένον οἴκου Ιουδα τὸ ὑπολειφθὲν ῥίζαν κάτω καὶ ποιήσει
31 καρπὸν ἄνω. ³¹ὅτι ἐξ Ιερουσαλημ ἐξελεύσεται κατάλειμμα καὶ ἀνα-
σῳζόμενος ἐξ ὄρους Σιων · ὁ ζῆλος κυρίου τῶν δυνάμεων ποιή-
32 σει τοῦτο. ³²οὐχ οὕτως · τάδε λέγει κύριος πρὸς βασιλέα Ἀσσυρίων

20 ο 2⁰ > ΒΑ† ‖ 21 επ ΒLᵖ†] προς rel. | εξουδενησεν Β†] εφαυλισε L†:
ex Is. 37 22; εξουδενωσεν rel. | σοι] σε ΑV† | αυτης > OL ‖ 23 κυριον] +
σου Β† | αναβησομαι] ανεβην ΑL† | ορεων] + μου Α† | μηρους Β*] μερους
Α mu., μερος Βc†; και εις τα υψη L†: cf. Is. 37 24 | ηλθον] -θεν Β*†, εισηλ-
θον O† | μελον Gra.] μεσον Β, μερος OL | τελους αυτου (αυτου in O sub ÷)]
> ΒL, sed L† add. και εως εσχατου ante αυτου ult. | καρμ.] pr. και Β† |
αυτου ult. > Β† ‖ 24 εψυξα Β†] εφυλαξα rel. | ποταμους] pr. τους Α ‖
25 init.] pr. ※μη ουκ ηκουσας ; εις(>Α†) απο μακροθεν αυτην εποιησα, εις
απο ημερων αρχηθεν O†: sim. L† | νυν ηγαγον Ra.] συνηγ. Β†, και νυν ηγ.
uel sim. L†, και ηγ. rel. | αποικεσιων] απο οικ. Β† ‖ 26 επτηξαν] επταισαν
ΒL† | χλωροβοτανη Α† | χλοη] pr. η O | πατηματα O ‖ 27 επ εμε Β†] pr.
τον L†, > rel. ‖ 28 εν 3⁰ > Α† ‖ 29 φαγε Β† | ετει τριτω Β†]
τω τρ. ετει L†, τω ετει τω τρ. rel. ‖ 30 το 1⁰] τον Β† | και ult. > Α†

Οὐκ εἰσελεύσεται εἰς τὴν πόλιν ταύτην καὶ οὐ τοξεύσει ἐκεῖ βέλος,
καὶ οὐ προφθάσει αὐτὴν θυρεός, καὶ οὐ μὴ ἐκχέῃ πρὸς αὐτὴν
πρόσχωμα · ³³τῇ ὁδῷ, ᾗ ἦλθεν, ἐν αὐτῇ ἀποστραφήσεται καὶ εἰς 33
τὴν πόλιν ταύτην οὐκ εἰσελεύσεται, λέγει κύριος. ³⁴καὶ ὑπερασπιῶ 34
ὑπὲρ τῆς πόλεως ταύτης δι᾽ ἐμὲ καὶ διὰ Δαυιδ τὸν δοῦλόν μου.

³⁵Καὶ ἐγένετο ἕως νυκτὸς καὶ ἐξῆλθεν ἄγγελος κυρίου καὶ ἐπά- 35
ταξεν ἐν τῇ παρεμβολῇ τῶν Ἀσσυρίων ἑκατὸν ὀγδοήκοντα πέντε
χιλιάδας · καὶ ὤρθρισαν τὸ πρωί, καὶ ἰδοὺ πάντες σώματα νεκρά.
³⁶καὶ ἀπῆρεν καὶ ἐπορεύθη καὶ ἀπέστρεψεν Σενναχηριμ βασιλεὺς 36
Ἀσσυρίων καὶ ᾤκησεν ἐν Νινευη. ³⁷καὶ ἐγένετο αὐτοῦ προσκυ- 37
νοῦντος ἐν οἴκῳ Νεσεραχ θεοῦ αὐτοῦ καὶ Αδραμελεχ καὶ Σαρασαρ
οἱ υἱοὶ αὐτοῦ ἐπάταξαν αὐτὸν ἐν μαχαίρᾳ, καὶ αὐτοὶ ἐσώθησαν
εἰς γῆν Αραρατ · καὶ ἐβασίλευσεν Ασορδαν ὁ υἱὸς αὐτοῦ ἀντ᾽ αὐτοῦ.

¹Ἐν ταῖς ἡμέραις ἐκείναις ἠρρώστησεν Εζεκιας εἰς θάνατον. καὶ 20
εἰσῆλθεν πρὸς αὐτὸν Ησαιας υἱὸς Αμως ὁ προφήτης καὶ εἶπεν
πρὸς αὐτόν Τάδε λέγει κύριος Ἔντειλαι τῷ οἴκῳ σου, ὅτι ἀποθνή-
σκεις σὺ καὶ οὐ ζήσῃ. ²καὶ ἀπέστρεψεν Εζεκιας τὸ πρόσωπον αὐ- 2
τοῦ πρὸς τὸν τοῖχον καὶ ηὔξατο πρὸς κύριον λέγων ³Ὦ δή, κύριε, 3
μνήσθητι δὴ ὅσα περιεπάτησα ἐνώπιόν σου ἐν ἀληθείᾳ καὶ ἐν
καρδίᾳ πλήρει καὶ τὸ ἀγαθὸν ἐν ὀφθαλμοῖς σου ἐποίησα. καὶ ἔ-
κλαυσεν Εζεκιας κλαυθμῷ μεγάλῳ. ⁴καὶ ἦν Ησαιας ἐν τῇ αὐλῇ τῇ 4
μέσῃ, καὶ ῥῆμα κυρίου ἐγένετο πρὸς αὐτὸν λέγων ⁵Ἐπίστρεψον 5
καὶ ἐρεῖς πρὸς Εζεκιαν τὸν ἡγούμενον τοῦ λαοῦ μου Τάδε λέγει
κύριος ὁ θεὸς Δαυιδ τοῦ πατρός σου Ἤκουσα τῆς προσευχῆς σου,
εἶδον τὰ δάκρυά σου · ἰδοὺ ἐγὼ ἰάσομαί σε, τῇ ἡμέρᾳ τῇ τρίτῃ
ἀναβήσῃ εἰς οἶκον κυρίου, ⁶καὶ προσθήσω ἐπὶ τὰς ἡμέρας σου 6
πέντε καὶ δέκα ἔτη καὶ ἐκ χειρὸς βασιλέως Ἀσσυρίων σώσω σε
καὶ τὴν πόλιν ταύτην καὶ ὑπερασπιῶ ὑπὲρ τῆς πόλεως ταύτης
δι᾽ ἐμὲ καὶ διὰ Δαυιδ τὸν δοῦλόν μου. ⁷καὶ εἶπεν Λαβέτωσαν πα- 7
λάθην σύκων καὶ ἐπιθέτωσαν ἐπὶ τὸ ἕλκος, καὶ ὑγιάσει. ⁸καὶ εἶπεν 8
Εζεκιας πρὸς Ησαιαν Τί τὸ σημεῖον ὅτι ἰάσεταί με κύριος καὶ
ἀναβήσομαι εἰς οἶκον κυρίου τῇ ἡμέρᾳ τῇ τρίτῃ ; ⁹καὶ εἶπεν Ησαιας 9
Τοῦτο τὸ σημεῖον παρὰ κυρίου ὅτι ποιήσει κύριος τὸν λόγον, ὃν

32 ταυτην BOL†] + φησιν κυριος rel. | αυτην paenult. OL†] -τον Β, επ αυ-
την Vpl. | θυρεω L† || 34 ταυτης] + ⁂του σωσαι αυτην O† || 35 εως
> BL† || 37 νεσεραχ Vmu.] εσδραχ Β†, εσθραχ Α† (θ pro ε), ασραχ L† |
θεου] pr. του OL | αδρεμελεχ Α† | οι et ο > Α | διεσωθησαν AL | αραραθ
Β†, αραδαδ Α†
20 1 οτι > Β† || 2 απεστρ.] επ. BAV*† | το προσωπ. αυτου] > BASy†xt†,
hab. Sy^mg sub ⁂ || 3 εν 2⁰ > Β† | αγαθον] + σου Β† | εν οφθ.] ενωπιον
Α† || 5 μου > Α† | ειδον BA†] pr. και rel. | τη paenult. BL†] pr. εν rel. | ανα-
βησεται Α† | οικον] pr. τον Α || 6 βασιλεων Β† || 7 ειπεν] + ησαιας O |
συκων] + και ελημφθη O† || 8 με κυριος] tr. BA | οικον] pr. τον Α†

ἐλάλησεν · πορεύσεται ἡ σκιὰ δέκα βαθμούς, ἐὰν ἐπιστρέφῃ δέκα
10 βαθμούς. ¹⁰καὶ εἶπεν Εζεκιας Κοῦφον τὴν σκιὰν κλῖναι δέκα βαθ-
μούς · οὐχί, ἀλλ᾽ ἐπιστραφήτω ἡ σκιὰ δέκα βαθμοὺς εἰς τὰ ὀπίσω.
11 ¹¹καὶ ἐβόησεν Ησαιας ὁ προφήτης πρὸς κύριον, καὶ ἐπέστρεψεν ἡ
σκιὰ ἐν τοῖς ἀναβαθμοῖς εἰς τὰ ὀπίσω δέκα βαθμούς.
12 ¹²Ἐν τῷ καιρῷ ἐκείνῳ ἀπέστειλεν Μαρωδαχβαλαδαν υἱὸς Βα-
λαδαν βασιλεὺς Βαβυλῶνος βιβλία καὶ μαναα πρὸς Εζεκιαν, ὅτι
13 ἤκουσεν ὅτι ἠρρώστησεν Εζεκιας. ¹³καὶ ἐχάρη ἐπ᾽ αὐτοῖς Εζεκιας
καὶ ἔδειξεν αὐτοῖς ὅλον τὸν οἶκον τοῦ νεχωθα, τὸ ἀργύριον καὶ
τὸ χρυσίον, τὰ ἀρώματα καὶ τὸ ἔλαιον τὸ ἀγαθόν, καὶ τὸν οἶκον
τῶν σκευῶν καὶ ὅσα ηὑρέθη ἐν τοῖς θησαυροῖς αὐτοῦ · οὐκ ἦν
λόγος, ὃν οὐκ ἔδειξεν αὐτοῖς Εζεκιας ἐν τῷ οἴκῳ αὐτοῦ καὶ ἐν
14 πάσῃ τῇ ἐξουσίᾳ αὐτοῦ. ¹⁴καὶ εἰσῆλθεν Ησαιας ὁ προφήτης πρὸς
τὸν βασιλέα Εζεκιαν καὶ εἶπεν πρὸς αὐτόν Τί ἐλάλησαν οἱ ἄνδρες
οὗτοι καὶ πόθεν ἥκασιν πρὸς σέ; καὶ εἶπεν Εζεκιας Ἐκ γῆς πόρ-
15 ρωθεν ἥκασιν πρός με, ἐκ Βαβυλῶνος. ¹⁵καὶ εἶπεν Τί εἶδον ἐν τῷ
οἴκῳ σου; καὶ εἶπεν Πάντα, ὅσα ἐν τῷ οἴκῳ μου, εἶδον · οὐκ ἦν
ἐν τῷ οἴκῳ μου ὃ οὐκ ἔδειξα αὐτοῖς, ἀλλὰ καὶ τὰ ἐν τοῖς θησαυ-
16 ροῖς μου. ¹⁶καὶ εἶπεν Ησαιας πρὸς Εζεκιαν Ἄκουσον λόγον κυρίου
17 ¹⁷Ἰδοὺ ἡμέραι ἔρχονται καὶ λημφθήσεται πάντα τὰ ἐν τῷ οἴκῳ
σου καὶ ὅσα ἐθησαύρισαν οἱ πατέρες σου ἕως τῆς ἡμέρας ταύτης
εἰς Βαβυλῶνα · καὶ οὐχ ὑπολειφθήσεται ῥῆμα, ὃ εἶπεν κύριος ·
18 ¹⁸καὶ οἱ υἱοί σου, οἳ ἐξελεύσονται ἐκ σοῦ, οὓς γεννήσεις, λήμψε-
ται, καὶ ἔσονται εὐνοῦχοι ἐν τῷ οἴκῳ τοῦ βασιλέως Βαβυλῶνος.
19 ¹⁹καὶ εἶπεν Εζεκιας πρὸς Ησαιαν Ἀγαθὸς ὁ λόγος κυρίου, ὃν ἐλά-
λησεν · ἔστω εἰρήνη ἐν ταῖς ἡμέραις μου.
20 ²⁰Καὶ τὰ λοιπὰ τῶν λόγων Εζεκιου καὶ πᾶσα ἡ δυναστεία αὐ-
τοῦ καὶ ὅσα ἐποίησεν, τὴν κρήνην καὶ τὸν ὑδραγωγὸν καὶ εἰσή-
νεγκεν τὸ ὕδωρ εἰς τὴν πόλιν, οὐχὶ ταῦτα γεγραμμένα ἐπὶ βιβλίῳ
21 λόγων τῶν ἡμερῶν τοῖς βασιλεῦσιν Ιουδα; ²¹καὶ ἐκοιμήθη Εζεκιας

9 βαθμους bis B†] αναβαθμ. rel.: item in 10 bis, cf. 11 | βαθμ. 1⁰ ⌒ 2⁰ A
|| 10 δεκα ult.] pr. εν τοις αναβαθμοις B†: ex 11 || 11 αναβαθμ.] + ⁜οις(>
A†) κατεβη εν αναβαθμοις αχαζ O, + αχαζ οις κατεβη L† | βαθμους BA†] ανα-
βαθμ. rel.: cf. 9 || 12 μαρωδαχβαλαδαν] -βαλδαν BL†, μερ. A† | βαλαδαν] δ
> B† | μαναα] μανααν B†, παναα A†, δωρα L† |' 13 τα αρωμ.] pr. και AL†
| λογος B†] τοπος rel. || 15 ειπεν 2⁰] + ⁜εζεκιας OL | τα > AL†ᵖ | fin.
BOL†] + ειδον rel. || 16 λογον] pr. τον AL† | fin.] + παντοκρατορος L†,
+ σαβαωθ unus cod.: ex Is. 39 5 || 17 ερχονται BO†] + φησι κυριος rel. |
λημφθησεται BA†] αρθησ. L†, λημφθησονται rel. | βαβυλ. BO†] + απενεχθη-
σεται L†, + εισελευσεται rel. | κυριος] pr. ο A† || 19 εστω — fin. Vpl.] γε-
νεσθω ειρηνη και δικαιοσυνη εν ταις ημεραις μου L†, > B†, ⁜και ειπεν μη
ουκ εαν ειρηνη και αληθεια εσται εν ημεραις μου O† || 20 ουχι BO†] ουκ
ιδου rel. | λογων ult. > A†

μετὰ τῶν πατέρων αὐτοῦ καὶ ἐτάφη ἐν πόλει Δαυιδ, καὶ ἐβασίλευ-
σεν Μανασσης υἱὸς αὐτοῦ ἀντ' αὐτοῦ.

¹Υἱὸς δώδεκα ἐτῶν Μανασσης ἐν τῷ βασιλεύειν αὐτὸν καὶ πεν- 21
τήκοντα καὶ πέντε ἔτη ἐβασίλευσεν ἐν Ιερουσαλημ, καὶ ὄνομα τῇ
μητρὶ αὐτοῦ Οψιβα. ²καὶ ἐποίησεν τὸ πονηρὸν ἐν ὀφθαλμοῖς κυ- 2
ρίου κατὰ τὰ βδελύγματα τῶν ἐθνῶν, ὧν ἐξῆρεν κύριος ἀπὸ προσ-
ώπου τῶν υἱῶν Ισραηλ, ³καὶ ἐπέστρεψεν καὶ ᾠκοδόμησεν τὰ ὑψη- 3
λά, ἃ κατέσπασεν Εζεκιας ὁ πατὴρ αὐτοῦ, καὶ ἀνέστησεν θυσια-
στήριον τῇ Βααλ καὶ ἐποίησεν ἄλση, καθὼς ἐποίησεν Αχααβ βα-
σιλεὺς Ισραηλ, καὶ προσεκύνησεν πάσῃ τῇ δυνάμει τοῦ οὐρανοῦ
καὶ ἐδούλευσεν αὐτοῖς ⁴καὶ ᾠκοδόμησεν θυσιαστήριον ἐν οἴκῳ 4
κυρίου, ὡς εἶπεν Ἐν Ιερουσαλημ θήσω τὸ ὄνομά μου, ⁵καὶ ᾠκο- 5
δόμησεν θυσιαστήριον πάσῃ τῇ δυνάμει τοῦ οὐρανοῦ ἐν ταῖς δυσὶν
αὐλαῖς οἴκου κυρίου ⁶καὶ διῆγεν τοὺς υἱοὺς αὐτοῦ ἐν πυρὶ καὶ 6
ἐκληδονίζετο καὶ οἰωνίζετο καὶ ἐποίησεν θελητὴν καὶ γνώστας ·
ἐπλήθυνεν τοῦ ποιεῖν τὸ πονηρὸν ἐν ὀφθαλμοῖς κυρίου παροργίσαι
αὐτόν. ⁷καὶ ἔθηκεν τὸ γλυπτὸν τοῦ ἄλσους ἐν τῷ οἴκῳ, ᾧ εἶπεν 7
κύριος πρὸς Δαυιδ καὶ πρὸς Σαλωμων τὸν υἱὸν αὐτοῦ Ἐν τῷ
οἴκῳ τούτῳ καὶ ἐν Ιερουσαλημ, ᾗ ἐξελεξάμην ἐκ πασῶν φυλῶν
Ισραηλ, καὶ θήσω τὸ ὄνομά μου ἐκεῖ εἰς τὸν αἰῶνα ⁸καὶ οὐ προσ- 8
θήσω τοῦ σαλεῦσαι τὸν πόδα Ισραηλ ἀπὸ τῆς γῆς, ἧς ἔδωκα
τοῖς πατράσιν αὐτῶν, οἵτινες φυλάξουσιν πάντα, ὅσα ἐνετειλάμην
κατὰ πᾶσαν τὴν ἐντολήν, ἣν ἐνετείλατο αὐτοῖς ὁ δοῦλός μου
Μωυσῆς. ⁹καὶ οὐκ ἤκουσαν, καὶ ἐπλάνησεν αὐτοὺς Μανασσης τοῦ 9
ποιῆσαι τὸ πονηρὸν ἐν ὀφθαλμοῖς κυρίου ὑπὲρ τὰ ἔθνη, ἃ ἠφά-
νισεν κύριος ἐκ προσώπου υἱῶν Ισραηλ. ¹⁰καὶ ἐλάλησεν κύριος ἐν 10
χειρὶ δούλων αὐτοῦ τῶν προφητῶν λέγων ¹¹Ἀνθ' ὧν ὅσα ἐποίησεν 11
Μανασσης ὁ βασιλεὺς Ιουδα τὰ βδελύγματα ταῦτα τὰ πονηρὰ ἀπὸ
πάντων, ὧν ἐποίησεν ὁ Αμορραῖος ὁ ἔμπροσθεν, καὶ ἐξήμαρτεν
καί γε Ιουδα ἐν τοῖς εἰδώλοις αὐτῶν, ¹²οὐχ οὕτως, τάδε λέγει 12
κύριος ὁ θεὸς Ισραηλ Ἰδοὺ ἐγὼ φέρω κακὰ ἐπὶ Ιερουσαλημ καὶ

---

21 και εταφη — δαυιδ > BA† | μανασση B†: item in 21 1.18.20, sed in
21 9.11.16 23 12.26 etiam B μανασσης, cf. Par. II 32 33
21 1 μανασσης: cf. 20 21 | οψ(ε)ιβα B*†] αψ. Bᶜ†, οφσιβα O, εψιβα L† ∥
3 επεστρ.] απ. A | κατεσπασεν] -σκαψεν AL⁽†⁾ | θυσιαστ.] pr. το A†: item in
4.5 ∥ 4 ειπεν BAL†] + ✳κυριος rel. | το ονομα] τον θρονον A† ∥ 5 ταις
δυσιν(L† δυο)] πασαις O ∥ 6 θελητην] ελλην B†, εγγαστριμυθους L† ∥
7 γλυπτον] κρυπτον O | του αλσους εν τω οικω] ÷ του οικου∢ εν τω αλσει
✳ω(A† ως) εποιησεν εν τω οικω O† | και εν(>A†) ιερουσ. η(A† ην) εξελεξ.]
εν ιερουσ. εξελεξ. B†, εξελεξ. εν ιερουσ. L† | εκει] > B†, in O sub ÷ ∥ 8 οι-
τινες] πλην εαν L† | φυλαξ.] + ✳του ποιειν(uel ποιησαι) O† | ενετειλαμην] +
✳αυτοις O† | την > A† | αυτοις > B† ∥ 11 ο ult. > O–Sy† | ιουδα B†]
-δας O, τον ιουδα(uel -δαν) Lmu. ∥ 12 κακα / επι ιερουσ.] tr. A†

ἐπὶ Ιουδα, ὥστε παντὸς ἀκούοντος ἠχήσει ἀμφότερα τὰ ὦτα αὐ-
13 τοῦ, ¹³καὶ ἐκτενῶ ἐπὶ Ιερουσαλημ τὸ μέτρον Σαμαρείας καὶ τὸ
στάθμιον οἴκου Αχααβ καὶ ἀπαλείψω τὴν Ιερουσαλημ, καθὼς ἀπα-
λείφεται ὁ ἀλάβαστρος ἀπαλειφόμενος καὶ καταστρέφεται ἐπὶ πρός-
14 ωπον αὐτοῦ, ¹⁴καὶ ἀπώσομαι τὸ ὑπόλειμμα τῆς κληρονομίας μου
καὶ παραδώσω αὐτοὺς εἰς χεῖρας ἐχθρῶν αὐτῶν, καὶ ἔσονται εἰς
15 διαρπαγὴν καὶ εἰς προνομὴν πᾶσιν τοῖς ἐχθροῖς αὐτῶν, ¹⁵ἀνθ' ὧν
ὅσα ἐποίησαν τὸ πονηρὸν ἐν ὀφθαλμοῖς μου καὶ ἦσαν παροργί-
ζοντές με ἀπὸ τῆς ἡμέρας, ἧς ἐξήγαγον τοὺς πατέρας αὐτῶν ἐξ
16 Αἰγύπτου, καὶ ἕως τῆς ἡμέρας ταύτης. ¹⁶καί γε αἷμα ἀθῷον ἐξέ-
χεεν Μανασσης πολὺ σφόδρα, ἕως οὗ ἔπλησεν τὴν Ιερουσαλημ
στόμα εἰς στόμα, πλὴν τῶν ἁμαρτιῶν αὐτοῦ, ὧν ἐξήμαρτεν τὸν
17 Ιουδαν τοῦ ποιῆσαι τὸ πονηρὸν ἐν ὀφθαλμοῖς κυρίου. ¹⁷καὶ τὰ
λοιπὰ τῶν λόγων Μανασση καὶ πάντα, ὅσα ἐποίησεν, καὶ ἡ ἁμαρ-
τία αὐτοῦ, ἣν ἥμαρτεν, οὐχὶ ταῦτα γεγραμμένα ἐπὶ βιβλίῳ λόγων
18 τῶν ἡμερῶν τοῖς βασιλεῦσιν Ιουδα; ¹⁸καὶ ἐκοιμήθη Μανασσης
μετὰ τῶν πατέρων αὐτοῦ καὶ ἐτάφη ἐν τῷ κήπῳ τοῦ οἴκου αὐ-
τοῦ, ἐν κήπῳ Οζα, καὶ ἐβασίλευσεν Αμων υἱὸς αὐτοῦ ἀντ' αὐτοῦ.
19 ¹⁹Υἱὸς εἴκοσι καὶ δύο ἐτῶν Αμων ἐν τῷ βασιλεύειν αὐτὸν καὶ
δύο ἔτη ἐβασίλευσεν ἐν Ιερουσαλημ, καὶ ὄνομα τῇ μητρὶ αὐτοῦ
20 Μεσολλαμ θυγάτηρ Αρους ἐξ Ιετεβα. ²⁰καὶ ἐποίησεν τὸ πονηρὸν
ἐν ὀφθαλμοῖς κυρίου, καθὼς ἐποίησεν Μανασσης ὁ πατὴρ αὐτοῦ,
21 ²¹καὶ ἐπορεύθη ἐν πάσῃ ὁδῷ, ᾗ ἐπορεύθη ὁ πατὴρ αὐτοῦ, καὶ
ἐλάτρευσεν τοῖς εἰδώλοις, οἷς ἐλάτρευσεν ὁ πατὴρ αὐτοῦ, καὶ
22 προσεκύνησεν αὐτοῖς ²²καὶ ἐγκατέλιπεν τὸν κύριον θεὸν τῶν πα-
23 τέρων αὐτοῦ καὶ οὐκ ἐπορεύθη ἐν ὁδῷ κυρίου. ²³καὶ συνεστρά-
φησαν οἱ παῖδες Αμων πρὸς αὐτὸν καὶ ἐθανάτωσαν τὸν βασιλέα
24 ἐν τῷ οἴκῳ αὐτοῦ. ²⁴καὶ ἐπάταξεν πᾶς ὁ λαὸς τῆς γῆς πάντας
τοὺς συστραφέντας ἐπὶ τὸν βασιλέα Αμων, καὶ ἐβασίλευσεν ὁ λαὸς
25 τῆς γῆς τὸν Ιωσιαν υἱὸν αὐτοῦ ἀντ' αὐτοῦ. ²⁵καὶ τὰ λοιπὰ τῶν
λόγων Αμων, ὅσα ἐποίησεν, οὐκ ἰδοὺ ταῦτα γεγραμμένα ἐπὶ βι-
26 βλίῳ λόγων τῶν ἡμερῶν τοῖς βασιλεῦσιν Ιουδα; ²⁶καὶ ἔθαψαν
αὐτὸν ἐν τῷ τάφῳ αὐτοῦ ἐν τῷ κήπῳ Οζα, καὶ ἐβασίλευσεν Ιω-
σιας υἱὸς αὐτοῦ ἀντ' αὐτοῦ.
22 ¹Υἱὸς ὀκτὼ ἐτῶν Ιωσιας ἐν τῷ βασιλεύειν αὐτὸν καὶ τριάκοντα

---

12 ιουδα Β†] -δαν rel. ‖ 13 τον(Α το) σταθμον ΑL† | ο αλαβαστρος] το
-στρον Α†, το πυξιον L† ‖ 14 απεωσομαι ΒΑ: cf. 4 27 | τοις > Β† ‖
15 οσα > OL† | εποιησεν ΒV*† | ημερας 1⁰⌒2⁰ Α† ‖ 16 πλην] + απο Β
Α†, εκτος L† | αυτου] -των Β† ‖ 18 τω > Α | αμων(uel αμμων) OL†] αμως
rel.: item in 19. 23—25, cf. Par. II 33 20 ‖ 19 δυο 2⁰] δωδεκα Αr† | μεσολ-
λαμ] μασσαλαμειθ Α† | ιετεβα] ιεσεβαλ Β†, ιεταχαλ Α†, ετεβαθα L† ‖ 23 τον
βασ.] αυτον βασ. Β*†, αυτου L† ‖ 24 πας] > Β†, in O sub ÷ ‖ 25 βι-
βλιου ΑL ‖ 26 αυτου 1⁰] > Α†; του πατρος αυτου L†: cf. 18 | τω 2⁰ > O

καὶ ἓν ἔτος ἐβασίλευσεν ἐν Ιερουσαλημ, καὶ ὄνομα τῇ μητρὶ αὐτοῦ
Ιεδιδα θυγάτηρ Εδεϊα ἐκ Βασουρωθ. ²καὶ ἐποίησεν τὸ εὐθὲς ἐν   2
ὀφθαλμοῖς κυρίου καὶ ἐπορεύθη ἐν πάσῃ ὁδῷ Δαυιδ τοῦ πατρὸς
αὐτοῦ, οὐκ ἀπέστη δεξιὰ ἢ ἀριστερά.

³Καὶ ἐγενήθη ἐν τῷ ὀκτωκαιδεκάτῳ ἔτει τῷ βασιλεῖ Ιωσια ἐν τῷ   3
μηνὶ τῷ ὀγδόῳ ἀπέστειλεν ὁ βασιλεὺς τὸν Σαφφαν υἱὸν Εσελιου
υἱοῦ Μεσολλαμ τὸν γραμματέα οἴκου κυρίου λέγων ⁴Ἀνάβηθι πρὸς   4
Χελκιαν τὸν ἱερέα τὸν μέγαν καὶ σφράγισον τὸ ἀργύριον τὸ εἰσ-
ενεχθὲν ἐν οἴκῳ κυρίου, ὃ συνήγαγον οἱ φυλάσσοντες τὸν σταθ-
μὸν παρὰ τοῦ λαοῦ, ⁵καὶ δότωσαν αὐτὸ ἐπὶ χεῖρα ποιούντων τὰ   5
ἔργα τῶν καθεσταμένων ἐν οἴκῳ κυρίου. καὶ ἔδωκεν αὐτὸ τοῖς
ποιοῦσιν τὰ ἔργα τοῖς ἐν οἴκῳ κυρίου τοῦ κατισχῦσαι τὸ βεδεκ
τοῦ οἴκου, ⁶τοῖς τέκτοσιν καὶ τοῖς οἰκοδόμοις καὶ τοῖς τειχισταῖς,   6
καὶ τοῦ κτήσασθαι ξύλα καὶ λίθους λατομητοὺς τοῦ κραταιῶσαι
τὸ βεδεκ τοῦ οἴκου · ⁷πλὴν οὐκ ἐξελογίζοντο αὐτοὺς τὸ ἀργύριον   7
τὸ διδόμενον αὐτοῖς, ὅτι ἐν πίστει αὐτοὶ ποιοῦσιν. ⁸καὶ εἶπεν Χελ-   8
κιας ὁ ἱερεὺς ὁ μέγας πρὸς Σαφφαν τὸν γραμματέα Βιβλίον τοῦ
νόμου εὗρον ἐν οἴκῳ κυρίου · καὶ ἔδωκεν Χελκιας τὸ βιβλίον πρὸς
Σαφφαν, καὶ ἀνέγνω αὐτό. ⁹καὶ εἰσήνεγκεν πρὸς τὸν βασιλέα Ιω-   9
σιαν καὶ ἐπέστρεψεν τῷ βασιλεῖ ῥῆμα καὶ εἶπεν Ἐχώνευσαν οἱ
δοῦλοί σου τὸ ἀργύριον τὸ εὑρεθὲν ἐν τῷ οἴκῳ κυρίου καὶ ἔδω-
καν αὐτὸ ἐπὶ χεῖρα ποιούντων τὰ ἔργα τῶν καθεσταμένων ἐν οἴκῳ
κυρίου. ¹⁰καὶ εἶπεν Σαφφαν ὁ γραμματεὺς πρὸς τὸν βασιλέα λέ- 10
γων Βιβλίον ἔδωκέν μοι Χελκιας ὁ ἱερεύς · καὶ ἀνέγνω αὐτὸ Σαφ-
φαν ἐνώπιον τοῦ βασιλέως. ¹¹καὶ ἐγένετο ὡς ἤκουσεν ὁ βασιλεὺς 11
τοὺς λόγους τοῦ βιβλίου τοῦ νόμου, καὶ διέρρηξεν τὰ ἱμάτια ἑαυ-
τοῦ. ¹²καὶ ἐνετείλατο ὁ βασιλεὺς τῷ Χελκια τῷ ἱερεῖ καὶ τῷ Αχι- 12
καμ υἱῷ Σαφφαν καὶ τῷ Αχοβωρ υἱῷ Μιχαιου καὶ τῷ Σαφφαν
τῷ γραμματεῖ καὶ τῷ Ασαια δούλῳ τοῦ βασιλέως λέγων ¹³Δεῦτε 13
ἐκζητήσατε τὸν κύριον περὶ ἐμοῦ καὶ περὶ παντὸς τοῦ λαοῦ καὶ
περὶ παντὸς τοῦ Ιουδα περὶ τῶν λόγων τοῦ βιβλίου τοῦ εὑρεθέν-

22 1 ιεδιδα Ra.] ιεδεια B†, εδιδα A†, ιεδδια *L*pl. | εδεια Vpl.] εδεινα B†, ιε-
διδα A†, οζιου *L*Sy† ‖ 2 η] και B†, ουδε pau. ‖ 3 ογδοω] εβδομω *O* |
απεστειλεν] pr. εξ A† | σαφφαν: sic B† hoc loco, BA† in 8 bis. 10 bis. 12
bis, sed B† in 14 σαφφαθ, A† hoc loco σεφφαν, A in 14 σαφαν; *L* ubique
σαφαν, al. σαπφαν | εσελιου Vmu.] εσσελ. A*L*†, ελιου B | υιου B*L*†] υιον rel.
| μεσολλαμ] μεσσαλην A†, μοσολλαμ mu. | οικου κυρ.] του οικου A† ‖ 4 εν
(+ τω *L*†) οικω] εις οικον *O* ‖ 5 τοις ult. > *OL* ‖ 7 αυτοι] -το A† ‖
8 το βιβλ. > A† ‖ 9 εισνεγκεν — ιωσιαν (cf. Par. II 34 16)] εισηλθεν εις
οικον (B† εν οικω) κυριου προς τον βασιλεα BA† | επεστρ.] απ. B† | των >
B† ‖ 10 βιβλιον B*OL*] + του νομου Vpl.: ex 11 ‖ 11 του 1⁰ > B† | δι-
ερρηξεν] δι > A† ‖ 12 ασαια] ιασαι A†, sed in 14 etiam A ασαιας; αζαρια
L†: idem in 14 αζαριας ‖ 13 δευτε] + και B† | περι 4⁰] pr. και B†, υπερ *L*†

τος τούτου, ὅτι μεγάλη ἡ ὀργὴ κυρίου ἡ ἐκκεκαυμένη ἐν ἡμῖν
ὑπὲρ οὗ οὐκ ἤκουσαν οἱ πατέρες ἡμῶν τῶν λόγων τοῦ βιβλίου
14 τούτου τοῦ ποιεῖν κατὰ πάντα τὰ γεγραμμένα καθ᾽ ἡμῶν. ¹⁴καὶ
ἐπορεύθη Χελκιας ὁ ἱερεὺς καὶ Αχικαμ καὶ Αχοβωρ καὶ Σαφφαν καὶ
Ασαιας πρὸς Ολδαν τὴν προφῆτιν γυναῖκα Σελλημ υἱοῦ Θεκουε
υἱοῦ Αραας τοῦ ἱματιοφύλακος, καὶ αὐτὴ κατῴκει ἐν Ιερουσαλημ
15 ἐν τῇ μασενα, καὶ ἐλάλησαν πρὸς αὐτήν. ¹⁵καὶ εἶπεν αὐτοῖς Τά-
δε λέγει κύριος ὁ θεὸς Ισραηλ Εἴπατε τῷ ἀνδρὶ τῷ ἀποστείλαν-
16 τι ὑμᾶς πρός με ¹⁶Τάδε λέγει κύριος Ἰδοὺ ἐγὼ ἐπάγω κακὰ ἐπὶ
τὸν τόπον τοῦτον καὶ ἐπὶ τοὺς ἐνοικοῦντας αὐτόν, πάντας τοὺς
17 λόγους τοῦ βιβλίου, οὓς ἀνέγνω βασιλεὺς Ιουδα, ¹⁷ἀνθ᾽ ὧν ἐγκατ-
έλιπόν με καὶ ἐθυμίων θεοῖς ἑτέροις, ὅπως παροργίσωσίν με ἐν
τοῖς ἔργοις τῶν χειρῶν αὐτῶν, καὶ ἐκκαυθήσεται ὁ θυμός μου ἐν
18 τῷ τόπῳ τούτῳ καὶ οὐ σβεσθήσεται. ¹⁸καὶ πρὸς βασιλέα Ιουδα
τὸν ἀποστείλαντα ὑμᾶς ἐπιζητῆσαι τὸν κύριον τάδε ἐρεῖτε πρὸς
αὐτόν Τάδε λέγει κύριος ὁ θεὸς Ισραηλ Οἱ λόγοι, οὓς ἤκουσας,
19 ¹⁹ἀνθ᾽ ὧν ὅτι ἡπαλύνθη ἡ καρδία σου καὶ ἐνετράπης ἀπὸ προσ-
ώπου κυρίου, ὡς ἤκουσας ὅσα ἐλάλησα ἐπὶ τὸν τόπον τοῦτον
καὶ ἐπὶ τοὺς ἐνοικοῦντας αὐτὸν τοῦ εἶναι εἰς ἀφανισμὸν καὶ εἰς
κατάραν, καὶ διέρρηξας τὰ ἱμάτιά σου καὶ ἔκλαυσας ἐνώπιον ἐμοῦ,
20 καί γε ἐγὼ ἤκουσα, λέγει κύριος. ²⁰οὐχ οὕτως · ἰδοὺ ἐγὼ προσ-
τίθημί σε πρὸς τοὺς πατέρας σου, καὶ συναχθήσῃ εἰς τὸν τάφον
σου ἐν εἰρήνῃ, καὶ οὐκ ὀφθήσεται ἐν τοῖς ὀφθαλμοῖς σου ἐν πᾶ-
σιν τοῖς κακοῖς, οἷς ἐγώ εἰμι ἐπάγω ἐπὶ τὸν τόπον τοῦτον. καὶ
ἐπέστρεψαν τῷ βασιλεῖ τὸ ῥῆμα.

23 ¹Καὶ ἀπέστειλεν ὁ βασιλεὺς καὶ συνήγαγεν πρὸς ἑαυτὸν πάντας
2 τοὺς πρεσβυτέρους Ιουδα καὶ Ιερουσαλημ. ²καὶ ἀνέβη ὁ βασιλεὺς
εἰς οἶκον κυρίου καὶ πᾶς ἀνὴρ Ιουδα καὶ πάντες οἱ κατοικοῦντες
ἐν Ιερουσαλημ μετ᾽ αὐτοῦ καὶ οἱ ἱερεῖς καὶ οἱ προφῆται καὶ πᾶς
ὁ λαὸς ἀπὸ μικροῦ καὶ ἕως μεγάλου, καὶ ἀνέγνω ἐν ὠσὶν αὐτῶν
πάντας τοὺς λόγους τοῦ βιβλίου τῆς διαθήκης τοῦ εὑρεθέντος ἐν
3 οἴκῳ κυρίου. ³καὶ ἔστη ὁ βασιλεὺς πρὸς τὸν στῦλον καὶ διέθετο
διαθήκην ἐνώπιον κυρίου τοῦ πορεύεσθαι ὀπίσω κυρίου καὶ τοῦ

13 εκκεχυμενη B† | τουτου ult.] > B, in O sub ※ ‖ 14 αχεικαθ B†, sed
in 12 etiam B -καμ | γυναικα] μητερα B | σελλουμ A† | θεκκουαυ B†, θεκκουε
A† | αραας B*†] αρδας Bᶜ†, αδρα L†, αρας Apl. | fin. BOL] + κατα ταυτα
Vmu. ‖ 15 αυτοις] > B†, προς αυτους OL† ‖ 16 εγω > A | της βιβλου
A† ‖ 19 απο προσωπου] αν το προσωπον B*† | γε > A† ‖ 20 ιδου εγω
L†] εγω > B†, ιδου > rel. | ταφον] τοπον A† | ειρηνη] ιερουσαλημ O† | ειμι
επαγω] ειμι -γων B, ειμι > L (in O sub ÷): cf. 11 13 28 | τουτον BO†] +
και επι τους κατοικουντας αυτον rel.: ex Par. II 34 28 | τω βασ.] οι βασιλεις B*†
23 2 παντες > B† | λαος] + ÷(ο) μετ αυτου O† | και εως] και > O | εν
(+ τοις AL†) ωσιν] ενωπιον B† ‖ 3 και 3⁰ > B†

φυλάσσειν τὰς ἐντολὰς αὐτοῦ καὶ τὰ μαρτύρια αὐτοῦ καὶ τὰ δι-
καιώματα αὐτοῦ ἐν πάσῃ καρδίᾳ καὶ ἐν πάσῃ ψυχῇ τοῦ ἀναστῆσαι
τοὺς λόγους τῆς διαθήκης ταύτης, τὰ γεγραμμένα ἐπὶ τὸ βιβλίον
τοῦτο· καὶ ἔστη πᾶς ὁ λαὸς ἐν τῇ διαθήκῃ. 4καὶ ἐνετείλατο ὁ 4
βασιλεὺς τῷ Χελκια τῷ ἱερεῖ τῷ μεγάλῳ καὶ τοῖς ἱερεῦσιν τῆς
δευτερώσεως καὶ τοῖς φυλάσσουσιν τὸν σταθμὸν τοῦ ἐξαγαγεῖν
ἐκ τοῦ ναοῦ κυρίου πάντα τὰ σκεύη τὰ πεποιημένα τῷ Βααλ καὶ
τῷ ἄλσει καὶ πάσῃ τῇ δυνάμει τοῦ οὐρανοῦ καὶ κατέκαυσεν αὐτὰ
ἔξω Ιερουσαλημ ἐν σαδημωθ Κεδρων καὶ ἔλαβεν τὸν χοῦν αὐτῶν εἰς
Βαιθηλ. 5καὶ κατέπαυσεν τοὺς χωμαριμ, οὓς ἔδωκαν βασιλεῖς Ιουδα 5
καὶ ἐθυμίων ἐν τοῖς ὑψηλοῖς καὶ ἐν ταῖς πόλεσιν Ιουδα καὶ τοῖς
περικύκλῳ Ιερουσαλημ, καὶ τοὺς θυμιῶντας τῷ Βααλ καὶ τῷ ἡλίῳ
καὶ τῇ σελήνῃ καὶ τοῖς μαζουρωθ καὶ πάσῃ τῇ δυνάμει τοῦ οὐρα-
νοῦ. 6καὶ ἐξήνεγκεν τὸ ἄλσος ἐξ οἴκου κυρίου ἔξωθεν Ιερουσαλημ 6
εἰς τὸν χειμάρρουν Κεδρων καὶ κατέκαυσεν αὐτὸν ἐν τῷ χειμάρρῳ
Κεδρων καὶ ἐλέπτυνεν εἰς χοῦν καὶ ἔρριψεν τὸν χοῦν αὐτοῦ εἰς
τὸν τάφον τῶν υἱῶν τοῦ λαοῦ. 7καὶ καθεῖλεν τὸν οἶκον τῶν κα- 7
δησιμ τῶν ἐν τῷ οἴκῳ κυρίου, οὗ αἱ γυναῖκες ὕφαινον ἐκεῖ χεττιιν
τῷ ἄλσει. 8καὶ ἀνήγαγεν πάντας τοὺς ἱερεῖς ἐκ πόλεων Ιουδα καὶ 8
ἐμίανεν τὰ ὑψηλά, οὗ ἐθυμίασαν ἐκεῖ οἱ ἱερεῖς, ἀπὸ Γαβαα καὶ ἕως
Βηρσαβεε. καὶ καθεῖλεν τὸν οἶκον τῶν πυλῶν τὸν παρὰ τὴν θύραν
τῆς πύλης Ιησου ἄρχοντος τῆς πόλεως, τῶν ἐξ ἀριστερῶν ἀνδρὸς
ἐν τῇ πύλῃ τῆς πόλεως. 9πλὴν οὐκ ἀνέβησαν οἱ ἱερεῖς τῶν ὑψη- 9
λῶν πρὸς τὸ θυσιαστήριον κυρίου ἐν Ιερουσαλημ, ὅτι εἰ μὴ ἔφα-
γον ἄζυμα ἐν μέσῳ τῶν ἀδελφῶν αὐτῶν. 10καὶ ἐμίανεν τὸν Ταφεθ 10
τὸν ἐν φάραγγι υἱοῦ Εννομ τοῦ διάγειν ἄνδρα τὸν υἱὸν αὐτοῦ
καὶ ἄνδρα τὴν θυγατέρα αὐτοῦ τῷ Μολοχ ἐν πυρί. 11καὶ κατέπαυ- 11
σεν τοὺς ἵππους, οὓς ἔδωκαν βασιλεῖς Ιουδα τῷ ἡλίῳ ἐν τῇ εἰσ-
όδῳ οἴκου κυρίου εἰς τὸ γαζοφυλάκιον Ναθαν βασιλέως τοῦ εὐνού-
χου ἐν φαρουριμ, καὶ τὸ ἅρμα τοῦ ἡλίου κατέκαυσεν πυρί. 12καὶ 12
τὰ θυσιαστήρια τὰ ἐπὶ τοῦ δώματος τοῦ ὑπερῴου Αχαζ, ἃ ἐποί-
ησαν βασιλεῖς Ιουδα, καὶ τὰ θυσιαστήρια, ἃ ἐποίησεν Μανασσης

4 τον σταθμ. > Α† | του 1⁰ > ΒΑ† | σαλημωθ Β† | ελαβεν ΒL†] εβαλεν
rel. || 5 κατεπαυσεν unus cod.] κατεκαυσεν rel.: cf. 11 | εδωκαν βασιλεις]
εδ. -λει Β, sed in 11 etiam Β εδ. -λεις; εδωκεν βασιλευς O–Sy†: item O–Sy† in
11 | τοις 2⁰ Β⁽†⁾] pr. εν rel. | τω βααλ] τη β. Α: item Α*(uid.)† in 4 || 6 κε-
δρων 1⁰⌒2⁰ Α | χεττιν ΑL†] χεττι(ε)ιν] -ειμ Α, στολας L† || 8 πο-
λεων] -ως O | εμιανεν O† | γαββαα OL†] γαιβαλ Β†, δαν rel. | τον ult.] των Α
| πολεως paenult. L] πυλης ΒO || 10 εμιανεν] μιανει τις O†, μιανειτε Β*†|
ταφεθ] θοφθα Α†, θαφφεθ L† | τον 2⁰ > Β† | διαγειν] διαγαγειν Β†, pr. ※μη
O–ΑL† || 11 κατεπαυσεν Gra.] κατεκαυσεν mss. (O† -σαν): cf. 5 | εδωκαν
βασ.: cf. 5 | εν ult.] pr. ος O†, pr. του L† || 12 εποιησαν βασιλεις] -σεν -λευς
Β†: sim. L† (αχαζ pro βασ. ιουδα)

ἐν ταῖς δυσὶν αὐλαῖς οἴκου κυρίου, καὶ καθεῖλεν ὁ βασιλεὺς καὶ
κατέσπασεν ἐκεῖθεν καὶ ἔρριψεν τὸν χοῦν αὐτῶν εἰς τὸν χειμάρ-
13 ρουν Κεδρων. ¹³ καὶ τὸν οἶκον τὸν ἐπὶ πρόσωπον Ιερουσαλημ τὸν ἐκ
δεξιῶν τοῦ ὄρους τοῦ Μοσοαθ, ὃν ᾠκοδόμησεν Σαλωμων βασιλεὺς
Ισραηλ τῇ Ἀστάρτῃ προσοχθίσματι Σιδωνίων καὶ τῷ Χαμως προσ-
οχθίσματι Μωαβ καὶ τῷ Μολχολ βδελύγματι υἱῶν Αμμων, ἐμίανεν
14 ὁ βασιλεύς. ¹⁴ καὶ συνέτριψεν τὰς στήλας καὶ ἐξωλέθρευσεν τὰ
15 ἄλση καὶ ἔπλησεν τοὺς τόπους αὐτῶν ὀστέων ἀνθρώπων. — ¹⁵ καί
γε τὸ θυσιαστήριον τὸ ἐν Βαιθηλ, τὸ ὑψηλόν, ὃ ἐποίησεν Ιερο-
βοαμ υἱὸς Ναβατ, ὃς ἐξήμαρτεν τὸν Ισραηλ, καί γε τὸ θυσιαστή-
ριον ἐκεῖνο καὶ τὸ ὑψηλὸν κατέσπασεν καὶ συνέτριψεν τοὺς λίθους
16 αὐτοῦ καὶ ἐλέπτυνεν εἰς χοῦν καὶ κατέκαυσεν τὸ ἄλσος. ¹⁶ καὶ ἐξέ-
νευσεν Ιωσιας καὶ εἶδεν τοὺς τάφους τοὺς ὄντας ἐκεῖ ἐν τῇ πόλει
καὶ ἀπέστειλεν καὶ ἔλαβεν τὰ ὀστᾶ ἐκ τῶν τάφων καὶ κατέκαυσεν
ἐπὶ τὸ θυσιαστήριον καὶ ἐμίανεν αὐτὸ κατὰ τὸ ῥῆμα κυρίου, ὃ
ἐλάλησεν ὁ ἄνθρωπος τοῦ θεοῦ ἐν τῷ ἑστάναι Ιεροβοαμ ἐν τῇ
ἑορτῇ ἐπὶ τὸ θυσιαστήριον. καὶ ἐπιστρέψας ἦρεν τοὺς ὀφθαλμοὺς
αὐτοῦ ἐπὶ τὸν τάφον τοῦ ἀνθρώπου τοῦ θεοῦ τοῦ λαλήσαντος
17 τοὺς λόγους τούτους ¹⁷ καὶ εἶπεν Τί τὸ σκόπελον ἐκεῖνο, ὃ ἐγὼ
ὁρῶ; καὶ εἶπον αὐτῷ οἱ ἄνδρες τῆς πόλεως Ὁ ἄνθρωπος τοῦ
θεοῦ ἐστιν ὁ ἐξεληλυθὼς ἐξ Ιουδα καὶ ἐπικαλεσάμενος τοὺς λόγους
18 τούτους, οὓς ἐπεκαλέσατο ἐπὶ τὸ θυσιαστήριον Βαιθηλ. ¹⁸ καὶ εἶπεν
Ἄφετε αὐτό, ἀνὴρ μὴ κινησάτω τὰ ὀστᾶ αὐτοῦ · καὶ ἐρρύσθησαν
τὰ ὀστᾶ αὐτοῦ μετὰ τῶν ὀστῶν τοῦ προφήτου τοῦ ἥκοντος ἐκ
19 Σαμαρείας. — ¹⁹ καί γε εἰς πάντας τοὺς οἴκους τῶν ὑψηλῶν τοὺς
ἐν ταῖς πόλεσιν Σαμαρείας, οὓς ἐποίησαν βασιλεῖς Ισραηλ παροργί-
ζειν κύριον, ἀπέστησεν Ιωσιας καὶ ἐποίησεν ἐν αὐτοῖς πάντα τὰ ἔργα,
20 ἃ ἐποίησεν ἐν Βαιθηλ. ²⁰ καὶ ἐθυσίασεν πάντας τοὺς ἱερεῖς τῶν
ὑψηλῶν τοὺς ὄντας ἐκεῖ ἐπὶ τῶν θυσιαστηρίων καὶ κατέκαυσεν τὰ
ὀστᾶ τῶν ἀνθρώπων ἐπ᾽ αὐτά · καὶ ἐπεστράφη εἰς Ιερουσαλημ.
21 ²¹ Καὶ ἐνετείλατο ὁ βασιλεὺς παντὶ τῷ λαῷ λέγων Ποιήσατε τὸ
πασχα τῷ κυρίῳ θεῷ ἡμῶν, καθὼς γέγραπται ἐπὶ βιβλίου τῆς
22 διαθήκης ταύτης · ²² ὅτι οὐκ ἐγενήθη τὸ πασχα τοῦτο ἀφ᾽ ἡμερῶν
τῶν κριτῶν, οἳ ἔκρινον τὸν Ισραηλ, καὶ πάσας τὰς ἡμέρας βασιλέων

12 και 3⁰ BOL†] > rel. ‖ 13 τον 2⁰ > A† | τον 3⁰ BL†] > rel. | μοσοαθ]
-σοθ A†, αμεσσοαθ uel sim. L† | μολχολ] αμελχομ A†, μολοχ L† ‖ 15 και 3⁰
> BL ‖ 16 τους οντας] > B†, οι O† ‖ 17 εστιν > B† (L† ουτος ο ταφος
του ανθρωπου του θεου pro ο ανθρ. του θ. εστιν) | εξ] εκ του A, εκ γης L†
‖ 18 αυτο] -τον OL | κινησατωσαν B† | ερ(ρ)υσθ.] ευρεθ. O ‖ 19 εις > B
L† | ιωσιας] + βασιλευς ισραηλ O† (sic; A† ιερουσαλημ pro ισρ.) | εποιησεν
paenult.] απεστησεν O–Sy | εν paenult. > LSy | εποιησεν ult.] -σαν A ‖
21 το > BO† | επι βιβλιω A†, εν τω βιβλιω L† ‖ 22 πασας τας ημερας] πα-
σων ημερων A, εν πασαις ταις ημεραις L†

Ισραηλ καὶ βασιλέων Ιουδα, ²³ὅτι ἀλλ' ἢ τῷ ὀκτωκαιδεκάτῳ ἔτει 23
τοῦ βασιλέως Ιωσια ἐγενήθη τὸ πασχα τῷ κυρίῳ ἐν Ιερουσαλημ.
²⁴καί γε τοὺς θελητὰς καὶ τοὺς γνωριστὰς καὶ τὰ θεραφιν καὶ τὰ 24
εἴδωλα καὶ πάντα τὰ προσοχθίσματα τὰ γεγονότα ἐν γῇ Ιουδα καὶ
ἐν Ιερουσαλημ ἐξῆρεν ὁ βασιλεὺς Ιωσιας, ἵνα στήσῃ τοὺς λόγους
τοῦ νόμου τοὺς γεγραμμένους ἐπὶ τοῦ βιβλίου, οὗ εὗρεν Χελκιας
ὁ ἱερεὺς ἐν οἴκῳ κυρίου. ²⁵ὅμοιος αὐτῷ οὐκ ἐγενήθη ἔμπροσθεν 25
αὐτοῦ βασιλεύς, ὃς ἐπέστρεψεν πρὸς κύριον ἐν ὅλῃ καρδίᾳ αὐτοῦ
καὶ ἐν ὅλῃ ψυχῇ αὐτοῦ καὶ ἐν ὅλῃ ἰσχύι αὐτοῦ κατὰ πάντα τὸν
νόμον Μωυσῆ, καὶ μετ' αὐτὸν οὐκ ἀνέστη ὅμοιος αὐτῷ. ²⁶πλὴν 26
οὐκ ἀπεστράφη κύριος ἀπὸ θυμοῦ ὀργῆς αὐτοῦ τοῦ μεγάλου, οὗ
ἐθυμώθη ὀργὴ αὐτοῦ ἐν τῷ Ιουδα ἐπὶ τοὺς παροργισμούς, οὓς
παρώργισεν αὐτὸν Μανασσης. ²⁷καὶ εἶπεν κύριος Καί γε τὸν Ιου- 27
δαν ἀποστήσω ἀπὸ τοῦ προσώπου μου, καθὼς ἀπέστησα τὸν
Ισραηλ, καὶ ἀπώσομαι τὴν πόλιν ταύτην, ἣν ἐξελεξάμην, τὴν Ιε-
ρουσαλημ, καὶ τὸν οἶκον, οὗ εἶπον Ἔσται τὸ ὄνομά μου ἐκεῖ.
²⁸καὶ τὰ λοιπὰ τῶν λόγων Ιωσιου καὶ πάντα, ὅσα ἐποίησεν, οὐχὶ 28
ταῦτα γεγραμμένα ἐπὶ βιβλίῳ λόγων τῶν ἡμερῶν τοῖς βασιλεῦσιν
Ιουδα; ²⁹ἐν δὲ ταῖς ἡμέραις αὐτοῦ ἀνέβη Φαραω Νεχαω βασιλεὺς 29
Αἰγύπτου ἐπὶ βασιλέα Ἀσσυρίων ἐπὶ ποταμὸν Εὐφράτην · καὶ ἐπο-
ρεύθη Ιωσιας εἰς ἀπαντὴν αὐτοῦ, καὶ ἐθανάτωσεν αὐτὸν Νεχαω
ἐν Μαγεδδω ἐν τῷ ἰδεῖν αὐτόν. ³⁰καὶ ἐπεβίβασαν αὐτὸν οἱ παῖδες 30
αὐτοῦ νεκρὸν ἐκ Μαγεδδω καὶ ἤγαγον αὐτὸν εἰς Ιερουσαλημ καὶ
ἔθαψαν αὐτὸν ἐν τῷ τάφῳ αὐτοῦ ἐν πόλει Δαυιδ, καὶ ἔλαβεν ὁ
λαὸς τῆς γῆς τὸν Ιωαχας υἱὸν Ιωσιου καὶ ἔχρισαν αὐτὸν καὶ ἐβα-
σίλευσαν αὐτὸν ἀντὶ τοῦ πατρὸς αὐτοῦ.

³¹Υἱὸς εἴκοσι καὶ τριῶν ἐτῶν ἦν Ιωαχας ἐν τῷ βασιλεύειν αὐτὸν 31
καὶ τρίμηνον ἐβασίλευσεν ἐν Ιερουσαλημ, καὶ ὄνομα τῇ μητρὶ αὐ-
τοῦ Αμιταλ θυγάτηρ Ιερεμιου ἐκ Λεμνα. ³²καὶ ἐποίησεν τὸ πονη- 32
ρὸν ἐν ὀφθαλμοῖς κυρίου κατὰ πάντα, ὅσα ἐποίησαν οἱ πατέρες
αὐτοῦ. ³³καὶ μετέστησεν αὐτὸν Φαραω Νεχαω ἐν Δεβλαθα ἐν γῇ 33

23 τω 1⁰ ΒΟ†] pr. εν rel. | ιωσ(ε)ια Β*†] -ιου rel. | πασχα] + τουτο ΟL†
‖ 24 τους 2⁰ > Α† | γνωριστας] γνωστας Lpl. | τα 1⁰ > Α† | γη] pr. τη Α |
ο βασ. > ΒΟ† | του γεγραμμενου Α† | του βιβλιου ου] τω -λιω ω Α†, τω -λιω
ου (sic) Β† ‖ 25 ψυχη ... ισχυι] tr. Β† ‖ 26 οργης] pr. της ΒΑ | του με-
γαλου ΒL† (L† οργης θυμου pro θυμου οργης)] της μεγαλης rel. | οργη] pr.
εν τη Α†, pr. εν L† ‖ 27 ιουδα Β*† | μου 1⁰] αυτου Β† | απεωσομαι Β:
cf. 4 27 ‖ 29 ιωσιας] pr. uel add. ο βασιλευς Ο–ΑL† | απαντην Β†] -τησιν
rel. | αυτου ult.] -τω ΑL† | νεχαω ult. > Ο† | μαγεδω Β ‖ 30 οι παιδες
αυτου / νεκρον] tr. Α† | μακεδων Β(†) | εν πολει δαυιδ > ΒΟ† | ιωαχαζ ΟL:
item in 31, sed in 34 etiam Α -χας: cf. 14 1 | εβασιλευσεν Α† ‖ 31 τριμη-
νον ΒL†] τρεις μηνας rel. | αμιταλ] -ται Β†: cf. 24 18 | λεμνα pau.] λημνα Β†,
λοβενα Α(†), λοβεννα L⁽ᵖ⁾†, λοβνα mu.: cf. 24 18 ‖ 33 δεβλαθα uel sim. L†
(cf. 25 2ₒ Par. II 36 2ᶜ)] αβλαα Β†, δεβλαα Α†, ρεβλαα Vmu.

Εμαθ τοῦ μὴ βασιλεύειν ἐν Ιερουσαλημ καὶ ἔδωκεν ζημίαν ἐπὶ τὴν
34 γῆν ἑκατὸν τάλαντα ἀργυρίου καὶ ἑκατὸν τάλαντα χρυσίου. ³⁴ καὶ
ἐβασίλευσεν Φαραω Νεχαω ἐπ᾽ αὐτοὺς τὸν Ελιακιμ υἱὸν Ιωσιου
βασιλέως Ιουδα ἀντὶ Ιωσιου τοῦ πατρὸς αὐτοῦ καὶ ἐπέστρεψεν τὸ
ὄνομα αὐτοῦ Ιωακιμ · καὶ τὸν Ιωαχας ἔλαβεν καὶ εἰσήνεγκεν εἰς
35 Αἴγυπτον, καὶ ἀπέθανεν ἐκεῖ. ³⁵ καὶ τὸ ἀργύριον καὶ τὸ χρυσίον
ἔδωκεν Ιωακιμ τῷ Φαραω · πλὴν ἐτιμογράφησεν τὴν γῆν τοῦ δοῦ-
ναι τὸ ἀργύριον ἐπὶ στόματος Φαραυι, ἀνὴρ κατὰ τὴν συντίμησιν
αὐτοῦ ἔδωκαν τὸ ἀργύριον καὶ τὸ χρυσίον μετὰ τοῦ λαοῦ τῆς γῆς
δοῦναι τῷ Φαραω Νεχαω.
36 ³⁶ Υἱὸς εἴκοσι καὶ πέντε ἐτῶν Ιωακιμ ἐν τῷ βασιλεύειν αὐτὸν
καὶ ἕνδεκα ἔτη ἐβασίλευσεν ἐν Ιερουσαλημ, καὶ ὄνομα τῇ μητρὶ
37 αὐτοῦ Ιελδαφ θυγάτηρ Φεδεϊα ἐκ Ρουμα. ³⁷ καὶ ἐποίησεν τὸ πονη-
ρὸν ἐν ὀφθαλμοῖς κυρίου κατὰ πάντα, ὅσα ἐποίησαν οἱ πατέρες
24 αὐτοῦ. ¹ ἐν ταῖς ἡμέραις αὐτοῦ ἀνέβη Ναβουχοδονοσορ βασιλεὺς
Βαβυλῶνος, καὶ ἐγενήθη αὐτῷ Ιωακιμ δοῦλος τρία ἔτη · καὶ ἐπέ-
2 στρεψεν καὶ ἠθέτησεν ἐν αὐτῷ. ² καὶ ἀπέστειλεν αὐτῷ τοὺς μονο-
ζώνους τῶν Χαλδαίων καὶ τοὺς μονοζώνους Συρίας καὶ τοὺς μονο-
ζώνους Μωαβ καὶ τοὺς μονοζώνους υἱῶν Αμμων καὶ ἐξαπέστειλεν
αὐτοὺς ἐν τῇ γῇ Ιουδα τοῦ κατισχῦσαι κατὰ τὸν λόγον κυρίου,
3 ὃν ἐλάλησεν ἐν χειρὶ τῶν δούλων αὐτοῦ τῶν προφητῶν. ³ πλὴν
ἐπὶ τὸν θυμὸν κυρίου ἦν ἐν τῷ Ιουδα ἀποστῆσαι αὐτὸν ἀπὸ προσ-
ώπου αὐτοῦ ἐν ἁμαρτίαις Μανασση κατὰ πάντα, ὅσα ἐποίησεν ·
4 ⁴ καί γε αἷμα ἀθῷον ἐξέχεεν καὶ ἔπλησεν τὴν Ιερουσαλημ αἵματος
5 ἀθῴου · καὶ οὐκ ἠθέλησεν κύριος ἱλασθῆναι. ⁻⁵ καὶ τὰ λοιπὰ τῶν
λόγων Ιωακιμ καὶ πάντα, ὅσα ἐποίησεν, οὐκ ἰδοὺ ταῦτα γεγραμ-
6 μένα ἐπὶ βιβλίῳ λόγων τῶν ἡμερῶν τοῖς βασιλεῦσιν Ιουδα; ⁶ καὶ
ἐκοιμήθη Ιωακιμ μετὰ τῶν πατέρων αὐτοῦ, καὶ ἐβασίλευσεν Ιωα-
7 κιμ υἱὸς αὐτοῦ ἀντ᾽ αὐτοῦ. ⁷ καὶ οὐ προσέθετο ἔτι βασιλεὺς Αἰγύ-
πτου ἐξελθεῖν ἐκ τῆς γῆς αὐτοῦ, ὅτι ἔλαβεν βασιλεὺς Βαβυλῶνος
ἀπὸ τοῦ χειμάρρου Αἰγύπτου ἕως τοῦ ποταμοῦ Εὐφράτου πάντα,
ὅσα ἦν τοῦ βασιλέως Αἰγύπτου.

33 εμαθ pau.] -ατ B†, αιμαθ rel.: cf. Par. II 36 2 ᶜ | βασιλευειν] + αυτον A
L† | ζημιαν επι την γην > B || 35 φαραω 1⁰] + νεχαω A† | ετιμογραφησαν
BA | μετα BOL†] παρα rel. || 36 ιελδαφ — fin.] αμιταλ θυγατηρ ιερεμιου εκ
λοβεννα L†: ex 31 24 18; cf. Rahlfs Sept.-Stud. 3 (1911), p. 279 | ιελδα ρ] ιελ-
λα B† | φεδεια Ra.] εδειλ B†, ειεδδιλα A†, φαδαιλ V (λ pro α), φαδαηλ mu.
| ρουμα] κρ. B†, ρυμα A† || 37 εν οφθ.] ενωπιον ALᵗ
24 1 εν ult. > A || 2 αυτω] pr. uel add. κυριος OL | μονοζωνους 1⁰⌒2⁰ Oᵗ
| τη > A || 3 επι τον θυμον] θυμος L† hic, non in 20 | αποστηναι O-Sy | προσ-
ωπου αυτου] του προσωπου B† || 4 εξεχεεν] pr. ο O-AL || 6 αυτου 1⁰]
> A†; + και εταφη εν κηπω οζα μετα των πατερων αυτου L†: cf. 21 18.26
Par. II 36 8 | ιωακιμ ult.: nomen huius regis antiquis temporibus nomini
praecedentis adaequatum est, cf. Iud. 16 4 || 7 αιγυπτου 1⁰ > A† | της > A

⁸Υἱὸς ὀκτωκαίδεκα ἐτῶν Ιωακιμ ἐν τῷ βασιλεύειν αὐτὸν καὶ τρί- 8
μηνον ἐβασίλευσεν ἐν Ιερουσαλημ, καὶ ὄνομα τῇ μητρὶ αὐτοῦ
Νεσθα θυγάτηρ Ελλαναθαν ἐξ Ιερουσαλημ. ⁹καὶ ἐποίησεν τὸ πονη- 9
ρὸν ἐν ὀφθαλμοῖς κυρίου κατὰ πάντα, ὅσα ἐποίησεν ὁ πατὴρ αὐ-
τοῦ. ¹⁰ἐν τῷ καιρῷ ἐκείνῳ ἀνέβη Ναβουχοδονοσορ βασιλεὺς Βαβυ- 10
λῶνος εἰς Ιερουσαλημ, καὶ ἦλθεν ἡ πόλις ἐν περιοχῇ. ¹¹καὶ εἰσῆλ- 11
θεν Ναβουχοδονοσορ βασιλεὺς Βαβυλῶνος εἰς τὴν πόλιν, καὶ οἱ
παῖδες αὐτοῦ ἐπολιόρκουν ἐπ᾽ αὐτήν. ¹²καὶ ἐξῆλθεν Ιωακιμ βασιλεὺς 12
Ιουδα ἐπὶ βασιλέα Βαβυλῶνος, αὐτὸς καὶ οἱ παῖδες αὐτοῦ καὶ ἡ
μήτηρ αὐτοῦ καὶ οἱ ἄρχοντες αὐτοῦ καὶ οἱ εὐνοῦχοι αὐτοῦ, καὶ
ἔλαβεν αὐτὸν βασιλεὺς Βαβυλῶνος ἐν ἔτει ὀγδόῳ τῆς βασιλείας
αὐτοῦ. ¹³καὶ ἐξήνεγκεν ἐκεῖθεν πάντας τοὺς θησαυροὺς οἴκου κυ- 13
ρίου καὶ τοὺς θησαυροὺς οἴκου τοῦ βασιλέως καὶ συνέκοψεν πάν-
τα τὰ σκεύη τὰ χρυσᾶ, ἃ ἐποίησεν Σαλωμων βασιλεὺς Ισραηλ ἐν
τῷ ναῷ κυρίου, κατὰ τὸ ῥῆμα κυρίου. ¹⁴καὶ ἀπῴκισεν τὴν Ιερου- 14
σαλημ καὶ πάντας τοὺς ἄρχοντας καὶ τοὺς δυνατοὺς ἰσχύι αἰχμα-
λωσίας δέκα χιλιάδας αἰχμαλωτίσας καὶ πᾶν τέκτονα καὶ τὸν συγ-
κλείοντα, καὶ οὐχ ὑπελείφθη πλὴν οἱ πτωχοὶ τῆς γῆς. ¹⁵καὶ ἀπῴ- 15
κισεν τὸν Ιωακιμ εἰς Βαβυλῶνα καὶ τὴν μητέρα τοῦ βασιλέως καὶ
τὰς γυναῖκας τοῦ βασιλέως καὶ τοὺς εὐνούχους αὐτοῦ· καὶ τοὺς
ἰσχυροὺς τῆς γῆς ἀπήγαγεν ἀποικεσίαν ἐξ Ιερουσαλημ εἰς Βαβυ-
λῶνα ¹⁶καὶ πάντας τοὺς ἄνδρας τῆς δυνάμεως ἑπτακισχιλίους καὶ 16
τὸν τέκτονα καὶ τὸν συγκλείοντα χιλίους, πάντες δυνατοὶ ποιοῦν-
τες πόλεμον, καὶ ἤγαγεν αὐτοὺς βασιλεὺς Βαβυλῶνος μετοικεσίαν
εἰς Βαβυλῶνα. ¹⁷καὶ ἐβασίλευσεν βασιλεὺς Βαβυλῶνος τὸν Μαθ- 17
θανιαν υἱὸν αὐτοῦ ἀντ᾽ αὐτοῦ καὶ ἐπέθηκεν τὸ ὄνομα αὐτοῦ
Σεδεκια.

¹⁸Υἱὸς εἴκοσι καὶ ἑνὸς ἐνιαυτοῦ Σεδεκιας ἐν τῷ βασιλεύειν αὐ- 18
τὸν καὶ ἕνδεκα ἔτη ἐβασίλευσεν ἐν Ιερουσαλημ, καὶ ὄνομα τῇ μη-
τρὶ αὐτοῦ Αμιταλ θυγάτηρ Ιερεμιου. ¹⁹καὶ ἐποίησεν τὸ πονηρὸν 19
ἐνώπιον κυρίου κατὰ πάντα, ὅσα ἐποίησεν Ιωακιμ· ²⁰ὅτι ἐπὶ τὸν 20
θυμὸν κυρίου ἦν ἐπὶ Ιερουσαλημ καὶ ἐν τῷ Ιουδα, ἕως ἀπέρριψεν
αὐτοὺς ἀπὸ προσώπου αὐτοῦ. καὶ ἠθέτησεν Σεδεκιας ἐν τῷ βασι-
λεῖ Βαβυλῶνος. ¹καὶ ἐγενήθη ἐν τῷ ἔτει τῷ ἐνάτῳ τῆς βασιλείας 25

8 ελλαναθαν V] -θαμ B†, ελλαμαθαμ A† ‖ 10 ναβουχ. > A†: item in 11
‖ 11 βασ.] pr. ο A† ‖ 12 οι ult. > A† ‖ αυτου] -τους AL ‖ 13 εκειθεν >
A ‖ 14 την] pr. ※πασαν O† ‖ παν BA] παντα Lpl.: cf. 25 9 Iud. 7 4 B ‖
17 μαθθανιαν pau.] μεθθ. A†, μαθθαν B*†, ματθαν Bc†, ματθανιαν Lpl. ‖ υιον]
αδελφον του πατρος LSy ‖ επεθηκεν] επ > A† ‖ σεδεκια BLp†] -κιαν rel. ‖
18 και ενος > O† ‖ αμιταλ] -ταθ A†, μιτατ B†: cf. 23 31 ‖ fin.] + ※απο λο-
μνα(uel λοβνα) O†, + εκ λοβεννα L†: cf. 23 31 ‖ 19 ενωπιον BL†] εν οφθαλ-
μοις rel. ‖ 20 εως] ως O†

αὐτοῦ ἐν τῷ μηνὶ τῷ δεκάτῳ ἦλθεν Ναβουχοδονοσορ βασιλεὺς
Βαβυλῶνος καὶ πᾶσα ἡ δύναμις αὐτοῦ ἐπὶ Ιερουσαλημ καὶ παρ-
ενέβαλεν ἐπ᾿ αὐτὴν καὶ ᾠκοδόμησεν ἐπ᾿ αὐτὴν περίτειχος κύκλῳ.
2 ²καὶ ἦλθεν ἡ πόλις ἐν περιοχῇ ἕως τοῦ ἑνδεκάτου ἔτους τοῦ βα-
3 σιλέως Σεδεκιου · ³ἐνάτῃ τοῦ μηνὸς καὶ ἐνίσχυσεν ὁ λιμὸς ἐν τῇ
4 πόλει, καὶ οὐκ ἦσαν ἄρτοι τῷ λαῷ τῆς γῆς. ⁴καὶ ἐρράγη ἡ πόλις,
καὶ πάντες οἱ ἄνδρες τοῦ πολέμου ἐξῆλθον νυκτὸς ὁδὸν πύλης
τῆς ἀνὰ μέσον τῶν τειχέων, αὕτη ἥ ἐστιν τοῦ κήπου τοῦ βασι-
λέως, καὶ οἱ Χαλδαῖοι ἐπὶ τὴν πόλιν κύκλῳ. καὶ ἐπορεύθη ὁδὸν
5 τὴν Αραβα, ⁵καὶ ἐδίωξεν ἡ δύναμις τῶν Χαλδαίων ὀπίσω τοῦ βα-
σιλέως καὶ κατέλαβον αὐτὸν ἐν Αραβωθ Ιεριχω, καὶ πᾶσα ἡ δύ-
6 ναμις αὐτοῦ διεσπάρη ἐπάνωθεν αὐτοῦ. ⁶καὶ συνέλαβον τὸν βασιλέα
καὶ ἤγαγον αὐτὸν πρὸς τὸν βασιλέα Βαβυλῶνος εἰς Δεβλαθα, καὶ
7 ἐλάλησεν μετ᾿ αὐτοῦ κρίσιν · ⁷καὶ τοὺς υἱοὺς Σεδεκιου ἔσφαξεν
κατ᾿ ὀφθαλμοὺς αὐτοῦ, καὶ τοὺς ὀφθαλμοὺς Σεδεκιου ἐξετύφλωσεν
καὶ ἔδησεν αὐτὸν ἐν πέδαις καὶ ἤγαγεν αὐτὸν εἰς Βαβυλῶνα.
8 ⁸Καὶ ἐν τῷ μηνὶ τῷ πέμπτῳ ἑβδόμῃ τοῦ μηνός (αὐτὸς ἐνιαυτὸς
ἐννεακαιδέκατος τῷ Ναβουχοδονοσορ βασιλεῖ Βαβυλῶνος) ἦλθεν
Ναβουζαρδαν ὁ ἀρχιμάγειρος ἑστὼς ἐνώπιον βασιλέως Βαβυλῶνος
9 εἰς Ιερουσαλημ. ⁹καὶ ἐνέπρησεν τὸν οἶκον κυρίου καὶ τὸν οἶκον
τοῦ βασιλέως καὶ πάντας τοὺς οἴκους Ιερουσαλημ, καὶ πᾶν οἶκον
10 ἐνέπρησεν ¹⁰ὁ ἀρχιμάγειρος. ¹¹καὶ τὸ περισσὸν τοῦ λαοῦ τὸ κατα-
11 λειφθὲν ἐν τῇ πόλει καὶ τοὺς ἐμπεπτωκότας, οἳ ἐνέπεσον πρὸς
βασιλέα Βαβυλῶνος, καὶ τὸ λοιπὸν τοῦ στηρίγματος μετῆρεν Να-
12 βουζαρδαν ὁ ἀρχιμάγειρος. ¹²καὶ ἀπὸ τῶν πτωχῶν τῆς γῆς ὑπ-
13 έλιπεν ὁ ἀρχιμάγειρος εἰς ἀμπελουργοὺς καὶ εἰς γαβιν. ¹³καὶ τοὺς
στύλους τοὺς χαλκοῦς τοὺς ἐν οἴκῳ κυρίου καὶ τὰς μεχωνωθ καὶ
τὴν θάλασσαν τὴν χαλκῆν τὴν ἐν οἴκῳ κυρίου συνέτριψαν οἱ Χαλ-
14 δαῖοι καὶ ἦραν τὸν χαλκὸν αὐτῶν εἰς Βαβυλῶνα. ¹⁴καὶ τοὺς λέβη-
τας καὶ τὰ ιαμιν καὶ τὰς φιάλας καὶ τὰς θυίσκας καὶ πάντα τὰ
15 σκεύη τὰ χαλκᾶ, ἐν οἷς λειτουργοῦσιν ἐν αὐτοῖς, ἔλαβεν · ¹⁵καὶ τὰ

25 1 δεκατω] δευτερω A†, δωδεκατω Vmu.; + ✳εν δεκατη του μηνος O†
(pro εν δεκ. praebent Sy† ενδεκατη, A† τεσσαρεσκαιδεκατη) ‖ 2 η πολις εν
περιοχη] εις πολιν -χης A† ‖ 4 της] την A†, + αναβασεως L† | αυτη η B
O†] η L†, αυτη rel. | επορευθη BO†] -θησαν rel.: cf. Ier. 52 7 ‖ 5 αραβωθ]
ραβ. A ‖ 6 τον 2⁰ > B† | εις δεβλαθα (cf. 20)] ιερδεβλαθαν B†: ad ρ cf. 21
‖ 7 αυτον ult. > BA† ‖ 8 ενιαυτος > A† | ηλθεν] pr. και O† | ναβουζαρ-
δαρ A† hoc loco, sed in 11. 20 etiam A -δαν ‖ 9 παν B†] παντα rel.: cf.
24 14 | fin.] + ⟨✳⟩εν πυρι (10) και το τειχος ιερουσαλημ κυκλω κατελυσαν
πασα ευπορια χαλδαιων O† ‖ 10 fin. BO†] + και το τειχος ιερουσαλημ κυ-
κλοθεν κατεσπασεν δυναμις χαλδαιων rel. ‖ 11 ναβουζ.] pr. ο A† ‖ 12 γα-
β(ε)ιν] ταβ. B†, γηβειν(uel -ιμ) O†, γεωργους L† ‖ 13 τους 1⁰] pr. εις A† |
τας] τους BA†: cf. 16 ‖ 14 ιαμιν] ιματια A†, κρεαγρας L†

πυρεῖα καὶ τὰς φιάλας τὰς χρυσᾶς καὶ τὰς ἀργυρᾶς ἔλαβεν ὁ
ἀρχιμάγειρος, ¹⁶στύλους δύο, ἡ θάλασσα ἡ μία καὶ τὰ μεχωνωθ, 16
ἃ ἐποίησεν Σαλωμων τῷ οἴκῳ κυρίου · οὐκ ἦν σταθμὸς τοῦ χαλ-
κοῦ πάντων τῶν σκευῶν. ¹⁷ὀκτωκαίδεκα πήχεων ὕψος τοῦ στύλου 17
τοῦ ἑνός, καὶ τὸ χωθαρ ἐπ᾽ αὐτοῦ τὸ χαλκοῦν, καὶ τὸ ὕψος τοῦ
χωθαρ τριῶν πήχεων, σαβαχα καὶ ῥοαὶ ἐπὶ τοῦ χωθαρ κύκλῳ, τὰ
πάντα χαλκᾶ · καὶ κατὰ τὰ αὐτὰ τῷ στύλῳ τῷ δευτέρῳ ἐπὶ τῷ
σαβαχα. ¹⁸καὶ ἔλαβεν ὁ ἀρχιμάγειρος τὸν Σαραιαν ἱερέα τὸν πρῶ- 18
τον καὶ τὸν Σοφονιαν υἱὸν τῆς δευτερώσεως καὶ τοὺς τρεῖς τοὺς
φυλάσσοντας τὸν σταθμὸν ¹⁹καὶ ἐκ τῆς πόλεως ἔλαβεν εὐνοῦχον 19
ἕνα, ὃς ἦν ἐπιστάτης ἐπὶ τῶν ἀνδρῶν τῶν πολεμιστῶν, καὶ πέντε
ἄνδρας τῶν ὁρώντων τὸ πρόσωπον τοῦ βασιλέως τοὺς εὑρεθέν-
τας ἐν τῇ πόλει καὶ τὸν γραμμ τέα τοῦ ἄρχοντος τῆς δυνάμεως
τὸν ἐκτάσσοντα τὸν λαὸν τῆς γῆς καὶ ἑξήκοντα ἄνδρας τοῦ λαοῦ
τῆς γῆς τοὺς εὑρεθέντας ἐν τῇ πόλει · ²⁰καὶ ἔλαβεν αὐτοὺς Να- 20
βουζαρδαν ὁ ἀρχιμάγειρος καὶ ἀπήγαγεν αὐτοὺς πρὸς τὸν βασιλέα
Βαβυλῶνος εἰς Δεβλαθα, ²¹καὶ ἔπαισεν αὐτοὺς βασιλεὺς Βαβυλῶ- 21
νος καὶ ἐθανάτωσεν αὐτοὺς ἐν Δεβλαθα ἐν γῇ Αιμαθ. καὶ ἀπῳκίσθη
Ιουδας ἐπάνωθεν τῆς γῆς αὐτοῦ.

²²Καὶ ὁ λαὸς ὁ καταλειφθεὶς ἐν γῇ Ιουδα, οὓς κατέλιπεν Ναβου- 22
χοδονοσορ βασιλεὺς Βαβυλῶνος, καὶ κατέστησεν ἐπ᾽ αὐτῶν τὸν
Γοδολιαν υἱὸν Αχικαμ υἱοῦ Σαφαν. ²³καὶ ἤκουσαν πάντες οἱ ἄρ- 23
χοντες τῆς δυνάμεως, αὐτοὶ καὶ οἱ ἄνδρες αὐτῶν, ὅτι κατέστησεν
βασιλεὺς Βαβυλῶνος τὸν Γοδολιαν, καὶ ἦλθον πρὸς Γοδολιαν εἰς
Μασσηφαθ, καὶ Ισμαηλ υἱὸς Ναθανιου καὶ Ιωαναν υἱὸς Καρηε καὶ
Σαραιας υἱὸς Θανεμαθ ὁ Νετωφαθίτης καὶ Ιεζονιας υἱὸς τοῦ Μα-
χαθι, αὐτοὶ καὶ οἱ ἄνδρες αὐτῶν. ²⁴καὶ ὤμοσεν Γοδολιας αὐτοῖς 24
καὶ τοῖς ἀνδράσιν αὐτῶν καὶ εἶπεν αὐτοῖς Μὴ φοβεῖσθε πάροδον
τῶν Χαλδαίων · καθίσατε ἐν τῇ γῇ καὶ δουλεύσατε τῷ βασιλεῖ
Βαβυλῶνος, καὶ καλῶς ἔσται ὑμῖν. ²⁵καὶ ἐγενήθη ἐν τῷ ἑβδόμῳ 25
μηνὶ ἦλθεν Ισμαηλ υἱὸς Ναθανιου υἱοῦ Ελισαμα ἐκ τοῦ σπέρματος
τῶν βασιλέων καὶ δέκα ἄνδρες μετ᾽ αὐτοῦ · καὶ ἐπάταξεν τὸν Γο-

15 χρυσας ... αργυρας] tr. A† || 16 η θαλασσα η(sic B†, η > A) μια BO†]
και την θαλασσαν μιαν rel. (L† aliter) | τα μεχωνωθ α BA†] τας μ. ας rel.: cf.
13 || 17 σαβαχα(A†-βαχ) και ροαι] σακαχαρθαι B† | σαβαχα ult.] γαβ. B† ||
18 σαραια A | ιερεα BA†] pr. τον rel. || 19 επι > B† | εξηκοντα] επτα A†:
ζ' pro ξ' || 20 δεβλαθα: sic hoc loco omnes, cf. 6. 21 23 33 || 21 δεβλαθα]
ρεβλ. B†: cf. 6 | αιμαθ] αιθαμ A† || 22 γη ιουδα] pr. τη B, τη ιουδαια A† | αυ-
των] -τω Α†, -τον L | υιου] -ον B: cf. 25 || 23 αυτοι 1⁰] -του O† (Sy deest) |
μασσηφαθ B†] -φα rel.: item in 25 | και 4⁰ > O-AL† | ναθανιου] μαθθανιου
A† | ιωαναν] ιωνα B† | καρηε] -ηθ BA† | θανεμαν A† | νετωφ.] νεθωφ. A†,
νεφφαθιειτης B† | ιεζονιας] οζ. B | μαχαθ(ε)ι pau.] μ > B, -θιτον L†, μαχαθθει
A† || 24 γοδολ. αυτοις] tr. AL† | των BL†] > rel. | εν > A† || 25 ισμα-
ηλ] μαναηλ B*†| υιου] -ος B†: cf. 22 | δεκα > B† | επαταξαν AL†

δολιαν, καὶ ἀπέθανεν, καὶ τοὺς Ἰουδαίους καὶ τοὺς Χαλδαίους, οἳ
26 ἦσαν μετ᾽ αὐτοῦ εἰς Μασσηφαθ. ²⁶καὶ ἀνέστη πᾶς ὁ λαὸς ἀπὸ
μικροῦ καὶ ἕως μεγάλου καὶ οἱ ἄρχοντες τῶν δυνάμεων καὶ εἰσ-
ῆλθον εἰς Αἴγυπτον, ὅτι ἐφοβήθησαν ἀπὸ προσώπου τῶν Χαλδαίων.
27 ²⁷Καὶ ἐγενήθη ἐν τῷ τριακοστῷ καὶ ἑβδόμῳ ἔτει τῆς ἀποικεσίας
τοῦ Ἰωακιμ βασιλέως Ἰουδα ἐν τῷ δωδεκάτῳ μηνὶ ἑβδόμη καὶ εἰ-
κάδι τοῦ μηνὸς ὕψωσεν Ευιλμαρωδαχ βασιλεὺς Βαβυλῶνος ἐν τῷ
ἐνιαυτῷ τῆς βασιλείας αὐτοῦ τὴν κεφαλὴν Ἰωακιμ βασιλέως Ἰουδα
28 καὶ ἐξήγαγεν αὐτὸν ἐξ οἴκου φυλακῆς αὐτοῦ ²⁸καὶ ἐλάλησεν μετ᾽
αὐτοῦ ἀγαθὰ καὶ ἔδωκεν τὸν θρόνον αὐτοῦ ἐπάνωθεν τῶν θρόνων
29 τῶν βασιλέων τῶν μετ᾽ αὐτοῦ ἐν Βαβυλῶνι, ²⁹καὶ ἠλλοίωσεν τὰ
ἱμάτια τῆς φυλακῆς αὐτοῦ καὶ ἤσθιεν ἄρτον διὰ παντὸς ἐνώπιον
30 αὐτοῦ πάσας τὰς ἡμέρας τῆς ζωῆς αὐτοῦ· ³⁰καὶ ἡ ἑστιατορία
αὐτοῦ ἑστιατορία διὰ παντὸς ἐδόθη αὐτῷ ἐξ οἴκου τοῦ βασιλέως
λόγον ἡμέρας ἐν τῇ ἡμέρᾳ αὐτοῦ πάσας τὰς ἡμέρας τῆς ζωῆς αὐτοῦ.

25 εις BL^p] εν rel. | μασσηφαθ: cf. 23 || 26 των δυναμεων] της -μεως
OL | χαλδ.] χαναναιων A† || 27 αποικεσιας Vpl.] μετοικ. A†, αποικιας B |
ευιλμαρωδαχ Ra.] ευειαλμαρωδεκ B†, ευειαναρωδαχ A†, ευειλαδμαρωδαχ uel
sim. L† | βασιλεως ult.] pr. του B† || 29 ηλλοιωσαν A† || 30 δια παντος]
θεραποντος A†
Subscr. βασιλειων δ΄ BAL

ΠΑΡΑΛΕΙΠΟΜΕΝΩΝ Α΄

1 ¹Αδαμ, Σηθ, Ενως, ²Καιναν, Μαλελεηλ, Ιαρεδ, ³Ενωχ, Μαθου-
4 σαλα, Λαμεχ, ⁴Νωε. υἱοὶ Νωε· Σημ, Χαμ, Ιαφεθ.
5 ⁵Υἱοὶ Ιαφεθ· Γαμερ, Μαγωγ, Μαδαι, Ιωυαν, Ελισα, Θοβελ, Μο-
6 σοχ καὶ Θιρας. ⁶καὶ υἱοὶ Γαμερ· Ασχαναζ καὶ Ριφαθ καὶ Θοργαμα.
7 ⁷καὶ υἱοὶ Ιωυαν· Ελισα καὶ Θαρσις, Κίτιοι καὶ Ῥόδιοι.
8
9 ⁸Καὶ υἱοὶ Χαμ·· Χους καὶ Μεστραιμ, Φουδ καὶ Χανααν. ⁹καὶ υἱοὶ
Χους· Σαβα καὶ Ευιλατ καὶ Σαβαθα καὶ Ρεγμα καὶ Σεβεκαθα. καὶ

Par. I: BA, 9 27 fin. — 19 17 etiam S; L = 19 93 108 et saepe 121 (non
127, qui cod. hic cum B cognatus est).
Inscr. παραλειπ.] + βασιλεων ιουδα A: cf. subscr.
1 1 σης A† || 3 μαθθουσαλα B† || 5 μαγωγ] -ωα A† | μαδαι] -ιμ B† ||
6 ασχενεζ A | ριφαθ] ερειφ. B†, ριφαε A† | θοργαμα] θορραμ A^(†) || 8 μεσ-
ραιαμ A†, μεσραιμ Vmu. | φουτ A || 9 σαβα 1°] -βατ BL^p† | ευιλα A | σα-
βαθα] -βατα B† | σεβεθαχα A

υἱοὶ Ρεγμα · Σαβα καὶ Ουδαδαν. ¹⁰καὶ Χους ἐγέννησεν τὸν Νε- 10
βρωδ · οὗτος ἤρξατο τοῦ εἶναι γίγας κυνηγὸς ἐπὶ τῆς γῆς.
¹⁷Υἱοὶ Σημ · Αιλαμ καὶ Ασσουρ καὶ Αρφαξαδ, ²⁴Σαλα, ²⁵Εβερ, 17
Φαλεκ, Ραγαυ, ²⁶Σερουχ, Ναχωρ, Θαρα, ²⁷Αβρααμ.   27
²⁸Υἱοὶ δὲ Αβρααμ · Ισαακ καὶ Ισμαηλ. ²⁹αὗται δὲ αἱ γενέσεις ²⁸
πρωτοτόκου Ισμαηλ · Ναβαιωθ καὶ Κηδαρ, Ναβδεηλ, Μαβσαν, ³⁰Μα- 30
σμα, Ιδουμα, Μασση, Χοδδαδ, Θαιμαν, ³¹Ιεττουρ, Ναφες καὶ Κεδμα. 31
οὗτοί εἰσιν υἱοὶ Ισμαηλ. — ³²καὶ υἱοὶ Χεττουρας παλλακῆς Αβρα- 32
αμ · καὶ ἔτεκεν αὐτῷ τὸν Ζεμβραν, Ιεξαν, Μαδαν, Μαδιαμ, Σοβακ,
Σωε. καὶ υἱοὶ Ιεξαν · Σαβα καὶ Δαιδαν. ³³καὶ υἱοὶ Μαδιαμ · Γαιφα 33
καὶ Οφερ καὶ Ενωχ καὶ Αβιδα καὶ Ελδαα. πάντες οὗτοι υἱοὶ Χετ-
τουρας.
³⁴Καὶ ἐγέννησεν Αβρααμ τὸν Ισαακ. καὶ υἱοὶ Ισαακ · Ησαυ καὶ 34
Ιακωβ.
³⁵Υἱοὶ Ησαυ · Ελιφας καὶ Ραγουηλ καὶ Ιεουλ καὶ Ιεγλομ καὶ Κορε. 35
³⁶υἱοὶ Ελιφας · Θαιμαν καὶ Ωμαρ, Σωφαρ καὶ Γοωθαμ καὶ Κενεζ 36
καὶ τῆς Θαμνα Αμαληκ. ³⁷καὶ υἱοὶ Ραγουηλ · Ναχεθ, Ζαρε, Σομε 37

9 σαβα ult.] -βαν B | ουδαδαν Ra.] ιουδ. B†, δαδαν A || 10 του > B | fin.]
+ (11) και μεσραιμ εγεννησεν τους λωδιειμ(sic AV†; pl. λουδ.) και τους αναμι-
ειμ και τους λαβειν και τους νεφθαλιμ (12) και τους πατροσωνιειμ και τους
χασλωνιειμ, οθεν εξηλθεν εκειθεν φυλιστιειμ, και τους χαφθοριειμ. (13) και
χανααν εγεννησεν τον σιδωνα πρωτοτοκον και τον χετταιον (14) και τον ιε-
βουσαιον και τον αμορραιον και τον γεργεσαιον (15) και τον ευαιον και τον
αρουκαιον και τον ασενναιον (16) και τον αραδιον και τον σαμαραιον και τον
αμαθι. (17) υιοι σημ · αιλαμ και ασσουρ και αρφαξαδ και λουδ και αραμ. και
υιοι αραμ · ως και ουλ και γαθερ και μοσοχ. (18) και αρφαξαδ εγεννησεν τον
καιναν, και καιναν εγεννησεν τον σαλα, και σαλα εγεννησεν τον εβερ. (19) και
τω εβερ εγεννηθησαν δυο υιοι · ονομα τω ενι φαλεκ, οτι εν ταις ημεραις αυ-
του διεμερισθη η γη · και ονομα τω αδελφω αυτου ιεκταν. (20) και ιεκταν
εγεννησεν τον ελμωδαδ και τον σαλεφ και τον ασαρμωθ (21) και τον κεδου-
ραν και τον αιζηλ και τον δεκλα(μ) (22) και τον γεμιαν και τον αβιμεηλ και
τον σαβαν (23) και τον ουφειρ και τον ευι(λα) και τον ωραμ · παντες ουτοι
υιοι ιεκταν uel sim. A pl.: cf. 𝔐 et Gen. 10 13—18. 22—29; sed post hoc ad-
ditamentum praebent etiam A pl. ea, quae supra ex B edidi: υιοι σημ · αι-
λαμ και ασσουρ και αρφαξαδ, σαλα, cf. 𝔐 17. 24 || 25 φαλεχ B*†, -λεγ Bᶜ
|| 27 αβρααμ] pr. αβραμ αυτος AVL⁽†⁾ || 29 ναβδεηλ (B αι pro ε)] pr. και
A | μαβσαν] μασσα B† || 30 μασμα] σ > B*† | ιδουμα] pr. και A | μασση]
μανασση B† | χοδδαδ] χονδαν B† || 31 init.] pr. και A | και et εισιν > B†
| κεδαμ A† | υιοι] pr. οι A || 32 ετεκεν] + υιον A† | ζεμβραν AV† | ιεξαν
bis] ιεκσαν A; 1⁰ pr. και A | μαδαν μαδιαμ Ra.] μαδιαμ μαδαμ B⁽†⁾, και μαδαν
και μαδιαν A | σοβακ B†] ιεσβοκ A: cf. Gen. 25 2 | σωε B†] σωυε A: cf. Gen.
25 2 | σαβα και δαιδαν] δαιδαν κ. σαβαι B†; + και υιοι δαιδαν ραγουηλ και να-
βδαιηλ και ασσουριειμ και λατουσιειμ και ασωνειν A pl. (cf. Gen. 25 3) ||
33 γαιφα pau.] -φαρ A, γαφερ B† | ελδαα] ελλαδα B || 34 ησαυ] pr. και A†
| ησαυ .. ιακωβ] tr. B† || 35 ελιφαζ A: item in 36 | και ult. > B† || 36 γο-
θαμ A | κενεζ] κεζεζ A† | και της θαμνα] θ. δε η παλλακη ελιφαζ ετεκεν αυ-
τω(A† -τη) τον AVmu.: cf. Gen. 36 12 || 37 ναχες B | σομμε A

38 καὶ ΜοΖε. — ³⁸ υἱοὶ Σηιρ · Λωταν, Σωβαλ, Σεβεγων, Ανα, Δησων,
39 Ωσαρ, Δαισων. ³⁹ καὶ υἱοὶ Λωταν · Χορρι καὶ Αιμαν καὶ Αιλαθ καὶ
40 Ναμνα. ⁴⁰ υἱοὶ Σωβαλ · Γωλαμ, Μαναχαθ, Γαιβηλ, Σωβ καὶ Ωναμ.
41 υἱοὶ δὲ Σεβεγων · Αια καὶ Ανα. ⁴¹ υἱοὶ Ανα · Δαισων. υἱοὶ δὲ Δη-
42 σων · Εμερων καὶ Εσεβαν καὶ Ιεθραν καὶ Χαρραν. ⁴² καὶ υἱοὶ Ωσαρ ·
Βαλααν καὶ Ζουκαν καὶ Ιωκαν. υἱοὶ Δαισων · Ως καὶ Αρραν.
43   ⁴³ Καὶ οὗτοι οἱ βασιλεῖς αὐτῶν · Βαλακ υἱὸς Βεωρ, καὶ ὄνομα
44 τῇ πόλει αὐτοῦ Δενναβα. ⁴⁴ καὶ ἀπέθανεν Βαλακ, καὶ ἐβασίλευσεν
45 ἀντ' αὐτοῦ Ιωβαβ υἱὸς Ζαρα ἐκ Βοσορρας. ⁴⁵ καὶ ἀπέθανεν Ιωβαβ,
46 καὶ ἐβασίλευσεν ἀντ' αὐτοῦ Ασομ ἐκ τῆς γῆς Θαιμανων. ⁴⁶ καὶ ἀπ-
έθανεν Ασομ, καὶ ἐβασίλευσεν ἀντ' αὐτοῦ Αδαδ υἱὸς Βαραδ ὁ πα-
τάξας Μαδιαμ ἐν τῷ πεδίῳ Μωαβ, καὶ ὄνομα τῇ πόλει αὐτοῦ Γεθ-
47 θαιμ. ⁴⁷ καὶ ἀπέθανεν Αδαδ, καὶ ἐβασίλευσεν ἀντ' αὐτοῦ Σαμαα ἐκ
48 Μασεκκας. ⁴⁸ καὶ ἀπέθανεν Σαμαα, καὶ ἐβασίλευσεν ἀντ' αὐτοῦ
49 Σαουλ ἐκ Ρωβωθ τῆς παρὰ ποταμόν. ⁴⁹ καὶ ἀπέθανεν Σαουλ, καὶ
50 ἐβασίλευσεν ἀντ' αὐτοῦ Βαλαεννων υἱὸς Αχοβωρ. ⁵⁰ καὶ ἀπέθανεν
Βαλαεννων υἱὸς Αχοβωρ, καὶ ἐβασίλευσεν ἀντ' αὐτοῦ Αδαδ υἱὸς
51 Βαραδ, καὶ ὄνομα τῇ πόλει αὐτοῦ Φογωρ. ⁵¹ καὶ ἀπέθανεν Αδαδ. —
καὶ ἦσαν ἡγεμόνες Εδωμ · ἡγεμὼν Θαμανα, ἡγεμὼν Γωλα, ἡγεμὼν
52
53 Ιεθετ, ⁵² ἡγεμὼν Ελιβαμας, ἡγεμὼν Ηλας, ἡγεμὼν Φινων, ⁵³ ἡγεμὼν
54 ΚενεΖ, ἡγεμὼν Θαιμαν, ἡγεμὼν Μαβσαρ, ⁵⁴ ἡγεμὼν Μεγεδιηλ, ἡγε-
μὼν Ηραμ. οὗτοι ἡγεμόνες Εδωμ.
2   ¹ Ταῦτα τὰ ὀνόματα τῶν υἱῶν Ισραηλ · Ρουβην, Συμεων, Λευι,

---

37 μοΖε] ομοΖε B†, μοχε A† ‖ 38 init.] pr. και A | ση(ε)ιρ] σηθιρ A† |
σεβετων A†, sed in 40 etiam A σεβεγων | ωσαρ Ra. (cf. 42)] ωναν B†, και
ασαρ A | δαισων Ra. (cf. 42)] > B†, και ρισων A ‖ 39 και αιλαθ και ναμνα
B†] αδελφη δε λωταν θαμνα rel. (L† και αδελφη pro αδ. δε) ‖ 40 γωλαμ V]
σωλαμ B†, ιωλαμ A† | μαναχαθ] μαχαναμ B† | γαιβηλ] γαοβηλ A†, pr. και A |
σωβ B†] και σωφαρ A | ωναμ mu.] -αν BA | αια] αιθ B† | ανα mu.] σωναν
B†, ωναμ A† ‖ 41 init. B†] pr. ουτοι δε Amu.: cf. Gen. 36 25 | ανα] σωναν
B† | δαισων] + και ελιβαμα θυγατηρ ανα Amu.: cf. Gen. 36 25 | υιοι δε B†]
και υιοι A | δησων L†] δαισων rel. | εμερων] αμαδα A | εσεβαν] ασεβων B†
| ιεθραν] γεβραμ B† ‖ 42 ωσαρ] ασαρ A: cf. 38 | βαλααμ B | Ζουκαν mu.]
Ζουκαμ B† (cf. Gen. 36 27), αΖουκαν AV† | ιωκαν unus cod. cum B cognatus]
ωναν B†, ιωακαν AV†; + και ουκαμ A: cf. Gen. 36 27 | υιοι ult.] + δε A ‖
43 αυτων] + οι βασιλευσαντες εν εδωμ προ του βασιλευσαι βασιλεα τοις υιοις
ισραηλ Apl.: cf. 𝕸 et Gen. 36 31 ‖ 44 ιωαβαβ B†, sed in 45 etiam B ιω-
βαβ ‖ 46 γεθθαιμ] ι > A† ‖ 47 και εβασ. — 49 σαουλ] post 51 αδαδ tr.
B† ‖ 48 και απεθ.] απεθ. δε A | ρωυβωθ] ροβ. B† ‖ 49 βαλαεννωρ B†:
item in 50 ‖ 50 υιος βαραδ > A | fin.] + και ονομα τη γυναικι αυτου μετα-
βεηλ θυγατηρ ματραδ Apl.: cf. 𝕸 et Gen. 36 39 ‖ 51 αδδα B†, sed in 50
etiam B αδαδ | ηγεμων 1°] -μονες A† | θαμανα] θαιμαν B | ιεθεθ A ‖ 53 μαβ-
σαρ] μαΖαρ B†: cf. Gen. 36 42 ‖ 54 μεγεδιηλ Ra. (cf. Gen. 36 43)] μεδιηλ
B†, μαγεδιηλ A | ηραμ] Ζαφωειν B(†): ex Gen. 36 43
2 1 init.] pr. και A

Ιουδα, Ισσαχαρ, Ζαβουλων, ²Δαν, Ιωσηφ, Βενιαμιν, Νεφθαλι, Γαδ, 2
Ασηρ.

³Υἱοὶ Ιουδα· Ηρ, Αυναν, Σηλων, τρεῖς· ἐγεννήθησαν αὐτῷ ἐκ 3
τῆς θυγατρὸς Σαυας τῆς Χαναανίτιδος. καὶ ἦν Ηρ ὁ πρωτότοκος
Ιουδα πονηρὸς ἐναντίον κυρίου, καὶ ἀπέκτεινεν αὐτόν. ⁴καὶ Θαμαρ 4
ἡ νύμφη αὐτοῦ ἔτεκεν αὐτῷ τὸν Φαρες καὶ τὸν Ζαρα. πάντες
υἱοὶ Ιουδα πέντε. ⁵υἱοὶ Φαρες· Αρσων καὶ Ιεμουηλ. ⁶καὶ υἱοὶ Ζα- 5
ρα· Ζαμβρι καὶ Αιθαν καὶ Αιμαν καὶ Χαλχαλ καὶ Δαρα, πάντες   6
πέντε. ⁷καὶ υἱοὶ Χαρμι· Αχαρ ὁ ἐμποδοστάτης Ισραηλ, ὃς ἠθέτη- 7
σεν εἰς τὸ ἀνάθεμα. ⁸καὶ υἱοὶ Αιθαν· Αζαρια. — ⁹καὶ υἱοὶ Εσε- 8
ρων, οἳ ἐτέχθησαν αὐτῷ· ὁ Ιραμεηλ καὶ ὁ Ραμ καὶ ὁ Χαλεβ καὶ 9
Αραμ. ¹⁰καὶ Αραμ ἐγέννησεν τὸν Αμιναδαβ, καὶ Αμιναδαβ ἐγέννη- 10
σεν τὸν Ναασσων ἄρχοντα τοῦ οἴκου Ιουδα, ¹¹καὶ Ναασσων ἐγέν- 11
νησεν τὸν Σαλμων, καὶ Σαλμων ἐγέννησεν τὸν Βοος, ¹²καὶ Βοος 12
ἐγέννησεν τὸν Ωβηδ, καὶ Ωβηδ ἐγέννησεν τὸν Ιεσσαι, ¹³καὶ Ιεσσαι 13
ἐγέννησεν τὸν πρωτότοκον αὐτοῦ Ελιαβ· Αμιναδαβ ὁ δεύτερος,
Σαμαα ὁ τρίτος, ¹⁴Ναθαναηλ ὁ τέταρτος, Ραδδαι ὁ πέμπτος, 14
¹⁵Ασομ ὁ ἕκτος, Δαυιδ ὁ ἕβδομος. ¹⁶καὶ ἀδελφὴ αὐτῶν Σαρουια 15
καὶ Αβιγαια. καὶ υἱοὶ Σαρουια· Αβεσσα καὶ Ιωαβ καὶ Ασαηλ, τρεῖς. 16
¹⁷καὶ Αβιγαια ἐγέννησεν τὸν Αμεσσα· καὶ πατὴρ Αμεσσα Ιοθορ 17
ὁ Ισμαηλίτης.

¹⁸Καὶ Χαλεβ υἱὸς Εσερων ἐγέννησεν τὴν Γαζουβα γυναῖκα καὶ 18
τὴν Ιεριωθ. καὶ οὗτοι υἱοὶ αὐτῆς· Ιωασαρ καὶ Σωβαβ καὶ Ορνα.

¹⁹καὶ ἀπέθανεν Γαζουβα, καὶ ἔλαβεν ἑαυτῷ Χαλεβ τὴν Εφραθ, καὶ 19
ἔτεκεν αὐτῷ τὸν Ωρ· ²⁰καὶ Ωρ ἐγέννησεν τὸν Ουρι, καὶ Ουρι 20
ἐγέννησεν τὸν Βεσελεηλ. ²¹καὶ μετὰ ταῦτα εἰσῆλθεν Εσερων πρὸς 21

1 ιουδας Apl. ‖ 2 νεφθαλειμ A ‖ 3 σηλων B†] -λωμ Amu., -λω compl.
| σαυας] σ > B* | ηρ 2⁰] ανηρ A† ‖ 4 η] ην A† ‖ 5 αρσων B*†] εσρωμ
AVpl., εσρων Bc†: cf. 4 1 53 et 29 ‖ 6 αιθαμ B: item B in 8 6 29, S in
15 17, sed B in 15 17, BS in 15 19, A ubique αιθαν; cf. 6 27 | αιμαν] αιμουαν
B† | χαλχαλ] χαλκα B⁽†⁾ ‖ 8 αζαρια] ζαρ. B† ‖ 9 εσερων: sic B*† hic et
B uel B† in 18. 21. 24 bis. 25; εσρωμ A ubique, sed in 25 εσρων; cf. 5 |
χαλεβ] χαβελ B† ‖ 10 αραμ (cf. 9)] αρραν B⁽†⁾: cf. Ruth 4 19 Matth. 1 3.4
‖ 11 σαλμων bis] -μαν A: cf. Ruth 4 20 | βοος B†] βοοζ rel.: item in 12, cf.
Ruth 2 1 ‖ 12 ωβηδ bis] ιωβηδ A: item in 37. 38, cf. Ruth 4 21.22 Matth.
1 5 Luc. 3 32 ‖ 13 ελιαβ] pr. τον ABc | σαμαια A† ‖ 14 ραδδαι] ζαδδαι
B* (Bc† ζαββαι) ‖ 16 και αβιγαια > B | σαρουια 2⁰] -ιας A: item A in 11 6.
39 18 12. 15 26 28 (non 27 24), B (non S) in 18 12 tantum; cf. Regn. I 26 6 |
αβεσσα: sic BS in 18 12 19 11, A in 11 20 19 11.15; sed B in 2 16, BS in
11 20, A in 18 12 αβ(ε)ισα, A in 2 16 αβισσα; cf. Regn. I 26 6 | ιωαβ] ιωβαβ
A†: item in 54 ‖ 17 αμεσσα bis] -αβ B: cf. Regn. II 17 25 | ιοθορ B†] ιε-
θερ rel. ‖ 18 εσερων: cf. 9 | εγεννησεν] ελαβεν A | γαζουβα: sic B† hic,
BA† in 19; γ > rel. | ιεριωθ] ελιωθ B† | σωβαβ] ιασουβ B† ‖ 19 εφραθ]
ε > A†

τὴν θυγατέρα Μαχιρ πατρὸς Γαλααδ, καὶ οὗτος ἔλαβεν αὐτήν, καὶ
22 αὐτὸς ἑξήκοντα ἦν ἐτῶν, καὶ ἔτεκεν αὐτῷ τὸν Σεγουβ. ²²καὶ Σε-
γουβ ἐγέννησεν τὸν Ιαϊρ. καὶ ἦσαν αὐτῷ εἴκοσι τρεῖς πόλεις ἐν
23 τῇ Γαλααδ · ²³καὶ ἔλαβεν Γεδσουρ καὶ Αραμ τὰς κώμας Ιαϊρ ἐξ αὐ-
τῶν, τὴν Καναθ καὶ τὰς κώμας αὐτῆς, ἑξήκοντα πόλεις · πᾶσαι
24 αὗται υἱῶν Μαχιρ πατρὸς Γαλααδ. ²⁴καὶ μετὰ τὸ ἀποθανεῖν Εσε-
ρων ἦλθεν Χαλεβ εἰς Εφραθα. καὶ ἡ γυνὴ Εσερων Αβια, καὶ ἔτε-
25 κεν αὐτῷ τὸν Ασχωδ πατέρα Θεκωε. — ²⁵καὶ ἦσαν υἱοὶ Ιερεμεηλ
πρωτοτόκου Εσερων · ὁ πρωτότοκος Ραμ, καὶ Βαανα καὶ Αραν
26 καὶ Ασομ ἀδελφὸς αὐτοῦ. ²⁶καὶ ἦν γυνὴ ἑτέρα τῷ Ιερεμεηλ, καὶ
27 ὄνομα αὐτῇ Αταρα · αὕτη ἐστὶν μήτηρ Οζομ. ²⁷καὶ ἦσαν υἱοὶ Ραμ
28 πρωτοτόκου Ιερεμεηλ · Μαας καὶ Ιαμιν καὶ Ακορ. ²⁸καὶ ἦσαν υἱοὶ
Οζομ · Σαμαι καὶ Ιαδαε. καὶ υἱοὶ Σαμαι · Ναδαβ καὶ Αβισουρ.
29 ²⁹καὶ ὄνομα τῆς γυναικὸς Αβισουρ Αβιχαιλ, καὶ ἔτεκεν αὐτῷ τὸν
30 Αχαβαρ καὶ τὸν Μωλιδ. ³⁰υἱοὶ Ναδαβ · Σαλαδ καὶ Αφφαιμ. καὶ
31 ἀπέθανεν Σαλαδ οὐκ ἔχων τέκνα. ³¹καὶ υἱοὶ Αφφαιμ · Ισεμιηλ. καὶ
32 υἱοὶ Ισεμιηλ · Σωσαν. καὶ υἱοὶ Σωσαν · Αχλαι. ³²καὶ υἱοὶ Ιαδαε ·
Αχισαμαι, Ιεθερ, Ιωναθαν · καὶ ἀπέθανεν Ιεθερ οὐκ ἔχων τέκνα.
33 ³³καὶ υἱοὶ Ιωναθαν · Φαλεθ καὶ Οζαζα. οὗτοι ἦσαν υἱοὶ Ιερεμεηλ.
34 ³⁴καὶ οὐκ ἦσαν τῷ Σωσαν υἱοί, ἀλλ᾽ ἢ θυγατέρες · καὶ τῷ Σωσαν
35 παῖς Αἰγύπτιος καὶ ὄνομα αὐτῷ Ιωχηλ, ³⁵καὶ ἔδωκεν Σωσαν τὴν
θυγατέρα αὐτοῦ τῷ Ιωχηλ παιδὶ αὐτοῦ εἰς γυναῖκα, καὶ ἔτεκεν
36 αὐτῷ τὸν Εθθι. ³⁶καὶ Εθθι ἐγέννησεν τὸν Ναθαν, καὶ Ναθαν ἐγέν-
37 νησεν τὸν Ζαβεδ, ³⁷καὶ Ζαβεδ ἐγέννησεν τὸν Αφαληλ, καὶ Αφα-
38 ληλ ἐγέννησεν τὸν Ωβηδ, ³⁸καὶ Ωβηδ ἐγέννησεν τὸν Ιηου, καὶ
39 Ιηου ἐγέννησεν τὸν Αζαριαν, ³⁹καὶ Αζαριας ἐγέννησεν τὸν Χελλης,

21 εξηκ. ην] tr. A⁺ | σεγουβ] σερουχ B⁺: item Bc⁺ in 22 (B*⁺ -ουκ) ‖
22 ια(ε)ιρ] αειρ A⁺: cf. 23 ‖ 23 γεσσουρ A: cf. 3 2 | αραμ] αρραν B⁽⁺⁾ | ια-
(ε)ιρ] σαειρ B*⁺, ιαρειρ A⁺: cf. 22 | καναθ] -νααθ B ‖ 24 ασχωδ Ra.] ασχω
B⁺, ασδωδ A | θεκως A⁺ ‖ 25 ιερεμεηλ: sic B in 26. 42, A in 25. 27. 33.
42, sed B in 25 ιραμεηλ, B⁺ in 27 ιερεμαηλ, B⁺ in 33 ραμεηλ, A⁺ in 26 ιερε-
μιηλ | πρωτοτοκου] -κος A⁺ | ραμ] ραν B: cf. 27 | βααναι] βαναια B | αραν]
αραια και αμβραμ B⁽⁺⁾ | ασομ] ασαν B⁺ ‖ 26 αταρα] ετερα A⁺ | οζομ] ουνομ
mu., ουνομα A⁺: item in 28 ‖ 27 ραμ] αραμ B: cf. 25 | ιαμ(ε)ιν] ιαβειν A
‖ 28 οζομ: cf. 26 | σαμμαι bis A ‖ 29 αβιχαιλ Ra. (cf. Num. 3 35)] -χαια
B, αβιγαια Apl.: cf. 5 14 | αχαβαρ B⁺] οζα A⁽⁺⁾ | μωλιδ V] μωηλ B, μωδαδ A⁺
‖ 30 σαλαδ 1⁰] αλσαλαδ B⁺, sed 2⁰ etiam B σαλαδ | αφφαιμ] εφραιμ B⁺:
item in 31 ‖ 31 ισεμιηλ bis B⁺] ιεσει A; ιεσσουει L⁺: cf. 7 0 | αχλαι Ra.]
αχαι B⁽⁺⁾, ααλαι V, ααδαι A⁺ ‖ 32 ιαδαε Ra. (cf. 28)] ιδουδα B⁺, ιεδδαε AV⁺
| αχισαμαι compl.] -μας B⁺, -σαμμα AV⁺, αδελφου σεμει uel sim. L⁺ | ιεθερ 1⁰
et ιωναθαν] pr. και A ‖ 33 φαλεθ] θαλ. B⁺ | οζαζα AV⁺] ζαζα mu., οζαμ B⁺
‖ 34 σωσαν bis B⁺, sed in 31. 35 etiam B σωσαν | 35 τω > A⁺ | εθθ(ε)ι]
pr. και AV: item in 36 | 37 αφαληλ bis Ra.] αφαμηλ B⁺ (1⁰ B*⁺ -μηδ),
οφλαλ V, οφλαδ A⁺ | ωβηδ: cf. 12 ‖ 38 ιηου bis] 1⁰ ιησουν, 2⁰ ιησους B ‖
39 αζαριας] ς > B⁺

καὶ Χελλης ἐγέννησεν τὸν Ελεασα, ⁴⁰καὶ Ελεασα ἐγέννησεν τὸν 40
Σοσομαι, καὶ Σοσομαι ἐγέννησεν τὸν Σαλουμ, ⁴¹καὶ Σαλουμ ἐγέν- 41
νησεν τὸν Ιεχεμιαν, καὶ Ιεχεμιας ἐγέννησεν τὸν Ελισαμα. — ⁴²καὶ 42
υἱοὶ Χαλεβ ἀδελφοῦ Ιερεμεηλ · Μαρισα ὁ πρωτότοκος αὐτοῦ, οὗτος
πατὴρ Ζιφ · καὶ υἱοὶ Μαρισα πατρὸς Χεβρων. ⁴³καὶ υἱοὶ Χεβρων · 43
Κορε καὶ Θαπους καὶ Ρεκομ καὶ Σεμαα. ⁴⁴καὶ Σεμαα ἐγέννησεν τὸν 44
Ραεμ πατέρα Ιερκααν, καὶ Ιερκααν ἐγέννησεν τὸν Σαμαι · ⁴⁵καὶ 45
υἱὸς αὐτοῦ Μαων, καὶ Μαων πατὴρ Βαιθσουρ. ⁴⁶καὶ Γαιφα ἡ παλ- 46
λακὴ Χαλεβ ἐγέννησεν τὸν Αρραν καὶ τὸν Μωσα καὶ τὸν Γεζουε.
καὶ Αρραν ἐγέννησεν τὸν Γεζουε. ⁴⁷καὶ υἱοὶ Ιαδαι · Ραγεμ καὶ Ιω- 47
αθαμ καὶ Γηρσωμ καὶ Φαλετ καὶ Γαιφα καὶ Σαγαφ. ⁴⁸καὶ ἡ παλλα- 48
κὴ Χαλεβ Μωχα ἐγέννησεν τὸν Σαβερ καὶ τὸν Θαρχνα. ⁴⁹καὶ ἐγέν- 49
νησεν Σαγαφ πατέρα Μαρμηνα καὶ τὸν Σαου πατέρα Μαχαβηνα
καὶ πατέρα Γαιβαα · καὶ θυγάτηρ Χαλεβ Ασχα. ⁵⁰οὗτοι ἦσαν υἱοὶ 50
Χαλεβ. — υἱοὶ Ωρ πρωτοτόκου Εφραθα · Σωβαλ πατὴρ Καριαθια-
ριμ, ⁵¹Σαλωμων πατὴρ Βαιθλαεμ, Αριμ πατὴρ Βαιθγεδωρ. ⁵²καὶ 51
ἦσαν υἱοὶ τῷ Σωβαλ πατρὶ Καριαθιαριμ · Αραα, Εσι, Αμμανιθ, 52
⁵³Εμοσφεως, πόλις Ιαϊρ, Αιθαλιμ καὶ Μιφιθιμ καὶ Ησαμαθιμ καὶ 53
Ημασαραϊμ · ἐκ τούτων ἐξῆλθοσαν οἱ Σαραθαῖοι καὶ οἱ Εσθαωλαῖοι.
⁵⁴υἱοὶ Σαλωμων · Βαιθλαεμ, Νετωφαθι, Αταρωθ οἴκου Ιωαβ καὶ 54
ἥμισυ τῆς Μαναθι, Ησαρεϊ, ⁵⁵πατριαὶ γραμματέων κατοικοῦντες 55
Ιαβες, Θαργαθιιμ, Σαμαθιμ, Σωκαθιιμ · οὗτοι οἱ Κιναῖοι οἱ ἐλθόν-
τες ἐκ Μεσημα πατρὸς οἴκου Ρηχαβ.
¹Καὶ οὗτοι ἦσαν υἱοὶ Δαυιδ οἱ τεχθέντες αὐτῷ ἐν Χεβρων · ὁ 3

39 ελεασα] εμας Β⁽⁺⁾: item in 40 || 40 σαλλουμ A: item in 41 3 15, cf.
Esdr. II 2 42 || 41 ιεχεμ(ε)ιαν et ιεχεμ(ε)ιας Β†] κο pro χε Apl. || 42 χα-
λεμ Α†, sed in 18. 19. 24 etiam A χαλεβ | μαρισα ο] -σας Α† || 43 κορεε
Β† | θαπους Β†] θαφφου A | ροκομ A | και σεμαα > ΑV† || 44 ραεμ] ρα-
μεε Β† | ιερκααν bis] 1⁰ ιακλαν Β†, 2⁰ ιεκλαν Β†, | τον ult. > Α† | σαμμαι A
|| 45 μαων bis] μεων Β† | βαιθσουρ compl.] βηθσ. A (cf. Ruth 1 1), γεδσ. Β†
|| 46 γαιφα η] γαιφαηλ Β*† | μωσα mu.] ιωσα ΑV†, ιωσαν Β† || 47 ιαδαι]
ιησου Β† | ρεγεμ A | γηρσωμ] σωγαρ Β† | φαλεκ B | σαγαφ] -γαε Β†: item
in 49 || 48 σεβερ A | θαρχνα ΑV†] θαραμ Β†, θαρχανα mu. || 49 μαρ-
μηνα] μαδμ. A | σαουλ A | μαχαμηνα A | γαιβαα Α⁽⁺⁾ -βαλ B | ασχα (cf. 4 11
Iud. 1 12. 13. 15)] αχσα A: cf. Ios. 15 16 || 50 σωβαρ B, sed in 52 etiam B
-βαλ || 51 πατηρ βαιθλαεμ] pr. πατηρ βαιθ(α)λαμμων BAV† | βαιθλαεμ: sic
Β† in 54, sed in 51 Β† βαιθαλαεμ; A in 51 βεθλεεμ, in 54 βαιθλεεμ; cf. 4 4
11 16 | αρ(ε)ιμ] μ > A | βαιθγαιδων Β† || 52 αραα] αιω Β† | εσ(ε)ι αμμανιθ]
εσειρα μωναιω Β† || 53 εμοσφ. Β†] θυμασφας Α†, ουμασφαε al. | πολ(ε)ις
Β†] καριαθ rel. | μ(ε)ιφ(ε)ιθ(ε)ιμ] ηφιθεν ΑV† | ησαμαθ(ε)ιμ et ημασαρα(ε)ιμ]
-ειν A | οι εσθαωλαιοι] υιοι εσθααμ Β† || 54 βαιθλ.: cf. 51 | νετωφαθι] μετ.
Β†, pr. και A | ιωαβ: cf. 16 | μαναθι L†] μαλαθει Β†, μαναθ A | ησαρει Β†]
-ραει A || 55 γραμματεων] -των B, σωφηρειμ L† | ιαβες Ra.] ιαβις L†, γα-
μες Β†, γαβης A; pr. εν A | θαργαθιιμ mu.] αργ. ΒA | σαμαθ.] pr. και A |
εκ μεσημα Β†] εξ αιμαθ A | ρηχαβ] β > B

πρωτότοκος Αμνων τῇ Αχινααμ τῇ Ιεζραηλίτιδι, ὁ δεύτερος Δανιηλ
2 τῇ Αβιγαια τῇ Καρμηλίᾳ, ²ὁ τρίτος Αβεσσαλωμ υἱὸς Μωχα θυγα-
τρὸς Θολμαι βασιλέως Γεδσουρ, ὁ τέταρτος Αδωνια υἱὸς Αγγιθ,
3 ³ὁ πέμπτος Σαφατια τῆς Αβιταλ, ὁ ἕκτος Ιεθρααμ τῇ Αγλα γυναικὶ
4 αὐτοῦ. ⁴ἐξ ἐγεννήθησαν αὐτῷ ἐν Χεβρων, καὶ ἐβασίλευσεν ἐκεῖ
ἑπτὰ ἔτη καὶ ἑξάμηνον. καὶ τριάκοντα καὶ τρία ἔτη ἐβασίλευσεν ἐν
5 Ιερουσαλημ, ⁵καὶ οὗτοι ἐτέχθησαν αὐτῷ ἐν Ιερουσαλημ· Σαμαα,
Σωβαβ, Ναθαν καὶ Σαλωμων, τέσσαρες τῇ Βηρσαβεε θυγατρὶ Αμι-
6 ηλ, ⁶καὶ Ιβααρ καὶ Ελισαμα καὶ Ελιφαλετ ⁷καὶ Ναγε καὶ Ναφαγ
7 καὶ Ιανουε ⁸καὶ Ελισαμα καὶ Ελιαδα καὶ Ελιφαλετ, ἐννέα. ⁹πάντες
9 υἱοὶ Δαυιδ πλὴν τῶν υἱῶν τῶν παλλακῶν, καὶ Θημαρ ἀδελφὴ αὐτῶν.
10 ¹⁰Υἱοὶ Σαλωμων· Ροβοαμ, Αβια υἱὸς αὐτοῦ, Ασα υἱὸς αὐτοῦ,
11 Ιωσαφατ υἱὸς αὐτοῦ, ¹¹Ιωραμ υἱὸς αὐτοῦ, Οχοζια υἱὸς αὐτοῦ, Ιωας
12 υἱὸς αὐτοῦ, ¹²Αμασιας υἱὸς αὐτοῦ, Αζαρια υἱὸς αὐτοῦ, Ιωαθαν υἱὸς
13 αὐτοῦ, ¹³Αχαζ υἱὸς αὐτοῦ, Εζεκιας υἱὸς αὐτοῦ, Μανασσης υἱὸς
14 αὐτοῦ, ¹⁴Αμων υἱὸς αὐτοῦ, Ιωσια υἱὸς αὐτοῦ. ¹⁵καὶ υἱοὶ Ιωσια·
15 πρωτότοκος Ιωαναν, ὁ δεύτερος Ιωακιμ, ὁ τρίτος Σεδεκια, ὁ τέ-
16 ταρτος Σαλουμ. ¹⁶καὶ υἱοὶ Ιωακιμ· Ιεχονιας υἱὸς αὐτοῦ, Σεδεκιας
17 υἱὸς αὐτοῦ. ¹⁷καὶ υἱοὶ Ιεχονια-ασιρ· Σαλαθιηλ υἱὸς αὐτοῦ, ¹⁸Μελ-
18 χιραμ καὶ Φαδαιας καὶ Σανεσαρ καὶ Ιεκεμια καὶ Ωσαμω καὶ Δε-
19 νεθι. ¹⁹καὶ υἱοὶ Σαλαθιηλ· Ζοροβαβελ καὶ Σεμεϊ. καὶ υἱοὶ Ζοροβα-
20 βελ· Μοσολλαμος καὶ Ανανια, καὶ Σαλωμιθ ἀδελφὴ αὐτῶν, ²⁰καὶ
Ασουβε καὶ Οολ καὶ Βαραχια καὶ Ασαδια καὶ Ασοβαεσδ, πέντε.
21 ²¹καὶ υἱοὶ Ανανια· Φαλλετια, καὶ Ισαια υἱὸς αὐτοῦ, Ραφαια υἱὸς
αὐτοῦ, Ορνα υἱὸς αὐτοῦ, Αβδια υἱὸς αὐτοῦ, Σεχενια υἱὸς αὐτοῦ.
22 ²²καὶ υἱὸς Σεχενια· Σαμαια. καὶ υἱοὶ Σαμαια· Χαττους καὶ Ιωηλ

3 1 ιεζραηλ. Sixt.] ιζρ. V⁺, ισρ. ΒΑ | δανιηλ unus cod.] δαμν. Β⁺; δαλουια
A: cf. Regn. II 3 3 || 2 θολμαι mu.] θοαμαι Β⁺, -μει Α | γεδσουρ] δ > A:
cf. 2 23 || 3 σαφατια Ra.] β pro φ Β⁺, -τιας Apl. | αβιταλ] σαβ. Β⁺ | ιεθρα-
αμ mu.] -ραμ AV⁺, ιθαραμ Β⁺ | αγλα] γ > Β⁺ || 4 και 1⁰⌢3⁰ B || 5 σα-
μαα] -μαν Β⁺ | σωβαβ] -αν Β⁺ | και ult. > A || 6 ιβααρ Ra.] βααρ Β⁺, ιε-
βααρ Α | ελισαμα] α 1⁰⌢2⁰ Β⁺ | ελιφαλετ] -φαληθ Β⁽⁺⁾, sed in 8 Β⁺ -φαλα
|| 7 ναγαι Β | ναφαγ Ra.] -φαθ Β⁺, -φεγ Α | ιανουε Β⁺] ιαφιε Α || 8 ελι-
αδα pl.] ελειδα Β⁺, ελιεδα Α⁺ | ελιφαλετ: cf. 6 || 9 αδελφη] pr. η Α ||
10 υιος 1⁰] pr. ο Α⁺ || 11 οχοζια(uel -ας) pl.] οζεια Β⁺, οζιας AV⁺ || 12 αζα-
ρια Β⁺] -ιας A, οζιας L | ιωναθαν A || 13 αχας Β: cf. II 27 9 || 14 αμων
L] αμνων Β*⁺; αμως ABᶜ: cf. Regn. IV 21 18 Par. II 33 20 | ιωσ(ε)ια Β⁺]
ιωσιας rel. || 15 σεδεκια Β⁺] -ας rel. | σαλλουμ A: cf. 2 40 || 17 ιεχονιου
A || 18 φαλδαιας Β⁺ | ιεκεμια compl.] -κενια ΒΑ | ωσαμωθ Β | δενεθ(ε)ι
Β⁺] ναβαδιας Aʳmu., ναδαβιας V, ναδαβια L⁺ || 19 σαλαθιηλ] φαδαια L: cf.
Ⓜ et Esdr. II 5 2 Agg. 1 1 Matth. 1 12 etc. | ζοροβαβελ 1⁰⌢2⁰ B | μοσολο-
αμος Β⁺ | σαλωμ(ε)ιθ L⁺] -μεθ(ε)ι ΒΑ || 20 ασουβε] ασεβα A | οολ] οσα Β⁺
| βαραχιαι Β⁺ | ασοβαεσδ] αροβασοκ Β⁺ || 21 φαλλετι Β⁺ | ισαια Ra.] ισαβα
Β⁺, ιεσεια Α | ραφαια] -φαλ Β⁽⁺⁾ | σεχενιας A || 22 σαμαια 1⁰] ι > Β*⁺ |
υιοι mu.] υιος ΒΑV | χεττους A

καὶ Μαρι καὶ Νωαδια καὶ Σαφαθ, ἕξ. ²³καὶ υἱοὶ Νωαδια · Ελιθεναν 23
καὶ Εζεκια καὶ Εζρικαμ, τρεῖς. ²⁴καὶ υἱοὶ Ελιθεναν · Οδουια καὶ 24
Ελιασιβ καὶ Φαλαια καὶ Ακουν καὶ Ιωαναν καὶ Δαλαια καὶ Ανανι,
ἑπτά.

¹Καὶ υἱοὶ Ιουδα · Φαρες, Αρσων καὶ Χαρμι καὶ Ωρ, Σουβαλ 4
²καὶ Ραια υἱὸς αὐτοῦ · καὶ Σουβαλ ἐγέννησεν τὸν Ιεθ, καὶ Ιεθ ἐγέν- 2
νησεν τὸν Αχιμι καὶ τὸν Λααδ · αὗται αἱ γενέσεις τοῦ Σαραθι.
³καὶ οὗτοι υἱοὶ Αιταμ · Ιεζραηλ καὶ Ραγμα καὶ Ιαβας, καὶ ὄνομα 3
ἀδελφῆς αὐτῶν Εσηλεββων. ⁴καὶ Φανουηλ πατὴρ Γεδωρ, καὶ Αζηρ 4
πατὴρ Ωσαν. οὗτοι υἱοὶ Ωρ τοῦ πρωτοτόκου Εφραθα πατρὸς
Βαιθλαεμ. ⁵καὶ τῷ Σαουρ πατρὶ Θεκωε ἦσαν δύο γυναῖκες, Αωδα 5
καὶ Θοαδα. ⁶καὶ ἔτεκεν αὐτῷ Αωδα τὸν Ωχαζαμ καὶ τὸν Ηφαδ 6
καὶ τὸν Θαιμαν καὶ τὸν Ασθηραν · πάντες οὗτοι υἱοὶ Αωδας. ⁷καὶ 7
υἱοὶ Θοαδα · Σαρεθ καὶ Σααρ καὶ Εθναν. ⁸καὶ Κως ἐγέννησεν 8
τὸν Ενωβ καὶ τὸν Σαβηβα. καὶ γεννήσεις ἀδελφοῦ Ρηχαβ υἱοῦ
Ιαριμ. — ⁹καὶ ἦν Ιγαβης ἔνδοξος ὑπὲρ τοὺς ἀδελφοὺς αὐτοῦ · 9
καὶ ἡ μήτηρ ἐκάλεσεν τὸ ὄνομα αὐτοῦ Ιγαβης λέγουσα Ἔτεκον
ὡς γαβης. ¹⁰καὶ ἐπεκαλέσατο Ιγαβης τὸν θεὸν Ισραηλ λέγων Ἐὰν 10
εὐλογῶν εὐλογήσῃς με καὶ πληθύνῃς τὰ ὅριά μου καὶ ᾖ ἡ χείρ
σου μετ' ἐμοῦ, καὶ ποιήσεις γνῶσιν τοῦ μὴ ταπεινῶσαί με. καὶ
ἐπήγαγεν ὁ θεὸς πάντα, ὅσα ᾐτήσατο. — ¹¹καὶ Χαλεβ πατὴρ Ασχα 11
ἐγέννησεν τὸν Μαχιρ · οὗτος πατὴρ Ασσαθων. ¹²καὶ Ασσαθων 12
ἐγέννησεν τὸν Βαθρεφαν καὶ τὸν Φεσσηε καὶ τὸν Θανα πατέρα

22 και 4⁰ > ΑV† | μαρ(ε)ι B†] βερια Α | σαφαθ B†] -φατ Α || 23 ελ(ε)ι-
θεναν: sic B† in 24 et in 7 8(-θαιναν), sed in 3 23 B† -θανα; Α ubique ελιω-
ηναι (in 3 24 ελιωνναι); cf. 4 36 8 20 | εζρ(ε)ικαμ] -καν Β, εσρ. Α || 24 οδουια
unus cod. cum Β cognatus (cf. 27 9 Esdr. II 20 19)] ωδ. Α, οδολια B† | ελια-
σ(ε)ιβ] ελι > B† | φαλαια] φαρα Β | ακουν L⁰†] ιακ. B†, ακκουβ Α | ιωαναμ
A† | δαλαια B†] αναυι] μανει B†
4 1 και 1⁰ > ΑVL† | αρσων B†] εσρωμ ΑVmu., εσρων pau.: cf. 2 5 | σου-
βαλ] pr. και Α || 2 ραια Ra. (cf. Esdr. II 2 47)] ραδα B†, ρεια Α | αχ(ε)ιμ(ε)ι
B†] -μαι Aˢ | λααδ L†] λααθ Β, λαδ Α | σαραθ(ε)ι] σ > Β || 3 αιταν B† |
ιεζραηλ V] αζραηλ B†, ιεζριηλ A† (ρι sup. ras.) | ραγμα B†] ιεσμα Α | ιαβας
B†] ιγαβης Α: cf. 9. 10 | εσηλεββων B†] εσηλλελφων ΑV⁽†⁾ || 4 αζηρ B†]
εζερ Α | του > Α | βαιθλαεμ] -λαδεν B†: cf. 2 51 || 5 σαουρ unus cod. cum
Β cognatus] σαρα B†, ασχουρ Α | θεκωμ A† | αωδα B†] αλαα Α | θοαδα B†]
νοορα Α || 6 αωδα B†] νοερα L†, η νοορα Α | ωχαζαμ] ωχαια B† | ηφαδ
Vpl.] -αλ ΒΑ†, αφερ L† | ασθηραν Ra.] θ > B†, ν > Α | αωδας B†] νοορα
Α || 7 θοαδα B† (B*† λ pro θ)] αλαα Α | εθναν L] σεννων B†, εθναδι
ΑV† || 8 κως V] κωε ΒΑ | ενωβ pl.] εννω B†, εγνωβ ΑV† | σαβηβα L†]
-βαθα B†, σωβηβα Α || 9 ιγαβης 1⁰ etiam Α, sed 2⁰ Α ιατβης, in 10 Α γα-
βης || 10 η 1⁰ Sixt. (cf. L† η χειρ σου η pro η η χ. σου)] ην rel. | ποιησεις]
-σης Β | μη > B*A† || 11 ασχας Α || 12 και ασσαθων > B† | βαθρεφαν
Ra.] ν > Α, βαθραιαν B† | φεσσηε unus cod. cum Β cognatus] β pro φ B†,
φεσση Α | θανα] θαιμαν B†

πόλεως Ναας ἀδελφοῦ Εσελων τοῦ Κενεζι · οὗτοι ἄνδρες Ρηφα.
13 ¹³καὶ υἱοὶ Κενεζ · Γοθονιηλ καὶ Σαραια. καὶ υἱοὶ Γοθονιηλ · Αθαθ.
14 ¹⁴καὶ Μαναθι ἐγέννησεν τὸν Γοφερα. καὶ Σαραια ἐγέννησεν τὸν
15 Ιωαβ πατέρα Αγεαδδαϊρ, ὅτι τέκτονες ἦσαν. ¹⁵καὶ υἱοὶ Χαλεβ υἱοῦ
16 Ιεφοννη · Ηρα, Αλα καὶ Νοομ. καὶ υἱοὶ Αλα · Κενεζ. ¹⁶καὶ υἱὸς
17 αὐτοῦ Γεσεηλ, Αμηαχι καὶ Ζαφα καὶ Ζαιρα καὶ Εσεραηλ. ¹⁷καὶ
υἱοὶ Εσρι · Ιεθερ, Μωραδ καὶ Αφερ καὶ Ιαλων. καὶ ἐγέννησεν Ιεθερ
18 τὸν Μαρων καὶ τὸν Σεμαι καὶ τὸν Μαρεθ πατέρα Εσθεμων. ¹⁸καὶ
ἡ γυνὴ αὐτοῦ (αὕτη Αδια) ἔτεκεν τὸν Ιαρεδ πατέρα Γεδωρ καὶ
τὸν Αβερ πατέρα Σωχων καὶ τὸν Ιεκθιηλ πατέρα Ζανω · καὶ οὗτοι
19 υἱοὶ Γελια θυγατρὸς Φαραω, ἣν ἔλαβεν Μωρηδ. ¹⁹καὶ υἱοὶ γυναικὸς
τῆς Ιδουιας ἀδελφῆς Ναχεμ. καὶ Δαλια πατὴρ Κεϊλα, καὶ Σεμειων
πατὴρ Ιωμαν. καὶ υἱοὶ Ναημ πατρὸς Κεϊλα · Αγαρμι καὶ Εσθεμωη
20 Μαχαθι. ²⁰καὶ υἱοὶ Σεμιων · Αμνων καὶ Ρανα, υἱὸς Αναν καὶ Θι-
λων. καὶ υἱοὶ Ισεϊ · Ζωαθ καὶ υἱοὶ Ζωαθ.
21 ²¹Υἱοὶ Σηλωμ υἱοῦ Ιουδα · Ηρ πατὴρ Ληχα καὶ Λααδα πατὴρ
22 Μαρησα καὶ γενέσεις οἰκιῶν εφραθ αβακ τῷ οἴκῳ Εσοβα ²²καὶ Ιω-
ακιμ καὶ ἄνδρες Χωζηβα καὶ Ιωας καὶ Σαραφ, οἳ κατῴκησαν ἐν
23 Μωαβ · καὶ ἀπέστρεψεν αὐτοὺς αβεδηριν αθουκιιν. ²³οὗτοι κεραμεῖς
οἱ κατοικοῦντες ἐν Νατάϊμ καὶ Γαδηρα · μετὰ τοῦ βασιλέως ἐν τῇ
βασιλείᾳ αὐτοῦ ἐνίσχυσαν καὶ κατῴκησαν ἐκεῖ.
24
25 ²⁴Υἱοὶ Συμεων · Ναμουηλ καὶ Ιαμιν, Ιαριβ, Ζαρε, Σαουλ · ²⁵Σα-

12 εσελωμ A^(†) | χενεζει B† | ρηφα] ρηχαβ B*L*^(†) ‖ 14 γοφορα A | σαρια
A†, sed in 13 etiam A σαραια: cf. 36 | ιωαβ] ιωβαβ B*L* | αγεαδδα(ε)ιρ B†]
της ρασειμ A ‖ 15 υιοι 1⁰] υιου B† | ηρα] ηρ B | αλα bis] 1⁰ αδαι, 2⁰ αδα
B† | νοομ] νααμ A ‖ 16 υιος αυτου B†] υιοι Amu., υιοι αυτου *L*† | γεσεηλ
B†] ιαλλεληλ AV | αμηαχ(ε)ι B†] ζιφ pl., ζιφλι AV† | ζαφα B†] ζαιφα A†,
ζεφα Vmu. | και paenult. > *L*† | ζαιρα B†] θηρια AV, θειρια mu., εθρια uel
αιθρια *L*† | ισεραηλ B† ‖ 17 εσρ(ε)ι] εζρι A | ιεθερ: sic 2⁰ etiam B, sed 1⁰
B† ιεθερει | μωραδ] πωρ. B† | αφερ] γαφερ AV† | ιαλων] αμων B† | μαρων
mu.] μαιων BA† | σεμαι mu.] σεμεν B†, σεμμαι AV | μαρεθ B†] ναρε(α) *L*†,
ιεσβα Vpl., ιεσαβα A† | εσθαιμων B† ‖ 18 αδ(ε)ια] αιδια compl., ιδια AV† |
αβερ] αβεισα B† | ιεκθιηλ] χετιηλ B† | ζανω pl.] -νωε *L*†, ζανων V†, ζαμων
BA† | γελια B†] βεθθια A | μωρηδ] νωρωηλ B† ‖ 19 ιδουιας] ιουδαιας A,
ιδουμαιας mu. | ναχεμ] -εθ B†: cf. 1 37 | δαλια] δανα AV†, δαλειλα B† | σε-
μειων] σεμεγων B†, σωμειων A† | υιοι ναημ] μαναημ B† | αγαρμι Ra.] αταμει
B†, ο γαρμι *L*†, ο ταρμι A | εσθεμωη mu.] pr. ι AV†, εσθαιμωνη B† | μαχαθι
pl.] -θα A†, νωχαθει B† ‖ 20 ρανα Ra.] ανα B†, ραννων A, ρεννα *L*† |
αναν] φανα B† | θιλων] ινων B† | ισει Ra.] ιεσθι *L*†, σεει B†, ες A: cf. 5 24
| ζωαθ bis: sic 1⁰ unus cod. cum B cognatus, sed B† 1⁰ ζωαν, ambo 2⁰ ζω-
αβ; bis ζαωθ *L*†; bis ζωχαθ Amu. ‖ 21 ληχα B† (sim. *L*†)] ληχαδ Amu. |
λααδα] μαδαθ B† | μαρησα] μαιχα B† | εφραθ αβακ B†] εβδαθ αββους Amu.
‖ 22 χωζηβα] σωχηθα B† | και ιωας] ιωαδα B† | σαραφ] σαια B† | αβεδδηριν
αθουκιειμ A ‖ 23 νατα(ε)ιμ Ra.] ν om. omnes mss., αζαειμ B† | γαδηρα] γα-
βαηρα B† ‖ 24 ιαρ(ε)ιβ] -ειν B† | ζαρε compl.] -ρες B†, -ραε A, ζαρα *L*†

λεμ υἱὸς αὐτοῦ, Μαβασαμ υἱὸς αὐτοῦ, Μασμα υἱὸς αὐτοῦ, ²⁶Αμου- 26
ηλ υἱὸς αὐτοῦ, Σαβουδ υἱὸς αὐτοῦ, Ζακχουρ υἱὸς αὐτοῦ, Σεμεϊ
υἱὸς αὐτοῦ. ²⁷καὶ τῷ Σεμεϊ υἱοὶ ἐκκαίδεκα καὶ θυγατέρες τρεῖς · 27
καὶ τοῖς ἀδελφοῖς αὐτῶν οὐκ ἦσαν υἱοὶ πολλοί · καὶ πᾶσαι αἱ πα-
τριαὶ αὐτῶν οὐκ ἐπλεόνασαν ὡς υἱοὶ Ιουδα. ²⁸καὶ κατῴκησαν ἐν 28
Βηρσαβεε καὶ Σαμα καὶ Μωλαδα καὶ Εσηρσουαλ ²⁹καὶ ἐν Βαλαα 29
καὶ Βοασομ καὶ Θουλαδ ³⁰καὶ Βαθουηλ καὶ Ερμα καὶ Σεκλαγ ³¹καὶ 30
31
Βαιθμαρχαβωθ καὶ ἥμισυ Σωσιμ καὶ οἶκον Βαρουμσεωριμ · αὗται
πόλεις αὐτῶν ἕως βασιλέως Δαυιδ. ³²καὶ ἐπαύλεις αὐτῶν · Αιταμ 32
καὶ Ηνρεμμων καὶ Θοκκαν καὶ Αισαν, πόλεις πέντε. ³³καὶ πᾶσαι 33
αἱ ἐπαύλεις αὐτῶν κύκλῳ τῶν πόλεων τούτων ἕως Βααλ · αὕτη ἡ
κατάσχεσις αὐτῶν καὶ ὁ καταλοχισμὸς αὐτῶν. — ³⁴καὶ Μοσωβαβ 34
καὶ Ιεμολοχ καὶ Ιωσια υἱὸς Αμασια ³⁵καὶ Ιωηλ (καὶ οὗτος υἱὸς 35
Ισαβια), υἱὸς Σαραια, υἱὸς Ασιηλ ³⁶καὶ Ελιωηναι καὶ Ιακαβα καὶ 36
Ιασουια καὶ Ασαια καὶ Εδιηλ καὶ Ισμαηλ καὶ Βαναια ³⁷καὶ Ζουζα 37
υἱὸς Σεφεϊ υἱοῦ Αλλων υἱοῦ Ιεδια υἱοῦ Σαμαρι υἱοῦ Σαμαιου.
³⁸οὗτοι οἱ διελθόντες ἐν ὀνόμασιν ἀρχόντων ἐν ταῖς γενέσεσιν 38
αὐτῶν · καὶ ἐν οἴκοις πατριῶν αὐτῶν ἐπληθύνθησαν εἰς πλῆθος.
³⁹καὶ ἐπορεύθησαν ἕως τοῦ ἐλθεῖν Γεραρα ἕως τῶν ἀνατολῶν τῆς 39
Γαι τοῦ ζητῆσαι νομὰς τοῖς κτήνεσιν αὐτῶν · ⁴⁰καὶ εὗρον νομὰς 40
πίονας καὶ ἀγαθάς, καὶ ἡ γῆ πλατεῖα ἐναντίον αὐτῶν καὶ εἰρήνη
καὶ ἡσυχία, ὅτι ἐκ τῶν υἱῶν Χαμ τῶν κατοικούντων ἐκεῖ ἔμπρο-
σθεν. ⁴¹καὶ ἤλθοσαν οὗτοι οἱ γεγραμμένοι ἐπ' ὀνόματος ἐν ἡμέραις 41
Εζεκιου βασιλέως Ιουδα καὶ ἐπάταξαν τοὺς οἴκους αὐτῶν καὶ τοὺς
Μιναίους, οὓς εὕροσαν ἐκεῖ, καὶ ἀνεθεμάτισαν αὐτοὺς ἕως τῆς
ἡμέρας ταύτης καὶ ᾤκησαν ἀντ' αὐτῶν, ὅτι νομαὶ τοῖς κτήνεσιν
αὐτῶν ἐκεῖ. ⁴²καὶ ἐξ αὐτῶν ἀπὸ τῶν υἱῶν Συμεων ἐπορεύθησαν 42
εἰς ὄρος Σηιρ ἄνδρες πεντακόσιοι, καὶ Φαλεττια καὶ Νωαδια καὶ

25 μαβασαμ B†] -σαν A, βασεμαμ uel sim. L† ‖ 26 init. — αυτου 3⁰ > B†
‖ 27 και 1⁰ > B† ‖ 28 σαμαα AV† | μωλαδα B† | εσηρσουαλ Ra.] εσερσ.
A, εσηρεουλαβ B† ‖ 29 και εν βαλαα] αβελλα B† (pr. και Bᶜ) | βοασομ] βο-
οσαλ B† | θουλαδ pau.] -λαεμ B†. θωλαδ A ‖ 30 βαθουηλ mu.] -ουν B†,
-ουλ AV | σεκλαγ Ra.] υκλα B†, εν σεκελαγ A ‖ 31 βαιθμαρχαβωθ] pr. εν
A, -ρειμωθ B† | σωσιμ Gra.] σεσοραμ B† | βρσουιμσεωρειμ B† ‖
32 και 1⁰] + αι Aᶜ | αιταμ] -ταν BAV† | ηνρεμμων] ην > BLᴾ† | θοκκαν unus
cod. cum B cognatus] ν > B†, θοχχαν A | αισαρ B† ‖ 33 αι > B† | κυκλω]
pr. των A | βααλ] βαλατ B†, βαλααδ L† | η > B† ‖ 34 ιεμολοχ B†] αμα-
ληκ(uel -ηχ) rel. | ιωσιας A ‖ 35 ουτος B*† (= אוה, cf. 9 8 11 34 Esdr. II
4 9)] αυτος compl., ιηου ABᶜ, ρηου L† | σαραια] -ρααυ B† ‖ 36 ελιωηναι
Ra. (cf. 3 23)] η > B, -ωνηι A | ιωκαβα B† | ασαια] ασια B†: cf. 14 | και εδιηλ
— 37 σεφει] υιοι αωσαλ υιου σαφαλ B† ‖ 37 σεφειν A† | αλλων] αμων B†
| ιεδια Vmu.] ιδια B†, εδια A | σαμαρ(ε)ι L†] σαμαρ B†, -ριου A | σαμαιου] συ-
μεων B†: ex 24 ‖ 38 διελθοντες] θ > B† ‖ 40 π(ε)ιονας] πλει. ABᶜ ‖
41 οι L] > BAV | οικους] οικητορας A ‖ 42 φαλαεττεια B†

43 Ραφαια καὶ Οζιηλ υἱοὶ Ιεσι ἄρχοντες αὐτῶν · ⁴³καὶ ἐπάταξαν τοὺς
καταλοίπους τοὺς καταλειφθέντας τοῦ Αμαληκ καὶ κατῴκησαν ἐκεῖ
ἕως τῆς ἡμέρας ταύτης.

5 ¹Καὶ υἱοὶ Ρουβην πρωτοτόκου Ισραηλ, ὅτι οὗτος ὁ πρωτότοκος,
καὶ ἐν τῷ ἀναβῆναι ἐπὶ τὴν κοίτην τοῦ πατρὸς αὐτοῦ ἔδωκεν εὐ-
λογίαν αὐτοῦ τῷ υἱῷ αὐτοῦ Ιωσηφ υἱῷ Ισραηλ, καὶ οὐκ ἐγενεα-
2 λογήθη εἰς πρωτοτόκια · ²ὅτι Ιουδας δυνατὸς ἰσχύι καὶ ἐν τοῖς
ἀδελφοῖς αὐτοῦ καὶ εἰς ἡγούμενον ἐξ αὐτοῦ, καὶ ἡ εὐλογία τοῦ
3 Ιωσηφ. ³υἱοὶ Ρουβην πρωτοτόκου Ισραηλ · Ενωχ καὶ Φαλλους,
4 Αρσων καὶ Χαρμι. ⁴υἱοὶ Ιωηλ · Σεμεϊ καὶ Βαναια υἱὸς αὐτοῦ. καὶ
5 υἱοὶ Γουγ υἱοῦ Σεμεϊ · ⁵υἱὸς αὐτοῦ Μιχα, υἱὸς αὐτοῦ Ρηχα, υἱὸς
6 αὐτοῦ Βααλ, ⁶υἱὸς αὐτοῦ Βεηρα, ὃν μετῴκισεν Θαγλαθφαλνασαρ
7 βασιλεὺς Ασσουρ · οὗτος ἄρχων τῶν Ρουβην. ⁷καὶ ἀδελφοὶ αὐτοῦ
τῇ πατριᾷ αὐτοῦ ἐν τοῖς καταλοχισμοῖς αὐτῶν κατὰ γενέσεις αὐ-
8 τῶν · ὁ ἄρχων Ιωηλ καὶ Ζαχαρια ⁸καὶ Βαλεκ υἱὸς Οζουζ υἱὸς
Σαμα υἱὸς Ιωηλ · οὗτος κατῴκησεν ἐν Αροηρ καὶ ἐπὶ Ναβαυ καὶ
9 Βεελμαων ⁹καὶ πρὸς ἀνατολὰς κατῴκησεν ἕως ἐρχομένων τῆς ἐρή-
μου ἀπὸ τοῦ ποταμοῦ Εὐφράτου, ὅτι κτήνη αὐτῶν πολλὰ ἐν γῇ
10 Γαλααδ. ¹⁰καὶ ἐν ἡμέραις Σαουλ ἐποίησαν πόλεμον πρὸς τοὺς
παροίκους, καὶ ἔπεσον ἐν χερσὶν αὐτῶν κατοικοῦντες ἐν σκηναῖς
ἕως πάντες κατ᾽ ἀνατολὰς τῆς Γαλααδ.

11 ¹¹Υἱοὶ Γαδ κατέναντι αὐτῶν κατῴκησαν ἐν τῇ Βασαν ἕως Σελ-
12 χα. ¹²Ιωηλ ὁ πρωτότοκος, καὶ Σαφαμ ὁ δεύτερος, καὶ Ιανι ὁ γραμ-
13 ματεὺς ἐν Βασαν. ¹³καὶ οἱ ἀδελφοὶ αὐτῶν κατ᾽ οἴκους πατριῶν
αὐτῶν · Μιχαηλ, Μοσολλαμ καὶ Σεβεε καὶ Ιωρεε καὶ Ιαχαν καὶ
14 Ζουε καὶ Ωβηδ, ἑπτά. ¹⁴οὗτοι υἱοὶ Αβιχαιλ υἱοῦ Ουρι υἱοῦ Ιδαι
υἱοῦ Γαλααδ υἱοῦ Μιχαηλ υἱοῦ Ισαι υἱοῦ Ιουρι υἱοῦ Ζαβουχαμ
15/16 ¹⁵υἱοῦ Αβδιηλ υἱοῦ Γουνι · ἄρχων οἴκου πατριῶν. ¹⁶κατῴκουν ἐν

42 ιεσ(ε)ι] ιεσθεν Β⁺ || 43 τους καταλοιπους / τους καταλειφθ.] tr. Β⁺ | και
κατωκ. εκει > Β⁺
5 1 πρωτοτοκος] + αυτου Α⁺ | ιωσηφ] pr. τω Α || 2 και 1⁰ > L⁺ ||
3 init.] pr. και ΑVL⁰⁺ | αρσων Β⁺] ασρων compl., εσρων Α⁺, εσρωμ V⁺, ασ-
ρωμ rel.: cf. 2 5 | 4 σεμειν 1⁰ Α⁺, sed 2⁰ etiam Α σεμεει || 5 μιχα] ηχα
Β⁺ | ρηχα] ραια L⁺ | βααλ] ιωηλ Β || 6 βεηρα] βεηλ Β⁺ | θαλγαβανασαρ Β⁺:
cf. 26 || 7 αδελφοι] pr. οι Α | πατρια] -ιδι Β | γενεσεις] -σιν Β⁺ || 8 βα-
λεκ Β⁽⁺⁾] βαλαα L⁺, βαλε Apl. | βεελμασσων Β⁺ || 9 αυτων] ν > Β ||
10 εποιησαντο Α⁺ | εως > compl.; L⁺ επι παντος προσωπου ανατολων pro
εως — ανατολας || 11 σελχα] σ > ΒL || 12 ο 1⁰ > Β | σαφαμ] σαβατ Β⁺ |
ιανι mu.] -νειν Β⁺, -ναι Α || 13 μοσολλαμ] λ 2⁰ > Β, pr. και Α | σεβεε Β⁺]
σοβαεε V, σοβαθε Α⁺ | ιωρες Α⁺ | ιαχαν] χιμα Β⁺ | ωβηδ] ιωβ. Α | επτα] οκτω
Β*⁺ || 14 αβιχαιλ Ra.] -χαια ΒΑ, αβιελ compl., αβιηλ L⁺: cf. 2 29 | υιου 1⁰]
υιοι Β | ιδαι Β⁽⁺⁾] ιαδαι V, αδαι Α | ισαι Β⁺] ιεσσαι Α | ιουρ(ε)ι Β⁺] ιεδδαι Α
| ζαβουχαμ Β⁺] αχιβουζ Α, βουζ αδελφου compl.: cf. 𝔐 14/15 || 15 αβδηλ
Β⁺ || 16 κατοικων Β⁺

Γαλααδ, ἐν Βασαν καὶ ἐν ταῖς κώμαις αὐτῶν καὶ πάντα τὰ περί-
χωρα Σαρων ἕως ἐξόδου. ¹⁷πάντων ὁ καταλοχισμὸς ἐν ἡμέραις 17
Ιωαθαμ βασιλέως Ιουδα καὶ ἐν ἡμέραις Ιεροβοαμ βασιλέως Ισραηλ.
¹⁸Υἱοὶ Ρουβην καὶ Γαδ καὶ ἥμισυ φυλῆς Μανασση ἐξ υἱῶν δυ- 18
νάμεως, ἄνδρες αἴροντες ἀσπίδας καὶ μάχαιραν καὶ τείνοντες τό-
ξον καὶ δεδιδαγμένοι πόλεμον, τεσσαράκοντα καὶ τέσσαρες χιλιάδες
καὶ ἑπτακόσιοι καὶ ἑξήκοντα ἐκπορευόμενοι εἰς παράταξιν. ¹⁹καὶ 19
ἐποίουν πόλεμον μετὰ τῶν Αγαρηνῶν καὶ Ιτουραίων καὶ Ναφι-
σαίων καὶ Ναδαβαίων ²⁰καὶ κατίσχυσαν ἐπ᾽ αὐτῶν, καὶ ἐδόθησαν 20
εἰς χεῖρας αὐτῶν οἱ Αγαραῖοι καὶ πάντα τὰ σκηνώματα αὐτῶν,
ὅτι πρὸς τὸν θεὸν ἐβόησαν ἐν τῷ πολέμῳ, καὶ ἐπήκουσεν αὐτοῖς,
ὅτι ἤλπισαν ἐπ᾽ αὐτόν. ²¹καὶ ἠχμαλώτευσαν τὴν ἀποσκευὴν αὐτῶν, 21
καμήλους πεντακισχιλίας καὶ προβάτων διακοσίας πεντήκοντα χιλι-
άδας, ὄνους δισχιλίους καὶ ψυχὰς ἀνδρῶν ἑκατὸν χιλιάδας· ²²ὅτι 22
τραυματίαι πολλοὶ ἔπεσον, ὅτι παρὰ τοῦ θεοῦ ὁ πόλεμος. καὶ κατ-
ῴκησαν ἀντ᾽ αὐτῶν ἕως τῆς μετοικεσίας.
²³Καὶ οἱ ἡμίσεις φυλῆς Μανασση κατῴκησαν ἐν τῇ γῇ ἀπὸ Βα- 23
σαν ἕως Βααλερμων καὶ Σανιρ καὶ ὄρος Αερμων · καὶ ἐν τῷ Λι-
βάνῳ αὐτοὶ ἐπλεονάσθησαν. ²⁴καὶ οὗτοι ἀρχηγοὶ οἴκου πατριῶν 24
αὐτῶν · Οφερ καὶ Ισεϊ καὶ Ελιηλ καὶ Εσδριηλ καὶ Ιερμια καὶ Ωδουια
καὶ Ιεδιηλ, ἄνδρες ἰσχυροὶ δυνάμει, ἄνδρες ὀνομαστοί, ἄρχοντες
τῶν οἴκων πατριῶν αὐτῶν.
²⁵Καὶ ἠθέτησαν ἐν θεῷ πατέρων αὐτῶν καὶ ἐπόρνευσαν ὀπίσω 25
θεῶν λαῶν τῆς γῆς, οὓς ἐξῆρεν ὁ θεὸς ἀπὸ προσώπου αὐτῶν.
²⁶καὶ ἐπήγειρεν ὁ θεὸς Ισραηλ τὸ πνεῦμα Φαλωχ βασιλέως Ασσουρ 26
καὶ τὸ πνεῦμα Θαγλαθφαλνασαρ βασιλέως Ασσουρ, καὶ μετῴκισεν
τὸν Ρουβην καὶ τὸν Γαδδι καὶ τὸ ἥμισυ φυλῆς Μανασση καὶ ἤγα-
γεν αὐτοὺς εἰς Χαλαχ καὶ Χαβωρ καὶ ἐπὶ ποταμὸν Γωζαν ἕως τῆς
ἡμέρας ταύτης.
²⁷Υἱοὶ Λευι · Γεδσων, Κααθ καὶ Μεραρι. ²⁸καὶ υἱοὶ Κααθ · Αμ- 27
βραμ καὶ Ισσααρ, Χεβρων καὶ Οζιηλ. ²⁹καὶ υἱοὶ Αμβραμ · Ααρων 29
καὶ Μωυσῆς καὶ Μαριαμ. καὶ υἱοὶ Ααρων · Ναδαβ καὶ Αβιουδ, Ελε-

16 γαλααμ B† | βασαμ B† | σαρων] γεριαμ B† || 17 ιωθαν A† || 18 γαδ]
γαδδι A: cf. 26 | τεινοντες] pr. εν A | τεσσαρακοντα .. τεσσαρες] tr. A | και
ult. > A || 19 αγαραιων A: cf. 20 | ιτουραιων] τουρ. B† | ναφεισαδαιων B†
|| 20 αγεραιοι B†, αγοραιοι A†, αγαρηνοι L†: cf. 19 || 23 εν τη γη] > B†,
τη > A† | βααλερμων] βαιλειμ B*†, βααλειμ Bc† || 24 ισει Ra.] σεει B†, ιε-
σει A: cf. 4 20 | εσδριηλ] εζρ. V, ιεζρ. A† | ιερεμια AV⁽†⁾: cf. 12 5 | ιεδιηλ] ιε-
λειηλ B† || 25 λαων] pr. των A || 26 φαλως A† | θαγναφαμασαρ B†: cf.
6 | χαλαχ Ra.] χααχ B†, α(λ)λαν L†, χαλα A | γωζαν] χωζαρ B† || 27 μαρα-
ρει B*†: item B*† in 6 1.4, B† in 23 6, sed in 6 29.48.62 23 21 etc. etiam B
μεραρει; cf. 6 32 Idt. 16 6 || 28 αμραμ A: sic ubique || 29 αμβραν B*†,
sed ceteris locis αμβραμ

30 αζαρ καὶ Ιθαμαρ. ³⁰Ελεαζαρ ἐγέννησεν τὸν Φινεες, Φινεες ἐγέν-
31 νησεν τὸν Αβισου, ³¹Αβισου ἐγέννησεν τὸν Βωκαι, Βωκαι ἐγέννη-
32 σεν τὸν Οζι, ³²Οζι ἐγέννησε τὸν Ζαραια, Ζαραια ἐγέννησεν τὸν
33 Μαριηλ, ³³καὶ Μαριηλ ἐγέννησεν τὸν Αμαρια, καὶ Αμαρια ἐγέννη-
34 σεν τὸν Αχιτωβ, ³⁴καὶ Αχιτωβ ἐγέννησεν τὸν Σαδωκ, καὶ Σαδωκ
35 ἐγέννησεν τὸν Αχιμαας, ³⁵καὶ Αχιμαας ἐγέννησεν τὸν Αζαρια, καὶ
36 Αζαριας ἐγέννησεν τὸν Ιωαναν, ³⁶καὶ Ιωανας ἐγέννησεν τὸν Αζα-
   ριαν · οὗτος ἱεράτευσεν ἐν τῷ οἴκῳ, ᾧ ᾠκοδόμησεν Σαλωμων ἐν
37 Ιερουσαλημ. ³⁷καὶ ἐγέννησεν Αζαρια τὸν Αμαρια, καὶ Αμαρια ἐγέν-
38 νησεν τὸν Αχιτωβ, ³⁸καὶ Αχιτωβ ἐγέννησεν τὸν Σαδωκ, καὶ Σαδωκ
39 ἐγέννησεν τὸν Σαλωμ, ³⁹καὶ Σαλωμ ἐγέννησεν τὸν Χελκιαν, καὶ
40 Χελκιας ἐγέννησεν τὸν Αζαρια, ⁴⁰καὶ Αζαριας ἐγέννησεν τὸν Σα-
41 ραια, καὶ Σαραιας ἐγέννησεν τὸν Ιωσαδακ. ⁴¹καὶ Ιωσαδακ ἐπορεύθη
   ἐν τῇ μετοικίᾳ μετὰ Ιουδα καὶ Ιερουσαλημ ἐν χειρὶ Ναβουχοδονοσορ.
6 ¹Υἱοὶ Λευι · Γεδσων, Κααθ καὶ Μεραρι. ²καὶ ταῦτα τὰ ὀνόματα
3 τῶν υἱῶν Γεδσων · Λοβενι καὶ Σεμεΐ. ³υἱοὶ Κααθ · Αμβραμ καὶ
4 Ισσααρ, Χεβρων καὶ Οζιηλ. ⁴υἱοὶ Μεραρι · Μοολι καὶ Ομουσι. —
5 καὶ αὗται αἱ πατριαὶ τοῦ Λευι κατὰ πατριὰς αὐτῶν · ⁵τῷ Γεδσων ·
6 τῷ Λοβενι υἱῷ αὐτοῦ Ιεεθ υἱὸς αὐτοῦ, Ζεμμα υἱὸς αὐτοῦ, ⁶Ιωαχ
   υἱὸς αὐτοῦ, Αδδι υἱὸς αὐτοῦ, Ζαρα υἱὸς αὐτοῦ, Ιεθρι υἱὸς αὐτοῦ.
7 — ⁷υἱοὶ Κααθ · Αμιναδαβ υἱὸς αὐτοῦ, Κορε υἱὸς αὐτοῦ, Ασιρ υἱὸς
8 αὐτοῦ, ⁸Ελκανα υἱὸς αὐτοῦ, καὶ Αβιασαφ υἱὸς αὐτοῦ, Ασιρ υἱὸς
9 αὐτοῦ, ⁹Θααθ υἱὸς αὐτοῦ, Ουριηλ υἱὸς αὐτοῦ, Οζια υἱὸς αὐτοῦ,
10
11 Σαουλ υἱὸς αὐτοῦ. ¹⁰καὶ υἱοὶ Ελκανα · Αμασι καὶ Αχιμωθ, ¹¹Ελκα-
12 να υἱὸς αὐτοῦ, Σουφι υἱὸς αὐτοῦ καὶ Νααθ υἱὸς αὐτοῦ, ¹²Ελιαβ
13 υἱὸς αὐτοῦ, Ιδαερ υἱὸς αὐτοῦ, Ελκανα υἱὸς αὐτοῦ. ¹³υἱοὶ Σαμουηλ·
14 ὁ πρωτότοκος Σανι καὶ Αβια. — ¹⁴υἱοὶ Μεραρι · Μοολι, Λοβενι

31 βωκαι 1⁰ (uel βω και) pau. (cf. 6 36)] βωε και B†, βωκαι και A; pro βω-
και 2⁰ praebent βω duo codices cum B cognati, βωε B† ‖ 32 ζαραια bis
B†] 1⁰ -ραιαν AV, 2⁰ -ραιας V, -ριας A† | μαρ(ε)ιηλ B†] μαραιωθ A : item in
33, cf. 6 37 ‖ 33 αμαριαν et αμαριας A : item in 37 ‖ 35 αζαρια : sic B†
hic (1⁰) et in 37. 39, sed in 35². 36. 40 B -ιας uel -ιαν; A pl. ubique -ιας uel
-ιαν | ιωανας (sic) B† ‖ 38 σαλωμ B†] σελλουμ A pl. : item in 39, cf. 7 13
9 17 ‖ 40 σαραια B†] -αιαν rel. | ιωσαδακ B†] -σεδεκ rel. : item in 41 ‖
41 ιερουσ.] ισραηλ A | χειρι] χερσιν A†
6 1 γηρσων A hic et in 2. 5. 28. 47. 56, sed in 5 27 etiam A γεδσων (A†
per errorem ε pro σ); B ubique γεδσων (in 6 28 B† γεεδσων); cf. 23 6 | με-
ραρι; cf. 5 27 ‖ 3 αμβραμ: cf. 5 28. 29 ‖ 5 ιεεθ B† (cf. 28)] ιεθ A | Ζεμμα
B†] Ζαμμα A ‖ 6 ιωαβ B† | αδει B† | Ζαρα] ιααρα B† ‖ 7 αμ(ε)ιναδαβ
υιος αυτου] ισσααρ υιος αυτου AV⁽†⁾: eadem pr. L†; cf. 5 28 6 3. 23 | ασ(ε)ιρ
αρεσει B†: cf. 8 ‖ 8 υιος αυτου 1⁰ > B† | αβιαθαρ B† | ασ(ε)ιρ] ασερει B† :
cf. 7 ‖ 9 κααθ B†, sed in 22 etiam B θααθ | ουριηλ] υ > B† | οζ(ε)ια B†]
-ας rel. ‖ 10 αμασι] αμεσσει B† | αλειμωθ B† ‖ 11 και νααθ mu.] καιναθ
BArV ‖ 12 ιδαερ B†] ιεροαμ V, ιεροβοαμ A: cf. 19 ‖ 14 μεραρι μοολι >
B*† (Bᶜ add. μεραρει tantum)

υἱὸς αὐτοῦ, Σεμεΐ υἱὸς αὐτοῦ, Οζα υἱὸς αὐτοῦ, 15Σομεα υἱὸς αὐτοῦ, 15
Αγγια υἱὸς αὐτοῦ, Ασαια υἱὸς αὐτοῦ.

16Καὶ οὗτοι οὓς κατέστησεν Δαυιδ ἐπὶ χεῖρας ᾀδόντων ἐν οἴκῳ 16
κυρίου ἐν τῇ καταπαύσει τῆς κιβωτοῦ, 17καὶ ἦσαν λειτουργοῦντες 17
ἐναντίον τῆς σκηνῆς οἴκου μαρτυρίου ἐν ὀργάνοις, ἕως οὗ ᾠκο-
δόμησεν Σαλωμων τὸν οἶκον κυρίου ἐν Ιερουσαλημ, καὶ ἔστησαν
κατὰ τὴν κρίσιν αὐτῶν ἐπὶ τὰς λειτουργίας αὐτῶν. 18καὶ οὗτοι οἱ 18
ἑστηκότες καὶ οἱ υἱοὶ αὐτῶν ἐκ τῶν υἱῶν τοῦ Κααθ · Αιμαν ὁ
ψαλτῳδὸς υἱὸς Ιωηλ υἱοῦ Σαμουηλ 19υἱοῦ Ελκανα υἱοῦ Ηδαδ υἱοῦ 19
Ελιηλ υἱοῦ Θιε 20υἱοῦ Σουφ υἱοῦ Ελκανα υἱοῦ Μεθ υἱοῦ Αμασιου 20
21υἱοῦ Ελκανα υἱοῦ Ιωηλ υἱοῦ Αζαρια υἱοῦ Σαφανια 22υἱοῦ Θααθ 21
υἱοῦ Ασιρ υἱοῦ Αβιασαφ υἱοῦ Κορε 23υἱοῦ Ισσααρ υἱοῦ Κααθ υἱοῦ 23
Λευι υἱοῦ Ισραηλ. — 24καὶ ἀδελφὸς αὐτοῦ Ασαφ ὁ ἑστηκὼς ἐν 24
δεξιᾷ αὐτοῦ · Ασαφ υἱὸς Βαραχια υἱοῦ Σαμα 25υἱοῦ Μιχαηλ υἱοῦ 25
Μαασια υἱοῦ Μελχια 26υἱοῦ Αθανι υἱοῦ Ζαραι υἱοῦ Αδια 27υἱοῦ 26
Αιθαν υἱοῦ Ζαμμα υἱοῦ Σεμεΐ 28υἱοῦ Ηχα υἱοῦ Γεδσων υἱοῦ Λευι. 28
— 29καὶ υἱοὶ Μεραρι ἀδελφοῦ αὐτῶν ἐξ ἀριστερῶν · Αιθαν υἱὸς 29
Κισαι υἱοῦ Αβδι υἱοῦ Μαλωχ 30υἱοῦ Ασεβι υἱοῦ Αμεσσια υἱοῦ 30
Χελκιου 31υἱοῦ Αμασαι υἱοῦ Βανι υἱοῦ Σεμμηρ 32υἱοῦ Μοολι υἱοῦ 31
Μουσι υἱοῦ Μεραρι υἱοῦ Λευι. 32

33Καὶ ἀδελφοὶ αὐτῶν κατ' οἴκους πατριῶν αὐτῶν οἱ Λευῖται δε- 33
δομένοι εἰς πᾶσαν ἐργασίαν λειτουργίας σκηνῆς οἴκου τοῦ θεοῦ.
34καὶ Ααρων καὶ οἱ υἱοὶ αὐτοῦ θυμιῶντες ἐπὶ τὸ θυσιαστήριον τῶν 34
ὁλοκαυτωμάτων καὶ ἐπὶ τὸ θυσιαστήριον τῶν θυμιαμάτων εἰς πᾶ-
σαν ἐργασίαν ἅγια τῶν ἁγίων καὶ ἐξιλάσκεσθαι περὶ Ισραηλ κατὰ
πάντα, ὅσα ἐνετείλατο Μωυσῆς παῖς τοῦ θεοῦ. — 35καὶ οὗτοι 35
υἱοὶ Ααρων · Ελεαζαρ υἱὸς αὐτοῦ. Φινεες υἱὸς αὐτοῦ, Αβισου υἱὸς
αὐτοῦ, 36Βωκαι υἱὸς αὐτοῦ, Οζι υἱὸς αὐτοῦ, Ζαραια υἱὸς αὐτοῦ, 36
37Μαριηλ υἱὸς αὐτοῦ, Αμαρια υἱὸς αὐτοῦ, Αχιτωβ υἱὸς αὐτοῦ, 37
38Σαδωκ υἱὸς αὐτοῦ, Αχιμαας υἱὸς αὐτοῦ. 38

14 σομεει Β† | αζα Α† ‖ 15 σομεα Β†] σαμα Α | αγγια] αμα Β(†) | ασαβα
Β¹ ‖ 17 κυριου > Β† ‖ 19 ηδαδ unus cod. cum Β cognatus] ηααλ Β†,
ιερεαμ Α: cf. 12 | θ(ε)ιε Β†] θοουε ΑΥ†, θοου pl. ‖ 20 μεθ Β†] μααθ Α pl.
| αμασιου Ra.] θ pro σ Β†, αμας ΑΥ†, αμασαι pl. ‖ 21 αζαριου et σαφανιου
Α ‖ 22 αβιασαρ Β*† ‖ 25 μαασια Ra.] -σαι Β†, μασια L†, βαασια Α ‖
26 Ζαραι L⁹†] ζααραι Β†, αζαριου ΑΥ† | αδ(ε)ια L†] αζεια Β†, αδαια Α ‖
27 αιθαν Β†] ηθαμ L†, ουρι rel. | Ζαμμα] + μ Β† ‖ 28 ηχα Β†] ιεεθ Α: cf.
5 ‖ 29 αιθαμ Β: cf. 27 26 | κ(ε)ισαι Β†] κουσει uel sim. L†, κεισαν rel. ‖
30 αμεσσ(ε)ια] μαεσσια Α† | υιου ult. ⌢ 31 υιου 2⁰ Β | χελχιου Α† ‖ 31 βα-
ανι ΑΥ† ‖ 32 υιου 2⁰ > Β | μουσι] υ > Β†, ομουσι Α: cf. 23 21 | μερραρει
Β†: item in 15 6. 17 23 10. 19, sed aliis locis etiam Β μεραρει, cf. 5 27 ‖
34 αγια] -αν Amu., του αγιου L† ‖ 37 μαρ(ε)ιηλ Β†] μαριωθ L†, μεραωθ
Α: cf. 5 32 | αμαρια] αλιαρεια Β† ‖ 38 αχεισαμα Β†

39 ³⁹Καὶ αὗται αἱ κατοικίαι αὐτῶν ἐν ταῖς κώμαις αὐτῶν ἐν τοῖς
ὁρίοις αὐτῶν · τοῖς υἱοῖς Ααρων τῇ πατριᾷ τοῦ Κααθι — ὅτι αὐ-
40 τοῖς ἐγένετο ὁ κλῆρος — ⁴⁰καὶ ἔδωκαν αὐτοῖς τὴν Χεβρων ἐν γῇ
41 Ιουδα καὶ τὰ περισπόρια αὐτῆς κύκλῳ αὐτῆς · ⁴¹καὶ τὰ πεδία τῆς
πόλεως καὶ τὰς κώμας αὐτῆς ἔδωκαν τῷ Χαλεβ υἱῷ Ιεφοννη.
42 ⁴²καὶ τοῖς υἱοῖς Ααρων ἔδωκαν τὰς πόλεις τῶν φυγαδευτηρίων,
τὴν Χεβρων καὶ τὴν Λοβνα καὶ τὰ περισπόρια αὐτῆς καὶ τὴν
Σελνα καὶ τὰ περισπόρια αὐτῆς καὶ τὴν Εσθαμω καὶ τὰ περισπό-
43 ρια αὐτῆς ⁴³καὶ τὴν Ιεθθαρ καὶ τὰ περισπόρια αὐτῆς καὶ τὴν Δα-
44 βιρ καὶ τὰ περισπόρια αὐτῆς ⁴⁴καὶ τὴν Ασαν καὶ τὰ περισπόρια
αὐτῆς καὶ τὴν Ατταν καὶ τὰ περισπόρια αὐτῆς καὶ τὴν Βασαμυς
45 καὶ τὰ περισπόρια αὐτῆς ⁴⁵καὶ ἐκ φυλῆς Βενιαμιν τὴν Γαβεε καὶ
τὰ περισπόρια αὐτῆς καὶ τὴν Γαλεμεθ καὶ τὰ περισπόρια αὐτῆς
καὶ τὴν Αγχωχ καὶ τὰ περισπόρια αὐτῆς · πᾶσαι αἱ πόλεις αὐτῶν
τρισκαίδεκα πόλεις κατὰ πατριὰς αὐτῶν.
46 ⁴⁶Καὶ τοῖς υἱοῖς Κααθ τοῖς καταλοίποις ἐκ τῶν πατριῶν ἐκ τῆς
φυλῆς ἐκ τοῦ ἡμίσους φυλῆς Μανασση κλήρῳ πόλεις δέκα. —
47 ⁴⁷καὶ τοῖς υἱοῖς Γεδσων κατὰ πατριὰς αὐτῶν ἐκ φυλῆς Ισσαχαρ,
ἐκ φυλῆς Ασηρ, ἐκ φυλῆς Νεφθαλι, ἐκ φυλῆς Μανασση ἐν τῇ
48 Βασαν πόλεις τρισκαίδεκα. — ⁴⁸καὶ τοῖς υἱοῖς Μεραρι κατὰ πα-
τριὰς αὐτῶν ἐκ φυλῆς Ρουβην, ἐκ φυλῆς Γαδ, ἐκ φυλῆς Ζαβουλων
κλήρῳ πόλεις δέκα δύο.
49 ⁴⁹Καὶ ἔδωκαν οἱ υἱοὶ Ισραηλ τοῖς Λευίταις τὰς πόλεις καὶ τὰ
50 περισπόρια αὐτῶν · ⁵⁰καὶ ἔδωκαν ἐν κλήρῳ ἐκ φυλῆς υἱῶν Ιουδα
καὶ ἐκ φυλῆς υἱῶν Συμεων τὰς πόλεις ταύτας, ἃς ἐκάλεσεν αὐτὰς
51 ἐπ' ὀνόματος. — ⁵¹καὶ ἀπὸ τῶν πατριῶν υἱῶν Κααθ καὶ ἐγένοντο
52 πόλεις τῶν ὁρίων αὐτῶν ἐκ φυλῆς Εφραιμ. ⁵²καὶ ἔδωκαν αὐτῷ
τὰς πόλεις τῶν φυγαδευτηρίων, τὴν Συχεμ καὶ τὰ περισπόρια αὐ-
53 τῆς ἐν ὄρει Εφραιμ καὶ τὴν Γαζερ καὶ τὰ περισπόρια αὐτῆς ⁵³καὶ
τὴν Ιεκμααμ καὶ τὰ περισπόρια αὐτῆς καὶ τὴν Βαιθωρων καὶ τὰ
54 περισπόρια αὐτῆς ⁵⁴καὶ τὴν Εγλαμ καὶ τὰ περισπόρια αὐτῆς καὶ
55 τὴν Γεθρεμμων καὶ τὰ περισπόρια αὐτῆς ⁵⁵καὶ ἀπὸ τοῦ ἡμίσους
φυλῆς Μανασση τὴν Αναρ καὶ τὰ περισπόρια αὐτῆς καὶ τὴν Ιεβλααμ

---

39 πατρια] + αυτων B ‖ 40 γη ιουδα] τη ιουδαια B ‖ 42 σελνα B†]
νηλων A†, ηλων pau.: cf. 𝔐 43 ‖ 43 την 1⁰] τα B | ιεθθαρ B†] ιεθερ A
‖ 44 ατταν B⁽†⁾ (cf. Ios. 21 16 τανυ)] βαιθσαμυς rel. | βασαμυς B†] βαιθθηρ A
| και τα περισπ. αυτης ult. > B† ‖ 45 εκ] απο της A | την 1⁰] pr. και B† |
γαβεε] -βεαι Lᵖ†, -βαι B† | την 2⁰ > A† | γαλεμεθ B] -λημεθ A† | αυτης 2⁰]
+ και την λαβεε και τα περισπορια αυτης και την αναθωθ και τα περισπορια
αυτης A | αγχωχ B†] -ως A ‖ 47 τρισκαιδ.] δεκα τρεις A ‖ 48 γαδ] δαν
B†, sed in 65 etiam B γαδ ‖ 50 επ ονομ. > B*† ‖ 53 ιεκμααμ V⁽†⁾]
-μααν A, ικααμ B† ‖ 54 εγλαμ B†] ηλων A | γεθωρων B† ‖ 55 του] των
B† | αναρ Ra.] αμαρ B†, ενηρ A | αυτης 1⁰ ⌢ 2⁰ B† | ιεβλααμ] ε > AV†

καὶ τὰ περισπόρια αὐτῆς κατὰ πατριὰν τοῖς υἱοῖς Κααθ τοῖς κατα-
λοίποις. — ⁵⁶τοῖς υἱοῖς Γεδσων ἀπὸ πατριῶν ἡμίσους φυλῆς Μα- 56
νασση τὴν Γωλαν ἐκ τῆς Βασαν καὶ τὰ περισπόρια αὐτῆς καὶ τὴν
Ασηρωθ καὶ τὰ περισπόρια αὐτῆς ⁵⁷καὶ ἐκ φυλῆς Ισσαχαρ τὴν 57
Κεδες καὶ τὰ περισπόρια αὐτῆς καὶ τὴν Δεβερι καὶ τὰ περισπόρια
αὐτῆς ⁵⁸καὶ τὴν Δαβωρ καὶ τὰ περισπόρια αὐτῆς καὶ τὴν Αναμ 58
καὶ τὰ περισπόρια αὐτῆς ⁵⁹καὶ ἐκ φυλῆς Ασηρ τὴν Μασαλ καὶ τὰ 59
περισπόρια αὐτῆς καὶ τὴν Αβαραν καὶ τὰ περισπόρια αὐτῆς ⁶⁰καὶ 60
τὴν Ικακ καὶ τὰ περισπόρια αὐτῆς καὶ τὴν Ρωβ καὶ τὰ περισπό-
ρια αὐτῆς ⁶¹καὶ ἀπὸ φυλῆς Νεφθαλι τὴν Κεδες ἐν τῇ Γαλιλαίᾳ καὶ 61
τὰ περισπόρια αὐτῆς καὶ τὴν Χαμωθ καὶ τὰ περισπόρια αὐτῆς καὶ
τὴν Καριαθαιμ καὶ τὰ περισπόρια αὐτῆς. — ⁶²τοῖς υἱοῖς Μεραρι 62
τοῖς καταλοίποις ἐκ φυλῆς Ζαβουλων τὴν Ρεμμων καὶ τὰ περισπό-
ρια αὐτῆς καὶ τὴν Θαχχια καὶ τὰ περισπόρια αὐτῆς ⁶³καὶ ἐκ τοῦ 63
πέραν τοῦ Ιορδάνου Ιεριχω κατὰ δυσμὰς τοῦ Ιορδάνου ἐκ φυλῆς
Ρουβην τὴν Βοσορ ἐν τῇ ἐρήμῳ καὶ τὰ περισπόρια αὐτῆς καὶ τὴν
Ιασα καὶ τὰ περισπόρια αὐτῆς ⁶⁴καὶ τὴν Καδημωθ καὶ τὰ περι- 64
σπόρια αὐτῆς καὶ τὴν Μωφααθ καὶ τὰ περισπόρια αὐτῆς ⁶⁵καὶ ἐκ 65
φυλῆς Γαδ τὴν Ραμωθ Γαλααδ καὶ τὰ περισπόρια αὐτῆς καὶ τὴν
Μααναιμ καὶ τὰ περισπόρια αὐτῆς ⁶⁶καὶ τὴν Εσεβων καὶ τὰ περι- 66
σπόρια αὐτῆς καὶ τὴν Ιαζηρ καὶ τὰ περισπόρια αὐτῆς.

¹Καὶ τοῖς υἱοῖς Ισσαχαρ · Θωλα καὶ Φουα καὶ Ιασουβ καὶ Σεμε- 7
ρων, τέσσαρες. ²καὶ υἱοὶ Θωλα · Οζι καὶ Ραφαια καὶ Ιεριηλ καὶ 2
Ιεμου καὶ Ιεβασαμ καὶ Σαμουηλ, ἄρχοντες οἴκων πατριῶν αὐτῶν
τῷ Θωλα ἰσχυροὶ δυνάμει κατὰ γενέσεις αὐτῶν. ὁ ἀριθμὸς αὐτῶν
ἐν ἡμέραις Δαυιδ εἴκοσι καὶ δύο χιλιάδες καὶ ἑξακόσιοι. ³καὶ υἱοὶ 3
Οζι · Ιεζρια, καὶ υἱοὶ Ιεζρια · Μιχαηλ καὶ Οβδια καὶ Ιωηλ καὶ Ιεσια,

55 πατριας A ‖ 56 γωλαν B⁽†⁾] γαυλων Aʳ: cf. Ios. 20 8 | περισπορια 1⁰]
περιπολια BL†: sic B hoc tantum loco, L† in 40—66 ubique | ασηρωθ] ρα-
μωθ Aʳ: cf. ℳ 58 ‖ 57 δεβερ(ε)ι B†] δεβηρωθ L†, γαδερ Aʳ†, γαδειρ V ‖
58 δαβωρ B†] αμως Aʳ | αυτης 1⁰⌢2⁰ B ‖ 59 μασαλ] μαασα B† | αβαραν
B†] αβδων Aʳ ‖ 60 ικακ B] ιακακ Aʳ, ακωκ L† ‖ 61 νεφθαλειμ A | χα-
μων A ‖ 62 Ζαβουλων] + την ιεκομαν και τα περισπορια αυτης και την κα-
δης και τα περισπορια αυτης και A: cf. 53. 61 | θαχχ(ε)ια B†] θαβωρ A ‖
63 και 1⁰ L†] post ιορδ. 1⁰ tr. B†, > rel. | εκ του] εν τω A | ιεριχω L†] pr.
την rel. | και την ιασα — fin. > B ‖ 64 καδημωθ V] καδαμως B†, καμηδωθ
A† | μωφααθ V] μαεφλα B†, φααθ A† ‖ 65 ραμμωθ] ραμμων B† | μααναιθ
B†, βαναθ L† ‖ 66 ιαζηρ] γαζερ B†, γαζηρ A†
7 1 τοις υιοις BL†] ουτοι υιοι rel. | θωλα] θολαεκ B† (ante και), sed in 2
B† 1⁰ θολε, 2⁰ θωλαει | φουα] φουδ compl., φουτ B† | ιασσουρ B† | σαμραμ
A ‖ 2 και 2⁰ > B† | ραφαρα B† | ιεριηλ] ρειηλ B† | ιεμου και ιεβασαμ] ει-
ικαν βασαν B† | ισαμουηλ B† | οικων] κατ οικον A | εν > B† ‖ 3 οζι —
ιεσια] Ζειρρει Ζαρεια μειχαηλ και υιοι Ζαρεια μειβδεια και ραηλ εισια B†

4 πέντε, ἄρχοντες πάντες. ⁴καὶ ἐπ᾽ αὐτῶν κατὰ γενέσεις αὐτῶν κατ᾽
οἴκους πατρικοὺς αὐτῶν ἰσχυροὶ παρατάξασθαι εἰς πόλεμον τριά-
5 κοντα καὶ ἓξ χιλιάδες, ὅτι ἐπλήθυναν γυναῖκας καὶ υἱούς. ⁵καὶ
ἀδελφοὶ αὐτῶν εἰς πάσας πατριὰς Ισσαχαρ ἰσχυροὶ δυνάμει ὀγδο-
ήκοντα καὶ ἑπτὰ χιλιάδες, ὁ ἀριθμὸς αὐτῶν τῶν πάντων.
6
  ⁶Βενιαμιν · Βαλε καὶ Βαχιρ καὶ Ιαδιηλ, τρεῖς. ⁷καὶ υἱοὶ Βαλε ·
7
Ασεβων καὶ Οζι καὶ Οζιηλ καὶ Ιεριμωθ καὶ Ουρι, πέντε, ἄρχοντες
οἴκων πατρικῶν ἰσχυροὶ δυνάμει. καὶ ὁ ἀριθμὸς αὐτῶν εἴκοσι καὶ
8 δύο χιλιάδες καὶ τριάκοντα τέσσαρες. ⁸καὶ υἱοὶ Βαχιρ · Ζαμαριας
καὶ Ιωας καὶ Ελιεζερ καὶ Ελιθεναν καὶ Αμαρια καὶ Ιεριμωθ καὶ
9 Αβιου καὶ Αναθωθ καὶ Γεμεεθ. πάντες οὗτοι υἱοὶ Βαχιρ. ⁹καὶ ὁ
ἀριθμὸς αὐτῶν κατὰ γενέσεις αὐτῶν, ἄρχοντες οἴκων πατριῶν
10 αὐτῶν ἰσχυροὶ δυνάμει, εἴκοσι χιλιάδες καὶ διακόσιοι. ¹⁰καὶ υἱοὶ
Ιαδιηλ · Βαλααν. καὶ υἱοὶ Βαλααν · Ιαους καὶ Βενιαμιν καὶ Αωθ
11 καὶ Χανανα καὶ Ζαιθαν καὶ Ραμεσσαι καὶ Αχισααρ. ¹¹πάντες οὗτοι
υἱοὶ Ιαδιηλ ἄρχοντες τῶν πατριῶν ἰσχυροὶ δυνάμει ἑπτακαίδεκα
12 χιλιάδες καὶ διακόσιοι ἐκπορευόμενοι δυνάμει τοῦ πολεμεῖν. ¹²καὶ
Σαπφιν καὶ Απφιν καὶ υἱοὶ Ραωμ · υἱὸς αὐτοῦ Αερ.
13   ¹³Υἱοὶ Νεφθαλι · Ιασιηλ καὶ Γωνι καὶ Ισσιηρ καὶ Σαλωμ, υἱοὶ
Βαλαα.
14   ¹⁴Υἱοὶ Μανασση · Ασεριηλ, ὃν ἔτεκεν ἡ παλλακὴ αὐτοῦ ἡ Σύρα ·
15 ἔτεκεν τὸν Μαχιρ πατέρα Γαλααδ. ¹⁵καὶ Μαχιρ ἔλαβεν γυναῖκα τῷ
Αμφιν καὶ Μαμφιν · καὶ ὄνομα ἀδελφῆς αὐτοῦ Μωχα. καὶ ὄνομα
τῷ δευτέρῳ Σαλπααδ, καὶ ἐγεννήθησαν τῷ Σαλπααδ θυγατέρες.
16 ¹⁶καὶ ἔτεκεν Μωχα γυνὴ Μαχιρ υἱὸν καὶ ἐκάλεσεν τὸ ὄνομα αὐ-
τοῦ Φαρες, καὶ ὄνομα ἀδελφοῦ αὐτοῦ Σορος · υἱὸς αὐτοῦ Ουλαμ.

4 επ BL†] μετ A ‖ 5 αδελφοι B†] pr. οι rel.: cf. 16. 18. 22. 30 | ισχυροι]
pr. και B ‖ 6 βαλε: sic A in 7, sed B† ibi βαδεε; 6 βαλε > BAV† | βαχιρ
compl.] αβειρα B†, sed in 8 B† 1⁰ αβαχει, 2⁰ αμαχειρ; A ubique βοχορ | ια-
διηλ: sic A hoc loco, sed in 10 αδιηλ, in 11 A† αδιηρ; B† in 6 αδειηλ, in
10. 11 αριηλ ‖ 7 ιεριμωθ: sic A in 8, sed in 7 -μουθ; B† in 7 αρειμωθ, in
8 αυρημωθ | και 5⁰ > B*† | πατρικων BA† (cf. 4)] κ > rel. ‖ 8 βαχιρ bis:
cf. 6 | Ζαμαριας pau.] ζ > B†, -ρια L†, Ζαμιριας A | ελιθεναν: cf. 3 23 | αβιου]
-ουδ B†, αβια L† | γεμεεθ B†] ελμεθεμ A ‖ 10 ιαδιηλ: cf. 6 | ιαους] ιεως A
| αωθ] αωδ V, αμειδ A† | χανανα mu.] χανααν B, χαναναν A† | Ζαιθαν B†]
Ζηθα(ν) L†, ηθαν AV† | ραμεσσαι B†] θαρσεις rel. | αχεισαδαρ B† ‖ 12 σαπ-
φ(ε)ιν κ. απφ(ε)ιν B†] σαφειμ κ. αφειμ A | ραωμ B†] ωρα ασοβ(pro -ομ) A |
αερ B†] αορ Apl., > L† ‖ 13 ιεισιηλ B† | και 1⁰ > B | γων(ε)ι γωυνι A:
cf. Gen. 46 24 Num. 26 48 | ισσ(ε)ιηρ B†] ισ(σ)ααρ compl.: cf. Gen. 46 24;
σααρ AV† | σαλωμ Ra. (cf. 5 38)] σαλωμων B†: cf. 9 19; σελλουμ A | βαλαα
Ra.] βαλλα AV†, βαλαμ B†, βαλααμ L† ‖ 14 ασερ(ε)ιηλ B†] εσριηλ Apl. ‖
15 αμφ(ε)ιν κ. μαμφ(ε)ιν B†] αφφειν κ. σεφφειμ A | μοοχα A: item in 16 |
τη δευτερα B | σαλπααδ 1⁰] σαπφααδ B† | και ult. — fin. > B† ‖ 16 γυνη]
pr. η A: cf. 5 | αυτου 1⁰⌒2⁰ B† | σορος] σουρος B†, φορος L†

¹⁷καὶ υἱοὶ Ουλαμ · Βαδαν. οὗτοι υἱοὶ Γαλααδ υἱοῦ Μαχιρ υἱοῦ Μα- 17
νασση. ¹⁸καὶ ἀδελφὴ αὐτοῦ ἡ Μαλεχεθ ἔτεκεν τὸν Ισαδεκ καὶ τὸν 18
Αβιεζερ καὶ τὸν Μαελα. ¹⁹καὶ ἦσαν υἱοὶ Σεμιρα · Ιααιμ καὶ Συχεμ 19
καὶ Λακεϊ καὶ Ανιαμ.

²⁰Καὶ υἱοὶ Εφραιμ · Σωθαλα, καὶ Βαραδ υἱὸς αὐτοῦ, καὶ Θααθ 20
υἱὸς αὐτοῦ, Ελεαδα υἱὸς αὐτοῦ, Νομεε υἱὸς αὐτοῦ, ²¹Ζαβεδ υἱὸς 21
αὐτοῦ, Σωθελε υἱὸς αὐτοῦ καὶ Εζερ καὶ Ελεαδ. καὶ ἀπέκτειναν αὐ-
τοὺς ἄνδρες Γεθ οἱ τεχθέντες ἐν τῇ γῇ, ὅτι κατέβησαν λαβεῖν τὰ
κτήνη αὐτῶν. ²²καὶ ἐπένθησεν Εφραιμ πατὴρ αὐτῶν ἡμέρας πολλάς, 22
καὶ ἦλθον ἀδελφοὶ αὐτοῦ τοῦ παρακαλέσαι αὐτόν. ²³καὶ εἰσῆλθεν 23
πρὸς τὴν γυναῖκα αὐτοῦ, καὶ ἔλαβεν ἐν γαστρὶ καὶ ἔτεκεν υἱόν, καὶ
ἐκάλεσεν τὸ ὄνομα αὐτοῦ Βαραγα, ὅτι Ἐν κακοῖς ἐγένετο ἐν οἴκῳ
μου. ²⁴καὶ ἐν ἐκείνοις τοῖς καταλοίποις καὶ ᾠκοδόμησεν Βαιθωρων 24
τὴν κάτω καὶ τὴν ἄνω. καὶ υἱοὶ Οζαν · Σεηρα ²⁵καὶ Ραφη υἱοὶ 25
αὐτοῦ, Ρασεφ καὶ Θαλε υἱοὶ αὐτοῦ, Θαεν υἱὸς αὐτοῦ. ²⁶τῷ Λααδαν 26
υἱῷ αὐτοῦ Αμιουδ υἱὸς αὐτοῦ, Ελισαμα υἱὸς αὐτοῦ, ²⁷Νουμ υἱὸς 27
αὐτοῦ, Ιησουε υἱὸς αὐτοῦ. ²⁸καὶ κατάσχεσις αὐτῶν καὶ κατοικία 28
αὐτῶν · Βαιθηλ καὶ αἱ κῶμαι αὐτῆς, κατ᾽ ἀνατολὰς Νααραν, πρὸς
δυσμαῖς Γαζερ καὶ αἱ κῶμαι αὐτῆς · καὶ Συχεμ καὶ αἱ κῶμαι αὐτῆς
ἕως Γαιαν καὶ αἱ κῶμαι αὐτῆς. ²⁹καὶ ἕως ὁρίων υἱῶν Μανασση · 29
Βαιθσααν καὶ αἱ κῶμαι αὐτῆς, Θααναχ καὶ αἱ κῶμαι αὐτῆς καὶ
Βαλαδ καὶ αἱ κῶμαι αὐτῆς, Μαγεδδω καὶ αἱ κῶμαι αὐτῆς, Δωρ
καὶ αἱ κῶμαι αὐτῆς. ἐν ταύταις κατῴκησαν οἱ υἱοὶ Ιωσηφ υἱοῦ
Ισραηλ.

³⁰Υἱοὶ Ασηρ · Ιεμνα καὶ Ισουα καὶ Ισουι καὶ Βεριγα, καὶ Σορε 30

17 και υιοι ουλαμ > B† | βαδαμ B†, βαλα(α)μ L† ‖ 18 αδελφη B] pr. η
A pl.: cf. 5 | ισαδεκ B†] ιεσσουδ(uel -ουλ) L†, ισουδ mu., σουδ A† | μοολα A
‖ 19 ιααιμ B†] αειν A | λακει mu.] -κεειμ B† (sim. L†), -κε(ε)ια AV† | ανιαμ]
αλιαλειμ B† ‖ 20 σωθαλα — ελεαδα] σωθαλαθ υιοι λααδα B† | υιος 1⁰] υιοι
A†: cf. B | νομεε] νοομε B† ‖ 21 υιος αυτου σωθελε > B*† | και εζερ L(†)]
οζαρ B†, εζερ υιος αυτου AVmu. | ελεαδ] ελααδ B, λααδ uel sim. L† | αυτους]
-τον B | τη > B | λαβειν] pr. του B ‖ 22 αδελφοι] pr. οι A pl.: cf. 5 | αυ-
του] των B ‖ 23 βαραγα Ra.] βαργαα B†, βαρια A ‖ 24 και εν εκεινοις
τοις καταλοιποις B†] και η θυγατηρ αυτου σααρα L†: eadem pr. rel. | και υιοι
οζαν σεηρα] και την ηρσααδρα L† | 25 υιοι 1⁰ B< et unus cod. cum B co-
gnatus] υιου B*†, υιος rel. | αυτου 1⁰ > B*† | ρασεφ] σαραφ B†; pr. και A |
θαλεες B† | θαεν υιος αυτου om. hoc loco, sed post 26 αυτου 1⁰ add. και
θααν υιος αυτου AVcompl. (A† καθααν pro και θααν) ‖ 26 τω] και L† |
λααδαν compl.] λαδδαν B†, γαλααδα A†: cf. 26 21 | αμιουδ — 27 fin.] υιοι αμι-
ουειδ υιοι ελειμασαι υιοι νουμ υιοι ιησουε υιοι αυτου B† ‖ 28 κατασχεσεις
A | νααρναν B† | γαιαν B†] γαζης rel. ‖ 29 βαιθσααν B†] βαιθσαν rel. (pau.
βηθσ.: cf. Ruth 1 1) | θααναχ] θαλμη B† | βαλαδ B†] βαλααδ rel. | μαγεδδει
B† | ταυταις] -τη B† ‖ 30 ιεμνα] ινινα B† | ισουα B†] ιεσουα A | ισουι]
ιεσουι A | βεριγα B†] βαρια A: cf. 31 8 13. 16. 21 | σορε] σαραι A

31 ἀδελφὴ αὐτῶν. ³¹καὶ υἱοὶ Βεριγα · Χαβερ καὶ Μελχιηλ, οὗτος πατὴρ
32 Βερζαιθ. ³²καὶ Χαβερ ἐγέννησεν τὸν Ιαφαλητ καὶ τὸν Σαμηρ καὶ
33 τὸν Χωθαμ καὶ τὴν Σωλα ἀδελφὴν αὐτῶν. ³³καὶ υἱοὶ Ιαφαλητ ·
34 Φεσηχι, Βαμαηλ καὶ Ασιθ · οὗτοι υἱοὶ Ιαφαλητ. ³⁴καὶ υἱοὶ Σεμμηρ ·
35 Αχιουραογα καὶ Οβα καὶ Αραμ ³⁵καὶ Βανηελαμ · ἀδελφοὶ αὐτοῦ
36 Σωφα καὶ Ιμανα καὶ Σελλης καὶ Αμαλ. ³⁶υἱοὶ Σωφα · Χουχι, Αρνα-
37 φαρ καὶ Σουαλ καὶ Βαρι καὶ Ιμαρη, ³⁷Σοβαλ καὶ Ωδ καὶ Σεμμα
38 καὶ Σαλισα καὶ Ιεθραν καὶ Βεηρα. ³⁸καὶ υἱοὶ Ιεθερ · Ιφινα καὶ Φα-
39 σφα καὶ Αρα. ³⁹καὶ υἱοὶ Ωλα · Ορεχ, Ανιηλ καὶ Ρασια. ⁴⁰πάντες
40
οὗτοι υἱοὶ Ασηρ, πάντες ἄρχοντες πατριῶν ἐκλεκτοὶ ἰσχυροὶ δυνά-
μει, ἄρχοντες ἡγούμενοι · ἀριθμὸς αὐτῶν εἰς παράταξιν τοῦ πολε-
μεῖν, ἀριθμὸς αὐτῶν ἄνδρες εἴκοσι ἓξ χιλιάδες.

8 ¹Καὶ Βενιαμιν ἐγέννησεν τὸν Βαλε πρωτότοκον αὐτοῦ καὶ Ασβηλ
2 τὸν δεύτερον, Ααρα τὸν τρίτον, ²Νωα τὸν τέταρτον καὶ Ραφη τὸν
3 πέμπτον. ³καὶ ἦσαν υἱοὶ τῷ Βαλε · Αδερ καὶ Γηρα καὶ Αβιουδ
4 ⁴καὶ Αβισουε καὶ Νοομα καὶ Αχια ⁵καὶ Γηρα καὶ Σωφαρφακ καὶ
5
6 Ωιμ. — ⁶οὗτοι υἱοὶ Αωδ · οὗτοί εἰσιν ἄρχοντες πατριῶν τοῖς κατ-
7 οικοῦσιν Γαβεε, καὶ μετῴκισαν αὐτοὺς εἰς Μαναχαθι · ⁷καὶ Νοομα
καὶ Αχια καὶ Γηρα · οὗτος ιγλααμ καὶ ἐγέννησεν τὸν Ναανα καὶ
8 τὸν Αχιχωδ. ⁸καὶ Σααρημ ἐγέννησεν ἐν τῷ πεδίῳ Μωαβ μετὰ τὸ
9 ἀποστεῖλαι αὐτὸν Ωσιμ καὶ τὴν Βααδα γυναῖκα αὐτοῦ. ⁹καὶ ἐγέν-
νησεν ἐκ τῆς Αδα γυναικὸς αὐτοῦ τὸν Ιωβαβ καὶ τὸν Σεβια καὶ

30 αδελφη] pr. και Β†; pr. η Α: cf. 5 ‖ 31 και 1⁰ > Β | βεριγα unus cod.
cum Β cognatus] βεριχα Β†, βαρια Α: cf. 30 | γαβερ Β†, sed in 32 etiam Β
χαβερ | μελχιηλ] μελλειη Β† | ουτος] αυτος Α | βερζαιθ ΑV†] βηζ. Β† ‖
32 ιαφαλητ] ιφαμηλ Β†: idem in 33 1⁰ αφαληχ, 2⁰ ιαφαληλ | σαμηρ] σωμ. Α
| χωθαν Β ‖ 33 φεσηχι] βαισ. Β† | βαμαηλ] ιμαβαηλ Β† ‖ 34 σεμμηρ]
σωμηρ Α: cf. 32 | αχιουραογα] -ουια Β† | οβα] ωβαβ Β† | και αραμ] ακαραν
Β† ‖ 35 βανηελαμ comp.] βαλααμ Β†, υιος ελαμ Α | σωφα: sic ΑV in 36,
sed in 35 ΑV† σωφαρ; Β in 36 σωφας, Β† in 35 σωχαθ | σελλης] ζεμη Β†
| αμαα Β† ‖ 36 χουχι Β†] σουε Α | αναρφαρ Β† | σουλα Β | βαρι] σαββρει
Β† | ιμαρη Β†] ιεμρα Α ‖ 37 σοβαλ Β†] και βασαρ Α | σεμμα L†] σεμα Β†,
σαμμα Α | ιεθραν L†] θερα Β†, ιεθερ Α: cf. 38 | βεηρα] βαιαιλα Β† ‖ 38 ιε-
θερ] ιεθηρ Β† | ιφινα Β†] ιεφινα Α, ιεφοννη L† | φασφαι Β† ‖ 39 αν(ε)ιηλ]
pr. και Α ‖ 40 αριθμος αυτων ult. ΒL(pr. o)†] > rel.
8 1 τον 1⁰ > Β† | βαλε] βελελεηλ Β†, βεσελεηλ unus cod. cognatus, sed in
3 etiam hi βαλε | ασβηλ] σαβα Β† | ααρα] ιαφαηλ Β†; pr. και Α ‖ 2 νωα]
ιωα Β†; pr. και Α ‖ 3 αδερ pau.] αλει Β†, αρεδ Α, αδαρ L† ‖ 4 αβισουε]
-σαμας Β† | νοομα Β†] μααμαν Α | και αχια Β(†)] > Α ‖ 5 γερα Β†, sed in
3. 7 etiam Β γηρα | σωφαρφακ Β†] σεφουφαμ compl., σωφαν και αχιραν Α |
ωιμ] ιωιμ Α, ουραμ compl. ‖ 6 αωδ] ωδ ΑV† | γαβεε mu.] -βερ Β†, -βες Α
V† | μαχαναθει Β ‖ 7 ιγλααμ] λ > Β†, απωκισεν αυτους L† | και paenult.
> Β† | ναανα Β†] αζα Α, ναζαν L† | αχιχωδ Ra.] ιαχιχωλ Β†, ιαχιχαδ ΑV†,
αχιδαδ compl. ‖ 8 σααρηλ Ƅ† | ωσιμ] σωσιν Β†, sed in 11 Β† ωσιμεν |
βααδα unus cod. cum Β cognatus] ιβααδα Β†, βαλαα L†, βααρα uel sim. rel.
‖ 9 σεβια] ιεβ. Β†

τὸν Μισα καὶ τὸν Μελχαμ ¹⁰καὶ τὸν Ιαως καὶ τὸν Σαβια καὶ τὸν 10
Μαρμα · οὗτοι ἄρχοντες πατριῶν. ¹¹καὶ ἐκ τῆς Ωσιμ ἐγέννησεν τὸν 11
Αβιτωβ καὶ τὸν Αλφααλ. ¹²καὶ υἱοὶ Αλφααλ · Ωβηδ, Μεσσααμ, Σεμ- 12
μηρ · οὗτος ᾠκοδόμησεν τὴν Ωνω καὶ τὴν Λοδ καὶ τὰς κώμας
αὐτῆς. — ¹³καὶ Βεριγα καὶ Σαμα · οὗτοι ἄρχοντες τῶν πατριῶν 13
τοῖς κατοικοῦσιν Αιλαμ, καὶ οὗτοι ἐξεδίωξαν τοὺς κατοικοῦντας
Γεθ. ¹⁴καὶ ἀδελφὸς αὐτοῦ Σιωσηκ καὶ Ιαριμωθ ¹⁵καὶ Ζαβαδια καὶ ¹⁴₁₅
Ωρηρ καὶ Ωδηδ ¹⁶καὶ Μιχαηλ καὶ Ιεσφα καὶ Ιωχα υἱοὶ Βαριγα. 16
¹⁷καὶ Ζαβαδια καὶ Μοσολλαμ καὶ Αζακι καὶ Αβαρ ¹⁸καὶ Ισαμαρι ¹⁷₁₈
καὶ Ιεζλια καὶ Ιωβαβ υἱοὶ Ελφααλ. ¹⁹καὶ Ιακιμ καὶ Ζεχρι καὶ Ζαβδι 19
²⁰καὶ Ελιωηναι καὶ Σαλθι καὶ Ελιηλι ²¹καὶ Αδαια καὶ Βαραια καὶ 21
Σαμαραθ υἱοὶ Σαμαϊ. ²²καὶ Ισφαν καὶ Ωβηδ καὶ Ελεηλ ²³καὶ Αβα- 23
δων καὶ Ζεχρι καὶ Αναν ²⁴καὶ Ανανια καὶ Αμβρι καὶ Αιλαμ καὶ 24
Αναθωθια ²⁵καὶ Αθιν καὶ Ιεφερια καὶ Φελιηλ υἱοὶ Σωσηκ. ²⁶καὶ Σαμ- ²⁵₂₆
σαρια καὶ Σααρια καὶ Ογοθολια ²⁷καὶ Ιαρασια καὶ Ηλια καὶ Ζεχρι 27
υἱοὶ Ιρααμ. ²⁸οὗτοι ἄρχοντες πατριῶν κατὰ γενέσεις αὐτῶν ἄρχον- 28
τες · οὗτοι κατῴκησαν ἐν Ιερουσαλημ. — ²⁹καὶ ἐν Γαβαων κατῴ- 29
κησεν πατὴρ Γαβαων, καὶ ὄνομα γυναικὶ αὐτοῦ Μααχα. ³⁰καὶ υἱὸς 30
αὐτῆς ὁ πρωτότοκος Αβαδων, καὶ Σουρ καὶ Κις καὶ Βααλ καὶ Νηρ
καὶ Ναδαβ ³¹καὶ Γεδουρ καὶ ἀδελφὸς αὐτοῦ καὶ Ζαχουρ καὶ Μακα- 31
λωθ · ³²καὶ Μακαλωθ ἐγέννησεν τὸν Σεμαα. καὶ γὰρ οὗτοι κατ- 32
έναντι τῶν ἀδελφῶν αὐτῶν κατῴκησαν ἐν Ιερουσαλημ μετὰ τῶν

9 μωσα A | μελχας Bᵀ ‖ 10 ιαως Ra.] ιδως Bᵀ, ιωας Lᵀ, ιεους A | σαβια]
σεβ. A : cf. 9 | μαρμα] ιμαμα Bᵀ ‖ 11 ωσιμ: cf. 8 | αλφααδ B : item in 12
‖ 12 αλφαα Aᵀ | μεσσααμ Bᵀ] μισααλ A ; pr. και A | σημηρ Bᵀ, sed in 6 31
7 34 etiam B σεμμηρ | ωνω] ωναν B⁽ᵀ⁾ | και την λοδ > Bᵀ ‖ 13 βαριγα A :
cf. 7 30 | αιλαμ] αδαμ Aᵀ ‖ 14 αδελφος] οι -φοι A | σωσηκ AVᵀ] σωκηλ Bᵀ,
σωσηλ compl. | ιαριμουθ A ‖ 15 ζαβαδια pau.] αζαβ. A, αζαβαβια Bᵀ | ωρηρ
και ωδηδ Bᵀ] αρωδ κ. ωδερ A ‖ 16 ιεσφα Lᵖᵀ] σαφαν Bᵀ, εσφαχ AV⁽ᵀ⁾ |
ιωχα compl.] ιωαχαν Bᵀ, ιωαχα A⁽ᵀ⁾; + και ιεζια A ‖ 18 ισαμαρι unus cod.]
σαμ. Bᵀ, ιεσαμ. A | ιεζλια V] εζλ. Aᵀ, ιεζρια unus cod. cum B cognatus, ζα-
ρεια Bᵀ | ιωβαβ] ιωαβ Bᵀ | ελφααλ] ελχααδ Bᵀ ‖ 19 ζεχρι] ζαχ. Bᵀ : item
in 27 ‖ 20 ελιωηναι] -ωλιαα Bᵀ : cf. 3 23 | σαλθ(ε)ι] θ > Aᵀ | και ult. >
Aᵀ ‖ 21 αδαια] αλαια AVᵀ, αβια Bᵀ | και βαραια pl.] και βεριγα BAV |
σαμαι] -μαειθ B ‖ 22 ισφαν] ιεσφ. VL, εσφ. Aᵀ | ωβηδ] ωβθη Bᵀ ‖ 23 αβα-
δων : sic Bᵀ, idem in 30 αβαλων, BSᵀ in 9 36 σαβαδων ; A ubique αβδων |
ζοχρι Aᵀ ‖ 24 αιλαμ Bᵀ] αηλ. AVᵀ, ηλ. rel. | αναθωθια] ανωθαιθ Bᵀ ‖
25 ιεφερ(ε)ια Bᵀ] ιεφαδια A | φελιηλ Bᵀ] φανουηλ rel. | σωσηκ] σωιηκ Bᵀ
‖ 26 σαμσαρια] ισμασαρια Bᵀ | σααρια] σαραια BLᵀ | ογοθολια Bᵀ] γοθολιας
A ‖ 27 ιαρασια] ιασαραια και σαραια Bᵀ | ζεχρι: cf. 19 | ιρααμ Bᵀ] ιεροαμ A
‖ 28 αρχοντες 2⁰ Bᵀ (cf. 9 34 7 40)] αρχηγοι rel. ‖ 29 γυν.] pr. τη A |
μααχα] μολχα B*ᵀ, μιλχα Bᶜᵀ ‖ 30 αυτη A | ο > A | αβαδων: cf. 23 | σουρ]
ισουρ AV : cf. 9 36 | βααλ και νηρ] βααλακαιμ Bᵀ : cf. 9 36 | ναδαβ] αδαδ Bᵀ
‖ 31 γεδουρ] γε > B | αδελφοι AVL : cf. 9 37 | και 3⁰ > AV | ζακχουρ A |
και μακαλωθ > Apl. ‖ 32 σαμεα Aᵀ, σαμαα L | γαρ > AVL

33 ἀδελφῶν αὐτῶν. ³³καὶ Νηρ ἐγέννησεν τὸν Κις, καὶ Κις ἐγέννησεν
τὸν Σαουλ, καὶ Σαουλ ἐγέννησεν τὸν Ιωναθαν καὶ τὸν Μελχισουε
34 καὶ τὸν Αμιναδαβ καὶ τὸν Ασαβαλ. ³⁴καὶ υἱοὶ Ιωναθαν· Μεριβααλ.
35 καὶ Μεριβααλ ἐγέννησεν τὸν Μιχια. ³⁵καὶ υἱοὶ Μιχια · Φιθων καὶ
36 Μελχηλ καὶ Θερεε καὶ Αχαζ. ³⁶καὶ Αχαζ ἐγέννησεν τὸν Ιωιαδα,
καὶ Ιωιαδα ἐγέννησεν τὸν Γαλεμαθ καὶ τὸν Ασμωθ καὶ τὸν Ζαμ-
37 βρι, καὶ Ζαμβρι ἐγέννησεν τὸν Μαισα · ³⁷καὶ Μαισα ἐγέννησεν τὸν
Βαανα · Ραφαια υἱὸς αὐτοῦ, Ελασα υἱὸς αὐτοῦ, Εσηλ υἱὸς αὐτοῦ.
38 ³⁸καὶ τῷ Εσηλ ἓξ υἱοί, καὶ ταῦτα τὰ ὀνόματα αὐτῶν · Εζρικαμ
πρωτότοκος αὐτοῦ, καὶ Ισμαηλ καὶ Σαραια καὶ Αβδια καὶ Αναν ·
39 πάντες οὗτοι υἱοὶ Εσηλ. ³⁹καὶ υἱοὶ Ασηλ ἀδελφοῦ αὐτοῦ · Αιλαμ
40 πρωτότοκος αὐτοῦ, καὶ Ιαις ὁ δεύτερος, Ελιφαλετ ὁ τρίτος. ⁴⁰καὶ
ἦσαν υἱοὶ Αιλαμ ἰσχυροὶ ἄνδρες δυνάμει τείνοντες τόξον καὶ πλη-
θύνοντες υἱοὺς καὶ υἱοὺς τῶν υἱῶν, ἑκατὸν πεντήκοντα. πάντες
οὗτοι ἐξ υἱῶν Βενιαμιν.

9 ¹Καὶ πᾶς Ισραηλ, ὁ συλλοχισμὸς αὐτῶν, καὶ οὗτοι καταγεγραμ-
μένοι ἐν βιβλίῳ τῶν βασιλέων Ισραηλ καὶ Ιουδα μετὰ τῶν ἀποι-
2 κισθέντων εἰς Βαβυλῶνα ἐν ταῖς ἀνομίαις αὐτῶν. ²καὶ οἱ κατοι-
κοῦντες πρότερον ἐν ταῖς κατασχέσεσιν αὐτῶν ἐν ταῖς πόλεσιν ·
Ισραηλ, οἱ ἱερεῖς, οἱ Λευῖται καὶ οἱ δεδομένοι.

3 ³Καὶ ἐν Ιερουσαλημ κατῴκησαν ἀπὸ τῶν υἱῶν Ιουδα καὶ ἀπὸ
τῶν υἱῶν Βενιαμιν καὶ ἀπὸ τῶν υἱῶν Εφραιμ καὶ Μανασση ·
4 ⁴Γωθι υἱὸς Αμμιουδ υἱοῦ Αμρι υἱοῦ υἱῶν Φαρες υἱοῦ Ιουδα. ⁵καὶ
5
6 ἐκ τῶν Σηλωνι · Ασαια πρωτότοκος αὐτοῦ καὶ υἱοὶ αὐτοῦ. ⁶ἐκ
τῶν υἱῶν Ζαρα · Ιιηλ καὶ ἀδελφοὶ αὐτῶν, ἑξακόσιοι καὶ ἐνενήκον-
7 τα. ⁷καὶ ἐκ τῶν υἱῶν Βενιαμιν · Σαλω υἱὸς Μοσολλαμ υἱοῦ Ωδουια

33 μελχεσουε Bᵗ | ασαβαλ] ισβααλ VL, ιεβααλ Aᵗ; cf. 9 39 11 11 Regn. II
2 8 ‖ 34 υιος A | μεριβααλ bis] μεμφιβ. L, μεφριβ. AVᵗ: cf. 9 40 | μιχια Bᵗ]
μιχα rel.: item in 35, cf. 9 40. 41 ‖ 35 μελχηλ Bᵗ] μελχιηλ Lᵗ, μαλωχ V,
μαλωθ Aᵗ | θερεε Bᵗ] θαρεε A | αχαζ pau.] ζαχ unus cod. cum B cognatus,
ζακ Bᵗ, χααζ AV: item in 36, cf. 9 42 ‖ 36 ιωιαδα bis] 1⁰ ιαδ και ιαδα, 2⁰
ιαδα Bᵗ | γαλεμαθ AV⁽ᵗ⁾ (cf. 9 42)] σαλαιμαθ Bᵗ | ασμωθ L (cf. 12 3 27 25)]
σαλμω Bᵗ, αζμωθ A | ζαμρι bis Aᵗ | ζ. εγενν.] tr. Bᵗ ‖ 37 βανα Bᵗ: cf.
9 43 | ραφαι B | ελασα compl.] ελεασα B, ελλασαδ unus cod. cum B cogna-
tus, σαλασαθ Bᵗ: cf. 9 43 ‖ 38 εζρεικαι Bᵗ; cf. 9 44 | πρωτοτ.] pr. ο A:
item in 39 ‖ 39 ασηλ Bᵗ] εσελεκ AV, εσηλ compl. | αδελφου Bᵗ] pr. του
A | αιλαμ] ουλαμ A: item in 40, ubi Bᵗ αιλειμ | ιαις unus cod. cum B co-
gnatus] γαγ Bᵗ, ιδιας Aᵗ | ελιφαλετ] -αλεις Bᵗ; pr. και A ‖ 40 πεντηκοντα]
ενενηκ. AVᵗ: cf. 9 13
9 1 αποικισθ.] κατοικ. Bᵗ, μετοικ. unus cod. cum B cognatus ‖ 2 οι ιερεις
οι λευ(ε)ιται] υιοι λ. οι ιερ. Bᵗ ‖ 3 απο ult. > Bᵗ ‖ 4 γωθι et υιος] pr.
και B | αμμιουδ Ra.] σαμμιου Bᵗ, αμιουδ A | υιου 2⁰] υιοι Bᵗ | υιου ult.] pr.
και Bᵗ ‖ 5 εκ των] απο του A | ασαια] ασα Aᵗ | πρωτοτ.] pr. ο A | αυτου
1⁰⌒2⁰ B ‖ 6 ι(ε)ιηλ mu.] επειηλ Bᵗ, ιεηλ AVLᵗ: cf. 35 26 22 27 32 ‖
7 σαλωμ BL: cf. 17 | μοολλαμ Bᵗ | υιου 1⁰] -ος Bᵗ | οδουια Bᵗ

υἱοῦ Σαναα ⁸καὶ Ιβαναα υἱὸς Ιρααμ, καὶ οὗτοι υἱοὶ Οζι υἱοῦ Μα- 8
χιρ · καὶ Μασσαλημ υἱὸς Σαφατια υἱοῦ Ραγουηλ υἱοῦ Βαναια ⁹καὶ 9
ἀδελφοὶ αὐτῶν κατὰ γενέσεις αὐτῶν, ἐννακόσιοι πεντήκοντα ἕξ,
πάντες οἱ ἄνδρες ἄρχοντες πατριῶν κατ᾽ οἴκους πατριῶν αὐτῶν.
¹⁰Καὶ ἀπὸ τῶν ἱερέων · Ιωδαε καὶ Ιωαριμ καὶ Ιαχιν ¹¹καὶ Αζαρια ¹⁰
υἱὸς Χελκια υἱοῦ Μοσολλαμ υἱοῦ Σαδωκ υἱοῦ Μαραιωθ υἱοῦ Αχι- ¹¹
τωβ ἡγούμενος οἴκου τοῦ θεοῦ ¹²καὶ Λδαια υἱὸς Ιρααμ υἱοῦ Πα- 12
σχωρ υἱοῦ Μαλχια καὶ Μαασαια υἱὸς Αδιηλ υἱοῦ Ιεδιου υἱοῦ Μο-
σολλαμ υἱοῦ Μασελμωθ υἱοῦ Εμμηρ ¹³καὶ ἀδελφοὶ αὐτῶν ἄρχον- 13
τες οἴκων πατριῶν χίλιοι ἑπτακόσιοι ἑξήκοντα ἰσχυροὶ δυνάμει εἰς
ἐργασίαν λειτουργίας οἴκου τοῦ θεοῦ.
¹⁴Καὶ ἐκ τῶν Λευιτῶν · Σαμαια υἱὸς Ασωβ υἱοῦ Εσρικαμ υἱοῦ 14
Ασαβια ἐκ τῶν υἱῶν Μεραρι ¹⁵καὶ Βακβακαρ καὶ Αρης καὶ Γαλαλ 15
καὶ Μανθανιας υἱὸς Μιχα υἱοῦ Ζεχρι υἱοῦ Ασαφ ¹⁶καὶ Αβδια υἱὸς 16
Σαμια υἱοῦ Γαλαλ υἱοῦ Ιδιθων καὶ Βαραχια υἱὸς Οσσα υἱοῦ Ηλ-
κανα ὁ κατοικῶν ἐν ταῖς κώμαις Νετωφατι. — ¹⁷οἱ πυλωροί · Σα- 17
λωμ καὶ Ακουβ καὶ Ταλμαν καὶ Αιμαν καὶ ἀδελφοὶ αὐτῶν, Σαλωμ
ὁ ἄρχων · ¹⁸καὶ ἕως ταύτης ἐν τῇ πύλῃ τοῦ βασιλέως κατ᾽ ἀνατο- 18
λάς · αὗται αἱ πύλαι τῶν παρεμβολῶν υἱῶν Λευι. ¹⁹καὶ Σαλωμ 19
υἱὸς Κωρη υἱοῦ Αβιασαφ υἱοῦ Κορε καὶ οἱ ἀδελφοὶ αὐτοῦ εἰς οἶ-
κον πατρὸς αὐτοῦ, οἱ Κορῖται, ἐπὶ τῶν ἔργων τῆς λειτουργίας
φυλάσσοντες τὰς φυλακὰς τῆς σκηνῆς, καὶ πατέρες αὐτῶν ἐπὶ
τῆς παρεμβολῆς κυρίου φυλάσσοντες τὴν εἴσοδον. ²⁰καὶ Φινεες 20

---

7 υιου σαναα Complut.] υ. σαανα *L*⁺, υιος αανα Β⁺, υ. ασανουα Α ‖ 8 ιβα-
ναα Ra.] βανααμ Β⁺, ιεβναα Α | ιρααμ Β⁺] ιεροαμ Α | και ουτοι(= אֶ֫פֶל, cf.
4 35) υιοι Β⁺] και ηλα(= 𝔐) υιος Α, pr. και ηλαυ *L*⁽⁺⁾ | μαχ(ε)ιρ] μοχορε Α |
μασσαλημ unus cod. cum Β cognatus] μασεαλημ Β⁺, μασαλλαμ Α; cf. 11. 21 |
βαναια Β⁺] ιεβαναι Α⁺, ιεβαναι V, ιεχονιου *L*⁺ ‖ 10 ιωαρειβ Α⁺, ιωιαρειβ
V | ιαχ(ε)ιν] ιωαχειμ *L*⁺ ‖ 11 υιος] υιοι Β⁺ | χελκ(ε)ια Β⁺] -κιου Α | μοσολ-
λομ Β⁺ | μαραιωθ compl. (cf. 5 32. 33)] μαρμωθ Β⁺, μαριωθ Α ‖ 12 αδαια]
σαδιας Α⁺ | ιρααμ Β⁺] ιερ. Α, ιεροαμ *VL* | πασχωρ Β] φασ. Apl. | μαλχ(ε)ια
Β⁺] μελχιου Α | μαασαια Β⁺] μασαι Α | ιεδ(ε)ιου Β⁺] ιεζριου Α | μασελμωθ
Β⁺] μοσολλαμωθ Α | εμηρ Β ‖ 13 αδελφοι Β⁺] pr. οι rel. | εξηκοντα] ενε-
νηκ. *AV*⁺: cf. 8 40 ‖ 14 εσρικαμ compl.] -καν Β⁺, εζρ. Α: cf. 44 | ασαβιου
Α | εκ των υιων] υιου υιων Α ‖ 15 βακβακαρ] βακαρ Β⁺ | αρης και *L*⁺]
ραραιηλ Β⁺, αρες και rel. | γαλαλ Complut.] γαλααδ Β⁺, γωληλ Α: item in
16, ubi *BL*⁺ γαλααδ | μανθανιας Β⁺] ματθ. Α: cf. 25 4. 16 II 20 14 nec non
II 17 8 Num. 21 18. 19 ‖ 16 αβδ(ε)ια] οβδ. Α | σαμ(ε)ια] -μιου Α, -μαια *L*⁺
| ιδιθων unus cod.] ιωθων Β⁺, ιδουθων Α: cf. 16 38 | βαραχια compl.] -χει
Β⁺, -χιας Α | οσσα] ασα Α | ηλκανα Β⁺] ελκ. rel. | νετωφατ(ε)ι pau.] νωτεφ.
Β⁺, νετωφαθι Α ‖ 17 init.] pr. και Α | σαλωμ 1⁰ Α, sed 2⁰ et in 19. 31
etiam Α σαλωμ, cf. 5 38 | και 1⁰ > Β⁺ | ακουμ Β | και 2⁰ > Β | ταλμαν Ra.]
ταμμαμ Β⁺, τελμαν Α | αιμαμ Β⁺ ‖ 18 αι > Α ‖ 19 σαλωμων Β⁺: cf.
7 13 | κωρη V (cf. 26 1)] -ρηβ Β⁺, χωρη Α⁺, κορε mu. | κυριου > Β⁺

υἱὸς Ελεαζαρ ἡγούμενος ἦν ἐπ᾽ αὐτῶν ἔμπροσθεν, καὶ οὗτοι μετ᾽
21 αὐτοῦ. ²¹Ζαχαριας υἱὸς Μασαλαμι πυλωρὸς τῆς θύρας τῆς σκηνῆς
22 τοῦ μαρτυρίου. ²²πάντες οἱ ἐκλεκτοὶ ταῖς πύλαις ἐν ταῖς πύλαις
διακόσιοι καὶ δέκα δύο · οὗτοι ἐν ταῖς αὐλαῖς αὐτῶν, ὁ καταλοχι-
σμὸς αὐτῶν · τούτους ἔστησεν Δαυιδ καὶ Σαμουηλ ὁ βλέπων τῇ
23 πίστει αὐτῶν. ²³καὶ οὗτοι καὶ οἱ υἱοὶ αὐτῶν ἐπὶ τῶν πυλῶν ἐν
24 οἴκῳ κυρίου, ἐν οἴκῳ τῆς σκηνῆς, τοῦ φυλάσσειν. ²⁴κατὰ τοὺς
τέσσαρας ἀνέμους ἦσαν αἱ πύλαι, κατ᾽ ἀνατολάς, θάλασσαν, βορ-
25 ρᾶν, νότον. ²⁵καὶ ἀδελφοὶ αὐτῶν ἐν ταῖς αὐλαῖς αὐτῶν τοῦ εἰσ-
πορεύεσθαι κατὰ ἑπτὰ ἡμέρας ἀπὸ καιροῦ εἰς καιρὸν μετὰ τούτων ·
26 ²⁶ὅτι ἐν πίστει εἰσὶν τέσσαρες δυνατοὶ τῶν πυλῶν. — οἱ Λευῖται
ἦσαν ἐπὶ τῶν παστοφορίων καὶ ἐπὶ τῶν θησαυρῶν οἴκου τοῦ
27 θεοῦ ²⁷καὶ περικύκλῳ οἴκου τοῦ θεοῦ παρεμβαλοῦσιν, ὅτι ἐπ᾽ αὐ-
τοὺς φυλακή, καὶ οὗτοι ἐπὶ τῶν κλειδῶν τὸ πρωὶ πρωὶ ἀνοίγειν
28 τὰς θύρας τοῦ ἱεροῦ. ²⁸καὶ ἐξ αὐτῶν ἐπὶ τὰ σκεύη τῆς λειτουρ-
γίας, ὅτι ἐν ἀριθμῷ εἰσοίσουσιν αὐτὰ καὶ ἐν ἀριθμῷ ἐξοίσουσιν
29 αὐτά. ²⁹καὶ ἐξ αὐτῶν καθεσταμένοι ἐπὶ τὰ σκεύη καὶ ἐπὶ πάντα
τὰ σκεύη τὰ ἅγια καὶ ἐπὶ τῆς σεμιδάλεως, τοῦ οἴνου, τοῦ ἐλαίου,
30 τοῦ λιβανωτοῦ καὶ τῶν ἀρωμάτων. ³⁰καὶ ἀπὸ τῶν υἱῶν τῶν ἱερέ-
31 ων ἦσαν μυρεψοὶ τοῦ μύρου καὶ εἰς τὰ ἀρώματα. ³¹καὶ Ματταθιας
ἐκ τῶν Λευιτῶν (οὗτος ὁ πρωτότοκος τῷ Σαλωμ τῷ Κορίτῃ) ἐν
τῇ πίστει ἐπὶ τὰ ἔργα τῆς θυσίας τοῦ τηγάνου τοῦ μεγάλου ἱερέως.
32 ³²καὶ Βαναιας ὁ Κααθίτης ἐκ τῶν ἀδελφῶν αὐτῶν ἐπὶ τῶν ἄρτων
33 τῆς προθέσεως τοῦ ἑτοιμάσαι σάββατον κατὰ σάββατον. — ³³καὶ
οὗτοι ψαλτῳδοὶ ἄρχοντες τῶν πατριῶν τῶν Λευιτῶν, διατεταγμέ-
34 ναι ἐφημερίαι, ὅτι ἡμέρα καὶ νὺξ ἐπ᾽ αὐτοῖς ἐν τοῖς ἔργοις · ³⁴οὗ-
τοι ἄρχοντες τῶν πατριῶν τῶν Λευιτῶν κατὰ γενέσεις αὐτῶν
ἄρχοντες · οὗτοι κατῴκησαν ἐν Ιερουσαλημ.
35 ³⁵Καὶ ἐν Γαβαων κατῴκησεν πατὴρ Γαβαων Ιηλ, καὶ ὄνομα
36 γυναικὸς αὐτοῦ Μοωχα · ³⁶καὶ υἱὸς αὐτοῦ ὁ πρωτότοκος Αβαδων
37 καὶ Σιρ καὶ Κις καὶ Βααλ καὶ Νηρ καὶ Ναδαβ ³⁷καὶ Γεδουρ καὶ
38 ἀδελφὸς καὶ Ζαχαρια καὶ Μακελλωθ. ³⁸καὶ Μακελλωθ ἐγέννησεν

20 εμπροσθεν B†] + κυριου rel. ‖ 21 μασαλαμι B†] μοσολλαμ A: cf. 8 ‖
22 και 1⁰ > A ‖ 23 οι > A ‖ 27 init. — θεου pau.] > BApl. | πρωι 2⁰
> SVᵉᵗ ‖ 28 αυτα 1⁰ — fin. > BS⁽†⁾ ‖ 29 τα 2⁰ > B† | του ελαιου >
S*† ‖ 32 βαναιας B† | σαββατον 1⁰ ⌒ 2⁰ S*† ‖ 33 διατεταγμενοι LSᶜ
| εφημεριαι] -ρια S†, εις -ριας L† ‖ 34 των λευιτων > BS† | αρχοντες 2⁰]
pr. και S† ‖ 35 κατωκησαν S† | ιηλ (= B† ειιηλ, A ιειηλ)] ιεηλ S: cf. 6 |
γυναικος] pr. της S ‖ 36 υιος] pr. ο S*A† | αβαδων: cf. 8 23 | σιρ compl.]
ισειρ BSAV: cf. 8 30 | κ(ε)ις] κιρ S† ‖ 37 γεδουρ] ιεδ. BS† | αδελφος] -φοι
AV, οι -φοι αυτου L⁽†⁾: cf. 8 31 | και 3⁰ BSL†] > rel. | Ζαχαρια] Ζαχχουρ A†,
Ζακχουρ V: cf. 8 31 | μακελλωθ BS†] -ελωθ V, μακεδωθ A†: item in 38, cf.
8 31.32 | 37/38 και μακελλωθ alterutrum om. S: cf. 41 fin. 42

τὸν Σαμαα. καὶ οὗτοι ἐν μέσῳ τῶν ἀδελφῶν αὐτῶν κατῴκησαν
ἐν Ιερουσαλημ μετὰ τῶν ἀδελφῶν αὐτῶν.

³⁹ Καὶ Νηρ ἐγέννησεν τὸν Κις, καὶ Κις ἐγέννησεν τὸν Σαουλ, 39
καὶ Σαουλ ἐγέννησεν τὸν Ιωναθαν καὶ τὸν Μελχισουε καὶ τὸν
Αμιναδαβ καὶ τὸν Ισβααλ. ⁴⁰ καὶ υἱὸς Ιωναθαν Μαριβααλ, καὶ Μαρι- 40
βααλ ἐγέννησεν τὸν Μιχα. ⁴¹ καὶ υἱοὶ Μιχα · Φαιθων καὶ Μαλαχ 41
καὶ Θαραχ. ⁴² καὶ Αχαζ ἐγέννησεν τὸν Ιαδα, καὶ Ιαδα ἐγέννησεν 42
τὸν Γαλεμεθ καὶ τὸν Γαζμωθ καὶ τὸν Ζαμβρι, καὶ Ζαμβρι ἐγέννη-
σεν τὸν Μασα, ⁴³ καὶ Μασα ἐγέννησεν τὸν Βαανα, Ραφαια υἱὸς 43
αὐτοῦ, Ελεασα υἱὸς αὐτοῦ, Εσηλ υἱὸς αὐτοῦ. ⁴⁴ καὶ τῷ Εσηλ ἓξ 44
υἱοί, καὶ ταῦτα τὰ ὀνόματα αὐτῶν · Εσδρικαμ πρωτότοκος αὐτοῦ,
Ισμαηλ καὶ Σαρια καὶ Αβδια καὶ Αναν · οὗτοι υἱοὶ Εσηλ.

¹ Καὶ ἀλλόφυλοι ἐπολέμησαν πρὸς Ισραηλ, καὶ ἔφυγον ἀπὸ προσ- 10
ώπου ἀλλοφύλων, καὶ ἔπεσον τραυματίαι ἐν ὄρει Γελβουε. ² καὶ 2
κατεδίωξαν ἀλλόφυλοι ὀπίσω Σαουλ καὶ ὀπίσω υἱῶν αὐτοῦ, καὶ
ἐπάταξαν ἀλλόφυλοι τὸν Ιωναθαν καὶ τὸν Αμιναδαβ καὶ τὸν Μελ-
χισουε υἱοὺς Σαουλ. ³ καὶ ἐβαρύνθη ὁ πόλεμος ἐπὶ Σαουλ, καὶ εὗ- 3
ρον αὐτὸν οἱ τοξόται ἐν τοῖς τόξοις καὶ πόνοις, καὶ ἐπόνεσεν ἀπὸ
τῶν τόξων. ⁴ καὶ εἶπεν Σαουλ τῷ αἴροντι τὰ σκεύη αὐτοῦ Σπάσαι 4
τὴν ῥομφαίαν σου καὶ ἐκκέντησόν με ἐν αὐτῇ, μὴ ἔλθωσιν οἱ ἀπε-
ρίτμητοι οὗτοι καὶ ἐμπαίξωσίν μοι. καὶ οὐκ ἐβούλετο ὁ αἴρων τὰ
σκεύη αὐτοῦ, ὅτι ἐφοβεῖτο σφόδρα · καὶ ἔλαβεν Σαουλ τὴν ῥομ-
φαίαν καὶ ἐπέπεσεν ἐπ᾽ αὐτήν. ⁵ καὶ εἶδεν ὁ αἴρων τὰ σκεύη αὐτοῦ 5
ὅτι ἀπέθανεν Σαουλ, καὶ ἔπεσεν καί γε αὐτὸς ἐπὶ τὴν ῥομφαίαν
αὐτοῦ καὶ ἀπέθανεν. ⁶ καὶ ἀπέθανεν Σαουλ καὶ τρεῖς υἱοὶ αὐτοῦ ἐν 6
τῇ ἡμέρᾳ ἐκείνῃ, καὶ πᾶς ὁ οἶκος αὐτοῦ ἐπὶ τὸ αὐτὸ ἀπέθανεν.
⁷ καὶ εἶδεν πᾶς ἀνὴρ Ισραηλ ὁ ἐν τῷ αὐλῶνι ὅτι ἔφυγεν Ισραηλ 7
καὶ ὅτι ἀπέθανεν Σαουλ καὶ οἱ υἱοὶ αὐτοῦ, καὶ κατέλιπον τὰς πό-

38 σαμα A† | μετα] εν μεσω BSˢ† (S* om. μετα — fin.) || 39 ισβααλ S]
ιεβ. B, βααλ AV†: cf. 8 33 || 40 ιωναθαμ S†, sed in 39 etiam S -θαν |
μαρ(ε)ιβααλ bis (S† 1⁰ -βαλ)] μεμφιβ. L†, μεφριβ. V†, μεχριβ. A†, μεριβ. compl.:
cf. 8 34 || 41 φαιθων BS†] φιθ. A | μαλωχ A: cf. 8 35 | θαραχ BS†] -ραα
L†, -ρα rel. | fin.] + και αχαζ L†: cf. 8 35 et 9 37 fin. || 42 αχαζ] χααζ AV,
αζαχ unus cod. cum B cognatus: cf. 8 35 | γαλεμεθ] γαμελεθ BS: cf. 8 36 |
γαζμωθ unus cod.] γαζαωθ BS†, αζμωθ A | και Ζαμβρι > S†: cf. 37 fin. |
μασα] μασσα B†, μωσα L†: item in 43 || 43 βαανα BSL†] βανα rel.: cf.
8 37 | ελεασα υιος αυτου > BS | εσηλ] εσαηλ BS: item S† in 44 bis, sed B
ibi εσηλ; ασ(σ)αηλ L† ubique || 44 εσδρικαμ unus cod.] εσδρεικαν B†, εζ-
ρεικαν S, εζρικαμ Apl.: cf. 8 38 9 14 | ισμαηλ] pr. και A
10 1 γελβουθ A†, sed in 8 etiam A -ουε || 2 μελχ(ε)ισουε] -σεδεκ S† ||
3 αυτου] -τους BS† | τοις > BL† | επονεσαν B || 4 ρομφ. ult.] + αυτου A
| επεπεσεν] επεσεν SAV || 5 και γε] γε > BS, + και L† | και απεθανεν >
BS || 7 ανηρ > S† | ισραηλ 2⁰] pr. πας S† | και 4⁰ > S†

λεις αὐτῶν καὶ ἔφυγον · καὶ ἦλθον ἀλλόφυλοι καὶ κατῴκησαν ἐν
8 αὐταῖς. — ⁸καὶ ἐγένετο τῇ ἐχομένῃ καὶ ἦλθον ἀλλόφυλοι τοῦ σκυ-
λεύειν τοὺς τραυματίας καὶ εὗρον τὸν Σαουλ καὶ τοὺς υἱοὺς αὐ-
9 τοῦ πεπτωκότας ἐν τῷ ὄρει Γελβουε. ⁹καὶ ἐξέδυσαν αὐτὸν καὶ
ἔλαβον τὴν κεφαλὴν αὐτοῦ καὶ τὰ σκεύη αὐτοῦ καὶ ἀπέστειλαν
εἰς γῆν ἀλλοφύλων κύκλῳ τοῦ εὐαγγελίσασθαι τοῖς εἰδώλοις αὐ-
10 τῶν καὶ τῷ λαῷ · ¹⁰καὶ ἔθηκαν τὰ σκεύη αὐτοῦ ἐν οἴκῳ θεοῦ αὐ-
11 τῶν καὶ τὴν κεφαλὴν αὐτοῦ ἔθηκαν ἐν οἴκῳ Δαγων. ¹¹καὶ ἤκου-
σαν πάντες οἱ κατοικοῦντες Γαλααδ ἅπαντα, ἃ ἐποίησαν ἀλλόφυ-
12 λοι τῷ Σαουλ καὶ τῷ Ισραηλ. ¹²καὶ ἠγέρθησαν ἐκ Γαλααδ πᾶς
ἀνὴρ δυνατὸς καὶ ἔλαβον τὸ σῶμα Σαουλ καὶ τὸ σῶμα τῶν υἱῶν
αὐτοῦ καὶ ἤνεγκαν αὐτὰ εἰς Ιαβις καὶ ἔθαψαν τὰ ὀστᾶ αὐτῶν ὑπὸ
13 τὴν δρῦν ἐν Ιαβις καὶ ἐνήστευσαν ἑπτὰ ἡμέρας. — ¹³καὶ ἀπέθα-
νεν Σαουλ ἐν ταῖς ἀνομίαις αὐτοῦ, αἷς ἠνόμησεν τῷ κυρίῳ, κατὰ
τὸν λόγον κυρίου, διότι οὐκ ἐφύλαξεν · ὅτι ἐπηρώτησεν Σαουλ
ἐν τῷ ἐγγαστριμύθῳ τοῦ ζητῆσαι, καὶ ἀπεκρίνατο αὐτῷ Σαμουηλ
14 ὁ προφήτης · ¹⁴καὶ οὐκ ἐζήτησεν κύριον, καὶ ἀπέκτεινεν αὐτὸν καὶ
ἐπέστρεψεν τὴν βασιλείαν τῷ Δαυιδ υἱῷ Ιεσσαι.

11 ¹Καὶ ἦλθεν πᾶς Ισραηλ πρὸς Δαυιδ ἐν Χεβρων λέγοντες Ἰδοὺ
2 ὀστᾶ σου καὶ σάρκες σου ἡμεῖς · ²καὶ ἐχθὲς καὶ τρίτην ὄντος
Σαουλ βασιλέως σὺ ἦσθα ὁ ἐξάγων καὶ εἰσάγων τὸν Ισραηλ, καὶ
εἶπεν κύριος ὁ θεός σού σοι Σὺ ποιμανεῖς τὸν λαόν μου τὸν
3 Ισραηλ, καὶ σὺ ἔσῃ εἰς ἡγούμενον ἐπὶ Ισραηλ: ³καὶ ἦλθον πάντες
πρεσβύτεροι Ισραηλ πρὸς τὸν βασιλέα εἰς Χεβρων, καὶ διέθετο
αὐτοῖς ὁ βασιλεὺς Δαυιδ διαθήκην ἐν Χεβρων ἐναντίον κυρίου,
καὶ ἔχρισαν τὸν Δαυιδ εἰς βασιλέα ἐπὶ Ισραηλ κατὰ τὸν λόγον
κυρίου διὰ χειρὸς Σαμουηλ.
4 ⁴Καὶ ἐπορεύθη ὁ βασιλεὺς καὶ ἄνδρες Ισραηλ εἰς Ιερουσαλημ
(αὕτη Ιεβους), καὶ ἐκεῖ οἱ Ιεβουσαῖοι οἱ κατοικοῦντες τὴν γῆν.
5 ⁵εἶπαν δὲ οἱ κατοικοῦντες Ιεβους τῷ Δαυιδ Οὐκ εἰσελεύσῃ ὧδε.
6 καὶ προκατελάβετο τὴν περιοχὴν Σιων (αὕτη ἡ πόλις Δαυιδ). ⁶καὶ
εἶπεν Δαυιδ Πᾶς τύπτων Ιεβουσαῖον ἐν πρώτοις καὶ ἔσται εἰς
ἄρχοντα καὶ εἰς στρατηγόν · καὶ ἀνέβη ἐπ᾽ αὐτὴν ἐν πρώτοις Ιωαβ
7 υἱὸς Σαρουια καὶ ἐγένετο εἰς ἄρχοντα. ⁷καὶ ἐκάθισεν Δαυιδ ἐν τῇ

7 αλλοφυλοι] pr. οι S hoc loco, non in 1. 2. 8 etc. || 8 σκυλευσαι A ||
9 αυτων] -τοις S† || 10 αυτου 1⁰ V] -των BSA || 11 και ult.] εν A† ||
12 το 1⁰ > S† | το σωμα 2⁰] τα -ματα A | εν > S* || 13 κυριω] θεω BS |
κυριου] pr. του S† || 14 εξεζητησεν A | κυριον] κυριος S†, τον κ. σαουλ A†
| αυτον] + καθοτι ουκ ηρωτησεν εν κυριω A† | απεστρεψεν S
11 2 εξαγων .. εισαγων] tr. L, εισαγαγων .. εξαγαγων S† | ειπεν] + ισραηλ
B† | ο θεος σου > BS | εση > S*A || 3 εις 1⁰] εν A | εναντι AL† ||
4 ισραηλ] αυτου BSc†, > S*† | εις] επι A†, > S† | γην — (5) ιεβους] ιεβους
ειπαν BS⁽†⁾ || 6 ιεβουσαιον] pr. τον S*V† | αυτη B*† | σαρουια: cf. 2 16

περιοχῇ · διὰ τοῦτο ἐκάλεσεν αὐτὴν Πόλιν Δαυιδ · ⁸καὶ ᾠκοδόμη- 8
σεν τὴν πόλιν κύκλῳ · καὶ ἐπολέμησεν καὶ ἔλαβεν τὴν πόλιν. ⁹καὶ 9
ἐπορεύετο Δαυιδ πορευόμενος καὶ μεγαλυνόμενος, καὶ κύριος παν-
τοκράτωρ μετ᾽ αὐτοῦ.

¹⁰Καὶ οὗτοι οἱ ἄρχοντες τῶν δυνατῶν, οἳ ἦσαν τῷ Δαυιδ, οἱ 10
κατισχύοντες μετ᾽ αὐτοῦ ἐν τῇ βασιλείᾳ αὐτοῦ μετὰ παντὸς Ισραηλ
τοῦ βασιλεῦσαι αὐτὸν κατὰ τὸν λόγον κυρίου ἐπὶ Ισραηλ · ¹¹καὶ 11
οὗτος ὁ ἀριθμὸς τῶν δυνατῶν τοῦ Δαυιδ · Ιεσεβααλ υἱὸς Αχαμανι
πρῶτος τῶν τριάκοντα, οὗτος ἐσπάσατο τὴν ρομφαίαν αὐτοῦ
ἅπαξ ἐπὶ τριακοσίους τραυματίας ἐν καιρῷ ἑνί. — ¹²καὶ μετ᾽ αὐ- 12
τὸν Ελεαζαρ υἱὸς Δωδαι ὁ Αχωχι, οὗτος ἦν ἐν τοῖς τρισὶν δυνα-
τοῖς. ¹³οὗτος ἦν μετὰ Δαυιδ ἐν Φασοδομιν, καὶ οἱ ἀλλόφυλοι συν- 13
ήχθησαν ἐκεῖ εἰς πόλεμον, καὶ ἦν μερὶς τοῦ ἀγροῦ πλήρης κριθῶν,
καὶ ὁ λαὸς ἔφυγεν ἀπὸ προσώπου ἀλλοφύλων · ¹⁴καὶ ἔστη ἐν 14
μέσῳ τῆς μερίδος καὶ ἔσωσεν αὐτὴν καὶ ἐπάταξεν τοὺς ἀλλοφύ-
λους, καὶ ἐποίησεν κύριος σωτηρίαν μεγάλην. — ¹⁵καὶ κατέβησαν 15
τρεῖς ἐκ τῶν τριάκοντα ἀρχόντων εἰς τὴν πέτραν πρὸς Δαυιδ εἰς
τὸ σπήλαιον Οδολλαμ, καὶ παρεμβολὴ τῶν ἀλλοφύλων παρεμβε-
βλήκει ἐν τῇ κοιλάδι τῶν γιγάντων · ¹⁶καὶ Δαυιδ τότε ἐν τῇ περι- 16
οχῇ, καὶ τὸ σύστεμα τῶν ἀλλοφύλων τότε ἐν Βαιθλεεμ. ¹⁷καὶ ἐπε- 17
θύμησεν Δαυιδ καὶ εἶπεν Τίς ποτιεῖ με ὕδωρ ἐκ τοῦ λάκκου Βαιθ-
λεεμ τοῦ ἐν τῇ πύλῃ; ¹⁸καὶ διέρρηξαν οἱ τρεῖς τὴν παρεμβολὴν 18
τῶν ἀλλοφύλων καὶ ὑδρεύσαντο ὕδωρ ἐκ τοῦ λάκκου τοῦ ἐν Βαιθ-
λεεμ, ὃς ἦν ἐν τῇ πύλῃ, καὶ ἔλαβον καὶ ἦλθον πρὸς Δαυιδ, καὶ
οὐκ ἠθέλησεν Δαυιδ τοῦ πιεῖν αὐτὸ καὶ ἔσπεισεν αὐτὸ τῷ κυρίῳ
¹⁹καὶ εἶπεν Ἵλεώς μοι ὁ θεὸς τοῦ ποιῆσαι τὸ ῥῆμα τοῦτο · εἰ αἷμα 19
ἀνδρῶν τούτων πίομαι ἐν ψυχαῖς αὐτῶν; ὅτι ἐν ψυχαῖς αὐτῶν
ἤνεγκαν αὐτό. καὶ οὐκ ἐβούλετο πιεῖν αὐτό. ταῦτα ἐποίησαν οἱ
τρεῖς δυνατοί.

²⁰Καὶ Αβεσσα ἀδελφὸς Ιωαβ, οὗτος ἦν ἄρχων τῶν τριῶν, οὗτος 20
ἐσπάσατο τὴν ρομφαίαν αὐτοῦ ἐπὶ τριακοσίους τραυματίας ἐν και-

---

8 και 2⁰ — fin. BSAVpau.] απο της μαλ(λ)ω(L† ακρας: ex Regn. II 5 9) και
εως του κυκλου και ιωαβ περιεποιησατο το λοιπον της πολεως L compl.: ea-
dem pr. compl. || 9 -ομενος 1⁰ ⌒ 2⁰ BS†, post πορευομ. add. μετ αυτου S*†
|| 10 τη > S† | επι] εν S† || 11 ιεσεβααλ compl.] -βαδα B†, ιεσσαιβαδα S†,
ισβααλ pau., ισβααμ AV: cf. 8 33 | αχαμαννι S† | πρωτος] -τοτοκος ALᵖ† ||
12 αχωχι] αχωνει S†, αρχωνει B† | δυνατος A || 13 φασοδομη BS† | εκει /
εις πολ.] tr. S† || 15 τρεις] pr. οι A | παρεμβολη] pr. η A | παρεμβεβληκει
> BS† || 16 συστεμα] υποστ. A | εν ult.] + τη SA | βαιθλεεμ: sic B† hic,
BV† in 18, SV in 17, βεθλ. Sˢ† in 18; sed B in 17, S in 16, A ubique βηθλ.,
cf. 26 2 51 Ruth 1 1 || 17 εν τη πυλη ⌒ 18 εν τη πυλη S*† || 18 και ηλ-
θον > B*† | ηθελησεν] -λεν BS† || 19 τουτων] -το S* | αυτο paenult.] > B
S†, -τον A† || 20 αβεσσα: cf. 2 16 | αδελφος] pr. ο ALᵗ | τριων] πατριων
AV† | τριακοσιους] εξακ. A: cf. Regn. II 23 18

21 ρῷ ἑνί, καὶ οὗτος ἦν ὀνομαστὸς ἐν τοῖς τρισίν, ²¹ἀπὸ τῶν τριῶν
ὑπὲρ τοὺς δύο ἔνδοξος, καὶ ἦν αὐτοῖς εἰς ἄρχοντα καὶ ἕως τῶν
22 τριῶν οὐκ ἤρχετο. — ²²καὶ Βαναιας υἱὸς Ιωδαε υἱὸς ἀνδρὸς δυνα-
τοῦ, πολλὰ ἔργα αὐτοῦ ὑπὲρ Καβασαηλ · οὗτος ἐπάταξεν τοὺς δύο
αριηλ Μωαβ · καὶ οὗτος κατέβη καὶ ἐπάταξεν τὸν λέοντα ἐν τῷ
23 λάκκῳ ἐν ἡμέρᾳ χιόνος · ²³καὶ οὗτος ἐπάταξεν τὸν ἄνδρα τὸν
Αἰγύπτιον, ἄνδρα ὁρατὸν πεντάπηχυν, καὶ ἐν χειρὶ τοῦ Αἰγυπτίου
δόρυ ὡς ἀντίον ὑφαινόντων, καὶ κατέβη ἐπ' αὐτὸν Βαναιας ἐν
ῥάβδῳ καὶ ἀφείλατο ἐκ τῆς χειρὸς τοῦ Αἰγυπτίου τὸ δόρυ καὶ
24 ἀπέκτεινεν αὐτὸν ἐν τῷ δόρατι αὐτοῦ. ²⁴ταῦτα ἐποίησεν Βαναιας
25 υἱὸς Ιωδαε, καὶ τούτῳ ὄνομα ἐν τοῖς τρισὶν τοῖς δυνατοῖς · ²⁵ὑπὲρ
τοὺς τριάκοντα ἔνδοξος οὗτος καὶ πρὸς τοὺς τρεῖς οὐκ ἤρχετο ·
καὶ κατέστησεν αὐτὸν Δαυιδ ἐπὶ τὴν πατριὰν αὐτοῦ.

26　　²⁶Καὶ δυνατοὶ τῶν δυνάμεων · Ασαηλ ἀδελφὸς Ιωαβ, Ελεαναν
27 υἱὸς Δωδω ἐκ Βαιθλαεμ, ²⁷Σαμμωθ ὁ Αδι, Χελλης ὁ Φελωνι,
28
29 ²⁸Ωραι υἱὸς Εκκης ὁ Θεκωι, Αβιεζερ ὁ Αναθωθι, ²⁹Σοβοχαι ὁ Ασω-
30 θι, Ηλι ὁ Αχωι, ³⁰Μοοραι ὁ Νετωφαθι, Χολοδ υἱὸς Νοοζα ὁ Νε-
31 τωφαθι, ³¹Αιθι υἱὸς Ριβαι ἐκ βουνοῦ Βενιαμιν, Βαναιας ὁ Φαρα-
32
33 θωνι, ³²Ουρι ἐκ Ναχαλιγαας, Αβιηλ ὁ Γαραβεθθι, ³³Αζμωθ ὁ Βεερ-
34 μι, Ελιαβα ὁ Σαλαβωνι, ³⁴Βενναιας, Οσομ ὁ Γεννουνι, Ιωναθαν
35 υἱὸς Σωλα ὁ Αραρι, ³⁵Αχιμ υἱὸς Σαχαρ ὁ Αραρι, Ελφαλ υἱὸς Ουρ,

20 και ult. > AVL𝖯✝ ‖ 21 αυτοις] ι > A✝ ‖ 22 βαναιας] ς > BS✝ (S✝
-νια), sed in 23. 24 etiam BS -ναιας uel -νεας ‖ 23 ουτος et ανδρα 2⁰ >
S✝ | χειρι BS✝] pr. τη rel. | ως] ωσει S✝ | υφαιν.] pr. των S ‖ 24 ιωδαε]
ιωαδ BL✝: item L✝, non B, in 22 ‖ 25 ενδοξος] pr. ην A ‖ 26 δυνατοι]
pr. οι A | δωδω εκ Ra.] δωδωε BS⁽✝⁾, δωδωαι εκ A | βαιθλαεμ B✝] καθλ. S✝,
βηθλεεμ A: cf. 16 ‖ 27 σαμμωθ L] σαμαωθ BS✝, σαμμωθ L | ο αδι] θαδι A✝,
ο αρωρει L | φελων(ε)ι B✝] φελλωνει S, φαλλωνι A ‖ 28 ωραι] ειρας L✝:
cf. 27 9 | εκκης ο θεκωι] εκ της οθεκω BS✝ ‖ 29 init.] pr. και A✝ | σοββο-
χαι AV⁽✝⁾ | ασωθι] αθει B✝, ιαθει S✝ | αχωι] αχωρ Ar✝, αχωνει BS✝ ‖ 30 μοο-
ραι pau.] μοορμ Ar✝, νεερε BS✝: cf. Regn. II 23 28 | νετωφαθ(ε)ι bis: sic A
et 2⁰ S, sed B✝ 1⁰ νεθωφατει, B 2⁰ νετωφατει, S✝ 1⁰ νοτωφωτει | χολοδ Ra.]
χοαοδ S✝, χθαοδ B✝, ελαδ A | νοοζα BS✝] βαανα A ‖ 31 αιθ(ε)ι S✝] αιρει
B✝, ηθου A✝, ηθαι V | ριβαι mu.] ρεβιε B✝, ραβειαι S✝, ρηβαι AV | φαραθω-
θει S*✝ ‖ 32 ναχαλ(ε)ιγαας BSL𝖯✝] η pro ι A | γαραβεθθι B✝(αι pro ε)] -βεθρ
S✝, σαρ. AV✝, αραβαθι mu. ‖ 33 αζμωθ] αζβων BS✝: cf. Regn. II 23 31 | βεερ-
μ(ε)ι unus cod. cum B cognatus] -μειν BS𝖼✝ (S*✝ -βειν), βαρσαμι AV⁽✝⁾, βαρωμι
compl. | ελιαβα] ελμαβα S✝, σαμαβα B✝ | σαλαβωνι] σωμει S✝,ομει B✝ ‖ 34 βεν-
ναιας BS(ε pro αι)✝] υιοι AVL, υιος mu.: cf. 4 35 | οσομ BS✝] ασαμ A, ασομ L✝ |
γεννουνι Ra.] -ν(ε)ιν BS✝ (B✝ οσομολογεννν. pro οσομ ο γεννν.), γωυνι A | σωλα
BS✝] σαγη A | αραρι] αραχει B*✝, ραρει S✝ ‖ 35 αχ(ε)ιμ] αχιαμ AVL⁽✝⁾ | σα-
χαρ] σ > BS | ο αρ.] σαρ. S✝ | ελφαλ unus cod. cum B cognatus] ελφατ
BS✝, ελιφααλ A | ουρ compl.] σουρ SL✝, σθυρ B✝. ωρ A (trahit α seq. ad
hoc uerbum)

³⁶Οφαρ ὁ Μοχοραθι, Αχια ὁ Φελωνι, ³⁷Ησεραι ὁ Χαρμαλι, Νααραι υἱὸς $\frac{36}{37}$
Αζωβαι, ³⁸Ιωηλ ἀδελφὸς Ναθαν, Μεβααρ υἱὸς Αγαρι, ³⁹Σεληκ ὁ $\frac{}{39}$
Αμμωνι, Ναχωρ ὁ Βερθι αἴρων σκεύη Ιωαβ υἱοῦ Σαρουια, ⁴⁰Ιρα ὁ 40
Ιεθηρι, Γαρηβ ὁ Ιεθηρι, ⁴¹Ουριας ὁ Χεττι, Ζαβετ υἱὸς Αχλια, 41
⁴²Αδινα υἱὸς Σαιζα τοῦ Ρουβην ἄρχων καὶ ἐπ᾽ αὐτῷ τριάκοντα, 42
⁴³Αναν υἱὸς Μωχα καὶ Ιωσαφατ ὁ Βαιθανι, ⁴⁴Οζια ὁ Ασταρωθι, $\frac{43}{44}$
Σαμμα καὶ Ιιηλ υἱοὶ Χωθαν τοῦ Αμαρι, ⁴⁵Ιεδιηλ υἱὸς Σαμερι καὶ 45
Ιωαζαε ὁ ἀδελφὸς αὐτοῦ ὁ Ιεασι, ⁴⁶Ελιηλ ὁ Μιι καὶ Ιαριβι καὶ 46
Ιωσια υἱὸς αὐτοῦ, Ελνααμ καὶ Ιεθεμα ὁ Μωαβίτης, ⁴⁷Αλιηλ καὶ 47
Ωβηδ καὶ Ιεσιηλ ὁ Μισαβια.

¹Καὶ οὗτοι οἱ ἐλθόντες πρὸς Δαυιδ εἰς Σωκλαγ, ἔτι συνεχομέ- 12
νου ἀπὸ προσώπου Σαουλ υἱοῦ Κις, καὶ οὗτοι ἐν τοῖς δυνατοῖς
βοηθοῦντες ἐν πολέμῳ ²καὶ τόξῳ ἐκ δεξιῶν καὶ ἐξ ἀριστερῶν καὶ 2
σφενδονῆται ἐν λίθοις καὶ τόξοις· ἐκ τῶν ἀδελφῶν Σαουλ ἐκ Βενια-
μιν ³ὁ ἄρχων Αχιεζερ καὶ Ιωας υἱὸς Ασμα τοῦ Γεβωθίτου καὶ 3
Ιωηλ καὶ Ιωφαλητ υἱοὶ Ασμωθ καὶ Βερχια καὶ Ιηουλ ὁ Αναθωθι
⁴καὶ Σαμαιας ὁ Γαβαωνίτης δυνατὸς ἐν τοῖς τριάκοντα καὶ ἐπὶ 4
τῶν τριάκοντα, ⁵Ιερμιας καὶ Ιεζιηλ καὶ Ιωαναν καὶ Ιωζαβαδ ὁ 5

36 οφαρ] αφερ A | ο 1⁰ > BS†| μοχοραθι Ra.] μοχορ BS†: αθι excidit
ante αχι; μεχουραθι A | φελωνι unus cod.] φεδωνει BS†, φελλωνι A ‖
37 ησεραι S†] -ρε B†, ασαραι AV†, ασραι compl. | χαρμαλι Ra.] -μαδαι BS†,
καρμηλι A | νααραι] νοοραι V, νοορα A† | αζωβαι B†] -βε S†, αζβι A ‖
38 αδελφος] υιος BS† | μεβααρ Ra.] μεβααλ BS†, μαβαρ A | αγαρ(ε)ι BS(†)]
αταραι A ‖ **39** σεληκ pau.] σελη BS†, σελληκ A | αμμωνειμ S† | ναχωρ B
S†] νοαραι L†, νααραι rel. | βερθ(ε)ι BS†] βηρωθι pl., βηρωθ A† | ιωαβ υιου]
υιω BS† | σαρουια: cf. 2 16 ‖ **40** ιρα] ια S†, ιρας A | 1⁰ ηθ.
B†, ιθ. S†, 2⁰ ιοθ. BS†; bis ιεθερι A | γαρηβ ο] γαρηοβε(uel -βαι) BS† |
41 ουριας] ουρει BS†: cf. 32 | ο > AV† | χεττ(ε)ι BS†] χεθι A | ζαβετ BS†]
-βαδ V, -βατ A† | αχλια Ra.] αχαια B†, αχεα S†, οολι V, ολι A† ‖ **42** σαιζα
B†] εζα S†, σεχα A ‖ **43** ανναν S | μοωχα BS†] μαχα AV†, μααχα mu. |
ιωσαφας S*† | βαι(uel βε)θαν(ε)ι BS†] μαθθανι A ‖ **44** ο ασταρωθ(ε)ι] ο
εσταρ. unus cod. cum BS cognatus, θεσταρ. S† | σαμμα] σαμαθα BS† | ι(ε)ιηλ]
ιεια BS† | χωθαν] κωθαν BS† ‖ **45** ιεδιηλ] ελθειηλ BS† | σαμαρι AVL† |
ιεασ(ε)ι BS†] θωσαει A ‖ **46** ελιηλ mu.] λ(ε)ιηλ BS†, ιελιηλ A | μι(ε)ι BS†]
μαωειν A | ιαριβ(ε)ι B†] αρ. S(†), -βαι A | ελνααμ] ελλααμ B†, ελλαμ S†, θανα-
αμ L† | ιεθεμα] ι > BS† ‖ **47** αλιηλ] δαλειηλ BS† | ωβηδ V] ιωβηδ AL†,
ιωβηλ S†, ιωβηθ B† | ιεσιηλ] εσσ(ε)ιηλ BAL†, εσειηλ S† | μισαβια Ra.] μεινα-
βεια S†, μεσωβια A, μασαβια L†
12 1 σωκλαγ Ra.] γ > BS†, σικελαγ A: cf. 21 | συνεχ.] + του δαυιδ L† ‖
2 τοξω] pr. εν S† | εκ των αδελφων εν τοις -φοις B† | εκ ult.] και S*† ‖
3 ο 1⁰ > A | ιωας] ιωα ο B†, ιωρας A† | ασμα compl.] αμα BS†, σαμαα A |
γεβωθ. BS†] ταβαθ. A†, γαβααθ. V | ιωηλ BS†] ιαζιηλ V, αζιηλ A† | ιωφαλητ
BS†] φαλλητ AV†, φαλητ compl., φαλετ L | αζμωθ A: cf. 8 36 | βερχ(ε)ια]
βαραχια A | αναβωθει S† ‖ **5** ιερμιας B†] ιερεμιας S*†, ιερεμιας ASᶜ: cf.
11. 14 5 24 Esdr. II 22 12; pr. και A | ιεζιηλ] -ζηλ BS† | ιωζαβαδ] -βαβ S†,
ιωαζαβαβ B†

6 Γαδαραθι, ⁶Ελιαζαι καὶ Ιαριμουθ καὶ Βααλια καὶ Σαμαρια καὶ Σαφα-
7 τια ὁ Χαραιφι, ⁷Ηλκανα καὶ Ιησουνι καὶ Οζριηλ καὶ Ιωαζαρ καὶ
8 Ιεσβοαμ οἱ Κορῖται ⁸καὶ Ελια καὶ Ζαβαδια υἱοὶ Ιρααμ υἱοὶ τοῦ
9 γεδωρ. — ⁹καὶ ἀπὸ τοῦ Γαδδι ἐχωρίσθησαν πρὸς Δαυιδ ἀπὸ τῆς
ἐρήμου ἰσχυροὶ δυνατοὶ ἄνδρες παρατάξεως πολέμου αἴροντες θυ-
ρεοὺς καὶ δόρατα, καὶ πρόσωπον λέοντος πρόσωπα αὐτῶν, καὶ
10 κοῦφοι ὡς δορκάδες ἐπὶ τῶν ὀρέων τῷ τάχει· ¹⁰Αζερ ὁ ἄρχων,
11 Αβδια ὁ δεύτερος, Ελιαβ ὁ τρίτος, ¹¹Μασεμαννη ὁ τέταρτος, Ιερ-
12 μια ὁ πέμπτος, ¹²Εθθι ὁ ἕκτος, Ελιαβ ὁ ἕβδομος, ¹³Ιωαναν ὁ ὄγ-
13
14 δοος, Ελιαζερ ὁ ἔνατος, ¹⁴Ιερμια ὁ δέκατος, Μαχαβανναι ὁ ἐνδέ-
15 κατος. ¹⁵οὗτοι ἐκ τῶν υἱῶν Γαδ ἄρχοντες τῆς στρατιᾶς, εἷς τοῖς
16 ἑκατὸν μικρὸς καὶ μέγας τοῖς χιλίοις. ¹⁶οὗτοι οἱ διαβάντες τὸν
Ιορδάνην ἐν τῷ μηνὶ τῷ πρώτῳ, καὶ οὗτος πεπληρωκὼς ἐπὶ πᾶσαν
κρηπῖδα αὐτοῦ, καὶ ἐξεδίωξαν πάντας τοὺς κατοικοῦντας αὐλῶνας
17 ἀπὸ ἀνατολῶν ἕως δυσμῶν. — ¹⁷καὶ ἦλθον ἀπὸ τῶν υἱῶν Βενια-
18 μιν καὶ Ιουδα εἰς βοήθειαν τοῦ Δαυιδ, ¹⁸καὶ Δαυιδ ἐξῆλθεν εἰς
ἀπάντησιν αὐτῶν καὶ εἶπεν αὐτοῖς Εἰ εἰς εἰρήνην ἥκατε πρός με,
εἴη μοι καρδία καθ᾽ ἑαυτὴν ἐφ᾽ ὑμᾶς· καὶ εἰ τοῦ παραδοῦναί με
τοῖς ἐχθροῖς μου οὐκ ἐν ἀληθείᾳ χειρός, ἴδοι ὁ θεὸς τῶν πατέρων
19 ἡμῶν καὶ ἐλέγξαιτο. ¹⁹καὶ πνεῦμα ἐνέδυσε τὸν Αμασαι ἄρχοντα
τῶν τριάκοντα, καὶ εἶπεν
Πορεύου καὶ ὁ λαός σου,
Δαυιδ υἱὸς Ιεσσαι·
εἰρήνη εἰρήνη σοι,
καὶ εἰρήνη τοῖς βοηθοῖς σου·
ὅτι ἐβοήθησέν σοι ὁ θεός σου.

5 γαδαραθι (6) ελιαζαι Ra.] γαδαραθειειμ αζαι Β†, γαδαρα αζει S†, γαδηρωθι
ελιωζι A ‖ 6 ιαριμουθ] αρ. Β, αριθμους S† | βααλια compl.] βαδαια BS†,
βααδια A† | σαμαραια Β† | χαραιφ(ε)ι BS⁽†⁾] αρουφι A ‖ 7 ιησουν(ε)ι BS†]
ιεσια A | οζρ(ε)ιηλ BS†] ελιηλ A | ιωαζαρ Ra.] ιωζαρα BS†, ιωζααρ AV† |
και ult.] pr. καινα BS† | ιεσβοαμ Ra.] -βααμ A, σοβοαμ S†, σοβοκαμ Β† :
cf. 27 2 | οι] pr. και BS ‖ 8 ελ(ε)ια BS†] ιωηλα Apl. | ζαβιδια Β† | ιρααμ
Ra. (cf. 8 27 9 8. 12)] ρααμ BS†, ιεροαμ A | υιοι ult.] και οι Β† | γεδδωρ SLᵛ†
‖ 9 γαδδ(ε)ι εχωρ. SV] γεδδει εχωρ. Β†, γαδ διεχωρ. Amu. | απο 2⁰] επι A |
δυνατοι ανδρες] tr. S† | προσωπα] pr. τα A | τω] εν A† ‖ 10 αζερ] αζα BS†
‖ 11 μασεμαννη S⁽†⁾] μασεμμανη Β, μασμαν A | ιερμια S] ιερεμ(ε)ια BA: cf.
5 ‖ 12 εθθ(ε)ι] εθοι BS† | ελιαβ BS†] ελιηλ rel. ‖ 13 ιωαναν V] ιωαν Β
S†, ιωναν A | ο 1⁰ > S | ελιαζερ BS†] ελεζαβαδ A†, ελζαβαδ V ‖ 14 ιερμια
S] ιερεμεια Β†, ιερεμιας A: cf. 5 | μαχαβανναι Ra.] -βαναι A, μελχ. Β†, μελχα-
βαννεα S† ‖ 15 γαδ > S† ‖ 16 εξεδιωξαν] εξ > S† | απο > S† ‖ 18 αυ-
των] -τοις A | καρδια] pr. η S | ημων] υμ. Β | ελεγξαιτο BS†] -ξαι A ‖
19 ενεδυσε(ν)] -δυναμωσεν AV† | αρχοντα] pr. τον A | και ο(>S†) λαος σου /
δαυιδ υ. ιεσσαι] tr. Amu.; δαυιδ tantum ante και ο λαος σου tr. compl. | και
ειρηνη] και > A | σου ult. > S†

καὶ προσεδέξατο αὐτοὺς Δαυιδ καὶ κατέστησεν αὐτοὺς ἄρχοντας
τῶν δυνάμεων. — 20 καὶ ἀπὸ Μανασση προσεχώρησαν πρὸς Δαυιδ 20
ἐν τῷ ἐλθεῖν τοὺς ἀλλοφύλους ἐπὶ Σαουλ εἰς πόλεμον · καὶ οὐκ
ἐβοήθησεν αὐτοῖς, ὅτι ἐν βουλῇ ἐγένετο παρὰ τῶν στρατηγῶν τῶν
ἀλλοφύλων λεγόντων Ἐν ταῖς κεφαλαῖς τῶν ἀνδρῶν ἐκείνων ἐπι-
στρέψει πρὸς τὸν κύριον αὐτοῦ Σαουλ · 21 ἐν τῷ πορευθῆναι αὐτὸν 21
εἰς Σωκλαγ προσεχώρησαν αὐτῷ ἀπὸ Μανασση Εδνα καὶ Ιωζαβαθ
καὶ Ιωδιηλ καὶ Μιχαηλ καὶ Ιωσαβεθ καὶ Ελιμουθ καὶ Σελαθι, ἀρχη-
γοὶ χιλιάδων εἰσὶν τοῦ Μανασση. 22 καὶ αὐτοὶ συνεμάχησαν τῷ 22
Δαυιδ ἐπὶ τὸν γεδδουρ, ὅτι δυνατοὶ ἰσχύος πάντες καὶ ἦσαν ἡγού-
μενοι ἐν τῇ στρατιᾷ ἐν τῇ δυνάμει · 23 ὅτι ἡμέραν ἐξ ἡμέρας ἤρ- 23
χοντο πρὸς Δαυιδ εἰς δύναμιν μεγάλην ὡς δύναμις θεοῦ.

24 Καὶ ταῦτα τὰ ὀνόματα τῶν ἀρχόντων τῆς στρατιᾶς, οἱ ἐλθόν- 24
τες πρὸς Δαυιδ εἰς Χεβρων τοῦ ἀποστρέψαι τὴν βασιλείαν Σαουλ
πρὸς αὐτὸν κατὰ τὸν λόγον κυρίου. 25 υἱοὶ Ιουδα θυρεοφόροι καὶ 25
δορατοφόροι ἓξ χιλιάδες καὶ ὀκτακόσιοι δυνατοὶ παρατάξεως. 26 τῶν 26
υἱῶν Συμεων δυνατοὶ ἰσχύος εἰς παράταξιν ἑπτὰ χιλιάδες καὶ ἑκα-
τόν. 27 τῶν υἱῶν Λευι τετρακισχίλιοι ἑξακόσιοι · 28 καὶ Ιωαδαε ὁ 27 28
ἡγούμενος τῷ Ααρων καὶ μετ᾽ αὐτοῦ τρεῖς χιλιάδες καὶ ἑπτακόσιοι ·
29 καὶ Σαδωκ νέος δυνατὸς ἰσχύι καὶ τῆς πατρικῆς οἰκίας αὐτοῦ 29
ἄρχοντες εἴκοσι δύο. 30 καὶ ἐκ τῶν υἱῶν Βενιαμιν τῶν ἀδελφῶν 30
Σαουλ τρεῖς χιλιάδες · καὶ ἔτι τὸ πλεῖστον αὐτῶν ἀπεσκόπει τὴν
φυλακὴν οἴκου Σαουλ. 31 καὶ ἀπὸ υἱῶν Εφραιμ εἴκοσι χιλιάδες καὶ 31
ὀκτακόσιοι, δυνατοὶ ἰσχύι, ἄνδρες ὀνομαστοὶ κατ᾽ οἴκους πατριῶν
αὐτῶν. 32 καὶ ἀπὸ τοῦ ἡμίσους φυλῆς Μανασση δέκα ὀκτὼ χιλι- 32
άδες, οἳ ὠνομάσθησαν ἐν ὀνόματι τοῦ βασιλεῦσαι τὸν Δαυιδ. 33 καὶ 33
ἀπὸ τῶν υἱῶν Ισσαχαρ γινώσκοντες σύνεσιν εἰς τοὺς καιρούς,
γινώσκοντες τί ποιῆσαι Ισραηλ εἰς τὰς ἀρχὰς αὐτῶν, διακόσιοι,
καὶ πάντες ἀδελφοὶ αὐτῶν μετ᾽ αὐτῶν. 34 καὶ ἀπὸ Ζαβουλων ἐκ- 34
πορευόμενοι εἰς παράταξιν πολέμου ἐν πᾶσιν σκεύεσιν πολεμικοῖς

20 εβοηθησαν BS ‖ 21 σωκλαγ Ra.] λ > S†, σωγλαμ B†, σικελαγ A: cf.
1 | ιωζαβαθ compl.] τωζ. BS†, -βαδ A | ιωδιηλ Ra.] ρωδ. BS†, ιεδ. A | ιωσαβεθ]
-βαιθ B†, ιωζαβεδ AV†, ιωζαβαδ compl. | ελιμουθ BS†] ελιουδ A, ελιου V | σελα-
θ(ε)ι unus cod. cum B cognatus] σεμαθει BS†, σαλαθι compl., γαλαθι A† ‖
22 αυτοι] ουτοι A | εν τη στρατ(ε)ια εν τη δυναμει] επι τη στρατια A (L†
εγενοντο αρχοντες τη στρατια εν δυναμει pro ησαν — fin.) ‖ 23 δυναμις]
-μιν S† ‖ 24 επιστρεψαι AL† ‖ 25 -φοροι 1° ⌒ 2° A† | παραταξεως] πραξ.
S†, sed in 26 etiam S παραταξιν ‖ 27 των] και A† | εξακοσ.] pr. και A ‖
28 ιωαδαε Ra.] τωαδαε S†, τωαδας B†, ιωδαε A | ο > S | τω] των A† | τρεις
χιλιαδες] τρ(ε)ισχιλιοι SL†: item L† in 30 | και ult. > S ‖ 29 δυο] pr. και
A ‖ 30 εκ > BS† | φυλακην] φυλην A ‖ 31 και 1° > S† ‖ 32 οι] pr.
και BS ‖ 33 ποιησει SL† | εις τας αρχας αυτων > BS | αυτων paenult. >
S† ‖ 34 και] οι S†

35 πεντήκοντα χιλιάδες βοηθῆσαι τῷ Δαυιδ οὐχ ἑτεροκλινῶς. ³⁵καὶ
ἀπὸ Νεφθαλι ἄρχοντες χίλιοι καὶ μετ᾽ αὐτῶν ἐν θυρεοῖς καὶ δό-
36 ρασιν τριάκοντα ἑπτὰ χιλιάδες. ³⁶καὶ ἀπὸ τῶν Δανιτῶν παρατασ-
37 σόμενοι εἰς πόλεμον εἴκοσι ὀκτὼ χιλιάδες καὶ ὀκτακόσιοι. ³⁷καὶ
ἀπὸ τοῦ Ασηρ ἐκπορευόμενοι βοηθῆσαι εἰς πόλεμον τεσσαράκοντα
38 χιλιάδες. ³⁸καὶ ἐκ πέραν τοῦ Ιορδάνου ἀπὸ Ρουβην καὶ Γαδδι καὶ
ἀπὸ τοῦ ἡμίσους φυλῆς Μανασση ἐν πᾶσιν σκεύεσιν πολεμικοῖς
39 ἑκατὸν εἴκοσι χιλιάδες. ³⁹πάντες οὗτοι ἄνδρες πολεμισταὶ παρατασ-
σόμενοι παράταξιν ἐν ψυχῇ εἰρηνικῇ καὶ ἦλθον εἰς Χεβρων τοῦ
βασιλεῦσαι τὸν Δαυιδ ἐπὶ πάντα Ισραηλ· καὶ ὁ κατάλοιπος Ισραηλ
40 ψυχὴ μία τοῦ βασιλεῦσαι τὸν Δαυιδ. ⁴⁰καὶ ἦσαν ἐκεῖ ἡμέρας τρεῖς
ἐσθίοντες καὶ πίνοντες, ὅτι ἡτοίμασαν αὐτοῖς οἱ ἀδελφοὶ αὐτῶν.
41 ⁴¹καὶ οἱ ὁμοροῦντες αὐτοῖς ἕως Ισσαχαρ καὶ Ζαβουλων καὶ Νε-
φθαλι ἔφερον αὐτοῖς ἐπὶ τῶν καμήλων καὶ τῶν ὄνων καὶ τῶν ἡμι-
όνων καὶ ἐπὶ τῶν μόσχων βρώματα, ἄλευρα, παλάθας, σταφίδας,
οἶνον καὶ ἔλαιον, μόσχους καὶ πρόβατα εἰς πλῆθος, ὅτι εὐφροσύνη
ἐν Ισραηλ.

13 ¹Καὶ ἐβουλεύσατο Δαυιδ μετὰ τῶν χιλιάρχων καὶ τῶν ἑκατοντ-
2 άρχων, παντὶ ἡγουμένῳ, ²καὶ εἶπεν Δαυιδ τῇ πάσῃ ἐκκλησίᾳ
Ισραηλ Εἰ ἐφ᾽ ὑμῖν ἀγαθὸν καὶ παρὰ κυρίου θεοῦ ἡμῶν εὐοδωθῇ,
ἀποστείλωμεν πρὸς τοὺς ἀδελφοὺς ἡμῶν τοὺς ὑπολελειμμένους ἐν
πάσῃ γῇ Ισραηλ, καὶ μετ᾽ αὐτῶν οἱ ἱερεῖς οἱ Λευῖται ἐν πόλεσιν
3 κατασχέσεως αὐτῶν, καὶ συναχθήσονται πρὸς ἡμᾶς, ³καὶ μετενέγ-
κωμεν τὴν κιβωτὸν τοῦ θεοῦ ἡμῶν πρὸς ἡμᾶς · ὅτι οὐκ ἐζήτησαν
4 αὐτὴν ἀφ᾽ ἡμερῶν Σαουλ. ⁴καὶ εἶπεν πᾶσα ἡ ἐκκλησία τοῦ ποιῆ-
σαι οὕτως, ὅτι εὐθὴς ὁ λόγος ἐν ὀφθαλμοῖς παντὸς τοῦ λαοῦ.
5 ⁵καὶ ἐξεκκλησίασεν Δαυιδ τὸν πάντα Ισραηλ ἀπὸ ὁρίων Αἰγύπτου
καὶ ἕως εἰσόδου Ημαθ τοῦ εἰσενέγκαι τὴν κιβωτὸν τοῦ θεοῦ ἐκ
6 πόλεως Ιαριμ. ⁶καὶ ἀνήγαγεν αὐτὴν Δαυιδ, καὶ πᾶς Ισραηλ ἀνέβη
εἰς πόλιν Δαυιδ, ἣ ἦν τοῦ Ιουδα, τοῦ ἀναγαγεῖν ἐκεῖθεν τὴν κιβω-
τὸν τοῦ θεοῦ κυρίου καθημένου ἐπὶ χερουβιν, οὗ ἐπεκλήθη ὄνομα
7 αὐτοῦ. ⁷καὶ ἐπέθηκαν τὴν κιβωτὸν τοῦ θεοῦ ἐπὶ ἅμαξαν καινὴν ἐξ
οἴκου Αμιναδαβ, καὶ Οζα καὶ οἱ ἀδελφοὶ αὐτοῦ ἦγον τὴν ἅμαξαν.

34 ουχ ετεροκλινως Rudolfus Smend (teste Iacobo Wackernagel)] ουχορε-
καινως Β*† (Bᶜ χερο pro χορε), ου χαιροκαινως S†, ου χεροκενως rel. (+
ουδε μετα καρδιας και καρδιας L†) ‖ 35 νεφθαλειμ A: item SA in 41 ‖
36 οκτω] pr. και A | οκτακοσιοι] εξακ. L ‖ 38 γαδδειν S†, γαδ L† ‖ 39 οι
καταλοιποι S*† | του βασ. τον δαυιδ ult. > A† ‖ 40 και πιν. > S† | αυτοις
> BSA*† ‖ 41 οι > S†
13 2 τη > B† | ημων bis] 1⁰ υμ. A†, 2⁰ υμ. B† | ευωδωθη B† | ημας] υμ. S†
‖ 3 εζητησαν] pr. εξ A†, εζητησαμεν L† ‖ 5 εξεκκλ.] εξ > BS† | οριων]
pr. των S† | εισοδου > A ‖ 6 πολιν δαυιδ] καριαθιαρειμ L†

⁸καὶ Δαυιδ καὶ πᾶς Ισραηλ παίζοντες ἐναντίον τοῦ θεοῦ ἐν πάσῃ 8
δυνάμει καὶ ἐν ψαλτῳδοῖς καὶ ἐν κινύραις καὶ ἐν νάβλαις, ἐν τυμ-
πάνοις καὶ ἐν κυμβάλοις καὶ ἐν σάλπιγξιν. ⁹καὶ ἤλθοσαν ἕως τῆς 9
ἅλωνος, καὶ ἐξέτεινεν Οζα τὴν χεῖρα αὐτοῦ τοῦ κατασχεῖν τὴν
κιβωτόν, ὅτι ἐξέκλινεν αὐτὴν ὁ μόσχος. ¹⁰καὶ ἐθυμώθη ὀργῇ κύριος 10
ἐπὶ Οζα καὶ ἐπάταξεν αὐτὸν ἐκεῖ διὰ τὸ ἐκτεῖναι τὴν χεῖρα αὐτοῦ
ἐπὶ τὴν κιβωτόν, καὶ ἀπέθανεν ἐκεῖ ἀπέναντι τοῦ θεοῦ. ¹¹καὶ ἠθύ- 11
μησεν Δαυιδ ὅτι διέκοψεν κύριος διακοπὴν ἐν Οζα, καὶ ἐκάλεσεν
τὸν τόπον ἐκεῖνον Διακοπὴ Οζα ἕως τῆς ἡμέρας ταύτης. ¹²καὶ 12
ἐφοβήθη Δαυιδ τὸν θεὸν ἐν τῇ ἡμέρᾳ ἐκείνῃ λέγων Πῶς εἰσοίσω
πρὸς ἐμαυτὸν τὴν κιβωτὸν τοῦ θεοῦ ; ¹³καὶ οὐκ ἀπέστρεψεν Δαυιδ 13
τὴν κιβωτὸν πρὸς ἑαυτὸν εἰς πόλιν Δαυιδ καὶ ἐξέκλινεν αὐτὴν εἰς
οἶκον Αβεδδαρα τοῦ Γεθθαίου. ¹⁴καὶ ἐκάθισεν ἡ κιβωτὸς τοῦ θεοῦ 14
ἐν οἴκῳ Αβεδδαρα τρεῖς μῆνας · καὶ εὐλόγησεν ὁ θεὸς Αβεδδαραμ
καὶ πάντα τὰ αὐτοῦ.

¹Καὶ ἀπέστειλεν Χιραμ βασιλεὺς Τύρου ἀγγέλους πρὸς Δαυιδ 14
καὶ ξύλα κέδρινα καὶ οἰκοδόμους τοίχων καὶ τέκτονας ξύλων τοῦ
οἰκοδομῆσαι αὐτῷ οἶκον. ²καὶ ἔγνω Δαυιδ ὅτι ἡτοίμησεν αὐτὸν 2
κύριος ἐπὶ Ισραηλ, ὅτι ηὐξήθη εἰς ὕψος ἡ βασιλεία αὐτοῦ διὰ τὸν
λαὸν αὐτοῦ Ισραηλ.

³Καὶ ἔλαβεν Δαυιδ ἔτι γυναῖκας ἐν Ιερουσαλημ, καὶ ἐτέχθησαν 3
Δαυιδ ἔτι υἱοὶ καὶ θυγατέρες. ⁴καὶ ταῦτα τὰ ὀνόματα αὐτῶν τῶν 4
τεχθέντων, οἳ ἦσαν αὐτῷ ἐν Ιερουσαλημ · Σαμαα, Ισοβααμ, Ναθαν,
Σαλωμων ⁵καὶ Ιβααρ καὶ Ελισαε καὶ Ελιφαλετ ⁶καὶ Ναγε καὶ 5
Ναφαγ καὶ Ιανουου ⁷καὶ Ελισαμαε καὶ Βαλεγδαε καὶ Ελιφαλετ. 6 7
⁸Καὶ ἤκουσαν ἀλλόφυλοι ὅτι ἐχρίσθη Δαυιδ βασιλεὺς ἐπὶ πάντα 8
Ισραηλ, καὶ ἀνέβησαν πάντες οἱ ἀλλόφυλοι ζητῆσαι τὸν Δαυιδ.
καὶ ἤκουσεν Δαυιδ καὶ ἐξῆλθεν εἰς ἀπάντησιν αὐτοῖς. ⁹καὶ ἀλλό- 9

10 φυλοι ἦλθον καὶ συνέπεσον ἐν τῇ κοιλάδι τῶν γιγάντων. ¹⁰καὶ
ἠρώτησεν Δαυιδ διὰ τοῦ θεοῦ λέγων Εἰ ἀναβῶ ἐπὶ τοὺς ἀλλο-
φύλους καὶ δώσεις αὐτοὺς εἰς τὰς χεῖράς μου; καὶ εἶπεν αὐτῷ
11 κύριος Ἀνάβηθι, καὶ δώσω αὐτοὺς εἰς τὰς χεῖράς σου. ¹¹καὶ ἀνέβη
εἰς Βααλφαρασιν καὶ ἐπάταξεν αὐτοὺς ἐκεῖ Δαυιδ · καὶ εἶπεν Δαυιδ
Διέκοψεν ὁ θεὸς τοὺς ἐχθρούς μου ἐν χειρί μου ὡς διακοπὴν
ὕδατος · διὰ τοῦτο ἐκάλεσεν τὸ ὄνομα τοῦ τόπου ἐκείνου Διακοπὴ
12 φαρασιν. ¹²καὶ ἐγκατέλιπον ἐκεῖ τοὺς θεοὺς αὐτῶν, καὶ εἶπεν Δαυιδ
13 κατακαῦσαι αὐτοὺς ἐν πυρί. — ¹³καὶ προσέθεντο ἔτι ἀλλόφυλοι
14 καὶ συνέπεσαν ἔτι ἐν τῇ κοιλάδι τῶν γιγάντων. ¹⁴καὶ ἠρώτησεν
Δαυιδ ἔτι ἐν θεῷ, καὶ εἶπεν αὐτῷ ὁ θεὸς Οὐ πορεύσῃ ὀπίσω
αὐτῶν, ἀποστρέφου ἀπ᾽ αὐτῶν καὶ παρέσῃ αὐτοῖς πλησίον τῶν
15 ἀπίων · ¹⁵καὶ ἔσται ἐν τῷ ἀκοῦσαί σε τὴν φωνὴν τοῦ συσσεισμοῦ
τῶν ἄκρων τῶν ἀπίων, τότε ἐξελεύσῃ εἰς τὸν πόλεμον, ὅτι ἐξ-
ῆλθεν ὁ θεὸς ἔμπροσθέν σου τοῦ πατάξαι τὴν παρεμβολὴν τῶν
16 ἀλλοφύλων. ¹⁶καὶ ἐποίησεν καθὼς ἐνετείλατο αὐτῷ ὁ θεός, καὶ
ἐπάταξεν τὴν παρεμβολὴν τῶν ἀλλοφύλων ἀπὸ Γαβαων ἕως Γα-
17 ζαρα. ¹⁷καὶ ἐγένετο ὄνομα Δαυιδ ἐν πάσῃ τῇ γῇ, καὶ κύριος ἔδω-
κεν τὸν φόβον αὐτοῦ ἐπὶ πάντα τὰ ἔθνη.

15 ¹Καὶ ἐποίησεν αὐτῷ οἰκίας ἐν πόλει Δαυιδ · καὶ ἡτοίμασεν τὸν
τόπον τῇ κιβωτῷ τοῦ θεοῦ καὶ ἐποίησεν αὐτῇ σκηνήν.

2 ²Τότε εἶπεν Δαυιδ Οὐκ ἔστιν ἆραι τὴν κιβωτὸν τοῦ θεοῦ ἀλλ᾽
ἢ τοὺς Λευίτας, ὅτι αὐτοὺς ἐξελέξατο κύριος αἴρειν τὴν κιβωτὸν
3 κυρίου καὶ λειτουργεῖν αὐτῷ ἕως αἰῶνος. ³καὶ ἐξεκκλησίασεν Δαυιδ
τὸν πάντα Ισραηλ εἰς Ιερουσαλημ τοῦ ἀνενέγκαι τὴν κιβωτὸν κυ-
4 ρίου εἰς τὸν τόπον, ὃν ἡτοίμασεν αὐτῇ. ⁴καὶ συνήγαγεν Δαυιδ
5 τοὺς υἱοὺς Ααρων καὶ τοὺς Λευίτας. ⁵τῶν υἱῶν Κααθ · Ουριηλ ὁ
6 ἄρχων καὶ οἱ ἀδελφοὶ αὐτοῦ, ἑκατὸν εἴκοσι. ⁶τῶν υἱῶν Μεραρι ·
7 Ασαια ὁ ἄρχων καὶ οἱ ἀδελφοὶ αὐτοῦ, διακόσιοι πεντήκοντα. ⁷τῶν
υἱῶν Γηρσαμ · Ιωηλ ὁ ἄρχων καὶ οἱ ἀδελφοὶ αὐτοῦ, ἑκατὸν πεντή-

9 συνεπεσαν SA: cf. 13 | εν > S || 10 ηρωτησεν] pr. επ A | ει] η S†|
κυριος > A† || 11 βααλφαρασ(ε)ιν] φααλφαθισειμ B†, φαλααδφαθεισει S† |
ο θεος > BS† (S† διακοψον pro διεκοψεν) | διακοπη] -πην S | φαρασ(ε)ιν]
-ρισιν B, -ριειν S† || 12 εκει et αυτους > BS† || 13 ετι ult.] εκει A, > L
|| 14 απιων] αιτιων B*S†: item in 15 || 15 των ακρων S†] αυτων ακρων
B†, επ(uel απ) ακρων L†, του ακρου rel. || 16 γαβων S | γαζαρα B†] -ραν
S†, γαζηρα rel.: cf. Regn. II 5 25 || 17 ονομα] pr. το A
15 1 της κιβωτου A || 2 αλλ η] αλλα S† | αιρειν την κιβ. κυριου > BS† ||
3 εξεκ(κ)λησ.] συνηγαγεν Apl. | κυριου] pr. του SLᵖ†, του θεου Ar† | εις τον
τοπον > S*† || 4 και ult. (cf. 11. 14)] > B || 5 αυτων S: item B† in 9 |
εικοσι] δεκα BS† || 6 μεραρι: cf. 6 32 | ασαια Lᵖ†] ασαι BS, ασαιας Arpl.:
cf. 11 | πεντηκοντα] pr. και Ar, εικοσι L || 7 γηρσαμ BS†] -σων V, βηρσων
Ar† | πεντηκοντα] τριακ. pl. (pr. και AV†)

κοντα. ⁸τῶν υἱῶν Ελισαφαν · Σαμαιας ὁ ἄρχων καὶ οἱ ἀδελφοὶ 8
αὐτοῦ, διακόσιοι. ⁹τῶν υἱῶν Χεβρων · Ελιηλ ὁ ἄρχων καὶ οἱ ἀδελ- 9
φοὶ αὐτοῦ, ὀγδοήκοντα. ¹⁰τῶν υἱῶν Οζιηλ · Αμιναδαβ ὁ ἄρχων καὶ 10
οἱ ἀδελφοὶ αὐτοῦ, ἑκατὸν δέκα δύο. — ¹¹καὶ ἐκάλεσεν Δαυιδ τὸν 11
Σαδωκ καὶ Αβιαθαρ τοὺς ἱερεῖς καὶ τοὺς Λευίτας, τὸν Ουριηλ,
Ασαια, Ιωηλ, Σαμαιαν, Ελιηλ, Αμιναδαβ, ¹²καὶ εἶπεν αὐτοῖς Ὑμεῖς 12
ἄρχοντες πατριῶν τῶν Λευιτῶν, ἁγνίσθητε ὑμεῖς καὶ οἱ ἀδελφοὶ
ὑμῶν καὶ ἀνοίσετε τὴν κιβωτὸν τοῦ θεοῦ Ισραηλ οὗ ἡτοίμασα
αὐτῇ · ¹³ὅτι οὐκ ἐν τῷ πρότερον ὑμᾶς εἶναι διέκοψεν ὁ θεὸς ἡμῶν 13
ἐν ἡμῖν, ὅτι οὐκ ἐζητήσαμεν ἐν κρίματι. ¹⁴καὶ ἡγνίσθησαν οἱ ἱερεῖς 14
καὶ οἱ Λευῖται τοῦ ἀνενέγκαι τὴν κιβωτὸν θεοῦ Ισραηλ. ¹⁵καὶ ἔλα- 15
βον οἱ υἱοὶ τῶν Λευιτῶν τὴν κιβωτὸν τοῦ θεοῦ, ὡς ἐνετείλατο
Μωυσῆς ἐν λόγῳ θεοῦ κατὰ τὴν γραφήν, ἐν ἀναφορεῦσιν ἐπ᾽ αὐ-
τούς. — ¹⁶καὶ εἶπεν Δαυιδ τοῖς ἄρχουσιν τῶν Λευιτῶν Στήσατε 16
τοὺς ἀδελφοὺς αὐτῶν τοὺς ψαλτῳδοὺς ἐν ὀργάνοις ᾠδῶν, νάβλαις
καὶ κινύραις καὶ κυμβάλοις, τοῦ φωνῆσαι εἰς ὕψος ἐν φωνῇ εὐ-
φροσύνης. ¹⁷καὶ ἔστησαν οἱ Λευῖται τὸν Αιμαν υἱὸν Ιωηλ · ἐκ τῶν 17
ἀδελφῶν αὐτοῦ Ασαφ υἱὸς Βαραχια, καὶ ἐκ τῶν υἱῶν Μεραρι
ἀδελφῶν αὐτοῦ Αιθαν υἱὸς Κισαιου. ¹⁸καὶ μετ᾽ αὐτῶν ἀδελφοὶ αὐ- 18
τῶν οἱ δεύτεροι, Ζαχαριας καὶ Οζιηλ καὶ Σεμιραμωθ καὶ Ιιηλ καὶ
Ωνι καὶ Ελιαβ καὶ Βαναια καὶ Μαασαια καὶ Ματταθια καὶ Ελιφαλια
καὶ Μακενια καὶ Αβδεδομ καὶ Ιιηλ καὶ Οζιας, οἱ πυλωροί. ¹⁹καὶ οἱ 19
ψαλτῳδοί · Αιμαν, Ασαφ καὶ Αιθαν ἐν κυμβάλοις χαλκοῖς τοῦ ἀκου-
σθῆναι ποιῆσαι · ²⁰Ζαχαριας καὶ Οζιηλ, Σεμιραμωθ, Ιιηλ, Ωνι, Ελιαβ, 20

---

8 ελεισαφατ BS | σαμαιας B†] -μεας S†, σαμαια(υel -μεα) L†, σεμαια V, οε-
μαια A r†: cf. 11 ‖ 9 ελιηλ] ενηλ S†, ενηρ B†: cf. 11 ‖ 10 δεκα δυο] δω-
δεκα S ‖ 11 αριηλ BS†, sed in 5 etiam hi ουριηλ | ασαια BSL†] ασαιαν
rel.: cf. 6 | ante nomina propria inde ab ιωηλ add. Apl. και, mu. (non A)
etiam ante ασαια(ν) | σαμαιαν BS†] σαμαια(υel -μεα) L†, σεμειαν AV: cf. 8 |
ελιηλ] ενηλ B†, ελημ S†: cf. 9 ‖ 13 ημων] υμ. S† ‖ 14 ιερεις] pr. αρχι
S*† | θεου B†] pr. του S, pr. του κυριου A†, pr. κυριου V; cf. 12. 15 ‖ 15 εφ
εαυτους A ‖ 16 αυτων] υμων L† | ωδων > BS† | και κινυραις] και > BS |
εν φωνη / ευφροσυνης] tr. S† ‖ 17 μεραρι: cf. 6 32 | αιθαμ SL: cf. 2 6 ‖
18 αδελφοι] pr. οι A | οζ(ε)ιηλ] ιηουλ A⁽†⁾, sed in 20 etiam A οζιηλ | σιμιρα-
μωθ A†, sed in 20 σεμ. | ωνι Ra.] ελιωηλ B†, ιωηλ S†, ανανιας L†, ανι rel.:
cf. 20 | ελιαβα BS†, sed in 20 etiam hi ελιαβ | μαασαια S†] μαασσαια B†, μα-
ασια VL, αμασια A: cf. 20 | ματταθια S†] pr. ι B†, -θιας A: cf. 21 | ελιφαλια
Ra. (cf. 21)] -φενα BS†, -φαλα A: cf. 21 | μακελλεια B†, μακκελλα S†, sed in
21 ambo μακενια | αβαεδομ B†, αβδεδωμ S; cf. 24 | ιεειηλ B†, sed in 21 etiam
B ιειηλ ‖ 19 ασαβ S†, sed in 17 etc. etiam S ασαφ | ποιησαι] pr. και S*†
‖ 20 σαμειραμωθ BS†, sed in 18 etiam hi σεμ.; cf. 16 5 II 17 8 | ι(ε)ιηλ]
ειθηλ BS†, ιθιηλ A† | ων(ε)ι BS†] αναvι A, ανανιας L†: cf. 18; pr. και Apl.
| ελιαβ] pr. και Apl.

21 Μασαιας, Βαναιας ἐν νάβλαις ἐπὶ αλαιμωθ · ²¹καὶ Ματταθιας καὶ
Ελιφαλιας καὶ Μακενιας καὶ Αβδεδομ καὶ Ιιηλ καὶ Οζιας ἐν κινύ-
22 ραις αμασενιθ τοῦ ἐνισχῦσαι. ²²καὶ Χωνενια ἄρχων τῶν Λευιτῶν
23 ἄρχων τῶν ᾠδῶν, ὅτι συνετὸς ἦν. ²³καὶ Βαραχια καὶ Ηλκανα πυ-
24 λωροὶ τῆς κιβωτοῦ. ²⁴καὶ Σοβνια καὶ Ιωσαφατ καὶ Ναθαναηλ καὶ
Αμασαι καὶ Ζαχαρια καὶ Βαναι καὶ Ελιεζερ οἱ ἱερεῖς σαλπίζοντες
ταῖς σάλπιγξιν ἔμπροσθεν τῆς κιβωτοῦ τοῦ θεοῦ. καὶ Αβδεδομ καὶ
Ιια πυλωροὶ τῆς κιβωτοῦ τοῦ θεοῦ.
25   ²⁵Καὶ ἦν Δαυιδ καὶ οἱ πρεσβύτεροι Ισραηλ καὶ οἱ χιλίαρχοι οἱ
πορευόμενοι τοῦ ἀναγαγεῖν τὴν κιβωτὸν τῆς διαθήκης κυρίου ἐξ
26 οἴκου Αβδεδομ ἐν εὐφροσύνη. ²⁶καὶ ἐγένετο ἐν τῷ κατισχῦσαι τὸν
θεὸν τοὺς Λευίτας αἴροντας τὴν κιβωτὸν τῆς διαθήκης κυρίου καὶ
27 ἔθυσαν ἑπτὰ μόσχους καὶ ἑπτὰ κριούς. ²⁷καὶ Δαυιδ περιεζωσμένος
ἐν στολῇ βυσσίνη καὶ πάντες οἱ Λευῖται αἴροντες τὴν κιβωτὸν
διαθήκης κυρίου καὶ οἱ ψαλτῳδοὶ καὶ Χωνενιας ὁ ἄρχων τῶν ᾠδῶν
28 τῶν ᾀδόντων, καὶ ἐπὶ Δαυιδ στολὴ βυσσίνη. ²⁸καὶ πᾶς Ισραηλ
ἀνάγοντες τὴν κιβωτὸν διαθήκης κυρίου ἐν σημασίᾳ καὶ ἐν φωνῇ
σωφερ καὶ ἐν σάλπιγξιν καὶ ἐν κυμβάλοις, ἀναφωνοῦντες νάβλαις
29 καὶ ἐν κινύραις. ²⁹καὶ ἐγένετο κιβωτὸς διαθήκης κυρίου καὶ ἦλθεν
ἕως πόλεως Δαυιδ, καὶ Μελχολ θυγάτηρ Σαουλ παρέκυψεν διὰ
τῆς θυρίδος καὶ εἶδεν τὸν βασιλέα Δαυιδ ὀρχούμενον καὶ παίζοντα
καὶ ἐξουδένωσεν αὐτὸν ἐν τῇ ψυχῇ αὐτῆς.
16   ¹Καὶ εἰσήνεγκαν τὴν κιβωτὸν τοῦ θεοῦ καὶ ἀπηρείσαντο αὐτὴν
ἐν μέσῳ τῆς σκηνῆς, ἧς ἔπηξεν αὐτῇ Δαυιδ, καὶ προσήνεγκαν
2 ὁλοκαυτώματα καὶ σωτηρίου ἐναντίον τοῦ θεοῦ. ²καὶ συνετέλεσεν
Δαυιδ ἀναφέρων ὁλοκαυτώματα καὶ σωτηρίου καὶ εὐλόγησεν τὸν
3 λαὸν ἐν ὀνόματι κυρίου. ³καὶ διεμέρισεν παντὶ ἀνδρὶ Ισραηλ ἀπὸ
ἀνδρὸς καὶ ἕως γυναικὸς τῷ ἀνδρὶ ἄρτον ἕνα ἀρτοκοπικὸν καὶ
ἀμορίτην.

20 μασαιας S†] μασσαιας B†, μαασιας A, αμασιας pau.: cf. 18; pr. και Apl.
| βαναιας BS†] pr. και rel. | αλαιμωθ B†] αλεμωθ S†, αλημωθ A; των κρυφιων
L†: cf. Ps. 9 1 45 1 || 21 μετταθιας BS†, sed cf. 18 | ελιφαλιας Ra. (cf. 18)]
-λαιας A, ενφαναιας B†, ενφανιας S† | και 3⁰ > BS | μακενια BS† | αμασε-
ν(ε)ιθ] περι της ογδοης L†: cf. Ps. 6 1 11 1 | ενισχυσαι] εν > BS† || 22 κω-
νενια BS†: cf. 27 || 24 σοβν(ε)ια S†] σομνια B†, σωβενια A | Ζαχαριας A |
αββοδομ S†: item BS in 25 16 5, BSA in 16 38 bis; sed αβδεδομ BA in 15 24,
A in 15 25 16 5, omnes in 15 21; cf. 15 18 26 4 II 25 24 34 20 | ι(ε)ια] ιεαια
A† | της κιβωτου ult.] τη -τω S† || 25 οι 1⁰ > B† | ισραηλ > S*† | οι 3⁰
> A: post χιλιαρχοι | κυριου > BS† || 26 επτα 1⁰] pr. αν B†: post εθυσαν
| επτα 2⁰] pr. αν B† et antiquus corrector codicis S† || 27 περιζωσαμενος
S† | εν > S*A | διαθηκης] pr. της S: item A in 29 | και 4⁰ > BS† | χωνε-
νιας mu. (cf. 22)] (ε)ιεχονιας BS†, χονεν. VL, χενεν. A† || 28 σωφειρ S† ||
29 διαθηκης] pr. της A | θυγατηρ] pr. η A
16 1 θεου ult.] κυριου A†: cf. 6. 7 || 3 ανδρι 1⁰ > S

⁴Καὶ ἔταξεν κατὰ πρόσωπον τῆς κιβωτοῦ διαθήκης κυρίου ἐκ 4
τῶν Λευιτῶν λειτουργοῦντας ἀναφωνοῦντας καὶ ἐξομολογεῖσθαι
καὶ αἰνεῖν κύριον τὸν θεὸν Ισραηλ· ⁵Ασαφ ὁ ἡγούμενος, καὶ δευ- 5
τερεύων αὐτῷ Ζαχαριας, Ιιηλ, Σεμιραμωθ, Ιιηλ, Ματταθιας, Ελιαβ
καὶ Βαναιας καὶ Αβδεδομ καὶ Ιιηλ ἐν ὀργάνοις, νάβλαις καὶ κινύ-
ραις, καὶ Ασαφ ἐν κυμβάλοις ἀναφωνῶν, ⁶καὶ Βαναιας καὶ Οζιηλ 6
οἱ ἱερεῖς ἐν ταῖς σάλπιγξιν διὰ παντὸς ἐναντίον τῆς κιβωτοῦ τῆς
διαθήκης τοῦ θεοῦ.

⁷Ἐν τῇ ἡμέρᾳ ἐκείνῃ τότε ἔταξεν Δαυιδ ἐν ἀρχῇ τοῦ αἰνεῖν τὸν 7
κύριον ἐν χειρὶ Ασαφ καὶ τῶν ἀδελφῶν αὐτοῦ

⁸Ἐξομολογεῖσθε τῷ κυρίῳ, ἐπικαλεῖσθε αὐτὸν ἐν ὀνόματι   8
αὐτοῦ,
γνωρίσατε ἐν λαοῖς τὰ ἐπιτηδεύματα αὐτοῦ·
⁹ᾄσατε αὐτῷ καὶ ὑμνήσατε αὐτῷ,
διηγήσασθε πᾶσιν τὰ θαυμάσια αὐτοῦ, ἃ ἐποίησεν κύριος.
¹⁰αἰνεῖτε ἐν ὀνόματι ἁγίῳ αὐτοῦ,   10
εὐφρανθήσεται καρδία ζητοῦσα τὴν εὐδοκίαν αὐτοῦ·
¹¹ζητήσατε τὸν κύριον καὶ ἰσχύσατε,   11
ζητήσατε τὸ πρόσωπον αὐτοῦ διὰ παντός.
¹²μνημονεύετε τὰ θαυμάσια αὐτοῦ, ἃ ἐποίησεν,   12
τέρατα καὶ κρίματα τοῦ στόματος αὐτοῦ,
¹³σπέρμα Ισραηλ παῖδες αὐτοῦ,   13
υἱοὶ Ιακωβ ἐκλεκτοὶ αὐτοῦ.
¹⁴αὐτὸς κύριος ὁ θεὸς ἡμῶν,   14
ἐν πάσῃ τῇ γῇ τὰ κρίματα αὐτοῦ.
¹⁵μνημονεύων εἰς αἰῶνα διαθήκης αὐτοῦ,   15
λόγον αὐτοῦ, ὃν ἐνετείλατο εἰς χιλίας γενεάς,
¹⁶ὃν διέθετο τῷ Αβρααμ,   16
καὶ τὸν ὅρκον αὐτοῦ τῷ Ισαακ·
¹⁷ἔστησεν αὐτὸν τῷ Ιακωβ εἰς πρόσταγμα,   17
τῷ Ισραηλ διαθήκην αἰώνιον
¹⁸λέγων Σοὶ δώσω τὴν γῆν Χανααν   18
σχοίνισμα κληρονομίας ὑμῶν.

4 λιτουργουντων S*† | κυριον τον] tr. A, τον > S || 5 δευτερευων] -ρων
S†, -ρος ων A†, ο δευτερος L† | (ε)ι(ε)ιηλ 1⁰] pr. ο A | σαμαρ(ε)ιμωθ BS†:
cf. 15 20 | (ε)ι(ε)ιηλ 2⁰ BS†] ιαειηλ V, ιαθιηλ A† | βαναιας] βενιας S*†, βανιας
Sc† | αβδεδομ: cf. 15 24 | ναβλαις] pr. εν A | και paenult. > BS† || 6 οζ(ε)ι-
ηλ > S*† | εναντι S† | θεου] κυριου S†: cf. 1 || 7 κυριον] θεον S†: cf. 1 ||
8—36 (= Ps. 104 1—15. 95. 105 1.47.48)] pr. ωδη BAV (non S) || 8 τω κυ-
ριω > BS† | εν ult. > S† || 9 αυτω 2⁰] -τον S | πασιν] pr. εν S†, εν πασι
τοις εθνεσι L† || 10 αινειτε > S*† || 11 τον κυριον > BS† || 12 μνημο-
νευσατε A || 14 αυτος > BS || 15 μνημονευομεν B, -ομενα (sic) S†

19   ¹⁹ἐν τῷ γενέσθαι αὐτοὺς ὀλιγοστοὺς ἀριθμῷ
        ὡς ἐσμικρύνθησαν καὶ παρῴκησαν ἐν αὐτῇ.

20   ²⁰καὶ ἐπορεύθησαν ἀπὸ ἔθνους εἰς ἔθνος
        καὶ ἀπὸ βασιλείας εἰς λαὸν ἕτερον ·

21   ²¹οὐκ ἀφῆκεν ἄνδρα τοῦ δυναστεῦσαι αὐτοὺς
        καὶ ἤλεγξεν περὶ αὐτῶν βασιλεῖς

22   ²²Μὴ ὄψησθε τῶν χριστῶν μου
        καὶ ἐν τοῖς προφήταις μου μὴ πονηρεύεσθε.

23   ²³ᾄσατε τῷ κυρίῳ, πᾶσα ἡ γῆ,
        ἀναγγείλατε ἐξ ἡμέρας εἰς ἡμέραν σωτηρίαν αὐτοῦ.

25   ²⁵ὅτι μέγας κύριος καὶ αἰνετὸς σφόδρα,
        φοβερός ἐστιν ἐπὶ πάντας τοὺς θεούς ·

26   ²⁶ὅτι πάντες οἱ θεοὶ τῶν ἐθνῶν εἴδωλα,
        καὶ ὁ θεὸς ἡμῶν οὐρανὸν ἐποίησεν ·

27   ²⁷δόξα καὶ ἔπαινος κατὰ πρόσωπον αὐτοῦ,
        ἰσχὺς καὶ καύχημα ἐν τόπῳ αὐτοῦ.

28   ²⁸δότε τῷ κυρίῳ, πατριαὶ τῶν ἐθνῶν,
        δότε τῷ κυρίῳ δόξαν καὶ ἰσχύν ·

29   ²⁹δότε τῷ κυρίῳ δόξαν ὀνόματος αὐτοῦ,
        λάβετε δῶρα καὶ ἐνέγκατε κατὰ πρόσωπον αὐτοῦ
        καὶ προσκυνήσατε τῷ κυρίῳ ἐν αὐλαῖς ἁγίαις αὐτοῦ.

30   ³⁰φοβηθήτω ἀπὸ προσώπου αὐτοῦ πᾶσα ἡ γῆ,
        κατορθωθήτω ἡ γῆ καὶ μὴ σαλευθήτω ·

31   ³¹εὐφρανθήτω ὁ οὐρανός, καὶ ἀγαλλιάσθω ἡ γῆ,
        καὶ εἰπάτωσαν ἐν τοῖς ἔθνεσιν Κύριος βασιλεύων.

32   ³²βομβήσει ἡ θάλασσα σὺν τῷ πληρώματι
        καὶ ξύλον ἀγροῦ καὶ πάντα τὰ ἐν αὐτῷ ·

33   ³³τότε εὐφρανθήσεται τὰ ξύλα τοῦ δρυμοῦ ἀπὸ προσώπου
        κυρίου,
        ὅτι ἦλθεν κρῖναι τὴν γῆν.

34   ³⁴ἐξομολογεῖσθε τῷ κυρίῳ, ὅτι ἀγαθόν,
        ὅτι εἰς τὸν αἰῶνα τὸ ἔλεος αὐτοῦ.

35   ³⁵καὶ εἴπατε Σῶσον ἡμᾶς, ὁ θεὸς τῆς σωτηρίας ἡμῶν,
        καὶ ἐξελοῦ ἡμᾶς ἐκ τῶν ἐθνῶν
        τοῦ αἰνεῖν τὸ ὄνομα τὸ ἅγιόν σου

19 γενεσθαι] λεγεσθαι AV†, ειναι L† | ως BSL†] εως rel. || 21 περι] υπερ
A || 22 και > B†, και εν > S† || 23 σωτηριαν B†] το σωτηριον rel.: =
Ps. 95 2 || 27 τοπω] pr. τω Α, τω αγιασματι L†: ex Ps. 95 6 || 28 πατριαι
Ra.] πατρι BS†, pr. αι rel.: cf. Ps. 95 7 || 29¹ > BS | τω ult. > BS† ||
30 κατορθ.] pr. και S*†; pro 30² praebet L† και γαρ κατωρθωσε την οικουμε-
νην ητις ου σαλευθησεται: ex Ps. 95 10 || 31 βασιλευων] εβασιλευσεν AL:
ex Ps. 95 10 || 32 βομβησει(B*† βοββ.)] βοησει A† | η > A† | και 1⁰ > B†
|| 35 σωσον] εσωσεν BS | της σωτ.] ο σωτηρ S*†

καὶ καυχᾶσθαι ἐν ταῖς αἰνέσεσίν σου.
³⁶ εὐλογημένος κύριος ὁ θεὸς Ισραηλ ἀπὸ τοῦ αἰῶνος καὶ ἕως 36
τοῦ αἰῶνος ·
καὶ ἐρεῖ πᾶς ὁ λαός Αμην.
καὶ ἤνεσαν τῷ κυρίῳ.

³⁷ Καὶ κατέλιπον ἐκεῖ ἔναντι τῆς κιβωτοῦ διαθήκης κυρίου τὸν 37
Ασαφ καὶ τοὺς ἀδελφοὺς αὐτοῦ τοῦ λειτουργεῖν ἐναντίον τῆς κιβω-
τοῦ διὰ παντὸς τὸ τῆς ἡμέρας εἰς ἡμέραν · ³⁸ καὶ Αβδεδομ καὶ οἱ 38
ἀδελφοὶ αὐτοῦ, ἑξήκοντα καὶ ὀκτώ, καὶ Αβδεδομ υἱὸς Ιδιθων καὶ
Οσσα εἰς πυλωρούς. ³⁹ καὶ τὸν Σαδωκ τὸν ἱερέα καὶ τοὺς ἀδελφοὺς 39
αὐτοῦ τοὺς ἱερεῖς ἐναντίον σκηνῆς κυρίου ἐν Βαμα τῇ ἐν Γαβαων
⁴⁰ τοῦ ἀναφέρειν ὁλοκαυτώματα τῷ κυρίῳ ἐπὶ τοῦ θυσιαστηρίου τῶν 40
ὁλοκαυτωμάτων διὰ παντὸς τὸ πρωὶ καὶ τὸ ἑσπέρας καὶ κατὰ
πάντα τὰ γεγραμμένα ἐν νόμῳ κυρίου, ὅσα ἐνετείλατο ἐφ᾽ υἱοῖς
Ισραηλ ἐν χειρὶ Μωυσῆ τοῦ θεράποντος τοῦ θεοῦ · ⁴¹ καὶ μετ᾽ αὐ- 41
τοῦ Αιμαν καὶ Ιδιθων καὶ οἱ λοιποὶ ἐκλεγέντες ἐπ᾽ ὀνόματος τοῦ
αἰνεῖν τὸν κύριον, ὅτι εἰς τὸν αἰῶνα τὸ ἔλεος αὐτοῦ, ⁴² καὶ μετ᾽ 42
αὐτῶν σάλπιγγες καὶ κύμβαλα τοῦ ἀναφωνεῖν καὶ ὄργανα τῶν ᾠδῶν
τοῦ θεοῦ, υἱοὶ Ιδιθων εἰς τὴν πύλην.

⁴³ Καὶ ἐπορεύθη ἅπας ὁ λαὸς ἕκαστος εἰς τὸν οἶκον αὐτοῦ, καὶ 43
ἐπέστρεψεν Δαυιδ τοῦ εὐλογῆσαι τὸν οἶκον αὐτοῦ.

¹ Καὶ ἐγένετο ὡς κατῴκησεν Δαυιδ ἐν οἴκῳ αὐτοῦ, καὶ εἶπεν 17
Δαυιδ πρὸς Ναθαν τὸν προφήτην Ἰδοὺ ἐγὼ κατοικῶ ἐν οἴκῳ κε-
δρίνῳ, καὶ ἡ κιβωτὸς διαθήκης κυρίου ὑποκάτω δέρρεων. ² καὶ εἶπεν 2
Ναθαν πρὸς Δαυιδ Πᾶν τὸ ἐν τῇ ψυχῇ σου ποίει, ὅτι ὁ θεὸς μετὰ
σοῦ. — ³ καὶ ἐγένετο ἐν τῇ νυκτὶ ἐκείνῃ καὶ ἐγένετο λόγος κυρίου 3
πρὸς Ναθαν λέγων ⁴ Πορεύου καὶ εἰπὸν πρὸς Δαυιδ τὸν παῖδά 4
μου Οὕτως εἶπεν κύριος Οὐ σὺ οἰκοδομήσεις μοι οἶκον τοῦ κατοι-
κῆσαί με ἐν αὐτῷ · ⁵ ὅτι οὐ κατῴκησα ἐν οἴκῳ ἀπὸ τῆς ἡμέρας, 5
ἧς ἀνήγαγον τὸν Ισραηλ, ἕως τῆς ἡμέρας ταύτης καὶ ἤμην ἐν σκη-
νῇ καὶ ἐν καταλύματι. ⁶ ἐν πᾶσιν οἷς διῆλθον ἐν παντὶ Ισραηλ, εἰ 6
λαλῶν ἐλάλησα πρὸς μίαν φυλὴν Ισραηλ τοῦ ποιμαίνειν τὸν λαόν
μου λέγων ὅτι Οὐκ ᾠκοδομήκατέ μοι οἶκον κέδρινον. ⁷ καὶ νῦν 7

36 αιωνος 1⁰ ⌒ 2⁰ BS ‖ 37 κατελιπον] -πεν A† | εναντι] -τιον A ‖ 38 αβδε-
δομ bis: cf. 15 24 | ιδ(ε)ιθων B† hic et B in 41, BS† in 42; ιδιθουμ A hic
et in 41, ιδεθων S† hic, ιδιθωμ S† in 41, ιδιθουν A in 42; cf. 9 16 25 1 II 29
14 35 15 | οσσα] οσα S†, ωσηε ALᵖ ‖ 39 σκηνης] pr. της B ‖ 40 ενετειλ.]
ετενετο S*† | υιους A ‖ 41 αυτου 1⁰] -των S ‖ 42 υιοι BS†] pr. και οι A
‖ 43 αυτου ult. > S*†
17 2 τη > B† | ο > B ‖ 3 λεγων > BS† ‖ 4 παιδα] δουλον BL† | μοι
> B*† ‖ 5 καταλυματι] καλυμματι B† ‖ 6 ισραηλ 2⁰] pr. του B† | του
ποιμαινειν BS†] pr. ενι των κριτων ισραηλ οις ενετειλαμην AVrau., pr. οις
ενετειλαμην pl.

οὕτως ἐρεῖς τῷ δούλῳ μου Δαυιδ Τάδε λέγει κύριος παντοκράτωρ
Ἔλαβόν σε ἐκ τῆς μάνδρας ἐξόπισθεν τῶν ποιμνίων τοῦ εἶναι εἰς
8 ἡγούμενον ἐπὶ τὸν λαόν μου Ισραηλ· ⁸καὶ ἤμην μετὰ σοῦ ἐν πᾶ-
σιν, οἷς ἐπορεύθης, καὶ ἐξωλέθρευσα πάντας τοὺς ἐχθρούς σου
ἀπὸ προσώπου σου καὶ ἐποίησά σοι ὄνομα κατὰ τὸ ὄνομα τῶν
9 μεγάλων τῶν ἐπὶ τῆς γῆς. ⁹καὶ θήσομαι τόπον τῷ λαῷ μου Ισραηλ
καὶ καταφυτεύσω αὐτόν, καὶ κατασκηνώσει καθ' ἑαυτὸν καὶ οὐ με-
ριμνήσει ἔτι, καὶ οὐ προσθήσει ἀδικία τοῦ ταπεινῶσαι αὐτὸν καθ-
10 ὼς ἀπ' ἀρχῆς. ¹⁰καὶ ἀφ' ἡμερῶν, ὧν ἔταξα κριτὰς ἐπὶ τὸν λαόν
μου Ισραηλ, καὶ ἐταπείνωσα ἅπαντας τοὺς ἐχθρούς σου· καὶ αὐ-
11 ξήσω σε, καὶ οἶκον οἰκοδομήσει σοι κύριος. ¹¹καὶ ἔσται ὅταν πλη-
ρωθῶσιν αἱ ἡμέραι σου καὶ κοιμηθήσῃ μετὰ τῶν πατέρων σου,
καὶ ἀναστήσω τὸ σπέρμα σου μετὰ σέ, ὃς ἔσται ἐκ τῆς κοιλίας
12 σου, καὶ ἑτοιμάσω τὴν βασιλείαν αὐτοῦ· ¹²αὐτὸς οἰκοδομήσει μοι
13 οἶκον, καὶ ἀνορθώσω τὸν θρόνον αὐτοῦ ἕως αἰῶνος. ¹³ἐγὼ ἔσομαι
αὐτῷ εἰς πατέρα, καὶ αὐτὸς ἔσται μοι εἰς υἱόν· καὶ τὸ ἔλεός μου
οὐκ ἀποστήσω ἀπ' αὐτοῦ ὡς ἀπέστησα ἀπὸ τῶν ὄντων ἔμπροσθέν
14 σου. ¹⁴καὶ πιστώσω αὐτὸν ἐν οἴκῳ μου καὶ ἐν βασιλείᾳ αὐτοῦ
ἕως αἰῶνος, καὶ ὁ θρόνος αὐτοῦ ἔσται ἀνωρθωμένος ἕως αἰῶνος.
15 ¹⁵κατὰ πάντας τοὺς λόγους τούτους καὶ κατὰ πᾶσαν τὴν ὅρασιν
16 ταύτην, οὕτως ἐλάλησεν Ναθαν πρὸς Δαυιδ. — ¹⁶καὶ ἦλθεν ὁ
βασιλεὺς Δαυιδ καὶ ἐκάθισεν ἀπέναντι κυρίου καὶ εἶπεν Τίς εἰμι
ἐγώ, κύριε ὁ θεός, καὶ τίς ὁ οἶκός μου, ὅτι ἠγάπησάς με ἕως αἰ-
17 ῶνος; ¹⁷καὶ ἐσμικρύνθη ταῦτα ἐνώπιόν σου, ὁ θεός, καὶ ἐλάλησας
ἐπὶ τὸν οἶκον τοῦ παιδός σου ἐκ μακρῶν καὶ ἐπεῖδές με ὡς ὅρα-
18 σις ἀνθρώπου καὶ ὕψωσάς με, κύριε ὁ θεός. ¹⁸τί προσθήσει ἔτι
19 Δαυιδ πρὸς σὲ τοῦ δοξάσαι; καὶ σὺ τὸν δοῦλόν σου οἶδας. ¹⁹καὶ
20 κατὰ τὴν καρδίαν σου ἐποίησας τὴν πᾶσαν μεγαλωσύνην. ²⁰κύριε,
οὐκ ἔστιν ὅμοιός σοι, καὶ οὐκ ἔστιν πλὴν σοῦ κατὰ πάντα, ὅσα
21 ἠκούσαμεν ἐν ὠσὶν ἡμῶν. ²¹καὶ οὐκ ἔστιν ὡς ὁ λαός σου Ισραηλ
ἔθνος ἔτι ἐπὶ τῆς γῆς, ὡς ὡδήγησεν αὐτὸν ὁ θεὸς τοῦ λυτρώσα-
σθαι ἑαυτῷ λαὸν τοῦ θέσθαι ἑαυτῷ ὄνομα μέγα καὶ ἐπιφανὲς τοῦ
ἐκβαλεῖν ἀπὸ προσώπου λαοῦ σου, οὓς ἐλυτρώσω ἐξ Αἰγύπτου,
22 ἔθνη. ²²καὶ ἔδωκας τὸν λαόν σου Ισραηλ σεαυτῷ λαὸν ἕως αἰῶ-
23 νος, καὶ σύ, κύριε, αὐτοῖς εἰς θεόν. ²³καὶ νῦν, κύριε, ὁ λόγος σου,
ὃν ἐλάλησας πρὸς τὸν παῖδά σου καὶ ἐπὶ τὸν οἶκον αὐτοῦ, πιστω-

9 αδικια] υιος αδικιας L | απ > BS† ‖ 10 οικον οικοδομησει σοι uel sim.
compl.] οικον > BSAV, σε pro σοι BS ‖ 11 αι > B† | και 2⁰ > A | ος] ο
BS ‖ 13 οντων > A ‖ 14 ο > B† ‖ 16 απεναντιον S† ‖ 21 ετι > A†
| εαυτω 2⁰] ε > BS | ους] ου A ‖ 22 κυριος B† | αυτοις] pr. εγενου L†, pr.
εγενηθης compl. ‖ 23 πιστωθητω] + η χιρ σου S†

θήτω ἕως αἰῶνος ²⁴λεγόντων Κύριε κύριε παντοκράτωρ θεὸς 24
Ισραηλ, καὶ ὁ οἶκος Δαυιδ παιδός σου ἀνωρθωμένος ἐναντίον σου.
²⁵ὅτι σύ, κύριε, ἤνοιξας τὸ οὖς τοῦ παιδός σου τοῦ οἰκοδομῆσαι 25
αὐτῷ οἶκον · διὰ τοῦτο εὗρεν ὁ παῖς σου τοῦ προσεύξασθαι κατὰ
πρόσωπόν σου. ²⁶καὶ νῦν, κύριε, σὺ εἶ αὐτὸς ὁ θεὸς καὶ ἐλάλησας 26
ἐπὶ τὸν δοῦλόν σου τὰ ἀγαθὰ ταῦτα · ²⁷καὶ νῦν ἤρξω τοῦ εὐλο- 27
γῆσαι τὸν οἶκον τοῦ παιδός σου τοῦ εἶναι εἰς τὸν αἰῶνα ἐναντίον
σου · ὅτι σύ, κύριε, εὐλόγησας, καὶ εὐλόγησον εἰς τὸν αἰῶνα.

¹Καὶ ἐγένετο μετὰ ταῦτα καὶ ἐπάταξεν Δαυιδ τοὺς ἀλλοφύλους 18
καὶ ἐτροπώσατο αὐτοὺς καὶ ἔλαβεν τὴν Γεθ καὶ τὰς κώμας αὐτῆς
ἐκ χειρὸς ἀλλοφύλων. ²καὶ ἐπάταξεν τὴν Μωαβ, καὶ ἦσαν Μωαβ 2
παῖδες τῷ Δαυιδ φέροντες δῶρα. ³καὶ ἐπάταξεν Δαυιδ τὸν Αδρα- 3
αζαρ βασιλέα Σουβα Ημαθ πορευομένου αὐτοῦ ἐπιστῆσαι χεῖρα
αὐτοῦ ἐπὶ ποταμὸν Εὐφράτην. ⁴καὶ προκατελάβετο Δαυιδ αὐτῶν 4
χίλια ἅρματα καὶ ἑπτὰ χιλιάδας ἵππων καὶ εἴκοσι χιλιάδας ἀνδρῶν
πεζῶν · καὶ παρέλυσεν Δαυιδ πάντα τὰ ἅρματα καὶ ὑπελίπετο ἐξ
αὐτῶν ἑκατὸν ἅρματα. ⁵καὶ ἦλθεν Σύρος ἐκ Δαμασκοῦ βοηθῆσαι 5
Αδρααζαρ βασιλεῖ Σουβα, καὶ ἐπάταξεν Δαυιδ ἐν τῷ Σύρῳ εἴκοσι
καὶ δύο χιλιάδας ἀνδρῶν. ⁶καὶ ἔθετο Δαυιδ φρουρὰν ἐν Συρίᾳ τῇ 6
κατὰ Δαμασκόν, καὶ ἦσαν τῷ Δαυιδ εἰς παῖδας φέροντας δῶρα.
καὶ ἔσωζεν κύριος τὸν Δαυιδ ἐν πᾶσιν, οἷς ἐπορεύετο. ⁷καὶ ἔλαβεν 7
Δαυιδ τοὺς κλοιοὺς τοὺς χρυσοῦς, οἳ ἦσαν ἐπὶ τοὺς παῖδας Αδρα-
αζαρ, καὶ ἤνεγκεν αὐτοὺς εἰς Ιερουσαλημ. ⁸καὶ ἐκ τῆς μεταβηχας 8
καὶ ἐκ τῶν ἐκλεκτῶν πόλεων τῶν Αδρααζαρ ἔλαβεν Δαυιδ χαλκὸν
πολὺν σφόδρα · ἐξ αὐτοῦ ἐποίησεν Σαλωμων τὴν θάλασσαν τὴν
χαλκὴν καὶ τοὺς στύλους καὶ τὰ σκεύη τὰ χαλκᾶ. ⁹καὶ ἤκουσεν 9
Θωα βασιλεὺς Ημαθ ὅτι ἐπάταξεν Δαυιδ τὴν πᾶσαν δύναμιν Αδρα-
αζαρ βασιλέως Σουβα, ¹⁰καὶ ἀπέστειλεν τὸν Ιδουραμ υἱὸν αὐτοῦ 10
πρὸς τὸν βασιλέα Δαυιδ τοῦ ἐρωτῆσαι αὐτὸν τὰ εἰς εἰρήνην καὶ
τοῦ εὐλογῆσαι αὐτὸν ὑπὲρ οὗ ἐπολέμησεν τὸν Αδρααζαρ καὶ ἐπά-
ταξεν αὐτόν, ὅτι ἀνὴρ πολέμιος Θωα ἦν τῷ Αδρααζαρ, καὶ πάντα

23 εως αιωνος] + και ποιησον καθως ελαλησας (24) και πιστωθητω και με-
γαλυνθητω το ονομα σου εως αιωνος L compl. || 24 θεος BS†] θεε compl.,
pr. ο A rel. | ο οικος] ο > BS || 25 κυριε > BS† | του 2⁰ > A† || 26 αυ-
τος ο] tr. S†, ο > B || 27 ηρξαι B† | του 1⁰ > B† | ευλογησαι] -γιν S† |
κυριε > BS†
18 2 μωαβ 2⁰] -βιται A || 3 αδρααζαρ: sic B hic et in 5. 7—10; A ubique
αδραζαρ; S in 7—10 et Sᶜ in 5 αδραζαρ, sed S† in 3 αδραζαρει, S*† in 5
αδραζα; cf. 19 16 || 4 αυτων 1⁰] -τω SAV† | πεζων > BS | εκατον] εικοσι
S*† || 5 δαυιδ > BS† | και ult. > S || 6 δαμασκω S† | εσωσεν S: item
A† in 13 | τον > B || 7 δαυιδ] post χρυσ. tr. S† || 8 μεταβηχας BS†]
ματεβεθ A | πολεων] -εμων BS† | των 2⁰] τω S† || 9 θωα] θοου A: item
in 10 || 10 ιδουραμ S†] -ρααμ B†, δουραμ AV†, αδουραμ mu.

11 τὰ σκεύη ἀργυρᾶ καὶ χρυσᾶ. ¹¹καὶ ταῦτα ἡγίασεν Δαυιδ τῷ κυρίῳ
μετὰ τοῦ ἀργυρίου καὶ τοῦ χρυσίου, οὗ ἔλαβεν ἐκ πάντων τῶν
ἐθνῶν, ἐξ Ιδουμαίας καὶ Μωαβ καὶ ἐξ υἱῶν Αμμων καὶ ἐκ τῶν
12 ἀλλοφύλων καὶ ἐξ Αμαληκ. ¹²καὶ Αβεσσα υἱὸς Σαρουια ἐπάταξεν
13 τὴν Ιδουμαίαν ἐν κοιλάδι τῶν ἁλῶν, ὀκτὼ καὶ δέκα χιλιάδας, ¹³καὶ
ἔθετο ἐν τῇ κοιλάδι φρουράς · καὶ ἦσαν πάντες οἱ Ιδουμαῖοι παῖ-
δες Δαυιδ. καὶ ἔσῳζεν κύριος τὸν Δαυιδ ἐν πᾶσιν, οἷς ἐπορεύετο.
14 ¹⁴Καὶ ἐβασίλευσεν Δαυιδ ἐπὶ πάντα Ισραηλ καὶ ἦν ποιῶν κρίμα
15 καὶ δικαιοσύνην τῷ παντὶ λαῷ αὐτοῦ. ¹⁵καὶ Ιωαβ υἱὸς Σαρουια
ἐπὶ τῆς στρατιᾶς καὶ Ιωσαφατ υἱὸς Αχιλουδ ὑπομνηματογράφος
16 ¹⁶καὶ Σαδωκ υἱὸς Αχιτωβ καὶ Αχιμελεχ υἱὸς Αβιαθαρ ἱερεῖς καὶ
17 Σουσα γραμματεὺς ¹⁷καὶ Βαναιας υἱὸς Ιωδαε ἐπὶ τοῦ χερεθθι καὶ
τοῦ φελεθθι καὶ υἱοὶ Δαυιδ οἱ πρῶτοι διάδοχοι τοῦ βασιλέως.

19 ¹Καὶ ἐγένετο μετὰ ταῦτα ἀπέθανεν Ναας βασιλεὺς υἱῶν Αμμων, καὶ
2 ἐβασίλευσεν Αναν υἱὸς αὐτοῦ ἀντ' αὐτοῦ. ²καὶ εἶπεν Δαυιδ Ποιή-
σω ἔλεος μετὰ Αναν υἱοῦ Ναας, ὡς ἐποίησεν ὁ πατὴρ αὐτοῦ μετ'
ἐμοῦ ἔλεος · καὶ ἀπέστειλεν ἀγγέλους Δαυιδ τοῦ παρακαλέσαι αὐ-
τὸν περὶ τοῦ πατρὸς αὐτοῦ. καὶ ἦλθον παῖδες Δαυιδ εἰς γῆν υἱῶν
3 Αμμων τοῦ παρακαλέσαι αὐτόν. ³καὶ εἶπον ἄρχοντες Αμμων πρὸς
Αναν Μὴ δοξάζων Δαυιδ τὸν πατέρα σου ἐναντίον σου ἀπέστει-
λέν σοι παρακαλοῦντας; οὐχ ὅπως ἐξερευνήσωσιν τὴν πόλιν τοῦ
4 κατασκοπῆσαι τὴν γῆν, ἦλθον παῖδες αὐτοῦ πρὸς σέ; ⁴καὶ ἔλαβεν
Αναν τοὺς παῖδας Δαυιδ καὶ ἐξύρησεν αὐτοὺς καὶ ἀφεῖλεν τῶν
μανδυῶν αὐτῶν τὸ ἥμισυ ἕως τῆς ἀναβολῆς καὶ ἀπέστειλεν αὐ-
5 τούς. ⁵καὶ ἦλθον ἀπαγγεῖλαι τῷ Δαυιδ περὶ τῶν ἀνδρῶν, καὶ ἀπ-
έστειλεν εἰς ἀπάντησιν αὐτοῖς, ὅτι ἦσαν ἠτιμωμένοι σφόδρα · καὶ
εἶπεν ὁ βασιλεὺς Καθίσατε ἐν Ιεριχω ἕως τοῦ ἀνατεῖλαι τοὺς πώ-
6 γωνας ὑμῶν καὶ ἀνακάμψατε. — ⁶καὶ εἶδον οἱ υἱοὶ Αμμων ὅτι
ἠσχύνθη λαὸς Δαυιδ, καὶ ἀπέστειλεν Αναν καὶ οἱ υἱοὶ Αμμων χίλια
τάλαντα ἀργυρίου τοῦ μισθώσασθαι ἑαυτοῖς ἐκ Συρίας Μεσοποτα-
7 μίας καὶ ἐκ Συρίας Μοοχα καὶ ἐκ Σωβα ἅρματα καὶ ἱππεῖς ⁷καὶ

10 τα ult. > B | αργυρα και χρυσα] tr. A, τα χρυσα και αργ. και χαλκα mu.
‖ 11 ταυτα > S*† ‖ 12 αβεσσα et σαρ.: cf. 2 16 | κοιλαδι] pr. τη S ‖ 13 τον
δαυιδ (cf. 6)] > BS† ‖ 14 κριματα AVL^p† | τω παντι] tr. SL ‖ 15 αχιλουδ]
αχεια BS†: cf. Regn. II 8 16 | υπομν.] pr. ο A ‖ 16 αβειμελεχ S | σουσα]
σους ο S†, ιησους B† ‖ 17 του χερεθθι και του φελεθθι Vmu. (sed V† χε-
ρετθι)] των ιερεων κ. φαλτ(ε)ια BS(†), του χερηθι κ. του φαλεθθι A†
19 1 ναας > BS† | ανναν SL^p†: item in 4, sed in 2 etiam S αναν, in 6 S†
αιναν ‖ 2 ναας] ανας B† | αμμαν S†, sed in 1. 3. 6 etc. etiam S αμμων ‖
3 αρχ.] pr. οι A | δαυιδ > BS | σου 1⁰ ⌒ 2⁰ S† | οπως] ουτως AV† | εραυνη-
σουσιν A† ‖ 5 δαυιδ] pr. βασιλει S*† | εως] pr. και S† ‖ 6 οι 1⁰ > A, 2⁰
> S | εαυτοις] ε > S, αυτους A† | μοοχα BS†] μαχα A†, μααχα rel.; sed in
7 BSAmu. μωχα | εκ ult.] παρα BS, απο L† | σωβα S†] -βαλ B†, σουβα rel.:
cf. Ps. 59 2

ἐμισθώσαντο ἑαυτοῖς δύο καὶ τριάκοντα χιλιάδας ἁρμάτων καὶ τὸν
βασιλέα Μωχα καὶ τὸν λαὸν αὐτοῦ καὶ ἦλθον καὶ παρενέβαλον
κατέναντι Μαιδαβα, καὶ οἱ υἱοὶ Αμμων συνήχθησαν ἐκ τῶν πόλεων
αὐτῶν καὶ ἦλθον εἰς τὸ πολεμῆσαι. [8] καὶ ἤκουσεν Δαυιδ καὶ ἀπέ- 8
στειλεν τὸν Ιωαβ καὶ πᾶσαν τὴν στρατιὰν τῶν δυνατῶν. [9] καὶ ἐξ- 9
ῆλθον οἱ υἱοὶ Αμμων καὶ παρατάσσονται εἰς πόλεμον παρὰ τὸν
πυλῶνα τῆς πόλεως, καὶ οἱ βασιλεῖς οἱ ἐλθόντες παρενέβαλον καθ'
ἑαυτοὺς ἐν τῷ πεδίῳ. [10] καὶ εἶδεν Ιωαβ ὅτι γεγόνασιν ἀντιπρόσω- 10
ποι τοῦ πολεμεῖν πρὸς αὐτὸν κατὰ πρόσωπον καὶ ἐξόπισθεν, καὶ
ἐξελέξατο ἐκ παντὸς νεανίου ἐξ Ισραηλ, καὶ παρετάξαντο ἐναντίον
τοῦ Σύρου · [11] καὶ τὸ κατάλοιπον τοῦ λαοῦ ἔδωκεν ἐν χειρὶ Αβεσσα 11
ἀδελφοῦ αὐτοῦ, καὶ παρετάξαντο ἐξ ἐναντίας υἱῶν Αμμων. [12] καὶ 12
εἶπεν Ἐὰν κρατήσῃ ὑπὲρ ἐμὲ Σύρος, καὶ ἔσῃ μοι εἰς σωτηρίαν,
καὶ ἐὰν υἱοὶ Αμμων κρατήσωσιν ὑπὲρ σέ, καὶ σώσω σε · [13] ἀνδρί- 13
ζου καὶ ἐνισχύσωμεν περὶ τοῦ λαοῦ ἡμῶν καὶ περὶ τῶν πόλεων
τοῦ θεοῦ ἡμῶν, καὶ κύριος τὸ ἀγαθὸν ἐν ὀφθαλμοῖς αὐτοῦ ποιήσει.
[14] καὶ παρετάξατο Ιωαβ καὶ ὁ λαὸς ὁ μετ' αὐτοῦ κατέναντι Σύρων 14
εἰς πόλεμον, καὶ ἔφυγον ἀπ' αὐτοῦ. [15] καὶ οἱ υἱοὶ Αμμων εἶδον ὅτι 15
ἔφυγον Σύροι, καὶ ἔφυγον καὶ αὐτοὶ ἀπὸ προσώπου Ιωαβ καὶ ἀπὸ
προσώπου Αβεσσα τοῦ ἀδελφοῦ αὐτοῦ καὶ ἦλθον εἰς τὴν πόλιν.
καὶ ἦλθεν Ιωαβ εἰς Ιερουσαλημ. — [16] καὶ εἶδεν Σύρος ὅτι ἐτρο- 16
πώσατο αὐτὸν Ισραηλ, καὶ ἀπέστειλεν ἀγγέλους, καὶ ἐξήγαγον τὸν
Σύρον ἐκ τοῦ πέραν τοῦ ποταμοῦ, καὶ Σωφαχ ἀρχιστράτηγος δυνά-
μεως Αδρααζαρ ἔμπροσθεν αὐτῶν. [17] καὶ ἀπηγγέλη τῷ Δαυιδ, καὶ 17
συνήγαγεν τὸν πάντα Ισραηλ καὶ διέβη τὸν Ιορδάνην καὶ ἦλθεν
ἐπ' αὐτοὺς καὶ παρετάξατο ἐπ' αὐτούς, καὶ παρατάσσεται Σύρος
ἐξ ἐναντίας Δαυιδ καὶ ἐπολέμησαν αὐτόν. [18] καὶ ἔφυγεν Σύρος ἀπὸ 18
προσώπου Δαυιδ, καὶ ἀπέκτεινεν Δαυιδ ἀπὸ τοῦ Σύρου ἑπτὰ χιλι-
άδας ἁρμάτων καὶ τεσσαράκοντα χιλιάδας πεζῶν · καὶ τὸν Σωφαχ
ἀρχιστράτηγον δυνάμεως ἀπέκτεινεν. [19] καὶ εἶδον παῖδες Αδρααζαρ 19
ὅτι ἐπταίκασιν ἀπὸ προσώπου Ισραηλ, καὶ διέθεντο μετὰ Δαυιδ

7 εαυτοις(ε>S†)] + αρματα και ιππεις BS†: ex 6 repet. | μαιδαβα B†] βαιδ.
S†, μηδαβα Apl.; pr. του A | οι υιοι] οι > A: item in 9, cf. 12 || 10 γεγο-
ναν S*A† | εξ > A | παρεταξατο Apl.: cf. 11 || 11 αδελφου] pr. του SL† |
παρεταξαντο BS†] ν > rel.: cf. 10 || 12 συρος] pr. ο Ac compl. | υιοι pr. οι
S: cf. 7 || 13 init. — ημων 20 > BS† | εν οφθ. αυτου > BS | ποιησαι S† ||
15 αβεσσα του > BS† | αυτου] -των S† | ηλθον] pr. εισ A || 16 απεστειλεν]
-λαν BSc | σωφαχ A(†)] εσωφαχ Sc†, σωφαρ BV†, εσωφαρ S*†: cf. 18 | αδρα-
αζαρ] εδρ. S*†: in 19 S deest, cf. adnotatio ad initium huius libri; A ubique
αδραζαρ, cf. 18 3 || 17 παρεταξαντο S† | επ 20 BSL†] προς rel. | παρατασσε-
ται] παρεταξατο S† | συρος εξ εν. δαυιδ BS†] δ. εξ εν. του συρου rel. (+ εις
πολεμον L): cf. Regn. II 10 17 | επολεμησεν SA || 18 σωφαχ Gra. (cf. 16)]
σοφαχ unus cod. cum B cognatus, σαφαθ B†, σωβαχ A | αρχιστρατ.] pr. τον
AV† | fin. απεκτειναν A†

καὶ ἐδούλευσαν αὐτῷ · καὶ οὐκ ἠθέλησεν Σύρος τοῦ βοηθῆσαι τοῖς
υἱοῖς Αμμων ἔτι.

20 ¹Καὶ ἐγένετο ἐν τῷ ἐπιόντι ἔτει ἐν τῇ ἐξόδῳ τῶν βασιλέων καὶ
ἤγαγεν Ιωαβ πᾶσαν τὴν δύναμιν τῆς στρατιᾶς, καὶ ἔφθειραν τὴν
χώραν υἱῶν Αμμων · καὶ ἦλθεν καὶ περιεκάθισεν τὴν Ραββα. καὶ
Δαυιδ ἐκάθητο ἐν Ιερουσαλημ · καὶ ἐπάταξεν Ιωαβ τὴν Ραββα καὶ
2 κατέσκαψεν αὐτήν. ²καὶ ἔλαβεν Δαυιδ τὸν στέφανον Μολχολ βασι-
λέως αὐτῶν ἀπὸ τῆς κεφαλῆς αὐτοῦ, καὶ εὑρέθη ὁ σταθμὸς αὐτοῦ
τάλαντον χρυσίου, καὶ ἐν αὐτῷ λίθος τίμιος, καὶ ἦν ἐπὶ τὴν κεφα-
3 λὴν Δαυιδ · καὶ σκῦλα τῆς πόλεως ἐξήνεγκεν πολλὰ σφόδρα. ³καὶ
τὸν λαὸν τὸν ἐν αὐτῇ ἐξήγαγεν καὶ διέπρισεν πρίοσιν καὶ ἐν σκε-
πάρνοις σιδηροῖς · καὶ οὕτως ἐποίησεν Δαυιδ τοῖς πᾶσιν υἱοῖς
Αμμων. καὶ ἀνέστρεψεν Δαυιδ καὶ πᾶς ὁ λαὸς αὐτοῦ εἰς Ιερουσαλημ.
4 ⁴Καὶ ἐγένετο μετὰ ταῦτα καὶ ἐγένετο ἔτι πόλεμος ἐν Γαζερ μετὰ
τῶν ἀλλοφύλων. τότε ἐπάταξεν Σοβοχαι ὁ Ουσαθι τὸν Σαφου ἀπὸ
5 τῶν υἱῶν τῶν γιγάντων καὶ ἐταπείνωσεν αὐτόν. — ⁵καὶ ἐγένετο
ἔτι πόλεμος μετὰ τῶν ἀλλοφύλων. καὶ ἐπάταξεν Ελλαναν υἱὸς Ιαϊρ
τὸν Λεεμι ἀδελφὸν Γολιαθ τοῦ Γεθθαίου, καὶ ξύλον δόρατος αὐτοῦ
6 ὡς ἀντίον ὑφαινόντων. — ⁶καὶ ἐγένετο ἔτι πόλεμος ἐν Γεθ, καὶ
ἦν ἀνὴρ ὑπερμεγέθης, καὶ δάκτυλοι αὐτοῦ ἓξ καὶ ἕξ, εἴκοσι τέσσα-
7 ρες, καὶ οὗτος ἦν ἀπόγονος γιγάντων. ⁷καὶ ὠνείδισεν τὸν Ισραηλ,
8 καὶ ἐπάταξεν αὐτὸν Ιωναθαν υἱὸς Σαμαα ἀδελφοῦ Δαυιδ. — ⁸οὗ-
τοι ἐγένοντο Ραφα ἐν Γεθ · πάντες ἦσαν τέσσαρες γίγαντες, καὶ
ἔπεσον ἐν χειρὶ Δαυιδ καὶ ἐν χειρὶ παίδων αὐτοῦ.

21 ¹Καὶ ἔστη διάβολος ἐν τῷ Ισραηλ καὶ ἐπέσεισεν τὸν Δαυιδ τοῦ
2 ἀριθμῆσαι τὸν Ισραηλ. ²καὶ εἶπεν ὁ βασιλεὺς Δαυιδ πρὸς Ιωαβ
καὶ πρὸς τοὺς ἄρχοντας τῆς δυνάμεως Πορεύθητε ἀριθμήσατε τὸν
Ισραηλ ἀπὸ Βηρσαβεε καὶ ἕως Δαν καὶ ἐνέγκατε πρός με, καὶ
3 γνώσομαι τὸν ἀριθμὸν αὐτῶν. ³καὶ εἶπεν Ιωαβ Προσθείη κύριος
ἐπὶ τὸν λαὸν αὐτοῦ ὡς αὐτοὶ ἑκατονταπλασίως, καὶ οἱ ὀφθαλμοὶ
κυρίου μου τοῦ βασιλέως βλέποντες · πάντες τῷ κυρίῳ μου παῖ-
δες · ἵνα τί ζητεῖ ὁ κύριός μου τοῦτο; ἵνα μὴ γένηται εἰς ἁμαρ-

19 τοις υιοις > B†
20 1 ηλθαν κ. περιεκαθισαν A | ραββα: sic B 2⁰, sed 1⁰ ραββαν; A bis ραβ-
βαθ; cf. Regn. II 11 1 12 26. 27. 29 | ιωαβ ult. > B† ‖ 2 μολχομ A ‖ 3 εξ-
ηνεγκεν A† | τοις πασιν υιοις pau.] τοις παισιν υιοις B: cf. 22 17; τοις παισιν
υιων compl.; πασι τοις υιοις L†, πασαις(A† πασιν) ταις πολεσιν υιων AV ‖
4 σοββοχαι A | ο ουσαθι] θωσαθει B† | σαφου compl.] -φουτ B†, σεφφι A,
σαπφ(ε)ι L† ‖ 5 ελλαναν Ra. (sic L† in Regn. II 21 19)] ελλαν B†, ελεαναν
rel. | ια(ε)ιρ] αδειρ A† | λεεμ(ε)ι] ελεμεε B† | ξυλον δορατος] το ξ. του δ. A ‖
7 σαμαας AV† | αδελφου pl.] pr. υιου BAV ‖ 8 ουτος εγενετο B† | επεσαν
A | εν χειρι 1⁰ ⌒ 2⁰ A*†
21 2 ο βασ. > A ‖ 3 ινα τι] τι > B*†, pr. και LBᶜ | ο > B†

τίαν τῷ Ισραηλ. ⁴τὸ δὲ ῥῆμα τοῦ βασιλέως ἐκραταιώθη ἐπὶ τῷ 4
Ιωαβ. καὶ ἐξῆλθεν Ιωαβ καὶ διῆλθεν ἐν παντὶ ὁρίῳ Ισραηλ καὶ
ἦλθεν εἰς Ιερουσαλημ. ⁵καὶ ἔδωκεν Ιωαβ τὸν ἀριθμὸν τῆς ἐπισκέ- 5
ψεως τοῦ λαοῦ τῷ Δαυιδ, καὶ ἦν πᾶς Ισραηλ χίλιαι χιλιάδες καὶ
ἑκατὸν χιλιάδες ἀνδρῶν ἐσπασμένων μάχαιραν καὶ Ιουδας τετρα-
κόσιαι καὶ ὀγδοήκοντα χιλιάδες ἀνδρῶν ἐσπασμένων μάχαιραν.
⁶καὶ τὸν Λευι καὶ τὸν Βενιαμιν οὐκ ἠρίθμησεν ἐν μέσῳ αὐτῶν, 6
ὅτι κατίσχυσεν λόγος τοῦ βασιλέως τὸν Ιωαβ.

⁷Καὶ πονηρὸν ἐφάνη ἐναντίον τοῦ θεοῦ περὶ τοῦ πράγματος 7
τούτου, καὶ ἐπάταξεν τὸν Ισραηλ. ⁸καὶ εἶπεν Δαυιδ πρὸς τὸν θεόν 8
Ἡμάρτηκα σφόδρα ὅτι ἐποίησα τὸ πρᾶγμα τοῦτο · καὶ νῦν περίελε
δὴ τὴν κακίαν παιδός σου, ὅτι ἐματαιώθην σφόδρα. ⁹καὶ ἐλάλησεν 9
κύριος πρὸς Γαδ ὁρῶντα Δαυιδ λέγων ¹⁰Πορεύου καὶ λάλησον 10
πρὸς Δαυιδ λέγων Οὕτως λέγει κύριος Τρία αἴρω ἐγὼ ἐπὶ σέ, ἔκ-
λεξαι σεαυτῷ ἓν ἐξ αὐτῶν καὶ ποιήσω σοι. ¹¹καὶ ἦλθεν Γαδ πρὸς 11
Δαυιδ καὶ εἶπεν αὐτῷ Οὕτως λέγει κύριος Ἔκλεξαι σεαυτῷ ¹²ἢ 12
τρία ἔτη λιμοῦ, ἢ τρεῖς μῆνας φεύγειν σε ἐκ προσώπου ἐχθρῶν
σου καὶ μάχαιραν ἐχθρῶν σου τοῦ ἐξολεθρεῦσαι, ἢ τρεῖς ἡμέρας
ῥομφαίαν κυρίου καὶ θάνατον ἐν τῇ γῇ καὶ ἄγγελος κυρίου ἐξολε-
θρεύων ἐν πάσῃ κληρονομίᾳ Ισραηλ · καὶ νῦν ἰδὲ τί ἀποκριθῶ τῷ
ἀποστείλαντί με λόγον. ¹³καὶ εἶπεν Δαυιδ πρὸς Γαδ Στενά μοι καὶ 13
τὰ τρία σφόδρα · ἐμπεσοῦμαι δὴ εἰς χεῖρας κυρίου, ὅτι πολλοὶ οἱ
οἰκτιρμοὶ αὐτοῦ σφόδρα, καὶ εἰς χεῖρας ἀνθρώπων οὐ μὴ ἐμπέσω.
¹⁴καὶ ἔδωκεν κύριος θάνατον ἐν Ισραηλ, καὶ ἔπεσον ἐξ Ισραηλ 14
ἑβδομήκοντα χιλιάδες ἀνδρῶν. ¹⁵καὶ ἀπέστειλεν ὁ θεὸς ἄγγελον εἰς 15
Ιερουσαλημ τοῦ ἐξολεθρεῦσαι αὐτήν. καὶ ὡς ἐξωλέθρευσεν, εἶδεν
κύριος καὶ μετεμελήθη ἐπὶ τῇ κακίᾳ καὶ εἶπεν τῷ ἀγγέλῳ τῷ ἐξ-
ολεθρεύοντι Ἱκανούσθω σοι, ἄνες τὴν χεῖρά σου · καὶ ὁ ἄγγελος
κυρίου ἑστὼς ἐν τῷ ἅλῳ Ορνα τοῦ Ιεβουσαίου. ¹⁶καὶ ἐπῆρεν Δαυιδ 16
τοὺς ὀφθαλμοὺς αὐτοῦ καὶ εἶδεν τὸν ἄγγελον κυρίου ἑστῶτα ἀνὰ
μέσον τῆς γῆς καὶ ἀνὰ μέσον τοῦ οὐρανοῦ, καὶ ἡ ῥομφαία αὐτοῦ
ἐσπασμένη ἐν τῇ χειρὶ αὐτοῦ ἐκτεταμένη ἐπὶ Ιερουσαλημ · καὶ ἔπε-
σεν Δαυιδ καὶ οἱ πρεσβύτεροι περιβεβλημένοι ἐν σάκκοις ἐπὶ πρόσ-
ωπον αὐτῶν. ¹⁷καὶ εἶπεν Δαυιδ πρὸς τὸν θεόν Οὐκ ἐγὼ εἶπα τοῦ 17
ἀριθμῆσαι ἐν τῷ λαῷ; καὶ ἐγώ εἰμι ὁ ἁμαρτών, κακοποιῶν ἐκα-
κοποίησα · καὶ ταῦτα τὰ πρόβατα τί ἐποίησαν; κύριε ὁ θεός, γενη-

3 ισρ.] pr. λαω A ‖ 4 init. — ισραηλ > B† ‖ 5 μαχαιραν 1⁰ ⌒ 2⁰ BV†
‖ 6 κατισχυσεν] προσωχθισεν A, κατεταχυνεν L†, κατεταχησεν compl. | λογος
B†] pr. ο rel. ‖ 7 εφανη > B† ‖ 9 δαυιδ λεγων > B ‖ 10 αιρω] ερω
A | εκλεξαι] pr. και AV† | εξ > A† ‖ 12 φυγειν A | μαχαιραν] ν > B | εχ-
θρων 2⁰] pr. εξ B† | εν ult. > A† | με > B† ‖ 13 και 2⁰ > A*† | τρια] +
ταυτα AV† ‖ 14 επεσαν A ‖ 15 εξωλεθρευσεν] εξολυθρευεν B†, διεφθειρεν
L† ‖ 16 ανα μεσον 2⁰ > B† ‖ 17 εν 1⁰ > B(†)

θήτω ἡ χείρ σου ἐν ἐμοὶ καὶ ἐν τῷ οἴκῳ τοῦ πατρός μου καὶ μὴ
18 ἐν τῷ λαῷ σου εἰς ἀπώλειαν, κύριε. ¹⁸καὶ ἄγγελος κυρίου εἶπεν
τῷ Γαδ τοῦ εἰπεῖν πρὸς Δαυιδ ἵνα ἀναβῇ τοῦ στῆσαι θυσιαστήριον
19 τῷ κυρίῳ ἐν ἅλῳ Ορνα τοῦ Ιεβουσαίου. ¹⁹καὶ ἀνέβη Δαυιδ κατὰ
20 τὸν λόγον Γαδ, ὃν ἐλάλησεν ἐν ὀνόματι κυρίου. ²⁰καὶ ἐπέστρεψεν
Ορνα καὶ εἶδεν τὸν βασιλέα καὶ τέσσαρες υἱοὶ αὐτοῦ μετ᾽ αὐτοῦ
21 μεθαχαβιν · καὶ Ορνα ἦν ἀλοῶν πυρούς. ²¹καὶ ἦλθεν Δαυιδ
πρὸς Ορναν, καὶ Ορνα ἐξῆλθεν ἐκ τῆς ἅλω καὶ προσεκύνη-
22 σεν τῷ Δαυιδ τῷ προσώπῳ ἐπὶ τὴν γῆν. ²²καὶ εἶπεν Δαυιδ
πρὸς Ορνα Δός μοι τὸν τόπον σου τῆς ἅλω, καὶ οἰκοδομήσω ἐπ᾽
αὐτῷ θυσιαστήριον τῷ κυρίῳ · ἐν ἀργυρίῳ ἀξίῳ δός μοι αὐτόν,
23 καὶ παύσεται ἡ πληγὴ ἐκ τοῦ λαοῦ. ²³καὶ εἶπεν Ορνα πρὸς Δαυιδ
Λαβὲ σεαυτῷ, καὶ ποιησάτω ὁ κύριός μου ὁ βασιλεὺς τὸ ἀγαθὸν
ἐναντίον αὐτοῦ · ἰδὲ δέδωκα τοὺς μόσχους εἰς ὁλοκαύτωσιν καὶ
τὸ ἄροτρον καὶ τὰς ἁμάξας εἰς ξύλα καὶ τὸν σῖτον εἰς θυσίαν, τὰ
24 πάντα δέδωκα. ²⁴καὶ εἶπεν ὁ βασιλεὺς Δαυιδ τῷ Ορνα Οὐχί, ὅτι
ἀγοράζων ἀγοράζω ἐν ἀργυρίῳ ἀξίῳ · ὅτι οὐ μὴ λάβω ἅ ἐστίν σοι
25 κυρίῳ τοῦ ἀνενέγκαι ὁλοκαύτωσιν δωρεὰν κυρίῳ. ²⁵καὶ ἔδωκεν
Δαυιδ τῷ Ορνα ἐν τῷ τόπῳ αὐτοῦ σίκλους χρυσίου ὁλκῆς ἑξα-
26 κοσίους. ²⁶καὶ ᾠκοδόμησεν Δαυιδ ἐκεῖ θυσιαστήριον κυρίῳ καὶ
ἀνήνεγκεν ὁλοκαυτώματα καὶ σωτηρίου · καὶ ἐβόησεν πρὸς κύριον,
καὶ ἐπήκουσεν αὐτῷ ἐν πυρὶ ἐκ τοῦ οὐρανοῦ ἐπὶ τὸ θυσιαστήριον
27 τῆς ὁλοκαυτώσεως καὶ κατανάλωσεν τὴν ὁλοκαύτωσιν. ²⁷καὶ εἶπεν
κύριος πρὸς τὸν ἄγγελον, καὶ κατέθηκεν τὴν ῥομφαίαν εἰς τὸν
28 κολεόν. — ²⁸ἐν τῷ καιρῷ ἐκείνῳ ἐν τῷ ἰδεῖν τὸν Δαυιδ ὅτι ἐπή-
κουσεν αὐτῷ κύριος ἐν τῷ ἅλῳ Ορνα τοῦ Ιεβουσαίου, καὶ ἐθυσί-
29 ασεν ἐκεῖ. ²⁹καὶ σκηνὴ κυρίου, ἣν ἐποίησεν Μωυσῆς ἐν τῇ ἐρήμῳ,
καὶ θυσιαστήριον τῶν ὁλοκαυτωμάτων ἐν τῷ καιρῷ ἐκείνῳ ἐν
30 Βαμα ἐν Γαβαων · ³⁰καὶ οὐκ ἠδύνατο Δαυιδ τοῦ πορευθῆναι ἔμ-
προσθεν αὐτοῦ τοῦ ζητῆσαι τὸν θεόν, ὅτι κατέσπευσεν ἀπὸ προσ-
ώπου τῆς ῥομφαίας ἀγγέλου κυρίου.

22 ¹Καὶ εἶπεν Δαυιδ Οὗτός ἐστιν ὁ οἶκος κυρίου τοῦ θεοῦ, καὶ
2 τοῦτο τὸ θυσιαστήριον εἰς ὁλοκαύτωσιν τῷ Ισραηλ. ²καὶ εἶπεν
Δαυιδ συναγαγεῖν πάντας τοὺς προσηλύτους ἐν γῇ Ισραηλ καὶ κατ-
έστησεν λατόμους λατομῆσαι λίθους ξυστοὺς τοῦ οἰκοδομῆσαι οἶκον

---

17 κυριε ult. > Α*Lᵗ || 18 ειπεν / τω γαδ] tr. Αᵗ || 20 τεσσαρας υιους
BLᵗ | μεθαχαβ(ε)ιν B(ᵗ)] κρυβομενοι Α || 21 ορναν] -να Α pl. || 22 εκ >
Αᵗ || 23 ιδε Βᵗ] ιδου rel. | και τας αμαξας > Β | δεδωκα ult.] εδωκα Α ||
24 ολοκαυτ.] pr. εις Αᵗ || 25 εν τω τοπω] περι του τοπου Α pl. || 26 κατ-
ηναλωσε compl. || 27 κατεθηκεν] καθηκεν Α || 28 επηκουσεν] εισηκ. Αᵗ |
κυριος > Βᵗ | τω αλω] τη αλω Lᵗ, αλω Α || 29 βαμα] -μωθ Βᵗ | εν ult.]
pr. τη Α: cf. 16 39 | γαβαωνι Αᵗ || 30 του 2⁰ > Α | κατεσπ.] pr. ου Β
22 1 κυριου > Α || 2 εν] pr. τους mu.

τῷ θεῷ. ³καὶ σίδηρον πολὺν εἰς τοὺς ἥλους τῶν θυρωμάτων 3
καὶ τῶν πυλῶν καὶ τοὺς στροφεῖς ἡτοίμασεν Δαυιδ καὶ χαλκὸν
εἰς πλῆθος, οὐκ ἦν σταθμός · ⁴καὶ ξύλα κέδρινα, οὐκ ἦν ἀριθμός, 4
ὅτι ἐφέροσαν οἱ Σιδώνιοι καὶ οἱ Τύριοι ξύλα κέδρινα εἰς πλῆθος
τῷ Δαυιδ. ⁵καὶ εἶπεν Δαυιδ Σαλωμων ὁ υἱός μου παιδάριον ἁπα- 5
λόν, καὶ ὁ οἶκος τοῦ οἰκοδομῆσαι τῷ κυρίῳ εἰς μεγαλωσύνην ἄνω,
εἰς ὄνομα καὶ εἰς δόξαν εἰς πᾶσαν τὴν γῆν ἑτοιμάσω αὐτῷ · καὶ
ἡτοίμασεν Δαυιδ εἰς πλῆθος ἔμπροσθεν τῆς τελευτῆς αὐτοῦ. —
⁶καὶ ἐκάλεσεν Σαλωμων τὸν υἱὸν αὐτοῦ καὶ ἐνετείλατο αὐτῷ τοῦ 6
οἰκοδομῆσαι τὸν οἶκον τῷ κυρίῳ θεῷ Ισραηλ. ⁷καὶ εἶπεν Δαυιδ 7
Σαλωμων Τέκνον, ἐμοὶ ἐγένετο ἐπὶ ψυχῇ τοῦ οἰκοδομῆσαι οἶκον
τῷ ὀνόματι κυρίου θεοῦ. ⁸καὶ ἐγένετο ἐπ᾽ ἐμοὶ λόγος κυρίου λέγων 8
Αἷμα εἰς πλῆθος ἐξέχεας καὶ πολέμους μεγάλους ἐποίησας · οὐκ
οἰκοδομήσεις οἶκον τῷ ὀνόματί μου, ὅτι αἵματα πολλὰ ἐξέχεας ἐπὶ
τῆς γῆς ἐναντίον μου. ⁹ἰδοὺ υἱὸς τίκτεταί σοι, οὗτος ἔσται ἀνὴρ 9
ἀναπαύσεως, καὶ ἀναπαύσω αὐτὸν ἀπὸ πάντων τῶν ἐχθρῶν κυ-
κλόθεν, ὅτι Σαλωμων ὄνομα αὐτῷ, καὶ εἰρήνην καὶ ἡσυχίαν δώσω
ἐπὶ Ισραηλ ἐν ταῖς ἡμέραις αὐτοῦ. ¹⁰οὗτος οἰκοδομήσει οἶκον τῷ 10
ὀνόματί μου, καὶ οὗτος ἔσται μοι εἰς υἱὸν κἀγὼ αὐτῷ εἰς πατέρα,
καὶ ἀνορθώσω θρόνον βασιλείας αὐτοῦ ἐν Ισραηλ ἕως αἰῶνος.
¹¹καὶ νῦν, υἱέ μου, ἔσται μετὰ σοῦ κύριος, καὶ εὐοδώσει καὶ οἰκο- 11
δομήσεις οἶκον τῷ κυρίῳ θεῷ σου, ὡς ἐλάλησεν περὶ σοῦ. ¹²ἀλλ᾽ 12
ἢ δῴη σοι σοφίαν καὶ σύνεσιν κύριος καὶ κατισχύσαι σε ἐπὶ
Ισραηλ καὶ τοῦ φυλάσσεσθαι καὶ τοῦ ποιεῖν τὸν νόμον κυρίου τοῦ
θεοῦ σου. ¹³τότε εὐοδώσει, ἐὰν φυλάξῃς τοῦ ποιεῖν τὰ προστάγ- 13
ματα καὶ τὰ κρίματα, ἃ ἐνετείλατο κύριος τῷ Μωυσῇ ἐπὶ Ισραηλ ·
ἀνδρίζου καὶ ἴσχυε, μὴ φοβοῦ μηδὲ πτοηθῇς. ¹⁴καὶ ἰδοὺ ἐγὼ κατὰ 14
τὴν πτωχείαν μου ἡτοίμασα εἰς οἶκον κυρίου χρυσίου ταλάντων
ἑκατὸν χιλιάδας καὶ ἀργυρίου ταλάντων χιλίας χιλιάδας καὶ χαλκὸν
καὶ σίδηρον, οὗ οὐκ ἔστιν σταθμός, ὅτι εἰς πλῆθός ἐστιν · καὶ ξύλα
καὶ λίθους ἡτοίμασα, καὶ πρὸς ταῦτα πρόσθες. ¹⁵καὶ μετὰ σοῦ εἰς 15
πλῆθος ποιούντων ἔργα τεχνῖται καὶ οἰκοδόμοι λίθων καὶ τέκτονες
ξύλων καὶ πᾶς σοφὸς ἐν παντὶ ἔργῳ. ¹⁶ἐν χρυσίῳ, ἐν ἀργυρίῳ, 16
ἐν χαλκῷ καὶ ἐν σιδήρῳ οὐκ ἔστιν ἀριθμός. ἀνάστηθι καὶ ποίει,
καὶ κύριος μετὰ σοῦ. — ¹⁷καὶ ἐνετείλατο Δαυιδ τοῖς πᾶσιν ἄρ- 17
χουσιν Ισραηλ ἀντιλαβέσθαι τῷ Σαλωμων υἱῷ αὐτοῦ ¹⁸Οὐχὶ κύριος 18
μεθ᾽ ὑμῶν; καὶ ἀνέπαυσεν ὑμᾶς κυκλόθεν, ὅτι ἔδωκεν ἐν χερσὶν

4 εφορασαν A† ‖ 6 κυριω θεω] ονοματι κυριου θεου A ‖ 8 επ εμοι V]
επ εμε A, μοι B† | επι την γην B† ‖ 9 εχθρων] + αυτου LAᶜ ‖ 10 αυτω]
+ εσομαι A ‖ 11 μου > B ‖ 13 ευοδωθησει A, sed in 11 etiam A ευο-
δωσει ‖ 15 εις L†] pr. προσθες rel.: ex 14 repet. ‖ 16 εν 4⁰ > AL† ‖
17 πασιν pl.] πασιν BA: cf. 20 3 ‖ 18 χερσιν B†] χειρι υμων A, χειρι μου L†

τοὺς κατοικοῦντας τὴν γῆν, καὶ ὑπετάγη ἡ γῆ ἐναντίον κυρίου καὶ
19 ἐναντίον λαοῦ αὐτοῦ. ¹⁹νῦν δότε καρδίας ὑμῶν καὶ ψυχὰς ὑμῶν
τοῦ ζητῆσαι τῷ κυρίῳ θεῷ ὑμῶν καὶ ἐγέρθητε καὶ οἰκοδομήσατε
ἁγίασμα κυρίῳ τῷ θεῷ ὑμῶν τοῦ εἰσενέγκαι τὴν κιβωτὸν διαθήκης
κυρίου καὶ σκεύη τὰ ἅγια τοῦ θεοῦ εἰς οἶκον τὸν οἰκοδομούμενον
τῷ ὀνόματι κυρίου.

23 ¹Καὶ Δαυιδ πρεσβύτης καὶ πλήρης ἡμερῶν καὶ ἐβασίλευσεν
2 Σαλωμων τὸν υἱὸν αὐτοῦ ἀντ' αὐτοῦ ἐπὶ Ισραηλ. ²καὶ συνήγαγεν
τοὺς πάντας ἄρχοντας Ισραηλ καὶ τοὺς ἱερεῖς καὶ τοὺς Λευίτας.
3 ³καὶ ἠριθμήθησαν οἱ Λευῖται ἀπὸ τριακονταετοῦς καὶ ἐπάνω, καὶ
ἐγένετο ὁ ἀριθμὸς αὐτῶν κατὰ κεφαλὴν αὐτῶν εἰς ἄνδρας τριά-
4 κοντα καὶ ὀκτὼ χιλιάδας. ⁴ἀπὸ τούτων ἐργοδιῶκται ἐπὶ τὰ ἔργα
οἴκου κυρίου εἴκοσι τέσσαρες χιλιάδες καὶ γραμματεῖς καὶ κριταὶ
5 ἑξακισχίλιοι ⁵καὶ τέσσαρες χιλιάδες πυλωροὶ καὶ τέσσαρες χιλιάδες
αἰνοῦντες τῷ κυρίῳ ἐν τοῖς ὀργάνοις, οἷς ἐποίησεν τοῦ αἰνεῖν τῷ
6 κυρίῳ. — ⁶καὶ διεῖλεν αὐτοὺς Δαυιδ ἐφημερίας τοῖς υἱοῖς Λευι,
7 τῷ Γεδσων, Κααθ, Μεραρι· ⁷καὶ τῷ Παροσωμ, τῷ Εδαν καὶ τῷ
8 Σεμεϊ. ⁸υἱοὶ τῷ Εδαν· ὁ ἄρχων Ιιηλ καὶ Ζεθομ καὶ Ιωηλ, τρεῖς.
9 ⁹υἱοὶ Σεμεϊ· Σαλωμιθ καὶ Ιιηλ καὶ Αιδαν, τρεῖς. οὗτοι ἄρχοντες
10 τῶν πατριῶν τῷ Εδαν. ¹⁰καὶ τοῖς υἱοῖς Σεμεϊ· Ιεθ καὶ Ζιζα καὶ
11 Ιωας καὶ Βερια· οὗτοι υἱοὶ Σεμεϊ, τέσσαρες. ¹¹καὶ ἦν Ιεθ ὁ ἄρχων
καὶ Ζιζα ὁ δεύτερος· καὶ Ιωας καὶ Βερια οὐκ ἐπλήθυναν υἱοὺς
12 καὶ ἐγένοντο εἰς οἶκον πατριᾶς εἰς ἐπίσκεψιν μίαν. — ¹²υἱοὶ Κααθ·
13 Αμβραμ, Ισσααρ, Χεβρων, Οζιηλ, τέσσαρες. ¹³υἱοὶ Αμβραμ· Ααρων
καὶ Μωυσῆς. καὶ διεστάλη Ααρων τοῦ ἁγιασθῆναι ἅγια ἁγίων αὐτὸς
καὶ οἱ υἱοὶ αὐτοῦ ἕως αἰῶνος τοῦ θυμιᾶν ἐναντίον τοῦ κυρίου
λειτουργεῖν καὶ ἐπεύχεσθαι ἐπὶ τῷ ὀνόματι αὐτοῦ ἕως αἰῶνος.
14 ¹⁴καὶ Μωυσῆς ἄνθρωπος τοῦ θεοῦ, υἱοὶ αὐτοῦ ἐκλήθησαν εἰς φυ-
15 λὴν τοῦ Λευι. ¹⁵υἱοὶ Μωυσῆ· Γηρσαμ καὶ Ελιεζερ. ¹⁶υἱοὶ Γηρσαμ·
16
17 Σουβαηλ ὁ ἄρχων. ¹⁷καὶ ἦσαν υἱοὶ τῷ Ελιεζερ· Ρααβια ὁ ἄρχων·
καὶ οὐκ ἦσαν τῷ Ελιεζερ υἱοὶ ἕτεροι. καὶ υἱοὶ Ρααβια ηὐξήθησαν

18 λαου] pr. του A ‖ 19 κυριω 2⁰ > B†
23 2 τους παντας BL†] tr. rel.: cf. 26 ‖ 3 ηριθμηθησαν pau.] -μησαν BA pl.
‖ 4 τουτων εργοδιωκται] των -κτων B | κυριου L] > BA ‖ 5 χιλιαδες 1⁰
⌒ 2⁰ B* | εποιησαν A ‖ 6 γεδσων] γηρσων A: cf. 6 1 | μεραρι: cf. 5 27 ‖
7 παροσωμ B†] γηρσων A | τω εδαν B⁽†⁾ hic et in 8; A τω λεαδαν hic, λεα-
δαν in 8; cf. 9 ‖ 8 υιοι Sixt. (sim. L†)] υιω rel. | ι(ε)ιηλ ιηλ B | Ζαιθομ
A⁽†⁾ | τρεις] pr. και B*† ‖ 9 init.] pr. και A | υιοι] υιου B*† | σαλωμ(ε)ιθ
αλ(uel αδ)ωμ(ε)ιθ L†, αλωθειμ B† | (ε)ι(ε)ιηλ B†] αζιηλ A pl. | και αιδαν τρεις]
και τρεις αιδαν τρεις B*†, και δαν τρεις Bc† | αιδαν B⁽†⁾ αιλαμ compl., αραν
A, αραμ L† | των > BV† | τω] των B | εδαν B†] λεαδαν A: cf. 7 ‖ 10 τοις
υιοις] υιοι L† | και ιωας και βερ. > A† ‖ 11 βαρια AV† | επληθυνεν B†
εγενετο B ‖ 12 αμβραμ A: cf. 5 28 | ισσααρ et οζιηλ (non χεβρων)] pr. και A
‖ 17 τω ελιεζερ 2⁰ > B† | ηυξησαν A*V*†

εἰς ὕψος. ¹⁸υἱοὶ Ισσααρ · Σαλωμωθ ὁ ἄρχων. ¹⁹υἱοὶ Χεβρων · Ιδουδ ¹⁸ ¹⁹
ὁ ἄρχων, Αμαδια ὁ δεύτερος, Οζιηλ ὁ τρίτος, Ικεμιας ὁ τέταρτος.
²⁰υἱοὶ Οζιηλ · Μιχας ὁ ἄρχων καὶ Ισια ὁ δεύτερος. — ²¹υἱοὶ Με- ²⁰ ²¹
ραρι · Μοολι καὶ Μουσι. υἱοὶ Μοολι · Ελεαζαρ καὶ Κις. ²²καὶ ἀπέ- 22
θανεν Ελεαζαρ, καὶ οὐκ ἦσαν αὐτῷ υἱοὶ ἀλλ᾽ ἢ θυγατέρες, καὶ ἔλα-
βον αὐτὰς υἱοὶ Κις ἀδελφοὶ αὐτῶν. ²³υἱοὶ Μουσι · Μοολι καὶ Εδερ 23
καὶ Ιαριμωθ, τρεῖς. — ²⁴οὗτοι υἱοὶ Λευι κατ᾽ οἴκους πατριῶν αὐτῶν, 24
ἄρχοντες τῶν πατριῶν αὐτῶν κατὰ τὴν ἐπίσκεψιν αὐτῶν κατὰ τὸν
ἀριθμὸν ὀνομάτων αὐτῶν κατὰ κεφαλὴν αὐτῶν, ποιοῦντες τὰ ἔργα
λειτουργίας οἴκου κυρίου ἀπὸ εἰκοσαετοῦς καὶ ἐπάνω. ²⁵ὅτι εἶπεν 25
Δαυιδ Κατέπαυσεν κύριος ὁ θεὸς Ισραηλ τῷ λαῷ αὐτοῦ καὶ κατ-
εσκήνωσεν ἐν Ιερουσαλημ ἕως αἰῶνος. ²⁶καὶ οἱ Λευῖται οὐκ ἦσαν 26
αἴροντες τὴν σκηνὴν καὶ τὰ πάντα σκεύη αὐτῆς εἰς τὴν λειτουρ-
γίαν αὐτῆς · ²⁷ὅτι ἐν τοῖς λόγοις Δαυιδ τοῖς ἐσχάτοις ἐστὶν ὁ 27
ἀριθμὸς υἱῶν Λευι ἀπὸ εἰκοσαετοῦς καὶ ἐπάνω, ²⁸ὅτι ἔστησεν αὐ- 28
τοὺς ἐπὶ χεῖρα Ααρων τοῦ λειτουργεῖν ἐν οἴκῳ κυρίου ἐπὶ τὰς
αὐλὰς καὶ ἐπὶ τὰ παστοφόρια καὶ ἐπὶ τὸν καθαρισμὸν τῶν πάντων
ἁγίων καὶ ἐπὶ τὰ ἔργα λειτουργίας οἴκου τοῦ θεοῦ, ²⁹εἰς τοὺς ἄρ- 29
τους τῆς προθέσεως, εἰς τὴν σεμίδαλιν τῆς θυσίας καὶ εἰς τὰ λά-
γανα τὰ ἄζυμα καὶ εἰς τήγανον καὶ εἰς τὴν πεφυραμένην καὶ εἰς
πᾶν μέτρον ³⁰καὶ τοῦ στῆναι πρωὶ τοῦ αἰνεῖν ἐξομολογεῖσθαι τῷ 30
κυρίῳ καὶ οὕτως τὸ ἑσπέρας ³¹καὶ ἐπὶ πάντων τῶν ἀναφερομένων 31
ὁλοκαυτωμάτων τῷ κυρίῳ ἐν τοῖς σαββάτοις καὶ ἐν ταῖς νεομηνίαις
καὶ ἐν ταῖς ἑορταῖς κατὰ ἀριθμὸν κατὰ τὴν κρίσιν ἐπ᾽ αὐτοῖς διὰ
παντὸς τῷ κυρίῳ. ³²καὶ ψυλάξουσιν τὰς φυλακὰς σκηνῆς τοῦ μαρ- 32
τυρίου καὶ τὰς φυλακὰς υἱῶν Ααρων ἀδελφῶν αὐτῶν τοῦ λειτουρ-
γεῖν ἐν οἴκῳ κυρίου.

¹Καὶ τοῖς υἱοῖς Ααρων διαιρέσεις · υἱοὶ Ααρων Ναδαβ καὶ Αβιουδ, 24
Ελεαζαρ καὶ Ιθαμαρ · ²καὶ ἀπέθανεν Ναδαβ καὶ Αβιουδ ἐναντίον τοῦ 2
πατρὸς αὐτῶν, καὶ υἱοὶ οὐκ ἦσαν αὐτοῖς · καὶ ἱεράτευσεν Ελεαζαρ
καὶ Ιθαμαρ υἱοὶ Ααρων. ³καὶ διεῖλεν αὐτοὺς Δαυιδ καὶ Σαδωκ ἐκ 3
τῶν υἱῶν Ελεαζαρ καὶ Αχιμελεχ ἐκ τῶν υἱῶν Ιθαμαρ κατὰ τὴν

18 σαλουμωθ A, sed in 24 22 etiam A σαλωμωθ || 19 υιοι] υιων (ad 18
tractum) B | ιδουδ B†] ιεδουθ compl., ιεδδι uel ιεδδιδια L†, ιερια A | αμαδια]
αμαρια A: cf. 24 23 | οζιηλ (cf. 12. 20)] ιαζιηλ A | ικεμιας B†] ιεκεμ. A pl. ||
20 μιχα A | ισ(ε)ια] ιεσσια AV†, ιωσ(ε)ιας L† || 21 μουσ(ε)ι: sic B in 23,
sed ομουσει hoc loco et in 24 26, μοουσει B† in 24 30; A ubique μουσι; cf.
6 32 Num. 3 20 | μοολι 2⁰] μοηλ B† | ελιαζαρ A† || 23 εδερ] αιδαθ B†: cf.
24 30 | αρειμωθ B: cf. 24 30 || 24 αυτων 4⁰ > A || 25 ισραηλ τω] tr. A†
|| 26 τα παντα] tr. AL: cf. 2 || 27 υιων λευ(ε)ι] των λευιτων λευι (sic) A†
|| 28 οικου > B†
24 1 τους υιους B† | διαιρεσει B† | υιοι ααρων > B || 3 αχιμελεκ A, sed
in 6. 31 etiam A -λεχ, cf. Regn. I 21 2

ἐπίσκεψιν αὐτῶν κατὰ τὴν λειτουργίαν αὐτῶν κατ᾽ οἴκους πατριῶν
4 αὐτῶν. ⁴καὶ εὑρέθησαν υἱοὶ Ελεαζαρ πλείους εἰς ἄρχοντας τῶν
δυνατῶν παρὰ τοὺς υἱοὺς Ιθαμαρ, καὶ διεῖλεν αὐτούς, τοῖς υἱοῖς
Ελεαζαρ ἄρχοντας εἰς οἴκους πατριῶν ἓξ καὶ δέκα καὶ τοῖς υἱοῖς
5 Ιθαμαρ ὀκτὼ κατ᾽ οἴκους πατριῶν. ⁵καὶ διεῖλεν αὐτοὺς κατὰ κλήρους
τούτους πρὸς τούτους, ὅτι ἦσαν ἄρχοντες τῶν ἁγίων καὶ ἄρχον-
6 τες κυρίου ἐν τοῖς υἱοῖς Ελεαζαρ καὶ ἐν τοῖς υἱοῖς Ιθαμαρ · ⁶καὶ
ἔγραψεν αὐτοὺς Σαμαιας υἱὸς Ναθαναηλ ὁ γραμματεὺς ἐκ τοῦ
Λευι κατέναντι τοῦ βασιλέως καὶ τῶν ἀρχόντων καὶ Σαδωκ ὁ ἱε-
ρεὺς καὶ Αχιμελεχ υἱὸς Αβιαθαρ καὶ ἄρχοντες τῶν πατριῶν τῶν
ἱερέων καὶ τῶν Λευιτῶν, οἴκου πατριᾶς εἷς εἷς τῷ Ελεαζαρ καὶ
7 εἷς εἷς τῷ Ιθαμαρ. — ⁷καὶ ἐξῆλθεν ὁ κλῆρος ὁ πρῶτος τῷ Ιαριβ,
8 τῷ Ιδεϊα ὁ δεύτερος, ⁸τῷ Χαρημ ὁ τρίτος, τῷ Σεωριμ ὁ τέταρτος,
9
10 ⁹τῷ Μελχια ὁ πέμπτος, τῷ Μιαμιν ὁ ἕκτος, ¹⁰τῷ Κως ὁ ἕβδομος,
11 τῷ Αβια ὁ ὄγδοος, ¹¹τῷ Ἰησοῦ ὁ ἔνατος, τῷ Σεχενια ὁ δέκατος,
13 ¹²τῷ Ελιασιβ ὁ ἑνδέκατος, τῷ Ιακιμ ὁ δωδέκατος, ¹³τῷ Οχχοφφα
14 ὁ τρισκαιδέκατος, τῷ Ισβααλ ὁ τεσσαρεσκαιδέκατος, ¹⁴τῷ Βελγα
15 ὁ πεντεκαιδέκατος, τῷ Εμμηρ ὁ ἑκκαιδέκατος, ¹⁵τῷ Χηζιρ ὁ ἑπτα-
16 καιδέκατος, τῷ Αφεσση ὁ ὀκτωκαιδέκατος, ¹⁶τῷ Φεταια ὁ ἐννεα-
17 καιδέκατος, τῷ Εζεκηλ ὁ εἰκοστός, ¹⁷τῷ Ιαχιν ὁ εἷς καὶ εἰκοστός,
18 τῷ Γαμουλ ὁ δεύτερος καὶ εἰκοστός, ¹⁸τῷ Δαλαια ὁ τρίτος καὶ
19 εἰκοστός, τῷ Μαασαι ὁ τέταρτος καὶ εἰκοστός. ¹⁹αὕτη ἡ ἐπίσκεψις
αὐτῶν κατὰ τὴν λειτουργίαν αὐτῶν τοῦ εἰσπορεύεσθαι εἰς οἶκον
κυρίου κατὰ τὴν κρίσιν αὐτῶν διὰ χειρὸς Ααρων πατρὸς αὐτῶν,
ὡς ἐνετείλατο κύριος ὁ θεὸς Ισραηλ.
20 ²⁰Καὶ τοῖς υἱοῖς Λευι τοῖς καταλοίποις · τοῖς υἱοῖς Αμβραμ Σου-
21 βαηλ · τοῖς υἱοῖς Σουβαηλ Ιαδια. ²¹τῷ Ρααβια ὁ ἄρχων Ιεσιας.
22
23 ²²καὶ τῷ Ισσαρι Σαλωμωθ · τοῖς υἱοῖς Σαλωμωθ Ιαθ. ²³υἱοὶ Ιεδιου ·

4 υιοι] pr. οι B | και ult. > B† | υιοις ult.] + ααρων B | οκτω > B† ||
6 σαμμαιας A† | ο ιερευς] του -ρεως A | υιος 2⁰] υιου A (υιοι A*†) || 7 ια-
ρ(ε)ιβ] -ρειμ B | ιδεια] αναιδεια B || 8 χαρημ] -ρηβ B | τω 2⁰] του A† | σε-
ωριν A⁽†⁾ || 9 μ(ε)ιαμ(ε)ιν] βενιαμειν B || 10 κως] ακκως A || 11 σεχενια]
ισχανια B || 12 ελιασ(ε)ιβ] -αβιει B† | ιακ(ε)ιμ] pr. ελ A || 13 οχχοφφα B⁽†⁾]
οφφα A | B nomine ισβααλ omisso quartam decimam sortem τω γελβα (cf.
inf.) adscribit, quintam decimam τω εμμηρ etc., ita ut in B uiginti tres tan-
tum sortes adsint || 14 βελγα] γελβα B || 15 χηζ(ε)ιρ L†] -ζειν B†, ιεζειρ
A | αφεσση V] αφεση B, αφεσον A† || 16 φεταια B†] φεθεια A || 17 ια-
χ(ε)ιν] αχειμ B | γαμουλ B†] γαμουηλ A || 18 δαλαια] αδαλλαι B† | μαασαι
B†] (μο)οζια L†, μοοζαι V, μοοζαλ A† || 20 αμραμ A: cf. 5 28 | σουβαηλ 1⁰] ιωβ.
B†: cf. 26 24 | τοις υιοις σουβ. Ra. (sim. mu.)] > BAV | ιαδ(ε)ια B†] ιαδαια
mu., ιαδαια αραδεια AV† || 21 ιεσιας > B || 22 ισσαρ(ε)ι B⁽†⁾] ισσααρι A:
cf. 26 23. 29 | ιαθ compl.] ιναθ BA || 23 init.] pr. και A | υιοι ιεδιου] τοις
υιοις χεβρων ιεδδι(α) ο αρχων L†: cf. 23 19 | ιεδιου] ιηδειμου B†

Αμαδια ὁ δεύτερος, Ιαζιηλ ὁ τρίτος, Ιοκομ ὁ τέταρτος. ²⁴υἱοὶ Οζιηλ 24
Μιχα · υἱοὶ Μιχα Σαμηρ. ²⁵ἀδελφὸς Μιχα Ισια · υἱοὶ Ισια Ζαχαρια. 25
²⁶υἱοὶ Μεραρι Μοολι καὶ Μουσι, υἱοὶ Οζια, υἱοὶ Βοννι. ²⁷υἱοὶ Με- 27
ραρι τῷ Οζια, υἱοὶ αὐτοῦ Ισοαμ καὶ Ζακχουρ καὶ Αβδι. ²⁸τῷ Μο- 28
ολι Ελεαζαρ καὶ Ιθαμαρ · καὶ ἀπέθανεν Ελεαζαρ, καὶ οὐκ ἦσαν
αὐτῷ υἱοί. ²⁹τῷ Κις · υἱοὶ τοῦ Κις Ιραμαηλ. ³⁰καὶ υἱοὶ τοῦ Μουσι 29
Μοολι καὶ Εδερ καὶ Ιαριμωθ. οὗτοι υἱοὶ τῶν Λευιτῶν κατ᾽ οἴκους 30
πατριῶν αὐτῶν. ³¹καὶ ἔλαβον καὶ αὐτοὶ κλήρους καθὼς οἱ ἀδελφοὶ 31
αὐτῶν υἱοὶ Ααρων ἐναντίον τοῦ βασιλέως καὶ Σαδωκ καὶ Αχιμελεχ
καὶ ἀρχόντων πατριῶν τῶν ἱερέων καὶ τῶν Λευιτῶν, πατριάρχαι
αρααβ καθὼς οἱ ἀδελφοὶ αὐτοῦ οἱ νεώτεροι.

¹Καὶ ἔστησεν Δαυιδ ὁ βασιλεὺς καὶ οἱ ἄρχοντες τῆς δυνάμεως 25
εἰς τὰ ἔργα τοὺς υἱοὺς Ασαφ καὶ Αιμαν καὶ Ιδιθων τοὺς ἀποφθεγ-
γομένους ἐν κινύραις καὶ ἐν νάβλαις καὶ ἐν κυμβάλοις. καὶ ἐγένετο
ὁ ἀριθμὸς αὐτῶν κατὰ κεφαλὴν αὐτῶν ἐργαζομένων ἐν τοῖς ἔργοις
αὐτῶν · ²υἱοὶ Ασαφ Ζακχουρ καὶ Ιωσηφ καὶ Ναθανιας καὶ Εραηλ, 2
υἱοὶ Ασαφ ἐχόμενοι Ασαφ τοῦ προφήτου ἐχόμενοι τοῦ βασιλέως.
³τῷ Ιδιθων υἱοὶ Ιδιθων · Γοδολια καὶ Σουρι καὶ Ισαια καὶ Σεμεῖ 3
καὶ Ασαβια καὶ Ματταθιας, ἕξ, μετὰ τὸν πατέρα αὐτῶν Ιδιθων ἐν
κινύρᾳ ἀνακρουόμενοι ἐξομολόγησιν καὶ αἴνεσιν τῷ κυρίῳ. ⁴τῷ 4
Αιμανι υἱοὶ Αιμαν · Βουκιας καὶ Μανθανιας καὶ Αζαραηλ καὶ Σου-
βαηλ καὶ Ιεριμωθ καὶ Ανανιας καὶ Ανανι καὶ Ηλιαθα καὶ Γοδολλαθι
καὶ Ρωμεμθι-ωδ καὶ Ιεσβακασα καὶ Μαλληθι καὶ Ωθηρι καὶ Μεα-
ζωθ · ⁵πάντες οὗτοι υἱοὶ τῷ Αιμαν τῷ ἀνακρουομένῳ τῷ βασιλεῖ 5

23 αμαδια] αμαριας A: cf. 23 19 | ιαζιηλ] ιαση B† | ιοκομ B†] ιεκεμια A: cf.
23 19 || 24 υιοι 1⁰ > B || 25 ισια 1⁰] ασια A† | υιοι] υιος B† | ζαχαριας A
|| 26 μουσι: cf. 23 21 | υιοι βοννι > B† || 27 υιοι 1⁰] του B† | ισσοαμ A |
αβδι Ra.] αβαι B†, ωβδι A || 28 και 1⁰ — fin. (cf. 23 22)] > AV† || 30 μο-
ολλει BL†, sed in 26 etiam B μοολει (L† ibi μοολλει uel μοολδι) | εδερ] ηλα
B†: cf. 23 23 | ιαριμωθ Ra. (cf. 23 23)] αρ. B†, ιερ. A, ερ. compl. || 31 αρχοντων]
αρχων των B | πατριαρχαι αρααβ B†] πατριαι αρως A, πατριαρχαι ααρων compl.
25 1 ιδ(ε)ιθων B†: item B† in 3 (ter). 6; A in 1 et A* in 3 (1⁰ 2⁰) ιδιθουμ,
sed A in 3 (3⁰). 6 et Ac in 3 (1⁰ 2⁰) -θουν || 2 ζακχουρ] σακχους B†: cf. 10
| και 1⁰ > B | ναθαλιας B: cf. 12 | εραηλ B†] ιεσιηλ A, ασιηλα compl.: cf. 14;
ασειρηλα L†: idem praebet L† in 11 pro ιεσδρ(ε)ι | εχομ. ασαφ του προφ. L]
> BA | εχομενοι ult. BL†] -να A || 3 γοδολια Ra.] τουνα B†, γοδολιας A:
cf. 9 | και 1⁰ > A | ισαια Lag.] σαια B†, ισεια pau., ιεεια A: cf. 15 | ασαβιας
A: cf. 19 | ανακρουομενος B || 4 αιμαν(ε)ι B†] αιμαν rel.: cf. 6 | βουκ(ε)ιας
B(†)] βοκκιας A: cf. 13 | μανθανιας] ματθ. A: item in 16, cf. 9 15 | αζαραηλ B†]
οζιηλ rel.: cf. 18 | σουβαηλ] + και αμσου B† | ιεριμωθ L†] ιερεμ. B†, -μουθ A:
cf. 22 27 19 | και ανανι (cf. 25)] > B | ηλιαθα uel sim. L†] -θαθ B†, ελιαθα A:
cf. 27 | γεδολλαθι A: cf. 29 | ρωμεμθι-ωδ Ra.] ρωμει υιος ωδ B†, ρωμεμθι-εζερ
A: cf. 31 | ιεσβακασα Ra.] λειβασακα B†, σεβακαταν AV† (A† και προ κα), ιε-
σβοκ L†: cf. 24 | μαλληθι uel sim. L†] μανθει B†, μελλωθι pau., μεαλωθι AV:
cf. 26 | ωθηρ(ε)ι B†] ιωθετιρι A, ωθ(ε)ιρ L: cf. 28 | μεαζωθ compl.] μελζ. B†,
μααζιωθ A: cf. 30

ἐν λόγοις θεοῦ ὑψῶσαι κέρας, καὶ ἔδωκεν ὁ θεὸς τῷ Αιμαν υἱοὺς
6 δέκα τέσσαρας καὶ θυγατέρας τρεῖς. [6]πάντες οὗτοι μετὰ τοῦ πα-
τρὸς αὐτῶν ὑμνῳδοῦντες ἐν οἴκῳ κυρίου ἐν κυμβάλοις καὶ ἐν νά-
βλαις καὶ ἐν κινύραις ἐχόμενα τοῦ βασιλέως καὶ Ασαφ καὶ Ιδιθων
7 καὶ Αιμανι. [7]καὶ ἐγένετο ὁ ἀριθμὸς αὐτῶν μετὰ τοὺς ἀδελφοὺς
αὐτῶν, δεδιδαγμένοι ᾄδειν κυρίῳ, πᾶς συνίων, διακόσιοι ὀγδοή-
8 κοντα καὶ ὀκτώ. — [8]καὶ ἔβαλον καὶ αὐτοὶ κλήρους ἐφημεριῶν
κατὰ τὸν μικρὸν καὶ κατὰ τὸν μέγαν, τελείων καὶ μανθανόντων.
9 [9]καὶ ἐξῆλθεν ὁ κλῆρος ὁ πρῶτος υἱῶν αὐτοῦ καὶ ἀδελφῶν αὐτοῦ
τῷ Ασαφ τῷ Ιωσηφ Γοδολια · ὁ δεύτερος Ηνια, ἀδελφοὶ αὐτοῦ
10 καὶ υἱοὶ αὐτοῦ, δέκα δύο · [10]ὁ τρίτος Ζακχουρ, υἱοὶ αὐτοῦ καὶ
11 ἀδελφοὶ αὐτοῦ, δέκα δύο · [11]ὁ τέταρτος Ιεσδρι, υἱοὶ αὐτοῦ καὶ
12 ἀδελφοὶ αὐτοῦ, δέκα δύο · [12]ὁ πέμπτος Ναθανιας, υἱοὶ αὐτοῦ καὶ
13 ἀδελφοὶ αὐτοῦ, δέκα δύο · [13]ὁ ἕκτος Βουκιας, υἱοὶ αὐτοῦ καὶ ἀδελ-
14 φοὶ αὐτοῦ, δέκα δύο · [14]ὁ ἕβδομος Ισεριηλ, υἱοὶ αὐτοῦ καὶ ἀδελ-
15 φοὶ αὐτοῦ, δέκα δύο · [15]ὁ ὄγδοος Ιωσια, υἱοὶ αὐτοῦ καὶ ἀδελφοὶ
16 αὐτοῦ, δέκα δύο · [16]ὁ ἔνατος Μανθανιας, υἱοὶ αὐτοῦ καὶ ἀδελφοὶ
17 αὐτοῦ, δέκα δύο · [17]ὁ δέκατος Σεμεϊ, υἱοὶ αὐτοῦ καὶ ἀδελφοὶ αὐ-
18 τοῦ, δέκα δύο · [18]ὁ ἑνδέκατος Αζαρια, υἱοὶ αὐτοῦ καὶ ἀδελφοὶ αὐ-
19 τοῦ, δέκα δύο · [19]ὁ δωδέκατος Ασαβια, υἱοὶ αὐτοῦ καὶ ἀδελφοὶ
20 αὐτοῦ, δέκα δύο · [20]ὁ τρισκαιδέκατος Σουβαηλ, υἱοὶ αὐτοῦ καὶ
21 ἀδελφοὶ αὐτοῦ, δέκα δύο · [21]ὁ τεσσαρεσκαιδέκατος Ματταθιας, υἱοὶ
22 αὐτοῦ καὶ ἀδελφοὶ αὐτοῦ, δέκα δύο · [22]ὁ πεντεκαιδέκατος Ιεριμωθ,
23 υἱοὶ αὐτοῦ καὶ ἀδελφοὶ αὐτοῦ, δέκα δύο · [23]ὁ ἑκκαιδέκατος Ανα-
24 νιας, υἱοὶ αὐτοῦ καὶ ἀδελφοὶ αὐτοῦ, δέκα δύο · [24]ὁ ἑπτακαιδέκατος
25 Ιεσβακασα, υἱοὶ αὐτοῦ καὶ ἀδελφοὶ αὐτοῦ, δέκα δύο · [25]ὁ ὀκτω-
26 καιδέκατος Ανανι, υἱοὶ αὐτοῦ καὶ ἀδελφοὶ αὐτοῦ, δέκα δύο · [26]ὁ
ἐννεακαιδέκατος Μελληθι, υἱοὶ αὐτοῦ καὶ ἀδελφοὶ αὐτοῦ, δέκα δύο ·
27 [27]ὁ εἰκοστὸς Ελιαθα, υἱοὶ αὐτοῦ καὶ ἀδελφοὶ αὐτοῦ, δέκα δύο ·
28 [28]ὁ εἰκοστὸς πρῶτος Ηθιρ, υἱοὶ αὐτοῦ καὶ ἀδελφοὶ αὐτοῦ, δέκα

5 ο > Β† ‖ 6 κυριου] θεου Β† | κινυραις] + εις την δουλειαν οικου του
θεου L | ιδιθων: cf. 1 | αιμαν Apl.: cf. 4 ‖ 7 μετα τους αδελφους (cf. 3)]
μ. των -φων A | και ult. BLᵖ†] > rel. ‖ 9 τω 2⁰] του A | γοδολια Ra.] γα-
λουια Β†, γοδολιας A: cf. 3 | δεκα δυο] δωδεκα A: item in 10—31 ‖ 10 Ζακ-
χουρ] Ζαχχουθ Β†: cf. 2 | υιος Β† ‖ 11 ιεσδρ(ε)ι ΒΑ†] ιεσρι Vmu. ‖ 12 να-
θανιας] ιας > Β: cf. 2 ‖ 13 βοκκιας V, κοκκιας Α†: cf. 4 ‖ 14 ισεριηλ Β†]
ισρεηλα Α†: cf. 2 (εραηλ) ‖ 15 ιωσ(ε)ια] ισιας Α†, ισαια uel ησαια L†: cf. 3
‖ 16 μανθανιας Β†] ματθ. A: cf. 4 ‖ 17 εμεει Β†, sed in 3 etiam B σεμεει
‖ 18 αζαρια Β†] εζριηλ A, οζιηλ L†: cf. 4 ‖ 19 ασαβια (cf. 3)] αρια Β† ‖
21 ματθιας ALᵖ† ‖ 22 ιεριμωθ] ερ. Β†: cf. 4 27 19 ‖ 24 ιεσβακασα Ra.]
-καταν A, βακατα Β†, ιεσβοκ L†: cf. 4 ‖ 25 ανανιας B: ex 23; cf. 4 ‖
26 μελληθι] μεθαθει Β†, μαλληθι L†: cf. 4 ‖ 27 ελιαθα Sixt.] αιμαθα Β†: ΑΙΜ
ex ΑΙΛΙ; ελιαθ A, ηλι(α)θα L†: cf. 4 ‖ 28 εικοστος] + και AV: item V† in
29 | ηθιρ compl.] ηθει Β†, ιεθιρι A, ωθειρ uel sim. L†: cf. 4 (ωθηρι)

δύο · ²⁹ ὁ εἰκοστὸς δεύτερος Γοδολλαθι, υἱοὶ αὐτοῦ καὶ ἀδελφοὶ 29
αὐτοῦ, δέκα δύο · ³⁰ ὁ τρίτος καὶ εἰκοστὸς Μεαζωθ, υἱοὶ αὐτοῦ καὶ 30
ἀδελφοὶ αὐτοῦ, δέκα δύο · ³¹ ὁ τέταρτος καὶ εἰκοστὸς Ρωμεμθι-ωδ, 31
υἱοὶ αὐτοῦ καὶ ἀδελφοὶ αὐτοῦ, δέκα δύο.

¹ Εἰς διαιρέσεις τῶν πυλῶν · υἱοῖς Κορεϊμ Μοσολλαμια υἱὸς Κωρη 26
ἐκ τῶν υἱῶν Αβιασαφ. ² καὶ τῷ Μοσολλαμια υἱοί · Ζαχαριας ὁ πρω- 2
τότοκος, Ιδιηλ ὁ δεύτερος, Ζαβαδιας ὁ τρίτος, Ιεθνουηλ ὁ τέταρ-
τος, ³ Ωλαμ ὁ πέμπτος, Ιωαναν ὁ ἕκτος, Ελιωηναι ὁ ἕβδομος. 3
⁴ καὶ τῷ Αβδεδομ υἱοί · Σαμαιας ὁ πρωτότοκος, Ιωζαβαδ ὁ δεύτε- 4
ρος, Ιωαα ὁ τρίτος, Σωχαρ ὁ τέταρτος, Ναθαναηλ ὁ πέμπτος,
⁵ Αμιηλ ὁ ἕκτος, Ισσαχαρ ὁ ἕβδομος, Φολλαθι ὁ ὄγδοος, ὅτι εὐλό- 5
γησεν αὐτὸν ὁ θεός. ⁶ καὶ τῷ Σαμαια υἱῷ αὐτοῦ ἐτέχθησαν υἱοὶ 6
τοῦ πρωτοτόκου Ρωσαι εἰς τὸν οἶκον τὸν πατρικὸν αὐτοῦ, ὅτι
δυνατοὶ ἦσαν. ⁷ υἱοὶ Σαμαια · Γοθνι καὶ Ραφαηλ καὶ Ωβηδ καὶ Ελ- 7
ζαβαδ καὶ Αχιου, υἱοὶ δυνατοί, Ελιου καὶ Σαβχια καὶ Ισβακωμ.
⁸ πάντες ἀπὸ τῶν υἱῶν Αβδεδομ, αὐτοὶ καὶ οἱ ἀδελφοὶ αὐτῶν καὶ 8
υἱοὶ αὐτῶν ποιοῦντες δυνατῶς ἐν τῇ ἐργασίᾳ, οἱ πάντες ἑξήκοντα
δύο τῷ Αβδεδομ. ⁹ καὶ τῷ Μοσολλαμια υἱοὶ καὶ ἀδελφοὶ δέκα καὶ 9
ὀκτὼ δυνατοί. ¹⁰ καὶ τῷ Ωσα τῶν υἱῶν Μεραρι υἱοὶ φυλάσσοντες 10
τὴν ἀρχήν, ὅτι οὐκ ἦν πρωτότοκος, καὶ ἐποίησεν αὐτὸν ὁ πατὴρ

29 γοδολλαθι Ra. (cf. 4)] M pro ΛΛ B†, ι > L† (item in 4), γεδδελθι A ‖ 30 μεα-
ζωθ B†] μααζιωθ A: cf. 4 ‖ 31 ρωμεμθι-ωδ Ra.] ρομελχει B*† (+ ωθ Bᶜ†), ρωμεμ-
θιεζερ uel sim. compl. (A† per errorem θμ pro μθ): cf. 4 | αδελφοι] pr. οι A
26 1 εις διαιρεσεις BL†] και δ. Vmu., και διαιρεσις A†: cf. 12 | πυλων] φυλ.
B† | υιοις] ς > B | κορε(ε)ιμ B†] κορε A; pro υιοις κορ. praebet L† τοις κο-
ρηνοις | μοσολλαμια hic et in 2. 9 Ra.] μοσοδαηλ B† hic, μοσαληα B† in 2,
μοσομαμειδ B† in 9; μοσολλαμ AV hic, μαυελλαμια AV† in 2, μεσ(+σ V†)ολ-
λεμια AV† in 9; σελεμια(ς) L† ubique: cf. 14 | κωρη B] κορη compl., κορε L,
κωρηε AV†: cf. 9 19 | αβιασαφ Ra. (cf. 9 19 Exod. 6 24)] -σαφαρ B†, ασαφ rel.
‖ 2 τω] την B† | υιου ζαχαριου B† | ο πρωτοτοκος hic et in 4 et ο εβδομος
in 3 retinet, cetera nomina numeralia in 2—5 om. B | ιδιηλ Ra.] ιδερηλ B†
(P ex I), ιαδιηλ Apl. | ζαβαδιας] ζαχαριας B†: ex praec. | ιεθνουηλ Ra.] ιεν.
B† (cf. 3 init.), ναθαναηλ L, ναθανια V†, ναθανα A†, ναθαν compl. ‖ 3 ω-
λαμ compl.] ιωλαμ B†; pr. ιενουηλ AV: ex 2 fin.; αιλαμ uel sim. L† | ιωαναν
V] ιωναν A, ιωνας B† | ελιωηναι] -ωναις B† ‖ 4 αβδεδομ] αβδοδομ BA: item
BA in 8 (2⁰). 15 et B† in 8 (1⁰), sed A in 8 (1⁰) αβδεδομ, cf. 15 24 | σαμαιας
BL†] σαμειας Apl.: cf. 6. 7 | ιωζαβαδ B | ιωαα] ιωαδ L†, ιωαθ B† | σωχαρ
B†] σαχαρ V, σαχιαρ A† | ναθαναηλ] νααςιειηλ B† ‖ 5 φολλαθι] ιαφθοσλα-
αθι B† ‖ 6 σαμεια A: cf. 4 | τω πρωτοτοκω A; pro υιοι — αυτου ult. prae-
bet L† υιοι καθεσταμενοι εν τω οικω του πατρος αυτων ‖ 7 σαμαια(uel -μεα)
L†] -μαι B†, σεμεια A†, σαμεια compl.: cf. 4 | γοθνι] γοονει B† | ωβηδ] ιωβ.
A | ελζαβαδ] ελης αβαθ B† | αχιου] -ουδ B, αδελφοι αυτου L† | δυνατοι] + ι-
σχυι A | ελιου] εννου B† | σαβχ(ε)ια] σαμαχιας A | ισβακωμ BV†] ιεβακωβ A†,
εισβαχωμ compl. ‖ 8 αβδεδομ bis: cf. 4 ‖ 9 μοσολλ.: cf. 1 | και οκτω] tr.
A† ‖ 10 ωσα] ιοσσα B†: item in 11. 16, cf. 18 | των] pr. απο A | μεραρι:
cf. 6 32 | ουκ ην] + αυτω A, ουτος ην ο compl.

11 αὐτοῦ ἄρχοντα ¹¹τῆς διαιρέσεως τῆς δευτέρας, Ταβλαι ὁ τρίτος,
Ζαχαριας ὁ τέταρτος · πάντες οὗτοι, υἱοὶ καὶ ἀδελφοὶ τῷ Ωσα,
12 τρισκαίδεκα. — ¹²τούτοις αἱ διαιρέσεις τῶν πυλῶν, τοῖς ἄρχουσι
τῶν δυνατῶν, ἐφημερίαι καθὼς οἱ ἀδελφοὶ αὐτῶν λειτουργεῖν ἐν
13 οἴκῳ κυρίου. ¹³καὶ ἔβαλον κλήρους κατὰ τὸν μικρὸν καὶ κατὰ τὸν
14 μέγαν κατ' οἴκους πατριῶν αὐτῶν εἰς πυλῶνα καὶ πυλῶνα. ¹⁴καὶ
ἔπεσεν ὁ κλῆρος τῶν πρὸς ἀνατολὰς τῷ Σαλαμια καὶ Ζαχαρια ·
υἱοὶ Ιωας τῷ Μελχια ἔβαλον κλήρους, καὶ ἐξῆλθεν ὁ κλῆρος βορ-
15 ρᾷ · ¹⁵τῷ Αβδεδομ νότον κατέναντι οἴκου εσεφιν ¹⁶εἰς δεύτερον ·
16 τῷ Ωσα πρὸς δυσμαῖς μετὰ τὴν πύλην παστοφορίου τῆς ἀναβά-
17 σεως · φυλακὴ κατέναντι φυλακῆς. ¹⁷ πρὸς ἀνατολὰς ἓξ τὴν ἡμέ-
ραν, βορρᾷ τῆς ἡμέρας τέσσαρες, νότον τῆς ἡμέρας τέσσαρες, καὶ
18 εἰς τὸ εσεφιν δύο · ¹⁸εἰς διαδεχομένους, καὶ πρὸς δυσμαῖς τέσσα-
19 ρες, καὶ εἰς τὸν τρίβον δύο διαδεχομένους. ¹⁹αὗται αἱ διαιρέσεις
τῶν πυλωρῶν τοῖς υἱοῖς Κορε καὶ τοῖς υἱοῖς Μεραρι.
20   ²⁰Καὶ οἱ Λευῖται ἀδελφοὶ αὐτῶν ἐπὶ τῶν θησαυρῶν οἴκου κυρίου
21 καὶ ἐπὶ τῶν θησαυρῶν τῶν καθηγιασμένων · ²¹υἱοὶ Λαδαν υἱοὶ τῷ
Γηρσωνι τῷ Λαδαν, ἄρχοντες πατριῶν τῷ Λαδαν τῷ Γηρσωνι
22 Ιιηλ. ²²καὶ υἱοὶ Ιιηλ Ζεθομ καὶ Ιωηλ οἱ ἀδελφοὶ ἐπὶ τῶν θησαυρῶν
23 οἴκου κυρίου. ²³τῷ Αμβραμ καὶ Ισσααρ Χεβρων καὶ Οζιηλ · ²⁴καὶ
24 Σουβαηλ ὁ τοῦ Γηρσαμ τοῦ Μωυσῆ ἡγούμενος ἐπὶ τῶν θησαυρῶν.
25 ²⁵καὶ τῷ ἀδελφῷ αὐτοῦ τῷ Ελιεζερ Ρααβιας υἱὸς καὶ Ιωσαιας καὶ
26 Ιωραμ καὶ Ζεχρι καὶ Σαλωμωθ. ²⁶αὐτὸς Σαλωμωθ καὶ οἱ ἀδελφοὶ
αὐτοῦ ἐπὶ πάντων τῶν θησαυρῶν τῶν ἁγίων, οὓς ἡγίασεν Δαυιδ

---

11 της διαιρ. της δευτ. Β✝] + χελκιας(Α✝ χελχειας) ο δευτερος rel. (sed L✝ hab.
χελκ. ο δευτ. tantum et om. της διαιρ. της δευτ.) | ταβλαι] ταβελιας Α | ο τε-
ταρτος > Β✝ | τρισκαιδεκα] δεκα τρ(ε)ις Amu. ‖ 12 η διαιρεσις Α: cf. 1 ‖
14 προς] κατα Α: cf. 17 | σελεμια Apl.: cf. 1 (μοσολλαμια) | υιοι Β✝] pr. και
compl., υιω Amu., υιω αυτου L✝ | ιωας] ιωιας Α✝, σωαζ Β✝, ιωαδ(uel -αβ) βου-
λευτης L✝ ‖ 15 αβδεδομ: cf. 4 | εσεφ(ε)ιν Β✝] ασαφειν Α: item in 17 ‖
16 εις δευτερον] τω σεφιειμ Α | ωσα: cf. 10 | προς δυσμας Apl. hic et in 18,
sed in 30 et in additamento ad 18 etiam Amu. προς δυσμαις | παστοφοριου]
pr. του Α | φυλακη κατεναντι > Α✝ ‖ 17 προς] κατ Α: cf. 14 | τεσσαρες 1⁰
⌒ 2⁰ Α | δυο] + δυο Α hoc loco, non in repetitione eorundem uerborum
(cf. adnotatio ad 18) ‖ 18 διαδεχ. 1⁰ L✝] + και τω ιοσσα(V✝ ιωας, Α✝ ιας)
προς δυσμαις μετα την πυλην του παστοφοριου τρεις φυλακη κατεναντι φυλα-
κης της αναβασεως προς ανατολας της ημερας εξ και τω βορρα τεσσαρες και
τω νοτω τεσσαρες και εσεφειμ δυο εις διαδεχομενους rel.: ex 16 — 18 repet.,
cf. 28 20 ‖ 19 κορε] κααθ Β | υιος ult. > Β ‖ 21 λαδαν 1⁰] χαδαν Β✝, sed
Β 3⁰ et Β✝ 2⁰ λαδαν; Α 1⁰ 2⁰ λεδαν, 3⁰ λααδαν: cf. 7 26 | υιοι τω] ουτοι Β✝ |
λαδαν 2⁰] + και ιαιηλ του ιου υιοι ιειηλ Β ‖ 22 και 1⁰ > Β✝ | ι(ε)ιηλ] ιεηλ
Α✝, sed in 21 etiam Α ιειηλ: cf. 9 6 | ζοθομ Α✝ | οι αδελφοι] ο -φος αυτου Α
‖ 23 αμβραμ] αμραμι Α: cf. 5 28 | ισσααρ ΒL✝] -ρι rel.: cf. 24 22 ‖ 24 σου-
βαηλ] σωβιηλ L✝, ιωηλ Β✝ | ηγουμενος > Β✝ ‖ 25 ραβιας Β✝ | υιος] + αυ-
του Α | ιωσαιας compl.] ωσ. ΒΑ

ὁ βασιλεὺς καὶ οἱ ἄρχοντες τῶν πατριῶν, χιλίαρχοι καὶ ἑκατόνταρχοι καὶ ἀρχηγοὶ τῆς δυνάμεως, ²⁷ἃ ἔλαβεν ἐκ τῶν πολέμων καὶ ἐκ τῶν 27 λαφύρων καὶ ἡγίασεν ἀπ' αὐτῶν τοῦ μὴ καθυστερῆσαι τὴν οἰκοδο- μὴν τοῦ οἴκου τοῦ θεοῦ, ²⁸καὶ ἐπὶ πάντων τῶν ἁγίων Σαμουηλ 28 τοῦ προφήτου καὶ Σαουλ τοῦ Κις καὶ Αβεννηρ τοῦ Νηρ καὶ Ιωαβ τοῦ Σαρουια · πᾶν, ὃ ἡγίασαν, διὰ χειρὸς Σαλωμωθ καὶ τῶν ἀδελ- φῶν αὐτοῦ.

²⁹Τῷ Ισσαρι Χωνενια καὶ υἱοὶ αὐτοῦ τῆς ἐργασίας τῆς ἔξω ἐπὶ 29 τὸν Ισραηλ τοῦ γραμματεύειν καὶ διακρίνειν. ³⁰τῷ Χεβρωνι Ασα- 30 βιας καὶ οἱ ἀδελφοὶ αὐτοῦ υἱοὶ δυνατοί, χίλιοι καὶ ἑπτακόσιοι ἐπὶ τῆς ἐπισκέψεως τοῦ Ισραηλ πέραν τοῦ Ιορδάνου πρὸς δυσμαῖς εἰς πᾶσαν λειτουργίαν κυρίου καὶ ἐργασίαν τοῦ βασιλέως. ³¹τοῦ 31 Χεβρωνι · Ιουδιας ὁ ἄρχων τῶν Χεβρωνι κατὰ γενέσεις αὐτῶν κατὰ πατριάς · ἐν τῷ τεσσαρακοστῷ ἔτει τῆς βασιλείας αὐτοῦ ἐπεσκέπησαν, καὶ εὑρέθη ἀνὴρ δυνατὸς ἐν αὐτοῖς ἐν Ιαζηρ τῆς Γαλααδίτιδος, ³²καὶ οἱ ἀδελφοὶ αὐτοῦ, υἱοὶ δυνατοί, δισχίλιοι ἑπτα- 32 κόσιοι ἄρχοντες πατριῶν · καὶ κατέστησεν αὐτοὺς Δαυιδ ὁ βασι- λεὺς ἐπὶ τοῦ Ρουβηνι καὶ Γαδδι καὶ ἡμίσους φυλῆς Μανασση εἰς πᾶν πρόσταγμα κυρίου καὶ λόγον βασιλέως.

¹Καὶ υἱοὶ Ισραηλ κατ' ἀριθμὸν αὐτῶν, ἄρχοντες τῶν πατριῶν, 27 χιλίαρχοι καὶ ἑκατόνταρχοι καὶ γραμματεῖς οἱ λειτουργοῦντες τῷ λαῷ καὶ εἰς πᾶν λόγον τοῦ βασιλέως κατὰ διαιρέσεις, εἰς πᾶν λό- γον τοῦ εἰσπορευομένου καὶ ἐκπορευομένου μῆνα ἐκ μηνὸς εἰς πάντας τοὺς μῆνας τοῦ ἐνιαυτοῦ, διαίρεσις μία εἴκοσι καὶ τέσσαρες χιλιάδες. ²καὶ ἐπὶ τῆς διαιρέσεως τῆς πρώτης τοῦ μηνὸς τοῦ πρώ- 2 του Ιεσβοαμ ὁ τοῦ Ζαβδιηλ, καὶ ἐπὶ τῆς διαιρέσεως αὐτοῦ εἴκοσι καὶ τέσσαρες χιλιάδες · ³ἀπὸ τῶν υἱῶν Φαρες ἄρχων πάντων τῶν 3 ἀρχόντων τῆς δυνάμεως τοῦ μηνὸς τοῦ πρώτου. ⁴καὶ ἐπὶ τῆς διαι- 4 ρέσεως τοῦ μηνὸς τοῦ δευτέρου Δωδια ὁ Εχωχι, καὶ ἐπὶ τῆς διαι- ρέσεως αὐτοῦ εἴκοσι καὶ τέσσαρες χιλιάδες, ἄρχοντες δυνάμεως. ⁵ὁ τρίτος τὸν μῆνα τὸν τρίτον Βαναιας ὁ τοῦ Ιωδαε ὁ ἱερεὺς ὁ 5 ἄρχων, καὶ ἐπὶ τῆς διαιρέσεως αὐτοῦ τέσσαρες καὶ εἴκοσι χιλιάδες ·

27 των 1⁰ > BL⁺ | πολεμων A*⁺] πολεων rel. .|| 28 αγιων A⁺] + του θεου rel. | σαρουιας A: cf. 2 16 | ηγιασαν] -σεν B || 29 ισσαρ(ε)ι B | ισσααρι mu., ικααρι A⁺: cf. 24 22 | χωνεν(ε)ια] χωχενιας AV⁺: cf. II 31 12 | αυτου > B || 30 υιοι] οι B⁺ | κυριου] τω κυριω A⁺ || 31 του] τω A | ιουδιας Ra.] τουδ. B⁺, ιωριας A | ιαζηρ] ριαζ. B⁺ || 32 υιοι] + οι B⁺ | δισχιλιοι δισ > AV⁺ | επτακοσιοι] + οι B⁺ | ημισεις BA | παν προσταγμα κυριου] παντα λογον του θεου A | βασιλεως] pr. του L
27 1 υιοι] pr. οι B | εις 2⁰ > B | παν λογον 2⁰] παντα λ. A, sed 1⁰ etiam A παν λ.: cf. Iud. 7 4 B || 2 ιεσβοαμ L] ισβ. A⁺, σοβαλ B⁺: cf. 12 7 || 4 δω- δ(ε)ια B*⁺ (Bᶜ⁺ δωλεια)] δωαια A⁺, δωδαι pl. | εχωχι Ra.] εκχωχ B⁺, αχωχι uel sim. L⁺, αωθι A

6 ⁶αὐτὸς Βαναιας δυνατώτερος τῶν τριάκοντα καὶ ἐπὶ τῶν τριάκοντα,
7 καὶ ἐπὶ τῆς διαιρέσεως αὐτοῦ Αμιζαβαθ υἱὸς αὐτοῦ. ⁷ὁ τέταρτος
  εἰς τὸν μῆνα τὸν τέταρτον Ασαηλ ὁ ἀδελφὸς Ιωαβ καὶ Ζαβδιας
  ὁ υἱὸς αὐτοῦ καὶ οἱ ἀδελφοί, καὶ ἐπὶ τῆς διαιρέσεως αὐτοῦ τέσσα-
8 ρες καὶ εἴκοσι χιλιάδες. ⁸ὁ πέμπτος τῷ μηνὶ τῷ πέμπτῳ ὁ ἡγού-
  μενος Σαμαωθ ὁ Ιεσραε, καὶ ἐπὶ τῆς διαιρέσεως αὐτοῦ εἴκοσι
9 τέσσαρες χιλιάδες. ⁹ὁ ἕκτος τῷ μηνὶ τῷ ἕκτῳ Οδουιας ὁ τοῦ Εκ-
  κης ὁ Θεκωίτης, καὶ ἐπὶ τῆς διαιρέσεως αὐτοῦ τέσσαρες καὶ εἴκοσι
10 χιλιάδες. ¹⁰ὁ ἕβδομος τῷ μηνὶ τῷ ἑβδόμῳ Χελλης ὁ ἐκ Φαλλους
  ἀπὸ τῶν υἱῶν Εφραιμ, καὶ ἐπὶ τῆς διαιρέσεως αὐτοῦ τέσσαρες
11 καὶ εἴκοσι χιλιάδες. ¹¹ὁ ὄγδοος τῷ μηνὶ τῷ ὀγδόῳ Σοβοχαι ὁ
  Ισαθι τῷ Ζαραϊ, καὶ ἐπὶ τῆς διαιρέσεως αὐτοῦ τέσσαρες καὶ εἴκοσι
12 χιλιάδες. ¹²ὁ ἔνατος τῷ μηνὶ τῷ ἐνάτῳ Αβιεζερ ὁ ἐξ Αναθωθ ἐκ
  τῆς Βενιαμιν, καὶ ἐπὶ τῆς διαιρέσεως αὐτοῦ τέσσαρες καὶ εἴκοσι
13 χιλιάδες. ¹³ὁ δέκατος τῷ μηνὶ τῷ δεκάτῳ Μεηρα ὁ ἐκ Νετουφατ
  τῷ Ζαραϊ, καὶ ἐπὶ τῆς διαιρέσεως αὐτοῦ τέσσαρες καὶ εἴκοσι χιλι-
14 άδες. ¹⁴ὁ ἑνδέκατος τῷ μηνὶ τῷ ἑνδεκάτῳ Βαναιας ὁ ἐκ Φαραθων
  τῶν υἱῶν Εφραιμ, καὶ ἐπὶ τῆς διαιρέσεως αὐτοῦ τέσσαρες καὶ
15 εἴκοσι χιλιάδες. ¹⁵ὁ δωδέκατος εἰς τὸν μῆνα τὸν δωδέκατον Χολ-
  δαι ὁ Νετωφατι τῷ Γοθονιηλ, καὶ ἐπὶ τῆς διαιρέσεως αὐτοῦ τέσ-
  σαρες καὶ εἴκοσι χιλιάδες.
16 ¹⁶Καὶ ἐπὶ τῶν φυλῶν Ισραηλ· τῷ Ρουβην ἡγούμενος Ελιεζερ ὁ
17 τοῦ Ζεχρι, τῷ Συμεων Σαφατιας ὁ τοῦ Μααχα, ¹⁷τῷ Λευι Ασαβιας
18 ὁ τοῦ Καμουηλ, τῷ Ααρων Σαδωκ, ¹⁸τῷ Ιουδα Ελιαβ τῶν ἀδελ-
19 φῶν Δαυιδ, τῷ Ισσαχαρ Αμβρι ὁ τοῦ Μιχαηλ, ¹⁹τῷ Ζαβουλων
20 Σαμαιας ὁ τοῦ Αβδιου, τῷ Νεφθαλι Ιεριμωθ ὁ τοῦ Εσριηλ, ²⁰τῷ
  Εφραιμ Ωση ὁ τοῦ Οζιου, τῷ ἡμίσει φυλῆς Μανασση Ιωηλ ὁ τοῦ
21 Φαδαια, ²¹τῷ ἡμίσει φυλῆς Μανασση τῷ ἐν τῇ Γαλααδ Ιαδδαι ὁ
22 τοῦ Ζαβδιου, τοῖς υἱοῖς Βενιαμιν Ασιηλ ὁ τοῦ Αβεννηρ, ²²τῷ Δαν

6 αμιζαβαθ V†] αμιβαζαθ compl., λαιβαζαθ B†, αμιραζαθ Aʳ† ‖ 7 ζαβδιας]
ζ > B | αδελφοι] + αυτου οπισω αυτου L† ‖ 8 σαμαωθ] σαλαωθ B | ιεσραε
unus cod. cum B cognatus] ι > B†, ιεζραε V, ιεζραελ A | τεσσ.] pr. και A
‖ 9 τω 1⁰ > A | οδουιας B (cf. 3 24)] αδ. compl., ιδ. L†; ειρα A: cf. 11 28 |
ο του] υιος A | θεκωνειτης B†] τεσσ. και εικοσι B†] tr. A ‖ 10 χελλης] χεσ-
λης B† ‖ 11 ο ισαθι τω ζαρ. > A† | ισαθ(ε)ι B†] εσσαθι L†, ασωθι V | ζα-
ραι Vpl.] ζαρια B: cf. 13 ‖ 12 ο 2⁰ > B† ‖ 13 μεηρα B⁽†⁾] μοοραι A |
ζαρει B†: cf. 11 ‖ 15 χολδαι] -δεια B, ολδια(uel οδδια) L† | νετωφατι Ra.
(sim. Lᵖ†)] pr. εκ rel.: ad 13 adapt. ‖ 16 τω 1⁰] των B | μαχα B ‖ 17 κα-
μουηλ] σαμ. B† ‖ 18 αμβρ(ε)ι (cf. II 22 2)] αμρι mu., αμαρι AV† | μιχαηλ]
μεισαηλ B: cf. II 21 2 ‖ 19 ιεριμωθ] ερ. B⁽†⁾: cf. 25 22; -μουθ A: cf. 25 4 |
εσρ(ε)ιηλ B†] οζιηλ A ‖ 20 φαδαια Sixt.] φαδαιου mu., φαδδαια unus cod.
cum B cognatus, φαλδαια V, φαλαδαια B†, φαλδιι A† ‖ 21 τω 2⁰] των B
| τη] > A†, γη L | ασιηλ] -ηρ B⁽†⁾

Αζαραηλ ὁ τοῦ Ιωραμ. οὗτοι πατριάρχαι τῶν φυλῶν Ισραηλ. — ²³καὶ οὐκ ἔλαβεν Δαυιδ τὸν ἀριθμὸν αὐτῶν ἀπὸ εἰκοσαετοῦς καὶ 23 κάτω, ὅτι κύριος εἶπεν πληθῦναι τὸν Ισραηλ ὡς τοὺς ἀστέρας τοῦ οὐρανοῦ. ²⁴καὶ Ιωαβ ὁ τοῦ Σαρουια ἤρξατο ἀριθμεῖν ἐν τῷ λαῷ 24 καὶ οὐ συνετέλεσεν, καὶ ἐγένετο ἐν τούτοις ὀργὴ ἐπὶ τὸν Ισραηλ, καὶ οὐ κατεχωρίσθη ὁ ἀριθμὸς ἐν βιβλίῳ λόγων τῶν ἡμερῶν τοῦ βασιλέως Δαυιδ.

²⁵Καὶ ἐπὶ τῶν θησαυρῶν τοῦ βασιλέως Ασμωθ ὁ τοῦ Ωδιηλ, 25 καὶ ἐπὶ τῶν θησαυρῶν τῶν ἐν ἀγρῷ καὶ ἐν ταῖς κώμαις καὶ ἐν τοῖς ἐποικίοις καὶ ἐν τοῖς πύργοις Ιωναθαν ὁ τοῦ Οζιου. ²⁶ἐπὶ δὲ 26 τῶν γεωργούντων τὴν γῆν τῶν ἐργαζομένων Εσδρι ὁ τοῦ Χολουβ, ²⁷καὶ ἐπὶ τῶν χωρίων Σεμεΐ ὁ ἐκ Ραμα, καὶ ἐπὶ τῶν θησαυρῶν 27 τῶν ἐν τοῖς χωρίοις τοῦ οἴνου Ζαχρι ὁ τοῦ Σεφνι, ²⁸καὶ ἐπὶ τῶν 28 ἐλαιώνων καὶ ἐπὶ τῶν συκαμίνων τῶν ἐν τῇ πεδινῇ Βαλανας ὁ Γεδωρίτης, ἐπὶ δὲ τῶν θησαυρῶν τοῦ ἐλαίου Ιωας. ²⁹καὶ ἐπὶ τῶν 29 βοῶν τῶν νομάδων τῶν ἐν τῷ Ασιδων Σατραις ὁ Σαρωνίτης, καὶ ἐπὶ τῶν βοῶν τῶν ἐν τοῖς αὐλῶσιν Σωφατ ὁ τοῦ Αδλι, ³⁰ἐπὶ 30 δὲ τῶν καμήλων Ωβιλ ὁ Ισμαηλίτης, ἐπὶ δὲ τῶν ὄνων Ιαδιας ὁ ἐκ Μεραθων, ³¹καὶ ἐπὶ τῶν προβάτων Ιαζιζ ὁ Αγαρίτης. πάντες οὗτοι 31 προστάται ὑπαρχόντων Δαυιδ τοῦ βασιλέως. — ³²καὶ Ιωναθαν ὁ 32 πατράδελφος Δαυιδ σύμβουλος, ἄνθρωπος συνετὸς καὶ γραμματεὺς αὐτός, καὶ Ιιηλ ὁ τοῦ Αχαμανι μετὰ τῶν υἱῶν τοῦ βασιλέως, ³³καὶ 33 Αχιτοφελ σύμβουλος τοῦ βασιλέως, καὶ Χουσι πρῶτος φίλος τοῦ βασιλέως, ³⁴καὶ μετὰ τοῦτον Αχιτοφελ ἐχόμενος Ιωδαε ὁ τοῦ Βα- 34 ναιου καὶ Αβιαθαρ, καὶ Ιωαβ ἀρχιστράτηγος τοῦ βασιλέως.

¹Καὶ ἐξεκκλησίασεν Δαυιδ πάντας τοὺς ἄρχοντας Ισραηλ, ἄρχον- 28 τας τῶν κριτῶν καὶ τοὺς ἄρχοντας τῶν ἐφημεριῶν τῶν περὶ τὸ σῶμα τοῦ βασιλέως καὶ ἄρχοντας τῶν χιλιάδων καὶ τῶν ἑκατον- τάδων καὶ τοὺς γαζοφύλακας καὶ τοὺς ἐπὶ τῶν ὑπαρχόντων αὐτοῦ καὶ τοὺς δυνάστας καὶ τοὺς μαχητὰς τῆς στρατιᾶς, ἐν Ιερουσαλημ.

22 αζαραηλ´ B†] εζριηλ A ‖ 24 του 1⁰] της A | τον > BL† ‖ 25 αζμωθ A: cf. 8 36 ‖ 26 εσδρ(ε)ι B† (cf. Iud. B 6 11. 24 8 32)] εζραι A | χολουβ Ra.] χοβουδ B†, χελ. A ‖ 27 εκ ραμα Ra.] εκ ραηλ B†, εκ ραμαθ pau., ραμαθαιος A | Ζαχρ(ε)ι B†] ζαβδι rel. ‖ 28 βαλανας B†] βαλλανα A, βαλααναν compl. | γεδωρι V, γεδωρ A† ‖ 29 ασ(ε)ιδων B†] ασαρω(ν) L†, σαρων rel. | σατραις Ra.] ασαρταις B†, σατραι A | σωφατ] -αν B†, σαφατ Vmu. | αδλι Sixt.] αδαι mss. ‖ 30 ωβιλ Complut.] ωβια L†, ουβιας A, αβιας B†, ναιβαλ compl. | μεραθων BL†] μαρ. rel. ‖ 31 ιαζ(ε)ιζ B†] ιωσζιζ AV†, ιωαζ Lᵖt, ιωας Lᵖpl. | αγαριτης] γαρ. B, γαδαρ(ε)ι L† ‖ 32 και γραμμ. αυτος > B† | ι(ε)ιηλ] ιεηλ B: cf. 9 6; ιεριηλ A† | αχαμανι] αχαμει B† ‖ 33 και 1⁰ > B† | πρωτος] pr. ο BL† ‖ 34 μετα τουτον] μετ αυτον A | ιωδαε] ιωαδαε A†, ιωαδ L†: cf. 11 24 12 28

28 1 κριτων] φυλων L† | τους αρχ. 2⁰] pr. παντας A | της στρατιας > B†

2 ²καὶ ἔστη Δαυιδ ἐν μέσῳ τῆς ἐκκλησίας καὶ εἶπεν Ἀκούσατέ μου,
ἀδελφοὶ καὶ λαός μου. ἐμοὶ ἐγένετο ἐπὶ καρδίαν οἰκοδομῆσαι οἶκον
ἀναπαύσεως τῆς κιβωτοῦ διαθήκης κυρίου καὶ στάσιν ποδῶν κυ-
ρίου ἡμῶν, καὶ ἡτοίμασα τὰ εἰς τὴν κατασκήνωσιν ἐπιτήδεια ·
3 ³καὶ ὁ θεὸς εἶπεν Οὐκ οἰκοδομήσεις ἐμοὶ οἶκον τοῦ ἐπονομάσαι
τὸ ὄνομά μου ἐπ᾽ αὐτῷ, ὅτι ἄνθρωπος πολεμιστὴς εἶ σὺ καὶ αἵ-
4 ματα ἐξέχεας. ⁴καὶ ἐξελέξατο κύριος ὁ θεὸς Ισραηλ ἐν ἐμοὶ ἀπὸ
παντὸς οἴκου πατρός μου εἶναι βασιλέα ἐπὶ Ισραηλ εἰς τὸν αἰῶνα ·
καὶ ἐν Ιουδα ᾑρέτικεν τὸ βασίλειον καὶ ἐξ οἴκου Ιουδα τὸν οἶκον
τοῦ πατρός μου, καὶ ἐν τοῖς υἱοῖς τοῦ πατρός μου ἐν ἐμοὶ ἠθέ-
5 λησεν τοῦ γενέσθαι με βασιλέα ἐπὶ τῷ παντὶ Ισραηλ. ⁵καὶ ἀπὸ
πάντων τῶν υἱῶν μου (ὅτι πολλοὺς υἱοὺς ἔδωκέν μοι κύριος) ἐξ-
ελέξατο ἐν Σαλωμων τῷ υἱῷ μου καθίσαι αὐτὸν ἐπὶ θρόνου βασι-
6 λείας κυρίου ἐπὶ τὸν Ισραηλ · ⁶καὶ εἶπέν μοι ὁ θεὸς Σαλωμων ὁ
υἱός σου οἰκοδομήσει τὸν οἶκόν μου καὶ τὴν αὐλήν μου, ὅτι ᾑρέ-
7 τικα ἐν αὐτῷ εἶναί μου υἱόν, κἀγὼ ἔσομαι αὐτῷ εἰς πατέρα ⁷καὶ
κατορθώσω τὴν βασιλείαν αὐτοῦ ἕως αἰῶνος, ἐὰν ἰσχύσῃ τοῦ
φυλάξασθαι τὰς ἐντολάς μου καὶ τὰ κρίματά μου ὡς ἡ ἡμέρα αὕ-
8 τη. ⁸καὶ νῦν κατὰ πρόσωπον πάσης ἐκκλησίας κυρίου καὶ ἐν ὠσὶν
θεοῦ ἡμῶν φυλάξασθε καὶ ζητήσατε πάσας τὰς ἐντολὰς κυρίου
τοῦ θεοῦ ἡμῶν, ἵνα κληρονομήσητε τὴν γῆν τὴν ἀγαθὴν καὶ κατακλη-
9 ρονομήσητε τοῖς υἱοῖς ὑμῶν μεθ᾽ ὑμᾶς ἕως αἰῶνος. ⁹καὶ νῦν, Σα-
λωμων υἱέ μου, γνῶθι τὸν θεὸν τῶν πατέρων σου καὶ δούλευε
αὐτῷ ἐν καρδίᾳ τελείᾳ καὶ ψυχῇ θελούσῃ, ὅτι πάσας καρδίας ἐτά-
ζει κύριος καὶ πᾶν ἐνθύμημα γιγνώσκει · ἐὰν ζητήσῃς αὐτόν, εὑ-
ρεθήσεταί σοι, καὶ ἐὰν καταλείψῃς αὐτόν, καταλείψει σε εἰς τέλος.
10 ¹⁰ἰδὲ τοίνυν ὅτι κύριος ᾑρέτικέν σε οἰκοδομῆσαι αὐτῷ οἶκον εἰς
11 ἁγίασμα · ἴσχυε καὶ ποίει. — ¹¹καὶ ἔδωκεν Δαυιδ Σαλωμων τῷ
υἱῷ αὐτοῦ τὸ παράδειγμα τοῦ ναοῦ καὶ τῶν οἴκων αὐτοῦ καὶ τῶν
ζακχω αὐτοῦ καὶ τῶν ὑπερῴων καὶ τῶν ἀποθηκῶν τῶν ἐσωτέρων
12 καὶ τοῦ οἴκου τοῦ ἐξιλασμοῦ ¹²καὶ τὸ παράδειγμα, ὃ εἶχεν ἐν πνεύ-
ματι αὐτοῦ, τῶν αὐλῶν οἴκου κυρίου καὶ πάντων τῶν παστοφορίων
τῶν κύκλῳ τῶν εἰς τὰς ἀποθήκας οἴκου κυρίου καὶ τῶν ἀποθη-
13 κῶν τῶν ἁγίων ¹³καὶ τῶν καταλυμάτων τῶν ἐφημεριῶν τῶν ἱερέων
καὶ τῶν Λευιτῶν εἰς πᾶσαν ἐργασίαν λειτουργίας οἴκου κυρίου καὶ
τῶν ἀποθηκῶν τῶν λειτουργησίμων σκευῶν τῆς λατρείας οἴκου

2 δαυιδ] + ο βασιλευς Α ‖ 3 αιμα Β ‖ 4 πατρος 1⁰] pr. του Α | πατρος
μου 2⁰ ∩ 3⁰ Β ‖ 5 των > Α† | εδωκεν] δεδ. Α†: cf. II 13 5 | τον > ΑLᵖ†
‖ 6 οικοδομησει] κληρονομ. Β† ‖ 8 και 2⁰ ∩ 3⁰ Β | πασας > Β† | του > Α
| και κατακληρ.(Α†-σεται pro -σητε)] > Β | υμων] ημ. Β† | μεθ υμας > Β ‖
9 υιε μου > Β | αυτω > Β | εταζει] pr. εξ Α†, εκζητει compl. ‖ 10 τοινυν]
νυν Α | οτι > Β† ‖ 11 των 2⁰ > Αˢ†: item ΒΑ in additamento ad 20 ‖
12 οικου ult. > Β† ‖ 13 της λατρ. οικου κυριου > Β

κυρίου. ¹⁴καὶ τὸν σταθμὸν τῆς ὁλκῆς αὐτῶν, τῶν τε χρυσῶν καὶ 14
ἀργυρῶν, ¹⁵λυχνιῶν τὴν ὁλκὴν ἔδωκεν αὐτῷ καὶ τῶν λύχνων · 15
¹⁶ἔδωκεν αὐτῷ ὁμοίως τὸν σταθμὸν τῶν τραπεζῶν τῆς προθέσεως, 16
ἑκάστης τραπέζης χρυσῆς καὶ ὡσαύτως τῶν ἀργυρῶν, ¹⁷καὶ τῶν 17
κρεαγρῶν καὶ σπονδείων καὶ τῶν φιαλῶν τῶν χρυσῶν καὶ τὸν
σταθμὸν τῶν χρυσῶν καὶ τῶν ἀργυρῶν, κεφφουρε ἑκάστου σταθ-
μοῦ. ¹⁸καὶ τὸν τοῦ θυσιαστηρίου τῶν θυμιαμάτων ἐκ χρυσίου δο- 18
κίμου σταθμὸν ὑπέδειξεν αὐτῷ καὶ τὸ παράδειγμα τοῦ ἅρματος
τῶν χερουβιν τῶν διαπεπετασμένων ταῖς πτέρυξιν καὶ σκιαζόντων
ἐπὶ τῆς κιβωτοῦ διαθήκης κυρίου. ¹⁹πάντα ἐν γραφῇ χειρὸς κυρίου 19
ἔδωκεν Δαυιδ Σαλωμων κατὰ τὴν περιγενηθεῖσαν αὐτῷ σύνεσιν
τῆς κατεργασίας τοῦ παραδείγματος. — ²⁰καὶ εἶπεν Δαυιδ Σαλω- 20
μων τῷ υἱῷ αὐτοῦ ᾽Ισχυε καὶ ἀνδρίζου καὶ ποίει, μὴ φοβοῦ μηδὲ
πτοηθῇς, ὅτι κύριος ὁ θεός μου μετὰ σοῦ, οὐκ ἀνήσει σε καὶ οὐ
μή σε ἐγκαταλίπῃ ἕως τοῦ συντελέσαι σε πᾶσαν ἐργασίαν λειτουρ-
γίας οἴκου κυρίου. ²¹καὶ ἰδοὺ αἱ ἐφημερίαι τῶν ἱερέων καὶ τῶν 21
Λευιτῶν εἰς πᾶσαν λειτουργίαν οἴκου τοῦ θεοῦ καὶ μετὰ σοῦ ἐν
πάσῃ πραγματείᾳ καὶ πᾶς πρόθυμος ἐν σοφίᾳ κατὰ πᾶσαν τέχνην
καὶ οἱ ἄρχοντες καὶ πᾶς ὁ λαὸς εἰς πάντας τοὺς λόγους σου.

¹Καὶ εἶπεν Δαυιδ ὁ βασιλεὺς πάσῃ τῇ ἐκκλησίᾳ Σαλωμων ὁ 29
υἱός μου, εἰς ὃν ᾑρέτικεν ἐν αὐτῷ κύριος, νέος καὶ ἀπαλός, καὶ
τὸ ἔργον μέγα, ὅτι οὐκ ἀνθρώπῳ ἡ οἰκοδομή, ἀλλ᾽ ἢ κυρίῳ θεῷ.
²κατὰ πᾶσαν τὴν δύναμιν ἡτοίμακα εἰς οἶκον θεοῦ μου χρυσίον, 2
ἀργύριον, χαλκόν, σίδηρον, ξύλα, λίθους σοομ καὶ πληρώσεως καὶ
λίθους πολυτελεῖς καὶ ποικίλους καὶ πάντα λίθον τίμιον καὶ πάριον
πυλύν. ³καὶ ἔτι ἐν τῷ εὐδοκῆσαί με ἐν οἴκῳ θεοῦ μου ἔστιν μοι 3
ὃ περιπεποίημαι χρυσίον καὶ ἀργύριον, καὶ ἰδοὺ δέδωκα εἰς οἶκον
θεοῦ μου εἰς ὕψος ἐκτὸς ὧν ἡτοίμακα εἰς τὸν οἶκον τῶν ἁγίων,
⁴τρισχίλια τάλαντα χρυσίου τοῦ ἐκ Σουφιρ καὶ ἑπτακισχίλια τά- 4
λαντα ἀργυρίου δοκίμου ἐξαλειφθῆναι ἐν αὐτοῖς τοὺς τοίχους τοῦ
ἱεροῦ ⁵διὰ χειρὸς τεχνιτῶν. καὶ τίς ὁ προθυμούμενος πληρῶσαι 5
τὰς χεῖρας αὐτοῦ σήμερον κυρίῳ; ⁶καὶ προεθυμήθησαν ἄρχοντες 6
τῶν πατριῶν καὶ οἱ ἄρχοντες τῶν υἱῶν Ισραηλ καὶ οἱ χιλίαρχοι
καὶ οἱ ἑκατόνταρχοι καὶ οἱ προστάται τῶν ἔργων καὶ οἱ οἰκονόμοι
τοῦ βασιλέως ⁷καὶ ἔδωκαν εἰς τὰ ἔργα οἴκου κυρίου χρυσίου τά- 7

17 τον > B*† | κεφφουρε > B ‖ 20 και ult.] ουδ A | του] ου A | fin.
Ra.] + το(sic BLᵖ†, pr. και ειδον A†, pr. και ιδου rel.) παραδειγμα του ναου και
του οικου αυτου και Ζακχω(B⁽†⁾ σακχω) αυτου και τα υπερωα και τας αποθηκας
τας εσωτερας και τον οικον του ιλασμου και το παραδειγμα οικου κυριου mss.:
ex 11. 12 repet., cf. 26 18 ‖ 21 του θεου] κυριου B†
29 1 η οικοδομη > B† ‖ 2 πολυ B† ‖ 3 τον > A† ‖ 4 εξαλιφηναι B†
‖ 6 προεθυμηθησαν pl. (cf. 5. 9. 14. 17)] -μησαν B, -μωθησαν AV*† | των 1⁰
> B† | οικοδομοι B ‖ 7 οικου] pr. του A

λαντα πεντακισχίλια καὶ χρυσοῦς μυρίους καὶ ἀργυρίου ταλάντων
δέκα χιλιάδας καὶ χαλκοῦ τάλαντα μύρια ὀκτακισχίλια καὶ σιδήρου
8 ταλάντων χιλιάδας ἑκατόν. ⁸καὶ οἷς εὑρέθη παρ᾽ αὐτοῖς λίθος, ἔδω-
καν εἰς τὰς ἀποθήκας οἴκου κυρίου διὰ χειρὸς Ιιηλ τοῦ Γηρσωνι.
9 ⁹καὶ εὐφράνθη ὁ λαὸς ὑπὲρ τοῦ προθυμηθῆναι, ὅτι ἐν καρδίᾳ πλή-
ρει προεθυμήθησαν τῷ κυρίῳ, καὶ Δαυιδ ὁ βασιλεὺς εὐφράνθη
10 μεγάλως. ¹⁰καὶ εὐλόγησεν ὁ βασιλεὺς Δαυιδ τὸν κύριον ἐνώπιον
τῆς ἐκκλησίας λέγων Εὐλογητὸς εἶ, κύριε ὁ θεὸς Ισραηλ, ὁ πατὴρ
11 ἡμῶν ἀπὸ τοῦ αἰῶνος καὶ ἕως τοῦ αἰῶνος. ¹¹σοί, κύριε, ἡ μεγαλωσύνη
καὶ ἡ δύναμις καὶ τὸ καύχημα καὶ ἡ νίκη καὶ ἡ ἰσχύς, ὅτι σὺ
πάντων τῶν ἐν τῷ οὐρανῷ καὶ ἐπὶ τῆς γῆς δεσπόζεις, ἀπὸ προσ-
12 ώπου σου ταράσσεται πᾶς βασιλεὺς καὶ ἔθνος. ¹²παρὰ σοῦ ὁ
πλοῦτος καὶ ἡ δόξα, σὺ πάντων ἄρχεις, κύριε ὁ ἄρχων πάσης
ἀρχῆς, καὶ ἐν χειρί σου ἰσχὺς καὶ δυναστεία, καὶ ἐν χειρί σου,
13 παντοκράτωρ, μεγαλῦναι καὶ κατισχῦσαι τὰ πάντα. ¹³καὶ νῦν, κύριε,
ἐξομολογούμεθά σοι καὶ αἰνοῦμεν τὸ ὄνομα τῆς καυχήσεώς σου.
14 ¹⁴καὶ τίς εἰμι ἐγὼ καὶ τίς ὁ λαός μου, ὅτι ἰσχύσαμεν προθυμηθῆ-
ναί σοι κατὰ ταῦτα; ὅτι σὰ τὰ πάντα, καὶ ἐκ τῶν σῶν δεδώκα-
15 μέν σοι. ¹⁵ὅτι πάροικοί ἐσμεν ἐναντίον σου καὶ παροικοῦντες ὡς
πάντες οἱ πατέρες ἡμῶν · ὡς σκιὰ αἱ ἡμέραι ἡμῶν ἐπὶ γῆς, καὶ
16 οὐκ ἔστιν ὑπομονή. ¹⁶κύριε ὁ θεὸς ἡμῶν, πᾶν τὸ πλῆθος τοῦτο,
ὃ ἡτοίμακα οἰκοδομηθῆναι οἶκον τῷ ὀνόματι τῷ ἁγίῳ σου, ἐκ χειρός
17 σού ἐστιν, καὶ σοὶ τὰ πάντα. ¹⁷καὶ ἔγνων, κύριε, ὅτι σὺ εἶ ὁ ἐτά-
ζων καρδίας καὶ δικαιοσύνην ἀγαπᾷς · ἐν ἁπλότητι καρδίας προ-
εθυμήθην πάντα ταῦτα, καὶ νῦν τὸν λαόν σου τὸν εὑρεθέντα ὧδε
18 εἶδον ἐν εὐφροσύνῃ προθυμηθέντα σοι. ¹⁸κύριε ὁ θεὸς Αβρααμ
καὶ Ισαακ καὶ Ισραηλ τῶν πατέρων ἡμῶν, φύλαξον ταῦτα ἐν δια-
νοίᾳ καρδίας λαοῦ σου εἰς τὸν αἰῶνα καὶ κατεύθυνον τὰς καρδίας
19 αὐτῶν πρὸς σέ. ¹⁹καὶ Σαλωμων τῷ υἱῷ μου δὸς καρδίαν ἀγαθὴν
ποιεῖν τὰς ἐντολάς σου καὶ τὰ μαρτύριά σου καὶ τὰ προστάγματά
σου καὶ τοῦ ἐπὶ τέλος ἀγαγεῖν τὴν κατασκευὴν τοῦ οἴκου σου.
20 ²⁰καὶ εἶπεν Δαυιδ πάσῃ τῇ ἐκκλησίᾳ Εὐλογήσατε κύριον τὸν θεὸν
ὑμῶν · καὶ εὐλόγησεν πᾶσα ἡ ἐκκλησία κύριον τὸν θεὸν τῶν πα-
τέρων αὐτῶν καὶ κάμψαντες τὰ γόνατα προσεκύνησαν τῷ κυρίῳ
21 καὶ τῷ βασιλεῖ. ²¹καὶ ἔθυσεν Δαυιδ τῷ κυρίῳ θυσίας καὶ ἀνήνεγ-
κεν ὁλοκαυτώματα τῷ θεῷ τῇ ἐπαύριον τῆς πρώτης ἡμέρας, μό-
σχους χιλίους, κριοὺς χιλίους, ἄρνας χιλίους καὶ τὰς σπονδὰς αὐτῶν

8 ι(ε)ιηλ] βεσιηλ Β† | γηρσομνει Β† ‖ 11 σοι] συ Β ‖ 12 σου ult.] +
ελεος Α ‖ 14 μου L] σου ΒΑV | εκ > Β† ‖ 15 παροικουντες] κατοικ. Β† |
γης] pr. της Α ‖ 16 παν Ra.] pr. προς Βpl., προς ΑV ‖ 17 παντα ταυτα]
tr. Α ‖ 18 και ult. > ΑV† ‖ 20 υμων compl.] ημ. ΒΑV | κυριον τον 2⁰
tr. Α | τω paenult. > Β†

καὶ θυσίας εἰς πλῆθος παντὶ τῷ Ισραηλ. [22] καὶ ἔφαγον καὶ ἔπιον 22
ἐναντίον κυρίου ἐν ἐκείνῃ τῇ ἡμέρᾳ μετὰ χαρᾶς καὶ ἐβασίλευσαν
ἐκ δευτέρου τὸν Σαλωμων υἱὸν Δαυιδ καὶ ἔχρισαν αὐτὸν τῷ κυ-
ρίῳ εἰς βασιλέα καὶ Σαδωκ εἰς ἱερωσύνην. [23] καὶ ἐκάθισεν Σαλωμων 23
ἐπὶ θρόνου Δαυιδ τοῦ πατρὸς αὐτοῦ καὶ εὐδοκήθη, καὶ ἐπήκουσαν
αὐτοῦ πᾶς Ισραηλ· [24] οἱ ἄρχοντες καὶ οἱ δυνάσται καὶ πάντες υἱοὶ 24
τοῦ βασιλέως Δαυιδ πατρὸς αὐτοῦ ὑπετάγησαν αὐτῷ. [25] καὶ ἐμε- 25
γάλυνεν κύριος τὸν Σαλωμων ἐπάνωθεν ἐναντίον παντὸς Ισραηλ
καὶ ἔδωκεν αὐτῷ δόξαν βασιλέως, ὃ οὐκ ἐγένετο ἐπὶ παντὸς βασι-
λέως ἔμπροσθεν αὐτοῦ.

[26] Καὶ Δαυιδ υἱὸς Ιεσσαι ἐβασίλευσεν ἐπὶ Ισραηλ [27] ἔτη τεσσα- 26 27
ράκοντα, ἐν Χεβρων ἔτη ἑπτὰ καὶ ἐν Ιερουσαλημ ἔτη τριάκοντα
τρία. [28] καὶ ἐτελεύτησεν ἐν γήρει καλῷ πλήρης ἡμερῶν πλούτῳ 28
καὶ δόξῃ, καὶ ἐβασίλευσεν Σαλωμων υἱὸς αὐτοῦ ἀντ᾽ αὐτοῦ. [29] οἱ 29
δὲ λοιποὶ λόγοι τοῦ βασιλέως Δαυιδ οἱ πρότεροι καὶ οἱ ὕστεροι
γεγραμμένοι εἰσὶν ἐν λόγοις Σαμουηλ τοῦ βλέποντος καὶ ἐπὶ λόγων
Ναθαν τοῦ προφήτου καὶ ἐπὶ λόγων Γαδ τοῦ βλέποντος [30] περὶ 30
πάσης τῆς βασιλείας αὐτοῦ καὶ τῆς δυναστείας αὐτοῦ καὶ οἱ και-
ροί, οἳ ἐγένοντο ἐπ᾽ αὐτῷ καὶ ἐπὶ τὸν Ισραηλ καὶ ἐπὶ πάσας βασι-
λείας τῆς γῆς.

22 εκ δευτερου (cf. **23** 1)] > B† | σαδωχ A† || **23** επηκουσαν] υπηκουσεν
A || **24** παντες] οι B† | του βασ./δαυιδ] tr. B || **25** εδωκαν B† || **27** και
> B† || **30** και οι καιροι > B† | fin.] B*† addit initium libri sequentis us-
que ad 1 1 fin., sed pro και ενισχυσεν, την βασιλειαν, εμεγαλυνεν, quae uerba
ibi omnes codices (etiam B) praebent, hoc loco κατενισχυσεν, της βασιλειας,
ηυξησεν posita sunt

Subscr. παραλειπομενων α′ B, παραλειπομενων των βασιλειων ιουδα α′ A†:
cf. inscr. et Par. II subscr.

ΠΑΡΑΛΕΙΠΟΜΕΝΩΝ Β′

[1] Καὶ ἐνίσχυσεν Σαλωμων υἱὸς Δαυιδ ἐπὶ τὴν βασιλείαν αὐτοῦ, 1
καὶ κύριος ὁ θεὸς αὐτοῦ μετ᾽ αὐτοῦ καὶ ἐμεγάλυνεν αὐτὸν εἰς
ὕψος. [2] καὶ εἶπεν Σαλωμων πρὸς πάντα Ισραηλ, τοῖς χιλιάρχοις καὶ 2
τοῖς ἑκατοντάρχοις καὶ τοῖς κριταῖς καὶ πᾶσιν τοῖς ἄρχουσιν ἐναν-
τίον Ισραηλ, τοῖς ἄρχουσι τῶν πατριῶν, [3] καὶ ἐπορεύθη Σαλωμων 3
καὶ πᾶσα ἡ ἐκκλησία μετ᾽ αὐτοῦ εἰς τὴν ὑψηλὴν τὴν ἐν Γαβαων,

Par. II: BA; L = 19 93 108 et interdum 121.
Inscr.: παραλειπ.] + των βασιλειων ιουδα A†: cf. subscr.
1 2 και τοις 1⁰ ⌒ 2⁰ A* || **3** μετ αυτου > B

οὗ ἐκεῖ ἦν ἡ σκηνὴ τοῦ μαρτυρίου τοῦ θεοῦ, ἣν ἐποίησεν Μωυ-
4 σῆς παῖς κυρίου ἐν τῇ ἐρήμῳ· ⁴ἀλλὰ κιβωτὸν τοῦ θεοῦ ἀνήνεγ-
κεν Δαυιδ ἐκ πόλεως Καριαθιαριμ, ὅτι ἡτοίμασεν αὐτῇ σκηνὴν εἰς
5 Ιερουσαλημ, ⁵καὶ τὸ θυσιαστήριον τὸ χαλκοῦν, ὃ ἐποίησεν Βεσε-
λεηλ υἱὸς Ουριου υἱοῦ Ωρ, ἐκεῖ ἦν ἔναντι τῆς σκηνῆς κυρίου, καὶ
6 ἐξεζήτησεν αὐτὸ Σαλωμων καὶ ἡ ἐκκλησία, ⁶καὶ ἀνήνεγκεν ἐκεῖ
Σαλωμων ἐπὶ τὸ θυσιαστήριον τὸ χαλκοῦν ἐνώπιον κυρίου τὸ ἐν
7 τῇ σκηνῇ καὶ ἀνήνεγκεν ἐπ᾽ αὐτὸ ὁλοκαύτωσιν χιλίαν. — ⁷ἐν τῇ
νυκτὶ ἐκείνῃ ὤφθη ὁ θεὸς τῷ Σαλωμων καὶ εἶπεν αὐτῷ Αἴτησαι
8 τί σοι δῶ. ⁸καὶ εἶπεν Σαλωμων πρὸς τὸν θεόν Σὺ ἐποίησας μετὰ
Δαυιδ τοῦ πατρός μου ἔλεος μέγα καὶ ἐβασίλευσάς με ἀντ᾽ αὐτοῦ·
9 ⁹καὶ νῦν, κύριε ὁ θεός, πιστωθήτω τὸ ὄνομά σου ἐπὶ Δαυιδ πα-
τέρα μου, ὅτι σὺ ἐβασίλευσάς με ἐπὶ λαὸν πολὺν ὡς ὁ χοῦς τῆς
10 γῆς· ¹⁰νῦν σοφίαν καὶ σύνεσιν δός μοι, καὶ ἐξελεύσομαι ἐνώπιον
τοῦ λαοῦ τούτου καὶ εἰσελεύσομαι· ὅτι τίς κρινεῖ τὸν λαόν σου
11 τὸν μέγαν τοῦτον; ¹¹καὶ εἶπεν ὁ θεὸς πρὸς Σαλωμων Ἀνθ᾽ ὧν
ἐγένετο τοῦτο ἐν τῇ καρδίᾳ σου καὶ οὐκ ᾐτήσω πλοῦτον χρημά-
των οὐδὲ δόξαν οὐδὲ τὴν ψυχὴν τῶν ὑπεναντίων καὶ ἡμέρας πολ-
λὰς οὐκ ᾐτήσω καὶ ᾔτησας σεαυτῷ σοφίαν καὶ σύνεσιν, ὅπως
12 κρίνῃς τὸν λαόν μου, ἐφ᾽ ὃν ἐβασίλευσά σε ἐπ᾽ αὐτόν, ¹²τὴν σο-
φίαν καὶ τὴν σύνεσιν δίδωμί σοι καὶ πλοῦτον καὶ χρήματα καὶ
δόξαν δώσω σοι, ὡς οὐκ ἐγενήθη ὅμοιός σοι ἐν τοῖς βασιλεῦσι
13 τοῖς ἔμπροσθέ σου καὶ μετὰ σὲ οὐκ ἔσται οὕτως. ¹³καὶ ἦλθεν
Σαλωμων ἐκ βαμα τῆς ἐν Γαβαων εἰς Ιερουσαλημ ἀπὸ προσώπου
σκηνῆς μαρτυρίου καὶ ἐβασίλευσεν ἐπὶ Ισραηλ.
14 ¹⁴Καὶ συνήγαγεν Σαλωμων ἅρματα καὶ ἱππεῖς, καὶ ἐγένοντο αὐτῷ
χίλια καὶ τετρακόσια ἅρματα καὶ δώδεκα χιλιάδες ἱππέων· καὶ κατ-
έλιπεν αὐτὰ ἐν πόλεσιν τῶν ἁρμάτων, καὶ ὁ λαὸς μετὰ τοῦ βασι-
15 λέως ἐν Ιερουσαλημ. ¹⁵καὶ ἔθηκεν ὁ βασιλεὺς τὸ χρυσίον καὶ τὸ
ἀργύριον ἐν Ιερουσαλημ ὡς λίθους καὶ τὰς κέδρους ἐν τῇ Ιουδαίᾳ
16 ὡς συκαμίνους τὰς ἐν τῇ πεδινῇ εἰς πλῆθος. ¹⁶καὶ ἡ ἔξοδος τῶν
ἵππων τῶν Σαλωμων ἐξ Αἰγύπτου, καὶ ἡ τιμὴ τῶν ἐμπόρων τοῦ
17 βασιλέως· ἐμπορεύεσθαι ἠγόραζον ¹⁷καὶ ἀνέβαινον καὶ ἐξῆγον ἐξ
Αἰγύπτου ἅρμα ἐν ἑξακοσίων ἀργυρίου καὶ ἵππον ἑκατὸν καὶ πεν-
τήκοντα· καὶ οὕτως πᾶσιν τοῖς βασιλεῦσιν τῶν Χετταίων καὶ βασι-
λεῦσιν Συρίας ἐν χερσὶν αὐτῶν ἔφερον.

4 σκηνην] + δαυιδ A ‖ 5 fin.] + ολη A ‖ 6 ανηνεγκεν bis] αν > B† ǀ
αυτο] -του AV† ‖ 8 συ] ο B† ‖ 9 χους] χνους B† ‖ 11 την > A† ǀ εβα-
σιλευσα σε] -λευσας A ‖ 12 χρηματα .. δοξαν] tr. A† ǀ ως] + συ A ‖ 13 βα-
μα] μαβα B† ǀ εις] της εν B† ǀ απο] προ B ǀ σκηνης μαρτυριου] της σκ. του
μαρτ. A ‖ 14 ιππεων] ε > AV†: cf. 16 ǀ εν ult. > A† ‖ 15 τας ult. > A
‖ 16 ιππων] ιππεων B: cf. 14 ǀ των 2⁰ A†] τω B ǀ εμπορευεσθαι compl.] εμ
> BA ‖ 17 ενεβαινον B† ǀ χετταιων] χεθθαιων pau., γεθθαιων A†

¹⁸Καὶ εἶπεν Σαλωμων τοῦ οἰκοδομῆσαι οἶκον τῷ ὀνόματι κυρίου 18
καὶ οἶκον τῇ βασιλείᾳ αὐτοῦ. ¹καὶ συνήγαγεν Σαλωμων ἑβδομήκον- 2
τα χιλιάδας ἀνδρῶν καὶ ὀγδοήκοντα χιλιάδας λατόμων ἐν τῷ ὄρει,
καὶ οἱ ἐπιστάται ἐπ' αὐτῶν τρισχίλιοι ἑξακόσιοι. — ²καὶ ἀπέστει- 2
λεν Σαλωμων πρὸς Χιραμ βασιλέα Τύρου λέγων Ὡς ἐποίησας
μετὰ τοῦ πατρός μου Δαυιδ καὶ ἀπέστειλας αὐτῷ κέδρους τοῦ
οἰκοδομῆσαι ἑαυτῷ οἶκον κατοικῆσαι ἐν αὐτῷ, ³καὶ ἰδοὺ ἐγὼ ὁ 3
υἱὸς αὐτοῦ οἰκοδομῶ οἶκον τῷ ὀνόματι κυρίου θεοῦ μου ἁγιάσαι
αὐτὸν αὐτῷ τοῦ θυμιᾶν ἀπέναντι αὐτοῦ θυμίαμα καὶ πρόθεσιν διὰ
παντὸς καὶ τοῦ ἀναφέρειν ὁλοκαυτώματα διὰ παντὸς τὸ πρωὶ καὶ
τὸ δείλης καὶ ἐν τοῖς σαββάτοις καὶ ἐν ταῖς νουμηνίαις καὶ ἐν
ταῖς ἑορταῖς τοῦ κυρίου θεοῦ ἡμῶν, εἰς τὸν αἰῶνα τοῦτο ἐπὶ τὸν
Ισραηλ. ⁴καὶ ὁ οἶκος, ὃν ἐγὼ οἰκοδομῶ, μέγας, ὅτι μέγας ὁ θεὸς 4
ἡμῶν παρὰ πάντας τοὺς θεούς. ⁵καὶ τίς ἰσχύσει οἰκοδομῆσαι αὐτῷ 5
οἶκον; ὅτι ὁ οὐρανὸς καὶ ὁ οὐρανὸς τοῦ οὐρανοῦ οὐ φέρουσιν
αὐτοῦ τὴν δόξαν. καὶ τίς ἐγὼ οἰκοδομῶν αὐτῷ οἶκον; ὅτι ἀλλ' ἢ
τοῦ θυμιᾶν κατέναντι αὐτοῦ. ⁶καὶ νῦν ἀπόστειλόν μοι ἄνδρα σο- 6
φὸν καὶ εἰδότα τοῦ ποιῆσαι ἐν τῷ χρυσίῳ καὶ ἐν τῷ ἀργυρίῳ καὶ
ἐν τῷ χαλκῷ καὶ ἐν τῷ σιδήρῳ καὶ ἐν τῇ πορφύρᾳ καὶ ἐν τῷ
κοκκίνῳ καὶ ἐν τῇ ὑακίνθῳ καὶ ἐπιστάμενον γλύψαι γλυφὴν μετὰ
τῶν σοφῶν τῶν μετ' ἐμοῦ ἐν Ιουδα καὶ ἐν Ιερουσαλημ, ὧν ἡτοί-
μασεν Δαυιδ ὁ πατήρ μου. ⁷καὶ ἀπόστειλόν μοι ξύλα κέδρινα καὶ 7
ἀρκεύθινα καὶ πεύκινα ἐκ τοῦ Λιβάνου, ὅτι ἐγὼ οἶδα ὡς οἱ δοῦ-
λοί σου οἴδασιν κόπτειν ξύλα ἐκ τοῦ Λιβάνου · καὶ ἰδοὺ οἱ παῖδές
σου μετὰ τῶν παίδων μου ⁸πορεύσονται ἑτοιμάσαι μοι ξύλα εἰς 8
πλῆθος, ὅτι ὁ οἶκος, ὃν ἐγὼ οἰκοδομῶ, μέγας καὶ ἔνδοξος. ⁹καὶ 9
ἰδοὺ τοῖς ἐργαζομένοις τοῖς κόπτουσιν ξύλα εἰς βρώματα δέδωκα
σῖτον εἰς δόματα τοῖς παισίν σου κόρων εἴκοσι χιλιάδας καὶ κρι-
θῶν κόρων εἴκοσι χιλιάδας καὶ οἴνου μέτρων εἴκοσι χιλιάδας καὶ
ἐλαίου μέτρων εἴκοσι χιλιάδας. — ¹⁰καὶ εἶπεν Χιραμ βασιλεὺς 10
Τύρου ἐν γραφῇ καὶ ἀπέστειλεν πρὸς Σαλωμων Ἐν τῷ ἀγαπῆσαι
κύριον τὸν λαὸν αὐτοῦ ἔδωκέν σε ἐπ' αὐτοὺς εἰς βασιλέα. ¹¹καὶ 11
εἶπεν Χιραμ Εὐλογητὸς κύριος ὁ θεὸς Ισραηλ, ὃς ἐποίησεν τὸν
οὐρανὸν καὶ τὴν γῆν, ὃς ἔδωκεν τῷ Δαυιδ τῷ βασιλεῖ υἱὸν σο-
φὸν καὶ ἐπιστάμενον σύνεσιν καὶ ἐπιστήμην, ὃς οἰκοδομήσει οἶκον
τῷ κυρίῳ καὶ οἶκον τῇ βασιλείᾳ αὐτοῦ. ¹²καὶ νῦν ἀπέσταλκά σοι 12

2 2 εαυτω] ε > B† ‖ 3 ο > A† | νεομηνιαις A† | του κυριου] tr. AL† ‖
5 οικοδομησαι αυτω] tr. AV† ‖ 6 και 4⁰ > B | και εν τη υακινθω > B |
γλυψαι] pr. του AV† | ων] α B ‖ 9 κορων 1⁰ BLᵖ†] pr. πυρου A | κορων
2⁰] -ρου A† | χιλιαδας paenult. ⌢ult. B*† | μετρων ult.] καδων A† ‖ 10 εις
> B† ‖ 11 τω βασ. > B*† | συνεσιν .. επιστημην] tr. A

13 ἄνδρα σοφὸν καὶ εἰδότα σύνεσιν τὸν Χιραμ τὸν πατέρα μου ¹³(ἡ
μήτηρ αὐτοῦ ἀπὸ θυγατέρων Δαν, καὶ ὁ πατὴρ αὐτοῦ ἀνὴρ Τύ-
ριος) εἰδότα ποιῆσαι ἐν χρυσίῳ καὶ ἐν ἀργυρίῳ καὶ ἐν χαλκῷ καὶ
ἐν σιδήρῳ, ἐν λίθοις καὶ ξύλοις καὶ ὑφαίνειν ἐν τῇ πορφύρᾳ καὶ
ἐν τῇ ὑακίνθῳ καὶ ἐν τῇ βύσσῳ καὶ ἐν τῷ κοκκίνῳ καὶ γλύψαι
γλυφὰς καὶ διανοεῖσθαι πᾶσαν διανόησιν, ὅσα ἂν δῷς αὐτῷ, μετὰ
14 τῶν σοφῶν σου καὶ σοφῶν Δαυιδ κυρίου μου πατρός σου. ¹⁴καὶ
νῦν τὸν σῖτον καὶ τὴν κριθὴν καὶ τὸ ἔλαιον καὶ τὸν οἶνον, ἃ εἶπεν
15 ὁ κύριός μου, ἀποστειλάτω τοῖς παισὶν αὐτοῦ. ¹⁵καὶ ἡμεῖς κόψομεν
ξύλα ἐκ τοῦ Λιβάνου κατὰ πᾶσαν τὴν χρείαν σου καὶ ἄξομεν αὐτὰ
σχεδίαις ἐπὶ θάλασσαν Ιόππης, καὶ σὺ ἄξεις αὐτὰ εἰς Ιερουσαλημ.
16 — ¹⁶καὶ συνήγαγεν Σαλωμων πάντας τοὺς ἄνδρας τοὺς προσ-
ηλύτους ἐν τῇ Ισραηλ μετὰ τὸν ἀριθμόν, ὃν ἠρίθμησεν αὐτοὺς
Δαυιδ ὁ πατὴρ αὐτοῦ, καὶ εὑρέθησαν ἑκατὸν πεντήκοντα χιλιάδες
17 καὶ τρισχίλιοι ἑξακόσιοι. ¹⁷καὶ ἐποίησεν ἐξ αὐτῶν ἑβδομήκοντα
χιλιάδας νωτοφόρων καὶ ὀγδοήκοντα χιλιάδας λατόμων καὶ τρισ-
χιλίους ἑξακοσίους ἐργοδιώκτας ἐπὶ τὸν λαόν.
3 ¹Καὶ ἤρξατο Σαλωμων τοῦ οἰκοδομεῖν τὸν οἶκον κυρίου ἐν Ιε-
ρουσαλημ ἐν ὄρει τοῦ Αμορια, οὗ ὤφθη κύριος τῷ Δαυιδ πατρὶ
αὐτοῦ, ἐν τῷ τόπῳ, ᾧ ἡτοίμασεν Δαυιδ ἐν ἅλῳ Ορνα τοῦ Ιεβου-
2 σαίου. ²καὶ ἤρξατο οἰκοδομῆσαι ἐν τῷ μηνὶ τῷ δευτέρῳ ἐν τῷ
3 ἔτει τῷ τετάρτῳ τῆς βασιλείας αὐτοῦ. ³καὶ ταῦτα ἤρξατο Σαλωμων
τοῦ οἰκοδομῆσαι τὸν οἶκον τοῦ θεοῦ · μῆκος πήχεων ἡ διαμέτρη-
4 σις ἡ πρώτη πήχεων ἑξήκοντα καὶ εὖρος πήχεων εἴκοσι. ⁴καὶ αι-
λαμ κατὰ πρόσωπον τοῦ οἴκου, μῆκος ἐπὶ πρόσωπον πλάτους τοῦ
οἴκου πήχεων εἴκοσι καὶ ὕψος πήχεων ἑκατὸν εἴκοσι · καὶ κατεχρύ-
5 σωσεν αὐτὸν ἔσωθεν χρυσίῳ καθαρῷ. ⁵καὶ τὸν οἶκον τὸν μέγαν
ἐξύλωσεν ξύλοις κεδρίνοις καὶ κατεχρύσωσεν χρυσίῳ καθαρῷ καὶ
6 ἔγλυψεν ἐπ’ αὐτοῦ φοίνικας καὶ χαλαστά. ⁶καὶ ἐκόσμησεν τὸν οἶ-
κον λίθοις τιμίοις εἰς δόξαν καὶ χρυσίῳ χρυσίου τοῦ ἐκ Φαρουαιμ
7 ⁷καὶ ἐχρύσωσεν τὸν οἶκον καὶ τοὺς τοίχους καὶ τοὺς πυλῶνας
καὶ τὰ ὀροφώματα καὶ τὰ θυρώματα χρυσίῳ καὶ ἔγλυψεν χερουβιν
8 ἐπὶ τῶν τοίχων. — ⁸καὶ ἐποίησεν τὸν οἶκον τοῦ ἁγίου τῶν ἁγίων,
μῆκος αὐτοῦ ἐπὶ πρόσωπον πλάτους πήχεων εἴκοσι καὶ τὸ εὖρος
πήχεων εἴκοσι, καὶ κατεχρύσωσεν αὐτὸν χρυσίῳ καθαρῷ εἰς χερου-
9 βιν εἰς τάλαντα ἑξακόσια. ⁹καὶ ὁλκὴ τῶν ἥλων, ὁλκὴ τοῦ ἑνὸς

---

12 πατερα] παιδα AʳBᶜ ‖ 13 πατρος] pr. του A ‖ 14 α] ον A⁺ ‖ 15 συ
αξεις] συναξ. A⁺ ‖ 16 εξακοσιοι] pr. και A ‖ 17 εργοδιωκτας] > B*⁺, pr.
τους A
3 2 οικοδομησαι] σαι > B*⁺ ‖ 4 πλατους] υ > B: item in 8 | αυτον] ν
> A | εσωθεν / χρυσιω καθ.] tr. A ‖ 6 χρυσιου] ι > A ‖ 8 ευρος] μηκος
B | κατεχρυσωσεν] κατ > B⁺

πεντήκοντα σίκλοι χρυσίου. καὶ τὸ ὑπερῷον ἐχρύσωσεν χρυσίῳ.
[10] καὶ ἐποίησεν ἐν τῷ οἴκῳ τῷ ἁγίῳ τῶν ἁγίων χερουβιν δύο ἔργον 10
ἐκ ξύλων καὶ ἐχρύσωσεν αὐτὰ χρυσίῳ. [11] καὶ αἱ πτέρυγες τῶν χε- 11
ρουβιν τὸ μῆκος πήχεων εἴκοσι, καὶ ἡ πτέρυξ ἡ μία πήχεων πέντε
ἁπτομένη τοῦ τοίχου τοῦ οἴκου, καὶ ἡ πτέρυξ ἡ ἑτέρα πήχεων
πέντε ἁπτομένη τῆς πτέρυγος τοῦ χερουβ τοῦ ἑτέρου · [12] καὶ ἡ 12
πτέρυξ τοῦ χερουβ τοῦ ἑνὸς πήχεων πέντε ἁπτομένη τοῦ τοίχου
τοῦ οἴκου, καὶ ἡ πτέρυξ ἡ ἑτέρα πήχεων πέντε ἁπτομένη τοῦ πτέ-
ρυγος τοῦ χερουβ τοῦ ἑτέρου · [13] καὶ αἱ πτέρυγες τῶν χερουβιν 13
διαπεπετασμέναι πήχεων εἴκοσι · καὶ αὐτὰ ἑστηκότα ἐπὶ τοὺς πό-
δας αὐτῶν, καὶ τὰ πρόσωπα αὐτῶν εἰς τὸν οἶκον. [14] καὶ ἐποίησεν 14
τὸ καταπέτασμα ἐξ ὑακίνθου καὶ πορφύρας καὶ κοκκίνου καὶ βύσ-
σου καὶ ὕφανεν ἐν αὐτῷ χερουβιν. — [15] καὶ ἐποίησεν ἔμπροσθεν 15
τοῦ οἴκου στύλους δύο, πήχεων τριάκοντα πέντε τὸ ὕψος καὶ τὰς
κεφαλὰς αὐτῶν πήχεων πέντε. [16] καὶ ἐποίησεν σερσερωθ ἐν τῷ 16
δαβιρ καὶ ἔδωκεν ἐπὶ τῶν κεφαλῶν τῶν στύλων καὶ ἐποίησεν ρο-
ΐσκους ἑκατὸν καὶ ἐπέθηκεν ἐπὶ τῶν χαλαστῶν. [17] καὶ ἔστησεν τοὺς 17
στύλους κατὰ πρόσωπον τοῦ ναοῦ, ἕνα ἐκ δεξιῶν καὶ τὸν ἕνα ἐξ
εὐωνύμων, καὶ ἐκάλεσεν τὸ ὄνομα τοῦ ἐκ δεξιῶν Κατόρθωσις καὶ
τὸ ὄνομα τοῦ ἐξ ἀριστερῶν Ἰσχύς.

[1] Καὶ ἐποίησεν τὸ θυσιαστήριον χαλκοῦν, πήχεων εἴκοσι μῆκος 4
καὶ τὸ εὖρος πήχεων εἴκοσι, ὕψος πήχεων δέκα. [2] καὶ ἐποίησεν 2
τὴν θάλασσαν χυτήν, πήχεων δέκα τὴν διαμέτρησιν, στρογγύλην
κυκλόθεν, καὶ πήχεων πέντε τὸ ὕψος καὶ τὸ κύκλωμα πήχεων τριά-
κοντα. [3] καὶ ὁμοίωμα μόσχων ὑποκάτωθεν αὐτῆς · κύκλῳ κυκλοῦσιν 3
αὐτήν, πήχεις δέκα περιέχουσιν τὸν λουτῆρα κυκλόθεν · δύο γένη
ἐχώνευσαν τοὺς μόσχους ἐν τῇ χωνεύσει αὐτῶν, [4] ἣ ἐποίησαν αὐ- 4
τούς, δώδεκα μόσχους, οἱ τρεῖς βλέποντες βορρᾶν καὶ οἱ τρεῖς
βλέποντες δυσμὰς καὶ οἱ τρεῖς βλέποντες νότον καὶ οἱ τρεῖς βλέ-
ποντες κατ᾽ ἀνατολάς, καὶ ἡ θάλασσα ἐπ᾽ αὐτῶν ἄνω, ἦσαν τὰ
ὀπίσθια αὐτῶν ἔσω. [5] καὶ τὸ πάχος αὐτῆς παλαιστής, καὶ τὸ χεῖλος 5
αὐτῆς ὡς χεῖλος ποτηρίου, διαγεγλυμμένα βλαστοὺς κρίνου, χωροῦ-
σαν μετρητὰς τρισχιλίους · καὶ ἐξετέλεσεν. [6] καὶ ἐποίησεν λουτῆρας 6
δέκα καὶ ἔθηκεν τοὺς πέντε ἐκ δεξιῶν καὶ τοὺς πέντε ἐξ ἀριστε-

9 εχρυσωσεν] + εν AV† ‖ 11 χερουβειμ A: item A^c in 10; sed in 7. 8.
13. 14 etiam A, in 10 etiam A* -ειν | η πτερυξ η μια] η μια πτ. B† | χε-
ρουβ] -βειν B⁽†⁾ ‖ 12 > B ‖ 13 αι > AV† ‖ 14 εξ > B† ‖ 15 οικου]
τοιχου B† ‖ 16 σενσερωθ A† | εδωκεν B†] εθηκεν rel. | επεθηκεν] επ > A
‖ 17 τον > A
4 1 πηχεων εικοσι 1⁰] tr. A | πηχεων 2⁰ ⌢ 3⁰ A† ‖ 2 πηχεων πεντε] tr.
A ‖ 3 υποκατωθεν] θεν > B† | πηχεις δεκα] tr. A | περιεχουσαι A | μο-
σχους] μοχλους B† ‖ 4 βλεποντες 2⁰ 3⁰ 4⁰ > B ‖ 5 χωρουσα A ‖ 6 εθη-
κεν] pr. επ A†

ρῶν τοῦ πλύνειν ἐν αὐτοῖς τὰ ἔργα τῶν ὁλοκαυτωμάτων καὶ ἀπο-
κλύζειν ἐν αὐτοῖς. καὶ ἡ θάλασσα εἰς τὸ νίπτεσθαι τοὺς ἱερεῖς ἐν
7 αὐτῇ. ⁷καὶ ἐποίησεν τὰς λυχνίας τὰς χρυσᾶς δέκα κατὰ τὸ κρίμα
αὐτῶν καὶ ἔθηκεν ἐν τῷ ναῷ, πέντε ἐκ δεξιῶν καὶ πέντε ἐξ ἀρι-
8 στερῶν. ⁸καὶ ἐποίησεν τραπέζας δέκα καὶ ἔθηκεν ἐν τῷ ναῷ, πέντε
ἐκ δεξιῶν καὶ πέντε ἐξ εὐωνύμων. καὶ ἐποίησεν φιάλας χρυσᾶς
9 ἑκατόν. ⁹καὶ ἐποίησεν τὴν αὐλὴν τῶν ἱερέων καὶ τὴν αὐλὴν τὴν
μεγάλην καὶ θύρας τῇ αὐλῇ καὶ θυρώματα αὐτῶν κατακεχαλκωμένα
10 χαλκῷ. ¹⁰καὶ τὴν θάλασσαν ἔθηκεν ἀπὸ γωνίας τοῦ οἴκου ἐκ δε-
11 ξιῶν ὡς πρὸς ἀνατολὰς κατέναντι. ¹¹καὶ ἐποίησεν Χιραμ τὰς κρε-
άγρας καὶ τὰ πυρεῖα καὶ τὴν ἐσχάραν τοῦ θυσιαστηρίου καὶ πάντα
τὰ σκεύη αὐτοῦ. καὶ συνετέλεσεν Χιραμ ποιῆσαι πᾶσαν τὴν ἐργα-
12 σίαν, ἣν ἐποίησεν Σαλωμων τῷ βασιλεῖ ἐν οἴκῳ τοῦ θεοῦ, ¹²στύ-
λους δύο καὶ ἐπ᾽ αὐτῶν γωλαθ τῇ χωθαρεθ ἐπὶ τῶν κεφαλῶν τῶν
στύλων δύο καὶ δίκτυα δύο συγκαλύψαι τὰς κεφαλὰς τῶν χωθα-
13 ρεθ, ἅ ἐστιν ἐπὶ τῶν κεφαλῶν τῶν στύλων, ¹³καὶ κώδωνας χρυ-
σοῦς τετρακοσίους εἰς τὰ δύο δίκτυα καὶ δύο γένη ῥοΐσκων ἐν τῷ
δικτύῳ τῷ ἑνὶ τοῦ συγκαλύψαι τὰς δύο γωλαθ τῶν χωθαρεθ, ἅ
14 ἐστιν ἐπάνω τῶν στύλων. ¹⁴καὶ τὰς μεχωνωθ ἐποίησεν δέκα καὶ
15 τοὺς λουτῆρας ἐποίησεν ἐπὶ τῶν μεχωνωθ ¹⁵καὶ τὴν θάλασσαν
16 μίαν καὶ τοὺς μόσχους τοὺς δώδεκα ὑποκάτω αὐτῆς ¹⁶καὶ τοὺς
ποδιστῆρας καὶ τοὺς ἀναλημπτῆρας καὶ τοὺς λέβητας καὶ τὰς κρε-
άγρας καὶ πάντα τὰ σκεύη αὐτῶν, ἃ ἐποίησεν Χιραμ καὶ ἀνήνεγ-
17 κεν τῷ βασιλεῖ Σαλωμων ἐν οἴκῳ κυρίου χαλκοῦ καθαροῦ. ¹⁷ἐν
τῷ περιχώρῳ τοῦ Ιορδάνου ἐχώνευσεν αὐτὰ ὁ βασιλεὺς ἐν τῷ
18 πάχει τῆς γῆς ἐν οἴκῳ Σοκχωθ καὶ ἀνὰ μέσον Σιρδαθα. ¹⁸καὶ ἐποί-
ησεν Σαλωμων πάντα τὰ σκεύη ταῦτα εἰς πλῆθος σφόδρα, ὅτι οὐκ
19 ἐξέλιπεν ὁλκὴ τοῦ χαλκοῦ. ¹⁹καὶ ἐποίησεν Σαλωμων πάντα τὰ
σκεύη οἴκου κυρίου καὶ τὸ θυσιαστήριον τὸ χρυσοῦν καὶ τὰς τρα-
20 πέζας (καὶ ἐπ᾽ αὐτῶν ἄρτοι προθέσεως) ²⁰καὶ τὰς λυχνίας καὶ τοὺς
λύχνους τοῦ φωτὸς κατὰ τὸ κρίμα καὶ κατὰ πρόσωπον τοῦ δαβιρ
21 χρυσίου καθαροῦ ²¹καὶ λαβίδες αὐτῶν καὶ οἱ λύχνοι αὐτῶν καὶ
22 τὰς φιάλας καὶ τὰς θυΐσκας καὶ τὰ πυρεῖα χρυσίου καθαροῦ · ²²καὶ
ἡ θύρα τοῦ οἴκου ἡ ἐσωτέρα εἰς τὰ ἅγια τῶν ἁγίων, εἰς τὰς θύ-
5 ρας τοῦ οἴκου τοῦ ναοῦ χρυσᾶς. ¹καὶ συνετελέσθη πᾶσα ἡ ἐργα-
σία, ἣν ἐποίησεν Σαλωμων ἐν οἴκῳ κυρίου. καὶ εἰσήνεγκεν Σαλω-

9 θυρας] pr. τας ΑL† || 11 σαλ. τω βασ.] σαλ. ο βασιλευς L†, ο βασιλευς
σαλ. Α || 12 επι ult.] επανω ΑV†: ex 13 || 13 δυο 2⁰ > Β*† || 16 ανα-
λημπτορας Α† || 17 σοκχωθ] σεχχωθ Β† | μεσον σιρδ.] σ 1⁰ ⌢ 2⁰ Β† | σιρ-
δαθα Ra.] -θαι Β†, σαδαθα ΑV†

μων τὰ ἅγια Δαυιδ τοῦ πατρὸς αὐτοῦ, τὸ ἀργύριον καὶ τὸ χρυσίον καὶ τὰ σκεύη ἔδωκεν εἰς θησαυρὸν οἴκου κυρίου.

²Τότε ἐξεκκλησίασεν Σαλωμων τοὺς πρεσβυτέρους Ισραηλ καὶ 2 πάντας τοὺς ἄρχοντας τῶν φυλῶν τοὺς ἡγουμένους πατριῶν υἱῶν Ισραηλ εἰς Ιερουσαλημ τοῦ ἀνενέγκαι κιβωτὸν διαθήκης κυρίου ἐκ πόλεως Δαυιδ (αὕτη Σιων) · ³καὶ ἐξεκκλησιάσθησαν πρὸς τὸν βασι- 3 λέα πᾶς ἀνὴρ Ισραηλ ἐν τῇ ἑορτῇ (οὗτος ὁ μὴν ἕβδομος), ⁴καὶ 4 ἦλθον πάντες οἱ πρεσβύτεροι Ισραηλ, καὶ ἔλαβον πάντες οἱ Λευῖται τὴν κιβωτὸν ⁵καὶ ἀνήνεγκαν τὴν κιβωτὸν καὶ τὴν σκηνὴν τοῦ 5 μαρτυρίου καὶ πάντα τὰ σκεύη τὰ ἅγια τὰ ἐν τῇ σκηνῇ, καὶ ἀνήνεγκαν αὐτὴν οἱ ἱερεῖς καὶ οἱ Λευῖται. ⁶καὶ ὁ βασιλεὺς Σαλωμων 6 καὶ πᾶσα συναγωγὴ Ισραηλ καὶ οἱ φοβούμενοι καὶ οἱ ἐπισυνηγμένοι αὐτῶν ἔμπροσθεν τῆς κιβωτοῦ θύοντες μόσχους καὶ πρόβατα, οἳ οὐκ ἀριθμηθήσονται καὶ οἳ οὐ λογισθήσονται ἀπὸ τοῦ πλήθους. ⁷καὶ εἰσήνεγκαν οἱ ἱερεῖς τὴν κιβωτὸν διαθήκης κυρίου εἰς τὸν 7 τόπον αὐτῆς εἰς τὸ δαβιρ τοῦ οἴκου εἰς τὰ ἅγια τῶν ἁγίων ὑποκάτω τῶν πτερύγων τῶν χερουβιν, ⁸καὶ ἦν τὰ χερουβιν διαπεπε- 8 τακότα τὰς πτέρυγας αὐτῶν ἐπὶ τὸν τόπον τῆς κιβωτοῦ, καὶ συνεκάλυπτεν τὰ χερουβιν ἐπὶ τὴν κιβωτὸν καὶ ἐπὶ τοὺς ἀναφορεῖς αὐτῆς ἐπάνωθεν · ⁹καὶ ὑπερεῖχον οἱ ἀναφορεῖς, καὶ ἐβλέποντο αἱ 9 κεφαλαὶ τῶν ἀναφορέων ἐκ τῶν ἁγίων εἰς πρόσωπον τοῦ δαβιρ, οὐκ ἐβλέποντο ἔξω · καὶ ἦσαν ἐκεῖ ἕως τῆς ἡμέρας ταύτης. ¹⁰οὐκ 10 ἦν ἐν τῇ κιβωτῷ πλὴν δύο πλάκες, ἃς ἔθηκεν Μωυσῆς ἐν Χωρηβ, ἃ διέθετο κύριος μετὰ τῶν υἱῶν Ισραηλ ἐν τῷ ἐξελθεῖν αὐτοὺς ἐκ γῆς Αἰγύπτου. ¹¹καὶ ἐγένετο ἐν τῷ ἐξελθεῖν τοὺς ἱερεῖς ἐκ τῶν 11 ἁγίων — ὅτι πάντες οἱ ἱερεῖς οἱ εὑρεθέντες ἡγιάσθησαν, οὐκ ἦσαν διατεταγμένοι κατ᾽ ἐφημερίαν, ¹²καὶ οἱ Λευῖται οἱ ψαλτῳδοὶ πάντες 12 τοῖς υἱοῖς Ασαφ, τῷ Αιμαν, τῷ Ιδιθουν καὶ τοῖς υἱοῖς αὐτῶν καὶ τοῖς ἀδελφοῖς αὐτῶν, τῶν ἐνδεδυμένων στολὰς βυσσίνας, ἐν κυμβάλοις καὶ ἐν νάβλαις καὶ ἐν κινύραις ἑστηκότες κατέναντι τοῦ θυσιαστηρίου καὶ μετ᾽ αὐτῶν ἱερεῖς ἑκατὸν εἴκοσι σαλπίζοντες ταῖς σάλπιγξιν, ¹³καὶ ἐγένετο μία φωνὴ ἐν τῷ σαλπίζειν καὶ ἐν τῷ 13 ψαλτῳδεῖν καὶ ἐν τῷ ἀναφωνεῖν φωνῇ μιᾷ τοῦ ἐξομολογεῖσθαι καὶ αἰνεῖν τῷ κυρίῳ — καὶ ὡς ὕψωσαν φωνὴν ἐν σάλπιγξιν καὶ ἐν κυμβάλοις καὶ ἐν ὀργάνοις τῶν ᾠδῶν καὶ ἔλεγον

Ἐξομολογεῖσθε τῷ κυρίῳ, ὅτι ἀγαθόν,
ὅτι εἰς τὸν αἰῶνα τὸ ἔλεος αὐτοῦ,

5 1 οικου > B† || 2 ισραηλ 1⁰ > B† | πατριων] pr. των A || 3 ανηρ > B† || 4 κιβ. ⌒ 5 κιβ. B† || 6 και οι ου] ουδε AL† || 8 επι 2⁰ > B || 9 υπερειχον] περιειχον A || 10 αυτους] -τον A† || 12 ασαφ] pr. τω A | ιδειθουμ B | αυτων 1⁰ 2⁰] 1⁰ -του BA, 2⁰ -του B† | κατεναντι] κατα ανατολας AV† | εικοσι] pr. και A | ταις > AV† || 13 ως > B*V† | φωνην] pr. την A

14 καὶ ὁ οἶκος ἐνεπλήσθη νεφέλης δόξης κυρίου, ¹⁴καὶ οὐκ ἠδύναντο
οἱ ἱερεῖς τοῦ στῆναι λειτουργεῖν ἀπὸ προσώπου τῆς νεφέλης, ὅτι
6 ἐνέπλησεν δόξα κυρίου τὸν οἶκον τοῦ θεοῦ. ¹τότε εἶπεν Σαλωμων
Κύριος εἶπεν τοῦ κατασκηνῶσαι ἐν γνόφῳ ·
2   ²καὶ ἐγὼ ᾠκοδόμηκα οἶκον τῷ ὀνόματί σου ἅγιόν σοι
καὶ ἕτοιμον τοῦ κατασκηνῶσαι εἰς τοὺς αἰῶνας.
3   ³Καὶ ἐπέστρεψεν ὁ βασιλεὺς τὸ πρόσωπον αὐτοῦ καὶ εὐλόγησεν
τὴν πᾶσαν ἐκκλησίαν Ισραηλ, καὶ πᾶσα ἐκκλησία Ισραηλ παρει-
4 στήκει. ⁴καὶ εἶπεν Εὐλογητὸς κύριος ὁ θεὸς Ισραηλ, ὃς ἐλάλησεν
ἐν στόματι αὐτοῦ πρὸς Δαυιδ τὸν πατέρα μου καὶ ἐν χερσὶν αὐ-
5 τοῦ ἐπλήρωσεν λέγων ⁵Ἀπὸ τῆς ἡμέρας, ἧς ἀνήγαγον τὸν λαόν
μου ἐκ γῆς Αἰγύπτου, οὐκ ἐξελεξάμην ἐν πόλει ἀπὸ πασῶν φυλῶν
Ισραηλ τοῦ οἰκοδομῆσαι οἶκον τοῦ εἶναι ὄνομά μου ἐκεῖ καὶ οὐκ
ἐξελεξάμην ἐν ἀνδρὶ τοῦ εἶναι εἰς ἡγούμενον ἐπὶ τὸν λαόν μου
6 Ισραηλ · ⁶καὶ ἐξελεξάμην ἐν Ιερουσαλημ γενέσθαι τὸ ὄνομά μου
ἐκεῖ καὶ ἐξελεξάμην ἐν Δαυιδ ὥστε εἶναι ἐπάνω τοῦ λαοῦ μου
7 Ισραηλ. ⁷καὶ ἐγένετο ἐπὶ καρδίαν Δαυιδ τοῦ πατρός μου τοῦ οἰ-
8 κοδομῆσαι οἶκον τῷ ὀνόματι κυρίου θεοῦ Ισραηλ, ⁸καὶ εἶπεν κύριος
πρὸς Δαυιδ πατέρα μου Διότι ἐγένετο ἐπὶ καρδίαν σου τοῦ οἰκο-
δομῆσαι οἶκον τῷ ὀνόματί μου, καλῶς ἐποίησας ὅτι ἐγένετο ἐπὶ
9 καρδίαν σου · ⁹πλὴν σὺ οὐκ οἰκοδομήσεις τὸν οἶκον, ὅτι ὁ υἱός
σου, ὃς ἐξελεύσεται ἐκ τῆς ὀσφύος σου, οὗτος οἰκοδομήσει τὸν
10 οἶκον τῷ ὀνόματί μου. ¹⁰καὶ ἀνέστησεν κύριος τὸν λόγον αὐτοῦ,
ὃν ἐλάλησεν, καὶ ἐγενήθην ἀντὶ Δαυιδ πατρός μου καὶ ἐκάθισα
ἐπὶ τὸν θρόνον Ισραηλ, καθὼς ἐλάλησεν κύριος, καὶ ᾠκοδόμησα
11 τὸν οἶκον τῷ ὀνόματι κυρίου θεοῦ Ισραηλ ¹¹καὶ ἔθηκα ἐκεῖ τὴν
κιβωτόν, ἐν ᾗ ἐκεῖ διαθήκη κυρίου, ἣν διέθετο τῷ Ισραηλ.
12   ¹²Καὶ ἔστη κατέναντι τοῦ θυσιαστηρίου κυρίου ἔναντι πάσης
13 ἐκκλησίας Ισραηλ καὶ διεπέτασεν τὰς χεῖρας αὐτοῦ, ¹³ὅτι ἐποίησεν
Σαλωμων βάσιν χαλκῆν καὶ ἔθηκεν αὐτὴν ἐν μέσῳ τῆς αὐλῆς τοῦ
ἱεροῦ, πέντε πηχῶν τὸ μῆκος αὐτῆς καὶ πέντε πήχεων τὸ εὖρος
αὐτῆς καὶ τριῶν πήχεων τὸ ὕψος αὐτῆς, καὶ ἔστη ἐπ᾽ αὐτῆς καὶ
ἔπεσεν ἐπὶ τὰ γόνατα ἔναντι πάσης ἐκκλησίας Ισραηλ καὶ διεπέ-
14 τασεν τὰς χεῖρας αὐτοῦ εἰς τὸν οὐρανὸν ¹⁴καὶ εἶπεν Κύριε ὁ θεὸς
Ισραηλ, οὐκ ἔστιν ὅμοιός σοι θεὸς ἐν οὐρανῷ καὶ ἐπὶ τῆς γῆς,
φυλάσσων τὴν διαθήκην καὶ τὸ ἔλεος τοῖς παισίν σου τοῖς πορευο-

14 δοξα] pr. η Aʳ
6 1 κατασκην.] κατοικησαι Aʳ⁺: item Amu. in 2, cf. Regn. III 8 53ᵃ ‖ 3 πα-
σα] + η A ‖ 6 και εξελεξ. εν 1⁰ ⌒ 2⁰ B | γενεσθαι] + του ειναι AV⁺ | ωστε]
του B: ex 5 | επανω του λαου] επι τ. λ. AV⁺, επι τον λαον B⁺: ex 5 ‖
8 πατερα] pr. τον A | εποιησας οτι > B*⁺ | καρδιαν ult.] pr. την ABᶜ ‖
10 αυτου] τουτον B | πατρος] pr. του B ‖ 13 γονατα] + αυτου A

μένοις ἐναντίον σου ἐν ὅλῃ καρδίᾳ. ¹⁵ ἃ ἐφύλαξας τῷ παιδί σου 15
Δαυιδ τῷ πατρί μου, ἃ ἐλάλησας αὐτῷ λέγων, καὶ ἐλάλησας ἐν
στόματί σου καὶ ἐν χερσίν σου ἐπλήρωσας ὡς ἡ ἡμέρα αὕτη. ¹⁶καὶ 16
νῦν, κύριε ὁ θεὸς Ισραηλ, φύλαξον τῷ παιδί σου τῷ Δαυιδ τῷ
πατρί μου ἃ ἐλάλησας αὐτῷ λέγων Οὐκ ἐκλείψει σοι ἀνὴρ ἀπὸ
προσώπου μου καθήμενος ἐπὶ θρόνου Ισραηλ, πλὴν ἐὰν φυλάξωσιν
οἱ υἱοί σου τὴν ὁδὸν αὐτῶν τοῦ πορεύεσθαι ἐν τῷ νόμῳ μου, ὡς
ἐπορεύθης ἐναντίον μου. ¹⁷καὶ νῦν, κύριε ὁ θεὸς Ισραηλ, πιστω- 17
θήτω δὴ τὸ ῥῆμά σου, ὃ ἐλάλησας τῷ παιδί σου τῷ Δαυιδ. ¹⁸ὅτι 18
εἰ ἀληθῶς κατοικήσει θεὸς μετὰ ἀνθρώπων ἐπὶ τῆς γῆς; εἰ ὁ οὐ-
ρανὸς καὶ ὁ οὐρανὸς τοῦ οὐρανοῦ οὐκ ἀρκέσουσίν σοι, καὶ τίς ὁ
οἶκος οὗτος, ὃν ᾠκοδόμησα; ¹⁹καὶ ἐπιβλέψῃ ἐπὶ τὴν προσευχὴν 19
παιδός σου καὶ ἐπὶ τὴν δέησίν μου, κύριε ὁ θεός, τοῦ ἐπακοῦσαι
τῆς δεήσεως καὶ τῆς προσευχῆς, ἧς ὁ παῖς σου προσεύχεται ἐναν-
τίον σου σήμερον, ²⁰τοῦ εἶναι ὀφθαλμούς σου ἀνεῳγμένους ἐπὶ 20
τὸν οἶκον τοῦτον ἡμέρας καὶ νυκτός, εἰς τὸν τόπον τοῦτον, ὃν
εἶπας ἐπικληθῆναι τὸ ὄνομά σου ἐκεῖ, τοῦ ἀκοῦσαι τῆς προσευχῆς,
ἧς ὁ παῖς σου προσεύχεται εἰς τὸν τόπον τοῦτον. ²¹καὶ ἀκούσῃ 21
τῆς δεήσεως τοῦ παιδός σου καὶ λαοῦ σου Ισραηλ, ἃ ἂν προσεύ-
ξωνται εἰς τὸν τόπον τοῦτον, καὶ σὺ εἰσακούσῃ ἐν τῷ τόπῳ τῆς
κατοικήσεώς σου ἐκ τοῦ οὐρανοῦ καὶ ἀκούσῃ καὶ ἵλεως ἔσῃ. —
²²ἐὰν ἁμάρτῃ ἀνὴρ τῷ πλησίον αὐτοῦ, καὶ λάβῃ ἐπ᾽ αὐτὸν ἀρὰν 22
τοῦ ἀρᾶσθαι αὐτόν, καὶ ἔλθῃ καὶ ἀράσηται κατέναντι τοῦ θυσια-
στηρίου ἐν τῷ οἴκῳ τούτῳ, ²³καὶ σὺ εἰσακούσῃ ἐκ τοῦ οὐρανοῦ 23
καὶ ποιήσεις καὶ κρινεῖς τοὺς δούλους σου τοῦ ἀποδοῦναι τῷ ἀνό-
μῳ καὶ ἀποδοῦναι ὁδοὺς αὐτοῦ εἰς κεφαλὴν αὐτοῦ, τοῦ δικαιῶσαι
δίκαιον τοῦ ἀποδοῦναι αὐτῷ κατὰ τὴν δικαιοσύνην αὐτοῦ. — ²⁴καὶ 24
ἐὰν θραυσθῇ ὁ λαός σου Ισραηλ κατέναντι τοῦ ἐχθροῦ, ἐὰν ἁμάρ-
τωσίν σοι, καὶ ἐπιστρέψωσιν καὶ ἐξομολογήσωνται τῷ ὀνόματί
σου καὶ προσεύξωνται καὶ δεηθῶσιν ἐναντίον σου ἐν τῷ οἴκῳ
τούτῳ, ²⁵καὶ σὺ εἰσακούσῃ ἐκ τοῦ οὐρανοῦ καὶ ἵλεως ἔσῃ ταῖς 25
ἁμαρτίαις λαοῦ σου Ισραηλ καὶ ἀποστρέψεις αὐτοὺς εἰς τὴν γῆν,
ἣν ἔδωκας αὐτοῖς καὶ τοῖς πατράσιν αὐτῶν. — ²⁶ἐν τῷ συσχε- 26
θῆναι τὸν οὐρανὸν καὶ μὴ γενέσθαι ὑετόν, ὅτι ἁμαρτήσονταί σοι,
καὶ προσεύξονται εἰς τὸν τόπον τοῦτον καὶ αἰνέσουσιν τὸ ὄνομά
σου καὶ ἀπὸ τῶν ἁμαρτιῶν αὐτῶν ἐπιστρέψουσιν, ὅτι ταπεινώ-
σεις αὐτούς, ²⁷καὶ σὺ εἰσακούσῃ ἐκ τοῦ οὐρανοῦ καὶ ἵλεως ἔσῃ 27

15 α 1⁰ > B | ελαλησας 1⁰ ⌒ 2⁰ A† | στοματι] pr. τω A ‖ 16 τω πατρι μου
> B | μου 2⁰ > B*† | νομω] ονοματι B† ‖ 18 θεος] pr. ο A ‖ 19 ης ο
παις σου προσευχ. > B*† | 21 σου 2⁰ > B† ‖ 23 του ουρανου] + του ου-
ρανου B | αυτω B*L†] εκαστω rel. ‖ 24 εξομολογησονται et προσευξονται
BA; A (non B) etiam επιστρεψουσιν, cf. 32. 37 ‖ 25 λαου] pr. του A

ταῖς ἁμαρτίαις τῶν παίδων σου καὶ τοῦ λαοῦ σου Ἰσραηλ, ὅτι
δηλώσεις αὐτοῖς τὴν ὁδὸν τὴν ἀγαθήν, ἐν ᾗ πορεύσονται ἐν αὐτῇ,
καὶ δώσεις ὑετὸν ἐπὶ τὴν γῆν σου, ἣν ἔδωκας τῷ λαῷ σου εἰς
28 κληρονομίαν. — ²⁸λιμὸς ἐὰν γένηται ἐπὶ τῆς γῆς, θάνατος ἐὰν
γένηται, ἀνεμοφθορία καὶ ἴκτερος, ἀκρὶς καὶ βροῦχος ἐὰν γένηται,
ἐὰν θλίψῃ αὐτὸν ὁ ἐχθρὸς κατέναντι τῶν πόλεων αὐτῶν, κατὰ
29 πᾶσαν πληγὴν καὶ πᾶν πόνον, ²⁹καὶ πᾶσα προσευχὴ καὶ πᾶσα
δέησις, ἣ ἐὰν γένηται παντὶ ἀνθρώπῳ καὶ παντὶ λαῷ σου Ἰσραηλ,
ἐὰν γνῷ ἄνθρωπος τὴν ἁφὴν αὐτοῦ καὶ τὴν μαλακίαν αὐτοῦ καὶ
30 διαπετάσῃ τὰς χεῖρας αὐτοῦ εἰς τὸν οἶκον τοῦτον, ³⁰καὶ σὺ εἰσ-
ακούσῃ ἐκ τοῦ οὐρανοῦ ἐξ ἑτοίμου κατοικητηρίου σου καὶ ἱλάσῃ
καὶ δώσεις ἀνδρὶ κατὰ τὰς ὁδοὺς αὐτοῦ, ὡς ἂν γνῷς τὴν καρδίαν
31 αὐτοῦ, ὅτι μόνος γινώσκεις τὴν καρδίαν υἱῶν ἀνθρώπων, ³¹ὅπως
φοβῶνται τὰς ὁδούς σου πάσας τὰς ἡμέρας, ἃς αὐτοὶ ζῶσιν ἐπὶ
32 προσώπου τῆς γῆς, ἧς ἔδωκας τοῖς πατράσιν ἡμῶν. — ³²καὶ πᾶς
ἀλλότριος, ὃς οὐκ ἐκ τοῦ λαοῦ σου Ἰσραηλ ἐστὶν αὐτὸς καὶ ἔλθῃ
ἐκ γῆς μακρόθεν διὰ τὸ ὄνομά σου τὸ μέγα καὶ τὴν χεῖρά σου
τὴν κραταιὰν καὶ τὸν βραχίονά σου τὸν ὑψηλὸν καὶ ἔλθωσιν καὶ
33 προσεύξωνται εἰς τὸν τόπον τοῦτον, ³³καὶ εἰσακούσῃ ἐκ τοῦ οὐ-
ρανοῦ ἐξ ἑτοίμου κατοικητηρίου σου καὶ ποιήσεις κατὰ πάντα, ὅσα
ἐὰν ἐπικαλέσηταί σε ὁ ἀλλότριος, ὅπως γνῶσιν πάντες οἱ λαοὶ τῆς
γῆς τὸ ὄνομά σου καὶ τοῦ φοβεῖσθαί σε ὡς ὁ λαός σου Ἰσραηλ
καὶ τοῦ γνῶναι ὅτι ἐπικέκληται τὸ ὄνομά σου ἐπὶ τὸν οἶκον τοῦ-
34 τον, ὃν ᾠκοδόμησα. — ³⁴ἐὰν δὲ ἐξέλθῃ ὁ λαός σου εἰς πόλεμον
ἐπὶ τοὺς ἐχθροὺς αὐτοῦ ἐν ὁδῷ, ᾗ ἀποστελεῖς αὐτούς, καὶ προσ-
εύξωνται πρὸς σὲ κατὰ τὴν ὁδὸν τῆς πόλεως ταύτης, ἣν ἐξελέξω
35 ἐν αὐτῇ, καὶ οἴκου, οὗ ᾠκοδόμησα τῷ ὀνόματί σου, ³⁵καὶ ἀκούσῃ
ἐκ τοῦ οὐρανοῦ τῆς δεήσεως αὐτῶν καὶ τῆς προσευχῆς αὐτῶν καὶ
36 ποιήσεις τὸ δικαίωμα αὐτῶν. — ³⁶ὅτι ἁμαρτήσονταί σοι (ὅτι οὐκ
ἔσται ἄνθρωπος, ὃς οὐχ ἁμαρτήσεται) καὶ πατάξεις αὐτοὺς καὶ
παραδώσεις αὐτοὺς κατὰ πρόσωπον ἐχθρῶν καὶ αἰχμαλωτεύσουσιν
οἱ αἰχμαλωτεύοντες αὐτοὺς εἰς γῆν ἐχθρῶν εἰς γῆν μακρὰν ἢ ἐγγὺς
37 ³⁷καὶ ἐπιστρέψωσιν καρδίαν αὐτῶν ἐν τῇ γῇ αὐτῶν, οὗ μετήχθησαν
ἐκεῖ, καί γε ἐπιστρέψωσιν καὶ δεηθῶσίν σου ἐν τῇ αἰχμαλωσίᾳ
38 αὐτῶν λέγοντες Ἡμάρτομεν ἠδικήσαμεν ἠνομήσαμεν, ³⁸καὶ ἐπι-
στρέψωσιν πρὸς σὲ ἐν ὅλῃ καρδίᾳ καὶ ἐν ὅλῃ ψυχῇ αὐτῶν ἐν τῇ

27 ταις αμαρτιαις] των -τιων A† ‖ 28 γενηται 2⁰] + επι της γης B†: ex
praec. repet. | παν: sic BA, cf. Iud. 7 4 B ‖ 29 παντι 1⁰ > B† ‖ 30 ιλα-
ση compl.] ιαση BA | μονος] -νωτατος A ‖ 31 τας 1⁰] πασας B | της γης]
pr. πασης AV† ‖ 32 σου 1⁰ > B | τον 1⁰ > A† | προσευξονται A: item B
in 38, BA in 34, cf. 24 ‖ 34 ωκοδομησα] -μηκα B† ‖ 36 εσται] εστιν A |
αυτους ult. > A ‖ 37 επιστρεψουσιν bis A: item in 38, cf. 24 ‖ 38 καρ-
δια] + αυτων LA^r

αἰχμαλωτευσάντων αὐτοὺς καὶ προσεύξωνται ὁδὸν γῆς αὐτῶν, ἧς
ἔδωκας τοῖς πατράσιν αὐτῶν, καὶ τῆς πόλεως, ἧς ἐξελέξω, καὶ τοῦ
οἴκου, οὗ ᾠκοδόμησα τῷ ὀνόματί σου, ³⁹καὶ ἀκούσῃ ἐκ τοῦ οὐρα- 39
νοῦ ἐξ ἑτοίμου κατοικητηρίου σου τῆς προσευχῆς αὐτῶν καὶ τῆς
δεήσεως αὐτῶν καὶ ποιήσεις κρίματα καὶ ἵλεως ἔσῃ τῷ λαῷ τῷ
ἁμαρτόντι σοι. — ⁴⁰νῦν, κύριε, ἔστωσαν δὴ οἱ ὀφθαλμοί σου ἀν- 40
εῳγμένοι καὶ τὰ ὦτά σου ἐπήκοα εἰς τὴν δέησιν τοῦ τόπου τού-
του. ⁴¹καὶ νῦν   41
    ἀνάστηθι, κύριε ὁ θεός, εἰς τὴν κατάπαυσίν σου,
    σὺ καὶ ἡ κιβωτὸς τῆς ἰσχύος σου.
    οἱ ἱερεῖς σου, κύριε ὁ θεός, ἐνδύσαιντο σωτηρίαν,
    καὶ οἱ υἱοί σου εὐφρανθήτωσαν ἐν ἀγαθοῖς.
⁴²κύριε ὁ θεός, μὴ ἀποστρέψῃς τὸ πρόσωπον τοῦ χριστοῦ σου, 42
    μνήσθητι τὰ ἐλέη Δαυιδ τοῦ δούλου σου.

¹Καὶ ὡς συνετέλεσεν Σαλωμων προσευχόμενος, καὶ τὸ πῦρ κατ- 7
έβη ἐκ τοῦ οὐρανοῦ καὶ κατέφαγεν τὰ ὁλοκαυτώματα καὶ τὰς θυ-
σίας, καὶ δόξα κυρίου ἔπλησεν τὸν οἶκον. ²καὶ οὐκ ἠδύναντο οἱ 2
ἱερεῖς εἰσελθεῖν εἰς τὸν οἶκον κυρίου ἐν τῷ καιρῷ ἐκείνῳ, ὅτι
ἔπλησεν δόξα κυρίου τὸν οἶκον. ³καὶ πάντες οἱ υἱοὶ Ισραηλ ἑώρων 3
καταβαῖνον τὸ πῦρ, καὶ ἡ δόξα κυρίου ἐπὶ τὸν οἶκον, καὶ ἔπεσον
ἐπὶ πρόσωπον ἐπὶ τὴν γῆν ἐπὶ τὸ λιθόστρωτον καὶ προσεκύνησαν
καὶ ἤνουν τῷ κυρίῳ,
    ὅτι ἀγαθόν,
    ὅτι εἰς τὸν αἰῶνα τὸ ἔλεος αὐτοῦ.
⁴καὶ ὁ βασιλεὺς καὶ πᾶς ὁ λαὸς θύοντες θύματα ἔναντι κυρίου. 4
⁵καὶ ἐθυσίασεν Σαλωμων τὴν θυσίαν, μόσχων εἴκοσι καὶ δύο χι- 5
λιάδας καὶ βοσκημάτων ἑκατὸν καὶ εἴκοσι χιλιάδας, καὶ ἐνεκαίνισεν
τὸν οἶκον τοῦ θεοῦ ὁ βασιλεὺς καὶ πᾶς ὁ λαός. ⁶καὶ οἱ ἱερεῖς ἐπὶ 6
τὰς φυλακὰς αὐτῶν ἑστηκότες, καὶ οἱ Λευῖται ἐν ὀργάνοις ᾠδῶν
κυρίου τοῦ Δαυιδ τοῦ βασιλέως τοῦ ἐξομολογεῖσθαι ἔναντι κυρίου
    ὅτι εἰς τὸν αἰῶνα τὸ ἔλεος αὐτοῦ
ἐν ὕμνοις Δαυιδ διὰ χειρὸς αὐτῶν, καὶ οἱ ἱερεῖς σαλπίζοντες ταῖς
σάλπιγξιν ἐναντίον αὐτῶν, καὶ πᾶς Ισραηλ ἑστηκώς. ⁷καὶ ἡγίασεν 7
Σαλωμων τὸ μέσον τῆς αὐλῆς τῆς ἐν οἴκῳ κυρίου · ὅτι ἐποίησεν
ἐκεῖ τὰ ὁλοκαυτώματα καὶ τὰ στέατα τῶν σωτηρίων, ὅτι τὸ θυσια-
στήριον τὸ χαλκοῦν, ὃ ἐποίησεν Σαλωμων, οὐκ ἐξεποίει δέξασθαι
τὰ ὁλοκαυτώματα καὶ τὰ μαναα καὶ τὰ στέατα. ⁸καὶ ἐποίησεν Σα- 8
λωμων τὴν ἑορτὴν ἐν τῷ καιρῷ ἐκείνῳ ἑπτὰ ἡμέραις καὶ πᾶς Ισ-
ραηλ μετ᾽ αὐτοῦ, ἐκκλησία μεγάλη σφόδρα ἀπὸ εἰσόδου Αιμαθ καὶ

41 (cf. Ps. 131 8.9) οι 1⁰ > B ‖ 42¹ (cf. Ps. 131 10²) του χριστου > B
7 1 σαλωμων] σολομων A: item in 5, cf. Regn. III 1 10 ‖ 3 οι > A† ‖
5 χιλιαδας 1⁰⌒2⁰ B† ‖ 7 εξεποιει] εξ > A

9 ἕως χειμάρρου Αἰγύπτου. ⁹καὶ ἐποίησεν ἐν τῇ ἡμέρᾳ τῇ ὀγδόῃ
ἐξόδιον, ὅτι ἐγκαινισμὸν τοῦ θυσιαστηρίου ἐποίησεν ἑπτὰ ἡμέρας
10 ἑορτήν. ¹⁰καὶ ἐν τῇ τρίτῃ καὶ εἰκοστῇ τοῦ μηνὸς τοῦ ἑβδόμου
ἀπέστειλεν τὸν λαὸν εἰς τὰ σκηνώματα αὐτῶν εὐφραινομένους
καὶ ἀγαθῇ καρδίᾳ ἐπὶ τοῖς ἀγαθοῖς, οἷς ἐποίησεν κύριος τῷ Δαυιδ
καὶ τῷ Σαλωμων καὶ τῷ Ισραηλ λαῷ αὐτοῦ.
11 ¹¹Καὶ συνετέλεσεν Σαλωμων τὸν οἶκον κυρίου καὶ τὸν οἶκον
τοῦ βασιλέως· καὶ πάντα, ὅσα ἠθέλησεν ἐν τῇ ψυχῇ Σαλωμων
12 τοῦ ποιῆσαι ἐν οἴκῳ κυρίου καὶ ἐν οἴκῳ αὐτοῦ, εὐοδώθη. ¹²καὶ
ὤφθη ὁ θεὸς τῷ Σαλωμων τὴν νύκτα καὶ εἶπεν αὐτῷ Ἤκουσα
τῆς προσευχῆς σου καὶ ἐξελεξάμην ἐν τῷ τόπῳ τούτῳ ἐμαυτῷ
13 εἰς οἶκον θυσίας. ¹³ἐὰν συσχῶ τὸν οὐρανὸν καὶ μὴ γένηται ὑετός,
καὶ ἐὰν ἐντείλωμαι τῇ ἀκρίδι καταφαγεῖν τὸ ξύλον, καὶ ἐὰν ἀπο-
14 στείλω θάνατον ἐν τῷ λαῷ μου, ¹⁴καὶ ἐὰν ἐντραπῇ ὁ λαός μου,
ἐφ' οὓς τὸ ὄνομά μου ἐπικέκληται ἐπ' αὐτούς, καὶ προσεύξωνται
καὶ ζητήσωσιν τὸ πρόσωπόν μου καὶ ἀποστρέψωσιν ἀπὸ τῶν ὁδῶν
αὐτῶν τῶν πονηρῶν, καὶ ἐγὼ εἰσακούσομαι ἐκ τοῦ οὐρανοῦ καὶ
ἵλεως ἔσομαι ταῖς ἁμαρτίαις αὐτῶν καὶ ἰάσομαι τὴν γῆν αὐτῶν.
15 ¹⁵νῦν οἱ ὀφθαλμοί μου ἔσονται ἀνεῳγμένοι καὶ τὰ ὦτά μου ἐπή-
16 κοα τῇ προσευχῇ τοῦ τόπου τούτου. ¹⁶καὶ νῦν ἐξελεξάμην καὶ
ἡγίακα τὸν οἶκον τοῦτον τοῦ εἶναι ὄνομά μου ἐκεῖ ἕως αἰῶνος,
καὶ ἔσονται οἱ ὀφθαλμοί μου καὶ ἡ καρδία μου ἐκεῖ πάσας τὰς
17 ἡμέρας. ¹⁷καὶ σὺ ἐὰν πορευθῇς ἐναντίον μου ὡς Δαυιδ ὁ πατήρ
σου καὶ ποιήσῃς κατὰ πάντα, ἃ ἐνετειλάμην σοι, καὶ τὰ προστά-
18 γματά μου καὶ τὰ κρίματά μου φυλάξῃ, ¹⁸καὶ ἀναστήσω τὸν θρό-
νον τῆς βασιλείας σου, ὡς διεθέμην Δαυιδ τῷ πατρί σου λέγων
19 Οὐκ ἐξαρθήσεταί σοι ἀνὴρ ἡγούμενος ἐν Ισραηλ. ¹⁹καὶ ἐὰν ἀπο-
στρέψητε ὑμεῖς καὶ ἐγκαταλίπητε τὰ προστάγματά μου καὶ τὰς ἐν-
τολάς μου, ἃς ἔδωκα ἐναντίον ὑμῶν, καὶ πορευθῆτε καὶ λατρεύ-
20 σητε θεοῖς ἑτέροις καὶ προσκυνήσητε αὐτοῖς, ²⁰καὶ ἐξαρῶ ὑμᾶς
ἀπὸ τῆς γῆς, ἧς ἔδωκα αὐτοῖς, καὶ τὸν οἶκον τοῦτον, ὃν ἡγίασα
τῷ ὀνόματί μου, ἀποστρέψω ἐκ προσώπου μου καὶ δώσω αὐτὸν
21 εἰς παραβολὴν καὶ εἰς διήγημα ἐν πᾶσιν τοῖς ἔθνεσιν. ²¹καὶ ὁ οἶκος
οὗτος ὁ ὑψηλός, πᾶς ὁ διαπορευόμενος αὐτὸν ἐκστήσεται καὶ ἐρεῖ
Χάριν τίνος ἐποίησεν κύριος τῇ γῇ ταύτῃ καὶ τῷ οἴκῳ τούτῳ;
22 ²²καὶ ἐροῦσιν Διότι ἐγκατέλιπον κύριον τὸν θεὸν τῶν πατέρων
αὐτῶν τὸν ἐξαγαγόντα αὐτοὺς ἐκ γῆς Αἰγύπτου καὶ ἀντελάβοντο

9 εποι./επτα ημ.] tr. A† ‖ 10 εικοστη] εικαδι A ‖ 11 ηθελησεν] εποιησεν
B† ‖ 12 θυσιας] του θυσιασαι A ‖ 14 ζητησουσιν A ‖ 15 της προσευχης
B ‖ 16 εως] επ A† ‖ 17 και τα 1⁰ ⌒ 2⁰ A† | φυλαξης A ‖ 18 ισραηλ]
ιερουσαλημ A* ‖ 20 ηγιακα A | εκ] απο A ‖ 21 αυτον] pr. προς A† ‖
22 τον 1⁰ > B†

θεῶν ἑτέρων καὶ προσεκύνησαν αὐτοῖς καὶ ἐδούλευσαν αὐτοῖς, διὰ τοῦτο ἐπήγαγεν ἐπ᾽ αὐτοὺς πᾶσαν τὴν κακίαν ταύτην.

¹Καὶ ἐγένετο μετὰ εἴκοσι ἔτη, ἐν οἷς ᾠκοδόμησεν Σαλωμων τὸν 8 οἶκον κυρίου καὶ τὸν οἶκον ἑαυτοῦ, ²καὶ τὰς πόλεις, ἃς ἔδωκεν 2 Χιραμ τῷ Σαλωμων, ᾠκοδόμησεν αὐτὰς Σαλωμων καὶ κατῴκισεν ἐκεῖ τοὺς υἱοὺς Ισραηλ. ³καὶ ἦλθεν Σαλωμων εἰς Αιμαθ Σωβα καὶ 3 κατίσχυσεν αὐτήν. ⁴καὶ ᾠκοδόμησεν τὴν Θεδμορ ἐν τῇ ἐρήμῳ καὶ 4 πάσας τὰς πόλεις τὰς ὀχυράς, ἃς ᾠκοδόμησεν ἐν Ημαθ. ⁵καὶ ᾠκο- 5 δόμησεν τὴν Βαιθωρων τὴν ἄνω καὶ τὴν Βαιθωρων τὴν κάτω, πόλεις ὀχυράς, τείχη, πύλαι καὶ μοχλοί, ⁶καὶ τὴν Βααλαθ καὶ πά- 6 σας τὰς πόλεις τὰς ὀχυράς, αἳ ἦσαν τῷ Σαλωμων, καὶ πάσας τὰς πόλεις τῶν ἁρμάτων καὶ τὰς πόλεις τῶν ἱππέων καὶ ὅσα ἐπεθύ- μησεν Σαλωμων κατὰ τὴν ἐπιθυμίαν τοῦ οἰκοδομῆσαι ἐν Ιερου- σαλημ καὶ ἐν τῷ Λιβάνῳ καὶ ἐν πάσῃ τῇ βασιλείᾳ αὐτοῦ. ⁷πᾶς ὁ 7 λαὸς ὁ καταλειφθεὶς ἀπὸ τοῦ Χετταίου καὶ τοῦ Αμορραίου καὶ τοῦ Φερεζαίου καὶ τοῦ Ευαίου καὶ τοῦ Ιεβουσαίου, οἳ οὔκ εἰσιν ἐκ τοῦ Ισραηλ — ⁸ἦσαν ἐκ τῶν υἱῶν αὐτῶν τῶν καταλειφθέντων μετ᾽ 8 αὐτοὺς ἐν τῇ γῇ, οὓς οὐκ ἐξωλέθρευσαν οἱ υἱοὶ Ισραηλ —, καὶ ἀνήγαγεν αὐτοὺς Σαλωμων εἰς φόρον ἕως τῆς ἡμέρας ταύτης. ⁹καὶ ἐκ τῶν υἱῶν Ισραηλ οὐκ ἔδωκεν Σαλωμων εἰς παῖδας τῇ 9 βασιλείᾳ αὐτοῦ, ὅτι αὐτοὶ ἄνδρες πολεμισταὶ καὶ ἄρχοντες καὶ δυνα- τοὶ καὶ ἄρχοντες ἁρμάτων καὶ ἱππέων. ¹⁰καὶ οὗτοι ἄρχοντες τῶν 10 προστατῶν βασιλέως Σαλωμων · πεντήκοντα καὶ διακόσιοι ἐργοδιω- κτοῦντες ἐν τῷ λαῷ.

¹¹Καὶ τὴν θυγατέρα Φαραω Σαλωμων ἀνήγαγεν ἐκ πόλεως Δαυιδ 11 εἰς τὸν οἶκον, ὃν ᾠκοδόμησεν αὐτῇ, ὅτι εἶπεν Οὐ κατοικήσει ἡ γυνή μου ἐν πόλει Δαυιδ τοῦ βασιλέως Ισραηλ, ὅτι ἅγιός ἐστιν οὗ εἰσῆλθεν ἐκεῖ κιβωτὸς κυρίου.

¹²Τότε ἀνήνεγκεν Σαλωμων ὁλοκαυτώματα τῷ κυρίῳ ἐπὶ τὸ θυ- 12 σιαστήριον, ὃ ᾠκοδόμησεν ἀπέναντι τοῦ ναοῦ, ¹³καὶ κατὰ τὸν λό- 13 γον ἡμέρας ἐν ἡμέρᾳ τοῦ ἀναφέρειν κατὰ τὰς ἐντολὰς Μωυσῆ ἐν τοῖς σαββάτοις καὶ ἐν τοῖς μησὶν καὶ ἐν ταῖς ἑορταῖς τρεῖς καιροὺς τοῦ ἐνιαυτοῦ, ἐν τῇ ἑορτῇ τῶν ἀζύμων καὶ ἐν τῇ ἑορτῇ τῶν ἑβδομάδων καὶ ἐν τῇ ἑορτῇ τῶν σκηνῶν. ¹⁴καὶ ἔστησεν κατὰ τὴν 14 κρίσιν Δαυιδ τὰς διαιρέσεις τῶν ἱερέων κατὰ τὰς λειτουργίας αὐ-

8 1 εαυτου] ε > B ‖ 2 σαλωμων 1⁰ ⌒ 2⁰ A† ‖ 3 αιμαθ] μαι unus cod. cum B cognatus, βαι B† ‖ 4 θεδμορ] θοεδομορ B† | ας > B ‖ 5 βαιθω- ρων bis] -ρωμ B† ‖ 6 βααλαθ pau.] βαλαα B†, βαλαας A⁽†⁾ | πασας τας πολ. 1⁰ ⌒ 2⁰ A* | τας πολ. 3⁰] pr. πασας AV† ‖ 8 αυτους 1⁰] ς > B | ουκ > B ‖ 9 αυτοι] ιδου B† | δυνατοι] pr. οι B ‖ 10 προστατων] προσταγματων A | βασιλεως B†] pr. του compl., τω -λει A ‖ 11 η BL†] > rel. ‖ 12 θυ- σιαστ.] + κυριου A ‖ 13 και paenult. et ult. > B†

τῶν, καὶ οἱ Λευῖται ἐπὶ τὰς φυλακὰς αὐτῶν τοῦ αἰνεῖν καὶ λειτουρ-
γεῖν κατέναντι τῶν ἱερέων κατὰ τὸν λόγον ἡμέρας ἐν τῇ ἡμέρᾳ,
καὶ οἱ πυλωροὶ κατὰ τὰς διαιρέσεις αὐτῶν εἰς πύλην καὶ πύλην,
15 ὅτι οὕτως ἐντολαὶ Δαυιδ ἀνθρώπου τοῦ θεοῦ · ¹⁵οὐ παρῆλθον τὰς
ἐντολὰς τοῦ βασιλέως περὶ τῶν ἱερέων καὶ τῶν Λευιτῶν εἰς πάν-
16 τα λόγον καὶ εἰς τοὺς θησαυρούς. ¹⁶καὶ ἡτοιμάσθη πᾶσα ἡ ἐργα-
σία ἀφ᾽ ἧς ἡμέρας ἐθεμελιώθη ἕως οὗ ἐτελείωσεν Σαλωμων τὸν
οἶκον κυρίου.
17 ¹⁷Τότε ᾤχετο Σαλωμων εἰς Γασιωνγαβερ καὶ εἰς τὴν Αιλαθ τὴν
18 παραθαλασσίαν ἐν τῇ Ιδουμαίᾳ. ¹⁸καὶ ἀπέστειλεν Χιραμ ἐν χειρὶ
παίδων αὐτοῦ πλοῖα καὶ παῖδας εἰδότας θάλασσαν, καὶ ᾤχοντο μετὰ
τῶν παίδων Σαλωμων εἰς Σωφιρα καὶ ἔλαβον ἐκεῖθεν τετρακόσια
καὶ πεντήκοντα τάλαντα χρυσίου καὶ ἦλθον πρὸς τὸν βασιλέα
Σαλωμων.

9 ¹Καὶ βασίλισσα Σαβα ἤκουσεν τὸ ὄνομα Σαλωμων καὶ ἦλθεν τοῦ
πειράσαι Σαλωμων ἐν αἰνίγμασιν εἰς Ιερουσαλημ ἐν δυνάμει βα-
ρείᾳ σφόδρα καὶ κάμηλοι αἴρουσαι ἀρώματα καὶ χρυσίον εἰς πλῆ-
θος καὶ λίθον τίμιον καὶ ἦλθεν πρὸς Σαλωμων καὶ ἐλάλησεν πρὸς
2 αὐτὸν πάντα, ὅσα ἐν τῇ ψυχῇ αὐτῆς. ²καὶ ἀνήγγειλεν αὐτῇ Σαλω-
μων πάντας τοὺς λόγους αὐτῆς, καὶ οὐ παρῆλθεν λόγος ἀπὸ Σαλω-
3 μων, ὃν οὐκ ἀπήγγειλεν αὐτῇ. ³καὶ εἶδεν βασίλισσα Σαβα τὴν
4 σοφίαν Σαλωμων καὶ τὸν οἶκον, ὃν ᾠκοδόμησεν, ⁴καὶ τὰ βρώματα
τῶν τραπεζῶν καὶ καθέδραν παίδων αὐτοῦ καὶ στάσιν λειτουργῶν
αὐτοῦ καὶ ἱματισμὸν αὐτῶν καὶ οἰνοχόους αὐτοῦ καὶ στολισμὸν
αὐτῶν καὶ τὰ ὁλοκαυτώματα, ἃ ἀνέφερεν ἐν οἴκῳ κυρίου, καὶ ἐξ
5 ἑαυτῆς ἐγένετο. ⁵καὶ εἶπεν πρὸς τὸν βασιλέα Ἀληθινὸς ὁ λόγος,
ὃν ἤκουσα ἐν τῇ γῇ μου περὶ τῶν λόγων σου καὶ περὶ τῆς σοφίας
6 σου, ⁶καὶ οὐκ ἐπίστευσα τοῖς λόγοις, ἕως οὗ ἦλθον καὶ εἶδον οἱ
ὀφθαλμοί μου, καὶ ἰδοὺ οὐκ ἀπηγγέλη μοι ἥμισυ τοῦ πλήθους τῆς
7 σοφίας σου, προσέθηκας ἐπὶ τὴν ἀκοήν, ἣν ἤκουσα · ⁷μακάριοι οἱ
ἄνδρες, μακάριοι οἱ παῖδές σου οὗτοι οἱ παρεστηκότες σοι διὰ
8 παντὸς καὶ ἀκούουσιν σοφίαν σου · ⁸ἔστω κύριος ὁ θεός σου
ηὐλογημένος, ὃς ἠθέλησέν σοι τοῦ δοῦναί σε ἐπὶ θρόνον αὐτοῦ
εἰς βασιλέα τῷ κυρίῳ θεῷ σου · ἐν τῷ ἀγαπῆσαι κύριον τὸν θεὸν
σου τὸν Ισραηλ τοῦ στῆσαι αὐτὸν εἰς αἰῶνα καὶ ἔδωκέν σε ἐπ᾽
9 αὐτοὺς εἰς βασιλέα τοῦ ποιῆσαι κρίμα καὶ δικαιοσύνην. ⁹καὶ ἔδω-

14 επι] κατα Α | αινειν .. λειτουργειν] tr. Β | εντολη Α ‖ 16 ητοιμασεν Α†
| εθεμελ.] ετελ(ε)ιωθη Α ‖ 17 αιλαθ rau.] -λαμ ΒΑ | γη] τη Α ‖ 18 ωχετο
Β† | σωφηρα Α | ελαβεν Β | τετρακοσια] pr. τα Β†
9 2 ον] pr. λογος Β(†) ‖ 4 αυτων 1⁰] -του Αʳ | οινοχοων Β† | ανεφερον Α†
‖ 6 προσεθηκας] pr. και Α† ‖ 8 θρονου Α | κυριω θεω] λαω Α | αιωνα] pr.
τον Α | κριμα] κρισιν Α

κεν τῷ βασιλεῖ ἑκατὸν εἴκοσι τάλαντα χρυσίου καὶ ἀρώματα εἰς
πλῆθος πολὺ καὶ λίθον τίμιον · καὶ οὐκ ἦν κατὰ τὰ ἀρώματα ἐκεῖ-
να, ἃ ἔδωκεν βασίλισσα Σαβα τῷ βασιλεῖ Σαλωμων. (¹⁰καὶ οἱ παῖ- 10
δες Σαλωμων καὶ οἱ παῖδες Χιραμ ἔφερον χρυσίον τῷ Σαλωμων
ἐκ Σουφιρ καὶ ξύλα πεύκινα καὶ λίθον τίμιον · ¹¹καὶ ἐποίησεν ὁ 11
βασιλεὺς τὰ ξύλα τὰ πεύκινα ἀναβάσεις τῷ οἴκῳ κυρίου καὶ τῷ
οἴκῳ τοῦ βασιλέως καὶ κιθάρας καὶ νάβλας τοῖς ᾠδοῖς, καὶ οὐκ
ὤφθησαν τοιαῦτα ἔμπροσθεν ἐν γῇ Ιουδα.) ¹²καὶ ὁ βασιλεὺς Σα- 12
λωμων ἔδωκεν τῇ βασιλίσσῃ Σαβα πάντα τὰ θελήματα αὐτῆς, ἃ
ᾔτησεν, ἐκτὸς πάντων, ὧν ἤνεγκεν τῷ βασιλεῖ Σαλωμων · καὶ
ἀπέστρεψεν εἰς τὴν γῆν αὐτῆς.

¹³Καὶ ἦν ὁ σταθμὸς τοῦ χρυσίου τοῦ ἐνεχθέντος τῷ Σαλωμων 13
ἐν ἐνιαυτῷ ἑνὶ ἑξακόσια ἑξήκοντα ἓξ τάλαντα χρυσίου ¹⁴πλὴν τῶν 14
ἀνδρῶν τῶν ὑποτεταγμένων καὶ τῶν ἐμπορευομένων, ὧν ἔφερον,
καὶ πάντων τῶν βασιλέων τῆς Ἀραβίας καὶ σατραπῶν τῆς γῆς,
ἔφερον χρυσίον καὶ ἀργύριον τῷ βασιλεῖ Σαλωμων. ¹⁵καὶ ἐποίησεν 15
ὁ βασιλεὺς Σαλωμων διακοσίους θυρεοὺς χρυσοῦς ἐλατούς, ἑξακό-
σιοι χρυσοῖ καθαροὶ τῷ ἑνὶ θυρεῷ, ἑξακόσιοι χρυσοῖ ἐπῆσαν ἐπὶ
τὸν ἕνα θυρεόν · ¹⁶καὶ τριακοσίας ἀσπίδας ἐλατὰς χρυσᾶς, τριακο- 16
σίων χρυσῶν ἀνεφέρετο ἐπὶ τὴν ἀσπίδα ἑκάστην · καὶ ἔδωκεν
αὐτὰς ὁ βασιλεὺς ἐν οἴκῳ δρυμοῦ τοῦ Λιβάνου. ¹⁷καὶ ἐποίησεν ὁ 17
βασιλεὺς θρόνον ἐλεφάντινον ὀδόντων μέγαν καὶ κατεχρύσωσεν
αὐτὸν χρυσίῳ δοκίμῳ · ¹⁸καὶ ἓξ ἀναβαθμοὶ τῷ θρόνῳ ἐνδεδεμένοι 18
χρυσίῳ, καὶ ἀγκῶνες ἔνθεν καὶ ἔνθεν ἐπὶ τοῦ θρόνου τῆς καθέδρας,
καὶ δύο λέοντες ἑστηκότες παρὰ τοὺς ἀγκῶνας, ¹⁹καὶ δώδεκα λέ- 19
οντες ἑστηκότες ἐκεῖ ἐπὶ τῶν ἓξ ἀναβαθμῶν ἔνθεν καὶ ἔνθεν · οὐκ
ἐγενήθη οὕτως ἐν πάσῃ βασιλείᾳ. ²⁰καὶ πάντα τὰ σκεύη τοῦ βασι- 20
λέως Σαλωμων χρυσίου, καὶ πάντα τὰ σκεύη οἴκου δρυμοῦ τοῦ
Λιβάνου χρυσίῳ κατειλημμένα, οὐκ ἦν ἀργύριον λογιζόμενον ἐν
ἡμέραις Σαλωμων εἰς οὔθεν · ²¹ὅτι ναῦς τῷ βασιλεῖ ἐπορεύετο εἰς 21
Θαρσις μετὰ τῶν παίδων Χιραμ, ἅπαξ διὰ τριῶν ἐτῶν ἤρχετο
πλοῖα ἐκ Θαρσις τῷ βασιλεῖ γέμοντα χρυσίου καὶ ἀργυρίου καὶ
ὀδόντων ἐλεφαντίνων καὶ πιθήκων. ²²καὶ ἐμεγαλύνθη Σαλωμων 22
ὑπὲρ πάντας τοὺς βασιλεῖς καὶ πλούτῳ καὶ σοφίᾳ. ²³καὶ πάντες οἱ 23
βασιλεῖς τῆς γῆς ἐζήτουν τὸ πρόσωπον Σαλωμων ἀκοῦσαι τῆς
σοφίας αὐτοῦ, ἧς ἔδωκεν ὁ θεὸς ἐν καρδίᾳ αὐτοῦ. ²⁴καὶ αὐτοὶ 24
ἔφερον ἕκαστος τὰ δῶρα αὐτοῦ, σκεύη ἀργυρᾶ καὶ σκεύη χρυσᾶ
καὶ ἱματισμόν, στακτὴν καὶ ἡδύσματα, ἵππους καὶ ἡμιόνους, τὸ

---

14 των 3⁰ > A† | ων > B† || 16 τριακοσιων — εκαστην > B | δρυμου]
pr. του A || 19 παση] + τη B† || 20 ουκ] pr. και A† || 21 βασιλει 1⁰] +
σαλωμων A | πλοιον et γεμον A || 24 ιππους] pr. και A†

25 κατ' ἐνιαυτὸν ἐνιαυτόν. ²⁵καὶ ἦσαν τῷ Σαλωμων τέσσαρες χιλιάδες
θήλειαι ἵπποι εἰς ἅρματα καὶ δώδεκα χιλιάδες ἱππέων, καὶ ἔθετο
αὐτοὺς ἐν πόλεσιν τῶν ἁρμάτων καὶ μετὰ τοῦ βασιλέως ἐν Ιερου-
26 σαλημ. ²⁶καὶ ἦν ἡγούμενος πάντων τῶν βασιλέων ἀπὸ τοῦ ποτα-
27 μοῦ καὶ ἕως γῆς ἀλλοφύλων καὶ ἕως ὁρίου Αἰγύπτου. ²⁷καὶ ἔδω-
κεν ὁ βασιλεὺς τὸ χρυσίον καὶ τὸ ἀργύριον ἐν Ιερουσαλημ ὡς
λίθους καὶ τὰς κέδρους ὡς συκαμίνους τὰς ἐν τῇ πεδινῇ εἰς πλῆ-
28 θος. ²⁸καὶ ἡ ἔξοδος τῶν ἵππων ἐξ Αἰγύπτου τῷ Σαλωμων καὶ ἐκ
πάσης τῆς γῆς.
29   ²⁹Καὶ οἱ κατάλοιποι λόγοι Σαλωμων οἱ πρῶτοι καὶ οἱ ἔσχατοι
ἰδοὺ γεγραμμένοι ἐπὶ τῶν λόγων Ναθαν τοῦ προφήτου καὶ ἐπὶ
τῶν λόγων Αχια τοῦ Σηλωνίτου καὶ ἐν ταῖς ὁράσεσιν Ιωηλ τοῦ
30 ὁρῶντος περὶ Ιεροβοαμ υἱοῦ Ναβατ. ³⁰καὶ ἐβασίλευσεν Σαλωμων
31 ὁ βασιλεὺς ἐπὶ πάντα Ισραηλ τεσσαράκοντα ἔτη. ³¹καὶ ἐκοιμήθη
Σαλωμων, καὶ ἔθαψαν αὐτὸν ἐν πόλει Δαυιδ τοῦ πατρὸς αὐτοῦ,
καὶ ἐβασίλευσεν Ροβοαμ υἱὸς αὐτοῦ ἀντ' αὐτοῦ.
10   ¹Καὶ ἦλθεν Ροβοαμ εἰς Συχεμ, ὅτι εἰς Συχεμ ἤρχετο πᾶς Ισραηλ
2 βασιλεῦσαι αὐτόν. ²καὶ ἐγένετο ὡς ἤκουσεν Ιεροβοαμ υἱὸς Ναβατ
— καὶ αὐτὸς ἐν Αἰγύπτῳ, ὡς ἔφυγεν ἀπὸ προσώπου Σαλωμων
τοῦ βασιλέως, καὶ κατῴκησεν Ιεροβοαμ ἐν Αἰγύπτῳ —, καὶ ἀπέ-
3 στρεψεν Ιεροβοαμ ἐξ Αἰγύπτου. ³καὶ ἀπέστειλαν καὶ ἐκάλεσαν αὐ-
τόν, καὶ ἦλθεν Ιεροβοαμ καὶ πᾶσα ἡ ἐκκλησία Ισραηλ πρὸς Ροβοαμ
4 λέγοντες ⁴Ὁ πατήρ σου ἐσκλήρυνεν τὸν ζυγὸν ἡμῶν, καὶ νῦν
ἄφες ἀπὸ τῆς δουλείας τοῦ πατρός σου τῆς σκληρᾶς καὶ ἀπὸ τοῦ
ζυγοῦ αὐτοῦ τοῦ βαρέος, οὗ ἔδωκεν ἐφ' ἡμᾶς, καὶ δουλεύσομέν
5 σοι. ⁵καὶ εἶπεν αὐτοῖς Πορεύεσθε ἕως τριῶν ἡμερῶν καὶ ἔρχεσθε
6 πρός με · καὶ ἀπῆλθεν ὁ λαός. ⁶καὶ συνήγαγεν ὁ βασιλεὺς Ροβοαμ
τοὺς πρεσβυτέρους τοὺς ἑστηκότας ἐναντίον Σαλωμων τοῦ πατρὸς
αὐτοῦ ἐν τῷ ζῆν αὐτὸν λέγων Πῶς ὑμεῖς βουλεύεσθε τοῦ ἀπο-
7 κριθῆναι τῷ λαῷ τούτῳ λόγον; ⁷καὶ ἐλάλησαν αὐτῷ λέγοντες
Ἐὰν ἐν τῇ σήμερον γένῃ εἰς ἀγαθὸν τῷ λαῷ τούτῳ καὶ εὐδοκή-
σῃς καὶ λαλήσῃς αὐτοῖς λόγους ἀγαθούς, καὶ ἔσονταί σοι παῖδες
8 πάσας τὰς ἡμέρας. ⁸καὶ κατέλιπεν τὴν βουλὴν τῶν πρεσβυτέρων,
οἳ συνεβουλεύσαντο αὐτῷ, καὶ συνεβουλεύσατο μετὰ τῶν παιδα-
ρίων τῶν συνεκτραφέντων μετ' αὐτοῦ τῶν ἑστηκότων ἐναντίον
9 αὐτοῦ. ⁹καὶ εἶπεν αὐτοῖς Τί ὑμεῖς βουλεύεσθε καὶ ἀποκριθήσομαι
λόγον τῷ λαῷ τούτῳ, οἳ ἐλάλησαν πρός με λέγοντες Ἄνες ἀπὸ

24 ενιαυτον ult. > A ‖ 25 τεσσαρες χιλιαδες] τ. μυριαδες AV†, τεσσαρα-
κοντα χιλ. L†: cf. Regn. III 10 26 | ιπποι] ιππων A ‖ 26 γης] pr. της A | οριου
BV†] -ιων rel. ‖ 28 τω] των B*†
10 3 απεστειλεν et εκαλεσεν B† | ισραηλ] ηλθον B(†) | ροβοαμ] pr. βασιλεα A
‖ 6 βουλευεσθε mu.] ευ > BA: item in 9 ‖ 9 λογον / τω λαω τουτω] tr. A†

τοῦ ζυγοῦ, οὗ ἔδωκεν ὁ πατήρ σου ἐφ᾽ ἡμᾶς ; ¹⁰καὶ ἐλάλησαν αὐ- 10
τῷ τὰ παιδάρια τὰ ἐκτραφέντα μετ᾽ αὐτοῦ Οὕτως λαλήσεις τῷ λαῷ
τῷ λαλήσαντι πρὸς σὲ λέγων Ὁ πατήρ σου ἐβάρυνεν τὸν ζυγὸν
ἡμῶν καὶ σὺ ἄφες ἀφ᾽ ἡμῶν, οὕτως ἐρεῖς Ὁ μικρὸς δάκτυλός μου
παχύτερος τῆς ὀσφύος τοῦ πατρός μου · ¹¹καὶ νῦν ὁ πατήρ μου 11
ἐπαίδευσεν ὑμᾶς ζυγῷ βαρεῖ καὶ ἐγὼ προσθήσω ἐπὶ τὸν ζυγὸν
ὑμῶν, ὁ πατήρ μου ἐπαίδευσεν ὑμᾶς ἐν μάστιγξιν καὶ ἐγὼ παι-
δεύσω ὑμᾶς ἐν σκορπίοις. ¹²καὶ ἦλθεν Ιεροβοαμ καὶ πᾶς ὁ λαὸς 12
πρὸς Ροβοαμ τῇ ἡμέρᾳ τῇ τρίτῃ, ὡς ἐλάλησεν ὁ βασιλεὺς λέγων
Ἐπιστρέψατε πρός με τῇ ἡμέρᾳ τῇ τρίτῃ. ¹³καὶ ἀπεκρίθη ὁ βασι- 13
λεὺς σκληρά, καὶ ἐγκατέλιπεν ὁ βασιλεὺς Ροβοαμ τὴν βουλὴν τῶν
πρεσβυτέρων ¹⁴καὶ ἐλάλησεν πρὸς αὐτοὺς κατὰ τὴν βουλὴν τῶν 14
νεωτέρων λέγων Ὁ πατήρ μου ἐβάρυνεν τὸν ζυγὸν ὑμῶν καὶ ἐγὼ
προσθήσω ἐπ᾽ αὐτόν, ὁ πατήρ μου ἐπαίδευσεν ὑμᾶς ἐν μάστιγξιν
καὶ ἐγὼ παιδεύσω ὑμᾶς ἐν σκορπίοις. ¹⁵καὶ οὐκ ἤκουσεν ὁ βασι- 15
λεὺς τοῦ λαοῦ, ὅτι ἦν μεταστροφὴ παρὰ τοῦ θεοῦ λέγων Ἀνέστη-
σεν κύριος τὸν λόγον αὐτοῦ, ὃν ἐλάλησεν ἐν χειρὶ Αχια τοῦ Σηλω-
νίτου περὶ Ιεροβοαμ υἱοῦ Ναβατ ¹⁶καὶ παντὸς Ισραηλ, ὅτι οὐκ ἤκου- 16
σεν ὁ βασιλεὺς αὐτῶν. καὶ ἀπεκρίθη ὁ λαὸς πρὸς τὸν βασιλέα λέ-
γων Τίς ἡμῖν μερὶς ἐν Δαυιδ καὶ κληρονομία ἐν υἱῷ Ιεσσαι; εἰς
τὰ σκηνώματά σου, Ισραηλ · νῦν βλέπε τὸν οἶκόν σου, Δαυιδ. καὶ
ἐπορεύθη πᾶς Ισραηλ εἰς τὰ σκηνώματα αὐτοῦ · ¹⁷καὶ ἄνδρες 17
Ισραηλ οἱ κατοικοῦντες ἐν πόλεσιν Ιουδα καὶ ἐβασίλευσεν ἐπ᾽ αὐ-
τῶν Ροβοαμ. ¹⁸καὶ ἀπέστειλεν ὁ βασιλεὺς Ροβοαμ τὸν Αδωνιραμ 18
τὸν ἐπὶ τοῦ φόρου, καὶ ἐλιθοβόλησαν αὐτὸν οἱ υἱοὶ Ισραηλ λίθοις
καὶ ἀπέθανεν · καὶ ὁ βασιλεὺς Ροβοαμ ἔσπευσεν τοῦ ἀναβῆναι εἰς
τὸ ἅρμα τοῦ φυγεῖν εἰς Ιερουσαλημ. ¹⁹καὶ ἠθέτησεν Ισραηλ ἐν τῷ 19
οἴκῳ Δαυιδ ἕως τῆς ἡμέρας ταύτης.

¹Καὶ ἦλθεν Ροβοαμ εἰς Ιερουσαλημ καὶ ἐξεκκλησίασεν τὸν Ιου- 11
δαν καὶ Βενιαμιν, ἑκατὸν ὀγδοήκοντα χιλιάδας νεανίσκων ποιούν-
των πόλεμον, καὶ ἐπολέμει πρὸς Ισραηλ τοῦ ἐπιστρέψαι τὴν βασι-
λείαν τῷ Ροβοαμ. ²καὶ ἐγένετο λόγος κυρίου πρὸς Σαμαιαν ἄνθρω- 2
πον τοῦ θεοῦ λέγων ³Εἰπὸν πρὸς Ροβοαμ τὸν τοῦ Σαλωμων καὶ 3
πρὸς πάντα Ιουδαν καὶ Βενιαμιν λέγων ⁴Τάδε λέγει κύριος Οὐκ 4
ἀναβήσεσθε καὶ οὐ πολεμήσετε πρὸς τοὺς ἀδελφοὺς ὑμῶν · ἀπο-

11 υμων] ημ. B: item B*† in 14 | μαστιγξιν B*†] γ > ABᶜ: item in 14,
cf. Regn. III 12 11 || 14 και ult. > A || 16 ημιν] ημων B† | εις 1⁰] pr. αποτρεχε
A: cf. Regn. III 12 16 || 17 οι] pr. και B | και εβασιλευσεν επ αυτων] εβασι-
λευσαν εφ εαυτων τον A | ροβοαμ] ιεροβ. B: item B† in 18 (2ʲ) || 18 ο βασ.
1⁰] επ αυτους B | αδων(ε)ιραμ] αδωραμ A | αυτον / οι υιοι ισρ.] tr. B†
11 1 τω ροβοαμ B†] εαυτω (uel sim.) rel. || 3 προς 2⁰ > B† | ιουδα A ||
4 και ου] ουδε A | αποστρεφετε] -στραφητε A

στρέφετε ἕκαστος εἰς τὸν οἶκον αὐτοῦ, ὅτι παρ᾽ ἐμοῦ ἐγένετο τὸ
ῥῆμα τοῦτο. καὶ ἐπήκουσαν τοῦ λόγου κυρίου καὶ ἀπεστράφησαν
τοῦ μὴ πορευθῆναι ἐπὶ Ιεροβοαμ.

5 ⁵Καὶ κατῴκησεν Ροβοαμ εἰς Ιερουσαλημ καὶ ᾠκοδόμησεν πόλεις
6 τειχήρεις ἐν τῇ Ιουδαίᾳ. ⁶καὶ ᾠκοδόμησεν τὴν Βαιθλεεμ καὶ τὴν
7 Αιταμ καὶ τὴν Θεκωε ⁷καὶ τὴν Βαιθσουρα καὶ τὴν Σοκχωθ καὶ τὴν
8 Οδολλαμ ⁸καὶ τὴν Γεθ καὶ τὴν Μαρισαν καὶ τὴν Ζιφ ⁹καὶ τὴν
9
10 Αδωραιμ καὶ τὴν Λαχις καὶ τὴν Αζηκα ¹⁰καὶ τὴν Σαραα καὶ τὴν
Αιαλων καὶ τὴν Χεβρων, ἥ ἐστιν τοῦ Ιουδα καὶ Βενιαμιν, πόλεις
11 τειχήρεις. ¹¹καὶ ὠχύρωσεν αὐτὰς τείχεσιν καὶ ἔδωκεν ἐν αὐταῖς
12 ἡγουμένους καὶ παραθέσεις βρωμάτων, ἔλαιον καὶ οἶνον, ¹²κατὰ
πόλιν καὶ κατὰ πόλιν θυρεοὺς καὶ δόρατα, καὶ κατίσχυσεν αὐτὰς
13 εἰς πλῆθος σφόδρα · καὶ ἦσαν αὐτῷ Ιουδα καὶ Βενιαμιν. — ¹³καὶ
οἱ ἱερεῖς καὶ οἱ Λευῖται, οἳ ἦσαν ἐν παντὶ Ισραηλ, συνήχθησαν
14 πρὸς αὐτὸν ἐκ πάντων τῶν ὁρίων · ¹⁴ὅτι ἐγκατέλιπον οἱ Λευῖται
τὰ σκηνώματα τῆς κατασχέσεως αὐτῶν καὶ ἐπορεύθησαν πρὸς
Ιουδαν εἰς Ιερουσαλημ, ὅτι ἐξέβαλεν αὐτοὺς Ιεροβοαμ καὶ οἱ υἱοὶ
15 αὐτοῦ τοῦ μὴ λειτουργεῖν κυρίῳ ¹⁵καὶ κατέστησεν ἑαυτῷ ἱερεῖς
τῶν ὑψηλῶν καὶ τοῖς εἰδώλοις καὶ τοῖς ματαίοις καὶ τοῖς μόσχοις,
16 ἃ ἐποίησεν Ιεροβοαμ, ¹⁶καὶ ἐξέβαλεν αὐτοὺς ἀπὸ φυλῶν Ισραηλ,
οἳ ἔδωκαν καρδίαν αὐτῶν τοῦ ζητῆσαι κύριον θεὸν Ισραηλ, καὶ
17 ἦλθον εἰς Ιερουσαλημ θῦσαι κυρίῳ θεῷ τῶν πατέρων αὐτῶν ¹⁷καὶ
κατίσχυσαν τὴν βασιλείαν Ιουδα καὶ κατίσχυσαν Ροβοαμ τὸν τοῦ
Σαλωμων εἰς ἔτη τρία, ὅτι ἐπορεύθη ἐν ταῖς ὁδοῖς Δαυιδ καὶ Σα-
λωμων ἔτη τρία.
18 ¹⁸Καὶ ἔλαβεν ἑαυτῷ Ροβοαμ γυναῖκα τὴν Μολλαθ θυγατέρα Ιερι-
19 μουθ υἱοῦ Δαυιδ, Αβαιαν θυγατέρα Ελιαβ τοῦ Ιεσσαι, ¹⁹καὶ ἔτεκεν
20 αὐτῷ υἱοὺς τὸν Ιαους καὶ τὸν Σαμαριαν καὶ τὸν Ροολλαμ. ²⁰καὶ
μετὰ ταῦτα ἔλαβεν ἑαυτῷ τὴν Μααχα θυγατέρα Αβεσσαλωμ, καὶ
ἔτεκεν αὐτῷ τὸν Αβια καὶ τὸν Ιεθθι καὶ τὸν Ζιζα καὶ τὸν Εμμωθ.
21 ²¹καὶ ἠγάπησεν Ροβοαμ τὴν Μααχαν θυγατέρα Αβεσσαλωμ ὑπὲρ

4 επηκουσαν] υπ. A ‖ 5 εις BV†] επι A†, εν rel. ‖ 6 βαιθλεεμ] σ pro
λ B*A | την 2⁰ 3⁰ et (7) 1⁰ > B† uel B | αιταμ compl.] -τανι A, -ταν Bᶜ†,
απαν B*† ‖ 7 οδολαμ B ‖ 8 ζ(ε)ιφ] ζειβ B ‖ 9 αδωραιμ] μ > B† | την
2⁰ mu.] > BA ‖ 10 αιαλων] αλδων B† ‖ 11 τειχεσιν] -χηρεις B: ex 10 |
εν > A ‖ 12 και κατα πολιν B†] > rel. ‖ 13 ιερεις ... λευ(ε)ιται] tr. B ‖
14 ιουδα B: ego formam non flexam eis tantum locis recepi, quibus et B
et A eam praebent | εξεβαλλεν B*† | του > B | κυριω] pr. τω A† ‖ 15 ε-
αυτω] ε > B ‖ 16 κυριον] pr. τον A | θεω] pr. τω A ‖ 17 κατισχυσαν 2⁰
Ra.] -σεν mss. | τον B†] ο A | εν > A ‖ 18 μολλαθ B†] μολαθ A, μοολαθ
compl. | ιεριμουθ] ερμουθ A | αβαιαν Bᶜ†] βαιαν B*†, και αβιαιαλ A | ελιαβ]
-αν B† ‖ 19 ετεκον A | ιαους Ra.] ιαουθ B†, ιεους rel., sed AV† om. τον
ιαους | ροολλαμ B†] ζαλαμ A, ζααμ compl. ‖ 20 εμμωθ B†] σαλημωθ A ‖
21 μααχαν B†] ν > rel.

πάσας τὰς γυναῖκας αὐτοῦ καὶ τὰς παλλακὰς αὐτοῦ, ὅτι γυναῖκας
δέκα ὀκτὼ εἶχεν καὶ παλλακὰς τριάκοντα · καὶ ἐγέννησεν υἱοὺς
εἴκοσι ὀκτὼ καὶ θυγατέρας ἑξήκοντα. ²²καὶ κατέστησεν εἰς ἄρχοντα 22
Ροβοαμ τὸν Αβια τὸν τῆς Μααχα εἰς ἡγούμενον ἐν τοῖς ἀδελφοῖς
αὐτοῦ, ὅτι βασιλεῦσαι διενοεῖτο αὐτόν · ²³καὶ ηὐξήθη παρὰ πάντας 23
τοὺς υἱοὺς αὐτοῦ ἐν πᾶσιν τοῖς ὁρίοις Ιουδα καὶ Βενιαμιν καὶ ἐν
ταῖς πόλεσιν ταῖς ὀχυραῖς καὶ ἔδωκεν αὐταῖς τροφὰς πλῆθος πολὺ
καὶ ᾐτήσατο πλῆθος γυναικῶν.

¹Καὶ ἐγένετο ὡς ἡτοιμάσθη ἡ βασιλεία Ροβοαμ καὶ ὡς κατεκρα- 12
τήθη, ἐγκατέλιπεν τὰς ἐντολὰς κυρίου καὶ πᾶς Ισραηλ μετ᾽ αὐτοῦ.
²καὶ ἐγένετο ἐν τῷ πέμπτῳ ἔτει τῆς βασιλείας Ροβοαμ ἀνέβη Σου- 2
σακιμ βασιλεὺς Αἰγύπτου ἐπὶ Ιερουσαλημ, ὅτι ἥμαρτον ἐναντίον
κυρίου, ³ἐν χιλίοις καὶ διακοσίοις ἅρμασιν καὶ ἑξήκοντα χιλιάσιν 3
ἵππων, καὶ οὐκ ἦν ἀριθμὸς τοῦ πλήθους τοῦ ἐλθόντος μετ᾽ αὐτοῦ
ἐξ Αἰγύπτου, Λίβυες, Τρωγλοδύται καὶ Αἰθίοπες. ⁴καὶ κατεκράτησαν 4
τῶν πόλεων τῶν ὀχυρῶν, αἳ ἦσαν ἐν Ιουδα, καὶ ἦλθεν εἰς Ιερου-
σαλημ. ⁵καὶ Σαμαιας ὁ προφήτης ἦλθεν πρὸς Ροβοαμ καὶ πρὸς 5
τοὺς ἄρχοντας Ιουδα τοὺς συναχθέντας εἰς Ιερουσαλημ ἀπὸ προσ-
ώπου Σουσακιμ καὶ εἶπεν αὐτοῖς Οὕτως εἶπεν κύριος Ὑμεῖς ἐγ-
κατελίπετέ με, κἀγὼ ἐγκαταλείψω ὑμᾶς ἐν χειρὶ Σουσακιμ. ⁶καὶ 6
ᾐσχύνθησαν οἱ ἄρχοντες Ισραηλ καὶ ὁ βασιλεὺς καὶ εἶπαν Δίκαιος
ὁ κύριος. ⁷καὶ ἐν τῷ ἰδεῖν κύριον ὅτι ἐνετράπησαν, καὶ ἐγένετο 7
λόγος κυρίου πρὸς Σαμαιαν λέγων Ἐνετράπησαν, οὐ καταφθερῶ
αὐτούς · καὶ δώσω αὐτοὺς ὡς μικρὸν εἰς σωτηρίαν, καὶ οὐ μὴ
στάξῃ ὁ θυμός μου ἐν Ιερουσαλημ, ⁸ὅτι ἔσονται εἰς παῖδας καὶ 8
γνώσονται τὴν δουλείαν μου καὶ τὴν δουλείαν τῆς βασιλείας τῆς
γῆς. ⁹καὶ ἀνέβη Σουσακιμ βασιλεὺς Αἰγύπτου καὶ ἔλαβεν τοὺς θη- 9
σαυροὺς τοὺς ἐν οἴκῳ κυρίου καὶ τοὺς θησαυροὺς τοὺς ἐν οἴκῳ
τοῦ βασιλέως, τὰ πάντα ἔλαβεν · καὶ ἔλαβεν τοὺς θυρεοὺς τοὺς
χρυσοῦς, οὓς ἐποίησεν Σαλωμων, ¹⁰καὶ ἐποίησεν Ροβοαμ θυρεοὺς 10
χαλκοῦς ἀντ᾽ αὐτῶν. καὶ κατέστησεν ἐπ᾽ αὐτὸν Σουσακιμ ἄρχοντας
παρατρεχόντων τοὺς φυλάσσοντας τὸν πυλῶνα τοῦ βασιλέως ·
¹¹καὶ ἐγένετο ἐν τῷ εἰσελθεῖν τὸν βασιλέα εἰς οἶκον κυρίου, εἰσ- 11
επορεύοντο οἱ φυλάσσοντες καὶ οἱ παρατρέχοντες καὶ οἱ ἐπιστρέ-
φοντες εἰς ἀπάντησιν τῶν παρατρεχόντων. ¹²καὶ ἐν τῷ ἐντραπῆναι 12
αὐτὸν ἀπεστράφη ἀπ᾽ αὐτοῦ ὀργὴ κυρίου καὶ οὐκ εἰς καταφθορὰν
εἰς τέλος · καὶ γὰρ ἐν Ιουδα ἦσαν λόγοι ἀγαθοί.

21 τριακοντα B et Ioseph. Antiq. VIII 250 Niese] εξηκ. A pl. ‖ 22 ροβ. τον
> B†
12 2 ιερουσ.] ισραηλ A† ‖ 3 τρωγοδυται B ‖ 4 ηλθον A ‖ 5 σαμαιας]
μμ pro μ B†: item in 7. 15 ‖ 6 ισραηλ] ιουδα A ‖ 7 εν ult. B†] επι rel.
‖ 12 οργη] pr. η A† | ιουδα] pr. τω A | fin.] + και αρεστοι εν πασιν A†

13 ¹³Καὶ κατίσχυσεν Ροβοαμ ἐν Ιερουσαλημ καὶ ἐβασίλευσεν · καὶ
τεσσαράκοντα καὶ ἑνὸς ἐτῶν Ροβοαμ ἐν τῷ βασιλεῦσαι αὐτὸν καὶ
ἑπτακαίδεκα ἔτη ἐβασίλευσεν ἐν Ιερουσαλημ ἐν τῇ πόλει, ᾗ ἐξελέ-
ξατο κύριος ἐπονομάσαι τὸ ὄνομα αὐτοῦ ἐκεῖ ἐκ πασῶν φυλῶν
υἱῶν Ισραηλ · καὶ ὄνομα τῆς μητρὸς αὐτοῦ Νοομμα ἡ Αμμανῖτις.
14 ¹⁴καὶ ἐποίησεν τὸ πονηρόν, ὅτι οὐ κατεύθυνεν τὴν καρδίαν αὐτοῦ
15 ἐκζητῆσαι τὸν κύριον. ¹⁵καὶ λόγοι Ροβοαμ οἱ πρῶτοι καὶ οἱ ἔσχα-
τοι οὐκ ἰδοὺ γεγραμμένοι ἐν τοῖς λόγοις Σαμαια τοῦ προφήτου
καὶ Αδδω τοῦ ὁρῶντος καὶ πράξεις αὐτοῦ; καὶ ἐπολέμει Ροβοαμ
16 τὸν Ιεροβοαμ πάσας τὰς ἡμέρας. ¹⁶καὶ ἀπέθανεν Ροβοαμ καὶ ἐτάφη
μετὰ τῶν πατέρων αὐτοῦ καὶ ἐτάφη ἐν πόλει Δαυιδ, καὶ ἐβασίλευ-
σεν Αβια υἱὸς αὐτοῦ ἀντ' αὐτοῦ.
13 ¹'Εν τῷ ὀκτωκαιδεκάτῳ ἔτει τῆς βασιλείας Ιεροβοαμ ἐβασίλευσεν
2 Αβια ἐπὶ Ιουδαν · ²ἔτη τρία ἐβασίλευσεν ἐν Ιερουσαλημ, καὶ ὄνομα
τῇ μητρὶ αὐτοῦ Μααχα θυγάτηρ Ουριηλ ἀπὸ Γαβαων. καὶ πόλεμος
3 ἦν ἀνὰ μέσον Αβια καὶ ἀνὰ μέσον Ιεροβοαμ. ³καὶ παρετάξατο
Αβια τὸν πόλεμον ἐν δυνάμει πολεμισταῖς δυνάμεως τετρακοσίαις
χιλιάσιν ἀνδρῶν δυνατῶν, καὶ Ιεροβοαμ παρετάξατο πρὸς αὐτὸν
πόλεμον ἐν ὀκτακοσίαις χιλιάσιν, δυνατοὶ πολεμισταὶ δυνάμεως.
4 ⁴καὶ ἀνέστη Αβια ἀπὸ τοῦ ὄρους Σομορων, ὅ ἐστιν ἐν τῷ ὄρει
5 Εφραιμ, καὶ εἶπεν Ἀκούσατε, Ιεροβοαμ καὶ πᾶς Ισραηλ. ⁵οὐχ ὑμῖν
γνῶναι ὅτι κύριος ὁ θεὸς Ισραηλ ἔδωκεν βασιλείαν ἐπὶ τὸν Ισραηλ
6 εἰς τὸν αἰῶνα τῷ Δαυιδ καὶ τοῖς υἱοῖς αὐτοῦ διαθήκην ἁλός; ⁶καὶ
ἀνέστη Ιεροβοαμ ὁ τοῦ Ναβατ ὁ παῖς Σαλωμων τοῦ Δαυιδ καὶ
7 ἀπέστη ἀπὸ τοῦ κυρίου αὐτοῦ. ⁷καὶ συνήχθησαν πρὸς αὐτὸν ἄν-
δρες λοιμοὶ υἱοὶ παράνομοι, καὶ ἀντέστη πρὸς Ροβοαμ τὸν τοῦ
Σαλωμων, καὶ Ροβοαμ ἦν νεώτερος καὶ δειλὸς τῇ καρδίᾳ καὶ οὐκ
8 ἀντέστη κατὰ πρόσωπον αὐτοῦ. ⁸καὶ νῦν λέγετε ὑμεῖς ἀντιστῆναι
κατὰ πρόσωπον βασιλείας κυρίου διὰ χειρὸς υἱῶν Δαυιδ · καὶ
ὑμεῖς πλῆθος πολύ, καὶ μεθ' ὑμῶν μόσχοι χρυσοῖ, οὓς ἐποίησεν
9 ὑμῖν Ιεροβοαμ εἰς θεούς. ⁹ἢ οὐκ ἐξεβάλετε τοὺς ἱερεῖς κυρίου τοὺς
υἱοὺς Ααρων καὶ τοὺς Λευίτας καὶ ἐποιήσατε ἑαυτοῖς ἱερεῖς ἐκ
τοῦ λαοῦ τῆς γῆς; πᾶς ὁ προσπορευόμενος πληρῶσαι τὰς χεῖρας
ἐν μόσχῳ ἐκ βοῶν καὶ κριοῖς ἑπτὰ καὶ ἐγίνετο εἰς ἱερέα τῷ μὴ
10 ὄντι θεῷ. ¹⁰καὶ ἡμεῖς κύριον τὸν θεὸν ἡμῶν οὐκ ἐγκατελίπομεν,

13 υιων > A || 14 τον > A || 15 αδω B†: item B in 13 22 Esdr. II 5 1
6 14, sed in Zach. 1 1.7 etiam B αδδω; cf. etiam Esdr. I 6 1 | πραξεις] pr.
αι A | τον] προς A || 16 και εταφη 2⁰ > A
13 1 ιουδαν] ισραηλ B† || 2 ετη τρια B†] tr. A; εξ ετη compl.: cf. Regn.
III 15 2 || 3 τον πολ. > B | δυνατοι πολεμισται B†] -των -στων A || 5 ε-
δωκεν] δεδ. A†: cf. 17 19 1 28 5 | βασιλειαν L†] -λεα rel. | διαθηκη B || 6 του
2⁰] τω A† | απεστη] ανεστη B || 7 αντεστη 1'] ανεστη B | τον του B†] υιον
rel. || 9 πας] πασης B | εν μοσχω L†] εκ μοσχων B†, εξ μοσχοις Apl.

καὶ οἱ ἱερεῖς αὐτοῦ λειτουργοῦσιν τῷ κυρίῳ οἱ υἱοὶ Ααρων καὶ οἱ
Λευῖται ἐν ταῖς ἐφημερίαις αὐτῶν · ¹¹θυμιῶσιν τῷ κυρίῳ ὁλοκαυ- 11
τώματα πρωὶ καὶ δείλης καὶ θυμίαμα συνθέσεως, καὶ προθέσεις
ἄρτων ἐπὶ τῆς τραπέζης τῆς καθαρᾶς, καὶ ἡ λυχνία ἡ χρυσῆ καὶ
οἱ λυχνοὶ τῆς καύσεως ἀνάψαι δείλης, ὅτι φυλάσσομεν ἡμεῖς τὰς
φυλακὰς κυρίου τοῦ θεοῦ τῶν πατέρων ἡμῶν, καὶ ὑμεῖς ἐγκατ-
ελίπετε αὐτόν. ¹²καὶ ἰδοὺ μεθ᾽ ἡμῶν ἐν ἀρχῇ κύριος καὶ οἱ ἱερεῖς 12
αὐτοῦ καὶ αἱ σάλπιγγες τῆς σημασίας τοῦ σημαίνειν ἐφ᾽ ὑμᾶς. οἱ
υἱοὶ τοῦ Ισραηλ, πολεμήσετε πρὸς κύριον θεὸν τῶν πατέρων ἡμῶν,
ὅτι οὐκ εὐοδωθήσεται ὑμῖν. — ¹³καὶ Ιεροβοαμ ἀπέστρεψεν τὸ ἔνε- 13
δρον ἐλθεῖν αὐτῶν ἐκ τῶν ὄπισθεν · καὶ ἐγένετο ἔμπροσθεν Ιουδα,
καὶ τὸ ἔνεδρον ἐκ τῶν ὄπισθεν. ¹⁴καὶ ἀπέστρεψεν Ιουδας, καὶ ἰδοὺ 14
αὐτοῖς ὁ πόλεμος ἐκ τῶν ἔμπροσθεν καὶ ἐκ τῶν ὄπισθεν, καὶ ἐβό-
ησαν πρὸς κύριον, καὶ οἱ ἱερεῖς ἐσάλπισαν ταῖς σάλπιγξιν. ¹⁵καὶ 15
ἐβόησαν ἄνδρες Ιουδα, καὶ ἐγένετο ἐν τῷ βοᾶν ἄνδρας Ιουδα καὶ
κύριος ἐπάταξεν τὸν Ιεροβοαμ καὶ τὸν Ισραηλ ἐναντίον Αβια καὶ
Ιουδα. ¹⁶καὶ ἔφυγον οἱ υἱοὶ Ισραηλ ἀπὸ προσώπου Ιουδα, καὶ παρ- 16
έδωκεν αὐτοὺς κύριος εἰς τὰς χεῖρας αὐτῶν. ¹⁷καὶ ἐπάταξεν ἐν αὐ- 17
τοῖς Αβια καὶ ὁ λαὸς αὐτοῦ πληγὴν μεγάλην, καὶ ἔπεσον τραυμα-
τίαι ἀπὸ Ισραηλ πεντακόσιαι χιλιάδες ἄνδρες δυνατοί. ¹⁸καὶ ἐτα- 18
πεινώθησαν οἱ υἱοὶ Ισραηλ ἐν τῇ ἡμέρᾳ ἐκείνῃ, καὶ κατίσχυσαν οἱ
υἱοὶ Ιουδα, ὅτι ἤλπισαν ἐπὶ κύριον θεὸν τῶν πατέρων αὐτῶν. ¹⁹καὶ 19
κατεδίωξεν Αβια ὀπίσω Ιεροβοαμ καὶ προκατελάβετο παρ᾽ αὐτοῦ
πόλεις, τὴν Βαιθηλ καὶ τὰς κώμας αὐτῆς καὶ τὴν Ισανα καὶ τὰς
κώμας αὐτῆς καὶ τὴν Εφρων καὶ τὰς κώμας αὐτῆς. ²⁰καὶ οὐκ ἔσχεν 20
ἰσχὺν Ιεροβοαμ ἔτι πάσας τὰς ἡμέρας Αβια, καὶ ἐπάταξεν αὐτὸν
κύριος, καὶ ἐτελεύτησεν.

²¹Καὶ κατίσχυσεν Αβια καὶ ἔλαβεν ἑαυτῷ γυναῖκας δέκα τέσσαρας 21
καὶ ἐγέννησεν υἱοὺς εἴκοσι δύο καὶ θυγατέρας δέκα ἕξ. ²²καὶ οἱ 22
λοιποὶ λόγοι Αβια καὶ αἱ πράξεις αὐτοῦ καὶ οἱ λόγοι αὐτοῦ γεγραμ-
μένοι ἐπὶ βιβλίῳ τοῦ προφήτου Αδδω. ²³καὶ ἀπέθανεν Αβια μετὰ 23
τῶν πατέρων αὐτοῦ, καὶ ἔθαψαν αὐτὸν ἐν πόλει Δαυιδ, καὶ ἐβασί-
λευσεν Ασα υἱὸς αὐτοῦ ἀντ᾽ αὐτοῦ.

Ἐν ταῖς ἡμέραις Ασα ἡσύχασεν ἡ γῆ Ιουδα ἔτη δέκα. ¹καὶ ἐποίη- 14
σεν τὸ καλὸν καὶ τὸ εὐθὲς ἐνώπιον κυρίου θεοῦ αὐτοῦ. ²καὶ ἀπέ- 2
στησεν τὰ θυσιαστήρια τῶν ἀλλοτρίων καὶ τὰ ὑψηλὰ καὶ συνέτρι-

---

10 οι 2⁰ > A | εν] pr. και A || 11 ολοκαυτωμα B | προθεσις A || 12 αι
> A† | υμας] ημ. B | οι υιοι B⁽†⁾ pr. και A | ευοδωθησεται] θη > B† || 13 αυ-
των] ν > A || 14 αυτοις / ο πολ.] tr. A | εκ των 1⁰ ⌒ 2⁰ A† || 16 τας > A
|| 19 ισανα Ra. (cf. ισαναν Ioseph. Antiq. VIII 284 Niese)] κανα B†, ανα A |
κωμας ult.] θυγατερας A || 20 ετι] επι A || 22 αδδω: cf. 12 15
14 1 θεου] pr. του A

3 ψεν τὰς στήλας καὶ ἐξέκοψεν τὰ ἄλση ³καὶ εἶπεν τῷ Ιουδα ἐκζη-
τῆσαι τὸν κύριον θεὸν τῶν πατέρων αὐτῶν καὶ ποιῆσαι τὸν νό-
4 μον καὶ τὰς ἐντολάς. ⁴καὶ ἀπέστησεν ἀπὸ πασῶν τῶν πόλεων
5 Ιουδα τὰ θυσιαστήρια καὶ τὰ εἴδωλα. καὶ εἰρήνευσεν · ⁵πόλεις τει-
χήρεις ἐν γῇ Ιουδα, ὅτι εἰρήνευσεν ἡ γῆ · καὶ οὐκ ἦν αὐτῷ πόλε-
6 μος ἐν τοῖς ἔτεσιν τούτοις, ὅτι κατέπαυσεν αὐτῷ κύριος. ⁶καὶ εἶ-
πεν τῷ Ιουδα Οἰκοδομήσωμεν τὰς πόλεις ταύτας καὶ ποιήσωμεν
τείχη καὶ πύργους καὶ πύλας καὶ μοχλοὺς ἐν ᾧ τῆς γῆς κυριεύ-
σομεν, ὅτι καθὼς ἐξεζητήσαμεν κύριον θεὸν ἡμῶν, ἐξεζήτησεν
7 ἡμᾶς καὶ κατέπαυσεν ἡμᾶς κυκλόθεν καὶ εὐόδωσεν ἡμῖν. ⁷καὶ ἐγέ-
νετο τῷ Ασα δύναμις ὁπλοφόρων αἰρόντων θυρεοὺς καὶ δόρατα
ἐν γῇ Ιουδα τριακόσιαι χιλιάδες καὶ ἐν γῇ Βενιαμιν πελτασταὶ καὶ
τοξόται διακόσιαι καὶ πεντήκοντα χιλιάδες, πάντες οὗτοι πολεμι-
σταὶ δυνάμεως.

8 ⁸Καὶ ἐξῆλθεν ἐπ' αὐτοὺς Ζαρε ὁ Αἰθίοψ ἐν δυνάμει, ἐν χιλίαις
9 χιλιάσιν καὶ ἅρμασιν τριακοσίοις, καὶ ἦλθεν ἕως Μαρισα. ⁹καὶ ἐξ-
ῆλθεν Ασα εἰς συνάντησιν αὐτῷ καὶ παρετάξατο πόλεμον ἐν τῇ
10 φάραγγι κατὰ βορρᾶν Μαρισης. ¹⁰καὶ ἐβόησεν Ασα πρὸς κύριον
θεὸν αὐτοῦ καὶ εἶπεν Κύριε, οὐκ ἀδυνατεῖ παρὰ σοὶ σώζειν ἐν
πολλοῖς καὶ ἐν ὀλίγοις · κατίσχυσον ἡμᾶς, κύριε ὁ θεὸς ἡμῶν, ὅτι
ἐπὶ σοὶ πεποίθαμεν καὶ ἐπὶ τῷ ὀνόματί σου ἤλθαμεν ἐπὶ τὸ πλῆ-
θος τὸ πολὺ τοῦτο · κύριε ὁ θεὸς ἡμῶν, μὴ κατισχυσάτω πρὸς
11 σὲ ἄνθρωπος. ¹¹καὶ ἐπάταξεν κύριος τοὺς Αἰθίοπας ἐναντίον Ιουδα,
12 καὶ ἔφυγον οἱ Αἰθίοπες · ¹²καὶ κατεδίωξεν Ασα καὶ ὁ λαὸς αὐτοῦ
ἕως Γεδωρ, καὶ ἔπεσον Αἰθίοπες ὥστε μὴ εἶναι ἐν αὐτοῖς περι-
ποίησιν, ὅτι συνετρίβησαν ἐνώπιον κυρίου καὶ ἐναντίον τῆς δυνά-
13 μεως αὐτοῦ · καὶ ἐσκύλευσαν σκῦλα πολλά. ¹³καὶ ἐξέκοψαν τὰς
κώμας αὐτῶν κύκλῳ Γεδωρ, ὅτι ἐγενήθη ἔκστασις κυρίου ἐπ' αὐ-
τούς, καὶ ἐσκύλευσαν πάσας τὰς πόλεις αὐτῶν, ὅτι πολλὰ σκῦλα
14 ἐγενήθη αὐτοῖς · ¹⁴καὶ γε σκηνὰς κτήσεων, τοὺς Αμαζονεῖς, ἐξέ-
κοψαν καὶ ἔλαβον πρόβατα πολλὰ καὶ καμήλους καὶ ἐπέστρεψαν
εἰς Ιερουσαλημ.

15 ¹Καὶ Αζαριας υἱὸς Ωδηδ, ἐγένετο ἐπ' αὐτὸν πνεῦμα κυρίου, ²καὶ
ἐξῆλθεν εἰς ἀπάντησιν Ασα καὶ παντὶ Ιουδα καὶ Βενιαμιν καὶ εἶπεν
Ἀκούσατέ μου, Ασα καὶ πᾶς Ιουδα καὶ Βενιαμιν · κύριος μεθ' ὑμῶν
ἐν τῷ εἶναι ὑμᾶς μετ' αὐτοῦ, καὶ ἐὰν ἐκζητήσητε αὐτόν, εὑρεθή-

3 τον κυριον] tr. A || 6 εν ω] ενωπιον B† | κυριευομεν A | εξεζητησαμεν]
εξ > B || 7 και ult. > A || 8 ο > A | μαρισα mu.] -σηλ B†, μαρησα A:
cf. 9 || 9 μαρ(ε)ισης B†] -ρησα A || 11 οι > B† || 12 εναντιον B†] ενω-
πιον rel. || 13 αυτων ult.] -του B
15 1 ωδηδ] αδαδ A: cf. 8 || 2 ασα και 1°] αυτων εν B† | ακουσατε — βενιαμιν
2° > B† | υμας 1°] ημ. B†

σεται ὑμῖν, καὶ ἐὰν ἐγκαταλίπητε αὐτόν, ἐγκαταλείψει ὑμᾶς. ³καὶ 3
ἡμέραι πολλαὶ τῷ Ισραηλ ἐν οὐ θεῷ ἀληθινῷ καὶ οὐχ ἱερέως ὑπο-
δεικνύοντος καὶ ἐν οὐ νόμῳ· ⁴καὶ ἐπιστρέψει ἐπὶ κύριον θεὸν 4
Ισραηλ, καὶ εὑρεθήσεται αὐτοῖς. ⁵καὶ ἐν ἐκείνῳ τῷ καιρῷ οὐκ ἔστιν 5
εἰρήνη τῷ ἐκπορευομένῳ καὶ τῷ εἰσπορευομένῳ, ὅτι ἔκστασις κυ-
ρίου ἐπὶ πάντας τοὺς κατοικοῦντας τὰς χώρας. ⁶καὶ πολεμήσει 6
ἔθνος πρὸς ἔθνος καὶ πόλις πρὸς πόλιν, ὅτι ὁ θεὸς ἐξέστησεν
αὐτοὺς ἐν πάσῃ θλίψει. ⁷καὶ ὑμεῖς ἰσχύσατε, καὶ μὴ ἐκλυέσθωσαν 7
αἱ χεῖρες ὑμῶν, ὅτι ἔστιν μισθὸς τῇ ἐργασίᾳ ὑμῶν. — ⁸καὶ ἐν τῷ 8
ἀκοῦσαι τοὺς λόγους τούτους καὶ τὴν προφητείαν Αδαδ τοῦ προ-
φήτου καὶ κατίσχυσεν καὶ ἐξέβαλεν τὰ βδελύγματα ἀπὸ πάσης τῆς
γῆς Ιουδα καὶ Βενιαμιν καὶ ἀπὸ τῶν πόλεων, ὧν κατέσχεν ἐν ὄρει
Εφραιμ, καὶ ἐνεκαίνισεν τὸ θυσιαστήριον κυρίου, ὃ ἦν ἔμπροσθεν
τοῦ ναοῦ κυρίου. ⁹καὶ ἐξεκκλησίασεν τὸν Ιουδαν καὶ Βενιαμιν καὶ 9
τοὺς προσηλύτους τοὺς παροικοῦντας μετ᾿ αὐτοῦ ἀπὸ Εφραιμ καὶ
ἀπὸ Μανασση καὶ ἀπὸ Συμεων, ὅτι προσετέθησαν πρὸς αὐτὸν
πολλοὶ τοῦ Ισραηλ ἐν τῷ ἰδεῖν αὐτοὺς ὅτι κύριος ὁ θεὸς αὐτοῦ
μετ᾿ αὐτοῦ. ¹⁰καὶ συνήχθησαν εἰς Ιερουσαλημ ἐν τῷ μηνὶ τῷ τρίτῳ 10
ἐν τῷ πεντεκαιδεκάτῳ ἔτει τῆς βασιλείας Ασα. ¹¹καὶ ἔθυσεν τῷ κυ- 11
ρίῳ ἐν ἐκείνῃ τῇ ἡμέρᾳ ἀπὸ τῶν σκύλων, ὧν ἤνεγκαν, μόσχους
ἑπτακοσίους καὶ πρόβατα ἑπτακισχίλια. ¹²καὶ διῆλθεν ἐν διαθήκῃ 12
ζητῆσαι κύριον θεὸν τῶν πατέρων αὐτῶν ἐξ ὅλης τῆς καρδίας καὶ
ἐξ ὅλης τῆς ψυχῆς· ¹³καὶ πᾶς, ὃς ἐὰν μὴ ἐκζητήσῃ κύριον θεὸν 13
Ισραηλ, ἀποθανεῖται ἀπὸ νεωτέρου ἕως πρεσβυτέρου, ἀπὸ ἀνδρὸς
ἕως γυναικός. ¹⁴καὶ ὤμοσαν ἐν τῷ κυρίῳ ἐν φωνῇ μεγάλῃ καὶ ἐν 14
σάλπιγξιν καὶ ἐν κερατίναις. ¹⁵καὶ ηὐφράνθησαν πᾶς Ιουδα περὶ 15
τοῦ ὅρκου, ὅτι ἐξ ὅλης τῆς ψυχῆς ὤμοσαν καὶ ἐν πάσῃ θελήσει
ἐζήτησαν αὐτόν, καὶ εὑρέθη αὐτοῖς καὶ κατέπαυσεν αὐτοῖς κύριος
κυκλόθεν. — ¹⁶καὶ τὴν Μααχα τὴν μητέρα αὐτοῦ μετέστησεν τοῦ 16
μὴ εἶναι τῇ Ἀστάρτῃ λειτουργοῦσαν καὶ κατέκοψεν τὸ εἴδωλον
καὶ κατέκαυσεν ἐν χειμάρρῳ Κεδρων. ¹⁷πλὴν τὰ ὑψηλὰ οὐκ ἀπ- 17
έστησαν, ἔτι ὑπῆρχεν ἐν τῷ Ισραηλ· ἀλλ᾿ ἢ καρδία Ασα ἐγένετο
πλήρης πάσας τὰς ἡμέρας αὐτοῦ. ¹⁸καὶ εἰσήνεγκεν τὰ ἅγια Δαυιδ 18
ιοῦ πατρὸς αὐτοῦ καὶ τὰ ἅγια οἴκου κυρίου τοῦ θεοῦ, ἀργύριον
καὶ χρυσίον καὶ σκεύη.

2 εγκαταλιπητε] εγ > B† || 3 και ουχ ιερ. υποδεικν. > B† || 4 επιστρε-
ψει pau.] + αυτους BA || 5 τω εκπορ. και τω εισπορ.] tr. B, nihil nisi τω
εισπορ. A† | τας > B || 8 αδαδ B†] ωδηδ L†: cf. 1; αδδω compl.: ex 12 15
13 22; αζαριου A: cf. 1 | ανεκαινισεν B† || 11 εθυσεν] -σαν A†, -σιασαν Lᴾ†
| απο των σκυλων > B† | ηνεγκεν B† | επτακοσιους] επτα κριους A† | επτα-
κισχιλια] επτα χιλιαδας A || 13 απο ult.] pr. και A || 14 ωμοσεν A† | τω
> B† | και εν κερατ. > B† || 15 ψυχης] + αυτων A || 16 μη > A† ||
17 απεστησαν] εξηραν A | ισραηλ] pr. ιουδα και A

19   19Καὶ πόλεμος οὐκ ἦν μετ᾽ αὐτοῦ ἕως τοῦ πέμπτου καὶ τριακο-
16 στοῦ ἔτους τῆς βασιλείας Ασα. 1καὶ ἐν τῷ ὀγδόῳ καὶ τριακοστῷ
ἔτει τῆς βασιλείας Ασα ἀνέβη Βαασα βασιλεὺς Ισραηλ ἐπὶ Ιουδαν
καὶ ᾠκοδόμησεν τὴν Ραμα τοῦ μὴ δοῦναι ἔξοδον καὶ εἴσοδον τῷ
2 Ασα βασιλεῖ Ιουδα. 2καὶ ἔλαβεν Ασα χρυσίον καὶ ἀργύριον ἐκ θη-
σαυρῶν οἴκου κυρίου καὶ οἴκου τοῦ βασιλέως καὶ ἀπέστειλεν πρὸς
τὸν υἱὸν τοῦ Αδερ βασιλέως Συρίας τὸν κατοικοῦντα ἐν Δαμασκῷ
3 λέγων 3Διάθου διαθήκην ἀνὰ μέσον ἐμοῦ καὶ σοῦ καὶ ἀνὰ μέσον
τοῦ πατρός μου καὶ ἀνὰ μέσον τοῦ πατρός σου · ἰδοὺ ἀπέσταλκά
σοι χρυσίον καὶ ἀργύριον, δεῦρο καὶ διασκέδασον ἀπ᾽ ἐμοῦ τὸν
4 Βαασα βασιλέα Ισραηλ καὶ ἀπελθέτω ἀπ᾽ ἐμοῦ. 4καὶ ἤκουσεν υἱὸς
Αδερ τοῦ βασιλέως Ασα καὶ ἀπέστειλεν τοὺς ἄρχοντας τῆς δυνά-
μεως αὐτοῦ ἐπὶ τὰς πόλεις Ισραηλ καὶ ἐπάταξεν τὴν Ιων καὶ τὴν
5 Δαν καὶ τὴν Αβελμαιν καὶ πάσας τὰς περιχώρους Νεφθαλι. 5καὶ
ἐγένετο ἐν τῷ ἀκοῦσαι Βαασα ἀπέλιπεν τοῦ μηκέτι οἰκοδομεῖν τὴν
6 Ραμα καὶ κατέπαυσεν τὸ ἔργον αὐτοῦ. 6καὶ Ασα ὁ βασιλεὺς ἔλαβεν
πάντα τὸν Ιουδαν καὶ ἔλαβεν τοὺς λίθους τῆς Ραμα καὶ τὰ ξύλα
αὐτῆς, ἃ ᾠκοδόμησεν Βαασα, καὶ ᾠκοδόμησεν ἐν αὐτοῖς τὴν Γαβαε
7 καὶ τὴν Μασφα. — 7καὶ ἐν τῷ καιρῷ ἐκείνῳ ἦλθεν Ανανι ὁ προ-
φήτης πρὸς Ασα βασιλέα Ιουδα καὶ εἶπεν αὐτῷ Ἐν τῷ πεποιθέναι
σε ἐπὶ βασιλέα Συρίας καὶ μὴ πεποιθέναι σε ἐπὶ κύριον θεόν σου,
8 διὰ τοῦτο ἐσώθη δύναμις Συρίας ἀπὸ τῆς χειρός σου. 8οὐχ οἱ
Αἰθίοπες καὶ Λίβυες ἦσαν εἰς δύναμιν πολλὴν εἰς θάρσος, εἰς ἱπ-
πεῖς εἰς πλῆθος σφόδρα; καὶ ἐν τῷ πεποιθέναι σε ἐπὶ κύριον παρ-
9 έδωκεν εἰς τὰς χεῖράς σου. 9ὅτι οἱ ὀφθαλμοὶ κυρίου ἐπιβλέπουσιν
ἐν πάσῃ τῇ γῇ κατισχῦσαι ἐν πάσῃ καρδίᾳ πλήρει πρὸς αὐτόν.
10 ἠγνόηκας ἐπὶ τούτῳ · ἀπὸ τοῦ νῦν ἔσται μετὰ σοῦ πόλεμος. 10καὶ
ἐθυμώθη Ασα τῷ προφήτῃ καὶ παρέθετο αὐτὸν εἰς φυλακήν, ὅτι
ὠργίσθη ἐπὶ τούτῳ · καὶ ἐλυμήνατο Ασα ἐν τῷ λαῷ ἐν τῷ και-
ρῷ ἐκείνῳ.
11   11Καὶ ἰδοὺ οἱ λόγοι Ασα οἱ πρῶτοι καὶ οἱ ἔσχατοι γεγραμμένοι
12 ἐν βιβλίῳ βασιλέων Ιουδα καὶ Ισραηλ. 12καὶ ἐμαλακίσθη Ασα ἐν
τῷ ἐνάτῳ καὶ τριακοστῷ ἔτει τῆς βασιλείας αὐτοῦ τοὺς πόδας,
ἕως σφόδρα ἐμαλακίσθη · καὶ ἐν τῇ μαλακίᾳ αὐτοῦ οὐκ ἐζήτησεν
13 κύριον, ἀλλὰ τοὺς ἰατρούς. 13καὶ ἐκοιμήθη Ασα μετὰ τῶν πατέρων

16 3 σου 1⁰] pr. ανα μεσον ALᵗ || 4 απεστειλεν] + προς Bᵗ | ιων Ra.] ιω
Bᵗ, αιων A | δαν] δανω Bᵗ | αβελμαιν] ι > B || 6 ελαβεν 1⁰ BLᵗ] ηγαγεν
rel. | ιουδα B: cf. 11 14 || 7 αναμει Bᵗ, sed in 19 2 20 34 etiam B αναυει |
ασα / βασ. ιουδα] tr. A | πεποιθεναι σε 2⁰] σε > Aᵗ: item in 8 | δυναμις] pr.
η A || 9 προς αυτον] pr. επι του Bᵗ: ex επι τουτω seq. anticipatum | η-
γνοηκας] pr. και νυν A | εστιν B || 10 οτι ωργ. > B*ᵗ || 12 εζητησεν]
pr. εξ A

αὐτοῦ καὶ ἐτελεύτησεν ἐν τῷ ἐνάτῳ καὶ τριακοστῷ ἔτει τῆς βασι-
λείας αὐτοῦ, ¹⁴καὶ ἔθαψαν αὐτὸν ἐν τῷ μνήματι, ᾧ ὤρυξεν ἑαυτῷ 14
ἐν πόλει Δαυιδ, καὶ ἐκοίμισαν αὐτὸν ἐπὶ τῆς κλίνης καὶ ἔπλησαν
ἀρωμάτων καὶ γένη μύρων μυρεψῶν καὶ ἐποίησαν αὐτῷ ἐκφορὰν
μεγάλην ἕως σφόδρα.
¹Καὶ ἐβασίλευσεν Ιωσαφατ υἱὸς αὐτοῦ ἀντ' αὐτοῦ, καὶ κατίσχυ- 17
σεν Ιωσαφατ ἐπὶ τὸν Ισραηλ. ²καὶ ἔδωκεν δύναμιν ἐν πάσαις ταῖς 2
πόλεσιν Ιουδα ταῖς ὀχυραῖς καὶ κατέστησεν ἡγουμένους ἐν πάσαις
ταῖς πόλεσιν Ιουδα καὶ ἐν πόλεσιν Εφραιμ, ἃς προκατελάβετο Ασα
ὁ πατὴρ αὐτοῦ. ³καὶ ἐγένετο κύριος μετὰ Ιωσαφατ, ὅτι ἐπορεύθη 3
ἐν ὁδοῖς τοῦ πατρὸς αὐτοῦ ταῖς πρώταις καὶ οὐκ ἐξεζήτησεν τὰ
εἴδωλα, ⁴ἀλλὰ κύριον τὸν θεὸν τοῦ πατρὸς αὐτοῦ ἐξεζήτησεν καὶ 4
ἐν ταῖς ἐντολαῖς τοῦ πατρὸς αὐτοῦ ἐπορεύθη, καὶ οὐχ ὡς τοῦ
Ισραηλ τὰ ἔργα. ⁵καὶ κατηύθυνεν κύριος τὴν βασιλείαν ἐν χειρὶ 5
αὐτοῦ, καὶ ἔδωκεν πᾶς Ιουδα δῶρα τῷ Ιωσαφατ, καὶ ἐγένετο αὐτῷ
πλοῦτος καὶ δόξα πολλή. ⁶καὶ ὑψώθη καρδία αὐτοῦ ἐν ὁδῷ κυρίου, 6
καὶ ἔτι ἐξῆρεν τὰ ὑψηλὰ καὶ τὰ ἄλση ἀπὸ τῆς γῆς Ιουδα. ⁷καὶ ἐν 7
τῷ τρίτῳ ἔτει τῆς βασιλείας αὐτοῦ ἀπέστειλεν τοὺς ἡγουμένους
αὐτοῦ καὶ τοὺς υἱοὺς τῶν δυνατῶν, τὸν Αβδιαν καὶ Ζαχαριαν καὶ
Ναθαναηλ καὶ Μιχαιαν, διδάσκειν ἐν πόλεσιν Ιουδα, ⁸καὶ μετ' αὐ- 8
τῶν οἱ Λευῖται Σαμουιας καὶ Ναθανιας καὶ Ζαβδιας καὶ Ασιηλ καὶ
Σεμιραμωθ καὶ Ιωναθαν καὶ Αδωνιας καὶ Τωβιας οἱ Λευῖται, καὶ
μετ' αὐτῶν Ελισαμα καὶ Ιωραμ οἱ ἱερεῖς, ⁹καὶ ἐδίδασκον ἐν Ιουδα, 9
καὶ μετ' αὐτῶν βύβλος νόμου κυρίου, καὶ διῆλθον ἐν ταῖς πόλεσιν
Ιουδα καὶ ἐδίδασκον τὸν λαόν. ¹⁰καὶ ἐγένετο ἔκστασις κυρίου ἐπὶ 10
πάσαις ταῖς βασιλείαις τῆς γῆς ταῖς κύκλῳ Ιουδα, καὶ οὐκ ἐπολέ-
μουν πρὸς Ιωσαφατ · ¹¹καὶ ἀπὸ τῶν ἀλλοφύλων ἔφερον τῷ Ιωσα- 11
φατ δῶρα καὶ ἀργύριον καὶ δόματα, καὶ οἱ Ἄραβες ἔφερον αὐτῷ
κριοὺς προβάτων ἑπτακισχιλίους ἑπτακοσίους. ¹²καὶ ἦν Ιωσαφατ 12
πορευόμενος μείζων ἕως εἰς ὕψος καὶ ᾠκοδόμησεν οἰκήσεις ἐν τῇ
Ιουδαίᾳ καὶ πόλεις ὀχυράς. ¹³καὶ ἔργα πολλὰ ἐγένετο αὐτῷ ἐν τῇ 13
Ιουδαίᾳ καὶ ἄνδρες πολεμισταὶ δυνατοὶ ἰσχύοντες ἐν Ιερουσαλημ.
¹⁴καὶ οὗτος ἀριθμὸς αὐτῶν κατ' οἴκους πατριῶν αὐτῶν · τῷ Ιουδα 14

13 ενατω και τριακ.] ενατω και > B*†; τεσσερακοστω και ενι A⁽†⁾: cf. 𝔐 et
Regn. III 15 10 ‖ 14 επλησαν] επληρωσαν A† | εως > B
17 6 ετι > B ‖ 7 αβδιαν] δ > B† | Ζαχαριαν et ναθαναηλ (non μιχαιαν)]
pr. τον A ‖ 8 σαμουιας] ι > B† | ναθανιας] μανθ. B†: cf. I 9 15 | ασιηλ
compl.] ιασ. BA | σεμιραμωθ] σαμ. B†: cf. I 15 20 | αδωνιας compl.] -αν BA
| τωβιας compl.] τωβαδωνιαν A* (Aᶜ -νια), τωβαδωβεια B† | οι λευιται και
L†] λευ. οι B†, λευ. και οι A | ιωραν B† ‖ 9 βυβλος B†] βιβλος rel.: cf.
25 26 Esdr. I 1 31 et Thack. p. 95 ‖ 10 ταις 2⁰ > B† ‖ 11 τω] προς B† |
fin.] + τραγους επτακισχιλιους επτακοσιους A ‖ 13 αυτω > B† | πολεμ. δυ-
νατοι] tr. A ‖ 14 τω L†] pr. και rel.

χιλίαρχοι, Εδνας ὁ ἄρχων καὶ μετ᾿ αὐτοῦ υἱοὶ δυνατοὶ δυνάμεως
15 τριακόσιαι χιλιάδες · 15καὶ μετ᾿ αὐτὸν Ιωαναν ὁ ἡγούμενος καὶ μετ᾿
16 αὐτοῦ διακόσιαι ὀγδοήκοντα χιλιάδες · 16καὶ μετ᾿ αὐτὸν Αμασιας ὁ
τοῦ Ζαχρι ὁ προθυμούμενος τῷ κυρίῳ καὶ μετ᾿ αὐτοῦ διακόσιαι
17 χιλιάδες δυνατοὶ δυνάμεως. 17καὶ ἐκ τοῦ Βενιαμιν δυνατὸς δυνά-
μεως Ελιαδα καὶ μετ᾿ αὐτοῦ τοξόται καὶ πελτασταὶ διακόσιαι χιλι-
18 άδες · 18καὶ μετ᾿ αὐτὸν Ιωζαβαδ καὶ μετ᾿ αὐτοῦ ἑκατὸν ὀγδοήκοντα
19 χιλιάδες δυνατοὶ πολέμου. 19οὗτοι οἱ λειτουργοῦντες τῷ βασιλεῖ
ἐκτὸς ὧν ἔδωκεν ὁ βασιλεὺς ἐν ταῖς πόλεσιν ταῖς ὀχυραῖς ἐν πά-
σῃ τῇ Ιουδαίᾳ.

18 ¹Καὶ ἐγενήθη τῷ Ιωσαφατ ἔτι πλοῦτος καὶ δόξα πολλή, καὶ ἐπ-
2 εγαμβρεύσατο ἐν οἴκῳ Αχααβ. ²καὶ κατέβη διὰ τέλους ἐτῶν πρὸς
Αχααβ εἰς Σαμάρειαν, καὶ ἔθυσεν αὐτῷ Αχααβ πρόβατα καὶ μό-
σχους πολλοὺς καὶ τῷ λαῷ τῷ μετ᾿ αὐτοῦ καὶ ἠπάτα αὐτὸν τοῦ
3 συναναβῆναι μετ᾿ αὐτοῦ εἰς Ραμωθ τῆς Γαλααδίτιδος. ³καὶ εἶπεν
Αχααβ βασιλεὺς Ισραηλ πρὸς Ιωσαφατ βασιλέα Ιουδα Πορεύσῃ
μετ᾿ ἐμοῦ εἰς Ραμωθ τῆς Γαλααδίτιδος; καὶ εἶπεν αὐτῷ Ὡς ἐγώ,
οὕτως καὶ σύ · ὡς ὁ λαός σου, καὶ ὁ λαός μου μετὰ σοῦ εἰς πό-
4 λεμον. ⁴καὶ εἶπεν Ιωσαφατ πρὸς βασιλέα Ισραηλ Ζήτησον δὴ σή-
5 μερον τὸν κύριον. ⁵καὶ συνήγαγεν ὁ βασιλεὺς Ισραηλ τοὺς προ-
φήτας, τετρακοσίους ἄνδρας, καὶ εἶπεν αὐτοῖς Εἰ πορευθῶ εἰς Ρα-
μωθ Γαλααδ εἰς πόλεμον ἢ ἐπίσχω; καὶ εἶπαν Ἀνάβαινε, καὶ δώσει
6 ὁ θεὸς εἰς τὰς χεῖρας τοῦ βασιλέως. ⁶καὶ εἶπεν Ιωσαφατ Οὐκ
ἔστιν ὧδε προφήτης τοῦ κυρίου ἔτι καὶ ἐπιζητήσομεν παρ᾿ αὐτοῦ;
7 ⁷καὶ εἶπεν βασιλεὺς Ισραηλ πρὸς Ιωσαφατ Ἔτι ἀνὴρ εἷς τοῦ ζη-
τῆσαι τὸν κύριον δι᾿ αὐτοῦ, καὶ ἐγὼ ἐμίσησα αὐτόν, ὅτι οὐκ ἔστιν
προφητεύων περὶ ἐμοῦ εἰς ἀγαθά, ὅτι πᾶσαι αἱ ἡμέραι αὐτοῦ εἰς
κακά, οὗτος Μιχαιας υἱὸς Ιεμλα. καὶ εἶπεν Ιωσαφατ Μὴ λαλείτω
8 ὁ βασιλεὺς οὕτως. ⁸καὶ ἐκάλεσεν ὁ βασιλεὺς Ισραηλ εὐνοῦχον ἕνα
9 καὶ εἶπεν Τάχος Μιχαιαν υἱὸν Ιεμλα. ⁹καὶ βασιλεὺς Ισραηλ καὶ Ιω-
σαφατ βασιλεὺς Ιουδα καθήμενοι ἕκαστος ἐπὶ θρόνου αὐτοῦ καὶ
ἐνδεδυμένοι στολὰς καθήμενοι ἐν τῷ εὐρυχώρῳ θύρας πύλης Σα-
μαρείας, καὶ πάντες οἱ προφῆται ἐπροφήτευον ἐναντίον αὐτῶν.
10 10καὶ ἐποίησεν ἑαυτῷ Σεδεκιας υἱὸς Χανανα κέρατα σιδηρᾶ καὶ
εἶπεν Τάδε λέγει κύριος Ἐν τούτοις κερατιεῖς τὴν Συρίαν, ἕως ἂν

14 εδνας V] -ναας ΒΑ✝ ‖ 16 αμασιας compl.] μασαιας Β, μασαιας Α✝ | ο
10 > Β✝ | ζαχρι χ > Β✝ ‖ 17 ελιαδα] και ελειδα Β✝ ‖ 18 εκατον > Α ‖
19 οι > Α | εδωκεν] δεδ. Α✝: cf. 13 5
18 2 ηπατα pau.] ηγαπα ΒΑ | ραμμωθ Α: item in 3. 5. 11. 14. 19. 28 ‖
3 σου 10 ... μου] tr. Β ‖ 7 ιεμλα] ιεμαας Β✝; ιεμαα unus cod. cum Β cogna-
tus, et sic in 8 Β ipse; cf. Regn. III 22 8 ‖ 8 ισραηλ > Β ‖ 10 χανανα:
sic Α in 23, sed Α✝ in 10 χαναανα, Β ambis locis χαναυν: cf. Regn. III 22 11
| αν > Α

συντελεσθῇ. ¹¹καὶ πάντες οἱ προφῆται ἐπροφήτευον οὕτως λέγον- 11
τες Ἀνάβαινε εἰς Ραμωθ Γαλααδ καὶ εὐοδωθήσῃ, καὶ δώσει κύριος
εἰς χεῖρας τοῦ βασιλέως. ¹²καὶ ὁ ἄγγελος ὁ πορευθεὶς τοῦ καλέσαι 12
τὸν Μιχαιαν ἐλάλησεν αὐτῷ λέγων Ἰδοὺ ἐλάλησαν οἱ προφῆται
ἐν στόματι ἑνὶ ἀγαθὰ περὶ τοῦ βασιλέως, καὶ ἔστωσαν δὴ οἱ λόγοι
σου ὡς ἑνὸς αὐτῶν, καὶ λαλήσεις ἀγαθά. ¹³καὶ εἶπεν Μιχαιας Ζῇ 13
κύριος ὅτι ὃ ἐὰν εἴπῃ ὁ θεὸς πρός με, αὐτὸ λαλήσω. ¹⁴καὶ ἦλθεν 14
πρὸς τὸν βασιλέα, καὶ εἶπεν αὐτῷ ὁ βασιλεύς Μιχαια, εἰ πορευθῶ
εἰς Ραμωθ Γαλααδ εἰς πόλεμον ἢ ἐπίσχω; καὶ εἶπεν Ἀνάβαινε καὶ
εὐοδώσεις, καὶ δοθήσονται εἰς χεῖρας ὑμῶν. ¹⁵καὶ εἶπεν αὐτῷ ὁ 15
βασιλεύς Ποσάκις ὁρκίζω σε ἵνα μὴ λαλήσῃς πρός με πλὴν ἀλή-
θειαν ἐν ὀνόματι κυρίου; ¹⁶καὶ εἶπεν Εἶδον τὸν Ισραηλ διεσπαρ- 16
μένους ἐν τοῖς ὄρεσιν ὡς πρόβατα οἷς οὐκ ἔστιν ποιμήν, καὶ εἶπεν
κύριος Οὐκ ἔχουσιν ἡγούμενον, ἀναστρεφέτωσαν ἕκαστος εἰς τὸν
οἶκον αὐτοῦ ἐν εἰρήνῃ. ¹⁷καὶ εἶπεν ὁ βασιλεὺς Ισραηλ πρὸς Ιωσα- 17
φατ Οὐκ εἶπά σοι ὅτι οὐ προφητεύει περὶ ἐμοῦ ἀγαθά, ἀλλ᾽ ἢ κα-
κά; ¹⁸καὶ εἶπεν Οὐχ οὕτως, ἀκούσατε λόγον κυρίου· εἶδον τὸν 18
κύριον καθήμενον ἐπὶ θρόνου αὐτοῦ, καὶ πᾶσα δύναμις τοῦ οὐρα-
νοῦ εἱστήκει ἐκ δεξιῶν αὐτοῦ καὶ ἐξ ἀριστερῶν αὐτοῦ. ¹⁹καὶ εἶπεν 19
κύριος Τίς ἀπατήσει τὸν Αχααβ βασιλέα Ισραηλ καὶ ἀναβήσεται
καὶ πεσεῖται ἐν Ραμωθ Γαλααδ; καὶ εἶπεν οὗτος οὕτως, καὶ οὗτος
εἶπεν οὕτως. ²⁰καὶ ἐξῆλθεν τὸ πνεῦμα καὶ ἔστη ἐνώπιον κυρίου 20
καὶ εἶπεν Ἐγὼ ἀπατήσω αὐτόν. καὶ εἶπεν κύριος Ἐν τίνι; ²¹καὶ 21
εἶπεν Ἐξελεύσομαι καὶ ἔσομαι πνεῦμα ψευδὲς ἐν στόματι πάντων
τῶν προφητῶν αὐτοῦ. καὶ εἶπεν Ἀπατήσεις καὶ δυνήσῃ, ἔξελθε καὶ
ποίησον οὕτως. ²²καὶ νῦν ἰδοὺ ἔδωκεν κύριος πνεῦμα ψευδὲς ἐν 22
στόματι πάντων τῶν προφητῶν σου τούτων, καὶ κύριος ἐλάλησεν
ἐπὶ σὲ κακά. ²³καὶ ἤγγισεν Σεδεκιας υἱὸς Χανανα καὶ ἐπάταξεν τὸν 23
Μιχαιαν ἐπὶ τὴν σιαγόνα καὶ εἶπεν αὐτῷ Ποίᾳ τῇ ὁδῷ παρῆλθεν
πνεῦμα κυρίου παρ᾽ ἐμοῦ τοῦ λαλῆσαι πρὸς σέ; ²⁴καὶ εἶπεν Μι- 24
χαιας Ἰδοὺ ὄψῃ ἐν τῇ ἡμέρᾳ ἐκείνῃ, ἐν ᾗ εἰσελεύσῃ ταμίειον ἐκ
ταμιείου τοῦ κατακρυβῆναι. ²⁵καὶ εἶπεν βασιλεὺς Ισραηλ Λάβετε 25
τὸν Μιχαιαν καὶ ἀποστρέψατε πρὸς Εμηρ ἄρχοντα τῆς πόλεως
καὶ πρὸς Ιωας ἄρχοντα υἱὸν τοῦ βασιλέως ²⁶καὶ ἐρεῖς Οὕτως εἶπεν 26
ὁ βασιλεύς Ἀπόθεσθε τοῦτον εἰς οἶκον φυλακῆς, καὶ ἐσθιέτω ἄρτον

14 ει πορ.] εισπορ. Aᵗ ‖ 15 ορκισω A | αληθειαν] pr. την Bᵗ ‖ 16 τον
ισρ./διεσπαρμ.] tr. A | αναστρεφετω Aʳᵗ ‖ 17 οτι > A ‖ 18 τον > Aᵗ |
εισηκει] pr. παρ A ‖ 19 ουτος 1⁰] + ειπεν Aᵗ: cf. 𝔐 ‖ 21 και paenult.]
> Bᵗ; + γε A: ex Regn. III 22 22 ‖ 22 παντων > Bᵗ ‖ 23 χανανα: cf.
10 | τη > A | παρηλθεν] πνευμα παρ εμου πνευμα προς σε (sic) Bᵗ ‖ 24 εν
η > Bᵗ | εισελευσεται Bᵗ ‖ 25 εμηρ] εμμηρ V, σεμμηρ AL: cf. Regn. III
22 26 | αρχοντα 1⁰] pr. τον A | ιωας] ιωσα Bᵗ ‖ 26 ερειτε A | αποθεσθε
Bᶜ] -σθαι B*A, θεσθε Lᵗ: cf. Regn. III 22 27

27 θλίψεως καὶ ὕδωρ θλίψεως ἕως τοῦ ἐπιστρέψαι με ἐν εἰρήνῃ. ²⁷καὶ
εἶπεν Μιχαιας Ἐὰν ἐπιστρέφων ἐπιστρέψῃς ἐν εἰρήνῃ, οὐκ ἐλάλη-
σεν κύριος ἐν ἐμοί · ἀκούσατε λαοὶ πάντες.
28   ²⁸Καὶ ἀνέβη βασιλεὺς Ισραηλ καὶ Ιωσαφατ βασιλεὺς Ιουδα εἰς
29 Ραμωθ Γαλααδ. ²⁹καὶ εἶπεν βασιλεὺς Ισραηλ πρὸς Ιωσαφατ Κατα-
καλύψομαι καὶ εἰσελεύσομαι εἰς τὸν πόλεμον, καὶ σὺ ἔνδυσαι τὸν
ἱματισμόν μου · καὶ συνεκαλύψατο βασιλεὺς Ισραηλ καὶ εἰσῆλθεν
30 εἰς τὸν πόλεμον. ³⁰καὶ βασιλεὺς Συρίας ἐνετείλατο τοῖς ἄρχουσιν
τῶν ἁρμάτων τοῖς μετ᾽ αὐτοῦ λέγων Μὴ πολεμεῖτε τὸν μικρὸν καὶ
31 τὸν μέγαν, ἀλλ᾽ ἢ τὸν βασιλέα Ισραηλ μόνον. ³¹καὶ ἐγένετο ὡς
εἶδον οἱ ἄρχοντες τῶν ἁρμάτων τὸν Ιωσαφατ, καὶ αὐτοὶ εἶπαν
Βασιλεὺς Ισραηλ ἐστίν, καὶ ἐκύκλωσαν αὐτὸν τοῦ πολεμεῖν · καὶ
ἐβόησεν Ιωσαφατ, καὶ κύριος ἔσωσεν αὐτόν, καὶ ἀπέστρεψεν αὐ-
32 τοὺς ὁ θεὸς ἀπ᾽ αὐτοῦ. ³²καὶ ἐγένετο ὡς εἶδον οἱ ἄρχοντες τῶν
ἁρμάτων ὅτι οὐκ ἦν βασιλεὺς Ισραηλ, καὶ ἀπέστρεψαν ἀπ᾽ αὐτοῦ.
33 ³³καὶ ἀνὴρ ἐνέτεινεν τόξον εὐστόχως καὶ ἐπάταξεν τὸν βασιλέα
Ισραηλ ἀνὰ μέσον τοῦ πνεύμονος καὶ ἀνὰ μέσον τοῦ θώρακος.
καὶ εἶπεν τῷ ἡνιόχῳ Ἐπίστρεφε τὴν χεῖρά σου καὶ ἐξάγαγέ με ἐκ
34 τοῦ πολέμου, ὅτι ἐπόνεσα. ³⁴καὶ ἐτροπώθη ὁ πόλεμος ἐν τῇ ἡμέρᾳ
ἐκείνῃ, καὶ ὁ βασιλεὺς Ισραηλ ἦν ἑστηκὼς ἐπὶ τοῦ ἅρματος ἕως
ἑσπέρας ἐξ ἐναντίας Συρίας καὶ ἀπέθανεν δύνοντος τοῦ ἡλίου.
19   ¹Καὶ ἀπέστρεψεν Ιωσαφατ βασιλεὺς Ιουδα εἰς τὸν οἶκον αὐτοῦ
 2 ἐν εἰρήνῃ εἰς Ιερουσαλημ. ²καὶ ἐξῆλθεν εἰς ἀπάντησιν αὐτοῦ Ιου
ὁ τοῦ Ανανι ὁ προφήτης καὶ εἶπεν αὐτῷ Βασιλεῦ Ιωσαφατ, εἰ
ἁμαρτωλῷ σὺ βοηθεῖς ἢ μισουμένῳ ὑπὸ κυρίου φιλιάζεις; διὰ
 3 τοῦτο ἐγένετο ἐπὶ σὲ ὀργὴ παρὰ κυρίου · ³ἀλλ᾽ ἢ λόγοι ἀγαθοὶ
ηὑρέθησαν ἐν σοί, ὅτι ἐξῆρας τὰ ἄλση ἀπὸ τῆς γῆς Ιουδα καὶ
 4 κατηύθυνας τὴν καρδίαν σου ἐκζητῆσαι τὸν κύριον. ⁴καὶ κατῴκη-
σεν Ιωσαφατ ἐν Ιερουσαλημ καὶ πάλιν ἐξῆλθεν εἰς τὸν λαὸν ἀπὸ
Βηρσαβεε ἕως ὄρους Εφραιμ καὶ ἐπέστρεψεν αὐτοὺς ἐπὶ κύριον
 5 θεὸν τῶν πατέρων αὐτῶν. ⁵καὶ κατέστησεν κριτὰς ἐν πάσαις ταῖς
 6 πόλεσιν Ιουδα ταῖς ὀχυραῖς ἐν πόλει καὶ πόλει ⁶καὶ εἶπεν τοῖς
κριταῖς Ἴδετε τί ὑμεῖς ποιεῖτε, ὅτι οὐκ ἀνθρώπῳ ὑμεῖς κρίνετε,
 7 ἀλλ᾽ ἢ τῷ κυρίῳ, καὶ μεθ᾽ ὑμῶν λόγοι τῆς κρίσεως · ⁷καὶ νῦν γε-
νέσθω φόβος κυρίου ἐφ᾽ ὑμᾶς, καὶ φυλάσσετε καὶ ποιήσετε, ὅτι
οὐκ ἔστιν μετὰ κυρίου θεοῦ ἡμῶν ἀδικία οὐδὲ θαυμάσαι πρόσωπον
 8 οὐδὲ λαβεῖν δῶρα. ⁸καὶ γὰρ ἐν Ιερουσαλημ κατέστησεν Ιωσαφατ

---

29 κατακαλυψομαι L] -ψον με BA: cf. Regn. III 22 30 | βασιλευς ult.] pr. ο
A ‖ 32 και ult. > A⁺ ‖ 33 ενετεινεν] εν 1⁰ > B⁺ ‖ 34 δυναντος B⁺
19 1 επεστρεψεν AB^c | εν ειρηνη > B ‖ 2 ιου B⁺] ιηου rel. (etiam L):
cf. 22 7 20 ʸ4 Regn. III 16 1 | βασιλευς B* ‖ 4 εν ιερουσ. > B⁺ | βηρσαβεε
B⁺ ‖ 5 εν 1⁰ > B⁺ ‖ 7 και 2⁰ > B⁺ | ημων] υμων. A⁺

τῶν ἱερέων καὶ τῶν Λευιτῶν καὶ τῶν πατριαρχῶν Ισραηλ εἰς κρίσιν κυρίου καὶ κρίνειν τοὺς κατοικοῦντας ἐν Ιερουσαλημ. ⁹καὶ ἐν- 9
ετείλατο πρὸς αὐτοὺς λέγων Οὕτως ποιήσετε ἐν φόβῳ κυρίου, ἐν
ἀληθείᾳ καὶ ἐν πλήρει καρδίᾳ· ¹⁰πᾶς ἀνὴρ κρίσιν τὴν ἐλθοῦσαν 10
ἐφ᾽ ὑμᾶς τῶν ἀδελφῶν ὑμῶν τῶν κατοικούντων ἐν ταῖς πόλεσιν
αὐτῶν ἀνὰ μέσον αἵματος αἷμα καὶ ἀνὰ μέσον προστάγματος καὶ
ἐντολῆς καὶ δικαιώματα καὶ κρίματα καὶ διαστελεῖσθε αὐτοῖς, καὶ
οὐχ ἁμαρτήσονται τῷ κυρίῳ, καὶ οὐκ ἔσται ἐφ᾽ ὑμᾶς ὀργὴ καὶ ἐπὶ
τοὺς ἀδελφοὺς ὑμῶν· οὕτως ποιήσετε καὶ οὐχ ἁμαρτήσεσθε. ¹¹καὶ 11
ἰδοὺ Αμαριας ὁ ἱερεὺς ἡγούμενος ἐφ᾽ ὑμᾶς εἰς πᾶν λόγον κυρίου
καὶ Ζαβδιας υἱὸς Ισμαηλ ὁ ἡγούμενος εἰς οἶκον Ιουδα πρὸς πᾶν
λόγον βασιλέως καὶ οἱ γραμματεῖς καὶ οἱ Λευῖται πρὸ προσώπου
ὑμῶν· ἰσχύσατε καὶ ποιήσατε, καὶ ἔσται κύριος μετὰ τοῦ ἀγαθοῦ.

¹Καὶ μετὰ ταῦτα ἦλθον οἱ υἱοὶ Μωαβ καὶ οἱ υἱοὶ Αμμων καὶ 20
μετ᾽ αὐτῶν ἐκ τῶν Μιναίων πρὸς Ιωσαφατ εἰς πόλεμον. ²καὶ ἦλ- 2
θον καὶ ὑπέδειξαν τῷ Ιωσαφατ λέγοντες Ἥκει ἐπὶ σὲ πλῆθος πολὺ
ἐκ πέραν τῆς θαλάσσης ἀπὸ Συρίας, καὶ ἰδού εἰσιν ἐν Ασασανθα-
μαρ (αὕτη ἐστὶν Ενγαδδι). ³καὶ ἐφοβήθη καὶ ἔδωκεν Ιωσαφατ τὸ 3
πρόσωπον αὐτοῦ ἐκζητῆσαι τὸν κύριον καὶ ἐκήρυξεν νηστείαν ἐν
παντὶ Ιουδα. ⁴καὶ συνήχθη Ιουδας ἐκζητῆσαι τὸν κύριον, καὶ ἀπὸ 4
πασῶν τῶν πόλεων Ιουδας ἦλθον ζητῆσαι τὸν κύριον. ⁵καὶ ἀνέστη 5
Ιωσαφατ ἐν ἐκκλησίᾳ Ιουδα ἐν Ιερουσαλημ ἐν οἴκῳ κυρίου κατὰ
πρόσωπον τῆς αὐλῆς τῆς καινῆς ⁶καὶ εἶπεν Κύριε ὁ θεὸς τῶν 6
πατέρων ἡμῶν, οὐχὶ σὺ εἶ θεὸς ἐν οὐρανῷ καὶ σὺ κυριεύεις πα-
σῶν τῶν βασιλειῶν τῶν ἐθνῶν καὶ ἐν τῇ χειρί σου ἰσχὺς δυνα-
στείας καὶ οὐκ ἔστιν πρὸς σὲ ἀντιστῆναι; ⁷οὐχὶ σὺ εἶ ὁ κύριος ὁ 7
ἐξολεθρεύσας τοὺς κατοικοῦντας τὴν γῆν ταύτην ἀπὸ προσώπου
τοῦ λαοῦ σου Ισραηλ καὶ ἔδωκας αὐτὴν σπέρματι Αβρααμ τῷ ἠγα-
πημένῳ σου εἰς τὸν αἰῶνα; ⁸καὶ κατῴκησαν ἐν αὐτῇ καὶ ᾠκοδό- 8
μησαν ἐν αὐτῇ ἁγίασμα τῷ ὀνόματί σου λέγοντες ⁹Ἐὰν ἐπέλθῃ 9
ἐφ᾽ ἡμᾶς κακά, ῥομφαία, κρίσις, θάνατος, λιμός, στησόμεθα ἐναν-
τίον τοῦ οἴκου τούτου καὶ ἐναντίον σου, ὅτι τὸ ὄνομά σου ἐπὶ
τῷ οἴκῳ τούτῳ, καὶ βοησόμεθα πρὸς σὲ ἀπὸ τῆς θλίψεως, καὶ
ἀκούσῃ καὶ σώσεις. ¹⁰καὶ νῦν ἰδοὺ υἱοὶ Αμμων καὶ Μωαβ καὶ ὄρος 10

9 εν πληρει καρδια] πληρεις καρδιας Α† || 10 εφ 1⁰] προς Α† | υμων 1⁰]
ημ. Β | των 2⁰ > Α† | εν ταις πολ. αυτων > Β† | αιμα] > Β*, ante αιματος
add. Bᶜ | κυριω] θεω Α† || 11 παν bis: sic ΒΑ, cf. Iud. 7 4 Β | υιος ισμαηλ
> Β | ο 2⁰ > ALᵗ | και paenult. > Α†
20 1 μωαβ ... αμμων] tr. Α: ad 10. 23 adapt. || 2 περαν] pr. του Α | ασα-
σανθαμαρ V (cf. Gen. 14 7)] ανασανθ. Α, ασαμθαμαρα Β† | ενγαδει Β† || 3 ε-
κηρυξαν Β*Α | εν παντι ιουδα > Β*† || 6 θεος 2⁰] pr. ο Α | ουρανω] + ανω Β
|| 7 ει > Β† | κυριος] θεος Α† | ο εξολεθρ.] εξωλεθρ. Β | του λαου σου] > Β†,
του > Α† || 8 εν αυτη 1⁰⌢2⁰ Β*† || 10 και 2⁰⌢3⁰ Β*†

Σηιρ, εἰς οὓς οὐκ ἔδωκας τῷ Ισραηλ διελθεῖν δι' αὐτῶν ἐξελθόν-
των αὐτῶν ἐκ γῆς Αἰγύπτου, ὅτι ἐξέκλιναν ἀπ' αὐτῶν καὶ οὐκ ἐξ-
11 ωλέθρευσαν αὐτούς, ¹¹καὶ νῦν ἰδοὺ αὐτοὶ ἐπιχειροῦσιν ἐφ' ἡμᾶς
ἐξελθεῖν ἐκβαλεῖν ἡμᾶς ἀπὸ τῆς κληρονομίας ἡμῶν, ἧς ἔδωκας
12 ἡμῖν. ¹²κύριε ὁ θεὸς ἡμῶν, οὐ κρινεῖς ἐν αὐτοῖς; ὅτι οὐκ ἔστιν
ἡμῖν ἰσχὺς τοῦ ἀντιστῆναι πρὸς τὸ πλῆθος τὸ πολὺ τοῦτο τὸ ἐλ-
θὸν ἐφ' ἡμᾶς, καὶ οὐκ οἴδαμεν τί ποιήσωμεν αὐτοῖς, ἀλλ' ἢ ἐπὶ
13 σοὶ οἱ ὀφθαλμοὶ ἡμῶν. ¹³καὶ πᾶς Ιουδας ἑστηκὼς ἔναντι κυρίου
14 καὶ τὰ παιδία αὐτῶν καὶ αἱ γυναῖκες. — ¹⁴καὶ τῷ Οζιηλ τῷ τοῦ
Ζαχαριου τῶν υἱῶν Βαναιου τῶν υἱῶν Ελεηλ τοῦ Μανθανιου τοῦ
Λευίτου ἀπὸ τῶν υἱῶν Ασαφ, ἐγένετο ἐπ' αὐτὸν πνεῦμα κυρίου ἐν
15 τῇ ἐκκλησίᾳ, ¹⁵καὶ εἶπεν Ἀκούσατε, πᾶς Ιουδα καὶ οἱ κατοικοῦντες
Ιερουσαλημ καὶ ὁ βασιλεὺς Ιωσαφατ, τάδε λέγει κύριος ὑμῖν αὐ-
τοῖς Μὴ φοβεῖσθε μηδὲ πτοηθῆτε ἀπὸ προσώπου τοῦ ὄχλου τοῦ
πολλοῦ τούτου, ὅτι οὐχ ὑμῖν ἐστιν ἡ παράταξις, ἀλλ' ἢ τῷ θεῷ.
16 ¹⁶αὔριον κατάβητε ἐπ' αὐτούς· ἰδοὺ ἀναβαίνουσιν κατὰ τὴν ἀνάβα-
σιν Ασας, καὶ εὑρήσετε αὐτοὺς ἐπ' ἄκρου ποταμοῦ τῆς ἐρήμου Ιε-
17 ριηλ. ¹⁷οὐχ ὑμῖν ἐστιν πολεμῆσαι· ταῦτα σύνετε καὶ ἴδετε τὴν
σωτηρίαν κυρίου μεθ' ὑμῶν, Ιουδα καὶ Ιερουσαλημ· μὴ φοβεῖσθε
μηδὲ πτοηθῆτε αὔριον ἐξελθεῖν εἰς ἀπάντησιν αὐτοῖς, καὶ κύριος
18 μεθ' ὑμῶν. — ¹⁸καὶ κύψας Ιωσαφατ ἐπὶ πρόσωπον αὐτοῦ καὶ πᾶς
Ιουδα καὶ οἱ κατοικοῦντες Ιερουσαλημ ἔπεσαν ἔναντι κυρίου προσ-
19 κυνῆσαι κυρίῳ. ¹⁹καὶ ἀνέστησαν οἱ Λευῖται ἀπὸ τῶν υἱῶν Κααθ
καὶ ἀπὸ τῶν υἱῶν Κορε αἰνεῖν κυρίῳ θεῷ Ισραηλ ἐν φωνῇ μεγά-
λη εἰς ὕψος.

20 ²⁰Καὶ ὤρθρισαν πρωὶ καὶ ἐξῆλθον εἰς τὴν ἔρημον Θεκωε, καὶ
ἐν τῷ ἐξελθεῖν ἔστη Ιωσαφατ καὶ ἐβόησεν καὶ εἶπεν Ἀκούσατέ
μου, Ιουδα καὶ οἱ κατοικοῦντες ἐν Ιερουσαλημ· ἐμπιστεύσατε ἐν
κυρίῳ θεῷ ὑμῶν, καὶ ἐμπιστευθήσεσθε· ἐμπιστεύσατε ἐν προφήτῃ
21 αὐτοῦ, καὶ εὐοδωθήσεσθε. ²¹καὶ ἐβουλεύσατο μετὰ τοῦ λαοῦ καὶ
ἔστησεν ψαλτῳδοὺς καὶ αἰνοῦντας ἐξομολογεῖσθαι καὶ αἰνεῖν τὰ
ἅγια ἐν τῷ ἐξελθεῖν ἔμπροσθεν τῆς δυνάμεως, καὶ ἔλεγον
Ἐξομολογεῖσθε τῷ κυρίῳ,
ὅτι εἰς τὸν αἰῶνα τὸ ἔλεος αὐτοῦ.
22 ²²καὶ ἐν τῷ ἄρξασθαι τῆς αἰνέσεως αὐτοῦ τῆς ἐξομολογήσεως

11 απο] εκ A† ‖ 12 ημιν ισχυς] tr. A ‖ 13 ιουδα B | εναντι] -τιον A:
item in 18 ‖ 14 των υιων 1⁰ ⌢ 2⁰ B† | ελεηλ] ελεαηλ B | μανθανιου B†]
ματθ. A: cf. I 9 15 ‖ 16 ασας codex unus codici B cognatus] ασαε BA† |
ποταμου > A† ‖ 17 ιουδα] ιδου B†: cf. 24 27 | φοβεισθε μηδε πτοηθητε (cf.
15)] πτοηθητε μ. φοβηθητε B† | αυριον] αυτον B*†‖ αυτοις > A† ‖ 18 ιε-
ρουσ.] pr. εν A ‖ 19 θεω] pr. τω A ‖ 20 πρωι] pr. το A | και ειπεν > B†
| εν 3⁰ > A ‖ 21 και αινειν — εξομολογεισθε > A† | ελεγεν B*†‖ 22 αρ-
ξασθαι] εναρξ. A

ἔδωκεν κύριος πολεμεῖν τοὺς υἱοὺς Αμμων ἐπὶ Μωαβ καὶ ὄρος
Σηιρ τοὺς ἐξελθόντας ἐπὶ Ιουδαν, καὶ ἐτροπώθησαν. ²³καὶ ἀνέστη- 23
σαν οἱ υἱοὶ Αμμων καὶ Μωαβ ἐπὶ τοὺς κατοικοῦντας ὄρος Σηιρ
ἐξολεθρεῦσαι καὶ ἐκτρῖψαι · καὶ ὡς συνετέλεσαν τοὺς κατοικοῦντας
Σηιρ, ἀνέστησαν εἰς ἀλλήλους τοῦ ἐξολεθρευθῆναι. ²⁴καὶ Ιουδας 24
ἦλθεν ἐπὶ τὴν σκοπιὰν τῆς ἐρήμου καὶ ἐπέβλεψεν καὶ εἶδεν τὸ
πλῆθος, καὶ ἰδοὺ πάντες νεκροὶ πεπτωκότες ἐπὶ τῆς γῆς, οὐκ ἦν
σῳζόμενος. ²⁵καὶ ἦλθεν Ιωσαφατ καὶ ὁ λαὸς αὐτοῦ σκυλεῦσαι τὰ 25
σκῦλα αὐτῶν καὶ εὗρον κτήνη πολλὰ καὶ ἀποσκευὴν καὶ σκῦλα
καὶ σκεύη ἐπιθυμητὰ καὶ ἐσκύλευσαν ἑαυτοῖς, καὶ ἐγένοντο ἡμέραι
τρεῖς σκυλευόντων αὐτῶν τὰ σκῦλα, ὅτι πολλὰ ἦν. ²⁶καὶ τῇ ἡμέρᾳ 26
τῇ τετάρτῃ ἐπισυνήχθησαν εἰς τὸν αὐλῶνα τῆς εὐλογίας, ἐκεῖ γὰρ
ηὐλόγησαν τὸν κύριον · διὰ τοῦτο ἐκάλεσαν τὸ ὄνομα τοῦ τόπου
ἐκείνου Κοιλὰς εὐλογίας ἕως τῆς ἡμέρας ταύτης. ²⁷καὶ ἐπέστρεψεν 27
πᾶς ἀνὴρ Ιουδα εἰς Ιερουσαλημ καὶ Ιωσαφατ ἡγούμενος αὐτῶν ἐν
εὐφροσύνῃ μεγάλῃ, ὅτι εὔφρανεν αὐτοὺς κύριος ἀπὸ τῶν ἐχθρῶν
αὐτῶν, ²⁸καὶ εἰσῆλθον εἰς Ιερουσαλημ ἐν νάβλαις καὶ ἐν κινύραις 28
καὶ ἐν σάλπιγξιν εἰς οἶκον κυρίου. ²⁹καὶ ἐγένετο ἔκστασις κυρίου 29
ἐπὶ πάσας τὰς βασιλείας τῆς γῆς ἐν τῷ ἀκοῦσαι αὐτοὺς ὅτι ἐπο-
λέμησεν κύριος πρὸς τοὺς ὑπεναντίους Ισραηλ. ³⁰καὶ εἰρήνευσεν 30
ἡ βασιλεία Ιωσαφατ, καὶ κατέπαυσεν αὐτῷ ὁ θεὸς αὐτοῦ κυκλόθεν.
³¹Καὶ ἐβασίλευσεν Ιωσαφατ ἐπὶ τὸν Ιουδαν ἐτῶν τριάκοντα 31
πέντε ἐν τῷ βασιλεῦσαι αὐτὸν καὶ εἴκοσι πέντε ἔτη ἐβασίλευσεν
ἐν Ιερουσαλημ, καὶ ὄνομα τῇ μητρὶ αὐτοῦ Αζουβα θυγάτηρ Σαλι.
³²καὶ ἐπορεύθη ἐν ταῖς ὁδοῖς τοῦ πατρὸς αὐτοῦ Ασα καὶ οὐκ ἐξ- 32
έκλινεν τοῦ ποιῆσαι τὸ εὐθὲς ἐνώπιον κυρίου · ³³ἀλλὰ τὰ ὑψηλὰ 33
ἔτι ὑπῆρχεν, καὶ ἔτι ὁ λαὸς οὐ κατεύθυνεν τὴν καρδίαν πρὸς κύ-
ριον θεὸν τῶν πατέρων αὐτῶν. ³⁴καὶ οἱ λοιποὶ λόγοι Ιωσαφατ οἱ 34
πρῶτοι καὶ οἱ ἔσχατοι ἰδοὺ γεγραμμένοι ἐν λόγοις Ιου τοῦ Ανανι,
ὃς κατέγραψεν βιβλίον βασιλέων Ισραηλ.
³⁵Καὶ μετὰ ταῦτα ἐκοινώνησεν Ιωσαφατ βασιλεὺς Ιουδα πρὸς 35
Οχοζιαν βασιλέα Ισραηλ (καὶ οὗτος ἠνόμησεν) ³⁶ἐν τῷ ποιῆσαι 36
καὶ πορευθῆναι πρὸς αὐτὸν τοῦ ποιῆσαι πλοῖα τοῦ πορευθῆναι εἰς
Θαρσις καὶ ἐποίησεν πλοῖα ἐν Γασιωνγαβερ. ³⁷καὶ ἐπροφήτευσεν 37
Ελιεζερ ὁ τοῦ Δωδια ἀπὸ Μαρισης ἐπὶ Ιωσαφατ λέγων Ὡς ἐφι-

22 ιουδαν] ν > B: item in 31 ‖ 23 ανεστησαν 1⁰] απεστ. B† ‖ 25 εσκυ-
λευσαν] -σεν B† | εαυτοις] εν αυτοις B | εγενετο A ‖ 26 και] + εγενετο B†
‖ 27 ευφραινεν B† ‖ 28 εις 1⁰] εν B† | εν 2⁰ > A ‖ 31 πεντε 1⁰ > A ‖
32 εν > A | και 2⁰ BL†] > rel. ‖ 33 αυτων]-του B ‖ 34 ιου Ra. (cf. 19 2)]
ιησου BLᵖ†: ni error, ex ιου; ιηου rel. | βιβλιον]-λιου B*†, επι -λιου L† |
βασιλεων mu.] -ως BA: cf. 21 6. 13 28 2. 5 ‖ 35 βασιλευς ιουδα > B† | οχο-
Ζιαν] οΖ. A†, sed in 37 etiam A οχοζια ‖ 36 πορευθηναι 1⁰⌒2⁰ A ‖ 37 ε-
λιεζερ] ελειαδα B† | δωδια compl.] ωδ(ε)ια BA

λίασας τῷ Οχοζια, ἔθραυσεν κύριος τὸ ἔργον σου, καὶ συνετρίβη
τὰ πλοῖά σου. καὶ οὐκ ἐδυνάσθη τοῦ πορευθῆναι εἰς Θαρσις.

21 ¹Καὶ ἐκοιμήθη Ιωσαφατ μετὰ τῶν πατέρων αὐτοῦ καὶ ἐτάφη
παρὰ τοῖς πατράσιν αὐτοῦ ἐν πόλει Δαυιδ, καὶ ἐβασίλευσεν Ιωραμ
2 υἱὸς αὐτοῦ ἀντ᾽ αὐτοῦ. ²καὶ αὐτῷ ἀδελφοὶ υἱοὶ Ιωσαφατ ἕξ, Αζα-
ριας καὶ Ιιηλ καὶ Ζαχαριας καὶ Αζαριας καὶ Μιχαηλ καὶ Σαφατιας·
3 πάντες οὗτοι υἱοὶ Ιωσαφατ βασιλέως Ιουδα. ³καὶ ἔδωκεν αὐτοῖς
ὁ πατὴρ αὐτῶν δόματα πολλά, ἀργύριον καὶ χρυσίον καὶ ὅπλα
μετὰ πόλεων τετειχισμένων ἐν Ιουδα· καὶ τὴν βασιλείαν ἔδωκεν
4 τῷ Ιωραμ, ὅτι οὗτος ὁ πρωτότοκος. ⁴καὶ ἀνέστη Ιωραμ ἐπὶ τὴν
βασιλείαν αὐτοῦ καὶ ἐκραταιώθη καὶ ἀπέκτεινεν πάντας τοὺς ἀδελ-
5 φοὺς αὐτοῦ ἐν ῥομφαίᾳ καὶ ἀπὸ τῶν ἀρχόντων Ισραηλ. ⁵ὄντος
αὐτοῦ τριάκοντα καὶ δύο ἐτῶν κατέστη Ιωραμ ἐπὶ τὴν βασιλείαν
6 αὐτοῦ καὶ ὀκτὼ ἔτη ἐβασίλευσεν ἐν Ιερουσαλημ. ⁶καὶ ἐπορεύθη ἐν
ὁδῷ βασιλέων Ισραηλ, ὡς ἐποίησεν οἶκος Αχααβ, ὅτι θυγάτηρ
Αχααβ ἦν αὐτοῦ γυνή, καὶ ἐποίησεν τὸ πονηρὸν ἐναντίον κυρίου.
7 ⁷καὶ οὐκ ἐβούλετο κύριος ἐξολεθρεῦσαι τὸν οἶκον Δαυιδ διὰ τὴν
διαθήκην, ἣν διέθετο τῷ Δαυιδ, καὶ ὡς εἶπεν αὐτῷ δοῦναι αὐτῷ
8 λύχνον καὶ τοῖς υἱοῖς αὐτοῦ πάσας τὰς ἡμέρας. ⁸ἐν ταῖς ἡμέραις
ἐκείναις ἀπέστη Εδωμ ἀπὸ τοῦ Ιουδα καὶ ἐβασίλευσαν ἐφ᾽ ἑαυτοὺς
9 βασιλέα. ⁹καὶ ᾤχετο Ιωραμ μετὰ τῶν ἀρχόντων καὶ πᾶσα ἡ ἵππος
μετ᾽ αὐτοῦ· καὶ ἐγένετο καὶ ἠγέρθη νυκτὸς καὶ ἐπάταξεν Εδωμ
τὸν κυκλοῦντα αὐτὸν καὶ τοὺς ἄρχοντας τῶν ἁρμάτων, καὶ ἔφυγεν
10 ὁ λαὸς εἰς τὰ σκηνώματα αὐτῶν. ¹⁰καὶ ἀπέστη ἀπὸ Ιουδα Εδωμ
ἕως τῆς ἡμέρας ταύτης· τότε ἀπέστη Λομνα ἐν τῷ καιρῷ ἐκείνῳ
ἀπὸ χειρὸς αὐτοῦ, ὅτι ἐγκατέλιπεν κύριον θεὸν τῶν πατέρων αὐ-
11 τοῦ. ¹¹καὶ γὰρ αὐτὸς ἐποίησεν ὑψηλὰ ἐν πόλεσιν Ιουδα καὶ ἐξ-
επόρνευσεν τοὺς κατοικοῦντας ἐν Ιερουσαλημ καὶ ἀπεπλάνησεν
12 τὸν Ιουδαν. ¹²καὶ ἦλθεν αὐτῷ ἐγγραφὴ παρὰ Ηλιου τοῦ προφήτου
λέγων Τάδε λέγει κύριος ὁ θεὸς Δαυιδ τοῦ πατρός σου Ἀνθ᾽ ὧν
οὐκ ἐπορεύθης ἐν ὁδῷ Ιωσαφατ τοῦ πατρός σου καὶ ἐν ὁδοῖς
13 Ασα βασιλέως Ιουδα ¹³καὶ ἐπορεύθης ἐν ὁδοῖς βασιλέων Ισραηλ
καὶ ἐξεπόρνευσας τὸν Ιουδαν καὶ τοὺς κατοικοῦντας ἐν Ιερουσα-
λημ, ὡς ἐξεπόρνευσεν οἶκος Αχααβ, καὶ τοὺς ἀδελφούς σου υἱοὺς
14 τοῦ πατρός σου τοὺς ἀγαθοὺς ὑπὲρ σὲ ἀπέκτεινας, ¹⁴ἰδοὺ κύριος

21 1 παρα τοις πατρ. αυτου > B(†) ‖ 2 αζαριας 1⁰ > B† | ι(ε)ιηλ] ιηλ B |
και αζαριας > B | μιχαηλ L] μ(ε)ισαηλ BA: cf. I 27 18 ‖ 3 ο ult. > B† ‖
5 οντος αυτου B†] ων αυτος A ‖ 6 βασιλεως B*†: cf. 20 34 | γυνη] pr. η
A† ‖ 8 εβασιλευσεν A | εαυτους] ε > B† ‖ 10 απο ιουδα εδωμ] εδωμ απο
χειρος ιουδα A | λομνα] λοβνα A | κυριον] pr. τον A ‖ 11 εξεπορνευσαν B†
| εν 2⁰ > A | ιουδαν] ν > B† ‖ 12 εγγραφη Lᵖ†] εν γραφη rel. | ο θεος
δαυιδ του πατρ. σου] θεος πατρ. σου δαυιδ B† | πατρος σου 1⁰ ⌒ 2⁰ A† ‖
13 βασιλεως B: cf. 20 34 | εν 2⁰ > A | οικος] pr. ο A | του > B

πατάξει σε πληγὴν μεγάλην ἐν τῷ λαῷ σου καὶ ἐν τοῖς υἱοῖς σου
καὶ ἐν γυναιξίν σου καὶ ἐν πάσῃ τῇ ἀποσκευῇ σου, ¹⁵καὶ σὺ ἐν 15
μαλακίᾳ πονηρᾷ, ἐν νόσῳ κοιλίας, ἕως οὗ ἐξέλθῃ ἡ κοιλία σου
μετὰ τῆς μαλακίας ἐξ ἡμερῶν εἰς ἡμέρας. ¹⁶καὶ ἐπήγειρεν κύριος 16
ἐπὶ Ιωραμ τοὺς ἀλλοφύλους καὶ τοὺς Ἄραβας καὶ τοὺς ὁμόρους
τῶν Αἰθιόπων, ¹⁷καὶ ἀνέβησαν ἐπὶ Ιουδαν καὶ κατεδυνάστευον καὶ 17
ἀπέστρεψαν πᾶσαν τὴν ἀποσκευήν, ἣν εὗρον ἐν οἴκῳ τοῦ βασι-
λέως, καὶ τοὺς υἱοὺς αὐτοῦ καὶ τὰς θυγατέρας αὐτοῦ, καὶ οὐ κατ-
ελείφθη αὐτῷ υἱὸς ἀλλ᾽ ἢ Οχοζιας ὁ μικρότατος τῶν υἱῶν αὐτοῦ.
¹⁸καὶ μετὰ ταῦτα πάντα ἐπάταξεν αὐτὸν κύριος εἰς τὴν κοιλίαν 18
μαλακίᾳ, ἐν ᾗ οὐκ ἔστιν ἰατρεία · ¹⁹καὶ ἐγένετο ἐξ ἡμερῶν εἰς ἡμέ- 19
ρας, καὶ ὡς ἦλθεν καιρὸς τῶν ἡμερῶν ἡμέρας δύο, ἐξῆλθεν ἡ κοι-
λία αὐτοῦ μετὰ τῆς νόσου, καὶ ἀπέθανεν ἐν μαλακίᾳ πονηρᾷ. καὶ
οὐκ ἐποίησεν ὁ λαὸς αὐτοῦ ἐκφορὰν καθὼς ἐκφορὰν πατέρων αὐ-
τοῦ. ²⁰ἦν τριάκοντα καὶ δύο ἐτῶν, ὅτε ἐβασίλευσεν, καὶ ὀκτὼ ἔτη 20
ἐβασίλευσεν ἐν Ιερουσαλημ · καὶ ἐπορεύθη ἐν οὐκ ἐπαίνῳ καὶ ἐτά-
φη ἐν πόλει Δαυιδ καὶ οὐκ ἐν τάφοις τῶν βασιλέων.

¹Καὶ ἐβασίλευσαν οἱ κατοικοῦντες ἐν Ιερουσαλημ τὸν Οχοζιαν 22
υἱὸν αὐτοῦ τὸν μικρὸν ἀντ᾽ αὐτοῦ, ὅτι πάντας τοὺς πρεσβυτέρους
ἀπέκτεινεν τὸ ληστήριον τὸ ἐπελθὸν ἐπ᾽ αὐτούς, οἱ Ἄραβες καὶ οἱ
Αλιμαζονεῖς · καὶ ἐβασίλευσεν Οχοζιας υἱὸς Ιωραμ βασιλέως Ιουδα.
²ὢν εἴκοσι ἐτῶν Οχοζιας ἐβασίλευσεν καὶ ἐνιαυτὸν ἕνα ἐβασίλευ- 2
σεν ἐν Ιερουσαλημ, καὶ ὄνομα τῇ μητρὶ αὐτοῦ Γοθολια θυγάτηρ
Αμβρι. ³καὶ οὗτος ἐπορεύθη ἐν ὁδῷ οἴκου Αχααβ, ὅτι μήτηρ αὐτοῦ 3
ἦν σύμβουλος τοῦ ἁμαρτάνειν · ⁴καὶ ἐποίησεν τὸ πονηρὸν ἐναν- 4
τίον κυρίου ὡς οἶκος Αχααβ, ὅτι αὐτοὶ ἦσαν αὐτῷ μετὰ τὸ ἀπο-
θανεῖν τὸν πατέρα αὐτοῦ σύμβουλοι τοῦ ἐξολεθρεῦσαι αὐτόν, ⁵καὶ 5
ἐν ταῖς βουλαῖς αὐτῶν ἐπορεύθη. καὶ ἐπορεύθη μετὰ Ιωραμ υἱοῦ
Αχααβ εἰς πόλεμον ἐπὶ Αζαηλ βασιλέα Συρίας εἰς Ραμα Γαλααδ ·
καὶ ἐπάταξαν οἱ τοξόται τὸν Ιωραμ. ⁶καὶ ἐπέστρεψεν Ιωραμ τοῦ 6
ἰατρευθῆναι εἰς Ιεζραελ ἀπὸ τῶν πληγῶν, ὧν ἐπάταξαν αὐτὸν οἱ
Σύροι ἐν Ραμα ἐν τῷ πολεμεῖν αὐτὸν πρὸς Αζαηλ βασιλέα Συρίας ·
καὶ Οχοζιας υἱὸς Ιωραμ βασιλεὺς Ιουδα κατέβη θεάσασθαι τὸν Ιω-
ραμ υἱὸν Αχααβ εἰς Ιεζραελ, ὅτι ἠρρώστει. ⁷καὶ παρὰ τοῦ θεοῦ 7
ἐγένετο καταστροφὴ Οχοζια ἐλθεῖν πρὸς Ιωραμ · καὶ ἐν τῷ ἐλθεῖν

18 παντα > A† | μαλακιαν B | εν > B† ‖ 19 καιρος] pr. ο A ‖ 20 εβα-
σιλευσεν 1⁰ ⌒ 2⁰ A | εν ουκ] tr. B†
22 1 υιον Vpl.] pr. τον BA | και 2⁰ > B† | αλ(ε)ιμαζονεις] αμαζ. compl.: cf.
14 14 | βασιλεως] -λευς A ‖ 2 οχοζ. εβασιλ.] tr. A | ενιαυτον ενα] tr. A† |
αμβρ(ε)ι B† (cf. 1 27 18)] ζαμβρι A: cf. Regn. III 16 16 ‖ 4 οικος] pr. ο A
‖ 5 αχααμ A†, sed in 3. 4 etc. etiam A αχααβ | ραμα B†] ρεμμωθ A⁽†⁾, cf.
6, ubi etiam A ραμα ‖ 6 ιεζραελ bis] ισραηλ B†, ιζραελ A† | θεασασθαι]
σα > B† ‖ 7 ελθειν 2⁰ pl.] pr. εξ BA

αὐτὸν ἐξῆλθεν μετ' αὐτοῦ Ιωραμ πρὸς Ιου υἱὸν Ναμεσσι χριστὸν
8 κυρίου τὸν οἶκον Αχααβ. ⁸καὶ ἐγένετο ὡς ἐξεδίκησεν Ιου τὸν οἶ-
κον Αχααβ, καὶ εὗρεν τοὺς ἄρχοντας Ιουδα καὶ τοὺς ἀδελφοὺς
9 Οχοζια λειτουργοῦντας τῷ Οχοζια καὶ ἀπέκτεινεν αὐτούς. ⁹καὶ εἶ-
πεν τοῦ ζητῆσαι τὸν Οχοζιαν, καὶ κατέλαβον αὐτὸν ἰατρευόμενον
ἐν Σαμαρείᾳ καὶ ἤγαγον αὐτὸν πρὸς Ιου, καὶ ἀπέκτεινεν αὐτόν.
καὶ ἔθαψαν αὐτόν, ὅτι εἶπαν Υἱὸς Ιωσαφατ ἐστίν, ὃς ἐζήτησεν τὸν
κύριον ἐν ὅλῃ καρδίᾳ αὐτοῦ. καὶ οὐκ ἦν ἐν οἴκῳ Οχοζια κατισχῦ-
σαι δύναμιν περὶ τῆς βασιλείας.
10   ¹⁰Καὶ Γοθολια ἡ μήτηρ Οχοζια εἶδεν ὅτι τέθνηκεν αὐτῆς ὁ υἱός,
καὶ ἠγέρθη καὶ ἀπώλεσεν πᾶν τὸ σπέρμα τῆς βασιλείας ἐν οἴκῳ
11 Ιουδα. ¹¹καὶ ἔλαβεν Ιωσαβεθ ἡ θυγάτηρ τοῦ βασιλέως τὸν Ιωας
υἱὸν Οχοζια καὶ ἔκλεψεν αὐτὸν ἐκ μέσου υἱῶν τοῦ βασιλέως τῶν
θανατουμένων καὶ ἔδωκεν αὐτὸν καὶ τὴν τροφὸν αὐτοῦ εἰς ταμί-
ειον τῶν κλινῶν · καὶ ἔκρυψεν αὐτὸν Ιωσαβεθ θυγάτηρ τοῦ βασι-
λέως Ιωραμ ἀδελφὴ Οχοζιου γυνὴ Ιωδαε τοῦ ἱερέως καὶ ἔκρυψεν
12 αὐτὸν ἀπὸ προσώπου Γοθολιας, καὶ οὐκ ἀπέκτεινεν αὐτόν. ¹²καὶ
ἦν μετ' αὐτῆς ἐν οἴκῳ τοῦ θεοῦ κατακεκρυμμένος ἓξ ἔτη, καὶ Γο-
θολια ἐβασίλευσεν ἐπὶ τῆς γῆς.
23   ¹Καὶ ἐν τῷ ἔτει τῷ ἑβδόμῳ ἐκραταίωσεν Ιωδαε καὶ ἔλαβεν τοὺς
ἑκατοντάρχους, τὸν Αζαριαν υἱὸν Ιωραμ καὶ τὸν Ισμαηλ υἱὸν Ιω-
αναν καὶ τὸν Αζαριαν υἱὸν Ωβηδ καὶ τὸν Μαασαιαν υἱὸν Αδαια καὶ
2 τὸν Ελισαφαν υἱὸν Ζαχαρια, μετ' αὐτοῦ εἰς οἶκον. ²καὶ ἐκύκλωσαν
τὸν Ιουδαν καὶ συνήγαγον τοὺς Λευίτας ἐκ πασῶν τῶν πόλεων
Ιουδα καὶ ἄρχοντας πατριῶν τοῦ Ισραηλ, καὶ ἦλθον εἰς Ιερουσα-
3 λημ. ³καὶ διέθεντο πᾶσα ἐκκλησία Ιουδα διαθήκην ἐν οἴκῳ τοῦ
θεοῦ μετὰ τοῦ βασιλέως, καὶ ἔδειξεν αὐτοῖς τὸν υἱὸν τοῦ βασιλέως
καὶ εἶπεν αὐτοῖς Ἰδοὺ ὁ υἱὸς τοῦ βασιλέως βασιλευσάτω, καθὼς
4 ἐλάλησεν κύριος ἐπὶ τὸν οἶκον Δαυιδ. ⁴νῦν ὁ λόγος οὗτος, ὃν
ποιήσετε · τὸ τρίτον ἐξ ὑμῶν εἰσπορευέσθωσαν τὸ σάββατον, τῶν
5 ἱερέων καὶ τῶν Λευιτῶν, καὶ εἰς τὰς πύλας τῶν εἰσόδων, ⁵καὶ τὸ

7 αυτον mu.] > BA, τον οχοζιαν L† | ιου] > B†, sed in 8. 9 adest; BL†
praebent ιου, rel. ιηου, cf. 19 2 | τον οικον αχααβ B†] > A, pr. εις compl., pr.
ον εχρισεν αυτον κυριος του εξολοθρευσαι L† ‖ 8 ευρον B† | αρχ. ιουδα] tr.
B† | οχοζ(ε)ια 1⁰ ⌒ 2⁰ A ‖ 9 ολη] + τη B ‖ 10 βασιλειας] + αυτου A† ‖
11 ιωσαβεε(uel sim.) bis BL, cf. Regn. IV 11 2 | η θυγ. του βασ. > B† | υιων]
pr. των A | ταμιειον] pr. το A | των κλινων] των > B† | γυνη] και B*† |
ιωδαε] ιωιαδα A: cf. Regn. IV 11 4 | του ιερεως] αδελφοι (sic) B*† | προσ-
ωπου] + του βασιλεως ιωας (sic) B* (idem ιωας pro ιωραμ praec.) ‖ 12 αυ-
της] -του B
23 1 εβδομω] ογδοω B† | εκατονταρχας A | ιωβηδ A | μαασαιαν Sixt.] μασσ.
B†, μασιαν A, αμασ(σ)ιαν V: cf. 28 7 26 11 | αδαια] αζεια B† (Bᶜ δ pro ζ) |
ελισαφατ A | ζαχαρια B†] -ριου A | fin.] + κυριου A ‖ 2 συνηγαγεν B† |
αρχοντες B | πατριων] pr. των AL† ‖ 5 το 1⁰ > B†

τρίτον ἐν οἴκῳ τοῦ βασιλέως, καὶ τὸ τρίτον ἐν τῇ πύλῃ τῇ μέσῃ,
καὶ πᾶς ὁ λαὸς ἐν αὐλαῖς οἴκου κυρίου. ⁶καὶ μὴ εἰσελθέτω εἰς οἶ- 6
κον κυρίου ἐὰν μὴ οἱ ἱερεῖς καὶ οἱ Λευῖται καὶ οἱ λειτουργοῦντες
τῶν Λευιτῶν · αὐτοὶ εἰσελεύσονται, ὅτι ἅγιοί εἰσιν, καὶ πᾶς ὁ λαὸς
φυλασσέτω φυλακὰς κυρίου. ⁷καὶ κυκλώσουσιν οἱ Λευῖται τὸν βα- 7
σιλέα κύκλῳ, ἀνδρὸς σκεῦος ἐν χειρὶ αὐτοῦ, καὶ ὁ εἰσπορευόμενος
εἰς τὸν οἶκον ἀποθανεῖται · καὶ ἔσονται μετὰ τοῦ βασιλέως εἰσπο-
ρευομένου καὶ ἐκπορευομένου. ⁸καὶ ἐποίησαν οἱ Λευῖται καὶ πᾶς 8
Ιουδα κατὰ πάντα, ὅσα ἐνετείλατο Ιωδαε ὁ ἱερεύς, καὶ ἔλαβον
ἕκαστος τοὺς ἄνδρας αὐτοῦ ἀπ᾽ ἀρχῆς τοῦ σαββάτου ἕως ἐξόδου
τοῦ σαββάτου, ὅτι οὐ κατέλυσεν Ιωδαε τὰς ἐφημερίας. ⁹καὶ ἔδωκεν 9
τὰς μαχαίρας καὶ τοὺς θυρεοὺς καὶ τὰ ὅπλα, ἃ ἦν τοῦ βασιλέως
Δαυιδ, ἐν οἴκῳ τοῦ θεοῦ. ¹⁰καὶ ἔστησεν πάντα τὸν λαόν, ἕκαστον 10
ἐν τοῖς ὅπλοις αὐτοῦ, ἀπὸ τῆς ὠμίας τοῦ οἴκου τῆς δεξιᾶς ἕως
τῆς ὠμίας τῆς ἀριστερᾶς τοῦ θυσιαστηρίου καὶ τοῦ οἴκου ἐπὶ τὸν
βασιλέα κύκλῳ. ¹¹καὶ ἐξήγαγεν τὸν υἱὸν τοῦ βασιλέως καὶ ἔδωκεν 11
ἐπ᾽ αὐτὸν τὸ βασίλειον καὶ τὰ μαρτύρια, καὶ ἐβασίλευσαν καὶ ἔχρι-
σαν αὐτὸν Ιωδαε καὶ οἱ υἱοὶ αὐτοῦ καὶ εἶπαν Ζήτω ὁ βασιλεύς.
¹²καὶ ἤκουσεν Γοθολια τὴν φωνὴν τοῦ λαοῦ τῶν τρεχόντων καὶ 12
ἐξομολογουμένων καὶ αἰνούντων τὸν βασιλέα καὶ εἰσῆλθεν πρὸς
τὸν βασιλέα εἰς οἶκον κυρίου. ¹³καὶ εἶδεν καὶ ἰδοὺ ὁ βασιλεὺς ἐπὶ 13
τῆς στάσεως αὐτοῦ, καὶ ἐπὶ τῆς εἰσόδου οἱ ἄρχοντες καὶ αἱ σάλ-
πιγγες περὶ τὸν βασιλέα, καὶ πᾶς ὁ λαὸς ηὐφράνθη καὶ ἐσάλπισαν
ἐν ταῖς σάλπιγξιν καὶ οἱ ᾄδοντες ἐν τοῖς ὀργάνοις ᾠδοὶ καὶ ὑμνοῦν-
τες αἶνον · καὶ διέρρηξεν Γοθολια τὴν στολὴν αὐτῆς καὶ ἐβόησεν
καὶ εἶπεν Ἐπιτιθέμενοι ἐπιτίθεσθε. ¹⁴καὶ ἐξῆλθεν Ιωδαε ὁ ἱερεύς, 14
καὶ ἐνετείλατο Ιωδαε ὁ ἱερεὺς τοῖς ἑκατοντάρχοις καὶ τοῖς ἀρχη-
γοῖς τῆς δυνάμεως καὶ εἶπεν αὐτοῖς Ἐκβάλετε αὐτὴν ἐκτὸς τοῦ
οἴκου καὶ εἰσέλθατε ὀπίσω αὐτῆς, καὶ ἀποθανέτω μαχαίρᾳ · ὅτι εἶ-
πεν ὁ ἱερεύς Μὴ ἀποθανέτω ἐν οἴκῳ κυρίου. ¹⁵καὶ ἔδωκαν αὐτῇ 15
ἄνεσιν, καὶ διῆλθεν διὰ τῆς πύλης τῶν ἱππέων τοῦ οἴκου τοῦ βα-
σιλέως, καὶ ἐθανάτωσαν αὐτὴν ἐκεῖ. — ¹⁶καὶ διέθετο Ιωδαε δια- 16
θήκην ἀνὰ μέσον αὐτοῦ καὶ τοῦ λαοῦ καὶ τοῦ βασιλέως εἶναι λαὸν
τῷ κυρίῳ. ¹⁷καὶ εἰσῆλθεν πᾶς ὁ λαὸς τῆς γῆς εἰς οἶκον Βααλ καὶ 17
κατέσπασαν αὐτὸν καὶ τὰ θυσιαστήρια καὶ τὰ εἴδωλα αὐτοῦ ἐλέ-
πτυναν καὶ τὸν Ματθαν ἱερέα τῆς Βααλ ἐθανάτωσαν ἐναντίον τῶν

6 ο ιερευς Α† | φυλασσεσθω Α† | κυριου ult.] -ριω Β† ‖ 7 οι λευιται / τον
βασ.] tr. Β† | ανδρος σκευος] + σκευος Β†, ανηρ και το σκ. αυτου L†, ανδρες
και σκευος αυτων compl. ‖ 12 των > Β† ‖ 13 περι Ra.] pr. αρχοντες ΒΑ,
pr. και οι αρχοντες mu. | εν ταις σαλπ. V] εν > Β, ταις > Α† | και ειπεν >
Β† | επιτιθεμενοι] τι > Α† ‖ 14 εισελθατε] εξελθ. Α ‖ 17 ελεπτυναν] pr.
και Β† | ιερεα] pr. τον Α

18 θυσιαστηρίων αὐτοῦ. ¹⁸καὶ ἐνεχείρησεν Ιωδαε ὁ ἱερεὺς τὰ ἔργα
οἴκου κυρίου διὰ χειρὸς ἱερέων καὶ Λευιτῶν καὶ ἀνέστησεν τὰς
ἐφημερίας τῶν ἱερέων καὶ τῶν Λευιτῶν, ἃς διέστειλεν Δαυιδ ἐπὶ
τὸν οἶκον κυρίου καὶ ἀνενέγκαι ὁλοκαυτώματα κυρίῳ, καθὼς γέ-
γραπται ἐν νόμῳ Μωυσῆ, ἐν εὐφροσύνῃ καὶ ἐν ᾠδαῖς διὰ χειρὸς
19 Δαυιδ. ¹⁹καὶ ἔστησαν οἱ πυλωροὶ ἐπὶ τὰς πύλας οἴκου κυρίου, καὶ
20 οὐκ εἰσελεύσεται ἀκάθαρτος εἰς πᾶν πρᾶγμα. ²⁰καὶ ἔλαβεν τοὺς
πατριάρχας καὶ τοὺς δυνατοὺς καὶ τοὺς ἄρχοντας τοῦ λαοῦ καὶ
πάντα τὸν λαὸν τῆς γῆς καὶ ἀνεβίβασαν τὸν βασιλέα εἰς οἶκον
κυρίου, καὶ εἰσῆλθεν διὰ τῆς πύλης τῆς ἐσωτέρας εἰς τὸν οἶκον
τοῦ βασιλέως, καὶ ἐκάθισαν τὸν βασιλέα ἐπὶ τὸν θρόνον τῆς βα-
21 σιλείας. ²¹καὶ ηὐφράνθη πᾶς ὁ λαὸς τῆς γῆς, καὶ ἡ πόλις ἡσύχα-
σεν · καὶ τὴν Γοθολιαν ἐθανάτωσαν μαχαίρᾳ.

24 ¹Ὢν ἑπτὰ ἐτῶν Ιωας ἐν τῷ βασιλεῦσαι αὐτὸν καὶ τεσσαράκοντα
ἔτη ἐβασίλευσεν ἐν Ιερουσαλημ, καὶ ὄνομα τῇ μητρὶ αὐτοῦ Σαβια
2 ἐκ Βηρσαβεε. ²καὶ ἐποίησεν Ιωας τὸ εὐθὲς ἐνώπιον κυρίου πάσας
3 τὰς ἡμέρας Ιωδαε τοῦ ἱερέως. ³καὶ ἔλαβεν αὐτῷ Ιωδαε γυναῖκας
4 δύο, καὶ ἐγέννησεν υἱοὺς καὶ θυγατέρας. ⁴καὶ ἐγένετο μετὰ ταῦτα
5 καὶ ἐγένετο ἐπὶ καρδίαν Ιωας ἐπισκευάσαι τὸν οἶκον κυρίου. ⁵καὶ
συνήγαγεν τοὺς ἱερεῖς καὶ τοὺς Λευίτας καὶ εἶπεν αὐτοῖς Ἐξέλθατε
εἰς τὰς πόλεις Ιουδα καὶ συναγάγετε ἀπὸ παντὸς Ισραηλ ἀργύριον
κατισχῦσαι τὸν οἶκον κυρίου ἐνιαυτὸν κατ' ἐνιαυτὸν καὶ σπεύσατε
6 λαλῆσαι · καὶ οὐκ ἔσπευσαν οἱ Λευῖται. ⁶καὶ ἐκάλεσεν ὁ βασιλεὺς
Ιωας τὸν Ιωδαε τὸν ἄρχοντα καὶ εἶπεν αὐτῷ Διὰ τί οὐκ ἐπεσκέ-
ψω περὶ τῶν Λευιτῶν τοῦ εἰσενέγκαι ἀπὸ Ιουδα καὶ Ιερουσαλημ
τὸ κεκριμένον ὑπὸ Μωυσῆ ἀνθρώπου τοῦ θεοῦ, ὅτε ἐξεκκλησίασεν
7 τὸν Ισραηλ εἰς τὴν σκηνὴν τοῦ μαρτυρίου; ⁷ὅτι Γοθολια ἦν ἡ
ἄνομος, καὶ οἱ υἱοὶ αὐτῆς κατέσπασαν τὸν οἶκον τοῦ θεοῦ, καὶ γὰρ
8 τὰ ἅγια οἴκου κυρίου ἐποίησαν ταῖς Βααλιμ. ⁸καὶ εἶπεν ὁ βασιλεύς
Γενηθήτω γλωσσόκομον καὶ τεθήτω ἐν πύλῃ οἴκου κυρίου ἔξω ·
9 ⁹καὶ κηρυξάτωσαν ἐν Ιουδα καὶ ἐν Ιερουσαλημ εἰσενέγκαι κυρίῳ,
καθὼς εἶπεν Μωυσῆς παῖς τοῦ θεοῦ ἐπὶ τὸν Ισραηλ ἐν τῇ ἐρήμῳ.
10 ¹⁰καὶ ἔδωκαν πάντες ἄρχοντες καὶ πᾶς ὁ λαὸς καὶ εἰσέφερον καὶ
11 ἐνέβαλλον εἰς τὸ γλωσσόκομον, ἕως οὗ ἐπληρώθη. ¹¹καὶ ἐγένετο
ὡς εἰσέφερον τὸ γλωσσόκομον πρὸς τοὺς προστάτας τοῦ βασι-
λέως διὰ χειρὸς τῶν Λευιτῶν καὶ ὡς εἶδον ὅτι ἐπλεόνασεν τὸ ἀρ-

18 ενεχειρισεν Bᶜ | λευιτων 1°] pr. των Aʳ | κυριω] pr. τω Aʳ ‖ 20 αν-
εβιβασαν] επεβ. B† ‖ 21 γοθολιαν] ν > B† | μαχαιρα > B

24 1 σαβια L] σ > BA ‖ 3 ελαβεν αυτω ιωδαε Lᴾ†] ελ. εαυτω ιωδ. BALᴾ,
ελ. ιωας compl. (etiam Bᶜ ιωας pro ιωδαε) | γυναικας δυο] tr. A | εγεννησαν
A ‖ 5 εσπευσαν compl.] επιστευσαν BA ‖ 6 ο βασ./ιωας] tr. A | του paenu-
lt. > B† | οτε] οτι B ‖ 7 και γαρ] γαρ > A†, και γε L† | ταις βααλ(ε)ιμ]
τοις(Lᴾ† τω) β. ALᵗ: cf. 33 3 ‖ 9 κυριω] pr. τω A ‖ 11 εισεφερον] εισ > A†

γύριον, καὶ ἦλθεν ὁ γραμματεὺς τοῦ βασιλέως καὶ ὁ προστάτης τοῦ ἱερέως τοῦ μεγάλου καὶ ἐξεκένωσαν τὸ γλωσσόκομον καὶ κατέστησαν εἰς τὸν τόπον αὐτοῦ · οὕτως ἐποίουν ἡμέραν ἐξ ἡμέρας καὶ συνήγαγον ἀργύριον πολύ. ¹²καὶ ἔδωκεν αὐτὸ ὁ βασιλεὺς καὶ 12 Ιωδαε ὁ ἱερεὺς τοῖς ποιοῦσιν τὰ ἔργα εἰς τὴν ἐργασίαν οἴκου κυρίου, καὶ ἐμισθοῦντο λατόμους καὶ τέκτονας ἐπισκευάσαι τὸν οἶκον κυρίου καὶ χαλκεῖς σιδήρου καὶ χαλκοῦ ἐπισκευάσαι τὸν οἶκον κυρίου. ¹³καὶ ἐποίουν οἱ ποιοῦντες τὰ ἔργα, καὶ ἀνέβη μῆκος τῶν 13 ἔργων ἐν χερσὶν αὐτῶν, καὶ ἀνέστησαν τὸν οἶκον κυρίου ἐπὶ τὴν στάσιν αὐτοῦ καὶ ἐνίσχυσαν. ¹⁴καὶ ὡς συνετέλεσαν, ἤνεγκαν πρὸς 14 τὸν βασιλέα καὶ πρὸς Ιωδαε τὸ κατάλοιπον τοῦ ἀργυρίου, καὶ ἐποίησαν σκεύη εἰς οἶκον κυρίου, σκεύη λειτουργικὰ ὁλοκαυτωμάτων καὶ θυίσκας χρυσᾶς καὶ ἀργυρᾶς. καὶ ἀνήνεγκαν ὁλοκαυτώσεις ἐν οἴκῳ κυρίου διὰ παντὸς πάσας τὰς ἡμέρας Ιωδαε.

¹⁵Καὶ ἐγήρασεν Ιωδαε πλήρης ἡμερῶν καὶ ἐτελεύτησεν ὢν ἑκα- 15 τὸν καὶ τριάκοντα ἐτῶν ἐν τῷ τελευτᾶν αὐτόν · ¹⁶καὶ ἔθαψαν αὐ- 16 τὸν ἐν πόλει Δαυιδ μετὰ τῶν βασιλέων, ὅτι ἐποίησεν ἀγαθωσύνην μετὰ Ισραηλ καὶ μετὰ τοῦ θεοῦ καὶ τοῦ οἴκου αὐτοῦ. ¹⁷καὶ 17 ἐγένετο μετὰ τὴν τελευτὴν Ιωδαε εἰσῆλθον οἱ ἄρχοντες Ιουδα καὶ προσεκύνησαν τὸν βασιλέα · τότε ἐπήκουσεν αὐτοῖς ὁ βασιλεύς. ¹⁸καὶ ἐγκατέλιπον τὸν κύριον θεὸν τῶν πατέρων αὐτῶν καὶ ἐδού- 18 λευον ταῖς Ἀστάρταις καὶ τοῖς εἰδώλοις · καὶ ἐγένετο ὀργὴ ἐπὶ Ιουδαν καὶ ἐπὶ Ιερουσαλημ ἐν τῇ ἡμέρᾳ ταύτῃ. ¹⁹καὶ ἀπέστειλεν 19 πρὸς αὐτοὺς προφήτας ἐπιστρέψαι πρὸς κύριον, καὶ οὐκ ἤκουσαν · καὶ διεμαρτύραντο αὐτοῖς, καὶ οὐκ ἤκουσαν. ²⁰καὶ πνεῦμα θεοῦ 20 ἐνέδυσεν τὸν Αζαριαν τὸν τοῦ Ιωδαε τὸν ἱερέα, καὶ ἀνέστη ἐπάνω τοῦ λαοῦ καὶ εἶπεν Τάδε λέγει κύριος Τί παραπορεύεσθε τὰς ἐντολὰς κυρίου; καὶ οὐκ εὐοδωθήσεσθε, ὅτι ἐγκατελίπετε τὸν κύριον, καὶ ἐγκαταλείψει ὑμᾶς. ²¹καὶ ἐπέθεντο αὐτῷ καὶ ἐλιθοβόλησαν αὐ- 21 τὸν δι᾽ ἐντολῆς Ιωας τοῦ βασιλέως ἐν αὐλῇ οἴκου κυρίου. ²²καὶ 22 οὐκ ἐμνήσθη Ιωας τοῦ ἐλέους, οὗ ἐποίησεν μετ᾽ αὐτοῦ Ιωδαε ὁ πατὴρ αὐτοῦ, καὶ ἐθανάτωσεν τὸν υἱὸν αὐτοῦ. καὶ ὡς ἀπέθνησκεν, εἶπεν Ἴδοι κύριος καὶ κρινάτω. ²³καὶ ἐγένετο μετὰ τὴν συντέλειαν 23 τοῦ ἐνιαυτοῦ ἀνέβη ἐπ᾽ αὐτὸν δύναμις Συρίας καὶ ἦλθεν ἐπὶ Ιουδαν καὶ ἐπὶ Ιερουσαλημ καὶ κατέφθειραν πάντας τοὺς ἄρχοντας τοῦ λαοῦ ἐν τῷ λαῷ καὶ πάντα τὰ σκῦλα αὐτῶν ἀπέστειλαν τῷ βασι-

---

11 εξεκενωσεν B* ‖ 12 τον οικον κυριου 1⁰ ⌢ 2⁰ A ‖ 14 ανηνεγκεν A | ολοκαυτωσιν A† ‖ 15 εκατ. κ. τριακ. / ετων] tr. A ‖ 16 εποιησαν A† ‖ 18 τον κυριον] tr. A | ταις ασταρταις .. τοις ειδωλοις] tr. A | ιουδαν] ν > B†: item B in 23 | επι ult. > B* ‖ 19 επιστρεψαι] + αυτους L† | διεμαρτυρατο A | ουκ ηκουσαν ult.] ουχ υπηκ. B† ‖ 23 κατεφθειρεν et απεστειλεν A

24 λεῖ Δαμασκοῦ. ²⁴ὅτι ἐν ὀλίγοις ἀνδράσιν παρεγένετο δύναμις Συ-
ρίας, καὶ ὁ θεὸς παρέδωκεν εἰς τὰς χεῖρας αὐτῶν δύναμιν πολλὴν
σφόδρα, ὅτι ἐγκατέλιπον κύριον θεὸν τῶν πατέρων αὐτῶν· καὶ
25 μετὰ Ιωας ἐποίησεν κρίματα. ²⁵καὶ μετὰ τὸ ἀπελθεῖν αὐτοὺς ἀπ'
αὐτοῦ ἐν τῷ ἐγκαταλιπεῖν αὐτὸν ἐν μαλακίαις μεγάλαις καὶ ἐπ-
έθεντο αὐτῷ οἱ παῖδες αὐτοῦ ἐν αἵμασιν υἱοῦ Ιωδαε τοῦ ἱερέως
καὶ ἐθανάτωσαν αὐτὸν ἐπὶ τῆς κλίνης αὐτοῦ, καὶ ἀπέθανεν· καὶ
ἔθαψαν αὐτὸν ἐν πόλει Δαυιδ καὶ οὐκ ἔθαψαν αὐτὸν ἐν τῷ τάφῳ
26 τῶν βασιλέων. ²⁶καὶ οἱ ἐπιθέμενοι ἐπ' αὐτὸν Ζαβεδ ὁ τοῦ Σαμαθ
27 ὁ Αμμανίτης καὶ Ιωζαβεδ ὁ τοῦ Σομαρωθ ὁ Μωαβίτης ²⁷καὶ οἱ
υἱοὶ αὐτοῦ πάντες, καὶ προσῆλθον αὐτῷ οἱ πέντε. καὶ τὰ λοιπὰ
ἰδοὺ γεγραμμένα ἐπὶ τὴν γραφὴν τῶν βασιλέων· καὶ ἐβασίλευσεν
Αμασιας υἱὸς αὐτοῦ ἀντ' αὐτοῦ.

25 ¹῍Ων πέντε καὶ εἴκοσι ἐτῶν ἐβασίλευσεν Αμασιας καὶ εἴκοσι ἐν-
νέα ἔτη ἐβασίλευσεν ἐν Ιερουσαλημ, καὶ ὄνομα τῇ μητρὶ αὐτοῦ
2 Ιωαδεν ἀπὸ Ιερουσαλημ. ²καὶ ἐποίησεν τὸ εὐθὲς ἐνώπιον κυρίου,
3 ἀλλ' οὐκ ἐν καρδίᾳ πλήρει. ³καὶ ἐγένετο ὡς κατέστη ἡ βασιλεία
ἐν χειρὶ αὐτοῦ, καὶ ἐθανάτωσεν τοὺς παῖδας αὐτοῦ τοὺς φονεύ-
4 σαντας τὸν βασιλέα πατέρα αὐτοῦ· ⁴καὶ τοὺς υἱοὺς αὐτῶν οὐκ
ἀπέκτεινεν κατὰ τὴν διαθήκην τοῦ νόμου κυρίου, καθὼς γέγρα-
πται, ὡς ἐνετείλατο κύριος λέγων Οὐκ ἀποθανοῦνται πατέρες ὑπὲρ
τέκνων, καὶ υἱοὶ οὐκ ἀποθανοῦνται ὑπὲρ πατέρων, ἀλλ' ἢ ἕκαστος
5 τῇ ἑαυτοῦ ἁμαρτίᾳ ἀποθανοῦνται. — ⁵καὶ συνήγαγεν Αμασιας τὸν
οἶκον Ιουδα καὶ ἀνέστησεν αὐτοὺς κατ' οἴκους πατριῶν αὐτῶν εἰς
χιλιάρχους καὶ ἑκατοντάρχους ἐν παντὶ Ιουδα καὶ Ιερουσαλημ· καὶ
ἠρίθμησεν αὐτοὺς ἀπὸ εἰκοσαετοῦς καὶ ἐπάνω καὶ εὗρεν αὐτοὺς
τριακοσίας χιλιάδας δυνατοὺς ἐξελθεῖν εἰς πόλεμον κρατοῦντας
6 δόρυ καὶ θυρεόν. ⁶καὶ ἐμισθώσατο ἀπὸ Ισραηλ ἑκατὸν χιλιάδας
7 δυνατοὺς ἰσχύι ἑκατὸν ταλάντων ἀργυρίου. ⁷καὶ ἄνθρωπος τοῦ
θεοῦ ἦλθεν πρὸς αὐτὸν λέγων Βασιλεῦ, οὐ πορεύσεται μετὰ σοῦ
δύναμις Ισραηλ, ὅτι οὐκ ἔστιν κύριος μετὰ Ισραηλ, πάντων τῶν
8 υἱῶν Εφραιμ· ⁸ὅτι ἐὰν ὑπολάβῃς κατισχῦσαι ἐν τούτοις, καὶ τρο-
πώσεταί σε κύριος ἐναντίον τῶν ἐχθρῶν, ὅτι ἔστιν παρὰ κυρίου
9 καὶ ἰσχῦσαι καὶ τροπώσασθαι. ⁹καὶ εἶπεν Αμασιας τῷ ἀνθρώπῳ
τοῦ θεοῦ Καὶ τί ποιήσω τὰ ἑκατὸν τάλαντα, ἃ ἔδωκα τῇ δυνάμει
Ισραηλ; καὶ εἶπεν ὁ ἄνθρωπος τοῦ θεοῦ ῎Εστιν τῷ κυρίῳ δοῦναί

24 παρεγινετο Α⁺ | θεον] pr. τον Α ‖ 26 Ζαβεδ] -ελ Β⁺, -εθ ΑV⁺ | σαμαθ]
θ > Β | ιωζαβεδ] Ζωζ. Β⁺ | σομαρωθ Ra.] σομαιωθ Β⁺, σαμαριθ Α ‖ 27 ιδου]
ιουδα Α⁺: cf. 20 17 | την > Α⁺
25 1 init.] pr. και εβασιλευσεν (sic) Β⁺ | εννεα] pr. και Α | ιωαδεν] ιωναα
Β⁺ ‖ 4 του > Α | αποθανουνται ult.] -θανειται Α ‖ 5 εν > Β*⁺ ‖ 7 πο-
ρευσεται] παρελευσ. Α ‖ 8 σε > Α⁺ | εναντι ΑV⁺ | και ισχυσαι] κατισχ. ΑV
(+ εν τουτοις Α⁺) | τροπωσεσθαι Α⁺

σοι πλεῖστα τούτων. ¹⁰καὶ διεχώρισεν Αμασιας τῇ δυνάμει τῇ ἐλ- 10
θούσῃ πρὸς αὐτὸν ἀπὸ Εφραιμ ἀπελθεῖν εἰς τὸν τόπον αὐτῶν,
καὶ ἐθυμώθησαν σφόδρα ἐπὶ Ιουδαν καὶ ἐπέστρεψαν εἰς τὸν τόπον
αὐτῶν ἐν ὀργῇ θυμοῦ. ¹¹καὶ Αμασιας κατίσχυσεν καὶ παρέλαβεν 11
τὸν λαὸν αὐτοῦ καὶ ἐπορεύθη εἰς τὴν κοιλάδα τῶν ἁλῶν καὶ ἐπά-
ταξεν ἐκεῖ τοὺς υἱοὺς Σηιρ δέκα χιλιάδας · ¹²καὶ δέκα χιλιάδας 12
ἐζώγρησαν οἱ υἱοὶ Ιουδα καὶ ἔφερον αὐτοὺς ἐπὶ τὸ ἄκρον τοῦ
κρημνοῦ καὶ κατεκρήμνιζον αὐτοὺς ἀπὸ τοῦ ἄκρου τοῦ κρημνοῦ,
καὶ πάντες διερρήγνυντο. ¹³καὶ οἱ υἱοὶ τῆς δυνάμεως, οὓς ἀπέστρε- 13
ψεν Αμασιας τοῦ μὴ πορευθῆναι μετ' αὐτοῦ εἰς πόλεμον, καὶ ἐπ-
έθεντο ἐπὶ τὰς πόλεις Ιουδα ἀπὸ Σαμαρείας ἕως Βαιθωρων καὶ
ἐπάταξαν ἐν αὐτοῖς τρεῖς χιλιάδας καὶ ἐσκύλευσαν σκῦλα πολλά.
— ¹⁴καὶ ἐγένετο μετὰ τὸ ἐλθεῖν Αμασιαν πατάξαντα τὴν Ιδουμαίαν 14
καὶ ἤνεγκεν πρὸς αὐτοὺς τοὺς θεοὺς υἱῶν Σηιρ καὶ ἔστησεν αὐ-
τοὺς ἑαυτῷ εἰς θεοὺς καὶ ἐναντίον αὐτῶν προσεκύνει καὶ αὐτοῖς
αὐτὸς ἔθυεν. ¹⁵καὶ ἐγένετο ὀργὴ κυρίου ἐπὶ Αμασιαν, καὶ ἀπέστει- 15
λεν αὐτῷ προφήτας καὶ εἶπαν αὐτῷ Τί ἐζήτησας τοὺς θεοὺς τοῦ
λαοῦ, οἳ οὐκ ἐξείλαντο τὸν λαὸν αὐτῶν ἐκ χειρός σου ; ¹⁶καὶ ἐγέ- 16
νετο ἐν τῷ λαλῆσαι αὐτῷ καὶ εἶπεν αὐτῷ Μὴ σύμβουλον τοῦ βα-
σιλέως δέδωκά σε ; πρόσεχε μὴ μαστιγωθῇς. καὶ ἐσιώπησεν ὁ προ-
φήτης. καὶ εἶπεν ὅτι Γινώσκω ὅτι ἐβούλετο ἐπὶ σοὶ τοῦ καταφθεῖ-
ραί σε, ὅτι ἐποίησας τοῦτο καὶ οὐκ ἐπήκουσας τῆς συμβουλίας
μου. — ¹⁷καὶ ἐβουλεύσατο Αμασιας καὶ ἀπέστειλεν πρὸς Ιωας υἱὸν 17
Ιωαχαζ υἱοῦ Ιου βασιλέα Ισραηλ λέγων Δεῦρο ὀφθῶμεν προσ-
ώποις. ¹⁸καὶ ἀπέστειλεν Ιωας βασιλεὺς Ισραηλ πρὸς Αμασιαν βα- 18
σιλέα Ιουδα λέγων Ὁ αχουχ ὁ ἐν τῷ Λιβάνῳ ἀπέστειλεν πρὸς τὴν
κέδρον τὴν ἐν τῷ Λιβάνῳ λέγων Δὸς τὴν θυγατέρα σου τῷ υἱῷ
μου εἰς γυναῖκα. καὶ ἰδοὺ ἐλεύσεται τὰ θηρία τοῦ ἀγροῦ τὰ ἐν τῷ
Λιβάνῳ · καὶ ἦλθαν τὰ θηρία καὶ κατεπάτησαν τὸν αχουχ. ¹⁹εἶπας 19
Ἰδοὺ ἐπάταξας τὴν Ιδουμαίαν, καὶ ἐπαίρει σε ἡ καρδία ἡ βαρεῖα ·
νῦν κάθησο ἐν οἴκῳ σου, καὶ ἵνα τί συμβάλλεις ἐν κακίᾳ καὶ πεσῇ
σὺ καὶ Ιουδας μετὰ σοῦ ; ²⁰καὶ οὐκ ἤκουσεν Αμασιας, ὅτι παρὰ 20
κυρίου ἐγένετο τοῦ παραδοῦναι αὐτὸν εἰς χεῖρας, ὅτι ἐξεζήτησεν
τοὺς θεοὺς τῶν Ιδουμαίων. ²¹καὶ ἀνέβη Ιωας βασιλεὺς Ισραηλ, καὶ 21
ὤφθησαν ἀλλήλοις αὐτὸς καὶ Αμασιας βασιλεὺς Ιουδα ἐν Βαιθσα-

9 πλειστα ΒΑ] πλειω L†, πλειον(α) mu. || 10 επεστρεψαν ΒL†] υπ. mu.
(-ψεν Α†) || 12 κατεκρημνισεν Α† || 13 οι > Β | πορευθηναι] ευρεθ. Β† |
και 2⁰ > Α | επαταξεν Β | εσκυλευσεν Β† || 14 παταξαντα] -ντος Β† | εαυ-
τω] ε > Β | εναντιον αυτων προσεκυνει] εστησεν εναντ. αυτ. προσκυνειν Β† |
αυτοις αυτος] tr. Β† (Β*† αυτος αυτω) || 15 αμεσιαν Α†, sed ceteris locis
etiam Α -μασ- || 17 και απεστ.⌒18 και απεστ. Β† | ιου L† (cf. Regn. III
16 1)] ιηου Α || 18 ο αχουχ ο] οχοζει Β†, ο οχοζ ο Α†; sed in fine uersus
ΒΑ τον αχουχ

22 μυς, ή έστιν τοῦ Ιουδα. ²²καὶ ἐτροπώθη Ιουδας κατὰ πρόσωπον
23 Ισραηλ, καὶ ἔφυγεν ἕκαστος εἰς τὸ σκήνωμα. ²³καὶ τὸν Αμασιαν
βασιλέα Ιουδα τὸν τοῦ Ιωας κατέλαβεν Ιωας βασιλεὺς Ισραηλ ἐν
Βαιθσαμυς καὶ εἰσήγαγεν αὐτὸν εἰς Ιερουσαλημ καὶ κατέσπασεν
ἀπὸ τοῦ τείχους Ιερουσαλημ ἀπὸ πύλης Εφραιμ ἕως πύλης γωνίας
24 τετρακοσίους πήχεις · ²⁴καὶ πᾶν τὸ χρυσίον καὶ τὸ ἀργύριον καὶ
πάντα τὰ σκεύη τὰ εὑρεθέντα ἐν οἴκῳ κυρίου καὶ παρὰ τῷ Αβδε-
δομ καὶ τοὺς θησαυροὺς οἴκου τοῦ βασιλέως καὶ τοὺς υἱοὺς τῶν
25 συμμίξεων καὶ ἐπέστρεψεν εἰς Σαμάρειαν. — ²⁵καὶ ἔζησεν Αμασιας
ὁ τοῦ Ιωας βασιλεὺς Ιουδα μετὰ τὸ ἀποθανεῖν Ιωας τὸν τοῦ Ιωα-
26 χαζ βασιλέα Ισραηλ ἔτη δέκα πέντε. ²⁶καὶ οἱ λοιποὶ λόγοι Αμασιου
οἱ πρῶτοι καὶ οἱ ἔσχατοι οὐκ ἰδοὺ γεγραμμένοι ἐπὶ βιβλίου βασι-
27 λέων Ιουδα καὶ Ισραηλ ; ²⁷καὶ ἐν τῷ καιρῷ, ᾧ ἀπέστη Αμασιας
ἀπὸ κυρίου, καὶ ἐπέθεντο αὐτῷ ἐπίθεσιν, καὶ ἔφυγεν ἀπὸ Ιερου-
σαλημ εἰς Λαχις · καὶ ἀπέστειλαν κατόπισθεν αὐτοῦ εἰς Λαχις καὶ
28 ἐθανάτωσαν αὐτὸν ἐκεῖ. ²⁸καὶ ἀνέλαβον αὐτὸν ἐπὶ τῶν ἵππων καὶ
ἔθαψαν αὐτὸν μετὰ τῶν πατέρων αὐτοῦ ἐν πόλει Δαυιδ.
26 ¹Καὶ ἔλαβεν πᾶς ὁ λαὸς τῆς γῆς τὸν Οζιαν, καὶ αὐτὸς δέκα καὶ
ἓξ ἐτῶν, καὶ ἐβασίλευσαν αὐτὸν ἀντὶ τοῦ πατρὸς αὐτοῦ Αμασιου.
2 ²αὐτὸς ᾠκοδόμησεν τὴν Αιλαθ, αὐτὸς ἐπέστρεψεν αὐτὴν τῷ Ιουδα
3 μετὰ τὸ κοιμηθῆναι τὸν βασιλέα μετὰ τῶν πατέρων αὐτοῦ. ³υἱὸς
δέκα ἓξ ἐτῶν ἐβασίλευσεν Οζιας καὶ πεντήκοντα καὶ δύο ἔτη ἐβα-
σίλευσεν ἐν Ιερουσαλημ, καὶ ὄνομα τῇ μητρὶ αὐτοῦ Χαλια ἀπὸ
4 Ιερουσαλημ. ⁴καὶ ἐποίησεν τὸ εὐθὲς ἐνώπιον κυρίου κατὰ πάντα,
5 ὅσα ἐποίησεν Αμασιας ὁ πατὴρ αὐτοῦ. ⁵καὶ ἦν ἐκζητῶν τὸν κύριον
ἐν ταῖς ἡμέραις Ζαχαριου τοῦ συνίοντος ἐν φόβῳ κυρίου · καὶ ἐν
ταῖς ἡμέραις αὐτοῦ ἐζήτησεν τὸν κύριον, καὶ εὐόδωσεν αὐτῷ κύ-
6 ριος. ⁶καὶ ἐξῆλθεν καὶ ἐπολέμησεν πρὸς τοὺς ἀλλοφύλους καὶ κατ-
έσπασεν τὰ τείχη Γεθ καὶ τὰ τείχη Ιαβνη καὶ τὰ τείχη Ἀζώτου
7 καὶ ᾠκοδόμησεν πόλεις Ἀζώτου καὶ ἐν τοῖς ἀλλοφύλοις. ⁷καὶ κατ-
ίσχυσεν αὐτὸν κύριος ἐπὶ τοὺς ἀλλοφύλους καὶ ἐπὶ τοὺς Ἄραβας
8 τοὺς κατοικοῦντας ἐπὶ τῆς πέτρας καὶ ἐπὶ τοὺς Μιναίους. ⁸καὶ
ἔδωκαν οἱ Μιναῖοι δῶρα τῷ Οζια, καὶ ἦν τὸ ὄνομα αὐτοῦ ἕως
9 εἰσόδου Αἰγύπτου, ὅτι κατίσχυσεν ἕως ἄνω. ⁹καὶ ᾠκοδόμησεν Οζιας
πύργους ἐν Ιερουσαλημ καὶ ἐπὶ τὴν πύλην τῆς γωνίας καὶ ἐπὶ τὴν
10 πύλην τῆς φάραγγος καὶ ἐπὶ τῶν γωνιῶν καὶ κατίσχυσεν. ¹⁰καὶ

22 εφυγον A | fin.] + αυτου Aᶜ || 23 αυτον] -τους B† | τετρακοσιους]
τριακ. A || 24 αβδεδομ] pr. ι B†: ex τω praec.: Bᶜ† ο pro ε: cf. I 15 24
|| 25 ιωαχαζ] ιωας B† || 26 βυβλιου Bˢ† (B*† βλιου): cf. 17 9 | βασιλε-
ων > B† || 27 επεθετο A | απεστειλεν B | εθανατωσεν B†
26 1 οζιαν] pr. οχ B† hic, non in seq. || 3 εβασιλ. 1⁰ > B† | χαλια Ra. (cf.
Regn. IV 15 2)] χααια B†, ιεχελια A || 5 ταις 1⁰] pr. πασαις B† || 6 ιαβνη V]
αβεννηρ B†, ιαβεις A† || 9 πυργον A† | πυλην 2⁰] + γωνιας B*†, γωνιαν Bᶜ

ᾠκοδόμησεν πύργους ἐν τῇ ἐρήμῳ καὶ ἐλατόμησεν λάκκους πολλούς, ὅτι κτήνη πολλὰ ὑπῆρχεν αὐτῷ ἐν Σεφηλα καὶ ἐν τῇ πεδινῇ καὶ ἀμπελουργοὶ ἐν τῇ ὀρεινῇ καὶ ἐν τῷ Καρμήλῳ, ὅτι φιλογέωργος ἦν. ¹¹καὶ ἐγένετο τῷ Οζια δυνάμεις ποιοῦσαι πόλεμον καὶ ἐκπο- 11 ρευόμεναι εἰς παράταξιν εἰς ἀριθμόν, καὶ ὁ ἀριθμὸς αὐτῶν διὰ χειρὸς Ιιηλ τοῦ γραμματέως καὶ Μαασαιου τοῦ κριτοῦ διὰ χειρὸς Ανανιου τοῦ διαδόχου τοῦ βασιλέως. ¹²πᾶς ὁ ἀριθμὸς τῶν πα- 12 τριαρχῶν τῶν δυνατῶν εἰς πόλεμον δισχίλιοι ἑξακόσιοι, ¹³καὶ μετ' 13 αὐτῶν δύναμις πολεμικὴ τριακόσιαι χιλιάδες καὶ ἑπτακισχίλιοι πεντακόσιοι · οὗτοι οἱ ποιοῦντες πόλεμον ἐν δυνάμει ἰσχύος βοηθῆσαι τῷ βασιλεῖ ἐπὶ τοὺς ὑπεναντίους. ¹⁴καὶ ἡτοίμαζεν αὐτοῖς Οζιας 14 πάσῃ τῇ δυνάμει θυρεοὺς καὶ δόρατα καὶ περικεφαλαίας καὶ θώρακας καὶ τόξα καὶ σφενδόνας εἰς λίθους. ¹⁵καὶ ἐποίησεν ἐν Ιερου- 15 σαλημ μηχανὰς μεμηχανευμένας λογιστοῦ τοῦ εἶναι ἐπὶ τῶν πύργων καὶ ἐπὶ τῶν γωνιῶν βάλλειν βέλεσιν καὶ λίθοις μεγάλοις · καὶ ἠκούσθη ἡ κατασκευὴ αὐτῶν ἕως πόρρω, ὅτι ἐθαυμαστώθη τοῦ βοηθηθῆναι, ἕως οὗ κατίσχυσεν.

¹⁶Καὶ ὡς κατίσχυσεν, ὑψώθη ἡ καρδία αὐτοῦ τοῦ καταφθεῖραι, 16 καὶ ἠδίκησεν ἐν κυρίῳ θεῷ αὐτοῦ καὶ εἰσῆλθεν εἰς τὸν ναὸν κυρίου θυμιάσαι ἐπὶ τὸ θυσιαστήριον τῶν θυμιαμάτων. ¹⁷καὶ εἰσῆλθεν 17 ὀπίσω αὐτοῦ Αζαριας ὁ ἱερεὺς καὶ μετ' αὐτοῦ ἱερεῖς τοῦ κυρίου ὀγδοήκοντα υἱοὶ δυνατοὶ ¹⁸καὶ ἔστησαν ἐπὶ Οζιαν τὸν βασιλέα καὶ 18 εἶπαν αὐτῷ Οὐ σοί, Οζια, θυμιάσαι τῷ κυρίῳ, ἀλλ' ἢ τοῖς ἱερεῦσιν υἱοῖς Ααρων τοῖς ἡγιασμένοις θυμιάσαι · ἔξελθε ἐκ τοῦ ἁγιάσματος, ὅτι ἀπέστης ἀπὸ κυρίου, καὶ οὐκ ἔσται σοι τοῦτο εἰς δόξαν παρὰ κυρίου θεοῦ. ¹⁹καὶ ἐθυμώθη Οζιας, καὶ ἐν τῇ χειρὶ αὐτοῦ τὸ θυμι- 19 ατήριον τοῦ θυμιάσαι ἐν τῷ ναῷ, καὶ ἐν τῷ θυμωθῆναι αὐτὸν πρὸς τοὺς ἱερεῖς καὶ ἡ λέπρα ἀνέτειλεν ἐν τῷ μετώπῳ αὐτοῦ ἐναντίον τῶν ἱερέων ἐν οἴκῳ κυρίου ἐπάνω τοῦ θυσιαστηρίου τῶν θυμιαμάτων. ²⁰καὶ ἐπέστρεψεν ἐπ' αὐτὸν ὁ ἱερεὺς ὁ πρῶτος καὶ οἱ 20 ἱερεῖς, καὶ ἰδοὺ αὐτὸς λεπρὸς ἐν τῷ μετώπῳ · καὶ κατέσπευσαν αὐτὸν ἐκεῖθεν, καὶ γὰρ αὐτὸς ἔσπευσεν ἐξελθεῖν, ὅτι ἤλεγξεν αὐτὸν κύριος. ²¹καὶ ἦν Οζιας ὁ βασιλεὺς λεπρὸς ἕως ἡμέρας τῆς τελευ- 21 τῆς αὐτοῦ, καὶ ἐν οἴκῳ αφφουσωθ ἐκάθητο λεπρός, ὅτι ἀπεσχίσθη ἀπὸ οἴκου κυρίου · καὶ Ιωαθαμ ὁ υἱὸς αὐτοῦ ἐπὶ τῆς βασιλείας αὐτοῦ κρίνων τὸν λαὸν τῆς γῆς. ²²καὶ οἱ λοιποὶ λόγοι Οζιου οἱ πρῶ- 22

10 υπηρχον A† | φιλογεωργος] φιλο > B† || 11 τω > B† | μαασαιου Ra.] αμασαιου B†, μασσαιου A: cf. 23 1 || 13 επτακισχιλιοι] επτα χιλιαδες και A || 14 αυτοις] -τους B || 15 βοηθηναι A || 18 θυμιασαι bis] θυσαι B† hic, non in 16. 19 | τω > B | υιοις] pr. τοις A || 19 και 3⁰ L] > BA | επανω] pr. και B || 21 ο 1⁰ > B† | ημερας] pr. της A | αφφουσωθ compl.] -σιων B†, απφουσωθ A || 22 οζ(ε)ιου / οι πρωτοι και οι εσχ.] tr. B

23 τοι καὶ οἱ ἔσχατοι γεγραμμένοι ὑπὸ Ιεσσιου τοῦ προφήτου. ²³ καὶ
ἐκοιμήθη Οζιας μετὰ τῶν πατέρων αὐτοῦ, καὶ ἔθαψαν αὐτὸν μετὰ
τῶν πατέρων αὐτοῦ ἐν τῷ πεδίῳ τῆς ταφῆς τῶν βασιλέων, ὅτι
εἶπαν ὅτι Λεπρός ἐστιν· καὶ ἐβασίλευσεν Ιωαθαμ υἱὸς αὐτοῦ
ἀντ᾽ αὐτοῦ.

27 ¹ Υἱὸς εἴκοσι πέντε ἐτῶν Ιωαθαμ ἐν τῷ βασιλεῦσαι αὐτὸν καὶ
δέκα ἓξ ἔτη ἐβασίλευσεν ἐν Ιερουσαλημ, καὶ ὄνομα τῆς μητρὸς
2 αὐτοῦ Ιερουσα θυγάτηρ Σαδωκ. ² καὶ ἐποίησεν τὸ εὐθὲς ἐνώπιον
κυρίου κατὰ πάντα, ὅσα ἐποίησεν Οζιας ὁ πατὴρ αὐτοῦ, ἀλλ᾽ οὐκ
3 εἰσῆλθεν εἰς τὸν ναὸν κυρίου, καὶ ἔτι ὁ λαὸς κατεφθείρετο. ³ αὐτὸς
ᾠκοδόμησεν τὴν πύλην οἴκου κυρίου τὴν ὑψηλὴν καὶ ἐν τείχει
4 τοῦ Οφλα ᾠκοδόμησεν πολλά· ⁴ καὶ πόλεις ᾠκοδόμησεν ἐν ὄρει
5 Ιουδα καὶ ἐν τοῖς δρυμοῖς καὶ οἰκήσεις καὶ πύργους. ⁵ αὐτὸς ἐμα-
χέσατο πρὸς βασιλέα υἱῶν Αμμων καὶ κατίσχυσεν ἐπ᾽ αὐτόν· καὶ
ἐδίδουν αὐτῷ οἱ υἱοὶ Αμμων κατ᾽ ἐνιαυτὸν ἑκατὸν τάλαντα ἀργυ-
ρίου καὶ δέκα χιλιάδας κόρων πυροῦ καὶ κριθῶν δέκα χιλιάδας·
ταῦτα ἔφερεν αὐτῷ βασιλεὺς Αμμων κατ᾽ ἐνιαυτὸν ἐν τῷ πρώτῳ
6 ἔτει καὶ τῷ δευτέρῳ καὶ τῷ τρίτῳ. ⁶ καὶ κατίσχυσεν Ιωαθαμ, ὅτι
7 ἡτοίμασεν τὰς ὁδοὺς αὐτοῦ ἔναντι κυρίου θεοῦ αὐτοῦ. ⁷ καὶ οἱ
λοιποὶ λόγοι Ιωαθαμ καὶ ὁ πόλεμος καὶ αἱ πράξεις αὐτοῦ ἰδοὺ γε-
9 γραμμένοι ἐπὶ βιβλίῳ βασιλέων Ιουδα καὶ Ισραηλ. ⁹ καὶ ἐκοιμήθη
Ιωαθαμ μετὰ τῶν πατέρων αὐτοῦ καὶ ἐτάφη ἐν πόλει Δαυιδ, καὶ
ἐβασίλευσεν Αχαζ υἱὸς αὐτοῦ ἀντ᾽ αὐτοῦ.

28 ¹ Υἱὸς εἴκοσι ἐτῶν Αχαζ ἐν τῷ βασιλεῦσαι αὐτὸν καὶ δέκα ἓξ
ἔτη ἐβασίλευσεν ἐν Ιερουσαλημ· καὶ οὐκ ἐποίησεν τὸ εὐθὲς ἐνώ-
2 πιον κυρίου ὡς Δαυιδ ὁ πατὴρ αὐτοῦ. ² καὶ ἐπορεύθη κατὰ τὰς
ὁδοὺς βασιλέων Ισραηλ· καὶ γὰρ γλυπτὰ ἐποίησεν τοῖς εἰδώλοις
3 αὐτῶν ³ καὶ ἔθυεν ἐν Γαιβενενομ καὶ διῆγεν τὰ τέκνα αὐτοῦ διὰ

---

22 γεγραμμ.] pr. ιδου εισιν Aʳ⁺: sim. L⁺ || 23 της ταφης] pr. μετα A⁺ |
ιωναθαν A⁺, sed in seq. etiam A ιωαθαμ | υιος] pr. ο AL⁺

27 1 υιος pl.] > BA: hi connectunt 27 1 cum 26 23, cf. 28 1 | εικοσι] + και
A | ιερουσσα B | σαδωρ B⁺ || 2 οσα] α B⁺ || 3 την 2⁰] pr. και A⁺ | του
οφλα] αυτης compl.; αυτου οπλα B⁺: cf. 33 14 || 5 οι υιοι αμμων > B | αμ-
μων ult.] pr. υιων Aᶜ | τω paenult. > A⁺ || 6 και BL⁺] > rel. | εναντι B⁺]
-τιον rel. || 7 λοιποι λογ. ιωαθ.] λογ. ιωαθ. οι λοιποι A⁺ | βιβλιων A | fin.]
+ (8) υιος(A⁺ και) εικοσι και πεντε ετων ην βασιλευσας και εξ και δεκα ετη
εβασιλευσεν εν ιερουσαλημ Amu. || 9 αχας B: item in 28 1.16.21 29 19, sed
ceteris locis etiam B αχαζ, cf. Regn. IV 16 2 Par. I 3 13

28 1 υιος > B⁺: cf. 27 1 | αχαβ A⁺ | ετη > A⁺ || 2 βασιλεων] -ως B⁺: cf.
20 34; pr. των A | τοις ειδ. αυτων Ra. (sim. L⁺)] pr. εν B, pr. και A pl.: trahunt
haec ad 3 || 3 και 1⁰ L⁺] > rel. | εν > B | γαιβενενομ Ra.] pro γαι (sic
B⁺) praebent γη A pl., φαραγγι L⁺; pro βενενομ (sic codex unus codici B
cognatus) praebent βενθομ B⁺, βεεννομ AV⁺, εννομ mu.

πυρὸς κατὰ τὰ βδελύγματα τῶν ἐθνῶν, ὧν ἐξωλέθρευσεν κύριος
ἀπὸ προσώπου υἱῶν Ισραηλ, ⁴καὶ ἐθυμία ἐπὶ τῶν ὑψηλῶν καὶ ἐπὶ 4
τῶν δωμάτων καὶ ὑποκάτω παντὸς ξύλου ἀλσώδους. ⁵καὶ παρ- 5
έδωκεν αὐτὸν κύριος ὁ θεὸς αὐτοῦ διὰ χειρὸς βασιλέως Συρίας,
καὶ ἐπάταξεν ἐν αὐτῷ καὶ ἠχμαλώτευσεν ἐξ αὐτῶν αἰχμαλωσίαν
πολλὴν καὶ ἤγαγεν εἰς Δαμασκόν · καὶ γὰρ εἰς τὰς χεῖρας βασι-
λέως Ισραηλ παρέδωκεν αὐτόν, καὶ ἐπάταξεν ἐν αὐτῷ πληγὴν με-
γάλην. ⁶καὶ ἀπέκτεινεν Φακεε ὁ τοῦ Ρομελια βασιλεὺς Ισραηλ ἐν 6
Ιουδα ἐν μιᾷ ἡμέρᾳ ἑκατὸν εἴκοσι χιλιάδας ἀνδρῶν δυνατῶν ἰσχύι
ἐν τῷ αὐτοὺς καταλιπεῖν τὸν κύριον θεὸν τῶν πατέρων αὐτῶν.
⁷καὶ ἀπέκτεινεν Εζεκρι ὁ δυνατὸς τοῦ Εφραιμ τὸν Μαασαιαν τὸν 7
υἱὸν τοῦ βασιλέως καὶ τὸν Εσδρικαμ ἡγούμενον τοῦ οἴκου αὐτοῦ
καὶ τὸν Ελκανα τὸν διάδοχον τοῦ βασιλέως. ⁸καὶ ἠχμαλώτισαν οἱ 8
υἱοὶ Ισραηλ ἀπὸ τῶν ἀδελφῶν αὐτῶν τριακοσίας χιλιάδας, γυναῖ-
κας, υἱοὺς καὶ θυγατέρας, καὶ σκῦλα πολλὰ ἐσκύλευσαν ἐξ αὐτῶν
καὶ ἤνεγκαν τὰ σκῦλα εἰς Σαμάρειαν. — ⁹καὶ ἐκεῖ ἦν ὁ προφήτης 9
τοῦ κυρίου, Ωδηδ ὄνομα αὐτῷ, καὶ ἐξῆλθεν εἰς ἀπάντησιν τῆς δυ-
νάμεως τῶν ἐρχομένων εἰς Σαμάρειαν καὶ εἶπεν αὐτοῖς Ἰδοὺ ὀργὴ
κυρίου θεοῦ τῶν πατέρων ὑμῶν ἐπὶ τὸν Ιουδαν, καὶ παρέδωκεν
αὐτοὺς εἰς τὰς χεῖρας ὑμῶν, καὶ ἀπεκτείνατε ἐν αὐτοῖς ἐν ὀργῇ ·
ἕως τῶν οὐρανῶν ἔφθακεν. ¹⁰καὶ νῦν υἱοὺς Ιουδα καὶ Ιερουσαλημ 10
ὑμεῖς λέγετε κατακτήσεσθαι εἰς δούλους καὶ δούλας · οὐκ ἰδού εἰμι
μεθ' ὑμῶν μαρτυρῆσαι κυρίῳ θεῷ ὑμῶν; ¹¹καὶ νῦν ἀκούσατέ μου 11
καὶ ἀποστρέψατε τὴν αἰχμαλωσίαν, ἣν ἠχμαλωτεύσατε τῶν ἀδελ-
φῶν ὑμῶν, ὅτι ὀργὴ θυμοῦ κυρίου ἐφ' ὑμῖν. ¹²καὶ ἀνέστησαν ἄρ- 12
χοντες ἀπὸ τῶν υἱῶν Εφραιμ, Ουδια ὁ τοῦ Ιωανου καὶ Βαραχιας
ὁ τοῦ Μοσολαμωθ καὶ Εζεκιας ὁ τοῦ Σελλημ καὶ Αμασιας ὁ τοῦ
Χοδλι, ἐπὶ τοὺς ἐρχομένους ἀπὸ τοῦ πολέμου ¹³καὶ εἶπαν αὐτοῖς 13
Οὐ μὴ εἰσαγάγητε τὴν αἰχμαλωσίαν ὧδε πρὸς ἡμᾶς, ὅτι εἰς τὸ
ἁμαρτάνειν τῷ κυρίῳ ἐφ' ἡμᾶς ὑμεῖς λέγετε, προσθεῖναι ἐπὶ ταῖς
ἁμαρτίαις ἡμῶν καὶ ἐπὶ τὴν ἄγνοιαν, ὅτι πολλὴ ἡ ἁμαρτία ἡμῶν
καὶ ὀργὴ θυμοῦ κυρίου ἐπὶ τὸν Ισραηλ. ¹⁴καὶ ἀφῆκαν οἱ πολεμισταὶ 14

3 κατα] και B* | των εθνων] παντων των εθν. των απεριτμητων τουτων
και A† | υιων] pr. των A† ‖ 5 βασιλεως bis] -ων. B†: cf. 2 | ηχμαλωτευσαν
B† | και ηγαγεν εις δαμ. > B† | γαρ B†] > rel. | εν αυτω ult.] εαυτω B† ‖
6 απεκτ.] απεστειλεν B† | ρομελιου A ‖ 7 εζεκρ(ε)ι] εζεχρι A, ζεχρι mu. |
μαασαιαν B†] μασιαν A, αμασιαν compl.: cf. 23 1 | εσδρικαμ Ra.] εγδρεικαν
B†, εζρικαν A, εσρικαμ compl. | ελικανα B† ‖ 8 ηχμαλωτευσαν A: item in
17, cf. 11 | και 2⁰ > B† ‖ 9 αυτω > B*† | ιουδαν] ν > B | εως B†] pr. και
rel. ‖ 10 υμεις > B† | ειμι] υμιν B*† | θεω] pr. τω A | υμων ult.] ημ. B† ‖
11 και νυν BL†] νυν ουν compl., και > A | αιχμαλωτευσατε A: cf. 8 | θυμου
> B: cf. 13 ‖ 12 ουδ(ε)ια B†] αζαριας A | ιωανου B†] -ναν A | βαραχιας]
ζαχαριας B† | μοσολαμωθ A | χοδλι Ra.] χοαδ B†, αδδι A (pro αδλι) ‖
13 θυμου > B: cf. 11 | κυριου] + θεου B†

τὴν αἰχμαλωσίαν καὶ τὰ σκῦλα ἐναντίον τῶν ἀρχόντων καὶ πάσης
15 τῆς ἐκκλησίας. ¹⁵καὶ ἀνέστησαν ἄνδρες, οἳ ἐπεκλήθησαν ἐν ὀνόματι,
καὶ ἀντελάβοντο τῆς αἰχμαλωσίας καὶ πάντας τοὺς γυμνοὺς περι-
έβαλον ἀπὸ τῶν σκύλων καὶ ἐνέδυσαν αὐτοὺς καὶ ὑπέδησαν αὐ-
τοὺς καὶ ἔδωκαν φαγεῖν καὶ ἀλείψασθαι καὶ ἀντελάβοντο ἐν ὑπο-
ζυγίοις παντὸς ἀσθενοῦντος καὶ κατέστησαν αὐτοὺς εἰς Ιεριχω
πόλιν φοινίκων πρὸς τοὺς ἀδελφοὺς αὐτῶν, καὶ ἐπέστρεψαν εἰς
Σαμάρειαν.
16 ¹⁶Ἐν τῷ καιρῷ ἐκείνῳ ἀπέστειλεν Αχαζ πρὸς βασιλέα Ασσουρ
17 βοηθῆσαι αὐτῷ ¹⁷καὶ ἐν τούτῳ, ὅτι Ιδουμαῖοι ἐπέθεντο καὶ ἐπάτα-
18 ξαν ἐν Ιουδα καὶ ἠχμαλώτισαν αἰχμαλωσίαν ¹⁸καὶ οἱ ἀλλόφυλοι
ἐπέθεντο ἐπὶ τὰς πόλεις τῆς πεδινῆς καὶ ἀπὸ λιβὸς τοῦ Ιουδα καὶ
ἔλαβον τὴν Βαιθσαμυς καὶ τὴν Αιλων καὶ τὴν Γαδηρωθ καὶ τὴν
Σωχω καὶ τὰς κώμας αὐτῆς καὶ τὴν Θαμνα καὶ τὰς κώμας αὐτῆς
19 καὶ τὴν Γαμζω καὶ τὰς κώμας αὐτῆς καὶ κατῴκησαν ἐκεῖ. ¹⁹ὅτι
ἐταπείνωσεν κύριος τὸν Ιουδαν δι᾽ Αχαζ βασιλέα Ιουδα, ὅτι ἀπέστη
20 ἀποστάσει ἀπὸ κυρίου. ²⁰καὶ ἦλθεν ἐπ᾽ αὐτὸν Θαγλαθφελλασαρ
21 βασιλεὺς Ασσουρ καὶ ἐπάταξεν αὐτόν. ²¹καὶ ἔλαβεν Αχαζ τὰ ἐν
οἴκῳ κυρίου καὶ τὰ ἐν οἴκῳ τοῦ βασιλέως καὶ τῶν ἀρχόντων καὶ
22 ἔδωκεν τῷ βασιλεῖ Ασσουρ καὶ οὐκ εἰς βοήθειαν αὐτῷ. ²²ἀλλ᾽ ἢ
τῷ θλιβῆναι αὐτὸν καὶ προσέθηκεν τοῦ ἀποστῆναι ἀπὸ κυρίου καὶ
23 εἶπεν ὁ βασιλεύς ²³Ἐκζητήσω τοὺς θεοὺς Δαμασκοῦ τοὺς τύπτον-
τάς με· καὶ εἶπεν Ὅτι θεοὶ βασιλέως Συρίας αὐτοὶ κατισχύσουσιν
αὐτούς, αὐτοῖς τοίνυν θύσω, καὶ ἀντιλήμψονταί μου. καὶ αὐτοὶ
24 ἐγένοντο αὐτῷ εἰς σκῶλον καὶ παντὶ Ισραηλ. ²⁴καὶ ἀπέστησεν
Αχαζ τὰ σκεύη οἴκου κυρίου καὶ κατέκοψεν αὐτὰ καὶ ἔκλεισεν τὰς
θύρας οἴκου κυρίου καὶ ἐποίησεν ἑαυτῷ θυσιαστήρια ἐν πάσῃ
25 γωνίᾳ ἐν Ιερουσαλημ· ²⁵καὶ ἐν πάσῃ πόλει καὶ πόλει ἐν Ιουδα
ἐποίησεν ὑψηλὰ θυμιᾶν θεοῖς ἀλλοτρίοις, καὶ παρώργισαν κύριον
26 τὸν θεὸν τῶν πατέρων αὐτῶν. ²⁶καὶ οἱ λοιποὶ λόγοι αὐτοῦ καὶ αἱ
πράξεις αὐτοῦ αἱ πρῶται καὶ αἱ ἔσχαται ἰδοὺ γεγραμμέναι ἐπὶ βι-
27 βλίῳ βασιλέων Ιουδα καὶ Ισραηλ. ²⁷καὶ ἐκοιμήθη Αχαζ μετὰ τῶν
πατέρων αὐτοῦ καὶ ἐτάφη ἐν πόλει Δαυιδ, ὅτι οὐκ εἰσήνεγκαν
αὐτὸν εἰς τοὺς τάφους τῶν βασιλέων Ισραηλ· καὶ ἐβασίλευσεν
Εζεκιας υἱὸς αὐτοῦ ἀντ᾽ αὐτοῦ.

15 φαγειν] pr. και Β⁺ | εν υποζυγ.] pr. και Β⁺ | υπεστρεψαν Α || 18 pro
και 4⁰ praebet Β εν οικω κυριου — εδωκεν τω βασιλει ex 21 iterata | αιλων]
ν > Β⁺ | γαδηρωθ] γαληρω Β⁺ | κωμας αυτης 1⁰ ⌒ 2⁰ Β⁺ (Α om. την ante
θαμνα) | γαμζω Sixt.] γαλεζω Β⁺, γαμαιζαι Α⁺, γαμζαι L || 20 θαγλαθφελ-
λασαρ Ra. (cf. Regn. IV 15 29)] θαλγαφελλαδαρ Β⁺, θαγλαθφαλασαρ Α: cf. I
5 6. 26 | επαταξεν] εθαψαν Β*⁺, εθλιψεν Sixt. (cf. 22) || 21 αυτω] -των Β ||
23 ειπεν οτι] ειπαν Β⁺ | αυτους > Α || 24 εν ιερους.] > Β*⁺, εν > Α ||
25 εποιησαν LΑᶜ | τον > Α || 26 αι 3⁰ > Α

¹Καὶ Εζεκιας ἐβασίλευσεν ὢν εἴκοσι καὶ πέντε ἐτῶν καὶ εἴκοσι 29
καὶ ἐννέα ἔτη ἐβασίλευσεν ἐν Ιερουσαλημ, καὶ ὄνομα τῇ μητρὶ αὐ-
τοῦ Αββα θυγάτηρ Ζαχαρια. ²καὶ ἐποίησεν τὸ εὐθὲς ἐνώπιον κυ- 2
ρίου κατὰ πάντα, ὅσα ἐποίησεν Δαυιδ ὁ πατὴρ αὐτοῦ. ³καὶ ἐγένετο 3
ὡς ἔστη ἐπὶ τῆς βασιλείας αὐτοῦ, ἐν τῷ πρώτῳ μηνὶ ἀνέῳξεν τὰς
θύρας οἴκου κυρίου καὶ ἐπεσκεύασεν αὐτάς. ⁴καὶ εἰσήγαγεν τοὺς 4
ἱερεῖς καὶ τοὺς Λευίτας καὶ κατέστησεν αὐτοὺς εἰς τὸ κλίτος τὸ
πρὸς ἀνατολὰς ⁵καὶ εἶπεν αὐτοῖς Ἀκούσατε, οἱ Λευῖται, νῦν ἁγνί- 5
σθητε καὶ ἁγνίσατε τὸν οἶκον κυρίου θεοῦ τῶν πατέρων ὑμῶν καὶ
ἐκβάλετε τὴν ἀκαθαρσίαν ἐκ τῶν ἁγίων · ⁶ὅτι ἀπέστησαν οἱ πατέ- 6
ρες ἡμῶν καὶ ἐποίησαν τὸ πονηρὸν ἐναντίον κυρίου καὶ ἐγκατέλι-
παν αὐτὸν καὶ ἀπέστρεψαν τὸ πρόσωπον ἀπὸ τῆς σκηνῆς κυρίου
καὶ ἔδωκαν αὐχένα ⁷καὶ ἀπέκλεισαν τὰς θύρας τοῦ ναοῦ καὶ ἔσβε- 7
σαν τοὺς λύχνους καὶ θυμίαμα οὐκ ἐθυμίασαν καὶ ὁλοκαυτώματα
οὐ προσήνεγκαν ἐν τῷ ἁγίῳ θεῷ Ισραηλ. ⁸καὶ ὠργίσθη ὀργῇ κύ- 8
ριος ἐπὶ τὸν Ιουδαν καὶ ἐπὶ τὴν Ιερουσαλημ καὶ ἔδωκεν αὐτοὺς
εἰς ἔκστασιν καὶ εἰς ἀφανισμὸν καὶ εἰς συρισμόν, ὡς ὑμεῖς ὁρᾶτε
τοῖς ὀφθαλμοῖς ὑμῶν. ⁹καὶ ἰδοὺ πεπλήγασιν οἱ πατέρες ὑμῶν μα- 9
χαίρᾳ, καὶ οἱ υἱοὶ ὑμῶν καὶ αἱ θυγατέρες ὑμῶν καὶ αἱ γυναῖκες
ὑμῶν ἐν αἰχμαλωσίᾳ ἐν γῇ οὐκ αὐτῶν, ὃ καὶ νῦν ἐστιν. ¹⁰ἐπὶ τού- 10
τοις νῦν ἐστιν ἐπὶ καρδίας διαθέσθαι διαθήκην κυρίου θεοῦ Ισραηλ,
καὶ ἀποστρέψει τὴν ὀργὴν θυμοῦ αὐτοῦ ἀφ᾽ ἡμῶν. ¹¹καὶ νῦν μὴ 11
διαλίπητε, ὅτι ἐν ὑμῖν ἡρέτικεν κύριος στῆναι ἐναντίον αὐτοῦ λει-
τουργεῖν καὶ εἶναι αὐτῷ λειτουργοῦντας καὶ θυμιῶντας. — ¹²καὶ 12
ἀνέστησαν οἱ Λευῖται, Μααθ ὁ τοῦ Αμασι καὶ Ιωηλ ὁ τοῦ Αζαριου
ἐκ τῶν υἱῶν Κααθ, καὶ ἐκ τῶν υἱῶν Μεραρι Κις ὁ τοῦ Αβδι καὶ
Αζαριας ὁ τοῦ Ιαλλεηλ, καὶ ἀπὸ τῶν υἱῶν Γεδσωνι Ιωα ὁ τοῦ
Ζεμμαθ καὶ Ιωδαν ὁ τοῦ Ιωαχα, ¹³καὶ τῶν υἱῶν Ελισαφαν Σαμβρι 13
καὶ Ιιηλ, καὶ τῶν υἱῶν Ασαφ Ζαχαριας καὶ Μαθθανιας, ¹⁴καὶ τῶν 14
υἱῶν Αιμαν Ιιηλ καὶ Σεμεΐ, καὶ τῶν υἱῶν Ιδιθων Σαμαιας καὶ Οζιηλ,
¹⁵καὶ συνήγαγον τοὺς ἀδελφοὺς αὐτῶν καὶ ἡγνίσθησαν κατὰ τὴν 15
ἐντολὴν τοῦ βασιλέως διὰ προστάγματος κυρίου καθαρίσαι τὸν
οἶκον κυρίου. ¹⁶καὶ εἰσῆλθον οἱ ἱερεῖς ἔσω εἰς τὸν οἶκον κυρίου 16

29 1 ων > B† | και 4⁰ > A | αββα B†] αββαουθ pau., αββαθυθ A†, αββουθ
V† | Ζαχαριου A ‖ 7 εν > A ‖ 8 οργη] θυμω A | επι 2⁰ > BL† | και εις
1⁰⌢2⁰ B† | συριγμον A ‖ 10 διαθηκην] pr. διαθηκην μου B | απεστρεψεν
B† | θυμου] pr. του A ‖ 11 κυριος > B† ‖ 12 μαεθ A | αμασι] μασι B |
αζαριου L†] Ζαχαρ. rel.: cf. 13 | αζαριας] Ζαχαρ. B: cf. 13 | ιαλλεηλ pau.] ιαλ-
ληλ A†, ελλη B† | γεδσων A | ιωα ο A⁽†⁾] απο B⁽†⁾ | ο του ult.] ουτοι υιοι B
‖ 13 σαμβρι] Ζαμ. B; pr. και B† | ασαφ] ασα B | Ζαχαριας] αζαρ. B†: cf. 12 bis
| ματθανιας ABᶜ ‖ 14 υιων 1⁰] + ων B† | ιδιθων Ra.] εδειθωμ B†, ιδιθουν
A: cf. I 16 38 ¦ σαμειας A ‖ 15 συνηγαγεν B*L^pt | κυριου 1⁰⌢2⁰ B ‖
16 εσω] εως B

ἁγνίσαι καὶ ἐξέβαλον πᾶσαν τὴν ἀκαθαρσίαν τὴν εὑρεθεῖσαν ἐν
τῷ οἴκῳ κυρίου καὶ εἰς τὴν αὐλὴν οἴκου κυρίου, καὶ ἐδέξαντο οἱ
17 Λευῖται ἐκβαλεῖν εἰς τὸν χειμάρρουν Κεδρων ἔξω. 17καὶ ἤρξαντο
τῇ ἡμέρᾳ τῇ πρώτῃ νουμηνίᾳ τοῦ μηνὸς τοῦ πρώτου ἁγνίσαι καὶ
τῇ ἡμέρᾳ τῇ ὀγδόῃ τοῦ μηνὸς εἰσῆλθαν εἰς τὸν ναὸν κυρίου καὶ
ἥγνισαν τὸν οἶκον κυρίου ἐν ἡμέραις ὀκτὼ καὶ τῇ ἡμέρᾳ τῇ ἑκ-
18 καιδεκάτῃ τοῦ μηνὸς τοῦ πρώτου συνετέλεσαν. 18καὶ εἰσῆλθαν
ἔσω πρὸς Εζεκιαν τὸν βασιλέα καὶ εἶπαν Ἡγνίσαμεν πάντα τὰ ἐν
οἴκῳ κυρίου, τὸ θυσιαστήριον τῆς ὁλοκαυτώσεως καὶ τὰ σκεύη
19 αὐτοῦ καὶ τὴν τράπεζαν τῆς προθέσεως καὶ τὰ σκεύη αὐτῆς · 19καὶ
πάντα τὰ σκεύη, ἃ ἐμίανεν Αχαζ ὁ βασιλεὺς ἐν τῇ βασιλείᾳ αὐτοῦ
ἐν τῇ ἀποστασίᾳ αὐτοῦ, ἡτοιμάκαμεν καὶ ἡγνίκαμεν, ἰδού ἐστιν
20 ἐναντίον τοῦ θυσιαστηρίου κυρίου. — 20καὶ ὤρθρισεν Εζεκιας ὁ
βασιλεὺς καὶ συνήγαγεν τοὺς ἄρχοντας τῆς πόλεως καὶ ἀνέβη εἰς
21 οἶκον κυρίου 21καὶ ἀνήνεγκεν μόσχους ἑπτά, κριοὺς ἑπτά, ἀμνοὺς
ἑπτά, χιμάρους αἰγῶν ἑπτὰ περὶ ἁμαρτίας περὶ τῆς βασιλείας καὶ
περὶ τῶν ἁγίων καὶ περὶ Ισραηλ καὶ εἶπεν τοῖς υἱοῖς Ααρων τοῖς
22 ἱερεῦσιν ἀναβαίνειν ἐπὶ τὸ θυσιαστήριον κυρίου. 22καὶ ἔθυσαν
τοὺς μόσχους, καὶ ἐδέξαντο οἱ ἱερεῖς τὸ αἷμα καὶ προσέχεον ἐπὶ
τὸ θυσιαστήριον · καὶ ἔθυσαν τοὺς κριούς, καὶ προσέχεον τὸ αἷμα
ἐπὶ τὸ θυσιαστήριον · καὶ ἔθυσαν τοὺς ἀμνούς, καὶ περιέχεον τὸ
23 αἷμα τῷ θυσιαστηρίῳ · 23καὶ προσήγαγον τοὺς χιμάρους τοὺς περὶ
ἁμαρτίας ἐναντίον τοῦ βασιλέως καὶ τῆς ἐκκλησίας, καὶ ἐπέθηκαν
24 τὰς χεῖρας αὐτῶν ἐπ᾽ αὐτούς, 24καὶ ἔθυσαν αὐτοὺς οἱ ἱερεῖς καὶ
ἐξιλάσαντο τὸ αἷμα αὐτῶν πρὸς τὸ θυσιαστήριον καὶ ἐξιλάσαντο
περὶ παντὸς Ισραηλ, ὅτι περὶ παντὸς Ισραηλ, εἶπεν ὁ βασιλεύς, ἡ
25 ὁλοκαύτωσις καὶ τὰ περὶ ἁμαρτίας. 25καὶ ἔστησεν τοὺς Λευίτας
ἐν οἴκῳ κυρίου ἐν κυμβάλοις καὶ ἐν νάβλαις καὶ ἐν κινύραις κατὰ
τὴν ἐντολὴν Δαυιδ τοῦ βασιλέως καὶ Γαδ τοῦ ὁρῶντος τῷ βασι-
λεῖ καὶ Ναθαν τοῦ προφήτου, ὅτι δι᾽ ἐντολῆς κυρίου τὸ πρόσταγμα
26 ἐν χειρὶ τῶν προφητῶν · 26καὶ ἔστησαν οἱ Λευῖται ἐν ὀργάνοις
27 Δαυιδ καὶ οἱ ἱερεῖς ταῖς σάλπιγξιν. 27καὶ εἶπεν Εζεκιας ἀνενέγκαι
τὴν ὁλοκαύτωσιν ἐπὶ τὸ θυσιαστήριον · καὶ ἐν τῷ ἄρξασθαι ἀνα-
φέρειν τὴν ὁλοκαύτωσιν ἤρξαντο ᾄδειν κυρίῳ, καὶ αἱ σάλπιγγες
28 πρὸς τὰ ὄργανα Δαυιδ βασιλέως Ισραηλ. 28καὶ πᾶσα ἡ ἐκκλησία
προσεκύνει, καὶ οἱ ψαλτῳδοὶ ᾄδοντες, καὶ αἱ σάλπιγγες σαλπίζου-
29 σαι, ἕως οὗ συνετελέσθη ἡ ὁλοκαύτωσις. 29καὶ ὡς συνετέλεσαν

---

17 πρωτη] τριτη Β*† | εισηλθεν ΑL† | κυριου 1⁰] pr. του Α | εκκαιδεκατη]
τρισκαιδ. Β | του μην. του πρωτ. / συνετελ.] tr. Β || 19 αχας Β: cf. 27 9 ||
22 και εθυσαν ult. — fin. > Β† || 25 ορωντος τω βασ.] προφητου Β† ||
27 κυριω] pr. τω Α | αι > Β | ισραηλ > Β† || 28 η 1⁰ mu.] > ΒΑ | και οι
> Α† | αι ΑL†] > rel.

ἀναφέροντες, ἔκαμψεν ὁ βασιλεὺς καὶ πάντες οἱ εὑρεθέντες καὶ προσεκύνησαν. ³⁰ καὶ εἶπεν Εζεκιας ὁ βασιλεὺς καὶ οἱ ἄρχοντες 30 τοῖς Λευίταις ὑμνεῖν τὸν κύριον ἐν λόγοις Δαυιδ καὶ Ασαφ τοῦ προφήτου · καὶ ὕμνουν ἐν εὐφροσύνη καὶ ἔπεσον καὶ προσεκύνησαν. ³¹ καὶ ἀπεκρίθη Εζεκιας καὶ εἶπεν Νῦν ἐπληρώσατε τὰς χεῖρας 31 ὑμῶν κυρίῳ, προσαγάγετε καὶ φέρετε θυσίας καὶ αἰνέσεως εἰς οἶκον κυρίου · καὶ ἀνήνεγκεν ἡ ἐκκλησία θυσίας καὶ αἰνέσεως εἰς οἶκον κυρίου καὶ πᾶς πρόθυμος τῇ καρδίᾳ ὁλοκαυτώσεις. ³² καὶ 32 ἐγένετο ὁ ἀριθμὸς τῆς ὁλοκαυτώσεως, ἧς ἀνήνεγκεν ἡ ἐκκλησία, μόσχοι ἑβδομήκοντα, κριοὶ ἑκατόν, ἀμνοὶ διακόσιοι · εἰς ὁλοκαύτωσιν κυρίῳ πάντα ταῦτα. ³³ καὶ οἱ ἡγιασμένοι μόσχοι ἑξακόσιοι, 33 πρόβατα τρισχίλια. ³⁴ ἀλλ᾽ ἢ οἱ ἱερεῖς ὀλίγοι ἦσαν καὶ οὐκ ἐδύναντο 34 δεῖραι τὴν ὁλοκαύτωσιν, καὶ ἀντελάβοντο αὐτῶν οἱ ἀδελφοὶ αὐτῶν οἱ Λευῖται, ἕως οὗ συνετελέσθη τὸ ἔργον, καὶ ἕως οὗ ἡγνίσθησαν οἱ ἱερεῖς, ὅτι οἱ Λευῖται προθύμως ἡγνίσθησαν παρὰ τοὺς ἱερεῖς. ³⁵ καὶ ἡ ὁλοκαύτωσις πολλὴ ἐν τοῖς στέασιν τῆς τελειώσεως τοῦ 35 σωτηρίου καὶ τῶν σπονδῶν τῆς ὁλοκαυτώσεως · καὶ κατωρθώθη τὸ ἔργον ἐν οἴκῳ κυρίου. ³⁶ καὶ ηὐφράνθη Εζεκιας καὶ πᾶς ὁ λαὸς 36 διὰ τὸ ἡτοιμακέναι τὸν θεὸν τῷ λαῷ, ὅτι ἐξάπινα ἐγένετο ὁ λόγος.

¹ Καὶ ἀπέστειλεν Εζεκιας ἐπὶ πάντα Ισραηλ καὶ Ιουδαν καὶ ἐπι- 30 στολὰς ἔγραψεν ἐπὶ τὸν Εφραιμ καὶ Μανασση ἐλθεῖν εἰς οἶκον κυρίου εἰς Ιερουσαλημ ποιῆσαι τὸ φασεκ τῷ κυρίῳ θεῷ Ισραηλ · ² καὶ ἐβουλεύσατο ὁ βασιλεὺς καὶ οἱ ἄρχοντες καὶ πᾶσα ἡ ἐκκλη- 2 σία ἡ ἐν Ιερουσαλημ ποιῆσαι τὸ φασεκ τῷ μηνὶ τῷ δευτέρῳ · ³ οὐ γὰρ ἠδυνάσθησαν αὐτὸ ποιῆσαι ἐν τῷ καιρῷ ἐκείνῳ, ὅτι οἱ 3 ἱερεῖς οὐχ ἡγνίσθησαν ἱκανοί, καὶ ὁ λαὸς οὐ συνήχθη εἰς Ιερουσαλημ. ⁴ καὶ ἤρεσεν ὁ λόγος ἐναντίον τοῦ βασιλέως καὶ ἐναντίον 4 τῆς ἐκκλησίας. ⁵ καὶ ἔστησαν λόγον διελθεῖν κήρυγμα ἐν παντὶ 5 Ισραηλ ἀπὸ Βηρσαβεε ἕως Δαν ἐλθόντας ποιῆσαι τὸ φασεκ κυρίῳ θεῷ Ισραηλ ἐν Ιερουσαλημ, ὅτι πλῆθος οὐκ ἐποίησεν κατὰ τὴν γραφήν. ⁶ καὶ ἐπορεύθησαν οἱ τρέχοντες σὺν ταῖς ἐπιστολαῖς παρὰ 6 τοῦ βασιλέως καὶ τῶν ἀρχόντων εἰς πάντα Ισραηλ καὶ Ιουδαν κατὰ τὸ πρόσταγμα τοῦ βασιλέως λέγοντες Υἱοὶ Ισραηλ, ἐπιστρέψατε πρὸς θεὸν Αβρααμ καὶ Ισαακ καὶ Ισραηλ, καὶ ἐπιστρέψει τοὺς ἀνασεσῳσμένους τοὺς καταλειφθέντας ἀπὸ χειρὸς βασιλέως Ασσουρ · ⁷ καὶ μὴ γίνεσθε καθὼς οἱ πατέρες ὑμῶν καὶ οἱ ἀδελφοὶ 7 ὑμῶν, οἳ ἀπέστησαν ἀπὸ κυρίου θεοῦ πατέρων αὐτῶν, καὶ παρ-

29 εκαμψεν] pr. και Α || 30 εζεκ./ο βασ.] tr. A | οι] pr. παντες Α || 31 οικον κυριου 1⁰ ⌒ 2⁰ A || 33 fin.] + πεντακοσια B*⁽†⁾ || 34 δειραι] pr. εκ B† | προθυμως ηγνισθησαν(cf. 30 15)] tr. A
30 3 αυτο ποιησαι] tr. A || 5 ελθοντες B || 6 ιουδα B, sed in 1 etiam B -αν | υιοι] pr. οι B | ισραηλ ult.] ιακωβ Apl. | επιστρεψει] -ψατε B

8 ἔδωκεν αὐτοὺς εἰς ἐρήμωσιν, καθὼς ὑμεῖς ὁρᾶτε. ⁸καὶ νῦν μὴ
σκληρύνητε τοὺς τραχήλους ὑμῶν · δότε δόξαν κυρίῳ τῷ θεῷ καὶ
εἰσέλθατε εἰς τὸ ἁγίασμα αὐτοῦ, ὃ ἡγίασεν εἰς τὸν αἰῶνα, καὶ
δουλεύσατε τῷ κυρίῳ θεῷ ὑμῶν, καὶ ἀποστρέψει ἀφ᾽ ὑμῶν θυμὸν
9 ὀργῆς. ⁹ὅτι ἐν τῷ ἐπιστρέφειν ὑμᾶς πρὸς κύριον οἱ ἀδελφοὶ ὑμῶν
καὶ τὰ τέκνα ὑμῶν ἔσονται ἐν οἰκτιρμοῖς ἔναντι πάντων τῶν αἰχ-
μαλωτισάντων αὐτούς, καὶ ἀποστρέψει εἰς τὴν γῆν ταύτην · ὅτι
ἐλεήμων καὶ οἰκτίρμων κύριος ὁ θεὸς ἡμῶν καὶ οὐκ ἀποστρέψει
τὸ πρόσωπον αὐτοῦ ἀφ᾽ ἡμῶν, ἐὰν ἐπιστρέψωμεν πρὸς αὐτόν.
10 ¹⁰καὶ ἦσαν οἱ τρέχοντες διαπορευόμενοι πόλιν ἐκ πόλεως ἐν τῷ
ὄρει Εφραιμ καὶ Μανασση καὶ ἕως Ζαβουλων, καὶ ἐγένοντο ὡς
11 καταγελῶντες αὐτῶν καὶ καταμυκώμενοι · ¹¹ἀλλὰ ἄνθρωποι Ασηρ
καὶ ἀπὸ Μανασση καὶ ἀπὸ Ζαβουλων ἐνετράπησαν καὶ ἦλθον εἰς
12 Ιερουσαλημ. ¹²καὶ ἐν Ιουδα ἐγένετο χεὶρ κυρίου δοῦναι αὐτοῖς καρ-
δίαν μίαν ἐλθεῖν τοῦ ποιῆσαι κατὰ τὸ πρόσταγμα τοῦ βασιλέως
13 καὶ τῶν ἀρχόντων ἐν λόγῳ κυρίου, ¹³καὶ συνήχθησαν εἰς Ιερου-
σαλημ λαὸς πολὺς τοῦ ποιῆσαι τὴν ἑορτὴν τῶν ἀζύμων ἐν τῷ
14 μηνὶ τῷ δευτέρῳ, ἐκκλησία πολλὴ σφόδρα. ¹⁴καὶ ἀνέστησαν καὶ
καθεῖλαν τὰ θυσιαστήρια τὰ ἐν Ιερουσαλημ · καὶ πάντα, ἐν οἷς
ἐθυμίωσαν τοῖς ψευδέσιν, κατέσπασαν καὶ ἔρριψαν εἰς τὸν χειμάρ-
15 ρουν Κεδρων. ¹⁵καὶ ἔθυσαν τὸ φασεκ τῇ τεσσαρεσκαιδεκάτῃ τοῦ
μηνὸς τοῦ δευτέρου · καὶ οἱ ἱερεῖς καὶ οἱ Λευῖται ἐνετράπησαν
καὶ ἡγνίσθησαν καὶ εἰσήνεγκαν ὁλοκαυτώματα εἰς οἶκον κυρίου.
16 ¹⁶καὶ ἔστησαν ἐπὶ τὴν στάσιν αὐτῶν κατὰ τὸ κρίμα αὐτῶν κατὰ
τὴν ἐντολὴν Μωυσῆ ἀνθρώπου τοῦ θεοῦ, καὶ οἱ ἱερεῖς ἐδέχοντο
17 τὰ αἵματα ἐκ χειρὸς τῶν Λευιτῶν. ¹⁷ὅτι πλῆθος τῆς ἐκκλησίας
οὐχ ἡγνίσθη, καὶ οἱ Λευῖται ἦσαν τοῦ θύειν τὸ φασεκ παντὶ τῷ
18 μὴ δυναμένῳ ἁγνισθῆναι τῷ κυρίῳ. ¹⁸ὅτι τὸ πλεῖστον τοῦ λαοῦ
ἀπὸ Εφραιμ καὶ Μανασση καὶ Ισσαχαρ καὶ Ζαβουλων οὐχ ἡγνί-
σθησαν, ἀλλὰ ἔφαγον τὸ φασεκ παρὰ τὴν γραφήν. καὶ προσηύ-
ξατο Εζεκιας περὶ αὐτῶν λέγων Κύριος ὁ ἀγαθὸς ἐξιλασάσθω
19 ὑπὲρ ¹⁹πάσης καρδίας κατευθυνούσης ἐκζητῆσαι κύριον τὸν θεὸν
20 τῶν πατέρων αὐτῶν καὶ οὐ κατὰ τὴν ἁγνείαν τῶν ἁγίων. ²⁰καὶ
21 ἐπήκουσεν κύριος τῷ Εζεκια καὶ ἰάσατο τὸν λαόν. ²¹καὶ ἐποίησαν
οἱ υἱοὶ Ισραηλ οἱ εὑρεθέντες ἐν Ιερουσαλημ τὴν ἑορτὴν τῶν ἀζύ-
μων ἑπτὰ ἡμέρας ἐν εὐφροσύνῃ μεγάλῃ καὶ καθυμνοῦντες τῷ

8 τους τραχ.] τας καρδιας BV† ‖ 9 εναντι] εν > B† | των > BA† | απο-
στρεψει 1⁰] επιστρ. A† | ημων ult.] υμ. B ‖ 10 ησαν / οι τρεχ.] tr. A ‖
11 ενετραπησαν] εν > B† ‖ 12 εν 1⁰ > A† | εγενετο L†] pr. και rel. | τα
προσταγματα B† ‖ 13 λαος πολυς] tr. A ‖ 15 ηγνισθησαν] ηγνισαν B*†:
item B† in 18 29 34 | εις οικον] εν οικω BA† ‖ 18 το 1⁰ > BV† | και 3⁰
> B† | γραφην] + τουτο B | ο > B† | εξιλασασθω V] -λασθω BA ‖ 19 εκ-
ζητουσης B | αυτων] εαυτου A

κυρίῳ ἡμέραν καθ᾽ ἡμέραν καὶ οἱ ἱερεῖς καὶ οἱ Λευῖται ἐν ὀργάνοις
τῷ κυρίῳ. ²²καὶ ἐλάλησεν Εζεκιας ἐπὶ πᾶσαν καρδίαν τῶν Λευιτῶν 22
καὶ τῶν συνιόντων σύνεσιν ἀγαθὴν τῷ κυρίῳ · καὶ συνετέλεσαν
τὴν ἑορτὴν τῶν ἀζύμων ἑπτὰ ἡμέρας θύοντες θυσίας σωτηρίου
καὶ ἐξομολογούμενοι τῷ κυρίῳ θεῷ τῶν πατέρων αὐτῶν. ²³καὶ 23
ἐβουλεύσατο ἡ ἐκκλησία ἅμα ποιῆσαι ἑπτὰ ἡμέρας ἄλλας · καὶ
ἐποίησαν ἑπτὰ ἡμέρας ἐν εὐφροσύνῃ. ²⁴ὅτι Εζεκιας ἀπήρξατο τῷ 24
Ιουδα τῇ ἐκκλησίᾳ μόσχους χιλίους καὶ ἑπτακισχίλια πρόβατα, καὶ
οἱ ἄρχοντες ἀπήρξαντο τῷ λαῷ μόσχους χιλίους καὶ πρόβατα δέκα
χιλιάδας, καὶ τὰ ἅγια τῶν ἱερέων εἰς πλῆθος. ²⁵καὶ ηὐφράνθη πᾶσα 25
ἡ ἐκκλησία, οἱ ἱερεῖς καὶ οἱ Λευῖται καὶ πᾶσα ἡ ἐκκλησία Ιουδα
καὶ οἱ εὑρεθέντες ἐξ Ισραηλ καὶ οἱ προσήλυτοι οἱ ἐλθόντες ἀπὸ
γῆς Ισραηλ καὶ οἱ κατοικοῦντες ἐν Ιουδα. ²⁶καὶ ἐγένετο εὐφρο- 26
σύνη μεγάλη ἐν Ιερουσαλημ · ἀπὸ ἡμερῶν Σαλωμων υἱοῦ Δαυιδ
βασιλέως Ισραηλ οὐκ ἐγένετο τοιαύτη ἑορτὴ ἐν Ιερουσαλημ. ²⁷καὶ 27
ἀνέστησαν οἱ ἱερεῖς οἱ Λευῖται καὶ ηὐλόγησαν τὸν λαόν · καὶ ἐπ-
ηκούσθη ἡ φωνὴ αὐτῶν, καὶ ἦλθεν ἡ προσευχὴ αὐτῶν εἰς τὸ κατ-
οικητήριον τὸ ἅγιον αὐτοῦ εἰς τὸν οὐρανόν.

¹Καὶ ὡς συνετελέσθη πάντα ταῦτα, ἐξῆλθεν πᾶς Ισραηλ οἱ εὑρε- 31
θέντες ἐν πόλεσιν Ιουδα καὶ συνέτριψαν τὰς στήλας καὶ ἐξέκοψαν
τὰ ἄλση καὶ κατέσπασαν τὰ ὑψηλὰ καὶ τοὺς βωμοὺς ἀπὸ πάσης
τῆς Ιουδαίας καὶ Βενιαμιν καὶ ἐξ Εφραιμ καὶ ἀπὸ Μανασση ἕως
εἰς τέλος, καὶ ἐπέστρεψαν πᾶς Ισραηλ ἕκαστος εἰς τὴν κληρονο-
μίαν αὐτοῦ καὶ εἰς τὰς πόλεις αὐτῶν. ²καὶ ἔταξεν Εζεκιας τὰς 2
ἐφημερίας τῶν ἱερέων καὶ τῶν Λευιτῶν καὶ τὰς ἐφημερίας ἑκάστου
κατὰ τὴν ἑαυτοῦ λειτουργίαν τοῖς ἱερεῦσιν καὶ τοῖς Λευίταις εἰς
τὴν ὁλοκαύτωσιν καὶ εἰς τὴν θυσίαν τοῦ σωτηρίου καὶ αἰνεῖν καὶ
ἐξομολογεῖσθαι καὶ λειτουργεῖν ἐν ταῖς πύλαις ἐν ταῖς αὐλαῖς οἴκου
κυρίου. ³καὶ μερὶς τοῦ βασιλέως ἐκ τῶν ὑπαρχόντων αὐτοῦ εἰς 3
τὰς ὁλοκαυτώσεις τὴν πρωινὴν καὶ τὴν δειλινὴν καὶ ὁλοκαυτώσεις
εἰς σάββατα καὶ εἰς τὰς νουμηνίας καὶ εἰς τὰς ἑορτὰς τὰς γεγραμ-
μένας ἐν τῷ νόμῳ κυρίου. ⁴καὶ εἶπεν τῷ λαῷ τοῖς κατοικοῦσιν 4
ἐν Ιερουσαλημ δοῦναι τὴν μερίδα τῶν ἱερέων καὶ τῶν Λευιτῶν,
ὅπως κατισχύσωσιν ἐν τῇ λειτουργίᾳ οἴκου κυρίου. ⁵καὶ ὡς προσ- 5
έταξεν τὸν λόγον, ἐπλεόνασαν οἱ υἱοὶ Ισραηλ ἀπαρχὴν σίτου καὶ
οἴνου καὶ ἐλαίου καὶ μέλιτος καὶ πᾶν γένημα ἀγροῦ, καὶ ἐπιδέκατα
πάντα εἰς πλῆθος ἤνεγκαν ⁶οἱ υἱοὶ Ισραηλ καὶ Ιουδα. καὶ οἱ κατοι- 6

22 τω ult. > A⁽⁺⁾ || 25 ελθοντες] pr. εισ B⁺ | εν] απο B⁺ || 26 απο των
ημ. του σαλ. A⁺ || 27 οι 2⁰] pr. και A
31 1 εξεκοψαν] εξ > B⁺ | της ιουδ.] γης ιουδ. B⁺, της > A⁺ | εξ > B⁺ | επ-
εστρεψεν A || 2 εν ταις πυλαις > A⁽⁺⁾ || 4 ειπαν B || 5 επλεον. οι υιοι]
επλεονασεν B⁺ | εις πληθος / ηνεγκαν] tr. A

κοῦντες ἐν ταῖς πόλεσιν Ιουδα καὶ αὐτοὶ ἤνεγκαν ἐπιδέκατα μό-
σχων καὶ προβάτων καὶ ἐπιδέκατα αἰγῶν καὶ ἡγίασαν τῷ κυρίῳ
7 θεῷ αὐτῶν καὶ εἰσήνεγκαν καὶ ἔθηκαν σωροὺς σωρούς · ⁷ἐν τῷ
μηνὶ τῷ τρίτῳ ἤρξαντο οἱ σωροὶ θεμελιοῦσθαι καὶ ἐν τῷ ἑβδόμῳ
8 μηνὶ συνετελέσθησαν. ⁸καὶ ἦλθεν Εζεκιας καὶ οἱ ἄρχοντες καὶ εἶ-
δον τοὺς σωροὺς καὶ ηὐλόγησαν τὸν κύριον καὶ τὸν λαὸν αὐτοῦ
9 Ισραηλ. ⁹καὶ ἐπυνθάνετο Εζεκιας τῶν ἱερέων καὶ τῶν Λευιτῶν
10 ὑπὲρ τῶν σωρῶν, ¹⁰καὶ εἶπεν πρὸς αὐτὸν Αζαριας ὁ ἱερεὺς ὁ ἄρ-
χων εἰς οἶκον Σαδωκ καὶ εἶπεν Ἐξ οὗ ἦρκται ἡ ἀπαρχὴ φέρεσθαι
εἰς οἶκον κυρίου, ἐφάγομεν καὶ ἐπίομεν καὶ κατελίπομεν · ὅτι κύ-
ριος ηὐλόγησεν τὸν λαὸν αὐτοῦ, καὶ κατελίπομεν ἔτι τὸ πλῆθος
11 τοῦτο. ¹¹καὶ εἶπεν Εζεκιας ἑτοιμάσαι παστοφόρια εἰς οἶκον κυρίου,
12 καὶ ἡτοίμασαν. ¹²καὶ εἰσήνεγκαν ἐκεῖ τὰς ἀπαρχὰς καὶ τὰ ἐπιδέ-
κατα ἐν πίστει, καὶ ἐπ᾽ αὐτῶν ἐπιστάτης Χωνενιας ὁ Λευίτης, καὶ
13 Σεμεϊ ὁ ἀδελφὸς αὐτοῦ διαδεχόμενος, ¹³καὶ Ιιηλ καὶ Οζαζιας καὶ
Ναεθ καὶ Ασαηλ καὶ Ιεριμωθ καὶ Ιωζαβαθ καὶ Ελιηλ καὶ Σαμαχια
καὶ Μααθ καὶ Βαναιας καὶ οἱ υἱοὶ αὐτοῦ καθεσταμένοι διὰ Χωνε-
νιου καὶ Σεμεϊ τοῦ ἀδελφοῦ αὐτοῦ, καθὼς προσέταξεν ὁ βασιλεὺς
14 Εζεκιας καὶ Αζαριας ὁ ἡγούμενος οἴκου κυρίου. ¹⁴καὶ Κωρη ὁ τοῦ
Ιεμνα ὁ Λευίτης ὁ πυλωρὸς κατὰ ἀνατολὰς ἐπὶ τῶν δομάτων δοῦ-
15 ναι τὰς ἀπαρχὰς κυρίῳ καὶ τὰ ἅγια τῶν ἁγίων ¹⁵διὰ χειρὸς Οδομ
καὶ Βενιαμιν καὶ Ἰησοῦς καὶ Σεμεϊ καὶ Αμαριας καὶ Σεχονιας διὰ
χειρὸς τῶν ἱερέων ἐν πίστει δοῦναι τοῖς ἀδελφοῖς αὐτῶν κατὰ
16 τὰς ἐφημερίας κατὰ τὸν μέγαν καὶ τὸν μικρὸν ¹⁶ἐκτὸς τῆς ἐπι-
γονῆς τῶν ἀρσενικῶν ἀπὸ τριετοῦς καὶ ἐπάνω παντὶ τῷ εἰσπορευο-
μένῳ εἰς οἶκον κυρίου εἰς λόγον ἡμερῶν εἰς ἡμέραν εἰς λειτουρ-
17 γίαν ἐφημερίαις διατάξεως αὐτῶν. ¹⁷οὗτος ὁ καταλοχισμὸς τῶν
ἱερέων κατ᾽ οἴκους πατριῶν, καὶ οἱ Λευῖται ἐν ταῖς ἐφημερίαις αὐ-
18 τῶν ἀπὸ εἰκοσαετοῦς καὶ ἐπάνω ἐν διατάξει ¹⁸ἐν καταλοχίαις ἐν
πάσῃ ἐπιγονῇ υἱῶν αὐτῶν καὶ θυγατέρων αὐτῶν εἰς πᾶν τὸ πλῆ-
19 θος, ὅτι ἐν πίστει ἥγνισαν τὸ ἅγιον ¹⁹τοῖς υἱοῖς Ααρων τοῖς ἱε-
ρατεύουσιν, καὶ οἱ ἀπὸ τῶν πόλεων αὐτῶν ἐν πάσῃ πόλει καὶ πό-
λει ἄνδρες, οἳ ὠνομάσθησαν ἐν ὀνόματι, δοῦναι μερίδα παντὶ ἀρ-
σενικῷ ἐν τοῖς ἱερεῦσιν καὶ παντὶ καταριθμουμένῳ ἐν τοῖς Λευίταις.

6 σωρους ult. > BV† ‖ 7 σωροι] pr. θεμελιοι B† ‖ 10 προς αυτον >
B† | και ειπεν 2⁰ B†] > rel. | η απαρχη / φερ.] tr. B† | ετι] επι BV† ‖ 11 ε-
Ζεκ.] + ετι A ‖ 12 εισηνεγκαν] εισ > B† | χωνεν.] χωμεν. B†, sed in 13 etiam
B χωνεν.; χωχεν. A†: item A† in 13, Ac† in 35 9, cf. I 26 29 ‖ 13 ι(ε)ιηλ]
ειηλ B† | οζαζιας mu.] ι > A†, οζειας B | ναεθ] μαεθ B† | ιωζαβαθ] εζ. B† |
ελιηλ] ιεειηλ BA† | μααθ και] θαναι B(†) ‖ 14 ιεμνα] αιμαν B† ‖ 15 ιησου
A | αμαριας mu.] μαρ. BA | τον ult.] pr. κατα AVL† ‖ 16 εκτος] εκαστος B
| ημεραν εις] ημερας B† ‖ 18 εν καταλοχιαις] ενκαταλοχισαι B† | ηγνισαν]
ηγιασαν AL†

²⁰καὶ ἐποίησεν οὕτως Εζεκιας ἐν παντὶ Ιουδα καὶ ἐποίησεν τὸ κα- 20
λὸν καὶ τὸ εὐθὲς ἐναντίον τοῦ κυρίου θεοῦ αὐτοῦ. ²¹καὶ ἐν παντὶ 21
ἔργῳ, ἐν ᾧ ἤρξατο ἐν ἐργασίᾳ ἐν οἴκῳ κυρίου, καὶ ἐν τῷ νόμῳ
καὶ ἐν τοῖς προστάγμασιν ἐξεζήτησεν τὸν θεὸν αὐτοῦ ἐξ ὅλης
ψυχῆς αὐτοῦ καὶ ἐποίησεν καὶ εὐοδώθη.

¹Καὶ μετὰ τοὺς λόγους τούτους καὶ τὴν ἀλήθειαν ταύτην ἦλθεν 32
Σενναχηριμ βασιλεὺς Ἀσσυρίων καὶ ἦλθεν ἐπὶ Ιουδαν καὶ παρεν-
έβαλεν ἐπὶ τὰς πόλεις τὰς τειχήρεις καὶ εἶπεν προκαταλαβέσθαι αὐ-
τάς. ²καὶ εἶδεν Εζεκιας ὅτι ἥκει Σενναχηριμ καὶ τὸ πρόσωπον αὐ- 2
τοῦ τοῦ πολεμῆσαι ἐπὶ Ιερουσαλημ, ³καὶ ἐβουλεύσατο μετὰ τῶν 3
πρεσβυτέρων αὐτοῦ καὶ τῶν δυνατῶν ἐμφράξαι τὰ ὕδατα τῶν πη-
γῶν, ἃ ἦν ἔξω τῆς πόλεως, καὶ συνεπίσχυσαν αὐτῷ. ⁴καὶ συνήγα- 4
γεν λαὸν πολὺν καὶ ἐνέφραξεν τὰ ὕδατα τῶν πηγῶν καὶ τὸν πο-
ταμὸν τὸν διορίζοντα διὰ τῆς πόλεως λέγων Μὴ ἔλθῃ βασιλεὺς
Ασσουρ καὶ εὕρῃ ὕδωρ πολὺ καὶ κατισχύσῃ. ⁵καὶ κατίσχυσεν Εζε- 5
κιας καὶ ᾠκοδόμησεν πᾶν τὸ τεῖχος τὸ κατεσκαμμένον καὶ πύργους
καὶ ἔξω προτείχισμα ἄλλο καὶ κατίσχυσεν τὸ ἀνάλημμα πόλεως
Δαυιδ καὶ κατεσκεύασεν ὅπλα πολλά. ⁶καὶ ἔθετο ἄρχοντας τοῦ 6
πολέμου ἐπὶ τὸν λαόν, καὶ συνήχθησαν πρὸς αὐτὸν εἰς τὴν πλα-
τεῖαν τῆς πύλης τῆς φάραγγος, καὶ ἐλάλησεν ἐπὶ καρδίαν αὐτῶν
λέγων ⁷Ἰσχύσατε καὶ ἀνδρίζεσθε, μὴ πτοηθῆτε ἀπὸ προσώπου 7
βασιλέως Ασσουρ καὶ ἀπὸ προσώπου παντὸς τοῦ ἔθνους τοῦ μετ’
αὐτοῦ, ὅτι μεθ’ ἡμῶν πλείονες ἢ μετ’ αὐτοῦ · ⁸μετ’ αὐτοῦ βραχίονες 8
σάρκινοι, μεθ’ ἡμῶν δὲ κύριος ὁ θεὸς ἡμῶν τοῦ σῴζειν καὶ τοῦ
πολεμεῖν τὸν πόλεμον ἡμῶν. καὶ κατεθάρσησεν ὁ λαὸς ἐπὶ τοῖς
λόγοις Εζεκιου βασιλέως Ιουδα. — ⁹καὶ μετὰ ταῦτα ἀπέστειλεν 9
Σενναχηριμ βασιλεὺς Ἀσσυρίων τοὺς παῖδας αὐτοῦ ἐπὶ Ιερουσαλημ,
καὶ αὐτὸς ἐπὶ Λαχις καὶ πᾶσα ἡ στρατιὰ μετ’ αὐτοῦ, καὶ ἀπέστει-
λεν πρὸς Εζεκιαν βασιλέα Ιουδα καὶ πρὸς πάντα Ιουδαν τὸν ἐν
Ιερουσαλημ λέγων ¹⁰Οὕτως λέγει Σενναχηριμ ὁ βασιλεὺς Ἀσσυρίων 10
Ἐπὶ τίνι ὑμεῖς πεποίθατε καὶ κάθησθε ἐν τῇ περιοχῇ ἐν Ιερουσα-
λημ; ¹¹οὐχὶ Εζεκιας ἀπατᾷ ὑμᾶς τοῦ παραδοῦναι ὑμᾶς εἰς θάνατον 11
καὶ εἰς λιμὸν καὶ εἰς δίψαν λέγων Κύριος ὁ θεὸς ἡμῶν σώσει
ἡμᾶς ἐκ χειρὸς βασιλέως Ασσουρ; ¹²οὐχ οὗτός ἐστιν Εζεκιας, ὃς 12
περιεῖλεν τὰ θυσιαστήρια αὐτοῦ καὶ τὰ ὑψηλὰ αὐτοῦ καὶ εἶπεν τῷ

20 του > A ‖ 21 εν 2⁰ et 3⁰ > B† | ψυχης] pr. της A | και paenult. B
L†] > rel.
32 2 και το] κατα A ‖ 3 των 2⁰ > A | συνεπισχυσεν B† ‖ 4 βασιλευς]
pr. ο A ‖ 5 κατεσκαμμενον] -σπασμενον A ‖ 6 εις] επι B | καρδιαν] pr.
την A ‖ 7 του 1⁰ > A ‖ 8 μετ αυτου > A ‖ 9 ιουδαν] ν > B ‖
10 σενναχ. > B† | τινι] τι B† | και compl.] > BA | καθησεσθε B ‖ 11 εις 2⁰
> A† | διψαν] θλιψιν A† | ημας] υμ. BA (A etiam υμων pro ημων) ‖
12 ουχ > B†

Ιουδα καὶ τοῖς κατοικοῦσιν Ιερουσαλημ λέγων Κατέναντι τοῦ θυ-
13 σιαστηρίου τούτου προσκυνήσετε καὶ ἐπ᾽ αὐτῷ θυμιάσετε. ¹³οὐ
γνώσεσθε ὅ τι ἐποίησα ἐγὼ καὶ οἱ πατέρες μου πᾶσι τοῖς λαοῖς
τῶν χωρῶν; μὴ δυνάμενοι ἠδύναντο θεοὶ τῶν ἐθνῶν πάσης τῆς
14 γῆς σῶσαι τὸν λαὸν αὐτῶν ἐκ χειρός μου; ¹⁴τίς ἐν πᾶσι τοῖς
θεοῖς τῶν ἐθνῶν τούτων, οὓς ἐξωλέθρευσαν οἱ πατέρες μου; μὴ
ἠδύναντο σῶσαι τὸν λαὸν αὐτῶν ἐκ χειρός μου, ὅτι δυνήσεται ὁ
15 θεὸς ὑμῶν σῶσαι ὑμᾶς ἐκ χειρός μου; ¹⁵νῦν μὴ ἀπατάτω ὑμᾶς
Εζεκιας καὶ μὴ πεποιθέναι ὑμᾶς ποιείτω κατὰ ταῦτα, καὶ μὴ πι-
στεύετε αὐτῷ· ὅτι οὐ μὴ δύναται ὁ θεὸς παντὸς ἔθνους καὶ βα-
σιλείας τοῦ σῶσαι τὸν λαὸν αὐτοῦ ἐκ χειρός μου καὶ ἐκ χειρὸς
πατέρων μου, ὅτι ὁ θεὸς ὑμῶν οὐ μὴ σώσει ὑμᾶς ἐκ χειρός μου.
16 ¹⁶καὶ ἔτι ἐλάλησαν οἱ παῖδες αὐτοῦ ἐπὶ κύριον θεὸν καὶ ἐπὶ Εζε-
17 κιαν παῖδα αὐτοῦ. ¹⁷καὶ βιβλίον ἔγραψεν ὀνειδίζειν τὸν κύριον
θεὸν Ισραηλ καὶ εἶπεν περὶ αὐτοῦ λέγων Ὡς θεοὶ τῶν ἐθνῶν τῆς
γῆς οὐκ ἐξείλαντο τοὺς λαοὺς αὐτῶν ἐκ χειρός μου, οὕτως οὐ μὴ
18 ἐξέληται ὁ θεὸς Εζεκιου λαὸν αὐτοῦ ἐκ χειρός μου. ¹⁸καὶ ἐβόησεν
φωνῇ μεγάλῃ Ιουδαϊστὶ ἐπὶ λαὸν Ιερουσαλημ τὸν ἐπὶ τοῦ τείχους
τοῦ φοβῆσαι αὐτοὺς καὶ κατασπάσαι, ὅπως προκαταλάβωνται τὴν
19 πόλιν. ¹⁹καὶ ἐλάλησεν ἐπὶ θεὸν Ιερουσαλημ ὡς καὶ ἐπὶ θεοὺς λαῶν
20 τῆς γῆς, ἔργα χειρῶν ἀνθρώπων. — ²⁰καὶ προσηύξατο Εζεκιας ὁ
βασιλεὺς καὶ Ησαιας υἱὸς Αμως ὁ προφήτης περὶ τούτων καὶ ἐβό-
21 ησαν εἰς τὸν οὐρανόν. ²¹καὶ ἀπέστειλεν κύριος ἄγγελον, καὶ ἐξ-
έτριψεν πᾶν δυνατὸν πολεμιστὴν καὶ ἄρχοντα καὶ στρατηγὸν ἐν
τῇ παρεμβολῇ βασιλέως Ασσουρ, καὶ ἀπέστρεψεν μετὰ αἰσχύνης
προσώπου εἰς τὴν γῆν αὐτοῦ. καὶ ἦλθεν εἰς οἶκον τοῦ θεοῦ αὐτοῦ,
καὶ τῶν ἐξελθόντων ἐκ κοιλίας αὐτοῦ κατέβαλον αὐτὸν ἐν ῥομ-
22 φαίᾳ. ²²καὶ ἔσωσεν κύριος Εζεκιαν καὶ τοὺς κατοικοῦντας ἐν Ιε-
ρουσαλημ ἐκ χειρὸς Σενναχηριμ βασιλέως Ασσουρ καὶ ἐκ χειρὸς
23 πάντων καὶ κατέπαυσεν αὐτοὺς κυκλόθεν. ²³καὶ πολλοὶ ἔφερον
δῶρα τῷ κυρίῳ εἰς Ιερουσαλημ καὶ δόματα τῷ Εζεκια βασιλεῖ
Ιουδα, καὶ ὑπερήρθη κατ᾽ ὀφθαλμοὺς πάντων τῶν ἐθνῶν μετὰ ταῦτα.
24 ²⁴Ἐν ταῖς ἡμέραις ἐκείναις ἠρρώστησεν Εζεκιας ἕως θανάτου·
καὶ προσηύξατο πρὸς κύριον, καὶ ἐπήκουσεν αὐτοῦ καὶ σημεῖον
25 ἔδωκεν αὐτῷ. ²⁵καὶ οὐ κατὰ τὸ ἀνταπόδομα, ὃ ἔδωκεν αὐτῷ,

12 ιερουσ.] pr. εν BLᵖ† | αυτω] -του Α† ‖ 13 ο τι] τι Α | εποιησα εγω]
tr. A ‖ 15 ο ult. > Α† ‖ 16 οι > Β† ‖ 17 τους > Β† ‖ 18 λαον ιερουσ.]
ιερουσ. και τον λαον Α | φοβησαι αυτους L†] βοηθησαι αυτοις rel. ‖ 19 θεον]
pr. τον Α | ως και] pr. και Β† ‖ 20 εβοησεν Β† ‖ 21 και 2⁰ > Β*† | παν]
παντα Α: cf. Iud. 7 4 Β | δυνατον] + και Β | μετα αισχ. προσ.] το προσωπον
μετα αισχυνης Α | ηλθεν] pr. εισ Α | του > BL† ‖ 22 εν > Α | ασσυριων Α
‖ 23 μετα ταυτα (Α και μ. τ.) ad 24 trahunt ΒΑ ‖ 24 αυτου] -τω Β*

ἀνταπέδωκεν Εζεκιας, ἀλλὰ ὑψώθη ἡ καρδία αὐτοῦ · καὶ ἐγένετο ἐπ᾽
αὐτὸν ὀργὴ καὶ ἐπὶ Ιουδαν καὶ Ιερουσαλημ. ²⁶καὶ ἐταπεινώθη Εζε- 26
κιας ἀπὸ τοῦ ὕψους τῆς καρδίας αὐτοῦ καὶ οἱ κατοικοῦντες Ιερου-
σαλημ, καὶ οὐκ ἐπῆλθεν ἐπ᾽ αὐτοὺς ὀργὴ κυρίου ἐν ταῖς ἡμέραις
Εζεκιου. ²⁷καὶ ἐγένετο τῷ Εζεκια πλοῦτος καὶ δόξα πολλὴ σφόδρα, 27
καὶ θησαυροὺς ἐποίησεν ἑαυτῷ ἀργυρίου καὶ χρυσίου καὶ τοῦ λί-
θου τοῦ τιμίου καὶ εἰς τὰ ἀρώματα καὶ ὁπλοθήκας καὶ εἰς σκεύη
ἐπιθυμητὰ ²⁸καὶ πόλεις εἰς τὰ γενήματα σίτου καὶ ἐλαίου καὶ οἴνου 28
καὶ φάτνας παντὸς κτήνους καὶ μάνδρας εἰς τὰ ποίμνια ²⁹καὶ πό- 29
λεις, ἃς ᾠκοδόμησεν αὐτῷ, καὶ ἀποσκευὴν προβάτων καὶ βοῶν εἰς
πλῆθος, ὅτι ἔδωκεν αὐτῷ κύριος ἀποσκευὴν πολλὴν σφόδρα. ³⁰αὐ- 30
τὸς Εζεκιας ἐνέφραξεν τὴν ἔξοδον τοῦ ὕδατος Γιων τὸ ἄνω καὶ
κατηύθυνεν αὐτὰ κάτω πρὸς λίβα τῆς πόλεως Δαυιδ · καὶ εὐοδώθη
Εζεκιας ἐν πᾶσι τοῖς ἔργοις αὐτοῦ. ³¹καὶ οὕτως τοῖς πρεσβευταῖς 31
τῶν ἀρχόντων ἀπὸ Βαβυλῶνος τοῖς ἀποσταλεῖσιν πρὸς αὐτὸν πυ-
θέσθαι παρ᾽ αὐτοῦ τὸ τέρας, ὃ ἐγένετο ἐπὶ τῆς γῆς, καὶ ἐγκατέλι-
πεν αὐτὸν κύριος τοῦ πειράσαι αὐτὸν εἰδέναι τὰ ἐν τῇ καρδίᾳ
αὐτοῦ. ³²καὶ τὰ κατάλοιπα τῶν λόγων Εζεκιου καὶ τὸ ἔλεος αὐτοῦ, 32
ἰδοὺ γέγραπται ἐν τῇ προφητείᾳ Ησαιου υἱοῦ Αμως τοῦ προφήτου
καὶ ἐπὶ βιβλίου βασιλέων Ιουδα καὶ Ισραηλ. ³³καὶ ἐκοιμήθη Εζεκιας 33
μετὰ τῶν πατέρων αὐτοῦ, καὶ ἔθαψαν αὐτὸν ἐν ἀναβάσει τάφων
υἱῶν Δαυιδ, καὶ δόξαν καὶ τιμὴν ἔδωκαν αὐτῷ ἐν τῷ θανάτῳ αὐ-
τοῦ πᾶς Ιουδα καὶ οἱ κατοικοῦντες ἐν Ιερουσαλημ · καὶ ἐβασίλευ-
σεν Μανασσης υἱὸς αὐτοῦ ἀντ᾽ αὐτοῦ.

¹Ὢν δέκα δύο ἐτῶν Μανασσης ἐν τῷ βασιλεῦσαι αὐτὸν καὶ 33
πεντήκοντα πέντε ἔτη ἐβασίλευσεν ἐν Ιερουσαλημ. ²καὶ ἐποίησεν 2
τὸ πονηρὸν ἐναντίον κυρίου ἀπὸ πάντων τῶν βδελυγμάτων τῶν
ἐθνῶν, οὓς ἐξωλέθρευσεν κύριος ἀπὸ προσώπου τῶν υἱῶν Ισραηλ.
³καὶ ἐπέστρεψεν καὶ ᾠκοδόμησεν τὰ ὑψηλά, ἃ κατέσπασεν Εζεκιας 3
ὁ πατὴρ αὐτοῦ, καὶ ἔστησεν στήλας ταῖς Βααλιμ καὶ ἐποίησεν
ἄλση καὶ προσεκύνησεν πάσῃ τῇ στρατιᾷ τοῦ οὐρανοῦ καὶ ἐδού-
λευσεν αὐτοῖς. ⁴καὶ ᾠκοδόμησεν θυσιαστήρια ἐν οἴκῳ κυρίου, οὗ 4
εἶπεν κύριος ᾽Εν Ιερουσαλημ ἔσται τὸ ὄνομά μου εἰς τὸν αἰῶνα.
⁵καὶ ᾠκοδόμησεν θυσιαστήρια πάσῃ τῇ στρατιᾷ τοῦ οὐρανοῦ ἐν 5
ταῖς δυσὶν αὐλαῖς οἴκου κυρίου. ⁶καὶ αὐτὸς διήγαγεν τὰ τέκνα 6

25 ανταπεδωκεν] αντ > B† | ιουδαν] ν > B ‖ 26 κυριου] θεου B† ‖
27 εαυτω] ε > BLᵖ† ‖ 28 φατνας] pr. κωμας A, pr. κωμας και Bᶜ† ‖
30 γιων] σειων B ‖ 31 πρεσβευταις] -βυτ- B* | και ult. > B† ‖ 32 κατα-
λοιπα] λοιπα A ‖ 33 μανασση BA*†: item B† in 33 23, A in 33 13, sed
ceteris locis ambo μανασσης, cf. Regn. IV 20 21
33 1 μαν. > A† | πεντε > AV† ‖ 2 εναντιον] ενωπιον A ‖ 3 ταις βαα-
λ(ε)ιμ] τοις β. BL†: cf. 24 7 ‖ 5 παση τη] tr. B† ‖ 6 διηγαγεν] διηγεν A

αὐτοῦ ἐν πυρὶ ἐν Γαι-βαναι-εννομ καὶ ἐκληδονίζετο καὶ οἰωνίζετο
καὶ ἐφαρμακεύετο καὶ ἐποίησεν ἐγγαστριμύθους καὶ ἐπαοιδούς·
ἐπλήθυνεν τοῦ ποιῆσαι τὸ πονηρὸν ἐναντίον κυρίου τοῦ παρορ-
7 γίσαι αὐτόν. ⁷καὶ ἔθηκεν τὸ γλυπτὸν καὶ τὸ χωνευτόν, εἰκόνα ἣν
ἐποίησεν, ἐν οἴκῳ θεοῦ, οὗ εἶπεν ὁ θεὸς πρὸς Δαυιδ καὶ πρὸς
Σαλωμων υἱὸν αὐτοῦ Ἐν τῷ οἴκῳ τούτῳ καὶ Ιερουσαλημ, ἣν ἐξ-
ελεξάμην ἐκ πασῶν φυλῶν Ισραηλ, θήσω τὸ ὄνομά μου εἰς τὸν
8 αἰῶνα· ⁸καὶ οὐ προσθήσω σαλεῦσαι τὸν πόδα Ισραηλ ἀπὸ τῆς
γῆς, ἧς ἔδωκα τοῖς πατράσιν αὐτῶν, πλὴν ἐὰν φυλάσσωνται τοῦ
ποιῆσαι πάντα, ἃ ἐνετειλάμην αὐτοῖς, κατὰ πάντα τὸν νόμον καὶ
9 τὰ προστάγματα καὶ τὰ κρίματα ἐν χειρὶ Μωυσῆ. ⁹καὶ ἐπλάνησεν
Μανασσης τὸν Ιουδαν καὶ τοὺς κατοικοῦντας ἐν Ιερουσαλημ τοῦ
ποιῆσαι τὸ πονηρὸν ὑπὲρ πάντα τὰ ἔθνη, ἃ ἐξῆρεν κύριος ἀπὸ
10 προσώπου υἱῶν Ισραηλ. ¹⁰καὶ ἐλάλησεν κύριος ἐπὶ Μανασση καὶ
11 ἐπὶ τὸν λαὸν αὐτοῦ, καὶ οὐκ ἐπήκουσαν. ¹¹καὶ ἤγαγεν κύριος ἐπ᾽
αὐτοὺς τοὺς ἄρχοντας τῆς δυνάμεως βασιλέως Ασσουρ, καὶ κατ-
έλαβον τὸν Μανασση ἐν δεσμοῖς καὶ ἔδησαν αὐτὸν ἐν πέδαις καὶ
12 ἤγαγον εἰς Βαβυλῶνα. ¹²καὶ ὡς ἐθλίβη, ἐζήτησεν τὸ πρόσωπον
κυρίου τοῦ θεοῦ αὐτοῦ καὶ ἐταπεινώθη σφόδρα ἀπὸ προσώπου
13 θεοῦ τῶν πατέρων αὐτοῦ· ¹³καὶ προσηύξατο πρὸς αὐτόν, καὶ ἐπ-
ήκουσεν αὐτοῦ· καὶ ἐπήκουσεν τῆς βοῆς αὐτοῦ καὶ ἐπέστρεψεν
αὐτὸν εἰς Ιερουσαλημ ἐπὶ τὴν βασιλείαν αὐτοῦ· καὶ ἔγνω Μα-
14 νασσης ὅτι κύριος αὐτός ἐστιν ὁ θεός. — ¹⁴καὶ μετὰ ταῦτα ᾠκο-
δόμησεν τεῖχος ἔξω τῆς πόλεως Δαυιδ ἀπὸ λιβὸς κατὰ Γιων ἐν
τῷ χειμάρρῳ καὶ ἐκπορευομένων τὴν πύλην τὴν κυκλόθεν καὶ εἰς
τὸ Οφλα καὶ ὕψωσεν σφόδρα. καὶ κατέστησεν ἄρχοντας τῆς δυ-
15 νάμεως ἐν πάσαις ταῖς πόλεσιν ταῖς τειχήρεσιν ἐν Ιουδα. ¹⁵καὶ
περιεῖλεν τοὺς θεοὺς τοὺς ἀλλοτρίους καὶ τὸ γλυπτὸν ἐξ οἴκου
κυρίου καὶ πάντα τὰ θυσιαστήρια, ἃ ᾠκοδόμησεν ἐν ὄρει οἴκου
16 κυρίου καὶ ἐν Ιερουσαλημ καὶ ἔξω τῆς πόλεως. ¹⁶καὶ κατώρθωσεν
τὸ θυσιαστήριον κυρίου καὶ ἐθυσίασεν ἐπ᾽ αὐτὸ θυσίαν σωτηρίου

6 γαι Ra.] γε B†, γη A | βαναι Ra.] βανε B†, βε A, βεν V | οιωνιζ. .. εφαρμ.]
tr. B† | επληθυνεν] εποιησεν A⁽†⁾: iungit hoc uerbum cum επαοιδους || 7 και
2⁰ > B† | θεου] κυριου Apl.: cf. 34 9 | προς 2⁰ > B† | υιον] pr. τον BL† |
8 και paenult. mu.] > BA | κριματα] + και δικαιωματα A† || 9 κυριος > A†
| υιων] pr. των AL† || 10 επηκουσαν] -σεν B*†, επ > AL || 11 αυτους]
-τον A† | δυναμ.] δυναστειας A† | κατελαβον τον] -βοντο A, -βοντο τον L†
|| 12 κυριου του] tr. B | θεου ult.] pr. του A || 13 αυτου 2⁰ ⌢ 3⁰ A† | ο >
B† || 14 μετα ταυτα / ωκοδ.] tr. B† | γιων Ra.] γιον B*†, νοτον ABᶜ, νοτον
του γειων L⁽†⁾ | και εκπορ. — οφλα] pr. και κατα την εισοδον την δια της πυ-
λης της ιχθυικης και περιεκυκλωσε(ν) το αδυτον ABᶜ | εκπορευομενων] εκ >
A | εις το οφλα pau.] εις αυτο ο. A, εις αυτον οπλα B†, εθετο εις αυτην ὅπλα
compl.: cf. 27 3 || 15 εν ult. > A | εξω] εξωθεν B†, pr. εξεβαλεν L† ||
16 κυριου > B†

καὶ αἰνέσεως καὶ εἶπεν τῷ Ιουδα τοῦ δουλεύειν κυρίῳ θεῷ Ισραηλ·
¹⁷πλὴν ὁ λαὸς ἔτι ἐπὶ τῶν ὑψηλῶν, πλὴν κύριος ὁ θεὸς αὐτῶν. 17
¹⁸καὶ τὰ λοιπὰ τῶν λόγων Μανασση καὶ ἡ προσευχὴ αὐτοῦ ἡ πρὸς 18
τὸν θεὸν καὶ λόγοι τῶν ὁρώντων λαλούντων πρὸς αὐτὸν ἐπ᾽ ὀνό-
ματι κυρίου θεοῦ Ισραηλ ἰδοὺ ἐπὶ λόγων ¹⁹προσευχῆς αὐτοῦ, καὶ 19
ὡς ἐπήκουσεν αὐτοῦ, καὶ πᾶσαι αἱ ἁμαρτίαι αὐτοῦ καὶ αἱ ἀποστά-
σεις αὐτοῦ καὶ οἱ τόποι, ἐφ᾽ οἷς ᾠκοδόμησεν τὰ ὑψηλὰ καὶ ἔστη-
σεν ἐκεῖ ἄλση καὶ γλυπτὰ πρὸ τοῦ ἐπιστρέψαι, ἰδοὺ γέγραπται
ἐπὶ τῶν λόγων τῶν ὁρώντων. ²⁰καὶ ἐκοιμήθη Μανασσης μετὰ τῶν 20
πατέρων αὐτοῦ, καὶ ἔθαψαν αὐτὸν ἐν παραδείσῳ οἴκου αὐτοῦ·
καὶ ἐβασίλευσεν ἀντ᾽ αὐτοῦ Αμων υἱὸς αὐτοῦ.

²¹Ὢν εἴκοσι καὶ δύο ἐτῶν Αμων ἐν τῷ βασιλεύειν αὐτὸν καὶ 21
δύο ἔτη ἐβασίλευσεν ἐν Ιερουσαλημ. ²²καὶ ἐποίησεν τὸ πονηρὸν 22
ἐνώπιον κυρίου, ὡς ἐποίησεν Μανασσης ὁ πατὴρ αὐτοῦ, καὶ πᾶσιν
τοῖς εἰδώλοις, οἷς ἐποίησεν Μανασσης ὁ πατὴρ αὐτοῦ, ἔθυεν Αμων
καὶ ἐδούλευσεν αὐτοῖς. ²³καὶ οὐκ ἐταπεινώθη ἐναντίον κυρίου, ὡς 23
ἐταπεινώθη Μανασσης ὁ πατὴρ αὐτοῦ, ὅτι υἱὸς αὐτοῦ Αμων ἐπλή-
θυνεν πλημμέλειαν. ²⁴καὶ ἐπέθεντο αὐτῷ οἱ παῖδες αὐτοῦ καὶ ἐπά- 24
ταξαν αὐτὸν ἐν οἴκῳ αὐτοῦ. ²⁵καὶ ἐπάταξεν ὁ λαὸς τῆς γῆς τοὺς 25
ἐπιθεμένους ἐπὶ τὸν βασιλέα Αμων, καὶ ἐβασίλευσεν ὁ λαὸς τῆς
γῆς τὸν Ιωσιαν υἱὸν αὐτοῦ ἀντ᾽ αὐτοῦ.

¹Ὢν ὀκτὼ ἐτῶν Ιωσιας ἐν τῷ βασιλεῦσαι αὐτὸν καὶ τριάκοντα 34
ἓν ἔτος ἐβασίλευσεν ἐν Ιερουσαλημ. ²καὶ ἐποίησεν τὸ εὐθὲς ἐναν- 2
τίον κυρίου καὶ ἐπορεύθη ἐν ὁδοῖς Δαυιδ τοῦ πατρὸς αὐτοῦ καὶ
οὐκ ἐξέκλινεν δεξιὰ καὶ ἀριστερά. ³καὶ ἐν τῷ ὀγδόῳ ἔτει τῆς βα- 3
σιλείας αὐτοῦ — καὶ αὐτὸς ἔτι παιδάριον — ἤρξατο τοῦ ζητῆσαι
κύριον τὸν θεὸν Δαυιδ τοῦ πατρὸς αὐτοῦ. καὶ ἐν τῷ δωδεκάτῳ
ἔτει τῆς βασιλείας αὐτοῦ ἤρξατο τοῦ καθαρίσαι τὸν Ιουδαν καὶ
τὴν Ιερουσαλημ ἀπὸ τῶν ὑψηλῶν καὶ τῶν ἀλσέων καὶ ἀπὸ τῶν
χωνευτῶν ⁴καὶ κατέσπασεν κατὰ πρόσωπον αὐτοῦ τὰ θυσιαστήρια 4
τῶν Βααλιμ καὶ τὰ ὑψηλὰ τὰ ἐπ᾽ αὐτῶν καὶ ἔκοψεν τὰ ἄλση καὶ
τὰ γλυπτὰ καὶ τὰ χωνευτὰ συνέτριψεν καὶ ἐλέπτυνεν καὶ ἔρριψεν
ἐπὶ πρόσωπον τῶν μνημάτων τῶν θυσιαζόντων αὐτοῖς ⁵καὶ ὀστᾶ 5
ἱερέων κατέκαυσεν ἐπὶ τὰ θυσιαστήρια καὶ ἐκαθάρισεν τὸν Ιουδαν
καὶ τὴν Ιερουσαλημ. ⁶καὶ ἐν πόλεσιν Εφραιμ καὶ Μανασση καὶ 6

18 η 2⁰ > B*† | λογοι] pr. οι A | κυριου > B† || 19 ως > B† | αι 2⁰ >
B | αποστασεις] -ασιαι AL† | των λογων] των > AL^p†, λογου L^p† || 20 αμων
L] -ως BA: item in 21—25, cf. Regn. IV 21 18 || 21 εικ. και δυο / ετων] tr.
A || 22 μαν. / ο πατηρ αυτου 2⁰] tr. A | εδουλευεν A || 23 αυτου ult. >
B† || 25 επιτιθεμενους A
34 1 βασιλευσαι] -λευειν A || 2 και ult.] η A || 3 δωδεκατω] δω > A |
ιουδαν] ν > B: item in 5 || 4 κατεσπασεν B†] -εστρεψαν A†, -εσκαψε(uel
-ψαν) pl. | κατα] pr. τα B | τα 3⁰ > A†

7 Συμεων καὶ Νεφθαλι καὶ τοῖς τόποις αὐτῶν κύκλῳ 7καὶ κατέσπα-
σεν τὰ ἄλση καὶ τὰ θυσιαστήρια καὶ τὰ εἴδωλα κατέκοψεν λεπτὰ
καὶ πάντα τὰ ὑψηλὰ ἔκοψεν ἀπὸ πάσης τῆς γῆς Ισραηλ καὶ ἀπ-
έστρεψεν εἰς Ιερουσαλημ.

8 8Καὶ ἐν τῷ ὀκτωκαιδεκάτῳ ἔτει τῆς βασιλείας αὐτοῦ τοῦ καθα-
ρίσαι τὴν γῆν καὶ τὸν οἶκον ἀπέστειλεν τὸν Σαφαν υἱὸν Εσελια
καὶ τὸν Μαασιαν ἄρχοντα τῆς πόλεως καὶ τὸν Ιουαχ υἱὸν Ιωαχαζ
τὸν ὑπομνηματογράφον αὐτοῦ κραταιῶσαι τὸν οἶκον κυρίου τοῦ
9 θεοῦ αὐτοῦ. 9καὶ ἦλθον πρὸς Χελκιαν τὸν ἱερέα τὸν μέγαν καὶ
ἔδωκαν τὸ ἀργύριον τὸ εἰσενεχθὲν εἰς οἶκον θεοῦ, ὃ συνήγαγον
οἱ Λευῖται φυλάσσοντες τὴν πύλην ἐκ χειρὸς Μανασση καὶ Εφραιμ
καὶ τῶν ἀρχόντων καὶ ἀπὸ παντὸς καταλοίπου ἐν Ισραηλ καὶ υἱῶν
10 Ιουδα καὶ Βενιαμιν καὶ οἰκούντων ἐν Ιερουσαλημ, 10καὶ ἔδωκαν
αὐτὸ ἐπὶ χεῖρα ποιούντων τὰ ἔργα οἱ καθεσταμένοι ἐν οἴκῳ κυρίου
καὶ ἔδωκαν αὐτὸ ποιοῦσι τὰ ἔργα, οἳ ἐποίουν ἐν οἴκῳ κυρίου, ἐπι-
11 σκευάσαι κατισχῦσαι τὸν οἶκον · 11καὶ ἔδωκαν τοῖς τέκτοσι καὶ
τοῖς οἰκοδόμοις ἀγοράσαι λίθους τετραπέδους καὶ ξύλα εἰς δοκοὺς
12 στεγάσαι τοὺς οἴκους, οὓς ἐξωλέθρευσαν βασιλεῖς Ιουδα · 12καὶ οἱ
ἄνδρες ἐν πίστει ἐπὶ τῶν ἔργων, καὶ ἐπ᾽ αὐτῶν ἐπίσκοποι Ιεθ καὶ
Αβδιας οἱ Λευῖται ἐξ υἱῶν Μεραρι καὶ Ζαχαριας καὶ Μοσολλαμ ἐκ
τῶν υἱῶν Κααθ ἐπισκοπεῖν καὶ πᾶς Λευίτης πᾶς συνίων ἐν ὀργά-
13 νοις ᾠδῶν 13καὶ ἐπὶ τῶν νωτοφόρων καὶ ἐπὶ πάντων τῶν ποι-
ούντων τὰ ἔργα ἐργασίᾳ καὶ ἐργασίᾳ, καὶ ἀπὸ τῶν Λευιτῶν γραμ-
14 ματεῖς καὶ κριταὶ καὶ πυλωροί. 14καὶ ἐν τῷ ἐκφέρειν αὐτοὺς τὸ
ἀργύριον τὸ εἰσοδιασθὲν εἰς οἶκον κυρίου εὗρεν Χελκιας ὁ ἱερεὺς
15 βιβλίον νόμου κυρίου διὰ χειρὸς Μωυσῆ. 15καὶ ἀπεκρίθη Χελκιας
καὶ εἶπεν πρὸς Σαφαν τὸν γραμματέα Βιβλίον νόμου εὗρον ἐν οἴ-
16 κῳ κυρίου · καὶ ἔδωκεν Χελκιας τὸ βιβλίον τῷ Σαφαν. 16καὶ εἰσ-
ήνεγκεν Σαφαν τὸ βιβλίον πρὸς τὸν βασιλέα καὶ ἀπέδωκεν ἔτι τῷ
βασιλεῖ λόγον Πᾶν τὸ δοθὲν ἀργύριον ἐν χειρὶ τῶν παίδων σου
17 τῶν ποιούντων τὸ ἔργον, 17καὶ ἐχώνευσαν τὸ ἀργύριον τὸ εὑρε-
θὲν ἐν οἴκῳ κυρίου καὶ ἔδωκαν ἐπὶ χεῖρα τῶν ἐπισκόπων καὶ ἐπὶ
18 χεῖρα τῶν ποιούντων ἐργασίαν. 18καὶ ἀπήγγειλεν Σαφαν ὁ γραμ-

6 νεφθαλειμ Α ‖ 7 εκοψεν Β(†)] pr. κατ Α | πασης > Α ‖ 8 του καθα-
ρισαι Β†] pr. οτε συνετελεσεν Α, pr. εκελευσε L(†) | οικον 1⁰] + της βασιλειας
Α† | απεστειλεν > Β† | τον 2⁰ > ΒΥ† | εσελια compl.] σελ. ΒΑ | μαασιαν]
-σα Β† | πολεως] δυναμεως Α | ιουαχ Β†] ιωας rel. | ιωαχαζ] ιωαχ Β† ‖
9 εδωκεν Α | θεου Β†] κυριου rel.: cf. 33 7 | ισρ. και υιων ιουδα] ιερουσαλημ
και υιων ιουδα και ισραηλ Α† ‖ 10 καθεσταμενοι pl.] κατεστ. Β†, καθιστ. Α
‖ 11 αγορασαι] pr. και Β*Α | τετραπεδους Α ‖ 12 εν 1⁰ > Α | ιεθ] ιε Β†,
ιαεθ L† | αβδιας] ς > Β | πας λευ. πας Β†] πας λευ. Α, πας λευ. και πας L ‖
14 το 1⁰ > Α† ‖ 15 σαφαν ult.] ασαφ Α† ‖ 16 ετι] επι Α† | το εργον >
Β† ‖ 17 εδωκεν Β† | και επι χειρα > Β†

ματεὺς τῷ βασιλεῖ λέγων Βιβλίον ἔδωκέν μοι Χελκιας ὁ ἱερεύς ·
καὶ ἀνέγνω αὐτὸ Σαφαν ἐναντίον τοῦ βασιλέως. ¹⁹καὶ ἐγένετο ὡς 19
ἤκουσεν ὁ βασιλεὺς τοὺς λόγους τοῦ νόμου, καὶ διέρρηξεν τὰ ἱμά-
τια αὐτοῦ. ²⁰καὶ ἐνετείλατο ὁ βασιλεὺς τῷ Χελκια καὶ τῷ Αχικαμ 20
υἱῷ Σαφαν καὶ τῷ Αβδων υἱῷ Μιχαια καὶ τῷ Σαφαν τῷ γραμμα-
τεῖ καὶ τῷ Ασαια παιδὶ τοῦ βασιλέως λέγων ²¹Πορεύθητε Ζητήσατε 21
τὸν κύριον περὶ ἐμοῦ καὶ περὶ παντὸς τοῦ καταλειφθέντος ἐν Ισρα-
ηλ καὶ Ιουδα περὶ τῶν λόγων τοῦ βιβλίου τοῦ εὑρεθέντος · ὅτι
μέγας ὁ θυμὸς κυρίου ἐκκέκαυται ἐν ἡμῖν, διότι οὐκ εἰσήκουσαν
οἱ πατέρες ἡμῶν τῶν λόγων κυρίου τοῦ ποιῆσαι κατὰ πάντα τὰ
γεγραμμένα ἐν τῷ βιβλίῳ τούτῳ. ²²καὶ ἐπορεύθη Χελκιας καὶ οἷς 22
εἶπεν ὁ βασιλεὺς πρὸς Ολδαν τὴν προφῆτιν γυναῖκα Σελλημ υἱοῦ
Θακουαθ υἱοῦ Χελλης φυλάσσουσαν τὰς στολάς — καὶ αὕτη κατ-
ῴκει ἐν Ιερουσαλημ ἐν μασανα — καὶ ἐλάλησαν αὐτῇ κατὰ ταῦτα.
²³καὶ εἶπεν αὐτοῖς Οὕτως εἶπεν κύριος ὁ θεὸς Ισραηλ Εἴπατε τῷ 23
ἀνδρὶ τῷ ἀποστείλαντι ὑμᾶς πρός με ²⁴Οὕτως λέγει κύριος Ἰδοὺ 24
ἐγὼ ἐπάγω κακὰ ἐπὶ τὸν τόπον τοῦτον, τοὺς πάντας λόγους τοὺς
γεγραμμένους ἐν τῷ βιβλίῳ τῷ ἀνεγνωσμένῳ ἐναντίον τοῦ βασι-
λέως Ιουδα, ²⁵ἀνθ᾽ ὧν ἐγκατέλιπόν με καὶ ἐθυμίασαν θεοῖς ἀλλο- 25
τρίοις, ἵνα παροργίσωσίν με ἐν πᾶσιν τοῖς ἔργοις τῶν χειρῶν αὐ-
τῶν · καὶ ἐξεκαύθη ὁ θυμός μου ἐν τῷ τόπῳ τούτῳ καὶ οὐ σβε-
σθήσεται. ²⁶καὶ ἐπὶ βασιλέα Ιουδα τὸν ἀποστείλαντα ὑμᾶς τοῦ 26
Ζητῆσαι τὸν κύριον, οὕτως ἐρεῖτε αὐτῷ Οὕτως λέγει κύριος ὁ θεὸς
Ισραηλ Τοὺς λόγους, οὓς ἤκουσας ²⁷καὶ ἐνετράπη ἡ καρδία σου 27
καὶ ἐταπεινώθης ἀπὸ προσώπου μου ἐν τῷ ἀκοῦσαί σε τοὺς λό-
γους μου ἐπὶ τὸν τόπον τοῦτον καὶ ἐπὶ τοὺς κατοικοῦντας αὐτὸν
καὶ ἐταπεινώθης ἐναντίον μου καὶ διέρρηξας τὰ ἱμάτιά σου καὶ
ἔκλαυσας κατεναντίον μου, καὶ ἐγὼ ἤκουσά φησιν κύριος · ²⁸ἰδοὺ 28
προστίθημι σε πρὸς τοὺς πατέρας σου, καὶ προστεθήσῃ πρὸς τὰ
μνήματά σου ἐν εἰρήνῃ, καὶ οὐκ ὄψονται οἱ ὀφθαλμοί σου ἐν πᾶ-
σιν τοῖς κακοῖς, οἷς ἐγὼ ἐπάγω ἐπὶ τὸν τόπον τοῦτον καὶ ἐπὶ τοὺς
κατοικοῦντας αὐτόν. καὶ ἀπέδωκαν τῷ βασιλεῖ λόγον. — ²⁹καὶ ἀπ- 29
έστειλεν ὁ βασιλεὺς καὶ συνήγαγεν τοὺς πρεσβυτέρους Ιουδα καὶ
Ιερουσαλημ. ³⁰καὶ ἀνέβη ὁ βασιλεὺς εἰς οἶκον κυρίου καὶ πᾶς Ιουδα 30
καὶ οἱ κατοικοῦντες Ιερουσαλημ καὶ οἱ ἱερεῖς καὶ οἱ Λευῖται καὶ
πᾶς ὁ λαὸς ἀπὸ μεγάλου ἕως μικροῦ · καὶ ἀνέγνω ἐν ὠσὶν αὐτῶν

18 βιβλιον] + νομου A✝, + ο B*✝ ‖ 19 τους λογους > B✝ | και 2⁰ > A ‖ 20 αβ-
δων] αβδοδομ B✝: cf. I 15 24 | ασαια] ισ. B⁽✝⁾ ‖ 21 τον > B | καταλειφθ.] περι-
λειφθ. A✝ | ιουδα] pr. εν A✝ | εισηκουσαν] εισ > B✝ ‖ 22 και 2⁰ > A✝ | θα-
κουαθ] καθουαλ B✝ | χελλης B✝] εσσερη A⁽✝⁾ | στολας Ra.] εντολας mss. | κατοι-
κει B✝ | μασανα compl.] μαασαναι B✝, μεσαναι A✝ ‖ 25 εθυμιασαν] εθυσαν A
| αλλοτριοις] ετεροις A✝: cf. Regn. IV 22 17 ‖ 30 βασ.] + ιουδα A | οι 1⁰ > B✝

τοὺς πάντας λόγους βιβλίου τῆς διαθήκης τοῦ εὑρεθέντος ἐν οἴκῳ
31 κυρίου. ³¹καὶ ἔστη ὁ βασιλεὺς ἐπὶ τὸν στῦλον καὶ διέθετο διαθήκην
ἐναντίον κυρίου τοῦ πορευθῆναι ἐνώπιον κυρίου τοῦ φυλάσσειν
τὰς ἐντολὰς αὐτοῦ καὶ μαρτύρια αὐτοῦ καὶ προστάγματα αὐτοῦ
ἐν ὅλῃ καρδίᾳ καὶ ἐν ὅλῃ ψυχῇ, τοὺς λόγους τῆς διαθήκης τοὺς
32 γεγραμμένους ἐπὶ τῷ βιβλίῳ τούτῳ. ³²καὶ ἔστησεν πάντας τοὺς
εὑρεθέντας ἐν Ιερουσαλημ καὶ Βενιαμιν, καὶ ἐποίησαν οἱ κατοι-
κοῦντες Ιερουσαλημ διαθήκην ἐν οἴκῳ κυρίου θεοῦ πατέρων αὐτῶν.
33 ³³καὶ περιεῖλεν Ιωσιας τὰ πάντα βδελύγματα ἐκ πάσης τῆς γῆς, ἣ
ἦν υἱῶν Ισραηλ, καὶ ἐποίησεν πάντας τοὺς εὑρεθέντας ἐν Ιερου-
σαλημ καὶ ἐν Ισραηλ τοῦ δουλεύειν κυρίῳ θεῷ αὐτῶν πάσας τὰς
ἡμέρας αὐτοῦ · οὐκ ἐξέκλινεν ἀπὸ ὄπισθεν κυρίου θεοῦ πατέρων
αὐτοῦ.
35 ¹Καὶ ἐποίησεν Ιωσιας τὸ φασεχ τῷ κυρίῳ θεῷ αὐτοῦ, καὶ ἔθυ-
2 σαν τὸ φασεχ τῇ τεσσαρεσκαιδεκάτῃ τοῦ μηνὸς τοῦ πρώτου. ²καὶ
ἔστησεν τοὺς ἱερεῖς ἐπὶ τὰς φυλακὰς αὐτῶν καὶ κατίσχυσεν αὐ-
3 τοὺς εἰς τὰ ἔργα οἴκου κυρίου. ³καὶ εἶπεν τοῖς Λευίταις τοῖς δυνα-
τοῖς ἐν παντὶ Ισραηλ τοῦ ἁγιασθῆναι αὐτοὺς τῷ κυρίῳ, καὶ ἔθη-
καν τὴν κιβωτὸν τὴν ἁγίαν εἰς τὸν οἶκον, ὃν ᾠκοδόμησεν Σαλω-
μων υἱὸς Δαυιδ τοῦ βασιλέως Ισραηλ. καὶ εἶπεν ὁ βασιλεύς Οὐκ
ἔστιν ὑμῖν ἆραι ἐπ᾽ ὤμων οὐθέν · νῦν οὖν λειτουργήσατε τῷ κυ-
4 ρίῳ θεῷ ὑμῶν καὶ τῷ λαῷ αὐτοῦ Ισραηλ ⁴καὶ ἑτοιμάσθητε κατ᾽
οἴκους πατριῶν ὑμῶν καὶ κατὰ τὰς ἐφημερίας ὑμῶν κατὰ τὴν
γραφὴν Δαυιδ βασιλέως Ισραηλ καὶ διὰ χειρὸς Σαλωμων υἱοῦ
5 αὐτοῦ ⁵καὶ στῆτε ἐν τῷ οἴκῳ κατὰ τὰς διαιρέσεις οἴκων πατριῶν
ὑμῶν τοῖς ἀδελφοῖς ὑμῶν υἱοῖς τοῦ λαοῦ, καὶ μερὶς οἴκου πατριᾶς
6 τοῖς Λευίταις, ⁶καὶ θύσατε τὸ φασεχ καὶ τὰ ἅγια ἑτοιμάσατε τοῖς
ἀδελφοῖς ὑμῶν τοῦ ποιῆσαι κατὰ τὸν λόγον κυρίου διὰ χειρὸς
7 Μωυσῆ. ⁷καὶ ἀπήρξατο Ιωσιας τοῖς υἱοῖς τοῦ λαοῦ πρόβατα καὶ
ἀμνοὺς καὶ ἐρίφους ἀπὸ τῶν τέκνων τῶν αἰγῶν, πάντα εἰς τὸ φασεχ
εἰς πάντας τοὺς εὑρεθέντας, εἰς ἀριθμὸν τριάκοντα χιλιάδας καὶ μό-
8 σχων τρεῖς χιλιάδας · ταῦτα ἀπὸ τῆς ὑπάρξεως τοῦ βασιλέως. ⁸καὶ
οἱ ἄρχοντες αὐτοῦ ἀπήρξαντο τῷ λαῷ καὶ τοῖς ἱερεῦσιν καὶ Λευίταις·
ἔδωκεν Χελκιας καὶ Ζαχαριας καὶ Ιιηλ οἱ ἄρχοντες οἴκου τοῦ θεοῦ τοῖς
ἱερεῦσιν καὶ ἔδωκαν εἰς τὸ φασεχ πρόβατα καὶ ἀμνοὺς καὶ ἐρίφους

30 τους > A⁽⁺⁾ | της > A⁺ | τους ευρεθεντας Β || 31 εστη] pr. αν Α |
τας > Α | αυτου 2⁰ > Β⁺ | προσταγμ.] pr. τα Apl. | γεγραμμ.] ενγεγρ. Α⁺ ||
32 ιερουσ. 2⁰ Β⁺] pr. εις Α, pr. εν V | πατερων] πατρος Β⁺ || 33 τα παντα]
tr. A | της > AV⁺
35 1 φασεχ bis] -σεκ Α: item in seq. || 3 αραι] pr. επ Α⁺ | τω paenult.
> A⁺ | τω ult. > A || 4 σαλωμων Vpl.] pr. βασιλεως ΒΑ || 5 υιοις] pr.
τοις Α⁺ || 6 τα αγια > ΒL⁺ || 7 παντα] + τα Β | εις παντας Ra.] και π.
ΒΑ, παντι L⁺ || 8 εδωκεν Β⁺] pr. και Amu., + δε και compl. | του > Β

δισχίλια έξακόσια καὶ μόσχους τριακοσίους. ⁹καὶ Χωνενιας καὶ Βα- 9
ναιας καὶ Σαμαιας καὶ Ναθαναηλ ἀδελφὸς αὐτοῦ καὶ Ασαβια καὶ
Ιιηλ καὶ Ιωζαβαδ ἄρχοντες τῶν Λευιτῶν ἀπήρξαντο τοῖς Λευίταις
εἰς τὸ φασεχ πρόβατα πεντακισχίλια καὶ μόσχους πεντακοσίους.
¹⁰καὶ κατωρθώθη ἡ λειτουργία, καὶ ἔστησαν οἱ ἱερεῖς ἐπὶ τὴν στά- 10
σιν αὐτῶν καὶ οἱ Λευῖται ἐπὶ τὰς διαιρέσεις αὐτῶν κατὰ τὴν ἐν-
τολὴν τοῦ βασιλέως. ¹¹καὶ ἔθυσαν τὸ φασεχ, καὶ προσέχεαν οἱ 11
ἱερεῖς τὸ αἷμα ἐκ χειρὸς αὐτῶν, καὶ οἱ Λευῖται ἐξέδειραν. ¹²καὶ 12
ἡτοίμασαν τὴν ὁλοκαύτωσιν παραδοῦναι αὐτοῖς κατὰ τὴν διαίρεσιν
κατ᾽ οἴκους πατριῶν τοῖς υἱοῖς τοῦ λαοῦ τοῦ προσάγειν τῷ κυρίῳ,
ὡς γέγραπται ἐν βιβλίῳ Μωυσῆ, καὶ οὕτως εἰς τὸ πρωί. ¹³καὶ 13
ὤπτησαν τὸ φασεχ ἐν πυρὶ κατὰ τὴν κρίσιν καὶ τὰ ἅγια ἥψησαν
ἐν τοῖς χαλκείοις καὶ ἐν τοῖς λέβησιν · καὶ εὐοδώθη, καὶ ἔδραμον
πρὸς πάντας τοὺς υἱοὺς τοῦ λαοῦ. ¹⁴καὶ μετὰ τὸ ἑτοιμάσαι αὐτοῖς 14
καὶ τοῖς ἱερεῦσιν, ὅτι οἱ ἱερεῖς ἐν τῷ ἀναφέρειν τὰ στέατα καὶ
τὰ ὁλοκαυτώματα ἕως νυκτός, καὶ οἱ Λευῖται ἡτοίμασαν αὐτοῖς
καὶ τοῖς ἀδελφοῖς αὐτῶν υἱοῖς Ααρων. ¹⁵καὶ οἱ ψαλτῳδοὶ υἱοὶ Ασαφ 15
ἐπὶ τῆς στάσεως αὐτῶν κατὰ τὰς ἐντολὰς Δαυιδ καὶ Ασαφ καὶ
Αιμαν καὶ Ιδιθων οἱ προφῆται τοῦ βασιλέως καὶ οἱ ἄρχοντες καὶ
οἱ πυλωροὶ πύλης καὶ πύλης, οὐκ ἦν αὐτοῖς κινεῖσθαι ἀπὸ τῆς
λειτουργίας ἁγίων, ὅτι οἱ ἀδελφοὶ αὐτῶν οἱ Λευῖται ἡτοίμασαν
αὐτοῖς. ¹⁶καὶ κατωρθώθη καὶ ἡτοιμάσθη πᾶσα ἡ λειτουργία κυρίου 16
ἐν τῇ ἡμέρᾳ ἐκείνῃ τοῦ ποιῆσαι τὸ φασεχ καὶ ἐνεγκεῖν τὰ ὁλοκαυ-
τώματα ἐπὶ τὸ θυσιαστήριον κυρίου κατὰ τὴν ἐντολὴν τοῦ βασι-
λέως Ιωσια. ¹⁷καὶ ἐποίησαν οἱ υἱοὶ Ισραηλ οἱ εὑρεθέντες τὸ φασεχ 17
ἐν τῷ καιρῷ ἐκείνῳ καὶ τὴν ἑορτὴν τῶν ἀζύμων ἑπτὰ ἡμέρας.
¹⁸καὶ οὐκ ἐγένετο φασεχ ὅμοιον αὐτῷ ἐν Ισραηλ ἀπὸ ἡμερῶν Σα- 18
μουηλ τοῦ προφήτου, καὶ πάντες βασιλεῖς Ισραηλ οὐκ ἐποίησαν
ὡς τὸ φασεχ, ὃ ἐποίησεν Ιωσιας καὶ οἱ ἱερεῖς καὶ οἱ Λευῖται καὶ
πᾶς Ιουδα καὶ Ισραηλ ὁ εὑρεθεὶς καὶ οἱ κατοικοῦντες ἐν Ιερουσα-
λημ τῷ κυρίῳ ¹⁹τῷ ὀκτωκαιδεκάτῳ ἔτει τῆς βασιλείας Ιωσια. 19
¹⁹ᵃκαὶ τοὺς ἐγγαστριμύθους καὶ τοὺς γνώστας καὶ τὰ θαραφιν 19ᵃ
καὶ τὰ εἴδωλα καὶ τὰ καρασιμ, ἃ ἦν ἐν γῇ Ιουδα καὶ ἐν Ιερου-
σαλημ, ἐνεπύρισεν ὁ βασιλεὺς Ιωσιας, ἵνα στήσῃ τοὺς λόγους
τοῦ νόμου τοὺς γεγραμμένους ἐπὶ τοῦ βιβλίου, οὗ εὗρεν Χελκιας
ὁ ἱερεὺς ἐν τῷ οἴκῳ κυρίου. ¹⁹ᵇὅμοιος αὐτῷ οὐκ ἐγενήθη ἔμ- 19ᵇ

---

9 αδελφος] pr. ο A† | ι(ε)ιηλ] ιωηλ B† | προβατα > B† || 11 εξεδειραν]
εξ > B† || 12 βιβλιω] + νομω A†, + νομου V || 15 ιδιθων Ra.] -θωμ B†,
-θουν A, -θουμ Vpl.: cf. I 16 38 | πυλης 1⁰] pr. της A† | οι paenult. > A† ||
17 εν > B*† || 18 παντες βασιλεις] -τος -λεως BL† | οι 2⁰ > A† || 19ᵃ⁻ᵈ: cf.
Regn. IV 23 24—27 || 19ᵃ θαραφ(ε)ιν B†] θεραφειμ A | καρασ(ε)ιμ B†] -ραισ-
A | γη] pr. τη A | εν 2⁰ > A | ενεπυρ.] pr. και A | του ult. > A

προσθεν αὐτοῦ, ὃς ἐπέστρεψεν πρὸς κύριον ἐν ὅλῃ καρδίᾳ αὐτοῦ
καὶ ἐν ὅλῃ ψυχῇ αὐτοῦ καὶ ἐν ὅλῃ ἰσχύι αὐτοῦ κατὰ πάντα τὸν
19ᶜ νόμον Μωυσῆ, καὶ μετ' αὐτὸν οὐκ ἀνέστη ὅμοιος αὐτῷ · 19ᶜ πλὴν
οὐκ ἀπεστράφη κύριος ἀπὸ ὀργῆς θυμοῦ αὐτοῦ τοῦ μεγάλου, οὗ
ὠργίσθη θυμῷ κύριος ἐν τῷ Ιουδα ἐπὶ πάντα τὰ παροργίσματα,
19ᵈ ἃ παρώργισεν Μανασσης. 19ᵈ καὶ εἶπεν κύριος Καί γε τὸν Ιουδαν
ἀποστήσω ἀπὸ προσώπου μου, καθὼς ἀπέστησα τὸν Ισραηλ, καὶ
ἀπωσάμην τὴν πόλιν, ἣν ἐξελεξάμην, τὴν Ιερουσαλημ, καὶ τὸν
οἶκον, ὃν εἶπα Ἔσται τὸ ὄνομά μου ἐκεῖ.
20   ²⁰ Καὶ ἀνέβη Φαραω Νεχαω βασιλεὺς Αἰγύπτου ἐπὶ τὸν βασιλέα
Ἀσσυρίων ἐπὶ τὸν ποταμὸν Εὐφράτην, καὶ ἐπορεύθη ὁ βασιλεὺς
21 Ιωσιας εἰς συνάντησιν αὐτῷ. ²¹ καὶ ἀπέστειλεν πρὸς αὐτὸν ἀγγέ-
λους λέγων Τί ἐμοὶ καὶ σοί, βασιλεῦ Ιουδα; οὐκ ἐπὶ σὲ ἥκω σή-
μερον πόλεμον ποιῆσαι, καὶ ὁ θεὸς εἶπεν κατασπεῦσαί με · πρόσ-
22 εχε ἀπὸ τοῦ θεοῦ τοῦ μετ' ἐμοῦ, μὴ καταφθείρῃ σε. ²² καὶ οὐκ
ἀπέστρεψεν Ιωσιας τὸ πρόσωπον αὐτοῦ ἀπ' αὐτοῦ, ἀλλ' ἢ πολε-
μεῖν αὐτὸν ἐκραταιώθη καὶ οὐκ ἤκουσεν τῶν λόγων Νεχαω διὰ
στόματος θεοῦ καὶ ἦλθεν τοῦ πολεμῆσαι ἐν τῷ πεδίῳ Μαγεδων.
23 ²³ καὶ ἐτόξευσαν οἱ τοξόται ἐπὶ βασιλέα Ιωσιαν · καὶ εἶπεν ὁ βασι-
24 λεὺς τοῖς παισὶν αὐτοῦ Ἐξαγάγετέ με, ὅτι ἐπόνεσα σφόδρα. ²⁴ καὶ
ἐξήγαγον αὐτὸν οἱ παῖδες αὐτοῦ ἀπὸ τοῦ ἅρματος καὶ ἀνεβίβασαν
αὐτὸν ἐπὶ τὸ ἅρμα τὸ δευτερεῦον, ὃ ἦν αὐτῷ, καὶ ἤγαγον αὐτὸν
εἰς Ιερουσαλημ · καὶ ἀπέθανεν καὶ ἐτάφη μετὰ τῶν πατέρων αὐ-
25 τοῦ. καὶ πᾶς Ιουδα καὶ Ιερουσαλημ ἐπένθησαν ἐπὶ Ιωσιαν, ²⁵ καὶ
ἐθρήνησεν Ιερεμιας ἐπὶ Ιωσιαν, καὶ εἶπαν πάντες οἱ ἄρχοντες καὶ
αἱ ἄρχουσαι θρῆνον ἐπὶ Ιωσιαν ἕως τῆς σήμερον · καὶ ἔδωκαν
αὐτὸν εἰς πρόσταγμα ἐπὶ Ισραηλ, καὶ ἰδοὺ γέγραπται ἐπὶ τῶν
26 θρήνων. ²⁶ καὶ ἦσαν οἱ λόγοι Ιωσια καὶ ἡ ἐλπὶς αὐτοῦ γεγραμμένα
27 ἐν νόμῳ κυρίου · ²⁷ καὶ οἱ λόγοι αὐτοῦ οἱ πρῶτοι καὶ οἱ ἔσχατοι
ἰδοὺ γεγραμμένοι ἐπὶ βιβλίῳ βασιλέων Ισραηλ καὶ Ιουδα.
36   ¹ Καὶ ἔλαβεν ὁ λαὸς τῆς γῆς τὸν Ιωαχαζ υἱὸν Ιωσιου καὶ ἔχρι-
σαν αὐτὸν καὶ κατέστησαν αὐτὸν εἰς βασιλέα ἀντὶ τοῦ πατρὸς
2 αὐτοῦ ἐν Ιερουσαλημ. ² υἱὸς εἴκοσι καὶ τριῶν ἐτῶν Ιωαχαζ ἐν τῷ
2ᵃ βασιλεύειν αὐτὸν καὶ τρίμηνον ἐβασίλευσεν ἐν Ιερουσαλημ, ²ᵃ καὶ
ὄνομα τῆς μητρὸς αὐτοῦ Αμιταλ θυγάτηρ Ιερεμιου ἐκ Λοβενα.
2ᵇ ²ᵇ καὶ ἐποίησεν τὸ πονηρὸν ἐνώπιον κυρίου κατὰ πάντα, ἃ ἐποί-

19ᵇ ισχυι] pr. τη BLᵖ† | αυτω ult. > B† || 19ᶜ παροργισματα] προσταγμ.
B† || 19ᵈ γε et μου 1⁰ > B† || 20 επι 2⁰] pr. και A† | ο > B† || 21 ουκ]
pr. και B† | ποιησαι] πολεμησαι B† || 22 ηκουεν A† || 25 και ult. BL†] >
rel. || 26 οι > B† || 27 οι 1⁰] + λοιποι A†: ex 26 𝔐
    36 1 αυτον 1⁰ ⌒ 2⁰ A | εν ιερους. > B† || 2 υιος > B† || 2ᵃ⁻ᶜ: cf. Regn.
IV 23 31—33 || 2ᵃ αβειταλ B† | λοβενα B†] -βεννα L†, -βνα rel.

ησαν οἱ πατέρες αὐτοῦ. ²ᶜκαὶ ἔδησεν αὐτὸν Φαραω Νεχαω ἐν 2ᶜ
Δεβλαθα ἐν γῇ Εμαθ τοῦ μὴ βασιλεύειν αὐτὸν ἐν Ιερουσαλημ,
³καὶ μετήγαγεν αὐτὸν ὁ βασιλεὺς εἰς Αἴγυπτον, καὶ ἐπέβαλεν φόρον 3
ἐπὶ τὴν γῆν ἑκατὸν τάλαντα ἀργυρίου καὶ τάλαντον χρυσίου. ⁴καὶ 4
κατέστησεν Φαραω Νεχαω τὸν Ελιακιμ υἱὸν Ιωσιου βασιλέα Ιουδα
ἀντὶ Ιωσιου τοῦ πατρὸς αὐτοῦ καὶ μετέστρεψεν τὸ ὄνομα αὐτοῦ
Ιωακιμ· καὶ τὸν Ιωαχαζ ἀδελφὸν αὐτοῦ ἔλαβεν Φαραω Νεχαω καὶ
εἰσήγαγεν αὐτὸν εἰς Αἴγυπτον, καὶ ἀπέθανεν ἐκεῖ. ⁴ᵃκαὶ τὸ ἀργύ- 4ᵃ
ριον καὶ τὸ χρυσίον ἔδωκαν τῷ Φαραω· τότε ἤρξατο ἡ γῆ φορο-
λογεῖσθαι τοῦ δοῦναι τὸ ἀργύριον ἐπὶ στόμα Φαραω, καὶ ἕκαστος
κατὰ δύναμιν ἀπῄτει τὸ ἀργύριον καὶ τὸ χρυσίον παρὰ τοῦ λαοῦ
τῆς γῆς δοῦναι τῷ Φαραω Νεχαω.

⁵Ὢν εἴκοσι καὶ πέντε ἐτῶν Ιωακιμ ἐν τῷ βασιλεύειν αὐτὸν 5
καὶ ἕνδεκα ἔτη ἐβασίλευσεν ἐν Ιερουσαλημ, καὶ ὄνομα τῆς μητρὸς
αὐτοῦ Ζεχωρα θυγάτηρ Νηριου ἐκ Ραμα. καὶ ἐποίησεν τὸ πονη-
ρὸν ἐναντίον κυρίου κατὰ πάντα, ὅσα ἐποίησαν οἱ πατέρες αὐτοῦ.
⁵ᵃἐν ταῖς ἡμέραις αὐτοῦ ἦλθεν Ναβουχοδονοσορ βασιλεὺς Βαβυ- 5ᵃ
λῶνος εἰς τὴν γῆν, καὶ ἦν αὐτῷ δουλεύων τρία ἔτη καὶ ἀπέστη
ἀπ᾽ αὐτοῦ. ⁵ᵇκαὶ ἀπέστειλεν κύριος ἐπ᾽ αὐτοὺς τοὺς Χαλδαίους 5ᵇ
καὶ ληστήρια Σύρων καὶ ληστήρια Μωαβιτῶν καὶ υἱῶν Αμμων
καὶ τῆς Σαμαρείας, καὶ ἀπέστησαν μετὰ τὸν λόγον τοῦτον κατὰ
τὸν λόγον κυρίου ἐν χειρὶ τῶν παίδων αὐτοῦ τῶν προφητῶν.
⁵ᶜπλὴν θυμὸς κυρίου ἦν ἐπὶ Ιουδαν τοῦ ἀποστῆσαι αὐτὸν ἀπὸ 5ᶜ
προσώπου αὐτοῦ διὰ τὰς ἁμαρτίας Μανασση ἐν πᾶσιν, οἷς ἐποί-
ησεν, ⁵ᵈκαὶ ἐν αἵματι ἀθώῳ, ᾧ ἐξέχεεν Ιωακιμ καὶ ἔπλησεν τὴν 5ᵈ
Ιερουσαλημ αἵματος ἀθώου, καὶ οὐκ ἠθέλησεν κύριος ἐξολεθρεῦσαι
αὐτούς. ⁶καὶ ἀνέβη ἐπ᾽ αὐτὸν Ναβουχοδονοσορ βασιλεὺς Βαβυλῶ- 6
νος καὶ ἔδησεν αὐτὸν ἐν χαλκαῖς πέδαις καὶ ἀπήγαγεν αὐτὸν εἰς
Βαβυλῶνα. ⁷καὶ μέρος τῶν σκευῶν οἴκου κυρίου ἀπήνεγκεν εἰς 7
Βαβυλῶνα καὶ ἔθηκεν αὐτὰ ἐν τῷ ναῷ αὐτοῦ ἐν Βαβυλῶνι. ⁸καὶ 8
τὰ λοιπὰ τῶν λόγων Ιωακιμ καὶ πάντα, ἃ ἐποίησεν, οὐκ ἰδοὺ ταῦτα
γεγραμμένα ἐπὶ βιβλίῳ λόγων τῶν ἡμερῶν τοῖς βασιλεῦσιν Ιουδα;
καὶ ἐκοιμήθη Ιωακιμ μετὰ τῶν πατέρων αὐτοῦ καὶ ἐτάφη ἐν Γα-
νοζα μετὰ τῶν πατέρων αὐτοῦ, καὶ ἐβασίλευσεν Ιεχονιας υἱὸς αὐ-
τοῦ ἀντ᾽ αὐτοῦ.

⁹Υἱὸς ὀκτωκαίδεκα ἐτῶν Ιεχονιας ἐν τῷ βασιλεύειν αὐτὸν καὶ 9

2ᶜ δαβλαθα Bꞏ | εμαθ V] pr. ι Bꞏ, αιμαθ Apl.: cf. Regn. IV 23 33 | αυτον
ult. > B*ꞏ ‖ 4 βασιλεα] -εως Bꞏ ‖ 4ᵃ (cf. Regn. IV 23 35) εδωκεν Bꞏ |
φαραω 1⁰⌒2⁰ Aꞏ | τω ult. Bꞏ] αυτω V, αυτο A ‖ 5 ζεκχωρα A ‖ 5ᵃ⁻ᵈ:
cf. Regn. IV 24 1—4 ‖ 5ᵇ αυτους] ς > B*Aꞏ | ληστηρια 1⁰⌒2⁰ Aꞏ ‖
5ᶜ αποστηναι BLꞏ | τας αμαρτ. > B*ꞏ ‖ 5ᵈ και επλησεν] ενεπλ. Bꞏ, και
ενεπλ. Lꞏ ‖ 6 απηγ. BLꞏ] ανηγ. A ‖ 8 επι] εν Apl. | γανοζα pau.] -ζαη
Bꞏ, -ζαν A: cf. Regn. IV 24 6 ‖ 9 υιος > Bꞏ | οκτωκαιδεκα] οκτω Bꞏ: = 𝔐

τρίμηνον καὶ δέκα ἡμέρας ἐβασίλευσεν ἐν Ιερουσαλημ. καὶ ἐποί-
10 ησεν τὸ πονηρὸν ἐνώπιον κυρίου. ¹⁰ καὶ ἐπιστρέφοντος τοῦ ἐνι-
αυτοῦ ἀπέστειλεν ὁ βασιλεὺς Ναβουχοδονοσορ καὶ εἰσήνεγκεν αὐ-
τὸν εἰς Βαβυλῶνα μετὰ τῶν σκευῶν τῶν ἐπιθυμητῶν οἴκου κυρίου
καὶ ἐβασίλευσεν Σεδεκιαν ἀδελφὸν τοῦ πατρὸς αὐτοῦ ἐπὶ Ιουδαν
καὶ Ιερουσαλημ.
11 ¹¹ Ἐτῶν εἴκοσι ἑνὸς Σεδεκιας ἐν τῷ βασιλεύειν αὐτὸν καὶ ἕν-
12 δεκα ἔτη ἐβασίλευσεν ἐν Ιερουσαλημ. ¹² καὶ ἐποίησεν τὸ πονηρὸν
ἐνώπιον κυρίου θεοῦ αὐτοῦ, οὐκ ἐνετράπη ἀπὸ προσώπου Ιερεμιου
13 τοῦ προφήτου καὶ ἐκ στόματος κυρίου ¹³ ἐν τῷ τὰ πρὸς τὸν βα-
σιλέα Ναβουχοδονοσορ ἀθετῆσαι ἃ ὥρκισεν αὐτὸν κατὰ τοῦ θεοῦ
καὶ ἐσκλήρυνεν τὸν τράχηλον αὐτοῦ καὶ τὴν καρδίαν αὐτοῦ κατ-
14 ίσχυσεν τοῦ μὴ ἐπιστρέψαι πρὸς κύριον θεὸν Ισραηλ. ¹⁴ καὶ πάν-
τες οἱ ἔνδοξοι Ιουδα καὶ οἱ ἱερεῖς καὶ ὁ λαὸς τῆς γῆς ἐπλήθυναν
τοῦ ἀθετῆσαι ἀθετήματα βδελυγμάτων ἐθνῶν καὶ ἐμίαναν τὸν οἶ-
15 κον κυρίου τὸν ἐν Ιερουσαλημ. ¹⁵ καὶ ἐξαπέστειλεν κύριος ὁ θεὸς
τῶν πατέρων αὐτῶν ἐν χειρὶ προφητῶν ὀρθρίζων καὶ ἀποστέλλων
τοὺς ἀγγέλους αὐτοῦ, ὅτι ἦν φειδόμενος τοῦ λαοῦ αὐτοῦ καὶ τοῦ
16 ἁγιάσματος αὐτοῦ · ¹⁶ καὶ ἦσαν μυκτηρίζοντες τοὺς ἀγγέλους αὐ-
τοῦ καὶ ἐξουδενοῦντες τοὺς λόγους αὐτοῦ καὶ ἐμπαίζοντες ἐν τοῖς
προφήταις αὐτοῦ, ἕως ἀνέβη ὁ θυμὸς κυρίου ἐν τῷ λαῷ αὐτοῦ,
17 ἕως οὐκ ἦν ἴαμα. ¹⁷ καὶ ἤγαγεν ἐπ᾽ αὐτοὺς βασιλέα Χαλδαίων, καὶ
ἀπέκτεινεν τοὺς νεανίσκους αὐτῶν ἐν ρομφαίᾳ ἐν οἴκῳ ἁγιάσμα-
τος αὐτοῦ καὶ οὐκ ἐφείσατο τοῦ Σεδεκιου καὶ τὰς παρθένους αὐ-
τῶν οὐκ ἠλέησαν καὶ τοὺς πρεσβυτέρους αὐτῶν ἀπήγαγον · τὰ
18 πάντα παρέδωκεν ἐν χερσὶν αὐτῶν. ¹⁸ καὶ πάντα τὰ σκεύη οἴκου
θεοῦ τὰ μεγάλα καὶ τὰ μικρὰ καὶ τοὺς θησαυροὺς καὶ πάντας τοὺς
θησαυροὺς βασιλέως καὶ μεγιστάνων, πάντα εἰσήνεγκεν εἰς Βαβυ-
19 λῶνα. ¹⁹ καὶ ἐνέπρησεν τὸν οἶκον κυρίου καὶ κατέσκαψεν τὸ τεῖχος
Ιερουσαλημ καὶ τὰς βάρεις αὐτῆς ἐνέπρησεν ἐν πυρὶ καὶ πᾶν
20 σκεῦος ὡραῖον εἰς ἀφανισμόν. ²⁰ καὶ ἀπῴκισεν τοὺς καταλοίπους
εἰς Βαβυλῶνα, καὶ ἦσαν αὐτῷ καὶ τοῖς υἱοῖς αὐτοῦ εἰς δούλους
21 ἕως βασιλείας Μήδων ²¹ τοῦ πληρωθῆναι λόγον κυρίου διὰ στό-
ματος Ιερεμιου ἕως τοῦ προσδέξασθαι τὴν γῆν τὰ σάββατα αὐτῆς
σαββατίσαι · πάσας τὰς ἡμέρας τῆς ἐρημώσεως αὐτῆς ἐσαββάτισεν
εἰς συμπλήρωσιν ἐτῶν ἑβδομήκοντα.
22 ²² Ἐτους πρώτου Κύρου βασιλέως Περσῶν μετὰ τὸ πληρωθῆναι
ῥῆμα κυρίου διὰ στόματος Ιερεμιου ἐξήγειρεν κύριος τὸ πνεῦμα

---

10 επιστραφεντος A | εισην.] εισηγαγεν A | σεδεκιαν] pr. τον A || 14 επλη-
θυναν mu.] -νεν BA || 15 προφητων > B† | αυτου ult. > A || 16 τους
1⁰ > A† | ο > A || 17 ηλεησεν A || 18 παντα ult.] pr. και B† || 21 πα-
σας — εσαββατισεν > B† || 22 κυρου 1⁰ > B†

Κύρου βασιλέως Περσῶν, καὶ παρήγγειλεν κηρύξαι ἐν πάσῃ τῇ
βασιλείᾳ αὐτοῦ ἐν γραπτῷ λέγων ²³ Τάδε λέγει Κῦρος βασιλεὺς 23
Περσῶν Πάσας τὰς βασιλείας τῆς γῆς ἔδωκέν μοι κύριος ὁ θεὸς
τοῦ οὐρανοῦ, καὶ αὐτὸς ἐνετείλατό μοι οἰκοδομῆσαι αὐτῷ οἶκον
ἐν Ιερουσαλημ ἐν τῇ Ιουδαίᾳ. τίς ἐξ ὑμῶν ἐκ παντὸς τοῦ λαοῦ
αὐτοῦ; ἔσται ὁ θεὸς αὐτοῦ μετ' αὐτοῦ, καὶ ἀναβήτω.

22 κηρυξαι] του κηρ. αυτους Α⁺ || 23 πασαις ταις βασιλειαις ΒΛ⁺: ad
praec. tracta | αυτω οικον] tr. Β⁺
    Subscr. παραλειπομενων β′ Β, παραλειπομενων των βασιλειων ιουδα β′ Α:
cf. inscr.

ΕΣΔΡΑΣ Α′

¹Καὶ ἤγαγεν Ιωσιας τὸ πασχα ἐν Ιερουσαλημ τῷ κυρίῳ αὐτοῦ 1
καὶ ἔθυσεν τὸ πασχα τῇ τεσσαρεσκαιδεκάτῃ ἡμέρᾳ τοῦ μηνὸς τοῦ
πρώτου ² στήσας τοὺς ἱερεῖς κατ' ἐφημερίας ἐστολισμένους ἐν τῷ 2
ἱερῷ τοῦ κυρίου. ³ καὶ εἶπεν τοῖς Λευίταις, ἱεροδούλοις τοῦ Ισραηλ, 3
ἁγιάσαι ἑαυτοὺς τῷ κυρίῳ ἐν τῇ θέσει τῆς ἁγίας κιβωτοῦ τοῦ
κυρίου ἐν τῷ οἴκῳ, ᾧ ᾠκοδόμησεν Σαλωμων ὁ τοῦ Δαυιδ ὁ βασι-
λεύς Οὐκ ἔσται ὑμῖν ἆραι ἐπ' ὤμων αὐτήν · ⁴ καὶ νῦν λατρεύετε 4
τῷ κυρίῳ θεῷ ὑμῶν καὶ θεραπεύετε τὸ ἔθνυς αὐτοῦ Ισραηλ καὶ
ἑτοιμάσατε κατὰ τὰς πατριὰς καὶ τὰς φυλὰς ὑμῶν κατὰ τὴν γρα-
φὴν Δαυιδ βασιλέως Ισραηλ καὶ κατὰ τὴν μεγαλειότητα Σαλωμων
τοῦ υἱοῦ αὐτοῦ ⁵ καὶ στάντες ἐν τῷ ἱερῷ κατὰ τὴν μεριδαρχίαν 5
τὴν πατρικὴν ὑμῶν τῶν Λευιτῶν τῶν ἔμπροσθεν τῶν ἀδελφῶν
ὑμῶν υἱῶν Ισραηλ ἐν τάξει ⁶ θύσατε τὸ πασχα καὶ τὰς θυσίας 6
ἑτοιμάσατε τοῖς ἀδελφοῖς ὑμῶν καὶ ποιήσατε τὸ πασχα κατὰ τὸ
πρόσταγμα τοῦ κυρίου τὸ δοθὲν τῷ Μωυσῇ. ⁷ καὶ ἐδωρήσατο Ιω- 7
σιας τῷ λαῷ τῷ εὑρεθέντι ἀρνῶν καὶ ἐρίφων τριάκοντα χιλιάδας,
μόσχους τρισχιλίους · ταῦτα ἐκ τῶν βασιλικῶν ἐδόθη κατ' ἐπαγ-
γελίαν τῷ λαῷ καὶ τοῖς ἱερεῦσιν καὶ Λευίταις. ⁸ καὶ ἔδωκεν Χελ- 8
κιας καὶ Ζαχαριας καὶ Ησυηλος οἱ ἐπιστάται τοῦ ἱεροῦ τοῖς ἱερεῦ-
σιν εἰς πασχα πρόβατα δισχίλια ἑξακόσια, μόσχους τριακοσίους.

    Esdr. I (liber apocryphus; Latinis „Esdr. III"): ΒΑ; Λ = 19 108. Be. =
J. A. Bewer, Der Text des Buches Ezra (Gött. 1922).
    Inscr. ο ιερευς Α⁺: cf. Esdr. II inscr. et amborum librorum subscriptiones
1 (cf. Par. II 35. 36) 1 εθυσε(ν) Β°pl.] -σαν Β*Α (+ οι υιοι ισραηλ Α⁺): cf.
Par. II 35 1 || 3 εαυτους] ε > Β | ο του Β⁺] ο υιος του rel. || 4 τω κυριω]
tr. Α | υμων 1°] ημ. Α | τας 2°] > Α⁺ || 5 ιερω] αγιω Β: cf. 2 7 || 6 του
Β⁺] > rel.

9 ⁹καὶ Ιεχονιας καὶ Σαμαιας καὶ Ναθαναηλ ὁ ἀδελφὸς καὶ Ασαβιας
καὶ Οχιηλος καὶ Ιωραμ χιλίαρχοι ἔδωκαν τοῖς Λευίταις εἰς πασχα
10 πρόβατα πεντακισχίλια, μόσχους ἑπτακοσίους. ¹⁰καὶ ταῦτα τὰ γενό-
11 μενα · εὐπρεπῶς ἔστησαν οἱ ἱερεῖς καὶ οἱ Λευῖται ¹¹ἔχοντες τὰ
12 ἄζυμα κατὰ τὰς φυλὰς ¹²καὶ κατὰ τὰς μεριδαρχίας τῶν πατέρων
ἔμπροσθεν τοῦ λαοῦ προσενεγκεῖν τῷ κυρίῳ κατὰ τὰ γεγραμμένα
13 ἐν βιβλίῳ Μωυσῆ, καὶ οὕτω τὸ πρωινόν. ¹³καὶ ὤπτησαν τὸ πασχα
πυρὶ ὡς καθήκει καὶ τὰς θυσίας ἥψησαν ἐν τοῖς χαλκείοις καὶ
14 λέβησιν μετ᾽ εὐωδίας καὶ ἀπήνεγκαν πᾶσι τοῖς ἐκ τοῦ λαοῦ. ¹⁴μετὰ
δὲ ταῦτα ἡτοίμασαν ἑαυτοῖς τε καὶ τοῖς ἱερεῦσιν ἀδελφοῖς αὐτῶν
υἱοῖς Ααρων · οἱ γὰρ ἱερεῖς ἀνέφερον τὰ στέατα ἕως ἀωρίας, καὶ
οἱ Λευῖται ἡτοίμασαν ἑαυτοῖς καὶ τοῖς ἱερεῦσιν ἀδελφοῖς αὐτῶν
15 υἱοῖς Ααρων. ¹⁵καὶ οἱ ἱεροψάλται υἱοὶ Ασαφ ἦσαν ἐπὶ τῆς τάξεως
αὐτῶν κατὰ τὰ ὑπὸ Δαυιδ τεταγμένα καὶ Ασαφ καὶ Ζαχαριας καὶ
Εδδινους οἱ παρὰ τοῦ βασιλέως, καὶ οἱ θυρωροὶ ἐφ᾽ ἑκάστου πυ-
λῶνος · οὐκ ἔστιν παραβῆναι ἕκαστον τὴν ἑαυτοῦ ἐφημερίαν, οἱ
16 γὰρ ἀδελφοὶ αὐτῶν οἱ Λευῖται ἡτοίμασαν αὐτοῖς. ¹⁶καὶ συνετελέ-
σθη τὰ τῆς θυσίας τοῦ κυρίου ἐν ἐκείνῃ τῇ ἡμέρᾳ, ἀχθῆναι τὸ
πασχα καὶ προσενεχθῆναι τὰς θυσίας ἐπὶ τὸ τοῦ κυρίου θυσια-
17 στήριον κατὰ τὴν ἐπιταγὴν τοῦ βασιλέως Ιωσιου. ¹⁷καὶ ἠγάγοσαν
οἱ υἱοὶ Ισραηλ οἱ εὑρεθέντες ἐν τῷ καιρῷ τούτῳ τὸ πασχα καὶ
18 τὴν ἑορτὴν τῶν ἀζύμων ἡμέρας ἑπτά. ¹⁸καὶ οὐκ ἤχθη τὸ πασχα
τοιοῦτο ἐν τῷ Ισραηλ ἀπὸ τῶν χρόνων Σαμουηλ τοῦ προφήτου,
19 ¹⁹καὶ πάντες οἱ βασιλεῖς τοῦ Ισραηλ οὐκ ἠγάγοσαν πασχα τοιοῦ-
τον, οἷον ἤγαγεν Ιωσιας καὶ οἱ ἱερεῖς καὶ οἱ Λευῖται καὶ οἱ Ιου-
δαῖοι καὶ πᾶς Ισραηλ οἱ εὑρεθέντες ἐν τῇ κατοικήσει αὐτῶν ἐν
20 Ιερουσαλημ · ²⁰ὀκτωκαιδεκάτῳ ἔτει βασιλεύοντος Ιωσιου ἤχθη τὸ
21 πασχα τοῦτο. — ²¹καὶ ὠρθώθη τὰ ἔργα Ιωσιου ἐνώπιον τοῦ κυ-
22 ρίου αὐτοῦ ἐν καρδίᾳ πλήρει εὐσεβείας. ²²καὶ τὰ κατ᾽ αὐτὸν δὲ
ἀναγέγραπται ἐν τοῖς ἔμπροσθεν χρόνοις, περὶ τῶν ἡμαρτηκότων
καὶ ἠσεβηκότων εἰς τὸν κύριον παρὰ πᾶν ἔθνος καὶ βασιλείαν,
καὶ ἃ ἐλύπησαν αὐτὸν ἐν αἰσθήσει, καὶ οἱ λόγοι τοῦ κυρίου ἀν-
έστησαν ἐπὶ Ισραηλ.
23 ²³Καὶ μετὰ πᾶσαν τὴν πρᾶξιν ταύτην Ιωσιου συνέβη Φαραω
βασιλέα Αἰγύπτου ἐλθόντα πόλεμον ἐγεῖραι ἐν Χαρκαμυς ἐπὶ τοῦ
24 Εὐφράτου, καὶ ἐξῆλθεν εἰς ἀπάντησιν αὐτῷ Ιωσιας. ²⁴καὶ διεπέμ-

9 ασαβιας L†] σαβ. rel. | οχιηλος] οζι. AV⁽†⁾, αχι. compl.; ιειηλ L†: ex Par.
II 35 9 | πεντακισχιλια] χιλια B† (B*† χειλ.), πεντακοσια V† ‖ 10 ταυτα τα
γεν. BL†] τουτων γενομενων rel. ‖ 13 πυρι] pr. εν B*⁽†⁾ | ηψησαν] ωπτη-
σαν A† ‖ 15 οι 2⁰] ο A | αυτοις] εαυ. BL (+ και τοις αδελφοις αυτων L†)
‖ 16 του κυριου 1⁰] τω -ριω A† | προσενεχθ.] προσαχθ. B ‖ 19 τοιουτο A
| οι ευρεθεντες] ο ευρεθεις B† ‖ 22 α > A | εν αισθησει] εστι(ν) (sic) BL†
‖ 23 χαρκαμυς B†] καρχαμ. pl., καλχαμ. A†

ψατο βασιλεὺς Αἰγύπτου πρὸς αὐτὸν λέγων Τί ἐμοὶ καὶ σοί ἐστιν,
βασιλεῦ τῆς Ιουδαίας; ²⁵ οὐχὶ πρὸς σὲ ἐξαπέσταλμαι ὑπὸ κυρίου 25
τοῦ θεοῦ, ἐπὶ γὰρ τοῦ Εὐφράτου ὁ πόλεμός μού ἐστιν. καὶ νῦν
κύριος μετ᾽ ἐμοῦ ἐστιν, καὶ κύριος μετ᾽ ἐμοῦ ἐπισπεύδων ἐστίν ·
ἀπόστηθι καὶ μὴ ἐναντιοῦ τῷ κυρίῳ. ²⁶ καὶ οὐκ ἀπέστρεψεν ἑαυτὸν 26
Ιωσιας ἐπὶ τὸ ἅρμα αὐτοῦ, ἀλλὰ πολεμεῖν αὐτὸν ἐπιχειρεῖ οὐ προσ-
έχων ῥήμασιν Ιερεμιου προφήτου ἐκ στόματος κυρίου · ²⁷ ἀλλὰ συν- 27
εστήσατο πρὸς αὐτὸν πόλεμον ἐν τῷ πεδίῳ Μαγεδδαους, καὶ κατ-
έβησαν οἱ ἄρχοντες πρὸς τὸν βασιλέα Ιωσιαν. ²⁸ καὶ εἶπεν ὁ βα- 28
σιλεὺς τοῖς παισὶν αὐτοῦ Ἀποστήσατέ με ἀπὸ τῆς μάχης, ἠσθένησα
γὰρ λίαν. καὶ εὐθέως ἀπέστησαν αὐτὸν οἱ παῖδες αὐτοῦ ἀπὸ τῆς
παρατάξεως, ²⁹ καὶ ἀνέβη ἐπὶ τὸ ἅρμα τὸ δευτέριον αὐτοῦ · καὶ 29
ἀποκατασταθεὶς εἰς Ιερουσαλημ μετήλλαξεν τὸν βίον αὐτοῦ καὶ
ἐτάφη ἐν τῷ πατρικῷ τάφῳ. ³⁰ καὶ ἐν ὅλῃ τῇ Ιουδαίᾳ ἐπένθησαν 30
τὸν Ιωσιαν, καὶ ἐθρήνησεν Ιερεμιας ὁ προφήτης ὑπὲρ Ιωσιου, καὶ
οἱ προκαθήμενοι σὺν γυναιξὶν ἐθρηνοῦσαν αὐτὸν ἕως τῆς ἡμέρας
ταύτης, καὶ ἐξεδόθη τοῦτο γίνεσθαι ἀεὶ εἰς ἅπαν τὸ γένος Ισραηλ.
³¹ ταῦτα δὲ ἀναγέγραπται ἐν τῇ βύβλῳ τῶν ἱστορουμένων περὶ τῶν 31
βασιλέων τῆς Ιουδαίας · καὶ τὸ καθ᾽ ἓν πραχθὲν τῆς πράξεως Ιω-
σιου καὶ τῆς δόξης αὐτοῦ καὶ τῆς συνέσεως αὐτοῦ ἐν τῷ νόμῳ
κυρίου, τά τε προπραχθέντα ὑπ᾽ αὐτοῦ καὶ τὰ νῦν, ἱστόρηται ἐν
τῷ βυβλίῳ τῶν βασιλέων Ισραηλ καὶ Ιουδα.
³² Καὶ ἀναλαβόντες οἱ ἐκ τοῦ ἔθνους τὸν Ιεχονιαν υἱὸν Ιωσιου 32
ἀνέδειξαν βασιλέα ἀντὶ Ιωσιου τοῦ πατρὸς αὐτοῦ ὄντα ἐτῶν εἴκοσι
τριῶν. ³³ καὶ ἐβασίλευσεν ἐν Ιουδα καὶ Ιερουσαλημ μῆνας τρεῖς. 33
καὶ ἀπεκατέστησεν αὐτὸν βασιλεὺς Αἰγύπτου βασιλεύειν ἐν Ιερου-
σαλημ ³⁴ καὶ ἐζημίωσεν τὸ ἔθνος ἀργυρίου ταλάντοις ἑκατὸν καὶ 34
χρυσίου ταλάντῳ ἑνί. ³⁵ καὶ ἀνέδειξεν ὁ βασιλεὺς Αἰγύπτου βασιλέα 35
Ιωακιμ τὸν ἀδελφὸν αὐτοῦ, βασιλέα τῆς Ιουδαίας καὶ Ιερουσαλημ.
³⁶ καὶ ἔδησεν Ιωακιμ τοὺς μεγιστᾶνας, Ζαριον δὲ τὸν ἀδελφὸν 36
αὐτοῦ συλλαβὼν ἀνήγαγεν ἐξ Αἰγύπτου.
³⁷ Ἐτῶν δὲ ἦν εἴκοσι πέντε Ιωακιμ, ὅτε ἐβασίλευσεν τῆς Ιου- 37
δαίας καὶ Ιερουσαλημ, καὶ ἐποίησεν τὸ πονηρὸν ἐνώπιον κυρίου.
³⁸ ἐπ᾽ αὐτὸν δὲ ἀνέβη Ναβουχοδονοσορ βασιλεὺς Βαβυλῶνος καὶ 38

---

24 βασ. αιγ. / προς αυτον] tr. A ‖ 26 επιχειρει BV*†] επεχ. rel. ‖ 27 μα-
γεδδαους unus cod.] μεταδδους B†, μεταεδδαους AV; μαγεδδω L: cf. Par. II
35 22 | τον > B† ‖ 30 επενθ.] pr. και A† | γενεσθαι B*† | απαν] παν B:
cf. 8 62 9 10 ‖ 31 βυβλω B†] βιβλω rel.: cf. inf. et Par. II 17 9 | κυριου] pr.
του A | προπραχθεντα mu.] προ > B*, προσπραχθ. A† | τω βυβλιω B†] τη
βιβλω A: cf. sup. ‖ 32 ιεχονιαν B†] ιωαχαζ(uel -χας) rel. (A† ιωχαζ): cf.
Par. II 36 1 ‖ 33 ιουδα] ισραηλ B† | απεκατεστ. (cf. 29)] απεστ. A | βασιλευ-
ειν B*†] pr. του μη rel. ‖ 35 ο > A ‖ 36 Ζαριον B†] Ζαρακην A | εξ αιγ.]
εις αιγυπτον L† ‖ 37 ενωπ.] εναντι A ‖ 38 επ] μετ B

39 δήσας αὐτὸν ἐν χαλκείῳ δεσμῷ ἀπήγαγεν εἰς Βαβυλῶνα. ³⁹καὶ ἀπὸ
   τῶν ἱερῶν σκευῶν τοῦ κυρίου λαβὼν Ναβουχοδονοσορ καὶ ἀπ-
40 ενέγκας ἀπηρείσατο ἐν τῷ ναῷ αὐτοῦ ἐν Βαβυλῶνι. ⁴⁰τὰ δὲ ἱστο-
   ρηθέντα περὶ αὐτοῦ καὶ τῆς αὐτοῦ ἀκαθαρσίας καὶ δυσσεβείας ἀνα-
   γέγραπται ἐν τῇ βίβλῳ τῶν χρόνων τῶν βασιλέων.
41 ⁴¹Καὶ ἐβασίλευσεν ἀντ᾽ αὐτοῦ Ιωακιμ ὁ υἱὸς αὐτοῦ · ὅτε γὰρ
42 ἀνεδείχθη, ἦν ἐτῶν δέκα ὀκτώ, ⁴²βασιλεύει δὲ μῆνας τρεῖς καὶ
   ἡμέρας δέκα ἐν Ιερουσαλημ καὶ ἐποίησεν τὸ πονηρὸν ἔναντι κυρίου.
43 ⁴³Καὶ μετ᾽ ἐνιαυτὸν ἀποστείλας Ναβουχοδονοσορ μετήγαγεν αὐ-
44 τὸν εἰς Βαβυλῶνα ἅμα τοῖς ἱεροῖς σκεύεσιν τοῦ κυρίου ⁴⁴καὶ ἀν-
   έδειξε Σεδεκιαν βασιλέα τῆς Ιουδαίας καὶ Ιερουσαλημ, Σεδεκιαν
45 ὄντα ἐτῶν εἴκοσι ἑνός, βασιλεύει δὲ ἔτη ἕνδεκα. ⁴⁵καὶ ἐποίησεν
   τὸ πονηρὸν ἐνώπιον κυρίου καὶ οὐκ ἐνετράπη ἀπὸ τῶν ῥηθέντων
46 λόγων ὑπὸ Ιερεμιου τοῦ προφήτου ἐκ στόματος τοῦ κυρίου. ⁴⁶καὶ
   ὁρκισθεὶς ἀπὸ τοῦ βασιλέως Ναβουχοδονοσορ τῷ ὀνόματι τοῦ
   κυρίου ἐπιορκήσας ἀπέστη καὶ σκληρύνας αὐτοῦ τὸν τράχηλον
   καὶ τὴν καρδίαν αὐτοῦ παρέβη τὰ νόμιμα κυρίου θεοῦ Ισραηλ.
47 ⁴⁷καὶ οἱ ἡγούμενοι δὲ τοῦ λαοῦ καὶ τῶν ἱερέων πολλὰ ἠσέβησαν
   καὶ ἠνόμησαν ὑπὲρ πάσας τὰς ἀκαθαρσίας πάντων τῶν ἐθνῶν
   καὶ ἐμίαναν τὸ ἱερὸν τοῦ κυρίου τὸ ἁγιαζόμενον ἐν Ιεροσολύμοις.
48 ⁴⁸καὶ ἀπέστειλεν ὁ θεὸς τῶν πατέρων αὐτῶν διὰ τοῦ ἀγγέλου
   αὐτοῦ μετακαλέσαι αὐτούς, καθὸ ἐφείδετο αὐτῶν καὶ τοῦ σκηνώ-
49 ματος αὐτοῦ. ⁴⁹αὐτοὶ δὲ ἐξεμυκτήρισαν ἐν τοῖς ἀγγέλοις αὐτοῦ,
   καὶ ᾗ ἡμέρᾳ ἐλάλησεν κύριος, ἦσαν ἐκπαίζοντες τοὺς προφήτας
   αὐτοῦ ἕως τοῦ θυμωθέντα αὐτὸν ἐπὶ τῷ ἔθνει αὐτοῦ διὰ τὰ δυσ-
   σεβήματα προστάξαι ἀναβιβάσαι ἐπ᾽ αὐτοὺς τοὺς βασιλεῖς τῶν
50 Χαλδαίων. ⁵⁰οὗτοι ἀπέκτειναν τοὺς νεανίσκους αὐτῶν ἐν ῥομφαίᾳ
   περικύκλῳ τοῦ ἁγίου αὐτῶν ἱεροῦ καὶ οὐκ ἐφείσαντο νεανίσκου
   καὶ παρθένου καὶ πρεσβύτου καὶ νεωτέρου, ἀλλὰ πάντας παρέδω-
51 κεν εἰς τὰς χεῖρας αὐτῶν. ⁵¹καὶ πάντα τὰ ἱερὰ σκεύη τοῦ κυρίου
   τὰ μεγάλα καὶ τὰ μικρὰ καὶ τὰς κιβωτοὺς τοῦ κυρίου καὶ τὰς βα-
52 σιλικὰς ἀποθήκας ἀναλαβόντες ἀπήνεγκαν εἰς Βαβυλῶνα. ⁵²καὶ ἐνε-

---

38 δησας] εδησεν Β | απηγ.] pr. και Β ‖ 40 αυτου ακαθ.] tr. A ‖ 41 ο >
A | δεκα > B† ‖ 44 βασιλευει] εβασιλευσεν A ‖ 46 εφιορκησας B* ‖
47 ησεβησαν κ. ηνομ.] ηνομ. κ. παρεβησαν A: παρεβ. ex 46 | αγιαζομενον] -ασθεν
A | ιεροσολυμοις: nominis formam hellenisticam iis locis in textum recepi,
quibus ab A praebetur (1 47 2 11 8 5. 6) uel contextu commendatur (1 52);
ceteris locis formam ιερουσαλημ (sic B ubique) retinui, quamuis scriptorem
ipsum forma hellenistica ubique usum esse existimem ‖ 48 θεος] βασιλευς
B*† | καθο B†] καθοτι rel. ‖ 49 εξεμυκτηρισαν compl.] εξ > B†, -ριζον A |
του] ου Β | θυμωθεντα] θε > B† ‖ 50 αυτων 2⁰ > B† | νεωτερου BL†] +
αυτων rel. | παντας] ς > A† | παρεδωκαν Β ‖ 51 τας κιβωτους] τα σκευη
κιβωτου A

πύρισαν τὸν οἶκον τοῦ κυρίου καὶ ἔλυσαν τὰ τείχα Ιεροσολύμων
καὶ τοὺς πύργους αὐτῶν ἐνεπύρισαν ἐν πυρὶ 53 καὶ συνετέλεσαν 53
πάντα τὰ ἔνδοξα αὐτῆς ἀχρεῶσαι · καὶ τοὺς ἐπιλοίπους ἀπήγαγεν
μετὰ ῥομφαίας εἰς Βαβυλῶνα. 54 καὶ ἦσαν παῖδες αὐτῷ καὶ τοῖς 54
υἱοῖς αὐτοῦ μέχρι τοῦ βασιλεῦσαι Πέρσας εἰς ἀναπλήρωσιν τοῦ
ῥήματος τοῦ κυρίου ἐν στόματι Ιερεμιου 55 Ἕως τοῦ εὐδοκῆσαι 55
τὴν γῆν τὰ σάββατα αὐτῆς, πάντα τὸν χρόνον τῆς ἐρημώσεως
αὐτῆς, σαββατιεῖ εἰς συμπλήρωσιν ἐτῶν ἑβδομήκοντα.

¹Βασιλεύοντος Κύρου Περσῶν ἔτους πρώτου εἰς συντέλειαν ῥή- 2
ματος κυρίου ἐν στόματι Ιερεμιου ἤγειρεν κύριος τὸ πνεῦμα Κύ-
ρου βασιλέως Περσῶν, καὶ ἐκήρυξεν ἐν ὅλῃ τῇ βασιλείᾳ αὐτοῦ
καὶ ἅμα διὰ γραπτῶν λέγων ²Τάδε λέγει ὁ βασιλεὺς Περσῶν Κῦ- 2
ρος Ἐμὲ ἀνέδειξεν βασιλέα τῆς οἰκουμένης ὁ κύριος τοῦ Ισραηλ,
κύριος ὁ ὕψιστος, καὶ ἐσήμηνέν μοι οἰκοδομῆσαι αὐτῷ οἶκον ·ἐν
Ιερουσαλημ τῇ ἐν τῇ Ιουδαίᾳ. ³εἴ τίς ἐστιν οὖν ὑμῶν ἐκ τοῦ 3
ἔθνους αὐτοῦ, ἔστω ὁ κύριος αὐτοῦ μετ᾽ αὐτοῦ, καὶ ἀναβὰς εἰς τὴν
Ιερουσαλημ τὴν ἐν τῇ Ιουδαίᾳ οἰκοδομείτω τὸν οἶκον τοῦ κυρίου
τοῦ Ισραηλ (οὗτος ὁ κύριος ὁ κατασκηνώσας ἐν Ιερουσαλημ).
⁴ὅσοι οὖν κατὰ τόπους οἰκοῦσιν, βοηθείτωσαν αὐτῷ οἱ ἐν τῷ 4
τόπῳ αὐτοῦ ἐν χρυσίῳ καὶ ἐν ἀργυρίῳ ἐν δόσεσιν μεθ᾽ ἵππων καὶ
κτηνῶν σὺν τοῖς ἄλλοις τοῖς κατ᾽ εὐχὰς προστεθειμένοις εἰς τὸ
ἱερὸν τοῦ κυρίου τὸ ἐν Ιερουσαλημ. — ⁵καὶ καταστάντες οἱ ἀρ- 5
χίφυλοι τῶν πατριῶν τῆς Ιουδα καὶ Βενιαμιν φυλῆς καὶ οἱ ἱερεῖς
καὶ οἱ Λευῖται καὶ πάντων ὧν ἤγειρεν κύριος τὸ πνεῦμα ἀναβῆναι
οἰκοδομῆσαι οἶκον τῷ κυρίῳ τὸν ἐν Ιερουσαλημ, ⁶καὶ οἱ περικύ- 6
κλῳ αὐτῶν ἐβοήθησαν ἐν πᾶσιν, ἀργυρίῳ καὶ χρυσίῳ, ἵπποις καὶ
κτήνεσιν καὶ εὐχαῖς ὡς πλείσταις πολλῶν, ὧν ὁ νοῦς ἠγέρθη.
⁷καὶ ὁ βασιλεὺς Κῦρος ἐξήνεγκεν τὰ ἱερὰ σκεύη τοῦ κυρίου, ἃ μετ- 7
ήγαγεν Ναβουχοδονοσορ ἐξ Ιερουσαλημ καὶ ἀπηρείσατο αὐτὰ ἐν
τῷ ἑαυτοῦ εἰδωλίῳ · ⁸ἐξενέγκας δὲ αὐτὰ Κῦρος ὁ βασιλεὺς Περ- 8
σῶν παρέδωκεν αὐτὰ Μιθριδάτῃ τῷ ἑαυτοῦ γαζοφύλακι, διὰ δὲ
τούτου παρεδόθησαν Σαναβασσάρῳ προστάτῃ τῆς Ιουδαίας. ⁹ὁ δὲ 9

52 του > A | ιεροσολυμων Ra.: cf. 47 | αυτων] -της B || 53 αχρεωσαι
B*†] αχρειω. rel.: cf. Thack. p. 82 | μετα] απο A || 54 μεχρι του] μεχρι(+
ς Bᶜ†) ου B†: cf. 66 et 451 627 | του ρηματος] λογου A | του ult. > A
2 (cf. Esdr. II 1.46—24) 1 εν ult. > B || 3 ο κυριος 1⁰] + κυριος A | του
κυρ. του ισρ. B†] του κυρ. ισρ. compl., κυρ. του ισρ. Amu., του θεου ισρ. L†
|| 4 τοπους] pr. τους B† | εν δοσ.] pr. και BL† || 5 κατασταντες] -στησαν-
τες B | παντων] -τες L†: cf. II 15 || 6 αργυριω] pr. εν B | και 3⁰ > B |
ως B†] ωστε AV† (A*† ως ταις), εως compl., > mu. || 7 ιερα] αγια B: cf.
15 | μετηγαγεν] -ηνεγκεν A | εαυτου ειδ.] ειδ. αυτου B || 8 σαναβασσ.] σα-
μανασσ. B†: item in 11; cf. 617 | προστατη] pr. τω AL†

τούτων ἀριθμὸς ἦν · σπονδεῖα χρυσᾶ χίλια, σπονδεῖα ἀργυρᾶ χί-
10 λια, θυίσκαι ἀργυραῖ εἴκοσι ἐννέα, ¹⁰φιάλαι χρυσαῖ τριάκοντα, ἀρ-
11 γυραῖ δισχίλιαι τετρακόσιαι δέκα καὶ ἄλλα σκεύη χίλια. ¹¹τὰ δὲ
πάντα σκεύη διεκομίσθη, χρυσᾶ καὶ ἀργυρᾶ, πεντακισχίλια τετρα-
κόσια ἑξήκοντα ἐννέα, ἀνηνέχθη δὲ ὑπὸ Σαναβασσάρου ἅμα τοῖς
ἐκ τῆς αἰχμαλωσίας ἐκ Βαβυλῶνος εἰς Ἱεροσόλυμα.

12   ¹² Ἐν δὲ τοῖς ἐπὶ Ἀρταξέρξου τοῦ Περσῶν βασιλέως χρόνοις
κατέγραψεν αὐτῷ κατὰ τῶν κατοικούντων ἐν τῇ Ἰουδαίᾳ καὶ Ἱε-
ρουσαλημ Βεσλεμος καὶ Μιθραδάτης καὶ Ταβελλιος καὶ Ραουμος
καὶ Βεελτεεμος καὶ Σαμσαῖος ὁ γραμματεὺς καὶ οἱ λοιποὶ οἱ τού-
τοις συντασσόμενοι, οἰκοῦντες δὲ ἐν Σαμαρείᾳ καὶ τοῖς ἄλλοις
13 τόποις, τὴν ὑπογεγραμμένην ἐπιστολήν ¹³Βασιλεῖ Ἀρταξέρξῃ κυρίῳ
οἱ παῖδές σου Ραουμος ὁ τὰ προσπίπτοντα καὶ Σαμσαῖος ὁ γραμ-
ματεὺς καὶ οἱ ἐπίλοιποι τῆς βουλῆς αὐτῶν κριταὶ οἱ ἐν Κοίλῃ Συ-
14 ρίᾳ καὶ Φοινίκῃ · ¹⁴καὶ νῦν γνωστὸν ἔστω τῷ κυρίῳ βασιλεῖ διότι
οἱ Ἰουδαῖοι ἀναβάντες παρ᾽ ὑμῶν πρὸς ἡμᾶς, ἐλθόντες εἰς Ἱερου-
σαλημ, τὴν πόλιν τὴν ἀποστάτιν καὶ πονηρὰν οἰκοδομοῦσιν, τάς
τε ἀγορὰς αὐτῆς καὶ τὰ τείχη θεραπεύουσιν καὶ ναὸν ὑποβάλλον-
15 ται. ¹⁵ἐὰν οὖν ἡ πόλις αὕτη οἰκοδομηθῇ καὶ τὰ τείχη συντελεσθῇ,
φορολογίαν οὐ μὴ ὑπομείνωσιν δοῦναι, ἀλλὰ καὶ βασιλεῦσιν ἀντι-
16 στήσονται. ¹⁶καὶ ἐπεὶ ἐνεργεῖται τὰ κατὰ τὸν ναόν, καλῶς ἔχειν
ὑπολαμβάνομεν μὴ ὑπεριδεῖν τὸ τοιοῦτο, ἀλλὰ προσφωνῆσαι τῷ
κυρίῳ βασιλεῖ, ὅπως, ἂν φαίνηταί σοι, ἐπισκεφθῇ ἐν τοῖς ἀπὸ τῶν
17 πατέρων σου βιβλίοις · ¹⁷καὶ εὑρήσεις ἐν τοῖς ὑπομνηματισμοῖς
τὰ γεγραμμένα περὶ τούτων καὶ γνώσῃ ὅτι ἡ πόλις ἦν ἐκείνη ἀπο-
στάτις καὶ βασιλεῖς καὶ πόλεις ἐνοχλοῦσα καὶ οἱ Ἰουδαῖοι ἀποστά-
ται καὶ πολιορκίας συνιστάμενοι ἐν αὐτῇ ἔτι ἐξ αἰῶνος, δι᾽ ἣν αἰ-
18 τίαν καὶ ἡ πόλις αὕτη ἠρημώθη. ¹⁸νῦν οὖν ὑποδείκνυμέν σοι, κύ-
ριε βασιλεῦ, διότι, ἐὰν ἡ πόλις αὕτη οἰκοδομηθῇ καὶ τὰ ταύτης
τείχη ἀνασταθῇ, κάθοδός σοι οὐκέτι ἔσται εἰς Κοίλην Συρίαν καὶ
19 Φοινίκην. — ¹⁹τότε ἀντέγραψεν ὁ βασιλεὺς Ραούμῳ τῷ γράφοντι

9 σπονδ. 2⁰] pr. και Α ‖ 11 διεκομισθη] δι > ΒL⁺ | ιεροσολ.: cf. 1 47 ‖
12 αυτω] -των Β⁺, > L⁺ | βεσλεμος Βε.] βηλ. ΒΑ | μιθραδατης Β*Αᶜ⁺] -θριδ-
rel.: cf. 8 | ραουμος Βε.] ραθυμ. mss.: item in 13. 19. 25 | βεελτεεμος Βε.]
-τεθμος ΒΑ, -τεμος L⁺: cf. 19 | σαμσαιος Βε.] σαμελλιος Β: item Β in 13. 19.
25 et Α in 19, sed σεμελλιος Α in 12. 25, σεβελλιος Α⁺ in 13 | οικουντες] pr.
οι ΑV⁺ (V⁺ om. δε seq.) ‖ 13 κριται L⁺] και Β⁺, pr. και rel. (Α⁺ κραταιοι
pro κριται: cf. Ps. 140 6) ‖ 14 κυριω] + μου Α⁺, + ημων L⁺ | διοτι] οτι Β
L⁺: cf. 18 | οι > Β⁺ | πονηραν] pr. την Α | οικοδομουσιν] οικουσιν Β*⁺ ‖
16 το > Α⁺ | αν] εαν Α | φαινηται ΑL⁺ ‖ 17 υπομνηματισμοις ΒL⁺] -μασιν
rel. | συνισταμενοι] συνεστ. Β⁺ | και ult. > ΒL⁺ ‖ 18 υποδεικνυμεν Β |
διοτι] οτι Β⁺: cf. 14 | καθοδος] εξοδος Β⁺ | σοι ουκετι ΒL⁺] tr. rel. ‖ 19 ρα-
ουμω: cf. 12

τὰ προσπίπτοντα καὶ Βεελτεέμῳ καὶ Σαμσαίῳ γραμματεῖ καὶ τοῖς
λοιποῖς τοῖς συντασσομένοις καὶ οἰκοῦσιν ἐν τῇ Σαμαρείᾳ καὶ Συ-
ρίᾳ καὶ Φοινίκῃ τὰ ὑπογεγραμμένα ²⁰Ἀνέγνων τὴν ἐπιστολήν, ἣν 20
πεπόμφατε πρός με. ²¹ἐπέταξα οὖν ἐπισκέψασθαι, καὶ εὑρέθη ὅτι 21
ἐστὶν ἡ πόλις ἐκείνη ἐξ αἰῶνος βασιλεῦσιν ἀντιπαρατάσσουσα καὶ
οἱ ἄνθρωποι ἀποστάσεις καὶ πολέμους ἐν αὐτῇ συντελοῦντες ²²καὶ 22
βασιλεῖς ἰσχυροὶ καὶ σκληροὶ ἦσαν ἐν Ιερουσαλημ κυριεύοντες καὶ
φορολογοῦντες Κοίλην Συρίαν καὶ Φοινίκην. ²³νῦν οὖν ἐπέταξα 23
ἀποκωλῦσαι τοὺς ἀνθρώπους ἐκείνους τοῦ οἰκοδομῆσαι τὴν πόλιν
²⁴καὶ προνοηθῆναι ὅπως μηθὲν παρὰ ταῦτα γένηται καὶ μὴ προβῇ 24
ἐπὶ πλεῖον τὰ τῆς κακίας εἰς τὸ βασιλεῖς ἐνοχλῆσαι. — ²⁵τότε 25
ἀναγνωσθέντων τῶν παρὰ τοῦ βασιλέως Ἀρταξέρξου γραφέντων
ὁ Ραουμος καὶ Σαμσαῖος ὁ γραμματεὺς καὶ οἱ τούτοις συντασ-
σόμενοι ἀναζεύξαντες κατὰ σπουδὴν εἰς Ιερουσαλημ μεθ᾽ ἵππου καὶ
ὄχλου παρατάξεως ἤρξαντο κωλύειν τοὺς οἰκοδομοῦντας. ²⁶καὶ ἤργει 26
ἡ οἰκοδομὴ τοῦ ἱεροῦ τοῦ ἐν Ιερουσαλημ μέχρι τοῦ δευτέρου ἔτους
τῆς βασιλείας Δαρείου τοῦ Περσῶν βασιλέως.

¹Καὶ βασιλεὺς Δαρεῖος ἐποίησεν δοχὴν μεγάλην πᾶσιν τοῖς ὑπ᾽ 3
αὐτὸν καὶ πᾶσιν τοῖς οἰκογενέσιν αὐτοῦ καὶ πᾶσιν τοῖς μεγιστᾶσιν
τῆς Μηδίας καὶ τῆς Περσίδος ²καὶ πᾶσιν τοῖς σατράπαις καὶ στρα- 2
τηγοῖς καὶ τοπάρχαις τοῖς ὑπ᾽ αὐτὸν ἀπὸ τῆς Ἰνδικῆς μέχρι τῆς
Αἰθιοπίας ἐν ταῖς ἑκατὸν εἴκοσι ἑπτὰ σατραπείαις. ³καὶ ἐφάγοσαν 3
καὶ ἐπίοσαν καὶ ἐμπλησθέντες ἀνέλυσαν, ὁ δὲ Δαρεῖος ὁ βασιλεὺς
ἀνέλυσεν εἰς τὸν κοιτῶνα καὶ ἐκοιμήθη καὶ ἔξυπνος ἐγένετο. ⁴τότε 4
οἱ τρεῖς νεανίσκοι οἱ σωματοφύλακες οἱ φυλάσσοντες τὸ σῶμα
τοῦ βασιλέως εἶπαν ἕτερος πρὸς τὸν ἕτερον ⁵Εἴπωμεν ἕκαστος 5
ἡμῶν ἕνα λόγον, ὃς ὑπερισχύσει· καὶ οὗ ἂν φανῇ τὸ ῥῆμα αὐτοῦ
σοφώτερον τοῦ ἑτέρου, δώσει αὐτῷ Δαρεῖος ὁ βασιλεὺς δωρεὰς
μεγάλας καὶ ἐπινίκια μεγάλα ⁶καὶ πορφύραν περιβαλέσθαι καὶ ἐν 6
χρυσώμασιν πίνειν καὶ ἐπὶ χρυσῷ καθεύδειν καὶ ἅρμα χρυσοχάλι-
νον καὶ κίδαριν βυσσίνην καὶ μανιάκην περὶ τὸν τράχηλον, ⁷καὶ 7
δεύτερος καθιεῖται Δαρείου διὰ τὴν σοφίαν αὐτοῦ καὶ συγγενὴς
Δαρείου κληθήσεται. ⁸καὶ τότε γράψαντες ἕκαστος τὸν ἑαυτοῦ 8
λόγον ἐσφραγίσαντο καὶ ἔθηκαν ὑπὸ τὸ προσκεφάλαιον Δαρείου
τοῦ βασιλέως καὶ εἶπαν ⁹Ὅταν ἐγερθῇ ὁ βασιλεύς, δώσουσιν αὐτῷ 9
τὸ γράμμα, καὶ ὃν ἂν κρίνῃ ὁ βασιλεὺς καὶ οἱ τρεῖς μεγιστᾶνες

19 βεελτεεμω Be.] -τεθμω B, -τεμωθ A⁺, βελτεμω L⁺: cf. 12 | σαμσαιω: cf. 12 |
τη > B | και συρια > A⁺ ‖ 23 νυν ουν] νυν A⁺, και νυν εγω compl. ‖ 24 εις
το βασ. ενοχλησαι B⁺] εις το μη ενοχλεισθαι βασ. L⁺, επι τω βασ. ενοχλεισθαι rel.
‖ 25 κατα σπουδην / εις ιερους. B⁺] μετα σπουδης ηλθον εις ιερ. L⁺, tr. rel.
3 2 υπ αυτον] μετ αυτων A | της ult. > B⁺ ‖ 3 και 1⁰ ... ο δε] και οτε
... τοτε A ‖ 4 προς τον ετερον] τω ετερω A ‖ 6 fin.] + αυτου A⁺ ‖
9 αν > A⁺

τῆς Περσίδος ὅτι ὁ λόγος αὐτοῦ σοφώτερος, αὐτῷ δοθήσεται τὸ
10
11 νῖκος καθὼς γέγραπται. ¹⁰ὁ εἷς ἔγραψεν Ὑπερισχύει ὁ οἶνος. ¹¹ὁ
12 ἕτερος ἔγραψεν Ὑπερισχύει ὁ βασιλεύς. ¹²ὁ τρίτος ἔγραψεν Ὑπερ-
13 ισχύουσιν αἱ γυναῖκες, ὑπὲρ δὲ πάντα νικᾷ ἡ ἀλήθεια. ¹³καὶ ὅτε
ἐξηγέρθη ὁ βασιλεύς, λαβόντες τὸ γράμμα ἔδωκαν αὐτῷ, καὶ ἀν-
14 έγνω. ¹⁴καὶ ἐξαποστείλας ἐκάλεσεν πάντας τοὺς μεγιστᾶνας τῆς
Περσίδος καὶ τῆς Μηδίας καὶ σατράπας καὶ στρατηγοὺς καὶ τοπ-
άρχας καὶ ὑπάτους καὶ ἐκάθισεν ἐν τῷ χρηματιστηρίῳ, καὶ ἀν-
15 εγνώσθη τὸ γράμμα ἐνώπιον αὐτῶν. ¹⁵καὶ εἶπεν Καλέσατε τοὺς
νεανίσκους, καὶ αὐτοὶ δηλώσουσιν τοὺς λόγους αὐτῶν · καὶ ἐκλή-
16 θησαν καὶ εἰσῆλθοσαν. ¹⁶καὶ εἶπαν αὐτοῖς Ἀπαγγείλατε ἡμῖν περὶ
τῶν γεγραμμένων.

17   ¹⁷Καὶ ἤρξατο ὁ πρῶτος ὁ εἴπας περὶ τῆς ἰσχύος τοῦ οἴνου
18 καὶ ἔφη οὕτως ¹⁸Ἄνδρες, πῶς ὑπερισχύει ὁ οἶνος; πάντας τοὺς
19 ἀνθρώπους τοὺς πίνοντας αὐτὸν πλανᾷ τὴν διάνοιαν. ¹⁹τοῦ τε
βασιλέως καὶ τοῦ ὀρφανοῦ ποιεῖ τὴν διάνοιαν μίαν, τήν τε τοῦ
οἰκέτου καὶ τὴν τοῦ ἐλευθέρου, τήν τε τοῦ πένητος καὶ τὴν τοῦ
20 πλουσίου. ²⁰καὶ πᾶσαν διάνοιαν μεταστρέφει εἰς εὐωχίαν καὶ εὐ-
21 φροσύνην καὶ οὐ μέμνηται πᾶσαν λύπην καὶ πᾶν ὀφείλημα. ²¹καὶ
πάσας καρδίας ποιεῖ πλουσίας καὶ οὐ μέμνηται βασιλέα οὐδὲ σα-
22 τράπην καὶ πάντα διὰ ταλάντων ποιεῖ λαλεῖν. ²²καὶ οὐ μέμνηται,
ὅταν πίνωσιν, φιλιάζειν φίλοις καὶ ἀδελφοῖς, καὶ μετ᾽ οὐ πολὺ
23 σπῶνται μαχαίρας · ²³καὶ ὅταν ἀπὸ τοῦ οἴνου γενηθῶσιν, οὐ μέ-
24 μνηται ἃ ἔπραξαν. ²⁴ὦ ἄνδρες, οὐχ ὑπερισχύει ὁ οἶνος, ὅτι οὕτως
ἀναγκάζει ποιεῖν; καὶ ἐσίγησεν οὕτως εἴπας.

4   ¹Καὶ ἤρξατο ὁ δεύτερος λαλεῖν ὁ εἴπας περὶ τῆς ἰσχύος τοῦ
2 βασιλέως ²᾿Ω ἄνδρες, οὐχ ὑπερισχύουσιν οἱ ἄνθρωποι τὴν γῆν
3 καὶ τὴν θάλασσαν κατακρατοῦντες καὶ πάντα τὰ ἐν αὐτοῖς; ³ὁ δὲ
βασιλεὺς ὑπερισχύει καὶ κυριεύει αὐτῶν καὶ δεσπόζει αὐτῶν, καὶ
4 πᾶν, ὃ ἐὰν εἴπῃ αὐτοῖς, ἐνακούουσιν. ⁴ἐὰν εἴπῃ αὐτοῖς ποιῆσαι
πόλεμον ἕτερος πρὸς τὸν ἕτερον, ποιοῦσιν · ἐὰν δὲ ἐξαποστείλῃ
αὐτοὺς πρὸς τοὺς πολεμίους, βαδίζουσιν καὶ κατεργάζονται τὰ ὄρη
5 καὶ τὰ τείχη καὶ τοὺς πύργους. ⁵φονεύουσιν καὶ φονεύονται καὶ
τὸν λόγον τοῦ βασιλέως οὐ παραβαίνουσιν · ἐὰν δὲ νικήσωσιν,
τῷ βασιλεῖ κομίζουσιν πάντα, καὶ ὅσα ἐὰν προνομεύσωσιν, καὶ
6 τὰ ἄλλα πάντα. ⁶καὶ ὅσοι οὐ στρατεύονται οὐδὲ πολεμοῦσιν, ἀλλὰ

9 οτι] + ου Β† | νικος] -κημα Α ‖ 12 τριτος] αλλος Α ‖ 13 εδωκαν] pr.
επ Α ‖ 18 πιοντας Β† | τη διανοια ΑL† ‖ 21 πασας] + τας Α ‖ 22 μα-
χαιρας] pr. τας Α ‖ 23 γενηθωσιν (cf. Mac. ΙΙ 10 27 15 28)] εγερθ. Β† | με-
μνηται Β† (cf. 20. 21. 22)] -ηνται rel. | επραξεν Α† ‖ 24 οτι] > Α†, ος V
4 3 αυτων 1⁰] παντων Α | ενακουουσιν Β⁽†⁾ (cf. 10)] ποιησουσιν Α⁽†⁾ ‖
4 ποιουσιν] ποιησουσιν Α ‖ 5 οσα > ΒL†

γεωργοῦσιν τὴν γῆν, πάλιν ὅταν σπείρωσι, θερίσαντες ἀναφέρου-
σιν τῷ βασιλεῖ · καὶ ἕτερος τὸν ἕτερον ἀναγκάζοντες ἀναφέρουσι
τοὺς φόρους τῷ βασιλεῖ. ⁷καὶ αὐτὸς εἷς μόνος ἐστίν · ἐὰν εἴπῃ 7
ἀποκτεῖναι, ἀποκτέννουσιν · εἶπεν ἀφεῖναι, ἀφίουσιν · ⁸εἶπε πατάξαι, 8
τύπτουσιν · εἶπεν ἐρημῶσαι, ἐρημοῦσιν · εἶπεν οἰκοδομῆσαι, οἰκο-
δομοῦσιν · ⁹εἶπεν ἐκκόψαι, ἐκκόπτουσιν · εἶπεν φυτεῦσαι, φυτεύ- 9
ουσιν. ¹⁰καὶ πᾶς ὁ λαὸς αὐτοῦ καὶ αἱ δυνάμεις αὐτοῦ ἐνακούουσιν. 10
¹¹πρὸς δὲ τούτοις αὐτὸς ἀνάκειται, ἐσθίει καὶ πίνει καὶ καθεύδει, 11
αὐτοὶ δὲ τηροῦσιν κύκλῳ περὶ αὐτὸν καὶ οὐ δύνανται ἕκαστος·
ἀπελθεῖν καὶ ποιεῖν τὰ ἔργα αὐτοῦ οὐδὲ παρακούουσιν αὐτοῦ. ¹²ὦ 12
ἄνδρες, πῶς οὐχ ὑπερισχύει ὁ βασιλεύς, ὅτι οὕτως ἐπακουστός
ἐστιν; καὶ ἐσίγησεν.

¹³Ὁ δὲ τρίτος ὁ εἴπας περὶ τῶν γυναικῶν καὶ τῆς ἀληθείας — 13
οὗτός ἐστιν Ζοροβαβελ — ἤρξατο λαλεῖν ¹⁴Ἄνδρες, οὐ μέγας ὁ 14
βασιλεὺς καὶ πολλοὶ οἱ ἄνθρωποι καὶ ὁ οἶνος ἰσχύει; τίς οὖν ὁ
δεσπόζων αὐτῶν ἢ τίς ὁ κυριεύων αὐτῶν; οὐχ αἱ γυναῖκες; ¹⁵αἱ 15
γυναῖκες ἐγέννησαν τὸν βασιλέα καὶ πάντα τὸν λαόν, ὃς κυριεύει
τῆς θαλάσσης καὶ τῆς γῆς · ¹⁶καὶ ἐξ αὐτῶν ἐγένοντο, καὶ αὗται 16
ἐξέθρεψαν αὐτοὺς τοὺς φυτεύοντας τοὺς ἀμπελῶνας, ἐξ ὧν ὁ οἶνος
γίνεται. ¹⁷καὶ αὗται ποιοῦσιν τὰς στολὰς τῶν ἀνθρώπων, καὶ αὗται 17
ποιοῦσιν δόξαν τοῖς ἀνθρώποις, καὶ οὐ δύνανται οἱ ἄνθρωποι εἶναι
χωρὶς τῶν γυναικῶν. ¹⁸ἐὰν δὲ συναγάγωσιν χρυσίον καὶ ἀργύριον 18
καὶ πᾶν πρᾶγμα ὡραῖον καὶ ἴδωσιν γυναῖκα μίαν καλὴν τῷ εἴδει
καὶ τῷ κάλλει, ¹⁹καὶ ταῦτα πάντα ἀφέντες εἰς αὐτὴν ἐγκέχηναν καὶ 19
χάσκοντες τὸ στόμα θεωροῦσιν αὐτήν, καὶ πάντες αὐτὴν αἱρετί-
ζουσιν μᾶλλον ἢ τὸ χρυσίον καὶ τὸ ἀργύριον καὶ πᾶν πρᾶγμα
ὡραῖον. ²⁰ἄνθρωπος τὸν ἑαυτοῦ πατέρα ἐγκαταλείπει, ὃς ἐξέθρεψεν 20
αὐτόν, καὶ τὴν ἰδίαν χώραν καὶ πρὸς τὴν ἰδίαν γυναῖκα κολλᾶται ·
²¹καὶ μετὰ τῆς γυναικὸς ἀφίησι τὴν ψυχὴν καὶ οὔτε τὸν πατέρα 21
μέμνηται οὔτε τὴν μητέρα οὔτε τὴν χώραν. ²²καὶ ἐντεῦθεν δεῖ ὑμᾶς 22
γνῶναι ὅτι αἱ γυναῖκες κυριεύουσιν ὑμῶν · οὐχὶ πονεῖτε καὶ μο-
χθεῖτε καὶ πάντα ταῖς γυναιξὶν δίδοτε καὶ φέρετε; ²³καὶ λαμβάνει 23
ἄνθρωπος τὴν ῥομφαίαν αὐτοῦ καὶ ἐκπορεύεται ἐξοδεύειν καὶ λη-
στεύειν καὶ κλέπτειν καὶ εἰς τὴν θάλασσαν πλεῖν καὶ ποταμούς ·
²⁴καὶ τὸν λέοντα θεωρεῖ καὶ ἐν σκότει βαδίζει, καὶ ὅταν κλέψῃ καὶ 24
ἁρπάσῃ καὶ λωποδυτήσῃ, τῇ ἐρωμένῃ ἀποφέρει. ²⁵καὶ πλεῖον ἀγαπᾷ 25

7 εις] ει B*† | αποκτεννουσιν] -κτεινουσιν A*L†, -κτενουσιν VAᶜ | ειπεν]
εαν ειπη A | αφειναι BL†] αφιεναι rel. ‖ 8 ειπεν 2⁰ ⌢ 3⁰ A ‖ 11 αυτοι]
ουτοι A | κυκλω / περι αυτον] tr. A | δυναται A ‖ 14 init.] pr. ω A | αυτων
ult. > B*† ‖ 16 φυτευσαντας BL† ‖ 17 δοξαν τοις ανθρ.] τας δοξας των
ανθρωπων A† | ειναι / χωρις τ. γυν.] tr. A ‖ 18 και παν πρ. ωρ. > A | και
ιδωσιν] ουχι αγαπωσιν A ‖ 19 εγκεχηναν] εγ > B† ‖ 23 εξοδευειν και]
εις εξοδιαν A | πλει A

ἄνθρωπος τὴν ἰδίαν γυναῖκα μᾶλλον ἢ τὸν πατέρα καὶ τὴν μητέρα·
26 ²⁶καὶ πολλοὶ ἀπενοήθησαν ταῖς ἰδίαις διανοίαις διὰ τὰς γυναῖκας
27 καὶ δοῦλοι ἐγένοντο δι᾽ αὐτάς, ²⁷καὶ πολλοὶ ἀπώλοντο καὶ ἐσφά-
28 λησαν καὶ ἡμάρτοσαν διὰ τὰς γυναῖκας. ²⁸καὶ νῦν οὐ πιστεύετέ
μοι; οὐχὶ μέγας ὁ βασιλεὺς τῇ ἐξουσίᾳ αὐτοῦ; οὐχὶ πᾶσαι αἱ χῶ-
29 ραι εὐλαβοῦνται ἅψασθαι αὐτοῦ; ²⁹ἐθεώρουν αὐτὸν καὶ Ἀπάμην
τὴν θυγατέρα Βαρτάκου τοῦ θαυμαστοῦ τὴν παλλακὴν τοῦ βασι-
30 λέως καθημένην ἐν δεξιᾷ τοῦ βασιλέως ³⁰καὶ ἀφαιροῦσαν τὸ διά-
δημα ἀπὸ τῆς κεφαλῆς τοῦ βασιλέως καὶ ἐπιτιθοῦσαν ἑαυτῇ καὶ
31 ἐρράπιζεν τὸν βασιλέα τῇ ἀριστερᾷ. ³¹καὶ πρὸς τούτοις ὁ βασιλεὺς
χάσκων τὸ στόμα ἐθεώρει αὐτήν· καὶ ἐὰν προσγελάσῃ αὐτῷ,
γελᾷ· ἐὰν δὲ πικρανθῇ ἐπ᾽ αὐτόν, κολακεύει αὐτήν, ὅπως διαλλαγῇ
32 αὐτῷ. ³²ὦ ἄνδρες, πῶς οὐχὶ ἰσχυραὶ αἱ γυναῖκες, ὅτι οὕτως πράσ-
33 σουσιν; ³³καὶ τότε ὁ βασιλεὺς καὶ οἱ μεγιστᾶνες ἐνέβλεπον ἕτερος
34 πρὸς τὸν ἕτερον. — ³⁴καὶ ἤρξατο λαλεῖν περὶ τῆς ἀληθείας Ἄν-
δρες, οὐχὶ ἰσχυραὶ αἱ γυναῖκες; μεγάλη ἡ γῆ, καὶ ὑψηλὸς ὁ οὐρα-
νός, καὶ ταχὺς τῷ δρόμῳ ὁ ἥλιος, ὅτι στρέφεται ἐν τῷ κύκλῳ
τοῦ οὐρανοῦ καὶ πάλιν ἀποτρέχει εἰς τὸν ἑαυτοῦ τόπον ἐν μιᾷ
35 ἡμέρᾳ. ³⁵οὐχὶ μέγας ὃς ταῦτα ποιεῖ; καὶ ἡ ἀλήθεια μεγάλη καὶ
36 ἰσχυροτέρα παρὰ πάντα. ³⁶πᾶσα ἡ γῆ τὴν ἀλήθειαν καλεῖ, καὶ ὁ
οὐρανὸς αὐτὴν εὐλογεῖ, καὶ πάντα τὰ ἔργα σείεται καὶ τρέμει, καὶ
37 οὐκ ἔστιν μετ᾽ αὐτοῦ ἄδικον οὐθέν. ³⁷ἄδικος ὁ οἶνος, ἄδικος ὁ βα-
σιλεύς, ἄδικοι αἱ γυναῖκες, ἄδικοι πάντες οἱ υἱοὶ τῶν ἀνθρώπων,
καὶ ἄδικα πάντα τὰ ἔργα αὐτῶν, πάντα τὰ τοιαῦτα· καὶ οὐκ ἔστιν
38 ἐν αὐτοῖς ἀλήθεια, καὶ ἐν τῇ ἀδικίᾳ αὐτῶν ἀπολοῦνται. ³⁸ἡ δὲ
ἀλήθεια μένει καὶ ἰσχύει εἰς τὸν αἰῶνα καὶ ζῇ καὶ κρατεῖ εἰς τὸν
39 αἰῶνα τοῦ αἰῶνος. ³⁹καὶ οὐκ ἔστιν παρ᾽ αὐτῇ λαμβάνειν πρόσωπα
οὐδὲ διάφορα, ἀλλὰ τὰ δίκαια ποιεῖ ἀπὸ πάντων τῶν ἀδίκων καὶ
πονηρῶν· καὶ πάντες εὐδοκοῦσι τοῖς ἔργοις αὐτῆς, καὶ οὐκ ἔστιν
40 ἐν τῇ κρίσει αὐτῆς οὐθὲν ἄδικον. ⁴⁰καὶ αὐτῇ ἡ ἰσχὺς καὶ τὸ βασί-
λειον καὶ ἡ ἐξουσία καὶ ἡ μεγαλειότης τῶν πάντων αἰώνων. εὐλο-
41 γητὸς ὁ θεὸς τῆς ἀληθείας. ⁴¹καὶ ἐσιώπησεν τοῦ λαλεῖν· καὶ πᾶς
ὁ λαὸς τότε ἐφώνησεν, καὶ τότε εἶπον Μεγάλη ἡ ἀλήθεια καὶ
ὑπερισχύει.
42 ⁴²Τότε ὁ βασιλεὺς εἶπεν αὐτῷ Αἴτησαι ὃ θέλεις πλείω τῶν γε-
γραμμένων, καὶ δώσομέν σοι, ὃν τρόπον εὑρέθης σοφώτερος· καὶ
43 ἐχόμενός μου καθήσῃ καὶ συγγενής μου κληθήσῃ. ⁴³τότε εἶπεν τῷ

28 ευλαβ.] + αυτον AV† ‖ 30 εαυτη] ε > B† ‖ 31 προσγελασῃ] προσ >
B† ‖ 32 ουχι] ουχ B*†: item B*A† in 34 (Bᶜ† ambis locis ουκ) ‖ 33 εν-
εβλεπον] εν > B ‖ ετερος προς] εις B† ‖ 38 η δε] και η BL† ‖ ισχυσει A†
‖ 39 αυτη] -την B† ‖ διαφθορα A* ‖ ποιειν A*† ‖ και 2⁰ > A† ‖ 41 ειπεν
A ‖ 42 ον τροπον] ανθ ων A ‖ μου ult.] μοι A*†

βασιλεῖ Μνήσθητι τὴν εὐχήν, ἣν ηὔξω οἰκοδομῆσαι τὴν Ιερουσαλημ
ἐν τῇ ἡμέρᾳ, ᾗ τὸ βασίλειόν σου παρέλαβες, 44 καὶ πάντα τὰ σκεύη 44
τὰ λημφθέντα ἐξ Ιερουσαλημ ἐκπέμψαι, ἃ ἐξεχώρισεν Κῦρος, ὅτε
ηὔξατο ἐκκόψαι Βαβυλῶνα, καὶ ηὔξατο ἐξαποστεῖλαι ἐκεῖ. 45 καὶ σὺ 45
εὔξω οἰκοδομῆσαι τὸν ναόν, ὃν ἐνεπύρισαν οἱ Ιδουμαῖοι, ὅτε ἠρη-
μώθη ἡ Ιουδαία ὑπὸ τῶν Χαλδαίων. 46 καὶ νῦν τοῦτό ἐστιν, ὅ σε 46
ἀξιῶ, κύριε βασιλεῦ, καὶ ὃ αἰτοῦμαί σε, καὶ αὕτη ἐστὶν ἡ μεγαλω-
σύνη ἡ παρὰ σοῦ · δέομαι οὖν ἵνα ποιήσῃς τὴν εὐχήν, ἣν ηὔξω
τῷ βασιλεῖ τοῦ οὐρανοῦ ποιῆσαι ἐκ στόματός σου. — 47 τότε ἀνα- 47
στὰς Δαρεῖος ὁ βασιλεὺς κατεφίλησεν αὐτὸν καὶ ἔγραψεν αὐτῷ
τὰς ἐπιστολὰς πρὸς πάντας τοὺς οἰκονόμους καὶ τοπάρχας καὶ
στρατηγοὺς καὶ σατράπας, ἵνα προπέμψωσιν αὐτὸν καὶ τοὺς μετ'
αὐτοῦ πάντας ἀναβαίνοντας οἰκοδομῆσαι τὴν Ιερουσαλημ. 48 καὶ 48
πᾶσι τοῖς τοπάρχαις ἐν Κοίλῃ Συρίᾳ καὶ Φοινίκῃ καὶ τοῖς ἐν τῷ
Λιβάνῳ ἔγραψεν ἐπιστολὰς μεταφέρειν ξύλα κέδρινα ἀπὸ τοῦ Λι-
βάνου εἰς Ιερουσαλημ καὶ ὅπως οἰκοδομήσωσιν μετ' αὐτοῦ τὴν
πόλιν. 49 καὶ ἔγραψεν πᾶσι τοῖς Ιουδαίοις τοῖς ἀναβαίνουσιν ἀπὸ 49
τῆς βασιλείας εἰς τὴν Ιουδαίαν ὑπὲρ τῆς ἐλευθερίας, πάντα δυνα-
τὸν καὶ σατράπην καὶ τοπάρχην καὶ οἰκονόμον μὴ ἐπελεύσεσθαι
ἐπὶ τὰς θύρας αὐτῶν, 50 καὶ πᾶσαν τὴν χώραν, ἣν κρατήσουσιν, 50
ἀφορολόγητον αὐτοῖς ὑπάρχειν, καὶ ἵνα οἱ Ιδουμαῖοι ἀφιῶσι τὰς
κώμας ἃς διακρατοῦσιν τῶν Ιουδαίων, 51 καὶ εἰς τὴν οἰκοδομὴν τοῦ 51
ἱεροῦ δοθῆναι κατ' ἐνιαυτὸν τάλαντα εἴκοσι μέχρι τοῦ οἰκοδομη-
θῆναι, 52 καὶ ἐπὶ τὸ θυσιαστήριον ὁλοκαυτώματα καρποῦσθαι καθ' 52
ἡμέραν, καθὰ ἔχουσιν ἐντολὴν ἑπτακαίδεκα προσφέρειν, ἄλλα τά-
λαντα δέκα κατ' ἐνιαυτόν, 53 καὶ πᾶσιν τοῖς προσβαίνουσιν ἀπὸ τῆς 53
Βαβυλωνίας κτίσαι τὴν πόλιν ὑπάρχειν τὴν ἐλευθερίαν, αὐτοῖς τε
καὶ τοῖς τέκνοις αὐτῶν καὶ πᾶσι τοῖς ἱερεῦσι τοῖς προσβαίνουσιν.
54 ἔγραψεν δὲ καὶ τὴν χορηγίαν καὶ τὴν ἱερατικὴν στολήν, ἐν τίνι 54
λατρεύουσιν ἐν αὐτῇ. 55 καὶ τοῖς Λευίταις ἔγραψεν δοῦναι τὴν χο- 55
ρηγίαν ἕως ἧς ἡμέρας ἐπιτελεσθῇ ὁ οἶκος καὶ Ιερουσαλημ οἰκοδο-
μηθῆναι, 56 καὶ πᾶσι τοῖς φρουροῦσι τὴν πόλιν, ἔγραψε δοῦναι αὐ- 56
τοῖς κλήρους καὶ ὀψώνια. 57 καὶ ἐξαπέστειλεν πάντα τὰ σκεύη, ἃ 57
ἐξεχώρισεν Κῦρος ἀπὸ Βαβυλῶνος · καὶ πάντα, ὅσα εἶπεν Κῦρος
ποιῆσαι, καὶ αὐτὸς ἐπέταξεν ποιῆσαι καὶ ἐξαποστεῖλαι εἰς Ιερου-
σαλημ.

44 εκπεμψαι] pr. και Β† | εξεχωρισεν pau.] -ρησεν Α, εξ > Β: item in 57
‖ 45 ενεπ. οι ιδουμαιοι] ενεπ. οι ιουδαιοι Β, ενεπυρισε ναβουχοδονοσορ compl.:
cf. 50 ‖ 46 ο σε] οσα Β*† | η 1⁰ > Α† ‖ 47 τους 1⁰ > Β ‖ 48 εγραψεν]
pr. και Β† ‖ 50 κρατησουσιν Β†] ησ > rel. | ιδουμαιοι] ιουδαιοι codex unus
codici Β cognatus, χαλδαιοι Β†: cf. 45 ‖ 55 ης ημερας codex unus codici Β co-
gnatus] ης αν ημ. L†, ης > Α, της ημ. Β, της ημ. ης al. ‖ 57 εξεχωρ.: cf. 44

58   58Καὶ ὅτε ἐξῆλθεν ὁ νεανίσκος, ἄρας τὸ πρόσωπον εἰς τὸν οὐ-
     ρανὸν ἐναντίον Ιερουσαλημ εὐλόγησεν τῷ βασιλεῖ τοῦ οὐρανοῦ
59   λέγων 59Παρὰ σοῦ ἡ νίκη, καὶ παρὰ σοῦ ἡ σοφία, καὶ σὴ ἡ δόξα,
60   καὶ ἐγὼ σὸς οἰκέτης. 60εὐλογητὸς εἶ, ὃς ἔδωκάς μοι σοφίαν · καὶ
61   σοὶ ὁμολογῶ, δέσποτα τῶν πατέρων. 61καὶ ἔλαβεν τὰς ἐπιστολὰς
     καὶ ἐξῆλθεν εἰς Βαβυλῶνα καὶ ἀπήγγειλεν τοῖς ἀδελφοῖς αὐτοῦ
62   πᾶσιν. 62καὶ εὐλόγησαν τὸν θεὸν τῶν πατέρων αὐτῶν, ὅτι ἔδωκεν
63   αὐτοῖς ἄνεσιν καὶ ἄφεσιν 63ἀναβῆναι καὶ οἰκοδομῆσαι Ιερουσαλημ
     καὶ τὸ ἱερόν, οὗ ὠνομάσθη τὸ ὄνομα αὐτοῦ ἐπ᾿ αὐτῷ, καὶ ἐκω-
     θωνίζοντο μετὰ μουσικῶν καὶ χαρᾶς ἡμέρας ἑπτά.

5   1Μετὰ δὲ ταῦτα ἐξελέγησαν ἀναβῆναι ἀρχηγοὶ οἴκου πατριῶν
     κατὰ φυλὰς αὐτῶν καὶ αἱ γυναῖκες αὐτῶν καὶ οἱ υἱοὶ καὶ αἱ θυγα-
     τέρες καὶ οἱ παῖδες αὐτῶν καὶ αἱ παιδίσκαι καὶ τὰ κτήνη αὐτῶν.
2   2καὶ Δαρεῖος συναπέστειλεν μετ᾿ αὐτῶν ἱππεῖς χιλίους ἕως τοῦ
     ἀποκαταστῆσαι αὐτοὺς εἰς Ιερουσαλημ μετ᾿ εἰρήνης καὶ μετὰ μου-
3   σικῶν, τυμπάνων καὶ αὐλῶν · 3καὶ πάντες οἱ ἀδελφοὶ αὐτῶν παί-
     ζοντες, καὶ ἐποίησεν αὐτοὺς συναναβῆναι μετ᾿ ἐκείνων.
4   4Καὶ ταῦτα τὰ ὀνόματα τῶν ἀνδρῶν τῶν ἀναβαινόντων κατὰ
5   πατριὰς αὐτῶν εἰς τὰς φυλὰς ἐπὶ τὴν μεριδαρχίαν αὐτῶν. 5οἱ ἱε-
     ρεῖς υἱοὶ Φινεες υἱοῦ Ααρων · Ἰησοῦς ὁ τοῦ Ιωσεδεκ τοῦ Σαραιου
     καὶ Ιωακιμ ὁ τοῦ Ζοροβαβελ τοῦ Σαλαθιηλ ἐκ τοῦ οἴκου τοῦ
6   Δαυιδ ἐκ τῆς γενεᾶς Φαρες, φυλῆς δὲ Ιουδα, 6ὃς ἐλάλησεν ἐπὶ
     Δαρείου τοῦ βασιλέως Περσῶν λόγους σοφοὺς ἐν τῷ δευτέρῳ
7   ἔτει τῆς βασιλείας αὐτοῦ μηνὶ Νισαν τοῦ πρώτου μηνός. — 7εἰσὶν
     δὲ οὗτοι ἐκ τῆς Ιουδαίας οἱ ἀναβάντες ἐκ τῆς αἰχμαλωσίας τῆς
     παροικίας, οὓς μετῴκισεν Ναβουχοδονοσορ βασιλεὺς Βαβυλῶνος
8   εἰς Βαβυλῶνα 8καὶ ἐπέστρεψαν εἰς Ιερουσαλημ καὶ τὴν λοιπὴν
     Ιουδαίαν ἕκαστος εἰς τὴν ἰδίαν πόλιν, οἱ ἐλθόντες μετὰ Ζοροβαβελ
     καὶ Ἰησοῦ, Νεεμιου, Ζαραιου, Ρησαιου, Ενηνιος, Μαρδοχαιου, Βεελ-
     σαρου, Ασφαρασου, Βορολιου, Ροϊμου, Βαανα τῶν προηγουμένων
9   αὐτῶν. 9ἀριθμὸς τῶν ἀπὸ τοῦ ἔθνους καὶ οἱ προηγούμενοι αὐτῶν ·
10   υἱοὶ Φορος δύο χιλιάδες καὶ ἑκατὸν ἑβδομήκοντα δύο. 10υἱοὶ Σαφατ
     τετρακόσιοι ἑβδομήκοντα δύο. υἱοὶ Αρεε ἑπτακόσιοι πεντήκοντα ἕξ.
11   11υἱοὶ Φααθμωαβ εἰς τοὺς υἱοὺς Ἰησοῦ καὶ Ιωαβ δισχίλιοι ὀκτα-

59 η 10 > B† | ση] σου A
5 (ad 7—71 cf. Esdr. II 2—4 5 4 24; cf. etiam II 17 6—73) 1 οικου] -κων A
| θυγατ. et παιδισκαι BL†] + αυτων rel. || 3 αυτους] -τοις B† || 5 υιοι]
pr. οι A | υιου compl.] υιοι BA || 7 ουτοι] + οι B || 8 επεστρεψεν B*:
cf. II 2 1 17 6 | ιησους A† | ενηνιος] -νιου A⁽†⁾ | βορολ(ε)ιου B†] ρεελιου rel.
| ρο(ε)ιμου] ρομελιου A† || 9 και εκατον — 10 δυο > B*†, sed ante 9 δυο
χιλ. add. B† εβδομηκοντα || 10 τετρακοσιοι] τριακ. LBs† | αρεε Be.] αρες mss.
|| 11 φααθμωαβ εις τους υιους] φθαλειμωαβεις του υιου B† | ιωαβ] ροβοαβ B†

κόσιοι δέκα δύο. ¹²υἱοὶ Ωλαμου χίλιοι διακόσιοι πεντήκοντα τέσ- 12
σαρες. υἱοὶ Ζατου ἐννακόσιοι τεσσαράκοντα πέντε. υἱοὶ Χορβε
ἑπτακόσιοι πέντε. υἱοὶ Βανι ἑξακόσιοι τεσσαράκοντα ὀκτώ. ¹³υἱοὶ 13
Βηβαι ἑξακόσιοι εἴκοσι τρεῖς. υἱοὶ Ασγαδ χίλιοι τριακόσιοι εἴκοσι
δύο. ¹⁴υἱοὶ Αδωνικαμ ἑξακόσιοι ἑξήκοντα ἑπτά. υἱοὶ Βαγοι δισχίλιοι 14
ἑξήκοντα ἕξ. υἱοὶ Αδινου τετρακόσιοι πεντήκοντα τέσσαρες. ¹⁵υἱοὶ 15
Ατηρ Εζεκιου ἐνενήκοντα δύο. υἱοὶ Κιλαν καὶ Αζητας ἑξήκοντα
ἑπτά. υἱοὶ Αζουρου τετρακόσιοι τριάκοντα δύο. ¹⁶υἱοὶ Αννιας ἑκα- 16
τὸν εἷς. υἱοὶ Αρομ υἱοὶ Βασσαι τριακόσιοι εἴκοσι τρεῖς. υἱοὶ Αρι-
φου ἑκατὸν δέκα δύο. ¹⁷υἱοὶ Βαιτηρους τρισχίλιοι πέντε. υἱοὶ ἐκ 17
Βαιθλωμων ἑκατὸν εἴκοσι τρεῖς. ¹⁸οἱ ἐκ Νετεβας πεντήκοντα πέντε. 18
οἱ ἐξ Ενατου ἑκατὸν πεντήκοντα ὀκτώ. οἱ ἐκ Βαιτασμων τεσσαρά-
κοντα δύο. ¹⁹οἱ ἐκ Καριαθιαριος εἴκοσι πέντε. οἱ ἐκ Καπιρας καὶ 19
Βηρωτ ἑπτακόσιοι τεσσαράκοντα τρεῖς. ²⁰οἱ Χαδιασαι καὶ Αμμιδιοι 20
τετρακόσιοι εἴκοσι δύο. οἱ ἐκ Κιραμας καὶ Γαββης ἑξακόσιοι εἴκοσι
εἷς. ²¹οἱ ἐκ Μακαλων ἑκατὸν εἴκοσι δύο. οἱ ἐκ Βαιτολιω πεντή- 21
κοντα δύο. υἱοὶ Νιφις ἑκατὸν πεντήκοντα ἕξ. ²²υἱοὶ Καλαμω ἄλλου 22
καὶ Ωνους ἑπτακόσιοι εἴκοσι πέντε. υἱοὶ Ιερεχου τριακόσιοι τεσσα-
ράκοντα πέντε. ²³υἱοὶ Σαναας τρισχίλιοι τριακόσιοι τριάκοντα. — 23
²⁴οἱ ἱερεῖς · υἱοὶ Ιεδδου τοῦ υἱοῦ Ἰησοῦ εἰς τοὺς υἱοὺς Ανασιβ 24
ἐννακόσιοι ἑβδομήκοντα δύο. υἱοὶ Εμμηρου χίλιοι πεντήκοντα δύο.
²⁵υἱοὶ Φασσουρου χίλιοι διακόσιοι τεσσαράκοντα ἑπτά. υἱοὶ Χαρμη 25
χίλιοι δέκα ἑπτά. — ²⁶οἱ δὲ Λευῖται · υἱοὶ Ἰησοῦ καὶ Καδμιηλου 26

---

11 δεκα > B† ‖ 12 ωλαμου Ra.] ιωλ. B†, ηλαμ A ǀ χιλιοι — τεσσαρες] δυο
B† ǀ ζατου Be.] -τον B†, ζαθουι A ǀ τεσσαρακ. πεντε] εβδομηκοντα B† ‖
13 εικοσι] τριακοντα B† ǀ ασγαδ Be.] αργαι B†, ασταδ mu., αστεα A†: cf. 8 38
II 2 12 8 12 17 17 20 16 ǀ χιλιοι B†] pr. δισ L†, pr. τρισ rel. ǀ τριακοσιοι] εξακ.
A† ǀ 14 εξακοσιοι > B† ǀ εξηκοντα 1⁰] τριακ. B†, τεσσερακ. A† ǀ βαγοι] βο-
σαι B† ǀ εξηκοντα 2⁰] εξακοσιοι B ǀ αδινου] αδειλιου B† ‖ 15 ατηρ] αζηρ B
L† ǀ ενενηκ. δυο > B† ǀ αζουρου] αζαρου B ‖ 16 αννιας] αννεις B† ǀ βασσαι
B†] ι > A ǀ αριφου — fin.] αρσιφουριθ uel sim. mss.: σι pro ει = ι, ριθ est
nomen numerale = 119 (θ = 9 pro β = 2); ad quae omnes exc. B et uno
codice cognato addunt εκατον δεκα δυο; cf. Be. ‖ 17 βαιθλωμων] ρα-
γεθλ. B† ‖ 18 νετεβας B†] νετωφας pl. (A† -φαε) ǀ ενατου B†] αναθωθ rel.
ǀ βαιτασμων B†] βαιθασμωθ A; + ζαμμωθει B† ǀ τεσσαρακ. δυο > B† ‖ 19 οι
εκ 1⁰ > B† ǀ καρταθειαρειος B† ǀ καπιρας Ra.] πειρας B†, καφιρας A ǀ βηρωτ
Ra.] -ρογ B†, -ρωθ rel. ǀ τεσσαρακ. τρεις > B† ‖ 20 αμμιδαιοι A† ǀ κ(ε)ιρα-
μας B†] ς > rel. ǀ και γαββης] καββης B† ‖ 21 βαιτολιω Ra.] βετ. B†, βητ.
A: cf. Ruth 1 1 ǀ υιοι > B*† ǀ ν(ε)ιφ(ε)ις] φινεις A† ǀ 22 καλαμω αλλου
Ra. (cf. Be.)] καλαμωλαλου Apl., καλαμωκαλου B† ǀ ιεριχου Bᶜ ǀ τριακοσιοι]
διακ. B† ‖ 23 σαναας] σαμα B† ǀ τριακοντα] εις B†: A' pro Λ' ‖ 24 υιοι
1⁰] pr. οι B ǀ ιεδδου A* ǀ υιου > A† ǀ ανασ(ε)ιβ] σανασ. pl., σαναβεις B† ǀ εν-
νακοσιοι] οκτακ. B ǀ εμμηρου V†] ερμη. B†, -ρουθ A ǀ χιλιοι] διακοσιοι B: cf.
25 ‖ 25 φασσορου B† ǀ χιλιοι ult.] διακοσιοι B†: cf. 24 ‖ 26 δε > BL† ǀ
ιησουε A ǀ και.1⁰] εις B† ǀ καδμιηλου] κοδοηλου B†: cf. 56

27 καὶ Βαννου καὶ Σουδιου ἑβδομήκοντα τέσσαρες. ²⁷οἱ ἱεροψάλται ·
28 υἱοὶ Ασαφ ἑκατὸν εἴκοσι ὀκτώ. ²⁸οἱ θυρωροί · υἱοὶ Σαλουμ, υἱοὶ
Αταρ, υἱοὶ Τολμαν, υἱοὶ Ακουβ, υἱοὶ Ατητα, υἱοὶ Σωβαι, οἱ πάντες
29 ἑκατὸν τριάκοντα ἐννέα. — ²⁹οἱ ἱερόδουλοι · υἱοὶ Ησαυ, υἱοὶ Ασι-
φα, υἱοὶ Ταβαωθ, υἱοὶ Κηρας, υἱοὶ Σουα, υἱοὶ Φαδαιου, υἱοὶ Λαβανα,
30 υἱοὶ Αγγαβα, ³⁰υἱοὶ Ακουδ, υἱοὶ Ουτα, υἱοὶ Κηταβ, υἱοὶ Αγαβα, υἱοὶ
31 Συβαϊ, υἱοὶ Αναν, υἱοὶ Καθουα, υἱοὶ Γεδδουρ, ³¹υἱοὶ Ιαϊρου, υἱοὶ
Δαισαν, υἱοὶ Νοεβα, υἱοὶ Χασεβα, υἱοὶ Γαζηρα, υἱοὶ Οζιου, υἱοὶ
Φινοε, υἱοὶ Ασαρα, υἱοὶ Βασθαι, υἱοὶ Ασανα, υἱοὶ Μααννι, υἱοὶ Να-
φισι, υἱοὶ Ακουφ, υἱοὶ Αχιβα, υἱοὶ Ασουρ, υἱοὶ Φαρακιμ, υἱοὶ Βασα-
32 λωθ, ³²υἱοὶ Μεεδδα, υἱοὶ Κουθα, υἱοὶ Χαρεα, υἱοὶ Βαρχους, υἱοὶ
33 Σεραρ, υἱοὶ Θομοι, υἱοὶ Νασι, υἱοὶ Ατιφα. ³³υἱοὶ παίδων Σαλωμων ·
υἱοὶ Ασσαφιωθ, υἱοὶ Φαριδα, υἱοὶ Ιεηλι, υἱοὶ Λοζων, υἱοὶ Ισδαηλ,
34 υἱοὶ Σαφυθι, ³⁴υἱοὶ Αγια, υἱοὶ Φακαρεθ-σαβιη, υἱοὶ Σαρωθιε, υἱοὶ
Μασιας, υἱοὶ Γας, υἱοὶ Αδδους, υἱοὶ Σουβας, υἱοὶ Αφερρα, υἱοὶ
35 Βαρωδις, υἱοὶ Σαφατ, υἱοὶ Αμων. ³⁵πάντες οἱ ἱερόδουλοι καὶ οἱ
36 υἱοὶ τῶν παίδων Σαλωμων τριακόσιοι ἑβδομήκοντα δύο. — ³⁶οὗ-
τοι ἀναβάντες ἀπὸ Θερμελεθ καὶ Θελερσας, ἡγούμενος αὐτῶν Χα-
37 ρααθ, Αδαν καὶ Αμαρ, ³⁷καὶ οὐκ ἠδύναντο ἀπαγγεῖλαι τὰς πατριὰς
αὐτῶν καὶ γενεὰς ὡς ἐκ τοῦ Ισραηλ εἰσίν · υἱοὶ Δαλαν τοῦ υἱοῦ
38 Τουβαν, υἱοὶ Νεκωδαν, ἑξακόσιοι πεντήκοντα δύο. ³⁸καὶ ἐκ τῶν
ἱερέων οἱ ἐμποιούμενοι ἱερωσύνης καὶ οὐχ εὑρέθησαν · υἱοὶ Οββια,
υἱοὶ Ακκως, υἱοὶ Ιοδδους τοῦ λαβόντος Αυγιαν γυναῖκα τῶν θυ-
39 γατέρων Φαρζελλαιου καὶ ἐκλήθη ἐπὶ τῷ ὀνόματι αὐτοῦ · ³⁹καὶ
τούτων ζητηθείσης τῆς γενικῆς γραφῆς ἐν τῷ καταλοχισμῷ καὶ μὴ
40 εὑρεθείσης ἐχωρίσθησαν τοῦ ἱερατεύειν, ⁴⁰καὶ εἶπεν αὐτοῖς Νεεμιας

27 οι unus cod.] υιοι BA | εικοσι BL⁺] τεσσερακοντα A: cf. II 2 41 ‖
28 υιοι 1⁰] τετρακοσιοι(= υ΄) οι B⁺ | σαλουμ] ισμαηλου B⁺ | υιοι 2⁰ ⌒ 4⁰ B⁺ |
ακουβ Ra. (cf. II 2 42 17 45)] ακκουβ L⁺, λακουβ B⁺, δακουβ V, δακουβι A |
υιοι ατητα] ατου χειλιοι(= ,α) B⁺, υιοι αζιζα χιλιοι L⁺ | σωβαι L⁺] τωβεις B⁺
(B⁺ om. οι seq.), σαβει A: cf. II 17 45 ‖ 29 ασ(ε)ιφα] τασ. B⁺ | ταβαωθ A⁺ |
σουσα A⁺ | φαδαιου Ra.] φαδων L⁺, φαλαιου uel sim. rel. | υιοι αγγαβα > B*⁺
‖ 30 αγαβα] ακκαβα B⁺, γαβα A⁺, αγαβ L⁺ | ανναν A | καθουα] κουα B⁺ |
γεδδουρ] κεδδ. B⁺ ‖ 31 γαζηρα] καζ. B⁺ | ασανα] ασσανα B⁺ | μααν(ν)ι] μανει
B⁺ | ακουφ B⁺] ακουβ pl., ακουμ AV⁺; βακβουκ uel sim. L⁺: cf. II 17 53 |
αχιφα A | φαρακ(ε)ιμ] -κεμ B⁺ | βασαλωθ] -λεμ B⁺ ‖ 32 μεεδδα] δεδδα B⁺
| υιοι 2⁰ ⌒ 4⁰ B⁺ | βαρχους Ra. (cf. II 17 55)] ρ > B⁺, -ουε A | θομοι pl.] θο-
με(ε)ι AV⁺, θομθει B⁺ | νασ(ε)ι B⁺] -σιθ A | ατεφα B⁺ ‖ 33 ασσαφ(ε)ιωθ
B⁺] ασαφιωθ A⁺ | ιεηλι] ιειηλει B⁺ | σαφυθι] -υει B⁺ ‖ 34 σαβ(ε)ιη] pr.
υιοι A: cf. II 2 57 | σαρωθει B⁺ | μασιας] μεισαιας B⁺ | σαφατ] -φαγ B⁺ |
αμων Ra.] αλλων B, αδλων A⁺ ‖ 36 θελερσας] θελσας A⁺ | αδαν Be.] αλαν
B⁺, αλαρ A | αμαρ Be.] αλλαρ B, ααλαρ mu., αλαρ A⁺ ‖ 37 δαλαν] ασαν
B⁺ | τουβαν] του βαεναν B⁺ ‖ 38 οββ(ε)ια B⁺] οβδια A: cf. II 2 61 | ακκως]
ακβως B | ιαδδους B⁺ | φαρζελλαιου Ra.] φαηζελδαιου B⁺, ζορζελλεου A⁺, βερ-
ζελλαιου uel sim. mu. ‖ 39 και 2⁰ > A⁺ ‖ 40 νεεμιας] ναιμ. B⁺

καὶ Ατθαριας μὴ μετέχειν τῶν ἁγίων αὐτούς, ἕως ἀναστῇ ἀρχιερεὺς
ἐνδεδυμένος τὴν δήλωσιν καὶ τὴν ἀλήθειαν. — ⁴¹οἱ δὲ πάντες 41
ἦσαν · Ισραηλ ἀπὸ δωδεκαετοῦς χωρὶς παίδων καὶ παιδισκῶν μυ-
ριάδες τέσσαρες δισχίλιοι τριακόσιοι ἑξήκοντα · παῖδες τούτων καὶ
παιδίσκαι ἑπτακισχίλιοι τριακόσιοι τριάκοντα ἑπτά · ψάλται καὶ
ψαλτῳδοὶ διακόσιοι τεσσαράκοντα πέντε · ⁴²κάμηλοι τετρακόσιοι 42
τριάκοντα πέντε, καὶ ἵπποι ἑπτακισχίλιοι τριάκοντα ἕξ, ἡμίονοι
διακόσιοι τεσσαράκοντα πέντε, ὑποζύγια πεντακισχίλια πεντακόσια
εἴκοσι πέντε. — ⁴³καὶ ἐκ τῶν ἡγουμένων κατὰ τὰς πατριὰς ἐν τῷ 43
παραγίνεσθαι αὐτοὺς εἰς τὸ ἱερὸν τοῦ θεοῦ τὸ ἐν Ιερουσαλημ εὔ-
ξαντο ἐγεῖραι τὸν οἶκον ἐπὶ τοῦ τόπου αὐτοῦ κατὰ τὴν αὐτῶν
δύναμιν ⁴⁴καὶ δοῦναι εἰς τὸ ἱερὸν γαζοφυλάκιον τῶν ἔργων χρυ- 44
σίου μνᾶς χιλίας καὶ ἀργυρίου μνᾶς πεντακισχιλίας καὶ στολὰς
ἱερατικὰς ἑκατόν. — ⁴⁵καὶ κατῳκίσθησαν οἱ ἱερεῖς καὶ οἱ Λευῖται 45
καὶ οἱ ἐκ τοῦ λαοῦ ἐν Ιερουσαλημ καὶ τῇ χώρᾳ, οἵ τε ἱεροψάλται
καὶ οἱ θυρωροὶ καὶ πᾶς Ισραηλ ἐν ταῖς κώμαις αὐτῶν.

⁴⁶Ἐνστάντος δὲ τοῦ ἑβδόμου μηνὸς καὶ ὄντων τῶν υἱῶν Ισραηλ 46
ἑκάστου ἐν τοῖς ἰδίοις συνήχθησαν ὁμοθυμαδὸν εἰς τὸ εὐρύχωρον
τοῦ πρώτου πυλῶνος τοῦ πρὸς τῇ ἀνατολῇ. ⁴⁷καὶ καταστὰς Ἰη- 47
σοῦς ὁ τοῦ Ιωσεδεκ καὶ οἱ ἀδελφοὶ αὐτοῦ οἱ ἱερεῖς καὶ Ζοροβαβελ
ὁ τοῦ Σαλαθιηλ καὶ οἱ τούτου ἀδελφοὶ ἡτοίμασαν τὸ θυσιαστήριον
τοῦ θεοῦ τοῦ Ισραηλ ⁴⁸προσενέγκαι ἐπ' αὐτοῦ ὁλοκαυτώσεις ἀκο- 48
λούθως τοῖς ἐν τῇ Μωυσέως βίβλῳ τοῦ ἀνθρώπου τοῦ θεοῦ διηγο-
ρευμένοις. ⁴⁹καὶ ἐπισυνήχθησαν αὐτοῖς ἐκ τῶν ἄλλων ἐθνῶν τῆς 49
γῆς. καὶ κατώρθωσαν τὸ θυσιαστήριον ἐπὶ τοῦ τόπου αὐτοῦ, ὅτι
ἐν ἔχθρᾳ ἦσαν αὐτοῖς καὶ κατίσχυσαν αὐτοὺς πάντα τὰ ἔθνη τὰ
ἐπὶ τῆς γῆς, καὶ ἀνέφερον θυσίας κατὰ τὸν καιρὸν καὶ ὁλοκαυτώ-
ματα τῷ κυρίῳ τὸ πρωινὸν καὶ τὸ δειλινὸν ⁵⁰καὶ ἠγάγοσαν τὴν 50
τῆς σκηνοπηγίας ἑορτήν, ὡς ἐπιτέτακται ἐν τῷ νόμῳ, καὶ θυσίας
καθ' ἡμέραν, ὡς προσῆκον ἦν, ⁵¹καὶ μετὰ ταῦτα προσφορὰς ἐνδε- 51
λεχισμοῦ καὶ θυσίας σαββάτων καὶ νουμηνιῶν καὶ ἑορτῶν πασῶν
ἡγιασμένων. ⁵²καὶ ὅσοι εὔξαντο εὐχὴν τῷ θεῷ, ἀπὸ τῆς νουμηνίας 52
τοῦ ἑβδόμου μηνὸς ἤρξαντο προσφέρειν θυσίας τῷ θεῷ, καὶ ὁ
ναὸς τοῦ θεοῦ οὔπω ᾠκοδόμητο. ⁵³καὶ ἔδωκαν ἀργύριον τοῖς λα- 53
τόμοις καὶ τέκτοσι καὶ βρωτὰ καὶ ποτὰ καὶ χαρα τοῖς Σιδωνίοις

40 αυτους > B† | εως αναστη] εως ου αν στη A†, εως αν αναστη L†: cf.
II 17 65 | αρχιερευς] αρχ > B: cf. 9 39 || 41 τριακοσιοι 1⁰ ⌢ 2⁰ A† || 42 init.]
pr. και A† || 43 αυτων] εαυ. L† || 45 λαου] + αυτου B† || 46 την ανα-
τολην A || 47 του ult. AL† et codex unus codici B cognatus] > rel. || 48 αυ-
του B†] -το A || 49 κατωρθωσαν] -θωθησαν επι B† | αυτου] -των BL† |
και κατισχ.] και > B*† | τω > B†, τω κυριω > compl. || 50 την της] τας
A† || 52 εβδομου] πρωτου B† | ηρξατο B† || 53 βρωτα .. ποτα] tr. BL† |
χαρα B† (cf. Sy gaudium)] καρρα A, καρυα L†

καὶ Τυρίοις εἰς τὸ παράγειν αὐτοὺς ἐκ τοῦ Λιβάνου ξύλα κέδρινα
διαφέρειν σχεδίας εἰς τὸν Ιοππης λιμένα κατὰ τὸ πρόσταγμα τὸ
54 γραφὲν αὐτοῖς παρὰ Κύρου τοῦ Περσῶν βασιλέως. — ⁵⁴καὶ τῷ
δευτέρῳ ἔτει παραγενόμενος εἰς τὸ ἱερὸν τοῦ θεοῦ εἰς Ιερουσαλημ
μηνὸς δευτέρου ἤρξατο Ζοροβαβελ ὁ τοῦ Σαλαθιηλ καὶ Ἰησοῦς ὁ
τοῦ Ιωσεδεκ καὶ οἱ ἀδελφοὶ αὐτῶν καὶ οἱ ἱερεῖς οἱ Λευῖται καὶ
55 πάντες οἱ παραγενόμενοι ἐκ τῆς αἰχμαλωσίας εἰς Ιερουσαλημ ⁵⁵καὶ
ἐθεμελίωσαν τὸν ναὸν τοῦ θεοῦ τῇ νουμηνίᾳ τοῦ δευτέρου μηνὸς
τοῦ δευτέρου ἔτους ἐν τῷ ἐλθεῖν εἰς τὴν Ιουδαίαν καὶ Ιερουσαλημ.
56 ⁵⁶καὶ ἔστησαν τοὺς Λευίτας ἀπὸ εἰκοσαετοῦς ἐπὶ τῶν ἔργων τοῦ
κυρίου, καὶ ἔστη Ἰησοῦς καὶ οἱ υἱοὶ καὶ οἱ ἀδελφοὶ καὶ Καδμιηλ
ὁ ἀδελφὸς καὶ οἱ υἱοὶ Ἰησοῦ Ημαδαβουν καὶ οἱ υἱοὶ Ιωδα τοῦ
Ιλιαδουν σὺν τοῖς υἱοῖς καὶ ἀδελφοῖς, πάντες οἱ Λευῖται, ὁμοθυ-
μαδὸν ἐργοδιῶκται ποιοῦντες εἰς τὰ ἔργα ἐν τῷ οἴκῳ τοῦ θεοῦ.
57 ⁵⁷καὶ ᾠκοδόμησαν οἱ οἰκοδόμοι τὸν ναὸν τοῦ κυρίου, καὶ ἔστησαν
οἱ ἱερεῖς ἐστολισμένοι μετὰ μουσικῶν καὶ σαλπίγγων καὶ οἱ Λευῖ-
ται υἱοὶ Ασαφ ἔχοντες τὰ κύμβαλα ὑμνοῦντες τῷ κυρίῳ καὶ εὐ-
58 λογοῦντες κατὰ Δαυιδ βασιλέα τοῦ Ισραηλ ⁵⁸καὶ ἐφώνησαν δι'
ὕμνων ὁμολογοῦντες τῷ κυρίῳ, ὅτι ἡ χρηστότης αὐτοῦ καὶ ἡ δόξα
59 εἰς τοὺς αἰῶνας παντὶ Ισραηλ. ⁵⁹καὶ πᾶς ὁ λαὸς ἐσάλπισαν καὶ
ἐβόησαν φωνῇ μεγάλῃ ὑμνοῦντες τῷ κυρίῳ ἐπὶ τῇ ἐγέρσει τοῦ
60 οἴκου τοῦ κυρίου. ⁶⁰καὶ ἤλθοσαν ἐκ τῶν ἱερέων τῶν Λευιτῶν καὶ
τῶν προκαθημένων κατὰ τὰς πατριὰς αὐτῶν οἱ πρεσβύτεροι οἱ
ἑωρακότες τὸν πρὸ τούτου οἶκον πρὸς τὴν τούτου οἰκοδομὴν μετὰ
61 κραυγῆς καὶ κλαυθμοῦ μεγάλου ⁶¹καὶ πολλοὶ διὰ σαλπίγγων καὶ
62 χαρᾶς μεγάλῃ τῇ φωνῇ ⁶²ὥστε τὸν λαὸν μὴ ἀκούειν τῶν σαλπίγ-
γων διὰ τὸν κλαυθμὸν τοῦ λαοῦ, ὁ γὰρ ὄχλος ἦν ὁ σαλπίζων
μεγαλωστὶ ὥστε μακρόθεν ἀκούεσθαι.
63 ⁶³Καὶ ἀκούσαντες οἱ ἐχθροὶ τῆς φυλῆς Ιουδα καὶ Βενιαμιν ἦλ-
64 θοσαν ἐπιγνῶναι τίς ἡ φωνὴ τῶν σαλπίγγων. ⁶⁴καὶ ἐπέγνωσαν
ὅτι οἱ ἐκ τῆς αἰχμαλωσίας οἰκοδομοῦσιν τὸν ναὸν τῷ κυρίῳ θεῷ
65 Ισραηλ, ⁶⁵καὶ προσελθόντες τῷ Ζοροβαβελ καὶ Ἰησοῦ καὶ τοῖς
ἡγουμένοις τῶν πατριῶν λέγουσιν αὐτοῖς Συνοικοδομήσομεν ὑμῖν ·
66 ⁶⁶ὁμοίως γὰρ ὑμῖν ἀκούομεν τοῦ κυρίου ὑμῶν καὶ αὐτῷ ἐπιθύομεν
ἀπὸ ἡμερῶν Ασβασαρεθ βασιλέως Ἀσσυρίων, ὃς μετήγαγεν ἡμᾶς
67 ἐνταῦθα. ⁶⁷καὶ εἶπεν αὐτοῖς Ζοροβαβελ καὶ Ἰησοῦς καὶ οἱ ἡγούμενοι

53 κατα] και B† | του ult.] των A† ‖ 55 ναον] οικον A ‖ 56 καδμιηλ
pl.] οδαμαδιηλ B†; καδωηλ A: cf. 26 | ιωδα] ιουδα B | θεου] κυριου BL† ‖
57 υιοι] pr. οι A ‖ 58 ομολογουντες] ευλογ. B: ex 57 | παντι] pr. εν A ‖
59 του ult. > B ‖ 60 οι 2⁰ > B† | εωρακ.] pr. προ A† | τουτου 1⁰] του B*†
‖ 61 χαρα B† | τη > A ‖ 62 μεγαλωστι] -λως B ‖ 66 επιθυσομεν B† |
ασβασαρεθ] ασβακαφαθ B† ‖ 67 ειπαν A†

τῶν πατριῶν τοῦ Ισραηλ Οὐχ ὑμῖν καὶ ἡμῖν τοῦ οἰκοδομῆσαι τὸν
οἶκον κυρίῳ τῷ θεῷ ἡμῶν · ⁶⁸ἡμεῖς γὰρ μόνοι οἰκοδομήσομεν τῷ 68
κυρίῳ τοῦ Ισραηλ ἀκολούθως οἷς προσέταξεν ἡμῖν Κῦρος ὁ βασι-
λεὺς Περσῶν. ⁶⁹τὰ δὲ ἔθνη τῆς γῆς ἐπικείμενα τοῖς ἐν τῇ Ιουδαίᾳ 69
καὶ πολιορκοῦντες εἶργον τοῦ οἰκοδομεῖν ⁷⁰καὶ ἐπιβουλὰς καὶ δη- 70
μαγωγίας καὶ ἐπισυστάσεις ποιούμενοι ἀπεκώλυσαν τοῦ ἐπιτελε-
σθῆναι τὴν οἰκοδομὴν πάντα τὸν χρόνον τῆς ζωῆς τοῦ βασιλέως
Κύρου. ⁷¹καὶ εἴρχθησαν τῆς οἰκοδομῆς ἔτη δύο ἕως τῆς Δαρείου 71
βασιλείας.

¹'Εν δὲ τῷ δευτέρῳ ἔτει τῆς τοῦ Δαρείου βασιλείας ἐπροφήτευ- 6
σεν Αγγαιος καὶ Ζαχαριας ὁ τοῦ Εδδι οἱ προφῆται ἐπὶ τοὺς Ιου-
δαίους τοὺς ἐν τῇ Ιουδαίᾳ καὶ Ιερουσαλημ ἐπὶ τῷ ὀνόματι κυρίου
θεοῦ Ισραηλ ἐπ' αὐτούς. ²τότε στὰς Ζοροβαβελ ὁ τοῦ Σαλαθιηλ 2
καὶ 'Ιησοῦς ὁ τοῦ Ιωσεδεκ ἤρξαντο οἰκοδομεῖν τὸν οἶκον τοῦ κυ-
ρίου τὸν ἐν Ιερουσαλημ συνόντων τῶν προφητῶν τοῦ κυρίου βοη-
θούντων αὐτοῖς. ³ἐν αὐτῷ τῷ χρόνῳ παρῆν πρὸς αὐτοὺς Σισίννης 3
ὁ ἔπαρχος Συρίας καὶ Φοινίκης καὶ Σαθραβουζάνης καὶ οἱ συν-
έταιροι καὶ εἶπαν αὐτοῖς ⁴Τίνος ὑμῖν συντάξαντος τὸν οἶκον τοῦτον 4
οἰκοδομεῖτε καὶ τὴν στέγην ταύτην καὶ τἆλλα πάντα ἐπιτελεῖτε;
καὶ τίνες εἰσὶν οἱ οἰκοδόμοι οἱ ταῦτα ἐπιτελοῦντες; ⁵καὶ ἔσχοσαν 5
χάριν ἐπισκοπῆς γενομένης ἐπὶ τὴν αἰχμαλωσίαν παρὰ τοῦ κυρίου
οἱ πρεσβύτεροι τῶν Ιουδαίων ⁶καὶ οὐκ ἐκωλύθησαν τῆς οἰκοδομῆς 6
μέχρι τοῦ ὑποσημανθῆναι Δαρείῳ περὶ αὐτῶν καὶ προσφωνηθῆναι.

⁷Ἀντίγραφον ἐπιστολῆς, ἧς ἔγραψεν Δαρείῳ καὶ ἀπέστειλεν Σι- 7
σίννης ὁ ἔπαρχος Συρίας καὶ Φοινίκης καὶ Σαθραβουζάνης καὶ οἱ
συνέταιροι οἱ ἐν Συρίᾳ καὶ Φοινίκῃ ἡγεμόνες ⁸Βασιλεῖ Δαρείῳ χαί- 8
ρειν. πάντα γνωστὰ ἔστω τῷ κυρίῳ ἡμῶν τῷ βασιλεῖ, ὅτι παρα-
γενόμενοι εἰς τὴν χώραν τῆς Ιουδαίας καὶ ἐλθόντες εἰς Ιερουσαλημ
τὴν πόλιν κατελάβομεν τῆς αἰχμαλωσίας τοὺς πρεσβυτέρους τῶν
Ιουδαίων ἐν Ιερουσαλημ τῇ πόλει οἰκοδομοῦντας οἶκον τῷ κυρίῳ
μέγαν καινὸν διὰ λίθων ξυστῶν πολυτελῶν ξύλων τιθεμένων ἐν
τοῖς τοίχοις ⁹καὶ τὰ ἔργα ἐκεῖνα ἐπὶ σπουδῆς γιγνόμενα καὶ εὐο- 9

67 υμιν και ημιν pau.] tr. Apl., υμιν B✝ | τω > B || 69 επικειμενα Fritz-
sche] -κοιμωμενα BA, τα επικοινωνουντα L✝ || 70 επιβουλας] επι > B |
δημαγωγουντες B (Bc✝ -τας) | επισυστασεις] επι > B✝, επισυ > al. | επιτελε-
σθηναι] αποτελ. B✝
6 (cf. Esdr. II 5 1—6 12) 1 του 1⁰ > B | εδδι Ra.] εδδειν B✝, εδδω L✝, αδ-
δω rel.: cf. Par. II 12 15 || 3 συνεταιροι] + αυτου A | ειπεν B || 4 και
ult. > A✝ | επιτελουντες] επι > B*✝ || 5 γενομενοι B✝ || 6 μεχρι του]
μεχρις ου B: cf. 1 54 | υποσημανθ.] αποσ. B || 7 απεστειλαν BL✝ (L✝ etiam
εγραψαν) | σαθραβουζανης] -βουρζ- B✝ hic, non in 3. 26 7 1 || 8 ελθοντες
εις > B*✝ | πολυτελ.] pr. και A✝ | τοιχοις] οικοις B✝ || 9 σπουδην A✝ | γι-
γνομενα A] γ(ε)ιν. Bpl.: cf. 33

δούμενον τὸ ἔργον ἐν ταῖς χερσὶν αὐτῶν καὶ ἐν πάσῃ δόξῃ καὶ
10 ἐπιμελείᾳ συντελούμενα. ¹⁰τότε ἐπυνθανόμεθα τῶν πρεσβυτέρων
τούτων λέγοντες Τίνος ὑμῖν προστάξαντος οἰκοδομεῖτε τὸν οἶκον
11 τοῦτον καὶ τὰ ἔργα ταῦτα θεμελιοῦτε ; ¹¹ἐπηρωτήσαμεν οὖν αὐτοὺς
εἵνεκεν τοῦ γνωρίσαι σοι καὶ γράψαι σοι τοὺς ἀνθρώπους τοὺς
ἀφηγουμένους καὶ τὴν ὀνοματογραφίαν ἠτοῦμεν αὐτοὺς τῶν προ-
12 καθηγουμένων. ¹²οἱ δὲ ἀπεκρίθησαν ἡμῖν λέγοντες Ἡμεῖς ἐσμεν
13 παῖδες τοῦ κυρίου τοῦ κτίσαντος τὸν οὐρανὸν καὶ τὴν γῆν. ¹³καὶ
ᾠκοδόμητο ὁ οἶκος ἔμπροσθεν ἐτῶν πλειόνων διὰ βασιλέως τοῦ
14 Ισραηλ μεγάλου καὶ ἰσχυροῦ καὶ ἐπετελέσθη. ¹⁴καὶ ἐπεὶ οἱ πατέρες
ἡμῶν παραπικράναντες ἥμαρτον εἰς τὸν κύριον τοῦ Ισραηλ τὸν
οὐράνιον, παρέδωκεν αὐτοὺς εἰς χεῖρας Ναβουχοδονοσορ βασιλέως
15 Βαβυλῶνος βασιλέως τῶν Χαλδαίων · ¹⁵τόν τε οἶκον καθελόντες
16 ἐνεπύρισαν καὶ τὸν λαὸν ἠχμαλώτευσαν εἰς Βαβυλῶνα. ¹⁶ἐν δὲ τῷ
πρώτῳ ἔτει βασιλεύοντος Κύρου χώρας Βαβυλωνίας ἔγραψεν ὁ
17 βασιλεὺς Κῦρος οἰκοδομῆσαι τὸν οἶκον τοῦτον · ¹⁷καὶ τὰ ἱερὰ
σκεύη τὰ χρυσᾶ καὶ τὰ ἀργυρᾶ, ἃ ἐξήνεγκεν Ναβουχοδονοσορ ἐκ
τοῦ οἴκου τοῦ ἐν Ιερουσαλημ καὶ ἀπηρείσατο αὐτὰ ἐν τῷ ἑαυτοῦ
ναῷ, πάλιν ἐξήνεγκεν αὐτὰ Κῦρος ὁ βασιλεὺς ἐκ τοῦ ναοῦ τοῦ ἐν
Βαβυλῶνι, καὶ παρεδόθη Ζοροβαβελ καὶ Σαναβασσάρῳ τῷ ἐπάρχῳ,
18 ¹⁸καὶ ἐπετάγη αὐτῷ ἀπενέγκαντι πάντα τὰ σκεύη ταῦτα ἀποθεῖναι
ἐν τῷ ναῷ τῷ ἐν Ιερουσαλημ καὶ τὸν ναὸν τοῦ κυρίου τοῦτον
19 οἰκοδομηθῆναι ἐπὶ τοῦ τόπου. ¹⁹τότε ὁ Σαναβάσσαρος ἐκεῖνος
παραγενόμενος ἐνεβάλετο τοὺς θεμελίους τοῦ οἴκου κυρίου τοῦ ἐν
Ιερουσαλημ, καὶ ἀπ' ἐκείνου μέχρι τοῦ νῦν οἰκοδομούμενος οὐκ
20 ἔλαβεν συντέλειαν. ²⁰νῦν οὖν, εἰ κρίνεται, βασιλεῦ, ἐπισκεπήτω ἐν
τοῖς βασιλικοῖς βιβλιοφυλακίοις τοῦ κυρίου βασιλέως τοῖς ἐν Βαβυ-
21 λῶνι · ²¹καὶ ἐὰν εὑρίσκηται μετὰ τῆς γνώμης Κύρου τοῦ βασιλέως
γενομένην τὴν οἰκοδομὴν τοῦ οἴκου κυρίου τοῦ ἐν Ιερουσαλημ καὶ
κρίνηται τῷ κυρίῳ βασιλεῖ ἡμῶν, προσφωνησάτω ἡμῖν περὶ τούτων.
22 ²²Τότε ὁ βασιλεὺς Δαρεῖος προσέταξεν ἐπισκέψασθαι ἐν τοῖς
βασιλικοῖς βιβλιοφυλακίοις τοῖς κειμένοις ἐν Βαβυλῶνι, καὶ εὑρέ-
θη ἐν Ἐκβατάνοις τῇ βάρει τῇ ἐν Μηδίᾳ χώρᾳ τόμος εἷς, ἐν ᾧ

9 συντελουμενα BAV] -μενον pl. ‖ 10 θεμελιουτε] εθεμ. BA† ‖ 11 εινε-
κεν] ι > B* | προκαθηγουμενων] γου > A† ‖ 12 ημεις > BL† ‖ 13 ωκο-
δομητο] -μειτο A†, οικοδομειτο B† ‖ 14 βαβυλωνος] τής -λωνιας A: cf. 17 ‖
16 ο > B | οικοδομησαι τον οικ. τουτ.] τον οικ. τουτ. οικοδομηθηναι A: cf. ΙΙ
5 13 ‖ 17 εαυτου ναω] ε > B, ναω αυτου L† | βαβυλωνια B† | σαβανασσ.
B† hic, non in 19, cf. 2 11 ‖ 18 απενεγκαντι] και απηνεγκεν B | παντα τα
σκ. ταυτα] ταυτα τα σκ. A | τουτον > B ‖ 19 εκεινος > B† | ενεβαλετο] εισ-
εβαλλετο B*† | κυριου] pr. του A ‖ 20 ει > B† | βασιλεως — fin. > A ‖
21 οικου > B*† ‖ 22 βασιλικοις > BL† | τομος εις] τοπος BL†

ὑπεμνημάτιστο τάδε [23]Ἔτους πρώτου βασιλεύοντος Κύρου· βασιλεὺς 23
Κῦρος προσέταξεν τὸν οἶκον τοῦ κυρίου τὸν ἐν Ιερουσαλημ οἰκο-
δομῆσαι, ὅπου ἐπιθύουσιν διὰ πυρὸς ἐνδελεχοῦς, [24]οὗ τὸ ὕψος 24
πήχεων ἑξήκοντα, πλάτος πήχεων ἑξήκοντα, διὰ δόμων λιθίνων
ξυστῶν τριῶν καὶ δόμου ξυλίνου ἐγχωρίου καινοῦ ἑνός, καὶ τὸ
δαπάνημα δοθῆναι ἐκ τοῦ οἴκου Κύρου τοῦ βασιλέως· [25]καὶ τὰ 25
ἱερὰ σκεύη τοῦ οἴκου κυρίου, τά τε χρυσᾶ καὶ τὰ ἀργυρᾶ, ἃ ἐξ-
ήνεγκεν Ναβουχοδονοσορ ἐκ τοῦ οἴκου τοῦ ἐν Ιερουσαλημ καὶ ἀπ-
ήνεγκεν εἰς Βαβυλῶνα, ἀποκατασταθῆναι εἰς τὸν οἶκον τὸν ἐν Ιε-
ρουσαλημ, οὗ ἦν κείμενα, ὅπως τεθῇ ἐκεῖ. [26]προσέταξεν δὲ ἐπι- 26
μεληθῆναι Σισίννῃ ἐπάρχῳ Συρίας καὶ Φοινίκης καὶ Σαθραβουζάνῃ
καὶ τοῖς συνεταίροις καὶ τοῖς ἀποτεταγμένοις ἐν Συρίᾳ καὶ Φοινίκῃ
ἡγεμόσιν ἀπέχεσθαι τοῦ τόπου, ἐᾶσαι δὲ τὸν παῖδα τοῦ κυρίου
Ζοροβαβελ, ἔπαρχον δὲ τῆς Ιουδαίας, καὶ τοὺς πρεσβυτέρους τῶν
Ιουδαίων τὸν οἶκον τοῦ κυρίου ἐκεῖνον οἰκοδομεῖν ἐπὶ τοῦ τόπου.
[27]κἀγὼ δὲ ἐπέταξα ὁλοσχερῶς οἰκοδομῆσαι καὶ ἀτενίσαι ἵνα συμ- 27
ποιῶσιν τοῖς ἐκ τῆς αἰχμαλωσίας τῆς Ιουδαίας μέχρι τοῦ ἐπιτε-
λεσθῆναι τὸν οἶκον τοῦ κυρίου· [28]καὶ ἀπὸ τῆς φορολογίας Κοίλης 28
Συρίας καὶ Φοινίκης ἐπιμελῶς σύνταξιν δίδοσθαι τούτοις τοῖς ἀν-
θρώποις εἰς θυσίας τῷ κυρίῳ, Ζοροβαβελ ἐπάρχῳ, εἰς ταύρους καὶ
κριοὺς καὶ ἄρνας, [29]ὁμοίως δὲ καὶ πυρὸν καὶ ἅλα καὶ οἶνον καὶ 29
ἔλαιον ἐνδελεχῶς κατ᾽ ἐνιαυτόν, καθὼς ἂν οἱ ἱερεῖς οἱ ἐν Ιερου-
σαλημ ὑπαγορεύσωσιν ἀναλίσκεσθαι καθ᾽ ἡμέραν ἀναμφισβητήτως,
[30]ὅπως προσφέρωνται σπονδαὶ τῷ θεῷ τῷ ὑψίστῳ ὑπὲρ τοῦ βα- 30
σιλέως καὶ τῶν παίδων καὶ προσεύχωνται περὶ τῆς αὐτῶν ζωῆς.
[31]καὶ προσέταξεν ἵνα ὅσοι ἐὰν παραβῶσίν τι τῶν προειρημένων 31
καὶ τῶν προσγεγραμμένων ἢ καὶ ἀκυρώσωσιν, λημφθῆναι ξύλον ἐκ
τῶν ἰδίων αὐτοῦ καὶ ἐπὶ τούτου κρεμασθῆναι καὶ τὰ ὑπάρχοντα
αὐτοῦ εἶναι βασιλικά. [32]διὰ ταῦτα καὶ ὁ κύριος, οὗ τὸ ὄνομα αὐ- 32
τοῦ ἐπικέκληται ἐκεῖ, ἀφανίσαι πάντα βασιλέα καὶ ἔθνος, ὃς ἐκτενεῖ
τὴν χεῖρα αὐτοῦ κωλῦσαι ἢ κακοποιῆσαι τὸν οἶκον τοῦ κυρίου
ἐκεῖνον τὸν ἐν Ιερουσαλημ. [33]ἐγὼ βασιλεὺς Δαρεῖος δεδογμάτικα 33
ἐπιμελῶς κατὰ ταῦτα γίγνεσθαι.
[1]Τότε Σισίννης ὁ ἔπαρχος Κοίλης Συρίας καὶ Φοινίκης καὶ Σα- 7
θραβουζάνης καὶ οἱ συνέταιροι κατακολουθήσαντες τοῖς ὑπὸ τοῦ
βασιλέως Δαρείου προσταγεῖσιν [2]ἐπεστάτουν τῶν ἱερῶν ἔργων 2

22 υπομνηματιστο B ‖ 25 τε > A† | τα 3⁰ > B | α > A† | και 3⁰ > B† ‖
26 δε 2⁰ > A† | του κυριου bis] του 1⁰ > BL†, του 2⁰ > AL | επαρχον] υπ.
B† ‖ 27 δε (cf. 8 19)] > A† | της ιουδαιας] των -δαιων A ‖ 28 θυσιαν B ‖
30 αυτων ζωης] tr. L† ‖ 31 προσεταξεν] προσταξαι B† | των προειρημ. και
των προσγεγρ.] των γεγραμμενων B | η > B† | επι τουτου(A†-τω)] επ αυ-
του B ‖ 32 την > BL† | του > B ‖ 33 γιγνεσθαι B†] γιν. rel.: cf. 9
7 (cf. Esdr. II 6 13—22) 1 o > B†

ἐπιμελέστερον συνεργοῦντες τοῖς πρεσβυτέροις τῶν Ἰουδαίων καὶ
3 ἱεροστάταις. ³καὶ εὔοδα ἐγίνετο τὰ ἱερὰ ἔργα προφητευόντων Αγ-
4 γαιου καὶ Ζαχαριου τῶν προφητῶν, ⁴καὶ συνετέλεσαν ταῦτα διὰ
5 προστάγματος τοῦ κυρίου θεοῦ Ισραηλ, ⁵καὶ μετὰ τῆς γνώμης
Κύρου καὶ Δαρείου καὶ Ἀρταξέρξου βασιλέως Περσῶν συνετελέσθη
ὁ οἶκος ὁ ἅγιος ἕως τρίτης καὶ εἰκάδος μηνὸς Αδαρ τοῦ ἕκτου
6 ἔτους βασιλέως Δαρείου. ⁶καὶ ἐποίησαν οἱ υἱοὶ Ισραηλ καὶ οἱ ἱε-
ρεῖς καὶ οἱ Λευῖται καὶ οἱ λοιποὶ οἱ ἐκ τῆς αἰχμαλωσίας οἱ προσ-
7 τεθέντες ἀκολούθως τοῖς ἐν τῇ Μωυσέως βίβλῳ · ⁷καὶ προσήνεγ-
καν εἰς τὸν ἐγκαινισμὸν τοῦ ἱεροῦ τοῦ κυρίου ταύρους ἑκατόν,
8 κριοὺς διακοσίους, ἄρνας τετρακοσίους, ⁸χιμάρους ὑπὲρ ἁμαρτίας
παντὸς τοῦ Ισραηλ δώδεκα πρὸς ἀριθμὸν ἐκ τῶν φυλάρχων τοῦ
9 Ισραηλ δώδεκα · ⁹καὶ ἔστησαν οἱ ἱερεῖς καὶ οἱ Λευῖται ἐστολισμέ-
νοι κατὰ φυλὰς ἐπὶ τῶν ἔργων τοῦ κυρίου θεοῦ Ισραηλ ἀκολούθως
τῇ Μωυσέως βίβλῳ καὶ οἱ θυρωροὶ ἐφ᾽ ἑκάστου πυλῶνος.
10   ¹⁰Καὶ ἠγάγοσαν οἱ υἱοὶ Ισραηλ τῶν ἐκ τῆς αἰχμαλωσίας τὸ
πασχα ἐν τῇ τεσσαρεσκαιδεκάτῃ τοῦ πρώτου μηνός · ὅτι ἡγνί-
11 σθησαν οἱ ἱερεῖς καὶ οἱ Λευῖται ἅμα, ¹¹καὶ πάντες οἱ υἱοὶ τῆς αἰχ-
μαλωσίας οὐχ ἡγνίσθησαν, ὅτι οἱ Λευῖται ἅμα πάντες ἡγνίσθησαν
12 ¹²καὶ ἔθυσαν τὸ πασχα πᾶσιν τοῖς υἱοῖς τῆς αἰχμαλωσίας καὶ τοῖς
13 ἀδελφοῖς αὐτῶν τοῖς ἱερεῦσιν καὶ ἑαυτοῖς. ¹³καὶ ἐφάγοσαν οἱ υἱοὶ
Ισραηλ οἱ ἐκ τῆς αἰχμαλωσίας, πάντες οἱ χωρισθέντες ἀπὸ τῶν
14 βδελυγμάτων τῶν ἐθνῶν τῆς γῆς, ζητοῦντες τὸν κύριον. ¹⁴καὶ
ἠγάγοσαν τὴν ἑορτὴν τῶν ἀζύμων ἑπτὰ ἡμέρας εὐφραινόμενοι
15 ἔναντι τοῦ κυρίου, ¹⁵ὅτι μετέστρεψεν τὴν βουλὴν τοῦ βασιλέως
Ἀσσυρίων ἐπ᾽ αὐτοὺς κατισχῦσαι τὰς χεῖρας αὐτῶν ἐπὶ τὰ ἔργα
κυρίου θεοῦ Ισραηλ.
8   ¹Καὶ μεταγενέστερος τούτων βασιλεύοντος Ἀρταξέρξου τοῦ Περ-
σῶν βασιλέως προσέβη Εσδρας Σαραιου τοῦ Εζεριου τοῦ Χελκιου
2 τοῦ Σαλημου ²τοῦ Σαδδουκου τοῦ Αχιτωβ τοῦ Αμαριου τοῦ Οζιου
τοῦ Βοκκα τοῦ Αβισουε τοῦ Φινεες τοῦ Ελεαζαρ τοῦ Ααρων τοῦ

2 ιουδαιων] ιεραιων (pro ιερεων) A ‖ 5 κυρου] pr. του B† | βασιλεως 1⁰]
-λεων A | και 1⁰ — περσων ad 4 tractis incipit A aliud enuntiatum ante
συνετελεσθη addens εως του εκτου ετους δαρειου βασιλεως περσων | ο αγιος
> B ‖ 7 τετρακοσιας B† ‖ 9 εστολ. / κατα φυλ.] tr. A | του κυρ. θεου V]
κυρ. του θεου AL†, του > B ‖ 10 οτι] οτε BL† ‖ 11 ουχ codex unus co-
dici B cognatus] ουκ L†, οτι BA; cf. Par. II 30 17. 18 ‖ 14 του ult. > B
   8 (cf. Esdr. II 7—10 5) 1 τουτων] + εστιν mss.: deleuit Fritzsche | περσων
βασ.] tr. BL† | εσδρας] εσρας B†: item B† fere ubique, sed in 8 19 et in
subscr. libri etiam B εσδρας (cf. etiam 8 7 9 46); A ubique εζρας, sed in 9 1
A† εδρας; cf. II 7 1 | σαραιου] αζαρ. B† | εζεριου] ζεχρ. B† ‖ 2 σαδδουκου]
σαδδουλουκου B† | αμαριου] -ρθειου B† | του οζ(ε)ιου B†] του εζιου(al. εζα-
ριου) του μαρερωθ του ζαραιου του σαουια A: cf. II 7 3/4 | αβισουε(uel -σου-
αι)] -σαι B†

πρώτου ίερέως · ³οὗτος Εσδρας ἀνέβη ἐκ Βαβυλῶνος ὡς γραμ- 3
ματεὺς εὐφυὴς ὢν ἐν τῷ Μωυσέως νόμῳ τῷ ἐκδεδομένῳ ὑπὸ τοῦ
θεοῦ τοῦ Ισραηλ, ⁴καὶ ἔδωκεν αὐτῷ ὁ βασιλεὺς δόξαν, εὑρόντος 4
χάριν ἐναντίον αὐτοῦ ἐπὶ πάντα τὰ ἀξιώματα αὐτοῦ. ⁵καὶ συναν- 5
έβησαν ἐκ τῶν υἱῶν Ισραηλ καὶ τῶν ἱερέων καὶ Λευιτῶν καὶ ἱε-
ροψαλτῶν καὶ θυρωρῶν καὶ ἱεροδούλων εἰς Ιεροσόλυμα ἔτους
ἑβδόμου βασιλεύοντος Ἀρταξέρξου ἐν τῷ πέμπτῳ μηνί (οὗτος ἐνι-
αυτὸς ἕβδομος τῷ βασιλεῖ) · ⁶ἐξελθόντες γὰρ ἐκ Βαβυλῶνος τῇ 6
νουμηνίᾳ τοῦ πρώτου μηνὸς ἐν τῇ νουμηνίᾳ τοῦ πέμπτου μηνὸς
παρεγένοντο εἰς Ιεροσόλυμα κατὰ τὴν δοθεῖσαν αὐτοῖς εὐοδίαν παρὰ
τοῦ κυρίου ἐπ᾽ αὐτῷ. ⁷ὁ γὰρ Εσδρας πολλὴν ἐπιστήμην περιεῖχεν 7
εἰς τὸ μηδὲν παραλιπεῖν τῶν ἐκ τοῦ νόμου κυρίου καὶ ἐκ τῶν ἐν-
τολῶν διδάξαι τὸν πάντα Ισραηλ πάντα τὰ δικαιώματα καὶ τὰ
κρίματα.
⁸Προσπεσόντος δὲ τοῦ γραφέντος προστάγματος παρὰ Ἀρτα- 8
ξέρξου τοῦ βασιλέως πρὸς Εσδραν τὸν ἱερέα καὶ ἀναγνώστην τοῦ
νόμου κυρίου, οὗ ἐστιν ἀντίγραφον τὸ ὑποκείμενον ⁹Βασιλεὺς 9
Ἀρταξέρξης Εσδρα τῷ ἱερεῖ καὶ ἀναγνώστῃ τοῦ νόμου κυρίου χαί-
ρειν. ¹⁰καὶ τὰ φιλάνθρωπα ἐγὼ κρίνας προσέταξα τοὺς βουλομένους 10
ἐκ τοῦ ἔθνους τῶν Ιουδαίων αἱρετίζοντας καὶ τῶν ἱερέων καὶ τῶν
Λευιτῶν, καὶ τῶν δὲ ἐν τῇ ἡμετέρᾳ βασιλείᾳ, συμπορεύεσθαί σοι
εἰς Ιερουσαλημ. ¹¹ὅσοι οὖν ἐνθυμοῦνται, συνεξορμάτωσαν, καθάπερ 11
δέδοκται ἐμοί τε καὶ τοῖς ἑπτὰ φίλοις συμβουλευταῖς, ¹²ὅπως ἐπι- 12
σκέψωνται τὰ κατὰ τὴν Ιουδαίαν καὶ Ιερουσαλημ ἀκολούθως ᾧ
ἔχει ἐν τῷ νόμῳ τοῦ κυρίου, ¹³καὶ ἀπενεγκεῖν δῶρα τῷ κυρίῳ τοῦ 13
Ισραηλ, ἃ ηὐξάμην ἐγώ τε καὶ οἱ φίλοι, εἰς Ιερουσαλημ καὶ πᾶν
χρυσίον καὶ ἀργύριον, ὃ ἐὰν εὑρεθῇ ἐν τῇ χώρᾳ τῆς Βαβυλωνίας,
τῷ κυρίῳ εἰς Ιερουσαλημ σὺν τῷ δεδωρημένῳ ὑπὸ τοῦ ἔθνους
εἰς τὸ ἱερὸν τοῦ κυρίου αὐτῶν τὸ ἐν Ιερουσαλημ ¹⁴συναχθῆναι τό 14
τε χρυσίον καὶ ἀργύριον εἰς ταύρους καὶ κριοὺς καὶ ἄρνας καὶ τὰ
τούτοις ἀκόλουθα ¹⁵ὥστε προσενεγκεῖν θυσίας ἐπὶ τὸ θυσιαστήριον 15
τοῦ κυρίου αὐτῶν τὸ ἐν Ιερουσαλημ. ¹⁶καὶ πάντα, ὅσα ἂν βούλῃ 16

2 πρωτου ιερ.] ιερ. του πρ. A: cf. II 7 5 ‖ 3 μωυσ. νομω] tr. A ‖ 4 εναν-
τιον BL†] ενωπιον rel. ‖ 5 ιεροσολ. hic et in 6: cf. 1 47 ∣ ενιαυτος εβδομος
compl.] pr. ο A, εν. ο δευτερος B† ∣ τω ult. > B† ‖ 6 εξελθοντος (sic) B ∣
μηνος 1⁰⌒2⁰ B ∣ επ αυτω B†] επ αυτον L† (trahit haec ad 7: επ αυτον
γαρ ο εζδρας ην ος πολλην κτλ.), > rel. ‖ 7 εσδρας] αψαρας B† ∣ εκ 2⁰ > A
∣ διδαξαι] > B†, των προς L† ∣ τον παντα] tr. B ∣ παντα τα et τα ult. > B
‖ 8 δε του γραφ. προσταγμ. > B†, δε του γραφ. > L† ∣ του 2⁰ > B† ‖
10 και των δε B† (cf. 19. 22. 23 1 47 9 13)] των οντων L†, οντων δε αυτων
rel. ‖ 11 συνεξορμασθωσαν B ‖ 12 τα > BL† ∣ ιερουσ.] pr. κατα B ∣ ω B†]
οις L†, ως rel. ∣ εν τω νομω] νομω B†, ο νομος L† ∣ του > B ‖ 13 του
ισραηλ > BL† ∣ τω κυριω 2⁰ > A† ∣ κυριου BL† (cf. 15)] + θεου rel. ‖
14 τε > Ar† ‖ 15 θυσιας] + τω κυριω A ∣ κυριου] θεου A

μετὰ τῶν ἀδελφῶν σου ποιῆσαι χρυσίῳ καὶ ἀργυρίῳ, ἐπιτέλει κατὰ
17 τὸ θέλημα τοῦ θεοῦ σου ¹⁷καὶ τὰ ἱερὰ σκεύη τοῦ κυρίου τὰ διδό-
μενά σοι εἰς τὴν χρείαν τοῦ ἱεροῦ τοῦ θεοῦ σου τοῦ ἐν Ιερουσα-
18 λημ. ¹⁸καὶ τὰ λοιπά, ὅσα ἂν ὑποπίπτῃ σοι εἰς τὴν χρείαν τοῦ ἱεροῦ
19 τοῦ θεοῦ σου, δώσεις ἐκ τοῦ βασιλικοῦ γαζοφυλακίου · ¹⁹κἀγὼ δὲ
Ἀρταξέρξης ὁ βασιλεὺς προσέταξα τοῖς γαζοφύλαξι Συρίας καὶ
Φοινίκης, ἵνα ὅσα ἂν ἀποστείλῃ Εσδρας ὁ ἱερεὺς καὶ ἀναγνώστης
τοῦ νόμου τοῦ θεοῦ τοῦ ὑψίστου, ἐπιμελῶς διδῶσιν αὐτῷ ἕως
20 ἀργυρίου ταλάντων ἑκατόν, ²⁰ὁμοίως δὲ καὶ ἕως πυροῦ κόρων
21 ἑκατὸν καὶ οἴνου μετρητῶν ἑκατὸν καὶ ἅλα ἐκ πλήθους· ²¹πάντα τὰ
κατὰ τὸν τοῦ θεοῦ νόμον ἐπιτελεσθήτω ἐπιμελῶς τῷ θεῷ τῷ ὑψί-
στῳ ἕνεκα τοῦ μὴ γενέσθαι ὀργὴν εἰς τὴν βασιλείαν τοῦ βασιλέως
22 καὶ τῶν υἱῶν. ²²καὶ ὑμῖν δὲ λέγεται ὅπως πᾶσι τοῖς ἱερεῦσιν καὶ
τοῖς Λευίταις καὶ ἱεροψάλταις καὶ θυρωροῖς καὶ ἱεροδούλοις καὶ
πραγματικοῖς τοῦ ἱεροῦ τούτου μηδεμία φορολογία μηδὲ ἄλλη ἐπι-
βολὴ γίγνηται, καὶ ἐξουσίαν μηδένα ἔχειν ἐπιβαλεῖν τι τούτοις.
23 ²³καὶ σύ, Εσδρα, κατὰ τὴν σοφίαν τοῦ θεοῦ ἀνάδειξον κριτὰς καὶ
δικαστάς, ὅπως δικάζωσιν ἐν ὅλῃ Συρίᾳ καὶ Φοινίκῃ πάντας τοὺς
ἐπισταμένους τὸν νόμον τοῦ θεοῦ σου · καὶ τοὺς μὴ ἐπισταμένους
24 δὲ διδάξεις. ²⁴καὶ πάντες, ὅσοι ἐὰν παραβαίνωσι τὸν νόμον τοῦ
θεοῦ σου καὶ τὸν βασιλικόν, ἐπιμελῶς κολασθήσονται, ἐάν τε καὶ
θανάτῳ ἐάν τε καὶ τιμωρίᾳ ἢ ἀργυρικῇ ζημίᾳ ἢ ἀπαγωγῇ.
25 ²⁵Εὐλογητὸς μόνος ὁ κύριος ὁ δοὺς ταῦτα εἰς τὴν καρδίαν τοῦ
26 βασιλέως, δοξάσαι τὸν οἶκον αὐτοῦ τὸν ἐν Ιερουσαλημ, ²⁶καὶ ἐμὲ
ἐτίμησεν ἔναντι τοῦ βασιλέως καὶ τῶν συμβουλευόντων καὶ πάντων
27 τῶν φίλων καὶ μεγιστάνων αὐτοῦ. ²⁷καὶ ἐγὼ εὐθαρσὴς ἐγενόμην
κατὰ τὴν ἀντίλημψιν κυρίου τοῦ θεοῦ μου καὶ συνήγαγον ἐκ τοῦ
Ισραηλ ἄνδρας ὥστε συναναβῆναί μοι.
28 ²⁸Καὶ οὗτοι οἱ προηγούμενοι κατὰ τὰς πατριὰς αὐτῶν καὶ τὰς

17 τα 1⁰] pr. κατα Β | του κυριου τα διδ. σοι] σου τα διδ. Β†, του κυρ. > L†
| 18 βασιλικου] ιερου Α† || 19 καγω δε (cf. 10 6 27)] και εγω ιδου Β† | αρ-
ταξ./ο βασ. BL†] tr. rel. || 20 και αλα(sic pau.; AL αλλα)] > Β† | εκ πληθους
> BL† || 21 παντα τα V†] > BL†, τα > rel. | επιμελως > BL† | εις] επι
Α | υιων Β† (cf. 6 30)] + αυτου rel. || 22 ιεροψ.] pr. τοις Α† | τουτου] του
Β | επιβολη unus cod.] -βουλη ΒΑ (Α† om. επι) | γιγνηται Α†] γιν. rel. | και
ult. > Β† | εξουσιαν / μηδενα εχειν] tr. Β | τι > BL† || 23 δε (cf. 10)] > Β pl.
|| 24 τον 1⁰] pr. και Β† | του βασιλικου Β† | η αργυρικη] μη αργυριω Β†, η
αργυριω L† || 25 init. BL†] pr. και ειπεν εζρας(uel sim.) ο γραμματευς rel.:
haec inseruit recensor antiquus, ut sequentia ab edicto distinguerentur (pro
γραμματευς scriptor ipse utitur uerbo αναγνωστης 8. 9. 19 9 39. 42. 49) | κυριος
BL†] + των πατερων μου rel.: cf. II 7 27 | του] pr. μου Β† || 26 εναντι
Β†] -τιον rel. | του βασ. και των συμβουλευοντων(sic pau.; Α συμβασιλ.)] των
βασιλευοντων Β†, του βασιλεως L† || 27 του 1⁰ > Β†

μεριδαρχίας οἱ ἀναβάντες μετ᾽ ἐμοῦ ἐκ Βαβυλῶνος ἐν τῇ βασιλείᾳ
Ἀρταξέρξου τοῦ βασιλέως · ²⁹ἐκ τῶν υἱῶν Φινεες Γαρσὸμος · ἐκ 29
τῶν υἱῶν Ιεταμαρου Γαμηλος · ἐκ τῶν υἱῶν Δαυιδ Αττους ὁ Σε-
χενιου · ³⁰ἐκ τῶν υἱῶν Φορος Ζαχαριας καὶ μετ᾽ αὐτοῦ ἀπὸ γραφῆς 30
ἄνδρες ἑκατὸν πεντήκοντα · ³¹ἐκ τῶν υἱῶν Φααθμωαβ Ελιαωνιας 31
Ζαραιου καὶ μετ᾽ αὐτοῦ ἄνδρες διακόσιοι · ³²ἐκ τῶν υἱῶν Ζαθοης 32
Σεχενιας Ιεζηλου καὶ μετ᾽ αὐτοῦ ἄνδρες τριακόσιοι · ἐκ τῶν υἱῶν
Αδινου Βην-Ιωναθυυ καὶ μετ᾽ αὐτοῦ ἄνδρες διακόσιοι πεντήκοντα·
³³ἐκ τῶν υἱῶν Ηλαμ Ιεσιας Γοθολιου καὶ μετ᾽ αὐτοῦ ἄνδρες ἑβδο- 33
μήκοντα · ³⁴ἐκ τῶν υἱῶν Σαφατιου Ζαραιας Μιχαηλου καὶ μετ᾽ αὐ- 34
τοῦ ἄνδρες ἑβδομήκοντα · ³⁵ἐκ τῶν υἱῶν Ιωαβ Αβαδιας Ιεζηλου 35
καὶ μετ᾽ αὐτοῦ ἄνδρες διακόσιοι δέκα δύο · ³⁶ἐκ τῶν υἱῶν Βανι 36
Ασσαλιμωθ Ιωσαφιου καὶ μετ᾽ αὐτοῦ ἄνδρες ἑκατὸν ἑξήκοντα · ³⁷ἐκ 37
τῶν υἱῶν Βαβι Ζαχαριας Βηβαι καὶ μετ᾽ αὐτοῦ ἄνδρες εἴκοσι ὀκτώ·
³⁸ἐκ τῶν υἱῶν Ασγαθ Ιωανης Ακαταν καὶ μετ᾽ αὐτοῦ ἄνδρες ἑκα- 38
τὸν δέκα · ³⁹ἐκ τῶν υἱῶν Αδωνικαμ οἱ ἔσχατοι, καὶ ταῦτα τὰ ὀνό- 39
ματα αὐτῶν · Ελιφαλατος, Ιευηλ καὶ Σαμαιας, καὶ μετ᾽ αὐτῶν ἄν-
δρες ἑβδομήκοντα · ⁴⁰ἐκ τῶν υἱῶν Βαγο Ουθι ὁ τοῦ Ισταλκουρου 40
καὶ μετ᾽ αὐτοῦ ἄνδρες ἑβδομήκοντα.

⁴¹Καὶ συνήγαγον αὐτοὺς ἐπὶ τὸν λεγόμενον Θεραν ποταμόν, καὶ 41
παρενεβάλομεν αὐτόθι ἡμέρας τρεῖς, καὶ κατέμαθον αὐτούς. ⁴²καὶ 42
ἐκ τῶν υἱῶν τῶν ἱερέων καὶ ἐκ τῶν Λευιτῶν οὐχ εὑρὼν ἐκεῖ
⁴³ἀπέστειλα πρὸς Ελεαζαρον καὶ Ιδουηλον καὶ Μαασμαν καὶ Ελνα- 43
ταν καὶ Σαμαιαν καὶ Ιωριβον, Ναθαν, Ενναταν, Ζαχαριαν καὶ Με-
σολαμον τοὺς ἡγουμένους καὶ ἐπιστήμονας ⁴⁴καὶ εἶπα αὐτοῖς ἐλθεῖν 44
πρὸς Αδδαιον τὸν ἡγούμενον τὸν ἐν τῷ τόπῳ τοῦ γαζοφυλακίου
⁴⁵ἐντειλάμενος αὐτοῖς διαλεγῆναι Αδδαιω καὶ τοῖς ἀδελφοῖς αὐτοῦ 45

---

28 αναβαινοντες A: cf. II 2 1 || 29 φινεες] φορος B⁺: cf. 30 | γαρσομος
Ra.] ταροσοτομος B⁺, γηρσων A | ιεταμαρου B⁺] ιθαμαρ A | γαμηλος B⁺] γα-
μαηλ A | εκ ult. > B⁺ | αττους — (30) υιων > B⁺ || 30 εκ > A | φορος]
φαρες BL⁺: cf. 29 init. II 2 3 || 31 υιων > B⁺ | μααθμωαβ B⁺ | ελιαλωνιας
B⁺ || 32 σεχενιας] ειεχον. B⁺ | ιεθηλου B⁺ | τριακοσιοι] διακ. B | εκ 2⁰ > B⁺
| αδινου βην-ιωναθου B⁺ (verba ego sic distinxi)] αδιν ωβηθ(cf. II 86) ιωνα-
θου A || 33 ηλαμ] λαμ B⁺, αιλαμ L⁺, ελαμ A⁺ | ιεσιας V] εσ. B⁺, ιεσσιας A
|| 34 > A | σαφατιου] σοφοτ. B⁺ | 36 εκατον εξηκ.] εξηκ. και εκατον A ||
37 υιων > B⁺ | βαβι] βαιηρ B⁺, βοκχει L⁺: cf. II 2 11 | Ζαχαριαι B⁺ | βηβαι]
βημαι B⁺ || 38 εκ των υιων] υιοι B⁺ | ασγαθ Ra.] ασταθ BA, ασγαδ L⁺: cf.
5 13 | ιωανης B⁺] ιωαννης A || 39 αδωνιακαιμ B⁺ | ελιφαλατος] -φαλα του
B⁺ | ιευηλ] γε. B⁺ || 40 βαγο ουθι ο] βαναιου B⁺ | ιστακαλκου B⁺ ||
41 συναγαγων B⁺ | θεραν > B⁺, sed 60 θερα adest || 42 των υιων > BL⁺
|| 43 ελναταν Ra.] εναατ. B⁺, ελναθαν A | μεσολαμον Ra.] μεσολαβων B⁺, μο-
σολλαμον A || 44 αδδαιον Be.] λααδαιον B⁺, δολδαιον A⁽⁺⁾, αδδαι L⁺: sim.
in 45, sed B λοδαιω | του > B⁺ || 45 διαλεγηναι B⁺] -λεχθηναι rel.

καὶ τοῖς ἐν τῷ τόπῳ γαζοφύλαξιν ἀποστεῖλαι ἡμῖν τοὺς ἱερατεύ-
46 σοντας ἐν τῷ οἴκῳ τοῦ κυρίου ἡμῶν. ⁴⁶καὶ ἤγαγον ἡμῖν κατὰ τὴν
κραταιὰν χεῖρα τοῦ κυρίου ἡμῶν ἄνδρας ἐπιστήμονας τῶν υἱῶν
Μοολι τοῦ Λευι τοῦ Ισραηλ· Ασεβηβιαν καὶ τοὺς υἱοὺς καὶ τοὺς
47 ἀδελφούς, δέκα ὀκτώ· ⁴⁷καὶ Ασεβιαν καὶ Αννουνον καὶ Ωσαιαν
ἀδελφὸν ἐκ τῶν υἱῶν Χανουναιου καὶ οἱ υἱοὶ αὐτῶν, ἄνδρες εἴκοσι·
48 ⁴⁸καὶ ἐκ τῶν ἱεροδούλων, ὧν ἔδωκεν Δαυιδ καὶ οἱ ἡγούμενοι εἰς
τὴν ἐργασίαν τῶν Λευιτῶν, ἱερόδουλοι διακόσιοι εἴκοσι· πάντων
49 ἐσημάνθη ἡ ὀνοματογραφία. ⁴⁹καὶ εὐξάμην ἐκεῖ νηστείαν τοῖς νεα-
50 νίσκοις ἔναντι τοῦ κυρίου ἡμῶν ⁵⁰ζητῆσαι παρ᾽ αὐτοῦ εὐοδίαν
51 ἡμῖν τε καὶ τοῖς συνοῦσιν ἡμῖν τέκνοις ἡμῶν καὶ κτήνεσιν. ⁵¹ἐν-
ετράπην γὰρ αἰτῆσαι τὸν βασιλέα πεζούς τε καὶ ἱππεῖς καὶ προ-
πομπὴν ἕνεκεν ἀσφαλείας τῆς πρὸς τοὺς ἐναντιουμένους ἡμῖν·
52 ⁵²εἴπαμεν γὰρ τῷ βασιλεῖ ὅτι Ἰσχὺς τοῦ κυρίου ἡμῶν ἔσται μετὰ
53 τῶν ἐπιζητούντων αὐτὸν εἰς πᾶσαν ἐπανόρθωσιν. ⁵³καὶ πάλιν ἐδε-
54 ήθημεν τοῦ κυρίου ἡμῶν κατὰ ταῦτα καὶ εὐιλάτου ἐτύχομεν. ⁵⁴καὶ
ἐχώρισα τῶν φυλάρχων τῶν ἱερέων ἄνδρας δέκα δύο, καὶ Σερε-
βιαν καὶ Ασαβιαν καὶ μετ᾽ αὐτῶν ἐκ τῶν ἀδελφῶν αὐτῶν ἄνδρας
55 δέκα, ⁵⁵καὶ ἔστησα αὐτοῖς τὸ ἀργύριον καὶ τὸ χρυσίον καὶ τὰ ἱερὰ
σκεύη τοῦ οἴκου τοῦ κυρίου ἡμῶν, ἃ αὐτὸς ἐδωρήσατο ὁ βασιλεὺς
56 καὶ οἱ σύμβουλοι αὐτοῦ καὶ οἱ μεγιστᾶνες καὶ πᾶς Ισραηλ. ⁵⁶καὶ
στήσας παρέδωκα αὐτοῖς ἀργυρίου τάλαντα ἑξακόσια πεντήκοντα
καὶ σκεύη ἀργυρᾶ ταλάντων ἑκατὸν καὶ χρυσίου τάλαντα ἑκατὸν
καὶ χρυσώματα εἴκοσι καὶ σκεύη χαλκᾶ ἀπὸ χρηστοῦ χαλκοῦ στίλ-
57 βοντα χρυσοειδῆ σκεύη δώδεκα. ⁵⁷καὶ εἶπα αὐτοῖς Καὶ ὑμεῖς ἅγιοί
ἐστε τῷ κυρίῳ, καὶ τὰ σκεύη ἅγια, καὶ τὸ ἀργύριον καὶ τὸ χρυσίον
58 εὐχὴ τῷ κυρίῳ κυρίῳ τῶν πατέρων ἡμῶν· ⁵⁸ἀγρυπνεῖτε καὶ φυ-
λάσσετε ἕως τοῦ παραδοῦναι αὐτὰ ὑμᾶς τοῖς φυλάρχοις τῶν ἱερέων
καὶ τῶν Λευιτῶν καὶ τοῖς ἡγουμένοις τῶν πατριῶν τοῦ Ισραηλ ἐν

45 ιερατευσοντας Bᶜ] -σαντας B*A | τω οικω] τοπω Aᵗ: ex praec. ‖
46 init. — ημων > Bᵗ | ηγαγον compl.] ηγαγεν A | ανδρα επιστημονα BLᵗ |
υιους Bᵗ] + αυτου rel. | δεκα] pr. οντας A | οκτω] οι (sic) Bᵗ: ad 47 εκ των
tractum, cf. inf. ‖ 47 init. — αδελφον > Bᵗ | ανδρες εικοσι] tr. Bᵗ ‖ 48 ιε-
ροδουλοι διακοσιοι Bᵗ] -λους -σιους A | εικοσι] pr. και A | εσημαθη] ονομασθη
Aᵗ | η > B ‖ 49 νηστειαν / τοις νεαν.] tr. Aᵗ | του κυριου L] του > B, κυ-
ριου του θεου A ‖ 50 συνουσιν ημιν > B ‖ 51 αιτησαι τον βασ. > Bᵗ |
πεζους τε και ιππεις] ιππ. κ. πεζ. BLᵗ | και 2⁰] > Bᵗ, εις Lᵗ | εναντιουμενους]
ουμεν > BLᵗ ‖ 53 κατα] παντα Bᵗ, + παντα Lᵗ | ευιλατου ετυχ.] tr. Bᵗ ‖
54 σερεβιαν Ra.] εσερ. BA, σαραβ. Lᵗ | ασαβιαν Lᵗ] ασαμιαν A, ασσαμιαν B
‖ 55 α αυτος unus cod.] ουτως BA, οσα Lᵗ | οι ult. > Bᵗ ‖ 56 στησας
παρεδωκα B] παρεδωκεν αυτ. στησας B | αργυρ. ταλ.] tr. Bᵗ | πεντηκ.] pr.
και A | και 3⁰ ⌢ 4⁰ A | ταλαντα 2⁰] -των Bᵗ | και 4⁰ > Bᵗ | χρηστου χαλκου]
tr. BLᵗ | χρυσοειδη > Bᵗ | δωδεκα] δεκα Bᵗ ‖ 57 και τα σκευη BL] pr.
κυριος (sic) A pl. | αγια] pr. τα Bᵗ | αργυριον … χρυσιον BLᵗ] tr. rel.

Ιερουσαλημ ἐν τοῖς παστοφορίοις τοῦ οἴκου τοῦ κυρίου ἡμῶν. 59 καὶ οἱ παραλαβόντες οἱ ἱερεῖς καὶ οἱ Λευῖται τὸ ἀργύριον καὶ τὸ 59 χρυσίον καὶ τὰ σκεύη τὰ ἐν Ιερουσαλημ εἰσήνεγκαν εἰς τὸ ἱερὸν τοῦ κυρίου.

60 Καὶ ἀναζεύξαντες ἀπὸ τοῦ ποταμοῦ Θερα τῇ δωδεκάτῃ τοῦ 60 πρώτου μηνὸς εἰσήλθομεν εἰς Ιερουσαλημ κατὰ τὴν κραταιὰν χεῖρα τοῦ κυρίου ἡμῶν τὴν ἐφ᾽ ἡμῖν · καὶ ἐρρύσατο ἡμᾶς ἐπὶ τῆς εἰσόδου ἀπὸ παντὸς ἐχθροῦ, καὶ ἤλθομεν εἰς Ιερουσαλημ. 61 καὶ γενο- 61 μένης αὐτόθι ἡμέρας τρίτης σταθὲν τὸ ἀργύριον καὶ τὸ χρυσίον παρεδόθη ἐν τῷ οἴκῳ τοῦ κυρίου ἡμῶν Μαρμωθι Ουρια ἱερεῖ 62 — καὶ μετ᾽ αὐτοῦ Ελεαζαρ ὁ τοῦ Φινεες, καὶ ἦσαν μετ᾽ αὐτῶν 62 Ιωσαβδος Ἰησοῦ καὶ Μωεθ Σαβαννου οἱ Λευῖται — πρὸς ἀριθμὸν καὶ ὁλκὴν ἅπαντα, καὶ ἐγράφη πᾶσα ἡ ὁλκὴ αὐτῶν αὐτῇ τῇ ὥρᾳ. 63 οἱ δὲ παραγενόμενοι ἐκ τῆς αἰχμαλωσίας προσήνεγκαν θυσίας 63 τῷ θεῷ τοῦ Ισραηλ κυρίῳ ταύρους δώδεκα ὑπὲρ παντὸς Ισραηλ, κριοὺς ἐνενήκοντα ἕξ, ἄρνας ἑβδομήκοντα δύο, τράγους ὑπὲρ σωτηρίου δέκα δύο · ἅπαντα θυσίαν τῷ κυρίῳ. 64 καὶ ἀπέδωκαν τὰ 64 προστάγματα τοῦ βασιλέως τοῖς βασιλικοῖς οἰκονόμοις καὶ τοῖς ἐπάρχοις Κοίλης Συρίας καὶ Φοινίκης, καὶ ἐδόξασαν τὸ ἔθνος καὶ τὸ ἱερὸν τοῦ κυρίου.

65 Καὶ τούτων τελεσθέντων προσήλθοσάν μοι οἱ ἡγούμενοι λέ- 65 γοντες 66 Οὐκ ἐχώρισαν τὸ ἔθνος τοῦ Ισραηλ καὶ οἱ ἄρχοντες καὶ 66 οἱ ἱερεῖς καὶ οἱ Λευῖται τὰ ἀλλογενῆ ἔθνη τῆς γῆς καὶ τὰς ἀκαθαρσίας αὐτῶν, Χαναναίων καὶ Χετταίων καὶ Φερεζαίων καὶ Ιεβουσαίων καὶ Μωαβιτῶν καὶ Αἰγυπτίων καὶ Ιδουμαίων · 67 συνῴκησαν γὰρ 67 μετὰ τῶν θυγατέρων αὐτῶν καὶ αὐτοὶ καὶ οἱ υἱοὶ αὐτῶν, καὶ ἐπεμίγη τὸ σπέρμα τὸ ἅγιον εἰς τὰ ἀλλογενῆ ἔθνη τῆς γῆς, καὶ μετεῖχον οἱ προηγούμενοι καὶ οἱ μεγιστᾶνες τῆς ἀνομίας ταύτης ἀπὸ τῆς ἀρχῆς τοῦ πράγματος. 68 καὶ ἅμα τῷ ἀκοῦσαί με ταῦτα διέρ- 68 ρηξα τὰ ἱμάτια καὶ τὴν ἱερὰν ἐσθῆτα καὶ κατέτιλα τοῦ τριχώματος τῆς κεφαλῆς καὶ τοῦ πώγωνος καὶ ἐκάθισα σύννους καὶ περίλυπος. 69 καὶ ἐπισυνήχθησαν πρός με ὅσοι ποτὲ ἐπεκινοῦντο τῷ ῥήματι 69

59 εισηνεγκαν] εισ > BL† ‖ 60 ποταμου] τοπου B† | πρωτου > A† | εισηλθομεν compl.] εως ηλθοσαν B†, pr. εως A | επι Ra.] απο BA | εισοδου BL†] + κυριος rel. | ηλθομεν] -θεν B† ‖ 61 σταθεν B†] pr. τη (+ δε A) ημερα τη τεταρτη rel.: cf. II 8 33 | του κυριου ημων] κυριου BL† | μαρμαθι A† | ουρ(ε)ια B†] ουριου L†, ουρι A ‖ 62 ιωσαβδος] -βεες B† | ιησους B† | απαντα] παντα BL†: cf. 1 30 | αυτων ult. > B† ‖ 63 ταυρους — κριους > B† | δυο 1°] εξ B† ‖ 64 κοιλης > BL† ‖ 65 τουτων] των B† ‖ 66 το εθνος του ισρ. > B† | τα] και B† | και τας > B† | αυτων B†] απο των εθνων των A pl. ‖ 67 συνωκ. γαρ μετα] ξυνωκισαντας (sic) B† | και 1° BL†] > rel. ‖ 68 και 1° BL†] εγενετο rel. | διερρηξα] δι > B† | και 3° > B† | κατετεινον B† ‖ 69 οσοι] + ησαν ζηλωται και οσοι A† | τω ρημ. BL†] pr. επι rel.

κυρίου τοῦ Ισραηλ, ἐμοῦ πενθοῦντος ἐπὶ τῇ ἀνομίᾳ, καὶ ἐκαθήμην
70 περίλυπος ἕως τῆς δειλινῆς θυσίας. ⁷⁰ καὶ ἐξεγερθεὶς ἐκ τῆς νη-
στείας διερρηγμένα ἔχων τὰ ἱμάτια καὶ τὴν ἱερὰν ἐσθῆτα κάμψας
71 τὰ γόνατα καὶ ἐκτείνας τὰς χεῖρας πρὸς τὸν κύριον ἔλεγον ⁷¹Κύριε,
72 ᾔσχυμμαι, ἐντέτραμμαι κατὰ πρόσωπόν σου · ⁷² αἱ γὰρ ἁμαρτίαι
ἡμῶν ἐπλεόνασαν ὑπὲρ τὰς κεφαλὰς ἡμῶν, αἱ δὲ ἄγνοιαι ἡμῶν
73 ὑπερήνεγκαν ἕως τοῦ οὐρανοῦ ⁷³ ἀπὸ τῶν χρόνων τῶν πατέρων
74 ἡμῶν, καί ἐσμεν ἐν μεγάλῃ ἁμαρτίᾳ ἕως τῆς ἡμέρας ταύτης · ⁷⁴ καὶ
διὰ τὰς ἁμαρτίας ἡμῶν καὶ τῶν πατέρων ἡμῶν παρεδόθημεν σὺν
τοῖς ἀδελφοῖς ἡμῶν καὶ σὺν τοῖς βασιλεῦσιν ἡμῶν καὶ σὺν τοῖς
ἱερεῦσιν ἡμῶν τοῖς βασιλεῦσιν τῆς γῆς εἰς ῥομφαίαν καὶ αἰχμα-
λωσίαν καὶ προνομὴν μετὰ αἰσχύνης μέχρι τῆς σήμερον ἡμέρας.
75 ⁷⁵ καὶ νῦν κατὰ πόσον τι ἐγενήθη ἡμῖν ἔλεος παρὰ σοῦ, κύριε, κα-
ταλειφθῆναι ἡμῖν ῥίζαν καὶ ὄνομα ἐν τῷ τόπῳ τοῦ ἁγιάσματός
76 σου ⁷⁶ καὶ τοῦ ἀνακαλύψαι φωστῆρα ἡμῶν ἐν τῷ οἴκῳ τοῦ κυρίου
77 ἡμῶν δοῦναι ἡμῖν τροφὴν ἐν τῷ καιρῷ τῆς δουλείας ἡμῶν · ⁷⁷ καὶ
ἐν τῷ δουλεύειν ἡμᾶς οὐκ ἐγκατελείφθημεν ὑπὸ τοῦ κυρίου ἡμῶν,
ἀλλὰ ἐποίησεν ἡμᾶς ἐν χάριτι ἐνώπιον τῶν βασιλέων Περσῶν
78 ⁷⁸ δοῦναι ἡμῖν τροφὴν καὶ δοξάσαι τὸ ἱερὸν τοῦ κυρίου ἡμῶν καὶ
ἐγεῖραι τὴν ἔρημον Σιων δοῦναι ἡμῖν στερέωμα ἐν τῇ Ιουδαίᾳ καὶ
79 Ιερουσαλημ. ⁷⁹ καὶ νῦν τί ἐροῦμεν, κύριε, ἔχοντες ταῦτα; παρέβημεν
γὰρ τὰ προστάγματά σου, ἃ ἔδωκας ἐν χειρὶ τῶν παίδων σου τῶν
80 προφητῶν λέγων ὅτι ⁸⁰ Ἡ γῆ, εἰς ἣν εἰσέρχεσθε κληρονομῆσαι,
ἔστιν τῇ μεμολυσμένῃ μολυσμῷ τῶν ἀλλογενῶν τῆς γῆς, καὶ τῆς
81 ἀκαθαρσίας αὐτῶν ἐνέπλησαν αὐτήν · ⁸¹ καὶ νῦν τὰς θυγατέρας
ὑμῶν μὴ συνοικίσητε τοῖς υἱοῖς αὐτῶν καὶ τὰς θυγατέρας αὐτῶν
82 μὴ λάβητε τοῖς υἱοῖς ὑμῶν · ⁸² καὶ οὐ ζητήσετε εἰρηνεῦσαι τὰ πρὸς
αὐτοὺς τὸν ἅπαντα χρόνον, ἵνα ἰσχύσαντες φάγητε τὰ ἀγαθὰ τῆς
83 γῆς καὶ κατακληρονομήσητε τοῖς υἱοῖς ὑμῶν ἕως αἰῶνος. ⁸³ καὶ τὰ
συμβαίνοντα πάντα ἡμῖν γίγνεται διὰ τὰ ἔργα ἡμῶν τὰ πονηρὰ
84 καὶ τὰς μεγάλας ἁμαρτίας ἡμῶν. ⁸⁴ σὺ γάρ, κύριε, ἐκούφισας τὰς
ἁμαρτίας ἡμῶν καὶ ἔδωκας ἡμῖν τοιαύτην ῥίζαν · πάλιν ἀνεκάμ-
ψαμεν παραβῆναι τὸν νόμον σου εἰς τὸ ἐπιμιγῆναι τῇ ἀκαθαρσίᾳ

---

69 του ισρ. B†] θεου ισρ. A ‖ 72 αι δε B†] και αι rel. ‖ 73 init. BL†]
pr. ετι rel. |ι 74 και 3⁰ > B† | τοις βασιλευσιν 2⁰] τοις -λευουσιν B⁽†⁾, pr.
και A† | εις > B† ‖ 75 εγεν. ημιν] tr. B† | σου κυριε] του κυριου κυριου
B†, του κυριου L† | του αγιασμ. σου] τουτω αγιασματος (sic) B† ‖ 76 ανα-
καλ.] αναψαι A† | κυριου BL†] + θεου A ‖ 77 υπο] απο A ‖ 78 του κυ-
ριου > BL† ‖ 79 ταυτα] αυτα B† | παρεβημεν] -βησαν B† | γαρ > BL† ‖
80 μεμολυμμενη A ‖ 81 υμων ... αυτων ... αυτων ... υμων BL†] αυτων ...
υμων ... υμων ... αυτων rel. | υιοις bis] τεκνοις A† | λαβητε BL†] δωτε rel.
‖ 82 αιωνος] pr. του A ‖ 83 γιγνεται A†] γιν. rel. | ημων ult. > B† ‖
84 εκουφισας] ο κουφ. B† | και > B†

τῶν ἐθνῶν τῆς γῆς. ⁸⁵ οὐχὶ ὠργίσθης ἡμῖν ἀπολέσαι ἡμᾶς ἕως τοῦ 85
μὴ καταλιπεῖν ῥίζαν καὶ σπέρμα καὶ ὄνομα ἡμῶν; ⁸⁶ κύριε τοῦ 86
Ισραηλ, ἀληθινὸς εἶ· κατελείφθημεν γὰρ ῥίζα ἐν τῇ σήμερον. ⁸⁷ ἰδοὺ 87
νῦν ἐσμεν ἐνώπιόν σου ἐν ταῖς ἀνομίαις ἡμῶν· οὐ γὰρ ἔστιν
στῆναι ἔτι ἔμπροσθέν σου ἐπὶ τούτοις.

⁸⁸ Καὶ ὅτε προσευχόμενος Εσδρας ἀνθωμολογεῖτο κλαίων χα- 88
μαιπετὴς ἔμπροσθεν τοῦ ἱεροῦ, ἐπισυνήχθησαν πρὸς αὐτὸν ἀπὸ
Ιερουσαλημ ὄχλος πολὺς σφόδρα, ἄνδρες καὶ γυναῖκες καὶ νεανίαι·
κλαυθμὸς γὰρ ἦν μέγας ἐν τῷ πλήθει. ⁸⁹ καὶ φωνήσας Ιεχονιας 89
Ιεηλου τῶν υἱῶν Ισραηλ εἶπεν Εσδρα Ἡμεῖς ἡμάρτομεν εἰς τὸν
κύριον καὶ συνῳκίσαμεν γυναῖκας ἀλλογενεῖς ἐκ τῶν ἐθνῶν τῆς
γῆς· καὶ νῦν ἐστιν ἐλπὶς τῷ Ισραηλ. ⁹⁰ ἐν τούτῳ γενέσθω ἡμῖν 90
ὁρκωμοσία πρὸς τὸν κύριον, ἐκβαλεῖν πάσας τὰς γυναῖκας ἡμῶν
τὰς ἐκ τῶν ἀλλογενῶν σὺν τοῖς τέκνοις αὐτῶν, ὡς ἐκρίθη σοι
καὶ ὅσοι πειθαρχοῦσιν τῷ νόμῳ τοῦ κυρίου. ⁹¹ ἀναστὰς ἐπιτέλει· 91
πρὸς σὲ γὰρ τὸ πρᾶγμα, καὶ ἡμεῖς μετὰ σοῦ ἰσχὺν ποιεῖν. ⁹² καὶ 92
ἀναστὰς Εσδρας ὥρκισεν τοὺς φυλάρχους τῶν ἱερέων καὶ Λευι-
τῶν παντὸς τοῦ Ισραηλ ποιῆσαι κατὰ ταῦτα· καὶ ὤμοσαν. ¹ καὶ 9
ἀναστὰς Εσδρας ἀπὸ τῆς αὐλῆς τοῦ ἱεροῦ ἐπορεύθη εἰς τὸ παστο-
φόριον Ιωαναν τοῦ Ελιασιβου ² καὶ αὐλισθεὶς ἐκεῖ ἄρτου οὐκ ἐγεύ- 2
σατο οὐδὲ ὕδωρ ἔπιεν πενθῶν ὑπὲρ τῶν ἀνομιῶν τῶν μεγάλων
τοῦ πλήθους. ³ καὶ ἐγένετο κήρυγμα ἐν ὅλῃ τῇ Ιουδαίᾳ καὶ Ιερου- 3
σαλημ πᾶσι τοῖς ἐκ τῆς αἰχμαλωσίας συναχθῆναι εἰς Ιερουσαλημ·
⁴ καὶ ὅσοι ἂν μὴ ἀπαντήσωσιν ἐν δυσὶν ἢ τρισὶν ἡμέραις κατὰ τὸ 4
κρίμα τῶν προκαθημένων πρεσβυτέρων, ἀνιερωθήσονται τὰ κτήνη
αὐτῶν, καὶ αὐτὸς ἀλλοτριωθήσεται ἀπὸ τοῦ πλήθους τῆς αἰχμα-
λωσίας.

⁵ Καὶ ἐπισυνήχθησαν οἱ ἐκ τῆς φυλῆς Ιουδα καὶ Βενιαμιν ἐν 5
τρισὶν ἡμέραις εἰς Ιερουσαλημ (οὗτος ὁ μὴν ἔνατος τῇ εἰκάδι τοῦ
μηνός), ⁶ καὶ συνεκάθισαν πᾶν τὸ πλῆθος ἐν τῇ εὐρυχώρῳ τοῦ 6
ἱεροῦ τρέμοντες διὰ τὸν ἐνεστῶτα χειμῶνα. ⁷ καὶ ἀναστὰς Εσδρας 7
εἶπεν αὐτοῖς Ὑμεῖς ἠνομήσατε καὶ συνῳκίσατε γυναῖκας ἀλλογενεῖς
τοῦ προσθεῖναι ἁμαρτίαν τῷ Ισραηλ· ⁸ καὶ νῦν δότε ὁμολογίαν 8

85/86 ημων κυριε > B*† || 87 νυν > B† || 88 απο BL†] εξ rel.: cf. 89
| και ult. > B† || 89 ιεηλου] ιεηλ ο A† | κυριον BL†] + θεον rel. | συν-
ωκισαμεν γυναικας] κατωκησαν γυναικες B† | εκ] απο A: cf. 88 | ελπις τω L†]
επανω πας BA || 90 γενεσθω] ηγνεσθω A†: pro γιγν. | πειθαρχουσιν] -χη-
σουσιν B† | τω νομω] του νομου B† | του B†] > rel. || 92 λευιτων] pr. των
BL†; + και L†
9 (cf. Esdr. II 10 6—44 17 73—18 13) 1 ιωαναν] ιωνα B†: cf. 23 | ελιασιβου]
νασ. B† || 2 υπερ BL†] επι rel. || 6 συνεκαθισεν A | δια > B† || 7 συν-
ωκισατε γυναικας αλλογενεις] συνω(uel οι)κησατε γυναιξιν -γενεσιν BL†: cf. 36
8 67. 81. 89 | του > BL† | αμαρτιαν B†] -τιας rel.

9 δόξαν τῷ κυρίῳ θεῷ τῶν πατέρων ἡμῶν ⁹καὶ ποιήσατε τὸ θέλημα
αὐτοῦ καὶ χωρίσθητε ἀπὸ τῶν ἐθνῶν τῆς γῆς καὶ ἀπὸ τῶν γυ-
10 ναικῶν τῶν ἀλλογενῶν. ¹⁰καὶ ἐφώνησαν ἅπαν τὸ πλῆθος καὶ εἶπον
11 μεγάλη τῇ φωνῇ Οὕτως ὡς εἴρηκας ποιήσομεν · ¹¹ἀλλὰ τὸ πλῆθος
πολὺ καὶ ἡ ὥρα χειμερινή, καὶ οὐκ ἰσχύομεν στῆναι αἴθριοι καὶ
οὐχ εὕρομεν, καὶ τὸ ἔργον ἡμῖν οὐκ ἔστιν ἡμέρας μιᾶς οὐδὲ δύο ·
12 ἐπὶ πλεῖον γὰρ ἡμάρτομεν ἐν τούτοις. ¹²στήτωσαν δὲ οἱ προηγού-
μενοι τοῦ πλήθους, καὶ πάντες οἱ ἐκ τῶν κατοικιῶν ἡμῶν, ὅσοι
ἔχουσιν γυναῖκας ἀλλογενεῖς, παραγενηθήτωσαν λαβόντες χρόνον ·
13 ¹³καὶ ἑκάστου δὲ τόπου τοὺς πρεσβυτέρους καὶ τοὺς κριτὰς ἕως
τοῦ λῦσαι τὴν ὀργὴν τοῦ κυρίου ἀφ᾽ ἡμῶν τοῦ πράγματος τούτου.
14 ¹⁴Ιωναθας Αζαηλου καὶ Ιεζιας Θοκανου ἐπεδέξαντο κατὰ ταῦτα,
καὶ Μοσολλαμος καὶ Λευις καὶ Σαββαταιος συνεβράβευσαν αὐτοῖς.
15 ¹⁵καὶ ἐποίησαν κατὰ πάντα ταῦτα οἱ ἐκ τῆς αἰχμαλωσίας. ¹⁶καὶ
16 ἐπελέξατο ἑαυτῷ Εσδρας ὁ ἱερεὺς ἄνδρας ἡγουμένους τῶν πατριῶν
αὐτῶν, κατ᾽ ὄνομα πάντας, καὶ συνεκάθισαν τῇ νουμηνίᾳ τοῦ μηνὸς
17 τοῦ δεκάτου ἐτάσαι τὸ πρᾶγμα. ¹⁷καὶ ἤχθη ἐπὶ πέρας τὰ κατὰ
τοὺς ἄνδρας τοὺς ἐπισυνέχοντας γυναῖκας ἀλλογενεῖς ἕως τῆς
νουμηνίας τοῦ πρώτου μηνός.
18 ¹⁸Καὶ εὑρέθησαν τῶν ἱερέων οἱ ἐπισυναχθέντες ἀλλογενεῖς γυ-
19 ναῖκας ἔχοντες · ¹⁹ἐκ τῶν υἱῶν ᾽Ιησοῦ τοῦ Ιωσεδεκ καὶ τῶν ἀδελ-
20 φῶν Μασηας καὶ Ελεαζαρος καὶ Ιωριβος καὶ Ιωδανος · ²⁰καὶ ἐπ-
έβαλον τὰς χεῖρας ἐκβαλεῖν τὰς γυναῖκας αὐτῶν, καὶ εἰς ἐξιλασμὸν
21 κριοὺς ὑπὲρ τῆς ἀγνοίας αὐτῶν. ²¹καὶ ἐκ τῶν υἱῶν Εμμηρ Ανα-
νιας καὶ Ζαβδαιος καὶ Μανης καὶ Σαμαιος καὶ Ιιηλ καὶ Αζαριας.
22 ²²καὶ ἐκ τῶν υἱῶν Φαισουρ Ελιωναις, Μασσιας, Ισμαηλος καὶ
23 Ναθαναηλος καὶ Ωκιδηλος καὶ Σαλθας. — ²³καὶ ἐκ τῶν Λευιτῶν ·
Ιωζαβδος καὶ Σεμεϊς καὶ Κωλιος (οὗτος Καλιτας) καὶ Παθαιος καὶ
24 Ωουδας καὶ Ιωανας · ²⁴ἐκ τῶν ἱεροψαλτῶν Ελιασιβος, Βακχουρος ·

9 των γυν. > B† ‖ 10 απαν] παν BL†: cf. 1 30 ‖ 11 η > BLᵖ† | ισχυ-
σομεν B† | και ουχ ευρομεν B⁽†⁾] > Apl. | ημιν / ουκ εστιν BL†] tr. A ‖
13 και εκαστου δε (cf. 8 10)] εκαστου B†, και εξ εκαστου L† | του 2⁰ > B ‖
14 ιεζιας Ra. (cf. 26)] εζ. B†, ιαζ. (uel ιωζ.) L†, εζεκιας rel. | θοκανου B†] θωκ.
A, υιος θεκουε L† ‖ 16 εαυτω] ε > B | κατ ον. / παντας] tr. B | συνεκαθι-
σαν] συνεκλεισθησαν B† ‖ 17 επισυνεχοντας] επισυναχθεντας B†: cf. 18 ‖
19 αδελφων] + αυτου BL† | μασηας Ra. (cf. II 10 30)] μαεηλας B†, μαασιας L†,
μαθηλας rel. | ιωδανος A ‖ 21 εμηρ B† | και μανης] και απο των υιων ηι-
ραμ(uel ιηραμ) μαασιας και ελειας L†: cf. II 10 21 | σαμαιος] θαμ. B† | ι(ε)ιηλ
L†] ιερεηλ BA ‖ 22 φαισου A | ελιωναις B†] ελιαυναι L†; ελιωνας rel.: cf.
32 | μασσιας] μ > B† | και ναθ. > A† | ωκαιλνδος B† | σαλθας B†] σαλοας A
‖ 23 σεμεις] σενσεις B† | κωλιος] κωνος B† | ουτος BL†] + εστιν rel. | κα-
λειταις B† | παθαιος] φαθ. A†, φεθειας L† | ιωανας B†] ιωνας A: cf. 1 ‖
24 ελιασεβος B†

²⁵ἐκ τῶν θυρωρῶν Σαλλουμος καὶ Τολβανης. — ²⁶ἐκ τοῦ Ισραηλ · 25
ἐκ τῶν υἱῶν Φορος Ιερμας καὶ Ιεζιας καὶ Μελχιας καὶ Μιαμινος
καὶ Ελεαζαρος καὶ Ασιβιας καὶ Βανναιας · ²⁷ἐκ τῶν υἱῶν Ηλαμ 27
Ματανιας καὶ Ζαχαριας, Ιεζριηλος καὶ Ωβαδιος καὶ Ιερεμωθ καὶ
Ηλιας · ²⁸καὶ ἐκ τῶν υἱῶν Ζαμοθ Ελιαδας, Ελιασιμος, Οθονιας, 28
Ιαριμωθ καὶ Σαβαθος καὶ Ζερδαιας · ²⁹καὶ ἐκ τῶν υἱῶν Βηβαι Ιω- 29
αννης καὶ Ανανιας καὶ Ζαβδος καὶ Εμαθις · ³⁰καὶ ἐκ τῶν υἱῶν 30
Μανι Ωλαμος, Μαμουχος, Ιεδαιος, Ιασουβος καὶ Ασαηλος καὶ Ιερε-
μωθ · ³¹καὶ ἐκ τῶν υἱῶν Αδδι Νααθος καὶ Μοοσσιας, Λακκουνος 31
καὶ Ναϊδος καὶ Βεσκασπασμυς καὶ Σεσθηλ καὶ Βαλνουος καὶ Μα-
νασσηας · ³²καὶ ἐκ τῶν υἱῶν Ανναν Ελιωνας καὶ Ασαιας καὶ Μελ- 32
χιας καὶ Σαββαιας καὶ Σιμων Χοσαμαιος · ³³καὶ ἐκ τῶν υἱῶν Ασομ 33
Μαλτανναιος καὶ Ματταθιας καὶ Σαβανναιους καὶ Ελιφαλατ καὶ
Μανασσης καὶ Σεμεϊ · ³⁴καὶ ἐκ τῶν υἱῶν Βαανι Ιερεμιας, Μομδιος, 34
Μαηρος, Ιουηλ, Μαμδαι καὶ Πεδιας καὶ Ανως, Καραβασιων καὶ
Ελιασιβος καὶ Μαμνιταναιμος, Ελιασις, Βαννους, Ελιαλις, Σομεϊς,
Σελεμιας, Ναθανιας · καὶ ἐκ τῶν υἱῶν Εζωρα Σεσσις, Εζριλ, Αζα-
ηλος, Σαματος, Ζαμβρις, Ιωσηπος · ³⁵καὶ ἐκ τῶν υἱῶν Νοομα Μαζι- 35
τιας, Ζαβαδαιας, Ηδαις, Ιουηλ, Βαναιας. — ³⁶πάντες οὗτοι συν- 36
ῴκισαν γυναῖκας ἀλλογενεῖς · καὶ ἀπέλυσαν αὐτὰς σὺν τέκνοις.

³⁷Καὶ κατῴκησαν οἱ ἱερεῖς καὶ οἱ Λευῖται καὶ οἱ ἐκ τοῦ Ισραηλ 37
ἐν Ιερουσαλημ καὶ ἐν τῇ χώρᾳ. τῇ νουμηνίᾳ τοῦ ἑβδόμου μηνός
— καὶ οἱ υἱοὶ Ισραηλ ἐν ταῖς κατοικίαις αὐτῶν — ³⁸καὶ συνήχθη 38
πᾶν τὸ πλῆθος ὁμοθυμαδὸν ἐπὶ τὸ εὐρύχωρον τοῦ πρὸς ἀνατολὰς
τοῦ ἱεροῦ πυλῶνος ³⁹καὶ εἶπον Εσδρα τῷ ἀρχιερεῖ καὶ ἀναγνώστῃ 39
κομίσαι τὸν νόμον Μωυσέως τὸν παραδοθέντα ὑπὸ τοῦ κυρίου

26 ιερμας] ς > B† | ιεζ(ε)ιας B†] ιαζ. L†, ιεδδιας A : cf. 14 | μιαμινος Ra.]
μιαηλος codex unus codici B cognatus, μιηλος B†, μαηλος A | ασιβιας] ασεβειας
B† ‖ 27 ηλαμ Be. (cf. II 10 26)] ηλα και BA | ματανιας codex unus codici B
cognatus] ματαν B†, ματθανιας A | και 1⁰ > A | ιεζορικλος B† | ωβαδιος Be.]
ωαβδ. BA⁽†⁾, ιωαβδ. pl., αβδια L† | ηλιας L†] αηδ(ε)ιας BA ‖ 28 Ζερδαιας
Ra.] Ζεραλιας B†, ζαρδ. A ‖ 29 και 1⁰ > AL† | βηβαι] βοκχει L†: cf. II 2 11
| Ζαβδος B†] Ζαβουθ L†, ιωΖαβαδος pl. (ι > A): cf. 23. 48 | εμαθις B†]
30 και 1⁰ BL†] > rel. ‖ 31 αδδι νααθος] αδδειν λαθος B† | βεσκασπασμυς
B†] ματθανιας A | βαλνουος] -νους B†, βανουι L† ⋅ ‖ 32 αννας A | ελιωδας
B† | χοσαμαιος] ι > B† ‖ 33 μαλτανναιος] μ > A | σαβανναιους B†] βανν.
A, Ζαβδια L† | μανασση B⁽†⁾ ‖ 34 μομδ(ε)ιος B†] -δεις A | μαηρος B†] ισμα.
A | ιουηλ] ιουνα B† : cf. 35 | μανδαι A† | ελιασιβος Be.] ενασ(ε)ιβος mss. |
μαμνιτ.] μαμτ. B† | ελιαλις Ra.] εδιαλεις B†, ς > rel. | σεσσ(ε)ις] σεσεις B† |
αΖαηλ A† | Ζαμβρει B† | ιωσηπος Ra.] φοσ. B†, ιωσηφος rel. ‖ 35 και et
υιων > B† | νοομα] ν > B | μαζιτιας] μα > B† | ηδαις] ηδος B† | ιουηλ] ι >
B† : cf. 34 ‖ 36 συνωκισαν γυναικας αλλογενεις] συνωκησαν γυναιξιν -γενεσιν
BL† : cf. 7 ‖ 37 εβδομου μηνος BL†] μην. του εβδ. rel. ‖ 38 του ult. >
B† ‖ 39 ειπεν B | αρχιερει (cf. 40. 49)] αρχ > B: cf. 5 40 | κυριου > B†

40 θεοῦ Ισραηλ. ⁴⁰καὶ ἐκόμισεν Εσδρας ὁ ἀρχιερεὺς τὸν νόμον παντὶ
τῷ πλήθει ἀπὸ ἀνθρώπου ἕως γυναικὸς καὶ πᾶσιν τοῖς ἱερεῦσιν
41 ἀκοῦσαι τοῦ νόμου νουμηνίᾳ τοῦ ἑβδόμου μηνός· ⁴¹καὶ ἀνεγίγνω-
σκεν ἐν τῷ πρὸ τοῦ ἱεροῦ πυλῶνος εὐρυχώρῳ ἀπὸ ὄρθρου ἕως
μεσημβρινοῦ ἐνώπιον ἀνδρῶν τε καὶ γυναικῶν, καὶ ἐπέδωκαν πᾶν τὸ
42 πλῆθος τὸν νοῦν εἰς τὸν νόμον. ⁴²καὶ ἔστη Εσδρας ὁ ἱερεὺς καὶ
ἀναγνώστης τοῦ νόμου ἐπὶ τοῦ ξυλίνου βήματος τοῦ κατασκευα-
43 σθέντος, ⁴³καὶ ἔστησαν παρ' αὐτῷ Ματταθιας, Σαμμους, Ανανιας,
44 Αζαριας, Ουριας, Εζεκιας, Βααλσαμος ἐκ δεξιῶν, ⁴⁴καὶ ἐξ εὐωνύμων
45 Φαδαιος, Μισαηλ, Μελχιας, Λωθασουβος, Ναβαριας, Ζαχαριας. ⁴⁵καὶ
ἀναλαβὼν Εσδρας τὸ βιβλίον τοῦ νόμου ἐνώπιον τοῦ πλήθους —
46 προεκάθητο γὰρ ἐπιδόξως ἐνώπιον πάντων — ⁴⁶καὶ ἐν τῷ λῦσαι
τὸν νόμον πάντες ὀρθοὶ ἔστησαν. καὶ εὐλόγησεν Εσδρας τῷ κυρίῳ
47 θεῷ ὑψίστῳ θεῷ σαβαωθ παντοκράτορι, ⁴⁷καὶ ἐπεφώνησεν πᾶν τὸ
πλῆθος Αμην, καὶ ἄραντες ἄνω τὰς χεῖρας προσπεσόντες ἐπὶ τὴν
48 γῆν προσεκύνησαν τῷ κυρίῳ. ⁴⁸Ἰησοῦς καὶ Αννιουθ καὶ Σαραβιας,
Ιαδινος, Ιακουβος, Σαββαταιος, Αυταιας, Μαιαννας καὶ Καλιτας, Αζα-
ριας καὶ Ιωζαβδος, Ανανιας, Φαλιας οἱ Λευῖται ἐδίδασκον τὸν νόμον
κυρίου καὶ πρὸς τὸ πλῆθος ἀνεγίνωσκον τὸν νόμον τοῦ κυρίου
49 ἐμφυσιοῦντες ἅμα τὴν ἀνάγνωσιν. — ⁴⁹καὶ εἶπεν Ατταρατης Εσδρα
τῷ ἀρχιερεῖ καὶ ἀναγνώστῃ καὶ τοῖς Λευίταις τοῖς διδάσκουσι τὸ
50 πλῆθος ἐπὶ πάντας ⁵⁰Ἡ ἡμέρα αὕτη ἐστὶν ἁγία τῷ κυρίῳ — καὶ
51 πάντες ἔκλαιον ἐν τῷ ἀκοῦσαι τοῦ νόμου — · ⁵¹βαδίσαντες οὖν
φάγετε λιπάσματα καὶ πίετε γλυκάσματα καὶ ἀποστείλατε ἀποστο-
52 λὰς τοῖς μὴ ἔχουσιν, ⁵²ἁγία γὰρ ἡ ἡμέρα τῷ κυρίῳ· καὶ μὴ λυ-
53 πεῖσθε, ὁ γὰρ κύριος δοξάσει ὑμᾶς. ⁵³καὶ οἱ Λευῖται ἐκέλευον τῷ
54 δήμῳ παντὶ λέγοντες Ἡ ἡμέρα αὕτη ἁγία, μὴ λυπεῖσθε. ⁵⁴καὶ ᾤχον-
το πάντες φαγεῖν καὶ πιεῖν καὶ εὐφραίνεσθαι καὶ δοῦναι ἀποστολὰς

40 εκομισεν] εδοκιμασεν Β† | αρχιερευς] αρχ > L†: cf. 39 | του νομου] τον
νομον Β†: cf. 50 ‖ 41 ανεγιγνωσκεν Α†] τ 2⁰ > rel. | ευρυχωρου Β | απο
BL†] εξ rel. | μεσημβρινου BL†] μεσου ημερας Α | ανδρων τε] των ανδρ. Β
L† | παν το πληθος] παντα Β ‖ 43 εστησαν παρ] εστησεν Β† | σαμμους] ς
> Β† | ανανιας] pr. και AL†: idem add. L† ante nomina sequentia ‖
44 φαδαιος Ra.] φαλδαιος Α, φαλαδαιος Β†, φαδαιας L†; cf. Par. I 3 18 ‖
45 του νομου ενωπ. του πληθους] του πληθους ενωπιον (sic) Β† ‖ 46 εσδρας
(cf. 8 1)] αζαριας Β† | κυριω θεω et σαβαωθ > Β† | υψιστω] pr. τω Α† ‖
47 επεφωνησεν] επ > Β† | αμην] + αμην Β† | κυριω] θεω Β† ‖ 48 αννιουθ
Β†] αννους Α, βαναιας L† | ιακουβος] ιαρσουβοος Β† | σαββαταιος pau.] αβτ.
Β†, -ταιας Α | και ιωζαβδος] κατεθζαβδος Β†; cf. 23 | ανανιας] αννιας Β† |
φαλιας Β†] φιαθας Α | και προς — κυριου BL†] > rel. ‖ 49 ατταρατης Ra.]
ς > Β†, αθθαρ. Α | αρχιερει] αρχ > L†: cf. 39 ‖ 50 του νομου] τον νομον
BL†: cf. 40 ‖ 51 -ασματα 1⁰⌒2⁰ Β† ‖ 52 και > Α | κυριος BL†] pr.
θεος rel. ‖ 53 τω δημω παντι Β†] τα παντα τω δ. Α, παντι τω δ. mu.

τοῖς μὴ ἔχουσιν καὶ εὐφρανθῆναι μεγάλως, ⁵⁵ὅτι καὶ ἐνεφυσιώθησαν 55
ἐν τοῖς ῥήμασιν, οἷς ἐδιδάχθησαν. — καὶ ἐπισυνήχθησαν.

55 οτι και Β†] και > Α†, οτι γαρ mu. | και επισυνηχθ.: ad haec uerba
addit L† ea, quae in Esdr. II 18 13 sequuntur
Subscr. εσδρας α′ Β, εζρας α′ Α: cf. 8 1

E Σ Δ Ρ Α Σ   B′

¹ Καὶ ἐν τῷ πρώτῳ ἔτει Κύρου τοῦ βασιλέως Περσῶν τοῦ τελε- 1
σθῆναι λόγον κυρίου ἀπὸ στόματος Ιερεμιου ἐξήγειρεν κύριος τὸ
πνεῦμα Κύρου βασιλέως Περσῶν, καὶ παρήγγειλεν φωνὴν ἐν πάσῃ
βασιλείᾳ αὐτοῦ καί γε ἐν γραπτῷ λέγων ² Οὕτως εἶπεν Κῦρος βα- 2
σιλεὺς Περσῶν Πάσας τὰς βασιλείας τῆς γῆς ἔδωκέν μοι κύριος
ὁ θεὸς τοῦ οὐρανοῦ, καὶ αὐτὸς ἐπεσκέψατο ἐπ᾽ ἐμὲ τοῦ οἰκοδο-
μῆσαι αὐτῷ οἶκον ἐν Ιερουσαλημ τῇ ἐν τῇ Ιουδαίᾳ. ³ τίς ἐν ὑμῖν ἀπὸ 3
παντὸς τοῦ λαοῦ αὐτοῦ; καὶ ἔσται ὁ θεὸς αὐτοῦ μετ᾽ αὐτοῦ, καὶ
ἀναβήσεται εἰς Ιερουσαλημ τὴν ἐν τῇ Ιουδαίᾳ, καὶ οἰκοδομησάτω
τὸν οἶκον θεοῦ Ισραηλ (αὐτὸς ὁ θεὸς ὁ ἐν Ιερουσαλημ). ⁴ καὶ πᾶς 4
ὁ καταλειπόμενος ἀπὸ πάντων τῶν τόπων, οὗ αὐτὸς παροικεῖ ἐκεῖ,
καὶ λήμψονται αὐτὸν ἄνδρες τοῦ τόπου αὐτοῦ ἐν ἀργυρίῳ καὶ χρυ-
σίῳ καὶ ἀποσκευῇ καὶ κτήνεσιν μετὰ τοῦ ἑκουσίου εἰς οἶκον τοῦ
θεοῦ τοῦ ἐν Ιερουσαλημ. — ⁵ καὶ ἀνέστησαν ἄρχοντες τῶν πατρι- 5
ῶν τῷ Ιουδα καὶ Βενιαμιν καὶ οἱ ἱερεῖς καὶ οἱ Λευῖται, πάντων ὧν
ἐξήγειρεν ὁ θεὸς τὸ πνεῦμα αὐτῶν τοῦ ἀναβῆναι οἰκοδομῆσαι τὸν
οἶκον κυρίου τὸν ἐν Ιερουσαλημ. ⁶ καὶ πάντες οἱ κυκλόθεν ἐνίσχυ- 6
σαν ἐν χερσὶν αὐτῶν ἐν σκεύεσιν ἀργυρίου, ἐν χρυσῷ, ἐν ἀπο-
σκευῇ καὶ ἐν κτήνεσιν καὶ ἐν ξενίοις πάρεξ τῶν ἐν ἑκουσίοις. ⁷ καὶ 7

Esdr. II (= 𝔐 אזרא + נחמיה; Latinis „Esdr. I + II"): BA et inde ab 9 9
S. — Sᶜ (corrector septimi saeculi; Tischendorfio „c⟨orrector⟩ a") textum
ad O (et ad L?) adaptauit, cf. quae in fine libri adnotata sunt: ἀντεβλήθη
πρὸς παλαιώτατον λίαν ἀντίγραφον δεδιορθωμένον χειρὶ τοῦ ἁγίου μάρτυρος
Παμφίλου, ὅπερ ἀντίγραφον πρὸς τῷ τέλει ὑποσημείωσίς τις ἰδιόχειρος αὐτοῦ
ὑπέκειτο ἔχουσα οὕτως Μετελήμφθη καὶ διορθώθη πρὸς τὰ ἑξαπλᾶ Ὠριγένους·
Ἀντωνῖνος ἀντέβαλεν, Πάμφιλος διόρθωσα (cf. Est.); codicis S primam manum
non soleo „S*" dicere, sed „S" tantum. — L = 19 93 108 (et interdum 121).
    Inscr. ιερευς Α†: cf. Esdr. I inscr.
    1 1 κυριου > Β† (Β*† om. etiam λογον) | κυριος > Β† ‖ 2 της γης et
κυριος > Β† | επ εμε] pr. με Β† | του ult. > Β† | τη ιουδαια] ιουδα Β† ‖
3 ιερουσαλημ 1⁰ ⌒ 2⁰ Β† | την pl.] η Α† (Β† deest) ‖ 4 χρυσιω] pr. εν Α†
| αποσκευη] pr. εν ΑΒᶜ ‖ 5 τω] των Α | και οι 1⁰ ⌒ 2⁰ Α† | παντων] -τες
ΑL†: cf. l 2 5 | κυριου > Β† ‖ 6 ενισχυσαν] εν > Α† | εν 4⁰] pr. και Α |
εν εκουσιοις] εκουσιων Β†

ὁ βασιλεὺς Κῦρος ἐξήνεγκεν τὰ σκεύη οἴκου κυρίου, ἃ ἔλαβεν Ναβουχοδονοσορ ἀπὸ Ιερουσαλημ καὶ ἔδωκεν αὐτὰ ἐν οἴκῳ θεοῦ αὐτοῦ,
8 ⁸καὶ ἐξήνεγκεν αὐτὰ Κῦρος βασιλεὺς Περσῶν ἐπὶ χεῖρα Μιθραδάτου γασβαρηνου, καὶ ἠρίθμησεν αὐτὰ τῷ Σασαβασαρ ἄρχοντι τοῦ Ιουδα.
9 ⁹καὶ οὗτος ὁ ἀριθμὸς αὐτῶν · ψυκτῆρες χρυσοῖ τριάκοντα καὶ ψυ-
10 κτῆρες ἀργυροῖ χίλιοι, παρηλλαγμένα ἐννέα καὶ εἴκοσι, ¹⁰κεφφουρη χρυσοῖ τριάκοντα καὶ ἀργυροῖ διακόσιοι καὶ σκεύη ἕτερα χίλια.
11 ¹¹πάντα τὰ σκεύη τῷ χρυσῷ καὶ τῷ ἀργύρῳ πεντακισχίλια καὶ τετρακόσια, τὰ πάντα ἀναβαίνοντα μετὰ Σασαβασαρ ἀπὸ τῆς ἀποικίας ἐκ Βαβυλῶνος εἰς Ιερουσαλημ.
2 ¹Καὶ οὗτοι οἱ υἱοὶ τῆς χώρας οἱ ἀναβαίνοντες ἀπὸ τῆς αἰχμαλωσίας τῆς ἀποικίας, ἧς ἀπῴκισεν Ναβουχοδονοσορ βασιλεὺς Βαβυλῶνος εἰς Βαβυλῶνα καὶ ἐπέστρεψαν εἰς Ιερουσαλημ καὶ Ιουδα
2 ἀνὴρ εἰς πόλιν αὐτοῦ, ²οἳ ἦλθον μετὰ Ζοροβαβελ · Ἰησοῦς, Νεεμιας, Σαραιας, Ρεελιας, Μαρδοχαιος, Βαλασαν, Μασφαρ, Βαγουι, Ρεουμ,
3 Βαανα. ἀνδρῶν ἀριθμὸς λαοῦ Ισραηλ · ³υἱοὶ Φορος δισχίλιοι ἑκατὸν
4 ἑβδομήκοντα δύο. ⁴υἱοὶ Σαφατια τριακόσιοι ἑβδομήκοντα δύο.
5
6 ⁵υἱοὶ Ηρα ἑπτακόσιοι ἑβδομήκοντα πέντε. ⁶υἱοὶ Φααθμωαβ τοῖς υἱοῖς
7 Ιησουε Ιωαβ δισχίλιοι ὀκτακόσιοι δέκα δύο. ⁷υἱοὶ Αιλαμ χίλιοι δια-
8 κόσιοι πεντήκοντα τέσσαρες. ⁸υἱοὶ Ζαθουα ἐννακόσιοι τεσσαράκοντα
9
10 πέντε. ⁹υἱοὶ Ζακχου ἑπτακόσιοι ἑξήκοντα. ¹⁰υἱοὶ Βανουι ἑξακόσιοι
11 τεσσαράκοντα δύο. ¹¹υἱοὶ Βαβι ἑξακόσιοι εἴκοσι τρεῖς. ¹²υἱοὶ Ασγαδ
13 τρισχίλιοι διακόσιοι εἴκοσι δύο. ¹³υἱοὶ Αδωνικαμ ἑξακόσιοι ἑξήκοντα
14 ἕξ. ¹⁴υἱοὶ Βαγοι δισχίλιοι πεντήκοντα ἕξ. ¹⁵υἱοὶ Αδιν τετρακόσιοι
15
16 πεντήκοντα τέσσαρες. ¹⁶υἱοὶ Ατηρ τῷ Εζεκια ἐνενήκοντα ὀκτώ.

7 κυριου > B† ‖ 8 μιθριδατου ABᶜ | γασβαρηνου Sixt.] τασβ. B†, γαρβ. A, γα(νζα)μβραιου L† | σασαβασαρ Sixt.] σαβανασαρ B†, -βασσαρω A†: cf. 11 5 14. 16 | αρχοντι BL†] pr. τω rel. ‖ 9 ψυκτηρες 1⁰] κυριω (sic) B† | ψυκτηρες 2⁰ > B | παρηλλαγμενα] λλα > B† ‖ 10 κεφφουρη Ra.] -ρης B†, χεφουρη A | διακοσιοι codex unus codici B cognatus] εξ B†: ε ex σ′ = 200; > A; διπλοι τετρακοσιοι(uel -σια) δεκα mu. | και ult. > A† ‖ 11 αναβαιν.] pr. τα A | μετα σασαβασαρ(A -βασσαρ)] > B†
2 1 οι 1⁰ > B | απο] εκ B† | επεστρεψεν BLᵖ†: cf. I 5 8 ‖ 2 νεεμιος B† | σαραιας] αρ. B† | ρεελεια B† | μαρδοχαιος] μαραθχ. B† | βαλασαν] βασφαμ B†: cf. 17 7 | μασφαρ] μαλσαρ B† | βαγουι Ra. (cf. 14)] βατουσι B†, βαγουαι A | ρεουμ > B | βαανα] βαλλεια B† | ανδρων αριθμος] tr. L† | λαου > B† ‖ 3 φορος] φαρες BL†: cf. I 8 30 ‖ 4 init.] pr. και B† | σαφατια] ασαφ B† | τριακοσιοι] τετρακ. B†, εννακ. L† ‖ 5 ηρα B†] αρες A, ωρ(εε) L† ‖ 6 φαλαβμωαβ B† | ιωβαβ B†: cf. 17 11 ‖ 7 αιλαμ] μαλαμ B† ‖ 8 ζαθουα A ‖ 9 ζακχου B† (cf. 17 14)] ζακχαι A(uid.) ‖ 10 βανουι] ι > B†: cf. 17 15 ‖ 11 βαβ(ε)ι B†] βαβαι A, βοκχει L†: cf. 8 11 17 16 I 8 37 9 29 ‖ 12 αβγαδ A: cf. I 5 13 | τρ(ε)ισχιλιοι B†] δισχιλ. L†, χιλιοι rel. ‖ 13 αδωνικαν B† ‖ 14 βαγοι Ra.] βαογει B†, βαγουα A(†): cf. 2 17 7. 19 20 17 I 5 14 ‖ 15 αδιν B†] αδδιν A ‖ 16 οκτω] δυο B†

¹⁷υἱοὶ Βασου τριακόσιοι εἴκοσι τρεῖς. ¹⁸υἱοὶ Ιωρα ἑκατὸν δέκα δύο. ¹⁷₁₈
¹⁹υἱοὶ Ασεμ διακόσιοι εἴκοσι τρεῖς. ²⁰υἱοὶ Γαβερ ἐνενήκοντα πέντε. ₂₀
²¹υἱοὶ Βαιθλεεμ ἑκατὸν εἴκοσι τρεῖς. ²²υἱοὶ Νετωφα πεντήκοντα ἕξ. ₂₂
²³υἱοὶ Αναθωθ ἑκατὸν εἴκοσι ὀκτώ. ²⁴υἱοὶ Ασμωθ τεσσαράκοντα ₂₄
δύο. ²⁵υἱοὶ Καριαθιαριμ, Καφιρα καὶ Βηρωθ ἑπτακόσιοι τεσσαρά- ₂₅
κοντα τρεῖς. ²⁶υἱοὶ Αραμα καὶ Γαβαα ἑξακόσιοι εἴκοσι εἷς. ²⁷ἄνδρες ₂₆₂₇
Μαχμας ἑκατὸν εἴκοσι δύο. ²⁸ἄνδρες Βαιθηλ καὶ Αια τετρακόσιοι ₂₈
εἴκοσι τρεῖς. ²⁹υἱοὶ Ναβου πεντήκοντα δύο. ³⁰υἱοὶ Μαγεβως ἑκατὸν ₃₀
πεντήκοντα ἕξ. ³¹υἱοὶ Ηλαμ-αρ χίλιοι διακόσιοι πεντήκοντα τέσσα- ³¹
ρες. ³²υἱοὶ Ηραμ τριακόσιοι εἴκοσι. ³³υἱοὶ Λοδ, Αρωθ καὶ Ωνω ³²₃₃
ἑπτακόσιοι εἴκοσι πέντε. ³⁴υἱοὶ Ιεριχω τριακόσιοι τεσσαράκοντα ₃₄
πέντε. ³⁵υἱοὶ Σαναα τρισχίλιοι ἑξακόσιοι τριάκοντα. — ³⁶καὶ οἱ ₃₅₃₆
ἱερεῖς · υἱοὶ Ιεδουα τῷ οἴκῳ ᾽Ιησοῦ ἐννακόσιοι ἑβδομήκοντα τρεῖς.
³⁷υἱοὶ Εμμηρ χίλιοι πεντήκοντα δύο. ³⁸υἱοὶ Φασσουρ χίλιοι διακό- ³⁷₃₈
σιοι τεσσαράκοντα ἑπτά. ³⁹υἱοὶ Ηρεμ χίλιοι ἑπτά. — ⁴⁰καὶ οἱ Λευῖ- ₄₀
ται · υἱοὶ ᾽Ιησοῦ καὶ Καδμιηλ τοῖς υἱοῖς Ωδουια ἑβδομήκοντα τέσ-
σαρες. ⁴¹οἱ ᾄδοντες · υἱοὶ Ασαφ ἑκατὸν εἴκοσι ὀκτώ. ⁴²υἱοὶ τῶν ⁴¹₄₂
πυλωρῶν · υἱοὶ Σαλουμ, υἱοὶ Ατηρ, υἱοὶ Τελμων, υἱοὶ Ακουβ, υἱοὶ
Ατιτα, υἱοὶ Σαβαου, οἱ πάντες ἑκατὸν τριάκοντα ἐννέα. — ⁴³οἱ ₄₃
ναθιναῖοι · υἱοὶ Σουια, υἱοὶ Ασουφε, υἱοὶ Ταβαωθ, ⁴⁴υἱοὶ Κηραος, ₄₄
υἱοὶ Σωηα, υἱοὶ Φαδων, ⁴⁵υἱοὶ Λαβανω, υἱοὶ Αγαβα, υἱοὶ Ακαβωθ, ₄₅
⁴⁶υἱοὶ Αγαβ, υἱοὶ Σαμαλαι, υἱοὶ Αναν, ⁴⁷υἱοὶ Κεδελ, υἱοὶ Γαερ, υἱοὶ ₄₆₄₇
Ρεηα, ⁴⁸υἱοὶ Ρασων, υἱοὶ Νεκωδα, υἱοὶ ΓαΖεμ, ⁴⁹υἱοὶ Ουσα, υἱοὶ ₄₉
Φαση, υἱοὶ Βασι, ⁵⁰υἱοὶ Ασενα, υἱοὶ Μαωνιμ, υἱοὶ Ναφισων, ₅₀

---

17 βασου B^(†)] βασσου A ‖ 18 ιωρα] ουρα B[†] ‖ 19 ασεμ B[†]] ασουμ A ‖ 20 γαβερ] ταβ. B[†] ‖ 21 βαιθλεεμ Ra. (cf. Ruth 1 1)] βαρθαλεεμ B[†], βεθλαεμ A: cf. 17 26 ‖ 22 νεφωτα A[†] ‖ 24 αΖμωθ A ‖ 25 καριωθιαρομ B[†] ‖ 26 αραμα Ra. (cf. 17 30)] αραμ B[†], της ραμα A ‖ 27 χαμμας A[†] ‖ 28 γαι-θηλ B[†] | τετρακοσιοι] διακ. BL[†] ‖ 29 ναβου B[†]] -βω A, -βαυ L[†] ‖ 30 μα-γεβως B[†]] -βις A ‖ 31 ηλαμ-αρ] αιλαμ ετερου L[†]: cf. 17 34 | χιλιοι] pr. δισ B[†]: cf. 17 34 ‖ 33 λοδ B[†]] pr. λυδδων A | αρωθ B[†]] αδιδ A | ωνων B[†] | εξακοσιοι B[†] ‖ 34 ιερεια B[†] ‖ 35 σαναα Ra.] σαανα B[†], σενναα A^(†): cf. 17 38 I 5 23 ‖ 36 ιεδουα mu.] ιεουδα B[†], ιεδδουα AL[†] | ιησοι B: cf. 22 7 et Thack. p. 165 ‖ 38 φασουρ A ‖ 39 > B ‖ 40 ιησουε B[†] | ωδουια] σοδ. B^(†) ‖ 41 εικοσι] τεσσερακοντα B[†]: cf. 17 44 I 5 27 ‖ 42 πυλωρων] ω 1°⌒2° B[†] | σαλουμ B[†]] σελλουμ rel.: cf. 17 45 I 5 28 Par. I 2 40 | αττηρ A | ακουμ BA^(†): cf. 17 45 I 5 28 | ατητα B[†]: cf. I 5 28 | σαβαου Ra.] σ > B[†], σωβαι A ‖ 43 ναθεινιμ B[†]: cf. 58 | σου(ε)ια codex unus codici B cognatus] σουθια B[†], σουαα A | υιοι 2°] υιου A[†] | ασουφε B[†]] -φα A | ταβαωθ compl.] ταβωθ B[†], ταββαωθ A ‖ 44 κηραος] καδης B[†] | σωηα Ra.] -ηλ B[†], ασαα A[†], ιωσιου L[†], σιαα rel.: cf. 17 47 ‖ 45 ακαβωθ B[†]] ακουβ A ‖ 46 σαμαλαι Ra.] σαμααν B[†], σελαμι A: cf. 17 48 ‖ 47 κε-δελ Ra.] -δεδ B[†], γεδδηλ rel. | γαερ Ra.] -ελ B[†], γααρ A | ρεηα B[†]] ραια A ‖ 48 νεκωδα] χ pro κ B[†], -δαν AL^{p†} ‖ 49 ουσα B[†]] αΖα A | φαση] φισον B[†] ‖ 50 μαωνιμ Ra.] μανωεμειν B[†], μοουνειμ A | ναφ(ε)ισων B[†]] νεφουσ(ε)ιμ rel.

$\begin{smallmatrix}51\\52\end{smallmatrix}$ 51υἱοὶ Βακβουκ, υἱοὶ Ακιφα, υἱοὶ Αρουρ, 52υἱοὶ Βασαλωθ, υἱοὶ Μα-
54 ουδα, υἱοὶ Αρησα, 53υἱοὶ Βαρκους, υἱοὶ Σισαρα, υἱοὶ Θεμα, 54υἱοὶ
55 Νασουε, υἱοὶ Ατουφα. 55υἱοὶ Αβδησελμα · υἱοὶ Σατι, υἱοὶ Ασεφηραθ,
$\begin{smallmatrix}56\\57\end{smallmatrix}$ υἱοὶ Φαδουρα, 56υἱοὶ Ιεηλα, υἱοὶ Δαρκων, υἱοὶ Γεδηλ, 57υἱοὶ Σαφα-
58 τια, υἱοὶ Ατιλ, υἱοὶ Φαχεραθ-ασεβωιν, υἱοὶ Ημι. 58πάντες οἱ ναθινιν
59 καὶ υἱοὶ Αβδησελμα τριακόσιοι ἐνενήκοντα δύο. — 59καὶ οὗτοι οἱ
ἀναβάντες ἀπὸ Θελμελεθ, Θελαρησα, Χαρουβ, Ηδαν, Εμμηρ καὶ οὐκ
ἠδυνάσθησαν τοῦ ἀναγγεῖλαι οἶκον πατριᾶς αὐτῶν καὶ σπέρμα
60 αὐτῶν εἰ ἐξ Ισραηλ εἰσίν · 60υἱοὶ Δαλαια, υἱοὶ Βουα, υἱοὶ Τωβια,
61 υἱοὶ Νεκωδα, ἑξακόσιοι πεντήκοντα δύο. 61καὶ ἀπὸ τῶν υἱῶν τῶν
ἱερέων · υἱοὶ Χαβια, υἱοὶ Ακους, υἱοὶ Βερζελλαι, ὃς ἔλαβεν ἀπὸ θυ-
γατέρων Βερζελλαι τοῦ Γαλααδίτου γυναῖκα καὶ ἐκλήθη ἐπὶ τῷ
62 ὀνόματι αὐτῶν · 62οὗτοι, ἐζήτησαν γραφὴν αὐτῶν οἱ μεθωεσιμ,
63 καὶ οὐχ εὑρέθησαν · καὶ ἠγχιστεύθησαν ἀπὸ τῆς ἱερατείας, 63καὶ
εἶπεν Αθερσαθα αὐτοῖς τοῦ μὴ φαγεῖν ἀπὸ τοῦ ἁγίου τῶν ἁγίων,
64 ἕως ἀναστῇ ἱερεὺς τοῖς φωτίζουσιν καὶ τοῖς τελείοις. — 64πᾶσα
δὲ ἡ ἐκκλησία ὡς εἷς, τέσσαρες μυριάδες δισχίλιοι τριακόσιοι ἑξή-
65 κοντα 65χωρὶς δούλων αὐτῶν καὶ παιδισκῶν αὐτῶν, οὗτοι ἑπτα-
κισχίλιοι τριακόσιοι τριάκοντα ἑπτά · καὶ οὗτοι ᾄδοντες καὶ ᾄδου-
66 σαι διακόσιοι · 66ἵπποι αὐτῶν ἑπτακόσιοι τριάκοντα ἕξ, ἡμίονοι
67 αὐτῶν διακόσιοι τεσσαράκοντα πέντε, 67κάμηλοι αὐτῶν τετρακόσιοι
τριάκοντα πέντε, ὄνοι αὐτῶν ἑξακισχίλιοι ἑπτακόσιοι εἴκοσι.
68 68καὶ ἀπὸ ἀρχόντων πατριῶν ἐν τῷ ἐλθεῖν αὐτοὺς εἰς οἶκον κυρίου
τὸν ἐν Ιερουσαλημ ἡκουσιάσαντο εἰς οἶκον τοῦ θεοῦ τοῦ στῆσαι
69 αὐτὸν ἐπὶ τὴν ἑτοιμασίαν αὐτοῦ · 69ὡς ἡ δύναμις αὐτῶν ἔδωκαν
εἰς θησαυρὸν τοῦ ἔργου χρυσίον καθαρόν, μναῖ ἓξ μυριάδες καὶ

---

51 βακκουκ B | ακιφα Ra.] αφεικα B†, ακουφα A: cf. 17 53 ‖ 52 βασαδωε
B† ‖ 53 βαρκους B†] υ > A | υιοι σισαρα(A†-ραα)] > B† ‖ 54 νασουε
Be.] νασους B†, νεθιε A† | ατιφα A ‖ 55 αβδησελμα compl.] μα > B, δου-
λων σαλωμων A: cf. 58 17 57.60 | σατ(ε)ι B†] σωται rel. | ασεφοραθ A† ‖
56 ιεηλα] η > A | δερκων A⁽†⁾ | γεδηα B†, γεδδηλ A ‖ 57 ατιλ compl.] α-
τεια B†, αττιλ A | φαχεραθ] φασρ. B†, φακερ. A† | ασεβω(ε)ιν B†] -(ε)ιμ rel.;
pr. υιοι B compl.: cf. 17 59 I 5 34 ‖ 58 ναθ(ε)ινιν B†] -νειμ A | υιοι] pr.
οι A† | ασεδησελμα B†: cf. 55 | ενενηκοντα] ο′ B† ‖ 59 θελμελεθ Ra. (cf.
17 61)] θερμελεθ B†: cf. I 5 36; θελμεχελ A†, θελμελεχ pl. | θελαρησα] θααρ.
B† | χαρουβ Ra. (cf. 17 61)] χαρους B†, χερουβ rel. | εμηρ B†: cf. I 9 21 Par.
I 9 12 | του > B† | εξ] εν B† ‖ 60 δαλαια] λαχεα B† | υιοι βουα > A: cf.
17 62 | τωβ(ε)ια B†] -ιου rel. ‖ 61 χαβια Ra.] λαβεια B†, οβαια A, οβδια
compl.: cf. I 5 38 | ακους B†] ακκους rel. | βερζελλαι 1⁰ (non 2⁰)] ζαρβελθει
B† | επι τω] εν B† ‖ 62 μεθωεσ(ε)ιμ] γενεαλογουντες L† ‖ 63 αθερσαα
B†: cf. 17 65 ‖ 64 ως εις Ra.] ωσει B†, ομου(L† ομοθυμαδον) ωσει rel.; cf.
17 66 ‖ 65 και 1⁰ et αυτων 2⁰ > B† | επτα] τεσσαρες B† | ουτοι ult.] αυ-
τοις L† | αδουσαι] ωδαι B† ‖ 66 εξ] και διακοσιοι B† (Bᶜ deleuit διακ.) ‖
67 εξακισχιλιοι > B*† ‖ 68 του paenult. > A† ‖ 69 καθαρον μναι εξ μυ-
ριαδες και χιλιαι B†] δραχμας εξ -δας κ. -λιας uel sim. rel.

χίλιαι, καὶ ἀργύριον, μναῖ πεντακισχίλιαι, καὶ κοθωνοι τῶν ἱερέων
ἑκατόν. — ⁷⁰καὶ ἐκάθισαν οἱ ἱερεῖς καὶ οἱ Λευῖται καὶ οἱ ἀπὸ τοῦ 70
λαοῦ καὶ οἱ ᾄδοντες καὶ οἱ πυλωροὶ καὶ οἱ ναθινιμ ἐν πόλεσιν
αὐτῶν καὶ πᾶς Ισραηλ ἐν πόλεσιν αὐτῶν.

¹Καὶ ἔφθασεν ὁ μὴν ὁ ἕβδομος — καὶ οἱ υἱοὶ Ισραηλ ἐν πόλε- 3
σιν αὐτῶν — καὶ συνήχθη ὁ λαὸς ὡς ἀνὴρ εἷς εἰς Ιερουσαλημ.
²καὶ ἀνέστη Ἰησοῦς ὁ τοῦ Ιωσεδεκ καὶ οἱ ἀδελφοὶ αὐτοῦ ἱερεῖς 2
καὶ Ζοροβαβελ ὁ τοῦ Σαλαθιηλ καὶ οἱ ἀδελφοὶ αὐτοῦ καὶ ᾠκοδό-
μησαν τὸ θυσιαστήριον θεοῦ Ισραηλ τοῦ ἀνενέγκαι ἐπ' αὐτὸ ὁλο-
καυτώσεις κατὰ τὰ γεγραμμένα ἐν νόμῳ Μωυσῆ ἀνθρώπου τοῦ
θεοῦ. ³καὶ ἡτοίμασαν τὸ θυσιαστήριον ἐπὶ τὴν ἑτοιμασίαν αὐτοῦ, 3
ὅτι ἐν καταπλήξει ἐπ' αὐτοὺς ἀπὸ τῶν λαῶν τῶν γαιῶν, καὶ ἀνέβη
ἐπ' αὐτὸ ὁλοκαύτωσις τῷ κυρίῳ τὸ πρωὶ καὶ εἰς ἑσπέραν. ⁴καὶ 4
ἐποίησαν τὴν ἑορτὴν τῶν σκηνῶν κατὰ τὸ γεγραμμένον καὶ ὁλο-
καυτώσεις ἡμέραν ἐν ἡμέρᾳ ἐν ἀριθμῷ ὡς ἡ κρίσις λόγον ἡμέρας
ἐν ἡμέρᾳ αὐτοῦ ⁵καὶ μετὰ τοῦτο ὁλοκαυτώσεις ἐνδελεχισμοῦ καὶ 5
εἰς τὰς νουμηνίας καὶ εἰς πάσας ἑορτὰς τὰς ἡγιασμένας καὶ παντὶ
ἑκουσιαζομένῳ ἑκούσιον τῷ κυρίῳ. ⁶ἐν ἡμέρᾳ μιᾷ τοῦ μηνὸς τοῦ 6
ἑβδόμου ἤρξαντο ἀναφέρειν ὁλοκαυτώσεις τῷ κυρίῳ · καὶ ὁ οἶκος
κυρίου οὐκ ἐθεμελιώθη. ⁷καὶ ἔδωκαν ἀργύριον τοῖς λατόμοις καὶ 7
τοῖς τέκτοσιν καὶ βρώματα καὶ ποτὰ καὶ ἔλαιον τοῖς Σηδανιν καὶ
τοῖς Σωριν ἐνέγκαι ξύλα κέδρινα ἀπὸ τοῦ Λιβάνου πρὸς θάλασσαν
Ιόππης κατ' ἐπιχώρησιν Κύρου βασιλέως Περσῶν ἐπ' αὐτούς. —
⁸καὶ ἐν τῷ ἔτει τῷ δευτέρῳ τοῦ ἐλθεῖν αὐτοὺς εἰς οἶκον τοῦ θεοῦ 8
εἰς Ιερουσαλημ ἐν μηνὶ τῷ δευτέρῳ ἤρξατο Ζοροβαβελ ὁ τοῦ Σα-
λαθιηλ καὶ Ἰησοῦς ὁ τοῦ Ιωσεδεκ καὶ οἱ κατάλοιποι τῶν ἀδελφῶν
αὐτῶν οἱ ἱερεῖς καὶ οἱ Λευῖται καὶ πάντες οἱ ἐρχόμενοι ἀπὸ τῆς
αἰχμαλωσίας εἰς Ιερουσαλημ καὶ ἔστησαν τοὺς Λευίτας ἀπὸ εἰκο-
σαετοῦς καὶ ἐπάνω ἐπὶ τοὺς ποιοῦντας τὰ ἔργα ἐν οἴκῳ κυρίου.
⁹καὶ ἔστη Ἰησοῦς καὶ οἱ υἱοὶ αὐτοῦ καὶ οἱ ἀδελφοὶ αὐτοῦ, Καδμιηλ 9
καὶ οἱ υἱοὶ αὐτοῦ υἱοὶ Ιουδα, ἐπὶ τοὺς ποιοῦντας τὰ ἔργα ἐν οἴκῳ
τοῦ θεοῦ, υἱοὶ Ηναδαδ, υἱοὶ αὐτῶν καὶ ἀδελφοὶ αὐτῶν οἱ Λευῖται.
¹⁰καὶ ἐθεμελίωσαν τοῦ οἰκοδομῆσαι τὸν οἶκον κυρίου, καὶ ἔστησαν 10
οἱ ἱερεῖς ἐστολισμένοι ἐν σάλπιγξιν καὶ οἱ Λευῖται υἱοὶ Ασαφ

69 αργυριον μναι πεντακισχιλιαι BA⁺] -ριου μνας -λιας rel. | κοθωνοι B⁺]
στολας L⁺, χιτωνας rel. ‖ 70 οι 3⁰ > BL⁺ | και 4⁰ > A⁺ | ναθινιμ] θανιειμ B⁺
3 1 οι υιοι ισρ. compl.] οι ισρ. (sic) B⁺, ο ισρ. A ‖ 2 ιησους] pr. ο B⁺ |
αδελφοι αυτου 1⁰ ⌢ 2⁰ B⁺ | αυτου 2⁰ L] -των A | μωυσεως A⁺ ‖ 3 οτι —
γαιων > B⁽⁺⁾ | εν καταπλ.] + ην L⁺ ‖ 4 αυτου > B⁺ ‖ 5 εορτας] + κυ-
ριω A ‖ 7 σηδανιν Ra.] -αμειν B⁺, σιδωνιοις rel. | σωρ(ε)ιν B⁺] τυριοις rel.
| ενεγκαι] pr. και A ‖ 8 αυτων > B⁺ | επι] pr. του επινικαν L⁺, pr. του νι-
κοποιειν al.: = לִבְנֵי | τους ποιουντας > B⁺ | εν οικω] > B⁺; θ͞υ pro εν A⁺
‖ 9 καδμιηλ] pr. και AL⁺ | υιοι 3⁰] pr. οι A⁺ | ηνααδ B⁺

ἐν κυμβάλοις τοῦ αἰνεῖν τὸν κύριον ἐπὶ χεῖρας Δαυιδ βασιλέως
11 Ισραηλ ¹¹καὶ ἀπεκρίθησαν ἐν αἴνῳ καὶ ἀνθομολογήσει τῷ κυρίῳ,
ὅτι ἀγαθόν, ὅτι εἰς τὸν αἰῶνα τὸ ἔλεος αὐτοῦ ἐπὶ Ισραηλ. καὶ
πᾶς ὁ λαὸς ἐσήμαινον φωνὴν μεγάλην αἰνεῖν τῷ κυρίῳ ἐπὶ θεμε-
12 λιώσει οἴκου κυρίου. ¹²καὶ πολλοὶ ἀπὸ τῶν ἱερέων καὶ τῶν Λευι-
τῶν καὶ ἄρχοντες τῶν πατριῶν οἱ πρεσβύτεροι, οἳ εἴδοσαν τὸν
οἶκον τὸν πρῶτον ἐν θεμελιώσει αὐτοῦ καὶ τοῦτον τὸν οἶκον ἐν
ὀφθαλμοῖς αὐτῶν, ἔκλαιον φωνῇ μεγάλῃ, καὶ ὄχλος ἐν σημασίᾳ
13 μετ᾽ εὐφροσύνης τοῦ ὑψῶσαι ᾠδήν · ¹³καὶ οὐκ ἦν ὁ λαὸς ἐπιγι-
νώσκων φωνὴν σημασίας τῆς εὐφροσύνης ἀπὸ τῆς φωνῆς τοῦ
κλαυθμοῦ τοῦ λαοῦ, ὅτι ὁ λαὸς ἐκραύγασεν φωνῇ μεγάλῃ, καὶ ἡ
φωνὴ ἠκούετο ἕως ἀπὸ μακρόθεν.

4 ¹Καὶ ἤκουσαν οἱ θλίβοντες Ιουδα καὶ Βενιαμιν ὅτι οἱ υἱοὶ τῆς
2 ἀποικίας οἰκοδομοῦσιν οἶκον τῷ κυρίῳ θεῷ Ισραηλ, ²καὶ ἤγγισαν
πρὸς Ζοροβαβελ καὶ πρὸς τοὺς ἄρχοντας τῶν πατριῶν καὶ εἶπαν
αὐτοῖς Οἰκοδομήσομεν μεθ᾽ ὑμῶν, ὅτι ὡς ὑμεῖς ἐκζητοῦμεν τῷ θεῷ
ὑμῶν, καὶ αὐτῷ ἡμεῖς θυσιάζομεν ἀπὸ ἡμερῶν Ασαραδδων βασι-
3 λέως Ασσουρ τοῦ ἐνέγκαντος ἡμᾶς ὧδε. ³καὶ εἶπεν πρὸς αὐτοὺς
Ζοροβαβελ καὶ ᾽Ιησοῦς καὶ οἱ κατάλοιποι τῶν ἀρχόντων τῶν πα-
τριῶν τοῦ Ισραηλ Οὐχ ἡμῖν καὶ ὑμῖν τοῦ οἰκοδομῆσαι οἶκον τῷ
θεῷ ἡμῶν, ὅτι ἡμεῖς αὐτοὶ ἐπὶ τὸ αὐτὸ οἰκοδομήσομεν τῷ κυρίῳ
4 θεῷ ἡμῶν, ὡς ἐνετείλατο ἡμῖν Κῦρος ὁ βασιλεὺς Περσῶν. ⁴καὶ
ἦν ὁ λαὸς τῆς γῆς ἐκλύων τὰς χεῖρας τοῦ λαοῦ Ιουδα καὶ ἐν-
5 επόδιζον αὐτοὺς τοῦ οἰκοδομεῖν ⁵καὶ μισθούμενοι ἐπ᾽ αὐτοὺς βου-
λευόμενοι τοῦ διασκεδάσαι βουλὴν αὐτῶν πάσας τὰς ἡμέρας Κύρου
βασιλέως Περσῶν καὶ ἕως βασιλείας Δαρείου βασιλέως Περσῶν.
6 ⁶Καὶ ἐν βασιλείᾳ Ασουηρου ἐν ἀρχῇ βασιλείας αὐτοῦ ἔγραψαν
7 ἐπιστολὴν ἐπὶ οἰκοῦντας Ιουδα καὶ Ιερουσαλημ. ⁷καὶ ἐν ἡμέραις
Αρθασασθα ἔγραψεν ἐν εἰρήνῃ Μιθραδάτῃ Ταβεηλ σὺν καὶ τοῖς
λοιποῖς συνδούλοις αὐτοῦ πρὸς Αρθασασθα βασιλέα Περσῶν ·
8 ἔγραψεν ὁ φορολόγος γραφὴν Συριστὶ καὶ ἡρμηνευμένην. ⁸Ραουμ

10 εν κυμβ. > B*† || 11 εσημαινον B†] ηλαλαξαν L†, εσημανεν A | φωνην
μεγαλην B†] -νη -λη A | θεμελιωσει B†] pr. τη A || 13 o 1⁰ > B†, 2⁰ >
A† | φωνην] pr. την A | του λαου > B† | η φωνη > B†
4 1 οι 2⁰ > A || 2 τω θεω] pr. εν L† | υμων 2⁰] ημ. B | ασαραδδων] -ρε-
αθων B†; ναχορδαν L†: cf. ls. 37 38 | ασουρ A || 3 αυτοι > B† | ο > B†
|| 4 τας et του 1⁰ > B† | αυτοις A | του ult. > B || 5 βουλευομενοι] ευ
> B | του > B† | περσων ult. > A, sed post 6 ασσουηρου add. A† περσων
|| 6 και 1⁰ > A | ασουηρου pau.] ασθη. B†, ασσουη. A | εν 2⁰] pr. και A |
εγραψαν L] -ψεν BA | επιστολην > B*† || 7 ασαρθαθα (1⁰) B†: cf. 8 | εγρα-
ψεν 1⁰] -ψαν A | συν > B | αυτου > B | αρθασασθα 2⁰ > B | ερμην. B ||
8 ραουμ: sic B† in 9. 17. 23, sed hoc loco B† ραουλ; rel. ubique ρεουμ

βααλταμ καὶ Σαμσαι ὁ γραμματεὺς ἔγραψαν ἐπιστολὴν μίαν κατὰ
Ιερουσαλημ τῷ Αρθασασθα βασιλεῖ. ⁹τάδε ἔκρινεν Ραουμ βααλταμ 9
καὶ Σαμσαι ὁ γραμματεὺς καὶ οἱ κατάλοιποι σύνδουλοι ἡμῶν, Δι-
ναῖοι, Αφαρσαθαχαῖοι, Ταρφαλλαῖοι, Αφαρσαῖοι, Αρχυαῖοι, Βαβυλώ-
νιοι, Σουσαναχαῖοι (οἵ εἰσιν Ηλαμαῖοι) ¹⁰καὶ οἱ κατάλοιποι ἐθνῶν, 10
ὧν ἀπῴκισεν Ασενναφαρ ὁ μέγας καὶ ὁ τίμιος καὶ κατῴκισεν αὐ-
τοὺς ἐν πόλεσιν τῆς Σομορων, καὶ τὸ κατάλοιπον πέραν τοῦ πο-
ταμοῦ· ¹¹αὕτη ἡ διαταγὴ τῆς ἐπιστολῆς, ἧς ἀπέστειλαν πρὸς αὐτόν 11
Πρὸς Αρθασασθα βασιλέα παῖδές σου ἄνδρες πέραν τοῦ ποταμοῦ.
¹²γνωστὸν ἔστω τῷ βασιλεῖ ὅτι οἱ Ιουδαῖοι ἀναβάντες ἀπὸ σοῦ 12
ἐφ᾽ ἡμᾶς ἤλθοσαν εἰς Ιερουσαλημ· τὴν πόλιν τὴν ἀποστάτιν καὶ
πονηρὰν οἰκοδομοῦσιν, καὶ τὰ τείχη αὐτῆς κατηρτισμένοι εἰσίν,
καὶ θεμελίους αὐτῆς ἀνύψωσαν. ¹³νῦν οὖν γνωστὸν ἔστω τῷ βα- 13
σιλεῖ ὅτι ἐὰν ἡ πόλις ἐκείνη ἀνοικοδομηθῇ καὶ τὰ τείχη αὐτῆς
καταρτισθῶσιν, φόροι οὐκ ἔσονταί σοι οὐδὲ δώσουσιν· καὶ τοῦτο
βασιλεῖς κακοποιεῖ. ¹⁴καὶ ἀσχημοσύνην βασιλέως οὐκ ἔξεστιν ἡμῖν 14
ἰδεῖν· διὰ τοῦτο ἐπέμψαμεν καὶ ἐγνωρίσαμεν τῷ βασιλεῖ, ¹⁵ἵνα 15
ἐπισκέψηται ἐν βιβλίῳ ὑπομνηματισμοῦ τῶν πατέρων σου, καὶ εὑ-
ρήσεις καὶ γνώσῃ ὅτι ἡ πόλις ἐκείνη πόλις ἀποστάτις καὶ κακοποι-
οῦσα βασιλεῖς καὶ χώρας, καὶ φυγάδια δούλων ἐν μέσῳ αὐτῆς
ἀπὸ χρόνων αἰῶνος· διὰ ταῦτα ἡ πόλις αὕτη ἠρημώθη. ¹⁶γνωρί- 16
ζομεν οὖν ἡμεῖς τῷ βασιλεῖ ὅτι ἐὰν ἡ πόλις ἐκείνη οἰκοδομηθῇ
καὶ τὰ τείχη αὐτῆς καταρτισθῇ, οὐκ ἔστιν σοι εἰρήνη.

¹⁷Καὶ ἀπέστειλεν ὁ βασιλεὺς πρὸς Ραουμ βααλταμ καὶ Σαμσαι 17
γραμματέα καὶ τοὺς καταλοίπους συνδούλους αὐτῶν τοὺς οἰκοῦν-
τας ἐν Σαμαρείᾳ καὶ τοὺς καταλοίπους πέραν τοῦ ποταμοῦ εἰρήνην
καὶ φησιν ¹⁸Ὁ φορολόγος, ὃν ἀπεστείλατε πρὸς ἡμᾶς, ἐκλήθη ἔμ- 18
προσθεν ἐμοῦ. ¹⁹καὶ παρ᾽ ἐμοῦ ἐτέθη γνώμη καὶ ἐπεσκεψάμεθα καὶ 19
εὕραμεν ὅτι ἡ πόλις ἐκείνη ἀφ᾽ ἡμερῶν αἰῶνος ἐπὶ βασιλεῖς ἐπαί-
ρεται, καὶ ἀποστάσεις καὶ φυγάδια γίνονται ἐν αὐτῇ, ²⁰καὶ βασιλεῖς 20
ἰσχυροὶ γίνονται ἐπὶ Ιερουσαλημ καὶ ἐπικρατοῦντες ὅλης τῆς ἑσπέ-

8 βααλταμ] βαδαταμεν B⁺: idem in 9 βααλ, in 17 βαλγαμ | σαμσαι] σαμασα
B⁺: idem in 9 σαμεε, in 17 σαμεαις, in 23 σαμεσα | εγραψεν A | αρθασα-
σθα: sic A ubique; αρσαρθα B⁺ hic et in 11. 23, cf.: 7 6 14 7 1 8 1 12 1 15 14
23 6 || 9 βααλταμ et σαμσαι: cf. 8 | αφαρσαθ.] φαρεσθ. B⁺: sim. L⁺ | ταρα-
φαλλαιοι αφρασαιοι αρχουσι(sic) B⁺ | σουσυναχ. B⁺ | οι εισιν B⁺ (= אלין uel
אלה די, cf. Par. I 4 35)] δαυαιοι A | ηλαμαιοι B⁺] αιλαμιται uel sim. L⁺, > rel.
|| 10 ασενναφαρ B⁽⁺⁾] ναφαρ A⁺, σαλμανα(σ)σαρης L⁺ | σωμωρων B⁺ ||
11 παιδες] pr. οι A || 12 σου] κυρου B⁺ | εφ B⁺] προς rel | την πολιν >
B*⁺ | οικοδομ. B⁺] pr. και L⁺, pr. ην rel. || 13 ανοικοδ.] αν > BL⁺: cf. 6 14
15 φυγαδια Ra. (cf. Num. 35 15)] -δεια BAL⁺, -δειαι rel.: cf. 19 | δουλων BL⁺]
+ γι(γ)νονται rel. | χρονων] ημερων B⁺: cf. 19 || 16 ουν > B*⁺ || 17 cf.
8 | φησιν compl.] φασιν BA || 19 φυγαδ(ε)ια B⁺] -δ(ε)ιαι rel.: cf. 15 ||
20 ολης της εσπερας] παντος του περαν L⁺

ρας τοῦ ποταμοῦ, καὶ φόροι πλήρεις καὶ μέρος δίδοται αὐτοῖς.
21 ²¹καὶ νῦν θέτε γνώμην καταργῆσαι τοὺς ἄνδρας ἐκείνους, καὶ ἡ
22 πόλις ἐκείνη οὐκ οἰκοδομηθήσεται ἔτι, ὅπως ἀπὸ τῆς γνώμης ²²πε-
φυλαγμένοι ἦτε ἄνεσιν ποιῆσαι περὶ τούτου, μήποτε πληθυνθῇ
ἀφανισμὸς εἰς κακοποίησιν βασιλεῦσιν.
23 ²³Τότε ὁ φορολόγος τοῦ Αρθασασθα βασιλέως ἀνέγνω ἐνώπιον
Ραουμ καὶ Σαμσαι γραμματέως καὶ συνδούλων αὐτῶν · καὶ ἐπο-
ρεύθησαν σπουδῇ εἰς Ιερουσαλημ καὶ ἐν Ιουδα καὶ κατήργησαν
24 αὐτοὺς ἐν ἵπποις καὶ δυνάμει. ²⁴τότε ἤργησεν τὸ ἔργον οἴκου τοῦ
θεοῦ τοῦ ἐν Ιερουσαλημ καὶ ἦν ἀργοῦν ἕως δευτέρου ἔτους τῆς
βασιλείας Δαρείου τοῦ βασιλέως Περσῶν.
5 ¹Καὶ ἐπροφήτευσεν Αγγαιος ὁ προφήτης καὶ Ζαχαριας ὁ τοῦ
Αδδω προφητείαν ἐπὶ τοὺς Ιουδαίους τοὺς ἐν Ιουδα καὶ Ιερουσα-
2 λημ ἐν ὀνόματι θεοῦ Ισραηλ ἐπ᾽ αὐτούς. ²τότε ἀνέστησαν Ζορο-
βαβελ ὁ τοῦ Σαλαθιηλ καὶ Ἰησοῦς ὁ υἱὸς Ιωσεδεκ καὶ ἤρξαντο
οἰκοδομῆσαι τὸν οἶκον τοῦ θεοῦ τὸν ἐν Ιερουσαλημ, καὶ μετ᾽ αὐ-
3 τῶν οἱ προφῆται τοῦ θεοῦ βοηθοῦντες αὐτοῖς. ³ἐν αὐτῷ τῷ καιρῷ
ἦλθεν ἐπ᾽ αὐτοὺς Θανθαναι ἔπαρχος πέραν τοῦ ποταμοῦ καὶ Σα-
θαρβουζανα καὶ οἱ σύνδουλοι αὐτῶν καὶ τοῖα εἶπαν αὐτοῖς Τίς
ἔθηκεν ὑμῖν γνώμην τοῦ οἰκοδομῆσαι τὸν οἶκον τοῦτον καὶ τὴν
4 χορηγίαν ταύτην καταρτίσασθαι; ⁴τότε ταῦτα εἴποσαν αὐτοῖς Τίνα
ἐστὶν τὰ ὀνόματα τῶν ἀνδρῶν τῶν οἰκοδομούντων τὴν πόλιν ταύ-
5 την; ⁵καὶ οἱ ὀφθαλμοὶ τοῦ θεοῦ ἐπὶ τὴν αἰχμαλωσίαν Ιουδα, καὶ
οὐ κατήργησαν αὐτούς, ἕως γνώμη τῷ Δαρείῳ ἀπηνέχθη · καὶ τότε
ἀπεστάλη τῷ φορολόγῳ ὑπὲρ τούτου.
6 ⁶Διασάφησις ἐπιστολῆς, ἧς ἀπέστειλεν Θανθαναι ὁ ἔπαρχος τοῦ
πέραν τοῦ ποταμοῦ καὶ Σαθαρβουζανα καὶ οἱ σύνδουλοι αὐτῶν
Αφαρσαχαῖοι οἱ ἐν τῷ πέραν τοῦ ποταμοῦ Δαρείῳ τῷ βασιλεῖ ·
7 ⁷ῥῆσιν ἀπέστειλαν πρὸς αὐτόν, καὶ τάδε γέγραπται ἐν αὐτῷ Δα-
8 ρείῳ τῷ βασιλεῖ εἰρήνη πᾶσα. ⁸γνωστὸν ἔστω τῷ βασιλεῖ ὅτι ἐπο-
ρεύθημεν εἰς τὴν Ιουδαίαν χώραν εἰς οἶκον τοῦ θεοῦ τοῦ μεγάλου,

---

21 και 1⁰ > B⁺ | οπως > B⁽⁺⁾ ‖ 22 ητε > A ‖ 23 cf. 8 | και 2⁰ L] >
BA | αυτων BL⁺] εαυτου A | σπουδη] pr. εν B⁺ | και εν ιουδα] επι τους ιου-
δαιους L⁺ ‖ 24 οικου > A⁺ | του 2⁰ BL⁺] το rel. | αργουν mu.] -γων BA
| δευτερου ετους] tr. BL⁺ | της βασιλειας > B
5 1 αδω B⁺: item in 6 14, cf. Par. II 12 15 | θεου] pr. κυριου A⁺ ‖ 2 οι-
κοδομειν AL⁺ ‖ 3 θανθαναι hic et in 6 Sixt.] θαναναι hic B⁺, θανθανας
B⁺ in 6; τανθαναιος L⁺; θαθθαναι A hic, θαθθαναις A⁺ in 6; cf. 6 13 | σα-
θαρβουζανα hic et in 6 B⁺] -ναι in 3, -νης in 6 A; cf. 6 6 | τουτον > B ‖
5 αιχμαλωσιν B⁺ | απενεχθη B⁺ | τουτου] του αυτου B⁺ ‖ 6 επιστολη A⁺ |
θανθ. et σαθαρβ.: cf. 3 | ο et του ποτ. 1⁰ > B⁺ | αφαρσακκαιοι B⁺ hic, sed
in 6 6 etiam B -σαχαιοι | οι ult. > B⁺ ‖ 7 αυτω] -τη A⁺

καὶ αὐτὸς οἰκοδομεῖται λίθοις ἐκλεκτοῖς, καὶ ξύλα ἐντίθεται ἐν τοῖς
τοίχοις, καὶ τὸ ἔργον ἐκεῖνο ἐπιδέξιον γίνεται καὶ εὐοδοῦται ἐν
ταῖς χερσὶν αὐτῶν. ⁹τότε ἠρωτήσαμεν τοὺς πρεσβυτέρους ἐκείνους 9
καὶ οὕτως εἴπαμεν αὐτοῖς Τίς ἔθηκεν ὑμῖν γνώμην τὸν οἶκον τοῦ-
τον οἰκοδομῆσαι καὶ τὴν χορηγίαν ταύτην καταρτίσασθαι; ¹⁰καὶ 10
τὰ ὀνόματα αὐτῶν ἠρωτήσαμεν αὐτοὺς γνωρίσαι σοι ὥστε γράψαι
σοι τὰ ὀνόματα τῶν ἀνδρῶν τῶν ἀρχόντων αὐτῶν. ¹¹καὶ τοιοῦτο 11
ῥῆμα ἀπεκρίθησαν ἡμῖν λέγοντες Ἡμεῖς ἐσμεν δοῦλοι τοῦ θεοῦ
τοῦ οὐρανοῦ καὶ τῆς γῆς καὶ οἰκοδομοῦμεν τὸν οἶκον, ὃς ἦν ᾠκο-
δομημένος πρὸ τούτου ἔτη πολλά, καὶ βασιλεὺς τοῦ Ισραηλ μέγας
ᾠκοδόμησεν αὐτὸν καὶ κατηρτίσατο αὐτὸν ¹²αὐτοῖς. ἀφ᾽ ὅτε δὲ παρ- 12
ώργισαν οἱ πατέρες ἡμῶν τὸν θεὸν τοῦ οὐρανοῦ, ἔδωκεν αὐτοὺς
εἰς χεῖρας Ναβουχοδονοσορ βασιλέως Βαβυλῶνος τοῦ Χαλδαίου
καὶ τὸν οἶκον τοῦτον κατέλυσεν καὶ τὸν λαὸν ἀπῴκισεν εἰς Βαβυ-
λῶνα. ¹³ἀλλ᾽ ἐν ἔτει πρώτῳ Κύρου τοῦ βασιλέως Κῦρος ὁ βασι- 13
λεὺς ἔθετο γνώμην τὸν οἶκον τοῦ θεοῦ τοῦτον οἰκοδομηθῆναι.
¹⁴καὶ τὰ σκεύη τοῦ οἴκου τοῦ θεοῦ τὰ χρυσᾶ καὶ τὰ ἀργυρᾶ, ἃ 14
Ναβουχοδονοσορ ἐξήνεγκεν ἀπὸ οἴκου τοῦ ἐν Ιερουσαλημ καὶ ἀπ-
ήνεγκεν αὐτὰ εἰς ναὸν τοῦ βασιλέως, ἐξήνεγκεν αὐτὰ Κῦρος ὁ βα-
σιλεὺς ἀπὸ ναοῦ τοῦ βασιλέως καὶ ἔδωκεν τῷ Σασαβασαρ τῷ θη-
σαυροφύλακι τῷ ἐπὶ τοῦ θησαυροῦ ¹⁵καὶ εἶπεν αὐτῷ Πάντα τὰ 15
σκεύη λαβὲ καὶ πορεύου θὲς αὐτὰ ἐν τῷ οἴκῳ τῷ ἐν Ιερουσαλημ
εἰς τὸν ἑαυτῶν τόπον. ¹⁶τότε Σασαβασαρ ἐκεῖνος ἦλθεν καὶ ἔδω- 16
κεν θεμελίους τοῦ οἴκου τοῦ θεοῦ τοῦ ἐν Ιερουσαλημ · καὶ ἀπὸ
τότε ἕως τοῦ νῦν ᾠκοδομήθη καὶ οὐκ ἐτελέσθη. ¹⁷καὶ νῦν εἰ ἐπὶ 17
τὸν βασιλέα ἀγαθόν, ἐπισκεπήτω ἐν οἴκῳ τῆς γάζης τοῦ βασιλέως
Βαβυλῶνος, ὅπως γνῷς ὅτι ἀπὸ βασιλέως Κύρου ἐτέθη γνώμη οἰ-
κοδομῆσαι τὸν οἶκον τοῦ θεοῦ ἐκεῖνον τὸν ἐν Ιερουσαλημ · καὶ
γνοὺς ὁ βασιλεὺς περὶ τούτου πεμψάτω πρὸς ἡμᾶς.

¹Τότε Δαρεῖος ὁ βασιλεὺς ἔθηκεν γνώμην καὶ ἐπεσκέψατο ἐν 6
ταῖς βιβλιοθήκαις, ὅπου ἡ γάζα κεῖται ἐν Βαβυλῶνι. ²καὶ εὑρέθη 2

---

8 ταις > A ‖ 9 τον οικ. τουτον οικοδομ.] του οικοδ. B†, του οικοδ. τον
οικον τουτον L† | και / την χορ. ταυτην] tr. B† ‖ 10 σοι 2⁰ > BL† ‖
11 τοιουτο] τουτο το BL† ‖ 12 του χαλδ. > B | τον οικον τουτον κατελυσεν]
τον οι. ελυσεν τουτον B†, ελυσε τον οι. τουτον L† ‖ 13 ο > B† | εθετο]
εθηκεν B†: cf. 3. 9 ‖ 14 του 1⁰ ⌢ 2⁰ BLᴾ† | χρυσα ... αργυρα] tr. B† | του
βασ. 1⁰ ⌢ 2⁰ B† | του βασ. bis] τον(2⁰ του) εν βαβυλωνι L† | σασαβασαρ Ra.
(cf. 1 8)] -βισσαρω A†, βαγασαρ B†: cf. 16 ‖ 15 και 2⁰ et τω 1⁰ > B† | τον
εαυτων τοπον B† (sim. L†)] τον τοπ. αυτων A ‖ 16 σασαβασαρ Ra. (cf. 14)]
-βασσαρ A†, σαρβαγαρ B† | του 3⁰ > A | εν] εις B† | του ult. > A ‖ 17 βα-
σιλεως 2⁰] pr. του A | ετεθη γνωμη (cf. 4 19 6 8. 11 7 13)] εγενετο γν. B†
6 1 ταις > BL†

I 31

ἐν πόλει ἐν τῇ βάρει τῆς Μήδων πόλεως κεφαλὶς μία, καὶ τοῦτο
3 ἦν γεγραμμένον ἐν αὐτῇ Ὑπόμνημα · ³ἐν ἔτει πρώτῳ Κύρου βασι-
λέως Κῦρος ὁ βασιλεὺς ἔθηκεν γνώμην περὶ οἴκου τοῦ θεοῦ τοῦ
ἐν Ιερουσαλημ · οἶκος οἰκοδομηθήτω καὶ τόπος, οὗ θυσιάζουσιν
τὰ θυσιάσματα · καὶ ἔθηκεν ἔπαρμα ὕψος πήχεις ἑξήκοντα, πλάτος
4 αὐτοῦ πήχεων ἑξήκοντα · ⁴καὶ δόμοι λίθινοι κραταιοὶ τρεῖς, καὶ
δόμος ξύλινος εἷς · καὶ ἡ δαπάνη ἐξ οἴκου τοῦ βασιλέως δοθήσε-
5 ται · ⁵καὶ τὰ σκεύη οἴκου τοῦ θεοῦ τὰ ἀργυρᾶ καὶ τὰ χρυσᾶ, ἃ
Ναβουχοδονοσορ ἐξήνεγκεν ἀπὸ οἴκου τοῦ ἐν Ιερουσαλημ καὶ ἐκό-
μισεν εἰς Βαβυλῶνα, καὶ δοθήτω καὶ ἀπελθάτω εἰς τὸν ναὸν τὸν
6 ἐν Ιερουσαλημ ἐπὶ τόπου, οὗ ἐτέθη ἐν οἴκῳ τοῦ θεοῦ. ⁶νῦν δώ-
σετε, ἔπαρχοι πέραν τοῦ ποταμοῦ Σαθαρβουζανα καὶ οἱ σύνδουλοι
αὐτῶν Αφαρσαχαῖοι οἱ ἐν πέρα τοῦ ποταμοῦ, μακρὰν ὄντες ἐκεῖ-
7 θεν ⁷ἄφετε τὸ ἔργον οἴκου τοῦ θεοῦ · οἱ ἀφηγούμενοι τῶν Ιου-
δαίων καὶ οἱ πρεσβύτεροι τῶν Ιουδαίων οἶκον τοῦ θεοῦ ἐκεῖνον
8 οἰκοδομείτωσαν ἐπὶ τοῦ τόπου αὐτοῦ. ⁸καὶ ἀπ᾽ ἐμοῦ ἐτέθη γνώμη
μήποτέ τι ποιήσητε μετὰ τῶν πρεσβυτέρων τῶν Ιουδαίων τοῦ
οἰκοδομῆσαι οἶκον τοῦ θεοῦ ἐκεῖνον · καὶ ἀπὸ ὑπαρχόντων βασι-
λέως τῶν φόρων πέραν τοῦ ποταμοῦ ἐπιμελῶς δαπάνη ἔστω δι-
9 δομένη τοῖς ἀνδράσιν ἐκείνοις τὸ μὴ καταργηθῆναι · ⁹καὶ ὃ ἂν
ὑστέρημα, καὶ υἱοὺς βοῶν καὶ κριῶν καὶ ἀμνοὺς εἰς ὁλοκαυτώσεις
τῷ θεῷ τοῦ οὐρανοῦ, πυρούς, ἅλας, οἶνον, ἔλαιον, κατὰ τὸ ῥῆμα
τῶν ἱερέων τῶν ἐν Ιερουσαλημ ἔστω διδόμενον αὐτοῖς ἡμέραν
10 ἐν ἡμέρᾳ, ὃ ἐὰν αἰτήσωσιν, ¹⁰ἵνα ὦσιν προσφέροντες εὐωδίας τῷ
θεῷ τοῦ οὐρανοῦ καὶ προσεύχωνται εἰς ζωὴν τοῦ βασιλέως καὶ
11 τῶν υἱῶν αὐτοῦ. ¹¹καὶ ἀπ᾽ ἐμοῦ ἐτέθη γνώμη ὅτι πᾶς ἄνθρωπος,
ὃς ἀλλάξει τὸ ῥῆμα τοῦτο, καθαιρεθήσεται ξύλον ἐκ τῆς οἰκίας αὐ-
τοῦ καὶ ὠρθωμένος παγήσεται ἐπ᾽ αὐτοῦ, καὶ ὁ οἶκος αὐτοῦ τὸ
12 κατ᾽ ἐμὲ ποιηθήσεται. ¹²καὶ ὁ θεός, οὗ κατασκηνοῖ τὸ ὄνομα ἐκεῖ,
καταστρέψει πάντα βασιλέα καὶ λαόν, ὃς ἐκτενεῖ τὴν χεῖρα αὐτοῦ
ἀλλάξαι ἢ ἀφανίσαι τὸν οἶκον τοῦ θεοῦ ἐκεῖνον τὸν ἐν Ιερουσα-
λημ. ἐγὼ Δαρεῖος ἔθηκα γνώμην · ἐπιμελῶς ἔσται.

2 εν πολει] pr. εν αμαθα A†, εν αμαθα πολει pau.; εν εκβατανοις τη π. *L*† :
cf. I 6 22 | της μηδων πολεως(*L*† χωρας) > BAV† | ην > B ‖ 3 ο > B† |
του 1⁰] ιερου B† | οικος οικοδομηθητω om. et και τοπου(pro -πος) ad praec.
trahit B† | εξηκοντα 1⁰ ⌢ 2⁰ B† ‖ 4 κραταιοι > BV† ‖ 5 του 1⁰ > B:
cf. 12. 22 | ιερουσαλημ 1⁰ ⌢ 2⁰ B† | ου ετεθη Sixt.] > compl., ου > BAV†
(A† τεθη pro ετεθη), και τεθητω *L*† ‖ 6 δωσετε] τανθαναιε *L*†: cf. 13 |
σαθαρβουζανα hic et in 13 BV† (B† om. α ult. in 13)] -ναι uel -νε A; cf. 5 3
| οι ult. et του ult. > B† | περα B† (cf. 7 21)] τω περαν rel. ‖ 7 init. B*L*†]
pr. και νυν A | οικου > A† | οι αφηγ. των ιουδ. et οι 2⁰ > B† ‖ 8 ετεθη
γνωμη B† (cf. 5 17)] ετ. δογμα *L*†, tr. rel. | των 1⁰ > B† ‖ 9 ελαιον > A†
| των 1⁰ > B ‖ 10 των > B ‖ 11 καθαιρεθ.] pr. και B† | παγησεται] πληγ.
B† ‖ 12 τον οικον του θ. εκεινον] οικ. θ. B†: cf. 5

¹³Τότε Θανθαναι ἔπαρχος πέραν τοῦ ποταμοῦ, Σαθαρβουζανα 13
καὶ οἱ σύνδουλοι αὐτοῦ πρὸς ὃ ἀπέστειλεν Δαρεῖος ὁ βασιλεὺς
οὕτως ἐποίησαν ἐπιμελῶς. ¹⁴καὶ οἱ πρεσβύτεροι τῶν Ιουδαίων ᾠ- 14
κοδομοῦσαν καὶ οἱ Λευῖται ἐν προφητείᾳ Αγγαιου τοῦ προφήτου
καὶ Ζαχαριου υἱοῦ Αδδω καὶ ἀνῳκοδόμησαν καὶ κατηρτίσαντο ἀπὸ
γνώμης θεοῦ Ισραηλ καὶ ἀπὸ γνώμης Κύρου καὶ Δαρείου καὶ Αρ-
θασασθα βασιλέων Περσῶν. ¹⁵καὶ ἐτέλεσαν τὸν οἶκον τοῦτον ἕως 15
ἡμέρας τρίτης μηνὸς Αδαρ, ὅ ἐστιν ἔτος ἕκτον τῇ βασιλείᾳ Δα-
ρείου τοῦ βασιλέως. ¹⁶καὶ ἐποίησαν οἱ υἱοὶ Ισραηλ, οἱ ἱερεῖς καὶ 16
οἱ Λευῖται καὶ οἱ κατάλοιποι υἱῶν ἀποικεσίας, ἐγκαίνια τοῦ οἴκου
τοῦ θεοῦ ἐν εὐφροσύνῃ. ¹⁷καὶ προσήνεγκαν εἰς τὰ ἐγκαίνια τοῦ 17
οἴκου τοῦ θεοῦ μόσχους ἑκατόν, κριοὺς διακοσίους, ἀμνοὺς τετρα-
κοσίους, χιμάρους αἰγῶν περὶ ἁμαρτίας ὑπὲρ παντὸς Ισραηλ δώ-
δεκα εἰς ἀριθμὸν φυλῶν Ισραηλ. ¹⁸καὶ ἔστησαν τοὺς ἱερεῖς ἐν δι- 18
αιρέσεσιν αὐτῶν καὶ τοὺς Λευίτας ἐν μερισμοῖς αὐτῶν ἐπὶ δουλείᾳ
θεοῦ τοῦ ἐν Ιερουσαλημ κατὰ τὴν γραφὴν βιβλίου Μωυσῆ.

¹⁹Καὶ ἐποίησαν οἱ υἱοὶ τῆς ἀποικεσίας τὸ πασχα τῇ τεσσαρεσ- 19
καιδεκάτῃ τοῦ μηνὸς τοῦ πρώτου. ²⁰ὅτι ἐκαθαρίσθησαν οἱ ἱερεῖς 20
καὶ οἱ Λευῖται ἕως εἷς πάντες καθαροὶ καὶ ἔσφαξαν τὸ πασχα τοῖς
πᾶσιν υἱοῖς τῆς ἀποικεσίας καὶ τοῖς ἀδελφοῖς αὐτῶν τοῖς ἱερεῦσιν
καὶ ἑαυτοῖς. ²¹καὶ ἔφαγον οἱ υἱοὶ Ισραηλ τὸ πασχα, οἱ ἀπὸ τῆς 21
ἀποικεσίας καὶ πᾶς ὁ χωριζόμενος τῆς ἀκαθαρσίας ἐθνῶν τῆς γῆς
πρὸς αὐτοὺς τοῦ ἐκζητῆσαι κύριον θεὸν Ισραηλ. ²²καὶ ἐποίησαν 22
τὴν ἑορτὴν τῶν ἀζύμων ἑπτὰ ἡμέρας ἐν εὐφροσύνῃ, ὅτι εὔφρανεν
αὐτοὺς κύριος καὶ ἐπέστρεψεν καρδίαν βασιλέως Ασσουρ ἐπ᾽ αὐ-
τοὺς κραταιῶσαι τὰς χεῖρας αὐτῶν ἐν ἔργοις οἴκου τοῦ θεοῦ Ισραηλ.

¹Καὶ μετὰ τὰ ῥήματα ταῦτα ἐν βασιλείᾳ Αρθασασθα βασιλέως 7
Περσῶν ἀνέβη Εσδρας υἱὸς Σαραιου υἱοῦ Αζαριου υἱοῦ Ελκια
²υἱοῦ Σαλουμ υἱοῦ Σαδδουκ υἱοῦ Αχιτωβ ³υἱοῦ Σαμαρια υἱοῦ Εσ- 2
ρια υἱοῦ Μαρερωθ ⁴υἱοῦ Ζαραια υἱοῦ Σαουια υἱοῦ Βοκκι ⁵υἱοῦ 3
5

13 θανθαναι Sixt.] τανθ. B†, τανθαναιος L†, θαθθαναι A, cf. 6 5 3 | σαθαρβ.:
cf. 6 | εποιησαν επιμελως] tr. BL† || 14 ωκοδομουσαν] οικοδομουσιν B† |
αδδω: cf. 5 1 | ανωκοδ.] αν > BL†: cf. 4 13 | ασταρθα B†: cf. 4 8 | βασιλεως
A || 15 ο] ος BLᵖ† | τη βασιλεια B†] της -λειας rel. || 17 του 1⁰⌢2⁰ A†
|| 18 διαιρεσει BV† || 21 οι 2⁰ > B† | της 2⁰] εις B†, pr. απο L† | θεον]
pr. τον AL† || 22 κυριος > B | επεστρ.] pr. κυριος A | καρδια B† | του >
B†: cf. 5
7 1 ταυτα > B† | αρθασεσθα B†, sed in 7 B† ασαρθαθα, in 11. 12. 21 B†
αρσαρθαθα, cf. 4 8 | εσδρας (sic etiam S ubique)] εσρας B†: item B† ubique,
sed in 22 1 et in subscr. libri etiam B εσδρα(ς); A† ubique εζρας; cf. I 8 1
| αζαριου] α 1⁰ > B† | ελκ(ε)ια B†] χελκ. rel.: cf. 18 4 21 11 et 10 15 ||
2 σαλουμ B†] σελλουμ A: cf. 2 42 | σααδουκ A†: cf. 13 29 20 22 21 11 23 13
|| 3 εζρια A | μαρερωθ BV† (cf. I 8 2 A)] μαραιωθ A || 4 σαουια B† (cf.
I 8 2 A)] οζινι (sic) A†, οζιου L

Αβισουε υίοῦ Φινεες υίοῦ Ελεαζαρ υίοῦ Ααρων τοῦ ίερέως τοῦ πρώ-
6 του· ⁶αὐτὸς Εσδρας ἀνέβη ἐκ Βαβυλῶνος, καὶ αὐτὸς γραμματεὺς τα-
χὺς ἐν νόμῳ Μωυσῆ, ὃν ἔδωκεν κύριος ὁ θεὸς Ισραηλ· καὶ ἔδω-
κεν αὐτῷ ὁ βασιλεύς, ὅτι χεὶρ κυρίου θεοῦ αὐτοῦ ἐπ᾽ αὐτὸν ἐν
7 πᾶσιν, οἷς ἐζήτει αὐτός. ⁷καὶ ἀνέβησαν ἀπὸ υίῶν Ισραηλ καὶ ἀπὸ
τῶν ίερέων καὶ ἀπὸ τῶν Λευιτῶν καὶ οἱ ἄδοντες καὶ οἱ πυλωροὶ
καὶ οἱ ναθινιμ εἰς Ιερουσαλημ ἐν ἔτει ἑβδόμῳ τῷ Αρθασασθα τῷ
8 βασιλεῖ. ⁸καὶ ἤλθοσαν εἰς Ιερουσαλημ τῷ μηνὶ τῷ πέμπτῳ, τοῦτο
9 ἔτος ἕβδομον τῷ βασιλεῖ· ⁹ὅτι ἐν μιᾷ τοῦ μηνὸς τοῦ πρώτου
αὐτὸς ἐθεμελίωσεν τὴν ἀνάβασιν τὴν ἀπὸ Βαβυλῶνος, ἐν δὲ τῇ
πρώτῃ τοῦ μηνὸς τοῦ πέμπτου ἤλθοσαν εἰς Ιερουσαλημ, ὅτι χεὶρ
10 θεοῦ αὐτοῦ ἦν ἀγαθὴ ἐπ᾽ αὐτόν. ¹⁰ὅτι Εσδρας ἔδωκεν ἐν καρδίᾳ
αὐτοῦ ζητῆσαι τὸν νόμον καὶ ποιεῖν καὶ διδάσκειν ἐν Ισραηλ
προστάγματα καὶ κρίματα.

11	¹¹Καὶ αὕτη ἡ διασάφησις τοῦ διατάγματος, οὗ ἔδωκεν Αρθασα-
σθα τῷ Εσδρα τῷ ίερεῖ τῷ γραμματεῖ βιβλίου λόγων ἐντολῶν
12 κυρίου καὶ προσταγμάτων αὐτοῦ ἐπὶ τὸν Ισραηλ ¹²Αρθασασθα
βασιλεὺς βασιλέων Εσδρα γραμματεῖ νόμου τοῦ θεοῦ τοῦ οὐρα-
13 νοῦ· τετέλεσται ὁ λόγος καὶ ἡ ἀπόκρισις. ¹³ἀπ᾽ ἐμοῦ ἐτέθη γνώμη
ὅτι πᾶς ὁ ἑκουσιαζόμενος ἐν βασιλείᾳ μου ἀπὸ λαοῦ Ισραηλ καὶ
ίερέων καὶ Λευιτῶν πορευθῆναι εἰς Ιερουσαλημ, μετὰ σοῦ πορευ-
14 θῆναι· ¹⁴ἀπὸ προσώπου τοῦ βασιλέως καὶ τῶν ἑπτὰ συμβούλων
ἀπεστάλη ἐπισκέψασθαι ἐπὶ τὴν Ιουδαίαν καὶ εἰς Ιερουσαλημ νόμῳ
15 θεοῦ αὐτῶν τῷ ἐν χειρί σου. ¹⁵καὶ εἰς οἶκον κυρίου ἀργύριον καὶ
χρυσίον, ὃ ὁ βασιλεὺς καὶ οἱ σύμβουλοι ἡκουσιάσθησαν τῷ θεῷ
16 τοῦ Ισραηλ τῷ ἐν Ιερουσαλημ κατασκηνοῦντι, ¹⁶καὶ πᾶν ἀργύριον
καὶ χρυσίον, ὅ τι ἐὰν εὕρῃς ἐν πάσῃ χώρᾳ Βαβυλῶνος μετὰ ἑκου-
σιασμοῦ τοῦ λαοῦ καὶ ίερέων τῶν ἑκουσιαζομένων εἰς οἶκον θεοῦ
17 τὸν ἐν Ιερουσαλημ, ¹⁷καὶ πᾶν προσπορευόμενον, τοῦτον ἑτοίμως
ἔνταξον ἐν βιβλίῳ τούτῳ, μόσχους, κριούς, ἀμνοὺς καὶ θυσίας
αὐτῶν καὶ σπονδὰς αὐτῶν, καὶ προσοίσεις αὐτὰ ἐπὶ θυσιαστηρίου
18 τοῦ οἴκου τοῦ θεοῦ ὑμῶν τοῦ ἐν Ιερουσαλημ. ¹⁸καὶ εἴ τι ἐπὶ σὲ
καὶ τοὺς ἀδελφούς σου ἀγαθυνθῇ ἐν καταλοίπῳ τοῦ ἀργυρίου καὶ
19 τοῦ χρυσίου ποιῆσαι, ὡς ἀρεστὸν τῷ θεῷ ὑμῶν ποιήσατε. ¹⁹καὶ
τὰ σκεύη τὰ διδόμενά σοι εἰς λειτουργίαν οἴκου θεοῦ παράδος
20 ἐνώπιον τοῦ θεοῦ ἐν Ιερουσαλημ. ²⁰καὶ κατάλοιπον χρείας οἴκου

5 πρωτου] πατρωου B† || 6 αυτος εσδρ.(cf. 1) > B† | κυριου > B† ||
8 τουτο] + το B | 9 του μηνος 1⁰ ⌒ 2⁰ BAV† | την 2⁰ > L† || 10 εν
καρδια] καρδιαν A†, την καρδιαν L† | εν ult. > A† | κριμα B† || 12 του
θεου BL†] pr. κυριου rel. (A† om. του) | τετελεσται ο] -στο B† || 13 ο >
B† || 15 ο 2⁰ > BA† | θεω] κυριω B† || 17 παν BAV†] παντα rel.: cf.
Iud. 7 4 B || 18 ει τι] ετι B† | ηγαθυνθη B† | του 2⁰ > A || 19 του > B
|| 20 καταλοιπον] pr. το A

θεοῦ σου, ὃ ἂν φανῇ σοι δοῦναι, δώσεις ἀπὸ οἴκων γάζης βασι-
λέως. ²¹καὶ ἀπ' ἐμοῦ, ἐγὼ Αρθασασθα βασιλεύς, ἔθηκα γνώμην 21
πάσαις ταῖς γάζαις ταῖς ἐν πέρα τοῦ ποταμοῦ ὅτι πᾶν, ὃ ἂν αἰ-
τήσῃ ὑμᾶς Εσδρας ὁ ἱερεὺς καὶ γραμματεὺς τοῦ νόμου τοῦ θεοῦ
τοῦ οὐρανοῦ, ἑτοίμως γιγνέσθω ²²ἕως ἀργυρίου ταλάντων ἑκατὸν 22
καὶ ἕως πυροῦ κόρων ἑκατὸν καὶ ἕως οἴνου βάδων ἑκατὸν καὶ ἕως
ἐλαίου βάδων ἑκατὸν καὶ ἅλας οὗ οὐκ ἔστιν γραφή. ²³πᾶν, ὅ ἐστιν 23
ἐν γνώμῃ θεοῦ τοῦ οὐρανοῦ, γιγνέσθω. προσέχετε μή τις ἐπιχει-
ρήσῃ εἰς οἶκον θεοῦ τοῦ οὐρανοῦ, μήποτε γένηται ὀργὴ ἐπὶ τὴν
βασιλείαν τοῦ βασιλέως καὶ τῶν υἱῶν αὐτοῦ. ²⁴καὶ ὑμῖν ἐγνώρι- 24
σται · ἐν πᾶσιν τοῖς ἱερεῦσιν καὶ τοῖς Λευίταις, ᾄδουσιν, πυλωροῖς,
ναθινιμ καὶ λειτουργοῖς οἴκου θεοῦ τούτου φόρος μὴ ἔστω σοι,
οὐκ ἐξουσιάσεις καταδουλοῦσθαι αὐτούς. ²⁵καὶ σύ, Εσδρα, ὡς ἡ 25
σοφία τοῦ θεοῦ ἐν χειρί σου κατάστησον γραμματεῖς καὶ κριτάς,
ἵνα ὦσιν κρίνοντες παντὶ τῷ λαῷ τῷ ἐν πέρα τοῦ ποταμοῦ, πᾶσιν
τοῖς εἰδόσιν νόμον τοῦ θεοῦ σου, καὶ τῷ μὴ εἰδότι γνωριεῖτε.
²⁶καὶ πᾶς, ὃς ἂν μὴ ᾖ ποιῶν νόμον τοῦ θεοῦ καὶ νόμον τοῦ βα- 26
σιλέως ἑτοίμως, τὸ κρίμα ἔσται γιγνόμενον ἐξ αὐτοῦ, ἐάν τε εἰς
θάνατον ἐάν τε εἰς παιδείαν ἐάν τε εἰς ζημίαν τοῦ βίου ἐάν τε
εἰς δεσμά.

²⁷Εὐλογητὸς κύριος ὁ θεὸς τῶν πατέρων ἡμῶν, ὃς ἔδωκεν οὕ- 27
τως ἐν καρδίᾳ τοῦ βασιλέως τοῦ δοξάσαι τὸν οἶκον κυρίου τὸν
ἐν Ιερουσαλημ ²⁸καὶ ἐπ' ἐμὲ ἔκλινεν ἔλεος ἐν ὀφθαλμοῖς τοῦ βα- 28
σιλέως καὶ τῶν συμβούλων αὐτοῦ καὶ πάντων τῶν ἀρχόντων τοῦ
βασιλέως τῶν ἐπηρμένων. καὶ ἐγὼ ἐκραταιώθην ὡς χεὶρ θεοῦ ἡ
ἀγαθὴ ἐπ' ἐμέ, καὶ συνῆξα ἀπὸ Ισραηλ ἄρχοντας ἀναβῆναι μετ' ἐμοῦ.

¹Καὶ οὗτοι οἱ ἄρχοντες πατριῶν αὐτῶν, οἱ ὁδηγοὶ ἀναβαίνοντες 8
μετ' ἐμοῦ ἐν βασιλείᾳ Αρθασασθα τοῦ βασιλέως Βαβυλῶνος · ²ἀπὸ 2
υἱῶν Φινεες Γηρσωμ · ἀπὸ υἱῶν Ιθαμαρ Δανιηλ · ἀπὸ υἱῶν Δαυιδ
Ατους · ³ἀπὸ υἱῶν Σαχανια ἀπὸ υἱῶν Φορος Ζαχαριας καὶ μετ' 3
αὐτοῦ τὸ σύστρεμμα ἑκατὸν καὶ πεντήκοντα · ⁴ἀπὸ υἱῶν Φααθ- 4

20 σου > B† ‖ 21 εγω] + γ B† | περα BA] τω περαν al.: item in 25,
cf. 6 6 | και ult. > B | γιγνεσθω A†] γιν. rel.: item in 23, cf. 26 ‖ 22 εκα-
τον 1⁰ > B*† | βαδων 1⁰] αποθηκων BV† | εκατόν 3⁰⌢4⁰ B† | εως ult. > A
‖ 23 θεου 1⁰] pr. του AL† | προσεχε A† | μη τις επιχειρηση] επιχειρησαι
μητι(Bc† μητε) B†, μη επιχειρησαι τι L† | θεου 2⁰] pr. του A ‖ 24 τουτου
Sw.] του BL† (in L sequitur infinitiuus), τουτο rel. ‖ 25 ως] ω B† | εν
1⁰] pr. η AV† | σου ult. > BV† ‖ 26 νομον 1⁰] pr. τον A | γιγνομενον A†]
γιν. rel.: cf. 21 | τε quater > B† | του ult. > B† | δεσμα] παραδοσιν BV† ‖
27 δοξασαι τον] δοξασαντος B† | κυριου > BV ‖ 28 θεου] κυριου AV†, κυ-
ριου του θεου μου L†
8 1 οι 1⁰ > A | αρθασθα B†: cf. 4 8 ‖ 2 ατους Ra.] τους B†, αττους rel.:
cf. 13 10 20 5 ‖ 3 σαχανια] σαναχια B† ‖ 4 init.] pr. και A

μωαβ Ελιανα υἱὸς Ζαραια καὶ μετ᾽ αὐτοῦ διακόσιοι τὰ ἀρσενικά·
5 ⁵ἀπὸ υἱῶν Ζαθοης Σεχενιας υἱὸς Αζιηλ καὶ μετ᾽ αὐτοῦ τριακόσιοι
6 τὰ ἀρσενικά· ⁶καὶ ἀπὸ υἱῶν Αδιν Ωβηθ υἱὸς Ιωναθαν καὶ μετ᾽
7 αὐτοῦ πεντήκοντα τὰ ἀρσενικά· ⁷καὶ ἀπὸ υἱῶν Ηλαμ Ιεσια υἱὸς
8 Αθελια καὶ μετ᾽ αὐτοῦ ἑβδομήκοντα τὰ ἀρσενικά· ⁸καὶ ἀπὸ υἱῶν
Σαφατια Ζαβδια υἱὸς Μιχαηλ καὶ μετ᾽ αὐτοῦ ὀγδοήκοντα τὰ ἀρ-
9 σενικά· ⁹καὶ ἀπὸ υἱῶν Ιωαβ Αβαδια υἱὸς Ιιηλ καὶ μετ᾽ αὐτοῦ δια-
10 κόσιοι δέκα ὀκτὼ τὰ ἀρσενικά· ¹⁰καὶ ἀπὸ υἱῶν Βαανι Σαλιμουθ
11 υἱὸς Ιωσεφια καὶ μετ᾽ αὐτοῦ ἑκατὸν ἑξήκοντα τὰ ἀρσενικά· ¹¹καὶ
ἀπὸ υἱῶν Βαβι Ζαχαρια υἱὸς Βαβι καὶ μετ᾽ αὐτοῦ ἑβδομήκοντα
12 ὀκτὼ τὰ ἀρσενικά· ¹²καὶ ἀπὸ υἱῶν Ασγαδ Ιωαναν υἱὸς Ακαταν
13 καὶ μετ᾽ αὐτοῦ ἑκατὸν δέκα τὰ ἀρσενικά· ¹³καὶ ἀπὸ υἱῶν Αδωνι-
καμ ἔσχατοι καὶ ταῦτα τὰ ὀνόματα αὐτῶν· Αλιφαλατ, Ιιηλ καὶ
14 Σαμαια καὶ μετ᾽ αὐτῶν ἑξήκοντα τὰ ἀρσενικά· ¹⁴καὶ ἀπὸ υἱῶν
Βαγο Ουθι καὶ μετ᾽ αὐτοῦ ἑβδομήκοντα τὰ ἀρσενικά.
15 ¹⁵Καὶ συνῆξα αὐτοὺς πρὸς τὸν ποταμὸν τὸν ἐρχόμενον πρὸς
τὸν Ευι, καὶ παρενεβάλομεν ἐκεῖ ἡμέρας τρεῖς. καὶ συνῆκα ἐν τῷ
λαῷ καὶ ἐν τοῖς ἱερεῦσιν, καὶ ἀπὸ υἱῶν Λευι οὐχ εὗρον ἐκεῖ·
16 ¹⁶καὶ ἀπέστειλα τῷ Ελεαζαρ, τῷ Αριηλ, τῷ Σαμαια καὶ τῷ Αλωναμ
καὶ τῷ Ιαριβ καὶ τῷ Ελναθαν καὶ τῷ Ναθαν καὶ τῷ Ζαχαρια καὶ
τῷ Μεσουλαμ ἄνδρας καὶ τῷ Ιωαριβ καὶ τῷ Ελναθαν συνίοντας
17 ¹⁷καὶ ἐξήνεγκα αὐτοὺς ἐπὶ ἄρχοντος ἐν ἀργυρίῳ τοῦ τόπου καὶ
ἔθηκα ἐν στόματι αὐτῶν λόγους λαλῆσαι πρὸς τοὺς ἀδελφοὺς
αὐτῶν τοὺς ναθινιμ ἐν ἀργυρίῳ τοῦ τόπου τοῦ ἐνέγκαι ἡμῖν ᾄδον-
18 τας εἰς οἶκον θεοῦ ἡμῶν. ¹⁸καὶ ἦλθοσαν ἡμῖν, ὡς χεὶρ θεοῦ ἡμῶν

---

4 ελιαανα A† | Ζαραια] -ρεια B†: cf. Par. I 27 11 5 32 ‖ 5 > B† ‖ 6 ω-
βηθ] ωβη (in fine lineae) A†, ωβην pau. ‖ 7 ηλαμ] μ > B† | ιεσια Ra. (cf.
I 8 33)] ιοσεια B†, ιεσσια V†, ιεσσιας L†, ησαια A† | αθελια compl.] -λει B†,
αθλια A†, ελεια V†, γοθονιου L† ‖ 8 ζαβδ(ε)ια B†] -διας A, -διου L† | μα-
χαηλ A† ‖ 9 αβαδια] α 1⁰⌒2⁰ B† | ι(ε)ιηλ] ιεμα B†, ιεειηλ A†: cf. 13 10 2
‖ 10 βααν > BL† | σαλ(ε)ιμουθ B†] σελειμμουθ A⁽†⁾, σαλημωθ L† ‖ 11 βα-
β(ε)ι 1⁰ (non 2⁰)] βοκχει L†: cf. 2 11 | ζαχαρια Ra.] αζαρ. B†, -ριας rel.; pr.
και B† ‖ 12 ασγαδ compl.] ασταδ B†, αζγαδ A: cf. I 5 13 | ιωαναν] ιωναν
B | ακκαταν A ‖ 13 αδανεικαμ B† | αλιφαλατ Ra. (cf. Regn. II 23 34)] -φατ
B†, ελιφαλαθ A; + και BV† | ι(ε)ιηλ compl.] ευεια BV†, ιειηλ A†: cf. 9 | και
μετ αυτων > B† ‖ 14 βαγο ουθι BV† (cf. I 8 40)] γαβουαει ουθαι A⁽†⁾; +
και ζαβουδ A, + και ζα(κ)χουρ L† | εβδομηκοντα] ογδοηκ. B† ‖ 15 ευ(ε)ι]
ευειμ B† ‖ 16 τω 1⁰ — 9⁰] τον L† (και paenult. — fin. > L†, cf. inf.) | σα-
μαια BV†] σεμεια pl. (16 — 19 in A legi non possunt) | αλωναμ B†] ελιναθαν
L†, μαωναμ Vpl. | ιαριβ pl.] αρεβ B† | ελναθαν 1⁰ mu.] -θαμ B† | μεσουλαμ
Ra. (cf. 10 15 13 6. 30 21 7. 11 22 33 etc.)] λ > B†, μεσολλαμ mu. | ανδρας BV†]
> rel., sed pro ανδρας — fin. praebet L† αρχοντας συνετους | ιωαριβ] ιω >
BV† | ελναθαν ult.] εαν. B† | συνιοντας B†] ε pro o rel.: cf. Thack. p. 251
‖ 17 τους ναθινιμ Ra. (cf. 20 bis)] των αθανειμ B, τους ναθιναιους(uel sim.)
L† | του τοπου ult. pl.] του > B

ἀγαθὴ ἐφ᾽ ἡμᾶς, ἀνὴρ σαχωλ ἀπὸ υἱῶν Μοολι υἱοῦ Λευι υἱοῦ
Ισραηλ· καὶ ἀρχὴν ἤλθοσαν υἱοὶ αὐτοῦ καὶ ἀδελφοὶ αὐτοῦ ὀκτω-
καίδεκα· ¹⁹καὶ τὸν Ασεβια καὶ τὸν Ωσαιαν ἀπὸ υἱῶν Μεραρι, 19
ἀδελφοὶ αὐτοῦ καὶ υἱοὶ αὐτῶν εἴκοσι· ²⁰καὶ ἀπὸ τῶν ναθινιμ, ὧν 20
ἔδωκεν Δαυιδ καὶ οἱ ἄρχοντες εἰς δουλείαν τῶν Λευιτῶν, ναθινιμ
διακόσιοι καὶ εἴκοσι· πάντες συνήχθησαν ἐν ὀνόμασιν. ²¹καὶ ἐκά- 21
λεσα ἐκεῖ νηστείαν ἐπὶ τὸν ποταμὸν Αουε τοῦ ταπεινωθῆναι ἐνώ-
πιον θεοῦ ἡμῶν ζητῆσαι παρ᾽ αὐτοῦ ὁδὸν εὐθεῖαν ἡμῖν καὶ τοῖς
τέκνοις ἡμῶν καὶ πάσῃ τῇ κτήσει ἡμῶν. ²²ὅτι ᾐσχύνθην αἰτήσα- 22
σθαι παρὰ τοῦ βασιλέως δύναμιν καὶ ἱππεῖς σῶσαι ἡμᾶς ἀπὸ ἐχθροῦ
ἐν τῇ ὁδῷ, ὅτι εἴπαμεν τῷ βασιλεῖ λέγοντες Χεὶρ τοῦ θεοῦ ἡμῶν
ἐπὶ πάντας τοὺς ζητοῦντας αὐτὸν εἰς ἀγαθόν, καὶ κράτος αὐτοῦ
καὶ θυμὸς αὐτοῦ ἐπὶ πάντας ἐγκαταλείποντας αὐτόν. ²³καὶ ἐνηστεύ- 23
σαμεν καὶ ἐζητήσαμεν παρὰ τοῦ θεοῦ ἡμῶν περὶ τούτου, καὶ ἐπ-
ήκουσεν ἡμῖν. ²⁴καὶ διέστειλα ἀπὸ ἀρχόντων τῶν ἱερέων δώδεκα, 24
τῷ Σαραια, Ασαβια καὶ μετ᾽ αὐτῶν ἀπὸ ἀδελφῶν αὐτῶν δέκα,
²⁵καὶ ἔστησα αὐτοῖς τὸ ἀργύριον καὶ τὸ χρυσίον καὶ τὰ σκεύη 25
ἀπαρχῆς οἴκου θεοῦ ἡμῶν, ἃ ὕψωσεν ὁ βασιλεὺς καὶ οἱ σύμβου-
λοι αὐτοῦ καὶ οἱ ἄρχοντες αὐτοῦ καὶ πᾶς Ισραηλ οἱ εὑρισκόμενοι.
²⁶καὶ ἔστησα ἐπὶ χεῖρας αὐτῶν ἀργυρίου τάλαντα ἑξακόσια καὶ 26
πεντήκοντα καὶ σκεύη ἀργυρᾶ ἑκατὸν καὶ τάλαντα χρυσίου ἑκατὸν
²⁷καὶ καφουρη χρυσοῖ εἴκοσι εἰς τὴν ὁδὸν χαμανιμ χίλιοι καὶ σκεύη 27
χαλκοῦ στίλβοντος ἀγαθοῦ διάφορα ἐπιθυμητὰ ἐν χρυσίῳ. ²⁸καὶ 28
εἶπα πρὸς αὐτούς Ὑμεῖς ἅγιοι τῷ κυρίῳ, καὶ τὰ σκεύη ἅγια, καὶ
τὸ ἀργύριον καὶ τὸ χρυσίον ἑκούσια τῷ κυρίῳ θεῷ πατέρων
ὑμῶν· ²⁹ἀγρυπνεῖτε καὶ τηρεῖτε, ἕως στῆτε ἐνώπιον ἀρχόντων 29
τῶν ἱερέων καὶ τῶν Λευιτῶν καὶ τῶν ἀρχόντων τῶν πατριῶν ἐν
Ιερουσαλημ εἰς σκηνὰς οἴκου κυρίου. ³⁰καὶ ἐδέξαντο οἱ ἱερεῖς καὶ 30
οἱ Λευῖται σταθμὸν τοῦ ἀργυρίου καὶ τοῦ χρυσίου καὶ τῶν σκευῶν
ἐνεγκεῖν εἰς Ιερουσαλημ εἰς οἶκον θεοῦ ἡμῶν.

³¹Καὶ ἐξήραμεν ἀπὸ τοῦ ποταμοῦ Αουε ἐν τῇ δωδεκάτῃ τοῦ 31
μηνὸς τοῦ πρώτου τοῦ ἐλθεῖν εἰς Ιερουσαλημ· καὶ χεὶρ θεοῦ ἡμῶν
ἦν ἐφ᾽ ἡμῖν, καὶ ἐρρύσατο ἡμᾶς ἀπὸ χειρὸς ἐχθροῦ καὶ πολεμίου
ἐν τῇ ὁδῷ. ³²καὶ ἤλθομεν εἰς Ιερουσαλημ καὶ ἐκαθίσαμεν ἐκεῖ ἡμέ- 32
ρας τρεῖς. ³³καὶ ἐγενήθη τῇ ἡμέρᾳ τῇ τετάρτῃ ἐστήσαμεν τὸ ἀρ- 33
γύριον καὶ τὸ χρυσίον καὶ τὰ σκεύη ἐν οἴκῳ θεοῦ ἡμῶν ἐπὶ χεῖρα

18 σαχωλ V†] -ωχ B†, συνετος L†, σαχων rel. || 20 και ult. B†] > rel. ||
21 αουε] θουε B⁽†⁾: item B*⁽†⁾ in 31 || 22 του 2⁰ > B† || 23 του > A ||
24 δεκα] δωδεκα B || 26 και 2⁰ BLᵖ†] > rel. || 27 καφουρη A⁽†⁾] -ουδηθ
B† | χαμαν(ε)ιμ B⁽†⁾] δραχμων ειν (sic) A⁽†⁾ || 28 κυριω 1⁰] + θεω A | υμων]
ημ. B || 29 αρχοντων 1⁰] pr. των A || 31 αουε(cf. 21)] pr. του A | τη 1⁰
> A

Μεριμωθ υἱοῦ Ουρια τοῦ ἱερέως — καὶ μετ᾽ αὐτοῦ Ελεαζαρ υἱὸς
Φινεες καὶ μετ᾽ αὐτῶν Ιωζαβαδ υἱὸς Ἰησοῦ καὶ Νωαδια υἱὸς Βα-
34 ναια οἱ Λευῖται — ³⁴ἐν ἀριθμῷ καὶ ἐν σταθμῷ τὰ πάντα, καὶ
35 ἐγράφη πᾶς ὁ σταθμός. ἐν τῷ καιρῷ ἐκείνῳ ³⁵οἱ ἐλθόντες ἀπὸ
τῆς αἰχμαλωσίας υἱοὶ τῆς παροικίας προσήνεγκαν ὁλοκαυτώσεις
τῷ θεῷ Ισραηλ μόσχους δώδεκα περὶ παντὸς Ισραηλ, κριοὺς ἐνε-
νήκοντα ἕξ, ἀμνοὺς ἑβδομήκοντα καὶ ἑπτά, χιμάρους περὶ ἁμαρτίας
36 δώδεκα, τὰ πάντα ὁλοκαυτώματα τῷ κυρίῳ. ³⁶καὶ ἔδωκαν τὸ νό-
μισμα τοῦ βασιλέως τοῖς διοικηταῖς τοῦ βασιλέως καὶ ἐπάρχοις
πέραν τοῦ ποταμοῦ, καὶ ἐδόξασαν τὸν λαὸν καὶ τὸν οἶκον τοῦ θεοῦ.
9 ¹Καὶ ὡς ἐτελέσθη ταῦτα, ἤγγισαν πρός με οἱ ἄρχοντες λέγοντες
Οὐκ ἐχωρίσθη ὁ λαὸς Ισραηλ καὶ οἱ ἱερεῖς καὶ οἱ Λευῖται ἀπὸ
λαῶν τῶν γαιῶν ἐν μακρύμμασιν αὐτῶν, τῷ Χανανι, ὁ Εθι, ὁ
Φερεζι, ὁ Ιεβουσι, ὁ Αμμωνι, ὁ Μωαβι, ὁ Μοσερι καὶ ὁ Αμορι,
2 ²ὅτι ἐλάβοσαν ἀπὸ θυγατέρων αὐτῶν ἑαυτοῖς καὶ τοῖς υἱοῖς αὐ-
τῶν, καὶ παρήχθη σπέρμα τὸ ἅγιον ἐν λαοῖς τῶν γαιῶν, καὶ χεὶρ
3 τῶν ἀρχόντων ἐν τῇ ἀσυνθεσίᾳ ταύτῃ ἐν ἀρχῇ. ³καὶ ὡς ἤκουσα
τὸν λόγον τοῦτον, διέρρηξα τὰ ἱμάτιά μου καὶ ἐπαλλόμην καὶ ἔτιλ-
λον ἀπὸ τῶν τριχῶν τῆς κεφαλῆς μου καὶ ἀπὸ τοῦ πώγωνός μου
4 καὶ ἐκαθήμην ἠρεμάζων. ⁴καὶ συνήχθησαν πρός με πᾶς ὁ διώκων
λόγον θεοῦ Ισραηλ ἐπὶ ἀσυνθεσίᾳ τῆς ἀποικίας, καὶ ἐγὼ καθήμενος
5 ἠρεμάζων ἕως τῆς θυσίας τῆς ἑσπερινῆς. ⁵καὶ ἐν θυσίᾳ τῇ ἑσπε-
ρινῇ ἀνέστην ἀπὸ ταπεινώσεώς μου · καὶ ἐν τῷ διαρρῆξαί με τὰ
ἱμάτιά μου καὶ ἐπαλλόμην καὶ κλίνω ἐπὶ τὰ γόνατά μου καὶ ἐκ-
6 πετάζω τὰς χεῖράς μου πρὸς κύριον τὸν θεὸν ⁶καὶ εἶπα Κύριε,
ἠσχύνθην καὶ ἐνετράπην τοῦ ὑψῶσαι τὸ πρόσωπόν μου πρὸς σέ,
ὅτι αἱ ἀνομίαι ἡμῶν ἐπληθύνθησαν ὑπὲρ κεφαλῆς ἡμῶν, καὶ αἱ
7 πλημμέλειαι ἡμῶν ἐμεγαλύνθησαν ἕως εἰς οὐρανόν. ⁷ἀπὸ ἡμερῶν
πατέρων ἡμῶν ἐσμεν ἐν πλημμελείᾳ μεγάλῃ ἕως τῆς ἡμέρας ταύ-
της · καὶ ἐν ταῖς ἀνομίαις ἡμῶν παρεδόθημεν ἡμεῖς καὶ οἱ βασιλεῖς
ἡμῶν καὶ οἱ υἱοὶ ἡμῶν ἐν χειρὶ βασιλέων τῶν ἐθνῶν ἐν ῥομφαίᾳ
καὶ ἐν αἰχμαλωσίᾳ καὶ ἐν διαρπαγῇ καὶ ἐν αἰσχύνῃ προσώπου
8 ἡμῶν ὡς ἡ ἡμέρα αὕτη. ⁸καὶ νῦν ἐπιεικεύσατο ἡμῖν κύριος ὁ θεὸς
ἡμῶν τοῦ καταλιπεῖν ἡμῖν εἰς σωτηρίαν καὶ δοῦναι ἡμῖν στήριγμα
ἐν τόπῳ ἁγιάσματος αὐτοῦ τοῦ φωτίσαι ὀφθαλμοὺς ἡμῶν καὶ

33 μαριμωθ Α | νωαδια υιος βαν.] νοαδει απο εβανναια Β† ‖ 35 οι ελθ.]
διελθ. Β† | απο] εκ Β: cf. Ι 8 63 | ολοκαυτωματα] -ματων Β† | τω κυριω >
ΒL𝑣† ‖ 36 εδωκα Α†
9 1 εθθι Α | φερεζι] -ρεσθει Β† | μωαβι compl.] ι > ΒΑ | μοσερ(ε)ι Β†]
μωσρι Α ‖ 2 εαυτοις] ε > Β† | εν αρχη > ΒV† ‖ 4 αποικεσιας Α: cf.
10 6 ‖ 5 ταπειν.] pr. της Α | τας > Β† | κυριον > ΒV† | fin.] + μου L†
‖ 6 κυριε > ΒL𝑣† | υψωσαι ΒV†] + θεε μου Α ‖ 7 και paenult. > Β† ‖
8 επιεικευσατο] επεσκευασ. Β† | κυριος > Β

δοῦναι ζωοποίησιν μικρὰν ἐν τῇ δουλεία ἡμῶν. ⁹ὅτι δοῦλοί ἐσμεν, 9
καὶ ἐν τῇ δουλεία ἡμῶν οὐκ ἐγκατέλιπεν ἡμᾶς κύριος ὁ θεὸς ἡμῶν
καὶ ἔκλινεν ἐφ᾽ ἡμᾶς ἔλεος ἐνώπιον βασιλέων Περσῶν δοῦναι ἡμῖν
ζωοποίησιν τοῦ ὑψῶσαι αὐτοὺς τὸν οἶκον τοῦ θεοῦ ἡμῶν καὶ ἀνα-
στῆσαι τὰ ἔρημα αὐτῆς καὶ τοῦ δοῦναι ἡμῖν φραγμὸν ἐν Ιουδα
καὶ ἐν Ιερουσαλημ. ¹⁰τί εἴπωμεν, ὁ θεὸς ἡμῶν, μετὰ τοῦτο; ὅτι 10
ἐγκατελίπομεν ἐντολάς σου, ¹¹ἃς ἔδωκας ἡμῖν ἐν χειρὶ δούλων σου 11
τῶν προφητῶν λέγων Ἡ γῆ, εἰς ἣν εἰσπορεύεσθε κληρονομῆσαι
αὐτήν, γῆ μετακινουμένη ἐστὶν ἐν μετακινήσει λαῶν τῶν ἐθνῶν
ἐν μακρύμμασιν αὐτῶν, ὧν ἔπλησαν αὐτὴν ἀπὸ στόματος ἐπὶ στόμα
ἐν ἀκαθαρσίαις αὐτῶν· ¹²καὶ νῦν τὰς θυγατέρας ὑμῶν μὴ δῶτε 12
τοῖς υἱοῖς αὐτῶν καὶ ἀπὸ τῶν θυγατέρων αὐτῶν μὴ λάβητε τοῖς υἱοῖς
ὑμῶν καὶ οὐκ ἐκζητήσετε εἰρήνην αὐτῶν καὶ ἀγαθὸν αὐτῶν ἕως
αἰῶνος, ὅπως ἐνισχύσητε καὶ φάγητε τὰ ἀγαθὰ τῆς γῆς καὶ κλη-
ροδοτήσητε τοῖς υἱοῖς ὑμῶν ἕως αἰῶνος. ¹³καὶ μετὰ πᾶν τὸ ἐρχό- 13
μενον ἐφ᾽ ἡμᾶς ἐν ποιήμασιν ἡμῶν τοῖς πονηροῖς καὶ ἐν πλημμε-
λεία ἡμῶν τῇ μεγάλη· ὅτι οὐκ ἔστιν ὡς ὁ θεὸς ἡμῶν, ὅτι ἐκού-
φισας ἡμῶν τὰς ἀνομίας καὶ ἔδωκας ἡμῖν σωτηρίαν· ¹⁴ὅτι ἐπ- 14
εστρέψαμεν διασκεδάσαι ἐντολάς σου καὶ ἐπιγαμβρεῦσαι τοῖς λαοῖς
τῶν γαιῶν· μὴ παροξυνθῇς ἐν ἡμῖν ἕως συντελείας τοῦ μὴ εἶναι
ἐγκατάλειμμα καὶ διασῳζόμενον. ¹⁵κύριε ὁ θεὸς Ισραηλ, δίκαιος 15
σύ, ὅτι κατελείφθημεν διασῳζόμενοι ὡς ἡ ἡμέρα αὕτη· ἰδοὺ ἡμεῖς
ἐναντίον σου ἐν πλημμελείαις ἡμῶν, ὅτι οὐκ ἔστιν στῆναι ἐνώπιόν
σου ἐπὶ τούτῳ.

¹Καὶ ὡς προσηύξατο Εσδρας καὶ ὡς ἐξηγόρευσεν κλαίων καὶ 10
προσευχόμενος ἐνώπιον οἴκου τοῦ θεοῦ, συνήχθησαν πρὸς αὐτὸν
ἀπὸ Ισραηλ ἐκκλησία πολλὴ σφόδρα, ἄνδρες καὶ γυναῖκες καὶ νεα-
νίσκοι, ὅτι ἔκλαυσεν ὁ λαὸς καὶ ὕψωσεν κλαίων. ²καὶ ἀπεκρίθη 2
Σεχενιας υἱὸς Ιιηλ ἀπὸ υἱῶν Ηλαμ καὶ εἶπεν τῷ Εσδρα Ἡμεῖς
ἠσυνθετήσαμεν τῷ θεῷ ἡμῶν καὶ ἐκαθίσαμεν γυναῖκας ἀλλοτρίας
ἀπὸ λαῶν τῆς γῆς· καὶ νῦν ἔστιν ὑπομονὴ τῷ Ισραηλ ἐπὶ τούτῳ.

9 βασιλεων] -ως S† | ημων ult. > S*† ‖ 10 init.] pr. και νυν SᶜL⁽†⁾ |
εγκατελ.] + ημις S† ‖ 11 λεγων > B† | αυτων 1⁰ > A† | ων] οις SᶜL† |
αυτων ult. > S† ‖ 12 των > B† | κληρονομησητε AV† ‖ 13 παν το ερχ.]
παντα τα εισελθοντα SᶜL† (Lᵖ† om. εισ) | ημας et ημων 1⁰ 2⁰] υμ. BS† | οτι
1⁰| + συ ο θεος ημων κατεπαυσας το σκηπτρον ημων δια τας αμαρτιας ημων
SᶜL† | ο θεος ημων] συ SᶜL† | οτι ult.] και S† ‖ 14 επιγαμβρευσαι] επι >
B† | των γαιων] > BS†, + τουτων SᶜL† | μη παροξυνθης εν ημιν] και ουκ
ωργισθης ημιν L†, και ου pro μη posuit et εν deleuit Sᶜ† ‖ 15 κατ-
ελ(ε)ιφθ.] pr. ουκ εν Sᶜ† | ιδου ημεις > BSV†
10 1 επροσηυξατο B*† | ως 2⁰ > S*L† | εξηγορευσεν] προσηγ. B*† | και 3⁰
> BS† | οικου] pr. του SL† | απο ισρ. > S† ‖ 2 ι(ε)ιηλ mu.] ιεηλ BS, ιε-
ειηλ A†: cf. 21. 26. 43 89 | εκαθισ.] ελαβομεν SᶜL†: cf. 10. 14. 18

3 ³καὶ νῦν διαθώμεθα διαθήκην τῷ θεῷ ἡμῶν ἐκβαλεῖν πάσας τὰς
γυναῖκας καὶ τὰ γενόμενα ἐξ αὐτῶν, ὡς ἂν βούλῃ · ἀνάστηθι καὶ
φοβέρισον αὐτοὺς ἐν ἐντολαῖς θεοῦ ἡμῶν, καὶ ὡς ὁ νόμος γενη-
4 θήτω. ⁴ἀνάστα, ὅτι ἐπὶ σὲ τὸ ῥῆμα, καὶ ἡμεῖς μετὰ σοῦ · κραταιοῦ
5 καὶ ποίησον. ⁵καὶ ἀνέστη Εσδρας καὶ ὥρκισεν τοὺς ἄρχοντας,
τοὺς ἱερεῖς καὶ Λευίτας καὶ πάντα Ισραηλ τοῦ ποιῆσαι κατὰ τὸ
6 ῥῆμα τοῦτο, καὶ ὤμοσαν. ⁶καὶ ἀνέστη Εσδρας ἀπὸ προσώπου
οἴκου τοῦ θεοῦ καὶ ἐπορεύθη εἰς γαζοφυλάκιον Ιωαναν υἱοῦ Ελι-
σουβ καὶ ἐπορεύθη ἐκεῖ · ἄρτον οὐκ ἔφαγεν καὶ ὕδωρ οὐκ ἔπιεν,
7 ὅτι ἐπένθει ἐπὶ τῇ ἀσυνθεσίᾳ τῆς ἀποικίας. ⁷καὶ παρήνεγκαν φω-
νὴν ἐν Ιουδα καὶ ἐν Ιερουσαλημ πᾶσιν τοῖς υἱοῖς τῆς ἀποικίας
8 τοῦ συναθροισθῆναι εἰς Ιερουσαλημ, ⁸καὶ πᾶς, ὃς ἂν μὴ ἔλθῃ εἰς
τρεῖς ἡμέρας ὡς ἡ βουλὴ τῶν ἀρχόντων καὶ τῶν πρεσβυτέρων,
ἀναθεματισθήσεται πᾶσα ἡ ὕπαρξις αὐτοῦ, καὶ αὐτὸς διασταλήσε-
ται ἀπὸ ἐκκλησίας τῆς ἀποικίας.
9 ⁹Καὶ συνήχθησαν πάντες ἄνδρες Ιουδα καὶ Βενιαμιν εἰς Ιερου-
σαλημ εἰς τὰς τρεῖς ἡμέρας, οὗτος ὁ μὴν ὁ ἔνατος · ἐν εἰκάδι
τοῦ μηνὸς ἐκάθισεν πᾶς ὁ λαὸς ἐν πλατείᾳ οἴκου τοῦ θεοῦ ἀπὸ
10 θορύβου αὐτῶν περὶ τοῦ ῥήματος καὶ ἀπὸ τοῦ χειμῶνος. ¹⁰καὶ
ἀνέστη Εσδρας ὁ ἱερεὺς καὶ εἶπεν πρὸς αὐτούς Ὑμεῖς ἠσυνθετή-
κατε καὶ ἐκαθίσατε γυναῖκας ἀλλοτρίας τοῦ προσθεῖναι ἐπὶ πλημ-
11 μέλειαν Ισραηλ · ¹¹καὶ νῦν δότε αἴνεσιν κυρίῳ τῷ θεῷ τῶν πατέ-
ρων ὑμῶν καὶ ποιήσατε τὸ ἀρεστὸν ἐνώπιον αὐτοῦ καὶ διαστά-
λητε ἀπὸ λαῶν τῆς γῆς καὶ ἀπὸ τῶν γυναικῶν τῶν ἀλλοτρίων.
12 ¹²καὶ ἀπεκρίθησαν πᾶσα ἡ ἐκκλησία καὶ εἶπαν Μέγα τοῦτο τὸ
13 ῥῆμά σου ἐφ᾽ ἡμᾶς ποιῆσαι · ¹³ἀλλὰ ὁ λαὸς πολύς, καὶ ὁ καιρὸς
χειμερινός, καὶ οὐκ ἔστιν δύναμις στῆναι ἔξω · καὶ τὸ ἔργον οὐκ
εἰς ἡμέραν μίαν καὶ οὐκ εἰς δύο, ὅτι ἐπληθύναμεν τοῦ ἀδικῆσαι
14 ἐν τῷ ῥήματι τούτῳ. ¹⁴στήτωσαν δὴ οἱ ἄρχοντες ἡμῶν τῇ πάσῃ
ἐκκλησίᾳ, καὶ πάντες οἱ ἐν πόλεσιν ἡμῶν, ὃς ἐκάθισεν γυναῖκας
ἀλλοτρίας, ἐλθέτωσαν εἰς καιροὺς ἀπὸ συνταγῶν καὶ μετ᾽ αὐτῶν

---

3 ως 1⁰ — fin.] εν βουλη κυριου και των τρεμοντων εν (+ ταις L†) εντολαις
αυτου και ποιηθησεται κατα τον νομον του θεου ημων SᶜL† ‖ 4 αναστα B
S†] -στηθι rel. | οτι > A ‖ 5 τους αρχ. > S†, sed post λευιτας add. S† και
τους αρχοντας | ιερεις και > BS† ‖ 6 τη > BS† | αποικεσιας ALᵖ†: cf. 9 4
‖ 7 εν 1⁰ > B† | ιερουσαλημ 1⁰⌒2⁰ BSAV | συναθροισθ.] συναχθ. SᶜL†
8 και 1⁰ SL†] > rel. | ως η] ως αν ῇ A ‖ 9 παντες] + οι S† | ο 1⁰ > B†
| εκαθισεν] pr. και SᶜL | πας > S† | θορυβου] pr. του A ‖ 10 εκαθισ.] ελα-
βετε SᶜL†: cf. 2 ‖ 11 κυριω τω] tr. A†, κυρ. > BSV† | υμων SᶜLᵖV†] ημ.
rel. ‖ 12 η > B† | και ειπαν] + φωνη Sᶜ†, add. uel pr. φωνη μεγαλη Lpl.
(sed μετα seq. hab. omnes) ‖ 13 καιρος] τοπος B† ‖ 14 οι 1⁰ > B | τη
παση εκκλ. > B† | τη παση] pr. εν Sᶜ†, εν παση τη L† | παντες οι SᶜL†]
πασιν τοις rel. | ος εκαθισεν] οι λαβοντες SᶜL†: cf. 2 | συνταγων] συναγω-
γων BS†

πρεσβύτεροι πόλεως καὶ πόλεως καὶ κριταὶ τοῦ ἀποστρέψαι ὀργὴν
θυμοῦ θεοῦ ἡμῶν ἐξ ἡμῶν περὶ τοῦ ῥήματος τούτου. ¹⁵πλὴν Ιω- 15
ναθαν υἱὸς Ασαηλ καὶ Ιαζια υἱὸς Θεκουε μετ᾽ ἐμοῦ περὶ τούτου,
καὶ Μεσουλαμ καὶ Σαβαθαι ὁ Λευίτης βοηθῶν αὐτοῖς. ¹⁶καὶ ἐποί- 16
ησαν οὕτως υἱοὶ τῆς ἀποικίας. καὶ διεστάλησαν Εσδρας ὁ ἱερεὺς
καὶ ἄνδρες ἄρχοντες πατριῶν τῷ οἴκῳ καὶ πάντες ἐν ὀνόμασιν,
ὅτι ἐπέστρεψαν ἐν ἡμέρᾳ μιᾷ τοῦ μηνὸς τοῦ δεκάτου ἐκζητῆσαι
τὸ ῥῆμα. ¹⁷καὶ ἐτέλεσαν ἐν πᾶσιν ἀνδράσιν, οἳ ἐκάθισαν γυναῖκας 17
ἀλλοτρίας, ἕως ἡμέρας μιᾶς τοῦ μηνὸς τοῦ πρώτου.

¹⁸Καὶ εὑρέθησαν ἀπὸ υἱῶν τῶν ἱερέων οἳ ἐκάθισαν γυναῖκας 18
ἀλλοτρίας · ἀπὸ υἱῶν Ἰησοῦ υἱοῦ Ιωσεδεκ καὶ ἀδελφοὶ αὐτοῦ Μα-
ασηα καὶ Ελιεζερ καὶ Ιαριβ καὶ Γαδαλια, ¹⁹καὶ ἔδωκαν χεῖρα αὐτῶν 19
τοῦ ἐξενέγκαι γυναῖκας αὐτῶν καὶ πλημμελείας κριὸν ἐκ προβάτων
περὶ πλημμελήσεως αὐτῶν · ²⁰καὶ ἀπὸ υἱῶν Εμμηρ Ανανι καὶ Ζα- 20
βδια · ²¹καὶ ἀπὸ υἱῶν Ηραμ Μασαια καὶ Ελια καὶ Σαμαια καὶ Ιιηλ 21
καὶ Οζια · ²²καὶ ἀπὸ υἱῶν Φασουρ Ελιωηναι, Μαασαια καὶ Ισμαηλ 22
καὶ Ναθαναηλ καὶ Ιωζαβαδ καὶ Ηλασα. — ²³καὶ ἀπὸ τῶν Λευιτῶν · 23
Ιωζαβαδ καὶ Σαμου καὶ Κωλια (αὐτὸς Κωλιτας) καὶ Φαθαια καὶ
Ιοδομ καὶ Ελιεζερ · ²⁴καὶ ἀπὸ τῶν ἀδόντων Ελισαφ · καὶ ἀπὸ τῶν 24
πυλωρῶν Σελλημ καὶ Τελημ καὶ Ωδουε. — ²⁵καὶ ἀπὸ Ισραηλ · ἀπὸ 25
υἱῶν Φορος Ραμια καὶ Ιαζια καὶ Μελχια καὶ Μεαμιν καὶ Ελεαζαρ
καὶ Ασαβια καὶ Βαναια · ²⁶καὶ ἀπὸ υἱῶν Ηλαμ Μαθανια καὶ Ζαχα- 26
ρια καὶ Ιαϊηλ καὶ Αβδια καὶ Ιαριμωθ καὶ Ηλια · ²⁷καὶ ἀπὸ υἱῶν 27

---

14 θυμου > A ǁ 15 ασαηλ] ασηλ B⁺, σαηλ S⁺ | ιαζια Ra.] λαζεια BS⁺,
ιαζιας A: cf. 25 | θεκουε] ελκεια BS⁺ | μεσουλαμ BS⁺] μετασολλαμ A⁺, μεσολ-
λαμ rel.: cf. 8 16 | σαβαθαι BS⁺] σαββαθαι pl., καββαθαι A⁺ ǁ 16 υιοι] pr.
οι A | διεσταλησαν] -στ(ε)ιλεν S⁰L⁺ | και ανδρες αρχ.] αρχοντας S⁰L⁺ | τω
οικω] των οικων A, τω οικων (sic) S*⁺ | εν 1⁰] επ AS⁰ | μια > B⁺ | δεκα-
του] pr. δω S⁰L⁺ ǁ 17 αλλοτρ.⌒18 αλλοτρ. S⁺ ǁ 18 ευρεθη B⁺ | υιων 1⁰]
pr. των S⁰L⁺ | εκαθισαν] ελαβον S⁰L⁺: cf. 2 | αδελφοι] pr. οι SL⁺ | μαασηα
S⁺ (cf. 30)] μαασηλ codex unus codici B cognatus: cf. 13 23; μεεσσηλ B⁺; μαα-
σηια A | ιαριβ] -ρειμ B, ιωρειμ S⁺ | γαλαδεια SV⁺, γαλαδαιας L⁺ ǁ 19 αυ-
των 1⁰⌒3⁰ S⁺ ǁ 20 αμμηρ S⁺ | αναν(ε)ι BS⁺] ανανια rel. (L -ιας) ǁ 21 μα-
σαια Ra.] -σαηλ BS⁽⁺⁾, -σειας A | ι(ε)ιηλ A] ιεηλ BS: cf. 2 ǁ 22 ελιωνα BS⁺:
cf. 27 | μαασαια BSV⁺] -σια A | ισμαηλ] σαμ. B⁺, σαμαιηλ S⁺ ǁ 23 των] +
υιων των S⁰L⁺ | σαμουδ S⁺ | κωλ(ε)ια] κωλαα A⁺ | κωλιτας] -ιευ BS⁺ | φα-
θαια Ra. (cf. 1 9 23)] φαδαια BV⁺, φααια S⁺, φεθεια A | ιοδομ B⁺] ιεδ. S⁺,
ναδ. V⁺, ιουδας rel. | ελιαζαρ S⁺ ǁ 24 αδοντων] ωδων S⁰L⁺ | σελλημ L⁺]
γελλημ B⁺, γαιλλειμ S⁺, σολλημ AV⁺ | τελημ B⁺] τελλημ SAVL⁺ | ωδουε]
-ουθ BS⁺, -ους V⁺, ουριας L⁺ ǁ 25 φορος] φαρες S⁰L⁺: cf. 2 3 | ιαζια Ra.]
αζ(ε)ια BA, αδεια S⁺, ιαζιας L⁺: cf. 15 | μεαμιν Sixt.] -μιμ A, αμαμειν BS⁺ |
ελεαζα A⁺ | και ασαβια(S⁺ σαβ.)] > B⁺ | μαναια S⁺ ǁ 26 μαθανια BS⁺] μαθθ.
A: cf. 30. 33. 37 21 17 22 35 23 13 | και 2⁰ > B⁺ | ια(ε)ιηλ] ιαηλ B⁺, αιειηλ
A⁺, ιειηλ L⁺: cf. 2 | ιαριμωθ] -μοιθ B⁺, ιερ. A

Ζαθουα Ελιωηναι, Ελισουβ, Μαθανια καὶ Ιαρμωθ καὶ Ζαβαδ καὶ
28 Οζιζα · ²⁸καὶ ἀπὸ υἱῶν Βαβι Ιωαναν, Ανανια καὶ Ζαβου, Οθαλι ·
29 ²⁹καὶ ἀπὸ υἱῶν Βανουι Μεσουλαμ, Μαλουχ, Αδαιας, Ιασουβ καὶ
30 Σαλουια καὶ Ρημωθ · ³⁰καὶ ἀπὸ υἱῶν Φααθμωαβ Εδενε, Χαληλ,
31 Βαναια, Μασηα, Μαθανια, Βεσεληλ καὶ Βανουι καὶ Μανασση · ³¹καὶ
32 ἀπὸ υἱῶν Ηραμ Ελιεζερ, Ιεσσια, Μελχια, Σαμαια, Σεμεων, ³²Βενια-
33 μιν, Μαλουχ, Σαμαρια · ³³καὶ ἀπὸ υἱῶν Ησαμ Μαθανι, Μαθαθα,
34 Ζαβεδ, Ελιφαλεθ, Ιεραμι, Μανασση, Σεμεϊ · ³⁴ἀπὸ υἱῶν Βανι Μο-
35 οδι, Αμραμ, Ουηλ, ³⁵Βαναια, Βαδαια, Χελια, ³⁶Ουιεχωα, Ιεραμωθ,
36
38 Ελιασιβ, ³⁷Μαθανια, Μαθαναι, καὶ ἐποίησαν ³⁸οἱ υἱοὶ Βανουι καὶ
40 οἱ υἱοὶ Σεμεϊ ³⁹καὶ Σελεμια καὶ Ναθαν καὶ Αδαια, ⁴⁰Μαχναδαβου,
42 Σεσι, Σαρου, ⁴¹Εζερηλ καὶ Σελεμια καὶ Σαμαρια ⁴²καὶ Σαλουμ, Αμα-
43 ρια, Ιωσηφ · ⁴³ἀπὸ υἱῶν Ναβου Ιιηλ, Μαθαθια, Σεδεμ, Ζαμβινα,
44 Ιαδαι καὶ Ιωηλ καὶ Βαναια. — ⁴⁴πάντες οὗτοι ἐλάβοσαν γυναῖκας
ἀλλοτρίας καὶ ἐγέννησαν ἐξ αὐτῶν υἱούς.

11   ¹Λόγοι Νεεμια υἱοῦ Αχαλια.
Καὶ ἐγένετο ἐν μηνὶ Χασεηλου ἔτους εἰκοστοῦ καὶ ἐγὼ ἤμην ἐν

27 ζαθουα compl.] ζαθουια BSV†, ζαθθουα A: cf. 28 | ελιωνα BV†, -ναν
S†: cf. 22 | μαθανια Ra. (cf. 26)] αλαθ. BSV† (S† -αν), μαθθαναι A | ιαρμωθ]
αρμων SV†, αμων B† | ζαβαδαβ B† | οζιζα] οζ(ε)ια BSV†, οζει L† || 28 ανα-
νια] νιανα B†, ανεια S† | οθαλι] θαλ(ε)ι BV†, θαλειμ S || 29 βανου(ε)ι BS†]
βανει A | μεσουλαμ Ra. (cf. 15)] μελουσαμ BSV†, μοσολλαμ rel. | μαλουχ] αλουμ
BV†, αελουμ S† | αδαιας] αδα BSV†: ιας excidit ante ιασ | ιασουβ] ιασουδ
BV†, ασουα S† | σαλουια BSV†] σααλ rel. | ρημωθ] μημων B†, μηνων S†,
μηλων V† || 30 φααδμωαβ B†: cf. 20 15 | εδενε S†] αιδαινε B†, εδνε A |
χαληλ] χαηλ BV†, χ|ηλ S† (multa nomina propria in mss. falso distincta sunt);
pr. και A: idem add. και post χαληλ | μασηα BSV†] μαασηα A: cf. 18 | μαθ-
θανια A: cf. 26; ναθανεια S†: cf. 22 35 23 13 | βεσσεληλ S⁽†⁾ | βανουι] θανουει
BSV† || 31 σαμαια B†] -αιας A, σεμεα S† || 33 και > BL† | ησαμ B†] ησι-
αμ SV†, ασημ A | μαθανι μαθαθα Ra.] μαθανια(V† μανθ.) αθα BSV†, μαθθαναι
μαθθαθα A; cf. 26 | ζαβεδ unus cod.] -βελ BS†, -βαδ A | ελιφαλεθ] -ανεθ B*†,
-αλετ A | ιεραμ(ε)ι S†] -ειμ B†, ιερεμι A || 34 init. BSL†] pr. και rel. | βανι]
ανει BS†, ανανει V† | μοοδι Ra.] μοδεδ(ε)ι BSV†, μοοδεια A | αμραμ compl.]
αμαρ(ε)ι BSV†, αμβραμ A | ουηλ] θυηλ BS†; pr. και A || 35 βαδαια] βαραια
B†, μαδαια S† | χελια] χελκεια BS || 36 ουιεχωα BV†] ουιερεχω S†, ουουνια
A†, ουανια L† | ιεραμωθ BSV†] μαριμωθ A | ελεασειφ B† || 37 μαθανια
BSV†] μαθθ. A: cf. 26 | μαθαναι Ra.] -ναν BV†, -να S†, μαθθαναι A || 38 οι
2⁰ > BS† || 39 σελεμιας A: cf. 41 | αδαιας A, αδεια S† || 40 μαχναδαβου
unus cod.] -δααβου A, μαχαδναβου BS⁽†⁾ | σαρου V†] -ριου B†, -ρουε S†, αρου
A || 41 εζερηλ B†] εσριηλ S†, εζριηλ rel. | σελεμιας et σαμαρειας A: cf. 39
|| 42 και > A | σαλουμ BSV†] σελλουμ rel.: cf. 2 42 | αμαρια unus cod.] μα-
ρια BS†, αρια V†, αμαριας rel. || 43 ι(ε)ιηλ compl.] ιεειηλ A†, ιαηλ BSV†;
cf. 26 | μαθαθια V†] θαμαθια BS†, μαθθαθιας A | σεδεμ BSV†] > A†, ζαβαδ
rel. | ζαμβ(ε)ινα SV†] ζανβ. B†, > A† | ιαδαι] δια BSV†
11 (𝔐 Neh. 1) 1 αχαλια] χαλια codex unus codici B cognatus, χελκεια B⁽†⁾:
cf. 20 2 | χασεηλου A†] σεχεηλου B†, σεχεηλ SV†, χεσελευ Scᵗ, χασ(α)λευ L†;
+ τοις σουσοις μητροπολει περσων S†

Σουσαν αβιρα, ²καὶ ἦλθεν Ανανι εἷς ἀπὸ ἀδελφῶν μου, αὐτὸς καὶ 2
ἄνδρες Ιουδα, καὶ ἠρώτησα αὐτοὺς περὶ τῶν σωθέντων, οἳ κατ-
ελείφθησαν ἀπὸ τῆς αἰχμαλωσίας καὶ περὶ Ιερουσαλημ. ³καὶ εἴποσαν 3
πρός με Οἱ καταλειπόμενοι οἱ καταλειφθέντες ἀπὸ τῆς αἰχμαλωσίας
ἐκεῖ ἐν τῇ χώρᾳ ἐν πονηρίᾳ μεγάλῃ καὶ ἐν ὀνειδισμῷ, καὶ τείχη
Ιερουσαλημ καθῃρημένα, καὶ αἱ πύλαι αὐτῆς ἐνεπρήσθησαν ἐν πυρί.
⁴καὶ ἐγένετο ἐν τῷ ἀκοῦσαί με τοὺς λόγους τούτους ἐκάθισα καὶ 4
ἔκλαυσα καὶ ἐπένθησα ἡμέρας καὶ ἤμην νηστεύων καὶ προσευχόμε-
νος ἐνώπιον θεοῦ τοῦ οὐρανοῦ ⁵καὶ εἶπα Μὴ δή, κύριε ὁ θεὸς 5
τοῦ οὐρανοῦ ὁ ἰσχυρὸς ὁ μέγας καὶ ὁ φοβερός, φυλάσσων τὴν
διαθήκην καὶ τὸ ἔλεος τοῖς ἀγαπῶσιν αὐτὸν καὶ τοῖς φυλάσσουσιν
τὰς ἐντολὰς αὐτοῦ · ⁶ἔστω δὴ τὸ οὖς σου προσέχον καὶ οἱ ὀ- 6
φθαλμοί σου ἀνεῳγμένοι τοῦ ἀκοῦσαι προσευχὴν δούλου σου, ἣν
ἐγὼ προσεύχομαι ἐνώπιόν σου σήμερον ἡμέραν καὶ νύκτα περὶ
υἱῶν Ισραηλ δούλων σου καὶ ἐξαγορεύω ἐπὶ ἁμαρτίαις υἱῶν Ισραηλ,
ἃς ἡμάρτομέν σοι. καὶ ἐγὼ καὶ ὁ οἶκος πατρός μου ἡμάρτομεν ·
⁷διαλύσει διελύσαμεν πρὸς σὲ καὶ οὐκ ἐφυλάξαμεν τὰς ἐντολὰς 7
καὶ τὰ προστάγματα καὶ τὰ κρίματα, ἃ ἐνετείλω τῷ Μωυσῇ παιδί
σου. ⁸μνήσθητι δὴ τὸν λόγον, ὃν ἐνετείλω τῷ Μωυσῇ παιδί σου 8
λέγων Ὑμεῖς ἐὰν ἀσυνθετήσητε, ἐγὼ διασκορπιῶ ὑμᾶς ἐν τοῖς
λαοῖς · ⁹καὶ ἐὰν ἐπιστρέψητε πρός με καὶ φυλάξητε τὰς ἐντολάς 9
μου καὶ ποιήσητε αὐτάς, ἐὰν ᾖ ἡ διασπορὰ ὑμῶν ἀπ᾽ ἄκρου τοῦ
οὐρανοῦ, ἐκεῖθεν συνάξω αὐτοὺς καὶ εἰσάξω αὐτοὺς εἰς τὸν τόπον,
ὃν ἐξελεξάμην κατασκηνῶσαι τὸ ὄνομά μου ἐκεῖ. ¹⁰καὶ αὐτοὶ παῖ- 10
δές σου καὶ λαός σου, οὓς ἐλυτρώσω ἐν δυνάμει σου τῇ μεγάλῃ
καὶ ἐν τῇ χειρί σου τῇ κραταιᾷ. ¹¹μὴ δή, κύριε, ἀλλ᾽ ἔστω τὸ οὖς 11
σου προσέχον εἰς τὴν προσευχὴν τοῦ δούλου σου καὶ εἰς τὴν
προσευχὴν παίδων σου τῶν θελόντων φοβεῖσθαι τὸ ὄνομά σου,
καὶ εὐόδωσον δὴ τῷ παιδί σου σήμερον καὶ δὸς αὐτὸν εἰς οἰκτιρ-
μοὺς ἐνώπιον τοῦ ἀνδρὸς τούτου. — καὶ ἐγὼ ἤμην οἰνοχόος τῷ
βασιλεῖ.

1 αβειρρα Aᵗ ‖ 2 αδελφων] pr. των BLᵖᵗ | κατελιπησαν B*ᵗ (uid.) ‖
3 οι καταλειφθ. > Apl. | εν τη χωρα] + εν (+ τη Sᵗ) πολει BSVᵗ | τειχη]
pr. τα ScLᵗ | αι > SA ‖ 4 θεου] pr. του S ‖ 5 μη δη > Sᵗ | του ουρ.
> Sᵗ | ο 4⁰ SALᵖᵗ] > rel. | ελεος] + σου Bᵗ ‖ 6 προσευχην] pr. την ScLᵗ
| εξαγορευων Bᵗ | αμαρτιας Aᵗ | πατρος] pr. του SVLᵖᵗ ‖ 7 προς σε > B
SVᵗ ‖ 8 τω μ. παιδι σου] τω > Sᵗ, τω παιδι σου μ. A | λεγων > Sᵗ | ασυν-
θετησητε] συν > Sᵗ: cf. Ps. 77 57 ‖ 9 η 2⁰ > Sᵗ | ουρανου] + εως ακρου
του ουρανου ScLᵗ | και ult. > Sᵗ ‖ 10 δυναμει] pr. τη B | τη μεγ. >
Sᵗ ‖ 11 κυριε mu.] > BSAV; + μη αποστρεψης το προσωπον σου ScLᵗ
| τουτου > Aᵗ | οινοχοος] ευνουχος BSVᵗ: item Origenes ed. Delarue III
p. 657

12 ¹Καὶ ἐγένετο ἐν μηνὶ Νισαν ἔτους εἰκοστοῦ Αρθασασθα βασιλεῖ
καὶ ἦν ὁ οἶνος ἐνώπιον ἐμοῦ, καὶ ἔλαβον τὸν οἶνον καὶ ἔδωκα τῷ
2 βασιλεῖ, καὶ οὐκ ἦν ἕτερος ἐνώπιον αὐτοῦ · ²καὶ εἶπέν μοι ὁ βα-
σιλεύς Διὰ τί τὸ πρόσωπόν σου πονηρὸν καὶ οὐκ εἶ μετριάζων ;
οὐκ ἔστιν τοῦτο εἰ μὴ πονηρία καρδίας. καὶ ἐφοβήθην πολὺ σφό-
3 δρα. ³καὶ εἶπα τῷ βασιλεῖ Ὁ βασιλεὺς εἰς τὸν αἰῶνα Ζήτω · διὰ
τί οὐ μὴ γένηται πονηρὸν τὸ πρόσωπόν μου, διότι ἡ πόλις, οἶκος
μνημείων πατέρων μου, ἠρημώθη καὶ αἱ πύλαι αὐτῆς κατεβρώθη-
4 σαν ἐν πυρί ; ⁴καὶ εἶπέν μοι ὁ βασιλεύς Περὶ τίνος τοῦτο σὺ Ζη-
5 τεῖς ; καὶ προσηυξάμην πρὸς τὸν θεὸν τοῦ οὐρανοῦ ⁵καὶ εἶπα τῷ
βασιλεῖ Εἰ ἐπὶ τὸν βασιλέα ἀγαθόν, καὶ εἰ ἀγαθυνθήσεται ὁ παῖς
σου ἐνώπιόν σου ὥστε πέμψαι αὐτὸν εἰς Ιουδα εἰς πόλιν μνη-
6 μείων πατέρων μου, καὶ ἀνοικοδομήσω αὐτήν. ⁶καὶ εἶπέν μοι ὁ
βασιλεὺς καὶ ἡ παλλακὴ ἡ καθημένη ἐχόμενα αὐτοῦ Ἕως πότε
ἔσται ἡ πορεία σου καὶ πότε ἐπιστρέψεις ; καὶ ἠγαθύνθη ἐνώπιον
7 τοῦ βασιλέως, καὶ ἀπέστειλέν με, καὶ ἔδωκα αὐτῷ ὅρον. ⁷καὶ εἶπα
τῷ βασιλεῖ Εἰ ἐπὶ τὸν βασιλέα ἀγαθόν, δότω μοι ἐπιστολὰς πρὸς
τοὺς ἐπάρχους πέραν τοῦ ποταμοῦ ὥστε παραγαγεῖν με, ἕως ἔλθω
8 ἐπὶ Ιουδαν, ⁸καὶ ἐπιστολὴν ἐπὶ Ασαφ φύλακα τοῦ παραδείσου, ὃς
ἐστιν τῷ βασιλεῖ, ὥστε δοῦναί μοι ξύλα στεγάσαι τὰς πύλας καὶ
εἰς τὸ τεῖχος τῆς πόλεως καὶ εἰς οἶκον, ὃν εἰσελεύσομαι εἰς αὐτόν.
9 καὶ ἔδωκέν μοι ὁ βασιλεὺς ὡς χεὶρ θεοῦ ἡ ἀγαθή. ⁹καὶ ἦλθον
πρὸς τοὺς ἐπάρχους πέραν τοῦ ποταμοῦ καὶ ἔδωκα αὐτοῖς τὰς
ἐπιστολὰς τοῦ βασιλέως, καὶ ἀπέστειλεν μετ᾽ ἐμοῦ ὁ βασιλεὺς ἀρ-
10 χηγοὺς δυνάμεως καὶ ἱππεῖς. — ¹⁰καὶ ἤκουσεν Σαναβαλλατ ὁ Αρωνι
καὶ Τωβια ὁ δοῦλος ὁ Αμμωνι, καὶ πονηρὸν αὐτοῖς ἐγένετο ὅτι
ἥκει ἄνθρωπος Ζητῆσαι ἀγαθὸν τοῖς υἱοῖς Ισραηλ.
11
12 ¹¹Καὶ ἦλθον εἰς Ιερουσαλημ καὶ ἤμην ἐκεῖ ἡμέρας τρεῖς. ¹²καὶ
ἀνέστην νυκτὸς ἐγὼ καὶ ἄνδρες ὀλίγοι μετ᾽ ἐμοῦ · καὶ οὐκ ἀπήγ-
γειλα ἀνθρώπῳ τί ὁ θεὸς δίδωσιν εἰς καρδίαν μου τοῦ ποιῆσαι

12 (𝔐 Neh. 2) 1 αρθασασθα] αρσαθερθα Bᵗ et Origenes ed. Delarue III p.
657, αρσαρσαθα Sᵗ, ασαρσαθα Vᵗ; αρταξερξη Sᶜᵗ : item uel -ξερξου Lᵗ (sic
Lᵗ ubique [cf. 4 8], Sᶜ non nisi hoc loco); cf. 4 8 | ο > BSᵗ | fin.] + και ημην
σκυθρωπος SᶜLᵗ ‖ 3 τους αιωνας Sᵗ | διοτι] δια τι Aᵗ | ηρημ. > Sᵗ ‖
4 συ ζητεις] συνζ. Aᵗ(B dub.) ‖ 5 ει 1⁰ > Sᵗ : post βασιλει ; cf. 7 | ει 1⁰ — ει 2⁰]
επισταμαι τον βασιλεα αγαθον και ει αγαθον επι τον βασιλεα και SᶜLᵗ ‖ 6 εως]
pr. και Sᵗ; pr. ινα τι καθησαι παρ εμοι SᶜLᵗ | πορεια] παρουσια Aᵗ ‖ 7 ει
> B*ᵗ : post βασιλει ; cf. 5 | δοτω μοι / επιστ.] tr. Bᵗ | ιουδαν] ν > Bᵗ ‖
8 φυλακα του παραδεισου] τον φυλασσοντα τας ημιονους του βασιλεως και τον
παραδεισον SᶜLᵗ | πυλας] + της βαρεως του οικου SᶜLᵗ | οικον] pr. τον SLᵖᵗ
‖ 9 δυναμεως] pr. της Aᵗ ‖ 10 σαναβαλατ S : item S in 14 1 ; σαλαβαλλατ
Sᵗ in 12 19; αναβαλλατ BSᵗ in 13 33 et B*ᵗ in 16 14; A ubique et BS ce-
teris locis σαναβαλλατ | ο 1⁰ > B*Sᵗ | και τωβ. ο δ. ο(>SBˢ : cf. 19) αμμ. >
B*ᵗ ‖ 12 καρδιαν] pr. την SLᵗ

μετὰ τοῦ Ισραηλ, καὶ κτῆνος οὐκ ἔστιν μετ᾽ ἐμοῦ εἰ μὴ τὸ κτῆνος, ᾧ ἐγὼ ἐπιβαίνω ἐπ᾽ αὐτῷ. ¹³ καὶ ἐξῆλθον ἐν πύλη τοῦ γωληλα καὶ 13 πρὸς στόμα πηγῆς τῶν συκῶν καὶ εἰς πύλην τῆς κοπρίας καὶ ἤμην συντρίβων ἐν τῷ τείχει Ιερουσαλημ, ὃ αὐτοὶ καθαιροῦσιν καὶ πύλαι αὐτῆς κατεβρώθησαν πυρί. ¹⁴ καὶ παρῆλθον ἐπὶ πύλην τοῦ Αιν 14 καὶ εἰς κολυμβήθραν τοῦ βασιλέως, καὶ οὐκ ἦν τόπος τῷ κτήνει παρελθεῖν ὑποκάτω μου. ¹⁵ καὶ ἤμην ἀναβαίνων ἐν τῷ τείχει χει- 15 μάρρου νυκτὸς καὶ ἤμην συντρίβων ἐν τῷ τείχει. καὶ ἤμην ἐν πύλη τῆς φάραγγος καὶ ἐπέστρεψα. ¹⁶ καὶ οἱ φυλάσσοντες οὐκ 16 ἔγνωσαν τί ἐπορεύθην καὶ τί ἐγὼ ποιῶ, καὶ τοῖς Ιουδαίοις καὶ τοῖς ἱερεῦσιν καὶ τοῖς ἐντίμοις καὶ τοῖς στρατηγοῖς καὶ τοῖς καταλοίποις τοῖς ποιοῦσιν τὰ ἔργα ἕως τότε οὐκ ἀπήγγειλα. ¹⁷ καὶ εἶπα πρὸς 17 αὐτούς Ὑμεῖς βλέπετε τὴν πονηρίαν, ἐν ᾗ ἐσμεν ἐν αὐτῇ, πῶς Ιερουσαλημ ἔρημος καὶ αἱ πύλαι αὐτῆς ἐδόθησαν πυρί · δεῦτε καὶ διοικοδομήσωμεν τὸ τεῖχος Ιερουσαλημ, καὶ οὐκ ἐσόμεθα ἔτι ὄνειδος. ¹⁸ καὶ ἀπήγγειλα αὐτοῖς τὴν χεῖρα τοῦ θεοῦ, ἥ ἐστιν ἀγαθὴ 18 ἐπ᾽ ἐμέ, καὶ τοὺς λόγους τοῦ βασιλέως, οὓς εἶπέν μοι, καὶ εἶπα Ἀναστῶμεν καὶ οἰκοδομήσωμεν. καὶ ἐκραταιώθησαν αἱ χεῖρες αὐτῶν εἰς ἀγαθόν. — ¹⁹ καὶ ἤκουσεν Σαναβαλλατ ὁ Αρωνι καὶ Τωβια 19 ὁ δοῦλος ὁ Αμμωνι καὶ Γησαμ ὁ Αραβι καὶ ἐξεγέλασαν ἡμᾶς καὶ ἦλθον ἐφ᾽ ἡμᾶς καὶ εἶπαν Τί τὸ ῥῆμα τοῦτο, ὃ ὑμεῖς ποιεῖτε; ἢ ἐπὶ τὸν βασιλέα ὑμεῖς ἀποστατεῖτε; ²⁰ καὶ ἐπέστρεψα αὐτοῖς λόγον 20 καὶ εἶπα αὐτοῖς Ὁ θεὸς τοῦ οὐρανοῦ, αὐτὸς εὐοδώσει ἡμῖν, καὶ ἡμεῖς δοῦλοι αὐτοῦ καθαροί, καὶ οἰκοδομήσομεν · καὶ ὑμῖν οὐκ ἔστιν μερὶς καὶ δικαιοσύνη καὶ μνημόσυνον ἐν Ιερουσαλημ.

¹ Καὶ ἀνέστη Ελισουβ ὁ ἱερεὺς ὁ μέγας καὶ οἱ ἀδελφοὶ αὐτοῦ 13 οἱ ἱερεῖς καὶ ᾠκοδόμησαν τὴν πύλην τὴν προβατικήν · αὐτοὶ ἡγίασαν αὐτὴν καὶ ἔστησαν θύρας αὐτῆς καὶ ἕως πύργου τῶν ἑκατὸν ἡγίασαν ἕως πύργου Ανανεηλ ² καὶ ἐπὶ χεῖρας υἱῶν ἀνδρῶν Ιερι- 2 χω καὶ ἐπὶ χεῖρας υἱῶν Ζακχουρ υἱοῦ Αμαρι. ³ καὶ τὴν πύλην τὴν 3 ἰχθυηρὰν ᾠκοδόμησαν υἱοὶ Ασανα · αὐτοὶ ἐστέγασαν αὐτὴν καὶ ἔστησαν θύρας αὐτῆς καὶ κλεῖθρα αὐτῆς καὶ μοχλοὺς αὐτῆς. ⁴ καὶ 4

12 εστιν μετ εμου] ην μετ εμου αλλο ScL† | ω] ο A ‖ 13 γωληλα] + νυκτος ScL† | πυρι] pr. εν SA† ‖ 14 αιν] αινα BSV† ‖ 15 χειμαρρους BS† | πυλη] pr. τη S ‖ 16 τι 1⁰] οτι SLᵖ | και τοις στρατηγοις(S† βασιλευσιν)] > B†: cf. 14 8 22 40 23 11 | και τοις καταλοιποις > S† ‖ 18 τους] προς B ‖ 19 σαναβ.: cf. 10 | ο 3⁰ > B: cf. 10 | ηλθαν SV† | δ > BSV† ‖ 20 ημιν] ημας B† | οικοδομησωμεν B

13 (𝔐 Neh. 3) 1 ελ(ε)ισουβ BSAV†] ελιασ. rel.: cf. 22 23 | αυτοι] pr. και S† | αυτην > S† | ανανεηλ B†] ναεηλ S†, ανενεηλ L†, αναμεηλ rel.: cf. 22 39 ‖ 2 υιων ανδρων] tr. BS (L† και εχομενα αυτου οι ανδρες pro init. — ανδρων) | Ζακχουρ] Ζαβαουρ B†, Ζαχχουρ S† | αμαρ(ε)ι] μιαρι A† ‖ 3 ασανα] ασαν B†, ασαναα S† | εστησαν AL† (cf. 6. 13. 14)] εστεγασαν rel. | θυρας] pr. τας SL†: item S in 13, non in 6. 14 | κλειθρα] pr. τα ScL†: cf. 6

ἐπὶ χεῖρα αὐτῶν κατέσχεν ἀπὸ Ραμωθ υἱὸς Ουρια υἱοῦ Ακως. καὶ
ἐπὶ χεῖρα αὐτῶν κατέσχεν Μοσολλαμ υἱὸς Βαραχιου υἱοῦ Μασεζε-
5 βηλ. καὶ ἐπὶ χεῖρα αὐτῶν κατέσχεν Σαδωκ υἱὸς Βαανα. ⁵καὶ ἐπὶ
χεῖρα αὐτῶν κατέσχοσαν οἱ Θεκωιν, καὶ αδωρηεμ οὐκ εἰσήνεγκαν
6 τράχηλον αὐτῶν εἰς δουλείαν αὐτῶν. ⁶καὶ τὴν πύλην τοῦ Ισανα
ἐκράτησαν Ιοϊδα υἱὸς Φασεκ καὶ Μεσουλαμ υἱὸς Βασωδια · αὐτοὶ
ἐστέγασαν αὐτὴν καὶ ἔστησαν θύρας αὐτῆς καὶ κλεῖθρα αὐτῆς καὶ
8 μοχλοὺς αὐτῆς. ⁸καὶ ἐπὶ χεῖρα αὐτῶν ἐκράτησεν Ανανιας υἱὸς τοῦ
Ρωκεϊμ, καὶ κατέλιπον Ιερουσαλημ ἕως τοῦ τείχους τοῦ πλατέος.
9 ⁹καὶ ἐπὶ χεῖρα αὐτῶν ἐκράτησεν Ραφαια ἄρχων ἡμίσους περιχώ-
10 ρου Ιερουσαλημ. ¹⁰καὶ ἐπὶ χεῖρα αὐτῶν ἐκράτησεν Ιεδαια υἱὸς
Ερωμαφ καὶ κατέναντι οἰκίας αὐτοῦ. καὶ ἐπὶ χεῖρα αὐτοῦ ἐκράτη-
11 σεν Ατους υἱὸς Ασβανια. ¹¹καὶ δεύτερος ἐκράτησεν Μελχιας υἱὸς
Ηραμ καὶ Ασουβ υἱὸς Φααθμωαβ καὶ ἕως πύργου τῶν θαννουριμ.
12 ¹²καὶ ἐπὶ χεῖρα αὐτοῦ ἐκράτησεν Σαλουμ υἱὸς Αλλωης ἄρχων ἡμί-
13 σους περιχώρου Ιερουσαλημ, αὐτὸς καὶ αἱ θυγατέρες αὐτοῦ. ¹³τὴν
πύλην τῆς φάραγγος ἐκράτησαν Ανουν καὶ οἱ κατοικοῦντες Ζανω ·
αὐτοὶ ᾠκοδόμησαν αὐτὴν καὶ ἔστησαν θύρας αὐτῆς καὶ κλεῖθρα
αὐτῆς καὶ μοχλοὺς αὐτῆς καὶ χιλίους πήχεις ἐν τῷ τείχει ἕως
14 πύλης τῆς κοπρίας. ¹⁴καὶ τὴν πύλην τῆς κοπρίας ἐκράτησεν Μελ-
χια υἱὸς Ρηχαβ ἄρχων περιχώρου Βηθαχαρμ, αὐτὸς καὶ οἱ υἱοὶ
αὐτοῦ, καὶ ἐσκέπασαν αὐτὴν καὶ ἔστησαν θύρας αὐτῆς καὶ κλεῖ-
15 θρα αὐτῆς καὶ μοχλοὺς αὐτῆς. ¹⁵καὶ τὸ τεῖχος κολυμβήθρας τῶν

4 χειρα 1⁰] -ρας A, θυρας S*† | απο] επι B | υιος 1⁰ L†] υιου rel. | ακως B
S†] ακκως rel.: cf. 21 17 63 | και επι χ. 2⁰ ⌒ 3⁰ BV†, 3⁰ ⌒ 5 και επι χ. A† |
μασεζεβηλ compl.] -ηα S†, ι pro β A† | σαδουκ S || 5 θεκω(ε)ιν B†] -(ε)ιμ
rel. | αδωρηεμ BS†] -ρην A†, -ρημ mu., οι ισχυροι αυτων L† || 6 του > B
| ισανα BV†] αισ. SA | ιο(ε)ιδα A†] ιοειεα B†, υιοι εδα S† | βασωδια] βαδια
B†, αβδεια S† | και (+ τα SᶜL†) κλειθρα αυτης — 8 και επι χειρα αυτων] και
επει|ρα αυτης (sic) A† | fin. BSAV†] + (7) και επι χειρα αυτων εκρατησε μαλ-
τιας ο γαβαωνιτης και ευαρων(L† ιαριν uel sim.) ο μηρωνωθιτης ανδρες της
γαβαων και της μασφα εως θρονου του αρχοντος του περαν του ποταμου
(8) και παρ αυτον παρησφαλισατο οζιηλ υιος αραχιου πυρωτων rel. (non Sᶜ):
uerbum παρασφαλιζεσθαι non nisi hic in LXX, cf. 15 || 8 εκρατησαν B† |
υιος] pr. ο S† | ρωκε(ε)ιμ] ιωακειμ BS†, των μυρεψων L† | του paenult. > B
| πλατεως BS†: cf. Thack. p. 179 || 10 ιεδαια] ιεδδεια SL† | ερωμαφ] -αθ
BS (S† ι pro ρ) | και 2⁰ > S | ατους unus cod.] ατουθ BS†, αυτους AVL†:
cf. 8 2 | ασβανια] -ναμ B*† (Bᶜ† -νεαμ), ασβενεαμ S† || 11 ηραμ] ηρμα A† |
φααβμωαβ BS† | θαννουρ(ε)ιμ] ναθου. BS† || 12 σαλλουμ A: cf. 2 42 | αλ-
λωης] ηλεια BS† || 13 θυρας: cf. 3 | πυλης] pr. της A || 14 βηθαχαρμ Ra.]
-αχαμ B†, -ακαμ S†, -αχχαρμα A† || 15 init. BSAV†] pr. την δε πυλην της
πηγης ησφαλισατο σαλωμων υιος χολεζε αρχων μερους της μασφα · αυτος εξ-
ωκοδομησεν αυτην και εστεγασεν αυτην και εστησε τας θυρας αυτης (+ και
κλειθρα αυτης uel sim. L†) και μοχλους αυτης rel. (non Sᶜ): cf. additamen-
tum ad 6 fin.

κωδίων τῇ κουρᾷ τοῦ βασιλέως καὶ ἕως τῶν κλιμάκων τῶν καταβαι-
νουσῶν ἀπὸ πόλεως Δαυιδ. ¹⁶ὀπίσω αὐτοῦ ἐκράτησεν Νεεμιας υἱὸς 16
Αζαβουχ ἄρχων ἡμίσους περιχώρου Βηθσουρ ἕως κήπου τάφου
Δαυιδ καὶ ἕως τῆς κολυμβήθρας τῆς γεγονυίας καὶ ἕως Βηθαγγαβα-
ριμ. ¹⁷ὀπίσω αὐτοῦ ἐκράτησαν οἱ Λευῖται, Ραουμ υἱὸς Βανι. ἐπὶ χεῖρα 17
αὐτοῦ ἐκράτησεν Ασαβια ἄρχων ἡμίσους περιχώρου Κεῖλα τῷ
περιχώρῳ αὐτοῦ. ¹⁸μετ᾿ αὐτὸν ἐκράτησαν ἀδελφοὶ αὐτῶν Βενι υἱὸς 18
Ηναδαδ ἄρχων ἡμίσους περιχώρου Κεῖλα. ¹⁹καὶ ἐκράτησεν ἐπὶ 19
χεῖρα αὐτοῦ Αζουρ υἱὸς Ἰησοῦ ἄρχων τοῦ Μασφε, μέτρον δεύτε-
ρον πύργου ἀναβάσεως τῆς συναπτούσης τῆς γωνίας. ²⁰μετ᾿ αὐτὸν 20
ἐκράτησεν Βαρουχ υἱὸς Ζαβου μέτρον δεύτερον ἀπὸ τῆς γωνίας
ἕως θύρας Βηθελισουβ τοῦ ἱερέως τοῦ μεγάλου. ²¹μετ᾿ αὐτὸν ἐκρά- 21
τησεν Μεραμωθ υἱὸς Ουρια υἱοῦ Ακως μέτρον δεύτερον ἀπὸ θύρας
Βηθελισουβ ἕως ἐκλείψεως Βηθελισουβ. ²²καὶ μετ᾿ αὐτὸν ἐκράτησαν 22
οἱ ἱερεῖς ἄνδρες Αχεχαρ. ²³καὶ μετ᾿ αὐτὸν ἐκράτησεν Βενιαμιν καὶ 23
Ασουβ κατέναντι οἴκου αὐτῶν. μετ᾿ αὐτὸν ἐκράτησεν Αζαρια υἱὸς
Μαασηα υἱοῦ Ανανια ἐχόμενα οἴκου αὐτοῦ. ²⁴μετ᾿ αὐτὸν ἐκράτησεν 24
Βανι υἱὸς Ηναδαδ μέτρον δεύτερον ἀπὸ Βηθαζαρια ἕως τῆς γωνίας
καὶ ἕως τῆς καμπῆς ²⁵Φαλαλ υἱοῦ Ευζαι ἐξ ἐναντίας τῆς γωνίας, 25
καὶ ὁ πύργος ὁ ἐξέχων ἐκ τοῦ οἴκου τοῦ βασιλέως ὁ ἀνώτερος ὁ
τῆς αὐλῆς τῆς φυλακῆς. καὶ μετ᾿ αὐτὸν Φαδαια υἱὸς Φορος. ²⁶καὶ 26
οἱ ναθινιμ ἦσαν οἰκοῦντες ἐν τῷ Ωφαλ ἕως κήπου πύλης τοῦ
ὕδατος εἰς ἀνατολάς, καὶ ὁ πύργος ὁ ἐξέχων. ²⁷μετ᾿ αὐτὸν ἐκρά- 27
τησαν οἱ Θεκωιν μέτρον δεύτερον ἐξ ἐναντίας τοῦ πύργου τοῦ
μεγάλου τοῦ ἐξέχοντος καὶ ἕως τοῦ τείχους τοῦ Οφλα. ²⁸ἀνώτερον 28
πύλης τῶν ἵππων ἐκράτησαν οἱ ἱερεῖς, ἀνὴρ ἐξ ἐναντίας οἴκου
αὐτοῦ. ²⁹μετ᾿ αὐτὸν ἐκράτησεν Σαδδουκ υἱὸς Εμμηρ ἐξ ἐναντίας 29

---

15 κωδιων] θε του σιλωαμ (sic) S⁺: nota marginalis pro uerbo κωδιων,
cui in archetypo index appositus erat, in textum recepta (θε = θ´ ε´ „Theo-
dotio et Quinta"), cf. Lᵖ⁺ του σιλωα = ﬡ חלשׂה; cf. 22 27   ‖   16 αζαβουχ]
χ > S⁺, αζβ. A | ημισους > BS⁺ | βηθσουρ] βησορ BS⁺ | βηθαγγαβαρ(ε)ιμ Sᶜ]
γγα > B⁺, βα > S⁺⁺, βηθθαγααρειμ AV⁺, οικου των δυνατων L⁺   ‖   17 ραουμ]
βασουθ B⁺, βαασουθ S⁺ | βαανει S⁺   ‖   18 βεν(ε)ι] βεδει B⁺, βεζερ S⁺ | ηνα-
δαλατ BS⁺   ‖   19 αζορ S⁺ | μαμφε S⁺ | της ult. > A   ‖   20 init.] pr. και A
| Ζαβρου S⁺ | βηθελισουβ (uel sim.) BS⁺ hic et in 21 bis; βηθελ(ε)ιασ(σ)ουβ
Apl. hic et in 21 2⁰, sed 1⁰ A⁺ βηθελησουβας   ‖   21 ουρ(ε)ια] σουρια SV⁺ |
ακως Ra. (cf. 4)] ακωβ B⁺, ιακωβ S⁺, ακκως rel. | εκθλιψεως A⁺   ‖   22 αχε-
χαρ] α 1⁰ > S⁺, αχχεχξαρ A⁺   ‖   23 μετ 2⁰] pr. και S | μαασηα Ra. (cf. 10 30)]
μαδασηλ BS⁺: cf. 10 18; μαασιου A | υιου] υιος BS⁺   ‖   24 init.] pr. και S
‖   25 φαλαλ B⁺] -λακ S⁺, -λαξ A⁺ | ευζαι] ευει BS⁺   ‖   26 ναθ(ε)ιν(ε)ιμ] καθ.
B⁺ | εν τω ωφαλ / εως κηπου πυλης] tr. S⁺ | ο ult. > B   ‖   27 θεκω(ε)ιν B
S⁺] -ειμ A | του ult. > B | οφλα] οφοαλ B⁺, σοφλα A   ‖   29 εκρατ. 1⁰ >
B*⁺ | σαδουχ S⁺: cf. 7 2

οἴκου αὐτοῦ. καὶ μετ᾽ αὐτὸν ἐκράτησεν Σαμαια υἱὸς Σεχενια φύλαξ
30 τῆς πύλης τῆς ἀνατολῆς. ³⁰μετ᾽ αὐτὸν ἐκράτησεν Ανανια υἱὸς Σε-
λεμια καὶ Ανουμ υἱὸς Σελεφ ὁ ἕκτος μέτρον δεύτερον. μετ᾽ αὐτὸν
ἐκράτησεν Μεσουλαμ υἱὸς Βαρχια ἐξ ἐναντίας γαζοφυλακίου αὐ-
31 τοῦ. ³¹μετ᾽ αὐτὸν ἐκράτησεν Μελχια υἱὸς τοῦ Σαραφι ἕως Βηθα-
ναθινιμ καὶ οἱ ῥοποπῶλαι ἀπέναντι πύλης τοῦ Μαφεκαδ καὶ ἕως
32 ἀναβάσεως τῆς καμπῆς. ³²καὶ ἀνὰ μέσον ἀναβάσεως τῆς πύλης τῆς
προβατικῆς ἐκράτησαν οἱ χαλκεῖς καὶ οἱ ῥοποπῶλαι.
33   ³³Καὶ ἐγένετο ἡνίκα ἤκουσεν Σαναβαλλατ ὅτι ἡμεῖς οἰκοδομοῦ-
μεν τὸ τεῖχος, καὶ πονηρὸν ἦν αὐτῷ, καὶ ὠργίσθη ἐπὶ πολὺ καὶ
34 ἐξεγέλα ἐπὶ τοῖς Ιουδαίοις. ³⁴καὶ εἶπεν ἐνώπιον τῶν ἀδελφῶν αὐ-
τοῦ Αὕτη ἡ δύναμις Σομορων, ὅτι οἱ Ιουδαῖοι οὗτοι οἰκοδομοῦσιν
35 τὴν ἑαυτῶν πόλιν; ³⁵καὶ Τωβιας ὁ Αμμανίτης ἐχόμενα αὐτοῦ ἦλ-
θεν, καὶ εἶπαν πρὸς ἑαυτούς Μὴ θυσιάσουσιν ἢ φάγονται ἐπὶ τοῦ
τόπου αὐτῶν; οὐχὶ ἀναβήσεται ἀλώπηξ καὶ καθελεῖ τὸ τεῖχος λί-
36 θων αὐτῶν; — ³⁶ἄκουσον, ὁ θεὸς ἡμῶν, ὅτι ἐγενήθημεν εἰς μυ-
κτηρισμόν, καὶ ἐπίστρεψον ὀνειδισμὸν αὐτῶν εἰς κεφαλὴν αὐτῶν
37 καὶ δὸς αὐτοὺς εἰς μυκτηρισμὸν ἐν γῇ αἰχμαλωσίας ³⁷καὶ μὴ κα-
λύψῃς ἐπὶ ἀνομίαν.
14   ¹Καὶ ἐγένετο ὡς ἤκουσεν Σαναβαλλατ καὶ Τωβια καὶ οἱ Ἄραβες
καὶ οἱ Αμμανῖται ὅτι ἀνέβη φυὴ τοῖς τείχεσιν Ιερουσαλημ, ὅτι ἤρ-
ξαντο αἱ διασφαγαὶ ἀναφράσσεσθαι, καὶ πονηρὸν αὐτοῖς ἐφάνη
2 σφόδρα· ²καὶ συνήχθησαν πάντες ἐπὶ τὸ αὐτὸ ἐλθεῖν παρατάξα-
3 σθαι ἐν Ιερουσαλημ. ³καὶ προσηυξάμεθα πρὸς τὸν θεὸν ἡμῶν καὶ
ἐστήσαμεν προφύλακας ἐπ᾽ αὐτοὺς ἡμέρας καὶ νυκτὸς ἀπὸ προσ-
4 ώπου αὐτῶν. ⁴καὶ εἶπεν Ιουδας Συνετρίβη ἡ ἰσχὺς τῶν ἐχθρῶν,
καὶ ὁ χοῦς πολύς, καὶ ἡμεῖς οὐ δυνησόμεθα οἰκοδομεῖν ἐν τῷ
5 τείχει. ⁵καὶ εἶπαν οἱ θλίβοντες ἡμᾶς Οὐ γνώσονται καὶ οὐκ ὄψον-
ται ἕως ὅτου ἔλθωμεν εἰς μέσον αὐτῶν καὶ φονεύσωμεν αὐτοὺς
6 καὶ καταπαύσωμεν τὸ ἔργον. ⁶καὶ ἐγένετο ὡς ἤλθοσαν οἱ Ιουδαῖοι
οἱ οἰκοῦντες ἐχόμενα αὐτῶν καὶ εἴποσαν ἡμῖν Ἀναβαίνουσιν ἐκ

29 σαμαια] σεμεια S† | σεχενια] σ > B | φυλαξ] pr. ο B†, ο φυλασσων L†
| της πυλης] οικου B† ‖ 30 σελεμια] τελ. BS† (S† -μιας), λ > A† | ανουμ
BS†] ανων L†, ανυμ rel. | σελεφ] φ > B† | ο > BS*(uid.)† | μετ 2⁰] pr. και
S† | βαρχ(ε)ια BS†] βαραχια pl., βαρια A† ‖ 31 σαραφ(ε)ι] σερ. SL† (S† -ειν),
σαρεφι A | βηθαναθινιμ unus cod.] ιν > B† (S dub.), -αννα- A | ροποπωλαι
hic et in 32: sic (ρο-, non ρω-) codices, sed BS† β pro π 1⁰, cf. Thack. §
7,16 | μαφεθαδ S† | αναβασεως] ανα μεσον B†: ex 32 ‖ 32 αναβασεως BS†]
pr. της S^cL†, > rel. ‖ 33 σαναβ.: cf. 12 10 | ην αυτω] αυτω εφανη B†: cf.
14 1; εφανη αυτω VL^p† ‖ 35 τωβις S† | ειπεν προς εαυτους (sic) S† ‖
36 αυτους] -τοις A† ‖ 37 ανομια S†
14 (𝔐 Neh. 4) 1 αμμαν.] + και οι αζωτιοι S^cL | φυη] pr. η BA ‖ 2 παρα-
ταξ.] pr. και A ‖ 4 ο χους] οχλος BSV(pr.o)† | ημεις > SV† ‖ 6 οι 2⁰
> S†

πάντων τῶν τόπων ἐφ᾽ ἡμᾶς, 7καὶ ἔστησα εἰς τὰ κατώτατα τοῦ 7
τόπου κατόπισθεν τοῦ τείχους ἐν τοῖς σκεπεινοῖς καὶ ἔστησα τὸν
λαὸν κατὰ δήμους μετὰ ῥομφαιῶν αὐτῶν, λόγχας αὐτῶν καὶ τόξα
αὐτῶν. 8καὶ εἶδον καὶ ἀνέστην καὶ εἶπα πρὸς τοὺς ἐντίμους καὶ 8
πρὸς τοὺς στρατηγοὺς καὶ πρὸς τοὺς καταλοίπους τοῦ λαοῦ Μὴ
φοβηθῆτε ἀπὸ προσώπου αὐτῶν · μνήσθητε τοῦ θεοῦ ἡμῶν τοῦ
μεγάλου καὶ φοβεροῦ καὶ παρατάξασθε περὶ τῶν ἀδελφῶν ὑμῶν,
υἱῶν ὑμῶν καὶ θυγατέρων ὑμῶν, γυναικῶν ὑμῶν καὶ οἴκων ὑμῶν.
9καὶ ἐγένετο ἡνίκα ἤκουσαν οἱ ἐχθροὶ ἡμῶν ὅτι ἐγνώσθη ἡμῖν καὶ 9
διεσκέδασεν ὁ θεὸς τὴν βουλὴν αὐτῶν, καὶ ἐπεστρέψαμεν πάντες
ἡμεῖς εἰς τὸ τεῖχος, ἀνὴρ εἰς τὸ ἔργον αὐτοῦ. 10καὶ ἐγένετο ἀπὸ 10
τῆς ἡμέρας ἐκείνης ἥμισυ τῶν ἐκτετιναγμένων ἐποίουν τὸ ἔργον,
καὶ ἥμισυ αὐτῶν ἀντείχοντο, καὶ λόγχαι καὶ θυρεοὶ καὶ τὰ τόξα
καὶ οἱ θώρακες καὶ οἱ ἄρχοντες ὀπίσω παντὸς οἴκου Ιουδα 11τῶν 11
οἰκοδομούντων ἐν τῷ τείχει. καὶ οἱ αἴροντες ἐν τοῖς ἀρτῆρσιν ἐν
ὅπλοις · ἐν μιᾷ χειρὶ ἐποίει αὐτὸ τὸ ἔργον, καὶ μία ἐκράτει τὴν
βολίδα. 12καὶ οἱ οἰκοδόμοι ἀνὴρ ῥομφαίαν αὐτοῦ ἐζωσμένος ἐπὶ 12
τὴν ὀσφὺν αὐτοῦ καὶ ᾠκοδομοῦσαν, καὶ ὁ σαλπίζων ἐν τῇ κερα-
τίνῃ ἐχόμενα αὐτοῦ. 13καὶ εἶπα πρὸς τοὺς ἐντίμους καὶ πρὸς τοὺς 13
ἄρχοντας καὶ πρὸς τοὺς καταλοίπους τοῦ λαοῦ Τὸ ἔργον πλατὺ
καὶ πολύ, καὶ ἡμεῖς σκορπιζόμεθα ἐπὶ τοῦ τείχους μακρὰν ἀνὴρ
ἀπὸ τοῦ ἀδελφοῦ αὐτοῦ · 14ἐν τόπῳ, οὗ ἐὰν ἀκούσητε τὴν φωνὴν 14
τῆς κερατίνης, ἐκεῖ συναχθήσεσθε πρὸς ἡμᾶς, καὶ ὁ θεὸς ἡμῶν
πολεμήσει περὶ ἡμῶν. 15καὶ ἡμεῖς ποιοῦντες τὸ ἔργον, καὶ ἥμισυ 15
αὐτῶν κρατοῦντες τὰς λόγχας ἀπὸ ἀναβάσεως τοῦ ὄρθρου ἕως
ἐξόδου τῶν ἄστρων. 16καὶ ἐν τῷ καιρῷ ἐκείνῳ εἶπα τῷ λαῷ Αὐ- 16
λίσθητε ἐν μέσῳ Ιερουσαλημ, καὶ ἔστω ὑμῖν ἡ νὺξ προφυλακὴ καὶ
ἡ ἡμέρα ἔργον. 17καὶ ἤμην ἐγὼ καὶ οἱ ἄνδρες τῆς προφυλακῆς 17
ὀπίσω μου, καὶ οὐκ ἦν ἐξ ἡμῶν ἐκδιδυσκόμενος ἀνὴρ τὰ ἱμάτια
αὐτοῦ.
1Καὶ ἦν κραυγὴ τοῦ λαοῦ καὶ γυναικῶν αὐτῶν μεγάλη πρὸς 15
τοὺς ἀδελφοὺς αὐτῶν τοὺς Ιουδαίους. 2καὶ ἦσάν τινες λέγοντες 2
Ἐν υἱοῖς ἡμῶν καὶ ἐν θυγατράσιν ἡμῶν ἡμεῖς πολλοί · καὶ λημ-

---

6 παντων > S† | τοπων] + επιστρεψετε Sc†: sim. L† ‖ 7 τοις] + διακο-
σιοις εικοσι S†: ex uerbo seq. iteratum (διακ. εικ. = σκ′) | σκεπεινοις] + οπου
ευεπιβατα ην S†: cf. εν τοις αναπεπταμενοις in altera uersione a L† addita
| τοξα] pr. τα Sc†, των τοξων L† ‖ 8 και προς τους στρατηγους > BSV†:
cf. 12 16 | και paenult. > BS | οικιων S ‖ 9 ηκουσαν] εγνωσαν A† ‖
10 εκτετιναγμενων B† (cf. 15 15. 13)] εκτεταγμ. rel. (L† παρατεταγμ.) ‖ 11 αυ-
το BS†] -του rel. | μια ult. BS† (= 𝔐)] pr. εν rel. ‖ 12 οι > B† | την ο-
σφυν] την > B†, οσφυος S†, της οσφυος L† ‖ 13 αρχοντας] pr. ενδοξους SV†
‖ 15 ημ(ε)ις BSL†] ημισυ rel. | ποιουντες et κρατουντες] pr. οι S† ‖ 17 ο-
πισω] pr. οι Sc† | εξ ημων > S†

3 ψόμεθα σῖτον καὶ φαγόμεθα καὶ ζησόμεθα. ³ καὶ εἰσίν τινες λέγον-
τες Ἀγροὶ ἡμῶν καὶ ἀμπελῶνες ἡμῶν καὶ οἰκίαι ἡμῶν, ἡμεῖς διεγ-
4 γυῶμεν · καὶ λημψόμεθα σῖτον καὶ φαγόμεθα. ⁴ καὶ εἰσίν τινες λέ-
γοντες Ἐδανεισάμεθα ἀργύριον εἰς φόρους τοῦ βασιλέως, ἀγροὶ
5 ἡμῶν καὶ ἀμπελῶνες ἡμῶν καὶ οἰκίαι ἡμῶν · ⁵ καὶ νῦν ὡς σὰρξ
ἀδελφῶν ἡμῶν σὰρξ ἡμῶν, ὡς υἱοὶ αὐτῶν υἱοὶ ἡμῶν · καὶ ἰδοὺ
ἡμεῖς καταδυναστεύομεν τοὺς υἱοὺς ἡμῶν καὶ τὰς θυγατέρας ἡμῶν
εἰς δούλους, καὶ εἰσὶν ἀπὸ θυγατέρων ἡμῶν καταδυναστευόμεναι,
καὶ οὐκ ἔστιν δύναμις χειρῶν ἡμῶν, καὶ ἀγροὶ ἡμῶν καὶ ἀμπελῶ-
6 νες ἡμῶν τοῖς ἐντίμοις. — ⁶ καὶ ἐλυπήθην σφόδρα, καθὼς ἤκουσα
7 τὴν κραυγὴν αὐτῶν καὶ τοὺς λόγους τούτους. ⁷ καὶ ἐβουλεύσατο
καρδία μου ἐπ᾽ ἐμέ, καὶ ἐμαχεσάμην πρὸς τοὺς ἐντίμους καὶ τοὺς
ἄρχοντας καὶ εἶπα αὐτοῖς Ἀπαιτήσει ἀνὴρ τὸν ἀδελφὸν αὐτοῦ
8 ὑμεῖς ἀπαιτεῖτε. καὶ ἔδωκα ἐπ᾽ αὐτοὺς ἐκκλησίαν μεγάλην ⁸ καὶ εἶπα
αὐτοῖς Ἡμεῖς κεκτήμεθα τοὺς ἀδελφοὺς ἡμῶν τοὺς Ἰουδαίους τοὺς
πωλουμένους τοῖς ἔθνεσιν ἐν ἑκουσίῳ ἡμῶν · καὶ ὑμεῖς πωλεῖτε
9 τοὺς ἀδελφοὺς ὑμῶν; καὶ ἡσύχασαν καὶ οὐχ εὕροσαν λόγον. ⁹ καὶ
εἶπα Οὐκ ἀγαθὸς ὁ λόγος, ὃν ὑμεῖς ποιεῖτε · οὐχ οὕτως, ἐν φόβῳ
θεοῦ ἡμῶν ἀπελεύσεσθε ἀπὸ ὀνειδισμοῦ τῶν ἐθνῶν τῶν ἐχθρῶν
10 ἡμῶν. ¹⁰ καὶ οἱ ἀδελφοί μου καὶ οἱ γνωστοί μου καὶ ἐγὼ ἐθήκαμεν ἐν
αὐτοῖς ἀργύριον καὶ σῖτον · ἐγκαταλίπωμεν δὴ τὴν ἀπαίτησιν ταύ-
11 την. ¹¹ ἐπιστρέψατε δὴ αὐτοῖς ὡς σήμερον ἀγροὺς αὐτῶν, ἀμπε-
λῶνας αὐτῶν, ἐλαίας αὐτῶν καὶ οἰκίας αὐτῶν · καὶ ἀπὸ τοῦ ἀρ-
γυρίου τὸν σῖτον καὶ τὸν οἶνον καὶ τὸ ἔλαιον ἐξενέγκατε αὐτοῖς.
12 ¹² καὶ εἶπαν Ἀποδώσομεν καὶ παρ᾽ αὐτῶν οὐ ζητήσομεν · οὕτως
ποιήσομεν, καθὼς σὺ λέγεις. καὶ ἐκάλεσα τοὺς ἱερεῖς καὶ ὥρκισα
13 αὐτοὺς ποιῆσαι ὡς τὸ ῥῆμα τοῦτο. ¹³ καὶ τὴν ἀναβολήν μου ἐξ-
ετίναξα καὶ εἶπα Οὕτως ἐκτινάξαι ὁ θεὸς πάντα ἄνδρα, ὃς οὐ
στήσει τὸν λόγον τοῦτον, ἐκ τοῦ οἴκου αὐτοῦ καὶ ἐκ κόπου αὐ-
τοῦ, καὶ ἔσται οὕτως ἐκτετιναγμένος καὶ κενός. καὶ εἶπεν πᾶσα ἡ
ἐκκλησία Ἀμην, καὶ ᾔνεσαν τὸν κύριον · καὶ ἐποίησεν ὁ λαὸς τὸ
ῥῆμα τοῦτο.
14 ¹⁴ Ἀπὸ τῆς ἡμέρας, ἧς ἐνετείλατό μοι εἶναι εἰς ἄρχοντα αὐτῶν
ἐν γῇ Ἰουδα, ἀπὸ ἔτους εἰκοστοῦ καὶ ἕως ἔτους τριακοστοῦ καὶ

---

15 (𝔐 Neh. 5) 5 και 1⁰ > BS† | αυτων .. ημων 3⁰] tr. BS† | ημων 4⁰ ⌢ 5⁰
S† | δουλας B† | χειρος BSᶜ† (L† ουκ ισχυει η χειρ pro ουκ εστιν δυν. χει-
ρων) ‖ 7 ανηρ] pr. ο BS† ‖ 8 υμων] ημ. BS† ‖ 9 ο > B† | επελευσ.
S† | των εθνων L] > BSA ‖ 10 εν αυτοις codex unus codici B cognatus] ε-
αυτοις SApl., αυτοις B† | εγκαταλιπωμεν Ra.] ενκατελιπομεν uel sim. mss. |
δη] δε B*† ‖ 11 αυτοις 1⁰] ς > B† | αμπελωνας B†] pr. και rel. | ελαιας B
S†] ελαιωνας rel.; pr. και omn. exc. BA | το ελαιον > BS† | αυτοις ult. pau.]
εαυτοις BSA ‖ 14 init.] pr. και γε SᶜL† | της > B

δευτέρου τῷ Αρθασασθα, ἔτη δώδεκα, ἐγὼ καὶ οἱ ἀδελφοί μου
βίαν αὐτῶν οὐκ ἔφαγον · ¹⁵καὶ τὰς βίας τὰς πρώτας, ἃς πρὸ ἐμοῦ 15
ἐβάρυναν ἐπ᾽ αὐτοὺς καὶ ἐλάβοσαν παρ᾽ αὐτῶν ἐν ἄρτοις καὶ ἐν
οἴνῳ ἔσχατον ἀργύριον, δίδραχμα τεσσαράκοντα, καὶ οἱ ἐκτετιναγ-
μένοι αὐτῶν ἐξουσιάζονται ἐπὶ τὸν λαόν, καὶ ἐγὼ οὐκ ἐποίησα
οὕτως ἀπὸ προσώπου φόβου θεοῦ. ¹⁶καὶ ἐν ἔργῳ τοῦ τείχους 16
τούτων οὐκ ἐκράτησα, ἀγρὸν οὐκ ἐκτησάμην · καὶ πάντες οἱ συν-
ηγμένοι ἐκεῖ ἐπὶ τὸ ἔργον. ¹⁷καὶ οἱ Ιουδαῖοι, ἑκατὸν καὶ πεντήκοντα 17
ἄνδρες, καὶ οἱ ἐρχόμενοι πρὸς ἡμᾶς ἀπὸ τῶν ἐθνῶν τῶν κύκλῳ
ἡμῶν ἐπὶ τράπεζάν μου. ¹⁸καὶ ἦν γινόμενον εἰς ἡμέραν μίαν μό- 18
σχος εἷς καὶ πρόβατα ἓξ ἐκλεκτὰ καὶ χίμαρος ἐγίνοντό μοι καὶ ἀνὰ
μέσον δέκα ἡμερῶν ἐν πᾶσιν οἶνος τῷ πλήθει · καὶ σὺν τούτοις
ἄρτους τῆς βίας οὐκ ἐζήτησα, ὅτι βαρεῖα ἡ δουλεία ἐπὶ τὸν λαὸν
τοῦτον. — ¹⁹μνήσθητί μου, ὁ θεός, εἰς ἀγαθὸν πάντα, ὅσα ἐποί- 19
ησα τῷ λαῷ τούτῳ.

¹Καὶ ἐγένετο καθὼς ἠκούσθη τῷ Σαναβαλλατ καὶ Τωβια καὶ τῷ 16
Γησαμ τῷ Αραβι καὶ τοῖς καταλοίποις τῶν ἐχθρῶν ἡμῶν ὅτι ᾠκο-
δόμησα τὸ τεῖχος, καὶ οὐ κατελείφθη ἐν αὐτοῖς πνοή. ἕως τοῦ
καιροῦ ἐκείνου θύρας οὐκ ἐπέστησα ἐν ταῖς πύλαις. ²καὶ ἀπέστει- 2
λεν Σαναβαλλατ καὶ Γησαμ πρός με λέγων Δεῦρο καὶ συναχθῶμεν
ἐπὶ τὸ αὐτὸ ἐν ταῖς κώμαις ἐν πεδίῳ Ωνω · καὶ αὐτοὶ λογιζόμενοι
ποιῆσαί μοι πονηρίαν. ³καὶ ἀπέστειλα ἐπ᾽ αὐτοὺς ἀγγέλους λέγων 3
Ἔργον μέγα ἐγὼ ποιῶ καὶ οὐ δυνήσομαι καταβῆναι, μήποτε κατα-
παύσῃ τὸ ἔργον · ὡς ἂν τελειώσω αὐτό, καταβήσομαι πρὸς ὑμᾶς.
⁴καὶ ἀπέστειλαν πρός με ὡς τὸ ῥῆμα τοῦτο, καὶ ἀπέστειλα αὐτοῖς 4
κατὰ ταῦτα. ⁵καὶ ἀπέστειλεν πρός με Σαναβαλλατ τὸν παῖδα αὐτοῦ 5
καὶ ἐπιστολὴν ἀνεῳγμένην ἐν χειρὶ αὐτοῦ. ⁶καὶ ἦν γεγραμμένον 6
ἐν αὐτῇ Ἐν ἔθνεσιν ἠκούσθη ὅτι σὺ καὶ οἱ Ιουδαῖοι λογίζεσθε
ἀποστατῆσαι, διὰ τοῦτο σὺ οἰκοδομεῖς τὸ τεῖχος, καὶ σὺ γίνῃ αὐ-
τοῖς εἰς βασιλέα · ⁷καὶ πρὸς τούτοις προφήτας ἔστησας σεαυτῷ, 7
ἵνα καθίσῃς ἐν Ιερουσαλημ εἰς βασιλέα ἐν Ιουδα · καὶ νῦν ἀπαγ-
γελήσονται τῷ βασιλεῖ οἱ λόγοι οὗτοι · καὶ νῦν δεῦρο βουλευσώ-
μεθα ἐπὶ τὸ αὐτό. ⁸καὶ ἀπέστειλα πρὸς αὐτὸν λέγων Οὐκ ἐγενήθη 8

ὡς οἱ λόγοι οὗτοι, οὓς σὺ λέγεις, ὅτι ἀπὸ καρδίας σου σὺ ψεύδη
9 αὐτούς. ⁹ὅτι πάντες φοβερίζουσιν ἡμᾶς λέγοντες Ἐκλυθήσονται
αἱ χεῖρες αὐτῶν ἀπὸ τοῦ ἔργου τούτου, καὶ οὐ ποιηθήσεται · καὶ
νῦν ἐκραταίωσα τὰς χεῖράς μου.
10   ¹⁰Καὶ ἐγὼ εἰσῆλθον εἰς οἶκον Σεμεϊ υἱοῦ Δαλαια υἱοῦ Μετα-
βηλ — καὶ αὐτὸς συνεχόμενος —, καὶ εἶπεν Συναχθῶμεν εἰς οἶ-
κον τοῦ θεοῦ ἐν μέσῳ αὐτοῦ καὶ κλείσωμεν τὰς θύρας αὐτοῦ, ὅτι
11 ἔρχονται νυκτὸς φονεῦσαί σε. ¹¹καὶ εἶπα Τίς ἐστιν ὁ ἀνήρ, ὃς
12 εἰσελεύσεται εἰς τὸν οἶκον καὶ ζήσεται; ¹²καὶ ἐπέγνων καὶ ἰδοὺ ὁ
θεὸς οὐκ ἀπέστειλεν αὐτόν, ὅτι ἡ προφητεία λόγος κατ᾽ ἐμοῦ, καὶ
13 Τωβιας καὶ Σαναβαλλατ ἐμισθώσαντο ¹³ἐπ᾽ ἐμὲ ὄχλον, ὅπως φο-
βηθῶ καὶ ποιήσω οὕτως καὶ ἁμάρτω καὶ γένωμαι αὐτοῖς εἰς ὄνο-
14 μα πονηρόν, ὅπως ὀνειδίσωσίν με. — ¹⁴μνήσθητι, ὁ θεός, τῷ Τω-
βια καὶ τῷ Σαναβαλλατ ὡς τὰ ποιήματα αὐτοῦ ταῦτα καὶ τῷ Νω-
αδια τῷ προφήτῃ καὶ τοῖς καταλοίποις τῶν προφητῶν, οἳ ἦσαν
φοβερίζοντές με.
15   ¹⁵Καὶ ἐτελέσθη τὸ τεῖχος πέμπτῃ καὶ εἰκάδι τοῦ Ελουλ εἰς πεντή-
16 κοντα καὶ δύο ἡμέρας. ¹⁶καὶ ἐγένετο ἡνίκα ἤκουσαν πάντες οἱ ἐχ-
θροὶ ἡμῶν, καὶ ἐφοβήθησαν πάντα τὰ ἔθνη τὰ κύκλῳ ἡμῶν, καὶ
ἐπέπεσεν φόβος σφόδρα ἐν ὀφθαλμοῖς αὐτῶν, καὶ ἔγνωσαν ὅτι
17 παρὰ τοῦ θεοῦ ἡμῶν ἐγενήθη τελειωθῆναι τὸ ἔργον τοῦτο. — ¹⁷καὶ
ἐν ταῖς ἡμέραις ἐκείναις ἀπὸ πολλῶν ἐντίμων Ιουδα ἐπιστολαὶ
ἐπορεύοντο πρὸς Τωβιαν, καὶ αἱ Τωβια ἤρχοντο πρὸς αὐτούς,
18 ¹⁸ὅτι πολλοὶ ἐν Ιουδα ἔνορκοι ἦσαν αὐτῷ, ὅτι γαμβρὸς ἦν τοῦ
Σεχενια υἱοῦ Ηραε, καὶ Ιωαναν υἱὸς αὐτοῦ ἔλαβεν τὴν θυγατέρα
19 Μεσουλαμ υἱοῦ Βαραχια εἰς γυναῖκα. ¹⁹καὶ τοὺς λόγους αὐτοῦ
ἦσαν λέγοντες πρός με καὶ λόγους μου ἦσαν ἐκφέροντες αὐτῷ,
καὶ ἐπιστολὰς ἀπέστειλεν Τωβιας φοβερίσαι με.
17   ¹Καὶ ἐγένετο ἡνίκα ᾠκοδομήθη τὸ τεῖχος, καὶ ἔστησα τὰς θύρας,
2 καὶ ἐπεσκέπησαν οἱ πυλωροὶ καὶ οἱ ᾄδοντες καὶ οἱ Λευῖται. ²καὶ
ἐνετειλάμην τῷ Ανανια ἀδελφῷ μου καὶ τῷ Ανανια ἄρχοντι τῆς
βιρα ἐν Ιερουσαλημ, ὅτι αὐτὸς ὡς ἀνὴρ ἀληθὴς καὶ φοβούμενος
3 τὸν θεὸν παρὰ πολλούς, ³καὶ εἶπα αὐτοῖς Οὐκ ἀνοιγήσονται πύλαι

8 ους BL†] ως rel. | συ ult. > S† ‖ 9 αι > BS† ‖ 10 υιου 2⁰] υιον B
SA† | μεηταβηλ Ra.] μ(ε)ιταηλ BSV†, μεηταβεηλ A† | και 2⁰ > B*† | νυκτος
/ φον. σε] tr. ScL† ‖ 11 ανηρ] + οιος εγω φευξεται η τις οιος εγω(Α ο ανηρ)
AScmu. | fin.] + ουκ εισελευσομαι ScL† ‖ 12 τωβιας] ς > B† ‖ 14 τω 1⁰
Lpl.] > BSAV: ante τωβια | τω 2⁰ > B (non SAV) | σαναβ.: cf. 12 10 | νω-
αδια BS† | τοις > B | προφητων] ιερεων BSV† ‖ 15 ελουλ (B*† εδουδ)] +
μηνος Spl. | και ult. > A ‖ 16 παντες > B† | επεπεσεν] επ > A† | σφοδρα]
pr. μεγας S | το εργον / τουτο] tr. S† ‖ 17 αι > BS† ‖ 18 ιωαναν SV†]
ιωναν B†, ιωναθαν rel. ‖ 19 απεστειλεν] επ. B†
17 (𝔐 Neh. 7) 2 ως] ην A

Ιερουσαλημ ἕως ἅμα τῷ ἡλίῳ, καὶ ἔτι αὐτῶν γρηγορούντων κλει-
έσθωσαν αἱ θύραι καὶ σφηνούσθωσαν · καὶ στῆσον προφύλακας
οἰκούντων ἐν Ιερουσαλημ, ἀνὴρ ἐν προφυλακῇ αὐτοῦ καὶ ἀνὴρ
ἀπέναντι οἰκίας αὐτοῦ. ⁴Καὶ ἡ πόλις πλατεῖα καὶ μεγάλη, καὶ ὁ λαὸς ὀλίγος ἐν αὐτῇ, 4
καὶ οὐκ ἦσαν οἰκίαι ᾠκοδομημέναι. ⁵καὶ ἔδωκεν ὁ θεὸς εἰς τὴν 5
καρδίαν μου καὶ συνῆξα τοὺς ἐντίμους καὶ τοὺς ἄρχοντας καὶ τὸν
λαὸν εἰς συνοδίας · καὶ εὗρον βιβλίον τῆς συνοδίας, οἳ ἀνέβησαν
ἐν πρώτοις, καὶ εὗρον γεγραμμένον ἐν αὐτῷ ⁶Καὶ οὗτοι υἱοὶ τῆς 6
χώρας οἱ ἀναβάντες ἀπὸ αἰχμαλωσίας τῆς ἀποικίας, ἧς ἀπῴκισεν
Ναβουχοδονοσορ βασιλεὺς Βαβυλῶνος καὶ ἐπέστρεψαν εἰς Ιερου-
σαλημ καὶ εἰς Ιουδα ἀνὴρ εἰς τὴν πόλιν αὐτοῦ ⁷μετὰ Ζοροβαβελ 7
καὶ Ἰησοῦ καὶ Νεεμια, Αζαρια, Δαεμια, Ναεμανι, Μαρδοχαιος, Βαλ-
σαν, Μασφαραθ, Εσδρα, Βαγοι, Ναουμ, Βαανα, Μασφαρ. ἄνδρες
λαοῦ Ισραηλ · ⁸υἱοὶ Φορος δισχίλιοι ἑκατὸν ἑβδομήκοντα δύο. ⁹υἱοὶ   8
                                                                     9
Σαφατια τριακόσιοι ἑβδομήκοντα δύο. ¹⁰υἱοὶ Ηρα ἑξακόσιοι πεντή- 10
κοντα δύο. ¹¹υἱοὶ Φααθμωαβ τοῖς υἱοῖς Ἰησοῦ καὶ Ιωαβ δισχίλιοι 11
ὀκτακόσιοι δέκα ὀκτώ. ¹²υἱοὶ Αιλαμ χίλιοι διακόσιοι πεντήκοντα 12
τέσσαρες. ¹³υἱοὶ Ζαθουα ὀκτακόσιοι τεσσαράκοντα πέντε. ¹⁴υἱοὶ 13
                                                               14
Ζακχου ἑπτακόσιοι ἑξήκοντα. ¹⁵υἱοὶ Βανουι ἑξακόσιοι τεσσαράκοντα 15
ὀκτώ. ¹⁶υἱοὶ Βηβι ἑξακόσιοι εἴκοσι ὀκτώ. ¹⁷υἱοὶ Ασγαδ δισχίλιοι 17
τριακόσιοι εἴκοσι δύο. ¹⁸υἱοὶ Αδενικαμ ἑξακόσιοι ἑξήκοντα ἑπτά. ¹⁹υἱοὶ 18
                                                                      19
Βαγοι δισχίλιοι ἑξήκοντα ἑπτά. ²⁰υἱοὶ Ηδιν ἑξακόσιοι πεντήκον- 20
τα πέντε. ²¹υἱοὶ Ατηρ τῷ Εζεκια ἐνενήκοντα ὀκτώ. ²²υἱοὶ Ησαμ 22
τριακόσιοι εἴκοσι ὀκτώ. ²³υἱοὶ Βεσι τριακόσιοι εἴκοσι τέσσαρες. 23
                                                                  24
²⁴υἱοὶ Αριφ ἑκατὸν δώδεκα. ²⁵υἱοὶ Γαβαων ἐνενήκοντα πέντε.   25

3 ετι αυτων] οτι αυτων ετι SA | εγρηγορουντων BL† (Lᵖ† -γορωτων): cf.
Thack. § 19,1 | κλειεσθωσαν (S† κλιεσθ., A† κλειαισθ.)] κλεισθωσαν B†; ex
κλιεσθωσαν orta sunt και εσθωσαν L⁹³ et και εστωσαν L¹⁹ ¹⁰⁸ ‖ 6 υιοι] pr.
οι A | αιχμαλ.] pr. της SA | επεστρεψεν BS: cf. I 5 8 | εις paenult. > S*L† (hab.
Sᶜ) ‖ 7 init.] pr. οι ελθοντες SᶜL†: cf. 𝔐 et I 5 8 | αζαρεα A† | δαεμια S†]
δα(ι)μιας L†, νααμια B*† (Bᶜ† ναεμ.), ρεελμα rel.: cf. 2 2 | νααμμανει S† |
μαρδοχαιος L] μαλδοχεος B†, βαρδοχαιου S†, μαρδοχαιου mu. (A† -χεου) | βαλ-
σαν] βαασ. A; βασφαν S†: cf. 2 2 | μασφαραθ Sixt.] -ραδ S†, -φεραν B†, μα-
ασφαραθ A | εσδρα: cf. 7 1 | βαγοι Ra.] βατοει BS†, βαγουιαι A⁽†⁾: cf. 2 14 |
λαου] υιου B*† (Bᶜ† του) ‖ 10 ηραμ S† | εξακοσιοι] επτακ. S† | πεντηκοντα]
εβδομηκ. A† ‖ 11 και > BSL† | ιωβαβ B†: cf. 26 | οκτακοσιοι > A† ‖
12 διακοσιοι] οκτακ. S† ‖ 13 Ζαθουα Ra. (cf. 2 8)] -ου(ε)ια BS, Ζαθθουα AL†
| οκτακοσιοι (sic etiam Sᶜ)] εννακ. S*L† | πεντε > B† ‖ 14 Ζακχου] Ζαθου
BS†: ad 13 adapt. | επτακοσιοι] οκτακ. BS† ‖ 16 βηβ(ε)ι] βοκχει L†: cf. 2 11
‖ 17 ασγαδ B†] ασταδ S†, αγεταδ A: cf. I 5 13 | δυο] οκτω B† ‖ 18 αδε-
νικαμ B(om. ν)S†] αδωνικαμ rel. ‖ 19 βαγο(ε)ι] βατοει B†, βαγουει A: cf. 2 14
‖ 20 πεντε BS†] τεσσαρες rel.: cf. 2 15 I 5 14 ‖ 22 ησαμι A ‖ 23 βε-
σ(ε)ι] βασι A ‖ 24 αρ(ε)ιφ] αρειμ A† | fin. BA†] + υιοι ασεν διακοσιοι εικοσι
τρεις rel.: cf. 2 19

26 ²⁶ υἱοὶ Βαιθλεεμ ἑκατὸν εἴκοσι τρεῖς. υἱοὶ Νετωφα πεντήκοντα ἕξ.
27 ²⁷ υἱοὶ Αναθωθ ἑκατὸν εἴκοσι ὀκτώ. ²⁸ ἄνδρες Βηθασμωθ τεσσαράκον-
28
29 τα δύο. ²⁹ ἄνδρες Καριαθιαριμ, Καφιρα καὶ Βηρωθ ἑπτακόσιοι τεσσα-
30 ράκοντα τρεῖς. ³⁰ ἄνδρες Αραμα καὶ Γαβαα ἑξακόσιοι εἴκοσι εἷς.
31 ³¹ ἄνδρες Μαχεμας ἑκατὸν εἴκοσι δύο. ³² ἄνδρες Βηθηλ καὶ Αια ἑκα-
32
34 τὸν εἴκοσι τρεῖς. ³³ ἄνδρες Ναβι-ααρ πεντήκοντα δύο. ³⁴ ἄνδρες
35 Ηλαμ-ααρ χίλιοι διακόσιοι πεντήκοντα τέσσαρες. ³⁵ υἱοὶ Ηραμ τρια-
36 κόσιοι εἴκοσι. ³⁶ υἱοὶ Ιεριχω τριακόσιοι τεσσαράκοντα πέντε. ³⁷ υἱοὶ
37
38 Λοδ, Αδιδ καὶ Ωνω ἑπτακόσιοι εἴκοσι εἷς. ³⁸ υἱοὶ Σαναα τρισχίλιοι
39 ἐννακόσιοι τριάκοντα. — ³⁹ οἱ ἱερεῖς · υἱοὶ Ιωδαε εἰς οἶκον Ἰησοῦ
40 ἐννακόσιοι ἑβδομήκοντα τρεῖς. ⁴⁰ υἱοὶ Εμμηρ χίλιοι πεντήκοντα δύο.
41 ⁴¹ υἱοὶ Φασσουρ χίλιοι διακόσιοι τεσσαράκοντα ἑπτά. ⁴² υἱοὶ Ηραμ
42
43 χίλιοι δέκα ἑπτά. — ⁴³ οἱ Λευῖται · υἱοὶ Ἰησοῦ τῷ Καδμιηλ τοῖς
44 υἱοῖς τοῦ Ουδουια ἑβδομήκοντα τέσσαρες. ⁴⁴ οἱ ᾄδοντες · υἱοὶ Ασαφ
45 ἑκατὸν τεσσαράκοντα ὀκτώ. ⁴⁵ οἱ πυλωροί · υἱοὶ Σαλουμ, υἱοὶ Ατηρ,
υἱοὶ Τελμων, υἱοὶ Ακουβ, υἱοὶ Ατιτα, υἱοὶ Σαβι, ἑκατὸν τριάκοντα
46 ὀκτώ. — ⁴⁶ οἱ ναθινιμ · υἱοὶ Σηα, υἱοὶ Ασιφα, υἱοὶ Ταβαωθ, ⁴⁷ υἱοὶ
47
48 Κιρας, υἱοὶ Σουια, υἱοὶ Φαδων, ⁴⁸ υἱοὶ Λαβανα, υἱοὶ Αγαβα, υἱοὶ
50 Σαλαμι, ⁴⁹ υἱοὶ Αναν, υἱοὶ Γαδηλ, υἱοὶ Γααρ, ⁵⁰ υἱοὶ Ρααια, υἱοὶ Ρα-
52 σων, υἱοὶ Νεκωδα, ⁵¹ υἱοὶ Γηζαμ, υἱοὶ Οζι, υἱοὶ Φεση, ⁵² υἱοὶ Βησι,
53 υἱοὶ Μεϊνωμ, υἱοὶ Νεφωσασιμ, ⁵³ υἱοὶ Βακβουκ, υἱοὶ Αχιφα, υἱοὶ

---

26. 27 > B† ‖ 26 βαιθλεεμ Ra. (cf. 2 21)] βεθλεεμ S†, βαιθαλεεμ mu. (A† σ pro θ) | ανετωφα A† ‖ 27 ναθωθ A† ‖ 28 βηθασμωθ] βηθ (sic) A ‖ 29 καριθ-ιαρειμ B† | χαφιρα A | βηρως B† | τεσσαρακ. τρεις] εικοσι εις B† ‖ 30 γα-βαα] ταβαα S†, ταμαλ B† ‖ 32 βηθηλ BS†] βαιθηλ A | αια Ra. (cf. 2 28)] α-λεια BS, αι A ‖ 33 ναβι-ααρ B†] ναβαυ L†: cf. 2 29; ναβ(ε)ια εκατον rel.: εκατον = ρ΄ | fin. B†] + υιοι μαγεβως(S† μαγμως) εκατον πεντηκοντα εξ rel.: cf. 2 30 ‖ 34 ηλαμ-ααρ] αιλαμ ετερου L†: cf. 33 2 31 | χιλιοι] pr. δισ S†: cf. 2 31 | τεσσαρες > BS† ‖ 37 αδια BS† | ωνων SA ‖ 38 σαναα Ra.] σανα-να Bᶜ(+γ B*†)SA: cf. 2 35 | τρισχιλ. > B† ‖ 39 υιοι] pr. οι S†: item in 43. 44 | εννακοσ.] εκατον S† ‖ 40 εμμηρ] > B†, χεμηρ S† ‖ 41 φασσουρ unus cod. (cf. 2 38 1 5 25)] φασεουρ SA: cf. 21 12; φασεδουρ B†; φαδασσουρ L†: cf. Num. 1 10 ‖ 42 ηρα S† ‖ 43 λευιται] λευει B† | καβδιηλ B† | ου-δουια] θουδ. B† ‖ 45 σαλουμ BS†] σελλουμ A: cf. 2 42 | υιοι ατηρ] + υιου ατηρ B† | τελμων Sixt. (cf. 2 42)] τελαμων BS†, τολμων A | ακουβ] ακου B†, ακουμ SA†: cf. 2 42 | σαβ(ε)ι] σαβαι A†, σωβαι L†: cf. I 5 28 ‖ 46 σηα BS†] σιαα A†, σιαλ mu. | ασ(ε)ιφα] ασφα B† | ταβαωθ] ταβ. B†, ταββαωθ A | 47 κιρας] ς > B† | σουια Ra.] ασουια B†, ιασουια S†, ιωσ(ε)ιου L†, σιαια A: cf. 2 44 ‖ 48 αγγαβα A | υιοι ult. B†] pr. υιοι ακουδ υιοι ουτα υιοι κηταρ υιοι αγαβ(S† γαβα) rel.: cf. I 5 30 | σαλαμ(ε)ι B†] σαμαει S†, σελαμει L†, σελ-μει rel.: cf. 2 46 ‖ 49 αναν] γαναν S† | γαδηλ] σαδηλ A | υιοι γααρ > BS† ‖ 50 ρααια] ραεα BS† | ρασων] ραεσων S† | νεκωδαμ S† ‖ 51 φεση A, φαιση S† ‖ 52 βαισει S⁽†⁾ | με(ε)ινωμ] μεσ(σ)εινωμ BS† | νεφωσασ(ε)ιμ] μ > B, -σαειμ A ‖ 53 βακβουκ] -βου B†, νεκουβ S† | ακειφα S†: cf. 2 51

Αρουρ, ⁵⁴υίοὶ Βασαλωθ, υίοὶ Μεϊδα, υίοὶ Αδασαν, ⁵⁵υίοὶ Βαρκους, <u>54</u>
υίοὶ Σισαρα, υίοὶ Θημα, ⁵⁶υίοὶ Νισια, υίοὶ Ατιφα. ⁵⁷υίοὶ δούλων <u>56</u>
Σαλωμων · υίοὶ Σουτι, υίοὶ Σαφαραθ, υίοὶ Φεριδα, ⁵⁸υίοὶ Ιεαλη, <u>57</u>
υίοὶ Δορκων, υίοὶ Γαδηλ, ⁵⁹υίοὶ Σαφατια, υίοὶ Ετηλ, υίοὶ Φαχαραθ, 59
υίοὶ Σαβαϊμ, υίοὶ Ημιμ. ⁶⁰πάντες οἱ ναθινιμ καὶ υίοὶ δούλων Σαλω- 60
μων τριακόσιοι ἐνενήκοντα δύο. — ⁶¹καὶ οὖτοι ἀνέβησαν ἀπὸ Θελ- 61
μελεθ, Αρησα, Χαρουβ, Ηρων, Ιεμηρ καὶ οὐκ ἠδυνάσθησαν ἀπαγ-
γεῖλαι οἴκους πατριῶν αὐτῶν καὶ σπέρμα αὐτῶν εἰ ἀπὸ Ισραηλ
εἰσίν · ⁶²υίοὶ Δαλαια, υίοὶ Τωβια, υίοὶ Νεκωδα, ἑξακόσιοι τεσσα- 62
ράκοντα δύο. ⁶³καὶ ἀπὸ τῶν ἱερέων · υίοὶ Εβια, υίοὶ Ακως, υίοὶ 63
Βερζελλι, ὅτι ἔλαβεν ἀπὸ θυγατέρων Βερζελλι τοῦ Γαλααδίτου γυ-
ναῖκας καὶ ἐκλήθη ἐπ᾽ ὀνόματι αὐτῶν · ⁶⁴οὖτοι ἐζήτησαν γραφὴν 64
αὐτῶν τῆς συνοδίας, καὶ οὐχ εὑρέθη, καὶ ἠγχιστεύθησαν ἀπὸ τῆς
ἱερατείας, ⁶⁵καὶ εἶπεν Αθερσαθα ἵνα μὴ φάγωσιν ἀπὸ τοῦ ἁγίου 65
τῶν ἁγίων, ἕως ἀναστῇ ὁ ἱερεὺς φωτίσων. — ⁶⁶καὶ ἐγένετο πᾶσα 66
ἡ ἐκκλησία ὡς εἷς, τέσσαρες μυριάδες δισχίλιοι τριακόσιοι ἑξήκοντα
⁶⁷πάρεξ δούλων αὐτῶν καὶ παιδισκῶν αὐτῶν, οὖτοι ἑπτακισχίλιοι 67
τριακόσιοι τριάκοντα ἑπτά · καὶ ᾄδοντες καὶ ᾄδουσαι διακόσιοι
τεσσαράκοντα πέντε · ⁶⁸ἵπποι ἑπτακόσιοι τριάκοντα ἕξ, ἡμίονοι δια- 68
κόσιοι τεσσαράκοντα πέντε, ⁶⁹κάμηλοι τετρακόσιοι τριάκοντα πέντε, 69
ὄνοι ἑξακισχίλιοι ἑπτακόσιοι εἴκοσι. — ⁷⁰καὶ ἀπὸ μέρους ἀρχηγῶν 70
τῶν πατριῶν ἔδωκαν εἰς τὸ ἔργον τῷ Νεεμια εἰς θησαυρὸν χρυ-
σοῦς χιλίους, φιάλας πεντήκοντα καὶ χοθωνωθ τῶν ἱερέων τριά-
κοντα. ⁷¹καὶ ἀπὸ ἀρχηγῶν τῶν πατριῶν ἔδωκαν εἰς θησαυρὸν τοῦ 71

53 αρουμ BS† ‖ 54 βασαωθ B† | αδασα L† ‖ 55 βαρκους Ra. (cf. 2 53
I 5 32)] - oυε mss. | σισαρα Ra. (cf. 2 53)] -ραθ Apl., σεσειραθ BS† | θημα]
ημαθ BS† ‖ 56 ν(ε)ισ(ε)ια] ασεια BS† ‖ 57 σαφαραθι S† | φαρειδα A† ‖
58 ιεαλη compl.] ιεαηλ SA†, ιεληλ B | γαδηλ BS†] γαδδηλ A ‖ 59 ετηλ
unus cod.] εγηλ BS†, εττηλ A | φαχαραθ] κ pro χ B, τ pro θ S† ‖ 60 να-
θ(ε)ιν(ε)ινειμ BS†, ναθανειμ A†, sed in 46 BSA ναθ(ε)ινειμ | δουλων > S† ‖
61 θελμελεθ B†] θερμελεθ S†, θελμελεχ A: cf. 2 59 | αρησα BS†] θελαρσα A⁽†⁾
| χαρουβ BS†] χερ. rel. | ιεμηρ] εμμηρ A*L†: cf. 2 59; ιεμμηρ Aᶜ ‖ 62 δα-
λεα B† | υιοι τωβια BSL(-βιου)†] pr. υιοι βουα Apl.: cf. 2 60 | τεσσαρακ.] pr.
και S† ‖ 63 εβ(ε)ια] αβ. SL† | ακκως A: cf. 13 4 | βερζελλ(ε)ι bis BS†] -λλαι
A | ελαβεν BL†] -βον rel. | βερζ. 2⁰] pr. του S† | γυναικας] ς > L† ‖ 64 η(uel ε)υ-
ρεθησαν SL†: cf. 2 62 ‖ 65 αθερσαθα] ασερσ. B†, + αυτοις A | ανασth] pr.
αν SL†, ανεστη A†, αν στη L^p: cf. 2 63 I 5 40 ‖ 66 ως εις Lag.] ως εις
L^pt (sequitur nominatiuus τεσσαρες etc. !), ωσει BSL^pt (seq. τεσσαρες etc.),
εις rel. (seq. τεσσαρας etc.); pr. ομοθυμαδον L†; cf. 2 64 | εξηκοντα] οκτω B*†
‖ 67 επτακισχιλιοι > B*† ‖ 68 init. — 69 πεντε] > B†, post 69 tr. S† ‖
69 εξακισχιλιοι] δισχ. B† | επτακ. εικοσι > S†, εικοσι > B† ‖ 70 νεεμια BS†]
αθερσαθα A† (cf. 65), αθαρσαθα Sᶜ†, unde in pl. aliud nomen αρθασασθα (uel
sim.) euasit; L† αθαρασθας pro τω νεεμια; ad haec add. A εδωκαν, SᶜL† ε-
δωκεν | χοθωνωθ] μεχωνωθ BS†: item in 72 ‖ 71 εδωκαν] εθηκαν B†, εθη-
κα S† | θησαυρον BS†] -ρους rel.

ἔργου χρυσίου δύο μυριάδας καὶ ἀργυρίου μνᾶς δισχιλίας διακοσίας,
72 ⁷²καὶ ἔδωκαν οἱ κατάλοιποι τοῦ λαοῦ χρυσίου δύο μυριάδας καὶ
ἀργυρίου μνᾶς δισχιλίας διακοσίας καὶ χοθωνωθ τῶν ἱερέων ἑξή-
73 κοντα ἑπτά. — ⁷³καὶ ἐκάθισαν οἱ ἱερεῖς καὶ οἱ Λευῖται καὶ οἱ πυ-
λωροὶ καὶ οἱ ᾄδοντες καὶ οἱ ἀπὸ τοῦ λαοῦ καὶ οἱ ναθινιμ καὶ πᾶς
Ισραηλ ἐν πόλεσιν αὐτῶν.

Καὶ ἔφθασεν ὁ μὴν ὁ ἕβδομος — καὶ οἱ υἱοὶ Ισραηλ ἐν πόλε-
18 σιν αὐτῶν — ¹καὶ συνήχθησαν πᾶς ὁ λαὸς ὡς ἀνὴρ εἷς εἰς τὸ
πλάτος τὸ ἔμπροσθεν πύλης τοῦ ὕδατος. καὶ εἶπαν τῷ Εσδρα τῷ
γραμματεῖ ἐνέγκαι τὸ βιβλίον νόμου Μωυσῆ, ὃν ἐνετείλατο κύριος
2 τῷ Ισραηλ. ²καὶ ἤνεγκεν Εσδρας ὁ ἱερεὺς τὸν νόμον ἐνώπιον τῆς
ἐκκλησίας ἀπὸ ἀνδρὸς καὶ ἕως γυναικὸς καὶ πᾶς ὁ συνίων ἀκού-
3 ειν ἐν ἡμέρᾳ μιᾷ τοῦ μηνὸς τοῦ ἑβδόμου ³καὶ ἀνέγνω ἐν αὐτῷ
ἀπὸ τῆς ὥρας τοῦ διαφωτίσαι τὸν ἥλιον ἕως ἡμίσους τῆς ἡμέρας
ἀπέναντι τῶν ἀνδρῶν καὶ τῶν γυναικῶν, καὶ αὐτοὶ συνιέντες, καὶ
4 ὦτα παντὸς τοῦ λαοῦ εἰς τὸ βιβλίον τοῦ νόμου. ⁴καὶ ἔστη Εσδρας
ὁ γραμματεὺς ἐπὶ βήματος ξυλίνου, καὶ ἔστησαν ἐχόμενα αὐτοῦ
Ματταθιας καὶ Σαμαιας καὶ Ανανιας καὶ Ουρια καὶ Ελκια καὶ Μα-
ασαια ἐκ δεξιῶν αὐτοῦ, καὶ ἐξ ἀριστερῶν Φαδαιας καὶ Μισαηλ καὶ
Μελχιας καὶ Ωσαμ καὶ Ασαβδανα καὶ Ζαχαριας καὶ Μοσολλαμ.
5 ⁵καὶ ἤνοιξεν Εσδρας τὸ βιβλίον ἐνώπιον παντὸς τοῦ λαοῦ — ὅτι
αὐτὸς ἦν ἐπάνω τοῦ λαοῦ — καὶ ἐγένετο ἡνίκα ἤνοιξεν αὐτό,
6 ἔστη πᾶς ὁ λαός. ⁶καὶ ηὐλόγησεν Εσδρας κύριον τὸν θεὸν τὸν
μέγαν, καὶ ἀπεκρίθη πᾶς ὁ λαὸς καὶ εἶπαν Αμην ἐπάραντες χεῖρας
αὐτῶν καὶ ἔκυψαν καὶ προσεκύνησαν τῷ κυρίῳ ἐπὶ πρόσωπον
7 ἐπὶ τὴν γῆν. ⁷καὶ Ἰησοῦς καὶ Βαναιας καὶ Σαραβια ἦσαν συνετί-
ζοντες τὸν λαὸν εἰς τὸν νόμον, καὶ ὁ λαὸς ἐν τῇ στάσει αὐτοῦ.
8 ⁸καὶ ἀνέγνωσαν ἐν βιβλίῳ νόμου τοῦ θεοῦ, καὶ ἐδίδασκεν Εσδρας
καὶ διέστελλεν ἐν ἐπιστήμῃ κυρίου, καὶ συνῆκεν ὁ λαὸς ἐν τῇ

71 εργου] ετους BS† | χρυσιου] pr. του B*† | μνας] pr. μυριας A ‖ 72 init.
—διακοσιας] om. ΒΑ†, asteriscis notauit Sᶜ sic mutans textum: και α εδω-
σαν(sic) οι καταλοιποι του λαου χρυσους εν νομισμασιν δυο μυριαδας και αρ-
γυρα σκευη δισχιλια (sic, sine διακοσ.) et ο′ = LXX in margine adpingens
(S* ut edidi, sed εβδομηκοντα pro δυο et ..... (penitus erasa) χιλιαδας pro
μνας δισχιλιας) | ιερεων] -ρων S†
18 (𝔐 Neh. 8) 1 εἷς εἷς] εις B*S† | εσδρα: cf. 7 1 | ον] ο BSA† | κυριος
> BS† ‖ 2 τον νομον > A† | και 2⁰ SA†] > rel. ‖ 3 ημισους B*S*†] με-
σουσης BᶜSᶜL, μεσου A† | ωτα] pr. τα S† ‖ 4 γραμμ.] ιερευς S†: cf. inscr.
libri | ματθαθιας S | ανανιας] ς > B†; + και αζαριας L†: ex I 9 43 | ουρ(ε)ια
και] ουριας S⁽†⁾ | ελκ(ε)ια B†] χελκ. rel.: cf. 7 1 | μαασαια S†] μαασσαια B†,
μαασια A | αριστερων] ευωνυμων A pl.: cf. I 9 44 | και ωσαμ(L† ασομ) και
ασαβδ. et και μοσολλ. > BS† | ασαβδανα Sᶜ†] αβαανας L†, ασαβααμα A⁽†⁾ ‖
6 εσδρας > BS | κυριον] pr. τον B† | επαρ. (+ τας pl.) χειρας αυτων > BS
‖ 7 βαναιας] ς > B ‖ 8 βιβλιω] pr. τω SA | εν 2⁰ > A†

ἀναγνώσει. — ⁹καὶ εἶπεν Νεεμιας καὶ Εσδρας ὁ ἱερεὺς καὶ γραμ- 9
ματεὺς καὶ οἱ Λευῖται οἱ συνετίζοντες τὸν λαὸν καὶ εἶπαν παντὶ
τῷ λαῷ Ἡ ἡμέρα ἁγία ἐστὶν τῷ κυρίῳ θεῷ ἡμῶν, μὴ πενθεῖτε
μηδὲ κλαίετε · ὅτι ἔκλαιεν πᾶς ὁ λαός, ὡς ἤκουσαν τοὺς λόγους
τοῦ νόμου. ¹⁰καὶ εἶπεν αὐτοῖς Πορεύεσθε φάγετε λιπάσματα καὶ 10
πίετε γλυκάσματα καὶ ἀποστείλατε μερίδας τοῖς μὴ ἔχουσιν, ὅτι
ἁγία ἐστὶν ἡ ἡμέρα τῷ κυρίῳ ἡμῶν · καὶ μὴ διαπέσητε, ὅτι ἐστὶν
ἰσχὺς ὑμῶν. ¹¹καὶ οἱ Λευῖται κατεσιώπων πάντα τὸν λαὸν λέγον- 11
τες Σιωπᾶτε, ὅτι ἡ ἡμέρα ἁγία, καὶ μὴ καταπίπτετε. ¹²καὶ ἀπῆλ- 12
θεν πᾶς ὁ λαὸς φαγεῖν καὶ πιεῖν καὶ ἀποστέλλειν μερίδας καὶ
ποιῆσαι εὐφροσύνην μεγάλην, ὅτι συνῆκαν ἐν τοῖς λόγοις, οἷς
ἐγνώρισεν αὐτοῖς.

¹³Καὶ ἐν τῇ ἡμέρᾳ τῇ δευτέρᾳ συνήχθησαν οἱ ἄρχοντες τῶν 13
πατριῶν τῷ παντὶ λαῷ, οἱ ἱερεῖς καὶ οἱ Λευῖται πρὸς Εσδραν τὸν
γραμματέα ἐπιστῆσαι πρὸς πάντας τοὺς λόγους τοῦ νόμου. ¹⁴καὶ 14
εὕροσαν γεγραμμένον ἐν τῷ νόμῳ, ᾧ ἐνετείλατο κύριος τῷ Μωυ-
σῇ, ὅπως κατοικήσωσιν οἱ υἱοὶ Ισραηλ ἐν σκηναῖς ἐν ἑορτῇ ἐν
μηνὶ τῷ ἑβδόμῳ, ¹⁵καὶ ὅπως σημάνωσιν σάλπιγξιν ἐν πάσαις ταῖς 15
πόλεσιν αὐτῶν καὶ ἐν Ιερουσαλημ. καὶ εἶπεν Εσδρας Ἐξέλθετε εἰς
τὸ ὄρος καὶ ἐνέγκετε φύλλα ἐλαίας καὶ φύλλα ξύλων κυπαρισσίνων
καὶ φύλλα μυρσίνης καὶ φύλλα φοινίκων καὶ φύλλα ξύλου δασέος
ποιῆσαι σκηνὰς κατὰ τὸ γεγραμμένον. ¹⁶καὶ ἐξῆλθεν ὁ λαὸς καὶ 16
ἤνεγκαν καὶ ἐποίησαν ἑαυτοῖς σκηνὰς ἀνὴρ ἐπὶ τοῦ δώματος αὐ-
τοῦ καὶ ἐν ταῖς αὐλαῖς αὐτῶν καὶ ἐν ταῖς αὐλαῖς οἴκου τοῦ θεοῦ
καὶ ἐν πλατείαις τῆς πόλεως καὶ ἕως πύλης Εφραιμ. ¹⁷καὶ ἐποί- 17
ησαν πᾶσα ἡ ἐκκλησία οἱ ἐπιστρέψαντες ἀπὸ τῆς αἰχμαλωσίας
σκηνὰς καὶ ἐκάθισαν ἐν σκηναῖς · ὅτι οὐκ ἐποίησαν ἀπὸ ἡμερῶν
Ἰησοῦ υἱοῦ Ναυη οὕτως οἱ υἱοὶ Ισραηλ ἕως τῆς ἡμέρας ἐκείνης ·
καὶ ἐγένετο εὐφροσύνη μεγάλη. ¹⁸καὶ ἀνέγνω ἐν βιβλίῳ νόμου τοῦ 18
θεοῦ ἡμέραν ἐν ἡμέρᾳ ἀπὸ τῆς ἡμέρας τῆς πρώτης ἕως τῆς ἡμέ-
ρας τῆς ἐσχάτης · καὶ ἐποίησαν ἑορτὴν ἑπτὰ ἡμέρας καὶ τῇ ἡμέρᾳ
τῇ ὀγδόῃ ἐξόδιον κατὰ τὸ κρίμα.

¹Καὶ ἐν ἡμέρᾳ εἰκοστῇ καὶ τετάρτῃ τοῦ μηνὸς τούτου συνήχθη- 19
σαν οἱ υἱοὶ Ισραηλ ἐν νηστείᾳ καὶ ἐν σάκκοις. ²καὶ ἐχωρίσθησαν 2

9 οι συνετιζοντες *L*†] pr. και SA, συνετιζον Β† | η ημερα Ra.] η > BSA:
cf. 10. 11 I 9 50; σημερον (η) ημερα *L*† | αγια εστιν] tr. S*L*† | τω κυριω
compl.] tr. BA, + τω S*L*p† | ηκουσεν SA ‖ 10 μεριδας (cf. 12)] ς > Β† |
εστιν / η ημερα] tr. SA | υμων AS^c*L*p†] ημ. rel. ‖ 11 παντα > BS† | η ημε-
ρα] η > SA: cf. 9 ‖ 12 ποιησαι] ποιειν S^c†; εποιησαν *L*† (idem antea απ-
εστειλαν pro αποστελλειν) ‖ 13 τω] pr. συν Β† ‖ 14 εν ult. > S† ‖
15 σημαινωσιν BS† ‖ 16 ταις 2⁰ > A | πλατειαις] pr. ταις B*L*† | πυλης B
S*L*p†] πολεως *L*p†, οικου rel. ‖ 18 τη ημ.] pr. εν S† | κατα το κριμα > BS†
19 (𝔐 Neh. 9) 1 εικοστη .. τεταρτη] tr. *L*†, τεταρτη .. εικαδι S†

οἱ υἱοὶ Ἰσραηλ ἀπὸ παντὸς υἱοῦ ἀλλοτρίου καὶ ἔστησαν καὶ ἐξηγόρευσαν τὰς ἁμαρτίας αὐτῶν καὶ τὰς ἀνομίας τῶν πατέρων
3 αὐτῶν. ³καὶ ἔστησαν ἐπὶ στάσει αὐτῶν καὶ ἀνέγνωσαν ἐν βιβλίῳ νόμου κυρίου θεοῦ αὐτῶν καὶ ἦσαν ἐξαγορεύοντες τῷ κυρίῳ καὶ
4 προσκυνοῦντες τῷ κυρίῳ θεῷ αὐτῶν. ⁴καὶ ἔστη ἐπὶ ἀναβάσει τῶν Λευιτῶν Ἰησοῦς καὶ υἱοὶ Καδμιηλ, Σαχανια υἱὸς Σαραβια υἱοὶ Χα-
5 νανι καὶ ἐβόησαν φωνῇ μεγάλῃ πρὸς κύριον τὸν θεὸν αὐτῶν. ⁵καὶ εἴποσαν οἱ Λευῖται Ἰησοῦς καὶ Καδμιηλ Ἀνάστητε εὐλογεῖτε τὸν κύριον θεὸν ὑμῶν ἀπὸ τοῦ αἰῶνος καὶ ἕως τοῦ αἰῶνος, καὶ εὐλογήσουσιν ὄνομα δόξης σου καὶ ὑψώσουσιν ἐπὶ πάσῃ εὐλογίᾳ
6 καὶ αἰνέσει. ⁶καὶ εἶπεν Εσδρας Σὺ εἶ αὐτὸς κύριος μόνος· σὺ ἐποίησας τὸν οὐρανὸν καὶ τὸν οὐρανὸν τοῦ οὐρανοῦ καὶ πᾶσαν τὴν στάσιν αὐτῶν, τὴν γῆν καὶ πάντα, ὅσα ἐστὶν ἐν αὐτῇ, τὰς θαλάσσας καὶ πάντα τὰ ἐν αὐταῖς, καὶ σὺ ζωοποιεῖς τὰ πάντα,
7 καὶ σοὶ προσκυνοῦσιν αἱ στρατιαὶ τῶν οὐρανῶν. ⁷σὺ εἶ κύριος ὁ θεός· σὺ ἐξελέξω ἐν Αβραμ καὶ ἐξήγαγες αὐτὸν ἐκ τῆς χώρας
8 τῶν Χαλδαίων καὶ ἐπέθηκας αὐτῷ ὄνομα Αβρααμ· ⁸καὶ εὖρες τὴν καρδίαν αὐτοῦ πιστὴν ἐνώπιόν σου καὶ διέθου πρὸς αὐτὸν διαθήκην δοῦναι αὐτῷ τὴν γῆν τῶν Χαναναίων καὶ Χετταίων καὶ Αμορραίων καὶ Φερεζαίων καὶ Ιεβουσαίων καὶ Γεργεσαίων καὶ τῷ σπέρματι αὐτοῦ· καὶ ἔστησας τοὺς λόγους σου, ὅτι δίκαιος σύ.
9 ⁹καὶ εἶδες τὴν ταπείνωσιν τῶν πατέρων ἡμῶν ἐν Αἰγύπτῳ καὶ
10 τὴν κραυγὴν αὐτῶν ἤκουσας ἐπὶ θάλασσαν ἐρυθράν. ¹⁰καὶ ἔδωκας σημεῖα ἐν Αἰγύπτῳ ἐν Φαραω καὶ ἐν πᾶσιν τοῖς παισὶν αὐτοῦ καὶ ἐν παντὶ τῷ λαῷ τῆς γῆς αὐτοῦ, ὅτι ἔγνως ὅτι ὑπερηφάνησαν
11 ἐπ᾽ αὐτούς, καὶ ἐποίησας σεαυτῷ ὄνομα ὡς ἡ ἡμέρα αὕτη. ¹¹καὶ τὴν θάλασσαν ἔρρηξας ἐνώπιον αὐτῶν, καὶ παρήλθοσαν ἐν μέσῳ τῆς θαλάσσης ἐν ξηρασίᾳ, καὶ τοὺς καταδιώξαντας αὐτοὺς ἔρριψας
12 εἰς βυθὸν ὡσεὶ λίθον ἐν ὕδατι σφοδρῷ. ¹²καὶ ἐν στύλῳ νεφέλης ὡδήγησας αὐτοὺς ἡμέρας καὶ ἐν στύλῳ πυρὸς τὴν νύκτα τοῦ
13 φωτίσαι αὐτοῖς τὴν ὁδόν, ἐν ᾗ πορεύσονται ἐν αὐτῇ. ¹³καὶ ἐπὶ ὄρος Σινα κατέβης καὶ ἐλάλησας πρὸς αὐτοὺς ἐξ οὐρανοῦ καὶ ἔδωκας αὐτοῖς κρίματα εὐθέα καὶ νόμους ἀληθείας, προστάγματα

2 και 2⁰ ⌒ 3⁰ S† ‖ 3 στασει BS†] pr. τη rel. | κυριου pl.] > BSA | κυριω ult. > BS† ‖ 4 σαχανια] σαραβια B†, σαραδια S† | σαραβια] σ > B, -βαια A† | υιοι χαν. > BS† | μεγαλη > A†, φωνη μεγ. > L† ‖ 5 ευλογειτε] pr. και S | τον κυριον] tr. BS | υμων S^cL†] ημ. rel. | και εως του αιωνος] > A†, και > B^c† | και 4⁰ > S† | υψωσουσιν] υψους σου S^c†; L† του υπερυψουμενου pro σου και υψωσουσιν ‖ 6 αυτος κυριος] tr. S† | ουρανον 1⁰ ⌒ 2⁰ BA ‖ 7 συ ει κυρ. ο θεος] > S†, κυρ. > B† ‖ 8 και paenult.] δουναι S^c†, και δουναι αυτην L† ‖ 9 ταπεινωσιν] κακιαν S^c†, κακωσιν L† ‖ 10 εν αιγ.] pr. και τερατα B†, + και τερατα L† | αυτου 1⁰ ⌒ 2⁰ S† ‖ 11 αυτων] -του B† | καταδιωξαντας BS†] -ωκοντας A ‖ 12 πυρος] + ωδηγησας S†

καὶ ἐντολὰς ἀγαθάς. ¹⁴καὶ τὸ σάββατόν σου τὸ ἅγιον ἐγνώρισας 14
αὐτοῖς, ἐντολὰς καὶ προστάγματα καὶ νόμον ἐνετείλω αὐτοῖς ἐν
χειρὶ Μωυσῆ δούλου σου. ¹⁵καὶ ἄρτον ἐξ οὐρανοῦ ἔδωκας αὐτοῖς 15
εἰς σιτοδείαν αὐτῶν καὶ ὕδωρ ἐκ πέτρας ἐξήνεγκας αὐτοῖς εἰς δί-
ψαν αὐτῶν. καὶ εἶπας αὐτοῖς εἰσελθεῖν κληρονομῆσαι τὴν γῆν, ἐφ᾽
ἣν ἐξέτεινας τὴν χεῖρά σου δοῦναι αὐτοῖς. ¹⁶καὶ αὐτοὶ καὶ οἱ πα- 16
τέρες ἡμῶν ὑπερηφανεύσαντο καὶ ἐσκλήρυναν τὸν τράχηλον αὐτῶν
καὶ οὐκ ἤκουσαν τῶν ἐντολῶν σου · ¹⁷καὶ ἀνένευσαν τοῦ εἰσακοῦ- 17
σαι καὶ οὐκ ἐμνήσθησαν τῶν θαυμασίων σου, ὧν ἐποίησας μετ᾽
αὐτῶν, καὶ ἐσκλήρυναν τὸν τράχηλον αὐτῶν καὶ ἔδωκαν ἀρχὴν
ἐπιστρέψαι εἰς δουλείαν αὐτῶν ἐν Αἰγύπτῳ. καὶ σὺ θεὸς ἐλεήμων
καὶ οἰκτίρμων, μακρόθυμος καὶ πολυέλεος, καὶ οὐκ ἐγκατέλιπες αὐ-
τούς. ¹⁸ἔτι δὲ καὶ ἐποίησαν ἑαυτοῖς μόσχον χωνευτὸν καὶ εἶπαν 18
Οὗτοι οἱ θεοὶ οἱ ἐξαγαγόντες ἡμᾶς ἐξ Αἰγύπτου · καὶ ἐποίησαν
παροργισμοὺς μεγάλους. ¹⁹καὶ σὺ ἐν οἰκτιρμοῖς σου τοῖς πολλοῖς 19
οὐκ ἐγκατέλιπες αὐτοὺς ἐν τῇ ἐρήμῳ · τὸν στῦλον τῆς νεφέλης
οὐκ ἐξέκλινας ἀπ᾽ αὐτῶν ἡμέρας ὁδηγῆσαι αὐτοὺς ἐν τῇ ὁδῷ καὶ
τὸν στῦλον τοῦ πυρὸς τὴν νύκτα φωτίζειν αὐτοῖς τὴν ὁδόν, ἐν ᾗ
πορεύσονται ἐν αὐτῇ. ²⁰καὶ τὸ πνεῦμά σου τὸ ἀγαθὸν ἔδωκας συν- 20
ετίσαι αὐτοὺς καὶ τὸ μαννα σοῦ οὐκ ἀφυστέρησας ἀπὸ στόματος
αὐτῶν καὶ ὕδωρ ἔδωκας αὐτοῖς τῷ δίψει αὐτῶν. ²¹καὶ τεσσαρά- 21
κοντα ἔτη διέθρεψας αὐτοὺς ἐν τῇ ἐρήμῳ, οὐχ ὑστέρησαν · ἱμάτια
αὐτῶν οὐκ ἐπαλαιώθησαν, καὶ πόδες αὐτῶν οὐ διερράγησαν. ²²καὶ 22
ἔδωκας αὐτοῖς βασιλείας καὶ λαοὺς καὶ διεμέρισας αὐτοῖς, καὶ ἐκλη-
ρονόμησαν τὴν γῆν Σηων βασιλέως Εσεβων καὶ τὴν γῆν Ωγ βα-
σιλέως τοῦ Βασαν. ²³καὶ τοὺς υἱοὺς αὐτῶν ἐπλήθυνας ὡς τοὺς 23
ἀστέρας τοῦ οὐρανοῦ καὶ εἰσήγαγες αὐτοὺς εἰς τὴν γῆν, ἣν εἶπας
τοῖς πατράσιν αὐτῶν, καὶ ἐκληρονόμησαν αὐτήν. ²⁴καὶ ἐξέτριψας 24
ἐνώπιον αὐτῶν τοὺς κατοικοῦντας τὴν γῆν τῶν Χαναναίων καὶ
ἔδωκας αὐτοὺς εἰς τὰς χεῖρας αὐτῶν καὶ τοὺς βασιλεῖς αὐτῶν καὶ
τοὺς λαοὺς τῆς γῆς ποιῆσαι αὐτοῖς ὡς ἀρεστὸν ἐνώπιον αὐτῶν.
²⁵καὶ κατελάβοσαν πόλεις ὑψηλὰς καὶ ἐκληρονόμησαν οἰκίας πλή- 25
ρεις πάντων ἀγαθῶν, λάκκους λελατομημένους, ἀμπελῶνας καὶ
ἐλαιῶνας καὶ πᾶν ξύλον βρώσιμον εἰς πλῆθος · καὶ ἐφάγοσαν καὶ
ἐνεπλήσθησαν καὶ ἐλιπάνθησαν καὶ ἐτρύφησαν ἐν ἀγαθωσύνη σου

14 δουλου] pr. του ΑSᶜL || 15 σιτοδοτειαν B, σιτοδοινα (?) S† | εφ] εις A
|| 16 και 1⁰ ⌒ 3⁰ BS† | σου > S† || 17 εμνησθ.] ανεμν. BS† | θεος BSA† +
αφιων Sᶜ†, + αφιων αμαρτιας mu. || 19 πολλοις BSL†] μεγαλοις rel. | φωτι-
ζειν] pr. του S† | την οδον] pr. και BᶜSᶜ† || 21 υστερησας B* | ποδες BLᵖ†]
υποδηματα rel. (S† τα υποδ.); et υποδ. et ποδες in duobus enuntiatis prae-
bet Lᵖ† || 22 βασιλειας] -λεας BLᵖ† | και 3⁰ BL†] > rel. | διεμερ.] δι > B
S† | την 1⁰ > A† | βασ. εσεβων > BS† | γην ult. > B† || 24 τας > S† |
αρεστα S† || 25 και ελαιωνας > S† | ετρυφ.] ενετρ. A

26 τῇ μεγάλη. ²⁶καὶ ἤλλαξαν καὶ ἀπέστησαν ἀπὸ σοῦ καὶ ἔρριψαν τὸν
νόμον σου ὀπίσω σώματος αὐτῶν καὶ τοὺς προφήτας σου ἀπ-
έκτειναν, οἳ διεμαρτύραντο ἐν αὐτοῖς ἐπιστρέψαι αὐτοὺς πρὸς σέ,
27 καὶ ἐποίησαν παροργισμοὺς μεγάλους. ²⁷καὶ ἔδωκας αὐτοὺς ἐν
χειρὶ θλιβόντων αὐτούς, καὶ ἔθλιψαν αὐτούς · καὶ ἀνεβόησαν πρὸς
σὲ ἐν καιρῷ θλίψεως αὐτῶν, καὶ σὺ ἐξ οὐρανοῦ σου ἤκουσας καὶ
ἐν οἰκτιρμοῖς σου τοῖς μεγάλοις ἔδωκας αὐτοῖς σωτῆρας καὶ ἔσω-
28 σας αὐτοὺς ἐκ χειρὸς θλιβόντων αὐτούς. ²⁸καὶ ὡς ἀνεπαύσαντο,
ἐπέστρεψαν ποιῆσαι τὸ πονηρὸν ἐνώπιόν σου · καὶ ἐγκατέλιπες
αὐτοὺς εἰς χεῖρας ἐχθρῶν αὐτῶν, καὶ κατῆρξαν ἐν αὐτοῖς. καὶ πά-
λιν ἀνεβόησαν πρὸς σέ, καὶ σὺ ἐξ οὐρανοῦ εἰσήκουσας καὶ ἐρρύ-
29 σω αὐτοὺς ἐν οἰκτιρμοῖς σου πολλοῖς. ²⁹καὶ ἐπεμαρτύρω αὐτοῖς
ἐπιστρέψαι αὐτοὺς εἰς τὸν νόμον σου, καὶ οὐκ ἤκουσαν, ἀλλὰ ἐν
ταῖς ἐντολαῖς σου καὶ ἐν τοῖς κρίμασί σου ἡμάρτοσαν, ἃ ποιήσας
αὐτὰ ἄνθρωπος ζήσεται ἐν αὐτοῖς · καὶ ἔδωκαν νῶτον ἀπειθοῦντα
30 καὶ τράχηλον αὐτῶν ἐσκλήρυναν καὶ οὐκ ἤκουσαν. ³⁰καὶ εἵλκυσας
ἐπ᾽ αὐτοὺς ἔτη πολλὰ καὶ ἐπεμαρτύρω αὐτοῖς ἐν πνεύματί σου ἐν
χειρὶ προφητῶν σου · καὶ οὐκ ἠνωτίσαντο, καὶ ἔδωκας αὐτοὺς ἐν
31 χειρὶ λαῶν τῆς γῆς. ³¹καὶ σὺ ἐν οἰκτιρμοῖς σου τοῖς πολλοῖς οὐκ
ἐποίησας αὐτοὺς συντέλειαν καὶ οὐκ ἐγκατέλιπες αὐτούς, ὅτι ἰσχυ-
32 ρὸς εἶ καὶ ἐλεήμων καὶ οἰκτίρμων. ³²καὶ νῦν, ὁ θεὸς ἡμῶν ὁ ἰσχυ-
ρὸς ὁ μέγας ὁ κραταιὸς καὶ ὁ φοβερὸς φυλάσσων τὴν διαθήκην
σου καὶ τὸ ἔλεός σου, μὴ ὀλιγωθήτω ἐνώπιόν σου πᾶς ὁ μόχθος,
ὃς εὗρεν ἡμᾶς καὶ τοὺς βασιλεῖς ἡμῶν καὶ τοὺς ἄρχοντας ἡμῶν
καὶ τοὺς ἱερεῖς ἡμῶν καὶ τοὺς προφήτας ἡμῶν καὶ τοὺς πατέρας
ἡμῶν καὶ ἐν παντὶ τῷ λαῷ σου ἀπὸ ἡμερῶν βασιλέων Ασσουρ
33 καὶ ἕως τῆς ἡμέρας ταύτης. ³³καὶ σὺ δίκαιος ἐπὶ πᾶσι τοῖς ἐρχο-
μένοις ἐφ᾽ ἡμᾶς, ὅτι ἀλήθειαν ἐποίησας, καὶ ἡμεῖς ἐξημάρτομεν.
34 ³⁴καὶ οἱ βασιλεῖς ἡμῶν καὶ οἱ ἄρχοντες ἡμῶν καὶ οἱ ἱερεῖς ἡμῶν
καὶ οἱ πατέρες ἡμῶν οὐκ ἐποίησαν τὸν νόμον σου καὶ οὐ προσ-
έσχον τῶν ἐντολῶν σου καὶ τὰ μαρτύριά σου, ἃ διεμαρτύρω αὐ-
35 τοῖς. ³⁵καὶ αὐτοὶ ἐν βασιλείᾳ σου καὶ ἐν ἀγαθωσύνῃ σου τῇ πολλῇ,
ᾗ ἔδωκας αὐτοῖς, καὶ ἐν τῇ γῇ τῇ πλατείᾳ καὶ λιπαρᾷ, ᾗ ἔδωκας
ἐνώπιον αὐτῶν, οὐκ ἐδούλευσάν σοι καὶ οὐκ ἀπέστρεψαν ἀπὸ ἐπι-
36 τηδευμάτων αὐτῶν τῶν πονηρῶν. ³⁶ἰδού ἐσμεν σήμερον δοῦλοι,
καὶ ἡ γῆ, ἣν ἔδωκας τοῖς πατράσιν ἡμῶν φαγεῖν τὸν καρπὸν

26 ηλλαξαν] ηλαλαξαν BS^c† | διεμαρτυρουντο A† ‖ 27 σου 1⁰ > A | σω-
τηριας A | θλιβοντος B† ‖ 29 εν ταις > B† | εν 2⁰ > A | εν αυτοις > A†
| τραχ. αυτων εσκληρ.] εσκληρ. τον τραχ. αυτων S† ‖ 31 αυτους 1⁰] -τοις B
| ει > BS† ‖ 32 ημων 1⁰ > S† | ο 5⁰ > A | φυλασσων] pr. ο SL^p† | σου
1⁰ > A ‖ 33 δικαιος] + ει AS^cL^p ‖ 35 σου 2⁰ > B† | τη 3⁰ > A† | απ-
εστρ.] επ. A | αυτων ult. > A†

αὐτῆς, ³⁷τοῖς βασιλεῦσιν, οἷς ἔδωκας ἐφ᾽ ἡμᾶς ἐν ἁμαρτίαις ἡμῶν, 37
καὶ ἐπὶ τὰ σώματα ἡμῶν ἐξουσιάζουσιν καὶ ἐν κτήνεσιν ἡμῶν ὡς
ἀρεστὸν αὐτοῖς, καὶ ἐν θλίψει μεγάλη ἐσμέν. ¹καὶ ἐν πᾶσι τούτοις 20
ἡμεῖς διατιθέμεθα πίστιν καὶ γράφομεν, καὶ ἐπισφραγίζουσιν πάν-
τες ἄρχοντες ἡμῶν, Λευῖται ἡμῶν, ἱερεῖς ἡμῶν.

²Καὶ ἐπὶ τῶν σφραγιζόντων Νεεμιας υἱὸς Αχαλια καὶ Σεδεκιας   2
³υἱὸς Σαραια καὶ Αζαρια καὶ Ιερμια, ⁴Φασουρ, Αμαρια, Μελχια,   3
⁵Ατους, Σεβανι, Μαλουχ, ⁶Ιραμ, Μεραμωθ, Αβδια, ⁷Δανιηλ, Γανα-   4̄ 7̄
θων, Βαρουχ, ⁸Μεσουλαμ, Αβια, Μιαμιν, ⁹Μααζια, Βελγαι, Σαμαια,   9̄
οὗτοι ἱερεῖς · ¹⁰καὶ οἱ Λευῖται Ἰησοῦς υἱὸς Αζανια, Βαναιου ἀπὸ   10
υἱῶν Ηναδαδ, Καδμιηλ ¹¹καὶ οἱ ἀδελφοὶ αὐτοῦ, Σαβανια, Ωδουια   11
Καλιτα, Φελεϊα, Αναν, ¹²Μιχα, Ρωβ, Εσεβιας, ¹³Ζαχωρ, Σαραβια,᾽   1̄2̄ 1̄3̄
Σεβανια, ¹⁴Ωδουια, υἱοὶ Βανουναι · ¹⁵ἄρχοντες τοῦ λαοῦ Φορος,   1̄5̄
Φααθμωαβ, Ηλαμ, Ζαθουια, υἱοὶ ¹⁶Βανι, Ασγαδ, Βηβαι, ¹⁷Εδανια,   1̄7̄
Βαγοι, Ηδιν, ¹⁸Ατηρ, Εζεκια, Αζουρ, ¹⁹Οδουια, Ησαμ, Βησι, ²⁰Αριφ,   2̄0̄
Αναθωθ, Νωβαι, ²¹Μαγαφης, Μεσουλαμ, Ηζιρ, ²²Μεσωζεβηλ, Σαδ-   2̄2̄
δουκ, Ιεδδουα, ²³Φαλτια, Αναν, Αναια, ²⁴Ωσηε, Ανανια, Ασουβ,   2̄4̄
²⁵Αλωης, Φαλαϊ, Σωβηκ, ²⁶Ραουμ, Εσαβανα, Μαασαια ²⁷καὶ Αϊα,   2̄7̄
Αιναν, Ηναν, ²⁸Μαλουχ, Ηραμ, Βαανα. ²⁹καὶ οἱ κατάλοιποι τοῦ λαοῦ,   2̄9̄
οἱ ἱερεῖς, οἱ Λευῖται, οἱ πυλωροί, οἱ ἄδοντες, οἱ ναθινιμ καὶ πᾶς
ὁ προσπορευόμενος ἀπὸ λαῶν τῆς γῆς πρὸς νόμον τοῦ θεοῦ, γυ-
ναῖκες αὐτῶν, υἱοὶ αὐτῶν, θυγατέρες αὐτῶν, πᾶς ὁ εἰδὼς καὶ συν-

20 (𝔐 Neh. 10) 1 ημεις > S⁺ | παντες > BSᶜL⁺ | λευ(ε)ιται] pr. και S⁺ |
ιερεις] pr. και S || 2 σφραγιζοντων] επισφρ. L⁺: ex 1; εσφραγισμενων Sᶜ⁺
| αχελια BS⁺: cf. 11 1 || 3 αζαρια] Ζαχαριας S⁺ | ιερμια BA⁺] ιερμιας L⁺,
ιερεμια(ς) rel.: cf. 22 12 || 5 ατους Sᶜ⁺] του BS⁺, αττους rel.: cf. 8 2 | σα-
βανει S || 6 μεραμωθ] pr. α BS⁺, -ως B⁺ || 7 γαναθων Ra. (cf. 22 16)]
τνατοθ B⁺, ανατωθ S⁺, γααννθων A || 8 μιαμειμ B, μειαμων S⁺ || 9 μα-
αζ(ε)ια] μα > S⁺, ναδεια B⁺ | βελγαι] βελσ(ε)ια BS⁺ || 10 οι > S | αζανιηλ
S⁺ | ηναδαβ BS⁺, ιωναδαβ L⁺, ηηλαδ A⁽⁺⁾ || 11 σεβανια SA⁺, σεχενιας L⁺:
cf. 13 | καλιτα Sᶜ⁺] καντα B⁺, κανθαν S⁺, καλιταν A, καλλιτας L⁺ | φελεια —
12 fin. > BS⁺ || 13 Ζαχωρ BS⁺] Ζακχωρ A | σαραβια] Ζαρ. B⁺, Ζαθαρια (uid.)
S⁺ | σεβανια] σαβανιας L⁺: cf. 11 || 14 ωδουια Ra. (cf. 11)] -ουμ BS⁺, -ουα
A, ωδιας L⁺ (sed in 11 etiam L ωδουια) | βανουναι compl.] -ουαιαι A⁺, βενια-
μειν BS⁺ || 15 φααδμωαβ B⁺: cf. 10 30 | ζαθθουια A || 16 ασταδ S⁺, αζ-
γαδ A: cf. I 5 13 | βηδαι BS⁺ || 17 εδανια BS⁺] αανα A⁺, αδωνιας L⁺ |
βαγοσι B⁺: cf. 2 14 || 18 ατηρ] αδηρ BS⁺ | αζουρ] αδουρ B⁺ || 19 βησ(ε)ι]
θ pro σ S⁺ || 20 νωβαι] βωναι BS⁺ || 21 μαγαφης compl.] βαγ. BS⁺, μαι-
αφ. A⁺ || 22 σαδδουκ BS⁺] σαδουκ A: cf. 7 2 | ιεδδουα] -ουκ A⁺, > BS⁺ ||
23 φαλδεια S⁺ | αναν αναια] αναναια B⁺ || 24 ωσηε] ωσηθα BS⁺ | ασουβ]
-ουθ BS⁺ || 25 αλωης BS⁺] αλλωης L⁺, αδω rel. | φαλα(ε)ι] φαδαεις B⁺,
φαδαειο S⁺ || 26 μααλσια Amu. |ᵢ 27 αια] αρα B⁺ | αιναν] αινα S⁺ | ηναμ
B, ηνα S⁺ || 28 μααλουχ S⁺ | ηραμ BS⁺] αειραμ uel sim. L⁺, ρεουμ rel.
|| 29 οι 3⁰] pr. και A | λαων B⁺] pr. των L⁺, του λαου rel. | νομον] pr.
τον A

30 ίων, ³⁰ ἐνίσχυον ἐπὶ τοὺς ἀδελφοὺς αὐτῶν, κατηράσαντο αὐτοὺς καὶ
εἰσήλθοσαν ἐν ἀρᾷ καὶ ἐν ὅρκῳ τοῦ πορεύεσθαι ἐν νόμῳ τοῦ θεοῦ,
ὃς ἐδόθη ἐν χειρὶ Μωυσῆ δούλου τοῦ θεοῦ, καὶ φυλάσσεσθαι καὶ
ποιεῖν πάσας τὰς ἐντολὰς κυρίου ἡμῶν καὶ κρίματα αὐτοῦ
31　³¹καὶ τοῦ μὴ δοῦναι θυγατέρας ἡμῶν τοῖς λαοῖς τῆς γῆς, καὶ
τὰς θυγατέρας αὐτῶν οὐ λημψόμεθα τοῖς υἱοῖς ἡμῶν.
32　³²καὶ λαοὶ τῆς γῆς οἱ φέροντες τοὺς ἀγορασμοὺς καὶ πᾶσαν
πρᾶσιν ἐν ἡμέρᾳ τοῦ σαββάτου ἀποδόσθαι, οὐκ ἀγορῶμεν παρ᾽
αὐτῶν ἐν σαββάτῳ καὶ ἐν ἡμέρᾳ ἁγίᾳ.
καὶ ἀνήσομεν τὸ ἔτος τὸ ἕβδομον καὶ ἀπαίτησιν πάσης χειρός.
33　³³καὶ στήσομεν ἐφ᾽ ἡμᾶς ἐντολὰς δοῦναι ἐφ᾽ ἡμᾶς τρίτον τοῦ
34 διδράχμου κατ᾽ ἐνιαυτὸν εἰς δουλείαν οἴκου θεοῦ ἡμῶν ³⁴εἰς ἄρτους
τοῦ προσώπου καὶ θυσίαν τοῦ ἐνδελεχισμοῦ καὶ εἰς ὁλοκαύτωμα
τοῦ ἐνδελεχισμοῦ τῶν σαββάτων, τῶν νουμηνιῶν, εἰς τὰς ἑορτὰς
καὶ εἰς τὰ ἅγια, καὶ τὰ περὶ ἁμαρτίας ἐξιλάσασθαι περὶ Ισραηλ,
καὶ εἰς ἔργα οἴκου θεοῦ ἡμῶν.
35　³⁵καὶ κλήρους ἐβάλομεν περὶ κλήρου ξυλοφορίας, οἱ ἱερεῖς καὶ
οἱ Λευῖται καὶ ὁ λαός, ἐνέγκαι εἰς οἶκον θεοῦ ἡμῶν εἰς οἶκον πα-
τριῶν ἡμῶν εἰς καιροὺς ἀπὸ χρόνων ἐνιαυτὸν κατ᾽ ἐνιαυτόν, ἐκ-
καῦσαι ἐπὶ τὸ θυσιαστήριον κυρίου θεοῦ ἡμῶν, ὡς γέγραπται ἐν
τῷ νόμῳ,
36　³⁶καὶ ἐνέγκαι τὰ πρωτογενήματα τῆς γῆς ἡμῶν καὶ πρωτογενή-
ματα καρποῦ παντὸς ξύλου ἐνιαυτὸν κατ᾽ ἐνιαυτὸν εἰς οἶκον κυρίου
37　³⁷καὶ τὰ πρωτότοκα υἱῶν ἡμῶν καὶ κτηνῶν ἡμῶν, ὡς γέγραπται
ἐν τῷ νόμῳ, καὶ τὰ πρωτότοκα βοῶν ἡμῶν καὶ ποιμνίων ἡμῶν
ἐνέγκαι εἰς οἶκον θεοῦ ἡμῶν τοῖς ἱερεῦσιν τοῖς λειτουργοῦσιν ἐν
οἴκῳ θεοῦ ἡμῶν.
38　³⁸καὶ τὴν ἀπαρχὴν σίτων ἡμῶν καὶ τὸν καρπὸν παντὸς ξύλου,
οἴνου καὶ ἐλαίου οἴσομεν τοῖς ἱερεῦσιν εἰς γαζοφυλάκιον οἴκου
τοῦ θεοῦ · καὶ δεκάτην γῆς ἡμῶν τοῖς Λευίταις. καὶ αὐτοὶ οἱ Λευῖ-
39 ται δεκατοῦντες ἐν πάσαις πόλεσιν δουλείας ἡμῶν, ³⁹καὶ ἔσται ὁ
ἱερεὺς υἱὸς Ααρων μετὰ τοῦ Λευίτου ἐν τῇ δεκάτῃ τοῦ Λευίτου,

30 κατηρασ. BS†] pr. και rel. | και 3⁰ BSL†] > rel. | κυριου ημων Ra.] κυρ.
> BS†, του θεου ημων L†, ημων > rel. | κριματα] pr. τα S | fin.] + και (+
τα L) προσταγματα αυτου ScL ‖ 32 αγορωμεν BSA† (cf. Thack. p. 230)]
-ρασω(uel o)μεν rel. ‖ 33 στησομεν] ποιησ. B† | εφ 2⁰ > SL† | θεου] pr.
του A pl.: cf. 34 ‖ 34 του 2⁰ > A† | θεου B†] pr. τα (sic) S†; pr. του rel.:
cf. 33 ‖ 35 οικον 2⁰] -κους SA | απο > B† | επι] περι B† | κυριου] του B†
| τω νομω] βιβλιω B† ‖ 36 καρπου] pr. παντος ScL† | κυριου > B† ‖
37 υιων et κτηνων] pr. των SL† | βοων] pr. των A pl. ‖ 38 οινου και ελαιου]
pr. και S†, και > L† | γαζοφυλ. B†] pr. το rel. | δεκατην γης B†] την δεκ.
της γης L†, δεκ. της γης Sc, δεκατας γης rel. (A deest) ‖ 39 υιος > BS† |
τη δεκατη] τω δεκατουν L†

καὶ οἱ Λευῖται ἀνοίσουσιν τὴν δεκάτην τῆς δεκάτης εἰς οἶκον θεοῦ
ἡμῶν εἰς τὰ γαζοφυλάκια εἰς οἶκον τοῦ θεοῦ. ⁴⁰ὅτι εἰς τοὺς θη- 40
σαυροὺς εἰσοίσουσιν οἱ υἱοὶ Ισραηλ καὶ οἱ υἱοὶ τοῦ Λευι τὰς ἀπαρ-
χὰς τοῦ σίτου καὶ τοῦ οἴνου καὶ τοῦ ἐλαίου, καὶ ἐκεῖ σκεύη τὰ
ἅγια καὶ οἱ ἱερεῖς οἱ λειτουργοὶ καὶ οἱ πυλωροὶ καὶ οἱ ᾄδοντες.
καὶ οὐκ ἐγκαταλείψομεν τὸν οἶκον τοῦ θεοῦ ἡμῶν.

¹Καὶ ἐκάθισαν οἱ ἄρχοντες τοῦ λαοῦ ἐν Ιερουσαλημ, καὶ οἱ κατά- 21
λοιποι τοῦ λαοῦ ἐβάλοσαν κλήρους ἐνέγκαι ἕνα ἀπὸ τῶν δέκα
καθίσαι ἐν Ιερουσαλημ πόλει τῇ ἁγίᾳ καὶ ἐννέα μέρη ἐν ταῖς πό-
λεσιν. ²καὶ εὐλόγησεν ὁ λαὸς τοὺς πάντας ἄνδρας τοὺς ἑκουσια- 2
ζομένους καθίσαι ἐν Ιερουσαλημ.

³Καὶ οὗτοι οἱ ἄρχοντες τῆς χώρας, οἳ ἐκάθισαν ἐν Ιερουσαλημ· 3
καὶ ἐν πόλεσιν Ιουδα ἐκάθισαν ἀνὴρ ἐν κατασχέσει αὐτοῦ ἐν πό-
λεσιν αὐτῶν, Ισραηλ, οἱ ἱερεῖς καὶ οἱ Λευῖται καὶ οἱ ναθιναῖοι καὶ
οἱ υἱοὶ δούλων Σαλωμων· ⁴καὶ ἐν Ιερουσαλημ ἐκάθισαν ἀπὸ υἱῶν 4
Ιουδα καὶ ἀπὸ υἱῶν Βενιαμιν. — ἀπὸ υἱῶν Ιουδα· Αθαια υἱὸς
Αζαια υἱὸς Ζαχαρια υἱὸς Αμαρια υἱὸς Σαφατια υἱὸς Μαλεληλ καὶ
ἀπὸ υἱῶν Φαρες. ⁵καὶ Μαασια υἱὸς Βαρουχ υἱὸς Χαλαζα υἱὸς Οζια 5
υἱὸς Αδαια υἱὸς Ιωριβ υἱὸς Θηζια υἱὸς τοῦ Σηλωνι. ⁶πάντες υἱοὶ 6
Φαρες οἱ καθήμενοι ἐν Ιερουσαλημ τετρακόσιοι ἑξήκοντα ὀκτὼ
ἄνδρες δυνάμεως. — ⁷καὶ οὗτοι υἱοὶ Βενιαμιν· Σηλω υἱὸς Μεσου- 7
λαμ υἱὸς Ιωαδ υἱὸς Φαδαια υἱὸς Κωλια υἱὸς Μασαια υἱὸς Αιθιηλ
υἱὸς Ιεσια· ⁸καὶ ὀπίσω αὐτοῦ Γηβι, Σηλι, ἐννακόσιοι εἴκοσι ὀκτώ. 8
⁹καὶ Ιωηλ υἱὸς Ζεχρι ἐπίσκοπος ἐπ' αὐτούς, καὶ Ιουδας υἱὸς Ασανα 9
ἐπὶ τῆς πόλεως δεύτερος. — ¹⁰ἀπὸ τῶν ἱερέων· καὶ Ιαδια υἱὸς 10
Ιωριβ, Ιαχιν, ¹¹Σαραια υἱὸς Ελκια υἱὸς Μεσουλαμ υἱὸς Σαδδουκ 11

39 δεκατης] -καδος B | θεου ult.] θησαυρου L⁺ || 40 εισοισ.] εισ > BL⁺ᵖ
| υιοι του λευι] λευ(ε)ιται BL⁺ | τας > B⁺ | οι λειτ.] pr. και BS | του ult.]
κυριου A
21 (𝔐 Neh. 11) 1 εβαλοσαν Sixt.] ελαβοσαν BS⁺, εβαλον rel. || 3 εκαθισαν
2⁰] -σεν BSᶜ⁺, κατωκησεν L⁺ | και paenult.⌒ult. BS⁺ || 4 αθαια compl.]
αθεα B⁺, αθαιαι A, αθεε S⁺; αθαρασθας L⁺: cf. 17 70 | αζαια Ra.] αζεδ B⁺,
αζεδνα S⁺, οζια A, οζιου L⁺ | αμαρια S⁺] -ριου Lᵖ⁺, σαμ. rel. | μαλεληλ Ra.]
-λεληµ BS⁺, -λελεηλ A || 5 μαασ(ε)ια] μεσ. S⁺, μαλσια A | χαλαζα] -λεα BS⁺
| αδαια] δαλεα BS⁺, αχαια A⁺ | ιωρ(ε)ιβ BSᶜ⁺] ιωρειμ S*⁽⁺⁾, ιωιαριβ A: cf. 10
| θηζ(ε)ια B⁺] θηδεια S⁺, ζαχαριου rel. | σηλωνι] σ > A⁺, δηλωνει BS⁺ (B⁺
om. ι) || 6 φαρες (cf. 4)] σερες B⁺ || 7 ουτοι] αυτοι S⁺ (trahit ανδρ. δυν.
praec. ad 7) | μεσουλαμ] αμεσ. BS⁺ (B om. μ ult.): cf. 11 8 16 | υιος 2⁰ > B⁺
| ιωαβ S⁺ | φαλαια BS⁺ | κωλ(ε)ια] κολεια SL⁺, κοδια B⁺ | μασαια Ra. (cf.
Par. I 15 20)] μαγαηλ B⁺, ματαηλ S⁺, μαασιου rel. | αιθιηλ] σεθ. S⁺ | ιεσσ(ε)ια
SA || 8 γηβ(ε)ι] -βη B⁺, -βει A⁺ | εννακοσιοι] πεντακ. S⁺ || 9 ιουδα S |
υιος 2⁰ > A⁺ | επι BSL⁺] απο rel. || 10 ιαδια] δαδεια B⁺, δαλεια S⁺ | ιω-
ρ(ε)ιβ BA⁺] ιωρειμ S⁺, ιωαρ(ε)ιβ uel -ρ(ε)ιμ rel.: cf. 5 || 11 ελκ(ε)ια BS⁺]
χελκιου L⁺, ελχια rel.: cf. 7 1 | μεισουλαμ B⁺: cf. 7 | σαδουκ S⁽⁺⁾: cf. 7 2

12 υἱὸς Μαριωθ υἱὸς Αϊτωβ ἀπέναντι οἴκου τοῦ θεοῦ. ¹²καὶ ἀδελφοὶ
αὐτῶν ποιοῦντες τὸ ἔργον τοῦ οἴκου · Αμασι υἱὸς Ζαχαρια υἱὸς
13 Φασσουρ υἱὸς Μελχια, ¹³ἄρχοντες πατριῶν διακόσιοι τεσσαρά-
14 κοντα δύο. καὶ Αμεσσαι υἱὸς Εσδριηλ, ¹⁴καὶ ἀδελφοὶ αὐτοῦ δυ-
νατοὶ παρατάξεως ἑκατὸν εἴκοσι ὀκτώ, καὶ ἐπίσκοπος ἐπ᾽ αὐτῶν
15 Βαδιηλ. — ¹⁵καὶ ἀπὸ τῶν Λευιτῶν Σαμαια υἱὸς Ασουβ υἱὸς Εζρι
17 ¹⁷καὶ Μαθανια υἱὸς Μιχα καὶ Ωβηδ υἱὸς Σαμουι, ¹⁸διακόσιοι ὀγ-
18
19 δοήκοντα τέσσαρες. ¹⁹καὶ οἱ πυλωροὶ Ακουβ, Τελαμιν, καὶ οἱ ἀδελ-
22 φοὶ αὐτῶν ἑκατὸν ἑβδομήκοντα δύο. ²²καὶ ἐπίσκοπος Λευιτῶν
υἱὸς Βανι, Οζι υἱὸς Ασαβια υἱὸς Μιχα. ἀπὸ υἱῶν Ασαφ τῶν
23 ᾀδόντων ἀπέναντι ἔργου οἴκου τοῦ θεοῦ · ²³ὅτι ἐντολὴ τοῦ
24 βασιλέως ἐπ᾽ αὐτούς. ²⁴καὶ Παθαια υἱὸς Βασηζα πρὸς χεῖρα τοῦ
25 βασιλέως εἰς πᾶν ῥῆμα τῷ λαῷ. — ²⁵καὶ πρὸς τὰς ἐπαύλεις ἐν
26 ἀγρῷ αὐτῶν. καὶ ἀπὸ υἱῶν Ιουδα ἐκάθισαν ἐν Καριαθαρβοκ ²⁶καὶ

---

11 αιτωβ] απωβωχ B†, αποβωχ S† ‖ 12 οικου BS†] + οκτακοσιοι εικοσ
δυο και αδαια υιος ιεροαμ(Sᶜ om. ε) υιου φαλαλια (+ υιου ScL) rel. (υιου L†
etiam pro υιος 1⁰ — 3⁰, Sᶜ† pro υιος 1⁰: item L† in 10. 11. 22, non in 4. 5.
7; cf. 13. 15) | αμεσσει S†: cf. 13 | φασεουρ SA: cf. 17 41 | υιος ult. > A†
‖ 13 init. BSA†] pr. και (οι) αδελφοι αυτου rel. | δυο] οκτω S† | αμεσσαι mu.]
αμεσαι A, αμασ(ε)ια BS†, αμασαι L†: cf. 12 | εσδριηλ BS†] εζρ. A | fin. BSA†]
rel. add. υιου μασαλιμιθ(sic pl., etiam Sᶜ; L† μασαλλημωθ) υιου εμμηρ (ante
υιου μασ. superadd. SᶜL† υιου αζαχιου[sic Sᶜ; αζακχ. L⁹³, ζακχ. L¹⁰⁸]) ‖ 14 επ
αυτων > BS† | βαδιηλ B†] βαζιηλ S†, ζοχριηλ A | fin. BSA†] + υιος των με-
γαλων rel. ‖ 15 υιος 2⁰: sic etiam L, cf. 12 | εζρι pl.] εζερει B†, εεχρει
(uid.) S*†, εσζρι A†, εζρικαμ L† | fin.] + υιος ασαβιου υιου βονναι (16) και
σοββαθαιος και ιωζαβαδ επι του εργου του εξωτατου οικου του θεου απο των
αρχηγων των λευιτων Sᶜ†: sim. L† ‖ 17 μαθανια B†] μαθθανια S†, μαθθα-
νιας ASᶜ: cf. 10 26 | μιχα] μαχα BS†, + υοι(pro υιος) ζεχρι υιου ασαφ αρχηγος
του αινου του ιουδα εις προσευχην και βακβακιας δευτερος εκ των αδελφων
εαυτου Sᶜ†: sim. L† | ωβηδ Ra.] ωβηβ B†, ιωβηβ SA, αβδας Sᶜ†, αβδειας L†
| σαμου(ε)ι] σαμμουε Sᶜ†, σαμαιου L† | fin.] + υιου γαλελ υιου ιδιθουν (18) παν-
τες οι λευιται εν τη πολει τη αγια SᶜL† ‖ 19 αυτων] + οι φυλασσοντες εν
ταις πυλαις SᶜL† | fin.] + (20) το δε λοιπον του ισραηλ οι ιερεις και οι λευι-
ται εν πασαις ταις πολεσιν της ιουδαιας εκαστος εν τη κληρουχια εαυτου (21) οι
δε ναθιναιοι κατωκησαν εν οφελ και σιαλ(sic) και γεσφα επι τοις ναθιναιοις
Sᶜ†: sim. L† ‖ 22 λευιτων] + εν ιερουσαλημ SᶜL† | υιος βαν(ε)ι οζ(ε)ι] αζα
υιου βονει Sᶜ†: sim. L† | υιος ασαβ. υιος] υιου(cf. 12) ασαβ. υιου | μαθθανιου
υιου SᶜL† | υιων] pr. των SL† | ασαφ] ασαβ B† | εργου οικου] tr. S† ‖
23 επ] εις B† | fin.] + και διεμεινεν επι τοις ωδοις εκαστης ημερας αυθημερον
Sᶜ†, + και διεμε(ι)νεν εν πιστει επι τοις ωδοις λογος εκαστης ημερας εν τη
ημερα αυτου L† ‖ 24 παθαια BS† (S† -θεια)] φαθ. A | βασηζα] + βεηλ απο
των ζαρε υιου ιουδα Sᶜ†, μασσιζαβεηλ απο των υιων ζαρα υιου ιουδα L† |
παν ρημα unus cod. et Sᶜ†] παντα λογον L†, παν χρημα rel. ‖ 25 καριαθ-
αρβοκ pl. (cf. Ios. 21 11)] βοκ > BS†; -βο A†: cf. Ios. 14 15; -βα Sᶜ† | fin.]
+ και εν ταις θυγατρασιν αυτης και την διβων και τας θυγατερας αυτης και
εν καβσεηλ και εν ταις κωμαις αυτης Sᶜ†: sim. L†

ἐν Ιησου ²⁷καὶ ἐν Βεηρσαβεε, ³⁰καὶ ἐπαύλεις αὐτῶν, Λαχις καὶ ²⁷
ἀγροὶ αὐτῆς · καὶ παρενεβάλοσαν ἐν Βεηρσαβεε. ³¹καὶ οἱ υἱοὶ Βενια- ³⁰
μιν ἀπὸ Γαβα, Μαχαμας. ³⁶καὶ ἀπὸ τῶν Λευιτῶν μερίδες Ιουδα ³⁶
τῷ Βενιαμιν.

¹Καὶ οὗτοι οἱ ἱερεῖς καὶ οἱ Λευῖται οἱ ἀναβαίνοντες μετὰ Ζορο- 22
βαβελ υἱοῦ Σαλαθιηλ καὶ ᾿Ιησοῦ · Σαραια, Ιερμια, Εσδρα, ²Αμαρια, 2
Μαλουχ, ³Σεχενια · ⁷οὗτοι ἄρχοντες τῶν ἱερέων καὶ ἀδελφοὶ αὐτῶν 3
ἐν ἡμέραις ᾿Ιησοῦ. — ⁸καὶ οἱ Λευῖται · Ιησου, Βανουι, Καδμιηλ, 8
Σαραβια, Ιουδα, Μαχανια · ἐπὶ τῶν χειρῶν αὐτὸς καὶ οἱ ἀδελφοὶ
αὐτοῦ ⁹εἰς τὰς ἐφημερίας. ¹⁰καὶ ᾿Ιησοῦς ἐγέννησεν τὸν Ιωακιμ, 9
καὶ Ιωακιμ ἐγέννησεν τὸν Ελιασιβ, καὶ Ελιασιβ τὸν Ιωδαε, ¹¹καὶ 11
Ιωδαε ἐγέννησεν τὸν Ιωναθαν, καὶ Ιωναθαν ἐγέννησεν τὸν Ιαδου.

¹²καὶ ἐν ἡμέραις Ιωακιμ ἀδελφοὶ αὐτοῦ οἱ ἱερεῖς καὶ οἱ ἄρχοντες 12
τῶν πατριῶν · τῷ Σαραια Μαραια, τῷ Ιερμια Ανανια, ¹³τῷ Εσδρα 13
Μεσουλαμ, τῷ Αμαρια Ιωανα, ¹⁴τῷ Μαλουχ Ιωναθαν, τῷ Σεχενια 14
Ιωσηφ, ¹⁵τῷ Αρεμ Αδνας, τῷ Μαριωθ Ελκαι, ¹⁶τῷ Αδδαι Ζαχαριας, ¹⁵
τῷ Γαναθων Μοσολλαμ, ¹⁷τῷ Αβια Ζεχρι, τῷ Βενιαμιν ἐν καιροῖς 17
τῷ Φελητι, ¹⁸τῷ Βαλγα Σαμουε, τῷ Σεμεια Ιωναθαν, ¹⁹τῷ Ιωιαριβ ¹⁹
Μαθθαναι, τῷ Ιδια Οζι, ²⁰τῷ Σαλλαι Καλλαι, τῷ Αμουκ Αβεδ, ²¹τῷ ²¹
Ελκια Ασαβιας, τῷ Ιεδεϊου Ναθαναηλ. — ²²οἱ Λευῖται ἐν ἡμέραις 22

26 fin.] + και μωλαδα και εν βηθφαλτ (27) και εν εσερσοαλ S**c†**: sim. L**†**
‖ 27 βεηρσαβεε B**†**] βηρσ. S, βερσ. A**†**: item in 30 | fin.] + και ταις θυγα·
τρασιν αυτης (28) και εν σικελετ(sic) και εν μαχνα και εν ταις θυγατρασιν
αυτης (29) και εν ρεμμιον(sic) και εν σαραα και εν ιριμουθ (30) ζανωε οδολ-
λαμ S**c†**: sim. L**†** ‖ 30 επαυλ.] pr. αι S**†** | αγροι] pr. οι SA | αυτης] + αζη-
κα και εν ταις θυγατρασιν και S**c†**: sim. L**†** | και ult. > S**†** | βεηρσ. (cf. 27)] +
εως φαραγγος εννομ S**c**L**†** ‖ 31 οι > A | γαβα S**†**] γαλα B**†**, γαβαα rel. |
μαχαμας] μαχμ. S**c**L mu.; + και αιω και βηθηρ και των θυγατερων αυτης (32) ανα-
θωθ νοβ ανανια (33) ασωρ ραμα γεθθιμ (34) αδωδ σεβοειμ ναβαλλατ (35) λυδ-
δα και ωνω γηαρασιμ S**c†**: sim. L**†**

22 (𝕸 Neh. 12) 1 αναβαινοντες] -βαντες AS**c**L pl. | εσδρα: sic hoc loco etiam
B, cf. 7 1; εζρα A compl. ‖ 2 αμαρ(ε)ια] α 1⁰ > BS**†** | μαλουχ] -ουλ B**†**; +
αττους S**c**L**†** ‖ 3 σεχενια] εεν. S**†**; + ρεουμ μαριμωθ (4) αδαιας γεννηθουι
αβιας (5) μειμιν μααδιας βαλγας (6) σεμειας ιωιαριβ ιδειας (7) σαλουαι αμουκ
χελκιας ιδειας S**c†**: sim. L**†** ‖ 7 ιησοι B**†**: cf. 2 36 ‖ 8 ιησου] + ς L**†** |
ιουδα BS**c†**] -ας L**†**, ιωδαε rel. | μαχανια BS**†**] μαθανια A | αυτου BS**c**L**†**]
-των rel.: = 9? ‖ 9 init.] pr. και βακβα(κ)ιας και ιαναι οι αδελφοι αυτων
αντικρυς αυτων S**c†**: sim. L**†** (ανεκρουοντο απεναντι pro αντικρυς) ‖ 10 ιω-
δαε] ιωδα B**†**: item BS**†** in 11; ambis locis A**†** ιωαδα, L**†** ιωιαδα ‖ 12 μα-
ραια S**†**] μαρεα B**†**, αμαρια A | ιερμια] ιερεμ(ε)ια BS: cf. 1. 34 20 3 Par. I 12 5
| ανανια > BS**†** ‖ 13 αραμια S**†** ‖ 14 ιωναθαν — 21 fin. > BS*A**†** ‖ 14 σε-
χενια] -χελιου S**s†** ‖ 15 αρεμ] ορεμ S**s†**, ρεουμ L**†** | αδνας S**s†**] εδνας L**†**,
αννας rel. ‖ 16 γαναθων Ra. (cf. 20 7)] -θωμ S**s†**, -θωθ rel. (L**†** γενναθωθ)
17 εν καιροις S**s†**] κερος pl., μωσαι τω μαασια uel sim. L**†** (om. τω ult.) ‖
20 αμουκ] κ > S**s†** ‖ 21 ιεδειου] ιδειου S**s†**, ωδουια L**†**

Ελιασιβ, Ιωαδα καὶ Ιωαναν καὶ Ιδουα γεγραμμένοι ἄρχοντες πα-
23 τριῶν, καὶ οἱ ἱερεῖς ἐν βασιλείᾳ Δαρείου τοῦ Πέρσου · ²³υἱοὶ Λευι
ἄρχοντες τῶν πατριῶν γεγραμμένοι ἐπὶ βιβλίῳ λόγων τῶν ἡμερῶν
24 καὶ ἕως ἡμερῶν Ιωαναν υἱοῦ Ελισουβ. ²⁴καὶ ἄρχοντες τῶν Λευι-
τῶν · Ασαβια καὶ Σαραβια καὶ Ιησου καὶ υἱοὶ Καδμιηλ καὶ οἱ ἀδελ-
φοὶ αὐτῶν κατεναντίον αὐτῶν εἰς ὑμνεῖν καὶ αἰνεῖν ἐν ἐντολῇ
25 Δαυιδ ἀνθρώπου τοῦ θεοῦ ἐφημερία πρὸς ἐφημερίαν ²⁵ἐν τῷ συν-
26 αγαγεῖν με τοὺς πυλωροὺς ²⁶ἐν ἡμέραις Ιωακιμ υἱοῦ ᾿Ιησοῦ υἱοῦ
Ιωσεδεκ καὶ ἐν ἡμέραις Νεεμια, καὶ Εσδρας ὁ ἱερεὺς ὁ γραμματεύς.
27　　²⁷Καὶ ἐν ἐγκαινίοις τείχους Ιερουσαλημ ἐζήτησαν τοὺς Λευίτας
ἐν τοῖς τόποις αὐτῶν τοῦ ἐνέγκαι αὐτοὺς εἰς Ιερουσαλημ ποιῆσαι
ἐγκαίνια καὶ εὐφροσύνην ἐν θωδαθα καὶ ἐν ᾠδαῖς, κυμβαλίζοντες
28 καὶ ψαλτήρια καὶ κινύραι. ²⁸καὶ συνήχθησαν οἱ υἱοὶ τῶν ᾀδόντων
καὶ ἀπὸ τῆς περιχώρου κυκλόθεν εἰς Ιερουσαλημ καὶ ἀπὸ ἐπαύλεων
29 ²⁹καὶ ἀπὸ ἀγρῶν · ὅτι ἐπαύλεις ᾠκοδόμησαν ἑαυτοῖς οἱ ᾄδοντες
30 ἐν Ιερουσαλημ. ³⁰καὶ ἐκαθαρίσθησαν οἱ ἱερεῖς καὶ οἱ Λευῖται καὶ
31 ἐκαθάρισαν τὸν λαὸν καὶ τοὺς πυλωροὺς καὶ τὸ τεῖχος. ³¹καὶ ἀν-
ήνεγκα τοὺς ἄρχοντας Ιουδα ἐπάνω τοῦ τείχους καὶ ἔστησα δύο
περὶ αἰνέσεως μεγάλους, καὶ διῆλθον ἐκ δεξιῶν ἐπάνω τοῦ τείχους
32 τῆς κοπρίας, ³²καὶ ἐπορεύθη ὀπίσω αὐτῶν Ωσαια καὶ ἥμισυ ἀρ-
33 χόντων Ιουδα ³³καὶ Αζαριας, Εσδρας καὶ Μεσουλαμ, ³⁴Ιουδα καὶ
34
35 Βενιαμιν καὶ Σαμαια καὶ Ιερμια ³⁵καὶ ἀπὸ υἱῶν τῶν ἱερέων ἐν
σάλπιγξιν Ζαχαριας υἱὸς Ιωναθαν υἱὸς Σαμαια υἱὸς Μαθανια υἱὸς

---

22 ιωαδα] ιωιαδα S^cL^{p†} | και ιωαναν S^cL†] pr. και ιωα rel. | ιδουα] ιαδου
B†, αδουα S*†, ιεδδου L† | πατριων] pr. των A ‖ 23 βιβλιου S^cL† | ελι-
σουβ Ra. (cf. 10 6. 27 13 1 23 7. 28)] ελεισ. S^cL†, ελ(ε)ισουε rel. ‖ 24 αρχον-
τες BA†] pr. οι rel. | ασαβια] αβια BS†, ασαβιας S^cL | οι BSL†] > rel. | υ-
μν(ε)ιν και αιν(ε)ιν S†] και > B†, tr. A, αινειν και εξομολογεισθαι L† | εν >
BSA† (S† εντολην pro -λη) | εφημερια] -αν S | προς] εις S† ‖ 25 init.] pr.
μαθθανιας και βακβακιας ορδιας μοσολλαμ ταλμων ακουβ φυλακες πυλωροι φυ-
λακης S^c†: sim. L† ‖ 26 init.] pr. ουτοι S^cL† | υιου 2⁰ > B† | και 1⁰ >
BS† | νεεμια] + του αρχοντος S^cL† | εσδρας (cf. 7 1)] ς > SA | ο ult.] pr.
και SA ‖ 27 εν θωδαθα pau.] εν θωλαθα BA; εν θωλαθας εν εξομολογησει
S†: quae θωλαθα sequuntur, nota est marginalis in textum recepta σ' (=
Symmachus) εν εξομολογησει, cf. 13 15 | και κινυραι] > BSA†, και -ρας S^c†
‖ 28 fin.] + του νετωφαθι (29) και εκ βηθαγγαλγαλ S^c†: sim. L† ‖ 29 α-
γρων] + γαβαε και αζμωθ S^c†: sim. L† | εν] περικυκλω L† ‖ 31 ανηνεγκα
Gra.] -καν mss. | και 2⁰ — fin. > BS*A† | εστησα Ss†] -σαν rel. | τειχους ult.]
+ της πυλης SsL† (Ss primo και 2⁰ — fin. sine της πυλης in margine sup-
pleuit, deinde της πυλης super lineam addidit) ‖ 33 αζαριας] ζαχαρ. BSL^{p†}
| εσδρας(cf. 7 1)] ς > SA: cf. 36 | μεσουλαμ BS†] μοσολλαμ AL, λλ pro λ S^c:
cf. 8 16 | 34 σαμαια Ra.] σαραια BS†: cf. 1. 12; σααμαιας A† | ιερμια Ra.
(cf. 12)] ιερμ(ε)ιας L†, ιερεμια BS, ιερεμιας A ‖ 35 εν > A† | ιωναθαν] ιω-
αναν BS† | μαθανια Ra. (cf. 10 26)] ναθ. BS†: cf. 23 13 10 30; μαθθανια AS^c
| υιος 4⁰] pr. ο A†

Μιχαια υίος Ζακχουρ υίος Ασαφ ³⁶καὶ ἀδελφοὶ αὐτοῦ Σαμαια καὶ 36
Οζιηλ αἰνεῖν ἐν ὠδαῖς Δαυιδ ἀνθρώπου τοῦ θεοῦ, καὶ Εσδρας ὁ
γραμματεὺς ἔμπροσθεν αὐτῶν · ³⁷ἐπὶ πύλης τοῦ αιν κατέναντι αὐ- 37
τῶν ἀνέβησαν ἐπὶ κλίμακας πόλεως Δαυιδ ἐν ἀναβάσει τοῦ τείχους
ἐπάνωθεν τοῦ οἴκου Δαυιδ καὶ ἕως πύλης τοῦ ὕδατος κατὰ ἀνα-
τολάς. — ³⁸καὶ περὶ αἰνέσεως ἡ δευτέρα ἐπορεύετο συναντῶσα 38
αὐτοῖς, καὶ ἐγὼ ὀπίσω αὐτῆς, καὶ τὸ ἥμισυ τοῦ λαοῦ ἐπάνω τοῦ
τείχους ὑπεράνω τοῦ πύργου τῶν θεννουριμ καὶ ἕως τοῦ τείχους
τοῦ πλατέος ³⁹καὶ ὑπεράνω τῆς πύλης Εφραιμ καὶ ἐπὶ πύλην τῆς 39
ισανα καὶ ἐπὶ πύλην τὴν ἰχθυηρὰν καὶ πύργῳ Ανανεηλ καὶ ἕως
πύλης τῆς προβατικῆς καὶ ἔστησαν ἐν πύλη τῆς φυλακῆς. ⁴⁰καὶ 40
ἔστησαν αἱ δύο τῆς αἰνέσεως ἐν οἴκῳ τοῦ θεοῦ, καὶ ἐγὼ καὶ τὸ
ἥμισυ τῶν στρατηγῶν μετ' ἐμοῦ ⁴¹καὶ οἱ ἱερεῖς Ελιακιμ, Μαασιας, 41
Βενιαμιν, Μιχαιας, Ελιωηναι, Ζαχαριας, Ανανιας ἐν σάλπιγξιν ⁴²καὶ 42
Μαασιας καὶ Σεμειας καὶ Ελεαζαρ καὶ Οζι καὶ Ιωαναν καὶ Μελχιας
καὶ Αιλαμ καὶ Εζουρ, καὶ ἠκούσθησαν οἱ ἄδοντες καὶ ἐπεσκέπησαν.
⁴³καὶ ἔθυσαν ἐν τῇ ἡμέρᾳ ἐκείνῃ θυσιάσματα μεγάλα καὶ ηὐφράν- 43
θησαν, ὅτι ὁ θεὸς ηὔφρανεν αὐτοὺς μεγάλως · καὶ αἱ γυναῖκες αὐ-
τῶν καὶ τὰ τέκνα αὐτῶν ηὐφράνθησαν, καὶ ἠκούσθη ἡ εὐφροσύνη
ἐν Ιερουσαλημ ἀπὸ μακρόθεν.
⁴⁴Καὶ κατέστησαν ἐν τῇ ἡμέρᾳ ἐκείνῃ ἄνδρας ἐπὶ τῶν γαζοφυ- 44
λακίων τοῖς θησαυροῖς, ταῖς ἀπαρχαῖς καὶ ταῖς δεκάταις καὶ τοῖς
συνηγμένοις ἐν αὐτοῖς ἄρχουσιν τῶν πόλεων, μερίδας τοῖς ἱερεῦσι
καὶ τοῖς Λευίταις, ὅτι εὐφροσύνη ἦν ἐν Ιουδα ἐπὶ τοὺς ἱερεῖς καὶ
ἐπὶ τοὺς Λευίτας τοὺς ἑστῶτας. ⁴⁵καὶ ἐφύλαξαν φυλακὰς θεοῦ αὐ- 45
τῶν καὶ φυλακὰς τοῦ καθαρισμοῦ καὶ τοὺς ἄδοντας καὶ τοὺς πυ-
λωροὺς ὡς ἐντολαὶ Δαυιδ καὶ Σαλωμων υἱοῦ αὐτοῦ · ⁴⁶ὅτι ἐν ἡμέ- 46
ραις Δαυιδ Ασαφ ἀπ' ἀρχῆς πρῶτος τῶν ἀδόντων καὶ ὕμνον καὶ

---

36 οζ(ε)ιηλ] εζριηλ Lᵗ, ρ superscripsit Scᵗ | αινειν BSAᵗ] add. (sic) Sᶜ γε-
λωλαι μααι μαθαναηλ(pro ναθ.) και ιουδας αρανι εν σκευεσιν: fere eadem prae-
bent rel. | εσδρας] ς > Sᵗ: cf. 33 | αυτων] -του Bᵗ ‖ 37 πυλης 1⁰] pr. της
ScLᵗ | του αιν Ra.] της πηγης Lᵗ, του αινειν rel. | ανεβησαν BSLᵗ] pr. και
rel. | πολεων Bᵗ | κατα — 39 πυλης 1⁰ Ss (sim. pl.)] > BS*Aᵗ ‖ 39 επι πυ-
λην 1⁰⌒2⁰ BSA | πυλην 1⁰ 2⁰] pr. την Ss | πυργου A | ανανεηλ BSᵗ] ανε-
νεηλ Lᵗ, αναμεηλ rel.: cf. 13 1 | και εως] pr. και απο πυργου του μηα Scᵗ:
sim. Lᵗ (cum [του] αμμηα) et pau. (cum του μεα) | πυλης ult.] pr. της Scᵗ |
και ult. — 42 εζουρ Ssᵗ (sim. L compl.)] > BSA ‖ 40 αινεσεως] αιρεσ. Ssᵗ,
sed in 38 etiam Ss αινεσεως | στρατηγων: cf. 12 16 ‖ 42 εζουρ unus cod.]
ιεζουρ rel. | και επεσκεπησαν] και ιεζριας επισκοπος Lᵗ, pr. και ιεζριας Sᶜ pau.
‖ 43 μεγαλως] ευφροσυνη μεγαλη Lᵗ, pr. ευφροσυνην Scᵗ | αυτων 1⁰ > Scᵗ |
η ευφροσυνη] η > SA, η ευφρ. η Scᵗ ‖ 44 μεριδας] + του νομου ScLᵗ |
οτι ευφρ. ην] ην > Bᵗ, η γαρ ευφρ. Lᵗ | επι paenult.] pr. και SA ‖ 45 και
2⁰ > Aᵗ

47 αἴνεσιν τῷ θεῷ, 47 καὶ πᾶς Ισραηλ ἐν ἡμέραις Ζοροβαβελ διδόντες
μερίδας τῶν ᾀδόντων καὶ τῶν πυλωρῶν, λόγον ἡμέρας ἐν ἡμέρᾳ
αὐτοῦ, καὶ ἁγιάζοντες τοῖς Λευίταις, καὶ οἱ Λευῖται ἁγιάζοντες
τοῖς υἱοῖς Ααρων.

23 ¹ Ἐν τῇ ἡμέρᾳ ἐκείνῃ ἀνεγνώσθη ἐν βιβλίῳ Μωυσῆ ἐν ὠσὶν
τοῦ λαοῦ, καὶ εὑρέθη γεγραμμένον ἐν αὐτῷ ὅπως μὴ εἰσέλθωσιν
2 Αμμανῖται καὶ Μωαβῖται ἐν ἐκκλησίᾳ θεοῦ ἕως αἰῶνος, ² ὅτι οὐ
συνήντησαν τοῖς υἱοῖς Ισραηλ ἐν ἄρτῳ καὶ ἐν ὕδατι καὶ ἐμισθώ-
σαντο ἐπ᾽ αὐτὸν τὸν Βαλααμ καταράσασθαι, καὶ ἔστρεψεν ὁ θεὸς
3 ἡμῶν τὴν κατάραν εἰς εὐλογίαν. ³ καὶ ἐγένετο ὡς ἤκουσαν τὸν
νόμον, καὶ ἐχωρίσθησαν πᾶς ἐπίμικτος ἐν Ισραηλ.

4 ⁴ Καὶ πρὸ τούτου Ελιασιβ ὁ ἱερεὺς οἰκῶν ἐν γαζοφυλακίῳ οἴκου
5 θεοῦ ἡμῶν ἐγγίων Τωβια ⁵ καὶ ἐποίησεν αὐτῷ γαζοφυλάκιον μέγα,
καὶ ἐκεῖ ἦσαν πρότερον διδόντες τὴν μαναᾳ καὶ τὸν λίβανον καὶ
τὰ σκεύη καὶ τὴν δεκάτην τοῦ σίτου καὶ τοῦ οἴνου καὶ τοῦ ἐλαί-
ου, ἐντολὴν τῶν Λευιτῶν καὶ τῶν ᾀδόντων καὶ τῶν πυλωρῶν,
6 καὶ ἀπαρχὰς τῶν ἱερέων. ⁶ καὶ ἐν παντὶ τούτῳ οὐκ ἤμην ἐν Ιερου-
σαλημ, ὅτι ἐν ἔτει τριακοστῷ καὶ δευτέρῳ τοῦ Αρθασασθα βασι-
λέως Βαβυλῶνος ἦλθον πρὸς τὸν βασιλέα. καὶ μετὰ τέλος ἡμερῶν
7 ἠτησάμην παρὰ τοῦ βασιλέως ⁷ καὶ ἦλθον εἰς Ιερουσαλημ. καὶ συν-
ῆκα ἐν τῇ πονηρίᾳ, ᾗ ἐποίησεν Ελισουβ τῷ Τωβια ποιῆσαι αὐτῷ
8 γαζοφυλάκιον ἐν αὐλῇ οἴκου τοῦ θεοῦ. ⁸ καὶ πονηρόν μοι ἐφάνη
σφόδρα, καὶ ἔρριψα πάντα τὰ σκεύη οἴκου Τωβια ἔξω ἀπὸ τοῦ
9 γαζοφυλακίου · ⁹ καὶ εἶπα καὶ ἐκαθάρισαν τὰ γαζοφυλάκια, καὶ ἐπ-
έστρεψα ἐκεῖ σκεύη οἴκου τοῦ θεοῦ, τὴν μαναᾳ καὶ τὸν λίβανον.
10 ¹⁰ Καὶ ἔγνων ὅτι μερίδες τῶν Λευιτῶν οὐκ ἐδόθησαν, καὶ ἐφύ-
γοσαν ἀνὴρ εἰς ἀγρὸν αὐτοῦ οἱ Λευῖται καὶ οἱ ᾀδοντες ποιοῦντες
11 τὸ ἔργον. ¹¹ καὶ ἐμαχεσάμην τοῖς στρατηγοῖς καὶ εἶπα Διὰ τί ἐγ-
κατελείφθη ὁ οἶκος τοῦ θεοῦ; καὶ συνήγαγον αὐτοὺς καὶ ἔστησα
12 αὐτοὺς ἐπὶ τῇ στάσει αὐτῶν. ¹² καὶ πᾶς Ιουδα ἤνεγκαν δεκάτην

47 Ζοροβ. BS†] + και εν ταις ημεραις νεεμιου AS^c, + και νεεμιου L
23 (𝔐 Neh. 13) 1 βιβλω S† | γεγραμμ.] pr. το S† | αμμωνιται S† | εν εκ-
κλησια] εις -σιαν S^cL† | θεου] pr. του AS^c†, κυριου SL^p† ‖ 2 εστρεψεν B
SL^p†] pr. επ rel. ‖ 3 ισραηλ] ιερουσαλημ A*† ‖ 5 αυτω] εαυ. BS | προ-
τερον] pr. το B† | μανααμ B† | και του 1⁰⌒2⁰ S† | εντολην] και τα αζυμα
L† | απαρχας] -χαι BS† (S† pr. αι) ‖ 6 αρσασαρθα S†, αρσασαθα B†: cf.
4 8 | τελος ημερων BS†] το τελ. των ημ. rel. | παρα του βασ.] τον βασιλεα B
S† ‖ 7 τη et η — τωβια > BS† | ελισουβ S† (B deest)] ελιασουβ S^cL†, ελι-
ασ(ε)ιβ rel.: cf. 22 23 | τω > A† ‖ 8 εξω > B† ‖ 9 εκαθαρισαν] ν > B†:
cf. 19 | μαναα Ra. (cf. 5)] μαννα B, βαανα S*†, μαανα S^c†, μανααν A, θυσιαν
L† ‖ 11 τοις στρατηγοις S^c mu.] μετα των -τηγων L†, > BSA: cf. 12 16 |
εστησαν B† | τη > A† ‖ 12 ιουδας B†

τοῦ πυροῦ καὶ τοῦ οἴνου καὶ τοῦ ἐλαίου εἰς τοὺς θησαυροὺς
¹³ἐπὶ χεῖρα Σελεμια τοῦ ἱερέως καὶ Σαδδουκ τοῦ γραμματέως καὶ 13
Φαδαια ἀπὸ τῶν Λευιτῶν, καὶ ἐπὶ χεῖρα αὐτῶν Αναν υἱὸς Ζακχουρ
υἱὸς Μαθανια, ὅτι πιστοὶ ἐλογίσθησαν ἐπ᾽ αὐτοὺς μερίζειν τοῖς
ἀδελφοῖς αὐτῶν. ¹⁴μνήσθητί μου, ὁ θεός, ἐν ταύτῃ, καὶ μὴ ἐξαλει- 14
φθήτω ἔλεός μου, ὃ ἐποίησα ἐν οἴκῳ κυρίου τοῦ θεοῦ.

¹⁵Ἐν ταῖς ἡμέραις ἐκείναις εἶδον ἐν Ιουδα πατοῦντας ληνοὺς 15
ἐν τῷ σαββάτῳ καὶ φέροντας δράγματα καὶ ἐπιγεμίζοντας ἐπὶ τοὺς
ὄνους καὶ οἶνον καὶ σταφυλὴν καὶ σῦκα καὶ πᾶν βάσταγμα καὶ
φέροντας εἰς Ιερουσαλημ ἐν ἡμέρᾳ τοῦ σαββάτου · καὶ ἐπεμαρτυ-
ράμην ἐν ἡμέρᾳ πράσεως αὐτῶν. ¹⁶καὶ ἐκάθισαν ἐν αὐτῇ φέροντες 16
ἰχθὺν καὶ πᾶσαν πρᾶσιν πωλοῦντες ἐν τῷ σαββάτῳ τοῖς υἱοῖς
Ιουδα καὶ ἐν Ιερουσαλημ. ¹⁷καὶ ἐμαχεσάμην τοῖς υἱοῖς Ιουδα τοῖς 17
ἐλευθέροις καὶ εἶπα αὐτοῖς Τίς ὁ λόγος οὗτος ὁ πονηρός, ὃν ὑμεῖς
ποιεῖτε καὶ βεβηλοῦτε τὴν ἡμέραν τοῦ σαββάτου; ¹⁸οὐχὶ οὕτως 18
ἐποίησαν οἱ πατέρες ὑμῶν; καὶ ἤνεγκεν ἐπ᾽ αὐτοὺς ὁ θεὸς ἡμῶν
καὶ ἐφ᾽ ἡμᾶς πάντα τὰ κακὰ ταῦτα καὶ ἐπὶ τὴν πόλιν ταύτην · καὶ
ὑμεῖς προστίθετε ὀργὴν ἐπὶ Ισραηλ βεβηλῶσαι τὸ σάββατον. ¹⁹καὶ 19
ἐγένετο ἡνίκα κατέστησαν πύλαι Ιερουσαλημ πρὸ τοῦ σαββάτου,
καὶ εἶπα καὶ ἔκλεισαν τὰς πύλας, καὶ εἶπα ὥστε μὴ ἀνοιγῆναι αὐ-
τὰς ἕως ὀπίσω τοῦ σαββάτου · καὶ ἐκ τῶν παιδαρίων μου ἔστησα
ἐπὶ τὰς πύλας ὥστε μὴ αἴρειν βαστάγματα ἐν ἡμέρᾳ τοῦ σαββάτου.
²⁰καὶ ηὐλίσθησαν πάντες καὶ ἐποίησαν πρᾶσιν ἔξω Ιερουσαλημ 20
ἅπαξ καὶ δίς. ²¹καὶ διεμαρτυράμην ἐν αὐτοῖς καὶ εἶπα πρὸς αὐτούς 21
Διὰ τί ὑμεῖς αὐλίζεσθε ἀπέναντι τοῦ τείχους; ἐὰν δευτερώσητε,
ἐκτενῶ τὴν χεῖρά μου ἐν ὑμῖν. ἀπὸ τοῦ καιροῦ ἐκείνου οὐκ ἦλθο-
σαν ἐν σαββάτῳ. ²²καὶ εἶπα τοῖς Λευίταις, οἳ ἦσαν καθαριζόμενοι 22
καὶ ἐρχόμενοι φυλάσσοντες τὰς πύλας, ἁγιάζειν τὴν ἡμέραν τοῦ
σαββάτου. πρὸς ταῦτα μνήσθητί μου, ὁ θεός, καὶ φεῖσαί μου κατὰ
τὸ πλῆθος τοῦ ἐλέους σου.

12 του 1⁰ > A✝ || 13 init.] pr. και ενετειλαμην SᶜL✝ | χειρα σελ.] χειρας ιελ. S✝
| σαδδουκ BSL✝] σαδωκ rel.: cf. 7 2 | ααναν S✝ | μαθανια Ra. (cf. 10 26)] ναθ. BS✝:
cf. 22 35 10 30; μαθθανια Sᶜ✝, μαθθανιου A || 14 θεος] + μου Sᶜ✝ | ταυτη] αυτη
B✝ | ο ult.] > S✝, ο τι A✝ | κυριου του θεου] του > ASᶜ, θεου κυριου S✝, του
θεου μου L✝; + και εν ταις φυλακαις αυτου SᶜL✝ || 15 τω > A | φεροντας
1⁰] -τες B*✝ | επιγεμιζοντας et φεροντας 2⁰] -τες B*S*✝ || 16 εν 2⁰ BSᶜL✝]
> rel. || 17 ουτος/ο πον.] tr. BL✝ || 18 υμων] ημ. S || 19 ιερουσ. BL✝]
pr. εν rel. | ειπα και εκλεισαν] εκλεισα B✝: cf. 9 | εως > BSA✝ | εκ των παιδ.
μου > BSA✝ || 20 παντες] + οι μεταβολοι L✝ | απαξ] pr. και Sᶜ✝, pr. και
εκωλυθησαν L✝ || 21 διαμαρτ.] επεμ. B✝ | την > B✝ || 22 αγιαζειν] -ζον-
τες B✝

23 ²³Καὶ ἐν ταῖς ἡμέραις ἐκείναις εἶδον τοὺς Ιουδαίους, οἳ ἐκάθισαν
24 γυναῖκας Ἀζωτίας, Αμμανίτιδας, Μωαβίτιδας ²⁴καὶ οἱ υἱοὶ αὐτῶν
ἥμισυ λαλοῦντες Ἀζωτιστὶ καὶ οὔκ εἰσιν ἐπιγινώσκοντες λαλεῖν
25 Ιουδαϊστί, ²⁵καὶ ἐμαχεσάμην μετ᾽ αὐτῶν καὶ κατηρασάμην αὐτοὺς
καὶ ἐπάταξα ἐν αὐτοῖς ἄνδρας καὶ ἐμαδάρωσα αὐτοὺς καὶ ὥρκισα
αὐτοὺς ἐν τῷ θεῷ Ἐὰν δῶτε τὰς θυγατέρας ὑμῶν τοῖς υἱοῖς αὐ-
τῶν, καὶ ἐὰν λάβητε ἀπὸ τῶν θυγατέρων αὐτῶν τοῖς υἱοῖς ὑμῶν.
26 ²⁶οὐχ οὕτως ἥμαρτεν Σαλωμων βασιλεὺς Ισραηλ; καὶ ἐν ἔθνεσιν
πολλοῖς οὐκ ἦν βασιλεὺς ὅμοιος αὐτῷ · καὶ ἀγαπώμενος τῷ θεῷ
ἦν, καὶ ἔδωκεν αὐτὸν ὁ θεὸς εἰς βασιλέα ἐπὶ πάντα Ισραηλ. καὶ
27 τοῦτον ἐξέκλιναν αἱ γυναῖκες αἱ ἀλλότριαι. ²⁷καὶ ὑμῶν μὴ ἀκου-
σόμεθα ποιῆσαι τὴν πᾶσαν πονηρίαν ταύτην ἀσυνθετῆσαι ἐν τῷ
28 θεῷ ἡμῶν καθίσαι γυναῖκας ἀλλοτρίας; — ²⁸καὶ ἀπὸ υἱῶν Ιωαδα
τοῦ Ελισουβ τοῦ ἱερέως τοῦ μεγάλου νυμφίου τοῦ Σαναβαλλατ
29 τοῦ Ωρωνίτου καὶ ἐξέβρασα αὐτὸν ἀπ᾽ ἐμοῦ. ²⁹μνήσθητι αὐτοῖς, ὁ
θεός, ἐπὶ ἀγχιστείᾳ τῆς ἱερατείας καὶ διαθήκης τῆς ἱερατείας καὶ
30 τοὺς Λευίτας. — ³⁰καὶ ἐκαθάρισα αὐτοὺς ἀπὸ πάσης ἀλλοτριώ-
σεως καὶ ἔστησα ἐφημερίας τοῖς ἱερεῦσιν καὶ τοῖς Λευίταις, ἀνὴρ
31 ὡς τὸ ἔργον αὐτοῦ, ³¹καὶ τὸ δῶρον τῶν ξυλοφόρων ἐν καιροῖς
ἀπὸ χρόνων καὶ ἐν τοῖς βακχουρίοις. μνήσθητί μου, ὁ θεὸς ἡμῶν,
εἰς ἀγαθωσύνην.

23 μωαβ. > S† ‖ 24 λαλουντες] -ουσειν A | fin.] + αλλα κατα γλωσ-
σαν λαου και λαου ScL† ‖ 25 κατηρασαμην] εκαταρ. B†: cf. Thack. p. 208
n. 3 | και εμαδαρ. αυτους pl.] > BSA | ωρκισα] pr. εν A | fin.] + και εαυτοις
ScL† ‖ 26 ουτως > S† | πολλοις] pr. τοις ScL† (L† add. τοις etiam ante
εθνεσι) | τω > A† ‖ 27 την > B† | ταυτην] pr. την μεγαλην ScL† ‖
28 ιωαδα ALp† | ελιασουβ ScL†: cf. 22 23 | του ωρων. L†] του ωραν. Ss
mu., > BSA | αυτον] -τους BS† ‖ 31 βακχουροις S†
Subscr. εσδρας β′ BS, εζρας β′ A: cf. 7 1

ΕΣΘΗΡ

¹ᵃ Ἔτους δευτέρου βασιλεύοντος Ἀρταξέρξου τοῦ μεγάλου τῆ **1**
μιᾷ τοῦ Νισα ἐνύπνιον εἶδεν Μαρδοχαῖος ὁ τοῦ Ἰαΐρου τοῦ Σεμεΐου
τοῦ Κισαιου ἐκ φυλῆς Βενιαμιν, ¹ᵇ ἄνθρωπος Ἰουδαῖος οἰκῶν ἐν ¹ᵇ
Σούσοις τῆ πόλει, ἄνθρωπος μέγας θεραπεύων ἐν τῆ αὐλῆ τοῦ
βασιλέως · ¹ᶜ ἦν δὲ ἐκ τῆς αἰχμαλωσίας, ἧς ἠχμαλώτευσεν Ναβου- ¹ᶜ
χοδονοσορ ὁ βασιλεὺς Βαβυλῶνος ἐξ Ἰερουσαλημ μετὰ Ἰεχονιου
τοῦ βασιλέως τῆς Ἰουδαίας. ¹ᵈ καὶ τοῦτο αὐτοῦ τὸ ἐνύπνιον · καὶ ¹ᵈ
ἰδοὺ φωναὶ καὶ θόρυβος, βρονταὶ καὶ σεισμός, τάραχος ἐπὶ τῆς
γῆς · ¹ᵉ καὶ ἰδοὺ δύο δράκοντες μεγάλοι ἕτοιμοι προῆλθον ἀμφό- ¹ᵉ
τεροι παλαίειν, καὶ ἐγένετο αὐτῶν φωνὴ μεγάλη · ¹ᶠ καὶ τῆ φωνῆ ¹ᶠ
αὐτῶν ἡτοιμάσθη πᾶν ἔθνος εἰς πόλεμον ὥστε πολεμῆσαι δικαίων
ἔθνος. ¹ᵍ καὶ ἰδοὺ ἡμέρα σκότους καὶ γνόφου, θλῖψις καὶ στενο- ¹ᵍ
χωρία, κάκωσις καὶ τάραχος μέγας ἐπὶ τῆς γῆς · ¹ʰ καὶ ἐταράχθη ¹ʰ
δίκαιον πᾶν ἔθνος φοβούμενοι τὰ ἑαυτῶν κακὰ καὶ ἡτοιμάσθησαν
ἀπολέσθαι καὶ ἐβόησαν πρὸς τὸν θεόν. ¹ⁱ ἀπὸ δὲ τῆς βοῆς αὐτῶν ¹ⁱ
ἐγένετο ὡσανεὶ ἀπὸ μικρᾶς πηγῆς ποταμὸς μέγας, ὕδωρ πολύ ·
¹ᵏ φῶς καὶ ὁ ἥλιος ἀνέτειλεν, καὶ οἱ ταπεινοὶ ὑψώθησαν καὶ κατ- ¹ᵏ

Est.: BSA. — O = Sᶜ (corrector septimi saeculi; Tischendorfio „c⟨orrector⟩
a“) et 58 et 93(= duorum libri Esther textuum in 93 contentorum poste-
rior) nec non 583, quem (exceptis 9 22—27 χρησ., ubi 58 deest) omitto;
de Sᶜ in fine libri Esther haec adnotata sunt: ἀντεβλήθη πρὸς παλαιώτατον
λίαν ἀντίγραφον δεδιορθωμένον χειρὶ τοῦ ἁγίου μάρτυρος Παμφίλου · πρὸς δὲ
τῷ τέλει τοῦ αὐτοῦ παλαιωτάτου βιβλίου, ὅπερ ἀρχὴν μὲν εἶχεν ἀπὸ τῆς πρώ-
της τῶν βασιλειῶν εἰς δὲ τὴν Ἐσθηρ ἔληγεν, τοιαύτη τις ἐν πλάτει ἰδιόχειρος
ὑποσημείωσις τοῦ αὐτοῦ μάρτυρος ὑπέκειτο ἔχουσα οὕτως Μετελήμφθη καὶ δι-
ορθώθη πρὸς τὰ ἑξαπλᾶ Ὠριγένους ὑπ᾽ αὐτοῦ διορθωμένα · Ἀντωνῖνος ὁμολο-
γητὴς ἀντέβαλεν, Πάμφιλος διόρθωσα τὸ τεῦχος ἐν τῆ φυλακῆ διὰ τὴν τοῦ
θεοῦ πολλὴν καὶ χάριν καὶ πλατυσμόν · καὶ εἴ γε μὴ βαρὺ εἰπεῖν, τούτῳ τῷ
ἀντιγράφῳ παραπλήσιον εὑρεῖν ἀντίγραφον οὐ ῥάδιον. διεφώνει(ms.-νη) δὲ τὸ
αὐτὸ παλαιώτατον βιβλίον πρὸς τόδε τὸ τεῦχος εἴς τινα(ex τα correctum) κύ-
ρια ὀνόματα (cf. Esdr. II); non omnes huius recensionis lectiones adfero,
sed eas fere, quas Sᶜ uel A receperunt. — L = 19 93(textus prior) 108(tex-
tus prior) praebet recensionem libri Esther prorsus diuersam editam a P.
de Lagarde (Librorum V. T. canonicorum pars prior graece, Gott. 1883, p.
504 — 540 „Εσθηρ α“).

1 1ᵃ–ʳ desunt in 𝔐 || 1ᵃ μεγαλου] + βασιλεως Bᵗ | νισαν O | φυλης] pr.
της AOᵗ || 1ᶜ o > BS || 1ᵈ και θορυβος] θορυβου A | ταραχος] pr. και
AO || 1ᵉ προσηλθον A | εγενοντο AVᵗ | φωναι μεγαλαι Aᵗ (non V) ||
1ᵍ και στενοχ. κακωσις και] και κακωσις Aᵗ || 1ʰ δικαιον / παν εθνος] tr. A;
δικαιων π. ε. compl.: cf. 1ᶠ || 1ⁱ ωσανει] > Aᵗ, ει > Sᵗ || 1ᵏ φως και] pr.
και A, φωτος Sᵗ

11 ἔφαγον τοὺς ἐνδόξους. — 11καὶ διεγερθεὶς Μαρδοχαῖος ὁ ἑωρακὼς
τὸ ἐνύπνιον τοῦτο καὶ τί ὁ θεὸς βεβούλευται ποιῆσαι, εἶχεν αὐτὸ
ἐν τῇ καρδίᾳ καὶ ἐν παντὶ λόγῳ ἤθελεν ἐπιγνῶναι αὐτὸ ἕως τῆς
1ᵐ νυκτός. 1ᵐκαὶ ἡσύχασεν Μαρδοχαῖος ἐν τῇ αὐλῇ μετὰ Γαβαθα
καὶ Θαρρα τῶν δύο εὐνούχων τοῦ βασιλέως τῶν φυλασσόντων
1ⁿ τὴν αὐλὴν 1ⁿἤκουσέν τε αὐτῶν τοὺς λογισμοὺς καὶ τὰς μερίμνας
αὐτῶν ἐξηρεύνησεν καὶ ἔμαθεν ὅτι ἑτοιμάζουσιν τὰς χεῖρας ἐπι-
βαλεῖν Ἀρταξέρξῃ τῷ βασιλεῖ, καὶ ὑπέδειξεν τῷ βασιλεῖ περὶ αὐ-
1ᵒ τῶν · 1ᵒκαὶ ἐξήτασεν ὁ βασιλεὺς τοὺς δύο εὐνούχους, καὶ ὁμο-
1ᵖ λογήσαντες ἀπήχθησαν. 1ᵖκαὶ ἔγραψεν ὁ βασιλεὺς τοὺς λόγους
τούτους εἰς μνημόσυνον, καὶ Μαρδοχαῖος ἔγραψεν περὶ τῶν λόγων
1ᵠ τούτων · 1ᵠκαὶ ἐπέταξεν ὁ βασιλεὺς Μαρδοχαίῳ θεραπεύειν ἐν
1ʳ τῇ αὐλῇ καὶ ἔδωκεν αὐτῷ δόματα περὶ τούτων. 1ʳκαὶ ἦν Αμαν
Αμαδαθου Βουγαῖος ἔνδοξος ἐνώπιον τοῦ βασιλέως · καὶ ἐζήτησεν
κακοποιῆσαι τὸν Μαρδοχαῖον καὶ τὸν λαὸν αὐτοῦ ὑπὲρ τῶν δύο
εὐνούχων τοῦ βασιλέως.

1ˢ 1ˢΚαὶ ἐγένετο μετὰ τοὺς λόγους τούτους ἐν ταῖς ἡμέραις Ἀρτα-
ξέρξου — οὗτος ὁ Ἀρταξέρξης ἀπὸ τῆς Ἰνδικῆς ἑκατὸν εἴκοσι
2 ἑπτὰ χωρῶν ἐκράτησεν — ²ἐν αὐταῖς ταῖς ἡμέραις, ὅτε ἐθρονίσθη
3 ὁ βασιλεὺς Ἀρταξέρξης ἐν Σούσοις τῇ πόλει, ³ἐν τῷ τρίτῳ ἔτει
βασιλεύοντος αὐτοῦ δοχὴν ἐποίησεν τοῖς φίλοις καὶ τοῖς λοιποῖς
ἔθνεσιν καὶ τοῖς Περσῶν καὶ Μήδων ἐνδόξοις καὶ τοῖς ἄρχουσιν
4 τῶν σατραπῶν. ⁴καὶ μετὰ ταῦτα μετὰ τὸ δεῖξαι αὐτοῖς τὸν πλοῦ-
τον τῆς βασιλείας αὐτοῦ καὶ τὴν δόξαν τῆς εὐφροσύνης τοῦ πλού-
5 του αὐτοῦ ἐπὶ ἡμέρας ἑκατὸν ὀγδοήκοντα, ⁵ὅτε δὲ ἀνεπληρώθησαν
αἱ ἡμέραι τοῦ γάμου, ἐποίησεν ὁ βασιλεὺς πότον τοῖς ἔθνεσιν τοῖς
εὑρεθεῖσιν εἰς τὴν πόλιν ἐπὶ ἡμέρας ἓξ ἐν αὐλῇ οἴκου τοῦ βασι-
6 λέως ⁶κεκοσμημένῃ βυσσίνοις καὶ καρπασίνοις τεταμένοις ἐπὶ σχοι-
νίοις βυσσίνοις καὶ πορφυροῖς ἐπὶ κύβοις χρυσοῖς καὶ ἀργυροῖς
ἐπὶ στύλοις παρίνοις καὶ λιθίνοις · κλῖναι χρυσαῖ καὶ ἀργυραῖ ἐπὶ

1ⁱ o 1⁰ > B | βεβουλ.] βουλευεται A | αυτο 1⁰] το ενυπνιον τουτο A | τη
> A† | και ult. > S† | ηθελησεν A | επιγνωναι αυτο] tr. A† | της > A ||
1ᵐ ησυχαζεν Scᵗ | θαρ(ρ)α] -ας O–58† || 1ⁿ τε] γαρ A† | αυτων / τους λογ.]
tr. A† | αρταξερξει SA† || 1ᵒ απηχθησαν] εξηχθ. SA 58† || 1ᵠ αυτω] μαρδο-
χαιω AO–58† | τουτων] αυτων AScᵗ || 1ʳ αμαδαθου: sic pl. hic et in 3 ⁱ
8 12ᵏ.ʳ 9 10.24, sed B*† hic αμαναδαθου, S*† in 9 ⁱ0 αμαγαδαθου(uid.) et in
9 24 αμαγαθουν; A ubique αμαθαδου (A† in 8 12ᵏ αμαθου) || 1ˢ (= 𝔐 1)
o > A | ινδικης] + εως αιθιοπιας O† || 2 αυταις] ταυταις A | εθρονισθη]
pr. εν O | ο βασ. / αρταξ.] tr. A, > S || 3 δοχην εποι.] tr. O || 4 μετα(> S†)
το δειξαι] εδειξεν compl. | του πλουτου] pr. και S† | επι ημερας (cf. 5)] επι >
A†, εν ημεραις B† || 5 γαμου] ποτου AO† | πολιν] + απο μεγαλου και(>
58) εως μικρου ποτον(>58) O† | επι > AO–58† | οικου] pr. του SA || 6 κε-
κοσμημενω (sic) SA†

λιθοστρώτου σμαραγδίτου λίθου καὶ πιννίνου καὶ παρίνου λίθου
καὶ στρωμναὶ διαφανεῖς ποικίλως διηνθισμέναι, κύκλῳ ῥόδα πεπα-
σμένα · ⁷ποτήρια χρυσᾶ καὶ ἀργυρᾶ καὶ ἀνθράκινον κυλίκιον προ- 7
κείμενον ἀπὸ ταλάντων τρισμυρίων · οἶνος πολὺς καὶ ἡδύς, ὃν
αὐτὸς ὁ βασιλεὺς ἔπινεν. ⁸ὁ δὲ πότος οὗτος οὐ κατὰ προκείμενον 8
νόμον ἐγένετο, οὕτως δὲ ἠθέλησεν ὁ βασιλεὺς καὶ ἐπέταξεν τοῖς
οἰκονόμοις ποιῆσαι τὸ θέλημα αὐτοῦ καὶ τῶν ἀνθρώπων. ⁹καὶ 9
Αστιν ἡ βασίλισσα ἐποίησε πότον ταῖς γυναιξὶν ἐν τοῖς βασιλεί-
οις, ὅπου ὁ βασιλεὺς Ἀρταξέρξης. ¹⁰ἐν δὲ τῇ ἡμέρᾳ τῇ ἑβδόμῃ 10
ἡδέως γενόμενος ὁ βασιλεὺς εἶπεν τῷ Αμαν καὶ Βαζαν καὶ Θαρρα
καὶ Βωραζη καὶ Ζαθολθα καὶ Αβαταζα καὶ Θαραβα, τοῖς ἑπτὰ εὐ-
νούχοις τοῖς διακόνοις τοῦ βασιλέως Ἀρταξέρξου, ¹¹εἰσαγαγεῖν τὴν 11
βασίλισσαν πρὸς αὐτὸν βασιλεύειν αὐτὴν καὶ περιθεῖναι αὐτῇ τὸ
διάδημα καὶ δεῖξαι αὐτὴν πᾶσιν τοῖς ἄρχουσιν καὶ τοῖς ἔθνεσιν τὸ
κάλλος αὐτῆς, ὅτι καλὴ ἦν. ¹²καὶ οὐκ εἰσήκουσεν αὐτοῦ Αστιν ἡ 12
βασίλισσα ἐλθεῖν μετὰ τῶν εὐνούχων. καὶ ἐλυπήθη ὁ βασιλεὺς καὶ
ὠργίσθη ¹³καὶ εἶπεν τοῖς φίλοις αὐτοῦ Κατὰ ταῦτα ἐλάλησεν Αστιν, 13
ποιήσατε οὖν περὶ τούτου νόμον καὶ κρίσιν. ¹⁴καὶ προσῆλθεν αὐτῷ 14
Αρκεσαιος καὶ Σαρσαθαιος καὶ Μαλησεαρ οἱ ἄρχοντες Περσῶν καὶ
Μήδων οἱ ἐγγὺς τοῦ βασιλέως οἱ πρῶτοι παρακαθήμενοι τῷ βασι-
λεῖ ¹⁵καὶ ἀπήγγειλαν αὐτῷ κατὰ τοὺς νόμους ὡς δεῖ ποιῆσαι Αστιν 15
τῇ βασιλίσσῃ, ὅτι οὐκ ἐποίησεν τὰ ὑπὸ τοῦ βασιλέως προστα-
χθέντα διὰ τῶν εὐνούχων. ¹⁶καὶ εἶπεν ὁ Μουχαιος πρὸς τὸν βασι- 16
λέα καὶ τοὺς ἄρχοντας Οὐ τὸν βασιλέα μόνον ἠδίκησεν Αστιν ἡ
βασίλισσα, ἀλλὰ καὶ πάντας τοὺς ἄρχοντας καὶ τοὺς ἡγουμένους
τοῦ βασιλέως ¹⁷(καὶ γὰρ διηγήσατο αὐτοῖς τὰ ῥήματα τῆς βασιλίσ- 17
σης καὶ ὡς ἀντεῖπεν τῷ βασιλεῖ). ὡς οὖν ἀντεῖπεν τῷ βασιλεῖ
Ἀρταξέρξῃ, ¹⁸οὕτως σήμερον αἱ τυραννίδες αἱ λοιπαὶ τῶν ἀρχόν- 18

---

6 σμαραγδιτου] ιτ > A† | λιθου 1⁰ > AO⁻⁵⁸† | πιν(ν)ινου και παρινου] πινινου
S*†, παρ. κ. πιν. AO† (sed Sc† per errorem nihil nisi παρινου) | στρωμνης
επιφανους ποικ. διηνθεισμενης A† | διαφανεις] επιφ. S 58 93† (cf. A) | κυκλω]
pr. και A† | πεπλασμενα S*† || 7 ανθρακιον S | κυλικινον S† | οινος] pr.
και O† || 8 ουτος > AO⁻⁵⁸† | ου > S† | εγεινετο A† | δε 2⁰] γαρ A† ||
10 γενομ. / ο βας.] tr. A† | βαζαν] μαζαν BS†, βαζεα A† | θαρρα και βωραζη]
οαρεβωα A† | ζαθολθα] ζηβαθαθα A† | θαραβα] θαβαζ A† | αρταξερξεου > S
|| 11 βασιλ. αυτην και / περιθ. αυτη το διαδ. και] tr. O† | πασιν > B† || 12 αυ-
του] -των AO† | αστιν > S⁽†⁾ | ελθειν] pr. εισ S†, + κατα το ρημα του βασι-
λεως το O† | ελυπ. ... ωργ.] tr. S† | fin.] + και (+ οργη 93) εξεκαυθη εν αυ-
τω O† || 13 ειπεν] + ο βασιλευς AO† || 14 αρκεσαος S† | σαρσαθ.] σαρε-
σθεος A† || 16 μουχαιος] μαμουχ. O⁻⁵⁸†, μαρδοχ. 58†: cf. 21 | ηδικησεν] ητιμα-
σεν A† || 17 γαρ > AO | διηγησατο] pr. επι O⁻⁵⁸ | ως 1⁰] οσα A† | βασιλει
1⁰ ⌒ 2⁰ S† | τω βασ. αρταξ. (18) ουτω(ς)] αυτω A† || 18 των] pr. αι A†

τῶν Περσῶν καὶ Μήδων ἀκούσασαι τὰ τῷ βασιλεῖ λεχθέντα ὑπ'
19 αὐτῆς τολμήσουσιν ὁμοίως ἀτιμάσαι τοὺς ἄνδρας αὐτῶν. ¹⁹εἰ οὖν
δοκεῖ τῷ βασιλεῖ, προσταξάτω βασιλικόν, καὶ γραφήτω κατὰ τοὺς
νόμους Μήδων καὶ Περσῶν · καὶ μὴ ἄλλως χρησάσθω, μηδὲ εἰσ-
ελθάτω ἔτι ἡ βασίλισσα πρὸς αὐτόν, καὶ τὴν βασιλείαν αὐτῆς δότω
20 ὁ βασιλεὺς γυναικὶ κρείττονι αὐτῆς. ²⁰καὶ ἀκουσθήτω ὁ νόμος ὁ
ὑπὸ τοῦ βασιλέως, ὃν ἐὰν ποιῇ, ἐν τῇ βασιλείᾳ αὐτοῦ, καὶ οὕτως
πᾶσαι αἱ γυναῖκες περιθήσουσιν τιμὴν τοῖς ἀνδράσιν ἑαυτῶν ἀπὸ
21 πτωχοῦ ἕως πλουσίου. ²¹καὶ ἤρεσεν ὁ λόγος τῷ βασιλεῖ καὶ τοῖς
ἄρχουσι, καὶ ἐποίησεν ὁ βασιλεὺς καθὰ ἐλάλησεν ὁ Μουχαιος ·
22 ²²καὶ ἀπέστειλεν εἰς πᾶσαν τὴν βασιλείαν κατὰ χώραν κατὰ τὴν
λέξιν αὐτῶν ὥστε εἶναι φόβον αὐτοῖς ἐν ταῖς οἰκίαις αὐτῶν.
2 ¹Καὶ μετὰ τοὺς λόγους τούτους ἐκόπασεν ὁ βασιλεὺς τοῦ θυμοῦ
καὶ οὐκέτι ἐμνήσθη τῆς Αστιν μνημονεύων οἷα ἐλάλησεν καὶ ὡς
2 κατέκρινεν αὐτήν. ²καὶ εἶπαν οἱ διάκονοι τοῦ βασιλέως Ζητηθήτω
3 τῷ βασιλεῖ κοράσια ἄφθορα καλὰ τῷ εἴδει · ³καὶ καταστήσει ὁ
βασιλεὺς κωμάρχας ἐν πάσαις ταῖς χώραις τῆς βασιλείας αὐτοῦ,
καὶ ἐπιλεξάτωσαν κοράσια παρθενικὰ καλὰ τῷ εἴδει εἰς Σουσαν
τὴν πόλιν εἰς τὸν γυναικῶνα, καὶ παραδοθήτωσαν τῷ εὐνούχῳ
τοῦ βασιλέως τῷ φύλακι τῶν γυναικῶν, καὶ δοθήτω σμῆγμα καὶ
4 ἡ λοιπὴ ἐπιμέλεια · ⁴καὶ ἡ γυνή, ἣ ἂν ἀρέσῃ τῷ βασιλεῖ, βασιλεύ-
σει ἀντὶ Αστιν. καὶ ἤρεσεν τῷ βασιλεῖ τὸ πρᾶγμα, καὶ ἐποίησεν
οὕτως.
5 ⁵Καὶ ἄνθρωπος ἦν Ιουδαῖος ἐν Σούσοις τῇ πόλει, καὶ ὄνομα
αὐτῷ Μαρδοχαῖος ὁ τοῦ Ιαϊρου τοῦ Σεμεϊου τοῦ Κισαιου ἐκ φυ-
6 λῆς Βενιαμιν, ⁶ὃς ἦν αἰχμάλωτος ἐξ Ιερουσαλημ, ἣν ἠχμαλώτευσεν
7 Ναβουχοδονοσορ βασιλεὺς Βαβυλῶνος. ⁷καὶ ἦν τούτῳ παῖς θρεπτή,
θυγάτηρ Αμιναδαβ ἀδελφοῦ πατρὸς αὐτοῦ, καὶ ὄνομα αὐτῇ Εσθηρ ·
ἐν δὲ τῷ μεταλλάξαι αὐτῆς τοὺς γονεῖς ἐπαίδευσεν αὐτὴν ἑαυτῷ

18 ακουσασαι] pr. αιτινες Oᵗ | τω βασ. λεχθ. υπ αυτης] υπ αυτης λεχθ. τω βασ. Oᵗ
| λεχθεντα] αχθ. Aᵗ ‖ 19 μηδων .. περσων] tr. O | μη > Aᵗ | ετι] αστιν Sᵗ
| αυτον] τον βασιλεα αρταξερξην Aᵗ, τον βασιλεα ασσουηρον(uel sim.) 58 93ᵗ |
δοτω / ο βασ.] tr. Aᵗ ‖ 20 νομος] λογος AO⁻⁵⁸ᵗ | ο υπο > Aᵗ | αυτου] +
οτι πολλη 58(-λην) 93ᵗ, + οτι αληθης Aᵗ ‖ 21 μουχαιος] μαμουχ. O⁻⁵⁸ᵗ, μαρ-
δοχ. 58ᵗ: cf. 16; ευνουχος Sᵗ ‖ 22 απεστ.] + ο βασιλευς AOᵗ | εις — βασι-
λειαν] εν παση τη βασιλεια A 58 93ᵗ | κατα χωραν] εις χωραν και χωραν Aᵗ
| φοβον αυτοις] tr. Aᵗ
21 ο βασ.] + αρταξερξης Oᵗ | και ουκετι — fin.] εμνησθη γαρ της αστιν καθα
εποιησεν και οσα αυτη κατεκριθη Aᵗ | ελαλησαν et κατεκριναν Sᵗ ‖ 2 του
βασ.] προς τον βασιλεα Aᵗ | αφθορα καλα] tr. Aᵗ ‖ 3 ταις > Sᵗ | αυτου >
Aᵗ | επιδειξατωσαν Aᵗ | κορασια] pr. παντα (+ τα 58) Oᵗ | παρθενια S ‖
4 η 1⁰ > S | πραγμα] προσταγμα B*ᵗ: cf. 3 13g ‖ 5 ην ιουδαιος] tr. A 58
93ᵗ | ια(ε)ιρου του] ιατρου ο του Aᵗ ‖ 6 ην 2⁰] ον Aᵗ ‖ 7 ονομα αυτη]
το ον. αυτης SA 58 93⁽ᵗ⁾ | αυτην] + μαρδοχαιος Oᵗ

εἰς γυναῖκα · καὶ ἦν τὸ κοράσιον καλὸν τῷ εἴδει. ⁸καὶ ὅτε ἠκούσθη 8
τὸ τοῦ βασιλέως πρόσταγμα, συνήχθησαν κοράσια πολλὰ εἰς Σου-
σαν τὴν πόλιν ὑπὸ χεῖρα Γαι, καὶ ἤχθη Εσθηρ πρὸς Γαι τὸν φύ-
λακα τῶν γυναικῶν. ⁹καὶ ἤρεσεν αὐτῷ τὸ κοράσιον καὶ εὗρεν χά- 9
ριν ἐνώπιον αὐτοῦ, καὶ ἔσπευσεν αὐτῇ δοῦναι τὸ σμῆγμα καὶ τὴν
μερίδα καὶ τὰ ἑπτὰ κοράσια τὰ ἀποδεδειγμένα αὐτῇ ἐκ βασιλικοῦ
καὶ ἐχρήσατο αὐτῇ καλῶς καὶ ταῖς ἅβραις αὐτῆς ἐν τῷ γυναικῶνι ·
¹⁰καὶ οὐχ ὑπέδειξεν Εσθηρ τὸ γένος αὐτῆς οὐδὲ τὴν πατρίδα, ὁ 10
γὰρ Μαρδοχαῖος ἐνετείλατο αὐτῇ μὴ ἀπαγγεῖλαι. ¹¹καθ᾽ ἑκάστην δὲ 11
ἡμέραν ὁ Μαρδοχαῖος περιεπάτει κατὰ τὴν αὐλὴν τὴν γυναικείαν
ἐπισκοπῶν τί Εσθηρ συμβήσεται. ¹²οὗτος δὲ ἦν καιρὸς κορασίου 12
εἰσελθεῖν πρὸς τὸν βασιλέα, ὅταν ἀναπληρώσῃ μῆνας δέκα δύο ·
οὕτως γὰρ ἀναπληροῦνται αἱ ἡμέραι τῆς θεραπείας, μῆνας ἓξ ἀλει-
φόμεναι ἐν σμυρνίνῳ ἐλαίῳ καὶ μῆνας ἓξ ἐν τοῖς ἀρώμασιν καὶ
ἐν τοῖς σμήγμασιν τῶν γυναικῶν, ¹³καὶ τότε εἰσπορεύεται πρὸς 13
τὸν βασιλέα · καὶ ὃ ἐὰν εἴπῃ, παραδώσει αὐτῇ συνεισέρχεσθαι
αὐτῇ ἀπὸ τοῦ γυναικῶνος ἕως τῶν βασιλείων. ¹⁴δείλης εἰσπορεύ- 14
εται καὶ πρὸς ἡμέραν ἀποτρέχει εἰς τὸν γυναικῶνα τὸν δεύτερον,
οὗ Γαι ὁ εὐνοῦχος τοῦ βασιλέως ὁ φύλαξ τῶν γυναικῶν, καὶ οὐκ-
έτι εἰσπορεύεται πρὸς τὸν βασιλέα, ἐὰν μὴ κληθῇ ὀνόματι. ¹⁵ἐν 15
δὲ τῷ ἀναπληροῦσθαι τὸν χρόνον Εσθηρ τῆς θυγατρὸς Αμιναδαβ
ἀδελφοῦ πατρὸς Μαρδοχαίου εἰσελθεῖν πρὸς τὸν βασιλέα οὐδὲν
ἠθέτησεν ὧν αὐτῇ ἐνετείλατο ὁ εὐνοῦχος ὁ φύλαξ τῶν γυναικῶν ·
ἦν γὰρ Εσθηρ εὑρίσκουσα χάριν παρὰ πάντων τῶν βλεπόντων
αὐτήν. ¹⁶καὶ εἰσῆλθεν Εσθηρ πρὸς Ἀρταξέρξην τὸν βασιλέα τῷ 16
δωδεκάτῳ μηνί, ὅς ἐστιν Αδαρ, τῷ ἑβδόμῳ ἔτει τῆς βασιλείας αὐ-
τοῦ. ¹⁷καὶ ἠράσθη ὁ βασιλεὺς Εσθηρ, καὶ εὗρεν χάριν παρὰ πάσας 17
τὰς παρθένους, καὶ ἐπέθηκεν αὐτῇ τὸ διάδημα τὸ γυναικεῖον. ¹⁸καὶ 18
ἐποίησεν ὁ βασιλεὺς πότον πᾶσι τοῖς φίλοις αὐτοῦ καὶ ταῖς δυ-
νάμεσιν ἐπὶ ἡμέρας ἑπτὰ καὶ ὕψωσεν τοὺς γάμους Εσθηρ καὶ ἄφε-
σιν ἐποίησεν τοῖς ὑπὸ τὴν βασιλείαν αὐτοῦ. ¹⁹ὁ δὲ Μαρδοχαῖος 19

7 εις > A† | καλη S† | fin.] + και ωραιον τη οψει σφοδρα O† ‖ 10 εσθηρ
το γεν. αυτης] αυτης το γ. εσθηρ A† ‖ 11 καθ εκαστην δε] και καθ εκ. A 58
93† | εσθηρ συμβησεται] συμβ. (+ τη 93) εσθ. O† | συμβαινει A† ‖ 12 ουτος
δε ην] και οταν η A† | αναπληρωση] -ρωθη καιρος κορασια(pro -σιου) A†, ανε-
πληρωσεν O† | μηνας 1⁰] -νες A† | εν σμυρν. ελαιω] σμυρνινον ελαιον A⁽†⁾ |
και εν > A† | των γυν. > S† ‖ 13 ο pau.] ω BSA | αυτη 1⁰ Ra.] -την
mss. | αυτη 2⁰ O†] -τη̄ A†, -τω rel. ‖ 14 γαι] τε A†, σαγαι (uid.) Sᶜ†, σα-
σαγαζ 93† | ονομαστι A ‖ 15 της — μαρδοχ.] > S, της > A 58† | εισελθειν]
pr. του S 58 93†, pr. εν τω A† | αυτη > B† | ενετειλ.] ελεγεν AO† | ο φυλαξ]
> A†, ο > S† | παρα παντων] ενωπιον A† ‖ 16 αρταξ.] pr. τον SA† | δω-
δεκατω] δω > O-58† | αδαρ] αδωρ S†, τηβηθ (uel sim.) O† ‖ 17 αυτη] >
S†, in fin. tr. O†

20 ἐθεράπευεν ἐν τῆ αὐλῆ. ²⁰ἡ δὲ Εσθηρ οὐχ ὑπέδειξεν τὴν πατρίδα
αὐτῆς · οὕτως γὰρ ἐνετείλατο αὐτῇ Μαρδοχαῖος φοβεῖσθαι τὸν
θεὸν καὶ ποιεῖν τὰ προστάγματα αὐτοῦ, καθὼς ἦν μετ' αὐτοῦ, καὶ
Εσθηρ οὐ μετήλλαξεν τὴν ἀγωγὴν αὐτῆς.
21 ²¹Καὶ ἐλυπήθησαν οἱ δύο εὐνοῦχοι τοῦ βασιλέως οἱ ἀρχισωματο-
φύλακες ὅτι προήχθη Μαρδοχαῖος, καὶ ἐζήτουν ἀποκτεῖναι Ἀρτα-
22 ξέρξην τὸν βασιλέα. ²²καὶ ἐδηλώθη Μαρδοχαίῳ ὁ λόγος, καὶ ἐσή-
μανεν Εσθηρ, καὶ αὐτὴ ἐνεφάνισεν τῷ βασιλεῖ τὰ τῆς ἐπιβουλῆς.
23 ²³ὁ δὲ βασιλεὺς ἤτασεν τοὺς δύο εὐνούχους καὶ ἐκρέμασεν αὐ-
τούς · καὶ προσέταξεν ὁ βασιλεὺς καταχωρίσαι εἰς μνημόσυνον ἐν
τῇ βασιλικῇ βιβλιοθήκῃ ὑπὲρ τῆς εὐνοίας Μαρδοχαίου ἐν ἐγκωμίῳ.
3 ¹Μετὰ δὲ ταῦτα ἐδόξασεν ὁ βασιλεὺς Ἀρταξέρξης Αμαν Αμαδα-
θου Βουγαῖον καὶ ὕψωσεν αὐτόν, καὶ ἐπρωτοβάθρει πάντων τῶν
2 φίλων αὐτοῦ. ²καὶ πάντες οἱ ἐν τῇ αὐλῇ προσεκύνουν αὐτῷ, οὕτως
γὰρ προσέταξεν ὁ βασιλεὺς ποιῆσαι · ὁ δὲ Μαρδοχαῖος οὐ προσ-
3 εκύνει αὐτῷ. ³καὶ ἐλάλησαν οἱ ἐν τῇ αὐλῇ τοῦ βασιλέως τῷ Μαρ-
δοχαίῳ Μαρδοχαῖε, τί παρακούεις τὰ ὑπὸ τοῦ βασιλέως λεγόμενα;
4 ⁴καθ' ἑκάστην ἡμέραν ἐλάλουν αὐτῷ, καὶ οὐχ ὑπήκουεν αὐτῶν ·
καὶ ὑπέδειξαν τῷ Αμαν Μαρδοχαῖον τοῖς τοῦ βασιλέως λόγοις
ἀντιτασσόμενον · καὶ ὑπέδειξεν αὐτοῖς ὁ Μαρδοχαῖος ὅτι Ιουδαῖός
5 ἐστιν. ⁵καὶ ἐπιγνοὺς Αμαν ὅτι οὐ προσκυνεῖ αὐτῷ Μαρδοχαῖος,
6 ἐθυμώθη σφόδρα ⁶καὶ ἐβουλεύσατο ἀφανίσαι πάντας τοὺς ὑπὸ
7 τὴν Ἀρταξέρξου βασιλείαν Ιουδαίους. ⁷καὶ ἐποίησεν ψήφισμα ἐν
ἔτει δωδεκάτῳ τῆς βασιλείας Ἀρταξέρξου καὶ ἔβαλεν κλήρους ἡμέ-
ραν ἐξ ἡμέρας καὶ μῆνα ἐκ μηνὸς ὥστε ἀπολέσαι ἐν μιᾷ ἡμέρᾳ
τὸ γένος Μαρδοχαίου, καὶ ἔπεσεν ὁ κλῆρος εἰς τὴν τεσσαρεσκαι-
8 δεκάτην τοῦ μηνός, ὅς ἐστιν Αδαρ. ⁸καὶ ἐλάλησεν πρὸς τὸν βασι-
λέα Ἀρταξέρξην λέγων Ὑπάρχει ἔθνος διεσπαρμένον ἐν τοῖς ἔθνε-
σιν ἐν πάσῃ τῇ βασιλείᾳ σου, οἱ δὲ νόμοι αὐτῶν ἔξαλλοι παρὰ
πάντα τὰ ἔθνη, τῶν δὲ νόμων τοῦ βασιλέως παρακούουσιν, καὶ

19 εθεραπευσεν AV† || 20 μαρδοχ.] pr. ο A†: item in 21 | μετ αυτου] παρ
αυτω O† | ου μετηλλαξεν] ουκ ηλλ. A† || 21 οι δυο] pr. βαγαθαν και θαρας
uel sim. O⁽†⁾ || 22 ο > A† | αυτη] η βασιλισσα A†: cf. 58 93† τη βασιλισση
post εσθηρ addentes | βασιλει] + αρταξερξη AO† || 23 ητασεν] pr. αν O† |
εν ult. > A†
3 1 δε > A | αμαν] αναμαν A† | αμαδαθου: cf. 1 1ʳ || 2 αυλη] + του βασι-
λεως (+ καμπτοντες 58 93) O† | αυτω 1⁰] αμαν A† | προσεταξεν] επετ. A†:
cf. 12 | ο βασ. / ποιησαι] tr. S† | ου > A† || 4 ελαλουν] ελεγον AO† | τοις
— υπεδειξεν] μη υπακουοντα τοις του βασιλεως λογοις · υπεδειξεν γαρ A† ||
5 επιγνους ... εθυμωθη] επεγνω ... και εθυμ. A† | μαρδοχαιος] > S, post (58
93 ante) ου tr. O† | εθυμ.] + αμαν A 93† || 6 εβουλευσ.] + αμαν O† ||
7 init. — αρταξ.] ετους δωδεκατου βασιλευοντος αρταξερξου ψηφισμα εποιησεν
A† | ψηφισμα] + εν τω μηνι τω πρωτω αυτος ο μην νισαν O† (58 om. αυ. ο
μ.) | εβαλεν] ελαβεν A† | ημεραν εξ > A† || 8 εθνος] + ἐν O–93†

οὐ συμφέρει τῷ βασιλεῖ ἐᾶσαι αὐτούς · ⁹εἰ δοκεῖ τῷ βασιλεῖ, δογ- 9
ματισάτω ἀπολέσαι αὐτούς, κἀγὼ διαγράψω εἰς τὸ γαζοφυλάκιον
τοῦ βασιλέως ἀργυρίου τάλαντα μύρια. ¹⁰καὶ περιελόμενος ὁ βασι- 10
λεὺς τὸν δακτύλιον ἔδωκεν εἰς χεῖρα τῷ Αμαν σφραγίσαι κατὰ
τῶν γεγραμμένων κατὰ τῶν Ιουδαίων. ¹¹καὶ εἶπεν ὁ βασιλεὺς τῷ 11
Αμαν Τὸ μὲν ἀργύριον ἔχε, τῷ δὲ ἔθνει χρῶ ὡς βούλει. ¹²καὶ 12
ἐκλήθησαν οἱ γραμματεῖς τοῦ βασιλέως μηνὶ πρώτῳ τῇ τρισκαιδε-
κάτῃ καὶ ἔγραψαν, ὡς ἐπέταξεν Αμαν, τοῖς στρατηγοῖς καὶ τοῖς
ἄρχουσιν κατὰ πᾶσαν χώραν ἀπὸ Ἰνδικῆς ἕως τῆς Αἰθιοπίας, ταῖς
ἑκατὸν εἴκοσι ἑπτὰ χώραις, τοῖς τε ἄρχουσι τῶν ἐθνῶν κατὰ τὴν
αὐτῶν λέξιν δι᾽ Ἀρταξέρξου τοῦ βασιλέως. ¹³καὶ ἀπεστάλη διὰ βι- 13
βλιαφόρων εἰς τὴν Ἀρταξέρξου βασιλείαν ἀφανίσαι τὸ γένος τῶν
Ιουδαίων ἐν ἡμέρᾳ μιᾷ μηνὸς δωδεκάτου, ὅς ἐστιν Αδαρ, καὶ διαρ-
πάσαι τὰ ὑπάρχοντα αὐτῶν. — ¹³ᵃτῆς δὲ ἐπιστολῆς ἐστιν τὸ 13ᵃ
ἀντίγραφον τόδε Βασιλεὺς μέγας Ἀρταξέρξης τοῖς ἀπὸ τῆς Ἰνδι-
κῆς ἕως τῆς Αἰθιοπίας ἑκατὸν εἴκοσι ἑπτὰ χωρῶν ἄρχουσι καὶ
τοπάρχαις ὑποτεταγμένοις τάδε γράφει ¹³ᵇΠολλῶν ἐπάρξας ἐθνῶν 13ᵇ
καὶ πάσης ἐπικρατήσας οἰκουμένης ἐβουλήθην, μὴ τῷ θράσει τῆς
ἐξουσίας ἐπαιρόμενος, ἐπιεικέστερον δὲ καὶ μετὰ ἠπιότητος ἀεὶ
διεξάγων, τοὺς τῶν ὑποτεταγμένων ἀκυμάτους διὰ παντὸς κατα-
στῆσαι βίους, τήν τε βασιλείαν ἥμερον καὶ πορευτὴν μέχρι περά-
των παρεξόμενος ἀνανεώσασθαί τε τὴν ποθουμένην τοῖς πᾶσιν
ἀνθρώποις εἰρήνην. ¹³ᶜπυθομένου δέ μου τῶν συμβούλων πῶς 13ᶜ
ἂν ἀχθείη τοῦτο ἐπὶ πέρας, σωφροσύνῃ παρ᾽ ἡμῖν διενέγκας καὶ
ἐν τῇ εὐνοίᾳ ἀπαραλλάκτως καὶ βεβαίᾳ πίστει ἀποδεδειγμένος καὶ
δεύτερον τῶν βασιλειῶν γέρας ἀπενηνεγμένος Αμαν ¹³ᵈἐπέδειξεν 13ᵈ
ἡμῖν ἐν πάσαις ταῖς κατὰ τὴν οἰκουμένην φυλαῖς ἀναμεμεῖχθαι

8 ου συμφ./τω βασ.] tr. A 58 93⁺ || 9 ει δοκει τω βασ.] ει ουν τω βασ.
δοκει 58 93⁺, ει ουν δ. τω β. Sᶜ⁺, ει δ. ουν τω β. A⁺ | απολεσαι αυτους] tr.
S⁺, απολεσθαι A⁽⁺⁾ | διαγραψω] παραστησω επι χειρας(58 om. ς) των ποιουντων
τα εργα εισαγαγειν O⁺ || 10 ο βασ. > S⁺ | δακτυλ.] + αυτου A⁺ | εδωκεν /
εις χ.] tr. O⁻⁹³⁺, εις χ. > S⁺ | χειρας AO | τω > A 58 93⁺ || 12 πρωτω] +
αυτος ο μην νισαν (+ και Sᶜ) O⁻⁵⁸⁺, + νισαν 58⁺: cf. 7 | τρισκαιδ.] + ημερα
αυτου O⁺ | εγραψαν] -ψεν S 58⁺, εγραφησαν A⁺ |· επεταξεν] προσετ. A⁺: cf.
2 | ινδικης] pr. της A | ταις > A 93⁺ | επτα] pr. και A 93⁺: item in 13ᵃ |
αυτων] εαυ. O⁺ || 13 βιβλιαφορων BS*A 93⁺] -βλιοφ- rel.: cf. 8 10 et Thack.
§ 6,9 | ιουδαιων] + απο νεανισκου Sᶜ⁺, + απο νεανισκου και εως πρεσβυτου
νηπια και γυναικας 58 93⁺ | και διαρπ. τα υπαρχ. αυτων] και τα υπ. αυ. διαρπ.
58 93⁺, ante τα υπ. add. και Sᶜ⁺ || 13ᵃ το > S⁺ || 13ᵇ οικουμ.] pr. της
Aʳ⁺ | ηπιοτητος] πιοτ. Aʳ93⁺, πραοτ. O⁻⁹³⁺ | ακυμαντους Bᶜ | ημερον] ηρεμον
A | μεχρι] αχρι A 58 93⁺ | τοις] παρα A⁺, > 58 93⁺ || 13ᶜ πυθομενου] πυν-
θανομ. AO⁻⁵⁸⁺ | σωφροσυνη] -νης ο A⁺, pr. ο mu. | ημιν] υμ. A 93⁺ | πιστει
αποδεδ.] tr. S⁺ | βασιλεων SA⁺ | απενεγκαμενος A 58⁺, απηνηνεγκαμενος (sic)
93⁺ || 13ᵈ επεδειξεν] υπεδ. AO | εν πασαις > S⁺

δυσμενῆ λαόν τινα τοῖς νόμοις ἀντίθετον πρὸς πᾶν ἔθνος τά τε
τῶν βασιλέων παραπέμποντας διηνεκῶς διατάγματα πρὸς τὸ μὴ
κατατίθεσθαι τὴν ὑφ᾽ ἡμῶν κατευθυνομένην ἀμέμπτως συναρχίαν.
13ᵉ ¹³ᵉ διειληφότες οὖν τόδε τὸ ἔθνος μονώτατον ἐν ἀντιπαραγωγῇ
παντὶ διὰ παντὸς ἀνθρώπῳ κείμενον διαγωγὴν νόμων ξενίζουσαν
παραλλάσσον καὶ δυσνοοῦν τοῖς ἡμετέροις πράγμασιν τὰ χείριστα
συντελοῦν κακὰ καὶ πρὸς τὸ μὴ τὴν βασιλείαν εὐσταθείας τυγ-
13ᶠ χάνειν · ¹³ᶠ προστετάχαμεν οὖν τοὺς σημαινομένους ὑμῖν ἐν τοῖς
γεγραμμένοις ὑπὸ Αμαν τοῦ τεταγμένου ἐπὶ τῶν πραγμάτων καὶ
δευτέρου πατρὸς ἡμῶν πάντας σὺν γυναιξὶ καὶ τέκνοις ἀπολέσαι
ὁλορριζεὶ ταῖς τῶν ἐχθρῶν μαχαίραις ἄνευ παντὸς οἴκτου καὶ
φειδοῦς τῇ τεσσαρεσκαιδεκάτῃ τοῦ δωδεκάτου μηνὸς Αδαρ τοῦ
13ᵍ ἐνεστῶτος ἔτους, ¹³ᵍ ὅπως οἱ πάλαι καὶ νῦν δυσμενεῖς ἐν ἡμέρᾳ
μιᾷ βιαίως εἰς τὸν ᾅδην κατελθόντες εἰς τὸν μετέπειτα χρόνον
εὐσταθῆ καὶ ἀτάραχα παρέχωσιν ἡμῖν διὰ τέλους τὰ πράγματα. —
14 ¹⁴ τὰ δὲ ἀντίγραφα τῶν ἐπιστολῶν ἐξετίθετο κατὰ χώραν, καὶ προσ-
ετάγη πᾶσι τοῖς ἔθνεσιν ἑτοίμους εἶναι εἰς τὴν ἡμέραν ταύτην.
15 ¹⁵ ἐσπεύδετο δὲ τὸ πρᾶγμα καὶ εἰς Σουσαν · ὁ δὲ βασιλεὺς καὶ
Αμαν ἐκωθωνίζοντο, ἐταράσσετο δὲ ἡ πόλις.
4 ¹ Ὁ δὲ Μαρδοχαῖος ἐπιγνοὺς τὸ συντελούμενον διέρρηξεν τὰ ἱμά-
τια αὐτοῦ καὶ ἐνεδύσατο σάκκον καὶ κατεπάσατο σποδὸν καὶ ἐκ-
πηδήσας διὰ τῆς πλατείας τῆς πόλεως ἐβόα φωνῇ μεγάλῃ Αἴρεται
2 ἔθνος μηδὲν ἠδικηκός. ² καὶ ἦλθεν ἕως τῆς πύλης τοῦ βασιλέως
καὶ ἔστη · οὐ γὰρ ἦν ἐξὸν αὐτῷ εἰσελθεῖν εἰς τὴν αὐλὴν σάκκον
3 ἔχοντι καὶ σποδόν. ³ καὶ ἐν πάσῃ χώρᾳ, οὗ ἐξετίθετο τὰ γράμματα,
κραυγὴ καὶ κοπετὸς καὶ πένθος μέγα τοῖς Ιουδαίοις, σάκκον καὶ
4 σποδὸν ἔστρωσαν ἑαυτοῖς. ⁴ καὶ εἰσῆλθον αἱ ἅβραι καὶ οἱ εὐνοῦχοι
τῆς βασιλίσσης καὶ ἀνήγγειλαν αὐτῇ, καὶ ἐταράχθη ἀκούσασα τὸ
γεγονὸς καὶ ἀπέστειλεν στολίσαι τὸν Μαρδοχαῖον καὶ ἀφελέσθαι
5 αὐτοῦ τὸν σάκκον, ὁ δὲ οὐκ ἐπείσθη. ⁵ ἡ δὲ Εσθηρ προσεκαλέσατο
Αχραθαῖον τὸν εὐνοῦχον αὐτῆς, ὃς παρειστήκει αὐτῇ, καὶ ἀπέστειλεν

13ᵈ αντιθετον] αντιτυπον SA 58 93† | διαταγματα] προσταγμ. B*† || 13ᵉ το
1⁰ > AV† | εν αντιπαραγωγη] εναντια παραγωγη O–93† | ανθρωπω] -πων S*
93†, -που AV | κειμενον] κεινουμ. S*† | παραλλαξιν AO† | δυσνοη A† | και
ult. > S† || 13ᶠ εχθρων μαχαιραις] εθνων μαχαις A† | δωδεκατου > S ||
13ᵍ εις 1⁰ > AO–58† | πραγματα] προσταγμ. A†: cf. 2 4 || 14 χωραν] + και
χωραν O† | πασι(ν) / τοις εθν.] tr. A† || 15 εις σουσαν] εν σουσοις A†
4 1 αυτου] εαυ. B | fin.] + πικρα Sᶜ†; uerbo αιρεται praec. omisso add. in
fine αιρεται πικρως 58 93† || 2 πυλης] αυλης A† | εξον αυτω] tr. A | αυλην]
πυλην O† | εχοντα A† || 3 χωρα] + και τοπω O† | τα γραμματα] το προσ-
ταγμα του βασιλεως O–93†, + του βασιλεως 93† | κοπετος] + ην A† | σακκον]
pr. και A | εστρωσαν] pr. υπ O–93† || 4 εισηλθοσαν S† | τον 1⁰ > A† | αυ-
του] pr. απ O | επεισθη] ετιθει Sᶜ†, ετιθη A†, απετιθετο 93†

μαθεῖν αὐτῇ παρὰ τοῦ Μαρδοχαίου τὸ ἀκριβές · ⁷ὁ δὲ Μαρδοχαῖος 7
ὑπέδειξεν αὐτῷ τὸ γεγονὸς καὶ τὴν ἐπαγγελίαν, ἣν ἐπηγγείλατο
Αμαν τῷ βασιλεῖ εἰς τὴν γάζαν ταλάντων μυρίων, ἵνα ἀπολέσῃ
τοὺς Ιουδαίους · ⁸καὶ τὸ ἀντίγραφον τὸ ἐν Σούσοις ἐκτεθὲν ὑπὲρ 8
τοῦ ἀπολέσθαι αὐτοὺς ἔδωκεν αὐτῷ δεῖξαι τῇ Εσθηρ καὶ εἶπεν
αὐτῷ ἐντείλασθαι αὐτῇ εἰσελθούσῃ παραιτήσασθαι τὸν βασιλέα
καὶ ἀξιῶσαι αὐτὸν περὶ τοῦ λαοῦ μνησθεῖσα ἡμερῶν ταπεινώσεώς
σου ὡς ἐτράφης ἐν χειρί μου, διότι Αμαν ὁ δευτερεύων τῷ βασι-
λεῖ ἐλάλησεν καθ᾽ ἡμῶν εἰς θάνατον · ἐπικάλεσαι τὸν κύριον καὶ
λάλησον τῷ βασιλεῖ περὶ ἡμῶν καὶ ῥῦσαι ἡμᾶς ἐκ θανάτου. ⁹εἰσ- 9
ελθὼν δὲ ὁ Αχραθαῖος ἐλάλησεν αὐτῇ πάντας τοὺς λόγους τούτους.
¹⁰εἶπεν δὲ Εσθηρ πρὸς Αχραθαῖον Πορεύθητι πρὸς Μαρδοχαῖον 10
καὶ εἶπον ὅτι ¹¹Τὰ ἔθνη πάντα τῆς βασιλείας γινώσκει ὅτι πᾶς 11
ἄνθρωπος ἢ γυνή, ὃς εἰσελεύσεται πρὸς τὸν βασιλέα εἰς τὴν αὐ-
λὴν τὴν ἐσωτέραν ἄκλητος, οὐκ ἔστιν αὐτῷ σωτηρία · πλὴν ᾧ
ἐκτείνει ὁ βασιλεὺς τὴν χρυσῆν ῥάβδον, οὗτος σωθήσεται · κἀγὼ
οὐ κέκλημαι εἰσελθεῖν πρὸς τὸν βασιλέα, εἰσὶν αὗται ἡμέραι τριά-
κοντα. ¹²καὶ ἀπήγγειλεν Αχραθαῖος Μαρδοχαίῳ πάντας τοὺς λόγους 12
Εσθηρ. ¹³καὶ εἶπεν Μαρδοχαῖος πρὸς Αχραθαῖον Πορεύθητι καὶ 13
εἶπον αὐτῇ Εσθηρ, μὴ εἴπῃς σεαυτῇ ὅτι σωθήσῃ μόνη ἐν τῇ βασι-
λείᾳ παρὰ πάντας τοὺς Ιουδαίους · ¹⁴ὡς ὅτι ἐὰν παρακούσῃς ἐν 14
τούτῳ τῷ καιρῷ, ἄλλοθεν βοήθεια καὶ σκέπη ἔσται τοῖς Ιουδαίοις,
σὺ δὲ καὶ ὁ οἶκος τοῦ πατρός σου ἀπολεῖσθε · καὶ τίς οἶδεν εἰ εἰς
τὸν καιρὸν τοῦτον ἐβασίλευσας ; ¹⁵καὶ ἐξαπέστειλεν Εσθηρ τὸν 15
ἥκοντα πρὸς αὐτὴν πρὸς Μαρδοχαῖον λέγουσα ¹⁶Βαδίσας ἐκκλη- 16

5 αυτη ult.] -τον ASᶜ | το ακριβες] επι την πλατειαν προς τα βασιλε(ι)α A†;
+ (6) εις την πλατειαν της πολεως η εστιν κατα προσωπον της πυλης της
πολεως Sᶜ†; + τι τουτο και περι τινος τουτο (6) εξηλθε(ν) δε αθαχ(uel -ακ:
item 58 93† pro αχραθαιον praec.) προς (τον) μαρδοχαιον εις την πλατειαν της
πολεως η εστι κατα προσωπον της πυλης της πολεως 58 93† (της πολεως 1⁰
⌒ 2⁰ 93) ‖ 7 το] pr. συν παν (uel συμπαν) O†: ex Aquila, cf. Regn. I 2 22
| επαγγελιαν] + του αργυριου O† | τω βασιλει εις την γαζαν] παραστησαι εις
την γαζ. τω βασ. O† | την ult. > A† | ταλαντων μυριων] tr. B† ‖ 8 αντι-
γραφον] + γραμμα του δογματος O† | το 2⁰ > A† | εισελθουσαν A†, -σα V†
| λαου] + και της πατριδος AO | εστραφης A† | διοτι] δια τι A† | τον ult. >
A† ‖ 9 ο > A | αχραθ. (item in 5. 10. 12. 13)] αχθραθ. S*A† hic, S† in 12.
13, αρχαθ. A† in 12, sed reliquis locis etiam SA αχραθ. | αυτη] εσθηρ S(pr.
τη Sᶜ†)A ‖ 11 τα εθνη / παντα] tr. A† | βασιλειας] + και λαος επαρχιων του
βασιλεως O† | η] και A 58 93† | εσωτεραν] εντοτεραν A† | εκτεινει] + αυτω
O-58† | ου κεκλημαι] ουκ εκληθην 58 93†, ουκ εκληρωθην A† | εισελθειν] εισ
> S† ‖ 13 προς αχραθ. > A† | σωθηση] -σομαι AO† | παρα] υπερ A† ‖
14 ως > A | παρακουσης] pr. παρακουσασα 58 93†, pr. παρακουουσα Sᶜ† | αλ-
λοθεν] + δε A† | ει] η S†, > A† ‖ 15 εξαπεστ. εσθηρ] ειπεν εσθηρ εξαπο-
στειλαι παλιν A† | προς αυτην > A ‖ 16 εκκλησ.] + μοι O-58†

σίασον τοὺς Ἰουδαίους τοὺς ἐν Σούσοις καὶ νηστεύσατε ἐπ᾽ ἐμοὶ
καὶ μὴ φάγητε μηδὲ πίητε ἐπὶ ἡμέρας τρεῖς νύκτα καὶ ἡμέραν,
κἀγὼ δὲ καὶ αἱ ἅβραι μου ἀσιτήσομεν, καὶ τότε εἰσελεύσομαι πρὸς
τὸν βασιλέα παρὰ τὸν νόμον, ἐὰν καὶ ἀπολέσθαι με ἦ.

17   ¹⁷Καὶ βαδίσας Μαρδοχαῖος ἐποίησεν ὅσα ἐνετείλατο αὐτῷ Εσθηρ,
17ᵃ ¹⁷ᵃ καὶ ἐδεήθη κυρίου μνημονεύων πάντα τὰ ἔργα κυρίου καὶ εἶ-
17ᵇ πεν ¹⁷ᵇ Κύριε κύριε βασιλεῦ πάντων κρατῶν, ὅτι ἐν ἐξουσίᾳ σου
τὸ πᾶν ἐστιν, καὶ οὐκ ἔστιν ὁ ἀντιδοξῶν σοι ἐν τῷ θέλειν σε
17ᶜ σῶσαι τὸν Ισραηλ · ¹⁷ᶜ ὅτι σὺ ἐποίησας τὸν οὐρανὸν καὶ τὴν
γῆν καὶ πᾶν θαυμαζόμενον ἐν τῇ ὑπ᾽ οὐρανὸν καὶ κύριος εἶ πάν-
17ᵈ των, καὶ οὐκ ἔστιν ὃς ἀντιτάξεταί σοι τῷ κυρίῳ. ¹⁷ᵈ σὺ πάντα
γινώσκεις · σὺ οἶδας, κύριε, ὅτι οὐκ ἐν ὕβρει οὐδὲ ἐν ὑπερηφα-
νίᾳ οὐδὲ ἐν φιλοδοξίᾳ ἐποίησα τοῦτο, τὸ μὴ προσκυνεῖν τὸν
ὑπερήφανον Αμαν, ὅτι ηὐδόκουν φιλεῖν πέλματα ποδῶν αὐτοῦ
17ᵉ πρὸς σωτηρίαν Ισραηλ · ¹⁷ᵉ ἀλλὰ ἐποίησα τοῦτο, ἵνα μὴ θῶ δό-
ξαν ἀνθρώπου ὑπεράνω δόξης θεοῦ, καὶ οὐ προσκυνήσω οὐδένα
πλὴν σοῦ τοῦ κυρίου μου καὶ οὐ ποιήσω αὐτὰ ἐν ὑπερηφανίᾳ.
17ᶠ ¹⁷ᶠ καὶ νῦν, κύριε ὁ θεὸς ὁ βασιλεὺς ὁ θεὸς Αβρααμ, φεῖσαι τοῦ
λαοῦ σου, ὅτι ἐπιβλέπουσιν ἡμῖν εἰς καταφθορὰν καὶ ἐπεθύμησαν
17ᵍ ἀπολέσαι τὴν ἐξ ἀρχῆς κληρονομίαν σου · ¹⁷ᵍ μὴ ὑπερίδῃς τὴν
17ʰ μερίδα σου, ἣν σεαυτῷ ἐλυτρώσω ἐκ γῆς Αἰγύπτου · ¹⁷ʰ ἐπάκου-
σον τῆς δεήσεώς μου καὶ ἱλάσθητι τῷ κλήρῳ σου καὶ στρέψον
τὸ πένθος ἡμῶν εἰς εὐωχίαν, ἵνα ζῶντες ὑμνῶμέν σου τὸ ὄνομα,
17ⁱ κύριε, καὶ μὴ ἀφανίσῃς στόμα αἰνούντων σοι. — ¹⁷ⁱ καὶ πᾶς
Ισραηλ ἐκέκραξαν ἐξ ἰσχύος αὐτῶν, ὅτι θάνατος αὐτῶν ἐν ὀφθαλ-
μοῖς αὐτῶν.

17ᵏ ¹⁷ᵏ Καὶ Εσθηρ ἡ βασίλισσα κατέφυγεν ἐπὶ τὸν κύριον ἐν ἀγῶνι
θανάτου κατειλημμένη καὶ ἀφελομένη τὰ ἱμάτια τῆς δόξης αὐτῆς
ἐνεδύσατο ἱμάτια στενοχωρίας καὶ πένθους καὶ ἀντὶ τῶν ὑπερη-
φάνων ἡδυσμάτων σποδοῦ καὶ κοπριῶν ἔπλησεν τὴν κεφαλὴν
αὐτῆς καὶ τὸ σῶμα αὐτῆς ἐταπείνωσεν σφόδρα καὶ πάντα τόπον
κόσμου ἀγαλλιάματος αὐτῆς ἔπλησε στρεπτῶν τριχῶν αὐτῆς καὶ
17ˡ ἐδεῖτο κυρίου θεοῦ Ισραηλ καὶ εἶπεν ¹⁷ˡ Κύριέ μου ὁ βασιλεὺς
ἡμῶν, σὺ εἶ μόνος · βοήθησόν μοι τῇ μόνῃ καὶ μὴ ἐχούσῃ βοη-

16 τους 1⁰] pr. παντας Oᵗ, + ανδρας S*ᵗ | ασιτησ.] + ουτως Oᵗ || 17 οσα]
pr. κατα παντα Oᵗ || 17ᵃ εδεηθη] pr. μαρδοχαιος AOᵗ | κυριου bis] pr. του
Oᵗ || 17ᵇ κυριε 1⁰] + θεε Aᵗ | παντων κρατων BSA 93ᵗ] παντοκρατωρ(uel
-τορ) rel. (etiam O⁻⁹³) || 17ᶜ και 3⁰ > Aᵗ | αντιτασσεται Sᵗ || 17ᵉ ανθρω-
πων Sᵗ (O⁻⁹³ -πω) | θεου] + μου AO⁻⁹³ᵗ || 17ᶠ ο θεος ο βασ. ο θεος] ο θεος
S, βασιλευ ο θεος AOᵗ | απολεσθαι A || 17ʰ σου / το ον.] tr. A | στομα] pr.
το Aᵗ, το αιμα Sᵗ || 17ⁱ εκεκραξαν] -ξεν A, εκραξεν S⁽ᵗ⁾ | θανατος] pr. ο Aᵗ
|| 17ᵏ κεφαλην αυτης om. B*ᵗ in fine paginae, corrector antiquissimus per
errorem κεφαλην tantum suppleuit || 17ˡ κυριε] + ο θεος A

θὸν εἰ μὴ σέ, ὅτι κίνδυνός μου ἐν χειρί μου. 17m ἐγὼ ἤκουον 17m
ἐκ γενετῆς μου ἐν φυλῇ πατριᾶς μου ὅτι σύ, κύριε, ἔλαβες τὸν
Ισραηλ ἐκ πάντων τῶν ἐθνῶν καὶ τοὺς πατέρας ἡμῶν ἐκ πάντων
τῶν προγόνων αὐτῶν εἰς κληρονομίαν αἰώνιον καὶ ἐποίησας αὐ-
τοῖς ὅσα ἐλάλησας. 17n καὶ νῦν ἡμάρτομεν ἐνώπιόν σου, καὶ παρ- 17n
έδωκας ἡμᾶς εἰς χεῖρας τῶν ἐχθρῶν ἡμῶν, ἀνθ᾽ ὧν ἐδοξάσαμεν
τοὺς θεοὺς αὐτῶν· δίκαιος εἶ, κύριε. 17o καὶ νῦν οὐχ ἱκανώθησαν 17o
ἐν πικρασμῷ δουλείας ἡμῶν, ἀλλὰ ἔθηκαν τὰς χεῖρας αὐτῶν ἐπὶ
τὰς χεῖρας τῶν εἰδώλων αὐτῶν ἐξᾶραι ὁρισμὸν στόματός σου
καὶ ἀφανίσαι κληρονομίαν σου καὶ ἐμφράξαι στόμα αἰνούντων
σοι καὶ σβέσαι δόξαν οἴκου σου καὶ θυσιαστήριόν σου 17p καὶ 17p
ἀνοῖξαι στόμα ἐθνῶν εἰς ἀρετὰς ματαίων καὶ θαυμασθῆναι βασι-
λέα σάρκινον εἰς αἰῶνα. 17q μὴ παραδῷς, κύριε, τὸ σκῆπτρόν σου 17q
τοῖς μὴ οὖσιν, καὶ μὴ καταγελασάτωσαν ἐν τῇ πτώσει ἡμῶν,
ἀλλὰ στρέψον τὴν βουλὴν αὐτῶν ἐπ᾽ αὐτούς, τὸν δὲ ἀρξάμενον
ἐφ᾽ ἡμᾶς παραδειγμάτισον. 17r μνήσθητι, κύριε, γνώσθητι ἐν καιρῷ 17r
θλίψεως ἡμῶν καὶ ἐμὲ θάρσυνον, βασιλεῦ τῶν θεῶν καὶ πάσης
ἀρχῆς ἐπικρατῶν· 17s δὸς λόγον εὔρυθμον εἰς τὸ στόμα μου ἐνώ- 17s
πιον τοῦ λέοντος καὶ μετάθες τὴν καρδίαν αὐτοῦ εἰς μῖσος τοῦ
πολεμοῦντος ἡμᾶς εἰς συντέλειαν αὐτοῦ καὶ τῶν ὁμονοούντων
αὐτῷ· 17t ἡμᾶς δὲ ῥῦσαι ἐν χειρί σου καὶ βοήθησόν μοι τῇ μόνῃ 17t
καὶ μὴ ἐχούσῃ εἰ μὴ σέ, κύριε. 17u πάντων γνῶσιν ἔχεις καὶ οἶδας 17u
ὅτι ἐμίσησα δόξαν ἀνόμων καὶ βδελύσσομαι κοίτην ἀπεριτμήτων
καὶ παντὸς ἀλλοτρίου. 17w σὺ οἶδας τὴν ἀνάγκην μου, ὅτι βδελύσ- 17w
σομαι τὸ σημεῖον τῆς ὑπερηφανίας μου, ὅ ἐστιν ἐπὶ τῆς κεφαλῆς
μου ἐν ἡμέραις ὀπτασίας μου· βδελύσσομαι αὐτὸ ὡς ῥάκος κατα-
μηνίων καὶ οὐ φορῶ αὐτὸ ἐν ἡμέραις ἡσυχίας μου. 17x καὶ οὐκ 17x
ἔφαγεν ἡ δούλη σου τράπεζαν Αμαν καὶ οὐκ ἐδόξασα συμπόσιον
βασιλέως οὐδὲ ἔπιον οἶνον σπονδῶν· 17y καὶ οὐκ ηὐφράνθη ἡ 17y
δούλη σου ἀφ᾽ ἡμέρας μεταβολῆς μου μέχρι νῦν πλὴν ἐπὶ σοί,
κύριε ὁ θεὸς Αβρααμ. 17z ὁ θεὸς ὁ ἰσχύων ἐπὶ πάντας, εἰσάκου- 17z
σον φωνὴν ἀπηλπισμένων καὶ ῥῦσαι ἡμᾶς ἐκ χειρὸς τῶν πονη-
ρευομένων· καὶ ῥῦσαί με ἐκ τοῦ φόβου μου.
1 Καὶ ἐγενήθη ἐν τῇ ἡμέρᾳ τῇ τρίτῃ, ὡς ἐπαύσατο προσευχο- 5
μένη, ἐξεδύσατο τὰ ἱμάτια τῆς θεραπείας καὶ περιεβάλετο τὴν

17l χειρι] pr. τη A 58 93 || 17m εκ 1⁰ — πατριας] κυριε του πατρος A†, του πατρος 93† | εν φυλη] εκ -λης S† | fin.] + αυτοις SA 58 93 || 17n και νυν] οτι A†, > 58 93† | ημαρτηκαμεν A 58 93† || 17o εν] τω A† | χειρας 1⁰ ⌒ 2⁰ S* 58† | αυτων 1⁰ ⌒ 2⁰ B† | στομα] -ματα S | αινουντων] υμνουντων A 58 93† | σου ult.] σοι A† || 17q σου] + κυριε S† | καταγελασατωσαν] κατα > A 58 93† || 17t εχουση] + βοηθον A || 17u βδελυσσ. ⌒ 17w βδελυσσ. 1⁰ A† || 17w μου 3⁰ > A† | ημεραις 1⁰] -ρα A | καταμηνιαιων S || 17x επινον S† || 17y μου > S† || 17z φωνης ASc

1ᵃ δόξαν αὐτῆς ¹ᵃκαὶ γενηθεῖσα ἐπιφανὴς ἐπικαλεσαμένη τὸν πάντων
ἐπόπτην θεὸν καὶ σωτῆρα παρέλαβεν τὰς δύο ἅβρας καὶ τῇ μὲν
μιᾷ ἐπηρείδετο ὡς τρυφερευομένη, ἡ δὲ ἑτέρα ἐπηκολούθει κουφί-
1ᵇ ζουσα τὴν ἔνδυσιν αὐτῆς, ¹ᵇκαὶ αὐτὴ ἐρυθριῶσα ἀκμῇ κάλλους
αὐτῆς, καὶ τὸ πρόσωπον αὐτῆς ἱλαρὸν ὡς προσφιλές, ἡ δὲ καρδία
1ᶜ αὐτῆς ἀπεστενωμένη ἀπὸ τοῦ φόβου. ¹ᶜκαὶ εἰσελθοῦσα πάσας
τὰς θύρας κατέστη ἐνώπιον τοῦ βασιλέως, καὶ αὐτὸς ἐκάθητο ἐπὶ
τοῦ θρόνου τῆς βασιλείας αὐτοῦ καὶ πᾶσαν στολὴν τῆς ἐπιφανείας
αὐτοῦ ἐνεδεδύκει, ὅλος διὰ χρυσοῦ καὶ λίθων πολυτελῶν, καὶ ἦν
1ᵈ φοβερὸς σφόδρα. ¹ᵈκαὶ ἄρας τὸ πρόσωπον αὐτοῦ πεπυρωμένον
δόξῃ ἐν ἀκμῇ θυμοῦ ἔβλεψεν, καὶ ἔπεσεν ἡ βασίλισσα καὶ μετέβα-
λεν τὸ χρῶμα αὐτῆς ἐν ἐκλύσει καὶ κατεπέκυψεν ἐπὶ τὴν κεφαλὴν
1ᵉ τῆς ἅβρας τῆς προπορευομένης. ¹ᵉκαὶ μετέβαλεν ὁ θεὸς τὸ πνεῦμα
τοῦ βασιλέως εἰς πραΰτητα, καὶ ἀγωνιάσας ἀνεπήδησεν ἀπὸ τοῦ
θρόνου αὐτοῦ καὶ ἀνέλαβεν αὐτὴν ἐπὶ τὰς ἀγκάλας αὐτοῦ, μέχρις
οὗ κατέστη, καὶ παρεκάλει αὐτὴν λόγοις εἰρηνικοῖς καὶ εἶπεν αὐτῇ
1ᶠ ¹ᶠΤί ἐστιν, Εσθηρ; ἐγὼ ὁ ἀδελφός σου, θάρσει, οὐ μὴ ἀποθάνῃς,
2 ὅτι κοινὸν τὸ πρόσταγμα ἡμῶν ἐστιν· πρόσελθε. ²καὶ ἄρας τὴν
χρυσῆν ῥάβδον ἐπέθηκεν ἐπὶ τὸν τράχηλον αὐτῆς καὶ ἠσπάσατο
2ᵃ αὐτὴν καὶ εἶπεν Λάλησόν μοι. ²ᵃκαὶ εἶπεν αὐτῷ Εἶδόν σε, κύριε,
ὡς ἄγγελον θεοῦ, καὶ ἐταράχθη ἡ καρδία μου ἀπὸ φόβου τῆς δό-
ξης σου· ὅτι θαυμαστὸς εἶ, κύριε, καὶ τὸ πρόσωπόν σου χαρίτων
2ᵇ μεστόν. ²ᵇἐν δὲ τῷ διαλέγεσθαι αὐτὴν ἔπεσεν ἀπὸ ἐκλύσεως αὐ-
τῆς, καὶ ὁ βασιλεὺς ἐταράσσετο, καὶ πᾶσα ἡ θεραπεία αὐτοῦ παρ-
3 εκάλει αὐτήν. ³καὶ εἶπεν ὁ βασιλεὺς Τί θέλεις, Εσθηρ, καὶ τί σού
ἐστιν τὸ ἀξίωμα; ἕως τοῦ ἡμίσους τῆς βασιλείας μου καὶ ἔσται
4 σοι. ⁴εἶπεν δὲ Εσθηρ Ἡμέρα μου ἐπίσημος σήμερόν ἐστιν· εἰ οὖν
δοκεῖ τῷ βασιλεῖ, ἐλθάτω καὶ αὐτὸς καὶ Αμαν εἰς τὴν δοχήν, ἣν
5 ποιήσω σήμερον. ⁵καὶ εἶπεν ὁ βασιλεὺς Κατασπεύσατε Αμαν, ὅπως
ποιήσωμεν τὸν λόγον Εσθηρ· καὶ παραγίνονται ἀμφότεροι εἰς τὴν

5 1ᵃ γενηθεισα] εγενηθη S† | παρελαβετο S† | τας > SA 58 93† || 1ᵇ ακ-
μη] pr. ως S*†, pr. εν Sᶜ† | αυτης ιλαρον] tr. S† || 1ᶜ πασας > S† | κατ-
εστη ενωπιον] εστη ενωπ. A†, εστη κατενωπιον O† | πασαν] την A†, + την
O† | ενεδεδυκει S*†] δε > B†, ε 2⁰ > ASᶜ: cf. Idt. 9 1 || 1ᵈ αρας et εβλεψεν]
> S†, ηρεν (omisso εβλεψεν) A† | πεπυρ.] πεπληρωμενη S† | δοξη > A† | κατ-
επεκυψεν] κατ > A 58 93† | της κεφαλης A† | προπορευομενης] προσπορ. S†,
+ αυτης AO⁻⁵⁸, παραπορ. αυτη 58⁽†⁾ || 1ᵉ αυτου 1⁰ > A || 2 αυτην] την
εσθηρ A† || 2ᵃ φοβου > A† || 2ᵇ αυτης > B† || 3 ειπεν] + αυτη AO
| εσθηρ] + η βασιλισσα O† || 4 μου] μοι AO | επισημος σημερον εστιν] σημ.
επισ. A† | ουν > S† | και αυτος] ο βασιλευς AO || 5 κατασπευσατω AV† |
αμαν] pr. τον O† | οπως ποιησωμεν] ποιησαι A† | παρεγ(ε)ινοντο AV† | εις]
επι A†

δοχήν, ἣν εἶπεν Εσθηρ. ⁶ἐν δὲ τῷ πότῳ εἶπεν ὁ βασιλεὺς πρὸς 6
Εσθηρ Τί ἐστιν, βασίλισσα Εσθηρ; καὶ ἔσται σοι ὅσα ἀξιοῖς. ⁷καὶ 7
εἶπεν Τὸ αἴτημά μου καὶ τὸ ἀξίωμά μου · ⁸εἰ εὗρον χάριν ἐνώ- 8
πιον τοῦ βασιλέως, ἐλθάτω ὁ βασιλεὺς καὶ Αμαν ἐπὶ τὴν αὔριον
εἰς τὴν δοχήν, ἣν ποιήσω αὐτοῖς, καὶ αὔριον ποιήσω τὰ αὐτά.

⁹Καὶ ἐξῆλθεν ὁ Αμαν ἀπὸ τοῦ βασιλέως ὑπερχαρὴς εὐφραινόμε- 9
νος · ἐν δὲ τῷ ἰδεῖν Αμαν Μαρδοχαῖον τὸν Ιουδαῖον ἐν τῇ αὐλῇ
ἐθυμώθη σφόδρα. ¹⁰καὶ εἰσελθὼν εἰς τὰ ἴδια ἐκάλεσεν τοὺς φίλους 10
καὶ Ζωσαραν τὴν γυναῖκα αὐτοῦ ¹¹καὶ ὑπέδειξεν αὐτοῖς τὸν πλοῦ- 11
τον αὐτοῦ καὶ τὴν δόξαν, ἣν ὁ βασιλεὺς αὐτῷ περιέθηκεν, καὶ ὡς
ἐποίησεν αὐτὸν πρωτεύειν καὶ ἡγεῖσθαι τῆς βασιλείας. ¹²καὶ εἶπεν 12
Αμαν Οὐ κέκληκεν ἡ βασίλισσα μετὰ τοῦ βασιλέως οὐδένα εἰς τὴν
δοχὴν ἀλλ᾽ ἢ ἐμέ, καὶ εἰς τὴν αὔριον κέκλημαι · ¹³καὶ ταῦτά μοι 13
οὐκ ἀρέσκει, ὅταν ἴδω Μαρδοχαῖον τὸν Ιουδαῖον ἐν τῇ αὐλῇ. ¹⁴καὶ 14
εἶπεν πρὸς αὐτὸν Ζωσαρα ἡ γυνὴ αὐτοῦ καὶ οἱ φίλοι Κοπήτω σοι
ξύλον πηχῶν πεντήκοντα, ὄρθρου δὲ εἰπὸν τῷ βασιλεῖ καὶ κρεμα-
σθήτω Μαρδοχαῖος ἐπὶ τοῦ ξύλου · σὺ δὲ εἴσελθε εἰς τὴν δοχὴν
σὺν τῷ βασιλεῖ καὶ εὐφραίνου. καὶ ἤρεσεν τὸ ῥῆμα τῷ Αμαν, καὶ
ἡτοιμάσθη τὸ ξύλον.

¹Ὁ δὲ κύριος ἀπέστησεν τὸν ὕπνον ἀπὸ τοῦ βασιλέως τὴν νύκτα 6
ἐκείνην, καὶ εἶπεν τῷ διδασκάλῳ αὐτοῦ εἰσφέρειν γράμματα μνη-

6 init. — εσθηρ 1⁰] και ειπεν ο βασιλευς προς εσθηρ εν τω ποτω του οινου
A(om. του οιν.) 58 93†; in textu uulgari add. Sᶜ† του οινου post ποτω | βασι-
λισσα εσθηρ] εσθ. η βασ. A 58 93†; + τι το αιτημα σου και δοθησεται σοι και
τι το αξιωμα σου εως του ημισους της βασιλειας uel sim. O† | σοι > BS† ||
7 ειπεν] + εσθηρ A 93 | μου ult. > B† || 8 ενωπιον] εναντιον AV 93† |
βασιλεως] + και (+ ο Sᶜ) επι τον βασιλεα αγαθον δουναι το αιτημα μου και
ποιησαι το αξιωμα μου O† (δουναι post μου 1⁰ tr. 58) | επι την αυρ.] ετι τ.
α. BS*, > 58 93†, επι την > Sᶜ† | αυριον 1⁰ ⌒ 2⁰ S† | αυριον ult.] + γαρ SA
|| 9 ο > A | απο του βασ.] εν τη ημερα εκεινη 58 93†, pr. εν τη ημ. εκ. Sᶜ†
| ευφραιν.] + τη καρδια O† | αμαν ult. > A† | μαρδοχ.] pr. τον O† | αυλη] +
του βασιλεως και ουκ εξανεστη ουδε ετρομησεν απ αυτου uel sim. O† | εθυ-
μωθη] + αμαν επι μαρδοχαιον O†, + αμαν A† || 10 init.] pr. και ενεκρατευ-
σατο αμαν O† | εισελθων ... εκαλεσεν] εισηλθεν ... και εκαλ. A†, εισηλθεν ... και
αποστειλας (+ αμαν 93) εκαλεσεν 58 93†, εισελθων ... αποστειλας εκαλ. Sᶜ† |
σωσαραν A†: cf. 14 6 13 || 11 αυτοις] + αμαν O⁻⁹³† | τον — ην] την δοξαν
του πλουτου αυτου και το πληθος των υιων αυτου και παντα οσα uel sim. 58
93†; post τον πλουτον αυτου add. Sᶜ† και το πληθος των υιων αυτου | ο βασ.
αυτω περιεθ.] περ. αυ. ο βασ. 58 93†, ο βασ. περ. αυ. A† | πρωτευειν και] πρω-
τον A 58 93† || 12 ειπεν αμαν ου κεκλ. > A† | η βασ.] pr. εσθηρ AO† | δο-
χην] + ην εποιησεν O⁻⁹³† | κεκλημαι] pr. εγω O⁻⁹³†, εμε κεκληκε 93†, κεκλη-
κεν (sic) A†; + μετα του βασιλεως O† || 13 οταν] pr. εν παντι (+ τω 93)
χρονω O† | ιουδαιον] + καθημενον O† | fin.] + εν τη αυλη του βασιλεως O†
|| 14 σωσαρα A†: cf. 10 | οι φιλοι] pr. παντες et add. αυτου O† | σοι > A |
ξυλον 1⁰] + υψηλον O†
6 1 γραμμ. μνημοσ.] τα γρ. μν. λογων O†

2 μόσυνα τῶν ἡμερῶν ἀναγινώσκειν αὐτῷ. ²εὗρεν δὲ τὰ γράμματα
τὰ γραφέντα περὶ Μαρδοχαίου, ὡς ἀπήγγειλεν τῷ βασιλεῖ περὶ τῶν
δύο εὐνούχων τοῦ βασιλέως ἐν τῷ φυλάσσειν αὐτοὺς καὶ ζητῆσαι
3 ἐπιβαλεῖν τὰς χεῖρας Ἀρταξέρξῃ. ³εἶπεν δὲ ὁ βασιλεύς Τίνα δόξαν
ἢ χάριν ἐποιήσαμεν τῷ Μαρδοχαίῳ; καὶ εἶπαν οἱ διάκονοι τοῦ βα-
4 σιλέως Οὐκ ἐποίησας αὐτῷ οὐδέν. ⁴ἐν δὲ τῷ πυνθάνεσθαι τὸν βα-
σιλέα περὶ τῆς εὐνοίας Μαρδοχαίου ἰδοὺ Αμαν ἐν τῇ αὐλῇ· εἶπεν
δὲ ὁ βασιλεύς Τίς ἐν τῇ αὐλῇ; ὁ δὲ Αμαν εἰσῆλθεν εἰπεῖν τῷ βα-
5 σιλεῖ κρεμάσαι τὸν Μαρδοχαῖον ἐπὶ τῷ ξύλῳ, ᾧ ἡτοίμασεν. ⁵καὶ
εἶπαν οἱ διάκονοι τοῦ βασιλέως Ἰδοὺ Αμαν ἕστηκεν ἐν τῇ αὐλῇ·
6 καὶ εἶπεν ὁ βασιλεύς Καλέσατε αὐτόν. ⁶εἶπεν δὲ ὁ βασιλεὺς τῷ
Αμαν Τί ποιήσω τῷ ἀνθρώπῳ, ὃν ἐγὼ θέλω δοξάσαι; εἶπεν δὲ ἐν
7 ἑαυτῷ Αμαν Τίνα θέλει ὁ βασιλεὺς δοξάσαι εἰ μὴ ἐμέ; ⁷εἶπεν δὲ
8 πρὸς τὸν βασιλέα Ἄνθρωπον, ὃν ὁ βασιλεὺς θέλει δοξάσαι, ⁸ἐνεγ-
κάτωσαν οἱ παῖδες τοῦ βασιλέως στολὴν βυσσίνην, ἣν ὁ βασιλεὺς
9 περιβάλλεται, καὶ ἵππον, ἐφ᾽ ὃν ὁ βασιλεὺς ἐπιβαίνει, ⁹καὶ δότω
ἑνὶ τῶν φίλων τοῦ βασιλέως τῶν ἐνδόξων καὶ στολισάτω τὸν ἄν-
θρωπον, ὃν ὁ βασιλεὺς ἀγαπᾷ, καὶ ἀναβιβασάτω αὐτὸν ἐπὶ τὸν
ἵππον καὶ κηρυσσέτω διὰ τῆς πλατείας τῆς πόλεως λέγων Οὕτως
10 ἔσται παντὶ ἀνθρώπῳ, ὃν ὁ βασιλεὺς δοξάζει. ¹⁰εἶπεν δὲ ὁ βασι-
λεὺς τῷ Αμαν Καθὼς ἐλάλησας, οὕτως ποίησον τῷ Μαρδοχαίῳ τῷ
Ιουδαίῳ τῷ θεραπεύοντι ἐν τῇ αὐλῇ, καὶ μὴ παραπεσάτω σου λόγος
11 ὧν ἐλάλησας. ¹¹ἔλαβεν δὲ Αμαν τὴν στολὴν καὶ τὸν ἵππον καὶ
ἐστόλισεν τὸν Μαρδοχαῖον καὶ ἀνεβίβασεν αὐτὸν ἐπὶ τὸν ἵππον καὶ
διῆλθεν διὰ τῆς πλατείας τῆς πόλεως καὶ ἐκήρυσσεν λέγων Οὕτως
12 ἔσται παντὶ ἀνθρώπῳ, ὃν ὁ βασιλεὺς θέλει δοξάσαι. ¹²ἐπέστρεψεν

1 αυτω] αυτα ενωπιον του βασιλεως O–58†, αυτα ενωπιον αυτου 58† ‖ 2 των
δυο] pr. βαγαθαν και θαρρας Sᶜ†: sim. 58 93† | του βασ.] αυτου A† | αυτους]
-τον S† | και ζητ. επιβαλειν] εν τω επιβ. αυτους A† ‖ 3 μαρδοχ.] + περι του-
του O† | οι διακ. του βασ.] τα παιδαρια τω βασιλει οι εκ της διακονιας 58 93†, οι εκ
της διακονιας tantum A†: cf. 5 ‖ 4 μαρδοχαιου] pr. του S | εν 2⁰ — εισηλθεν]
εισηλθεν εις την αυλην οικου του βασιλεως την εξωτεραν 58 93†: item Sᶜ†,
sed εν τη αυλη pro εις την αυλην retinuit | fin.] + αυτω O† ‖ 5 διακονοι]
εκ της διακονιας A†: cf. 3 | βασιλεως] + προς αυτον O† ‖ 6 init.] pr. και
εισηλθεν αμαν O† | ον] ω A† | εν εαυτω / αμαν] tr. O† | αμαν ult.] pr. ο B ‖
7 δε] + αμαν O–58 | προς τον βασ.] τω βασιλει A† ‖ 8 init. — βασιλεως]
ενεγκατω A† | ην ο βασ. περιβαλλεται] ην περιβ. εν αυτη ο βασ. 58 93†, post
ην add. εν αυτη Sᶜ† | εφ ον ο βασ. επιβαινει] εφ ον επιβ. επ αυτον ο βασ.
93†, εφ ον επιβ. ο βασ. επ αυτον 58†, post εφ ον add. επ αυτον Sᶜ† | fin.] +
και δοθητω διαδημα βασιλειας επι την κεφαλην αυτου O–58†: sim. 58† ‖ 9 και
δοτω ενι] και δοθητω(>93) το ενδυμα και ο ιππος εν χειρι O–58†: sim. 58† |
στολισατωσαν O–93† | αναβιβασατωσαν (uel sim.) 58 93† | κηρυσσετωσαν Sᶜ†
‖ 10 αμαν] + ταχεως λαβε συν(ex Aquila, cf. 47; 58 93 συ) το ενδυμα και τον
ιππον O† | καθως O†] καλως rel. | ποιησομεν A† | τω 2⁰ > AO | εν τη αυλη]
ον ειπεν ο βασιλευς A† | ων] pr. εκ παντων O† ‖ 11 ιππον 1⁰ ⌢ 2⁰ A†

δὲ ὁ Μαρδοχαῖος εἰς τὴν αὐλήν, Αμαν δὲ ὑπέστρεψεν εἰς τὰ ἴδια
λυπούμενος κατὰ κεφαλῆς. ¹³καὶ διηγήσατο Αμαν τὰ συμβεβηκότα 13
αὐτῷ Ζωσαρα τῇ γυναικὶ αὐτοῦ καὶ τοῖς φίλοις, καὶ εἶπαν πρὸς
αὐτὸν οἱ φίλοι καὶ ἡ γυνή Εἰ ἐκ γένους Ιουδαίων Μαρδοχαῖος, ἦρξαι
ταπεινοῦσθαι ἐνώπιον αὐτοῦ, πεσὼν πεσῇ· οὐ μὴ δύνῃ αὐτὸν ἀμύ-
νασθαι, ὅτι θεὸς ζῶν μετ᾽ αὐτοῦ. — ¹⁴ἔτι αὐτῶν λαλούντων παρα- 14
γίνονται οἱ εὐνοῦχοι ἐπισπεύδοντες τὸν Αμαν ἐπὶ τὸν πότον, ὃν
ἡτοίμασεν Εσθηρ.

¹Εἰσῆλθεν δὲ ὁ βασιλεὺς καὶ Αμαν συμπιεῖν τῇ βασιλίσσῃ. ²εἶπεν 7
δὲ ὁ βασιλεὺς Εσθηρ τῇ δευτέρᾳ ἡμέρᾳ ἐν τῷ πότῳ Τί ἐστιν,
Εσθηρ βασίλισσα, καὶ τί τὸ αἴτημά σου καὶ τί τὸ ἀξίωμά σου; καὶ
ἔστω σοι ἕως τοῦ ἡμίσους τῆς βασιλείας μου. ³καὶ ἀποκριθεῖσα 3
εἶπεν Εἰ εὗρον χάριν ἐνώπιον τοῦ βασιλέως, δοθήτω ἡ ψυχή μου
τῷ αἰτήματί μου καὶ ὁ λαός μου τῷ ἀξιώματί μου· ⁴ἐπράθημεν 4
γὰρ ἐγώ τε καὶ ὁ λαός μου εἰς ἀπώλειαν καὶ διαρπαγὴν καὶ δου-
λείαν, ἡμεῖς καὶ τὰ τέκνα ἡμῶν εἰς παῖδας καὶ παιδίσκας, καὶ παρ-
ήκουσα· οὐ γὰρ ἄξιος ὁ διάβολος τῆς αὐλῆς τοῦ βασιλέως. ⁵εἶπεν 5
δὲ ὁ βασιλεύς Τίς οὗτος, ὅστις ἐτόλμησεν ποιῆσαι τὸ πρᾶγμα τοῦτο;
⁶εἶπεν δὲ Εσθηρ Ἄνθρωπος ἐχθρὸς Αμαν ὁ πονηρὸς οὗτος. Αμαν 6
δὲ ἐταράχθη ἀπὸ τοῦ βασιλέως καὶ τῆς βασιλίσσης. ⁷ὁ δὲ βασιλεὺς 7
ἐξανέστη ἐκ τοῦ συμποσίου εἰς τὸν κῆπον· ὁ δὲ Αμαν παρῃτεῖτο
τὴν βασίλισσαν, ἑώρα γὰρ ἑαυτὸν ἐν κακοῖς ὄντα. ⁸ἐπέστρεψεν δὲ 8
ὁ βασιλεὺς ἐκ τοῦ κήπου, Αμαν δὲ ἐπιπεπτώκει ἐπὶ τὴν κλίνην

12 αυλην] + του βασιλεως O† | κατα κεφ.] ⟨και⟩ κατακεκαλυμμενος κεφαλην
Sᶜ: sim. 58 93 || 13 αμαν τα συμβ. αυτω] απαντα τα συμβ. αυτω αμαν S† |
σωσαρα A†: cf. 5 10 | φιλοι] + αυτου O† | η γυνη] + αυτου Ζωσαρα Sᶜ†;
add. αυτου 58 93† et pr. Ζωρα 93† (sic) | ηρξαι] οὗ ηρξω O⁽†⁾ | θεος ζων] ο
θ. ο Z. A⁽†⁾ || 14 λαλουντων] + μετ αυτου O | ευνουχοι] + του βασιλεως O |
επισπευδ.] + αγαγειν Sᶜ†: sim. 58 93†
7 1 τη βασ.] pr. τη εσθηρ 93†, + εσθηρ O–93† || 2 ειπεν δε] και ει. A† |
εσθηρ 1⁰ > A† | τη] pr. και γε O–58† | ποτω] + του οινου O† | τι εστιν —
αιτημα σου] το αιτημα σου εσθηρ η βασιλισσα και δοθησεται σοι 58 93†, + και
δοθησεται σοι Sᶜ† | βασιλισσα] pr. η A(etiam 58 93, cf. sup.)† | εστω] εσται A
|| 3 αποκριθεισα] + εσθηρ η βασιλισσα O† | βασιλεως] + και ει(58 γε) επι
τον βασιλεα αγαθον O† | δοθητω] + μοι O† | μου 1⁰ O] > BSΛ | αιτηματι]
αιματι S | λαος O†] λογος rel. | μου paenult. > SA || 4 και διαρπ. > A |
παιδισκας] + επραθημεν O† || 5 βασιλευς] + αρταξερξης τη εσθηρ τη βασι-
λισση Sᶜ†: sim. 58 93† | τις ουτος] + εστιν S⁽†⁾, τις εστιν ουτος και ποιος
εστιν (ουτος) 58 93†, + εστιν και ποιος εστιν ουτος Sᶜ† | οστις] ος S ||
6 εχθρος] pr. επιβουλος και O† || 7 εξανεστη] + εν οργη αυτου O† | εκ] απο
B: cf. 8 | κηπον] + τον συμφυτον O† | παρητειτο] εξανεστη και παρητ. περι
της ψυχης αυτου O⁽†⁾ | την βασιλισσαν] pr. εσθηρ 58 93†, + εσθηρ Sᶜ† | οντα]
παρα του βασιλεως O† || 8 εκ] απο A†: cf. 7 | κηπου] + του συμφυτου εις
τον οικον του ποτου του οινου O–93†: sim. 93† | επιπεπτ. (cf. Thack. p. 197)]
+ και επεσεν A†

ἀξιῶν τὴν βασίλισσαν· εἶπεν δὲ ὁ βασιλεύς Ὥστε καὶ τὴν γυναῖκα
βιάζῃ ἐν τῇ οἰκίᾳ μου; Αμαν δὲ ἀκούσας διετράπη τῷ προσώπῳ.
9 ⁹εἶπεν δὲ Βουγαθαν εἷς τῶν εὐνούχων πρὸς τὸν βασιλέα Ἰδοὺ καὶ
ξύλον ἡτοίμασεν Αμαν Μαρδοχαίῳ τῷ λαλήσαντι περὶ τοῦ βασι-
λέως, καὶ ὤρθωται ἐν τοῖς Αμαν ξύλον πηχῶν πεντήκοντα. εἶπεν
10 δὲ ὁ βασιλεύς Σταυρωθήτω ἐπ' αὐτοῦ. ¹⁰καὶ ἐκρεμάσθη Αμαν ἐπὶ
τοῦ ξύλου, ὃ ἡτοίμασεν Μαρδοχαίῳ. καὶ τότε ὁ βασιλεὺς ἐκόπασεν
τοῦ θυμοῦ.
8 ¹Καὶ ἐν αὐτῇ τῇ ἡμέρᾳ ὁ βασιλεὺς Ἀρταξέρξης ἐδωρήσατο Εσθηρ
ὅσα ὑπῆρχεν Αμαν τῷ διαβόλῳ, καὶ Μαρδοχαῖος προσεκλήθη ὑπὸ
2 τοῦ βασιλέως, ὑπέδειξεν γὰρ Εσθηρ ὅτι ἐνοικείωται αὐτῇ. ²ἔλαβεν
δὲ ὁ βασιλεὺς τὸν δακτύλιον, ὃν ἀφείλατο Αμαν, καὶ ἔδωκεν αὐτὸν
Μαρδοχαίῳ, καὶ κατέστησεν Εσθηρ Μαρδοχαῖον ἐπὶ πάντων τῶν
3 Αμαν. ³καὶ προσθεῖσα ἐλάλησεν πρὸς τὸν βασιλέα καὶ προσέπεσεν
πρὸς τοὺς πόδας αὐτοῦ καὶ ἠξίου ἀφελεῖν τὴν Αμαν κακίαν καὶ
4 ὅσα ἐποίησεν τοῖς Ιουδαίοις. ⁴ἐξέτεινεν δὲ ὁ βασιλεὺς Εσθηρ τὴν
ῥάβδον τὴν χρυσῆν, ἐξηγέρθη δὲ Εσθηρ παρεστηκέναι τῷ βασιλεῖ.
5 ⁵καὶ εἶπεν Εσθηρ Εἰ δοκεῖ σοι καὶ εὗρον χάριν, πεμφθήτω ἀπο-
στραφῆναι τὰ γράμματα τὰ ἀπεσταλμένα ὑπὸ Αμαν τὰ γραφέντα
6 ἀπολέσθαι τοὺς Ιουδαίους, οἵ εἰσιν ἐν τῇ βασιλείᾳ σου· ⁶πῶς γὰρ
δυνήσομαι ἰδεῖν τὴν κάκωσιν τοῦ λαοῦ μου καὶ πῶς δυνήσομαι
7 σωθῆναι ἐν τῇ ἀπωλείᾳ τῆς πατρίδος μου; ⁷καὶ εἶπεν ὁ βασιλεὺς
πρὸς Εσθηρ Εἰ πάντα τὰ ὑπάρχοντα Αμαν ἔδωκα καὶ ἐχαρισάμην
σοι καὶ αὐτὸν ἐκρέμασα ἐπὶ ξύλου, ὅτι τὰς χεῖρας ἐπήνεγκε τοῖς
8 Ιουδαίοις, τί ἔτι ἐπιζητεῖς; ⁸γράψατε καὶ ὑμεῖς ἐκ τοῦ ὀνόματός μου
ὡς δοκεῖ ὑμῖν καὶ σφραγίσατε τῷ δακτυλίῳ μου· ὅσα γὰρ γράφε-
ται τοῦ βασιλέως ἐπιτάξαντος καὶ σφραγισθῇ τῷ δακτυλίῳ μου, οὐκ

8 την βασιλισσαν] αυτην A† | γυναικα] + μετ εμου O–58†, + μου 58 | βιαζη]
pr. εκ A† | μου om., sed add. ο λογος εξηλθεν εκ (του) στοματος του βασιλεως
O† ‖ 9 βουγαθαν] ν > S†, -γαζαν Sᶜ†, αρβωνα(ς) 58 93† | εις] + απο O–58†
| προς τον βασ.] του βασιλεως A 58†, ενωπιον του βασιλεως 93† | ξυλον 1⁰]
το ξυλον ο AO† | τω λαλησαντι] + αγαθα O 93: idem pr. (sic) 93† | και 2⁰ >
S† | ξυλον 2⁰] > A, υψηλον 58 93†, pr. υψηλον Sᶜ† ‖ 10 ο1⁰] ου AO† | ητοι-
μασεν] -σθη BS | ο βασ./ εκοπασεν] tr. A
8 1 ημερα] ωρα S†: cf. 9 2 | τω διαβ.] > S*, + των ιουδαιων O | και μαρδοχ.] +
δε A† | ενοικιωτο A† ‖ 2 αμαν 1⁰] pr. του AO† | αυτον > A ‖ 3 προσθεισα]
+ εσθηρ O | ηξιου] + και εδεηθη αυτου O† ‖ 4 εξετ. δε] και εξετ. A† ‖
‖ 5 χαριν] + ενωπιον σου A, + ενωπιον σου και ευθης ο λογος ενωπιον του
βασιλεως και αγαθη ειμι εν οφθαλμοις αυτου O–93: sim. 93 | αποστραφηναι]
-στρεψαι SA 58 93† | απεσταλμενα] pr. εξ AO† | αμαν] + υιου αμαδαθου βου-
γαιου Sᶜ†: sim. 58 93† | απολεσαι A† | οι] οσοι A | σου > A 58 93† ‖
6 ιδειν] pr. επ A 58† ‖ 7 προς εσθηρ] εσθ. τη βασιλισση uel sim. A 58 93†
(+ και μαρδοχαιω τω ιουδαιω 58 93†) | εδωκα και > A 58 93† | ξυλου] pr.
του A | ετι > A ‖ 8 γραψατε] γραφετε AO† (58 93 tr. γραφ. post και υμεις)

ἔστιν αὐτοῖς ἀντειπεῖν. ⁹ἐκλήθησαν δὲ οἱ γραμματεῖς ἐν τῷ πρώτῳ 9
μηνί, ὅς ἐστι Νισα, τρίτῃ καὶ εἰκάδι τοῦ αὐτοῦ ἔτους, καὶ ἐγράφη
τοῖς Ἰουδαίοις ὅσα ἐνετείλατο τοῖς οἰκονόμοις καὶ τοῖς ἄρχουσιν
τῶν σατραπῶν ἀπὸ τῆς Ἰνδικῆς ἕως τῆς Αἰθιοπίας, ἑκατὸν εἴκοσι
ἑπτὰ σατραπείαις κατὰ χώραν καὶ χώραν, κατὰ τὴν ἑαυτῶν λέξιν.
¹⁰ἐγράφη δὲ διὰ τοῦ βασιλέως καὶ ἐσφραγίσθη τῷ δακτυλίῳ αὐτοῦ, 10
καὶ ἐξαπέστειλαν τὰ γράμματα διὰ βιβλιαφόρων, ¹¹ὡς ἐπέταξεν αὐ- 11
τοῖς χρῆσθαι τοῖς νόμοις αὐτῶν ἐν πάσῃ πόλει βοηθῆσαί τε αὐτοῖς
καὶ χρῆσθαι τοῖς ἀντιδίκοις αὐτῶν καὶ τοῖς ἀντικειμένοις αὐτῶν ὡς
βούλονται, ¹²ἐν ἡμέρᾳ μιᾷ ἐν πάσῃ τῇ βασιλείᾳ Ἀρταξέρξου, τῇ 12
τρισκαιδεκάτῃ τοῦ δωδεκάτου μηνός, ὅς ἐστιν Αδαρ.

¹²ᵃᵋ Ὧν ἐστιν ἀντίγραφον τῆς ἐπιστολῆς τὰ ὑπογεγραμμένα ¹²ᵇBα- 12ᵃ
                                                                                    12ᵇ
σιλεὺς μέγας Ἀρταξέρξης τοῖς ἀπὸ τῆς Ἰνδικῆς ἕως τῆς Αἰθιοπίας
ἑκατὸν εἴκοσι ἑπτὰ σατραπείαις χωρῶν ἄρχουσι καὶ τοῖς τὰ ἡμέ-
τερα φρονοῦσι χαίρειν. ¹²ᶜπολλοὶ τῇ πλείστῃ τῶν εὐεργετούντων 12ᶜ
χρηστότητι πυκνότερον τιμώμενοι μεῖζον ἐφρόνησαν καὶ οὐ μόνον
τοὺς ὑποτεταγμένους ἡμῖν ζητοῦσι κακοποιεῖν, τόν τε κόρον οὐ
δυνάμενοι φέρειν καὶ τοῖς ἑαυτῶν εὐεργέταις ἐπιχειροῦσι μηχανᾶ-
σθαι · ¹²ᵈκαὶ τὴν εὐχαριστίαν οὐ μόνον ἐκ τῶν ἀνθρώπων ἀνταν- 12ᵈ
αιροῦντες, ἀλλὰ καὶ τοῖς τῶν ἀπειραγάθων κόμποις ἐπαρθέντες τοῦ
τὰ πάντα κατοπτεύοντος ἀεὶ θεοῦ μισοπόνηρον ὑπολαμβάνουσιν
ἐκφεύξεσθαι δίκην. ¹²ᵉπολλάκις δὲ καὶ πολλοὺς τῶν ἐπ᾽ ἐξουσίαις 12ᵉ
τεταγμένων τῶν πιστευθέντων χειρίζειν φίλων τὰ πράγματα παρα-
μυθία μεταιτίους αἱμάτων ἀθῴων καταστήσασα περιέβαλε συμφο-
ραῖς ἀνηκέστοις ¹²ᶠτῷ τῆς κακοηθείας ψευδεῖ παραλογισμῷ 12ᶠ

9 γραμματεις] + του βασιλεως εν τω καιρω εκεινω O✝ | πρωτω — νισα] τρι-
τω μηνι (58 93 μηνι τω τριτω) ο(ς) εστι(ν) σιουαν O✝ | αυτου] δευτερου S✝
| ετους] μηνος A | ενετειλ.] + μαρδοχαιος προς (τους) ιουδαιους O–93✝ | σατρα-
πων] + οι ησαν O–58✝ | εκατον — σατραπειας / κατα χ. και χ.] tr. S✝ | επτα]
pr. και A✝: item A in 12ᵇ ‖ 10 εγραφη δε] και εγρ. A | βασιλεως] + αρτα-
ξερξου O✝ | εξαπεστειλαν] -λε(ν) AO✝ | βιβλιαφορων BS*AV* 93✝] -βλιοφ-
rel.: cf. 3 13 ‖ 11 χρησθαι bis] χρησασθαι 1⁰ ASᶜ, 2⁰ Sᶜ | πασῃ] τῃ A✝, +
τῃ B✝ | τε > A | τοις 2⁰ ⌢ 3⁰ A✝ | αυτων paenult. > S 58 93✝ | fin.] + πα-
σαν δυναμιν λαου και χωρας τους θλιβοντας αυτους νηπια και γυναικας και τα
σκυλα αυτων εις προνομην Sᶜ✝: sim. 58 93✝, sed ante πασαν δυναμιν addunt
αφανιζειν και φονευειν και απολλυειν(sic Field, mss. απολλυειν) συν(uel συμ; ex
Aquila, cf. 4 7 6 10) ‖ 12 δωδεκατου > SA 93✝ | ος εστιν αδαρ > S✝, ος εστιν
> pau. ‖ 12ᵃ ων et της > S⁽✝⁾ ‖ 12ᵇ χωρων] pr. ιδιων S✝ | αρξουσι S✝
| και] + σατραπαις AO–58✝ ‖ 12ᶜ μειζον] αμινον S✝ | και 1⁰ > S✝ | ημιν]
υμ. S✝ | ζητουσι(ν)] αιτ. S✝ ‖ 12ᵈ και 1⁰] + κατα SA 58✝, pr. κακα 93✝ |
ανταναιρ.] αντ > O–93✝ | υπολαμβ.] διαλ. AO✝ | δικην > S✝ ‖ 12ᵉ μεταιτιους
αιματων 93✝] μετενους αιμ. S✝: N ex TI; μεταγνουσα μετα των A✝: ΓN ex
ITI; μετοχους αιμ. rel. | καταστησας(sic) περιεβαλε SA 58✝, -στησαντες -βα-
λον 93✝ ‖ 12ᶠ κακοηθειας] αληθειας A✝, + τροπω O✝ | παραλογισμω > A✝
(hab. των pro τω praec.)

παραλογισαμένων τὴν τῶν ἐπικρατούντων ἀκέραιον εὐγνωμοσύνην.
12g [12g]σκοπεῖν δὲ ἔξεστιν, οὐ τοσοῦτον ἐκ τῶν παλαιοτέρων ὧν παρ-
εδώκαμεν ἱστοριῶν, ὅσα ἐστὶν παρὰ πόδας ὑμᾶς ἐκζητοῦντας ἀνο-
σίως συντετελεσμένα τῇ τῶν ἀνάξια δυναστευόντων λοιμότητι,
12h [12h]καὶ προσέχειν εἰς τὰ μετὰ ταῦτα εἰς τὸ τὴν βασιλείαν ἀτάρα-
12i χον τοῖς πᾶσιν ἀνθρώποις μετ' εἰρήνης παρεξόμεθα [12i]χρώμενοι
ταῖς μεταβολαῖς, τὰ δὲ ὑπὸ τὴν ὄψιν ἐρχόμενα διακρίνοντες ἀεὶ
12k μετ' ἐπιεικεστέρας ἀπαντήσεως. [12k]ὡς γὰρ Αμαν Αμαδαθου Μακε-
δών, ταῖς ἀληθείαις ἀλλότριος τοῦ τῶν Περσῶν αἵματος καὶ πολὺ
12l διεστηκὼς τῆς ἡμετέρας χρηστότητος, ἐπιξενωθεὶς ἡμῖν [12l]ἔτυχεν
ἧς ἔχομεν πρὸς πᾶν ἔθνος φιλανθρωπίας ἐπὶ τοσοῦτον ὥστε ἀν-
αγορεύεσθαι ἡμῶν πατέρα καὶ προσκυνούμενον ὑπὸ πάντων τὸ
12m δεύτερον τοῦ βασιλικοῦ θρόνου πρόσωπον διατελεῖν, [12m]οὐκ ἐνέγ-
κας δὲ τὴν ὑπερηφανίαν ἐπετήδευσεν τῆς ἀρχῆς στερῆσαι ἡμᾶς
12n καὶ τοῦ πνεύματος [12n]τόν τε ἡμέτερον σωτῆρα καὶ διὰ παντὸς
εὐεργέτην Μαρδοχαῖον καὶ τὴν ἄμεμπτον τῆς βασιλείας κοινωνὸν
Εσθηρ σὺν παντὶ τῷ τούτων ἔθνει πολυπλόκοις μεθόδων παρα-
12o λογισμοῖς αἰτησάμενος εἰς ἀπώλειαν· [12o]διὰ γὰρ τῶν τρόπων
τούτων ᾠήθη λαβὼν ἡμᾶς ἐρήμους τὴν τῶν Περσῶν ἐπικράτησιν
12p εἰς τοὺς Μακεδόνας μετάξαι. [12p]ἡμεῖς δὲ τοὺς ὑπὸ τοῦ τρισαλι-
τηρίου παραδεδομένους εἰς ἀφανισμὸν Ιουδαίους εὑρίσκομεν οὐ
12q κακούργους ὄντας, δικαιοτάτοις δὲ πολιτευομένους νόμοις, [12q]ὄντας
δὲ υἱοὺς τοῦ ὑψίστου μεγίστου ζῶντος θεοῦ τοῦ κατευθύνοντος
ἡμῖν τε καὶ τοῖς προγόνοις ἡμῶν τὴν βασιλείαν ἐν τῇ καλλίστῃ
12r διαθέσει. [12r]καλῶς οὖν ποιήσετε μὴ προσχρησάμενοι τοῖς ὑπὸ
Αμαν Αμαδαθου ἀποσταλεῖσι γράμμασιν διὰ τὸ αὐτὸν τὸν ταῦτα
ἐξεργασάμενον πρὸς ταῖς Σούσων πύλαις ἐσταυρῶσθαι σὺν τῇ
πανοικίᾳ, τὴν καταξίαν τοῦ τὰ πάντα ἐπικρατοῦντος θεοῦ διὰ τά-
12s χους ἀποδόντος αὐτῷ κρίσιν, [12s]τὸ δὲ ἀντίγραφον τῆς ἐπιστολῆς
ταύτης ἐκθέντες ἐν παντὶ τόπῳ μετὰ παρρησίας ἐᾶν τοὺς Ιουδαίους
χρῆσθαι τοῖς ἑαυτῶν νομίμοις καὶ συνεπισχύειν αὐτοῖς ὅπως τοὺς
ἐν καιρῷ θλίψεως ἐπιθεμένους αὐτοῖς ἀμύνωνται τῇ τρισκαιδεκάτῃ

12f παραλογισαμενων] -μενος SA 58†, -μενοι 93†: cf. 12e | ευγνωμοσ.] επιγνωσιν S† || **12g** ων V†] > S†: exciditne post -ων?; ως rel. | παραδεδωκαμεν S^{c} | οσα — εκζητουντας] οσον εστιν παρα μερος υμιν εκζητουν S†: alias eiusdem codicis lectiones inanes praetereo || **12h** τα] το S | εις το] και S^{c}† || **12i** χρωμενοι] pr. ου A*O* (sed cf. 12r μη) | μεταβολαις] διαβ. 93† | απαντησεως] αγανακτ. S† || **12k** αμαδαθου: cf. 1 1r || **12l** ωστε] ως A† || **12m** στερησαι ημας] tr. A† | και > A† || **12o** τουτων > A† | λαβων ... την] λαβειν ... την τε A*O*† | των 2^{0} > A 58† || **12p** ου κακουργους] κακ. ουκ A† | δικαιοτατοις] αναγκαιοτ. S† || **12q** του 1^{0} > A† || **12r** ποιησατε A | αμαδαθου: cf. 1 1r | τον > SA: post αυτον | τα > S || **12s** νομιμοις] νομοις SA | αυτοις ult. > S†

τοῦ δωδεκάτου μηνὸς Αδαρ τῇ αὐτῇ ἡμέρᾳ · ¹²ᵗταύτην γὰρ ὁ 12ᵗ
πάντα δυναστεύων θεὸς ἀντ᾽ ὀλεθρίας τοῦ ἐκλεκτοῦ γένους ἐποί-
ησεν αὐτοῖς εὐφροσύνην. ¹²ᵘκαὶ ὑμεῖς οὖν ἐν ταῖς ἐπωνύμοις 12ᵘ
ὑμῶν ἑορταῖς ἐπίσημον ἡμέραν μετὰ πάσης εὐωχίας ἄγετε, ὅπως
καὶ νῦν καὶ μετὰ ταῦτα σωτηρία ᾖ ἡμῖν καὶ τοῖς εὐνοοῦσιν Πέρ-
σαις, τοῖς δὲ ἡμῖν ἐπιβουλεύουσιν μνημόσυνον τῆς ἀπωλείας.
¹²ˣπᾶσα δὲ πόλις ἢ χώρα τὸ σύνολον, ἥτις κατὰ ταῦτα μὴ ποιήσῃ, 12ˣ
δόρατι καὶ πυρὶ καταναλωθήσεται μετ᾽ ὀργῆς · οὐ μόνον ἀνθρώποις
ἄβατος, ἀλλὰ καὶ θηρίοις καὶ πετεινοῖς εἰς τὸν ἅπαντα χρόνον ἔ-
χθιστος κατασταθήσεται. ¹³τὰ δὲ ἀντίγραφα ἐκτιθέσθωσαν ὀφθαλμο- 13
φανῶς ἐν πάσῃ τῇ βασιλείᾳ, ἑτοίμους τε εἶναι πάντας τοὺς Ἰου-
δαίους εἰς ταύτην τὴν ἡμέραν πολεμῆσαι αὐτῶν τοὺς ὑπεναντίους.
¹⁴Οἱ μὲν οὖν ἱππεῖς ἐξῆλθον σπεύδοντες τὰ ὑπὸ τοῦ βασιλέως λε- 14
γόμενα ἐπιτελεῖν · ἐξετέθη δὲ τὸ πρόσταγμα καὶ ἐν Σούσοις. ¹⁵ὁ δὲ 15
Μαρδοχαῖος ἐξῆλθεν ἐστολισμένος τὴν βασιλικὴν στολὴν καὶ στέ-
φανον ἔχων χρυσοῦν καὶ διάδημα βύσσινον πορφυροῦν · ἰδόντες
δὲ οἱ ἐν Σούσοις ἐχάρησαν. ¹⁶τοῖς δὲ Ἰουδαίοις ἐγένετο φῶς καὶ 16
εὐφροσύνη · ¹⁷κατὰ πόλιν καὶ χώραν, οὗ ἂν ἐξετέθη τὸ πρόσταγμα, 17
οὗ ἂν ἐξετέθη τὸ ἔκθεμα, χαρὰ καὶ εὐφροσύνη τοῖς Ἰουδαίοις, κώ-
θων καὶ εὐφροσύνη, καὶ πολλοὶ τῶν ἐθνῶν περιετέμοντο καὶ ιου-
δάιζον διὰ τὸν φόβον τῶν Ἰουδαίων.

¹Ἐν γὰρ τῷ δωδεκάτῳ μηνὶ τρισκαιδεκάτῃ τοῦ μηνός, ὅς ἐστιν 9
Αδαρ, παρῆν τὰ γράμματα τὰ γραφέντα ὑπὸ τοῦ βασιλέως. ²ἐν 2
αὐτῇ τῇ ἡμέρᾳ ἀπώλοντο οἱ ἀντικείμενοι τοῖς Ἰουδαίοις · οὐδεὶς γὰρ
ἀντέστη φοβούμενος αὐτούς. ³οἱ γὰρ ἄρχοντες τῶν σατραπῶν καὶ 3
οἱ τύραννοι καὶ οἱ βασιλικοὶ γραμματεῖς ἐτίμων τοὺς Ἰουδαίους · ὁ

12ᵗ ταυτη] -τη SA 58† | γαρ > S† | ο] επι A† | ευφροσ.] pr. εις O ||
12ᵘ υμων εορταις > A† | η pau.] > BS, μεν AO† | ημιν και] υμιν κ. S, >
O†, υμων και A† | τοις ευνοουσιν] των -ουντων τοις AO† | τοις δε ημιν επι-
βουλ.] των δε τουτοις επιβουλευσαντων A⁽†⁾ || 12ˣ μετ οργ.] pr. και S† | εις
τον απ. χρονον > A† | εχθιστος] εχιστος S*†, αισχιστος ASᶜ(εσχ.) 58 93† ||
13 αντιγρ.] + της επιστολης O⁻⁹³†, + της γραφης 93† | εκτιθεσθωσαν] σαν >
S 58 93†, εκτεθεισθω (sic) A† | τε] δε A† || 14 ιππεις] + και επιβαται των
πορ– (cf. Gen. 45 17; 58 πυρ.) οι μεγιστανες O† | σπευδοντες] + και διωκομενοι
O† | προσταγμα] εκθεμα A† | fin.] + τη βαρει O† || 15 εξηλθεν] + εκ προσ-
ωπου του βασιλεως O† | στολην] + υακινθινην αερινην Sᶜ†: sim. 58 93† |
εχαρησαν] + και ευφρανθησαν O⁻⁵⁸†, pr. ευφρανθησαν και 58† | 16 τοις δε]
οτι τοις A† | ευφροσ.] + και αγαλλιαμα και τιμη O† || 17 ου 1⁰ — εκθεμα]
ου 1⁰ — προσταγμα > A, ου 2⁰ — εκθεμα > S, ου αν ο λογος του βασιλεως και
το εκθεμα εξετεθη O† | χαρα — ευφροσ. 2⁰ > S*† | χαρα .. ευφροσ. 1⁰] tr. O†
| περιετεμνοντο AᵀO

9 1 τεσσαρεσκαιδεκατη S† | fin.] + και το δογμα αυτου ποιησαι O⁻⁵⁸† ||
2 ημερα] ωρ… S†: cf. 8 1 | απωλ.] pr. η O⁻⁵⁸†: cf. 𝔐 1 | αντεστη] + κατα
προσωπον αυτων O†

4 γὰρ φόβος Μαρδοχαίου ἐνέκειτο αὐτοῖς. ⁴προσέπεσεν γὰρ τὸ πρόσ-
6 ταγμα τοῦ βασιλέως ὀνομασθῆναι ἐν πάσῃ τῇ βασιλείᾳ. ⁶καὶ ἐν
7 Σούσοις τῇ πόλει ἀπέκτειναν οἱ Ἰουδαῖοι ἄνδρας πεντακοσίους ⁷τόν
8 τε Φαρσαννεσταιν καὶ Δελφων καὶ Φασγα ⁸καὶ Φαρδαθα καὶ
9 Βαρεα καὶ Σαρβαχα ⁹καὶ Μαρμασιμα καὶ Αρουφαιον καὶ Αρσαιον
10 καὶ Ζαβουθαιθαν, ¹⁰τοὺς δέκα υἱοὺς Αμαν Αμαδαθου Βουγαίου τοῦ
11 ἐχθροῦ τῶν Ἰουδαίων, καὶ διήρπασαν. — ¹¹ἐν αὐτῇ τῇ ἡμέρᾳ ἐπ-
12 εδόθη ὁ ἀριθμὸς τῷ βασιλεῖ τῶν ἀπολωλότων ἐν Σούσοις. ¹²εἶπεν
δὲ ὁ βασιλεὺς πρὸς Εσθηρ Ἀπώλεσαν οἱ Ἰουδαῖοι ἐν Σούσοις τῇ
πόλει ἄνδρας πεντακοσίους · ἐν δὲ τῇ περιχώρῳ πῶς οἴει ἐχρή-
13 σαντο; τί οὖν ἀξιοῖς ἔτι καὶ ἔσται σοι; ¹³καὶ εἶπεν Εσθηρ τῷ βα-
σιλεῖ Δοθήτω τοῖς Ἰουδαίοις χρῆσθαι ὡσαύτως τὴν αὔριον ὥστε
14 τοὺς δέκα υἱοὺς κρεμάσαι Αμαν. ¹⁴καὶ ἐπέτρεψεν οὕτως γενέσθαι
καὶ ἐξέθηκε τοῖς Ἰουδαίοις τῆς πόλεως τὰ σώματα τῶν υἱῶν Αμαν
15 κρεμάσαι. ¹⁵καὶ συνήχθησαν οἱ Ἰουδαῖοι ἐν Σούσοις τῇ τεσσαρεσ-
καιδεκάτῃ τοῦ Αδαρ καὶ ἀπέκτειναν ἄνδρας τριακοσίους καὶ οὐδὲν
16 διήρπασαν. — ¹⁶οἱ δὲ λοιποὶ τῶν Ἰουδαίων οἱ ἐν τῇ βασιλείᾳ συνή-
χθησαν καὶ ἑαυτοῖς ἐβοήθουν καὶ ἀνεπαύσαντο ἀπὸ τῶν πολεμίων ·

4 init.] pr. εμεγαλυνετο γαρ (+ ο 93) μαρδοχαιος πορευομενος O⸆ | προσ-
επεσεν] επεπεσεν S᪉⸆ | fin.] + και εμεγαλυνετο (5) και επαταξαν οι ιουδαιοι
πληγην εν πασι τοις εχθροις αυτων πληγην μαχαιρας και αναιρεσεως (+ αυτων
93) και απωλειας και εποιησαν εν τοις μισουσιν αυτους κατα το θελημα αυτων
58 93⸆ ‖ 6 σουσοις] αυτη B⸆ | τη πολ. απεκτ. > S⸆ | ιουδαιοι] + και απ-
ωλεσαν O⸆ ‖ 7 φαρσαννεσταιν S᪉] ι > S*⸆, -σανεσταν A⸆, φαρσαν και νεσταιν
B⸆; φαρσενδαθα 93⸆: sim. 58⸆ | δελφων] pr. τον O⸆: etiam ante octo sequen-
tia nomina propria (uno excepto in 93) add. 58 93⸆ τον | φασγα BS᪉]
φαγα A⸆, φιαγα S*⸆, ασιφαθα uel sim. 58 93⸆ ‖ 8 φαρδαθα] φαραδ. B⸆,
φαρααθα S⸆, βαρδ. A⸆ | βαρεα] βαρσα B⸆, βαρελ A⸆, αδαλια 58(μ pro λι) 93⸆ |
σαρβαχα] αριδαθα 58(om. δ) 93⸆ ‖ 9 μαρμασιμα B⸆] -σιμ S, -σιμνα A⸆, φαρ-
μοσθα 93⸆ | αρουφαιον] ρουφ. BS⸆, ρουμαφιον A⸆, αρι(uel η)σαι 58 93⸆ | αρ-
σαιον] αρι(uel η)δαι 58 93⸆ | Ζαβουθαιθαν V] -ουθαιον B, -ουδεθαν S⸆, -ουγαθα
A⸆; ουα(ι)ζαθα 58 93⸆ ‖ 10 αμαδαθου: cf. 1 1ʳ | βουγαιου] pr. του A 93⸆
(58 deest) | ιουδαιων] + απεκτειναν AO⸆ ‖ 11 επεδοθη AO⸆] + τε BS, +
δε pl. | ο > A⸆ | fin.] + τη πολει S᪉⸆, + τη πολει τω βασιλει 58 93⸆ ‖
12 προς εσθηρ] εσθηρ A⸆, εσθηρ τη βασιλισσα O⁻⁵⁸⸆, + την βασιλισσαν 58⸆ |
απωλεσαν οι ιουδαιοι — ανδρας πεντακοσιους] εν σουσοις τη πολει εφονευσαν
οι ιουδαιοι και απωλεσαν πεντακοσιους ανδρας και τους δεκα υιους αμαν 58
93⸆; in textu uulgari add. S᪉⸆ και εφονευσαν post ιουδαιοι et και τους δεκα
υιους αμαν post πεντακοσιους | περιχωρω] χωρα A⸆ | εχρησαντο] κεχρηνται
AO⸆ | τι ουν] και τι A 93⸆ (ante και τι add. 93⸆ και τι το αιτημα σου και
δοθησεται σοι) ‖ 13 χρησασθαι O | την] τη O⁻⁵⁸ | δεκα > A⸆ | κρεμασαι
αμαν] tr. mu.; αμαν κρεμασθηναι AO⸆ (S᪉ κρεμασθηναι αμαν), ad quae O ad-
dit επι ξυλου ‖ 14 και 1⁰⌒2⁰ A⸆ ‖ 15 τεσσαρεσκαιδ.] τρισκαιδ. O⁻⁹³⸆: cf.
1 | αδαρ] μηνος S⸆, μηνος αδαρ 58 93⸆, αδαρ μηνος S᪉⸆ | απεκτειναν] + οι
ιουδαιοι εν σουσοις O⁻⁹³⸆, + οι εν σουσοις ιουδαιοι 93⸆ ‖ 16 συνηχθησαν
και] συναχθεντες A 58 93⸆ (συν > 93) | εαυτοις εβοηθουν (tr. 58 93⸆)] + περι
της ψυχης αυτων O⸆

ἀπώλεσαν γὰρ αὐτῶν μυρίους πεντακισχιλίους τῇ τρισκαιδεκάτῃ
τοῦ Αδαρ καὶ οὐδὲν διήρπασαν. ¹⁷καὶ ἀνεπαύσαντο τῇ τεσσαρεσ- 17
καιδεκάτῃ τοῦ αὐτοῦ μηνὸς καὶ ἦγον αὐτὴν ἡμέραν ἀναπαύσεως
μετὰ χαρᾶς καὶ εὐφροσύνης. ¹⁸οἱ δὲ Ιουδαῖοι οἱ ἐν Σούσοις τῇ 18
πόλει συνήχθησαν καὶ τῇ τεσσαρεσκαιδεκάτῃ καὶ οὐκ ἀνεπαύσαντο ·
ἦγον δὲ καὶ τὴν πεντεκαιδεκάτην μετὰ χαρᾶς καὶ εὐφροσύνης. ¹⁹διὰ 19
τοῦτο οὖν οἱ Ιουδαῖοι οἱ διεσπαρμένοι ἐν πάσῃ χώρᾳ τῇ ἔξω ἄγου-
σιν τὴν τεσσαρεσκαιδεκάτην τοῦ Αδαρ ἡμέραν ἀγαθὴν μετ᾽ εὐ-
φροσύνης ἀποστέλλοντες μερίδας ἕκαστος τῷ πλησίον, οἱ δὲ κατοι-
κοῦντες ἐν ταῖς μητροπόλεσιν καὶ τὴν πεντεκαιδεκάτην τοῦ Αδαρ
ἡμέραν εὐφροσύνην ἀγαθὴν ἄγουσιν ἐξαποστέλλοντες μερίδας τοῖς
πλησίον.
²⁰Ἔγραψεν δὲ Μαρδοχαῖος τοὺς λόγους τούτους εἰς βιβλίον καὶ 20
ἐξαπέστειλεν τοῖς Ιουδαίοις, ὅσοι ἦσαν ἐν τῇ Ἀρταξέρξου βασιλείᾳ,
τοῖς ἐγγὺς καὶ τοῖς μακράν, ²¹στῆσαι τὰς ἡμέρας ταύτας ἀγαθὰς 21
ἄγειν τε τὴν τεσσαρεσκαιδεκάτην καὶ τὴν πεντεκαιδεκάτην τοῦ
Αδαρ — ²²ἐν γὰρ ταύταις ταῖς ἡμέραις ἀνεπαύσαντο οἱ Ιουδαῖοι 22
ἀπὸ τῶν ἐχθρῶν αὐτῶν — καὶ τὸν μῆνα, ἐν ᾧ ἐστράφη αὐτοῖς
(ὃς ἦν Αδαρ) ἀπὸ πένθους εἰς χαρὰν καὶ ἀπὸ ὀδύνης εἰς ἀγαθὴν
ἡμέραν, ἄγειν ὅλον ἀγαθὰς ἡμέρας γάμων καὶ εὐφροσύνης ἐξαπο-
στέλλοντας μερίδας τοῖς φίλοις καὶ τοῖς πτωχοῖς. ²³καὶ προσεδέ- 23
ξαντο οἱ Ιουδαῖοι, καθὼς ἔγραψεν αὐτοῖς ὁ Μαρδοχαῖος, ²⁴πῶς 24
Αμαν Αμαδαθου ὁ Μακεδὼν ἐπολέμει αὐτούς, καθὼς ἔθετο ψήφισμα

16 πεντακισχιλιους] + και εις διαρπαγην ουκ απεστειλαν τας χειρας αυτων
93†, + ουδεν διηρπασαν ουκ απεστειλαν τας χειρας αυτων Sc† | του αδαρ] >
S†, του αυτου αδαρ Sc†, του μηνος αδαρ 58 93† | και ult.] pr. και τεσσαρεσ-
καιδεκατη S†, pr. και τη τεσσαρεσκαιδεκατη του αυτου μηνος A†: cf. 17 | και
ουδεν διηρπ. > O || 17 του — ημεραν] αυτου του μηνος και ηγον αυτην την
ημεραν S† || 18 οι 2⁰ > A | τη πολει > S† | συνηχθ.] + τη τρισκαιδεκατη
του αυτου (+ μηνος αδαρ 93) O–58† | τεσσαρεσκαιδ.] + του αυτου O–58†, +
του αδαρ pau. | και ουκ > SA || 19 δια τουτο ουν] ουν > S†, δια γαρ τουτο
AO† | οι 2⁰ > SA | εν 1⁰] pr. οι οικουντες 93†, pr. οικουντες O–93† | παση] τη
A(†) | τη εξω] > S 58 93†, hab. Sc | την 1⁰] pr. και A† | αδαρ 1⁰] μηνος S†, μη-
νος αδαρ O† | ευφροσυνης] + και ποτου O† | μεριδας bis] ς > S† | εκαστος
τω] τοις A†: ad finem uersus adapt. | πλησιον 1⁰⌒2⁰ B* 58 93† | ημεραν
ult. > Bs† | ευφροσυνην] -νης SA† | αγουσιν ult. > A† | εξαποστελλοντες]
-ελλουσιν S† | τοις] pr. και Bs† || 20 εξαπεστ.] εξ > A† | οσοι] οι ASc† |
ησαν] εισιν AO–58†, > 58† || 21 τε > A† | την 1⁰] pr. την ημεραν 58 93† |
τεσσαρεσκαιδ.] + του μηνος αδαρ O–58† | την 2⁰] pr. την ημεραν 93†, + ημε-
ραν Sc† | του αδαρ > A† || 22 init. — ημεραις] εν ταις ημεραις αις A†; +
ως 583†, + ος Sc† | οι ιουδαιοι] > S*† (om. etiam απο 1⁰), + εν αυταις Sc†,
pr. εν αυταις(uel -οις) 583 93† | εστραφη] εγραφη SA | ος ην αδαρ > A† |
απο πενθους — ημεραν > S 93† | πενθους ... οδυνης] tr. A† | ολον αγαθας]
αυτας A† | εξαποστελλοντας] -τες A || 23 ο > A || 24 πως] οπως SA |
αμαν] pr. ο O† | αμαδαθου (cf. 1 1 r)] + ο εβουγαιος Sc† (93† γωγαιος pro μα-
κεδων) | ο >A† | αυτους 1⁰] τους ιουδαιους A 583 93† | καθως] και ως AO†

25 καὶ κλῆρον ἀφανίσαι αὐτούς, ²⁵καὶ ὡς εἰσῆλθεν πρὸς τὸν βασιλέα
λέγων κρεμάσαι τὸν Μαρδοχαῖον · ὅσα δὲ ἐπεχείρησεν ἐπάξαι ἐπὶ
τοὺς Ιουδαίους κακά, ἐπ' αὐτὸν ἐγένοντο, καὶ ἐκρεμάσθη αὐτὸς καὶ
26 τὰ τέκνα αὐτοῦ. ²⁶διὰ τοῦτο ἐπεκλήθησαν αἱ ἡμέραι αὗται Φρουραι
διὰ τοὺς κλήρους, ὅτι τῇ διαλέκτῳ αὐτῶν καλοῦνται Φρουραι, διὰ
τοὺς λόγους τῆς ἐπιστολῆς ταύτης καὶ ὅσα πεπόνθασιν διὰ ταῦτα
27 καὶ ὅσα αὐτοῖς ἐγένετο · ²⁷καὶ ἔστησεν καὶ προσεδέχοντο οἱ Ιου-
δαῖοι ἐφ' ἑαυτοῖς καὶ ἐπὶ τῷ σπέρματι αὐτῶν καὶ ἐπὶ τοῖς προστε-
θειμένοις ἐπ' αὐτῶν οὐδὲ μὴν ἄλλως χρήσονται· αἱ δὲ ἡμέραι αὗται
μνημόσυνον ἐπιτελούμενον κατὰ γενεὰν καὶ γενεὰν καὶ πόλιν καὶ
28 πατριὰν καὶ χώραν · ²⁸αἱ δὲ ἡμέραι αὗται τῶν Φρουραι ἀχθήσον-
ται εἰς τὸν ἅπαντα χρόνον, καὶ τὸ μνημόσυνον αὐτῶν οὐ μὴ ἐκ-
29 λίπῃ ἐκ τῶν γενεῶν. ²⁹καὶ ἔγραψεν Εσθηρ ἡ βασίλισσα θυγάτηρ
Αμιναδαβ καὶ Μαρδοχαῖος ὁ Ιουδαῖος ὅσα ἐποίησαν τό τε στερέωμα
31 τῆς ἐπιστολῆς τῶν Φρουραι. ³¹καὶ Μαρδοχαῖος καὶ Εσθηρ ἡ βασί-
λισσα ἔστησαν ἑαυτοῖς καθ' ἑαυτῶν καὶ τότε στήσαντες κατὰ τῆς
32 ὑγιείας αὐτῶν καὶ τὴν βουλὴν αὐτῶν · ³²καὶ Εσθηρ λόγῳ ἔστησεν
εἰς τὸν αἰῶνα, καὶ ἐγράφη εἰς μνημόσυνον.
10   ¹Ἔγραψεν δὲ ὁ βασιλεὺς τέλη ἐπὶ τὴν βασιλείαν τῆς τε γῆς καὶ
2 τῆς θαλάσσης. ²καὶ τὴν ἰσχὺν αὐτοῦ καὶ ἀνδραγαθίαν πλοῦτόν τε
καὶ δόξαν τῆς βασιλείας αὐτοῦ, ἰδοὺ γέγραπται ἐν βιβλίῳ βασιλέων
3 Περσῶν καὶ Μήδων εἰς μνημόσυνον. ³ὁ δὲ Μαρδοχαῖος διεδέχετο
τὸν βασιλέα Ἀρταξέρξην καὶ μέγας ἦν ἐν τῇ βασιλείᾳ καὶ δεδοξα-
σμένος ὑπὸ τῶν Ιουδαίων · καὶ φιλούμενος διηγεῖτο τὴν ἀγωγὴν
παντὶ τῷ ἔθνει αὐτοῦ.

24 και κληρον] και εβαλεν φουρ ο εστιν κληρος *O*⁺ | αφανισαι] απολεσαι Α*O*⁺
‖ 25 δε] τε *O*⁺, > Α⁺ | επι τους ιουδαιους] τους ιουδ. Α*⁺, τοις ιουδαιοις Αcᵗ
| εγενετο Α⁺ | και paenult. > Α⁺ | fin.] + επι των ξυλων Α*O*⁺ ‖ 26 αι ημ.
αυται > Α⁺ | φρουραι 1⁰] φρουριμ Scᵗ, φουρουρειμ 93⁺, φουρειν 583⁽⁺⁾: cf.
28. 29 10 3¹ | τη διαλεκτω αυτων καλουνται φρουραι] φουρ καλ. τη διαλ. αυ. 583
93⁺; φουρ pro φρουραι etiam Scᵗ; τη διαλ. αυ./καλ. tr. etiam Α⁺ ‖ 27 και
2⁰] + ως SA 583 93⁺ | και 4⁰ > Α⁺ | τοις] pr. πασι(ν) *O*⁺ | προτεθιμενοις Α⁽⁺⁾
| επιτελουμενον] > S*⁺, hab. Sᶜ; -μεναι Α 58 93⁺ (Α⁺ etiam μνημοσυναι) |
και γενεαν om., πολιν .. πατριαν tr. Α⁺ | και πολιν — fin.] πατριαν και πατριαν
χωραν και χωραν πολιν και πολιν 93⁺: cf. 𝔐 28 ‖ 28 των 1⁰] του Α⁺ | φρου-
ραι] φρουρων S*⁺, φρουριμ Scᵗ, φουρουρειμ 93⁺, φουρειν 58⁽⁺⁾: cf. 26 (1⁰) |
εις > Α 58 93⁺ ‖ 29 η βασιλ. > S⁺ | αμιναδαν S⁺ | ο ιουδαιος > S | εποι-
ησεν S 58 93⁺ | τε > Α 58 93⁺ | φρουραι] φρουρων S*⁺, φρουριμ Scᵗ, φου-
ρουρειμ 93⁺, φουρειν 58⁺: cf. 28; φρουραια Α⁺: cf. 10 3¹ ‖ 31 αυτων paen-
ult.] εαυ. ΒΑ⁺ ‖ 32 και 1⁰ > SΑ⁺
10 1 δε] γαρ Α⁺: cf. 3 | βασιλευς] + αρταξερξης *O*⁺ | τελη SΑ 58 93⁺] >
rel. | τε > B ‖ 2 ανδραγ.] pr. την S⁻ | ιδου] > S⁺, pr. και Α⁺, + ταυτα
O–58⁺ | βιβλιω] pr. τω Α⁺, βιβλω S ‖ 3 δε] τε S; γαρ Α⁺: cf. 1 | μαρδοχαι-
ος] + ο ιουδαιος *O*–58⁺ | διηγειτο] δι > SΑ 58 93⁺

3ᵃ Καὶ εἶπεν Μαρδοχαῖος Παρὰ τοῦ θεοῦ ἐγένετο ταῦτα· 3ᵇ ἐμνή- $\frac{3^a}{3^b}$
σθην γὰρ περὶ τοῦ ἐνυπνίου, οὗ εἶδον περὶ τῶν λόγων τούτων·
οὐδὲ γὰρ παρῆλθεν ἀπ᾽ αὐτῶν λόγος. 3ᶜ ἡ μικρὰ πηγή, ἣ ἐγένετο 3ᶜ
ποταμὸς καὶ ἦν φῶς καὶ ἥλιος καὶ ὕδωρ πολύ· Εσθηρ ἐστὶν ὁ πο-
ταμός, ἣν ἐγάμησεν ὁ βασιλεὺς καὶ ἐποίησεν βασίλισσαν. 3ᵈ οἱ δὲ 3ᵈ
δύο δράκοντες ἐγώ εἰμι καὶ Αμαν. 3ᵉ τὰ δὲ ἔθνη τὰ ἐπισυναχθέντα 3ᵉ
ἀπολέσαι τὸ ὄνομα τῶν Ιουδαίων. 3ᶠ τὸ δὲ ἔθνος τὸ ἐμόν, οὗτός 3ᶠ
ἐστιν Ισραηλ οἱ βοήσαντες πρὸς τὸν θεὸν καὶ σωθέντες· καὶ ἔσω-
σεν κύριος τὸν λαὸν αὐτοῦ, καὶ ἐρρύσατο κύριος ἡμᾶς ἐκ πάντων
τῶν κακῶν τούτων, καὶ ἐποίησεν ὁ θεὸς τὰ σημεῖα καὶ τὰ τέρατα
τὰ μεγάλα, ἃ οὐ γέγονεν ἐν τοῖς ἔθνεσιν. 3ᵍ διὰ τοῦτο ἐποίησεν 3ᵍ
κλήρους δύο, ἕνα τῷ λαῷ τοῦ θεοῦ καὶ ἕνα πᾶσι τοῖς ἔθνεσιν·
3ʰ καὶ ἦλθον οἱ δύο κλῆροι οὗτοι εἰς ὥραν καὶ καιρὸν καὶ εἰς ἡμέ- 3ʰ
ραν κρίσεως ἐνώπιον τοῦ θεοῦ καὶ ἐν πᾶσι τοῖς ἔθνεσιν, 3ⁱ καὶ ἐμνή- 3ⁱ
σθη ὁ θεὸς τοῦ λαοῦ αὐτοῦ καὶ ἐδικαίωσεν τὴν κληρονομίαν αὐ-
τοῦ. 3ᵏ καὶ ἔσονται αὐτοῖς αἱ ἡμέραι αὗται ἐν μηνὶ Αδαρ τῇ τεσ- 3ᵏ
σαρεσκαιδεκάτῃ καὶ τῇ πεντεκαιδεκάτῃ τοῦ αὐτοῦ μηνὸς μετὰ συν-
αγωγῆς καὶ χαρᾶς καὶ εὐφροσύνης ἐνώπιον τοῦ θεοῦ κατὰ γενεὰς
εἰς τὸν αἰῶνα ἐν τῷ λαῷ αὐτοῦ Ισραηλ.

3l Ἔτους τετάρτου βασιλεύοντος Πτολεμαίου καὶ Κλεοπάτρας εἰσ- 3 l
ήνεγκεν Δωσίθεος, ὃς ἔφη εἶναι ἱερεὺς καὶ Λευίτης, καὶ Πτολεμαῖος
ὁ υἱὸς αὐτοῦ τὴν προκειμένην ἐπιστολὴν τῶν Φρουραι, ἣν ἔφασαν
εἶναι καὶ ἑρμηνευκέναι Λυσίμαχον Πτολεμαίου τῶν ἐν Ιερουσαλημ.

3ᵃ μαρδοχαιος] pr. ο S 58 93⁺ || 3ᵇ γαρ 1⁰ > ΑΟ | ουδε γαρ] ου γαρ S⁺,
ουδεν Α 93⁺ | απ > Α 58⁺ || 3ᶜ η 2⁰] > SA, ητις Sc⁺ || 3ᵈ δυο > Α⁺
|| 3ᵉ επισυναχθ.] επι > Α 93⁺ || 3ᶠ ισραηλ] pr. ο Α | κυριος 1⁰ > Α⁺ | κυ-
ριος 2⁰ > ΑΟ || 3ᵍ > Α | λαω του θεου] θεω του λαου S⁺, θεω 93⁺ ||
3ʰ > Β*⁺ | ουτοι] > Α⁺, αυτοι S⁺ | καιρον] κληρον SABˢ 58 93⁺ | εν > S*
ABˢ 58 93⁺ | τοις > Α⁺ || 3ⁱ ο θεος] ο κυριος Α⁺, κυριος pau. | αυτου ult.]
εαυ. Β || 3ᵏ -δεκατη 1⁰ ⌢ 2⁰ S*Α*⁺ | γενεαν Α || 3l δοσιθεος Βᶜ | ο >
Α 58 93⁺ | φρουραι] φρουριμ Sc⁺, φουρουρειμ 93⁺, φουρειν 58⁺, φρουραια
Α⁺: cf. 9 29 | ηρμηνευκεναι Α
Subscr. εσθηρ BSA

Ι Ο Υ Δ Ι Θ

1 Ἔτους δωδεκάτου τῆς βασιλείας Ναβουχοδονοσορ, ὃς ἐβασί- 1
λευσεν Ἀσσυρίων ἐν Νινευη τῇ πόλει τῇ μεγάλῃ, ἐν ταῖς ἡμέραις
Αρφαξαδ, ὃς ἐβασίλευσεν Μήδων ἐν Ἐκβατάνοις, 2 καὶ ᾠκοδόμησεν 2

Idt.: BSA (11 13 καθηκεν — 13 9 αυτου fere omnia interierunt in S); cum
S multis locis concordant 58 (et 583, cf. Est. adnot. ad init.) et L = 19 108.
1 1 τη πολει τη μεγ.] τη μεγ. πολ. S⁺

ἐπ᾽ Ἐκβατάνων κύκλῳ τείχη ἐκ λίθων λελαξευμένων εἰς πλάτος
πηχῶν τριῶν καὶ εἰς μῆκος πηχῶν ἓξ καὶ ἐποίησεν τὸ ὕψος τοῦ
τείχους πηχῶν ἑβδομήκοντα καὶ τὸ πλάτος αὐτοῦ πηχῶν πεντή-
3 κοντα ³καὶ τοὺς πύργους αὐτοῦ ἔστησεν ἐπὶ ταῖς πύλαις αὐτῆς
πηχῶν ἑκατὸν καὶ τὸ πλάτος αὐτῆς ἐθεμελίωσεν εἰς πήχεις ἑξή-
4 κοντα ⁴καὶ ἐποίησεν τὰς πύλας αὐτῆς πύλας διεγειρομένας εἰς ὕψος
πηχῶν ἑβδομήκοντα καὶ τὸ πλάτος αὐτῆς πήχεις τεσσαράκοντα εἰς
ἐξόδους δυνάμεως δυνατῶν αὐτοῦ καὶ διατάξεις τῶν πεζῶν αὐτοῦ.
5 ⁵καὶ ἐποίησεν πόλεμον ἐν ταῖς ἡμέραις ἐκείναις ὁ βασιλεὺς Ναβου-
χοδονοσορ πρὸς βασιλέα Αρφαξαδ ἐν τῷ πεδίῳ τῷ μεγάλῳ, τοῦτό
6 ἐστιν πεδίον ἐν τοῖς ὁρίοις Ραγαυ. ⁶καὶ συνήντησαν πρὸς αὐτὸν
πάντες οἱ κατοικοῦντες τὴν ὀρεινὴν καὶ πάντες οἱ κατοικοῦντες τὸν
Εὐφράτην καὶ τὸν Τίγριν καὶ τὸν Ὑδάσπην καὶ πεδία Αριωχ βα-
σιλέως Ἐλυμαίων, καὶ συνῆλθον ἔθνη πολλὰ εἰς παράταξιν υἱῶν
7 Χελεουδ. ⁷καὶ ἀπέστειλεν Ναβουχοδονοσορ βασιλεὺς Ἀσσυρίων ἐπὶ
πάντας τοὺς κατοικοῦντας τὴν Περσίδα καὶ ἐπὶ πάντας τοὺς κατοι-
κοῦντας πρὸς δυσμαῖς, τοὺς κατοικοῦντας τὴν Κιλικίαν καὶ Δαμα-
σκὸν καὶ τὸν Λίβανον καὶ Ἀντιλίβανον, καὶ πάντας τοὺς κατοικοῦν-
8 τας κατὰ πρόσωπον τῆς παραλίας ⁸καὶ τοὺς ἐν τοῖς ἔθνεσι τοῦ
Καρμήλου καὶ Γαλααδ καὶ τὴν ἄνω Γαλιλαίαν καὶ τὸ μέγα πεδίον
9 Εσδρηλων ⁹καὶ πάντας τοὺς ἐν Σαμαρείᾳ καὶ ταῖς πόλεσιν αὐτῆς
καὶ πέραν τοῦ Ιορδάνου ἕως Ιερουσαλημ καὶ Βατανη καὶ Χελους
καὶ Καδης καὶ τοῦ ποταμοῦ Αἰγύπτου καὶ Ταφνας καὶ Ραμεσση καὶ
10 πᾶσαν γῆν Γεσεμ ¹⁰ἕως τοῦ ἐλθεῖν ἐπάνω Τάνεως καὶ Μέμφεως
καὶ πάντας τοὺς κατοικοῦντας τὴν Αἴγυπτον ἕως τοῦ ἐλθεῖν ἐπὶ τὰ
11 ὅρια τῆς Αἰθιοπίας. ¹¹καὶ ἐφαύλισαν πάντες οἱ κατοικοῦντες πᾶσαν

2 επ εκβατανων] εκβατανα S*L⁺ | κυκλω] pr. και BS*, pr. και περιεβαλεν
αυτη L⁺ | υψος] μηκος A | και ult. — fin. > S*⁺ | πεντηκοντα] εβδομηκ. A⁺
|| 3 αυτου] -της S | εστησεν] pr. κατ S⁺ || 4 διεγηγερμενας S* | εβδομη-
κοντα] εξηκ. S⁺ | πηχεις] -χεων S 58⁺, -χων L⁺ | εξοδον S* 58⁺ | δυναμεως(Α
-ων: cf. inf.) — fin.] των αρματων αυτων S*⁺, δυναμεως(Sᶜ -ων) δυνατων αυ-
του και αρματων αυτου και εις διαταξεις των πεζων αυτου LSᶜ⁺ | διαταξεις]
pr. αι B, pr. εις 58 LSᶜ⁺ (cf. sup.) || 5 ο > BS 58⁺ ! πεδιον εν > B⁺, πε-
διον > L | εν τοις op. > S⁺ || 6 προς αυτον] εις πολεμον S* 58⁺, προς
αυτον εις πολ. LSᶜ⁺ | κατοικουντες 1⁰⌒2⁰ S*⁺ | πε(uel παι)δια] pr. τα LSsᵗ
(S*⁺ om. και πεδια), πεδιω B⁺, πεδιον mu. | αριωχ] αριασε S*⁺ | βασιλεως
S*L] ο -λευς BASᶜ | συνηλθον]-ηχθησαν S 58⁺ | χελεουδ] -ουλ B⁺, χεσλαι-
ουδα S*⁺ || 7 κατοικουντας 1⁰ — αντιλιβανον] κατοικ. ιαμνιαν και επι παντας
τους κατοικουντας κιλικιαν και λιβανον S*⁺, quae Sᶜ ex parte ad textum uul-
garem adaptauit; ad S*⁺ cf. L⁺ και τους κατοικουντας ιαμν(ε)ιαν post κιλι-
κιαν addens | την 1⁰ > A⁺, 2⁰ > A (cf. S) | και 4⁰ > B⁺ | τον > A (cf. S) |
της > B⁺ || 8 εσδρηλων S⁺] εσδρημ A, εσρρημ B⁺; cf. 3 9 4 6 7 3 || 9 εως]
+ εις S*⁺ | βατανη S⁺] -νης L⁺, -νων compl., βαιτανη B⁺, βλιτανη A⁺ | χεσ-
λους S⁺ | του ποτ.] τους χιμαρρους S⁺ | γην] την S || 10 εως τ. ελθειν 1⁰
⌒2⁰ S*⁺ || 11 πασαν / την γην] tr. S*, πασαν > Sᶜ

τὴν γῆν τὸ ῥῆμα Ναβουχοδονοσορ βασιλέως Ἀσσυρίων καὶ οὐ συν-
ῆλθον αὐτῷ εἰς τὸν πόλεμον, ὅτι οὐκ ἐφοβήθησαν αὐτόν, ἀλλ᾽ ἦν
ἐναντίον αὐτῶν ὡς ἀνὴρ εἷς, καὶ ἀνέστρεψαν τοὺς ἀγγέλους αὐτοῦ
κενοὺς ἐν ἀτιμίᾳ προσώπου αὐτῶν. ¹²καὶ ἐθυμώθη Ναβουχοδονοσορ 12
ἐπὶ πᾶσαν τὴν γῆν ταύτην σφόδρα καὶ ὤμοσε κατὰ τοῦ θρόνου
καὶ τῆς βασιλείας αὐτοῦ εἰ μὴν ἐκδικήσειν πάντα τὰ ὅρια τῆς Κι-
λικίας καὶ Δαμασκηνῆς καὶ Συρίας ἀνελεῖν τῇ ῥομφαίᾳ αὐτοῦ καὶ
πάντας ἰοὺς κατοικοῦντας ἐν τῇ Μωαβ καὶ τοὺς υἱοὺς Αμμων καὶ
πᾶσαν τὴν Ιουδαίαν καὶ πάντας τοὺς ἐν Αἰγύπτῳ ἕως τοῦ ἐλθεῖν
ἐπὶ τὰ ὅρια τῶν δύο θαλασσῶν. ¹³καὶ παρετάξατο ἐν τῇ δυνάμει 13
αὐτοῦ πρὸς Αρφαξαδ βασιλέα ἐν τῷ ἔτει τῷ ἑπτακαιδεκάτῳ καὶ
ἐκραταιώθη ἐν τῷ πολέμῳ αὐτοῦ καὶ ἀνέστρεψεν πᾶσαν τὴν δύνα-
μιν Αρφαξαδ καὶ πᾶσαν τὴν ἵππον αὐτοῦ καὶ πάντα τὰ ἅρματα
αὐτοῦ ¹⁴καὶ ἐκυρίευσε τῶν πόλεων αὐτοῦ καὶ ἀφίκετο ἕως Ἐκβα- 14
τάνων καὶ ἐκράτησε τῶν πύργων καὶ ἐπρονόμευσε τὰς πλατείας
αὐτῆς καὶ τὸν κόσμον αὐτῆς ἔθηκεν εἰς ὄνειδος αὐτῆς ¹⁵καὶ ἔλαβε 15
τὸν Αρφαξαδ ἐν τοῖς ὄρεσι Ραγαυ καὶ κατηκόντισεν αὐτὸν ἐν ταῖς
σιβύναις αὐτοῦ καὶ ἐξωλέθρευσεν αὐτὸν ἕως τῆς ἡμέρας ἐκείνης.
¹⁶καὶ ἀνέστρεψεν μετ᾽ αὐτῶν αὐτὸς καὶ πᾶς ὁ σύμμικτος αὐτοῦ, 16
πλῆθος ἀνδρῶν πολεμιστῶν πολὺ σφόδρα, καὶ ἦν ἐκεῖ ῥαθυμῶν
καὶ εὐωχούμενος αὐτὸς καὶ ἡ δύναμις αὐτοῦ ἐφ᾽ ἡμέρας ἑκατὸν
εἴκοσι.

¹Καὶ ἐν τῷ ἔτει τῷ ὀκτωκαιδεκάτῳ δευτέρᾳ καὶ εἰκάδι τοῦ πρώ- 2
του μηνὸς ἐγένετο λόγος ἐν οἴκῳ Ναβουχοδονοσορ βασιλέως Ἀσ-
συρίων ἐκδικῆσαι πᾶσαν τὴν γῆν καθὼς ἐλάλησεν. ²καὶ συνεκάλεσεν 2
πάντας τοὺς θεράποντας αὐτοῦ καὶ πάντας τοὺς μεγιστᾶνας αὐτοῦ
καὶ ἔθετο μετ᾽ αὐτῶν τὸ μυστήριον τῆς βουλῆς αὐτοῦ καὶ συνετέ-
λεσεν πᾶσαν τὴν κακίαν τῆς γῆς ἐκ τοῦ στόματος αὐτοῦ, ³καὶ αὐ- 3
τοὶ ἔκριναν ὀλεθρεῦσαι πᾶσαν σάρκα οἳ οὐκ ἠκολούθησαν τῷ λόγῳ
τοῦ στόματος αὐτοῦ. ⁴καὶ ἐγένετο ὡς συνετέλεσεν τὴν βουλὴν αὐ- 4
τοῦ, ἐκάλεσεν Ναβουχοδονοσορ βασιλεὺς Ἀσσυρίων τὸν Ολοφέρνην
ἀρχιστράτηγον τῆς δυνάμεως αὐτοῦ δεύτερον ὄντα μετ᾽ αὐτὸν καὶ
εἶπεν πρὸς αὐτόν ⁵Τάδε λέγει ὁ βασιλεὺς ὁ μέγας, ὁ κύριος πάσης 5
τῆς γῆς Ἰδοὺ σὺ ἐξελεύσῃ ἐκ τοῦ προσώπου μου καὶ λήμψῃ μετὰ

11 συνηλθοσαν S† | εις ult.] ισος B† | απεστρεψαν SA | προσωπου L] -πων
S†, pr. προ B, pr. απο Aʳ ‖ 12 ταυτην > Ɛ8 LAʳ† | της βασ.] pr. κατα S
58 L† | εκδικησει S* | ορια] ορη Aʳ | δαμασκηνης] -κου S | συρ. > S*†
ανελειν] pr. και LSᶜ | τη ρομφ.] pr. εν S† | αυτου 2⁰] -τους B†; και sequens
> LSᶜ† | γη] τη B† | ιουδαιαν] ιδουμαιαν B†: cf. Ps. 62 1 | του ult. > S† ‖
13 βασιλεα] pr. τον SL† | ανεστρεψεν] σ > SL† | την 1⁰ > S† | παντα > S*†
| αρματα] χρημ. S*† ‖ 15 σιβυναις B*S*L†] ζιβ. rel. | εκεινης] ταυτης SL†
‖ 16 αυτων] + εις νινευη A | αυτος 1⁰ ⌢ 2⁰ B†
2 5 συ et του > S

I 33

σεαυτοῦ ἄνδρας πεποιθότας ἐν ἰσχύι αὐτῶν, πεζῶν εἰς χιλιάδας
ἑκατὸν εἴκοσι καὶ πλῆθος ἵππων σὺν ἀναβάταις χιλιάδας δέκα δύο,
6 ⁶καὶ ἐξελεύσῃ εἰς συνάντησιν πάσῃ τῇ γῇ ἐπὶ δυσμάς, ὅτι ἠπείθη-
7 σαν τῷ ῥήματι τοῦ στόματός μου, ⁷καὶ ἀπαγγελεῖς αὐτοῖς ἑτοιμά-
Ζειν γῆν καὶ ὕδωρ, ὅτι ἐξελεύσομαι ἐν θυμῷ μου ἐπ᾽ αὐτοὺς καὶ
καλύψω πᾶν τὸ πρόσωπον τῆς γῆς ἐν τοῖς ποσὶν τῆς δυνάμεώς
8 μου καὶ δώσω αὐτοὺς εἰς διαρπαγὴν αὐτοῖς, ⁸καὶ οἱ τραυματίαι
αὐτῶν πληρώσουσιν τὰς φάραγγας αὐτῶν, καὶ πᾶς χειμάρρους καὶ
9 ποταμὸς ἐπικλύζων τοῖς νεκροῖς αὐτῶν πληρωθήσεται · ⁹καὶ ἄξω
10 τὴν αἰχμαλωσίαν αὐτῶν ἐπὶ τὰ ἄκρα πάσης τῆς γῆς. ¹⁰σὺ δὲ ἐξελ-
θὼν προκαταλήμψῃ μοι πᾶν ὅριον αὐτῶν, καὶ ἐκδώσουσίν σοι ἑαυ-
11 τούς, καὶ διατηρήσεις ἐμοὶ αὐτοὺς εἰς ἡμέραν ἐλεγμοῦ αὐτῶν · ¹¹ἐπὶ
δὲ τοὺς ἀπειθοῦντας οὐ φείσεται ὁ ὀφθαλμός σου τοῦ δοῦναι αὐ-
12 τοὺς εἰς φόνον καὶ ἁρπαγὴν ἐν πάσῃ τῇ γῇ σου. ¹²ὅτι ζῶν ἐγὼ
καὶ τὸ κράτος τῆς βασιλείας μου, λελάληκα καὶ ποιήσω ταῦτα ἐν
13 χειρί μου. ¹³καὶ σὺ δὲ οὐ παραβήσῃ ἕν τι τῶν ῥημάτων τοῦ κυρίου
σου, ἀλλὰ ἐπιτελῶν ἐπιτελέσεις καθότι προστέταχά σοι, καὶ οὐ μα-
14 κρυνεῖς τοῦ ποιῆσαι αὐτά. ¹⁴καὶ ἐξῆλθεν Ολοφέρνης ἀπὸ προσώπου
τοῦ κυρίου αὐτοῦ καὶ ἐκάλεσεν πάντας τοὺς δυνάστας καὶ τοὺς
15 στρατηγοὺς καὶ ἐπιστάτας τῆς δυνάμεως Ασσουρ ¹⁵καὶ ἠρίθμησεν
ἐκλεκτοὺς ἄνδρας εἰς παράταξιν, καθότι ἐκέλευσεν αὐτῷ ὁ κύριος
αὐτοῦ, εἰς μυριάδας δέκα δύο καὶ ἱππεῖς τοξότας μυρίους δισχιλί-
16 ους, ¹⁶καὶ διέταξεν αὐτοὺς ὃν τρόπον πολέμου πλῆθος συντάσσε-
17 ται. ¹⁷καὶ ἔλαβεν καμήλους καὶ ὄνους καὶ ἡμιόνους εἰς τὴν ἀπαρτίαν
αὐτῶν, πλῆθος πολὺ σφόδρα, καὶ πρόβατα καὶ βόας καὶ αἶγας εἰς
18 τὴν παρασκευὴν αὐτῶν, ὧν οὐκ ἦν ἀριθμός, ¹⁸καὶ ἐπισιτισμὸν παντὶ
ἀνδρὶ εἰς πλῆθος καὶ χρυσίον καὶ ἀργύριον ἐξ οἴκου βασιλέως πολὺ
19 σφόδρα. ¹⁹καὶ ἐξῆλθεν αὐτὸς καὶ πᾶσα ἡ δύναμις αὐτοῦ εἰς πορείαν
τοῦ προελθεῖν βασιλέως Ναβουχοδονοσορ καὶ καλύψαι πᾶν τὸ πρόσ-
ωπον τῆς γῆς πρὸς δυσμαῖς ἐν ἅρμασι καὶ ἱππεῦσι καὶ πεζοῖς ἐπι-
20 λέκτοις αὐτῶν · ²⁰καὶ πολὺς ὁ ἐπίμικτος ὡς ἀκρὶς συνεξῆλθον αὐτοῖς
καὶ ὡς ἡ ἄμμος τῆς γῆς, οὐ γὰρ ἦν ἀριθμὸς ἀπὸ πλήθους αὐτῶν.
21 ²¹καὶ ἀπῆλθον ἐκ Νινευη ὁδὸν τριῶν ἡμερῶν ἐπὶ πρόσωπον τοῦ

5 εις > S | και πληθος > S*† | χιλιαδας ult.] μυριαδ. B* ‖ 6 υπαντησιν πα-
σης της γης S† | δυσμαις S ‖ 7 απαγγ. αυτοις > B*† | ετοιμαζειν] + μοι Sᶜ
‖ 8 πας S 58 L] τους BApl. ‖ 10 προσκαταλ. A† | σοι εαυτους] αυτους
S*(†) ‖ 11 του > B ‖ 12 Ζω S | λελαληκα] pr. οσα Sᶜ ‖ 14 και επιστα-
τας] και τους σατραπας S*†, και τους σατραπας και επιστατας LSᶜ† ‖ 15 εκελ.]
προσεταξεν SA ‖ 16 πολεμου πληθος] tr. S ‖ 18 εξ — fin. > S*†
βασιλ.] pr. του LSᶜ† | πολυ > B(†) ‖ 19 πασα/η δυν. αυτου] tr. S†, πασα >
58† | και 3⁰ > ALᴾ† ‖ 20 ο > S† | ακρις] pr. η S† | συνεξηλθεν S ‖
21 απηλθον S*] επ. B†, εξηλθον Sᶜ, εξηλθεν A

πεδίου Βεκτιλεθ καὶ ἐπεστρατοπέδευσαν ἀπὸ Βεκτιλεθ πλησίον τοῦ ὄρους τοῦ ἐπ' ἀριστερᾷ τῆς ἄνω Κιλικίας. ²²καὶ ἔλαβεν πᾶσαν τὴν 22 δύναμιν αὐτοῦ, τοὺς πεζοὺς καὶ τοὺς ἱππεῖς καὶ τὰ ἅρματα αὐτοῦ, καὶ ἀπῆλθεν ἐκεῖθεν εἰς τὴν ὀρεινήν. ²³καὶ διέκοψεν τὸ Φουδ καὶ 23 Λουδ καὶ ἐπρονόμευσεν υἱοὺς πάντας Ρασσις καὶ υἱοὺς Ισμαηλ τοὺς κατὰ πρόσωπον τῆς ἐρήμου πρὸς νότον τῆς Χελεων. ²⁴καὶ παρῆλ- 24 θεν τὸν Εὐφράτην καὶ διῆλθεν τὴν Μεσοποταμίαν καὶ κατέσκαψεν πάσας τὰς πόλεις τὰς ὑψηλὰς τὰς ἐπὶ τοῦ χειμάρρου Αβρωνα ἕως τοῦ ἐλθεῖν ἐπὶ θάλασσαν. ²⁵καὶ κατελάβετο τὰ ὅρια τῆς Κιλικίας 25 καὶ κατέκοψε πάντας τοὺς ἀντιστάντας αὐτῷ καὶ ἦλθεν ἕως ὁρίων Ιαφεθ τὰ πρὸς νότον κατὰ πρόσωπον τῆς Ἀραβίας. ²⁶καὶ ἐκύκλω- 26 σεν πάντας τοὺς υἱοὺς Μαδιαμ καὶ ἐνέπρησεν τὰ σκηνώματα αὐ- τῶν καὶ ἐπρονόμευσεν τὰς μάνδρας αὐτῶν. ²⁷καὶ κατέβη εἰς πεδίον 27 Δαμασκοῦ ἐν ἡμέραις θερισμοῦ πυρῶν καὶ ἐνέπρησεν πάντας τοὺς ἀγροὺς αὐτῶν καὶ τὰ ποίμνια καὶ τὰ βουκόλια ἔδωκεν εἰς ἀφανι- σμὸν καὶ τὰς πόλεις αὐτῶν ἐσκύλευσεν καὶ τὰ πεδία αὐτῶν ἐξελίκ- μησεν καὶ ἐπάταξεν πάντας τοὺς νεανίσκους αὐτῶν ἐν στόματι ῥομφαίας. — ²⁸καὶ ἐπέπεσεν φόβος καὶ τρόμος αὐτοῦ ἐπὶ τοὺς 28 κατοικοῦντας τὴν παραλίαν τοὺς ὄντας ἐν Σιδῶνι καὶ ἐν Τύρῳ καὶ τοὺς κατοικοῦντας Σουρ καὶ Οκινα καὶ πάντας τοὺς κατοικοῦντας Ιεμνααν, καὶ οἱ κατοικοῦντες ἐν Ἀζώτῳ καὶ Ἀσκαλῶνι ἐφοβήθησαν αὐτὸν σφόδρα. ¹καὶ ἀπέστειλαν πρὸς αὐτὸν ἀγγέλους λόγοις εἰρη- 3 νικοῖς λέγοντες ²'Ιδοὺ ἡμεῖς οἱ παῖδες Ναβουχοδονοσορ βασιλέως 2 μεγάλου παρακείμεθα ἐνώπιόν σου, χρῆσαι ἡμῖν καθὼς ἀρεστόν ἐστιν τῷ προσώπῳ σου · ³ἰδοὺ αἱ ἐπαύλεις ἡμῶν καὶ πᾶς τόπος ἡμῶν 3 καὶ πᾶν πεδίον πυρῶν καὶ τὰ ποίμνια καὶ τὰ βουκόλια καὶ πᾶσαι αἱ μάνδραι τῶν σκηνῶν ἡμῶν παράκεινται πρὸ προσώπου σου,

21 βεκτιλεθ 1⁰ compl.] -τελ- A†, βαικτειλαιθ B†; βαιτουλ(ε)ια S*L†: cf. 46 | απο] απεναντι S 58† | βεκτιλεθ 2⁰ compl.] βαικτειλαιθ B†, πακταλαι A†, βαι- τουλ(ε)ια L†; βεκτ. πλησιον > S† | του ult. > S† | επ] εν SL† || 23 το] τους SAL† | επρονομευσαν B† | υιους παντας ρασσ(ε)ις] αυτους παντας και τους υιους ρaασσεις S† | ισμαηλ] μαηκ S*† | τους > S | χελεων] χαλδαιων B 58 L† || 24 παρηλθεν] διεβη S†, διεβη εως(sic!) 58† | διηλθεν] παρηλθεν S 58† | κατεσκαψεν] διεσκ. B†, διεκοψεν V | αβρωνα] χεβρων S 58†, χευρων L† | θαλασσαν] pr. την S† || 25 κατελαβετο] pr. προ SL† | ορια] ορη S† | τα ult.] του S 58 L† || 27 και 3⁰ > B | εδωκαν S† | εν ult. > S† || 28 επ- επεσεν] επεσεν SA: cf. 15 2 | φοβος et τρομος] pr. ο A | φοβος και τρομος αυ- του] φ. αυτου κ. τρ. S†, ο φ. αυτου κ. τρ. S† | εν 2⁰ > B | σουρ] ασσουρ B*†, τουρ S*†, σουδ L† | οκ(ε)ινα — κατοικουντας ult. > S*† | οκ(ε)ι- να] τους κιν(ν)αιους LSs† | ιεμνααν] ιεμναα Ss, αμμαν S*† | οι κατοικουντες] τους -ντας SL† (L, non S, add. και ante εφοβηθ.) | ασκαλωνι] + και γαζη S†, εν ασκ. και εν γαζη 58†
3 2 ιδου] οιδε S*†, > 58† | παιδες] + σου παιδες S† | ενωπιον — fin.] εν- ωπιον (+ σου Sc) εστιν εν προσωπω σου (sic) S† || 3 ημων 1⁰⌒2⁰ B, 1⁰ ⌒ 3⁰ S†

4 χρῆσαι καθὸ ἂν ἀρέσκῃ σοι · ⁴ἰδοὺ καὶ αἱ πόλεις ἡμῶν καὶ οἱ κατοι-
κοῦντες ἐν αὐταῖς δοῦλοί σοί εἰσιν, ἐλθὼν ἀπάντησον αὐταῖς ὡς
5 ἔστιν ἀγαθὸν ἐν ὀφθαλμοῖς σου. ⁵καὶ παρεγένοντο οἱ ἄνδρες πρὸς
6 Ολοφέρνην καὶ ἀπήγγειλαν αὐτῷ κατὰ τὰ ῥήματα ταῦτα. ⁶καὶ κατ-
έβη ἐπὶ τὴν παραλίαν αὐτὸς καὶ ἡ δύναμις αὐτοῦ καὶ ἐφρούρωσε
τὰς πόλεις τὰς ὑψηλὰς καὶ ἔλαβεν ἐξ αὐτῶν εἰς συμμαχίαν ἄνδρας
7 ἐπιλέκτους · ⁷καὶ ἐδέξαντο αὐτὸν αὐτοὶ καὶ πᾶσα ἡ περίχωρος αὐ-
8 τῶν μετὰ στεφάνων καὶ χορῶν καὶ τυμπάνων. ⁸καὶ κατέσκαψεν
πάντα τὰ ὅρια αὐτῶν καὶ τὰ ἄλση αὐτῶν ἐξέκοψεν, καὶ ἦν δεδο-
μένον αὐτῷ ἐξολεθρεῦσαι πάντας τοὺς θεοὺς τῆς γῆς, ὅπως αὐτῷ
μόνῳ τῷ Ναβουχοδονοσορ λατρεύσωσι πάντα τὰ ἔθνη, καὶ πᾶσαι
9 αἱ γλῶσσαι καὶ αἱ φυλαὶ αὐτῶν ἐπικαλέσωνται αὐτὸν εἰς θεόν. ⁹καὶ
ἦλθεν κατὰ πρόσωπον Εσδρηλων πλησίον τῆς Δωταιας, ἥ ἐστιν
10 ἀπέναντι τοῦ πρίονος τοῦ μεγάλου τῆς Ιουδαίας, ¹⁰καὶ κατεστρα-
τοπέδευσαν ἀνὰ μέσον Γαιβαι καὶ Σκυθῶν πόλεως, καὶ ἦν ἐκεῖ μῆνα
ἡμερῶν εἰς τὸ συλλέξαι πᾶσαν τὴν ἀπαρτίαν τῆς δυνάμεως αὐτοῦ.

4 ¹Καὶ ἤκουσαν οἱ υἱοὶ Ισραηλ οἱ κατοικοῦντες ἐν τῇ Ιουδαίᾳ πάν-
τα, ὅσα ἐποίησεν Ολοφέρνης τοῖς ἔθνεσιν ὁ ἀρχιστράτηγος Ναβου-
χοδονοσορ βασιλέως Ἀσσυρίων, καὶ ὃν τρόπον ἐσκύλευσεν πάντα
2 τὰ ἱερὰ αὐτῶν καὶ ἔδωκεν αὐτὰ εἰς ἀφανισμόν, ²καὶ ἐφοβήθησαν
σφόδρα σφόδρα ἀπὸ προσώπου αὐτοῦ καὶ περὶ Ιερουσαλημ καὶ
3 τοῦ ναοῦ κυρίου θεοῦ αὐτῶν ἐταράχθησαν. ³ὅτι προσφάτως ἦσαν
ἀναβεβηκότες ἐκ τῆς αἰχμαλωσίας, καὶ νεωστὶ πᾶς ὁ λαὸς συν-
ελέλεκτο τῆς Ιουδαίας, καὶ τὰ σκεύη καὶ τὸ θυσιαστήριον καὶ ὁ οἶκος
4 ἐκ τῆς βεβηλώσεως ἡγιασμένα ἦν. ⁴καὶ ἀπέστειλαν εἰς πᾶν ὅριον
Σαμαρείας καὶ Κωνα καὶ Βαιθωρων καὶ Βελμαιν καὶ Ιεριχω καὶ εἰς
5 Χωβα καὶ Αισωρα καὶ τὸν αὐλῶνα Σαλημ ⁵καὶ προκατελάβοντο πά-
σας τὰς κορυφὰς τῶν ὀρέων τῶν ὑψηλῶν καὶ ἐτείχισαν τὰς ἐν
αὐτοῖς κώμας καὶ παρέθεντο εἰς ἐπισιτισμὸν εἰς παρασκευὴν πο-
6 λέμου, ὅτι προσφάτως ἦν τὰ πεδία αὐτῶν τεθερισμένα. ⁶καὶ ἔγρα-
ψεν Ιωακιμ ὁ ἱερεὺς ὁ μέγας, ὃς ἦν ἐν ταῖς ἡμέραις ἐν Ιερουσα-

3 χρησαι] + ημιν 58 Sᶜ | αν αρεσκη] αρεσκει SL ‖ 4 ιδου και] tr. 58†,
και > SL† | σοι] σου SA ‖ 5 ανδρες] + της πολεως S† ‖ 6 παραλιαν]
επαρχιαν A† | εφρουρησεν SA | ελαβον B† ‖ 8 και 3⁰] οτι S 58† | παντας
τους θεους] τους φορους S† | μονω > S† | λατρευσωσι(ν)] σ 1⁰ > B†, σ 1⁰ ⌒
2⁰ A† | γλωσσαι … φυλαι] tr. S† | αι ult.] pr. πασαι B† ‖ 9 εσδρηλων ASᶜ
(cf. 1 8)] εσδηρλ. S*†, εσδραηλ. B | δωτεας A | ..αιας 1⁰ ⌒ 2⁰ S*† ‖ 10 γαι-
βαι] -βαν S, ταιβαν A† | απαρτιαν] στρατιαν S†
4 1 τοις εθν. > S*† | ο > S | παντα ult. > S† | ιερα] ορια A ‖ 2 σφοδρα
2⁰ > SA | θεου] pr. του S ‖ 4 κωνα] κωλα S*†, κειλα L†, κωνας ASᶜ | βε-
θωρω A | βελμαιν] αβελμα(ε)ιν SL⁽†⁾: cf. 7 3 8 3 15 4 | χαβα S† | αισωρα] αρα-
σουσια S*† ‖ 5 ετ(ε)ιχισαν] -σαντο B ‖ 6 εγραψεν] ηκουσεν S*† | ος ην
et εν 2⁰ > S*†

λημ, τοῖς κατοικοῦσι Βαιτυλουα καὶ Βαιτομεσθαιμ, ἥ ἐστιν ἀπέναντι
Εσδρηλων κατὰ πρόσωπον τοῦ πεδίου τοῦ πλησίον Δωθαϊμ, ⁷λέγων 7
διακατασχεῖν τὰς ἀναβάσεις τῆς ὀρεινῆς, ὅτι δι' αὐτῶν ἦν ἡ εἴσ-
οδος εἰς τὴν Ιουδαίαν, καὶ ἦν εὐχερῶς διακωλῦσαι αὐτοὺς προσβαί-
νοντας στενῆς τῆς προσβάσεως οὔσης ἐπ' ἄνδρας τοὺς πάντας δύο.
⁸καὶ ἐποίησαν οἱ υἱοὶ Ισραηλ καθὰ συνέταξεν αὐτοῖς Ιωακιμ ὁ ἱε- 8
ρεὺς ὁ μέγας καὶ ἡ γερουσία παντὸς δήμου Ισραηλ, οἳ ἐκάθηντο
ἐν Ιερουσαλημ. — ⁹καὶ ἀνεβόησαν πᾶς ἀνὴρ Ισραηλ πρὸς τὸν θεὸν 9
ἐν ἐκτενείᾳ μεγάλῃ καὶ ἐταπείνωσαν τὰς ψυχὰς αὐτῶν ἐν ἐκτενείᾳ
μεγάλῃ. ¹⁰αὐτοὶ καὶ αἱ γυναῖκες αὐτῶν καὶ τὰ νήπια αὐτῶν καὶ τὰ 10
κτήνη αὐτῶν καὶ πᾶς πάροικος καὶ μισθωτὸς καὶ ἀργυρώνητος αὐ-
τῶν ἐπέθεντο σάκκους ἐπὶ τὰς ὀσφύας αὐτῶν. ¹¹καὶ πᾶς ἀνὴρ Ισ- 11
ραηλ καὶ γυνὴ καὶ τὰ παιδία οἱ κατοικοῦντες ἐν Ιερουσαλημ ἔπεσον
κατὰ πρόσωπον τοῦ ναοῦ καὶ ἐσποδώσαντο τὰς κεφαλὰς αὐτῶν
καὶ ἐξέτειναν τοὺς σάκκους αὐτῶν κατὰ πρόσωπον κυρίου · ¹²καὶ τὸ 12
θυσιαστήριον σάκκῳ περιέβαλον καὶ ἐβόησαν πρὸς τὸν θεὸν Ισραηλ
ὁμοθυμαδὸν ἐκτενῶς τοῦ μὴ δοῦναι εἰς διαρπαγὴν τὰ νήπια αὐτῶν
καὶ τὰς γυναῖκας εἰς προνομὴν καὶ τὰς πόλεις τῆς κληρονομίας αὐ-
τῶν εἰς ἀφανισμὸν καὶ τὰ ἅγια εἰς βεβήλωσιν καὶ ὀνειδισμὸν ἐπί-
χαρμα τοῖς ἔθνεσιν. ¹³καὶ εἰσήκουσεν κύριος τῆς φωνῆς αὐτῶν καὶ 13
εἰσεῖδεν τὴν θλῖψιν αὐτῶν · καὶ ἦν ὁ λαὸς νηστεύων ἡμέρας πλεί-
ους ἐν πάσῃ τῇ Ιουδαίᾳ καὶ Ιερουσαλημ κατὰ πρόσωπον τῶν ἁγίων
κυρίου παντοκράτορος. ¹⁴καὶ Ιωακιμ ὁ ἱερεὺς ὁ μέγας καὶ πάντες 14
οἱ παρεστηκότες ἐνώπιον κυρίου ἱερεῖς καὶ οἱ λειτουργοῦντες κυρίῳ
σάκκους περιεζωσμένοι τὰς ὀσφύας αὐτῶν προσέφερον τὴν ὁλοκαύ-
τωσιν τοῦ ἐνδελεχισμοῦ καὶ τὰς εὐχὰς καὶ τὰ ἑκούσια δόματα τοῦ
λαοῦ, ¹⁵καὶ ἦν σποδὸς ἐπὶ τὰς κιδάρεις αὐτῶν, καὶ ἐβόων πρὸς 15
κύριον ἐκ πάσης δυνάμεως εἰς ἀγαθὸν ἐπισκέψασθαι πᾶν οἶκον
Ισραηλ.

6 βαι(uel βε)τυλουα: sic A ubique, B fere ubique; S fere ubique βαιτουλουα
et sic B in 4 6; S⁺ in 4 6 βαιτουλια et sic uel simillime L⁺ ubique; cf. 2 21
| και ult. — fin.] nihil nisi κατα προσωπον δωθαειμ S⁺ | εσδρηλων Ra.] δ >
B⁽⁺⁾, ε pro δ A⁺: cf. 1 8 || 7 η εισοδος] οδος S⁺ | αυτους προσβαινοντας]
τους προβ. S⁺, τους αναβ. 58⁺ | της ult. > S⁺ | προσβασεως] αναβ. S* 58⁺,
διαβ. ASᶜ | τους παντας > S || 8 ιωακιμ > S⁺ | δημου] λαου A⁺ || 9 αν-
εβοησαν] εβοησαν S⁺: cf. 12 7 23 | εταπ(ε)ινουσαν B*A | εν εκτεν. μεγ. ult.] >
S; νηστια μεγαλη Sᶜ: sim. 58 L || 10 και μισθ.] η μ. B⁺ | αυτων paenult.]
και S 58⁺, + και L⁺ || 11 τα > B⁽⁺⁾ | οι κατοικ. εν ιερ.] > S*⁺, pr. και A |
επεσον] -σαν S, επεθεντο A⁺ || 12 περιεβαλλον B*⁺ | εβοησαν] pr. αν S: cf.
9 | εκτενως > S⁺ | γυναικας] + αυτων S | αυτων ult. > S*⁺ || 13 εισειδεν]
εσειδεν B*⁺, ως ειδεν Bᶜ⁺, εισ > LSᶜ | τη ιουδαια] γη ιουδα S⁺ | ιερους.] pr.
οι εν S⁺, + επεσον S⁺, + και επεσον 58⁺ | παντοκρατ.] pr. του A⁺ || 14 ο
μεγας > S*⁺ | ιερεις — κυριω > S⁺ | και 3⁰ > A⁺ | σακκους περιεζ.] tr. S⁺ |
προσφεροντες S⁺ | και paenult. — fin. > S⁺ || 15 παν] παντα S: cf. Iud. 7 4 B

5 ¹Καὶ ἀνηγγέλη Ολοφέρνῃ ἀρχιστρατήγῳ δυνάμεως Ασσουρ διότι
οἱ υἱοὶ Ισραηλ παρεσκευάσαντο εἰς πόλεμον καὶ τὰς διόδους τῆς
ὀρεινῆς συνέκλεισαν καὶ ἐτείχισαν πᾶσαν κορυφὴν ὄρους ὑψηλοῦ
2 καὶ ἔθηκαν ἐν τοῖς πεδίοις σκάνδαλα. ²καὶ ὠργίσθη θυμῷ σφόδρα
καὶ ἐκάλεσεν πάντας τοὺς ἄρχοντας Μωαβ καὶ τοὺς στρατηγοὺς
3 Αμμων καὶ πάντας σατράπας τῆς παραλίας ³καὶ εἶπεν αὐτοῖς Ἀναγ-
γείλατε δή μοι, υἱοὶ Χανααν, τίς ὁ λαὸς οὗτος ὁ καθήμενος ἐν τῇ
ὀρεινῇ, καὶ τίνες ἃς κατοικοῦσιν πόλεις, καὶ τὸ πλῆθος τῆς δυνά-
μεως αὐτῶν, καὶ ἐν τίνι τὸ κράτος αὐτῶν καὶ ἡ ἰσχὺς αὐτῶν, καὶ
4 τίς ἀνέστηκεν ἐπ᾽ αὐτῶν βασιλεὺς ἡγούμενος στρατιᾶς αὐτῶν, ⁴καὶ
διὰ τί κατενωτίσαντο τοῦ μὴ ἐλθεῖν εἰς ἀπάντησίν μοι παρὰ πάν-
5 τας τοὺς κατοικοῦντας ἐν δυσμαῖς. — ⁵καὶ εἶπεν πρὸς αὐτὸν Αχιωρ
ὁ ἡγούμενος πάντων υἱῶν Αμμων Ἀκουσάτω δὴ λόγον ὁ κύριός
μου ἐκ στόματος τοῦ δούλου σου, καὶ ἀναγγελῶ σοι τὴν ἀλήθειαν
περὶ τοῦ λαοῦ τούτου, ὃς κατοικεῖ τὴν ὀρεινὴν ταύτην, πλησίον
σοῦ οἰκοῦντος, καὶ οὐκ ἐξελεύσεται ψεῦδος ἐκ τοῦ στόματος τοῦ
6
7 δούλου σου. ⁶ὁ λαὸς οὗτός εἰσιν ἀπόγονοι Χαλδαίων. ⁷καὶ παρ-
ῴκησαν τὸ πρότερον ἐν τῇ Μεσοποταμίᾳ, ὅτι οὐκ ἐβουλήθησαν ἀκο-
λουθῆσαι τοῖς θεοῖς τῶν πατέρων αὐτῶν, οἳ ἐγένοντο ἐν γῇ Χαλ-
8 δαίων · ⁸καὶ ἐξέβησαν ἐξ ὁδοῦ τῶν γονέων αὐτῶν καὶ προσεκύνησαν
τῷ θεῷ τοῦ οὐρανοῦ, θεῷ ᾧ ἐπέγνωσαν, καὶ ἐξέβαλον αὐτοὺς ἀπὸ
προσώπου τῶν θεῶν αὐτῶν, καὶ ἔφυγον εἰς Μεσοποταμίαν καὶ
9 παρῴκησαν ἐκεῖ ἡμέρας πολλάς. ⁹καὶ εἶπεν ὁ θεὸς αὐτῶν ἐξελθεῖν
ἐκ τῆς παροικίας αὐτῶν καὶ πορευθῆναι εἰς γῆν Χανααν, καὶ κατ-
ῴκησαν ἐκεῖ καὶ ἐπληθύνθησαν χρυσίῳ καὶ ἀργυρίῳ καὶ ἐν κτήνεσιν
10 πολλοῖς σφόδρα. ¹⁰καὶ κατέβησαν εἰς Αἴγυπτον, ἐκάλυψεν γὰρ τὸ
πρόσωπον τῆς γῆς Χανααν λιμός, καὶ παρῴκησαν ἐκεῖ μέχρις οὗ
διετράφησαν · καὶ ἐγένοντο ἐκεῖ εἰς πλῆθος πολύ, καὶ οὐκ ἦν ἀριθ-
11 μὸς τοῦ γένους αὐτῶν. ¹¹καὶ ἐπανέστη αὐτοῖς ὁ βασιλεὺς Αἰγύπτου
καὶ κατεσοφίσατο αὐτοὺς ἐν πόνῳ καὶ πλίνθῳ, ἐταπείνωσαν αὐτοὺς
12 καὶ ἔθεντο αὐτοὺς εἰς δούλους. ¹²καὶ ἀνεβόησαν πρὸς τὸν θεὸν
αὐτῶν, καὶ ἐπάταξεν πᾶσαν τὴν γῆν Αἰγύπτου πληγαῖς, ἐν αἷς οὐκ
ἦν ἴασις · καὶ ἐξέβαλον αὐτοὺς οἱ Αἰγύπτιοι ἀπὸ προσώπου αὐτῶν.
13 ¹³καὶ κατεξήρανεν ὁ θεὸς τὴν ἐρυθρὰν θάλασσαν ἔμπροσθεν αὐτῶν
14 ¹⁴καὶ ἤγαγεν αὐτοὺς εἰς ὁδὸν τοῦ Σινα καὶ Καδης Βαρνη · καὶ ἐξ-

5 1 δυναμεως] pr. της S | οι > A | και 2⁰] κατα S*† ‖ 2 και ult. — fin.
> S ‖ 3 δη > S | υιοι] pr. οι SV† | ουτος ο καθημ.] ενκαθημ. ουτος S†,
ουτος ο εγκαθημ. 58† | ανεστηκεν] καθεστ. S† | επ αυτων / βασ.] tr. SL† (S† om.
ηγουμ. στρ. αυτων) | βασ.] pr. ο A† ‖ 4 μοι] μου S ‖ 5 τουτου > BS ‖
8 και εξεβησαν] και > B†, εξεβ. δε S† | εξ] εκ της S 58 L† | θεω 2⁰ > S 58†
‖ 10 λιμος] pr. ο S 58† (S† tr. ο λιμ. ante το προσ.) | του > S† ‖ 11 κατ-
εσοφισαντο B | εν] pr. και A | πονω] πηλω S 58† | εταπεινωσαν] -σεν SA, pr.
και S | εθετο A (non S) ‖ 12 και επαταξεν] παταξον A*† | πασαν την > B†

ἔβαλον πάντας τοὺς κατοικοῦντας ἐν τῇ ἐρήμῳ ¹⁵καὶ ᾤκησαν ἐν τῇ 15
Αμορραίων καὶ πάντας τοὺς Εσεβωνίτας ἐξωλέθρευσαν ἐν τῇ ἰσχύι
αὐτῶν. καὶ διαβάντες τὸν Ιορδάνην ἐκληρονόμησαν πᾶσαν τὴν ὀρει-
νὴν ¹⁶καὶ ἐξέβαλον ἐκ προσώπου αὐτῶν τὸν Χαναναῖον καὶ τὸν 16
Φερεζαῖον καὶ τὸν Ιεβουσαῖον καὶ τὸν Συχεμ καὶ πάντας τοὺς Γερ-
γεσαίους καὶ κατῴκησαν ἐν αὐτῇ ἡμέρας πολλάς. ¹⁷καὶ ἕως οὐχ 17
ἥμαρτον ἐνώπιον τοῦ θεοῦ αὐτῶν, ἦν μετ᾽ αὐτῶν τὰ ἀγαθά, ὅτι
θεὸς μισῶν ἀδικίαν μετ᾽ αὐτῶν ἐστιν. ¹⁸ὅτε δὲ ἀπέστησαν ἀπὸ τῆς 18
ὁδοῦ, ἧς διέθετο αὐτοῖς, ἐξωλεθρεύθησαν ἐν πολλοῖς πολέμοις ἐπὶ
πολὺ σφόδρα καὶ ἠχμαλωτεύθησαν εἰς γῆν οὐκ ἰδίαν, καὶ ὁ ναὸς
τοῦ θεοῦ αὐτῶν ἐγενήθη εἰς ἔδαφος, καὶ αἱ πόλεις αὐτῶν ἐκρατή-
θησαν ὑπὸ τῶν ὑπεναντίων. ¹⁹καὶ νῦν ἐπιστρέψαντες ἐπὶ τὸν θεὸν 19
αὐτῶν ἀνέβησαν ἐκ τῆς διασποράς, οὗ διεσπάρησαν ἐκεῖ, καὶ κατ-
έσχον τὴν Ιερουσαλημ, οὗ τὸ ἁγίασμα αὐτῶν, καὶ κατῳκίσθησαν ἐν
τῇ ὀρεινῇ, ὅτι ἦν ἔρημος. ²⁰καὶ νῦν, δέσποτα κύριε, εἰ μὲν ἔστιν 20
ἀγνόημα ἐν τῷ λαῷ τούτῳ καὶ ἁμαρτάνουσιν εἰς τὸν θεὸν αὐτῶν
καὶ ἐπισκεψόμεθα ὅτι ἔστιν ἐν αὐτοῖς σκάνδαλον τοῦτο, καὶ ἀνα-
βησόμεθα καὶ ἐκπολεμήσομεν αὐτούς· ²¹εἰ δ᾽ οὐκ ἔστιν ἀνομία ἐν 21
τῷ ἔθνει αὐτῶν, παρελθέτω δὴ ὁ κύριός μου, μήποτε ὑπερασπίσῃ
ὁ κύριος αὐτῶν καὶ ὁ θεὸς αὐτῶν ὑπὲρ αὐτῶν, καὶ ἐσόμεθα εἰς
ὀνειδισμὸν ἐναντίον πάσης τῆς γῆς. — ²²καὶ ἐγένετο ὡς ἐπαύσατο 22
Αχιωρ λαλῶν τοὺς λόγους τούτους, καὶ ἐγόγγυσεν πᾶς ὁ λαὸς ὁ
κυκλῶν τὴν σκηνὴν καὶ περιεστώς, καὶ εἶπαν οἱ μεγιστᾶνες Ολο-
φέρνου καὶ πάντες οἱ κατοικοῦντες τὴν παραλίαν καὶ τὴν Μωαβ
συγκόψαι αὐτόν ²³Οὐ γὰρ φοβηθησόμεθα ἀπὸ υἱῶν Ισραηλ, ἰδοὺ 23
γὰρ λαὸς ἐν ᾧ οὐκ ἔστιν δύναμις οὐδὲ κράτος εἰς παράταξιν ἰσχυ-
ράν· ²⁴διὸ δὴ ἀναβησόμεθα, καὶ ἔσονται εἰς κατάβρωσιν πάσης 24
τῆς στρατιᾶς σου, δέσποτα Ολοφέρνη. — ¹καὶ ὡς κατέπαυσεν ὁ 6
θόρυβος τῶν ἀνδρῶν τῶν κύκλῳ τῆς συνεδρίας, καὶ εἶπεν Ολοφέρ-
νης ἀρχιστράτηγος δυνάμεως Ασσουρ πρὸς Αχιωρ ἐναντίον παντὸς
τοῦ δήμου ἀλλοφύλων καὶ πρὸς πάντας υἱοὺς Μωαβ ²Καὶ τίς εἶ 2
σύ, Αχιωρ καὶ οἱ μισθωτοὶ τοῦ Εφραιμ, ὅτι ἐπροφήτευσας ἐν ἡμῖν
καθὼς σήμερον καὶ εἶπας τὸ γένος Ισραηλ μὴ πολεμῆσαι, ὅτι ὁ

15 εν τη] την S† | τους εσεβων SA (+ και παντας S†: sic!) ‖ 17 εως] +
ου S† | ην / μετ αυτων] tr. S† | θεος] pr. ο S pl. ‖ 19 και 2⁰ > B† | οτι]
οτε S*† ‖ 21 ει δ(ε) ιδου A† | αυτων 1⁰] αυτω L†, τουτω S† | δη > AV†
| μου > BA | ο 2⁰ ⌒ 3⁰ S† | υπερ] περι A | ονειδος SA ‖ 22 αχ(ε)ιωρ λα-
λων] tr. SA | ο κυκλων την σκηνην και περιεστως] και περιεστως > S*, ο
κυκλω της σκηνης περιεστως A | παντες > S† ‖ 24 καταβρωμα B 58 L†:
cf. 10 12
6 1 και 2⁰ > B | ο αρχιστρ. της δυν. et των αλλοφυλων A | και προς παν-
τας (+ τους A†) υιους μωαβ / (2) και τις ει συ αχιωρ] tr. BS ‖ 2 του > B*†
| ο 1⁰ > B†

θεὸς αὐτῶν ὑπερασπιεῖ αὐτῶν; καὶ τίς θεὸς εἰ μὴ Ναβουχοδονο-
σορ; οὗτος ἀποστελεῖ τὸ κράτος αὐτοῦ καὶ ἐξολεθρεύσει αὐτοὺς
ἀπὸ προσώπου τῆς γῆς, καὶ οὐ ῥύσεται αὐτοὺς ὁ θεὸς αὐτῶν ·
3 ³ἀλλ' ἡμεῖς οἱ δοῦλοι αὐτοῦ πατάξομεν αὐτοὺς ὡς ἄνθρωπον ἕνα,
4 καὶ οὐχ ὑποστήσονται τὸ κράτος τῶν ἵππων ἡμῶν. ⁴κατακαύσομεν
γὰρ αὐτοὺς ἐν αὐτοῖς, καὶ τὰ ὄρη αὐτῶν μεθυσθήσεται ἐν τῷ αἵ-
ματι αὐτῶν, καὶ τὰ πεδία αὐτῶν πληρωθήσεται τῶν νεκρῶν αὐτῶν,
καὶ οὐκ ἀντιστήσεται τὸ ἴχνος τῶν ποδῶν αὐτῶν κατὰ πρόσωπον
ἡμῶν, ἀλλὰ ἀπωλείᾳ ἀπολοῦνται, λέγει ὁ βασιλεὺς Ναβουχοδονο-
σορ ὁ κύριος πάσης τῆς γῆς · εἶπεν γάρ, οὐ ματαιωθήσεται τὰ
5 ῥήματα τῶν λόγων αὐτοῦ. ⁵σὺ δέ, Αχιωρ μισθωτὲ τοῦ Αμμων, ὃς
ἐλάλησας τοὺς λόγους τούτους ἐν ἡμέρᾳ ἀδικίας σου, οὐκ ὄψει
ἔτι τὸ πρόσωπόν μου ἀπὸ τῆς ἡμέρας ταύτης, ἕως οὗ ἐκδικήσω
6 τὸ γένος τῶν ἐξ Αἰγύπτου · ⁶καὶ τότε διελεύσεται ὁ σίδηρος τῆς
στρατιᾶς μου καὶ ὁ λαὸς τῶν θεραπόντων μου τὰς πλευράς σου,
7 καὶ πεσῇ ἐν τοῖς τραυματίαις αὐτῶν, ὅταν ἐπιστρέψω. ⁷καὶ ἀπο-
καταστήσουσίν σε οἱ δοῦλοί μου εἰς τὴν ὀρεινὴν καὶ θήσουσίν σε
8 ἐν μιᾷ τῶν πόλεων τῶν ἀναβάσεων, ⁸καὶ οὐκ ἀπολῇ ἕως οὗ ἐξ-
9 ολεθρευθῇς μετ' αὐτῶν. ⁹καὶ εἴπερ ἐλπίζεις τῇ καρδίᾳ σου ὅτι οὐ
συλλημφθήσονται, μὴ συμπεσέτω σου τὸ πρόσωπον · ἐλάλησα, καὶ
10 οὐδὲν διαπεσεῖται τῶν ῥημάτων μου. — ¹⁰καὶ προσέταξεν Ολοφέρ-
νης τοῖς δούλοις αὐτοῦ, οἳ ἦσαν παρεστηκότες ἐν τῇ σκηνῇ αὐτοῦ,
συλλαβεῖν τὸν Αχιωρ καὶ ἀποκαταστῆσαι αὐτὸν εἰς Βαιτυλουα καὶ
11 παραδοῦναι εἰς χεῖρας υἱῶν Ισραηλ. ¹¹καὶ συνέλαβον αὐτὸν οἱ δοῦ-
λοι αὐτοῦ καὶ ἤγαγον αὐτὸν ἔξω τῆς παρεμβολῆς εἰς τὸ πεδίον
καὶ ἀπῆραν ἐκ μέσου τῆς πεδινῆς εἰς τὴν ὀρεινὴν καὶ παρεγένοντο
12 ἐπὶ τὰς πηγάς, αἳ ἦσαν ὑποκάτω Βαιτυλουα. ¹²καὶ ὡς εἶδαν αὐτοὺς.
οἱ ἄνδρες τῆς πόλεως ἐπὶ τὴν κορυφὴν τοῦ ὄρους, ἀνέλαβον τὰ
ὅπλα αὐτῶν καὶ ἀπῆλθον ἔξω τῆς πόλεως ἐπὶ τὴν κορυφὴν τοῦ
ὄρους, καὶ πᾶς ἀνὴρ σφενδονήτης διεκράτησαν τὴν ἀνάβασιν αὐ-
13 τῶν καὶ ἔβαλλον ἐν λίθοις ἐπ' αὐτούς. ¹³καὶ ὑποδύσαντες ὑποκάτω
τοῦ ὄρους ἔδησαν τὸν Αχιωρ καὶ ἀφῆκαν ἐρριμμένον ὑπὸ τὴν ῥί-
14 ζαν τοῦ ὄρους καὶ ἀπῴχοντο πρὸς τὸν κύριον αὐτῶν. ¹⁴καταβάν-

2 αυτων 1⁰ > Α | θεος 2⁰] pr. ο ΒΑ | ουτος] αυτος S† | αποστελει] pr. εξ
S† ‖ 3 παταξομεν] εξολεθρευσωμεν Α⁽†⁾ ‖ 4 εν αυτοις > S 58 | ορη] ορια
Β† | μεθυσθησονται Α | πληρωθησεται (compl., non Α, -σονται)] πλησθησεται
S† | των νεκρων αυτων] των > Β, αυτων > S† | αντιστησεται] απαντησ. S†
| των ποδων] του -δος S† | προσωπον] + των ποδων (sic) Α† | αλλα] αλλ Β†
| ο βασ./ναβουχ.] tr. S† | ο ult. > Β† | των λογων] του στοματος SL† ‖
5 ετι] > S†, post μου tr. 58† ‖ 6 επιστρεψωσιν Β*† ‖ 7 σε ult. > S† ‖
9 συλλημφθ.] συλ > BS ‖ 10 εν τη σκ. αυτου] αυτω S† | βαιτυλουα hic et
in seq.: cf. 4 6 | παραδουναι] + αυτον S† ‖ 11 αυτον 2⁰ > S | επι] εις S ‖
12 απηλθον] επ. BS†, -θεν Α†

τες δὲ οἱ υἱοὶ Ισραηλ ἐκ τῆς πόλεως αὐτῶν ἐπέστησαν αὐτῷ καὶ
λύσαντες αὐτὸν ἀπήγαγον εἰς τὴν Βαιτυλουα καὶ κατέστησαν αὐ-
τὸν ἐπὶ τοὺς ἄρχοντας τῆς πόλεως αὐτῶν, ¹⁵οἳ ἦσαν ἐν ταῖς ἡμέ- 15
ραις ἐκείναις, Οζιας ὁ τοῦ Μιχα ἐκ τῆς φυλῆς Συμεων καὶ Χαβρις
ὁ τοῦ Γοθονιηλ καὶ Χαρμις υἱὸς Μελχιηλ. ¹⁶καὶ συνεκάλεσαν πάν- 16
τας τοὺς πρεσβυτέρους τῆς πόλεως, καὶ συνέδραμον πᾶς νεανί-
σκος αὐτῶν καὶ αἱ γυναῖκες εἰς τὴν ἐκκλησίαν, καὶ ἔστησαν τὸν
Αχιωρ ἐν μέσῳ παντὸς τοῦ λαοῦ αὐτῶν, καὶ ἐπηρώτησεν αὐτὸν
Οζιας τὸ συμβεβηκός. ¹⁷καὶ ἀποκριθεὶς ἀπήγγειλεν αὐτοῖς τὰ ῥή- 17
ματα τῆς συνεδρίας Ολοφέρνου καὶ πάντα τὰ ῥήματα, ὅσα ἐλάλη-
σεν ἐν μέσῳ τῶν ἀρχόντων υἱῶν Ασσουρ, καὶ ὅσα ἐμεγαλορρημ ό-
νησεν Ολοφέρνης εἰς τὸν οἶκον Ισραηλ. ¹⁸καὶ πεσόντες ὁ λαὸς 18
προσεκύνησαν τῷ θεῷ καὶ ἐβόησαν λέγοντες ¹⁹Κύριε ὁ θεὸς τοῦ 19
οὐρανοῦ, κάτιδε ἐπὶ τὰς ὑπερηφανίας αὐτῶν καὶ ἐλέησον τὴν τα-
πείνωσιν τοῦ γένους ἡμῶν καὶ ἐπίβλεψον ἐπὶ τὸ πρόσωπον τῶν
ἡγιασμένων σοι ἐν τῇ ἡμέρᾳ ταύτῃ. ²⁰καὶ παρεκάλεσαν τὸν Αχιωρ 20
καὶ ἐπῄνεσαν αὐτὸν σφόδρα, ²¹καὶ παρέλαβεν αὐτὸν Οζιας ἐκ τῆς ἐκ- 21
κλησίας εἰς οἶκον αὐτοῦ καὶ ἐποίησεν πότον τοῖς πρεσβυτέροις, καὶ
ἐπεκαλέσαντο τὸν θεὸν Ισραηλ εἰς βοήθειαν ὅλην τὴν νύκτα ἐκείνην.

¹Τῇ δὲ ἐπαύριον παρήγγειλεν Ολοφέρνης πάσῃ τῇ στρατιᾷ αὐ- 7
τοῦ καὶ παντὶ τῷ λαῷ αὐτοῦ, οἳ παρεγένοντο ἐπὶ τὴν συμμαχίαν
αὐτοῦ, ἀναζευγνύειν ἐπὶ Βαιτυλουα καὶ τὰς ἀναβάσεις τῆς ὀρεινῆς
προκαταλαμβάνεσθαι καὶ ποιεῖν πόλεμον πρὸς τοὺς υἱοὺς Ισραηλ.
²καὶ ἀνέζευξεν ἐν τῇ ἡμέρᾳ ἐκείνῃ πᾶς ἀνὴρ δυνατὸς αὐτῶν· καὶ 2
ἡ δύναμις αὐτῶν ἀνδρῶν πολεμιστῶν χιλιάδες πεζῶν ἑκατὸν ἑβδο-
μήκοντα καὶ ἱππέων χιλιάδες δέκα δύο χωρὶς τῆς ἀποσκευῆς καὶ
τῶν ἀνδρῶν, οἳ ἦσαν πεζοὶ ἐν αὐτοῖς, πλῆθος πολὺ σφόδρα. ³καὶ 3
παρενέβαλον ἐν τῷ αὐλῶνι πλησίον Βαιτυλουα ἐπὶ τῆς πηγῆς καὶ
παρέτειναν εἰς εὖρος ἐπὶ Δωθαϊμ ἕως Βελβαιμ καὶ εἰς μῆκος ἀπὸ
Βαιτυλουα ἕως Κυαμωνος, ἥ ἐστιν ἀπέναντι τοῦ Εσδρηλων. ⁴οἱ δὲ 4
υἱοὶ Ισραηλ, ὡς εἶδον αὐτῶν τὸ πλῆθος, ἐταράχθησαν σφόδρα καὶ
εἶπαν ἕκαστος πρὸς τὸν πλησίον αὐτοῦ Νῦν ἐκλείξουσιν οὗτοι τὸ
πρόσωπον τῆς γῆς πάσης, καὶ οὔτε τὰ ὄρη τὰ ὑψηλὰ οὔτε αἱ φά-
ραγγες οὔτε οἱ βουνοὶ ὑποστήσονται τὸ βάρος αὐτῶν. ⁵καὶ ἀναλα- 5

---

14 αυτω] επ αυτον A | επι] εις A ‖ 15 μ(ε)ιχα] χειμα A† | γοθονιου S*†
| χαλμεις A† | υιος] ο του S* | μελχ(ε)ιηλ] σελλημ S*† ‖ 16 συνεκαλεσεν
B† | της πολεως] ισραηλ S*† | αυτων ult. > S† ‖ 17 ελαλησαν AV† ‖
18 τω θεω] pr. κυριω S† | 19 κατιδε] επιβλεψον SL†

7 1 τω > A† | οι] και S† ‖ 2 χιλιαδες 1⁰] + ανδρων B† | εκατον εβδομηκ.]
οκτω S*†, ρκ′ Sᶜ† | ιππεων] ε > S† | και ult. > B ‖ 3 επι 1⁰ > S† | βελ-
βαιμ] αβελβ. S†, αβελμαειν L†, αβελμεν 58†: cf. 4 4 | απο] εως B† | εσδρηλωμ
A: cf. 1 8 ‖ 4 αυτων 1⁰ > A† | ειπον S, ειπεν A | αυτου] -των S† | της
γης / πασης] tr. A

βόντες ἕκαστος τὰ σκεύη τὰ πολεμικὰ αὐτῶν καὶ ἀνακαύσαντες πυ-
ρὰς ἐπὶ τοὺς πύργους αὐτῶν ἔμενον φυλάσσοντες ὅλην τὴν νύκτα
6 ἐκείνην. ⁶τῇ δὲ ἡμέρᾳ τῇ δευτέρᾳ ἐξήγαγεν Ολοφέρνης πᾶσαν τὴν
ἵππον αὐτοῦ κατὰ πρόσωπον τῶν υἱῶν Ισραηλ, οἳ ἦσαν ἐν Βαιτυ-
7 λουα, ⁷καὶ ἐπεσκέψατο τὰς ἀναβάσεις τῆς πόλεως αὐτῶν καὶ τὰς
πηγὰς τῶν ὑδάτων ἐφώδευσεν καὶ προκατελάβετο αὐτὰς καὶ ἐπ-
έστησεν αὐταῖς παρεμβολὰς ἀνδρῶν πολεμιστῶν, καὶ αὐτὸς ἀνέζευ-
8 ξεν εἰς τὸν λαὸν αὐτοῦ. — ⁸καὶ προσελθόντες αὐτῷ πάντες ἄρ-
χοντες υἱῶν Ησαυ καὶ πάντες οἱ ἡγούμενοι τοῦ λαοῦ Μωαβ καὶ
9 οἱ στρατηγοὶ τῆς παραλίας εἶπαν ⁹Ἀκουσάτω δὴ λόγον ὁ δεσπότης
10 ἡμῶν, ἵνα μὴ γένηται θραῦσμα ἐν τῇ δυνάμει σου. ¹⁰ὁ γὰρ λαὸς
οὗτος τῶν υἱῶν Ισραηλ οὐ πέποιθαν ἐπὶ τοῖς δόρασιν αὐτῶν, ἀλλ᾽
ἐπὶ τοῖς ὕψεσι τῶν ὀρέων, ἐν οἷς αὐτοὶ ἐνοικοῦσιν ἐν αὐτοῖς · οὐ
γάρ ἐστιν εὐχερὲς προσβῆναι ταῖς κορυφαῖς τῶν ὀρέων αὐτῶν.
11 ¹¹καὶ νῦν, δέσποτα, μὴ πολέμει πρὸς αὐτοὺς καθὼς γίνεται πόλε-
12 μος παρατάξεως, καὶ οὐ πεσεῖται ἐκ τοῦ λαοῦ σου ἀνὴρ εἷς. ¹²ἀνά-
μεινον ἐπὶ τῆς παρεμβολῆς σου διαφυλάσσων πάντα ἄνδρα ἐκ τῆς
δυνάμεώς σου, καὶ ἐπικρατησάτωσαν οἱ παῖδές σου τῆς πηγῆς τοῦ
13 ὕδατος, ἣ ἐκπορεύεται ἐκ τῆς ῥίζης τοῦ ὄρους, ¹³διότι ἐκεῖθεν ὑ-
δρεύονται πάντες οἱ κατοικοῦντες Βαιτυλουα, καὶ ἀνελεῖ αὐτοὺς ἡ
δίψα, καὶ ἐκδώσουσι τὴν πόλιν αὐτῶν · καὶ ἡμεῖς καὶ ὁ λαὸς ἡμῶν
ἀναβησόμεθα ἐπὶ τὰς πλησίον κορυφὰς τῶν ὀρέων καὶ παρεμβα-
λοῦμεν ἐπ᾽ αὐταῖς εἰς προφυλακὴν τοῦ μὴ ἐξελθεῖν ἐκ τῆς πόλεως
14 ἄνδρα ἕνα. ¹⁴καὶ τακήσονται ἐν τῷ λιμῷ αὐτοὶ καὶ αἱ γυναῖκες αὐ-
τῶν καὶ τὰ τέκνα αὐτῶν, καὶ πρὶν ἐλθεῖν τὴν ῥομφαίαν ἐπ᾽ αὐτοὺς
15 καταστρωθήσονται ἐν ταῖς πλατείαις τῆς οἰκήσεως αὐτῶν. ¹⁵καὶ
ἀνταποδώσεις αὐτοῖς ἀνταπόδομα πονηρὸν ἀνθ᾽ ὧν ἐστασίασαν καὶ
16 οὐκ ἀπήντησαν τῷ προσώπῳ σου ἐν εἰρήνῃ. — ¹⁶καὶ ἤρεσαν οἱ
λόγοι αὐτῶν ἐνώπιον Ολοφέρνου καὶ ἐνώπιον πάντων τῶν θερα-
17 πόντων αὐτοῦ, καὶ συνέταξε ποιεῖν καθὰ ἐλάλησαν. ¹⁷καὶ ἀπῆρεν
παρεμβολὴ υἱῶν Αμμων καὶ μετ᾽ αὐτῶν χιλιάδες πέντε υἱῶν Ασ-
σουρ καὶ παρενέβαλον ἐν τῷ αὐλῶνι καὶ προκατελάβοντο τὰ ὕδατα
18 καὶ τὰς πηγὰς τῶν ὑδάτων τῶν υἱῶν Ισραηλ. ¹⁸καὶ ἀνέβησαν οἱ
υἱοὶ Ησαυ καὶ οἱ υἱοὶ Αμμων καὶ παρενέβαλον ἐν τῇ ὀρεινῇ ἀπ-

5 τα πολ. αυτων] τ. π. αυτου S*†, αυτου τ. π. L† | και 2⁰ — αυτων 2⁰ > S*†
| εκεινην > S† ‖ 6 των > S† | οι — fin. > S*† | εν] εκ ASˢ ‖ 7 υδατων]
+ αυτων A | παρεμβ. ανδρων πολ.] ανδρας πολεμιστας S† ‖ 8 της > S† ‖
10 ορεων 1⁰] + αυτων B | ενοικουσιν] κατοικ. A: cf. 13 ‖ 11 προς αυτους] μετ
αυτων S† ‖ 13 διοτι] οτι S 58 L† | κατοικουντες] ενοικ. S†: cf. 10 | επ αυ-
τας S†, επ αυτους L† | προφυλ.] pr. την S† ‖ 15 ουκ απηντ.] ουχ υπ. A ‖
16 αυτων] -του A† | ολοφερνους S†: item S† in 26 16 19, S*† in 15 11, sed
in 5 22 6 17 10 13. 17. 18 etc. etiam S -νου ‖ 17 απηραν παρεμβολην A(†) |
προκατελαβον S†

ἔναντι Δωθαΐμ. καὶ ἀπέστειλαν ἐξ αὐτῶν πρὸς νότον καὶ ἀπηλιώτην ἀπέναντι Εγρεβηλ, ἥ ἐστιν πλησίον Χους, ἥ ἐστιν ἐπὶ τοῦ χειμάρρου Μοχμουρ. καὶ ἡ λοιπὴ στρατιὰ τῶν Ἀσσυρίων παρενέβαλον ἐν τῷ πεδίῳ καὶ ἐκάλυψαν πᾶν τὸ πρόσωπον τῆς γῆς, καὶ αἱ σκηναὶ καὶ αἱ ἀπαρτίαι αὐτῶν κατεστρατοπέδευσαν ἐν ὄχλῳ πολλῷ καὶ ἦσαν εἰς πλῆθος πολὺ σφόδρα. 19 Καὶ οἱ υἱοὶ Ισραηλ ἀνεβόησαν πρὸς κύριον θεὸν αὐτῶν, ὅτι ὠλιγοψύχησεν τὸ πνεῦμα αὐτῶν, ὅτι ἐκύκλωσαν πάντες οἱ ἐχθροὶ αὐτῶν καὶ οὐκ ἦν διαφυγεῖν ἐκ μέσου αὐτῶν. 20 καὶ ἔμεινεν κύκλῳ αὐτῶν πᾶσα παρεμβολὴ Ασσουρ, οἱ πεζοὶ καὶ ἅρματα καὶ οἱ ἱππεῖς αὐτῶν, ἡμέρας τριάκοντα τέσσαρας. καὶ ἐξέλιπεν πάντας τοὺς κατοικοῦντας Βαιτυλουα πάντα τὰ ἀγγεῖα αὐτῶν τῶν ὑδάτων, 21 καὶ οἱ λάκκοι ἐξεκενοῦντο, καὶ οὐκ εἶχον πιεῖν εἰς πλησμονὴν ὕδωρ ἡμέραν μίαν, ὅτι ἐν μέτρῳ ἐδίδοσαν αὐτοῖς πιεῖν. 22 καὶ ἠθύμησεν τὰ νήπια αὐτῶν, καὶ αἱ γυναῖκες καὶ οἱ νεανίσκοι ἐξέλιπον ἀπὸ τῆς δίψης καὶ ἔπιπτον ἐν ταῖς πλατείαις τῆς πόλεως καὶ ἐν ταῖς διόδοις τῶν πυλῶν, καὶ οὐκ ἦν κραταίωσις ἔτι ἐν αὐτοῖς. — 23 καὶ ἐπισυνήχθησαν πᾶς ὁ λαὸς ἐπὶ Οζιαν καὶ τοὺς ἄρχοντας τῆς πόλεως, οἱ νεανίσκοι καὶ αἱ γυναῖκες καὶ τὰ παιδία, καὶ ἀνεβόησαν φωνῇ μεγάλῃ καὶ εἶπαν ἐναντίον πάντων τῶν πρεσβυτέρων 24 Κρῖναι ὁ θεὸς ἀνὰ μέσον ὑμῶν καὶ ἡμῶν, ὅτι ἐποιήσατε ἐν ἡμῖν ἀδικίαν μεγάλην οὐ λαλήσαντες εἰρηνικὰ μετὰ υἱῶν Ασσουρ. 25 καὶ νῦν οὐκ ἔστιν ὁ βοηθὸς ἡμῶν, ἀλλὰ πέπρακεν ἡμᾶς ὁ θεὸς εἰς τὰς χεῖρας αὐτῶν τοῦ καταστρωθῆναι ἐναντίον αὐτῶν ἐν δίψῃ καὶ ἀπωλείᾳ μεγάλῃ. 26 καὶ νῦν ἐπικαλέσασθε αὐτοὺς καὶ ἔκδοσθε τὴν πόλιν πᾶσαν εἰς προνομὴν τῷ λαῷ Ολοφέρνου καὶ πάσῃ τῇ δυνάμει αὐτοῦ. 27 κρεῖσσον γὰρ ἡμῖν γενηθῆναι αὐτοῖς εἰς διαρπαγήν· ἐσόμεθα γὰρ εἰς δούλους, καὶ ζήσεται ἡ ψυχὴ ἡμῶν, καὶ οὐκ ὀψόμεθα τὸν θάνατον τῶν νηπίων ἡμῶν ἐν ὀφθαλμοῖς ἡμῶν καὶ τὰς γυναῖκας καὶ τὰ τέκνα ἡμῶν ἐκλειπούσας τὰς ψυχὰς αὐτῶν. 28 μαρτυρόμεθα ὑμῖν τὸν οὐρανὸν καὶ τὴν γῆν καὶ τὸν θεὸν ἡμῶν καὶ κύριον τῶν πατέρων ἡμῶν, ὃς ἐκδικεῖ ἡμᾶς κατὰ τὰς ἁμαρτίας ἡμῶν καὶ κατὰ τὰ ἁμαρτήματα τῶν πατέρων ἡμῶν, ἵνα μὴ ποιήσῃ κατὰ τὰ ῥήματα ταῦτα ἐν τῇ ἡμέρᾳ τῇ σήμερον. 29 καὶ ἐγένετο κλαυθμὸς μέγας ἐν μέσῳ τῆς ἐκκλησίας πάντων ὁμοθυμαδόν, καὶ ἐβόησαν πρὸς

18 εκρεβηλ A | χουσει A | μοχμουρ] μουχμ. S*†, > A† | εκαλυψαν] pr. επ S†, -ψε(ν) AVL† | παν > S || 19 θεον] pr. τον S | εκυκλ.] + αυτους A || 20 εμεινεν] εμενον A | αρματα] pr. τα A | εξελ(ε)ιπαν ASᶜ | παντας τους κατοικουντας] παντων των -κουντων LSᶜ(om. παντων)†, πασι τοις -κουσι 58† || 22 ηθυμησαν Sᶜ | πυλων] οδων S† || 23 και 2⁰] + επι S | και paenult. > S† | ανεβοησαν] εβοησαν A: cf. 49 | παντων > B || 24 υμων .. ημων] tr. A || 25 ο(>A) ϝοηθος ημων] ο βοηθων ημιν S 58 L† || 27 ημιν] ημας SA | ημων 2⁰⌒3⁰ A† || 28 μαρτυρομεθα] pr. δια S 58† | ος] ως S 58† | μη > SV†

30 κύριον τὸν θεὸν φωνῇ μεγάλῃ. — ³⁰καὶ εἶπεν πρὸς αὐτοὺς Οζιας
Θαρσεῖτε, ἀδελφοί, διακαρτερήσωμεν ἔτι πέντε ἡμέρας, ἐν αἷς ἐπι-
στρέψει κύριος ὁ θεὸς ἡμῶν τὸ ἔλεος αὐτοῦ ἐφ᾽ ἡμᾶς, οὐ γὰρ
31 ἐγκαταλείψει ἡμᾶς εἰς τέλος· ³¹ἐὰν δὲ διέλθωσιν αὗται καὶ μὴ ἔλθῃ
32 ἐφ᾽ ἡμᾶς βοήθεια, ποιήσω κατὰ τὰ ῥήματα ὑμῶν. ³²καὶ ἐσκόρπισεν
τὸν λαὸν εἰς τὴν ἑαυτοῦ παρεμβολήν, καὶ ἐπὶ τὰ τείχη καὶ τοὺς
πύργους τῆς πόλεως αὐτῶν ἀπῆλθον καὶ τὰς γυναῖκας καὶ τὰ τέκνα
εἰς τοὺς οἴκους αὐτῶν ἀπέστειλαν· καὶ ἦσαν ἐν ταπεινώσει πολλῇ
ἐν τῇ πόλει.

8 ¹Καὶ ἤκουσεν ἐν ἐκείναις ταῖς ἡμέραις Ιουδιθ θυγάτηρ Μεραρι
υἱοῦ ΩΞ υἱοῦ Ιωσηφ υἱοῦ Οζιηλ υἱοῦ Ελκια υἱοῦ Ανανιου υἱοῦ Γε-
δεων υἱοῦ Ραφαϊν υἱοῦ Αχιτωβ υἱοῦ Ηλιου υἱοῦ Χελκιου υἱοῦ Ελιαβ
2 υἱοῦ Ναθαναηλ υἱοῦ Σαλαμιηλ υἱοῦ Σαρασαδαι υἱοῦ Ισραηλ. ²καὶ
ὁ ἀνὴρ αὐτῆς Μανασσης τῆς φυλῆς αὐτῆς καὶ τῆς πατριᾶς αὐτῆς·
3 καὶ ἀπέθανεν ἐν ἡμέραις θερισμοῦ κριθῶν· ³ἐπέστη γὰρ ἐπὶ τοὺς
δεσμεύοντας τὰ δράγματα ἐν τῷ πεδίῳ, καὶ ὁ καύσων ἦλθεν ἐπὶ
τὴν κεφαλὴν αὐτοῦ, καὶ ἔπεσεν ἐπὶ τὴν κλίνην αὐτοῦ καὶ ἐτελεύ-
τησεν ἐν Βαιτυλουα τῇ πόλει αὐτοῦ, καὶ ἔθαψαν αὐτὸν μετὰ τῶν
πατέρων αὐτοῦ ἐν τῷ ἀγρῷ τῷ ἀνὰ μέσον Δωθαϊμ καὶ Βαλαμων.
4 ⁴καὶ ἦν Ιουδιθ ἐν τῷ οἴκῳ αὐτῆς χηρεύουσα ἔτη τρία καὶ μῆνας
5 τέσσαρας. ⁵καὶ ἐποίησεν ἑαυτῇ σκηνὴν ἐπὶ τοῦ δώματος τοῦ οἴκου
αὐτῆς καὶ ἐπέθηκεν ἐπὶ τὴν ὀσφὺν αὐτῆς σάκκον, καὶ ἦν ἐπ᾽ αὐ-
6 τῆς τὰ ἱμάτια τῆς χηρεύσεως αὐτῆς. ⁶καὶ ἐνήστευε πάσας τὰς ἡμέ-
ρας τῆς χηρεύσεως αὐτῆς χωρὶς προσαββάτων καὶ σαββάτων καὶ
προνουμηνιῶν καὶ νουμηνιῶν καὶ ἑορτῶν καὶ χαρμοσυνῶν οἴκου
7 Ισραηλ. ⁷καὶ ἦν καλὴ τῷ εἴδει καὶ ὡραία τῇ ὄψει σφόδρα· καὶ
ὑπελίπετο αὐτῇ Μανασσης ὁ ἀνὴρ αὐτῆς χρυσίον καὶ ἀργύριον
καὶ παῖδας καὶ παιδίσκας καὶ κτήνη καὶ ἀγρούς, καὶ ἔμενεν ἐπ᾽ αὐ-
8 τῶν. ⁸καὶ οὐκ ἦν ὃς ἐπήνεγκεν αὐτῇ ῥῆμα πονηρόν, ὅτι ἐφοβεῖτο
9 τὸν θεὸν σφόδρα. — ⁹καὶ ἤκουσεν τὰ ῥήματα τοῦ λαοῦ τὰ πονηρὰ
ἐπὶ τὸν ἄρχοντα, ὅτι ὠλιγοψύχησαν ἐν τῇ σπάνει τῶν ὑδάτων, καὶ
ἤκουσεν πάντας τοὺς λόγους Ιουδιθ, οὓς ἐλάλησεν πρὸς αὐτοὺς

29 τον > A ‖ 30 ετι] επι A† | πεντε ημερας] tr. S 58† | επιστρεφει A†
‖ 31 δε > A ‖ 32 παρεμβολην] pr. πολιν A† | τους πυργους] pr. επι AL†,
επι πυργους 58† | απεστειλαν] -λε(ν) BS*L†, απελυσεν 58†
8 1 εκειναις / ταις ημ.] tr. S† | υιου ανανιου — αχιτωβ > B | γεδεων] γεδσων
S† | αχιτωβ SL†] ακιθων A⁽†⁾, ακιθω pl. | υιου χελκιου > A | ελιαβ] εναβ S†
| σαλαμιηλ] σαμαμ. S† | σαρασαδαι] σαλασ. A, σαρισ. S†; + υιου συμεων V 58
L† (L† των υιων pro υιου seq.) ‖ 2 της 1⁰] pr. εκ S† | θερισμου κριθων]
tr. A† ‖ 3 του δεσμευοντος B† | το δραγμα B | αυτου 1⁰ ⌒ 2⁰ S*† | αυτου
2⁰ > B | βαλαμων] αβελμαειν L†: cf. 44 ‖ 5 εαυτη] ε > B | επ αυτης] ς >
S ‖ 6 ενηστευσεν SA | και σαββατων > A* | και νουμηνιων > B* | και
paenult. > S† ‖ 7 μαν. / ο ανηρ αυτης] tr. SL† | εμεινεν S*AVL† ‖ 9 τα
1⁰ > B*† | ωλιγοψυχησεν A | εν] επι B | παντας τ. λογ. / ιουδιθ] tr. A

Οζιας, ὡς ὤμοσεν αὐτοῖς παραδώσειν τὴν πόλιν μετὰ ἡμέρας πέντε
τοῖς Ἀσσυρίοις · ¹⁰καὶ ἀποστείλασα τὴν ἅβραν αὐτῆς τὴν ἐφεστῶ- 10
σαν πᾶσιν τοῖς ὑπάρχουσιν αὐτῆς ἐκάλεσεν Χαβριν καὶ Χαρμιν τοὺς
πρεσβυτέρους τῆς πόλεως αὐτῆς, ¹¹καὶ ἦλθον πρὸς αὐτήν, καὶ εἶ- 11
πεν πρὸς αὐτούς Ἀκούσατε δή μου, ἄρχοντες τῶν κατοικούντων
ἐν Βαιτυλουα · ὅτι οὐκ εὐθὴς ὁ λόγος ὑμῶν, ὃν ἐλαλήσατε ἐναν-
τίον τοῦ λαοῦ ἐν τῇ ἡμέρᾳ ταύτῃ καὶ ἐστήσατε τὸν ὅρκον τοῦτον,
ὃν ἐλαλήσατε ἀνὰ μέσον τοῦ θεοῦ καὶ ὑμῶν καὶ εἴπατε ἐκδώσειν
τὴν πόλιν τοῖς ἐχθροῖς ἡμῶν, ἐὰν μὴ ἐν αὐταῖς ἐπιστρέψῃ κύριος
βοήθειαν ὑμῖν. ¹²καὶ νῦν τίνες ἐστὲ ὑμεῖς, οἳ ἐπειράσατε τὸν θεὸν 12
ἐν τῇ ἡμέρᾳ τῇ σήμερον καὶ ἵστατε ὑπὲρ τοῦ θεοῦ ἐν μέσῳ υἱῶν
ἀνθρώπων; ¹³καὶ νῦν κύριον παντοκράτορα ἐξετάζετε καὶ οὐθὲν 13
ἐπιγνώσεσθε ἕως τοῦ αἰῶνος. ¹⁴ὅτι βάθος καρδίας ἀνθρώπου οὐχ 14
εὑρήσετε καὶ λόγους τῆς διανοίας αὐτοῦ οὐ διαλήμψεσθε · καὶ πῶς
τὸν θεόν, ὃς ἐποίησεν πάντα ταῦτα, ἐρευνήσετε καὶ τὸν νοῦν αὐ-
τοῦ ἐπιγνώσεσθε καὶ τὸν λογισμὸν αὐτοῦ κατανοήσετε; μηδαμῶς,
ἀδελφοί, μὴ παροργίζετε κύριον τὸν θεὸν ἡμῶν. ¹⁵ὅτι ἐὰν μὴ βού- 15
ληται ἐν ταῖς πέντε ἡμέραις βοηθῆσαι ἡμῖν, αὐτὸς ἔχει τὴν ἐξου-
σίαν ἐν αἷς θέλει σκεπάσαι ἡμέραις ἢ καὶ ὀλεθρεῦσαι ἡμᾶς πρὸ
προσώπου τῶν ἐχθρῶν ἡμῶν. ¹⁶ὑμεῖς δὲ μὴ ἐνεχυράζετε τὰς βουλὰς 16
κυρίου τοῦ θεοῦ ἡμῶν, ὅτι οὐχ ὡς ἄνθρωπος ὁ θεὸς ἀπειληθῆναι
οὐδ' ὡς υἱὸς ἀνθρώπου διαιτηθῆναι. ¹⁷διόπερ ἀναμένοντες τὴν παρ' 17
αὐτοῦ σωτηρίαν ἐπικαλεσώμεθα αὐτὸν εἰς βοήθειαν ἡμῶν, καὶ εἰσ-
ακούσεται τῆς φωνῆς ἡμῶν, ἐὰν ᾖ αὐτῷ ἀρεστόν. ¹⁸ὅτι οὐκ ἀνέστη 18
ἐν ταῖς γενεαῖς ἡμῶν οὐδέ ἐστιν ἐν τῇ ἡμέρᾳ τῇ σήμερον οὔτε
φυλὴ οὔτε πατριὰ οὔτε δῆμος οὔτε πόλις ἐξ ἡμῶν, οἳ προσκυνοῦσι
θεοῖς χειροποιήτοις, καθάπερ ἐγένετο ἐν ταῖς πρότερον ἡμέραις ·
¹⁹ὧν χάριν ἐδόθησαν εἰς ῥομφαίαν καὶ εἰς διαρπαγὴν οἱ πατέρες 19
ἡμῶν καὶ ἔπεσον πτῶμα μέγα ἐνώπιον τῶν ἐχθρῶν ἡμῶν. ²⁰ἡμεῖς 20
δὲ ἕτερον θεὸν οὐκ ἔγνωμεν πλὴν αὐτοῦ · ὅθεν ἐλπίζομεν ὅτι οὐχ
ὑπερόψεται ἡμᾶς οὐδ' ἀπὸ τοῦ γένους ἡμῶν. ²¹ὅτι ἐν τῷ λημ- 21
φθῆναι ἡμᾶς οὕτως καὶ λημφθήσεται πᾶσα ἡ Ιουδαία, καὶ προνομευ-
θήσεται τὰ ἅγια ἡμῶν, καὶ ἐκζητήσει τὴν βεβήλωσιν αὐτῶν ἐκ τοῦ
αἵματος ἡμῶν ²²καὶ τὸν φόνον τῶν ἀδελφῶν ἡμῶν καὶ τὴν αἰχ- 22
μαλωσίαν τῆς γῆς καὶ τὴν ἐρήμωσιν τῆς κληρονομίας ἡμῶν ἐπι-
στρέψει εἰς κεφαλὴν ἡμῶν ἐν τοῖς ἔθνεσιν, οὗ ἐὰν δουλεύσωμεν

9 ως] ος B† ‖ 10 αυτης 2⁰] -τη S* | χαβρειμ A† ‖ 11 εν 1⁰ > SA | του-
τον > BS | κυριος] pr. ο BS | βοηθ(ε)ιαν] -θειν S†, -θησαι A ‖ 12 ιστασθε
LSᶜ ‖ 14 διαλημψεσθε] καταλ. S† | παντα] pr. τα B† | ερευνησατε A†, εραυ-
νατε S† | τον ult. > B† ‖ 15 σκεπασαι] και πασαις A ‖ 17 η] ην B† ‖
18 δημος .. πολις] tr. S† ‖ 20 εγνωμεν] pr. επ BL† | γενους] εθνους S† ‖
21 και λημφθησεται Ra.] κληθησ. compl., καθησ. BSA, ληφθησ. 58† (om. ουτως
και praec.) | εκζητησει] εκ > B; + κυριος SL† | ημων ult.] παντων S†

ἐκεῖ, καὶ ἐσόμεθα εἰς πρόσκομμα καὶ εἰς ὄνειδος ἐναντίον τῶν
23 κτωμένων ἡμᾶς. ²³ὅτι οὐ κατευθυνθήσεται ἡ δουλεία ἡμῶν εἰς χάριν,
24 ἀλλ᾽ εἰς ἀτιμίαν θήσει αὐτὴν κύριος ὁ θεὸς ἡμῶν. ²⁴καὶ νῦν, ἀδελ-
φοί, ἐπιδειξώμεθα τοῖς ἀδελφοῖς ἡμῶν, ὅτι ἐξ ἡμῶν κρέμαται ἡ
ψυχὴ αὐτῶν, καὶ τὰ ἅγια καὶ ὁ οἶκος καὶ τὸ θυσιαστήριον ἐπ-
25 εστήρισται ἐφ᾽ ἡμῖν. ²⁵παρὰ ταῦτα πάντα εὐχαριστήσωμεν κυρίῳ
τῷ θεῷ ἡμῶν, ὃς πειράζει ἡμᾶς καθὰ καὶ τοὺς πατέρας ἡμῶν.
26 ²⁶μνήσθητε ὅσα ἐποίησεν μετὰ Αβρααμ καὶ ὅσα ἐπείρασεν τὸν
Ισαακ καὶ ὅσα ἐγένετο τῷ Ιακωβ ἐν Μεσοποταμίᾳ τῆς Συρίας ποι-
27 μαίνοντι τὰ πρόβατα Λαβαν τοῦ ἀδελφοῦ τῆς μητρὸς αὐτοῦ. ²⁷ὅτι
οὐ καθὼς ἐκείνους ἐπύρωσεν εἰς ἐτασμὸν τῆς καρδίας αὐτῶν, καὶ
ἡμᾶς οὐκ ἐξεδίκησεν, ἀλλ᾽ εἰς νουθέτησιν μαστιγοῖ κύριος τοὺς
28 ἐγγίζοντας αὐτῷ. — ²⁸καὶ εἶπεν πρὸς αὐτὴν Οζιας Πάντα, ὅσα
εἶπας, ἐν ἀγαθῇ καρδίᾳ ἐλάλησας, καὶ οὐκ ἔστιν ὃς ἀντιστήσεται
29 τοῖς λόγοις σου · ²⁹ὅτι οὐκ ἐν τῇ σήμερον ἡ σοφία σου πρόδηλός
ἐστιν, ἀλλ᾽ ἀπ᾽ ἀρχῆς ἡμερῶν σου ἔγνω πᾶς ὁ λαὸς τὴν σύνεσίν
30 σου, καθότι ἀγαθόν ἐστιν τὸ πλάσμα τῆς καρδίας σου. ³⁰ἀλλὰ ὁ
λαὸς δεδίψηκεν σφόδρα καὶ ἠνάγκασαν ἡμᾶς ποιῆσαι καθὰ ἐλαλή-
σαμεν αὐτοῖς καὶ ἐπαγαγεῖν ἐφ᾽ ἡμᾶς ὅρκον, ὃν οὐ παραβησόμεθα.
31 ³¹καὶ νῦν δεήθητι περὶ ἡμῶν, ὅτι γυνὴ εὐσεβὴς εἶ, καὶ ἀποστελεῖ
κύριος τὸν ὑετὸν εἰς πλήρωσιν τῶν λάκκων ἡμῶν, καὶ οὐκ ἐκλεί-
32 ψομεν ἔτι. ³²καὶ εἶπεν πρὸς αὐτοὺς Ιουδιθ Ἀκούσατέ μου, καὶ ποι-
ήσω πρᾶγμα ὃ ἀφίξεται εἰς γενεὰς γενεῶν υἱοῖς τοῦ γένους ἡμῶν.
33 ³³ὑμεῖς στήσεσθε ἐπὶ τῆς πύλης τὴν νύκτα ταύτην, καὶ ἐξελεύσομαι
ἐγὼ μετὰ τῆς ἅβρας μου, καὶ ἐν ταῖς ἡμέραις, μεθ᾽ ἃς εἴπατε παρα-
δώσειν τὴν πόλιν τοῖς ἐχθροῖς ἡμῶν, ἐπισκέψεται κύριος τὸν Ισ-
34 ραηλ ἐν χειρί μου · ³⁴ὑμεῖς δὲ οὐκ ἐξερευνήσετε τὴν πρᾶξίν μου,
35 οὐ γὰρ ἐρῶ ὑμῖν ἕως τοῦ τελεσθῆναι ἃ ἐγὼ ποιῶ. ³⁵καὶ εἶπεν Οζιας
καὶ οἱ ἄρχοντες πρὸς αὐτήν Πορεύου εἰς εἰρήνην, καὶ κύριος ὁ θεὸς
36 ἔμπροσθέν σου εἰς ἐκδίκησιν τῶν ἐχθρῶν ἡμῶν. ³⁶καὶ ἀποστρέψαν-
τες ἐκ τῆς σκηνῆς ἐπορεύθησαν ἐπὶ τὰς διατάξεις αὐτῶν.
9 ¹Ιουδιθ δὲ ἔπεσεν ἐπὶ πρόσωπον καὶ ἐπέθετο σποδὸν ἐπὶ τὴν
κεφαλὴν αὐτῆς καὶ ἐγύμνωσεν ὃν ἐνεδεδύκει σάκκον, καὶ ἦν ἄρτι

---

24 επεστηρισται BS†] επιστηρισαι A†, επεστηρικται rel.: cf. Thack. p. 223 ‖
25 παρα] δια LSᶜ† | ταυτα παντα] tr. S, παντα > A ‖ 26 ποιμαινοντι] -τος
S mu., -τος αυτου A† ‖ 27 ου καθως] ως 58† | της > S* ‖ 28 εν > B†
‖ 30 δεδιψ.] εδιψησεν B | ηναγκασεν SA | ημας ποιησαι] tr. B | επαγαγειν]
επηγαγεν A⁽†⁾ ‖ 31 ει] + συ S† | τον] pr. ημιν S† | εις πληρωσιν] pr. εις
πλησμονην (sic) LSᶜ† | ετι > S† ‖ 32 υιοις] pr. τοις SL† ‖ 33 ημεραις]
pr. πεντε LSᶜ† ‖ 34 ερω] αναγγελω SA
9 1 επεθετο] επ > LSᶜ† | ενεδεδυκει Ra.] εν > B†, ε 2⁰ > S: cf. 10 3 Leu.
16 23 Est. 5 1 ᶜ Iob 29 14 et Thack. p. 197; ενεδιδυσκετο A

προσφερόμενον ἐν Ιερουσαλημ εἰς τὸν οἶκον τοῦ θεοῦ τὸ θυμίαμα
τῆς ἑσπέρας ἐκείνης, καὶ ἐβόησεν φωνῇ μεγάλῃ Ιουδιθ πρὸς κύριον
καὶ εἶπεν ²Κύριε ὁ θεὸς τοῦ πατρός μου Συμεων, ᾧ ἔδωκας ἐν   2
χειρὶ ῥομφαίαν εἰς ἐκδίκησιν ἀλλογενῶν, οἳ ἔλυσαν μήτραν παρ-
θένου εἰς μίασμα καὶ ἐγύμνωσαν μηρὸν εἰς αἰσχύνην καὶ ἐβεβή-
λωσαν μήτραν εἰς ὄνειδος · εἶπας γάρ Οὐχ οὕτως ἔσται, καὶ ἐποί-
ησαν · ³ἀνθ᾿ ὧν ἔδωκας ἄρχοντας αὐτῶν εἰς φόνον καὶ τὴν στρω-   3
μνὴν αὐτῶν, ἣ ἠδέσατο τὴν ἀπάτην αὐτῶν, ἀπατηθεῖσαν εἰς αἷμα
καὶ ἐπάταξας δούλους ἐπὶ δυνάσταις καὶ δυνάστας ἐπὶ θρόνους
αὐτῶν ⁴καὶ ἔδωκας γυναῖκας αὐτῶν εἰς προνομὴν καὶ θυγατέρας   4
αὐτῶν εἰς αἰχμαλωσίαν καὶ πάντα τὰ σκῦλα αὐτῶν εἰς διαίρεσιν
υἱῶν ἠγαπημένων ὑπὸ σοῦ, οἳ καὶ ἐζήλωσαν τὸν ζῆλόν σου καὶ
ἐβδελύξαντο μίασμα αἵματος αὐτῶν καὶ ἐπεκαλέσαντό σε εἰς βοη-
θόν · ὁ θεὸς ὁ θεὸς ὁ ἐμός, καὶ εἰσάκουσον ἐμοῦ τῆς χήρας. ⁵σὺ   5
γὰρ ἐποίησας τὰ πρότερα ἐκείνων καὶ ἐκεῖνα καὶ τὰ μετέπειτα καὶ
τὰ νῦν καὶ τὰ ἐπερχόμενα διενοήθης, καὶ ἐγενήθησαν ἃ ἐνενόηθης,
⁶καὶ παρέστησαν ἃ ἐβουλεύσω καὶ εἶπαν ᾿Ιδοὺ πάρεσμεν · πᾶσαι   6
γὰρ αἱ ὁδοί σου ἕτοιμοι, καὶ ἡ κρίσις σου ἐν προγνώσει. ⁷ἰδοὺ   7
γὰρ Ἀσσύριοι ἐπληθύνθησαν ἐν δυνάμει αὐτῶν, ὑψώθησαν ἐφ᾿ ἵπ-
πῳ καὶ ἀναβάτῃ, ἐγαυρίασαν ἐν βραχίονι πεζῶν, ἤλπισαν ἐν ἀσπίδι
καὶ ἐν γαίσῳ καὶ τόξῳ καὶ σφενδόνῃ καὶ οὐκ ἔγνωσαν ὅτι σὺ εἶ
κύριος συντρίβων πολέμους. ⁸κύριος ὄνομά σοι · σὺ ῥάξον αὐτῶν   8
τὴν ἰσχὺν ἐν δυνάμει σου καὶ κάταξον τὸ κράτος αὐτῶν ἐν τῷ
θυμῷ σου · ἐβουλεύσαντο γὰρ βεβηλῶσαι τὰ ἅγιά σου, μιᾶναι τὸ
σκήνωμα τῆς καταπαύσεως τοῦ ὀνόματος τῆς δόξης σου, καταβα-
λεῖν σιδήρῳ κέρας θυσιαστηρίου σου. ⁹βλέψον εἰς ὑπερηφανίαν   9
αὐτῶν, ἀπόστειλον τὴν ὀργήν σου εἰς κεφαλὰς αὐτῶν, δὸς ἐν
χειρί μου τῆς χήρας ὃ διενοήθην κράτος. ¹⁰πάταξον δοῦλον ἐκ   10
χειλέων ἀπάτης μου ἐπ᾿ ἄρχοντι καὶ ἄρχοντα ἐπὶ θεράποντι αὐτοῦ,
θραῦσον αὐτῶν τὸ ἀνάστεμα ἐν χειρὶ θηλείας. ¹¹οὐ γὰρ ἐν πλήθει   11
τὸ κράτος σου, οὐδὲ ἡ δυναστεία σου ἐν ἰσχύουσιν, ἀλλὰ ταπει-
νῶν εἶ θεός, ἐλαττόνων εἶ βοηθός, ἀντιλήμπτωρ ἀσθενούντων,
ἀπεγνωσμένων σκεπαστής, ἀπηλπισμένων σωτήρ. ¹²ναὶ ναὶ ὁ θεὸς   12
τοῦ πατρός μου καὶ θεὸς κληρονομίας Ισραηλ, δέσποτα τῶν οὐ-
ρανῶν καὶ τῆς γῆς, κτίστα τῶν ὑδάτων, βασιλεῦ πάσης κτίσεώς

1 θεου] κυριου Α | του θυμιαματος Α⁺ | φωνην μεγαλην Α ‖ 3 αυτων 2⁰
> SA | απατην αυτων > SA (corrector antiquus codicis S add. απατην tan-
tum) | δυνασταις] -στας SA (Α⁺ om. και δυναστας seq.) ‖ 4 αυτων 2⁰ 3⁰
> B | υιων] + ισραηλ S | οι > A | ο paenult. et ult. > A, ult. > B | και ult.
> A ‖ 5 και 2⁰ > S⁺ | τα 2⁰ > A ‖ 6 η κρισις] αι -σεις Α |¹ 7 και εν
γαισω > A ‖ 8 συ ραξον] συνραξον S | μιαναι] pr. και S ‖ 9 υπερηφ.] pr.
την S⁺ ‖ 11 σου 1⁰ > S*⁺ | δυναστεια] δεξια S*⁺ | θεος] κυριος Α ‖ 12 ο
θεος] ο > A, θεε S⁺ | βασιλευς Α

13 σου, σὺ εἰσάκουσον τῆς δεήσεώς μου ¹³καὶ δὸς λόγον μου καὶ
ἀπάτην εἰς τραῦμα καὶ μώλωπα αὐτῶν, οἳ κατὰ τῆς διαθήκης σου
καὶ οἴκου ἡγιασμένου σου καὶ κορυφῆς Σιων καὶ οἴκου κατασχέ-
14 σεως υἱῶν σου ἐβουλεύσαντο σκληρά. ¹⁴καὶ ποίησον ἐπὶ παντὸς
ἔθνους σου καὶ πάσης φυλῆς ἐπίγνωσιν τοῦ εἰδῆσαι ὅτι σὺ εἶ ὁ
θεὸς θεὸς πάσης δυνάμεως καὶ κράτους καὶ οὐκ ἔστιν ἄλλος ὑπερ-
ασπίζων τοῦ γένους Ισραηλ εἰ μὴ σύ.

10 ¹Καὶ ἐγένετο ὡς ἐπαύσατο βοῶσα πρὸς τὸν θεὸν Ισραηλ καὶ
2 συνετέλεσεν πάντα τὰ ῥήματα ταῦτα, ²καὶ ἀνέστη ἀπὸ τῆς πτώ-
σεως καὶ ἐκάλεσεν τὴν ἅβραν αὐτῆς καὶ κατέβη εἰς τὸν οἶκον, ἐν
ᾧ διέτριβεν ἐν αὐτῷ ἐν ταῖς ἡμέραις τῶν σαββάτων καὶ ἐν ταῖς
3 ἑορταῖς αὐτῆς, ³καὶ περιείλατο τὸν σάκκον, ὃν ἐνεδεδύκει, καὶ ἐξ-
εδύσατο τὰ ἱμάτια τῆς χηρεύσεως αὐτῆς καὶ περιεκλύσατο τὸ σῶμα
ὕδατι καὶ ἐχρίσατο μύρῳ παχεῖ καὶ διέξανε τὰς τρίχας τῆς κεφα-
λῆς αὐτῆς καὶ ἐπέθετο μίτραν ἐπ᾽ αὐτῆς καὶ ἐνεδύσατο τὰ ἱμάτια
τῆς εὐφροσύνης αὐτῆς, ἐν οἷς ἐστολίζετο ἐν ταῖς ἡμέραις τῆς ζωῆς
4 τοῦ ἀνδρὸς αὐτῆς Μανασση, ⁴καὶ ἔλαβεν σανδάλια εἰς τοὺς πόδας
αὐτῆς καὶ περιέθετο τοὺς χλιδῶνας καὶ τὰ ψέλια καὶ τοὺς δακτυ-
λίους καὶ τὰ ἐνώτια καὶ πάντα τὸν κόσμον αὐτῆς καὶ ἐκαλλωπί-
σατο σφόδρα εἰς ἀπάτησιν ὀφθαλμῶν ἀνδρῶν, ὅσοι ἂν ἴδωσιν
5 αὐτήν. ⁵καὶ ἔδωκεν τῇ ἅβρᾳ αὐτῆς ἀσκοπυτίνην οἴνου καὶ καψά-
κην ἐλαίου καὶ πήραν ἐπλήρωσεν ἀλφίτων καὶ παλάθης καὶ ἄρτων
καθαρῶν καὶ περιεδίπλωσε πάντα τὰ ἀγγεῖα αὐτῆς καὶ ἐπέθηκεν
6 αὐτῇ. ⁶καὶ ἐξῆλθοσαν ἐπὶ τὴν πύλην τῆς πόλεως Βαιτυλουα καὶ
εὕροσαν ἐφεστῶτα ἐπ᾽ αὐτῇ Οζιαν καὶ τοὺς πρεσβυτέρους τῆς
7 πόλεως Χαβριν καὶ Χαρμιν · ⁷ὡς δὲ εἶδον αὐτὴν καὶ ἦν ἠλλοιω-
μένον τὸ πρόσωπον αὐτῆς καὶ τὴν στολὴν μεταβεβληκυῖαν αὐτῆς,
καὶ ἐθαύμασαν ἐπὶ τῷ κάλλει αὐτῆς ἐπὶ πολὺ σφόδρα καὶ εἶπαν
8 αὐτῇ ⁸Ὁ θεὸς τῶν πατέρων ἡμῶν δῴη σε εἰς χάριν καὶ τελειῶσαι
τὰ ἐπιτηδεύματά σου εἰς γαυρίαμα υἱῶν Ισραηλ καὶ ὕψωμα Ιερου-
9 σαλημ. ⁹καὶ προσεκύνησεν τῷ θεῷ καὶ εἶπεν πρὸς αὐτούς Ἐπιτά-
ξατε ἀνοῖξαί μοι τὴν πύλην τῆς πόλεως, καὶ ἐξελεύσομαι εἰς τελεί-
ωσιν τῶν λόγων, ὧν ἐλαλήσατε μετ᾽ ἐμοῦ · καὶ συνέταξαν τοῖς
10 νεανίσκοις ἀνοῖξαι αὐτῇ καθότι ἐλάλησεν. ¹⁰καὶ ἐποίησαν οὕτως.

13 μου] μοι S† | κορυφην A† || 14 παντος εθνους] παν το εθνος BS |
ειδησαι (cf. Thack. p. 278)] ειδεναι σε Sᶜ | θεος 2⁰ > B
10 2 πτωσεως] + αυτης S† | οικον] + αυτης S || 3 ον ενεδεδυκει — ιματια /
της χηρ. αυτης] tr. S† | ενεδεδυκει Bᶜ] ε 2⁰ > B*S, ενεδιδυσκετο A: cf. 9 1 |
και 3⁰ > B† | διεξανε S†] διεξενατο(sic) L†, διεταξε(ν) rel. | οις] αις BA† |
εστολιζετο] εκοσμειτο S† || 4 απατησιν Sᶜ] απαντ. BS*A || 5 ασκοπυτινην]
ασκον S 58† ׀ και παλαθης > S† || 6 επ > SA† || 7 ηλλοιωμ./το προσ.
αυτης] tr. S† | μεταβεβλ. αυτης] tr. S, αυτης > B*† | και 3⁰ > A || 8 το
επιτηδευμα S† || 9 ελαλησεν] -σαν B

καὶ ἐξῆλθεν Ιουδιθ, αὐτὴ καὶ ἡ παιδίσκη αὐτῆς μετ᾽ αὐτῆς · ἀπεσκόπευον δὲ αὐτὴν οἱ ἄνδρες τῆς πόλεως ἕως οὗ κατέβη τὸ ὄρος, ἕως διῆλθεν τὸν αὐλῶνα καὶ οὐκέτι ἐθεώρουν αὐτήν. — ¹¹καὶ ἐπο- 11 ρεύοντο ἐν τῷ αὐλῶνι εἰς εὐθεῖαν, καὶ συνήντησεν αὐτῇ προφυλακὴ τῶν Ἀσσυρίων. ¹²καὶ συνέλαβον αὐτὴν καὶ ἐπηρώτησαν Τίνων 12 εἶ καὶ πόθεν ἔρχη καὶ ποῦ πορεύη ; καὶ εἶπεν Θυγάτηρ εἰμὶ τῶν Εβραίων καὶ ἀποδιδράσκω ἀπὸ προσώπου αὐτῶν, ὅτι μέλλουσιν δίδοσθαι ὑμῖν εἰς κατάβρωμα · ¹³κἀγὼ ἔρχομαι εἰς τὸ πρόσωπον 13 Ολοφέρνου ἀρχιστρατήγου δυνάμεως ὑμῶν τοῦ ἀπαγγεῖλαι ῥήματα ἀληθείας καὶ δείξω πρὸ προσώπου αὐτοῦ ὁδὸν καθ᾽ ἣν πορεύσεται καὶ κυριεύσει πάσης τῆς ὀρεινῆς, καὶ οὐ διαφωνήσει τῶν ἀνδρῶν αὐτοῦ σὰρξ μία οὐδὲ πνεῦμα ζωῆς. ¹⁴ὡς δὲ ἤκουσαν οἱ ἄνδρες 14 τὰ ῥήματα αὐτῆς καὶ κατενόησαν τὸ πρόσωπον αὐτῆς — καὶ ἦν ἐναντίον αὐτῶν θαυμάσιον τῷ κάλλει σφόδρα —, καὶ εἶπαν πρὸς αὐτήν ¹⁵Σέσωκας τὴν ψυχήν σου σπεύσασα καταβῆναι εἰς πρόσ- 15 ωπον τοῦ κυρίου ἡμῶν · καὶ νῦν πρόσελθε ἐπὶ τὴν σκηνὴν αὐτοῦ, καὶ ἀφ᾽ ἡμῶν προπέμψουσίν σε, ἕως παραδώσουσίν σε εἰς χεῖρας αὐτοῦ · ¹⁶ἐὰν δὲ στῆς ἐναντίον αὐτοῦ, μὴ φοβηθῇς τῇ καρδίᾳ σου, 16 ἀλλὰ ἀνάγγειλον κατὰ τὰ ῥήματά σου, καὶ εὖ σε ποιήσει. ¹⁷καὶ 17 ἐπέλεξαν ἐξ αὐτῶν ἄνδρας ἑκατὸν καὶ παρέζευξαν αὐτῇ καὶ τῇ ἅβρᾳ αὐτῆς, καὶ ἤγαγον αὐτὰς ἐπὶ τὴν σκηνὴν Ολοφέρνου. ¹⁸καὶ 18 ἐγένετο συνδρομὴ ἐν πάσῃ τῇ παρεμβολῇ, διεβοήθη γὰρ εἰς τὰ σκηνώματα ἡ παρουσία αὐτῆς · καὶ ἐλθόντες ἐκύκλουν αὐτήν, ὡς εἱστήκει ἔξω τῆς σκηνῆς Ολοφέρνου, ἕως προσήγγειλαν αὐτῷ περὶ αὐτῆς. ¹⁹καὶ ἐθαύμαζον ἐπὶ τῷ κάλλει αὐτῆς καὶ ἐθαύμαζον τοὺς 19 υἱοὺς Ισραηλ ἀπ᾽ αὐτῆς, καὶ εἶπεν ἕκαστος πρὸς τὸν πλησίον αὐτοῦ Τίς καταφρονήσει τοῦ λαοῦ τούτου, ὃς ἔχει ἐν ἑαυτῷ γυναῖκας τοιαύτας ; ὅτι οὐ καλόν ἐστιν ὑπολείπεσθαι ἐξ αὐτῶν ἄνδρα ἕνα, οἳ ἀφεθέντες δυνήσονται κατασοφίσασθαι πᾶσαν τὴν γῆν, ²⁰καὶ ἐξῆλθον οἱ παρακαθεύδοντες Ολοφέρνη καὶ πάντες οἱ θερά- 20 ποντες αὐτοῦ καὶ εἰσήγαγον αὐτὴν εἰς τὴν σκηνήν. ²¹καὶ ἦν Ολο- 21 φέρνης ἀναπαυόμενος ἐπὶ τῆς κλίνης αὐτοῦ ἐν τῷ κωνωπίῳ, ὃ ἦν ἐκ πορφύρας καὶ χρυσίου καὶ σμαράγδου καὶ λίθων πολυτελῶν καθυφασμένων. ²²καὶ ἀνήγγειλαν αὐτῷ περὶ αὐτῆς, καὶ ἐξῆλθεν εἰς 22 τὸ προσκήνιον, καὶ λαμπάδες ἀργυραῖ προάγουσαι αὐτοῦ. ²³ὡς δὲ 23 ἦλθεν κατὰ πρόσωπον αὐτοῦ Ιουδιθ καὶ τῶν θεραπόντων αὐτοῦ,

10 μετ αυτης > A | εως ult.] + ου A | εθεωρουν] -ρων S†, -ρουσαν A || 13 το > S | αναγγειλαι B || 14 αυτης 1⁰] ταυτα S† | θαυμασιον] -σια A, θαυμαστον SL† | τω καλλει > S† || 15 εις προσωπον του κυριου] προς τον κυριον S† | παραδωσουσι(ν)] -δωσι(ν) BS*L† || 16 ευ] ευθη A† || 17 απελεξαν B*S*† | ολοφερνου] pr. του S† || 18 παση > B*† || 19 εθαυμαζον 1⁰ ⌒ 2⁰ A*† | ειπεν] -παν A | ου > S* | εστιν > S† | υπολειπ./εξ αυτων] tr. A | εξ αυτων/ανδρα] tr. S† || 21 καθυφασμενον S

ἐθαύμασαν πάντες ἐπὶ τῷ κάλλει τοῦ προσώπου αὐτῆς · καὶ πε-
σοῦσα ἐπὶ πρόσωπον προσεκύνησεν αὐτῷ, καὶ ἤγειραν αὐτὴν οἱ
δοῦλοι αὐτοῦ.

11 ¹Καὶ εἶπεν πρὸς αὐτὴν Ολοφέρνης Θάρσησον, γύναι, μὴ φοβη-
θῇς τῇ καρδίᾳ σου, ὅτι ἐγὼ οὐκ ἐκάκωσα ἄνθρωπον ὅστις ᾑρέτι-
2 κεν δουλεύειν βασιλεῖ Ναβουχοδονοσορ πάσης τῆς γῆς. ²καὶ νῦν
ὁ λαός σου ὁ κατοικῶν τὴν ὀρεινὴν εἰ μὴ ἐφαύλισάν με, οὐκ ἂν
ἦρα τὸ δόρυ μου ἐπ᾽ αὐτούς · ἀλλὰ αὐτοὶ ἑαυτοῖς ἐποίησαν ταῦτα.
3 ³καὶ νῦν λέγε μοι τίνος ἕνεκεν ἀπέδρας ἀπ᾽ αὐτῶν καὶ ἦλθες πρὸς
ἡμᾶς · ἥκεις γὰρ εἰς σωτηρίαν · θάρσει, ἐν τῇ νυκτὶ ταύτῃ ζήσῃ
4 καὶ εἰς τὸ λοιπόν · ⁴οὐ γὰρ ἔστιν ὃς ἀδικήσει σε, ἀλλ᾽ εὖ σε ποι-
ήσει, καθὰ γίνεται τοῖς δούλοις τοῦ κυρίου μου βασιλέως Ναβου-
5 χοδονοσορ. ⁵καὶ εἶπεν πρὸς αὐτὸν Ιουδιθ Δέξαι τὰ ῥήματα τῆς
δούλης σου, καὶ λαλησάτω ἡ παιδίσκη σου κατὰ πρόσωπόν σου,
6 καὶ οὐκ ἀναγγελῶ ψεῦδος τῷ κυρίῳ μου ἐν τῇ νυκτὶ ταύτῃ. ⁶καὶ
ἐὰν κατακολουθήσῃς τοῖς λόγοις τῆς παιδίσκης σου, τελείως πρᾶγμα
ποιήσει μετὰ σοῦ ὁ θεός, καὶ οὐκ ἀποπεσεῖται ὁ κύριός μου τῶν
7 ἐπιτηδευμάτων αὐτοῦ. ⁷ζῇ γὰρ βασιλεὺς Ναβουχοδονοσορ πάσης
τῆς γῆς καὶ ζῇ τὸ κράτος αὐτοῦ, ὃς ἀπέστειλέν σε εἰς κατόρθωσιν
πάσης ψυχῆς, ὅτι οὐ μόνον ἄνθρωποι διὰ σὲ δουλεύουσιν αὐτῷ,
ἀλλὰ καὶ τὰ θηρία τοῦ ἀγροῦ καὶ τὰ κτήνη καὶ τὰ πετεινὰ τοῦ
οὐρανοῦ διὰ τῆς ἰσχύος σου ζήσονται ἐπὶ Ναβουχοδονοσορ καὶ
8 πάντα τὸν οἶκον αὐτοῦ. ⁸ἠκούσαμεν γὰρ τὴν σοφίαν σου καὶ τὰ
πανουργεύματα τῆς ψυχῆς σου, καὶ ἀνηγγέλη πάσῃ τῇ γῇ ὅτι σὺ
μόνος ἀγαθὸς ἐν πάσῃ βασιλείᾳ καὶ δυνατὸς ἐν ἐπιστήμῃ καὶ θαυ-
9 μαστὸς ἐν στρατεύμασιν πολέμου. ⁹καὶ νῦν ὁ λόγος, ὃν ἐλάλησεν
Αχιωρ ἐν τῇ συνεδρίᾳ σου, ἠκούσαμεν τὰ ῥήματα αὐτοῦ, ὅτι περι-
εποιήσαντο αὐτὸν οἱ ἄνδρες Βαιτυλουα, καὶ ἀνήγγειλεν αὐτοῖς πάντα,
10 ὅσα ἐξελάλησεν παρὰ σοί. ¹⁰διό, δέσποτα κύριε, μὴ παρέλθῃς τὸν
λόγον αὐτοῦ, ἀλλὰ κατάθου αὐτὸν ἐν τῇ καρδίᾳ σου, ὅτι ἐστὶν
ἀληθής · οὐ γὰρ ἐκδικᾶται τὸ γένος ἡμῶν, οὐ κατισχύει ῥομφαία
11 ἐπ᾽ αὐτούς, ἐὰν μὴ ἁμάρτωσιν εἰς τὸν θεὸν αὐτῶν. ¹¹καὶ νῦν ἵνα
μὴ γένηται ὁ κύριός μου ἔκβολος καὶ ἄπρακτος καὶ ἐπιπεσεῖται
θάνατος ἐπὶ πρόσωπον αὐτῶν, καὶ κατελάβετο αὐτοὺς ἁμάρτημα,
ἐν ᾧ παροργιοῦσιν τὸν θεὸν αὐτῶν, ὁπηνίκα ἂν ποιήσωσιν ἀτο-

23 αυτης > B†
11 1 μη] pr. και S | ηρετισεν A || 2 εφαυλισεν A || 3 απεδρασας S† : cf.
Tob. 1 19 S et Thack. p. 234 | ζηση] pr. ζωη S† || 4 βασιλεως] pr. του S ||
7 βασιλευς] pr. ο A | ναβουχ./πασης της γης] tr. A† | επι > BS* || 8 παν-
ουργηματα ABᶜ | και 2⁰] pr. α ABᶜ | παση 2⁰] + τη A || 9 ο λογος] ο > B†,
+ σου S*†; λογον L† (58† ον ελαλ. λογον pro ο λογος ον ελαλ.) | εξελαλησεν]
εξ > S || 10 διο] διοτι S*†, δη A† | ου ult.] ουδε S, ος A† || 11 και 3⁰
> B*S* | προσωπου SA | καταλαβοι A†

πίαν. ¹²ἐπεὶ παρεξέλιπεν αὐτοὺς τὰ βρώματα καὶ ἐσπανίσθη πᾶν 12
ὕδωρ, ἐβουλεύσαντο ἐπιβαλεῖν τοῖς κτήνεσιν αὐτῶν καὶ πάντα, ὅσα
διεστείλατο αὐτοῖς ὁ θεὸς τοῖς νόμοις αὐτοῦ μὴ φαγεῖν, διέγνωσαν
δαπανῆσαι. ¹³καὶ τὰς ἀπαρχὰς τοῦ σίτου καὶ τὰς δεκάτας τοῦ οἴνου 13
καὶ τοῦ ἐλαίου, ἃ διεφύλαξαν ἁγιάσαντες τοῖς ἱερεῦσιν τοῖς παρ-
εστηκόσιν ἐν Ιερουσαλημ ἀπέναντι τοῦ προσώπου τοῦ θεοῦ ἡμῶν,
κεκρίκασιν ἐξαναλῶσαι, ὧν οὐδὲ ταῖς χερσὶν καθῆκεν ἅψασθαι οὐ-
δένα τῶν ἐκ τοῦ λαοῦ. ¹⁴καὶ ἀπεστάλκασιν εἰς Ιερουσαλημ, ὅτι καὶ 14
οἱ ἐκεῖ κατοικοῦντες ἐποίησαν ταῦτα, τοὺς μετακομίσοντας αὐτοῖς
τὴν ἄφεσιν παρὰ τῆς γερουσίας. ¹⁵καὶ ἔσται ὡς ἂν ἀναγγείλῃ αὐ- 15
τοῖς καὶ ποιήσωσιν, δοθήσονταί σοι εἰς ὄλεθρον ἐν τῇ ἡμέρᾳ ἐκείνῃ.
¹⁶ὅθεν ἐγὼ ἡ δούλη σου ἐπιγνοῦσα ταῦτα πάντα ἀπέδρων ἀπὸ 16
προσώπου αὐτῶν, καὶ ἀπέστειλέν με ὁ θεὸς ποιῆσαι μετὰ σοῦ πράγ-
ματα, ἐφ᾽ οἷς ἐκστήσεται πᾶσα ἡ γῆ, ὅσοι ἐὰν ἀκούσωσιν αὐτά.
¹⁷ὅτι ἡ δούλη σου θεοσεβής ἐστιν καὶ θεραπεύουσα νυκτὸς καὶ 17
ἡμέρας τὸν θεὸν τοῦ οὐρανοῦ· καὶ νῦν μενῶ παρὰ σοί, κύριέ μου,
καὶ ἐξελεύσεται ἡ δούλη σου κατὰ νύκτα εἰς τὴν φάραγγα καὶ προσ-
εύξομαι πρὸς τὸν θεόν, καὶ ἐρεῖ μοι πότε ἐποίησαν τὰ ἁμαρτήματα
αὐτῶν. ¹⁸καὶ ἐλθοῦσα προσανοίσω σοι, καὶ ἐξελεύσῃ σὺν πάσῃ τῇ 18
δυνάμει σου, καὶ οὐκ ἔστιν ὃς ἀντιστήσεταί σοι ἐξ αὐτῶν. ¹⁹καὶ 19
ἄξω σε διὰ μέσου τῆς Ιουδαίας ἕως τοῦ ἐλθεῖν ἀπέναντι Ιερουσα-
λημ καὶ θήσω τὸν δίφρον σου ἐν μέσῳ αὐτῆς, καὶ ἄξεις αὐτοὺς
ὡς πρόβατα, οἷς οὐκ ἔστιν ποιμήν, καὶ οὐ γρύξει κύων τῇ γλώσσῃ
αὐτοῦ ἀπέναντί σου· ὅτι ταῦτα ἐλαλήθη μοι κατὰ πρόγνωσίν μου
καὶ ἀπηγγέλη μοι, καὶ ἀπεστάλην ἀναγγεῖλαί σοι. — ²⁰καὶ ἤρεσαν 20
οἱ λόγοι αὐτῆς ἐναντίον Ολοφέρνου καὶ ἐναντίον πάντων τῶν θερα-
πόντων αὐτοῦ, καὶ ἐθαύμασαν ἐπὶ τῇ σοφίᾳ αὐτῆς καὶ εἶπαν ²¹Οὐκ 21
ἔστιν τοιαύτη γυνὴ ἀπ᾽ ἄκρου ἕως ἄκρου τῆς γῆς ἐν καλῷ προσ-
ώπῳ καὶ συνέσει λόγων. ²²καὶ εἶπεν πρὸς αὐτὴν Ολοφέρνης Εὖ 22
ἐποίησεν ὁ θεὸς ἀποστείλας σε ἔμπροσθεν τοῦ λαοῦ τοῦ γενηθῆναι
ἐν χερσὶν ἡμῶν κράτος, ἐν δὲ τοῖς φαυλίσασι τὸν κύριόν μου ἀπ-
ώλειαν. ²³καὶ νῦν ἀστεία εἶ σὺ ἐν τῷ εἴδει σου καὶ ἀγαθὴ ἐν τοῖς 23
λόγοις σου· ὅτι ἐὰν ποιήσῃς καθὰ ἐλάλησας, ὁ θεός σου ἔσται
μου θεός, καὶ σὺ ἐν οἴκῳ βασιλέως Ναβουχοδονοσορ καθήσῃ καὶ
ἔσῃ ὀνομαστὴ παρὰ πᾶσαν τὴν γῆν.
¹Καὶ ἐκέλευσεν εἰσαγαγεῖν αὐτὴν οὗ ἐτίθετο τὰ ἀργυρώματα αὐ- 12
τοῦ καὶ συνέταξεν καταστρῶσαι αὐτῇ ἀπὸ τῶν ὀψοποιημάτων αὐτοῦ

---

12 παρεξελ(ε)ιπεν] γαρ εξελ. B 58⁽ᵗ⁾ | βρωματα] + αυτων A ‖ 13 α > Aᵗ
| ουδε] ουδεν Aᵗ ‖ 14 μετακομισοντας pau.] -σαντας mu., μετοικισαντας BAᵗ
(sim. Lᵗ) ‖ 16 απεδρων: cf. Thack. p. 264 ‖ 17 ερει] αναγγελει A ‖
19 ταυτα ελαλ./μοι] tr. A | απηγγελη] ανηγγ. A ‖ 22 απωλεια BAᵗ ‖
23 ποιηση BLVcᵗ | βασιλ. ναβουχ.] tr. Bᵗ, ναβ. του βας. Lᵗ, ναβ. > 58ᵗ

2 καὶ τοῦ οἴνου αὐτοῦ πίνειν. ²καὶ εἶπεν Ιουδιθ Οὐ φάγομαι ἐξ αὐ-
τῶν, ἵνα μὴ γένηται σκάνδαλον, ἀλλ᾽ ἐκ τῶν ἠκολουθηκότων μοι
3 χορηγηθήσεται. ³καὶ εἶπεν πρὸς αὐτὴν Ολοφέρνης Ἐὰν δὲ ἐκλίπῃ
τὰ ὄντα μετὰ σοῦ, πόθεν ἐξοίσομέν σοι δοῦναι ὅμοια αὐτοῖς; οὐ
4 γάρ ἐστιν μεθ᾽ ἡμῶν ἐκ τοῦ γένους σου. ⁴καὶ εἶπεν Ιουδιθ πρὸς
αὐτόν Ζῇ ἡ ψυχή σου, κύριέ μου, ὅτι οὐ δαπανήσει ἡ δούλη σου
τὰ ὄντα μετ᾽ ἐμοῦ, ἕως ἂν ποιήσῃ κύριος ἐν χειρί μου ἃ ἐβουλεύ-
5 σατο. ⁵καὶ ἠγάγοσαν αὐτὴν οἱ θεράποντες Ολοφέρνου εἰς τὴν σκη-
νήν, καὶ ὕπνωσεν μέχρι μεσούσης τῆς νυκτός · καὶ ἀνέστη πρὸς
6 τὴν ἑωθινὴν φυλακήν. ⁶καὶ ἀπέστειλεν πρὸς Ολοφέρνην λέγουσα
Ἐπιταξάτω δὴ ὁ κύριός μου ἐᾶσαι τὴν δούλην σου ἐπὶ προσευχὴν
7 ἐξελθεῖν · ⁷καὶ προσέταξεν Ολοφέρνης τοῖς σωματοφύλαξιν μὴ δια-
κωλύειν αὐτήν. καὶ παρέμεινεν ἐν τῇ παρεμβολῇ ἡμέρας τρεῖς · καὶ
ἐξεπορεύετο κατὰ νύκτα εἰς τὴν φάραγγα Βαιτυλουα καὶ ἐβαπτίζετο
8 ἐν τῇ παρεμβολῇ ἐπὶ τῆς πηγῆς τοῦ ὕδατος · ⁸καὶ ὡς ἀνέβη, ἐδέετο
τοῦ κυρίου θεοῦ Ισραηλ κατευθῦναι τὴν ὁδὸν αὐτῆς εἰς ἀνάστημα
9 τῶν υἱῶν τοῦ λαοῦ αὐτοῦ · ⁹καὶ εἰσπορευομένη καθαρὰ παρέμενεν ἐν
τῇ σκηνῇ, μέχρι οὗ προσηνέγκατο τὴν τροφὴν αὐτῆς πρὸς ἑσπέραν.
10 ¹⁰Καὶ ἐγένετο ἐν τῇ ἡμέρᾳ τῇ τετάρτῃ ἐποίησεν Ολοφέρνης πότον
τοῖς δούλοις αὐτοῦ μόνοις καὶ οὐκ ἐκάλεσεν εἰς τὴν κλῆσιν οὐδένα
11 τῶν πρὸς ταῖς χρείαις· ¹¹καὶ εἶπεν Βαγώᾳ τῷ εὐνούχῳ, ὃς ἦν ἐφ-
εστηκὼς ἐπὶ πάντων τῶν αὐτοῦ Πεῖσον δὴ πορευθεὶς τὴν γυναῖκα
τὴν Εβραίαν, ἥ ἐστιν παρὰ σοί, τοῦ ἐλθεῖν πρὸς ἡμᾶς καὶ φαγεῖν
12 καὶ πιεῖν μεθ᾽ ἡμῶν · ¹²ἰδοὺ γὰρ αἰσχρὸν τῷ προσώπῳ ἡμῶν εἰ
γυναῖκα τοιαύτην παρήσομεν οὐχ ὁμιλήσαντες αὐτῇ · ὅτι ἐὰν ταύ-
13 την μὴ ἐπισπασώμεθα, καταγελάσεται ἡμῶν. ¹³καὶ ἐξῆλθεν Βαγώας
ἀπὸ προσώπου Ολοφέρνου καὶ εἰσῆλθεν πρὸς αὐτὴν καὶ εἶπεν Μὴ
ὀκνησάτω δὴ ἡ παιδίσκη ἡ καλὴ αὕτη ἐλθοῦσα πρὸς τὸν κύριόν
μου δοξασθῆναι κατὰ πρόσωπον αὐτοῦ καὶ πίεσαι μεθ᾽ ἡμῶν εἰς
εὐφροσύνην οἶνον καὶ γενηθῆναι ἐν τῇ ἡμέρᾳ ταύτῃ ὡς θυγάτηρ
μία τῶν υἱῶν Ασσουρ, αἳ παρεστήκασιν ἐν οἴκῳ Ναβουχοδονοσορ.
14 ¹⁴καὶ εἶπεν πρὸς αὐτὸν Ιουδιθ Καὶ τίς εἰμι ἐγὼ ἀντεροῦσα τῷ κυ-
ρίῳ μου; ὅτι πᾶν, ὃ ἔσται ἐν τοῖς ὀφθαλμοῖς αὐτοῦ ἀρεστόν,
σπεύσασα ποιήσω, καὶ ἔσται τοῦτό μοι ἀγαλλίαμα ἕως ἡμέρας θα-
15 νάτου μου. ¹⁵καὶ διαναστᾶσα ἐκοσμήθη τῷ ἱματισμῷ καὶ παντὶ τῷ
κόσμῳ τῷ γυναικείῳ, καὶ προσῆλθεν ἡ δούλη αὐτῆς καὶ ἔστρωσεν

12 1 πιειν Α ‖ 3 δε > Α⁺ | οντα / μετα σου] tr. Β⁺ | εξοισομεν] εξομεν Α
| ομοια] pr. τα ΑL⁺ | γενους] εθνους Β⁺, λαου 58⁺ ‖ 4 κυριος] > Β⁺, ο θεος
L ‖ 5 της > Α⁺ | προς] περι Α⁺ ‖ 6 επι προσευχην / εξελθειν] tr. ΑL⁺ ‖
8 ως] εως Α | του 1⁰ > Α ‖ 9 εν > Β | τρυφην Α⁺, στολην V⁺ ‖ 10 κλη-
σιν] χρησιν Β ‖ 13 πιεσαι] πιειν Α ‖ 14 τουτο μοι] tr. Α | μου ult. > Α
‖ 15 διαναστασα] δι > Α | και παντι τω κοσμω > ΑL⁺ | προσηλθεν] σ > Β⁺

αὐτῇ κατέναντι Ολοφέρνου χαμαὶ τὰ κώδια, ἃ ἔλαβεν παρὰ Βαγώου
εἰς τὴν καθημερινὴν δίαιταν αὐτῆς εἰς τὸ ἐσθίειν κατακλινομένην
ἐπ' αὐτῶν. ¹⁶καὶ εἰσελθοῦσα ἀνέπεσεν Ιουδιθ, καὶ ἐξέστη ἡ καρδία 16
Ολοφέρνου ἐπ' αὐτήν, καὶ ἐσαλεύθη ἡ ψυχὴ αὐτοῦ, καὶ ἦν κατεπί-
θυμος σφόδρα τοῦ συγγενέσθαι μετ' αὐτῆς· καὶ ἐτήρει καιρὸν τοῦ
ἀπατῆσαι αὐτὴν ἀφ' ἧς ἡμέρας εἶδεν αὐτήν. ¹⁷καὶ εἶπεν πρὸς αὐ- 17
τὴν Ολοφέρνης Πίε δὴ καὶ γενήθητι μεθ' ἡμῶν εἰς εὐφροσύνην.
¹⁸καὶ εἶπεν Ιουδιθ Πίομαι δή, κύριε, ὅτι ἐμεγαλύνθη τὸ ζῆν μου ἐν 18
ἐμοὶ σήμερον παρὰ πάσας τὰς ἡμέρας τῆς γενέσεώς μου. ¹⁹καὶ λα- 19
βοῦσα ἔφαγεν καὶ ἔπιεν κατέναντι αὐτοῦ ἃ ἡτοίμασεν ἡ δούλη αὐτῆς.
²⁰καὶ ηὐφράνθη Ολοφέρνης ἀπ' αὐτῆς καὶ ἔπιεν οἶνον πολὺν σφό- 20
δρα, ὅσον οὐκ ἔπιεν πώποτε ἐν ἡμέρᾳ μιᾷ ἀφ' οὗ ἐγεννήθη.

¹ Ὡς δὲ ὀψία ἐγένετο, ἐσπούδασαν οἱ δοῦλοι αὐτοῦ ἀναλύειν. 13
καὶ Βαγώας συνέκλεισεν τὴν σκηνὴν ἔξωθεν καὶ ἀπέκλεισεν τοὺς
παρεστῶτας ἐκ προσώπου τοῦ κυρίου αὐτοῦ, καὶ ἀπώχοντο εἰς τὰς
κοίτας αὐτῶν· ἦσαν γὰρ πάντες κεκοπωμένοι διὰ τὸ ἐπὶ πλεῖον
γεγονέναι τὸν πότον. ²ὑπελείφθη δὲ Ιουδιθ μόνη ἐν τῇ σκηνῇ, καὶ 2
Ολοφέρνης προπεπτωκὼς ἐπὶ τὴν κλίνην αὐτοῦ· ἦν γὰρ περικεχυ-
μένος αὐτῷ ὁ οἶνος. ³καὶ εἶπεν Ιουδιθ τῇ δούλῃ αὐτῆς στῆναι ἔξω 3
τοῦ κοιτῶνος αὐτῆς καὶ ἐπιτηρεῖν τὴν ἔξοδον αὐτῆς καθάπερ καθ'
ἡμέραν, ἐξελεύσεσθαι γὰρ ἔφη ἐπὶ τὴν προσευχὴν αὐτῆς· καὶ τῷ
Βαγώᾳ ἐλάλησεν κατὰ τὰ ῥήματα ταῦτα. ⁴καὶ ἀπήλθοσαν πάντες 4
ἐκ προσώπου, καὶ οὐδεὶς κατελείφθη ἐν τῷ κοιτῶνι ἀπὸ μικροῦ
ἕως μεγάλου· καὶ στᾶσα Ιουδιθ παρὰ τὴν κλίνην αὐτοῦ εἶπεν ἐν
τῇ καρδίᾳ αὐτῆς Κύριε ὁ θεὸς πάσης δυνάμεως, ἐπίβλεψον ἐν τῇ
ὥρᾳ ταύτῃ ἐπὶ τὰ ἔργα τῶν χειρῶν μου εἰς ὕψωμα Ιερουσαλημ·
⁵ὅτι νῦν καιρὸς ἀντιλαβέσθαι τῆς κληρονομίας σου καὶ ποιῆσαι τὸ 5
ἐπιτήδευμά μου εἰς θραῦσμα ἐχθρῶν, οἳ ἐπανέστησαν ἡμῖν. ⁶καὶ 6
προσελθοῦσα τῷ κανόνι τῆς κλίνης, ὃς ἦν πρὸς κεφαλῆς Ολοφέρ-
νου, καθεῖλεν τὸν ἀκινάκην αὐτοῦ ἀπ' αὐτοῦ ⁷καὶ ἐγγίσασα τῆς 7
κλίνης ἐδράξατο τῆς κόμης τῆς κεφαλῆς αὐτοῦ καὶ εἶπεν Κραταί-
ωσόν με, κύριε ὁ θεὸς Ισραηλ, ἐν τῇ ἡμέρᾳ ταύτῃ. ⁸καὶ ἐπάταξεν 8
εἰς τὸν τράχηλον αὐτοῦ δὶς ἐν τῇ ἰσχύι αὐτῆς καὶ ἀφεῖλεν τὴν
κεφαλὴν αὐτοῦ ἀπ' αὐτοῦ. ⁹καὶ ἀπεκύλισε τὸ σῶμα αὐτοῦ ἀπὸ τῆς 9
στρωμνῆς καὶ ἀφεῖλε τὸ κωνώπιον ἀπὸ τῶν στύλων· καὶ μετ' ὀλί-
γον ἐξῆλθεν καὶ παρέδωκεν τῇ ἄβρᾳ αὐτῆς τὴν κεφαλὴν Ολοφέρ-
νου, ¹⁰καὶ ἐνέβαλεν αὐτὴν εἰς τὴν πήραν τῶν βρωμάτων αὐτῆς. 10

15 κατεναντι] -τιον L†, εναντιον A† | ελαβον A || 16 και 3⁰ > B† ||
19 εφαγεν .. επιεν] tr. A† || 20 πωποτε εν ημ. μια > A†
13 2 εν τη σκηνη > A† | αυτου] εαυ. BA†: cf. 4 || 4 προσωπου BL†] +
αυτης A, + αυτου compl., + ολοφερνου 58† | αυτης] εαυ. B†: cf. 2 | εν ult.
> A† || 5 θραυσμα] σ > B† || 7 κυριε > B || 8 απ αυτου > B

καὶ ἐξῆλθον αἱ δύο ἅμα κατὰ τὸν ἐθισμὸν αὐτῶν ἐπὶ τὴν προσευ-
χήν· καὶ διελθοῦσαι τὴν παρεμβολὴν ἐκύκλωσαν τὴν φάραγγα ἐκεί-
νην καὶ προσανέβησαν τὸ ὄρος Βαιτυλουα καὶ ἦλθοσαν πρὸς τὰς
πύλας αὐτῆς.

11 ¹¹Καὶ εἶπεν Ιουδιθ μακρόθεν τοῖς φυλάσσουσιν ἐπὶ τῶν πυλῶν
Ἀνοίξατε ἀνοίξατε δὴ τὴν πύλην· μεθ᾽ ἡμῶν ὁ θεὸς ὁ θεὸς ἡμῶν
ποιῆσαι ἔτι ἰσχὺν ἐν Ισραηλ καὶ κράτος κατὰ τῶν ἐχθρῶν, καθὰ
12 καὶ σήμερον ἐποίησεν. ¹²καὶ ἐγένετο ὡς ἤκουσαν οἱ ἄνδρες τῆς
πόλεως αὐτῆς τὴν φωνὴν αὐτῆς, ἐσπούδασαν τοῦ καταβῆναι ἐπὶ
τὴν πύλην τῆς πόλεως αὐτῶν καὶ συνεκάλεσαν τοὺς πρεσβυτέρους
13 τῆς πόλεως. ¹³καὶ συνέδραμον πάντες ἀπὸ μικροῦ ἕως μεγάλου
αὐτῶν, ὅτι παράδοξον ἦν αὐτοῖς τὸ ἐλθεῖν αὐτήν, καὶ ἤνοιξαν τὴν
πύλην καὶ ὑπεδέξαντο αὐτὰς καὶ ἅψαντες πῦρ εἰς φαῦσιν περι-
14 εκύκλωσαν αὐτάς. ¹⁴ἡ δὲ εἶπεν πρὸς αὐτοὺς φωνῇ μεγάλῃ Αἰνεῖτε
τὸν θεόν, αἰνεῖτε· αἰνεῖτε τὸν θεόν, ὃς οὐκ ἀπέστησεν τὸ ἔλεος
αὐτοῦ ἀπὸ τοῦ οἴκου Ισραηλ, ἀλλ᾽ ἔθραυσε τοὺς ἐχθροὺς ἡμῶν
15 διὰ χειρός μου ἐν τῇ νυκτὶ ταύτῃ. ¹⁵καὶ προελοῦσα τὴν κεφαλὴν
ἐκ τῆς πήρας ἔδειξεν καὶ εἶπεν αὐτοῖς Ἰδοὺ ἡ κεφαλὴ Ολοφέρνου
ἀρχιστρατήγου δυνάμεως Ασσουρ, καὶ ἰδοὺ τὸ κωνώπιον, ἐν ᾧ
κατέκειτο ἐν ταῖς μέθαις αὐτοῦ· καὶ ἐπάταξεν αὐτὸν ὁ κύριος ἐν
16 χειρὶ θηλείας· ¹⁶καὶ ζῇ κύριος, ὃς διεφύλαξέν με ἐν τῇ ὁδῷ μου,
ᾗ ἐπορεύθην, ὅτι ἠπάτησεν αὐτὸν τὸ πρόσωπόν μου εἰς ἀπώλειαν
αὐτοῦ, καὶ οὐκ ἐποίησεν ἁμάρτημα μετ᾽ ἐμοῦ εἰς μίασμα καὶ αἰσχύ-
17 νην. ¹⁷καὶ ἐξέστη πᾶς ὁ λαὸς σφόδρα καὶ κύψαντες προσεκύνησαν
τῷ θεῷ καὶ εἶπαν ὁμοθυμαδόν Εὐλογητὸς εἶ, ὁ θεὸς ἡμῶν ὁ ἐξου-
δενώσας ἐν τῇ ἡμέρᾳ τῇ σήμερον τοὺς ἐχθροὺς τοῦ λαοῦ σου.
18 ¹⁸καὶ εἶπεν αὐτῇ Οζιας Εὐλογητὴ σύ, θύγατερ, τῷ θεῷ τῷ ὑψίστῳ
παρὰ πάσας τὰς γυναῖκας τὰς ἐπὶ τῆς γῆς, καὶ εὐλογημένος κύριος
ὁ θεός, ὃς ἔκτισεν τοὺς οὐρανοὺς καὶ τὴν γῆν, ὃς κατεύθυνέν σε
19 εἰς τραῦμα κεφαλῆς ἄρχοντος ἐχθρῶν ἡμῶν· ¹⁹ὅτι οὐκ ἀποστήσε-
ται ἡ ἐλπίς σου ἀπὸ καρδίας ἀνθρώπων μνημονευόντων ἰσχὺν θεοῦ
20 ἕως αἰῶνος· ²⁰καὶ ποιῆσαι σοι αὐτὰ ὁ θεὸς εἰς ὕψος αἰώνιον τοῦ
ἐπισκέψασθαί σε ἐν ἀγαθοῖς, ἀνθ᾽ ὧν οὐκ ἐφείσω τῆς ψυχῆς σου
διὰ τὴν ταπείνωσιν τοῦ γένους ἡμῶν, ἀλλ᾽ ἐπεξῆλθες τῷ πτώματι

---

10 επι την προσευχην > B | το ορος] προς S*†　‖　11 ανοιξ. δη] tr. A | εχ-
θρων] + ημων B*†　‖　12 αυτης 1⁰ > S | του > S†　‖　13 αυτων > SABᶜ |
το] του B*† | υπεδεξαντο] απ. B*Lᵖ†, επ. Bᶜ†, εισεδ. S† | και ult. > BS*Lᵖ†
‖　14 θεον 1⁰] κυριον A† | θεον 1⁰ ⌒ 2⁰ S 58† | θεον 2⁰] κυριον ALᵗ | ος]
οτι A　‖　15 κωνωπ.] + αυτου A†　‖　16 κυριος] pr. ο A　‖　17 ει > S　‖
18 ευλογητη] -γημενη ALᵗ | συ] pr. ει A | θεος] + σου S† | ος ult. > S*† |
ημων > A†　‖　20 σοι > S† | τω > B

ἡμῶν ἐπ' εὐθεῖαν πορευθεῖσα ἐνώπιον τοῦ θεοῦ ἡμῶν. καὶ εἶπαν
πᾶς ὁ λαός Γένοιτο γένοιτο.

¹Καὶ εἶπεν πρὸς αὐτοὺς Ιουδιθ Ἀκούσατε δή μου, ἀδελφοί, καὶ 14
λαβόντες τὴν κεφαλὴν ταύτην κρεμάσατε αὐτὴν ἐπὶ τῆς ἐπάλξεως
τοῦ τείχους ὑμῶν. ²καὶ ἔσται ἡνίκα ἐὰν διαφαύσῃ ὁ ὄρθρος καὶ 2
ἐξέλθῃ ὁ ἥλιος ἐπὶ τὴν γῆν, ἀναλήμψεσθε ἕκαστος τὰ σκεύη τὰ
πολεμικὰ ὑμῶν καὶ ἐξελεύσεσθε πᾶς ἀνὴρ ἰσχύων ἔξω τῆς πόλεως
καὶ δώσετε ἀρχηγὸν εἰς αὐτοὺς ὡς καταβαίνοντες ἐπὶ τὸ πεδίον
εἰς τὴν προφυλακὴν υἱῶν Ασσουρ, καὶ οὐ καταβήσεσθε. ³καὶ ἀναλα- 3
βόντες οὗτοι τὰς πανοπλίας αὐτῶν πορεύσονται εἰς τὴν παρεμβο-
λὴν αὐτῶν καὶ ἐγεροῦσι τοὺς στρατηγοὺς τῆς δυνάμεως Ασσουρ ·
καὶ συνδραμοῦνται ἐπὶ τὴν σκηνὴν Ολοφέρνου καὶ οὐχ εὑρήσου-
σιν αὐτόν, καὶ ἐπιπεσεῖται ἐπ' αὐτοὺς φόβος, καὶ φεύξονται ἀπὸ
προσώπου ὑμῶν. ⁴καὶ ἐπακολουθήσαντες ὑμεῖς καὶ πάντες οἱ κατ- 4
οικοῦντες πᾶν ὅριον Ισραηλ καταστρώσατε αὐτοὺς ἐν ταῖς ὁδοῖς
αὐτῶν. ⁵πρὸ δὲ τοῦ ποιῆσαι ταῦτα καλέσατέ μοι Αχιωρ τὸν Αμ- 5
μανίτην, ἵνα ἰδὼν ἐπιγνοῖ τὸν ἐκφαυλίσαντα τὸν οἶκον τοῦ Ισραηλ
καὶ αὐτὸν ὡς εἰς θάνατον ἀποστείλαντα εἰς ἡμᾶς. ⁶καὶ ἐκάλεσαν 6
τὸν Αχιωρ ἐκ τοῦ οἴκου Οζια · ὡς δὲ ἦλθεν καὶ εἶδεν τὴν κεφαλὴν
Ολοφέρνου ἐν χειρὶ ἀνδρὸς ἑνὸς ἐν τῇ ἐκκλησίᾳ τοῦ λαοῦ, ἔπεσεν
ἐπὶ πρόσωπον, καὶ ἐξελύθη τὸ πνεῦμα αὐτοῦ. ⁷ὡς δὲ ἀνέλαβον 7
αὐτόν, προσέπεσεν τοῖς ποσὶν Ιουδιθ καὶ προσεκύνησεν τῷ προσ-
ώπῳ αὐτῆς καὶ εἶπεν Εὐλογημένη σὺ ἐν παντὶ σκηνώματι Ιουδα
καὶ ἐν παντὶ ἔθνει, οἵτινες ἀκούσαντες τὸ ὄνομά σου ταραχθήσον-
ται · ⁸καὶ νῦν ἀνάγγειλόν μοι ὅσα ἐποίησας ἐν ταῖς ἡμέραις ταύ- 8
ταις. καὶ ἀπήγγειλεν αὐτῷ Ιουδιθ ἐν μέσῳ τοῦ λαοῦ πάντα, ὅσα
ἦν πεποιηκυῖα ἀφ' ἧς ἡμέρας ἐξῆλθεν ἕως οὗ ἐλάλει αὐτοῖς. ⁹ὡς 9
δὲ ἐπαύσατο λαλοῦσα, ἠλάλαξεν ὁ λαὸς φωνῇ μεγάλῃ καὶ ἔδωκεν
φωνὴν εὐφρόσυνον ἐν τῇ πόλει αὐτῶν. ¹⁰ἰδὼν δὲ Αχιωρ πάντα, 10
ὅσα ἐποίησεν ὁ θεὸς τοῦ Ισραηλ, ἐπίστευσεν τῷ θεῷ σφόδρα καὶ
περιετέμετο τὴν σάρκα τῆς ἀκροβυστίας αὐτοῦ καὶ προσετέθη εἰς
τὸν οἶκον Ισραηλ ἕως τῆς ἡμέρας ταύτης.

¹¹Ἡνίκα δὲ ὁ ὄρθρος ἀνέβη, καὶ ἐκρέμασαν τὴν κεφαλὴν Ολο- 11
φέρνου ἐκ τοῦ τείχους, καὶ ἀνέλαβεν πᾶς ἀνὴρ τὰ ὅπλα αὐτοῦ καὶ
ἐξῆλθοσαν κατὰ σπείρας ἐπὶ τὰς ἀναβάσεις τοῦ ὄρους. ¹²οἱ δὲ 12
υἱοὶ Ασσουρ ὡς εἶδον αὐτούς, διέπεμψαν ἐπὶ τοὺς ἡγουμένους αὐ-

20 επ ευθ. / πορ.] tr. Sᵗ | ειπεν S | γενοιτο ult. > Aᵗ
14 1 υμων] ημ. S ‖ 2 εξελευσεσθε] -σεται A ‖ 3 ουτοι] αυτοι S 58ᵗ |
τας παρεμβολας A | υμων > Sᵗ ‖ 4 καταστρωσετε S ‖ 5 επιγνω SA pl. :
cf. Thack. p. 263 | του ult. > A ‖ 6 εκαλεσεν S | οζειου S ‖ 7 ανελαβεν
A ‖ 9 ευφροσυνης A ‖ 10 εις] προς B 58ᵗ ‖ 11 ο et και 1⁰ > A | ανηρ]
+ ισραηλ Bᵗ | σπειραν A | του ορους > B*ᵗ

τῶν · οἱ δὲ ἦλθον ἐπὶ τοὺς στρατηγοὺς καὶ χιλιάρχους καὶ ἐπὶ
13 πάντα ἄρχοντα αὐτῶν. ¹³καὶ παρεγένοντο ἐπὶ τὴν σκηνὴν Ολοφέρ-
νου καὶ εἶπαν τῷ ὄντι ἐπὶ πάντων τῶν αὐτοῦ Ἔγειρον δὴ τὸν
κύριον ἡμῶν, ὅτι ἐτόλμησαν οἱ δοῦλοι καταβαίνειν ἐφ᾽ ἡμᾶς εἰς
14 πόλεμον, ἵνα ἐξολεθρευθῶσιν εἰς τέλος. ¹⁴καὶ εἰσῆλθεν Βαγώας καὶ
ἔκρουσε τὴν αὐλαίαν τῆς σκηνῆς · ὑπενόει γὰρ καθεύδειν αὐτὸν
15 μετὰ Ιουδιθ. ¹⁵ὡς δ᾽ οὐθεὶς ἐπήκουσεν, διαστείλας εἰσῆλθεν εἰς τὸν
κοιτῶνα καὶ εὗρεν αὐτὸν ἐπὶ τῆς χελωνίδος ἐρριμμένον νεκρόν, καὶ
16 ἡ κεφαλὴ αὐτοῦ ἀφῄρητο ἀπ᾽ αὐτοῦ. ¹⁶καὶ ἐβόησεν φωνῇ μεγάλῃ
μετὰ κλαυθμοῦ καὶ στεναγμοῦ καὶ βοῆς ἰσχυρᾶς καὶ διέρρηξεν τὰ
17 ἱμάτια αὐτοῦ. ¹⁷καὶ εἰσῆλθεν εἰς τὴν σκηνήν, οὗ ἦν Ιουδιθ κατα-
λύουσα, καὶ οὐχ εὗρεν αὐτήν · καὶ ἐξεπήδησεν εἰς τὸν λαὸν καὶ
18 ἐβόησεν ¹⁸Ηθέτησαν οἱ δοῦλοι, ἐποίησεν αἰσχύνην μία γυνὴ τῶν
Εβραίων εἰς τὸν οἶκον τοῦ βασιλέως Ναβουχοδονοσορ · ὅτι ἰδοὺ
19 Ολοφέρνης χαμαί, καὶ ἡ κεφαλὴ οὐκ ἔστιν ἐπ᾽ αὐτῷ. ¹⁹ὡς δὲ ἤκου-
σαν ταῦτα τὰ ῥήματα οἱ ἄρχοντες τῆς δυνάμεως Ασσουρ, τοὺς χι-
τῶνας αὐτῶν διέρρηξαν, καὶ ἐταράχθη αὐτῶν ἡ ψυχὴ σφόδρα, καὶ
ἐγένετο αὐτῶν κραυγὴ καὶ βοὴ μεγάλη σφόδρα ἐν μέσῳ τῆς παρεμ-
15 βολῆς. ¹καὶ ὡς ἤκουσαν οἱ ἐν τοῖς σκηνώμασιν ὄντες, ἐξέστησαν
2 ἐπὶ τὸ γεγονός, ²καὶ ἐπέπεσεν ἐπ᾽ αὐτοὺς τρόμος καὶ φόβος, καὶ
οὐκ ἦν ἄνθρωπος μένων κατὰ πρόσωπον τοῦ πλησίον ἔτι, ἀλλ᾽
ἐκχυθέντες ὁμοθυμαδὸν ἔφευγον ἐπὶ πᾶσαν ὁδὸν τοῦ πεδίου καὶ
3 τῆς ὀρεινῆς · ³καὶ οἱ παρεμβεβληκότες ἐν τῇ ὀρεινῇ κύκλῳ Βαιτυ-
λουα καὶ ἐτράπησαν εἰς φυγήν. καὶ τότε οἱ υἱοὶ Ισραηλ, πᾶς ἀνὴρ
4 πολεμιστὴς ἐξ αὐτῶν, ἐξεχύθησαν ἐπ᾽ αὐτούς. ⁴καὶ ἀπέστειλεν Ο-
ζιας εἰς Βαιτομασθαιμ καὶ Βηβαι καὶ Χωβαι καὶ Κωλα καὶ εἰς πᾶν
ὅριον Ισραηλ τοὺς ἀπαγγέλλοντας ὑπὲρ τῶν συντετελεσμένων καὶ
ἵνα πάντες ἐπεκχυθῶσιν τοῖς πολεμίοις εἰς τὴν ἀναίρεσιν αὐτῶν.
5 ⁵ὡς δὲ ἤκουσαν οἱ υἱοὶ Ισραηλ, πάντες ὁμοθυμαδὸν ἐπέπεσον ἐπ᾽
αὐτοὺς καὶ ἔκοπτον αὐτοὺς ἕως Χωβα. ὡσαύτως δὲ καὶ οἱ ἐξ Ιε-
ρουσαλημ παρεγενήθησαν καὶ ἐκ πάσης τῆς ὀρεινῆς, ἀνήγγειλαν
γὰρ αὐτοῖς τὰ γεγονότα τῇ παρεμβολῇ τῶν ἐχθρῶν αὐτῶν · καὶ οἱ

12 τους 2⁰ > SBᶜᵗ ‖ 13 καταβηναι S ‖ 14 αυλαιαν] αυλην A | υπενοειτο
Bᵗ ‖ 15 υπηκουσεν A ‖ 17 και εβοησεν] κραζων Bᵗ, λεγων Sᵗ ‖ 18 του
> S ‖ 19 ταυτα > BS⁽ᵗ⁾ | τους χιτ. αυτων / διερρ.] tr. SA | αυτων / η ψυχη]
tr. A
15 1 οι > Sᵗ | τω σκηνωματι Sᵗ ‖ 2 επεπεσεν] επεσεν SA: cf. 2 28 | αυ-
τους] -τοις S*ᵗ | τρομος .. φοβος BSLᵗ] tr. rel.: cf. 2 28 ‖ 3 παραβεβληκο-
τες Sᵗ | και 2⁰ > SA | επ αυτους > Sᵗ ‖ 4 επεστειλεν Sᵗ | βαιτομασθεν
Sᵗ | και βηβαι > B | βηβαι] αβελβαιμ Sᵗ, αβελμαειν Lᵗ: cf. 4 4 | χωβαι] ι >
S*: cf. 5 | και κωλα > S*ᵗ | κωλα] χωλα Bᵗ, κε(ε)ιλα LSᶜᵗ | απαγγελλοντας]
αποστελλ. S*ᵗ | απεκχυθωσιν Aᵗ ‖ 5 και 1⁰ > Sᵗ | εξ] εν S 58ᵗ

ἐν Γαλααδ καὶ οἱ ἐν τῇ Γαλιλαίᾳ ὑπερεκέρασαν αὐτοὺς πληγῇ με-
γάλῃ, ἕως οὗ παρῆλθον Δαμασκὸν καὶ τὰ ὅρια αὐτῆς. ⁶οἱ δὲ λοιποὶ 6
οἱ κατοικοῦντες Βαιτυλουα ἐπέπεσαν τῇ παρεμβολῇ Ασσουρ καὶ
ἐπρονόμευσαν αὐτοὺς καὶ ἐπλούτησαν σφόδρα. ⁷οἱ δὲ υἱοὶ Ισραηλ 7
ἀναστρέψαντες ἀπὸ τῆς κοπῆς ἐκυρίευσαν τῶν λοιπῶν, καὶ αἱ κῶ-
μαι καὶ ἐπαύλεις ἐν τῇ ὀρεινῇ καὶ πεδινῇ ἐκράτησαν πολλῶν λαφύ-
ρων, ἦν γὰρ πλῆθος πολὺ σφόδρα.

⁸Καὶ Ιωακιμ ὁ ἱερεὺς ὁ μέγας καὶ ἡ γερουσία τῶν υἱῶν Ισραηλ 8
οἱ κατοικοῦντες ἐν Ιερουσαλημ ἦλθον τοῦ θεάσασθαι τὰ ἀγαθά,
ἃ ἐποίησεν κύριος τῷ Ισραηλ, καὶ τοῦ ἰδεῖν τὴν Ιουδιθ καὶ λα-
λῆσαι μετ᾽ αὐτῆς εἰρήνην. ⁹ὡς δὲ εἰσῆλθον πρὸς αὐτήν, εὐλόγησαν 9
αὐτὴν πάντες ὁμοθυμαδὸν καὶ εἶπαν πρὸς αὐτήν Σὺ ὕψωμα Ιερου-
σαλημ, σὺ γαυρίαμα μέγα τοῦ Ισραηλ, σὺ καύχημα μέγα τοῦ γένους
ἡμῶν · ¹⁰ἐποίησας ταῦτα πάντα ἐν χειρί σου, ἐποίησας τὰ ἀγαθὰ 10
μετὰ Ισραηλ, καὶ εὐδόκησεν ἐπ᾽ αὐτοῖς ὁ θεός · εὐλογημένη γίνου
παρὰ τῷ παντοκράτορι κυρίῳ εἰς τὸν αἰῶνα χρόνον. καὶ εἶπεν πᾶς
ὁ λαὸς Γένοιτο. ¹¹καὶ ἐλαφύρευσεν πᾶς ὁ λαὸς τὴν παρεμβολὴν 11
ἐφ᾽ ἡμέρας τριάκοντα · καὶ ἔδωκαν τῇ Ιουδιθ τὴν σκηνὴν Ολοφέρ-
νου καὶ πάντα τὰ ἀργυρώματα καὶ τὰς κλίνας καὶ τὰ ὁλκεῖα καὶ
πάντα τὰ κατασκευάσματα αὐτοῦ, καὶ λαβοῦσα αὐτὴ ἐπέθηκεν ἐπὶ
τὴν ἡμίονον αὐτῆς καὶ ἔζευξεν τὰς ἁμάξας αὐτῆς καὶ ἐσώρευσεν
αὐτὰ ἐπ᾽ αὐτῶν. ¹²καὶ συνέδραμεν πᾶσα γυνὴ Ισραηλ τοῦ ἰδεῖν 12
αὐτὴν καὶ εὐλόγησαν αὐτὴν καὶ ἐποίησαν αὐτῇ χορὸν ἐξ αὐτῶν,
καὶ ἔλαβεν θύρσους ἐν ταῖς χερσὶν αὐτῆς καὶ ἔδωκεν ταῖς γυναιξὶν
ταῖς μετ᾽ αὐτῆς · ¹³καὶ ἐστεφανώσαντο τὴν ἐλαίαν, αὐτὴ καὶ αἱ 13
μετ᾽ αὐτῆς, καὶ προῆλθεν παντὸς τοῦ λαοῦ ἐν χορείᾳ ἡγουμένη
πασῶν τῶν γυναικῶν, καὶ ἠκολούθει πᾶς ἀνὴρ Ισραηλ ἐνωπλισμέ-
νοι μετὰ στεφάνων καὶ ὕμνουν ἐν τῷ στόματι αὐτῶν. ¹⁴καὶ ἐξῆρχεν 14
Ιουδιθ τὴν ἐξομολόγησιν ταύτην ἐν παντὶ Ισραηλ, καὶ ὑπερεφώνει
πᾶς ὁ λαὸς τὴν αἴνεσιν ταύτην · ¹καὶ εἶπεν Ιουδιθ　　　　16

Ἐξάρχετε τῷ θεῷ μου ἐν τυμπάνοις,
ᾄσατε τῷ κυρίῳ ἐν κυμβάλοις,
ἐναρμόσασθε αὐτῷ ψαλμὸν καὶ αἶνον,
ὑψοῦτε καὶ ἐπικαλεῖσθε τὸ ὄνομα αὐτοῦ,

5 γαλααδ] pr. τη A | πληγην μεγαλην S | και ult.] κατα S† ‖ 7 επαυλεις]
αι πολεις SA (+ αι S) ‖ 8 ηλθον > S*† | την > A | λαλησαι] pr. του SL†
‖ 9 εισηλθον(A† -θαν) προς αυτην] εξηλθαν πρ. αυ. S⁽†⁾, εξηλθε προς αυτους
L 58† | συ 1⁰] + ει S 58† | 10 ταυτα παντα] tr. B† | εποιησας 2⁰] ευ ποιη-
σας A† | ευδοκησεν] -σαι B† ‖ 11 πας > SA | κατασκευασματα SA 58†] κατα
> rel. | αυτη] -τα S | επεθηκεν] επ > S† | επ] μετ A ‖ 12 αυτην και εποι.
> A† | αυτων] εαυ. S† | ελαβον S*† | μεθ αυτης A ‖ 13 εστεφανωσατο A |
αι] οι A | υμνων BA ‖ 14 εν > SLᵖ†
16 1 κυριω] + μου SA | και αινον] καινον A

2　　²ὅτι θεὸς συντρίβων πολέμους κύριος,
　　　ὅτι εἰς παρεμβολὰς αὐτοῦ ἐν μέσῳ λαοῦ
　　　ἐξείλατό με ἐκ χειρὸς καταδιωκόντων με.

3　　³ἦλθεν Ασσουρ ἐξ ὀρέων ἀπὸ βορρᾶ,
　　　ἦλθεν ἐν μυριάσι δυνάμεως αὐτοῦ,
　　　ὧν τὸ πλῆθος αὐτῶν ἐνέφραξεν χειμάρρους,
　　　καὶ ἡ ἵππος αὐτῶν ἐκάλυψεν βουνούς ·

4　　⁴εἶπεν ἐμπρήσειν τὰ ὅριά μου
　　　καὶ τοὺς νεανίσκους μου ἀνελεῖν ἐν ρομφαίᾳ
　　　καὶ τὰ θηλάζοντά μου θήσειν εἰς ἔδαφος
　　　καὶ τὰ νήπιά μου δώσειν εἰς προνομὴν
　　　καὶ τὰς παρθένους μου σκυλεῦσαι.

5　　⁵κύριος παντοκράτωρ ἠθέτησεν αὐτοὺς
　　　ἐν χειρὶ θηλείας.

6　　⁶οὐ γὰρ ὑπέπεσεν ὁ δυνατὸς αὐτῶν ὑπὸ νεανίσκων,
　　　οὐδὲ υἱοὶ τιτάνων ἐπάταξαν αὐτόν,
　　　οὐδὲ ὑψηλοὶ γίγαντες ἐπέθεντο αὐτῷ,
　　　ἀλλὰ Ιουδιθ θυγάτηρ Μεραρι
　　　ἐν κάλλει προσώπου αὐτῆς παρέλυσεν αὐτόν,

7　　⁷ἐξεδύσατο γὰρ στολὴν χηρεύσεως αὐτῆς
　　　εἰς ὕψος τῶν πονούντων ἐν Ισραηλ,
　　　ἠλείψατο τὸ πρόσωπον αὐτῆς ἐν μυρισμῷ

8　　⁸καὶ ἐδήσατο τὰς τρίχας αὐτῆς ἐν μίτρᾳ
　　　καὶ ἔλαβεν στολὴν λινῆν εἰς ἀπάτην αὐτοῦ ·

9　　⁹τὸ σανδάλιον αὐτῆς ἥρπασεν ὀφθαλμὸν αὐτοῦ,
　　　καὶ τὸ κάλλος αὐτῆς ἠχμαλώτισεν ψυχὴν αὐτοῦ,
　　　διῆλθεν ὁ ἀκινάκης τὸν τράχηλον αὐτοῦ.

10　¹⁰ἔφριξαν Πέρσαι τὴν τόλμαν αὐτῆς,
　　　καὶ Μῆδοι τὸ θράσος αὐτῆς ἐταράχθησαν ·

11　¹¹τότε ἠλάλαξαν οἱ ταπεινοί μου,
　　　καὶ ἐφοβήθησαν οἱ ἀσθενοῦντές μου καὶ ἐπτοήθησαν,
　　　ὕψωσαν τὴν φωνὴν αὐτῶν καὶ ἀνετράπησαν ·

12　¹²υἱοὶ κορασίων κατεκέντησαν αὐτοὺς
　　　καὶ ὡς παῖδας αὐτομολούντων ἐτίτρωσκον αὐτούς,
　　　ἀπώλοντο ἐκ παρατάξεως κυρίου μου.

13　¹³ὑμνήσω τῷ θεῷ μου ὕμνον καινόν
　　　Κύριε, μέγας εἶ καὶ ἔνδοξος,

2 θεος] pr. ο A | λαου] pr. του S† ‖ 3 δυναμεων BL† | εφραξε S ‖
4 ορια] ορη B† | εν > BS 58† | μου ult. > BL† ‖ 6 υπεπεσεν BA†] υπ >
rel. | μαραρι S†: cf. Par. 1 5 27 | αυτης⌒7 αυτης ult. S*† ‖ 8 εδησατο]
ανεδ. LSᶜ† ‖ 9 ο > A† ‖ 10 εταραχθησαν] ερραχθ. BS*† ‖ 12 αυτους 2⁰
> BA ‖ 13 θεω μου] κυριω A

θαυμαστὸς ἐν ἰσχύι, ἀνυπέρβλητος.

14 σοὶ δουλευσάτω πᾶσα ἡ κτίσις σου ·   14
ὅτι εἶπας, καὶ ἐγενήθησαν ·
ἀπέστειλας τὸ πνεῦμά σου, καὶ ᾠκοδόμησεν ·
καὶ οὐκ ἔστιν ὃς ἀντιστήσεται τῇ φωνῇ σου.

15 ὄρη γὰρ ἐκ θεμελίων σὺν ὕδασιν σαλευθήσεται,   15
πέτραι δ᾽ ἀπὸ προσώπου σου ὡς κηρὸς τακήσονται ·
ἔτι δὲ τοῖς φοβουμένοις σε,
σὺ εὐιλατεύσεις αὐτοῖς.

16 ὅτι μικρὸν πᾶσα θυσία εἰς ὀσμὴν εὐωδίας,   16
καὶ ἐλάχιστον πᾶν στέαρ εἰς ὁλοκαύτωμά σοι ·
ὁ δὲ φοβούμενος τὸν κύριον μέγας διὰ παντός.

17 οὐαὶ ἔθνεσιν ἐπανισταναμένοις τῷ γένει μου ·   17
κύριος παντοκράτωρ ἐκδικήσει αὐτοὺς ἐν ἡμέρᾳ κρίσεως
δοῦναι πῦρ καὶ σκώληκας εἰς σάρκας αὐτῶν,
καὶ κλαύσονται ἐν αἰσθήσει ἕως αἰῶνος.

18 Ὡς δὲ ἤλθοσαν εἰς Ιερουσαλημ, προσεκύνησαν τῷ θεῷ, καὶ 18
ἡνίκα ἐκαθαρίσθη ὁ λαός, ἀνήνεγκαν τὰ ὁλοκαυτώματα αὐτῶν καὶ
τὰ ἑκούσια αὐτῶν καὶ τὰ δόματα. 19 καὶ ἀνέθηκεν Ιουδιθ πάντα τὰ 19
σκεύη Ολοφέρνου, ὅσα ἔδωκεν ὁ λαὸς αὐτῇ, καὶ τὸ κωνώπιον, ὃ
ἔλαβεν ἑαυτῇ ἐκ τοῦ κοιτῶνος αὐτοῦ, εἰς ἀνάθημα τῷ θεῷ ἔδωκεν.
20 καὶ ἦν ὁ λαὸς εὐφραινόμενος ἐν Ιερουσαλημ κατὰ πρόσωπον 20
τῶν ἁγίων ἐπὶ μῆνας τρεῖς, καὶ Ιουδιθ μετ᾽ αὐτῶν κατέμεινεν.
21 Μετὰ δὲ τὰς ἡμέρας ταύτας ἀνέζευξεν ἕκαστος εἰς τὴν κλη- 21
ρονομίαν αὐτοῦ, καὶ Ιουδιθ ἀπῆλθεν εἰς Βαιτυλουα καὶ κατέμεινεν
ἐπὶ τῆς ὑπάρξεως αὐτῆς · καὶ ἐγένετο κατὰ τὸν καιρὸν αὐτῆς ἔν-
δοξος ἐν πάσῃ τῇ γῇ. 22 καὶ πολλοὶ ἐπεθύμησαν αὐτήν, καὶ οὐκ 22
ἔγνω ἀνὴρ αὐτὴν πάσας τὰς ἡμέρας τῆς ζωῆς αὐτῆς, ἀφ᾽ ἧς ἡμέ-
ρας ἀπέθανεν Μανασσης ὁ ἀνὴρ αὐτῆς καὶ προσετέθη πρὸς τὸν
λαὸν αὐτοῦ. 23 καὶ ἦν προβαίνουσα μεγάλη σφόδρα καὶ ἐγήρασεν 23
ἐν τῷ οἴκῳ τοῦ ἀνδρὸς αὐτῆς ἔτη ἑκατὸν πέντε · καὶ ἀφῆκεν τὴν
ἅβραν αὐτῆς ἐλευθέραν. καὶ ἀπέθανεν εἰς Βαιτυλουα, καὶ ἔθαψαν
αὐτὴν ἐν τῷ σπηλαίῳ τοῦ ἀνδρὸς αὐτῆς Μανασση, 24 καὶ ἐπένθησεν 24

14 απεστειλας] επεστρεψας S† | ωκοδομηθησαν S† || 15 σαλευθησεται, πε-
τραι δ(ε)] εσαλευθησαν, σαλευθησεται πετρα S*† (ab S^c partim correcta) | τα-
κησεται A | ετι BSA] επι pl., εν L† | ευιλατευσεις] σ > B, ευ > S || 16 ολο-
καυτωμα] -καρπωμα S† || 17 επανισταναμενοις SA(†)] -σταμενοις B || 18 fin.]
+ αυτων A || 19 θεω] κυριω SA || 20 εν] εις A | κατεμεινεν] ι > BL 58†
|| 21 τας ημ./ταυτας] tr. A† | ανεζευξαν S† | εκαστος > A† | εις βαιτ.] pr.
εις τον οικον αυτης S† || 22 μανασση A† || 23 ην προβαιν.] tr. A | εν 1⁰
> A† | ετη/εκ. πεντε] tr. A || 24 επενθησαν A

αὐτὴν οἶκος Ισραηλ ἡμέρας ἑπτά. καὶ διεῖλεν τὰ ὑπάρχοντα
αὐτῆς πρὸ τοῦ ἀποθανεῖν αὐτὴν πᾶσι τοῖς ἔγγιστα Μανασση τοῦ
25 ἀνδρὸς αὐτῆς καὶ τοῖς ἔγγιστα τοῦ γένους αὐτῆς. ²⁵καὶ οὐκ ἦν
ἔτι ὁ ἐκφοβῶν τοὺς υἱοὺς Ισραηλ ἐν ταῖς ἡμέραις Ιουδιθ καὶ μετὰ
τὸ ἀποθανεῖν αὐτὴν ἡμέρας πολλάς.

24 οικος] pr. ο SL†, pr. πας compl., pr. πας ο 58† | ημερας] pr. επι S† |
τοις εγγιστα 1⁰ ⌒ 2⁰ S†   ‖   25 fin.] + αμην BL†: cf. Tob. 14 15
Subscr. ιουδειθ BSA

Τ Ω Β Ι Τ

1   ¹Βίβλος λόγων Τωβιτ τοῦ Τωβιηλ τοῦ Ανανιηλ τοῦ Αδουηλ τοῦ ΒΑ
2 Γαβαηλ ἐκ τοῦ σπέρματος Ασιηλ ἐκ τῆς φυλῆς Νεφθαλιμ, ²ὃς ἠχ-
μαλωτεύθη ἐν ἡμέραις Ενεμεσσαρου τοῦ βασιλέως Ἀσσυρίων ἐκ
Θισβης, ἥ ἐστιν ἐκ δεξιῶν Κυδιως τῆς Νεφθαλιμ ἐν τῇ Γαλιλαίᾳ
ὑπεράνω Ασηρ.
3   ³Ἐγὼ Τωβιτ ὁδοῖς ἀληθείας ἐπορευόμην καὶ δικαιοσύνης πάσας
τὰς ἡμέρας τῆς ζωῆς μου καὶ ἐλεημοσύνας πολλὰς ἐποίησα τοῖς

Tob. textus uulgaris: BA; in L hic liber deest (pars huius libri in 108
ab alia manu addita est). — de „Fr." cf. inf.
1 1 αδουηλ] ναυη A† | γαβαηλ] γαμαηλ A†: cf. 4 20   ‖   2 θισβης] σ > A |
κυδιων A   ‖   3 δικαιοσυνης] ς > B†

---

1   ¹Βίβλος λόγων Τωβιθ τοῦ Τωβιηλ τοῦ Ανανιηλ τοῦ Αδουηλ τοῦ S
Γαβαηλ τοῦ Ραφαηλ τοῦ Ραγουηλ ἐκ τοῦ σπέρματος Ασιηλ ἐκ φυλῆς
2 Νεφθαλιμ, ²ὃς ἠχμαλωτεύθη ἐν ταῖς ἡμέραις Ενεμεσσαρου τοῦ βα-
σιλέως τῶν Ἀσσυρίων ἐκ Θισβης, ἥ ἐστιν ἐκ δεξιῶν Κυδιως τῆς
Νεφθαλιμ ἐν τῇ ἄνω Γαλιλαίᾳ ὑπεράνω Ασηρ ὀπίσω ⟨ὁδοῦ⟩ δυ-
σμῶν ἡλίου ἐξ ἀριστερῶν Φογωρ.
3   ³Ἐγὼ Τωβιθ ὁδοῖς ἀληθείας ἐπορευόμην καὶ ἐν δικαιοσύναις πάσας
τὰς ἡμέρας τῆς ζωῆς μου καὶ ἐλεημοσύνας πολλὰς ἐποίησα τοῖς

Tob. S: hic textus non nisi in cod. S inuenitur; cuius codicis compluria
errata emendauit Fr. = O. F. Fritzsche Libri apocryphi V. T. graece (Lips.
1871). hunc textum corrector septimi saeculi quibusdam locis ad textum
uulgarem adaptauit, ex. gr. 1 5 παντες οι αδελφοι μου in textu delens et πα-
σαι αι φυλαι αι συναποστασαι εθυον τη βααλ τη δαμαλι in margine adscri-
bens; quas correctiones, ubi cum BA concordant, praetereo.
Inscr. τωβειθ: sic S plerumque, sed cf. 3 17
1 2 ⟨οδου⟩ add. Fr. secutus Uet. Lat.

BA ἀδελφοῖς μου καὶ τῷ ἔθνει τοῖς συμπορευθεῖσιν μετ᾽ ἐμοῦ εἰς χώ-
ραν Ἀσσυρίων εἰς Νινευη. ⁴καὶ ὅτε ἤμην ἐν τῇ χώρᾳ μου ἐν 4
τῇ γῇ Ισραηλ, νεωτέρου μου ὄντος, πᾶσα φυλὴ τοῦ Νεφθαλιμ τοῦ
πατρός μου ἀπέστη ἀπὸ τοῦ οἴκου Ιεροσολύμων τῆς ἐκλεγείσης
ἀπὸ πασῶν τῶν φυλῶν Ισραηλ εἰς τὸ θυσιάζειν πάσας τὰς φυλάς·
καὶ ἡγιάσθη ὁ ναὸς τῆς κατασκηνώσεως τοῦ ὑψίστου καὶ ᾠκοδο-
μήθη εἰς πάσας τὰς γενεὰς τοῦ αἰῶνος. ⁵καὶ πᾶσαι αἱ φυλαὶ αἱ 5
συναποστᾶσαι ἔθυον τῇ Βααλ τῇ δαμάλει καὶ ὁ οἶκος Νεφθαλιμ
τοῦ πατρός μου. ⁶κἀγὼ μόνος ἐπορευόμην πλεονάκις εἰς Ιεροσό- 6
λυμα ἐν ταῖς ἑορταῖς, καθὼς γέγραπται παντὶ τῷ Ισραηλ ἐν προσ-
τάγματι αἰωνίῳ, τὰς ἀπαρχὰς καὶ τὰς δεκάτας τῶν γενημάτων καὶ
τὰς πρωτοκουρίας ἔχων · ⁷καὶ ἐδίδουν αὐτὰς τοῖς ἱερεῦσιν τοῖς 7
υἱοῖς Ααρων πρὸς τὸ θυσιαστήριον πάντων τῶν γενημάτων · τὴν
δεκάτην ἐδίδουν τοῖς υἱοῖς Λευι τοῖς θεραπεύουσιν ἐν Ιερουσα-
λημ. καὶ τὴν δευτέραν δεκάτην ἀπεπρατιζόμην καὶ ἐπορευόμην

3 εθνει] + μου A | συμπορευθεισιν] προπορ. B†, -ρευομενοις A† ‖ 5 νε-
φθαλιμ] pr. του A† ‖ 6 πρωτοκουριας] προκ. B͟r†, -κυρ- A† ‖ 7 αυτας] -τα
A | παντων των] των των (sic) B*† | εν 1⁰ V] εις B†, > A

S ἀδελφοῖς μου καὶ τῷ ἔθνει μου τοῖς πορευθεῖσιν μετ᾽ ἐμοῦ ἐν
τῇ αἰχμαλωσίᾳ εἰς τὴν χώραν τῶν Ἀσσυρίων εἰς Νινευη. ⁴καὶ 4
ὅτε ἤμην ἐν τῇ χώρᾳ μου ἐν γῇ Ισραηλ καὶ ὅτε ἤμην νέος, πᾶσα
ἡ φυλὴ Νεφθαλιμ τοῦ πατρός μου ἀπέστησαν ἀπὸ τοῦ οἴκου Δαυιδ
τοῦ πατρός μου καὶ ἀπὸ Ιερουσαλημ πόλεως τῆς ⟨ἐκλεγείσης⟩ ἐκ
πασῶν φυλῶν Ισραηλ εἰς τὸ θυσιάζειν πάσαις φυλαῖς Ισραηλ · καὶ
ἡγιάσθη ὁ ναὸς τῆς κατασκηνώσεως τοῦ θεοῦ καὶ ᾠκοδομήθη ἐν
αὐτῇ εἰς πάσας τὰς γενεὰς τοῦ αἰῶνος. ⁵πάντες οἱ ἀδελφοί μου 5
καὶ ὁ οἶκος Νεφθαλιμ τοῦ πατρός μου, ἐθυσίαζον ἐκεῖνοι τῷ μόσχῳ,
ὃν ἐποίησεν Ιεροβεαμ ὁ βασιλεὺς Ισραηλ ἐν Δαν, ἐπὶ πάντων ὀρέων
τῆς Γαλιλαίας. ⁶κἀγὼ μονώτατος ἐπορευόμην πολλάκις εἰς Ιεροσό- 6
λυμα ἐν ταῖς ἑορταῖς, καθὼς γέγραπται ἐν παντὶ Ισραηλ ἐν προσ-
τάγματι αἰωνίῳ · τὰς ἀπαρχὰς καὶ τὰ πρωτογενήματα καὶ τὰς δε-
κάτας τῶν κτηνῶν καὶ τὰς πρωτοκουρίας τῶν προβάτων ἔχων
ἀπέτρεχον εἰς ιεροσόλυμα ⁷καὶ ἐδίδουν αὐτὰ τοῖς ἱερεῦσιν τοῖς 7
υἱοῖς Ααρων πρὸς τὸ θυσιαστήριον καὶ τὴν δεκάτην τοῦ σίτου καὶ
τοῦ οἴνου καὶ ἐλαίου καὶ ῥοῶν καὶ τῶν σύκων καὶ τῶν λοιπῶν ἀκρο-
δρύων τοῖς υἱοῖς Λευι τοῖς θεραπεύουσιν ἐν Ιερουσαλημ. καὶ τὴν δεκά-
την τὴν δευτέραν ἀπεδεκάτιζον ἀργυρίῳ τῶν ἓξ ἐτῶν καὶ ἐπορευόμην

4 ⟨εκλεγεισης⟩ add. Fr. ‖ 5 ιεροβεαμ: sic cod. ‖ 6 πρωτοκουριας Ra.]
ι > S ‖ 7 σιτου ... οινου] tr. S* | ελαιων S* | και των συκων > S* | θερα-
πευουσιν Ra.] ευ > S

8 καὶ ἐδαπάνων αὐτὰ ἐν Ἱεροσολύμοις καθ᾿ ἕκαστον ἐνιαυτόν. ⁸καὶ τὴν BA
τρίτην ἐδίδουν οἷς καθήκει, καθὼς ἐνετείλατο Δεββωρα ἡ μήτηρ τοῦ
9 πατρός μου, διότι ὀρφανὸς κατελείφθην ὑπὸ τοῦ πατρός μου. ⁹καὶ
ὅτε ἐγενόμην ἀνήρ, ἔλαβον Ανναν γυναῖκα ἐκ τοῦ σπέρματος τῆς
10 πατριᾶς ἡμῶν καὶ ἐγέννησα ἐξ αὐτῆς Τωβιαν. ¹⁰καὶ ὅτε ἠχμαλωτί-
σθην εἰς Νινευη, πάντες οἱ ἀδελφοί μου καὶ οἱ ἐκ τοῦ γένους μου
11 ἦσθιον ἐκ τῶν ἄρτων τῶν ἐθνῶν· ¹¹ἐγὼ δὲ συνετήρησα τὴν ψυ-
12 χήν μου μὴ φαγεῖν, ¹²καθότι ἐμεμνήμην τοῦ θεοῦ ἐν ὅλῃ τῇ ψυχῇ
13 μου. ¹³καὶ ἔδωκεν ὁ ὕψιστος χάριν καὶ μορφὴν ἐνώπιον Ενεμεσ-
14 σαρου, καὶ ἤμην αὐτοῦ ἀγοραστής· ¹⁴καὶ ἐπορευόμην εἰς τὴν Μη-
δίαν καὶ παρεθέμην Γαβαήλῳ τῷ ἀδελφῷ Γαβρια ἐν Ραγοις τῆς
Μηδίας ἀργυρίου τάλαντα δέκα.
15 ¹⁵Καὶ ὅτε ἀπέθανεν Ενεμεσσαρος, ἐβασίλευσεν Σενναχηριμ ὁ υἱὸς
αὐτοῦ ἀντ᾿ αὐτοῦ, καὶ αἱ ὁδοὶ αὐτοῦ ἠκαταστάτησαν, καὶ οὐκέτι

8 δεμβωρα A† ‖ 10 ηχμαλωτισθημεν B† | μου ult. > B† ‖ 14 και
10 > B† ‖ 15 ενεμεσσαρος] ος > B | σενναχηρ(ε)ιμ] αχηρειλ B† (post -σεν):
cf. 18 | ηκαταστατησαν B] ηκατεστατησαν compl., ηκατεστησαν compl., κατ-
εστησαν A†

---

8 καὶ ἐδαπάνων αὐτὰ ἐν Ἱερουσαλημ καθ᾿ ἕκαστον ἐνιαυτόν. ⁸καὶ S
ἐδίδουν αὐτὰ τοῖς ὀρφανοῖς καὶ ταῖς χήραις καὶ προσηλύτοις
τοῖς προσκειμένοις τοῖς υἱοῖς Ισραηλ εἰσέφερον καὶ ἐδίδουν αὐ-
τοῖς ἐν τῷ τρίτῳ ἔτει καὶ ἠσθίομεν αὐτὰ κατὰ τὸ πρόσταγμα τὸ
προστεταγμένον περὶ αὐτῶν ἐν τῷ νόμῳ Μωσῆ καὶ κατὰ τὰς ἐν-
τολάς, ἃς ἐνετείλατο Δεββωρα ἡ μήτηρ Ανανιηλ τοῦ πατρὸς ἡμῶν,
9 ὅτι ὀρφανὸν κατέλιπέν με ὁ πατὴρ καὶ ἀπέθανεν. ⁹καὶ ὅτε ἐγενή-
θην ἀνήρ, ἔλαβον γυναῖκα ἐκ τοῦ σπέρματος τῆς πατριᾶς ἡμῶν
καὶ ἐγέννησα ἐξ αὐτῆς υἱὸν καὶ ἐκάλεσα τὸ ὄνομα αὐτοῦ Τωβιαν.
10 ¹⁰μετὰ τὸ αἰχμαλωτισθῆναί με εἰς Ἀσσυρίους καὶ ὅτε ἠχμαλωτίσθην,
εἰς Νινευη ἐπορευόμην· καὶ πάντες οἱ ἀδελφοί μου καὶ οἱ ἐκ τοῦ
11 γένους μου ἤσθιον ἐκ τῶν ἄρτων τῶν ἐθνῶν, ¹¹ἐγὼ δὲ συνετή-
12 ρησα τὴν ψυχήν μου μὴ φαγεῖν ἐκ τῶν ἄρτων τῶν ἐθνῶν. ¹²καὶ
13 ὅτε ἐμεμνήμην τοῦ θεοῦ μου ἐν ὅλῃ ψυχῇ μου, ¹³καὶ ἔδωκέν μοι
ὁ ὕψιστος χάριν καὶ μορφὴν ἐνώπιον Ενεμεσσαρου, καὶ ἠγόραζον
14 αὐτῷ πάντα τὰ πρὸς τὴν χρῆσιν· ¹⁴καὶ ἐπορευόμην εἰς Μηδίαν
καὶ ἠγόραζον αὐτῷ ἐκεῖθεν ἕως αὐτὸν ἀποθανεῖν. καὶ παρεθέμην
Γαβαήλῳ βαλλάντια τῷ ἀδελφῷ τῷ Γαβρι ἐν τῇ χώρᾳ τῆς Μηδίας,
ἀργυρίου τάλαντα δέκα.
15 ¹⁵Καὶ ὅτε ἀπέθανεν Ενεμασσαρ καὶ ἐβασίλευσεν Σενναχηριμ υἱὸς
αὐτοῦ ἀντ᾿ αὐτοῦ, καὶ αἱ ὁδοὶ τῆς Μηδίας ἀπέστησαν, καὶ οὐκέτι

10 με > S* ‖ 14 γαβαηλω] α 2⁰ > S* hic, non in 4 1. 20 5 6 9 2. 5

BA ἠδυνάσθην πορευθῆναι εἰς τὴν Μηδίαν. ¹⁶καὶ ἐν ταῖς ἡμέραις Ενε- 16
μεσσαρου ἐλεημοσύνας πολλὰς ἐποίουν τοῖς ἀδελφοῖς μου · ¹⁷τοὺς 17
ἄρτους μου ἐδίδουν τοῖς πεινῶσιν καὶ τὰ ἱμάτιά μου τοῖς γυμνοῖς,
καὶ εἴ τινα ἐκ τοῦ γένους μου ἐθεώρουν τεθνηκότα καὶ ἐρριμμένον
ὀπίσω τοῦ τείχους Νινευη, ἔθαπτον αὐτόν. ¹⁸καὶ εἴ τινα ἀπέκτεινεν 18
Σενναχηριμ ὁ βασιλεύς, ὅτε ἦλθεν φεύγων ἐκ τῆς Ιουδαίας, ἔθαψα
αὐτοὺς κλέπτων · πολλοὺς γὰρ ἀπέκτεινεν ἐν τῷ θυμῷ αὐτοῦ · καὶ
ἐζητήθη ὑπὸ τοῦ βασιλέως τὰ σώματα, καὶ οὐχ εὑρέθη. ¹⁹πορευ- 19
θεὶς δὲ εἰς τῶν ἐν Νινευη ὑπέδειξε τῷ βασιλεῖ περὶ ἐμοῦ ὅτι θάπτω
αὐτούς, καὶ ἐκρύβην · ἐπιγνοὺς δὲ ὅτι ζητοῦμαι ἀποθανεῖν, φοβη-
θεὶς ἀνεχώρησα. ²⁰καὶ διηρπάγη πάντα τὰ ὑπάρχοντά μου, καὶ οὐ 20
κατελείφθη μοι οὐδὲν πλὴν Αννας τῆς γυναικός μου καὶ Τωβιου
τοῦ υἱοῦ μου. ²¹καὶ οὐ διῆλθον ἡμέραι πεντήκοντα ἕως οὗ ἀπ- 21
έκτειναν αὐτὸν οἱ δύο υἱοὶ αὐτοῦ · καὶ ἔφυγον εἰς τὰ ὄρη Αραρατ,
καὶ ἐβασίλευσεν Σαχερδονος ὁ υἱὸς αὐτοῦ ἀντ’ αὐτοῦ. καὶ ἔταξεν

17 τα et μου 2⁰ > B† | ρεριμμενον B†: cf. Thack. § 16,7 | οπισω του
τειχ. νινευη] επι τ. τ. εις νιν. A   ‖   18 σενναχηρ(ε)ιμ] αχηρεια B† (post
-σεν): cf. 15   ‖   19 εν νινευη] νινευιτων A | θαπτω] εθαπτον A   ‖   20 τω-
βιου] -βειτ B⁽†⁾   ‖   21 αραραθ B† | σαχερδαν A†: idem in 22 σαχερδο-
νοσος

S ἠδυνάσθην πορευθῆναι εἰς τὴν Μηδίαν. ¹⁶ἐν ταῖς ἡμέραις Ενεμεσ- 16
σαρου ἐλεημοσύνας πολλὰς ἐποίησα τοῖς ἀδελφοῖς μου τοῖς ἐκ τοῦ
γένους μου · ¹⁷τοὺς ἄρτους μου ἐδίδουν τοῖς πεινῶσιν καὶ ἱμάτια 17
τοῖς γυμνοῖς, καὶ εἴ τινα τῶν ἐκ τοῦ ἔθνους μου ἐθεώρουν τεθνη-
κότα καὶ ἐρριμμένον ὀπίσω τοῦ τείχους Νινευη, ἔθαπτον αὐτόν.
¹⁸καὶ εἴ τινα ἀπέκτεινεν Σενναχηριμ, ὅτε ἀπῆλθεν φεύγων ἐκ τῆς 18
Ιουδαίας ἐν ἡμέραις τῆς κρίσεως, ἧς ἐποίησεν ἐξ αὐτοῦ ὁ βασιλεὺς
τοῦ οὐρανοῦ περὶ τῶν βλασφημιῶν, ὧν ἐβλασφήμησεν, ἔθαψα · πολ-
λοὺς γὰρ ἀπέκτεινεν ἐν τῷ θυμῷ αὐτοῦ ἐκ τῶν υἱῶν Ισραηλ, καὶ
ἔκλεπτον τὰ σώματα αὐτῶν καὶ ἔθαπτον · καὶ ἐζήτησεν αὐτὰ Σεν-
ναχηριμ καὶ οὐχ εὗρεν αὐτά. ¹⁹καὶ ἐπορεύθη εἰς τις τῶν ἐκ τῆς 19
Νινευη καὶ ὑπέδειξεν τῷ βασιλεῖ περὶ ἐμοῦ ὅτι ἐγὼ θάπτω αὐτούς,
καὶ ἐκρύβην · καὶ ὅτε ἐπέγνων ὅτι ἔγνω περὶ ἐμοῦ ὁ βασιλεὺς καὶ
ὅτι ζητοῦμαι τοῦ ἀποθανεῖν, ἐφοβήθην καὶ ἀπέδρασα. ²⁰καὶ ἡρπάγη 20
πάντα, ὅσα ὑπῆρχέν μοι, καὶ οὐ κατελείφθη μοι οὐδέν, ὃ οὐκ ἀν-
ελήμφθη εἰς τὸ βασιλικόν, πλὴν Αννας τῆς γυναικός μου καὶ Τωβια
τοῦ υἱοῦ μου. ²¹καὶ οὐ διῆλθον ἡμέραι τεσσαράκοντα ἕως οὗ ἀπ- 21
έκτειναν αὐτὸν οἱ δύο υἱοὶ αὐτοῦ · καὶ ἔφυγον εἰς τὰ ὄρη Αραρατ,
καὶ ἐβασίλευσεν Σαχερδονος υἱὸς αὐτοῦ μετ’ αὐτόν. καὶ ἔταξεν

21 εφυγεν S*

Αχιαχαρον τὸν Αναηλ υἱὸν τοῦ ἀδελφοῦ μου ἐπὶ πᾶσαν τὴν ἐκλο- **ΒΑ**
22 γιστίαν τῆς βασιλείας αὐτοῦ καὶ ἐπὶ πᾶσαν τὴν διοίκησιν. ²²καὶ ἠξί-
ωσεν Αχιαχαρος περὶ ἐμοῦ, καὶ ἦλθον εἰς Νινευη. Αχιαχαρος δὲ ἦν ὁ
οἰνοχόος καὶ ἐπὶ τοῦ δακτυλίου καὶ διοικητὴς καὶ ἐκλογιστής, καὶ κατ-
έστησεν αὐτὸν ὁ Σαχερδονος ἐκ δευτέρας · ἦν δὲ ἐξάδελφός μου.
2 ¹Ὅτε δὲ κατῆλθον εἰς τὸν οἶκόν μου καὶ ἀπεδόθη μοι Αννα ἡ
γυνή μου καὶ Τωβιας ὁ υἱός μου, ἐν τῇ πεντηκοστῇ τῇ ἑορτῇ, ἥ
ἐστιν ἁγία ἑπτὰ ἑβδομάδων, ἐγενήθη ἄριστον καλόν μοι, καὶ ἀν-
2 έπεσα τοῦ φαγεῖν. ²καὶ ἐθεασάμην ὄψα πολλὰ καὶ εἶπα τῷ υἱῷ μου
Βάδισον καὶ ἄγαγε ὃν ἐὰν εὕρῃς τῶν ἀδελφῶν ἡμῶν ἐνδεῆ,
3 ὃς μέμνηται τοῦ κυρίου · καὶ ἰδοὺ μενῶ σε. ³καὶ ἐλθὼν εἶπεν
Πάτερ, εἷς ἐκ τοῦ γένους ἡμῶν ἐστραγγαλωμένος ἔρριπται ἐν τῇ
4 ἀγορᾷ. ⁴κἀγὼ πρὶν ἢ γεύσασθαί με ἀναπηδήσας ἀνειλόμην αὐτὸν

21 υιον] pr. τον Α || 22 οινοδοχος Α⁺ | εκ] pr. υιος Β
2 1 δε > Α⁺ | τη 2⁰ > Β | και ult. > Β⁺ | ανεπεσα] -παυσαμην Α⁺ || 2 εν-
δεη ος μεμν. > Α⁺ || 3 εστραγγαλημενος ΑΒᶜ || 4 η > Α

Αχιχαρον τὸν Αναηλ τὸν τοῦ ἀδελφοῦ μου υἱὸν ἐπὶ πᾶσαν τὴν **S**
ἐκλογιστίαν τῆς βασιλείας αὐτοῦ, καὶ αὐτὸς εἶχεν τὴν ἐξουσίαν
22 ἐπὶ πᾶσαν τὴν διοίκησιν. ²²τότε ἠξίωσεν Αχιχαρος περὶ ἐμοῦ, καὶ
κατῆλθον εἰς τὴν Νινευη. Αχιχαρος γὰρ ἦν ὁ ἀρχιοινοχόος καὶ ἐπὶ
τοῦ δακτυλίου καὶ διοικητὴς καὶ ἐκλογιστὴς ἐπὶ Σενναχηριμ βασι-
λέως Ἀσσυρίων, καὶ κατέστησεν αὐτὸν Σαχερδονος ἐκ δευτέρας ·
ἦν δὲ ἐξάδελφός μου καὶ ἐκ τῆς συγγενείας μου.
2 ¹Καὶ ἐπὶ Σαχερδονος βασιλέως κατῆλθον εἰς τὸν οἶκόν μου, καὶ
ἀπεδόθη μοι ἡ γυνή μου Αννα καὶ Τωβιας ὁ υἱός μου. καὶ ἐν τῇ
πεντηκοστῇ τῇ ἑορτῇ ἡμῶν, ἥ ἐστιν ἁγία ⟨ἑπτὰ⟩ ἑβδομάδων, ἐγενήθη
2 μοι ἄριστον καλόν, καὶ ἀνέπεσα τοῦ ἀριστῆσαι. ²καὶ παρετέθη μοι
ἡ τράπεζα, καὶ παρετέθη μοι ὀψάρια πλείονα, καὶ εἶπα τῷ Τωβια
τῷ υἱῷ μου Παιδίον, βάδιζε καὶ ὃν ἂν εὕρῃς πτωχὸν τῶν ἀδελφῶν
ἡμῶν ἐκ Νινευητῶν αἰχμαλώτων, ὃς μέμνηται ἐν ὅλῃ καρδίᾳ αὐ-
τοῦ, καὶ ἄγαγε αὐτὸν καὶ φάγεται κοινῶς μετ' ἐμοῦ · καὶ ἰδὲ προσ-
3 μενῶ σε, παιδίον, μέχρι τοῦ σε ἐλθεῖν. ³καὶ ἐπορεύθη Τωβιας ζη-
τῆσαί τινα πτωχὸν τῶν ἀδελφῶν ἡμῶν. καὶ ἐπιστρέψας λέγει Πά-
τερ. καὶ εἶπα αὐτῷ Ἰδοὺ ἐγώ, παιδίον. καὶ ἀποκριθεὶς εἶπεν Πάτερ,
ἰδοὺ εἷς ἐκ τοῦ ἔθνους ἡμῶν πεφόνευται καὶ ἔρριπται ἐν τῇ ἀγορᾷ
4 καὶ αὐτόθι νῦν ἐστραγγάληται. ⁴καὶ ἀναπηδήσας ἀφῆκα τὸ ἄριστον
πρὶν ἢ γεύσασθαί με αὐτοῦ καὶ ἀναιροῦμαι αὐτὸν ἐκ τῆς πλατείας

22 βασιλεα Sᶜ
2 1 σαχερδονος Ra. (cf. 1 21. 22)] σαρχεδ. S | τη εορτη Ra.] της -της S |
⟨επτα⟩ addidi

BA εἴς τι οἴκημα, ἕως οὗ ἔδυ ὁ ἥλιος. ⁵καὶ ἐπιστρέψας ἐλουσάμην καὶ 5
ἤσθιον τὸν ἄρτον μου ἐν λύπῃ · ⁶καὶ ἐμνήσθην τῆς προφητείας 6
Ἀμως, καθὼς εἶπεν
　　Στραφήσονται αἱ ἑορταὶ ὑμῶν εἰς πένθος
　　καὶ πᾶσαι αἱ εὐφροσύναι ὑμῶν εἰς θρῆνον
καὶ ἔκλαυσα. ⁷καὶ ὅτε ἔδυ ὁ ἥλιος, ᾠχόμην καὶ ὀρύξας ἔθαψα αὐτόν. 7
⁸καὶ οἱ πλησίον ἐπεγέλων λέγοντες Οὐκέτι φοβεῖται φονευθῆναι 8
περὶ τοῦ πράγματος τούτου · καὶ ἀπέδρα, καὶ ἰδοὺ πάλιν θάπτει τοὺς
νεκρούς. ⁹καὶ ἐν αὐτῇ τῇ νυκτὶ ἀνέλυσα θάψας καὶ ἐκοιμήθην με- 9
μιαμμένος παρὰ τὸν τοῖχον τῆς αὐλῆς, καὶ τὸ πρόσωπόν μου ἀκά-
λυπτον ἦν · ¹⁰καὶ οὐκ ᾔδειν ὅτι στρουθία ἐν τῷ τοίχῳ ἐστίν, καὶ 10
τῶν ὀφθαλμῶν μου ἀνεῳγότων ἀφώδευσαν τὰ στρουθία θερμὸν
εἰς τοὺς ὀφθαλμούς μου, καὶ ἐγενήθη λευκώματα εἰς τοὺς ὀφθαλ-
μούς μου. καὶ ἐπορεύθην πρὸς ἰατρούς, καὶ οὐκ ὠφέλησάν με ·
Ἀχιαχαρος δὲ ἔτρεφέν με, ἕως οὗ ἐπορεύθη εἰς τὴν Ἐλυμαΐδα.

　　6 Am. 8 10 ‖ 10 οφθαλμους μου 1⁰ ⌒ 2⁰ A† | επορευθη Fr.] -θην mss.:
ad επορευθην praec. adapt. | ελλυμαιδα B†

S καὶ εἰς ἓν τῶν οἰκιδίων ἔθηκα μέχρι τοῦ τὸν ἥλιον δύειν καὶ θάψω
αὐτόν. ⁵ἐπιστρέψας οὖν ἐλουσάμην καὶ ἤσθιον τὸν ἄρτον μετὰ πέν- 5
θους · ⁶καὶ ἐμνήσθην τοῦ ῥήματος τοῦ προφήτου, ὅσα ἐλάλησεν 6
Ἀμως ἐπὶ Βαιθηλ λέγων
　　Στραφήσονται ὑμῶν αἱ ἑορταὶ εἰς πένθος
　　καὶ πᾶσαι αἱ ᾠδαὶ ὑμῶν εἰς θρῆνος
καὶ ἔκλαυσα. ⁷καὶ ὅτε ἔδυ ὁ ἥλιος, ᾠχόμην καὶ ὀρύξας ἔθαψα αὐ- 7
τόν. ⁸καὶ οἱ πλησίον μου κατεγέλων λέγοντες Οὐ φοβεῖται οὐκέτι · 8
ἤδη γὰρ ἐπεζητήθη τοῦ φονευθῆναι περὶ τοῦ πράγματος τούτου
καὶ ἀπέδρα, καὶ πάλιν ἰδοὺ θάπτει τοὺς νεκρούς. ⁹καὶ αὐτῇ τῇ 9
νυκτὶ ἐλουσάμην καὶ εἰσῆλθον εἰς τὴν αὐλήν μου καὶ ἐκοιμήθην
παρὰ τὸν τοῖχον τῆς αὐλῆς, καὶ τὸ πρόσωπόν μου ἀνακεκαλυμ-
μένον διὰ τὸ καῦμα · ¹⁰καὶ οὐκ ᾔδειν ὅτι στρουθία ἐν τῷ τοίχῳ 10
ἐπάνω μού εἰσιν, καὶ ἐκάθισεν τὸ ἀφόδευμα αὐτῶν εἰς τοὺς
ὀφθαλμούς μου θερμὸν καὶ ἐπήγαγεν λευκώματα. καὶ ἐπορευόμην
πρὸς τοὺς ἰατροὺς θεραπευθῆναι, καὶ ὅσῳ ἐνεχρίοσάν με τὰ φάρ-
μακα, τοσούτῳ μᾶλλον ἐξετυφλοῦντο οἱ ὀφθαλμοί μου τοῖς λευ-
κώμασιν μέχρι τοῦ ἀποτυφλωθῆναι · καὶ ἤμην ἀδύνατος τοῖς ὀφθαλ-
μοῖς ἔτη τέσσαρα. καὶ πάντες οἱ ἀδελφοί μου ἐλυποῦντο περὶ
ἐμοῦ, καὶ Ἀχιαχαρος ἔτρεφέν με ἔτη δύο πρὸ τοῦ αὐτὸν βαδίσαι
εἰς τὴν Ἐλυμαΐδα.

　　6 Am. 8 10 | ωδαι Fr.] οδοι S ‖ 8 επεζητηθην S*

¹¹
₁₂ ¹¹Καὶ ἡ γυνή μου Αννα ἠριθεύετο ἐν τοῖς γυναικείοις · ¹²καὶ ΒΑ
ἀπέστελλε τοῖς κυρίοις, καὶ ἀπέδωκαν αὐτῇ καὶ αὐτοὶ τὸν μισθὸν
13 προσδόντες καὶ ἔριφον. ¹³ὅτε δὲ ἦλθεν πρός με, ἤρξατο κράζειν ·
καὶ εἶπα αὐτῇ Πόθεν τὸ ἐρίφιον; μὴ κλεψιμαῖόν ἐστιν; ἀπόδος
14 αὐτὸ τοῖς κυρίοις · οὐ γὰρ θεμιτόν ἐστιν φαγεῖν κλεψιμαῖον. ¹⁴ἡ δὲ
εἶπεν Δῶρον δέδοταί μοι ἐπὶ τῷ μισθῷ. καὶ οὐκ ἐπίστευον αὐτῇ
καὶ ἔλεγον ἀποδιδόναι αὐτὸ τοῖς κυρίοις καὶ ἠρυθρίων πρὸς αὐτήν ·
ἡ δὲ ἀποκριθεῖσα εἶπέν μοι Ποῦ εἰσιν αἱ ἐλεημοσύναι σου καὶ αἱ
3 δικαιοσύναι σου; ἰδοὺ γνωστὰ πάντα μετὰ σοῦ. — ¹καὶ λυπηθεὶς
2 ἔκλαυσα καὶ προσευξάμην μετ᾽ ὀδύνης λέγων ²Δίκαιος εἶ, κύριε,
καὶ πάντα τὰ ἔργα σου καὶ πᾶσαι αἱ ὁδοί σου ἐλεημοσύναι καὶ
ἀλήθεια, καὶ κρίσιν ἀληθινὴν καὶ δικαίαν σὺ κρίνεις εἰς τὸν αἰῶνα.
3 ³μνήσθητί μου καὶ ἐπίβλεψον ἐπ᾽ ἐμέ · μή με ἐκδικήσῃς ταῖς ἁμαρ-
τίαις μου καὶ τοῖς ἀγνοήμασίν μου καὶ τῶν πατέρων μου, ἃ ἥμαρ-
4 τον ἐνώπιόν σου · ⁴παρήκουσαν γὰρ τῶν ἐντολῶν σου. ἔδωκας
ἡμᾶς εἰς διαρπαγὴν καὶ αἰχμαλωσίαν καὶ θάνατον καὶ παραβολὴν

13 κραζειν] κραυγαζειν V; κραυαζειν Α†: cf. Thack. p. 113
3 3 με > Β† | εκδικης Β† | α] οι Apl. ‖ 4 εδωκας] pr. και Apl. | διαρπαγην] δι > Α

11 ¹¹Καὶ ἐν τῷ χρόνῳ ἐκείνῳ Αννα ἡ γυνή μου ἠριθεύετο ἐν τοῖς S
12 ἔργοις τοῖς γυναικείοις · ¹²καὶ ἀπέστελλε τοῖς κυρίοις αὐτῶν, καὶ
ἀπεδίδουν αὐτῇ τὸν μισθόν. καὶ ἐν τῇ ἑβδόμῃ τοῦ Δύστρου ἐξέτε-
με τὸν ἱστὸν καὶ ἀπέστειλεν αὐτὸν τοῖς κυρίοις, καὶ ἔδωκαν αὐτῇ
τὸν μισθὸν πάντα καὶ ἔδωκαν αὐτῇ ἐφ᾽ ἑστίᾳ ἔριφον ἐξ αἰγῶν.
13 ¹³καὶ ὅτε εἰσῆλθεν πρός με, ὁ ἔριφος ἤρξατο κράζειν · καὶ ἐκά-
λεσα αὐτὴν καὶ εἶπα Πόθεν τὸ ἐρίφιον τοῦτο; μήποτε κλεψιμαῖον
ἐστιν; ἀπόδος αὐτὸ τοῖς κυρίοις αὐτοῦ · οὐ γὰρ ἐξουσίαν ἔχομεν
14 ἡμεῖς φαγεῖν οὐδὲν κλεψιμαῖον. ¹⁴καὶ λέγει μοι αὐτή Δόσει δέδοταί
μοι ἐπὶ τῷ μισθῷ. καὶ οὐκ ἐπίστευον αὐτῇ καὶ ἔλεγον ἀποδοῦναι
τοῖς κυρίοις καὶ προσηρυθρίων χάριν τούτου πρὸς αὐτήν · εἶτα
ἀποκριθεῖσα λέγει μοι Καὶ ποῦ εἰσιν αἱ ἐλεημοσύναι σου; ποῦ εἰ-
3 σιν αἱ δικαιοσύναι σου; ἰδὲ ταῦτα μετὰ σοῦ γνωστά ἐστιν. — ¹καὶ
περίλυπος γενόμενος τῇ ψυχῇ καὶ στενάξας ἔκλαυσα καὶ ἠρξάμην
2 προσεύχεσθαι μετὰ στεναγμῶν ²Δίκαιος εἶ, κύριε, καὶ πάντα τὰ
ἔργα σου δίκαια, καὶ πᾶσαι αἱ ὁδοί σου ἐλεημοσύνη καὶ ἀλήθεια ·
3 σὺ κρίνεις τὸν αἰῶνα. ³καὶ νῦν σύ, κύριε, μνήσθητί μου καὶ ἐπί-
βλεψον καὶ μή με ἐκδικήσῃς ταῖς ἁμαρτίαις μου καὶ ἐν τοῖς ἀγνο-
4 ήμασίν μου καὶ τῶν πατέρων μου, οἷς ἥμαρτον ἐναντίον σου ⁴καὶ
παρήκουσα τῶν ἐντολῶν σου. καὶ ἔδωκας ἡμᾶς εἰς ἁρπαγὴν
καὶ αἰχμαλωσίαν καὶ θάνατον καὶ εἰς παραβολὴν καὶ λάλημα
3 3 οις Ra.] οι Sr

BA ὀνειδισμοῦ πᾶσιν τοῖς ἔθνεσιν, ἐν οἷς ἐσκορπίσμεθα. ⁵καὶ νῦν πολ- 5
λαὶ αἱ κρίσεις σού εἰσιν ἀληθιναὶ ἐξ ἐμοῦ ποιῆσαι περὶ τῶν ἁμαρ-
τιῶν μου καὶ τῶν πατέρων μου, ὅτι οὐκ ἐποιήσαμεν τὰς ἐντολάς
σου · οὐ γὰρ ἐπορεύθημεν ἐν ἀληθείᾳ ἐνώπιόν σου. ⁶καὶ νῦν κατὰ 6
τὸ ἀρεστὸν ἐνώπιόν σου ποίησον μετ᾽ ἐμοῦ · ἐπίταξον ἀναλαβεῖν
τὸ πνεῦμά μου, ὅπως ἀπολυθῶ καὶ γένωμαι γῆ · διότι λυσιτελεῖ
μοι ἀποθανεῖν ἢ ζῆν, ὅτι ὀνειδισμοὺς ψευδεῖς ἤκουσα, καὶ λύπη
ἐστὶν πολλὴ ἐν ἐμοί · ἐπίταξον ἀπολυθῆναί με τῆς ἀνάγκης
ἤδη εἰς τὸν αἰώνιον τόπον, μὴ ἀποστρέψῃς τὸ πρόσωπόν σου
ἀπ᾽ ἐμοῦ.
⁷Ἐν τῇ αὐτῇ ἡμέρᾳ συνέβη τῇ θυγατρὶ Ραγουηλ Σαρρα ἐν Ἐκβα- 7
τάνοις τῆς Μηδίας καὶ ταύτην ὀνειδισθῆναι ὑπὸ παιδισκῶν πατρὸς
αὐτῆς, ⁸ὅτι ἦν δεδομένη ἀνδράσιν ἑπτά, καὶ Ασμοδαυς τὸ πονηρὸν 8
δαιμόνιον ἀπέκτεινεν αὐτοὺς πρὶν ἢ γενέσθαι αὐτοὺς μετ᾽ αὐτῆς ὡς
ἐν γυναιξίν. καὶ εἶπαν αὐτῇ Οὐ συνίεις ἀποπνίγουσά σου τοὺς ἄνδρας;
ἤδη ἑπτὰ ἔσχες καὶ ἑνὸς αὐτῶν οὐκ ὠνάσθης. ⁹τί ἡμᾶς μαστιγοῖς; 9

6 ενωπιον > B | λυσιτ. μοι] + μαλλον A⁺ | και ult. > B ‖ 7 τη 2⁰ > A⁺
| υπο] απο A⁺ | πατρος] pr. του A ‖ 8 ασμοδαυς B⁺] -ᾶαιος rel.: cf. 17 |
ειπαν] -πεν A | ωνασθης B*A⁺ (cf. Thack. p. 220)] ωνομασθης rel.

S καὶ ὀνειδισμὸν ἐν πᾶσιν τοῖς ἔθνεσιν, ἐν οἷς ἡμᾶς διεσκόρπισας. ⁵καὶ 5
νῦν πολλαί σου αἱ κρίσεις ὑπάρχουσιν ἀληθιναὶ ποιῆσαι ἐξ ἐμοῦ περὶ
τῶν ἁμαρτιῶν μου, ὅτι οὐκ ἐποιήσαμεν τὰς ἐντολάς σου καὶ οὐκ
ἐπορεύθημεν ἀληθινῶς ἐνώπιόν σου. ⁶καὶ νῦν κατὰ τὸ ἀρεστόν 6
σου ποίησον μετ᾽ ἐμοῦ καὶ ἐπίταξον ἀναλαβεῖν τὸ πνεῦμά μου ἐξ
ἐμοῦ, ὅπως ἀπολυθῶ ἀπὸ προσώπου τῆς γῆς καὶ γένωμαι γῆ · διὸ
λυσιτελεῖ μοι ἀποθανεῖν μᾶλλον ἢ ζῆν, ὅτι ὀνειδισμοὺς ψευδεῖς
ἤκουσα, καὶ λύπη πολλὴ μετ᾽ ἐμοῦ. κύριε, ἐπίταξον ὅπως ἀπολυθῶ
ἀπὸ τῆς ἀνάγκης ταύτης, ἀπόλυσόν με εἰς τὸν τόπον τὸν αἰώνιον
καὶ μὴ ἀποστρέψῃς τὸ πρόσωπόν σου, κύριε, ἀπ᾽ ἐμοῦ · διὸ λυσι-
τελεῖ μοι ἀποθανεῖν μᾶλλον ἢ βλέπειν ἀνάγκην πολλὴν ἐν τῇ ζωῇ
μου καὶ μὴ ἀκούειν ὀνειδισμούς.
⁷Ἐν τῇ ἡμέρᾳ ταύτῃ συνέβη Σαρρα τῇ θυγατρὶ Ραγουηλ τοῦ 7
ἐν Ἐκβατάνοις τῆς Μηδίας καὶ αὐτὴν ἀκοῦσαι ὀνειδισμοὺς ὑπὸ
μιᾶς τῶν παιδισκῶν τοῦ πατρὸς ἑαυτῆς, ⁸διότι ἦν ἐκδεδομένη ἀν- 8
δράσιν ἑπτά, καὶ Ασμοδαῖος τὸ δαιμόνιον τὸ πονηρὸν ἀπέκτεννεν
αὐτοὺς πρὶν ἢ γενέσθαι αὐτοὺς μετ᾽ αὐτῆς, καθάπερ ἀποδεδειγμένον
ἐστὶν ταῖς γυναιξίν. καὶ εἶπεν αὐτῇ ἡ παιδίσκη Σὺ εἶ ἡ ἀποκτέννου-
σα τοὺς ἄνδρας σου · ἰδοὺ ἤδη ἀπεκδέδοσαι ἑπτὰ ἀνδράσιν καὶ ἑνὸς
αὐτῶν οὐκ ὠνομάσθης. ⁹τί ἡμᾶς μαστιγοῖς περὶ τῶν ἀνδρῶν σου, 9

5 αληθιναι] + αι οδοι σου Sᶜ

εἰ ἀπέθαναν, βάδιζε μετ᾽ αὐτῶν· μὴ ἴδοιμέν σου υἱὸν ἢ θυγα- BA
10 τέρα εἰς τὸν αἰῶνα. ¹⁰ταῦτα ἀκούσασα ἐλυπήθη σφόδρα ὥστε
ἀπάγξασθαι. καὶ εἶπεν Μία μέν εἰμι τῷ πατρί μου· ἐὰν ποιή-
σω τοῦτο, ὄνειδος αὐτῷ ἐστιν, καὶ τὸ γῆρας αὐτοῦ κατάξω μετ᾽
11 ὀδύνης εἰς ᾅδου. ¹¹καὶ ἐδεήθη πρὸς τῇ θυρίδι καὶ εἶπεν Εὐλο-
γητὸς εἶ, κύριε ὁ θεός μου, καὶ εὐλογητὸν τὸ ὄνομά σου τὸ
ἅγιον καὶ ἔντιμον εἰς τοὺς αἰῶνας· εὐλογήσαισάν σε πάντα τὰ
12 ἔργα σου εἰς τὸν αἰῶνα. ¹²καὶ νῦν, κύριε, τοὺς ὀφθαλμούς μου
13 καὶ τὸ πρόσωπόν μου εἰς σὲ δέδωκα· ¹³εἰπὸν ἀπολῦσαί με ἀπὸ
14 τῆς γῆς καὶ μὴ ἀκοῦσαί με μηκέτι ὀνειδισμόν. ¹⁴σὺ γινώσκεις, κύ-
15 ριε, ὅτι καθαρά εἰμι ἀπὸ πάσης ἁμαρτίας ἀνδρὸς ¹⁵καὶ οὐκ ἐμό-
λυνα τὸ ὄνομά μου οὐδὲ τὸ ὄνομα τοῦ πατρός μου ἐν τῇ γῇ τῆς
αἰχμαλωσίας μου. μονογενής εἰμι τῷ πατρί μου, καὶ οὐχ ὑπάρχει
αὐτῷ παιδίον, ὃ κληρονομήσει αὐτόν, οὐδὲ ἀδελφὸς ἐγγὺς οὐδὲ
ὑπάρχων αὐτῷ υἱός, ἵνα συντηρήσω ἐμαυτὴν αὐτῷ γυναῖκα. ἤδη
ἀπώλοντό μοι ἑπτά· ἵνα τί μοι ζῆν; καὶ εἰ μὴ δοκεῖ σοι ἀπο-
κτεῖναί με, ἐπίταξον ἐπιβλέψαι ἐπ᾽ ἐμὲ καὶ ἐλεῆσαί με καὶ μηκέτι

10 εστιν] εσται B† || 14 ανδρος] pr. και B*

ὅτι ἀπέθανον; βάδιζε μετ᾽ αὐτῶν, καὶ μὴ ἴδοιμεν υἱόν σου μηδὲ S
10 θυγατέρα εἰς τὸν αἰῶνα. ¹⁰ἐν τῇ ἡμέρᾳ ἐκείνῃ ἐλυπήθη ἐν τῇ
ψυχῇ καὶ ἔκλαυσεν καὶ ἀναβᾶσα εἰς τὸ ὑπερῷον τοῦ πατρὸς αὐ-
τῆς ἠθέλησεν ἀπάγξασθαι. καὶ πάλιν ἐλογίσατο καὶ λέγει Μήποτε
ὀνειδίσωσιν τὸν πατέρα μου καὶ ἐροῦσιν αὐτῷ Μία σοι ὑπῆρχεν
θυγάτηρ ἀγαπητὴ καὶ αὐτὴ ἀπήγξατο ἀπὸ τῶν κακῶν· καὶ κατάξω
τὸ γῆρας τοῦ πατρός μου μετὰ λύπης εἰς ᾅδου· χρησιμώτερόν
μοί ἐστιν μὴ ἀπάγξασθαι, ἀλλὰ δεηθῆναι τοῦ κυρίου ὅπως ἀποθάνω
11 καὶ μηκέτι ὀνειδισμοὺς ἀκούσω ἐν τῇ ζωῇ μου. ¹¹ἐν αὐτῷ τῷ και-
ρῷ διαπετάσασα τὰς χεῖρας πρὸς τὴν θυρίδα ἐδεήθη καὶ εἶπεν Εὐ-
λογητὸς εἶ, θεὲ ἐλεήμων, καὶ εὐλογητὸν τὸ ὄνομά σου εἰς τοὺς
αἰῶνας, καὶ εὐλογησάτωσάν σε πάντα τὰ ἔργα σου εἰς τὸν αἰῶνα.
12 ¹²καὶ νῦν ἐπὶ σὲ τὸ πρόσωπόν μου καὶ τοὺς ὀφθαλμούς μου ἀν-
13 έβλεψα· ¹³εἰπὸν ἀπολυθῆναί με ἀπὸ τῆς γῆς καὶ μὴ ἀκούειν με
14 μηκέτι ὀνειδισμούς. ¹⁴σὺ γινώσκεις, δέσποτα, ὅτι καθαρά εἰμι ἀπὸ
15 πάσης ἀκαθαρσίας ἀνδρὸς ¹⁵καὶ οὐχὶ ἐμόλυνά μου τὸ ὄνομα καὶ
οὐδὲ τὸ ὄνομα τοῦ πατρός μου ἐν τῇ γῇ τῆς αἰχμαλωσίας μου. μονο-
γενής εἰμι τῷ πατρί μου, καὶ οὐχ ὑπάρχει αὐτῷ ἕτερον τέκνον, ἵνα
κληρονομήσῃ αὐτόν, οὐδὲ ἀδελφὸς αὐτῷ ἐγγὺς οὔτε συγγενὴς αὐτῷ
ὑπάρχει, ἵνα συντηρήσω ἐμαυτὴν αὐτῷ γυναῖκα. ἤδη ἀπώλοντό μοι
ἑπτά, καὶ ἵνα τί μοί ἐστιν ἔτι ζῆν; καὶ εἰ μή σοι δοκεῖ ἀποκτεῖναί με,

9 σου ult. > S* || 10 αδους S*: cf. Sir. 17 27

BA ἀκοῦσαί με ὀνειδισμόν.

¹⁶ Καὶ εἰσηκούσθη ἡ προσευχὴ ἀμφοτέρων ἐνώπιον τῆς δόξης 16
τοῦ μεγάλου Ραφαηλ, ¹⁷ καὶ ἀπεστάλη ἰάσασθαι τοὺς δύο, τοῦ Τω- 17
βιτ λεπίσαι τὰ λευκώματα καὶ Σαρραν τὴν τοῦ Ραγουηλ δοῦναι
Τωβια τῷ υἱῷ Τωβιτ γυναῖκα καὶ δῆσαι Ασμοδαυν τὸ πονηρὸν
δαιμόνιον, διότι Τωβια ἐπιβάλλει κληρονομῆσαι αὐτήν. ἐν αὐτῷ τῷ
καιρῷ ἐπιστρέψας Τωβιτ εἰσῆλθεν εἰς τὸν οἶκον αὐτοῦ καὶ Σαρρα
ἡ τοῦ Ραγουηλ κατέβη ἐκ τοῦ ὑπερῴου αὐτῆς.

¹ Ἐν τῇ ἡμέρᾳ ἐκείνῃ ἐμνήσθη Τωβιτ περὶ τοῦ ἀργυρίου, οὗ 4
παρέθετο Γαβαηλ ἐν Ῥάγοις τῆς Μηδίας, ² καὶ εἶπεν ἐν ἑαυτῷ Ἐγὼ 2
ᾐτησάμην θάνατον· τί οὐ καλῶ Τωβιαν τὸν υἱόν μου, ἵνα αὐτῷ
ὑποδείξω πρὶν ἀποθανεῖν με; ³ καὶ καλέσας αὐτὸν εἶπεν Παιδίον, 3
ἐὰν ἀποθάνω, θάψον με· καὶ μὴ ὑπερίδῃς τὴν μητέρα σου, τίμα
αὐτὴν πάσας τὰς ἡμέρας τῆς ζωῆς σου καὶ ποίει τὸ ἀρεστὸν αὐτῇ
καὶ μὴ λυπήσῃς αὐτήν. ⁴ μνήσθητι, παιδίον, ὅτι πολλοὺς κινδύνους 4

16 εισηκουσθη η(>Bᵗ) προσευχη(Bᵗ-χης)] -κουσεν κυριος της -χης A⁽ᵗ⁾ ||
17 τωβιτ 2⁰] pr. του A | ασμοδαυν Bᵗ] -δαιον rel.: cf. 8
4 2 εν εαυτω] αυτω Aᵗ | τωβιαν > Aᵗ

S κύριε, νῦν εἰσάκουσον ὀνειδισμόν μου.

¹⁶ Ἐν αὐτῷ τῷ καιρῷ εἰσηκούσθη ἡ προσευχὴ ἀμφοτέρων ἐν- 16
ώπιον τῆς δόξης τοῦ θεοῦ, ¹⁷ καὶ ἀπεστάλη Ραφαηλ ἰάσασθαι τοὺς 17
δύο, Τωβιν ἀπολῦσαι τὰ λευκώματα ἀπὸ τῶν ὀφθαλμῶν αὐτοῦ,
ἵνα ἴδῃ τοῖς ὀφθαλμοῖς τὸ φῶς τοῦ θεοῦ, καὶ Σαρραν τὴν Ραγουηλ
δοῦναι αὐτὴν Τωβια τῷ υἱῷ Τωβιθ γυναῖκα καὶ λῦσαι Ασμοδαιον
τὸ δαιμόνιον τὸ πονηρὸν ἀπ᾽ αὐτῆς, διότι Τωβια ἐπιβάλλει κλη-
ρονομῆσαι αὐτὴν παρὰ πάντας τοὺς θέλοντας λαβεῖν αὐτήν. ἐν ἐκεί-
νῳ τῷ καιρῷ ἐπέστρεψεν Τωβιθ ἀπὸ τῆς αὐλῆς εἰς τὸν οἶκον αὐ-
τοῦ καὶ Σαρρα ἡ τοῦ Ραγουηλ καὶ αὐτὴ κατέβη ἐκ τοῦ ὑπερῴου.

¹ Ἐν τῇ ἡμέρᾳ ἐκείνῃ ἐμνήσθη Τωβιθ τοῦ ἀργυρίου, ὃ παρέθετο 4
Γαβαήλῳ ἐν Ῥάγοις τῆς Μηδίας, ² καὶ εἶπεν ἐν τῇ καρδίᾳ αὐτοῦ 2
Ἰδοὺ ἐγὼ ᾐτησάμην θάνατον· τί οὐχὶ καλῶ Τωβιαν τὸν υἱόν μου
καὶ ὑποδείξω αὐτῷ περὶ τοῦ ἀργυρίου τούτου πρὶν ἀποθανεῖν με;
³ καὶ ἐκάλεσεν Τωβιαν τὸν υἱὸν αὐτοῦ, καὶ ἦλθεν πρὸς αὐτόν· καὶ 3
εἶπεν αὐτῷ Θάψον με καλῶς· καὶ τίμα τὴν μητέρα σου καὶ μὴ
ἐγκαταλίπῃς αὐτὴν πάσας τὰς ἡμέρας τῆς ζωῆς αὐτῆς καὶ ποίει
τὸ ἀρεστὸν ἐνώπιον αὐτῆς καὶ μὴ λυπήσῃς τὸ πνεῦμα αὐτῆς ἐν
παντὶ πράγματι. ⁴ μνήσθητι αὐτῆς, παιδίον, ὅτι κινδύνους πολλοὺς 4

15 κυριε] κ̄ᾱ (sic) S || 17 τωβ(ε)ιν: sic acc. in S hic et in 7 4 9 6 10 9
11 19, nom. τωβεις in 11 10 12 4, dat. τωβει[α] in 7 2; sed ceteris locis indecl.
τωβειθ, cf. inscr. libri | σαρραν την Fr.] σαρρα τη S*, σαρραν την του Sᶜ = BA

ἑόρακεν ἐπὶ σοὶ ἐν τῇ κοιλίᾳ · ὅταν ἀποθάνῃ, θάψον αὐτὴν παρ᾽ ΒΑ
5 ἐμοὶ ἐν ἑνὶ τάφῳ. ⁵πάσας τὰς ἡμέρας, παιδίον, κυρίου τοῦ θεοῦ
ἡμῶν μνημόνευε καὶ μὴ θελήσῃς ἁμαρτάνειν καὶ παραβῆναι τὰς ἐν-
τολὰς αὐτοῦ · δικαιοσύνην ποίει πάσας τὰς ἡμέρας τῆς ζωῆς σου
6 καὶ μὴ πορευθῇς ταῖς ὁδοῖς τῆς ἀδικίας · ⁶διότι ποιοῦντός σου
7 τὴν ἀλήθειαν εὐοδίαι ἔσονται ἐν τοῖς ἔργοις σου. ⁷καὶ πᾶσι τοῖς
ποιοῦσι τὴν δικαιοσύνην ἐκ τῶν ὑπαρχόντων σοι ποίει ἐλεημοσύ-
νην, καὶ μὴ φθονεσάτω σου ὁ ὀφθαλμὸς ἐν τῷ ποιεῖν σε ἐλεη-
μοσύνην · μὴ ἀποστρέψῃς τὸ πρόσωπόν σου ἀπὸ παντὸς πτωχοῦ,
8 καὶ ἀπὸ σοῦ οὐ μὴ ἀποστραφῇ τὸ πρόσωπον τοῦ θεοῦ. ⁸ὡς σοὶ
ὑπάρχει, κατὰ τὸ πλῆθος ποίησον ἐξ αὐτῶν ἐλεημοσύνην · ἐὰν
ὀλίγον σοι ὑπάρχῃ, κατὰ τὸ ὀλίγον μὴ φοβοῦ ποιεῖν ἐλεημοσύνην ·
9
10 ⁹θέμα γὰρ ἀγαθὸν θησαυρίζεις σεαυτῷ εἰς ἡμέραν ἀνάγκης · ¹⁰δι-
ότι ἐλεημοσύνη ἐκ θανάτου ῥύεται καὶ οὐκ ἐᾷ εἰσελθεῖν εἰς τὸ
11 σκότος · ¹¹δῶρον γὰρ ἀγαθόν ἐστιν ἐλεημοσύνη πᾶσι τοῖς ποιοῦ-
12 σιν αὐτὴν ἐνώπιον τοῦ ὑψίστου. ¹²πρόσεχε σεαυτῷ, παιδίον, ἀπὸ
πάσης πορνείας καὶ γυναῖκα πρῶτον λαβὲ ἀπὸ τοῦ σπέρματος τῶν
πατέρων σου · μὴ λάβῃς γυναῖκα ἀλλοτρίαν, ἣ οὐκ ἔστιν ἐκ τῆς
φυλῆς τοῦ πατρός σου, διότι υἱοὶ προφητῶν ἐσμεν. Νωε, Αβρααμ,
Ισαακ, Ιακωβ οἱ πατέρες ἡμῶν ἀπὸ τοῦ αἰῶνος μνήσθητι, παιδίον,
ὅτι οὗτοι πάντες ἔλαβον γυναῖκας ἐκ τῶν ἀδελφῶν αὐτῶν καὶ εὐ-
λογήθησαν ἐν τοῖς τέκνοις αὐτῶν, καὶ τὸ σπέρμα αὐτῶν κληρονο-
13 μήσει γῆν. ¹³καὶ νῦν, παιδίον, ἀγάπα τοὺς ἀδελφούς σου καὶ μὴ
ὑπερηφανεύου τῇ καρδίᾳ σου ἀπὸ τῶν ἀδελφῶν σου καὶ τῶν υἱῶν
καὶ θυγατέρων τοῦ λαοῦ σου λαβεῖν σεαυτῷ ἐξ αὐτῶν γυναῖκα,
διότι ἐν τῇ ὑπερηφανίᾳ ἀπώλεια καὶ ἀκαταστασία πολλή, καὶ ἐν
τῇ ἀχρειότητι ἐλάττωσις καὶ ἔνδεια μεγάλη · ἡ γὰρ ἀχρειότης μή-
14 τηρ ἐστὶν τοῦ λιμοῦ. ¹⁴μισθὸς παντὸς ἀνθρώπου, ὃς ἐὰν ἐργάση-
ται, παρὰ σοὶ μὴ αὐλισθήτω, ἀλλὰ ἀπόδος αὐτῷ παραυτίκα, καὶ
ἐὰν δουλεύσῃς τῷ θεῷ, ἀποδοθήσεταί σοι. πρόσεχε σεαυτῷ, παι-

5 και 1⁰ > Β | αμαρτ. και > Β*† | δικαιοσ.] pr. και Α ‖ 7 σοι] σου Α |
σε > Α | μη 2⁰] pr. και Β† ‖ 10 εα εισελθειν] εασει ελθ. Β⁽†⁾ ‖ 11 γαρ >
Α ‖ 12 μη] pr. και Α | ισαακ] pr. και Α† | ιακωβ] pr. και Α | ουτοι] αυτοι
Β† ‖ 14 και 1⁰ > Β†

ἑώρακεν ἐπὶ σοὶ ἐν τῇ κοιλίᾳ αὐτῆς · καὶ ὅταν ἀποθάνῃ, θάψον αὐτὴν S
5 παρ᾽ ἐμοὶ ἐν ἑνὶ τάφῳ. ⁵καὶ πάσας τὰς ἡμέρας σου, παιδίον, τοῦ κυ-
ρίου μνημόνευε καὶ μὴ θελήσῃς ἁμαρτεῖν καὶ παραβῆναι τὰς ἐντολὰς
αὐτοῦ · δικαιοσύνας ποίει πάσας τὰς ἡμέρας τῆς ζωῆς σου καὶ μὴ πο-
6 ρευθῇς ταῖς ὁδοῖς τῆς ἀδικίας · ⁶διότι οἱ ποιοῦντες ἀλήθειαν εὐοδω-
7 θήσονται ἐν τοῖς ἔργοις αὐτῶν. ⁷καὶ πᾶσιν τοῖς ποιοῦσιν δικαιοσύνην

BA δίον, ἐν πᾶσι τοῖς ἔργοις σου καὶ ἴσθι πεπαιδευμένος ἐν πάσῃ
ἀναστροφῇ σου. ¹⁵καὶ ὃ μισεῖς, μηδενὶ ποιήσῃς. οἶνον εἰς μέθην 15
μὴ πίῃς, καὶ μὴ πορευθήτω μετὰ σοῦ μέθη ἐν τῇ ὁδῷ σου. ¹⁶ἐκ 16
τοῦ ἄρτου σου δίδου πεινῶντι καὶ ἐκ τῶν ἱματίων σου τοῖς γυ-
μνοῖς· πᾶν, ὃ ἐὰν περισσεύσῃ σοι, ποίει ἐλεημοσύνην, καὶ μὴ φθονε-
σάτω σου ὁ ὀφθαλμὸς ἐν τῷ ποιεῖν σε ἐλεημοσύνην. ¹⁷ἔκχεον 17
τοὺς ἄρτους σου ἐπὶ τὸν τάφον τῶν δικαίων καὶ μὴ δῷς τοῖς
ἁμαρτωλοῖς. ¹⁸συμβουλίαν παρὰ παντὸς φρονίμου ζήτησον καὶ μὴ 18
καταφρονήσῃς ἐπὶ πάσης συμβουλίας χρησίμης. ¹⁹καὶ ἐν παντὶ 19
καιρῷ εὐλόγει κύριον τὸν θεὸν καὶ παρ᾽ αὐτοῦ αἴτησον ὅπως αἱ
ὁδοί σου εὐθεῖαι γένωνται, καὶ πᾶσαι αἱ τρίβοι καὶ βουλαὶ εὐοδω-
θῶσιν· διότι πᾶν ἔθνος οὐκ ἔχει βουλήν, ἀλλὰ αὐτὸς ὁ κύριος
δίδωσιν πάντα τὰ ἀγαθὰ καὶ ὃν ἐὰν θέλῃ, ταπεινοῖ, καθὼς βούλε-
ται. καὶ νῦν, παιδίον, μνημόνευε τῶν ἐντολῶν μου, καὶ μὴ ἐξαλει-
φθήτωσαν ἐκ τῆς καρδίας σου. ²⁰καὶ νῦν ὑποδεικνύω σοι τὰ δέκα 20
τάλαντα τοῦ ἀργυρίου, ἃ παρεθέμην Γαβαήλῳ τῷ τοῦ Γαβρια ἐν
Ῥάγοις τῆς Μηδίας. ²¹καὶ μὴ φοβοῦ, παιδίον, ὅτι ἐπτωχεύσαμεν· 21
ὑπάρχει σοι πολλά, ἐὰν φοβηθῇς τὸν θεὸν καὶ ἀποστῇς ἀπὸ πάσης
ἁμαρτίας καὶ ποιήσῃς τὸ ἀρεστὸν ἐνώπιον αὐτοῦ.
¹Καὶ ἀποκριθεὶς Τωβιας εἶπεν αὐτῷ Πάτερ, ποιήσω πάντα, ὅσα 5
ἐντέταλσαί μοι· ²ἀλλὰ πῶς δυνήσομαι λαβεῖν τὸ ἀργύριον καὶ οὐ 2
γινώσκω αὐτόν; ³καὶ ἔδωκεν αὐτῷ τὸ χειρόγραφον καὶ εἶπεν αὐτῷ 3

16 διδου] pr. δια A† | περισσευη A | σε > A ‖ 19 ον] ο B† | βουλονται
B† ‖ 20 επιδεικνυω B† | γαμαηλω A†: cf. 1 1 ‖ 21 θεον] κυριον A

S ¹⁹δώσει κύριος αὐτοῖς βουλὴν ἀγαθήν· καὶ ὃν ἂν θέλῃ κύ- 19
ριος, ταπεινοῖ ἕως ᾅδου κατωτάτω. καὶ νῦν, παιδίον, μνημόνευε
τὰς ἐντολὰς ταύτας, καὶ μὴ ἐξαλειφθήτωσαν ἐκ τῆς καρδίας
σου. ²⁰καὶ νῦν, παιδίον, ὑποδεικνύω σοι ὅτι δέκα τάλαντα ἀργυ- 20
ρίου παρεθέμην Γαβαήλῳ τῷ τοῦ Γαβρι ἐν Ῥάγοις τῆς Μη-
δίας. ²¹καὶ μὴ φοβοῦ, παιδίον, ὅτι ἐπτωχεύσαμεν· ὑπάρχει σοι 21
πολλὰ ἀγαθά, ἐὰν φοβηθῇς τὸν θεὸν καὶ φύγῃς ἀπὸ πάσης ἁμαρ-
τίας καὶ ποιήσῃς τὰ ἀγαθὰ ἐνώπιον κυρίου τοῦ θεοῦ σου.
¹Τότε ἀποκριθεὶς Τωβιας εἶπεν Τωβιθ τῷ πατρὶ αὐτοῦ Πάντα, 5
ὅσα ἐντέταλσαί μοι, ποιήσω, πάτερ· ²πῶς δὲ δυνήσομαι αὐτὸ 2
λαβεῖν παρ᾽ αὐτοῦ καὶ αὐτὸς οὐ γινώσκει με καὶ ἐγὼ οὐ γινώ-
σκω αὐτόν; τί σημεῖον δῶ αὐτῷ καὶ ἐπιγνῷ με καὶ πιστεύσῃ
μοι καὶ δῷ μοι τὸ ἀργύριον; καὶ τὰς ὁδοὺς τὰς εἰς Μηδίαν οὐ
γινώσκω τοῦ πορευθῆναι ἐκεῖ. ³τότε ἀποκριθεὶς Τωβιθ εἶπεν 3

4 20 αργοις S, sed in 1 etiam S ραγοις, in 6 13 ραγων, cf. 5 6 9 2

Ζήτησον σεαυτῷ ἄνθρωπον, ὃς συμπορεύσεταί σοι, καὶ δώσω αὐτῷ ΒΑ
4 μισθόν, ἕως ζῶ · καὶ λαβὲ πορευθεὶς τὸ ἀργύριον. ⁴ καὶ ἐπορεύθη
Ζητῆσαι ἄνθρωπον καὶ εὖρεν τὸν Ραφαηλ, ὃς ἦν ἄγγελος, καὶ οὐκ
5 ᾔδει · ⁵ καὶ εἶπεν αὐτῷ Εἰ δύναμαι πορευθῆναι μετὰ σοῦ ἐν ῾Ράγοις
6 τῆς Μηδίας, καὶ εἰ ἔμπειρος εἶ τῶν τόπων; ⁶ καὶ εἶπεν αὐτῷ ὁ
ἄγγελος Πορεύσομαι μετὰ σοῦ καὶ τῆς ὁδοῦ ἐμπειρῶ καὶ παρὰ
7 Γαβαηλ τὸν ἀδελφὸν ἡμῶν ηὐλίσθην. ⁷ καὶ εἶπεν αὐτῷ Τωβιας Ὑπό-
8 μεινόν με, καὶ ἐρῶ τῷ πατρί μου. ⁸ καὶ εἶπεν αὐτῷ Πορεύου καὶ
9 μὴ χρονίσῃς. ⁹ καὶ εἰσελθὼν εἶπεν τῷ πατρί Ἰδοὺ εὕρηκα ὃς
συμπορεύσεταί μοι. ὁ δὲ εἶπεν Φώνησον αὐτὸν πρός με, ἵνα
ἐπιγνῶ ποίας φυλῆς ἐστιν καὶ εἰ πιστὸς τοῦ πορευθῆναι μετὰ
5 4 τον > Β || 7 μου > Β || 9 πιστος] + εστιν Α

Τωβια τῷ υἱῷ αὐτοῦ Χειρόγραφον αὐτοῦ ἔδωκέν μοι, καὶ χειρόγρα- S
φον ἔδωκα αὐτῷ · καὶ διεῖλον εἰς δύο, καὶ ἐλάβομεν ἑκάτερος ἕν, καὶ
ἔθηκα μετὰ τοῦ ἀργυρίου · καὶ νῦν ἰδοὺ ἔτη εἴκοσι ἀφ᾽ οὗ παρεθέμην
τὸ ἀργύριον τοῦτο ἐγώ. καὶ νῦν, παιδίον, ζήτησον σεαυτῷ ἄνθρω-
πον πιστόν, ὃς πορεύσεται μετὰ σοῦ, καὶ δώσομεν αὐτῷ μισθόν,
4 ἕως ὅτου ἔλθῃς · καὶ λαβὲ παρ᾽ αὐτοῦ τὸ ἀργύριον τοῦτο. ⁴ ἐξῆλ-
θεν δὲ Τωβιας ζητῆσαι ἄνθρωπον, ὃς πορεύσεται μετ᾽ αὐτοῦ εἰς
Μηδίαν, ὃς ἐμπειρεῖ τῆς ὁδοῦ, καὶ ἐξῆλθεν καὶ εὖρεν Ραφαηλ τὸν
ἄγγελον ἑστηκότα ἀπέναντι αὐτοῦ καὶ οὐκ ἔγνω ὅτι ἄγγελος τοῦ
5 θεοῦ ἐστιν · ⁵ καὶ εἶπεν αὐτῷ Πόθεν εἶ, νεανίσκε; καὶ εἶπεν αὐτῷ
Ἐκ τῶν υἱῶν Ισραηλ τῶν ἀδελφῶν σου καὶ ἐλήλυθα ὧδε ἐργα-
τεύεσθαι. καὶ εἶπεν αὐτῷ Ἐπίστῃ τὴν ὁδὸν πορευθῆναι εἰς Μηδίαν;
6 ⁶ καὶ εἶπεν αὐτῷ Ναί, πολλάκις ἐγὼ ἐγενόμην ἐκεῖ καὶ ἐμπειρῶ καὶ
ἐπίσταμαι τὰς ὁδοὺς πάσας · πλεονάκις ἐπορεύθην εἰς Μηδίαν καὶ
ηὐλιζόμην παρὰ Γαβαήλῳ τῷ ἀδελφῷ ἡμῶν τῷ οἰκοῦντι ἐν ῾Ράγοις
τῆς Μηδίας, καὶ ἀπέχει ὁδὸν ἡμερῶν δύο τεταγμένων ἀπὸ Ἐκβα-
7 τάνων εἰς ῾Ράγα · κεῖνται γὰρ ἐν τῷ ὄρει. ⁷ καὶ εἶπεν αὐτῷ Μεῖνόν
με, νεανίσκε, μέχρι ὅτου εἰσελθὼν ὑποδείξω τῷ πατρί μου · χρείαν
γὰρ ἔχω ἵνα βαδίσῃς μετ᾽ ἐμοῦ, καὶ δώσω σοι τὸν μισθόν σου.
8 ⁸ καὶ εἶπεν αὐτῷ Ἰδοὺ ἐγὼ προσκαρτερῶ, μόνον μὴ χρονίσῃς.
9 ⁹ καὶ εἰσελθὼν Τωβιας ὑπέδειξεν Τωβιθ τῷ πατρὶ αὐτοῦ καὶ εἶπεν
αὐτῷ Ἰδοὺ ἄνθρωπον εὗρον τῶν ἀδελφῶν ἡμῶν τῶν υἱῶν Ισραηλ.
καὶ εἶπεν αὐτῷ Κάλεσόν μοι τὸν ἄνθρωπον, ὅπως ἐπιγνῶ τί τὸ γένος
αὐτοῦ καὶ ἐκ ποίας φυλῆς ἐστιν καὶ εἰ πιστός ἐστιν ἵνα πορευθῇ μετὰ

5 6 ραγοις Fr. secutus Uet. Lat. (cf. 4 1. 20)] εκβατανοις S | ραγα Ra.] γαρ-
ρας Sʳ: cf. 4 20 | ultimum uerbum (ορει) suppleui; ultimo uerbo penitus
deleto Sˢ in fine lineae et in marg. minimis literis scripsit ορει εκβατανα
εν μεσω τω πεδιω

BA σοῦ. ¹⁰καὶ ἐκάλεσεν αὐτόν, καὶ εἰσῆλθεν, καὶ ἠσπάσαντο ἀλλήλους. 10
¹¹καὶ εἶπεν αὐτῷ Τωβιτ Ἄδελφε, ἐκ ποίας φυλῆς καὶ ἐκ ποίας πατρίδος 11
σὺ εἶ; ὑπόδειξόν μοι. ¹²καὶ εἶπεν αὐτῷ Φυλὴν καὶ πατριὰν σὺ 12
ζητεῖς ἢ μίσθιον, ὃς συμπορεύσεται μετὰ τοῦ υἱοῦ σου; καὶ εἶπεν
αὐτῷ Τωβιτ Βούλομαι, ἄδελφε, ἐπιγνῶναι τὸ γένος σου καὶ τὸ
ὄνομα. ¹³ὁ δὲ εἶπεν Ἐγὼ Αζαριας Ανανιου τοῦ μεγάλου, τῶν ἀδελ- 13
φῶν σου. ¹⁴καὶ εἶπεν αὐτῷ Ὑγιαίνων ἔλθοις, ἄδελφε · καὶ μή μοι 14
ὀργισθῇς ὅτι ἐζήτησα τὴν φυλήν σου καὶ τὴν πατριάν σου ἐπι-
γνῶναι. καὶ σὺ τυγχάνεις ἀδελφός μου ἐκ τῆς καλῆς καὶ ἀγαθῆς
γενεᾶς · ἐπεγίνωσκον γὰρ ἐγὼ Ανανιαν καὶ Ιαθαν τοὺς υἱοὺς Σε-
μειου τοῦ μεγάλου, ὡς ἐπορευόμεθα κοινῶς εἰς Ιεροσόλυμα

11 πατριδος] -ιας A ‖ 13 ο] ος B† | ο δε] και A | εγω > A† ‖ 14 σου
2⁰ > ABᶜ | επεγινωσκον] ετιγνωσκον A⁽†⁾ | σεμειου] σεμεου B⁽†⁾

S σοῦ, παιδίον. ¹⁰καὶ ἐξῆλθεν Τωβιας καὶ ἐκάλεσεν αὐτὸν καὶ εἶ- 10
πεν αὐτῷ Νεανίσκε, ὁ πατὴρ καλεῖ σε. καὶ εἰσῆλθεν πρὸς αὐ-
τόν, καὶ ἐχαιρέτισεν αὐτὸν Τωβιθ πρῶτος. καὶ εἶπεν αὐτῷ Χαίρειν
σοι πολλὰ γένοιτο. καὶ ἀποκριθεὶς Τωβιθ εἶπεν αὐτῷ Τί μοι ἔτι
ὑπάρχει χαίρειν; καὶ ἐγὼ ἄνθρωπος ἀδύνατος τοῖς ὀφθαλμοῖς
καὶ οὐ βλέπω τὸ φῶς τοῦ οὐρανοῦ, ἀλλ᾽ ἐν τῷ σκότει κεῖμαι
ὥσπερ οἱ νεκροὶ οἱ μηκέτι θεωροῦντες τὸ φῶς · ζῶν ἐγὼ ἐν νε-
κροῖς εἰμι, φωνὴν ἀνθρώπων ἀκούω καὶ αὐτοὺς οὐ βλέπω. καὶ
εἶπεν αὐτῷ Θάρσει, ἐγγὺς παρὰ τῷ θεῷ ἰάσασθαί σε, θάρσει. καὶ
εἶπεν αὐτῷ Τωβιθ Τωβιας ὁ υἱός μου θέλει πορευθῆναι εἰς Μηδίαν ·
εἰ δυνήσῃ συνελθεῖν αὐτῷ καὶ ἀγαγεῖν αὐτόν; καὶ δώσω σοι τὸν
μισθόν σου, ἄδελφε. καὶ εἶπεν αὐτῷ Δυνήσομαι πορευθῆναι μετ᾽
αὐτοῦ, καὶ ἐπίσταμαι ἐγὼ τὰς ὁδοὺς πάσας, καὶ πολλάκις ᾠχόμην
εἰς Μηδίαν καὶ διῆλθον πάντα τὰ πεδία αὐτῆς, καὶ τὰ ὄρη καὶ πά-
σας τὰς ὁδοὺς αὐτῆς ἐγὼ γινώσκω. ¹¹καὶ εἶπεν αὐτῷ Ἄδελφε, ποίας 11
πατριᾶς εἶ καὶ ἐκ ποίας φυλῆς; ὑπόδειξόν μοι, ἄδελφε. ¹²καὶ εἶπεν 12
Τί χρείαν ἔχεις φυλῆς; καὶ εἶπεν αὐτῷ Βούλομαι γνῶναι τὰ κατ᾽
ἀλήθειαν τίνος εἶ, ἄδελφε, καὶ τί τὸ ὄνομά σου. ¹³καὶ εἶπεν αὐτῷ 13
Ἐγὼ Αζαριας Ανανιου τοῦ μεγάλου, τῶν ἀδελφῶν σου. ¹⁴καὶ εἶπεν 14
αὐτῷ Ὑγιαίνων ἔλθοις καὶ σῳζόμενος, ἄδελφε · καὶ μή μοι πικραν-
θῇς, ἄδελφε, ὅτι τὴν ἀλήθειαν ἐβουλόμην γνῶναι καὶ τὴν πατριάν
σου. καὶ σὺ τυγχάνεις ἀδελφὸς ὤν, καὶ ἐκ γενεᾶς καλῆς καὶ ἀγα-
θῆς εἶ σύ · ἐγίνωσκον Ανανιαν καὶ Ναθαν τοὺς δύο υἱοὺς Σεμε-
[λ]ιου τοῦ μεγάλου, καὶ αὐτοὶ συνεπορεύοντό μοι εἰς Ιερουσαλημ

10 αυτους] -τος Sᶜ

προσκυνεῖν ἀναφέροντες τὰ πρωτότοκα καὶ τὰς δεκάτας τῶν γενη- ΒΑ
μάτων, καὶ οὐκ ἐπλανήθησαν ἐν τῇ πλάνῃ τῶν ἀδελφῶν ἡμῶν. ἐκ
15 ῥίζης καλῆς εἶ, ἄδελφε. ¹⁵ἀλλ᾽ εἰπόν μοι τίνα σοι ἔσομαι μισθὸν
διδόναι· δραχμὴν τῆς ἡμέρας καὶ τὰ δέοντά σοι ὡς καὶ τῷ υἱῷ
16 μου; ¹⁶καὶ ἔτι προσθήσω σοι ἐπὶ τὸν μισθόν, ἐὰν ὑγιαίνοντες
17 ἐπιστρέψητε. ¹⁷καὶ εὐδόκησαν οὕτως. καὶ εἶπεν πρὸς Τωβιαν Ἕτοι-
μος γίνου πρὸς τὴν ὁδόν· καὶ εὐοδωθείητε. καὶ ἡτοίμασεν ὁ υἱὸς
αὐτοῦ τὰ πρὸς τὴν ὁδόν. καὶ εἶπεν αὐτῷ ὁ πατὴρ αὐτοῦ Πορεύου
μετὰ τοῦ ἀνθρώπου· ὁ δὲ ἐν τῷ οὐρανῷ οἰκῶν θεὸς εὐοδώσει
τὴν ὁδὸν ὑμῶν, καὶ ὁ ἄγγελος αὐτοῦ συμπορευθήτω ὑμῖν. καὶ ἐξ-
ῆλθαν ἀμφότεροι ἀπελθεῖν καὶ ὁ κύων τοῦ παιδαρίου μετ᾽ αὐτῶν. —
18 ¹⁸ἔκλαυσεν δὲ Αννα ἡ μήτηρ αὐτοῦ καὶ εἶπεν πρὸς Τωβιτ Τί ἐξ-
απέστειλας τὸ παιδίον ἡμῶν; ἢ οὐχὶ ἡ ῥάβδος τῆς χειρὸς ἡμῶν
ἐστιν ἐν τῷ εἰσπορεύεσθαι αὐτὸν καὶ ἐκπορεύεσθαι ἐνώπιον ἡμῶν;
19 ¹⁹ἀργύριον τῷ ἀργυρίῳ μὴ φθάσαι, ἀλλὰ περίψημα τοῦ παιδίου
20 ἡμῶν γένοιτο· ²⁰ὡς γὰρ δέδοται ἡμῖν ζῆν παρὰ τοῦ κυρίου, τοῦτο
21 ἱκανὸν ἡμῖν ὑπάρχει. ²¹καὶ εἶπεν αὐτῇ Τωβιτ Μὴ λόγον ἔχε, ἀδελφή·

14 εν τη πλανη] την πλανην Α | καλης ult.] μεγαλης Α ‖ 17 και 1⁰ > Β
| οικων] pr. κατ Α ‖ 18 αννα > Α

καὶ προσεκύνουν μετ᾽ ἐμοῦ ἐκεῖ καὶ οὐκ ἐπλανήθησαν. οἱ ἀδελφοί σου S
15 ἄνθρωποι ἀγαθοί· ἐκ ῥίζης ἀγαθῆς εἶ σύ, καὶ χαίρων ἔλθοις. ¹⁵καὶ
εἶπεν αὐτῷ Ἐγώ σοι δίδωμι μισθὸν τὴν ἡμέραν δραχμὴν καὶ τὰ
16 δέοντά σοι ὁμοίως τῷ υἱῷ μου· ¹⁶καὶ πορεύθητι μετὰ τοῦ υἱοῦ
17 μου, καὶ ἔτι προσθήσω σοι τῷ μισθῷ. ¹⁷καὶ εἶπεν αὐτῷ ὅτι Πο-
ρεύσομαι μετ᾽ αὐτοῦ· καὶ μὴ φοβηθῇς, ὑγιαίνοντες ἀπελευσόμεθα
καὶ ὑγιαίνοντες ἐπιστρέψομεν πρὸς σέ, διότι ἡ ὁδὸς ἀσφαλής. καὶ
εἶπεν αὐτῷ Εὐλογία σοι γένοιτο, ἄδελφε. καὶ ἐκάλεσεν τὸν υἱὸν
αὐτοῦ καὶ εἶπεν αὐτῷ Παιδίον, ἑτοίμασον τὰ πρὸς τὴν ὁδὸν καὶ
ἔξελθε μετὰ τοῦ ἀδελφοῦ σου, καὶ ὁ θεὸς ὁ ἐν τῷ ῥυρανῷ διασώ-
σαι ὑμᾶς ἐκεῖ καὶ ἀποκαταστήσαι ὑμᾶς πρὸς ἐμὲ ὑγιαίνοντας, καὶ
ὁ ἄγγελος αὐτοῦ συνοδεύσαι ὑμῖν μετὰ σωτηρίας, παιδίον. καὶ ἐξ-
ῆλθεν πορευθῆναι τὴν ὁδὸν αὐτοῦ καὶ ἐφίλησεν τὸν πατέρα αὐτοῦ
18 καὶ τὴν μητέρα, καὶ εἶπεν αὐτῷ Τωβιθ Πορεύου ὑγιαίνων. — ¹⁸καὶ
ἔκλαυσεν ἡ μήτηρ αὐτοῦ καὶ εἶπεν πρὸς Τωβιθ Τί ὅτι ἀπέστειλας
τὸ παιδίον μου; οὐχὶ αὐτὸς ῥάβδος τῆς χειρὸς ἡμῶν ἐστιν καὶ
19 αὐτὸς εἰσπορεύεται καὶ ἐκπορεύεται ἐνώπιον ἡμῶν; ¹⁹ἀργύριον τῷ
ἀργυρίῳ μὴ φθάσαι, ἀλλὰ περίψημα τοῦ παιδίου ἡμῶν γένοιτο.
20 ²⁰ὡς δέδοται ζῆν ἡμῖν παρὰ τοῦ κυρίου, τοῦτο ἱκανὸν ἡμῖν. ²¹καὶ
21 εἶπεν αὐτῇ Μὴ λόγον ἔχε· ὑγιαίνων πορεύσεται τὸ παιδίον ἡμῶν

BA ὑγιαίνων ἐλεύσεται, καὶ οἱ ὀφθαλμοί σου ὄψονται αὐτόν ·
²²ἄγγελος γὰρ ἀγαθὸς συμπορεύσεται αὐτῷ, καὶ εὐοδωθήσεται ἡ 22
ὁδὸς αὐτοῦ, καὶ ὑποστρέψει ὑγιαίνων. ²³καὶ ἐπαύσατο κλαίουσα. 23
¹Οἱ δὲ πορευόμενοι τὴν ὁδὸν ἦλθον ἑσπέρας ἐπὶ τὸν Τίγριν πο- 6
ταμὸν καὶ ηὐλίζοντο ἐκεῖ. ²τὸ δὲ παιδάριον κατέβη περικλύσασθαι, 2
καὶ ἀνεπήδησεν ἰχθὺς ἀπὸ τοῦ ποταμοῦ καὶ ἐβουλήθη καταπιεῖν
τὸ παιδάριον. ³ὁ δὲ ἄγγελος εἶπεν αὐτῷ Ἐπιλαβοῦ τοῦ ἰχθύος. καὶ 3
ἐκράτησεν τὸν ἰχθὺν τὸ παιδάριον καὶ ἀνέβαλεν αὐτὸν ἐπὶ τὴν γῆν.
⁴καὶ εἶπεν αὐτῷ ὁ ἄγγελος Ἀνάτεμε τὸν ἰχθὺν καὶ λαβὼν τὴν καρ- 4
δίαν καὶ τὸ ἧπαρ καὶ τὴν χολὴν θὲς ἀσφαλῶς. ⁵καὶ ἐποίησεν 5
τὸ παιδάριον ὡς εἶπεν αὐτῷ ὁ ἄγγελος, τὸν δὲ ἰχθὺν ὀπτήσαντες
ἔφαγον. — ⁶καὶ ὥδευον ἀμφότεροι, ἕως ἤγγισαν ἐν Ἐκβατάνοις. 6
⁷καὶ εἶπεν τὸ παιδάριον τῷ ἀγγέλῳ Ἀζαρια ἄδελφε, τί ἐστιν τὸ ἧ- 7
παρ καὶ ἡ καρδία καὶ ἡ χολὴ τοῦ ἰχθύος; ⁸καὶ εἶπεν αὐτῷ Ἡ καρδία 8

     22 συμπορευσεται] σ 2⁰ > A

S καὶ ὑγιαίνων ἐλεύσεται πρὸς ἡμᾶς, καὶ οἱ ὀφθαλμοί σου ὄψονται
ἐν τῇ ἡμέρᾳ, ᾗ ἂν ἔλθῃ πρὸς σὲ ὑγιαίνων · ²²μὴ λόγον ἔχε, μὴ 22
φοβοῦ περὶ αὐτῶν, ἀδελφή · ἄγγελος γὰρ ἀγαθὸς συνελεύσεται
αὐτῷ, καὶ εὐοδωθήσεται ἡ ὁδὸς αὐτοῦ, καὶ ὑποστρέψει ὑγιαίνων.
²³καὶ ἐσίγησεν κλαίουσα. 23
¹Καὶ ἐξῆλθεν τὸ παιδίον καὶ ὁ ἄγγελος μετ' αὐτοῦ, καὶ ὁ κύων 6
ἐξῆλθεν μετ' αὐτοῦ καὶ ἐπορεύθη μετ' αὐτῶν · καὶ ἐπορεύθησαν
ἀμφότεροι, καὶ ἔτυχεν αὐτοῖς νὺξ μία, καὶ ηὐλίσθησαν ἐπὶ τοῦ Τί-
γριδος ποταμοῦ. ²καὶ κατέβη τὸ παιδίον περινίψασθαι τοὺς πόδας 2
εἰς τὸν Τίγριν ποταμόν, καὶ ἀναπηδήσας ἰχθὺς μέγας ἐκ τοῦ ὕδα-
τος ἐβούλετο καταπιεῖν τὸν πόδα τοῦ παιδαρίου, καὶ ἔκραξεν. ³καὶ 3
ὁ ἄγγελος τῷ παιδαρίῳ εἶπεν Ἐπιλαβοῦ καὶ ἐγκρατὴς τοῦ ἰχθύος
γενοῦ. καὶ ἐκράτησεν τὸ παιδάριον τοῦ ἰχθύος καὶ ἀνήνεγκεν αὐτὸν
ἐπὶ τὴν γῆν. ⁴καὶ εἶπεν αὐτῷ ὁ ἄγγελος Ἀνάσχισον τὸν ἰχθὺν καὶ 4
ἔξελε τὴν χολὴν καὶ τὴν καρδίαν καὶ τὸ ἧπαρ αὐτοῦ καὶ ἀπόθες
αὐτὰ μετὰ σαυτοῦ καὶ τὰ ἔγκατα ἔκβαλε · ἔστιν γὰρ εἰς φάρμακον
χρήσιμον ἡ χολὴ καὶ ἡ καρδία καὶ τὸ ἧπαρ αὐτοῦ. ⁵καὶ ἀνασχίσας 5
τὸ παιδάριον τὸν ἰχθὺν συνήγαγεν τὴν χολὴν καὶ τὴν καρδίαν καὶ
τὸ ἧπαρ καὶ ὤπτησεν τοῦ ἰχθύος καὶ ἔφαγεν καὶ ἀφῆκεν ἐξ αὐτοῦ
ἡλισμένον. — ⁶καὶ ἐπορεύθησαν ἀμφότεροι κοινῶς, ἕως ἤγγισαν 6
εἰς Μηδίαν. ⁷καὶ τότε ἠρώτησεν τὸ παιδάριον τὸν ἄγγελον καὶ 7
εἶπεν αὐτῷ Ἀζαρια ἄδελφε, τί τὸ φάρμακον ἐν τῇ καρδίᾳ καὶ τῷ
ἥπατι τοῦ ἰχθύος καὶ ἐν τῇ χολῇ; ⁸καὶ εἶπεν αὐτῷ Ἡ καρδία 8

     6 2 fin.] + απο του φοβου Sˢ || 8 η καρδια] την -διαν Sᶜ, sed corrector
posterior η -δια restituit

καὶ τὸ ἧπαρ, ἐάν τινα ὀχλῇ δαιμόνιον ἢ πνεῦμα πονηρόν, ταῦτα ΒΑ
δεῖ καπνίσαι ἐνώπιον ἀνθρώπου ἢ γυναικός, καὶ οὐκέτι οὐ μὴ
9 ὀχληθῇ · ⁹ἡ δὲ χολή, ἐγχρῖσαι ἄνθρωπον, ὃς ἔχει λευκώματα ἐν
τοῖς ὀφθαλμοῖς, καὶ ἰαθήσεται.
10 ¹⁰Ὡς δὲ προσήγγισαν τῇ Ραγη, ¹¹εἶπεν ὁ ἄγγελος τῷ παιδαρίῳ
11 Ἄδελφε, σήμερον αὐλισθησόμεθα παρὰ Ραγουηλ, καὶ αὐτὸς συγγε-
νής σού ἐστιν, καὶ ἔστιν αὐτῷ θυγάτηρ μονογενὴς ὀνόματι Σαρρα ·
12 ¹²λαλήσω περὶ αὐτῆς τοῦ δοθῆναί σοι αὐτὴν εἰς γυναῖκα, ὅτι σοὶ
ἐπιβάλλει ἡ κληρονομία αὐτῆς, καὶ σὺ μόνος εἶ ἐκ τοῦ γένους αὐ-
13 τῆς · καὶ τὸ κοράσιον καλὸν καὶ φρόνιμόν ἐστιν. ¹³καὶ νῦν ἄκου-
σόν μου καὶ λαλήσω τῷ πατρὶ αὐτῆς, καὶ ὅταν ὑποστρέψωμεν ἐκ
Ῥάγων, ποιήσομεν τὸν γάμον. διότι ἐπίσταμαι Ραγουηλ ὅτι οὐ μὴ
δῷ αὐτὴν ἀνδρὶ ἑτέρῳ κατὰ τὸν νόμον Μωυσῆ ἢ ὀφειλέσει θά-
νατον, ὅτι τὴν κληρονομίαν σοὶ καθήκει λαβεῖν ἢ πάντα ἄνθρωπον.

6 8 δει V] δε Β, εδει Α⁺ | ουκετι ου μη] ου μηκετι Β⁽⁺⁾ ‖ 9 λευκωμα Α⁺
‖ 10 τη ραγη: sic mss. ‖ 11 ραγουηλω Β⁺ | μονογενης > Β ‖ 13 ποιη-
σωμεν Β

καὶ τὸ ἧπαρ τοῦ ἰχθύος, κάπνισον ἐνώπιον ἀνθρώπου ἢ γυναικός, ᾧ Σ
ἀπάντημα δαιμονίου ἢ πνεύματος πονηροῦ, καὶ φεύξεται ἀπ᾽ αὐτοῦ
9 πᾶν ἀπάντημα καὶ οὐ μὴ μείνωσιν μετ᾽ αὐτοῦ εἰς τὸν αἰῶνα · ⁹καὶ
ἡ χολή, ἐγχρῖσαι ἀνθρώπου ὀφθαλμούς, οὗ λευκώματα ἀνέβησαν
ἐπ᾽ αὐτῶν, ἐμφυσῆσαι ἐπ᾽ αὐτοὺς ἐπὶ τῶν λευκωμάτων, καὶ ὑγι-
αίνουσιν.
10 ¹⁰Καὶ ὅτε εἰσῆλθεν εἰς Μηδίαν καὶ ἤδη ἤγγιζεν εἰς Ἐκβάτανα,
11 ¹¹λέγει Ραφαηλ τῷ παιδαρίῳ Τωβια ἄδελφε. καὶ εἶπεν αὐτῷ Ἰδοὺ
ἐγώ. καὶ εἶπεν αὐτῷ Ἐν τοῖς Ραγουήλου τὴν νύκτα ταύτην δεῖ
ἡμᾶς αὐλισθῆναι, καὶ ὁ ἄνθρωπος συγγενής σού ἐστιν, καὶ ἔστιν
12 αὐτῷ θυγάτηρ, ᾗ ὄνομα Σαρρα · ¹²καὶ υἱὸς ἄρσην οὐδὲ θυγάτηρ
ὑπάρχει αὐτῷ πλὴν Σαρρας μόνης, καὶ σὺ ἔγγιστα αὐτῆς εἶ παρὰ
πάντας ἀνθρώπους κληρονομῆσαι αὐτήν, καὶ τὰ ὄντα τῷ πατρὶ
αὐτῆς σοὶ δικαιοῦται κληρονομῆσαι · καὶ τὸ κοράσιον φρόνιμον
13 καὶ ἀνδρεῖον καὶ καλὸν λίαν, καὶ ὁ πατὴρ αὐτῆς καλός. ¹³καὶ εἶπεν
Δεδικαίωταί σοι λαβεῖν αὐτήν · καὶ ἄκουσόν μου, ἄδελφε, καὶ λα-
λήσω τῷ πατρὶ περὶ τοῦ κορασίου τὴν νύκτα ταύτην, ἵνα λημψό-
μεθά σοι αὐτὴν νύμφην · καὶ ὅταν ἐπιστρέψωμεν ἐκ Ῥάγων, ποι-
ήσομεν τὸν γάμον αὐτῆς. καὶ ἐπίσταμαι ὅτι οὐ μὴ δυνηθῇ Ραγουηλ
κωλῦσαι αὐτὴν ἀπὸ σοῦ ἢ ἐγγυᾶσθαι ἑτέρῳ, ὀφειλήσειν θάνατον
κατὰ τὴν κρίσιν τῆς βίβλου Μωυσέως διὰ τὸ γινώσκειν ὅτι σοὶ
κληρονομία καθήκει λαβεῖν τὴν θυγατέρα αὐτοῦ παρὰ πάντα ἄνθρωπον.

10 εκβατανων (sic) S ‖ 13 ραγων 1⁰ Fr.] ραγουηλ S | δια το Ra.] pr. και S

ΒΑ ¹⁴τότε εἶπεν τὸ παιδάριον τῷ ἀγγέλῳ Αζαρια ἄδελφε, ἀκήκοα 14
ἐγὼ τὸ κοράσιον δεδόσθαι ἑπτὰ ἀνδράσιν καὶ πάντας ἐν τῷ νυμ-
φῶνι ἀπολωλότας. ¹⁵καὶ νῦν ἐγὼ μόνος εἰμὶ τῷ πατρὶ καὶ φοβοῦ- 15
μαι μὴ εἰσελθὼν ἀποθάνω καθὼς καὶ οἱ πρότεροι, ὅτι δαιμόνιον
φιλεῖ αὐτήν, ὃ οὐκ ἀδικεῖ οὐδένα πλὴν τῶν προσαγόντων αὐτῇ.
καὶ νῦν ἐγὼ φοβοῦμαι μὴ ἀποθάνω καὶ κατάξω τὴν ζωὴν τοῦ
πατρός μου καὶ τῆς μητρός μου μετ' ὀδύνης ἐπ' ἐμοὶ εἰς τὸν τά-
φον αὐτῶν· καὶ υἱὸς ἕτερος οὐχ ὑπάρχει αὐτοῖς, ὃς θάψει αὐτούς.
¹⁶εἶπεν δὲ αὐτῷ ὁ ἄγγελος Οὐ μέμνησαι τῶν λόγων, ὧν ἐνετείλατό 16
σοι ὁ πατήρ σου ὑπὲρ τοῦ λαβεῖν σε γυναῖκα ἐκ τοῦ γένους σου;
καὶ νῦν ἄκουσόν μου, ἄδελφε, διότι σοὶ ἔσται εἰς γυναῖκα, καὶ τοῦ
δαιμονίου μηδένα λόγον ἔχε, ὅτι τὴν νύκτα ταύτην δοθήσεταί σοι αὕτη
εἰς γυναῖκα. ¹⁷καὶ ἐὰν εἰσέλθῃς εἰς τὸν νυμφῶνα, λήμψῃ τέφραν θυ- 17
μιαμάτων καὶ ἐπιθήσεις ἀπὸ τῆς καρδίας καὶ τοῦ ἥπατος τοῦ ἰχθύος
καὶ καπνίσεις, καὶ ὀσφρανθήσεται τὸ δαιμόνιον καὶ φεύξεται καὶ οὐκ
ἐπανελεύσεται τὸν αἰῶνα τοῦ αἰῶνος. ¹⁸ὅταν δὲ προσπορεύῃ αὐτῇ, 18

15 οτι] pr. δι Α ‖ 16 αυτη > Α ‖ 17 τον ult.] pr. εις Α ‖ 18 προσ-
πορευση Α†

S καὶ νῦν ἄκουσόν μου, ἄδελφε, καὶ λαλήσομεν περὶ τοῦ κορα-
σίου τὴν νύκτα ταύτην καὶ μνηστευσόμεθά σοι αὐτήν· καὶ ὅταν
ἐπιστρέψωμεν ἐκ Ῥάγων, λημψόμεθα αὐτὴν καὶ ἀπάξομεν αὐτὴν
μεθ' ἡμῶν εἰς τὸν οἶκόν σου. ¹⁴τότε ἀποκριθεὶς Τωβιας εἶπεν τῷ 14
Ραφαηλ Αζαρια ἄδελφε, ἤκουσα ὅτι ἑπτὰ ἤδη ἐδόθη ἀνδράσιν, καὶ
ἀπέθανον ἐν τοῖς νυμφῶσιν αὐτῶν τὴν νύκτα, ὁπότε εἰσεπορεύ-
οντο πρὸς αὐτήν, καὶ ἀπέθνῃσκον. καὶ ἤκουσα λεγόντων αὐτῶν
ὅτι δαιμόνιον ἀποκτέννει αὐτούς. ¹⁵καὶ νῦν φοβοῦμαι ἐγώ — ὅτι 15
αὐτὴν οὐκ ἀδικεῖ, ἀλλ' ὃς ἂν θελήσῃ ἐγγίσαι αὐτῆς, ἀποκτέννει
αὐτόν· μονογενής εἰμι τῷ πατρί μου — μὴ ἀποθάνω καὶ κατάξω τὴν
ζωὴν τοῦ πατρός μου καὶ τῆς μητρός μου μετ' ὀδύνης ἐπ' ἐμοὶ
εἰς τὸν τάφον αὐτῶν· καὶ υἱὸς ἕτερος οὐχ ὑπάρχει αὐτοῖς, ἵνα
θάψῃ αὐτούς. ¹⁶καὶ λέγει αὐτῷ Οὐ μέμνησαι τὰς ἐντολὰς τοῦ πα- 16
τρός σου, ὅτι ἐνετείλατό σοι λαβεῖν γυναῖκα ἐκ τοῦ οἴκου τοῦ
πατρός σου; καὶ νῦν ἄκουσόν μου, ἄδελφε, καὶ μὴ λόγον ἔχε τοῦ
δαιμονίου τούτου καὶ λαβέ· καὶ γινώσκω ἐγὼ ὅτι τὴν νύκτα ταύ-
την δοθήσεταί σοι γυνή. ¹⁷καὶ ὅταν εἰσέλθῃς εἰς τὸν νυμφῶνα, 17
λαβὲ ἐκ τοῦ ἥπατος τοῦ ἰχθύος καὶ τὴν καρδίαν καὶ ἐπίθες ἐπὶ
τὴν τέφραν τῶν θυμιαμάτων, καὶ ἡ ὀσμὴ πορεύσεται, καὶ ὀσφραν-
θήσεται τὸ δαιμόνιον καὶ φεύξεται καὶ οὐκέτι μὴ φανῇ περὶ
αὐτὴν τὸν πάντα αἰῶνα. ¹⁸καὶ ὅταν μέλλῃς γίνεσθαι μετ' αὐτῆς, 18

13 λαλησομεν Ra.] -σωμεν S ‖ απαξομεν Fr.] -ξωμεν S

ἐγέρθητε ἀμφότεροι καὶ βοήσατε πρὸς τὸν ἐλεήμονα θεόν, καὶ BA
σώσει ὑμᾶς καὶ ἐλεήσει· μὴ φοβοῦ, ὅτι σοὶ αὐτὴ ἡτοιμασμένη ἦν
ἀπὸ τοῦ αἰῶνος, καὶ σὺ αὐτὴν σώσεις, καὶ πορεύσεται μετὰ σοῦ, καὶ
19 ὑπολαμβάνω ὅτι σοὶ ἔσται ἐξ αὐτῆς παιδία. ¹⁹καὶ ὡς ἤκουσεν Τωβιας
ταῦτα, ἐφίλησεν αὐτήν, καὶ ἡ ψυχὴ αὐτοῦ ἐκολλήθη αὐτῇ σφόδρα.
7 ¹Καὶ ἦλθον εἰς Ἐκβάτανα καὶ παρεγένοντο εἰς τὴν οἰκίαν Ρα-
γουηλ, Σαρρα δὲ ὑπήντησεν αὐτοῖς καὶ ἐχαιρέτισεν αὐτοὺς καὶ αὐτοὶ
2 αὐτήν, καὶ εἰσήγαγεν αὐτοὺς εἰς τὴν οἰκίαν. ²καὶ εἶπεν Ραγουηλ
Εδνα τῇ γυναικὶ αὐτοῦ Ὡς ὅμοιος ὁ νεανίσκος Τωβιτ τῷ ἀνεψιῷ
3 μου. ³καὶ ἠρώτησεν αὐτοὺς Ραγουηλ Πόθεν ἐστέ, ἀδελφοί; καὶ
4 εἶπαν αὐτῷ Ἐκ τῶν υἱῶν Νεφθαλι τῶν αἰχμαλώτων ἐν Νινευη. ⁴καὶ
εἶπεν αὐτοῖς Γινώσκετε Τωβιτ τὸν ἀδελφὸν ἡμῶν; οἱ δὲ εἶπαν Γι-
5 νώσκομεν. ⁵καὶ εἶπεν αὐτοῖς Ὑγιαίνει; οἱ δὲ εἶπαν Καὶ ζῇ καὶ ὑγιαίνει·
6 καὶ εἶπεν Τωβιας Πατήρ μού ἐστιν. ⁶καὶ ἀνεπήδησεν Ραγουηλ καὶ

19 κεκολλητο A†, εκεκολλητο compl. | αυτη > A†
7 1 ηλθεν B† | παρεγενετο B | σαρρα] pr. και B† | υπηντ. αυτω κ. εχαιρ. αυ-
τον κ. αυτος αυτους B(†) ‖ 2 ραγουηλ pl.] > BA | τωβιτ] pr. τω A† ‖ 3 ει-
παν] -πεν A | νεφθαλειμ A | εν mu.] pr. των A, εκ B ‖ 4 οι δε ⌒ 5 οι δε B†

ἐξεγέρθητε πρῶτον ἀμφότεροι καὶ προσεύξασθε καὶ δεήθητε τοῦ S
κυρίου τοῦ οὐρανοῦ, ἵνα ἔλεος γένηται καὶ σωτηρία ἐφ᾽ ὑμᾶς· καὶ
μὴ φοβοῦ, σοὶ γάρ ἐστιν μεμερισμένη πρὸ τοῦ αἰῶνος, καὶ σὺ αὐτὴν
σώσεις, καὶ μετὰ σοῦ πορεύσεται, καὶ ὑπολαμβάνω ὅτι ἔσονταί σοι
19 ἐξ αὐτῆς παιδία καὶ ἔσονταί σοι ὡς ἀδελφοί, μὴ λόγον ἔχε. ¹⁹καὶ
ὅτε ἤκουσεν Τωβιας τῶν λόγων Ραφαηλ καὶ ὅτι ἔστιν αὐτῷ ἀδελ-
φὴ ἐκ τοῦ σπέρματος τοῦ οἴκου τοῦ πατρὸς αὐτοῦ, λίαν ἠγάπησεν
αὐτήν, καὶ ἡ καρδία αὐτοῦ ἐκολλήθη εἰς αὐτήν.
7 ¹Καὶ ὅτε εἰσῆλθεν εἰς Ἐκβάτανα, λέγει αὐτῷ Αζαρια ἀδελφε,
ἀπάγαγέ με εὐθεῖαν πρὸς Ραγουηλ τὸν ἀδελφὸν ἡμῶν. καὶ ἀπ-
ήγαγεν αὐτὸν εἰς τὸν οἶκον Ραγουήλου, καὶ εὗρον αὐτὸν καθήμενον
παρὰ τὴν θύραν τῆς αὐλῆς καὶ ἐχαιρέτισαν αὐτὸν πρῶτοι, καὶ εἶ-
πεν αὐτοῖς Χαίρετε πολλά, ἀδελφοί, καὶ καλῶς ἤλθατε ὑγιαίνοντες.
2 καὶ ἤγαγεν αὐτοὺς εἰς τὸν οἶκον αὐτοῦ. ²καὶ εἶπεν Εδνα τῇ γυ-
ναικὶ αὐτοῦ Ὡς ὅμοιος ὁ νεανίσκος οὗτος Τωβει τῷ ἀδελφῷ μου.
3 ³καὶ ἠρώτησεν αὐτοὺς Εδνα καὶ εἶπεν αὐτοῖς Πόθεν ἐστέ, ἀδελ-
φοί; καὶ εἶπαν αὐτῇ Ἐκ τῶν υἱῶν Νεφθαλιμ ἡμεῖς τῶν αἰχμαλω-
4 τισθέντων ἐν Νινευη. ⁴καὶ εἶπεν αὐτοῖς Γινώσκετε Τωβιν τὸν
5 ἀδελφὸν ἡμῶν; καὶ εἶπαν αὐτῇ Γινώσκομεν ἡμεῖς αὐτόν. ⁵καὶ
εἶπεν αὐτοῖς Ὑγιαίνει; καὶ εἶπαν αὐτῇ Ὑγιαίνει καὶ ζῇ· καὶ εἶπεν
6 Τωβιας Ὁ πατήρ μού ἐστιν. ⁶καὶ ἀνεπήδησεν Ραγουηλ καὶ

7 2 τωβει Ra. (cf. 3 17 et Thack. § 10, 18)] -βεια S

BA κατεφίλησεν αὐτὸν καὶ ἔκλαυσε καὶ εὐλόγησεν αὐτὸν καὶ εἶπεν
αὐτῷ Ὁ τοῦ καλοῦ καὶ ἀγαθοῦ ἀνθρώπου · καὶ ἀκούσας ὅτι Τω-
βιτ ἀπώλεσεν τοὺς ὀφθαλμοὺς αὐτοῦ, ἐλυπήθη καὶ ἔκλαυσεν.
⁷καὶ Εδνα ἡ γυνὴ αὐτοῦ καὶ Σαρρα ἡ θυγάτηρ αὐτοῦ ἔκλαυ- 7
σαν καὶ ὑπεδέξαντο αὐτοὺς προθύμως. ⁸καὶ ἔθυσαν κριὸν προβάτων 8
καὶ παρέθηκαν ὄψα πλείονα.
⁹Εἶπεν δὲ Τωβιας τῷ Ραφαηλ Αζαρια ἄδελφε, λάλησον ὑπὲρ 9
ὧν ἔλεγες ἐν τῇ πορείᾳ, καὶ τελεσθήτω τὸ πρᾶγμα. ¹⁰καὶ μετέδω- 10
κεν τὸν λόγον τῷ Ραγουηλ. καὶ εἶπεν Ραγουηλ πρὸς Τωβιαν Φάγε
καὶ πίε καὶ ἡδέως γίνου · σοὶ γὰρ καθήκει τὸ παιδίον μου λαβεῖν ·
πλὴν ὑποδείξω σοι τὴν ἀλήθειαν. ¹¹ἔδωκα τὸ παιδίον μου ἑπτὰ 11
ἀνδράσιν, καὶ ὁπότε ἐὰν εἰσεπορεύοντο πρὸς αὐτήν, ἀπεθνήσκοσαν
ὑπὸ τὴν νύκτα. ἀλλὰ τὸ νῦν ἔχων ἡδέως γίνου. ¹²καὶ εἶπεν Τω- 12
βιας Οὐ γεύσομαι οὐδὲν ὧδε, ἕως ἂν στήσητε καὶ σταθῆτε πρός
με. καὶ εἶπεν Ραγουηλ Κομίζου αὐτὴν ἀπὸ τοῦ νῦν κατὰ τὴν

6 αυτου V] εαυ. B†, > A ‖ 7 εδνα] + και A† ‖ 9 δε > A*† | πορεια]
ενπορια A† | τελεσθητω] στητω A† ‖ 10 και 3⁰ > B | σοι ult. > B† ‖
11 παιδιον] -δαριον A*† | μου > A† | απεθνησκοσαν] σα > B* | την > B† |
εχον Bᶜ ‖ 12 γευσομαι] σ > B

S κατεφίλησεν αὐτὸν καὶ ἔκλαυσεν καὶ ἐλάλησεν καὶ εἶπεν αὐτῷ Εὐλο-
γία σοι γένοιτο, παιδίον, ὁ τοῦ καλοῦ καὶ ἀγαθοῦ πατρός · ὦ ταλαι-
πώρων κακῶν, ὅτι ἐτυφλώθη ἀνὴρ δίκαιος καὶ ποιῶν ἐλεημοσύνας.
καὶ ἐπιπεσὼν ἐπὶ τὸν τράχηλον Τωβια τοῦ ἀδελφοῦ αὐτοῦ ἔκλαυσεν.
⁷καὶ Εδνα ἡ γυνὴ αὐτοῦ ἔκλαυσεν αὐτόν, καὶ Σαρρα ἡ θυγάτηρ 7
αὐτῶν ἔκλαυσεν καὶ αὐτή. ⁸καὶ ἔθυσεν κριὸν ἐκ προβάτων καὶ 8
ὑπεδέξατο αὐτοὺς προθύμως.
⁹Καὶ ὅτε ἐλούσαντο καὶ ἐνίψαντο καὶ ἀνέπεσαν δειπνῆσαι, εἶπεν 9
Τωβιας τῷ Ραφαηλ Αζαρια ἄδελφε, εἰπὸν Ραγουηλ ὅπως δῷ μοι
Σαρραν τὴν ἀδελφήν μου. ¹⁰καὶ ἤκουσεν Ραγουηλ τὸν λόγον καὶ 10
εἶπεν τῷ παιδὶ Φάγε καὶ πίε καὶ ἡδέως γενοῦ τὴν νύκτα ταύτην ·
οὐ γάρ ἐστιν ἄνθρωπος ᾧ καθῆκει λαβεῖν Σαρραν τὴν θυγατέρα
μου πλὴν σοῦ, ἄδελφε, ὡσαύτως δὲ καὶ ἐγὼ οὐκ ἔχω ἐξουσίαν
δοῦναι αὐτὴν ἑτέρῳ ἀνδρὶ πλὴν σοῦ, ὅτι σὺ ἔγγιστά μου · καὶ
μάλα τὴν ἀλήθειάν σοι ὑποδείξω, παιδίον. ¹¹ἔδωκα αὐτὴν ἑπτὰ 11
ἀνδράσιν τῶν ἀδελφῶν ἡμῶν, καὶ πάντες ἀπέθανον τὴν νύκτα ὁ-
πότε εἰσεπορεύοντο πρὸς αὐτήν. καὶ νῦν, παιδίον, φάγε καὶ πίε,
καὶ κύριος ποιήσει ἐν ὑμῖν. ¹²καὶ εἶπεν Τωβιας Οὐ μὴ φάγω ἐντεῦ- 12
θεν οὐδὲ μὴ πίω, ἕως ἂν διαστήσῃς τὰ πρὸς ἐμέ. καὶ εἶπεν αὐτῷ
Ραγουηλ ὅτι Ποιῶ, καὶ αὐτὴ δίδοταί σοι κατὰ τὴν κρίσιν τῆς βί-
βλου Μωυσέως, καὶ ἐκ τοῦ οὐρανοῦ κέκριταί σοι δοθῆναι · κομίζου τὴν

κρίσιν · σὺ δὲ ἀδελφὸς εἶ αὐτῆς, καὶ αὐτή σού ἐστιν · ὁ δὲ ἐλεήμων ΒΑ
13 θεὸς εὐοδώσει ὑμῖν τὰ κάλλιστα. ¹³ καὶ ἐκάλεσεν Σαρραν τὴν θυγα-
τέρα αὐτοῦ καὶ λαβὼν τῆς χειρὸς αὐτῆς παρέδωκεν αὐτὴν τῷ Τω-
βια γυναῖκα καὶ εἶπεν Ἰδοὺ κατὰ τὸν νόμον Μωυσέως κομίζου αὐ-
14 τὴν καὶ ἄπαγε πρὸς τὸν πατέρα σου · καὶ εὐλόγησεν αὐτούς. ¹⁴ καὶ
ἐκάλεσεν Εδναν τὴν γυναῖκα αὐτοῦ · καὶ λαβὼν βιβλίον ἔγραψεν
15 συγγραφήν, καὶ ἐσφραγίσαντο. καὶ ἤρξαντο ἐσθίειν. ¹⁵ καὶ ἐκάλεσεν
Ραγουηλ Εδναν τὴν γυναῖκα αὐτοῦ καὶ εἶπεν αὐτῇ Ἀδελφή, ἑτοί-
16 μασον τὸ ἕτερον ταμίειον καὶ εἰσάγαγε αὐτήν. ¹⁶ καὶ ἐποίησεν ὡς
εἶπεν καὶ εἰσήγαγεν αὐτὴν ἐκεῖ, καὶ ἔκλαυσεν · καὶ ἀπεδέξατο τὰ
17 δάκρυα τῆς θυγατρὸς αὐτῆς καὶ εἶπεν αὐτῇ ¹⁷ Θάρσει, τέκνον, ὁ
κύριος τοῦ οὐρανοῦ καὶ τῆς γῆς δῴη σοι χάριν ἀντὶ τῆς λύπης
σου ταύτης   θάρσει, θύγατερ.
8   ¹ Ὅτε δὲ συνετέλεσαν δειπνοῦντες, εἰσήγαγον Τωβιαν πρὸς αὐ-
2 τήν. ² ὁ δὲ πορευόμενος ἐμνήσθη τῶν λόγων Ραφαηλ καὶ ἔλαβεν

12 δε 1⁰ > Α ‖ 13 σαρρα Α | τω > Β ‖ 14 εσφραγισαντο] ν > Α | ηρ-
ξατο Β^c ‖ 15 ραγουηλ > Α[†] | εισαγαγε] εισαγε Β[†] ‖ 16 εισηγαγον Α[†]

ἀδελφήν σου. ἀπὸ τοῦ νῦν σὺ ἀδελφὸς εἶ αὐτῆς καὶ αὐτὴ S
ἀδελφή σου · δέδοταί σοι ἀπὸ τῆς σήμερον καὶ εἰς τὸν αἰῶνα · καὶ
ὁ κύριος τοῦ οὐρανοῦ εὐοδώσει ὑμᾶς, παιδίον, τὴν νύκτα ταύτην
13 καὶ ποιήσαι ἐφ᾽ ὑμᾶς ἔλεος καὶ εἰρήνην. ¹³ καὶ ἐκάλεσεν Ραγουηλ
Σαρραν τὴν θυγατέρα αὐτοῦ, καὶ ἦλθεν πρὸς αὐτόν, καὶ λαβόμενος
τῆς χειρὸς αὐτῆς παρέδωκεν αὐτὴν αὐτῷ καὶ εἶπεν Κόμισαι κατὰ
τὸν νόμον καὶ κατὰ τὴν κρίσιν τὴν γεγραμμένην ἐν τῇ βίβλῳ Μωυ-
σέως δοῦναί σοι τὴν γυναῖκα, ἔχε καὶ ἄπαγε πρὸς τὸν πατέρα
σου ὑγιαίνων · καὶ ὁ θεὸς τοῦ οὐρανοῦ εὐοδώσαι ὑμῖν εἰρήνην.
14 ¹⁴ καὶ ἐκάλεσεν τὴν μητέρα αὐτῆς · καὶ εἶπεν ἐνεγκεῖν βιβλίον καὶ
ἔγραψεν συγγραφὴν βιβλίου συνοικήσεως καὶ ὡς δίδωσιν αὐτὴν
αὐτῷ γυναῖκα κατὰ τὴν κρίσιν τοῦ Μωυσέως νόμου. ἀπ᾽ ἐκείνου
15 ἤρξαντο φαγεῖν καὶ πιεῖν. ¹⁵ καὶ ἐκάλεσεν Ραγουηλ Εδναν τὴν γυ-
ναῖκα αὐτοῦ καὶ εἶπεν αὐτῇ Ἀδελφή, ἑτοίμασον τὸ ταμίειον τὸ
16 ἕτερον καὶ εἰσάγαγε αὐτὴν ἐκεῖ. ¹⁶ καὶ βαδίσασα ἔστρωσεν εἰς τὸ
ταμίειον, ὡς εἶπεν αὐτῇ, καὶ ἤγαγεν αὐτὴν ἐκεῖ καὶ ἔκλαυσεν περὶ
17 αὐτῆς καὶ ἀπεμάξατο τὰ δάκρυα καὶ εἶπεν αὐτῇ ¹⁷ Θάρσει, θύγατερ,
ὁ κύριος τοῦ οὐρανοῦ δῴη σοι χαρὰν ἀντὶ τῆς λύπης σου · θάρ-
σει, θύγατερ. καὶ ἐξῆλθεν.
8   ¹ Καὶ ὅτε συνετέλεσαν τὸ φαγεῖν καὶ πιεῖν, ἠθέλησαν κοιμηθῆναι.
καὶ ἀπήγαγον τὸν νεανίσκον καὶ εἰσήγαγον αὐτὸν εἰς τὸ ταμίειον.
2 ² καὶ ἐμνήσθη Τωβιας τῶν λόγων Ραφαηλ καὶ ἔλαβεν τὸ ἧπαρ τοῦ

8 1 το 1⁰] του S^c

BA τὴν τέφραν τῶν θυμιαμάτων καὶ ἐπέθηκεν τὴν καρδίαν τοῦ ἰχθύος
καὶ τὸ ἧπαρ καὶ ἐκάπνισεν. ³ὅτε δὲ ὠσφράνθη τὸ δαιμόνιον τῆς 3
ὀσμῆς, ἔφυγεν εἰς τὰ ἀνώτατα Αἰγύπτου, καὶ ἔδησεν αὐτὸ ὁ ἄγγε-
λος. ⁴ὡς δὲ συνεκλείσθησαν ἀμφότεροι, ἀνέστη Τωβιας ἀπὸ τῆς 4
κλίνης καὶ εἶπεν Ἀνάστηθι, ἀδελφή, καὶ προσευξώμεθα, ἵνα ἡμᾶς
ἐλεήσῃ ὁ κύριος. ⁵καὶ ἤρξατο Τωβιας λέγειν Εὐλογητὸς εἶ, ὁ θεὸς 5
τῶν πατέρων ἡμῶν, καὶ εὐλογητὸν τὸ ὄνομά σου τὸ ἅγιον καὶ
ἔνδοξον εἰς τοὺς αἰῶνας · εὐλογησάτωσάν σε οἱ οὐρανοὶ καὶ πᾶ-
σαι αἱ κτίσεις σου. ⁶σὺ ἐποίησας Αδαμ καὶ ἔδωκας αὐτῷ βοηθὸν 6
Ευαν στήριγμα τὴν γυναῖκα αὐτοῦ · ἐκ τούτων ἐγενήθη τὸ ἀνθρώ-
πων σπέρμα. σὺ εἶπας Οὐ καλὸν εἶναι τὸν ἄνθρωπον μόνον, ποιή-
σωμεν αὐτῷ βοηθὸν ὅμοιον αὐτῷ. ⁷καὶ νῦν, κύριε, οὐ διὰ πορ- 7
νείαν ἐγὼ λαμβάνω τὴν ἀδελφήν μου ταύτην, ἀλλ᾽ ἐπ᾽ ἀληθείας ·
ἐπίταξον ἐλεῆσαί με καὶ ταύτῃ συγκαταγηρᾶσαι. ⁸καὶ εἶπεν μετ᾽ 8
αὐτοῦ Αμην. ⁹καὶ ἐκοιμήθησαν ἀμφότεροι τὴν νύκτα. 9
¹⁰Καὶ ἀναστὰς Ραγουηλ ἐπορεύθη καὶ ὤρυξεν τάφον λέγων Μὴ 10

8 2 και ult. > A ‖ 3 εις] pr. εως A ‖ 4 ημας / ελ. ο κυρ.] tr. A† | ημας
ελ.] tr. compl. ‖ 6 ομοιον > A*† ‖ 7 ταυτη] αυτη B⁽†⁾ | συγκαταγηρα-
σομε A⁽†⁾

S ἰχθύος καὶ τὴν καρδίαν ἐκ τοῦ βαλλαντίου, οὗ εἶχεν, καὶ ἐπέθηκεν
ἐπὶ τὴν τέφραν τοῦ θυμιάματος. ³καὶ ἡ ὀσμὴ τοῦ ἰχθύος ἐκώλυ- 3
σεν, καὶ ἀπέδραμεν τὸ δαιμόνιον ἄνω εἰς τὰ μέρη Αἰγύπτου, καὶ
βαδίσας Ραφαηλ συνεπόδισεν αὐτὸν ἐκεῖ καὶ ἐπέδησεν παραχρῆμα.
⁴καὶ ἐξῆλθον καὶ ἀπέκλεισαν τὴν θύραν τοῦ ταμιείου. καὶ ἠγέρθη 4
Τωβιας ἀπὸ τῆς κλίνης καὶ εἶπεν αὐτῇ Ἀδελφή, ἀνάστηθι, προσ-
ευξώμεθα καὶ δεηθῶμεν τοῦ κυρίου ἡμῶν, ὅπως ποιήσῃ ἐφ᾽ ἡμᾶς
ἔλεος καὶ σωτηρίαν. ⁵καὶ ἀνέστη, καὶ ἤρξαντο προσεύχεσθαι καὶ 5
δεηθῆναι ὅπως γένηται αὐτοῖς σωτηρία, καὶ ἤρξατο λέγειν Εὐλογη-
τὸς εἶ, ὁ θεὸς τῶν πατέρων ἡμῶν, καὶ εὐλογητὸν τὸ ὄνομά σου
εἰς πάντας τοὺς αἰῶνας τῆς γενεᾶς · εὐλογησάτωσάν σε οἱ οὐρα-
νοὶ καὶ πᾶσα ἡ κτίσις σου εἰς πάντας τοὺς αἰῶνας. ⁶σὺ ἐποίησας 6
τὸν Αδαμ καὶ ἐποίησας αὐτῷ βοηθὸν στήριγμα Ευαν τὴν γυναῖκα
αὐτοῦ, καὶ ἐξ ἀμφοτέρων ἐγενήθη τὸ σπέρμα τῶν ἀνθρώπων · καὶ
σὺ εἶπας ὅτι Οὐ καλὸν εἶναι τὸν ἄνθρωπον μόνον, ποιήσωμεν
αὐτῷ βοηθὸν ὅμοιον αὐτῷ. ⁷καὶ νῦν οὐχὶ διὰ πορνείαν ἐγὼ λαμ- 7
βάνω τὴν ἀδελφήν μου ταύτην, ἀλλ᾽ ἐπ᾽ ἀληθείας · ἐπίταξον ἐλε-
ῆσαί με καὶ αὐτὴν καὶ συγκαταγηρᾶσαι κοινῶς. ⁸καὶ εἶπαν μεθ᾽ 8
ἑαυτῶν Αμην αμην. ⁹καὶ ἐκοιμήθησαν τὴν νύκτα. 9
¹⁰Καὶ ἀναστὰς Ραγουηλ ἐκάλεσεν τοὺς οἰκέτας μεθ᾽ ἑαυ- 10
τοῦ, καὶ ᾤχοντο καὶ ὤρυξαν τάφον · εἶπεν γὰρ Μήποτε

11 καὶ οὗτος ἀποθάνῃ. ¹¹καὶ ἦλθεν Ραγουηλ εἰς τὴν οἰκίαν ἑαυτοῦ   ΒΑ
12 ¹²καὶ εἶπεν Εδνα τῇ γυναικὶ αὐτοῦ Ἀπόστειλον μίαν τῶν παιδι-
σκῶν, καὶ ἰδέτωσαν εἰ Ζῇ · εἰ δὲ μή, ἵνα θάψωμεν αὐτὸν καὶ μηδεὶς
13 γνῷ. ¹³καὶ εἰσῆλθεν ἡ παιδίσκη ἀνοίξασα τὴν θύραν καὶ εὗρεν τοὺς
14 δύο καθεύδοντας. ¹⁴καὶ ἐξελθοῦσα ἀπήγγειλεν αὐτοῖς ὅτι Ζῇ. ¹⁵καὶ
15
εὐλόγησεν Ραγουηλ τὸν θεὸν λέγων Εὐλογητὸς εἶ σύ, ὁ θεός, ἐν
πάσῃ εὐλογίᾳ καθαρᾷ καὶ ἁγίᾳ, καὶ εὐλογείτωσάν σε οἱ ἅγιοί σου
καὶ πᾶσαι αἱ κτίσεις σου, καὶ πάντες οἱ ἄγγελοί σου καὶ οἱ ἐκ-
16 λεκτοί σου εὐλογείτωσάν σε εἰς πάντας τοὺς αἰῶνας. ¹⁶εὐλογητὸς
εἶ ὅτι ηὔφρανάς με, καὶ οὐκ ἐγένετό μοι καθὼς ὑπενόουν, ἀλλὰ
17 κατὰ τὸ πολὺ ἔλεός σου ἐποίησας μεθ᾽ ἡμῶν. ¹⁷εὐλογητὸς εἶ ὅτι
ἠλέησας δύο μονογενεῖς · ποίησον αὐτοῖς, δέσποτα, ἔλεος, συντέ-
λεσον τὴν ζωὴν αὐτῶν ἐν ὑγιείᾳ μετὰ εὐφροσύνης καὶ ἐλέους.
18 ¹⁸ἐκέλευσεν δὲ τοῖς οἰκέταις χῶσαι τὸν τάφον.
19
20   ¹⁹Καὶ ἐποίησεν αὐτοῖς γάμον ἡμερῶν δέκα τεσσάρων. ²⁰καὶ εἶ-
πεν αὐτῷ Ραγουηλ πρὶν ἢ συντελεσθῆναι τὰς ἡμέρας τοῦ γάμου

10 ουτος] αυτος A† ‖ 12 ιδετωσαν] ειδ. B*AV*†, σαν > Vpau. | γνω]
γνωτω A ‖ 15 καθ. και αγια > B*† | και paenult. > B | παντας > B ‖
20 αυτω] -τοις A†

---

11 ἀποθάνῃ καὶ γενώμεθα κατάγελως καὶ ὀνειδισμός. ¹¹καὶ ὅτε συνετέλε- S
σαν ὀρύσσοντες τὸν τάφον, ἦλθεν Ραγουηλ εἰς τὸν οἶκον καὶ ἐκάλεσεν
12 τὴν γυναῖκα αὐτοῦ ¹²καὶ εἶπεν Ἀπόστειλον μίαν τῶν παιδισκῶν καὶ εἰσ-
ελθοῦσα ἰδέτω εἰ Ζῇ · καὶ εἰ τέθνηκεν, ὅπως ἂν θάψωμεν αὐτόν, ὅπως
13 μηδεὶς γνῷ. ¹³καὶ ἀπέστειλαν τὴν παιδίσκην καὶ ἧψαν τὸν λύχνον
καὶ ἤνοιξαν τὴν θύραν, καὶ εἰσῆλθεν καὶ εὗρεν αὐτοὺς καθεύδον-
14 τας καὶ ὑπνοῦντας κοινῶς. ¹⁴καὶ ἐξελθοῦσα ἡ παιδίσκη ὑπέδειξεν
15 αὐτοῖς ὅτι Ζῇ καὶ οὐδὲν κακόν ἐστιν. ¹⁵καὶ εὐλόγησαν τὸν θεὸν
τοῦ οὐρανοῦ καὶ εἶπαν Εὐλογητὸς εἶ, θεέ, ἐν πάσῃ εὐλογίᾳ καθαρᾷ ·
16 εὐλογείτωσάν σε εἰς πάντας τοὺς αἰῶνας. ¹⁶καὶ εὐλογητὸς εἶ ὅτι
εὔφρανάς με, καὶ οὐκ ἐγένετο καθὼς ὑπενόουν, ἀλλὰ κατὰ τὸ πολὺ
17 ἔλεός σου ἐποίησας μεθ᾽ ἡμῶν. ¹⁷καὶ εὐλογητὸς εἶ ὅτι ἠλέησας
δύο μονογενεῖς · ποίησον αὐτοῖς, δέσποτα, ἔλεος καὶ σωτηρίαν καὶ
18 συντέλεσον τὴν ζωὴν αὐτῶν μετ᾽ εὐφροσύνης καὶ ἐλέου. ¹⁸τότε
εἶπεν τοῖς οἰκέταις αὐτοῦ χῶσαι τὸν τάφον πρὸ τοῦ ὄρθρον γε-
νέσθαι.
19   ¹⁹Καὶ τῇ γυναικὶ εἶπεν ποιῆσαι ἄρτους πολλούς · καὶ εἰς τὸ βου-
κόλιον βαδίσας ἤγαγεν βόας δύο καὶ κριοὺς τέσσαρας καὶ εἶπεν
20 συντελεῖν αὐτούς, καὶ ἤρξαντο παρασκευάζειν. ²⁰καὶ ἐκάλεσεν
Τωβιαν καὶ εἶπεν αὐτῷ Δέκα τεσσάρων ἡμερῶν οὐ μὴ κινηθῇς

BA ἐνόρκως μὴ ἐξελθεῖν αὐτόν, ἐὰν μὴ πληρωθῶσιν αἱ δέκα τέσσαρες
ἡμέραι τοῦ γάμου, ²¹καὶ τότε λαβόντα τὸ ἥμισυ τῶν ὑπαρχόντων 21
αὐτοῦ πορεύεσθαι μετὰ ὑγιείας πρὸς τὸν πατέρα · καὶ τὰ λοιπά,
ὅταν ἀποθάνω καὶ ἡ γυνή μου.

¹Καὶ ἐκάλεσεν Τωβιας τὸν Ραφαηλ καὶ εἶπεν αὐτῷ ²Αζαρια ἀδελ- 9
φε, λαβὲ μετὰ σεαυτοῦ παῖδα καὶ δύο καμήλους καὶ πορεύθητι ἐν
Ῥάγοις τῆς Μηδίας παρὰ Γαβαηλ καὶ κόμισαί μοι τὸ ἀργύριον καὶ
αὐτὸν ἄγε εἰς τὸν γάμον · ³διότι ὀμώμοκεν Ραγουηλ μὴ ἐξελθεῖν 3
με, ⁴καὶ ὁ πατήρ μου ἀριθμεῖ τὰς ἡμέρας, καὶ ἐὰν χρονίσω μέγα, 4
ὀδυνηθήσεται λίαν. ⁵καὶ ἐπορεύθη Ραφαηλ καὶ ηὐλίσθη παρὰ Γα- 5
βαήλῳ, καὶ ἔδωκεν αὐτῷ τὸ χειρόγραφον · ὃς δὲ προήνεγκεν τὰ
θυλάκια ἐν ταῖς σφραγῖσιν καὶ ἔδωκεν αὐτῷ. ⁶καὶ ὤρθρευσαν κοινῶς 6
καὶ ἦλθοσαν εἰς τὸν γάμον. καὶ εὐλόγησεν Τωβιας τὴν γυναῖκα αὐτοῦ.

9 2 αγε] + μοι Bᵗ || 3 ομωμοχεν B*Aᵗ: cf. Thack. p. 205 || 5 γαβαηλω]
ω > B | ος] ο V || 6 ωρθρευσαν Bᵗ] ωρθρισαν rel.

S ἐντεῦθεν, ἀλλ᾽ αὐτοῦ μενεῖς ἔσθων καὶ πίνων παρ᾽ ἐμοὶ καὶ εὐφρα-
νεῖς τὴν ψυχὴν τῆς θυγατρός μου τὴν κατωδυνωμένην· ²¹καὶ ὅσα μοι 21
ὑπάρχει, λάμβανε αὐτόθεν τὸ ἥμισυ καὶ ὕπαγε ὑγιαίνων πρὸς τὸν
πατέρα σου · καὶ τὸ ἄλλο ἥμισυ, ὅταν ἀποθάνω ἐγώ τε καὶ ἡ γυνή
μου, ὑμέτερόν ἐστιν. θάρσει, παιδίον, ἐγώ σου ὁ πατὴρ καὶ Εδνα
ἡ μήτηρ σου, καὶ παρὰ σοῦ ἐσμεν ἡμεῖς καὶ τῆς ἀδελφῆς σου ἀπὸ
τοῦ νῦν εἰς τὸν αἰῶνα · θάρσει, παιδίον.

¹Τότε ἐκάλεσεν Τωβιας Ραφαηλ καὶ εἶπεν αὐτῷ ²Αζαρια ἀδελφε, 9
παράλαβε μετὰ σεαυτοῦ τέσσαρας οἰκέτας καὶ καμήλους δύο καὶ
πορεύθητι εἰς Ῥάγας καὶ ἧκε παρὰ Γαβαήλῳ καὶ δὸς αὐτῷ τὸ χει-
ρόγραφον καὶ κόμισαι τὸ ἀργύριον καὶ παράλαβε αὐτὸν μετὰ σοῦ
εἰς τοὺς γάμους · ³·⁴σὺ γὰρ γινώσκεις ὅτι ἔσται ἀριθμῶν ὁ πατὴρ   3
τὰς ἡμέρας, καὶ ἐὰν χρονίσω ἡμέραν μίαν, λυπήσω αὐτὸν λίαν ·   4
καὶ θεωρεῖς τί ὤμοσεν Ραγουηλ, καὶ οὐ δύναμαι παραβῆναι τὸν
ὅρκον αὐτοῦ. ⁵καὶ ἐπορεύθη Ραφαηλ καὶ οἱ τέσσαρες οἰκέται καὶ 5
αἱ δύο κάμηλοι εἰς Ῥάγας τῆς Μηδίας καὶ ηὐλίσθησαν παρὰ Γα-
βαήλῳ · καὶ ἔδωκεν αὐτῷ τὸ χειρόγραφον αὐτοῦ καὶ ὑπέδειξεν αὐτῷ
περὶ Τωβιου τοῦ υἱοῦ Τωβιθ ὅτι ἔλαβεν γυναῖκα καὶ ὅτι καλεῖ αὐ-
τὸν εἰς τὸν γάμον. καὶ ἀναστὰς παρηρίθμησεν αὐτῷ τὰ θυλάκια
σὺν ταῖς σφραγῖσιν, καὶ συνέθηκαν αὐτά. ⁶καὶ ὤρθρισαν κοινῶς 6
καὶ εἰσῆλθον εἰς τὸν γάμον. καὶ εἰσῆλθον εἰς τὰ Ραγουηλ καὶ εὗ-
ρον Τωβιαν ἀνακείμενον, καὶ ἀνεπήδησεν καὶ ἠσπάσατο αὐτόν, καὶ

21 νυν] + εσμεν S: deleuit Fr.
9 2 ραγας: item S in 5, cf. 4 20 | και paenult. > S*

10 ¹Καὶ Τωβιτ ὁ πατὴρ αὐτοῦ ἐλογίζετο ἑκάστης ἡμέρας · καὶ ὡς ΒΑ
2 ἐπληρώθησαν αἱ ἡμέραι τῆς πορείας καὶ οὐκ ἤρχοντο, ²εἶπεν Μή-
ποτε κατήσχυνται; ἢ μήποτε ἀπέθανεν Γαβαηλ καὶ οὐδεὶς δίδωσιν
3/4 αὐτῷ τὸ ἀργύριον; ³καὶ ἐλυπεῖτο λίαν. ⁴εἶπεν δὲ αὐτῷ ἡ γυνή
Ἀπώλετο τὸ παιδίον, διότι κεχρόνικεν · καὶ ἤρξατο θρηνεῖν αὐτὸν
5 καὶ εἶπεν ⁵Οὐ μέλει μοι, τέκνον, ὅτι ἀφῆκά σε τὸ φῶς τῶν ὀφθαλ-
6 μῶν μου; ⁶καὶ Τωβιτ λέγει αὐτῇ Σίγα, μὴ λόγον ἔχε, ὑγιαίνει.
7 ⁷καὶ εἶπεν αὐτῷ Σίγα, μὴ πλάνα με · ἀπώλετο τὸ παιδίον μου.
καὶ ἐπορεύετο καθ᾽ ἡμέραν εἰς τὴν ὁδὸν ἔξω, οἵας ἀπῆλθεν, ἡμέ-
ρας τε ἄρτον οὐκ ἤσθιεν, τὰς δὲ νύκτας οὐ διελίμπανεν θρηνοῦσα
Τωβιαν τὸν υἱὸν αὐτῆς, ἕως οὗ συνετελέσθησαν αἱ δέκα τέσσαρες
ἡμέραι τοῦ γάμου, ἃς ὤμοσεν Ραγουηλ ποιῆσαι αὐτὸν ἐκεῖ.
8 ⁸Εἶπεν δὲ Τωβιας τῷ Ραγουηλ Ἐξαπόστειλόν με, ὅτι ὁ πατήρ

10₁ ελογισατο Β⁺ | ηρχετο Β⁺ ‖ 2 ειπεν] + τωβιας Α⁽⁺⁾ ‖ 4 γυνη] +
αυτου Α ‖ 7 απηλθαν Α | νυκτας] + ολας Α ‖ 8 τω > Bᶜ

ἔκλαυσεν καὶ εὐλόγησεν αὐτὸν καὶ εἶπεν αὐτῷ Καλὲ καὶ ἀγαθέ, ἀν- S
δρὸς καλοῦ καὶ ἀγαθοῦ, δικαίου καὶ ἐλεημοποιοῦ, δῴη σοι κύριος
εὐλογίαν οὐρανοῦ καὶ τῇ γυναικί σου καὶ τῷ πατρί σου καὶ τῇ
μητρὶ τῆς γυναικός σου · εὐλογητὸς ὁ θεός, ὅτι εἶδον Τωβιν τὸν
ἀνεψιόν μου ὅμοιον αὐτῷ.
10 ¹Ἑκάστην δὲ ἡμέραν ἐξ ἡμέρας ἐλογίζετο Τωβιθ τὰς ἡμέρας ἐν
πόσαις πορεύσεται καὶ ἐν πόσαις ἐπιστρέψει · καὶ ὅτε συνετελέ-
2 σθησαν αἱ ἡμέραι καὶ ὁ υἱὸς αὐτοῦ οὐ παρῆν, ²εἶπεν Μήποτε κατ-
εσχέθη ἐκεῖ; ἢ μήποτε ἀπέθανεν ὁ Γαβαηλ καὶ οὐδεὶς αὐτῷ δίδω-
3/4 σιν τὸ ἀργύριον; ³καὶ ἤρξατο λυπεῖσθαι. ⁴καὶ Αννα ἡ γυνὴ αὐτοῦ
λέγει Ἀπώλετο τὸ παιδίον μου καὶ οὐκέτι ὑπάρχει ἐν τοῖς ζῶσιν ·
5 καὶ ἤρξατο κλαίειν καὶ θρηνεῖν περὶ τοῦ υἱοῦ αὐτῆς καὶ εἶπεν ⁵Οὐαί
μοι, τέκνον, ὅτι ἀφῆκά σε πορευθῆναι, τὸ φῶς τῶν ὀφθαλμῶν μου.
6 ⁶καὶ Τωβιθ ἔλεγεν αὐτῇ Σίγα, μὴ λόγον ἔχε, ἀδελφή, ὑγιαίνει · καὶ
μάλα περισπασμὸς αὐτοῖς ἐγένετο ἐκεῖ, καὶ ὁ ἄνθρωπος ὁ πορευ-
θεὶς μετ᾽ αὐτοῦ πιστός ἐστιν καὶ εἷς τῶν ἀδελφῶν ἡμῶν · μὴ λυ-
7 ποῦ περὶ αὐτοῦ, ἀδελφή, ἤδη παρέστιν. ⁷καὶ εἶπεν αὐτῷ Σίγα ἀπ᾽
ἐμοῦ καὶ μή με πλάνα · ἀπώλετο τὸ παιδίον μου. καὶ ἐκπηδήσασα
περιεβλέπετο τὴν ὁδόν, ᾗ ᾤχετο ὁ υἱὸς αὐτῆς, καθ᾽ ἡμέραν καὶ οὐκ
ἐπείθετο οὐδενί, καὶ ὅτε ἔδυ ὁ ἥλιος, εἰσπορευομένη ἐθρήνει καὶ
ἔκλαιεν τὴν νύκτα ὅλην καὶ οὐκ εἶχεν ὕπνον.
8 ⁸Καὶ ὅτε συνετελέσθησαν αἱ δέκα τέσσαρες ἡμέραι τοῦ γάμου, ἃς
ὤμοσεν Ραγουηλ ποιῆσαι τῇ θυγατρὶ αὐτοῦ, εἰσῆλθεν πρὸς αὐτὸν
Τωβιας καὶ εἶπεν Ἐξαπόστειλόν με, γινώσκω γὰρ ἐγὼ ὅτι ὁ πατήρ

6 τωβιν (cf. 3 17)] -βιαν Fr., sed cf. 7 2 B
10 4 ηρξαντο S

BA μου καὶ ἡ μήτηρ μου οὐκέτι ἐλπίζουσιν ὄψεσθαί με. ⁹εἶπεν δὲ 9
αὐτῷ ὁ πενθερὸς αὐτοῦ Μεῖνον παρ᾽ ἐμοί, κἀγὼ ἐξαποστελῶ πρὸς
τὸν πατέρα σου καὶ δηλώσουσιν αὐτῷ τὰ κατὰ σέ. καὶ Τωβιας
λέγει Οὐχί, ἀλλὰ ἐξαπόστειλόν με πρὸς τὸν πατέρα μου. ¹⁰ἀναστὰς 10
δὲ Ραγουηλ ἔδωκεν αὐτῷ Σαρραν τὴν γυναῖκα αὐτοῦ καὶ τὰ ἥμισυ
τῶν ὑπαρχόντων, σώματα καὶ κτήνη καὶ ἀργύριον · ¹¹καὶ εὐλογή- 11
σας αὐτοὺς ἐξαπέστειλεν λέγων Εὐοδώσει ὑμᾶς, τέκνα, ὁ θεὸς
τοῦ οὐρανοῦ πρὸ τοῦ με ἀποθανεῖν. ¹²καὶ εἶπεν τῇ θυγατρὶ αὐτοῦ 12
Τίμα τοὺς πενθερούς σου, αὐτοὶ νῦν γονεῖς σού εἰσιν · ἀκούσαιμί
σου ἀκοὴν καλήν. καὶ ἐφίλησεν αὐτήν. ¹³καὶ Εδνα εἶπεν πρὸς 13
Τωβιαν Ἄδελφε ἀγαπητέ, ἀποκαταστήσαι σε ὁ κύριος τοῦ οὐ-
ρανοῦ καὶ δῴη μοι ἰδεῖν σου παιδία ἐκ Σαρρας τῆς θυγατρός
μου, ἵνα εὐφρανθῶ ἐνώπιον τοῦ κυρίου · καὶ ἰδοὺ παρατίθεμαί
σοι τὴν θυγατέρα μου ἐν παρακαταθήκῃ, μὴ λυπήσῃς αὐτήν.

9 αυτου > B⁺ | εξαποστελω] -ελλω B (ex corr. uid.) | ουχι αλλα > B* (Bc⁺
add. ουχι tantum) ‖ 10 τα ημισυ (cf. Thack. p. 180 n. 10)] το ημ. A*(uid.),
τα -ση Vᶜ | και ult. > B⁺ ‖ 11 ευοδωσει] ευλογησει A | τεκνα / ο θ. του ουρ.]
tr. A⁺ ‖ 13 αποκαταστησαι] -σει B⁺

S μου καὶ ἡ μήτηρ μου οὐ πιστεύουσιν ὅτι ὄψονταί με ἔτι · καὶ
νῦν ἀξιῶ σε, πάτερ, ὅπως ἐξαποστείλῃς με καὶ πορευθῶ πρὸς
τὸν πατέρα μου · ἤδη ὑπέδειξά σοι ὡς ἀφῆκα αὐτόν. ⁹καὶ εἶπεν 9
Ραγουηλ τῷ Τωβια Μεῖνον, παιδίον, μεῖνον μετ᾽ ἐμοῦ, καὶ ἐγὼ
ἀποστέλλω ἀγγέλους πρὸς Τωβιν τὸν πατέρα σου καὶ ὑποδείξου-
σιν αὐτῷ περὶ σοῦ. καὶ εἶπεν αὐτῷ Μηδαμῶς, ἀξιῶ σε ὅπως ἐξ-
αποστείλῃς με ἐντεῦθεν πρὸς τὸν πατέρα μου. ¹⁰καὶ ἀναστὰς Ρα- 10
γουηλ παρέδωκεν Τωβια Σαρραν τὴν γυναῖκα αὐτοῦ καὶ τὸ ἥμισυ
πάντων τῶν ὑπαρχόντων αὐτῷ, παῖδας καὶ παιδίσκας, βόας καὶ
πρόβατα, ὄνους καὶ καμήλους, ἱματισμὸν καὶ ἀργύριον καὶ σκεύη ·
¹¹καὶ ἐξαπέστειλεν αὐτοὺς ὑγιαίνοντας καὶ ἠσπάσατο αὐτὸν καὶ 11
εἶπεν αὐτῷ Ὑγίαινε, παιδίον, ὑγιαίνων ὕπαγε · ὁ κύριος τοῦ οὐ-
ρανοῦ εὐοδώσαι ὑμᾶς καὶ Σαρραν τὴν γυναῖκά σου, καὶ ἴδοιμι
ὑμῶν παιδία πρὸ τοῦ ἀποθανεῖν με. ¹²καὶ εἶπεν Σαρρα τῇ θυγατρὶ 12
αὐτοῦ Ὕπαγε πρὸς τὸν πενθερόν σου, ὅτι ἀπὸ τοῦ νῦν αὐτοὶ γο-
νεῖς σου ὡς οἱ γεννήσαντές σε · βάδιζε εἰς εἰρήνην, θύγατερ, ἀκού-
σαιμί σου ἀγαθὴν ἀκοήν, ἕως ζῶ. καὶ ἀπασπασάμενος ἀπέλυσεν
αὐτούς. ¹³καὶ Εδνα λέγει Τωβια Τέκνον καὶ ἄδελφε ἠγαπημένε, ἀπο- 13
καταστήσαι σε κύριος καὶ ἴδοιμί σου τέκνα, ἕως ζῶ, καὶ Σαρρας
τῆς θυγατρός μου πρὸ τοῦ με ἀποθανεῖν · ἐνώπιον τοῦ κυρίου
παρατίθεμαί σοι τὴν θυγατέρα μου ἐν παραθήκῃ, μὴ λυπήσῃς αὐτὴν
πάσας τὰς ἡμέρας τῆς ζωῆς σου · παιδίον, εἰς εἰρήνην · ἀπὸ τοῦ

14 ¹⁴μετὰ ταῦτα ἐπορεύετο Τωβιας εὐλογῶν τὸν θεόν, ὅτι εὐόδω- ΒΑ
σεν τὴν ὁδὸν αὐτοῦ, καὶ κατευλόγει Ραγουηλ καὶ Εδναν τὴν γυ-
ναῖκα αὐτοῦ.

11 ¹Καὶ ἐπορεύετο μέχρις οὗ ἐγγίσαι αὐτοὺς εἰς Νινευη. καὶ εἶπεν
2 Ραφαηλ πρὸς Τωβιαν ²Οὐ γινώσκεις, ἄδελφε, πῶς ἀφῆκας τὸν
3 πατέρα σου; ³προδράμωμεν ἔμπροσθεν τῆς γυναικός σου καὶ ἑτοι-
4 μάσωμεν τὴν οἰκίαν · ⁴λαβὲ δὲ παρὰ χεῖρα τὴν χολὴν τοῦ ἰχθύος.
5 καὶ ἐπορεύθησαν, καὶ συνῆλθεν ὁ κύων ὄπισθεν αὐτῶν. ⁵καὶ Αννα
6 ἐκάθητο περιβλεπομένη εἰς τὴν ὁδὸν τὸν παῖδα αὐτῆς · ⁶καὶ προσ-
ενόησεν αὐτὸν ἐρχόμενον καὶ εἶπεν τῷ πατρὶ αὐτοῦ ᾿Ιδοὺ ὁ υἱός
7 σου ἔρχεται καὶ ὁ ἄνθρωπος ὁ πορευθεὶς μετ᾿ αὐτοῦ. ⁷καὶ Ραφαηλ
εἶπεν ᾿Επίσταμαι ἐγὼ ὅτι ἀνοίξει τοὺς ὀφθαλμοὺς ὁ πατήρ σου ·
8 ⁸σὺ οὖν ἔγχρισον τὴν χολὴν εἰς τοὺς ὀφθαλμοὺς αὐτοῦ, καὶ
δηχθεὶς διατρίψει καὶ ἀποβαλεῖ τὰ λευκώματα καὶ ὄψεταί σε.

14 τωβ.] pr. και ΒΑ : quod deleui
11 2 αφηκες Β† ‖ 6 και 2⁰ > Β† | σου] μου Β† ‖ 7 εγω] + τωβια Α |
ανοιγει Α† (-οισει Αᶜ[uid.]†) ‖ 8 ουν > Β† | αποβαλειται Β†

νῦν ἐγώ σου μήτηρ καὶ Σαρρα ἀδελφή, εὐοδωθείημεν πάντες ἐν τῷ S
αὐτῷ πάσας τὰς ἡμέρας ἐν τῇ ζωῇ ἡμῶν. καὶ κατεφίλησεν ἀμφο-
14 τέρους καὶ ἀπέστειλεν ὑγιαίνοντας. ¹⁴καὶ ἀπῆλθεν Τωβιας ἀπὸ Ρα-
γουηλ ὑγιαίνων καὶ χαίρων καὶ εὐλογῶν τῷ κυρίῳ τοῦ οὐρανοῦ
καὶ τῆς γῆς, τῷ βασιλεῖ τῶν πάντων, ὅτι εὐόδωκεν τὴν ὁδὸν
αὐτοῦ. καὶ εἶπεν αὐτῷ Εὐοδώθη σοι τιμᾶν αὐτοὺς πάσας τὰς ἡμέ-
ρας τῆς ζωῆς αὐτῶν.

11 ¹Καὶ ὡς ἤγγισαν εἰς Κασεριν, ἥ ἐστιν κατέναντι Νινευη, εἶπεν
2 Ραφαηλ ²Σὺ γινώσκεις πῶς ἀφήκαμεν τὸν πατέρα σου · ³προδρά-
3 μωμεν τῆς γυναικός σου καὶ ἑτοιμάσωμεν τὴν οἰκίαν, ἐν ᾧ ἔρχον-
4 ται. ⁴καὶ ἐπορεύθησαν ἀμφότεροι κοινῶς, καὶ εἶπεν αὐτῷ Λαβὲ
μετὰ χεῖρας τὴν χολήν. καὶ συνῆλθεν αὐτοῖς ὁ κύων ἐκ τῶν ὀπί-
5 σω αὐτοῦ καὶ Τωβια. ⁵καὶ Αννα ἐκάθητο περιβλεπομένη τὴν ὁδὸν
6 τοῦ υἱοῦ αὐτῆς · ⁶καὶ προσενόησεν αὐτὸν ἐρχόμενον καὶ εἶπεν τῷ
πατρὶ αὐτοῦ ᾿Ιδοὺ ὁ υἱός σου ἔρχεται καὶ ὁ ἄνθρωπος ὁ πορευ-
7 θεὶς μετ᾿ αὐτοῦ. ⁷καὶ Ραφαηλ εἶπεν Τωβια πρὸ τοῦ ἐγγίσαι αὐτὸν
πρὸς τὸν πατέρα ᾿Επίσταμαι ὅτι οἱ ὀφθαλμοὶ αὐτοῦ ἀνεῳχθήσον-
8 ται · ⁸ἔμπλασον τὴν χολὴν τοῦ ἰχθύος εἰς τοὺς ὀφθαλμοὺς αὐτοῦ,
καὶ ἀποστύψει τὸ φάρμακον καὶ ἀπολεπίσει τὰ λευκώματα ἀπὸ τῶν
ὀφθαλμῶν αὐτοῦ, καὶ ἀναβλέψει ὁ πατήρ σου καὶ ὄψεται τὸ φῶς.

11 4 κυων Fr.] κυριος S | τωβια Fr.] του υιου αυτης S : ex 5

BA ⁹καὶ προσδραμοῦσα Αννα ἐπέπεσεν ἐπὶ τὸν τράχηλον τοῦ υἱοῦ αὐτῆς 9
καὶ εἶπεν αὐτῷ Εἶδόν σε, παιδίον, ἀπὸ τοῦ νῦν ἀποθανοῦμαι. καὶ
ἔκλαυσαν ἀμφότεροι. ¹⁰καὶ Τωβιτ ἐξήρχετο πρὸς τὴν θύραν καὶ 10
προσέκοπτεν, ὁ δὲ υἱὸς προσέδραμεν αὐτῷ ¹¹καὶ ἐπελάβετο τοῦ 11
πατρὸς αὐτοῦ καὶ προσέπασεν τὴν χολὴν ἐπὶ τοὺς ὀφθαλμοὺς τοῦ
πατρὸς αὐτοῦ λέγων Θάρσει, πάτερ. ¹²ὡς δὲ συνεδήχθησαν, δι- 12
έτριψε τοὺς ὀφθαλμοὺς αὐτοῦ, καὶ ἐλεπίσθη ἀπὸ τῶν κανθῶν τῶν
ὀφθαλμῶν αὐτοῦ τὰ λευκώματα. ¹³καὶ ἰδὼν τὸν υἱὸν αὐτοῦ ἐπ- 13
έπεσεν ἐπὶ τὸν τράχηλον αὐτοῦ καὶ ἔκλαυσεν καὶ εἶπεν ¹⁴Εὐλογητὸς 14
εἶ, ὁ θεός, καὶ εὐλογητὸν τὸ ὄνομά σου εἰς τοὺς αἰῶνας, καὶ εὐλο-
γημένοι πάντες οἱ ἅγιοί σου ἄγγελοι · ὅτι ἐμαστίγωσας καὶ ἠλέη-
σάς με, ἰδοὺ βλέπω Τωβιαν τὸν υἱόν μου. ¹⁵καὶ εἰσῆλθεν ὁ υἱὸς 15
αὐτοῦ χαίρων καὶ ἀπήγγειλεν τῷ πατρὶ αὐτοῦ τὰ μεγαλεῖα τὰ γενό-
μενα αὐτῷ ἐν τῇ Μηδίᾳ.
   ¹⁶Καὶ ἐξῆλθεν Τωβιτ εἰς συνάντησιν τῇ νύμφῃ αὐτοῦ χαίρων 16
καὶ εὐλογῶν τὸν θεὸν πρὸς τῇ πύλῃ Νινευη · καὶ ἐθαύμαζον οἱ

   9 επεπεσεν] επεσεν A: item in 13 ‖ 11 επι] εις A ‖ 14 σου αγγελοι] tr.
B* ‖ 16 τωβ(ε)ιτ 1⁰] -βειας B*† | την πυλην A

S ⁹καὶ ἀνέδραμεν ⟨Αννα⟩ καὶ ἐπέπεσεν ἐπὶ τὸν τράχηλον τοῦ υἱοῦ 9
αὐτῆς καὶ εἶπεν αὐτῷ Εἶδόν σε, παιδίον · ἀπὸ τοῦ νῦν ἀπο-
θανοῦμαι. καὶ ἔκλαυσεν. ¹⁰καὶ ἀνέστη Τωβις καὶ προσέκοπτεν τοῖς 10
ποσὶν καὶ ἐξῆλθεν τὴν θύραν τῆς αὐλῆς, ¹¹καὶ ἐβάδισεν Τωβιας πρὸς 11
αὐτόν, καὶ ἡ χολὴ τοῦ ἰχθύος ἐν τῇ χειρὶ αὐτοῦ, καὶ ἐνεφύσησεν
εἰς τοὺς ὀφθαλμοὺς αὐτοῦ καὶ ἐλάβετο αὐτοῦ καὶ εἶπεν Θάρσει,
πάτερ · καὶ ἐπέβαλεν τὸ φάρμακον ἐπ᾽ αὐτὸν καὶ ἐπέδωκεν. ¹²καὶ 12
ἀπελέπισεν ἑκατέραις ταῖς χερσὶν αὐτοῦ ἀπὸ τῶν κανθῶν τῶν
ὀφθαλμῶν αὐτοῦ. ¹³καὶ ἔπεσεν ἐπὶ τὸν τράχηλον αὐτοῦ καὶ ἔκλαυ- 13
σεν καὶ εἶπεν αὐτῷ Εἶδόν σε, τέκνον τὸ φῶς τῶν ὀφθαλμῶν μου.
¹⁴καὶ εἶπεν Εὐλογητὸς ὁ θεός, καὶ εὐλογητὸν τὸ ὄνομα τὸ μέγα 14
αὐτοῦ, καὶ εὐλογημένοι πάντες οἱ ἄγγελοι οἱ ἅγιοι αὐτοῦ · γένοιτο
τὸ ὄνομα τὸ μέγα αὐτοῦ ἐφ᾽ ἡμᾶς, καὶ εὐλογητοὶ πάντες οἱ ἄγγελοι
εἰς πάντας τοὺς αἰῶνας · ὅτι αὐτὸς ἐμαστίγωσέν με, καὶ ἰδοὺ βλέπω
Τωβιαν τὸν υἱόν μου. ¹⁵καὶ εἰσῆλθεν Τωβιας χαίρων καὶ εὐλογῶν 15
τὸν θεὸν ἐν ὅλῳ τῷ στόματι αὐτοῦ, καὶ ἐπέδειξεν Τωβιας τῷ πατρὶ
αὐτοῦ ὅτι εὐοδώθη ἡ ὁδὸς αὐτοῦ, καὶ ὅτι ἐνήνοχεν ἀργύριον, καὶ
ὡς ἔλαβεν Σαρραν τὴν θυγατέρα Ραγουηλ γυναῖκα, καὶ ὅτι ἰδοὺ
παραγίνεται καὶ ἔστιν σύνεγγυς τῆς πύλης Νινευη.
   ¹⁶Καὶ ἐξῆλθεν ⟨Τωβιθ⟩ εἰς ἀπάντησιν τῆς νύμφης αὐτοῦ χαίρων καὶ 16
εὐλογῶν τὸν θεὸν πρὸς τὴν πύλην Νινευη · καὶ ἰδόντες αὐτὸν οἱ

   9 ⟨αννα⟩ add. Fr. ‖ 15 στοματι Fr.] σωμ. S ‖ 16 ⟨τωβιθ⟩ add. Fr.

θεωροῦντες αὐτὸν πορευόμενον ὅτι ἔβλεψεν, καὶ Τωβιτ ἐξωμολο- ΒΑ
17 γεῖτο ἐνώπιον αὐτῶν ὅτι ἠλέησεν αὐτὸν ὁ θεός. ¹⁷ καὶ ὡς ἤγγισεν
Τωβιτ Σαρρα τῇ νύμφῃ αὐτοῦ, κατευλόγησεν αὐτὴν λέγων Ἔλθοις
ὑγιαίνουσα, θύγατερ · εὐλογητὸς ὁ θεός, ὃς ἤγαγέν σε πρὸς ἡμᾶς, καὶ
18 ὁ πατήρ σου καὶ ἡ μήτηρ σου. ¹⁸ καὶ ἐγένετο χαρὰ πᾶσι τοῖς ἐν Νι-
19 νευη ἀδελφοῖς αὐτοῦ. ¹⁹ καὶ παρεγένετο Αχιαχαρος καὶ Νασβας ὁ ἐξ-
άδελφος αὐτοῦ, καὶ ἤχθη ὁ γάμος Τωβια μετ᾽ εὐφροσύνης ἑπτὰ ἡμέρας.
12   ¹ Καὶ ἐκάλεσεν Τωβιτ Τωβιαν τὸν υἱὸν αὐτοῦ καὶ εἶπεν αὐτῷ
Ὅρα, τέκνον, μισθὸν τῷ ἀνθρώπῳ τῷ συνελθόντι σοι, καὶ προσ-
2 θεῖναι αὐτῷ δεῖ. ² καὶ εἶπεν αὐτῷ Πάτερ, οὐ βλάπτομαι δοὺς αὐτῷ
3 τὸ ἥμισυ ὧν ἐνήνοχα, ³ ὅτι με ἀγείοχέν σοι ὑγιῆ καὶ τὴν γυναῖκά
μου ἐθεράπευσεν καὶ τὸ ἀργύριόν μου ἤνεγκεν καὶ σὲ ὁμοίως ἐθε-
4 ράπευσεν. ⁴ καὶ εἶπεν ὁ πρεσβύτης Δικαιοῦται αὐτῷ. ⁵ καὶ ἐκάλεσεν
5
τὸν ἄγγελον καὶ εἶπεν αὐτῷ Λαβὲ τὸ ἥμισυ πάντων, ὧν ἐνηνόχατε.

16 τωβιτ 2⁰] -β(ε)ιας Β | αυτων] -του Β⁺ | αυτον ult.] -τους Β
12 2 αυτω 1⁰ > Β⁺

ἐν Νινευη πορευόμενον καὶ διαβαίνοντα αὐτὸν πάσῃ τῇ ἰσχύι αὐ- S
τοῦ καὶ ὑπὸ μηδενὸς χειραγωγούμενον ἐθαύμασαν, καὶ Τωβιθ ἐξ-
ωμολογεῖτο ἐναντίον αὐτῶν ὅτι ἠλέησεν αὐτὸν ὁ θεὸς καὶ ὅτι ἤνοι-
17 ξεν τοὺς ὀφθαλμοὺς αὐτοῦ. ¹⁷ καὶ ἤγγισεν Τωβιθ Σαρρα τῇ γυναικὶ
Τωβια τοῦ υἱοῦ αὐτοῦ καὶ εὐλόγησεν αὐτὴν καὶ εἶπεν αὐτῇ Εἰσ-
έλθοις ὑγιαίνουσα, θύγατερ, καὶ εὐλογητὸς ὁ θεός σου, ὃς ἤγαγέν
σε πρὸς ἡμᾶς, θύγατερ · καὶ εὐλογημένος ὁ πατήρ σου, καὶ εὐλο-
γημένος Τωβιας ὁ υἱός μου, καὶ εὐλογημένη σύ, θύγατερ · εἴσελθε
εἰς τὴν οἰκίαν σου ὑγιαίνουσα ἐν εὐλογίᾳ καὶ χαρᾷ, εἴσελθε, θύγα-
18 τερ. ¹⁸ ἐν τῇ ἡμέρᾳ ταύτῃ ἐγένετο χαρὰ πᾶσιν τοῖς Ιουδαίοις τοῖς
19 οὖσιν ἐν Νινευη. ¹⁹ καὶ παρεγένοντο Αχικαρ καὶ Ναβαδ οἱ ἐξάδελ-
φοι αὐτοῦ χαίροντες πρὸς Τωβιν.
12   ¹ Καὶ ὅτε ἐπετελέσθη ὁ γάμος, ἐκάλεσεν Τωβιθ Τωβιαν τὸν υἱὸν
αὐτοῦ καὶ εἶπεν αὐτῷ Παιδίον, ὅρα δοῦναι τὸν μισθὸν τῷ ἀνθρώ-
πῳ τῷ πορευθέντι μετὰ σοῦ ⟨καὶ⟩ προσθεῖναι αὐτῷ εἰς τὸν μισθόν.
2 ² καὶ εἶπεν αὐτῷ Πάτερ, πόσον αὐτῷ δώσω τὸν μισθόν; οὐ βλάπ-
τομαι διδοὺς αὐτῷ τὸ ἥμισυ τῶν ὑπαρχόντων, ὧν ἐνήνοχεν μετ᾽
3 ἐμοῦ. ³ ἐμὲ ἀγείοχεν ὑγιαίνοντα καὶ τὴν γυναῖκά μου ἐθεράπευσεν
καὶ τὸ ἀργύριον ἤνεγκεν μετ᾽ ἐμοῦ καὶ σὲ ἐθεράπευσεν · πόσον
4 αὐτῷ ἔτι δῶ μισθόν; ⁴ καὶ εἶπεν αὐτῷ Τωβις Δικαιοῦται αὐτῷ,
5 παιδίον, λαβεῖν τὸ ἥμισυ πάντων, ὧν ἔχων ἦλθεν. ⁵ καὶ ἐκάλεσεν
αὐτὸν καὶ εἶπεν Λαβὲ τὸ ἥμισυ πάντων, ὧν ἔχων ἦλθες, εἰς τὸν
μισθόν σου καὶ ὕπαγε ὑγιαίνων.

12 1 ⟨και⟩ add. Fr.

BA   ⁶Τότε καλέσας τοὺς δύο κρυπτῶς εἶπεν αὐτοῖς Εὐλογεῖτε τὸν θεὸν 6
καὶ αὐτῷ ἐξομολογεῖσθε, μεγαλωσύνην δίδοτε αὐτῷ καὶ ἐξομολο-
γεῖσθε ἐνώπιον πάντων τῶν ζώντων περὶ ὧν ἐποίησεν μεθ᾽ ὑμῶν ·
ἀγαθὸν τὸ εὐλογεῖν τὸν θεὸν καὶ ὑψοῦν τὸ ὄνομα αὐτοῦ, τοὺς
λόγους τῶν ἔργων τοῦ θεοῦ ἐντίμως ὑποδεικνύοντες, καὶ μὴ
ὀκνεῖτε ἐξομολογεῖσθαι αὐτῷ. ⁷μυστήριον βασιλέως καλὸν κρύψαι, 7
τὰ δὲ ἔργα τοῦ θεοῦ ἀνακαλύπτειν ἐνδόξως. ἀγαθὸν ποιήσατε, καὶ
κακὸν οὐχ εὑρήσει ὑμᾶς. ⁸ἀγαθὸν προσευχὴ μετὰ νηστείας καὶ ἐλε- 8
ημοσύνης καὶ δικαιοσύνης · ἀγαθὸν τὸ ὀλίγον μετὰ δικαιοσύνης ἢ
πολὺ μετὰ ἀδικίας · καλὸν ποιῆσαι ἐλεημοσύνην ἢ θησαυρίσαι χρυ-
σίον. ⁹ἐλεημοσύνη γὰρ ἐκ θανάτου ῥύεται, καὶ αὐτὴ ἀποκαθαριεῖ 9
πᾶσαν ἁμαρτίαν · οἱ ποιοῦντες ἐλεημοσύνας καὶ δικαιοσύνας πλη-
σθήσονται ζωῆς · ¹⁰οἱ δὲ ἁμαρτάνοντες πολέμιοί εἰσιν τῆς ἑαυτῶν 10
ζωῆς. ¹¹οὐ μὴ κρύψω ἀφ᾽ ὑμῶν πᾶν ῥῆμα · εἴρηκα δή Μυστήριον 11
βασιλέως κρύψαι καλόν, τὰ δὲ ἔργα τοῦ θεοῦ ἀνακαλύπτειν ἐνδό-
ξως. ¹²καὶ νῦν ὅτε προσηύξω σὺ καὶ ἡ νύμφη σου Σαρρα, ἐγὼ 12
προσήγαγον τὸ μνημόσυνον τῆς προσευχῆς ὑμῶν ἐνώπιον τοῦ ἁγίου ·

6 τοτε] και B† | εξομολ. 1⁰ ⌒ 2⁰ A† | εξομολ. 2⁰] + αυτω B | υψουν] -οιν
B†: cf. Thack. § 22, 4 ‖ 7 κρυψαι] κρυπτειν A | ενδοξως BA] -ξον compl.:
item in 11 | αγαθον — fin. > A† ‖ 8 ποιησαι] pr. το A ‖ 9 γαρ > B ‖
11 δη B†] δε rel.

S   ⁶Τότε ἐκάλεσεν τοὺς δύο κρυπτῶς καὶ εἶπεν αὐτοῖς Τὸν θεὸν 6
εὐλογεῖτε καὶ αὐτῷ ἐξομολογεῖσθε ἐνώπιον πάντων τῶν ζώντων ἃ
ἐποίησεν μεθ᾽ ὑμῶν ἀγαθά, τοῦ εὐλογεῖν καὶ ὑμνεῖν τὸ ὄνομα αὐ-
τοῦ · τοὺς λόγους τοῦ θεοῦ ὑποδείκνυτε πᾶσιν ἀνθρώποις ἐντίμως
καὶ μὴ ὀκνεῖτε ἐξομολογεῖσθαι αὐτῷ. ⁷μυστήριον βασιλέως κρύ- 7
πτειν καλόν, τὰ δὲ ἔργα τοῦ θεοῦ ἀνακαλύπτειν καὶ ἐξομολογεῖσθαι
ἐντίμως. τὸ ἀγαθὸν ποιεῖτε, καὶ κακὸν οὐχ εὑρήσει ὑμᾶς. ⁸ἀγαθὸν 8
προσευχὴ μετὰ ἀληθείας καὶ ἐλεημοσύνη μετὰ δικαιοσύνης μᾶλλον
ἢ πλοῦτος μετὰ ἀδικίας · καλὸν ποιῆσαι ἐλεημοσύνην μᾶλλον ἢ
θησαυρίσαι χρυσίον. ⁹ἐλεημοσύνη ἐκ θανάτου ῥύεται, καὶ αὐτὴ ἀπο- 9
καθαίρει πᾶσαν ἁμαρτίαν · οἱ ποιοῦντες ἐλεημοσύνην χορτασθήσον-
ται ζωῆς · ¹⁰οἱ ποιοῦντες ἁμαρτίαν καὶ ἀδικίαν πολέμιοί εἰσιν τῆς 10
ἑαυτῶν ψυχῆς. ¹¹πᾶσαν τὴν ἀλήθειαν ὑμῖν ὑποδείξω καὶ οὐ μὴ 11
κρύψω ἀφ᾽ ὑμῶν πᾶν ῥῆμα · ἤδη ὑμῖν ὑπέδειξα καὶ εἶπον Μυστή-
ριον βασιλέως καλὸν κρύψαι καὶ τὰ ἔργα τοῦ θεοῦ ἀνακαλύπτειν
ἐνδόξως. ¹²καὶ νῦν ὅτε προσηύξω καὶ Σαρρα, ἐγὼ προσήγαγον 12
τὸ μνημόσυνον τῆς προσευχῆς ὑμῶν ἐνώπιον τῆς δόξης κυρίου ·

7 ανακαλ. κ. εξομολογεισθαι Ra.] εξομολογεισθαι κ. ανακαλ. κ. εξομολο-
γεισθε S

13 καὶ ὅτε ἔθαπτες τοὺς νεκρούς, ὡσαύτως συμπαρήμην σοι. ¹³καὶ **ΒΑ**
ὅτε οὐκ ὤκνησας ἀναστῆναι καὶ καταλιπεῖν τὸ ἄριστόν σου,
ὅπως ἀπελθὼν περιστείλῃς τὸν νεκρόν, οὐκ ἔλαθές με ἀγαθοποιῶν,
14 ἀλλὰ σὺν σοὶ ἤμην. ¹⁴καὶ νῦν ἀπέστειλέν με ὁ θεὸς ἰάσασθαί σε
15 καὶ τὴν νύμφην σου Σαρραν. ¹⁵ἐγώ εἰμι Ραφαηλ, εἷς ἐκ τῶν ἑπτὰ
ἁγίων ἀγγέλων, οἳ προσαναφέρουσιν τὰς προσευχὰς τῶν ἁγίων
καὶ εἰσπορεύονται ἐνώπιον τῆς δόξης τοῦ ἁγίου.
16   ¹⁶Καὶ ἐταράχθησαν οἱ δύο καὶ ἔπεσον ἐπὶ πρόσωπον, ὅτι ἐφο-
17 βήθησαν. ¹⁷καὶ εἶπεν αὐτοῖς Μὴ φοβεῖσθε, εἰρήνη ὑμῖν ἔσται · τὸν
18 δὲ θεὸν εὐλογεῖτε εἰς τὸν αἰῶνα. ¹⁸ὅτι οὐ τῇ ἐμαυτοῦ χάριτι, ἀλλὰ
τῇ θελήσει τοῦ θεοῦ ἡμῶν ἦλθον · ὅθεν εὐλογεῖτε αὐτὸν εἰς τὸν
19 αἰῶνα. ¹⁹πάσας τὰς ἡμέρας ὠπτανόμην ὑμῖν, καὶ οὐκ ἔφαγον οὐδὲ
20 ἔπιον, ἀλλὰ ὅρασιν ὑμεῖς ἐθεωρεῖτε. ²⁰καὶ νῦν ἐξομολογεῖσθε τῷ
θεῷ, διότι ἀναβαίνω πρὸς τὸν ἀποστείλαντά με, καὶ γράψατε πάντα
21 τὰ συντελεσθέντα εἰς βιβλίον. ²¹καὶ ἀνέστησαν · καὶ οὐκέτι εἶδον
22 αὐτόν. ²²καὶ ἐξωμολογοῦντο τὰ ἔργα τὰ μεγάλα καὶ θαυμαστὰ τοῦ
θεοῦ καὶ ὡς ὤφθη αὐτοῖς ὁ ἄγγελος κυρίου.

13 αγαθον ποιων Α ‖ 17 ειρηνη] pr. οτι Α ‖ 18 ημων] υμ. ΒΑ† | ηλθον
> Β† ‖ 21 ουκετι] ουκ Β ‖ 22 του θεου και] αυτου Β† | ο > Β†

---

13 καὶ ὅτε ἔθαπτες τοὺς νεκρούς, ὡσαύτως · ¹³καὶ ὅτε οὐκ ὤκνησας ἀνα- **S**
στῆναι καὶ καταλιπεῖν σου τὸ ἄριστον καὶ ᾤχου καὶ περιέστειλες
14 τὸν νεκρόν, τότε ἀπέσταλμαι ἐπὶ σὲ πειράσαι σε. ¹⁴καὶ ἅμα ἀπ-
έσταλκέν με ὁ θεὸς ἰάσασθαί ⟨σε⟩ καὶ Σαρραν τὴν νύμφην σου.
15 ¹⁵ἐγώ εἰμι Ραφαηλ, εἷς τῶν ἑπτὰ ἀγγέλων, οἳ παρεστήκασιν καὶ
εἰσπορεύονται ἐνώπιον τῆς δόξης κυρίου.
16   ¹⁶Καὶ ἐταράχθησαν οἱ δύο καὶ ἔπεσαν ἐπὶ πρόσωπον αὐτῶν καὶ
17 ἐφοβήθησαν. ¹⁷καὶ εἶπεν αὐτοῖς Μὴ φοβεῖσθε, εἰρήνη ὑμῖν · τὸν
18 θεὸν εὐλογεῖτε εἰς πάντα τὸν αἰῶνα. ¹⁸ἐγὼ ὅτε ἤμην μεθ' ὑμῶν,
οὐχὶ τῇ ἐμῇ χάριτι ἤμην μεθ' ὑμῶν, ἀλλὰ τῇ θελήσει τοῦ θεοῦ ·
19 αὐτὸν εὐλογεῖτε κατὰ πάσας τὰς ἡμέρας, αὐτῷ ὑμνεῖτε. ¹⁹καὶ ἐθε-
ωρεῖτέ με ὅτι οὐκ ἔφαγον οὐθέν, ἀλλὰ ὅρασις ὑμῖν ἐθεωρεῖτο.
20 ²⁰καὶ νῦν εὐλογεῖτε ἐπὶ τῆς γῆς κύριον καὶ ἐξομολογεῖσθε τῷ θεῷ.
ἰδοὺ ἐγὼ ἀναβαίνω πρὸς τὸν ἀποστείλαντά με. γράψατε πάντα
21 ταῦτα τὰ συμβάντα ὑμῖν. καὶ ἀνέβη. ²¹καὶ ἀνέστησαν · καὶ οὐκέτι
22 ἠδύναντο ἰδεῖν αὐτόν. ²²καὶ ηὐλόγουν καὶ ὕμνουν τὸν θεὸν καὶ
ἐξωμολογοῦντο αὐτῷ ἐπὶ τὰ ἔργα αὐτοῦ τὰ μεγάλα ταῦτα, ὡς
ὤφθη αὐτοῖς ἄγγελος θεοῦ.

14 ⟨σε⟩ add. Fr. ‖ 19 εθεωρειτε Fr.] ε 1⁰ > S

BA ¹ Καὶ Τωβιτ ἔγραψεν προσευχὴν εἰς ἀγαλλίασιν καὶ εἶπεν 13
² Εὐλογητὸς ὁ θεὸς ὁ ζῶν εἰς τοὺς αἰῶνας καὶ ἡ βασιλεία 2
αὐτοῦ,
ὅτι αὐτὸς μαστιγοῖ καὶ ἐλεᾷ,
κατάγει εἰς ᾅδην καὶ ἀνάγει,
καὶ οὐκ ἔστιν ὃς ἐκφεύξεται τὴν χεῖρα αὐτοῦ.
³ ἐξομολογεῖσθε αὐτῷ, οἱ υἱοὶ Ἰσραηλ, ἐνώπιον τῶν ἐθνῶν, 3
ὅτι αὐτὸς διέσπειρεν ἡμᾶς ἐν αὐτοῖς ·
⁴ ἐκεῖ ὑποδείξατε τὴν μεγαλωσύνην αὐτοῦ, 4
ὑψοῦτε αὐτὸν ἐνώπιον παντὸς ζῶντος,
καθότι αὐτὸς κύριος ἡμῶν καὶ θεός,
αὐτὸς πατὴρ ἡμῶν εἰς πάντας τοὺς αἰῶνας.
⁵ καὶ μαστιγώσει ἡμᾶς ἐν ταῖς ἀδικίαις ἡμῶν 5
καὶ πάλιν ἐλεήσει καὶ συνάξει ἡμᾶς ἐκ πάντων τῶν ἐθνῶν,
οὗ ἐὰν σκορπισθῆτε ἐν αὐτοῖς.
⁶ ἐὰν ἐπιστρέψητε πρὸς αὐτὸν ἐν ὅλῃ καρδίᾳ ὑμῶν 6
καὶ ἐν ὅλῃ τῇ ψυχῇ ποιῆσαι ἐνώπιον αὐτοῦ ἀλήθειαν,
τότε ἐπιστρέψει πρὸς ὑμᾶς
καὶ οὐ μὴ κρύψῃ τὸ πρόσωπον αὐτοῦ ἀφ᾽ ὑμῶν.
⁷ καὶ θεάσασθε ἃ ποιήσει μεθ᾽ ὑμῶν, 7
καὶ ἐξομολογήσασθε αὐτῷ ἐν ὅλῳ τῷ στόματι ὑμῶν ·
καὶ εὐλογήσατε τὸν κύριον τῆς δικαιοσύνης

13 4³ θεος] pr. ο A | 4⁴ αυτος πατηρ] ο π. A ‖ 5³ εσκορπισθητε A ‖ 6¹ καρ-
δια] pr. τη A | 6² ψυχη] + υμων A ‖ 7² στοματι] σωμ. B† | 7³ ευλογειτε A

S ¹ Καὶ εἶπεν ² Εὐλογητὸς ὁ θεὸς ὁ ζῶν εἰς τὸν αἰῶνα καὶ ἡ βα- 13
σιλεία αὐτοῦ, ὅτι αὐτὸς μαστιγοῖ καὶ ἐλεᾷ, κατάγει ἕως ᾅδου κα-
τωτάτω τῆς γῆς, καὶ αὐτὸς ἀνάγει ἐκ τῆς ἀπωλείας τῆς μεγάλης,
καὶ οὐκ ἔστιν οὐδέν, ὃ ἐκφεύξεται τὴν χεῖρα αὐτοῦ. ³ ἐξομολογεῖσθε 3
αὐτῷ, οἱ υἱοὶ Ἰσραηλ, ἐνώπιον τῶν ἐθνῶν, ὅτι αὐτὸς διέσπειρεν
ὑμᾶς ἐν αὐτοῖς · ⁴ καὶ ἐκεῖ ὑπέδειξεν ὑμῖν τὴν μεγαλωσύνην αὐτοῦ, 4
καὶ ὑψοῦτε αὐτὸν ἐνώπιον παντὸς ζῶντος, καθότι αὐτὸς ἡμῶν κύ-
ριός ἐστιν, καὶ αὐτὸς θεὸς ἡμῶν καὶ αὐτὸς πατὴρ ἡμῶν καὶ αὐτὸς
θεὸς εἰς πάντας τοὺς αἰῶνας. ⁵ μαστιγώσει ὑμᾶς ἐπὶ ταῖς ἀδικίαις 5
ὑμῶν καὶ πάντας ὑμᾶς ἐλεήσει ἐκ πάντων τῶν ἐθνῶν, ὅπου ἂν
διασκορπισθῆτε ἐν αὐτοῖς. ⁶ ὅταν ἐπιστρέψητε πρὸς αὐτὸν ἐν ὅλῃ τῇ 6
καρδίᾳ ὑμῶν καὶ ἐν ὅλῃ τῇ ψυχῇ ὑμῶν ποιῆσαι ἐνώπιον αὐτοῦ ἀλή-
θειαν, τότε ἐπιστρέψει πρὸς ὑμᾶς καὶ οὐ μὴ κρύψῃ τὸ πρόσωπον
αὐτοῦ ἀφ᾽ ὑμῶν οὐκέτι. ⁷ καὶ νῦν θεάσασθε ἃ ἐποίησεν μεθ᾽ ὑμῶν, καὶ 7
ἐξομολογήσασθε αὐτῷ ἐν ὅλῳ τῷ στόματι ὑμῶν · καὶ εὐλογήσατε
τὸν κύριον τῆς δικαιοσύνης καὶ ὑψώσατε τὸν βασιλέα τῶν αἰώνων. —

    καὶ ὑψώσατε τὸν βασιλέα τῶν αἰώνων.   ΒΑ

8   ⁸ἐγὼ ἐν τῇ γῇ τῆς αἰχμαλωσίας μου ἐξομολογοῦμαι αὐτῷ

    καὶ δεικνύω τὴν ἰσχὺν καὶ τὴν μεγαλωσύνην αὐτοῦ ἔθνει ἁ-
    μαρτωλῶν

    Ἐπιστρέψατε, ἁμαρτωλοί, καὶ ποιήσατε δικαιοσύνην ἐνώπιον
    αὐτοῦ·

    τίς γινώσκει εἰ θελήσει ὑμᾶς καὶ ποιήσει ἐλεημοσύνην ὑμῖν;

9   ⁹τὸν θεόν μου ὑψῶ

    καὶ ἡ ψυχή μου τὸν βασιλέα τοῦ οὐρανοῦ

    καὶ ἀγαλλιάσεται τὴν μεγαλωσύνην αὐτοῦ.

10   ¹⁰λεγέτωσαν πάντες καὶ ἐξομολογείσθωσαν αὐτῷ ἐν Ιεροσολύ-
    μοις

    Ιεροσόλυμα πόλις ἁγία,

    μαστιγώσει ἐπὶ τὰ ἔργα τῶν υἱῶν σου

    καὶ πάλιν ἐλεήσει τοὺς υἱοὺς τῶν δικαίων.

11   ¹¹ἐξομολογοῦ τῷ κυρίῳ ἀγαθῶς

    καὶ εὐλόγει τὸν βασιλέα τῶν αἰώνων,

    ἵνα πάλιν ἡ σκηνὴ αὐτοῦ οἰκοδομηθῇ σοι μετὰ χαρᾶς.

12   ¹²καὶ εὐφράναι ἐν σοὶ τοὺς αἰχμαλώτους

    καὶ ἀγαπήσαι ἐν σοὶ τοὺς ταλαιπώρους

    εἰς πάσας τὰς γενεὰς τοῦ αἰῶνος.

13   ¹³ἔθνη πολλὰ μακρόθεν ἥξει πρὸς τὸ ὄνομα κυρίου τοῦ θεοῦ

    δῶρα ἐν χερσὶν ἔχοντες καὶ δῶρα τῷ βασιλεῖ τοῦ οὐρα-
    νοῦ,

    γενεαὶ γενεῶν δώσουσίν σοι ἀγαλλίαμα.

8 ² εθνει V] -νη ΒΑ | 8⁴ ει] η Β*†, > Βε† | υμιν] εις υμας Α† ‖ 9 ² τω βασιλει Β† ‖ 10 ² αγιου Β† ‖ 11 ¹ κυριω αγαθως] αγαθω Α† | 11 ³ η > Α† | σοι Β†] pr. εν rel. ‖ 12 ¹ ευφρανη Α | τους] + εκει Α ‖ 13 ² και > Α | 13 ³ γενεαι] -νεα Α† | δωσουσιν σοι] αινεσουσιν σοι και δωσουσιν Α | αγαλλιαμα Β†] -ιασιν rel.

11
12   ¹¹καὶ πάλιν ἡ σκηνή σου οἰκοδομηθήσεταί σοι μετὰ χαρᾶς. ¹²καὶ S
    εὐφράναι ἐν σοὶ πάντας τοὺς αἰχμαλώτους καὶ ἀγαπῆσαι ἐν σοὶ
13   πάντας τοὺς ταλαιπώρους εἰς πάσας τὰς γενεὰς τοῦ αἰῶνος. ¹³φῶς
    λαμπρὸν λάμψει εἰς πάντα τὰ πέρατα τῆς γῆς· ἔθνη πολλὰ μα-
    κρόθεν ⟨ἥξει σοι⟩ καὶ κάτοικοι πάντων τῶν ἐσχάτων τῆς γῆς πρὸς
    τὸ ὄνομα τὸ ἅγιόν σου καὶ τὰ δῶρα αὐτῶν ἐν ταῖς χερσὶν αὐτῶν
    ἔχοντες τῷ βασιλεῖ τοῦ οὐρανοῦ· γενεαὶ γενεῶν δώσουσιν ἐν σοὶ
    ἀγαλλίαμα, καὶ ὄνομα τῆς ἐκλεκτῆς εἰς τὰς γενεὰς τοῦ αἰῶνος.

13 ¹² εις Ra.] και S ‖ 13 ⟨ηξει σοι⟩ add. Fr. secutus Uet. Lat. | κατοικοι Fr.] -κιει S

BA   ¹⁴ἐπικατάρατοι πάντες οἱ μισοῦντές σε ·   14
εὐλογημένοι ἔσονται πάντες οἱ ἀγαπῶντές σε εἰς τὸν αἰ-
ῶνα.
¹⁵χάρηθι καὶ ἀγαλλίασαι ἐπὶ τοῖς υἱοῖς τῶν δικαίων,   15
ὅτι συναχθήσονται καὶ εὐλογήσουσιν τὸν κύριον τῶν δι-
καίων ·
ὦ μακάριοι οἱ ἀγαπῶντές σε,
χαρήσονται ἐπὶ τῇ εἰρήνῃ σου.
¹⁶μακάριοι ὅσοι ἐλυπήθησαν ἐπὶ πάσαις ταῖς μάστιξίν σου,   16
ὅτι ἐπὶ σοὶ χαρήσονται θεασάμενοι πᾶσαν τὴν δόξαν σου
καὶ εὐφρανθήσονται εἰς τὸν αἰῶνα.
ἡ ψυχή μου εὐλογείτω τὸν θεὸν τὸν βασιλέα τὸν μέγαν.
¹⁷ὅτι οἰκοδομηθήσεται Ιερουσαλημ σαπφείρῳ καὶ σμαράγδῳ   17
καὶ λίθῳ ἐντίμῳ τὰ τείχη σου
καὶ οἱ πύργοι καὶ οἱ προμαχῶνες ἐν χρυσίῳ καθαρῷ,
καὶ αἱ πλατεῖαι Ιερουσαλημ βηρύλλῳ καὶ ἄνθρακι καὶ λίθῳ
ἐκ Σουφιρ ψηφολογηθήσονται.

15¹ χαρητι B*A: cf. Thack. p. 104 ‖ 16¹ πασαις > B* | 16³ ευφραν-
θησεται B† | 16⁴ ευλογει B† ‖ 17¹ σαππειρω B† | 17² επιτιμω A† | 17³ εν
> B

S   ¹⁴ἐπικατάρατοι πάντες, οἳ ἐροῦσιν λόγον σκληρόν, ἐπικατάρατοι 14
ἔσονται πάντες οἱ καθαιροῦντές σε καὶ κατασπῶντες τὰ τείχη
σου καὶ πάντες οἱ ἀνατρέποντες τοὺς πύργους σου καὶ ἐμπυρί-
ζοντες τὰς οἰκήσεις σου · καὶ εὐλογητοὶ ἔσονται πάντες εἰς τὸν
αἰῶνα οἱ φοβούμενοί σε. ¹⁵τότε πορεύθητι καὶ ἀγαλλίασαι πρὸς 15
τοὺς υἱοὺς τῶν δικαίων, ὅτι πάντες ἐπισυναχθήσονται καὶ
εὐλογήσουσιν τὸν κύριον τοῦ αἰῶνος. μακάριοι οἱ ἀγαπῶντές σε,
καὶ μακάριοι οἳ χαρήσονται ἐπὶ τῇ εἰρήνῃ σου · ¹⁶καὶ μακάριοι 16
πάντες οἱ ἄνθρωποι, οἳ ἐπὶ σοὶ λυπηθήσονται ἐπὶ πάσαις ταῖς μά-
στιξίν σου, ὅτι ἐν σοὶ χαρήσονται καὶ ὄψονται πᾶσαν τὴν χαράν
σου εἰς τὸν αἰῶνα. ἡ ψυχή μου, εὐλόγει τὸν κύριον τὸν βασιλέα
τὸν μέγαν. ¹⁷ὅτι Ιερουσαλημ οἰκοδομηθήσεται, τῇ πόλει οἶκος 17
αὐτοῦ εἰς πάντας τοὺς αἰῶνας. μακάριος ἔσομαι, ἂν γένηται
τὸ κατάλειμμα τοῦ σπέρματός μου ἰδεῖν τὴν δόξαν σου καὶ
ἐξομολογήσασθαι τῷ βασιλεῖ τοῦ οὐρανοῦ. καὶ αἱ θύραι Ιερου-
σαλημ σαπφείρῳ καὶ σμαράγδῳ οἰκοδομηθήσονται καὶ λίθῳ τι-
μίῳ πάντα τὰ τείχη σου · οἱ πύργοι Ιερουσαλημ χρυσίῳ οἰκοδο-
μηθήσονται καὶ οἱ προμαχῶνες αὐτῶν χρυσίῳ καθαρῷ · αἱ πλα-
τεῖαι Ιερουσαλημ ἄνθρακι ψηφολογηθήσονται καὶ λίθῳ Σουφιρ.

18 ¹⁸καὶ ἐροῦσιν πᾶσαι αἱ ῥῦμαι αὐτῆς Αλληλουια καὶ αἰνέσουσιν ΒΑ
λέγοντες Εὐλογητὸς ὁ θεός, ὃς ὕψωσεν πάντας τοὺς αἰῶνας.
14 ¹καὶ ἐπαύσατο ἐξομολογούμενος Τωβιτ.
2 ²Καὶ ἦν ἐτῶν πεντήκοντα ὀκτώ, ὅτε ἀπώλεσεν τὰς ὄψεις, καὶ
μετὰ ἔτη ὀκτὼ ἀνέβλεψεν · καὶ ἐποίει ἐλεημοσύνας καὶ προσέθετο
3 φοβεῖσθαι κύριον τὸν θεὸν καὶ ἐξομολογεῖσθαι αὐτῷ. ³μεγάλως δὲ
ἐγήρασεν · καὶ ἐκάλεσεν τὸν υἱὸν αὐτοῦ καὶ τοὺς υἱοὺς αὐτοῦ καὶ
εἶπεν αὐτῷ Τέκνον, λαβὲ τοὺς υἱούς σου · ἰδοὺ γεγήρακα καὶ πρὸς τὸ
4 ἀποτρέχειν ἐκ τοῦ ζῆν εἰμι. ⁴ἄπελθε εἰς τὴν Μηδίαν, τέκνον, ὅτι πέ-
πεισμαι ὅσα ἐλάλησεν Ιωνας ὁ προφήτης περὶ Νινευη ὅτι καταστρα-
φήσεται, ἐν δὲ τῇ Μηδίᾳ ἔσται εἰρήνη μᾶλλον ἕως καιροῦ, καὶ
ὅτι οἱ ἀδελφοὶ ἡμῶν ἐν τῇ γῇ σκορπισθήσονται ἀπὸ τῆς ἀγαθῆς γῆς,

18¹ αινεσιν Β⁺ | 18² παντας] pr. εις Α⁺
14² πεντηκοντα] ογδοηκ. Α | εξωμολογειτο Β⁺ || 3 υιους 1⁰] pr. εξ Α |
εκ] απο Α || 4 καταστραφησεται] κατασκαφ. Α

18 ¹⁸καὶ αἱ θύραι Ιερουσαλημ ᾠδὰς ἀγαλλιάματος ἐροῦσιν, καὶ πᾶ- S
σαι αἱ οἰκίαι αὐτῆς ἐροῦσιν Αλληλουια, εὐλογητὸς ὁ θεὸς τοῦ Ισ-
ραηλ · καὶ εὐλογητοὶ εὐλογήσουσιν τὸ ὄνομα τὸ ἅγιον εἰς τὸν αἰ-
ῶνα καὶ ἔτι.
14 ¹καὶ συνετελέσθησαν οἱ λόγοι τῆς ἐξομολογήσεως Τωβιθ.
2 ²Καὶ ἀπέθανεν ἐν εἰρήνῃ ἐτῶν ἑκατὸν δώδεκα καὶ ἐτάφη ἐνδό-
ξως ἐν Νινευη. καὶ ἑξήκοντα δύο ἐτῶν ἦν, ὅτε ἐγένετο ἀνάπειρος
τοῖς ὀφθαλμοῖς, καὶ μετὰ τὸ ἀναβλέψαι αὐτὸν ἔζησεν ἐν ἀγαθοῖς
καὶ ἐλεημοσύνας ἐποίησεν · καὶ ἔτι προσέθετο εὐλογεῖν τὸν θεὸν
3 καὶ ἐξομολογεῖσθαι τὴν μεγαλωσύνην τοῦ θεοῦ. ³καὶ ὅτε ἀπέθνῃ-
σκεν, ἐκάλεσεν Τωβιαν τὸν υἱὸν αὐτοῦ καὶ ἐνετείλατο αὐτῷ λέγων
4 Παιδίον, ἀπάγαγε τὰ παιδία σου ⁴καὶ ἀπότρεχε εἰς Μηδίαν, ὅτι
πιστεύω ἐγὼ τῷ ῥήματι τοῦ θεοῦ ἐπὶ Νινευη, ἃ ἐλάλησεν Ναουμ,
ὅτι πάντα ἔσται καὶ ἀπαντήσει ἐπὶ Αθουρ καὶ Νινευη, καὶ ὅσα ἐλά-
λησαν οἱ προφῆται τοῦ Ισραηλ, οὓς ἀπέστειλεν ὁ θεός, πάντα ἀπαν-
τήσει, καὶ οὐ μηθὲν ἐλαττονωθῇ ἐκ πάντων τῶν ῥημάτων, καὶ πάντα
συμβήσεται τοῖς καιροῖς αὐτῶν, καὶ ἐν τῇ Μηδίᾳ ἔσται σωτηρία
μᾶλλον ἤπερ ἐν Ἀσσυρίοις καὶ ἐν Βαβυλῶνι · διὸ γινώσκω ἐγὼ
καὶ πιστεύω ὅτι πάντα, ἃ εἶπεν ὁ θεός, συντελεσθήσεται καὶ ἔσται,
καὶ οὐ μὴ διαπέσῃ ῥῆμα ἐκ τῶν λόγων · καὶ οἱ ἀδελφοὶ ἡμῶν οἱ
κατοικοῦντες ἐν τῇ γῇ Ισραηλ πάντες διασκορπισθήσονται καὶ αἰχ-
μαλωτισθήσονται ἐκ τῆς γῆς τῆς ἀγαθῆς, καὶ ἔσται πᾶσα ἡ γῆ τοῦ

14₄ αθουρ Ra. (cf. 15)] αθηρ S | ου μηθεν] ου μη ουθεν Sᶜ | παντες δια-
σκορπισθησονται Ra. (cf. 3₄ 13₅ nec non ΒΑ hoc loco)] π. διασπαρησ. Fr.
secutus Uet. Lat. omnes dispergentur (cf. 13₃), παντων λογισθησ. S

BA καὶ Ιεροσόλυμα ἔσται ἔρημος, καὶ ὁ οἶκος τοῦ θεοῦ ἐν αὐτῇ κατακαήσεται καὶ ἔρημος ἔσται μέχρι χρόνου. ⁵καὶ πάλιν ἐλεήσει 5 αὐτοὺς ὁ θεὸς καὶ ἐπιστρέψει αὐτοὺς εἰς τὴν γῆν, καὶ οἰκοδομήσουσιν τὸν οἶκον, οὐχ οἷος ὁ πρότερος, ἕως πληρωθῶσιν καιροὶ τοῦ αἰῶνος. καὶ μετὰ ταῦτα ἐπιστρέψουσιν ἐκ τῶν αἰχμαλωσιῶν καὶ οἰκοδομήσουσιν Ιερουσαλημ ἐντίμως, καὶ ὁ οἶκος τοῦ θεοῦ ἐν αὐτῇ οἰκοδομηθήσεται εἰς πάσας τὰς γενεὰς τοῦ αἰῶνος οἰκοδομῇ ἐνδόξῳ, καθὼς ἐλάλησαν περὶ αὐτῆς οἱ προφῆται. ⁶καὶ 6 πάντα τὰ ἔθνη ἐπιστρέψουσιν ἀληθινῶς φοβεῖσθαι κύριον τὸν θεὸν καὶ κατορύξουσιν τὰ εἴδωλα αὐτῶν, καὶ εὐλογήσουσιν πάντα τὰ ἔθνη τὸν κύριον. ⁷καὶ ὁ λαὸς αὐτοῦ ἐξομολογήσεται τῷ θεῷ, καὶ 7 ὑψώσει κύριος τὸν λαὸν αὐτοῦ, καὶ χαρήσονται πάντες οἱ ἀγαπῶντες κύριον τὸν θεὸν ἐν ἀληθείᾳ καὶ δικαιοσύνῃ, ποιοῦντες ἔλεος τοῖς ἀδελφοῖς ἡμῶν. ⁸καὶ νῦν, τέκνον, ἄπελθε ἀπὸ Νινευη, ὅτι 8 πάντως ἔσται ἃ ἐλάλησεν ὁ προφήτης Ιωνας. ⁹σὺ δὲ τήρησον τὸν 9 νόμον καὶ τὰ προστάγματα καὶ γίνου φιλελεήμων καὶ δίκαιος, ἵνα

5 εως] ως A† | εις πασας — οικοδομη > B*† | ενδοξως B* ‖ 6 και 2⁰ > B† | τον ult. > B† ‖ 9 γινου] γενου B†

S Ισραηλ ἔρημος, καὶ Σαμάρεια καὶ Ιερουσαλημ ἔσται ἔρημος καὶ ὁ οἶκος τοῦ θεοῦ ἐν λύπῃ καὶ καυθήσεται μέχρι χρόνου. ⁵καὶ πάλιν 5 ἐλεήσει αὐτοὺς ὁ θεός, καὶ ἐπιστρέψει αὐτοὺς ὁ θεὸς εἰς τὴν γῆν τοῦ Ισραηλ, καὶ πάλιν οἰκοδομήσουσιν τὸν οἶκον, καὶ οὐχ ὡς τὸν πρῶτον, ἕως τοῦ χρόνου, οὗ ἂν πληρωθῇ ὁ χρόνος τῶν καιρῶν. καὶ μετὰ ταῦτα ἐπιστρέψουσιν ἐκ τῆς αἰχμαλωσίας αὐτῶν πάντες καὶ οἰκοδομήσουσιν Ιερουσαλημ ἐντίμως, καὶ ὁ οἶκος τοῦ θεοῦ ἐν αὐτῇ οἰκοδομηθήσεται, καθὼς ἐλάλησαν περὶ αὐτῆς οἱ προφῆται τοῦ Ισραηλ. ⁶καὶ πάντα τὰ ἔθνη τὰ ἐν ὅλῃ τῇ γῇ, πάντες ἐπιστρέ- 6 ψουσιν καὶ φοβηθήσονται τὸν θεὸν ἀληθινῶς, καὶ ἀφήσουσιν πάντες τὰ εἴδωλα αὐτῶν, τοὺς πλανῶντας ψευδῆ τὴν πλάνησιν αὐτῶν, καὶ εὐλογήσουσιν τὸν θεὸν τοῦ αἰῶνος ἐν δικαιοσύνῃ. ⁷πάντες οἱ 7 υἱοὶ τοῦ Ισραηλ οἱ σῳζόμενοι ἐν ταῖς ἡμέραις ἐκείναις μνημονεύοντες τοῦ θεοῦ ἐν ἀληθείᾳ ἐπισυναχθήσονται καὶ ἥξουσιν εἰς Ιερουσαλημ καὶ οἰκήσουσιν τὸν αἰῶνα ἐν τῇ γῇ Αβρααμ μετὰ ἀσφαλείας, καὶ παραδοθήσεται αὐτοῖς · καὶ χαρήσονται οἱ ἀγαπῶντες τὸν θεὸν ἐπ᾽ ἀληθείας, καὶ οἱ ποιοῦντες τὴν ἁμαρτίαν καὶ τὴν ἀδικίαν ἐκλείψουσιν ἀπὸ πάσης τῆς γῆς. ⁸·⁹καὶ νῦν, παιδία, ἐγὼ ὑμῖν 8 9 ἐντέλλομαι · δουλεύσατε τῷ θεῷ ἐν ἀληθείᾳ καὶ ποιήσατε τὸ ἀρεστὸν ἐνώπιον αὐτοῦ, καὶ τοῖς παιδίοις ὑμῶν ἐνυποταγήσεται ποιεῖν δικαιοσύνην καὶ ἐλεημοσύνην καὶ ἵνα ὦσιν μεμνημένοι τοῦ θεοῦ καὶ εὐλογῶσιν τὸ ὄνομα αὐτοῦ ἐν παντὶ καιρῷ ἐν ἀληθείᾳ καὶ ὅλῃ

σοι καλῶς ᾖ, καὶ θάψον με καλῶς καὶ τὴν μητέρα σου μετ᾽ ἐμοῦ · BA
10 καὶ μηκέτι αὐλισθῆτε εἰς Νινευη. ¹⁰τέκνον, ἰδὲ τί ἐποίησεν Αμαν
Αχιαχάρῳ τῷ θρέψαντι αὐτόν, ὡς ἐκ τοῦ φωτὸς ἤγαγεν αὐτὸν εἰς
τὸ σκότος, καὶ ὅσα ἀνταπέδωκεν αὐτῷ · καὶ Αχιαχαρος μὲν ἐσώθη,
ἐκείνῳ δὲ τὸ ἀνταπόδομα ἀπεδόθη, καὶ αὐτὸς κατέβη εἰς τὸ σκό-
τος. Μανασσης ἐποίησεν ἐλεημοσύνην καὶ ἐσώθη ἐκ παγίδος θανά-
του, ἧς ἔπηξεν αὐτῷ, Αμαν δὲ ἐνέπεσεν εἰς τὴν παγίδα καὶ ἀπ-
11 ώλετο. ¹¹καὶ νῦν, παιδία, ἴδετε τί ἐλεημοσύνη ποιεῖ, καὶ τί δικαιοσύνη
ῥύεται. — καὶ ταῦτα αὐτοῦ λέγοντος ἐξέλιπεν αὐτοῦ ἡ ψυχὴ ἐπὶ
τῆς κλίνης · ἦν δὲ ἐτῶν ἑκατὸν πεντήκοντα ὀκτώ · καὶ ἔθαψεν
αὐτὸν ἐνδόξως.
12   ¹²Καὶ ὅτε ἀπέθανεν Αννα, ἔθαψεν αὐτὴν μετὰ τοῦ πατρὸς αὐτοῦ. ἀπ-
ῆλθεν δὲ Τωβιας μετὰ τῆς γυναικὸς αὐτοῦ καὶ τῶν υἱῶν αὐτοῦ εἰς
13 Ἐκβάτανα πρὸς Ραγουηλ τὸν πενθερὸν αὐτοῦ. ¹³καὶ ἐγήρασεν ἐντίμως
καὶ ἔθαψεν τοὺς πενθεροὺς αὐτοῦ ἐνδόξως καὶ ἐκληρονόμησεν τὴν
14 οὐσίαν αὐτῶν καὶ Τωβιτ τοῦ πατρὸς αὐτοῦ. ¹⁴καὶ ἀπέθανεν ἐτῶν

9 ᾖ] ην B*† | εις] εν A ‖ 10 αμαν bis] αδαμ B | το 1⁰ > A | αχιαχαρος
μεν εσωθη] -ρον μ. εσωσεν B† ‖ 11 τι 2⁰ > B† ‖ 12 αυτου paenult. > A

τῇ ἰσχύι αὐτῶν. καὶ νῦν σύ, παιδίον, ἔξελθε ἐκ Νινευη καὶ μὴ μεί- S
νῃς ὧδε · ἐν ᾗ ἂν ἡμέρᾳ θάψῃς τὴν μητέρα σου μετ᾽ ἐμοῦ, αὐτῇ
τῇ ἡμέρᾳ μὴ αὐλισθῇς ἐν τοῖς ὁρίοις αὐτῆς · ὁρῶ γὰρ ὅτι πολλὴ
ἀδικία ἐν αὐτῇ, καὶ δόλος πολὺς συντελεῖται ἐν αὐτῇ, καὶ οὐκ αἰ-
10 σχύνονται. ¹⁰ἰδέ, παιδίον, ὅσα Ναδαβ ἐποίησεν Αχικάρῳ τῷ ἐκθρέ-
ψαντι αὐτόν · οὐχὶ ζῶν κατηνέχθη εἰς τὴν γῆν; καὶ ἀπέδωκεν ὁ
θεὸς τὴν ἀτιμίαν κατὰ πρόσωπον αὐτοῦ, καὶ ἐξῆλθεν εἰς τὸ φῶς
Αχικαρος, καὶ Ναδαβ εἰσῆλθεν εἰς τὸ σκότος τοῦ αἰῶνος, ὅτι ἐζή-
τησεν ἀποκτεῖναι Αχικαρον · ἐν τῷ ποιῆσαι ἐλεημοσύνην ἐξῆλθεν
ἐκ τῆς παγίδος τοῦ θανάτου, ἣν ἔπηξεν αὐτῷ Ναδαβ, καὶ Ναδαβ
11 ἔπεσεν εἰς τὴν παγίδα τοῦ θανάτου, καὶ ἀπώλεσεν αὐτόν. ¹¹καὶ
νῦν, παιδία, ἴδετε τί ποιεῖ ἐλεημοσύνη, καὶ τί ποιεῖ ἀδικία, ὅτι ἀπο-
κτέννει · καὶ ἰδοὺ ἡ ψυχή μου ἐκλείπει. — καὶ ἔθηκαν αὐτὸν ἐπὶ
τὴν κλίνην, καὶ ἀπέθανεν · καὶ ἐτάφη ἐνδόξως.
12   ¹²Καὶ ὅτε ἀπέθανεν ἡ μήτηρ αὐτοῦ, ἔθαψεν αὐτὴν Τωβιας μετὰ
τοῦ πατρὸς αὐτοῦ. καὶ ἀπῆλθεν αὐτὸς καὶ ἡ γυνὴ αὐτοῦ εἰς
Μηδίαν καὶ ᾤκησεν ἐν Ἐκβατάνοις μετὰ Ραγουήλου τοῦ πεν-
13 θεροῦ αὐτοῦ. ¹³καὶ ἐγηροβόσκησεν αὐτοὺς ἐντίμως καὶ ἔθαψεν
αὐτοὺς ἐν Ἐκβατάνοις τῆς Μηδίας καὶ ἐκληρονόμησεν τὴν οἰκίαν
14 Ραγουήλου καὶ Τωβιθ τοῦ πατρὸς αὐτοῦ. ¹⁴καὶ ἀπέθανεν ἐτῶν

10 ποιησαι] + με S, quod deleui

BA ἑκατὸν εἴκοσι ἑπτὰ ἐν Ἐκβατάνοις τῆς Μηδίας. ¹⁵καὶ ἤκουσεν 15
πρὶν ἢ ἀποθανεῖν αὐτὸν τὴν ἀπώλειαν Νινευη, ἣν ἠχμαλώτισεν
Ναβουχοδονοσορ καὶ Ασυηρος· ἐχάρη πρὸ τοῦ ἀποθανεῖν ἐπὶ Νινευη.

14 εικοσι > B⁺ ‖ 15 ηχμαλωτισεν B⁺] -τευσεν rel. | ασυηρος B⁺] ασουη-
ρος A | εχαρη B⁺] pr. και rel. | fin.] + αμην B: cf. Idt. 16 25
Subscr. τωβειτ BA

S ἑκατὸν δέκα ἑπτὰ ἐνδόξως. ¹⁵καὶ εἶδεν καὶ ἤκουσεν πρὸ τοῦ ἀπο- 15
θανεῖν αὐτὸν τὴν ἀπώλειαν Νινευη καὶ εἶδεν τὴν αἰχμαλωσίαν
αὐτῆς ἀγομένην εἰς Μηδίαν, ἣν ἠχμαλώτισεν Αχιαχαρος ὁ βασι-
λεὺς τῆς Μηδίας, καὶ εὐλόγησεν τὸν θεὸν ἐν πᾶσιν, οἷς ἐποί-
ησεν ἐπὶ τοὺς υἱοὺς Νινευη καὶ Αθουριας· ἐχάρη πρὶν τοῦ ἀπο-
θανεῖν ἐπὶ Νινευη καὶ εὐλόγησεν κύριον τὸν θεὸν εἰς τοὺς αἰῶνας
τῶν αἰώνων.

15 αχιαχαρος] ασυηρος Fr. | αθουρ(ε)ιας] ασυερος (sic) Sᶜ | fin.] + αμην
S: cf. B
Subscr. τωβειθ S

ΜΑΚΚΑΒΑΙΩΝ Α′

¹Καὶ ἐγένετο μετὰ τὸ πατάξαι Ἀλέξανδρον τὸν Φιλίππου Μακε- 1
δόνα, ὃς ἐξῆλθεν ἐκ γῆς Χεττιιμ, καὶ ἐπάταξεν τὸν Δαρεῖον βασιλέα
Περσῶν καὶ Μήδων καὶ ἐβασίλευσεν ἀντ᾽ αὐτοῦ, πρότερον ἐπὶ τὴν
Ἑλλάδα. ²καὶ συνεστήσατο πολέμους πολλοὺς καὶ ἐκράτησεν ὀχυ- 2
ρωμάτων καὶ ἔσφαξεν βασιλεῖς τῆς γῆς· ³καὶ διῆλθεν ἕως ἄκρων 3
τῆς γῆς καὶ ἔλαβεν σκῦλα πλήθους ἐθνῶν. καὶ ἡσύχασεν ἡ γῆ
ἐνώπιον αὐτοῦ, καὶ ὑψώθη, καὶ ἐπήρθη ἡ καρδία αὐτοῦ. ⁴καὶ συν- 4
ῆξεν δύναμιν ἰσχυρὰν σφόδρα καὶ ἦρξεν χωρῶν ἐθνῶν καὶ τυράν-
νων, καὶ ἐγένοντο αὐτῷ εἰς φόρον. ⁵καὶ μετὰ ταῦτα ἔπεσεν ἐπὶ 5

Mac. I: SA; codicem antiquissimum S sequor mendis permultis correctis.
— L = (19) 64 (93) 236. — La = Les anciennes traductions latines des
Machabées ed. De Bruyne (Anecdota Maredsolana vol. IV, Maredsous 1932);
eas lectiones adferre soleo, quae antiquissimae uidentur, uariantibus lecti-
onibus neglectis. — Fr. = Libri apocryphi V. T. graece ed. Fritzsche
(Lips. 1871).

Inscr. μακκαβαιων α′ BA: cf. subscr.
1 1 μακεδονα S(-καιδ-)V⁺] pr. τον rel. | εκ γης SᶜL] εις την S*⁺, εκ της γης
A ‖ 2 της γης > A ‖ 3 και υψωθη — fin.] post 4 τυραννων tr. S⁺, ambis
locis hab. V⁺ ‖ 4 εθνων] pr. και A | τυραννιων A | εγενετο S⁺ | φορον]
φοβερον S⁺

6 τὴν κοίτην καὶ ἔγνω ὅτι ἀποθνήσκει. ⁶καὶ ἐκάλεσεν τοὺς παῖδας
αὐτοῦ τοὺς ἐνδόξους τοὺς συνεκτρόφους αὐτοῦ ἐκ νεότητος καὶ
7 διεῖλεν αὐτοῖς τὴν βασιλείαν αὐτοῦ ἔτι αὐτοῦ ζῶντος. ⁷καὶ ἐβασί-
8 λευσεν Ἀλέξανδρος ἔτη δώδεκα καὶ ἀπέθανεν. ⁸καὶ ἐπεκράτησαν οἱ
9 παῖδες αὐτοῦ, ἕκαστος ἐν τῷ τόπῳ αὐτοῦ. ⁹καὶ ἐπέθεντο πάντες
διαδήματα μετὰ τὸ ἀποθανεῖν αὐτὸν καὶ οἱ υἱοὶ αὐτῶν ὀπίσω αὐ-
10 τῶν ἔτη πολλὰ καὶ ἐπλήθυναν κακὰ ἐν τῇ γῇ. ¹⁰καὶ ἐξῆλθεν ἐξ
αὐτῶν ῥίζα ἁμαρτωλὸς Ἀντίοχος Ἐπιφανὴς υἱὸς Ἀντιόχου τοῦ
βασιλέως, ὃς ἦν ὅμηρα ἐν Ῥώμῃ · καὶ ἐβασίλευσεν ἐν ἔτει ἑκα-
τοστῷ καὶ τριακοστῷ καὶ ἑβδόμῳ βασιλείας Ἑλλήνων.
11 ¹¹Ἐν ταῖς ἡμέραις ἐκείναις ἐξῆλθον ἐξ Ισραηλ υἱοὶ παράνομοι
καὶ ἀνέπεισαν πολλοὺς λέγοντες Πορευθῶμεν καὶ διαθώμεθα δια-
θήκην μετὰ τῶν ἐθνῶν τῶν κύκλῳ ἡμῶν, ὅτι ἀφ' ἧς ἐχωρίσθημεν
12 ἀπ' αὐτῶν, εὗρεν ἡμᾶς κακὰ πολλά. ¹²καὶ ἠγαθύνθη ὁ λόγος ἐν
13 ὀφθαλμοῖς αὐτῶν, ¹³καὶ προεθυμήθησάν τινες ἀπὸ τοῦ λαοῦ καὶ
ἐπορεύθησαν πρὸς τὸν βασιλέα, καὶ ἔδωκεν αὐτοῖς ἐξουσίαν ποι-
14 ῆσαι τὰ δικαιώματα τῶν ἐθνῶν. ¹⁴καὶ ᾠκοδόμησαν γυμνάσιον ἐν
15 Ιεροσολύμοις κατὰ τὰ νόμιμα τῶν ἐθνῶν ¹⁵καὶ ἐποίησαν ἑαυτοῖς
ἀκροβυστίας καὶ ἀπέστησαν ἀπὸ διαθήκης ἁγίας καὶ ἐζευγίσθησαν
τοῖς ἔθνεσιν καὶ ἐπράθησαν τοῦ ποιῆσαι τὸ πονηρόν.
16 ¹⁶Καὶ ἡτοιμάσθη ἡ βασιλεία ἐνώπιον Ἀντιόχου, καὶ ὑπέλαβεν βα-
σιλεῦσαι γῆς Αἰγύπτου, ὅπως βασιλεύσῃ ἐπὶ τὰς δύο βασιλείας.
17 ¹⁷καὶ εἰσῆλθεν εἰς Αἴγυπτον ἐν ὄχλῳ βαρεῖ, ἐν ἅρμασιν καὶ ἐλέφασιν
18 καὶ ἐν ἱππεῦσιν καὶ ἐν στόλῳ μεγάλῳ ¹⁸καὶ συνεστήσατο πόλεμον
πρὸς Πτολεμαῖον βασιλέα Αἰγύπτου · καὶ ἐνετράπη Πτολεμαῖος ἀπὸ
19 προσώπου αὐτοῦ καὶ ἔφυγεν, καὶ ἔπεσον τραυματίαι πολλοί. ¹⁹καὶ
κατελάβοντο τὰς πόλεις τὰς ὀχυρὰς ἐν γῇ Αἰγύπτῳ, καὶ ἔλαβεν τὰ
20 σκῦλα γῆς Αἰγύπτου. ²⁰καὶ ἐπέστρεψεν Ἀντίοχος μετὰ τὸ πατάξαι
Αἴγυπτον ἐν τῷ ἑκατοστῷ καὶ τεσσαρακοστῷ καὶ τρίτῳ ἔτει καὶ
21 ἀνέβη ἐπὶ Ισραηλ καὶ ἀνέβη εἰς Ιεροσόλυμα ἐν ὄχλῳ βαρεῖ. ²¹καὶ

6 εκ] απο A | αυτου ζωντος] tr. A ‖ 9 οι > S ‖ 10 ρωμη] pr. τη A |
εν ult. > A | τριακοστω .. εβδομω] tr. A ‖ 11 εξηλθον εξ ισρ.] -θεν ισρ. S*†
| υιος παρανομος A†, sed εξηλθον etiam A | εξωρισθημεν S*† | απ] υπ A†
‖ 13 προεθυμωθησαν S*† | απο > SL | εδωκεν] -καν A† ‖ 14 κατα τα] τα
> S*† ‖ 15 ακροβυστιας] -αν A† | εζευγισθησαν] εζευχθ. ScL; + εν SL |
του > A | το > A† ‖ 16 η > S*† ‖ 17 εν 1⁰ > A† | ελεφα(+ν A: cf. 6 34)σιν]
pr. εν ScL | εν ult. > S* ‖ 18 βασ.] pr. τον A r† | ενετραπη] απεστρα-
φη S*† ‖ 19 γη et γης] τη et της S† ‖ 20 ετει > S*† | ανεβη ult. L La]
> SA | εις L La] επι S†, > A | ιεροσολυμα] ιημ S† pro ιλημ (sic VL) =
ιερουσαλημ; Mac. II—IV ubique formam hellenisticam ιεροσολυμα praebent,
Mac. I plerumque ιερουσαλημ, sed SA in 1 14 10 43 11 34 et Amu. hoc loco
ιεροσολυμα (La eisdem locis hierosolima uel sim., reliquis hierusalem);
formam hellenisticam etiam in Mac. I initio ubique scriptam fuisse existi-
mo, sed codices derelinquere nolui, cf. Esdr. I 1 47

εἰσῆλθεν εἰς τὸ ἁγίασμα ἐν ὑπερηφανίᾳ καὶ ἔλαβεν τὸ θυσιαστήριον
τὸ χρυσοῦν καὶ τὴν λυχνίαν τοῦ φωτὸς καὶ πάντα τὰ σκεύη αὐτῆς
²²καὶ τὴν τράπεζαν τῆς προθέσεως καὶ τὰ σπονδεῖα καὶ τὰς φιάλας 22
καὶ τὰς θυΐσκας τὰς χρυσᾶς καὶ τὸ καταπέτασμα καὶ τοὺς στεφά-
νους καὶ τὸν κόσμον τὸν χρυσοῦν τὸν κατὰ πρόσωπον τοῦ ναοῦ
καὶ ἐλέπισεν πάντα· ²³καὶ ἔλαβεν τὸ ἀργύριον καὶ τὸ χρυσίον καὶ τὰ 23
σκεύη τὰ ἐπιθυμητὰ καὶ ἔλαβεν τοὺς θησαυροὺς τοὺς ἀποκρύφους,
οὓς εὗρεν· ²⁴καὶ λαβὼν πάντα ἀπῆλθεν εἰς τὴν γῆν αὐτοῦ. καὶ 24
ἐποίησεν φονοκτονίαν καὶ ἐλάλησεν ὑπερηφανίαν μεγάλην. ²⁵καὶ ἐγέ- 25
νετο πένθος μέγα ἐπὶ Ισραηλ ἐν παντὶ τόπῳ αὐτῶν. ²⁶καὶ ἐστένα- 26
ξαν ἄρχοντες καὶ πρεσβύτεροι, παρθένοι καὶ νεανίσκοι ἠσθένησαν,
καὶ τὸ κάλλος τῶν γυναικῶν ἠλλοιώθη. ²⁷πᾶς νυμφίος ἀνέλαβεν 27
θρῆνον, καὶ καθημένη ἐν παστῷ ἐπένθει. ²⁸καὶ ἐσείσθη ἡ γῆ ἐπὶ 28
τοὺς κατοικοῦντας αὐτήν, καὶ πᾶς ὁ οἶκος Ιακωβ ἐνεδύσατο αἰ-
σχύνην.

²⁹Μετὰ δύο ἔτη ἡμερῶν ἀπέστειλεν ὁ βασιλεὺς ἄρχοντα φορο- 29
λογίας εἰς τὰς πόλεις Ιουδα, καὶ ἦλθεν εἰς Ιερουσαλημ ἐν ὄχλῳ
βαρεῖ. ³⁰καὶ ἐλάλησεν αὐτοῖς λόγους εἰρηνικοὺς ἐν δόλῳ, καὶ ἐν- 30
επίστευσαν αὐτῷ. καὶ ἐπέπεσεν ἐπὶ τὴν πόλιν ἐξάπινα καὶ ἐπάταξεν
αὐτὴν πληγὴν μεγάλην καὶ ἀπώλεσεν λαὸν πολὺν ἐξ Ισραηλ. ³¹καὶ 31
ἔλαβεν τὰ σκῦλα τῆς πόλεως καὶ ἐνέπρησεν αὐτὴν πυρὶ καὶ καθεῖλεν
τοὺς οἴκους αὐτῆς καὶ τὰ τείχη κύκλῳ. ³²καὶ ἠχμαλώτισαν τὰς γυ- 32
ναῖκας καὶ τὰ τέκνα, καὶ τὰ κτήνη ἐκληρονόμησαν. ³³καὶ ᾠκοδόμη- 33
σαν τὴν πόλιν Δαυιδ τείχει μεγάλῳ καὶ ὀχυρῷ, πύργοις ὀχυροῖς,
καὶ ἐγένετο αὐτοῖς εἰς ἄκραν. ³⁴καὶ ἔθηκαν ἐκεῖ ἔθνος ἁμαρτωλόν, 34
ἄνδρας παρανόμους, καὶ ἐνίσχυσαν ἐν αὐτῇ. ³⁵καὶ παρέθεντο ὅπλα 35
καὶ τροφὴν καὶ συναγαγόντες τὰ σκῦλα Ιερουσαλημ ἀπέθεντο ἐκεῖ
καὶ ἐγένοντο εἰς μεγάλην παγίδα. ³⁶καὶ ἐγένετο εἰς ἔνεδρον τῷ 36
ἁγιάσματι καὶ εἰς διάβολον πονηρὸν τῷ Ισραηλ διὰ παντός. ³⁷καὶ 37
ἐξέχεαν αἷμα ἀθῷον κύκλῳ τοῦ ἁγιάσματος καὶ ἐμόλυναν τὸ ἁγίασμα.
³⁸καὶ ἔφυγον οἱ κάτοικοι Ιερουσαλημ δι᾽ αὐτούς, καὶ ἐγένετο κατ- 38
οικία ἀλλοτρίων· καὶ ἐγένετο ἀλλοτρία τοῖς γενήμασιν αὐτῆς,
καὶ τὰ τέκνα αὐτῆς ἐγκατέλιπον αὐτήν. ³⁹τὸ ἁγίασμα αὐτῆς ἠρη- 39
μώθη ὡς ἔρημος, αἱ ἑορταὶ αὐτῆς ἐστράφησαν εἰς πένθος, τὰ σάβ-
βατα αὐτῆς εἰς ὀνειδισμόν, ἡ τιμὴ αὐτῆς εἰς ἐξουδένωσιν. ⁴⁰κατὰ 40

23 αργυριον ... χρυσιον] tr. S† ‖ 24 εποιησαν et ελαλησαν A† ‖ 27 init.]
pr. και ScL | και ScL] > S*A | επενθει S La] -θησε(ν) L, εγενετο εν πενθει A
‖ 28 ο > S ‖ 29 init.] pr. και ScL | αρχοντα] + ς S*pau. ‖ 30 ενεπι-
στευσαν] εν > A ‖ 31 ενεπυρισεν A | τειχη] + αυτης A ‖ 32 ηχμαλωτι-
σαν] -τευσεν A | εκληρον.] > S*†; και εκληρ. εαυτοις Sc†: sim. L ‖ 35 εγε-
νοντο mu. La] -νετο SA ‖ 39 αυτης paenult. ⌒ult. S*† | η > A† | εξου-
θενωσιν A ‖ 40 init. — ατιμια] κατα τα τεκνα αυτης επλησθη η γη ατιμια
(sic) S*†

τὴν δόξαν αὐτῆς ἐπληθύνθη ἡ ἀτιμία αὐτῆς, καὶ τὸ ὕψος αὐτῆς
ἐστράφη εἰς πένθος.

41 41 Καὶ ἔγραψεν ὁ βασιλεὺς πάσῃ τῇ βασιλείᾳ αὐτοῦ εἶναι πάντας
42 εἰς λαὸν ἕνα 42 καὶ ἐγκαταλιπεῖν ἕκαστον τὰ νόμιμα αὐτοῦ. καὶ
43 ἐπεδέξαντο πάντα τὰ ἔθνη κατὰ τὸν λόγον τοῦ βασιλέως. 43 καὶ
   πολλοὶ ἀπὸ Ισραηλ εὐδόκησαν τῇ λατρείᾳ αὐτοῦ καὶ ἔθυσαν τοῖς
44 εἰδώλοις καὶ ἐβεβήλωσαν τὸ σάββατον. 44 καὶ ἀπέστειλεν ὁ βασιλεὺς
   βιβλία ἐν χειρὶ ἀγγέλων εἰς Ιερουσαλημ καὶ τὰς πόλεις Ιουδα πο-
45 ρευθῆναι ὀπίσω νομίμων ἀλλοτρίων τῆς γῆς 45 καὶ κωλῦσαι ὁλο-
   καυτώματα καὶ θυσίαν καὶ σπονδὴν ἐκ τοῦ ἁγιάσματος καὶ βεβη-
46 λῶσαι σάββατα καὶ ἑορτὰς 46 καὶ μιᾶναι ἁγίασμα καὶ ἁγίους,
47 47 οἰκοδομῆσαι βωμοὺς καὶ τεμένη καὶ εἰδώλια καὶ θύειν ὕεια καὶ
48 κτήνη κοινὰ 48 καὶ ἀφιέναι τοὺς υἱοὺς αὐτῶν ἀπεριτμήτους βδελύξαι
49 τὰς ψυχὰς αὐτῶν ἐν παντὶ ἀκαθάρτῳ καὶ βεβηλώσει 49 ὥστε ἐπι-
50 λαθέσθαι τοῦ νόμου καὶ ἀλλάξαι πάντα τὰ δικαιώματα · 50 καὶ ὃς
51 ἂν μὴ ποιήσῃ κατὰ τὸν λόγον τοῦ βασιλέως, ἀποθανεῖται. 51 κατὰ
   πάντας τοὺς λόγους τούτους ἔγραψεν πάσῃ τῇ βασιλείᾳ αὐτοῦ καὶ
   ἐποίησεν ἐπισκόπους ἐπὶ πάντα τὸν λαὸν καὶ ἐνετείλατο ταῖς πό-
52 λεσιν Ιουδα θυσιάζειν κατὰ πόλιν καὶ πόλιν. 52 καὶ συνηθροίσθησαν
   ἀπὸ τοῦ λαοῦ πολλοὶ πρὸς αὐτούς, πᾶς ὁ ἐγκαταλείπων τὸν νόμον,
53 καὶ ἐποίησαν κακὰ ἐν τῇ γῇ 53 καὶ ἔθεντο τὸν Ισραηλ ἐν κρύφοις
54 ἐν παντὶ φυγαδευτηρίῳ αὐτῶν. 54 καὶ τῇ πεντεκαιδεκάτῃ ἡμέρᾳ
   Χασελευ τῷ πέμπτῳ καὶ τεσσαρακοστῷ καὶ ἑκατοστῷ ἔτει ᾠκοδό-
   μησεν βδέλυγμα ἐρημώσεως ἐπὶ τὸ θυσιαστήριον. καὶ ἐν πόλεσιν
55 Ιουδα κύκλῳ ᾠκοδόμησαν βωμούς · 55 καὶ ἐπὶ τῶν θυρῶν τῶν οἰ-
56 κιῶν καὶ ἐν ταῖς πλατείαις ἐθυμίων. 56 καὶ τὰ βιβλία τοῦ νόμου, ἃ
57 εὗρον, ἐνεπύρισαν ἐν πυρὶ κατασχίσαντες. 57 καὶ ὅπου εὑρίσκετο
   παρά τινι βιβλίον διαθήκης, καὶ εἴ τις συνευδόκει τῷ νόμῳ, τὸ
58 σύγκριμα τοῦ βασιλέως ἐθανάτου αὐτόν. 58 ἐν ἰσχύι αὐτῶν ἐποίουν
   τῷ Ισραηλ τοῖς εὑρισκομένοις ἐν παντὶ μηνὶ καὶ μηνὶ ἐν ταῖς πό-
59 λεσιν. 59 καὶ τῇ πέμπτῃ καὶ εἰκάδι τοῦ μηνὸς θυσιάζοντες ἐπὶ τὸν
60 βωμόν, ὃς ἦν ἐπὶ τοῦ θυσιαστηρίου. 60 καὶ τὰς γυναῖκας τὰς περι-

40 η ατιμια ScL] ατιμασμος A (de S* cf. sup.) || 41 εις > SL || 42 επ-
εδεξαντο] ν > SL || 45 θυσιαν] -ας A† || 47 ειδωλια] -λα A pau. | κοινα]
πολλα S*† || 48 αφειναι S: cf. Thack. p. 251 | βεβηλωσει] -σαι AScL (+ αυ-
τους L) || 49 αλλαξαι] -εασθαι S† || 50 τον λογον] το ρημα A || 51 παση
> A† | επι] κατα S† | ενετειλατο] -λαντο S || 52 πολλοι / προς αυτους S La†]
tr. A | πας ο] και (sic) S*† || 53 κρυφοις] -φιος AScL: cf. 2 31 || 54 τη
> A | χασαλευ S*Lp, χασλευ Lp†: cf. 4 52. 59 | ωκοδομησεν S*] -σαν ASc pl.
|| 55 θυρων] -ριδων A† || 56 εν > A | κατασχισ. ante ενεπυρ. tr. S
57 το συγκριμα ... εθανατου] το συγκρ. ... εθανατουν (sic) S†, κατα το συγκρ.
... εθανατουν pau. || 58 εποιουν S* La†] + ουτω(ς) ASc || 59 τη ScL (cf.
4 52. 59 13 51)] > S*A

τετμηκυίας τὰ τέκνα αὐτῶν ἐθανάτωσαν κατὰ τὸ πρόσταγμα ⁶¹καὶ 61
ἐκρέμασαν τὰ βρέφη ἐκ τῶν τραχήλων αὐτῶν, καὶ τοὺς οἴκους
αὐτῶν καὶ τοὺς περιτετμηκότας αὐτούς. ⁶²καὶ πολλοὶ ἐν Ισραηλ 62
ἐκραταιώθησαν καὶ ὠχυρώθησαν ἐν αὐτοῖς τοῦ μὴ φαγεῖν κοινὰ
⁶³καὶ ἐπεδέξαντο ἀποθανεῖν, ἵνα μὴ μιανθῶσιν τοῖς βρώμασιν καὶ 63
μὴ βεβηλώσωσιν διαθήκην ἁγίαν, καὶ ἀπέθανον. ⁶⁴καὶ ἐγένετο ὀργὴ 64
μεγάλη ἐπὶ Ισραηλ σφόδρα.

¹Ἐν ταῖς ἡμέραις ἐκείναις ἀνέστη Ματταθιας υἱὸς Ιωαννου τοῦ 2
Συμεων ἱερεὺς τῶν υἱῶν Ιωαριβ ἀπὸ Ιερουσαλημ καὶ ἐκάθισεν ἐν
Μωδεϊν. ²καὶ αὐτῷ υἱοὶ πέντε, Ιωαννης ὁ ἐπικαλούμενος Γαδδι, 2
³Σιμων ὁ καλούμενος Θασσι, ⁴Ιουδας ὁ καλούμενος Μακκαβαῖος, 3
⁵Ελεαζαρ ὁ καλούμενος Αυαραν, Ιωναθης ὁ καλούμενος Απφους. 4
⁶καὶ εἶδεν τὰς βλασφημίας τὰς γινομένας ἐν Ιουδα καὶ ἐν Ιερου- 6
σαλημ ⁷καὶ εἶπεν Οἴμμοι, ἵνα τί τοῦτο ἐγεννήθην ἰδεῖν τὸ σύντριμμα 7
τοῦ λαοῦ μου καὶ τὸ σύντριμμα τῆς ἁγίας πόλεως καὶ καθίσαι ἐκεῖ
ἐν τῷ δοθῆναι αὐτὴν ἐν χειρὶ ἐχθρῶν, τὸ ἁγίασμα ἐν χειρὶ ἀλλο-
τρίων; ⁸ἐγένετο ὁ ναὸς αὐτῆς ὡς ἀνὴρ ἄδοξος, ⁹τὰ σκεύη τῆς 8
δόξης αὐτῆς αἰχμάλωτα ἀπήχθη, ἀπεκτάνθη τὰ νήπια αὐτῆς ἐν 9
ταῖς πλατείαις αὐτῆς, οἱ νεανίσκοι αὐτῆς ἐν ῥομφαίᾳ ἐχθροῦ.
¹⁰ποῖον ἔθνος οὐκ ἐκληρονόμησεν βασίλεια καὶ οὐκ ἐκράτησεν τῶν 10
σκύλων αὐτῆς; ¹¹πᾶς ὁ κόσμος αὐτῆς ἀφηρέθη, ἀντὶ ἐλευθέρας 11
ἐγένετο εἰς δούλην. ¹²καὶ ἰδοὺ τὰ ἅγια ἡμῶν καὶ ἡ καλλονὴ ἡμῶν 12
καὶ ἡ δόξα ἡμῶν ἠρημώθη, καὶ ἐβεβήλωσαν αὐτὰ τὰ ἔθνη. ¹³ἵνα 13
τί ἡμῖν ἔτι ζωή; ¹⁴καὶ διέρρηξεν Ματταθιας καὶ οἱ υἱοὶ αὐτοῦ τὰ 14
ἱμάτια αὐτῶν καὶ περιεβάλοντο σάκκους καὶ ἐπένθησαν σφόδρα.

¹⁵Καὶ ἦλθον οἱ παρὰ τοῦ βασιλέως οἱ καταναγκάζοντες τὴν ἀπο- 15
στασίαν εἰς Μωδεϊν τὴν πόλιν, ἵνα θυσιάσωσιν. ¹⁶καὶ πολλοὶ ἀπὸ 16
Ισραηλ πρὸς αὐτοὺς προσῆλθον· καὶ Ματταθιας καὶ οἱ υἱοὶ αὐτοῦ
συνήχθησαν. ¹⁷καὶ ἀπεκρίθησαν οἱ παρὰ τοῦ βασιλέως καὶ εἶπον 17

61 οικους] οικειους A† | αυτων 2⁰] + προενομευσαν SᶜL | fin.] + εθανατω-
σαν SᶜL ‖ 62 εκραταιωθησαν] εκρεμασθ. A pau.
2 1 υιος > A | ιωαριβ mu.] -ρ(ε)ιμ SA | μωδε(ε)ιν] -δαειν Sᶜ: item S in
9 19, cf. 16 4 ‖ 2 ο > S*: item S in 3, non in 1 5(2⁰); de 5(1⁰) cf. inf.
| γαδδις A ‖ 3 θασσις A(†) ‖ 4 μακκαβαιος > S*† ‖ 5 ελεαζαρ ο] -ζαρος
SL: cf. 2 6 43 | ιωναθης: sic S* Lat et Ioseph. Ant. XII 266 Niese: pro
-θης praebent -θας ASᶜ (cf. 5 17); genetiuus est ιωναθου in SA 4 30 13 8. 14,
in A 11 69 12 49; datiuus est ιωναθη in A 10 59, ιωναθα in S*† 10 59, in A†
11 57; reliquis locis ιωναθαν non flectitur | απφους V] σαπφους S, αφφους
L, σαφφους A ‖ 6 γενομενας S ‖ 7 το συντριμμα 1⁰] τα -ματα A† | και
2⁰ > S*† | της αγ. πολ. S Lat] της πολ. της αγ. rel. | καθισαι] εκαθι(uel η)οαν
SL La ‖ 8 αδοξος pau. Lap] ενδοξος SA pau. Lap] ‖ 9 αυτης 1⁰ > A† ‖ 10 ε-
κληρονομησεν] + εν SL (sequitur βασιλ(ε)ιᾳ) ‖ 11 εγεννηθη A† ‖ 12 τα
ult. > A† ‖ 13 ζωη S Lat] ζην rel. ‖ 14 επενθησαν] -σεν S*† ‖ 15 ηλ-
θον οι] ηλλοιωθη S*† | αποστασιν S†

τῷ Ματταθια λέγοντες Ἄρχων καὶ ἔνδοξος καὶ μέγας εἶ ἐν τῇ
18 πόλει ταύτῃ καὶ ἐστηρισμένος υἱοῖς καὶ ἀδελφοῖς· ¹⁸νῦν πρόσελθε
πρῶτος καὶ ποίησον τὸ πρόσταγμα τοῦ βασιλέως, ὡς ἐποίησαν
πάντα τὰ ἔθνη καὶ οἱ ἄνδρες Ιουδα καὶ οἱ καταλειφθέντες ἐν Ιε-
ρουσαλημ, καὶ ἔσῃ σὺ καὶ οἱ υἱοί σου τῶν φίλων τοῦ βασιλέως,
καὶ σὺ καὶ οἱ υἱοί σου δοξασθήσεσθε ἀργυρίῳ καὶ χρυσίῳ καὶ
19 ἀποστολαῖς πολλαῖς. ¹⁹καὶ ἀπεκρίθη Ματταθιας καὶ εἶπεν φωνῇ
μεγάλῃ Εἰ πάντα τὰ ἔθνη τὰ ἐν οἴκῳ τῆς βασιλείας τοῦ βασιλέως
ἀκούουσιν αὐτοῦ ἀποστῆναι ἕκαστος ἀπὸ λατρείας πατέρων αὐτοῦ
20 καὶ ᾑρετίσαντο ἐν ταῖς ἐντολαῖς αὐτοῦ, ²⁰κἀγὼ καὶ οἱ υἱοί μου καὶ
21 οἱ ἀδελφοί μου πορευσόμεθα ἐν διαθήκῃ πατέρων ἡμῶν· ²¹ἵλεως
22 ἡμῖν καταλιπεῖν νόμον καὶ δικαιώματα· ²²τῶν λόγων τοῦ βασιλέως
οὐκ ἀκουσόμεθα παρελθεῖν τὴν λατρείαν ἡμῶν δεξιὰν ἢ ἀριστεράν.
23 ²³καὶ ὡς ἐπαύσατο λαλῶν τοὺς λόγους τούτους, προσῆλθεν ἀνὴρ
Ιουδαῖος ἐν ὀφθαλμοῖς πάντων θυσιάσαι ἐπὶ τοῦ βωμοῦ ἐν Μωδεῖν
24 κατὰ τὸ πρόσταγμα τοῦ βασιλέως. ²⁴καὶ εἶδεν Ματταθιας καὶ ἐ-
ζήλωσεν, καὶ ἐτρόμησαν οἱ νεφροὶ αὐτοῦ, καὶ ἀνήνεγκεν θυμὸν κατὰ
25 τὸ κρίμα καὶ δραμὼν ἔσφαξεν αὐτὸν ἐπὶ τὸν βωμόν· ²⁵καὶ τὸν
ἄνδρα τοῦ βασιλέως τὸν ἀναγκάζοντα θύειν ἀπέκτεινεν ἐν τῷ καιρῷ
26 ἐκείνῳ καὶ τὸν βωμὸν καθεῖλεν. ²⁶καὶ ἐζήλωσεν τῷ νόμῳ, καθὼς
27 ἐποίησεν Φινεες τῷ Ζαμβρι υἱῷ Σαλωμ. ²⁷καὶ ἀνέκραξεν Ματταθιας
ἐν τῇ πόλει φωνῇ μεγάλῃ λέγων Πᾶς ὁ ζηλῶν τῷ νόμῳ καὶ ἱστῶν
28 διαθήκην ἐξελθέτω ὀπίσω μου. ²⁸καὶ ἔφυγεν αὐτὸς καὶ οἱ υἱοὶ
αὐτοῦ εἰς τὰ ὄρη καὶ ἐγκατέλιπον ὅσα εἶχον ἐν τῇ πόλει.
29 ²⁹Τότε κατέβησαν πολλοὶ ζητοῦντες δικαιοσύνην καὶ κρίμα εἰς
30 τὴν ἔρημον καθίσαι ἐκεῖ, ³⁰αὐτοὶ καὶ οἱ υἱοὶ αὐτῶν καὶ αἱ γυναῖκες
αὐτῶν καὶ τὰ κτήνη αὐτῶν, ὅτι ἐσκληρύνθη ἐπ᾽ αὐτοὺς τὰ κακά.
31 ³¹καὶ ἀνηγγέλη τοῖς ἀνδράσιν τοῦ βασιλέως καὶ ταῖς δυνάμεσιν, αἳ
ἦσαν ἐν Ιερουσαλημ πόλει Δαυιδ ὅτι κατέβησαν ἄνδρες, οἵτινες
διεσκέδασαν τὴν ἐντολὴν τοῦ βασιλέως, εἰς τοὺς κρύφους ἐν τῇ
32 ἐρήμῳ. ³²καὶ ἔδραμον ὀπίσω αὐτῶν πολλοὶ καὶ κατελάβοντο αὐτοὺς

---

17 υιοις] pr. εν Α ‖ 18 ως] pr. και S*†, καθως pau. | εποιησαν] -σε(ν) S𝐿
| ανδρες] αρχοντες Α† | συ και οι υιοι σου 1⁰⌒2⁰ S*⁽†⁾; pro οι υιοι 1⁰ hab.
Α mu. ο οικος | δοξασθηση S* La† ‖ 22 των λογων pau. La] τον -γον Spl.,
τον νομον Α† ‖ 23 τους λογους τουτους > S*† | θυμιασαι Α† | εν ult.] pr.
του S𝑐𝐿 | μωδε(ε)ιν] -δεειμ Α: item in 9 19 13 25. 30, cf. 16 4 ‖ 24 ετρομα-
σαν S𝑐𝐿 ‖ 25 καθειλον S*† ‖ 26 εζηλωσεν] εδωκαν S*† ‖ 27 και ult.
mu.] η S*† (quid S𝑐 uoluerit, non liquet), > Α𝐿 ‖ 28 εφυγεν pau. La]
-γον rel. ‖ 30 εσκληρυνθη SA La] επληθυνθη pl.: idem add. S† ante τα
κακα (S𝑐† superadd. και ante επληθ.) ‖ 31 ταις δυν.] αι δυναμεις S Lap†:
ad αι seq. adapt. | ανδρες] pr. οι S† | εντολην] βουλην S† | κρυφους] -φιους
S𝐿: item S𝑐𝐿 in 36 (S*† κυφρους), κρυφιοις S𝐿 in 41: cf. 1 53 ‖ 32 κατ-
ελαβοντο .. και] καταλαβοντες .. Α

καὶ παρενέβαλον ἐπ᾽ αὐτοὺς καὶ συνεστήσαντο πρὸς αὐτοὺς πό-
λεμον ἐν τῇ ἡμέρᾳ τῶν σαββάτων ³³καὶ εἶπον πρὸς αὐτούς Ἕως 33
τοῦ νῦν · ἐξελθόντες ποιήσατε κατὰ τὸν λόγον τοῦ βασιλέως, καὶ
ζήσεσθε. ³⁴καὶ εἶπον Οὐκ ἐξελευσόμεθα οὐδὲ ποιήσομεν τὸν λόγον 34
τοῦ βασιλέως βεβηλῶσαι τὴν ἡμέραν τῶν σαββάτων. ³⁵καὶ ἐτά- 35
χυναν ἐπ᾽ αὐτοὺς πόλεμον. ³⁶καὶ οὐκ ἀπεκρίθησαν αὐτοῖς οὐδὲ 36
λίθον ἐνετίναξαν αὐτοῖς οὐδὲ ἐνέφραξαν τοὺς κρύφους ³⁷λέγοντες 37
Ἀποθάνωμεν πάντες ἐν τῇ ἁπλότητι ἡμῶν · μαρτυρεῖ ἐφ᾽ ἡμᾶς ὁ
οὐρανὸς καὶ ἡ γῆ ὅτι ἀκρίτως ἀπόλλυτε ἡμᾶς. ³⁸καὶ ἀνέστησαν 38
ἐπ᾽ αὐτοὺς ἐν πολέμῳ τοῖς σάββασιν, καὶ ἀπέθανον αὐτοὶ καὶ αἱ
γυναῖκες αὐτῶν καὶ τὰ τέκνα αὐτῶν καὶ τὰ κτήνη αὐτῶν ἕως
χιλίων ψυχῶν ἀνθρώπων.

³⁹Καὶ ἔγνω Ματταθίας καὶ οἱ φίλοι αὐτοῦ καὶ ἐπένθησαν ἐπ᾽ 39
αὐτοὺς σφόδρα. ⁴⁰καὶ εἶπεν ἀνὴρ τῷ πλησίον αὐτοῦ Ἐὰν πάντες 40
ποιήσωμεν ὡς οἱ ἀδελφοὶ ἡμῶν ἐποίησαν καὶ μὴ πολεμήσωμεν
πρὸς τὰ ἔθνη ὑπὲρ τῆς ψυχῆς ἡμῶν καὶ τῶν δικαιωμάτων ἡμῶν,
νῦν τάχιον ὀλεθρεύσουσιν ἡμᾶς ἀπὸ τῆς γῆς. ⁴¹καὶ ἐβουλεύσαντο 41
τῇ ἡμέρᾳ ἐκείνῃ λέγοντες Πᾶς ἄνθρωπος, ὃς ἐὰν ἔλθῃ ἐφ᾽ ἡμᾶς
εἰς πόλεμον τῇ ἡμέρᾳ τῶν σαββάτων, πολεμήσωμεν κατέναντι αὐ-
τοῦ καὶ οὐ μὴ ἀποθάνωμεν πάντες καθὼς ἀπέθανον οἱ ἀδελφοὶ
ἡμῶν ἐν τοῖς κρύφοις. ⁴²τότε συνήχθησαν πρὸς αὐτοὺς συναγωγὴ 42
Ασιδαίων, ἰσχυροὶ δυνάμει ἀπὸ Ισραηλ, πᾶς ὁ ἑκουσιαζόμενος τῷ
νόμῳ · ⁴³καὶ πάντες οἱ φυγαδεύοντες ἀπὸ τῶν κακῶν προσετέθησαν 43
αὐτοῖς καὶ ἐγένοντο αὐτοῖς εἰς στήριγμα. ⁴⁴καὶ συνεστήσαντο δύ- 44
ναμιν καὶ ἐπάταξαν ἁμαρτωλοὺς ἐν ὀργῇ αὐτῶν καὶ ἄνδρας ἀνό-
μους ἐν θυμῷ αὐτῶν · καὶ οἱ λοιποὶ ἔφυγον εἰς τὰ ἔθνη σωθῆναι.
⁴⁵καὶ ἐκύκλωσεν Ματταθίας καὶ οἱ φίλοι αὐτοῦ καὶ καθεῖλον τοὺς 45
βωμοὺς ⁴⁶καὶ περιέτεμον τὰ παιδάρια τὰ ἀπερίτμητα, ὅσα εὗρον 46
ἐν ὁρίοις Ισραηλ, ἐν ἰσχύι ⁴⁷καὶ ἐδίωξαν τοὺς υἱοὺς τῆς ὑπερη- 47
φανίας, καὶ κατευοδώθη τὸ ἔργον ἐν χειρὶ αὐτῶν · ⁴⁸καὶ ἀντελά- 48
βοντο τοῦ νόμου ἐκ χειρὸς τῶν ἐθνῶν καὶ τῶν βασιλέων καὶ οὐκ
ἔδωκαν κέρας τῷ ἁμαρτωλῷ.

⁴⁹Καὶ ἤγγισαν αἱ ἡμέραι Ματταθιου ἀποθανεῖν, καὶ εἶπεν τοῖς 49

---

32 παρενεβαλοντο S*† | επ] προς S*†: cf. 38. 41 | συνεστειλαντο A† ‖
33 ποιησατε] -σωμεν S*† ‖ 35 εταχυνεν S† ‖ 36 ουδε 1⁰] ου S† | κρυφους:
cf. 31 ‖ 37 παντες] pr. οι A† | εφ ημας > S*† ‖ 38 επ] προς S†: cf. 32 |
πολεμω] pr. τω A | τοις > S*† | χιλιων > S*† ‖ 39 επ > S† | σφοδρα] pr.
εως A ‖ 40 τω] προς τον AL | προς] εις A† | ολεθρ. ημας] tr. A ‖ 41 την
ημεραν εκεινην S† | εφ] προς A: cf. 32 | καθως] ως S† | κρυφοις: cf. 31 ‖
42 συναγωγη] pr. πασα S† | ασιδαιων] ιουδαιων S ‖ 44 επαταξαντο S*† |
και 3⁰ > A ‖ 45 εκυκλωσεν] εκελευσεν S | φιλοι] υιοι A† | fin.] + αυτων A
‖ 46 οριοις] υιοις S† ‖ 47 fin. αυτου S*† ‖ 48 και 2⁰ S*V†] + εκ χειρος
rel. | βασιλεων] + αυτων ScL ‖ 49 ματταθιου] pr. του Apl.

υἱοῖς αὐτοῦ Νῦν ἐστηρίσθη ὑπερηφανία καὶ ἐλεγμὸς καὶ καιρὸς
50 καταστροφῆς καὶ ὀργὴ θυμοῦ. ⁵⁰νῦν, τέκνα, Ζηλώσατε τῷ νόμῳ
51 καὶ δότε τὰς ψυχὰς ὑμῶν ὑπὲρ διαθήκης πατέρων ἡμῶν ⁵¹καὶ
μνήσθητε τὰ ἔργα τῶν πατέρων, ἃ ἐποίησαν ἐν ταῖς γενεαῖς αὐ-
52 τῶν, καὶ δέξασθε δόξαν μεγάλην καὶ ὄνομα αἰώνιον. ⁵²Αβρααμ οὐχὶ
ἐν πειρασμῷ εὑρέθη πιστός, καὶ ἐλογίσθη αὐτῷ εἰς δικαιοσύνην;
53 ⁵³Ιωσηφ ἐν καιρῷ στενοχωρίας αὐτοῦ ἐφύλαξεν ἐντολὴν καὶ ἐγένετο
54 κύριος Αἰγύπτου. ⁵⁴Φινεες ὁ πατὴρ ἡμῶν ἐν τῷ Ζηλῶσαι Ζῆλον
55 ἔλαβεν διαθήκην ἱερωσύνης αἰωνίας. ⁵⁵Ἰησοῦς ἐν τῷ πληρῶσαι
56 λόγον ἐγένετο κριτὴς ἐν Ισραηλ. ⁵⁶Χαλεβ ἐν τῷ μαρτύρασθαι ἐν
57 τῇ ἐκκλησίᾳ ἔλαβεν γῆς κληρονομίαν. ⁵⁷Δαυιδ ἐν τῷ ἐλέει αὐτοῦ
58 ἐκληρονόμησεν θρόνον βασιλείας εἰς αἰῶνας. ⁵⁸Ηλιας ἐν τῷ Ζηλῶ-
59 σαι Ζῆλον νόμου ἀνελήμφθη εἰς τὸν οὐρανόν. ⁵⁹Ανανιας, Αζαριας,
60 Μισαηλ πιστεύσαντες ἐσώθησαν ἐκ φλογός. ⁶⁰Δανιηλ ἐν τῇ ἁπλό-
61 τητι αὐτοῦ ἐρρύσθη ἐκ στόματος λεόντων. ⁶¹καὶ οὕτως ἐννοήθητε
κατὰ γενεὰν καὶ γενεάν, ὅτι πάντες οἱ ἐλπίζοντες ἐπ᾽ αὐτὸν οὐκ
62 ἀσθενήσουσιν. ⁶²καὶ ἀπὸ λόγων ἀνδρὸς ἁμαρτωλοῦ μὴ φοβηθῆτε,
63 ὅτι ἡ δόξα αὐτοῦ εἰς κόπρια καὶ εἰς σκώληκας · ⁶³σήμερον ἐπαρ-
θήσεται καὶ αὔριον οὐ μὴ εὑρεθῇ, ὅτι ἐπέστρεψεν εἰς τὸν χοῦν
64 αὐτοῦ, καὶ ὁ διαλογισμὸς αὐτοῦ ἀπολεῖται. ⁶⁴τέκνα, ἀνδρίζεσθε
65 καὶ ἰσχύσατε ἐν τῷ νόμῳ, ὅτι ἐν αὐτῷ δοξασθήσεσθε. ⁶⁵καὶ ἰδοὺ
Συμεων ὁ ἀδελφὸς ὑμῶν, οἶδα ὅτι ἀνὴρ βουλῆς ἐστιν, αὐτοῦ
66 ἀκούετε πάσας τὰς ἡμέρας, αὐτὸς ἔσται ὑμῶν πατήρ. ⁶⁶καὶ Ιουδας
Μακκαβαῖος ἰσχυρὸς δυνάμει ἐκ νεότητος αὐτοῦ, αὐτὸς ἔσται ὑμῖν
67 ἄρχων στρατιᾶς καὶ πολεμήσει πόλεμον λαῶν. ⁶⁷καὶ ὑμεῖς προσ-
άξετε πρὸς ὑμᾶς πάντας τοὺς ποιητὰς τοῦ νόμου καὶ ἐκδικήσατε
68 ἐκδίκησιν τοῦ λαοῦ ὑμῶν · ⁶⁸ἀνταπόδοτε ἀνταπόδομα τοῖς ἔθνεσιν
69 καὶ προσέχετε εἰς πρόσταγμα τοῦ νόμου. — ⁶⁹καὶ εὐλόγησεν αὐ-
70 τούς · καὶ προσετέθη πρὸς τοὺς πατέρας αὐτοῦ. ⁷⁰καὶ ἀπέθανεν ἐν
τῷ ἕκτῳ καὶ τεσσαρακοστῷ καὶ ἑκατοστῷ ἔτει καὶ ἐτάφη ἐν τάφοις

50 init.] pr. και Α | fin. ημων] υμ. S ‖ 51 και 1⁰ > Α | τα εργα των πατ.] των
πατ. ημων τα εργα Α | εν > Α† | ονομα] δοξαν Α† ‖ 52 εις δικ.] δικαιοσυ-
νη Α† ‖ 54 διαθηκην] κληρον -κης S† | ιερωσυνης αιωνιας] tr. S† | αιωνιας]
αγιας Α ‖ 56 μαρτυρασθαι] pr. επι Apl. | εν 2⁰ > Α | γης] γην Α†, την S†
‖ 57 εις αιωνας] αιωνιας Α ‖ 58 Ζηλον νομου] νομον Ζηλους S† | εις] pr.
ως Α: cf. Regn. IV 21 ‖ 60 λεοντος S ‖ 61 και γενεαν > Α ‖ 63 αυ-
ριον > Α† | οτι] και S† | fin. απωλετο Α ‖ 64 init. S* La†] pr. και υμεις
rel. | ανδριζεσθε .. ισχυσατε(Α ε pro σα)] tr. Α | νομω] + υμων Α ‖ 65 εσται
υμων πατηρ SV†] υμιν εσται εις πατερα uel sim. rel. ‖ 66 μακκαβαιος] pr.
ο Α | ισχυρος] pr. αυτος Α | δυναμει] -μιν S*†, εν δυν. αυτος (sic) Α† | αυτου
> S† | αυτος] ουτος Α, > La† | εσται υμιν S La†] tr. rel. | αρχων] εις αρχον-
τα Α | πολεμησει] -σετε Α ‖ 68 ανταποδιδοτε Α† | προσταγμα] -ματα Α ‖
69 αυτου] -των S*† ‖ 70 εκτω] γ' (= τριτω) S*† | εταφη S La†] εθαψαν
αυτον οι υιοι αυτου rel.

πατέρων αὐτοῦ ἐν Μωδεΐν, καὶ ἐκόψαντο αὐτὸν πᾶς Ισραηλ κοπε-
τὸν μέγαν.
¹Καὶ ἀνέστη Ιουδας ὁ καλούμενος Μακκαβαῖος υἱὸς αὐτοῦ ἀντ' 3
αὐτοῦ. ²καὶ ἐβοήθουν αὐτῷ πάντες οἱ ἀδελφοὶ αὐτοῦ καὶ πάντες, 2
ὅσοι ἐκολλήθησαν τῷ πατρὶ αὐτοῦ, καὶ ἐπολέμουν τὸν πόλεμον
Ισραηλ μετ' εὐφροσύνης. ³καὶ ἐπλάτυνεν δόξαν τῷ λαῷ αὐτοῦ καὶ 3
ἐνεδύσατο θώρακα ὡς γίγας καὶ συνεζώσατο τὰ σκεύη τὰ πολεμικὰ
αὐτοῦ καὶ πολέμους συνεστήσατο σκεπάζων παρεμβολὴν ἐν ῥομ-
φαίᾳ. ⁴καὶ ὡμοιώθη λέοντι ἐν τοῖς ἔργοις αὐτοῦ καὶ ὡς σκύμνος 4
ἐρευγόμενος εἰς θήραν. ⁵καὶ ἐδίωξεν ἀνόμους ἐξερευνῶν καὶ τοὺς 5
ταράσσοντας τὸν λαὸν αὐτοῦ ἐφλόγισεν. ⁶καὶ συνεστάλησαν ἄνομοι 6
ἀπὸ τοῦ φόβου αὐτοῦ, καὶ πάντες οἱ ἐργάται τῆς ἀνομίας συν-
εταράχθησαν, καὶ εὐοδώθη σωτηρία ἐν χειρὶ αὐτοῦ. ⁷καὶ ἐπίκρανεν 7
βασιλεῖς πολλοὺς καὶ εὔφρανεν τὸν Ιακωβ ἐν τοῖς ἔργοις αὐτοῦ,
καὶ ἕως τοῦ αἰῶνος τὸ μνημόσυνον αὐτοῦ εἰς εὐλογίαν. ⁸καὶ διῆλ- 8
θεν ἐν πόλεσιν Ιουδα καὶ ἐξωλέθρευσεν ἀσεβεῖς ἐξ αὐτῆς καὶ ἀπ-
έστρεψεν ὀργὴν ἀπὸ Ισραηλ ⁹καὶ ὠνομάσθη ἕως ἐσχάτου γῆς καὶ 9
συνήγαγεν ἀπολλυμένους.

¹⁰Καὶ συνήγαγεν Ἀπολλώνιος ἔθνη καὶ ἀπὸ Σαμαρείας δύναμιν 10
μεγάλην τοῦ πολεμῆσαι πρὸς τὸν Ισραηλ. ¹¹καὶ ἔγνω Ιουδας καὶ 11
ἐξῆλθεν εἰς συνάντησιν αὐτῷ καὶ ἐπάταξεν αὐτὸν καὶ ἀπέκτεινεν ·
καὶ ἔπεσον τραυματίαι πολλοί, καὶ οἱ ἐπίλοιποι ἔφυγον. ¹²καὶ ἔλαβον 12
τὰ σκῦλα αὐτῶν, καὶ τὴν μάχαιραν Ἀπολλωνίου ἔλαβεν Ιουδας καὶ
ἦν πολεμῶν ἐν αὐτῇ πάσας τὰς ἡμέρας. ¹³καὶ ἤκουσεν Σήρων ὁ 13
ἄρχων τῆς δυνάμεως Συρίας ὅτι ἤθροισεν Ιουδας ἄθροισμα καὶ
ἐκκλησίαν πιστῶν μετ' αὐτοῦ καὶ ἐκπορευομένων εἰς πόλεμον,
¹⁴καὶ εἶπεν Ποιήσω ἐμαυτῷ ὄνομα καὶ δοξασθήσομαι ἐν τῇ βασι- 14
λείᾳ καὶ πολεμήσω τὸν Ιουδαν καὶ τοὺς σὺν αὐτῷ τοὺς ἐξουδε-
νοῦντας τὸν λόγον τοῦ βασιλέως. ¹⁵καὶ προσέθετο καὶ ἀνέβη μετ' 15
αὐτοῦ παρεμβολὴ ἀσεβῶν ἰσχυρὰ βοηθῆσαι αὐτῷ ποιῆσαι τὴν ἐκ-
δίκησιν ἐν υἱοῖς Ισραηλ. ¹⁶καὶ ἤγγισεν ἕως ἀναβάσεως Βαιθωρων, 16
καὶ ἐξῆλθεν Ιουδας εἰς συνάντησιν αὐτῷ ὀλιγοστός. ¹⁷ὡς δὲ εἶδον 17
τὴν παρεμβολὴν ἐρχομένην εἰς συνάντησιν αὐτῶν, εἶπον τῷ Ιουδα
Τί δυνησόμεθα ὀλιγοστοὶ ὄντες πολεμῆσαι πρὸς πλῆθος τοσοῦτο
ἰσχυρόν; καὶ ἡμεῖς ἐκλελύμεθα ἀσιτοῦντες σήμερον. ¹⁸καὶ εἶπεν 18
Ιουδας Εὔκοπόν ἐστιν συγκλεισθῆναι πολλοὺς ἐν χερσὶν ὀλίγων,

3 2 οσοι] οι S† ‖ 3 και ult. > A | πολεμους συνεστησ.] tr. SL ‖ 4 αυ-
του > S† ‖ 5 λαον > A† ‖ 6 ανομοι] pr. οι A ‖ 7 επικραναν A† | εις]
pr. και S*† ‖ 8 πολεσιν] πολ⟨ε⟩ι S† | εξ] επ A† ‖ 9 γης] pr. της A ‖
10 τον > A ‖ 12 σκυλα] σκευη A† ‖ 13 μεθ A ‖ 14 δοξασθ.] pr. εν S†
| τον 1⁰] + υιον S*† | τους ult.] pr. και A ‖ 16 βαιθωρων] μεθωρων A†,
sed in 24 A† βεθωρων ‖ 17 ειδον] -δεν S*La† | ερχομενην] pr. την ScL |
αυτων] -τω A | ισχυρον > A†

καὶ οὐκ ἔστιν διαφορὰ ἐναντίον τοῦ οὐρανοῦ σῴζειν ἐν πολλοῖς
19 ἢ ἐν ὀλίγοις · ¹⁹ὅτι οὐκ ἐν πλήθει δυνάμεως νίκη πολέμου ἐστίν,
20 ἀλλ' ἐκ τοῦ οὐρανοῦ ἡ ἰσχύς. ²⁰αὐτοὶ ἔρχονται ἐφ' ἡμᾶς ἐν πλήθει
ὕβρεως καὶ ἀνομίας τοῦ ἐξᾶραι ἡμᾶς καὶ τὰς γυναῖκας ἡμῶν καὶ
21 τὰ τέκνα ἡμῶν τοῦ σκυλεῦσαι ἡμᾶς, ²¹ἡμεῖς δὲ πολεμοῦμεν περὶ
22 τῶν ψυχῶν ἡμῶν καὶ τῶν νομίμων ἡμῶν. ²²καὶ αὐτὸς συντρίψει
αὐτοὺς πρὸ προσώπου ἡμῶν, ὑμεῖς δὲ μὴ φοβεῖσθε ἀπ' αὐτῶν.
23 ²³ὡς δὲ ἐπαύσατο λαλῶν, ἐνήλατο εἰς αὐτοὺς ἄφνω, καὶ συνετρίβη
24 Σήρων καὶ ἡ παρεμβολὴ αὐτοῦ ἐνώπιον αὐτοῦ. ²⁴καὶ ἐδίωκον αὐ-
τὸν ἐν τῇ καταβάσει Βαιθωρων ἕως τοῦ πεδίου · καὶ ἔπεσον ἀπ'
αὐτῶν εἰς ἄνδρας ὀκτακοσίους, οἱ δὲ λοιποὶ ἔφυγον εἰς γῆν Φυ-
25 λιστιιμ. ²⁵καὶ ἤρξατο ὁ φόβος Ιουδα καὶ τῶν ἀδελφῶν αὐτοῦ καὶ
26 ἡ πτόη ἐπέπιπτεν ἐπὶ τὰ ἔθνη τὰ κύκλῳ αὐτῶν · ²⁶καὶ ἤγγισεν
ἕως τοῦ βασιλέως τὸ ὄνομα αὐτοῦ, καὶ ὑπὲρ τῶν παρατάξεων
Ιουδου ἐξηγεῖτο τὰ ἔθνη.
27 ²⁷Ὡς δὲ ἤκουσεν ὁ βασιλεὺς Ἀντίοχος τοὺς λόγους τούτους,
ὠργίσθη θυμῷ καὶ ἀπέστειλεν καὶ συνήγαγεν τὰς δυνάμεις πάσας
28 τῆς βασιλείας αὐτοῦ, παρεμβολὴν ἰσχυρὰν σφόδρα. ²⁸καὶ ἤνοιξεν
τὸ γαζοφυλάκιον αὐτοῦ καὶ ἔδωκεν ὀψώνια ταῖς δυνάμεσιν εἰς
ἐνιαυτὸν καὶ ἐνετείλατο αὐτοῖς εἶναι ἑτοίμους εἰς πᾶσαν χρείαν.
29 ²⁹καὶ εἶδεν ὅτι ἐξέλιπεν τὸ ἀργύριον ἐκ τῶν θησαυρῶν καὶ οἱ
φόροι τῆς χώρας ὀλίγοι χάριν τῆς διχοστασίας καὶ πληγῆς, ἧς
κατεσκεύασεν ἐν τῇ γῇ τοῦ ἆραι τὰ νόμιμα, ἃ ἦσαν ἀφ' ἡμερῶν
30 τῶν πρώτων, ³⁰καὶ εὐλαβήθη μὴ οὐκ ἔχῃ ὡς ἅπαξ καὶ δὶς εἰς τὰς
δαπάνας καὶ τὰ δόματα, ἃ ἐδίδου ἔμπροσθεν δαψιλῇ χειρὶ καὶ ἐπε-
31 ρίσσευσεν ὑπὲρ τοὺς βασιλεῖς τοὺς ἔμπροσθεν, ³¹καὶ ἠπορεῖτο τῇ
ψυχῇ αὐτοῦ σφόδρα καὶ ἐβουλεύσατο τοῦ πορευθῆναι εἰς τὴν
Περσίδα καὶ λαβεῖν τοὺς φόρους τῶν χωρῶν καὶ συναγαγεῖν ἀρ-
32 γύριον πολύ. ³²καὶ κατέλιπεν Λυσίαν ἄνθρωπον ἔνδοξον καὶ ἀπὸ
γένους τῆς βασιλείας ἐπὶ τῶν πραγμάτων τοῦ βασιλέως ἀπὸ τοῦ
33 ποταμοῦ Εὐφράτου καὶ ἕως ὁρίων Αἰγύπτου ³³καὶ τρέφειν Ἀντίοχον

---

18 του ουρ.] pr. του θεου SVL | εν paenult.] pr. η S† || 19 αλλ] + η A
| η > A || 20 εφ] προς A | εν > A || 21 ημων ult. > S*† || 22 φοβη-
θητε Apl. || 23 εις] επ A || 24 αυτον] -τους A || 25 genetiuus nominis
terrae est ιουδα, nominis uiri ιουδου: hoc traditur in S*A 9 23. 26. 28. 31, in
S 13 8 (A† ιωδου), in A 5 61 9 12. 22 (et 4 13. 19, ubi A† λ pro ι), in V*
9 16 al., cf. II 12 21; pro ιουδου praeb. ιουδα pl. locis adlatis, omn. in 3 25.
26 4 5. 21. 35 5 44, quod emendaui | επεπιπτεν S†] επιπτεν A, cecidit La,
επιπιπτειν mu. || 26 ιουδου: cf. 25 | τα εθνη] παν εθνος A || 27 ο βας. /
αντιοχος] tr. Apl. | αυτου ⌒ 28 αυτου S*† || 28 δυναμ.] + αυτου ASᶜL |
ενιαυτον] pr. τον A | ειναι] pr. εις ενιαυτον A || 29 εκ] απο A || 30 εχη]
εχει A | και ult. — fin. > A || 31 εβουλευσατο] -σαντο A† | fin. πολυν A:
item in 41 || 32 κατελιπεν] απελυσεν S*† | και ult. > A | οριων SV†] pr.
των rel.

τὸν υἱὸν αὐτοῦ ἕως τοῦ ἐπιστρέψαι αὐτόν· 34καὶ παρέδωκεν αὐτῷ 34
τὰς ἡμίσεις τῶν δυνάμεων καὶ τοὺς ἐλέφαντας καὶ ἐνετείλατο αὐτῷ
περὶ πάντων, ὧν ἠβούλετο, καὶ περὶ τῶν κατοικούντων τὴν Ιου-
δαίαν καὶ Ιερουσαλημ 35ἀποστεῖλαι ἐπ' αὐτοὺς δύναμιν τοῦ ἐκτρῖψαι 35
καὶ ἐξᾶραι τὴν ἰσχὺν Ισραηλ καὶ τὸ κατάλειμμα Ιερουσαλημ καὶ
ἆραι τὸ μνημόσυνον αὐτῶν ἀπὸ τοῦ τόπου 36καὶ κατοικίσαι υἱοὺς 36
ἀλλογενεῖς ἐν πᾶσιν τοῖς ὁρίοις αὐτῶν καὶ κατακληροδοτῆσαι τὴν
γῆν αὐτῶν. 37καὶ ὁ βασιλεὺς παρέλαβεν τὰς ἡμίσεις τῶν δυνάμεων 37
τὰς καταλειφθείσας καὶ ἀπῆρεν ἀπὸ Ἀντιοχείας ἀπὸ πόλεως βασι-
λείας αὐτοῦ ἔτους ἑβδόμου καὶ τεσσαρακοστοῦ καὶ ἑκατοστοῦ καὶ
διεπέρασεν τὸν Εὐφράτην ποταμὸν καὶ διεπορεύετο τὰς ἐπάνω
χώρας.

38Καὶ ἐπέλεξεν Λυσίας Πτολεμαῖον τὸν Δορυμένους καὶ Νικάνορα 38
καὶ Γοργίαν, ἄνδρας δυνατοὺς τῶν φίλων τοῦ βασιλέως, 39καὶ ἀπ- 39
έστειλεν μετ' αὐτῶν τεσσαράκοντα χιλιάδας ἀνδρῶν καὶ ἑπτακισχιλίαν
ἵππον τοῦ ἐλθεῖν εἰς γῆν Ιουδα καὶ καταφθεῖραι αὐτὴν κατὰ τὸν
λόγον τοῦ βασιλέως. 40καὶ ἀπῆρεν σὺν πάσῃ τῇ δυνάμει αὐτῶν, 40
καὶ ἦλθον καὶ παρενέβαλον πλησίον Αμμαους ἐν τῇ γῇ τῇ πεδινῇ.
41καὶ ἤκουσαν οἱ ἔμποροι τῆς χώρας τὸ ὄνομα αὐτῶν καὶ ἔλαβον 41
ἀργύριον καὶ χρυσίον πολὺ σφόδρα καὶ πέδας καὶ ἦλθον εἰς τὴν
παρεμβολὴν τοῦ λαβεῖν τοὺς υἱοὺς Ισραηλ εἰς παῖδας. καὶ προσ-
ετέθησαν πρὸς αὐτοὺς δύναμις Συρίας καὶ γῆς ἀλλοφύλων. 42καὶ 42
εἶδεν Ιουδας καὶ οἱ ἀδελφοὶ αὐτοῦ ὅτι ἐπληθύνθη τὰ κακὰ καὶ αἱ
δυνάμεις παρεμβάλλουσιν ἐν τοῖς ὁρίοις αὐτῶν, καὶ ἐπέγνωσαν
τοὺς λόγους τοῦ βασιλέως, οὓς ἐνετείλατο ποιῆσαι τῷ λαῷ εἰς
ἀπώλειαν καὶ συντέλειαν, 43καὶ εἶπαν ἕκαστος πρὸς τὸν πλησίον 43
αὐτοῦ Ἀναστήσωμεν τὴν καθαίρεσιν τοῦ λαοῦ ἡμῶν καὶ πολεμή-
σωμεν περὶ τοῦ λαοῦ ἡμῶν καὶ τῶν ἁγίων. 44καὶ ἠθροίσθη ἡ 44
συναγωγὴ τοῦ εἶναι ἑτοίμους εἰς πόλεμον καὶ τοῦ προσεύξασθαι
καὶ αἰτῆσαι ἔλεος καὶ οἰκτιρμούς. 45καὶ Ιερουσαλημ ἦν ἀοίκητος 45
ὡς ἔρημος, οὐκ ἦν ὁ εἰσπορευόμενος καὶ ἐκπορευόμενος ἐκ τῶν

34 των ult.] pr. παντων A ‖ 35 του 1⁰] pr. και SL | εκτριψαι] τ > A†
αυτων] -του A† ‖ 36 κατοικισαι] -κησαι A | υιους] απ αυτων (sic) S*† |
αλλογενεις] -νων SᶜL, αλλοτριους A† | κατακληρονομησαι A† ‖ 38 και 2⁰ >
A† ‖ 39 επτακισχιλιαν] -λιον A† | εις > S*† | αυτην > S* ‖ 40 απηρεν
S La†] -ραν rel. | παρενεβ.] εν > A† | αμμαους] α 1⁰ hab. SA La in 3 40. 57,
sed A in 43 9 50, Sᶜ in 43 ε pro α 1⁰; ς hab. S in 357, S* in 9 50, sed S
in 43, Sᶜ in 9 50 -ουν, S in 3 40 -ου, AL fluctuant inter -ουμ, -ουν, -ου ‖
41 πεδας Sy (cf. Fr.)] παιδας mss. | προσετεθησαν] προσεγενηθ. A | δυναμις(A
-μεις)] pr. και S† ‖ 42 παρεμβαλουσιν A: cf. 47 | του βασ.] της βασιλειας A†
‖ 43 αναστησον S*†, -σομεν SᶜV† | του λαου ημων 1⁰⌢2⁰ A | πολεμησω-
μεν] -σομεν S La† ‖ 44 ηθροισθη] -θησαν A† | ελεος SV†] -ον rel. ‖ 45 αν-
οικητος S*† | και εκπορ. > S*V†

γενημάτων αὐτῆς, καὶ τὸ ἁγίασμα καταπατούμενον, καὶ υἱοὶ ἀλλο-
γενῶν ἐν τῇ ἄκρᾳ, κατάλυμα τοῖς ἔθνεσιν · καὶ ἐξήρθη τέρψις ἐξ
46 Ιακωβ, καὶ ἐξέλιπεν αὐλὸς καὶ κινύρα. ⁴⁶καὶ συνήχθησαν καὶ ἦλ-
θοσαν εἰς Μασσηφα κατέναντι Ιερουσαλημ, ὅτι τόπος προσευχῆς
47 ἦν ἐν Μασσηφα τὸ πρότερον τῷ Ισραηλ. ⁴⁷καὶ ἐνήστευσαν τῇ
ἡμέρᾳ ἐκείνῃ καὶ περιεβάλοντο σάκκους καὶ σποδὸν ἐπὶ τὴν κε-
48 φαλὴν αὐτῶν καὶ διέρρηξαν τὰ ἱμάτια αὐτῶν. ⁴⁸καὶ ἐξεπέτασαν τὸ
βιβλίον τοῦ νόμου περὶ ὧν ἐξηρεύνων τὰ ἔθνη τὰ ὁμοιώματα τῶν
49 εἰδώλων αὐτῶν. ⁴⁹καὶ ἤνεγκαν τὰ ἱμάτια τῆς ἱερωσύνης καὶ τὰ
πρωτογενήματα καὶ τὰς δεκάτας καὶ ἤγειραν τοὺς ναζιραίους, οἳ
50 ἐπλήρωσαν τὰς ἡμέρας, ⁵⁰καὶ ἐβόησαν φωνῇ εἰς τὸν οὐρανὸν λέ-
51 γοντες Τί ποιήσωμεν τούτοις καὶ ποῦ αὐτοὺς ἀπαγάγωμεν, ⁵¹καὶ
τὰ ἅγιά σου καταπεπάτηνται καὶ βεβήλωνται καὶ οἱ ἱερεῖς σου ἐν
52 πένθει καὶ ταπεινώσει; ⁵²καὶ ἰδοὺ τὰ ἔθνη συνῆκται ἐφ᾽ ἡμᾶς τοῦ
53 ἐξᾶραι ἡμᾶς · σὺ οἶδας ἃ λογίζονται ἐφ᾽ ἡμᾶς. ⁵³πῶς δυνησόμεθα
ὑποστῆναι κατὰ πρόσωπον αὐτῶν, ἐὰν μὴ σὺ βοηθήσῃς ἡμῖν;
54
55 ⁵⁴καὶ ἐσάλπισαν ταῖς σάλπιγξιν καὶ ἐβόησαν φωνῇ μεγάλῃ. ⁵⁵καὶ
μετὰ τοῦτο κατέστησεν Ιουδας ἡγουμένους τοῦ λαοῦ, χιλιάρχους
56 καὶ ἑκατοντάρχους καὶ πεντηκοντάρχους καὶ δεκαδάρχους. ⁵⁶κα
εἶπεν τοῖς οἰκοδομοῦσιν οἰκίας καὶ μνηστευομένοις γυναῖκας καὶ
φυτεύουσιν ἀμπελῶνας καὶ δειλοῖς ἀποστρέφειν ἕκαστον εἰς τὸν
57 οἶκον αὐτοῦ κατὰ τὸν νόμον. ⁵⁷καὶ ἀπῆρεν ἡ παρεμβολή, καὶ
58 παρενέβαλον κατὰ νότον Αμμαους. ⁵⁸καὶ εἶπεν Ιουδας Περιζώσασθε
καὶ γίνεσθε εἰς υἱοὺς δυνατοὺς καὶ γίνεσθε ἕτοιμοι εἰς πρωὶ τοῦ
πολεμῆσαι ἐν τοῖς ἔθνεσιν τούτοις τοῖς ἐπισυνηγμένοις ἐφ᾽ ἡμᾶς
59 ἐξᾶραι ἡμᾶς καὶ τὰ ἅγια ἡμῶν · ⁵⁹ὅτι κρεῖσσον ἡμᾶς ἀποθανεῖν ἐν
τῷ πολέμῳ ἢ ἐπιδεῖν ἐπὶ τὰ κακὰ τοῦ ἔθνους ἡμῶν καὶ τῶν ἁγίων.
60 ⁶⁰ὡς δ᾽ ἂν ᾖ θέλημα ἐν οὐρανῷ, οὕτως ποιήσει.
4 ¹Καὶ παρέλαβεν Γοργίας πεντακισχιλίους ἄνδρας καὶ χιλίαν ἵππον
2 ἐκλεκτήν, καὶ ἀπῆρεν ἡ παρεμβολὴ νυκτὸς ²ὥστε ἐπιβαλεῖν ἐπὶ τὴν
παρεμβολὴν τῶν Ιουδαίων καὶ πατάξαι αὐτοὺς ἄφνω · καὶ υἱοὶ τῆς
3 ἄκρας ἦσαν αὐτῷ ὁδηγοί. ³καὶ ἤκουσεν Ιουδας καὶ ἀπῆρεν αὐτὸς
καὶ οἱ δυνατοὶ πατάξαι τὴν δύναμιν τοῦ βασιλέως τὴν ἐν Αμμαους,
4 ⁴ἕως ἔτι ἐσκορπισμέναι ἦσαν αἱ δυνάμεις ἀπὸ τῆς παρεμβολῆς.
5 ⁵καὶ ἦλθεν Γοργίας εἰς τὴν παρεμβολὴν Ιουδου νυκτὸς καὶ οὐδένα

45 τοις] pr. εν A ‖ 46 ην εν] εις A ‖ 47 περιεβαλλοντο A: cf. 42 | τας
κεφαλας A ‖ 48 εξεπετασαν] -σεν S† | εθνη SA La] + του επιγραφειν επ
αυτων compl. ‖ 49 και 2⁰ > S† ‖ 51 καταπεπατηνται et βεβηλωνται] ν >
A ‖ 55 και paenult. ⌒ult. S*† ‖ 56 οικιας] -αν A† ‖ 57 παρενεβαλον]
-λοσαν A | κατα νοτου A† | αμμαους: cf. 40 ‖ 58 και 2⁰ > S† | γ(ε)ινεσθε
1⁰] γεν. A† | δυνατους] δυναμεως S† | πρωι S*V†] pr. το rel. ‖ 59 τω > A†
4 2 υιοι] pr. οι A ‖ 3 αμμαους: cf. 3 40 ‖ 4 εως] ως S† | εσκορπ. ησαν /
αι δυν.] tr. A ‖ 5 ιουδου: cf. 3 25

εὗρεν· καὶ ἐζήτει αὐτοὺς ἐν τοῖς ὄρεσιν, ὅτι εἶπεν Φεύγουσιν οὗτοι
ἀφ᾽ ἡμῶν. ⁶καὶ ἅμα ἡμέρᾳ ὤφθη Ιουδας ἐν τῷ πεδίῳ ἐν τρισχιλί- 6
οις ἀνδράσιν· πλὴν καλύμματα καὶ μαχαίρας οὐκ εἶχον ὡς ἠβού-
λοντο. ⁷καὶ εἶδον παρεμβολὴν ἐθνῶν ἰσχυρὰν καὶ τεθωρακισμένην 7
καὶ ἵππον κυκλοῦσαν αὐτήν, καὶ οὗτοι διδακτοὶ πολέμου. ⁸καὶ εἶπεν 8
Ιουδας τοῖς ἀνδράσιν τοῖς μετ᾽ αὐτοῦ Μὴ φοβεῖσθε τὸ πλῆθος
αὐτῶν καὶ τὸ ὅρμημα αὐτῶν μὴ δειλωθῆτε· ⁹μνήσθητε ὡς ἐσώ- 9
θησαν οἱ πατέρες ἡμῶν ἐν θαλάσσῃ ἐρυθρᾷ, ὅτε ἐδίωκεν αὐτοὺς
Φαραω ἐν δυνάμει· ¹⁰καὶ νῦν βοήσωμεν εἰς οὐρανόν, εἰ θελήσει 10
ἡμᾶς καὶ μνησθήσεται διαθήκης πατέρων καὶ συντρίψει τὴν παρεμ-
βολὴν ταύτην κατὰ πρόσωπον ἡμῶν σήμερον, ¹¹καὶ γνώσονται 11
πάντα τὰ ἔθνη ὅτι ἔστιν ὁ λυτρούμενος καὶ σῴζων τὸν Ισραηλ.
¹²καὶ ἦραν οἱ ἀλλόφυλοι τοὺς ὀφθαλμοὺς αὐτῶν καὶ εἶδον αὐτοὺς 12
ἐρχομένους ἐξ ἐναντίας ¹³καὶ ἐξῆλθον ἐκ τῆς παρεμβολῆς εἰς πό- 13
λεμον· καὶ ἐσάλπισαν οἱ παρὰ Ιουδου ¹⁴καὶ συνῆψαν, καὶ συν- 14
ετρίβησαν τὰ ἔθνη καὶ ἔφυγον εἰς τὸ πεδίον, ¹⁵οἱ δὲ ἔσχατοι πάν- 15
τες ἔπεσον ἐν ῥομφαίᾳ. καὶ ἐδίωξαν αὐτοὺς ἕως Γαζηρων καὶ ἕως
τῶν πεδίων τῆς Ιδουμαίας καὶ Ἀζώτου καὶ Ιαμνείας, καὶ ἔπεσαν
ἐξ αὐτῶν εἰς ἄνδρας τρισχιλίους. ¹⁶καὶ ἀπέστρεψεν Ιουδας καὶ ἡ 16
δύναμις ἀπὸ τοῦ διώκειν ὄπισθεν αὐτῶν ¹⁷καὶ εἶπεν πρὸς τὸν λαόν 17
Μὴ ἐπιθυμήσητε τῶν σκύλων, ὅτι πόλεμος ἐξ ἐναντίας ἡμῶν,
¹⁸καὶ Γοργίας καὶ ἡ δύναμις ἐν τῷ ὄρει ἐγγὺς ἡμῶν· ἀλλὰ στῆτε 18
νῦν ἐναντίον τῶν ἐχθρῶν ἡμῶν καὶ πολεμήσατε αὐτούς, καὶ μετὰ
ταῦτα λάβετε τὰ σκῦλα μετὰ παρρησίας. ¹⁹ἔτι πληροῦντος Ιουδου 19
ταῦτα μέρος τι ὤφθη ἐκκῦπτον ἐκ τοῦ ὄρους· ²⁰καὶ εἶδεν ὅτι 20
τετρόπωνται, καὶ ἐμπυρίζουσιν τὴν παρεμβολήν· ὁ γὰρ καπνὸς ὁ
θεωρούμενος ἐνεφάνιζεν τὸ γεγονός. ²¹οἱ δὲ ταῦτα συνιδόντες 21
ἐδειλώθησαν σφόδρα· συνιδόντες δὲ καὶ τὴν Ιουδου παρεμβολὴν
ἐν τῷ πεδίῳ ἑτοίμην εἰς παράταξιν ²²ἔφυγον πάντες εἰς γῆν ἀλλο- 22
φύλων. ²³καὶ Ιουδας ἀνέστρεψεν ἐπὶ τὴν σκυλείαν τῆς παρεμβολῆς, 23
καὶ ἔλαβον χρυσίον πολὺ καὶ ἀργύριον καὶ ὑάκινθον καὶ πορφύραν
θαλασσίαν καὶ πλοῦτον μέγαν. ²⁴καὶ ἐπιστραφέντες ὕμνουν καὶ 24
εὐλόγουν εἰς οὐρανὸν ὅτι καλόν, ὅτι εἰς τὸν αἰῶνα τὸ ἔλεος αὐτοῦ.

6 μαχαιρας] -αν A | ως SV†] καθως rel. ‖ 7 και 2⁰ > A ‖ 8 δειλωθητε]
εδεσθ. S†, διωθ. A† ‖ 9 εδιωκεν] -ωξαν A⁽†⁾ ‖ 10 βοησωμεν S† ‖ 11 και
σωζων > S*† ‖ 12 ερχομενους] ρ > A† ‖ 13 ιουδου: cf. 3 25 ‖ 15 γα-
σηρων A | ιδουμ.] ιουδαιας A†: cf. 29 5 3 13 33 | ιαμινειας S*†, ιαννειας A†
‖ 16 απεστρεψεν SV†] ανεστρ. pau., επεστρ. A rel. ‖ 18 τα σκυλα] σκυλα
και A† ‖ 19 ιουδου: cf. 3 25 | μερος τι / ωφθη SV†] tr. rel. ‖ 20 τετρο-
πωνται] ν > A ‖ 21 συν(ε)ιδοντες 1⁰] ν ult. > A | και > S† | ιουδου: cf.
3 25 ‖ 23 ελαβον] -βεν A | πολυ(A -υν) / και αργυριον] tr. A† | και πορφυραν]
και > S*†, και πορφ. και A† ‖ 24 επιστρεψαντες A | οτι 2⁰ > A†

25 ²⁵καὶ ἐγενήθη σωτηρία μεγάλη τῷ Ισραηλ ἐν τῇ ἡμέρᾳ ἐκείνῃ.
26 ²⁶ Ὅσοι δὲ τῶν ἀλλοφύλων διεσώθησαν, παραγενηθέντες ἀπήγ-
27 γειλαν τῷ Λυσίᾳ πάντα τὰ συμβεβηκότα. ²⁷ὁ δὲ ἀκούσας συνεχύθη
    καὶ ἠθύμει, ὅτι οὐχ οἷα ἤθελεν, τοιαῦτα ἐγεγόνει τῷ Ισραηλ, καὶ
28 οὐχ οἷα αὐτῷ ἐνετείλατο ὁ βασιλεύς, ἐξέβη. ²⁸καὶ ἐν τῷ ἐρχομένῳ
    ἐνιαυτῷ συνελόχησεν ἀνδρῶν ἐπιλέκτων ἑξήκοντα χιλιάδας καὶ
29 πεντακισχιλίαν ἵππον ὥστε ἐκπολεμῆσαι αὐτούς. ²⁹καὶ ἦλθον εἰς
    τὴν Ιδουμαίαν καὶ παρενέβαλον ἐν Βαιθσουροις, καὶ συνήντησεν
30 αὐτοῖς Ιουδας ἐν δέκα χιλιάσιν ἀνδρῶν. ³⁰καὶ εἶδεν τὴν παρεμ-
    βολὴν ἰσχυρὰν καὶ προσηύξατο καὶ εἶπεν Εὐλογητὸς εἶ, ὁ σωτὴρ
    Ισραηλ ὁ συντρίψας τὸ ὅρμημα τοῦ δυνατοῦ ἐν χειρὶ τοῦ δούλου
    σου Δαυιδ καὶ παρέδωκας τὴν παρεμβολὴν τῶν ἀλλοφύλων εἰς
    χεῖρας Ιωναθου υἱοῦ Σαουλ καὶ τοῦ αἴροντος τὰ σκεύη αὐτοῦ ·
31 ³¹οὕτως σύγκλεισον τὴν παρεμβολὴν ταύτην ἐν χειρὶ λαοῦ σου
    Ισραηλ, καὶ αἰσχυνθήτωσαν ἐπὶ τῇ δυνάμει καὶ τῇ ἵππῳ αὐτῶν ·
32 ³²δὸς αὐτοῖς δειλίαν καὶ τῆξον θράσος ἰσχύος αὐτῶν, καὶ σαλευθή-
33 τωσαν τῇ συντριβῇ αὐτῶν · ³³κατάβαλε αὐτοὺς ῥομφαίᾳ ἀγαπών-
    των σε, καὶ αἰνεσάτωσάν σε πάντες οἱ εἰδότες τὸ ὄνομά σου ἐν
34 ὕμνοις. ³⁴καὶ συνέβαλλον ἀλλήλοις, καὶ ἔπεσον ἐκ τῆς παρεμβολῆς
    Λυσίου εἰς πεντακισχιλίους ἄνδρας καὶ ἔπεσον ἐξ ἐναντίας αὐτῶν.
35 ³⁵ἰδὼν δὲ Λυσίας τὴν γενομένην τροπὴν τῆς αὐτοῦ συντάξεως,
    τῆς δὲ Ιουδου τὸ γεγενημένον θάρσος καὶ ὡς ἕτοιμοί εἰσιν ἢ ζῆν
    ἢ τεθνηκέναι γενναίως, ἀπῆρεν εἰς Ἀντιόχειαν καὶ ἐξενολόγει πλε-
    οναστὸν πάλιν παραγίνεσθαι εἰς τὴν Ιουδαίαν.
36 ³⁶Εἶπεν δὲ Ιουδας καὶ οἱ ἀδελφοὶ αὐτοῦ Ἰδοὺ συνετρίβησαν οἱ
37 ἐχθροὶ ἡμῶν, ἀναβῶμεν καθαρίσαι τὰ ἅγια καὶ ἐγκαινίσαι. ³⁷καὶ
38 συνήχθη ἡ παρεμβολὴ πᾶσα καὶ ἀνέβησαν εἰς ὄρος Σιων. ³⁸καὶ
    εἶδον τὸ ἁγίασμα ἠρημωμένον καὶ τὸ θυσιαστήριον βεβηλωμένον
    καὶ τὰς θύρας κατακεκαυμένας καὶ ἐν ταῖς αὐλαῖς φυτὰ πεφυκότα
    ὡς ἐν δρυμῷ ἢ ὡς ἐν ἑνὶ τῶν ὀρέων καὶ τὰ παστοφόρια καθ-
39 ηρημένα. ³⁹καὶ διέρρηξαν τὰ ἱμάτια αὐτῶν καὶ ἐκόψαντο κοπετὸν

25 τω] pr. εν S⁺ ‖ 27 ακουσας] + παντα A⁺ | εγεγονει] γεγονεν A | ουχ ult.
... εξεβη] ... ουκ εξεβη S⁺ | αυτω ενετειλ. SV⁺] tr. rel. ‖ 28 συνελοχ.] συν-
ευδοκησεν S*⁺ | εκπολεμησαι] εκ > SV⁺: cf. 11 20. 46 15 31 ‖ 29 ηλθεν Spau.
| ιδουμ.] ιουδαιαν S⁺: cf. 15 | παρενεβαλλον S*⁺ | εν δεκα χιλ. ανδρων] ενδεκα
χιλιαδας εχων ανδρων La⁺: item, sed δεκα pro ενδεκα, S⁺ ‖ 30 ειδεν] -δον
S La⁺; deinde S⁺ (non La) etiam προσηυξαντο και ειπον ‖ 31 ουτως pau.
La] > rel. | εν χειρι] εις -ρας A⁽⁺⁾ ‖ 33 ειδοτες] ιδοντες A ‖ 35 ιουδου:
cf. 3 25 | η 1⁰] ει S⁺ | πλεοναστον παλιν Ra. (cf. La)] pr. και ομνes codices
graeci; + γεν(ν)ηθεντα SA (mss. hoc loco multis modis uariant) | παραγ(ε)ι-
νεσθαι] -γεν- A ‖ 36 αναβωμεν καθαρισαι] αναβαται(pro -τε) καθαρισαται(pro
-τε) S*⁺, αναβωμεν και καθαρισωμεν ScL | εγκαινισαι] -σωμεν ScL ‖ 38 α-
γιασμα] + ημων A⁺ | θυρας] πυλας A pl. | εν ult. > S: ante ενι ‖ 39 διερ-
ρηξαν] δι > S⁺

μέγαν καὶ ἐπέθεντο σποδὸν ⁴⁰καὶ ἔπεσαν ἐπὶ πρόσωπον ἐπὶ τὴν 40
γῆν καὶ ἐσάλπισαν ταῖς σάλπιγξιν τῶν σημασιῶν καὶ ἐβόησαν εἰς
οὐρανόν. ⁴¹τότε ἐπέταξεν Ιουδας ἀνδράσιν πολεμεῖν τοὺς ἐν τῇ 41
ἄκρᾳ, ἕως καθαρίσῃ τὰ ἅγια. ⁴²καὶ ἐπελέξατο ἱερεῖς ἀμώμους θε- 42
λητὰς νόμου, ⁴³καὶ ἐκαθάρισαν τὰ ἅγια καὶ ἦραν τοὺς λίθους τοῦ 43
μιασμοῦ εἰς τόπον ἀκάθαρτον. ⁴⁴καὶ ἐβουλεύσαντο περὶ τοῦ θυσια- 44
στηρίου τῆς ὁλοκαυτώσεως τοῦ βεβηλωμένου, τί αὐτῷ ποιήσωσιν·
⁴⁵καὶ ἔπεσεν αὐτοῖς βουλὴ ἀγαθὴ καθελεῖν αὐτό, μήποτε γένηται 45
αὐτοῖς εἰς ὄνειδος ὅτι ἐμίαναν τὰ ἔθνη αὐτό· καὶ καθεῖλον τὸ
θυσιαστήριον ⁴⁶καὶ ἀπέθεντο τοὺς λίθους ἐν τῷ ὄρει τοῦ οἴκου ἐν 46
τόπῳ ἐπιτηδείῳ μέχρι τοῦ παραγενηθῆναι προφήτην τοῦ ἀποκρι-
θῆναι περὶ αὐτῶν. ⁴⁷καὶ ἔλαβον λίθους ὁλοκλήρους κατὰ τὸν νόμον 47
καὶ ᾠκοδόμησαν θυσιαστήριον καινὸν κατὰ τὸ πρότερον. ⁴⁸καὶ 48
ᾠκοδόμησαν τὰ ἅγια καὶ τὰ ἐντὸς τοῦ οἴκου καὶ τὰς αὐλὰς ἡγία-
σαν ⁴⁹καὶ ἐποίησαν σκεύη ἅγια καινὰ καὶ εἰσήνεγκαν τὴν λυχνίαν 49
καὶ τὸ θυσιαστήριον τῶν θυμιαμάτων καὶ τὴν τράπεζαν εἰς τὸν
ναόν. ⁵⁰καὶ ἐθυμίασαν ἐπὶ τὸ θυσιαστήριον καὶ ἐξῆψαν τοὺς λύ- 50
χνους τοὺς ἐπὶ τῆς λυχνίας, καὶ ἔφαινον ἐν τῷ ναῷ. ⁵¹καὶ ἐπέθηκαν 51
ἐπὶ τὴν τράπεζαν ἄρτους καὶ ἐξεπέτασαν τὰ καταπετάσματα. καὶ
ἐτέλεσαν πάντα τὰ ἔργα, ἃ ἐποίησαν. ⁵²καὶ ὤρθρισαν τὸ πρωὶ τῇ 52
πέμπτῃ καὶ εἰκάδι τοῦ μηνὸς τοῦ ἐνάτου (οὗτος ὁ μὴν Χασελευ)
τοῦ ὀγδόου καὶ τεσσαρακοστοῦ καὶ ἑκατοστοῦ ἔτους ⁵³καὶ ἀνήνεγ- 53
καν θυσίαν κατὰ τὸν νόμον ἐπὶ τὸ θυσιαστήριον τῶν ὁλοκαυτω-
μάτων τὸ καινόν, ὃ ἐποίησαν. ⁵⁴κατὰ τὸν καιρὸν καὶ κατὰ τὴν 54
ἡμέραν, ἐν ᾗ ἐβεβήλωσαν αὐτὸ τὰ ἔθνη, ἐν ἐκείνῃ ἐνεκαινίσθη ἐν
ᾠδαῖς καὶ κιθάραις καὶ κινύραις καὶ κυμβάλοις. ⁵⁵καὶ ἔπεσεν πᾶς 55
ὁ λαὸς ἐπὶ πρόσωπον καὶ προσεκύνησαν καὶ εὐλόγησαν εἰς οὐρα-
νὸν τὸν εὐοδώσαντα αὐτοῖς. ⁵⁶καὶ ἐποίησαν τὸν ἐγκαινισμὸν τοῦ 56
θυσιαστηρίου ἡμέρας ὀκτὼ καὶ προσήνεγκαν ὁλοκαυτώματα μετ᾽
εὐφροσύνης καὶ ἔθυσαν θυσίαν σωτηρίου καὶ αἰνέσεως. ⁵⁷καὶ κατ- 57
εκόσμησαν τὸ κατὰ πρόσωπον τοῦ ναοῦ στεφάνοις χρυσοῖς καὶ
ἀσπιδίσκαις καὶ ἐνεκαίνισαν τὰς πύλας καὶ τὰ παστοφόρια καὶ
ἐθύρωσαν αὐτά. ⁵⁸καὶ ἐγενήθη εὐφροσύνη μεγάλη ἐν τῷ λαῷ 58

---

39 fin. SLᴘLa†] + επι την κεφαλην αυτων rel. ‖ 40 σημασιων] ασ > S†
‖ 42 επελεξατο SV†] -ξεν rel. ‖ 44 αυτω] -το SL ‖ 47 ελαβεν et ωκο-
δομησεν et 48 ηγιασεν A† (47 ωκοδομησεν etiam S*†), sed reliquos plurales
hab. etiam A ‖ 49 σκευη αγια] τα σκ. τα αγ. A ‖ θυμιαμ. L La] pr. ολοκαυ-
τωματων και SA ‖ 52 του ενατου > S† | χασαλευ S*†, χας ελεου A†:
cf. 1 54; sed in 4 59 ambo χασελευ | ετους > S†, pro του(ult.) ... ετους
hab. SᶜL ετους ... ‖ 54 και 1⁰ > A | εκεινη] + τη ημερα S | κυμβαλοις]
pr. εν A ‖ 55 επεσεν A | fin. αυτους A ‖ 56 μετ] μετα S† hic, non in 59
‖ 57 χρυσοις > S*† | ενεκαινισαν] -σεν A ‖ 58 ευφροσ. μεγαλη] tr. SL

59 σφόδρα, καὶ ἀπεστράφη ὀνειδισμὸς ἐθνῶν. ⁵⁹καὶ ἔστησεν Ιουδας
καὶ οἱ ἀδελφοὶ αὐτοῦ καὶ πᾶσα ἡ ἐκκλησία Ισραηλ ἵνα ἄγωνται
αἱ ἡμέραι τοῦ ἐγκαινισμοῦ τοῦ θυσιαστηρίου ἐν τοῖς καιροῖς αὐτῶν
ἐνιαυτὸν κατ᾽ ἐνιαυτὸν ἡμέρας ὀκτὼ ἀπὸ τῆς πέμπτης καὶ εἰκάδος
60 τοῦ μηνὸς Χασελευ μετ᾽ εὐφροσύνης καὶ χαρᾶς. ⁶⁰καὶ ᾠκοδόμησαν
ἐν τῷ καιρῷ ἐκείνῳ τὸ ὄρος Σιων κυκλόθεν τείχη ὑψηλὰ καὶ
πύργους ὀχυρούς, μήποτε παραγενηθέντα τὰ ἔθνη καταπατήσωσιν
61 αὐτά, ὡς ἐποίησαν τὸ πρότερον. ⁶¹καὶ ἀπέταξεν ἐκεῖ δύναμιν τη-
ρεῖν αὐτὸ καὶ ὠχύρωσεν αὐτὸ τηρεῖν τὴν Βαιθσουραν τοῦ ἔχειν
τὸν λαὸν ὀχύρωμα κατὰ πρόσωπον τῆς Ιδουμαίας.

5 ¹Καὶ ἐγένετο ὅτε ἤκουσαν τὰ ἔθνη κυκλόθεν ὅτι ᾠκοδομήθη τὸ
θυσιαστήριον καὶ ἐνεκαινίσθη τὸ ἁγίασμα ὡς τὸ πρότερον, καὶ
2 ὠργίσθησαν σφόδρα ²καὶ ἐβουλεύσαντο τοῦ ἆραι τὸ γένος Ιακωβ
τοὺς ὄντας ἐν μέσῳ αὐτῶν καὶ ἤρξαντο τοῦ θανατοῦν ἐν τῷ λαῷ
3 καὶ ἐξαίρειν. ³καὶ ἐπολέμει Ιουδας πρὸς τοὺς υἱοὺς Ησαυ ἐν τῇ
Ιδουμαίᾳ, τὴν Ακραβαττήνην, ὅτι περιεκάθηντο τὸν Ισραηλ, καὶ
ἐπάταξεν αὐτοὺς πληγὴν μεγάλην καὶ συνέστειλεν αὐτοὺς καὶ ἔλα-
4 βεν τὰ σκῦλα αὐτῶν. ⁴καὶ ἐμνήσθη τῆς κακίας υἱῶν Βαιαν, οἳ
ἦσαν τῷ λαῷ εἰς παγίδα καὶ σκάνδαλον ἐν τῷ ἐνεδρεύειν αὐτοὺς
5 ἐν ταῖς ὁδοῖς · ⁵καὶ συνεκλείσθησαν ὑπ᾽ αὐτοῦ εἰς τοὺς πύργους,
καὶ παρενέβαλεν ἐπ᾽ αὐτοὺς καὶ ἀνεθεμάτισεν αὐτοὺς καὶ ἐνεπύρισε
6 τοὺς πύργους αὐτῆς ἐν πυρὶ σὺν πᾶσιν τοῖς ἐνοῦσιν. ⁶καὶ διεπέ-
ρασεν ἐπὶ τοὺς υἱοὺς Αμμων καὶ εὗρεν χεῖρα κραταιὰν καὶ λαὸν
7 πολὺν καὶ Τιμόθεον ἡγούμενον αὐτῶν · ⁷καὶ συνῆψεν πρὸς αὐτοὺς
πολέμους πολλούς, καὶ συνετρίβησαν πρὸ προσώπου αὐτοῦ, καὶ
8 ἐπάταξεν αὐτούς. ⁸καὶ προκατελάβετο τὴν Ιαζηρ καὶ τὰς θυγατέρας
αὐτῆς καὶ ἀνέστρεψεν εἰς τὴν Ιουδαίαν.

9 ⁹Καὶ ἐπισυνήχθησαν τὰ ἔθνη τὰ ἐν τῇ Γαλααδ ἐπὶ τὸν Ισραηλ
τοὺς ὄντας ἐπὶ τοῖς ὁρίοις αὐτῶν τοῦ ἐξᾶραι αὐτούς, καὶ ἔφυγον
10 εἰς Δαθεμα τὸ ὀχύρωμα ¹⁰καὶ ἀπέστειλαν γράμματα πρὸς Ιουδαν

58 ονειδισμος] -δος A ‖ 59 η et αι et του 1⁰ > A | ενιαυτον 1⁰] -του S*†
‖ 60 οχυρους] ισχ. A: cf. 5 46 6 57; υψηλους S*† | μηποτε] pr. και S† | κατα-
πατησωσιν] -σουσιν SV† | αυτα] -το Sc† ‖ 61 απεταξεν] -ξαν A | αυτο bis]
1⁰ -τα S*V†, 2⁰ -του S*† | ωχυρωσεν] -σαν A | βαιθσουραν (uel βεθσ.; S† hoc
loco βαθσ.): hoc nomen flectitur -σουρων, -σουροις, -σουραν (cf. Thack. § 11,
10); pro -σουραν praebent -σουρα SA in 4 61 6 31, S in 6 26, A in 6 7 (cf.
etiam 11 65), quod mutaui
5 1 και εγεν. οτε] τοτε S*† | ω(uel οι)κοδομηθη το] -μητο S*† | ωργισθησαν]
-θη A† ‖ 2 εν μεσω / αυτων] tr. S† ‖ 3 ιδουμαια] ιουδαια A†: cf. 4 15 |
ακραβαττηνην] α pro η 1⁰ Sc | επαταξεν] -ξαν S† ‖ 4 σκανδαλον SVLa†]
pr. εις rel. ‖ 5 συνεκλεισθ.] διεκλ. A | υπ αυτους AV† | παρενεβ.] εν > A†
| ενουσιν] ενοικουσιν Sc ‖ 6 πολυν] + και χειρα ισχυραν (sic) SVL ‖ 8 προ-
κατελαβετο] το > A†: cf. 6 27 | ιαζην A† | ανεστρεψεν] -ψαν S† ‖ 9 τα 1⁰]
pr. εις S† | γαλααδ] -διτιδι pau., -διν A*†, -διτι Ac†: cf. 25

καὶ τοὺς ἀδελφοὺς αὐτοῦ λέγοντες Ἐπισυνηγμένα ἐστὶν ἐφ᾽ ἡμᾶς
τὰ ἔθνη κύκλῳ ἡμῶν τοῦ ἐξᾶραι ἡμᾶς ¹¹καὶ ἑτοιμάζονται ἐλθεῖν 11
καὶ προκαταλαβέσθαι τὸ ὀχύρωμα, εἰς ὃ κατεφύγομεν, καὶ Τιμόθεος
ἡγεῖται τῆς δυνάμεως αὐτῶν· ¹²νῦν οὖν ἐλθὼν ἐξελοῦ ἡμᾶς ἐκ 12
χειρὸς αὐτῶν, ὅτι πέπτωκεν ἐξ ἡμῶν πλῆθος, ¹³καὶ πάντες οἱ ἀδελ- 13
φοὶ ἡμῶν οἱ ὄντες ἐν τοῖς Τουβίου τεθανάτωνται, καὶ ἠχμαλωτί-
κασιν τὰς γυναῖκας αὐτῶν καὶ τὰ τέκνα καὶ τὴν ἀποσκευὴν καὶ
ἀπώλεσαν ἐκεῖ ὡσεὶ μίαν χιλιαρχίαν ἀνδρῶν. ¹⁴ἔτι αἱ ἐπιστολαὶ 14
ἀνεγιγνώσκοντο, καὶ ἰδοὺ ἄγγελοι ἕτεροι παρεγένοντο ἐκ τῆς Γα-
λιλαίας διερρηχότες τὰ ἱμάτια ἀπαγγέλλοντες κατὰ τὰ ῥήματα
ταῦτα ¹⁵λέγοντες ἐπισυνῆχθαι ἐπ᾽ αὐτοὺς ἐκ Πτολεμαίδος καὶ Τύρου 15
καὶ Σιδῶνος καὶ πᾶσαν Γαλιλαίαν ἀλλοφύλων τοῦ ἐξαναλῶσαι ἡμᾶς.
¹⁶ὡς δὲ ἤκουσεν Ιουδας καὶ ὁ λαὸς τοὺς λόγους τούτους, ἐπι- 16
συνήχθη ἐκκλησία μεγάλη βουλεύσασθαι τί ποιήσωσιν τοῖς ἀδελ-
φοῖς αὐτῶν τοῖς οὖσιν ἐν θλίψει καὶ πολεμουμένοις ὑπ᾽ αὐτῶν.
¹⁷καὶ εἶπεν Ιουδας Σιμωνι τῷ ἀδελφῷ αὐτοῦ Ἐπίλεξον σεαυτῷ 17
ἄνδρας καὶ πορεύου καὶ ῥῦσαι τοὺς ἀδελφούς σου τοὺς ἐν τῇ
Γαλιλαίᾳ, ἐγὼ δὲ καὶ Ιωναθαν ὁ ἀδελφός μου πορευσόμεθα εἰς τὴν
Γαλααδῖτιν. ¹⁸καὶ κατέλιπεν Ιωσηπον τὸν τοῦ Ζαχαριου καὶ Αζαριαν 18
ἡγούμενον τοῦ λαοῦ μετὰ τῶν ἐπιλοίπων τῆς δυνάμεως ἐν τῇ
Ιουδαίᾳ εἰς τήρησιν ¹⁹καὶ ἐνετείλατο αὐτοῖς λέγων Πρόστητε τοῦ 19
λαοῦ τούτου καὶ μὴ συνάψητε πόλεμον πρὸς τὰ ἔθνη ἕως τοῦ
ἐπιστρέψαι ἡμᾶς. ²⁰καὶ ἐμερίσθησαν Σιμωνι ἄνδρες τρισχίλιοι τοῦ 20
πορευθῆναι εἰς τὴν Γαλιλαίαν, Ιουδα δὲ ἄνδρες ὀκτακισχίλιοι εἰς
τὴν Γαλααδῖτιν. ²¹καὶ ἐπορεύθη Σιμων εἰς τὴν Γαλιλαίαν καὶ συν- 21
ῆψεν πολέμους πολλοὺς πρὸς τὰ ἔθνη, καὶ συνετρίβη τὰ ἔθνη ἀπὸ
προσώπου αὐτοῦ, ²²καὶ ἐδίωξεν αὐτοὺς ἕως τῆς πύλης Πτολεμαΐ- 22
δος. καὶ ἔπεσον ἐκ τῶν ἐθνῶν εἰς τρισχιλίους ἄνδρας, καὶ ἔλαβεν
τὰ σκῦλα αὐτῶν. ²³καὶ παρέλαβεν τοὺς ἐκ τῆς Γαλιλαίας καὶ ἐν 23
Αρβαττοις σὺν ταῖς γυναιξὶν καὶ τοῖς τέκνοις καὶ πάντα, ὅσα ἦν
αὐτοῖς, καὶ ἤγαγεν εἰς τὴν Ιουδαίαν μετ᾽ εὐφροσύνης μεγάλης.
²⁴καὶ Ιουδας ὁ Μακκαβαῖος καὶ Ιωναθαν ὁ ἀδελφὸς αὐτοῦ διέβησαν 24

10 εφ ημας > S† | κυκλω SVLa†] pr. τα rel. ‖ 11 ετοιμαζοντες A*† |
κατεφυγομεν] -γον S*† | δυναμεως] παρεμβολης A ‖ 13 οντες > S*† | ηχ-
μαλωτικασιν] -τευκ- ScL | αυτων > S† | τεκνα SVLa†] + αυτων rel. | ωσει]
ως A | χιλιαρχιαν] χιλιαδα Ar(-δαν)L ‖ 14 αι > S ‖ 15 επισυνηχθαι] -θη A
| πασαν γαλιλαιαν] ν bis > S† ‖ 16 βουλευσασθαι] > S*†, ε pro σα A† |
fin. αυτου A† ‖ 17 σου τους] σου > SLp, τους > A†, ημων τους LpLa |
ιωναθας (sic) S†: cf. 2 5 | μου] αυτου S*† ‖ 18 ιωσηφον A: cf. 60 | ηγου-
μενον SA La(cf. 58)] τον -νον uel των -νων L, ηγουμενους mu. ‖ 20 σιμω-
νι] ι ult. > S† ‖ 22 της πυλης] των πολεων A | ελαβεν] -βον S ‖ 23 παρ-
ελαβεν] -βον S | τους] αυτους A | αρβαττοις mu.] pro ΤΤ hab. N S*, ΚΤ A
Sc†; ακραβαττοις La(†): ad 3 adapt. | ηγαγεν] -γον A ‖ 24 ο 2⁰ > S*†

τὸν Ἰορδάνην καὶ ἐπορεύθησαν ὁδὸν τριῶν ἡμερῶν ἐν τῇ ἐρήμῳ.
25 ²⁵καὶ συνήντησαν τοῖς Ναβαταίοις, καὶ ἀπήντησαν αὐτοῖς εἰρηνικῶς
καὶ διηγήσαντο αὐτοῖς πάντα τὰ συμβάντα τοῖς ἀδελφοῖς αὐτῶν
26 ἐν τῇ Γαλααδίτιδι ²⁶καὶ ὅτι πολλοὶ ἐξ αὐτῶν συνειλημμένοι εἰσὶν
εἰς Βοσορρα καὶ Βοσορ ἐν Αλεμοις, Χασφω, Μακεδ καὶ Καρναιν,
27 πᾶσαι αἱ πόλεις αὗται ὀχυραὶ καὶ μεγάλαι· ²⁷καὶ ἐν ταῖς λοιπαῖς
πόλεσιν τῆς Γαλααδίτιδός εἰσιν συνειλημμένοι, εἰς αὔριον τάσσον-
ται παρεμβαλεῖν ἐπὶ τὰ ὀχυρώματα καὶ καταλαβέσθαι καὶ ἐξᾶραι
28 πάντας τούτους ἐν ἡμέρᾳ μιᾷ. ²⁸καὶ ἀπέστρεψεν Ιουδας καὶ ἡ παρ-
εμβολὴ αὐτοῦ ὁδὸν εἰς τὴν ἔρημον Βοσορρα ἄφνω· καὶ κατελά-
βετο τὴν πόλιν καὶ ἀπέκτεινε πᾶν ἀρσενικὸν ἐν στόματι ῥομφαίας
καὶ ἔλαβεν πάντα τὰ σκῦλα αὐτῶν καὶ ἐνέπρησεν αὐτὴν πυρί.
29 ²⁹καὶ ἀπῆρεν ἐκεῖθεν νυκτός, καὶ ἐπορεύοντο ἕως ἐπὶ τὸ ὀχύρωμα·
30 ³⁰καὶ ἐγένετο ἑωθινὴ ἦραν τοὺς ὀφθαλμοὺς αὐτῶν καὶ ἰδοὺ λαὸς
πολύς, οὗ οὐκ ἦν ἀριθμός, αἴροντες κλίμακας καὶ μηχανὰς κατα-
31 λαβέσθαι τὸ ὀχύρωμα καὶ ἐπολέμουν αὐτούς. ³¹καὶ εἶδεν Ιουδας
ὅτι ἦρκται ὁ πόλεμος καὶ ἡ κραυγὴ τῆς πόλεως ἀνέβη ἕως οὐρανοῦ
32 σάλπιγξιν καὶ κραυγῇ μεγάλῃ, ³²καὶ εἶπεν τοῖς ἀνδράσιν τῆς δυνά-
33 μεως Πολεμήσατε σήμερον ὑπὲρ τῶν ἀδελφῶν ἡμῶν. ³³καὶ ἐξῆλθεν
ἐν τρισὶν ἀρχαῖς ἐξόπισθεν αὐτῶν, καὶ ἐσάλπισαν ταῖς σάλπιγξιν
34 καὶ ἐβόησαν ἐν προσευχῇ. ³⁴καὶ ἐπέγνω ἡ παρεμβολὴ Τιμοθέου
ὅτι Μακκαβαῖός ἐστιν, καὶ ἔφυγον ἀπὸ προσώπου αὐτοῦ, καὶ ἐπά-
ταξεν αὐτοὺς πληγὴν μεγάλην, καὶ ἔπεσον ἐξ αὐτῶν ἐν ἐκείνῃ τῇ
35 ἡμέρᾳ εἰς ὀκτακισχιλίους ἄνδρας. ³⁵καὶ ἀπέκλινεν εἰς Αλεμα καὶ
ἐπολέμησεν αὐτὴν καὶ κατελάβετο αὐτὴν καὶ ἀπέκτεινεν πᾶν ἀρσε-
νικὸν αὐτῆς καὶ ἔλαβεν τὰ σκῦλα αὐτῆς καὶ ἐνέπρησεν αὐτὴν ἐν
36 πυρί. ³⁶ἐκεῖθεν ἀπῆρεν καὶ προκατελάβετο τὴν Χασφω, Μακεδ καὶ
37 Βοσορ καὶ τὰς λοιπὰς πόλεις τῆς Γαλααδίτιδος. ³⁷μετὰ δὲ τὰ

25 ναβαταιοις] αναβαταις οι S⁽⁺⁾ | ειρηνικως] -κοις S*⁺ | συμβεβηκοτα A |
γαλααδ(ε)ιτιδι] -δ(ε)ιτι SV⁺: cf. 9　||　26 βοσορρα: sic hoc loco pau., in 28
compl. La; S ambis locis βοσορα; A hoc loco βοσσορα, in 28 βοσορ | βοσορ]
βοσσορ A⁺, sed in 36 etiam A βοσορ | αλεμοις] -λειμ- Sᶜ⁺, -λιμ- V, -λαμ- A⁺
| χασφω: sic La hoc loco et in 36; hoc loco S*⁽⁺⁾ κασφω, ASᶜ κασφωρ, in
36 S χασφων, A⁺ χασφωθ | χασφω(uel sim.)] pr. και SL; + και Sᶜ⁺, + και εν
L | καρναιδ SV⁺, -νειν A⁺ | πασαι αι πολ. αυται] αυται αι πολ. S*V⁺ (Sᶜ add.
πασαι ante αυται, cf. L πασαι αυται πολ.)　||　27 λοιπαις] αλλαις S⁺ | παρεμ-
βαλλειν S | τουτους] αυτ. A⁺　||　28 βοσορρα (cf. 26)] pr. εις A | αφνω] αφ
ων S*V⁺ | ενεπρησεν] -σαν Spau.　||　29 επορευοντο] -ρευετο A　||　30 εω-
θινη] pr. τη SᶜL | ηραν] pr. και A | ου(A⁺ος) ουκ ην αριθμ. > S*⁺　||　31 σαλπιγ-
ξιν] η σαλπιγξ S*⁺, και σαλπιγξ SᶜL　||　32 ημων] υμ. S*L　||　33 εσαλπισαν]
-σεν A　||　34 μακκαβαιος] pr. ο A⁺ | πληγην μεγαλην] ν bis > A⁺ | οκτακισ-
χιλ.] τρισχιλιους δεκα S*⁺: ,Γι pro ,Η　||　35 αλεμα (uel sim.) L (cf. 26)]
μελλα La et Ioseph. ant. XII 340 Niese, μαφα S⁺, μααφα A　||　36 χασφω:
cf. 26 | και 2⁰ > A

ῥήματα ταῦτα συνήγαγεν Τιμόθεος παρεμβολὴν ἄλλην καὶ παρεν-
έβαλεν κατὰ πρόσωπον Ραφων ἐκ πέραν τοῦ χειμάρρου. ³⁸καὶ ἀπ- 38
έστειλεν Ιουδας κατασκοπεῦσαι τὴν παρεμβολήν, καὶ ἀπήγγειλαν
αὐτῷ λέγοντες Ἐπισυνηγμένα εἰσὶν πρὸς αὐτὸν πάντα τὰ ἔθνη
τὰ κύκλῳ ἡμῶν, δύναμις πολλὴ σφόδρα· ³⁹καὶ Ἄραβας μεμίσθων- 39
ται εἰς βοήθειαν αὐτοῖς καὶ παρεμβάλλουσιν πέραν τοῦ χειμάρρου
ἕτοιμοι τοῦ ἐλθεῖν ἐπὶ σὲ εἰς πόλεμον. καὶ ἐπορεύθη Ιουδας εἰς
συνάντησιν αὐτῶν. ⁴⁰καὶ εἶπεν Τιμόθεος τοῖς ἄρχουσιν τῆς δυνά- 40
μεως αὐτοῦ ἐν τῷ ἐγγίζειν Ιουδαν καὶ τὴν παρεμβολὴν αὐτοῦ ἐπὶ
τὸν χειμάρρουν τοῦ ὕδατος Ἐὰν διαβῇ πρὸς ἡμᾶς πρότερος, οὐ
δυνησόμεθα ὑποστῆναι αὐτόν, ὅτι δυνάμενος δυνήσεται πρὸς ἡμᾶς·
⁴¹ἐὰν δὲ δειλανθῇ καὶ παρεμβάλῃ πέραν τοῦ ποταμοῦ, διαπερά- 41
σομεν πρὸς αὐτὸν καὶ δυνησόμεθα πρὸς αὐτόν. ⁴²ὡς δὲ ἤγγισεν 42
Ιουδας ἐπὶ τὸν χειμάρρουν τοῦ ὕδατος, ἔστησεν τοὺς γραμματεῖς
τοῦ λαοῦ ἐπὶ τοῦ χειμάρρου καὶ ἐνετείλατο αὐτοῖς λέγων Μὴ
ἀφῆτε πάντα ἄνθρωπον παρεμβαλεῖν, ἀλλὰ ἐρχέσθωσαν πάντες εἰς
τὸν πόλεμον. ⁴³καὶ διεπέρασεν ἐπ᾽ αὐτοὺς πρότερος καὶ πᾶς ὁ 43
λαὸς ὄπισθεν αὐτοῦ, καὶ συνετρίβησαν πρὸ προσώπου αὐτῶν πάντα
τὰ ἔθνη καὶ ἔρριψαν τὰ ὅπλα αὐτῶν καὶ ἔφυγον εἰς τὸ τέμενος
Καρναιν. ⁴⁴καὶ προκατελάβοντο τὴν πόλιν καὶ τὸ τέμενος ἐνεπύρι- 44
σαν ἐν πυρὶ σὺν πᾶσιν τοῖς ἐν αὐτῷ· καὶ ἐτροπώθη Καρναιν,
καὶ οὐκ ἠδύναντο ἔτι ὑποστῆναι κατὰ πρόσωπον Ιουδου. ⁴⁵καὶ 45
συνήγαγεν Ιουδας πάντα Ισραηλ τοὺς ἐν τῇ Γαλααδίτιδι ἀπὸ μι-
κροῦ ἕως μεγάλου καὶ τὰς γυναῖκας αὐτῶν καὶ τὰ τέκνα αὐτῶν
καὶ τὴν ἀποσκευήν, παρεμβολὴν μεγάλην σφόδρα, ἐλθεῖν εἰς γῆν
Ιουδα. ⁴⁶καὶ ἦλθον ἕως Εφρων, καὶ αὕτη πόλις μεγάλη ἐπὶ τῆς 46
ὁδοῦ ὀχυρὰ σφόδρα, οὐκ ἦν ἐκκλῖναι ἀπ᾽ αὐτῆς δεξιὰν ἢ ἀριστεράν,
ἀλλ᾽ ἢ διὰ μέσου αὐτῆς πορεύεσθαι· ⁴⁷καὶ ἀπέκλεισαν αὐτοὺς οἱ 47
ἐκ τῆς πόλεως καὶ ἐνέφραξαν τὰς πύλας λίθοις. ⁴⁸καὶ ἀπέστειλεν 48
πρὸς αὐτοὺς Ιουδας λόγοις εἰρηνικοῖς λέγων Διελευσόμεθα διὰ τῆς
γῆς σου τοῦ ἀπελθεῖν εἰς τὴν γῆν ἡμῶν, καὶ οὐδεὶς κακοποιήσει
ὑμᾶς, πλὴν τοῖς ποσὶν παρελευσόμεθα. καὶ οὐκ ἠβούλοντο ἀνοῖξαι
αὐτῷ. ⁴⁹καὶ ἐπέταξεν Ιουδας κηρύξαι ἐν τῇ παρεμβολῇ τοῦ παρεμ- 49

37 περαν] προσωπου S† ‖ 38 κατασκοπευσαι] -πησαι A† | επισυνηγμενα]
-νοι A† | αυτον] -τους Apl. ‖ 39 αραβας] -βες A | παρενβαλουσιν S*†: cf.
42 ‖ 41 δειλανθη S†] -λωθη rel. | προς αυτον paenult. ⌒ ult. A† ‖ 42 παν-
τα > A† | παρεμβαλλειν S†: cf. 39 ‖ 43 επ] προς A† | προτερον A† | λαος]
+ αυτου A | οπισθεν] εμπροσθεν A† | αυτων 1⁰] -του Apl. | παντα > SLp†
| τα ult.] pr. παντα A† | καρναιν VLa†] pr. εν rel. ‖ 44 τοις] + ουσιν AL
| καρναιν] pr. η A | ιουδου: cf. 3 25 ‖ 46 αυτη L] + η SA | επι] η A | ο-
δου] pr. εισ A | οχυρα] -ρας S*†; ισχ. A†: cf. 4 60 ‖ 48 διελευσομεθα] -μαι
A | δια της γης] εις την γην A† | του > Spau.: post σου | fin. αυτοις S* ‖
49 κηρυξαι] pr. του S†

50 βαλεῖν ἕκαστον ἐν ᾧ ἐστιν τόπῳ · ⁵⁰καὶ παρενέβαλον οἱ ἄνδρες
τῆς δυνάμεως, καὶ ἐπολέμησεν τὴν πόλιν ὅλην τὴν ἡμέραν ἐκείνην
51 καὶ ὅλην τὴν νύκτα, καὶ παρεδόθη ἡ πόλις ἐν χειρὶ αὐτοῦ. ⁵¹καὶ
ἀπώλεσεν πᾶν ἀρσενικὸν ἐν στόματι ῥομφαίας καὶ ἐξερρίζωσεν
αὐτὴν καὶ ἔλαβεν τὰ σκῦλα αὐτῆς καὶ διῆλθεν διὰ τῆς πόλεως
52 ἐπάνω τῶν ἀπεκταμμένων. ⁵²καὶ διέβησαν τὸν Ιορδάνην εἰς τὸ
53 πεδίον τὸ μέγα κατὰ πρόσωπον Βαιθσαν. ⁵³καὶ ἦν Ιουδας ἐπι-
συνάγων τοὺς ἐσχατίζοντας καὶ παρακαλῶν τὸν λαὸν κατὰ πᾶσαν
54 τὴν ὁδόν, ἕως ἦλθεν εἰς γῆν Ιουδα. ⁵⁴καὶ ἀνέβησαν εἰς ὄρος Σιων
ἐν εὐφροσύνῃ καὶ χαρᾷ καὶ προσήγαγον ὁλοκαυτώματα, ὅτι οὐκ
ἔπεσεν ἐξ αὐτῶν οὐθεὶς ἕως τοῦ ἐπιστρέψαι ἐν εἰρήνῃ.

55 ⁵⁵Καὶ ἐν ταῖς ἡμέραις, ἐν αἷς ἦν Ιουδας καὶ Ιωναθαν ἐν γῇ
Γαλααδ καὶ Σιμων ὁ ἀδελφὸς αὐτοῦ ἐν τῇ Γαλιλαίᾳ κατὰ πρόσ-
56 ωπον Πτολεμαίδος, ⁵⁶ἤκουσεν Ιωσηφ ὁ τοῦ Ζαχαριου καὶ Αζαριας
ἄρχοντες τῆς δυνάμεως τῶν ἀνδραγαθιῶν καὶ τοῦ πολέμου, οἷα
57 ἐποίησαν, ⁵⁷καὶ εἶπον Ποιήσωμεν καὶ αὐτοὶ ἑαυτοῖς ὄνομα καὶ
58 πορευθῶμεν πολεμῆσαι πρὸς τὰ ἔθνη τὰ κύκλῳ ἡμῶν. ⁵⁸καὶ παρήγ-
γειλεν τοῖς ἀπὸ τῆς δυνάμεως τῆς μετ' αὐτῶν, καὶ ἐπορεύθησαν
59 ἐπὶ Ιάμνειαν. ⁵⁹καὶ ἐξῆλθεν Γοργίας ἐκ τῆς πόλεως καὶ οἱ ἄνδρες
60 αὐτοῦ εἰς συνάντησιν αὐτοῖς εἰς πόλεμον. ⁶⁰καὶ ἐτροπώθη Ιωσηπος
καὶ Αζαριας, καὶ ἐδιώχθησαν ἕως τῶν ὁρίων τῆς Ιουδαίας, καὶ
ἔπεσον ἐν τῇ ἡμέρᾳ ἐκείνῃ ἐκ τοῦ λαοῦ Ισραηλ εἰς δισχιλίους
61 ἄνδρας. ⁶¹καὶ ἐγενήθη τροπὴ μεγάλη ἐν τῷ λαῷ, ὅτι οὐκ ἤκουσαν
62 Ιουδου καὶ τῶν ἀδελφῶν αὐτοῦ οἰόμενοι ἀνδραγαθῆσαι · ⁶²αὐτοὶ
δὲ οὐκ ἦσαν ἐκ τοῦ σπέρματος τῶν ἀνδρῶν ἐκείνων, οἷς ἐδόθη
σωτηρία Ισραηλ διὰ χειρὸς αὐτῶν.

63 ⁶³Καὶ ὁ ἀνὴρ Ιουδας καὶ οἱ ἀδελφοὶ αὐτοῦ ἐδοξάσθησαν σφόδρα
ἔναντι παντὸς Ισραηλ καὶ τῶν ἐθνῶν πάντων, οὗ ἠκούετο τὸ
64 ὄνομα αὐτῶν · ⁶⁴καὶ ἐπισυνήγοντο πρὸς αὐτοὺς εὐφημοῦντες.
65 ⁶⁵καὶ ἐξῆλθεν Ιουδας καὶ οἱ ἀδελφοὶ αὐτοῦ καὶ ἐπολέμουν τοὺς
υἱοὺς Ησαυ ἐν τῇ γῇ τῇ πρὸς νότον καὶ ἐπάταξεν τὴν Χεβρων
καὶ τὰς θυγατέρας αὐτῆς καὶ καθεῖλεν τὰ ὀχυρώματα αὐτῆς καὶ
66 τοὺς πύργους αὐτῆς ἐνεπύρισεν κυκλόθεν. ⁶⁶καὶ ἀπῆρεν τοῦ πο-

49 τοπω] τροπω S*† ‖ 50 δυναμ.] πολεως A† | επολεμησεν] -σαν A pl. |
χ(ε)ιρι S La†] χερσιν rel. ‖ 51 αυτης] της πολεως A† ‖ 54 ορος S*V†] pr.
το rel. ‖ 55 εν 2⁰ S La†] > rel. | γη] τη A ‖ 56 Ζαχαριου] -ρια A† | αζα-
ριας] Ζαχαρ. SA† | των δυναμεων A† | ανδραγαθεσεων A† ‖ 57 ποιησομεν
A† | και 3⁰ > S† ‖ 58 παρηγγ(ε)ιλεν SVLa† (cf. 18)] -λαν rel. ‖ 60 ιωση-
φος S*(-φως)A: cf. 18 | ισραηλ] pr. σου A†, pr. του compl. | δισχιλιους] δισ
> pau. La post εις ‖ 61 λαω] ισραηλ Sᶜ | ιουδου: cf. 3 25 | ανδραγαθησαι]
+ αυτον A†, -θησειν και αυτοι L ‖ 63 εναντι S†] -τιον rel. | fin. αυτων >
S*† ‖ 65 αυτου > S*† | τη 2⁰ > S*V† | τα οχυρωματα] το -μα A

ρευθῆναι εἰς γῆν ἀλλοφύλων καὶ διεπορεύετο τὴν Μαρισαν. ⁶⁷ἐν 67
τῇ ἡμέρᾳ ἐκείνῃ ἔπεσον ἱερεῖς ἐν πολέμῳ βουλόμενοι ἀνδραγαθῆσαι
ἐν τῷ αὐτοὺς ἐξελθεῖν εἰς πόλεμον ἀβουλεύτως. ⁶⁸καὶ ἐξέκλινεν 68
Ιουδας εἰς Ἄζωτον γῆν ἀλλοφύλων καὶ καθεῖλεν τοὺς βωμοὺς αὐ-
τῶν καὶ τὰ γλυπτὰ τῶν θεῶν αὐτῶν κατέκαυσεν πυρὶ καὶ ἐσκύ-
λευσεν τὰ σκῦλα τῶν πόλεων καὶ ἐπέστρεψεν εἰς γῆν Ιουδα.

¹Καὶ ὁ βασιλεὺς Ἀντίοχος διεπορεύετο τὰς ἐπάνω χώρας καὶ 6
ἤκουσεν ὅτι ἐστὶν Ἐλυμαῒς ἐν τῇ Περσίδι πόλις ἔνδοξος πλούτῳ,
ἀργυρίῳ καὶ χρυσίῳ· ²καὶ τὸ ἱερὸν τὸ ἐν αὐτῇ πλούσιον σφόδρα, 2
καὶ ἐκεῖ καλύμματα χρυσᾶ καὶ θώρακες καὶ ὅπλα, ἃ κατέλιπεν ἐκεῖ
Ἀλέξανδρος ὁ τοῦ Φιλίππου ὁ βασιλεὺς ὁ Μακεδών, ὃς ἐβασίλευ-
σεν πρῶτος ἐν τοῖς Ἕλλησι. ³καὶ ἦλθεν καὶ ἐζήτει καταλαβέσθαι 3
τὴν πόλιν καὶ προνομεῦσαι αὐτήν, καὶ οὐκ ἠδυνάσθη, ὅτι ἐγνώσθη
ὁ λόγος τοῖς ἐκ τῆς πόλεως, ⁴καὶ ἀντέστησαν αὐτῷ εἰς πόλεμον, 4
καὶ ἔφυγεν καὶ ἀπῆρεν ἐκεῖθεν μετὰ λύπης μεγάλης ἀποστρέψαι
εἰς Βαβυλῶνα. ⁵καὶ ἦλθέν τις ἀπαγγέλλων αὐτῷ εἰς τὴν Περσίδα 5
ὅτι τετρόπωνται αἱ παρεμβολαὶ αἱ πορευθεῖσαι εἰς γῆν Ιουδα, ⁶καὶ 6
ἐπορεύθη Λυσίας δυνάμει ἰσχυρᾷ ἐν πρώτοις καὶ ἐνετράπη ἀπὸ
προσώπου αὐτῶν, καὶ ἐπίσχυσαν ὅπλοις καὶ δυνάμει καὶ σκύλοις
πολλοῖς, οἷς ἔλαβον ἀπὸ τῶν παρεμβολῶν, ὧν ἐξέκοψαν, ⁷καὶ 7
καθεῖλον τὸ βδέλυγμα, ὃ ᾠκοδόμησεν ἐπὶ τὸ θυσιαστήριον τὸ ἐν
Ιερουσαλημ, καὶ τὸ ἁγίασμα καθὼς τὸ πρότερον ἐκύκλωσαν τείχε-
σιν ὑψηλοῖς καὶ τὴν Βαιθσουραν πόλιν αὐτοῦ. ⁸καὶ ἐγένετο ὡς 8
ἤκουσεν ὁ βασιλεὺς τοὺς λόγους τούτους, ἐθαμβήθη καὶ ἐσαλεύθη
σφόδρα καὶ ἔπεσεν ἐπὶ τὴν κοίτην καὶ ἐνέπεσεν εἰς ἀρρωστίαν
ἀπὸ τῆς λύπης, ὅτι οὐκ ἐγένετο αὐτῷ καθὼς ἐνεθυμεῖτο. ⁹καὶ ἦν 9
ἐκεῖ ἡμέρας πλείους, ὅτι ἀνεκαινίσθη ἐπ᾽ αὐτὸν λύπη μεγάλη, καὶ
ἐλογίσατο ὅτι ἀποθνήσκει. ¹⁰καὶ ἐκάλεσεν πάντας τοὺς φίλους αὐ- 10
τοῦ καὶ εἶπεν πρὸς αὐτοὺς Ἀφίσταται ὁ ὕπνος ἀπὸ τῶν ὀφθαλμῶν
μου, καὶ συμπέπτωκα τῇ καρδίᾳ ἀπὸ τῆς μερίμνης, ¹¹καὶ εἶπα τῇ 11
καρδίᾳ Ἕως τίνος θλίψεως ἦλθα καὶ κλύδωνος μεγάλου, ἐν ᾧ νῦν

66 μαρισαν La et Ioseph. ant. XII 353] σαμαριαν SA (-ρειαν pl.) ‖ 67 εν
2⁰ > A: cf. 8 5 11 15 | βουλομενοι L] + αυτου S*†, -μενου αυτου ASᶜLa |
αυτους L] -τον SA | πολεμον] pr. τον A ‖ 68 και 2⁰ > S*† | κατεκαυσεν]
pr. και S | πυρι > A† | γην ιουδα] pr. την compl., την ιουδαιαν A†
6 1 ελυμα(ε)ις L] εν λυμαις S, εν ελυμες(pro -μαις) A ‖ 2 εκει 1⁰] εχει S†
| μακεδων ος] -δονων S*(†) | πρωτος εν τοις ελλ.] πρ. εν αυτοις S†, τοις ελλ.
πρωτος A† ‖ 3 καταλαβεσθαι] -βειν A† ‖ 4 αντεστ.] τ 1⁰ > A | απηρεν]
λθ pro ρ A ‖ 5 τις απαγγ.] tr. A | αυτω > S† | γην] την S† ‖ 6 ενετρα-
πη] αν. A | επισχυσαν] ενισχ. S† | και δυν. και σκυλ. πολλ. > A† | ων] και S†
‖ 7 ο] και S† | ωκοδομησεν] -σαν VLa, -δομουν S† | καθως] και S*† | βαιθ-
σουραν] v > A: cf. 4 61 | πολ. αυτου > S*† ‖ 8 ενεπεσ.] εν > S† ‖ 10 ο
υπνος / απο τ. οφθ. μου] tr. A | τη καρδ. / απο τ. μερ.] tr. S(†)

12 εἰμι; ὅτι χρηστὸς καὶ ἀγαπώμενος ἤμην ἐν τῇ ἐξουσίᾳ μου. ¹²νῦν
δὲ μιμνήσκομαι τῶν κακῶν, ὧν ἐποίησα ἐν Ιερουσαλημ καὶ ἔλαβον
πάντα τὰ σκεύη τὰ ἀργυρᾶ καὶ τὰ χρυσᾶ τὰ ἐν αὐτῇ καὶ ἐξαπ-
13 έστειλα ἐξᾶραι τοὺς κατοικοῦντας Ιουδα διὰ κενῆς. ¹³ἔγνων ὅτι χάριν
τούτων εὑρέν με τὰ κακὰ ταῦτα · καὶ ἰδοὺ ἀπόλλυμαι λύπῃ με-
14 γάλῃ ἐν τῇ ἀλλοτρίᾳ. ¹⁴καὶ ἐκάλεσεν Φίλιππον ἕνα τῶν φίλων
αὐτοῦ καὶ κατέστησεν αὐτὸν ἐπὶ πάσης τῆς βασιλείας αὐτοῦ ·
15 ¹⁵καὶ ἔδωκεν αὐτῷ τὸ διάδημα καὶ τὴν στολὴν αὐτοῦ καὶ τὸν
δακτύλιον τοῦ ἀγαγεῖν Ἀντίοχον τὸν υἱὸν αὐτοῦ καὶ ἐκθρέψαι
16 αὐτὸν τοῦ βασιλεύειν. ¹⁶καὶ ἀπέθανεν ἐκεῖ Ἀντίοχος ὁ βασιλεὺς
17 ἔτους ἐνάτου καὶ τεσσαρακοστοῦ καὶ ἑκατοστοῦ. ¹⁷καὶ ἐπέγνω
Λυσίας ὅτι τέθνηκεν ὁ βασιλεύς, καὶ κατέστησεν βασιλεύειν Ἀντί-
οχον τὸν υἱὸν αὐτοῦ, ὃν ἐξέθρεψεν νεώτερον, καὶ ἐκάλεσεν τὸ
ὄνομα αὐτοῦ Εὐπάτωρ.
18 ¹⁸Καὶ οἱ ἐκ τῆς ἄκρας ἦσαν συγκλείοντες τὸν Ισραηλ κύκλῳ
τῶν ἁγίων καὶ ζητοῦντες κακὰ δι᾽ ὅλου καὶ στήριγμα τοῖς ἔθνεσιν.
19 ¹⁹καὶ ἐλογίσατο Ιουδας ἐξᾶραι αὐτοὺς καὶ ἐξεκκλησίασε πάντα τὸν
20 λαὸν τοῦ περικαθίσαι ἐπ᾽ αὐτούς · ²⁰καὶ συνήχθησαν ἅμα καὶ
περιεκάθισαν ἐπ᾽ αὐτὴν ἔτους πεντηκοστοῦ καὶ ἑκατοστοῦ, καὶ
21 ἐποίησεν βελοστάσεις καὶ μηχανάς. ²¹καὶ ἐξῆλθον ἐξ αὐτῶν ἐκ τοῦ
συγκλεισμοῦ, καὶ ἐκολλήθησαν αὐτοῖς τινες τῶν ἀσεβῶν ἐξ Ισραηλ,
22 ²²καὶ ἐπορεύθησαν πρὸς τὸν βασιλέα καὶ εἶπον Ἕως πότε οὐ ποι-
23 ήσῃ κρίσιν καὶ ἐκδικήσεις τοὺς ἀδελφοὺς ἡμῶν; ²³ἡμεῖς εὐδοκοῦ-
μεν δουλεύειν τῷ πατρί σου καὶ πορεύεσθαι τοῖς ὑπ᾽ αὐτοῦ λεγο-
24 μένοις καὶ κατακολουθεῖν τοῖς προστάγμασιν αὐτοῦ. ²⁴καὶ περι-
εκάθηντο ἐπ᾽ αὐτὴν οἱ υἱοὶ τοῦ λαοῦ ἡμῶν χάριν τούτου καὶ ἠλλο-
τριοῦντο ἀφ᾽ ἡμῶν · πλὴν ὅσοι εὑρίσκοντο ἐξ ἡμῶν, ἐθανατοῦντο,
25 καὶ αἱ κληρονομίαι ἡμῶν διηρπάζοντο. ²⁵καὶ οὐκ ἐφ᾽ ἡμᾶς μόνον
26 ἐξέτειναν χεῖρα, ἀλλὰ καὶ ἐπὶ πάντα τὰ ὅρια αὐτῶν · ²⁶καὶ ἰδοὺ
παρεμβεβλήκασι σήμερον ἐπὶ τὴν ἄκραν ἐν Ιερουσαλημ τοῦ κατα-
λαβέσθαι αὐτήν · καὶ τὸ ἁγίασμα καὶ τὴν Βαιθσουραν ὠχύρωσαν ·
27 ²⁷καὶ ἐὰν μὴ προκαταλάβῃ αὐτοὺς διὰ τάχους, μείζονα τούτων
ποιήσουσιν, καὶ οὐ δυνήσῃ τοῦ κατασχεῖν αὐτῶν.

12 μιμνησκ.] μι > SA† | των κακων ων εποι.] ων εποι. κακων S† | εξαραι]
pr. του Α || 13 εγνων] + ουν ScL | ευρον Α || 15 βασιλευειν] pr. μη Α†
|| 17 και 1⁰ > S*† | αυτου 1⁰] + αντ αυτου Α || 20 init. — αυτην > Α† | αυ-
την SLpau.] -τους rel. | εποιησεν] + επ αυτους AScpl. | βελοστασιας Α†:
item S† in 51 | και ult. > S*† || 21 αυτων] -του Α† | fin. ιερουσαλημ S†
|| 22 ποιηση] -σεις ASc || 24 init. — λαου] οτι οι(Α† ου) του λαου Α omit-
tens και ante ηλλοτρ. | αυτην] -τον S*† | ημων 2⁰ ⌒ 3⁰ S* pau. (S*† add. και
ante εθανατ.) | εξ unus codex passim codici S cognatus et La] αφ rel. |
διηρπαζ. > S*† || 26 βαιθσουραν] ν > S: cf. 461 | ω(Αο)χυρωσαν] -ρασ- S†
|| 27 προκαταλαβη] -βητε SL La: cf. 58 | αυτους] -την S*Lp†

²⁸Καὶ ὠργίσθη ὁ βασιλεύς, ὅτε ἤκουσεν, καὶ συνήγαγεν πάντας 28
τοὺς φίλους αὐτοῦ ἄρχοντας δυνάμεως αὐτοῦ καὶ τοὺς ἐπὶ τῶν
ἡνιῶν · ²⁹καὶ ἀπὸ βασιλειῶν ἑτέρων καὶ ἀπὸ νήσων θαλασσῶν 29
ἦλθον πρὸς αὐτὸν δυνάμεις μισθωταί · ³⁰καὶ ἦν ὁ ἀριθμὸς τῶν 30
δυνάμεων αὐτοῦ ἑκατὸν χιλιάδες πεζῶν καὶ εἴκοσι χιλιάδες ἱππέων
καὶ ἐλέφαντες δύο καὶ τριάκοντα εἰδότες πόλεμον. ³¹καὶ ἦλθον διὰ 31
τῆς Ιδουμαίας καὶ παρενέβαλον ἐπὶ Βαιθσουραν καὶ ἐπολέμησαν
ἡμέρας πολλὰς καὶ ἐποίησαν μηχανάς · καὶ ἐξῆλθον καὶ ἐνεπύρισαν
αὐτὰς πυρὶ καὶ ἐπολέμησαν ἀνδρωδῶς. ³²καὶ ἀπῆρεν Ιουδας ἀπὸ 32
τῆς ἄκρας καὶ παρενέβαλεν εἰς Βαιθζαχαρια ἀπέναντι τῆς παρεμ-
βολῆς τοῦ βασιλέως. ³³καὶ ὤρθρισεν ὁ βασιλεὺς τὸ πρωὶ καὶ ἀπ- 33
ῆρεν τὴν παρεμβολὴν ἐν ὁρμήματι αὐτῆς κατὰ τὴν ὁδὸν Βαιθζαχα-
ρια, καὶ διεσκευάσθησαν αἱ δυνάμεις εἰς τὸν πόλεμον καὶ ἐσάλπι-
σαν ταῖς σάλπιγξιν. ³⁴καὶ τοῖς ἐλέφασιν ἔδειξαν αἷμα σταφυλῆς 34
καὶ μόρων τοῦ παραστῆσαι αὐτοὺς εἰς τὸν πόλεμον. ³⁵καὶ διεῖλον 35
τὰ θηρία εἰς τὰς φάλαγγας καὶ παρέστησαν ἑκάστῳ ἐλέφαντι χι-
λίους ἄνδρας τεθωρακισμένους ἐν ἁλυσιδωτοῖς, καὶ περικεφαλαῖαι
χαλκαῖ ἐπὶ τῶν κεφαλῶν αὐτῶν, καὶ πεντακόσια ἵππος διατεταγ-
μένη ἑκάστῳ θηρίῳ ἐκλελεγμένη · ³⁶οὗτοι πρὸ καιροῦ οὗ ἂν ᾖ τὸ 36
θηρίον ἦσαν καὶ οὗ ἐὰν ἐπορεύετο ἐπορεύοντο ἅμα, οὐκ ἀφίσταντο
ἀπ᾽ αὐτοῦ. ³⁷καὶ πύργοι ξύλινοι ἐπ᾽ αὐτοὺς ὀχυροὶ σκεπαζόμενοι 37
ἐφ᾽ ἑκάστου θηρίου ἐζωσμένοι ἐπ᾽ αὐτοῦ μηχαναῖς, καὶ ἐφ᾽ ἑκάστου
ἄνδρες δυνάμεως τέσσαρες οἱ πολεμοῦντες ἐπ᾽ αὐτοῖς καὶ ὁ Ἰνδὸς
αὐτοῦ. ³⁸καὶ τὴν ἐπίλοιπον ἵππον ἔνθεν καὶ ἔνθεν ἔστησεν ἐπὶ τὰ 38
δύο μέρη τῆς παρεμβολῆς, κατασείοντες καὶ καταφρασσόμενοι ἐν
ταῖς φάλαγξιν. ³⁹ὡς δὲ ἔστιλβεν ὁ ἥλιος ἐπὶ τὰς χρυσᾶς καὶ χαλ- 39
κᾶς ἀσπίδας, ἔστιλβεν τὰ ὄρη ἀπ᾽ αὐτῶν καὶ κατηύγαζεν ὡς λαμ-
πάδες πυρός. ⁴⁰καὶ ἐξετάθη μέρος τι τῆς παρεμβολῆς τοῦ βασιλέως 40
ἐπὶ τὰ ὑψηλὰ ὄρη καί τινες ἐπὶ τὰ ταπεινά · καὶ ἤρχοντο ἀσφα-
λῶς καὶ τεταγμένως. ⁴¹καὶ ἐσαλεύοντο πάντες οἱ ἀκούοντες φωνῆς 41

28 οτε] οτι S | αυτου ult.] -τους A*† | ηνιων] pr. μ A† || 29 βασιλειων]
ι ult. > A || 30 ιππεων] των ιππων A || 31 ηλθοσαν et παρενεβαλοσαν A
| βαιθσουραν] ν > SA: cf. 4 61 | επολεμησαν 1⁰ et εποιησαν] -σεν S Lap† |
ημερας] pr. επι A | αυτας] -τους A | πυρι] pr. εν A | επολεμησαν ult.] -σεν
S pau. Lap† || 33 οδον] + αυτης S† | εσαλπισαν] -σεν SV† || 34 ελεφαν-
σιν A†: cf. 1 17 et Thack. § 10,20 | εδειξαν] -ξεν S† || 35 φαλαγγας] ρ pro
λ A: item VLap in 38, ALap in 45, S* in 10 82: cf. Thack. § 7,20 | παρ-
εστησαν] -σεν S†, + εφ A† || 36 απ] επ A† | απ αυτου (37) και πυργοι]
αλγοι (sic) S*† || 37 επ αυτου pl.] υπ αυτου S†, επ αυτους A | δυναμεως
S L La] δυο και A: ad 30 adapt. | τεσσαρες Ra. (Ztschr. f. d. alttest. Wissensch.
1934, S. 78/79)] τριακοντα mss. (etiam La): Λ′ pro Δ′ | αυτοις] -τους A ||
38 εστησεν] pr. και S† || 39 και χαλκας] > A, tr. S*† | απ] υπ S*V† | πυ-
ρος — (40) της > S*† || 40 υψηλα > S*† || 41 φωνης πληθους] pr. της
S†, της φ. του πλ. L

πλήθους αὐτῶν καὶ ὁδοιπορίας τοῦ πλήθους καὶ συγκρουσμοῦ τῶν
42 ὅπλων · ἦν γὰρ ἡ παρεμβολὴ μεγάλη σφόδρα καὶ ἰσχυρά. ⁴²καὶ
ἤγγισεν Ιουδας καὶ ἡ παρεμβολὴ αὐτοῦ εἰς παράταξιν, καὶ ἔπεσον
43 ἀπὸ τῆς παρεμβολῆς τοῦ βασιλέως ἑξακόσιοι ἄνδρες. ⁴³καὶ εἶδεν
Ελεαζαρος ὁ Αυαραν ἓν τῶν θηρίων τεθωρακισμένον θώραξιν βα-
σιλικοῖς, καὶ ἦν ὑπεράγον πάντα τὰ θηρία, καὶ ᾠήθη ὅτι ἐν αὐτῷ
44 ἐστιν ὁ βασιλεύς · ⁴⁴καὶ ἔδωκεν ἑαυτὸν τοῦ σῶσαι τὸν λαὸν αὐτοῦ
45 καὶ περιποιῆσαι ἑαυτῷ ὄνομα αἰώνιον · ⁴⁵καὶ ἐπέδραμεν αὐτῷ θρά-
σει εἰς μέσον τῆς φάλαγγος καὶ ἐθανάτου δεξιὰ καὶ εὐώνυμα, καὶ
46 ἐσχίζοντο ἀπ' αὐτοῦ ἔνθα καὶ ἔνθα · ⁴⁶καὶ εἰσέδυ ὑπὸ τὸν ἐλέφαντα
καὶ ὑπέθηκεν αὐτῷ καὶ ἀνεῖλεν αὐτόν, καὶ ἔπεσεν ἐπὶ τὴν γῆν ἐπ-
47 άνω αὐτοῦ, καὶ ἀπέθανεν ἐκεῖ. ⁴⁷καὶ εἶδον τὴν ἰσχὺν τῆς βασιλείας
καὶ τὸ ὅρμημα τῶν δυνάμεων καὶ ἐξέκλιναν ἀπ' αὐτῶν.
48   ⁴⁸Οἱ δὲ ἐκ τῆς παρεμβολῆς τοῦ βασιλέως ἀνέβαινον εἰς συν-
άντησιν αὐτῶν εἰς Ιερουσαλημ, καὶ παρενέβαλεν ὁ βασιλεὺς εἰς
49 τὴν Ιουδαίαν καὶ εἰς τὸ ὄρος Σιων. ⁴⁹καὶ ἐποίησεν εἰρήνην μετὰ
τῶν ἐκ Βαιθσουρων, καὶ ἐξῆλθον ἐκ τῆς πόλεως, ὅτι οὐκ ἦν αὐ-
τοῖς ἐκεῖ διατροφὴ τοῦ συγκεκλεῖσθαι ἐν αὐτῇ, ὅτι σάββατον ἦν τῇ
50 γῇ · ⁵⁰καὶ κατελάβετο ὁ βασιλεὺς τὴν Βαιθσουραν καὶ ἀπέταξεν
51 ἐκεῖ φρουρὰν τηρεῖν αὐτήν. ⁵¹καὶ παρενέβαλεν ἐπὶ τὸ ἁγίασμα
ἡμέρας πολλὰς καὶ ἔστησεν ἐκεῖ βελοστάσεις καὶ μηχανὰς καὶ πυ-
ροβόλα καὶ λιθοβόλα καὶ σκορπίδια εἰς τὸ βάλλεσθαι βέλη καὶ
52 σφενδόνας. ⁵²καὶ ἐποίησαν καὶ αὐτοὶ μηχανὰς πρὸς τὰς μηχανὰς
53 αὐτῶν καὶ ἐπολέμησαν ἡμέρας πολλάς. ⁵³βρώματα δὲ οὐκ ἦν ἐν
τοῖς ἀγγείοις διὰ τὸ ἕβδομον ἔτος εἶναι, καὶ οἱ ἀνασῳζόμενοι εἰς
τὴν Ιουδαίαν ἀπὸ τῶν ἐθνῶν κατέφαγον τὸ ὑπόλειμμα τῆς παρα-
54 θέσεως. ⁵⁴καὶ ὑπελείφθησαν ἐν τοῖς ἁγίοις ἄνδρες ὀλίγοι, ὅτι κατ-
εκράτησεν αὐτῶν ὁ λιμός, καὶ ἐσκορπίσθησαν ἕκαστος εἰς τὸν τό-
πον αὐτοῦ.
55   ⁵⁵Καὶ ἤκουσεν Λυσίας ὅτι Φίλιππος, ὃν κατέστησεν ὁ βασιλεὺς
Ἀντίοχος ἔτι ζῶντος αὐτοῦ ἐκθρέψαι Ἀντίοχον τὸν υἱὸν αὐτοῦ εἰς
56 τὸ βασιλεῦσαι αὐτόν, ⁵⁶ἀπέστρεψεν ἀπὸ τῆς Περσίδος καὶ Μηδίας
καὶ αἱ δυνάμεις αἱ πορευθεῖσαι μετὰ τοῦ βασιλέως μετ' αὐτοῦ, καὶ
57 ὅτι ζητεῖ παραλαβεῖν τὰ τῶν πραγμάτων. ⁵⁷καὶ κατέσπευδεν καὶ

---

41 και 3⁰ > S*† | συγκρουσμου] + ς A ‖ 43 ο 1⁰ SV† (cf. 2 5)] > rel. |
αυαραν] α 2⁰ > S Lαᵖ | ωηθη] ωφθη ALa ‖ 45 επεδραμεν] απ. S*† | δεξια]
+ ν S*† ‖ 47 (ε)ιδον ... και(3⁰)] ιδοντες ... S*†, ⟨ε⟩ιδεν ... Sᶜ†, ειδεν ιουδας
... και L | το ορμ./των δυν.] tr. S† | το ορμημα] τα -ματα A† | εξεκλιναν]
-νεν S*L ‖ 48 οι δε] και A† ‖ 49 ειρηνην > A† | εξηλθον mu.] -θεν SA
La ‖ 50 απεταξεν mu.] επετ. S, επατ. A†: cf. 15 41 ‖ 51 βελοστασιας S†:
cf. 20 ‖ 52 πολλας > SV† ‖ 53 αγγειοις compl.] αγιοις SALLa: cf. 54 ‖
56 αι 1⁰ > S† | μετα > A | πραγματων] προσταγμ. S*† ‖ 57 κατεσπευδον
και επενυσσοντο A

ἐπένευσεν τοῦ ἀπελθεῖν καὶ εἶπεν πρὸς τὸν βασιλέα καὶ τοὺς ἡγε-
μόνας τῆς δυνάμεως καὶ τοὺς ἄνδρας Ἐκλείπομεν καθ' ἡμέραν,
καὶ ἡ τροφὴ ἡμῖν ὀλίγη, καὶ ὁ τόπος οὗ παρεμβάλλομέν ἐστιν
ὀχυρός, καὶ ἐπίκειται ἡμῖν τὰ τῆς βασιλείας · ⁵⁸νῦν οὖν δῶμεν 58
δεξιὰς τοῖς ἀνθρώποις τούτοις καὶ ποιήσωμεν μετ' αὐτῶν εἰρήνην
καὶ μετὰ παντὸς ἔθνους αὐτῶν ⁵⁹καὶ στήσωμεν αὐτοῖς τοῦ πορεύ- 59
εσθαι τοῖς νομίμοις αὐτῶν ὡς τὸ πρότερον · χάριν γὰρ τῶν νομί-
μων αὐτῶν, ὧν διεσκεδάσαμεν, ὠργίσθησαν καὶ ἐποίησαν ταῦτα
πάντα. ⁶⁰καὶ ἤρεσεν ὁ λόγος ἐναντίον τοῦ βασιλέως καὶ τῶν ἀρ- 60
χόντων, καὶ ἀπέστειλεν πρὸς αὐτοὺς εἰρηνεῦσαι, καὶ ἐπεδέξαντο.
⁶¹καὶ ὤμοσεν αὐτοῖς ὁ βασιλεὺς καὶ οἱ ἄρχοντες · ἐπὶ τούτοις ἐξ- 61
ῆλθον ἐκ τοῦ ὀχυρώματος. ⁶²καὶ εἰσῆλθεν ὁ βασιλεὺς εἰς ὄρος 62
Σιων καὶ εἶδεν τὸ ὀχύρωμα τοῦ τόπου καὶ ἠθέτησεν τὸν ὁρκισμόν,
ὃν ὤμοσεν, καὶ ἐνετείλατο καθελεῖν τὸ τεῖχος κυκλόθεν. ⁶³καὶ ἀπῆ- 63
ρεν κατὰ σπουδὴν καὶ ἀπέστρεψεν εἰς Ἀντιόχειαν καὶ εὗρεν Φίλιπ-
πον κυριεύοντα τῆς πόλεως καὶ ἐπολέμησεν πρὸς αὐτὸν καὶ κατ-
ελάβετο τὴν πόλιν βίᾳ.

¹Ἔτους ἑνὸς καὶ πεντηκοστοῦ καὶ ἑκατοστοῦ ἐξῆλθεν Δημή- 7
τριος ὁ τοῦ Σελεύκου ἐκ Ῥώμης καὶ ἀνέβη σὺν ἀνδράσιν ὀλίγοις
εἰς πόλιν παραθαλασσίαν καὶ ἐβασίλευσεν ἐκεῖ. ²καὶ ἐγένετο ὡς 2
εἰσεπορεύετο εἰς οἶκον βασιλείας πατέρων αὐτοῦ, καὶ συνέλαβον
αἱ δυνάμεις τὸν Ἀντίοχον καὶ τὸν Λυσίαν ἀγαγεῖν αὐτοὺς αὐτῷ.
³καὶ ἐγνώσθη αὐτῷ τὸ πρᾶγμα, καὶ εἶπεν Μή μοι δείξητε τὰ πρόσ- 3
ωπα αὐτῶν. ⁴καὶ ἀπέκτειναν αὐτοὺς αἱ δυνάμεις, καὶ ἐκάθισεν 4
Δημήτριος ἐπὶ θρόνου βασιλείας αὐτοῦ. ⁵καὶ ἦλθον πρὸς αὐτὸν 5
πάντες ἄνδρες ἄνομοι καὶ ἀσεβεῖς ἐξ Ισραηλ, καὶ Ἄλκιμος ἡγεῖτο
αὐτῶν βουλόμενος ἱερατεύειν. ⁶καὶ κατηγόρησαν τοῦ λαοῦ πρὸς 6
τὸν βασιλέα λέγοντες Ἀπώλεσεν Ιουδας καὶ οἱ ἀδελφοὶ αὐτοῦ πάν-
τας τοὺς φίλους σου, καὶ ἡμᾶς ἐσκόρπισεν ἀπὸ τῆς γῆς ἡμῶν ·
⁷νῦν οὖν ἀπόστειλον ἄνδρα, ᾧ πιστεύεις, καὶ πορευθεὶς ἰδέτω τὴν 7
ἐξολέθρευσιν πᾶσαν, ἣν ἐποίησεν ἡμῖν καὶ τῇ χώρᾳ τοῦ βασιλέως,

57 τους ανδρας] pr. προς SᶜL | οχυρος] ισχ. S⁺ : cf. 4 60 ‖ 58 δεξιας compl.
Laʳ] -αν SA : cf. 11 50, 62. 66 13 45. 50 | μετ αυτων > S⁺ ‖ 59 στησομεν S
| αυτοις] -τους S⁺ ‖ 60 επεδεξαντο] ν > A⁺ ‖ 61 ωμοσεν] ωμολογηυεν
S*⁺ | επι τουτοις] + και pau. La: trahunt επι τουτ. ad praec.; pr. και unus
cod. | εξηλθον] ·θεν A⁺ ‖ 62 ορος] pr. το A | καθελειν SVLa⁺] και καθει-
λε(ν) (pau. -λον uel -λαν) rel. ‖ 63 απηρεν] -ραν A
7 1 εξηλθεν] pr. και SV⁺ | ο > S*⁺ | συν ανδρ.] εν ανδρ. εν S*⁺ | εις πολιν
> S*⁺ | παραθαλασσιαν] παρα θαλασσαν S*⁺ ‖ 2 εγεν.] επονειτο S*⁺ | και
2⁰ LpLaʳ] > SA pl. | συνελαβον] -βοντο S*⁺ ‖ 5 αλκιμος] -κισμος S⁺ hoc
tantum loco; ν pro μ A⁺: item A⁺ in 12. 23, non reliquis locis; + ο και
ιακιμος L: item L persaepe, cf. Ioseph. Ant. XII 385 Niese | ηγειτο(A⁺ -ται)
αυτων] + ηγουμενος S⁺ ‖ 6 εσκορπισεν] -σαν SᶜL ‖ 7 πιστευσεις S*⁺ |
την εξολ./πασαν] tr. S pau.

8 καὶ κολασάτω αὐτοὺς καὶ πάντας τοὺς ἐπιβοηθοῦντας αὐτοῖς. ⁸καὶ
ἐπέλεξεν ὁ βασιλεὺς τὸν Βακχίδην τῶν φίλων τοῦ βασιλέως κυ-
ριεύοντα ἐν τῷ πέραν τοῦ ποταμοῦ καὶ μέγαν ἐν τῇ βασιλείᾳ καὶ
9 πιστὸν τῷ βασιλεῖ ⁹καὶ ἀπέστειλεν αὐτὸν καὶ Ἄλκιμον τὸν ἀσεβῆ
καὶ ἔστησεν αὐτῷ τὴν ἱερωσύνην καὶ ἐνετείλατο αὐτῷ ποιῆσαι τὴν
10 ἐκδίκησιν ἐν τοῖς υἱοῖς Ισραηλ. ¹⁰καὶ ἀπῆρον καὶ ἦλθον μετὰ δυνά-
μεως πολλῆς εἰς γῆν Ιουδα· καὶ ἀπέστειλεν ἀγγέλους πρὸς Ιουδαν
11 καὶ τοὺς ἀδελφοὺς αὐτοῦ λόγοις εἰρηνικοῖς μετὰ δόλου. ¹¹καὶ οὐ
προσέσχον τοῖς λόγοις αὐτῶν· εἶδον γὰρ ὅτι ἦλθαν μετὰ δυνά-
12 μεως πολλῆς. ¹²καὶ ἐπισυνήχθησαν πρὸς Ἄλκιμον καὶ Βακχίδην
13 συναγωγὴ γραμματέων ἐκζητῆσαι δίκαια, ¹³καὶ πρῶτοι οἱ Ασιδαῖοι
14 ἦσαν ἐν υἱοῖς Ισραηλ καὶ ἐπεζήτουν παρ' αὐτῶν εἰρήνην· ¹⁴εἶπον
γὰρ Ἄνθρωπος ἱερεὺς ἐκ σπέρματος Ααρων ἦλθεν ἐν ταῖς δυνά-
15 μεσιν καὶ οὐκ ἀδικήσει ἡμᾶς. ¹⁵καὶ ἐλάλησεν μετ' αὐτῶν λόγους
εἰρηνικοὺς καὶ ὤμοσεν αὐτοῖς λέγων Οὐκ ἐκζητήσομεν ὑμῖν κακὸν
16 καὶ τοῖς φίλοις ὑμῶν. ¹⁶καὶ ἐνεπίστευσαν αὐτῷ· καὶ συνέλαβεν
ἐξ αὐτῶν ἑξήκοντα ἄνδρας καὶ ἀπέκτεινεν αὐτοὺς ἐν ἡμέρᾳ μιᾷ
17 κατὰ τὸν λόγον, ὃν ἔγραψεν αὐτόν ¹⁷Σάρκας ὁσίων σου καὶ αἷ-
μα αὐτῶν ἐξέχεαν κύκλῳ Ιερουσαλημ, καὶ οὐκ ἦν αὐτοῖς ὁ θά-
18 πτων. ¹⁸καὶ ἐπέπεσεν αὐτῶν ὁ φόβος καὶ ὁ τρόμος εἰς πάντα τὸν
λαόν, ὅτι εἶπον Οὐκ ἔστιν ἐν αὐτοῖς ἀλήθεια καὶ κρίσις, παρέβη-
19 σαν γὰρ τὴν στάσιν καὶ τὸν ὅρκον, ὃν ὤμοσαν. ¹⁹καὶ ἀπῆρεν
Βακχίδης ἀπὸ Ιερουσαλημ καὶ παρενέβαλεν ἐν Βηθζαιθ καὶ ἀπ-
έστειλεν καὶ συνέλαβεν πολλοὺς ἀπὸ τῶν μετ' αὐτοῦ αὐτομολησάν-
των ἀνδρῶν καί τινας τοῦ λαοῦ καὶ ἔθυσεν αὐτοὺς εἰς τὸ φρέαρ
20 τὸ μέγα. ²⁰καὶ κατέστησεν τὴν χώραν τῷ Ἀλκίμῳ καὶ ἀφῆκεν
μετ' αὐτοῦ δύναμιν τοῦ βοηθεῖν αὐτῷ· καὶ ἀπῆλθεν Βακχίδης πρὸς
21 τὸν βασιλέα. ²¹καὶ ἠγωνίσατο Ἄλκιμος περὶ τῆς ἀρχιερωσύνης,
22 ²²καὶ συνήχθησαν πρὸς αὐτὸν πάντες οἱ ταράσσοντες τὸν λαὸν
αὐτῶν καὶ κατεκράτησαν γῆν Ιουδα καὶ ἐποίησαν πληγὴν μεγάλην
23 ἐν Ισραηλ. ²³καὶ εἶδεν Ιουδας πᾶσαν τὴν κακίαν, ἣν ἐποίησεν Ἄλ-
24 κιμος καὶ οἱ μετ' αὐτοῦ ἐν υἱοῖς Ισραηλ ὑπὲρ τὰ ἔθνη, ²⁴καὶ ἐξῆλ-
θεν εἰς πάντα τὰ ὅρια τῆς Ιουδαίας κυκλόθεν καὶ ἐποίησεν ἐκδί-

7 κολασατω mu.] εκολασατο SA*L*La ‖ 8 βακχιδην] χχ pro κχ S pau.: cf.
9 1.49; βαρακχ. A† | φιλων] υ pro ι A† | του 1⁰] αυτου S*† ‖ 9 αλκιμον]
pr. τον S† | και 3⁰ > S*† | εστησεν] -σαν A† | ιερωσυνην] pr. αρχ Vpau. ‖
10 απηρον] απηλθεν A | ηλθον] -θεν A | και ult.] + προς A† ‖ 11 προσειχον
A† ‖ 14 σπερμ.] pr. του A ‖ 15 λογ. ειρην.] tr. A† ‖ 16 τους λογους ους
A | αυτον S*†] > rel.; ο προφητης S𝑐L, δαυιδ unus cod., ασαφ ο προφητης
unus cod.: cf. Ps. 78 2.3 ‖ 17 σαρκας] + κρεας S*V†, carnes uiscera La |
αιμα] -ματα AS𝑐 ‖ 19 βηθζαιθ S†] βηζεθ A, βαιθζεθ V† | συνελαβεν] -εβαλεν
S*†: cf. 9 61 | και ult. > S*La† | αυτους] -τος S†, > La† ‖ 21 αρχιερωσ.]
αρχ > S† ‖ 24 κυκλοθεν] pr. και A†

κησιν ἐν τοῖς ἀνδράσιν τοῖς αὐτομολήσασιν, καὶ ἀνεστάλησαν τοῦ
ἐκπορεύεσθαι εἰς τὴν χώραν. ²⁵ὡς δὲ εἶδεν Ἄλκιμος ὅτι ἐνίσχυσεν 25
Ιουδας καὶ οἱ μετ᾿ αὐτοῦ, καὶ ἔγνω ὅτι οὐ δύναται ὑποστῆναι αὐ-
τούς, καὶ ἐπέστρεψεν πρὸς τὸν βασιλέα καὶ κατηγόρησεν αὐτῶν
πονηρά. ²⁶Καὶ ἀπέστειλεν ὁ βασιλεὺς Νικάνορα ἕνα τῶν ἀρχόντων αὐτοῦ 26
τῶν ἐνδόξων καὶ μισοῦντα καὶ ἐχθραίνοντα τῷ Ισραηλ καὶ ἐνετεί-
λατο αὐτῷ ἐξᾶραι τὸν λαόν. ²⁷καὶ ἦλθεν Νικάνωρ εἰς Ιερουσαλημ 27
δυνάμει πολλῇ, καὶ ἀπέστειλεν πρὸς Ιουδαν καὶ τοὺς ἀδελφοὺς
αὐτοῦ μετὰ δόλου λόγοις εἰρηνικοῖς λέγων ²⁸Μὴ ἔστω μάχη ἀνὰ 28
μέσον ἐμοῦ καὶ ὑμῶν · ἥξω ἐν ἀνδράσιν ὀλίγοις, ἵνα ἴδω ὑμῶν
τὰ πρόσωπα μετ᾿ εἰρήνης. ²⁹καὶ ἦλθεν πρὸς Ιουδαν, καὶ ἠσπάσαντο 29
ἀλλήλους εἰρηνικῶς · καὶ οἱ πολέμιοι ἕτοιμοι ἦσαν ἐξαρπάσαι τὸν
Ιουδαν. ³⁰καὶ ἐγνώσθη ὁ λόγος τῷ Ιουδα ὅτι μετὰ δόλου ἦλθεν 30
ἐπ᾿ αὐτόν, καὶ ἐπτοήθη ἀπ᾿ αὐτοῦ καὶ οὐκ ἐβουλήθη ἔτι ἰδεῖν τὸ
πρόσωπον αὐτοῦ. ³¹καὶ ἔγνω Νικάνωρ ὅτι ἀπεκαλύφθη ἡ βουλὴ 31
αὐτοῦ, καὶ ἐξῆλθεν εἰς συνάντησιν τῷ Ιουδα ἐν πολέμῳ κατὰ Χα-
φαρσαλαμα. ³²καὶ ἔπεσον τῶν παρὰ Νικάνορος ὡσεὶ πεντακόσιοι 32
ἄνδρες, καὶ ἔφυγον εἰς τὴν πόλιν Δαυιδ.
³³Καὶ μετὰ τοὺς λόγους τούτους ἀνέβη Νικάνωρ εἰς ὄρος Σιων. 33
καὶ ἐξῆλθον ἀπὸ τῶν ἱερέων ἐκ τῶν ἁγίων καὶ ἀπὸ τῶν πρεσβυ-
τέρων τοῦ λαοῦ ἀσπάσασθαι αὐτὸν εἰρηνικῶς καὶ δεῖξαι αὐτῷ τὴν
ὁλοκαύτωσιν τὴν προσφερομένην ὑπὲρ τοῦ βασιλέως. ³⁴καὶ ἐμυ- 34
κτήρισεν αὐτοὺς καὶ κατεγέλασεν αὐτῶν καὶ ἐμίανεν αὐτοὺς καὶ
ἐλάλησεν ὑπερηφάνως · ³⁵καὶ ὤμοσεν μετὰ θυμοῦ λέγων Ἐὰν μὴ 35
παραδοθῇ Ιουδας καὶ ἡ παρεμβολὴ αὐτοῦ εἰς χεῖράς μου τὸ νῦν,
καὶ ἔσται ἐὰν ἐπιστρέψω ἐν εἰρήνῃ, ἐμπυριῶ τὸν οἶκον τοῦτον.
καὶ ἐξῆλθεν μετὰ θυμοῦ μεγάλου. ³⁶καὶ εἰσῆλθον οἱ ἱερεῖς καὶ ἔστη- 36
σαν κατὰ πρόσωπον τοῦ θυσιαστηρίου καὶ τοῦ ναοῦ καὶ ἔκλαυσαν
καὶ εἶπον ³⁷Σὺ ἐξελέξω τὸν οἶκον τοῦτον ἐπικληθῆναι τὸ ὄνομά 37
σου ἐπ᾿ αὐτοῦ εἶναι οἶκον προσευχῆς καὶ δεήσεως τῷ λαῷ σου ·
³⁸ποίησον ἐκδίκησιν ἐν τῷ ἀνθρώπῳ τούτῳ καὶ ἐν τῇ παρεμβολῇ 38
αὐτοῦ, καὶ πεσέτωσαν ἐν ῥομφαίᾳ · μνήσθητι τῶν δυσφημιῶν αὐ-
τῶν καὶ μὴ δῷς αὐτοῖς μονήν. ³⁹καὶ ἐξῆλθεν Νικάνωρ ἐξ Ιερου- 39
σαλημ καὶ παρενέβαλεν ἐν Βαιθωρων, καὶ συνήντησεν αὐτῷ δύνα-
μις Συρίας. ⁴⁰καὶ Ιουδας παρενέβαλεν ἐν Αδασα ἐν τρισχιλίοις ἀν- 40

24 τοις 2⁰] pr. και A⁺ | εκπορευεσθαι S La⁺] εκ > pl., πορευθηναι A pau. |
την > A⁺ || 25 ου > A pau. || 26 αυτου] pr. των S*⁺ || 29 ετοιμοι ησαν]
tr. A || 31 εν πολ. > A | χαφαρσαλαμα] χα > S*La ᵖ pau., χαρφαρσαραμα A⁺
|| 32 ως πεντακισχιλιοι(A⁺ -λιους: sic!) ανδρες A pau. || 33 ορος] pr. το A pl.
| εξηλθεν S || 35 εις χ. μου/το νυν] tr. A⁺ | fin. μεγαλου > A pau. || 36 ε-
κλαυσεν A⁺ || 37 αυτου] -τον A || 38 εν 1⁰ > S⁺ || 39 παρενεβαλεν] -λον A⁺

41 δράσιν · καὶ προσηύξατο Ιουδας καὶ εἶπεν 41Οἱ παρὰ τοῦ βασιλέως
ὅτε ἐδυσφήμησαν, ἐξῆλθεν ὁ ἄγγελός σου καὶ ἐπάταξεν ἐν αὐτοῖς
42 ἑκατὸν ὀγδοήκοντα πέντε χιλιάδας · 42οὕτως σύντριψον τὴν παρεμ-
βολὴν ταύτην ἐνώπιον ἡμῶν σήμερον, καὶ γνώτωσαν οἱ ἐπίλοιποι
ὅτι κακῶς ἐλάλησεν ἐπὶ τὰ ἅγιά σου, καὶ κρῖνον αὐτὸν κατὰ τὴν
43 κακίαν αὐτοῦ. 43καὶ συνῆψαν αἱ παρεμβολαὶ εἰς πόλεμον τῇ τρισ-
καιδεκάτῃ τοῦ μηνὸς Αδαρ, καὶ συνετρίβη ἡ παρεμβολὴ Νικάνορος,
44 καὶ ἔπεσεν αὐτὸς πρῶτος ἐν τῷ πολέμῳ. 44ὡς δὲ εἶδεν ἡ παρεμ-
45 βολὴ αὐτοῦ ὅτι ἔπεσεν Νικάνωρ, ῥίψαντες τὰ ὅπλα ἔφυγον. 45καὶ
κατεδίωκον αὐτοὺς ὁδὸν ἡμέρας μιᾶς ἀπὸ Αδασα ἕως τοῦ ἐλθεῖν
εἰς Γαζηρα καὶ ἐσάλπιζον ὀπίσω αὐτῶν ταῖς σάλπιγξιν τῶν σημα-
46 σιῶν. 46καὶ ἐξῆλθον ἐκ πασῶν τῶν κωμῶν τῆς Ιουδαίας κυκλόθεν
καὶ ὑπερεκέρων αὐτούς, καὶ ἀπέστρεφον οὗτοι πρὸς τούτους, καὶ
ἔπεσον πάντες ῥομφαίᾳ, καὶ οὐ κατελείφθη ἐξ αὐτῶν οὐδὲ εἷς.
47 47καὶ ἔλαβον τὰ σκῦλα καὶ τὴν προνομήν, καὶ τὴν κεφαλὴν Νικά-
νορος ἀφεῖλον καὶ τὴν δεξιὰν αὐτοῦ, ἣν ἐξέτεινεν ὑπερηφάνως,
48 καὶ ἤνεγκαν καὶ ἐξέτειναν παρὰ τῇ Ιερουσαλημ. 48καὶ ηὐφράνθη ὁ
λαὸς σφόδρα καὶ ἤγαγον τὴν ἡμέραν ἐκείνην ἡμέραν εὐφροσύνης
49 μεγάλην · 49καὶ ἔστησαν τοῦ ἄγειν κατ᾽ ἐνιαυτὸν τὴν ἡμέραν ταύ-
50 την τῇ τρισκαιδεκάτῃ τοῦ Αδαρ. 50καὶ ἡσύχασεν ἡ γῆ Ιουδα ἡμέ-
ρας ὀλίγας.

8 1Καὶ ἤκουσεν Ιουδας τὸ ὄνομα τῶν Ῥωμαίων, ὅτι εἰσὶν δυνατοὶ
ἰσχύι καὶ αὐτοὶ εὐδοκοῦσιν ἐν πᾶσιν τοῖς προστιθεμένοις αὐτοῖς,
καὶ ὅσοι ἂν προσέλθωσιν αὐτοῖς, ἱστῶσιν αὐτοῖς φιλίαν, καὶ ὅτι
2 εἰσὶ δυνατοὶ ἰσχύι. 2καὶ διηγήσαντο αὐτῷ τοὺς πολέμους αὐτῶν
καὶ τὰς ἀνδραγαθίας, ἃς ποιοῦσιν ἐν τοῖς Γαλάταις, καὶ ὅτι κατ-
3 εκράτησαν αὐτῶν καὶ ἤγαγον αὐτοὺς ὑπὸ φόρον, 3καὶ ὅσα ἐποί-
ησαν ἐν χώρᾳ Σπανίας τοῦ κατακρατῆσαι τῶν μετάλλων τοῦ ἀρ-
4 γυρίου καὶ τοῦ χρυσίου τοῦ ἐκεῖ · 4καὶ κατεκράτησαν τοῦ τόπου
παντὸς τῇ βουλῇ αὐτῶν καὶ τῇ μακροθυμίᾳ, καὶ ὁ τόπος ἦν ἀπ-
έχων μακρὰν ἀπ᾽ αὐτῶν σφόδρα, καὶ τῶν βασιλέων τῶν ἐπελθόν-
των ἐπ᾽ αὐτοὺς ἀπ᾽ ἄκρου τῆς γῆς, ἕως συνέτριψαν αὐτοὺς καὶ
ἐπάταξαν ἐν αὐτοῖς πληγὴν μεγάλην, καὶ οἱ ἐπίλοιποι διδόασιν
5 αὐτοῖς φόρον κατ᾽ ἐνιαυτόν · 5καὶ τὸν Φίλιππον καὶ τὸν Περσέα

41 βασιλεως] + ασσυριων L, + σενναχειριμ unus cod. | ο > A || 43 επε-
σεν] pr. επ S† || 44 οπλα S La†] + αυτων rel. || 45 ημερας μιας] tr. S† |
εσαλπιζον SV†] -πισαν rel. || 46 απεστρεφον] ανεστρ. A | ου κατελειφθη]
ουκ απελ. S*† || 47 παρα τη S*V†] π. την rel. || 48 μεγαλην S*A pau.]
-λης rel. || 49 αγειν] αγαγειν A†

8 1 ισχυι 1°] pr. εν A† | προστιθεμ.] -τεθειμ. A(†) | και οσοι (ε)αν προσελθ.
αυτοις] pr. και οσοι εαν προτεθωσιν(sic) αυτοις A† || 4 απεχων μακραν SV†]
tr. rel. | εως] ως S†

Κιτιέων βασιλέα καὶ τοὺς ἐπηρμένους ἐπ' αὐτοὺς συνέτριψαν αὐ-
τοὺς ἐν πολέμῳ καὶ κατεκράτησαν αὐτῶν · ⁶καὶ ᾿Αντίοχον τὸν μέ- 6
γαν βασιλέα τῆς ᾿Ασίας τὸν πορευθέντα ἐπ' αὐτοὺς εἰς πόλεμον
ἔχοντα ἑκατὸν εἴκοσι ἐλέφαντας καὶ ἵππον καὶ ἅρματα καὶ δύνα-
μιν πολλὴν σφόδρα, καὶ συνετρίβη ὑπ' αὐτῶν, ⁷καὶ ἔλαβον αὐτὸν 7
ζῶντα καὶ ἔστησαν αὐτοῖς διδόναι αὐτόν τε καὶ τοὺς βασιλεύοντας
μετ' αὐτὸν φόρον μέγαν καὶ διδόναι ὅμηρα καὶ διαστολὴν ⁸καὶ 8
χώραν τὴν ᾿Ινδικὴν καὶ Μηδίαν καὶ Λυδίαν ἀπὸ τῶν καλλίστων
χωρῶν αὐτῶν, καὶ λαβόντες αὐτὰς παρ' αὐτοῦ ἔδωκαν αὐτὰς Εὐ-
μένει τῷ βασιλεῖ · ⁹καὶ ὅτι οἱ ἐκ τῆς ῾Ελλάδος ἐβουλεύσαντο ἐλ- 9
θεῖν καὶ ἐξᾶραι αὐτούς, ¹⁰καὶ ἐγνώσθη ὁ λόγος αὐτοῖς, καὶ ἀπ- 10
έστειλαν ἐπ' αὐτοὺς στρατηγὸν ἕνα καὶ ἐπολέμησαν πρὸς αὐτούς,
καὶ ἔπεσον ἐξ αὐτῶν τραυματίαι πολλοί, καὶ ἠχμαλώτισαν τὰς γυ-
ναῖκας αὐτῶν καὶ τὰ τέκνα αὐτῶν καὶ ἐπρονόμευσαν αὐτοὺς καὶ
κατεκράτησαν τῆς γῆς καὶ καθεῖλον τὰ ὀχυρώματα αὐτῶν καὶ κατ-
εδουλώσαντο αὐτοὺς ἕως τῆς ἡμέρας ταύτης · ¹¹καὶ τὰς ἐπιλοίπους 11
βασιλείας καὶ τὰς νήσους, ὅσοι ποτὲ ἀντέστησαν αὐτοῖς, κατέφθει-
ραν καὶ ἐδούλωσαν αὐτούς, μετὰ δὲ τῶν φίλων αὐτῶν καὶ τῶν
ἐπαναπαυομένων αὐτοῖς συνετήρησαν φιλίαν · ¹²καὶ κατεκράτησαν 12
τῶν βασιλέων τῶν ἐγγὺς καὶ τῶν μακράν, καὶ ὅσοι ἤκουον τὸ
ὄνομα αὐτῶν, ἐφοβοῦντο ἀπ' αὐτῶν. ¹³οἷς δ' ἂν βούλωνται βοηθεῖν 13
καὶ βασιλεύειν, βασιλεύουσιν · οὓς δ' ἂν βούλωνται, μεθιστῶσιν ·
καὶ ὑψώθησαν σφόδρα. ¹⁴καὶ ἐν πᾶσιν τούτοις οὐκ ἐπέθεντο αὐ- 14
τῶν οὐδὲ εἷς διάδημα, οὐδὲ περιεβάλοντο πορφύραν ὥστε ἁδρυν-
θῆναι ἐν αὐτῇ · ¹⁵καὶ βουλευτήριον ἐποίησαν ἑαυτοῖς, καὶ καθ' ἡμέ- 15
ραν ἐβουλεύοντο τριακόσιοι καὶ εἴκοσι βουλευόμενοι διὰ παντὸς
περὶ τοῦ πλήθους τοῦ εὐκοσμεῖν αὐτούς · ¹⁶καὶ πιστεύουσιν ἑνὶ 16
ἀνθρώπῳ ἄρχειν αὐτῶν κατ' ἐνιαυτὸν καὶ κυριεύειν πάσης τῆς γῆς
αὐτῶν, καὶ πάντες ἀκούουσιν τοῦ ἑνός, καὶ οὐκ ἔστιν φθόνος οὐδὲ
ζῆλος ἐν αὐτοῖς.
¹⁷Καὶ ἐπελέξατο Ιουδας τὸν Εὐπόλεμον υἱὸν Ιωαννου τοῦ Ακκως 17
καὶ ᾿Ιάσονα υἱὸν Ελεαζαρου καὶ ἀπέστειλεν αὐτοὺς εἰς ῾Ρώμην
στῆσαι φιλίαν καὶ συμμαχίαν ¹⁸καὶ τοῦ ἆραι τὸν ζυγὸν ἀπ' αὐτῶν, 18

5 κιτιεων S* (cf. Is. 23 12)] κιτιαιων ASᶜ: cf. Num. 24 24 Is. 23 1 | εν SV
La†] > rel.: cf. 5 67 || 6 υπ S*V†] απ rel. || 7 εστησαν] + αυτον Sᶜ† |
διδοναι 1⁰] δουναι S*† | και paenult. ALa] > SV | ομηρον S† | 8 απο] pr.
και A || 10 γης S*La] + αυτων ASᶜpl. | και ult. LLa] pr. και επρονομευσαν
αυτους SA: ex praec. repet. || 11 οσοι] οι S† | αντεστησαν LLa] τ 1⁰ >
SA | αυτους] -τοις Apau. | συνετηρησαν] + αυτοις A || 12 βασιλεων] -λ⟨ε⟩ι-
ων A | ηκουσαν A || 13 βασιλευουσιν] -ευσουσιν A; pr. και S*† || 14 αυ-
των ουδε εις] ουδεις αυτων A | ουδε 2⁰] και ου Amu. | εν αυτη] > S*†, επ
αυτη ScL || 15 fin. εαυτους A || 16 κυριευειν > S*† || 17 επελεξατο SV†]
-ξεν rel. | ακχως A | στησαι S*La†] + αυτοις rel. || 18 απ > A†

ὅτι εἶδον τὴν βασιλείαν τῶν Ἑλλήνων καταδουλουμένους τὸν Ἰσ-
19 ραηλ δουλείᾳ. ¹⁹καὶ ἐπορεύθησαν εἰς Ῥώμην, καὶ ἡ ὁδὸς πολλὴ
σφόδρα, καὶ εἰσήλθοσαν εἰς τὸ βουλευτήριον καὶ ἀπεκρίθησαν καὶ
20 εἶπον ²⁰Ιουδας ὁ καὶ Μακκαβαῖος καὶ οἱ ἀδελφοὶ αὐτοῦ καὶ τὸ
πλῆθος τῶν Ιουδαίων ἀπέστειλαν ἡμᾶς πρὸς ὑμᾶς στῆσαι μεθ᾽
ὑμῶν συμμαχίαν καὶ εἰρήνην καὶ γραφῆναι ἡμᾶς συμμάχους καὶ
21 φίλους ὑμῶν. ²¹καὶ ἤρεσεν ὁ λόγος ἐνώπιον αὐτῶν. ²²καὶ τοῦτο
22 τὸ ἀντίγραφον τῆς ἐπιστολῆς, ἧς ἀντέγραψαν ἐπὶ δέλτοις χαλκαῖς
καὶ ἀπέστειλαν εἰς Ιερουσαλημ εἶναι παρ᾽ αὐτοῖς ἐκεῖ μνημόσυνον
εἰρήνης καὶ συμμαχίας
23 ²³Καλῶς γένοιτο Ῥωμαίοις καὶ τῷ ἔθνει Ιουδαίων ἐν τῇ θαλάσ-
σῃ καὶ ἐπὶ τῆς ξηρᾶς εἰς τὸν αἰῶνα, καὶ ῥομφαία καὶ ἐχθρὸς μα-
24 κρυνθείη ἀπ᾽ αὐτῶν. ²⁴ἐὰν δὲ ἐνστῇ πόλεμος Ῥώμῃ προτέρᾳ ἢ
25 πᾶσιν τοῖς συμμάχοις αὐτῶν ἐν πάσῃ τῇ κυριείᾳ αὐτῶν, ²⁵συμ-
μαχήσει τὸ ἔθνος τῶν Ιουδαίων, ὡς ἂν ὁ καιρὸς ὑπογράφῃ αὐτοῖς,
26 καρδίᾳ πλήρει· ²⁶καὶ τοῖς πολεμοῦσιν οὐ δώσουσιν οὐδὲ ἐπαρκέ-
σουσιν σῖτον, ὅπλα, ἀργύριον, πλοῖα, ὡς ἔδοξεν Ῥώμῃ· καὶ φυλά-
27 ξονται τὰ φυλάγματα αὐτῶν οὐθὲν λαβόντες. ²⁷κατὰ τὰ αὐτὰ δὲ
ἐὰν ἔθνει Ιουδαίων συμβῇ προτέροις πόλεμος, συμμαχήσουσιν οἱ
28 Ῥωμαῖοι ἐκ ψυχῆς, ὡς ἂν αὐτοῖς ὁ καιρὸς ὑπογράφῃ· ²⁸καὶ τοῖς
συμμαχοῦσιν οὐ δοθήσεται σῖτος, ὅπλα, ἀργύριον, πλοῖα, ὡς ἔδο-
ξεν Ῥώμῃ· καὶ φυλάξονται τὰ φυλάγματα ταῦτα καὶ οὐ μετὰ δό-
29 λου. — ²⁹κατὰ τοὺς λόγους τούτους οὕτως ἔστησαν Ῥωμαῖοι τῷ
30 δήμῳ τῶν Ιουδαίων. ³⁰ἐὰν δὲ μετὰ τοὺς λόγους τούτους βουλεύ-
σωνται οὗτοι καὶ οὗτοι προσθεῖναι ἢ ἀφελεῖν, ποιήσονται ἐξ αἱρέ-
31 σεως αὐτῶν, καὶ ὃ ἂν προσθῶσιν ἢ ἀφέλωσιν, ἔσται κύρια. ³¹καὶ
περὶ τῶν κακῶν, ὧν ὁ βασιλεὺς Δημήτριος συντελεῖται εἰς αὐτούς,
ἐγράψαμεν αὐτῷ λέγοντες Διὰ τί ἐβάρυνας τὸν ζυγόν σου ἐπὶ
32 τοὺς φίλους ἡμῶν τοὺς συμμάχους Ιουδαίους; ³²ἐὰν οὖν ἔτι ἐν-
τύχωσιν κατὰ σοῦ, ποιήσομεν αὐτοῖς τὴν κρίσιν καὶ πολεμήσομέν
σε διὰ τῆς θαλάσσης καὶ διὰ τῆς ξηρᾶς.
9 ¹Καὶ ἤκουσεν Δημήτριος ὅτι ἔπεσεν Νικάνωρ καὶ ἡ δύναμις

18 ειδεν S⁺ | δουλεια] + ν A ‖ 19 και ειπον > A⁺ ‖ 20 απεστειλαν]
-λεν S⁺ ‖ 21 ενωπιον] εναντιον SVpau.: cf. 10 60 ‖ 22 επιστολης] γραφης
A ‖ 23 ιουδαιων] pr. των A⁺ ‖ 24 τη > A | κυριεια Ra. (cf. Dan. 4 19 θ'
etc.)] κυρια SA ‖ 26 ου δωσ. > S*⁺ | πλοιον S*⁺ | ρωμη] -μαιοις Sᶜ mu.:
cf. 28 ‖ 28 πλοια > A⁺ | ρωμη] -μαιος S⁺: cf. 26 | και 2⁰ > S | φυλασσου-
σιν S*⁺, -λαξωνται Sᶜ⁺ ‖ 30 ουτοι και ουτοι (i. e. ambo, cf. 9 17)] ουτοι η
ουτοι SV(om. ου ult.)⁺ | ποιησωνται S | αν S⁺] εαν rel. ‖ 31 βασιλευς > S*⁺
| αυτους] υμας SᶜL | συμμαχους] + ημων SL ‖ 32 αυτοις] pr. ε S⁺ | σε] υ-
περ σου S*⁺
9 1 επεσεν] εποιησεν A | η δυναμις] αι -μεις Amu.

αὐτοῦ ἐν πολέμῳ, καὶ προσέθετο τὸν Βακχίδην καὶ τὸν Ἄλκιμον
ἐκ δευτέρου ἀποστεῖλαι εἰς γῆν Ιουδα καὶ τὸ δεξιὸν κέρας μετ᾽
αὐτῶν. ²καὶ ἐπορεύθησαν ὁδὸν τὴν εἰς Γαλγαλα καὶ παρενέβαλον 2
ἐπὶ Μαισαλωθ τὴν ἐν Αρβηλοις καὶ προκατελάβοντο αὐτὴν καὶ
ἀπώλεσαν ψυχὰς ἀνθρώπων πολλάς. ³καὶ τοῦ μηνὸς τοῦ πρώτου 3
ἔτους τοῦ δευτέρου καὶ πεντηκοστοῦ καὶ ἑκατοστοῦ παρενέβαλον
ἐπὶ Ιερουσαλημ· ⁴καὶ ἀπῆραν καὶ ἐπορεύθησαν εἰς Βερεαν ἐν εἴ- 4
κοσι χιλιάσιν ἀνδρῶν καὶ δισχιλίᾳ ἵππῳ. ⁵καὶ Ιουδας ἦν παρεμβε- 5
βληκὼς ἐν Ελασα, καὶ τρισχίλιοι ἄνδρες μετ᾽ αὐτοῦ ἐκλεκτοί. ⁶καὶ 6
εἶδον τὸ πλῆθος τῶν δυνάμεων ὅτι πολλοί εἰσιν, καὶ ἐφοβήθησαν
σφόδρα· καὶ ἐξερρύησαν πολλοὶ ἀπὸ τῆς παρεμβολῆς, οὐ κατελεί-
φθησαν ἐξ αὐτῶν ἀλλ᾽ ἢ ὀκτακόσιοι ἄνδρες. ⁷καὶ εἶδεν Ιουδας ὅτι 7
ἀπερρύη ἡ παρεμβολὴ αὐτοῦ καὶ ὁ πόλεμος ἔθλιβεν αὐτόν, καὶ
συνετρίβη τῇ καρδίᾳ, ὅτι οὐκ εἶχεν καιρὸν συναγαγεῖν αὐτούς,
⁸καὶ ἐξελύθη καὶ εἶπεν τοῖς καταλειφθεῖσιν Ἀναστῶμεν καὶ ἀνα- 8
βῶμεν ἐπὶ τοὺς ὑπεναντίους ἡμῶν, ἐὰν ἄρα δυνώμεθα πολεμῆσαι
πρὸς αὐτούς. ⁹καὶ ἀπέστρεφον αὐτὸν λέγοντες Οὐ μὴ δυνώμεθα, 9
ἀλλ᾽ ἢ σῴζωμεν τὰς ἑαυτῶν ψυχὰς τὸ νῦν, ἐπιστρέψωμεν καὶ οἱ
ἀδελφοὶ ἡμῶν καὶ πολεμήσωμεν πρὸς αὐτούς, ἡμεῖς δὲ ὀλίγοι.
¹⁰καὶ εἶπεν Ιουδας Μὴ γένοιτο ποιῆσαι τὸ πρᾶγμα τοῦτο, φυγεῖν 10
ἀπ᾽ αὐτῶν, καὶ εἰ ἤγγικεν ὁ καιρὸς ἡμῶν, καὶ ἀποθάνωμεν ἐν ἀν-
δρείᾳ χάριν τῶν ἀδελφῶν ἡμῶν καὶ μὴ καταλίπωμεν αἰτίαν τῇ
δόξῃ ἡμῶν. ¹¹καὶ ἀπῆρεν ἡ δύναμις ἀπὸ τῆς παρεμβολῆς καὶ ἔστη- 11
σαν εἰς συνάντησιν αὐτοῖς, καὶ ἐμερίσθη ἡ ἵππος εἰς δύο μέρη,
καὶ οἱ σφενδονῆται καὶ οἱ τοξόται προεπορεύοντο τῆς δυνάμεως,
καὶ οἱ πρωταγωνισταὶ πάντες οἱ δυνατοί, Βακχίδης δὲ ἦν ἐν τῷ
δεξιῷ κέρατι. ¹²καὶ ἤγγισεν ἡ φάλαγξ ἐκ τῶν δύο μερῶν καὶ ἐφώ- 12
νουν ταῖς σάλπιγξιν, καὶ ἐσάλπισαν οἱ παρὰ Ιουδου καὶ αὐτοὶ ταῖς
σάλπιγξιν· ¹³καὶ ἐσαλεύθη ἡ γῆ ἀπὸ τῆς φωνῆς τῶν παρεμβολῶν, 13
καὶ ἐγένετο ὁ πόλεμος συνημμένος ἀπὸ πρωίθεν ἕως ἑσπέρας.
¹⁴καὶ εἶδεν Ιουδας ὅτι Βακχίδης καὶ τὸ στερέωμα τῆς παρεμβολῆς 14
ἐν τοῖς δεξιοῖς, καὶ συνῆλθον αὐτῷ πάντες οἱ εὔψυχοι τῇ καρδίᾳ,

1 εν πολεμω VLa†] εν > SL, πολεμον A | βακχχιδην S*† (Sᶜ deleuit κ):
cf. 7 8 ‖ 2 παρενεβαλοσαν A | μεσσαλωθ A⁽†⁾ | αυτην] -τους S*† | απωλεσαν]
-σεν A | ψυχας] pr. εις S† ‖ 3 του 3⁰ > A | επι] εις A† ‖ 4 δισχιλια]
-ασιν A† | ιππω mu.] + ν AV, ιππον S ‖ 5 ελασα] αλ. A | μετ αυτου / εκ-
λεκτοι] tr. A ‖ 8 ημων] ημιν A† | προς > A ‖ 9 απεστρεφον S*VLapau.]
-εψαν rel. | αυτον] -τους S*† | δυνησωμεθα A | σωζομεν S*, σωσομεν Sᶜ† |
και οι αδ.] μετα των αδελφων A ‖ 10 μη 1⁰ SVLa†] + μοι rel. | τουτο >
S† | ει > A | και 3⁰ > SL | εν ανδρ(ε)ια La] εν > A, ανδριως S† | ημων
paenult. > S*† ‖ 11 προσεπορ. S*V† ‖ 12 και εσαλπ.] + και A | ιουδου:
cf. 3 25 ‖ 13 εσαλ.] εσ(ε)ισθη A† | της φ. των παρεμβ.] των παρεμβ. αυτων
A† | συνηγμενος AV† | εως] μεχρι S† ‖ 14 εν > S†

15 ¹⁵καὶ συνετρίβη τὸ δεξιὸν μέρος ἀπ᾽ αὐτῶν, καὶ ἐδίωκεν ὀπίσω
16 αὐτῶν ἕως Αζωτου ὄρους. ¹⁶καὶ οἱ εἰς τὸ ἀριστερὸν κέρας εἶδον
ὅτι συνετρίβη τὸ δεξιὸν κέρας, καὶ ἐπέστρεψαν κατὰ πόδας Ιουδου
17 καὶ τῶν μετ᾽ αὐτοῦ ἐκ τῶν ὄπισθεν. ¹⁷καὶ ἐβαρύνθη ὁ πόλεμος,
18 καὶ ἔπεσον τραυματίαι πολλοὶ ἐκ τούτων καὶ ἐκ τούτων, ¹⁸καὶ Ιου-
19 δας ἔπεσεν, καὶ οἱ λοιποὶ ἔφυγον. ¹⁹καὶ ἦρεν Ιωναθαν καὶ Σιμων
Ιουδαν τὸν ἀδελφὸν αὐτῶν καὶ ἔθαψαν αὐτὸν ἐν τῷ τάφῳ τῶν
20 πατέρων αὐτοῦ ἐν Μωδεϊν. ²⁰καὶ ἔκλαυσαν αὐτὸν καὶ ἐκόψαντο
αὐτὸν πᾶς Ισραηλ κοπετὸν μέγαν καὶ ἐπένθουν ἡμέρας πολλὰς
21
22 καὶ εἶπον ²¹Πῶς ἔπεσεν δυνατὸς σῴζων τὸν Ισραηλ. ²²καὶ τὰ
περισσὰ τῶν λόγων Ιουδου καὶ τῶν πολέμων καὶ τῶν ἀνδραγα-
θιῶν, ὧν ἐποίησεν, καὶ τῆς μεγαλωσύνης αὐτοῦ οὐ κατεγράφη ·
πολλὰ γὰρ ἦν σφόδρα.

23　　²³Καὶ ἐγένετο μετὰ τὴν τελευτὴν Ιουδου ἐξέκυψαν οἱ ἄνομοι
ἐν πᾶσιν τοῖς ὁρίοις Ισραηλ, καὶ ἀνέτειλαν πάντες οἱ ἐργαζόμενοι
24 τὴν ἀδικίαν. ²⁴ἐν ταῖς ἡμέραις ἐκείναις ἐγενήθη λιμὸς μέγας σφό-
25 δρα, καὶ αὐτομόλησεν ἡ χώρα μετ᾽ αὐτῶν. ²⁵καὶ ἐξέλεξεν Βακχιδης
τοὺς ἀσεβεῖς ἄνδρας καὶ κατέστησεν αὐτοὺς κυρίους τῆς χώρας.
26 ²⁶καὶ ἐξεζήτουν καὶ ἠρεύνων τοὺς φίλους Ιουδου καὶ ἦγον αὐτοὺς
27 πρὸς Βακχιδην, καὶ ἐξεδίκα αὐτοὺς καὶ ἐνέπαιζεν αὐτοῖς. ²⁷καὶ ἐγέ-
νετο θλῖψις μεγάλη ἐν τῷ Ισραηλ, ἥτις οὐκ ἐγένετο ἀφ᾽ ἧς ἡμέρας
28 οὐκ ὤφθη προφήτης αὐτοῖς. ²⁸καὶ ἠθροίσθησαν πάντες οἱ φίλοι
29 Ιουδου καὶ εἶπον τῷ Ιωναθαν ²⁹Ἀφ᾽ οὗ ὁ ἀδελφός σου Ιουδας τε-
τελεύτηκεν, καὶ ἀνὴρ ὅμοιος αὐτῷ οὐκ ἔστιν ἐξελθεῖν καὶ εἰσελθεῖν
πρὸς τοὺς ἐχθροὺς καὶ Βακχιδην καὶ ἐν τοῖς ἐχθραίνουσιν τοῦ
30 ἔθνους ἡμῶν · ³⁰νῦν οὖν σὲ ἡρετισάμεθα σήμερον τοῦ εἶναι ἀντ᾽
αὐτοῦ ἡμῖν εἰς ἄρχοντα καὶ ἡγούμενον τοῦ πολεμῆσαι τὸν πόλε-
31 μον ἡμῶν. ³¹καὶ ἐπεδέξατο Ιωναθαν ἐν τῷ καιρῷ ἐκείνῳ τὴν ἥγη-
σιν καὶ ἀνέστη ἀντὶ Ιουδου τοῦ ἀδελφοῦ αὐτοῦ.

32
33 ³²Καὶ ἔγνω Βακχιδης καὶ ἐζήτει αὐτὸν ἀποκτεῖναι. ³³καὶ ἔγνω
Ιωναθαν καὶ Σιμων ὁ ἀδελφὸς αὐτοῦ καὶ πάντες οἱ μετ᾽ αὐτοῦ
καὶ ἔφυγον εἰς τὴν ἔρημον Θεκωε καὶ παρενέβαλον ἐπὶ τὸ ὕδωρ
34 λάκκου Ασφαρ. ³⁴καὶ ἔγνω Βακχιδης τῇ ἡμέρᾳ τῶν σαββάτων καὶ

15 μερος SLₚLa† (cf. 11. 12 4 19 6 38. 40)] κερας rel. ‖ 16 δεξιον κερας
και] δεξ. κερ. κατα προσωπον και S*† | επεστρεψεν S* | κατα ποδας > S*†
ιουδου: cf. 3 25 ‖ 17 τουτων 1⁰ ⌒ 2⁰ S ‖ 19 ηρεν] ηραν AV | αυτων] -του
A† | αυτου] -των SL | μωδαειν S⁽†⁾: cf. 2 1. 23 ‖ 20 αυτον 1⁰] + εκει A†
fin. ειπεν S† ‖ 22 περισσεα A†, περισσια S† | ιουδου: cf. 3 25 | πολλα] -λη
SL ‖ 23 ιουδου: cf. 3 25 ‖ 24 μεγας] -αλη A: cf. 13 49 Thack. p. 146 ‖
26 ηρευνων V†] -νουν S⁽†⁾, εξηρανων A: cf. Thack. § 6, 12 | ιουδου: cf. 3 25
| εξεδικα] -δικει compl., -δικε S† | ενεπεζον A† ‖ 28 ιουδου: cf. 3 25 | τω >
S*† ‖ 29 και εισελθειν SV†] > rel. ‖ 31 ιουδου: cf. 3 25 ‖ 33 fin.
ασφαλ A†

ἦλθεν αὐτὸς καὶ πᾶν τὸ στράτευμα αὐτοῦ πέραν τοῦ Ιορδάνου.
— ³⁵ καὶ ἀπέστειλεν τὸν ἀδελφὸν αὐτοῦ ἡγούμενον τοῦ ὄχλου καὶ 35
παρεκάλεσεν τοὺς Ναβαταίους φίλους αὐτοῦ τοῦ παραθέσθαι αὐ-
τοῖς τὴν ἀποσκευὴν αὐτῶν τὴν πολλήν. ³⁶ καὶ ἐξῆλθον οἱ υἱοὶ Ιαμ- 36
βρι οἱ ἐκ Μηδαβα καὶ συνέλαβον Ιωαννην καὶ πάντα, ὅσα εἶχεν,
καὶ ἀπῆλθον ἔχοντες. ³⁷ μετὰ τοὺς λόγους τούτους ἀπήγγειλαν Ιω- 37
ναθαν καὶ Σιμωνι τῷ ἀδελφῷ αὐτοῦ ὅτι Υἱοὶ Ιαμβρι ποιοῦσιν γά-
μον μέγαν καὶ ἄγουσιν τὴν νύμφην ἀπὸ Ναδαβαθ, θυγατέρα ἑνὸς
τῶν μεγάλων μεγιστάνων Χανααν, μετὰ παραπομπῆς μεγάλης. ³⁸ καὶ 38
ἐμνήσθησαν τοῦ αἵματος Ιωαννου τοῦ ἀδελφοῦ αὐτῶν καὶ ἀνέβη-
σαν καὶ ἐκρύβησαν ὑπὸ τὴν σκέπην τοῦ ὄρους. ³⁹ καὶ ἦραν τοὺς 39
ὀφθαλμοὺς αὐτῶν καὶ εἶδον καὶ ἰδοὺ θροῦς καὶ ἀποσκευὴ πολλή,
καὶ ὁ νυμφίος ἐξῆλθεν καὶ οἱ φίλοι αὐτοῦ καὶ οἱ ἀδελφοὶ αὐτοῦ
εἰς συνάντησιν αὐτῶν μετὰ τυμπάνων καὶ μουσικῶν καὶ ὅπλων
πολλῶν. ⁴⁰ καὶ ἐξανέστησαν ἐπ᾽ αὐτοὺς ἀπὸ τοῦ ἐνέδρου καὶ ἀπ- 40
έκτειναν αὐτούς, καὶ ἔπεσον τραυματίαι πολλοί, καὶ οἱ ἐπίλοιποι
ἔφυγον εἰς τὸ ὄρος · καὶ ἔλαβον πάντα τὰ σκῦλα αὐτῶν. ⁴¹ καὶ 41
μετεστράφη ὁ γάμος εἰς πένθος καὶ φωνὴ μουσικῶν αὐτῶν εἰς
θρῆνον. ⁴² καὶ ἐξεδίκησαν τὴν ἐκδίκησιν αἵματος ἀδελφοῦ αὐτῶν 42
καὶ ἀπέστρεψαν εἰς τὸ ἕλος τοῦ Ιορδάνου. — ⁴³ καὶ ἤκουσεν Βακ- 43
χίδης καὶ ἦλθεν τῇ ἡμέρᾳ τῶν σαββάτων ἕως τῶν κρηπίδων τοῦ
Ιορδάνου ἐν δυνάμει πολλῇ. ⁴⁴ καὶ εἶπεν Ιωναθαν τοῖς παρ᾽ αὐτοῦ 44
Ἀναστῶμεν δὴ καὶ πολεμήσωμεν περὶ τῶν ψυχῶν ἡμῶν, οὐ γὰρ
ἐστιν σήμερον ὡς ἐχθὲς καὶ τρίτην ἡμέραν · ⁴⁵ ἰδοὺ γὰρ ὁ πόλεμος 45
ἐξ ἐναντίας καὶ ἐξόπισθεν ἡμῶν, τὸ δὲ ὕδωρ τοῦ Ιορδάνου ἔνθεν
καὶ ἔνθεν καὶ ἕλος καὶ δρυμός, οὐκ ἔστιν τόπος τοῦ ἐκκλῖναι ·
⁴⁶ νῦν οὖν κεκράξατε εἰς τὸν οὐρανόν, ὅπως διασωθῆτε ἐκ χειρὸς 46
τῶν ἐχθρῶν ἡμῶν. ⁴⁷ καὶ συνῆψεν ὁ πόλεμος · καὶ ἐξέτεινεν Ιωνα- 47
θαν τὴν χεῖρα αὐτοῦ πατάξαι τὸν Βακχίδην, καὶ ἐξέκλινεν ἀπ᾽ αὐ-
τοῦ εἰς τὰ ὀπίσω. ⁴⁸ καὶ ἐνεπήδησεν Ιωναθαν καὶ οἱ μετ᾽ αὐτοῦ εἰς 48
τὸν Ιορδάνην καὶ διεκολύμβησαν εἰς τὸ πέραν, καὶ οὐ διέβησαν
ἐπ᾽ αὐτοὺς τὸν Ιορδάνην. ⁴⁹ ἔπεσον δὲ παρὰ Βακχίδου τῇ ἡμέρᾳ 49

---

34 fin. ιορδανη Aᵗ ‖ **35** του ult. SVᵗ] > rel. | αποσκευην] παρασκ. Sᵗ |
αυτων] -του Sᵗ ‖ **36** ιαμβρ(ε)ι: sic compl. La hic, S* compl. La in 37; αμ-
βρ(ε)ι S compl. hic, Sᶜ compl. in 37: ι 1⁰ excidit post ι; ιαμβρ(ε)ιν Aᵗ ambis
locis | οι 2⁰ > A ‖ **37** μετα 1⁰ S*Laᵗ] + δε rel. | απηγγειλαν] -λεν Sᵗ |
ιαμβρι: cf. 36 | ναδαβαθ] γαβαδαν Sᵗ ‖ **38** του αιματος S*VLa pau.] > rel.
| αυτων] -του S* ‖ **39** αποσκευη] pr. η S | εις συναντ.] εις υπαντ. Sᵗ ‖
40 σκυλα] σκευη A | fin. αυτων S*ᵗ ‖ **42** εξεδικησαν et αυτων] -σεν et -του
S*ᵗ | ελος] ορος A ‖ **44** παρ] αδελφοις Aᵗ | δη] νυν A | περι] υπερ Apl.
‖ **45** εναντιας SVᵗ] + ημων rel. | ουκ] pr. και A ‖ **46** τον et των > A ‖
49 επεσον δε] και διεπεσον compl., και διεβησαν Aᵗ | βακχιδου] -δα Aᵗ; xx
pro κχ Sᵗ: item in 68, cf. 7 8

50 ἐκείνη εἰς χιλίους ἄνδρας. ⁵⁰καὶ ἐπέστρεψεν εἰς Ιερουσαλημ, καὶ
ᾠκοδόμησαν πόλεις ὀχυρὰς ἐν τῇ Ιουδαίᾳ, τὸ ὀχύρωμα τὸ ἐν Ιε-
ριχω καὶ τὴν Αμμαους καὶ τὴν Βαιθωρων καὶ τὴν Βαιθηλ καὶ τὴν
Θαμναθα Φαραθων καὶ τὴν Τεφων, ἐν τείχεσιν ὑψηλοῖς καὶ πύλαις
51 καὶ μοχλοῖς · ⁵¹καὶ ἔθετο φρουρὰν ἐν αὐτοῖς τοῦ ἐχθραίνειν τῷ
52 Ισραηλ. ⁵²καὶ ὠχύρωσεν τὴν πόλιν τὴν Βαιθσουραν καὶ Γαζαρα
καὶ τὴν ἄκραν καὶ ἔθετο ἐν αὐταῖς δυνάμεις καὶ παραθέσεις βρω-
53 μάτων. ⁵³καὶ ἔλαβεν τοὺς υἱοὺς τῶν ἡγουμένων τῆς χώρας ὅμηρα
καὶ ἔθετο αὐτοὺς ἐν τῇ ἄκρᾳ ἐν Ιερουσαλημ ἐν φυλακῇ.
54 ⁵⁴Καὶ ἐν ἔτει τρίτῳ καὶ πεντηκοστῷ καὶ ἑκατοστῷ τῷ μηνὶ τῷ
δευτέρῳ ἐπέταξεν Ἄλκιμος καθαιρεῖν τὸ τεῖχος τῆς αὐλῆς τῶν
ἁγίων τῆς ἐσωτέρας · καὶ καθεῖλεν τὰ ἔργα τῶν προφητῶν καὶ
55 ἐνήρξατο τοῦ καθαιρεῖν. ⁵⁵ἐν τῷ καιρῷ ἐκείνῳ ἐπλήγη Ἄλκιμος,
καὶ ἐνεποδίσθη τὰ ἔργα αὐτοῦ, καὶ ἀπεφράγη τὸ στόμα αὐτοῦ,
καὶ παρελύθη καὶ οὐκ ἠδύνατο ἔτι λαλῆσαι λόγον καὶ ἐντείλασθαι
56 περὶ τοῦ οἴκου αὐτοῦ. ⁵⁶καὶ ἀπέθανεν Ἄλκιμος ἐν τῷ καιρῷ ἐκεί-
57 νῳ μετὰ βασάνου μεγάλης. ⁵⁷καὶ εἶδεν Βακχίδης ὅτι ἀπέθανεν
Ἄλκιμος, καὶ ἐπέστρεψεν πρὸς τὸν βασιλέα. καὶ ἡσύχασεν ἡ γῆ
Ιουδα ἔτη δύο.
58 ⁵⁸Καὶ ἐβουλεύσαντο πάντες οἱ ἄνομοι λέγοντες Ἰδοὺ Ιωναθαν
καὶ οἱ παρ' αὐτοῦ ἐν ἡσυχίᾳ κατοικοῦσιν πεποιθότες · νῦν οὖν
ἀνάξομεν τὸν Βακχίδην, καὶ συλλήμψεται αὐτοὺς πάντας ἐν νυκτὶ
59 μιᾷ. ⁵⁹καὶ πορευθέντες συνεβουλεύσαντο αὐτῷ. ⁶⁰καὶ ἀπῆρεν τοῦ
60 ἐλθεῖν μετὰ δυνάμεως πολλῆς καὶ ἀπέστειλεν λάθρα ἐπιστολὰς
πᾶσιν τοῖς συμμάχοις αὐτοῦ τοῖς ἐν τῇ Ιουδαίᾳ, ὅπως συλλάβωσιν
τὸν Ιωναθαν καὶ τοὺς μετ' αὐτοῦ · καὶ οὐκ ἠδύναντο, ὅτι ἐγνώσθη
61 ἡ βουλὴ αὐτῶν. ⁶¹καὶ συνέλαβον ἀπὸ τῶν ἀνδρῶν τῆς χώρας τῶν
ἀρχηγῶν τῆς κακίας εἰς πεντήκοντα ἄνδρας καὶ ἀπέκτειναν αὐτούς.
62 ⁶²καὶ ἐξεχώρησεν Ιωναθαν καὶ Σιμων καὶ οἱ μετ' αὐτοῦ εἰς Βαιθ-
βασι τὴν ἐν τῇ ἐρήμῳ καὶ ᾠκοδόμησεν τὰ καθῃρημένα αὐτῆς, καὶ
63 ἐστερέωσαν αὐτήν. ⁶³καὶ ἔγνω Βακχίδης καὶ συνήγαγεν πᾶν τὸ

50 επεστρεψεν] απ- Aᵗ: cf. 57; -ψαν Apau. La | ωκοδομησαν S*ALa] -σεν
Sᶜmu. | αμμαους: cf. 3 40 | φαραθων — τειχεσιν] φασιν S*ᵗ | πυλαις] θυραις
unus cod., θυροις Sᵗ ‖ 51 εθεντο A ‖ 52 ωχυρωσεν] -σαν A | την 2⁰]
και A | γαζαρα] + ν Aᵗ | εθεντο Aᵗ ‖ 53 ελαβον et εθεντο Aᵗ ‖ 54 εκα-
τοστω] ενατω Aᵗ | επεταξεν] επατ. A | αλχιμος Aᵗ hoc tantum loco ‖
55 επληγη] pr. και Sᵗ ‖ 56 μεγαλης] -λου A: cf. IV 14 11 16 17 18 20 et
Thack. § 10, 11 ‖ 57 επεστρεψεν] απ. A: cf. 50 ‖ 58 παντες / οι ανομοι]
tr. Aᵗ | και 2⁰ > Sᵗ | αναξομεν] -ξον Sᵗ, αν > A ‖ 60 απηρεν] -ηλθεν S*ᵗ
| λαθρα επιστολας SVLaᵗ] tr. rel. | μετ αυτου] συν αυτω Apau. | ηδυναντο]
-νατο Aᵗ | εγνωσθη S Laᵗ] + αυτοις rel. | αυτων] -του Sᵗ ‖ 61 συνελαβον]
-εβαλον Sᵗ: cf. 7 19 | εις πεντ. ανδρας > S Laᵗ | απεκτειναν] -νεν SApau. ‖
62 εξεχωρ.] + απ αυτων Sᵗ | βαιθβαισσει Sᵗ, sed in 64 βαιθβασσει; bethbessei
La ambis locis | εστερεωσαν] -σεν A

πλῆθος αὐτοῦ καὶ τοῖς ἐκ τῆς Ιουδαίας παρήγγειλεν · ⁶⁴καὶ ἐλθὼν 64
παρενέβαλεν ἐπὶ Βαιθβασι καὶ ἐπολέμησεν αὐτὴν ἡμέρας πολλὰς
καὶ ἐποίησεν μηχανάς. ⁶⁵καὶ ἀπέλιπεν Ιωναθαν Σιμωνα τὸν ἀδελ- 65
φὸν αὐτοῦ ἐν τῇ πόλει καὶ ἐξῆλθεν εἰς τὴν χώραν καὶ ἦλθεν ἐν
ἀριθμῷ. ⁶⁶καὶ ἐπάταξεν Οδομηρα καὶ τοὺς ἀδελφοὺς αὐτοῦ καὶ 66
τοὺς υἱοὺς Φασιρων ἐν τῷ σκηνώματι αὐτῶν, καὶ ἤρξαντο τύπτειν
καὶ ἀνέβαινον ἐν ταῖς δυνάμεσιν. ⁶⁷καὶ Σιμων καὶ οἱ μετ᾽ αὐτοῦ 67
ἐξῆλθον ἐκ τῆς πόλεως καὶ ἐνεπύρισαν τὰς μηχανάς · ⁶⁸καὶ ἐπο- 68
λέμησαν πρὸς τὸν Βακχίδην, καὶ συνετρίβη ὑπ᾽ αὐτῶν, καὶ ἔθλιβον
αὐτὸν σφόδρα, ὅτι ἦν ἡ βουλὴ αὐτοῦ καὶ ἡ ἔφοδος αὐτοῦ κενή.
⁶⁹καὶ ὠργίσθη ἐν θυμῷ τοῖς ἀνδράσιν τοῖς ἀνόμοις τοῖς συμβου- 69
λεύσασιν αὐτῷ ἐλθεῖν εἰς τὴν χώραν καὶ ἀπέκτεινεν ἐξ αὐτῶν πολ-
λοὺς καὶ ἐβουλεύσατο τοῦ ἀπελθεῖν εἰς τὴν γῆν αὐτοῦ. ⁷⁰καὶ ἐπ- 70
έγνω Ιωναθαν καὶ ἀπέστειλεν πρὸς αὐτὸν πρέσβεις τοῦ συνθέσθαι
πρὸς αὐτὸν εἰρήνην καὶ ἀποδοῦναι αὐτοῖς τὴν αἰχμαλωσίαν. ⁷¹καὶ 71
ἐπεδέξατο καὶ ἐποίησεν κατὰ τοὺς λόγους αὐτοῦ καὶ ὤμοσεν αὐτῷ
μὴ ἐκζητῆσαι αὐτῷ κακὸν πάσας τὰς ἡμέρας τῆς ζωῆς αὐτοῦ ·
⁷²καὶ ἀπέδωκεν αὐτῷ τὴν αἰχμαλωσίαν, ἣν ᾐχμαλώτευσεν τὸ πρό- 72
τερον ἐκ γῆς Ιουδα, καὶ ἀποστρέψας ἀπῆλθεν εἰς τὴν γῆν αὐτοῦ
καὶ οὐ προσέθετο ἔτι ἐλθεῖν εἰς τὰ ὅρια αὐτῶν. ⁷³καὶ κατέπαυσεν 73
ῥομφαία ἐξ Ισραηλ· καὶ ᾤκησεν Ιωναθαν ἐν Μαχμας, καὶ ἤρξατο
Ιωναθαν κρίνειν τὸν λαὸν καὶ ἠφάνισεν τοὺς ἀσεβεῖς ἐξ Ισραηλ.

¹Καὶ ἐν ἔτει ἑξηκοστῷ καὶ ἑκατοστῷ ἀνέβη Ἀλέξανδρος ὁ τοῦ 10
Ἀντιόχου ὁ Ἐπιφανὴς καὶ κατελάβετο Πτολεμαίδα, καὶ ἐπεδέξαντο
αὐτόν, καὶ ἐβασίλευσεν ἐκεῖ. ²καὶ ἤκουσεν Δημήτριος ὁ βασιλεὺς 2
καὶ συνήγαγεν δυνάμεις πολλὰς σφόδρα καὶ ἐξῆλθεν εἰς συνάν-
τησιν αὐτῷ εἰς πόλεμον. ³καὶ ἀπέστειλεν Δημήτριος πρὸς Ιωναθαν 3
ἐπιστολὰς λόγοις εἰρηνικοῖς ὥστε μεγαλῦναι αὐτόν · ⁴εἶπεν γὰρ 4
Προφθάσωμεν τοῦ εἰρήνην θεῖναι μετ᾽ αὐτῶν πρὶν ἢ θεῖναι αὐτὸν
μετὰ Ἀλεξάνδρου καθ᾽ ἡμῶν · ⁵μνησθήσεται γὰρ πάντων τῶν κα- 5
κῶν, ὧν συνετελέσαμεν πρὸς αὐτὸν καὶ εἰς τοὺς ἀδελφοὺς αὐτοῦ
καὶ εἰς τὸ ἔθνος. ⁶καὶ ἔδωκεν αὐτῷ ἐξουσίαν συναγαγεῖν δυνάμεις 6
καὶ κατασκευάζειν ὅπλα καὶ εἶναι αὐτὸν σύμμαχον αὐτοῦ, καὶ τὰ
ὅμηρα τὰ ἐν τῇ ἄκρᾳ εἶπεν παραδοῦναι αὐτῷ. ⁷καὶ ἦλθεν Ιωναθαν 7

---

65 εν ult. compl. La] > SA: post -εν ‖ 66 οιδομηρα S*† | ηρξαντο] εξηρ-
ξατο A | ανεβαινον S La†] αναβενιν A† = αναβαινειν mu. ‖ 68 βακχιδην:
cf. 49 ‖ 69 ωργισθη εν] -θησαν S*A Laᵖ | απεκτεινεν L] -ναν SA La | εβου-
λευσατο] -σαντο SLa ‖ 70 απεστειλεν] -λαν S*† | αυτον 1⁰] -τους S† ‖
71 επεδεξατο] απ. A | αυτου 1⁰] -τω S*† | ωμοσεν] -σαν S*La ‖ 72 απεδω-
κεν] -καν S*La† | γης] της Spau.
10 1 επεδεξαντο] απ pro επ SᶜV, ν > ASᶜL ‖ 3 δημητριος / προς ιωναθαν
επιστ.] tr. A⁽†⁾ | μεγαλυνθηναι S† ‖ 5 fin. SVLä†] + αυτου rel.

εἰς Ιερουσαλημ καὶ ἀνέγνω τὰς ἐπιστολὰς εἰς τὰ ὦτα παντὸς τοῦ
8 λαοῦ καὶ τῶν ἐκ τῆς ἄκρας. ⁸καὶ ἐφοβήθησαν φόβον μέγαν, ὅτε
ἤκουσαν ὅτι ἔδωκεν αὐτῷ ὁ βασιλεὺς ἐξουσίαν συναγαγεῖν δύνα-
9 μιν. ⁹καὶ παρέδωκαν οἱ ἐκ τῆς ἄκρας Ιωναθαν τὰ ὅμηρα, καὶ
10 ἀπέδωκεν αὐτοὺς τοῖς γονεῦσιν αὐτῶν. ¹⁰καὶ ᾤκησεν Ιωναθαν ἐν
11 Ιερουσαλημ καὶ ἤρξατο οἰκοδομεῖν καὶ καινίζειν τὴν πόλιν. ¹¹καὶ
εἶπεν πρὸς τοὺς ποιοῦντας τὰ ἔργα οἰκοδομεῖν τὰ τείχη καὶ τὸ
ὄρος Σιων κυκλόθεν ἐκ λίθων τετραπόδων εἰς ὀχύρωσιν, καὶ ἐποί-
12 ησαν οὕτως. ¹²καὶ ἔφυγον οἱ ἀλλογενεῖς οἱ ὄντες ἐν τοῖς ὀχυρώ-
13 μασιν, οἷς ᾠκοδόμησεν Βακχίδης, ¹³καὶ κατέλιπεν ἕκαστος τὸν
14 τόπον αὐτοῦ καὶ ἀπῆλθεν εἰς τὴν γῆν αὐτοῦ· ¹⁴πλὴν ἐν Βαιθσου-
ροις ὑπελείφθησάν τινες τῶν καταλιπόντων τὸν νόμον καὶ τὰ
προστάγματα· ἦν γὰρ εἰς φυγαδευτήριον.
15　　¹⁵Καὶ ἤκουσεν Ἀλέξανδρος ὁ βασιλεὺς τὰς ἐπαγγελίας, ὅσας
ἀπέστειλεν Δημήτριος τῷ Ιωναθαν, καὶ διηγήσαντο αὐτῷ τοὺς
πολέμους καὶ τὰς ἀνδραγαθίας, ἃς ἐποίησεν αὐτὸς καὶ οἱ ἀδελφοὶ
16 αὐτοῦ, καὶ τοὺς κόπους, οὓς ἔσχον, ¹⁶καὶ εἶπεν Μὴ εὑρήσομεν
ἄνδρα τοιοῦτον ἕνα; καὶ νῦν ποιήσομεν αὐτὸν φίλον καὶ σύμμα-
17 χον ἡμῶν. ¹⁷καὶ ἔγραψεν ἐπιστολὰς καὶ ἀπέστειλεν αὐτῷ κατὰ
τοὺς λόγους τούτους λέγων
18
19　　¹⁸Βασιλεὺς Ἀλέξανδρος τῷ ἀδελφῷ Ιωναθαν χαίρειν. ¹⁹ἀκηκόαμεν
περὶ σοῦ ὅτι ἀνὴρ δυνατὸς ἰσχύι καὶ ἐπιτήδειος εἶ τοῦ εἶναι ἡμῶν
20 φίλος. ²⁰καὶ νῦν καθεστάκαμέν σε σήμερον ἀρχιερέα τοῦ ἔθνους
σου καὶ φίλον βασιλέως καλεῖσθαί σε (καὶ ἀπέστειλεν αὐτῷ πορ-
φύραν καὶ στέφανον χρυσοῦν) καὶ φρονεῖν τὰ ἡμῶν καὶ συντηρεῖν
φιλίας πρὸς ἡμᾶς.
21　　²¹Καὶ ἐνεδύσατο Ιωναθαν τὴν ἁγίαν στολὴν τῷ ἑβδόμῳ μηνὶ
ἔτους ἑξηκοστοῦ καὶ ἑκατοστοῦ ἐν ἑορτῇ σκηνοπηγίας καὶ συν-
ήγαγεν δυνάμεις καὶ κατεσκεύασεν ὅπλα πολλά.
22　　²²Καὶ ἤκουσεν Δημήτριος τοὺς λόγους τούτους καὶ ἐλυπήθη
23 καὶ εἶπεν ²³Τί τοῦτο ἐποιήσαμεν ὅτι προέφθακεν ἡμᾶς Ἀλέξανδρος
24 τοῦ φιλίαν καταλαβέσθαι τοῖς Ιουδαίοις εἰς στήριγμα; ²⁴γράψω
αὐτοῖς κἀγὼ λόγους παρακλήσεως καὶ ὕψους καὶ δομάτων, ὅπως

---

7 εις 1⁰] εν A† ‖ 8 αυτω] -τοις A | δυναμιν S*V†] -μ(ε)ις rel. ‖ 9 απ-
εδωκεν] -καν A pau., απ > S† ‖ 10 ωκησεν] ηκουσεν A† ‖ 11 το > S*† |
τετραποδων] -πεδων SᶜL, + και S*†; γων pro ποδ Aʳ | εποιησαν] -σεν SV
La† ‖ 12 βακχιδης] pr. ο ASᶜL ‖ 14 εις SVLa†] αυτοις rel. ‖ 15 αλεξ./
ο βασ.] tr. A pau. | διηγησαντο] ν > S*† | ους εσχον(A -οσαν) > S*† ‖ 18 τω
αδελφω] tr. S*†, τω αδ. τω Sᶜ† ‖ 19 δυνατος] αγαθος A pau. | ει του] > S*†,
supplere uoluit Sᶜ, sed male suppleuit ‖ 20 βασιλεως] pr. του S† | καλει-
σθαι] αλ > S*† | σε 2⁰ > A | απεστειλεν] -λαν A† | και φρονειν] pr. λεγων
SᶜL | φιλιας SL La] -αν A pl. ‖ 23 εποιησαμεν] -σας S† | αλεξ.] pr. ο A ‖
24 αυτοις καγω] tr. A L La | δοματων] -τος S†

ὦσιν σὺν ἐμοὶ εἰς βοήθειαν. ²⁵καὶ ἀπέστειλεν αὐτοῖς κατὰ τοὺς 25
λόγους τούτους

Βασιλεὺς Δημήτριος τῷ ἔθνει τῶν Ιουδαίων χαίρειν. ²⁶ἐπεὶ συν- 26
ετηρήσατε τὰς πρὸς ἡμᾶς συνθήκας καὶ ἐνεμείνατε τῇ φιλίᾳ ἡμῶν
καὶ οὐ προσεχωρήσατε τοῖς ἐχθροῖς ἡμῶν, ἠκούσαμεν καὶ ἐχάρημεν.
²⁷καὶ νῦν ἐμμείνατε ἔτι τοῦ συντηρῆσαι πρὸς ἡμᾶς πίστιν, καὶ 27
ἀνταποδώσομεν ὑμῖν ἀγαθὰ ἀνθ' ὧν ποιεῖτε μεθ' ἡμῶν. ²⁸καὶ ἀφ- 28
ήσομεν ὑμῖν ἀφέματα πολλὰ καὶ δώσομεν ὑμῖν δόματα. ²⁹καὶ νῦν 29
ἀπολύω ὑμᾶς καὶ ἀφίημι πάντας τοὺς Ιουδαίους ἀπὸ τῶν φόρων
καὶ τῆς τιμῆς τοῦ ἁλὸς καὶ ἀπὸ τῶν στεφάνων, ³⁰καὶ ἀντὶ τοῦ 30
τρίτου τῆς σπορᾶς καὶ ἀντὶ τοῦ ἡμίσους τοῦ καρποῦ τοῦ ξυλίνου
τοῦ ἐπιβάλλοντός μοι λαβεῖν ἀφίημι ἀπὸ τῆς σήμερον καὶ ἐπ-
έκεινα τοῦ λαβεῖν ἀπὸ γῆς Ιουδα καὶ ἀπὸ τῶν τριῶν νομῶν τῶν
προστιθεμένων αὐτῇ ἀπὸ τῆς Σαμαρίτιδος καὶ Γαλιλαίας ἀπὸ τῆς
σήμερον ἡμέρας καὶ εἰς τὸν ἅπαντα χρόνον. ³¹καὶ Ιερουσαλημ ἔστω 31
ἁγία καὶ ἀφειμένη καὶ τὰ ὅρια αὐτῆς, αἱ δεκάται καὶ τὰ τέλη.
³²ἀφίημι καὶ τὴν ἐξουσίαν τῆς ἄκρας τῆς ἐν Ιερουσαλημ καὶ δί- 32
δωμι τῷ ἀρχιερεῖ, ὅπως ἂν καταστήσῃ ἐν αὐτῇ ἄνδρας, οὓς ἂν
αὐτὸς ἐκλέξηται, τοῦ φυλάσσειν αὐτήν. ³³καὶ πᾶσαν ψυχὴν Ιου- 33
δαίων τὴν αἰχμαλωτισθεῖσαν ἀπὸ γῆς Ιουδα εἰς πᾶσαν βασιλείαν
μου ἀφίημι ἐλευθέραν δωρεάν· καὶ πάντες ἀφιέτωσαν τοὺς φόρους
καὶ τῶν κτηνῶν αὐτῶν. ³⁴καὶ πᾶσαι αἱ ἑορταὶ καὶ τὰ σάββατα 34
καὶ νουμηνίαι καὶ ἡμέραι ἀποδεδειγμέναι καὶ τρεῖς ἡμέραι πρὸ
ἑορτῆς καὶ τρεῖς μετὰ ἑορτὴν ἔστωσαν πᾶσαι ἡμέραι ἀτελείας καὶ
ἀφέσεως πᾶσιν τοῖς Ιουδαίοις τοῖς οὖσιν ἐν τῇ βασιλείᾳ μου,
³⁵καὶ οὐχ ἕξει ἐξουσίαν οὐδεὶς πράσσειν καὶ παρενοχλεῖν τινα 35
αὐτῶν περὶ παντὸς πράγματος. ³⁶καὶ προγραφήτωσαν τῶν Ιου- 36
δαίων εἰς τὰς δυνάμεις τοῦ βασιλέως εἰς τριάκοντα χιλιάδας ἀν-
δρῶν, καὶ δοθήσεται αὐτοῖς ξένια, ὡς καθήκει πάσαις ταῖς δυνά-
μεσιν τοῦ βασιλέως. ³⁷καὶ κατασταθήσεται ἐξ αὐτῶν ἐν τοῖς 37
ὀχυρώμασιν τοῦ βασιλέως τοῖς μεγάλοις, καὶ ἐκ τούτων καταστα-
θήσονται ἐπὶ χρειῶν τῆς βασιλείας τῶν οὐσῶν εἰς πίστιν· καὶ οἱ

25 απεστειλεν] επ. S || 27 και 1⁰ > S† | του συντηρησαι] του om. et τι
add. S† || 30 γης] pr. της A | fin. απαντα χρ.] αιωνα χρ. compl.: cf. Bar.
3 13 || 31 ιερους.] pr. η SLᴾ† | εστω] ητω A | αγια] pr. η S*† | αφειμενη]
ε 1⁰ > S*, αφιεμ. ASᶜ: cf. 42 | αι δεκαται] και τας δεκατας SᶜL || 32 ακρας]
σαρρας S*†: post ς | της 2⁰] την S*V† | και 2⁰ > SLLa (trahunt αφιημι
praec. ad 31) | αρχιερει] + ανδρας S*† | αυτος εκλεξ. SVLa] tr. A pl. ||
33 φορους] + αυτων SᶜL | των > A || 34 νουμηνιαι] ι ult. > S*† | αποδε-
δ(ε)ιγμ.] pr. αι SL (L add. αι etiam ante ημεραι 1⁰) | τρεις 2⁰ SLa†] + ημε-
ραι rel. | ημεραι ult. pau.] pr. αι SA pl.; + εστωσαν (sic) S† | ατελειας] -λ(ε)ις
S*† | τη] pr. παση A pau. || 35 εξει] εχει SV† || 36 του βασ. ult. ⌒37
του βασ. S† || 37 εκ τουτων] κριται S† | κατασταθησονται] -σεται A

ἐπ' αὐτῶν καὶ οἱ ἄρχοντες ἔστωσαν ἐξ αὐτῶν καὶ πορευέσθωσαν
τοῖς νόμοις αὐτῶν, καθὰ καὶ προσέταξεν ὁ βασιλεὺς ἐν γῇ Ιουδα.
38 ³⁸καὶ τοὺς τρεῖς νομοὺς τοὺς πρωστεθέντας τῇ Ιουδαίᾳ ἀπὸ τῆς
χώρας Σαμαρείας προστεθήτω τῇ Ιουδαίᾳ πρὸς τὸ λογισθῆναι τοῦ
γενέσθαι ὑφ' ἕνα τοῦ μὴ ὑπακοῦσαι ἄλλης ἐξουσίας ἀλλ' ἢ τοῦ
39 ἀρχιερέως. ³⁹Πτολεμαΐδα καὶ τὴν προσκυροῦσαν αὐτῇ δέδωκα δόμα
τοῖς ἁγίοις τοῖς ἐν Ιερουσαλημ εἰς τὴν καθήκουσαν δαπάνην τοῖς
40 ἁγίοις. ⁴⁰κἀγὼ δίδωμι κατ' ἐνιαυτὸν δέκα πέντε χιλιάδας σίκλων
ἀργυρίου ἀπὸ τῶν λόγων τοῦ βασιλέως ἀπὸ τῶν τόπων τῶν ἀν-
41 ηκόντων. ⁴¹καὶ πᾶν τὸ πλεονάζον, ὃ οὐκ ἀπεδίδοσαν ἀπὸ τῶν χρει-
ῶν ὡς ἐν τοῖς πρώτοις ἔτεσιν, ἀπὸ τοῦ νῦν δώσουσιν εἰς τὰ
42 ἔργα τοῦ οἴκου. ⁴²καὶ ἐπὶ τούτοις πεντακισχιλίους σίκλους ἀργυ-
ρίου, οὓς ἐλάμβανον ἀπὸ τῶν χρειῶν τοῦ ἁγίου ἀπὸ τοῦ λόγου
κατ' ἐνιαυτόν, καὶ ταῦτα ἀφίεται διὰ τὸ ἀνήκειν αὐτὰ τοῖς ἱερεῦ-
43 σιν τοῖς λειτουργοῦσιν. ⁴³καὶ ὅσοι ἐὰν φύγωσιν εἰς τὸ ἱερὸν τὸ
ἐν Ιεροσολύμοις καὶ ἐν πᾶσιν τοῖς ὁρίοις αὐτοῦ ὀφείλων βασιλικὰ
καὶ πᾶν πρᾶγμα, ἀπολελύσθωσαν καὶ πάντα, ὅσα ἐστὶν αὐτοῖς ἐν
44 τῇ βασιλείᾳ μου. ⁴⁴καὶ τοῦ οἰκοδομηθῆναι καὶ ἐπικαινισθῆναι τὰ
ἔργα τῶν ἁγίων, καὶ ἡ δαπάνη δοθήσεται ἐκ τοῦ λόγου τοῦ βα-
45 σιλέως. ⁴⁵καὶ τοῦ οἰκοδομηθῆναι τὰ τείχη Ιερουσαλημ καὶ ὀχυρῶσαι
κυκλόθεν, καὶ ἡ δαπάνη δοθήσεται ἐκ τοῦ λόγου τοῦ βασιλέως,
καὶ τοῦ οἰκοδομηθῆναι τὰ τείχη ἐν τῇ Ιουδαίᾳ.
46 ⁴⁶Ὡς δὲ ἤκουσεν Ιωναθαν καὶ ὁ λαὸς τοὺς λόγους τούτους, οὐκ
ἐπίστευσαν αὐτοῖς οὐδὲ ἐπεδέξαντο, ὅτι ἐπεμνήσθησαν τῆς κακίας
τῆς μεγάλης, ἧς ἐποίησεν ἐν Ισραηλ καὶ ἔθλιψεν αὐτοὺς σφόδρα.
47 ⁴⁷καὶ εὐδόκησαν ἐν Ἀλεξάνδρῳ, ὅτι αὐτὸς ἐγένετο αὐτοῖς ἀρχηγὸς
λόγων εἰρηνικῶν, καὶ συνεμάχουν αὐτῷ πάσας τὰς ἡμέρας.
48 ⁴⁸Καὶ συνήγαγεν Ἀλέξανδρος ὁ βασιλεὺς δυνάμεις μεγάλας καὶ
49 παρενέβαλεν ἐξ ἐναντίας Δημητρίου. ⁴⁹καὶ συνῆψαν πόλεμον οἱ
δύο βασιλεῖς, καὶ ἔφυγεν ἡ παρεμβολὴ Δημητρίου, καὶ ἐδίωξεν αὐ-
50 τὸν ὁ Ἀλέξανδρος καὶ ἴσχυσεν ἐπ' αὐτούς· ⁵⁰καὶ ἐστερέωσεν τὸν

37 εστωσαν / εξ αυτων] tr. Apau. | εξ αυτων ult.] εαυτων S† | καθα] καθως
S† | και ult. > S ‖ 38 το > S† | υπακουσαι] επ. S*† | αλλης εξουσιας] ς
bis > SL ‖ 39 καθηκουσαν SV†] pr. προσ compl., pr. προ A† ‖ 41 απο
1⁰] pr. οι SV (S*† hab. οι etiam pro ο praec.) | ετεσιν] εθνεσιν S*LLa ‖
42 ους] οσα S*La† | χρειων] + ως εν τοις πρωτοις ετεσιν A: ex 41 repet.
‖ 43 παντα] παν πραγμα S*†: ex praec. | εν ult.] pr. απολελυσθωσαν S†:
ex praec. repet. ‖ 44 και 2⁰ > S* | επικαινισθ.] pr. του A | και ult. — fin.
> ScL ‖ 45 οχυρωσαι] ωχυρωσεν S† | οικοδομηθηναι ult.] -μησαι A | εν]
ιερουσαλημ S†: ex praec. ‖ 46 επιστευσαν] -σεν S*A† | επεδεξαντο] επεταξ.
S*† | επεμνησθ.] επ > SVpau. | εποιησεν] -σαν S*La† ‖ 48 αλεξ. / ο βασ.]
tr. S†: cf. 59 | δυν. μεγ.] πασας τας δυναμ(ε)ις S† | δημητριου] -ος S*† ‖
49 δημητριου] αλεξανδρου S*A | αυτον] -τους ScL | ο > Scpau. | αλεξανδρος]
δημητριος S*A ‖ 50 τον > Apau.

πόλεμον σφόδρα, ἕως ἔδυ ὁ ἥλιος, καὶ ἔπεσεν ὁ Δημήτριος ἐν τῇ ἡμέρᾳ ἐκείνῃ.

51 Καὶ ἀπέστειλεν Ἀλέξανδρος πρὸς Πτολεμαῖον βασιλέα Αἰγύπτου 51 πρέσβεις κατὰ τοὺς λόγους τούτους λέγων 52 Ἐπεὶ ἀνέστρεψα εἰς τὴν βασιλείαν μου καὶ ἐνεκάθισα ἐπὶ 52 θρόνου πατέρων μου καὶ ἐκράτησα τῆς ἀρχῆς, καὶ συνέτριψα τὸν Δημήτριον καὶ ἐπεκράτησα τῆς χώρας ἡμῶν 53 καὶ συνῆψα πρὸς 53 αὐτὸν μάχην, καὶ συνετρίβη αὐτὸς καὶ ἡ παρεμβολὴ αὐτοῦ ὑφ' ἡμῶν, καὶ ἐκαθίσαμεν ἐπὶ θρόνου βασιλείας αὐτοῦ· 54 καὶ νῦν στή- 54 σωμεν πρὸς αὐτοὺς φιλίαν, καὶ νῦν δός μοι τὴν θυγατέρα σου εἰς γυναῖκα, καὶ ἐπιγαμβρεύσω σοι καὶ δώσω σοι δόματα καὶ αὐτῇ ἄξιά σου.

55 Καὶ ἀπεκρίθη Πτολεμαῖος ὁ βασιλεὺς λέγων 55 Ἀγαθὴ ἡμέρα, ἐν ᾗ ἐπέστρεψας εἰς γῆν πατέρων σου καὶ ἐκάθισας ἐπὶ θρόνου βασιλείας αὐτῶν. 56 καὶ νῦν ποιήσω σοι ἃ 56 ἔγραψας, ἀλλὰ ἀπάντησον εἰς Πτολεμαίδα, ὅπως ἴδωμεν ἀλλήλους, καὶ ἐπιγαμβρεύσω σοι, καθὼς εἴρηκας.

57 Καὶ ἐξῆλθεν Πτολεμαῖος ἐξ Αἰγύπτου, αὐτὸς καὶ Κλεοπάτρα 57 ἡ θυγάτηρ αὐτοῦ, καὶ ἦλθεν εἰς Πτολεμαίδα ἔτους δευτέρου καὶ ἑξηκοστοῦ καὶ ἑκατοστοῦ. 58 καὶ ἀπήντησεν αὐτῷ Ἀλέξανδρος ὁ 58 βασιλεύς, καὶ ἐξέδετο αὐτῷ Κλεοπάτραν τὴν θυγατέρα αὐτοῦ καὶ ἐποίησεν τὸν γάμον αὐτῆς ἐν Πτολεμαΐδι καθὼς οἱ βασιλεῖς ἐν δόξῃ μεγάλῃ. — 59 καὶ ἔγραψεν Ἀλέξανδρος ὁ βασιλεὺς Ιωναθη ἐλθεῖν 59 εἰς συνάντησιν αὐτῷ. 60 καὶ ἐπορεύθη μετὰ δόξης εἰς Πτολεμαίδα 60 καὶ ἀπήντησεν τοῖς δυσὶν βασιλεῦσι· καὶ ἔδωκεν αὐτοῖς ἀργύριον καὶ χρυσίον καὶ τοῖς φίλοις αὐτῶν καὶ δόματα πολλὰ καὶ εὗρεν χάριν ἐνώπιον αὐτῶν. 61 καὶ ἐπισυνήχθησαν ἐπ' αὐτὸν ἄνδρες 61 λοιμοὶ ἐξ Ισραηλ, ἄνδρες παράνομοι, ἐντυχεῖν κατ' αὐτοῦ, καὶ οὐ προσέσχεν αὐτοῖς ὁ βασιλεύς. 62 καὶ προσέταξεν ὁ βασιλεὺς καὶ 62 ἐξέδυσαν Ιωναθαν τὰ ἱμάτια αὐτοῦ καὶ ἐνέδυσαν αὐτὸν πορφύραν, καὶ ἐποίησαν οὕτως. 63 καὶ ἐκάθισεν αὐτὸν ὁ βασιλεὺς μετ' αὐτοῦ 63

50 εδυ ο ηλιος] ηλιος(pr. ο Sᶜ) εδυ S† || 52 ενεκαθισα S†] εν > rel. | θρο-νου] -νων S*: ad -ων seq. adapt. | εκρατησα] -σας S*†: ad χωρας seq. adapt. | επεκρατησα] -σεν S*† || 54 νυν στησω(Sο)μεν] συνστησ. A† | (ε)αυτους] -τον Apau. | νυν 2⁰ > SL || 55 επεστρεψας SV†] ανεστρ. Amu., απεστρ. L | σου > S*† | αυτων] -του S*pau. || 56 απαντησον] + μοι SᶜL || 58 και 1⁰ > S† | εξεδετο S*A† (cf. Thack. § 23,5 fin.)] -δοτο Sᶜpl. || 59 αλεξ./ο βασ.] tr. A†: cf. 48 | ιωναθη: cf. 25, τω ιωναθαν SᶜL | συναντ.] pr. την Sᶜ || 60 δοματα] δυνατα A† | ενωπιον S†] εναντιον rel.: cf. 8 21 || 61 επισυνηχθ.] επι > A† | επ] προς SVL | παρανομοι] αν. S† || 62 προσεταξεν] + αυ-τοις A† | εξεδυσαν et ενεδυσαν] -σεν A† || 63 εκαθισαν .. οι βασιλεις S† | μετ αυτων και ειπαν S*†

καὶ εἶπεν τοῖς ἄρχουσιν αὐτοῦ Ἐξέλθατε μετ᾽ αὐτοῦ εἰς μέσον
τῆς πόλεως καὶ κηρύξατε τοῦ μηδένα ἐντυγχάνειν κατ᾽ αὐτοῦ περὶ
μηδενὸς πράγματος, καὶ μηδεὶς αὐτῷ παρενοχλείτω περὶ παντὸς
64 λόγου. ⁶⁴ καὶ ἐγένετο ὡς εἶδον οἱ ἐντυγχάνοντες τὴν δόξαν αὐτοῦ,
καθὼς ἐκήρυξεν, καὶ περιβεβλημένον αὐτὸν πορφύραν, καὶ ἔφυγον
65 πάντες. ⁶⁵ καὶ ἐδόξασεν αὐτὸν ὁ βασιλεὺς καὶ ἔγραψεν αὐτὸν τῶν
66 πρώτων φίλων καὶ ἔθετο αὐτὸν στρατηγὸν καὶ μεριδάρχην. ⁶⁶ καὶ
ἐπέστρεψεν Ιωναθαν εἰς Ιερουσαλημ μετ᾽ εἰρήνης καὶ εὐφροσύνης.
67 ⁶⁷ Καὶ ἐν ἔτει πέμπτῳ καὶ ἑξηκοστῷ καὶ ἑκατοστῷ ἦλθεν Δημή-
τριος υἱὸς Δημητρίου ἐκ Κρήτης εἰς τὴν γῆν τῶν πατέρων αὐτοῦ.
68 ⁶⁸ καὶ ἤκουσεν Ἀλέξανδρος ὁ βασιλεὺς καὶ ἐλυπήθη σφόδρα καὶ
69 ὑπέστρεψεν εἰς Ἀντιόχειαν. ⁶⁹ καὶ κατέστησεν Δημήτριος Ἀπολ-
λώνιον τὸν ὄντα ἐπὶ Κοίλης Συρίας, καὶ συνήγαγεν δύναμιν με-
γάλην καὶ παρενέβαλεν ἐπὶ Ιάμνειαν · καὶ ἀπέστειλεν πρὸς Ιωνα-
θαν τὸν ἀρχιερέα λέγων
70 ⁷⁰ Σὺ μονώτατος ἐπαίρῃ ἐφ᾽ ἡμᾶς, ἐγὼ δὲ ἐγενήθην εἰς κατα-
γέλωτα καὶ εἰς ὀνειδισμὸν διὰ σέ · καὶ διὰ τί σὺ ἐξουσιάζῃ ἐφ᾽
71 ἡμᾶς ἐν τοῖς ὄρεσι; ⁷¹ νῦν οὖν εἰ πέποιθας ἐπὶ ταῖς δυνάμεσίν
σου, κατάβηθι πρὸς ἡμᾶς εἰς τὸ πεδίον, καὶ συγκριθῶμεν ἑαυτοῖς
72 ἐκεῖ, ὅτι μετ᾽ ἐμοῦ ἐστιν δύναμις τῶν πόλεων. ⁷² ἐρώτησον καὶ
μάθε τίς εἰμι καὶ οἱ λοιποὶ οἱ βοηθοῦντες ἡμῖν, καὶ λέγουσιν Οὐκ
ἔστιν ὑμῖν στάσις ποδὸς κατὰ πρόσωπον ἡμῶν, ὅτι δὶς ἐτροπώ-
73 θησαν οἱ πατέρες σου ἐν τῇ γῇ αὐτῶν. ⁷³ καὶ νῦν οὐ δυνήσῃ ὑπο-
στῆναι τὴν ἵππον καὶ δύναμιν τοιαύτην ἐν τῷ πεδίῳ, ὅπου οὐκ
ἔστιν λίθος οὐδὲ κόχλαξ οὐδὲ τόπος τοῦ φυγεῖν.
74 ⁷⁴ Ὡς δὲ ἤκουσεν Ιωναθαν τῶν λόγων Ἀπολλωνίου, ἐκινήθη τῇ
διανοίᾳ καὶ ἐπέλεξεν δέκα χιλιάδας ἀνδρῶν καὶ ἐξῆλθεν ἐξ Ιερου-
σαλημ, καὶ συνήντησεν αὐτῷ Σιμων ὁ ἀδελφὸς αὐτοῦ ἐπὶ βοήθειαν
75 αὐτῷ. ⁷⁵ καὶ παρενέβαλεν ἐπὶ Ιοππην, καὶ ἀπέκλεισαν αὐτὴν οἱ ἐκ
τῆς πόλεως, ὅτι φρουρὰ Ἀπολλωνίου ἐν Ιοππῃ · καὶ ἐπολέμησαν
76 αὐτήν, ⁷⁶ καὶ φοβηθέντες ἤνοιξαν οἱ ἐκ τῆς πόλεως, καὶ ἐκυρίευσεν
77 Ιωναθαν Ιοππης. ⁷⁷ καὶ ἤκουσεν Ἀπολλώνιος καὶ παρενέβαλεν τρισ-
χιλίαν ἵππον καὶ δύναμιν πολλὴν καὶ ἐπορεύθη εἰς Ἄζωτον ὡς δι-

63 αυτου 2⁰ > S*VL | κατ αυτου] κατα του σου A⁺ (Sw.⁺ κατα τουτου) |
παρενοχλειτω] παρ > A⁺ ‖ 64 πορφυραν] σινδονα A⁺ | και ult. > VL ‖
66 εις ιερους. > S⁺ ‖ 67 εν ετει πεμπτω] ε΄ ετ(ε)ι S⁺ (Sᶜ pr. εν) | υιος] pr.
ο A ‖ 68 ελυπηθη] + ο βασιλευς (sic) S*⁺ | υπεστρ. S*V⁺] απ. rel. ‖
69 κοιλης] pr. της SᶜL | παρενεβαλεν] -λον S*⁺ | επι ιαμν(ε)ιαν SVLa⁺] εν -α
rel. ‖ 70 εις 2⁰ > A⁺ | συ 2⁰ > A ‖ 71 ει πεποιθας] επιπεπ. S⁺ | μετ εμου
εστιν] ουκ εστιν ετι S*⁺ ‖ 72 υμιν] ημ. S*A | ποδος] > S*⁺, ποδων Sᶜ⁺ |
δις ετροπωθ.] διετροπ. S⁺ ‖ 73 και 2⁰ > S⁺ | του] που A⁺ ‖ 74 εξ] εις
S*⁺ | επι βοηθειαν] επιβοηθειν V⁺ | αυτω ult. SV⁺ (cf. 5 39)] -του rel. ‖
75 αυτην 1⁰ S*VLa⁺] -τον rel. | φρουρα .. εν ιοππη] -ραν .. εν ιοππη ευρον S⁺

οδεύων καὶ ἅμα προῆγεν εἰς τὸ πεδίον διὰ τὸ ἔχειν αὐτὸν πλῆθος ἵππου καὶ πεποιθέναι ἐπ᾽ αὐτῇ. ⁷⁸καὶ κατεδίωξεν ὀπίσω αὐτοῦ εἰς 78 Ἄζωτον, καὶ συνῆψαν αἱ παρεμβολαὶ εἰς πόλεμον. ⁷⁹καὶ ἀπέλιπεν 79 Ἀπολλώνιος χιλίαν ἵππον κρυπτῶς κατόπισθεν αὐτῶν. ⁸⁰καὶ ἔγνω 80 Ιωναθαν ὅτι ἔστιν ἔνεδρον κατόπισθεν αὐτοῦ, καὶ ἐκύκλωσαν αὐτοῦ τὴν παρεμβολὴν καὶ ἐξετίναξαν τὰς σχίζας εἰς τὸν λαὸν ἐκ πρωίθεν ἕως δείλης· ⁸¹ὁ δὲ λαὸς εἱστήκει, καθὼς ἐπέταξεν Ιωνα- 81 θαν, καὶ ἐκοπίασαν οἱ ἵπποι αὐτῶν. ⁸²καὶ εἵλκυσεν Σιμων τὴν 82 δύναμιν αὐτοῦ καὶ συνῆψεν πρὸς τὴν φάλαγγα, ἡ γὰρ ἵππος ἐξελύθη, καὶ συνετρίβησαν ὑπ᾽ αὐτοῦ καὶ ἔφυγον, ⁸³καὶ ἡ ἵππος 83 ἐσκορπίσθη ἐν τῷ πεδίῳ. καὶ ἔφυγον εἰς Ἄζωτον καὶ εἰσῆλθον εἰς Βηθδαγων τὸ εἰδώλιον αὐτῶν τοῦ σωθῆναι. ⁸⁴καὶ ἐνεπύρισεν 84 Ιωναθαν τὴν Ἄζωτον καὶ τὰς πόλεις τὰς κύκλῳ αὐτῆς καὶ ἔλαβεν τὰ σκῦλα αὐτῶν καὶ τὸ ἱερὸν Δαγων καὶ τοὺς συμφυγόντας εἰς αὐτὸ ἐνεπύρισεν πυρί. ⁸⁵καὶ ἐγένοντο οἱ πεπτωκότες μαχαίρᾳ σὺν 85 τοῖς ἐμπυρισθεῖσιν εἰς ἄνδρας ὀκτακισχιλίους. ⁸⁶καὶ ἀπῆρεν ἐκεῖθεν 86 Ιωναθαν καὶ παρενέβαλεν ἐπὶ Ἀσκαλῶνα, καὶ ἐξῆλθον οἱ ἐκ τῆς πόλεως εἰς συνάντησιν αὐτῷ ἐν δόξῃ μεγάλῃ. ⁸⁷καὶ ἐπέστρεψεν 87 Ιωναθαν εἰς Ιερουσαλημ σὺν τοῖς παρ᾽ αὐτοῦ ἔχοντες σκῦλα πολλά. ⁸⁸καὶ ἐγένετο ὡς ἤκουσεν Ἀλέξανδρος ὁ βασιλεὺς τοὺς λόγους 88 τούτους, καὶ προσέθετο ἔτι δοξάσαι τὸν Ιωναθαν· ⁸⁹καὶ ἀπέστειλεν 89 αὐτῷ πόρπην χρυσῆν, ὡς ἔθος ἐστὶν δίδοσθαι τοῖς συγγενέσιν τῶν βασιλέων, καὶ ἔδωκεν αὐτῷ τὴν Ακκαρων καὶ πάντα τὰ ὅρια αὐτῆς εἰς κληροδοσίαν.

¹Καὶ βασιλεὺς Αἰγύπτου ἤθροισεν δυνάμεις πολλὰς ὡς ἡ ἄμμος 11 ἡ παρὰ τὸ χεῖλος τῆς θαλάσσης καὶ πλοῖα πολλὰ καὶ ἐζήτησε κατακρατῆσαι τῆς βασιλείας Ἀλεξάνδρου δόλῳ καὶ προσθεῖναι αὐτὴν τῇ βασιλείᾳ αὐτοῦ. ²καὶ ἐξῆλθεν εἰς Συρίαν λόγοις εἰρηνικοῖς, 2 καὶ ἤνοιγον αὐτῷ οἱ ἀπὸ τῶν πόλεων καὶ συνήντων αὐτῷ, ὅτι ἐντολὴ ἦν Ἀλεξάνδρου τοῦ βασιλέως συναντᾶν αὐτῷ διὰ τὸ πενθερὸν αὐτοῦ εἶναι· ³ὡς δὲ εἰσεπορεύετο εἰς τὰς πόλεις Πτολε- 3 μαῖος, ἀπέτασσε τὰς δυνάμεις φρουρὰν ἐν ἑκάστῃ πόλει. ⁴ὡς δὲ 4

77 δια] pr. και Apau. | fin. επ αυτην A ‖ 78 εις αζωτον] pr. εις πολεμον SV⁺: ex seq. | εις πολεμον L La] pr. οπισω αυτου SA: ex praec. repet. ‖ 82 συνηψεν] -ψαν S⁺ | φαλαγγα: cf. 6 35 | υπ] απ A ‖ 83 εφυγον] -γεν S⁺ ‖ 84 τους συμφυγ. εις αυτο] το ιερον αυτης A⁺ | συνφυτουντουντας(sic) S*⁺, συνφευγοντας Sᶜ⁺ | πυρι] pr. εν Apau. ‖ 85 εγενοντο] -νετο S*⁺ ‖ 86 ε-κειθεν] ενθεν S⁺ ‖ 87 εις ιερουσ. > A⁺ ‖ 88 ετι SVLa⁺] > rel. ‖ 89 συγγενεσιν] -νευσι(ν) ASᶜL: cf. Thack. p. 153 n. 2 | ακκαρων] ν > S*pau.
11 1 βασιλευς] pr. ο A | η 2⁰ > S*⁺ | κατακρατησαι] και κατεκρατησε S*⁺ ‖ 2 λογοις ειρηνικοις] λεγων λογους -κους S⁺ | των πολεων] της -ως S⁺ ‖ 3 πτολεμαιος] -αιδος ASᶜ | φρουραν] -ρ(ε)ιν SᶜVpau.

ἤγγισαν Αζώτου, ἔδειξαν αὐτῷ τὸ ἱερὸν Δαγων ἐμπεπυρισμένον
καὶ Ἄζωτον καὶ τὰ περιπόλια αὐτῆς καθηρημένα καὶ τὰ σώματα
ἐρριμμένα καὶ τοὺς ἐμπεπυρισμένους, οὓς ἐνεπύρισεν ἐν τῷ πο-
5 λέμῳ · ἐποίησαν γὰρ θιμωνιὰς αὐτῶν ἐν τῇ ὁδῷ αὐτοῦ. ⁵ καὶ δι-
ηγήσαντο τῷ βασιλεῖ ἃ ἐποίησεν Ιωναθαν εἰς τὸ ψογίσαι αὐτόν ·
6 καὶ ἐσίγησεν ὁ βασιλεύς. ⁶ καὶ συνήντησεν Ιωναθαν τῷ βασιλεῖ
εἰς Ιοππην μετὰ δόξης, καὶ ἠσπάσαντο ἀλλήλους καὶ ἐκοιμήθησαν
7 ἐκεῖ. ⁷ καὶ ἐπορεύθη Ιωναθαν μετὰ τοῦ βασιλέως ἕως τοῦ ποταμοῦ
8 τοῦ καλουμένου Ἐλευθέρου καὶ ἐπέστρεψεν εἰς Ιερουσαλημ. ⁸ ὁ δὲ
βασιλεὺς Πτολεμαῖος ἐκυρίευσεν τῶν πόλεων τῆς παραλίας ἕως
Σελευκείας τῆς παραθαλασσίας καὶ διελογίζετο περὶ Ἀλεξάνδρου
9 λογισμοὺς πονηρούς. ⁹ καὶ ἀπέστειλεν πρέσβεις πρὸς Δημήτριον
τὸν βασιλέα λέγων Δεῦρο συνθώμεθα πρὸς ἑαυτοὺς διαθήκην, καὶ
δώσω σοι τὴν θυγατέρα μου, ἣν εἶχεν Ἀλέξανδρος, καὶ βασιλεύ-
10 σεις τῆς βασιλείας τοῦ πατρός σου · ¹⁰ μεταμεμέλημαι γὰρ δοὺς
11 αὐτῷ τὴν θυγατέρα μου, ἐζήτησεν γὰρ ἀποκτεῖναί με. ¹¹ καὶ ἐψό-
γισεν αὐτὸν χάριν τοῦ ἐπιθυμῆσαι αὐτὸν τῆς βασιλείας αὐτοῦ ·
12 ¹² καὶ ἀφελόμενος αὐτοῦ τὴν θυγατέρα ἔδωκεν αὐτὴν τῷ Δημητρίῳ
13 καὶ ἠλλοιώθη τῷ Ἀλεξάνδρῳ, καὶ ἐφάνη ἡ ἔχθρα αὐτῶν. ¹³ καὶ
εἰσῆλθεν Πτολεμαῖος εἰς Ἀντιόχειαν καὶ περιέθετο τὸ διάδημα
τῆς Ἀσίας · καὶ περιέθετο δύο διαδήματα περὶ τὴν κεφαλὴν αὐτοῦ,
14 τὸ τῆς Αἰγύπτου καὶ Ἀσίας. ¹⁴ Ἀλέξανδρος δὲ ὁ βασιλεὺς ἦν ἐν
Κιλικίᾳ κατὰ τοὺς καιροὺς ἐκείνους, ὅτι ἀπεστάτουν οἱ ἀπὸ τῶν
15 τόπων ἐκείνων. ¹⁵ καὶ ἤκουσεν Ἀλέξανδρος καὶ ἦλθεν ἐπ' αὐτὸν ἐν
πολέμῳ. καὶ ἐξήγαγεν Πτολεμαῖος καὶ ἀπήντησεν αὐτῷ ἐν χειρὶ
16 ἰσχυρᾷ καὶ ἐτροπώσατο αὐτόν · ¹⁶ καὶ ἔφυγεν Ἀλέξανδρος εἰς τὴν
Ἀραβίαν τοῦ σκεπασθῆναι αὐτὸν ἐκεῖ, ὁ δὲ βασιλεὺς Πτολεμαῖος
17 ὑψώθη. ¹⁷ καὶ ἀφεῖλεν Ζαβδιηλ ὁ Ἄραψ τὴν κεφαλὴν Ἀλεξάνδρου
18 καὶ ἀπέστειλεν τῷ Πτολεμαίῳ. ¹⁸ καὶ ὁ βασιλεὺς Πτολεμαῖος ἀπ-
έθανεν ἐν τῇ ἡμέρᾳ τῇ τρίτῃ, καὶ οἱ ὄντες ἐν τοῖς ὀχυρώμασιν αὐ-
19 τοῦ ἀπώλοντο ὑπὸ τῶν ἐν τοῖς ὀχυρώμασιν. ¹⁹ καὶ ἐβασίλευσεν
Δημήτριος ἔτους ἑβδόμου καὶ ἑξηκοστοῦ καὶ ἑκατοστοῦ.
20 ²⁰ Ἐν ταῖς ἡμέραις ἐκείναις συνήγαγεν Ιωναθαν τοὺς ἐκ τῆς Ιου-

---

4 ηγγ(ε)ισαν Spau. La] -σεν uel sim. rel. | τα 2⁰ > S† | ους > A*†: post
-ους ‖ 5 ψογισαι] ψεξαι S†: cf. 11 ‖ 7 μετα του] μετ αυτου A† ‖ 8 ο
δε βασ. πτολ.] ο δε πτολ. ο βασ. Spau. | παραλιας] -λιου S† ‖ 9 τον > A† |
ειχεν S*VLa†] εχει rel. | και ult. > S*† | της βασιλειας] την -αν Spau. ‖
11 εψογισεν] εψεξεν S*†: cf. 5 ‖ 12 τω 1⁰ > S† | ηλοιωθη] εδηλωθη S† |
τω αλεξανδρω SV†] το προσωπον αλεξανδρου A⁽†⁾ | η > A ‖ 13 εξηλθεν S*†
| αιγυπτου .. ασιας 2⁰ SVLa†] tr. rel. | ασιας 2⁰] pr. το της V⁽†⁾ ‖ 14 εν κι-
λικια] εις -κιαν A† ‖ 15 ηλθεν] -θον S*† | εν 1⁰ S*ALa†] > rel.: cf. 5 67 |
πτολ.] + την δυναμιν S꜀L ‖ 16 αυτον > S*† ‖ 18 ο > S*† | εν 1⁰ > S

δαίας τοῦ ἐκπολεμῆσαι τὴν ἄκραν τὴν ἐν Ιερουσαλημ καὶ ἐποίησεν
ἐπ᾿ αὐτὴν μηχανὰς πολλάς. ²¹καὶ ἐπορεύθησάν τινες μισοῦντες τὸ 21
ἔθνος αὐτῶν ἄνδρες παράνομοι πρὸς τὸν βασιλέα καὶ ἀπήγγειλαν
αὐτῷ ὅτι Ιωναθαν περικάθηται τὴν ἄκραν. ²²καὶ ἀκούσας ὠργίσθη· 22
ὡς δὲ ἤκουσεν, εὐθέως ἀναζεύξας ἦλθεν εἰς Πτολεμαίδα καὶ ἔγρα-
ψεν Ιωναθαν τοῦ μὴ περικαθῆσθαι καὶ τοῦ ἀπαντῆσαι αὐτὸν αὐτῷ
συμμίσγειν εἰς Πτολεμαίδα τὴν ταχίστην. ²³ὡς δὲ ἤκουσεν Ιωνα- 23
θαν, ἐκέλευσεν περικαθῆσθαι καὶ ἐπέλεξεν τῶν πρεσβυτέρων Ισραηλ
καὶ τῶν ἱερέων καὶ ἔδωκεν ἑαυτὸν τῷ κινδύνῳ· ²⁴καὶ λαβὼν ἀρ- 24
γύριον καὶ χρυσίον καὶ ἱματισμὸν καὶ ἕτερα ξένια πλείονα καὶ
ἐπορεύθη πρὸς τὸν βασιλέα εἰς Πτολεμαίδα καὶ εὗρεν χάριν ἐναν-
τίον αὐτοῦ. ²⁵καὶ ἐνετύγχανον κατ᾿ αὐτοῦ τινες ἄνομοι τῶν ἐκ 25
τοῦ ἔθνους. ²⁶καὶ ἐποίησεν αὐτῷ ὁ βασιλεὺς καθὼς ἐποίησαν αὐτῷ 26
οἱ πρὸ αὐτοῦ, καὶ ὕψωσεν αὐτὸν ἐναντίον τῶν φίλων αὐτοῦ πάν-
των. ²⁷καὶ ἔστησεν αὐτῷ τὴν ἀρχιερωσύνην καὶ ὅσα ἄλλα εἶχεν 27
τίμια τὸ πρότερον καὶ ἐποίησεν αὐτὸν τῶν πρώτων φίλων ἡγεῖ-
σθαι. ²⁸καὶ ἠξίωσεν Ιωναθαν τὸν βασιλέα ποιῆσαι τὴν Ιουδαίαν 28
ἀφορολόγητον καὶ τὰς τρεῖς τοπαρχίας καὶ τὴν Σαμαρῖτιν καὶ ἐπ-
ηγγείλατο αὐτῷ τάλαντα τριακόσια. ²⁹καὶ εὐδόκησεν ὁ βασιλεὺς 29
καὶ ἔγραψεν τῷ Ιωναθαν ἐπιστολὰς περὶ πάντων τούτων ἐχούσας
τὸν τρόπον τοῦτον

³⁰Βασιλεὺς Δημήτριος Ιωναθαν τῷ ἀδελφῷ χαίρειν καὶ ἔθνει 30
Ιουδαίων. ³¹τὸ ἀντίγραφον τῆς ἐπιστολῆς, ἧς ἐγράψαμεν Λασθένει 31
τῷ συγγενεῖ ἡμῶν περὶ ὑμῶν, γεγράφαμεν καὶ πρὸς ὑμᾶς, ὅπως
εἰδῆτε. ³²Βασιλεὺς Δημήτριος Λασθένει τῷ πατρὶ χαίρειν. ³³τῷ 32 33
ἔθνει τῶν Ιουδαίων φίλοις ἡμῶν καὶ συντηροῦσιν τὰ πρὸς ἡμᾶς
δίκαια ἐκρίναμεν ἀγαθὸν ποιῆσαι χάριν τῆς ἐξ αὐτῶν εὐνοίας πρὸς
ἡμᾶς. ³⁴ἑστάκαμεν αὐτοῖς τά τε ὅρια τῆς Ιουδαίας καὶ τοὺς τρεῖς 34
νομοὺς Αφαιρεμα καὶ Λυδδα καὶ Ραθαμιν· προσετέθησαν τῇ Ιου-
δαίᾳ ἀπὸ τῆς Σαμαρίτιδος καὶ πάντα τὰ συγκυροῦντα αὐτοῖς πᾶσιν
τοῖς θυσιάζουσιν εἰς Ιεροσόλυμα ἀντὶ τῶν βασιλικῶν, ὧν ἐλάμ-
βανεν ὁ βασιλεὺς παρ᾿ αὐτῶν τὸ πρότερον κατ᾿ ἐνιαυτὸν ἀπὸ
τῶν γενημάτων τῆς γῆς καὶ τῶν ἀκροδρύων. ³⁵καὶ τὰ ἄλλα τὰ 35
ἀνήκοντα ἡμῖν ἀπὸ τοῦ νῦν τῶν δεκατῶν καὶ τῶν τελῶν τῶν

20 εκπολεμησαι] εκ > Spau.: cf. 46 4 28 | εποιησεν] -σαν Apau. La | επ αυ-
την] ν > pau., εν αυτη S*† || 21 αυτων] pr. ημων S*† || 22 περικαθησθαι]
+ τη ακρα ScL | συμμισγειν] pr. και ScL || 23 δε > S*† | επελεξεν] εξελ.
S† | ιερεων] ιουδαιων S† || 26 αυτω / οι προ αυτου] tr. S† | των φιλ. αυτου
/παντων SVLa†] tr. rel. || 27 των > S*† | 28 τας > S*† | τοπαρχιας]
τριηραρχ. S*† | επηγγειλατο] -λαντο A† || 30 ιουδαιων] ν > A*† || 31 το
> S† | ειδητε L] ε 1⁰ > SA || 33 ημων] ουσιν S† | αγαθον ποιησαι] αγα-
θοπ. A | εξ αυτων] εαυτων A† || 34 εστακ.] + ουν A | τε > A | ραθαμ(ε)ιν
SAV] ραμαθαιμ(uel -θεμ) L || 35 τελων] + και S*†

ἀνηκόντων ἡμῖν καὶ τὰς τοῦ ἁλὸς λίμνας καὶ τοὺς ἀνήκοντας
36 ἡμῖν στεφάνους, πάντα ἐπαρκέσομεν αὐτοῖς. ³⁶καὶ οὐκ ἀθετηθή-
37 σεται οὐδὲ ἓν τούτων ἀπὸ τοῦ νῦν εἰς τὸν ἅπαντα χρόνον. ³⁷νῦν
οὖν ἐπιμέλεσθε τοῦ ποιῆσαι τούτων ἀντίγραφον, καὶ δοθήτω Ιω-
ναθαν καὶ τεθήτω ἐν τῷ ὄρει τῷ ἁγίῳ ἐν τόπῳ ἐπισήμῳ.
38 ³⁸Καὶ εἶδεν Δημήτριος ὁ βασιλεὺς ὅτι ἡσύχασεν ἡ γῆ ἐνώπιον
αὐτοῦ καὶ οὐδὲν αὐτῷ ἀνθειστήκει, καὶ ἀπέλυσεν πάσας τὰς δυνά-
μεις αὐτοῦ, ἕκαστον εἰς τὸν ἴδιον τόπον, πλὴν τῶν ξένων δυνάμεων,
ὧν ἐξενολόγησεν ἀπὸ τῶν νήσων τῶν ἐθνῶν· καὶ ἤχθραναν αὐτῷ
39 πᾶσαι αἱ δυνάμεις αἱ ἀπὸ τῶν πατέρων. ³⁹Τρύφων δὲ ἦν τῶν
παρὰ Ἀλεξάνδρου τὸ πρότερον καὶ εἶδεν ὅτι πᾶσαι αἱ δυνάμεις
καταγογγύζουσιν κατὰ τοῦ Δημητρίου, καὶ ἐπορεύθη πρὸς Ιμαλ-
κουε τὸν Ἄραβα, ὃς ἔτρεφεν Ἀντίοχον τὸ παιδάριον τὸν τοῦ
40 Ἀλεξάνδρου. ⁴⁰καὶ προσήδρευεν αὐτῷ, ὅπως παραδοῖ αὐτὸν αὐτῷ,
ὅπως βασιλεύσῃ ἀντὶ τοῦ πατρὸς αὐτοῦ· καὶ ἀπήγγειλεν αὐτῷ
ὅσα συνετέλεσεν ὁ Δημήτριος καὶ τὴν ἔχθραν, ἣν ἐχθραίνουσιν
41 αὐτῷ αἱ δυνάμεις αὐτοῦ, καὶ ἔμεινεν ἐκεῖ ἡμέρας πολλάς. ⁴¹καὶ
ἀπέστειλεν Ιωναθαν πρὸς Δημήτριον τὸν βασιλέα, ἵνα ἐκβάλῃ τοὺς
ἐκ τῆς ἄκρας ἐξ Ιερουσαλημ καὶ τοὺς ἐν τοῖς ὀχυρώμασιν· ἦσαν
42 γὰρ πολεμοῦντες τὸν Ισραηλ. ⁴²καὶ ἀπέστειλεν Δημήτριος πρὸς
Ιωναθαν λέγων Οὐ ταῦτα μόνον ποιήσω σοι καὶ τῷ ἔθνει σου,
ἀλλὰ δόξῃ δοξάσω σε καὶ τὸ ἔθνος σου, ἐὰν εὐκαιρίας τύχω·
43 ⁴³νῦν οὖν ὀρθῶς ποιήσεις ἀποστείλας μοι ἄνδρας, οἳ συμμαχήσου-
44 σίν μοι, ὅτι ἀπέστησαν πᾶσαι αἱ δυνάμεις μου. ⁴⁴καὶ ἀπέστειλεν
Ιωναθαν ἄνδρας τρισχιλίους δυνατοὺς ἰσχύι αὐτῷ εἰς Ἀντιόχειαν,
καὶ ἦλθον πρὸς τὸν βασιλέα, καὶ ηὐφράνθη ὁ βασιλεὺς ἐπὶ τῇ
45 ἐφόδῳ αὐτῶν. ⁴⁵καὶ ἐπισυνήχθησαν οἱ ἀπὸ τῆς πόλεως εἰς μέσον
τῆς πόλεως εἰς ἀνδρῶν δώδεκα μυριάδας καὶ ἠβούλοντο ἀνελεῖν
46 τὸν βασιλέα. ⁴⁶καὶ ἔφυγεν ὁ βασιλεὺς εἰς τὴν αὐλήν, καὶ κατελά-
βοντο οἱ ἐκ τῆς πόλεως τὰς διόδους τῆς πόλεως καὶ ἤρξαντο πο-

35 τας του αλος λιμνας] το του αλος λιμνων (sic) S*† | παντα] + ς S† |
επαρκεσομεν] -σωμεν S, επαρκως παριεμεν L || 36 αθετηθησεται] αθετησετε
(uel -ται) SA pau. | ουδε εν] ουδεν A | εις] pr. και ScL; επι A || 37 επιμε-
λεισθαι(pro -θε) A | τω 1⁰ > A | τοπω] pr. τω (sic) S† | επισημω pau. Sixt.
= celebri La] pr. επιτηδ(ε)ιω rel. (S*† ν pro δ), sed L hab. εν τοπω επιτη-
δειω ante, εν τοπω επισημω post εν τω ορ. τω αγ.: cf. 4 46 || 38 πασας >
SV† | εις τον > A†: post -τον | δυναμεων] -μενων S† | ηχθραναν] -ραινον
S†, -ρασαν A† | αυτω ult.] + ν A† || 39 ιμαλκουε] σιμαλκουη A⁽†⁾ | ετρεφεν]
ετρεψεν S*†, εθρεψεν Sc† | αντιοχον] pr. τον A | τον ult. SV†] > pau., το
rel. || 40 αυτω 1⁰⌒2⁰ S† | απηγγειλεν] -λαν A† | συνετελεσεν] -ετασσεν
SV† | ο SV†] > rel. || 42 δημητριος] add.(sic) ο S*† | ταυτα μονον] tr. A
|| 43 μοι 1⁰] ημιν A† || 44 αυτω] + ν A || 45 απο SV†(cf. 49. 61. 62)] εκ
rel.: cf. 46 | εις 2⁰ > A† | ανδρων] -ρας A pau. || 46 πολεως 1⁰] οικιας S†
| πολεμειν] pr. εκ A†: cf. 20

λεμεῖν. ⁴⁷καὶ ἐκάλεσεν ὁ βασιλεὺς τοὺς Ιουδαίους ἐπὶ βοήθειαν, 47
καὶ ἐπισυνήχθησαν πρὸς αὐτὸν πάντες ἅμα καὶ διεσπάρησαν ἐν
τῇ πόλει καὶ ἀπέκτειναν ἐν τῇ ἡμέρᾳ ἐκείνῃ εἰς μυριάδας δέκα ·
⁴⁸καὶ ἐνεπύρισαν τὴν πόλιν καὶ ἔλαβον σκῦλα πολλὰ ἐν ἐκείνῃ τῇ 48
ἡμέρᾳ καὶ ἔσωσαν τὸν βασιλέα. ⁴⁹καὶ εἶδον οἱ ἀπὸ τῆς πόλεως 49
ὅτι κατεκράτησαν οἱ Ιουδαῖοι τῆς πόλεως ὡς ἠβούλοντο, καὶ ἠσθέ-
νησαν ταῖς διανοίαις αὐτῶν καὶ ἐκέκραξαν πρὸς τὸν βασιλέα μετὰ
δεήσεως λέγοντες ⁵⁰Δὸς ἡμῖν δεξιὰς καὶ παυσάσθωσαν οἱ Ιουδαῖοι 50
πολεμοῦντες ἡμᾶς καὶ τὴν πόλιν. ⁵¹καὶ ἔρριψαν τὰ ὅπλα καὶ ἐποί- 51
ησαν εἰρήνην. καὶ ἐδοξάσθησαν οἱ Ιουδαῖοι ἐναντίον τοῦ βασιλέως
καὶ ἐνώπιον πάντων τῶν ἐν τῇ βασιλείᾳ αὐτοῦ καὶ ἐπέστρεψαν
εἰς Ιερουσαλημ ἔχοντες σκῦλα πολλά. ⁵²καὶ ἐκάθισεν Δημήτριος ὁ 52
βασιλεὺς ἐπὶ θρόνου τῆς βασιλείας αὐτοῦ, καὶ ἡσύχασεν ἡ γῆ
ἐνώπιον αὐτοῦ. ⁵³καὶ ἐψεύσατο πάντα, ὅσα εἶπεν, καὶ ἠλλοτριώθη 53
τῷ Ιωναθαν καὶ οὐκ ἀνταπέδωκεν τὰς εὐνοίας, ἃς ἀνταπέδωκεν
αὐτῷ, καὶ ἔθλιβεν αὐτὸν σφόδρα.

⁵⁴Μετὰ δὲ ταῦτα ἀπέστρεψεν Τρύφων καὶ Ἀντίοχος μετ᾽ αὐτοῦ 54
παιδάριον νεώτερον · καὶ ἐβασίλευσεν καὶ ἐπέθετο διάδημα. ⁵⁵καὶ 55
ἐπισυνήχθησαν πρὸς αὐτὸν πᾶσαι αἱ δυνάμεις, ἃς ἀπεσκοράκισεν
Δημήτριος, καὶ ἐπολέμησαν πρὸς αὐτόν, καὶ ἔφυγεν καὶ ἐτροπώθη.
⁵⁶καὶ ἔλαβεν Τρύφων τὰ θηρία καὶ κατεκράτησεν τῆς Ἀντιοχείας. 56
⁵⁷καὶ ἔγραψεν Ἀντίοχος ὁ νεώτερος Ιωναθη λέγων Ἵστημί σοι 57
τὴν ἀρχιερωσύνην καὶ καθίστημί σε ἐπὶ τῶν τεσσάρων νομῶν
καὶ εἶναί σε τῶν φίλων τοῦ βασιλέως. ⁵⁸καὶ ἀπέστειλεν αὐτῷ χρυ- 58
σώματα καὶ διακονίαν καὶ ἔδωκεν αὐτῷ ἐξουσίαν πίνειν ἐν χρυ-
σώμασιν καὶ εἶναι ἐν πορφύρᾳ καὶ ἔχειν πόρπην χρυσῆν · ⁵⁹καὶ 59
Σιμωνα τὸν ἀδελφὸν αὐτοῦ κατέστησεν στρατηγὸν ἀπὸ τῆς κλί-
μακος Τύρου ἕως τῶν ὁρίων Αἰγύπτου. ⁶⁰καὶ ἐξῆλθεν Ιωναθαν καὶ 60
διεπορεύετο πέραν τοῦ ποταμοῦ καὶ ἐν ταῖς πόλεσιν, καὶ ἠθροί-
σθησαν πρὸς αὐτὸν πᾶσα δύναμις Συρίας εἰς συμμαχίαν · καὶ
ἦλθεν εἰς Ἀσκαλῶνα, καὶ ἀπήντησαν αὐτῷ οἱ ἐκ τῆς πόλεως ἐν-
δόξως. ⁶¹καὶ ἀπῆλθεν ἐκεῖθεν εἰς Γάζαν, καὶ ἀπέκλεισαν οἱ ἀπὸ 61
Γάζης, καὶ περιεκάθισεν περὶ αὐτὴν καὶ ἐνεπύρισεν τὰ περιπόλια

47 προς αυτον / παντες] tr. S⁽ᵗ⁾ | απεκτειναν SVpau. La] + εν τη πολει rel.:
ex praec. repet. ‖ 49 ως ηβουλ. > S*ᵗ | εκεκραξαν] εκρατησαν S*ᵗ, εκρα-
ξαν Sᶜ ‖ 50 δεξιας] -αν SVLaᵗ: cf. 6 58 ‖ 51 παντων > S*ᵗ | εν τη βασ.
αυτου] + και ωνομασθησαν εν τη βασιλεια αυτου S*Laᵗ | επεστρεψαν] -ψεν
S*ᵗ ‖ 52 δημητρ. / ο βασ.] tr. Aᵗ ‖ 53 εψευσατο] εσπευσ. S*ᵗ | ηλλοτριωθη
τω] -θησαν S*ᵗ | ανταπεδωκεν 1⁰] αντ > Sᵗ, 1⁰ ⌒ 2⁰ Spau. | εθλιψεν A ‖
54 αντιοχος] + και Sᵗ ‖ 55 επισυνηχθησαν] ηχθ > S*ᵗ | απεσκορακ. compl.]
επ. SA | επολεμησαν] -σεν S | ετροπωθη] + σαν Sᵗ ‖ 56 της SVᵗ] > rel.
‖ 57 ιωναθη compl. (cf. 2 5)] -θα A, -θαν S(pr. τω SᶜL) | και ult. > S*ᵗ ‖
60 πασα δυναμις SVL] πασαι αι -μεις Amu.

62 αὐτῆς ἐν πυρὶ καὶ ἐσκύλευσεν αὐτά. ⁶²καὶ ἠξίωσαν οἱ ἀπὸ Γάζης Ἰω-
ναθαν, καὶ ἔδωκεν αὐτοῖς δεξιὰς καὶ ἔλαβεν τοὺς υἱοὺς τῶν ἀρ-
χόντων αὐτῶν εἰς ὅμηρα καὶ ἐξαπέστειλεν αὐτοὺς εἰς Ιερουσαλημ·
63 καὶ διῆλθεν τὴν χώραν ἕως Δαμασκοῦ. ⁶³καὶ ἤκουσεν Ιωναθαν
ὅτι παρῆσαν οἱ ἄρχοντες Δημητρίου εἰς Κηδες τὴν ἐν τῇ Γαλιλαίᾳ
μετὰ δυνάμεως πολλῆς βουλόμενοι μεταστῆσαι αὐτὸν τῆς χρείας.
64 ⁶⁴καὶ συνήντησεν αὐτοῖς, τὸν δὲ ἀδελφὸν αὐτοῦ Σιμωνα κατέλιπεν
65 ἐν τῇ χώρᾳ. ⁶⁵καὶ παρενέβαλεν Σιμων ἐπὶ Βαιθσουρα καὶ ἐπολέμει
66 αὐτὴν ἡμέρας πολλὰς καὶ συνέκλεισεν αὐτήν. ⁶⁶καὶ ἠξίωσαν αὐτὸν
τοῦ δεξιὰς λαβεῖν, καὶ ἔδωκεν αὐτοῖς· καὶ ἐξέβαλεν αὐτοὺς ἐκεῖθεν
67 καὶ κατελάβετο τὴν πόλιν καὶ ἔθετο ἐπ᾽ αὐτὴν φρουράν. ⁶⁷καὶ
Ιωναθαν καὶ ἡ παρεμβολὴ αὐτοῦ παρενέβαλον ἐπὶ τὸ ὕδωρ τοῦ
68 Γεννησαρ· καὶ ὥρθρισαν τὸ πρωὶ εἰς τὸ πεδίον Ασωρ. ⁶⁸καὶ ἰδοὺ
ἡ παρεμβολὴ ἀλλοφύλων ἀπήντα αὐτῷ ἐν τῷ πεδίῳ καὶ ἐξέβαλον
ἔνεδρον ἐπ᾽ αὐτὸν ἐν τοῖς ὄρεσιν, αὐτοὶ δὲ ἀπήντησαν ἐξ ἐναν-
69 τίας. ⁶⁹τὰ δὲ ἔνεδρα ἐξανέστησαν ἐκ τῶν τόπων αὐτῶν καὶ συν-
70 ῆψαν πόλεμον. ⁷⁰καὶ ἔφυγον οἱ παρὰ Ιωναθου πάντες, οὐδὲ εἷς
κατελείφθη ἀπ᾽ αὐτῶν πλὴν Ματταθιας ὁ τοῦ Αψαλωμου καὶ Ιουδας
71 ὁ τοῦ Χαλφι ἄρχοντες τῆς στρατιᾶς τῶν δυνάμεων. ⁷¹καὶ διέρρηξεν
Ιωναθαν τὰ ἱμάτια αὐτοῦ καὶ ἐπέθετο γῆν ἐπὶ τὴν κεφαλὴν αὐτοῦ
72 καὶ προσηύξατο. ⁷²καὶ ὑπέστρεψεν πρὸς αὐτοὺς πολέμῳ καὶ ἐτρο-
73 πώσατο αὐτούς, καὶ ἔφυγον. ⁷³καὶ εἶδον οἱ φεύγοντες παρ᾽ αὐτοῦ
καὶ ἐπέστρεψαν ἐπ᾽ αὐτὸν καὶ ἐδίωκον μετ᾽ αὐτοῦ ἕως Κεδες ἕως
74 τῆς παρεμβολῆς αὐτῶν καὶ παρενέβαλον ἐκεῖ. ⁷⁴καὶ ἔπεσον ἐκ τῶν
ἀλλοφύλων ἐν τῇ ἡμέρᾳ ἐκείνῃ εἰς ἄνδρας τρισχιλίους. καὶ ἐπ-
έστρεψεν Ιωναθαν εἰς Ιερουσαλημ.

12 ¹Καὶ εἶδεν Ιωναθαν ὅτι ὁ καιρὸς αὐτῷ συνεργεῖ, καὶ ἐπελέξατο
ἄνδρας καὶ ἀπέστειλεν εἰς Ῥώμην στῆσαι καὶ ἀνανεώσασθαι τὴν
2 πρὸς αὐτοὺς φιλίαν. ²καὶ πρὸς Σπαρτιάτας καὶ τόπους ἑτέρους
3 ἀπέστειλεν ἐπιστολὰς κατὰ τὰ αὐτά. ³καὶ ἐπορεύθησαν εἰς Ῥώμην
καὶ εἰσῆλθον εἰς τὸ βουλευτήριον καὶ εἶπον Ιωναθαν ὁ ἀρχιερεὺς
καὶ τὸ ἔθνος τῶν Ιουδαίων ἀπέστειλεν ἡμᾶς ἀνανεώσασθαι τὴν

61 fin. αυτα L] -τας SA ‖ 62 δεξιας] -αν S*†: cf. 50 ‖ 64 συνηντησαν
εαυτοις S*† | τον δε αδ. αυ. σιμωνα κατελιπεν] και κατελ. τον αδ. αυ. σιμ. S†
‖ 65 επι] εν A ‖ 66 δεξιας] -αν S*V(†): cf. 50 ‖ 67 παρενεβ.] pr. και
S† | γεννησαρ] -σαι S*† | ασωρ] pr. ν A: ex praec. repet. ‖ 68 η παρ-
εμβ. SVL (+ των L)] παρεμβ. tantum Apl. | εξεβαλον] -λεν S*V† | απην-
τησαν] παρ⟨ε⟩ιστηκ⟨ε⟩ισαν S† ‖ 70 και εφυγον > S*† | ιωναθου: cf. 25 | ο
1⁰ > S† | αψαλωμου] ψαλμωδου S† | χαλφ⟨ε⟩ι] λ > SL ‖ 72 υπεστρεψεν]
επ. A, -εφον S*† ‖ 73 φευγοντες] φυγ. A | επ SV] προςApl. | εδιωκον] -καν
S(†) | κεδες SVL] καδης A: cf. 63
12 1 αυτω] -των S*† | επελεξατο SV†] -ξεν rel. | ανανεωσαι A† ‖ 2 το-
πους] pr. εις S† ‖ 3 εισηλθον] επορευθησαν A†: ex praec. repet. | απεστει-
λεν] -λαν A

φιλίαν ἑαυτοῖς καὶ τὴν συμμαχίαν κατὰ τὸ πρότερον. ⁴καὶ ἔδωκαν 4
ἐπιστολὰς αὐτοῖς πρὸς αὐτοὺς κατὰ τόπον, ὅπως προπέμπωσιν
αὐτοὺς εἰς γῆν Ιουδα μετ᾽ εἰρήνης.

⁵Καὶ τοῦτο τὸ ἀντίγραφον τῶν ἐπιστολῶν, ὧν ἔγραψεν Ιωνα- 5
θαν τοῖς Σπαρτιάταις

⁶Ιωναθαν ἀρχιερεὺς καὶ ἡ γερουσία τοῦ ἔθνους καὶ οἱ ἱερεῖς 6
καὶ ὁ λοιπὸς δῆμος τῶν Ιουδαίων Σπαρτιάταις τοῖς ἀδελφοῖς χαί-
ρειν. ⁷ἔτι πρότερον ἀπεστάλησαν ἐπιστολαὶ πρὸς Ονιαν τὸν ἀρχ- 7
ιερέα παρὰ ᾽Αρείου τοῦ βασιλεύοντος ἐν ὑμῖν ὅτι ἐστὲ ἀδελφοὶ
ἡμῶν, ὡς τὸ ἀντίγραφον ὑπόκειται. ⁸καὶ ἐπεδέξατο ὁ Ονιας τὸν 8
ἄνδρα τὸν ἀπεσταλμένον ἐνδόξως καὶ ἔλαβεν τὰς ἐπιστολάς, ἐν αἷς
διεσαφεῖτο περὶ συμμαχίας καὶ φιλίας. ⁹ἡμεῖς οὖν ἀπροσδεεῖς τού- 9
των ὄντες παράκλησιν ἔχοντες τὰ βιβλία τὰ ἅγια τὰ ἐν ταῖς χερσὶν
ἡμῶν ¹⁰ἐπειράθημεν ἀποστεῖλαι τὴν πρὸς ὑμᾶς ἀδελφότητα καὶ 10
φιλίαν ἀνανεώσασθαι πρὸς τὸ μὴ ἐξαλλοτριωθῆναι ὑμῶν · πολλοὶ
γὰρ καιροὶ διῆλθον ἀφ᾽ οὗ ἀπεστείλατε πρὸς ἡμᾶς. ¹¹ἡμεῖς οὖν 11
ἐν παντὶ καιρῷ ἀδιαλείπτως ἔν τε ταῖς ἑορταῖς καὶ ταῖς λοιπαῖς
καθηκούσαις ἡμέραις μιμνησκόμεθα ὑμῶν ἐφ᾽ ὧν προσφέρομεν
θυσιῶν καὶ ἐν ταῖς προσευχαῖς, ὡς δέον ἐστὶν καὶ πρέπον μνη-
μονεύειν ἀδελφῶν. ¹²εὐφραινόμεθα δὲ ἐπὶ τῇ δόξῃ ὑμῶν. ¹³ἡμᾶς 12
δὲ ἐκύκλωσαν πολλαὶ θλίψεις καὶ πόλεμοι πολλοί, καὶ ἐπολέμησαν 13
ἡμᾶς οἱ βασιλεῖς οἱ κύκλῳ ἡμῶν. ¹⁴οὐκ ἠβουλόμεθα οὖν παρενο- 14
χλῆσαι ὑμῖν καὶ τοῖς λοιποῖς συμμάχοις καὶ φίλοις ἡμῶν ἐν τοῖς
πολέμοις τούτοις · ¹⁵ἔχομεν γὰρ τὴν ἐξ οὐρανοῦ βοήθειαν βοη- 15
θοῦσαν ἡμῖν καὶ ἐρρύσθημεν ἀπὸ τῶν ἐχθρῶν, καὶ ἐταπεινώθησαν
οἱ ἐχθροὶ ἡμῶν. ¹⁶ἐπελέξαμεν οὖν Νουμήνιον ᾽Αντιόχου καὶ ᾽Αντί- 16
πατρον ᾽Ιάσονος καὶ ἀπεστάλκαμεν πρὸς ῾Ρωμαίους ἀνανεώσασθαι
τὴν πρὸς αὐτοὺς φιλίαν καὶ συμμαχίαν τὴν πρότερον. ¹⁷ἐνετειλά- 17
μεθα οὖν αὐτοῖς καὶ πρὸς ὑμᾶς πορευθῆναι καὶ ἀσπάσασθαι ὑμᾶς
καὶ ἀποδοῦναι ὑμῖν τὰς παρ᾽ ἡμῶν ἐπιστολὰς περὶ τῆς ἀνανεώσεως
καὶ τῆς ἀδελφότητος ἡμῶν. ¹⁸καὶ νῦν καλῶς ποιήσετε ἀντιφωνή- 18
σαντες ἡμῖν πρὸς ταῦτα.

¹⁹Καὶ τοῦτο τὸ ἀντίγραφον τῶν ἐπιστολῶν, ὧν ἀπέστειλαν Ονια 19

²⁰᾽Αρειος βασιλεὺς Σπαρτιατῶν Ονια ἱερεῖ μεγάλῳ χαίρειν. 20

²¹εὑρέθη ἐν γραφῇ περί τε τῶν Σπαρτιατῶν καὶ Ιουδαίων ὅτι 21

---

3 εαυτοις] ε > A ‖ 4 αυτους 1°] τους L ‖ 5 το > A: post -το ‖ 6 και
η γερ. / του εθν.] tr. A† ‖ 7 ετι] επι Sᶜ = επει L | αρειου: sic Fr. secutus
Ioseph. Ant. XII 225 Niese; codd. δαρ(ε)ιου | ως] ω S*† ‖ 8 επεδεξ.] απ.
Sᶜ | ο > Amu. ‖ 9 init.] pr. και Amu. ‖ 11 τε > A | ταις 2°] pr. εν A |
θυσιων] -ιαν SV† ‖ 14 παρενοχλησαι] -λειν A ‖ 15 ουρανου] -νων Apau.
| εχθρων SVᶜLa†] + ημων rel. ‖ 18 ποιησετε] εποιησαται(pro -τε) A† ‖
19 ων > A† | απεστειλαν] -λεν SᶜL ‖ 20 αρειος Fr. (cf. 7)] αρης uel sim. mss.

22 εἰσὶν ἀδελφοὶ καὶ ὅτι εἰσὶν ἐκ γένους Αβρααμ. ²²καὶ νῦν ἀφ᾽ οὗ
ἔγνωμεν ταῦτα, καλῶς ποιήσετε γράφοντες ἡμῖν περὶ τῆς εἰρήνης
23 ὑμῶν, ²³καὶ ἡμεῖς δὲ ἀντιγράφομεν ὑμῖν τὰ κτήνη ὑμῶν καὶ ἡ
ὕπαρξις ὑμῶν ἡμῖν ἐστιν, καὶ τὰ ἡμῶν ὑμῖν ἐστιν. ἐντελλόμεθα οὖν
ὅπως ἀπαγγείλωσιν ὑμῖν κατὰ ταῦτα.
24 ²⁴Καὶ ἤκουσεν Ιωναθαν ὅτι ἐπέστρεψαν οἱ ἄρχοντες Δημητρίου
μετὰ δυνάμεως πολλῆς ὑπὲρ τὸ πρότερον τοῦ πολεμῆσαι πρὸς
25 αὐτόν. ²⁵καὶ ἀπῆρεν ἐξ Ιερουσαλημ καὶ ἀπήντησεν αὐτοῖς εἰς τὴν
Αμαθῖτιν χώραν · οὐ γὰρ ἔδωκεν αὐτοῖς ἀνοχὴν τοῦ ἐμβατεῦσαι
26 εἰς τὴν χώραν αὐτοῦ. ²⁶καὶ ἀπέστειλεν κατασκόπους εἰς τὴν παρεμ-
βολὴν αὐτῶν, καὶ ἐπέστρεψαν καὶ ἀπήγγειλαν αὐτῷ ὅτι οὕτως
27 τάσσονται ἐπιπεσεῖν ἐπ᾽ αὐτοὺς τὴν νύκτα. ²⁷ὡς δὲ ἔδυ ὁ ἥλιος,
ἐπέταξεν Ιωναθαν τοῖς παρ᾽ αὐτοῦ γρηγορεῖν καὶ εἶναι ἐπὶ τοῖς
ὅπλοις ἑτοιμάζεσθαι εἰς πόλεμον δι᾽ ὅλης τῆς νυκτὸς καὶ ἐξέβαλεν
28 προφύλακας κύκλῳ τῆς παρεμβολῆς. ²⁸καὶ ἤκουσαν οἱ ὑπεναντίοι
ὅτι ἡτοίμασται Ιωναθαν καὶ οἱ παρ᾽ αὐτοῦ εἰς πόλεμον, καὶ ἐφο-
βήθησαν καὶ ἔπτηξαν τῇ καρδίᾳ αὐτῶν καὶ ἀνέκαυσαν πυρὰς ἐν
29 τῇ παρεμβολῇ αὐτῶν. ²⁹Ιωναθαν δὲ καὶ οἱ παρ᾽ αὐτοῦ οὐκ ἔγνωσαν
30 ἕως πρωί, ἔβλεπον γὰρ τὰ φῶτα καιόμενα. ³⁰καὶ κατεδίωξεν Ιωνα-
θαν ὀπίσω αὐτῶν καὶ οὐ κατέλαβεν αὐτούς, διέβησαν γὰρ τὸν
31 Ἐλεύθερον ποταμόν. ³¹καὶ ἐξέκλινεν Ιωναθαν ἐπὶ τοὺς Ἄραβας
τοὺς καλουμένους Ζαβαδαίους καὶ ἐπάταξεν αὐτοὺς καὶ ἔλαβεν τὰ
32 σκῦλα αὐτῶν. ³²καὶ ἀναζεύξας ἦλθεν εἰς Δαμασκὸν καὶ διώδευσεν
33 ἐν πάσῃ τῇ χώρᾳ. ³³καὶ Σιμων ἐξῆλθεν καὶ διώδευσεν ἕως Ἀσκα-
λῶνος καὶ τὰ πλησίον ὀχυρώματα καὶ ἐξέκλινεν εἰς Ιοππην καὶ
34 προκατελάβετο αὐτήν · ³⁴ἤκουσεν γὰρ ὅτι βούλονται τὸ ὀχύρωμα
παραδοῦναι τοῖς παρὰ Δημητρίου · καὶ ἔθετο ἐκεῖ φρουράν, ὅπως
35 φυλάσσωσιν αὐτήν. ³⁵καὶ ἐπέστρεψεν Ιωναθαν καὶ ἐξεκκλησίασεν
τοὺς πρεσβυτέρους τοῦ λαοῦ καὶ ἐβουλεύετο μετ᾽ αὐτῶν τοῦ οἰκο-
36 δομῆσαι ὀχυρώματα ἐν τῇ Ιουδαίᾳ ³⁶καὶ προσυψῶσαι τὰ τείχη
Ιερουσαλημ καὶ ὑψῶσαι ὕψος μέγα ἀνὰ μέσον τῆς ἄκρας καὶ τῆς
πόλεως εἰς τὸ διαχωρίζειν αὐτὴν τῆς πόλεως, ἵνα ᾖ αὕτη κατὰ
37 μόνας, ὅπως μήτε ἀγοράζωσιν μήτε πωλῶσιν. ³⁷καὶ συνήχθησαν τοῦ
οἰκοδομεῖν τὴν πόλιν, καὶ ἔπεσεν τοῦ τείχους τοῦ χειμάρρου τοῦ ἐξ ἀπ-
38 ηλιώτου, καὶ ἐπεσκεύασεν τὸ καλούμενον Χαφεναθα. ³⁸καὶ Σιμων ᾠκο-

---

21 εισιν αδελφοι] tr. A | εκ] εν A† || 23 fin. ταυτα] τα αυτα A || 24 οι
> S*† || 25 αμαθ. χωραν] tr. S† || 26 αυτων LLa] -του SApl. || 28 παρ]
πατερες S† | την καρδιαν A || 30 κατεδιωξεν ιωναθαν] -ξαν A† | ου κατελα-
βεν] ουκ εκατελ. A† || 32 τη > SV || 35 εβουλευετο SV†] -λευσατο rel.
|| 36 πολεως 1⁰ ⌢ 2⁰ S*† | διαχωρι(uel η)σαι ASˢ | οπως — fin. > S*† ||
37 την πολιν > A | επεσεν] pr. επ SVpau., -σαν S† | το] τον S†

δόμησεν τὴν Αδιδα ἐν τῇ Σεφηλα καὶ ὠχύρωσεν αὐτὴν καὶ ἐπέστησεν θύρας καὶ μοχλούς.

39 Καὶ ἐζήτησεν Τρύφων βασιλεῦσαι τῆς Ἀσίας καὶ περιθέσθαι 39 τὸ διάδημα καὶ ἐκτεῖναι χεῖρα ἐπ᾽ Ἀντίοχον τὸν βασιλέα. 40 καὶ 40 εὐλαβήθη μήποτε οὐκ ἐάσῃ αὐτὸν Ιωναθαν καὶ μήποτε πολεμήσῃ πρὸς αὐτόν, καὶ ἐζήτει συλλαβεῖν αὐτὸν τοῦ ἀπολέσαι, καὶ ἀπάρας ἦλθεν εἰς Βαιθσαν. 41 καὶ ἐξῆλθεν Ιωναθαν εἰς ἀπάντησιν αὐτῷ ἐν 41 τεσσαράκοντα χιλιάσιν ἀνδρῶν ἐπιλελεγμέναις εἰς παράταξιν καὶ ἦλθεν εἰς Βαιθσαν. 42 καὶ εἶδεν Τρύφων ὅτι ἦλθεν μετὰ δυνάμεως 42 πολλῆς, καὶ ἐκτεῖναι χεῖρας ἐπ᾽ αὐτὸν εὐλαβήθη. 43 καὶ ἐπεδέξατο 43 αὐτὸν ἐνδόξως καὶ συνέστησεν αὐτὸν πᾶσιν τοῖς φίλοις αὐτοῦ καὶ ἔδωκεν αὐτῷ δόματα καὶ ἐπέταξεν τοῖς φίλοις αὐτοῦ καὶ ταῖς δυνάμεσιν αὐτοῦ ὑπακούειν αὐτοῦ ὡς αὐτοῦ. 44 καὶ εἶπεν τῷ Ιωνα- 44 θαν Ἵνα τί ἐκόπωσας πάντα τὸν λαὸν τοῦτον πολέμου μὴ ἐνεστηκότος ἡμῖν; 45 καὶ νῦν ἀπόστειλον αὐτοὺς εἰς τοὺς οἴκους αὐτῶν, 45 ἐπίλεξαι δὲ σεαυτῷ ἄνδρας ὀλίγους, οἵτινες ἔσονται μετὰ σοῦ, καὶ δεῦρο μετ᾽ ἐμοῦ εἰς Πτολεμαΐδα, καὶ παραδώσω σοι αὐτὴν καὶ τὰ λοιπὰ ὀχυρώματα καὶ τὰς δυνάμεις τὰς λοιπὰς καὶ πάντας τοὺς ἐπὶ τῶν χρειῶν, καὶ ἐπιστρέψας ἀπελεύσομαι · τούτου γὰρ χάριν πάρειμι. 46 καὶ ἐμπιστεύσας αὐτῷ ἐποίησεν καθὼς εἶπεν, καὶ ἐξ- 46 απέστειλεν τὰς δυνάμεις, καὶ ἀπῆλθον εἰς γῆν Ιουδα. 47 κατέλιπεν δὲ 47 μεθ᾽ ἑαυτοῦ ἄνδρας τρισχιλίους, ὧν δισχιλίους ἀφῆκεν ἐν τῇ Γαλιλαίᾳ, χίλιοι δὲ συνῆλθον αὐτῷ. 48 ὥς δὲ εἰσῆλθεν Ιωναθαν εἰς 48 Πτολεμαΐδα, ἀπέκλεισαν οἱ Πτολεμαεῖς τὰς πύλας καὶ συνέλαβον αὐτόν, καὶ πάντας τοὺς συνεισελθόντας μετ᾽ αὐτοῦ ἀπέκτειναν ἐν ῥομφαίᾳ. 49 καὶ ἀπέστειλεν Τρύφων δυνάμεις καὶ ἵππον εἰς τὴν 49 Γαλιλαίαν καὶ τὸ πεδίον τὸ μέγα τοῦ ἀπολέσαι πάντας τοὺς παρὰ Ιωναθου. 50 καὶ ἐπέγνωσαν ὅτι συνελήμφθη καὶ ἀπόλωλεν καὶ οἱ 50 μετ᾽ αὐτοῦ, καὶ παρεκάλεσαν ἑαυτοὺς καὶ ἐπορεύοντο συνεστραμμένοι ἕτοιμοι εἰς πόλεμον. 51 καὶ εἶδον οἱ διώκοντες ὅτι περὶ ψυχῆς 51 αὐτοῖς ἐστιν, καὶ ἐπέστρεψαν. 52 καὶ ἦλθον πάντες μετ᾽ εἰρήνης 52

38 σεφηλα] + πεδ(ε)ινη S*V† | αυτην και επεστ. SVLa†] > rel. || 39 εκτειναι] εξετ(ε)ινεν S† | χειρα] pr. την S†, -ρας A || 40 εζητει SLa†] + πορον (του) rel. | απολεσαι] αποκτειναι Apau. | βαιθ(uel βεθ)σαν] ν > A: item in 41 || 41 επιλελεγμεναις] ς > A†, -μενων Sᶜ || 42 ηλθεν SLa†] παρεστιν uel sim. rel. | και ult. > SV† (SᶜVᶜ† add. και ante ευλαβηθη) || 43 ενδοξως] ευλογως S*† | συνεστησεν] συνεταξεν S*† | φιλοις αυτου 1⁰ ⌒ 2⁰ S*V† | αυτου paenult. S*Vpau.] -τω rel. | ως αυτου] ωσαυτως AL || 44 εκοπωσας VL] εκοφας SApl. | παντα > SV† | πολ./μη ενεστ. ημιν] tr. SL || 45 επιλεξαι] -ξον A | λοιπας] πολλας A† || 46 δυναμεις] + ιωναθαν Sᶜ | και ult.] αι S*† || 47 ων] ως A†, και ως ανδρας S† | τη > S*pau. || 48 πτολεμαεις] -μαιται A† | συνεισελθ. S†] συν > L, εισ > A | μετ αυτου] μετ > S†, αυτω Sᶜ† || 49 την > A† | και 3⁰] εις Apau. | ιωναθου: cf. 25 || 50 init.] pr. ους S† | οτι] οτε δε S† | συνεστρεμμενοι A: cf. Thack. p. 286 || 51 αυτοις εστιν] tr. A

εἰς γῆν Ιουδα καὶ ἐπένθησαν τὸν Ιωναθαν καὶ τοὺς μετ᾽ αὐτοῦ καὶ
ἐφοβήθησαν σφόδρα· καὶ ἐπένθησεν πᾶς Ισραηλ πένθος μέγα.

53 ⁵³καὶ ἐζήτησαν πάντα τὰ ἔθνη τὰ κύκλῳ αὐτῶν ἐκτρῖψαι αὐτούς·
εἶπον γάρ Οὐκ ἔχουσιν ἄρχοντα καὶ βοηθοῦντα· νῦν οὖν πολεμή-
σωμεν αὐτοὺς καὶ ἐξάρωμεν ἐξ ἀνθρώπων τὸ μνημόσυνον αὐτῶν.

13 ¹Καὶ ἤκουσεν Σιμων ὅτι συνήγαγεν Τρύφων δύναμιν πολλὴν
2 τοῦ ἐλθεῖν εἰς γῆν Ιουδα καὶ ἐκτρῖψαι αὐτήν. ²καὶ εἶδεν τὸν λαόν,
ὅτι ἔντρομός ἐστιν καὶ ἔκφοβος, καὶ ἀνέβη εἰς Ιερουσαλημ καὶ
3 ἤθροισεν τὸν λαὸν ³καὶ παρεκάλεσεν αὐτοὺς καὶ εἶπεν αὐτοῖς Αὐτοὶ
οἴδατε ὅσα ἐγὼ καὶ οἱ ἀδελφοί μου καὶ ὁ οἶκος τοῦ πατρός μου
ἐποιήσαμεν περὶ τῶν νόμων καὶ τῶν ἁγίων, καὶ τοὺς πολέμους
4 καὶ τὰς στενοχωρίας, ἃς εἴδομεν. ⁴τούτου χάριν ἀπώλοντο οἱ ἀδελ-
φοί μου πάντες χάριν τοῦ Ισραηλ, καὶ κατελείφθην ἐγὼ μόνος.
5 ⁵καὶ νῦν μή μοι γένοιτο φείσασθαί μου τῆς ψυχῆς ἐν παντὶ καιρῷ
6 θλίψεως· οὐ γάρ εἰμι κρείσσων τῶν ἀδελφῶν μου. ⁶πλὴν ἐκδικήσω
περὶ τοῦ ἔθνους μου καὶ περὶ τῶν ἁγίων καὶ περὶ τῶν γυναικῶν
καὶ τέκνων ὑμῶν, ὅτι συνήχθησαν πάντα τὰ ἔθνη ἐκτρῖψαι ἡμᾶς
7 ἔχθρας χάριν. ⁷καὶ ἀνεζωπύρησεν τὸ πνεῦμα τοῦ λαοῦ ἅμα τοῦ
8 ἀκοῦσαι τῶν λόγων τούτων, ⁸καὶ ἀπεκρίθησαν φωνῇ μεγάλῃ λέ-
γοντες Σὺ εἶ ἡμῶν ἡγούμενος ἀντὶ Ιουδου καὶ Ιωναθου τοῦ ἀδελ-
9 φοῦ σου· ⁹πολέμησον τὸν πόλεμον ἡμῶν, καὶ πάντα, ὅσα ἂν εἴπῃς
10 ἡμῖν, ποιήσομεν. ¹⁰καὶ συνήγαγεν πάντας τοὺς ἄνδρας τοὺς πολε-
μιστὰς καὶ ἐτάχυνεν τοῦ τελέσαι τὰ τείχη Ιερουσαλημ καὶ ὠχύρωσεν
11 αὐτὴν κυκλόθεν. ¹¹καὶ ἀπέστειλεν Ιωναθαν τὸν τοῦ Αψαλωμου καὶ
μετ᾽ αὐτοῦ δύναμιν ἱκανὴν εἰς Ιοππην, καὶ ἐξέβαλεν τοὺς ὄντας
ἐν αὐτῇ καὶ ἔμεινεν ἐκεῖ ἐν αὐτῇ.

12 ¹²Καὶ ἀπῆρεν Τρύφων ἀπὸ Πτολεμαίδος μετὰ δυνάμεως πολλῆς
13 ἐλθεῖν εἰς γῆν Ιουδα, καὶ Ιωναθαν μετ᾽ αὐτοῦ ἐν φυλακῇ. ¹³Σιμων
14 δὲ παρενέβαλεν ἐν Αδιδοις κατὰ πρόσωπον τοῦ πεδίου. ¹⁴καὶ ἐπ-
έγνω Τρύφων ὅτι ἀνέστη Σιμων ἀντὶ Ιωναθου τοῦ ἀδελφοῦ αὐτοῦ
καὶ ὅτι συνάπτειν αὐτῷ μέλλει πόλεμον, καὶ ἀπέστειλεν πρὸς αὐ-
15 τὸν πρέσβεις λέγων ¹⁵Περὶ ἀργυρίου, οὗ ὤφειλεν Ιωναθαν ὁ ἀδελ-

52 πας > A† ‖ 53 εζητησαν] -σεν S*pau. | αρχοντα] pr. ανδρα A | εξ-
αρουμεν A
13 1 και ult.] του A† ‖ 2 εντρομος εστιν SVLa†] tr. rel. | εις > S*† ‖
3 0 > A† | μου 2⁰] + παντες SV†: cf. 4 | περι] χαριν SV†: cf. 4 | και paen-
ult. > S*V† | και ult. — fin. > S*V†; ας ειδομεν > A† ‖ 4 τουτου] ων και
SV† | οι αδ. μου / παντες] tr. SV† ‖ 6 περι 3⁰ > SV† | τεκνων SV†] pr.
των rel. | υμων] ημ. A ‖ 7 αμα του] αυτου A† ‖ 8 ιουδου: cf. 3 25 | ιω-
ναθου: cf. 2 5 ‖ 11 εκει > S*(†), sed SV† hab. εκει pro εν αυτη praec. ‖
12 ελθειν SVLa†] pr. εισ rel. ‖ 13 αδ(ε)ιδοις] αδεινοις S*(†) ‖ 14 ιωναθου:
cf. 8 | πολεμον (cf. 11 69 al.)] pr. εις Apau.: cf. 7 43 10 78 ‖ 15 0 > A†

φός σου εἰς τὸ βασιλικὸν δι' ἃς εἶχεν χρείας, συνέχομεν αὐτόν·
¹⁶καὶ νῦν ἀπόστειλον ἀργυρίου τάλαντα ἑκατὸν καὶ δύο τῶν υἱῶν 16
αὐτοῦ ὅμηρα, ὅπως μὴ ἀφεθεὶς ἀποστατήσῃ ἀφ' ἡμῶν, καὶ ἀφ-
ήσομεν αὐτόν. ¹⁷καὶ ἔγνω Σιμων ὅτι δόλῳ λαλοῦσιν πρὸς αὐτόν, 17
καὶ πέμπει τοῦ λαβεῖν τὸ ἀργύριον καὶ τὰ παιδάρια, μήποτε ἔχ-
θραν ἄρῃ μεγάλην πρὸς τὸν λαὸν ¹⁸λέγοντες "Οτι οὐκ ἀπέστειλα 18
αὐτῷ τὸ ἀργύριον καὶ τὰ παιδάρια, ἀπώλετο. ¹⁹καὶ ἀπέστειλεν τὰ 19
παιδάρια καὶ τὰ ἑκατὸν τάλαντα, καὶ διεψεύσατο καὶ οὐκ ἀφῆκεν
τὸν Ιωναθαν. ²⁰καὶ μετὰ ταῦτα ἦλθεν Τρύφων τοῦ ἐμβατεῦσαι εἰς 20
τὴν χώραν καὶ ἐκτρῖψαι αὐτήν, καὶ ἐκύκλωσαν ὁδὸν τὴν εἰς Αδωρα.
καὶ Σιμων καὶ ἡ παρεμβολὴ αὐτοῦ ἀντιπαρῆγεν αὐτῷ εἰς πάντα
τόπον, οὗ ἂν ἐπορεύετο. ²¹οἱ δὲ ἐκ τῆς ἄκρας ἀπέστελλον πρὸς 21
Τρύφωνα πρεσβευτὰς κατασπεύδοντας αὐτὸν τοῦ ἐλθεῖν πρὸς αὐ-
τοὺς διὰ τῆς ἐρήμου καὶ ἀποστεῖλαι αὐτοῖς τροφάς. ²²καὶ ἡτοίμασεν 22
Τρύφων πᾶσαν τὴν ἵππον αὐτοῦ ἐλθεῖν, καὶ ἐν τῇ νυκτὶ ἐκείνῃ
ἦν χιὼν πολλὴ σφόδρα, καὶ οὐκ ἦλθεν διὰ τὴν χιόνα. καὶ ἀπῆρεν
καὶ ἦλθεν εἰς τὴν Γαλααδῖτιν. ²³ὡς δὲ ἤγγισεν τῆς Βασκαμα, ἀπ- 23
έκτεινεν τὸν Ιωναθαν, καὶ ἐτάφη ἐκεῖ. ²⁴καὶ ἐπέστρεψεν Τρύφων καὶ 24
ἀπῆλθεν εἰς τὴν γῆν αὐτοῦ.

²⁵Καὶ ἀπέστειλεν Σιμων καὶ ἔλαβεν τὰ ὀστᾶ Ιωναθου τοῦ ἀδελ- 25
φοῦ αὐτοῦ καὶ ἔθαψεν αὐτὸν ἐν Μωδεϊν πόλει τῶν πατέρων αὐτοῦ.
²⁶καὶ ἐκόψαντο αὐτὸν πᾶς Ισραηλ κοπετὸν μέγαν καὶ ἐπένθησαν 26
αὐτὸν ἡμέρας πολλάς. ²⁷καὶ ᾠκοδόμησεν Σιμων ἐπὶ τὸν τάφον τοῦ 27
πατρὸς αὐτοῦ καὶ τῶν ἀδελφῶν αὐτοῦ καὶ ὕψωσεν αὐτὸν τῇ ὁράσει
λίθῳ ξεστῷ ἐκ τῶν ὄπισθεν καὶ ἔμπροσθεν. ²⁸καὶ ἔστησεν ἑπτὰ 28
πυραμίδας, μίαν κατέναντι τῆς μιᾶς, τῷ πατρὶ καὶ τῇ μητρὶ καὶ
τοῖς τέσσαρσιν ἀδελφοῖς. ²⁹καὶ ταύταις ἐποίησεν μηχανήματα περι- 29
θεὶς στύλους μεγάλους καὶ ἐποίησεν ἐπὶ τοῖς στύλοις πανοπλίας
εἰς ὄνομα αἰώνιον καὶ παρὰ ταῖς πανοπλίαις πλοῖα ἐγγεγλυμμένα
εἰς τὸ θεωρεῖσθαι ὑπὸ πάντων τῶν πλεόντων τὴν θάλασσαν.
³⁰οὗτος ὁ τάφος, ὃν ἐποίησεν ἐν Μωδεϊν, ἕως τῆς ἡμέρας ταύτης. 30

³¹Ὁ δὲ Τρύφων ἐπορεύετο δόλῳ μετὰ 'Αντιόχου τοῦ βασιλέως 31
τοῦ νεωτέρου καὶ ἀπέκτεινεν αὐτὸν ³²καὶ ἐβασίλευσεν ἀντ' αὐτοῦ 32

15 συνειχομεν S† ‖ 17 του λαβειν SVLa†] > rel. | μηποτε] pr. και A ‖
18 απεστειλα] επ. S*† | παιδαρια ⌒ 19 παιδαρια Spau. ‖ 20 τρυφων] + νυν
S*† | χωραν] πολιν A† | εκυκλωσαν SVLa†] -σεν rel. | αντιπαρηγεν] -ηγαγεν
Spau. | αν > A† ‖ 21 προς τρυφ. > A† | κατασπευδ.] pr. και A | αυτους]
-τον A ‖ 22 την χιονα] τον χ. S*† ‖ 23 εκει / 24 και επεστρ.] tr. S† ‖
24 γην αυτου] αυτου οικιαν S*† ‖ 25 ιωναθου: cf. 8 | μωδειν: cf. 2 23 ‖
27 ξυστω AV† | οπισθεν .. εμπροσθεν] tr. SL, οπισθεν .. οπισθεν (sic) A† | και
ult. SV†] + εκ των rel. ‖ 28 μιαν] ν > S† | τοις > A† | τεσσαρσιν > S*†
‖ 29 ταυταις] ταυτα S† | πανοπλιας] -αν Spau. | εγγεγλυμμ.] επιγεγλ. Amu.
‖ 30 μωδειν: cf. 25

καὶ περιέθετο τὸ διάδημα τῆς Ἀσίας καὶ ἐποίησεν πληγὴν μεγάλην
33 ἐπὶ τῆς γῆς. ³³ καὶ ᾠκοδόμησεν Σιμων τὰ ὀχυρώματα τῆς Ιουδαίας
καὶ περιετείχισεν πύργοις ὑψηλοῖς καὶ τείχεσιν μεγάλοις καὶ πύλαις
34 καὶ μοχλοῖς καὶ ἔθετο βρώματα ἐν τοῖς ὀχυρώμασιν. ³⁴ καὶ ἐπέλεξεν
Σιμων ἄνδρας καὶ ἀπέστειλεν πρὸς Δημήτριον τὸν βασιλέα τοῦ
ποιῆσαι ἄφεσιν τῇ χώρᾳ, ὅτι πᾶσαι αἱ πράξεις Τρύφωνος ἦσαν
35 ἁρπαγαί. ³⁵ καὶ ἀπέστειλεν αὐτῷ Δημήτριος ὁ βασιλεὺς κατὰ τοὺς
λόγους τούτους καὶ ἀπεκρίθη αὐτῷ καὶ ἔγραψεν αὐτῷ ἐπιστολὴν
τοιαύτην
36   ³⁶ Βασιλεὺς Δημήτριος Σιμωνι ἀρχιερεῖ καὶ φίλῳ βασιλέων καὶ
37 πρεσβυτέροις καὶ ἔθνει Ιουδαίων χαίρειν. ³⁷ τὸν στέφανον τὸν χρυ-
σοῦν καὶ τὴν βαΐνην, ἣν ἀπεστείλατε, κεκομίσμεθα καὶ ἕτοιμοί
ἐσμεν τοῦ ποιεῖν ὑμῖν εἰρήνην μεγάλην καὶ γράφειν τοῖς ἐπὶ τῶν
38 χρειῶν τοῦ ἀφιέναι ὑμῖν τὰ ἀφέματα. ³⁸ καὶ ὅσα ἐστήσαμεν πρὸς
ὑμᾶς, ἕστηκεν, καὶ τὰ ὀχυρώματα, ἃ ᾠκοδομήσατε, ὑπαρχέτω ὑμῖν.
39 ³⁹ ἀφίεμεν δὲ ἀγνοήματα καὶ τὰ ἁμαρτήματα ἕως τῆς σήμερον
ἡμέρας καὶ τὸν στέφανον, ὃν ὠφείλετε, καὶ εἴ τι ἄλλο ἐτελωνεῖτο
40 ἐν Ιερουσαλημ, μηκέτι τελωνείσθω. ⁴⁰ καὶ εἴ τινες ἐπιτήδειοι ὑμῶν
γραφῆναι εἰς τοὺς περὶ ἡμᾶς, ἐγγραφέσθωσαν, καὶ γινέσθω ἀνὰ
μέσον ἡμῶν εἰρήνη.
41   ⁴¹ Ἔτους ἑβδομηκοστοῦ καὶ ἑκατοστοῦ ἤρθη ὁ ζυγὸς τῶν ἐθνῶν
42 ἀπὸ τοῦ Ισραηλ, ⁴² καὶ ἤρξατο ὁ λαὸς γράφειν ἐν ταῖς συγγραφαῖς
καὶ συναλλάγμασιν Ἔτους πρώτου ἐπὶ Σιμωνος ἀρχιερέως μεγάλου
καὶ στρατηγοῦ καὶ ἡγουμένου Ιουδαίων.
43   ⁴³ Ἐν ταῖς ἡμέραις ἐκείναις παρενέβαλεν ἐπὶ Γαζαρα καὶ ἐκύκλω-
σεν αὐτὴν παρεμβολαῖς καὶ ἐποίησεν ἐλεόπολιν καὶ προσήγαγεν
44 τῇ πόλει καὶ ἐπάταξεν πύργον ἕνα καὶ κατελάβετο. ⁴⁴ καὶ ἐξήλλοντο
οἱ ἐν τῇ ἐλεοπόλει εἰς τὴν πόλιν, καὶ ἐγένετο κίνημα μέγα ἐν τῇ
45 πόλει. ⁴⁵ καὶ ἀνέβησαν οἱ ἐν τῇ πόλει σὺν γυναιξὶν καὶ τοῖς τέκνοις
ἐπὶ τὸ τεῖχος διερρηχότες τὰ ἱμάτια αὐτῶν καὶ ἐβόησαν φωνῇ
46 μεγάλῃ ἀξιοῦντες Σιμωνα δεξιὰς αὐτοῖς δοῦναι ⁴⁶ καὶ εἶπαν Μὴ
ἡμῖν χρήσῃ κατὰ τὰς πονηρίας ἡμῶν, ἀλλὰ κατὰ τὸ ἔλεός σου.
47 ⁴⁷ καὶ συνελύθη αὐτοῖς Σιμων καὶ οὐκ ἐπολέμησεν αὐτούς · καὶ
ἐξέβαλεν αὐτοὺς ἐκ τῆς πόλεως, καὶ ἐκαθάρισεν τὰς οἰκίας, ἐν αἷς

33 τα οχυρωματα] το -μα A La | ιουδαιας] ιδουμαιας S*†: cf. 4 15 | και πυ-
λαις(S† -λοις)] pr. και πυργοις A ‖ 34 επελεξεν] -ξατο A† | ησαν > S*† |
αρπαγαι] ρ > S*†, αρπασαι A† ‖ 37 βαινην] βαιν AVpau. | αφιεναι] αφ(ε)ι-
ναι SA: cf. 15 8 | τα SVLa] > A pl. ‖ 38 ωκοδομησατε] κ pro σ S ‖ 39 δε]
+ υμιν A† ‖ 42 λαος] + ισραηλ A ‖ 43 γαζαρα Ioseph. ant. XIII 215
Niese] γαζαν mss. | ελεοπολιν S La†] > A pau., ο 1⁰ > rel.: cf. 44 ‖ 44 ελεο-
πολει SVLa†] πολει A pau., ο 1⁰ > rel.: cf. 43 | μεγα / εν τη πολ.] tr. SV† ‖
45 γυναιξιν] pr. ταις A | αξιουντες > S*† | δεξιας] δει ιδιας S*† ‖ 47 αυτοις
> S*† | εκ] εξω S†

ἦν τὰ εἴδωλα, καὶ οὕτως εἰσῆλθεν εἰς αὐτὴν ὑμνῶν καὶ εὐλογῶν.
⁴⁸καὶ ἐξέβαλεν ἐξ αὐτῆς πᾶσαν ἀκαθαρσίαν καὶ κατῴκισεν ἐν αὐτῇ 48
ἄνδρας, οἵτινες τὸν νόμον ποιήσωσιν, καὶ προσωχύρωσεν αὐτὴν
καὶ ᾠκοδόμησεν ἑαυτῷ ἐν αὐτῇ οἴκησιν.

⁴⁹Οἱ δὲ ἐκ τῆς ἄκρας ἐν Ιερουσαλημ ἐκωλύοντο ἐκπορεύεσθαι 49
καὶ εἰσπορεύεσθαι εἰς τὴν χώραν ἀγοράζειν καὶ πωλεῖν καὶ ἐπεί-
νασαν σφόδρα, καὶ ἀπώλοντο ἐξ αὐτῶν ἱκανοὶ τῷ λιμῷ. ⁵⁰καὶ 50
ἐβόησαν πρὸς Σιμωνα δεξιὰς λαβεῖν, καὶ ἔδωκεν αὐτοῖς · καὶ ἐξ-
έβαλεν αὐτοὺς ἐκεῖθεν καὶ ἐκαθάρισεν τὴν ἄκραν ἀπὸ τῶν μιασμά-
των. ⁵¹καὶ εἰσῆλθον εἰς αὐτὴν τῇ τρίτῃ καὶ εἰκάδι τοῦ δευτέρου 51
μηνὸς ἔτους πρώτου καὶ ἑβδομηκοστοῦ καὶ ἑκατοστοῦ μετὰ αἰνέ-
σεως καὶ βαΐων καὶ ἐν κινύραις καὶ ἐν κυμβάλοις καὶ ἐν νάβλαις
καὶ ἐν ὕμνοις καὶ ἐν ᾠδαῖς, ὅτι συνετρίβη ἐχθρὸς μέγας ἐξ Ισραηλ.
⁵²καὶ ἔστησεν κατ᾽ ἐνιαυτὸν τοῦ ἄγειν τὴν ἡμέραν ταύτην μετὰ 52
εὐφροσύνης. καὶ προσωχύρωσεν τὸ ὄρος τοῦ ἱεροῦ τὸ παρὰ τὴν
ἄκραν · καὶ ᾤκει ἐκεῖ αὐτὸς καὶ οἱ παρ᾽ αὐτοῦ. ⁵³καὶ εἶδεν Σιμων 53
τὸν Ιωαννην υἱὸν αὐτοῦ ὅτι ἀνήρ ἐστιν, καὶ ἔθετο αὐτὸν ἡγού-
μενον τῶν δυνάμεων πασῶν · καὶ ᾤκει ἐν Γαζαροις.

¹Καὶ ἐν ἔτει δευτέρῳ καὶ ἑβδομηκοστῷ καὶ ἑκατοστῷ συνήγαγεν 14
Δημήτριος ὁ βασιλεὺς τὰς δυνάμεις αὐτοῦ καὶ ἐπορεύθη εἰς Μη-
δίαν τοῦ ἐπισπάσασθαι βοήθειαν ἑαυτῷ, ὅπως πολεμήσῃ τὸν Τρύ-
φωνα. ²καὶ ἤκουσεν Ἀρσάκης ὁ βασιλεὺς τῆς Περσίδος καὶ Μηδίας 2
ὅτι εἰσῆλθεν Δημήτριος εἰς τὰ ὅρια αὐτοῦ, καὶ ἀπέστειλεν ἕνα τῶν
ἀρχόντων αὐτοῦ συλλαβεῖν αὐτὸν ζῶντα. ³καὶ ἐπορεύθη καὶ ἐπά- 3
ταξεν τὴν παρεμβολὴν Δημητρίου καὶ συνέλαβεν αὐτὸν καὶ ἤγαγεν
αὐτὸν πρὸς Ἀρσάκην, καὶ ἔθετο αὐτὸν ἐν φυλακῇ.

⁴Καὶ ἡσύχασεν ἡ γῆ Ιουδα πάσας τὰς ἡμέρας Σιμωνος, καὶ 4
ἐζήτησεν ἀγαθὰ τῷ ἔθνει αὐτοῦ, καὶ ἤρεσεν αὐτοῖς ἡ ἐξουσία
αὐτοῦ καὶ ἡ δόξα αὐτοῦ πάσας τὰς ἡμέρας. ⁵καὶ μετὰ πάσης τῆς 5
δόξης αὐτοῦ ἔλαβεν τὴν Ιοππην εἰς λιμένα καὶ ἐποίησεν εἴσοδον
ταῖς νήσοις τῆς θαλάσσης. ⁶καὶ ἐπλάτυνεν τὰ ὅρια τῷ ἔθνει αὐτοῦ 6
καὶ ἐκράτησεν τῆς χώρας. ⁷καὶ συνήγαγεν αἰχμαλωσίαν πολλὴν 7
καὶ ἐκυρίευσεν Γαζαρων καὶ Βαιθσουρων καὶ τῆς ἄκρας · καὶ ἐξ-
ῆρεν τὰς ἀκαθαρσίας ἐξ αὐτῆς, καὶ οὐκ ἦν ὁ ἀντικείμενος αὐτῷ.

48 ποιησωσιν Spau.] ποιουσιν A pl. || 49 εν] pr. οι SL | -πορευεσθαι 1⁰
⌒2⁰ A | αγοραζειν SV†] pr. και rel. | τω λ(ε)ιμω SVpau.] τη λ. A pl.: cf. 9 24
|| 51 εισηλθον SLLa] -θεν A pl. | του δευτ. μηνος] του μ. του δευτ. SL |
πρωτου SV†] ενος rel. (και seq. > S†) || 52 μετ(α) ευφροσ. > A† || 53 υιον]
pr. τον A
14 1 επισπασασθαι] σα > A† | εαυτω] ε > S* || 2 αρσικης S† | της > A |
οτι] οτε S*† | εισηλθεν S*VLa†] εισ > rel. |├ 3 και ult. — fin. > S*† ||
4 ιουδα SVLa†] > rel. || 5 νησοις] νοσοις S*†, ναυσι L || 6 αυτου] τουτω
S*† || 7 εκυριευσεν] συνηγαγεν S†

8 ⁸καὶ ἦσαν γεωργοῦντες τὴν γῆν αὐτῶν μετ᾽ εἰρήνης, καὶ ἡ γῆ
ἐδίδου τὰ γενήματα αὐτῆς καὶ τὰ ξύλα τῶν πεδίων τὸν καρπὸν
9 αὐτῶν. ⁹πρεσβύτεροι ἐν ταῖς πλατείαις ἐκάθηντο, πάντες περὶ
ἀγαθῶν ἐκοινολογοῦντο, καὶ οἱ νεανίσκοι ἐνεδύσαντο δόξας καὶ
10 στολὰς πολέμου. ¹⁰ταῖς πόλεσιν ἐχορήγησεν βρώματα καὶ ἔταξεν
αὐτὰς ἐν σκεύεσιν ὀχυρώσεως, ἕως ὅτου ὠνομάσθη τὸ ὄνομα τῆς
11 δόξης αὐτοῦ ἕως ἄκρου γῆς. ¹¹ἐποίησεν εἰρήνην ἐπὶ τῆς γῆς, καὶ
12 εὐφράνθη Ισραηλ εὐφροσύνην μεγάλην. ¹²καὶ ἐκάθισεν ἕκαστος
ὑπὸ τὴν ἄμπελον αὐτοῦ καὶ τὴν συκῆν αὐτοῦ, καὶ οὐκ ἦν ὁ ἐκ-
13 φοβῶν αὐτούς. ¹³καὶ ἐξέλιπεν πολεμῶν αὐτοὺς ἐπὶ τῆς γῆς, καὶ
14 οἱ βασιλεῖς συνετρίβησαν ἐν ταῖς ἡμέραις ἐκείναις. ¹⁴καὶ ἐστήρισεν
πάντας τοὺς ταπεινοὺς τοῦ λαοῦ αὐτοῦ · τὸν νόμον ἐξεζήτησεν
15 καὶ ἐξῆρεν πάντα ἄνομον καὶ πονηρόν · ¹⁵τὰ ἅγια ἐδόξασεν καὶ
ἐπλήθυνεν τὰ σκεύη τῶν ἁγίων.
16 ¹⁶Καὶ ἠκούσθη ἐν Ῥώμῃ ὅτι ἀπέθανεν Ιωναθαν καὶ ἕως Σπάρ-
17 της, καὶ ἐλυπήθησαν σφόδρα. ¹⁷ὡς δὲ ἤκουσαν ὅτι Σιμων ὁ ἀδελ-
φὸς αὐτοῦ γέγονεν ἀρχιερεὺς ἀντ᾽ αὐτοῦ καὶ αὐτὸς ἐπικρατεῖ τῆς
18 χώρας καὶ τῶν πόλεων τῶν ἐν αὐτῇ, ¹⁸ἔγραψαν πρὸς αὐτὸν δέλ-
τοις χαλκαῖς τοῦ ἀνανεώσασθαι πρὸς αὐτὸν φιλίαν καὶ συμμαχίαν,
ἣν ἔστησαν πρὸς Ιουδαν καὶ Ιωναθαν τοὺς ἀδελφοὺς αὐτοῦ.
19
20 ¹⁹καὶ ἀνεγνώσθησαν ἐνώπιον τῆς ἐκκλησίας ἐν Ιερουσαλημ. ²⁰καὶ
τοῦτο τὸ ἀντίγραφον τῶν ἐπιστολῶν, ὧν ἀπέστειλαν οἱ Σπαρ-
τιᾶται
Σπαρτιατῶν ἄρχοντες καὶ ἡ πόλις Σιμωνι ἱερεῖ μεγάλῳ καὶ τοῖς
πρεσβυτέροις καὶ τοῖς ἱερεῦσιν καὶ τῷ λοιπῷ δήμῳ τῶν Ιουδαίων
21 ἀδελφοῖς χαίρειν. ²¹οἱ πρεσβευταὶ οἱ ἀποσταλέντες πρὸς τὸν δῆ-
μον ἡμῶν ἀπήγγειλαν ἡμῖν περὶ τῆς δόξης ὑμῶν καὶ τιμῆς, καὶ
22 ηὐφράνθημεν ἐπὶ τῇ ἐφόδῳ αὐτῶν. ²²καὶ ἀνεγράψαμεν τὰ ὑπ᾽
αὐτῶν εἰρημένα ἐν ταῖς βουλαῖς τοῦ δήμου οὕτως Νουμήνιος
Ἀντιόχου καὶ Ἀντίπατρος Ἰάσονος πρεσβευταὶ Ιουδαίων ἦλθον
23 πρὸς ἡμᾶς ἀνανεούμενοι τὴν πρὸς ἡμᾶς φιλίαν. ²³καὶ ἤρεσεν τῷ
δήμῳ ἐπιδέξασθαι τοὺς ἄνδρας ἐνδόξως καὶ τοῦ θέσθαι τὸ ἀντί-
γραφον τῶν λόγων αὐτῶν ἐν τοῖς ἀποδεδειγμένοις τῷ δήμῳ βι-

8 ξυλα] + αμα S† | τον καρπον] pr. και S*† || 9 πλατειαις] εκκλησιαις S*†
| εκοινολογουντο] το > A† | δοξας] -αν Spau. || 10 εχορηγησεν] -σαν S†
εταξαν εαυτους SLa† | οχυρωσεως] -ρωματων S*† || 11 init.] pr. και ScL |
ειρηνην] pr. την A || 12 αυτου 1⁰ ⌒ 2⁰ S† | ο > S*† || 13 βασιλεις] + αυ-
των A† || 14 εξεζητησεν] -σαν S† || 15 init. — επληθ.] και S† || 16 η-
κουσθη SVLa†] -σεν Apau.: EN pro ΘΗ; -σαν rel. (L add. οι) || 17 αρχιε-
ρευς / αντ αυτου] tr. A | αυτος SVLa†] > rel. || 18 init.] pr. και A† | συμ-
μαχιαν SVpau.] pr. την rel. || 19 της > A† || 21 πρεσβευται] -βυτεροι SV†:
cf. 22 | οι 2⁰ > S*V*† || 22 πρεσβευται] ε 2⁰ > SV: cf. 21 15 17 || 23 επι-
δεξασθαι] + τας φιλιας και ScL

βλίοις τοῦ μνημόσυνον ἔχειν τὸν δῆμον τῶν Σπαρτιατῶν. τὸ δὲ
ἀντίγραφον τούτων ἔγραψαν Σιμωνι τῷ ἀρχιερεῖ.

²⁴ Μετὰ ταῦτα ἀπέστειλεν Σιμων τὸν Νουμήνιον εἰς Ῥώμην 24
ἔχοντα ἀσπίδα χρυσῆν μεγάλην ὁλκὴν μνῶν χιλίων εἰς τὸ στῆσαι
πρὸς αὐτοὺς τὴν συμμαχίαν.

²⁵ Ὡς δὲ ἤκουσεν ὁ δῆμος τῶν λόγων τούτων, εἶπαν Τίνα χάριν 25
ἀποδώσομεν Σιμωνι καὶ τοῖς υἱοῖς αὐτοῦ; ²⁶ ἐστήρισεν γὰρ αὐτὸς 26
καὶ οἱ ἀδελφοὶ αὐτοῦ καὶ ὁ οἶκος τοῦ πατρὸς αὐτοῦ καὶ ἐπολέ-
μησεν τοὺς ἐχθροὺς Ισραηλ ἀπ' αὐτῶν καὶ ἔστησαν αὐτῷ ἐλευ-
θερίαν. καὶ κατέγραψαν ἐν δέλτοις χαλκαῖς καὶ ἔθεντο ἐν στήλαις
ἐν ὄρει Σιων. ²⁷ καὶ τοῦτο τὸ ἀντίγραφον τῆς γραφῆς 27
Ὀκτωκαιδεκάτη Ελουλ ἔτους δευτέρου καὶ ἑβδομηκοστοῦ καὶ
ἑκατοστοῦ — καὶ τοῦτο τρίτον ἔτος ἐπὶ Σιμωνος ἀρχιερέως μεγά-
λου ἐν ασαραμελ — ²⁸ ἐπὶ συναγωγῆς μεγάλης ἱερέων καὶ λαοῦ 28
καὶ ἀρχόντων ἔθνους καὶ τῶν πρεσβυτέρων τῆς χώρας ἐγνώρισεν
ἡμῖν · ²⁹ ἐπεὶ πολλάκις ἐγενήθησαν πόλεμοι ἐν τῇ χώρᾳ, Σιμων δὲ 29
υἱὸς Ματταθιου ἱερεὺς τῶν υἱῶν Ιωαριβ καὶ οἱ ἀδελφοὶ αὐτοῦ
ἔδωκαν αὐτοὺς τῷ κινδύνῳ καὶ ἀντέστησαν τοῖς ὑπεναντίοις τοῦ
ἔθνους αὐτῶν, ὅπως σταθῇ τὰ ἅγια αὐτῶν καὶ ὁ νόμος, καὶ δόξῃ
μεγάλῃ ἐδόξασαν τὸ ἔθνος αὐτῶν. ³⁰ καὶ ἤθροισεν Ιωναθαν τὸ ἔθνος 30
αὐτῶν καὶ ἐγενήθη αὐτοῖς ἀρχιερεὺς καὶ προσετέθη πρὸς τὸν λαὸν
αὐτοῦ, ³¹ καὶ ἐβουλήθησαν οἱ ἐχθροὶ αὐτῶν ἐμβατεῦσαι εἰς τὴν 31
χώραν αὐτῶν καὶ ἐκτεῖναι χεῖρας ἐπὶ τὰ ἅγια αὐτῶν · ³² τότε ἀντ- 32
έστη Σιμων καὶ ἐπολέμησε περὶ τοῦ ἔθνους αὐτοῦ καὶ ἐδαπάνησεν
χρήματα πολλὰ τῶν ἑαυτοῦ καὶ ὁπλοδότησεν τοὺς ἄνδρας τῆς
δυνάμεως τοῦ ἔθνους αὐτοῦ καὶ ἔδωκεν αὐτοῖς ὀψώνια ³³ καὶ ὠχύ- 33
ρωσεν τὰς πόλεις τῆς Ιουδαίας καὶ τὴν Βαιθσουραν τὴν ἐπὶ τῶν
ὁρίων τῆς Ιουδαίας, οὗ ἦν τὰ ὅπλα τῶν πολεμίων τὸ πρότερον,
καὶ ἔθετο ἐκεῖ φρουρὰν ἄνδρας Ιουδαίους. ³⁴ καὶ Ιοππην ὠχύρωσεν 34
τὴν ἐπὶ τῆς θαλάσσης καὶ τὴν Γαζαραν τὴν ἐπὶ τῶν ὁρίων Ἀ-
ζώτου, ἐν ᾗ ᾤκουν οἱ πολέμιοι τὸ πρότερον, καὶ κατῴκισεν ἐκεῖ

---

23 του 2⁰] το S⁺ | των σπαρτ.] τον σπαρτιατων S*⁺ | εγραψαν] ν > S* ‖
24 μετα] + δε S^cL | ολκην] -κης S^c ‖ 25 και] pr. ται S*⁺ (S^c⁺ τε) ‖ 26 ε-
στηρισεν] -ρισται S⁺ | επολεμησεν SVLa⁺] -σαν rel. | κατεγραψαν] -ψεν A⁺
‖ 27 οκτωκαιδεκατη] -κατω S^c⁺ | ελουλ > S⁺ | και τουτο ult.] το S⁺ | αρχιε-
ρεως] pr. του A⁺ | μεγαλου > A | ασαραμελ SVLa] α 1⁰ > Amu. ‖ 28 ιερε-
ων] pr. των A⁺ ‖ 29 εγενηθησαν] -θημεν S*⁺ | υιος] pr. ο SA | ιερευς των
υιων La⁺] pr. υιος υιων SV⁺, nihil nisi (o) υιος των υιων rel. | ιωαρ(ε)ιβ] +
δυο A⁺, i. e. β' | αυτων 1⁰ > S⁺ | εθνος αυτων ⌒ 30 εθνος αυτων S ‖ 31 χω-
ραν αυτων S*VLapau.] + του εκτριψαι (+ εις A⁺) την χωραν αυτων rel. |
εκτειναι] εκκλιναι S*⁺ | χειρας] pr. τας A ‖ 32 αντεστη SVLa⁺] τ 1⁰ > rel.
| τους ανδρας] pr. αυτου S⁺ ‖ 33 το] των S*⁺ ‖ 34 γαζαραν] γαραζαν
S*⁺; ν > mu.: cf. 9 52 | ωκουν] ωκουσαν A | προτερον SVLa⁺] + εκει rel.

Ιουδαίους, καὶ ὅσα ἐπιτήδεια ἦν πρὸς τῇ τούτων ἐπανορθώσει,
35 ἔθετο ἐν αὐτοῖς. ³⁵καὶ εἶδεν ὁ λαὸς τὴν πίστιν τοῦ Σιμωνος καὶ
τὴν δόξαν, ἣν ἐβουλεύσατο ποιῆσαι τῷ ἔθνει αὐτοῦ, καὶ ἔθεντο
αὐτὸν ἡγούμενον αὐτῶν καὶ ἀρχιερέα διὰ τὸ αὐτὸν πεποιηκέναι
πάντα ταῦτα καὶ τὴν δικαιοσύνην καὶ τὴν πίστιν, ἣν συνετήρησεν
τῷ ἔθνει αὐτοῦ, καὶ ἐξεζήτησεν παντὶ τρόπῳ ὑψῶσαι τὸν λαὸν
36 αὐτοῦ. ³⁶καὶ ἐν ταῖς ἡμέραις αὐτοῦ εὐοδώθη ἐν ταῖς χερσὶν αὐτοῦ
τοῦ ἐξαρθῆναι τὰ ἔθνη ἐκ τῆς χώρας αὐτῶν καὶ τοὺς ἐν τῇ πόλει
Δαυιδ τοὺς ἐν Ιερουσαλημ, οἳ ἐποίησαν αὐτοῖς ἄκραν, ἐξ ἧς ἐξ-
επορεύοντο καὶ ἐμίαινον κύκλῳ τῶν ἁγίων καὶ ἐποίουν πληγὴν
37 μεγάλην ἐν τῇ ἁγνείᾳ. ³⁷καὶ κατῴκισεν ἐν αὐτῇ ἄνδρας Ιουδαίους
καὶ ὠχύρωσεν αὐτὴν πρὸς ἀσφάλειαν τῆς χώρας καὶ τῆς πόλεως
38 καὶ ὕψωσεν τὰ τείχη τῆς Ιερουσαλημ. ³⁸καὶ ὁ βασιλεὺς Δημήτριος
39 ἔστησεν αὐτῷ τὴν ἀρχιερωσύνην κατὰ ταῦτα ³⁹καὶ ἐποίησεν αὐτὸν
40 τῶν φίλων αὐτοῦ καὶ ἐδόξασεν αὐτὸν δόξῃ μεγάλῃ. ⁴⁰ἤκουσεν
γὰρ ὅτι προσηγόρευνται οἱ Ιουδαῖοι ὑπὸ Ῥωμαίων φίλοι καὶ σύμ-
μαχοι καὶ ἀδελφοί, καὶ ὅτι ἀπήντησαν τοῖς πρεσβευταῖς Σιμωνος
41 ἐνδόξως, ⁴¹καὶ ὅτι οἱ Ιουδαῖοι καὶ οἱ ἱερεῖς εὐδόκησαν τοῦ εἶναι
αὐτῶν Σιμωνα ἡγούμενον καὶ ἀρχιερέα εἰς τὸν αἰῶνα ἕως τοῦ
42 ἀναστῆναι προφήτην πιστὸν ⁴²καὶ τοῦ εἶναι ἐπ' αὐτῶν στρατηγόν,
καὶ ὅπως μέλη αὐτῷ περὶ τῶν ἁγίων καθιστάναι δι' αὐτοῦ ἐπὶ
τῶν ἔργων αὐτῶν καὶ ἐπὶ τῆς χώρας καὶ ἐπὶ τῶν ὅπλων καὶ ἐπὶ
43 τῶν ὀχυρωμάτων, ⁴³καὶ ὅπως μέλη αὐτῷ περὶ τῶν ἁγίων, καὶ
ὅπως ἀκούηται ὑπὸ πάντων, καὶ ὅπως γράφωνται ἐπὶ τῷ ὀνόματι
αὐτοῦ πᾶσαι συγγραφαὶ ἐν τῇ χώρᾳ, καὶ ὅπως περιβάλληται πορ-
44 φύραν καὶ χρυσοφορῇ · ⁴⁴καὶ οὐκ ἐξέσται οὐθενὶ τοῦ λαοῦ καὶ
τῶν ἱερέων ἀθετῆσαί τι τούτων καὶ ἀντειπεῖν τοῖς ὑπ' αὐτοῦ ῥη-
θησομένοις καὶ ἐπισυστρέψαι συστροφὴν ἐν τῇ χώρᾳ ἄνευ αὐτοῦ
καὶ περιβάλλεσθαι πορφύραν καὶ ἐμπορποῦσθαι πόρπην χρυσῆν ·
45 ⁴⁵ὃς δ' ἂν παρὰ ταῦτα ποιήσῃ ἢ ἀθετήσῃ τι τούτων, ἔνοχος ἔσται.
46 ⁴⁶καὶ εὐδόκησεν πᾶς ὁ λαὸς θέσθαι Σιμωνι ποιῆσαι κατὰ τοὺς
47 λόγους τούτους. ⁴⁷καὶ ἐπεδέξατο Σιμων καὶ εὐδόκησεν ἀρχιερατεύειν
καὶ εἶναι στρατηγὸς καὶ ἐθνάρχης τῶν Ιουδαίων καὶ ἱερέων καὶ
48 τοῦ προστατῆσαι πάντων. ⁴⁸καὶ τὴν γραφὴν ταύτην εἶπον θέσθαι

34 ην > Apau. ‖ 35 ειδεν ο λαος > S*† | εθεντο] ν > S† | αυτον πε-
ποι.] tr. A | παντα ταυτα] tr. A ‖ 36 οι εποι.] εποιησεν S*† | ακραν] -ας A†
| εξεπορ.] εξ > S* | εποιουν] -ουσαν A† ‖ 37 της ult. S*V†] > rel. ‖ 40 η-
κουσεν SVLa†] ηκουσθη rel. | προσηγορευνται S(ν > S*†)VLLa] προσαγορευ-
ονται Amu. | οι > A | αδελφοι] pr. οι A† | σιμωνος] ος > S*† ‖ 42 επ αυ-
των στρατηγον] επ αυτω σιμωνα ηγουμενον στρατηγον S*† | δι αυτου] αυτους
S† ‖ 43 πασαι] + αι ScL | περιβαλληται] λ 2⁰ > S ‖ 44 εξεσται] α > A
| επισυστρεψαι] συ > SV† | περιβαλλεσθαι] λ 2⁰ > ASᶜ ‖ 46 σιμωνι] -να S†
‖ 47 αρχιερατευειν] -ευσαι Apau.

ἐν δέλτοις χαλκαῖς καὶ στῆσαι αὐτὰς ἐν περιβόλῳ τῶν ἁγίων ἐν
τόπῳ ἐπισήμῳ, ⁴⁹τὰ δὲ ἀντίγραφα αὐτῶν θέσθαι ἐν τῷ γαζοφυ- 49
λακίῳ, ὅπως ἔχῃ Σιμων καὶ οἱ υἱοὶ αὐτοῦ.

¹Καὶ ἀπέστειλεν Ἀντίοχος υἱὸς Δημητρίου τοῦ βασιλέως ἐπι- 15
στολὰς ἀπὸ τῶν νήσων τῆς θαλάσσης Σιμωνι ἱερεῖ καὶ ἐθνάρχῃ
τῶν Ἰουδαίων καὶ παντὶ τῷ ἔθνει, ²καὶ ἦσαν περιέχουσαι τὸν τρό- 2
πον τοῦτον

Βασιλεὺς Ἀντίοχος Σίμωνι ἱερεῖ μεγάλῳ καὶ ἐθνάρχῃ καὶ ἔθνει
Ἰουδαίων χαίρειν. ³ἐπεί τινες λοιμοὶ κατεκράτησαν τῆς βασιλείας 3
τῶν πατέρων ἡμῶν, βούλομαι δὲ ἀντιποιήσασθαι τῆς βασιλείας,
ὅπως ἀποκαταστήσω αὐτὴν ὡς ἦν τὸ πρότερον, ἐξενολόγησα δὲ
πλῆθος δυνάμεων καὶ κατεσκεύασα πλοῖα πολεμικά, ⁴βούλομαι δὲ 4
ἐκβῆναι κατὰ τὴν χώραν, ὅπως μετέλθω τοὺς κατεφθαρκότας τὴν
χώραν ἡμῶν καὶ τοὺς ἠρημωκότας πόλεις πολλὰς ἐν τῇ βασιλείᾳ
μου, ⁵νῦν οὖν ἵστημί σοι πάντα τὰ ἀφέματα, ἃ ἀφῆκάν σοι οἱ 5
πρὸ ἐμοῦ βασιλεῖς, καὶ ὅσα ἄλλα δόματα ἀφῆκάν σοι. ⁶καὶ ἐπ- 6
έτρεψά σοι ποιῆσαι κόμμα ἴδιον, νόμισμα τῇ χώρᾳ σου, ⁷Ιερουσαλημ 7
δὲ καὶ τὰ ἅγια εἶναι ἐλεύθερα· καὶ πάντα τὰ ὅπλα, ὅσα κατεσκεύ-
ασας, καὶ τὰ ὀχυρώματα, ἃ ᾠκοδόμησας, ὧν κρατεῖς, μενέτω σοι.
⁸καὶ πᾶν ὀφείλημα βασιλικὸν καὶ τὰ ἐσόμενα βασιλικὰ ἀπὸ τοῦ 8
νῦν καὶ εἰς τὸν ἅπαντα χρόνον ἀφιέσθω σοι· ⁹ὡς δ' ἂν κρατή- 9
σωμεν τῆς βασιλείας ἡμῶν, δοξάσομέν σε καὶ τὸ ἔθνος σου καὶ
τὸ ἱερὸν δόξῃ μεγάλῃ ὥστε φανερὰν γενέσθαι τὴν δόξαν ὑμῶν
ἐν πάσῃ τῇ γῇ.

¹⁰Ἔτους τετάρτου καὶ ἑβδομηκοστοῦ καὶ ἑκατοστοῦ ἐξῆλθεν 10
Ἀντίοχος εἰς τὴν γῆν τῶν πατέρων αὐτοῦ, καὶ συνῆλθον πρὸς
αὐτὸν πᾶσαι αἱ δυνάμεις ὥστε ὀλίγους εἶναι σὺν Τρύφωνι. ¹¹καὶ 11
ἐδίωξεν αὐτὸν Ἀντίοχος, καὶ ἦλθεν εἰς Δωρα φεύγων τὴν ἐπὶ
θαλάσσης· ¹²ᾔδει γὰρ ὅτι ἐπισυνῆκται ἐπ' αὐτὸν τὰ κακά, καὶ 12
ἀφῆκαν αὐτὸν αἱ δυνάμεις. ¹³καὶ παρενέβαλεν Ἀντίοχος ἐπὶ Δωρα, 13
καὶ σὺν αὐτῷ δώδεκα μυριάδες ἀνδρῶν πολεμιστῶν καὶ ὀκτακισ-
χιλία ἵππος. ¹⁴καὶ ἐκύκλωσεν τὴν πόλιν, καὶ τὰ πλοῖα ἀπὸ θαλάσ- 14

---

48 στησα\] θησαι A† | επισημω\] πιστω A†
15 1 υιος\] pr. o Sᶜ || 3 επει\] + δη A | βουλομαι\] -λευομαι Apau. | ως ην/
το προτ.\] tr. S† | εξενολογησα δε\] και -γησαν S*† | κατεσκευασα\] -σαν S*† ||
4 fin. μου SVLa\] > rel. || 5 αφεματα S*V†\] αφαιρεμ. rel. | fin.\] + οι προ
εμου βασιλεις S*† || 6 και επετρ. σοι > A† | νομισμα > Sᶜ | της χωρας Apau.
|| 7 δε και τα\] δεκτα S*† | ειναι > S*† || 8 αφιεσθω\] αφ(ε)ισθω SV: cf.
13 37 || 9 ως\] ων S*† | κρατησωμεν της βασιλειας SVLa†\] καταστησω(uel o)-
μεν την -λειαν rel. || 10 εξηλθεν\] και ηλθεν S*† || 11 αντιοχος S*La\] +
ο βασιλευς ASᶜVpl. | θαλασσης SV†\] pr. της rel., sed A† την θαλασσαν ||
12 τα > Apau. || 13 πολεμιστων\] -μικων S*† | οκτακισχιλιων ιππον(sic) S*†
|| 14 την πολιν 1° ⌒ 2° S†

σης συνῆψαν, καὶ ἔθλιβε τὴν πόλιν ἀπὸ τῆς γῆς καὶ τῆς θαλάσσης,
καὶ οὐκ εἴασεν οὐδένα ἐκπορεύεσθαι οὐδὲ εἰσπορεύεσθαι.

15 ¹⁵Καὶ ἦλθεν Νουμήνιος καὶ οἱ παρ' αὐτοῦ ἐκ Ῥώμης ἔχοντες
ἐπιστολὰς τοῖς βασιλεῦσιν καὶ ταῖς χώραις, ἐν αἷς ἐγέγραπτο τάδε
16
17 ¹⁶Λεύκιος ὕπατος Ῥωμαίων Πτολεμαίῳ βασιλεῖ χαίρειν. ¹⁷οἱ
πρεσβευταὶ τῶν Ἰουδαίων ἦλθον πρὸς ἡμᾶς φίλοι ἡμῶν καὶ σύμ-
μαχοι ἀνανεούμενοι τὴν ἐξ ἀρχῆς φιλίαν καὶ συμμαχίαν ἀπεσταλ-
μένοι ἀπὸ Σίμωνος τοῦ ἀρχιερέως καὶ τοῦ δήμου τῶν Ἰουδαίων,
18
19 ¹⁸ἤνεγκαν δὲ ἀσπίδα χρυσῆν ἀπὸ μνῶν χιλίων. ¹⁹ἤρεσεν οὖν ἡμῖν
γράψαι τοῖς βασιλεῦσιν καὶ ταῖς χώραις ὅπως μὴ ἐκζητήσωσιν αὐ-
τοῖς κακὰ καὶ μὴ πολεμήσωσιν αὐτοὺς καὶ τὰς πόλεις αὐτῶν καὶ
τὴν χώραν αὐτῶν καὶ ἵνα μὴ συμμαχῶσιν τοῖς πολεμοῦσιν πρὸς
20
21 αὐτούς. ²⁰ἔδοξεν δὲ ἡμῖν δέξασθαι τὴν ἀσπίδα παρ' αὐτῶν. ²¹εἴ
τινες οὖν λοιμοὶ διαπεφεύγασιν ἐκ τῆς χώρας αὐτῶν πρὸς ὑμᾶς,
παράδοτε αὐτοὺς Σίμωνι τῷ ἀρχιερεῖ, ὅπως ἐκδικήσῃ αὐτοὺς κατὰ
τὸν νόμον αὐτῶν.

22 ²²Καὶ ταῦτα ἔγραψεν Δημητρίῳ τῷ βασιλεῖ καὶ Ἀττάλῳ καὶ
23 Ἀριαράθῃ καὶ Ἀρσάκῃ ²³καὶ εἰς πάσας τὰς χώρας καὶ Σαμψάμῃ
καὶ Σπαρτιάταις καὶ εἰς Δῆλον καὶ εἰς Μύνδον καὶ εἰς Σικυῶνα
καὶ εἰς τὴν Καρίαν καὶ εἰς Σάμον καὶ εἰς τὴν Παμφυλίαν καὶ εἰς
Λυκίαν καὶ εἰς Ἁλικαρνασσὸν καὶ εἰς Ῥόδον καὶ εἰς Φασηλίδα καὶ
εἰς Κῶ καὶ εἰς Σίδην καὶ εἰς Ἄραδον καὶ Γόρτυναν καὶ Κνίδον
24 καὶ Κύπρον καὶ Κυρήνην. ²⁴τὸ δὲ ἀντίγραφον τούτων ἔγραψαν
Σίμωνι τῷ ἀρχιερεῖ.

25 ²⁵Ἀντίοχος δὲ ὁ βασιλεὺς παρενέβαλεν ἐπὶ Δωρα ἐν τῇ δευτέρᾳ
προσάγων διὰ παντὸς αὐτῇ τὰς χεῖρας καὶ μηχανὰς ποιούμενος
καὶ συνέκλεισεν τὸν Τρύφωνα τοῦ ἐκπορεύεσθαι καὶ εἰσπορεύεσθαι.
26 ²⁶καὶ ἀπέστειλεν αὐτῷ Σίμων δισχιλίους ἄνδρας ἐκλεκτοὺς συμμα-
27 χῆσαι αὐτῷ καὶ ἀργύριον καὶ χρυσίον καὶ σκεύη ἱκανά. ²⁷καὶ οὐκ
ἠβούλετο αὐτὰ δέξασθαι, ἀλλὰ ἠθέτησεν πάντα, ὅσα συνέθετο αὐτῷ
28 τὸ πρότερον, καὶ ἠλλοτριοῦτο αὐτῷ. ²⁸καὶ ἀπέστειλεν πρὸς αὐτὸν
Ἀθηνόβιον ἕνα τῶν φίλων αὐτοῦ κοινολογησόμενον αὐτῷ λέγων

14 εθλιβε] pr. συν A | της 2⁰] pr. απο A | ουδε SVLa†] και rel. || 15 ταδε]
ταυτα SV† || 17 πρεσβευται] ε 2⁰ > SV: cf. 14 22 || 18 χιλιων SVL La]
pr. πεντακισ Apl. || 19 -ησωσιν 1⁰⌢2⁰ S*† | την χωραν] τας -ρας A | προς
SVLa†] > rel. || 21 εκ > S*† | σιμωνι] pr. τω A† || 22 εγραψεν] -ψαν
S*†: cf. 24 | αριαραθη] ρ 1⁰⌢2⁰ AV || 23 σαμψαμη] -ακη A | σπαρτιαταις]
σ > A† | σικυωνα] συκιωνα A, συκυωνα S* | καριαν] καριδα A | εις λυκιαν]
εις > A†, εις τηκιαν S*† | και εις ροδον και εις (+ την A) φασηλιδα post
αραδον tr. Apau. | γορτυναν] ν ult. > SVL || 24 τουτων] αυτων A | εγρα-
ψαν] -ψεν A: cf. 22 || 25 δευτερα] + ημερα Sᶜ, pr. ημερα τη L | παντος]
-των S† | του] + μη SᶜL | εκπορ... εισπορ.] tr. A compl., εκπορ... εκπορ. S*†

Ὑμεῖς κατακρατεῖτε τῆς Ιοππης καὶ Γαζαρων καὶ τῆς ἄκρας τῆς
ἐν Ιερουσαλημ, πόλεις τῆς βασιλείας μου. ²⁹τὰ ὅρια αὐτῶν ἠρη- 29
μώσατε καὶ ἐποιήσατε πληγὴν μεγάλην ἐπὶ τῆς γῆς καὶ ἐκυριεύσατε
τόπων πολλῶν ἐν τῇ βασιλείᾳ μου. ³⁰νῦν οὖν παράδοτε τὰς πόλεις, 30
ἃς κατελάβεσθε, καὶ τοὺς φόρους τῶν τόπων, ὧν κατεκυριεύσατε
ἐκτὸς τῶν ὁρίων τῆς Ιουδαίας. ³¹εἰ δὲ μή, δότε ἀντ᾽ αὐτῶν πεντα- 31
κόσια τάλαντα ἀργυρίου καὶ τῆς καταφθορᾶς, ἧς κατεφθάρκατε,
καὶ τῶν φόρων τῶν πόλεων ἄλλα τάλαντα πεντακόσια· εἰ δὲ μή,
παραγενόμενοι ἐκπολεμήσομεν ὑμᾶς. ³²καὶ ἦλθεν Ἀθηνόβιος ὁ φίλος 32
τοῦ βασιλέως εἰς Ιερουσαλημ καὶ εἶδεν τὴν δόξαν Σιμωνος καὶ
κυλικεῖον μετὰ χρυσωμάτων καὶ ἀργυρωμάτων καὶ παράστασιν
ἱκανὴν καὶ ἐξίστατο καὶ ἀπήγγειλεν αὐτῷ τοὺς λόγους τοῦ βασι-
λέως. ³³καὶ ἀποκριθεὶς Σιμων εἶπεν αὐτῷ Οὔτε γῆν ἀλλοτρίαν εἰλή- 33
φαμεν οὔτε ἀλλοτρίων κεκρατήκαμεν, ἀλλὰ τῆς κληρονομίας τῶν
πατέρων ἡμῶν, ὑπὸ δὲ ἐχθρῶν ἡμῶν ἀκρίτως ἔν τινι καιρῷ κατ-
εκρατήθη· ³⁴ἡμεῖς δὲ καιρὸν ἔχοντες ἀντεχόμεθα τῆς κληρονομίας 34
τῶν πατέρων ἡμῶν. ³⁵περὶ δὲ Ιοππης καὶ Γαζαρων, ὧν αἰτεῖς, 35
αὗται ἐποίουν ἐν τῷ λαῷ πληγὴν μεγάλην καὶ τὴν χώραν ἡμῶν,
τούτων δώσομεν τάλαντα ἑκατόν. ³⁶καὶ οὐκ ἀπεκρίθη αὐτῷ λόγον, 36
ἀπέστρεψεν δὲ μετὰ θυμοῦ πρὸς τὸν βασιλέα καὶ ἀπήγγειλεν αὐτῷ
τοὺς λόγους τούτους καὶ τὴν δόξαν Σιμωνος καὶ πάντα, ὅσα εἶδεν,
καὶ ὠργίσθη ὁ βασιλεὺς ὀργὴν μεγάλην.
³⁷Τρύφων δὲ ἐμβὰς εἰς πλοῖον ἔφυγεν εἰς Ὀρθωσίαν. ³⁸καὶ ³⁷/₃₈
κατέστησεν ὁ βασιλεὺς τὸν Κενδεβαῖον ἐπιστράτηγον τῆς παραλίας
καὶ δυνάμεις πεζικὰς καὶ ἱππικὰς ἔδωκεν αὐτῷ· ³⁹καὶ ἐνετείλατο 39
αὐτῷ παρεμβάλλειν κατὰ πρόσωπον τῆς Ιουδαίας καὶ ἐνετείλατο
αὐτῷ οἰκοδομῆσαι τὴν Κεδρων καὶ ὀχυρῶσαι τὰς πύλας καὶ ὅπως
πολεμῇ τὸν λαόν· ὁ δὲ βασιλεὺς ἐδίωκε τὸν Τρύφωνα. ⁴⁰καὶ παρ- 40
εγενήθη Κενδεβαῖος εἰς Ιάμνειαν καὶ ἤρξατο τοῦ ἐρεθίζειν τὸν λαὸν
καὶ ἐμβατεύειν εἰς τὴν Ιουδαίαν καὶ αἰχμαλωτίζειν τὸν λαὸν καὶ
φονεύειν. ⁴¹καὶ ᾠκοδόμησεν τὴν Κεδρων καὶ ἀπέταξεν ἐκεῖ ἱππεῖς 41
καὶ δυνάμεις, ὅπως ἐκπορευόμενοι ἐξοδεύωσιν τὰς ὁδοὺς τῆς Ιου-
δαίας, καθὰ συνέταξεν αὐτῷ ὁ βασιλεύς.

28 γαζαρων] -ρηνων A†: cf. 35 | της 3⁰ > Apau. ‖ 29 τοπων > S† ‖
30 κατελαβεσθε] παρελαβετε S† | εκτος — fin.] των οριων των εκ της ιουδ. A†
‖ 31 αντ > S* | εκπολεμησομεν] -σωμεν S, -σουσιν A† ‖ 32 ο > A | και
5⁰ > S*† | εξιστατο] -αντο S*† | απηγγειλεν] -λαν S*V† | αυτω] -τοις A† ‖
34 κληρον.] + ημων και A† ‖ 35 γαζαρων ων] γαζαρηνων A†: cf. 28 | την
χωραν S†] τη γη A†, τη χωρα rel. ‖ 36 απηγγειλεν] -λαν S*† | οργην με-
γαλην] v bis > SL ‖ 39 την > S† | οχυρωσαι] οικοδομησαι S† | πυλας] πο-
λεις ALa† | και ult. > SL | πολεμη] -μηση L, -μησωσιν S† ‖ 40 εμβατευειν]
εκβασσευειν S*† ‖ 41 κεδρων] v > A†, χεβρων ScL | απεταξεν] απ > A:
cf. 6 50 | εξοδευσουσιν S(†) | αυτω] > S*†, hab. Sc† post ο βασ.

16 ¹Καὶ ἀνέβη Ιωαννης ἐκ Γαζαρων καὶ ἀπήγγειλεν Σιμωνι τῷ
2 πατρὶ αὐτοῦ ἃ συνετέλεσεν Κενδεβαῖος. ²καὶ ἐκάλεσεν Σιμων τοὺς
δύο υἱοὺς αὐτοῦ τοὺς πρεσβυτέρους Ιουδαν καὶ Ιωαννην καὶ εἶπεν
αὐτοῖς Ἐγὼ καὶ οἱ ἀδελφοί μου καὶ ὁ οἶκος τοῦ πατρός μου
ἐπολεμήσαμεν τοὺς πολέμους Ισραηλ ἀπὸ νεότητος ἕως τῆς σή-
μερον ἡμέρας, καὶ εὐοδώθη ἐν ταῖς χερσὶν ἡμῶν ῥύσασθαι τὸν
3 Ισραηλ πλεονάκις · ³νυνὶ δὲ γεγήρακα, καὶ ὑμεῖς δὲ ἐν τῷ ἐλέει
ἱκανοί ἐστε ἐν τοῖς ἔτεσιν · γίνεσθε ἀντ᾽ ἐμοῦ καὶ τοῦ ἀδελφοῦ
μου καὶ ἐξελθόντες ὑπερμαχεῖτε ὑπὲρ τοῦ ἔθνους ἡμῶν, ἡ δὲ ἐκ
4 τοῦ οὐρανοῦ βοήθεια ἔστω μεθ᾽ ὑμῶν. ⁴καὶ ἐπέλεξεν ἐκ τῆς χώρας
εἴκοσι χιλιάδας ἀνδρῶν πολεμιστῶν καὶ ἱππεῖς, καὶ ἐπορεύθησαν
5 ἐπὶ τὸν Κενδεβαῖον καὶ ἐκοιμήθησαν ἐν Μωδεϊν. ⁵καὶ ἀναστάντες
τὸ πρωὶ ἐπορεύθησαν εἰς τὸ πεδίον, καὶ ἰδοὺ δύναμις πολλὴ εἰς
συνάντησιν αὐτοῖς, πεζικὴ καὶ ἱππεῖς, καὶ χειμάρρους ἦν ἀνὰ
6 μέσον αὐτῶν. ⁶καὶ παρενέβαλε κατὰ πρόσωπον αὐτῶν αὐτὸς καὶ
ὁ λαὸς αὐτοῦ. καὶ εἶδεν τὸν λαὸν δειλούμενον διαπερᾶσαι τὸν
χειμάρρουν καὶ διεπέρασεν πρῶτος · καὶ εἶδον αὐτὸν οἱ ἄνδρες
7 καὶ διεπέρασαν κατόπισθεν αὐτοῦ. ⁷καὶ διεῖλεν τὸν λαὸν καὶ τοὺς
ἱππεῖς ἐν μέσῳ τῶν πεζῶν · ἦν δὲ ἵππος τῶν ὑπεναντίων πολλὴ
8 σφόδρα. ⁸καὶ ἐσάλπισαν ταῖς σάλπιγξιν, καὶ ἐτροπώθη Κενδεβαῖος
καὶ ἡ παρεμβολὴ αὐτοῦ, καὶ ἔπεσον ἐξ αὐτῶν τραυματίαι πολλοί ·
9 οἱ δὲ καταλειφθέντες ἔφυγον εἰς τὸ ὀχύρωμα. ⁹τότε ἐτραυματίσθη
Ιουδας ὁ ἀδελφὸς Ιωαννου · Ιωαννης δὲ κατεδίωξεν αὐτούς, ἕως
10 ἦλθεν εἰς Κεδρων, ἣν ᾠκοδόμησεν. ¹⁰καὶ ἔφυγον εἰς τοὺς πύργους
τοὺς ἐν τοῖς ἀγροῖς Ἀζώτου, καὶ ἐνεπύρισεν αὐτὴν ἐν πυρί, καὶ
ἔπεσον ἐξ αὐτῶν εἰς ἄνδρας δισχιλίους. καὶ ἀπέστρεψεν εἰς τὴν
Ιουδαίαν μετὰ εἰρήνης.
11 ¹¹Καὶ Πτολεμαῖος ὁ τοῦ Ἀβούβου ἦν καθεσταμένος στρατηγὸς
12 εἰς τὸ πεδίον Ιεριχω καὶ ἔσχεν ἀργύριον καὶ χρυσίον πολύ · ¹²ἦν
13 γὰρ γαμβρὸς τοῦ ἀρχιερέως. ¹³καὶ ὑψώθη ἡ καρδία αὐτοῦ, καὶ
ἐβουλήθη κατακρατῆσαι τῆς χώρας καὶ ἐβουλεύετο δόλῳ κατὰ Σι-
14 μωνος καὶ τῶν υἱῶν αὐτοῦ ἆραι αὐτούς. ¹⁴Σιμων δὲ ἦν ἐφοδεύων
τὰς πόλεις τὰς ἐν τῇ χώρᾳ καὶ φροντίζων τῆς ἐπιμελείας αὐτῶν ·
καὶ κατέβη εἰς Ιεριχω αὐτὸς καὶ Ματταθιας καὶ Ιουδας οἱ υἱοὶ
αὐτοῦ ἔτους ἑβδόμου καὶ ἑβδομηκοστοῦ καὶ ἑκατοστοῦ ἐν μηνὶ

16 1 συνετελεσεν] -λει A || 2 πολεμους] -μιους S*La || 3 υπερμαχειτε >
S*† | εστω] ητω A || 4 μωδε(ε)ιν] -διν S*V†, -δαειμ A: cf. 2 1. 23 || 5 ε-
πορευθησαν S(†) -ρευοντο rel. | πεζικη] -κοι Apau. || 7 ην S*La†] η rel.
|| 8 σαλπιξει(ν)] pr. ιεραις VLa† | ετροπωθη κενδεβαιος] -θησαν δαιβενς S*†
| αυτων] -του A† || 9 ηλθεν] ελθειν Apau. || 10 τοις αγροις] τω -ρω A |
δισχιλιους] δισ > ALa, τρισχιλ. L || 13 και ult.] + κατα A† || 14 φροντιζων
της (cf. Helbing Kasussyntax p. 111)] φρ. τα της S*, φρ. τας A† | οι υιοι]
pr. και A, αδελφος S*(†), υιοι Sc

ἐνδεκάτῳ (οὗτος ὁ μὴν Σαβατ). ¹⁵καὶ ὑπεδέξατο αὐτοὺς ὁ τοῦ 15
Ἀβούβου εἰς τὸ ὀχυρωμάτιον τὸ καλούμενον Δωκ μετὰ δόλου, ὃ
ᾠκοδόμησεν, καὶ ἐποίησεν αὐτοῖς πότον μέγαν καὶ ἐνέκρυψεν ἐκεῖ
ἄνδρας. ¹⁶καὶ ὅτε ἐμεθύσθη Σιμων καὶ οἱ υἱοὶ αὐτοῦ, ἐξανέστη 16
Πτολεμαῖος καὶ οἱ παρ' αὐτοῦ καὶ ἔλαβον τὰ ὅπλα αὐτῶν καὶ
ἐπεισῆλθον τῷ Σιμωνι εἰς τὸ συμπόσιον καὶ ἀπέκτειναν αὐτὸν
καὶ τοὺς δύο υἱοὺς αὐτοῦ καί τινας τῶν παιδαρίων αὐτοῦ. ¹⁷καὶ 17
ἐποίησεν ἀθεσίαν μεγάλην καὶ ἀπέδωκεν κακὰ ἀντὶ ἀγαθῶν. ¹⁸καὶ 18
ἔγραψεν ταῦτα Πτολεμαῖος καὶ ἀπέστειλεν τῷ βασιλεῖ, ὅπως ἀπο-
στείλῃ αὐτῷ δυνάμεις εἰς βοήθειαν καὶ παραδῷ τὴν χώραν αὐτῶν
καὶ τὰς πόλεις. ¹⁹καὶ ἀπέστειλεν ἑτέρους εἰς Γαζαρα ἆραι τὸν Ιω- 19
αννην, καὶ τοῖς χιλιάρχοις ἀπέστειλεν ἐπιστολὰς παραγενέσθαι πρὸς
αὐτόν, ὅπως δῷ αὐτοῖς ἀργύριον καὶ χρυσίον καὶ δόματα, ²⁰καὶ 20
ἑτέρους ἀπέστειλεν καταλαβέσθαι τὴν Ιερουσαλημ καὶ τὸ ὄρος
τοῦ ἱεροῦ. ²¹καὶ προδραμών τις ἀπήγγειλεν Ιωαννη εἰς Γαζαρα 21
ὅτι ἀπώλετο ὁ πατὴρ αὐτοῦ καὶ οἱ ἀδελφοὶ αὐτοῦ, καὶ ὅτι Ἀπ-
έσταλκεν καὶ σὲ ἀποκτεῖναι. ²²καὶ ἀκούσας ἐξέστη σφόδρα καὶ συν- 22
έλαβεν τοὺς ἄνδρας τοὺς ἐλθόντας ἀπολέσαι αὐτὸν καὶ ἀπέκτεινεν
αὐτούς· ἐπέγνω γὰρ ὅτι ἐζήτουν αὐτὸν ἀπολέσαι.

²³Καὶ τὰ λοιπὰ τῶν λόγων Ιωαννου καὶ τῶν πολέμων αὐτοῦ 23
καὶ τῶν ἀνδραγαθιῶν αὐτοῦ, ὧν ἠνδραγάθησεν, καὶ τῆς οἰκοδομῆς
τῶν τειχῶν, ὧν ᾠκοδόμησεν, καὶ τῶν πράξεων αὐτοῦ, ²⁴ἰδοὺ ταῦτα 24
γέγραπται ἐπὶ βιβλίῳ ἡμερῶν ἀρχιερωσύνης αὐτοῦ, ἀφ' οὗ ἐγενήθη
ἀρχιερεὺς μετὰ τὸν πατέρα αὐτοῦ.

14 fin. σαββατ SLa⁺ ‖ 15 το 2⁰] pr. εις S⁺ ‖ 16 παρ] μετ A | απεκτει-
ναν] -νον S⁺ | δυο > A | τινας] ς > S*⁺ ‖ 17 αθεσιαν] σ > A | απεδωκεν]
pr. αντ A ‖ 18 τω βασ. οπως αποστ. αυτω] ταυτα οπως τω βασ. (sic) S*⁺ |
την χωραν αυτων και τας πολεις] τας πολ. αυτω και την χωρ. SV⁺, τας πολ.
αυτων και τας φορας La⁺ ‖ 19 γαζαρα] + ν S*pau.: sic pau. in 21 | και
χρυσιον > S*⁺ ‖ 21 τις > A ‖ 22 επεγνω] επ > A | εζητουν] -τουσαν A⁺
‖ 24 επι βιβλιου A
Subscr. μακκαβαιων α' A, μακκαβικων α' S⁺: cf. inscr.

MAKKABAIΩN Β'

¹Τοῖς ἀδελφοῖς τοῖς κατ' Αἴγυπτον Ιουδαίοις χαίρειν οἱ ἀδελφοὶ 1
οἱ ἐν Ιεροσολύμοις Ιουδαῖοι καὶ οἱ ἐν τῇ χώρᾳ τῆς Ιουδαίας εἰρή-

Mac. II: A. — L = 64 236 al., cf. Kappler(cf. inf.) p. 67; codices 19 93 al.
(Kappler „l“) neglegere soleo. — de La cf. Mac. I. — Kappler = Vernerus
Kappler De memoria alterius libri Maccabaeorum (Diss. Gott. 1929).
Inscr. μακ(κ)αβαιων β' AV: cf. subscr.

2 νην ἀγαθήν · ²καὶ ἀγαθοποιήσαι ὑμῖν ὁ θεὸς καὶ μνησθείη τῆς
 διαθήκης αὐτοῦ τῆς πρὸς Αβρααμ καὶ Ισαακ καὶ Ιακωβ τῶν δού-
3 λων αὐτοῦ τῶν πιστῶν · ³καὶ δῴη ὑμῖν καρδίαν πᾶσιν εἰς τὸ
 σέβεσθαι αὐτὸν καὶ ποιεῖν αὐτοῦ τὰ θελήματα καρδίᾳ μεγάλῃ καὶ
4 ψυχῇ βουλομένῃ · ⁴καὶ διανοίξαι τὴν καρδίαν ὑμῶν ἐν τῷ νόμῳ
5 αὐτοῦ καὶ ἐν τοῖς προστάγμασιν καὶ εἰρήνην ποιῆσαι ⁵καὶ ἐπακού-
 σαι ὑμῶν τῶν δεήσεων καὶ καταλλαγείη ὑμῖν καὶ μὴ ὑμᾶς ἐγκατα-
6 λίποι ἐν καιρῷ πονηρῷ. ⁶καὶ νῦν ὧδέ ἐσμεν προσευχόμενοι περὶ
7 ὑμῶν. ⁷βασιλεύοντος Δημητρίου ἔτους ἑκατοστοῦ ἑξηκοστοῦ ἐνάτου
 ἡμεῖς οἱ Ιουδαῖοι γεγράφαμεν ὑμῖν ἐν τῇ θλίψει καὶ ἐν τῇ ἀκμῇ
 τῇ ἐπελθούσῃ ἡμῖν ἐν τοῖς ἔτεσιν τούτοις ἀφ᾽ οὗ ἀπέστη Ἰάσων
8 καὶ οἱ μετ᾽ αὐτοῦ ἀπὸ τῆς ἁγίας γῆς καὶ τῆς βασιλείας ⁸καὶ ἐν-
 επύρισαν τὸν πυλῶνα καὶ ἐξέχεαν αἷμα ἀθῶον · καὶ ἐδεήθημεν τοῦ
 κυρίου καὶ εἰσηκούσθημεν καὶ προσηνέγκαμεν θυσίαν καὶ σεμίδαλιν
9 καὶ ἐξήψαμεν τοὺς λύχνους καὶ προεθήκαμεν τοὺς ἄρτους. ⁹καὶ
 νῦν ἵνα ἄγητε τὰς ἡμέρας τῆς σκηνοπηγίας τοῦ Χασελευ μηνός.
 ἔτους ἑκατοστοῦ ὀγδοηκοστοῦ καὶ ὀγδόου.
10   ¹⁰Οἱ ἐν Ιεροσολύμοις καὶ οἱ ἐν τῇ Ιουδαίᾳ καὶ ἡ γερουσία καὶ
 Ιουδας Ἀριστοβούλῳ διδασκάλῳ Πτολεμαίου τοῦ βασιλέως, ὄντι
 δὲ ἀπὸ τοῦ τῶν χριστῶν ἱερέων γένους, καὶ τοῖς ἐν Αἰγύπτῳ Ιου-
11 δαίοις χαίρειν καὶ ὑγιαίνειν. ¹¹ἐκ μεγάλων κινδύνων ὑπὸ τοῦ θεοῦ
 σεσωσμένοι μεγάλως εὐχαριστοῦμεν αὐτῷ ὡς ἂν πρὸς βασιλέα
12 παρατασσόμενοι · ¹²αὐτὸς γὰρ ἐξέβρασεν τοὺς παραταξαμένους ἐν
13 τῇ ἁγίᾳ πόλει. ¹³εἰς τὴν Περσίδα γενόμενος γὰρ ὁ ἡγεμὼν καὶ ἡ
 περὶ αὐτὸν ἀνυπόστατος δοκοῦσα εἶναι δύναμις κατεκόπησαν ἐν
 τῷ τῆς Ναναίας ἱερῷ, παραλογισμῷ χρησαμένων τῶν περὶ τὴν
14 Ναναίαν ἱερέων. ¹⁴ὡς γὰρ συνοικήσων αὐτῇ παρεγένετο εἰς τὸν
 τόπον ὅ τε Ἀντίοχος καὶ οἱ σὺν αὐτῷ φίλοι χάριν τοῦ λαβεῖν τὰ
15 χρήματα πλείονα εἰς φερνῆς λόγον ¹⁵καὶ προθέντων αὐτὰ τῶν ἱε-
 ρέων τοῦ Ναναίου κἀκείνου προσελθόντος μετ᾽ ὀλίγων εἰς τὸν πε-
 ρίβολον τοῦ τεμένους, συγκλείσαντες τὸ ἱερόν, ὡς εἰσῆλθεν Ἀντίο-
16 χος, ¹⁶ἀνοίξαντες τὴν τοῦ φατνώματος κρυπτὴν θύραν βάλλοντες
 πέτρους συνεκεραύνωσαν τὸν ἡγεμόνα καὶ μέλη ποιήσαντες καὶ
17 τὰς κεφαλὰς ἀφελόντες τοῖς ἔξω παρέρριψαν. ¹⁷κατὰ πάντα εὐλο-
18 γητὸς ἡμῶν ὁ θεός, ὃς παρέδωκεν τοὺς ἀσεβήσαντας. ¹⁸μέλλοντες
 ἄγειν ἐν τῷ Χασελευ πέμπτῃ καὶ εἰκάδι τὸν καθαρισμὸν τοῦ ἱεροῦ

---

1 2 μνησθειη] -θηναι Α† ‖ 7 γεγραφαμεν Α] -φηκαμεν al.: cf. Thack. p.
263 | και ult. > Α*† ‖ 8 και 5⁰ > Α† | εξηψαμεν] εξηγαγεν Α† ‖ 9 εκα-
τοστου > Α† | 10 οι 1⁰ > Α pau. ‖ 12 παραταξαμενους] -τασσομ- Α | 13 των]
ν > Α† | 14 συνοικησων] -κων Α† ‖ 15 τεμενους] ς > Α†: ante σ, cf. Thack.
p. 160 ‖ 16 αφελοντες > Α† | fin. παραριψαντες Α† ‖ 17 παρεδωκεν L]
παρ > Α

δέον ἡγησάμεθα διασαφῆσαι ὑμῖν, ἵνα καὶ αὐτοὶ ἄγητε σκηνοπηγίας
καὶ τοῦ πυρός, ὅτε Νεεμιας ὁ οἰκοδομήσας τό τε ἱερὸν καὶ τὸ θυ-
σιαστήριον ἀνήνεγκεν θυσίας. ¹⁹καὶ γὰρ ὅτε εἰς τὴν Περσικὴν ἤ- 19
γοντο ἡμῶν οἱ πατέρες, οἱ τότε εὐσεβεῖς ἱερεῖς λαβόντες ἀπὸ τοῦ
πυρὸς τοῦ θυσιαστηρίου λαθραίως κατέκρυψαν ἐν κοιλώματι φρέ-
ατος τάξιν ἔχοντος ἄνυδρον, ἐν ᾧ κατησφαλίσαντο ὥστε πᾶσιν
ἄγνωστον εἶναι τὸν τόπον. ²⁰διελθόντων δὲ ἐτῶν ἱκανῶν, ὅτε ἔδο- 20
ξεν τῷ θεῷ, ἀποσταλεὶς Νεεμιας ὑπὸ τοῦ βασιλέως τῆς Περσίδος
τοὺς ἐκγόνους τῶν ἱερέων τῶν ἀποκρυψάντων ἔπεμψεν ἐπὶ τὸ
πῦρ · ὡς δὲ διεσάφησαν ἡμῖν μὴ εὑρηκέναι πῦρ, ἀλλὰ ὕδωρ παχύ,
ἐκέλευσεν αὐτοὺς ἀποβάψαντας φέρειν. ²¹ὡς δὲ ἀνηνέχθη τὰ τῶν 21
θυσιῶν, ἐκέλευσεν τοὺς ἱερεῖς Νεεμιας ἐπιρρᾶναι τῷ ὕδατι τά τε
ξύλα καὶ τὰ ἐπικείμενα. ²²ὡς δὲ ἐγένετο τοῦτο καὶ χρόνος διῆλθεν 22
ὅ τε ἥλιος ἀνέλαμψεν πρότερον ἐπινεφὴς ὤν, ἀνήφθη πυρὰ μεγάλη
ὥστε θαυμάσαι πάντας. ²³προσευχὴν δὲ ἐποιήσαντο οἱ ἱερεῖς δα- 23
πανωμένης τῆς θυσίας, οἵ τε ἱερεῖς καὶ πάντες, καταρχομένου Ιω-
ναθου, τῶν δὲ λοιπῶν ἐπιφωνούντων ὡς Νεεμιου · ²⁴ἦν δὲ ἡ προσ- 24
ευχὴ τὸν τρόπον ἔχουσα τοῦτον

Κύριε κύριε ὁ θεός, ὁ πάντων κτίστης, ὁ φοβερὸς καὶ ἰσχυρὸς
καὶ δίκαιος καὶ ἐλεήμων, ὁ μόνος βασιλεὺς καὶ χρηστός, ²⁵ὁ μόνος 25
χορηγός, ὁ μόνος δίκαιος καὶ παντοκράτωρ καὶ αἰώνιος, ὁ διασῴ-
ζων τὸν Ισραηλ ἐκ παντὸς κακοῦ, ὁ ποιήσας τοὺς πατέρας ἐκλε-
κτοὺς καὶ ἁγιάσας αὐτούς, ²⁶πρόσδεξαι τὴν θυσίαν ὑπὲρ παντὸς 26
τοῦ λαοῦ σου Ισραηλ καὶ διαφύλαξον τὴν μερίδα σου καὶ καθ-
αγίασον. ²⁷ἐπισυνάγαγε τὴν διασπορὰν ἡμῶν, ἐλευθέρωσον τοὺς 27
δουλεύοντας ἐν τοῖς ἔθνεσιν, τοὺς ἐξουθενημένους καὶ βδελυκτοὺς
ἔπιδε, καὶ γνώτωσαν τὰ ἔθνη ὅτι σὺ εἶ ὁ θεὸς ἡμῶν. ²⁸βασάνισον 28
τοὺς καταδυναστεύοντας καὶ ἐξυβρίζοντας ἐν ὑπερηφανίᾳ. ²⁹κατα- 29
φύτευσον τὸν λαόν σου εἰς τὸν τόπον τὸν ἅγιόν σου, καθὼς εἶ-
πεν Μωυσῆς.

³⁰Οἱ δὲ ἱερεῖς ἐπέψαλλον τοὺς ὕμνους. ³¹καθὼς δὲ ἀνηλώθη τὰ 30/31
τῆς θυσίας, καὶ τὸ περιλειπόμενον ὕδωρ ὁ Νεεμιας ἐκέλευσεν λί-
θους μείζονας καταχεῖν. ³²ὡς δὲ τοῦτο ἐγενήθη, φλὸξ ἀνήφθη · 32
τοῦ δὲ ἀπὸ τοῦ θυσιαστηρίου ἀντιλάμψαντος φωτὸς ἐδαπανήθη.
³³ὡς δὲ φανερὸν ἐγενήθη τὸ πρᾶγμα, καὶ διηγγέλη τῷ βασιλεῖ τῶν 33

18 διασαφησαι] διαφεισαι Α*† | σκηνοπηγ. και του πυρος] της σκηνοπηγ. τρο-
πον και εις μνημοσυνον του πυρος του δοθεντος Fr. | ο AVLa† (cf. 31)] >
rel.: ante οικοδομ. | το τε ιερον] τοτε το ιερον Α ‖ 19 τοτε] τε Α | εχον-
τος] -τες Α ‖ 20 υπο] απο Α† | δε 2⁰ > Α: ante δι- | διεσαφησαν] -φισ- Α†
| αποβαψαντας] -τες Α† ‖ 22 τουτο > Α | τε > Α*† | προτερον > Α† ‖
23 δε ult.] τε Α† ‖ 24 κυριε 2⁰ > Α† | ισχυρος] pr. ο Α† | 27 ει > Α† ‖
13 καταχειν: cf. Kappler p. 66

Περσῶν ὅτι εἰς τὸν τόπον, οὗ τὸ πῦρ ἔκρυψαν οἱ μεταχθέντες
ἱερεῖς, τὸ ὕδωρ ἐφάνη, ἀφ᾿ οὗ καὶ οἱ περὶ τὸν Νεεμιαν ἥγνισαν
34 τὰ τῆς θυσίας, ³⁴περιφράξας δὲ ὁ βασιλεὺς ἱερὸν ἐποίησεν δοκι-
35 μάσας τὸ πρᾶγμα. ³⁵καὶ οἷς ἐχαρίζετο ὁ βασιλεύς, πολλὰ διάφορα
36 ἐλάμβανεν καὶ μετεδίδου. ³⁶προσηγόρευσαν δὲ οἱ περὶ τὸν Νεεμιαν
τοῦτο νεφθαρ, ὃ διερμηνεύεται καθαρισμός · καλεῖται δὲ παρὰ τοῖς
πολλοῖς νεφθαι.

2 ¹Εὑρίσκεται δὲ ἐν ταῖς ἀπογραφαῖς Ιερεμιας ὁ προφήτης ὅτι
ἐκέλευσεν τοῦ πυρὸς λαβεῖν τοὺς μεταγενομένους, ὡς σεσήμανται,
2 ²καὶ ὡς ἐνετείλατο τοῖς μεταγενομένοις ὁ προφήτης δοὺς αὐτοῖς
τὸν νόμον, ἵνα μὴ ἐπιλάθωνται τῶν προσταγμάτων τοῦ κυρίου,
καὶ ἵνα μὴ ἀποπλανηθῶσιν ταῖς διανοίαις βλέποντες ἀγάλματα χρυ-
3 σᾶ καὶ ἀργυρᾶ καὶ τὸν περὶ αὐτὰ κόσμον · ³καὶ ἕτερα τοιαῦτα λέ-
γων παρεκάλει μὴ ἀποστῆναι τὸν νόμον ἀπὸ τῆς καρδίας αὐτῶν.
4 ⁴ἦν δὲ ἐν τῇ γραφῇ ὡς τὴν σκηνὴν καὶ τὴν κιβωτὸν ἐκέλευσεν
ὁ προφήτης χρηματισμοῦ γενηθέντος αὐτῷ συνακολουθεῖν · ὡς δὲ
ἐξῆλθεν εἰς τὸ ὄρος, οὗ ὁ Μωυσῆς ἀναβὰς ἐθεάσατο τὴν τοῦ θεοῦ
5 κληρονομίαν. ⁵καὶ ἐλθὼν ὁ Ιερεμιας εὗρεν οἶκον ἀντρώδη καὶ τὴν
σκηνὴν καὶ τὴν κιβωτὸν καὶ τὸ θυσιαστήριον τοῦ θυμιάματος εἰσ-
6 ήνεγκεν ἐκεῖ καὶ τὴν θύραν ἐνέφραξεν. ⁶καὶ προσελθόντες τινὲς
τῶν συνακολουθούντων ὥστε ἐπισημάνασθαι τὴν ὁδὸν καὶ οὐκ
7 ἐδυνήθησαν εὑρεῖν. ⁷ὡς δὲ ὁ Ιερεμιας ἔγνω, μεμψάμενος αὐτοῖς
εἶπεν ὅτι Καὶ ἄγνωστος ὁ τόπος ἔσται, ἕως ἂν συναγάγῃ ὁ θεὸς
8 ἐπισυναγωγὴν τοῦ λαοῦ καὶ ἵλεως γένηται · ⁸καὶ τότε ὁ κύριος
ἀναδείξει ταῦτα, καὶ ὀφθήσεται ἡ δόξα τοῦ κυρίου καὶ ἡ νεφέλη,
ὡς ἐπὶ Μωυσῇ ἐδηλοῦτο, ὡς καὶ ὁ Σαλωμων ἠξίωσεν ἵνα ὁ τόπος
9 καθαγιασθῇ μεγάλως. ⁹διεσαφεῖτο δὲ καὶ ὡς σοφίαν ἔχων ἀνήνεγ-
10 κεν θυσίαν ἐγκαινισμοῦ καὶ τῆς τελειώσεως τοῦ ἱεροῦ. ¹⁰καθὼς
καὶ Μωυσῆς προσηύξατο πρὸς κύριον, καὶ κατέβη πῦρ ἐκ τοῦ οὐ-
ρανοῦ καὶ τὰ τῆς θυσίας ἐδαπάνησεν, οὕτως καὶ Σαλωμων προσ-
11 ηύξατο, καὶ καταβὰν τὸ πῦρ ἀνήλωσεν τὰ ὁλοκαυτώματα. ¹¹καὶ
εἶπεν Μωυσῆς Διὰ τὸ μὴ βεβρῶσθαι τὸ περὶ τῆς ἁμαρτίας ἀνη-
12
13 λώθη. ¹²ὡσαύτως καὶ ὁ Σαλωμων τὰς ὀκτὼ ἡμέρας ἤγαγεν. ¹³ἐξ-
ηγοῦντο δὲ καὶ ἐν ταῖς ἀναγραφαῖς καὶ ἐν τοῖς ὑπομνηματισμοῖς
τοῖς κατὰ τὸν Νεεμιαν τὰ αὐτὰ καὶ ὡς καταβαλλόμενος βιβλιοθή-
κην ἐπισυνήγαγεν τὰ περὶ τῶν βασιλέων βιβλία καὶ προφητῶν καὶ
14 τὰ τοῦ Δαυιδ καὶ ἐπιστολὰς βασιλέων περὶ ἀναθεμάτων. ¹⁴ὡσαύτως

33 τα της θυσιας] τας θυσ. A ‖ 35 εχαριζ. > A† ‖ 36 νεφθα(ε)ι] -θαρ A
2 1 μεταγενομ.] μεταγινομ. uel μεταγομ. al.: item in 2 ‖ 2 αυτα] + ς A†
‖ 7 συναγαγη] συναγη A† | ιλεως compl.] ελεος A ‖ 8 αναδειξει] -ξη A ‖
10 ουτως και] και > A† | προσηυξ. 2⁰] + προς κυριον A† ‖ 13 βιβλια / και
προφητων] tr. A†: cf. Kappler p. 60

δὲ καὶ Ιουδας τὰ διαπεπτωκότα διὰ τὸν γεγονότα πόλεμον ἡμῖν
ἐπισυνήγαγεν πάντα, καὶ ἔστιν παρ' ἡμῖν · ¹⁵ὧν οὖν ἐὰν χρείαν 15
ἔχητε, τοὺς ἀποκομιοῦντας ὑμῖν ἀποστέλλετε.

¹⁶Μέλλοντες οὖν ἄγειν τὸν καθαρισμὸν ἐγράψαμεν ὑμῖν · καλῶς 16
οὖν ποιήσετε ἄγοντες τὰς ἡμέρας. ¹⁷ὁ δὲ θεὸς ὁ σώσας τὸν πάντα 17
λαὸν αὐτοῦ καὶ ἀποδοὺς τὴν κληρονομίαν πᾶσιν καὶ τὸ βασίλειον
καὶ τὸ ἱεράτευμα καὶ τὸν ἁγιασμόν, ¹⁸καθὼς ἐπηγγείλατο διὰ τοῦ 18
νόμου · ἐλπίζομεν γὰρ ἐπὶ τῷ θεῷ ὅτι ταχέως ἡμᾶς ἐλεήσει καὶ
ἐπισυνάξει ἐκ τῆς ὑπὸ τὸν οὐρανὸν εἰς τὸν ἅγιον τόπον · ἐξείλετο
γὰρ ἡμᾶς ἐκ μεγάλων κακῶν καὶ τὸν τόπον ἐκαθάρισεν.

¹⁹Τὰ δὲ κατὰ τὸν Ιουδαν τὸν Μακκαβαῖον καὶ τοὺς τούτου ἀδελ- 19
φοὺς καὶ τὸν τοῦ ἱεροῦ τοῦ μεγίστου καθαρισμὸν καὶ τὸν τοῦ
βωμοῦ ἐγκαινισμὸν ²⁰ἔτι τε τοὺς πρὸς Ἀντίοχον τὸν Ἐπιφανῆ 20
καὶ τὸν τούτου υἱὸν Εὐπάτορα πολέμους ²¹καὶ τὰς ἐξ οὐρανοῦ 21
γενομένας ἐπιφανείας τοῖς ὑπὲρ τοῦ Ιουδαϊσμοῦ φιλοτίμως ἀνδρα-
γαθήσασιν, ὥστε τὴν ὅλην χώραν ὀλίγους ὄντας λεηλατεῖν καὶ τὰ
βάρβαρα πλήθη διώκειν, ²²καὶ τὸ περιβόητον καθ' ὅλην τὴν οἰκου- 22
μένην ἱερὸν ἀνακομίσασθαι καὶ τὴν πόλιν ἐλευθερῶσαι καὶ τοὺς
μέλλοντας καταλύεσθαι νόμους ἐπανορθῶσαι, τοῦ κυρίου μετὰ πά-
σης ἐπιεικείας ἵλεω γενομένου αὐτοῖς, ²³ὑπὸ Ἰάσωνος τοῦ Κυρη- 23
ναίου δεδηλωμένα διὰ πέντε βιβλίων πειρασόμεθα δι' ἑνὸς συντάγ-
ματος ἐπιτεμεῖν. ²⁴συνορῶντες γὰρ τὸ χύμα τῶν ἀριθμῶν καὶ 24
τὴν οὖσαν δυσχέρειαν τοῖς θέλουσιν εἰσκυκλεῖσθαι τοῖς τῆς ἱστο-
ρίας διηγήμασιν διὰ τὸ πλῆθος τῆς ὕλης ²⁵ἐφροντίσαμεν τοῖς μὲν 25
βουλομένοις ἀναγινώσκειν ψυχαγωγίαν, τοῖς δὲ φιλοφρονοῦσιν εἰς
τὸ διὰ μνήμης ἀναλαβεῖν εὐκοπίαν, πᾶσιν δὲ τοῖς ἐντυγχάνουσιν
ὠφέλειαν. ²⁶καὶ ἡμῖν μὲν τοῖς τὴν κακοπάθειαν ἐπιδεδεγμένοις τῆς 26
ἐπιτομῆς οὐ ῥᾴδιον, ἱδρῶτος δὲ καὶ ἀγρυπνίας τὸ πρᾶγμα, ²⁷καθ- 27
άπερ τῷ παρασκευάζοντι συμπόσιον καὶ ζητοῦντι τὴν ἑτέρων
λυσιτέλειαν οὐκ εὐχερές, ὅμως διὰ τὴν τῶν πολλῶν εὐχαριστίαν
ἡδέως τὴν κακοπάθειαν ὑποίσομεν ²⁸τὸ μὲν διακριβοῦν περὶ ἑκά- 28
στων τῷ συγγραφεῖ παραχωρήσαντες, τὸ δὲ ἐπιπορεύεσθαι τοῖς
ὑπογραμμοῖς τῆς ἐπιτομῆς διαπονοῦντες. ²⁹καθάπερ γὰρ τῆς καινῆς 29
οἰκίας ἀρχιτέκτονι τῆς ὅλης καταβολῆς φροντιστέον, τῷ δὲ ἐγκαί-
ειν καὶ ζωγραφεῖν ἐπιχειροῦντι τὰ ἐπιτήδεια πρὸς διακόσμησιν ἐξ-
εταστέον, οὕτως δοκῶ καὶ ἐπὶ ἡμῶν. ³⁰τὸ μὲν ἐμβατεύειν καὶ πε- 30

---

14 παντα] ταυτα A† ‖ 16 αγοντες] αγειν A pau. ‖ 17 κληρονομ.] + αυ-
του A† ‖ ιερατευμα] ατ > A*† ‖ 18 ελεησει] -ση A† ‖ 21 ωστε] ως A†
‖ 22 ιλεω] + ς A: cf. Thack. § 12, 3 ‖ 23 init.] pr. τα L, pr. κατα τα V†
‖ 26 επιδεδ⟨ε⟩ιγμενοις A ‖ 28 διαπονουντες L] ατονουντες A: cf. Kappler
p. 62/63 ‖ 29 εγκαιειν] εγ(uel ν)καινιζειν A pau.

ρίπατον ποιεῖσθαι λόγων καὶ πολυπραγμονεῖν ἐν τοῖς κατὰ μέρος
31 τῷ τῆς ἱστορίας ἀρχηγέτῃ καθήκει · ³¹τὸ δὲ σύντομον τῆς λέξεως
μεταδιώκειν καὶ τὸ ἐξεργαστικὸν τῆς πραγματείας παραιτεῖσθαι τῷ
32 τὴν μετάφρασιν ποιουμένῳ συγχωρητέον. ³²ἐντεῦθεν οὖν ἀρξώμεθα
τῆς διηγήσεως τοῖς προειρημένοις τοσοῦτον ἐπιζεύξαντες · εὔηθες
γὰρ τὸ μὲν πρὸ τῆς ἱστορίας πλεονάζειν, τὴν δὲ ἱστορίαν ἐπιτεμεῖν.
3 ¹Τῆς ἁγίας πόλεως κατοικουμένης μετὰ πάσης εἰρήνης καὶ τῶν
νόμων ὅτι κάλλιστα συντηρουμένων διὰ τὴν Ονιου τοῦ ἀρχιερέως
2 εὐσέβειάν τε καὶ μισοπονηρίαν ²συνέβαινεν καὶ αὐτοὺς τοὺς βα-
σιλεῖς τιμᾶν τὸν τόπον καὶ τὸ ἱερὸν ἀποστολαῖς ταῖς κρατίσταις
3 δοξάζειν ³ὥστε καὶ Σέλευκον τὸν τῆς Ἀσίας βασιλέα χορηγεῖν ἐκ
τῶν ἰδίων προσόδων πάντα τὰ πρὸς τὰς λειτουργίας τῶν θυσιῶν
4 ἐπιβάλλοντα δαπανήματα. ⁴Σιμων δέ τις ἐκ τῆς Βενιαμιν φυλῆς
προστάτης τοῦ ἱεροῦ καθεσταμένος διηνέχθη τῷ ἀρχιερεῖ περὶ τῆς
5 κατὰ τὴν πόλιν ἀγορανομίας · ⁵καὶ νικῆσαι τὸν Ονιαν μὴ δυνάμενος
ἦλθεν πρὸς Ἀπολλώνιον Θαρσεου τὸν κατ᾽ ἐκεῖνον τὸν καιρὸν
6 Κοίλης Συρίας καὶ Φοινίκης στρατηγὸν ⁶καὶ προσήγγειλεν περὶ
τοῦ χρημάτων ἀμυθήτων γέμειν τὸ ἐν Ιεροσολύμοις γαζοφυλάκιον
ὥστε τὸ πλῆθος τῶν διαφόρων ἀναρίθμητον εἶναι, καὶ μὴ προσ-
ήκειν αὐτὰ πρὸς τὸν τῶν θυσιῶν λόγον, εἶναι δὲ δυνατὸν ὑπὸ
7 τὴν τοῦ βασιλέως ἐξουσίαν πεσεῖν ταῦτα. ⁷συμμείξας δὲ ὁ Ἀπολ-
λώνιος τῷ βασιλεῖ περὶ τῶν μηνυθέντων αὐτῷ χρημάτων ἐνεφά-
νισεν · ὁ δὲ προχειρισάμενος Ἡλιόδωρον τὸν ἐπὶ τῶν πραγμάτων
ἀπέστειλεν δοὺς ἐντολὰς τὴν τῶν προειρημένων χρημάτων ἐκκο-
8 μιδὴν ποιήσασθαι. ⁸εὐθέως δὲ ὁ Ἡλιόδωρος ἐποιεῖτο τὴν πορείαν,
τῇ μὲν ἐμφάσει ὡς τὰς κατὰ Κοίλην Συρίαν καὶ Φοινίκην πόλεις
ἐφοδεῦσαι, τῷ πράγματι δὲ τὴν τοῦ βασιλέως πρόθεσιν ἐπιτελεῖν.
9 ⁹παραγενηθεὶς δὲ εἰς Ιεροσόλυμα καὶ φιλοφρόνως ὑπὸ τοῦ ἀρχ-
ιερέως τῆς πόλεως ἀποδεχθεὶς ἀνέθετο περὶ τοῦ γεγονότος ἐμ-
φανισμοῦ, καὶ τίνος ἕνεκεν πάρεστιν διεσάφησεν · ἐπυνθάνετο δὲ
10 εἰ ταῖς ἀληθείαις ταῦτα οὕτως ἔχοντα τυγχάνει. ¹⁰τοῦ δὲ ἀρχιερέως
11 ὑποδείξαντος παρακαταθήκας εἶναι χηρῶν τε καὶ ὀρφανῶν, ¹¹τινὰ
δὲ καὶ Υρκανοῦ τοῦ Τωβιου σφόδρα ἀνδρὸς ἐν ὑπεροχῇ κειμένου
— οὕτως ἦν διαβάλλων ὁ δυσσεβὴς Σιμων —, τὰ δὲ πάντα ἀρ-

30 λογων] ν > A† | πολυπραγμονειν] ν ult. > A† | τοις] ταις A† | αρχ-
ηγετη] -γενετη A† || 31 τω την μεταφρ. ποιουμενω] την των μεταφρ. ποιου-
μενων A† || 32 fin. επιτεμνειν A
33 τα ... επιβαλλοντα] τας ... -οντας (sic) A†: cf. 8 || 4 περι > A ||
5 θαρσεου VLa†] θρασαιου uel sim. rel. || 6 προσηκειν] προσενεγκειν A† ||
7 ο 1⁰ > A† || 8 τας] ς > A†: cf. 3 || 9 υπο του αρχιερ.] ο αρχιερευς A†
| της πολεως] pr. και VLLa | διεσαφησεν] -φηνισεν A† || 11 τωβιω Apau.
| ουτως La†] ουχ ουτως A†, ουχ ως(uel ωσπερ) rel. | ην > A†

γυρίου τετρακόσια τάλαντα, χρυσίου δὲ διακόσια· ¹²ἀδικηθῆναι δὲ 12
τοὺς πεπιστευκότας τῇ τοῦ τόπου ἁγιωσύνῃ καὶ τῇ τοῦ τετιμη-
μένου κατὰ τὸν σύμπαντα κόσμον ἱεροῦ σεμνότητι καὶ ἀσυλίᾳ
παντελῶς ἀμήχανον εἶναι. ¹³ὁ δὲ Ἡλιόδωρος, δι᾽ ἃς εἶχεν βασιλι- 13
κὰς ἐντολάς, πάντως ἔλεγεν εἰς τὸ βασιλικὸν ἀναλημπτέα ταῦτα
εἶναι. ¹⁴ταξάμενος δὲ ἡμέραν εἰσήει τὴν περὶ τούτων ἐπίσκεψιν 14
οἰκονομήσων· ἦν δὲ οὐ μικρὰ καθ᾽ ὅλην τὴν πόλιν ἀγωνία. ¹⁵οἱ 15
δὲ ἱερεῖς πρὸ τοῦ θυσιαστηρίου ἐν ταῖς ἱερατικαῖς στολαῖς ῥίψαν-
τες ἑαυτοὺς ἐπεκαλοῦντο εἰς οὐρανὸν τὸν περὶ παρακαταθήκης
νομοθετήσαντα τοῖς παρακαταθεμένοις ταῦτα σῶα διαφυλάξαι.
¹⁶ἦν δὲ ὁρῶντα τὴν τοῦ ἀρχιερέως ἰδέαν τιτρώσκεσθαι τὴν διά- 16
νοιαν· ἡ γὰρ ὄψις καὶ τὸ τῆς χρόας παρηλλαγμένον ἐνέφαινεν
τὴν κατὰ ψυχὴν ἀγωνίαν· ¹⁷περιεκέχυτο γὰρ περὶ τὸν ἄνδρα δέος 17
τι καὶ φρικασμὸς σώματος, δι᾽ ὧν πρόδηλον ἐγίνετο τοῖς θεω-
ροῦσιν τὸ κατὰ καρδίαν ἐνεστὸς ἄλγος. ¹⁸ἔτι δὲ ἐκ τῶν οἰκιῶν 18
ἀγεληδὸν ἐξεπήδων ἐπὶ πάνδημον ἱκετείαν διὰ τὸ μέλλειν εἰς κα-
ταφρόνησιν ἔρχεσθαι τὸν τόπον. ¹⁹ὑπεζωσμέναι δὲ ὑπὸ τοὺς μα- 19
στοὺς αἱ γυναῖκες σάκκους κατὰ τὰς ὁδοὺς ἐπλήθυνον· αἱ δὲ
κατάκλειστοι τῶν παρθένων, αἱ μὲν συνέτρεχον ἐπὶ τοὺς πυλῶνας,
αἱ δὲ ἐπὶ τὰ τείχη, τινὲς δὲ διὰ τῶν θυρίδων διεξέκυπτον· ²⁰πᾶσαι 20
δὲ προτείνουσαι τὰς χεῖρας εἰς τὸν οὐρανὸν ἐποιοῦντο τὴν λιτα-
νείαν· ²¹ἐλεεῖν δ᾽ ἦν τὴν τοῦ πλήθους παμμιγῆ πρόπτωσιν τήν τε 21
τοῦ μεγάλως ἀγωνιῶντος ἀρχιερέως προσδοκίαν. ²²οἱ μὲν οὖν 22
ἐπεκαλοῦντο τὸν παγκρατῆ κύριον τὰ πεπιστευμένα τοῖς πεπιστευ-
κόσιν σῶα διαφυλάσσειν μετὰ πάσης ἀσφαλείας. ²³ὁ δὲ Ἡλιόδωρος 23
τὸ διεγνωσμένον ἐπετέλει. ²⁴αὐτόθι δὲ αὐτοῦ σὺν τοῖς δορυφόροις 24
κατὰ τὸ γαζοφυλάκιον ἤδη παρόντος ὁ τῶν πνευμάτων καὶ πάσης
ἐξουσίας δυνάστης ἐπιφάνειαν μεγάλην ἐποίησεν ὥστε πάντας
τοὺς κατατολμήσαντας συνελθεῖν καταπλαγέντας τὴν τοῦ θεοῦ
δύναμιν εἰς ἔκλυσιν καὶ δειλίαν τραπῆναι· ²⁵ὤφθη γὰρ τις ἵππος 25
αὐτοῖς φοβερὸν ἔχων τὸν ἐπιβάτην καὶ καλλίστῃ σαγῇ διακεκο-
σμημένος, φερόμενος δὲ ῥύδην ἐνέσεισεν τῷ Ἡλιοδώρῳ τὰς ἐμπρο-
σθίους ὁπλάς· ὁ δὲ ἐπικαθήμενος ἐφαίνετο χρυσῆν πανοπλίαν ἔχων.
²⁶ἕτεροι δὲ δύο προσεφάνησαν αὐτῷ νεανίαι τῇ ῥώμῃ μὲν ἐκπρε- 26
πεῖς, κάλλιστοι δὲ τὴν δόξαν, διαπρεπεῖς δὲ τὴν περιβολήν, οἳ καὶ
περιστάντες ἐξ ἑκατέρου μέρους ἐμαστίγουν αὐτὸν ἀδιαλείπτως

12 αδικηθηναι] -κησαι A† | δε] τε A† ‖ 13 δε ηλιοδωρος] ὁ ετερος A⁽†⁾ ‖
17 περι] επι A† | ων] ην A† ‖ 18 ετι LLa] οι Apl. | μελλειν] pr. μη A† ‖
19 διεξεκυπτον] εξ > A ‖ 21 δ ην] δε A† ‖ 24 πνευματων] πατερων VL
(+ κυριος L) ‖ 25 ενεσεισε(ν)] εν 1⁰ > A | εμπροσθιους] ενπροθεσειους A†
‖ 26 προσ⸗φανησαν VLa] προσ > A | εκπρεπεις et διαπρεπεις] τ pro π 1⁰
A† | δοξαν] γλωσσαν A†, οψιν L | περιστ−αντες unus cod.] + αυτω LLa, παρι-
σταντες (sic) AV*†, παρασταντες mu. | αυτον] pr. ε A†

27 πολλὰς ἐπιρριπτοῦντες αὐτῷ πληγάς. ²⁷ ἄφνω δὲ πεσόντα πρὸς
τὴν γῆν καὶ πολλῷ σκότει περιχυθέντα συναρπάσαντες καὶ εἰς
28 φορεῖον ἐνθέντες ²⁸ τὸν ἄρτι μετὰ πολλῆς παραδρομῆς καὶ πάσης
δορυφορίας εἰς τὸ προειρημένον εἰσελθόντα γαζοφυλάκιον ἔφερον
ἀβοήθητον ἑαυτῷ καθεστῶτα φανερῶς τὴν τοῦ θεοῦ δυναστείαν
29 ἐπεγνωκότες. ²⁹ καὶ ὁ μὲν διὰ τὴν θείαν ἐνέργειαν ἄφωνος καὶ
30 πάσης ἐστερημένος ἐλπίδος καὶ σωτηρίας ἔρριπτο, ³⁰ οἱ δὲ τὸν
κύριον εὐλόγουν τὸν παραδοξάζοντα τὸν ἑαυτοῦ τόπον, καὶ τὸ
μικρῷ πρότερον δέους καὶ ταραχῆς γέμον ἱερὸν τοῦ παντοκράτορος
31 ἐπιφανέντος κυρίου χαρᾶς καὶ εὐφροσύνης ἐπεπλήρωτο. ³¹ ταχὺ δέ
τινες τῶν τοῦ Ἡλιοδώρου συνήθων ἠξίουν τὸν Ονιαν ἐπικαλέσασθαι
τὸν ὕψιστον καὶ τὸ ζῆν χαρίσασθαι τῷ παντελῶς ἐν ἐσχάτη πνοῇ
32 κειμένῳ. ³² ὕποπτος δὲ γενόμενος ὁ ἀρχιερεὺς μήποτε διάλημψιν
ὁ βασιλεὺς σχῆ κακουργίαν τινὰ περὶ τὸν Ἡλιόδωρον ὑπὸ τῶν
Ἰουδαίων συντετελέσθαι προσήγαγεν θυσίαν ὑπὲρ τῆς τοῦ ἀνδρὸς
33 σωτηρίας. ³³ ποιουμένου δὲ τοῦ ἀρχιερέως τὸν ἱλασμὸν οἱ αὐτοὶ
νεανίαι πάλιν ἐφάνησαν τῷ Ἡλιοδώρῳ ἐν ταῖς αὐταῖς ἐσθήσεσιν
ἐστολισμένοι καὶ στάντες εἶπον Πολλὰς Ονια τῷ ἀρχιερεῖ χάριτας
34 ἔχε, διὰ γὰρ αὐτόν σοι κεχάρισται τὸ ζῆν ὁ κύριος · ³⁴ σὺ δὲ ἐξ
οὐρανοῦ μεμαστιγωμένος διάγγελλε πᾶσι τὸ μεγαλεῖον τοῦ θεοῦ
35 κράτος. ταῦτα δὲ εἰπόντες ἀφανεῖς ἐγένοντο. ³⁵ ὁ δὲ Ἡλιόδωρος
θυσίαν ἀνενέγκας τῷ κυρίῳ καὶ εὐχὰς μεγίστας εὐξάμενος τῷ τὸ
ζῆν περιποιήσαντι καὶ τὸν Ονιαν ἀποδεξάμενος ἀνεστρατοπέδευσεν
36 πρὸς τὸν βασιλέα. ³⁶ ἐξεμαρτύρει δὲ πᾶσιν ἅπερ ἦν ὑπ' ὄψιν τε-
37 θεαμένος ἔργα τοῦ μεγίστου θεοῦ. ³⁷ τοῦ δὲ βασιλέως ἐπερωτήσαντος
τὸν Ἡλιόδωρον ποῖός τις εἴη ἐπιτήδειος ἔτι ἅπαξ διαπεμφθῆναι
38 εἰς Ιεροσόλυμα, ἔφησεν ³⁸ Εἴ τινα ἔχεις πολέμιον ἢ πραγμάτων
ἐπίβουλον, πέμψον αὐτὸν ἐκεῖ, καὶ μεμαστιγωμένον αὐτὸν προσδέξη,
ἐάνπερ καὶ διασωθῇ, διὰ τὸ περὶ τὸν τόπον ἀληθῶς εἶναί τινα
39 θεοῦ δύναμιν · ³⁹ αὐτὸς γὰρ ὁ τὴν κατοικίαν ἐπουράνιον ἔχων
ἐπόπτης ἐστὶν καὶ βοηθὸς ἐκείνου τοῦ τόπου καὶ τοὺς παραγινο-
40 μένους ἐπὶ κακώσει τύπτων ἀπολλύει. ⁴⁰ καὶ τὰ μὲν κατὰ Ἡλιόδωρον
καὶ τὴν τοῦ γαζοφυλακίου τήρησιν οὕτως ἐχώρησεν.
4 ¹ Ὁ δὲ προειρημένος Σιμων ὁ τῶν χρημάτων καὶ τῆς πατρίδος
ἐνδείκτης γεγονὼς ἐκακολόγει τὸν Ονιαν, ὡς αὐτός τε εἴη τὸν

28 αβοηθητον εαυτω καθεστωτα VLLa] αβοηθ. αυτον τοις οπλοις(A† χολοις,
unus cod. οχλοις, Sw. ολοις) καθεστωτα Apl. | του θεου > A† | επεγνωκοτες L]
-τα A || 29 ενεργειαν] ανεργ. A† || 30 κυριου] χριστου A† | επεπληρωτο]
επ 1⁰ > A† || 33 πολλας] ς > A† | fin. ο κυριος] ο > A† || 34 εξ ουρανου]
υπ αυτου VL || 35 κυριω] θεω Apau.La || 37 εφησεν (V† εφη): cf. 7 27
8 18 et Thack. § 23, 4 || 40 κατα] κατ (sic) Apau.
41 αυτος] ουτος A†

Ἡλιόδωρον ἐπισεσεικὼς καὶ τῶν κακῶν δημιουργὸς καθεστηκώς,
²καὶ τὸν εὐεργέτην τῆς πόλεως καὶ τὸν κηδεμόνα τῶν ὁμοεθνῶν 2
καὶ ζηλωτὴν τῶν νόμων ἐπίβουλον τῶν πραγμάτων ἐτόλμα λέγειν.
³τῆς δὲ ἔχθρας ἐπὶ τοσοῦτον προβαινούσης ὥστε καὶ διά τινος 3
τῶν ὑπὸ τοῦ Σιμωνος δεδοκιμασμένων φόνους συντελεῖσθαι,
⁴συνορῶν ὁ Ονιας τὸ χαλεπὸν τῆς φιλονεικίας καὶ Ἀπολλώνιον 4
Μενεσθέως τὸν Κοίλης Συρίας καὶ Φοινίκης στρατηγὸν συναύξοντα
τὴν κακίαν τοῦ Σιμωνος, ⁵πρὸς τὸν βασιλέα διεκομίσθη οὐ γινό- 5
μενος τῶν πολιτῶν κατήγορος, τὸ δὲ σύμφορον κοινῇ καὶ κατ᾽
ἰδίαν παντὶ τῷ πλήθει σκοπῶν · ⁶ἑώρα γὰρ ἄνευ βασιλικῆς προ- 6
νοίας ἀδύνατον εἶναι τυχεῖν εἰρήνης ἔτι τὰ πράγματα καὶ τὸν
Σιμωνα παῦλαν οὐ λημψόμενον τῆς ἀνοίας.

⁷Μεταλλάξαντος δὲ τὸν βίον Σελεύκου καὶ παραλαβόντος τὴν 7
βασιλείαν Ἀντιόχου τοῦ προσαγορευθέντος Ἐπιφανοῦς ὑπενόθευσεν
Ἰάσων ὁ ἀδελφὸς Ονιου τὴν ἀρχιερωσύνην ⁸ἐπαγγειλάμενος τῷ 8
βασιλεῖ δι᾽ ἐντεύξεως ἀργυρίου τάλαντα ἑξήκοντα πρὸς τοῖς τρια-
κοσίοις καὶ προσόδου τινὸς ἄλλης τάλαντα ὀγδοήκοντα. ⁹πρὸς δὲ 9
τούτοις ὑπισχνεῖτο καὶ ἕτερα διαγράφειν πεντήκοντα πρὸς τοῖς
ἑκατόν, ἐὰν ἐπιχωρηθῇ διὰ τῆς ἐξουσίας αὐτοῦ γυμνάσιον καὶ
ἐφηβεῖον αὐτῷ συστήσασθαι καὶ τοὺς ἐν Ιεροσολύμοις Ἀντιοχεῖς
ἀναγράψαι. ¹⁰ἐπινεύσαντος δὲ τοῦ βασιλέως καὶ τῆς ἀρχῆς κρα- 10
τήσας εὐθέως πρὸς τὸν Ἑλληνικὸν χαρακτῆρα τοὺς ὁμοφύλους
μετέστησε. ¹¹καὶ τὰ κείμενα τοῖς Ιουδαίοις φιλάνθρωπα βασιλικὰ 11
διὰ Ιωάννου τοῦ πατρὸς Εὐπολέμου τοῦ ποιησαμένου τὴν πρε-
σβείαν ὑπὲρ φιλίας καὶ συμμαχίας πρὸς τοὺς Ῥωμαίους παρώσας
καὶ τὰς μὲν νομίμους καταλύων πολιτείας παρανόμους ἐθισμοὺς
ἐκαίνιζεν. ¹²ἀσμένως γὰρ ὑπ᾽ αὐτὴν τὴν ἀκρόπολιν γυμνάσιον 12
καθίδρυσεν καὶ τοὺς κρατίστους τῶν ἐφήβων ὑποτάσσων ὑπὸ πέ-
τασον ἤγαγεν. ¹³ἦν δ᾽ οὕτως ἀκμή τις Ἑλληνισμοῦ καὶ πρόσβασις 13
ἀλλοφυλισμοῦ διὰ τὴν τοῦ ἀσεβοῦς καὶ οὐκ ἀρχιερέως Ἰάσωνος
ὑπερβάλλουσαν ἀναγνείαν ¹⁴ὥστε μηκέτι περὶ τὰς τοῦ θυσιαστη- 14
ρίου λειτουργίας προθύμους εἶναι τοὺς ἱερεῖς, ἀλλὰ τοῦ μὲν νεὼ
καταφρονοῦντες καὶ τῶν θυσιῶν ἀμελοῦντες ἔσπευδον μετέχειν
τῆς ἐν παλαίστρῃ παρανόμου χορηγίας μετὰ τὴν τοῦ δίσκου πρόσ-

2 τον 2⁰ > VL ‖ 4 ο > Apau. | μενεσθεως La (cf. 21 et Kappler p. 13)]
μενεσθε εως A⁺, μαινεσθαι ως Vmu. | τον] των A⁺ | συριας .. φοινικης] tr. A⁺
| συναυξοντα] -ξαντο (sic) A⁺ ‖ 5 προς] εις Vmu. | διεκομισθη] -κοσμηθη A⁺
| και > V ‖ 6 ετι] επι A⁺ | παυλαν] αναπαυλαν V⁺ ‖ 9 επιχωρηθη] -χορη-
γηθη AV⁺ | εφηβειον Fr. secutus Grotium] -β(ε)ιαν uel sim. mss. ‖ 10 προς]
επι V | μετεστησε Apau.] μετη(γα)γε(ν) rel. ‖ 11 νομιμους] -μιμας A⁺: cf. 15
‖ 12 εφηβων] εφ ημων A⁺ ‖ 13 τις] του A⁺ ‖ 14 καταφρονουντες] -τας
A⁺, sed αμελουντες etiam A | προσκλησιν AV] προκλ. Lmu.

15 κλησιν, ¹⁵καὶ τὰς μὲν πατρῴους τιμὰς ἐν οὐδενὶ τιθέμενοι, τὰς δὲ
16 Ἑλληνικὰς δόξας καλλίστας ἡγούμενοι. ¹⁶ὧν καὶ χάριν περιέσχεν
αὐτοὺς χαλεπὴ περίστασις, καὶ ὧν ἐζήλουν τὰς ἀγωγὰς καὶ καθ᾽
ἅπαν ἤθελον ἐξομοιοῦσθαι, τούτους πολεμίους καὶ τιμωρητὰς
17 ἔσχον · ¹⁷ἀσεβεῖν γὰρ εἰς τοὺς θείους νόμους οὐ ῥᾴδιον, ἀλλὰ
ταῦτα ὁ ἀκόλουθος καιρὸς δηλώσει.
18 ¹⁸Ἀγομένου δὲ πενταετηρικοῦ ἀγῶνος ἐν Τύρῳ καὶ τοῦ βασιλέως
19 παρόντος ¹⁹ἀπέστειλεν Ἰάσων ὁ μιαρὸς θεωροὺς ὡς ἀπὸ Ιεροσο-
λύμων Ἀντιοχεῖς ὄντας παρακομίζοντας ἀργυρίου δραχμὰς τρια-
κοσίας εἰς τὴν τοῦ Ἡρακλέους θυσίαν, ἃς καὶ ἠξίωσαν οἱ παρα-
κομίσαντες μὴ χρῆσθαι εἰς θυσίαν διὰ τὸ μὴ καθήκειν, εἰς ἑτέραν
20 δὲ καταθέσθαι δαπάνην. ²⁰ἔπεσε μὲν οὖν ταῦτα διὰ μὲν τὸν ἀπο-
στείλαντα εἰς τὴν τοῦ Ἡρακλέους θυσίαν, ἕνεκεν δὲ τῶν παρα-
κομιζόντων εἰς τὰς τῶν τριηρέων κατασκευάς.
21 ²¹Ἀποσταλέντος δὲ εἰς Αἴγυπτον Ἀπολλωνίου τοῦ Μενεσθέως
διὰ τὰ πρωτοκλίσια τοῦ Φιλομήτορος βασιλέως μεταλαβὼν Ἀντίο-
χος ἀλλότριον αὐτὸν τῶν αὐτοῦ γεγονέναι πραγμάτων τῆς καθ᾽
αὑτὸν ἀσφαλείας ἐφρόντιζεν · ὅθεν εἰς Ιοππην παραγενόμενος κατ-
22 ήντησεν εἰς Ιεροσόλυμα. ²²μεγαλομερῶς δὲ ὑπὸ τοῦ Ἰάσωνος καὶ
τῆς πόλεως ἀποδεχθεὶς μετὰ δαδουχίας καὶ βοῶν εἰσεδέχθη, εἶθ᾽
οὕτως εἰς τὴν Φοινίκην κατεστρατοπέδευσεν.
23 ²³Μετὰ δὲ τριετῆ χρόνον ἀπέστειλεν Ἰάσων Μενέλαον τὸν τοῦ
προσημαινομένου Σίμωνος ἀδελφὸν παρακομίζοντα τὰ χρήματα
τῷ βασιλεῖ καὶ περὶ πραγμάτων ἀναγκαίων ὑπομνηματισμοὺς τε-
24 λέσοντα. ²⁴ὁ δὲ συσταθεὶς τῷ βασιλεῖ καὶ δοξάσας αὐτὸν τῷ
προσώπῳ τῆς ἐξουσίας εἰς ἑαυτὸν κατήντησεν τὴν ἀρχιερωσύνην
25 ὑπερβαλὼν τὸν Ἰάσωνα τάλαντα ἀργυρίου τριακόσια. ²⁵λαβὼν δὲ
τὰς βασιλικὰς ἐντολὰς παρεγένετο τῆς μὲν ἀρχιερωσύνης οὐδὲν
ἄξιον φέρων, θυμοὺς δὲ ὠμοῦ τυράννου καὶ θηρὸς βαρβάρου ὀργὰς
26 ἔχων. ²⁶καὶ ὁ μὲν Ἰάσων ὁ τὸν ἴδιον ἀδελφὸν ὑπονοθεύσας ὑπο-
νοθευθεὶς ὑφ᾽ ἑτέρου φυγὰς εἰς τὴν Αμμανῖτιν χώραν συνήλαστο.
27 ²⁷ὁ δὲ Μενέλαος τῆς μὲν ἀρχῆς ἐκράτει, τῶν δὲ ἐπηγγελμένων
28 τῷ βασιλεῖ χρημάτων οὐδὲν εὐτάκτει · ²⁸ποιουμένου δὲ τὴν ἀπαί-
τησιν Σωστράτου τοῦ τῆς ἀκροπόλεως ἐπάρχου, πρὸς τοῦτον γὰρ

15 πατρωους] -ωας Apau.: cf. 11 | τιθεμενοι] τεθιμ. A⁺ ‖ 16 καθ απαν
mu.] κατα παν VʳL, καθ ο απαν Apau. | τουτους] τους A⁺ ‖ 17 ταυτα] +
μεν V⁺ ‖ 19 αντιοχεις οντας] -χ(ε)ιας (sic) Acompl., -χεας (sic) compl. |
θυσιαν 2⁰ ⌒ 20 θυσιαν Acompl. | δια το μη καθηκειν > V⁺ ‖ 20 του > V⁺
| παρακομιζοντων] παροντων A⁺ | τριηρεων] ε > VL ‖ 21 μενεσθεως] -θε-
σεως A⁺: cf. 4 | πρωτοκλησια A | γεγονεναι] γεγονοτων A⁺ | κατ αυτο(Vω)ν
VL | ιοππην] ο > A⁺ ‖ 23 τελεσοντα] -τας A⁺ ‖ 24 την > A⁺ | υπερβαλ-
λων A⁺ ‖ 25 παρεγενετο] -γιν- Apau. ‖ 26 ο 2⁰ > V⁺ | υπονοθευθεις] μ
pro θ 1⁰ A⁺

ἦν ἡ τῶν διαφόρων πρᾶξις · δι᾽ ἦν αἰτίαν οἱ δύο ὑπὸ τοῦ βασι-
λέως προσεκλήθησαν, ²⁹καὶ ὁ μὲν Μενέλαος ἀπέλιπεν τῆς ἀρχιε- 29
ρωσύνης διάδοχον Λυσίμαχον τὸν ἑαυτοῦ ἀδελφόν, Σώστρατος
δὲ Κράτητα τὸν ἐπὶ τῶν Κυπρίων.
³⁰Τοιούτων δὲ συνεστηκότων συνέβη Ταρσεῖς καὶ Μαλλώτας 30
στασιάζειν διὰ τὸ Ἀντιοχίδι τῇ παλλακῇ τοῦ βασιλέως ἐν δωρεᾷ
δεδόσθαι. ³¹θᾶττον οὖν ὁ βασιλεὺς ἧκεν καταστεῖλαι τὰ πράγματα 31
καταλιπὼν τὸν διαδεχόμενον Ἀνδρόνικον τῶν ἐν ἀξιώματι κειμέ-
νων. ³²νομίσας δὲ ὁ Μενέλαος εἰληφέναι καιρὸν εὐφυῆ χρυσώματά 32
τινα τῶν τοῦ ἱεροῦ νοσφισάμενος ἐχαρίσατο τῷ Ἀνδρονίκῳ καὶ
ἕτερα ἐτύγχανεν πεπρακὼς εἴς τε Τύρον καὶ τὰς κύκλῳ πόλεις.
³³ἃ καὶ σαφῶς ἐπεγνωκὼς ὁ Ονιας ἀπήλεγχεν ἀποκεχωρηκὼς εἰς 33
ἄσυλον τόπον ἐπὶ Δάφνης τῆς πρὸς Ἀντιόχειαν κειμένης. ³⁴ὅθεν 34
ὁ Μενέλαος λαβὼν ἰδίᾳ τὸν Ἀνδρόνικον παρεκάλει χειρώσασθαι
τὸν Ονιαν · ὁ δὲ παραγενόμενος ἐπὶ τὸν Ονιαν καὶ πεισθεὶς ἐπὶ
δόλῳ καὶ δεξιασθεὶς μεθ᾽ ὅρκων δοὺς δεξιάν, καίπερ ἐν ὑποψίᾳ
κείμενος, ἔπεισεν ἐκ τοῦ ἀσύλου προελθεῖν, ὃν καὶ παραχρῆμα
παρέκλεισεν οὐκ αἰδεσθεὶς τὸ δίκαιον. ³⁵δι᾽ ἦν αἰτίαν οὐ μόνον 35
Ιουδαῖοι, πολλοὶ δὲ καὶ τῶν ἄλλων ἐθνῶν ἐδείναζον καὶ ἐδυσφό-
ρουν ἐπὶ τῷ τοῦ ἀνδρὸς ἀδίκῳ φόνῳ. ³⁶τοῦ δὲ βασιλέως ἐπανελ- 36
θόντος ἀπὸ τῶν κατὰ Κιλικίαν τόπων ἐνετύγχανον οἱ κατὰ πόλιν
Ιουδαῖοι συμμισοπονηρούντων καὶ τῶν Ἑλλήνων ὑπὲρ τοῦ παρὰ
λόγον τὸν Ονιαν ἀπεκτονῆσθαι. ³⁷ψυχικῶς οὖν ὁ Ἀντίοχος ἐπι- 37
λυπηθεὶς καὶ τραπεὶς ἐπὶ ἔλεος καὶ δακρύσας διὰ τὴν τοῦ μετηλ-
λαχότος σωφροσύνην καὶ πολλὴν εὐταξίαν ³⁸καὶ πυρωθεὶς τοῖς 38
θυμοῖς παραχρῆμα τὴν τοῦ Ἀνδρονίκου πορφύραν περιελόμενος
καὶ τοὺς χιτῶνας περιρρήξας περιαγαγὼν καθ᾽ ὅλην τὴν πόλιν ἐπ᾽
αὐτὸν τὸν τόπον, οὗπερ τὸν Ονιαν ἠσέβησεν, ἐκεῖ τὸν μιαιφόνον
ἀπεκόσμησεν τοῦ κυρίου τὴν ἀξίαν αὐτῷ κόλασιν ἀποδόντος.
³⁹Γενομένων δὲ πολλῶν ἱεροσυλημάτων κατὰ τὴν πόλιν ὑπὸ 39
τοῦ Λυσιμάχου μετὰ τῆς τοῦ Μενελάου γνώμης καὶ διαδοθείσης
ἔξω τῆς φήμης ἐπισυνήχθη τὸ πλῆθος ἐπὶ τὸν Λυσίμαχον χρυσω-
μάτων ἤδη πολλῶν διενηνεγμένων. ⁴⁰ἐπεγειρομένων δὲ τῶν ὄχλων 40
καὶ ταῖς ὀργαῖς διεμπιπλαμένων καθοπλίσας ὁ Λυσίμαχος πρὸς
τρισχιλίους κατήρξατο χειρῶν ἀδίκων προηγησαμένου τινὸς Αυρα-

28 υπο] επι V† ‖ 29 αρχιερωσυνης] αρχ > VL ‖ 30 fin. διδοσθαι A ‖
32 και ult.] + εις V† ‖ 33 a VLLa] > A | απηλεγχεν] παρηλ. L, απηνεγκεν
A† | αντιοχειαν] -ας A ‖ 34 επι τον ονιαν > V† | δεξιασθεις: sic uel δεξιας
θεις? | μεθ] μετ AV*† | δεξιαν] -ας Vpau., > L†: cf. I 6 58 | fin. το δικαιον]
τον δ. V† ‖ 35 fin. φονου A† ‖ 36 απεκτονησθαι V (cf. Thack. p. 274)]
-νησεν A†, απεκτανθαι L ‖ 37 επιλυπηθεις] υπολυπ. A†, λυπ. L | επι ελεος
Apau.] υπ ελεους V†, εις ελεον L ‖ 38 ολην την] την > V† | απεκοσμησεν]
απεκτεινε(ν) L ‖ 40 αυρανου] τυραννου L: idem add. V†

νου προβεβηκότος τὴν ἡλικίαν, οὐδὲν δὲ ἧττον καὶ τὴν ἄνοιαν·
41 ⁴¹συνιδόντες δὲ καὶ τὴν ἐπίθεσιν τοῦ Λυσιμάχου συναρπάσαντες
οἱ μὲν πέτρους, οἱ δὲ ξύλων πάχη, τινὲς δὲ ἐκ τῆς παρακειμένης
σποδοῦ δρασσόμενοι φύρδην ἐνετίνασσον εἰς τοὺς περὶ τὸν Λυσί-
42 μαχον· ⁴²δι᾿ ἢν αἰτίαν πολλοὺς μὲν αὐτῶν τραυματίας ἐποίησαν,
τινὰς δὲ καὶ κατέβαλον, πάντας δὲ εἰς φυγὴν συνήλασαν, αὐτὸν
43 δὲ τὸν ἱερόσυλον παρὰ τὸ γαζοφυλάκιον ἐχειρώσαντο. ⁴³περὶ δὲ
44 τούτων ἐνέστη κρίσις πρὸς τὸν Μενέλαον. ⁴⁴καταντήσαντος δὲ
τοῦ βασιλέως εἰς Τύρον ἐπ᾿ αὐτοῦ τὴν δικαιολογίαν ἐποιήσαντο
45 οἱ πεμφθέντες τρεῖς ἄνδρες ὑπὸ τῆς γερουσίας. ⁴⁵ἤδη δὲ λελειμ-
μένος ὁ Μενέλαος ἐπηγγείλατο χρήματα ἱκανὰ τῷ Πτολεμαίῳ Δορυ-
46 μένους πρὸς τὸ πεῖσαι τὸν βασιλέα. ⁴⁶ὅθεν ἀπολαβὼν ὁ Πτολε-
μαῖος εἴς τι περίστυλον ὡς ἀναψύξοντα τὸν βασιλέα μετέθηκεν,
47 ⁴⁷καὶ τὸν μὲν τῆς ὅλης κακίας αἴτιον Μενέλαον ἀπέλυσεν τῶν
κατηγορημένων, τοῖς δὲ ταλαιπώροις, οἵτινες, εἰ καὶ ἐπὶ Σκυθῶν
ἔλεγον, ἀπελύθησαν ἀκατάγνωστοι, τούτοις θάνατον ἐπέκρινεν.
48 ⁴⁸ταχέως οὖν τὴν ἄδικον ζημίαν ὑπέσχον οἱ περὶ πόλεως καὶ δή-
49 μων καὶ τῶν ἱερῶν σκευῶν προηγορήσαντες. ⁴⁹δι᾿ ἢν αἰτίαν καὶ
Τύριοι μισοπονηρήσαντες τὰ πρὸς τὴν κηδείαν αὐτῶν μεγαλοπρε-
50 πῶς ἐχορήγησαν. ⁵⁰ὁ δὲ Μενέλαος διὰ τὰς τῶν κρατούντων πλεον-
εξίας ἔμενεν ἐπὶ τῇ ἀρχῇ ἐπιφυόμενος τῇ κακίᾳ μέγας τῶν πολιτῶν
ἐπίβουλος καθεστώς.

5 ¹Περὶ δὲ τὸν καιρὸν τοῦτον τὴν δευτέραν ἔφοδον ὁ Ἀντίοχος
2 εἰς Αἴγυπτον ἐστείλατο. ²συνέβη δὲ καθ᾿ ὅλην τὴν πόλιν σχεδὸν
ἐφ᾿ ἡμέρας τεσσαράκοντα φαίνεσθαι διὰ τῶν ἀέρων τρέχοντας
ἱππεῖς διαχρύσους στολὰς ἔχοντας καὶ λόγχας σπειρηδὸν ἐξ-
3 ωπλισμένους καὶ μαχαιρῶν σπασμοὺς ³καὶ ἴλας ἵππων διατεταγμένας
καὶ προσβολὰς γινομένας καὶ καταδρομὰς ἑκατέρων καὶ ἀσπίδων
κινήσεις καὶ καμάκων πλήθη καὶ βελῶν βολὰς καὶ χρυσέων κόσμων
4 ἐκλάμψεις καὶ παντοίους θωρακισμούς. ⁴διὸ πάντες ἠξίουν ἐπ᾿
5 ἀγαθῷ τὴν ἐπιφάνειαν γεγενῆσθαι. ⁵γενομένης δὲ λαλιᾶς ψευδοῦς
ὡς μετηλλαχότος Ἀντιόχου τὸν βίον παραλαβὼν ὁ Ἰάσων οὐκ
ἐλάττους τῶν χιλίων αἰφνιδίως ἐπὶ τὴν πόλιν συνετελέσατο ἐπί-
θεσιν· τῶν δὲ ἐπὶ τῷ τείχει συνελασθέντων καὶ τέλος ἤδη κα-
ταλαμβανομένης τῆς πόλεως ὁ Μενέλαος εἰς τὴν ἀκρόπολιν

40 ανοιαν] αγνοιαν Aᵗ: cf. Kappler p. 60 ‖ 41 init. συνειδοτες A | σπο-
δου] εποδου Aᵗ ‖ 42 και > Apau. ‖ 43 προς] επι Aᵗ ‖ 45 δορυμενους]
ς > Aᵗ ‖ 46 αναψυξοντα] χ pro ξ Aᵗ ‖ 47 κατηγορημενων] -ρουμ- VL,
-ρηματων compl.: cf. Kappler p. 57 ‖ 48 δημων] -μου VL ‖ 49 μισοπονη-
ρησαντες] -ρευσ- Aᵗ | μεγαλομερως A ‖ 50 επι τη αρχη] εν τ. σ. Vᵗ, επι
της -ης L | πολ(ε)ιτων] πολεμιων Vᵗ
51 εφοδον] αφ. Aᵗ ‖ 2 τρεχοντας] pr. δια Vᵗ ‖ 3 καματων Aᵗ | παν-
τοιοις τεθωρακισμενοις V⁽ᵗ⁾ ‖ 4 fin. γενεσθαι Vmu.

ἐφυγάδευσεν. ⁶ὁ δὲ Ἰάσων ἐποιεῖτο σφαγὰς τῶν πολιτῶν τῶν ἰδίων 6
ἀφειδῶς οὐ συννοῶν τὴν εἰς τοὺς συγγενεῖς εὐημερίαν δυσημερίαν
εἶναι τὴν μεγίστην, δοκῶν δὲ πολεμίων καὶ οὐχ ὁμοεθνῶν τρόπαια
καταβάλλεσθαι. ⁷τῆς μὲν ἀρχῆς οὐκ ἐκράτησεν, τὸ δὲ τέλος τῆς 7
ἐπιβουλῆς αἰσχύνην λαβὼν φυγὰς πάλιν εἰς τὴν Ἀμμανῖτιν ἀπῆλ-
θεν. ⁸πέρας οὖν κακῆς καταστροφῆς ἔτυχεν. ἐγκληθεὶς πρὸς Ἀρέταν 8
τὸν τῶν Ἀράβων τύραννον πόλιν ἐκ πόλεως φεύγων διωκόμενος
ὑπὸ πάντων στυγούμενος ὡς τῶν νόμων ἀποστάτης καὶ βδελυσσό-
μενος ὡς πατρίδος καὶ πολιτῶν δήμιος εἰς Αἴγυπτον ἐξεβράσθη,
⁹καὶ ὁ συχνοὺς τῆς πατρίδος ἀποξενώσας ἐπὶ ξένης ἀπώλετο πρὸς 9
Λακεδαιμονίους ἀναχθεὶς ὡς διὰ τὴν συγγένειαν τευξόμενος σκέ-
πης. ¹⁰καὶ ὁ πλῆθος ἀτάφων ἐκρίψας ἀπένθητος ἐγενήθη καὶ 10
κηδείας οὐδ' ἡστινοσοῦν οὔτε πατρῴου τάφου μετέσχεν.

¹¹Προσπεσόντων δὲ τῷ βασιλεῖ περὶ τῶν γεγονότων διέλαβεν 11
ἀποστατεῖν τὴν Ἰουδαίαν· ὅθεν ἀναζεύξας ἐξ Αἰγύπτου τεθηριω-
μένος τῇ ψυχῇ ἔλαβεν τὴν μὲν πόλιν δοριάλωτον ¹²καὶ ἐκέλευσεν 12
τοῖς στρατιώταις κόπτειν ἀφειδῶς τοὺς ἐμπίπτοντας καὶ τοὺς εἰς
τὰς οἰκίας ἀναβαίνοντας κατασφάζειν. ¹³ἐγίνετο δὲ νέων καὶ πρε- 13
σβυτέρων ἀναίρεσις, ἀνήβων τε καὶ γυναικῶν καὶ τέκνων ἀφανισμός,
παρθένων τε καὶ νηπίων σφαγαί. ¹⁴ὀκτὼ δὲ μυριάδες ἐν ταῖς πάσαις 14
ἡμέραις τρισὶν κατεφθάρησαν, τέσσαρες μὲν ἐν χειρῶν νομαῖς,
οὐχ ἧττον δὲ τῶν ἐσφαγμένων ἐπράθησαν. ¹⁵οὐκ ἀρκεσθεὶς δὲ 15
τούτοις κατετόλμησεν εἰς τὸ πάσης τῆς γῆς ἁγιώτατον ἱερὸν εἰσ-
ελθεῖν ὁδηγὸν ἔχων τὸν Μενέλαον τὸν καὶ τῶν νόμων καὶ τῆς
πατρίδος προδότην γεγονότα ¹⁶καὶ ταῖς μιαραῖς χερσὶν τὰ ἱερὰ 16
σκεύη λαμβάνων καὶ τὰ ὑπ' ἄλλων βασιλέων ἀνατεθέντα πρὸς αὔ-
ξησιν καὶ δόξαν τοῦ τόπου καὶ τιμὴν ταῖς βεβήλοις χερσὶν συσ-
σύρων. ¹⁷καὶ ἐμετεωρίζετο τὴν διάνοιαν ὁ Ἀντίοχος οὐ συνορῶν 17
ὅτι διὰ τὰς ἁμαρτίας τῶν τὴν πόλιν οἰκούντων ἀπώργισται βρα-
χέως ὁ δεσπότης, διὸ γέγονεν περὶ τὸν τόπον παρόρασις. ¹⁸εἰ δὲ 18
μὴ συνέβη προσενέχεσθαι πολλοῖς ἁμαρτήμασιν, καθάπερ ἦν ὁ
Ἡλιόδωρος ὁ πεμφθεὶς ὑπὸ Σελεύκου τοῦ βασιλέως ἐπὶ τὴν ἐπί-
σκεψιν τοῦ γαζοφυλακίου, οὗτος προαχθεὶς παραχρῆμα μαστιγωθεὶς
ἀνετράπη τοῦ θράσους. ¹⁹ἀλλ' οὐ διὰ τὸν τόπον τὸ ἔθνος, ἀλλὰ 19

5 fin. εφυγεν VL: cf. Kappler p. 55 ‖ 6 των πολιτων] της πολεως A† ‖
ου συννοων] ουκ εννοων V† ‖ 7 απηλθεν VLa] παρη. A ‖ 8 ετυχεν] ελα-
βεν VL ‖ στυγουμ.] pr. και L ‖ 9 πατριδος] pr. οικειας VL ‖ 10 αταφων]
-φον Vpau. ‖ ηστινοσουν (cf. 14 3)] ουν > AVpau.: ante ουτε(uel ουδε) | τα-
φου] νομου A† ‖ 11 αποστατιν A† | την ψυχην VL | μεν > VL ‖ 12 εν
ταις οικ(ε)ιαις Apau. ‖ 13 init. εγινοντο V | ανηβων] ανδρων L ‖ 14 νο-
μοις Apau. ‖ 15 τον 1⁰ > V† ‖ 16 υπ αλλων] υπο πολλων Ar† | ανατε-
θεντα] ανασ τιθ. A ‖ 17 εμετεωριζετο ε 1⁰ > V ‖ 18 συνεβη A†] -βαινε(ν)
rel. | προσενεχ.] σ > Vmu. | ανετραπη] + αν V†

20 διὰ τὸ ἔθνος τὸν τόπον ὁ κύριος ἐξελέξατο. ²⁰διόπερ καὶ αὐτὸς
ὁ τόπος συμμετασχὼν τῶν τοῦ ἔθνους δυσπετημάτων γενομένων
ὕστερον εὐεργετημάτων ἐκοινώνησεν, καὶ ὁ καταλειφθεὶς ἐν τῇ τοῦ
παντοκράτορος ὀργῇ πάλιν ἐν τῇ τοῦ μεγάλου δεσπότου καταλλαγῇ
μετὰ πάσης δόξης ἐπανωρθώθη.

21   ²¹ Ὁ γοῦν Ἀντίοχος ὀκτακόσια πρὸς τοῖς χιλίοις ἀπενεγκάμενος
ἐκ τοῦ ἱεροῦ τάλαντα θᾶττον εἰς τὴν Ἀντιόχειαν ἐχωρίσθη οἰόμενος
ἀπὸ τῆς ὑπερηφανίας τὴν μὲν γῆν πλωτὴν καὶ τὸ πέλαγος πορευ-
22 τὸν θέσθαι διὰ τὸν μετεωρισμὸν τῆς καρδίας. ²²κατέλιπεν δὲ καὶ
ἐπιστάτας τοῦ κακοῦν τὸ γένος, ἐν μὲν Ιεροσολύμοις Φίλιππον,
τὸ μὲν γένος Φρύγα, τὸν δὲ τρόπον βαρβαρώτερον ἔχοντα τοῦ
23 καταστήσαντος, ²³ἐν δὲ Γαριζιν Ἀνδρόνικον, πρὸς δὲ τούτοις Με-
νέλαον, ὃς χείριστα τῶν ἄλλων ὑπερήρετο τοῖς πολίταις, ἀπεχθῆ
24 δὲ πρὸς τοὺς πολίτας Ιουδαίους ἔχων διάθεσιν. ²⁴ἔπεμψεν δὲ τὸν
Μυσάρχην Ἀπολλώνιον μετὰ στρατεύματος, δισμυρίους δε πρὸς τοῖς
δισχιλίοις, προστάξας τοὺς ἐν ἡλικίᾳ πάντας κατασφάξαι, τὰς δὲ
25 γυναῖκας καὶ τοὺς νεωτέρους πωλεῖν. ²⁵οὗτος δὲ παραγενόμενος
εἰς Ιεροσόλυμα καὶ τὸν εἰρηνικὸν ὑποκριθεὶς ἐπέσχεν ἕως τῆς
ἁγίας ἡμέρας τοῦ σαββάτου καὶ λαβὼν ἀργοῦντας τοὺς Ιουδαίους
26 τοῖς ὑφ' ἑαυτὸν ἐξοπλησίαν παρήγγειλεν ²⁶καὶ τοὺς ἐξελθόντας
πάντας ἐπὶ τὴν θεωρίαν συνεξεκέντησεν καὶ εἰς τὴν πόλιν σὺν
τοῖς ὅπλοις εἰσδραμὼν ἱκανὰ κατέστρωσεν πλήθη.

27   ²⁷Ιουδας δὲ ὁ καὶ Μακκαβαῖος δέκατός που γενηθεὶς καὶ ἀνα-
χωρήσας εἰς τὴν ἔρημον θηρίων τρόπον ἐν τοῖς ὄρεσιν διέζη σὺν
τοῖς μετ' αὐτοῦ, καὶ τὴν χορτώδη τροφὴν σιτούμενοι διετέλουν
πρὸς τὸ μὴ μετασχεῖν τοῦ μολυσμοῦ.

6   ¹Μετ' οὐ πολὺν δὲ χρόνον ἐξαπέστειλεν ὁ βασιλεὺς γέροντα
Ἀθηναῖον ἀναγκάζειν τοὺς Ιουδαίους μεταβαίνειν ἀπὸ τῶν πα-
2 τρίων νόμων καὶ τοῖς τοῦ θεοῦ νόμοις μὴ πολιτεύεσθαι, ²μολῦναι
δὲ καὶ τὸν ἐν Ιεροσολύμοις νεὼ καὶ προσονομάσαι Διὸς Ὀλυμπίου
καὶ τὸν ἐν Γαριζιν, καθὼς ἐτύγχανον οἱ τὸν τόπον οἰκοῦντες, Διὸς
3 Ξενίου. ³χαλεπὴ δὲ καὶ τοῖς ὅλοις ἦν δυσχερὴς ἡ ἐπίτασις τῆς

20 των > A† | καταλειφθεις pl. La] -λη(μ)φθ- AV ‖ 21 γουν] γ > A† |
απο] υπο V† | γην πλωτην] την πρωτην A† ‖ 23 γαριζ(ε)ιν] pr. αρ La†: cf.
6 2 et Mitt. d. Sept.-Unt. 1, p. 47/48 et Kappler p. 12 | μενελαον ος] -λαος
A†: uitia sequentia codicum A et V praetereo | υπερηρετο] ε ult. > VL
‖ 24 προς > Apau. | δισχιλιοις] δισ > Vpau. ‖ 25 εξοπλησιαν] α > V†,
-πλισιαν compl. ‖ 26 εξελθοντας] εξ > Apau. | θεωριαν] θεαν V† | συνεξ-
εκεντ.] εξ > VL | εισδραμων] εισ > V† | κατεστρωσεν] -στησεν A† ‖ 27 εις
την ερημον ... εν τοις ορεσι(ν) VLLa] εν τοις ορεσιν ... A
6 1 εξαπεστ.] εξ > VL ‖ 2 νεω (cf. Thack. p. 145)] + ν VL | γαριζ(ε)ιν L]
ν > AV†, pr. αρ La†: cf. 5 23 | οικουντες] pr. κατ V† ‖ 3 ολοις] οχλοις
compl. | επιτασις pau.] επιστασις AV

κακίας. ⁴τὸ μὲν γὰρ ἱερὸν ἀσωτίας καὶ κώμων ὑπὸ τῶν ἐθνῶν 4
ἐπεπληροῦτο ῥᾳθυμούντων μεθ᾽ ἑταιρῶν καὶ ἐν τοῖς ἱεροῖς περι-
βόλοις γυναιξὶ πλησιαζόντων, ἔτι δὲ τὰ μὴ καθήκοντα ἔνδον εἰσ-
φερόντων. ⁵τὸ δὲ θυσιαστήριον τοῖς ἀποδιεσταλμένοις ἀπὸ τῶν 5
νόμων ἀθεμίτοις ἐπεπλήρωτο. ⁶ἦν δ᾽ οὔτε σαββατίζειν οὔτε πα- 6
τρῴους ἑορτὰς διαφυλάττειν οὔτε ἁπλῶς Ιουδαῖον ὁμολογεῖν εἶναι,
⁷ἤγοντο δὲ μετὰ πικρᾶς ἀνάγκης εἰς τὴν κατὰ μῆνα τοῦ βασιλέως 7
γενέθλιον ἡμέραν ἐπὶ σπλαγχνισμόν, γενομένης δὲ Διονυσίων
ἑορτῆς ἠναγκάζοντο κισσοὺς ἔχοντες πομπεύειν τῷ Διονύσῳ.
⁸ψήφισμα δὲ ἐξέπεσεν εἰς τὰς ἀστυγείτονας Ἑλληνίδας πόλεις 8
Πτολεμαίου ὑποθεμένου τὴν αὐτὴν ἀγωγὴν κατὰ τῶν Ιουδαίων
ἄγειν καὶ σπλαγχνίζειν, ⁹τοὺς δὲ μὴ προαιρουμένους μεταβαίνειν 9
ἐπὶ τὰ Ἑλληνικὰ κατασφάζειν. παρῆν οὖν ὁρᾶν τὴν ἐνεστῶσαν
ταλαιπωρίαν. ¹⁰δύο γὰρ γυναῖκες ἀνήχθησαν περιτετμηκυῖαι τὰ 10
τέκνα· τούτων δὲ ἐκ τῶν μαστῶν κρεμάσαντες τὰ βρέφη καὶ δη-
μοσίᾳ περιαγαγόντες αὐτὰς τὴν πόλιν κατὰ τοῦ τείχους ἐκρήμνισαν.
¹¹ἕτεροι δὲ πλησίον συνδραμόντες εἰς τὰ σπήλαια λεληθότως ἄγειν 11
τὴν ἑβδομάδα μηνυθέντες τῷ Φιλίππῳ συνεφλογίσθησαν διὰ τὸ
εὐλαβῶς ἔχειν βοηθῆσαι ἑαυτοῖς κατὰ τὴν δόξαν τῆς σεμνοτάτης
ἡμέρας.

¹²Παρακαλῶ οὖν τοὺς ἐντυγχάνοντας τῇδε τῇ βίβλῳ μὴ συστέλ- 12
λεσθαι διὰ τὰς συμφοράς, λογίζεσθαι δὲ τὰς τιμωρίας μὴ πρὸς
ὄλεθρον, ἀλλὰ πρὸς παιδείαν τοῦ γένους ἡμῶν εἶναι· ¹³καὶ γὰρ 13
τὸ μὴ πολὺν χρόνον ἐᾶσθαι τοὺς δυσσεβοῦντας, ἀλλ᾽ εὐθέως περι-
πίπτειν ἐπιτίμοις, μεγάλης εὐεργεσίας σημεῖόν ἐστιν. ¹⁴οὐ γὰρ 14
καθάπερ καὶ ἐπὶ τῶν ἄλλων ἐθνῶν ἀναμένει μακροθυμῶν ὁ δε-
σπότης μέχρι τοῦ καταντήσαντας αὐτοὺς πρὸς ἐκπλήρωσιν ἁμαρ-
τιῶν κολάσαι, οὕτως καὶ ἐφ᾽ ἡμῶν ἔκρινεν εἶναι, ¹⁵ἵνα μὴ πρὸς 15
τέλος ἀφικομένων ἡμῶν τῶν ἁμαρτιῶν ὕστερον ἡμᾶς ἐκδικᾷ. ¹⁶δι- 16
όπερ οὐδέποτε μὲν τὸν ἔλεον ἀφ᾽ ἡμῶν ἀφίστησιν, παιδεύων δὲ
μετὰ συμφορᾶς οὐκ ἐγκαταλείπει τὸν ἑαυτοῦ λαόν. ¹⁷πλὴν ἕως 17
ὑπομνήσεως ταῦθ᾽ ἡμῖν εἰρήσθω· δι᾽ ὀλίγων δ᾽ ἐλευστέον ἐπὶ τὴν
διήγησιν.

¹⁸Ελεάζαρός τις τῶν πρωτευόντων γραμματέων, ἀνὴρ ἤδη προ- 18
βεβηκὼς τὴν ἡλικίαν καὶ τὴν πρόσοψιν τοῦ προσώπου κάλλιστος,
ἀναχανὼν ἠναγκάζετο φαγεῖν ὕειον κρέας. ¹⁹ὁ δὲ τὸν μετ᾽ εὐκλείας 19

4 υπο των εθν./επεπλ.] tr. L | εταιρων La] ετερων mss. gr. | περιβολοις]
-λων A† ‖ 6 πατριους VL ‖ 7 init. ηγον A† ‖ 8 αστυγειτονας] αστυ-
γεις A† ‖ 10 ανηχθησαν] ανενεχθ. V† | fin. εκρημνησαν VL ‖ 11 εαυτοις]
ε > Apau. ‖ 12 ουν] δε V† ‖ 13 επιτιμοις A†] -μιοις rel.: cf. Sir. 8 5, pr.
τοις A† ‖ 14 καταντησαντας] -τος Apau. | κολασαι mu.] -ση AV*, -σει VᶜL
‖ 15 fin. εκδικη VL: cf. Thack. p. 264 ‖ 18 αναχανων] -χεν- A†, i. e. -χαιν-

θάνατον μᾶλλον ἢ τὸν μετὰ μύσους βίον ἀναδεξάμενος, αὐθαιρέ-
20 τως ἐπὶ τὸ τύμπανον προσῆγεν, ²⁰προπτύσας δὲ καθ᾽ ὃν ἔδει τρό-
πον προσέρχεσθαι τοὺς ὑπομένοντας ἀμύνασθαι ὧν οὐ θέμις γεύ-
21 σασθαι διὰ τὴν πρὸς τὸ ζῆν φιλοστοργίαν. ²¹οἱ δὲ πρὸς τῷ
παρανόμῳ σπλαγχνισμῷ τεταγμένοι διὰ τὴν ἐκ τῶν παλαιῶν χρό-
νων πρὸς τὸν ἄνδρα γνῶσιν ἀπολαβόντες αὐτὸν κατ᾽ ἰδίαν παρ-
εκάλουν ἐνέγκαντα κρέα, οἷς καθῆκον αὐτῷ χρᾶσθαι, δι᾽ αὐτοῦ
παρασκευασθέντα, ὑποκριθῆναι δὲ ὡς ἐσθίοντα τὰ ὑπὸ τοῦ βασι-
22 λέως προστεταγμένα τῶν ἀπὸ τῆς θυσίας κρεῶν, ²²ἵνα τοῦτο
πράξας ἀπολυθῇ τοῦ θανάτου καὶ διὰ τὴν ἀρχαίαν πρὸς αὐτοὺς
23 φιλίαν τύχῃ φιλανθρωπίας. ²³ὁ δὲ λογισμὸν ἀστεῖον ἀναλαβὼν
καὶ ἄξιον τῆς ἡλικίας καὶ τῆς τοῦ γήρως ὑπεροχῆς καὶ τῆς ἐπι-
κτήτου καὶ ἐπιφανοῦς πολιᾶς καὶ τῆς ἐκ παιδὸς καλλίστης ἀνα-
στροφῆς, μᾶλλον δὲ τῆς ἁγίας καὶ θεοκτίστου νομοθεσίας ἀκολού-
24 θως ἀπεφήνατο ταχέως λέγων προπέμπειν εἰς τὸν ᾅδην. ²⁴Οὐ γὰρ
τῆς ἡμετέρας ἡλικίας ἄξιόν ἐστιν ὑποκριθῆναι, ἵνα πολλοὶ τῶν
νέων ὑπολαβόντες Ελεαζαρον τὸν ἐνενηκονταετῆ μεταβεβηκέναι
25 εἰς ἀλλοφυλισμὸν ²⁵καὶ αὐτοὶ διὰ τὴν ἐμὴν ὑπόκρισιν καὶ διὰ τὸ
μικρὸν καὶ ἀκαριαῖον ζῆν πλανηθῶσιν δι᾽ ἐμέ, καὶ μύσος καὶ
26 κηλῖδα τοῦ γήρως κατακτήσωμαι. ²⁶εἰ γὰρ καὶ ἐπὶ τοῦ παρόντος
ἐξελοῦμαι τὴν ἐξ ἀνθρώπων τιμωρίαν, ἀλλὰ τὰς τοῦ παντοκράτορος
27 χεῖρας οὔτε ζῶν οὔτε ἀποθανὼν ἐκφεύξομαι. ²⁷διόπερ ἀνδρείως
μὲν νῦν διαλλάξας τὸν βίον τοῦ μὲν γήρως ἄξιος φανήσομαι,
28 ²⁸τοῖς δὲ νέοις ὑπόδειγμα γενναῖον καταλελοιπὼς εἰς τὸ προθύμως
καὶ γενναίως ὑπὲρ τῶν σεμνῶν καὶ ἁγίων νόμων ἀπευθανατίζειν.
29 τοσαῦτα δὲ εἰπὼν ἐπὶ τὸ τύμπανον εὐθέως ἦλθεν. ²⁹τῶν δὲ ἀγόν-
των πρὸς αὐτὸν τὴν μικρῷ πρότερον εὐμένειαν εἰς δυσμένειαν
μεταβαλόντων διὰ τὸ τοὺς προειρημένους λόγους, ὡς αὐτοὶ δι-
30 ελάμβανον, ἀπόνοιαν εἶναι, ³⁰μέλλων δὲ ταῖς πληγαῖς τελευτᾶν ἀνα-
στενάξας εἶπεν Τῷ κυρίῳ τῷ τὴν ἁγίαν γνῶσιν ἔχοντι φανερόν
ἐστιν ὅτι δυνάμενος ἀπολυθῆναι τοῦ θανάτου σκληρὰς ὑποφέρω

19 fin. προσηγετο V† ‖ 20 δια την > A† ‖ 21 των 1⁰ > V† | ἀπολα-
βοντες] -λαμβανοντες AL | παρεκαλουν] ενεκ. A† | ενεγκαντα] -κοντα A† |
χρασθαι] χρησασθαι VL | υποκριθηναι] θη > A† | προστεταγμ.] προσ > A† ‖
22 τυχη] -χοι A†, + τησδε της V† ‖ 23 γηρους Apau., sed in 25. 27 etiam
A γηρως, cf. Thack. p. 149 | επικτητου] + ς A† | και επιφανους επιφαν(ε)ιας
και της V† | πολιας] πολιτειας Apau. | θεοκτιστου] pr. της V† ‖ 24 μεταβε-
βηκεναι] κε > A† ‖ 25 ακαριαιον mu.] ακεραιον(uel ακαιρεον) AVL | δι] εις
V† | fin. καταστησω(Vᶜo)μαι V ‖ 27 διαλλαξας] μεταλλ. VrL ‖ 28 ειπων]
-ως A† | ηλθεν] ειλκετο V† ‖ 29 (cf. Kappler p. 62) προς αυτον] ante ευμε-
νειαν tr. V†, post ευμενειαν tr. L | εις] η A† | μεταβαλοντων > AV | δια το
τους προειρ. λογους L] δια (+ την V†) των προειρημενων λογων AV | δι-
ελαμβ.] υπελ. AV | fin.] + και κατατεινοντων τας μαστιγας L

κατὰ τὸ σῶμα ἀλγηδόνας μαστιγούμενος, κατὰ ψυχὴν δὲ ἡδέως
διὰ τὸν αὐτοῦ φόβον ταῦτα πάσχω. ³¹καὶ οὗτος οὖν τοῦτον τὸν 31
τρόπον μετήλλαξεν οὐ μόνον τοῖς νέοις, ἀλλὰ καὶ τοῖς πλείστοις
τοῦ ἔθνους τὸν ἑαυτοῦ θάνατον ὑπόδειγμα γενναιότητος καὶ μνη-
μόσυνον ἀρετῆς καταλιπών.

¹Συνέβη δὲ καὶ ἑπτὰ ἀδελφοὺς μετὰ τῆς μητρὸς συλλημφθέντας 7
ἀναγκάζεσθαι ὑπὸ τοῦ βασιλέως ἀπὸ τῶν ἀθεμίτων ὑείων κρεῶν
ἐφάπτεσθαι μάστιξιν καὶ νευραῖς αἰκιζομένους. ²εἷς δὲ αὐτῶν γε- 2
νόμενος προήγορος οὕτως ἔφη Τί μέλλεις ἐρωτᾶν καὶ μανθάνειν
ἡμῶν; ἕτοιμοι γὰρ ἀποθνήσκειν ἐσμὲν ἢ παραβαίνειν τοὺς πατρίους
νόμους. ³ἔκθυμος δὲ γενόμενος ὁ βασιλεὺς προσέταξεν τήγανα καὶ 3
λέβητας ἐκπυροῦν. ⁴τῶν δὲ παραχρῆμα ἐκπυρωθέντων τὸν γενό- 4
μενον αὐτῶν προήγορον προσέταξεν γλωσσοτομεῖν καὶ περισκυ-
θίσαντας ἀκρωτηριάζειν τῶν λοιπῶν ἀδελφῶν καὶ τῆς μητρὸς συν-
ορώντων. ⁵ἄχρηστον δὲ αὐτὸν τοῖς ὅλοις γενόμενον ἐκέλευσεν τῇ 5
πυρᾷ προσάγειν ἔμπνουν καὶ τηγανίζειν. τῆς δὲ ἀτμίδος ἐφ᾽ ἱκανὸν
διαδιδούσης τοῦ τηγάνου ἀλλήλους παρεκάλουν σὺν τῇ μητρὶ γεν-
ναίως τελευτᾶν λέγοντες οὕτως ⁶Ὁ κύριος ὁ θεὸς ἐφορᾷ καὶ ταῖς 6
ἀληθείαις ἐφ᾽ ἡμῖν παρακαλεῖται, καθάπερ διὰ τῆς κατὰ πρόσωπον
ἀντιμαρτυρούσης ᾠδῆς διεσάφησεν Μωυσῆς λέγων Καὶ ἐπὶ τοῖς
δούλοις αὐτοῦ παρακληθήσεται.

⁷Μεταλλάξαντος δὲ τοῦ πρώτου τὸν τρόπον τοῦτον τὸν δεύτε- 7
ρον ἦγον ἐπὶ τὸν ἐμπαιγμὸν καὶ τὸ τῆς κεφαλῆς δέρμα σὺν ταῖς
θριξὶν περισύραντες ἐπηρώτων Εἰ φάγεσαι πρὸ τοῦ τιμωρηθῆναι
τὸ σῶμα κατὰ μέλος; ⁸ὁ δὲ ἀποκριθεὶς τῇ πατρίῳ φωνῇ προσεῖ- 8
πεν Οὐχί. διόπερ καὶ οὗτος τὴν ἑξῆς ἔλαβεν βάσανον ὡς ὁ πρῶ-
τος. ⁹ἐν ἐσχάτῃ δὲ πνοῇ γενόμενος εἶπεν Σὺ μέν, ἀλάστωρ, ἐκ 9
τοῦ παρόντος ἡμᾶς ζῆν ἀπολύεις, ὁ δὲ τοῦ κόσμου βασιλεὺς ἀπο-
θανόντας ἡμᾶς ὑπὲρ τῶν αὐτοῦ νόμων εἰς αἰώνιον ἀναβίωσιν ζωῆς
ἡμᾶς ἀναστήσει.

¹⁰Μετὰ δὲ τοῦτον ὁ τρίτος ἐνεπαίζετο καὶ τὴν γλῶσσαν αἰτη- 10
θεὶς ταχέως προέβαλεν καὶ τὰς χεῖρας εὐθαρσῶς προέτεινεν ¹¹καὶ 11
γενναίως εἶπεν Ἐξ οὐρανοῦ ταῦτα κέκτημαι καὶ διὰ τοὺς αὐτοῦ

30 κατα το σωμα] το > A
7 2 ουτως εφη] ειπεν A pau. | τι > A† | ημων] pr. παρ L, pr. αφ uel περι
al. | παραβαινειν — fin.] πατρωους νομους παραβαινειν A†: sim. La† || 4 τον]
το A† || 5 ολοις] λοιποις A† | εκελευσεν] προσεταξε(ν) V† | προσαγαγειν V†
| διαδιδουσης] διδουσης A†, διαδουσης V† || 6 ο 1⁰ > VL | fin. cf. Deut.
32 36 || 7 περισυραντες] -ρον- A† | επηρωτων] -τουν A†: cf. Thack. p. 241
| φαγεσαι] -σθαι(pro -σθε) A pau. | το σωμα / κατα μελος] tr. A pau. || 9 ανα-
βιωσιν] pr. ημας A†, sed etiam ημας seq. adest in A || 10 ταχεως] ευθεως
V† | προεβαλεν] λλ pro λ A pau. | ευθαρσως] -σεως A† || 11 κεκτημαι] κε-
κληται A pau.

νόμους ὑπερορῶ ταῦτα καὶ παρ᾽ αὐτοῦ ταῦτα πάλιν ἐλπίζω κομί-
12 σασθαι · ¹²ὥστε αὐτὸν τὸν βασιλέα καὶ τοὺς σὺν αὐτῷ ἐκπλήσ-
σεσθαι τὴν τοῦ νεανίσκου ψυχήν, ὡς ἐν οὐδενὶ τὰς ἀλγηδόνας
ἐτίθετο.
13 ¹³Καὶ τούτου δὲ μεταλλάξαντος τὸν τέταρτον ὡσαύτως ἐβασάνι-
14 ζον αἰκιζόμενοι. ¹⁴καὶ γενόμενος πρὸς τὸ τελευτᾶν οὕτως ἔφη
Αἱρετὸν μεταλλάσσοντας ὑπ᾽ ἀνθρώπων τὰς ὑπὸ τοῦ θεοῦ προσ-
δοκᾶν ἐλπίδας πάλιν ἀναστήσεσθαι ὑπ᾽ αὐτοῦ · σοὶ μὲν γὰρ ἀνά-
στασις εἰς ζωὴν οὐκ ἔσται.
15
16 ¹⁵Ἐχομένως δὲ τὸν πέμπτον προσάγοντες ἡκίζοντο. ¹⁶ὁ δὲ πρὸς
αὐτὸν ἰδὼν εἶπεν Ἐξουσίαν ἐν ἀνθρώποις ἔχων φθαρτὸς ὢν ὃ
θέλεις ποιεῖς · μὴ δόκει δὲ τὸ γένος ἡμῶν ὑπὸ τοῦ θεοῦ καταλε-
17 λεῖφθαι · ¹⁷σὺ δὲ καρτέρει καὶ θεώρει τὸ μεγαλεῖον αὐτοῦ κράτος,
ὡς σὲ καὶ τὸ σπέρμα σου βασανιεῖ.
18 ¹⁸Μετὰ δὲ τοῦτον ἦγον τὸν ἕκτον, καὶ μέλλων ἀποθνῄσκειν ἔφη
Μὴ πλανῶ μάτην, ἡμεῖς γὰρ δι᾽ ἑαυτοὺς ταῦτα πάσχομεν ἁμαρ-
19 τόντες εἰς τὸν ἑαυτῶν θεόν, ἄξια θαυμασμοῦ γέγονεν · ¹⁹σὺ δὲ
μὴ νομίσῃς ἀθῷος ἔσεσθαι θεομαχεῖν ἐπιχειρήσας.
20 ²⁰Ὑπεραγόντως δὲ ἡ μήτηρ θαυμαστὴ καὶ μνήμης ἀγαθῆς ἀξία,
ἥτις ἀπολλυμένους υἱοὺς ἑπτὰ συνορῶσα μιᾶς ὑπὸ καιρὸν ἡμέρας
21 εὐψύχως ἔφερεν διὰ τὰς ἐπὶ κύριον ἐλπίδας. ²¹ἕκαστον δὲ αὐτῶν
παρεκάλει τῇ πατρίῳ φωνῇ γενναίῳ πεπληρωμένη φρονήματι καὶ
τὸν θῆλυν λογισμὸν ἄρσενι θυμῷ διεγείρασα λέγουσα πρὸς αὐτούς
22 ²²Οὐκ οἶδ᾽ ὅπως εἰς τὴν ἐμὴν ἐφάνητε κοιλίαν, οὐδὲ ἐγὼ τὸ πνεῦμα
καὶ τὴν ζωὴν ὑμῖν ἐχαρισάμην, καὶ τὴν ἑκάστου στοιχείωσιν οὐκ
23 ἐγὼ διερρύθμισα · ²³τοιγαροῦν ὁ τοῦ κόσμου κτίστης ὁ πλάσας
ἀνθρώπου γένεσιν καὶ πάντων ἐξευρὼν γένεσιν καὶ τὸ πνεῦμα καὶ
τὴν ζωὴν ὑμῖν πάλιν ἀποδίδωσιν μετ᾽ ἐλέους, ὡς νῦν ὑπερορᾶτε
ἑαυτοὺς διὰ τοὺς αὐτοῦ νόμους.
24 ²⁴Ὁ δὲ Ἀντίοχος οἰόμενος καταφρονεῖσθαι καὶ τὴν ὀνειδίζουσαν
ὑφορώμενος φωνὴν ἔτι τοῦ νεωτέρου περιόντος οὐ μόνον διὰ
λόγων ἐποιεῖτο τὴν παράκλησιν, ἀλλὰ καὶ δι᾽ ὅρκων ἐπίστου ἅμα
πλουτιεῖν καὶ μακαριστὸν ποιήσειν μεταθέμενον ἀπὸ τῶν πατρίων
25 καὶ φίλον ἕξειν καὶ χρείας ἐμπιστεύσειν. ²⁵τοῦ δὲ νεανίου μηδαμῶς
προσέχοντος προσκαλεσάμενος ὁ βασιλεὺς τὴν μητέρα παρῄνει

11 fin. κομιζεσθαι Α† ‖ 12 εκπλησσεσθαι] καταπλ. V† | νεανισκου] -νιου V†
‖ 14 το] τω Αpau. | υπ 1°] απο Α† | υπο] παρα VL ‖ 15] ως δε προσαγα-
γοντες τον πεμπτον ηκιζοντο V† ‖ 16 φθαρτος ων / ο θελεις ποιεις] tr. Α†
‖ 18 ματην] μαλλον Α† | αμαρτανοντες VL | αξια] pr. διο L ‖ 20 θαυμα-
στη] αγαθη Α† ‖ 21 αυτων] των ανθρωπων Α† | πεπληρωμενη] -νω Α† |
θηλυν] ν > ΑV | λεγ. προς αυτους] και λεγ. V† ‖ 22 διερ(ρ)υθμισα] ν pro μ
Α† ‖ 24 επιστου] -στουτο VL | αμα / πλουτιειν και μακαριστον (sic)] tr. V†
| μεταθεμ.] pr. και Α† | πατριων] + νομων VL

γενέσθαι τοῦ μειρακίου σύμβουλον ἐπὶ σωτηρίᾳ. ²⁶πολλὰ δὲ αὐτοῦ 26
παραινέσαντος ἐπεδέξατο πείσειν τὸν υἱόν · ²⁷προσκύψασα δὲ αὐτῷ 27
χλευάσασα τὸν ὠμὸν τύραννον οὕτως ἔφησεν τῇ πατρίῳ φωνῇ
Ὑιέ, ἐλέησόν με τὴν ἐν γαστρὶ περιενέγκασάν σε μῆνας ἐννέα καὶ
θηλάσασάν σε ἔτη τρία καὶ ἐκθρέψασάν σε καὶ ἀγαγοῦσαν εἰς τὴν
ἡλικίαν ταύτην καὶ τροφοφορήσασαν. ²⁸ἀξιῶ σε, τέκνον, ἀναβλέ- 28
ψαντα εἰς τὸν οὐρανὸν καὶ τὴν γῆν καὶ τὰ ἐν αὐτοῖς πάντα ἰδόντα
γνῶναι ὅτι οὐκ ἐξ ὄντων ἐποίησεν αὐτὰ ὁ θεός, καὶ τὸ τῶν ἀν-
θρώπων γένος οὕτω γίνεται. ²⁹μὴ φοβηθῇς τὸν δήμιον τοῦτον, 29
ἀλλὰ τῶν ἀδελφῶν ἄξιος γενόμενος ἐπίδεξαι τὸν θάνατον, ἵνα ἐν
τῷ ἐλέει σὺν τοῖς ἀδελφοῖς σου κομίσωμαί σε.

³⁰Ἔτι δὲ ταύτης καταληγούσης ὁ νεανίας εἶπεν Τίνα μένετε; 30
οὐχ ὑπακούω τοῦ προστάγματος τοῦ βασιλέως, τοῦ δὲ προστάγ-
ματος ἀκούω τοῦ νόμου τοῦ δοθέντος τοῖς πατράσιν ἡμῶν διὰ
Μωυσέως. ³¹σὺ δὲ πάσης κακίας εὑρετὴς γενόμενος εἰς τοὺς Ε- 31
βραίους οὐ μὴ διαφύγῃς τὰς χεῖρας τοῦ θεοῦ. ³²ἡμεῖς γὰρ διὰ τὰς 32
ἑαυτῶν ἁμαρτίας πάσχομεν. ³³εἰ δὲ χάριν ἐπιπλήξεως καὶ παιδείας 33
ὁ ζῶν κύριος ἡμῶν βραχέως ἐπώργισται, καὶ πάλιν καταλλαγήσε-
ται τοῖς ἑαυτοῦ δούλοις. ³⁴σὺ δέ, ὦ ἀνόσιε καὶ πάντων ἀνθρώπων 34
μιαρώτατε, μὴ μάτην μετεωρίζου φρυαττόμενος ἀδήλοις ἐλπίσιν
ἐπὶ τοὺς οὐρανίους παῖδας ἐπαιρόμενος χεῖρα · ³⁵οὔπω γὰρ τὴν 35
τοῦ παντοκράτορος ἐπόπτου θεοῦ κρίσιν ἐκπέφευγας. ³⁶οἱ μὲν γὰρ 36
νῦν ἡμέτεροι ἀδελφοὶ βραχὺν ὑπενέγκαντες πόνον ἀενάου ζωῆς
ὑπὸ διαθήκην θεοῦ πεπτώκασιν · σὺ δὲ τῇ τοῦ θεοῦ κρίσει δίκαια
τὰ πρόστιμα τῆς ὑπερηφανίας ἀποίσῃ. ³⁷ἐγὼ δέ, καθάπερ οἱ ἀδελ- 37
φοί, καὶ σῶμα καὶ ψυχὴν προδίδωμι περὶ τῶν πατρίων νόμων
ἐπικαλούμενος τὸν θεὸν ἵλεως ταχὺ τῷ ἔθνει γενέσθαι καὶ σὲ μετὰ
ἐτασμῶν καὶ μαστίγων ἐξομολογήσασθαι διότι μόνος αὐτὸς θεός
ἐστιν, ³⁸ἐν ἐμοὶ δὲ καὶ τοῖς ἀδελφοῖς μου στῆσαι τὴν τοῦ παντο- 38
κράτορος ὀργὴν τὴν ἐπὶ τὸ σύμπαν ἡμῶν γένος δικαίως ἐπηγμένην.

³⁹Ἔκθυμος δὲ γενόμενος ὁ βασιλεὺς τούτῳ παρὰ τοὺς ἄλλους 39
χειρίστως ἀπήντησεν πικρῶς φέρων ἐπὶ τῷ μυκτηρισμῷ. ⁴⁰καὶ οὗ- 40
τος οὖν καθαρὸς μετήλλαξεν παντελῶς ἐπὶ τῷ κυρίῳ πεποιθώς.

⁴¹Ἐσχάτη δὲ τῶν υἱῶν ἡ μήτηρ ἐτελεύτησεν. 41

27 χλευασασα] pr. και VL | εφησεν] εφη Vpau.: cf. 3 37 | fin.] + σε VL ||
29 αδελφων] + σου A⁺ | κομισωμαι] -σαιμε A⁺ || 30 ετι] αρτι Kappler p. 64
| καταληγ.] καταληγ. A⁺, καταλεγ. L | νεανιας] -νισκος V⁺ | ακουω] pr. εν V⁺
| μωυσεως] υ > pau., μωσην A⁺ || 33 επωργ.] παρωργ. Vpau. || 34 ανθρω-
πων > V⁺ | φρυαττομ.] α > A⁺ | επαραμενος AL | χειρα] + ς V⁺ || 36 υπ-
ενεγκ.] επ. A⁺ | πεπτωκασιν] τ delet Hort teste Sw. || 37 αδελφοι] + μου
VL | ψυχην] τυχην A⁺ | επικαλουμενος] -νοι A⁺ | ιλεως: sic AV, cf. Thack.
§ 12, 3 | -σθαι 1⁰ ⌢ 2⁰ V⁺ || 38 fin. επημμενην A⁺, επενηνεγμενην L ||
40 ουτως V* | καθαρος Vpau. La] -ρως rel.

42   42 Τὰ μὲν οὖν περὶ τοὺς σπλαγχνισμοὺς καὶ τὰς ὑπερβαλλού-
σας αἰκίας ἐπὶ τοσοῦτον δεδηλώσθω.

8   1 Ἰούδας δὲ ὁ καὶ Μακκαβαῖος καὶ οἱ σὺν αὐτῷ παρεισπορευ-
όμενοι λεληθότως εἰς τὰς κώμας προσεκαλοῦντο τοὺς συγγενεῖς
καὶ τοὺς μεμενηκότας ἐν τῷ Ἰουδαϊσμῷ προσλαμβανόμενοι συνήγα-
2 γον εἰς ἑξακισχιλίους. 2 καὶ ἐπεκαλοῦντο τὸν κύριον ἐπιδεῖν τὸν
ὑπὸ πάντων καταπατούμενον λαόν, οἰκτῖραι δὲ καὶ τὸν ναὸν τὸν
3 ὑπὸ τῶν ἀσεβῶν ἀνθρώπων βεβηλωθέντα, 3 ἐλεῆσαι δὲ καὶ τὴν
καταφθειρομένην πόλιν καὶ μέλλουσαν ἰσόπεδον γίνεσθαι καὶ τῶν
4 καταβοώντων πρὸς αὐτὸν αἱμάτων εἰσακοῦσαι, 4 μνησθῆναι δὲ καὶ
τῆς τῶν ἀναμαρτήτων νηπίων παρανόμου ἀπωλείας καὶ περὶ τῶν
γενομένων εἰς τὸ ὄνομα αὐτοῦ βλασφημιῶν καὶ μισοπονηρῆσαι.
5 5 γενόμενος δὲ ὁ Μακκαβαῖος ἐν συστέματι ἀνυπόστατος ἤδη τοῖς
6 ἔθνεσιν ἐγίνετο τῆς ὀργῆς τοῦ κυρίου εἰς ἔλεον τραπείσης. 6 πόλεις
δὲ καὶ κώμας ἀπροσδοκήτως ἐρχόμενος ἐνεπίμπρα καὶ τοὺς ἐπι-
καίρους τόπους ἀπολαμβάνων οὐκ ὀλίγους τῶν πολεμίων τροπού-
7 μενος 7 μάλιστα τὰς νύκτας πρὸς τὰς τοιαύτας ἐπιβολὰς συνεργοὺς
ἐλάμβανεν. καὶ λαλιὰ τῆς εὐανδρίας αὐτοῦ διηχεῖτο πανταχῆ.
8   8 Συνορῶν δὲ ὁ Φίλιππος κατὰ μικρὸν εἰς προκοπὴν ἐρχόμενον
τὸν ἄνδρα, πυκνότερον δὲ ἐν ταῖς εὐημερίαις προβαίνοντα, πρὸς
Πτολεμαῖον τὸν Κοίλης Συρίας καὶ Φοινίκης στρατηγὸν ἔγραψεν
9 ἐπιβοηθεῖν τοῖς τοῦ βασιλέως πράγμασιν. 9 ὁ δὲ ταχέως προχειρι-
σάμενος Νικάνορα τὸν τοῦ Πατρόκλου τῶν πρώτων φίλων ἀπ-
έστειλεν ὑποτάξας παμφύλων ἔθνη οὐκ ἐλάττους τῶν δισμυρίων τὸ
σύμπαν τῆς Ἰουδαίας ἐξᾶραι γένος· συνέστησεν δὲ αὐτῷ καὶ
Γοργίαν ἄνδρα στρατηγὸν καὶ ἐν πολεμικαῖς χρείαις πεῖραν ἔχοντα.
10 10 διεστήσατο δὲ ὁ Νικάνωρ τὸν φόρον τῷ βασιλεῖ τοῖς Ῥωμαίοις
ὄντα ταλάντων δισχιλίων ἐκ τῆς τῶν Ἰουδαίων αἰχμαλωσίας ἐκ-
11 πληρώσειν. 11 εὐθέως δὲ εἰς τὰς παραθαλασσίους πόλεις ἀπέστειλεν
προκαλούμενος ἐπ᾽ ἀγορασμὸν Ἰουδαίων σωμάτων ὑπισχνούμενος
ἐνενήκοντα σώματα ταλάντου παραχωρήσειν οὐ προσδεχόμενος
τὴν παρὰ τοῦ παντοκράτορος μέλλουσαν παρακολουθήσειν ἐπ᾽ αὐτῷ
12 δίκην. 12 τῷ δὲ Ἰούδα προσέπεσεν περὶ τῆς τοῦ Νικάνορος ἐφόδου,
καὶ μεταδόντος τοῖς σὺν αὐτῷ τὴν παρουσίαν τοῦ στρατοπέδου
13 13 οἱ δειλανδροῦντες καὶ ἀπιστοῦντες τὴν τοῦ θεοῦ δίκην διεδίδρα-

---

8 1 και 1⁰ > VLᴾ || 2 κυριον] θεον V† | καταπατ. Vpau. La] καταπον. rel.
| των > V(†) || 3 και ult. — fin. > V† || 4 init.] pr. και A† | γενομενων]
γιν. VL || 5 ο μακκ. / εν συστε(uel η)μ.] tr. VL | τραπεισης] -πισιν A† ||
6 κωμας] χωρας Apau. | ερχομενος] pr. επ VL || 7 μαλιστα] + δε VL | επι-
βολας AVpau.] -βουλας rel. | διηχειτο Apau.] διεχ. rel. || 8 εν > VL ||
9 συμπαν] παν A† | συνεστησε(ν) -σα A† | εν] ευ A† | πειραν εχοντα] tr.
Apau. || 11 προκαλουμ. Apau.] προσκαλ. rel. | ιουδαιων] -δαικων VL | παρ-
ακολουθησειν] -θουσαν A†

σκον ἑαυτοὺς καὶ ἐξετόπιζον. ¹⁴οἱ δὲ τὰ περιλελειμμένα πάντα ἐ- 14
πώλουν, ὁμοῦ δὲ τὸν κύριον ἠξίουν ῥύσασθαι τοὺς ὑπὸ τοῦ δυσ-
σεβοῦς Νικάνορος πρὶν συντυχεῖν πεπραμένους · ¹⁵καὶ εἰ μὴ δι᾽ 15
αὐτούς, ἀλλὰ διὰ τὰς πρὸς τοὺς πατέρας αὐτῶν διαθήκας καὶ
ἕνεκα τῆς ἐπ᾽ αὐτοὺς ἐπικλήσεως τοῦ σεμνοῦ καὶ μεγαλοπρεποῦς
ὀνόματος αὐτοῦ. ¹⁶συναγαγὼν δὲ ὁ Μακκαβαῖος τοὺς περὶ αὐτὸν 16
ὄντας ἀριθμὸν ἑξακισχιλίους παρεκάλει μὴ καταπλαγῆναι τοῖς πο-
λεμίοις μηδὲ εὐλαβεῖσθαι τὴν τῶν ἀδίκως παραγινομένων ἐπ᾽ αὐ-
τοὺς ἐθνῶν πολυπλήθειαν, ἀγωνίσασθαι δὲ γενναίως ¹⁷πρὸ ὀφθαλ- 17
μῶν λαβόντας τὴν ἀνόμως εἰς τὸν ἅγιον τόπον συντετελεσμένην
ὑπ᾽ αὐτῶν ὕβριν καὶ τὸν τῆς ἐμπεπαιγμένης πόλεως αἰκισμόν, ἔτι
δὲ τὴν τῆς προγονικῆς πολιτείας κατάλυσιν. ¹⁸οἱ μὲν γὰρ ὅπλοις 18
πεποίθασιν ἅμα καὶ τόλμαις, ἔφησεν, ἡμεῖς δὲ ἐπὶ τῷ παντοκράτορι
θεῷ, δυναμένῳ καὶ τοὺς ἐρχομένους ἐφ᾽ ἡμᾶς καὶ τὸν ὅλον κόσμον
ἑνὶ νεύματι καταβαλεῖν, πεποίθαμεν. ¹⁹προσαναλεξάμενος δὲ αὐτοῖς 19
καὶ τὰς ἐπὶ τῶν προγόνων γενομένας ἀντιλήμψεις καὶ τὴν ἐπὶ
Σενναχηριμ, ἑκατὸν ὀγδοήκοντα πέντε χιλιάδες ὡς ἀπώλοντο,
²⁰καὶ τὴν ἐν τῇ Βαβυλωνίᾳ τὴν πρὸς τοὺς Γαλάτας παράταξιν 20
γενομένην, ὡς οἱ πάντες ἐπὶ τὴν χρείαν ἦλθον ὀκτακισχίλιοι σὺν
Μακεδόσιν τετρακισχιλίοις, τῶν Μακεδόνων ἀπορουμένων οἱ ὀκτα-
κισχίλιοι τὰς δώδεκα μυριάδας ἀπώλεσαν διὰ τὴν γινομένην αὐτοῖς
ἀπ᾽ οὐρανοῦ βοήθειαν καὶ ὠφέλειαν πολλὴν ἔλαβον. ²¹ἐφ᾽ οἷς εὐ- 21
θαρσεῖς αὐτοὺς παραστήσας καὶ ἑτοίμους ὑπὲρ τῶν νόμων καὶ
τῆς πατρίδος ἀποθνήσκειν τετραμερές τι τὸ στράτευμα ἐποίησεν.
²²τάξας καὶ τοὺς ἀδελφοὺς αὐτοῦ προηγουμένους ἑκατέρας τάξεως, 22
Σιμωνα καὶ Ιωσηπον καὶ Ιωναθην, ὑποτάξας ἑκάστῳ χιλίους πρὸς
τοῖς πεντακοσίοις, ²³ἔτι δὲ καὶ Ελεαζαρον, παραναγνοὺς τὴν ἱερὰν 23
βίβλον καὶ δοὺς σύνθημα θεοῦ βοηθείας τῆς πρώτης σπείρας αὐτὸς
προηγούμενος συνέβαλε τῷ Νικάνορι. ²⁴γενομένου δὲ αὐτοῖς τοῦ 24
παντοκράτορος συμμάχου κατέσφαξαν τῶν πολεμίων ὑπὲρ τοὺς
ἐνακισχιλίους, τραυματίας δὲ καὶ τοῖς μέλεσιν ἀναπείρους τὸ πλεῖ-
ον μέρος τῆς τοῦ Νικάνορος στρατιᾶς ἐποίησαν, πάντας δὲ φυ-

15 διαθηκας] συνθ. Vᵗ | αυτους 2⁰] ς > Apau. ‖ 16 αριθμον] pr. τον VL
| τοις πολεμιοις(Aᵗ δεσμιοις)] τους -μιους VL | παραγινομ.] -γεν- AL ‖ 17 α-
νομως] των ανομων Vᵗ ‖ 18 εφησεν (cf. 3 37)] -σαν Aᵗ | καταβαλειν] λαβ pro
βαλ Aᵗ ‖ 19 γενομενας] γεγονυιας VL | εκατον — fin.] των εκατον ογδοηκ.
πεντε χιλιαδων απωλειαν Vᵗ ‖ 20 την 2⁰ > L | οκτακισχιλιοι ult.] εξακισχ.
A ‖ 21 παραστησας] ποιησας VL | τι] δε Vᵗ, > L | το στρατ. / εποιησεν] tr.
Aᵗ ‖ 22 και 1⁰] δε Vᵗ, > Aᵗ | τους > Aᵗ | εκατερας] + δε Vᵗ | ιωσηφον
Vpl.: cf. 1 5 60 | ιωναθην Aᵗ] -θαν rel.: cf. I 2 5 ‖ 23 βοηθειας] ς > L: cf.
13 15 | σπειρας] -ρης A: cf. Thack. p. 140 | προηγουμ.] αφηγ. VL ‖ 24 πλει-
ον] πλειστον VL ¦ της > Vᵗ | εποιησαν > Aᵗ | παντας > Vᵗ | δε φυγειν] φ.
τε Vᵗ | φυγειν] φευγ. Apau.

25 γεῖν ἠνάγκασαν. ²⁵τὰ δὲ χρήματα τῶν παραγεγονότων ἐπὶ τὸν
ἀγορασμὸν αὐτῶν ἔλαβον· συνδιώξαντες δὲ αὐτοὺς ἐφ' ἱκανὸν
26 ἀνέλυσαν ὑπὸ τῆς ὥρας συγκλειόμενοι· ²⁶ἦν γὰρ ἡ πρὸ τοῦ σαβ-
βάτου, δι' ἣν αἰτίαν οὐκ ἐμακροτόνησαν κατατρέχοντες αὐτούς.
27 ²⁷ὁπλολογήσαντες δὲ αὐτοὺς καὶ τὰ σκῦλα ἐκδύσαντες τῶν πο-
λεμίων περὶ τὸ σάββατον ἐγίνοντο περισσῶς εὐλογοῦντες καὶ ἐξ-
ομολογούμενοι τῷ κυρίῳ τῷ διασώσαντι εἰς τὴν ἡμέραν ταύτην,
28 ἀρχὴν ἐλέους τάξαντος αὐτοῖς. ²⁸μετὰ δὲ τὸ σάββατον τοῖς ἠκισ-
μένοις καὶ ταῖς χήραις καὶ ὀρφανοῖς μερίσαντες ἀπὸ τῶν σκύλων
29 τὰ λοιπὰ αὐτοὶ καὶ τὰ παιδία διεμερίσαντο. ²⁹ταῦτα δὲ διαπρα-
ξάμενοι καὶ κοινὴν ἱκετείαν ποιησάμενοι τὸν ἐλεήμονα κύριον ἠξίουν
εἰς τέλος καταλλαγῆναι τοῖς αὐτοῦ δούλοις.
30 ³⁰Καὶ τοῖς περὶ Τιμόθεον καὶ Βακχίδην συνερίσαντες ὑπὲρ τοὺς
δισμυρίους αὐτῶν ἀνεῖλον καὶ ὀχυρωμάτων ὑψηλῶν εὖ μάλα ἐγ-
κρατεῖς ἐγένοντο καὶ λάφυρα πλείονα ἐμερίσαντο ἰσομοίρους αὐτοῖς
καὶ τοῖς ἠκισμένοις καὶ ὀρφανοῖς καὶ χήραις, ἔτι δὲ καὶ πρεσβυ-
31 τέροις ποιήσαντες. ³¹ὁπλολογήσαντες δὲ αὐτοὺς ἐπιμελῶς πάντα
συνέθηκαν εἰς τοὺς ἐπικαίρους τόπους, τὰ δὲ λοιπὰ τῶν σκύλων
32 ἤνεγκαν εἰς Ιεροσόλυμα. ³²τὸν δὲ φυλάρχην τῶν περὶ Τιμόθεον
ἀνεῖλον, ἀνοσιώτατον ἄνδρα καὶ πολλὰ τοὺς Ιουδαίους ἐπιλελυπη-
33 κότα. ³³ἐπινίκια δὲ ἄγοντες ἐν τῇ πατρίδι τοὺς ἐμπρήσαντας τοὺς
ἱεροὺς πυλῶνας καὶ Καλλισθένην ὑφῆψαν εἰς ἓν οἰκίδιον πεφευγότα,
34 καὶ τὸν ἄξιον τῆς δυσσεβείας ἐκομίσατο μισθόν. ³⁴ὁ δὲ τρισαλιτήριος
Νικάνωρ ὁ τοὺς χιλίους ἐμπόρους ἐπὶ τὴν πρᾶσιν τῶν Ιουδαίων
35 ἀγαγὼν ³⁵ταπεινωθεὶς ὑπὸ τῶν κατ' αὐτὸν νομιζομένων ἐλαχίστων
εἶναι τῇ τοῦ κυρίου βοηθείᾳ τὴν δοξικὴν ἀποθέμενος ἐσθῆτα διὰ
τῆς μεσογείου δραπέτου τρόπον ἔρημον ἑαυτὸν ποιήσας ἧκεν εἰς
Ἀντιόχειαν ὑπὲρ ἅπαν εὐημερηκὼς ἐπὶ τῇ τοῦ στρατοῦ διαφθορᾷ.
36 ³⁶καὶ ὁ τοῖς Ῥωμαίοις ἀναδεξάμενος φόρον ἀπὸ τῆς τῶν ἐν Ιε-
ροσολύμοις αἰχμαλωσίας κατορθώσασθαι κατήγγελλεν ὑπέρμαχον
ἔχειν τοὺς Ιουδαίους καὶ διὰ τὸν τρόπον τοῦτον ἀτρώτους εἶναι
τοὺς Ιουδαίους διὰ τὸ ἀκολουθεῖν τοῖς ὑπ' αὐτοῦ προτεταγμένοις
νόμοις.

25 παραγεγονοτων] -γενομενων A⁺ | υπο] απο A⁺ | ωρας] χωρας A⁺ ||
26 σαββατου] + δικη A⁺ || 28 ταις > V⁺ | ορφανοις] pr. τοις A⁺ | και τα
παιδια > V⁺ || 29 καταλλαγηναι] διαλλ. V⁺ || 30 οχυρωματων] το οχυρωμα
των A⁺ | πλειονα] -νος A⁺ || 33 αγοντες] -τας A | τους εμπρησαντας] τον
-σαντα compl. | και 1⁰ unus cod. et Kappler p. 63] > rel. | καλλισθενην] +
και τινας αλλους L: idem πεφευγοτας pro -τα et οιτινες ... εκομισαντο pro
και τον ... -σατο | οικιδιον] οικ(ε)ιον Apau. || 34 τους χιλιους] τρισχιλ. A⁺
|| 35 κατ] καθ Amu. | κυριου] θεου V⁺ | δραπετου] τρ. A⁺ || 36 κατορθω-
σασθαι] διορθ. V | υπερμαχον εχειν] pr. θεον L, + τον θεον V⁺; pau. add.
θεον post ιουδαιους 1⁰ | υπ αυτου] εαυτου A⁺

¹ Περὶ δὲ τὸν καιρὸν ἐκεῖνον ἐτύγχανεν Ἀντίοχος ἀναλελυκὼς 9
ἀκόσμως ἐκ τῶν περὶ τὴν Περσίδα τόπων. ² εἰσεληλύθει γὰρ εἰς 2
τὴν λεγομένην Περσέπολιν καὶ ἐπεχείρησεν ἱεροσυλεῖν καὶ τὴν
πόλιν συνέχειν · διὸ δὴ τῶν πληθῶν ὁρμησάντων ἐπὶ τὴν τῶν
ὅπλων βοήθειαν ἐτράπησαν, καὶ συνέβη τροπωθέντα τὸν Ἀντίοχον
ὑπὸ τῶν ἐγχωρίων ἀσχήμονα τὴν ἀναζυγὴν ποιήσασθαι. ³ ὄντι δὲ 3
αὐτῷ κατ᾽ Ἐκβάτανα πρυσέπεσεν τὰ κατὰ Νικάνορα καὶ τοὺς περὶ
Τιμόθεον γεγονότα. ⁴ ἐπαρθεὶς δὲ τῷ θυμῷ ᾤετο καὶ τὴν τῶν 4
πεφυγαδευκότων αὐτὸν κακίαν εἰς τοὺς Ιουδαίους ἐναπερείσασθαι,
διὸ συνέταξεν τὸν ἁρματηλάτην ἀδιαλείπτως ἐλαύνοντα κατανύειν
τὴν πορείαν τῆς ἐξ οὐρανοῦ δὴ κρίσεως συνούσης αὐτῷ · οὕτως
γὰρ ὑπερηφάνως εἶπεν Πολυάνδριον Ιουδαίων Ιεροσόλυμα ποιήσω
παραγενόμενος ἐκεῖ. ⁵ ὁ δὲ παντεπόπτης κύριος ὁ θεὸς τοῦ Ισραηλ 5
ἐπάταξεν αὐτὸν ἀνιάτῳ καὶ ἀοράτῳ πληγῇ · ἄρτι δὲ αὐτοῦ κατα-
λήξαντος τὸν λόγον ἔλαβεν αὐτὸν ἀνήκεστος τῶν σπλάγχνων ἀλ-
γηδὼν καὶ πικραὶ τῶν ἔνδον βάσανοι ⁶ πάνυ δικαίως τὸν πολλαῖς 6
καὶ ξενιζούσαις συμφοραῖς ἑτέρων σπλάγχνα βασανίσαντα. ⁷ ὁ δ᾽ 7
οὐδαμῶς τῆς ἀγερωχίας ἔληγεν, ἔτι δὲ καὶ τῆς ὑπερηφανίας ἐπ-
επλήρωτο πῦρ πνέων τοῖς θυμοῖς ἐπὶ τοὺς Ιουδαίους καὶ κελεύων
ἐποξύνειν τὴν πορείαν. συνέβη δὲ καὶ πεσεῖν αὐτὸν ἀπὸ τοῦ ἅρ-
ματος φερομένου ῥοίζῳ καὶ δυσχερεῖ πτώματι περιπεσόντα πάντα
τὰ μέλη τοῦ σώματος ἀποστρεβλοῦσθαι. ⁸ ὁ δ᾽ ἄρτι δοκῶν τοῖς 8
τῆς θαλάσσης κύμασιν ἐπιτάσσειν διὰ τὴν ὑπὲρ ἄνθρωπον ἀλαζο-
νείαν καὶ πλάστιγγι τὰ τῶν ὀρέων οἰόμενος ὕψη στήσειν κατὰ
γῆν γενόμενος ἐν φορείῳ παρεκομίζετο φανερὰν τοῦ θεοῦ πᾶσιν
τὴν δύναμιν ἐνδεικνύμενος, ⁹ ὥστε καὶ ἐκ τοῦ σώματος τοῦ δυσσε- 9
βοῦς σκώληκας ἀναζεῖν, καὶ ζῶντος ἐν ὀδύναις καὶ ἀλγηδόσιν τὰς
σάρκας αὐτοῦ διαπίπτειν, ὑπὸ δὲ τῆς ὀσμῆς αὐτοῦ πᾶν τὸ στρα-
τόπεδον βαρύνεσθαι τὴν σαπρίαν. ¹⁰ καὶ τὸν μικρῷ πρότερον τῶν 10
οὐρανίων ἄστρων ἅπτεσθαι δοκοῦντα παρακομίζειν οὐδεὶς ἐδύνατο
διὰ τὸ τῆς ὀσμῆς ἀφόρητον βάρος. ¹¹ ἐνταῦθα οὖν ἤρξατο τὸ πολὺ 11
τῆς ὑπερηφανίας λήγειν τεθραυσμένος καὶ εἰς ἐπίγνωσιν ἔρχεσθαι
θείᾳ μάστιγι κατὰ στιγμὴν ἐπιτεινόμενος ταῖς ἀλγηδόσιν. ¹² καὶ 12
μηδὲ τῆς ὀσμῆς αὐτοῦ δυνάμενος ἀνέχεσθαι ταῦτ᾽ ἔφη Δίκαιον
ὑποτάσσεσθαι τῷ θεῷ καὶ μὴ θνητὸν ὄντα ἰσόθεα φρονεῖν. ¹³ ηὔ- 13
χετο δὲ ὁ μιαρὸς πρὸς τὸν οὐκέτι αὐτὸν ἐλεήσοντα δεσπότην οὕ-

9 4 την 1⁰ > A⁺ | κατανυειν] λ pro ν 1⁰ A pau. ‖ 8 αρτι δοκων] αντιδοκων
A⁺ | επιτασσειν > A⁺ | ανθρωπον] -πων A⁺ | αλαζον(ε)ιαν] υπερηφανιαν A⁺ |
τα > A⁺ | οιομενος] μειζονα (sic) V⁺ | ενδεικνυμενος] -νυ(ο)ντος VLLa ‖
9 του σωματος] των οφθαλμων La⁺, των του σωματος οφθαλμων V⁺ ‖
11 ληγειν] λεγ. A pau. | τεθραυσμενος] pr. υπο VL ‖ 12 δυναμ. ανεχ.] tr. A⁺
| ισοθεα VLLa] υπερηφανα A ‖ 13 δε] ουν V⁺ | μιαρος] μειερος A⁺

14 τως λέγων ¹⁴τὴν μὲν ἁγίαν πόλιν, ἣν σπεύδων παρεγίνετο ἰσόπεδον
15 ποιῆσαι καὶ πολυάνδριον οἰκοδομῆσαι, ἐλευθέραν ἀναδεῖξαι, ¹⁵τοὺς
   δὲ Ἰουδαίους, οὓς διεγνώκει μηδὲ ταφῆς ἀξιῶσαι, οἰωνοβρώτους
   δὲ σὺν τοῖς νηπίοις ἐκρίψειν θηρίοις, πάντας αὐτοὺς ἴσους Ἀθη-
16 ναίοις ποιήσειν· ¹⁶ὃν δὲ πρότερον ἐσκύλευσεν ἅγιον νεὼ καλλί-
   στοις ἀναθήμασιν κοσμήσειν καὶ τὰ ἱερὰ σκεύη πολυπλάσια πάντα
   ἀποδώσειν, τὰς δὲ ἐπιβαλλούσας πρὸς τὰς θυσίας συντάξεις ἐκ
17 τῶν ἰδίων προσόδων χορηγήσειν· ¹⁷πρὸς δὲ τούτοις καὶ Ἰουδαῖον
   ἔσεσθαι καὶ πάντα τόπον οἰκητὸν ἐπελεύσεσθαι καταγγέλλοντα τὸ
18 τοῦ θεοῦ κράτος. ¹⁸οὐδαμῶς δὲ ληγόντων τῶν πόνων, ἐπεληλύθει
   γὰρ ἐπ᾽ αὐτὸν δικαία ἡ τοῦ θεοῦ κρίσις, τὰ κατ᾽ αὐτὸν ἀπελπίσας
   ἔγραψεν πρὸς τοὺς Ἰουδαίους τὴν ὑπογεγραμμένην ἐπιστολὴν ἱκε-
   τηρίας τάξιν ἔχουσαν, περιέχουσαν δὲ οὕτως·
19   ¹⁹Τοῖς χρηστοῖς Ἰουδαίοις τοῖς πολίταις πολλὰ χαίρειν καὶ ὑγι-
20 αίνειν καὶ εὖ πράττειν βασιλεὺς καὶ στρατηγὸς Ἀντίοχος. ²⁰εἰ ἔρ-
   ρωσθε καὶ τὰ τέκνα καὶ τὰ ἴδια κατὰ γνώμην ἐστὶν ὑμῖν· εἰς
21 οὐρανὸν τὴν ἐλπίδα ἔχων ²¹ὑμῶν τὴν τιμὴν καὶ τὴν εὔνοιαν ἐμνη-
   μόνευον φιλοστόργως. ἐπανάγων ἐκ τῶν κατὰ τὴν Περσίδα τόπων
   καὶ περιπεσὼν ἀσθενείᾳ δυσχέρειαν ἐχούσῃ ἀναγκαῖον ἡγησάμην
22 φροντίσαι τῆς κοινῆς πάντων ἀσφαλείας. ²²οὐκ ἀπογινώσκων τὰ
   κατ᾽ ἐμαυτόν, ἀλλὰ ἔχων πολλὴν ἐλπίδα ἐκφεύξεσθαι τὴν ἀσθένειαν,
23 ²³θεωρῶν δὲ ὅτι καὶ ὁ πατήρ, καθ᾽ οὓς καιροὺς εἰς τοὺς ἄνω
24 τόπους ἐστρατοπέδευσεν, ἀνέδειξεν τὸν διαδεξάμενον, ²⁴ὅπως, ἐάν
   τι παράδοξον ἀποβαίνῃ ἢ καὶ προσαγγελθῇ τι δυσχερές, εἰδότες οἱ
   κατὰ τὴν χώραν ᾧ καταλέλειπται τὰ πράγματα μὴ ἐπιταράσσωνται·
25 ²⁵πρὸς δὲ τούτοις κατανοῶν τοὺς παρακειμένους δυνάστας καὶ
   γειτνιῶντας τῇ βασιλείᾳ τοῖς καιροῖς ἐπέχοντας καὶ προσδοκῶντας
   τὸ ἀποβησόμενον, ἀναδέδειχα τὸν υἱὸν Ἀντίοχον βασιλέα, ὃν πολ-
   λάκις ἀνατρέχων εἰς τὰς ἐπάνω σατραπείας τοῖς πλείστοις ὑμῶν
   παρεκατετιθέμην καὶ συνίστων· γέγραφα δὲ πρὸς αὐτὸν τὰ ὑπο-
26 γεγραμμένα. ²⁶παρακαλῶ οὖν ὑμᾶς καὶ ἀξιῶ μεμνημένους τῶν
   εὐεργεσιῶν κοινῇ καὶ κατ᾽ ἰδίαν ἕκαστον συντηρεῖν τὴν οὖσαν
27 εὔνοιαν εἰς ἐμὲ καὶ τὸν υἱόν· ²⁷πέπεισμαι γὰρ αὐτὸν ἐπιεικῶς
   καὶ φιλανθρώπως παρακολουθοῦντα τῇ ἐμῇ προαιρέσει συμπεριενε-
   χθήσεσθαι ὑμῖν.

15 ους] ως A⁺ | αξιωσαι] -σειν V⁺ | δε 2⁰ > A⁺ | εκριψειν] εκτριψαι A⁽⁺⁾ ||
16 νεω] + ν VL: cf. 6 2 || 17 ιουδαιον] -ος AL | επελευσεσθαι] -σας- A⁺ |
καταγγελλοντα] + ς A⁺ || 18 ικετ. ταξιν / εχουσαν] tr. A⁺ | περιεχουσαν > V⁺ |
post εχουσαν || 19 και στρατ. / αντιοχος] tr. A⁺ || 20 ει mu. La] > AVL |
εστιν] εσται A⁺ || 21 την 1⁰ > V⁺ | επαναγωγν A⁺ | παντων] + υμων A⁺
|| 24 αποβαινη] ν > A⁺ | η > AL: post -νη | προσαγγελθη] π pro γγ A⁺ |
τι δυσχερες] tr. V⁺ || 25 τη βασιλεια] της -ας A⁺ | δε ult. > V⁺ || 26 εις]
προς V⁺ | fin.] + μου V⁺ || 27 παρακολ.] συνσταθεντα A⁺

²⁸ Ὁ μὲν οὖν ἀνδροφόνος καὶ βλάσφημος τὰ χείριστα παθών, 28
ὡς ἑτέρους διέθηκεν, ἐπὶ ξένης ἐν τοῖς ὄρεσιν οἰκτίστῳ μόρῳ
κατέστρεψεν τὸν βίον. ²⁹ παρεκομίζετο δὲ τὸ σῶμα Φίλιππος ὁ σύν- 29
τροφος αὐτοῦ, ὃς καὶ διευλαβηθεὶς τὸν υἱὸν Ἀντιόχου πρὸς Πτο-
λεμαῖον τὸν Φιλομήτορα εἰς Αἴγυπτον διεκομίσθη.

¹ Μακκαβαῖος δὲ καὶ οἱ σὺν αὐτῷ τοῦ κυρίου προάγοντος αὐτοὺς 10
τὸ μὲν ἱερὸν ἐκομίσαντο καὶ τὴν πόλιν, ² τοὺς δὲ κατὰ τὴν ἀγορὰν 2
βωμοὺς ὑπὸ τῶν ἀλλοφύλων δεδημιουργημένους, ἔτι δὲ τεμένη
καθεῖλαν ³ καὶ τὸν νεὼ καθαρίσαντες ἕτερον θυσιαστήριον ἐποίησαν 3
καὶ πυρώσαντες λίθους καὶ πῦρ ἐκ τούτων λαβόντες ἀνήνεγκαν
θυσίας μετὰ διετῆ χρόνον καὶ θυμίαμα καὶ λύχνους καὶ τῶν ἄρτων
τὴν πρόθεσιν ἐποιήσαντο. ⁴ ταῦτα δὲ ποιήσαντες ἠξίωσαν τὸν 4
κύριον πεσόντες ἐπὶ κοιλίαν μηκέτι περιπεσεῖν τοιούτοις κακοῖς,
ἀλλ᾽ ἐάν ποτε καὶ ἁμάρτωσιν, ὑπ᾽ αὐτοῦ μετὰ ἐπιεικείας παιδεύ-
εσθαι καὶ μὴ βλασφήμοις καὶ βαρβάροις ἔθνεσιν παραδίδοσθαι.
⁵ ἐν ᾗ δὲ ἡμέρᾳ ὁ νεὼς ὑπὸ ἀλλοφύλων ἐβεβηλώθη, συνέβη κατὰ 5
τὴν αὐτὴν ἡμέραν τὸν καθαρισμὸν γενέσθαι τοῦ ναοῦ, τῇ πέμπτῃ
καὶ εἰκάδι τοῦ αὐτοῦ μηνός, ὅς ἐστιν Χασελευ. ⁶ καὶ μετ᾽ εὐφρο- 6
σύνης ἦγον ἡμέρας ὀκτὼ σκηνωμάτων τρόπον μνημονεύοντες ὡς
πρὸ μικροῦ χρόνου τὴν τῶν σκηνῶν ἑορτὴν ἐν τοῖς ὄρεσιν καὶ
ἐν τοῖς σπηλαίοις θηρίων τρόπον ἦσαν νεμόμενοι. ⁷ διὸ θύρσους 7
καὶ κλάδους ὡραίους, ἔτι δὲ καὶ φοίνικας ἔχοντες ὕμνους ἀνέφερον
τῷ εὐοδώσαντι καθαρισθῆναι τὸν ἑαυτοῦ τόπον. ⁸ ἐδογμάτισαν δὲ 8
μετὰ κοινοῦ προστάγματος καὶ ψηφίσματος παντὶ τῷ τῶν Ιουδαίων
ἔθνει κατ᾽ ἐνιαυτὸν ἄγειν τάσδε τὰς ἡμέρας. ⁹ καὶ τὰ μὲν τῆς Ἀντι- 9
όχου τοῦ προσαγορευθέντος Ἐπιφανοῦς τελευτῆς οὕτως εἶχεν.

¹⁰ Νυνὶ δὲ τὰ κατὰ τὸν Εὐπάτορα Ἀντίοχον, υἱὸν δὲ τοῦ ἀσεβοῦς 10
γενόμενον, δηλώσομεν αὐτὰ συντέμνοντες τὰ συνέχοντα τῶν πο-
λέμων κακά. ¹¹ οὗτος γὰρ παραλαβὼν τὴν βασιλείαν ἀνέδειξεν ἐπὶ 11
τῶν πραγμάτων Λυσίαν τινά, Κοίλης δὲ Συρίας καὶ Φοινίκης στρα-
τηγὸν πρώταρχον. ¹² Πτολεμαῖος γὰρ ὁ καλούμενος Μάκρων τὸ 12
δίκαιον συντηρεῖν προηγούμενος πρὸς τοὺς Ιουδαίους διὰ τὴν γε-
γονυῖαν εἰς αὐτοὺς ἀδικίαν ἐπειρᾶτο τὰ πρὸς αὐτοὺς εἰρηνικῶς
διεξάγειν · ¹³ ὅθεν κατηγορούμενος ὑπὸ τῶν φίλων πρὸς τὸν Εὐ- 13

29 -μιζετο ⌢ το V⁺ | διευλαβ.] δι > A⁺: post και
10 2 ετι δε] + και τα VL ‖ 3 νεω] + ν VL: cf. 6 2 | και 2⁰ > VL ‖
4 κοιλιαν] -ας V⁺ | περιπεσειν] παραπεσ. A⁺ | παιδευεσθαι και > A⁺ ‖ 5 ος(V*⁺
ο) εστιν] του A⁺ ‖ 6 εν ult. > VL ‖ 7 υμνους ανεφερον] η(uel ε)υ-
χαριστουν AL: cf. Kappler p. 60 | καθαρισθηναι] -ρισαι A⁺ ‖ 8 δε] τε A pau.
| τασδε τας] τας δεκατας A⁺, τας δεκα V⁺ ‖ 9 του > V*⁺ ‖ 10 ευπατορα]
υπατον A⁺ | συνεχοντα > V⁺ | πολεμων] μ > A⁺ ‖ 12 καλουμενος] λεγομ.
VL | συντηρειν] συνετηρει VL | προηγουμενος] -νως VᶜL (post ιουδαιους tr.
L) | προς τους ιουδ. > V⁺ | εις] προς A pau.

πάτορα καὶ προδότης παρ᾽ ἕκαστα ἀκούων διὰ τὸ τὴν Κύπρον
ἐμπιστευθέντα ὑπὸ τοῦ Φιλομήτορος ἐκλιπεῖν καὶ πρὸς Ἀντίοχον
τὸν Ἐπιφανῆ ἀναχωρῆσαι μήτε εὐγενῆ τὴν ἐξουσίαν εὐγενίσας
φαρμακεύσας ἑαυτὸν ἐξέλιπεν τὸν βίον.

14 　¹⁴Γοργίας δὲ γενόμενος στρατηγὸς τῶν τόπων ἐξενοτρόφει καὶ
15 παρ᾽ ἕκαστα πρὸς τοὺς Ιουδαίους ἐπολεμοτρόφει. ¹⁵ὁμοῦ δὲ τούτῳ
καὶ οἱ Ιδουμαῖοι ἐγκρατεῖς ἐπικαίρων ὀχυρωμάτων ὄντες ἐγύμναζον
τοὺς Ιουδαίους καὶ τοὺς φυγαδεύσαντας ἀπὸ Ιεροσολύμων προσ-
16 λαβόμενοι πολεμοτροφεῖν ἐπεχείρουν. ¹⁶οἱ δὲ περὶ τὸν Μακκαβαῖον
ποιησάμενοι λιτανείαν καὶ ἀξιώσαντες τὸν θεὸν σύμμαχον αὐτοῖς
17 γενέσθαι ἐπὶ τὰ τῶν Ιδουμαίων ὀχυρώματα ὥρμησαν, ¹⁷οἷς καὶ
προσβαλόντες εὐρώστως ἐγκρατεῖς ἐγένοντο τῶν τόπων πάντας
τε τοὺς ἐπὶ τῷ τείχει μαχομένους ἠμύναντο κατέσφαζόν τε τοὺς
18 ἐμπίπτοντας, ἀνεῖλον δὲ οὐχ ἧττον τῶν δισμυρίων. ¹⁸συμφυγόντων
δὲ οὐκ ἔλαττον τῶν ἐνακισχιλίων εἰς δύο πύργους ὀχυροὺς εὖ
19 μάλα καὶ πάντα τὰ πρὸς πολιορκίαν ἔχοντας ¹⁹ὁ Μακκαβαῖος εἰς
ἐπείγοντας τόπους ἀπολιπὼν Σιμωνα καὶ Ιωσηπον, ἔτι δὲ καὶ
Ζακχαῖον καὶ τοὺς σὺν αὐτῷ ἱκανοὺς πρὸς τὴν τούτων πολιορκίαν
20 αὐτὸς ἐχωρίσθη. ²⁰οἱ δὲ περὶ τὸν Σιμωνα φιλαργυρήσαντες ὑπό
τινων τῶν ἐν τοῖς πύργοις ἐπείσθησαν ἀργυρίῳ, ἑπτάκις δὲ μυρίας
21 δραχμὰς λαβόντες εἴασάν τινας διαρρυῆναι. ²¹προσαγγελέντος δὲ
τῷ Μακκαβαίῳ περὶ τοῦ γεγονότος συναγαγὼν τοὺς ἡγουμένους
τοῦ λαοῦ κατηγόρησεν ὡς ἀργυρίου πέπρακαν τοὺς ἀδελφοὺς τοὺς
22 πολεμίους κατ᾽ αὐτῶν ἀπολύσαντες. ²²τούτους μὲν οὖν προδότας
γενομένους ἀπέκτεινεν, καὶ παραχρῆμα τοὺς δύο πύργους κατ-
23 ελάβετο. ²³τοῖς δὲ ὅπλοις τὰ πάντα ἐν ταῖς χερσὶν εὐοδούμενος
ἀπώλεσεν ἐν τοῖς δυσὶν ὀχυρώμασιν πλείους τῶν δισμυρίων.

24 　²⁴Τιμόθεος δὲ ὁ πρότερον ἡττηθεὶς ὑπὸ τῶν Ιουδαίων συναγα-
γὼν ξένας δυνάμεις παμπληθεῖς καὶ τοὺς τῆς Ἀσίας γενομένους
ἵππους συναθροίσας οὐκ ὀλίγους παρῆν ὡς δοριάλωτον λημψό-
25 μενος τὴν Ιουδαίαν. ²⁵οἱ δὲ περὶ τὸν Μακκαβαῖον συνεγγίζοντος
αὐτοῦ πρὸς ἱκετείαν τοῦ θεοῦ γῇ τὰς κεφαλὰς καταπάσαντες καὶ
26 τὰς ὀσφύας σάκκοις ζώσαντες ²⁶ἐπὶ τὴν ἀπέναντι τοῦ θυσιαστη-
ρίου κρηπῖδα προσπεσόντες ἠξίουν ἵλεως αὐτοῖς γενόμενον ἐχ-
θρεῦσαι τοῖς ἐχθροῖς αὐτῶν καὶ ἀντικεῖσθαι τοῖς ἀντικειμένοις,

13 ευγενισας Fr.] ευγενναισας V, ευγεννασιας Α || 14 τοπων] τροπων Α†
| ιουδαιους] ιδιους Α† || 15 τουτω] -των Α† | φυγαδευσαντας Αpau. (cf. 5 5)]
-δευοντας V†, -δευθεντας compl.: cf. Kappler p. 55 || 17 τε 2⁰] δε Vmu. ||
19 ιωσηπον Αpau.] φ pro π rel. | και 2⁰ > Αpau. || 21 προσαγγελεντος
compl. (cf. Thack. p. 258)] -γελλοντες Α† | πεπρακαν ΑVpau. (cf. Thack. § 17, 3)]
-κασι(ν) rel. || 24 προτερον] πρωτον Α† | δοριαλωτον] υ pro ι Vᶜ || 25 ι-
κετ(ε)ιαν] ικεσιαν Α†: cf. 12 42 || 26 ιλεως ΑV*pau. (cf. 7 37)] -ων Vᶜpl. |
cf. Exod. 23 22

καθὼς ὁ νόμος διασαφεῖ. ²⁷γενόμενοι δὲ ἀπὸ τῆς δεήσεως ἀνα- 27
λαβόντες τὰ ὅπλα προῆγον ἀπὸ τῆς πόλεως ἐπὶ πλεῖον · συνεγγί-
σαντες δὲ τοῖς πολεμίοις ἐφ᾽ ἑαυτῶν ἦσαν. ²⁸ἄρτι δὲ τῆς ἀνατολῆς 28
διαχεομένης προσέβαλον ἑκάτεροι, οἱ μὲν ἔγγυον ἔχοντες εὐημερίας
καὶ νίκης μετὰ ἀρετῆς τὴν ἐπὶ τὸν κύριον καταφυγήν, οἱ δὲ καθ-
ηγεμόνα τῶν ἀγώνων ταττόμενοι τὸν θυμόν. ²⁹γενομένης δὲ καρ- 29
τερᾶς μάχης ἐφάνησαν τοῖς ὑπεναντίοις ἐξ οὐρανοῦ ἐφ᾽ ἵππων
χρυσοχαλίνων ἄνδρες πέντε διαπρεπεῖς, καὶ ἀφηγούμενοι τῶν Ιου-
δαίων, ³⁰οἳ καὶ τὸν Μακκαβαῖον μέσον λαβόντες καὶ σκεπάζοντες 30
ταῖς ἑαυτῶν πανοπλίαις ἄτρωτον διεφύλαττον, εἰς δὲ τοὺς ὑπ-
εναντίους τοξεύματα καὶ κεραυνοὺς ἐξερρίπτουν, διὸ συγχυθέντες
ἀορασίᾳ διεκόπτοντο ταραχῆς πεπληρωμένοι. ³¹κατεσφάγησαν δὲ 31
δισμύριοι πρὸς τοῖς πεντακοσίοις, ἱππεῖς δὲ ἑξακόσιοι. ³²αὐτὸς δὲ 32
ὁ Τιμόθεος συνέφυγεν εἰς Γαζαρα λεγόμενον ὀχύρωμα, εὖ μάλα
φρούριον, στρατηγοῦντος ἐκεῖ Χαιρεου. ³³οἱ δὲ περὶ τὸν Μακκα- 33
βαῖον ἄσμενοι περιεκάθισαν τὸ φρούριον ἡμέρας τέσσαρας. ³⁴οἱ 34
δὲ ἔνδον τῇ ἐρυμνότητι τοῦ τόπου πεποιθότες ὑπεράγαν ἐβλασ-
φήμουν καὶ λόγους ἀθεμίτους προΐεντο. ³⁵ὑποφαινούσης δὲ τῆς 35
πέμπτης ἡμέρας εἴκοσι νεανίαι τῶν περὶ τὸν Μακκαβαῖον πυρω-
θέντες τοῖς θυμοῖς διὰ τὰς βλασφημίας προσβαλόντες τῷ τείχει
ἀρρενωδῶς καὶ θηριώδει θυμῷ τὸν ἐμπίπτοντα ἔκοπτον · ³⁶ἕτεροι 36
δὲ ὁμοίως προσαναβάντες ἐν τῷ περισπασμῷ πρὸς τοὺς ἔνδον
ἐνεπίμπρων τοὺς πύργους καὶ πυρὰς ἀνάπτοντες ζῶντας τοὺς βλασ-
φήμους κατέκαιον · οἱ δὲ τὰς πύλας διέκοπτον, εἰσδεξάμενοι δὲ
τὴν λοιπὴν τάξιν προκατελάβοντο τὴν πόλιν. ³⁷καὶ τὸν Τιμόθεον 37
ἀποκεκρυμμένον ἔν τινι λάκκῳ κατέσφαξαν καὶ τὸν τούτου ἀδελφὸν
Χαιρέαν καὶ τὸν Ἀπολλοφάνην. ³⁸ταῦτα δὲ διαπραξάμενοι μεθ᾽ 38
ὕμνων καὶ ἐξομολογήσεων εὐλόγουν τῷ κυρίῳ τῷ μεγάλως εὐερ-
γετοῦντι τὸν Ισραηλ καὶ τὸ νῖκος αὐτοῖς διδόντι.

¹Μετ᾽ ὀλίγον δὲ παντελῶς χρονίσκον Λυσίας ἐπίτροπος τοῦ 11
βασιλέως καὶ συγγενὴς καὶ ἐπὶ τῶν πραγμάτων λίαν βαρέως φέ-
ρων ἐπὶ τοῖς γεγονόσι ²συναθροίσας περὶ τὰς ὀκτὼ μυριάδας 2
καὶ τὴν ἵππον ἅπασαν παρεγίνετο ἐπὶ τοὺς Ιουδαίους λογιζόμενος

26 καθως] + και Α† || 27 προηγον] -ηλθον V || 28 μεν] + ουν Α | την]
της Α† || 29 γενομενης] γιν. AV† | ανδρες πεντε] tr. Apau. || 30 οἳ VL
La] οι δυο Α: ad 29 tractum | διεφυλαττον] σσ pro ττ Α† | υπεναντιους]
υπ > Apau. | εξερριπτουν] π pro ρρ Α† || 32 χαιρεου] χεραιου Vpau., χε-
ρεου Α†: cf. 37 || 33 ασμενοι] -νως Α† | τεσσαρας pl. La] + και εικοσι V†,
τεσσερακοντα Α† || 34 εβλασφημουν] εδυσφ. VL | προιεντο] -τες Α†, προσ-
ιοντο V(†) || 35 υποφαιν.] ι > Α† | ημερας εικοσι L La] ημ. και εικοστης
Apau., και εικοστης ημ. Vcompl. | προσβαλ.] σ > Α†, λλ pro λ Vpau. ||
37 χαιρεαν (sic etiam Α)] χεραιαν Vpau.: cf. 32 || 38 εξομολογησεων] -ως Α†
11 1 χρονισκον AV†] χρονον rel.

3 τὴν μὲν πόλιν "Ελλησιν οἰκητήριον ποιήσειν, ³τὸ δὲ ἱερὸν ἀργυρο-
λόγητον, καθὼς τὰ λοιπὰ τῶν ἐθνῶν τεμένη, πρατὴν δὲ κατὰ ἔτος
4 τὴν ἀρχιερωσύνην ποιήσειν, ⁴οὐδαμῶς ἐπιλογιζόμενος τὸ τοῦ θεοῦ
κράτος, πεφρενωμένος δὲ ταῖς μυριάσιν τῶν πεζῶν καὶ ταῖς χιλι-
5 άσιν τῶν ἱππέων καὶ τοῖς ἐλέφασιν τοῖς ὀγδοήκοντα. ⁵εἰσελθὼν
δὲ εἰς τὴν Ιουδαίαν καὶ συνεγγίσας Βαιθσουρα ὄντι μὲν ἐρυμνῷ
χωρίῳ, Ιεροσολύμων δὲ ἀπέχοντι ὡσεὶ σταδίους πέντε τοῦτο ἔ-
6 θλιβεν. ⁶ὡς δὲ μετέλαβον οἱ περὶ τὸν Μακκαβαῖον πολιορκοῦντα
αὐτὸν τὰ ὀχυρώματα, μετὰ ὀδυρμῶν καὶ δακρύων ἱκέτευον σὺν
τοῖς ὄχλοις τὸν κύριον ἀγαθὸν ἄγγελον ἀποστεῖλαι πρὸς σωτηρίαν
7 τῷ Ισραηλ. ⁷αὐτὸς δὲ πρῶτος ὁ Μακκαβαῖος ἀναλαβὼν τὰ ὅπλα
προετρέψατο τοὺς ἄλλους ἅμα αὐτῷ διακινδυνεύοντας ἐπιβοηθεῖν
8 τοῖς ἀδελφοῖς αὐτῶν· ὁμοῦ δὲ καὶ προθύμως ἐξώρμησαν. ⁸αὐτόθι
δὲ πρὸς τοῖς Ιεροσολύμοις ὄντων ἐφάνη προηγούμενος αὐτῶν
9 ἔφιππος ἐν λευκῇ ἐσθῆτι πανοπλίαν χρυσῆν κραδαίνων. ⁹ὁμοῦ δὲ
πάντες εὐλόγησαν τὸν ἐλεήμονα θεὸν καὶ ἐπερρώσθησαν ταῖς ψυ-
χαῖς οὐ μόνον ἀνθρώπους, θῆρας δὲ τοὺς ἀγριωτάτους καὶ σιδηρᾶ
10 τείχη τιτρώσκειν ὄντες ἕτοιμοι. ¹⁰προῆγον ἐν διασκευῇ τὸν ἀπ'
11 οὐρανοῦ σύμμαχον ἔχοντες ἐλεήσαντος αὐτοὺς τοῦ κυρίου. ¹¹λεον-
τηδὸν δὲ ἐντινάξαντες εἰς τοὺς πολεμίους κατέστρωσαν αὐτῶν
χιλίους πρὸς τοῖς μυρίοις, ἱππεῖς δὲ ἑξακοσίους πρὸς τοῖς χιλίοις·
12 τοὺς δὲ πάντας ἠνάγκασαν φεύγειν. ¹²οἱ πλείονες δὲ αὐτῶν τραυ-
ματίαι γυμνοὶ διεσώθησαν· καὶ αὐτὸς δὲ ὁ Λυσίας αἰσχρῶς φεύ-
13 γων διεσώθη. ¹³οὐκ ἄνους δὲ ὑπάρχων πρὸς ἑαυτὸν ἀντιβάλλων
τὸ γεγονὸς περὶ αὐτὸν ἐλάττωμα καὶ συννοήσας ἀνικήτους εἶναι
14 τοὺς Εβραίους τοῦ δυναμένου θεοῦ συμμαχοῦντος αὐτοῖς ¹⁴προσ-
αποστείλας ἔπεισεν συλλύεσθαι ἐπὶ πᾶσι τοῖς δικαίοις, καὶ διότι
15 καὶ τὸν βασιλέα πείσει φίλον αὐτοῖς ἀναγκάζων γενέσθαι. ¹⁵ἐπένευ-
σεν δὲ ὁ Μακκαβαῖος ἐπὶ πᾶσιν, οἷς ὁ Λυσίας παρεκάλει, τοῦ
συμφέροντος φροντίζων· ὅσα γὰρ ὁ Μακκαβαῖος ἐπέδωκεν τῷ
Λυσίᾳ διὰ γραπτῶν περὶ τῶν Ιουδαίων, συνεχώρησεν ὁ βασιλεύς.
16 ¹⁶Ἦσαν γὰρ αἱ γεγραμμέναι τοῖς Ιουδαίοις ἐπιστολαὶ παρὰ μὲν
Λυσίου περιέχουσαι τὸν τρόπον τοῦτον

5 βαιθσουρα pau.] -ρων ΑVᵗ: cf. 13 19. 22 | ιεροσολ. (cf. Helbing Kasussyn-
tax p. 179)] pr. απο V | σταδιους] σχοινους Aᵗ | πεντε] + προς τοις μυριοις
V, quinque milia La, πεντακοσιους unus cod. ‖ 6 ικετευον] τ pro υ Aᵗ |
τω] του V ‖ 7 πρωτος ο μακκ.] + πρωτω Aᵗ ‖ 8 εφιππος > Α*ᵗ ‖
9 ευλογησαν ... και 1⁰] ευλογησαντες ... VL | δε 2⁰] τε Vᵗ; L αλλα και θηρας pro
θηρας δε ‖ 11 λεοντηδον] -τινον Aᵗ | χιλιους] -οις Aᵗ | τοις ult. > Aᵗ ‖
12 διεσωθησαν] δε εσωθ. Aᵗ ‖ 13 δυναμενου] δυνατου Vᵗ, δυναστου L: cf.
Kappler p. 57 ‖ 14 επεισε(ν)] επισα Aᵗ | πεισει Sw.] + ν mss. | αναγκαζων
Sw.] -ζειν mss. ‖ 15 επεδωκε(ν)] επ > VL | βασιλευς] γραμματευς Aᵗ ‖
16 αι > Apau.

Λυσίας τῷ πλήθει τῶν Ἰουδαίων χαίρειν. ¹⁷ Ἰωαννης καὶ Αβεσ- 17
σαλωμ οἱ πεμφθέντες παρ᾽ ὑμῶν ἐπιδόντες τὸν ὑπογεγραμμένον
χρηματισμὸν ἠξίουν περὶ τῶν δι᾽ αὐτοῦ σημαινομένων. ¹⁸ ὅσα μὲν 18
οὖν ἔδει καὶ τῷ βασιλεῖ προσενεχθῆναι, διεσάφησα · ἃ δὲ ἦν ἐν-
δεχόμενα, συνεχώρησεν. ¹⁹ ἐὰν μὲν οὖν συντηρήσητε τὴν εἰς τὰ 19
πράγματα εὔνοιαν, καὶ εἰς τὸ λοιπὸν πειράσομαι παραίτιος ἀγαθῶν
γενέσθαι. ²⁰ ὑπὲρ δὲ τούτων καὶ τῶν κατὰ μέρος ἐντέταλμαι τού- 20
τοις τε καὶ τοῖς παρ᾽ ἐμοῦ διαλεχθῆναι ὑμῖν. ²¹ ἔρρωσθε. ἔτους 21
ἑκατοστοῦ τεσσαρακοστοῦ ὀγδόου, Διὸς Κορινθίου τετράδι καὶ
εἰκάδι.
²² Ἡ δὲ τοῦ βασιλέως ἐπιστολὴ περιεῖχεν οὕτως 22
Βασιλεὺς Ἀντίοχος τῷ ἀδελφῷ Λυσίᾳ χαίρειν. ²³ τοῦ πατρὸς 23
ἡμῶν εἰς θεοὺς μεταστάντος βουλόμενοι τοὺς ἐκ τῆς βασιλείας
ἀταράχους ὄντας γενέσθαι πρὸς τὴν τῶν ἰδίων ἐπιμέλειαν ²⁴ ἀκη- 24
κοότες τοὺς Ἰουδαίους μὴ συνευδοκοῦντας τῇ τοῦ πατρὸς ἐπὶ τὰ
Ἑλληνικὰ μεταθέσει, ἀλλὰ τὴν ἑαυτῶν ἀγωγὴν αἱρετίζοντας ἀξι-
οῦντας συγχωρηθῆναι αὐτοῖς τὰ νόμιμα, ²⁵ αἱρούμενοι οὖν καὶ 25
τοῦτο τὸ ἔθνος ἐκτὸς ταραχῆς εἶναι κρίνομεν τό τε ἱερὸν ἀποκατα-
σταθῆναι αὐτοῖς καὶ πολιτεύεσθαι κατὰ τὰ ἐπὶ τῶν προγόνων αὐτῶν
ἔθη. ²⁶ εὖ οὖν ποιήσεις διαπεμψάμενος πρὸς αὐτοὺς καὶ δοὺς δεξιάς, 26
ὅπως εἰδότες τὴν ἡμετέραν προαίρεσιν εὔθυμοί τε ὦσιν καὶ ἡδέως
διαγίνωνται πρὸς τῇ τῶν ἰδίων ἀντιλήμψει.
²⁷ Πρὸς δὲ τὸ ἔθνος ἡ τοῦ βασιλέως ἐπιστολὴ τοιάδε ἦν 27
Βασιλεὺς Ἀντίοχος τῇ γερουσίᾳ τῶν Ἰουδαίων καὶ τοῖς ἄλλοις
Ἰουδαίοις χαίρειν. ²⁸ εἰ ἔρρωσθε, εἴη ἂν ὡς βουλόμεθα · καὶ αὐτοὶ 28
δὲ ὑγιαίνομεν. ²⁹ ἐνεφάνισεν ἡμῖν Μενέλαος βούλεσθαι κατελθόντας 29
ὑμᾶς γίνεσθαι πρὸς τοῖς ἰδίοις. ³⁰ τοῖς οὖν καταπορευομένοις μέχρι 30
τριακάδος Ξανθικοῦ ὑπάρξει δεξιὰ μετὰ τῆς ἀδείας ³¹ χρῆσθαι τοὺς 31
Ἰουδαίους τοῖς ἑαυτῶν δαπανήμασιν καὶ νόμοις, καθὰ καὶ τὸ πρό-
τερον, καὶ οὐδεὶς αὐτῶν κατ᾽ οὐδένα τρόπον παρενοχληθήσεται
περὶ τῶν ἠγνοημένων. ³² πέπομφα δὲ καὶ τὸν Μενέλαον παρακα- 32
λέσοντα ὑμᾶς. ³³ ἔρρωσθε. ἔτους ἑκατοστοῦ τεσσαρακοστοῦ ὀγδόου, 33
Ξανθικοῦ πεντεκαιδεκάτῃ.
³⁴ Ἔπεμψαν δὲ καὶ οἱ Ῥωμαῖοι πρὸς αὐτοὺς ἐπιστολὴν ἔχουσαν 34
οὕτως
Κόιντος Μέμμιος, Τίτος Μάνιος, πρεσβῦται Ῥωμαίων, τῷ δήμῳ
τῶν Ἰουδαίων χαίρειν. ³⁵ ὑπὲρ ὧν Λυσίας ὁ συγγενὴς τοῦ βασι- 35

20 τουτων και των VL La] τουτων tantum A†, των tantum compl. ||
23 βουλομενοι] -νου A | ιδιων] ιουδαιων AL: cf. 29 || 24 επι] εις A† | αξι-
ουντας L] -τες V†, αξιουν A || 28 ει > A || 29 βουλεσθαι] -λομενος A† |
ιδιοις] ιουδαιοις A*: cf. 23 || 30 αδειας] αδιας V*, ιδιας A†: cf. Kappler p. 59
|| 32 παρακαλεσοντα] -σαντα A† || 34 επεμψαν] -ψαμεν A†

36 λέως συνεχώρησεν ὑμῖν, καὶ ἡμεῖς συνευδοκοῦμεν. ³⁶ἃ δὲ ἔκρινεν
   προσανενεχθῆναι τῷ βασιλεῖ, πέμψατέ τινα παραχρῆμα ἐπισκεψά-
   μενοι περὶ τούτων, ἵνα ἐκθῶμεν ὡς καθήκει ὑμῖν· ἡμεῖς γὰρ προσ-
37 άγομεν πρὸς Ἀντιόχειαν. ³⁷διὸ σπεύσατε καὶ πέμψατέ τινας, ὅπως
38 καὶ ἡμεῖς ἐπιγνῶμεν ὁποίας ἐστὲ γνώμης. ³⁸ὑγιαίνετε. ἔτους ἑκα-
   τοστοῦ τεσσαρακοστοῦ ὀγδόου, Ξανθικοῦ πεντεκαιδεκάτῃ.

12 ¹Γενομένων δὲ τῶν συνθηκῶν τούτων ὁ μὲν Λυσίας ἀπῄει
   πρὸς τὸν βασιλέα, οἱ δὲ Ιουδαῖοι περὶ τὴν γεωργίαν ἐγίνοντο.
2 ²τῶν δὲ κατὰ τόπον στρατηγῶν Τιμόθεος καὶ Ἀπολλώνιος ὁ τοῦ
   Γενναίου, ἔτι δὲ Ἱερώνυμος καὶ Δημοφῶν, πρὸς δὲ τούτοις Νικά-
   νωρ ὁ Κυπριάρχης οὐκ εἴων αὐτοὺς εὐσταθεῖν καὶ τὰ τῆς ἡσυχίας
3 ἄγειν. ³Ιοππῖται δὲ τηλικοῦτο συνετέλεσαν τὸ δυσσέβημα· παρα-
   καλέσαντες τοὺς σὺν αὐτοῖς οἰκοῦντας Ιουδαίους ἐμβῆναι εἰς τὰ
   παρακατασταθέντα ὑπ᾽ αὐτῶν σκάφη σὺν γυναιξὶν καὶ τέκνοις ὡς
4 μηδεμιᾶς ἐνεστώσης πρὸς αὐτοὺς δυσμενείας, ⁴κατὰ δὲ τὸ κοινὸν
   τῆς πόλεως ψήφισμα· καὶ τούτων ἐπιδεξαμένων ὡς ἂν εἰρηνεύειν
   θελόντων καὶ μηδὲν ὕποπτον ἐχόντων ἐπαναχθέντας αὐτοὺς ἐβύ-
5 θισαν ὄντας οὐκ ἔλαττον τῶν διακοσίων. ⁵μεταλαβὼν δὲ Ιουδας
   τὴν γεγονυῖαν εἰς τοὺς ὁμοεθνεῖς ὠμότητα παραγγείλας τοῖς περὶ
6 αὐτὸν ἀνδράσιν ⁶καὶ ἐπικαλεσάμενος τὸν δίκαιον κριτὴν θεὸν παρ-
   εγένετο ἐπὶ τοὺς μιαιφόνους τῶν ἀδελφῶν καὶ τὸν μὲν λιμένα
   νύκτωρ ἐνέπρησεν καὶ τὰ σκάφη κατέφλεξεν, τοὺς δὲ ἐκεῖ συμφυ-
7 γόντας ἐξεκέντησεν. ⁷τοῦ δὲ χωρίου συγκλεισθέντος ἀνέλυσεν ὡς
   πάλιν ἥξων καὶ τὸ σύμπαν τῶν Ιοππιτῶν ἐκριζῶσαι πολίτευμα.
8 ⁸μεταλαβὼν δὲ καὶ τοὺς ἐν Ιαμνείᾳ τὸν αὐτὸν ἐπιτελεῖν βουλο-
9 μένους τρόπον τοῖς παροικοῦσιν Ιουδαίοις, ⁹καὶ τοῖς Ιαμνίταις
   νυκτὸς ἐπιβαλὼν ὑφῆψεν τὸν λιμένα σὺν τῷ στόλῳ ὥστε φαί-
   νεσθαι τὰς αὐγὰς τοῦ φέγγους εἰς τὰ Ιεροσόλυμα σταδίων ὄντων
   διακοσίων τεσσαράκοντα.
10 ¹⁰Ἐκεῖθεν δὲ ἀποσπάσαντες σταδίους ἐννέα, ποιουμένων τὴν
   πορείαν ἐπὶ τὸν Τιμόθεον, προσέβαλον Ἄραβες αὐτῷ οὐκ ἐλάττους
11 τῶν πεντακισχιλίων, ἱππεῖς δὲ πεντακόσιοι. ¹¹γενομένης δὲ καρ-
   τερᾶς μάχης καὶ τῶν περὶ τὸν Ιουδαν διὰ τὴν παρὰ τοῦ θεοῦ

36 προσανενηνεχθαι (sic) A† | εκθωμεν] εχωμεν A⁽†⁾ | υμιν] ημ. A pau. ||
37 οποιας] επι ποιας V†
12 2 τα της] τας A || 3 init.] pr. οι V† | τηλικουτο > V† | συν 1⁰] εν A pau.
| αυτοις] pr. ε A† | παρακατασταθεντα A†] κατα > rel. || 4 κατα VL] μετα
A | επαναχθεντας] επαν > A† | οντας / ουκ ελ. των διακ.] tr. VL || 5 ιουδας]
pr. ο A† || 6 παρεγενετο ... και 2⁰ VL]παραγενομενος ... A | μεν λιμενα] tr. V†
| νυκτωρ > V† || 7 ανελυσεν] χ pro λ A† | ως VL La] > A || 8 τους] τας
A† | βουλομενους] -νος AV pau. | παροικουσιν] κατοικ. A† || 9 υφηψε(ν) εξ-
ηψ. V† | φαινεσθαι] pr. επι A† || 10 προσεβαλον] επ pro προσ AL, λλ pro
λ AV†

βοήθειαν εὐημερησάντων ἐλαττονωθέντες οἱ **νομάδες** ἠξίουν δοῦναι
τὸν Ιουδαν δεξιὰς αὐτοῖς ὑπισχνούμενοι καὶ βοσκήματα δώσειν
καὶ ἐν τοῖς λοιποῖς ὠφελήσειν αὐτούς. ¹²Ιουδας δὲ ὑπολαβὼν ὡς 12
ἀληθῶς ἐν πολλοῖς αὐτοὺς χρησίμους ἐπεχώρησεν εἰρήνην ἄξειν
πρὸς αὐτούς · καὶ λαβόντες δεξιὰς εἰς τὰς σκηνὰς ἐχωρίσθησαν.
¹³Ἐπέβαλεν δὲ καὶ ἐπί τινα πόλιν γεφύραις ὀχυρὰν καὶ τείχεσιν 13
περιπεφραγμένην καὶ παμμειγέσιν ἔθνεσιν κατοικουμένην, ὄνομα δὲ
Κασπιν. ¹⁴οἱ δὲ ἔνδον πεποιθότες τῇ τῶν τειχέων ἐρυμνότητι τῇ 14
τε τῶν βρωμάτων παραθέσει ἀναγωγότερον ἐχρῶντο τοῖς περὶ
τὸν Ιουδαν λοιδοροῦντες καὶ προσέτι βλασφημοῦντες καὶ λαλοῦν-
τες ἃ μὴ θέμις. ¹⁵οἱ δὲ περὶ τὸν Ιουδαν ἐπικαλεσάμενοι τὸν μέγαν 15
τοῦ κόσμου δυνάστην τὸν ἄτερ κριῶν καὶ μηχανῶν ὀργανικῶν
κατακρημνίσαντα τὴν Ιεριχω κατὰ τοὺς Ἰησοῦ χρόνους ἐνέσεισαν
θηριωδῶς τῷ τείχει. ¹⁶καταλαβόμενοί τε τὴν πόλιν τῇ τοῦ θεοῦ 16
θελήσει ἀμυθήτους ἐποιήσαντο σφαγὰς ὥστε τὴν παρακειμένην
λίμνην τὸ πλάτος ἔχουσαν σταδίους δύο κατάρρυτον αἵματι πε-
πληρωμένην φαίνεσθαι.
¹⁷Ἐκεῖθεν δὲ ἀποσπάσαντες σταδίους ἑπτακοσίους πεντήκοντα 17
διήνυσαν εἰς τὸν Χάρακα πρὸς τοὺς λεγομένους Τουβιανοὺς Ιου-
δαίους. ¹⁸καὶ Τιμόθεον μὲν ἐπὶ τῶν τόπων οὐ κατέλαβον ἄπρακτον 18
τότε ἀπὸ τῶν τόπων ἐκλελυκότα, καταλελοιπότα δὲ φρουρὰν ἔν
τινι τόπῳ καὶ μάλα ὀχυράν. ¹⁹Δοσίθεος δὲ καὶ Σωσίπατρος τῶν 19
περὶ τὸν Μακκαβαῖον ἡγεμόνων ἐξοδεύσαντες ἀπώλεσαν τοὺς ὑπὸ
Τιμοθέου καταλειφθέντας ἐν τῷ ὀχυρώματι πλείους τῶν μυρίων
ἀνδρῶν. ²⁰ὁ δὲ Μακκαβαῖος διατάξας τὴν περὶ αὐτὸν στρατιὰν 20
σπειρηδὸν κατέστησεν αὐτοὺς ἐπὶ τῶν σπειρῶν καὶ ἐπὶ τὸν Τιμό-
θεον ὥρμησεν ἔχοντα περὶ αὐτὸν μυριάδας δώδεκα πεζῶν, ἱππεῖς
δὲ δισχιλίους πρὸς τοῖς πεντακοσίοις. ²¹τὴν δὲ ἔφοδον μεταλαβὼν 21
Ιουδου προεξαπέστειλεν ὁ Τιμόθεος τὰς γυναῖκας καὶ τὰ τέκνα καὶ
τὴν ἄλλην ἀποσκευὴν εἰς τὸ λεγόμενον Καρνιον · ἦν γὰρ δυσπο-
λιόρκητον καὶ δυσπρόσιτον τὸ χωρίον διὰ τὴν πάντων τῶν τόπων
στενότητα. ²²ἐπιφανείσης δὲ τῆς Ιουδου σπείρας πρώτης καὶ γε- 22
νομένου δέους ἐπὶ τοὺς πολεμίους φόβου τε ἐκ τῆς τοῦ τὰ πάντα

11 δεξιας VLLa] -αν A: cf. 12 Ι 6 58 ‖ 12 χρησιμους] -μοις A† | επεχωρη-
σεν] παρεχωρ. Vpau., υπεχωρ. A† ‖ 13 γεφυραις unus cod.] -ρουν A, > VL
La ‖ 14 ερυμνοτητι] ευρυμν. A† ‖ 15 περι > A† | ιησου] pr. του V† ‖
16 εχουσαν σταδιους] σταδιων ουσαν V† ‖ 17 προς] pr. και A† | τουβιανους
Vpau.] -βιην- L, -βειν- A† ‖ 18 τοτε] τε VL | απο] εκ A† ‖ 19 δοσιθεος
VcL] δωσ. AV* | απωλεσαν / τους υπο τιμοθ.] tr. A† ‖ 20 ωρμησεν] -σαν
A pau. | δισχιλιους] τρισχ. Ar† | προς] pr. και A† | πεντακοσιοις] επτακοσ.
compl., επτακισχιλιοις A† ‖ 21 ιουδου: sic AVcompl. in 21. 22, A pau. in
15 17, V† in 14 17; ιουδα rel., cf. Ι 3 25 | και τα τεκνα > A† | παντων] pr.
εκ VL ‖ 22 ιουδου: cf. 21 | πρωτης] -του A compl.

ἐφορῶντος ἐπιφανείας γενομένης ἐπ᾽ αὐτοὺς εἰς φυγὴν ὥρμησαν
ἄλλος ἀλλαχῇ φερόμενος ὥστε πολλάκις ὑπὸ τῶν ἰδίων βλάπτεσθαι
23 καὶ ταῖς τῶν ξιφῶν ἀκμαῖς ἀναπείρεσθαι. ²³ἐποιεῖτο δὲ τὸν διωγ-
μὸν εὐτονώτερον ὁ Ἰουδας συγκεντῶν τοὺς ἀλιτηρίους διέφθειρέν
24 τε εἰς μυριάδας τρεῖς ἀνδρῶν. ²⁴αὐτὸς δὲ ὁ Τιμόθεος ἐμπεσὼν
τοῖς περὶ τὸν Δοσίθεον καὶ Σωσίπατρον ἠξίου μετὰ πολλῆς γο-
ητείας ἐξαφεῖναι σῶον αὐτὸν διὰ τὸ πλειόνων μὲν γονεῖς, ὧν δὲ
25 ἀδελφοὺς ἔχειν καὶ τούτους ἀλογηθῆναι συμβήσεται. ²⁵πιστώσαντος
δὲ αὐτοῦ διὰ πλειόνων τὸν ὁρισμὸν ἀποκαταστῆσαι τούτους ἀπη-
μάντους ἀπέλυσαν αὐτὸν ἕνεκα τῆς τῶν ἀδελφῶν σωτηρίας.
26 ²⁶Ἐξελθὼν δὲ ἐπὶ τὸ Καρνιον καὶ τὸ Ατεργατειον κατέσφαξεν
27 μυριάδας σωμάτων δύο καὶ πεντακισχιλίους. ²⁷μετὰ δὲ τὴν τού-
των τροπὴν καὶ ἀπώλειαν ἐπεστράτευσεν καὶ ἐπὶ Εφρων πόλιν
ὀχυράν, ἐν ᾗ κατῴκει Λυσίας καὶ πάμφυλα πλήθη, νεανίαι δὲ ῥωμαλέοι
πρὸ τῶν τειχέων καθεστῶτες εὐρώστως ἀπεμάχοντο, ἔνθα δὲ ὀργάνων
28 καὶ βελῶν πολλαὶ παραθέσεις ὑπῆρχον. ²⁸ἐπικαλεσάμενοι δὲ τὸν
δυνάστην τὸν μετὰ κράτους συντρίβοντα τὰς τῶν πολεμίων ἀλκὰς
ἔλαβον τὴν πόλιν ὑποχείριον, κατέστρωσαν δὲ τῶν ἔνδον εἰς μυ-
29 ριάδας δύο πεντακισχιλίους. ²⁹ἀναζεύξαντες δὲ ἐκεῖθεν ὥρμησαν
ἐπὶ Σκυθῶν πόλιν ἀπέχουσαν ἀπὸ Ἱεροσολύμων σταδίους ἑξακο-
30 σίους. ³⁰ἀπομαρτυρησάντων δὲ τῶν ἐκεῖ καθεστώτων Ἰουδαίων,
ἣν οἱ Σκυθοπολῖται ἔσχον πρὸς αὐτοὺς εὔνοιαν καὶ ἐν τοῖς τῆς
31 ἀτυχίας καιροῖς ἥμερον ἀπάντησιν, ³¹εὐχαριστήσαντες καὶ προσ-
παρακαλέσαντες καὶ εἰς τὰ λοιπὰ πρὸς τὸ γένος εὐμενεῖς εἶναι
παρεγενήθησαν εἰς Ἱεροσόλυμα τῆς τῶν ἑβδομάδων ἑορτῆς οὔσης
ὑπογύου.
32 ³²Μετὰ δὲ τὴν λεγομένην πεντηκοστὴν ὥρμησαν ἐπὶ Γοργίαν
33 τὸν τῆς Ἰδουμαίας στρατηγόν. ³³ἐξῆλθεν δὲ μετὰ πεζῶν τρισχιλί-
34 ων, ἱππέων δὲ τετρακοσίων. ³⁴παραταξαμένους δὲ συνέβη πεσεῖν
35 ὀλίγους τῶν Ἰουδαίων. ³⁵Δοσίθεος δέ τις τῶν τοῦ Βακήνορος,
ἔφιππος ἀνὴρ καὶ καρτερός, εἴχετο τοῦ Γοργίου καὶ λαβόμενος τῆς
χλαμύδος ἦγεν αὐτὸν εὐρώστως καὶ βουλόμενος τὸν κατάρατον
λαβεῖν ζωγρίαν, τῶν ἱππέων τινὸς Θρᾳκῶν ἐπενεχθέντος αὐτῷ καὶ
36 τὸν ὦμον καθελόντος διέφυγεν ὁ Γοργίας εἰς Μαρισα. ³⁶τῶν δὲ

22 γενομενης] -μενου mu. | φυγην] -γειν A† || 23 ο] ον A†, > mu. | τε] δε
A || 24 σωον] pr. ω (pro ως?) A† | ων] τινων L || 25 αποκαταστησαι]
-σειν V† || 26 μυριαδας σωματων δυο] σωμ. μυρ. δυο V†, μυρ. δυο σωμ. L |
και ult. > Amu. || 27 κατωκει λυσιας και LLa] > AV, sed V† add. κατωκει
post πληθη | παμφυλα] + εν αυτη A | ενθα] εν ω V† | δε ult. > A† ||
28 αλκας] ολκ. Apau. | πεντακισχιλ.] pr. και VL || 29 δε] τε A† || 30 καθ-
εστωτων] κατοικουντων VL || 31 -σαντες 1⁰ ⌒ 2⁰ V† || 34 παραταξαμενους
δε] ς > V†, και -μενων L: cf. Kappler p. 56 || 35 εφιππος ανηρ] tr. VL |
βουλομενος] -νου A | ο > A

περὶ τὸν Εσδριν ἐπὶ πλεῖον μαχομένων καὶ κατακόπων ὄντων ἐπι-
καλεσάμενος Ιουδας τὸν κύριον σύμμαχον φανῆναι καὶ προοδηγὸν
τοῦ πολέμου · 37 καταρξάμενος τῇ πατρίῳ φωνῇ τὴν μεθ᾽ ὕμνων 37
κραυγὴν ἐνσείσας ἀπροσδοκήτως τοῖς περὶ τὸν Γοργίαν, τροπὴν
αὐτῶν ἐποιήσατο.

38 Ιουδας δὲ ἀναλαβὼν τὸ στράτευμα ἧκεν εἰς Οδολλαμ πόλιν · 38
τῆς δὲ ἑβδομάδος ἐπιβαλλούσης κατὰ τὸν ἐθισμὸν ἁγνισθέντες
αὐτόθι τὸ σάββατον διήγαγον. 39 τῇ δὲ ἐχομένῃ ἦλθον οἱ περὶ τὸν 39
Ιουδαν καθ᾽ ὃν χρόνον τὸ τῆς χρείας ἐγεγόνει, τὰ σώματα τῶν
προπεπτωκότων ἀνακομίσασθαι καὶ μετὰ τῶν συγγενῶν ἀποκατα-
στῆσαι εἰς τοὺς πατρῴους τάφους. 40 εὗρον δὲ ἑκάστου τῶν τε- 40
θνηκότων ὑπὸ τοὺς χιτῶνας ἱερώματα τῶν ἀπὸ Ιαμνείας εἰδώλων,
ἀφ᾽ ὧν ὁ νόμος ἀπείργει τοὺς Ιουδαίους · τοῖς δὲ πᾶσι σαφὲς
ἐγένετο διὰ τήνδε τὴν αἰτίαν τούσδε πεπτωκέναι. 41 πάντες οὖν 41
εὐλογήσαντες τὰ τοῦ δικαιοκρίτου κυρίου τὰ κεκρυμμένα φανερὰ
ποιοῦντος 42 εἰς ἱκετείαν ἐτράπησαν ἀξιώσαντες τὸ γεγονὸς ἁμάρ- 42
τημα τελείως ἐξαλειφθῆναι. ὁ δὲ γενναῖος Ιουδας παρεκάλεσε τὸ
πλῆθος συντηρεῖν αὐτοὺς ἀναμαρτήτους εἶναι ὑπ᾽ ὄψιν ἑωρακότας
τὰ γεγονότα διὰ τὴν τῶν προπεπτωκότων ἁμαρτίαν. 43 ποιησάμε- 43
νός τε κατ᾽ ἀνδρολογίαν εἰς ἀργυρίου δραχμὰς δισχιλίας ἀπέστει-
λεν εἰς Ιεροσόλυμα προσαγαγεῖν περὶ ἁμαρτίας θυσίαν πάνυ καλῶς
καὶ ἀστείως πράττων ὑπὲρ ἀναστάσεως διαλογιζόμενος · 44 εἰ μὴ 44
γὰρ τοὺς προπεπτωκότας ἀναστῆναι προσεδόκα, περισσὸν καὶ λη-
ρῶδες ὑπὲρ νεκρῶν εὔχεσθαι · 45 εἴτε ἐμβλέπων τοῖς μετ᾽ εὐσεβείας 45
κοιμωμένοις κάλλιστον ἀποκείμενον χαριστήριον, ὁσία καὶ εὐσεβὴς
ἡ ἐπίνοια · ὅθεν περὶ τῶν τεθνηκότων τὸν ἐξιλασμὸν ἐποιήσατο
τῆς ἁμαρτίας ἀπολυθῆναι.

1 Τῷ δὲ ἐνάτῳ καὶ τεσσαρακοστῷ καὶ ἑκατοστῷ ἔτει προσέπεσεν 13
τοῖς περὶ τὸν Ιουδαν Ἀντίοχον τὸν Εὐπάτορα παραγενέσθαι σὺν
πλήθεσιν ἐπὶ τὴν Ιουδαίαν 2 καὶ σὺν αὐτῷ Λυσίαν τὸν ἐπίτροπον 2
καὶ ἐπὶ τῶν πραγμάτων, ἕκαστον ἔχοντα δύναμιν Ἑλληνικὴν πεζῶν
μυριάδας ἕνδεκα καὶ ἱππέων πεντακισχιλίους τριακοσίους καὶ ἐλέ-
φαντας εἴκοσι δύο, ἅρματα δὲ δρεπανηφόρα τριακόσια. 3 συνέμειξεν 3
δὲ αὐτοῖς καὶ Μενέλαος καὶ παρεκάλει μετὰ πολλῆς εἰρωνείας τὸν
Ἀντίοχον, οὐκ ἐπὶ σωτηρίᾳ τῆς πατρίδος, οἰόμενος δὲ ἐπὶ τῆς

36 προοδηγον] + φανηναι A† ‖ 37 αυτων εποιησ.] tr. A† ‖ 38 fin. διη-
γεν A† ‖ 39 το] τα VL ‖ 40 απειργει] απηργ. Apau. ‖ 41 δικαιου κρι-
του V† ‖ 42 ικετ(ε)ιαν] ικεσιαν Apau.: cf. 10 25 | το 1º] pr. δια V†, pr. μη
δια L | fin. αμαρτηματων A† ‖ 43 ανδρολογιαν] -γειον A†, -δραλ- V, + κα-
τασκευασματα L: cf. Kappler p. 58 | διαλογιζομενος] αναλογ. A†, -νους V†
‖ 44 περισσον] ττ pro σσ L, περισσως A† ‖ 45 χαριστηριον] ευχαρ. A(†)
13 3 σωτηρια] -ας A†

4 ἀρχῆς κατασταθήσεσθαι. ⁴ὁ δὲ βασιλεὺς τῶν βασιλέων ἐξήγειρεν
τὸν θυμὸν τοῦ Ἀντιόχου ἐπὶ τὸν ἀλιτήριον, καὶ Λυσίου ὑποδεί-
ξαντος τοῦτον αἴτιον εἶναι πάντων τῶν κακῶν, προσέταξεν, ὡς
ἔθος ἐστὶν ἐν τῷ τόπῳ, προσαπολέσαι ἀγαγόντας εἰς Βέροιαν.
5 ⁵ἔστιν δὲ ἐν τῷ τόπῳ πύργος πεντήκοντα πήχεων πλήρης σποδοῦ,
οὗτος δὲ ὄργανον εἶχεν περιφερὲς πάντοθεν ἀπόκρημνον εἰς τὴν
6 σποδόν. ⁶ἐνταῦθα τὸν ἱεροσυλίας ἔνοχον ἢ καί τινων ἄλλων κακῶν
7 ὑπεροχὴν πεποιημένον ἅπαντες προσωθοῦσιν εἰς ὄλεθρον. ⁷τοιούτῳ
μόρῳ τὸν παράνομον συνέβη θανεῖν μηδὲ τῆς γῆς τυχόντα Μενέ-
8 λαον · ⁸πάνυ δικαίως · ἐπεὶ γὰρ συνετελέσατο πολλὰ περὶ τὸν
βωμὸν ἁμαρτήματα, οὗ τὸ πῦρ ἁγνὸν ἦν καὶ ἡ σποδός, ἐν σποδῷ
τὸν θάνατον ἐκομίσατο.
9 ⁹Τοῖς δὲ φρονήμασιν ὁ βασιλεὺς βεβαρβαρωμένος ἤρχετο τὰ
χείριστα τῶν ἐπὶ τοῦ πατρὸς αὐτοῦ γεγονότων ἐνδειξόμενος τοῖς
10 Ιουδαίοις. ¹⁰μεταλαβὼν δὲ Ιουδας ταῦτα παρήγγειλεν τῷ πλήθει
δι’ ἡμέρας καὶ νυκτὸς ἐπικαλεῖσθαι τὸν κύριον, εἴ ποτε καὶ ἄλλοτε,
καὶ νῦν ἐπιβοηθεῖν τοῖς τοῦ νόμου καὶ πατρίδος καὶ ἱεροῦ ἁγίου
11 στερεῖσθαι μέλλουσιν ¹¹καὶ τὸν ἄρτι βραχέως ἀνεψυχότα λαὸν μὴ
12 ἐᾶσαι τοῖς δυσφήμοις ἔθνεσιν ὑποχειρίους γενέσθαι. ¹²πάντων δὲ
τὸ αὐτὸ ποιησάντων ὁμοῦ καὶ καταξιωσάντων τὸν ἐλεήμονα κύ-
ριον μετὰ κλαυθμοῦ καὶ νηστειῶν καὶ προπτώσεως ἐπὶ ἡμέρας
τρεῖς ἀδιαλείπτως παρακαλέσας αὐτοὺς ὁ Ιουδας ἐκέλευσεν παρα-
13 γίνεσθαι. ¹³καθ’ ἑαυτὸν δὲ σὺν τοῖς πρεσβυτέροις γενόμενος ἐβου-
λεύσατο πρὶν εἰσβαλεῖν τοῦ βασιλέως τὸ στράτευμα εἰς τὴν Ιου-
δαίαν καὶ γενέσθαι τῆς πόλεως ἐγκρατεῖς ἐξελθόντας κρῖναι τὰ
14 πράγματα τῇ τοῦ θεοῦ βοηθείᾳ. ¹⁴δοὺς δὲ τὴν ἐπιτροπὴν τῷ κτίστῃ
τοῦ κόσμου παρακαλέσας τοὺς σὺν αὐτῷ γενναίως ἀγωνίσασθαι
μέχρι θανάτου περὶ νόμων, ἱεροῦ, πόλεως, πατρίδος, πολιτείας ·
15 περὶ δὲ Μωδεΐν ἐποιήσατο τὴν στρατοπεδείαν. ¹⁵ἀναδοὺς δὲ τοῖς
περὶ αὐτὸν σύνθημα »θεοῦ νίκην« μετὰ νεανίσκων ἀρίστων κεκρι-
μένων ἐπιβαλὼν νύκτωρ ἐπὶ τὴν βασιλικὴν αὐλὴν τὴν παρεμβολὴν
ἀνεῖλεν εἰς ἄνδρας δισχιλίους, καὶ τὸν πρωτεύοντα τῶν ἐλεφάντων
16 σὺν τῷ κατ’ οἰκίαν ὄντι συνεκέντησεν ¹⁶καὶ τὸ τέλος τὴν παρεμ-
βολὴν δέους καὶ ταραχῆς ἐπλήρωσαν καὶ ἐξέλυσαν εὐημεροῦντες ·

---

3 fin. κατασταθησεται A† ‖ 4 ειναι (+ και A†) παντων / των κακων V†]
tr. A, ειναι των κακων παντων L ‖ 5 ουτος δε οργ.] οργ. δε A ‖ 6 πε-
ποιημενον] -νων AVc† ‖ 7 τυχοντα] τυγχανοντα Apau. ‖ 9 βεβαρβαρω-
μενος] βεβαρημ. A† ‖ 10 ιουδας] pr. ο V†: cf. 12 ‖ επικαλεισθαι] -λεσασθαι
A† ‖ ιερου αγιου] tr. V† ‖ 12 ο > V: cf. 10 ‖ 13 του βασ. / το στρατ.] tr. A
‖ εις] επι A† ‖ και > A† ‖ 14 κτιστη VLLa] κυριω A ‖ νομων] μου V† ‖ μω-
δειν] -δεειμ L, -διειν V†, -διειμ Apau.: cf. I 2 1 ‖ στρατοπεδειαν] στρατιαν A†
‖ 15 νικης V† (cf. 8 23)] -κην Apl., -κη L ‖ δισχιλ.] δισ > V†, τετρακισχιλ. L ‖
συνεκεντησε(ν) Grimm] συνεθηκε(ν) uel -καν mss. ‖ 16 επληρωσαν] -σεν V†

¹⁷ύποφαινούσης δὲ ἤδη τῆς ἡμέρας τοῦτο ἐγεγόνει διὰ τὴν ἐπ- 17
αρήγουσαν αὐτῷ τοῦ κυρίου σκέπην. ¹⁸Ὁ δὲ βασιλεὺς εἰληφὼς γεῦμα τῆς τῶν Ἰουδαίων εὐτολμίας 18
κατεπείρασεν διὰ μεθόδων τοὺς τόπους. ¹⁹καὶ ἐπὶ Βαιθσουρα φρού- 19
ριον ὀχυρὸν τῶν Ἰουδαίων προσῆγεν, ἐτροποῦτο, προσέκρουεν,
ἠλαττονοῦτο · ²⁰τοῖς δὲ ἔνδον Ἰουδας τὰ δέοντα εἰσέπεμψεν. 20
²¹προσήγγειλεν δὲ τὰ μυστήρια τοῖς πολεμίοις Ροδοκος ἐκ τῆς 21
Ἰουδαϊκῆς τάξεως · ἀνεζητήθη καὶ κατελήμφθη καὶ κατεκλείσθη.
²²ἐδευτερολόγησεν ὁ βασιλεὺς τοῖς ἐν Βαιθσουροις, δεξιὰν ἔδωκεν, 22
ἔλαβεν, ἀπήει, προσέβαλεν τοῖς περὶ τὸν Ἰουδαν, ἥττων ἐγένετο,
²³μετέλαβεν ἀπονενοῆσθαι τὸν Φίλιππον ἐν Ἀντιοχείᾳ τὸν ἀπολε- 23
λειμμένον ἐπὶ τῶν πραγμάτων, συνεχύθη, τοὺς Ἰουδαίους παρεκά-
λεσεν, ὑπετάγη καὶ ὤμοσεν ἐπὶ πᾶσι τοῖς δικαίοις, συνελύθη καὶ
θυσίαν προσήγαγεν, ἐτίμησεν τὸν νεὼ καὶ τὸν τόπον ἐφιλανθρώ-
πησεν · ²⁴καὶ τὸν Μακκαβαῖον ἀπεδέξατο, κατέλιπεν στρατηγὸν ἀπὸ 24
Πτολεμαΐδος ἕως τῶν Γερρηνῶν Ἡγεμονίδην. ²⁵ἦλθεν εἰς Πτολε- 25
μαΐδα · ἐδυσφόρουν περὶ τῶν συνθηκῶν οἱ Πτολεμαεῖς, ἐδείναζον
γὰρ ὑπὲρ ὧν ἠθέλησαν ἀθετεῖν τὰς διαστάσεις. ²⁶προσῆλθεν ἐπὶ 26
τὸ βῆμα Λυσίας, ἀπελογήσατο ἐνδεχομένως, συνέπεισεν, κατεπρά-
υνεν, εὐμενεῖς ἐποίησεν, ἀνέζευξεν εἰς Ἀντιόχειαν. οὕτω τὰ τοῦ
βασιλέως τῆς ἐφόδου καὶ τῆς ἀναζυγῆς ἐχώρησεν.

¹Μετὰ δὲ τριετῆ χρόνον προσέπεσεν τοῖς περὶ τὸν Ἰουδαν Δη- 14
μήτριον τὸν τοῦ Σελεύκου διὰ τοῦ κατὰ Τρίπολιν λιμένος εἰσπλεύ-
σαντα μετὰ πλήθους ἰσχυροῦ καὶ στόλου ²κεκρατηκέναι τῆς χώρας 2
ἐπανελόμενον Ἀντίοχον καὶ τὸν τούτου ἐπίτροπον Λυσίαν. ³Ἄλ- 3
κιμος δέ τις προγεγονὼς ἀρχιερεύς, ἑκουσίως δὲ μεμολυσμένος ἐν
τοῖς τῆς ἀμειξίας χρόνοις, συννοήσας ὅτι καθ’ ὁντιναοῦν τρόπον
οὐκ ἔστιν αὐτῷ σωτηρία οὐδὲ πρὸς τὸ ἅγιον θυσιαστήριον ἔτι
πρόσοδος, ⁴ἦκεν πρὸς τὸν βασιλέα Δημήτριον ὡς πρώτῳ καὶ 4
πεντηκοστῷ καὶ ἑκατοστῷ ἔτει προσάγων αὐτῷ στέφανον χρυσοῦν
καὶ φοίνικα, πρὸς δὲ τούτοις τῶν νομιζομένων θαλλῶν τοῦ ἱεροῦ,
καὶ τὴν ἡμέραν ἐκείνην ἡσυχίαν ἔσχεν. ⁵καιρὸν δὲ λαβὼν τῆς ἰδίας 5
ἀνοίας συνεργὸν προσκληθεὶς εἰς συνέδριον ὑπὸ τοῦ Δημητρίου

17 την] + εξ ουρανου γεγονυιαν αυτω V⁺, sed V⁺om. αυτω του seq. | του
κυριου] τω -ιω A⁺ ‖ 19 βαιθσουρα VL] -ροις A | οχυρον] ολιγον A⁺ | προσ-
εκρουεν] προσνεκρουσεν (sic) A⁽⁺⁾ ‖ 23 νεω] + ν VL: cf. 6 2 ‖ 24 απεδεξ.]
επ. A⁺ | γερρηνων] γεννηρων A⁺ ‖ 25 εδυσφορουν] -ρων A⁺ | εδειναζον]
εδιλιαζ. A⁺ | υπερ ων compl.] υπεραγαν A, υπερ ιουδαιων V⁺ | διασταλσεις] λ
> VL ‖ 26 κατεπραυνεν] pr. και Apau. | του βασ./της εφοδου] tr. L, βασι-
λεως tantum A⁺ (pr. της εφοδ. του A^{s+} in marg.)
    14 3 αμ(ε)ιξιας] επιμιξ. L hic, non in 38 ‖ 4 ηκε(ν)] ηλθε(ν) Apau.: cf. 26
| προσαγων] -αγαγων VL | των νομιζομενων] τοις -νοις A⁺

καὶ ἐπερωτηθείς, ἐν τίνι διαθέσει καὶ βουλῇ καθέστηκαν οἱ Ἰουδαῖοι,
6 πρὸς ταῦτα ἔφη ⁶Οἱ λεγόμενοι τῶν Ἰουδαίων Ἀσιδαῖοι, ὧν ἀφ-
ηγεῖται Ἰουδας ὁ Μακκαβαῖος, πολεμοτροφοῦσιν καὶ στασιάζουσιν
7 οὐκ ἐῶντες τὴν βασιλείαν εὐσταθείας τυχεῖν. ⁷ὅθεν ἀφελόμενος
τὴν προγονικὴν δόξαν (λέγω δὴ τὴν ἀρχιερωσύνην) δεῦρο νῦν
8 ἐλήλυθα ⁸πρῶτον μὲν ὑπὲρ τῶν ἀνηκόντων τῷ βασιλεῖ γνησίως
φρονῶν, δεύτερον δὲ καὶ τῶν ἰδίων πολιτῶν στοχαζόμενος · τῇ
μὲν γὰρ τῶν προειρημένων ἀλογιστίᾳ τὸ σύμπαν ἡμῶν γένος οὐ
9 μικρῶς ἀκληρεῖ. ⁹ἕκαστα δὲ τούτων ἐπεγνωκὼς σύ, βασιλεῦ, καὶ
τῆς χώρας καὶ τοῦ περιισταμένου γένους ἡμῶν προνοήθητι καθ'
10 ἣν ἔχεις πρὸς ἅπαντας εὐαπάντητον φιλανθρωπίαν. ¹⁰ἄχρι γὰρ
11 Ἰουδας περίεστιν, ἀδύνατον εἰρήνης τυχεῖν τὰ πράγματα. ¹¹τοιούτων
δὲ ῥηθέντων ὑπὸ τούτου θᾶττον οἱ λοιποὶ φίλοι δυσμενῶς ἔχοντες
12 τὰ πρὸς τὸν Ἰουδαν προσεπύρωσαν τὸν Δημήτριον. ¹²προχειρι-
σάμενος δὲ εὐθέως Νικάνορα τὸν γενόμενον ἐλεφαντάρχην καὶ
13 στρατηγὸν ἀναδείξας τῆς Ἰουδαίας ἐξαπέστειλεν ¹³δοὺς ἐντολὰς
αὐτὸν μὲν τὸν Ἰουδαν ἐπανελέσθαι, τοὺς δὲ σὺν αὐτῷ σκορπίσαι,
14 καταστῆσαι δὲ Ἄλκιμον ἀρχιερέα τοῦ μεγίστου ἱεροῦ. ¹⁴οἱ δὲ ἐπὶ
τῆς Ἰουδαίας πεφυγαδευκότες τὸν Ἰουδαν ἔθνη συνέμισγον ἀγελη-
δὸν τῷ Νικάνορι τὰς τῶν Ἰουδαίων ἀτυχίας καὶ συμφορὰς ἰδίας
εὐημερίας δοκοῦντες ἔσεσθαι.
15 ¹⁵Ἀκούσαντες δὲ τὴν τοῦ Νικάνορος ἔφοδον καὶ τὴν ἐπίθεσιν
τῶν ἐθνῶν καταπασάμενοι γῆν ἐλιτάνευον τὸν ἄχρι αἰῶνος συστή-
σαντα τὸν αὐτοῦ λαόν, ἀεὶ δὲ μετ' ἐπιφανείας ἀντιλαμβανόμενον
16 τῆς ἑαυτοῦ μερίδος. ¹⁶προστάξαντος δὲ τοῦ ἡγουμένου ἐκεῖθεν
17 εὐθέως ἀναζεύξας συμμίσγει αὐτοῖς ἐπὶ κώμην Δεσσαου. ¹⁷Σιμων
δὲ ὁ ἀδελφὸς Ἰουδου συμβεβληκὼς ἦν τῷ Νικάνορι, βραδέως δὲ
18 διὰ τὴν αἰφνίδιον τῶν ἀντιπάλων ἀφασίαν ἐπταικώς · ¹⁸ὅμως δὲ
ἀκούων ὁ Νικάνωρ ἣν εἶχον οἱ περὶ τὸν Ἰουδαν ἀνδραγαθίαν καὶ
ἐν τοῖς περὶ τῆς πατρίδος ἀγῶσιν εὐψυχίαν, ὑπευλαβεῖτο τὴν κρί-
19 σιν δι' αἱμάτων ποιήσασθαι. ¹⁹διόπερ ἔπεμψεν Ποσιδώνιον καὶ
20 Θεόδοτον καὶ Ματταθιαν δοῦναι καὶ λαβεῖν δεξιάς. ²⁰πλείονος δὲ
γενομένης περὶ τούτων ἐπισκέψεως καὶ τοῦ ἡγουμένου τοῖς πλή-
θεσιν ἀνακοινωσαμένου καὶ φανείσης ὁμοψήφου γνώμης ἐπένευσαν

5 καθεστηκαν V†] -κεν A†, -κασιν rel. ‖ 7 λεγω] + ν A† | δη] δε Apau.
| δευρο mu.] δευτερον AL, + δευτερον V† ‖ 8 ιδιων] ημετερων VL | στοχα-
ζομενος] στοχασαμ. A† ‖ 9 προνοηθητι] προσν. A†, προνοησαντι (sic) V† ‖
12 προχειρισαμενος L (cf. 37 89)] -ρησ- AV, προσκαλεσ. compl. | νικανορα]
pr. τον A† ‖ 13 εντολας VLLa] επιστολας A ‖ 14 init. — πεφυγαδευκο-
τες(cf. Kappler p.55)] τα δε εκ της ιουδ. -δευκοτα VL ‖ 15 ελιτανευον] -νευ-
σαν Apau. ‖ 16 δεσσαου] λ pro δ A ‖ 17 ιουδου: cf. 1221 ‖ 18 δε >
VL | περι 2°] υπερ VL | υπευλαβ.] επευλ. VL ‖ 20 ηγουμενου] ηγεμονος VL
| ομοψηφου] ομοιοψ. A | γνωμης] συ(γ)γνωμ. A

ταῖς συνθήκαις. ²¹ἐτάξαντο δὲ ἡμέραν ἐν ᾗ κατ' ἰδίαν ἥξουσιν εἰς 21
τὸ αὐτό · καὶ προῆλθεν παρ' ἑκάστου δίφραξ, ἔθεσαν δίφρους.
²²διέταξεν Ιουδας ἐνόπλους ἑτοίμους ἐν τοῖς ἐπικαίροις τόποις, 22
μήποτε ἐκ τῶν πολεμίων αἰφνιδίως κακουργία γένηται · τὴν ἁρμό-
ζουσαν ἐποιήσαντο κοινολογίαν. ²³διέτριβεν ὁ Νικάνωρ ἐν Ιεροσο- 23
λύμοις καὶ ἔπραττεν οὐθὲν ἄτοπον, τοὺς δὲ συναχθέντας ἀγελαίους
ὄχλους ἀπέλυσεν. ²⁴καὶ εἶχεν τὸν Ιουδαν διὰ παντὸς ἐν προσώπῳ, 24
ψυχικῶς τῷ ἀνδρὶ προσεκέκλιτο. ²⁵παρεκάλεσεν αὐτὸν γῆμαι καὶ 25
παιδοποιήσασθαι · ἐγάμησεν, εὐστάθησεν, ἐκοινώνησεν βίου.

²⁶Ὁ δὲ Ἄλκιμος συνιδὼν τὴν πρὸς ἀλλήλους εὔνοιαν καὶ τὰς 26
γενομένας συνθήκας λαβὼν ἧκεν πρὸς τὸν Δημήτριον καὶ ἔλεγεν
τὸν Νικάνορα ἀλλότρια φρονεῖν τῶν πραγμάτων · τὸν γὰρ ἐπίβου-
λον τῆς βασιλείας Ιουδαν αὐτοῦ διάδοχον ἀναδεῖξαι. ²⁷ὁ δὲ βασι- 27
λεὺς ἔκθυμος γενόμενος καὶ ταῖς τοῦ παμπονήρου διαβολαῖς ἐρε-
θισθεὶς ἔγραψεν Νικάνορι φάσκων ὑπὲρ μὲν τῶν συνθηκῶν βαρέως
φέρειν, κελεύων δὲ τὸν Μακκαβαῖον δέσμιον ἐξαποστέλλειν εἰς Ἀν-
τιόχειαν ταχέως. ²⁸προσπεσόντων δὲ τούτων τῷ Νικάνορι συνεκέ- 28
χυτο καὶ δυσφόρως ἔφερεν, εἰ τὰ διεσταλμένα ἀθετήσει μηδὲν τἀν-
δρὸς ἠδικηκότος. ²⁹ἐπεὶ δὲ τῷ βασιλεῖ ἀντιπράττειν οὐκ ἦν, εὔ- 29
καιρον ἐτήρει στρατηγήματι τοῦτ' ἐπιτελέσαι. ³⁰ὁ δὲ Μακκαβαῖος 30
αὐστηρότερον διεξαγαγόντα συνιδὼν τὸν Νικάνορα τὰ πρὸς αὐτὸν
καὶ τὴν εἰθισμένην ἀπάντησιν ἀγροικότερον ἐσχηκότα νοήσας οὐκ
ἀπὸ τοῦ βελτίστου τὴν αὐστηρίαν εἶναι συστρέψας οὐκ ὀλίγους
τῶν περὶ αὐτὸν συνεκρύπτετο τὸν Νικάνορα. ³¹συγγνοὺς δὲ ὁ ἕτε- 31
ρος ὅτι γενναίως ὑπὸ τοῦ ἀνδρὸς ἐστρατήγηται, παραγενόμενος
ἐπὶ τὸ μέγιστον καὶ ἅγιον ἱερὸν τῶν ἱερέων τὰς καθηκούσας θυ-
σίας προσαγόντων ἐκέλευσεν παραδιδόναι τὸν ἄνδρα. ³²τῶν δὲ 32
μεθ' ὅρκων φασκόντων μὴ γινώσκειν ποῦ ποτ' ἔστιν ὁ ζητούμενος,
³³προτείνας τὴν δεξιὰν ἐπὶ τὸν νεὼ ταῦτ' ὤμοσεν Ἐὰν μὴ δέσμιόν 33
μοι τὸν Ιουδαν παραδῶτε, τόνδε τὸν τοῦ θεοῦ σηκὸν εἰς πεδίον
ποιήσω καὶ τὸ θυσιαστήριον κατασκάψω καὶ ἱερὸν ἐνταῦθα τῷ
Διονύσῳ ἐπιφανὲς ἀναστήσω. ³⁴τοσαῦτα δὲ εἰπὼν ἀπῆλθεν · οἱ 34
δὲ ἱερεῖς προτείναντες τὰς χεῖρας εἰς τὸν οὐρανὸν ἐπεκαλοῦντο
τὸν διὰ παντὸς ὑπέρμαχον τοῦ ἔθνους ἡμῶν ταῦτα λέγοντες ³⁵Σὺ 35
κύριε τῶν ὅλων ἀπροσδεὴς ὑπάρχων ηὐδόκησας ναὸν τῆς σῆς

---

21 προηλθε(ν)] προση. Vpau. ‖ 22 διεταξεν] pr. και V⁺, + δε L ‖ 26 η-
κεν] ηλθε(ν) V⁺: cf. 4 ‖ ιουδαν αυτου διαδοχον Vpau.] αυτου ιουδ. διαδ. Amu.,
αυτου om. et εαυτου in fine uersus add. L ‖ αναδειξαι Laᵗ] ανεδειξεν uel sim.
mss. gr. ‖ 27 φασκων post συνθηκων tr. A⁺ ‖ 29 τουτ(ο)] του A⁺ ‖
30 ειθισμενην] ηθ. AL ‖ συνεκρυπτετο] διεκρ. VL ‖ 33 νεω] + ν VL: cf. 6 2
‖ ταυτ ωμοσ. VLLa] ωμ. ταυτα A ‖ εις πεδιον] ισοπεδον VL

36 σκηνώσεως ἐν ἡμῖν γενέσθαι · ³⁶καὶ νῦν, ἅγιε παντὸς ἁγιασμοῦ
     κύριε, διατήρησον εἰς αἰῶνα ἀμίαντον τόνδε τὸν προσφάτως κεκα-
     θαρισμένον οἶκον.

37   ³⁷Ραζις δέ τις τῶν ἀπὸ Ιεροσολύμων πρεσβυτέρων ἐμηνύθη τῷ
     Νικάνορι ἀνὴρ φιλοπολίτης καὶ σφόδρα καλῶς ἀκούων καὶ κατὰ
38 τὴν εὔνοιαν πατὴρ τῶν Ιουδαίων προσαγορευόμενος. ³⁸ἦν γὰρ ἐν
     τοῖς ἔμπροσθεν χρόνοις τῆς ἀμειξίας κρίσιν εἰσενηνεγμένος Ιουδα-
     ϊσμοῦ, καὶ σῶμα καὶ ψυχὴν ὑπὲρ τοῦ Ιουδαϊσμοῦ παραβεβλημένος
39 μετὰ πάσης ἐκτενίας. ³⁹βουλόμενος δὲ Νικάνωρ πρόδηλον ποιῆσαι
     ἣν εἶχεν πρὸς τοὺς Ιουδαίους δυσμένειαν, ἀπέστειλεν στρατιώτας
40 ὑπὲρ τοὺς πεντακοσίους συλλαβεῖν αὐτόν · ⁴⁰ἔδοξεν γὰρ ἐκεῖνον
41 συλλαβὼν τούτοις ἐνεργάσασθαι συμφοράν. ⁴¹τῶν δὲ πληθῶν μελ-
     λόντων τὸν πύργον καταλαβέσθαι καὶ τὴν αὐλαίαν θύραν βιαζομέ-
     νων καὶ κελευόντων πῦρ προσάγειν καὶ τὰς θύρας ὑφάπτειν, περι-
42 κατάλημπτος γενόμενος ὑπέθηκεν ἑαυτῷ τὸ ξίφος ⁴²εὐγενῶς θέλων
     ἀποθανεῖν ἤπερ τοῖς ἀλιτηρίοις ὑποχείριος γενέσθαι καὶ τῆς ἰδίας
43 εὐγενείας ἀναξίως ὑβρισθῆναι. ⁴³τῇ δὲ πληγῇ μὴ κατευθικτήσας
     διὰ τὴν τοῦ ἀγῶνος σπουδὴν καὶ τῶν ὄχλων ἔσω τῶν θυρωμάτων
     εἰσβαλλόντων ἀναδραμὼν γενναίως ἐπὶ τὸ τεῖχος κατεκρήμνισεν
44 ἑαυτὸν ἀνδρωδῶς εἰς τοὺς ὄχλους. ⁴⁴τῶν δὲ ταχέως ἀναποδισάν-
45 των γενομένου διαστήματος ἦλθεν κατὰ μέσον τὸν κενεῶνα. ⁴⁵ἔτι
     δὲ ἔμπνους ὑπάρχων καὶ πεπυρωμένος τοῖς θυμοῖς ἐξαναστὰς φε-
     ρομένων κρουνηδὸν τῶν αἱμάτων καὶ δυσχερῶν τῶν τραυμάτων
     ὄντων δρόμῳ τοὺς ὄχλους διελθὼν καὶ στὰς ἐπί τινος πέτρας
46 ἀπορρῶγος ⁴⁶παντελῶς ἔξαιμος ἤδη γινόμενος προβαλὼν τὰ ἔντερα
     καὶ λαβὼν ἑκατέραις ταῖς χερσὶν ἐνέσεισε τοῖς ὄχλοις καὶ ἐπικα-
     λεσάμενος τὸν δεσπόζοντα τῆς ζωῆς καὶ τοῦ πνεύματος ταῦτα
     αὐτῷ πάλιν ἀποδοῦναι τόνδε τὸν τρόπον μετήλλαξεν.

15   ¹Ὁ δὲ Νικάνωρ μεταλαβὼν τοὺς περὶ τὸν Ιουδαν ὄντας ἐν τοῖς
     κατὰ Σαμάρειαν τόποις ἐβουλεύσατο τῇ τῆς καταπαύσεως ἡμέρᾳ
2 μετὰ πάσης ἀσφαλείας αὐτοῖς ἐπιβαλεῖν. ²τῶν δὲ κατὰ ἀνάγκην
     συνεπομένων αὐτῷ Ιουδαίων λεγόντων Μηδαμῶς οὕτως ἀγρίως
     καὶ βαρβάρως ἀπολέσῃς, δόξαν δὲ ἀπομέρισον τῇ προτετιμημένῃ
3 ὑπὸ τοῦ πάντα ἐφορῶντος μεθ᾽ ἁγιότητος ἡμέρᾳ· ³ὁ δὲ τρισαλι-
     τήριος ἐπηρώτησεν εἰ ἔστιν ἐν οὐρανῷ δυνάστης ὁ προστεταχὼς
4 ἄγειν τὴν τῶν σαββάτων ἡμέραν · ⁴τῶν δ᾽ ἀποφηναμένων Ἔστιν
     ὁ κύριος ζῶν αὐτὸς ἐν οὐρανῷ δυνάστης ὁ κελεύσας ἀσκεῖν τὴν
5 ἑβδομάδα· ⁵ὁ δὲ ἕτερος Κἀγώ φησιν δυνάστης ἐπὶ τῆς γῆς ὁ

38 κρισιν] -σις Α⁺ ‖ 43 κατευθικτησας] υ pro ι Α⁺ ‖ 45 διελθων] -θον-
των Α⁺ ‖ 46 ταυτα] τα αυτα Αpau.
15 1 τη] την ΑV⁺ | ημερα] -ραν V⁺, -ρας Α⁺ ‖ 3 δυναστης] pr. ο Α ‖
5 καγω] κατω Α⁺

προστάσσων αἴρειν ὅπλα καὶ τὰς βασιλικὰς χρείας ἐπιτελεῖν. ὅμως
οὐ κατέσχεν ἐπιτελέσαι τὸ σχέτλιον αὐτοῦ βούλημα.

⁶Καὶ ὁ μὲν Νικάνωρ μετὰ πάσης ἀλαζονείας ὑψαυχενῶν διεγνώ- 6
κει κοινὸν τῶν περὶ τὸν Ιουδαν συστήσασθαι τρόπαιον. ⁷ὁ δὲ 7
Μακκαβαῖος ἦν ἀδιαλείπτως πεποιθὼς μετὰ πάσης ἐλπίδος ἀντι-
λήμψεως τεύξασθαι παρὰ τοῦ κυρίου ⁸καὶ παρεκάλει τοὺς σὺν 8
αὐτῷ μὴ δειλιᾶν τὴν τῶν ἐθνῶν ἔφοδον ἔχοντας δὲ κατὰ νοῦν τὰ
προγεγονότα αὐτοῖς ἀπ᾽ οὐρανοῦ βοηθήματα καὶ τὰ νῦν προσδοκᾶν
τὴν παρὰ τοῦ παντοκράτορος ἐσομένην αὐτοῖς νίκην. ⁹καὶ παρα- 9
μυθούμενος αὐτοὺς ἐκ τοῦ νόμου καὶ τῶν προφητῶν, προσυπο-
μνήσας δὲ αὐτοὺς καὶ τοὺς ἀγῶνας, οὓς ἦσαν ἐκτετελεκότες, προ-
θυμοτέρους αὐτοὺς κατέστησεν. ¹⁰καὶ τοῖς θυμοῖς διεγείρας αὐτοὺς 10
παρήγγειλεν ἅμα παρεπιδεικνὺς τὴν τῶν ἐθνῶν ἀθεσίαν καὶ τὴν
τῶν ὅρκων παράβασιν. ¹¹ἕκαστον δὲ αὐτῶν καθοπλίσας οὐ τὴν 11
ἀσπίδων καὶ λογχῶν ἀσφάλειαν, ὡς τὴν ἐν τοῖς ἀγαθοῖς λόγοις
παράκλησιν καὶ προσεξηγησάμενος ὄνειρον ἀξιόπιστον ὕπαρ τι
πάντας ηὔφρανεν. ¹²ἦν δὲ ἡ τούτου θεωρία τοιάδε · Ονιαν τὸν 12
γενόμενον ἀρχιερέα, ἄνδρα καλὸν καὶ ἀγαθόν, αἰδήμονα μὲν τὴν
ἀπάντησιν, πρᾷον δὲ τὸν τρόπον καὶ λαλιὰν προϊέμενον πρεπόντως
καὶ ἐκ παιδὸς ἐκμεμελετηκότα πάντα τὰ τῆς ἀρετῆς οἰκεῖα, τοῦτον
τὰς χεῖρας προτείναντα κατεύχεσθαι τῷ παντὶ τῶν Ιουδαίων συ-
στήματι. ¹³εἶθ᾽ οὕτως ἐπιφανῆναι ἄνδρα πολιᾷ καὶ δόξῃ διαφέροντα, 13
θαυμαστὴν δέ τινα καὶ μεγαλοπρεπεστάτην εἶναι τὴν περὶ αὐτὸν
ὑπεροχήν. ¹⁴ἀποκριθέντα δὲ τὸν Ονιαν εἰπεῖν Ὁ φιλάδελφος οὗτός 14
ἐστιν ὁ πολλὰ προσευχόμενος περὶ τοῦ λαοῦ καὶ τῆς ἁγίας πόλεως
Ιερεμιας ὁ τοῦ θεοῦ προφήτης. ¹⁵προτείναντα δὲ Ιερεμιαν τὴν δε- 15
ξιὰν παραδοῦναι τῷ Ιουδα ῥομφαίαν χρυσῆν, διδόντα δὲ προσφω-
νῆσαι τάδε ¹⁶Λαβὲ τὴν ἁγίαν ῥομφαίαν δῶρον παρὰ τοῦ θεοῦ, δι᾽ 16
ἧς θραύσεις τοὺς ὑπεναντίους.

¹⁷Παρακληθέντες δὲ τοῖς Ιουδου λόγοις πάνυ καλοῖς καὶ δυνα- 17
μένοις ἐπ᾽ ἀρετὴν παρορμῆσαι καὶ ψυχὰς νέων ἐπανδρῶσαι διέγνω-
σαν μὴ στρατεύεσθαι, γενναίως δὲ ἐμφέρεσθαι καὶ μετὰ πάσης
εὐανδρίας ἐμπλακέντες κρῖναι τὰ πράγματα διὰ τὸ καὶ τὴν πόλιν
καὶ τὰ ἅγια καὶ τὸ ἱερὸν κινδυνεύειν · ¹⁸ἦν γὰρ ὁ περὶ γυναικῶν 18
καὶ τέκνων, ἔτι δὲ ἀδελφῶν καὶ συγγενῶν ἐν ἥττονι μέρει κείμενος
αὐτοῖς, μέγιστος δὲ καὶ πρῶτος ὁ περὶ τοῦ καθηγιασμένου ναοῦ
φόβος. ¹⁹ἦν δὲ καὶ τοῖς ἐν τῇ πόλει κατειλημμένοις οὐ πάρεργος 19

5 οπλα] pr. τα A† ‖ 6 αλαζον.] ασφαλειας A† | τροπαιον] αι > A† ‖
8 εχοντας] -τες A l† ‖ 9 προσυπομνησας] πο > A† ‖ 11 εκαστον] -ος A† |
ασπιδων] -δος L, δι -δος V† | λογχων] -χης VL | προσεξηγησ.] εξ > A† | υπαρ
L†] υπερ rel. ‖ 12 εκμεμελετ.] εκ > VL | οικεια] ιδια A† | προτειναντα(cf.
15)] -νοντα VL ‖ 14 περι] υπερ Vpau. ‖ 17 ιουδου: cf. 12 21

20 ἀγωνίᾳ ταρασσομένοις τῆς ἐν ὑπαίθρῳ προσβολῆς. ²⁰ καὶ πάντων
ἤδη προσδοκώντων τὴν ἐσομένην κρίσιν καὶ ἤδη προσμειξάντων
τῶν πολεμίων καὶ τῆς στρατιᾶς ἐκταγείσης καὶ τῶν θηρίων ἐπὶ
μέρος εὔκαιρον ἀποκατασταθέντων τῆς τε ἵππου κατὰ κέρας τε-
21 ταγμένης ²¹ συνιδὼν ὁ Μακκαβαῖος τὴν τῶν πληθῶν παρουσίαν
καὶ τῶν ὅπλων τὴν ποικίλην παρασκευὴν τήν τε τῶν θηρίων ἀγρι-
ότητα ἀνατείνας τὰς χεῖρας εἰς τὸν οὐρανὸν ἐπεκαλέσατο τὸν
τερατοποιὸν κύριον γινώσκων ὅτι οὐκ ἔστιν δι᾽ ὅπλων, καθὼς δὲ
22 ἐὰν αὐτῷ κριθῇ, τοῖς ἀξίοις περιποιεῖται τὴν νίκην. ²² ἔλεγεν δὲ
ἐπικαλούμενος τόνδε τὸν τρόπον Σύ, δέσποτα, ἀπέστειλας τὸν
ἄγγελόν σου ἐπὶ Εζεκιου τοῦ βασιλέως τῆς Ιουδαίας, καὶ ἀνεῖλεν
ἐκ τῆς παρεμβολῆς Σενναχηριμ εἰς ἑκατὸν ὀγδοήκοντα πέντε χι-
23 λιάδας· ²³ καὶ νῦν, δυνάστα τῶν οὐρανῶν, ἀπόστειλον ἄγγελον
24 ἀγαθὸν ἔμπροσθεν ἡμῶν εἰς δέος καὶ τρόμον· ²⁴ μεγέθει βραχίονός
σου καταπλαγείησαν οἱ μετὰ βλασφημίας παραγινόμενοι ἐπὶ τὸν
ἅγιόν σου λαόν. καὶ οὗτος μὲν ἐν τούτοις ἔληξεν.
25   ²⁵ Οἱ δὲ περὶ τὸν Νικάνορα μετὰ σαλπίγγων καὶ παιάνων προσ-
26 ῆγον. ²⁶ οἱ δὲ περὶ τὸν Ιουδαν μετὰ ἐπικλήσεως καὶ εὐχῶν συν-
27 έμειξαν τοῖς πολεμίοις. ²⁷ καὶ ταῖς μὲν χερσὶν ἀγωνιζόμενοι, ταῖς
δὲ καρδίαις πρὸς τὸν θεὸν εὐχόμενοι κατέστρωσαν οὐδὲν ἧττον
μυριάδων τριῶν καὶ πεντακισχιλίων τῇ τοῦ θεοῦ μεγάλως εὐφραν-
28 θέντες ἐπιφανείᾳ. ²⁸ γενόμενοι δὲ ἀπὸ τῆς χρείας καὶ μετὰ χαρᾶς
ἀναλύοντες ἐπέγνωσαν προπεπτωκότα Νικάνορα σὺν τῇ πανοπλίᾳ.
29 ²⁹ γενομένης δὲ κραυγῆς καὶ ταραχῆς εὐλόγουν τὸν δυνάστην τῇ
30 πατρίῳ φωνῇ. ³⁰ καὶ προσέταξεν ὁ καθ᾽ ἅπαν σώματι καὶ ψυχῇ
πρωταγωνιστὴς ὑπὲρ τῶν πολιτῶν ὁ τὴν τῆς ἡλικίας εὔνοιαν εἰς
ὁμοεθνεῖς διαφυλάξας τὴν τοῦ Νικάνορος κεφαλὴν ἀποτεμόντας
31 καὶ τὴν χεῖρα σὺν τῷ ὤμῳ φέρειν εἰς Ιεροσόλυμα. ³¹ παραγενό-
μενος δὲ ἐκεῖ καὶ συγκαλέσας τοὺς ὁμοεθνεῖς καὶ τοὺς ἱερεῖς πρὸ
32 τοῦ θυσιαστηρίου στήσας μετεπέμψατο τοὺς ἐκ τῆς ἄκρας. ³² καὶ
ἐπιδειξάμενος τὴν τοῦ μιαροῦ Νικάνορος κεφαλὴν καὶ τὴν χεῖρα
τοῦ δυσφήμου, ἣν ἐκτείνας ἐπὶ τὸν ἅγιον τοῦ παντοκράτορος οἶ-
33 κον ἐμεγαλαύχησεν, ³³ καὶ τὴν γλῶσσαν τοῦ δυσσεβοῦς Νικάνορος
ἐκτεμὼν ἔφη κατὰ μέρος δώσειν τοῖς ὀρνέοις, τὰ δ᾽ ἐπίχειρα τῆς
34 ἀνοίας κατέναντι τοῦ ναοῦ κρεμάσαι. ³⁴ οἱ δὲ πάντες εἰς τὸν οὐ-
ρανὸν εὐλόγησαν τὸν ἐπιφανῆ κύριον λέγοντες Εὐλογητὸς ὁ δια-
35 τηρήσας τὸν ἑαυτοῦ τόπον ἀμίαντον. ³⁵ ἐξέδησεν δὲ τὴν τοῦ Νι-

20 προσμ(ε)ιξ. AL] συμμιξ. Vmu. | τε] δε A† ‖ 21 αγριοτ.] pr. επι μερος
ευκαιρον A† | τας > A† ‖ 24 λαον] ναον Vpau. ‖ 27 fin. επιμελεια A† ‖
30 και προσεταξε(ν)] προσετ. δε VL | φερειν] pr. περι A† ‖ 31 συγκαλεσας]
-σαμενος A† | ομοεθνεις] -νους AL: item in 30 L, non A ‖ 32 επιδειξαμ.]
1 2⁰ > A† ‖ 33 δωσειν > A†

κάνορος προτομὴν ἐκ τῆς ἄκρας ἐπίδηλον πᾶσιν καὶ φανερὸν τῆς
τοῦ κυρίου βοηθείας σημεῖον. ³⁶ἐδογμάτισαν δὲ πάντες μετὰ κοινοῦ 36
ψηφίσματος μηδαμῶς ἐᾶσαι ἀπαρασήμαντον τήνδε τὴν ἡμέραν, ἔχειν
δὲ ἐπίσημον τὴν τρισκαιδεκάτην τοῦ δωδεκάτου μηνὸς — Αδαρ
λέγεται τῇ Συριακῇ φωνῇ — πρὸ μιᾶς ἡμέρας τῆς Μαρδοχαϊκῆς
ἡμέρας.
³⁷Τῶν οὖν κατὰ Νικάνορα χωρησάντων οὕτως καὶ ἀπ' ἐκείνων 37
τῶν καιρῶν κρατηθείσης τῆς πόλεως ὑπὸ τῶν Εβραίων καὶ αὐτὸς
αὐτόθι τὸν λόγον καταπαύσω. ³⁸καὶ εἰ μὲν καλῶς εὐθίκτως τῇ συν- 38
τάξει, τοῦτο καὶ αὐτὸς ἤθελον · εἰ δὲ εὐτελῶς καὶ μετρίως, τοῦτο
ἐφικτὸν ἦν μοι. ³⁹καθάπερ γὰρ οἶνον κατὰ μόνας πίνειν, ὡσαύτως 39
δὲ καὶ ὕδωρ πάλιν πολέμιον · ὃν δὲ τρόπον οἶνος ὕδατι συγκερα-
σθεὶς ἡδὺς καὶ ἐπιτερπῆ τὴν χάριν ἀποτελεῖ, οὕτως καὶ τὸ τῆς
κατασκευῆς τοῦ λόγου τέρπει τὰς ἀκοὰς τῶν ἐντυγχανόντων τῇ
συντάξει. ἐνταῦθα δὲ ἔσται ἡ τελευτή.

36 συριακη] κυριακη A⁺ || 38 ει μεν] ειπεν A⁺ || 39 γαρ > Apau. | ηδυς
L] ηδη AV*, ηδεια Vᶜ⁽⁺⁾
Subscr. ιουδα του μακκ(αβ)αιου πραξεων επιστολη A⁺, ιουδα μακκαβαιου πρα-
ξεων επιτομη V⁺: cf. inscr.

ΜΑΚΚΑΒΑΙΩΝ Γ´

¹Ὁ δὲ Φιλοπάτωρ παρὰ τῶν ἀνακομισθέντων μαθὼν τὴν γενο- 1
μένην τῶν ὑπ' αὐτοῦ κρατουμένων τόπων ἀφαίρεσιν ὑπὸ Ἀντιόχου
παραγγείλας ταῖς πάσαις δυνάμεσιν πεζικαῖς τε καὶ ἱππικαῖς καὶ
τὴν ἀδελφὴν Ἀρσινόην συμπαραλαβὼν ἐξώρμησεν μέχρι τῶν κατὰ
Ῥαφίαν τόπων, ὅπου παρεμβεβλήκεισαν οἱ περὶ Ἀντίοχον. ²Θεό- 2
δοτος δέ τις ἐκπληρῶσαι τὴν ἐπιβουλὴν διανοηθεὶς παραλαβὼν
τῶν προϋποτεταγμένων αὐτῷ ὅπλων Πτολεμαϊκῶν τὰ κράτιστα
διεκομίσθη νύκτωρ ἐπὶ τὴν τοῦ Πτολεμαίου σκηνὴν ὡς μόνος κτεῖ-
ναι αὐτὸν καὶ ἐν τούτῳ διαλῦσαι τὸν πόλεμον. ³τοῦτον δὲ διαγα- 3
γὼν Δοσίθεος ὁ Δριμύλου λεγόμενος, τὸ γένος Ιουδαῖος, ὕστερον
δὲ μεταβαλὼν τὰ νόμιμα καὶ τῶν πατρίων δογμάτων ἀπηλλοτριω-
μένος, ἄσημόν τινα κατέκλινεν ἐν τῇ σκηνῇ, ὃν συνέβη κομίσασθαι
τὴν ἐκείνου κόλασιν. ⁴γενομένης δὲ καρτερᾶς μάχης καὶ τῶν πραγ- 4

Mac. III: A. — L = 64 236, cf. Mac. I. II.
Inscr. γ´] pr. λογος A⁺ hoc loco, non in subscr.
1 1 γενομενην VL] γειν. A: cf. 15 | υπ] επ A⁺ | τε > AV⁺ | fin. αντιοχον]
pr. τον VL || 3 διαγαγων] διαγων A⁺ | δοσιθεος] δωσ. A

μάτων μᾶλλον ἐρρωμένων τῷ Ἀντιόχῳ ἱκανῶς ἡ Ἀρσινόη ἐπιπορευσαμένη τὰς δυνάμεις παρεκάλει μετὰ οἴκτου καὶ δακρύων τοὺς πλοκάμους λελυμένη βοηθεῖν ἑαυτοῖς τε καὶ τοῖς τέκνοις καὶ γυναιξὶν θαρραλέως ἐπαγγελλομένη δώσειν νικήσασιν ἑκάστῳ δύο μνᾶς
5 χρυσίου. ⁵καὶ οὕτως συνέβη τοὺς ἀντιπάλους ἐν χειρονομίαις δια-
6 φθαρῆναι, πολλοὺς δὲ καὶ δοριαλώτους συλλημφθῆναι. ⁶κατακρατήσας δὲ τῆς ἐπιβουλῆς ἔκρινεν τὰς πλησίον πόλεις ἐπελθὼν παρακαλέσαι.
7 ⁷ποιήσας δὲ τοῦτο καὶ τοῖς τεμένεσι δωρεὰς ἀπονείμας εὐθαρσεῖς τοὺς ὑποτεταγμένους κατέστησεν.
8 ⁸Τῶν δὲ Ἰουδαίων διαπεμψαμένων πρὸς αὐτὸν ἀπὸ τῆς γερουσίας καὶ τῶν πρεσβυτέρων τοὺς ἀσπασομένους αὐτὸν καὶ ξένια κομιοῦντας καὶ ἐπὶ τοῖς συμβεβηκόσιν χαρισομένους συνέβη μᾶλλον
9 αὐτὸν προθυμηθῆναι ὡς τάχιστα πρὸς αὐτοὺς παραγενέσθαι. ⁹διακομισθεὶς δὲ εἰς Ἱεροσόλυμα καὶ θύσας τῷ μεγίστῳ θεῷ καὶ χάριτας ἀποδοὺς καὶ τῶν ἑξῆς τι τῷ τόπῳ ποιήσας καὶ δὴ παραγενόμενος εἰς τὸν τόπον καὶ τῇ σπουδαιότητι καὶ εὐπρεπείᾳ καταπλαγείς,
10 ¹⁰θαυμάσας δὲ καὶ τὴν τοῦ ἱεροῦ εὐταξίαν ἐνεθυμήθη βουλεύσασθαι
11 εἰς τὸν ναὸν εἰσελθεῖν. ¹¹τῶν δὲ εἰπόντων μὴ καθήκειν γίνεσθαι τοῦτο διὰ τὸ μηδὲ τοῖς ἐκ τοῦ ἔθνους ἐξεῖναι εἰσιέναι μηδὲ πᾶσιν τοῖς ἱερεῦσιν, ἀλλ᾽ ἢ μόνῳ τῷ προηγουμένῳ πάντων ἀρχιερεῖ, καὶ
12 τούτῳ κατ᾽ ἐνιαυτὸν ἅπαξ, ὁ δὲ οὐδαμῶς ἐπείθετο. ¹²τοῦ τε νόμου παραναγνωσθέντος οὐδ᾽ ὡς ἀπέλιπεν προφερόμενος ἑαυτὸν δεῖν εἰσελθεῖν λέγων Καὶ εἰ ἐκεῖνοι ἐστέρηνται ταύτης τῆς τιμῆς, ἐμὲ
13 δὲ οὐ δεῖ. ¹³καὶ ἐπυνθάνετο διὰ τίνα αἰτίαν εἰσερχόμενον αὐτὸν
14 εἰς πᾶν τέμενος οὐθεὶς ἐκώλυσεν τῶν παρόντων. ¹⁴καί τις ἀπρο-
15 νοήτως ἔφη κακῶς αὐτὸ τοῦτο τερατεύεσθαι. ¹⁵γενομένου δέ, φησιν, τούτου διά τινα αἰτίαν, οὐχὶ πάντως εἰσελεύσεσθαι καὶ
16 θελόντων αὐτῶν καὶ μή; ¹⁶τῶν δὲ ἱερέων ἐν πάσαις ταῖς ἐσθήσεσιν προσπεσόντων καὶ δεομένων τοῦ μεγίστου θεοῦ βοηθεῖν τοῖς ἐνεστῶσιν καὶ τὴν ὁρμὴν τοῦ κακῶς ἐπιβαλλομένου μεταθεῖ-
17 ναι κραυγῆς τε μετὰ δακρύων τὸ ἱερὸν ἐμπλησάντων ¹⁷οἱ κατὰ τὴν πόλιν ἀπολειπόμενοι ταραχθέντες ἐξεπήδησαν ἄδηλον τιθέμενοι
18 τὸ γινόμενον. ¹⁸αἵ τε κατάκλειστοι παρθένοι ἐν θαλάμοις σὺν ταῖς τεκούσαις ἐξώρμησαν καὶ ἀπέδωκαν κόνει τὰς κόμας πασάμεναι
19 γόου τε καὶ στεναγμῶν ἐνεπίμπλων τὰς πλατείας. ¹⁹αἱ δὲ καὶ

4 πλοκαμους] πολεμους A† | γυναιξιν] pr. ταις A† ‖ 5 δοριαλωτους] ρο-διαλ. A† ‖ 8 χαρισομ. V†] χαρησ. A ‖ 9 μεγιστω] πιστω A† | αποδους L] αποδιδους A | ευπρεπ.] ευσεβεια A† | fin. καταπληγεις A† ‖ 11 εκ του εθνους] εθνεσιν A† | εξειναι > A ‖ 12 παραναγνωσθ.] α 2⁰ ⌒ 3⁰ A | ουδ ως A pau.] ουδαμως rel. | εκεινοι] -νω A† ‖ 13 εισερχ. αυτον] tr. AV† ‖ 14 αυτο] -τον Grimm | τερατευεσθαι] πραττεσθαι L ‖ 15 γενομενου V pau.] γ(ε)ιν. rel.: cf. 1 | διά τινα: sic uel διὰ τίνα (cf. 13)? | παντως] -των A†, -τες V† ‖ 18 απεδωκαν] σποδω και L | γοου τε] που γε A† | ενεπιμπλων] ενεμπιπλ. A pau.

προσαρτίως ἐσταλμέναι τοὺς πρὸς ἀπάντησιν διατεταγμένους πα-
στοὺς καὶ τὴν ἁρμόζουσαν αἰδὼ παραλείπουσαι δρόμον ἄτακτον
ἐν τῇ πόλει συνίσταντο. ²⁰τὰ δὲ νεογνὰ τῶν τέκνων αἱ πρὸς τού- 20
τοις μητέρες καὶ τιθηνοὶ παραλείπουσαι ἄλλως καὶ ἄλλως, αἱ μὲν
κατ᾽ οἴκους, αἱ δὲ κατὰ τὰς ἀγυιάς, ἀνεπιστρέπτως εἰς τὸ παν-
υπέρτατον ἱερὸν ἠθροίζοντο. ²¹ποικίλη δὲ ἦν τῶν εἰς τοῦτο συλλε- 21
γέντων ἡ δέησις ἐπὶ τοῖς ἀνοσίως ὑπ᾽ ἐκείνου κατεγχειρουμένοις.
²²σύν τε τούτοις οἱ περὶ τῶν πολιτῶν θρασυνθέντες οὐκ ἠνείχοντο 22
τέλεον αὐτοῦ ἐπικειμένου καὶ τὸ τῆς προθέσεως ἐκπληροῦν δια-
νοουμένου, ²³φωνήσαντες δὲ τὴν ὁρμὴν ἐπὶ τὰ ὅπλα ποιήσασθαι 23
καὶ θαρραλέως ὑπὲρ τοῦ πατρῴου νόμου τελευτᾶν ἱκανὴν ἐποίησαν
ἐν τῷ τόπῳ τραχύτητα, μόλις δὲ ὑπό τε τῶν γεραιῶν καὶ τῶν
πρεσβυτέρων ἀποτραπέντες ἐπὶ τὴν αὐτὴν τῆς δεήσεως παρῆσαν
στάσιν. ²⁴καὶ τὸ μὲν πλῆθος ὡς ἔμπροσθεν ἐν τούτοις ἀνεστρέ- 24
φετο δεόμενον. ²⁵οἱ δὲ περὶ τὸν βασιλέα πρεσβύτεροι πολλαχῶς 25
ἐπειρῶντο τὸν ἀγέρωχον αὐτοῦ νοῦν ἐξιστάνειν τῆς ἐντεθυμημένης
ἐπιβουλῆς. ²⁶θρασυνθεὶς δὲ καὶ πάντα παραπέμψας ἤδη καὶ πρόσ- 26
βασιν ἐποιεῖτο τέλος ἐπιθήσειν δοκῶν τῷ προειρημένῳ. ²⁷ταῦτα 27
οὖν καὶ οἱ περὶ αὐτὸν ὄντες θεωροῦντες ἐτράπησαν εἰς τὸ σὺν
τοῖς ἡμετέροις ἐπικαλεῖσθαι τὸν πᾶν κράτος ἔχοντα τοῖς παροῦσιν
ἐπαμῦναι μὴ παριδόντα τὴν ἄνομον καὶ ὑπερήφανον πρᾶξιν. ²⁸ἐκ 28
δὲ τῆς πυκνοτάτης τε καὶ ἐμπόνου τῶν ὄχλων συναγομένης κραυ-
γῆς ἀνείκαστός τις ἦν βοή· ²⁹δοκεῖν γὰρ ἦν μὴ μόνον τοὺς ἀν- 29
θρώπους, ἀλλὰ καὶ τὰ τείχη καὶ τὸ πᾶν ἔδαφος ἠχεῖν ἅτε δὴ τῶν
πάντων τότε θάνατον ἀλλασσομένων ἀντὶ τῆς τοῦ τόπου βεβη-
λώσεως.

¹Ὁ μὲν οὖν ἀρχιερεὺς Σιμων ἐξ ἐναντίας τοῦ ναοῦ κάμψας τὰ γό- 2
νατα καὶ τὰς χεῖρας προτείνας εὐτάκτως ἐποιήσατο τὴν δέησιν τοιαύ-
την ²Κύριε κύριε, βασιλεῦ τῶν οὐρανῶν καὶ δέσποτα πάσης κτίσεως, 2
ἅγιε ἐν ἁγίοις, μόναρχε, παντοκράτωρ, πρόσχες ἡμῖν καταπονου-
μένοις ὑπὸ ἀνοσίου καὶ βεβήλου θράσει καὶ σθένει πεφρυαγμένου.
³σὺ γὰρ ὁ κτίσας τὰ πάντα καὶ τῶν ὅλων ἐπικρατῶν δυνάστης 3
δίκαιος εἶ καὶ τοὺς ὕβρει καὶ ἀγερωχίᾳ τι πράσσοντας κρίνεις.
⁴σὺ τοὺς ἔμπροσθεν ἀδικίαν ποιήσαντας, ἐν οἷς καὶ γίγαντες ἦσαν 4
ῥώμῃ καὶ θράσει πεποιθότες, διέφθειρας ἐπαγαγὼν αὐτοῖς ἀμέτρη-

19 απαντησιν L] απαν νυν AV | διατεταγμενους] -νην A⁺ | παστους L] >
A | εν τη πολει > A⁺ ‖ 20 αι 1⁰] + τε A | αι 2⁰] και A⁺ ‖ 21 ανοσιως]
-σιοις V⁺ ‖ 23 φωνησαντες] -σαντος V⁺, -σαν A⁺ | υπερ] υπο A⁺ ‖ 24 εν
> A⁺ ‖ 25 επιβουλης] επι > VL ‖ 26 παντα] + ς A⁺ | προσβασιν] + ηδη
A⁺ ‖ 27 παριδοντα] περιδ. A⁺, περιδ. V⁺ ‖ 28 πυκνοτητος VL ‖ 29 init.]
pr. η A⁺: ex 28 fin. repet. | τοτε] τον L, > V⁺
2 1 L] > AV ‖ 2 σθενει] pr. α A⁺ | fin. πεφρυασμενους (sic) A⁺ ‖ 3 γαρ]
+ ει A⁺ ‖ 4 και 1⁰ > A⁺ | αυτοις] -τους A⁺

5 τον ὕδωρ. ⁵σὺ τοὺς ὑπερηφανίαν ἐργαζομένους Σοδομίτας διαδή-
λους ταῖς κακίαις γενομένους πυρὶ καὶ θείῳ κατέφλεξας παράδειγμα
6 τοῖς ἐπιγινομένοις καταστήσας. ⁶σὺ τὸν θρασὺν Φαραω καταδουλω-
σάμενον τὸν λαόν σου τὸν ἅγιον Ισραηλ ποικίλαις καὶ πολλαῖς
δοκιμάσας τιμωρίαις ἐγνώρισας τὴν σὴν δύναμιν, ἐφ᾽ οἷς ἐγνώρισας
7 τὸ μέγα σου κράτος · ⁷καὶ ἐπιδιώξαντα αὐτὸν σὺν ἅρμασιν καὶ
ὄχλων πλήθει ἐπέκλυσας βάθει θαλάσσης, τοὺς δὲ ἐμπιστεύσαντας
ἐπὶ σοὶ τῷ τῆς ἁπάσης κτίσεως δυναστεύοντι σώους διεκόμισας,
8 ⁸οἳ καὶ συνιδόντες ἔργα σῆς χειρὸς ἤνεσάν σε τὸν παντοκράτορα.
9 ⁹σύ, βασιλεῦ, κτίσας τὴν ἀπέραντον καὶ ἀμέτρητον γῆν ἐξελέξω
τὴν πόλιν ταύτην καὶ ἡγίασας τὸν τόπον τοῦτον εἰς ὄνομά σοι
τῷ τῶν ἁπάντων ἀπροσδεεῖ καὶ παρεδόξασας ἐν ἐπιφανείᾳ μεγα-
λοπρεπεῖ σύστασιν ποιησάμενος αὐτοῦ πρὸς δόξαν τοῦ μεγάλου
10 καὶ ἐντίμου ὀνόματός σου. ¹⁰καὶ ἀγαπῶν τὸν οἶκον τοῦ Ισραηλ
ἐπηγγείλω διότι, ἐὰν γένηται ἡμῶν ἀποστροφὴ καὶ καταλάβῃ ἡμᾶς
στενοχωρία καὶ ἐλθόντες εἰς τὸν τόπον τοῦτον δεηθῶμεν, εἰσ-
11 ακούσῃ τῆς δεήσεως ἡμῶν. ¹¹καὶ δὴ πιστὸς εἶ καὶ ἀληθινός.
12 ¹²ἐπεὶ δὲ πλεονάκις θλιβέντων τῶν πατέρων ἡμῶν ἐβοήθησας αὐ-
τοῖς ἐν τῇ ταπεινώσει καὶ ἐρρύσω αὐτοὺς ἐκ μεγάλων κακῶν,
13 ¹³ἰδοὺ δὲ νῦν, ἅγιε βασιλεῦ, διὰ τὰς πολλὰς καὶ μεγάλας ἡμῶν
ἁμαρτίας καταπονούμεθα καὶ ὑπετάγημεν τοῖς ἐχθροῖς ἡμῶν καὶ
14 παρείμεθα ἐν ἀδυναμίαις. ¹⁴ἐν δὲ τῇ ἡμετέρᾳ καταπτώσει ὁ θρασὺς
καὶ βέβηλος οὗτος ἐπιτηδεύει καθυβρίσαι τὸν ἐπὶ τῆς γῆς ἀναδεδειγ-
15 μένον τῷ ὀνόματι τῆς δόξης σου ἅγιον τόπον. ¹⁵τὸ μὲν γὰρ
κατοικητήριόν σου οὐρανὸς τοῦ οὐρανοῦ ἀνέφικτος ἀνθρώποις ἐστίν.
16 ¹⁶ἀλλὰ ἐπεὶ εὐδοκήσας τὴν δόξαν σου ἐν τῷ λαῷ σου Ισραηλ
17 ἡγίασας τὸν τόπον τοῦτον, ¹⁷μὴ ἐκδικήσῃς ἡμᾶς ἐν τῇ τούτων
ἀκαθαρσίᾳ μηδὲ εὐθύνῃς ἡμᾶς ἐν βεβηλώσει, ἵνα μὴ καυχήσωνται
οἱ παράνομοι ἐν θυμῷ αὐτῶν μηδὲ ἀγαλλιάσωνται ἐν ὑπερηφανίᾳ
18 γλώσσης αὐτῶν λέγοντες ¹⁸Ἡμεῖς κατεπατήσαμεν τὸν οἶκον τοῦ
19 ἁγιασμοῦ, ὡς καταπατοῦνται οἱ οἶκοι τῶν προσοχθισμάτων. ¹⁹ἀπ-
άλειψον τὰς ἁμαρτίας ἡμῶν καὶ διασκέδασον τὰς ἀμβλακίας ἡμῶν
20 καὶ ἐπίφανον τὸ ἔλεός σου κατὰ τὴν ὥραν ταύτην. ²⁰ταχὺ προ-
καταλαβέτωσαν ἡμᾶς οἱ οἰκτιρμοί σου, καὶ δὸς αἰνέσεις ἐν τῷ
στόματι τῶν καταπεπτωκότων καὶ συντετριμμένων τὰς ψυχὰς ποι-
ήσας ἡμῖν εἰρήνην.

5 διαδηλους] αδηλ. A† ‖ 6 τον 3⁰ > V† | δοκιμασας] εδοκιμ. A† | εγνωρι-
σας 1⁰ ⌢ 2⁰ Vpau. ‖ 9 απεραντον(ν 1⁰ > Apau.) .. αμετρητον] tr. V† | ονομα
σοι] ον. σου V†, σον ον. σοι A† ‖ 10 του > VL | αποστροφη] pr. η VL ╷
τουτον] ημων A† ‖ 11 ει > A† ‖ 12 θλιβεντων] pr. και A† ‖ 13 αδυνα-
μ(ε)ιαις] -μια V† ‖ 16 ευδοκησας: sic uel ευδόκησας? ‖ 19 αμβλακ(ε)ιας
AV] π pro β L: cf. Thack. § 7, 16 ‖ 20 αινεσ(ε)ις] -σιν VL

²¹Ἐνταῦθα ὁ πάντων ἐπόπτης θεὸς καὶ προπάτωρ ἅγιος ἐν 21
ἁγίοις εἰσακούσας τῆς ἐνθέσμου λιτανείας, τὸν ὕβρει καὶ θράσει
μεγάλως ἐπηρμένον ἐμάστιξεν αὐτὸν ²²ἔνθεν καὶ ἔνθεν κραδάνας 22
αὐτὸν ὡς κάλαμον ὑπὸ ἀνέμου ὥστε κατ᾽ ἐδάφους ἄπρακτον, ἔτι
καὶ τοῖς μέλεσιν παραλελυμένον μηδὲ φωνῆσαι δύνασθαι δικαίᾳ
περιπεπληγμένον κρίσει. ²³ὅθεν οἵ τε φίλοι καὶ σωματοφύλακες 23
ὀξεῖαν ἰδόντες τὴν καταλαβοῦσαν αὐτὸν εὔθυναν φοβούμενοι μὴ
καὶ τὸ ζῆν ἐκλείπῃ, ταχέως αὐτὸν ἐξείλκυσαν ὑπερβάλλοντι κατα-
πεπληγμένοι φόβῳ. ²⁴ἐν χρόνῳ δὲ ὕστερον ἀναλεξάμενος αὐτὸν 24
οὐδαμῶς εἰς μετάμελον ἦλθεν ἐπιτιμηθείς, ἀπειλὰς δὲ πικρὰς θέμε-
νος ἀνέλυσεν.

²⁵Διακομισθεὶς δὲ εἰς τὴν Αἴγυπτον καὶ τὰ τῆς κακίας ἐπαύξων 25
διά τε τῶν προαποδεδειγμένων συμποτῶν καὶ ἑταίρων τοῦ παντὸς
δικαίου κεχωρισμένων ²⁶οὐ μόνον ταῖς ἀναριθμήτοις ἀσελγείαις 26
διηρκέσθη, ἀλλὰ καὶ ἐπὶ τοσοῦτον θράσους προῆλθεν ὥστε δυσ-
φημίας ἐν τοῖς τόποις συνίστασθαι καὶ πολλοὺς τῶν φίλων ἀτενί-
ζοντας εἰς τὴν τοῦ βασιλέως πρόθεσιν καὶ αὐτοὺς ἕπεσθαι τῇ
ἐκείνου θελήσει. ²⁷προέθετο δημοσίᾳ κατὰ τοῦ ἔθνους διαδοῦναι 27
ψόγον· ἐπὶ τοῦ κατὰ τὴν αὐλὴν πύργου στήλην ἀναστήσας ἐκό-
λαψεν γραφὴν ²⁸μηδένα τῶν μὴ θυόντων εἰς τὰ ἱερὰ αὐτῶν εἰσ- 28
ιέναι, πάντας δὲ τοὺς Ιουδαίους εἰς λαογραφίαν καὶ οἰκετικὴν
διάθεσιν ἀχθῆναι, τοὺς δὲ ἀντιλέγοντας βίᾳ φερομένους τοῦ ζῆν
μεταστῆσαι, ²⁹τούς τε ἀπογραφομένους χαράσσεσθαι καὶ διὰ πυρὸς 29
εἰς τὸ σῶμα παρασήμῳ Διονύσου κισσοφύλλῳ, οὓς καὶ καταχω-
ρίσαι εἰς τὴν προσυνεσταλμένην αὐθεντίαν. ³⁰ἵνα δὲ μὴ τοῖς πᾶσιν 30
ἀπεχθόμενος φαίνηται, ὑπέγραψεν Ἐὰν δέ τινες ἐξ αὐτῶν προαι-
ρῶνται ἐν τοῖς κατὰ τὰς τελετὰς μεμυημένοις ἀναστρέφεσθαι, τού-
τους ἰσοπολίτας Ἀλεξανδρεῦσιν εἶναι.

³¹Ἔνιοι μὲν οὖν ἐπιπολαίως τὰς τῆς πόλεως εὐσεβείας ἐπιβάθρας 31
στυγοῦντες εὐχερῶς ἑαυτοὺς ἐδίδοσαν ὡς μεγάλης τινὸς κοινωνή-
σοντες εὐκλείας ἀπὸ τῆς ἐσομένης τῷ βασιλεῖ συναναστροφῆς.
³²οἱ δὲ πλεῖστοι γενναίᾳ ψυχῇ ἐνίσχυσαν καὶ οὐ διέστησαν τῆς 32
εὐσεβείας τά τε χρήματα περὶ τοῦ ζῆν ἀντικαταλλασσόμενοι ἀδεῶς
ἐπειρῶντο ἑαυτοὺς ῥύσασθαι ἐκ τῶν ἀπογραφῶν· ³³εὐέλπιδές τε 33

---

21 αυτον > L ‖ 22 περιπεπληγμ. pau.] περι > A†, πεπαρμενον L ‖
23 ευθυναν] -νας A† ‖ 24 αυτον A†] pr. ε rel. | απειλας] μετα απιλης A†, μετ
απειλης compl. | ανελυσεν] δ pro λ A† ‖ 25 επαυξων] επ αυτων A† | προ-
αποδεδ(ε)ιγ.] υ pro α VL ‖ 26 θρασους] υ > Vpau. ‖ 28 εις 1⁰] επι A† |
του] + ς A† ‖ 29 και 1⁰ > L | παρασημω] -μους L | διονυσου] -σω AVpau.
| και ult. > V† | καταχωρισαι] pr. προ A†, κατεχωρισεν L ‖ 30 τας > A†
‖ 31 ουν > A† | επιπολαιως Vpau.] -λειως A†, επι πολεως pl. | τας ... επι-
βαθρας] ς bis > Apau. (Ac add. ς 1⁰) | στυγουντες] -νται A† | απο] υπο VL

καθειστήκεισαν ἀντιλήμψεως τεύξασθαι καὶ τοὺς ἀποχωροῦντας ἐξ
αὐτῶν ἐβδελύσσοντο καὶ ὡς πολεμίους τοῦ ἔθνους ἔκρινον καὶ
τῆς κοινῆς συναναστροφῆς καὶ εὐχρηστίας ἐστέρουν.

3 ¹Ἃ καὶ μεταλαμβάνων ὁ δυσσεβὴς ἐπὶ τοσοῦτον ἐξεχόλησεν
ὥστε οὐ μόνον τοῖς κατὰ Ἀλεξάνδρειαν διοργίζεσθαι, ἀλλὰ καὶ
τοῖς ἐν τῇ χώρᾳ βαρυτέρως ἐναντιωθῆναι καὶ προστάξαι σπεύσαν-
τας συναγαγεῖν πάντας ἐπὶ τὸ αὐτὸ καὶ χειρίστῳ μόρῳ τοῦ ζῆν
2 μεταστῆσαι. ²τούτων δὲ οἰκονομουμένων φήμη δυσμενὴς ἐξηχεῖτο
κατὰ τοῦ γένους ἀνθρώποις συμφρονοῦσιν εἰς κακοποίησιν ἀφορ-
μῆς διδομένης εἰς διάθεσιν ὡς ἂν ἀπὸ τῶν νομίμων αὐτοὺς κω-
3 λυόντων. ³οἱ δὲ Ιουδαῖοι τὴν μὲν πρὸς τοὺς βασιλεῖς εὔνοιαν καὶ
4 πίστιν ἀδιάστροφον ἦσαν φυλάσσοντες, ⁴σεβόμενοι δὲ τὸν θεὸν
καὶ τῷ τούτου νόμῳ πολιτευόμενοι χωρισμὸν ἐποίουν ἐπὶ τῷ
5 κατὰ τὰς τροφάς, δι' ἣν αἰτίαν ἐνίοις ἀπεχθεῖς ἐφαίνοντο. ⁵τῇ δὲ
τῶν δικαίων εὐπραξίᾳ κοσμοῦντες τὴν συναναστροφὴν ἅπασιν
6 ἀνθρώποις εὐδόκιμοι καθειστήκεισαν. ⁶τὴν μὲν οὖν περὶ τοῦ γένους
ἐν πᾶσιν θρυλουμένην εὐπραξίαν οἱ ἀλλόφυλοι οὐδαμῶς διηριθμή-
7 σαντο, ⁷τὴν δὲ περὶ τῶν προσκυνήσεων καὶ τροφῶν διάστασιν
ἐθρύλουν φάσκοντες μήτε τῷ βασιλεῖ μήτε ταῖς δυνάμεσιν ὁμο-
σπόνδους τοὺς ἀνθρώπους γίνεσθαι, δυσμενεῖς δὲ εἶναι καὶ μέγα
τι τοῖς πράγμασιν ἐναντιουμένους · καὶ οὐ τῷ τυχόντι περιῆψαν
8 ψόγῳ. ⁸οἱ δὲ κατὰ τὴν πόλιν Ἕλληνες οὐδὲν ἠδικημένοι ταραχὴν
ἀπροσδόκητον περὶ τοὺς ἀνθρώπους θεωροῦντες καὶ συνδρομὰς
ἀπροσκόπους γινομένας βοηθεῖν μὲν οὐκ ἔσθενον, τυραννικὴ γὰρ
ἦν ἡ διάθεσις, παρεκάλουν δὲ καὶ δυσφόρως εἶχον καὶ μεταπεσεῖ-
9 σθαι ταῦτα ὑπελάμβανον · ⁹μὴ γὰρ οὕτω παρορᾶθήσεσθαι τηλι-
10 κοῦτο σύστεμα μηδὲν ἠγνοηκός. ¹⁰ἤδη δὲ καί τινες γείτονές τε καὶ
φίλοι καὶ συμπραγματευόμενοι μυστικῶς τινας ἐπισπώμενοι πίστεις
ἐδίδουν συνασπιεῖν καὶ πᾶν ἐκτενὲς προσοίσεσθαι πρὸς ἀντίλημψιν.
11 ¹¹Ἐκεῖνος μὲν οὖν τῇ κατὰ τὸ παρὸν εὐημερίᾳ γεγαυρωμένος
καὶ οὐ καθορῶν τὸ τοῦ μεγίστου θεοῦ κράτος, ὑπολαμβάνων δὲ
διηνεκῶς ἐν τῇ αὐτῇ διαμενεῖν βουλῇ, ἔγραψεν κατ' αὐτῶν ἐπι-
12 στολὴν τήνδε ¹²Βασιλεὺς Πτολεμαῖος Φιλοπάτωρ τοῖς κατ' Αἴγυ-
πτον καὶ κατὰ τόπον στρατηγοῖς καὶ στρατιώταις χαίρειν καὶ ἐρ-
13 ρῶσθαι · ¹³ἔρρωμαι δὲ καὶ αὐτὸς ἐγὼ καὶ τὰ πράγματα ἡμῶν.

33 τευξασθαι Apau.] -ξεσθαι rel.
3 1 εξεχολησεν A†] εξ > rel. | διοργιζ.] δι > Apau. | σπευσαντας] σπευδον-
τας A† ‖ 2 οικονομουμ.] δ pro ν A† | εξηχειτο] εξεκειτο A† | συμφρονουσιν]
συμφοραν ουσιν (sic) A† | διδομενης] pr. δε A† ‖ 3 φυλασσ.] pr. δια V ‖
4 δε] δη V†, τε L | κατα τας τροφας] καταστροφας Acompl. | ενιοις] ς > A†
‖ 7 περιηψαν] -αντο A† | fin. φοβω A† ‖ 8 ανθρωπους] ανδρας A† |
εσθενον] -θαν- A† ‖ 11 υπολαμβανων] -νειν A†

¹⁴τῆς εἰς τὴν Ἀσίαν γενομένης ἡμῖν ἐπιστρατείας, ἧς ἴστε καὶ 14
αὐτοί, τῇ τῶν θεῶν ἀπροπτώτῳ συμμαχίᾳ κατὰ λόγον ἐπὶ τέλος
ἀχθείσης ¹⁵ἡγησάμεθα μὴ βίᾳ δόρατος, ἐπιεικείᾳ δὲ καὶ πολλῇ 15
φιλανθρωπίᾳ τιθηνήσασθαι τὰ κατοικοῦντα Κοίλην Συρίαν καὶ Φοι-
νίκην ἔθνη εὖ ποιῆσαί τε ἀσμένως. ¹⁶καὶ τοῖς κατὰ πόλιν ἱεροῖς 16
ἀπονείμαντες προσόδους πλείστας προήχθημεν καὶ εἰς τὰ Ἱεροσό-
λυμα ἀναβάντες τιμῆσαι τὸ ἱερὸν τῶν ἀλιτηρίων καὶ μηδέποτε λη-
γόντων τῆς ἀνοίας. ¹⁷οἱ δὲ λόγῳ μὲν τὴν ἡμετέραν ἀποδεξάμενοι 17
παρουσίαν, τῷ δὲ πράγματι νόθως, προθυμηθέντων ἡμῶν εἰσελθεῖν
εἰς τὸν ναὸν αὐτῶν καὶ τοῖς ἐκπρεπέσιν καὶ καλλίστοις ἀναθήμασιν
τιμῆσαι ¹⁸τύφοις φερόμενοι παλαιοτέροις εἶρξαν ἡμᾶς τῆς εἰσόδου 18
λειπόμενοι τῆς ἡμετέρας ἀλκῆς δι᾽ ἣν ἔχομεν πρὸς ἅπαντας ἀνθρώ-
πους φιλανθρωπίαν. ¹⁹τὴν δὲ αὐτῶν εἰς ἡμᾶς δυσμένειαν ἔκδηλον 19
καθιστάντες ὡς μονώτατοι τῶν ἐθνῶν βασιλεῦσιν καὶ τοῖς ἑαυτῶν
εὐεργέταις ὑψαυχενοῦντες οὐδὲν γνήσιον βούλονται φέρειν. ²⁰ἡμεῖς 20
δὲ τῇ τούτων ἀνοίᾳ συμπεριενεχθέντες καὶ μετὰ νίκης διακομισθέν-
τες εἰς τὴν Αἴγυπτον τοῖς πᾶσιν ἔθνεσιν φιλανθρώπως ἀπαντή-
σαντες καθὼς ἔπρεπεν ἐποιήσαμεν, ²¹ἐν δὲ τούτοις πρὸς τοὺς 21
ὁμοφύλους αὐτῶν ἀμνησικακίαν ἅπασιν γνωρίζοντες · διά τε τὴν
συμμαχίαν καὶ τὰ πεπιστευμένα μετὰ ἁπλότητος αὐτοῖς ἀρχῆθεν
μύρια πράγματα τολμήσαντες ἐξαλλοιῶσαι ἐβουλήθημεν καὶ πολι-
τείας αὐτοὺς Ἀλεξανδρέων καταξιῶσαι καὶ μετόχους τῶν ἀεὶ ἱερῶν
καταστῆσαι. ²²οἱ δὲ τοὐναντίον ἐκδεχόμενοι καὶ τῇ συμφύτῳ κα- 22
κοηθείᾳ τὸ καλὸν ἀπωσάμενοι, διηνεκῶς δὲ εἰς τὸ φαῦλον ἐκνεύ-
οντες ²³οὐ μόνον ἀπεστρέψαντο τὴν ἀτίμητον πολιτείαν, ἀλλὰ καὶ 23
βδελύσσονται λόγῳ τε καὶ σιγῇ τοὺς ἐν αὐτοῖς ὀλίγους πρὸς ἡμᾶς
γνησίως διακειμένους παρ᾽ ἕκαστα ὑφορώμενοι μετὰ τῆς δυσκλεε-
στάτης ἐμβιώσεως διὰ τάχους ἡμᾶς καταστρέψαι τὰ πράγματα.
²⁴διὸ καὶ τεκμηρίοις καλῶς πεπεισμένοι τούτους κατὰ πάντα δυσ- 24
νοεῖν ἡμῖν τρόπον καὶ προνοούμενοι μήποτε αἰφνιδίου μετέπειτα
ταραχῆς ἐνστάσης ἡμῖν τοὺς δυσσεβεῖς τούτους κατὰ νώτου προ-
δότας καὶ βαρβάρους ἔχωμεν πολεμίους ²⁵προστετάχαμεν ἅμα τῷ 25
προσπεσεῖν τὴν ἐπιστολὴν τήνδε αὐθωρὶ τοὺς ἐννεμομένους σὺν
γυναιξὶ καὶ τέκνοις μετὰ ὕβρεων καὶ σκυλμῶν ἀποστεῖλαι πρὸς
ἡμᾶς ἐν δεσμοῖς σιδηροῖς πάντοθεν κατακεκλεισμένους, εἰς ἀν-

14 init.] pr. εκ VL ‖ 15 κατοικουντα] κατα V⁺ | ποιησαι τε ασμενως] ποιη-
σαντες μεν ως AV⁺ ‖ 16 πολιν L] -λεσιν A | προηχθημεν] προσηχθ. A pau.
‖ 17 την ημετ. / αποδεξ.] tr. VL | αναθημ.] α 2⁰ > A⁺ ‖ 19 καθ(ε)ισταντες]
-ιστωντες VL | βασιλευσι(ν)] -λευειν A pau. ‖ 20 εις L] pr. και AVmu. ‖
21 τε] δε V⁺, > L | τολμησαντες > A⁺ | και ult. — fin. > V | ιερων unus cod.
et Fr. secutus Grotium] -ρεων rel. ‖ 24 ενστασης] ν > A⁺ ‖ 25 γυναιξι]
pr. ταις A⁺ | κατακεκλεισμενους] -νοις AVpau.

26 ήκεστον καὶ δυσκλεῆ πρέποντα δυσμενέσι φόνον. ²⁶τούτων γὰρ
ὁμοῦ κολασθέντων διειλήφαμεν εἰς τὸν ἐπίλοιπον χρόνον τελείως
ἡμῖν τὰ πράγματα ἐν εὐσταθείᾳ καὶ τῇ βελτίστῃ διαθέσει κατα-
27 σταθήσεσθαι. ²⁷ὃς δ' ἂν σκεπάσῃ τινὰ τῶν Ιουδαίων ἀπὸ γεραιοῦ
μέχρι νηπίου καὶ μέχρι τῶν ὑπομαστιδίων, αἰσχίσταις βασάνοις
28 ἀποτυμπανισθήσεται πανοικίᾳ. ²⁸μηνύειν δὲ τὸν βουλόμενον, ἐφ'
ᾧ τὴν οὐσίαν τοῦ ἐμπίπτοντος ὑπὸ τὴν εὔθυναν λήμψεται καὶ ἐκ
τοῦ βασιλικοῦ ἀργυρίου δραχμὰς δισχιλίας καὶ τῇ ἐλευθερίᾳ στε-
29 φανωθήσεται. ²⁹πᾶς δὲ τόπος, οὗ ἐὰν φωραθῇ τὸ σύνολον σκεπα-
ζόμενος Ιουδαῖος, ἄβατος καὶ πυριφλεγὴς γινέσθω καὶ πάσῃ θνητῇ
φύσει καθ' ἅπαν ἄχρηστος φανήσεται εἰς τὸν ἀεὶ χρόνον.
30   ³⁰Καὶ ὁ μὲν τῆς ἐπιστολῆς τύπος οὕτως ἐγέγραπτο.
4   ¹Πάντη δέ, ὅπου προσέπιπτεν τοῦτο τὸ πρόσταγμα, δημοτελὴς
συνίστατο τοῖς ἔθνεσιν εὐωχία μετὰ ἀλαλαγμῶν καὶ χαρᾶς ὡς ἂν
τῆς προκατεσκιρωμένης αὐτοῖς πάλαι κατὰ διάνοιαν μετὰ παρρη-
2 σίας νῦν ἐκφαινομένης ἀπεχθείας. ²τοῖς δὲ Ιουδαίοις ἄληκτον πέν-
θος ἦν καὶ πανόδυρτος μετὰ δακρύων βοὴ στεναγμοῖς πεπυρω-
μένης πάντοθεν αὐτῶν τῆς καρδίας ὀλοφυρομένων τὴν ἀπροσ-
3 δόκητον ἐξαίφνης αὐτοῖς ἐπικριθεῖσαν ὀλεθρίαν. ³τίς νομὸς ἢ πόλις
ἢ τίς τὸ σύνολον οἰκητὸς τόπος ἢ τίνες ἀγυιαὶ κοπετοῦ καὶ γόων
4 ἐπ' αὐτοῖς οὐκ ἐνεπιπλῶντο; ⁴οὕτως γὰρ μετὰ πικρίας ἀνοίκτου
ψυχῆς ὑπὸ τῶν κατὰ πόλιν στρατηγῶν ὁμοθυμαδὸν ἐξαπεστέλλοντο
ὥστε ἐπὶ ταῖς ἐξάλλοις τιμωρίαις καί τινας τῶν ἐχθρῶν λαμβά-
νοντας πρὸ τῶν ὀφθαλμῶν τὸν κοινὸν ἔλεον καὶ λογιζομένους
τὴν ἄδηλον τοῦ βίου καταστροφὴν δακρύειν αὐτῶν τὴν δυσάθλιον
5 ἐξαποστολήν. ⁵ἤγετο γὰρ γεραιῶν πλῆθος πολιᾷ πεπυκασμένων,
τὴν ἐκ τοῦ γήρως νωθρότητα ποδῶν ἐπίκυφον ἀνατροπῆς ὁρμῇ
βιαίας ἁπάσης αἰδοῦς ἄνευ πρὸς ὀξεῖαν καταχρωμένων πορείαν.
6 ⁶αἱ δὲ ἄρτι πρὸς βίου κοινωνίαν γαμικὸν ὑπεληλυθυῖαι παστὸν
νεάνιδες ἀντὶ τέρψεως μεταλαβοῦσαι γόους καὶ κόνει τὴν μυρο-
βρεχῆ πεφυρμέναι κόμην, ἀκαλύπτως δὲ ἀγόμεναι θρῆνον ἀνθ'
ὑμεναίων ὁμοθυμαδὸν ἐξῆρχον ὡς ἐσπαραγμέναι σκυλμοῖς ἀλλο-

26 διειληφ.] ι 2⁰ > A† ‖ 27 και A†] > rel. | υπομαστιδιων W. Schulze
(Mitt. des Sept.-Unt. 3, p. 281 n. 2)] -στιαιων AL, -σθιων V† | αισχ.] εχθισταις
A† | πανοικια] -κει L: cf. Exod. 1 ι ‖ 28 βασιλικου αργυριου] βασιλειου A†
| τη ελευθερια unus cod. et Deissmann (cf. Apokryphen übers. v. Kautzsch)]
της -ριας AV, ad quae L add. τευξεται και | fin.] + εις τον αει χρονον L
    4 1 εθνεσιν] + ουν A† | προκατεσκιρωμενης] -σκειρ- A, -σκηρ- V ‖ 2 αλη-
κτον Vᶜpau.] ε pro η rel. | πανοδυρκτος A† ‖ 3 οικητος] οικιστος AV† |
fin. ενεπι(+μVᶜ)πλωντο: sic V†, cf. Thack. p. 249; A† om. ουκ ενεπιπλ. ‖
4 πικριας] -ρας V† | ανοικτου] pr. και VᶜL ‖ 5 γεραιων — πολια] γερων πλη-
ρης πολιας A†, sed πεπυκασμενων etiam A | επικυφον] -κουφ- AL, -φων Vᶜ†
‖ 6 μεταβαλουσαι VL† | σκυλμοις] σκυμνοις A

εθνέσιν · ⁷δέσμιαι δὲ δημοσίᾳ μέχρι τῆς εἰς τὸ πλοῖον ἐμβολῆς 7
εἵλκοντο μετὰ βίας. ⁸οἵ τε τούτων συνζυγεῖς βρόχοις ἀντὶ στεφέων 8
τοὺς αὐχένας περιπεπλεγμένοι μετὰ ἀκμαίας νεανικῆς ἡλικίας ἀντὶ
εὐωχίας καὶ νεωτερικῆς ῥαθυμίας τὰς ἐπιλοίπους τῶν γάμων ἡμέ-
ρας ἐν θρήνοις διῆγον παρὰ πόδας ἤδη τὸν ᾅδην ὁρῶντες κεί-
μενον. ⁹κατήχθησαν δὲ θηρίων τρόπον ἀγόμενοι σιδηροδέσμοις 9
ἀνάγκαις, οἱ μὲν τοῖς ζυγοῖς τῶν πλοίων προσηλωμένοι τοὺς τραχή-
λους, οἱ δὲ τοὺς πόδας ἀρρήκτοις κατησφαλισμένοι πέδαις, ¹⁰ἔτι 10
καὶ τῷ καθύπερθε πυκνῷ σανιδώματι διακειμένῳ, ὅπως πάντοθεν
ἐσκοτισμένοι τοὺς ὀφθαλμοὺς ἀγωγὴν ἐπιβούλων ἐν παντὶ τῷ
κατάπλῳ λαμβάνωσιν.

¹¹Τούτων δὲ ἐπὶ τὴν λεγομένην Σχεδίαν ἀχθέντων καὶ τοῦ παρά- 11
πλου περανθέντος, καθὼς ἦν δεδογματισμένον τῷ βασιλεῖ, προσ-
έταξεν αὐτοὺς ἐν τῷ πρὸ τῆς πόλεως ἱπποδρόμῳ παρεμβαλεῖν
ἀπλάτῳ καθεστῶτι περιμέτρῳ καὶ πρὸς παραδειγματισμὸν ἄγαν
εὐκαιροτάτῳ καθεστῶτι πᾶσι τοῖς καταπορευομένοις εἰς τὴν πόλιν
καὶ τοῖς ἐκ τούτων εἰς τὴν χώραν στελλομένοις πρὸς ἐκδημίαν
πρὸς τὸ μηδὲ ταῖς δυνάμεσιν αὐτοῦ κοινωνεῖν μηδὲ τὸ σύνολον
καταξιῶσαι περιβόλων. ¹²ὡς δὲ τοῦτο ἐγενήθη, ἀκούσας τοὺς ἐκ 12
τῆς πόλεως ὁμοεθνεῖς κρυβῇ ἐκπορευομένους πυκνότερον ἀποδύ-
ρεσθαι τὴν ἀκλεῆ τῶν ἀδελφῶν ταλαιπωρίαν ¹³διοργισθεὶς προσ- 13
έταξεν καὶ τούτοις ὁμοῦ τὸν αὐτὸν τρόπον ἐπιμελῶς ὡς ἐκείνοις
ποιῆσαι μὴ λειπομένοις κατὰ μηδένα τρόπον τῆς ἐκείνων τιμωρίας,
¹⁴ἀπογραφῆναι δὲ πᾶν τὸ φῦλον ἐξ ὀνόματος, οὐκ εἰς τὴν ἔμ- 14
προσθεν βραχεῖ προδεδηλωμένην τῶν ἔργων κατάπονον λατρείαν,
στρεβλωθέντας δὲ ταῖς παρηγγελμέναις αἰκίαις τὸ τέλος ἀφανίσαι
μιᾶς ὑπὸ καιρὸν ἡμέρας. ¹⁵ἐγίνετο μὲν οὖν ἡ τούτων ἀπογραφὴ 15
μετὰ πικρᾶς σπουδῆς καὶ φιλοτίμου προσεδρείας ἀπὸ ἀνατολῶν
ἡλίου μέχρι δυσμῶν ἀνήνυτον λαμβάνουσα τὸ τέλος ἐπὶ ἡμέρας
τεσσαράκοντα.

¹⁶Μεγάλως δὲ καὶ διηνεκῶς ὁ βασιλεὺς χαρᾷ πεπληρωμένος συμ- 16
πόσια ἐπὶ πάντων τῶν εἰδώλων συνιστάμενος πεπλανημένῃ πόρρω
τῆς ἀληθείας φρενὶ καὶ βεβήλῳ στόματι τὰ μὲν κωφὰ καὶ μὴ
δυνάμενα αὐτοῖς λαλεῖν ἢ ἀρήγειν ἐπαινῶν, εἰς δὲ τὸν μέγιστον
θεὸν τὰ μὴ καθήκοντα λαλῶν. ¹⁷μετὰ δὲ τὸ προειρημένον τοῦ 17
χρόνου διάστημα προσηνέγκαντο οἱ γραμματεῖς τῷ βασιλεῖ μηκέτι

8 τε] δε Apau. | βροχους A⁺ ‖ 10 κατυπερθε A⁺ ‖ 11 περανθεντος] ν
1⁰ > A* | απλατω] απλετω V | μηδε ult. > AL | περιβολων] -λου L, -λω A⁺
‖ 14 καταπονον] κατα τροπον A⁺ | στρεβλωθεντας] ς > A⁺; -βλωσαντες L,
-βλωθεντες V⁺ | ταις V⁺] > rel. ‖ 15 ουν > VL ‖ 16 επι] απο VL | πε-
πλανημενη] πεπληρωμ. A⁺: ad praec. adapt. | τα μεν > A⁺ | τον μετ. θεον >
AL, εις δε — fin. > V⁺ | fin.] + τα ουκ οντα L ‖ 17 προσηνεγκαντο] -καν
VL, σ > A⁺

ἰσχύειν τὴν τῶν Ἰουδαίων ἀπογραφὴν ποιεῖσθαι διὰ τὴν ἀμέτρητον
18 αὐτῶν πληθὺν ¹⁸καίπερ ὄντων ἔτι κατὰ τὴν χώραν τῶν πλειόνων,
τῶν μὲν κατὰ τὰς οἰκίας ἔτι συνεστηκότων, τῶν δὲ καὶ κατὰ τό-
πον, ὡς ἀδυνάτου καθεστῶτος πᾶσιν τοῖς ἐπ᾽ Αἴγυπτον στρατη-
19 γοῖς. ¹⁹ἀπειλήσαντος δὲ αὐτοῖς σκληρότερον ὡς δεδωροκοπημένοις
εἰς μηχανὴν τῆς ἐκφυγῆς συνέβη σαφῶς αὐτὸν περὶ τούτου πι-
20 στωθῆναι ²⁰λεγόντων μετὰ ἀποδείξεως καὶ τὴν χαρτηρίαν ἤδη καὶ
21 τοὺς γραφικοὺς καλάμους, ἐν οἷς ἐχρῶντο, ἐκλελοιπέναι. ²¹τοῦτο
δὲ ἦν ἐνέργεια τῆς τοῦ βοηθοῦντος τοῖς Ἰουδαίοις ἐξ οὐρανοῦ
προνοίας ἀνικήτου.

5 ¹Τότε προσκαλεσάμενος Ἕρμωνα τὸν πρὸς τῇ τῶν ἐλεφάντων
ἐπιμελείᾳ βαρείᾳ μεμεστωμένος ὀργῇ καὶ χόλῳ κατὰ πᾶν ἀμετά-
2 θετος ²ἐκέλευσεν ὑπὸ τὴν ἐπερχομένην ἡμέραν δαψιλέσι δράκεσι
λιβανωτοῦ καὶ οἴνῳ πλείονι ἀκράτῳ ἅπαντας τοὺς ἐλέφαντας πο-
τίσαι ὄντας τὸν ἀριθμὸν πεντακοσίους καὶ ἀγριωθέντας τῇ τοῦ
πόματος ἀφθόνῳ χορηγίᾳ εἰσαγαγεῖν πρὸς συνάντησιν τοῦ μόρου
3 τῶν Ἰουδαίων. ³ὁ μὲν τάδε προστάσσων ἐτρέπετο πρὸς τὴν εὐ-
ωχίαν συναγαγὼν τοὺς μάλιστα τῶν φίλων καὶ τῆς στρατιᾶς
4 ἀπεχθῶς ἔχοντας πρὸς τοὺς Ἰουδαίους. ⁴ὁ δὲ ἐλεφαντάρχης τὸ
5 προσταγὲν ἀραρότως Ἕρμων συνετέλει. ⁵οἵ τε πρὸς τούτοις λει-
τουργοὶ κατὰ τὴν ἑσπέραν ἐξιόντες τὰς τῶν ταλαιπωρούντων ἐ-
δέσμευον χεῖρας τήν τε λοιπὴν ἐμηχανῶντο περὶ αὐτοὺς ἀσφάλειαν
ἔννυχον δόξαντες ὁμοῦ λήμψεσθαι τὸ φῦλον πέρας τῆς ὀλεθρίας.
6 ⁶οἱ δὲ πάσης σκέπης ἔρημοι δοκοῦντες εἶναι τοῖς ἔθνεσιν Ἰουδαῖοι
7 διὰ τὴν πάντοθεν περιέχουσαν αὐτοὺς μετὰ δεσμῶν ἀνάγκην ⁷τὸν
παντοκράτορα κύριον καὶ πάσης δυνάμεως δυναστεύοντα, ἐλεήμονα
θεὸν αὐτῶν καὶ πατέρα, δυσκαταπαύστῳ βοῇ πάντες μετὰ δακρύων
8 ἐπεκαλέσαντο δεόμενοι ⁸τὴν κατ᾽ αὐτῶν μεταστρέψαι βουλὴν ἀν-
οσίαν καὶ ῥύσασθαι αὐτοὺς μετὰ μεγαλομεροῦς ἐπιφανείας ἐκ τοῦ
9 παρὰ πόδας ἐν ἑτοίμῳ μόρου. ⁹τούτων μὲν οὖν ἐκτενῶς ἡ λιτανεία
ἀνέβαινεν εἰς τὸν οὐρανόν.

10 ¹⁰Ὁ δὲ Ἕρμων τοὺς ἀνηλεεῖς ἐλέφαντας ποτίσας πεπληρωμένους
τῆς τοῦ οἴνου πολλῆς χορηγίας καὶ τοῦ λιβάνου μεμεστωμένους
ὄρθριος ἐπὶ τὴν αὐλὴν παρῆν περὶ τούτων προσαγγεῖλαι τῷ βασι-
11 λεῖ. ¹¹τὸ δὲ ἀπ᾽ αἰῶνος χρόνου κτίσμα καλὸν ἐν νυκτὶ καὶ ἡμέρα
ἐπιβαλλόμενον ὑπὸ τοῦ χαριζομένου πᾶσιν, οἷς ἂν αὐτὸς θελήσῃ,
12 ὕπνου μέρος ἀπέστειλεν εἰς τὸν βασιλέα, ¹²καὶ ἡδίστῳ καὶ βαθεῖ

18 τοπον] pr. τον A†, τον πορον L | αδυνατου] α 1° > A† | επ] υπο V†,
κατ L ‖ 19 πιστωθηναι] π⟨ε⟩ισθηναι V
5 2 επερχομ.] επ > A† | αγριωθεντας] -ωσαντας VL | αφθονως A† ‖ 7 και
ult. > VL ‖ 9 εκτενως / η λιταν.] tr. A† ‖ 10 περι] pr. τα V† ‖ 11 χρο-
νου / κτισμα] tr. A† | θελησει AV* ‖ 12 βαθει] βασει A†

κατεσχέθη τῇ ἐνεργείᾳ τοῦ δεσπότου τῆς ἀθέσμου μὲν προθέσεως
πολὺ διεσφαλμένος, τοῦ δὲ ἀμεταθέτου λογισμοῦ μεγάλως διεψευ-
σμένος. [13] οἵ τε Ἰουδαῖοι τὴν προσημανθεῖσαν ὥραν διαφυγόντες τὸν 13
ἅγιον ᾔνουν θεὸν αὐτῶν καὶ πάλιν ἠξίουν τὸν εὐκατάλλακτον δεῖ-
ξαι μεγαλοσθενοῦς ἑαυτοῦ χειρὸς κράτος ἔθνεσιν ὑπερηφάνοις.
[14] μεσούσης δὲ ἤδη δεκάτης ὥρας σχεδὸν ὁ πρὸς ταῖς κλήσεσιν 14
τεταγμένος ἀθρόους ιοὺς κλητοὺς ἰδὼν ἔνυξεν προσελθὼν τὸν
βασιλέα. [15] καὶ μόλις διεγείρας ὑπέδειξε τὸν τῆς συμποσίας καιρὸν 15
ἤδη παρατρέχοντα τὸν περὶ τούτων λόγον ποιούμενος. [16] ὃν ὁ βα- 16
σιλεὺς λογισάμενος καὶ τραπεὶς εἰς τὸν πότον ἐκέλευσεν τοὺς
παραγεγονότας ἐπὶ τὴν συμποσίαν ἄντικρυς ἀνακλῖναι αὐτοῦ. [17] οὗ 17
καὶ γενομένου παρῄνει εἰς εὐωχίαν δόντας ἑαυτοὺς τὸ παρὸν τῆς
συμποσίας ἐπὶ πολὺ γεραιρομένους εἰς εὐφροσύνην καταθέσθαι
μέρος. [18] ἐπὶ πλεῖον δὲ προβαινούσης τῆς ὁμιλίας τὸν Ἕρμωνα 18
προσκαλεσάμενος ὁ βασιλεὺς μετὰ πικρᾶς ἀπειλῆς ἐπυνθάνετο,
τίνος ἕνεκεν αἰτίας εἰάθησαν οἱ Ἰουδαῖοι τὴν περιοῦσαν ἡμέραν
περιβεβιωκότες. [19] τοῦ δὲ ὑποδείξαντος ἔτι νυκτὸς τὸ προσταγὲν 19
ἐπὶ τέλος ἀγειοχέναι καὶ τῶν φίλων αὐτῷ προσμαρτυρησάντων
[20] τὴν ὠμότητα χείρονα Φαλάριδος ἐσχηκὼς ἔφη τῷ τῆς σήμερον 20
ὕπνῳ χάριν ἔχειν αὐτούς· ἀνυπερθέτως δὲ εἰς τὴν ἐπιτελοῦσαν
ἡμέραν κατὰ τὸ ὅμοιον ἑτοίμασον τοὺς ἐλέφαντας ἐπὶ τὸν τῶν
ἀθεμίτων Ἰουδαίων ἀφανισμόν. [21] εἰπόντος δὲ τοῦ βασιλέως ἀσμένως 21
πάντες μετὰ χαρᾶς οἱ παρόντες ὁμοῦ συναινέσαντες εἰς τὸν ἴδιον
οἶκον ἕκαστος ἀνέλυσεν. [22] καὶ οὐχ οὕτως εἰς ὕπνον κατεχρήσαντο 22
τὸν χρόνον τῆς νυκτός, ὡς εἰς τὸ παντοίους μηχανᾶσθαι τοῖς
ταλαιπώροις δοκοῦσιν ἐμπαιγμούς.

[23] Ἄρτι δὲ ἀλεκτρυὼν ἐκέκραγεν ὄρθριος, καὶ τὰ θηρία καθ- 23
ωπλικὼς ὁ Ἕρμων ἐν τῷ μεγάλῳ περιστύλῳ διεκίνει. [24] τὰ δὲ κατὰ 24
τὴν πόλιν πλήθη συνήθροιστο πρὸς τὴν οἰκτροτάτην θεωρίαν προσ-
δοκῶντα τὴν πρωίαν μετὰ σπουδῆς. [25] οἱ δὲ Ἰουδαῖοι κατὰ τὸν 25
ἀμερῆ ψυχουλκούμενοι χρόνον πολύδακρυν ἱκετείαν ἐν μέλεσιν
γοεροῖς τείνοντες τὰς χεῖρας εἰς τὸν οὐρανὸν ἐδέοντο τοῦ με-
γίστου θεοῦ πάλιν αὐτοῖς βοηθῆσαι συντόμως. [26] οὔπω δὲ ἡλίου 26
βολαὶ κατεσπείροντο, καὶ τοῦ βασιλέως τοὺς φίλους ἐκδεχομένου
ὁ Ἕρμων παραστὰς ἐκάλει πρὸς τὴν ἔξοδον ὑποδεικνύων τὸ πρό-
θυμον τοῦ βασιλέως ἐν ἑτοίμ' κεῖσθαι. [27] τοῦ δὲ ἀποδεξαμένου 27

18 προβαιν.] προσκοπτουσης A† | πικρας] -ριας A† | (ε)ιαθησαν] ιασθ. A†:
cf. Thack. p. 220 || 19 ετι L] οτι A, > compl. | αγ(ε)ιοχ. unus cod.] ηγιοχ.
AV*, ηγηοχ. Vᶜ: cf. 45 | αυτω] -των A pau., -του V† || 20 τω] το AV | επι-
τελουσαν Vpau.] υποστελλουσαν A†, επιουσαν L†, επιτελλ. compl. || 22 ως
εις το] ωστε VL || 26 εκαλει] επικαλει A† | υποδεικνυων] -νυς A†

καὶ καταπλαγέντος ἐπὶ τῇ παρανόμῳ ἐξόδῳ κατὰ πᾶν ἀγνωσίᾳ
κεκρατημένος ἐπυνθάνετο, τί τὸ πρᾶγμα, ἐφ᾽ οὗ τοῦτο αὐτῷ μετὰ
σπουδῆς τετέλεσται · ²⁸τοῦτο δὲ ἦν ἡ ἐνέργεια τοῦ πάντα δεσποτεύ- 28
οντος θεοῦ τῶν πρὶν αὐτῷ μεμηχανημένων λήθην κατὰ διάνοιαν
ἐντεθεικότος. ²⁹ὑπεδείκνυεν ὁ Ἕρμων καὶ πάντες οἱ φίλοι τὰ θηρία 29
καὶ τὰς δυνάμεις ἡτοιμάσθαι, βασιλεῦ, κατὰ τὴν σὴν ἐκτενῆ πρό-
θεσιν. ³⁰ὁ δὲ ἐπὶ τοῖς ῥηθεῖσιν πληρωθεὶς βαρεῖ χόλῳ διὰ τὸ περὶ 30
τούτων προνοίᾳ θεοῦ διεσκεδάσθαι πᾶν αὐτοῦ τὸ νόημα ἐνατενίσας
μετὰ ἀπειλῆς εἶπεν ³¹Ὅσοι γονεῖς παρῆσαν ἢ παίδων γόνοι, τήνδε 31
θηρσὶν ἀγρίοις ἐσκεύασα ἂν δαψιλῆ θοῖναν ἀντὶ τῶν ἀνεγκλήτων
ἐμοὶ καὶ προγόνοις ἐμοῖς ἀποδεδειγμένων ὁλοσχερῆ βεβαίαν πίστιν
ἐξόχως Ἰουδαίων. ³²καίπερ εἰ μὴ διὰ τὴν τῆς συντροφίας στοργὴν 32
καὶ τῆς χρείας, τὸ ζῆν ἀντὶ τούτων ἐστερήθης. ³³οὕτως ὁ Ἕρμων 33
ἀπροσδόκητον ἐπικίνδυνον ὑπήνεγκεν ἀπειλὴν καὶ τῇ ὁράσει καὶ
τῷ προσώπῳ συνεστάλη. ³⁴ὁ καθεῖς δὲ τῶν φίλων σκυθρωπῶς 34
ὑπεκρέων τοὺς συνηθροισμένους ἀπέλυσαν ἕκαστον ἐπὶ τὴν ἰδίαν
ἀσχολίαν. ³⁵οἵ τε Ἰουδαῖοι τὰ παρὰ τοῦ βασιλέως ἀκούσαντες τὸν 35
ἐπιφανῆ θεὸν κύριον βασιλέα τῶν βασιλέων ᾔνουν καὶ τῆσδε τῆς
βοηθείας αὐτοῦ τετευχότες.

³⁶Κατὰ δὲ τοὺς αὐτοὺς νόμους ὁ βασιλεὺς συστησάμενος πᾶν 36
τὸ συμπόσιον εἰς εὐφροσύνην τραπῆναι παρεκάλει. ³⁷τὸν δὲ Ἕρ- 37
μωνα προσκαλεσάμενος μετὰ ἀπειλῆς εἶπεν Ποσάκις δὲ δεῖ σοι
περὶ τούτων αὐτῶν προστάττειν, ἀθλιώτατε; ³⁸τοὺς ἐλέφαντας ἔτι 38
καὶ νῦν καθόπλισον εἰς τὴν αὔριον ἐπὶ τὸν τῶν Ἰουδαίων ἀφανι-
σμόν. ³⁹οἱ δὲ συνανακείμενοι συγγενεῖς τὴν ἀσταθῆ διάνοιαν αὐτοῦ 39

27 παρανομω] ανομω A† | παν] παντα A† | τι το — τουτο L] οτι το δια-
σαφουμενον(V† δ[+εVᶜ]ιμαφουν) ετι AVpau. || 28 η > AL | παντα] pr. τα
VL | μεμηχανημ.] -νευμ. VL || 29 ητοιμασθαι] -μασται Apau. | post 29 add.
L† ηδη δε του βασιλεως πτολεμαιου κατα θειας προνοιας εγκεντρισμον ελεειν
το εθνος των ιουδαιων εγνωκοτος και αφειναι λοιπον αυτους σπευδοντος τοις
τε περι αυτον ενδοξοις συμβουλευομενου(sic Fr., mss. -νον) οι περι αυτον φιλοι
και μεγιστανες αυτου ηγανακτουν και σφοδρα εχαλεπαινον. εις δε τις των εν-
τιμων εν αυτοις, ος και συντροφος ην του βασιλεως, ερμων τουνομα, τολμησας
ειπεν Ουκ επι τουτοις, ω βασιλευ, την κατ αυτων εξ αρχης επιχειρησιν εποιη-
σω; λαβων δε αναγνωθι τα πρωην περι αυτων υπο σου γραφεντα · υπερ γαρ
του μη γενεσθαι αυτους ημιν φυσει δυσμενεις και κατα νωτου(sic unus cod.,
cf. 3 24 et Johannessohn Präp. p. 246; rel. νωτους) συμφωνησαντας τοις αντιπα-
λοις ημων καθ ημων γενεσθαι προνοουμενος ταυτα περι αυτων εδογματισας εν
αρχη, α νυν ουκ οιδας και ανατρεπειν επιχειρεις · μηδαμως, ω βασιλευ · εκφε-
ρωμεν δε δια ταχεων την καλως επ αυτοις εξενεχθεισαν ψηφον και τους ελε-
φαντας επαγοντες πληρωμεν την επ αυτοις εξ αρχης υπο σου γενομενην προ-
θεσιν || 30 το ult. > A† || 31 οσοι] ει σοι L | εσκευασα αν L] -ασαν AV
|| 32 καιπερ] διοπερ L† | συντροφιας] συστρ. A† || 33 τη ορασει] τω θρα-
σει VL || 34 απελυσαν] -λυεν VL || 35 βασιλεων] -λευοντων A† || 36 τους
αυτους νομους] τουτους μονους VL || 37 προσταττειν] pr. σοι A†

θαυμάζοντες προεφέροντο τάδε ⁴⁰Βασιλεῦ, μέχρι τίνος ὡς ἀλόγους 40
ἡμᾶς διαπειράζεις προστάσσων ἤδη τρίτον αὐτοὺς ἀφανίσαι καὶ
πάλιν ἐπὶ τῶν πραγμάτων ἐκ μεταβολῆς ἀναλύων τὰ σοὶ δεδογ-
μένα; ⁴¹ὧν χάριν ἡ πόλις διὰ τὴν προσδοκίαν ὀχλεῖ καὶ πληθύ- 41
ουσα συστροφαῖς ἤδη καὶ κινδυνεύει πολλάκις διαρπασθῆναι. ⁴²ὅθεν 42
ὁ κατὰ πάντα Φάλαρις βασιλεὺς ἐμπληθυνθεὶς ἀλογιστίας καὶ τὰς
γινομένας πρὸς ἐπισκοπὴν τῶν Ἰουδαίων ἐν αὐτῷ μεταβολὰς τῆς
ψυχῆς παρ' οὐδὲν ἡγούμενος ἀτελέστατον βεβαίως ὅρκον ὁρισά-
μενος τούτους μὲν ἀνυπερθέτως πέμψειν εἰς ᾅδην ἐν γόνασιν καὶ
ποσὶν θηρίων ᾐκισμένους, ⁴³ἐπιστρατεύσαντα δὲ ἐπὶ τὴν Ἰουδαίαν 43
ἰσόπεδον πυρὶ καὶ δόρατι θήσεσθαι διὰ τάχους καὶ τὸν ἄβατον
ἡμῖν αὐτῶν ναὸν πυρὶ πρηνέα ἐν τάχει τῶν συντελούντων ἐκεῖ
θυσίας ἔρημον εἰς τὸν ἅπαντα χρόνον καταστήσειν. ⁴⁴τότε περι- 44
χαρεῖς ἀναλύσαντες οἱ φίλοι καὶ συγγενεῖς μετὰ πίστεως διέτασσον
τὰς δυνάμεις ἐπὶ τοὺς εὐκαιροτάτους τόπους τῆς πόλεως πρὸς
τὴν τήρησιν. ⁴⁵ὁ δὲ ἐλεφαντάρχης τὰ θηρία σχεδὸν ὡς εἰπεῖν εἰς 45
κατάστεμα μανιῶδες ἀγειοχὼς εὐωδεστάτοις πόμασιν οἴνου λελι-
βανωμένου φοβερῶς κεκοσμημένα κατασκευαῖς ⁴⁶περὶ τὴν ἔω τῆς 46
πόλεως ἤδη πλήθεσιν ἀναριθμήτοις κατὰ τοῦ ἱπποδρόμου κατα-
μεμεστωμένης εἰσελθὼν εἰς τὴν αὐλὴν ἐπὶ τὸ προκείμενον ὤτρυνε
τὸν βασιλέα. ⁴⁷ὁ δὲ ὀργῇ βαρείᾳ γεμίσας δυσσεβῆ φρένα παντὶ 47
τῷ βάρει σὺν τοῖς θηρίοις ἐξώρμησε βουλόμενος ἀτρώτῳ καρδίᾳ
καὶ κόραις ὀφθαλμῶν θεάσασθαι τὴν ἐπίπονον καὶ ταλαίπωρον
τῶν προσεσημαμμένων καταστροφήν. ⁴⁸ὡς δὲ τῶν ἐλεφάντων 48
ἐξιόντων περὶ πύλην καὶ τῆς συνεπομένης ἐνόπλου δυνάμεως τῆς
τε τοῦ πλήθους πορείας κονιορτὸν ἰδόντες καὶ βαρυηχῆ θόρυβον
ἀκούσαντες οἱ Ἰουδαῖοι ⁴⁹ὑστάτην βίου ῥοπὴν αὐτοῖς ἐκείνην δό- 49
ξαντες εἶναι τὸ τέλος τῆς ἀθλιωτάτης προσδοκίας εἰς οἶκτον καὶ
γόους τραπέντες κατεφίλουν ἀλλήλους περιπλεκόμενοι τοῖς συγ-
γενέσιν ἐπὶ τοὺς τραχήλους ἐπιπίπτοντες, γονεῖς παισὶν καὶ μη-
τέρες νεάνισιν, ἕτεραι δὲ νεογνὰ πρὸς μαστοὺς ἔχουσαι βρέφη
τελευταῖον ἕλκοντα γάλα. ⁵⁰οὐ μὴν δὲ ἀλλὰ καὶ τὰς ἔμπροσθεν 50
αὐτῶν γεγενημένας ἀντιλήμψεις ἐξ οὐρανοῦ συνιδόντες πρηνεῖς
ὁμοθυμαδὸν ῥίψαντες ἑαυτοὺς καὶ τὰ νήπια χωρίσαντες τῶν μα-
στῶν ⁵¹ἀνεβόησαν φωνῇ μεγάλῃ σφόδρα τὸν τῆς ἀπάσης δυνάμεως 51

---

40 αλογους > A pau. | τα σοι] τας οικιας A† ‖ 43 θησεσθαι] στησ. A† |
ημιν αυτων A†] tr. rel. | πρηνεα pl.] πρην AV†, πρη⟨σα⟩ν⟨τα⟩ Sw. | θυσιας] -αν A†
| ερημον L] > A ‖ 45 ειπειν] -πεν A† | αγειοχως pau.] ε > AV*, αγηοχ.
V^c: cf. 19 | οινου λελιβανωμενου L] -νω -νω A ‖ 46 καταμεμεστωμενης]
-νοις A† ‖ 48 περι] επι A† | τε > VL ‖ 49 συγγενεσιν] -νευσιν VL† |
προς μαστους] π. μαστων V†, π. τοις μαστοις L | εχουσαι] εχοντες AV* pau. |
ελκοντα γαλα] -ται αλλ A† ‖ 51 δυναμεως > A

δυνάστην ίκετεύοντες οἰκτῖραι μετὰ ἐπιφανείας αὐτοὺς ἤδη πρὸς
πύλαις ᾅδου καθεστῶτας.

6 ¹Ελεαζαρος δέ τις ἀνὴρ ἐπίσημος τῶν ἀπὸ τῆς χώρας ἱερέων,
ἐν πρεσβείῳ τὴν ἡλικίαν ἤδη λελογχὼς καὶ πάσῃ τῇ κατὰ τὸν
βίον ἀρετῇ κεκοσμημένος, τοὺς περὶ αὐτὸν καταστείλας πρεσβυτέ-
2 ρους ἐπικαλεῖσθαι τὸν ἅγιον θεὸν προσηύξατο τάδε ²Βασιλεῦ με-
γαλοκράτωρ, ὕψιστε παντοκράτωρ θεὲ τὴν πᾶσαν διακυβερνῶν ἐν
3 οἰκτιρμοῖς κτίσιν, ³ἔπιδε ἐπὶ Αβρααμ σπέρμα, ἐπὶ ἡγιασμένου τέκνα
Ιακωβ, μερίδος ἡγιασμένης σου λαὸν ἐν ξένῃ γῇ ξένον ἀδίκως
4 ἀπολλύμενον, πάτερ. ⁴σὺ Φαραω πληθύνοντα ἅρμασιν, τὸν πρὶν
Αἰγύπτου ταύτης δυνάστην, ἐπαρθέντα ἀνόμῳ θράσει καὶ γλώσσῃ
μεγαλορρήμονι, σὺν τῇ ὑπερηφάνῳ στρατιᾷ ποντοβρόχους ἀπ-
5 ώλεσας φέγγος ἐπιφάνας ἐλέους Ισραηλ γένει. ⁵σὺ τὸν ἀναριθμήτοις
δυνάμεσιν γαυρωθέντα Σενναχηριμ, βαρὺν Ἀσσυρίων βασιλέα, δό-
ρατι τὴν πᾶσαν ὑποχείριον ἤδη λαβόντα γῆν καὶ μετεωρισθέντα
ἐπὶ τὴν ἁγίαν σου πόλιν, βαρέα λαλοῦντα κόμπῳ καὶ θράσει σύ,
δέσποτα, ἔθραυσας ἔκδηλον δεικνὺς ἔθνεσιν πολλοῖς τὸ σὸν κράτος.
6 ⁶σὺ τοὺς κατὰ τὴν Βαβυλωνίαν τρεῖς ἑταίρους πυρὶ τὴν ψυχὴν
αὐθαιρέτως δεδωκότας εἰς τὸ μὴ λατρεῦσαι τοῖς κενοῖς διάπυρον
δροσίσας κάμινον ἐρρύσω μέχρι τριχὸς ἀπημάντους φλόγα πᾶσιν
7 ἐπιπέμψας τοῖς ὑπεναντίοις. ⁷σὺ τὸν διαβολαῖς φθόνου λέουσι
κατὰ γῆς ῥιφέντα θηρσὶν βορὰν Δανιηλ εἰς φῶς ἀνήγαγες ἀσινῆ.
8 ⁸τόν τε βυθοτρεφοῦς ἐν γαστρὶ κήτους Ιωναν τηκόμενον ἀφιδὼν
9 ἀπήμαντον πᾶσιν οἰκείοις ἀνέδειξας, πάτερ. ⁹καὶ νῦν, μίσυβρι πο-
λυέλεε τῶν ὅλων σκεπαστά, τὸ τάχος ἐπιφάνηθι τοῖς ἀπὸ Ισραηλ
10 γένους ὑπὸ ἐβδελυγμένων ἀνόμων ἐθνῶν ὑβριζομένοις. ¹⁰εἰ δὲ
ἀσεβείαις κατὰ τὴν ἀποικίαν ὁ βίος ἡμῶν ἐνέσχηται, ῥυσάμενος
ἡμᾶς ἀπὸ ἐχθρῶν χειρός, ᾧ προαιρῇ, δέσποτα, ἀπόλεσον ἡμᾶς
11 μόρῳ. ¹¹μὴ τοῖς ματαίοις οἱ ματαιόφρονες εὐλογησάτωσαν ἐπὶ τῇ
τῶν ἠγαπημένων σου ἀπωλείᾳ λέγοντες Οὐδὲ ὁ θεὸς αὐτῶν ἐρ-
12 ρύσατο αὐτούς. ¹²σὺ δέ, ὁ πᾶσαν ἀλκὴν καὶ δυναστείαν ἔχων
ἅπασαν αἰώνιε, νῦν ἔπιδε · ἐλέησον ἡμᾶς τοὺς καθ' ὕβριν ἀνόμων
13 ἀλόγιστον ἐκ τοῦ ζῆν μεθισταμένους ἐν ἐπιβούλων τρόπῳ. ¹³πτη-
ξάτω δὲ ἔθνη σὴν δύναμιν ἀνίκητον σήμερον, ἔντιμε δύναμιν ἔχων
14 ἐπὶ σωτηρίᾳ Ιακωβ γένους. ¹⁴ἱκετεύει σε τὸ πᾶν πλῆθος τῶν νη-

6 1 ιερεων] ιουδαιων A⁺ | προσηυξ.] pr. και A⁽⁺⁾ || 2 υψιστα A⁺ | 3 επι
1⁰] > V⁺, + το L | επι 2⁰] απο VL, επ A⁺ | πατερ (4) συ] υπο Ar⁺ ||
4 ποντοβροχους] -βρυχους V⁺, -βρυχιους L || 5 γαυρωθ.] γαυριωθ. L⁺ ||
8 αφιδων A⁺ (cf. Thack. p. 125)] αφελων V⁺, επιδων L, αφειδως compl. | ανε-
εδειξας] αναδ. AV⁺ || 9 μεισουβρει A⁺ | σκεπαστα] δικαστα A⁺ | το > A⁺ |
απο] αγιοις A⁺ || 10 ω AL] ως V || 13 εντιμε δυναμιν(pau. -μεις)] εν τινι
με δυναμει A⁺ | σωτηρια] + ν A⁺

πίων καὶ οἱ τούτων γονεῖς μετὰ δακρύων. ¹⁵δειχθήτω πᾶσιν ἔθνεσιν 15
ὅτι μεθ᾽ ἡμῶν εἶ, κύριε, καὶ οὐκ ἀπέστρεψας τὸ πρόσωπόν σου
ἀφ᾽ ἡμῶν, ἀλλὰ καθὼς εἶπας ὅτι Οὐδὲ ἐν τῇ γῇ τῶν ἐχθρῶν αὐ-
τῶν ὄντων ὑπερεῖδον αὐτούς, οὕτως ἐπιτέλεσον, κύριε.
¹⁶Τοῦ δὲ Ελεαζαρου λήγοντος ἄρτι τῆς προσευχῆς ὁ βασιλεὺς 16
σὺν τοῖς θηρίοις καὶ παντὶ τῷ τῆς δυνάμεως φρυάγματι κατὰ τὸν
ἱππόδρομον παρῆγεν. ¹⁷καὶ θεωρήσαντες οἱ Ιουδαῖοι μέγα εἰς οὐ- 17
ρανὸν ἀνέκραξαν ὥστε καὶ τοὺς παρακειμένους αὐλῶνας συνηχή-
σαντας ἀκατάσχετον πτόην ποιῆσαι παντὶ τῷ στρατοπέδῳ. ¹⁸τότε 18
ὁ μεγαλόδοξος παντοκράτωρ καὶ ἀληθινὸς θεὸς ἐπιφάνας τὸ ἅγιον
αὐτοῦ πρόσωπον ἠνέῳξεν τὰς οὐρανίους πύλας, ἐξ ὧν δεδοξα-
σμένοι δύο φοβεροειδεῖς ἄγγελοι κατέβησαν φανεροὶ πᾶσιν πλὴν
τοῖς Ιουδαίοις ¹⁹καὶ ἀντέστησαν καὶ τὴν δύναμιν τῶν ὑπεναντίων 19
ἐπλήρωσαν ταραχῆς καὶ δειλίας καὶ ἀκινήτοις ἔδησαν πέδαις.
²⁰καὶ ὑπόφρικον καὶ τὸ τοῦ βασιλέως σῶμα ἐγενήθη, καὶ λήθη τὸ 20
θράσος αὐτοῦ τὸ βαρύθυμον ἔλαβεν. ²¹καὶ ἀπέστρεψαν τὰ θηρία 21
ἐπὶ τὰς συνεπομένας ἐνόπλους δυνάμεις καὶ κατεπάτουν αὐτὰς
καὶ ὠλέθρευον.
²²Καὶ μετεστράφη τοῦ βασιλέως ἡ ὀργὴ εἰς οἶκτον καὶ δάκρυα 22
ὑπὲρ τῶν ἔμπροσθεν αὐτῷ μεμηχανευμένων. ²³ἀκούσας γὰρ τῆς 23
κραυγῆς καὶ συνιδὼν πρηνεῖς ἅπαντας εἰς τὴν ἀπώλειαν δακρύσας
μετ᾽ ὀργῆς τοῖς φίλοις διηπειλεῖτο λέγων ²⁴Παραβασιλεύετε καὶ 24
τυράννους ὑπερβεβήκατε ὠμότητι καὶ ἐμὲ αὐτὸν τὸν ὑμῶν εὐερ-
γέτην ἐπιχειρεῖτε τῆς ἀρχῆς ἤδη καὶ τοῦ πνεύματος μεθιστᾶν λάθρᾳ
μηχανώμενοι τὰ μὴ συμφέροντα τῇ βασιλείᾳ. ²⁵τίς τοὺς κρατή- 25
σαντας ἡμῶν ἐν πίστει τὰ τῆς χώρας ὀχυρώματα τῆς οἰκίας ἀπο-
στήσας ἕκαστον ἀλόγως ἤθροισεν ἐνθάδε; ²⁶τίς τοὺς ἐξ ἀρχῆς 26
εὐνοίᾳ πρὸς ἡμᾶς κατὰ πάντα διαφέροντας πάντων ἐθνῶν καὶ
τοὺς χειρίστους πλεονάκις ἀνθρώπων ἐπιδεδεγμένους κινδύνους
οὕτως ἀθέσμως περιέβαλεν αἰκίαις; ²⁷λύσατε ἐκλύσατε ἄδικα δεσμά· 27
εἰς τὰ ἴδια μετ᾽ εἰρήνης ἐξαποστείλατε τὰ προπεπραγμένα παραι-
τησάμενοι. ²⁸ἀπολύσατε τοὺς υἱοὺς τοῦ παντοκράτορος ἐπουρανίου 28
θεοῦ ζῶντος, ὃς ἀφ᾽ ἡμετέρων μέχρι τοῦ νῦν προγόνων ἀπαρα-
πόδιστον μετὰ δόξης εὐστάθειαν παρέχει τοῖς ἡμετέροις πράγμασιν.
²⁹ὁ μὲν οὖν ταῦτα ἔλεξεν· οἱ δὲ ἐν ἀμερεῖ χρόνῳ λυθέντες τὸν 29

15 οτι 2⁰ > A† | ουδε — αυτους: cf. Leu. 26 44 ‖ 17 συνηχθησαντας A pau.
| πτοην] οιμωγην mu., > V ‖ 18 παντοκρατωρ] pr. και A† ‖ 21 αυτας]
-τους A pau. ‖ 24 υπερβεβηκατε] -κετε V†, -κοτες A† ‖ 25 του κρατησαν-
τος A† | αποστησας] αποδησας VL ‖ 26 παντα] + ς A† | επιδεδεγμενους]
-δεδειγ- VL | αθεσμως] -μοις compl. ‖ 27 προπεπραγμ.] προστεταγμ. A† ‖
28 μετα δοξης / ευσταθ.] tr. A† | παρεχει] προφερει A† ‖ 29 ελεξεν] pr.
εξ A†

ἅγιον σωτῆρα θεὸν αὐτῶν εὐλόγουν ἄρτι τὸν θάνατον ἐκπεφευ-
γότες.

30 ³⁰ Εἶτα ὁ βασιλεὺς εἰς τὴν πόλιν ἀπαλλαγεὶς τὸν ἐπὶ τῶν προσ-
όδων προσκαλεσάμενος ἐκέλευσεν οἴνους τε καὶ τὰ λοιπὰ πρὸς
εὐωχίαν ἐπιτήδεια τοῖς Ἰουδαίοις χορηγεῖν ἐπὶ ἡμέρας ἑπτὰ κρίνας
αὐτοὺς ἐν ᾧ τόπῳ ἔδοξαν τὸν ὄλεθρον ἀναλαμβάνειν, ἐν τούτῳ
31 ἐν εὐφροσύνῃ πάσῃ σωτήρια ἀγαγεῖν. ³¹ τότε οἱ τὸ πρὶν ἐπονεί-
διστοι καὶ πλησίον τοῦ ᾅδου, μᾶλλον δὲ ἐπ' αὐτῷ βεβηκότες ἀντὶ
πικροῦ καὶ δυσαιάκτου μόρου κώθωνα σωτήριον συστησάμενοι τὸν
εἰς πτῶσιν αὐτοῖς καὶ τάφον ἡτοιμασμένον τόπον κλισίαις κατ-
32 εμερίσαντο πλήρεις χαρμονῆς. ³² καταλήξαντες δὲ θρήνων πανόδυρ-
τον μέλος ἀνέλαβον ᾠδὴν πάτριον τὸν σωτῆρα καὶ τερατοποιὸν
αἰνοῦντες θεόν · οἰμωγήν τε πᾶσαν καὶ κωκυτὸν ἀπωσάμενοι χο-
33 ροὺς συνίσταντο εὐφροσύνης εἰρηνικῆς σημεῖον. ³³ ὡσαύτως δὲ
καὶ ὁ βασιλεὺς περὶ τούτων συμπόσιον βαρὺ συναγαγὼν ἀδιαλεί-
πτως εἰς οὐρανὸν ἀνθωμολογεῖτο μεγαλομερῶς ἐπὶ τῇ παραδόξῳ
34 γενηθείσῃ αὐτῷ σωτηρίᾳ. ³⁴ οἵ τε πρὶν εἰς ὄλεθρον καὶ οἰωνοβρώ-
τους αὐτοὺς ἔσεσθαι τιθέμενοι καὶ μετὰ χαρᾶς ἀπογραψάμενοι
κατεστέναξαν αἰσχύνην ἐφ' ἑαυτοῖς περιβαλόμενοι καὶ τὴν πυρό-
35 πνουν τόλμαν ἀκλεῶς ἐσβεσμένοι. ³⁵ οἵ τε Ἰουδαῖοι, καθὼς προ-
ειρήκαμεν, συστησάμενοι τὸν προειρημένον χορὸν μετ' εὐωχίας
36 ἐν ἐξομολογήσεσιν ἱλαραῖς καὶ ψαλμοῖς διῆγον. ³⁶ καὶ κοινὸν ὁρι-
σάμενοι περὶ τούτων θεσμὸν ἐπὶ πᾶσαν τὴν παροικίαν αὐτῶν εἰς
γενεὰς τὰς προειρημένας ἡμέρας ἄγειν ἔστησαν εὐφροσύνους, οὐ
πότου χάριν καὶ λιχνείας, σωτηρίας δὲ τῆς διὰ θεὸν γενομένης
37 αὐτοῖς. ³⁷ ἐνέτυχον δὲ τῷ βασιλεῖ τὴν ἀπόλυσιν αὐτῶν εἰς τὰ ἴδια
38 αἰτούμενοι. ³⁸ ἀπογράφονται δὲ αὐτοὺς ἀπὸ πέμπτης καὶ εἰκάδος
τοῦ Παχων ἕως τῆς τετάρτης τοῦ Επιφι ἐπὶ ἡμέρας τεσσαράκοντα,
συνίστανται δὲ αὐτῶν τὴν ἀπώλειαν ἀπὸ πέμπτης τοῦ Επιφι ἕως
39 ἑβδόμης ἡμέραις τρισίν, ³⁹ ἐν αἷς καὶ μεγαλοδόξως ἐπιφάνας τὸ
ἔλεος αὐτοῦ ὁ τῶν πάντων δυνάστης ἀπταίστους αὐτοὺς ἐρρύσατο
40 ὁμοθυμαδόν. ⁴⁰ εὐωχοῦντο δὲ πάνθ' ὑπὸ τοῦ βασιλέως χορηγούμενοι
μέχρι τῆς τεσσαρεσκαιδεκάτης, ἐν ᾗ καὶ τὴν ἐντυχίαν ἐποιήσαντο
41 περὶ τῆς ἀπολύσεως αὐτῶν. ⁴¹ συναινέσας δὲ αὐτοῖς ὁ βασιλεὺς
ἔγραψεν αὐτοῖς τὴν ὑπογεγραμμένην ἐπιστολὴν πρὸς τοὺς κατὰ
πόλιν στρατηγοὺς μεγαλοψύχως τὴν ἐκτενίαν ἔχουσαν
7 ¹ Βασιλεὺς Πτολεμαῖος Φιλοπάτωρ τοῖς κατ' Αἴγυπτον στρατη-

29 εκπεφευγοτες] ε 3⁰ > A† ‖ 30 απαλλαγεις > A† ‖ 32 θρηνων] -νον
VL, -νου mu. | σωτηρα] ισραηλ V†, ισραηλ ορα A† | τε] δε A† ‖ 33 συνα-
γων A† | αυτω] -των Apau. ‖ 34 την > A† | πυροπνουν AV†] πυριπν. rel.
| ακλεως] ακμαιως A† ‖ 35 χορον] χρονον Acompl., χρον V*† ‖ 38 επι
> VL ‖ 41 αυτοις 1⁰: cf. Helbing Kasussyntax p. 17

γοῖς καὶ πᾶσιν τοῖς τεταγμένοις ἐπὶ πραγμάτων χαίρειν καὶ ἐρ-
ρῶσθαι · ²ἐρρώμεθα δὲ καὶ αὐτοὶ καὶ τὰ τέκνα ἡμῶν κατευθύναν- 2
τος ἡμῖν τοῦ μεγάλου θεοῦ τὰ πράγματα, καθὼς προαιρούμεθα.
³τῶν φίλων τινὲς κατὰ κακοήθειαν πυκνότερον ἡμῖν παρακείμενοι 3
συνέπεισαν ἡμᾶς εἰς τὸ τοὺς ὑπὸ τὴν βασιλείαν Ἰουδαίους συν-
αθροίσαντας σύστημα κολάσασθαι ξενιζούσαις ἀποστατῶν τιμωρίαις
⁴προφερόμενοι μηδέποτε εὐσταθήσειν · τὰ πράγματα ἡμῶν δι' ἣν 4
ἔχουσιν οὗτοι πρὸς πάντα τὰ ἔθνη δυσμένειαν, μέχρι ἂν συν-
τελεσθῇ τοῦτο. ⁵οἳ καὶ δεσμίους καταγαγόντες αὐτοὺς μετὰ 5
σκυλμῶν ὡς ἀνδράποδα, μᾶλλον δὲ ὡς ἐπιβούλους, ἄνευ πάσης
ἀνακρίσεως καὶ ἐξετάσεως ἐπεχείρησαν ἀνελεῖν νόμου Σκυθῶν
ἀγριωτέραν ἐμπεπορημένοι ὠμότητα. ⁶ἡμεῖς δὲ ἐπὶ τούτοις σκλη- 6
ρότερον διαπειλησάμενοι καθ' ἣν ἔχομεν πρὸς ἅπαντας ἀνθρώπους
ἐπιείκειαν μόγις τὸ ζῆν αὐτοῖς χαρισάμενοι καὶ τὸν ἐπουράνιον
θεὸν ἐγνωκότες ἀσφαλῶς ὑπερησπικότα τῶν Ἰουδαίων ὡς πατέρα
ὑπὲρ υἱῶν διὰ παντὸς συμμαχοῦντα ⁷τήν τε τοῦ φίλου ἣν ἔχουσιν 7
βεβαίαν πρὸς ἡμᾶς καὶ τοὺς προγόνους ἡμῶν εὔνοιαν ἀναλογισά-
μενοι δικαίως ἀπολελύκαμεν πάσης καθ' ὁντινοῦν αἰτίας τρόπον
⁸καὶ προστετάχαμεν ἑκάστῳ πάντας εἰς τὰ ἴδια ἐπιστρέφειν ἐν 8
παντὶ τόπῳ μηθενὸς αὐτοὺς τὸ σύνολον καταβλάπτοντος μήτε
ὀνειδίζειν περὶ τῶν γεγενημένων παρὰ λόγον. ⁹γινώσκετε γὰρ ὅτι 9
κατὰ τούτων ἐάν τι κακοτεχνήσωμεν πονηρὸν ἢ ἐπιλυπήσωμεν
αὐτοὺς τὸ σύνολον, οὐκ ἄνθρωπον, ἀλλὰ τὸν πάσης δεσπόζοντα
δυνάμεως θεὸν ὕψιστον ἀντικείμενον ἡμῖν ἐπ' ἐκδικήσει τῶν πραγ-
μάτων κατὰ πᾶν ἀφεύκτως διὰ παντὸς ἕξομεν. ἔρρωσθε.
¹⁰Λαβόντες δὲ τὴν ἐπιστολὴν ταύτην οὐκ ἐσπούδασαν εὐθέως 10
γενέσθαι περὶ τὴν ἄφοδον, ἀλλὰ τὸν βασιλέα προσηξίωσαν τοὺς
ἐκ τοῦ γένους τῶν Ἰουδαίων τὸν ἅγιον θεὸν αὐθαιρέτως παραβεβη-
κότας καὶ τοῦ θεοῦ τὸν νόμον τυχεῖν δι' αὐτῶν τῆς ὀφειλομένης
κολάσεως ¹¹προφερόμενοι τοὺς γαστρὸς ἕνεκεν τὰ θεῖα παραβεβη- 11
κότας προστάγματα μηδέποτε εὐνοήσειν μηδὲ τοῖς τοῦ βασιλέως
πράγμασιν. ¹²ὁ δὲ τἀληθὲς αὐτοὺς λέγειν παραδεξάμενος καὶ παρ- 12
αινέσας ἔδωκεν αὐτοῖς ἄδειαν πάντων, ὅπως τοὺς παραβεβηκότας
τοῦ θεοῦ τὸν νόμον ἐξολεθρεύσωσιν κατὰ πάντα τὸν ὑπὸ τὴν βα-
σιλείαν αὐτοῦ τόπον μετὰ παρρησίας ἄνευ πάσης βασιλικῆς ἐξου-

7 2 κατευθυναντος] -νοντ- A pau. | πραγματα] προσταγμ. A†: cf. 11 ‖ 3 συ-
στημα] τα -ματα A† | κολασασθαι] -λαζεσθαι A pau. | αποσταντων A† ‖
4 παντα > A† ‖ 5 επεχειρ.] pr. προ V†, pr. προσ L | ενπεπηρμενοι A† ‖
6 χαρισαμενοι] -ριζομ- A† ‖ 7 ην Fr.] pr. δι mss. | πασης > V† ‖ 8 τοπω]
τροπω A compl. | μηθ(uel δ)ενος] μηθεν AL | ονειδιζειν] -ζοντος A† ‖ 9 επ
εκδικησει] επ -σιν A† ‖ 10 γενεσθαι > A† | αφοδον] ανοδ. V†, εφοδ. L |
βασιλεα] -λεως A† | και > AV† | δι αυτων] δια την A† | οφειλομενης] -λου-
σης VL ‖ 11 πραγμασιν] προσταγμ. A compl.: cf. 2 ‖ 12 υπο της βασιλειας A†

13 σίας καὶ ἐπισκέψεως. ¹³τότε κατευφημήσαντες αὐτόν, ὡς πρέπον
ἦν, οἱ τούτων ἱερεῖς καὶ πᾶν τὸ πλῆθος ἐπιφωνήσαντες τὸ αλλη-
14 λουια μετὰ χαρᾶς ἀνέλυσαν. ¹⁴οὕτως τε τὸν ἐμπεσόντα τῶν με-
μιαμμένων ὁμοεθνῆ κατὰ τὴν ὁδὸν ἐκολάζοντο καὶ μετὰ παραδειγ-
15 ματισμῶν ἀνήρουν. ¹⁵ἐκείνη δὲ τῇ ἡμέρᾳ ἀνεῖλον ὑπὲρ τοὺς
τριακοσίους ἄνδρας, ἣν καὶ ἤγαγον εὐφροσύνην μετὰ χαρᾶς βεβή-
16 λους χειρωσάμενοι. ¹⁶αὐτοὶ δὲ οἱ μέχρι θανάτου τὸν θεὸν ἐσχηκότες
παντελῆ σωτηρίας ἀπόλαυσιν εἰληφότες ἀνέζευξαν ἐκ τῆς πόλεως
παντοίοις εὐωδεστάτοις ἄνθεσιν κατεστεμμένοι μετ᾽ εὐφροσύνης
καὶ βοῆς ἐν αἴνοις καὶ παμμελέσιν ὕμνοις εὐχαριστοῦντες τῷ θεῷ
τῶν πατέρων αὐτῶν αἰωνίῳ σωτῆρι τοῦ Ισραηλ.
17 ¹⁷Παραγενηθέντες δὲ εἰς Πτολεμαίδα τὴν ὀνομαζομένην διὰ τὴν
τοῦ τόπου ἰδιότητα ῥοδοφόρον, ἐν ᾗ προσέμεινεν αὐτοὺς ὁ στό-
18 λος κατὰ κοινὴν αὐτῶν βουλὴν ἡμέρας ἑπτά, ¹⁸ἐκεῖ ἐποίησαν πό-
τον σωτήριον τοῦ βασιλέως χορηγήσαντος αὐτοῖς εὐψύχως τὰ
19 πρὸς τὴν ἄφιξιν πάντα ἑκάστῳ ἕως εἰς τὴν ἰδίαν οἰκίαν. ¹⁹κατ-
αχθέντες δὲ μετ᾽ εἰρήνης ἐν ταῖς πρεπούσαις ἐξομολογήσεσιν ὡσαύ-
τως κἀκεῖ ἔστησαν καὶ ταύτας ἄγειν τὰς ἡμέρας ἐπὶ τὸν τῆς παρ-
20 οικίας αὐτῶν χρόνον εὐφροσύνους. ²⁰ἃς καὶ ἀνιερώσαντες ἐν στήλῃ
κατὰ τὸν τῆς συμποσίας τόπον προσευχῆς καθιδρύσαντες ἀνέλυσαν
ἀσινεῖς, ἐλεύθεροι, ὑπερχαρεῖς, διά τε γῆς καὶ θαλάσσης καὶ πο-
ταμοῦ ἀνασῳζόμενοι τῇ τοῦ βασιλέως ἐπιταγῇ, ἕκαστος εἰς τὴν
21 ἰδίαν, ²¹καὶ πλείστην ἢ ἔμπροσθεν ἐν τοῖς ἐχθροῖς ἐξουσίαν ἐσχη-
κότες μετὰ δόξης καὶ φόβου, τὸ σύνολον ὑπὸ μηδενὸς διασεισθέν-
22 τες τῶν ὑπαρχόντων. ²²καὶ πάντα τὰ ἑαυτῶν πάντες ἐκομίσαντο
ἐξ ἀπογραφῆς ὥστε τοὺς ἔχοντάς τι μετὰ φόβου μεγίστου ἀπο-
δοῦναι αὐτοῖς, τὰ μεγαλεῖα τοῦ μεγίστου θεοῦ ποιήσαντος τελείως
23 ἐπὶ σωτηρίᾳ αὐτῶν. ²³εὐλογητὸς ὁ ῥύστης Ισραηλ εἰς τοὺς ἀεὶ
χρόνους. αμην.

13 το ult.] pr. τον A† ‖ 14 ουτως V] ουτοι AL | εκολαζ.] απεκτεννον A†
‖ 15 ην > VL | fin. κεχειρωμενοι Vpau. ‖ 16 σωτηριας] -αν A† | απολαυσιν]
-λυσιν Apau. | ειληφοτες] εσχηκοτες A†: ex praec. repet. | ανεζευξαν] -ξεν
A† | αιωνιω VL] αγιων A†, αγιω mu. | σωτηρι] σοι A†, > V† ‖ 17 ροδο-
φονον A† ‖ 18 σωτηριον] -ιου A† | εις] επι A† ‖ 20 ιδιαν (21) και πλει-
στην η > A† ‖ 21 η > V†: cf. sup. ‖ 22 φοβου] φορου A† | μεγιστου
ult.] -γαλου A† | τελειως] ι > A†
Subscr. μακκαβαιων γ′ AV

ΜΑΚΚΑΒΑΙΩΝ Δ'

¹Φιλοσοφώτατον λόγον ἐπιδείκνυσθαι μέλλων, εἰ αὐτοδέσποτός 1
ἐστιν τῶν παθῶν ὁ εὐσεβὴς λογισμός, συμβουλεύσαιμ' ἂν ὑμῖν
ὀρθῶς ὅπως προσέχητε προθύμως τῇ φιλοσοφίᾳ. ²καὶ γὰρ ἀναγ- 2
καῖος εἰς ἐπιστήμην παντὶ ὁ λόγος καὶ ἄλλως τῆς μεγίστης ἀρετῆς,
λέγω δὴ φρονήσεως, περιέχει ἔπαινον. ³εἰ ἄρα τῶν σωφροσύνης 3
κωλυτικῶν παθῶν ὁ λογισμὸς φαίνεται ἐπικρατεῖν, γαστριμαργίας
τε καὶ ἐπιθυμίας, ⁴ἀλλὰ καὶ τῶν τῆς δικαιοσύνης ἐμποδιστικῶν 4
παθῶν κυριεύειν ἀναφαίνεται, οἷον κακοηθείας, καὶ τῶν τῆς ἀνδρείας
ἐμποδιστικῶν παθῶν, θυμοῦ τε καὶ φόβου καὶ πόνου. ⁵πῶς οὖν, 5
ἴσως εἴποιεν ἄν τινες, εἰ τῶν παθῶν ὁ λογισμὸς κρατεῖ, λήθης καὶ
ἀγνοίας οὐ δεσπόζει; γελοῖον ἐπιχειροῦντες λέγειν. ⁶οὐ γὰρ τῶν 6
αὐτοῦ παθῶν ὁ λογισμὸς κρατεῖ, ἀλλὰ .τῶν τῆς δικαιοσύνης καὶ
ἀνδρείας καὶ σωφροσύνης ἐναντίων, καὶ τούτων οὐχ ὥστε αὐτὰ
καταλῦσαι, ἀλλ' ὥστε αὐτοῖς μὴ εἶξαι. ⁷πολλαχόθεν μὲν οὖν καὶ 7
ἀλλαχόθεν ἔχοιμ' ἂν ὑμῖν ἐπιδεῖξαι ὅτι αὐτοκράτωρ ἐστὶν τῶν πα-
θῶν ὁ λογισμός, ⁸πολὺ δὲ πλέον τοῦτο ἀποδείξαιμι ἀπὸ τῆς ἀνδρα- 8
γαθίας τῶν ὑπὲρ ἀρετῆς ἀποθανόντων, Ελεαζαρου τε καὶ τῶν ἑπτὰ
ἀδελφῶν καὶ τῆς τούτων μητρός. ⁹ἅπαντες γὰρ οὗτοι τοὺς ἕως 9
θανάτου πόνους ὑπεριδόντες ἐπεδείξαντο ὅτι περικρατεῖ τῶν παθῶν
ὁ λογισμός. ¹⁰τῶν μὲν οὖν ἀρετῶν ἔπεστί μοι ἐπαινεῖν τοὺς κατὰ 10
τοῦτον τὸν καιρὸν ὑπὲρ τῆς καλοκἀγαθίας ἀποθανόντας μετὰ τῆς
μητρὸς ἄνδρας, τῶν δὲ τιμῶν μακαρίσαιμ' ἄν. ¹¹θαυμασθέντες γὰρ 11
οὐ μόνον ὑπὸ πάντων ἀνθρώπων ἐπὶ τῇ ἀνδρείᾳ καὶ ὑπομονῇ,
ἀλλὰ καὶ ὑπὸ τῶν αἰκισαμένων, αἴτιοι κατέστησαν τοῦ καταλυθῆ-
ναι τὴν κατὰ τοῦ ἔθνους τυραννίδα νικήσαντες τὸν τύραννον τῇ
ὑπομονῇ ὥστε καθαρισθῆναι δι' αὐτῶν τὴν πατρίδα. ¹²ἀλλὰ καὶ 12
περὶ τούτου νῦν αὐτίκα δὴ λέγειν ἐξέσται ἀρξαμένῳ τῆς ὑποθέσεως,

Mac. IV: SA; traditur etiam inter opera Flauii Iosephi. — Deissm. =
Adolf Deissmann, Das vierte Makkabäerbuch in „Apokryphen und Pseud-
epigraphen des A. T. übers. u. hsg. von E. Kautzsch" Bd. 2 (Tüb. 1900), p.
149—177.

1 1 προσεχ. προθυμως] tr. A || 4 φοβου .. πονου S†] tr. rel. || 5 τις S
(sed ειποιεν etiam S*; Sᶜ ειποι αν τις) || 6 σωφροσυνης] + και φρονησεως
A† | τουτων] των τοιουτων S† || 7 λογισμος] pr. ευσεβης A†: cf. 1 ||
8 ανδραγαθ(ε)ιας] καλοκαγαθιας S† | αρετην A† | των ult. > ASᶜ || 9 απαν-
τες] α 1⁰ > S*† | τους ... πονους] των ... πονων A† || 11 γαρ] + εκεινοι A
| επι τη] επ S | και (+ τη A†) υπομονη > S*† || 12 τουτου] του S | αρ-
ξαμενω] -νων A†

ὅπερ εἴωθα ποιεῖν, καὶ οὕτως εἰς τὸν περὶ αὐτῶν τρέψομαι λόγον δόξαν διδοὺς τῷ πανσόφῳ θεῷ.

13 ¹³ Ζητοῦμεν δὴ τοίνυν εἰ αὐτοκράτωρ ἐστὶν τῶν παθῶν ὁ λο-
14 γισμός. ¹⁴ διακρίνομεν τί ποτέ ἐστιν λογισμὸς καὶ τί πάθος, καὶ πόσαι παθῶν ἰδέαι, καὶ εἰ πάντων ἐπικρατεῖ τούτων ὁ λογισμός.
15 ¹⁵ λογισμὸς μὲν δὴ τοίνυν ἐστὶν νοῦς μετὰ ὀρθοῦ λόγου προτιμῶν
16 τὸν σοφίας βίον. ¹⁶ σοφία δὴ τοίνυν ἐστὶν γνῶσις θείων καὶ ἀν-
17 θρωπίνων πραγμάτων καὶ τῶν τούτων αἰτιῶν. ¹⁷ αὕτη δὴ τοίνυν ἐστὶν ἡ τοῦ νόμου παιδεία, δι᾽ ἧς τὰ θεῖα σεμνῶς καὶ τὰ ἀνθρώ-
18 πινα συμφερόντως μανθάνομεν. ¹⁸ τῆς δὲ σοφίας ἰδέαι καθεστήκα-
19 σιν φρόνησις καὶ δικαιοσύνη καὶ ἀνδρεία καὶ σωφροσύνη · ¹⁹ κυ-
ριωτάτη δὲ πάντων ἡ φρόνησις, ἐξ ἧς δὴ τῶν παθῶν ὁ λογισμὸς
20 ἐπικρατεῖ. ²⁰ παθῶν δὲ φύσεις εἰσὶν αἱ περιεκτικώταται δύο ἡδονή τε καὶ πόνος · τούτων δὲ ἑκάτερον καὶ περὶ τὸ σῶμα καὶ περὶ
21 τὴν ψυχὴν πέφυκεν. ²¹ πολλαὶ δὲ καὶ περὶ τὴν ἡδονὴν καὶ τὸν πό-
22 νον παθῶν εἰσιν ἀκολουθίαι. ²² πρὸ μὲν οὖν τῆς ἡδονῆς ἐστιν ἐπι-
23 θυμία, μετὰ δὲ τὴν ἡδονὴν χαρά. ²³ πρὸ δὲ τοῦ πόνου ἐστὶν φό-
24 βος, μετὰ δὲ τὸν πόνον λύπη. ²⁴ θυμὸς δὲ κοινὸν πάθος ἐστὶν
25 ἡδονῆς καὶ πόνου, ἐὰν ἐννοηθῇ τις ὅτι αὐτῷ περιέπεσεν. ²⁵ ἐν τῇ
ἡδονῇ δὲ ἔνεστιν καὶ ἡ κακοήθης διάθεσις, πολυτροπωτάτη πάν-
26 των οὖσα τῶν παθῶν, ²⁶ καὶ τὰ μὲν ψυχῆς ἀλαζονεία καὶ φιλαρ-
27 γυρία καὶ φιλοδοξία καὶ φιλονεικία καὶ βασκανία, ²⁷ κατὰ δὲ τὸ
28 σῶμα παντοφαγία καὶ λαιμαργία καὶ μονοφαγία. ²⁸ καθάπερ οὖν
δυεῖν τοῦ σώματος καὶ τῆς ψυχῆς φυτῶν ὄντων ἡδονῆς τε καὶ
29 πόνου πολλαὶ τούτων τῶν φυτῶν εἰσιν παραφυάδες, ²⁹ ὧν ἑκά-
στην ὁ παγγέωργος λογισμὸς περικαθαίρων καὶ ἀποκνίζων καὶ
περιπλέκων καὶ ἐπάρδων καὶ πάντα τρόπον μεταχέων ἐξημεροῖ τὰς
30 τῶν ἠθῶν καὶ παθῶν ὕλας. ³⁰ ὁ γὰρ λογισμὸς τῶν μὲν ἀρετῶν
ἐστιν ἡγεμών, τῶν δὲ παθῶν αὐτοκράτωρ.

Ἐπιθεωρεῖτε τοίνυν πρῶτον διὰ τῶν κωλυτικῶν τῆς σωφρο-
σύνης ἔργων ὅτι αὐτοδέσποτός ἐστιν τῶν παθῶν ὁ λογισμός.
31
32 ³¹ σωφροσύνη δὴ τοίνυν ἐστὶν ἐπικράτεια τῶν ἐπιθυμιῶν, ³² τῶν δὲ
ἐπιθυμιῶν αἱ μέν εἰσιν ψυχικαί, αἱ δὲ σωματικαί, καὶ τούτων ἀμ-

14 διακρινο(A ω)μεν] pr. και Sᶜ, + δε A✝ | τι 2⁰ > S✝ ‖ 15 μεν > S* | λογου] βιου Apau. | βιον] λογον Apau. ‖ 16 ανθρωπιων S✝ ‖ 18 καθεστη-κασιν] -στασιν A; + τεσσαρες Sᶜ ‖ 19 δη] δε S✝, δε η A⁽ᵗ⁾ | των > S✝ ‖ 20 και περι το σωμα > SAcompl. ‖ 21 πολλαι] ι > A✝ | παθων] αγαθων Spau. ‖ 24 οτι] οτε A ‖ 25 τη ηδονη / δε] tr. A✝ | ενεστι(ν) Spau.] εν > rel. | ουσα / των παθων] tr. A✝ ‖ 26 και τα] κατα A ‖ 27 λαιμαργια .. μο-νοφαγια(A✝ νομοφ.)] tr. S ‖ 28 δυοιν A: cf. Thack. p. 187 | φυτων ult.] πα-θων AV✝ ‖ 29 εκαστην] -στος A✝ | και 1⁰] pr. τε A ‖ 30 επιθεωρειτε Fr.] -ρειται pau., -ρει γε AV✝, -ρει δε Sᶜ (δε > S*) | τοινυν > Sᶜ

φοτέρων ἐπικρατεῖν ὁ λογισμὸς φαίνεται. ³³ἐπεὶ πόθεν κινούμενοι 33
πρὸς τὰς ἀπειρημένας τροφὰς ἀποστρεφόμεθα τὰς ἐξ αὐτῶν ἡδο-
νάς; οὐχ ὅτι δύναται τῶν ὀρέξεων ἐπικρατεῖν ὁ λογισμός; ἐγὼ
μὲν οἶμαι. ³⁴τοιγαροῦν ἐνύδρων ἐπιθυμοῦντες καὶ ὀρνέων καὶ τετρα- 34
πόδων καὶ παντοίων βρωμάτων τῶν ἀπηγορευμένων ἡμῖν κατὰ τὸν
νόμον ἀπεχόμεθα διὰ τὴν τοῦ λογισμοῦ ἐπικράτειαν. ³⁵ἀνέχεται γὰρ 35
τὰ τῶν ὀρέξεων πάθη ὑπὸ τοῦ σώφρονος νοὸς ἀνακοπτόμενα, καὶ
φιμοῦται πάντα τὰ τοῦ σώματος κινήματα ὑπὸ τοῦ λογισμοῦ.

¹Καὶ τί θαυμαστόν, εἰ αἱ τῆς ψυχῆς ἐπιθυμίαι πρὸς τὴν τοῦ 2
κάλλους μετουσίαν ἀκυροῦνται; ²ταύτῃ γοῦν ὁ σώφρων Ἰωσηφ 2
ἐπαινεῖται, ὅτι διανοίᾳ περιεκράτησεν τῆς ἡδυπαθείας. ³νέος γὰρ 3
ὢν καὶ ἀκμάζων πρὸς συνουσιασμὸν ἠκύρωσε τῷ λογισμῷ τὸν
τῶν παθῶν οἶστρον. ⁴καὶ οὐ μόνον δὲ τὴν τῆς ἡδυπαθείας οἶστρη- 4
λασίαν ὁ λογισμὸς ἐπικρατεῖν φαίνεται, ἀλλὰ καὶ πάσης ἐπιθυμίας.
⁵λέγει γοῦν ὁ νόμος Οὐκ ἐπιθυμήσεις τὴν γυναῖκα τοῦ πλησίον 5
σου οὐδὲ ὅσα τῷ πλησίον σού ἐστιν. ⁶καίτοι ὅτε μὴ ἐπιθυμεῖν 6
εἴρηκεν ἡμᾶς ὁ νόμος, πολὺ πλέον πείσαιμ' ἂν ὑμᾶς ὅτι τῶν ἐπι-
θυμιῶν κρατεῖν δύναται ὁ λογισμός.

Ὥσπερ καὶ τῶν κωλυτικῶν τῆς δικαιοσύνης παθῶν · ⁷ἐπεὶ τίνα 7
τις τρόπον μονοφάγος ὢν τὸ ἦθος καὶ γαστρίμαργος ἢ καὶ μέθυ-
σος μεταπαιδεύεται, εἰ μὴ δῆλον ὅτι κύριός ἐστιν τῶν παθῶν ὁ
λογισμός; ⁸αὐτίκα γοῦν τῷ νόμῳ πολιτευόμενος, κἂν φιλάργυρός 8
τις ᾖ, βιάζεται τὸν αὑτοῦ τρόπον τοῖς δεομένοις δανείζων χωρὶς
τόκων καὶ τὸ δάνειον τῶν ἑβδομάδων ἐνστασῶν χρεοκοπούμενος·
⁹κἂν φειδωλός τις ᾖ, ὑπὸ τοῦ νόμου κρατεῖται διὰ τὸν λογισμὸν 9
μήτε ἐπικαρπολογούμενος τοὺς ἀμητοὺς μήτε ἐπιρρωγολογούμενος
τοὺς ἀμπελῶνας.

Καὶ ἐπὶ τῶν ἑτέρων δὲ ἔστιν ἐπιγνῶναι τοῦτο, ὅτι τῶν παθῶν
ἔστιν ὁ λογισμὸς κρατῶν · ¹⁰ὁ γὰρ νόμος καὶ τῆς πρὸς γονεῖς 10
εὐνοίας κρατεῖ μὴ καταπροδιδοὺς τὴν ἀρετὴν δι' αὐτούς ¹¹καὶ τῆς 11
πρὸς γαμετὴν φιλίας ἐπικρατεῖ διὰ τὴν παρανομίαν αὐτὴν ἀπελέγ-
χων ¹²καὶ τῆς τέκνων φιλίας κυριεύει διὰ κακίαν αὐτὰ κολάζων 12
¹³καὶ τῆς φίλων συνηθείας δεσπόζει διὰ πονηρίαν αὐτοὺς ἐξελέγ- 13
χων. ¹⁴καὶ μὴ νομίσητε παράδοξον εἶναι, ὅπου καὶ ἔχθρας ἐπικρα- 14

32 επικρ./ο λογ.] tr. A: cf. 2 4. 14 ‖ 33 αποτρεπομεθα A† | μεν] γαρ S†
‖ 34 και 3⁰ > A† | βρωματων των] -ματα οντων A† | κατα] δια S*† ‖
35 ανεχεται] αντεχ. A | ανακαμπτομεθα A⁽†⁾ | φιμουται] φιλοτιμουντε(pro -ται) A†
2 2 διανοια] pr. τω λογισμω A⁽†⁾ ‖ 4 και 1⁰ > ASᶜ | της] pr. επι S* | ο
λογ./επικρ.] tr. A: cf. 1 32 ‖ 6 fin. πασων A† ‖ 7 init. επι A: item A†
in 19 | τις/τροπον μονοφ.] tr. A | η > A ‖ 8 η] ειη A† ‖ 9 επικαρπο-
λογουμενος] ο 1⁰ ⌒ 3⁰ A | ετερων] εργων S ‖ 11 γαμετην]-της A | την > A
‖ 12 αυτα]-τους S†, -των A† ‖ 13 πονηριαν]-ας A ‖ 14 εχθρας]-αν A†
| επικρ./ο λογ.] tr. A: cf. 1 32

τεῖν ὁ λογισμὸς δύναται διὰ τὸν νόμον μήτε δενδροτομῶν τὰ ἥ-
μερα τῶν πολεμίων φυτά, τὰ δὲ τῶν ἐχθρῶν τοῖς ἀπολέσασι δια-
σῴζων καὶ τὰ πεπτωκότα συνεγείρων.

15   ¹⁵ Καὶ τῶν βιαιοτέρων δὲ παθῶν κρατεῖν ὁ λογισμὸς φαίνεται,
φιλαρχίας καὶ κενοδοξίας καὶ ἀλαζονείας καὶ μεγαλαυχίας καὶ βα-
16 σκανίας · ¹⁶ πάντα γὰρ ταῦτα τὰ κακοήθη πάθη ὁ σώφρων νοῦς
17 ἀπωθεῖται, ὥσπερ καὶ τὸν θυμόν · καὶ γὰρ τούτου δεσπόζει. ¹⁷ θυ-
μούμενός γέ τοι Μωυσῆς κατὰ Δαθαν καὶ Αβιρων οὐ θυμῷ τι
18 κατ' αὐτῶν ἐποίησεν, ἀλλὰ λογισμῷ τὸν θυμὸν διῄτησεν. ¹⁸ δυνα-
τὸς γὰρ ὁ σώφρων νοῦς, ὡς ἔφην, κατὰ τῶν παθῶν ἀριστεῦσαι
19 καὶ τὰ μὲν αὐτῶν μεταθεῖναι, τὰ δὲ καὶ ἀκυρῶσαι. ¹⁹ ἐπεὶ διὰ τί ὁ
πάνσοφος ἡμῶν πατὴρ Ιακωβ τοὺς περὶ Συμεων καὶ Λευιν αἰτι-
ᾶται μὴ λογισμῷ τοὺς Σικιμίτας ἐθνηδὸν ἀποσφάξαντας λέγων
20 Ἐπικατάρατος ὁ θυμὸς αὐτῶν; ²⁰ εἰ μὴ γὰρ ἐδύνατο τοῦ θυμοῦ ὁ
21 λογισμὸς κρατεῖν, οὐκ ἂν εἶπεν οὕτως. ²¹ ὁπηνίκα γὰρ ὁ θεὸς τὸν
ἄνθρωπον κατεσκεύασεν, τὰ πάθη αὐτοῦ καὶ τὰ ἤθη περιεφύτευ-
22 σεν · ²² ἡνίκα δὲ ἐπὶ πάντων τὸν ἱερὸν ἡγεμόνα νοῦν διὰ τῶν
23 αἰσθητηρίων ἐνεθρόνισεν, ²³ καὶ τούτῳ νόμον ἔδωκεν, καθ' ὃν πολι-
τευόμενος βασιλεύσει βασιλείαν σώφρονά τε καὶ δικαίαν καὶ ἀγα-
θὴν καὶ ἀνδρείαν.

24   ²⁴ Πῶς οὖν, εἴποι τις ἄν, εἰ τῶν παθῶν δεσπότης ἐστὶν ὁ λογι-
3 σμός, λήθης καὶ ἀγνοίας οὐ κρατεῖ; ¹ ἔστιν δὲ κομιδῇ γελοῖος ὁ
λόγος · οὐ γὰρ τῶν ἑαυτοῦ παθῶν ὁ λογισμὸς ἐπικρατεῖν φαίνε-
2 ται, ἀλλὰ τῶν σωματικῶν. ² οἷον ἐπιθυμίαν τις οὐ δύναται ἐκκόψαι
ἡμῶν, ἀλλὰ μὴ δουλωθῆναι τῇ ἐπιθυμίᾳ δύναται ὁ λογισμὸς παρα-
3 σχέσθαι. ³ θυμόν τις οὐ δύναται ἐκκόψαι ὑμῶν τῆς ψυχῆς, ἀλλὰ
4 τῷ θυμῷ δυνατὸν τὸν λογισμὸν βοηθῆσαι. ⁴ κακοήθειάν τις ἡμῶν
οὐ δύναται ἐκκόψαι, ἀλλὰ τὸ μὴ καμφθῆναι τῇ κακοηθείᾳ δύναιτ'
5 ἂν ὁ λογισμὸς συμμαχῆσαι · ⁵ οὐ γὰρ ἐκριζωτὴς τῶν παθῶν ὁ
λογισμός ἐστιν, ἀλλὰ ἀνταγωνιστής.

6   ⁶ Ἔστιν γοῦν τοῦτο διὰ τῆς Δαυιδ τοῦ βασιλέως δίψης σαφέ-
7 στερον ἐπιλογίσασθαι. ⁷ ἐπεὶ γὰρ δι' ὅλης ἡμέρας προσβαλὼν τοῖς
ἀλλοφύλοις ὁ Δαυιδ πολλοὺς αὐτῶν ἀπέκτεινεν μετὰ τῶν τοῦ
8 ἔθνους στρατιωτῶν, ⁸ τότε δὴ γενομένης ἑσπέρας ἱδρῶν καὶ σφόδρα
κεκμηκὼς ἐπὶ τὴν βασίλειον σκηνὴν ἦλθεν, περὶ ἣν ὁ πᾶς τῶν

15 και 1⁰] + δια S*A | κρατειν] επικρ. Sᶜ | φιλαρχιας] -αργυριας S* || 16 τα
> S* || 18 δυνατος] ικανος S*† || 20 του θυμου] των -μων A || 21 τον
ανθρ. / κατεσκ.] tr. S† || 22 ηνικα] και τηνικαυτα A | επι] περι A† || 23 ε-
δωκεν] δεδ. S | και 2⁰ > A† || 24 ειποι τις αν] ειποιτε S*† | ει] η S* | πα-
θων ⌒ 3 1 παθων S*† | δεσποτης εστιν ο λογ. Sˢ] ο λογ. κρατει A†
    3 1 επικρατειν] επι > Sᶜpau. || 2 ου δυν. / εκκοψαι] tr. S† | fin. παρεχε-
σθαι S* || 3 εκκοψαι υμων] tr. S | τον λογισμον > A† || 4 δυναιτ αν]
-νατον A†, -ναται pl. || 8 ιδρων] pr. εσπευδεν S†

προγόνων στρατὸς ἐστρατοπεδεύκει. ⁹οἱ μὲν οὖν ἄλλοι πάντες ἐπὶ 9
τὸ δεῖπνον ἦσαν, ¹⁰ὁ δὲ βασιλεὺς ὡς μάλιστα διψῶν, καίπερ ἀ- 10
φθόνους ἔχων πηγάς, οὐκ ἠδύνατο δι' αὐτῶν ἰάσασθαι τὴν δίψαν,
¹¹ἀλλά τις αὐτὸν ἀλόγιστος ἐπιθυμία τοῦ παρὰ τοῖς πολεμίοις 11
ὕδατος ἐπιτείνουσα συνέφρυγεν καὶ λύουσα κατέφλεγεν. ¹²ὅθεν 12
τῶν ὑπασπιστῶν ἐπὶ τῇ τοῦ βασιλέως ἐπιθυμίᾳ σχετλιαζόντων δύο
νεανίσκοι στρατιῶται καρτεροὶ καταιδεσθέντες τὴν τοῦ βασιλέως
ἐπιθυμίαν τὰς παντευχίας καθωπλίσαντο καὶ κάλπην λαβόντες ὑπερ-
έβησαν τοὺς τῶν πολεμίων χάρακας ¹³καὶ λαθόντες τοὺς τῶν πυ- 13
λῶν ἀκροφύλακας διεξήεσαν ἀνερευνώμενοι κατὰ πᾶν τὸ τῶν πο-
λεμίων στρατόπεδον ¹⁴καὶ ἀνευράμενοι τὴν πηγὴν ἐξ αὐτῆς θαρ- 14
ραλέως ἐκόμισαν τῷ βασιλεῖ τὸ ποτόν · ¹⁵ὁ δὲ καίπερ τῇ δίψῃ 15
διαπυρούμενος ἐλογίσατο πάνδεινον εἶναι κίνδυνον ψυχῇ λογισθὲν
ἰσοδύναμον ποτὸν αἵματι, ¹⁶ὅθεν ἀντιθεὶς τῇ ἐπιθυμίᾳ τὸν λογισμὸν 16
ἔσπεισεν τὸ πόμα τῷ θεῷ. ¹⁷δυνατὸς γὰρ ὁ σώφρων νοῦς νικῆσαι 17
τὰς τῶν παθῶν ἀνάγκας καὶ σβέσαι τὰς τῶν οἴστρων φλεγμονὰς
¹⁸καὶ τὰς τῶν σωμάτων ἀλγηδόνας καθ' ὑπερβολὴν οὔσας κατα- 18
παλαῖσαι καὶ τῇ καλοκἀγαθίᾳ τοῦ λογισμοῦ ἀποπτύσαι πάσας τὰς
τῶν παθῶν ἐπικρατείας.

¹⁹Ἤδη δὲ καὶ ὁ καιρὸς ἡμᾶς καλεῖ ἐπὶ τὴν ἀπόδειξιν τῆς ἱστο- 19
ρίας τοῦ σώφρονος λογισμοῦ.

²⁰Ἐπειδὴ γὰρ βαθεῖαν εἰρήνην διὰ τὴν εὐνομίαν οἱ πατέρες 20
ἡμῶν εἶχον καὶ ἔπραττον καλῶς ὥστε καὶ τὸν τῆς Ἀσίας βασιλέα
Σέλευκον τὸν Νικάνορα καὶ χρήματα εἰς τὴν ἱερουργίαν αὐτοῖς
ἀφορίσαι καὶ τὴν πολιτείαν αὐτῶν ἀποδέχεσθαι, ²¹τότε δή τινες 21
πρὸς τὴν κοινὴν νεωτερίσαντες ὁμόνοιαν πολυτρόποις ἐχρήσαντο
συμφοραῖς.

¹Σίμων γάρ τις πρὸς Ονιαν ἀντιπολιτευόμενος τόν ποτε τὴν 4
ἀρχιερωσύνην ἔχοντα διὰ βίου, καλὸν καὶ ἀγαθὸν ἄνδρα, ἐπειδὴ
πάντα τρόπον διαβάλλων ὑπὲρ τοῦ ἔθνους οὐκ ἴσχυσεν κακῶσαι,
φυγὰς ᾤχετο τὴν πατρίδα προδώσων. ²ὅθεν ἥκων πρὸς Ἀπολλώ- 2
νιον τὸν Συρίας τε καὶ Φοινίκης καὶ Κιλικίας στρατηγὸν ἔλεγεν
³Εὔνους ὢν τοῖς τοῦ βασιλέως πράγμασιν ἥκω μηνύων πολλὰς 3
ἰδιωτικῶν χρημάτων μυριάδας ἐν τοῖς Ιεροσολύμων γαζοφυλακίοις
τεθησαυρίσθαι τοῖς ἱεροῖς μὴ ἐπικοινωνούσας, καὶ προσήκειν ταῦτα

10 ως > S ‖ 11 συνεφρυγεν] διεφρ. S*† ‖ 12 υπασπιστων] υπερασπ. A†
| παντευχιας] πανοπλειας A† | καλπιν A ‖ 13 ανερευνωμ.] ανευρωμ. S*†, ευ-
ραμ. A† ‖ 14 την πηγ. εξ αυτ./θαρραλεως] tr. A† | εκομισαν] εγεμ. A† ‖
15 καιπερ τη διψη compl.] καιπερ την διψαν S, και περι την διψαν A | ψυχη]
pr. τη A | ποτον] pr. το A ‖ 18 καθ υπερβ.] + δυνατας S† | τη καλοκαγα-
θια] της -θειας A† ‖ 20 αφορισαι] αποφορεισαι A† ‖ 21 πολυτροποις] -πως A†
4 2 ηκων] -ως A† | προς] ως S ‖ 3 τεθησαυρισθαι] -ισται A | τοις ιεροις]
τω -ρω A | και] αλλα A

4 Σελεύκῳ τῷ βασιλεῖ. ⁴τούτων ἕκαστα γνοὺς ὁ Ἀπολλώνιος τὸν
μὲν Σίμωνα τῆς εἰς τὸν βασιλέα κηδεμονίας ἐπαινεῖ, πρὸς δὲ τὸν
5 Σέλευκον ἀναβὰς κατεμήνυσε τὸν τῶν χρημάτων θησαυρόν. ⁵καὶ
λαβὼν τὴν περὶ αὐτῶν ἐξουσίαν ταχὺ εἰς τὴν πατρίδα ἡμῶν μετὰ
6 τοῦ καταράτου Σίμωνος καὶ βαρυτάτου στρατοῦ ⁶προσελθὼν ταῖς
τοῦ βασιλέως ἐντολαῖς ἥκειν ἔλεγεν ὅπως τὰ ἰδιωτικὰ τοῦ γαζο-
7 φυλακίου λάβοι χρήματα. ⁷καὶ τοῦ ἔθνους πρὸς τὸν λόγον σχε-
τλιάζοντος ἀντιλέγοντός τε, πάνδεινον εἶναι νομίσαντες εἰ οἱ τὰς
παρακαταθήκας πιστεύσαντες τῷ ἱερῷ θησαυρῷ στερηθήσονται,
8 ὡς οἷόν τε ἦν ἐκώλυον. ⁸μετὰ ἀπειλῶν δὲ ὁ Ἀπολλώνιος ἀπῄει
9 εἰς τὸ ἱερόν. ⁹τῶν δὲ ἱερέων μετὰ γυναικῶν καὶ παιδίων ἐν τῷ
ἱερῷ ἱκετευσάντων τὸν θεὸν ὑπερασπίσαι τοῦ ἱεροῦ καταφρονου-
10 μένου τόπου ¹⁰ἀνιόντος τε μετὰ καθωπλισμένης τῆς στρατιᾶς τοῦ
Ἀπολλωνίου πρὸς τὴν τῶν χρημάτων ἁρπαγὴν οὐρανόθεν ἔφιπποι
προυφάνησαν ἄγγελοι περιαστράπτοντες τοῖς ὅπλοις καὶ πολὺν
11 αὐτοῖς φόβον τε καὶ τρόμον ἐνιέντες. ¹¹καταπεσών γέ τοι ἡμιθα-
νὴς ὁ Ἀπολλώνιος ἐπὶ τὸν πάμφυλον τοῦ ἱεροῦ περίβολον τὰς
χεῖρας ἐξέτεινεν εἰς τὸν οὐρανὸν καὶ μετὰ δακρύων τοὺς Ἑβραίους
παρεκάλει ὅπως περὶ αὐτοῦ προσευξάμενοι τὸν οὐράνιον ἐξευμενί-
12 σωνται στρατόν. ¹²ἔλεγεν γὰρ ἡμαρτηκὼς ὥστε καὶ ἀποθανεῖν
ἄξιος ὑπάρχειν πᾶσίν τε ἀνθρώποις ὑμνήσειν σωθεὶς τὴν τοῦ ἱε-
13 ροῦ τόπου μακαριότητα. ¹³τούτοις ὑπαχθεὶς τοῖς λόγοις Ονιας ὁ
ἀρχιερεύς, καίπερ ἄλλως εὐλαβηθείς, μήποτε νομίσειεν ὁ βασιλεὺς
Σέλευκος ἐξ ἀνθρωπίνης ἐπιβουλῆς καὶ μὴ θείας δίκης ἀνῃρῆσθαι
14 τὸν Ἀπολλώνιον ηὔξατο περὶ αὐτοῦ. ¹⁴καὶ ὁ μὲν παραδόξως δια-
σωθεὶς ᾤχετο δηλώσων τῷ βασιλεῖ τὰ συμβάντα αὐτῷ.
15 ¹⁵Τελευτήσαντος δὲ Σελεύκου τοῦ βασιλέως διαδέχεται τὴν ἀρ-
χὴν ὁ υἱὸς αὐτοῦ Ἀντίοχος ὁ Ἐπιφανής, ἀνὴρ ὑπερήφανος καὶ
16 δεινός, ¹⁶ὃς καταλύσας τὸν Ονιαν τῆς ἀρχιερωσύνης Ιασονα τὸν
17 ἀδελφὸν αὐτοῦ κατέστησεν ἀρχιερέα ¹⁷συνθέμενον δώσειν, εἰ ἐπιτρέ-
ψειεν αὐτῷ τὴν ἀρχήν, κατ' ἐνιαυτὸν τρισχίλια ἑξακόσια ἑξήκοντα
18 τάλαντα. ¹⁸ὁ δὲ ἐπέτρεψεν αὐτῷ καὶ ἀρχιερᾶσθαι καὶ τοῦ ἔθνους
19 ἀφηγεῖσθαι · ¹⁹καὶ ἐξεδιῄτησεν τὸ ἔθνος καὶ ἐξεπολίτευσεν ἐπὶ πᾶ-

4 κατεμηνυσε] σ > A† || 5 λαβων ... ταχυ] ελαβεν ... και ταχυ SV† ||
6 προσελθων] σ > S*V(†) || 7 σχετλιασαντος A | νομισαντες] νοησ. S | οι/
τας παρακαταθηκας] tr. S† || 8 απειλων] -λης A || 9 ιερεων] γεραιων S |
ιερου > A† | τοπου] pr. του S || 10 της > A | εφιπποι πρου(uel ε)φαν. αγ-
γελοι pl.] αγγ. προυφ. εφιπποι S†, προυφ. εφιπποι αγγ. A | αυτοις] -των S†,
-τω mu. | ενιεντες] -ιοντες AV† || 11 γε(cf. 51)] δε S | και > A† | προσευ-
ξαμενοι] εξομ. A*†, ευξομ. Ac† | ουρανιον] pr. επ A† || 13 υπαχθεις] επ. A† |
ανηρησασθαι A† || 15 ο 1⁰ > S*, 2⁰ > A | και > A† || 17 συνθεμενον]
-νος S* | τρισχιλια] τρις > S*† || 18 και 1⁰ > A | του εθν./αφηγ.] tr. S†
|| 19 init.] pr. ος A | εξεδιητησεν] εξεζητ. A†

σαν παρανομίαν ²⁰ὥστε μὴ μόνον ἐπ' αὐτῇ τῇ ἄκρᾳ τῆς πατρίδος 20
ἡμῶν γυμνάσιον κατασκευάσαι, ἀλλὰ καὶ καταλῦσαι τὴν τοῦ ἱεροῦ
κηδεμονίαν. ²¹ἐφ' οἷς ἀγανακτήσασα ἡ θεία δίκη αὐτὸν αὐτοῖς τὸν 21
Ἀντίοχον ἐπολέμωσεν. ²²ἐπειδὴ γὰρ πολεμῶν ἦν κατ' Αἴγυπτον 22
Πτολεμαίῳ, ἤκουσέν τε ὅτι φήμης διαδοθείσης περὶ τοῦ τεθνάναι
αὐτὸν ὡς ἔνι μάλιστα χαίροιεν οἱ Ἱεροσολυμῖται, ταχέως ἐπ' αὐ-
τοὺς ἀνέζευξεν, ²³καὶ ὡς ἐπόρθησεν αὐτούς, δόγμα ἔθετο ὅπως, 23
εἴ τινες αὐτῶν φάνοιεν τῷ πατρίῳ πολιτευόμενοι νόμῳ, θάνοιεν.
²⁴καὶ ἐπεὶ κατὰ μηδένα τρόπον ἴσχυεν καταλῦσαι διὰ τῶν δογμά- 24
των τὴν τοῦ ἔθνους εὐνομίαν, ἀλλὰ πάσας τὰς ἑαυτοῦ ἀπειλὰς
καὶ τιμωρίας ἑώρα καταλυομένας ²⁵ὥστε καὶ γυναῖκας, ὅτι περι- 25
έτεμον τὰ παιδία, μετὰ τῶν βρεφῶν κατακρημνισθῆναι προειδυίας
ὅτι τοῦτο πείσονται · ²⁶ἐπεὶ οὖν τὰ δόγματα αὐτοῦ κατεφρονεῖτο 26
ὑπὸ τοῦ λαοῦ, αὐτὸς διὰ βασάνων ἕνα ἕκαστον τοῦ ἔθνους ἠνάγ-
καζεν μιαρῶν ἀπογευομένους τροφῶν ἐξόμνυσθαι τὸν Ἰουδαϊσμόν.

¹Προκαθίσας γέ τοι μετὰ τῶν συνέδρων ὁ τύραννος Ἀντίοχος 5
ἐπί τινος ὑψηλοῦ τόπου καὶ τῶν στρατευμάτων αὐτῷ παρεστηκό-
των κυκλόθεν ἐνόπλων ²παρεκέλευεν τοῖς δορυφόροις ἕνα ἕκαστον 2
Εβραῖον ἐπισπᾶσθαι καὶ κρεῶν ὑείων καὶ εἰδωλοθύτων ἀναγκάζειν
ἀπογεύεσθαι · ³εἰ δέ τινες μὴ θέλοιεν μιαροφαγῆσαι, τούτους τρο- 3
χισθέντας ἀναιρεθῆναι. ⁴πολλῶν δὲ συναρπασθέντων εἷς πρῶτος 4
ἐκ τῆς ἀγέλης ὀνόματι Ελεαζαρος, τὸ γένος ἱερεύς, τὴν ἐπιστήμην
νομικὸς καὶ τὴν ἡλικίαν προήκων καὶ πολλοῖς τῶν περὶ τὸν τύ-
ραννον διὰ τὴν ἡλικίαν γνώριμος, παρήχθη πλησίον αὐτοῦ.

⁵Καὶ αὐτὸν ἰδὼν ὁ Ἀντίοχος ἔφη ⁶Ἐγὼ πρὶν ἄρξασθαι τῶν κατὰ $\frac{5}{6}$
σοῦ βασάνων, ὦ πρεσβῦτα, συμβουλεύσαιμ' ἄν σοι ταῦτα, ὅπως
ἀπογευσάμενος τῶν ὑείων σῴζοιο · ⁷αἰδοῦμαι γάρ σου τὴν ἡλικίαν 7
καὶ τὴν πολιάν, ἣν μετὰ τοσοῦτον ἔχων χρόνον οὔ μοι δοκεῖς φιλο-
σοφεῖν τῇ Ἰουδαίων χρώμενος θρησκείᾳ. ⁸διὰ τί γὰρ τῆς φύσεως 8
κεχαρισμένης καλλίστην τὴν τοῦδε τοῦ ζῴου σαρκοφαγίαν βδελύτ-
τῃ; ⁹καὶ γὰρ ἀνόητον τοῦτο, τὸ μὴ ἀπολαύειν τῶν χωρὶς ὀνείδους 9
ἡδέων, καὶ ἄδικον ἀποστρέφεσθαι τὰς τῆς φύσεως χάριτας. ¹⁰σὺ 10
δέ μοι καὶ ἀνοητότερον ποιήσειν δοκεῖς, εἰ κενοδοξῶν περὶ τὸ
ἀληθὲς ἔτι κἀμοῦ καταφρονήσεις ἐπὶ τῇ ἰδίᾳ τιμωρίᾳ. ¹¹οὐκ ἐξ- 11
υπνώσεις ἀπὸ τῆς φλυάρου φιλοσοφίας ὑμῶν καὶ ἀποσκεδάσεις

20 -σαι 1⁰ ⌒ 2⁰ A⁺ ‖ 21 αυτοις] τοι (sic) A⁺ ‖ επολεμωσεν V] -μησεν SA
‖ 22 γαρ > S*⁺ ‖ χαιρ./οι ιερος.] tr. S⁺ ‖ 23 τινες] τις S⁺ ‖ 24 ευνο-
μιαν] ευνοιαν A⁺ ‖ 26 μιαρων] μιαιρ. (pro μιερ.) A⁺: cf. 9 15. 17. 32 10 10.
17 et 5 3
5 1 αυτω] -ων AV⁺ ‖ 2 παρεκελευεν] -ευσεν A ‖ εβραιον] των εβραιων
AS° ‖ επισπασθαι] περισπ. A⁺ ‖ 3 τινες] τις S*⁺ ‖ μιαροφαγ.] μιερ. A⁺: cf.
19. 25. 27 6 19 7 6 13 2 al. et 4 26 ‖ 4 αγελης] + εβραιος A ‖ 6 εγω] +
πρεσβυτα S⁺, sed ω πρεσβ. seq. > S⁺ ‖ 9 αποστρεφεσθαι] -φειν S*

τῶν λογισμῶν σου τὸν λῆρον καὶ ἄξιον τῆς ἡλικίας ἀναλαβὼν
12 νοῦν φιλοσοφήσεις τὴν τοῦ συμφέροντος ἀλήθειαν ¹²καὶ προσ-
κυνήσας μου τὴν φιλάνθρωπον παρηγορίαν οἰκτιρήσεις τὸ σεαυτοῦ
13 γῆρας; ¹³καὶ γὰρ ἐνθυμήθητι ὡς, εἰ καί τίς ἐστιν τῆσδε τῆς θρη-
σκείας ὑμῶν ἐποπτικὴ δύναμις, συγγνωμονήσειεν ἄν σοι ἐπὶ πάσῃ
δι᾽ ἀνάγκην παρανομίᾳ γινομένῃ.
14　　¹⁴Τοῦτον τὸν τρόπον ἐπὶ τὴν ἔκθεσμον σαρκοφαγίαν ἐποτρύ-
15 νοντος τοῦ τυράννου λόγον ᾔτησεν ὁ Ελεαζαρος ¹⁵καὶ λαβὼν τοῦ
16 λέγειν ἐξουσίαν ἤρξατο δημηγορεῖν οὕτως ¹⁶Ἡμεῖς, Ἀντίοχε, θείῳ
πεπεισμένοι νόμῳ πολιτεύεσθαι οὐδεμίαν ἀνάγκην βιαιοτέραν εἶναι
17 νομίζομεν τῆς πρὸς τὸν νόμον ἡμῶν εὐπειθείας · ¹⁷διὸ δὴ κατ᾽
18 οὐδένα τρόπον παρανομεῖν ἀξιοῦμεν. ¹⁸καίτοι εἰ κατὰ ἀλήθειαν μὴ
ἦν ὁ νόμος ἡμῶν, ὡς ὑπολαμβάνεις, θεῖος, ἄλλως δὲ ἐνομίζομεν
αὐτὸν εἶναι θεῖον, οὐδὲ οὕτως ἐξὸν ἦν ἡμῖν τὴν ἐπὶ τῇ εὐσεβείᾳ
19 δόξαν ἀκυρῶσαι. ¹⁹μὴ μικρὰν οὖν εἶναι νομίσῃς ταύτην, εἰ μιαρο-
20 φαγήσαιμεν, ἁμαρτίαν · ²⁰τὸ γὰρ ἐπὶ μικροῖς καὶ μεγάλοις παρα-
21 νομεῖν ἰσοδύναμόν ἐστιν, ²¹δι᾽ ἑκατέρου γὰρ ὡς ὁμοίως ὁ νόμος
22 ὑπερηφανεῖται. ²²χλευάζεις δὲ ἡμῶν τὴν φιλοσοφίαν ὥσπερ οὐ
23 μετὰ εὐλογιστίας ἐν αὐτῇ βιούντων · ²³σωφροσύνην τε γὰρ ἡμᾶς
ἐκδιδάσκει ὥστε πασῶν τῶν ἡδονῶν καὶ ἐπιθυμιῶν κρατεῖν καὶ
24 ἀνδρείαν ἐξασκεῖ ὥστε πάντα πόνον ἑκουσίως ὑπομένειν ²⁴καὶ δι-
καιοσύνην παιδεύει ὥστε · διὰ πάντων τῶν ἠθῶν ἰσονομεῖν καὶ
εὐσέβειαν ἐκδιδάσκει ὥστε μόνον τὸν ὄντα θεὸν σέβειν μεγαλο-
25 πρεπῶς. ²⁵διὸ οὐ μιαροφαγοῦμεν · πιστεύοντες γὰρ θεοῦ καθεστάναι
τὸν νόμον οἴδαμεν ὅτι κατὰ φύσιν ἡμῖν συμπαθεῖ νομοθετῶν ὁ
26 τοῦ κόσμου κτίστης · ²⁶τὰ μὲν οἰκειωθησόμενα ἡμῶν ταῖς ψυχαῖς
ἐπέτρεψεν ἐσθίειν, τὰ δὲ ἐναντιωθησόμενα ἐκώλυσεν σαρκοφαγεῖν.
27 ²⁷τυραννικὸν δὲ οὐ μόνον ἀναγκάζειν ἡμᾶς παρανομεῖν, ἀλλὰ καὶ
ἐσθίειν, ὅπως τῇ ἐχθίστῃ ἡμῶν μιαροφαγίᾳ ταύτῃ ἐπεγγελάσῃς.
28
²⁸ἀλλ᾽ οὐ γελάσεις κατ᾽ ἐμοῦ τοῦτον τὸν γέλωτα, ²⁹οὔτε τοὺς ἱε-
29
ροὺς τῶν προγόνων περὶ τοῦ φυλάξαι τὸν νόμον ὅρκους οὐ παρ-
30 ήσω, ³⁰οὐδ᾽ ἂν ἐκκόψειάς μου τὰ ὄμματα καὶ τὰ σπλάγχνα μου

---

11 των λογισμων] τον -μον A || 13 ως > S* | υμων > A† | παση] -σιν A†
|| 16 πεπεισμενοι] -νω A† || 18 ει] + και A | ημων] η S*† | ως] + συ A |
δε ενομιζ.] δενομ. A: = δε νομ. uel δ ενομ. | ην ημιν] tr. A || 19 μιαροφαγ.]
μιερ. A†: cf. 3 || 20 επι μικροις και] εν μ. και εν A† || 22 χλευαζεις] ς >
A† || 23 εξασκει] -κειν A, εκδιδασκειν S*† || 24 παιδευει] + ν A | εκδιδα-
σκει] εκ > pl., διδασκειν A† || 25 μιαροφαγ.] μειερ. A(†): cf. 3 | καθεσταναι]
-θισ- A† | οτι] + και A† | συμπαθει] -θη S || 27 αναγκαζειν] -εις A† | παρα-
νομειν αλλα και εσθιειν] μιαροφαγειν αλλα και παρανομειν S*† | ε(pro αι)σχιστη
unus corrector codicis S | μιαροφαγ.] μιερ. A†: cf. 3 | επεγγελασης] ετι εγγελ.
A† || 29 ουτε] ουδε S*†, ου μα Sᶜ | του] το S || 30 εκκοψειας] α > A† |
μου ult. > Sᶜ

τήξειας. ³¹ οὐχ οὕτως εἰμὶ γέρων ἐγὼ καὶ ἄνανδρος ὥστε μοι διὰ 31
τὴν εὐσέβειαν μὴ νεάζειν τὸν λογισμόν. ³² πρὸς ταῦτα τροχοὺς 32
εὐτρέπιζε καὶ τὸ πῦρ ἐκφύσα σφοδρότερον. ³³ οὐχ οὕτως οἰκτίρομαι 33
τὸ ἐμαυτοῦ γῆρας ὥστε δι᾽ ἐμαυτοῦ τὸν πάτριον καταλῦσαι νόμον.
³⁴ οὐ ψεύσομαί σε, παιδευτὰ νόμε, οὐδὲ ἐξομοῦμαί σε, φίλη ἐγκρά- 34
τεια, ³⁵ οὐδὲ καταισχυνῶ σε, φιλόσοφε λόγε, οὐδὲ ἐξαρνήσομαί σε, 35
ἱερωσύνη τιμία καὶ νομοθεσίας ἐπιστήμη · ³⁶ οὐδὲ μιανεῖς μου τὸ 36
σεμνὸν γήρως στόμα οὐδὲ νομίμου βίου ἡλικίαν. ³⁷ ἁγνόν με οἱ 37
πατέρες εἰσδέξονται μὴ φοβηθέντα σου τὰς μέχρι θανάτου ἀνάγκας.
³⁸ ἀσεβῶν μὲν γὰρ τυραννήσεις, τῶν δὲ ἐμῶν ὑπὲρ τῆς εὐσεβείας 38
λογισμῶν οὔτε λόγοις δεσπόσεις οὔτε δι᾽ ἔργων.

¹ Τοῦτον τὸν τρόπον ἀντιρρητορεύσαντα ταῖς τοῦ τυράννου 6
παρηγορίαις παραστάντες οἱ δορυφόροι πικρῶς ἔσυραν ἐπὶ τὰ βα-
σανιστήρια τὸν Ελεαζαρον. ² καὶ πρῶτον μὲν περιέδυσαν τὸν γε- 2
ραιὸν ἐγκοσμούμενον τῇ περὶ τὴν εὐσέβειαν εὐσχημοσύνῃ · ³ ἔπειτα 3
περιαγκωνίσαντες ἑκατέρωθεν μάστιξιν κατήκιζον, ⁴ Πείσθητι ταῖς 4
τοῦ βασιλέως ἐντολαῖς, ἑτέρωθεν κήρυκος ἐπιβοῶντος. ⁵ ὁ δὲ μεγα- 5
λόφρων καὶ εὐγενὴς ὡς ἀληθῶς Ελεαζαρος ὥσπερ ἐν ὀνείρῳ βα-
σανιζόμενος κατ᾽ οὐδένα τρόπον μετετρέπετο, ⁶ ἀλλὰ ὑψηλοὺς ἀνα- 6
τείνας εἰς οὐρανὸν τοὺς ὀφθαλμοὺς ἀπεξαίνετο ταῖς μάστιξιν τὰς
σάρκας ὁ γέρων καὶ κατερρεῖτο τῷ αἵματι καὶ τὰ πλευρὰ κατετι-
τρώσκετο. ⁷ καὶ πίπτων εἰς τὸ ἔδαφος ἀπὸ τοῦ μὴ φέρειν τὸ σῶμα 7
τὰς ἀλγηδόνας ὀρθὸν εἶχεν καὶ ἀκλινῆ τὸν λογισμόν. ⁸ λὰξ γέ τοι 8
τῶν πικρῶν τις δορυφόρων εἰς τοὺς κενεῶνας ἐναλλόμενος ἔτυ-
πτεν, ὅπως ἐξανίσταιτο πίπτων. ⁹ ὁ δὲ ὑπέμενε τοὺς πόνους καὶ 9
περιεφρόνει τῆς ἀνάγκης καὶ διεκαρτέρει τοὺς αἰκισμούς, ¹⁰ καὶ καθ- 10
άπερ γενναῖος ἀθλητὴς τυπτόμενος ἐνίκα τοὺς βασανίζοντας ὁ
γέρων · ¹¹ ἱδρῶν γέ τοι τὸ πρόσωπον καὶ ἐπασθμαίνων σφοδρῶς 11
καὶ ὑπ᾽ αὐτῶν τῶν βασανιζόντων ἐθαυμάζετο ἐπὶ τῇ εὐψυχίᾳ.

¹² Ὅθεν τὰ μὲν ἐλεῶντες τὰ τοῦ γήρως αὐτοῦ, ¹³ τὰ δὲ ἐν συμ- 12
παθείᾳ τῆς συνηθείας ὄντες, τὰ δὲ ἐν θαυμασμῷ τῆς καρτερίας 13
προσιόντες αὐτῷ τινες τοῦ βασιλέως ἔλεγον ¹⁴ Τί τοῖς κακοῖς τού- 14
τοις σεαυτὸν ἀλογίστως ἀπόλλεις, Ελεαζαρ; ¹⁵ ἡμεῖς μέν τοι τῶν 15

30 τηξειας] α > S*A ‖ 33 οικτ(ε)ιρομαι] -ρησω A† | ωστε] + με A ‖
34 εξομουμαι] φευξομαι A† ‖ 36 μιανεις] ς > S* ‖ 37 αγνον] + δε Sᶜ |
εισδεξονται] προσδεξ. ASᶜ ‖ 38 υπερ] περι A†
6 1 αντι(ρ)ρητορευσαντα] -τος S ‖ 2 εγκοσμουμ.] εκκεκοσμημ. A† | τη ...
ευσχημοσυνη] την ... -νην A ‖ 6 ουρανον] pr. τον A ‖ 7 ορθρον A† ‖
8 εξανισταιτο] ι ult. > S* ‖ 9 υπεμενε(ν)] -μεινεν A† ‖ 11 επι > S | ευ-
ψυχια] τ pro ψ A† ‖ 13 της συνηθειας] την -αν S*(†) | θαυμαστω A† | του]
pr. των A ‖ 14 τι > S* | αλογ. απολλεις] tr. S† | ελεαζαρ] + ε Sᶜ ‖ 15 τοι
> A†

ήψημένων βρωμάτων παραθήσομεν, σὺ δὲ ὑποκρινόμενος τῶν
ὑείων ἀπογεύεσθαι σώθητι.

16 ¹⁶Καὶ ὁ Ελεαζαρος ὥσπερ πικρότερον διὰ τῆς συμβουλίας αἰ-
17 κισθεὶς ἀνεβόησεν ¹⁷Μὴ οὕτως κακῶς φρονήσαιμεν οἱ Αβρααμ
παῖδες ὥστε μαλακοψυχήσαντας ἀπρεπὲς ἡμῖν δρᾶμα ὑποκρίνασθαι.
18 ¹⁸καὶ γὰρ ἀλόγιστον εἰ πρὸς ἀλήθειαν ζήσαντες τὸν μέχρι γήρως
βίον καὶ τὴν ἐπ᾽ αὐτῷ δόξαν νομίμως φυλάσσοντες νῦν μετα-
19 βαλοίμεθα ¹⁹καὶ αὐτοὶ μὲν ἡμεῖς γενοίμεθα τοῖς νέοις ἀσεβείας
20 τύπος, ἵνα παράδειγμα γενώμεθα τῆς μιαροφαγίας. ²⁰αἰσχρὸν δὲ
εἰ ἐπιβιώσομεν ὀλίγον χρόνον καὶ τοῦτον καταγελώμενοι πρὸς
21 ἁπάντων ἐπὶ δειλίᾳ ²¹καὶ ὑπὸ μὲν τοῦ τυράννου καταφρονηθῶμεν
ὡς ἄνανδροι, τὸν δὲ θεῖον ἡμῶν νόμον μέχρι θανάτου μὴ προ-
22 ασπίσαιμεν. ²²πρὸς ταῦτα ὑμεῖς μέν, ὦ Αβρααμ παῖδες, εὐγενῶς
23 ὑπὲρ τῆς εὐσεβείας τελευτᾶτε. ²³οἱ δὲ τοῦ τυράννου δορυφόροι,
τί μέλλετε;

24 ²⁴Πρὸς τὰς ἀνάγκας οὕτως μεγαλοφρονοῦντα αὐτὸν ἰδόντες καὶ
μηδὲ πρὸς τὸν οἰκτιρμὸν αὐτῶν μεταβαλλόμενον ἐπὶ τὸ πῦρ αὐτὸν
25 ἀνῆγον · ²⁵ἔνθα διὰ κακοτέχνων ὀργάνων καταφλέγοντες αὐτὸν
ὑπερρίπτοσαν, καὶ δυσώδεις χυλοὺς εἰς τοὺς μυκτῆρας αὐτοῦ κατ-
26 έχεον. ²⁶ὁ δὲ μέχρι τῶν ὀστέων ἤδη κατακεκαυμένος καὶ μέλλων
27 λιποθυμεῖν ἀνέτεινε τὰ ὄμματα πρὸς τὸν θεὸν καὶ εἶπεν ²⁷Σὺ οἶσθα,
θεέ, παρόν μοι σῴζεσθαι βασάνοις καυστικαῖς ἀποθνήσκω διὰ τὸν
28 νόμον. ²⁸ἵλεως γενοῦ τῷ ἔθνει σου ἀρκεσθεὶς τῇ ἡμετέρᾳ ὑπὲρ
29 αὐτῶν δίκῃ. ²⁹καθάρσιον αὐτῶν ποίησον τὸ ἐμὸν αἷμα καὶ ἀντί-
30 ψυχον αὐτῶν λαβὲ τὴν ἐμὴν ψυχήν. ³⁰καὶ ταῦτα εἰπὼν ὁ ἱερὸς
ἀνὴρ εὐγενῶς ταῖς βασάνοις ἐναπέθανεν καὶ μέχρι τῶν τοῦ θανάτου
βασάνων ἀντέστη τῷ λογισμῷ διὰ τὸν νόμον.

31 ³¹Ὁμολογουμένως οὖν δεσπότης τῶν παθῶν ἐστιν ὁ εὐσεβὴς
32 λογισμός. ³²εἰ γὰρ τὰ πάθη τοῦ λογισμοῦ κεκρατήκει, τούτοις ἂν
33 ἀπέδομεν τὴν τῆς ἐπικρατείας μαρτυρίαν · ³³νυνὶ δὲ τοῦ λογισμοῦ
τὰ πάθη νικήσαντος αὐτῷ προσηκόντως τὴν τῆς ἡγεμονίας προσ-
34 νέμομεν ἐξουσίαν. ³⁴καὶ δίκαιόν ἐστιν ὁμολογεῖν ἡμᾶς τὸ κράτος
εἶναι τοῦ λογισμοῦ, ὅπου γε καὶ τῶν ἔξωθεν ἀλγηδόνων ἐπικρατεῖ,
35 ἐπεὶ καὶ γελοῖον. ³⁵καὶ οὐ μόνον τῶν ἀλγηδόνων ἐπιδείκνυμι

15 απογευσασθαι A | fin. σωζοιο S† ‖ 18 αυτω] + ν A† | φυλασσοντες
S*A†] -λαξαντες rel. | νυν] pr. ει A ‖ 19 γενοιμεθα] -νωμ- S†, -νομ- Apau.
| μιαροφαγ.] μιερ. A†: cf. 5 3 ‖ 20 δε] γαρ A | προς απαντων] υπο παντων S
‖ 22 προς ταυτα > S† ‖ 24 ανηγον] ηγαγον A ‖ 25 υπερεπτοσαν (sic)
A†, υπεριπτον Sᶜ ‖ 26 των > A | κατακεκαυμ.] κατα > S† ‖ 28 υπερ]
περι A† ‖ 29 ποιησον] -σαι S ‖ 31 των παθων / εστιν] tr. A ‖ 32 απ-
εδομεν Fr. secutus Bekkerum] -μην mss. ‖ 34 και ult. > Sᶜ

κεκρατηκέναι τὸν λογισμόν, ἀλλὰ καὶ τῶν ἡδονῶν κρατεῖν καὶ
μηδὲν αὐταῖς ὑπείκειν.

¹ Ὥσπερ γὰρ ἄριστος κυβερνήτης ὁ τοῦ πατρὸς ἡμῶν Ελεαζαρου 7
λογισμὸς πηδαλιουχῶν τὴν τῆς εὐσεβείας ναῦν ἐν τῷ τῶν παθῶν
πελάγει ² καὶ καταικιζόμενος ταῖς τοῦ τυράννου ἀπειλαῖς καὶ καταν- 2
τλούμενος ταῖς τῶν βασάνων τρικυμίαις ³ κατ᾽ οὐδένα τρόπον ἔτρεψε 3
τοὺς τῆς εὐσεβείας οἴακας, ἕως οὗ ἔπλευσεν ἐπὶ τὸν τῆς ἀθανάτου
νίκης λιμένα. ⁴ οὐχ οὕτως πόλις πολλοῖς καὶ ποικίλοις μηχανήμασιν 4
ἀντέσχε ποτὲ πολιορκουμένη, ὡς ὁ πανάγιος ἐκεῖνος. τὴν ἱερὰν
ψυχὴν αἰκισμοῖς τε καὶ στρέβλαις πυρπολούμενος ἐνίκησεν τοὺς
πολιορκοῦντας διὰ τὸν ὑπερασπίζοντα τῆς εὐσεβείας λογισμόν.
⁵ ὥσπερ γὰρ πρόκρημνον ἄκραν τὴν ἑαυτοῦ διάνοιαν ὁ πατὴρ Ε- 5
λεαζαρ ἐκτείνας περιέκλασεν τοὺς ἐπιμαινομένους τῶν παθῶν κλύ-
δωνας. ⁶ ὦ ἄξιε τῆς ἱερωσύνης ἱερεῦ, οὐκ ἐμίανας τοὺς ἱεροὺς 6
ὀδόντας οὐδὲ τὴν θεοσέβειαν καὶ καθαρισμὸν χωρήσασαν γαστέρα
ἐκοίνωσας μιαροφαγίᾳ. ⁷ ὦ σύμφωνε νόμου καὶ φιλόσοφε θείου βίου. 7
⁸ τοιούτους δεῖ εἶναι τοὺς δημιουργοῦντας τὸν νόμον ἰδίῳ αἵματι 8
καὶ γενναίῳ ἱδρῶτι τοῖς μέχρι θανάτου πάθεσιν ὑπερασπίζοντας.
⁹ σύ, πάτερ, τὴν εὐνομίαν ἡμῶν διὰ τῶν ὑπομονῶν εἰς δόξαν ἐκύ- 9
ρωσας καὶ τὴν ἁγιαστίαν σεμνολογήσας οὐ κατέλυσας καὶ διὰ τῶν
ἔργων ἐπιστοποίησας τοὺς τῆς θείας φιλοσοφίας σου λόγους, ¹⁰ ὦ 10
βασάνων βιαιότερε γέρων καὶ πυρὸς εὐτονώτερε πρεσβῦτα καὶ
παθῶν μέγιστε βασιλεῦ Ελεαζαρ. ¹¹ ὥσπερ γὰρ ὁ πατὴρ Ααρων 11
τῷ θυμιατηρίῳ καθωπλισμένος διὰ τοῦ ἐθνοπλήθους ἐπιτρέχων
τὸν ἐμπυριστὴν ἐνίκησεν ἄγγελον, ¹² οὕτως ὁ Ααρωνίδης Ελεαζαρ 12
διὰ τοῦ πυρὸς ὑπερτηκόμενος οὐ μετετράπη τὸν λογισμόν. ¹³ καίτοι 13
τὸ θαυμασιώτατον, γέρων ὢν λελυμένων μὲν ἤδη τῶν τοῦ σώματος
τόνων, περικεχαλασμένων δὲ τῶν σαρκῶν, κεκμηκότων δὲ καὶ τῶν
νεύρων ἀνενέασεν ¹⁴ τῷ πνεύματι διὰ τοῦ λογισμοῦ καὶ τῷ Ισακίῳ 14
λογισμῷ τὴν πολυκέφαλον στρέβλαν ἠκύρωσεν. ¹⁵ ὦ μακαρίου γήρως 15
καὶ σεμνῆς πολιᾶς καὶ βίου νομίμου, ὃν πιστὴ θανάτου σφραγὶς
ἐτελείωσεν.

¹⁶ Εἰ δὴ τοίνυν γέρων ἀνὴρ τῶν μέχρι θανάτου βασάνων περι- 16
εφρόνει δι᾽ εὐσέβειαν, ὁμολογουμένως ἡγεμών ἐστιν τῶν παθῶν ὁ

35 κεκρατ.] κρατειν S† | και μηδεν] μηδε Α(†)
7 1 αριστος] pr. ο S† | πηδαλιουχων] -λιου εχων Α† ‖ 2 και 1⁰ > S | ταις
του > S ‖ 3 ετρεψε] pr. μετ Α | αθανατου] α 1⁰ > Α† ‖ 4 τε > S | ενικ.]
εκεινησεν Α† ‖ 5 ελεαζαρ] -ρος Α: cf. 12 | επιμαιν.] επι > Α† ‖ 6 εκοι-
νωσας] -νωνησας Α | μιαροφαγ.] μιερ. Α†: cf. 5 3 ‖ 9 ημων] υμ. Α† | αγια-
στιαν] Π pro ΓΙ Sr† | θειας > Α† | σου > Α ‖ 10 και 1⁰ > Α† | πρεσβυτα]
τα > S* ‖ 11 γαρ > S*† | εμπυρ. > S*† | αγγελον] pr. τον S*Α*(uid.)† ‖
12 ελεαζαρ] -ρος Α: cf. 5 ‖ 13 μεν > Α | περικεχαλ.(κ>Α†)] pr. και Α† ‖
14 δια > Α | ηκυρ.] ενικησεν S† ‖ 16 ανηρ > Α† | περιεφρονει S†] -νησεν Α

17 εὐσεβὴς λογισμός. ¹⁷ἴσως δ᾽ ἂν εἴποιέν τινες Τῶν παθῶν οὐ πάν-
τες περικρατοῦσιν, ὅτι οὐδὲ πάντες φρόνιμον ἔχουσιν τὸν λογι-
18 σμόν. ¹⁸ἀλλ᾽ ὅσοι τῆς εὐσεβείας προνοοῦσιν ἐξ ὅλης καρδίας, οὗτοι
19 μόνοι δύνανται κρατεῖν τῶν τῆς σαρκὸς παθῶν ¹⁹πιστεύοντες ὅτι
θεῷ οὐκ ἀποθνήσκουσιν, ὥσπερ οὐδὲ οἱ πατριάρχαι ἡμῶν Αβρααμ
20 καὶ Ισαακ καὶ Ιακωβ, ἀλλὰ ζῶσιν τῷ θεῷ. ²⁰οὐδὲν οὖν ἐναντι-
οῦται τὸ φαίνεσθαί τινας παθοκρατεῖσθαι διὰ τὸν ἀσθενῆ λογισμόν·
21 ²¹ἐπεὶ τίς πρὸς ὅλον τὸν τῆς φιλοσοφίας κανόνα φιλοσοφῶν καὶ
22 πεπιστευκὼς θεῷ ²²καὶ εἰδὼς ὅτι διὰ τὴν ἀρετὴν πάντα πόνον
ὑπομένειν μακάριόν ἐστιν, οὐκ ἂν περικρατήσειεν τῶν παθῶν διὰ
23 τὴν θεοσέβειαν; ²³μόνος γὰρ ὁ σοφὸς καὶ ἀνδρεῖός ἐστιν τῶν
παθῶν κύριος.

8 ¹Διὰ τοῦτό γέ τοι καὶ μειρακίσκοι τῷ τῆς εὐσεβείας λογισμῷ
2 φιλοσοφοῦντες χαλεπωτέρων βασανιστηρίων ἐπεκράτησαν. ²ἐπειδὴ
γὰρ κατὰ τὴν πρώτην πεῖραν ἐνικήθη περιφανῶς ὁ τύραννος μὴ
δυνηθεὶς ἀναγκάσαι γέροντα μιαροφαγῆσαι, τότε δὴ σφόδρα περι-
παθῶς ἐκέλευσεν ἄλλους ἐκ τῆς λείας τῶν Εβραίων ἀγαγεῖν, καὶ
εἰ μὲν μιαροφαγήσαιεν, ἀπολύειν φαγόντας, εἰ δ᾽ ἀντιλέγοιεν, πι-
3 κρότερον βασανίζειν. ³ταῦτα διαταξαμένου τοῦ τυράννου, παρῆσαν
ἀγόμενοι μετὰ γεραιᾶς μητρὸς ἑπτὰ ἀδελφοὶ καλοί τε καὶ αἰδήμονες
4 καὶ γενναῖοι καὶ ἐν παντὶ χαρίεντες. ⁴οὓς ἰδὼν ὁ τύραννος καθάπερ
ἐν χορῷ μέσην τὴν μητέρα περιέχοντας ἤσθετο ἐπ᾽ αὐτοῖς καὶ
τῆς εὐπρεπείας ἐκπλαγεὶς καὶ τῆς εὐγενείας προσεμειδίασεν αὐτοῖς
5 καὶ πλησίον καλέσας ἔφη ⁵Ὦ νεανίαι, φιλοφρόνως ἐγὼ καθ᾽ ἑνὸς
ἑκάστου ὑμῶν θαυμάζω, τὸ κάλλος καὶ τὸ πλῆθος τοσούτων ἀδελ-
φῶν ὑπερτιμῶν οὐ μόνον συμβουλεύω μὴ μανῆναι τὴν αὐτὴν τῷ
προβασανισθέντι γέροντι μανίαν, ἀλλὰ καὶ παρακαλῶ συνείξαντάς
6 μοι τῆς ἐμῆς ἀπολαύειν φιλίας · ⁶δυναίμην δ᾽ ἂν ὥσπερ κολάζειν
τοὺς ἀπειθοῦντάς μου τοῖς ἐπιτάγμασιν, οὕτω καὶ εὐεργετεῖν τοὺς
7 εὐπειθοῦντάς μοι. ⁷πιστεύσατε οὖν καὶ ἀρχὰς ἐπὶ τῶν ἐμῶν πραγ-
μάτων ἡγεμονικὰς λήμψεσθε ἀρνησάμενοι τὸν πάτριον ὑμῶν τῆς
8 πολιτείας θεσμόν · ⁸καὶ μεταλαβόντες Ἑλληνικοῦ βίου καὶ μετα-
9 διαιτηθέντες ἐντρυφήσατε ταῖς νεότησιν ὑμῶν · ⁹ἐπεί, ἐὰν ὀργίλως
με διάθησθε διὰ τῆς ἀπειθείας, ἀναγκάσετέ με ἐπὶ δειναῖς κολάσε-
10 σιν ἕνα ἕκαστον ὑμῶν διὰ τῶν βασάνων ἀπολέσαι. ¹⁰κατελεήσατε

17 δ > S*† ‖ 19 init.] pr. οι A† | ουδε] γαρ A† | και 1⁰ > A, 2⁰ > A† |
τω > S† ‖ 20 δια] pr. η S*† ‖ 21 φιλοσοφων] pr. ευσεβως A ‖ 22 fin.
ευσεβειαν A ‖ 23 ο > S† | σοφος] + και σωφρων A | των] pr. ο S†
   8 2 περιφανης A† | μιαροφαγ. bis] 1⁰ μιαιρ., 2⁰ μιερ. A†: cf. 5 3 4 26 | τοτε]
τοδε A† | λειας] ιλικιας A†, αγελης mu. ‖ 3 διαταξ.] διαδεξ. A† ‖ 4 μεσ.
τ. μητ. / περιεχ.] tr. A† | ησθετο] ησθη rau., ησθη τε Fr. ‖ 5 προβασαν.] προ
> S* | απολαυσαι A† ‖ 6 δ αν] γαρ A ‖ 7 αρνησαμενοι] αρνηθεντες Sᶜ
‖ 8 μεταλαβοντες] μετα > S† ‖ 9 απειθειας] + υμων A

οὖν ἑαυτούς, οὓς καὶ ὁ πολέμιος ἔγωγε καὶ τῆς ἡλικίας καὶ τῆς
εὐμορφίας οἰκτίρομαι. ¹¹ οὐ διαλογιεῖσθε τοῦτο, ὅτι οὐδὲν ὑμῖν 11
ἀπειθήσασιν πλὴν τοῦ μετὰ στρεβλῶν ἀποθανεῖν ἀπόκειται;
¹² Ταῦτα δὲ λέγων ἐκέλευσεν εἰς τὸ ἔμπροσθεν τιθέναι τὰ βα- 12
σανιστήρια, ὅπως καὶ διὰ τοῦ φόβου πείσειεν αὐτοὺς μιαροφαγῆσαι.
¹³ ὡς δὲ τροχούς τε καὶ ἀρθρέμβολα, στρεβλωτήριά τε καὶ τροχαν- 13
τῆρας καὶ καταπέλτας καὶ λέβητας, τήγανά τε καὶ δακτυλήθρας
καὶ χεῖρας σιδηρᾶς καὶ σφῆνας καὶ τὰ ζώπυρα τοῦ πυρὸς οἱ δορυ-
φόροι προέθεσαν, ὑπολαβὼν ὁ τύραννος ἔφη ¹⁴ Μειράκια, φοβήθητε, 14
καὶ ἣν σέβεσθε δίκην, ἵλεως ὑμῖν ἔσται δι' ἀνάγκην παρανομήσασιν.
¹⁵ Οἱ δὲ ἀκούσαντες ἐπαγωγὰ καὶ ὁρῶντες δεινὰ οὐ μόνον οὐκ 15
ἐφοβήθησαν, ἀλλὰ καὶ ἀντεφιλοσόφησαν τῷ τυράννῳ καὶ διὰ τῆς
εὐλογιστίας τὴν τυραννίδα αὐτοῦ κατέλυσαν. ¹⁶ καίτοι λογισώμεθα, 16
εἰ δειλόψυχοί τινες ἦσαν ἐν αὐτοῖς καὶ ἄνανδροι, ποίοις ἂν ἐχρή-
σαντο λόγοις; οὐχὶ τούτοις; ¹⁷ Ὦ τάλανες ἡμεῖς καὶ λίαν ἀνόητοι· 17
βασιλέως ἡμᾶς καλοῦντος καὶ ἐπὶ εὐεργεσίᾳ παρακαλοῦντος, εἰ
πεισθείημεν αὐτῷ, ¹⁸ τί βουλήμασιν κενοῖς ἑαυτοὺς εὐφραίνομεν 18
καὶ θανατηφόρον ἀπείθειαν τολμῶμεν; ¹⁹ οὐ φοβηθησόμεθα, ἄνδρες 19
ἀδελφοί, τὰ βασανιστήρια καὶ λογιούμεθα τὰς τῶν βασάνων ἀπει-
λὰς καὶ φευξόμεθα τὴν κενοδοξίαν ταύτην καὶ ὀλεθροφόρον ἀλα-
ζονείαν; ²⁰ ἐλεήσωμεν τὰς ἑαυτῶν ἡλικίας καὶ κατοικτίρωμεν τὸ 20
τῆς μητρὸς γῆρας ²¹ καὶ ἐνθυμηθῶμεν ὅτι ἀπειθοῦντες τεθνηξόμεθα. 21
²² συγγνώσεται δὲ ἡμῖν καὶ ἡ θεία δίκη δι' ἀνάγκην τὸν βασιλέα 22
φοβηθεῖσιν. ²³ τί ἐξάγομεν ἑαυτοὺς τοῦ ἡδίστου βίου καὶ ἀποστε- 23
ροῦμεν ἑαυτοὺς τοῦ γλυκέος κόσμου; ²⁴ μὴ βιαζώμεθα τὴν ἀνάγκην 24
μηδὲ κενοδοξήσωμεν ἐπὶ τῇ ἑαυτῶν στρέβλῃ. ²⁵ οὐδ' αὐτὸς ὁ νόμος 25
ἑκουσίως ἡμᾶς θανατοῖ φοβηθέντας τὰ βασανιστήρια. ²⁶ πόθεν ἡμῖν 26
ἡ τοσαύτη ἐντέτηκε φιλονεικία καὶ ἡ θανατηφόρος ἀρέσκει καρ-
τερία, παρὸν μετὰ ἀταραξίας ζῆν τῷ βασιλεῖ πεισθέντας; ²⁷ ἀλλὰ 27
τούτων οὐδὲν εἶπον οἱ νεανίαι βασανίζεσθαι μέλλοντες οὐδὲ ἐν-
εθυμήθησαν. ²⁸ ἦσαν γὰρ περίφρονες τῶν παθῶν καὶ αὐτοκράτορες 28
τῶν ἀλγηδόνων, ²⁹ ὥστε ἅμα τῷ παύσασθαι τὸν τύραννον συμ- 29
βουλεύοντα αὐτοῖς μιαροφαγῆσαι, πάντες διὰ μιᾶς φωνῆς ὁμοῦ
ὥσπερ ἀπὸ τῆς αὐτῆς ψυχῆς εἶπον

12 τιθεναι S†] προτεθηναι A⁽†⁾ | μιαροφαγ.] μιερ. A†, μιαιρ. S*†: cf. 5 3 11 16
|| 13 τροχλους S*† | αρθρεμβολα] -λας S*†, -λους A† | τροχαντηρας] -ρια S*†
| υπολαβων] + δε A† || 16 εν αυτοις / και ανανδροι] tr. A || 17 ημεις] ημι
S*†, ημις Sᶜ† | καλουντος S†] pr. παρα rel. | παρακαλουντος S†] παρα > pl.,
φωνουντος A† | ει] η S*†, μη A⁻† || 18 κενοις > S*† || 19 φοβηθησομεθα]
η 1⁰ ⌒ 2⁰ A† || 25 νομος] ναος A† | φοβ. τα βασ. > S* || 26 εντετηκε(ν)]
-τεθη- A† | ζην] χρη A† || 28 γαρ] + μελλοντες S*† || 29 τω > S† | μια-
ροφαγ.] μιαιρ. SA†: cf. 12 | δια] απο S†

9 ¹ Τί μέλλεις, ὦ τύραννε; ἕτοιμοι γάρ ἐσμεν ἀποθνήσκειν ἢ παρα-
2 βαίνειν τὰς πατρίους ἡμῶν ἐντολάς· ² αἰσχυνόμεθα γὰρ τοὺς προ-
γόνους ἡμῶν εἰκότως, εἰ μὴ τῇ τοῦ νόμου εὐπειθείᾳ καὶ συμβούλῳ
3 Μωυσεῖ χρησαίμεθα. ³ σύμβουλε τύραννε παρανομίας, μὴ ἡμᾶς μι-
4 σῶν ὑπὲρ αὐτοὺς ἡμᾶς ἐλέα. ⁴ χαλεπώτερον γὰρ αὐτοῦ τοῦ θανάτου
νομίζομεν εἶναί σου τὸν ἐπὶ τῇ παρανόμῳ σωτηρίᾳ ἡμῶν ἔλεον.
5 ⁵ ἐκφοβεῖς δὲ ἡμᾶς τὸν διὰ τῶν βασάνων θάνατον ἡμῖν ἀπειλῶν
6 ὥσπερ οὐχὶ πρὸ βραχέως παρ' Ελεαζαρου μαθών. ⁶ εἰ δ' οἱ γέροντες
τῶν Εβραίων διὰ τὴν εὐσέβειαν καὶ βασανισμοὺς ὑπομείναντες
εὐσέβησαν, ἀποθάνοιμεν ἂν δικαιότερον ἡμεῖς οἱ νέοι τὰς βασάνους
τῶν σῶν ἀναγκῶν ὑπεριδόντες, ἃς καὶ ὁ παιδευτὴς ἡμῶν γέρων
7 ἐνίκησεν. ⁷ πείραζε τοιγαροῦν, τύραννε· καὶ τὰς ἡμῶν ψυχὰς εἰ
θανατώσεις διὰ τὴν εὐσέβειαν, μὴ νομίσῃς ἡμᾶς βλάπτειν βασα-
8 νίζων. ⁸ ἡμεῖς μὲν γὰρ διὰ τῆσδε τῆς κακοπαθείας καὶ ὑπομονῆς τὰ
τῆς ἀρετῆς ἆθλα ἕξομεν καὶ ἐσόμεθα παρὰ θεῷ, δι' ὃν καὶ πά-
9 σχομεν· ⁹ σὺ δὲ διὰ τὴν ἡμῶν μιαιφονίαν αὐτάρκη καρτερήσεις ὑπὸ
τῆς θείας δίκης αἰώνιον βάσανον διὰ πυρός.
10 ¹⁰ Ταῦτα αὐτῶν εἰπόντων οὐ μόνον ὡς κατὰ ἀπειθούντων ἐχα-
λέπαινεν ὁ τύραννος, ἀλλὰ καὶ ὡς κατὰ ἀχαρίστων ὠργίσθη.
11 ¹¹ ὅθεν τὸν πρεσβύτατον αὐτῶν κελευσθέντες παρῆγον οἱ ὑπ-
ασπισταὶ καὶ διαρρήξαντες τὸν χιτῶνα διέδησαν τὰς χεῖρας αὐτοῦ
12 καὶ τοὺς βραχίονας ἱμᾶσιν ἑκατέρωθεν. ¹² ὡς δὲ τύπτοντες ταῖς
μάστιξιν ἐκοπίασαν μηδὲν ἀνύοντες, ἀνέβαλον αὐτὸν ἐπὶ τὸν τρο-
13 χόν· ¹³ περὶ ὃν κατατεινόμενος ὁ εὐγενὴς νεανίας ἔξαρθρος ἐγίνετο.
14
15 ¹⁴ καὶ κατὰ πᾶν μέλος κλώμενος ἐκακηγόρει λέγων ¹⁵ Τύραννε μια-
ρώτατε καὶ τῆς οὐρανίου δίκης ἐχθρὲ καὶ ὠμόφρων, οὐκ ἀνδρο-
φονήσαντά με τοῦτον καταικίζεις τὸν τρόπον οὐδὲ ἀσεβήσαντα
16 ἀλλὰ θείου νόμου προασπίζοντα. ¹⁶ καὶ τῶν δορυφόρων λεγόντων
17 Ὁμολόγησον φαγεῖν, ὅπως ἀπαλλαγῇς τῶν βασάνων, ¹⁷ ὁ δὲ εἶπεν
Οὐχ οὕτως ἰσχυρὸς ὑμῶν ἐστιν ὁ τροχός, ὦ μιαροὶ διάκονοι, ὥστε
μου τὸν λογισμὸν ἄγξαι· τέμνετέ μου τὰ μέλη καὶ πυροῦτέ μου

9 1 εσμεν] + ω τυραννε S*† | πατριους] -τρωους Spau. ‖ 2 init.] pr. και
A† | ημων > A | και συμβουλω mu.] tr. SA | μωυσει] γνωσει A† ‖ 3 ημας
ult. > S† ‖ 4 αυτου] + ς A† ‖ 5 θανατον ημιν] tr. A ‖ 6 ευσεβησαν]
απεθανον A | υπεριδοντες] υπερειδοτες S*† | ας] ους S*† | ημων > A† ‖
7 τοιγαρουν] τοι > A† ‖ 8 εξομεν — fin.] οισομεν A | θεω] pr. τω Spau. |
ον] ο S*† | πασχομεν] pr. ταυτα S† ‖ 9 δια πυρος > Sᶜ ‖ 10 αλλα και
ως] αλλ ως και A† ‖ 11 κελευσθεντες] σ > A† | παρηγον] -ηγαγον A | υπ-
ασπισται] μαστισται A† ‖ 12 ανεβαλ(+λ S*†)ον] -ελαβον Sᶜ | επι] περι Spau.:
cf. 13 ‖ 14 εκακηγορει] κατηγορει A ‖ 15 μιαρωτ.] μιαιρ. A†: cf. 4 26 | αν-
δροφον.] -φρον. A | καταικιζεις τον τροπον] τον τροπ. βασανιζεις S† ‖ 17 ι-
σχυρος] -ροτερος Sᶜ | εστιν / ο τροχος] tr. S† | τροχος] τροπος A† | μιαροι
A†: cf. 15 | αγξαι] αξαι A† | τα paenult. > A† | μου ult. > A

τὰς σάρκας καὶ στρεβλοῦτε τὰ ἄρθρα. ¹⁸διὰ πασῶν γὰρ ὑμᾶς πείσω 18
τῶν βασάνων ὅτι μόνοι παῖδες Ἑβραίων ὑπὲρ ἀρετῆς εἰσιν ἀνί-
κητοι. ¹⁹ταῦτα λέγοντι ὑπέστρωσαν πῦρ καὶ τὸ διερεθίζον τὸν τροχὸν 19
προσεπικατέτεινον· ²⁰ἐμολύνετο δὲ πάντοθεν αἵματι ὁ τροχός, καὶ 20
ὁ σωρὸς τῆς ἀνθρακιᾶς τοῖς τῶν ἰχώρων ἐσβέννυτο σταλαγμοῖς,
καὶ περὶ τοὺς ἄξονας τοῦ ὀργάνου περιέρρεον αἱ σάρκες. ²¹καὶ 21
περιτετμημένον ἤδη ἔχων τὸ τῶν ὀστέων πῆγμα ὁ μεγαλόφρων
καὶ Ἀβραμιαῖος νεανίας οὐκ ἐστέναξεν, ²²ἀλλ᾽ ὥσπερ ἐν πυρὶ μετα- 22
σχηματιζόμενος εἰς ἀφθαρσίαν ὑπέμεινεν εὐγενῶς τὰς στρέβλας
²³Μιμήσασθέ με, ἀδελφοί, λέγων, μή μου τὸν ἀγῶνα λειποτακτή- 23
σητε μηδὲ ἐξομόσησθέ μου τὴν τῆς εὐψυχίας ἀδελφότητα. ²⁴ἱερὰν 24
καὶ εὐγενῆ στρατείαν στρατεύσασθε περὶ τῆς εὐσεβείας, δι᾽ ἧς
ἵλεως ἡ δικαία καὶ πάτριος ἡμῶν πρόνοια τῷ ἔθνει γενηθεῖσα τι-
μωρήσειεν τὸν ἀλάστορα τύραννον. ²⁵καὶ ταῦτα εἰπὼν ὁ ἱεροπρεπὴς 25
νεανίας ἀπέρρηξεν τὴν ψυχήν.

²⁶Θαυμασάντων δὲ πάντων τὴν καρτεροψυχίαν αὐτοῦ ἦγον οἱ 26
δορυφόροι τὸν καθ᾽ ἡλικίαν τοῦ προτέρου δεύτερον καὶ σιδηρᾶς
ἐναρμοσάμενοι χεῖρας ὀξέσι τοῖς ὄνυξιν ὀργάνῳ καὶ καταπέλτῃ
προσέδησαν αὐτόν. ²⁷ὡς δ᾽ εἰ φαγεῖν βούλοιτο πρὶν βασανίζεσθαι 27
πυνθανόμενοι τὴν εὐγενῆ γνώμην ἤκουσαν, ²⁸ἀπὸ τῶν τενόντων 28
ταῖς σιδηραῖς χερσὶν ἐπισπασάμενοι μέχρι τῶν γενείων τὴν σάρκα
πᾶσαν καὶ τὴν τῆς κεφαλῆς δορὰν οἱ παρδάλεοι θῆρες ἀπέσυρον.
ὁ δὲ ταύτην βαρέως τὴν ἀλγηδόνα καρτερῶν ἔλεγεν ²⁹Ὡς ἡδὺς 29
πᾶς θανάτου τρόπος διὰ τὴν πάτριον ἡμῶν εὐσέβειαν. ἔφη τε
πρὸς τὸν τύραννον ³⁰Οὐ δοκεῖς, πάντων ὠμότατε τύραννε, πλέον 30
ἐμοῦ σε βασανίζεσθαι ὁρῶν σου νικώμενον τὸν τῆς τυραννίδος
ὑπερήφανον λογισμὸν ὑπὸ τῆς διὰ τὴν εὐσέβειαν ἡμῶν ὑπομονῆς;
³¹ἐγὼ μὲν γὰρ ταῖς διὰ τὴν ἀρετὴν ἡδοναῖς τὸν πόνον ἐπικου- 31
φίζομαι, ³²σὺ δὲ ἐν ταῖς τῆς ἀσεβείας ἀπειλαῖς βασανίζῃ. οὐκ ἐκ- 32
φεύξῃ δέ, μιαρώτατε τύραννε, τὰς τῆς θείας ὀργῆς δίκας.

¹Καὶ τούτου τὸν ἀοίδιμον θάνατον καρτερήσαντος ὁ τρίτος ἤγετο 10
παρακαλούμενος πολλὰ ὑπὸ πολλῶν ὅπως ἀπογευσάμενος σῴζοιτο.

18 μονοι] -νον οι Α† ‖ 19 init.] pr. και S ‖ λεγοντι] -τες εστι Α†, ειπων
S*† ‖ υπεστρωσαν πυρ] tr. A ‖ το > AS^c ‖ διερεθιζον] -ζοντες Α† ‖ προσεπι-
κατετεινον] πι > S†; pr. και S† ‖ 20 αξονας] αυξ. Α†: cf. Prou. 2 9 ‖
21 περιτετμημενον] -τετηκμενον Α^(†) ‖ αβραμιαιος] αβρααμ υιος S*† ‖ 23 α-
γωνα pau.] αιωνα SA ‖ 24 στρατευσασθε] pr. ε S† ‖ 25 και > S^c† ‖
26 προτερου] πρεσβυτερου S† ‖ οργανω] τοις -νοις Α† ‖ 27 την] pr. και S†
‖ ηκουσαν] ακουσαντες ειλκυσαν S*(†) (ειλκ. > S^c) ‖ 28 μεχρι] + γε Α† ‖
παρδαλιοι A ‖ απεσυρον] -ραν A ‖ 29 θανατου τροπος] tr. Α† ‖ 30 πλεον]
πλειον A ‖ σε] + νυν A ‖ τον > S*† ‖ ημων] υμ. A ‖ 31 μεν > S*† ‖ η-
δοναις] -νης Α† ‖ 32 μιαρωτ.] μιαιρ. Α†: cf. 15
10 1 υπο] απο S*†

2 ² ὁ δὲ ἀναβοήσας ἔφη Ἀγνοεῖτε ὅτι αὐτός με τοῖς ἀποθανοῦσιν
ἔσπειρεν πατήρ, καὶ ἡ αὐτὴ μήτηρ ἐγέννησεν, καὶ ἐπὶ τοῖς αὐτοῖς
3 ἀνετράφην δόγμασιν; ³ οὐκ ἐξόμνυμαι τὴν εὐγενῆ τῆς ἀδελφότητος
5 συγγένειαν. ⁵ οἱ δὲ πικρῶς ἐνέγκαντες τὴν παρρησίαν τοῦ ἀνδρὸς
ἀρθρεμβόλοις ὀργάνοις τὰς χεῖρας αὐτοῦ καὶ τοὺς πόδας ἐξήρθρουν
6 καὶ ἐξ ἁρμῶν ἀναμοχλεύοντες ἐξεμέλιζον, ⁶ τοὺς δακτύλους καὶ
7 τοὺς βραχίονας καὶ τὰ σκέλη καὶ τοὺς ἀγκῶνας περιέκλων. ⁷ καὶ
κατὰ μηδένα τρόπον ἰσχύοντες αὐτὸν ἆξαι περιλύσαντες τὰ ὄρ-
8 γανα σὺν ἄκραις ταῖς τῶν δακτύλων κορυφαῖς ἀπεσκύθιζον. ⁸ καὶ
εὐθέως ἦγον ἐπὶ τὸν τροχόν, περὶ ὃν ἐκ σπονδύλων ἐκμελιζόμενος
ἑώρα τὰς ἑαυτοῦ σάρκας περιλακιζομένας καὶ κατὰ σπλάγχνων
9 σταγόνας αἵματος ἀπορρεούσας. ⁹ μέλλων δὲ ἀποθνήσκειν ἔφη
10 ¹⁰ Ἡμεῖς μέν, ὦ μιαρώτατε τύραννε, διὰ παιδείαν καὶ ἀρετὴν θεοῦ
11 ταῦτα πάσχομεν· ¹¹ σὺ δὲ διὰ τὴν ἀσέβειαν καὶ μιαιφονίαν ἀκατα-
λύτους καρτερήσεις βασάνους.

12 ¹² Καὶ τούτου θανόντος ἀδελφοπρεπῶς τὸν τέταρτον ἐπεσπῶντο
13 λέγοντες ¹³ Μὴ μανῇς καὶ σὺ τοῖς ἀδελφοῖς σου τὴν αὐτὴν μανίαν,
14 ἀλλὰ πεισθεὶς τῷ βασιλεῖ σῷζε σεαυτόν. ¹⁴ ὁ δὲ αὐτοῖς ἔφη Οὐχ
οὕτως καυστικώτερον ἔχετε κατ' ἐμοῦ τὸ πῦρ ὥστε με δειλανδρῆσαι.
15 ¹⁵ μὰ τὸν μακάριον τῶν ἀδελφῶν μου θάνατον καὶ τὸν αἰώνιον
τοῦ τυράννου ὄλεθρον καὶ τὸν ἀΐδιον τῶν εὐσεβῶν βίον, οὐκ ἀρ-
16 νήσομαι τὴν εὐγενῆ ἀδελφότητα. ¹⁶ ἐπινόει, τύραννε, βασάνους,
ἵνα καὶ δι' αὐτῶν μάθῃς ὅτι ἀδελφός εἰμι τῶν προβασανισθέντων.
17 ¹⁷ ταῦτα ἀκούσας ὁ αἱμοβόρος καὶ φονώδης καὶ παμμιαρώτατος
18 Ἀντίοχος ἐκέλευσεν τὴν γλῶτταν αὐτοῦ ἐκτεμεῖν. ¹⁸ ὁ δὲ ἔφη Κἂν
ἀφέλῃς τὸ τῆς φωνῆς ὄργανον, καὶ σιωπώντων ἀκούει ὁ θεός ·
19 ¹⁹ ἰδοὺ προκεχάλασται ἡ γλῶσσα, τέμνε, οὐ γὰρ παρὰ τοῦτο τὸν
20 λογισμὸν ἡμῶν γλωττοτομήσεις. ²⁰ ἡδέως ὑπὲρ τοῦ θεοῦ τὰ τοῦ
21 σώματος μέλη ἀκρωτηριαζόμεθα. ²¹ σὲ δὲ ταχέως μετελεύσεται ὁ
θεός, τὴν γὰρ τῶν θείων ὕμνων μελῳδὸν γλῶτταν ἐκτέμνεις.

11 ¹ Ὡς δὲ καὶ οὗτος ταῖς βασάνοις καταικισθεὶς ἐναπέθανεν, ὁ

2 αγνοειτε] pr. η A† | αυτος: sic uel αὐτος? Sᶜ ο αυτος ‖ 3 συγγενειαν]
ευγενιαν S | fin.] + (4) προς ταυτα ει τι εχετε κολαστηριον προσαγαγετε τω
σωματι μου · της γαρ ψυχης μου ουδ αν θελητε αψασθαι δυνασθε(>A†) uel
sim. A pau. ‖ 6 init.] pr. και ASᶜ | περιεκλων] -ελκων A† ‖ 7 ισχυσαντες
S*† | περιλυσ. τα οργ.] περισυραντες το δερμα ASᶜ ‖ 8 σπονδυλων] σφονδ.
A: cf. 11 18 et Thack. p. 106 ‖ 10 μιαρωτατε] μιαιρ. A†: cf. 4 26 ‖ 14 αυτοις]
-τω S*† | καυστικωτερον] κλαυστ. A*† ‖ 15 αιδιον] αοιδιμον A ‖ 16 δι
αυτων] δια τουτων A† | προβασανισθεντων] προβεβασ. A† ‖ 17 ταυτα] + δε
Sᶜ† | φονωδης S*† | παμμιαρωτατος] πανμιαρ. A†: cf. 10 | εκτεμνειν S*†
‖ 18 σιωπουντων A† ‖ 19 προκεχαλασται] προ > A† | γλωττοτομησεις] σσ
pro ττ A ‖ 21 υμνον μελωδαν S*†
    11 1 καταικισθεις] ι 1⁰ > A†

πέμπτος παρεπήδησεν λέγων ²Οὐ μέλλω, τύραννε, πρὸς τὸν ὑπὲρ 2
τῆς ἀρετῆς βασανισμὸν παραιτεῖσθαι, ³αὐτὸς δ᾽ ἀπ᾽ ἐμαυτοῦ παρ- 3
ῆλθον, ὅπως κἀμὲ κατακτείνας περὶ πλειόνων ἀδικημάτων ὀφειλή-
σῃς τῇ οὐρανίῳ δίκῃ τιμωρίαν. ⁴ὦ μισάρετε καὶ μισάνθρωπε, τί 4
δράσαντας ἡμᾶς τοῦτον πορθεῖς τὸν τρόπον; ⁵ὅτι τὸν πάντων 5
κτίστην εὐσεβοῦμεν καὶ κατὰ τὸν ἐνάρετον αὐτοῦ ζῶμεν νόμον;
⁶ἀλλὰ ταῦτα τιμῶν, οὐ βασάνων ἐστὶν ἄξια. ⁹τοιαῦτα δὲ λέγοντα 6
οἱ δορυφόροι δήσαντες αὐτὸν εἷλκον ἐπὶ τὸν καταπέλτην, ¹⁰ἐφ᾽ 10
ὃν δήσαντες αὐτὸν ἐπὶ τὰ γόνατα καὶ ταῦτα ποδάγραις σιδηραῖς
ἐφαρμόσαντες τὴν ὀσφὺν αὐτοῦ περὶ τροχιαῖον σφῆνα κατέκαμψαν,
περὶ ὃν ὅλος περὶ τὸν τροχὸν σκορπίου τρόπον ἀνακλώμενος ἐξ-
εμελίζετο. ¹¹κατὰ τοῦτον τὸν τρόπον καὶ τὸ πνεῦμα στενοχωρού- 11
μενος καὶ τὸ σῶμα ἀγχόμενος ¹²Καλάς, ἔλεγεν, ἄκων, ὦ τύραννε, 12
χάριτας ἡμῖν χαρίζῃ διὰ γενναιοτέρων πόνων ἐπιδείξασθαι παρ-
έχων τὴν εἰς τὸν νόμον ἡμῶν καρτερίαν.

¹³Τελευτήσαντος δὲ καὶ τούτου ὁ ἕκτος ἤγετο μειρακίσκος, ὃς 13.
πυνθανομένου τοῦ τυράννου εἰ βούλοιτο φαγὼν ἀπολύεσθαι, ὁ δὲ
ἔφη ¹⁴Ἐγὼ τῇ μὲν ἡλικίᾳ τῶν ἀδελφῶν μού εἰμι νεώτερος, τῇ δὲ 14
διανοίᾳ ἡλικιώτης· ¹⁵εἰς ταὐτὰ γὰρ γεννηθέντες καὶ ἀνατραφέντες 15
ὑπὲρ τῶν αὐτῶν καὶ ἀποθνήσκειν ὀφείλομεν ὁμοίως· ¹⁶ὥστε εἴ 16
σοι δοκεῖ βασανίζειν μὴ μιαροφαγοῦντα, βασάνιζε. ¹⁷ταῦτα αὐτὸν 17
εἰπόντα παρῆγον ἐπὶ τὸν τροχόν, ¹⁸ἐφ᾽ οὗ κατατεινόμενος ἐπιμελῶς 18
καὶ ἐκσπονδυλιζόμενος ὑπεκαίετο. ¹⁹καὶ ὀβελίσκους ὀξεῖς πυρώ- 19
σαντες τοῖς νώτοις προσέφερον καὶ τὰ πλευρὰ διαπείραντες αὐτοῦ
τὰ σπλάγχνα διέκαιον. ²⁰ὁ δὲ βασανιζόμενος Ὦ ἱεροπρεποῦς ἀ- 20
γῶνος, ἔλεγεν, ἐφ᾽ ὃν διὰ τὴν εὐσέβειαν εἰς γυμνασίαν πόνων
ἀδελφοὶ τοσοῦτοι κληθέντες οὐκ ἐνικήθημεν. ²¹ἀνίκητος γάρ ἐστιν, 21
ὦ τύραννε, ἡ εὐσεβὴς ἐπιστήμη. ²²καλοκἀγαθίᾳ καθωπλισμένος 22

---

2 παραιτεισθαι A†] > rel. ‖ 3 οφειλησης pau.] οφιλησις A†; δωσεις S†:
hoc tr. S† post δικη | ουρανιω] επουρ. S† ‖ 4 μισαρετε] μιαρωτατε S | πορ-
θεις / τον τροπον] tr. S† ‖ 5 init.] pr. η κακον σοι δοκει uel sim. Apau. ‖
6 εστιν] εισιν S† | fin.] + (7) ειπερ ησθανου ανθρωπου(sic Deissm.,+ς mss.)
ποθων και ελπιδα ειχες παρα θεω σωτηριου (8) νυνι δε αλλοτριος ων θεου
πολεμεις τους ευσεβουντας εις τον θεον uel sim. Apau. ‖ 9 δε Spau.] > rel.
‖ 10 εφορμασαντες S*Apau. | περι 1⁰] επι τον A⁽†⁾ | περι 3⁰ Spau.] επι rel.
| τροχον] τραχηλον S† ‖ 12 ω τυρ.] ο τυραννος A† | χαριζη] + καλας A,
sed hab. etiam καλας praec. | την ... καρτεριαν] της ...-ιας S* ‖ 13 ο δε
S*A†] > rel. ‖ 14 τη μεν ηλικ(ε)ια A⁽†⁾ μεν την -κιαν S*, μεν τη -κια Sᶜ |
μου > S | διανοια] δι > A†: post δε ‖ 15 γαρ Spau.] + και rel. | ανατραφ.
Spau.] ανα > rel. ‖ 16 μιαροφαγουντα] μιαιροφ.(pro μιερ.: cf.53 8 12) SA
pau., -τας A | βασανιζε] -ζειν S*A*pau. ‖ 17 αυτον > S† ‖ 18 επιμελως
S*†] εκμ. Sᶜ, ευμ. A† | εκσπονδυλιζ.] φ pro π A: cf. 10 8 | fin.] + πυρι Spau.
‖ 19 διαφθειραντες S† | αυτου] pr. απ A† | τα ult.] pr. και Sᶜ | διεκαιον] δι-
ικ. S*† ‖ 20 αγωνος] αιω. A† | fin. ενικημεν S*† ‖ 21 ω > S†

23 τεθνήξομαι κἀγὼ μετὰ τῶν ἀδελφῶν μου ²³μέγαν σοὶ καὶ αὐτὸς
προσβάλλων ἀλάστορα, καινουργὲ τῶν βασάνων καὶ πολέμιε τῶν
24 ἀληθῶς εὐσεβούντων. ²⁴ἓξ μειράκια καταλελύκαμέν σου τὴν τυραν-
25 νίδα· ²⁵τὸ γὰρ μὴ δυνηθῆναί σε μεταπεῖσαι τὸν λογισμὸν ἡμῶν
μήτε βιάσασθαι πρὸς τὴν μιαροφαγίαν οὐ κατάλυσίς ἐστίν σου;
26 ²⁶τὸ πῦρ σου ψυχρὸν ἡμῖν, καὶ ἄπονοι οἱ καταπέλται, καὶ ἀδύνατος
27 ἡ βία σου. ²⁷οὐ γὰρ τυράννου, ἀλλὰ θείου νόμου προεστήκασιν
ἡμῶν οἱ δορυφόροι· διὰ τοῦτο ἀνίκητον ἔχομεν τὸν λογισμόν.
12 ¹Ὡς δὲ καὶ οὗτος μακαρίως ἀπέθανεν καταβληθεὶς εἰς λέβητα,
2 ὁ ἕβδομος παρεγίνετο πάντων νεώτερος. ²ὃν κατοικτίρας ὁ τύραν-
νος, καίπερ δεινῶς ὑπὸ τῶν ἀδελφῶν αὐτοῦ κακισθείς, ὁρῶν ἤδη
τὰ δεσμὰ περικείμενα πλησιέστερον αὐτὸν μετεπέμψατο καὶ παρ-
3 ηγορεῖν ἐπειρᾶτο λέγων ³Τῆς μὲν τῶν ἀδελφῶν σου ἀπονοίας τὸ
4 τέλος ὁρᾷς· διὰ γὰρ ἀπείθειαν στρεβλωθέντες τεθνᾶσιν. ⁴σὺ δὲ
εἰ μὲν μὴ πεισθείης, τάλας βασανισθεὶς καὶ αὐτὸς τεθνήξῃ πρὸ
5 ὥρας, ⁵πεισθεὶς δὲ φίλος ἔσῃ καὶ τῶν ἐπὶ τῆς βασιλείας ἀφηγήσῃ
6 πραγμάτων. ⁶καὶ ταῦτα παρακαλῶν τὴν μητέρα τοῦ παιδὸς μετ-
επέμψατο, ὅπως αὐτὴν ἐλεήσας τοσούτων υἱῶν στερηθεῖσαν παρ-
7 ορμήσειεν ἐπὶ τὴν σωτήριον εὐπείθειαν τὸν περιλειπόμενον. ⁷ὁ δὲ
τῆς μητρὸς τῇ Εβραῒδι φωνῇ προτρεψαμένης αὐτόν, ὡς ἐροῦμεν
8 μετὰ μικρὸν ὕστερον, ⁸Λύσατέ μέ φησιν, εἴπω τῷ βασιλεῖ καὶ τοῖς
9 σὺν αὐτῷ φίλοις πᾶσιν. ⁹καὶ ἐπιχαρέντες μάλιστα ἐπὶ τῇ ἐπαγγελίᾳ
10 τοῦ παιδὸς ταχέως ἔλυσαν αὐτόν. ¹⁰καὶ δραμὼν ἐπὶ πλησίον τῶν
11 τηγάνων ¹¹Ἀνόσιέ, φησιν, καὶ πάντων πονηρῶν ἀσεβέστατε τύραννε,
οὐκ ᾐδέσθης παρὰ τοῦ θεοῦ λαβὼν τὰ ἀγαθὰ καὶ τὴν βασιλείαν
τοὺς θεράποντας αὐτοῦ κατακτεῖναι καὶ τοὺς τῆς εὐσεβείας ἀσκη-
12 τὰς στρεβλῶσαι; ¹²ἀνθ' ὧν ταμιεύσεταί σε ἡ δίκη πυκνοτέρῳ καὶ
αἰωνίῳ πυρὶ καὶ βασάνοις, αἳ εἰς ὅλον τὸν αἰῶνα οὐκ ἀνήσουσίν
13 σε. ¹³οὐκ ᾐδέσθης ἄνθρωπος ὤν, θηριωδέστατε, τοὺς ὁμοιοπαθεῖς
καὶ ἐκ τῶν αὐτῶν γεγονότας στοιχείων γλωττοτομῆσαι καὶ τοῦτον
14 κατακίσας τὸν τρόπον βασανίσαι. ¹⁴ἀλλ' οἱ μὲν εὐγενῶς ἀποθα-
νόντες ἐπλήρωσαν τὴν εἰς τὸν θεὸν εὐσέβειαν, σὺ δὲ κακῶς οἰμώξεις

23 και αυτος / προσβαλλων S†] tr. rel. ‖ 24 κατελυσαμεν A ‖ 25 μιαρο-
φαγ.] μιαιρ. (pro μιερ.) SA†: cf. 5 3 ‖ 27 οι > Sᶜ
12 1 ουτος] αυτ. S† | απεθανεν] pr. εν A ‖ 2 περικειμενα V] -νον SA |
πλησιεστερον] σ 2⁰ > S ‖ 3 το > S*† | απειθειαν] απιστιαν S† | τεθνασιν]
·νεασιν S†, -νηκασιν A ‖ 4 δε > A† | π(ε)ισθειης V] -θειεις A†, -θεις S,
-θης compl. ‖ 6 αυτην] pr. ε Sᶜ | ελεησασα SV | στερηθεισα V | σωτηριον]
-ιαν A | ευπειθειαν] -θη ποιησαι A ‖ 8 λυσατε] pr. απο A† ‖ 9 και επι-
χαρ.] οι δε χαρ. S† ‖ 11 παντων] + των Apau. | πονηρων ασεβεστατε] tr.
S† | τυραννε > S† | κατακτειναι] -νας Sᶜ† | της > S* ‖ 12 ταμιευσεται] σ
> A | σε 1⁰ > S*† | δικη] pr. θεια A | αι > S*† ‖ 13 κατακισας compl.]
κατακεισας A†, κατακαυσας S | fin. βασανιζει S*†

τοὺς τῆς ἀρετῆς ἀγωνιστὰς ἀναιτίως ἀποκτείνας. ¹⁵ὅθεν καὶ αὐτὸς 15
ἀποθνήσκειν μέλλων ἔφη ¹⁶Οὐκ ἀπαυτομολῶ τῆς τῶν ἀδελφῶν 16
μου ἀριστείας · ¹⁷ἐπικαλοῦμαι δὲ τὸν πατρῷον θεὸν ὅπως ἵλεως 17
γένηται τῷ ἔθνει ἡμῶν. ¹⁸σὲ δὲ καὶ ἐν τῷ νῦν βίῳ καὶ θανόντα 18
τιμωρήσεται. ¹⁹καὶ ταῦτα κατευξάμενος ἑαυτὸν ἔρριψε κατὰ τῶν 19
τηγάνων, καὶ οὕτως ἀπέδωκεν.

¹Εἰ δὲ τοίνυν τῶν μέχρι θανάτου πόνων ὑπερεφρόνησαν οἱ 13
ἑπτὰ ἀδελφοί, συνομολογεῖται πανταχόθεν ὅτι αὐτοδέσποτός ἐστιν
τῶν παθῶν ὁ εὐσεβὴς λογισμός. ²εἰ γὰρ τοῖς πάθεσι δουλωθέντες 2
ἐμιαροφάγησαν, ἐλέγομεν ἂν τούτοις αὐτοὺς νενικῆσθαι · ³νυνὶ δὲ 3
οὐχ οὕτως, ἀλλὰ τῷ ἐπαινουμένῳ παρὰ θεῷ λογισμῷ περιεγένοντο
τῶν παθῶν, ⁴ὧν οὐκ ἔστιν παριδεῖν τὴν ἡγεμονίαν τῆς διανοίας, 4
ἐπεκράτησαν γὰρ καὶ πάθους καὶ πόνων. ⁵πῶς οὖν οὐκ ἔστιν 5
τούτοις τὴν τῆς εὐλογιστίας παθοκράτειαν ὁμολογεῖν, οἳ τῶν μὲν
διὰ πυρὸς ἀλγηδόνων οὐκ ἐπεστράφησαν; ⁶καθάπερ γὰρ προβλῆτες 6
λιμένων πύργοι τὰς τῶν κυμάτων ἀπειλὰς ἀνακόπτοντες γαληνὸν
παρέχουσι τοῖς εἰσπλέουσι τὸν ὅρμον, ⁷οὕτως ἡ ἑπτάπυργος τῶν 7
νεανίσκων εὐλογιστία τὸν τῆς εὐσεβείας ὀχυρώσασα λιμένα τὴν
τῶν παθῶν ἐνίκησεν ἀκολασίαν. ⁸ἱερὸν γὰρ εὐσεβείας στήσαντες 8
χορὸν παρεθάρσυνον ἀλλήλους λέγοντες ⁹Ἀδελφικῶς ἀποθάνωμεν, 9
ἀδελφοί, περὶ τοῦ νόμου · μιμησώμεθα τοὺς τρεῖς τοὺς ἐπὶ τῆς
Ἀσσυρίας νεανίσκους, οἳ τῆς ἰσοπολίτιδος καμίνου κατεφρόνησαν.
¹⁰μὴ δειλανδρήσωμεν πρὸς τὴν τῆς εὐσεβείας ἐπίδειξιν. ¹¹καὶ ὁ ¹⁰ ¹¹
μὲν Θάρρει, ἀδελφέ ἔλεγεν, ὁ δέ Εὐγενῶς καρτέρησον, ¹²ὁ δὲ κα- 12
ταμνησθεὶς ἔλεγεν Μνήσθητε πόθεν ἐστέ, ἢ τίνος πατρὸς χειρὶ
σφαγιασθῆναι διὰ τὴν εὐσέβειαν ὑπέμεινεν Ἰσαακ. ¹³εἷς δὲ ἕκαστος 13
ἀλλήλους ὁμοῦ πάντες ἐφορῶντες φαιδροὶ καὶ μάλα θαρραλέοι
Ἑαυτούς, ἔλεγον, τῷ θεῷ ἀφιερώσωμεν ἐξ ὅλης τῆς καρδίας τῷ
δόντι τὰς ψυχὰς καὶ χρήσωμεν τῇ περὶ τὸν νόμον φυλακῇ τὰ
σώματα. ¹⁴μὴ φοβηθῶμεν τὸν δοκοῦντα ἀποκτέννειν · ¹⁵μέγας γὰρ ¹⁴ ¹⁵
ψυχῆς ἀγὼν καὶ κίνδυνος ἐν αἰωνίῳ βασάνῳ κείμενος τοῖς παρα-

14 fin. αποκτειναι A† ‖ 15 εφη > Sᶜ ‖ 16 αδελφων μου] παιδων S*† ‖
αριστ.] μαρτυριας A† ‖ 17 εθνει ημων] γενει μου A† ‖ 19 fin. S*A†] +
το πνευμα Sᶜ, + την ψυχην pl.
13 2 ει γαρ S*†] ωσπερ γαρ οι Apau., ωσπερ γαρ ει Sᶜpl. ‖ εμιαροφαγ.]
εμιερ. SAV*†: cf. 5 3 ‖ ελεγαμεν Spau. ‖ αν] γαρ A† ‖ τουτοις αυτους] tr. A
‖ 3 παρα θεω/λογ.] tr. A† ‖ παρα θεου Spau. ‖ 4 ων] και A ‖ 5 ουκ
1⁰] pr. ο A† ‖ ευλογιστιας] ι 1⁰⌢2⁰ A* ‖ μεν] + γαρ S*† ‖ επεστραφησαν]
απ. S* ‖ 6 προπληταις(pro -τες) A† ‖ πυργοι] + ς A ‖ των > A ‖ 7 ακο-
λασιαν] κολασιν S ‖ 9 αποθανωμεν] -νοιμ- A† ‖ ισοπολιτιδος] -δου S*†, εισε-
πολιδος A⁽†⁾ ‖ καμινου] καιομενης S*† ‖ 12 καταμνησθεις > A† ‖ μνησθητε
> S*† ‖ ισαακ] ισακ S*†: item saepius in seq.; pr. ο A† ‖ 13 αλληλους]
pr. και A ‖ αφιερωσομεν A ‖ 14 αποκτενειν A ‖ 15 μεγας] ς > A*† ‖ αι-
ωνιω] -νι S*†

16 βᾶσι τὴν ἐντολὴν τοῦ θεοῦ. ¹⁶καθοπλισώμεθα τοιγαροῦν τὴν τοῦ
17 θείου λογισμοῦ παθοκρατείαν. ¹⁷οὕτω γὰρ θανόντας ἡμᾶς Αβρααμ
καὶ Ισαακ καὶ Ιακωβ ὑποδέξονται καὶ πάντες οἱ πατέρες ἐπαινέ-
18 σουσιν. ¹⁸καὶ ἑνὶ ἑκάστῳ τῶν ἀποσπωμένων αὐτῶν ἀδελφῶν ἔλε-
γον οἱ περιλειπόμενοι Μὴ καταισχύνῃς ἡμᾶς, ἀδελφέ, μηδὲ ψεύσῃ
19 τοὺς προαποθανόντας ἡμῶν ἀδελφούς. ¹⁹οὐκ ἀγνοεῖτε δὲ τὰ τῆς
ἀδελφότητος φίλτρα, ἅπερ ἡ θεία καὶ πάνσοφος πρόνοια διὰ πα-
τέρων τοῖς γεννωμένοις ἐμέρισεν καὶ διὰ τῆς μητρῴας φυτεύσασα
20 γαστρός, ²⁰ἐν ᾗ τὸν ἴσον ἀδελφοὶ κατοικήσαντες χρόνον καὶ ἐν
τῷ αὐτῷ χρόνῳ πλασθέντες καὶ ἀπὸ τοῦ αὐτοῦ αἵματος αὐξηθέντες
21 καὶ διὰ τῆς αὐτῆς ψυχῆς τελεσφορηθέντες ²¹καὶ διὰ τῶν ἴσων
ἀποτεχθέντες χρόνων καὶ ἀπὸ τῶν αὐτῶν γαλακτοποτοῦντες πηγῶν,
22 ἀφ' ὧν συντρέφονται ἐναγκαλισμάτων φιλάδελφοι ψυχαί· ²²καὶ
αὔξονται σφοδρότερον διὰ συντροφίας καὶ τῆς καθ' ἡμέραν συν-
ηθείας καὶ τῆς ἄλλης παιδείας καὶ τῆς ἡμετέρας ἐν νόμῳ θεοῦ
23 ἀσκήσεως. ²³οὕτως δὴ τοίνυν καθεστηκυίης συμπαθοῦς τῆς φιλ-
αδελφίας οἱ ἑπτὰ ἀδελφοὶ συμπαθέστερον ἔσχον πρὸς ἀλλήλους.
24 ²⁴νόμῳ γὰρ τῷ αὐτῷ παιδευθέντες καὶ τὰς αὐτὰς ἐξασκήσαντες
ἀρετὰς καὶ τῷ δικαίῳ συντραφέντες βίῳ μᾶλλον ἑαυτοὺς ἠγάπων.
25 ²⁵ἡ γὰρ ὁμοζηλία τῆς καλοκἀγαθίας ἐπέτεινεν αὐτῶν τὴν πρὸς
26 ἀλλήλους εὔνοιαν καὶ ὁμόνοιαν· ²⁶σὺν γὰρ τῇ εὐσεβείᾳ ποθεινο-
27 τέραν αὐτοῖς κατεσκεύαζον τὴν φιλαδελφίαν. ²⁷ἀλλ' ὅμως καίπερ
τῆς φύσεως καὶ τῆς συνηθείας καὶ τῶν τῆς ἀρετῆς ἠθῶν τὰ τῆς
ἀδελφότητος αὐτοῖς φίλτρα συναυξόντων ἀνέσχοντο διὰ τὴν εὐ-
σέβειαν τοὺς ἀδελφοὺς οἱ ὑπολειπόμενοι, τοὺς καταικιζομένους ὁ-
14 ρῶντες μέχρι θανάτου βασανιζομένους, ¹προσέτι καὶ ἐπὶ τὸν αἰκισ-
μὸν ἐποτρύνοντες, ὡς μὴ μόνον τῶν ἀλγηδόνων περιφρονῆσαι αὐ-
τούς, ἀλλὰ καὶ τῶν τῆς φιλαδελφίας παθῶν κρατῆσαι.
2 ²⁷Ὦ βασιλέων λογισμοὶ βασιλικώτεροι καὶ ἐλευθέρων ἐλευθερώ-
3 τεροι. ³ὦ ἱερᾶς καὶ εὐαρμόστου περὶ τῆς εὐσεβείας τῶν ἑπτὰ
4 ἀδελφῶν συμφωνίας. ⁴οὐδεὶς ἐκ τῶν ἑπτὰ μειρακίων ἐδειλίασεν

---

15 παραβασι(ν) S*A] -βαινουσι(ν) rel. || 16 την et παθοκρατειαν] ν > A
uel A† || 17 γαρ > A† | θανοντας] παθοντας A† || 18 αυτων] ν > S*pau.
| αδελφων] ν > A† | ημων αδελφους > A† || 19 αδελφοτητος] ανθρωποτ. A |
πατερων] pr. των A || 21 γαλακτοποτουντες] γαλακτοτροφουντες S* | ων] ου A†
| συντρεφονται] συνστρ. A || 22 συντροφιας] -αν S || 23 συμπαθους της φιλ-
αδ.] της φιλαδ. συμπαθουσης A† | προς αλληλους] την πρ. αλλ. ομονοιαν A ||
24 συντραφεντες] συνστρ. S*† | εαυτους ηγαπων] επ αυτους ηγαγον A† || 25 αυ-
των] ν > S† | ευνοιαν και > A || 26 ποθεινοτεραν] pr. την S† | αυτοις]
pr. ε S (ex corr.?) | κατεσκευαζον] -ζεν A | την > Sc† || 27 ομως] ομοιως
A† | συναυξαντων S*† | υπολελ⟨ε⟩ιμμενοι A | καταικιζομενους] κατοικτιζ. S
14 1 των της] της των αδελφων SApau. || 2 βασιλεων] -ως A || 3 ω >
A† | ευαρμοστου Spau.] εναρμ. A (A† -στους) | ευσεβ(ε)ιας] ιερας S*†

οὐδὲ πρὸς τὸν θάνατον ὤκνησεν, ⁵ἀλλὰ πάντες ὥσπερ ἐπ᾽ ἀθανα- 5
σίας ὁδὸν τρέχοντες ἐπὶ τὸν διὰ τῶν βασάνων θάνατον ἔσπευδον.
⁶καθάπερ αἱ χεῖρες καὶ οἱ πόδες συμφώνως τοῖς τῆς ψυχῆς ἀφ- 6
ηγήμασιν κινοῦνται, οὕτως οἱ ἱεροὶ μείρακες ἐκεῖνοι ὡς ὑπὸ ψυχῆς
ἀθανάτου τῆς εὐσεβείας πρὸς τὸν ὑπὲρ αὐτῆς συνεφώνησαν θάνα-
τον. ⁷ὦ πανάγιε συμφώνων ἀδελφῶν ἑβδομάς. καθάπερ γὰρ ἑπτὰ 7
τῆς κοσμοποιίας ἡμέραι περὶ τὴν εὐσέβειαν, ⁸οὕτως περὶ τὴν ἑβδο- 8
μάδα χορεύοντες οἱ μείρακες ἐκύκλουν τὸν τῶν βασάνων φόβον
καταλύοντες. ⁹νῦν ἡμεῖς ἀκούοντες τὴν θλῖψιν τῶν νεανιῶν ἐκεί- 9
νων φρίττομεν· οἱ δὲ οὐ μόνον ὁρῶντες, ἀλλ᾽ οὐδὲ μόνον ἀκούον-
τες τὸν παραχρῆμα ἀπειλῆς λόγον, ἀλλὰ καὶ πάσχοντες ἐνεκαρ-
τέρουν, καὶ τοῦτο ταῖς διὰ πυρὸς ὀδύναις· ¹⁰ὧν τί γένοιτο ἐπαλ- 10
γέστερον; ὀξεῖα γὰρ καὶ σύντομος οὖσα ἡ τοῦ πυρὸς δύναμις
ταχέως διέλυεν τὰ σώματα.
¹¹Καὶ μὴ θαυμαστὸν ἡγεῖσθε εἰ ὁ λογισμὸς περιεκράτησε τῶν 11
ἀνδρῶν ἐκείνων ἐν ταῖς βασάνοις, ὅπου γε καὶ γυναικὸς νοῦς
πολυτροπωτέρων ὑπερεφρόνησεν ἀλγηδόνων· ¹²ἡ μήτηρ γὰρ τῶν 12
ἑπτὰ νεανίσκων ὑπήνεγκεν τὰς ἐφ᾽ ἑνὶ ἑκάστῳ τῶν τέκνων στρέ-
βλας. ¹³θεωρεῖτε δὲ πῶς πολύπλοκός ἐστιν ἡ τῆς φιλοτεκνίας 13
στοργὴ ἕλκουσα πάντα πρὸς τὴν τῶν σπλάγχνων συμπάθειαν,
¹⁴ὅπου γε καὶ τὰ ἄλογα ζῷα ὁμοίαν τὴν εἰς τὰ ἐξ αὐτῶν γεννώ- 14
μενα συμπάθειαν καὶ στοργὴν ἔχει τοῖς ἀνθρώποις. ¹⁵καὶ γὰρ τῶν 15
πετεινῶν τὰ μὲν ἥμερα κατὰ τὰς οἰκίας ὀροφοιτοῦντα προασπίζει
τῶν νεοττῶν, ¹⁶τὰ δὲ κατὰ κορυφὰς ὀρέων καὶ φαράγγων ἀπορ- 16
ρῶγας καὶ δένδρων ὀπὰς καὶ τὰς τούτων ἄκρας ἐννοσσοποιησάμενα
ἀποτίκτει καὶ τὸν προσιόντα κωλύει· ¹⁷εἰ δὲ καὶ μὴ δύναιντο κω- 17
λύειν, περιιπτάμενα κυκλόθεν αὐτῶν ἀλγοῦντα τῇ στοργῇ ἀνακα-
λούμενα τῇ ἰδίᾳ φωνῇ, καθ᾽ ὃ δύναται, βοηθεῖ τοῖς τέκνοις. ¹⁸καὶ 18
τί δεῖ τὴν διὰ τῶν ἀλόγων ζῴων ἐπιδεικνύναι πρὸς τὰ τέκνα συμ-
πάθειαν, ¹⁹ὅπου γε καὶ μέλισσαι περὶ τὸν τῆς κηρογονίας καιρὸν 19
ἐπαμύνονται τοὺς προσιόντας καὶ καθάπερ σιδήρῳ τῷ κέντρῳ

6 καθαπερ] + γαρ A | αι et οι 1⁰ > A ‖ 7 παναγιε: sic SVpau. et -γιαι A†;
pl. -για ‖ 8 ουτως] ς > S*pau. | εβδομαδα] + ν S*†: cf. Thack. § 10, 12
‖ 9 ενεκαρτερουν] εν > A | δια πυρος] του π. S*† (pr. δια Sᶜ) ‖ 10 τι] +
αν Sᶜpl. | ουσα / η του πυρος] tr. A | διελυε(ν)] -λυσε pau., -λευσε A†, -λευ-
σεται pau. codici A cognati ‖ 11 ταις βασ. pl.] τοις β. SA: cf. I 9 56 ‖
12 νεανισκων] + εκ(ε)ινων Sᶜ ‖ 13 των] + τεκνων Sᶜ⁽†⁾ ‖ 14 την > S* |
εις] προς A ‖ 15 οροφοιτουντα] -φυτ- S, οροφοκοιτουντα Fr. secutus Bek-
kerum | προσασπιζει S*† ‖ 16 κορυφας] pr. τας A | εννοσσοποιησαμενα
compl.] εν 1⁰ > A†, -ποιησομ- S*†, -ποιουμενα Sᶜ ‖ 17 ει > S*†: post -ει
| δυναιντο] ν ult. > S* | περιιπτ.] ι 2⁰ > S*† | αλγουντα] ρ pro λ S*† | καθ
ο δυν.] καθ ον δυν. τροπον A | δυναται] -ανται S | βοηθ(ε)ι] + ν Sᶜ ‖ 18 την
δια] tr. S*† | προς] pr. την S*A

πλήσσουσι τοὺς προσιόντας τῇ νοσσιᾷ αὐτῶν καὶ ἀπαμύνουσιν
20 ἕως θανάτου; ²⁰ἀλλ᾽ οὐχὶ τὴν Αβρααμ ὁμόψυχον τῶν νεανίσκων
μητέρα μετεκίνησεν συμπάθεια τέκνων.
15   ¹⁷Ω λογισμὲ τέκνων παθῶν τύραννε καὶ εὐσέβεια μητρὶ τέκνων
2 ποθεινοτέρα. ²μήτηρ δυεῖν προκειμένων, εὐσεβείας καὶ τῆς ἑπτὰ
υἱῶν σωτηρίας προσκαίρου κατὰ τὴν τοῦ τυράννου ὑπόσχεσιν,
3 ³τὴν εὐσέβειαν μᾶλλον ἠγάπησεν τὴν σῴζουσαν εἰς αἰωνίαν ζωὴν
4 κατὰ θεόν. ⁴ὦ τίνα τρόπον ἠθολογήσαιμι φιλότεκνα γονέων πάθη.
ψυχῆς τε καὶ μορφῆς ὁμοιότητα εἰς μικρὸν παιδὸς χαρακτῆρα
θαυμάσιον ἐναποσφραγίζομεν, μάλιστα διὰ τὸ τῶν παθῶν τοῖς
γεννηθεῖσιν τὰς μητέρας τῶν πατέρων καθεστάναι συμπαθεστέρας.
5 ⁵ὅσῳ γὰρ καὶ ἀσθενόψυχοι καὶ πολυγονώτεραι ὑπάρχουσιν αἱ μη-
6 τέρες, τοσούτῳ μᾶλλόν εἰσιν φιλοτεκνότεραι. ⁶πασῶν δὲ τῶν μη-
τέρων ἐγένετο ἡ τῶν ἑπτὰ παίδων μήτηρ φιλοτεκνοτέρα, ἥτις ἑπτὰ
7 κυοφορίαις τὴν πρὸς αὐτοὺς ἐπιφυτευομένη φιλοστοργίαν ⁷καὶ διὰ
πολλὰς τὰς καθ᾽ ἕκαστον αὐτῶν ὠδῖνας ἠναγκασμένη τὴν εἰς αὐ-
8 τοὺς ἔχειν συμπάθειαν, ⁸διὰ τὸν πρὸς τὸν θεὸν φόβον ὑπερεῖδεν
9 τὴν τῶν τέκνων πρόσκαιρον σωτηρίαν. ⁹οὐ μὴν δὲ ἀλλὰ καὶ διὰ
τὴν καλοκἀγαθίαν τῶν υἱῶν καὶ τὴν πρὸς τὸν νόμον αὐτῶν εὐ-
10 πείθειαν μείζω τὴν ἐν αὐτοῖς ἔσχεν φιλοστοργίαν. ¹⁰δίκαιοί τε γὰρ
ἦσαν καὶ σώφρονες καὶ ἀνδρεῖοι καὶ μεγαλόψυχοι καὶ φιλάδελφοι
καὶ φιλομήτορες οὕτως ὥστε καὶ μέχρι θανάτου τὰ νόμιμα φυλάσ-
11 σοντας πείθεσθαι αὐτῇ. ¹¹ἀλλ᾽ ὅμως καίπερ τοσούτων ὄντων τῶν
περὶ τὴν φιλοτεκνίαν εἰς συμπάθειαν ἑλκόντων τὴν μητέρα, ἐπ᾽
οὐδενὸς αὐτῶν τὸν λογισμὸν αὐτῆς αἱ παμποίκιλοι βάσανοι ἴσχυ-
12 σαν μετατρέψαι, ¹²ἀλλὰ καὶ καθ᾽ ἕνα παῖδα καὶ ὁμοῦ πάντας ἡ
13 μήτηρ ἐπὶ τὸν τῆς εὐσεβείας προετρέπετο θάνατον. ¹³ὦ φύσις ἱερὰ
καὶ φίλτρα γονέων καὶ γένεσι φιλόστοργε καὶ τροφεῖα καὶ μητέρων
14 ἀδάμαστα πάθη. ¹⁴καθένα στρεβλούμενον καὶ φλεγόμενον ὁρῶσα
15 μήτηρ οὐ μετεβάλλετο διὰ τὴν εὐσέβειαν. ¹⁵τὰς σάρκας τῶν τέκνων

19 απαμυνουσιν S⁽†⁾] επαμυνονται A ‖ 20 νεανισκων] σκ > A | συμπαθεια]
pr. τη A†
15 2 προσκαιρου] σ > S*A†, + ς A† | υποσχεσιν] προσχ. S† ‖ 3 ηγαπησας
S* | σωζουσαν] ζωσαν S† | αιωνιαν S†] -ιον rel. ‖ 4 παιδος χαρ.] παιδοχαρ.
A† | εναποσφραγιζομεν S*] -ζον Sᶜ, εναπεσφραγιζον A | το] + ν A† | των
πατερων] > A†, των παθων Spau. ‖ 5 ασθενοψυχοι] ασθενεστεραι S (S*†
-ραν) | πολυγονωτεραι] -γονιμωτεραι V†, quod praefert Deissm. | αι > A ‖
6 init. — φιλοτεκν. > S* | επιφυτευομενη Sᶜ] + ν? A, επιφερομενην S*† |
φιλοστοργιαν] ν > A† ‖ 7 ηναγκασμενη] + ν A ‖ 9 και 1⁰ > S* | μειζω]
+ ν S*A | την ult. > S*† | εσχεν] ειχ. Sᶜ ‖ 10 φυλασσοντας] -τες S* ‖
11 καιπερ] και υπερ A† | την 1⁰ > A | βασανοι > A† ‖ 13 γενεσι pau. (cf.
16 14)] -σει compl., γεννημασι S†, γονευσι(ν) Apau. | τροφ(ε)ία: hunc accen-
tum postulauit Grimm | αδαμαστα] -στη S*†

ἑώρα περὶ τὸ πῦρ τηκομένας καὶ τοὺς τῶν ποδῶν καὶ χειρῶν δα-
κτύλους ἐπὶ γῆς σπαίροντας καὶ τὰς τῶν κεφαλῶν μέχρι τῶν περὶ
τὰ γένεια σάρκας ὥσπερ προσωπεῖα προκειμένας. ¹⁶ὦ πικροτέρων 16
νῦν πόνων πειρασθεῖσα μήτηρ ἤπερ τῶν ἐπ᾽ αὐτοῖς ὠδίνων. ¹⁷ὦ 17
μόνη γύναι τὴν εὐσέβειαν ὁλόκληρον ἀποκυήσασα. ¹⁸οὗ μετέτρεψέν 18
σε πρωτοτόκος ἀποπνέων οὐδὲ δεύτερος εἰς σὲ οἰκτρὸν βλέπων
ἐν βασάνοις, οὐ τρίτος ἀποψύχων, ¹⁹οὐδὲ τοὺς ὀφθαλμοὺς ἑνὸς 19
ἑκάστου θεωροῦσα ταυρηδὸν ἐπὶ τῶν βασάνων ὁρῶντας τὸν αὐ-
τὸν αἰκισμὸν καὶ τοὺς μυκτῆρας προσημειουμένους τὸν θάνατον
αὐτῶν οὐκ ἔκλαυσας. ²⁰ἐπὶ σαρξὶν τέκνων ὁρῶσα σάρκας τέκνων 20
ἀποκαιομένας καὶ ἐπὶ χερσὶν χεῖρας ἀποτεμνομένας καὶ ἐπὶ κεφαλαῖς
κεφαλὰς ἀποδειροτομουμένας καὶ ἐπὶ νεκροῖς νεκροὺς πίπτοντας
καὶ πολυάνδριον ὁρῶσα τῶν τέκνων τὸ χωρίον διὰ τῶν βασάνων
οὐκ ἐδάκρυσας. ²¹οὐχ οὕτως σειρήνιοι μελῳδίαι οὐδὲ κύκνειοι πρὸς 21
φιληκόϊαν φωναὶ τοὺς ἀκούοντας ἐφέλκονται ὡς τέκνων φωναὶ
μετὰ βασάνων μητέρα φωνούντων. ²²πηλίκαις καὶ πόσαις τότε ἡ 22
μήτηρ τῶν υἱῶν βασανιζομένων τροχοῖς τε καὶ καυτηρίοις ἐβασανί-
ζετο βασάνοις. ²³ἀλλὰ τὰ σπλάγχνα αὐτῆς ὁ εὐσεβὴς λογισμὸς 23
ἐν αὐτοῖς τοῖς πάθεσιν ἀνδρειώσας ἐπέτεινεν τὴν πρόσκαιρον
φιλοτεκνίαν παριδεῖν. ²⁴καίπερ ἑπτὰ τέκνων ὁρῶσα ἀπώλειαν καὶ 24
τὴν τῶν στρεβλῶν πολύπλοκον ποικιλίαν, ἁπάσας ἡ γενναία μήτηρ
ἐξέλυσεν διὰ τὴν πρὸς θεὸν πίστιν. ²⁵καθάπερ γὰρ ἐν βουλευτηρίῳ 25
τῇ ἑαυτῆς ψυχῇ δεινοὺς ὁρῶσα συμβούλους φύσιν καὶ γένεσιν
καὶ φιλοτεκνίαν καὶ τέκνων στρέβλας, ²⁶δύο ψήφους κρατοῦσα 26
μήτηρ, θανατηφόρον τε καὶ σωτήριον, ὑπὲρ τέκνων ²⁷οὐκ ἐπέγνω 27
τὴν σῴζουσαν ἑπτὰ υἱοὺς πρὸς ὀλίγον χρόνον σωτηρίαν, ²⁸ἀλλὰ 28
τῆς θεοσεβοῦς Ἀβρααμ καρτερίας ἡ θυγάτηρ ἐμνήσθη. ²⁹ὦ μήτηρ 29
ἔθνους, ἔκδικε τοῦ νόμου καὶ ὑπερασπίστρια τῆς εὐσεβείας καὶ
τοῦ διὰ σπλάγχνων ἀγῶνος ἀθλοφόρε· ³⁰ὦ ἀρρένων πρὸς καρτερίαν 30
γενναιοτέρα καὶ ἀνδρῶν πρὸς ὑπομονὴν ἀνδρειοτέρα. ³¹καθάπερ 31
γὰρ ἡ Νωε κιβωτὸς ἐν τῷ κοσμοπληθεῖ κατακλυσμῷ κοσμοφοροῦσα

15 προσωπ(ε)ια] τ pro π ult. S*† || 16 νυν] pr. μεν A† | νυν πονων S†]
tr. pl. | πον. πειρ. / μητηρ] tr. A | πειρασθεισα] σ 1⁰ > S: cf. Thack. § 18, 2
|| 18 πρωτοτοκος] pr. ο S† | αποπνεων > S*† | δευτερος] -ρον A† | σε 2⁰ >
A | ου ult.] ουδε A || 19 αυτον] εαυτων Sᶜ | τον θαν. > A*† (Aˢᵗ suppleuit
τον θαν. post αυτων ult.) || 20 ορωσα 1⁰] εωρακας S*† | αποκαιομ.] αποκε-
κομμ. S*A | νεκροις] -ους S*† | το > SA† | χοριον S*†, χοριδιον Sᶜᵗ || 21 με-
λωδιαι] -διοι S*† | ως] ω A† || 22 τε > S | καυτηριοις] -ριαις S*† || 24 πο-
λυπλοκον] πολυτροπον Spau. | απασας Fr.] ας α(>Sᶜ)πασας S, ασπασασα Apau.
| θεον] pr. τον S || 25 γαρ > Spau. | τη .. ψυχη Sᶜ] της .. ψυχης S*, τη ..
ψυχης A† | εαυτης] ε > S* | φυσιν] + τε S† | στρεβλας] -αν A† || 26 υπερ —
27 fin. > S*† || 27 επεγνω] επ > Sˢ || 28 θεοσεβους] -βιας S*† || 29 υπερ-
ασπιστρια] -στεια A† || 31 κοσμοπληθει] εθνοπλ. S†

32 καρτερῶς ὑπέμεινεν τοὺς κλύδωνας, ³²οὕτως σὺ ἡ νομοφύλαξ παν-
ταχόθεν ἐν τῷ τῶν παθῶν περιαντλουμένη κατακλυσμῷ καὶ καρ-
τεροῖς ἀνέμοις, ταῖς τῶν υἱῶν βασάνοις, συνεχομένη γενναίως
ὑπέμεινας τοὺς ὑπὲρ τῆς εὐσεβείας χειμῶνας.

16   ¹Εἰ δὲ τοίνυν καὶ γυνὴ καὶ γεραιὰ καὶ ἑπτὰ παίδων μήτηρ
ὑπέμεινεν τὰς μέχρι θανάτου βασάνους τῶν τέκνων ὁρῶσα, ὁμο-
λογουμένως αὐτοκράτωρ ἐστὶν τῶν παθῶν ὁ εὐσεβὴς λογισμός.
2   ²ἀπέδειξα οὖν ὅτι οὐ μόνον ἄνδρες τῶν παθῶν ἐκράτησαν, ἀλλὰ
3 καὶ γυνὴ τῶν μεγίστων βασάνων ὑπερεφρόνησεν. ³καὶ οὐχ οὕτως
οἱ περὶ Δανιηλ λέοντες ἦσαν ἄγριοι οὐδὲ ἡ Μισαηλ ἐκφλεγομένη
κάμινος λαβροτάτῳ πυρί, ὡς ἡ τῆς φιλοτεκνίας περιέκαιεν ἐκείνην
φύσις ὁρῶσαν αὐτῆς οὕτως ποικίλως βασανιζομένους τοὺς ἑπτὰ
4 υἱούς. ⁴ἀλλὰ τῷ λογισμῷ τῆς εὐσεβείας κατέσβεσεν τὰ τοσαῦτα
   καὶ τηλικαῦτα πάθη ἡ μήτηρ.
5   ⁵Καὶ γὰρ τοῦτο ἐπιλογίσασθε, ὅτι δειλόψυχος εἰ ἦν ἡ γυνὴ καί-
   περ μήτηρ οὖσα, ὠλοφύρετο ἂν ἐπ' αὐτοῖς καὶ ἴσως ἂν ταῦτα
6 εἶπεν ⁶ Ὠ μελέα ἔγωγε καὶ πολλάκις τρισαθλία, ἥτις ἑπτὰ παῖδας
7 τεκοῦσα οὐδενὸς μήτηρ γεγένημαι. ⁷ὦ μάταιοι ἑπτὰ κυοφορίαι καὶ
   ἀνόνητοι ἑπτὰ δεκάμηνοι καὶ ἄκαρποι τιθηνίαι καὶ ταλαίπωροι
8 γαλακτοτροφίαι. ⁸μάτην δὲ ἐφ' ὑμῖν, ὦ παῖδες, πολλὰς ὑπέμεινα
9 ὠδῖνας καὶ χαλεπωτέρας φροντίδας ἀνατροφῆς. ⁹ὦ τῶν ἐμῶν παί-
   δων οἱ μὲν ἄγαμοι, οἱ δὲ γήμαντες ἀνόνητοι · οὐκ ὄψομαι ὑμῶν
10 τέκνα οὐδὲ μάμμη κληθεῖσα μακαρισθήσομαι. ¹⁰ὦ ἡ πολύπαις καὶ
11 καλλίπαις ἐγὼ γυνὴ χήρα καὶ μόνη πολύθρηνος · ¹¹οὐδ' ἂν ἀπο-
   θάνω, θάπτοντα τῶν υἱῶν ἔξω τινά.
12   ¹²Ἀλλὰ τούτῳ τῷ θρήνῳ οὐδένα ὠλοφύρετο ἡ ἱερὰ καὶ θεοσεβὴς
   μήτηρ οὐδ' ἵνα μὴ ἀποθάνωσιν ἀπέτρεπεν αὐτῶν τινα οὐδ' ὡς
13 ἀποθνησκόντων ἐλυπήθη, ¹³ἀλλ' ὥσπερ ἀδαμάντινον ἔχουσα τὸν
   νοῦν καὶ εἰς ἀθανασίαν ἀνατίκτουσα τὸν τῶν υἱῶν ἀριθμὸν μᾶλλον
   ὑπὲρ τῆς εὐσεβείας ἐπὶ τὸν θάνατον αὐτοὺς προετρέπετο ἱκετεύ-
14 ουσα. ¹⁴ὦ μῆτερ δι' εὐσέβειαν θεοῦ στρατιῶτι πρεσβῦτι καὶ γύναι,

31 καρτερως] -ρους Α† | υπεμειν.] υπηνεγκεν Α† ‖ 32 ανεμοις] αν λοιμοις
Α† | υπερ > Α†
16 1 των τεκν./ορωσα S†] tr. A ‖ 2 ανδρες/των παθων] tr. A† | εκρα-
τησαν] pr. επ A ‖ 3 η 1⁰ > Α† | ως η] εως Α† | ορωσαν] ν > Α† | αυτης]
-ην S* | ουτως ποικιλως > Α† | βασαν./τους επτα υιους] tr. Α† ‖ 4 τα >
Α† ‖ 5 δειλοψ. ει] tr. A | ην η] η S*†, ην Sc† | ωλοφυρ.] ωλυφερ. S*† |
ταυτα] + ουτως A ‖ 6 ουδενος] ουδε ενος S† ‖ 7 ανωνητοι SA: item in
9, cf. Sap. 3 11 | επτα 2⁰] pr. αι S† | τιθηνιαι] -νιοι S† ‖ 8 δε > A ‖ 9 γη-
μαντες] γαμησαντες Α†: cf. Thack. § 21, 2 | ανωνητοι SA: cf. Thack. § 6, 30
‖ 12 τουτω] + ν S*† | ουδ ως] ως ουδε S ‖ 13 αδαμαντ. εχουσα] tr. S† ‖
14 μητερ] πατηρ Α†: ΠͪΡ pro Μͪͪ | θεου] + μητηρ και ευσεβους στρατιας
S*†: sim. V† | στρατιωτι et πρεσβυτι] -τει Α†: cf. 15 13 | γυναι] γυνη (ex
corr.?) A

διὰ καρτερίαν καὶ τύραννον ἐνίκησας καὶ ἔργοις δυνατωτέρα καὶ
λόγοις εὑρέθης ἀνδρός. ¹⁵καὶ γὰρ ὅτε συνελήμφθης μετὰ τῶν παί- 15
δων, εἱστήκεις τὸν Ελεαζαρον ὁρῶσα βασανιζόμενον καὶ ἔλεγες
τοῖς παισὶν ἐν τῇ Εβραΐδι φωνῇ ¹⁶῏Ω παῖδες, γενναῖος ὁ ἀγών, ἐφ᾽ 16
ὃν κληθέντες ὑπὲρ τῆς διαμαρτυρίας τοῦ ἔθνους ἐναγωνίσασθε
προθύμως ὑπὲρ τοῦ πατρῴου νόμου · ¹⁷καὶ γὰρ αἰσχρὸν τὸν μὲν 17
γέροντα τοῦτον ὑπομένειν τὰς διὰ τὴν εὐσέβειαν ἀλγηδόνας, ὑμᾶς
δὲ τοὺς νεανίσκους καταπλαγῆναι τὰς βασάνους. ¹⁸ἀναμνήσθητε 18
ὅτι διὰ τὸν θεὸν τοῦ κόσμου μετελάβετε καὶ τοῦ βίου ἀπελαύσατε,
¹⁹καὶ διὰ τοῦτο ὀφείλετε πάντα πόνον ὑπομένειν διὰ τὸν θεόν, 19
²⁰δι᾽ ὃν καὶ ὁ πατὴρ ἡμῶν Αβρααμ ἔσπευδεν τὸν ἐθνοπάτορα υἱὸν 20
σφαγιάσαι Ισαακ, καὶ τὴν πατρῴαν χεῖρα ξιφηφόρον καταφερομένην
ἐπ᾽ αὐτὸν ὁρῶν οὐκ ἔπτηξεν. ²¹καὶ Δανιηλ ὁ δίκαιος εἰς λέοντας 21
ἐβλήθη, καὶ Ανανιας καὶ Αζαριας καὶ Μισαηλ εἰς κάμινον πυρὸς
ἀπεσφενδονήθησαν καὶ ὑπέμειναν διὰ τὸν θεόν. ²²καὶ ὑμεῖς οὖν 22
τὴν αὐτὴν πίστιν πρὸς τὸν θεὸν ἔχοντες μὴ χαλεπαίνετε. ²³ἀλόγι- 23
στον γὰρ εἰδότας εὐσέβειαν μὴ ἀνθίστασθαι τοῖς πόνοις.

²⁴Διὰ τούτων τῶν λόγων ἡ ἑπταμήτωρ ἕνα ἕκαστον τῶν υἱῶν 24
παρακαλοῦσα ἀποθανεῖν ἔπεισεν μᾶλλον ἢ παραβῆναι τὴν ἐντολὴν
τοῦ θεοῦ, ²⁵ἔτι δὲ καὶ ταῦτα εἰδότες ὅτι οἱ διὰ τὸν θεὸν ἀποθνή- 25
σκοντες ζῶσιν τῷ θεῷ ὥσπερ Αβρααμ καὶ Ισαακ καὶ Ιακωβ καὶ
πάντες οἱ πατριάρχαι.

¹῎Ελεγον δὲ καὶ τῶν δορυφόρων τινὲς ὅτι ὡς ἔμελλεν συλλαμ- 17
βάνεσθαι καὶ αὐτὴ πρὸς θάνατον, ἵνα μὴ ψαύσειέν τις τοῦ σώματος
αὐτῆς, ἑαυτὴν ἔρριψε κατὰ τῆς πυρᾶς.

²῏Ω μήτηρ σὺν ἑπτὰ παισὶν καταλύσασα τὴν τοῦ τυράννου βίαν καὶ 2
ἀκυρώσασα τὰς κακὰς ἐπινοίας αὐτοῦ καὶ δείξασα τὴν τῆς πίστεως
γενναιότητα. ³καθάπερ γὰρ σὺ στέγη ἐπὶ τοὺς στύλους τῶν παίδων 3
γενναίως ἱδρυμένη ἀκλινὴς ὑπήνεγκας τὸν διὰ τῶν βασάνων σει-
σμόν. ⁴θάρρει τοιγαροῦν, ὦ μήτηρ ἱερόψυχε, τὴν ἐλπίδα τῆς ὑπο- 4
μονῆς βεβαίαν ἔχουσα πρὸς τὸν θεόν. ⁵οὐχ οὕτως σελήνη κατ᾽ 5

<hr>

14 ανδρος] pr. αν A[†] ‖ 15 εστηκεις A[†] | εν > S^c ‖ 16 ο > S[†] | πατρω-
ου] -ριου A[†] ‖ 17 υπομ(ε)ιναι S pau. | νεανισκους] νεωτερους A[†] | καταπλη-
γηναι S^{*†} | τας βασ.] τους β. S^{*†}: cf. I 9 56 ‖ 18 αναμν.] + δε S pau. | οτι]
διοτι S^{c†} (S^{*†} δια οτι) | fin. απελαυσετε (sic) S[†] ‖ 19 πονον υπομενειν] υπο-
μ(ε)ιναι πονον S^(†) ‖ 20 ον] ο S^{*†} | ορων > S[†] | fin. επηξεν S^{*†} ‖ 21 αν-
νανιας A[†] ‖ 22 χαλεπαινετε] η pro ε paenult. A V^{c†} ‖ 23 ανθιστ.] αντι-
τασσεσθαι S[†] ‖ 24 αποθανειν > A[†] ‖ 25 ειδοτες] ιδοντες A[†] | οι 1⁰ > A[†]
| αποθανοντες A
17 1 οτι ως S^{*†}] ως οτε A, οτι οτε S^c | συλλαμβ./και αυτη] tr. A | τις] τι
A[†] | αυτης] pr. ε A[†] ‖ 2 και 1⁰ > S[†] | δειξασα] pr. επι A[†] ‖ 3 τους στυ-
λους] ς bis > A[†] | ακλινης] ς > S^{*†}, -νως A ‖ 4 βεβαιαν] -ιως al., γενναιως
A[†] | τον > A

οὐρανὸν σὺν ἄστροις σεμνὴ καθέστηκεν, ὡς σὺ τοὺς ἰσαστέρους
ἑπτὰ παῖδας φωταγωγήσασα πρὸς τὴν εὐσέβειαν ἔντιμος καθέστη-
6 κας θεῷ καὶ ἐστήρισαι σὺν αὐτοῖς ἐν οὐρανῷ · ⁶ἦν γὰρ ἡ παιδο-
ποιία σου ἀπὸ Ἀβρααμ τοῦ πατρός.

7   ⁷Εἰ δὲ ἐξὸν ἡμῖν ἦν ὥσπερ ἐπί τινος ζωγραφῆσαι τὴν τῆς εὐ-
σεβείας σου ἱστορίαν, οὐκ ἂν ἔφριττον οἱ θεωροῦντες ὁρῶντες
μητέρα ἑπτὰ τέκνων δι᾽ εὐσέβειαν ποικίλας βασάνους μέχρι θανά-
8 του ὑπομείνασαν· ⁸καὶ γὰρ ἄξιον ἦν καὶ ἐπ᾽ αὐτοῦ τοῦ ἐπιταφίου
ἀναγράψαι καὶ ταῦτα τοῖς ἀπὸ τοῦ ἔθνους εἰς μνείαν λεγόμενα
9   ⁹Ἐνταῦθα γέρων ἱερεὺς καὶ γυνὴ γεραιὰ καὶ ἑπτὰ παῖδες ἐγκεκή-
δευνται διὰ τυράννου βίαν τὴν Ἑβραίων πολιτείαν καταλῦσαι θέ-
10 λοντος, ¹⁰οἳ καὶ ἐξεδίκησαν τὸ γένος εἰς θεὸν ἀφορῶντες καὶ μέχρι
θανάτου τὰς βασάνους ὑπομείναντες.
11
12   ¹¹Ἀληθῶς γὰρ ἦν ἀγὼν θεῖος ὁ δι᾽ αὐτῶν γεγενημένος. ¹²ἠθλο-
θέτει γὰρ τότε ἀρετὴ δι᾽ ὑπομονῆς δοκιμάζουσα. τὸ νῖκος ἀφθαρσία
13 ἐν ζωῇ πολυχρονίῳ. ¹³Ἐλεαζαρ δὲ προηγωνίζετο, ἡ δὲ μήτηρ τῶν
14 ἑπτὰ παίδων ἐνήθλει, οἱ δὲ ἀδελφοὶ ἠγωνίζοντο · ¹⁴ὁ τύραννος
ἀντηγωνίζετο · ὁ δὲ κόσμος καὶ ὁ τῶν ἀνθρώπων βίος ἐθεώρει ·
15
16   ¹⁵θεοσέβεια δὲ ἐνίκα τοὺς ἑαυτῆς ἀθλητὰς στεφανοῦσα. ¹⁶τίνες οὐκ
ἐθαύμασαν τοὺς τῆς θείας νομοθεσίας ἀθλητάς; τίνες οὐκ ἐξεπλά-
γησαν;
17   ¹⁷Αὐτός γέ τοι ὁ τύραννος καὶ ὅλον τὸ συμβούλιον ἐθαύμασαν
18 αὐτῶν τὴν ὑπομονήν, ¹⁸δι᾽ ἣν καὶ τῷ θείῳ νῦν παρεστήκασιν
19 θρόνῳ καὶ τὸν μακάριον βιοῦσιν αἰῶνα. ¹⁹καὶ γὰρ φησιν ὁ Μωυ-
20 σῆς Καὶ πάντες οἱ ἡγιασμένοι ὑπὸ τὰς χεῖράς σου. ²⁰καὶ οὗτοι
οὖν ἁγιασθέντες διὰ θεὸν τετίμηνται, οὐ μόνον ταύτῃ τῇ τιμῇ, ἀλλὰ
καὶ τῷ δι᾽ αὐτοὺς τὸ ἔθνος ἡμῶν τοὺς πολεμίους μὴ ἐπικρατῆσαι
21 ²¹καὶ τὸν τύραννον τιμωρηθῆναι καὶ τὴν πατρίδα καθαρισθῆναι,
22 ὥσπερ ἀντίψυχον γεγονότας τῆς τοῦ ἔθνους ἁμαρτίας. ²²καὶ διὰ
τοῦ αἵματος τῶν εὐσεβῶν ἐκείνων καὶ τοῦ ἱλαστηρίου τοῦ θανά-
του αὐτῶν ἡ θεία πρόνοια τὸν Ισραηλ προκακωθέντα διέσωσεν.

5 συν 1⁰] εν S*† | ισαστερους] εις αστερας A pau. | συν(S*† εν) αυτοις / εν
ουρανω] tr. A | fin. ουρανοις S† ‖ 6 πατρος] παιδος A† ‖ 7 ωσπερ] ως
S* | επι > A† | ευσεβ. σου ιστορ.] ιστοριας σου ευσεβειαν A pau. | ορωντες >
A | μεχρι θαν.] > S*†, + γιγνομενας Sˢ ‖ 9 τυραννου βιαν] τυραννον S* |
θελοντος] -τας S*†, -τες A† ‖ 10 γενος] εθνος A ‖ 12 αφθαρσια] pr. εν
A pau., εις αφθαρσιαν αυτης S*† ‖ 13 δε 1⁰ > S*† | προηγωνιζετο] ζε >
S*† | επτα tr. S† post δε ult., sed Sᶜ addit επτα etiam ante παιδων ‖
16 τινες 1⁰] + δε S† | θειας] pr. αλη A† | νομοθεσιας] ς > S*† ‖ 17 συμβουλ.]
συνεδριον A† (+ αυτων A⁽†⁾) | εθαυμασαν] pr. εξ Sᶜ | την] pr. την αρετην και
S† ‖ 20 ουτοι] αυτ. S† | δια θεον > S*† | θεον] pr. τον Sˢ | ου μονον] +
ουν A† | επικρατησαι] -σας A† ‖ 22 δια] της (sic) S*† | τον ισραηλ / προ-
κακ.] tr. S†

²³Πρὸς γὰρ τὴν ἀνδρείαν αὐτῶν τῆς ἀρετῆς καὶ τὴν ἐπὶ ταῖς 23
βασάνοις αὐτῶν ὑπομονὴν ὁ τύραννος ἀπιδὼν ἀνεκήρυξεν ὁ Ἀν-
τίοχος τοῖς στρατιώταις αὐτοῦ εἰς ὑπόδειγμα τὴν ἐκείνων ὑπο-
μονὴν ²⁴ἔσχεν τε αὐτοὺς γενναίους καὶ ἀνδρείους εἰς πεζομαχίαν 24
καὶ πολιορκίαν καὶ ἐκπορθήσας ἐνίκησεν πάντας τοὺς πολεμίους.

¹Ὦ τῶν Ἀβραμιαίων σπερμάτων ἀπόγονοι παῖδες Ἰσραηλῖται, 18
πείθεσθε τῷ νόμῳ τούτῳ καὶ πάντα τρόπον εὐσεβεῖτε ²γινώσκοντες 2
ὅτι τῶν παθῶν ἐστιν δεσπότης ὁ εὐσεβὴς λογισμὸς καὶ οὐ μόνον
τῶν ἔνδοθεν, ἀλλὰ καὶ τῶν ἔξωθεν πόνων.

³Ἀνθ' ὧν διὰ τὴν εὐσέβειαν προέμενοι τὰ σώματα τοῖς πόνοις 3
ἐκεῖνοι οὐ μόνον ὑπὸ τῶν ἀνθρώπων ἐθαυμάσθησαν, ἀλλὰ καὶ
θείας μερίδος κατηξιώθησαν.

⁴Καὶ δι' αὐτοὺς εἰρήνευσεν τὸ ἔθνος, καὶ τὴν εὐνομίαν τὴν ἐπὶ 4
τῆς πατρίδος ἀνανεωσάμενοι ἐκπεπόρθηκαν τοὺς πολεμίους. ⁵καὶ 5
ὁ τύραννος Ἀντίοχος καὶ ἐπὶ γῆς τετιμώρηται καὶ ἀποθανὼν κολά-
ζεται · ὡς γὰρ οὐδὲν οὐδαμῶς ἴσχυσεν ἀναγκάσαι τοὺς Ἱεροσο-
λυμίτας ἀλλοφυλῆσαι καὶ τῶν πατρίων ἐθῶν ἐκδιαιτηθῆναι, τότε
ἀπάρας ἀπὸ τῶν Ἱεροσολύμων ἐστράτευσεν ἐπὶ Πέρσας.

⁶Ἔλεγεν δὲ ἡ μήτηρ τῶν ἑπτὰ παίδων καὶ ταῦτα τὰ δικαιώματα 6
τοῖς τέκνοις ⁷ὅτι Ἐγὼ ἐγενήθην παρθένος ἁγνὴ οὐδὲ ὑπερέβην 7
πατρικὸν οἶκον, ἐφύλασσον δὲ τὴν ᾠκοδομημένην πλευράν. ⁸οὐδὲ 8
ἔφθειρέν με λυμεὼν ἐρημίας φθορεὺς ἐν πεδίῳ, οὐδὲ ἐλυμήνατό
μου τὰ ἁγνὰ τῆς παρθενίας λυμεὼν ἀπάτης ὄφις. ⁹ἔμεινα δὲ χρόνον 9
ἀκμῆς σὺν ἀνδρί · τούτων δὲ ἐνηλίκων γενομένων ἐτελεύτησεν ὁ
πατὴρ αὐτῶν, μακάριος μὲν ἐκεῖνος, τὸν γὰρ τῆς εὐτεκνίας βίον
ἐπιζήσας τὸν τῆς ἀτεκνίας οὐκ ᾠδυνήθη καιρόν. ¹⁰ὃς ἐδίδασκεν 10
ὑμᾶς ἔτι ὢν σὺν ὑμῖν τὸν νόμον καὶ τοὺς προφήτας. ¹¹τὸν ἀναι- 11
ρεθέντα Αβελ ὑπὸ Καιν ἀνεγίνωσκέν τε ὑμῖν καὶ τὸν ὁλοκαρπού-
μενον Ισαακ καὶ τὸν ἐν φυλακῇ Ιωσηφ. ¹²ἔλεγεν δὲ ὑμῖν τὸν ζηλωτὴν 12
Φινεες, ἐδίδασκέν τε ὑμᾶς τοὺς ἐν πυρὶ Ανανιαν καὶ Αζαριαν καὶ
Μισαηλ. ¹³ἐδόξαζεν δὲ καὶ τὸν ἐν λάκκῳ λεόντων Δανιηλ, ὃν ἐμα- 13

23 την 2⁰] της Aᵗ | αυτων 2⁰ > Sᵗ | ανεκηρ. post αντιοχος tr. Aᵗ | o ult.
> A

18 1 αβρααμιθιων S*ᵗ (Sᶜ α pro θ) | ισραηλιται] ισδρ. Sᵗ ‖ 3 προεμενοι]
προιεμ. A ‖ 4 ανανεωσαμενοι] -νος A | εκπεπορθηκαν S*⁽ᵗ⁾ (cf. Thack. § 17,3)]
εκπεπολιορκηκαν Sᶜᵗ, εκπεπολιορκηκε A ‖ 5 εθων] εθνων A pau., > S*ᵗ |
εκδιαιτ.] εκζητηθηναι S*ᵗ | τοτε] + δη Aᵗ | εστρατευσεν] εστρατοπαι(pro -πε)-
δευσεν A | fin. επι περας S*ᵗ ‖ 6 επτα > Sᵗ | τα δικαιωματα Sᵗ] η δικαια
A ‖ 7 ουδε] και ουχ A | ωκοδομημενην Fr.] οικοδομημ. Vᵗ, οικοδομουμ. Spl.,
ωκοδομουμ. (sic) Aᵗ ‖ 8 ουδε εφθειρεν] ου διεφθ. A | ερημιας] pr. της (uid.)
A | απατης A*Sᶜ] απατητης S*, απατηλος Aᶜ ‖ 9 ενηλικων] ηλ > Aᵗ | αυ-
των > A | μεν] δε S*ᵗ | επιζησας] -ζητησας S*Aᵗ ‖ 10 υμιν] ημ. A: item
in 11 | και > S* ‖ 11 τε] δε A: item in 12 ‖ 12 και ult. > Sᵗ

14 κάριζεν. ¹⁴ὑπεμίμνῃσκεν δὲ ὑμᾶς καὶ τὴν Ησαιου γραφὴν τὴν λέ-
15 γουσαν Κἂν διὰ πυρὸς διέλθῃς, φλὸξ οὐ κατακαύσει σε. ¹⁵τὸν
16 ὑμνογράφον ἐμελῴδει ὑμῖν Δαυιδ λέγοντα Πολλαὶ αἱ θλίψεις τῶν
16 δικαίων. ¹⁶τὸν Σαλωμῶντα ἐπαροιμίαζεν ὑμῖν λέγοντα Ξύλον ζωῆς
17 ἐστιν τοῖς ποιοῦσιν αὐτοῦ τὸ θέλημα. ¹⁷τὸν Ιεζεκιηλ ἐπιστοποίει
18 τὸν λέγοντα Εἰ ζήσεται τὰ ὀστᾶ τὰ ξηρὰ ταῦτα; ¹⁸ᾠδὴν μὲν γάρ,
ἣν ἐδίδαξεν Μωυσῆς, οὐκ ἐπελάθετο διδάσκων τὴν λέγουσαν
19 ¹⁹Ἐγὼ ἀποκτενῶ καὶ ζῆν ποιήσω· αὕτη ἡ ζωὴ ὑμῶν καὶ ἡ μα-
κρότης τῶν ἡμερῶν.

20 ²⁰῏Ω πικρᾶς τῆς τότε ἡμέρας καὶ οὐ πικρᾶς, ὅτε ὁ πικρὸς Ἑλ-
λήνων τύραννος πῦρ πυρὶ σβέσας λέβησιν ὠμοῖς καὶ ζέουσι θυμοῖς
ἀγαγὼν ἐπὶ τὸν καταπέλτην καὶ πάλιν τὰς βασάνους αὐτοῦ τοὺς
21 ἑπτὰ παῖδας τῆς Αβρααμίτιδος ²¹τὰς τῶν ὀμμάτων κόρας ἐπήρωσεν
22 καὶ γλώσσας ἐξέτεμεν καὶ βασάνοις ποικίλαις ἀπέκτεινεν. ²²ὑπὲρ
ὧν ἡ θεία δίκη μετῆλθεν καὶ μετελεύσεται τὸν ἀλάστορα τύραννον.
23 ²³οἱ δὲ Αβραμαῖοι παῖδες σὺν τῇ ἀθλοφόρῳ μητρὶ εἰς πατέρων
χορὸν συναγελάζονται ψυχὰς ἀγνὰς καὶ ἀθανάτους ἀπειληφότες
24 παρὰ τοῦ θεοῦ. ²⁴ᾧ ἡ δόξα εἰς τοὺς αἰῶνας τῶν αἰώνων· αμην.

14 και > A | ησαια S*† | τον λεγοντα (sic) S*† | cf. Is. 43 2 | διελθης] εισ-
ελ. S*†, προσελ. Sᶜ† ‖ 15 cf. Ps. 33 20 ‖ 16 επαροιμιαζεν] ε 1⁰ > S | υμιν]
ημ. A | λεγοντα] pr. τον AV† | cf. Prou. 3 18 | τοις] pr. πασιν A ‖ 18 εδι-
δαξεν] -ασκεν Spau. ‖ 19 cf. Deut. 32 39 | μακροτης] μακαριοτης A ‖ 20 πι-
κρας 1⁰] ς > A† | ο > S*V† | ελληνων] + ων S*† | πυρι] πυροις S*†, > ASᶜ
| σβεσας S*V] φλεξας ASᶜ | παλιν] πασας mu. | τας] τους S†: cf. 21 I 9 56 |
τους επτα] pr. τας επι S* | αβρααμ(ε)ιτιδος] -ραμ- A: cf. 23 ‖ 21 τας A†]
και τας Vpau., και rel. | τας/των ομμ.] tr. S† | επηρωσεν] pr. λ S*†, επληρ.
A† | γλωσσας] -αν S*† | ποικιλαις] -λοις A: cf. 20 I 9 56 ‖ 22 τυραννον
> A ‖ 23 αβρααμιαιοι S†: cf. 20 | συναγελαζ.] ευαγγελιζ. S*† | αθανατους]
αθλοφορους S*† | του > S*

Subscr. μακκαβαιων δ' SA (A uidetur quaedam addidisse, teste Fritzschio
ιωσηπου συνγραφη)